# Pipers Enzyklopädie des Musiktheaters

Herausgegeben von
Carl Dahlhaus
und dem
Forschungsinstitut für Musiktheater
der Universität Bayreuth
unter Leitung von Sieghart Döhring

Pipers Enzyklopädie des Musiktheaters
in 8 Bänden

Werke
Band 1–5

Register und Nachträge
Band 6

Sachteil
Band 7–8

# Pipers Enzyklopädie des Musiktheaters

Oper · Operette · Musical · Ballett

Herausgegeben von
Carl Dahlhaus
und dem
Forschungsinstitut für Musiktheater
der Universität Bayreuth
unter Leitung von Sieghart Döhring

Band 2

Werke
Donizetti – Henze

Piper
München Zürich

*Sitz der Redaktion*
Forschungsinstitut für Musiktheater der Universität Bayreuth, Schloß Thurnau,
D-8656 Thurnau

*Leitung der Redaktion*
Sieghart Döhring, Dietrich Mack (1976–82)

*Mitarbeiter der Redaktion*
Hans-Joachim Bauer, Gabriele Brandstetter, Rainer Franke, Mechthild von Künßberg, Julia Liebscher, Michael Mäckelmann, Ruth Menzel, Gunhild Schüller, Thomas Steiert, Christiane Zentgraf
Ingrid Brainard (1980–82), Gerhard Heldt (1980–84), Irmgard Pflaum (1977–86), Thomas Siedhoff (1977–86), Susanne Vill (1976–79), Sigrid Wiesmann (1978–82)

*Verantwortlich für Operette und Zarzuela*
Volker Klotz (Stuttgart)

*Schlußredaktion und Korrekturen*
Uwe Steffen (München)


ISBN 3-492-02412-2
© R. Piper GmbH & Co. KG, München 1987
Umschlag: Federico Luci, Wuppertal
Gesamtherstellung: Kösel, Kempten
Printed in Germany

# Die Autoren von Band 2

Andrea Amort, Wien
Peter Andraschke, Freiburg i. Br.
Rudolph Angermüller, Salzburg
Hans Åstrand, Stockholm
Vicky Bähren, München
Esther Barfod, Kopenhagen
Hans-Joachim Bauer, Thurnau
Melinda Berlász, Budapest
Ingrid Brainard, Boston
Gabriele Brandstetter, Thurnau
Reinhold Brinkmann, Cambridge (MA)
Ewa Burzawa, Rzeszów
José Casanovas Puig, Barcelona
Norbert Christen, München
Peter Cohen, Hamburg
Carl Dahlhaus, Berlin
Leonie Dannhauser, Freiburg i. Br.
Robert Didion, Frankfurt a. M.
Sieghart Döhring, Thurnau
Bernd Edelmann, München
Georg Feder, Köln
Ludwig Finscher, Heidelberg
Rita Fischer-Wildhagen, Bamberg
Gisela Franke, Thurnau
Rainer Franke, Thurnau
Dietmar Fritzsche, Berlin/DDR
Anselm Gerhard, Münster (Westf.)
Romeo Ghircoiașiu, Cluj-Napoca
Noël Goodwin, London
Paul Griffiths, Oxford
Christopher Hailey, Bethany (CT)
Dale Harris, New York
Josef Heinzelmann, Mainz
Sabine Henze-Döhring, Thurnau
Theo Hirsbrunner, Bern
Klaus Hortschansky, Münster (Westf.)
Vita Huber, Hamburg
George Jackson, Washington (DC)
Aiga Klotz, Stuttgart
Volker Klotz, Stuttgart
Michael Klügl, Frankfurt a. M.
Robert P. Kolt, Denton (TX)
Wulf Konold, Hannover
Maria Kostakeva, Sofia
Martina Krawulsky, Dortmund
Klaus Kropfinger, Berlin
Stefan Kunze, Bern
Malena Kuss, Denton (TX)
Ortrun Landmann, Dresden

Annegrit Laubenthal, Heidelberg
Raphaëlle Legrand, Paris
Silke Leopold, Berlin
Julia Liebscher, Thurnau
Friedrich Lippmann, Rom
Antoine Livio, Paris
Glenn Loney, New York
Helga Lühning, Bonn
Andrew McCredie, Adelaide
Michael Mäckelmann, Thurnau
Giora Manor, Mishmar Haemek
Volker Mattern, Detmold
Richard Merz, Zürich
Norbert Miller, Berlin
Pia und Pino Mlakar, Novo mesto
Wolfgang Molkow, Berlin
Ruth E. Müller, Berlin
Erik Näslund, Stockholm
Sigrid Neef, Berlin/DDR
Joachim Noller, Hamburg
Øyvind Norheim, Oslo
Ole Nørlyng, Kopenhagen
Alfred Oberzaucher, Wien
Brygida Ochaim, München
Michel Pazdro, Paris
Branko Polić, Zagreb
Milan Pospíšil, Prag
Germaine Prudhommeau, Paris
Hartmut Regitz, Stuttgart
Herta Elisabeth Renk, Eichstätt
Susanne Rode, Hamburg
Gerhard Rohde, Frankfurt a. M.
Hans-Peter Rösler, Hamburg
Martin Ruhnke, Erlangen
Thomas Schacher, Zürich
Britta Schilling, Köln
Eberhard Schmidt, Dresden
Herbert Schneider, Heidelberg
Gunhild Schüller, Thurnau
Renate Schusky, Wuppertal
Monika Schwarz, Hannover
Norbert Servos, Siegburg
Manica Špendal, Maribor
Peter Stalder, Wien
Michael Stegemann, Steinfurt
Thomas Steiert, Thurnau
Reinhard Stenzel, Coburg
Rudolf Stephan, Berlin
Reinhard Strohm, New Haven (CN)

Katalin Szerző, Budapest
Christiane Theobald, Berlin
Thomas Trabitsch, Wien
Gabi Vettermann, München
Matthias Theodor Vogt, Bayreuth
Evelin Voigtmann-Kaimakis, Thessaloniki
Ivan Vojtěch, Prag

Egon Voss, München
Véra Vysloužilová, Brünn
Horst Weber, Essen
Hartmut Wecker, Wetter
Reinhard Wiesend, Würzburg
Sigrid Wiesmann, Wien
Anders Wiklund, Stockholm

# Inhalt

Hinweise zur Benutzung XIII
Abkürzungsverzeichnis XV

Donizetti, Gaetano
   *Lucia di Lammermoor* (1835) 1
   *Belisario* (1836) 9
   *Il campanello di notte* (1836) 12
   *Betly ossia La capanna svizzera* (1836) 13
   *Roberto Devereux ossia Il conte di Essex* (1837) 14
   *Il duca d'Alba* (1839/1882) 18
   *La Fille du régiment* (1840) 21
   *Poliuto / Les Martyrs* (1840) 24
   *La Favorite* (1840) 29
   *Rita ou Le Mari battu* (1841/1860) 33
   *Maria Padilla* (1841) 33
   *Linda di Chamounix* (1842) 37
   *Don Pasquale* (1843) 40
   *Maria di Rohan* (1843) 45
   *Dom Sébastien, roi de Portugal* (1843) 48
   *Caterina Cornaro* (1844) 51
Doppler, Albert Franz
   *Ilka vagy A huszártoborzó* (1849) 54
Dorn, Heinrich
   *Die Nibelungen* (1854) 55
Dostal, Nico
   *Clivia* (1933) 57
   *Prinzessin Nofretete* (1936) 59
   *Die ungarische Hochzeit* (1939) 60
   *Manina* (1942) 62
Draeseke, Felix
   *Herrat* (1892) 64
Draghi, Antonio
   *Leonida in Tegea* (1670) 65
Drăgoi, Sabin
   *Năpasta* (1928) 67
Dreyfus, George
   *Garni Sands* (1972) 69
   *The Gilt-Edged Kid* (1976) 70
Dserschinski, Iwan Iwanowitsch
   *Tichi Don* (1935) 71
Dukas, Paul
   *Ariane et Barbe-Bleue* (1907) 73
Dumitrescu, Gheorghe
   *Răscoala* (1959) 76
Dunajewski, Issaak Ossipowitsch
   *Wolny weter* (1947) 77
Duncan, Isadora
   *Marseillaise* (1916) 79
Duni, Egidio Romualdo
   *Le Peintre amoureux de son modèle* (1757) 81

   *L'Isle de foux* (1760) 82
   *La Fée Urgèle ou Ce qui plaît aux dames* (1765) 83
Dupont, Gabriel
   *Antar* (1914/1921) 84
Duport, Louis Antoine
   *Aschenbrödel* (1813) 86
Dupuy, Jean Baptiste Edouard
   *Ungdom og galskab eller List over list* (1806) 88
Dussek, Johann Ladislaus
   *Vězněná na Špilberku* (1798) 89
Dvořák, Antonín
   *Šelma sedlák* (1878) 91
   *Tvrdé palice* (1881) 93
   *Dimitrij* (1882) 94
   *Jakobín* (1889) 98
   *Čert a Káča* (1899) 100
   *Rusalka* (1901) 101
   *Armida* (1904) 106
Dyk, Peter van
   *La Symphonie inachevée* (1957) 108
Eder, Helmut
   *Der Aufstand* (1976) 109
Edwards, Sherman
   *1776* (1969) 110
Efrati, Mosche
   *Tehillim Schel Jeruschalaim* (1982) 112
Eggen, Arne
   *Olav Liljekrans* (1940) 113
   *Cymbelin* (1951) 114
Egk, Werner
   *Columbus* (1933) 115
   *Die Zaubergeige* (1935) 117
   *Peer Gynt* (1938) 119
   *Irische Legende* (1955) 122
   *Der Revisor* (1957) 124
   *Die Verlobung in San Domingo* (1963) 125
Einem, Gottfried von
   *Dantons Tod* (1947) 127
   *Der Prozeß* (1953) 129
   *Der Besuch der alten Dame* (1971) 131
   *Jesu Hochzeit* (1980) 133
Eisler, Hanns
   *Die Maßnahme* (1930) 135
Ek, Mats
   *Soweto* (1977) 137
   *Giselle* (1982) 139
Elling, Catharinus
   *Kosakkerne* (1897) 140

Elsner, Józef 141
   *Echo w lesie* (1808) 141
   *Król Łokietek czyli Wiśliczanki* (1818) 142
Enescu, George
   *Oedipe* (1936) 144
Enna, August
   *Heksen* (1892) 146
   *Kleopatra* (1894) 147
Erkel, Ferenc
   *Hunyadi László* (1844) 148
   *Bánk bán* (1861) 151
Erlanger, Camille
   *Le Fils de l'étoile* (1904) 153
   *Aphrodite* (1906) 155
Ernst II.
   *Santa Chiara* (1854) 156
Esser, Heinrich
   *Thomas Riquiqui oder Die politische Heirat* (1843) 158
Etcheverry, Jean-Jacques
   *Khamma* (1947) 159
Eysler, Edmund
   *Bruder Straubinger* (1903) 161
   *Die gold'ne Meisterin* (1927) 163
Fall, Leo
   *Der liebe Augustin* (1905) 164
   *Der fidele Bauer* (1907) 165
   *Die Dollarprinzessin* (1907) 167
   *Die geschiedene Frau* (1908) 170
   *Brüderlein fein* (1909) 173
   *Die Rose von Stambul* (1916) 174
   *Madame Pompadour* (1922) 177
Falla, Manuel de
   *La Vie brève* (1913) 181
   *El retablo de Maese Pedro* (1923) 184
   *Atlàntida* (1946/1961) 186
Fauré, Gabriel
   *Pénélope* (1913) 189
Feld, Eliot
   *Harbinger* (1967) 190
Feltre, Alphonse de
   *L'incendio di Babilonia* (1840) 191
Fernández Caballero, Manuel
   *El dúo de »La Africana«* (1893) 192
   *Gigantes y cabezudos* (1898) 193
Ferrero, Lorenzo
   *Marilyn* (1980) 196
Fibich, Zdeněk
   *Nevěsta messinská* (1884) 198
   *Hippodamie* (1890/91) 200
     *Námluvy Pelopovy* (1890) 200
     *Smír Tantalův* (1891) 201
     *Smrt Hippodamie* (1891) 202
   *Bouře* (1895) 205
   *Šárka* (1897) 207

Fioravanti, Valentino
   *Le cantatrici villane* (1799) 209
   *I virtuosi ambulanti* (1807) 210
Fleischman, Wenjamin Iossifowitsch
   *Skripka Rotschilda* (1940/1960) 211
Flindt, Flemming
   *Enetime* (1963) 212
   *Dødens triumf* (1972) 213
Flotow, Friedrich von
   *Indra* (1843) 215
   *Alessandro Stradella* (1844) 216
   *Martha oder Der Markt zu Richmond* (1847) 217
   *La Veuve Grapin* (1859) 220
Floyd, Carlisle
   *Susannah* (1955) 221
   *Wuthering Heights* (1958) 223
Foerster, Anton
   *Gorenjski slavček* (1872) 225
Foerster, Josef Bohuslav
   *Eva* (1899) 226
Fokin, Michail Michailowitsch
   *Pawilon Armidy* (1907) 229
   *Lebed* (1907) 230
   *Cléopâtre* (1908) 231
   *Danses du Prince Igor* (1909) 232
   *Les Sylphides* (1909) 233
   *Le Carnaval* (1910) 236
   *Schéhérazade* (1910) 238
   *L'Oiseau de feu* (1910) 241
   *Le Spectre de la rose* (1911) 244
   *Pétrouchka* (1911) 245
   *Le Dieu bleu* (1912) 249
   *Daphnis et Chloé* (1912) 250
   *La Légende de Joseph* (1914) 252
   *L'Epreuve d'amour* (1936) 254
   *Paganini* (1939) 257
Fomin, Jewstignei Ipatowitsch
   *Jamschtschiki na podstawe* (1788) 257
   *Orfei* (1792) 259
   *Amerikanzy* (1800) 260
Ford, Nancy
   *I'm Getting My Act Together and Taking It on the Road* (1978) 262
Forsythe, William
   *Orpheus* (1979) 263
   *Seite 1 – Love Songs – Alte Platten* (1979) 266
   *Gänge* (1982) 267
Fortner, Wolfgang
   *Bluthochzeit* (1957) 269
   *In seinem Garten liebt Don Perlimplín Belisa* (1962) 270
   *Elisabeth Tudor* (1972) 272
Foss, Lukas

*The Jumping Frog of Calaveras County* (1950) 274
*Introductions and Good-Byes* (1960) 275
Françaix, Jean
   *Le Diable boiteux* (1938) 276
   *Paris, à nous deux! ou Le Nouveau Rastignac* (1954) 277
Franchetti, Alberto
   *Cristoforo Colombo* (1892) 278
   *Germania* (1902) 281
Franck, César
   *Hulda* (1885/1894) 282
Franck, Johann Wolfgang
   *Die drei Töchter Cecrops'* (1686) 284
Franckenstein, Clemens von
   *Des Kaisers Dichter Li-Tai-Pe* (1920) 285
Francœur, François / Rebel, François
   *Scanderberg* (1735) 286
Friml, Rudolf / Stothart, Herbert
   *Rose-Marie* (1924) 288
Froman, Margarita Petrowna
   *Ohridska legenda* (1947) 290
Fry, William Henry
   *Leonora* (1845) 291
Fuller, Loie
   *The Serpentine Dance* (1892) 293
   *La Tragédie de Salomé* (1907) 295
Fux, Johann Joseph
   *Orfeo ed Euridice* (1715) 297
   *Angelica vincitrice di Alcina* (1716) 298
   *Costanza e fortezza* (1723) 300
Gades, Antonio
   *Carmen* (1983) 302
Gadschibekow, Useir
   *Leili we Medschnun* (1908) 304
   *Kjor-ogly* (1937) 305
Gagliano, Marco da
   *La Dafne* (1608) 307
   *La Flora ovvero Il natal de' fiori* (1628) 309
Galeotti, Vincenzo
   *Amors og balletmesterens luner* (1786) 310
Galuppi, Baldassare
   *Alessandro nell'Indie* (1738) 311
   *L'Olimpiade* (1747) 313
   *Il mondo alla roversa ossia Le donne che comandano* (1750) 315
   *Il filosofo di campagna* (1754) 315
   *La diavolessa* (1755) 317
Galzerani, Giovanni
   *Il corsaro* (1826) 319
Ganne, Louis Gaston
   *Les Saltimbanques* (1899) 321
   *Hans, le joueur de flûte* (1906) 323
García, Manuel
   *El poeta calculista* (1805) 324

García Caturla, Alejandro
   *Manita en el suelo* (1934/1985) 325
Gardel, Maximilien
   *Ninette à la cour* (1776) 327
Gardel, Pierre
   *La Dansomanie* (1800) 328
   *Paul et Virginie* (1806) 331
Gasparini, Francesco
   *Il Bajazet* (1711) 333
Gaßmann, Florian
   *Amore e Psiche* (1767) 334
   *La contessina* (1770) 336
Gast, Peter
   *Der Löwe von Venedig* (1891) 337
Gaveaux, Pierre
   *Léonore ou L'Amour conjugal* (1798) 339
Gazzaniga, Giuseppe
   *Don Giovanni ossia Il convitato di pietra* (1787) 340
Gefors, Hans
   *Christina* (1986) 343
Geißler, Fritz
   *Der zerbrochene Krug* (1971) 344
Genée, Richard
   *Der Musikfeind* (1862) 345
   *Nanon, die Wirtin vom Goldenen Lamm* (1877) 346
Generali, Pietro
   *I baccanti di Roma* (1816) 347
Georgi, Yvonne
   *Der Golem* (1965) 350
German, Edward
   *Merrie England* (1902) 351
Gershwin, George
   *Oh, Kay!* (1926) 353
   *Girl Crazy* (1930) 354
   *Of Thee I Sing* (1931) 358
   *Porgy and Bess* (1935) 360
Gerster, Ottmar
   *Enoch Arden oder Der Möwenschrei* (1936) 365
Gervais, Charles-Hubert
   *Hypermnestre* (1716) 366
Gevaert, François Auguste
   *Le Capitaine Henriot* (1864) 368
Ghedini, Giorgio Federico
   *Le baccanti* (1948) 369
Gilbert, Jean
   *Die keusche Susanne* (1910) 371
Gilmore, Rosamund
   *Egmont-Trilogie* (1982/83) 373
Giménez, Jerónimo
   *El mundo comedia es ó El baile de Luís Alonso* (1896) 375

*La boda de Luís Alonso ó La noche del encierro* (1897) 377
*La tempranica* (1900) 378
Ginastera, Alberto
  *Don Rodrigo* (1964) 380
  *Bomarzo* (1967) 382
Gioia, Gaetano
  *Cesare in Egitto* (1807) 386
  *Gabriella di Vergy* (1819) 389
Giordano, Umberto
  *Andrea Chénier* (1896) 391
  *Fedora* (1898) 394
  *Siberia* (1903) 396
  *Madame Sans-Gêne* (1915) 398
  *La cena delle beffe* (1924) 400
Glanville-Hicks, Peggy
  *The Transposed Heads* (1954) 402
Gläser, Franz
  *Des Adlers Horst* (1832) 404
Glass, Philip
  *Satyagraha* (1980) 405
  *Echnaton* (1984) 409
Glier, Reingold Morizewitsch
  *Schachsenem* (1927) 411
Glinka, Michail Iwanowitsch
  *Schisn sa zarja* (1836) 412
  *Ruslan i Ljudmila* (1842) 416
Gluck, Christoph Willibald
  *La Semiramide riconosciuta* (1748) 420
  *La clemenza di Tito* (1752) 422
  *Le Cinesi* (1754) 423
  *L'innocenza giustificata* (1755) 425
  *Il re pastore* (1756) 426
  *L'Ile de Merlin ou Le Monde renversé* (1758) 428
  *L'Ivrogne corrigé* (1760) 429
  *Le Cadi dupé* (1761) 431
  *Orfeo ed Euridice* (1762) / *Orphée et Euridice* (1774) 432
  *La Rencontre imprévue* (1764) 438
  *Il Telemaco ossia L'isola di Circe* (1765) 440
  *Alceste* (1767) / *Alceste* (1776) 442
  *Paride ed Elena* (1770) 448
  *Iphigénie en Aulide* (1774) 449
  *Armide* (1777) 453
  *Iphigénie en Tauride* (1779) 457
Gluschkowski, Adam Pawlowitsch
  *Ruslan i Ljudmila ili Niswerschenije Tschernomora, slowo wolschebnika* (1821) 465
Gnecco, Francesco
  *La prova di un'opera seria* (1805) 466
Godard, Benjamin
  *Jocelyn* (1888) 468

*La Vivandière* (1895) 469
Goehr, Alexander
  *Arden muß sterben* (1967) 471
Goetz, Hermann
  *Der Widerspenstigen Zähmung* (1874) 472
Goetze, Walter Wilhelm
  *Adrienne* (1926) 475
  *Der goldene Pierrot* (1934) 477
Goldmann, Friedrich
  *R. Hot bzw. Die Hitze* (1977) 480
Goldmark, Karl
  *Die Königin von Saba* (1875) 482
  *Das Heimchen am Herd* (1896) 485
  *Ein Wintermärchen* (1908) 486
Goldschmidt, Berthold
  *Der gewaltige Hahnrei* (1932) 488
Goleisowski, Kasjan Jaroslawitsch
  *Iossif Prekrasny* (1925) 489
  *Leili i Medschnun* (1964) 492
Goleminow, Marin
  *Iwailo* (1959) 493
  *Sografat Sachari* (1972) 495
  *Trakiski idoli* (1981) 496
Gomes, Carlos
  *Il Guarany* (1870) 497
  *Fosca* (1873) 500
  *Salvator Rosa* (1874) 501
  *Lo schiavo* (1889) 503
Gorski, Alexandr Alexejewitsch
  *Salambo* (1910) 504
Gossec, François-Joseph
  *Les Pêcheurs* (1766) 506
  *Sabinus* (1773) 508
  *Thésée* (1782) 510
  *L'Offrande à la liberté* (1792) 511
  *Le Triomphe de la République ou Le Camp de Grandpré* (1793) 512
Gotovac, Jakov
  *Morana* (1930) 513
  *Ero s onoga svijeta* (1935) 514
Gounod, Charles
  *Sapho* (1851) 515
  *La Nonne sanglante* (1854) 517
  *Le Médecin malgré lui* (1858) 518
  *Faust* (1859) 520
  *Philémon et Baucis* (1860) 525
  *La Reine de Saba* (1862) 526
  *Mireille* (1864) 529
  *Roméo et Juliette* (1867) 531
Graeb, Emil
  *Aschenbrödel* (1901) 533
Graener, Paul
  *Hanneles Himmelfahrt* (1927) 536
  *Friedemann Bach* (1931) 537

Graham, Martha
   *Lamentation* (1930) 538
   *Primitive Mysteries* (1931) 539
   *Letter To the World* (1940) 541
   *Deaths and Entrances* (1943) 543
   *Appalachian Spring* (1944) 544
   *Cave of the Heart* (1946) 546
   *Night Journey* (1947) 547
   *Seraphic Dialogue* (1955) 549
   *Clytemnestra* (1958) 550
Granados, Enrique
   *Goyescas* (1916) 551
Granichstaedten, Bruno
   *Majestät Mimi* (1911) 552
   *Der Orlow* (1925) 554
Graun, Carl Heinrich
   *Artaserse* (1743) 555
   *Montezuma* (1755) 557
Grétry, André Ernest Modeste
   *Le Huron* (1768) 560
   *Lucile* (1769) 561
   *Le Tableau parlant* (1769) 562
   *Les Deux avares* (1770) 564
   *Zémire et Azor* (1771) 565
   *Le Jugement de Midas* (1778) 567
   *Les Fausses apparences ou L'Amant jaloux* (1778) 569
   *Colinette à la cour ou La Double épreuve* (1782) 570
   *La Caravane du Caïre* (1783) 572
   *Richard Cœur de Lion* (1784) 574
   *Raoul Barbe-Bleue* (1789) 576
   *Pierre le Grand* (1790) 579
   *Guillaume Tell* (1791) 580
Grigorowitsch, Juri Nikolajewitsch
   *Legenda o ljubwi* (1961) 582
   *Spartak* (1968) 583
   *Iwan Grosny* (1975) 585
Grisar, Albert
   *L'Eau merveilleuse* (1839) 587
   *Gilles ravisseur* (1848) 588
   *Les Porcherons* (1850) 589
   *Bonsoir, M. Pantalon!* (1851) 591
   *Le Chien du jardinier* (1855) 592
Grothe, Franz
   *Das Wirtshaus im Spessart* (1977) 593
Gruber, Lilo
   *Neue Odyssee* (1957) 594
Gruenberg, Louis
   *The Emperor Jones* (1933) 596
Gsovsky, Tatjana
   *Prinzessin Turandot* (1944) 598
   *Der Idiot* (1952) 600
   *Die chinesische Nachtigall* (1953) 601

   *Der rote Mantel* (1954) 602
   *Tristan* (1965) 604
Gsovsky, Victor
   *Hamlet* (1950) 606
Guerra, Antonio
   *Le Lac des fées* (1840) 607
Guerrero, Jacinto
   *El huésped del Sevillano* (1926) 609
   *La rosa del azafrán* (1930) 611
Guglielmi, Pietro Alessandro
   *La pastorella nobile* (1788) 614
   *Il poeta di campagna* (1792) 615
Guglielmi, Pietro Carlo
   *La morte di Cleopatra* (1796) 616
Gulak-Artemowski, Semjon Stepanowitsch
   *Saporoschez sa Dunajem* (1863) 617
Guridi, Jesús
   *El caserío* (1926) 619
Gurlitt, Manfred
   *Wozzeck* (1926) 620
   *Soldaten* (1930) 621
Gutiérrez y Espinosa, Felipe
   *Macías* (1871/1977) 623
Gyrowetz, Adalbert
   *Der Augenarzt* (1811) 624
Haas, Joseph
   *Tobias Wunderlich* (1937) 626
   *Die Hochzeit des Jobs* (1944) 627
Hába, Alois
   *Die Mutter* (1931) 628
Hadley, Henry
   *Azora, the Daughter of Montezuma* (1917) 630
Hadsiapostolu, Nikos
   *I Apachides ton Athinon* (1921) 632
Hahn, Reynaldo
   *Ciboulette* (1923) 634
   *Le Marchand de Venise* (1935) 635
Halévy, Fromental
   *Le Dilettante d'Avignon* (1829) 637
   *La Juive* (1835) 638
   *L'Eclair* (1835) 642
   *Guido et Ginevra ou La Peste de Florence* (1838) 644
   *La Reine de Chypre* (1841) 646
   *Charles VI* (1843) 648
   *Le Val d'Andorre* (1848) 650
   *Le Juif errant* (1852) 652
Hallén, Andreas
   *Harald der Wiking* (1881) 654
   *Waldemarsskatten* (1899) 656
Hallström, Ivar
   *Den bergtagna* (1874) 657
Hamerik, Ebbe
   *Marie Grubbe* (1940) 659

Hamilton, Iain
  *The Royal Hunt of the Sun* (1977) 660
  *Anna Karenina* (1981) 662
Hamlisch, Marvin
  *A Chorus Line* (1975) 663
Händel, Georg Friedrich
  *Der in Kronen erlangte Glückswechsel oder Almira, Königin von Kastilien* (1705) 666
  *Agrippina* (1709) 668
  *Rinaldo* (1711) 670
  *Radamisto* (1720) 672
  *Ottone, re di Germania* (1723) 674
  *Giulio Cesare in Egitto* (1724) 676
  *Tamerlano* (1724) 679
  *Rodelinda, regina de' Langobardi* (1725) 681
  *Alessandro* (1726) 683
  *Poro, re dell'Indie* (1731) 685
  *Ezio* (1732) 687
  *Orlando* (1733) 689
  *Arianna in Creta* (1734) 692
  *Alcina* (1735) 693
  *Giustino* (1737) 695
  *Serse* (1738) 698
  *Deidamia* (1741) 699
Hanka, Erika
  *Der Mohr von Venedig* (1955) 701
Hartmann, Johann Ernst
  *Balders død* (1779) 703
  *Fiskerne* (1780) 705
Hartmann, Johan Peter Emilius
  *Korsarerne* (1835) 706
  *Liden Kirsten* (1846) 707
Hartmann, Karl Amadeus
  *Simplicius Simplicissimus* (1948) 708
Hasse, Johann Adolf
  *L'artigiano gentiluomo ovvero Larinda e Vanesio* (1726) 710
  *La contadina* (1728) 712
  *La sorella amante* (1729) 714
  *Il tutore* (1730) 715
  *Artaserse* (1730) 717
  *Arminio* (1745) 718
  *Attilio Regolo* (1750) 719
  *Il trionfo di Clelia* (1762) 721
  *Ruggiero ovvero L'eroica gratitudine* (1771) 723
Haßreiter, Josef
  *Die Puppenfee* (1888) 725
  *Rund um Wien* (1894) 727
Haubenstock-Ramati, Roman
  *Amerika* (1966) 730
Hauer, Josef Matthias
  *Die schwarze Spinne* (1932/1966) 732
Haupt, Walter
  *Marat* (1984) 734
Haydn, Joseph
  *La canterina* (1766) 736
  *Lo speziale* (1768) 739
  *Le pescatrici* (1770) 741
  *L'infedeltà delusa* (1773) 743
  *Philemon und Baucis* (1773) 745
  *L'incontro improvviso* (1775) 747
  *Il mondo della luna* (1777) 750
  *La vera costanza* (1779) 752
  *L'isola disabitata* (1779) 755
  *La fedeltà premiata* (1781) 757
  *Orlando paladino* (1782) 761
  *Armida* (1784) 763
  *L'anima del filosofo ossia Orfeo ed Euridice* (1791/1951) 766
Heise, Peter Arnold
  *Paschaens datter* (1869) 769
  *Drot og marsk* (1878) 770
Helpmann, Robert
  *Miracle in the Gorbals* (1944) 772
  *Adam Zero* (1946) 773
Henze, Hans Werner
  *Das Wundertheater* (1949) 775
  *Ein Landarzt* (1951) 776
  *Boulevard Solitude* (1952) 778
  *Das Ende einer Welt* (1953) 780
  *König Hirsch* (1956) 782
  *Der Prinz von Homburg* (1960) 784
  *Elegie für junge Liebende* (1961) 786

Titelregister der in Band 2 behandelten Werke 789
Bildnachweis 796

# Hinweise zur Benutzung

Die behandelten Werke des Musiktheaters sind alphabetisch nach Komponisten/Choreographen geordnet. Innerhalb des Komponisten/Choreographen ist die Reihenfolge chronologisch nach dem Uraufführungsdatum der 1. Fassung (auch wenn im Artikel eine andere Fassung behandelt wird). Nur postum uraufgeführte Werke sind nach dem Kompositionsdatum eingeordnet.
Alphabetische Reihenfolge, Rechtschreibung und Zeichensetzung, Schreibung der Namen historischer Personen und geographischer Begriffe richten sich nach den Regeln der *Duden*-Rechtschreibung beziehungsweise nach *Meyers Enzyklopädischem Lexikon* (Mannheim 1971–79). Für die Umschrift von Sprachen mit nichtlateinischer Schrift wird die Transkription (russisch zum Beispiel: Pjotr Iljitsch Tschaikowski; japanisch zum Beispiel: Jusuru) verwendet; nur im kleingedruckten bibliographischen Anhang der Artikel werden die im Bibliothekswesen übliche Transliteration und für das Japanische die englische Umschrift (russisch: Pëtr Il'ič Čajkovskij; japanisch: Yuzuru) benutzt.
Die auf den Seiten XV–XVIII aufgelisteten Abkürzungen werden nur in einzelnen Rubriken (Personen/Darsteller, Orchester, Aufführung, Autograph, Abschriften, Ausgaben, Aufführungsmaterial, Literatur) verwendet (mit wenigen Ausnahmen wie Monatsabkürzungen).
Titel von Werken des Musiktheaters werden beim ersten Auftreten im Artikel immer mit dem Uraufführungsjahr (der 1. Fassung) genannt, Titel von nicht in *Pipers Enzyklopädie des Musiktheaters* behandelten Werken desselben Komponisten/Choreographen auch mit dem Uraufführungsort.
Personen werden beim ersten Auftreten im Artikel mit vollem Namen genannt. In *Pipers Enzyklopädie des Musiktheaters* behandelte Komponisten/Choreographen werden in der Regel ohne Vornamen zitiert. Möglichst vollständige Lebensdaten zu allen vorkommenden Personen (auch zu den historisch nachweisbaren Personen der Werkhandlungen) wird der Registerband enthalten.

## Aufbau der Artikel

**Titel:** Wie bei der Uraufführung verwendet. Wenn keine Quellen zur Uraufführung vorliegen, gilt der Titel in der Partitur oder im Klavierauszug oder im Libretto. Wenn mehrere Fassungen vorliegen, gilt der Titel der hier behandelten Fassung. Der Titel wird in der heute gültigen Rechtschreibung wiedergegeben.

**Untertitel:** Wie bei der Uraufführung; wenn nicht feststellbar, wie in Partitur oder Klavierauszug oder Libretto der behandelten Fassung.

**Deutscher Titel:** Zunächst als wörtliche Übersetzung; darunter der gebräuchlichste deutsche Titel, falls dieser stark von der wörtlichen Übersetzung abweicht. Wenn eine Übersetzung ins Deutsche nicht möglich oder mißverständlich ist, wird der Originaltitel wiederholt.

**Deutscher Untertitel:** Bei englischen, französischen und italienischen Untertiteln keine Übersetzung, nur die Angabe von Aktzahl, Prolog, Epilog und ähnlichem. Anderssprachige Untertitel werden übersetzt. Wenn kein Untertitel bekannt ist, wird an dieser Stelle die Aktzahl genannt, bei Balletten die Gattungsbezeichnung.

Oper/Operette: **Text:** Verfasser des Texts; danach gegebenenfalls Hinweise auf Librettovorlagen, die aus dem Namen des Vorlageautors sowie der Gattung und dem Titel der Vorlage bestehen (möglichst mit Entstehungs-, sonst mit Erscheinungs- oder Uraufführungsjahr; bei Werken des Musiktheaters nur Uraufführungsjahr).
Musical: **Buch:** Verfasser des Dialogtexts, danach Hinweise auf Vorlagen (wie oben). **Gesangstexte:** Verfasser der Texte zu den Musiknummern. **Orchestration:** Arrangeur des Orchestersatzes. **Arrangement der Tänze:** musikalisches Arrangement der Tanznummern. **Choreographie:** Choreograph der Tanznummern.
Ballett: **Musik:** Komponist beziehungsweise Arrangeur oder Bearbeiter der Musik, danach Titel der Musik (mit Entstehungsjahr, wenn es vom Uraufführungsjahr des Balletts abweicht; bei Musiktheater Uraufführungsjahr), wenn diese nicht eigens für das beschriebene Ballett komponiert wurde oder wenn deren Titel vom Ballettitel abweicht. **Libretto:** Verfasser des Ballettlibrettos und Hinweise auf Vorlagen (wie oben).
In dieser Rubrik werden Personennamen so vollständig wie möglich genannt.

**Uraufführung:** Genaues Datum der Uraufführung, Spielstätte, Ort, bei Balletten auch Name der Kompanie. Englische, französische, italienische und spanische Namen von Opernhäusern werden in der Originalsprache wiedergegeben, alle andern übersetzt oder eingedeutscht. Die Pariser Académie Royale de Musique und ihre Nachfolgeinstitutionen erscheinen als »Opéra«; zusätzlich wird bei ihr und bei der Pariser Opéra-Comique der Name des Gebäudes angegeben, in dem jeweils gespielt wurde. – Liegen mehrere Fassungen vor, werden die Angaben zu den Fassungen nacheinander aufgeführt; dabei wird der derjenigen Fassung, die der Artikel wiedergibt, hinzugefügt »hier behandelt«. Abweichungen in Titel, Aktzahl usw. werden bei der jeweils nicht behandelten Fassung genannnt.

**Personen**, bei Ballett **Darsteller**: Die Gesangs-, Sprech- und stummen Rollen sowie die Personengruppen des Chors, der Statisterie und des Balletts beziehungsweise (bei Balletten) des Corps de ballet sind in der Regel in der Reihenfolge und mit den näheren Angaben wiedergegeben, die im Uraufführungsprogramm beziehungsweise in Partitur, Klavierauszug oder Libretto enthalten sind. Dabei werden die Eigennamen in der Originalsprache wiedergegeben; beschreibende Angaben zu den Personen, Titel, Berufs- und Amtsbezeichnungen werden übersetzt. Fremdsprachigen Namen von historisch nachweisbaren Personen, Personen der Mythologie, Göttern und allegorischen Figuren werden die heute gebräuchlichen deutschen Namen beziehungsweise die deutsche Übersetzung des Namens hinzugefügt. Vom Komponisten oder Librettisten veränderte historische Namen werden zusätzlich in der heute richtigen Schreibweise genannt. Nicht angegeben werden die in deutschen Übersetzungen und Bearbeitungen verwendeten eingedeutschten und gelegentlich stark vom Original abweichenden Rollennamen (Hinweise auf diese finden sich, falls notwendig, unter »Aufführung«). Im Artikel selbst werden durchgehend die Originalnamen verwendet. – Beim Chor werden Stimmfächer oder -gruppierungen in der Regel nicht angegeben. Hinweise auf Besonderheiten (zum Beispiel wenn die Anzahl der Chormitglieder ungewöhnlich ist) befinden sich unter »Aufführung«.

**Orchester**: Orchesterbesetzung; Beibehaltung des Begriffs »Orchester«, auch wenn zum Beispiel nur Klavier vorgeschrieben ist oder Tonband benutzt wird.

**Aufführung**: Aufführungsdauer ohne Pausen, soweit zu ermitteln. Wenn ein mehr als einstündiges Werk ohne Pause gespielt wird, wird dies angegeben. – Es folgen Hinweise auf die Aufführungspraxis, zum Beispiel Änderungen und Ergänzungen von Rollen, Stimmfächern, Orchesterbesetzungen in gebräuchlichen Bearbeitungen.

**Entstehung**: Vorgeschichte bis zur Uraufführung des Werks (soweit ermittelbar).

**Handlung**, bei Ballett **Inhalt**: Vorangestellt wird die Angabe von Ort und Zeit der Handlung. Wenn keine Zeitangabe vorliegt, ist diese nicht zu ermitteln, oder die Zeit ist die Gegenwart der Entstehung oder Aufführung des Werks. – Gliederungseinheiten der Akte sind Bilder; die Schauplätze werden, soweit ermittelbar, genau beschrieben.

**Kommentar**: Einordnung des Werks in den gattungsgeschichtlichen Zusammenhang, musikalisch-dramaturgische Analyse, bei Balletten Darstellung der Choreographie und anderes.

**Wirkung**: Die wichtigsten Stufen der Rezeption des Werks von der Uraufführung bis zur Gegenwart (soweit ermittelbar).

**Autograph**: Standort, soweit ermittelbar. **Abschriften**: wie Autograph. **Ausgaben**: soweit ermittelbar; Reihenfolge: Partitur, Klavierauszug, Textbuch, Regiebuch; bei Balletten: Musik, Libretto, Notation, Film. **Aufführungsmaterial**: Bühnen- oder Musikverlag oder Institution, bei denen Aufführungsmaterial erhältlich ist.

**Literatur**: Allgemeine Werke zum Komponisten/Choreographen sind in die Literatur des ersten behandelten Werks integriert; bei den weiteren Werken wird hierauf verwiesen. Wenn die allgemeine Literatur sehr ausführlich ist, ist sie der Literatur zum ersten Werk nachgestellt. Nachschlagewerke (Führer, Lexika) werden nicht genannt.

# Abkürzungsverzeichnis

## allgemein

| | | | |
|---|---|---|---|
| A | Alt | dies. | dieselbe |
| a.a.O. | am angegebenen Ort | Diss. | Dissertation |
| Abb. | Abbildung | div. | diverse |
| Abt. | Abteilung | dt. | deutsch |
| Acad. | Académie, Academy | EA | Erstaufführung |
| Accad. | Accademia | ebd. | ebenda |
| ad lib. | ad libitum | Ed. | Edition, Edizione |
| Akad. | Akademie | E.H | Englischhorn |
| akad. | akademisch | eigtl. | eigentlich |
| amerik. | amerikanisch | Einf. | Einführung |
| Anh. | Anhang | Einl. | Einleitung |
| Anm. | Anmerkung | elektr. | elektrisch |
| Arch. | Archiv, Archive, Archives, Archivio | elektron. | elektronisch |
| Arr. | Arrangement | engl. | englisch |
| arr. | arrangiert | Erg. | Ergänzung |
| Auff. | Aufführung | Erstdr. | Erstdruck |
| Aufl. | Auflage | erw. | erweitert |
| Aug. | August | evtl. | eventuell |
| Ausg. | Ausgabe | Ex. | Exemplar |
| Ausz. | Auszug | f. | folgende |
| B | Baß | Faks. | Faksimile |
| Bar | Bariton | Febr. | Februar |
| BBC | British Broadcasting Corporation | ff. | folgende |
| B.c | Basso continuo | Ffm. | Frankfurt am Main |
| Bck | Becken | Fg | Fagott |
| Bd. | Band | Fl | Flöte |
| Bde. | Bände | frz. | französisch |
| Bearb. | Bearbeiter, Bearbeitung | GA | Gesamtausgabe |
| Beitr. | Beitrag | geb. | geborene |
| Ber. | Bericht | gen. | genannt |
| bes. | besonders | Ges. | Gesellschaft |
| Bibl. | Biblioteca, Bibliotek, Bibliothek, Bibliothèque | Gesch. | Geschichte |
| | | Git | Gitarre |
| Bl. | Blatt | Glsp | Glockenspiel |
| Bln. | Berlin | gr. | groß |
| BR Dtld. | Bundesrepublik Deutschland | griech. | griechisch |
| Bull. | Bulletin | gr.Tr | große Trommel |
| bzw. | beziehungsweise | H. | Heft |
| C | Contralto | Harm | Harmonium |
| ca. | zirka | Hbg. | Hamburg |
| Cel | Celesta | H-C | Haute-contre |
| Cemb | Cembalo | Hdb. | Handbuch |
| Ch | Choreographie | hist. | historisch |
| chin. | chinesisch | Hochsch. | Hochschule |
| Coll. | Collection | holl. | holländisch |
| Cons. | Conservatoire, Conservatorio | Hr | Horn |
| Corp. | Corporation | Hrf | Harfe |
| d. | das, der, die (usw.) | hrsg. | herausgegeben von |
| dän. | dänisch | Hs. | Handschrift |
| dass. | dasselbe | hs. | handschriftlich |
| ders. | derselbe | Hss. | Handschriften |
| Dez. | Dezember | i. Komm. | in Kommission |
| d. h. | das heißt | ind. | indisch |
| d.i. | das ist | Inst. | Institut, Institute |

| | | | |
|---|---|---|---|
| Instr. | Instrument | Pl.Nr. | Plattennummer |
| ital. | italienisch | poln. | polnisch |
| Jan. | Januar | port. | portugiesisch |
| japan. | japanisch | Pos | Posaune |
| Jb. | Jahrbuch | Prod. | Production, Produktion |
| Jg. | Jahrgang | Pseud. | Pseudonym |
| Jh. | Jahrhundert | Publ. | Publication, Publikation |
| K. | Kontra(…) | R | Rolle |
| Kap. | Kapitel | rev. | revidiert |
| Kat. | Katalog | Rez. | Rezension |
| Kb | Kontrabaß | rum. | rumänisch |
| Kl | Klavier | russ. | russisch |
| kl. | klein | s. | siehe |
| Kl.A | Klavierauszug | S | Sopran |
| Klar | Klarinette | S. | Seite |
| kl.Tr | kleine Trommel | sämtl. | sämtlich |
| Koll. | Kollektion | Sax | Saxophon |
| Kol.S | Koloratursopran | SB | Staatsbibliothek |
| Kons. | Konservatorium | Schl | Schlagzeug |
| krit. | kritisch | schwed. | schwedisch |
| L | Libretto | schweiz. | schweizerisch |
| lat. | lateinisch | Sept. | September |
| LB | Landesbibliothek | Slg. | Sammlung |
| Libr. | Library | s. o. | siehe oben |
| Lit. | Literatur, Literature, Littérature | Soc. | Società, Societas, Société, Society |
| Lpz. | Leipzig | Sp. | Spalte |
| Lt | Laute | span. | spanisch |
| M | Musik | Spr. | Sprecher, Sprechrolle |
| Mand | Mandoline | St. | Stimme |
| masch. | maschinenschriftlich | staatl. | staatlich |
| mexik. | mexikanisch | städt. | städtisch |
| Mez | Mezzosopran | StB | Stadtbibliothek |
| Min. | Minuten | Std. | Stunde |
| Mitt. | Mitteilung | s. u. | siehe unten |
| Ms. | Manuskript | Suppl. | Supplement |
| Mss. | Manuskripte | Synt | Synthesizer |
| mus. | musikalisch | T | Tenor |
| Mw. | Musikwissenschaft | Tb | Tuba |
| mw. | musikwissenschaftlich | Textb. | Textbuch |
| Nachdr. | Nachdruck | Tonb | Tonband |
| n. Chr. | nach Christi Geburt | Tr | Trommel |
| Neudr. | Neudruck | Trg | Triangel |
| Nov. | November | Trp | Trompete |
| Nr. | Nummer | tschech. | tschechisch |
| Nrn. | Nummern | türk. | türkisch |
| NY | New York | u. | und |
| o. ä. | oder ähnlich | UA | Uraufführung |
| Ob | Oboe | u. a. | und andere, unter anderm |
| o.J. | ohne Jahr | UB | Universitätsbibliothek |
| Okt. | Oktober | Übers. | Übersetzung |
| o.Nr. | ohne Nummer | Übertr. | Übertragung |
| o.O. | ohne Ort | u.d.T. | unter dem Titel |
| op. | Opus | ung. | ungarisch |
| Orch | Orchester | Univ. | Università, Universität, Université, University |
| Org | Orgel | | |
| östr. | österreichisch | urspr. | ursprünglich |
| Part | Partitur | usw. | und so weiter |
| Ph. | Programmheft | v. | vom, von |
| Picc | Pikkoloflöte | Va | Viola |
| Pk | Pauke | Vc | Violoncello |
| Pkn | Pauken | v. Chr. | vor Christi Geburt |

## Abkürzungsverzeichnis XVII

| | | | |
|---|---|---|---|
| Veröff. | Veröffentlichung | SdD | Les Saisons de la danse |
| veröff. | veröffentlicht | SIMG | Sammelbände der Internationalen Musikgesellschaft |
| versch. | verschiedene | | |
| Verz. | Verzeichnis | SMZ | Schweizerische Musikzeitung |
| vgl. | vergleiche | STMf | Svensk tidskrift för musikforskning |
| Vibr | Vibraphon | StMW | Studien zur Musikwissenschaft |
| Vl | Violine | TA | Das Tanzarchiv |
| Vlg. | Verlag | TAM | Theatre Arts Monthly |
| vollst. | vollständig | TdZ | Theater der Zeit |
| Vorb. | Vorbereitung | Th.heute | Theater heute |
| Vorw. | Vorwort | VfMw | Vierteljahrsschrift für Musikwissenschaft |
| Wiss. | Wissenschaft | | |
| wiss. | wissenschaftlich | ZfM | Zeitschrift für Musik |
| Xyl | Xylophon | ZfMw | Zeitschrift für Musikwissenschaft |
| z. B. | zum Beispiel | ZIMG | Zeitschrift der Internationalen Musikgesellschaft |
| ZDF | Zweites Deutsches Fernsehen | | |
| zeitgen. | zeitgenössisch | | |
| Zs. | Zeitschrift | | |
| Zss. | Zeitschriften | | |
| z. T. | zum Teil | | |

### Zeitschriften und Reihen

| | |
|---|---|
| AfMf | Archiv für Musikforschung |
| AfMw | Archiv für Musikwissenschaft |
| BA | The Ballet annual |
| BR | Ballet Review |
| DaD | Dance and Dancers |
| DC | Dance Chronicle |
| DDT | Denkmäler deutscher Tonkunst |
| DM | Dance Magazine |
| DMT | Dansk musiktidskrift |
| DN | Dance News |
| DP | Dance Perspectives |
| DT | Dancing Times |
| DTB | Denkmäler der Tonkunst in Bayern |
| DTÖ | Denkmäler der Tonkunst in Österreich |
| JAMS | Journal of the American Musicological Society |
| JbPet | Jahrbuch der Musikbibliothek Peters |
| Mf | Die Musikforschung |
| MJb | Mozart-Jahrbuch |
| Mk | Die Musik |
| ML | Music and Letters |
| MMR | The Monthly Musical Record |
| MQ | The Musical Quarterly |
| MR | The Music Review |
| MT | The Musical Times |
| NRMI | Nuova rivista musicale italiana |
| NZfM | Neue Zeitschrift für Musik |
| ÖMZ | Österreichische Musikzeitschrift |
| Ow | Opernwelt |
| RBM | Revue belge de musicologie |
| RDM | Revue de musicologie |
| RIM | Rivista italiana di musicologia |
| RISM | Répertoire international des sources musicales |
| RM | La Revue musicale |
| RMI | Rivista musicale italiana |

### Sammlungen, Bibliotheken und Theater
(soweit nicht durch allgemeine Abkürzungen erklärt)

| | |
|---|---|
| Berlin/DDR | SB: Deutsche Staatsbibliothek |
| Berlin (West) | SBPK: Staatsbibliothek Stiftung Preußischer Kulturbesitz |
| Bologna | Civ. Museo Bibliogr. Musicale: Civico Museo Bibliografico Musicale |
| Darmstadt | Hess. Landes- u. Hochsch.-Bibl.: Hessische Landes- und Hochschulbibliothek |
| Detmold | Lipp. LB: Lippische Landesbibliothek |
| Dresden | Sächs. LB: Sächsische Landesbibliothek |
| Florenz | Bibl. Cherubini: Biblioteca del Conservatorio di Musica Luigi Cherubini |
| Frankfurt a.M. | StUB: Stadt- und Universitätsbibliothek |
| Leningrad | Bibl. Gos. Inst.: Nautschnaja biblioteka gossudarstwennogo instituta teatra, musyki i kinematografii |
| Leningrad | Bibl. Kirov: Zentralnaja musykalnaja biblioteka teatra opery i baleta imeni S. M. Kirowa |
| Leningrad | Bibl. Saltykov-Ščedrin: Publitschnaja biblioteka imeni M. E. Saltykowa-Schtschedrina |
| Leningrad | Bolschoi-Theater, St. Petersburg: Bolschoi teatr, Kamenny teatr |
| Leningrad | Kirow-Theater: Leningradski gossudarstwenny akademitscheski teatr opery i balety imeni S. M. Kirowa |
| Leningrad | Maly-Theater: Leningradski gossudarstwenny akademitscheski maly teatr opery i baleta |
| London | BL: British Library |
| London | DNB: Dance Notation Bureau |
| Mailand | Bibl. Verdi: Biblioteca del Conservatorio di Musica Giuseppe Verdi |
| Moskau | Bolschoi-Theater: Gossudarstwenny akademitscheski bolschoi teatr Sojusa SSR |

# XVIII   Abkürzungsverzeichnis

| | | | |
|---|---|---|---|
| Moskau | Maly-Theater: Gossudarstwenny akademitschewski maly teatr | Bo&Ha | Boosey & Hawkes Ltd., London, Bonn |
| Moskau | Operettentheater: Moskowski gossudarstwenny teatr operetty | Chappell | Chappell & Co. GmbH Musikverlag, Hamburg, Paris |
| München | Bayer. SB: Bayerische Staatsbibliothek | Choudens | Editions Choudens, Paris |
| Neapel | Bibl.S.Pietro a Maiella: Biblioteca del Conservatorio di Musica San Pietro a Maiella | Doblinger | Ludwig Doblinger Musikverlag, Wien, München |
| | | DreiMasken | Dreiklang Dreimasken Bühnen- und Musikverlage, München, Berlin |
| Neapel | Bibl. naz.: Biblioteca Nazionale Vittorio Emanuele III | Dt. Vlg. f. M | Deutscher Verlag für Musik VEB, Leipzig |
| New York | DNB: Dance Notation Bureau | Durand | Editions Durand et Cie, Paris |
| New York | NYPL: New York Public Library | Eschig | Editions Max Eschig S.A.R.L., Paris |
| Paris | BN: Bibliothèque Nationale | ESZ | Edizioni Suvini Zerboni, Mailand |
| Paris | BN Musique: Bibliothèque Nationale, Musiksammlung | Eulenburg | Eulenburg, London, Mainz |
| | | Faber | Faber Music Ltd., London |
| Parma | Bibl. Palatina: Sezione Musicale dell Biblioteca Palatina presso il Conservatorio di Musica Arrigo Boito | Fürstner | Fürstner Musikverlag, Berlin, London |
| | | Gos.muz. izdat | Gossudarstwennoje musykalnoje isdatelstwo, Moskau |
| Petersburg | siehe Leningrad | | |
| Rom | Bibl. S. Cecilia: Biblioteca del Conservatorio di Musica Santa Cecilia | Hansen | Edition Wilhelm Hansen, Kopenhagen, Frankfurt a. M. |
| | | Heugel | Heugel et Cie, Paris |
| Rom | Bibl. Vaticana: Biblioteca Apostolica Vaticana | Lienau | Robert Lienau Musikverlag, Kornwestheim, Berlin |
| Stuttgart | Württ. LB: Württembergische Landesbibliothek | Litolff | Henry Litolff's Verlag, New York, London, Frankfurt a. M. |
| Thurnau | FIMT: Forschungsinstitut für Musiktheater der Universität Bayreuth | OUP | Oxford University Press, London |
| | | Peters | C. F. Peters Musikverlag, Leipzig, Frankfurt a. M., New York, London |
| Venedig | Bibl. Marciana: Biblioteca Nazionale Marciana | Ricordi | G. Ricordi & Co., Mailand, München |
| Washington | LOC: Library of Congress | Salabert | Editions Salabert S.A., Paris |
| Wien | ÖNB: Österreichische Nationalbibliothek | Schirmer | E. C. Schirmer, Music Co, New York, Boston |

## Verlage
(mit gegenwärtigem Verlagsort)

| | | | |
|---|---|---|---|
| | | Schott | B. Schott's Söhne Musikverlag, Mainz |
| Alkor | Alkor-Edition, Kassel | Sikorski | Hans Sikorski Musikverlag, Hamburg |
| Allegro | Allegro Theaterverlag, Hamburg | | |
| A&S | Ahn & Simrock Bühnen- und Musikverlage, München | Simrock | Musikverlag N. Simrock, Bonn, Berlin, Hamburg |
| Bär | Bärenreiter-Verlag Karl Vötterle KG, Kassel | Sonzogno | Sonzogno, S.p.A., Mailand |
| | | UE | Universal Edition AG, Wien |
| B&B | Bote & Bock, Berlin, Wiesbaden | VAAP | Wsessojusnoje agenstwo po awtorskim prawam, Moskau |
| Belaieff | M. P. Belaieff Musikverlag, Frankfurt a. M., New York, London | VVB | Vertriebsstelle und Verlag Deutscher Bühnenschriftsteller und Bühnenkomponisten, Hamburg |
| B&H | Breitkopf & Härtel, Buch- und Musikverlag, Leipzig, Wiesbaden | | |
| Bloch | Felix Bloch Erben, München, Berlin | Weinberger | Josef Weinberger Musikverlag, Wien, Frankfurt a. M. |

**Werke**

**Donizetti: Lucia di Lammermoor
bis
Henze: Elegie für junge Liebende**

# Gaetano Donizetti

(siehe auch Band 1)

## Lucia di Lammermoor
**Dramma tragico in due parti**

**Lucia von Lammermoor**
2 Teile (3 Akte, 7 Bilder)

**Text:** Salvatore Cammarano, nach dem Roman *The Bride of Lammermoor* (1819) von Sir Walter Scott in der Übersetzung (1826) von Gaetano Barbieri
**Uraufführung:** 1. Fassung: 26. Sept. 1835, Teatro San Carlo, Neapel (hier behandelt); 2. Fassung in 4 Akten (Text: Alphonse Royer und Gustave Vaëz, nach Cammarano) als *Lucie de Lammermoor*: 6. Aug. 1839, Théâtre de la Renaissance, Paris
**Personen:** Enrico Asthon (Bar); Lucia, seine Schwester (S); Edgardo di Ravenswood (T); Lord Arturo Bucklaw (T); Raimondo Bidebent, Lucias Erzieher und Vertrauter (B); Alisa, Lucias Kammerdame (Mez); Normanno, Hauptmann der Reisigen von Ravenswood (T). **Chor:** Damen, Edelleute, Verbündete Asthons, Bewohner von Lammermoor, Pagen, Reisige, Bedienstete bei Asthon
**Orchester:** Picc, 2 Fl, 2 Ob, 2 Klar, 2 Fg, 4 Hr, 2 Trp, 3 Pos, Pkn, Schl (gr. Tr, Bck, Trg, Glocke in g'), Hrf, Streicher; BühnenM hinter d. Szene: Banda (nicht differenziert)
**Aufführung:** Dauer ca. 2 Std. 30 Min.

**Entstehung:** *Lucia di Lammermoor* bildet den Abschluß und Höhepunkt einer Serie von Versuchen, Scotts Erfolgsroman für das Schauspiel und die Oper zu adaptieren. Am Anfang stand wie so oft das französische Boulevardtheater: *La Fiancée de Lammermoor* (Paris 1828) von Victor Henri Brahain Ducange gab den Handlungsrahmen für Giuseppe Luigi Balocos Libretto zu Carafas *Le nozze di Lammermoor* (Paris 1829). Möglicherweise angeregt durch Carafas Oper wurde Calisto Bassis Libretto *La fidanzata di Lammermoor,* das von Luigi Rieschi (Triest 1831) und Giuseppe Bornaccini (*Ida*, Rom 1833) vertont wurde. Rieschis Oper erlebte in einer Neufassung als *Ida di Danimarca* (Mailand 1854) noch eine späte, aber erfolglose Reprise. Während Hans Christian Andersen in seinem Text für Ivar Frederik Bredals *Bruden fra Lammermoor* (Kopenhagen 1832) eigene Wege beschritt, bewegte sich Pietro Beltrame in seinem Libretto *La fidanzata di Lammermoor*, vertont von Alberto Mazzucato (Padua 1834), in den von seinen Vorgängern aufgezeigten Bahnen. Bei Cammarano lassen sich Elemente aus allen drei italienischen Vorläuferlibretti ausmachen. – Am 9. Nov. 1834 hatte Donizetti mit dem Teatro San Carlo einen Vertrag über drei neue Opern geschlossen, deren erste im Juli 1835 uraufgeführt werden sollte. Die Intendanten hatten sich ausgebeten, Sujet und Textdichter selbst zu bestimmen. Dafür sollte dem Komponisten die Aushändigung des bereits von der Zensur genehmigten Texts vier Monate vor dem Aufführungsdatum garantiert werden. Erst am 18. Mai 1835 taucht der Titel der Oper in einem Brief Donizettis an Luigi Graf Spadaro del Bosch in Messina auf. Eine Woche später erhielt er dann die Handlungsskizze und einen Plan für die Rollenverteilung. Aber noch am 29. Mai mußte er seine Vertragspartner zornig an die Einhaltung ihres Versprechens erinnern: Er wolle sich nur dann verpflichten, sein Werk bis Ende Aug. 1835 abzuschließen (ohne also auf der vereinbarten Frist von vier Monaten zu bestehen), wenn sich der Librettist unverzüglich ans Werk machen könne. Cammarano hatte bis dahin erst ein Libretto bei Domenico Barbaja auf die Bühne gebracht, die zusammen mit Emanuele Bidera verfaßte sehr erfolgreiche *Ines de Castro* (1834) für Giuseppe Persiani. Einer Schauspielerfamilie entstammend, selbst als Bühnenbildner und Regisseur ausgebildet, brachte Cammarano fast ideale Voraussetzungen für die Opernkonzeption des mittleren Donizetti mit: den Hang zu einer Dramatik der exaggerierten Leidenschaften, untrüglichen Sinn für das wirkungsvolle Tableau, eine zupackende, komplexe Bühnenvorgänge auf einen Nenner bringende Diktion, an der sich noch Giuseppe Verdi mit seiner Vorstellung von der Wirksamkeit der »parole sceniche« inspirieren sollte. Donizetti war denn auch von der Zusammenarbeit sehr angetan. Von Ende Mai bis Anfang Juli schrieben beide intensiv an ihrem Werk, zu dessen Ausarbeitung sich der Komponist aufs Land zurückgezogen hatte. Am 6. Juli hat Donizetti die letzte Seite seiner Partitur datiert: Text und Musik waren in weniger als sechs Wochen entstanden. Die Proben und die Aufführung verzögerten sich durch eine Krise in der Direktion der Oper. Erst Mitte Sept. 1835 war die Uraufführung gesichert. Sie wurde zu einem der größten Erfolge der neapolitanischen Oper.

*Lucia di Lammermoor,* III. Akt, 3. Bild; Bühnenbildentwurf: Francesco Bagnara; Teatro Apollo, Venedig 1836. – Bagnaras Entwurf des Schlußbilds realisiert den Schauplatz nicht nur atmosphärisch, sondern auch als Spielraum: Über die Treppe, die das Schloß von Wolferag mit der Grabstätte der Ravenswood verbindet, führt Lucias Leichenzug.

**Handlung:** In Schottland, Schloß Ravenswood und verfallener Turm des Schlosses Wolferag, Ende des 16. Jahrhunderts. I. Teil: »Die Trennung«. I. Akt, 1. Bild, im Park von Schloß Ravenswood: Vor Tagesanbruch durchsuchen Enrico, der Lord von Ravenswood, sein Kaplan Raimondo und Normanno mit dem bewaffneten Gesinde die Wälder am Rand von Lammermoor nach einem geheimnisvollen Fremden, der mehrfach in der Nähe von Ravenswood gesehen wurde. Während sich die Jäger zerstreuen, gesteht Enrico seinen beiden Vertrauten seine schweren Sorgen: Schulden belasten seinen Besitz, der König stehe der Familie feindlich gegenüber, doch seine Schwester Lucia weigere sich hartnäckig, Lord Bucklaw ihre Hand zu geben, obwohl nur dieser den Familienbesitz retten könne. Auch verberge sich hinter dem rätselhaften Fremden vielleicht Edgardo, der lange verschollene rechtmäßige Besitzer von Ravenswood, dessen Vater er, Enrico, die Herrschaft entrissen habe. Vergeblich sucht Raimondo den Schloßherrn zu überzeugen, Lucia sei durch die Trauer um den Tod ihrer Mutter fühllos gegen Liebesbeteuerungen; denn Normanno weiß zu berichten, das junge Mädchen liebe einen unbekannten Mann, der sie vor dem Angriff eines wilden Stiers gerettet habe, und treffe sich mit ihm heimlich im Park. In aufflammendem Zorn beschuldigt Enrico seine Schwester des Verrats, als die zurückkehrenden Mannen die Gewißheit bringen: Sie haben in dem fortgaloppierenden Fremden den früheren Erben von Ravenswood erkannt. Raimondos Bitten um Mäßigung und Milde bleiben gegenüber den Rachebeteuerungen wirkungslos. 2. Bild, verfallener Brunnen im Park von Schloß Ravenswood, Mondschein: Mit ihrer Vertrauten Alisa wartet Lucia auf das Kommen Edgardos. Alisa warnt vor einer Wiederholung des Stelldicheins, da Enrico ihrem Geliebten auflauern läßt. Lucia ist zwar beunruhigt durch eine Geistererscheinung (sie hat die Gestalt jener Frau gesehen, die ein früherer Ravenswood neben dem Brunnen erdolcht und ins Wasser geworfen hat, und das Wasser sei nach der Vision blutrot gewesen), aber das böse Omen vermag nichts gegen ihre Leidenschaft, die sie allein über ihre traurige Lage tröste. Edgardo tritt auf, aber nur, um sich von Lucia zu verabschieden. Er muß als Botschafter nach Frankreich gehen, will sich vorher aber noch mit Enrico versöhnen und ihn um die Hand seiner Schwester bitten. Als Lucia ihn aus Angst um Verschwiegenheit bittet, bricht sein Haß gegen das ihm feindliche Geschlecht aus. Nur mit Mühe vermag ihn Lucia zu beruhigen. Beim Abschied tauschen sie ihre Ringe zum Zeichen des ewigen Bunds. II. Teil, »Der Ehevertrag«. II. Akt, 1. Bild, Zimmer in Lord Asthons Gemächern: Enrico hat, ohne Rücksicht auf den Widerstand Lucias, die Hochzeitsgäste aufs Schloß geladen. Mit Normanno beschließt er, das Mädchen durch einen gefälschten Brief Edgardos, der sie von seiner Untreue überzeugen soll, für seinen Plan zu gewinnen. Als Lucia auf ihre Treuepflicht gegenüber einem andern verweist, überreicht ihr Enrico den angeblichen Brief Edgardos. Aber noch während festliche Klänge die Ankunft Lord Bucklaws verkünden, weigert sich Lucia, in die Verbindung einzuwilligen. Erst nach Enricos Beteuerungen, das Schicksal ihres Hauses, ihrer ganzen Partei in den schottischen Wirren und schließlich sein eigenes Leben stünden auf dem Spiel, gibt sie verzweifelt nach. Auch Raimondo überredet die Alleingebliebene: Edgardo habe auf einen ihm heimlich zugestellten Brief nicht geantwortet. 2. Bild, große Halle, festlich geschmückt für Arturos Ankunft; im Hintergrund eine Treppe mit einer Tür am oberen Ende; weitere Türen an den Seiten: Die Gäste begrüßen Bucklaw und wünschen ihm Glück zu seiner Heirat. Er verspricht in seiner Dankrede die Wiederherstellung des früheren Ansehens des Clans. Mißtrauisch fragt er dann Enrico, da Lucia mit dem Erscheinen zögert, nach der Wahrheit eines Gerüchts, das sie mit Edgardo in Verbindung bringt. Halb ohnmächtig wird Lucia hereingebracht und unterzeichnet nach kurzem Zögern den Heiratskontrakt. »Mein Todesurteil hab' ich unterschrieben!« Da drängt sich Edgardo in die Versammlung und findet die zusammengebrochene Lucia. Seine Widersacher bedrohen ihn mit dem Degen, doch Raimondo wirft sich zwischen die Parteien. Edgardo fordert sein Recht. Als er jedoch erfährt, Lucia habe sich dem Rivalen versprochen, gibt er ihr verzweifelt seinen Ring zurück. In der allgemeinen Verwirrung läßt sich Edgardo schließlich zur Flucht bewegen; Lucia bleibt trostlos zurück. III. Akt, 1. Bild, Zimmer im halbverfallenen Turm des Schlosses von Wolferag; Nacht: Durch das Toben des Sturms, in dem Edgardo das Gleichnis seiner Verzweiflung sieht, hört er näherkommenden Hufschlag. Es ist Enrico, der das Hochzeitsfest verlassen hat, um Rache an seinem Feind zu nehmen. Edgardo wirft ihm die Tollheit vor, das Schloß heimzusuchen, in der noch der Geist des vertriebenen Lairds auf Sühne alter Schuld warte. Nach heftigen Auseinandersetzungen einigen sie sich auf ein Duell am nächsten Morgen bei den Gräbern von Ravenswood. 2. Bild, Galerie im Schloß Ravenswood, schwach erleuchtet: Nachdem sich Bucklaw und Lucia zurückgezogen haben, geht die lärmende Festesfreude weiter. Da stürzt Raimondo mit der Schreckensbotschaft herein, Lucia habe (offenbar in einem Anfall von Wahnsinn) ihren Bräutigam erstochen. Lucia folgt ihm auf dem Fuß, den blutigen Dolch in der Hand. In ihrem verwirrten Geist verbinden sich Erinnerungen an ihr Liebesglück mit Edgardo, die blutige Vision am Brunnen und der Traum, mit Edgardo endlich verbunden zu sein. Der zurückkehrende Enrico sieht mit dem gleichen Entsetzen wie die Gäste die verstörte Lucia. Zu spät erkennt er seine Schuld, zu spät übergibt er Lucia der Obhut Alisas und Raimondos. 3. Bild, außerhalb des Schlosses von Ravenswood, das teilweise erleuchtet ist; in der Nähe eine Kapelle; der Weg dorthin umsäumt mit Gräbern der Ravenswood; Tagesanbruch: Bei den Gräbern seiner Ahnen wartet Edgardo in bitterem Zorn auf das Nahen seines Feinds. Da hört er von einigen Vorübergehenden die Nachricht von Lucias Wahnsinn. Auf seine Fragen erfährt er, daß

Lucia im Sterben liege und unaufhörlich seinen Namen rufe. Das Läuten der Glocke verkündigt ihr Ende. Als Raimondo sich Edgardo nähert, um ihm schonend ihren Tod mitzuteilen, beschwört dieser noch einmal seine Liebe zu Lucia, die ihm in den Himmel vorausgeeilt sei. Dann ersticht er sich.

**Kommentar:** Cammaranos Adaption des Stoffs hält sich in der Typisierung der Charaktere und Situationen an die Modelle seiner Vorgänger. Dabei werden kennzeichnende Momente des Erzählerischen in die Bühnenfassung übernommen. Der Verzicht auf eine breiter entwickelte Vorgeschichte ist (man denke an Verdis *Trovatore,* 1853) fast ein Markenzeichen für Cammarano. Nur an vereinzelten Stellen weist die Handlung in beiläufigen Dialoganspielungen über sich hinaus. Die Auseinandersetzungen zwischen den Whigs, zu denen bei Scott die reich gewordene Familie des Großsiegelbewahrers William Ashton gehört, und den Tories um 1710 werden in der Oper nur einmal erwähnt, als Nebenargument zur Überredung Lucias. Die verwickelten Geschehnisse, die zur Enteignung des letzten Laird Ravenswood geführt haben, werden ebensowenig plausibel gemacht wie die räumlichen Verhältnisse zwischen Ravenswood, der Gruft und Wolf's Crag. Doch die Indizien eines lauernden Verhängnisses, das die Tragödie zwangsläufig im Gefolge hat, werden übernommen, abgewandelt und vergröbert, ohne daß sie sich allerdings zu einem erkennbaren Muster verdichten. Bei Scott ist Ashton, der Vater Lucys, rechtmäßig, wenn auch nicht ohne Ränke, in den Besitz von Ravenswood gelangt. Edgar, der Sohn des alten Laird, hat von seinem Vater außer dem Parteihaß der Tories den verblendeten Glauben an sein angestammtes Recht auf Ravenswood geerbt. Von dem allein ihm verbliebenen Turm von Wolf's Crag aus verfolgt er die Eindringlinge mit seinem Haß, den diese mit listigen Rechtsmitteln zu ihren Gunsten nutzen. Diese Verteilung von Recht und Schuld auf beide Parteien ermöglicht erst, die Versöhnung als greifbar nahe darzustellen: Wenn Edgar Lucy und ihren Vater vor dem Stier rettet (er ist auch das Wappentier des todgeweihten Stamms der Ravenswood), so zeichnet sich eine dauerhafte, in die Zukunft weisende Verbindung der beiden Häuser ab, die nur an den Intrigen von Lucys Mutter, Lady Ashton, und ihrem Clanhochmut scheitert. Das heißt, in den Beziehungen der Protagonisten spiegelt sich die politische Situation in Schottland unmittelbar vor dem Anschluß an England (1712) wider. Hinter dieser historischen Handlungsebene verbirgt sich eine tiefere, balladesk vorgetragene Schicht des Geheimnisses: Todesverkündigungen Toms des Reimers, in Rätselverse zusammengedrängt, werden unerwartet eingelöst; Gespenstisches erscheint in realer Vermummung, so der schwarze Stier oder die drei alten Hexen, bis schließlich Edgar im Treibsand von Kelpie's Flood versinkt, wie es die Prophezeiung wollte. Eine doppelte Aura (aus malerischer Vergegenwärtigung der Historie und atmosphärisch dichter Beschwörung des Fatums) umgibt die romantische Liebesgeschichte bei Scott. – Cammarano hat davon sichtlich kaum etwas übernommen: Edgardo ist zum melancholischen Außenseiter geworden, zum Edelmann im Exil und zum todgeweihten Liebhaber; die Familie Ashton dagegen ist auf Lucia und ihren schurkischen Bruder zusammengeschrumpft, und der unselige Enrico hat alle schlechten Eigenschaften und Handlungen seiner Anverwandten in sich versammelt. Recht und Unrecht sind den Stimmlagen entsprechend eindeutig verteilt. Der Fortgang der Ereignisse ist auf prägnante Augenblicke in übersteigertem Ambiente eingefroren, wobei die operngerechte Umdeutung des Schlusses mit dem Freitod Edgardos inmitten seiner Ahnen vielleicht das auffallendste Beispiel bietet. Auch das Übersinnliche ist ganz in die Episode abgedrängt: Lucias Geschichte von der Erscheinung der ermordeten Frau gibt eine ebenso grell-banale wie beliebige Vorausdeutung auf das üble Ende. Erstaunlicherweise dient die radikale Bühnenvereinfachung des Geschehens samt der üblichen Personalverknappung nicht eigentlich dramatischen Zwecken. Zwar entwickelt sich alles Geschehen vor den Augen des Publikums, doch ist Cammarano an einer dramengerechten Abwicklung des Plots kaum interessiert. Die sieben Bilder sind zwar nach dem Prinzip der Einheit der Zeit zu zwei Teilen zusammengefaßt, bleiben aber als solche episodisch. Und auch innerhalb der Bilder herrscht bis zur Karikatur der überdehnte Augenblick der Ekstase über die Aktion. Worin aber bestehen Cammaranos Verdienste bei diesem Libretto? Seine Rückführung von Scotts Geschichtspanorama auf eine düstere Leidenschaftsballade schafft Raum für die eindringliche Entfaltung des Außerordentlichen in den Beziehungen der drei Protagonisten, und alle übrigen Figuren sind unmißverständlich zu Statisten und Stichwortgebern herabgedrückt. Haß und Liebe, Grausamkeit und Reue werden gleichsam rein dargestellt, so aber, daß sie jeweils nicht als ein abgeschlossener, sondern als ein schrittweise sich freisetzender Zustand erscheinen. Der blinde Haß Enricos, der sich hinter den Anlässen des drohenden Elends oder des Zorns über die Widerspenstigkeit seiner Schwester verbirgt, bricht von Szene zu Szene immer deutlicher hervor bis zu jener Begegnung im Turm von Wolferag, die seine Geistesverwir-

*Lucia di Lammermoor,* III. Akt, 3. Bild; Joachim Sattler als Edgardo; Regie: Arthur Maria Rabenalt, Bühnenbild: Wilhelm Reinking; Landestheater, Darmstadt 1930. – Durch das Mittel der Textprojektion sollten die Aufführungskonventionen des Werks konterkariert werden.

rung als eng mit der seiner Schwester verwandt zu erkennen gibt. So dient ein ganzer Auftritt (I/3) der ins Unbeschränkte gedehnten Vernichtung von Lucias Glauben an Edgardos Treue, um ihren Treuebruch vor dem Zuschauer zu legitimieren. Mit abenteuerlichen Details ausgestattet, wird dies Bild der verfolgten Unschuld zu einer eigenen Tragödie der Unschlüssigkeit umgedeutet, die dann im II. Akt das Wahnsinnstableau als zwangsläufiges Pendant hervorruft. Und auch in der Gestalt Edgardos deutet Cammarano das Motiv des edlen Bluts im Exil gründlich aus, von seinem ersten Abschied bis zu seinem letzten zwischen den Denkmälern des Niedergangs. Heftigste Leidenschaft, die nur Steigerung als Variation zuläßt, bestimmt die Katastrophe der Handelnden. Für ihr Ambiente hat Cammarano dagegen (mit gebotener Vereinfachung zu Pomp hier, Naturmagie dort) ein ausführliches, romantisch eingefärbtes Szenar aus Naturblicken, Ruinenzauber und feudalem Burgleben entworfen: Schottland als Ultima Thule. Er erzählt und schafft dem Komponisten Raum für seine erzählende Tonmalerei. Scharf getrennte Einzelbilder stellen dem Komponisten in Kontrast und Spiegelung bequeme Szenensujets für exaggerierte Leidenschaften zur Verfügung. Das kam Donizettis Ideen in diesen Jahren besonders entgegen (siehe *Gabriella di Vergy,* 1826, *Imelda de' Lambertazzi,* Neapel 1830), als es ihm vor allem um »Liebe, zerstörerisch-heftige Liebe, ohne die jede Oper kalt bleiben muß«, zu tun

*Lucia di Lammermoor,* III. Akt, 2. Bild; Maria Callas als Lucia; Scala, Mailand 1954. – Lucias Schlußmonolog ist die gültigste Ausformung jenes Topos der »Wahnsinnsszene«, in dem das grenzüberschreitende Moment der romantischen Oper musikalisch-theatralische Gestalt gewonnen hat.

war. – Donizetti hat sich bei seiner Komposition entsprechend von der Ausdrucksmacht leiten lassen, die von den drei einander in Liebe und Haß verbundenen, ganz in ihre Leidenschaften eingesponnenen Figuren ausgeht, und er hat dies mit einer deutlich akzentuierten Unterscheidung in die vorbereitenden vier von der Entwicklung des Konflikts getragenen Bilder des I. und II. Akts und die um das Schicksal jedes einzelnen Protagonisten angeordneten Bilder des III. Akts verbunden. Natürlich folgen Librettist und Komponist in der Verteilung von Arien, Duetten und großen Ensembleszenen mit Chor dem gewohnten Schema, aber doch mit einer eigenen Akzentuierung des Ausdruckswillens: Die Auftrittskavatinen Enricos und Lucias in den ersten beiden Bildern bleiben in die szenische Exposition eingebunden (Wiederkehr des Chors, Auseinandersetzung mit den Vertrauten) oder weisen auf das folgende Duett unmittelbar voraus. Auseinandersetzung und fordernde Geselligkeit bestimmen erst recht die doppelte Szenenfolge um den fatalen Ehevertrag, während im III. Akt dann die weit ausgeführte Soloszene alles äußere Geschehen in sich aufnimmt, bis die Choreinwürfe schließlich alle eigenständige Funktion verlieren. Durch die pointierte Umstellung der üblichen Schlußwendung einer Oper mit getrenntem Liebespaar, bei der das tenorale Unglück allemal der Finalszene der Primadonna vorausgeht, oft durch ausladende Chorauftritte distanziert (zum Beispiel in *Roberto Devereux,* 1837, oder auch in Bellinis *Beatrice di Tenda,* 1833), und durch die ungewöhnlich langgesponnene, rhapsodische Entwicklung dieser Schlußnummern legt der Komponist unmißverständlich das Schwergewicht auf diese ekstatische Innenwendung seines Dramas. Lucias Wahnsinn und Edgardos Tod verdeutlichen am genauesten Donizettis besondere Intentionen, die hier ohne die üblichen Rücksichten auf die Hektik des Theaterbetriebs und seine Routineforderung verwirklicht werden konnten. Eingespannt in das stimmungsmäßig, nicht formal rahmende Maestoso, das in der von Posaunen und Streichern bestimmten Introduktion den Todesort exponiert, während es in der nachfolgenden Chorszene den Trauermarschrhythmus für das Finale entwirft, entfaltet sich Edgardos Lamento über ein pathetisches Rezitativ, das die Stimmung aufnimmt und in zwei große melodische Gesten verdichtet, in einer scheinbar regelmäßig gebildeten Kavatine mit Coda (a b a c). Daß a bei der Wiederholung zu a' transformiert wird, verletzt noch nicht die Konvention. Ungewöhnlich allerdings ist es, daß b im rhythmischen Muster a genau folgt, so daß die Wiederaufnahme als dritter Schritt einer kontinuierlichen Steigerung erscheint, die sich in dem großen Schmerzausbruch des »poco più animato« entlädt. Das regelmäßige Schema scheint ganz der inneren Ekstase untergeordnet. Ähnliches gilt auch für die sehr komplexe Struktur des eigentlichen Finales: Das Secondo tempo (Moderato), wieder wie das Lamento in D-Dur, das auf eine überdehnte Rezitativ-Chor-Kontroverse folgt, schließt sich in der Melodieführung und im Ausnutzen des harmonischen Stufengangs dem Primo tempo, in Zeitmaß und Rhythmus eben dieser vorausgehenden Chorpassage an, während die lugubren Klänge des Trauermarschs immer wieder hereindringen. Donizetti hat hier das Prinzip der zweisätzigen Aria finale preisgegeben, obwohl er das Schema auch für die gänzlich umgedeutete Cabaletta als solches sorgsam beibehalten hat. Der Augenblick der Ekstase wird in seiner in sich gesteigerten Dauer über den äußeren Handlungsgang hinausgehoben, wobei die vertrauten Formkategorien nur noch die Abweichungen zu konstatieren erlauben. – Die ausgreifende Wahnsinnsszene Lucias (diese Bravournummer aller Bravournummern, der eine Finalszene für den Tenor nachzustellen schon Donizettis Vertrauen in seinen Genius voraussetzt) gehorcht einer ähnlichen Metamorphose der Form zum reinen Ausdruck innerer Dramatik. Nur ist hier, sujetbedingt, die Parzellierung des melodischen und harmonischen Zusammenhangs stärker ausgeprägt. Festgetümmel und Vorverkündigung des Grauens (in dem wohl fälschlich »Gran scena con cori« genannten Bericht Raimondos) dienen nur der Einstimmung in den jähen Stimmungsumschwung; Lucia bringt in ihrem Wahnsinn eine eigene, unverbindbare Wirklichkeit des Phantastischen mit sich. Es ist im Grunde die gleiche Sphäre der Entrücktheit, die schon ihre Auftrittsarie prägte: Die ungewöhnlich intensive Angleichung des melodischen Stils an Vincenzo Bellini wird von Donizetti hier bewußt zur Absonderung Lucias eingesetzt. War dort der außerordentlich hohe Anteil schwierigster Koloraturen, jede melodisch gedacht, jede gestisch auf Ausdruck und Aura bezogen, wie in den als Vorbild dienenden Opern Bellinis dazu bestimmt, die ätherisch-elfische Natur des Mädchens und ihren verborgenen Zusammenhang mit den Mächten des sie umgebenden Geheimnisses zu beschwören, so nutzt Donizetti in der Wahnsinnsszene die Koloratur doppelt aus: als Sinnträger der Empfindung über die geistige Zerstörung Lucias hinaus (in den Erinnerungsmotiven, in den flackernden Melodiefloskeln) und als Indiz eben dieser Zerrüttung des Geists. Der Einsatz der Koloratur rechtfertigt, im Verfolg der Koloraturbehandlung in der Rossini-Nachfolge, die Durchlöcherung der Arienform. Erst genauerem Zusehen eröffnet sich der beibehaltene Typus der zweisätzigen Arie mit dem Beginn des Kantabile bei »Ardon gl'incensi« und dem Einsatz der Cabaletta mit »Spargi d'amaro pianto«, während für den Ablauf der Arie ihr Episodencharakter und ihr Wechsel von Arioso und dramatischem Einbruch bestimmend sind. Hier wird auf die Arie insgesamt übertragen, was seit Rossinis neapolitanischen Opern für die Koloratur gilt: das Zerbrechen der Einheit der Form vor dem Eigenanspruch des Details. Schon mit dem Vorspiel gibt Donizetti einen irritierenden Fehlverweis, da die Orchestermelodie nur scheinbar das Kantabile vorwegnimmt, und die Ariosogebärden im Rezitativ erwecken immer neu die Vorerwartung auf den Beginn der Arie, der dann zunächst als weitere Episode erscheint, ehe er sich in den perlenden Kaskaden des Ziergesangs auflöst. Zitat und Augenblicksgeste triumphieren über die Einheit der Szene, garantieren dafür aber den atmosphärischen Zusammenhang des ganz andern, zu dem auch die Mitsingenden keinen Zugang gewinnen können. Die weit abstehende, durch eine melodisch eigenständige Zwischenpassage kaschierte Cabaletta (auch sie wie das Lamento Edgardos im Zeitmaß des ersten Teils angenähert), die sich über eine doppelte Stretta am Ende ein wenig konventionell in den Schlußeffekt steigert, bestätigt und unterstreicht den Charakter eines zerklüfteten Panoramas des ekstatischen Empfindungszustands, in dem sich zugleich ex negativo die wachgerufene frühere Existenz spiegelt. Durch kühne Klangwirkungen hatte Donizetti ursprünglich versucht, das Inkomparable dieser Szene zu vergegenwärtigen: Eine Glasharmonika sollte in schneidendem Wohllaut die Melodiefragmente und die tastenden Ausdrucksversuche Lucias begleiten, für die dann aber, um die Schwierigkeiten nicht zu potenzieren, die Flöte einsprang. – Konzentration auf den Augenblick und ein immer angestrengtes, immer waches Bemühen um Differenzierung (der Charaktere, der Situationen, der Empfindungen) sind wie in den Schlußszenen auch in allen andern Bildern des Dramas ablesbar. Souverän verzichtet Donizetti, Cammaranos Eigenheiten nutzend oder gar noch betonend, auf jede Spannung, die sich aus dem Handlungsgang entwickelt: Motivationen, Bühnenbewegungen und dramatische Auseinandersetzungen zwischen den Akteuren werden auf wenige, aber nachdrücklich verdeutlichte Stichworte reduziert; ein überraschendes Motiv oder ein jäher Tonartwechsel genügt, um die Voraussetzungen für ein neues Tableau zu schaffen. Am auffälligsten zeigt sich das in der Schlußszene des II. Akts mit dem berühmten Sextett (»Scena e quartetto« genannt, weil Donizetti die Zusatzstimmen Arturos und Alisas nicht als vollgültig rechnet), die überdies die Umgestaltung der Vorlage durch Dichter und Komponist fast parodistisch widerspiegelt: Die erzwungene Unterschrift Lucias unter den Ehevertrag bot bei Scott eine zur Dramatisierung geradezu herausfordernde Vorgangsspannung an. Donizetti verkürzte die Szenenfolge zu einer gedrängten, in der musikalischen Typologie eher konventionellen Reihe ineinander verschliffener Tableaus, die sich im wesentlichen in zwei Komplexe aufteilen: zunächst der Chor der Gäste in festlich-breitem Marschklang über jagenden Triolen, darin eingelagert der Auftritt des Bräutigams, dessen belanglose und meist schlecht gesungene Melodie nur als Vorhalt für das Wiedereinsetzen des Chors unter seiner Mitwirkung dient; dann das eigentliche, vierfach gegliederte Finale. Das Duett Arturo/Enrico, ein scheinbar frei entfaltetes Stück intriganter Konversation über einer Weltläufigkeit charakterisierenden Orchestermelodie, in Wahrheit ein streng symmetrisch in zwei Strophen angelegtes Duett, und der Eintritt Lucias, der den Marschrhythmus zum Trauermarsch umdeutet, dienen als Fortführung und schroffe Kontrastierung des festlichen Eingangs. Ambiente und Erlebnis treten in schrillem Widerspruch auseinander und werden im Durchgangsaugenblick gewissermaßen eingefroren (siehe dazu die analogen Szenen in *Anna Bolena*, 1830, und vor allem in *Lucrezia Borgia*, 1833). Vom Zusammenbruch Lucias nach geleisteter Unterschrift über den Eklat von Edgardos Erscheinen (durch nichts motiviert als die Überraschung und darum szenisch auch kaum lösbar) bis zum Larghetto des Sextetts, das die noch ungeklärte tragische Konstellation bereits als unaufhebbaren Zustand festhält, vergehen nur 18 Takte. Der Komponist hat die Situation noch weiter komprimiert, indem er die tonlos vollzogene, nur in einem Rezitativausruf kommentierte Unterschrift und die Verwirrung über Edgardos Erscheinen zu einem szenisch-musikalischen Schock zusammenzieht: eine bei Donizetti häufiger angewandte, auf Simon Mayr und Gioacchino Rossini zurückweisende Technik der dramaturgischen Gliederung (jäher Umbruch der Erwartung als Voraussetzung einer Ensembleszene, die diesen Wechsel reflektiert, Lösung der aufgestauten Erregung in einem Strettaschluß), die aber in diesem Finale bewußt auf die Spitze getrieben wird. Der formale Aufbau des Kantabile steigert sich vom Duett Edgardo/Enrico zum versprochenen Quartett der Hauptstimmen (einschließlich Raimondos), das die 16 Takte in reicherer Ausführung wiederholt, um dann in einem zweiten, die Grundstruktur des Themas weiterführenden Teil die Randsolisten (als selbständige Chorstimmen), den Chor und das voll einsetzende Orchester von Melodiebogen zu Melodiebogen in glänzender Verschränkung der Stimmen, aber auch der Motive zu einem weit hinausgezögerten Kulminationspunkt zu bringen. Auch dieser knappere Teil b wird wie Teil a genau wiederholt und erst durch einen jähen Schlußaufschwung noch einmal akzentuiert. Wie in den beiden Schlußszenen wird die Stretta des Finales durch eine längere Zwischenpassage getrennt. Sie gibt durch Wiederaufnahme von Motiven aus dem Anfang (Zitat der mondänen Orchestermelodie für den Konversationston und der Trauermusik Lucias) den vier Abschnitten eine äußerliche Verklammerung, fügt auch die konzertanten Teile in das Handlungstableau fest ein. Der virtuose Kehraus des Fests im Tumult der Cabaletta löst schließlich den Augenblick der tragischen Verkennung in Bewegung auf. Die genaue Konzentration auf den Moment erreicht hier bei Donizetti den äußersten Punkt, für den beides charakteristisch ist: die Vernichtung der dramatischen Kontinuität und die vielfarbige Beschwörung des Ambiente. Seine späteren Opern, vor allem die für Paris geschaffenen Werke, folgen zunehmend dem gegenteiligen Prinzip einer Zusammenordnung von Einzelmomenten zu einem in sich konsistenten Handlungsablauf. Sie sind mindestens tendenziell auf das musikalische Drama ausgerichtet. Daß sich dieser Wandel auch in der Orchesterbehandlung konstatieren läßt, sei hier nur angedeutet: Donizetti hat sich um eine differenzierte Farbigkeit des Instrumentalklangs bemüht. Hauptsächlich dem Orchester ist ja die erzählerische Funktion übertragen, wodurch Cammaranos Bearbeitung der Vorlage so sehr hervorgehoben wird. Lange Vor- und Zwischenspiele (die Harfenfantasie zu Beginn von Lucias Auftrittskavatine und der Sturm zu Beginn des III. Akts) sind nur die auffallendsten, die knappen Lokalcharakterisierungen von Zeremoniell und Totenstarre in den beiden Phasen der Selbstzerstörung Lucias und in Edgardos Gruftgang dagegen die eindringlichsten Beispiele für Donizettis beschreibende Orchesterbehandlung. Es verschlägt wenig, daß die vielfache Abschattierung des Orchesters auf weiten Strecken additiv bleibt, eher mechanisch dem Prinzip der Abwechslung folgt als einer durchdachten Gesetzmäßigkeit. An allen Höhepunkten und an allen szenischen Markierungen besticht jedenfalls Donizettis ungewöhnlich sorgfältige Instrumentierung durch ihre selbstverständliche Überzeugungskraft. – Für die 2. Fassung schrieben Royer und Vaëz eine zum Teil abweichende Textversion, der sich Donizetti mit einschneidenden Veränderungen seiner Musik anglich. Er unterdrückte die beiden Randfiguren Alisa und Normanno und ersetzte sie durch einen neuen Charakter: Gilbert, der in die musikalischen Nummern (auch in das Sextett) eingebaut wurde. Die Partie des Raimondo (Raimond) ist nach Umfang und sängerischem Anspruch sehr geschrumpft. Der neue I. Akt besteht aus den zusammengezogenen Bildern 1 und 2, der neue II. Akt aus den Bildern 3 und 4 des früheren I. Akts. II/1 und II/2 wurden zum III. Akt (Schloß Ravenswood) zusammengezogen, aus dem III. wird der IV. Akt. Für die Zusammenlegungen dürfte der Wunsch nach Einsparungen bei den Dekorationen maßgebend gewesen sein. Während der Anfang des früheren II. Akts (nun ist es Edgard, der rachesuchend ins Schloß stürzt) jedes Sinns beraubt wird, ist in der Neufassung des I. Akts die Exposition der Vorgeschichte sorgfältiger und genauer ausgeführt als bei Cammarano. Donizettis musikalische Eingriffe beschränken sich auf Umstellungen und Retuschen: Das »Regnava nel silenzio« im I. Akt ist durch die große Doppelarie aus *Rosmonda d'Inghilterra* (Florenz 1834) ersetzt, einige Nummern sind drastisch gekürzt (Stretta des 2. Finales) oder gestrichen (Arie Raimondos). Neu komponiert hat Donizetti nur eine Reihe von Rezitativen.

**Wirkung:** Der Triumph von *Lucia di Lammermoor* bei der Uraufführung (Lucia: Fanny Tacchinardi-Persiani, Edgardo: Gilbert Duprez, Enrico: Domenico Cosselli, Raimondo: Carlo Ottolino Porto) war grenzenlos: Die Oper sei in Szene gegangen, meldet Donizetti am 29. Sept. 1835 an Giovanni Ricordi, »und sehen Sie es mir freundlich nach, wenn ich es mir herausnehme, die Wahrheit zu sagen. Sie hat gefallen, sie hat sogar außerordentlich gefallen, wenn ich dem Beifall und den Komplimenten trauen darf, die mir gemacht wurden. Oft wurde ich herausgerufen, die Sänger noch öfter [...] Am zweiten Abend sah ich etwas für Neapel ganz Ungewöhnliches: Im Finale nämlich, nachdem schon das Adagio lebhaften Beifall gefunden hatte, wurde Duprez bei seinem Fluch stürmisch gefeiert, nicht vor der Stretta. Jeder Nummer hörte man mit andächtigem Schweigen zu und akklamierte dann ganz spontan.« Der Ruhm verbreitete sich rasch. Im Verlauf der nächsten fünf Jahre wurde *Lucia* an jedem italienischen Opernhaus gegeben, auch die übrigen großen europäischen Theater öffneten sich der Woge des Enthusiasmus für dies Idealbild einer romantischen italienischen Oper. Die römische Erstaufführung im Teatro Valle 1836 präsentierte Talestri-Fontana, Cirillo Antognini und Pietro Balzar. Noch glanzvoller besetzt war Alessandro Lanaris Produktion für das Teatro Argentina Rom 1838 (Giuseppina Strepponi, Napoleone Moriani, Giorgio Ronconi). Die erste Inszenierung in Wien gab es 1837 mit Tacchinardi-Persiani, Antonio Poggi, Vincenzo Negrini und Luigi Rigamonti. Noch im selben Jahr folgte das Théâtre-Italien Paris, wieder mit Tacchinardi-Persiani, dazu Giovanni Battista Rubini, Antonio Tamburini und Giovanni Morelli. Tacchinardi-Persiani und Rubini waren auch die Stars der ersten *Lucia* an Her Majesty's Theatre London 1838. An der Mailänder Scala erschien die Oper erstmals 1839 mit Adelaide Kemble (später Strepponi), Moriani und Ronconi. – Eine eigene Aufführungstradition begründete die französischsprachige 2. Fassung, die sich in Paris neben der am Théâtre-Italien gespielten 1. Fassung bis ins 20. Jahrhundert behauptete. Der Einstudierung im Théâtre de la Renaissance 1839 (Lucie: Sophie Anne Thillon, Edgard: Achille Ricciardi, Henri: Hurteaux, Raimond: Henri Charles Joseph Zelger) folgte 1846 jene der Opéra mit Maria Nau, Duprez, Paul Barroilhet und Hippolyte Brémond. Der Premierenerfolg, vor allem getragen von Duprez' furioser Interpretation des Edgard, leitete eine lange Aufführungsserie ein. Mit nur kurzen Unterbrechungen hielt sich *Lucie de Lammermoor* bis 1890 im Spielplan der Opéra (insgesamt 238 Aufführungen). Danach gab es noch weitere Inszenierungen an andern Pariser Bühnen (unter anderm Théâtre des Variétés 1898, Théâtre de la Renaissance 1899, Théâtre à la Gaîté 1908). Die Opéra nahm das Werk 1935 wieder in den Spielplan. – Die Aufführungstradition von *Lucia* war von Anfang an durch Mißverständnisse über den Stimmtyp der Titelrolle gekennzeichnet. Vom Komponisten als zwar koloraturbeweglicher, aber dem Charakter nach dramatischer Sopran ohne extreme Höhe konzipiert (wie Anna Bolena, Fausta, Maria Stuarda oder Elena in *Marino Faliero*, 1835), entsprach die Rolle bereits nicht voll dem Stimmtyp der Uraufführungsinterpretin Tacchinardi-Persiani, einer Spezialistin des virtuosen Ziergesangs. Mit ihren zahlreichen Lucia-Auftritten überall in Europa prägte und festigte sie in den folgenden Jahren das falsche Rollenbild der Lucia als eines hohen Koloratursoprans. Voraussetzung dafür waren gravierende Eingriffe in Donizettis Notentext. Der von Tacchinardi-Persiani praktizierte Austausch der dramatisch anspruchsvollen Auftrittskavatine durch ein konventionelles Virtuosenstück aus *Rosmonda d'Inghilterra* (von Donizetti durch Aufnahme in die 2. Fassung scheinbar sanktioniert) wies bereits die Richtung. In der Folgezeit bürgerte sich die Tieftransposition dreier Nummern ein, an denen Lucia beteiligt ist (der Auftrittskavatine um einen halben Ton; des Duetts Lucia/Enrico und der Wahnsinnsarie um einen ganzen Ton). Zweck dieser nur auf den ersten Blick paradoxen Maßnahme war es, der Sängerin die Interpolation von Spitzentönen zu erleichtern (d''', es'''). Die offizielle Ricordi-Partitur und die späteren Klavierauszüge kodifizierten diese Praxis, dazu zahl-

*Lucia di Lammermoor*, II. Akt, 2. Bild; Joan Sutherland als Lucia; Regie und Ausstattung: Franco Zeffirelli; Covent Garden, London 1959. – Das Hochzeitsbild vergegenwärtigt exemplarisch den Typus der katastrophisch endenden Repräsentationsszene in der italienischen Oper des frühen 19. Jahrhunderts.

reiche kleinere Änderungen des Satzes und der Instrumentation. Darüber hinaus wurden einschneidende Kürzungen üblich: Die Arie Raimondos, das Duett Edgardo/Enrico (mithin das ganze 1. Bild des III. Akts), die lange Überleitungspartie zwischen den Sätzen der Wahnsinnsarie sowie das auf sie folgende Rezitativ Enrico/Raimondo/Normanno fielen neben anderm vollständig dem Rotstift zum Opfer. Die Kadenz in der Wahnsinnsarie hatte Donizetti lediglich formelhaft markiert, ihre Ausgestaltung aber der Interpretin überlassen. Wahrscheinlich auf Teresa Brambilla-Ponchielli um 1850 geht die Tradition zurück, die Sopranstimme an dieser Stelle mit einer Flöte konzertieren zu lassen. Aus den Kadenzen der berühmtesten Lucia-Interpretinnen des 19. Jahrhunderts, die sämtlich die Flöte einbezogen (verschiedene Versionen bei Luigi Ricci, *Variazioni – cadenze – tradizioni per canto,* Bd. 1, Mailand o. J., S. 48–56), kristallisierte sich, wenn auch mit mannigfachen Abweichungen, eine Standardform mit dem »Verrano a te«-Zitat heraus. Ohne Einfluß auf die Aufführungstradition blieb zunächst die Faksimileveröffentlichung des Autographs 1941. Erst nach 1960 setzte mit sukzessiver Öffnung der Striche zögernd die Rückkehr zur Originalgestalt des Werks ein. Ihren endgültigen Abschluß fand sie erst mit der Schallplattenaufnahme (1976) von Jesús López Cobos (mit Montserrat Caballé, José Carreras, Vicente Sardinero, Samuel Ramey), freilich auf allzu rigide Weise, denn der Verzicht auf jegliche Ausschmückung der Gesangslinien negiert die Konventionen der Entstehungszeit, die Donizetti bei der Niederschrift der Partitur gewiß berücksichtigte. Gleichwohl bleibt die von López Cobos inzwischen (1979, s. Ausg.) vorgelegte Revision die Conditio sine qua non jeder künftigen wissenschaftlichen wie praktischen Auseinandersetzung mit dieser Oper. – Die Transformation von Donizettis romantischer Musiktragödie zur Digestversion einer Primadonnenoper begründete ihre Repertoirebeständigkeit. Im Gegensatz zu andern Opere serie Donizettis, die im Lauf des 19. Jahrhunderts von der Bühne verschwanden und erst in jüngster Zeit ihre Renaissance erlebten, warf die solcherart modifizierte *Lucia* keine prinzipiellen Besetzungsprobleme auf. Die Titelrolle schien genau jenem Typ des hohen, »vogelstimmenhaft«-leichten Koloratursoprans zu entsprechen, der das neue Ideal sängerischer Virtuosität verkörperte. Die *Lucia* der Bühnenpraxis hat sogar maßgeblich dazu beigetragen, diesen Stimmtyp zu etablieren. Für über ein Jahrhundert gestaltete sich die Aufführungsgeschichte dieser Oper deshalb primär als Defilee der großen Koloratursoprane: Erminia Frezzolini, Marietta Piccolomini, Jenny Lind, Jeanne Anaïs Castellan, Ilma di Murska, Adelina Patti, Emma Albani, Christine Nilsson, Nellie Melba, Marcella Sembrich, María Barrientos, Selma Kurz, Elvira de Hidalgo, Maria Galvany, Frieda Hempel, Luisa Tetrazzini, Amelita Galli-Curci, Toti Dal Monte, Lina Pagliughi, Lily Pons, Margherita Carosio und andere. Demgegenüber ging von den drei männlichen Hauptrollen, so dankbar sie auch sind, selbst bei vollendeter sängerischer Darstellung keine prägende Wirkung für die Rezeption dieser Oper aus. – Als für lange Zeit modellhaft erwies sich die legendäre Einstudierung von *Lucia* an der Scala 1923, vor allem dank der musikalischen Leitung Arturo Toscaninis, die die vermeintliche Sängeroper als dramatisches Kunstwerk wiedererstehen ließ (Dal Monte, Aureliano Pertile, Riccardo Stracciari, Ezio Pinza). In wechselnden Besetzungen, aber immer mit Dal Monte, blieb diese Einstudierung über mehrere Spielzeiten im Repertoire und war ein Glanzpunkt der Scala-Gastspiele in Wien und Berlin (Städtische Oper) 1929. Eine tatsächliche Revolutionierung der Aufführungstradition mußte jedoch bei einer Neudeutung der Titelrolle ansetzen. Sie war das Werk von Maria Callas, die (wenn auch nur auf der Basis der verfälschten Werkgestalt mit ihren Kürzungen und Transpositionen) der Rolle der Lucia über die selbstverständlich beherrschte Virtuosität hinaus die Dimension des Tragischen erschloß. Callas' Lucia-Darstellungen auf der Bühne (unter anderm in Mexiko 1952, Florenz 1953, Neapel 1956, New York 1956 und 1958, Dallas 1959), für die Schallplatte (1953, 1959) und den Rundfunk (Radiotelevisione Italiana Rom 1957) faszinierten nicht nur als Exhibitionen einer überragenden Sängerpersönlichkeit, sondern als zugleich nach- und neuschöpferische Interpretation von Donizettis Meisteroper. Ein Höchstmaß gesangsschauspielerischer Durchdringung dieser Rolle erreichte Callas an der Scala 1954 (Giuseppe Di Stefano, Rolando Panerai, Nicola Zaccaria); die von Herbert von Karajan musikalisch und szenisch geleitete Einstudierung wurde auch an der Städtischen Oper Berlin (1955) und an der Staatsoper Wien (1956) gezeigt. Wenn Callas' Lucia in ihrer Individualität auch unwiederholbar blieb, so wies sie doch die Richtung für alle künftigen Interpretationen. Die gelegentlich wieder stärkere Betonung des gesangstechnischen Aspekts bedeutete dennoch keine Rückkehr zum Stimmtyp des klassischen Koloratursoprans. Als führende Lucia der Nach-Callas-Ära gilt unbestritten Joan Sutherland, die vor allem mit dieser Rolle ihren Weltruhm begründete. Ihr Debüt an Covent Garden London 1959 (Dirigent: Tullio Serafin) leitete eine Serie von Lucia-Auftritten an den wichtigsten Bühnen Europas und Nordamerikas ein, zumeist unter der Regie und in der von London übernommenen romantisch-manieristischen Ausstattung Franco Zeffirellis. Neben Sutherland waren es in den letzten Jahrzehnten vor allem Leyla Gencer, Renata Scotto, Beverly Sills, Katia Ricciarelli, Luciana Serra, Edita Gruberová, in jüngster Zeit noch Lucia Aliberti, Gianna Rolandi, Jenny Drivala und June Anderson, die die Aufführungsgeschichte dieser Oper maßgeblich mitbestimmten. Durch sie und viele andere ist *Lucia di Lammermoor* heute weltweit wieder zu einer der populärsten Opern des italienischen Repertoires geworden, an die sich mittlerweile auch kleinere Bühnen ohne Starbesetzung wagen.

**Autograph:** Museo Teatrale alla Scala Mailand. **Ausgaben:** Part, Faks.-Nachdr. d. Autographs: Bestetti, Mailand 1941; Part:

Ricordi [um 1890], Nr. 96838; Part, hrsg. J. López Cobos: Ricordi 1979, Nr. 132887; Kl.A: Latte, Paris [1837], Nachdr. [1841]; Mayaud, Paris [um 1839], Nr. B. L. 2851; Gérard, Paris [1860], Nachdr. [1869]; Ricordi, Nr. 29981-96; Ricordi, Nr. 41689; Ricordi, Nr. 10076-94; Girard, Neapel, Nr. 2890-99; Cottrau, Neapel, Nr. 3266; Kl.A, hrsg. J. López Cobos: Ricordi 1979, Nr. 132890; Kl.A, ital./dt., hrsg. G. F. Kogel: Peters, Nr. 7736; Kl.A, ital./dt., hrsg. F. Schalk: UE, Nr. 754; Kl.A, ital./engl.: Addison & Hodson, London [um 1845]; Bo&Ha [1871]; Dicks, London [1873]; Kl.A, dt.: Peters [um 1875], Nr. 4898; Kl.A, dt. Übers. v. J. Popelka: Ricordi 1963, Nr. 130646; Kl.A, engl. Übers. u. Bearb. v. N. Macfarren: Novello, London [1871]; Schirmer 1898, Nr. 14047; Kl.A, 2. Fassung, frz. Übers. v. A. Royer, G. Vaëz: Latte, Paris [1839]; Grus, Paris [1875]; Tallandier, Paris; Textb.: Venedig, Tipografia di Commercio 1837; Florenz, Galletti 1837; Mailand, Truffi 1839; Lissabon, Borges 1848; Ricordi 1979, Nr. 131123; Textb., ital./frz.: Paris, Lange Lévy 1837, 1847; Textb., ital./engl.: London, Millar 1838; Textb., ital./dt.: Bln. 1841; Textb., dt. Übers. v. C. E. Käßner, W. Zentner: Stuttgart, Reclam, Nr. 3795; Textb., 2. Fassung, frz. Übers. v. A. Royer, G. Vaëz: Paris, Librairie théâtrale. **Aufführungsmaterial:** Ricordi

**Literatur:** R. BARBIERA, Chi ispirò la ›Lucia‹. Vite ardenti nel teatro (1700–1900), Mailand 1930; G. RONCAGLIA, Il centenario di ›Lucia‹, in: RMI 9:1936, S. 119; I. PIZZETTI, Un autografo di D., in: La musica italiana dell'Ottocento, Turin 1947, S. 231; M. BACCARO, ›Lucia di Lammermoor‹ prima al S. Carlo di Napoli, Neapel 1948; Lucia di Lammermoor, hrsg. E. H. Bleiler, NY 1972; J. ALLITT, Lucia di Lammermoor, in: Journal of the Donizetti Soc. 2:1975, S. 209–228; J. N. BLACK, Cammarano's Notes for the Staging of ›Lucia di Lammermoor‹, in: Journal of the Donizetti Soc. 4:1980, S. 29–44; M. BORTOLOTTI, Sul sestetto nell'opera ›Lucia di Lammermoor‹, in: Atti del 1° Convegno Internazionale di Studi Donizettiani, Bd. 1, Bergamo 1983, S. 51–60; L'Avant-scène 1983, Nr. 55; G. MORELLI, La scena di follia nella ›Lucia di Lammermoor‹: intorni, fra mitologia della paura e mitologia della libertà, in: La drammaturgia musicale, hrsg. L. Bianconi, Bologna 1986, S. 411–432; weitere Lit. s. Bd. 1, S. 739

*Norbert Miller*

## Belisario
**Tragedia lirica in tre parti**

**Belisar**
3 Teile (5 Bilder)

**Text:** Salvatore Cammarano
**Uraufführung:** 4. Febr. 1836, Teatro La Fenice, Venedig
**Personen:** Giustiniano/Justinian, Kaiser des römischen Ostreichs (B); Belisario/Belisar, oberster Heerführer (Bar); Antonina, seine Gemahlin; Irene, beider Tochter (S); Alamiro, Gefangener Belisarios (T); Eudora, Freundin Irenes (A); Eutropio, Anführer der kaiserlichen Garden (T); Eusebio, Kerkermeister (B); Otario, Herrscher der Alanen und Bulgaren (T).
**Chor:** Senatoren und Volk von Byzanz, Veteranen Belisarios, alanische und bulgarische Krieger, Mädchen, Schäferinnen
**Orchester:** 2 Fl (2. auch Picc), 2 Ob, 2 Klar, 2 Fg, 4 Hr, 4 Pos, Pkn, gr.Tr, Streicher; BühnenM: Banda (Quartino, Picc, 2 Klar, 2 Hr, 3 Trp, 2 Pos, Ophikleide)
**Aufführung:** Dauer ca. 2 Std. 15 Min.

**Entstehung:** Am 26. Juli 1835 hatte Donizetti einen Vertrag mit dem Teatro La Fenice über eine Oper für den Karneval 1836 geschlossen. Seit seinen Anfängen (1819) war das der erste Auftrag für Venedig. Ein venezianisches Sujet zu behandeln lehnte Donizetti ab. Statt dessen schlug er im Okt. 1835 *Belisario* vor, zu dem ihm Cammarano den Text zu liefern versprochen hatte. Die Herkunft des Stoffs ist unklar: Als unmittelbare Quelle wird im Uraufführungslibretto auf ein Drama Luigi Marchionnis verwiesen, das auf ein Belisar-Drama von Franz Ignaz von Holbein zurückgehen soll; möglicherweise kommen auch Victor-Joseph Etienne de Jouys Tragödie *Bélisaire* (1818) und Eduard von Schenks Drama *Belisar* (1827) sowie Jean-François Marmontels Roman *Bélisaire* (1767) als Vorlagen in Betracht. Mit einer gewissen Ängstlichkeit machte sich der Komponist ans Werk, da er noch nicht wußte, wer die Tenorpartie seiner Oper singen sollte. Im wesentlichen hatte Donizetti, der Ende Okt. 1835 mit den Skizzen begonnen hatte, seine Arbeit abgeschlossen, als er Anfang Jan. 1836 nach Venedig kam. Dort hatte sich der Zeitplan verschoben, da die Karnevalssaison wegen des Ausbruchs der Cholera später beginnen mußte. Die ersten Aufführungen an der Oper machten seine schlimmsten Befürchtungen wahr: Die Sopranistin Antonia Vial und der Tenor Ignazio Pasini erwiesen sich als zweite Wahl. Um ein Debakel zu vermeiden, mußte er seine Partitur von Grund auf überarbeiten und vor allem die Partie der Irene den Fähigkeiten Vials anpassen.

**Handlung:** In Byzanz und in der Nähe des Emogebirges (Balkan), um 560 n. Chr.
I. Teil, 1. Bild, Atrium im kaiserlichen Palast von Byzanz: Senatoren und Volk strömen von allen Seiten zusammen, um den siegreichen Belisario, bei seiner Heimkehr aus dem Gotenfeldzug zu empfangen. Seine Tochter Irene, die ihren Vater zärtlich liebt, erwartet ihn in freudiger Ungeduld. Dagegen verzehrt sich ihre Mutter Antonina in wütenden Rachegedanken. Vor vielen Jahren hatte Belisario geträumt, sein eben geborener Sohn Alessi werde sich einmal gegen Byzanz erheben. Um das zu verhindern, hatte er damals seinem Diener Proclo den Auftrag gegeben, den eigenen Sohn zu töten. Als Proclo im Sterben lag, gestand er Antonina die Untat, die ihm Belisario aufgetragen hatte. Am Ufer eines Flusses hatte er, um nicht selbst zum Mörder zu werden, das Kind ausgesetzt. Seitdem plant Antonina den Untergang ihres Gatten. Sie verspricht Eutropio, dem Anführer der kaiserlichen Garden, seinem Werben nachzugeben, wenn er sie von Belisario befreie. Im Triumphzug wird Belisario an der Spitze seines Heers in den Kaiserpalast gebracht. Das Volk jubelt ihm zu. Die gefangenen Herrscher und Führer der Goten, darunter ein Jüngling namens Alamiro, über dessen Herkunft niemand etwas weiß, werden vor den Kaiser gebracht. Zum Dank für seinen Sieg erbittet sich Belisario vom Kaiser die Freilassung seiner Gefangenen. Der Kaiser gewährt die Bitte. Alamiro möchte in Belisarios Nähe bleiben. Auch dieser fühlt sich zu dem jungen Mann hingezogen.

*Belisario*; Henriette Bertha Carl als Antonina; Illustration: Johann Christian Schoeller, Wien um 1840. – Die gebürtige Berlinerin wurde nach Studien bei Giuditta Pasta und Giorgio Ronconi eine bedeutende, nicht allein in Wien, sondern an allen größeren Bühnen Europas gefeierte Sopranistin im italienischen Fach.

Während der Feldherr seine Frau und seine Tochter umarmt, tritt Eutropio mit den Wachen ein, um zur Bestürzung der Anwesenden den Triumphator vor Gericht zu fordern. 2. Bild, Aula des Senats: Ratlos diskutieren die Senatoren, was der Wechsel der kaiserlichen Gunst bedeuten könne. Da wird ihnen von Giustiniano mitgeteilt, man habe Briefe des Feldherrn an Antonina entdeckt, die gegen jeden Zweifel beweisen, daß er einen Staatsumsturz plane. Eutropio macht sich zum Ankläger und wirft Belisario Hochverrat vor. Belisario fordert die mit herbeigerufene Antonina auf, diese Briefe als Fälschungen zu erklären. Zu seinem Entsetzen bestätigt Antonina deren Authentizität und wirft ihm überdies vor, den eigenen Sohn als Kind getötet zu haben. Erschüttert von der Erinnerung an die eigenen Gewissensqualen, sucht Belisario die Senatoren davon zu überzeugen, daß er gerade aus Furcht um den Staat so gehandelt habe. Er kann jedoch sein Schicksal nicht ändern. Unter dem Jubel Antoninas wird er zum Tod verurteilt und abgeführt.
II. Teil, »Das Exil«, entlegenes Viertel von Byzanz, auf der einen Seite der Eingang zu den Kerkern: Das Volk, darunter Veteranen aus Belisarios Feldzügen, klagt über sein Schicksal und spricht über neue Gerüchte. Alamiro tritt hinzu; auch er hat gehört, daß der Kaiser die Todesstrafe in ein Verbannungsurteil umgewandelt hat. Seinen Satz, »Belisarios Augen dürfen ihn nicht wiedersehen«, habe der verbrecherische Eutropio willkürlich so ausgelegt, daß dem Feldherrn die Augen auszustechen seien. Als die Umstehenden das Gerücht bestätigen, schwört Alamiro, sich an Byzanz zu rächen und den Umsturz zu wagen. So erfüllt er das Traumorakel Belisarios. Von den Garden und dem Gefängniswärter Eusebio wird der geblendete Belisario herausgeführt. Er sehnt sich nach seiner Tochter Irene, die sich in seiner Nähe aufhält, aber lange nicht wagt, sich ihm zu erkennen zu geben. Schließlich stürzen sie einander doch in die Arme. In dem Glück über das Wiedersehen vergißt Belisario sein Leid und macht sich auf, mit ihr ins Exil zu gehen.
III. Teil, »Der Tod«, 1. Bild, Wildnis vor den hohen Bergzügen des Emo: Zwischen den Felsen hat der blinde Belisario mit Irene gerastet. Da hören sie kriegerische Klänge. Sie kommen von einem Trupp bulgarischer Krieger, die unter der Führung von Alamiro auf dem Weg sind, das kaiserliche Heer anzugreifen. Als der verbannte Feldherr von dem Plan erfährt, bricht er aus Treue zu Giustiniano und zum Oströmischen Reich in heftige Vorwürfe gegen Alamiro aus. In der Auseinandersetzung der beiden gewahrt Irene ein Kreuz am Hals Alamiros und erkennt daran, daß er niemand anderes ist als der verlorene Alessi. Die Freude des Wiedersehens löscht nicht nur Jahre des Grams aus, sie läßt auch einen Augenblick die Gefahr vergessen. Als die Bulgaren sich gar bereit finden, Alamiro von seiner Feldherrnrolle loszusprechen, scheint sich das Geschick noch einmal zum Besseren zu wenden. 2. Bild, Zelt Giustinianos mit Blick auf den Gipfel des Emo: Aus tiefer Reue hat Antonina ein Geständnis abgelegt und wird vom Kaiser selbst zum Tod verurteilt. Sie wünscht sich vor ihrer Hinrichtung ein Zeichen der Vergebung von Belisario. In diesem Augenblick wird der blinde Feldherr sterbend hereingetragen. Ein verirrter Pfeil hat ihn tödlich getroffen. Er versöhnt sich mit dem erschütterten Kaiser, der verspricht, sich seiner beiden Kinder anzunehmen. Mit seinem letzten Atemzug vergibt er Antonina. Sie kniet weinend neben seiner Leiche, während das Volk sie verflucht.
**Kommentar:** Cammarano hat dem Sujet kaum romantische Seiten abgewonnen, sondern behält, ungewöhnlich bei ihm, den klassizistischen Grundriß der Vorlage bei. *Belisario* ist eine wohldisponierte, das Gegeneinander von öffentlicher Repräsentation und leidenschaftlicher Verstrickung im Privaten genau berechnende Tragödie. Die Haltung aufgeklärter Moralität dringt überall noch durch die Affekt- und Mitleidsbekundungen, so wie Marmontel sie dem Stoff seinerzeit aufgeprägt hat. Donizetti mußte sich auf ungewohnt sicherem Terrain gefühlt haben, als er sich für Venedig auf diesen Text stützte. Auch in den äußersten Augenblicken hält er sich von den Exzessen von *Lucia di Lammermoor* (1835) fern, vermeidet aber auch die dramatische Unbedingtheit von *Marino Faliero* (1835), der in der Personenkonstellation ganz ähnlich gebaut ist und nach gleicher Geschlossenheit im Handlungsumriß strebt. Mit Belisario schuf Donizetti die vierte Titelrolle für eine tiefe Männerstimme seit *Il furioso nell'isola di San Domingo* (1833), eine reiche, dankbare Partie, die allenfalls darunter leidet, daß das Ausdrucksregister zu sehr auf den liebenden Vater und edlen Dulder festgelegt ist. Noch im kurzen Augenblick des Triumphs ist Belisario keine heroi-

sche Figur. Seine größten Augenblicke sind darum auch nicht die Arien und die melodramatischen Monologe, sondern die Rührungsaugenblicke der Begegnung und des Abschieds, vor allem das großangelegte Duett mit Irene im II. Teil, Höhepunkt des Werks in dramaturgischer wie in musikalischer Hinsicht. Mit sparsamen Mitteln, über einem in den Stimmen durchsichtig instrumentierten Orchestergrund, entwirft der Komponist die Wiedererkennungsszene in der Musik als Entwicklung eines langsam sich bildenden melodischen Gedankens und fügt die beiden Stimmen im Larghetto (»Ah! se potessi piangere«) und im eigentlichen Finale (»Dunque andiam; de' giorni miei«) wunderbar abgetönt parallel zueinander. Für Antonina, das böse Prinzip im Geschehen, da der eigentliche Schurke kaum eine Statistenrolle hat, hat Donizetti eine leidenschaftlich-bewegte, technisch überaus anspruchsvolle Primadonnenpartie geschrieben. Hier entfaltet er alle Register seiner Virtuosität, um die einzige überragende Sängerin seines Ensembles, Karoline Unger, zufriedenzustellen. Cammaranos schematische Deutung Antoninas als Intrigantin und als verzweifelte, in ihrer Liebe betrogene Gattin gab dazu die praktikable Trennung in rührende Kantilene und rasende Cabaletta vor. Die Rolle ist durchaus effektvoll: schon im I. Teil, da Donizetti diesmal den Fehler aus *Marino Faliero* vermeiden wollte, die Sopranistin ohne Auftrittsarie zu lassen. Nach langem Stillschweigen gewinnt sie in der Schlußszene dann tragische Größe. Ihre Arie »Da quel dì, che l'innocente« ist, die Verzweiflung in klassizistische Symmetrie der Musik eingebunden, eine der großen Finalarien, die aber zwingender als in früheren Fällen, *Lucrezia Borgia* (1833) ausgenommen, in die offene Handlung des Schlusses eingepaßt ist. Zum dauernden Erfolg der Oper trug nicht zuletzt bei, daß Donizetti mit den Partien Alamiros und Irenes für das zweite Paar des Quartetts nicht nur dankbare Rollen, sondern auch klar umrissene und sympathieweckende Figuren geschaffen hat. Das trägt zu jenem Eindruck immer durchgehaltener Balance bei, den ein Kritiker für das Hauptverdienst hält. Die Besetzungsschwierigkeiten der Premiere sind beiden Rollen zugute gekommen: Der Komponist mußte sich ganz auf den melodisch-gestischen Ausdruck konzentrieren und die rein technischen Schwierigkeiten in Grenzen halten. Das gibt den Auftritten Irenes, besonders ihrem weitgespannten Duett mit Belisario im II. Teil, die rührende Intensität des unverstellten Gefühlsausdrucks; und es gibt den Klagen und den naiven Leidenschaftsaufschwüngen Alamiros das auf Giuseppe Verdi vorausweisende Brio. Seine Arie im III. Teil, die im mitreißenden Kampfruf gegen Byzanz endet (Cabaletta: »Trema Bisanzio! sterminatrice«), ist eine von Donizettis wirkungssichersten Tenorarien. Aus den Ensembleszenen ragt das Quartett im 1. Finale (eigentlich wie das in *Lucia* ein Sextett, bei dem sich die Sänger in die vier selbständig ausgeführten Stimmen der Musik teilen) heraus, besonders weil hier der Übergang zur Stretta eine auch dramatisch überzeugende Steigerung darstellt. Dagegen bleiben die Chorpartien und die Bühnenmusik der pomphaften Aufzüge und der exotischen Begegnung weithin in frostiger Routine stecken, die nur deshalb nicht den zeitgenössischen Hörer stört, weil der Komponist inzwischen dem erfüllten Muster im Detail so viele prägnante Augenblickscharakterisierungen einzufügen vermochte (Stimmungsveränderungen, verdeckte Pointen in der Handlung, jeweils in wenigen Takten oder durch die Einfügung einer ungewöhnlichen Orchesterstimme usw.).

**Wirkung:** Donizettis Befürchtungen vor der Wiederbegegnung mit Venedig erwiesen sich als unbegründet. Das Publikum, das noch Wochen zuvor zwei der Hauptakteure ausgepfiffen hatte, war von Donizettis Oper hingerissen, nicht nur von der Musik und ihrem wie immer strömenden Einfallsreichtum, sondern von der ungewohnten Dichte des musikdramatischen Geschehens. Dazu trug sicher der einfache und geradlinig verfolgte Plot bei, der den Komponisten zu einer direkten, selbstverständlich wirkenden Musik inspiriert hatte. Er selbst war sich wohl bewußt, hier mit einfacheren Mitteln mehr Effekt gemacht zu haben als mit manchen seiner ausgearbeiteteren Partituren. Zum Erfolg trugen auch Unger sowie Celestino Salvatori als Belisario bei. Das ganze 19. Jahrhundert hindurch war *Belisario* Teil des Donizetti-Kanons. In Italien machte die Oper in fünf Jahren die Runde durch alle größeren Theater: Mailand 1836 mit Eugenia Tadolini als Antonina, Marietta Brambilla als Irene und Salvatori; Neapel 1836 mit Giuseppina Ronzi de Begnis als Antonina und Paul Barroilhet als Belisario; Bergamo 1839 mit Giuditta Grisi als Antonina und Domenico Reina als Alamiro. Außerhalb Italiens wurde *Belisario* ebenfalls mit größtem Erfolg aufgeführt: Wien und Madrid 1836, London und Lissabon 1837, Havanna 1840, Mexiko 1841, Paris 1843, Petersburg 1844. In Deutschland wurde das Stück, das auch von Václav Alois Svoboda für eine Prager Aufführung 1838 übersetzt wurde, besonders in der deutschen Textfassung von Julius Hähnel (zuerst 1838 in Berlin) zu einem

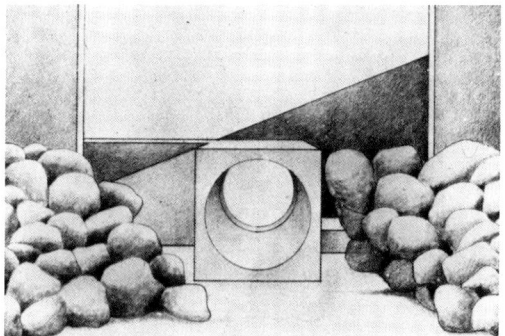

*Belisario*, III. Teil, 2. Bild; Bühnenbildentwurf: Pier Luigi Pizzi; Teatro La Fenice, Venedig 1969. – Die Verschränkung von dekorativen Konstruktionen mit Realitätsfragmenten soll offenkundig, ohne daß sie handgreiflich dechiffrierbar wäre, das Wesen einer Oper ausdrücken, in der historisch Konkretes ein bloßes Versatzstück abstrakt-musikalischer Arrangements bildet.

Repertoirestück. Erst um 1900 erlischt die Aufführungstradition in Deutschland und damit sogar etwas später als in Italien, wo 1891 die letzten Einstudierungen registriert sind. Vereinzelte Neuaufführungen (unter anderm 1969 unter Gianandrea Gavazzeni in Venedig mit Leyla Gencer als Antonina, Umberto Grilli als Alamiro und Giuseppe Taddei als Belisario; 1981 unter Gianfranco Masini in Buenos Aires mit Mara Zampieri, Vittorio Antonio Terranova und Renato Bruson) haben das Ansehen der Oper nicht in gleichem Maß wiederhergestellt, wie das andern Werken Donizettis aus der gleichen Zeit gelungen ist.

**Autograph:** Vlg.-Arch. Ricordi Mailand. **Abschriften:** Part: Bibl. S. Cecilia Rom (G. Mss. 729-731); Part, ital./dt.: ÖNB Wien (O. A. 43); Part, dt.: Bayer. SB München, Öffentliche Bücherhallen Hbg. **Ausgaben:** Kl.A: Ricordi [1836], Nr. 9152-9201; ebd., Nr. 9152-69; ebd. [1905], Nr. 42045, Nachdr.: Belwin Mills, Melville, NY (Kalmus Vocal Scores. 9576.); Kl.A: Pacini, Paris [um 1840], Nr. 3738-57; ebd. [1843], Nr. 3780; Kl.A, ital./dt. Übers. v. J. Hähnel: Mechetti, Wien, Nr. 3051; Textb.: Florenz, Giachetti 1836; Mailand, Pirola 1836; Venedig, Tipografia di Commercio 1836; Genua, Pagano 1837; Rom, Puccinelli 1837; Parma, Carmignani 1838; Mailand, Truffi 1840
**Literatur:** s. Bd. 1, S. 739

*Norbert Miller*

## Il campanello di notte
### Melodramma giocoso in un atto

### Die Nachtglocke
### 1 Akt

**Text:** Gaetano Donizetti, nach dem Vaudeville *La Sonnette de nuit* (1835) von Léon-Lévy Brunswick (eigtl. Léon Lévy), Mathieu Barthélémy Troin (eigtl. Mathieu Barthélémy Thouin) und Victor Lhérie (eigtl. Victor Lévy)
**Uraufführung:** 1. Juni 1836, Teatro Nuovo, Neapel
**Personen:** Don Annibale Pistacchio, Apotheker (B); Serafina, seine Frau (S); Madame Rosa, Serafinas Mutter und Enricos Tante (Mez); Enrico, ein junger Tunichtgut (Bar); Spiridione, Don Annibales Ladendiener (T). **Chor:** Verwandte und Gäste Don Annibales, Diener
**Orchester:** Picc, Fl, 2 Ob, 2 Klar, 2 Fg, 2 Hr, 2 Trp, 3 Pos, Pkn, Cemb, Streicher; BühnenM: kl. Glocke
**Aufführung:** Dauer ca. 1 Std.

**Entstehung:** Die auf Adolphe Adam zurückgehende Anekdote will, daß Donizetti die Farsa für den in Finanznöte geratenen Impresario eines kleinen neapolitanischen Theaters geschrieben habe. In Wirklichkeit hat der Komponist seinen Einakter, zu dem er sich selbst einen (ihm von Guillaume Louis Cottrau zugespielten) Vaudevilletext einrichtete, für das Teatro Nuovo Neapel geschrieben, wahrscheinlich gedacht als Überbrückung für beschäftigungslose Sänger der königlichen Theater San Carlo und Fondo, die wegen laufender Verhandlungen über eine neue Generalintendanz geschlossen waren. Hinsichtlich der Entstehung des Werks sind zahlreiche Umstände noch ungeklärt; auch daß Donizetti alleiniger Textautor ist, erscheint zweifelhaft (vgl. Jeremy Commons, John Black, s. Lit.).

**Handlung:** In Forìa, einem Vorort Neapels; Zimmer im Haus des Apothekers; links eine Tür zum Schlafzimmer, rechts zur Straße, im Hintergrund zum Laden: Don Annibale Pistacchio feiert seine Hochzeit mit der jungen, koketten Serafina. Unter seinen Gästen ist auch der für seinen Witz und seine Neigung zu handfesten Späßen bekannte Enrico, der selbst einmal das Mädchen heiraten wollte und nun auf scherzhafte Rache sinnt. Nach neapolitanischem Brauch wird ein Apotheker mit Gefängnis bestraft, der nicht zu jeder Tages- und Nachtzeit bereit ist, Rezepte einzulösen. Darauf gründet er seinen Plan, die Hochzeitsnacht des Apothekers zu stören. Kaum hat der letzte Gast das Haus verlassen, klingelt die Nachtglocke: Es ist der als französischer Lebemann verkleidete Enrico. Der Reihe nach erscheint er dann als Opernsänger, dem die Stimme weggeblieben ist, der aber am nächsten Abend in Donizettis neuer Oper »Il campanello« singen soll, und als vom Rheuma geplagter Greis mit Willen Annibale nicht ins Brautgemach gelangen. Der gichtige Alte quält den Apotheker mit allen möglichen Krankheitssymptomen seiner todkranken Frau, deren Leiden er sich nicht merken konnte, ehe er den verstörten Hochzeiter auf morgen vertröstet. Da werde er die Medizin abholen. Zu guter Letzt tritt der Apotheker auch noch auf Feuerwerkskörper, die das ganze Haus aufwecken. Die Hochzeitsgäste kommen eilends zurück und erinnern den verbitterten Bräutigam daran, daß er in Erbschaftsangelegenheiten noch vor Tag nach Rom zu nehmen habe. Enrico wünscht ihm ein langes Eheleben, so glücklich wie die Hochzeitsnacht. Serafina tröstet ihn über Enricos Scherz hinweg und verspricht ihm ewige Treue. Doch unter dem Gelächter der Gesellschaft fährt Annibale einer sehr ungewissen Zukunft entgegen.

**Kommentar:** Mit seiner Farsa greift Donizetti auf die ältere Tradition des Intermezzos zurück, die seinem Talent zur grotesk-komischen Charakterisierung ungehemmte Freiheit ließ. Es ist ein virtuoses Bravourstück für einen Spielbariton, der hier als Schauspieler wie als Sänger breite Entfaltungsmöglichkeiten hat. Die beiden andern Rollen sind, ohne undankbar zu sein, leichtgewichtig: Sie sind Stichwortgeber mit nur wenig Bewegungsfreiheit. Donizetti erinnert sich an die Verkleidungen Almavivas in Rossinis *Barbiere di Siviglia* (1816) und führt die dort begonnene Entwicklung, die parodistischen Einzelmomente in größere komische Szenenfolgen zu übersetzen, erfolgreich weiter. Mehrfach zitiert er sich selbst. Das Trinklied »Mesci, mesci« geht auf ein zweistimmiges Lied zurück, das er auf Worte Leopoldo Tarantinis komponiert und in die italienische Ausgabe seiner Sammlung *Nuits d'été à Pausilippe* (1836) als Nr. 12 aufgenommen hat. Als Opernsänger zitiert Enrico die Anfangsphrase des Gondolierelieds aus *Marino Faliero* (1835), und danach wiederholt er Donizettis Parodie auf Rossinis Lied vom Weidenbaum aus *Otello*

(1816), die schon in *Le convenienze teatrali* (1827) großen Erfolg gehabt hatte. Die drei beherrschenden Duette sind Meisterstücke musikalisch-szenischer Komik, gleich glänzend konzipiert als sängerische Bravournummern und als grotesker Bühnenvorgang. Hier hat Donizetti, mit vergleichsweise bescheidenen Mitteln, den Komödienton von *Don Pasquale* (1843) vorweggenommen. Kein Wunder, daß sich auch in den Chorumrahmungen der Farsa Kabinettstücke des heiteren Ensemblesatzes wie in seinem späten Hauptwerk finden. Es ist eins der am leichtesten, variabelsten zu gestaltenden Stücke des Meisters der komischen Oper.
**Wirkung:** Der Erfolg in Neapel war groß und hielt lange vor. Er ging in erster Linie auf den glänzenden Bariton Giorgio Ronconi zurück, der den Enrico sang. Zu den Sängern gehörten Amalie Schütz-Oldosi als Serafina und Raffaele Casaccia als Don Annibale. Auch sonst wurde das Stück in Italien oft gegeben (auch als *Il campanello dello speziale* oder einfach *Il campanello*; der Originaltitel ist nicht sicher zu ermitteln, zumal offenbar kein Uraufführungslibretto existiert). Im Ausland war die Oper nicht gleich erfolgreich: Zwar wurde der Text ins Französische, Englische, Spanische und Deutsche übersetzt, zwar läßt sich eine ganze Reihe von Inszenierungen nachweisen; aber erst im 20. Jahrhundert wurde Donizettis Oper im Original häufiger aufgeführt. Beim Maggio Musicale Florenz 1948 spielte man den Einakter (zusammen mit Malipieros *Sette canzoni* und Mady Fernstroems Ballett *Les Mariés de la Tour Eiffel*) anläßlich des 100. Todestags Donizettis (Enrico: Carlo Badioli; Dirigent: Gianandrea Gavazzeni). Unter den zahlreichen Inszenierungen der letzten Jahrzehnte ragt die Margarethe Wallmanns für die Mailänder Piccola Scala 1957 (zusammen mit Donizettis *Rita*, 1841/1860) heraus, wiederaufgenommen 1962 (mit Rossinis *L'occasione fa il ladro*, 1812) und 1972 (wiederum mit *Rita*). Den Enrico sang stets Rolando Panerai.

**Autograph:** Bibl. S. Pietro a Maiella Neapel. **Ausgaben:** Part: Ricordi, Nr. 129133; Kl.A: Ricordi [um 1835], Nr. 11267-70, 9359-61; Girard, De Rossi, Rom [um 1836]; Ricordi, Nr. 120504, Nachdr. 1983; Cottrau, Neapel, Nr. 4749-51, 3163-66; Kl.A, ital./dt. Übers. v. M. H. Fischer, Text-Bearb. v. C. Malberto, neu v. P. Ebert: Beltramo, San Remo 1956, [später:] Peters; Kl.A, ital./dt. Übers. v. R. Paumgartner: Ricordi; Kl.A, ital./engl. Übers. v. C. Hassall: International Music, NY [1960]; Textb.: Florenz, Galletti 1838; Mailand, Ricordi 1851; Mailand, Lucca o.J.; Genua, Pagano 1839; Ricordi, Nachdr. 1972. **Aufführungsmaterial:** Ricordi; Bearb. Ebert: Peters
**Literatur:** J. COMMONS, J. BLACK, Il campanello di notte: Further Evidence, Further Questions, in: Journal of the Donizetti Soc. 5:1984, S. 231–239; weitere Lit. s. Bd. 1, S. 739

*Norbert Miller*

## Betly ossia La capanna svizzera
### Dramma giocoso in due atti

### Betly oder Die Schweizer Hütte
2 Akte

**Text:** Gaetano Donizetti, nach dem Libretto von Augustin Eugène Scribe und Mélesville (eigtl. Anne Honoré Joseph Duveyrier) zu der Opéra-comique *Le Chalet* (Paris 1834) von Adolphe Adam, nach dem Singspiel *Jery und Bätely* (1780) von Johann Wolfgang von Goethe
**Uraufführung:** 1. Fassung in 1 Akt: 24. Aug. 1836, Teatro Nuovo, Neapel; 2. Fassung: 29. Okt. 1837, Teatro Carolino, Palermo (hier behandelt)
**Personen:** Daniele, ein junger Bauer (T); Max, Sergeant der Schweizer Armee (Bar); Betly, seine Schwester (S). **Chor:** Landbewohner, Schweizer Soldaten
**Orchester:** 2 Fl (2. auch Picc), 2 Ob, 2 Klar, 2 Fg, 2 Hr, 2 Trp, 2 Pos, Pkn, Streicher
**Aufführung:** Dauer ca. 1 Std. 30 Min.

**Entstehung:** Die kleine Spieloper hat Donizetti sich in den wenigen Wochen nach dem Erfolg von *Il campanello di notte* (1836) als sein eigener Librettist aus dem erfolgreichen Libretto von Adams *Le Chalet* zurechtgezimmert. Er war dabei, wie ein späterer Druck des Librettos anmerkt, mit seinem Quellenhinweis auf Scribe und Mélesville korrekter als die beiden französischen Librettisten, die auf Goethes oft vertontes Singspiel nicht eigens hingewiesen hatten. Im Bestreben, der Farsa von der gestörten Nachruhe des Apothekers ein knapp zusammengedrängtes Pendant zu liefern, hat sich Donizetti in Text und Musik auf anmutig hingetuschte Skizzen beschränkt. Der Erfolg der Uraufführung der 1. Fassung muß dann früh im Komponisten den Wunsch geweckt haben, die einfallsreiche Partitur so zu erweitern, daß sie sich gegen Adams Oper behaupten konnte.
**Handlung:** In der Schweiz bei Appenzell.
I. Akt, Betlys Hütte in den Bergen: Zur Erheiterung der Dörfler kommt der junge Bauer Daniele selig zu Betly gelaufen, da er von ihr einen Brief bekommen hat, in dem sie ihm ihre Hand verspricht. In Wahrheit ist der Brief, wie alle außer ihm wissen, von ein paar Spaßvögeln geschrieben worden. Kein Wunder, daß Betly den Brief verleugnet und Daniele gegenüber entschlossen an ihrer Unabhängigkeit festhält, nicht ohne Rührung über seine klaglose Enttäuschung, mit der er den schon vorbereiteten Heiratsvertrag wegsteckt. Da kommt zufällig ihr Bruder Max mit seinen Soldaten aus dem Krieg nach Haus. Er gibt sich nicht gleich zu erkennen, sondern quartiert sich mit seinen Soldaten bei ihr ein. Daniele klagt ihm sein Leid und bittet ihn ums Handgeld, damit er als Soldat sein Elend vergessen könne. Max willigt ein und sieht mit Vergnügen zu, wie sich seine Schwester über die lärmende Fröhlichkeit seiner Leute ärgert.
II. Akt, bäuerliche Stube in Betlys Hütte: Betly fühlt sich von den betrunkenen Soldaten bedroht und bittet Daniele, sie vor Übergriffen zu beschützen. Zärtliche Regungen erwachen in ihr, als sie seinen Verzweiflungsschritt erfährt. Max gegenüber erklärt sie Daniele zu ihrem Geliebten, woraufhin dieser seinen Leuten den Aufbruch befiehlt. Es kommt beinah zu einem Duell zwischen dem Sergeanten und seinem

Rekruten. Da läßt Max die Andeutung fallen, nur eine bereits vollzogene Heirat könne Daniele vom Kriegsdienst befreien. Betly weist ihm den von ihr heimlich unterschriebenen Heiratsvertrag vor, und als sich Max auch noch als ihr Bruder zu erkennen gibt, ist für das glückliche Ende gesorgt.

**Kommentar:** *Betly* ist, als heitere Idylle, auf *Il campanello* zukomponiert, wobei Donizetti Max' freundliche, ins Spielerische herabgestimmte Komik einbettet in die diesmal viel breiter entfalteten lyrischen Szenen der beiden Liebenden. Das ermöglicht, wenn man die beiden Werke zusammen spielt, den Ausgleich zwischen den drei singenden Partien: Was Sopran und Tenor im ersten Stück zuwenig an Kantilene zugemessen bekamen, holen sie reichlich im zweiten Stück wieder ein. Probleme gibt es eigentlich nur in der schwierigen Doppelfunktion des Tenors, der Buffoleichtigkeit und lyrischen Schmelz gleichermaßen beherrschen muß. Bewundernswert, wie leicht und selbstverständlich Donizetti den Schäferton durch alle heiteren Verwicklungen hindurch beibehalten hat, romantisch-schweizerisch in der Einfärbung, ohne die üblichen Kuhreigenzitate, dafür aber mit einem immer durchschimmernden Grund zeitloser arkadischer Glückseligkeit. Die gleichmäßig einfallsreiche und liebevoll zurückgenommene Musik exzelliert mehr in den Arien und Duetten als in den größeren Ensembleszenen. Doch sind auch hier die Soldatenszenen und das Terzett im II. Akt Kabinettstücke subtiler Situationskomik. – Die Oper war in Italien schon in der 1. Fassung populär. Am 11. Okt. 1836 schreibt Guillaume Louis Cottrau nach Paris, das Stück könnte bei einer erstklassigen Aufführung am Théâtre-Italien, mit Luigi Lablache als Max, zu einem großen Erfolg werden. Der gleiche Gedanke, *Betly* auch in Paris durchzusetzen, mag Donizetti dazu veranlaßt haben, für eine Neuaufführung in Palermo das Werk in einer zweiaktigen Fassung vorzulegen. Er hat seine Partitur, ohne den Grundcharakter zu verändern, reicher mit Ensemble- und Chorszenen versehen, eine neue Finalarie hinzugefügt und auch die beabsichtigte Naivität der Figuren durch den burlesken Kontrast zu mondänen Arienformen und Themen noch verdeutlicht. Die neu eingefügte Kavatine der Betly wurde zu Recht eine der populärsten Melodien Donizettis. Auch die Erweiterung steht übrigens einer Kombination mit *Il campanello* nicht im Weg.

**Wirkung:** Der Premierenerfolg der 1. Fassung wurde wesentlich mitgetragen von Adelaide Toldi (Betly), Lorenzo Salvi (Daniele) und Giuseppe Fioravanti (Max). Erst die 2. Fassung (Irene Secci-Corsi, Ambrogio Danini, Eugenio Mazzotti) verschaffte dem Werk auch internationale Reputation. Noch im selben Jahr erschien es in Lissabon, 1838 in London (Lyceum Theatre, mit Lablache als Max, wiederaufgenommen in englischer Sprache 1841) und in Dublin, 1842 in Havanna und Madrid. An die Pariser Opéra kam das Stück 1853 in einer Bearbeitung von Adam (Betly: Angiolina Bosio), ohne sich durchsetzen zu können. Vereinzelte Aufführungen lassen sich auch nach dem Ende der Donizetti-Ära noch nachweisen. In neuerer Zeit ist *Betly* seltener (unter anderm London, Sadler's Wells 1954) gegeben worden, als es die bequeme Spielbarkeit auch für kleine Theater erwarten ließe.

**Autograph:** Bibl. S. Pietro a Maiella Neapel (Rari 3.6.19). **Abschriften:** Bibl. S. Pietro a Maiella Neapel (Rari 13.1.16, 13.1.17, 13.1.18), Bibl. Verdi Mailand (Noseda). **Ausgaben:** Kl.A: Girard/De Rossi, Rom [um 1836]; Ricordi [1878], Nr. 45351; Launer, Paris, Nachdr.: Belwin Mills, Melville, NY [um 1980] (Kalmus Vocal Scores. 9581.)
**Literatur:** s. Bd. 1, S. 739

*Norbert Miller*

## Roberto Devereux ossia Il conte di Essex
**Tragedia lirica in tre atti**

### Robert Devereux oder Der Graf von Essex
3 Akte (6 Bilder)

**Text:** Salvatore Cammarano, nach der Tragödie *Elisabeth d'Angleterre* (1829) von Jacques Arsène François Polycarpe Ancelot, der *Histoire secrète des amours d'Elisabeth et du comte d'Essex* (1787) von Jacques Lescène des Maisons und dem Libretto von Felice Romani zu dem Melodramma *Il conte d'Essex* (Mailand 1833) von Saverio Mercadante
**Uraufführung:** 29. Okt. 1837, Teatro San Carlo, Neapel
**Personen:** Elisabetta/Elisabeth I., Königin von England (S); der Herzog von Nottingham (Bar); Sara, Herzogin von Nottingham (Mez); Roberto/Robert Devereux, Graf von Essex (T); Lord Cecil (T); Sir Gualtiero/Walter Raleigh (B); ein Page (B); ein Vertrauter Nottinghams (B). **Chor:** Damen des königlichen Hofs, Ritter, Knappen. **Statisterie:** Pagen, königliche Wachen, Schildknappen des Herzogs
**Orchester:** 2 Fl (2. auch Picc), 2 Ob, 2 Klar, 2 Fg, 4 Hr, 2 Trp, 3 Pos, Pkn, gr.Tr, Streicher
**Aufführung:** Dauer ca. 2 Std. 15 Min.

**Entstehung:** Der Vertrag über eine neue Opera seria für das Teatro San Carlo Neapel stammt aus dem Frühjahr 1837. Die Entstehung von *Roberto Devereux* war von einer schweren Krise im Leben des Komponisten überschattet. Im Vorjahr hatte Donizetti beide Eltern verloren; seine Frau Virginia hatte ein totes Kind zur Welt gebracht. Im Juni 1837 starb wieder ein Kind bei der Geburt. Am 30. Juli schließlich starb 28jährig seine Frau. Da die Proben zu der Oper, für die ihm Cammarano den Text mit der üblichen Verzögerung geschrieben hatte, Ende Aug. 1837 begannen, muß der Großteil der Partitur in dem Monat nach dem Tod seiner Frau entstanden sein. Eine Choleraepidemie verzögerte dann den Beginn der Proben.
**Handlung:** In London, 1601.
Vorgeschichte: Roberto Devereux, Earl of Essex, Günstling Königin Elisabettas, ist seines Amts als Statthalter von Irland enthoben worden, weil er auf eigene Faust Waffenstillstand mit den Aufständischen geschlossen hat. Er wartet in London nach einem Aufstandsversuch auf seinen Hochverratsprozeß.

I. Akt, 1. Bild, große Halle in Westminster Palace: Sara, Herzogin von Nottingham, sucht vergeblich ihre Tränen vor den teilnehmend-neugierigen Augen der Hofgesellschaft zu verbergen, während sie die traurige Geschichte von Fair Rosamond Clifford, der unglücklichen Geliebten König Heinrichs II. von England, liest und darin ein ihr eng verwandtes Geschick erkennt. Sie liebt Roberto Devereux, den engsten Freund ihres Gatten. Königin Elisabetta tritt ein und gesteht ihrer Hofdame, sie habe eingewilligt, Roberto in einer Audienz zu empfangen. Sie sei bereit, ihn vor der drohenden Anklage zu retten, wenn sie weiterhin an seine Treue glauben könne. Nur die Liebe zu ihm mache ihr Leben lebenswert, sagt sie zu ihrer geheimen Rivalin und weigert sich, das vom königlichen Rat vorgelegte Todesurteil zu unterschreiben. Roberto verspricht sie, daß der Ring, den sie ihm einst als Zeichen ihrer Liebe gegeben habe, stets das Pfand seiner Sicherheit sein werde. Den wachgerufenen Traum vergangener Glückstage unterbricht eine leichtfertige Bemerkung Robertos, der annimmt, Elisabetta kenne das Geheimnis seiner Liebe zu Sara. Vergeblich sucht er den Fehler gutzumachen. Die Königin, nun seines Verrats gewiß, stürzt rasend vor Zorn hinaus, um seinen Tod zu besiegeln. Der Herzog von Nottingham umarmt seinen verzweifelt zurückgebliebenen Freund und gesteht ihm seinen eigenen Kummer: Seine Frau welke an einem geheimen Schmerz dahin; Dienerinnen hätten sie erst kürzlich über einem von ihr gestickten blauen Schal zusammenbrechen sehen. Roberto erschrickt und bleibt, da Nottingham zur Sitzung des Rats gerufen wird, seiner Verwirrung überlassen. 2. Bild, Gemächer der Herzogin in Nottingham House: In einen langen Mantel gehüllt, taucht Roberto auf und zeiht Sara der Untreue. Sara rechtfertigt sich leidenschaftlich: Nach dem Tod ihres Vaters habe die Königin gegen ihren Willen auf einer Heirat mit Nottingham bestanden. Zugleich wirft sie ihm vor, er trage den Ring der Königin. Er reißt ihn vom Finger und wirft ihn auf den Tisch, um sie seiner Treue zu versichern. Sie gibt ihm den blauen Schal als Liebespfand. Sie scheiden mit bösen Vorahnungen, Roberto will fliehen.
II. Akt, große Halle in Westminster Palace: Der versammelte Hof erwartet in Spannung die Nachricht von Devereux' Schicksal. Elisabetta erscheint in dem Augenblick, da Lord Cecil verkündet, das Gericht habe, trotz Nottinghams Verteidigungsreden, das Todesurteil gesprochen. Sir Gualtiero Raleigh berichtet, bei der von Elisabetta angeordneten Verhaftung Robertos habe man einen blauen Schal gefunden. Elisabetta befiehlt Devereux zu sich. Nottingham, der im Auftrag des Gerichts die königliche Unterschrift unter das Urteil fordern muß, macht den verzweifelten Versuch, die erzürnte Königin zur Gnade zu bewegen. Sie aber will ihn, den Beweis der Untreue Robertos in Händen, nicht zu Ende hören. Als sie dem hereingeführten Roberto den blauen Schal entgegenhält, sind er und Nottingham gleichermaßen wie erstarrt: Roberto fürchtet den unstillbaren Zorn der Königin, Nottingham glaubt sich von seinem Freund betrogen. Im allgemeinen Aufruhr will sich Nottingham mit dem Schwert auf Roberto stürzen; der verweigert weiterhin standhaft jede Aussage über die Herkunft des Liebespfands. Die Königin schließlich läßt ihn abführen und unterschreibt das Todesurteil.
III. Akt, 1. Bild, Saras Gemächer: Ein Abschiedsbrief Robertos aus dem Kerker fleht Sara an, der Königin den Ring zu geben und sie an ihr Versprechen zu erinnern. Nottingham entreißt Sara den Brief: Ihre Unschuldsbeteuerungen überzeugen ihn nicht. Er wird Sara so lange gefangensetzen, bis die Hinrichtung vollzogen ist. Ohnmächtig bricht sie zusammen. 2. Bild, Zelle im Tower von London: Roberto hofft noch immer auf den guten Ausgang von Saras Mission. Er will nur noch Saras Ehre verteidigen und dann von Nottinghams Hand sterben, um den Freund von ihrer Treue zu überzeugen. Raleigh tritt ein und läßt den Gefangenen zum Richtblock führen. 3. Bild, große Halle in Westminster: Voller Reue über ihren eigenen Entschluß sucht Elisabetta nach einem Ausweg aus dem Verhängnis. Da stürzt Sara mit dem Ring herein und gesteht, daß sie Elisabettas Rivalin sei. Zu spät ordnet Elisabetta einen Hinrichtungsaufschub an. Nottingham berichtet triumphierend vom Tod seines Freunds. Das Entsetzen übermannt die Königin: Während sie die beiden Nottinghams abführen läßt, erscheint ihr in einer schrecklichen Vision der enthauptete Roberto. Sie erklärt ihren Verzicht auf den Thron und sinkt, Robertos Ring an die Lippen gepreßt, ohnmächtig zusammen.

*Roberto Devereux ossia Il conte di Essex*; Leyla Gencer als Elisabetta; Regie: Margarethe Wallmann, Bühnenbild: Attilio Colonnello; Opera, Rom 1966. – Die türkische Sängerin – als Callas-Nachfolgerin gefeiert, als Callas-Nachahmerin kritisiert – erwarb sich, obwohl von der Schallplattenindustrie wenig beachtet, internationale Reputation als Donizetti-Interpretin.

**Kommentar:** Cammarano stützt sein Libretto ziemlich genau auf Ancelots Tragödie, eine romantische Neufassung des in Frankreich schon von Pierre Corneille und La Calprenède behandelten Stoffs, dem er Einzelzüge aus Lescènes *Histoire* hinzufügte. Allerdings nutzte er für seine Zwecke Romanis Libretto so weitgehend, daß der Vorwurf des Plagiats erhoben wurde. Im übrigen aber bewährte sich abermals Cammaranos Begabung für die schlagkräftige Augenblickskonstellation und für deren Umsetzung in die »parola scenica« (Giuseppe Verdi), die gemeißelte, einen ganzen Vorgang in eine Devise zusammenfassende Formulierung. – *Roberto Devereux* darf mehr noch als *Anna Bolena* (1830) oder *Maria Stuarda* (1835), mit denen er vom Sujet her am engsten verwandt ist, als das Musterbeispiel für Donizettis Auffassung einer italienischen historischen Oper gelten. Er ist das Gegenstück zur romantischen Oper vom Typus der *Lucia di Lammermoor* (1835), auch wenn sich in den Einzelnummern die Unterschiede zwischen Spielarten der gleichen Gattung schwer greifen lassen. Donizetti verzichtet auf Naturton und Stimmungsmalerei, auf das Wachrufen düster-erhabener Stimmungen, musikalisch auf die Übernahmen aus der deutschen Romantik, wie sie für *Lucia,* aber auch für Rossinis *Guillaume Tell* (1829) und die großen Opern Vincenzo Bellinis charakteristisch sind. Noch entschlossener als in seiner ersten großen Oper konzentriert sich alles Interesse auf die Beschwörung der Charaktere in ihrer geschichtlichen Situation. Kaum ein Gedanke wird auf die szenische Beschreibung verschwendet; selbst die in einem langen Ritornell eingefangene Kerkerstimmung ist, freilich nach bewährtem Vorbild, ganz auf die innere Gefangenschaft Robertos bezogen. Im übrigen ist die (für den Bühnenbildner undankbare) Beschränkung des Szenenwechsels auf das Gegeneinander von Öffentlichkeit (Thronsaal in Westminster Palace) und privater Sphäre (Saras Zimmer, Kerker) hier deutlicher Ausweis für die vom französischen Vorbild mitbestimmte Ausrichtung des Dramas auf den im Dialog ausgetragenen tragischen Konflikt der vier Hauptakteure. Mit rigider Ausschließlichkeit haben sich Cammarano und Donizetti auf die Verschränkung der Schicksale zwischen den engen Freunden Essex und Nottingham einerseits, der Königin und ihrer Vertrauten Sara andrerseits konzentriert. Alle Nebenfiguren liefern nur Stichworte, der Chor ist auf Staunen und Teilnahme als passive Allgemeinheit reduziert. Entsprechend ist die Oper arm an ausgedehnten Chornummern und Ensembleszenen. Nur der II. Akt mündet in ein weitgespanntes, vom Terzett über das Quintett zum großen Ensembleauftritt sich aufschwingendes, dramatisch bewegtes Finale. In ihm bewährt sich einmal mehr Donizettis Kraft der weiträumigen szenischen Gestaltung, ohne daß die Nummer, auch nach seiner eigenen Auffassung, die strömende Fülle des Sextetts aus *Lucia* oder die Ausdrucksmacht der großen Szenen aus *Anna Bolena* oder *Lucrezia Borgia* (1833) erreichte. Es ist viel ausgeprägter ein Drama der ineinander verklammerten Einzelschicksale, das sich (wie in *Parisina,* 1833) in der Selbstaussprache der Figuren oder in Einzelbegegnungen vollzieht. Konsequent endet der II. Akt mit dem Freundschaftsduett Roberto/Nottingham, der III. mit den hintereinandergeschalteten Soloszenen: Roberto vor seinem Ende im Kerker und Elisabetta in tragischer Verzweiflung zurückbleibend. Gerade diese beiden Szenen, die musikdramatisch wie musikalisch zu den größten Leistungen des Komponisten zählen, verdeutlichen, wie mühelos sich Donizetti der Opernkonvention bedienen konnte (hier der virtuosen Schlußarie der Primadonna, wie sie seit Gioacchino Rossinis neapolitanischen Opern einen ausgeprägten Finaltypus darstellt), um den eigenen musikdramatischen Ausdruck zu treffen: In die beiden Teile der Arie, das a-Moll-Lamento des »Vivi, ingrato«, zu dem sich die Musik über ein sehr komplexes, von Ariosopassagen durchzogenes Rezitativ entwickelt, und die zu intensivstem Espressivo gesteigerte Cabaletta (»Quel sangue versato«) mit ihren pulsierend-drängenden extremen Tonsprüngen, ist, dramaturgisch zwingend, die ganze tragische Lösung des Konflikts eingeengt: die lauernde Ungewißheit des Hofs, die tatenlose Unruhe der Königin, die Hinrichtung Robertos, die Enthüllung der Vorgeschichte, die Abdankung der Königin. Die beiden großen, spiegelbildlich aufeinander bezogenen Szenen der Königin, die ja nur noch von fern an den Typus der zweiteiligen Bravourarie erinnern (man vergleiche die entsprechende Szene in Rossinis *Elisabetta, regina d'Inghilterra,* 1815), sammeln und lösen die aufgestaute Spannung der Szene, nehmen alle äußere und innere Teilnahme in sich auf, leiten das Geschehen ins Lyrische über, aus dem es zunächst auch hervorgegangen war. Das Schlußbild übertrifft darin das vergleichbare dreigegliederte Schlußszene von *Anna Bolena* noch an innerer Konsequenz, mit der das musikalische Geschehen aus dem szenischen abgeleitet wird. – Das gleiche Prinzip wird von Donizetti auch für die übrigen Teile seines Dramas nutzbar gemacht. Selten ist es Cammarano gelungen, so bruchlos eine Bühnenhandlung als in sich geschlossenes Ganzes verständlich zu machen, die Entwicklung des tragischen Geschehens und die Aufdeckung der Vorgeschichte so ohne jeden Rückstand aus dem Dialog, aus den Veränderungen der Leidenschaft im Gefühlsausdruck, aus sinnlich genau erfaßbaren szenischen Motiven (Ring, Schal) zu vergegenwärtigen. In *Lucia* trug er dem Charakter des Romangemäldes noch dadurch Rechnung, daß er einzelne, scharf herauspräparierte Momente aus dem Kontinuum der Handlung schnitt und so einen Bilderbogen an die Stelle eines Dramas setzte. Hier dagegen geht der Ehrgeiz von Librettist und Komponist weit eher auf das Drama für Musik. Dazu gehört auch, daß die Zäsuren zwischen den vorgegebenen Teilstücken einer Arie oder eines dreiteiligen Duetts als wirkliche Handlungseinschnitte motiviert werden. Das Zusammenwirken von innerem Geschehen, ganz hineingenommen in die großflächig gegeneinandergestellten Szenen der Protagonisten und der episodischen Handlungseinwürfe von Chor und Statisterie, verbunden durch eine hier besonders freie Handhabung der koloristischen Effekte im Orchester, ist auch in Donizettis besten Werken selten gleich mühelos und von Szene zu Szene gleich überzeugend gelöst wie hier: Die Auftritte der Personen, das stockende Sprechen des Chors, sei es aus banger Erwartung, sei es aus gebanntem Entsetzen, die prägnanten Augenblicksepisoden Gualtieros oder Cecils verraten eine Meisterschaft der charakteristischen Einzelwendung, die der Komponist zuerst in der musikalischen Gestik von *Parisina* erreicht hatte und auf die er von da an selbstverständlich zurückgreifen konnte, selbst in schwächeren, unter Zeitdruck rasch heruntergeschriebenen Werken. – Die dramaturgische und musikalische Konsequenz und Sorgfalt der Durchbildung würden *Roberto Devereux* allein noch keinen Platz im modernen Opernrepertoire sichern; denn es ist ja im Gegenteil das Interesse im Publikum an der Nähe der Oper zum klassisch-klassizistischen Sprechtheater hohen Stils ganz gering, während viel stärker das theatralische Spektakel und die sängerische Bravourleistung den Erfolg ausmachen. Die Wiederentdeckung der italienischen Oper des 19. Jahrhunderts hängt bis zur Stunde von der Wiederentdeckung der Primadonna assoluta ab; so sehr, daß selbst in der kritischen Auseinandersetzung mit dieser Musik bis heute die von Anfang an durchlaufenden Anstrengungen Rossinis, Bellinis, Mercadantes und Donizettis um ein glaubwürdiges musikalisches Drama vernachlässigt wurden. Aber auch den Anforderungen des gegenwärtigen Opernbetriebs an die musikalische Prachtentfaltung trägt Donizettis *Roberto* in fast unvergleichlicher Weise Rechnung. Verschwenderisch hat er in diesem Werk seine melodische Einfallskraft überfließen lassen: Von der Auftrittsarie der Sara über die packende, Duett und leidenschaftliche Auseinandersetzung wie selbstverständlich verschmelzende Begegnung Elisabettas mit Roberto (wohl das glänzendste Liebesduett, das Donizetti geschrieben hat) bis zum Duett Roberto/Nottingham bringt schon der I. Akt eine Fülle gleichrangiger, in sich raffiniert gesteigerter Gesangsnummern, die mit ihrer durchgehaltenen Verwandlung des virtuosen Stils in eine Bravour des Expressiven, mit ihrer ständigen Selbstübertrumpfung des melodischen Einfalls hinter keiner andern Solonummer des Komponisten zurückbleiben. Die ganze Oper hat, durchaus ungewöhnlich bei dem Arbeitstempo und der im besten Sinn Handwerksgesinnung des Maestros, kaum eine schwächere Nummer, so daß an ihr in der szenischen Spannung auch die musikalische Vorerwartung in keinem Auftritt enttäuscht wird oder abfällt. Konsequenter als in den vorausgehenden Opern (vielleicht mit Ausnahme von *Marino Faliero*, 1835) hat Donizetti dem Orchester die Aufgabe zugewiesen, den Zusammenhang zwischen szenischem Fortgang und innerer Bestimmtheit zu garantieren. Er illustriert nicht, aber er nutzt die Farben des Orchesters, den Wechsel der vortretenden Soloinstrumente für die Erweiterung der Ausdrucksmittel. Fast durchgehend trägt das Orchester die großen Melodiebögen in den Ensembleszenen, beginnend mit dem Duett Elisabetta/Roberto, in die dann die Solisten mit Bestätigung und Widerspruch frei eingreifen können. Darüber hinaus wird die wechselseitige Angleichung von Arioso und Rezitativ hier noch einmal weiter vorangetrieben, indem das Orchester die Rezitativdialoge durch zusammenhängende Ariosopassagen grundiert, am eindringlichsten vielleicht in dem monoton-erstarrten Rezitativ der Königin, die Robertos Todesurteil unterschreibt (»Tutti udite. Il consilio de' Pari«), wobei eine weitgehend vom Cello getragene Kantilene einerseits die Erregung des Augenblicks sinnfällig macht und andrerseits die Spannung zwischen den Leidenschaftsausbrüchen des Terzetts und des anschließenden Finales aufrechterhält. Aber als Prinzip ist dieser Funktionstausch von Gesang und Orchestermusik überall spürbar. Das gibt den vier gleichberechtigt behandelten, sehr sorgfältig in Beziehung gesetzten Akteuren eine erstaunlich gleichmäßige Intensität und Glaubwürdigkeit des Handelns und des Empfindens. (Dem widerspricht es nicht, daß selbstverständlich die Partie der Elisabetta noch einmal nach ihrer brillanten Technik wie nach ihrer dramatischen Dimensionierung über das Maß ihrer Partner hinausragt.) Daß Donizetti so etwas gelingen könnte wie ein durchgehaltener, ganz als Individualität gestalteter Charakter, ist natürlich auch in diesem Ausnahmewerk sowenig wie in einer andern Oper dieser Zeit denkbar (auch die ein-

*Roberto Devereux ossia Il conte di Essex*; Beverly Sills als Elisabetta, Plácido Domingo als Roberto; New York City Opera, New York 1970. – Während Donizettis Seriaopern in Domingos umfangreichem Repertoire nur eine periphere Rolle spielen, stehen gerade sie im Zentrum von Sills' Karriere. Die Elisabetta war ihre erste und zugleich bedeutendste Interpretation innerhalb der »Donizetti-Königinnen-Trilogie« der New York City Opera.

dringlichsten Opernfiguren Bellinis, Mercadantes und des frühen Verdi, *Rigoletto,* 1851, nicht ausgenommen, sind keine Charaktere im Sinn des Musikdramas), die vier Akteure sind selbstverständlich in erster Linie Stimmcharaktere mit traditionell eingeübten Verhaltensweisen. Aber Donizetti greift in seiner Musiksprache sehr deutlich Verdis Anspruch auf musikalische Wahrheit des Gefühls vor (beiläufig bemerkt, kannte Verdi *Roberto Devereux* sehr genau, da die Proben zu seinem Erstling *Oberto*, 1839, in Mailand stattfanden, während Donizettis Werk an der Scala gespielt wurde), wenn er jede Wendung der Musik auf die veränderte Empfindungslage des Sprechenden bezieht und wenn er, unbekümmert um Höhenlage und Konvention, aus dem Vorrat seiner melodischen Gesten die eindringlichste auswählt, wobei er wie Verdi auch vor dem Gassenhauer nicht zurückschreckt. Das Ergebnis ist eine historische Kammeroper, getragen von vier gleichermaßen anspruchsvollen Sängern in den Hauptstimmlagen, die in der aufs äußerste angestrengten Tonsprache der zeitgenössischen Oper und aus einem neuen Geist der theatralischen Wahrheit ein in sich zwingend angeordnetes Dramengeschehen überwältigend in musikalische Anschauung umsetzen.

**Wirkung:** *Roberto Devereux* war ein beträchtlicher Erfolg; nach der mit Giuseppina Ronzi de Begnis, Almerinda Granchi, Giovanni Basadonna und Paul Barroilhet gut bis vorzüglich besetzten Premiere wurde das Werk rasch überall in Italien nachgespielt. Für die Aufführung am Théâtre-Italien Paris (27. Dez. 1838 in einer Besetzung mit Giulia Grisi, Emma Albertazzi, Giovanni Battista Rubini und Antonio Tamburini) komponierte Donizetti eine anspruchsvolle Programmouvertüre, die Variationen über »God Save the Queen« mit Robertos Cabalettathemen aus der Kerkerszene im III. Akt und zwei andern Teilstücken effektvoll kombiniert, ohne daß die Oper mehr als einen Achtungserfolg erzielen konnte. Bedeutende Aufführungen verzeichneten Her Majesty's Theatre London 1841 (wiederum mit Grisi, Rubini, Ronconi) und 1842 (Erminia Frezzolini, Rubini, Ronconi) sowie Petersburg 1849 (mit Grisi, Mario). Von den vielen späteren Aufführungen in Deutschland, Frankreich und Rußland hat der Komponist selbst nur noch die Aufführung am Kärntnertortheater Wien 1844 betreut, »un piramidale fiasco« nach seiner eigenen Aussage. Die Oper hielt sich, anders als andere seiner Hauptwerke, nicht weit in die 2. Hälfte des 19. Jahrhunderts hinein. Erst seit Ende der 50er Jahre gilt *Roberto* als ein Geheimtip unter den Donizetti-Opern. Nach dem Revival in Bergamo 1961, das einer Entdeckung gleichkam, erwies sich *Roberto Devereux* in zahlreichen szenischen und konzertanten Aufführungen als bleibende Bereicherung des großen Belcantorepertoires. Besonders erfolgreich waren die Inszenierungen in Neapel 1964 (Leyla Gencer, Anna Maria Rota, Ruggero Bondino, Piero Cappuccilli; Dirigent: Mario Rossi), der New York City Opera 1970 (Beverly Sills, Beverly Wolff, Plácido Domingo, Louis Quilico; Dirigent: Julius Rudel), innerhalb der Donizetti-Königinnen-Trilogie wiederaufgenommen 1972–74 (in wechselnder Besetzung, aber immer mit Sills als Elisabetta), in Zürich 1970 (Antigone Sgourda, Carol Smith, Glade Peterson, Kari Nurmela; Dirigent: Nello Santi) und in Aix-en-Provence 1977 (Montserrat Caballé, Janet Coster, José Carreras, Franco Bordoni; Dirigent: Rudel).

**Autograph:** Bibl. S. Pietro a Maiella Neapel. **Ausgaben:** Part, Faks.-Nachdr. d. Autographs: Garland, NY, London 1982 (Early Romantic Opera. 26.); Kl.A: Girard, Neapel 1837, Nr. 3615-4294, Nachdr.: Belwin Mills, Melville, NY (Kalmus Vocal Scores. 9397.); Pacini, Latte, Paris [1838]; Ricordi [um 1840]; Kl.A, frz. Übers. u. Bearb. v. E. Monnier: Latte, Paris [um 1840]; Textb.: Neapel, Flautina 1837; Florenz, Galletti 1838; Genua, Pagano 1838; Rom, Puccinelli 1838; Triest, Weis 1838; Mailand, Truffi 1839; Ricordi, Nachdr. 1974. **Aufführungsmaterial:** rev. v. M. Parenti, dt. Übers. v. R. Weikert: Ricordi **Literatur:** U. CATTINI, Note sul ›Roberto Devereux‹, in: Ricordiana 1957; W. ASHBROOK, Notes on the Opera, in: [Bei-H. d. Schallplattenaufnahme], ABC-Records 1969; J. BLACK, ›Elisabeth d'Angleterre‹, ›Il conte d'Essex‹ and ›Roberto Devereux‹, in: Journal of the Donizetti Soc. 5: 1984, S. 135–146; weitere Lit. s. Bd. 1, S. 739

*Norbert Miller*

## Il duca d'Alba
### Opera in quattro atti

### Der Herzog von Alba
4 Akte (5 Bilder)

**Text:** Angelo Zanardini, nach dem Libretto zur 1. Fassung von Augustin Eugène Scribe und Charles Duveyrier. **Musik** (Ergänzung und Bearbeitung): Matteo Salvi
**Uraufführung:** französisch als *Le Duc d'Albe*: komponiert 1839, unvollendet, nicht aufgeführt; Bearbeitung von Salvi: 22. März 1882, Teatro Apollo, Rom (hier behandelt)
**Personen:** Herzog von Alba, Gouverneur der Niederlande im Namen Philipps II. (Bar); Sandoval, Kapitän der spanischen Truppen (Bar); Carlo, ein anderer Offizier (T); Marcello di Bruges, ein junger Flame (T); Daniele, Brauer (B); Amelia d'Egmont (S).
**Chor:** Soldaten, Spanier, Flamen
**Orchester:** Picc, 2 Fl, 2 Ob, 2 Klar, 2 Fg, 4 Hr, 2 Trp, 2 Pos, Ophikleide, Cimbasso, Pkn, gr.Tr, Streicher; BühnenM auf d. Szene: Trommeln; hinter d. Szene: Trompeten
**Aufführung:** Dauer ca. 2 Std. 30 Min. – Balletteinlage nach französischem Vorbild. – Orchester der Bearbeitung von Thomas Schippers: Picc, 2 Fl, 3 Ob oder 2 Ob (2. auch E.H), 2 Klar, 2 Fg, 4 Hr, 2 Trp, 3 Pos, Cimbasso, Pkn, gr.Tr, Streicher; BühnenM (nicht differenziert). Diese Bearbeitung faßt den I. und II. Akt zu zwei Bildern des I. Akts zusammen.

**Entstehung:** »Zum 1. Januar 1840 habe ich mich verpflichtet, die abgeschlossene Partitur meiner zweiten großen Oper einzureichen, diesmal in vier Akten, die ich schon zu komponieren angefangen habe«, teilt

Donizetti am 8. April 1839 Simon Mayr mit. Scribe hatte ihm für seine auf *Les Martyrs* folgende Oper ein Textbuch über den niederländischen Krieg gegen Spanien geliefert. Die Anfang April begonnene Komposition blieb dann, aus nicht ganz geklärten Gründen, liegen, obwohl Donizetti die Komposition in der Skizze fast abgeschlossen hatte. Im Okt. 1839 bereits ist in seinen Briefen von dem Projekt nicht mehr die Rede. Als er dann für den Schlußakt von *La Favorite* (1840) die Tenorarie aus dem IV. Akt seiner Oper herauslöst (Henris »Anges des cieux, éloignez-d'elle« wird als Fernands Arie »Ange si pur, que dans un songe« zum Glanzstück der neuen Oper!), ist das Schicksal von *Le Duc d'Albe* für ihn besiegelt. Nach Donizettis Tod verwendete Scribe sein Libretto neu und fertigte daraus das Textbuch für Verdis Pariser Oper *Les Vêpres siciliennes* (1855). Im April 1846 hatte Léon Pillet, der Direktor der Pariser Opéra, noch 1500 Francs an den Komponisten und den Textdichter bezahlt, da er die fast abgeschlossene Oper derzeit nicht aufführen wollte. Seine Nachfolger machten dann verschiedentlich Anstrengungen, das nach Bergamo weggegebene Autograph wiederzuerlangen. Im Mai 1848 studierte Louis Philippe Dietsch die Partitur und erklärte sie für zu unvollständig, um eine Fertigstellung von fremder Hand zu erlauben. Erst 1875 wurde ein neuer Versuch unternommen, die Oper für eine Aufführung zu retten.

Doch erklärten sich auch Donizettis Biographen Federico Alborghetti und Michelangelo Galli außerstande, die Oper zu vollenden. Im Auftrag der Verlegerin Giovannina Lucca, die 1881 das Autograph erworben hatte, prüfte im selben Jahr eine Kommission, zu der auch Amilcare Ponchielli gehörte, das Material erneut. Der Komponist Salvi wurde mit der Durchsicht und Überarbeitung betraut. Er stützte sich auf eine italienische Textfassung von Zanardini; er ergänzte und veränderte einen Teil der Rezitative, instrumentierte das Werk im Zeitgeschmack um, fügte eine Arie aus Donizettis *Il paria* (Neapel 1829) ein und verfaßte selbst die Ouvertüre und eine Tenorarie im IV. Akt (anstelle der in *La Favorite* übernommenen Arie). Die Umarbeitung wurde in sehr kurzer Zeit abgeschlossen. Der Handlungsablauf entspricht, Zug um Zug, der Handlung in Verdis *Vêpres*. Zanardini sah sich gezwungen, um mindestens auf den ersten Blick die Ähnlichkeiten zu verbergen, die Namen des Liebespaars Hélène und Henri (entsprechend der Namensgebung bei Verdi) in Amelia und Marcello umzuwandeln. Im übrigen unterscheiden sich nur Schauplatz und Ort der Befreiung vom fremden Joch nennenswert in der Anlage der beiden Stücke.

**Handlung:** In Brüssel und Antwerpen, 1573.
I. Akt, Platz vor dem Brüsseler Rathaus: Ein Jahr ist seit dem Ausbruch des von Wilhelm von Oranien

*Il duca d'Alba*, I. Akt; Bühnenbildentwurf: Carlo Ferrario; Uraufführung, Teatro Apollo, Rom 1882. – Der Gegensatz zwischen der strengen und zugleich eleganten Regelmäßigkeit der Rathausfassade und der quellenden, ein wenig vulgären Fülle und Gedrängtheit der Bürgerhäuser wirkt so drastisch, daß er eine symbolische Bedeutung suggeriert, doch scheint er dekorativer Selbstzweck zu sein.

geführten Freiheitskampfs und fünf Jahre seit der Hinrichtung der Grafen Lamoraal von Egmont und Philipp von Horne vergangen. Vor Danieles Brauerei geraten zechende Bürger mit betrunkenen spanischen Soldaten der gegenüberliegenden Kaserne in Streit. Daniele wird verhaftet, die hinzukommende Tochter Egmonts, Amelia, weigert sich, dem spanischen Gouverneur ihre Reverenz zu erweisen. Dafür zwingt sie ein spanischer Offizier, ein Lied zum Preis des Herzogs von Alba zu singen. Als sie statt dessen ein patriotisches Kampflied anstimmt, kommt es zum Handgemenge. Nur Albas Erscheinen verhindert das Blutvergießen. Der eben aus Brügge gekommene Marcello nähert sich der von ihm geliebten Amelia und berichtet aufgeregt von den dort ausgebrochenen Unruhen. Alba tritt zwischen die Liebenden, heißt alle übrigen sich entfernen und befragt den Jüngling, sichtlich bewegt, nach Herkunft und Kindheit. Marcello weist ihn schroff ab, fordert Alba durch rebellische Reden heraus, verwirft auch ein letztes Versöhnungsangebot und wird schließlich von den Wachen abgeführt. Alle bleiben erregt oder ängstlich zurück.
II. Akt, im Innern von Danieles Brauerei, links hinter Tischen die Tür zu Amelias Gemach: Die Verschwörer sammeln sich in Danieles Haus, um den Zeitpunkt des Losschlagens gegen die Spanier festzulegen. Zu ihnen gesellt sich auch Marcello, der auf geheimnisvolle Weise in Freiheit gesetzt wurde. Er trifft Amelia wieder. Beide gestehen sich im Augenblick freudiger Überraschung ihre Liebe. Spanische Truppen, die das Haus beobachtet haben, dringen herein und verhaften die Aufständischen. Nur Marcello bleibt frei.
III. Akt, Saal in der Residenz des Herzogs: Marcello tritt an Alba heran, um für seine verhafteten Freunde ein Pardon zu erwirken. Alba sucht ihn von seiner Freundschaft zu überzeugen und enthüllt schließlich, daß Marcello sein lange vergebens gesuchter Sohn ist. Entsetzt und verwirrt weigert sich Marcello, an diese Verwandtschaft mit dem Feind der Niederlande zu glauben. Schließlich aber sieht er in seinem öffentlichen Bekenntnis zu Alba die einzige Möglichkeit, Amelias Leben zu retten. Auf einer Gesellschaft, zu der auch Amelia geladen wird, glaubt diese sich von Marcello verraten. Vergebens versucht er, seine Unschuld und seine Liebe zu ihr zu beschwören.
IV. Akt, 1. Bild, Grabgewölbe in Egmonts Gruft: Marcello hat sich an Egmonts Grab begeben in der Hoffnung, dort Amelia wiederzusehen. Als sie am Grab ihres Vaters beten will, gelingt es ihm, sie nach langem Widerstand von seiner Liebe und seiner aufrechten Gesinnung zu überzeugen. Sie weiht ihn in ihren Plan ein, Alba zu ermorden. Als er voller Entsetzen versucht, sie von diesem Plan abzubringen, verstößt sie ihn ein zweites Mal. 2. Bild, am Hafen vor Antwerpen, nahe der Scheldemündung: Volk und Armee sind versammelt, um die Einschiffung Albas nach Spanien zu verfolgen. Da naht sich Amelia als Bittstellerin dem Herzog, der ihr in der Rührung über die Wiederbegegnung mit seinem Sohn Gehör schenkt. Als Amelia unversehens einen Degen zieht, wirft sich Marcello vor seinen Vater und empfängt den tödlichen Stich. Sterbend fleht er Alba, dem er so den Beweis seiner Sohnesliebe erbracht hat, um Gnade für Amelia an.

**Kommentar:** Donizettis große französische Oper *Le Duc d'Albe,* die so weit gefördert war, daß der Komponist bei seinem gewohnten Arbeitstempo sie binnen weniger Tage, ja Stunden hätte abschließen können, gehört sicher über weite Strecken in die Reihe seiner Hauptwerke, zumal er sich wie bei allen Opern für Paris besonders eindringlich um den dramatischen Zusammenhang der Einzelnummern gekümmert hatte. Da er überdies nur eine Arie (allerdings mit »Ange si pure«, im Original: »Anges des cieux«, auch für ihn fast unersetzbares Juwel) in einer späteren Oper weiterverwendet hatte, bot sich das mächtige Fragment für eine Wiederentdeckung auf der Bühne geradezu an. Salvis Umgang mit dem handschriftlichen Material ist immer auf herbe Kritik gestoßen: Anstatt auf die innere Tragfähigkeit von Donizettis Musik zu vertrauen, der vor allem in den großen Ensembleszenen des I. und II. Akts, aber auch in den heftig erregten Duetten zwischen Hélène (Amelia) und Henri (Marcello) und zwischen Alba und Henri glänzende Beispiele für die Bühnenwirksamkeit seiner Belcantokunst gegeben hatte, fühlte sich der Bearbeiter verpflichtet, dem Zeitgeschmack Rechnung zu tragen. Um nach Verdis *Aida* (1871) und Ponchiellis *La Gioconda* (1876) einen wirklichen Bühnenerfolg zu erringen, mußte er nach seiner Auffassung den Klangcharakter dem fortgeschrittenen Zustand der Musikdramatik angleichen. Das betraf zunächst vor allem die Rezitative, die er zum Teil abänderte und reicher grundierte, zum Teil durch gedrängtere Dialogpassagen ergänzte oder ersetzte. Das gilt darüber hinaus für die zum Teil sehr schwere Instrumentierung, die auf die für Donizetti so charakteristische Trennung der Stimmgruppen keine Rücksicht nimmt. Und das gilt schließlich durchweg für das elegische Pathos aller Nummern, auch wo er in der Stimmführung ganz bei Donizetti bleibt. Überall wird der Eindruck erweckt, Donizettis Oper sei eine Vorwegnahme des Opernstils nach 1870, eine Vorahnung Ponchiellis. Für den Donizetti-Kenner im 20. Jahrhundert stellt diese Bearbeitung sicher ein Sakrileg dar. Nimmt man dagegen Salvis Prämissen ernst (sein Wiederbelebungsversuch fällt in die Zeit der beginnenden Donizetti-Ferne) und überläßt man sich dem Eindruck der von ihm nach Donizettis Vorlage geschaffenen Oper, so wird man zugeben müssen, daß hier ein ungewöhnlich effektvolles, spannungsgeladenes Werk in einer für sich zwingenden, einheitlichen Tonsprache vorliegt, das kaum eine Schwachstelle aufweist. Auch die beiden von Salvi ergänzten Nummern fügen sich in die Gesamtwirkung vollkommen ein: das aus dem Hauptgedanken im Finale des III. Akts und einer Adaption von Donizettis *De Profundis* gewonnene Potpourri der Ouvertüre, vor allem aber die nachkomponierte Arie des Marcello im IV. Akt, »Angelo casto e bel«, eine ingeniöse, dem Vorbild fast gleichrangige Aufnahme des von Verdi und Ponchielli geschaffenen zweistrophigen Arientyps (»Cielo e mar«, Enzos Kavatine im

II. Akt von *La Gioconda,* sei als Idealtyp herausgehoben!). *Il duca d'Alba* darf als eine der besten Leistungen der italienischen Oper nach 1870 gelten, die noch immer eine gelegentliche Wiederaufführung verdient.

**Wirkung:** Die als künstlerisches und gesellschaftliches Ereignis begangene Uraufführung (Amelia: Abigaille Bruschi-Chiatti, Marcello: Julián Gayarre, Alba: Leone Giraldoni; Dirigent: Marino Mancinelli, Ausstattung: Carlo Ferrario) konnte die hochgespannten Erwartungen nicht erfüllen. Der Premierenerfolg verblaßte schnell; das Presseecho war geteilt. Nach dem Fiasko der Neapler Aufführung (mit Roberto Stagno als Marcello) wenige Wochen später schien das Schicksal der Oper besiegelt. Es folgten in den nächsten Jahren noch Einstudierungen in Bergamo, Barcelona, Malta und Turin, dann verschwand *Il duca d'Alba* vom Spielplan. Obwohl Ricordi, seit 1888 Rechtsnachfolger von Lucca, den Klavierauszug und das Aufführungsmaterial immer bereit hielt, kam es nur vereinzelt zu Wiederaufführungen, darunter 1951 die Aufführung der Radiotelevisione Italiana unter Ferdinando Previtali in Rom. 1959 erarbeitete Schippers für die von ihm dirigierte Aufführung beim Festival in Spoleto seine eigene, eng an Donizettis Intentionen eingehende Fassung des Fragments. Inzwischen hatte die Wiederentdeckung der italienischen Oper zwischen 1815 und 1850 den Weg für eine unverstellte Würdigung von Donizettis Musik freigemacht. Schippers hielt sich vor allem in der Instrumentierung streng und überzeugend an die Bräuche des Komponisten; er ergänzte die fehlenden Teile äußerst behutsam, mitunter fast ängstlich. Vor allem aber fügte er das berühmte »Spirto gentil« (»Anges des cieux«) wieder an seinem angestammten Platz zu Beginn des IV. Akts ein. Weniger behutsam verfuhr er mit Donizettis Text überall dort, wo er musikalisch oder dramatisch nicht überzeugt war: Er kürzte nicht nur in den Rezitativen, sondern kappte auch mehrere Kabaletten (darunter die des ersten Duetts Alba/Marcello, die zur Arie des Herzogs und die des Liebesduetts im letzten Akt). Schließlich schob er die ersten beiden Akte zu einem Akt zusammen: theaterpraktische Eingriffe, über deren Notwendigkeit oder Texttreue man geteilter Meinung sein darf. Die Aufführung in Luchino Viscontis historisierender Inszenierung und mit den restaurierten Originalbühnenbildern Ferrarios (Amelia: Ivana Tosini, Marcello: Renato Cioni, Alba: Louis Quilico) war ein großer, fast enthusiastischer Erfolg. Ob sich die Oper, sicher eine der zwingenden Leistungen des Komponisten, in dieser neuen, von Ricordi in einer redigierten Ausgabe festgehaltenen Gestalt wird durchsetzen können, bleibt vorerst abzuwarten. Die bisherigen Einstudierungen, unter anderm in Gent 1976, Neapel 1979, Brüssel 1979 (Rekonstruktion der Visconti-Inszenierung in den Originalbühnenbildern durch Filippo Sanjust mit Marina Krilovici, Ottavio Garaventa, Silvano Carroli; Dirigent: Oliviero De Fabritiis) und Florenz 1981 (Alba: Renato Bruson) lassen noch kein endgültiges Urteil zu.

**Autograph:** Vlg.-Arch. Ricordi Mailand; Bearb. v. M. Salvi: ebd. **Ausgaben:** Kl.A v. N. Massa: Lucca, Mailand [um 1882], Ricordi [um 1888], Nachdr.: Belwin Mills, Melville, NY (Kalmus Vocal Scores. 9859.); Kl.A, Bearb. v. T. Schippers: Ricordi 1958; Textb. v. E. Scribe, Nachdr. d. Autographs: Journal of the Donizetti Soc. 5:1984, S. 243–316; Textb., Bearb. in 3 Akten: Ricordi 1959. **Aufführungsmaterial:** Bearb. Schippers: Ricordi **Literatur:** J. COMMONS, An Introduction to ›Il Duca d'Alba‹, in: Opera 10:1959, S. 421–426; H. WEINSTOCK, ›Le Duc d'Albe‹. A Brief History of D.'s Unfinished Opera, in: D. and the World of Opera in Italy, Paris and Vienna in the First Half of the Nineteenth Century, ebd., S. 297–306; weitere Lit. s. Bd. 1, S. 739

*Norbert Miller*

## La Fille du régiment
### Opéra-comique en deux actes

**Die Regimentstochter**
**Marie oder Die Regimentstochter**
2 Akte

**Text:** Jules Henri Vernoy Marquis de Saint-Georges und Jean François Alfred Bayard
**Uraufführung:** 1. Fassung: 11. Febr. 1840, Opéra-Comique, Salle des Nouveautés, Paris (hier behandelt); 2. Fassung in der Übersetzung von Calisto Bassi als *La figlia del reggimento*: 3. Okt. 1840, Teatro alla Scala, Mailand
**Personen:** Marie, Marketenderin (S); Tonio, ein junger Tiroler (T); Marquise de Berkenfield (Mez); Hortensio, Haushofmeister der Marquise (B); Sulpice, Sergeant (B); ein Korporal (B); Herzogin de Crakentorp (A); ein Bauer (T); ein Notar (Spr.). **Chor:** französische Soldaten, Tiroler Landleute, bayrisches Hofgesinde. **Statisterie:** Bedienstete der Marquise
**Orchester:** Picc, 2 Fl (2. auch 2. Picc), 2 Ob (2. auch E.H), 2 Klar, 2 Fg, 4 Hr, 2 Trp, 3 Pos, Pkn, Schl (gr.Tr, kl.Tr, Trg), Streicher; BühnenM auf d. Szene: 2 kl.Tr, Kl; hinter d. Szene: Hr, Kornett, MilitärM (nicht differenziert)
**Aufführung:** Dauer ca. 2 Std. – Gesprochene Dialoge in der 1. Fassung.

**Entstehung:** Donizetti schrieb *La Fille du régiment* im Auftrag der Opéra-Comique, nachdem er die Arbeit an *Les Martyrs* (1840) im Sommer 1839 abgeschlossen hatte. Die fertig komponierten Teile des fragmentarischen *Duca d'Alba* (1839/1882) gehen der *Fille* unmittelbar voraus. Donizetti hat sich bei der Niederschrift seines französischen Singspiels, mit dem er den Erfolg seines *Elisir d'amore* (1832) erneuern wollte, in bewußter Auseinandersetzung an die französische Tradition des Genres angeschlossen. Der Erfolg gab ihm Recht: Obwohl bei der Premiere die Feindseligkeit des Publikums gegen den Italiener, der alle Pariser Bühnen zu beherrschen sich anschickte, fast zu einem Fiasko geführt hätte, wurde die als besonders französisch empfundene Oper zu einem Publikumserfolg.
**Handlung:** In den Tiroler Bergen, um 1815, am Ende der Napoleonischen Kriege.

## Donizetti: La Fille du régiment (1840)

I. Akt, ländliche Gegend; rechts ein Bauernhaus, links die ersten Häuser eines Dorfs; im Hintergrund Berge: Während in den Bergen Kampflärm zu hören ist, flüchtet sich die Marquise de Berkenfield, durch die Kriegswirren in ihrer Heimreise aufgehalten, in ein Haus am Rand des Dorfs. Die junge Marie, die vor 20 Jahren von Soldaten des 21. Regiments auf dem Schlachtfeld gefunden wurde und ihnen als Marketenderin überallhin folgt, gesteht dem zurückkehrenden Sergeanten Sulpice, sie habe sich in Tonio, einen jungen Tiroler, verliebt, der ihr einmal das Leben rettete. Die Soldaten, die sich als ihre Väter fühlen, kommen vom Schlachtfeld zurück und bringen einen jungen Mann mit, den sie als Spion verhaftet haben. Marie erkennt Tonio und bittet ihn frei, indem sie die Geschichte ihrer Rettung erzählt. Tonio fühlt sich glücklich unter den Soldaten, und als er erfährt, daß Marie nur einen Krieger des 21. Regiments heiraten darf, läßt er sich als Rekrut bei Sulpice inskribieren. Unglücklicherweise hat jedoch inzwischen die Marquise bei einem Gespräch mit Sulpice erfahren, daß Marie die Tochter eines Kapitäns Robert ist, der früher angeblich mit ihrer verstorbenen Schwester verheiratet war. Sie nimmt Marie mit auf ihr Schloß. Vergeblich sucht Tonio der Geliebten nachzueilen. Er muß als Rekrut bei seinem Regiment bleiben.

II. Akt, Salon im Schloß der Marquise: Die Marquise hat versucht, die Regimentstochter in eine Dame der Gesellschaft zu verwandeln. Sie ist glücklich, daß es ihr inzwischen gelungen ist, für das junge Mädchen eine standesgemäße Heirat zu arrangieren, und zwar mit dem Sohn der Herzogin de Crakentorp. Nach einer Singstunde, bei der das Mädchen und ihr Ziehvater Sulpice sich halb zornig, halb ausgelassen über die feinen und gekünstelten Manieren der Gesellschaft lustig machen, beklagt Marie weinend ihr Schicksal, fern von ihrem Geliebten zu sein. Da hört man von weitem die Marschklänge des heimkehrenden Regiments. Tonio ist in der Zwischenzeit für seine Tapferkeit zum Leutnant befördert worden. Marie traktiert ihre Freunde mit dem besten Wein der Marquise. Als diese entsetzt eintritt, bittet Tonio sie vergebens um Maries Hand. Um wenigstens Sulpice auf ihre Seite zu ziehen, gesteht ihm die Marquise, daß Marie ihre eigene Tochter aus dem unglücklichen Verhältnis mit Robert ist. Sie könne ihr Kind nicht einem hergelaufenen Fremden überlassen. Die Hochzeitsgesellschaft naht. Da dringen die Soldaten herein, und Tonio erzählt Maries Vorgeschichte als Marketenderin beim Regiment. Während die Herzogin, ihr Sohn und die andern Gäste in geziemendem Schrecken das Schloß verlassen, gibt die gerührte Marquise den Liebenden ihren Segen.

**Kommentar:** Donizettis Opéra-comique folgt dem Schema der französischen Singspieltradition: Einzelnummern, in der Skala der Formen und Affekte weit ausgreifend, wechseln mit gesprochenem Text. Neben seiner Arbeit an den tragischen Opern *Les Martyrs* und *Il duca d'Alba*, in denen der Komponist auf intensivste Durcharbeitung und Verschränkung von Rezitativen und Gesangsnummern zu achten hatte, mußte er sich für die Buffooper an den lockeren Zusammenhang aus Sprechtheater und Nummernarrangement gewöhnen. Hector Berlioz tadelte in einer mißgünstigen Kritik den Potpourricharakter der Oper und führte ihn fälschlich auf Selbstentlehnungen Donizettis aus eigenen älteren Opern zurück. Er trifft aber andrerseits ein stilistisches Kennzeichen gerade dieser einen Oper: Von der Ouvertüre an, die zu Donizettis verbreitetsten Musikstücken zählt, hat der Komponist das Durcheinander der Stände durch musikalische Kontrastierung komisch herausgearbeitet. Da ist die Dorfidylle um den einfältigen Liebhaber Tonio, den wie eine eigene Sphäre aus Schäferei und naiver Empfindung überall umgibt, da sind die Soldaten um den Sergeanten Sulpice, immer schon von weit her am klingenden Spiel zu erkennen, eine Gesellschaft unentwegt »Rataplan« singender Helden. Ihnen beiden steht die gezierte, durch verschnörkelte Tanzweisen und schmachtende Arietten gekennzeichnete Welt des Landadels um die Marquise und ihren Dienerstaat gegenüber. Die Aufteilung gibt dramaturgisch eine ebenso einfache wie bestechende Lösung, wobei überdies noch die beiden Akte spiegelbildlich Milieu und Geschehen gegeneinander bewegen. Wird die Naturordnung aus Nähr- und Wehrstand durch das Eingreifen der Marquise durcheinandergebracht, so brechen in die künstliche Geselligkeitsordnung der vornehmen Welt die rohen, aber mitreißenden Leidenschaften der Kriegsgesellen ein. Dem französischen Geschmack hat sich Donizetti besonders in seiner Behandlung der bukolischen Elemente angenähert. Die gespielte Naivität der Liebesszenen, der spöttische Lobpreis des Landlebens im ⅜-Takt und die Überhöhung der Einfalt zum Naturton (in der Kanzonette Maries, im Duett mit Tonio, aber auch in einzelnen Passagen Sulpice') nehmen bewußt auf den mondäneren Umgang der Franzosen mit der Schäferpoesie Rücksicht. In der Musik steckt ein Reflexionsmoment, das Donizettis früheren Versuchen in diesem Genre, sei es im *Elisir*, sei es in *Betly* (1836), noch fremd gewesen war. Für die Charakterisierung der Soldatenwelt brauchte er nicht sehr viel mehr zu tun, als den militärischen Klang durch die Besetzung (Clairons, Pikkoloflöten und Schellenbaum) dem französischen anzugleichen, und dieser schärfere Charakter wirkte auf die gewohnten Rhythmen und Melodieerfindungen von selbst zurück. Die steife Hofgesellschaft schließlich stellt Donizetti im offenen und verdeckten Zitat dar. Die Marquise de Berkenfield versucht vergeblich, Marie ein Air des von Marie Antoinette begünstigten Sängers Pierre Garat beizubringen. Die gleiche abgestandene Eleganz kopiert der italienische Komponist mit ironischer Sorgfalt auch in den übrigen höfischen Nummern. Nach dem dramaturgischen Plan, der auch Donizettis musikalischer ist, versammelt die Regimentstochter alle verteilten Sphären in ihrer Person: Naiv und frech, ungeschickt und von rauhen Sitten, ist sie von Anfang an der Verfeinerung nicht fähig, ja nicht einmal bedürftig, so daß der äußere Zwang sie nicht verbilden, wohl aber ihre besten Anlagen wider Erwarten zum Vorschein bringen kann. Alle übrigen

Figuren sind (Tonio und Sulpice nicht ausgenommen) festgelegte komische Chargen. Marie ist es nicht: Der Spannungsbogen, den ihre Empfindungen durchlaufen, führt sie an den Höhepunkten fast aus der Buffo-oper heraus, obwohl sie sich in jedem Augenblick auf die ihr angebotene Ebene von Gespräch und Gefühl einzulassen vermag. Von ihrer Person abgesehen, begnügt sich Donizetti in *La Fille du régiment* mit einer bewußt einfachen, volkstümlichen Komik. Das sichert dem Stück im I. Akt noch heute ein breites Publikum, dagegen leidet der II. Akt an der ermüdenden Behaglichkeit der zitierten Eleganz, deren Anspielungscharakter verlorengegangen ist und ins Leere geht, und an dem Nachlassen des musikalischen Einfalls, sobald die Soldaten zurückgekehrt sind. Vielleicht hat Arno Assmann zu Recht seine Münchner Inszenierung (1964) damit begonnen, daß Donizettis Geschichte sich zwischen den verstaubten Figuren eines Provinzmuseums mitternächtlich neu belebt.

**Wirkung:** Nach der Uraufführung mit Juliette Bourgeois (Marie), Marie-Julienne Boulanger (Marquise), Henry (Sulpice) und Félix Mécène Marié de l'Isle (Tonio) lief die Oper in der ersten Spielzeit 44 Abende. Sie blieb das ganze 19. Jahrhundert hindurch auf dem Spielplan der Opéra-Comique und brachte es dort bis 1950 auf über 1000 Aufführungen. Unter Donizettis komischen Opern darf *La Fille du régiment* als sein wohl erfolgreichstes Werk im 19. Jahrhundert gelten. Noch größere Popularität sicherte es sich jedoch in der 2. Fassung, für die Donizetti die gesprochenen Dialoge durch Seccos ersetzte, Tonios »Pour mon âme« strich und ihm statt dessen eine Auftrittsarie, »Feste, pompe, omaggi«, gab, die er seinem *Gianni di Calais* (Neapel 1828) entlehnt hatte. Weiterhin strich er Tonios Romanze »Pour me rapprocher de Marie« und die Reprise von »Salut à la France« am Ende der Oper, wo er das Duett »In questo sen riposati« neu hinzufügte. Bassi verlegte den Schauplatz in die Schweiz und nahm auch noch weitere kleine Modifikationen im Text vor. Diese mit Luigia Abbadia (Maria), Lorenzo Salvi (Tonio) und Raffaele Scalese (Sulpizio) uraufgeführte 2. Fassung kam 1841 im Teatro Valle Rom, wo Angiolina Zoja als Maria und der Baßbuffo Carlo Cambiaggio als Sulpizio besondere Aufmerksamkeit erregten, am Kärntnertortheater Wien (Abbadia als Maria), 1847 in Her Majesty's Theatre London (Jenny Lind als Maria, Italo Gardoni als Tonio, Luigi Lablache als Sulpizio) und 1850 am Théâtre-Italien Paris zur Aufführung. Der Erfolg einer Einstudierung war, und das kristallisierte sich im Verlauf des 19. Jahrhunderts immer deutlicher heraus, allein abhängig von der Besetzung der Marie/Maria. Einen geradezu legendären Ruf als Interpretinnen dieser Rolle erwarben sich: Lind, Leopoldine Tuček, Henriette Sontag, Marietta Alboni, Sophie Anne Thillon, Marietta Piccolomini, Adelina Patti, Clara Kellogg, Désirée Artôt, Caroline Carvalho, Marcella Sembrich und Frieda Hempel. – In Frankreich weckte das Werk patriotische Gefühle, bedingt durch das Militärkolorit der Musik und die Ereignisse um die siegreichen napoleonischen Truppen. Es wurde üblich, *La Fille du régiment* am 14. Juli zur Feier des Sturms der Bastille alljährlich an der Opéra-Comique aufzuführen. Nach dem ersten Weltkrieg wurde die Oper in der französischen Provinz häufig am Tag des Waffenstillstands gegeben. Noch während des zweiten Weltkriegs fügte Lily Pons, die bedeutende Marie-Interpretin an der Metropolitan Opera New York in jener Zeit, an das »Salut à la France« am Ende der Oper die *Marseillaise* an. Der im Text angelegte Zug eines naiven Patriotismus forderte gelegentlich zur Parodie heraus. Arthur Maria Rabenalts freie Adaption für das Theater am Schiffbauerdamm Berlin 1930 (Textbearbeitung: Robert Vambery, musikalische Bearbeitung: Theo Mackeben), die den Schauplatz in ein zeitgenössisches Südamerika der Gauchos und Putschgenerale verlegte, machte das Werk zu einem Vehikel für Militär- und Kapitalismuskritik. – Nach dem zweiten Weltkrieg wurde *La Fille du régiment* vernachlässigt, wohl nicht zuletzt wegen jenes Militärkolorits, das einst ihre Attraktion ausgemacht hatte. Zwar gab es einzelne Aufführungen unter andern in Triest, am Gärtnerplatztheater München, an San Carlo Neapel, doch konnte erst die historisierende Erarbeitung der Partie durch Joan Sutherland und Richard Bonynge, der bewußt die Opéra-comique-Fassung wählte, das Interesse einer breiteren Öffentlichkeit wecken, als sie erstmals 1966 an Covent Garden London vorgeführt wurde. Diese Aufführung hatte Schlüsselfunktion auch für die Karriere Luciano Pavarottis, dessen Tonio-Debüt eine der größten Belcantointerpretationen im Tenorfach darstellte. Sowohl Sutherland als Pavarotti sangen die Marie und den Tonio in den folgenden Jahren noch

*La Fille du régiment*, II. Akt; Cläre Eckstein und Edwin Denby; Regie: Arthur Maria Rabenalt, Choreographie: Eckstein; Theater am Schiffbauerdamm, Berlin 1930. – In Einklang mit Rabenalts Regiekonzeption choreographierte Eckstein die Tanzeinlagen als Gesellschaftsparodien.

mehrfach, so gemeinsam an der Metropolitan Opera 1972 (wie schon in London unter Bonynges Leitung und in der Regie von Sandro Sequi). Die Opéra-Comique nahm nach langer Pause 1979 die Aufführungstradition der *Fille du régiment* wieder auf (Mady Mesplé als Marie), Furore machte jedoch erst die Einstudierung von 1986, in der June Anderson und Alfredo Kraus brillierten.

**Autograph:** Verbleib unbekannt. **Abschriften:** Part, ital. Übers. v. C. Bassi: Bibl. Verdi Mailand (Part. Tr. ms. 102); Bibl. S. Pietro a Maiella Neapel (13. 3. 4-5). **Ausgaben:** Part: Schonenberger, Paris [1840], Nr. 653, Nachdr. Peters 1969, Nr. 7175; Kl.A: Schonenberger, Paris [1850], Nr. 1146; Lemoine, Paris, Nr. 7969; Kl.A, frz./dt. Übers. v. K. Gollmick: Schott [um 1875], Nr. 5770b, [auch: Peters]; Kl.A, ital. Übers. v. C. Bassi: Lucca, Mailand [um 1845], Nr. 10613; Ricordi 1882, Nr. 46263, Nachdr. 1980; Kl.A, dt. Übers. v. F. Schalk: UE, Nr. 915; Kl.A, dt. Übers. v. K. Honolka: Peters [1970], Nr. 1813a; Kl.A, ital. Übers. v. C. Bassi/dt. Übers. v. C. Stueber: Ricordi; Kl.A, ital./engl. Übers. v. C. L. Kenney: Bo&Ha [1871]; Textb.: Mailand, Truffi 1840; Florenz, Galletti 1841; Rom, Olivieri 1846; Textb., ital./engl. Übers. v. E. Fitzball: London, Chapman [1847]; Textb., dt. v. K. Gollmick: Lpz., Reclam [um 1900]; Textb., ital. v. C. Bassi: Ricordi 1977. **Aufführungsmaterial:** Chappell, Paris; Peters; Ricordi; Schirmer
**Literatur:** H. BERLIOZ, La Fille du régiment, in: Journal des débats, 16.2.1840, auch in: DERS., Les Musiciens et la musique, Paris 1903; M. F. MESSENGER, D. 1840. Three French Operas and Their Italian Counterparts, in: Journal of the Donizetti Soc. 2:1975, S. 99–116; H. WEINSTOCK, La Fille du régiment, in: [Bei-H. d. Schallplattenaufnahme], London o.J.; W. ASHBROOK, La struttura drammatica nella produzione musicale di D. dopo 1838, in: Atti del 1° Convegno Internazionale di Studi Donizettiani, Bd. 2, Bergamo 1983, S. 721–736; weitere Lit. s. Bd. 1, S. 739

*Norbert Miller*

## Poliuto / Les Martyrs
**Tragedia lirica in tre atti / Opéra en quatre actes**

### Poliuto / Die Märtyrer
3 Akte / 4 Akte

**Text:** *Poliuto:* Salvatore Cammarano, nach der Tragödie *Polyeucte* (1642) von Pierre Corneille
*Les Martyrs:* Augustin Eugène Scribe, unter Verweis auf *Les Martyrs ou Le Triomphe de la Religion chrétienne* (1809) von François René Vicomte de Chateaubriand
**Uraufführung:** *Poliuto:* 30. Nov. 1848, Teatro San Carlo, Neapel (komponiert 1839)
*Les Martyrs:* 10. April 1840, Opéra, Salle de la rue Le Peletier, Paris
**Personen:** *Poliuto:* Severo, Prokonsul (Bar); Felice, Gouverneur von Melitene (B); Poliuto, Richter (T); Paolina, seine Gattin, Tochter des Gouverneurs (S); Callistene, Hoherpriester des Jupiter (B); Nearco, Führer der Christen von Armenien (T); ein Christ (T). **Chor, Statisterie:** Christen, Richter, Priester des Jupiter, armenisches Volk, römische Krieger
*Les Martyrs:* Polyeucte (T); Néarque (T); Pauline (S); Sévère (Bar); Félix (B); Callisthène (B); Oberpriester (B); ein Christ (T). **Chor, Statisterie:** Christen, Frauen, Sklaven, Priester, Volk, Gefährtinnen Paulines. **Ballett**
**Orchester:** *Poliuto:* Picc, 2 Fl, 2 Ob, 2 Klar, 4 Fg, 4 Hr, 2 Trp, 3 Pos, Pkn, Schl (gr.Tr, Trg, Tamtam), Hrf, Streicher; BühnenM: 2 Clarini, 2 Hr, 2 Fg, Trp, Pos
*Les Martyrs:* Picc, 2 Fl, 2 Ob, 2 Klar, 4 Fg, 4 Hr, 4 Trp (2 auch Pistons), 3 Pos, Ophikleide, Pkn, Schl (gr.Tr, Bck, Trg), 2 Hrf, Streicher; BühnenM: 2 Klar, 2 Fg, 2 Hr, 2 Trp, 2 Pos, Hrf
**Aufführung:** *Poliuto:* Dauer ca. 2 Std. 15 Min.
*Les Martyrs:* Dauer ca. 2 Std. 45 Min.

**Entstehung:** »Die Oper, die Sie für Nourrit schreiben, könnte gute Wirkung tun, wenn sie bald am Théâtre-Italien gegeben würde«, schrieb Michele Accursi am 11. Juni 1838 aus Paris an Donizetti. »Wie lautet der Titel Ihrer neuen Oper für Nourrit?« Um für den großen Tenor Adolphe Nourrit, der die Pariser Opéra aus Verzweiflung über das zusätzliche Engagement von Gilbert Duprez verlassen hatte und nun in Neapel Fuß zu fassen suchte, eine Opera seria mit einer tragenden Tenorpartie zu schreiben, unterbrach Donizetti die Arbeit an der 2. Fassung (1838) von *Gabriella di Vergy* (1826) und wandte sich einem neuen Thema und einem neuen Genre zu. Nourrit selbst scheint Corneilles Märtyrerdrama als Sujet vorgeschlagen zu haben. Bei der Ausarbeitung des Texts durch Cammarano half er mit (wie schon früher in Paris an den Textbüchern zu Halévys *Juive*, 1835, und zu Meyerbeers *Huguenots*, 1836). Obwohl Donizetti sich mit gewohnter Energie und Leidenschaft ans Werk machte, hatte er schon früh Befürchtungen wegen der Zensur. Am 11. Juli war die Vertonung fast abgeschlossen. Noch ehe jedoch die Proben beginnen konnten, wurde *Poliuto* am 12. Aug. mit der Begründung verboten, ein Märtyrer dürfe nicht Gegenstand einer weltlichen Bühnenaufführung sein. Donizetti, der damals bereits entschlossen war, sein Glück in Paris zu versuchen, unternahm keine ernsthaften Anstrengungen, das Werk in veränderter Gestalt für das Teatro San Carlo zu retten. Bereits im Juli hatte er seine langjährigen Tätigkeiten für Neapel aufgegeben, am 21. Okt. kam er in Paris an. Im Jan. 1839 trat er mit Scribe in Verbindung, um die Oper für die französischen Bedürfnisse von Grund auf umzuschreiben. »An der Grand Opéra werde ich meinen *Poliuto* herausbringen, der in Neapel seines geistlichen Themas wegen verboten wurde. Er wird auf vier Akte erweitert (statt der bisherigen drei) und von Scribe übersetzt und für die französische Bühne eingerichtet. Das bedeutet, daß ich alle Rezitative neu schreiben mußte, dazu ein neues Finale für den I. Akt komponieren, Arien, Trios und passende Ballettmusik beifügen, wie sie hier üblich sind, damit das Publikum sich nicht zu Recht über die italienische Machart der Oper beschweren kann«, schrieb er am 8. April an Simon Mayr. Gleichzeitig arbeitete er an einer Oper auf ein Originallibretto von Scribe, *Il duca d'Alba* (1839/1882), die er sehr weit förderte, dann aber unvollendet beiseite legte. Der Erfolg anderer seiner Opern in Paris, vor allem der französischen Fassung von *Lucia di Lammermoor* (1835) am Théâtre de la Renaissance (6. Aug. 1839), bereitete seiner neuen großen Oper den Weg. Mitte Okt. 1839 begannen die Proben (inzwischen hatte Donizetti auch noch *La Fille du régiment,* 1840, für die Opéra-Comique komponiert), die sich aber durch Intrigen bis weit ins neue Jahr hinzogen. Erst am 10. April 1840 fand die Premiere statt, mit der Donizetti jedoch nur einen Achtungserfolg erringen konnte.

**Handlung:** *Poliuto:* In Melitene (Armenien), während der Christenverfolgung, 257 n. Chr.
I. Akt, »Die Taufe«, 1. Bild, Eingang zu den Katakomben außerhalb der Stadt: Zu den Christen, die hier im geheimen ihren Gottesdienst feiern, gehört auch der vornehme Armenier Poliuto, der sich durch den Vorsteher der Gemeinde, Nearco, kürzlich zum neuen Glauben bekehrt hat. Er ist mit Paolina, der Tochter des römischen Statthalters in Armenien, verheiratet, die er zärtlich liebt, an deren Gegenliebe er aber zweifeln muß. Sie hat ihm auf Drängen ihres Vaters die Hand gereicht, obwohl sie noch immer den römischen Feldherrn Severo liebt, der aus einer verlorenen Schlacht nicht zurückkehrte. Und wenn sie auch ihren Gemahl achtet, deuten doch manche Anzeichen von Melancholie und Verwirrung auf eine Fortdauer ihrer früheren Liebe. Poliuto weiß davon nichts, fürchtet aber einen unbekannten Liebhaber. Paolina ist, beunruhigt durch die Heimlichkeiten ihres Gemahls, diesem zu den Katakomben gefolgt und wird nun Zeuge seiner Taufe. Sie wird entdeckt, und Nearco warnt sie eindringlich, daß jeder Bruch des Stillschweigens den Tod Poliutos und aller Christen zur Folge haben werde. Aus dem Gespräch erfährt sie zu ihrer Erschütterung freilich auch, daß Severo nicht nur am Leben geblieben ist, sondern in kaiserlichem Auftrag nach Armenien kommen werde, um die verschärften Gesetze gegen die Christen durchzusetzen. 2. Bild, Forum: Felice, der Statthalter von Armenien, gibt für Severo einen feierlichen Empfang. Aus den zögernden Antworten des Statthalters erfährt Severo, daß Paolina ihm untreu geworden ist und Poliuto geheiratet hat.
II. Akt, »Der Neugetaufte«, 1. Bild, Atrium in Felices Haus: Callistene, der Hohepriester des Jupiter, der seit seiner Zurückweisung durch Paolina nach Rache dürstet, überzeugt Severo von der Fortdauer der Liebe Paolinas zu ihm. Da ihr Gemahl Poliuto Christ sei, werde er nicht lange einer neuen Verbindung im Weg stehen. Callistene arrangiert ein Treffen der Lieben-

*Poliuto,* III. Akt, 3. Bild, Finale; Regie: Carlo Piccinato, Bühnenbild: Cesare Mario Cristini; Caracallathermen, Rom 1955. – Der Konflikt zwischen Paolina, Severo und Poliuto besteht im Grunde, trotz der religiösen Motivierung, aus nichts anderm als der traditionellen Dialektik von Liebe und Ehre im Sinn der Tragédie-classique. Gerade darum aber, weil die innere Handlung konventionell ist, kann sich die äußere in Prunkszenen entfalten, bei denen man trotz der chorischen Massenwirkungen mit den Protagonisten fühlt, ohne ein erklärendes Wort zu brauchen.

den. So bewegt Paolina auch Severos Beteuerungen hört, bleibt sie doch ihrem Gatten treu und bittet ihren Geliebten, sie zu verlassen. Der eintretende Poliuto glaubt sich getäuscht. In seiner Verzweiflung erhält er die Nachricht, Nearco sei verhaftet worden. Er eilt fort, um den Freund zu retten. 2. Bild, Jupitertempel: Vor den Priestern und dem Volk wird Nearco von Callistene bedrängt, den Namen des Patriziers preiszugeben, der zur Stärkung der christlichen Sekte dieser beigetreten sei. Da tritt Poliuto vor und bekennt sich (zum Triumph Callistenes, zur Verzweiflung Paolinas) zu seinem Glauben. Während Nearco und Poliuto ins Gefängnis geführt werden, zieht Felice seine zur Ohnmacht nahe Tochter aus dem Tempel. III. Akt, »Das Martyrium«, 1. Bild, heiliger Hain außerhalb der Stadt: Callistene sammelt seine Priester um den heidnischen Tempel. Trunken vor Freude über den Sieg der alten Götter, berichtet er seinen Anhängern, daß die gefangenen Christen sich für den Märtyrertod entschieden hätten. 2. Bild, die Gefängnisse des Amphitheaters: Paolina ist zu Poliuto geeilt, um ihn zum Widerruf zu bewegen. Nur so könne er der Todesstrafe entgehen. Sosehr jedoch Poliuto vom Beweis ihrer Liebe und Treue gerührt ist, so entschlossen ist er, das Heil seiner Seele nicht durch irdisches Glück zu verwirken. Himmlisches Licht fällt ins Dunkel der Zelle. Da fühlt sich Paolina durch Poliutos Ekstase selbst verwandelt: Sie bekennt sich zu dem Gott, der solche Empfindungen wachzurufen weiß, und beschließt, Poliuto in den Tod zu folgen. 3. Bild, Arena des Amphitheaters: Während die verurteilten Christen vor einer fanatischen Menge darauf warten, den Löwen vorgeworfen zu werden, soll Poliuto noch einmal vor Felice und Severo dem christlichen Glauben abschwören. Zu deren Entsetzen tritt auch Paolina als Christin an Poliutos Seite. Felice und Severo müssen in beider Tod einwilligen.

*Les Martyrs:* Die Handlung ist nicht nur äußerlich auf vier Akte erweitert, sondern auch in der Führung des Geschehens und in seiner Motivierung verändert worden. I. Akt: Pauline kommt zufällig zu den Katakomben, da sie das Grab ihrer Mutter besuchen will. Ihre Kavatine gilt nur der Mutter, noch nicht der Taufe im Hintergrund. Ein Terzett mit Chor vereint Polyeucte, Néarque und die Christen zum einen, die verzweifelte Pauline zum andern in einem gespannten Augenblick übersteigerter Empfindung. II. Akt, Forum: Eine eingeschobene Arie bringt die Begründung für den Entschluß des Statthalters (ihm kommt die Rolle des wütenden Christengegners zu), seine Tochter mit Polyeucte zu verheiraten, und malt seine Verlegenheit angesichts des bevorstehenden Treffens mit Sévère. Die Zeremonie wird zu einem Vorwand für inszenatorischen Prunk und das Ballett, um der französischen Konvention zu genügen. III. Akt, 1. Bild, Atrium in Félix' Haus: An die Stelle der Szene mit Callisthène, dessen Rolle fast gestrichen ist, tritt ein kurzes Gebet Paulines. Die übrigen Änderungen betreffen nur die Musik. IV. Akt, 1. Bild, Saal im Palast des Statthalters: Pauline sucht sich vor den Eifersuchtsausbrüchen Polyeuctes und vor den leidenschaftlichen Beteuerungen Sévères zu verteidigen. Diese Szene, in der zum einzigen Mal in der Oper der Konflikt zwischen den Hauptfiguren ausgetragen wird, ersetzt die Priesterszene von *Poliuto*. Die beiden Schlußszenen sind im Sinn der Vorlage erweitert und intensiviert worden, wobei die Wiederaufnahme des Duetts Polyeucte/Pauline im Finale dem Märtyrerpaar die gebührende Stellung sichert (anstelle des Selbstmordversuchs Severos in *Poliuto*).

**Kommentar:** Während Théophile Gautier (in *La Presse* vom 13. April 1840; auch in: *Histoire de l'art dramatique en France depuis vingt-cinq ans*, Bd. 2, Paris 1859, S. 46–49) eine sehr positive Besprechung der Oper gab, nannte Hector Berlioz in seiner abfälligen Kritik (im *Journal des débats* vom 12. April 1840) Donizettis Märtyreroper »ein Credo in vier Akten«. Er trifft dabei genau den Grundzug gläubigen Ernsts, der im Libretto wie in der Musik die gewohnten Gefühlsverwirrungen der Opera seria neu belebt. Dieser mag in der Tat schon in *Poliuto* für die ungewohnte Tessitura verantwortlich sein, die dann in der Pariser Umformung deutlicher noch hervortritt. Ungewöhnlich eng sind von Anfang an die historische Handlung von der Ablösung des Heidentums durch das Martyrium der Christen und die Liebeshandlung um Paolina und die beiden Nebenbuhler ineinander verschränkt. Der Chor nimmt eine zentrale Rolle in fast jeder Szene ein; er drückt nicht die Betroffenheit oder Parteinahme außenstehender Zuschauer aus, sondern ist ins Geschehen verstrickt. Nur zwei der sieben Bilder kommen weitgehend ohne Chor aus. Die Höhepunkte sind als durchgehaltene dramatische Einheiten aus Chor und Solisten geformt, wobei sich die Auseinandersetzung mit dem Heidentum im Chor ebenso vollzieht wie in der Aktion der herausgehobenen Märtyrer. Entschlossen hat Donizetti für *Poliuto* auf das enge Festhalten an dem vorgegebenen Schema der Nummern und der Formtypen verzichtet. Auffallend ist die durchgehend genau auf den Fluß der Aktion achtende Behandlung des Orchesters, das zwar in seiner Zusammenstellung und in der koloristischen Behandlung einzelner Instrumente der Schule Mayrs folgt, aber selbständig geführt wird, so daß nicht nur rezitativische und ariose Partien ineinander verflochten werden, sondern darüber hinaus das Orchester die Melodie teilweise in den großen Aufschwüngen übernimmt, damit Stimmen und Orchester wechselseitig frei werden, aus dem Gang der geschlossenen Melodieführung auszubrechen. – Donizetti setzt hier, so konsequent es die starren Regeln des italienischen Opernbetriebs erlauben wollten, die Umbildung der Opera seria fort, die er mit *Roberto Devereux* (1837) erfolgreich eingeleitet hatte, und weist damit den Weg, auf dem sich dann in einem langen und schwierigen Verwandlungsprozeß für Giuseppe Verdi und seine Nachfolger die Umgestaltung der überkommenen Opernform in ein spezifisch italienisches Musikdrama vollzieht. In dem Maß, wie Chor und Orchester an der Formulierung des musikalisch-szenischen Zusammenhangs beteiligt werden, gewinnen umgekehrt die Solisten die Freiheit der Deklamation über den vorgesteckten Rahmen von Arie und Cabaletta hinaus. Wenn Donizetti in *Lucrezia Borgia* (1833), ja noch in *Roberto Devereux* an der Ausführung der einmal gewählten Motive oder Melodien festhielt, dann hat er hier, alte Teilansätze in seinen »englischen« Opern gezielt weiter verfolgend, mit der Routine ganz gebrochen: Das Eröffnungsmotiv einer Arie oder Szene, wie fast immer bestimmt von den Eigenarten der Versdeklamation, wird beweglich gehalten für die Veränderung der Stimmung oder des Affekts. Jähe Sprünge, unerwartete Ausbiegungen, der Verzicht auf melodische Rundung tragen dazu bei, die Melodie zur dramatischen Geste umzuwandeln. Und von dieser Kunst der Metamorphose her verlieren die Motive zwar ihren klaren Umriß, sie gewinnen aber dafür an spontaner Überzeugungskraft des Affekts. Indem die Formeln zu Gesten gesteigert werden, prägt der Ernst der Augenblicksgestaltung jede beiläufige Wendung, jeden bequemen Einfall. Auch wo Donizetti in *Poliuto* noch an alten Gewohnheiten festhält (die vorausbestimmte Wirkung der Finalcrescendi, die Beliebigkeit der Phrasenwiederholung, das Abbrechen des Gedankens in den beifallstimulierenden Schlußwendungen und so weiter), ist sein Bestreben unverkennbar, nichts der Routine zu überlassen, alles aus dem Pathos des Erlösungsdramas zu motivieren. – Es ist bezeichnend, daß er die großen, beherrschenden Szenen, das Eingangsbild und die Tempelszene im II. Akt, beinah unverändert in *Les Martyrs* übernehmen konnte. Alle Elemente des musikalischen Dramas sind da bereits vorgegeben. Sie brauchten bei der quasi sofort einsetzenden Umarbeitung nur konsequent durch die ganze Partitur hindurch vervollständigt zu werden. Die Kritik war zu Recht verblüfft über die unerwartete Sicherheit, mit der sich Donizetti des französischen Idioms in der Musik fast mehr noch als in der Deklamation des Texts bedient hat. Daß dennoch ungeachtet der angestrebten Wahrhaftigkeit und des Ernstes in jeder Szene die Figuren in *Poliuto* sich nicht zu Charakteren auswachsen können, daß das Geschehen sich nicht ganz frei entfaltet, stört bei einem geistlichen Drama, das in allen Figuren gleichermaßen symbolisch die Überwindung der irdischen durch die himmlische Liebe feiert, viel weniger als in eigentlich historischen Sujets. Das Armenien der Christenverfolgung ist die historische Staffage eines Wandlungsprozesses, der Epochen und Einzelpersonen ergreift. – Donizettis Vorgriff auf das musikalische Drama ist auch in der Behandlung des Technischen erstaunlich. Schon die Ouvertüre mit ihrem offenen Übergang zum Chorgebet der Christen zeigt, wo sich Donizetti für seine Oper inspiriert hatte: am hohen Stil der Gluck-Schule nämlich, vielleicht sogar Spontinis (man vergleiche die Allegropassage mit den Ouvertüren zu *La Vestale,* 1807, und zu *Olimpie,* 1819): Verzicht auf die Virtuosität im Vortrag, statt dessen die Ausrichtung des Gesangs auf den dramatischen Ausdruck, die Einheitlichkeit des antikisierenden Pathos bis in die Triumphausbrüche des schurkischen Oberpriesters, die streng dem Wohllaut des Klassizismus verpflichtet sind. – Daneben aber hat Donizetti für das Arrangieren der weit ausschwingen-

den Ensembleszenen sich bei dem genauen Wirkungskalkül des Pariser Rossini und des Meyerbeer der *Huguenots* Anregungen geholt. Eine Szene wie das Tempelbild des II. Akts mit einleitendem, auf späteste Wirkungen hin bedachtem und zunächst fast amorph wirkendem Priestergesang, aufgeregter und aufgelöster Volksaussprache, feierlichem Verhör, großartig erfundenem, jeden Effekt bei vollkommener Gegenwart der Musik hinausschiebendem Sextett und der forciert wiederkehrenden Melodie des Priesterchors, der apotheotisch in die Cabaletta des Finales einbricht: eine solche vom letzten Ton her konzipierte Ensembleszene ist ohne das genaueste Studium der *Huguenots* sowenig denkbar wie umgekehrt das 4. Finale von Meyerbeers *Prophète* (1849) und die Triumphszene von Verdis *Aida* (1871) ohne diese Gipfelleistung von Donizettis dramatischer Kunst. Das Sextett, es ist wie eine letzte Verneigung vor der Satzkunst seines Lehrers Mayr, hat in Donizettis Werk nur in dem von *Lucia* seinesgleichen. Aber die Einbindung der beiden Teilstücke in die Großgliederung eines dramatischen Ganzen ist hier unvergleichlich strenger, die Selbstübertrumpfung des musikalischen Gedankens unvergleichlich zwingender als in der analogen Szene der *Lucia,* in der Donizetti die Stilmischung noch als ein Ausdrucksmittel des dramatischen Kontrasts verwendet hatte. Die übrigen Szenen halten sich, vielleicht mit Ausnahme des Schlußbilds, auf

*Poliuto,* II. Akt, 2. Bild; Ettore Bastianini als Severo, Maria Callas als Paolina, Franco Corelli als Poliuto, Nicola Zaccaria als Callistene; Regie: Herbert Graf, Bühnenbild: Nicola Benois; Scala, Mailand 1960. – Bühnenbild und Personenarrangement erinnern an die französische Historienmalerei des 19. Jahrhunderts, deren dekorative Virtuosität inzwischen eine gerechtere Beurteilung erfährt.

gleichem Niveau. Überall, auch in den Arien, Soloszenen und Duetten, ist das gleiche Prinzip der freien Ausdruckssteigerung am Werk, das jedesmal durch die originäre und notwendige Formulierung der Melodie zu seiner Wirkung gelangt. – Für die Aufführung in Paris sah sich Donizetti dennoch zu grundsätzlichen Änderungen der Textur gezwungen. »Französische Musik und französische Bühnendichtung haben ein eigenes Cachet, eine eigene Grundhaltung, der sich jeder Komponist unterwerfen muß, bei den Rezitativen ebensowohl wie bei den gesungenen Nummern. Das heißt zum Beispiel den Bannfluch über Crescendi usw. usw., den Bannfluch über die üblichen Kadenzen – o welche Lust, Lust, Lust! Auch müssen zwischen eine und die nächste Cabaletta Verse eingeschoben werden, um die Handlung zu intensivieren, ohne daß man, wie es unsere Poeten gewohnt sind, zur Wiederholung immer gleicher Verse greifen könnte«, heißt es in dem erwähnten Brief vom 8. April 1839. Schon Scribes neuer Titel *Les Martyrs* schließt die Oper anspielungsweise an die französische Romantik an. Die im einzelnen eher unerfreuliche Zusammenarbeit nahm Donizetti jedoch darin von Anfang an ernst, daß er mit wahrer Besessenheit an der französischen Klanggestalt seiner Oper feilte. Bei den im einzelnen oben genannten Veränderungen, die teils den Typus der Grand opéra, teils die bessere Wirkung einzelner Tableaus (so vor allem des in Neapel allzu aphoristisch geratenen Schlußbilds) betreffen, hat der Komponist die Gesangslinie und Deklamation Zeile für Zeile überarbeitet. Getreu seinem Grundsatz eines französischen Cachets hat er die dramatische Zuspitzung auch des Affekts intensiviert, hat die Reste des Ziergesangs fast spurlos getilgt und für eine Kontinuität des musikalischen wie des Bühnengeschehens über die Trennung von Rezitativ und Arie hinweg gesorgt. Nur Gioacchino Rossini hat sich vor ihm, niemand hat sich neben ihm gleich intensiv um die Übernahme eines fremden Opernidioms bemüht. Es ist faszinierend zu sehen, wie die gleichen Erfindungen und ganze Szenen, obwohl aus gleichem Geist geschaffen und obwohl *Poliuto* die Pariser Fassung vom Prinzip her vorwegnimmt, von Grund auf unterschiedlich wirken. *Les Martyrs* und *Poliuto* sind zwei aus dem gleichen Material bestehende, dennoch grundverschiedene Opern. Am zwingendsten ist dabei im einzelnen die Erweiterung der Schlußszene des I. Akts zu einem für sich stehenden, im Zeremoniell prunkvoll ausgreifenden II. Akt, der die römische Öffentlichkeit der christlichen Heimlichkeit entgegenstellt und der zugleich erlaubt, die in *Poliuto* fast unexponierten Figuren des Félix und des Sévère in gebührender Ausführlichkeit vorzustellen. Weit entfernt, nur ein konventionelles Tableau mit Tänzen abzugeben, ist in Scribes Libretto der so erweiterte Anteil des Römischen die Voraussetzung, um in dem Schicksal Polyeuctes und Paulines die Auseinandersetzung der antiken mit der christlichen Welt darzustellen, wie es der Titel verlangt. Der Wegfall der Figur des Hohenpriesters wird dadurch zwar nicht ganz wettgemacht (ihm kam ja in *Poliuto* die gleiche Aufgabe zu), wohl aber wird damit die gänzliche Konzentration des Interesses auf den von den Hauptfiguren getragenen Handlungsstrang und auf den von Chor und Bühne zu garantierenden Konflikt der Zeitauffassungen konsequent zu Ende geführt. (Callistene hatte in *Poliuto* noch ein seltsam zwiespältiges, ja gegenläufiges Interesse an der Vernichtung seines christlichen Rivalen.) Musikalisch gewinnbringend sind auch die sehr behutsam vorgenommene Erweiterung des Beginns des III. Akts, der jetzt Pauline einen zum Arioso erweiterten Stoßseufzer erlaubt, der ihre Haltung im Konflikt verdeutlichen kann, die glänzende Erweiterung des Liebesduetts im III. Akt und vor allem die Einschübe und Umarbeitungen des Schlusses: Hier befreit sich die Glücksvision Polyeuctes aus dem Rezitativ zum ersten Teil einer bewegten großen Duettszene, hier wird der verworrene und kurzatmige Schluß, und das gerade nach der unendlich weitgesponnenen Tempelszene des II. Akts, zu einem einigermaßen gleichrangigen, gleich anspruchsvollen Schlußtableau ausgebaut. Dabei überzeugen die neu eingeführten Chöre der Peiniger, vor allem durch ihre Dissonanzen und ihren sehr scharf artikulierten Rhythmus, weit mehr als die Wiederaufnahme des Erlösungsduetts aus der unmittelbar vorausgehenden Szene. Dadurch werden zwar die Linien der Handlung enger gezogen, aber die Banalität des apotheotischen Schlußaufschwungs kommt in der Ensemblewiederholung um so schmerzlicher ins Bewußtsein. Es gehört zu den Unglücksfällen, daß Donizetti, vielleicht aus Kirchenerinnerung, für das Abfallen seiner musikalischen Erfindung an diesem zentralen Thema offenbar kein Ohr hatte.

**Wirkung:** Trotz hervorragender Besetzung (Polyeucte: Duprez, Pauline: Julie Dorus-Gras, Sévère: Eugène Massol, Félix: Prosper Dérivis) errang *Les Martyrs* lediglich einen Achtungserfolg. Das Echo der Kritik war geteilt. Nach 20 Aufführungen in zwei aufeinanderfolgenden Spielzeiten wurde das Werk abgesetzt und seitdem nicht wiederaufgenommen. Gleichwohl spielten andere Bühnen die Oper schnell nach: 1840 Amsterdam, 1841 Den Haag, Hamburg, Wien, Pest und Prag, 1842 Graz, 1843 Gent, Brüssel und Lissabon, hier in einer italienischen Übersetzung von Calisto Bassi (*I martiri*), die auch den Aufführungen in Madrid 1845, Barcelona 1849 und London 1852 (Covent Garden, mit Enrico Tamberlik als Polyeucte) zugrunde lag. Nach der postumen Uraufführung der 1. Fassung als *Poliuto* (Poliuto: Carlo Baucardé, Paolina: Eugenia Tadolini, Severo: Filippo Colini) wurde auch diese von einer Reihe von Bühnen übernommen, zum Teil unter andern Titeln (Teatro Apollo Rom 1849 als *Paolina e Severo*; Wien 1853 als *Paolina e Poliuto*). Bald setzte sich jedoch eine Mischversion in italienischer Sprache durch, bei der *Poliuto* durch Elemente der *Martyrs* angereichert war; sie bestimmte in Modifikationen länger als ein Jahrhundert die Rezeption. Dergestalt gehörte *Poliuto* zwar nicht zum ständigen Repertoire, geriet aber auch nie völlig in Vergessenheit. Nicht nur in Italien, sondern überall in der Welt, wo man italienische Oper auf höchstem sängerischen Niveau pflegte, galt *Poliuto* fortan als

Zugstück großer Tenöre. Am Théâtre-Italien Paris stand das Werk 1859–77 nahezu jede Saison auf dem Spielplan, an der Mailänder Scala gab es seit 1851 (Poliuto: Carlo Negrini, Paolina: Marietta Gazzaniga) zahlreiche Einstudierungen. Gegen Ende des Jahrhunderts galt Francesco Tamagno als der führende Interpret der Titelrolle (unter anderm in Rom 1883 mit Teresa Brambilla-Ponchielli und Francisco d'Andrade). Nach längerer Pause erschien *Poliuto* 1940 an der Scala mit Beniamino Gigli, Maria Caniglia und Gino Bechi (Severo) unter der Leitung von Gino Marinuzzi, mit denselben Interpreten der Hauptrollen und unter demselben Dirigenten 1942 an der Oper Rom. Inszenierungen in Bergamo 1948, Genua 1950 und wiederum Rom 1955 (Caracallathermen; für Giacomo Lauri-Volpi als Poliuto) hatten lediglich lokale Bedeutung. Ins Bewußtsein einer breiteren musikalischen Öffentlichkeit drang *Poliuto* erst wieder, als die Scala das Werk 1960 für Maria Callas neu herausbrachte (Poliuto: Franco Corelli, Severo: Ettore Bastianini, Callistene: Nicola Zaccaria; Dirigent: Antonino Votto, Regie: Herbert Graf). Die ersten Aufführungen von *Les Martyrs* in neuerer Zeit gab es 1975 konzertant in London und Bergamo und 1978 in Venedig (Leyla Gencer, Ottavio Garaventa, Renato Bruson, Ferruccio Furlanetto; Dirigent: Gianluigi Gelmetti, Regie: Alberto Maria Fassini, Ausstattung: Pier Luigi Pizzi). Eine ihrer Bedeutung angemessene Verbreitung hat diese Oper bis heute nicht gefunden.

**Autograph:** *Poliuto:* Bibl. S. Pietro a Maiella Neapel (Coll. 3.6.21); *Les Martyrs:* BN Musique Paris. **Abschriften:** *Poliuto:* Bibl. Verdi Mailand (2 Ex.: Part. Tr. ms. 113 u. Noseda), Bibl. S. Pietro a Maiella Neapel (Donizetti Rari 13.6.4-5); *Les Martyrs:* ebd. (Donizetti Rari 13.5.13). **Ausgaben:** *Poliuto:* Part: Ricordi, o.Nr.; Kl.A: Ricordi, Nr. 53483, Nachdr.: Belwin Mills, Melville, NY (Kalmus Vocal Scores. 9567.); Sonzogno 1895, Nr. 570; Girard, Neapel, Nr. 4924-10118; Cottrau, Neapel 1865, Nr. 17804, 17852-17816; Textb.: Neapel, Flautina 1848; Rom, Lucca 1849; Florenz, Lucca 1850; Genua, Pagano 1850; Mailand, Lucca 1851; Ricordi 1977; *Les Martyrs:* Part: Schonenberger, Paris [1840], Nr. 567, Nachdr.: Garland, NY, London 1982 (Early Romantic Opera. 27.); Kl.A: Schonenberger, Paris [1840], Nr. 1828, Nachdr.: Egret House, London 1975; Lucca, Mailand, Nr. 2541-54; Lemoine, Paris; Kl.A, ital.: Ricordi, Nr. 14451-54; Kl.A, frz./dt. Übers. v. K. A. v. Lichtenstein: Schott [1840/41], Nr. 5782; Regiebuch: Paris, Duverger père [1840]; Textb.: Paris, Schonenberger 1840; Brüssel, Josse Sacré 1845, Nachdr. in: Journal of the Donizetti Soc. 2:1975, S. 75–98; Textb., ital./engl. Übers. v. M. Maggioni u.d.T. *I martiri/The Martyrs:* London, Brettell [1852]. **Aufführungsmaterial:** Ricordi
**Literatur:** J. ALLITT, ›Les Martyrs‹ Revived, in: Journal of the Donizetti Soc. 2:1975, S. 37–42; M. F. MESSENGER, D. 1840. Three »French« Operas and Their Italian Counterparts, ebd., S. 99–116; F. CELLA, Il libretto e sue vicende, in: Ph. Teatro La Fenice, Venedig 1978; J. N. BLACK, Cammarano's Self-Borrowings: the Libretto of ›Poliuto‹, in: Journal of the Donizetti Soc. 4:1980, S. 29–44; W. ASHBROOK, La struttura drammatica nella produzione musicale di D. dopo 1838, in: Atti del 1° Convegno Internazionale di Studi Donizettiani, Bd. 2, Bergamo 1983, S. 721–736; B. ZANOLINI, L'armonia come espressione drammaturgica in G. D., ebd., S. 775–823; weitere Lit. s. Bd. 1, S. 739

*Norbert Miller*

## La Favorite
### Opéra en quatre actes

### Die Favoritin
4 Akte (5 Bilder)

**Text:** Alphonse Royer und Gustave Vaëz (eigtl. Jean Nicolas Gustave van Nieuwenhuyzen), in Zusammenarbeit mit Augustin Eugène Scribe
**Uraufführung:** 2. Dez. 1840, Opéra, Salle de la rue Le Peletier, Paris
**Personen:** Alphonse XI/Alfons XI., König von Kastilien (Bar); Léonor de Gusmann/Leonor de Guzmán (S); Fernand (T); Balthazar, Superior des Klosters von Santiago de Compostela (B); Don Gaspar, Offizier des Königs (T); Inès, Vertraute Léonors (S); ein Edler (T).
**Chor:** Herren und Damen des Hofs, Pagen, Wachen, Mönche, Novizen, Pilger. **Ballett**
**Orchester:** Picc, 2 Fl, 2 Ob, E.H, 2 Klar, 2 Fg, 4 Hr, 2 Trp, 2 Trp à pistons, 3 Pos, A.Pos à pistons, Ophikleide, Pkn, Schl (gr.Tr, Bck, Trg), Org, Hrf, Streicher; BühnenM: 2 Trp, Tambour
**Aufführung:** Dauer ca. 2 Std. 45 Min. – Großes Ballett im II. Akt.

**Entstehung:** Am 15. Aug. 1840 antwortete Donizetti dem Direktor der Pariser Opéra, Léon Pillet, auf den Vorschlag, eine neue große Oper zu schreiben. Offenbar hatte Pillet in einem (verlorenen) Brief eine Übernahme der Partitur von *Il duca d'Alba* (1839/1882) abgelehnt. Daraufhin erklärte sich Donizetti einverstanden, seine für das Théâtre de la Renaissance komponierte Oper *L'Ange de Nisida* auf einen neuen Text umzuschreiben und auf vier Akte zu erweitern. Er hatte das Werk bereits im Spätherbst 1839 komponiert, auf einen Text der beiden Librettisten, die dann auch die Umarbeitung für *La Favorite* besorgten (der Schlußeintrag auf dem Autograph der Partitur lautet: »27 Xbre [Dez.] 1839«). Der Zusammenbruch des von Anténor Joly geleiteten, in seinen Möglichkeiten von vornherein beschränkten Theaters hatte eine Aufführung Anfang 1840 verhindert. Die Umgestaltung war schon zu Donizettis Lebzeiten von Legenden umrankt. Adolphe Adam verdanken wir die oft wiederholte Anekdote, der Komponist habe den berühmten IV. Akt an nur einem Abend bei Freunden in deren unerwarteter Abwesenheit skizziert. Nach dem Wiederauftauchen des verschollenen Autographs ließ sich die Entstehungsgeschichte von *La Favorite* im Detail rekonstruieren. Danach teilten die Textdichter und Donizetti den I. Akt von *L'Ange* in zwei Akte (analog dem Verfahren bei *Poliuto/Martyrs*, 1840), um in der Exposition des Dramas Raum für die Prachtentfaltung der Opéra und für die Ballettszenen zu schaffen. Die beiden Schlußakte blieben, von kleineren Textänderungen und Erweiterungen abgesehen, in der Substanz unberührt. Aus dem IV. Akt von *Il duca* übernahm Donizetti die berühmte Arie Fernands (»Ange si pur«); die an jenem legendären Abend geschriebenen Teile des IV. Akts betreffen nach Ausweis des Autographs nur das Gebet Léonors (»Fernand, imite la clémence«). Zu den neukomponierten Stücken gehören Alphonses Auftrittsarie im II. Akt (»Jardins de l'Alcazar«), sein Solo im Terzett des III. Akts (»Pour tant d'amour«) sowie aus demselben Akt Léonors Arie (»O mon Fernand«). Tiefgreifende Änderungen betrafen vor allem die Anfangsakte. Am 1. Okt. 1840 hatte Donizetti die neue Partitur vollendet. Die stilistische Geschlossenheit des Werks erfuhr durch die Art seiner Entstehung kaum eine Beeinträchtigung, was um so erstaunlicher erscheint, als bereits *L'Ange* auf weite Partien älteres musikalisches Material enthält (aus dem Opernfragment *Adelaide*, 1834). – Das vielfach als Textvorlage genannte Schauspiel von François Thomas de Baculard d'Arnaud *Les Amants malheureux ou Le Comte de Comminge* (Paris 1764) kommt lediglich als Quelle für den IV. Akt in Frage. Einzelne Motive der Handlung verweisen auf Gaetano Rossis Libretto für Pacinis *Adelaide e Comingio* (Mailand 1818).

**Handlung:** In Kastilien, um 1350.

I. Akt, 1. Bild, Kreuzgang im Kloster von Santiago de Compostela: Aus einer Prozession bleiben der Pater Superior Balthazar und der Novize Fernand zurück. Fernand bekennt seine Liebe zu einer unbekannten Dame, die er einst in einer Kirche beten sah. Eine zufällige Berührung ihrer Hand habe sein Leben verändert. Seitdem könne er seine Gedanken nicht mehr auf das Klosterdasein richten. Balthazar ist bestürzt über Fernands Eröffnung, gibt ihm aber die Erlaubnis, das Kloster zu verlassen, und segnet ihn in trüber Vorahnung eines bitteren Schicksals. 2. Bild, Garten an der Küste der Löweninsel: Léonor de Gusmann, die Favoritin König Alphonses, wartet mit den Damen ihres Hofstaats auf die Ankunft des Schiffs, das Fernand zum Stelldichein bringen soll. In Léonor hat Fernand seine Unbekannte wiedergefunden. Seitdem begegnen sich die Liebenden wie jetzt auf dieser Insel. So ahnt Fernand nicht, daß Léonors leidenschaftliche Bekenntnisse diesmal den Abschied für immer bedeuten. Sie bittet ihn, sie zu verlassen, ihre Existenz zu vergessen und nicht nach dem Grund zu fragen. Während die Favoritin zum König gerufen wird, bleibt Fernand in dem Glauben zurück, sein niederer Stand trenne ihn von der Geliebten. Ein Brief Léonors enthält ein Offizierspatent auf seinen Namen. Er eilt fort, um sich in der Welt einen Namen zu machen.

II. Akt, Saal im Alcazar mit Blick auf die Gärten: Alphonse hat die Nachricht vom Sieg seiner Truppen über die Mauren erhalten. Sein Feldherr Fernand habe in der Schlacht von Tarifa über die Heerscharen der Könige von Granada und Marokko triumphiert. Nun wartet er unruhig auf den Bericht der Gesandtschaft, die ihm beim Papst den Dispens von seiner Ehe erwirken sollte. Er möchte die leidenschaftlich geliebte Favoritin zur Königin machen. Léonor tritt ein; der Jubel über Fernands Erfolg treibt sie rasch zu Vorwürfen gegen den König, der sie aus dem Schloß ihrer Väter geraubt und zu seiner Geliebten gemacht habe. Sie möchte jetzt ein Ende ihrer Verbindung. Der König verspricht, sie mit oder ohne Billigung der Kirche zu seiner Königin zu machen, und ordnet ein Ballett zu ihrer Zerstreuung an. Einer der Höflinge, Don Gaspar, unterbricht die Tänze, um dem König Beweise für Léonors Untreue vorzulegen. Sie weigert sich, den Namen ihres Geliebten zu nennen. In der Verwirrung trifft die päpstliche Gesandtschaft ein. Balthazar teilt dem König die Verwerfung seines Ersuchens mit und belegt vor dem versammelten Hof die Ehebrecher mit dem Kirchenbann.

III. Akt, Halle im Alcazar: Der siegreich zurückgekehrte Fernand erbittet vom König die Hand seiner unbekannten Dame. Alphonse erkennt, daß Léonor Fernands Geliebte ist, und willigt ironisch ein. Vergeblich versucht Léonor ihren wahren Stand in einem Brief zu enthüllen. Gaspar fängt den Brief ab. Von den Hochzeitsfeierlichkeiten zurückkehrend, bemerkt Fernand, jetzt zum Marquis von Montréal erhoben, mit Verwunderung, daß ihn die Höflinge kalt und verächtlich behandeln. Balthazar klärt ihn schließlich auf. Mit aufflammendem Zorn zerbricht Fernand seinen Degen, wirft dem König und Léonor ihr böses Spiel vor und flieht ins Kloster zurück.

IV. Akt, vor dem Portal von Santiago: Auch im Kloster wird Fernand von den Erinnerungen an Léonor und ihren Betrug verfolgt. Da naht, vielleicht mit Balthazars Billigung, die als Novize verkleidete Léonor, um ihren Geliebten von ihrer Aufrichtigkeit zu überzeugen und seine Verzeihung zu erlangen. Dessen Zorn wandelt sich in Liebe. Noch einmal will er das Kloster verlassen. Sie aber bittet Gott um Gnade für Fernand und sinkt dann entseelt zu Boden.

**Kommentar:** Die mühselige und gestückelte Entstehung der Oper hat in der Gestalt des fertigen Werks kaum Spuren hinterlassen. Die Ungleichmäßigkeiten in der Partitur (vor allem das Durchhängen des II. und III. Akts) sind nicht das Ergebnis der immer neuen Retuschen. Im Gegenteil darf der IV. Akt, obwohl er zu guten Teilen *L'Ange* entnommen ist und obwohl noch eine Arie aus *Il duca* eingefügt wurde, ehe Donizetti das Ganze neu auffädelte, als eine seiner geschlossensten musikdramatischen Leistungen gelten. »*La Favorita* ist durchweg schön; der letzte Akt aber: jede Note ein Meisterwerk«, schrieb Arturo Toscanini. Allenfalls die erzwungenen Unwahrscheinlichkeiten, die sich beim Adaptieren eines bereits komponierten Sujets an ein neues Thema ergeben haben, mögen gelegentlich der Bühnenwirksamkeit Abbruch tun. Im übrigen aber hat Donizetti mit der ihm eigenen handwerklichen Gediegenheit hier das Wunder fertiggebracht, das er mit der Bearbeitung von *Maria Stuarda* zu *Buondelmonte* (1834) noch nicht leisten konnte: das Arrangement einer schon gescheiterten Oper zu einem Triumph der Gattung, und das vor den kritisch-mißgünstigen Augen der Pariser Öffentlichkeit. *La Favorite* darf mit *Les Martyrs* und *Dom Sébastien, roi de Portugal* (1843) als eins der glänzendsten, fast idealtypischen Werke der Grand opéra gelten. Die Ausrichtung des eigenen Geschmacks und der eigenen Kunstansprüche auf die Rivalität zu Giacomo Meyerbeer, Fromental Halévy und Daniel François Esprit Auber brachte in den Jahren nach 1840 bei Donizetti den entscheidenden

Schritt zur bewußten Gestaltung von Tragödien oder Komödien für Musik, eine Entwicklung, die bei dem jähen Abbruch seines Schaffens noch nicht abgeschlossen war. Aber nach den Pariser Opern gehorchen auch die für Wien, Mailand und Neapel geschriebenen Bühnenwerke seiner letzten Jahre einem neuen Gesetz der durchgehaltenen dramatischen Inspiration. Nicht daß Donizetti je wie die deutschen Romantiker oder auch Hector Berlioz und Charles Gounod schon bei der Auswahl und Gestaltung der Texte Energie aufgewendet hätte oder Skrupel aufkommen ließ. Er beugte sich, immer unter Zeitdruck stehend, dem Zwang der Verhältnisse und nahm bis zuletzt das relativ brauchbarste Libretto. Auch seine Textänderungen beschränkten sich auf das in der Eile Machbare. Aber die Aufmerksamkeit auf die Textdeklamation (selbstverständlich größer in einem fremden Idiom), die Reflexion auf den gemäßen Ausdruck für eine Empfindung in Text und Musik, die Berechnung des Effekts aus der dramatischen Notwendigkeit nehmen in diesen Jahren spürbar zu: Donizetti kommt in Frankreich zu sich selbst. Der Aufwand für *Anna Bolena* (1830), die wiederholten Versuche, Opern aus freiem Entschluß und ohne Rücksicht auf den Auftraggeber zu schreiben (*Gabriella di Vergy*, 1826; *Adelaide*), zeigen immer wieder den Ehrgeiz des Simon-Mayr-Schülers, ein großer Komponist, nicht nur ein Triumphator der Oper zu werden. – Die freie Orchesterbehandlung gewinnt in dieser Zeit (und dafür ist *La Favorite* ein herausragendes Beispiel) eine vorher selten und nur für Augenblicke erreichte Beweglichkeit, einen organischen Zusammenhang, eine Geschmeidigkeit des Übergangs von Themen und Schattierungen, die Donizetti deutlich über seine Rivalen Saverio Mercadante und Giovanni Pacini, selbst den frühen Giuseppe Verdi hinaushebt. Die Ouvertüre, die Stimmungsbilder des II. und IV. Akts, selbst die eher lustlos verfertigten Teile zeigen Donizetti auf der Höhe seiner Instrumentationsmöglichkeiten. Zugleich hat er in den Gesangspartien die Linie der *Martyrs* beibehalten und auf jede virtuose Zierkunst verzichtet, die nicht zum inneren oder äußeren Konflikt beiträgt. Daß er die einzelnen Nummern deutlicher als dort getrennt hat, daß er so im Französischen seine italienische Eigenart klarer bekennt, mag durch die Entstehung mitbedingt sein, ist aber grundsätzlich für seine letzten Werke zu konstatieren. Er greift, aus neugewonnener Einsicht, auf seine immensen Ressourcen an melodischen Einfällen zurück. Er genießt seine Fähigkeit, lange Arien oder konzertierende Passagen aus nur einem Motiv zu entwickeln (»Ange si pur«), und will allen Glanz einer Stimme, einer Stimmkombination für sich auskosten. So übernimmt er den durchgehenden szenischen Grundzug der Musik von den Franzosen, ihre durchgehaltene Deklamation und ihre raffiniertere Orchesterkunst. Er setzt sich aber gleichzeitig entschlossen durch seine Melodik und seine augenblicksverhaftete Stimmführung von seinen französischen Rivalen ab. Musikalisch trägt *La Favorite* mühelos über einen Abend hinweg, auch wenn die Glanzstücke sich, das Finale des III. Akts beiseite gesetzt, auf die Klosterszenen am Anfang und Ende konzentrieren. Seine vollen Qualitäten entfaltet das Werk allein in der Originalsprache. Das erotische Flair und die geschmeidige Eleganz der Musik entspringen unmittelbar der Diktion des Französischen, der Donizetti hier mit besonderer Sorgfalt gefolgt ist, und gehen in der Übersetzung weitgehend verloren. Die außerhalb Frankreichs fast ausschließlich gegebene italienische Fassung enthält zudem zahlreiche nicht autorisierte textliche und musikalische Retuschen, als deren gravierendste die Verfälschung des Schlusses ins Vulgär-Melodramatische anzusehen ist (Wiederholung der Duettmelodie in Oktaven; Fortfall des Auftritts von Balthazar; Aufschrei Fernands »E spento!« über Léonors Leiche).

**Wirkung:** Für die Uraufführung hatte die Opéra ihre Spitzenbesetzung aufgeboten: Rosine Stoltz (Léonor), Gilbert Duprez (Fernand), Paul Barroilhet (Alphonse), Nicolas-Prosper Levasseur (Balthazar), die musikalische Leitung hatte François Antoine Habeneck, in dem von Auguste Mabille choreographierten Ballett tanzte Lise Noblet die Hauptrolle. Die positive, aber nicht enthusiastische Reaktion von Publikum und Kritik ließ zunächst nicht vermuten, daß *La Favorite* zu einem der Zugstücke der Opéra im 19. Jahrhundert

*La Favorite*, IV. Akt; Rosine Stoltz als Léonor; Uraufführung, Opéra, Paris 1840. – Die Partie der Léonor bildete den Höhepunkt in der Karriere dieser Sängerin, die sie weniger virtuoser Stimmbeherrschung als gesangsdarstellerischen Fähigkeiten verdankte.

werden sollte. Von Aufführung zu Aufführung wuchs indes die Zustimmung, bis am 12. Febr. 1841 das triumphale Opéra-Debüt der Tänzerin Carlotta Grisi den endgültigen Durchbruch brachte. Bis 1918 wurde *La Favorite* an der Opéra in verschiedenen Inszenierungen fast 700mal aufgeführt. In den Hauptrollen brillierten nahezu alle großen Sängerinnen und Sänger des Hauses, unter anderm als Léonor: Marietta Alboni (1850), Fortunata Tedesco (1852), Adelaide Borghi-Mamo (1856), Désirée Artôt (1858), Pauline Viardot-García (1862), Pauline Gueymard (1862), Rosine Bloch (1875), Alphonsine Richard (1877), Blanche Deschamps-Jehin (1891); als Fernand: Italo Gardoni (1845), Gustave-Hippolyte Roger (1849), Louis Gueymard (1852), Auguste Affre (1890), Albert-Raymond Alvarez (1896); als Alphonse: Jean-Baptiste Faure (1872), Victor Maurel (1882), Maurice Renaud (1891), Mattia Battistini (1917); als Balthazar: Prosper Dérivis (1841), Jacques Emile Serda (1845), Louis-Henri Obin (1851), Auguste-Acanthe Boudouresque (1875), Pol Plançon (1891). – Außerhalb Frankreichs war *La Favorite* nicht minder erfolgreich, obwohl das Werk in den ersten Jahren nach seiner Entstehung vielerorts Zensurschwierigkeiten ausgesetzt war und nur in verballhornenden Bearbeitungen erscheinen konnte (wie *Elda, Daila, Richard und Mathilde, Die Templer in Sidon*). Die ersten Aufführungen in italienischer Sprache gab es in Padua 1842 als *Leonora di Guzman* in einer Übersetzung von Francesco Jannetti und an der Mailänder Scala 1843 als *La favorita* in einer Übersetzung von Calisto Bassi. 1847 folgte das Teatro La Fenice Venedig, 1848 das Teatro San Carlo Neapel. Die Frühgeschichte der *Favorite*-Rezeption in Italien ist erst ansatzweise erforscht (vgl. Ralph Leavis, s. Lit.). Es scheint, daß sich um 1860 auf der Basis von Jannettis Übersetzung jene glättende, trivialisierende Version herauskristallisierte, die über die Ricordi-Drucke die Aufführungstradition dieser Oper weltweit für über ein Jahrhundert negativ bestimmte. In dieser Gestalt gehörte *La favorita* bis 1900 zum ständigen Repertoire von Covent Garden London: in der Titelrolle zunächst lange Jahre mit Giulia Grisi, später Pauline Lucca, Sofia Scalchi, Zélia Trebelli; in den übrigen Rollen mit Mario, Francesco Graziani, Antonio Cotogni, Joseph Tagliafico und andern. Die Aufführungen von 1887 (Medea Figner, Julián Gayarre, Nikolai Figner, Francisco d'Andrade) und 1896 (Eugenia Mantelli, Giuseppe Cremonini, Mario Ancona, Plançon) stellten dann eine neue Interpretengeneration vor. Mantelli, Cremonini und Plançon sangen *La favorita* im selben Jahr auch an der New Yorker Metropolitan Opera, wo man die Oper 1905 für Edyth Walker und Enrico Caruso wiederaufnahm. Inszenierungen mit herausragenden Besetzungen gab es an der Mailänder Scala 1888 (Gayarre, Battistini, Vittorio Navarini), an der Oper Rom 1888 (Félia Litvinne, Alfonso Garulli, Giuseppe Kaschmann, Navarini) und 1911 (Luisa Garibaldi, Alessandro Bonci, Riccardo Stracciari, Nazzareno De Angelis). Vor allem Battistini sang den Alphonse während seiner langen Karriere an zahlreichen Bühnen in aller Welt. Maßstäbe für die folgenden Jahrzehnte setzten die Inszenierungen der Scala 1934 (Ebe Stignani, Aureliano Pertile, Giuseppe Danise, Tancredi Pasero) und der Oper Rom 1935 (Giuseppina Cobelli, Beniamino Gigli, Mario Basiola, Giacomo Vaghi), die jeweils mehrere Wiederaufnahmen in zum Teil wechselnden Besetzungen erlebten. Eine Revolutionierung des Interpretationsstils, wie sie sich in den 50er und 60er Jahren für *Lucia di Lammermoor* (1835) durch Maria Callas und *Lucrezia Borgia* (1833) durch Montserrat Caballé vollzog, hat für *La Favorite* bislang nicht stattgefunden. Die führenden Interpreten in den Inszenierungen der letzten Jahrzehnte bewegten sich mit unterschiedlichem Gelingen in den traditionellen Bahnen der Rollenauffassungen: Giulietta Simionato (Mailand 1949, Neapel 1963), Fedora Barbieri (Rom 1951), Fiorenza Cossotto (Mailand 1962, 1965, 1974, Chicago 1964, Venedig 1965), Rita Gorr (Lissabon 1962), Stefania Toczyska (Parma 1982); Gianni Poggi (Mailand 1949, Rom 1954), Gianni Raimondi (Mailand 1962), Alfredo Kraus (Lissabon 1962, Barcelona und Parma 1982), Luciano Pavarotti (Mailand 1974, New York 1978); Gino Bechi (Rom 1946, Mailand 1949 und 1953), Ettore Bastianini (Mailand 1962), Piero Cappuccilli (Mailand 1974); Cesare Siepi (Mailand 1949, Parma 1982), Ivo Vinco (Chicago 1964, Mailand 1974) und andere. Obwohl *La Favorite* nach wie vor zum lebendigen Donizetti-Kanon zählt und neuerdings auch an kleineren Bühnen ihre Theaterwirksamkeit unter Beweis gestellt hat (Danzig 1978 mit Toczyska; Gelsenkirchen 1979 mit Livia Budai), erfährt sie dennoch nicht die Wertschätzung, die ihrem musikalischen Rang entspricht. Daran dürfte sich erst dann etwas ändern, wenn man mit einer schlechten Repertoiretradition bricht, die hier wirklich nichts anderes darstellt als Schlamperei, und sich endlich der französischen Originalfassung annimmt.

**Autograph:** Slg. Graf Luigi Treccani degli Alfieri Mailand (Mikrofilm: NYPL Music Coll.). **Ausgaben:** Part: Schlesinger, Paris [1840/41], Nr. 3216, Nachdr.: Garland, NY, London 1982 (Early Romantic Opera. 28.); Grus, Paris, Nr. M. S. 3216; Ricordi [um 1890]; Kl.A. v. R. Wagner: Schlesinger, Paris [um 1840], Nr. 3218, 3343; Kl.A: Grus, Paris, Nr. 5345; Brandus, Paris [um 1840], Nr. 4243, Nachdr.: [um 1850]; Kl.A, frz./dt. Übers. v. R. O. Spazier, Bearb. v. G. Meyerbeer: Schlesinger, Bln., Pl.Nr. 6657.6883; Kl.A, ital./dt.: ebd. 1843, Pl.Nr. 2883; Kl.A, ital. Übers. v. F. Jannetti: Lucca, Mailand 1841, Nachdr. [um 1850]; Kl.A, ital. Übers. v. F. Jannetti/engl. Übers. v. C. L. Kenney: Bo&Ha 1872; Textb.: Paris, Marchant 1840; Paris, Tresse 1865; Paris, Libr. Théâtrale 1966; Textb., ital.: Mailand, Truffi 1846; Florenz, Galletti 1846; Genua, Pagano 1849; Mailand, Lucca 1861; Ricordi 1977; Textb., dt. Übers. v. C. Stueber: Ricordi. **Aufführungsmaterial:** Choudens; ital./dt. Übers.: Ricordi

**Literatur:** A. ROYER, Histoire de l'Opéra, Paris 1875, S. 152ff.; G. BARBLAN, ›La favorita‹: mito e realità, Venedig 1965; W. ASHBROOK, La composizione de ›La favorita‹, in: Studi donizettiani 2:1972, S. 13–27; G. BARBLAN, ›La favorita‹ e la storia del suo quarto atto, in: Ph. Teatro alla Scala, Mailand 1974; R. LEAVIS, ›La Favorite‹ and ›La favorita‹: One Opera, Two Librettos, in: Journal of the Donizetti Soc. 2:1975, S. 117–129; M. F. MESSENGER, D. 1840. Three French Operas and Their Italian

Counterparts, ebd., S. 99–116; W. ASHBROOK, La struttura drammatica nella produzione musicale di D. dopo 1838, in: Atti del 1° Convegno Internazionale di Studi Donizettiani, Bd. 2, Bergamo 1983, S. 721–736; weitere Lit. s. Bd. 1, S. 739

*Norbert Miller*

## Rita ou Le Mari battu
Opéra-comique en un acte

### Rita oder Der geprügelte Ehemann
1 Akt

**Text:** Gustave Vaëz (eigtl. Jean Nicolas Gustave van Nieuwenhuyzen)
**Uraufführung:** 7. Mai 1860, Opéra-Comique, Salle Favart, Paris (komponiert 1841)
**Personen:** Rita, Schankwirtin (S); Peppe, ihr Mann (T); Gaspar, Farmer (Bar); Bortolo, Kellner (Spr.)
**Orchester:** 2 Fl, 2 Ob, 2 Klar, 2 Fg, 2 Hr, 2 Trp, 3 Pos, Pkn, Streicher
**Aufführung:** Dauer ca. 40 Min. – Gesprochene Dialoge.

**Entstehung:** Der Einakter, für den auch der Alternativtitel *Deux hommes et une femme* überliefert ist, wurde im Sommer 1841 komponiert. Donizetti hat damit keinen Bühnenauftrag erfüllt, sondern sich, wie mehrfach, aus freien Stücken an die Arbeit gemacht. Die Partitur wurde abgeschlossen, doch kam eine Aufführung des Werks zu Lebzeiten Donizettis nicht zustande.
**Handlung:** Gaststube in Ritas Herberge: Nach dem vermeintlichen Tod ihres ersten Gatten Gaspar, der angeblich auf einer Reise im Meer ertrunken ist, hat Rita den einfältigen Peppe geheiratet. Als durch Zufall Gaspar in Ritas Herberge kommt, erkennt Peppe ihn am Namen in seinem Paß und sieht einen Hoffnungsschimmer, doch noch seiner herrschsüchtigen, kratzbürstigen Frau zu entkommen. Gaspar liebt ein Mädchen aus Kanada und überlegt seinerseits, wie er sich seiner Ehepflichten entledigen kann. Er überredet den törichten Peppe zu einem Glücksspiel um die von keinem geliebte Ehehälfte. Peppe willigt ein. Da er sich von Gaspar betrogen fühlt, besteht er auf einem zweiten Versuch, nach dem sie auch noch Strohhalme ziehen. Jetzt gewinnt Gaspar – und muß bleiben. Als Rita die beiden überrascht, macht er scheinbar gute Miene zum bösen Spiel. Er wolle bleiben, und seine Frau brauche vor seinen Schlägen keine Angst zu haben, da sein rechter Arm gelähmt sei. Von Rita läßt er sich, aus gerührter Erinnerung, den Trauschein zeigen, nimmt ihn rasch an sich und will enteilen. Im Weiterziehen belehrt er seinen Rivalen durch Wort und Tat, daß Frieden und Eintracht in einer guten Ehe nur herrschen können, wenn der Ehemann die Seinige durch gelegentliche Prügel gelehrig hält. Beide wollen nun doch lieber beieinander bleiben und entlassen Gaspar nach Kanada.
**Kommentar:** Der grotesk-komische Einakter empfiehlt sich durch das rasche Tempo seiner Spielhandlung, auch wenn diese vom Librettisten nur ziemlich roh skizziert ist, durch dankbare Rollen in dieser unfreiwilligen Menage à trois und durch eine Reihe witziger, die Situation genau charakterisierender Musiknummern. Donizetti hat seine Partitur con amore geschrieben: Die Prügelszene, das Spielduett zwischen Peppe und Gaspar und vor allem das Terzett haben nur in einigen Passagen von *Don Pasquale* (1843), dessen musikalische Charakterisierungskunst sie vorwegnehmen, ganz ihresgleichen. Dagegen kommen, vom Sujet her bedingt, die romantischen Kontrastfarben kaum zur Geltung.
**Wirkung:** Die postume Uraufführung (Rita: Caroline Lefèbvre-Faure, Peppe: Victor Alexandre Joseph Warot, Gaspar: Barrielle) hinterließ keinen nachhaltigen Eindruck. Auch in Italien wurde das Gelegenheitsstück, obwohl leicht zu besetzen und offen für jedes Bühnenallotria einer Inszenierung, niemals wirklich populär. Die Piccola Scala Mailand brachte *Rita* 1957 in hervorragender Besetzung heraus (Eugenia Ratti, Luigi Alva, Renato Capecchi; Dirigent: Nino Sanzogno), zunächst zusammen mit *Il campanello di notte* (1836), bei der Wiederaufnahme 1971/72 mit Donizettis *Il giovedì grasso* (Neapel 1828).

**Autograph:** ital. Übers. u.d.T. *Due uomini*: Bibl. S. Pietro a Maiella Neapel; Abschrift, teilweise Autograph: BN Paris. **Ausgaben:** Part: Lemoine, Paris [um 1860]; Ricordi [um 1950]; Kl.A: Lemoine, Paris [um 1860]; Kl.A, ital./engl.: Ricordi 1957; Kl.A, ital./dt. Übers. v. J. Popelka: Ricordi 1958, Nr. 129213, Nachdr. 1978; Kl.A, dt. Bearb. v. M. H. Fischer, C. Malberto: Peters; Textb.: Sonzogno 1876, 1885; Textb., ital.: Ricordi 1972. **Aufführungsmaterial:** Ricordi; Bearb. Fischer: Peters
**Literatur:** s. Bd. 1, S. 739

*Norbert Miller*

## Maria Padilla
Melodramma in tre atti

### María Padilla
3 Akte (5 Bilder)

**Text:** Gaetano Rossi und Gaetano Donizetti, nach der Tragödie (1838) von Jacques Arsène François Polycarpe Ancelot
**Uraufführung:** 26. Dez. 1841, Teatro alla Scala, Mailand
**Personen:** Graf Mendez, eigentlich Don Pedro, Herzog, später König Peter I. von Kastilien (Bar); Herzog Ramiro d'Albuquerque (B); Don Ruiz di Padilla (T); Don Luigi d'Aguilar (T); Don Alfonso di Pardo (B); Bianca/Blanka von Frankreich (stumme R); Donna Maria/María Padilla und Donna Ines Padilla, Töchter Don Ruiz' (2 S); Francisca, Amme (A). **Chor:** Damen und Herren des Hofs, kastilische und französische Würdenträger, Jäger, Vasallen der Padillas, königliche Garden
**Orchester:** 2 Fl (2. auch Picc), 2 Ob (2. auch E.H), 2 Klar, 2 Fg, 4 Hr, 3 Trp, 3 Pos, Cimbasso, Ophikleide, Pkn, gr.Tr, Streicher; BühnenM (nicht differenziert)
**Aufführung:** Dauer ca. 2 Std. 45 Min.

## Donizetti: Maria Padilla (1841)

**Entstehung:** Ein kurzer Aufenthalt in Mailand im Aug. 1840 hatte Donizetti in Verbindung mit Bartolomeo Merelli gebracht, dem Intendanten der Mailänder Scala und des Wiener Kärntnertortheaters. Die Verhandlungen endeten mit dem Auftrag an Donizetti, für beide Opernhäuser ein neues Werk zu liefern. Die Oper für die Scala sollte zu Beginn der Karnevalszeit 1841/42, die für Wien im darauffolgenden April abgeschlossen sein. Donizettis Pläne, Salvatore Cammarano als Librettist zu gewinnen, zerschlugen sich. Daraufhin entwarf Donizetti selbst das Szenarium einer Oper nach Ancelots spanischem Spektakelstück, das in Paris erfolgreich aufgeführt worden war. Die Wahl des Librettisten überließ er Merelli, der mit Rossi einen aus der älteren Generation der italienischen Textdichter verpflichtete. Nachdem die Hürde der Zensur überwunden war, dauerte es bis in den späten Juli 1841, ehe Donizetti mit der Komposition beginnen konnte. Der Text Rossis sagte ihm zu. Allerdings sah er sich veranlaßt, in ungewohntem Maß dramaturgisch in die Textgestaltung einzugreifen, da der ältere Librettist dazu neigte, die extremen Situationen der Handlung dem Muster kontrastierender, aber einfach durchgehaltener Affekte, die sich den gewohnten musikalischen Formen zuordnen lassen, anzugleichen. Zunächst brieflich, dann mündlich, nachdem Donizetti Anfang Sept. 1841 in Mailand eingetroffen war, schaltete sich der Komponist bis hin zu Einzelformulierungen in die Entstehung des Librettos ein, um so das Drama seiner avancierteren Opernauffassung gefügig zu machen. Die Zusammenarbeit war offenbar unproblematisch; denn für seine nächste Oper *Linda di Chamounix* (1842) wandte er sich wiederum an Rossi. Die Niederschrift der Partitur erfolgte hauptsächlich im Okt./Nov. 1841. Dabei mußte Donizetti, der als Primadonna auf Erminia Frezzolini, die Lucrezia Borgia der Mailänder Wiederaufnahme von 1840, gehofft hatte, die Partie für Sophie Johanna Löwe umschreiben. Im übrigen stand ihm mit der jungen Luigia Abbadia, mit Domenico Donzelli und Giorgio Ronconi ein erstklassiges, stimmlich ausgewogenes Ensemble zur Verfügung. Die Proben begannen am 10. Dez. Zu seinem Entsetzen hatte allerdings inzwischen die Zensur eine Änderung des Schlusses erzwungen: Maria Padilla durfte, aus moralischen Rücksichten auf das Publikum, nicht durch Selbstmord sterben. Ihr Ende mußte durch ein Übermaß an Freude erfolgen. Auch sonst war Donizetti mit dem Fortgang der Proben wenig glücklich. Der zögernde Beifall bei der Uraufführung schien ihm darin recht zu geben. Doch nahm das Publikum dann von Vorstellung zu Vorstellung das Werk günstiger auf.

**Handlung:** In Kastilien, um 1350–61.

I. Akt, 1. Bild, in maurischem Stil gehaltenes Atrium des Kastells der Padilla: Die Gäste erwarten die Hochzeit Don Luigis mit Ines, der älteren Tochter von Don Ruiz di Padilla. Die jüngere Schwester Maria gesellt sich zu den andern, noch ganz im Bann eines Traumbilds, das sie seit langem verfolgt. Darin sieht sie sich von der Liebe zu einem Königsthron emporgehoben. Zwischen einem Blumenregen und den Fanfarenchören des Hofs sieht sie die Stufen emporsteigen, bis das Volk seiner Königin zujubelt. Erschrocken über das unheimliche Feuer ihrer Rede, macht Ines die Schwester auf das Eintreten des Grafen Mendez aufmerksam, dem Marias Herz gehört. Er begrüßt die versammelten Freunde, und aus seiner Rede sind die Anspielungen seiner Liebe zu Maria nicht zu überhören. Verstohlen bedrängt Mendez das geliebte Mädchen, ihn zu erhören. Die Gesellschaft bricht in gehobener Stimmung zur Hochzeitsfeier auf. Nur in Maria kämpfen die widersprüchlichsten Gefühle. 2. Bild, Gemach in den Räumen Marias: Ruhelos geht Maria auf und ab. Sie vergleicht ihr ungewisses Schicksal und das Geheimnis, das ihren Geliebten umgibt, mit dem sicheren Glück, das ihre Schwester in den Armen von Luigi erwartet. Da stürzt ihre Amme Francisca herein, um Maria vor einer drohenden Entführung zu warnen. Mendez, der in Wirklichkeit niemand anderer sei als Don Pedro, der Sohn des Königs, habe sich durch Gewalt oder Bestechung Eingang in den Palast verschafft und wolle sie noch heute nacht wegschaffen lassen. Maria sieht ihren Traum in Erfüllung gehen und erwartet das Nahen ihres Geliebten so aufgeregt, aber ohne Entsetzen, daß die Amme kopfschüttelnd dem Befehl folgt und sich zurückzieht. Als Pedro durch das Fenster einsteigt, tritt ihm Maria mit einem Dolch in der Hand entgegen und nennt ihn bei seinem wahren Namen. Der Dolch werde ihre Ehre gegen seinen feigen Angriff verteidigen. Pedro versucht, sie von seiner glühenden Liebe zu überzeugen, die allein ihm die Kühnheit für diesen Überfall gegeben habe. Seinen Liebesschwüren und Umarmungen begegnet sie mit der Drohung, sich zu erdolchen, ehe sie ihre und des Hauses Ehre opfere. Im letzten Augenblick verspricht Pedro der Geliebten die Ehe. Seinetwegen soll sie leben bleiben. Vor Gott nehme er sie zur Gattin. Ihr Traum scheint erfüllt. Ehrgeiz und Liebe gemeinsam treiben sie in seine Arme.

II. Akt, Saal in dem Palast zu Sevilla, den Pedro, jetzt König, Maria Padilla eingeräumt hat: Wilde Fröhlichkeit erfüllt das Haus Marias, die als Geliebte des Königs bewundert, als Mätresse verachtet wird. Ihr Vater ist nach langen Irrfahrten zurückgekehrt. Herzog Ramiro d'Albuquerque, vor dem er den Sturz seines Hauses in die Ehrlosigkeit beklagt, soll ihm Einlaß beim König verschaffen. In einer Verzweiflungstat will er sich an Pedro rächen. Inzwischen kommt Maria, verschwenderisch geschmückt, mit ihrer Schwester aus den inneren Gemächern. Luigi konnte sie nicht begleiten, da er Don Alfonso, den unwürdigen Vertrauten Pedros bei seinen Abenteuern, im Duell getötet hat und deshalb vom König verfolgt wird. Maria verspricht, sich beim König für den Schwager zu verwenden. Sie selbst ist inmitten allen Glanzes der Verzweiflung nahe, denn sie fürchtet den Fluch des verratenen Vaters. Ihre Hoffnung wächst, als die Schwester ihr versichert, daß in aller Raserei ihr Vater niemals die Formel der Verfluchung gebraucht habe. Der König tritt ein. Ihm naht sich der Herzog und stellt den Fremden vor, der Nachrichten aus Frankreich bringe. Ruiz tritt vor und grüßt den

König mit ironischer Demut als den Sohn Alfonsos, dessen Feldherr er einst gewesen war. Die Höflinge werden unruhig, als unversehens der Fremde den König als ruchlosen Schurken beleidigt. Ruiz' Rechnung scheint aufzugehen. Pedro greift nach dem Degen, um die Schande selbst zu ahnden. Aber die Höflinge werfen sich zwischen die Streitenden und hindern den König am Duell. Die Wachen nehmen Ruiz fest. Vom Lärm aufgestört, tritt Maria herein und erfährt vom Herzog das Vorgefallene: Ihr eigener Vater werde für seinen Angriff zur Hinrichtung geschleppt. Entsetzt schreit Maria auf. Während Pedro sich zu rechtfertigen sucht und die Rettung des Vaters verheißt, reißt sie sich Schmuck und Putz vom Leib und flieht mit Ines in dem allgemeinen Tumult.

III. Akt, 1. Bild, bescheidenes Quartier im Haus Don Luigi d'Aguilars: In einfacher Kleidung wartet Maria voller Angst auf das Erwachen des Vaters, dessen Befreiung sie beim König durchgesetzt hat. Er hat den Verstand verloren. Im Nachbarzimmer hört man ihn Marias früheres Lieblingslied trällern. Als sie auf ihn zutritt, erkennt er sie nicht. Auch als sie selbst eine Strophe des Lieds singt, hält er sie für eine Fremde, gesteht ihr aber die Fortdauer der Liebe zu seiner Tochter. Um sich zu rechtfertigen, unterbreitet Maria ihm das schriftliche Ehegelöbnis Pedros, da sie an die Wiederkehr seiner Vernunft glaubt. Statt dessen gerät Ruiz, sobald er den Namen Pedros hört, in Raserei, reißt das Blatt an sich und wirft es ins Feuer. In diesem Augenblick hört man von draußen den Jubel, mit dem Bianca, Prinzessin von Frankreich, als künftige Gemahlin des Königs begrüßt wird. Nun weiß sich Maria Padilla für immer verloren. 2. Bild, Saal im Innern des königlichen Palasts, vorbereitet für die Krönung der Königin: Vor dem Hof, der zur Feier der Krönung bereitsteht, erinnert sich Pedro seiner Liebe zu Maria, dann beugt er sich widerstrebend seiner Herrscherpflicht und geht Bianca entgegen. Da stürzt durch die aufgeregten Hochzeitsgäste Maria herein und wirft sich Pedro zu Füßen. Sie erinnert ihn an seinen Treueschwur und fordert die Krone für sich. Ohne Zögern entscheidet sich der König für seine Geliebte und erhebt sie, zum Zorn der französischen Partei unter Führung des Herzogs von Albuquerque, zu seiner Königin. In der Aufwallung ihres Herzens wendet sich Maria zu ihrem Vater, bricht aber im Übermaß der Freude tot zu seinen Füßen zusammen. Erst jetzt kehrt dem Alten das Bewußtsein zurück. Er sinkt über dem Leichnam seiner Tochter nieder.

Vielleicht schon für die spätere Aufführung in Mailand, mit Sicherheit jedoch für die zweite Inszenierung des Werks in Triest am 1. März 1842 hat Donizetti den tragischen Schluß in ein Lieto fine geändert: Als Maria die Krone an sich reißt und die Aufregung der Hofgesellschaft bedrohliche Formen annimmt, wird Ruiz hereingeführt. Sein Anblick und die zerbrochenen Phrasen aus Marias Lieblingslied, die er ganz abwesend vor sich hin singt, bestimmen den König zur Umkehr. Er entscheidet sich für Maria Padilla und macht damit die Intrigen des Herzogs, der auf eine französische Hochzeit drängte, zunichte. Arm in Arm mit Maria wird er den Konsequenzen trotzen, die durch die Zurückweisung Biancas unvermeidlich sind.

**Kommentar:** Schon der Brief vom 17. Aug. 1841 befaßt sich detailliert mit der psychologisch-dramaturgischen Führung der Hauptfiguren. Wie soll sich Maria dem gekränkten, in seinem Verstand getrübten Vater nähern? Wie lange kann sie, den Gesten oder Ausrufen des Vaters folgend, ihn zu rühren hoffen, ehe sie das Opfer seines ausbrechenden Wahnsinns wird? Wie lassen sich ihre und seine Verstörung musikalisch zusammenbringen? Auch als Donizetti in Mailand sein Werk mit Blick auf die Besetzung schreibt, hat er bei der verblüffenden Auswechslung der Stimmcharaktere zwischen Pedro und Ruiz die Glaubwürdigkeit des Dramas, nicht nur die pragmatische Ausnutzung einer vorgegebenen Theatersituation im Sinn: Donzelli war 51 Jahre alt und verfügte nur noch über einen reduzierten Stimmumfang. So überträgt ihm der Komponist den Charakterpart des schwachen, verzweifelnden, unüberlegt rachgierigen Vaters; besonders das Geisterhafte der Wahnsinnsszenen wird durch die hohe Stimmlage deutlich gemacht. Dagegen fiel Ronconi, dem Schauspieler unter den großen italienischen Sängern seiner Zeit, die Aufgabe zu, den zwielichtigen Pedro, Verführer, »roué«, heimtückischer und grausamer Politiker, auch als Liebhaber glaubhaft zu machen. In *Maria Padilla* schwelgt Donizetti in schillernden Charakteren und Konflikten, deren wechselnde oder widersprüchliche Nuancen er mit gleicher Intensität musikalisch vergegenwärtigt. Diese Janusgesichtigkeit des Stoffs muß ihn an Ancelots Stück vor allem gereizt haben. Das gilt besonders für Maria Padilla selbst, in deren Charakterzeichnung Schatten- und Lichtpartien unentwirrbar ineinander übergehen. Donizetti liebte solche gemischten Charaktere: Gabriella di Vergy, Parisina Malatesta, Maria di Rudenz sind bezeichnende Beispiele. Aber kaum einmal hat er es so darauf angelegt,

*Maria Padilla,* III. Akt, Finale; Illustration; Schloßtheater, Versailles 1845. – Die Szene zeigt die Peripetie des Dramas: den Augenblick, in dem König Pedro der Versuchung erliegt, Maria Padilla, seine Geliebte, zur Königin zu krönen – ein Theatercoup, dessen Überraschungswirkung überwältigend ist, der aber nach den Regeln strenger klassizistischer Bildkomposition arrangiert wird.

jede Regung wenigstens doppelt zu motivieren: Die schrillen Mißklänge des Wahnsinns, die sich in ihre brillante Traumerzählung eindrängen, verändern den kalten Ehrgeiz, der aus Marias Triumphvision spricht. In ihrem Duett mit Pedro, das Donizetti, trotz beibehaltener dreisätziger Form, ganz in die Nachtszene des I. Akts auflöst, müßte die kalkulierte Leidenschaft, müßte der berechnende Handel mit der eigenen Ehre, ehe sich Maria dem Werben Pedros überläßt, jede echte Empfindung in der Musik zerstören, läge nicht der Schatten eines Wachtraums über der Begegnung der beiden Liebenden, so daß Maria wie unter Schicksalszwang handelt. Damit lösen sich moralische Kategorien auf, und die Musik kann von Augenblick zu Augenblick die Wahrheit jeder Leidenschaft gleichermaßen beschreiben. Donizetti ist, da er für Italien schreibt, vergleichsweise unbekümmert hinsichtlich des konventionellen Rahmens der einzelnen Nummern. Während er in Frankreich (und Wien) um seiner musikdramatischen Absichten willen auch die Arienformen nach Belieben abwandelt, bleibt er in *Maria Padilla* bei der gewohnten Abfolge aus Cantabile, »tempo di mezzo« und Cabaletta, nur daß er, wie schon in früheren Opern, in die durchweg glänzend erfundenen, wirkungssicheren »Doppel«-Arien nach Bedarf die andern Figuren und den Chor mit einstellt. Er scheut vor der altmodischen Abfolge mehrerer solcher Arien nicht zurück, konzentriert sich vielmehr darauf, den wechselnden Ausdruck immer neu zu nuancieren und zu intensivieren, indem er Handlungsschwankungen in den Tonlagen des Sängers oder in der Farbigkeit des Orchesters berücksichtigt. Um so freier bewegt sich Donizetti in den für das Drama zentralen Szenen, der Entführung Marias im I., des verhinderten Duells im II. und der Wahnsinnsszene im III. Akt. Schon im Text trägt er Sorge, daß die Anteile der Sänger nicht mehr genau korrespondieren, sondern der unterschiedlichen psychischen Verfassung des einzelnen angepaßt sind. So sind Marias ironischzornige Bemerkungen zu ihrem Geliebten, in dem sie den König erkannt hat, unterstrichen von hastigen Stakkatofiguren, in denen sich Heftigkeit und aufgeregte Leidenschaft durchdringen, während Pedro sich hier zum erstenmal (im Finale des II. Akts wird die Tonlage wiederaufgenommen) in den lyrischen Schwung der Überredung hineinsteigert. Um dem Bariton den Schmelz des Liebhabers zu geben, hat Donizetti die Gesangslinie durch eine reiche Ausarbeitung der Streicher und Holzbläser grundiert, während die pochende Bewegung der Stakkati unterschwellig weitergeht. In dem Augenblick, der Marias Selbstmorddrohung, das rettende Wort Pedros und den Eid auf den Kreuzknauf des Degens einschließt, kommt die Musik in einem gestauten Rezitativ zum Stillstand, um dann furios in den Taumel der Leidenschaft auszubrechen. Donizetti hat aber als Vorbereitung den knappen, angstflatternden Auftritt der Amme, das beklommene Warten auf den Einbruch und das Erscheinen Pedros beigefügt, das er in einem unvergleichlichen F-Dur-Maestoso des Orchesters über die drohende Komik einer solchen Szene hinweghebt. Das große Finale des II. Akts entwickelt sich aus dem Forderungsduett Pedro/Ruiz, in das erst der Chor, dann das Ensemble der Solisten eingreift. Der Auftritt der durch den Lärm herbeigerufenen Maria bewirkt hier nicht die gewohnte Zäsur des langsamen Concertato, sondern führt in eine zweite, im Aufwand der koloristischen Mittel wie in der Durchflechtung der Stimmen kühn gesteigerte Stretta: ein Finale, das auch neben Giuseppe Verdis reifen Leistungen in seiner dramatischen Dichte bestehen kann. Der Höhepunkt des Werks ist das Duett Maria/Ruiz, wieder aus der gewohnten Regel heraus zu einer eng verknüpften szenischen Einheit weitergeführt. Vom Vorspiel an durchzieht das Motiv aus Marias Lied die Szene: nicht voll entwickelt, so daß nach bewährtem Muster das wörtliche oder abgewandelte Zitat der späteren Wiedererkennung dienen könnte, sondern als eine knappe Geste (halb zum Ende des I. Akts zurückweisend, halb Ruiz' Auftritt vorbereitend), aus der sich langsam erst die Melodie entwickelt. Das Abgebrochene, in sich Unfertige beherrscht die musikalische Struktur des Auftritts: die Unsicherheit Marias, Ruiz' Romanze »Sento ad ogn'ora estinguersi« über dem dunklen, unbestimmten Tremolo der Streicher, in das Hornakkorde gemischt sind, bis zur Aufnahme des Lieds durch Maria. Erst hier wird der melodische Zusammenhang ganz deutlich gemacht, um dann jäh in den Ausbruch des väterlichen Wahnsinns überzugehen. Das Duett ist eins der einprägsamsten Beispiele für Donizettis Charakterisierungskunst in den späteren Opern. Der Schluß wird zwar dramaturgisch verdorben durch das erzwungene Freudenende. Aber dieser Fehler greift in die Musik selbst nicht wesentlich ein. Das ausgedehnte Concertato, kaum übertroffen in Donizettis Œuvre, und selbst noch der Anfang des Finaltempos, bestehend aus einer überraschenden Verbindung von Finalarie Marias und Ensemblefinale, sind auch für die Bühne uneingeschränkt wirksame Teile der Partitur und kein Abflauen, kein Rückfall in die Konvention aus Unlust über die aufgezwungene Änderung. Mit geringfügigen Retuschen, die allerdings unabdingbar sind, ist der ursprünglich geplante tragische Schluß (Maria erlangt die Krone, aber nur im Augenblick ihres Freitods) wiederherzustellen. Mehr als bei vielen der bedeutenden Opern Donizettis lohnte hier die Wiedergewinnung, da Donizetti in *Maria Padilla* die Vorzüge seiner späten Opern noch einmal verbindet mit dem Überschwang an melodischer Erfindung und der ungezügelten Farbenpracht der Werke aus dem Umkreis von *Lucia di Lammermoor* (1835).

**Wirkung:** Der Erfolg stellte sich in Mailand nur zögernd ein. Vermutlich hat Donizetti für die späteren Aufführungen bereits die nochmalige Korrektur des Schlusses vorgenommen, die er dann für die zweite Inszenierung des Werks in Triest (mit Eugenia Tadolini in der Titelpartie) autorisierte. 24mal wurde die Oper während der Saison 1841/42 gespielt; dann ging sie nach Triest (1842) und mit weiteren Retuschen ans Teatro San Carlo Neapel (1842, wiederum mit Tadolini), wo sie sich mehrere Jahre im Spielplan hielt.

Außerhalb Italiens, wo sich die Oper respektabel, aber nur bis ans Ende der 60er Jahre auf dem Spielplan behaupten konnte, wurde *Maria Padilla* 1846 in Lissabon, Malta und Barcelona, 1847 in Wien aufgeführt. Französischsprachige Aufführungen (in der Übersetzung von Hippolyte Lucas) gab es nur vereinzelt, die letzte offenbar 1854 in Marseille. Abgesehen von zwei konzertanten, auf Schallplatte festgehaltenen Aufführungen der Opera Rara London 1973 und 1979 hat es in neuerer Zeit bislang keine Einstudierung von Rang gegeben.

**Autograph:** Vlg.-Arch. Ricordi Mailand. **Ausgaben:** Kl.A: Ricordi [1841], Nr. 13551-79; Kl.A, frz.: Schonenberger, Paris [um 1845], Nachdr.: Belwin Mills, Melville, NY (Kalmus Vocal Scores. 9577.); Textb.: Mailand, Truffi 1841; Neapel, Flautina 1842; Venedig, Molinari 1842; Lissabon, Borges 1845; Wien, Pichler 1847; Ricordi 1850
**Literatur** s. Bd. 1, S. 739

*Norbert Miller*

## Linda di Chamounix
### Melodramma in tre atti

**Linda aus Chamonix**
3 Akte

**Text:** Gaetano Rossi, nach der Komödie *La Grâce de Dieu* (1841) von Adolphe Philippe Dennery (eigtl. Adolphe Philippe) und Gustave Lemoine
**Uraufführung:** 19. Mai 1842, Kärntnertortheater, Wien
**Personen:** Carlo, Visconte di Sirval (T); Linda (S); Marchese di Boisfleury (B.Buffo); der Präfekt (B); Antonio, Pächter, Lindas Vater (Bar); Pierotto, ein junger verwaister Savoyarde (C); der Verwalter des Lehensguts (T); Maddalena, Lindas Mutter (Mez)
**Chor:** Savoyarden, Kinder
**Orchester:** Picc, 2 Fl, 2 Ob, 2 Klar, 2 Fg, 4 Hr, 2 Trp, 3 Pos, Ophikleide, Pkn, Schl (gr.Tr, Glocke in a', Trg), Hrf, Streicher; BühnenM: Physharmonika, Hrf
**Aufführung:** Dauer ca. 2 Std. 15 Min.

**Entstehung:** Donizetti komponierte *Linda di Chamounix* in Mailand in den anderthalb Monaten, die dem stürmischen, aber kurz dauernden Erfolg seiner *Maria Padilla* (Premiere am 26. Dez. 1841) folgten. Am 16. Febr. 1842 teilte er Antonio Vasselli mit, die Partitur sei beinah abgeschlossen. Aus Rücksicht auf die zu erwartenden Empfindlichkeiten des Wiener Publikums hatten der Librettist und er die Verführungsgeschichte des Rührstücks *La Grâce de Dieu* bis zur Unkenntlichkeit geändert. Nach Abschluß der Komposition, zu der er sich ausnahmsweise viel Zeit lassen konnte (Théophile Gautier nannte später die Pariser Fassung des Werks eine der sorgfältigsten Partituren Donizettis und ein makelloses Kunstwerk), blieb der Komponist noch bis zur spektakulären Premiere von Verdis *Nabucco* (9. März 1842) als gefeierter Gast der Mailänder Gesellschaft in der Stadt. Dann begab er sich über Bologna, wo er auf Wunsch Gioacchino Rossinis die italienische Erstaufführung des *Stabat mater* (1842) dirigierte, und Vicenza, wo er mit den Sängern der Wiener italienischen Stagione zusammentraf, nach der Kaiserstadt. Am Kärntnertortheater gab es ganzjährig deutschsprachige Aufführungen von Opern; nur zwischen April und Juni, wenn die deutsche Spielzeit vorbei war, wurden Opern mit italienischen Sängern aufgeführt. Ängstlich um den Erfolg seiner Oper bemüht, verwendete Donizetti fast zwei Monate auf die Einzelproben. Erst am 10. Mai fand die erste Orchesterprobe statt. – Ein Brief an Vasselli, Weihnachten 1841, gibt einen Eindruck von der ursprünglich geplanten Handlung des Stücks. Danach ist in der Vorlage von der Sinnverwirrung eines jungen savoyardischen Mädchens die Rede, das in Paris verführt wird: »Oft ist das Mädchen schon in Gefahr, der Verführung zu erliegen. Doch hört sie jedesmal zur rechten Zeit ein Lied aus ihrer Heimat, sie denkt dabei an ihren Vater und an ihre Mutter und kann so widerstehen. Dann einmal widersteht sie nicht länger; der Verführer aber will ein anderes Mädchen heiraten. Darüber wird sie wahnsinnig; ein armer Savoyardenknabe bringt sie nach Haus. Sie folgt ihm, weil er das Lied singt. Wie er aufhört zu spielen, bleibt sie stehen. Beide sterben beinah vor Hunger; schließlich taucht der Verführer auf: Er hat gar nicht geheiratet. Als das Mädchen dies erfährt, kommt sie wieder zu sich.« Soweit die ursprüngliche Handlung.
**Handlung:** In Chamonix und Paris, um 1760.
I. Akt, »Der Abschied«, das karge Innere einer Bauernhütte: Der arme Bauer Antonio kehrt, während die Glocken die Dorfbewohner zum Gottesdienst rufen, vom Schloß des Marchese di Boisfleury zurück, den er um Hilfe in seiner Armut gebeten hat. Dieser machte ihm das Anerbieten, die Tochter Linda auf dem Schloß als Dienstmädchen einzustellen. Er selbst ist dem Bauern nachgeeilt, um sich das Mädchen, das er für sich gewinnen will, aus der Nähe anzusehen. Linda ist nicht in ihrem Zimmer; sie liebt insgeheim den armen Maler Carlo, hinter dem sich in Wahrheit der Visconte di Sirval verbirgt, der Neffe des Marche-

*Linda di Chamounix*, III. Akt; Bühnenbildentwurf: Giuseppe Bertoia; Teatro Carignano, Turin 1842. – Der bis ins Detail realistischen Bühnendarstellung lag die Konzeption zugrunde, den Schauplatz nicht als Kulisse, sondern als Handlungsraum zu gestalten.

se. Beim morgendlichen Stelldichein hat sie nur ein paar von ihm zurückgelassene Blumen gefunden und kehrt bedrückt um. Ein Lied ihres Jugendfreunds, des Drehleierspielers Pierotto, wie ein Mädchen von seinem Geliebten verführt und verlassen wurde und wie ihrer Mutter darüber das Herz brach, stimmt Linda traurig. Die Schwüre des zurückkehrenden Carlo können sie nicht aufheitern. Inzwischen hat der Präfekt Antonio über den Charakter und die Pläne des Gutsherrn aufgeklärt und gibt ihm den Rat, Linda zusammen mit andern Seidenwirkerinnen des Orts und Pierotto in die Faktorei nach Paris zu schicken. Schmerzlich bewegt nimmt Linda Abschied von ihrer Heimat.

II. Akt, »Paris«, elegantes Appartement in einem Pariser Mietshaus: Carlo ist Linda nachgereist und hat sich ihr als Visconte di Sirval zu erkennen gegeben. Er verspricht ihr die Heirat und richtet Linda eine vornehme Wohnung ein. Ihre Beziehungen scheinen bei aller Vertrautheit der ersten Liebe tugendhaft. Während sie auf Carlo wartet, hört sie Pierottos Lied und bittet ihn herauf. Er hatte sie inzwischen verloren, da er krank geworden war. Nun sieht er mit erschrecktem Staunen die Veränderung ihrer Lebensumstände. Aber auch der Marchese hat sie ausfindig gemacht, glaubt ihre Situation zu durchschauen und sucht sich ihr erneut zu nähern. Zu seinem Erstaunen weist Linda seine Anträge empört zurück. Zornig verläßt er sie. Carlo ist zurückgekommen, um von seiner Geliebten insgeheim Abschied zu nehmen, ehe er sich auf Drängen seiner Mutter mit einem Mädchen gleichen Rangs vermählt. Linda versteht seine Empfindungen nicht und weist seine Zärtlichkeiten bestimmt zurück. Als sie schwach zu werden droht, hört sie Pierottos savoyardisches Lied vor dem Fenster. Nach Carlos Weggang kommt auch noch Antonio, den die Sorge um seine Tochter nach Paris getrieben hat. Er hält Linda für eine Dame der Pariser Gesellschaft. Als er sie schließlich erkennt, mißversteht er die Situation und verflucht sein auf Abwege geratenes Kind. Da Linda zugleich von dem hereinstürzenden Pierotto erfährt, Carlo habe offenbar gerade eben ein Mädchen seines eigenen Stands geheiratet, verliert sie über dem doppelten Schicksalsschlag den Verstand.

III. Akt, »Die Rückkehr«, ein Dorfplatz inmitten des Tals: Das Gerücht von Lindas Geistesverwirrung ist den zurückkehrenden Savoyarden vorausgeeilt. Die verzweifelten Eltern, die Nachbarn und die herbeiströmenden Hirten und Sennerinnen bedauern das von ihnen mitverschuldete Schicksal. Da erscheint Sirval, der sich aus seinen von der Familie aufgezwungenen Banden in Paris gelöst hat. Der Präfekt redet ihm ins Gewissen und findet bei ihm offene Ohren. Pierotto hat die kranke Linda nach Haus gebracht. Carlo ruft sie beim Namen, und seiner Stimme gelingt es, das Mädchen aus dem Wahnsinn zurückzurufen. Alles wendet sich zum Guten, das Hirtenkind wird zur Gattin des Viconte di Sirval erhoben.

**Kommentar:** Die zeitliche Nähe der Entstehung zu den ersten Sammlungen von Dorfgeschichten, die nach 1843 zu einer europäischen Mode wurden, ist nicht zufällig. Zwar stützt sich Rossis ziemlich albernes Libretto auf ein fast ebenso albernes ländliches Rührstück. Text und Vorlage bleiben überdies ganz im Rahmen der schweizerisch-savoyardisch aufgefrischten Schäferwelt des 18. Jahrhunderts, in der die rührenden und komischen Figuren wenig oder nichts mit der Bauernwelt des beginnenden Realismus in der Kunst zu tun haben: eine rousseauistisch eingefärbte Alpenschäferei. Aber das Rührstück von der zu Unrecht verdächtigten Unschuld in der Stadt (mit dem einfältigen Rollentausch von Dorf und Metropole, wobei hier die Bedrohung und der Verdacht dem Dorfmilieu zugeschrieben werden) tritt auf der Opernbühne mit dem Anspruch auf, als vollgültige, abendfüllende Opera semiseria den Bereich menschlicher Erfahrung und Empfindung in der savoyardischen Szenerie so gut auszuschreiten wie das Geschichtsfresko im heroischen Zeitkostüm. Donizetti war nicht der erste; natürlich geht auch Bellinis thematisch verwandte *Sonnambula* (1830) in der gleichen Richtung über die Idylle hinaus, ja, nach altem bukolischen Brauch ist die Verwirrung der bedürfnislosen Welt im kleinen durch die Empfindung sogar eines der ererbten Grundthemen Arkadiens. Die wahnsinnige Linda ist da die Schwester der Schlafwandlerin und der liebeskranken Nina in Paisiellos *Nina* (1789). Aber der Ehrgeiz des französisch geschulten Musikdramatikers Donizetti geht jetzt weiter: Die Rahmenakte entwerfen im Geschehen und in der Musik ein detailliertes, zeitlich ausgedehntes Panorama des Dorflebens. Die Situation aus *La Fille du régiment* (1840) wird breit ausgeführt, das Stichwort Landleben führt zu einem Genrebild mit heimkehrenden Bauern und Schäferinnen, mit Savoyarden und Heimarbeiterinnen, die eine ganz ungewohnte Offenheit der geselligen Struktur in die Dorfgeschichte bringen. Auch die Hauptfiguren werden breit expliziert, treten einander über jede Standesschranke hinweg als Individuen entgegen. Überall ist das Bemühen erkennbar, volle Charaktere im Sinn der Opernbühne in einem angemessenen Ambiente in Aktion zu zeigen. Was dabei Rossi an Plausibilität zu wünschen übrig läßt, ersetzt Donizetti durch eine unermüdliche Sorgfalt im Detail. Bewußt wird die Geschichte musikalisch doppelt erzählt: im Diminutiv der zitierten Ländlichkeit mit folkloristischen und bukolischen Zitaten in der Melodieerfindung wie in der Instrumentalbegleitung (der ganzen Einstellung nach ein vorweggenommenes Pendant zu Gounods entsprechend verfeinerter Haltung in *Philémon et Baucis,* 1860, und *Mireille,* 1864) und im großen Anspruch des menschlichen Dramas. Die Nummernstruktur ist auffälliger erhalten als in den französisch geprägten großen Opern, aber die innere Ausweitung der Arien, um von hier aus den Kontrast zu den eingeschobenen Liedern zu verstärken, die Selbstverständlichkeit des großen Ensembles, um das Heranreichen des Geschehens an die Tragik, um die lauernde Katastrophe im Hintergrund spürbar zu machen, schließlich die gespannte Aufmerksamkeit, mit der das Orchester auch während der Rezitative dem inneren Geschehen auf der Spur bleibt, machen den Spannungsbogen dieser späten Oper Donizettis aus. So kann das Werk gleichberechtigt neben die Dorfgeschichten von Josef Rank und Berthold Auerbach, Max Buchon und George Sand treten (auch in diesen ist ja die Ausweitung ins Zeitlose des Bäuerlichen, mit Brauchtum, starrer Moral und tradiertem Lied- oder Sprichwortgut, ebenso charakteristisch wie der Anspruch auf Repräsentation des Menschlichen in der Idylle), aber auch in der gründlich ausgespielten Seelendramatik dieser scheinbaren Traviata, dieser vom Weg Abgekommenen, ein bestimmendes Vorbild werden für das gesellschaftlich höher transponierte Seelendrama in Verdis *La Traviata* (1853). Fügen wir noch bei, daß gelegentliche Banalitäten der Erfindung von Donizetti vom Genre her gerechtfertigt werden, so daß das Einfältige auch im ungünstigen Fall der schwachen musikalischen Invention aufgefangen bleibt in dem Kontinuum aus überhöhter Naivität und einer sich vor der Leidenschaft bewährenden Einfalt, das die Musik von *Linda di Chamounix* über die Seichtheiten des Sujets hinwegträgt. Für die Bühne freilich bedarf es eines sehr bedachten Umgangs mit den dramatischen Gleichungen, soll der Rührstückcharakter nicht zu unfreiwilliger Komik führen.

**Wirkung:** *Linda di Chamounix* war der erste der drei großen Erfolge, die Donizetti in Wien feiern sollte. Die Premiere (mit Eugenia Tadolini als Linda, Marietta Brambilla als Pierotto, Napoleone Moriani als Carlo, Felice Varesi als Antonio, Agostino Rovere als Boisfleury) gestaltete sich zu einem Triumph für Donizetti: 17mal wurde er allein oder mit den Sängern hervorgerufen. Das Teatro Carignano Turin und das Teatro Valle Rom folgten noch im selben Jahr, ebenso das Théâtre-Italien Paris, das am 17. Nov. 1842 eine Traumbesetzung aufbot: Fanny Tacchinardi-Persiani, Brambilla, Mario, Antonio Tamburini, Luigi Lablache. Donizetti hatte für diese Aufführung Lindas Auftrittskavatine »O luce di quest'anima« nachkomponiert, für die er selbst den Text verfaßt hatte, die bis heute berühmteste Einzelnummer der Oper. Im Lauf weniger Jahre wurde *Linda* überall in Italien gespielt, 1843 in La Fenice Venedig und San Carlo Neapel (Tadolini, Gaetano Fraschini als Carlo), 1844 an der Mailänder Scala (Tadolini, Marietta Alboni, Italo Gardoni, Filippo Colini). Doch sind die Aufführungen außerhalb Italiens kaum weniger zahlreich. Am Théâtre-Italien blieb *Linda* mit nur kurzen Unterbrechungen während des ganzen 19. Jahrhunderts im Spielplan. Es gab Aufführungen in fast allen europäischen Sprachen, das Finnische und Slowenische nicht ausgenommen. Maßgeblich für den langanhaltenden Erfolg war neben der Repertoiretauglichkeit (geringe szenische und chorische Anforderungen) vor allem die Rollendistribution, die den neuen Tendenzen in der Entwicklung der Stimmfächer ungleich stärker entgegenkam als die anderer Donizetti-Opern. Problemlos konnte der Soprano leggero Lindas vom hohen Koloratursopran, der Contralto Pierottos vom Mezzosopran und der Basso cantante Antonios vom lyrischen Bariton übernommen werden; Carlo (Tenor) und Boisfleury (Baßbuffo) repräsentierten unveränderte Stimmtypen. Vor allem für die großen Koloratursoprane wurde *Linda* an den führenden Bühnen immer wieder hervorgeholt. So sang Rosina Storchio die Rolle in Mailand 1902 (Dirigent: Arturo Toscanini), in Buenos Aires am Teatro de la Opera 1904 und am Teatro Colón 1910, in Rom 1913. Die New Yorker Metropolitan Opera präsentierte das Werk 1890 für Adelina Patti, 1919 für Amelita Galli-Curci und 1934 für Lily Pons (Dirigent: Tullio Serafin), die Scala 1939 für Toti Dal Monte. Nach dem zweiten Weltkrieg gab es Inszenierungen unter anderm in Barcelona 1953 und 1977, Palermo und Neapel 1957 (Aus-

*Linda di Chamounix,* III. Akt; Regie: Mario Missiroli, Bühnenbild: Giulio Coltellacci; Scala, Mailand 1972. – Die Alpenlandschaft, eine literarisch-malerische Entdeckung des 18. Jahrhunderts, hat im 19. von ihrer Wirkung nichts verloren. Und die Art von Handlung, deren Schauplatz sie bildet, ist das Idyll vor dem Hintergrund des Schrecklichen: des Grauens, das von Lindas Wahnsinn ausgeht.

stattung: Franco Zeffirelli; Linda: Antonietta Stella), Lissabon 1963, Mailand 1972 und Genua 1975 (die letzten beiden mit Margherita Rinaldi, Alfredo Kraus und Renato Bruson). Wohl ihres Sujets wegen hat *Linda di Chamounix* es heute schwerer als andere Werke Donizettis, den Weg zurück ins Repertoire zu finden.

**Autograph:** Vlg.-Arch. Ricordi Mailand. **Abschriften:** Part: Cons. Cagliari, Bibl. Cherubini Florenz (D. III. 255-256), Bibl. Verdi Mailand (Part. Tr. ms. 106), Bibl. S. Pietro a Maiella Neapel (Donizetti Rari 13. 4. 3-5), LOC Washington; Part, dt. Übers. v. H. Proch: ÖNB Wien (O. A. 350). **Ausgaben:** Kl.A: Ricordi 1864, Nr. 35921-36; Ricordi 1869, Nr. 35932; Ricordi [um 1870], Nr. 42056, Nachdr.: Belwin Mills, Melville, NY (Kalmus Vocal Scores. 9395.); Girard, Neapel, Nr. 5591-5739; ebd., Nr. 5803; Sonzogno 1893, Nr. 729; Ricordi, Nr. 13931-55; Ricordi, Nr. 47570; Bo&Ha [um 1843]; Schonenberger, Paris [1842], Nr. 1148; Textb.: Venedig, Molinari 1842; Florenz, Galletti 1843; Neapel, Flautina 1843; Mailand, Truffi 1844; Genua, Pagano 1845; Lissabon, Borges 1845; Ricordi 1975. **Aufführungsmaterial:** Ricordi
**Literatur:** A. CAPRI, ›Linda di Chamounix‹, in: La Scala, Mailand 1952; P. RATTOLINO, Unità drammatica della ›Linda di Chamounix‹, in: Studi donizettiani 2:1972, S. 29–40; L. MIKOLETZKY, G. D. und der Kaiserhof zu Wien, in: Studien zur italienisch-deutschen Musikgeschichte, Bd. 1, Köln 1974, S. 411 (Analecta musicologica. 13.); T. G. KAUFMAN, Italian Performances in Vienna 1835–1859, in: Journal of the Donizetti Soc. 4:1980, S. 53–71; R. ANGERMÜLLER, Il periodo viennese di D., in: Atti del 1° Convegno Internazionale di Studi Donizettiani, Bd. 2, Bergamo 1983, S. 619–695; W. ASHBROOK, La struttura drammatica nella produzione musicale di D. dopo il 1838, ebd., S. 721–736; weitere Lit. s. Bd. 1, S. 739

*Norbert Miller*

# Don Pasquale
**Dramma buffo in tre atti**

**Don Pasquale**
3 Akte (5 Bilder)

**Text:** Giovanni Domenico Ruffini und Gaetano Donizetti, nach dem Libretto von Angelo Anelli zu dem Dramma giocoso *Ser Marcantonio* (Paris 1808) von Stefano Pavesi
**Uraufführung:** 3. Jan. 1843, Théâtre-Italien, Salle Ventadour, Paris
**Personen:** Don Pasquale, ein alter Junggeselle, altmodisch, geizig, leichtgläubig, eigensinnig, im Grunde ein guter Kerl (B); Doktor Malatesta, ein findiger Kopf, witzig, unternehmungslustig, Arzt und Freund Don Pasquales und bester Freund Ernestos (Bar); Ernesto, Neffe Don Pasquales, ein junger Schwärmer, glücklicher Liebhaber Norinas (T); Norina, eine junge Witwe, sprunghaftes Naturell, unfähig, Widerspruch zu ertragen, aber aufrichtig und gefühlvoll (S); ein Notar (B); stumme R: ein Haushofmeister, eine Putzmacherin, ein Friseur. **Chor:** Knechte, Diener
**Orchester:** 2 Fl (2. auch Picc), 2 Ob, 2 Klar, 2 Fg, 4 Hr, 2 Trp, 3 Pos, Pkn, Schl (gr.Tr, Bck), Streicher; BühnenM: Tamburin, 2 Git
**Aufführung:** Dauer ca. 1 Std. 45 Min.

**Entstehung:** Am 27. Sept. 1842 schloß Donizetti mit dem Théâtre-Italien einen Vertrag über eine neue Oper, ohne daß bereits konkrete Vorstellungen über das Thema bestanden hätten. Er komponierte gerade an seiner für Wien bestimmten *Regina di Cipro* (der späteren *Caterina Cornaro,* 1844), an der er zunächst noch fast einen Monat weiterarbeitete. Erst nach Mitte Okt. 1842 unterbrach er die Niederschrift seiner Opera seria wegen der Nachricht, daß Franz Lachners Oper über das gleiche Thema in Wien für dieselbe Saison vorgesehen war wie seine eigene, und wandte sich der komischen Oper für Paris zu. Bereits am 12. Nov. konnte er Antonio Vasselli schreiben: »Danach gehe ich mit einer neuen Opera buffa in die Proben, geschrieben für die Grisi, für Mario, Lablache und Tamburini, die mich mehr als zehn Tage Arbeit gekostet hat. Titel: *Don Pasquale.* Es ist der alte *Marc-Antonio* (aber sag es nicht weiter!).« Die Vorlage, der Donizetti im Handlungsgang und im Umriß der Charaktere vergleichsweise eng gefolgt war, war Anellis Libretto zu Pavesis *Marcantonio.* Es ist mit »M. A.« gezeichnet, einer Abkürzung, die William Ashbrook, vielleicht zu Recht, in »Maestro Anonimo« auflöst. Auf Anonymität jedenfalls war es dem Librettisten angekommen. Die Zuweisung des Texts an Michele Accursi, seinen ihm lange verbundenen Geschäftsfreund in Paris, ist unzutreffend. Der Text wurde vielmehr von Ruffini geschrieben, den Donizetti durch Accursi kennengelernt hatte. Die Zusammenarbeit erwies sich jedoch nach Briefzeugnissen Ruffinis als so schwierig, die drängende Hast des Komponisten und seine eigensinnige Auffassung einzelner Situationen und Charaktere als so dominierend, daß sich der Librettist schließlich weigerte, das fertige Buch, all seiner Verdienste ungeachtet, als das seinige auszugeben. In der Tat sind die Anklänge an Donizettis eigene Texte für komische Opern, besonders an *Il campanello di notte* (1836), so stark, daß man ihm einen nicht unerheblichen Anteil an der Bearbeitung zuweisen möchte.

**Handlung:** In Rom.
I. Akt, 1. Bild, Salon in Don Pasquales Haus: Der alte Junggeselle Don Pasquale hat Heiratspläne. Schon um seinem Neffen Ernesto die unerwünschte Heirat mit der ebenso armen wie jungen Witwe Norina auszutreiben, will er selbst einen Hausstand gründen. Ungeduldig erwartet er seinen Freund und Berater Doktor Malatesta, um mit ihm über seine Absichten zu sprechen. Malatesta hat zum Schein in das Vorhaben eingewilligt und weiß auch gleich eine geeignete Frau für Pasquale: Seine im Kloster aufgezogene Schwester Sofrina, schön und sanft wie ein Engel, werde dem Hagestolz sicher den Ehestand versüßen. Pasquale ist entzückt. Als unerwartet Ernesto hereinkommt, mahnt ihn Pasquale eindringlich, auf Norina zu verzichten. Sonst werde er ihn nach seiner eigenen Hochzeit enterben und aus dem Haus weisen. Ernesto ist zuerst belustigt, bis er einsehen muß, daß er um den Verzicht auf die Geliebte nicht herumkommt. Als er Pasquale vorschlägt, Malatesta vor einem solchen Entschluß um Rat zu fragen, erfährt er, daß dieser dem

Alten die eigene Schwester als Gattin angetragen habe. Verzweifelt stürzt Ernesto, da er sich vom Oheim und von seinem besten Freund verraten sieht, von dannen. 2. Bild, Zimmer in Norinas Haus: Norina liest in einem empfindsamen Roman. Seit ihrem kurzen Ehestand hat sie viel Klugheit im Umgang mit der Männerwelt hinzugewonnen. Sie sieht wach und heiter ihrer Zukunft mit Ernesto entgegen. Da reißt sie Ernestos Abschiedsbrief aus aller guten Laune. Dem eintretenden Malatesta reicht sie den Brief, in dem er als Verräter beschimpft wird. Malatesta erzählt ihr von seinem Plan, Pasquale von seinen Heiratswünschen abzubringen. Norina soll Pasquale gegenüber die Klosterschwester spielen. Sie soll mit falschen Trauzeugen und einem falschen Notar in die Ehe einwilligen, dann aber die Maske des schüchternen Lamms ablegen und den Gemahl auf alle erdenkliche Weise quälen, bis er sie um jeden Preis wieder loswerden will. Da er auch verspricht, Ernesto einzuweihen, haben beide bei einer Probe ihrer Verstellungskomödie ungetrübtes Vergnügen am bösen Spiel.

II. Akt, Salon in Pasquales Haus: Ernesto fühlt sich von aller Welt getäuscht und will in die Fremde gehen, um dort seine Tage in Armut hinzubringen. Als sein Onkel, geckenhaft aufgeputzt, hereintritt, zieht er sich zurück. Pasquale bereitet alles für die Begegnung vor. Ängstlich nähert sich, am Arm Malatestas, das Klosterkind. Der Bräutigam ist entzückt und willigt sogleich in den Heiratsvertrag ein, zu dem ein falscher Notar herbeigerufen wird. Darin verspricht Pasquale seiner Frau noch zu seinen Lebzeiten die Hälfte aller Güter und die Führung seiner Hauswirtschaft. Zu ungelegener Zeit will Ernesto sich von seinem Oheim verabschieden, erklärt sich aber, kaum daß ihn Malatesta mit wenigen Worten in den Plan eingeweiht hat, zum zweiten Ehezeugen bereit. Die Unterschrift ist noch kaum geleistet, da zeigt die Katze ihre Krallen. Zu Pasquales Entsetzen nutzt Norina die erste Meinungsverschiedenheit, um ihn vor den Gästen lächerlich zu machen. Keine seiner Bitten und Drohungen wird ernst genommen. Mit wenigen schnippischen Ausfällen reißt sie die Herrschaft an sich: Ernesto soll als ihr Gesellschafter im Haus bleiben, die Dienerschaft wird vermehrt, Pferde und Wagen, Möbel und Kleider sollen neu angeschafft werden. In dem allgemeinen Wirrwarr verspricht Malatesta dem verstörten Pasquale, mit seiner Schwester zu sprechen, während Norina und Ernesto den Alten verspotten.

III. Akt, 1. Bild, Salon in Pasquales Haus: Alles im Haus hat sich verändert. Verschwendung und Luxus sind eingekehrt, und überall auf Tischen und Bänken ist weiblicher Putz ausgestreut. Die Dienerschaft sinniert, halb belustigt, halb erschreckt, über diese Verwandlung. Zum festlichen Ausgang angekleidet, begegnet Norina Pasquale, der diese Gelegenheit zur entscheidenden Machtprobe nutzen will. Es kommt über sein Verbot, am Abend in die Oper zu gehen, zum handfesten Streit, der schließlich mit einer Ohrfeige für den konsternierten Ehemann endet. Pasquale ist vernichtet. Da findet er zum Überfluß noch ein Briefchen, das Norina hat fallen lassen, und erfährt daraus von einem Rendezvous im Garten noch in dieser Nacht. Er ruft nach Malatesta und plant mit ihm eine Falle für die ungetreue Gattin. Wenn Sofrina beim Stelldichein ertappt werde, verspricht Malatesta, sie ihm vom Hals zu schaffen. 2. Bild, Garten hinter Pasquales Haus: Ernesto bringt Norina ein Ständchen. Sie eilt zu ihm, und beide spielen den Lauschern eine zärtliche Liebesszene vor. Pasquale und Malatesta stürzen herein, finden aber nur noch Sofrina. Vergeblich sucht Pasquale sie aus dem Haus zu weisen, das durch Vertrag auch ihr gehört. Da hat Malatesta einen Einfall: Er teilt seiner Schwester mit, sie werde im Haus eine andere Frau finden, Norina als Gattin Ernestos. Lieber werde sie selbst davonlaufen, versichert Sofrina, als das Haus mit einer Rivalin zu teilen. Pasquale will Norina sogleich holen lassen. Da gibt sich diese zu erkennen. Pasquale ist zu erschöpft, um noch Rache zu nehmen. So haben die Intriganten leichtes Spiel, den alten Junggesellen zu überreden, daß er dem jungen Paar seinen Segen und die Aussicht auf eine reiche Erbschaft gibt.

**Kommentar:** Der Rückgriff auf Anellis Libretto war für Donizetti zugleich ein Rückgriff auf die ältere Tradition der Opera buffa, aus dem er eine Reihe von Konsequenzen für die Anlage von Libretto und Musik zog. Ist *Don Pasquale,* eins der wenigen Meisterwerke der komischen Oper im 19. Jahrhundert, ein Meisterwerk außerhalb der Zeit? Anellis Geschichte vom kurierten Hagestolz auf Freiersfüßen, den seine Umwelt durch eine Vorwegnahme seines Schicksals in einer grausamen Komödie aus seinen Träumen reißt, greift auf ältestes Schwank- und Novellengut zurück, aus dem schon Ludovico Ariosto, Niccolò Machiavelli und Ben Jonson für ihre Lustspiele geborgt hatten. Zugleich ist das Libretto mit seiner ingeniös-simplen Handlungsführung, bei der alle Intrigen dem Zuschauer Zug um Zug vorgeführt werden, eingepaßt in den von Carlo Goldoni geschaffenen Typus der komischen Oper, die ihre zeitlosen Fabeln an ein Ambiente von Alltäglichkeit angeschlossen hatte: überzeichnete Spielfiguren in einer standardisierten, aber zum spaßi-

*Don Pasquale,* II. Akt; Mario als Ernesto, Giulia Grisi als Norina, Antonio Tamburini als Malatesta, Luigi Lablache als Don Pasquale; Illustration; Uraufführung, Théâtre-Italien, Paris 1843.

gen Vergleich herausfordernden Komödiengegenwart. Donizetti verlegt das Geschehen nach Rom, und wenn er auch die Zeit nicht angibt, so ist doch aus dem Dialog zu entnehmen, daß keine Zeitdifferenz zur vorgestellten Realität auf der Bühne angenommen wird (anders als etwa im *Barbiere di Siviglia*, den die Komponisten, Paisiello, 1782, noch deutlicher als Rossini, 1816, zeitlich ebenso wie räumlich auf Abstand rückten). Wenige Personen: beherrschend der Hagestolz auf Freiersfüßen, die beiden Amorosi, sie mit dem Schalk und dem Spaß an der Verkleidung einer Colombine, er zwischen Schmachten, blinder Eifersucht und aus dem Augenblick geborenem Spielwitz schwankend wie Leandro in der Komödie seit jeher, dazu der ubiquitäre Doktor Malatesta, Freund und Vertrauter aller Welt, der ganz in der von ihm geführten Intrige aufgeht, halb Regisseur, halb räsonierender Kommentator des Spiels. Donizetti und Ruffini bleiben, da die Figuren jeweils andere Rollen noch ansatzweise mit übernehmen, hinter der sechsköpfigen Standardbesetzung der Opera buffa zurück. Ein klar gegliedertes, seine wechselnden Konstellationen geschickt nutzendes Kammerspiel, das in seinem behenden, von Moment zu Moment springenden Ausreizen der Situationen und Stimmungen dort anschließt, wo sich Donizetti früher von der Tradition gelöst hatte: bei der Opera buffa des späten 18. Jahrhunderts, an der sich ja auch Simon Mayr und der Rossini von *La pietra del paragone* (1812) und *Barbiere* orientiert hatten. Donizetti hatte sich im *Elisir d'amore* (1832) gleichfalls noch an die schattenlose Idyllenwelt Domenico Cimarosas und Giovanni Paisiellos gehalten, aber dazwischen doch mit andern, moderneren Möglichkeiten des musikalischen Lustspiels experimentiert, mit der scharf charakterisierenden Situationsgroteske (*Campanello; La Fille du régiment*, 1840) und mit der Opéra-comique in Frankreich. In seiner Auseinandersetzung mit der Erneuerung der Oper hatte freilich der Gedanke an die Buffa in den letzten Jahren kaum eine Rolle gespielt. Dennoch meint die Wahl des Sujets nicht einfach eine Renaissance eines verlorenen Paradieses aus Bequemlichkeit, sondern eine kalkulierte Überprüfung der Chancen für die Opera buffa unter veränderten Verhältnissen. *Don Pasquale* ist vielleicht die erste komische Oper, die ihre Eigengesetzlichkeit aus der kritischen Reflexion zur Tradition gewinnt. Von der 2. Hälfte des 19. Jahrhunderts an wird es dann ohnehin zum Gattungskriterium, daß jede neue musikalische Komödie auf gesteigerte Weiterführung gültiger Muster hin geschrieben wird. Das gilt von Wagners *Meistersingern von Nürnberg* (1868) und Goetz' *Der Widerspenstigen Zähmung* (1874) bis zu Henzes *Jungem Lord* (1965). – Wiederaufnahme wird da ganz gezielt zur gesteigerten Weiterführung: Auffallend am Libretto von *Don Pasquale*, nicht erst beginnend mit der ausführlichen Charakterisierung der Figuren im Personenverzeichnis, ist die Verwandlung der Spielfiguren in gemischte Charaktere. Auch bei Anelli war die Intrige als ein böses Spiel mit dem armen alten Tropf gekennzeichnet. Aber Täuschung und Enttäuschung, Augenblicksschmerz und Finalglück sind da für sich einstehende Größen, die keinen dauernden Zweifel zulassen: Die Lustspielseligkeit und der Wirbel der Intrige kennen, wie das Märchen, keinen moralischen Zweifel. Bei Donizetti sind die Figuren so genau ausgeführt, daß sie darüber die Unschuld der Marionette verlieren. Das rückt alle Charaktere ins Negative: Don Pasquale bleibt der düpierte Narr, dem das knappe Finale keine Genugtuung, keine Wiederherstellung seiner Würde einbringt. Norina sucht, ganz und gar ungewöhnlich in der Komödie, vor dem Geliebten und vor dem Publikum ihre Rolle bei der Täuschung Pasquales zu rechtfertigen. Am zwielichtigsten erscheint der Liebhaber Ernesto, gerade weil so viele Gründe bemüht werden, um den Charakter tenorgerecht reinzuwaschen: Er ist arm und von seinem Onkel abhängig; so ist seine Liebe zur armen Witwe Norina mit der Sicherung seiner Erbansprüche zwangsläufig gekoppelt. Aber das erklärt weder die heitere Selbstverständlichkeit, mit der er sich auf seine Ansprüche beruft, noch die Unbeherrschtheit seiner Hohn- und Zornausbrüche. Er ist unmißverständlich als junger Lebemann charakterisiert, der in seinen schwankenden Stimmungen und Launen als »Zerrissener aus Weltschmerz« posiert. Für die mechanische Komik der Farsa waren die Figuren nur von Belang im Hinblick auf den Wirbel der Intrige oder die feststehenden Affektdarstellungen. Donizetti wollte mehr, und er zwang seine Auffassung dem Librettisten förmlich auf. Ohne das Brio der Handlung zu stören, wollte er in dem gutgelaunten Durcheinander lebendige Individuen sichtbar machen. – Wenn Donizetti Ruffini und den Interpreten gegenüber immer wieder nachdrücklich darauf bestand, die Spieler sollten in einem Kostüm »alla borghese moderna« auftreten, das heißt in bürgerlicher Alltagskleidung, so drückt das den von ihm angestrebten Wandel in der Buffooper sehr deutlich aus. Er will über dem alten Gattungsgrundriß, der jederzeit sichtbar bleibt, eine Gesellschafts- und Sittenkomödie errichten, die mit einer neuen Aufmerksamkeit der szenischen Einheit und der Glaubwürdigkeit der Figuren nachgeht. Bezeichnenderweise hat an dieser Einsicht der Komponist entschiedeneren Anteil als sein Textdichter. Dieser sah, selbst nach dem Abschluß des Werks noch, die Fabel ins 18. Jahrhundert abgerückt: bezopfte Herren in Kniehosen und Schnallenschuhen, Damen in Reifröcken und Schnürbrust, kurz ein burleskes Genrebild aus der guten alten, der feudalen Zeit. Donizetti verteidigte dagegen seine Ansicht mit dem Hinweis, daß seine Musik eine solche Rückübersetzung nicht zulasse. Er beschwört wohl den Geist der alten Glanzzeit der Buffa: durch Figuren- und Situationszitate (Don Pasquale, der Notar, der gespielte Ehekontrakt usw.), durch das Wiederaufgreifen bewährter musikalischer Formen (Norinas Auftrittsarie als gezieltes Pendant zu Rosinas Arie aus dem *Barbiere,* die großen, in halsbrecherischem Parlando abschnurrenden Buffoduette, vor allem aber das Schlußrondo mit seiner aufs Einvernehmen schielenden Moral), aber zugleich strebt seine Musik nach einer genaueren, in der Karikatur noch beschreibenden Komik, nach einer Mehrschichtigkeit des musikalischen Gedankens. Er borgt gewissermaßen die Einsichten des Musikdramatikers und übersetzt sie aus dem Erhabenen in das heitere Genre. – Bewußt oder unbewußt knüpft Donizetti dabei an den Versuch an, den Lorenzo Da Ponte und Mozart mit *Le nozze di Figaro* (1786) unternommen hatten, aus Pierre Augustin Beaumarchais' zeitkritischer Komödie einen Stoff zu gewinnen, an dem sich die Spannbreite und Tiefe von Mozarts Musik erweisen konnten. Hinter dem frivolen oder zynischen Spiel zwischen Figuren, die einen Hauch von täglicher Gegenwart in die Komödie mitgenommen haben, können sich in immer neuen Brechungen die Ausdrucksfülle des Wohllauts, die innere Wahrheit der Musik noch in der Täuschung, die Menschlichkeit der Empfindung vor dem Augenblick ernüchternder Erfahrung frei entfalten. Mozart selbst hatte diesen Weg einer grundsätzlichen Erneuerung der Oper aus dem Geist der Gesellschaftskomödie mit *Così fan tutte* (1790) wieder verlassen. Die italienische Bühne hatte, Gioacchino Rossini eingeschlossen, in dieser Richtung kaum Versuche unternommen. – Donizetti operiert auch musikalisch auf zwei Ebenen, die ebenso selbstverständlich wie raffiniert gegeneinander verschoben werden: Er nimmt das Genre der Buffooper ernst, das heißt, er erfindet seine Einzelnummern souverän aus der Befolgung der vertrauten Formgesetzlichkeit. Mit einer selbst für ihn erstaunlichen übersprudelnden Erfindungsgabe reiht er eine melodische Glanznummer an die andere. Dem Kammerspielcharakter der Oper getreu, herrscht die wechselseitige Auseinandersetzung der Agierenden im Duett vor: Drei allein im I. Akt, drei im III. Akt bestimmen weithin den Gang der Ereignisse und geben, Augenblick für Augenblick, deren Reflex in den Gefühlen der Spieler wieder. Zwei davon sind die eigentlichen Kernstellen der Oper: das Probeduett zwischen Malatesta und Norina als Finale des I. Akts (»Pronta io son«) und das berühmte Zankduett zu Anfang des III. Akts (»Signorina, in tanta fretta«). Nur der II. Akt steigert sich, ganz auf die Scheintrauung und ihre überraschenden Folgen eingestellt, über das Terzett zum voll ausgeführten Quartettfinale, während das Schlußrondo, das die Führung ganz Norina überläßt, nicht viel mehr ist als ein witzig-geselliger Schlußschnörkel. Die Duette gehorchen in der Melodieführung wie in der Choreographie der Stimmen sehr streng dem gleichmäßig periodisierten Schema, ohne daß dies auf der Bühne oder beim Hören auffiele. Da wirken die Duette wie aus der Situation entsprungene Konversationen, wie spontan charakterisierende Dispute und Zwistigkeiten. Wie erklärt sich das? Ähnlich seinem Verfahren in den großen tragischen Opern seiner Spätzeit überträgt Donizetti die Führung des musikalischen Geschehens dem Orchester. Der Instrumentalsatz, dessen kommentierende Funktion er mit Blick auf das szenische Ambiente und die innere Situation der Figuren immer weiter differenziert hatte, gewährt dem turbulenten Treiben die musikalische Einheit und Ordnung. Hier ist es auch, daß Donizetti ganz unverkennbar an die alte Melodienseligkeit und an das beseelte Gleichmaß der Musik von Cimarosa und Paisiello anknüpft. Ob als weltläufiger Konversationston (wie in allen Auftritten Malatestas), ob als leidenschaftliche Kantilene: stets deutet die dem Orchester übertragene Melodiegestal-

*Don Pasquale,* II. Akt; Geraint Evans als Don Pasquale, Jonathan Summers als Malatesta, Luciana Serra als Norina, Francisco Araiza als Ernesto; Regie und Bühnenbild: Jean-Pierre Ponnelle; Covent Garden, London 1983. – Die Szene ist aus Don Pasquales Salon in den Vorraum verlegt, dessen Treppen und Winkel für eine Handlung, in der die Bewegtheit entscheidend ist, mehr Spielraum bieten. Die Charaktere und deren Konfiguration lassen sich, da die Inszenierung die Opernkonvention respektiert, aus dem Arrangement erraten: Der Betrogene steht isoliert, der Intrigant hält sich halb im Hintergrund, die Liebenden sind einander nahe.

tung auf den vollkommenen Wohllaut als das Paradies der Opera buffa voraus, das er dann die beiden Liebenden, alle Bedenklichkeiten beiseite setzend, in der Serenade und im Duett des Gartennotturnos für einen Augenblick finden läßt. Nirgends ist die Nähe zu den Neapolitanern so groß wie in den zierlich-schwärmerischen Kantilenen Ernestos mit ihren Choreinwürfen oder in den reinen Terzparallelen des traumverlorenen Zwiegesangs zwischen Norina und ihrem Liebhaber, die sich nur hier in der Oper begegnen. Das Zitat wird zur Chiffre für einen nur als Utopie noch vorstellbaren Zustand, für ein verschwundenes Paradies. Die Singstimmen sind dagegen frei aus dem Dialog heraus an den musikalischen Gedanken angeschlossen. Der Komponist nutzt die Unregelmäßigkeit des Verses, steigert sie noch durch Rhythmusstörungen, durch Vorhalte oder hektisches Beschleunigen, bis er daraus ein Instrument gewonnen hat, das die groteske Verrenkung des Gleichmaßes für die knappe, pointierte Charakterisierung der Personen zu nutzen erlaubt. Er hatte bereits früh im *Campanello* mit dieser Möglichkeit einer abbildenden Groteske experimentiert. Die Behandlung von Pasquales Part ist beispielhaft für die Chancen, die der komischen Oper aus diesem Spiel mit der Abweichung erwachsen. Die brillante Selbstverständlichkeit der Deklamationsführung (auffallendstes Merkmal von Donizettis Opern nach 1840) und eine voll entfaltete Kunst der gestischen Phrase lassen den Komponisten zu einer ganz neuen Dichte und Anschaulichkeit des Bühnengeschehens gelangen. Der Streit mit Norina, die am Ende Pasquale in fast tragischer Verstörung zurückläßt, und der vor Wut und närrischer Vorfreude auf die Rache gackernde Dialog mit Malatesta (»Cheti-Cheti immantinente«) haben in der zeitgenössischen Oper nicht ihresgleichen. Um so verwunderlicher, daß die zum Teil ziemlich langen Seccos ohne größeren Anstrengungen der Konvention treu bleiben. Sonst wäre Donizetti mit *Don Pasquale* der durchkomponierten musikalischen Komödie noch näher gekommen. – Der Chor ist nur episodisch eingesetzt. Einzig im III. Akt gewinnt die Täuschung des heiratslüsternen Junggesellen eine beschränkte Öffentlichkeit: In zwei zu Recht weltberühmten Chorensembles kommentiert die Dienerschaft den Wechsel im Hausstand. Dabei hat es Donizetti verstanden, die beiden Chöre, die für sich ohne engere Bindung an die Handlung sind, so raffiniert in sich zu dynamisieren, daß sie ihre eigene Bühnenbewegung enthalten. Das späte 19. Jahrhundert hat die Unsitte eingeführt, aus Einsparungsgründen den Chor ganz zu streichen, und manche neueren Aufführungen an kleineren Bühnen sind diesem Brauch gefolgt. Abgesehen von dem Unfug, zwei der glänzendsten Nummern wegzulassen, gerät auch die dramaturgische und musikalische Struktur der Oper dadurch aus dem Gleichgewicht: Die drei Akte sind auf Steigerung hin angelegt, mit dem großen Ensemblefinale im II. Akt und der Erweiterung um den Chor im III. Akt. Streicht man die drei Chorpassagen, so verliert der Schlußakt, ungeachtet seiner prachtvollen Einzelszenen, zuviel an Substanz, um die beiden vorausgehenden Akte noch zu übertrumpfen, zumal der eigentliche Schluß die einzige Schwachstelle des Werks bildet. In der alten Buffa genügte das Rondo, um die These des Lustspielgleichnisses zu formulieren. Im *Don Pasquale,* der ja auch eine Gesellschaftskomödie ist, brauchen die Charaktere nach den Täuschungsmanövern eigentlich eine lange Szene, die ihnen Zeit zur Peripetie und zum Einlenken läßt. Statt dessen schiebt Donizetti, ein wenig lustlos geworden, die Auflösung mit neuen Verwicklungen ins Rezitativ und in ein knappes Ensemble, aus dem sich dann zu rasch, zu glatt der Rundgesang vom Einvernehmen ablöst. Da steckt für jede Inszenierung die Fußangel.

**Wirkung:** Mit Giulia Grisi (Norina), Mario (Ernesto), Antonio Tamburini (Malatesta) und Luigi Lablache (Don Pasquale) stand Donizetti für die Uraufführung das wohl bedeutendste, den Erfolg des Werks gleichsam garantierende Sängerensemble der Zeit zur Verfügung. Und so konnte er dann auch seinem Schüler Matteo Salvi berichten, daß jeder Nummer applaudiert, er selbst mehrere Male hervorgerufen worden sei. Bereits zehn Wochen nach der Premiere wurde die Oper an der Mailänder Scala gegeben (Ottavia Malvani, Leone Corelli, Achille De Bassini, Giovanni Napoleone Rossi), im Mai am Kärntnertortheater Wien (Eugenia Tadolini, Lorenzo Salvi, Giorgio Ronconi, Agostino Rovere), im Juni in nahezu unveränderter Uraufführungsbesetzung (bis auf Luciano Fornasari als Malatesta) am Her Majesty's Theatre London, im Lauf des Jahres dann noch in Turin, Neapel und Rom. Innerhalb nur kurzer Zeit wurde *Don Pasquale* an allen größeren und kleineren Bühnen nachgespielt, und zwar nicht nur in Europa, wo das Werk häufig in Übersetzungen gegeben wurde, sondern auch in Amerika (New Orleans 1845, Buenos Aires 1851, Rio de Janeiro 1853) und Australien (Melbourne 1856). In der Uraufführungsbesetzung kam *Don Pasquale* erneut 1854 und 1855 an Covent Garden London zur Aufführung (1854 sang Ronconi den Malatesta), 1856 war Marietta Piccolomini am Her Majesty's Theatre eine gefeierte Norina, in den 60er Jahren triumphierte Adelina Patti an Covent Garden (zunächst mit Mario, dann mit Emilio Naudin als Ernesto und wechselnden Interpreten als Malatesta und Pasquale). Unter den zahlreichen Inszenierungen der folgenden Jahrzehnte, in denen nahezu alle bedeutenden Vertreter der jeweiligen Stimmfächer die vier Hauptrollen sangen, seien die von Arturo Toscanini dirigierten Aufführungen hervorgehoben, und zwar in Buenos Aires 1906 (Teatro de la Opera; Rosina Storchio, Giuseppe Anselmi, Giuseppe De Luca, Remo Ercolani) und 1912 (Teatro Colón; Lucrezia Bori, Anselmi, De Luca) sowie an der Metropolitan Opera New York 1913 (Bori, Umberto Macnez, Antonio Scotti, Antonio Pini-Corsi). Maßstäbe setzte für die folgenden Jahrzehnte die Inszenierung an der Scala von 1930, die mit Toti Dal Monte, Enzo De Muro Lomanto, Mariano Stabile und Fernando Autori eine neue Interpretengeneration vorstellte. Bei der Wiederaufnahme 1933 waren Tito Schipa, Giacomo Rimini und Ernesto Badini die Partner Dal Montes; die Reprise von 1936

Tafel 1

**Tafel 1**

*oben*
Gaetano Donizetti, *Il duca d'Alba* (1839/1882), III. Akt; Bühnenbildentwurf: Carlo Ferrario; Uraufführung, Teatro Apollo, Rom 1882. – Durch die imaginative Farb- und Formensprache Ferrarios wird der zeitübliche Historismus der Darstellung zum integralen Bestandteil eines auf die Musik bezogenen Gesamtkunstwerks.

*unten*
Gaetano Donizetti, *Don Pasquale* (1843); Bühnenbildentwurf: Attilio Colonnello; Scala, Mailand 1965. – Die variable Einheitsdekoration eines barocken Palazzo verleiht der Commedia-dell'arte-Handlung authentisches historisches Ambiente: Rom im 18. Jahrhundert.

präsentierte mit Margherita Carosio die berühmteste Norina für die folgenden Jahrzehnte. Nach dem zweiten Weltkrieg erschien *Don Pasquale* erstmals 1950 an der Scala in einer Inszenierung von Giorgio Strehler (Alda Noni/Dora Gatta, Giacinto Prandelli/Giuseppe Savio, Giuseppe Taddei, Tancredi Pasero/Fernando Corena), wiederaufgenommen 1952 in teilweise veränderter Besetzung (Mario Borriello als Malatesta, Melchiorre Luise als Pasquale). Weitere Inszenierungen brachte die Scala 1965 von Sandro Bolchi (Margherita Guglielmi, Alfredo Kraus, Sesto Bruscantini, Carlo Badioli) und 1973 von Margarethe Wallmann (Guglielmi, Kraus, Rolando Panerai, Paolo Montarsolo). Seit der in den 60er Jahren einsetzenden Donizetti-Renaissance nahm die Zahl der Aufführungen weiter zu. Allein 1965 gab es außer den genannten weitere Inszenierungen unter anderm in Bergamo (Renata Scotto, Renzo Casellato, Giulio Fioravanti, Paolo Washington), Neapel (Gianna D'Angelo, Kraus, Renato Capecchi, Corena), Rom (Scotto, Kraus, Taddei, Giorgio Tadeo), New York (Anna Moffo, Luigi Alva, Frank Guarrera, Corena) und New Orleans (D'Angelo, Cesare Valletti, Capecchi, Salvatore Baccaloni). Wenige Jahre zuvor (1962) präsentierte die Staatsoper Wien das Werk in einer Inszenierung von Paul Hager mit Graziella Sciutti, Ermanno Lorenzi, Panerai und Tadeo. Aufgrund ihrer Besetzung herausragende Einstudierungen gab es in den letzten Jahren unter anderm 1973 in London von Jean-Pierre Ponnelle, wiederaufgenommen 1979 (Ileana Cotrubas, Stuart Burrows, Jonathan Summers, Geraint Evans) und 1983 (Luciana Serra, Francisco Araiza, Summers, Evans), 1978 in New York von John Dexter (Beverly Sills, Nicolai Gedda, Håkan Hagegård, Gabriel Bacquier) und 1980 in Zürich von Grischa Asagaroff (Patricia Wise, Araiza, Philippe Huttenlocher, Günther von Kannen).

**Autograph:** Vlg.-Arch. Ricordi Mailand. **Ausgaben:** Part: Ricordi [um 1895], Nr. 98379; Ricordi, Nr. P. R. 36, Nachdr. 1971, 1980; Kl.A: Ricordi [1843], Nr. 42051; Kl.A, hrsg. T. Labarre: France musicale, Paris [um 1843]; Kl.A: Ricordi 1872, Nr. 42252-76; Cottrau, Neapel, Nr. 5868; Kl.A, frz. Übers. v. A. Royer, G. Vaëz: Bureau central de musique, Paris [um 1843], Nr. B. C. 746; Kl.A, frz.: Grus, Paris 1877, Nr. L. G. 2718; Kl.A, dt. Übers. v. H. Proch: Diabelli, Wien [1843], Nr. 7642-59; Kl.A, hrsg. P. Rattalino, dt. Übers. u. mus. Bearb. v. J. Popelka, H. Goerges: Ricordi, Nr. 131527; Kl.A, engl. Übers. v. C. L. Kenney: Bo&Ha [um 1875]; Textb.: Mailand, Truffi 1843; Genua, Pagano 1843; Lissabon, Borges 1845; Textb., ital./dt.: Bln. 1845; Textb., ital./engl. Übers. v. T. Williams: NY, Douglas 1848; London, Mallett 1850; NY, Kalmus [1980]; Textb., dt. v. O. J. Bierbaum: Stuttgart: Reclam 1974, Nr. 3848. **Aufführungsmaterial:** Ricordi; dt. Bearb. v. Bierbaum, W. Kleefeld: Lienau; dt. Übers. v. M. Koerth, C. Riha: Henschel-Vlg., Bln./DDR
**Literatur:** W. J. KLEEFELD, ›Don Pasquale‹ von G. D., Lpz. 1901; A. LAZZARI, Giovanni Ruffini: G. D. e il ›Don Pasquale‹, in: Rassegna nazionale 1915; C. B. MICCA, Giovanni Ruffini e il libretto del ›Don Pasquale‹, in: Rivista di Bergamo 10:1931; F. WALKER, The Librettist of ›Don Pasquale‹, in: MMR 88:1958, S. 219–223; P. BERRI, Il librettista del ›Don Pasquale‹: leggende, ingiustizie, plagi, in: La Scala 1959, Nr. 110; H. LIEBSCH, Eine Oper – zwei Texte. Textkrit. Bemerkungen zu D.s ›Don Pasquale‹, in: M u. Ges. 13:1963; P. RATTALINO, Il processo compositivo nel ›Don Pasquale‹ di D., in: NRMI 1:1970, S. 51–68, 2:1970, S. 263–280; J. ALLITT, ›Don Pasquale‹, in: Journal of the Donizetti Soc. 2:1975, S. 189–198; weitere Lit. s. Bd. 1, S. 739

*Norbert Miller*

## Maria di Rohan
**Melodramma tragico in tre atti**

**Marie de Rohan**
3 Akte

**Text:** Salvatore Cammarano, nach dem Drama *Un Duel sous le cardinal de Richelieu* (1832) von Lockroy (eigtl. Joseph Philippe Simon) und Edmond Badon
**Uraufführung:** 1. Fassung: 5. Juni 1843, Kärntnertortheater, Wien; 2. Fassung: 14. Nov. 1843, Théâtre-Italien, Salle Ventadour, Paris
**Personen:** Riccardo, Graf von Chalais (T); Enrico, Herzog von Chevreuse (Bar); Maria/Marie, Gräfin von Rohan (S); Armando di Gondì (T); Visconte di Suze (B); De Fiesque (B); Aubry, Sekretär des Grafen von Chalais (T); ein Diener (B); ein Türsteher (stumme R). **Chor:** Kavaliere, Damen, Pagen, Wachen, Dienerschaft des Herzogs von Chevreuse
**Orchester:** Picc, 2 Fl, 2 Ob (2. auch E.H), 2 Klar, 2 Fg, 4 Hr, 3 Trp, 3 Pos, Cimbasso, Ophikleide, Pkn, gr.Tr, Streicher
**Aufführung:** Dauer ca. 2 Std. 15 Min. – In der 2. Fassung ist die Rolle des Armando di Gondì für einen Contralto umgeschrieben.

**Entstehung:** Vier Tage nach dem Erfolg von *Don Pasquale* am Théâtre-Italien, am 7. Jan. 1843, reiste Donizetti nach Wien zurück, um dort seine neue Oper vorzubereiten. Schwer an Grippe erkrankt, teilte er am 30. Jan. Antonio Vasselli mit: »Für Wien schreibe ich *Ein Duell unter Richelieu* (ein französisches Drama), für Neapel einen *Ruy Blas,* der aber an anderm Ort spielen soll; für Paris ein flämisches Sujet für die Opéra-Comique. Für die Opéra selbst, wenn man mich statt Meyerbeer einlädt, werde ich ein portugiesisches Thema in fünf Akten behandeln. Und das alles im laufenden Jahr.« Von diesen Plänen wurden nur zwei realisiert: *Maria di Rohan* für Wien und *Dom Sébastien* (1843) für Paris, während das flämische Thema fallengelassen und *Ruy Blas* gegen *Caterina Cornaro* (1844) vertauscht wurde. Bereits am 14. Febr. teilte Donizetti Antonio Dolci den Abschluß seiner tragischen Oper *Maria di Rohan* mit. Auch wenn man davon ausgehen darf, daß Teile der Oper schon in Paris komponiert waren (das Sujet hatte ihn schon 1837 gereizt, als er Lockroys *Duel,* das auch Vincenzo Bellinis Aufmerksamkeit erregt hatte, für seine neue, nach Venedig versprochene Oper nutzen wollte), bestätigte Donizetti den Ruf der sprichwörtlichen Schnelligkeit im Komponieren: Kaum mehr als eine Woche muß ihm nach seiner Genesung genügt haben, um die Partitur abzuschließen. Die Proben begannen im Mai, während Donizetti die Arbeit an seiner vor Jahresfrist unterbrochenen *Caterina Cornaro* zu Ende führte. Die Premiere (in den Hauptrollen Eugenia Tadolini als Maria, Carlo Guasco als Riccardo, Michele Novaro als Gondì, Giorgio Ronconi als Enrico) brachte ihm den vielleicht größten Triumph seiner Laufbahn.

**Handlung:** In Paris, um 1640, während der Regierungszeit König Ludwigs XIII.

I. Akt, ebenerdiger Saal im Louvre: In den Wirren der Fronde hat vorübergehend Kardinal Richelieu seinen Einfluß verloren. Maria di Rohan ist heimlich in zweiter Ehe mit Enrico, dem Herzog von Chevreuse, vermählt. Sie kommt zum Grafen von Chalais, Riccardo, einem Günstling des Königs, mit dem sie früher zarte Bande geknüpft hatte, um ihn um seine Fürsprache beim König zu ersuchen. Der edle und gutmütige Haudegen liebt Maria noch immer, ahnt aber von ihrer Verbindung zu Enrico nichts. So verspricht er ihr jede Hilfe in der gefährlichen Situation: Enrico hat in einem Zweikampf den Neffen Richelieus getötet, ihm droht die Todesstrafe. Riccardo gelingt es, für Enrico den königlichen Pardon zu erwirken. Damit macht er sich ihn zum Freund. Als Chevalier Armando di Gondì anzügliche Bemerkungen über Maria macht, fordert ihn Riccardo zum Duell. Enrico besteht darauf, den Freund als Sekundant auf den Kampfplatz zu begleiten. Als dann aber Enrico die Gelegenheit nutzt, um seine von Richelieu geforderte heimliche Vermählung mit Maria bekanntzumachen, steht Riccardo wie vernichtet vor der Enthüllung. Doch auch Maria muß sich voller Unruhe gestehen, daß sie noch immer ihre Leidenschaft für Riccardo nicht überwunden hat. In diesem Schreckensaugenblick meldet der Visconte di Suze Riccardos Ernennung zum ersten Minister des Königs.

II. Akt, Zimmer in Riccardos Palais: In trüber Vorahnung schreibt Riccardo einen Abschiedsbrief an Maria. Gondì kommt und erbittet einen Aufschub des Duells um eine Runde, da er von einer Freundin seiner Kinderzeit Abschied nehmen will. In bitterer, vom eigenen Schicksal getragener Ironie willigt Riccardo ein. Da naht in einer Maske Maria und beschwört ihn zu fliehen; denn Richelieu habe die Macht wieder an sich gerissen und trachte seinem Gegner nach dem Leben. Als auch Enrico eintritt, um Riccardo zum Duell abzuholen, verbirgt sie sich hinter dem Vorhang zur Waffenkammer. Da Riccardo mit dem Fortgehen zögert, eilt Enrico zum Kampfplatz voraus. Die Liebenden fallen sich in die Arme und gestehen sich ihre Leidenschaft, trennen sich jedoch mit dem Entschluß, sich nicht wiederzusehen.

III. Akt, Enricos Haus: Riccardo ist zu spät gekommen. An seiner Stelle hat Enrico das Duell ausgefochten und ist dabei verwundet worden. Zurückkehrend hat Riccardo erfahren, daß sein Abschiedsbrief den Feinden in die Hände gefallen ist. Er weiß Maria verloren und beschwört sie, ihm mit dem Schlag der nächsten Stunde zu folgen. Wenn es ihm nicht gelinge, sie zu retten, wolle er mit ihr sterben. Seinem zurückkehrenden Freund dankt er für die Stellvertretung. Richelieu ist es inzwischen gelungen, Riccardo beim König in ein falsches Licht zu setzen. Vor seinen Häschern hilft ihm Enrico zur Flucht. Während sich Maria vor der Verzweiflung und der drohenden Bloßstellung ins Gebet flüchtet, erfährt Enrico durch den Brief von dem scheinbaren Verrat seiner Gemahlin und seines Freunds. Er will sich, selbst verzweifelt, an Maria rächen. Da schlägt die nächste Stunde. Aus Marias Unruhe erahnt Enrico die Wahrheit und findet Riccardo im Geheimgang. Enrico stellt ihn zur Rede und zwingt ihn nach seinem Geständnis zum tödlichen Pistolenduell. Maria soll leben bleiben und durch die Ehe mit ihm über Jahrzehnte die Qual der Reue fühlen.

**Kommentar:** Wie in *Parisina* (1833) und *Roberto Devereux* (1837) hat Donizetti auch in seiner letzten Opera seria die äußere Intrigenhandlung der Vorlage bis zur Unverständlichkeit auf ein Seelendrama zwischen Maria und den beiden in sie verliebten Freunden reduziert. Der Hintergrund der Auseinandersetzung mit der Fronde, das an Alexandre Dumas d. Ä. anschließende Degen- und Intrigenstück, ist fast aus dem Drama verschwunden. Dazu paßt, daß der Schlußakt in seinen frei herausgearbeiteten Szenen sich ganz auf die drei Protagonisten beschränkt und das offene Schlußterzett auf unvergleichliche Weise die Struktur der Finalarie der Primadonna dramaturgisch neu deutet. Wie alle Wiener Opern ist auch dies Werk stärker als die Pariser Arbeiten auf die Nummernordnung hin angelegt, allerdings wiederum mit einer gründlicheren Überfeilung der Rezitative. Am auffallendsten im I. Akt, der die drei Hauptfiguren und den zur Episodenfigur zusammengestrichenen Intriganten Armando di Gondì mit je einer eigenen Auftrittsarie versieht, ohne daß deren Aufeinanderfolge wenigstens durch Ensemblesätze unterbrochen würde. Auch die Duette, in denen sich fast ausschließlich die Konfrontation der Leidenschaften im Drama vollzieht, sind überraschend konventionell und selbstverständlich in ihrer drei- oder zweigliedrigen Abfolge. Cammarano hat sich weit weniger Mühe gemacht, die einzelnen Zäsuren in der musikalischen Form dramatisch zu begründen, als selbst er, einer der unbekümmertsten Librettisten des 19. Jahrhunderts, dies gewöhnlich für nötig gehalten hat. Das große Finalduett des II. Akts (aus einer vollständigen Ruhelage des Geschehens hervorgegangen, so sehr zeitloser Augenblick der Empfindung wie das verwandte, wenn nicht sogar davon abhängige Duett Riccardo/Amelia in Verdis *Un ballo in maschera* (1859), unterscheidet seine Teilabschnitte nur nach dem inneren Wechsel der Stimmung. Donizetti hat gewissermaßen die Verinnerlichung des Geschehens durch eine Verinnerlichung der musikalischen Tradition erreicht. Er ist weniger bemüht um dramatische Kohärenz als in andern Stücken, die gleichzeitige *Caterina Cornaro* nicht ausgenommen. Er bedient sich des naheliegenden Typus, sei es Duett oder Arie, und nimmt das vorgefundene Material bei seinem unmittelbaren Ausdruckswert. So läßt er das kurze Abschiedsduett, das zu Beginn des III. Akts Ton und Besetzung des 2. Finales wiederaufnimmt, ganz von der Terzenseligkeit des Liebesduetts im III. Akt von *Don Pasquale* erstrahlen, um durch das Zitat der Buffoform des Duetts den melancholischen Charakter dieses Abschieds schroffer noch herauszuarbeiten. Überhaupt ist die fast mühelose Meisterschaft der Stimmführung, ist die strömende Beredsamkeit der Melodie nirgends in seinem Werk so gleichmäßig wie hier. Donizetti selbst hielt *Maria di Rohan* für eins seiner bedeutendsten Werke, wenn nicht für sein Hauptwerk.

**Wirkung:** »Zu meinem größten Leidwesen muß ich Dir die Mitteilung machen«, schrieb Donizetti am Tag nach der von ihm selbst dirigierten Premiere an Vasselli, »daß ich gestern abend, den 5. Juni, meine *Maria di Rohan* gegeben habe mit der Tadolini, mit Ronconi und Guasco. All ihr vereinigtes Talent war nicht genug, mich zu retten aus einem Meer – von Applaus. Herausrufe bei jedem Akt. Alles in allem, ein komplettes Fiasko, wunderbar! Alles glückte, alles, wirklich alles [...] Die ganze kaiserliche Familie kam eigens in die Stadt und blieb bis zum Ende der Oper, um – zu pfeifen. Und morgen wirst Du erfahren, wie es diesen Abend gehen wird. Was für eine Sinfonia, sor Toto! Bergamus et non plus ultra!« Donizetti sah sich mit Beifall und Ehrenbezeigungen überschüttet. Als er im Juli 1843, deprimiert von den ersten Anzeichen seiner Krankheit, nach Paris zurückkehrte, konnte er sich als Komponist auf dem Gipfel seines Ansehens und am Beginn einer neuen Ära seiner musikalischen Meisterschaft fühlen. Für die Pariser Aufführung hatte er seine Oper noch einmal überarbeitet, hatte die Partie des Armando, die ursprünglich für einen zweiten Tenor komponiert war, auf den Contralto von Marietta Brambilla umgeschrieben. Erst von dieser 2. Fassung sagte der sonst bescheidene und selbstkritische Komponist: »un chef-d'œuvre du premier ordre«. Auch die Pariser Aufführung, bei der Giulia Grisi, Lorenzo Salvi und Ronconi die Hauptpartien sangen, war ein triumphaler Erfolg beim Publikum wie bei der Kritik. Zehn Jahre lang gehörte die Oper zu den meistgespielten Werken des Komponisten innerhalb und außerhalb Italiens. Herausragende Besetzungen boten vor allem Covent Garden London 1847 (Giovannina Ronconi, Marietta Alboni, Salvi, Ronconi), 1852 (Jeanne Anaïs Castellan, Enrico Tamberlik, Ronconi) und 1853 (Joséphine Médori, Constance Nantier-Didiée, Tamberlik, Ronconi) sowie Petersburg 1851 (Médori, Tamberlik, Ronconi). Nach 1850 erschien *Maria di Rohan* nur noch selten auf den Spielplänen. Wenn sie niemals ganz in Vergessenheit geriet, so ist das fast ausschließlich das Verdienst des Baritons Mattia Battistini, der den Enrico zu einer seiner Lieblingsrollen erkoren hatte. Während seiner langen, bis ins 20. Jahrhundert reichenden Karriere trat er immer wieder in dieser Oper auf, so unter anderm in Rom 1885 und 1912, in Petersburg 1899 (mit Enrico Caruso), Barcelona 1906, Parma und Wien 1910 sowie in einer einzelnen Aufführung an der Pariser Opéra 1917. Die erste Wiederaufführung in neuerer Zeit fand 1957 im Teatro Donizetti Bergamo statt. Unter der musikalischen Leitung von Ettore Gracis sangen Roma Sitran Just, Nicola Tagger und Anselmo Colzani. Griff man in Bergamo auf die 1. Fassung zurück, so orientierten sich die nachfolgenden Inszenierungen durchweg an der 2. Fassung mit Contraltobesetzung des Armando. Die Aufführung am Teatro San Carlo Neapel 1962 (Virginia Zeani, Anna Maria Rota, Enzo Tei und Mario Zanasi) unter der Leitung von Fernando Previtali machte den außerordentlichen Rang des Werks spontan deutlich. Weitere Inszenierungen gab es in Lissabon 1968 (Renata Scotto, Rota, Giorgio Merighi, Vicente Sardinero; Dirigent: Oliviero De Fabritiis), Mailand 1969 (Maria Luisa Cioni, Rota, Ottavio Garaventa, Gian Giacomo Guelfi; Dirigent: Mario Gusella) und Venedig 1974 (Scotto, Elena Zilio, Umberto Grilli, Renato

*Maria di Rohan*, II. Akt; Ottavio Garaventa als Riccardo; Regie: Pierluigi Samaritani, Bühnenbild: Nicola Benois; Scala, Mailand 1969. – Nach den Turbulenzen der Exposition ist ein Anfang des II. Akts, in dem sich eine lastende Stille ausbreitet – Riccardo hat eben seinen Abschiedsbrief an Maria geschrieben – geradezu ein szenischer Topos.

Bruson; Dirigent: Gianandrea Gavazzeni). Bis heute hat *Maria di Rohan* im internationalen Repertoire eine ihrem Rang entsprechende Bedeutung noch nicht wieder gefunden.

**Autograph:** Vlg.-Arch. Ricordi Mailand. **Abschriften:** Part: ÖNB Wien (O. A. 201). **Ausgaben:** Kl.A: Jouard, Paris [1849], Nr. 145; Ricordi [1843], o.Nr.; Kl.A, frz.: Bureau central de musique, Paris [um 1845]; Kl.A v. C. Czerny, ital./dt. Übers. v. J. Kupelwieser: Wien 1843, Nachdr.: Belwin Mills, Melville, NY (Kalmus Vocal Scores. 9570.); Kl.A: Ricordi [um 1875], Nr. 42052, Nachdr. 1893; Ricordi, Nr. 14901-17; Girard, Neapel; Textb.: Wien, Ullrich 1843; Parma, Ricordi 1844; Mailand, Ricordi 1844; Genua, Pagano 1845; Ricordi 1974; Textb., ital./engl.: London. **Aufführungsmaterial:** Ricordi
**Literatur:** N. GALLINI, Inediti Donizettiana, in: RMI 55:1953, S. 257 ff.; G. BARBLAN, Maria di Rohan, in: Journal of the Donizetti Soc. 2:1975, S. 15–33; R. ANGERMÜLLER, Il periodo viennese di D., in: Atti del 1° Convegno Internazionale di Studi Donizettiani, Bd. 2, Bergamo 1983, S. 619–695; W. ASHBROOK, La struttura drammatica nella produzione musicale di D. dopo il 1838, ebd., S. 721–736; weitere Lit. s. Bd. 1, S. 739

*Norbert Miller*

## Dom Sébastien, roi de Portugal
Opéra en cinq actes

### Don Sebastian, König von Portugal
5 Akte (8 Bilder)

**Text:** Augustin Eugène Scribe, nach der Tragödie *Don Sébastien de Portugal* (1838) von Paul Henri Foucher
**Uraufführung:** 1. Fassung: 13. Nov. 1843, Opéra, Salle de la rue Le Peletier, Paris; 2. Fassung in deutscher Übersetzung von Leo Herz als *Dom Sebastian*: 6. Febr. 1845, Kärntnertortheater, Wien
**Personen:** Dom Sébastien/Sebastian, König von Portugal (T); Dom Antonio, sein Onkel, Regent in Abwesenheit des Königs (T); Dom Juam de Sylva, Großinquisitor und oberster Ratgeber des Königs (B); Dom Luis, Abgesandter Spaniens (T); Camoëns/Camões, Soldat und Dichter (Bar); Ben-Selim, Gouverneur von Fes (B); Abayaldos, Führer des arabischen Stamms, Verlobter Zaydas (Bar); Zayda, Tochter Ben-Selims (Mez); Dom Enrico Sandoval, Statthalter Sébastiens (T); ein Soldat (Bar); 1. und 2. Richter (T, Bar).
**Chor:** portugiesische Soldaten und Matrosen, Richter des Inquisitionsgerichtshofs, Zaydas Freundinnen, Granden und Damen des portugiesischen Hofs, arabische Soldaten und Damen, Männer und Frauen aus dem Volk. **Ballett**
**Orchester:** 2 Fl (2. auch Picc), 2 Ob (auch E.H), 2 Klar, 2 BassettHr in B, 2 MetallKlar, 2 Fg, 4 Hr, 2 Pistons (auch Trp), 2 Trp, 3 Pos, Ophikleide, Pkn, Schl (gr.Tr, Bck, Tr, kl.Tr, Tamtam, Trg, Glocken in c' u. e'), Hrf, Streicher; BühnenM auf d. Szene: 3 Trp, kl.Tr; hinter d. Szene: 2 Fg, 2 Hr, 2 Trp, 2 Tr, Glocken in c' u. e', Hrf
**Aufführung:** Dauer der 1. Fassung (unter Wiederherstellung von Teilen der für die Aufführung kurzfristig gestrichenen Passagen) ca. 2 Std. 45 Min., der 2. Fassung ca. 2 Std. 15 Min.

**Entstehung:** Die Entstehungsgeschichte von Donizettis letzter Oper ist die Geschichte seiner seelischen und geistigen Zerrüttung. Daß sich die Entstehung so lange hinzog, hat später zu der fast ungeprüften Überzeugung geführt, der Komponist habe nicht mehr die uneingeschränkte Verfügung über seine Einbildungskraft besessen. Die Oper dokumentiere das Nachlassen der Spannkraft und bleibe weit hinter früheren Werken zurück. Ende 1842, als er zu seiner zweiten Spielzeit nach Wien ging, wußte Donizetti bereits, daß er für die Pariser Opéra eine fünfaktige Oper nach einem Text von Scribe schreiben sollte. Am 30. Jan. 1843 erwähnt er in einem Brief erstmals das portugiesische Sujet. Mit der Komposition begann er unmittelbar nach dem Eintreffen des I. Akts von Scribe. Ende Mai waren die ersten beiden Akte in der Skizze abgeschlossen. Dann erzwang die Arbeit an *Maria di Rohan* (1843) und an der für Neapel komponierten *Caterina Cornaro* (abgeschlossen Anfang Juni 1843) eine Unterbrechung. Die Wiederaufnahme der Komposition stand im Schatten der Probleme, die der Text für den Operndramatiker Donizetti aufwarf. Als er nach einer qualvollen Reise am 20. Juli in Paris ankam, war die Komposition im wesentlichen abgeschlossen. Aber noch am 18. Sept. (die Proben hatten Mitte Aug. 1843 begonnen) hatte der Komponist erst vier Akte instrumentiert und schrieb weiterhin an Einschüben für den V. Akt. Anfangs schien bei den Proben alles zügig voranzugehen. Doch mußte die Oper immer wieder neu, oft unter demütigenden Umständen, umgearbeitet werden. Das betraf nicht nur zahllose Einzelheiten, sondern auch größere dramatische und musikalische Zusammenhänge, wobei besonders die Rolle der Zayda bis zuletzt in ihrer dramaturgischen Stellung schwankend blieb. Das Zusammenwirken mit Scribe war schwierig, die Auseinandersetzungen mit Rosine Stoltz, der Zayda der Uraufführung, brachten Donizetti mehrfach an den Rand der Beherrschung. Noch in letzter Minute wurden Umstellungen und Einschübe erforderlich. So ersetzte Luís de Camões' »Ô Lisbonne, ô ma patrie« die ursprüngliche, in der Handschrift erhaltene Romanze. Auch das Finale des I. Akts wurde zusammengestrichen, da Zayda zuerst bis zum Ende auf der Bühne bleiben sollte. Trotz aller Notbehelfe, die ihm abgezwungen wurden, hielt Donizetti *Dom Sébastien* für eine seiner bedeutendsten Schöpfungen.
**Handlung:** In Lissabon und Fes, um 1578.
I. Akt, offener Platz am Hafen von Lissabon, außerhalb des Palasts: Die Truppen des jungen portugiesischen Königs Dom Sébastien sind bereit, sich zum Kriegszug gegen den König von Marokko einzuschiffen, den ihr König zur Erweiterung der portugiesischen Macht anstrebt. Dom Antonio und der Großinquisitor Dom Juan de Sylva erwarten aus unterschiedlichen Motiven den bevorstehenden Feldzug mit Spannung. Antonio will die Krone für sich, der Großinquisitor erstrebt die Vereinigung Portugals und

Spaniens unter der Herrschaft König Philipps II. Der König wird Zeuge, wie sein Oheim und der Großinquisitor einem Veteranen den Zugang zu ihm verwehren: Es ist Camoëns, der Dichter des portugiesischen Nationalepos, der sich mit dem jungen Helden auf seiner Fahrt nach Afrika anschließen will. Zugleich bittet er Sébastien um Fürsprache für die schöne Zayda, eine junge Muselmanin, die für ihr Entweichen aus einem Kloster mit dem Feuertod bestraft werden soll. Von Portugiesen gefangen, hat sie eine Zeitlang, nach ihrer Taufe, im Palast gedient und sich in Sébastien verliebt. Im Konvent hatte sie Trost gesucht. Zayda fleht um Erbarmen: Das Heimweh nach ihrem Vaterland habe sie aus dem Kloster getrieben. Von ihrer Schönheit und ihrem Schicksal bewegt, ordnet Sébastien ihre Freilassung an. Auch sie wird ihn wie Camoëns über das Meer begleiten. Der Dichter weissagt verschlüsselt das Scheitern der Expedition, die unter dem Fluch des Großinquisitors und unter getrübten Siegeserwartungen ins Abenteuer aufbricht.
II. Akt, 1. Bild, Palast des Königs von Marokko: Zayda ist, wie von Sébastien versprochen, ins Haus ihres Vaters nach Fes zurückgekehrt und soll nun den Feldherrn Abayaldos heiraten. Zayda liebt jedoch Sébastien und trauert über ihr Los, während ihr Vater und ihr Bräutigam sie vergebens aufzumuntern trachten. Um als Sieger heimzukehren und sie als Preis für seine Tapferkeit zu gewinnen, zieht Abayaldos in die Schlacht gegen das christliche Belagerungsheer.
2. Bild, die Wüste nahe dem Schlachtfeld: Die Moslems haben das portugiesische Heer vernichtet. Um seinen schwerverwundeten König zu retten, gibt sich Sandoval den Häschern Abayaldos' als Sébastien aus und wird erschlagen. Während die siegreichen Krieger triumphierend von dannen eilen, erscheint Zayda und findet Sébastien. Sie gestehen sich ihre Liebe, und als Ben-Selim mit den Kriegern zurückkehrt, um die noch lebenden Christen zu töten, erbittet sich Zayda das Leben des verwundeten Offiziers. Abayaldos verspricht ihr die Begnadigung, wenn sie in eine Heirat mit ihm einwilligen. Zögernd schickt sie sich darein und überläßt Sébastien der Verzweiflung.
III. Akt, 1. Bild, Zimmer im königlichen Palast von Lissabon: Abayaldos ist nach Portugal gekommen, um mit Dom Antonio die Friedensbedingungen auszuhandeln. Er hat Zayda gezwungen, ihn wie eine Sklavin zu begleiten. In Lissabon will er ihren unbekannten Geliebten aufspüren und sich an ihm rächen.
2. Bild, Hauptplatz in Lissabon: Camoëns ist verwundet aus Marokko entkommen. Von einem Soldaten gewarnt, daß Antonio, der neue König, alle Teilnehmer des Feldzugs einkerkern lasse, um so die Erinnerung an Sébastien auszulöschen, beschließt er, als Bettler in den Elendsvierteln unterzutauchen. In einem andern Verwundeten erkennt er den zurückgekehrten König, der ihn sogleich um Vorsicht und Geduld bittet. Nur die Soldaten könnten ihm jetzt wieder zu seinem Recht verhelfen. Als eine feierliche Prozession den Sarg des angeblich gefallenen Königs vorbeiträgt, kann sich Camoëns nicht mehr zurückhalten. Um ihn vor dem Zugriff der Inquisition zu retten, gibt sich Sébastien als König zu erkennen. Abayaldos gewahrt in Sébastien den von ihm begnadigten Krieger und den Geliebten Zaydas. Um ihn zu vernichten, versichert er feierlich, den König selbst getötet zu haben. Als Betrüger wird Sébastien von Dom Juam gefangengenommen. Die Inquisition soll ihm den Hochverratsprozeß machen.

IV. Akt, Halle des Inquisitionstribunals: Unter den Wachen ist bei der Verhandlung auch Abayaldos, der sich durch Bestechung Einlaß verschafft hat. Er folgt aufmerksam dem Prozeß, bei dem Sébastien jede Anerkennung des Gerichts von sich weist und Juam heftig angreift. Eine Zeugin meldet sich, um seine Identität zu beschwören. Es ist Zayda, in der jedoch Juam die einst von Sébastien begnadigte Sünderin erkennt. Beide werden zum Tode verurteilt. Auch Abayaldos, der seine Verkleidung abwirft und Zayda als Ehebrecherin anklagt, stimmt der Verurteilung zu.

V. Akt, 1. Bild, Saal im königlichen Palast: Um der Machtübernahme den Schein der Legitimität zu geben, soll Sébastien offiziell zugunsten Philipps auf seinen Thron verzichten. Dafür will Juam ihm und Zayda das Leben schenken. Zayda soll ihren Geliebten zu diesem Schritt überreden. Bei seinem Eintreten verwirft Sébastien eine Begnadigung, die Portugal an Spanien ausliefern würde. Erst als er die Schergen bemerkt, die Zaydas Hinrichtung vorbereiten, unterschreibt er heimlich das Dokument. Von draußen hört man Camoëns, der mit einer Gruppe von Bürgern das Paar zu retten versucht. 2. Bild, auf den Wällen des Schlosses: Mit einem Seil sind Zayda und Sébastien geflohen. Während Camoëns das letzte Ende des Wegs vorausklettert, lassen Antonio und Juam das Paar von Soldaten erschießen. Der Großinquisitor zeigt auf die Urkunde mit Sébastiens Thronverzicht zugunsten Philipps II. von Spanien.

**Kommentar:** Mit seinem letzten Bühnenwerk suchte Donizetti, die Pariser und Wiener Erfahrungen der

*Dom Sébastien, roi de Portugal*, II. Akt, 2. Bild; Gilbert Duprez als Dom Sébastien, Rosine Stoltz als Zayda; Uraufführung, Opéra, Paris 1843. – Zayda, die dem verwundeten Sébastien ihre Liebe gesteht – im Hintergrund die Leiche Sandovals, der sich für Sébastien geopfert hat –, scheint eher die Auswegslosigkeit der Situation als die Passioniertheit ihres Gefühls auszudrücken.

letzten Jahre nutzend, nach einer neuen, gültigen Synthese zwischen italienischer Seria und französischer großer Oper im Geschmack und nach dem Anspruch Giacomo Meyerbeers, mit dem der Komponist hier zuerst direkt wetteiferte. Die Farbenpracht von Scribes historisch-exotischem Spektakel zog ihn an, der Wechsel der Tonlagen zwischen gesteigertem menschlichen Affekt und öffentlicher Repräsentation, zwischen portugiesisch-spanischem Zelotentum und morgenländischer Üppigkeit kam seinen Vorstellungen deutlich entgegen. Die romantische Legende von Sebastian, dem jungen König von Portugal, der vergeblich um sein Erbe ringt, eingewirkt in ein buntes Geschichtsgemälde, zu dessen Ausstaffierung der Dichter Camōens und Philipp II. von Spanien, morgenländische Gesandtschaften und die Scheiterhaufen der Inquisition herangezogen wurden, mußte Donizetti als Summe und Gipfelpunkt aller heroisch-großen Opern vorkommen. Erst während der Arbeit traten die gewohnten, hier aber besonders kraß ausgeprägten Schwächen von Scribes Librettokunst zutage: die Vernachlässigung einer zwingenden Handlungsführung zugunsten glänzender Tableaueffekte, die bis ins Groteske vorgetriebene Übersteigerung aller Empfindungen, der Verzicht auf jede sorgfältige Motivierung der jähen Stimmungsumschwünge. Zayda und Camoëns sollten zum Beispiel ursprünglich mit Dom Sébastien am Ende des III. Akts verhaftet werden. Zayda erscheint aber einen Akt später als Zeugin vor dem Inquisitionsgericht, und Camoëns organisiert im V. Akt die Befreiung des Königs. Die sorgfältige Ausarbeitung des Überraschungsaugenblicks im ursprünglichen Finale des III. Akts (das Concertato »D'espoir et de terreur« als Hauptensemble des heutigen IV. Akts), auf der auch musikalisch die Wirkung des Finales beruhte, wurde von Scribe bedenkenlos in den folgenden Akt verschoben. Da Donizetti mit geschärfter Aufmerksamkeit für den Ausdruckswert jedes einzelnen Worts komponierte, war er mehrfach über seinen Librettisten unglücklicher als über die leichter korrigierbaren Marotten seiner Primadonna. Mit einigen Notlösungen (vor allem der Reduktion des Finalensembles im IV. Akt zu einer bloßen Stretta) war Donizetti unzufrieden und versuchte, den Schaden vor der Wiener Aufführung durch Umstellungen und Zusätze zu beheben. Aber ohne Zweifel steht die Ungleichmäßigkeit der dramatischen Durcharbeitung einer spontanen Wirkung der Oper ebenso im Weg wie die von dorther erzwungene Zerrissenheit mancher zentraler Szenen in Donizettis Musik. Dafür dürfen weite Teile der Partitur, vor allem der I. und II. Akt, aber auch die Begegnung zwischen Sébastien und Camoëns im III. Akt und der Schlußakt, zu den wirkungssichersten Leistungen des Komponisten für die Opernbühne rechnen. Er hält hier die mit *La Favorite* (1840) und *Maria di Rohan* erreichte Höhe einer fast selbstverständlichen musikalischen Eingebung, während er zugleich dem Gegeneinander von ritualisierten Massenszenen und differenzierten Einzelauftritten neue und mächtige Wirkungen abgewinnt. Erst Verdis *Don Carlos* (1867) hat nach Anspruch und Gestaltungsdichte die Höhepunkte von Donizettis letzter Oper für Paris übertroffen, und dies in konsequenter Fortentwicklung des gleichen Wegs. Die reiche melodische Erfindung (herausragend die Romanze Sébastiens im II. Akt, vor allem aber die

*Dom Sébastien, roi de Portugal*; Franz Wild als Abayaldos, Joseph Erl als Dom Sébastien, Josef Draxler als Dom Juam de Sylva, Eduard Leithner als Camoëns; Illustration: Andreas Geiger; Uraufführung der 2. Fassung, Kärntnertortheater, Wien 1845.

Partie des Camoëns), die gedrungene Wucht und Plausibilität der bewegten Tableaus (Sébastiens Aufbruch nach Marokko im I. Akt, Inquisitionstribunal im IV. Akt) und die sorgfältige Abschattierung des Orchesters, das wiederum gewichtige, beinah erzählerische Funktion für das heroische Geschichtspanorama übernimmt, werden in ihrer Theaterwirksamkeit deutlich beeinträchtigt durch das Wegfallen aller weiblichen Hauptpartien bis auf Zayda. Da Librettist und Komponist so vor der doppelten Schwierigkeit standen, Zayda möglichst in jede Ensembleszene einzuführen und ihre Figur dramaturgisch befriedigend zu rechtfertigen, wirken manche Hauptszenen des Werks von den Stimmen her nicht ausgewogen. Die Wiederherstellung einiger Vorfassungen aus Donizettis Autograph (etwa im Finale des I. Akts) könnte hier Abhilfe schaffen. Überhaupt setzt jede Neuaufnahme in den Spielplan eine gründliche Textrevision voraus.

**Wirkung:** Neben Stoltz sangen in der Premiere Gilbert Duprez (Dom Sébastien), Paul Barroilhet (Camoëns), Nicolas Prosper Levasseur (Dom Juam) und Eugène Massol (Abayaldos). Donizetti war über die zurückhaltende Aufnahme, die *Dom Sébastian, roi de Portugal* beim Publikum und bei der Kritik gefunden hatte, sehr verstört. Aufgebracht über den Direktor Léon Pillet und die von ihm protegierte Primadonna, ärgerlich über seinen Librettisten, der ihn bei seinem ehrgeizigen Streben nach einem Meisterwerk nicht genügend unterstützt hatte, konnte sich Donizetti diesmal schwerer als sonst von einer Premiere erholen, die nur er selbst als ein Fiasko interpretierte. Nach schleppendem Zustrom des Publikums zu Beginn blieb die Oper 32 Aufführungen lang im Repertoire, ohne freilich an die großen Bühnentriumphe Meyerbeers, Aubers, Halévys oder auch Donizettis selbst anknüpfen zu können. Für seine Spielzeit in Wien 1844/45 schrieb der Komponist die Oper so stark um, daß von einer eigenen Fassung gesprochen werden kann. Zaydas Part im Finale des I. Akts wurde wiederhergestellt, die Begräbnisszene im III. Akt wurde umgeschrieben, das Finale dieses Akts, bei dem in Paris auf Scribes Wunsch das langsame Concertato gestrichen und in den IV. Akt verlegt worden war, wurde durch eine Einlage für Juam, ein Tempo di mezzo zwischen den beiden Teilen der Cabaletta, ausgeglichen. Die Umarbeitung stand allerdings unter keinem guten Stern, da Donizetti seine Musik dem ihm unverständlichen deutschen Text von Herz anpassen mußte und zugleich auf die vorgegebene Zeitbegrenzung Rücksicht zu nehmen hatte. So ist die 2. Fassung, obwohl in Teilen ein deutlicher Fortschritt gegenüber der 1., nicht uneingeschränkt als die letztgültige Redaktion der Oper anzusehen. Donizetti dirigierte selbst die ersten drei Aufführungen, in den Hauptrollen sangen Clara Heinefetter, Joseph Erl, Eduard Leithner, Josef Draxler und Franz Wild. Der Erfolg war außerordentlich. Beinah jeder Nummer wurde applaudiert, viele mußten wiederholt werden, das Septett im III. Akt sogar dreimal. Die Oper blieb viele Jahre auf dem Spielplan. Sie wurde bis 1882 über 150mal aufgeführt. Die deutsche Fassung wurde unter anderm in Budapest, Prag, Dresden und Hamburg häufig gespielt. Eine italienische Version, zuerst bearbeitet von Donizettis Schüler Emanuele Muzio (mit unglücklicher Plazierung der für Wien eingeschobenen Partie des Juam im Finale des III. Akts), kam 1845 in Lissabon heraus und wurde vor allem im portugiesischen Sprachraum häufig gegeben, während sich die 1. Fassung, zeitlich enger in ihrer Wirkung begrenzt, auf die französische Provinz und Belgien beschränkte. Vereinzelte Wiederaufnahmen von *Dom Sébastien* gab es nach der Jahrhundertwende (Rom 1911, mit Mattia Battistini als Camoëns). Die erste szenische Neuaufführung fand, unter der Leitung von Carlo Maria Giulini, 1955 in Florenz statt (mit Fedora Barbieri, Gianni Poggi, Enzo Mascherini, Giulio Neri und Dino Dondi), allerdings in einer teilweise einschneidend verkürzten Bearbeitung, die alten Vorurteilen über Donizettis nachlassende Erfindungskraft und die Kurzatmigkeit seiner letzten Kompositionen recht zu geben scheint. Eine sorgfältig vorbereitete Wiederaufführung bleibt eine vordringliche Aufgabe des Opernhauses.

**Autograph:** 1. Fassung (unvollst.): BN Musique Paris; andere Materialien verstreut, bes. in: Bibl. de l'Opéra Paris. **Ausgaben:** 1. Fassung: Part (z. T. vom Autograph abweichend): Bureau central de Musique, Paris [um 1843], Nachdr., hrsg. P. Gossett: Garland, NY, London 1980 (Early Romantic Opera. 29.); Kl.A: Bureau central de Musique, Paris [um 1843], Nr. 503; Textb.: Paris, Tresse 1843; Textb., ital.: Ricordi 1844; 2. Fassung: Kl.A, ital. Übers. v. G. Ruffini/dt. Übers. v. L. Herz: Mechetti, Wien [1844], Nr. 3901-25; Kl.A, ital. Übers. v. G. Ruffini: Ricordi, [später auch:] Escudier, Paris [um 1865], Nr. 2138, 1807; Kl.A: Ricordi, Nachdr.: Belwin Mills, Melville, NY (Kalmus Vocal Scores. 9580.); Textb., ital. Übers. v. C. Perini: Lissabon, Rocha 1844; Neapel, Flautina 1856; Ricordi 1978. **Aufführungsmaterial:** Ricordi
**Literatur:** L. PALIANTI, Mise en scène de ›Dom Sébastien‹, Paris 1843; B. BECHERINI, Il ›Don Sebastiano‹ di D. al XVIII maggio musicale fiorentino, in: RBM 9:1955; G. BARBLAN, Caracteristicas corais do ›D. Sebastiano‹ de D., in: Estudos italianos en Portugal 23:1964; P. GOSSETT, Introduction, in: [Part, s. Ausg.]; W. ASHBROOK, La struttura drammatica nella produzione musicale di D. dopo 1838, in: Atti del 1° Convegno Internazionale di Studi Donizettiani, Bd. 2, Bergamo 1983, S. 721–736; L. BALK, [Diss. über D.s Opern für Paris; in Vorb.]; weitere Lit. s. Bd. 1, S. 739

*Norbert Miller*

# Caterina Cornaro
**Tragedia lirica in un prologo e due atti**

### Caterina Cornaro
Prolog, 2 Akte

**Text:** Giacomo Sacchero, nach dem Libretto von Jules Henri Vernoy Marquis de Saint-Georges zu der Oper *La Reine de Chypre* (Paris 1841) von Fromental Halévy
**Uraufführung:** 1. Fassung: 18. Jan. 1844, Teatro San Carlo, Neapel; 2. Fassung: 2. Febr. 1845, Teatro Regio, Parma (hier behandelt)

## Donizetti: Caterina Cornaro (1844)

**Personen:** Caterina Cornaro (S); Gerardo (T); Lusignano/Lusignan (Bar); Andrea Cornaro (B); Mocenigo (B); Strozzi (B); Matilde (S); ein Edelmann (T). **Chor:** Hochzeitsgäste, venezianische Sbirren, Volk von Zypern, Verschwörer auf venezianischer Seite, Soldaten des Königs von Zypern
**Orchester:** 2 Fl (2. auch Picc), 2 Ob, 2 Klar, 2 Fg, 4 Hr, 2 Trp, 3 Pos, Pkn, Schl (gr.Tr, Trg, Tamtam), Hrf, Streicher; BühnenM (nicht differenziert)
**Aufführung:** Dauer ca. 2 Std.

**Entstehung:** Der größte Teil von *Caterina Cornaro* entstand zwischen Mai und Nov. 1842. Donizetti hatte die Oper, zu der ihm Sacchero einen landläufigen, vor allem im Schlußakt unergiebigen Text geschrieben hat, für das Kärntnertortheater Wien bestimmt. Er mußte den Plan aufgeben, als ihm der Intendant der Wiener Oper, Carlo Balocchini, mitteilte, der Komponist Franz Lachner führe im selben Winter eine Oper über das gleiche Sujet aus. Donizetti unterbrach die Arbeit, an deren Stelle er in dieser unbegreiflich arbeitsamen Epoche seines Lebens *Maria di Rohan* (1843) setzte. Die Partitur von *Caterina Cornaro* blieb vorerst liegen, während Donizetti die Genugtuung erhielt, daß Lachners Werk nach nur fünf Aufführungen vom Spielplan abgesetzt wurde. »Ich hatte bis auf einen Chor den ganzen ersten Akt und von der ersten Szene des zweiten die entscheidenden Partien komponiert, nämlich ein Duett und ein Quartett. Nun höre ich aus Wien, daß sie statt dessen Lachners Oper über den gleichen Gegenstand geben. Ich verliere noch den Verstand [...] Meine arme *Regina di Cipro*. Ich hatte so viel Mühe darauf verwendet und war mit ihr recht zufrieden. Vielleicht kann man sie an die Scala geben, wenn Merelli sie will«, schrieb Donizetti am 8. Nov. 1842 an seinen Verleger Giovanni Ricordi. Statt dessen hatte er sie, da ihn das Teatro San Carlo nicht aus seinem Vertrag entließ, für Neapel fertig zu schreiben. Am 9. März 1843 spätestens war er wieder an der Arbeit und erbat sich von Sacchero Textänderungen für den II. Akt. In fliegender Hast schrieb der Komponist seine Oper zu Ende, während er in Wien *Don Pasquale* (1843) für die dortige Erstaufführung am 14. Mai und *Maria di Rohan* für die Premiere am 5. Juli 1843 vorbereitete. Ende Mai schickte er die Partitur nach Neapel. Mit Hilfe eines Gesundheitszeugnisses konnte er sich wenigstens der Verpflichtung entziehen, das Werk selbst einzustudieren und bei der Uraufführung dirigieren zu müssen. Dafür verfolgte ihn die Sorge um das Schicksal seiner Oper nach Paris. Die Premiere war die letzte zu Lebzeiten des Komponisten. Das Publikum nahm das Werk nicht an. Nach sechs Aufführungen wurde die Oper abgesetzt. Um sein Werk vor dem Vergessen zu retten, überarbeitete Donizetti, der mit seinen übrigen Werken dieser Zeit die spektakulärsten Erfolge errungen hatte, *Caterina Cornaro* für eine Aufführung in Parma. Dort erschien sie in ihrer endgültigen Gestalt auf der Bühne.
**Handlung:** In Venedig und Nikosia, 1472.
Prolog, 1. Bild, Saal im Palazzo Cornaro in Venedig: Die Gäste haben sich versammelt, um die Hochzeit zwischen Caterina, der Tochter des einflußreichen venezianischen Patriziers Andrea Cornaro, und dem jungen französischen Edelmann Gerardo zu feiern. Als der Hochzeitszug sich zur Kirche in Bewegung setzen will, tritt ein maskierter Fremder an Andrea heran und gibt ihm Anweisung, die Feierlichkeiten sofort abzubrechen. Er bleibt mit Andrea für einen Augenblick allein zurück und gibt sich als Mocenigo zu erkennen, Mitglied des herrschenden Rats der Zehn. Der Rat habe beschlossen, um Zypern enger an die Republik Venedig zu binden, Caterina mit Lusignano, dem regierenden König der Insel, zu vermählen. Andrea ist tief verstört, wagt sich aber den Wünschen der Republik nicht zu widersetzen. Ohne sich näher zu erklären, teilt er dem jungen Paar und den verwirrt und zornig aufbegehrenden Gästen mit, daß die Hochzeit nicht stattfinden könne. 2. Bild, Zimmer Caterinas, im Hintergrund ein Ausgang, der ein Geheimkabinett versperrt: Caterina lauscht den Gesängen der Gondolieri auf dem Kanal, deren Melancholie ihre Aufregung und Unruhe unterstreicht. Ihre Zofe Matilda bringt ihr Nachricht von Gerardo, der sie heimlich entführen will. Andrea zerstört die aufkeimenden Hoffnungen. Er erklärt seiner Tochter die Gründe seines Entschlusses. Mocenigo in seiner Begleitung warnt sie vor einem Fluchtversuch, über dessen Möglichkeit der Rat der Zehn bereits Nachrichten habe. Nur durch ihre Heirat mit Lusignano kann sie verhindern, daß Gerardo von gedungenen Mördern umgebracht wird. Zum Beweis öffnet er ein Geheimgemach, in dem seine Helfershelfer auf ihr Signal warten. Als Gerardo sie abzuholen kommt, weicht sie seinem Drängen aus. Noch einmal läßt sie sich jedoch von seiner Leidenschaft mitreißen. Da öffnet Mocenigo ein zweites Mal die Tür. In Verzweiflung stößt sie die Lüge hervor, sie ziehe die königliche Heirat dem Bund mit ihm vor. Gerardo verflucht sie und flieht.
I. Akt, 1. Bild, Platz in Nikosia vor dem Palast König Lusignanos: Mocenigo ist zum venezianischen Botschafter in Nikosia ernannt worden. Er sieht die Stadt bereits mit den Augen des späteren Machthabers. Sein Vertrauter Strozzi berichtet ihm, man habe Gerardo in der Stadt entdeckt. Beunruhigt trifft Mocenigo Maßnahmen, ihn vom Palast fernzuhalten. Sie entfernen sich in dem Augenblick, als Lusignano mit einem Vertrauten aus dem Palast heraustritt. Er weiß um das venezianische Komplott und bedauert Caterina, die er vergebens liebt, daß sie das Opfer einer politischen Intrige geworden ist. Eine Bande von Strozzi instruierter Mörder sucht nach Gerardo. Lusignano selbst, der gewöhnliche Kleider trägt, kommt dem Bedrängten zu Hilfe und rettet ihn vor dem Tod. Als Gerardo erfährt, daß sein Rivale Lusignano ihm das Leben gerettet hat, wendet er sich in aufflammendem Zorn gegen ihn. Lusignano aber klärt ihn auf, wie Caterina zum Opfer des Rats der Zehn geworden ist. Beide schwören sich Freundestreue. 2. Bild, Zimmer im königlichen Palast: Zu Caterina, die in trübe Gedanken versunken ist und deren Gefolge vergeblich versucht, sie aufzuheitern, tritt der König, um ihr einen

Besucher anzukündigen, der von weit her über See gekommen ist. Strozzi läßt den Fremden ein. Er erkennt in ihm sogleich Gerardo und eilt, Mocenigo zu verständigen. Caterina und Gerardo haben sich inzwischen gefunden, nur um ihren Verzicht für immer zu beschwören. Gerardo war an dem unseligen Tag aus Venedig geflohen und hatte sich in Rhodos den Johanniterrittern angeschlossen. Sie erklärt ihm den Zwang, unter dem sie sein Leben mit der Zustimmung zur fremden Heirat erkauft habe. Beide lieben einander noch immer, müssen sich aber für immer trennen. Als Gerardo sie warnt, daß Lusignanos Leben durch Mocenigo bedroht sei, tritt dieser ins Zimmer und beschuldigt Caterina des Ehebruchs. Sein Anschlag mißlingt, da Lusignano selbst Zeuge des Gesprächs war und jetzt Mocenigo verhaften läßt. Als dieser seine aussichtslose Lage erkennt, stürzt er an den Balkon und gibt mit einem Tuch das Zeichen zum Aufstand. Zu spät stürzen sich Gerardo und Lusignano auf ihn; zu spät wird er von den Wachen abgeführt.

II. Akt, Halle im königlichen Palast von Nikosia: Das Geräusch des Kampfs dringt in den Palast. Gerardo sammelt Soldaten für die entscheidende Auseinandersetzung. Die Damen des Hofstaats verfolgen aufgeregt vom Fenster aus den Gang der Schlacht. Caterina gesellt sich zu ihnen, kniet nieder und betet um den Sieg für Lusignano. Wie zum Zeichen der Erhörung dringt in diesem Augenblick der Siegesruf der Zyprioten herein. Mocenigos Rebellion ist gescheitert. Nur einen Augenblick währt die Freude. Dann wird Lusignano, tödlich verwundet, hereingetragen. Sterbend fordert er die Zyprioten auf, Caterina als Königin anzuerkennen. Caterina bricht unter dem Schmerz zusammen, aber nur um sich dann stolz ihrer neuen Aufgabe zuzuwenden. Sie verkündet ihren Untertanen den Sieg über Venedig.

**Kommentar:** Die Geschichte Caterina Cornaros, die nach dem frühzeitigen, aber aus natürlichen Ursachen erfolgten Tod ihres Gatten Jakob II. Zypern regierte, bevor 1489 Venedig die Herrschaft über die Insel übernahm, hat Dramatiker und Opernkomponisten des 19. Jahrhunderts magisch angezogen. Der spätere Glanz über dieser Renaissanceherrscherin, die im Schloß von Asolo in Venetien zwischen 1489 und 1510 das Leben einer großen Kunstförderin führte, mag der Zeit ihrer Herrschaft auf Zypern zusätzliches Interesse verliehen haben. Halévy, Lachner (*Catharina Cornaro*, 1841), Balfe (*The Daughter of St Mark*, 1844), Pacini (*La regina di Cipro*, 1846) haben das gleiche Sujet vertont. Donizetti nahm das grob auf Theatereffekte zugeschnittene Libretto mit der halben Achtlosigkeit ernst, die er auch *Maria Padilla* (1841) und *Maria di Rohan* entgegengebracht hatte. Seiner Meisterschaft in der Charakterisierung von Figuren, Empfindungen und Situationen sicher, war er überzeugt, fast aus jedem italienischen Text ein gültiges Musikdrama schaffen zu können. Auch als er von Sacchero Korrekturen im II. Akt verlangt, begnügt er sich (anders als bei den für Paris komponierten französischen Opern) mit ein paar Ergänzungen, um die ärgsten Lücken auszufüllen, vor allem das abrupte Ende, das beide Protagonisten kaum berücksichtigt. In mancher Hinsicht ist Donizetti nirgends so weit zu neuen Ufern vorgestoßen wie bei diesem in sich uneinheitlichen, nicht wirklich abgeschlossenen Werk. Wie in *Maria di Rohan* verwandelt er, den Text entlang, die dort nur skizzierten Konflikte, frei von Augenblick zu Augenblick weitergehend, in einen musikalischen Vorgang, der Außen- und Innengeschehen fast ohne Rücksicht auf die Gattungskonvention aufeinander bezieht. Nahezu alle musikalischen Formen sind so ungewöhnlich gehandhabt, daß sie weniger gegen ein Muster zu verstoßen scheinen als vielmehr sich nur ungezwungen zum leichteren Verständnis an Vorgaben anlehnen. Das gilt für Arien wie für Duette, für die unregelmäßige Behandlung der melodischen Phrasen wie für die ungewöhnlichen Orchesterfarben. Schon das knappe Vorspiel, in dem zuerst die Barkarole des 2. Bilds des Prologs aufklingt, endet seinen Aufschwung in einem harschen neapolitanischen Sextakkord, bei dem die Hörner auf der kleinen Sekund sich

*Caterina Cornaro*; Renato Bruson als Lusignano; Teatro San Carlo, Neapel 1972. – Bruson, neben Piero Cappuccilli der führende Baritonbelcantist heutiger Zeit, war maßgeblich an der erfolgreichen Renaissance des Donizetti-Repertoires beteiligt.

gegen die Melodielinie reiben: ein Beispiel für den exzessiven Gebrauch, den Donizetti hier mit gewagten, oft schwer nachzuvollziehenden Modulationen und mit chromatischen Passagen im Orchester macht. Mit ihrer Hilfe befreit er den musikalischen Vorgang mindestens auf kürzeren Strecken ganz aus der Abhängigkeit der Melodie. So ist es nicht von ungefähr, daß der in sich dramatisch gesteigerte Chor der Mörder im I. Akt und die vor Unruhe fliegende Schlachtschilderung im Frauenchor des II. Akts zu den herausragenden Stellen der Partitur gehören. Die Schwäche des Werks liegt in dem zu jäh abfallenden Finale. Bis dahin sind die Hauptfiguren szenisch glänzend entfaltet, ist das Geschehen musikalisch, auch in der Unwahrscheinlichkeit der Intrige, schwungvoll vorangetrieben. Besonders der freie Wechsel zwischen dem »a parte« der Arien und den bewegten Bildern aus der venezianischen Geschichte stellt Prolog und I. Akt neben die bedeutendsten Schöpfungen aus Donizettis Spätzeit. Die Schlußarie Caterinas, in die nur als Episode Lusignanos Tod (samt Gerardos Abschied) eingeschoben ist, erweist sich zwar als eindrucksvolles Beispiel dieses Finaltypus, bleibt aber als Summe des Dramas unbefriedigend. Für Parma hat sich Donizetti hier eine zweite Version einfallen lassen: Gerardo fällt im Kampf und taucht im Finale nicht auf. Dafür werden Lusignanos Tod, Caterinas Schmerz und ihre Wendung zu den Zyprioten überzeugender zu einer Einheit zusammengefaßt. Über die Verlagerung des Akzents zu Caterina, bei der die beiden Hauptfiguren der vorausliegenden Szenen fast spurlos beseitigt sind, und über das lustlos kurze Ende hilft allerdings auch die 2. Fassung nicht wirklich hinweg.
**Wirkung:** Nach der erfolglosen neapolitanischen Einstudierung (Caterina: Fanny Goldberg, Gerardo: Gaetano Fraschini, Lusignano: Filippo Coletti) und der trotz exzellenter Besetzung ebenfalls weitgehend resonanzlosen Aufführung der 2. Fassung in Parma (mit Marianna Barbieri-Nini, Nikolai Iwanow und Felice Varesi) verschwand das Werk von der Bühne. Erst 1972 wurde es in einer Revision von Rubino Profeta, der alle Materialien sorgfältig auswertete, aber gerade Kühnheiten der Stimmenführung und Instrumentierung auf Durchsichtigkeit hin retuschierte, am Teatro San Carlo Neapel in einer ausgezeichneten Besetzung (Caterina: Leyla Gencer, Gerardo: Giacomo Aragall, Lusignano: Renato Bruson; Dirigent: Carlo Felice Cillario) wiederaufgeführt. 1972 gab es eine konzertante Aufführung in London mit Montserrat Caballé. Vereinzelte spätere Aufführungen (konzertant in New York und Paris 1973, szenisch in Barcelona 1973 und Nizza 1974) stützten sich auf dieselbe Bearbeitung.

**Autograph:** Bibl. S. Pietro a Maiella Neapel (Rari 4.1.2).
**Abschriften:** Bibl. S. Pietro a Maiella Neapel (Rari 13. 2. 4).
**Ausgaben:** Kl.A: Ricordi [1845], Nr. 17127-45, Nachdr.: Egret House, London 1974; Kl.A: Richault, Paris; Textb.: Neapel, Flautina 1844; Ricordi
**Literatur:** N. GALLINI, Inediti donizettiani: ultima scena dell'opera ›Caterina Cornaro‹, in: RMI 55:1953, S. 257–275; weitere Lit. s. Bd. 1, S. 739

*Norbert Miller*

# Albert Franz Doppler

Auch Ferenc Doppler; geboren am 16. Oktober 1821 in Lemberg (Ukraine), gestorben am 27. Juli 1883 in Baden (bei Wien)

## Ilka vagy A huszártoborzó
Eredeti vig opera három felvonásban

## Ilka oder Die Husarenwerbung
Originale komische Oper in 3 Aufzügen

**Text:** Johann Janotyckh von Adlerstein
**Uraufführung:** 29. Dez. 1849, Nationaltheater, Pest (heute Budapest)
**Personen:** Lázár Podagrási, Gutsherr (B); János Bátor, Husarenfeldwebel (Bar); Ilka, eine Waise (S); Gyula, Verwalter von Podagrásis Landgut (T); Miska, Landwirt (B); Zita, Zigeunerin (Mez); ein Unteroffizier (B). **Chor:** Husaren, Rekruten, Bauernburschen, Mädchen
**Orchester:** Picc, Fl, 2 Ob, 2 Klar, 4 Hr, 2 Fg, 2 Trp, 3 Pos, Ophikleide, Pkn, Schl (kl.Tr, gr.Tr, Trg, Bck), Hrf, Streicher; BühnenM: Streicher (Zigeunerkapelle)
**Aufführung:** Dauer ca. 2 Std. 15 Min.

**Handlung:** In Ungarn, 1813, kurz vor der Völkerschlacht.
I. Akt, freier Platz in einer Kleinstadt: Husaren, Jünglinge und Mädchen unterhalten sich und tanzen. János Bátor, Husarenfeldwebel und Sänger des Regiments, stimmt auf Bitten der Gesellschaft ein Lied an; es handelt von der Gefährdung des Vaterlands und appelliert an die nationale Einheit. Gyula, der junge Gutsverwalter, hat Kummer. Er ist in Ilka, die Pflegetochter seines Gutsherrn und Stiefvaters Podagrási, verliebt, aber weil dieser es herausbekommen hat und ihn davongejagt hat, will er jetzt unter die Soldaten gehen. Die Zigeunerin Zita müht sich vergeblich, ihn umzustimmen; am nächsten Tag gesellt er sich zu den einrückenden Rekruten. Miska ist von Podagrási auf die Suche nach Ilka geschickt worden; am Hauptplatz trifft er Gyula und erzählt ihm von der Flucht des Mädchens. Ein Korporal erscheint und läßt mit Prunk seine Rekrutenwerbung vonstatten gehen.
II. Akt, Dorfstube: Ilka klagt über ihre hoffnungslose Lage; sie hält sich vor Podagrási verborgen, der sie mit Zudringlichkeit verfolgt und ihren Geliebten verjagt hat. Gyula und János finden das Mädchen. Doch das Glück ist nicht von langer Dauer: János macht Gyula darauf aufmerksam, daß er sich beim Militär verpflichtet habe und morgen zur Schlacht aufbrechen müsse. Ilka versucht, János zur Nachsicht zu bewegen, und erzählt ihm deshalb ihre traurige Geschichte. Sie sei als Waisenkind aufgewachsen; von ihrem Vater, der noch irgendwo lebe, bewahre sie eine Kette und einen Ring. Als sie diese Stücke vorzeigt, erkennt János in ihr seine Tochter, die er verloren glaubte.
III. Akt, 1. Bild, Bauernstube: Ilka läßt sich von der Zigeunerin wahrsagen: Freude und Glück stehen be-

*Ilka vagy A huszártoborzó*; Emma Saxlehner als Zita; Nationaltheater, Pest 1869. – Die Sängerin war über zwei Jahrzehnte – zunächst am ungarischen Nationaltheater, dann am Königlichen Ungarischen Opernhaus – die führende Altistin.

vor. 2. Bild, Wirtshaus an der Landstraße: Podagrási und Miska treffen sich. Miska meldet seinem Gutsherrn, daß Gyula Husar geworden sei und Ilka ihn als Marketenderin begleite. Podagrási schwört Rache. Es kommen Bauern, Weiber, Rekruten, Ilka, Zita, Gyula und János. Podagrási will Ilka zwingen, auf sein Landgut zurückzukehren. Da deckt János auf, daß er Ilkas Vater ist und Podagrási über ihr Schicksal nicht zu bestimmen habe. Daraufhin bekundet der Gutsherr seine Absicht, das Mädchen zu heiraten. Indessen gibt Zita eine romantische Geschichte zum besten: Vor 14 Jahren sei eine Frau nach einer langen Reise gestorben, zwei Kinder habe sie zurückgelassen: Gyula und Ilka. Podagrási freut sich schon, daß die Geliebten in Wirklichkeit Geschwister sind, da enthüllt János ein neues Geheimnis: Gyula sei nicht das eigene Kind der Frau gewesen, sie habe sich bloß des verleugneten Sohns von Podagrási angenommen, der nun also seinen eigenen Sohn verfolge. Seine Missetat aber habe er sogar durch Verrat gekrönt: Die Husaren hätten einen von ihm geschriebenen Brief an den Feind abgefangen. Vor Schreck überläßt Podagrási Gyula Hab und Gut und willigt in dessen Heirat mit Ilka ein.

**Kommentar:** *Ilka vagy A huszártoborzó* stammt aus einer der trübsten Perioden der ungarischen Geschichte, der Zeit nach der Niederlage im Freiheitskrieg von 1848/49. Es waren aber auch jene Jahre, als Erkel nach *Hunyadi László* (1844) bis 1861 mit keinem selbständigen Bühnenstück mehr vor das Publikum trat. Dopplers *Ilka* folgte einem unverkennbar politischen Konzept: In den Jahren der österreichischen Herrschaft implizierten die patriotische Rahmenhandlung und eine zuweilen dezidiert »ungarische« Musik eine Manifestation des Nationalbewußtseins. Musikalisch nährt sich das Werk aus zwei Hauptquellen. Die eine ist der von Rossini und Donizetti ererbte Melodien- und Formenschatz der Opera buffa, die andere ist, in wirkungsvollem Kontrast zu dieser Tradition, die Stilsphäre des nationalen Genrebilds. So wurden etwa der herrschende ungarische Nationaltanz der Epoche, der instrumentale Verbunkos (Werbungstanz), und das volkstümliche ungarische Kunstlied zum tragenden Moment ganzer Szenen; am Schluß des Duetts Ilka/Zita im III. Akt ertönt allerdings auch die polnische Mazurka.

**Wirkung:** *Ilka vagy A huszártoborzó* war außerordentlich erfolgreich und blieb für Jahrzehnte im Repertoire. Nachdem Erkels *Bánk bán* (1861) erschienen war, griff die offizielle ungarische Musikkritik Dopplers Oper zwar des öfteren an (sie wurde eine mit ungarischen Kostümen getarnte italienische Oper genannt), trotzdem erfreute sie sich aber beim Publikum unveränderter Beliebtheit. In deutscher Sprache wurde *Ilka* in Prag 1857, Hannover 1858 und Wien 1867 gespielt. Das denkwürdigste Datum in der Theaterlaufbahn dieses Werks war der 19. Febr. 1867, als *Ilka* im Pester Nationaltheater zur Feier der ungarischen Verfassung aufgeführt wurde. Im letzten Jahrzehnt des 19. Jahrhunderts befand auch die Budapester Oper das Stück einer Reprise für würdig (29. Dez. 1892). Bis 1900 wurde *Ilka* noch 21mal mit Erfolg präsentiert.

**Autograph:** Verbleib unbekannt. **Abschriften:** Országos Széchényi Könyvtára Budapest, Liszt Ferenc Zeneművészeti Föiskola Könyvtára Budapest. **Ausgaben:** Kl.A: Rózsavölgyi, Pest; Textb.: Pest, Herz 1849, 1861
**Literatur:** K. ISOZ, F. D., 1821–1883, in: A Zene, 1.10.1933, S. 7–11; E. SEBESTYÉN, Magyar operajátszás Budapesten 1793–1937, Budapest 1937, S. 58–60

*Katalin Szerző*

# Heinrich Dorn

**Heinrich Ludwig Egmont Dorn; geboren am 14. November 1800 in Königsberg (Pr), gestorben am 10. Januar 1892 in Berlin**

### Die Nibelungen
#### Große Oper in fünf Akten

**Text:** Eduard Gerber, nach der Tragödie *Der Nibelungen-Hort* (1828) von Ernst Benjamin Salomo Raupach
**Uraufführung:** 22. Jan. 1854, Hoftheater, Weimar
**Personen:** Brunhild, Königin von Isenland (Mez); Tyro, Küstenwächter auf Isenland (B); ein Herold der Königin (T); Günther, König der Burgunden

(T); Chriemhild, dessen Schwester (S); Hagen von Tronegge (B); Marschall Dankwart (Bar); Volker von Alzei (T); Siegfried, Thronerbe von Niederland (Bar); Etzel, König der Hunnen (B); ein hunnischer Krieger (T). **Chor:** isenländische Krieger, Mägde, Schildjungfrauen, burgundische Fürsten, Edeldamen, Ritter, Edelknappen, Matrosen, hunnische Krieger, Mädchen, Frauen. **Ballett**
**Orchester:** Picc, 2 Fl, 2 Ob, 3 Klar, 2 Fg, 4 Hr, 3 Trp, 3 Pos, B.Tb, 3 Pkn, Schl (Tr, Bck, Trg, Tamtam), Hrf, Streicher; BühnenM auf d. Szene: 2 Hr, 4 Trp
**Aufführung:** Dauer ca. 3 Std. 30 Min.

**Entstehung:** Dorn beschäftigte sich seit 1844 mit dem Nibelungenstoff. Der Ästhetiker Friedrich Theodor von Vischer forderte im selben Jahr eine heroische Oper, die zugleich politisches Drama sein sollte, und legte ein Szenarium vor, das exakt dem Nibelungenlied folgt. Ausgehend von Vischer, begeisterte sich die politische Schriftstellerin und Frauenrechtlerin Luise Otto-Peters für eine solche Oper, die als Kunstwerk und Nationaldrama den Nibelungenstoff unter zeitgenössischen, deutschnationalen Aspekten darstellen sollte, und schrieb ein eigenes Libretto, das 1846 Nils Gade vertonen wollte. Der Schauspieler Gerber verfaßte in Zusammenarbeit mit dem Komponisten 1846 ein Textbuch, das Ende 1852 vorlag. Sie stützten sich hauptsächlich auf Raupachs erfolgreiche Tragödie, die auch Friedrich Hebbel zu seinem deutschen Trauerspiel *Die Nibelungen* (1861) anregte. Die Uraufführung von Dorns Oper setzte Franz Liszt durch.
**Handlung:** In Isenland, Worms und Ungarn.
I. Akt, Küste von Isenland: Mit dem Tarnhelm gibt sich Siegfried König Günthers Gestalt und besiegt Königin Brunhild. Dafür erhält er Chriemhilds Hand. Brunhild verliebt sich in Günther.
II. Akt, Rosengarten vor Worms, zwei Jahre später: Chriemhild und Brunhild streiten über das Ansehen ihrer Männer. Brunhild erkennt Siegfrieds Betrug und gewinnt Hagen von Tronegge als Rächer.
III. Akt, Burg zu Worms, Odenwald: Auf der Jagd ermordet Hagen Siegfried. Chriemhilds Klagen bleiben ungehört. König Etzels Ankunft wird verkündet.
IV. Akt, Gemach Chriemhilds, danach Prunksaal Etzels, zehn Jahre später: Etzel und Chriemhild haben die Burgunden zu ihrer Hochzeit geladen. Sie fordern den Nibelungenhort und die Auslieferung Hagens. Die Burgunden weigern sich geschlossen.
V. Akt, innerer Hofraum der Etzelsburg: Chriemhild läßt Günther und Brunhild töten. Dann erschlägt sie Hagen und richtet sich selbst. Die Hunnen fallen über die Burgunden her.
**Kommentar:** Gerber hält sich eng an Raupach, in einzelnen Passagen sind dessen Blankverse nahezu wörtlich übernommen (Szene Hagen/Siegfried im III. Akt). Raupachs Märchenvorspiel und Rüdiger-Episode sind weggelassen. Durch Kürzungen kommt es zu dramaturgischen Kurzschlüssen und Entstellungen. Der ständig seinen Treuechoral singende Hagen, ein Pendant zu Marcel in Meyerbeers *Huguenots* (1836), ist dem Dichter wie dem Komponisten gänzlich mißglückt. Stilistisch orientiert sich Dorn an der Grand opéra Giacomo Meyerbeers. Die einfach strukturierten Ensemblesätze weisen Dorn als versierten Handwerker aus, ebenso der reiche, an Wagners *Lohengrin* (1850) orientierte Orchestersatz. Auffallend ist die Schwäche der dramaturgischen Schlüsselszenen: Der Streit der Königinnen und das Racheduett Etzel/Chriemhild beschreibt Dorn mit abgenutzten Terzparallelen, Siegfrieds Ermordung findet musikalisch nicht statt, Chriemhild faßt ihre Klagen in hier seltsam anmutende belcantistische Kantilenen. Die Liebesszenen sind äußerst gefühlvoll geraten. Dem Anspruch, eine nationale Oper zu schreiben, wurde Dorn dennoch gerecht. Das Auftrittslied der Burgunden (IV/4, »Vom Rhein, vom deutschen Rhein«), wie die meisten Chöre im Liedertafelstil gesetzt, wurde als »Rheinlied« überaus populär. Volkers Lied im II. Akt (Nr. 2, »Wenn hoch ich auf der Halde stehe«) verwendet Musik aus Dorns *Deutscher Nationalhymne*, die am 20. März 1848 in Köln uraufgeführt wurde. Hagens selbstlose Vasallentreue, wie sie von Dorn und Gerber exponiert wird, steht mit am Beginn einer problematischen deutschnationalen Interpretationstradition des *Nibelungenlieds*.

*Die Nibelungen*; Heinrich Salomon als Siegfried; Illustration; Königliche Oper, Berlin 1854. – Daß Siegfried auch Lohengrin oder Barbarossa sein könnte, ohne daß er das Kostüm wechseln müßte, entspricht dem stilistischen Eklektizismus einer Oper, in der die Mannenchöre – bei denen man an den II. Akt von Wagners *Götterdämmerung* (1876) nicht denken darf – wie Rheinweinlieder klingen.

**Wirkung:** Dorn ließ das Libretto im Jan. 1853 drucken, einen Monat vor dem Erscheinen des Privatdrucks von Richard Wagners *Ring*-Dichtung in Zürich. Obwohl Wagner die Arbeiten Vischers und Otto-Peters' kannte und in *Mein Leben* schreibt, Dorn habe seine Pläne durchkreuzen wollen, haben beide in Wirklichkeit unabhängig voneinander gearbeitet. *Die Nibelungen,* deren Premiere Liszt dirigierte, liefen zwar noch in Berlin, Königsberg, Breslau, Wien, Stettin und Sondershausen, wurden dann aber rasch vergessen.

**Autograph:** Verbleib unbekannt. **Abschriften:** Arch. d. Dt. Nationaltheaters Weimar (374), ÖNB Wien (O. A. 211). **Ausgaben:** Part, Faks.-Nachdr. d. Autographs: B&B; Kl.A: B&B 1854, Nr. 3100; Textb.: Bln., [Privatdruck] 1853; Regiebuch: Bln., Gubitz 1854
**Literatur:** F. T. VISCHER, Vorschlag zu einer Oper, in: DERS., Kritische Gänge, Bd. 2, Tübingen 1844, S. 399ff.; L. OTTO, Die Nibelungen als Oper [mit Fragmenten eines Nibelungen-L], in: NZfM 23:1845, S. 49–52, 129f., 171f., 175f., 181–183; DIES., Die Nibelungen, Gera 1852; H. DORN, Aus meinem Leben, 7 Bde., Bln. 1870–75 [bes. Bd. 2, Eine musikalische Reise u. 2 neue Opern]; H. GROHE, H. D.: ein »Kollege« R. Wagners, in: NZfM 106:1939, S. 706–710; A. RAUH, H. D. als Opernkomponist, Diss. München 1939; Dokumente zur Entstehungsgeschichte des Bühnenfestspiels ›Der Ring des Nibelungen‹, hrsg. W. Breig, H. Fladt, Mainz 1976 [R. Wagner, Sämtl. Werke, Bd. 29/I]; C. HOPKINS PORTER, The Rheinlieder Critics. A Case of Musical Nationalism, in: MQ 63:1977, Nr. 1, S. 74–99; R. DIDION, Nationale Musik zu einem nationalen Stoff. Die Nibelungen als Oper, in: Kosmopolitismus und Nationalismus in der Oper des 19. und 20. Jahrhunderts, Laaber [in Vorb.] (Thurnauer Schriften zum M.Theater. 11.)

*Robert Didion*

# Nico Dostal

Geboren am 27. November 1895 in Korneuburg (bei Wien), gestorben am 27. Oktober 1981 in Salzburg

## Clivia
**Operette in drei Akten**

**Text:** Charles Amberg (eigtl. Karl Amberg)
**Uraufführung:** 23. Dez. 1933, Theater am Nollendorfplatz, Berlin
**Personen:** E. W. Potterton, Finanzmann aus Chicago (Charakterkomiker); Clivia Gray, Filmschauspielerin (Sängerin); Juan Damigo (T); Jola, seine Base (Soubrette); Lelio Down, Reporter der »Chicagoer Times« (Buffo); Caudillo, Besitzer einer Estancia (Komiker); Diaz, Hauptmann (Schauspieler); Valdivio, Kriminalinspektor (komische Charge); 3 Herren im Domino (komische Chargen); Gustav Kasulke (drastischer Komiker); erster Gaucho (Sänger). **Chor, Statisterie:** Herren und Damen einer Filmgesellschaft, Girls, Gauchos, Herren und Damen aus Boliguay, Offiziere, Ordonnanzen, Soldaten, Bediente
**Orchester:** 2 Fl (auch Picc), Ob, 2 Klar, B.Klar, Fg, 2 Hr, 2 Trp, 2 Pos, Pkn, Schl (2 Spieler: Glsp, Xyl, Vibr, gr. Gong, gr.Tr, kl.Tr, div. Bck, Trg, Tomtom, Kastagnetten, Knarre, HolzTr), Kl (auch Cel), Hrf, Streicher; BühnenM hinter d. Szene: Trommeln
**Aufführung:** Dauer ca. 2 Std. 30 Min. – Reduzierte Orchesterbesetzung: Fl (auch Picc), Ob, 2 Klar, Fg, 2 Hr, 2 Trp, Pos, Schl (1 Spieler), Kl, Streicher. – Im Regiebuch sind Hinweise für Kürzungen enthalten. Ballett mit Gesang.

**Entstehung:** Dostal war fast 40 Jahre alt, als er mit *Clivia* sich international durchsetzte als einer der letzten niveauvollen und bühnensicheren Operettenkomponisten. Er war freilich kein Neuling in diesem Genre. Zehn Jahre zuvor hatte er in Österreich zwei Werke herausgebracht, die inzwischen vergessen und verschollen sind. Und in der Zwischenzeit war er in Berlin tätig als gesuchter Instrumentator und Arrangeur von Operetten anderer Komponisten, denen diese Feinarbeit zu zeitraubend erschien. Er selbst hat über der Vertonung des *Clivia*-Buchs ein gutes Jahr verbracht, wie denn überhaupt handwerkliche Sorgfalt seine Stücke vorteilhaft auszeichnet, verglichen mit der Durchschnittsproduktion in den 30er und 40er Jahren.

**Handlung:** In Boliguay, einer fiktiven südamerikanischen Republik.
I. Akt, Hof einer Estancia an der Landesgrenze, rechts vorn das weißgekalkte Wohnhaus im spanischen Stil mit Balkon und Toreinfahrt, in der Ferne die schneebedeckten Kordilleren: Die neue Regierung unter Präsident Olivero steht den Geschäftsinteressen des Yankees Potterton im Weg. Stürzen will er sie, indem er die entmachteten US-freundlichen Politiker unterstützt. Dabei tarnt er sein Unternehmen durch ein Filmteam, das hier Aufnahmen machen soll. Der männliche Hauptdarsteller erfährt von Pottertons geheimen Plänen und kehrt ihm den Rücken. Nun fehlt dem Star Clivia der passende Partner. Zudem verwehrt die strenge weibliche Polizeitruppe den Grenzübertritt. Eben erst ist der kecke Chicagoer Reporter Lelio zurückgewiesen worden, obwohl er auf die Kommandantin Jola einen nachhaltigen Eindruck gemacht hat. Potterton findet eine Lösung. Clivia soll sich auf der Stelle die Staatsbürgerschaft erheiraten. Dann nämlich erhielte sie Arbeitserlaubnis in Boliguay, mit dem ganzen Team. Clivia hat nichts dagegen, sie denkt einzig an ihren Film. Lelio entdeckt auch schon einen attraktiven Gaucho, der geeignet wäre, sowohl den formellen Ehemann auf Zeit zu spielen wie auch den Partner im Film. Dieser merkwürdige Juan Damigo ist zu beidem bereit, sogar ohne Honorar, weil ihn Clivia fesselt.
II. Akt, Colon-Hotel in der Hauptstadt von Boliguay, großer Saal mit offener Empore, von der Terrasse aus Blick aufs offene Meer: Potterton veranstaltet einen großen Maskenball, um vom Putsch abzulenken, der in dieser Nacht losgehen soll. Clivia hat keine Ahnung

von den politischen Machenschaften. Ihre ganze Aufmerksamkeit gilt dem Pseudogatten Juan, der sich auf dem Parkett so sicher bewegt wie in der Pampa. Kein Wunder: er ist nicht, der er scheint. Als Präsident Olivero gibt er sich zu erkennen in dem Moment, als der Geheimdienst Potterton und die andern Putschisten verhaftet, aber auch Clivia. Olivero, empört und traurig, muß annehmen, daß die Frau, die er liebt, am Komplott beteiligt ist. Auch Lelio hat nichts zu lachen, gerade weil er der Polizeikommandantin Jola schon sehr viel näher gekommen ist.

III. Akt, Konferenzzimmer im Kriegsministerium: Die Regierung berät, wie mit den festgenommenen Ausländern zu verfahren sei. Potterton auf Dauer einzusperren würde zu diplomatischen Verwicklungen führen. Und an Clivias Mitschuld zweifelt Olivero immer mehr. Man beschließt, den beiden Gelegenheit zur Flucht zu geben. Potterton macht sich prompt davon. Clivia flieht gleichfalls, nachdem man ihr den Zutritt zu Olivero verwehrt hat, doch sie kehrt bald wieder um. Sie will diesem Mann, ob Gaucho oder Präsident, zum Abschied ihre Liebe bekennen. Mit Erfolg. Die bisher nur taktische Ehe wird zur taktilen: Glücklich und offiziell als Präsidentenpaar schließen sich die beiden in die Arme. Auch Lelio wird, mit einer kommandierenden Gattin Jola, im Land bleiben.

**Kommentar:** Kino und Operette haben schon früh, stoffhungrig, voneinander gezehrt. Viele erfolgreiche Operetten wurden auf die Leinwand gebracht, etliche sogar vor Erfindung des Tonfilms. Und umgekehrt war die Operette darauf erpicht, das Drum und Dran des einstmals sensationellsten aller neuen Medien für das musikalische Theater auszuwerten: den Starkult; die faszinierende Apparatur und Betriebsamkeit eines Filmstudios; die Unzulänglichkeiten und Triumphe dessen, was da allenthalben als Traumfabrik bezeichnet wurde. Allen voran gingen die aktualitätsgewieften Berliner Schnellschreiber Walter Kollo und Jean Gilbert mit *Filmzauber* (1912) und *Die Kinokönigin* (1913). Viel Neues freilich konnten sie dem neuentdeckten Milieu nicht entlocken, weil sie es kaum anders behandelten als die längst schon ausgeschlachteten Bohemesphären von Kabarett, Varieté und Tanzlokal. Spezifischer, auch witziger und angriffslustiger, gehen später dann Emmerich Kálmán und Eduard Künneke mit dem Reizfaktor »Kino« um. Ersterer, wenn er in der *Herzogin von Chicago* (1928) das gefährdete Happy-End seines zerstrittenen Hauptpaars mit selbstironischem Schlußschlenker herbeiführt: Dem Film zuliebe, der das soeben abgelaufene Bühnengeschehen nachdrehen will, wird das obligatorische Endglück einfach zwangsvollstreckt. Letzterer, wenn er in der *Singenden Venus* (1929), ebenso ironisch, den retortenhaften Exotismus des Stummfilms mit dem gleichfalls retortenhaften Exotismus der Operette kreuzt. Auch Dostal, der wie Künneke mehrere Filmmusiken schrieb, also der Branche von innen her kennt, huldigt dem Kino, indem er sich daran reibt. *Die Vielgeliebte* (1934) verspottet die Allüren verstiegen-überempfindlicher Filmstars. Erst recht das Sujet von *Clivia* ist im Grundeinfall keineswegs arglos. Immerhin wird hier die Herstellung von falschem schönen Schein noch potenziert. Nicht der Film selbst, als alltagsflüchtige Trugbilderfolge, bestimmt das Bühnengeschehen, sondern dessen Verfertigung als trügerischer Vorwand für durchaus alltägliche Machtpolitik. Pottertons Firma, die scheinbar mit käuflichem Schein handelt, ist nur eine Scheinfirma, die tatsächlich politische Tatsachen schaffen soll. Was ließe sich aus diesem pfiffigen Grundeinfall machen! Die offenen und geheimen Überfälle der erfolgreichsten neueren Kolonialmacht, zumal auf »ihren« lateinamerikanischen Subkontinent, könnte man einem grimmigen Gelächter aussetzen, ohne dabei den Rahmen des heiter rebellischen Genres Operette sprengen zu müssen. Daß so etwas möglich ist, beweist Offenbachs *Périchole* (1868). Leider bleibt die Ausführung weit zurück hinter dem Einfall. Die böse Aktualität des Themas, mehr als ein Jahrhundert schon fortdauernd, wird nur angetippt. Sie geht unter in den privaten Machenschaften eines Tunichtguts, der sich am Ende nur dünn machen muß, damit es zu keinem politisch dicken Ende kommt. Seine Unternehmung war lediglich eine flüchtige akute Trübung, die wenig verrät vom chronischen Treiben eines ständig übergriffigen Imperialismus. – Dostal kann und mag wohl auch nicht dieser verharmlosenden Wendung des Librettos musikalisch entgegensteuern. Ihn fesseln die politischen Umstände nur insoweit, als sie Konflikte der beiden Hauptpaare hervorbringen und schließlich lösen. Konflikte in »Boliguay«. Das heißt hier, wie in fast allen späteren Operetten, lediglich Konflikte in einer Ferne, wo sie sich erregender und malerischer ausnehmen als zu Haus. Auffällig ist, daß der Komponist, der sonst viel übrig hat für klingende Folklore, ob ungarische oder italienische, baskische oder schwarzwälderische, wenig Wert legt auf das besondere Lokalkolorit südamerikanischer Zonen. Er verzichtet auf die polymetrischen Rhythmen und auf die Klangfarben des eigentümlichen Schlagwerks von Rumba, Guaracha, Samba, Milonga. Merkwürdigerweise, da zumindest die Rumba um 1930 in Europa nicht nur getanzt, sondern auch in Operetten verarbeitet wurde.

*Clivia*, I. Akt; Regie: Paul Helmuth Schüßler; Städtisches Theater, Düsseldorf 1935/36.

(Dostal selbst hatte ein Jahr vor *Clivia* mit großem Geschick das Intermezzo zu Künnekes *Glückliche Reise*, 1932, arrangiert, worin just dieser Tanz eine dramaturgisch wichtige Rolle spielt.) Sogar der Tangotakt, der einige Nummern bestimmt, hat weniger mit dem argentinischen Tango zu tun als mit den gezähmten Tänzen dieses Namens in Europa. Statt dessen malt Dostal das ferne Anderswo mit spanischen Farben aus. Die schmissige Ouvertüre schnellt los mit einem scharf akzentuierten Bolero; die Eröffnungsszene wird von einem Tango getragen; das reizvoll synkopierte Buffoduett Nr. 7 vollführt, obwohl gradtaktig, sein Allegro vivace im rhythmischen Duktus des Paso doble. Allerdings, dies iberische Klangkostüm wird dem Publikum keineswegs unbefangen vorgeführt. Mancherlei Ironie spielt dabei mit. Das geht zumal aus zwei Nummern hervor. Schon aus Clivias hektischem Auftrittslied mit Chor, das als Paso doble dahergestürmt kommt. Hier nimmt der singende Star die eigene Rolle auf die Schippe: »Mit der pünktlichen Verspätung einer Diva komm' ich her«. Zugleich zeigt Clivia vor, wie sie, die gurgelflinke Lady aus den Vereinigten Staaten, in einem Übersoll sich der auswärtigen Folklore komödiantisch bemächtigt, um sie schließlich mit glitzernden Koloraturen auszubeuten für die eigene kunstgewerbliche Leistungsschau. Ihr Umgang mit den spanischen Rhythmen und den harmonischen Wendungen der Zigeunertonleiter, so erweist sich, ist nichts weiter als berechnender Flirt. Ebenso ironisch gibt sich das Terzett Nr. 14, das in dem Nonsensekehrreim gipfelt: »Am Manzanares / ist weibliche Tugend was Rares«. Die Nummer kommt sich selbst gleichsam spanisch vor, wenn hier und jetzt am Amazonas zwei Yankees und eine Südamerikanerin ausgerechnet die erotischen Niederungen im Umkreis jenes Flusses bei Madrid hochleben lassen. Und das in einem hart skandierten, kastagnettenbegleiteten Walzer, der rhythmisch sich der spanischen Jota annähert. Diesmal trifft Ironie die eigene erkünstelte Kunstpraxis, den leerlaufenden Fernkult der späten Operette: Nimmersatt im Exotismus schwelgend, besingt sie, obwohl sie bereits im fernen Erdteil spielt, nochmals die Ferne, nunmehr rückwärts via Neukastilien. – Daß im hispanisierenden Tonfall von *Clivia* darüber hinaus so etwas wie objektive Ironie der Geschichte laut wird, war dem Komponisten wohl kaum bewußt. Aufs Ganze gesehen nämlich entsteht der Eindruck, als würde der neuere Kolonialismus der Vereinigten Staaten, der hier eine szenische Schlappe erleidet, wettgemacht durch den älteren, mit dem die europäischen Konquistadoren dem eroberten Südamerika ihren Stempel aufdrückten. Die Kolonisierten selbst haben dabei ihre musikalische Sprache verloren. Offenbar endgültig, wenn man hört, wie fließend sie die ihrer alten und neueren Eindringlinge beherrschen. Präsident Olivero, der doch die fremden Übergriffe so wacker abwehrt, äußert sich ebenso gewandt im Slowfox- und English-Waltz- wie im Tangoidiom. – Alles in allem wäre das Libretto von *Clivia* noch etwas umzumodeln, um solche gewollten und ungewollten Ironien deutlicher auszuspielen; dann böte diese gut gemachte Operette mehr als nur gefälliges Unterhaltungstheater.

**Wirkung:** *Clivia* ist von Dostals gut 20 Bühnenstücken eins der erfolgreichsten geblieben. Der Uraufführung mit Lilli Claus als Clivia, Walter Jankuhn als Juan, Lill Sweet und Erik Ode als Buffopaar Jola/Lelio folgten die meisten deutschen und österreichischen Bühnen, aber auch Theater in Brüssel und Gent, in Helsinki und Riga.

**Autograph:** Kriegsverlust. **Ausgaben:** Kl.A: Thalia, Lpz. 1934, Nr. 19; Regiebuch: ebd. 1934; Regiebuch, rev. Text: Wiesbaden, Thalia 1962. **Aufführungsmaterial:** Thalia, Wiesbaden
**Literatur:** M. PACHER, Der letzte Grandseigneur der Operette. N. D. zum 85. Geburtstag, in: Et Cetera, Bln., München 1980, H. 14; H. U. BARTH, N. D. zum 85. Geburtstag. Versuch einer Würdigung, in: Dramatiker Union, Mitt., Bln. 1980, Nr. 3/4, S. 23ff. [mit Werk-Verz.]; N. DOSTAL, Ans Ende deiner Träume kommst du nie, Innsbruck, Ffm. 1982

*Volker Klotz*

## Prinzessin Nofretete
**Operette in zwei Akten und einem romantischen Zwischenspiel**

**Text:** Rudolf Köller und Nico Dostal
**Uraufführung:** 13. Sept. 1936, Opernhaus, Köln
**Personen:** Lord Josua Callagan, Archäologe, auch Pharao Rampsinit (Bar oder Charakterkomiker); Claudia, seine Tochter, auch Prinzessin Nofretete (Sängerin); Quendolin Tottenham (A oder komische Alte); Totty Tottenham, ihr Neffe, 1. Assistent bei Callagan, auch Prinz Thototpe (Buffo); Dr. Hjalmar Eklind, 2. Assistent, auch Amar, Offizier (T); Pollie Miller, auch Teje, Dienerin Nofretetes (Soubrette); Abu Assam, Dolmetscher, auch Assamabu, Hofmagier, und Karingo (B.Buffo); Brown, Vergnügungsreisender; ein Taschendieb (Fellache), auch der Dieb; Pipapo und Kaleika, Zauberer; Ari; Ahmes; Nellie Parker, John Clark und Tom King, Schauspieler; Jevees, Butler. **Chor:** Fellachen, Herren und Damen der Cook-Reisegesellschaft, Diener, Dienerinnen, Soldaten, Sklaven, Sklavinnen, Würdenträger, Priester, Herren und Damen der Gesellschaft, Lakaien. **Ballett:** die Springtimegirls
**Orchester:** 2 Fl (1 auch Picc), Ob, 2 Klar, B.Klar, Fg, 3 Hr, 2 Trp, T.Pos, 2 Pos, Pkn, Schl (2 Spieler: Glocke, Vibr, gr. Gong, gr.Tr, kl.Tr, Bck, Tomtom, Trg, 3 versch. gestimmte türk. Tr), Cel, Kl, Hrf, Streicher; BühnenM: A.Sax, T.Sax, Trp, T.Pos, Schl (1 Spieler), Kl
**Aufführung:** Dauer ca. 2 Std. 30 Min. – Reduzierte Orchesterbesetzung: Fl (auch Picc), Ob, 2 Klar, Fg, 2 Hr, 2 Trp, T.Pos, Pkn, Schl (1 Spieler), Kl, Streicher; BühnenM: Kl

**Handlung:** In Sidi Ombo, einem kleinen Fellachendorf bei Luxor (Ägypten), und in London; Zwischenspiel: im Schatzhaus des Rampsinit, 3. Jahrtausend v. Chr.

I. Akt, vor dem Fellachendorf: Claudia, die Tochter von Lord Callagan, der hier Ausgrabungen leitet, schwankt zwischen Liebe und Familienpflicht. Heiraten soll sie Totty, den ersten Assistenten ihres Vaters; so wollen es ihr Vater und Tottys soeben eingetroffene Tante Quendolin. Claudia jedoch liebt, eher verschwiegen, Hjalmar, den zweiten Assistenten, der heute einen wichtigen Fund gemacht hat: die Figur der Nofretete, Pharaonentochter aus dem 3. Jahrtausend vor Christus. Auch Totty kann den familiären Heiratsplänen wenig abgewinnen, nachdem seine Studienfreundin Pollie aufgekreuzt ist. Und zwar als Leiterin einer Cook-Reisegesellschaft, die wie eine Heuschreckenplage über das archäologische Gelände kommt. Der Dolmetscher Abu Assam, so geheimnisvoll wie menschenfreundlich, will die erotische Verknotung lösen. Claudias Lage gleiche der von Nofretete; in deren Grabkammer könne sie sich Klarheit verschaffen. Um den Aberglauben und die Störung seiner Pläne zu unterbinden, läßt sich Callagan selbst statt seiner Tochter mit Assam hinab ins Gewölbe. Zwischenspiel, Grabraum: Benebelt von den Dünsten aus Assams Kohlenbecken, träumt sich der Lord tausende Jahre zurück in die Epoche und die Schatzkammer des Rampsinit. Nofretete, so träumt er, soll im Auftrag ihres Vaters den schlauen Dieb anlocken und stellen, der allnächtlich die königlichen Kleinodien heimsucht. Statt dessen dringt ein junger Offizier, Amar, ins Gemach, der die Prinzessin seit langem liebt und nun auch ihr Herz gewinnt. Sie ist zwar dem Prinzen Thototpe versprochen, doch es gelingt ihr, diesen ungeliebten Bewerber und ihren Vater zu überlisten. Obwohl er an ihrem Rang und Reichtum längst nicht heranreicht, kriegt Nofretete Amar, während sich Thototpe an ihrer schönen Dienerin schadlos hält. II. Akt, Callagans Londoner Villa: Der Lord hat den vergangenheitsträchtigen, zukunftsweisenden Traum verschwiegen. Er will sogar jetzt selber seiner wunderlustigen Tochter eine ähnliche Prophetie herbeigaukeln, allerdings mit umgekehrter Botschaft. Hierzu hat er eine Schauspielergruppe engagiert, die in seinem Haus ein altägyptisches Traumspiel aufführen soll. Die umtriebige Pollie, die mittlerweile von Reiseführung auf Regieassistenz umgestiegen ist, aber immer noch Totty liebt, greift ein, zusammen mit Abu Assam, der gerade als Varietédarsteller in London gastiert. Sie entfälschen die Fälschung des Spiels. Und Callagan muß wohl oder übel die Liebenden freigeben für ihre Neigungen: Claudia zu Hjalmar, Totty zu Pollie.
**Kommentar:** Das Stück bezieht seinen Reiz daraus, daß es die gängige Verkreuzung und Entkreuzung von Liebespaaren in einem aparten Milieu und auf vertracktem Weg vollführt. Traum als Befreiung aus erotischen Notlagen ist für die Operette nicht neu. In Strauß' *Tausend und eine Nacht* (1906; Original 1871), Lehárs *Zigeunerliebe* (1910), Falls *Süßem Kavalier* (1923) erträumen sich die Liebesverwirrten, mal via Vergangenheit, mal via Zukunft, eine beglückende Gegenwart, die sich wach dann erfüllt. Bei Dostal kommt nun noch, als zusätzliche verfremdende Wendung, die zwei-, nein dreifache Manipulation des Traums hinzu: so daß nicht nur der Inhalt des Traums, sondern Träumen selbst in ein Zwielicht gerät. Anders als in der vorausgegangenen *Vielgeliebten* (Köln 1934), geschrieben mit demselben Librettisten, findet der Komponist hier keine Gelegenheit, Spannungen zwischen Persiflage und ernstgemeinten Gefühlstönen auszumusizieren. Während er dort, etwa im Terzett des II. Akts, den hohen Stilgestus der Oper witzig heraufbeschwört, um ihn zu unterlaufen, gerät er bei *Prinzessin Nofretete* bisweilen selbst in Gefahr, die erhabene ägyptische Aura überzugewichten und ein Diminutiv zu Verdis *Aida* (1871) nachhallen zu lassen. Zum Beispiel: in der Ensembleszene Nr. 4 mit Claudias einfallender Stimme aus dem Hintergrund; in der prangend orientalisierten Introduktionsszene zum Zwischenspiel; im verzückten Lied Amars. Doch Dostal fängt sich allemal, bevor er sich in geschwollenes Pathos versteigt, und gibt dem heiteren Musiktheater, wonach es verlangt: geschmeidige Melodik, reizvoll gemischten Klang, rhythmische Pikanterien, vor allem aber gutes Gespür für den richtigen szenischen Augenblick. So bringt er die beharrliche Liebesarchäologie des Stücks auf durchaus unarchäologische, quicklebendige Weise zum Klingen: in innigen, aber nicht rührseligen; in kecken, aber nicht anschmeißerischen Tönen.
**Wirkung:** Die Kölner Oper, die bereits ein Jahr zuvor eine erfolgreiche Inszenierung der *Vielgeliebten* herausgebracht hatte, stellte Dostals musikalisch ambitionierteste Operette in einer aufwendigen Aufführung vor. Unter der Leitung des Komponisten sang Lilli Claus die für sie geschriebene Titelrolle, ihr Tenorpartner war Johannes Schocke. *Prinzessin Nofretete*, zunächst viel gespielt, hat sich auf Dauer im Repertoire nicht gehalten. Textlich aufgefrischt, könnte das Stück wohl den oft allzu grauen Spielplan kolorieren helfen.

**Autograph:** Verbleib unbekannt. **Ausgaben:** Kl.A: Thalia, Lpz. 1936, Nr. 35; Textb.: ebd. 1936. **Aufführungsmaterial:** Thalia, Wiesbaden
**Literatur:** s. S. 59

*Volker Klotz*

## Die ungarische Hochzeit
### Operette in einem Vorspiel und drei Akten

**Text:** Hermann Hermecke, nach dem Roman *A szelistyei asszonyok* (Szelistye, das Dorf ohne Männer, 1901) von Kálmán Mikszáth
**Uraufführung:** 4. Febr. 1939, Württembergische Staatstheater, Stuttgart
**Personen:** Kaiserin Maria Theresia; Baron von Linggen, Kammerherr; Graf Stefan Bárdossy, Obergespan von Hermannstadt (T); Desider, Edler von Pötök, sein Oheim (Komiker); Anton von Halmay, Freund des Grafen; Josef von Kismárty, Stuhlrichter von Popláka (Komiker); Frusina, seine Frau (A); Janka, beider Tochter (Sängerin); Schloßhauptmann von Preßburg; Rittmeister Baron von Kießling, Kurier der Kaiserin;

Tafel 2

**Tafel 2**

*oben*
Gaetano Donizetti, *Maria di Rohan* (1843), III. Akt; Eugenia Tadolini als Maria, Giorgio Ronconi als Enrico, Carlo Guasco als Riccardo; Illustration: Cajetan; Uraufführung der 1. Fassung, Kärntnertortheater, Wien 1843. – So schematisiert die szenische Situation wirkt, so charakteristisch ist sie gerade dadurch: Daß niemand das Werk erraten kann, auf das sich das Bild bezieht, ist typisch für die Opera seria des frühen 19. Jahrhunderts, in der wechselnde Handlungen die immer gleiche Konfiguration von Sopran, Tenor und Bariton, auf die es musikalisch ankam, dramaturgisch ermöglichten.

*unten*
Antonín Dvořák, *Rusalka* (1901), II. Akt; Kurt Moll als Wassermann; Regie: Otto Schenk, Bühnenbild: Günther Schneider-Siemssen; Staatsoper, München 1981. – Die Tendenz Schneider-Siemssens, in die realistisch gestalteten Bühnenräume symbolische Zeichen zu setzen, deutet auch diese Szene an: hier das Schloß, festlich erleuchtet, die Welt der Menschen, dort die Naturwelt des Schloßteichs mit Elfen und Nixen, in deren Mitte der Wassermann thront. Der Kontrast der beiden Sphären ist in fahlem Dämmerlicht verschleiert: ein trügerisches Bild, eher bedrohlich denn märchenhaft-idyllisch.

Leutnant von Werth, sein Begleiter; Árpád Erdödy, Kammerdiener des Grafen Stefan (Buffo); Protokollschreiber; Küster von Popláka; Schenkwirtin; Michael, Großknecht, Anna, Magd, und Tibor, Knecht beim Stuhlrichter; Etelka, Bauernmädchen (Soubrette); János, Zigeunergeiger; Stimme des Hirten (T); Läufer. **Chor:** Gefolge der Kaiserin, ungarische Magnaten mit ihren Gattinnen, Offiziere, Damen und Herren einer Hofgesellschaft, Lakaien, Diener, Bauernmädchen, Dorfbevölkerung, fremde Kolonisten, Soldaten. **Statisterie. Ballett**
**Orchester:** 2 Fl (auch Picc), 2 Ob, 2 Klar, 2 Fg, 4 Hr, 2 Trp, 3 Pos, Pkn, Schl (kl. Bck, gr. Bck, kl.Tr, gr.Tr, Sporen, Trg, hohes Tomtom, Gong, Peitsche, Tamburin), Cel, Glsp, Vibr, Xyl, Hrf, Streicher; BühnenM: 2 Trp, mehrere kl.Tr, Kl, 2 Vl, Vc, Kb
**Aufführung:** Dauer ca. 2 Std. 30 Min. – Tänze: Nachtanz zum Duett Etelka/Árpád »Kleine Etelka, sag doch bitte ›ja‹!« (Nr. 7), Csárdás im 1. Finale »Ja, Tokaier, voller Feuer« (Nr. 8), Csárdás im Lied des Stuhlrichters »Ungarmädel lieben, daß Atem dir vergeht!« (Nr. 12); ungarischer Marsch (Ballett) im III. Akt. Stimme des Hirten hinter der Szene.

**Handlung:** In Hermannstadt, Popláka und Preßburg, um 1750. Vorspiel: reiches Vorzimmer im Schloß des Grafen Stefan in Hermannstadt; I. Akt: Park vor dem Haus des Stuhlrichters bei Popláka; II. Akt: Platz vor der Kirche von Popláka; III. Akt: Festsaal im königlichen Schloß zu Preßburg.
Kuriere der Kaiserin fordern Graf Stefan Bárdossy auf, im Dorf Popláka nach dem Rechten zu sehen; dort soll der Stuhlrichter die Kolonisten um die jungen Bräute betrogen haben. In Popláka erwarten 300 Kolonisten die hübschen Bräute, die man ihnen versprochen hat. Doch Bürgermeister Kismárty würde viel lieber die nicht mehr so jungen und hübschen Witwen des letzten Kriegs wiederverheiraten. Graf Stefan kommt inkognito als Kolonist in das Dorf, während sein Kammerdiener Árpád die Rolle des Grafen spielen soll. In aller Eile trommelt Kismártys Frau Frusina 13 hübsche Mädchen aus der Umgebung zusammen; mit ihrer Tochter Janka werden sie Árpád und den erstaunten Kolonisten vorgeführt. Als sich die Paare bilden, bemüht sich die Bäuerin Etelka um den falschen Grafen, während Janka Gefallen an dem fremden Kolonisten findet. Dies jedoch gefällt weder Kismárty noch Stefans Onkel Desider. Einige aufklärende Worte, und Janka glaubt empört, Stefan treibe nur sein Spiel mit ihr. Um sich zu rächen, läßt sie am folgenden Tag, für den Árpád die Trauung angeordnet hat, ihre Magd Anna mit Stefan zum Altar gehen. Als nachher die Brautschleier gelüftet werden, wirft Janka dem bestürzten Stefan den Betrug mit seinem Inkognito vor, den sie ihm nicht verzeihen könne. Etelka kann sich kaum damit abfinden, daß sie nur die Frau eines Kammerdieners geworden ist. Vier Wochen später greift die Kaiserin rettend ein: Im Schloß zu Preßburg erklärt sie alle Ehen außer der von Árpád und Etelka für ungültig und macht aus Janka und Stefan ein glückliches Paar.
**Kommentar:** Ungewollt haben die beiden bedeutendsten ungarischen Erzähler des 19. Jahrhunderts erfolgreich zur deutschsprachigen Operette im magyarischen Milieu beigetragen. Auf einem Roman von Mór Jókai basiert Strauß' *Zigeunerbaron* (1885). Und

*Die ungarische Hochzeit*, III. Akt; Regie: Carl Max Haas, Bühnenbild: Elli Büttner; Landestheater, Darmstadt 1941. – Brautschau im Spiegelsaal-Etablissement: 13 hübsche Mädchen werben säbeltanzend im Verein um die Gunst der Kolonisten.

auf einen Roman von Mikzáth geht Hermeckes Libretto der *Ungarischen Hochzeit* zurück. Die nämliche Vorlage hatte der emigrierte Ödön von Horváth zwei Jahre früher zu einer Komödie verarbeitet, die 1937 in Prag uraufgeführt wurde, kurz bevor die Deutschen auch dort die Macht übernahmen. Horváth bleibt historisch näher beim Original, das, in ironischer Sicht, die Epoche und Gestalt des ungarischen Königs Matthias I. Corvinus heraufbeschwört: während der Türkenkriege in der frühen Renaissance. Er übersetzt Mikszáths satirisch ausgespielte Stammes- und Regionalkonflikte in Klassenkonflikte. Zugleich verleiht er dem Herrscher frühaufklärerische Züge. Wenn nun Dostals Librettist das Geschehen einige Jahrhunderte später datiert und wenn er vollends jenen König Matthias in die Kaiserin Maria Theresia verwandelt, dann verlagert er die Schwerpunkte in zweierlei Hinsicht. Einerseits folgt er, reichlich verspätet, einer eher fragwürdigen Konvention der Wiener Operette, die mit Vorliebe den anrührenden Allzumenschlichkeiten besagter hoher Frau huldigte. Zumal dann, wenn es vaterländisch Not am Mann war: so in Granichstaedtens *Auf Befehl der Kaiserin* (1915) und in Falls *Kaiserin* (1916). Andrerseits gibt der Librettist, diesmal minder konventionell, dem rüden Männer-Weiber-Zwist eine andere Schlagseite, da nun aus femininem Mund das letzte befreiende Machtwort gesprochen wird: ein Wort der herzhaften Vernunft. In Anbetracht der Entstehungszeit ist diese Wendung beachtlich. Wie denn überhaupt Dostal, als einer der wenigen hinterbliebenen Operettenkomponisten unter der nationalsozialistischen Herrschaft, in keinem seiner Bühnenstücke ideologische Zugeständnisse machte. – Musikalisch knüpft er dort an, wo Lehár (in *Zigeunerliebe*, 1910, und *Wo die Lerche singt,* 1918) den ungarischen Faden fallen ließ; und wo der vertriebene Kálmán ihn hatte fallen lassen müssen (zuletzt in *Teufelsreiter,* 1932). Das heißt, Dostals Pußtaklänge bringen keine neuartigen, unerwarteten Töne; sie haben auch nicht das originelle, frische Gepräge seiner Vorbilder. Doch was er komponiert, ist in Satzkunst, Harmonie, Orchestration sehr viel sorgsamer gearbeitet, auch bühnensicherer als die zeitgenössischen Dutzendstücke der Fred Raymond, Ludwig Schmidseder, Friedrich Schröder. Solonummern wie Jankas Auftrittslied »Heimat, deine Lieder« (Nr. 4) und ihre träumerische Romanze »Spiel mit das Lied...« (Nr. 13) sowie Stefans Tenorarie »Märchentraum der Liebe« (Nr. 16) geben den beiden amourösen Hauptkontrahenten unverwechselbaren Umriß, der sich spannungsvoll überschneidet in ihrem rhythmischen Duett Nr. 6. Erst recht die flotten Tanzszenen und Buffoensembles (Nr. 5, 7, 10 und 12) lassen noch einmal den Schwung von Kálmáns Csárdás- und Geschwindmarschtakten aufleben, ohne daß Dostal den sicher vitaleren Vorgänger sklavisch nachahmt. Ein epigonales Werk, zweifellos – und zwangsläufig: zu einer Zeit, als die Operette überhaupt dabei war, sich selbst zu überleben. Dennoch ein Stück munteres, gut gemachtes, nirgends dramatisch erlahmendes Unterhaltungstheater.

**Wirkung:** Bei der Uraufführung sangen Paula Wapper (Janka) und der kurzfristig eingesprungene Karl Mikorey (Stefan) die Hauptrollen. Von den drei Operetten (außerdem *Monika*, 1937, und *Die Flucht ins Glück*, 1940), die Dostal in Stuttgart uraufführen ließ, ist *Die ungarische Hochzeit* rechtens die erfolgreichste gewesen und geblieben; auf der Bühne wie im Rundfunk. Bis in die jüngste Zeit gab es immer wieder Neuinszenierungen, etwa an der Wiener Volksoper 1981.

**Autograph:** Kriegsverlust. **Ausgaben:** Kl.A: Drei Masken 1938, Nr. 305; Regiebuch: Drei Masken 1938. **Aufführungsmaterial:** A&S/Crescendo, München
**Literatur:** s. S. 59

*Volker Klotz / Reinhard Stenzel*

## Manina
### Operette in vier Bildern

**Text:** Hans Adler und Alexander Lix
**Uraufführung:** 1. Fassung: 28. Nov. 1942, Admiralspalast, Berlin; 2. Fassung: 27. Nov. 1960, Städtische Bühnen, Opernhaus, Nürnberg (hier behandelt)
**Personen:** Gräfin Amelie Peutingen-Liechtenau; Hella (Sängerin), Carla (Soubrette), Gusti, Franzi, Nelli und Valli von Liechtenau, Nichten der Gräfin; Mario Zantis (T); Ronni (Buffo); Obersthofmarschall; Fiametta; Ferdinand, Diener bei der Gräfin; Bebscho, Gärtner bei Mario; der Bürgermeister; 3 Minister; 3 Hofdamen; ein Offizier. **Chor:** Fischer, Bauern, Leibgardisten, Polizisten, Einwohner der Stadt Catatea, Dienerschaft der Gräfin
**Orchester:** Picc, 2 Fl, 2 Ob, 3 Klar, 2 Fg, 4 Hr, 2 Trp, 3 Pos, B.Tb, Pk, Schl (gr.Tr, kl.Tr, Bck, Glsp, Tamburin, Tomtom), Hrf, Cel, Vibr, Xyl, Gong, gr. Glocken, Mandolinen, Streicher; BühnenM: Klar, Mand, Akkordeon, Hrf (oder Kl), Kanonenschuß
**Aufführung:** Dauer ca. 2 Std. 30 Min. – Im 2. Bild wird die Hymne (Nr. 5), von einer Blechmusik auf Band aufgenommen, hinter der Szene abgespielt.

**Handlung:** In Wien und Catatea, zwischen 1900 und 1910.
1. Bild, Palais der Gräfin Liechtenau in Wien: Heitererregt machen sich die Nichten der Gräfin ans Kofferpacken für ihre vornehm verlobte Schwester Hella. Kostbare Kleider sind es mit Hermelin und Nerz, aber auch viele Bände schöner Literatur. Damit ist in faßlichen Fetischen angedeutet, was diese junge Braut auch weiterhin in Spannung hält. Einerseits die äußere Farbenpracht des Throns in einer westbalkanischen Kleinstmonarchie, andrerseits die innere Farbenpracht poetischer Phantasiegebilde. Daß Hella, gedrängt durch die ehrgeizige Tante, der Werbung des Playboy-Königs Jalomir nach Catatea folgt, rührt nicht zuletzt aus dem Reiz ihrer Lieblingsdichtung, dem Märchenepos »Manina« des dortigen Dichters Mario Zantis. Solchen Zwiespalt kennt ihre Schwester Carla nicht. Auf den ersten Blick ist sie sich einig mit Ronni, dem kecksten Offizier aus der Braut-

werberschar: »Nämlich, daß der Mann« / Foxtrottsynkope / »nicht entwischen kann«.

2. Bild, Marios Haus in Catatea, zwei Wochen später: Schusterpoet wie einst Hans Sachs, klopft Mario auf einem Stiefel in federndem Marschtakt sich ein Liebeslied zurecht, das gegen alle wirklichen Frauen die Phantasiegeliebte ausspielt. Er ist ein gemischter Charakter: teils versponnener Träumer, teils handfester Plebejer mit leicht aufrührerischen Tönen. Durch seinen Freund Ronni erfährt er vom peinlichen Mißgeschick des Königs. Der konnte nicht zum feierlichen Empfang der hohen Braut kommen, weil ihn seine eifersüchtige Geliebte halbnackt im Lustschlößchen eingesperrt hatte. Mario, ohnehin mit der Mehrheit des Volks in Opposition, macht flugs ein Spottlied auf den Landesherrn, das sich sogleich im Volk verbreitet. Dann widerfährt ihm, was er kaum zu fassen vermag. Eine schöne Unbekannte sucht ihn auf, Hella. Wer sie sei? Niemand anders als Manina, sein eigenes poetisches Geschöpf. Beglückt läßt sich Mario ein auf das schöne Gaukelspiel, das Hella nicht minder in Bann schlägt als ihn. Mit zwei Duetten voll irrlichternder Chromatik, überbrückt durch eine chorische Barkarole aus der nächtlichen Hafenstadt, singen sich die beiden in einen eigenen Zeit-Raum zaubriger Schwerelosigkeit. Sie bleibt über Nacht bei ihm, flieht aber heimlich, bevor er erwacht. Nur ein paar endgültige Abschiedszeilen, unterzeichnet mit »Manina«, läßt sie zurück. Mehr noch stößt Mario am Morgen zu. Sein Spottlied auf den König hat ein Polizeikommando herbeigeführt, das ihn aus dem Land weist.

3. Bild, der Hauptplatz von Catatea, vier Jahre später: Zum ersten und letzten Mal bejubelt das Volk seinen König. Er hat abgedankt und verläßt das Land. Hella, gleichfalls befreit von dem ungeliebten Gatten, übernimmt die Regierungsgeschäfte. Unerlaubt ist Mario aus der Verbannung heimgekehrt. Den Freunden, die ihn begeistert feiern, schildert er, wie er sich durch die Welt geschlagen hat, ohne jene entschwundene geheimnisvolle Manina vergessen zu können. Ronni ist inzwischen mit Carla fest verheiratet, aber nach wie vor auf lockerem, diesmal auf One-Step-Fuß. Er empfiehlt dem Poeten ein Amnestiegesuch bei der neuen Regierung. Auf dem Volksfest nähert sich Mario der Königin und erkennt die geliebte Unbekannte. Doch da sie ihm in der Öffentlichkeit sehr reserviert begegnet, weist er grimmig die Begnadigung zurück.

4. Bild, am selben Ort, am andern Morgen: Verbittert will Mario die Heimat sofort und für immer verlassen. Das Versöhnungsangebot der reuigen Hella durch Ronni schlägt er aus. Da kommt sie in eigner Person, als Königin und als Manina. Sie versichert ihm, was sie zuvor schon sich selbst versichert hat: daß sie all die Jahre nur an ihn gedacht habe; an ihn und an den dreijährigen Buben, den sie ihm vorstellt, seinen Sohn. Solchem doppelten Gefühlsappell kann Mario nicht widerstehen. Moderato ed espressivo klingt das Geschehen aus mit empfindungsprallem Melodram und stummem Spiel.

**Kommentar:** Dem Komponisten mag selbst nicht recht wohl gewesen sein bei diesem seelenvollen Vaterschaftsfinale, das allzu sämig im (Anno 1942 hochgepriesenen) Familienschoß landet. Denn er hat ihm ein umwerfend lachhaftes Buffoduett vorausgeschickt, gleichsam als vorweggenommenes Satyrspiel auf den hehren Schluß. Es werden da zwei komische Nebenfiguren, die bisher allenfalls am Rand haben mitsingen dürfen, unverhofft vom musikalischen Furor südlicher Liebesbrunst gepackt: Die Tante Gräfin fängt Feuer am ebenso trocken-hölzernen königlichen Hofmeister. Mehr ächzend als lodernd verfallen sie, die erotisch gar nicht mehr so ganz leibesgegenwärtig sind, zugleich erinnerungs- wie probeweise in ein Ständchen. In beflissenen melodischen Trippelschrittchen über Streicherpizzikati, denen Posauneneinwürfe wie wuchtige Liebesprothesen auf die Sprünge helfen, beteuert er ihr, beteuert sie ihm, was jetzt einfach fällig sei unter dem Gattungszwang einer Serenade: »Wie verführend lockt das Lied der Mandolinen! Und der Mond hat nie so unverschämt geschienen.« In solchen Situationen liegt Dostals musikmödiantische Stärke. Da schrappt im rechten Augenblick prickelnder Witz am lehárnahen Kantilenengeschmeide, das vor allem den Zwiegesang Nr. 12 beglitzert sowie Hellas seufzend schwärmerische Arie »Ich habe nur an dich gedacht«. Überhaupt erweist sich Dostal, wie schon in *Clivia* (1933), in der *Vielgeliebten* (Köln 1934), in der *Ungarischen Hochzeit* (1938), als letzter Meister quicker Buffoduette in seiner, der letzten Operettengeneration. Hier zumal die Nummern von Ronni und seiner geliebten »Carla, Carlina Calutscha« (Nr. 13 und zuvor Nr. 2). Es sind springlebendige Pas de deux für Stimme, Arm und Bein. Motorisch äußern sie den nimmermüden Dauerübermut des lustigen Paars samt seinem kecken Anspruch auf die Umwelt, die es, über Landesgrenzen hinweg, tanzend erobert. Dostals Buffoduette behaupten sich nach und neben den schlagkräftigsten Mustern. Nach und neben Kálmáns herauf- und herunterschnellender Agogik, Künnekes harmonischen und rhythmischen Hakenschlägen, Abrahams hämmernder Stanzmelodik entfesseln sie eigenen Schwung, der ohne Umschweif Rhythmus in Klang, Klang in Rhythmus befreit. Vor allem, sie entspringen aus szenischer Phantasie und schaffen raumgreifende szenische Ereignisse, ganz anders als jene nichts als tönenden Tanzliedchen, die undramatische Schlagerkomponisten wie Robert Stolz, Fred Raymond, Friedrich Schröder mal hier, mal dort übers Bühnengebot verstreuen. – In den minder spaßigen Partien klingt *Manina* immer dort vorgestrig, wo der ebenso erfolgreiche Filmkomponist Dostal mit dazumal modischen wort- und gesichtslosen Summchören Hintergrundstimmung erzeugen will. Dabei verschwimmt mit dem musikalischen auch der dramatische Umriß ins Vage. Unverbraucht lebendig hingegen klingt *Manina* dort, wo Dostal sich intensiv einläßt aufs unverwechselbare Gebaren seiner Personen im ebenso unverwechselbaren Raum. Vor allem die Figur des Mario gewinnt hier eine für Operettenmänner ungewöhnlich reizvolle Anziehungskraft. Namentlich seine unerlaubte Heimkunft aus dem Exil ist eine packende musikdramatische Szene. In tiefen Lagen und dunklen Klangfarben brodelt das Orchester auf, wenn Fischer und Weinbauern auf dem Marktplatz vor der Taverne den verbannten Dichter mit heiseren Crescendorufen begrüßen, ihn betatschen und zum Willkommenstrunk auffordern. Rasch wechseln die Tonarten mit jeder Stufe des aufgefrischten Kontakts, bis Mario in es-Moll zu seiner Erzählung ansetzt. Stoßweise begleiten Posaunen, Trompeten und Kontrabaßpizzikati seine rauhen Erlebnisse draußen in der Welt, denen weichere Klänge folgen, sobald er vom harten Schuften auf die Schönheiten der Natur übergeht. Schließlich, im Refrain, verschmelzen Dort und Hier, Damals und Jetzt zu dem, was ihn überall und dauernd erfüllt: »Ich such' in jeder Frau Manina«. Der Takt schlägt um von Marsch auf Tango, die Tonart von Moll auf Dur. Mit deutlicher, aber zarter Akzentuierung des Tomtoms unterstreichen helle Holzbläser, Violinen und Mandolinen seine ebenso beharrliche wie bislang unerfüllte Suche. Die Szene erweitert, was bei Marios Auftrittslied in seiner Schusterstube schon zum Ausdruck kam: Dieser Kerl ist beides, und er ist das eine durchs andre, träumerisch phantasiegeleitet und plebejisch unwirsch über die Zustände ringsum, ob bei Frauen oder in der Politik. Desto auffälliger, aber durchaus konsequent kommen ihm ungetrübte, gar nicht mehr aufsässige Töne, wenn ihn sein bislang nur besungenes Wunschbild in Gestalt der Unbekannten leibhaftig heimsucht. Daß die angespielte Unzulänglichkeit der gesellschaftlichen Zustände in Catatea, privat und öffentlich, eine antwortlose Frage bleibt, erklärt sich aus der Entstehungszeit des Stücks. Das Exilmotiv dürfte schon heikel genug gewesen sein. Auch insofern wäre eine Textüberarbeitung dieser spielenswerten Operette angebracht.

**Wirkung:** Die Uraufführung (Hella: Carla Spletter, Mario: Julius Katona, Carla: Herta Mayen, Ronni: Karl Heigl) wurde zu einem großen Erfolg. *Manina* erzielte allein im Uraufführungstheater 360 Vorstellungen und wurde über Deutschland und Österreich hinaus Dostals populärstes Bühnenstück (aufgeführt in Belgien, Norwegen, der Tschechoslowakei und der Schweiz). Nach dem Krieg leitete die Aufführung im Wiener Raimund-Theater 1947 eine Serie von Neuinszenierungen ein. Dostal hat noch weitere Operetten im herkömmlichen Stil geschrieben, mit sehr viel geringerem Erfolg. Schon zu *Maninas* Zeit hatte sich das alte Schema weitgehend überlebt. Bemerkenswerte Neuansätze, via episches Theater und Volksstück, unternahm Dostal dann noch mit *Doktor Eisenbart* (Nürnberg 1952) und *Der dritte Wunsch* (Nürnberg 1953). Sie konnten sich aber auf Dauer nicht durchsetzen, weil sie musikalisch und gattungsstilistisch in einen Zwischenbereich gerieten.

**Autograph:** ÖNB Wien. **Ausgaben:** Kl.A, 1. Fassung: Lido/Eigen-Vlg., Wien 1947; Kl.A, 2. Fassung: Crescendo, Bln., Wiesbaden; Textb.: Wien, Lido/Eigen-Vlg. 1947. **Aufführungsmaterial:** A&S/Crescendo, München
**Literatur:** s. S. 59

*Volker Klotz*

# Felix Draeseke

Felix August Bernhard Draeseke; geboren am 7. Oktober 1835 in Coburg, gestorben am 26. Februar 1913 in Dresden

## Herrat
### Große Oper in drei Akten

**Text:** Felix Draeseke, nach dem *Amelungenlied* (1843) von Karl Joseph Simrock
**Uraufführung:** 10. März 1892, Hoftheater, Dresden
**Personen:** König Etzel (Bar); Königin Helke, seine Gattin (Mez); Dietrich von Bern (T); Dietrich der Reuße (T); Waldemar, deutscher König der Reußen, sein Vater (B); Herrat (S); Herlinde (Mez); Nanna (S); Waffenmeister Hildebrand (B); Saben (Bar); Ilias, Waldemars Bruder (stumme R). **Chor:** Mägde, Edelfrauen, Kriegsmannen, estnisches Landvolk. **Statisterie:** Knappen, Sabens Gefolge. **Ballett:** Zigeunerinnen, Kriegsmannen, Schützen
**Orchester:** Picc, Fl, 2 Ob, 2 Klar, 2 Fg, 4 Hr, 3 Trp, T.Pos, B.Pos, Pkn, Hrf, Streicher; BühnenM: Hörner, Tamtam
**Aufführung:** Dauer ca. 3 Std. – Ballett zu Beginn des III. Akts.

**Entstehung:** *Herrat* fällt in Draesekes künstlerisch produktivste Zeit, die er von 1876 an in Dresden verbrachte. Es entstanden neben *Herrat* Opern wie *Gudrun* (Hannover 1884) und *Merlin* (1913), das erfolgreiche *Requiem* (1883) sowie die Tetralogie *Christus* (Berlin 1912), ein Mysterienspiel, das als oratorienhaftes Gegenstück zu Wagners *Ring des Nibelungen* (1869–76) gedacht war. Erste Pläne zu *Herrat* gehen auf die Jahreswende 1876/77 zurück. Das Libretto wurde im Febr. 1877 in wenigen Tagen verfaßt. Ein Jahr später, im April 1878, war die Komposition abgeschlossen, wurde aber im folgenden Herbst einer Revision unterzogen, die zu einer grundlegenden Umarbeitung der Liebesszene zwischen Herrat und Dietrich von Bern (II. Akt) und zu einem neuen Schluß führte.
**Handlung:** Im Ostgotenreich, 5. Jahrhundert.
I. Akt, Halle in der Königsburg zu Gran mit Aussicht auf die Donau: Der schwerverwundete Dietrich von Bern und Dietrich der Reußen, Gefangener König Etzels, befinden sich in der Obhut Königin Helkes. Etzel kehrt aus dem Krieg zurück und hofft, den Berner gesund vorzufinden, um mit ihm gegen den Reußenkönig zu Felde zu ziehen. Doch Dietrich von Bern ist nach wie vor leidend. Helke hatte nicht ihm ihre Pflege zuteil werden lassen, sondern Dietrich dem Reußen, dem sie verwandtschaftlich verbunden ist. Zur Rede gestellt, setzt Helke dem erzürnten Etzel ihr Haupt als Pfand für den Fall, daß der Reuße entkäme. Kaum genesen, nutzt der Gefangene die Gelegenheit zur Flucht und reitet mit höhnenden Worten gegen Helke und Dietrich von Bern davon. Mit nahezu

übermenschlicher Kraft erhebt sich Dietrich von Bern vom Krankenlager, um den Reußen zu verfolgen. Die Knappen legen dem Schwerkranken die Rüstung an. II. Akt, 1. Bild, Sabens Burg in Estland: Dietrich von Bern hat den Reußen eingeholt und im Kampf erschlagen. Bei Herrat findet er Zuflucht. Zusammen mit estnischen Landleuten wird sie auf Sabens Burg gefangengehalten, von der König Nentwin, der rechtmäßige Besitzer, vertrieben wurde. 2. Bild, saalartiges Gemach in Sabens Burg: Herrat führt Dietrich ins Schlafgemach. Zum Schutz gegen Saben, der schwor, ihn zu töten, überreicht sie ihm ein Schwert. Mit Herrats Hilfe wird Saben besiegt, die Befreiung Estlands gefeiert. Herrat verspricht Dietrich die Krone Estlands, falls auch der Reußenkönig Waldemar besiegt werde; sie selbst will seine Frau werden. III. Akt, freier Platz an der Donau mit Schiffsanlegestelle: Etzel hat Helkes Tod beschlossen, da dem Reußen die Flucht gelungen ist. Da kehrt Dietrich von Bern als Sieger über die Reußen zurück. Im allgemeinen Jubel über den Sieg verzeiht Etzel der Gattin.

**Kommentar:** Draeseke, der bereits mit *Sigurd* (nicht aufgeführt 1858) und *Gudrun* Sujets der deutschen Heldensage vertont hat (Richard Wagners Einfluß ist hier unverkennbar), ließ sich durch Simrocks *Amelungenlied* zur Komposition von *Herrat* anregen. Der von Draeseke bearbeitete Text des *Amelungenlieds*, eine Kompilation verschiedener deutscher Heldensagen, entstammt dem ersten Abschnitt des dritten Teils, der den Titel »Die beiden Dietriche« trägt. Gegenüber der Vorlage weist das Libretto keine wesentlichen Änderungen auf. Im Mittelpunkt der Oper, die spezifisch deutschnationale Tendenzen erkennen läßt, steht Dietrich von Bern, der in seinem heldenhaften Rittertum Parallelen zu Siegfried zeigt und als Vertreter christlich-humanen Rittertums zugleich als Garant deutschen Ehr- und Pflichtbewußtseins exponiert wird. Die germanische Sagengestalt Dietrichs von Bern fußt auf der historischen Person des Ostgotenkönigs Theoderich, dessen glückhaftes Leben in der Sage in ein tragisches verwandelt wurde. Der Dietrich-Stoff, der auf Quellen des 13. Jahrhunderts zurückgeht (*Hildebrandslied*, 9. Jahrhundert; *Rabenschlacht*, um 1270; *Buch von Bern*, um 1280), erregte bei der Rezeption mittelalterlicher Stoffe in der Romantik weitaus weniger Aufmerksamkeit als die Nibelungensage. Simrock war einer der ersten, die den Stoff erneut aufgriffen. Gesamtkonzeption und Dramaturgie des Textbuchs zeigen im Gegensatz zur musikalischen Gestaltung deutliche Schwächen. Die weitverzweigte Handlung entbehrt dramatischer Kulminationspunkte und einer stringenten Durchführung. Draesekes Unzulänglichkeit als Librettist zeigt auch die spätere Umarbeitung einiger Szenen, insbesondere der neue, dramaturgisch ebensowenig überzeugende Schluß mit Helkes plötzlichem Tod. Der Heterogenität des Texts versucht der Komponist durch leitmotivische Verfahren entgegenzuwirken. Obwohl das Werk in Anlehnung an Wagner durchkomponierte Szenenkomplexe besitzt, fallen einzelne Nummern, musikalische Höhepunkte und dramaturgische Schlüsselstellen markierend, aus dem Zusammenhang heraus. Beispiele hierfür sind Helkes Klagegesänge und die Klagechöre der Mägde im I. Akt sowie die Schlummerszene mit nachfolgendem, in einem enthusiastischen Jubelgesang kulminierendem Liebesduett (II. Akt). Die Balletteinlage im III. Akt, Relikt der Grand opéra, wirkt als Fremdkörper; eine dramaturgische Motivation fehlt.

**Wirkung:** Die Uraufführung (mit Marie Wittich und Karl Perron) ging mit geteiltem Erfolg über die Bühne. Nach wenigen Aufführungen verschwand *Herrat* aus dem Spielplan. 1905, anläßlich des 70. Geburtstags von Draeseke, erfolgte am Uraufführungsort eine Neueinstudierung, die aber keine Neubelebung bewirkte. 1906 wurde die Oper in Coburg inszeniert. An die breitere Öffentlichkeit drang das Vorspiel, das gelegentlich in Konzerten gespielt wurde. 1909 gab Draeseke das Werk mit dem neuen Schluß (Tod Helkes) an das Theater in Weimar; es kam jedoch zu keiner Aufführung.

**Autograph:** Sächsische LB Dresden. **Ausgaben:** Part: [Privatdruck], o.O. o.J. [LOC Washington]; Kl.A: Selbst-Vlg./Forberg, Lpz. [1893; enthält zusätzlich d. geänderten Schluß]
**Literatur:** K. SIMROCK, Das Amelungenlied, in: DERS., Das Heldenbuch, Bd. 4/5, Stuttgart, Tübingen 1843–46; O. ZUR NEDDEN, Die Opern und Oratorien F. D.s, Diss. Marburg 1925; E. ROEDER, F. D., Bln. 1937; J. M. FISCHER, Singende Recken und blitzende Schwerter. Die Mittelalteroper neben u. nach Wagner – ein Überblick, in: Mittelalter-Rezeption. Ein Symposion, hrsg. P. Wapnewski, Stuttgart 1986, S. 511–530

*Julia Liebscher*

# Antonio Draghi

Geboren zwischen 17. Januar 1634 und 16. Januar 1635 (?) in Rimini (Emilia-Romagna), gestorben am 16. Januar 1700 in Wien

## Leonida in Tegea
**Dramma per musica**

**Leonidas in Tegea**
3 Akte (6 Bilder)

**Text:** Niccolò Graf Minato. **Ballettmusik:** Johann Heinrich Schmelzer (eigtl. Johann Heinrich Schmelzer von Ehrenruef)
**Uraufführung:** 9. Juni 1670, Hoftheater, Wien
**Personen:** Prolog: Fortuna/Glück (A); Superbia/Hochmut (S); Tradimento/Verrat (B); Inganno/Betrug (S); Prudenza/Besonnenheit (S); Merito/Vortrefflichkeit (A); Virtù/Tugend (S). **Handlung:** Leonida/Leonidas, König von Sparta, unerkannt in Tegea (B); Almira, seine Gemahlin, unter dem Namen Alcea (S); Tinacre, Herr von Tegea (T); Dioneo, ein alter spartanischer Ritter, der Ceffiso aufgezogen hat (B); Ceffiso, eigentlich Cleomene, Sohn von Leonida und Al-

mira (A); Cillenia, Tochter Tinacres (S); Esteria, böothische Prinzessin, verkleidet als Aminta (S); Eno, Diener von Esteria (T); Lema, eine alte Frau (T); 1. Hirte (T); 2. Hirte (B); 2 Nymphen (S, A); Eforo, Gesandter aus Sparta (T). **Chor:** Hirten, Nymphen.
**Ballett**
**Orchester:** Fl, 3 Streicher (nicht spezifiziert), B.c
**Aufführung:** Dauer ca. 3 Std. – Für die Wiener Aufführung 1694 hat Draghi folgende Stimmlagen im III. Akt verändert: Ceffiso (T), Lema (S), 2. Hirte (T).

**Entstehung:** *Leonida in Tegea* entstand aus Anlaß eines Geburtstags Kaiser Leopolds I. Wie üblich beteiligte sich dieser an der Komposition und schrieb zwei Arien selbst. Als Choreograph wurde Santo Ventura herangezogen, für die Szenographie war Lodovico Ottavio Burnacini verantwortlich.
**Handlung:** In mythischer Zeit.
Prolog, Fortunas Palast: Fortuna, Superbia, Tradimento und Inganno rühmen sich, Cleombroto auf Spartas Thron gebracht zu haben. Prudenza, Merito und Virtù wünschen dagegen, daß sie den rechtmäßigen König Leonida wieder einsetzen.
I. Akt, 1. Bild, Dorf: Vor langer Zeit hat der Usurpator Cleombroto Leonida des spartanischen Throns beraubt und dessen Sohn Cleomene entführt. Dioneo, ein alter spartanischer Ritter, zog Cleomene in Tegea unter dem Namen Ceffiso heimlich auf. Er ahnt nicht, daß Cleomenes Vater, den er nie gesehen hat, unerkannt mit seiner Gemahlin Almira ebenfalls in Tegea weilt. Ceffiso, der auf einer Reise nach Böothien der Prinzessin Esteria die Ehe versprochen hatte, hat sich, nach Tegea zurückgekehrt, in Cillenia, die Tochter Tinacres, des Herrn von Tegea, verliebt. Tinacre seinerseits liebt Almira, ohne zu ahnen, daß sie die rechtmäßige Königin Spartas ist. Leonida und Almira versichern sich ihrer unverbrüchlichen Liebe, und Almira hat sogleich Gelegenheit, ihre Beteuerungen in die Tat umzusetzen; denn Tinacre bedrängt sie so, daß sie gezwungen ist, zum Dolch zu greifen. Nur Leonidas unvermutetes Dazwischentreten verhindert Schlimmeres, und man erfindet eine harmlose Erklärung für die Situation. Als Hirte verkleidet ist Esteria mit ihrem Diener nach Tegea gekommen und belauscht das Liebespaar Ceffiso und Cillenia voll Zorn. 2. Bild, Wäldchen mit einer Quelle: Esteria bestätigt Cillenias Eifersucht, indem sie ein Tête-à-tête stört und vor Cillenia von Ceffiso ihr Recht fordert.
II. Akt, 1. Bild, Garten mit Häusern: Wiederum hat Tinacre Almira bedrängt; diesmal zieht sie ein Schwert, um sich selbst den Tod zu geben. Wiederum tritt Leonida dazwischen und wird mit einer fadenscheinigen Erklärung abgespeist. Bei einem dritten Mal aber erwacht sein Mißtrauen, das Almira nur mit Mühe beschwichtigen kann. Esteria erhält Unterstützung von Dioneo, der Ceffiso seine Untreue vorhält, sowie von Cillenia, die den ungetreuen Ceffiso ihrerseits zurückweist. 2. Bild, an den Garten angrenzende Zimmer: Für ein Fest zu Ehren Dianas wählen die Hirten den vermeintlichen Hirten Aminta zum Anführer der Spiele. Keiner vermag das Rätsel zu lösen, das Aminta/Esteria den Anwesenden aufgibt. Als auch Ceffiso, an den es gerichtet ist, versagt, klagt Esteria seine Untreue öffentlich an und schwört Rache.
III. Akt, 1. Bild, Atrium im Dianatempel: Tinacre schreibt Almira mit seinem Blut einen Brief. Leonida erfährt davon und rast vor Eifersucht. Almira schreibt, um Leonida zu beruhigen, mit ihrem Blut einen Brief an Leonida, den dieser indes für einen Brief an Tinacre hält. Ceffiso, im Bewußtsein seiner Schuld, hält zu Cillenia, worauf Esteria Rache schwört. Bei einer gespielten Opferzeremonie verletzt sie Ceffiso nicht nur zum Schein, sondern tatsächlich. 2. Bild, Zimmer: Ein Bote aus Sparta berichtet, daß Leonida wieder als König eingesetzt wurde. Nun entdeckt Dioneo dem König, daß Ceffiso in Wirklichkeit dessen Sohn Cleomene ist; Esteria gibt ebenfalls ihre Identität bekannt. Dies stürzt Leonida in einen Gewissenskonflikt, denn das spartanische Gesetz sieht für Cleomenes Untreue den Tod vor. Doch nun bereut Cleomene und erklärt Esteria erneut seine Liebe, worauf sie ihm vergibt und Leonida der schweren Entscheidung enthebt. Auch Tinacre erlangt Verzeihung und versichert das neue Königspaar seiner unwandelbaren Treue.

**Kommentar:** *Leonida in Tegea* ist eine von mehr als 100 Opern, die aus der Zusammenarbeit Minato/Draghi/Burnacini/Schmelzer/Ventura für den habsburgischen Hof entstanden. Sie steht am Anfang eines 30jährigen, gleichsam immerwährenden Kalenders höfischer Festivitäten, bei denen, nach dem überwältigenden Erfolg von Cestis *Pomo d'oro* (1668), eine Opernaufführung zur festen Institution wurde. Zwischen fünf und sieben Opern pro Jahr wurden die Regel: im Karneval ein meist komisches Werk für den engsten Kreis der kaiserlichen Familie, zu den Geburts- und Namenstagen des Kaisers sowie seiner wechselnden Gemahlinnen jeweils heroische Themen aus der klassischen Historie, bisweilen mit Anspielungen auf den Kaiser selbst. An solchen Aufführungen nahm die höfische Öffentlichkeit auf beiden Seiten des Vorhangs teil: Leopold I. beteiligte sich in vielen Opern an der Komposition, indem er einige Arien beisteuerte, und manche dieser Werke wurden, wie die Wiederaufnahme von *Leonida* im Karneval 1694 zeigt, von Damen und Herren des Hofs aufgeführt. Dem konservativen Anspruch Leopolds und seines Hofs entsprechend bewahren auch die Opern seiner jahrzehntelangen Regierungszeit, trotz gelegentlicher Anpassung an die Veränderungen des Zeitgeschmacks, ein nahezu alterslos einheitliches Gesicht. Die Verpflichtung, für jeden Anlaß etwas Neues zu liefern, das dem Bisherigen gleichwohl entsprach, zog einen Schematismus nach sich, der sich vor Einflüssen von außen, etwa den musikdramatischen Entwicklungen in Venedig, weitgehend verschloß. Sowohl Minato als auch Draghi waren über Venedig nach Wien gekommen; der Typus der habsburgischen Hofoper entspricht denn auch der der venezianischen Oper in der 2. Hälfte des 17. Jahrhunderts. *Leonida* hat drei Akte mit jeweils 16 Szenen, die ein kunstvolles Geflecht unterschiedlicher Handlungsstränge und wechselnde Handlungsebenen bilden, sowie einen Prolog; höfische »Zutaten« sind die ausgedehnten Ballette an den Aktschlüssen und die Licenza. Das Sujet basiert auf einer antiken Quelle, Pausanias' *Perihegesis tes Hellados*. Seine Verarbeitung zum Opernlibretto läßt, wie in den meisten Libretti der Zeit, den historischen Stoff jedoch in dem Maß austauschbar erscheinen, in dem der Erwartung des Publikums hinsichtlich bestimmter typischer Szenen und Verwicklungen Rechnung getragen wird. Zu den wichtigsten Merkmalen einer Opernhandlung dieser Jahre gehören die Verwechslungen, die sich aus der Tatsache ergeben, daß ein großer Teil der handelnden Personen unter dem Schutz einer falschen Identität agiert; sodann die fehlgeleiteten Briefe, die verlassenen, um ihr Recht kämpfenden Bräute, die jung entführten Königskinder, die Diener und Ammen. Erst wenn das Handlungsknäuel unentwirrbar scheint, wird es, so spät wie möglich, mittels eines Handstreichs gelöst. Im Fall von *Leonida* beschwört der Deus ex machina in Gestalt des spartanischen Gesandten allerdings den letzten Konflikt erst herauf, da Leonida als König von Sparta verpflichtet wäre, den eigenen Sohn zu töten. Die endgültige Wendung zum Guten wird auf diese Weise noch um eine Episode mehr herausgeschoben. Sparsamer verwendet überdauerten diese dramatischen Situationen die Zeiten bis in das metastasianische Libretto hinein; die Verwandtschaft von Handlungselementen in *Leonida* und Pietro Metastasios *Olimpiade* (1733) oder auch *Il re pastore* (1751) sind unverkennbar. Musikalisch entspricht *Leonida* dem Durchschnitt der venezianischen Oper seiner Zeit; 46 Arien stehen sieben Duette gegenüber sowie eine Reihe kürzerer Einschübe im Duett. Manche in den 46 nicht enthaltene ariose Einschübe schälen sich zum Schluß einer Szene aus einem längeren Rezitativ als dessen pathetischer Schluß heraus; andere Arien sind sehr kurz und liedartig; daneben stehen zweistrophige und Dakapoformen. Aus diesem kompositorischen Mittelmaß ragen einige Szenen heraus, deren Besonderheit zum Teil auf das Libretto, zum Teil auf rein musikalische Einfälle zurückzuführen sind. Das Liebesduett Ceffiso/Cillenia in II/6 und II/7 wird immer wieder von kurzen rezitativischen Einschüben der wütend im Verborgenen lauschenden Esteria und ihres Dieners unterbrochen; am Schluß mischt sich Esteria gar in das Duett ein und macht ihm mit derselben Musik im Dreiertakt ein Ende. Die große Eröffnungsszene des III. Akts, in der Tinacre über sein Liebesleid reflektiert, schwankt zwischen Rezitativ, Arie und Ensemble hin und her: Mal im rezitativischen, mal im ariosen Gestus singend, beendet Tinacre jede seiner Überlegungen mit einer Frage an seine Gedanken, deren kurze Antwort wie ein Refrain die Szene rondoartig gliedert. Draghi widmete zudem besonders den größeren Arien gesteigerte Aufmerksamkeit im Formalen, während er im Bereich des musikalischen Ausdrucks konventionell blieb. Viele seiner Arien sind Zwischenstadien von strophischer und Dakapoform. So komponierte er für Leonidas Eifersuchtsarie »Non ti voglio nel mio core« (II/4) eine Art Rondoform mit einem instrumentalen Ritornell in der Mitte. Und Esterias Rachearie »Fonti, stagni, fiumi e mari« (III/5) weist eine zwischen Dakapo- und strophischer oszillierende Form auf, in der die instrumentalen Ritornelle zwischen den stark kontrastierenden Teilen der Arie sowohl im Dreier- wie auch im Viererakt diesen an Bedeutung nicht nachstehen.

**Wirkung:** *Leonida in Tegea* ist Draghis einzige Oper, die ihren Weg von der habsburgischen höfischen Bühne nach Venedig an ein kommerzielles Theater fand. Sie erscheint dort 1676 im Spielplan des Teatro di San Moisè in einer Bearbeitung Marco Antonio Zianis. 1694, nahezu ein Vierteljahrhundert nach der Uraufführung, wurde sie in Wien noch einmal gegeben. Für diese Aufführung wurde der III. Akt umgearbeitet; im Manuskript der Oper erscheint dieser in einer andern Handschrift als die ersten beiden Akte. Neben äußeren Änderungen (siehe Aufführung) lassen sich auch einige stilistische Änderungen erkennen: Der III. Akt enthält weitaus mehr Instrumentalmusik als die ersten beiden; zudem ist die Rolle der Esteria deutlich virtuoser. Wie alle Opern Draghis und Minatos verschwand auch *Leonida* nach dem Tod Leopolds I. in den Archiven und wurde bis heute nicht mehr aufgeführt.

**Autograph:** Verbleib unbekannt. **Abschriften:** ÖNB Wien (Mus. Hs. 15.599); Part, Ballett: ÖNB Wien (Mus. Hs. 16.583/2, Nr. 158-167); St. d. Balletts: Hudební arch. kolegiátního kostela Sv. Mořice Kremsier (XIV/66). **Ausgaben:** Part, Faks.-Nachdr. d. Abschrift: Garland, NY, London 1982 (Italian Opera 1640–1770. 64.); 2 Arien Leopolds I., in: Musikalische Werke der Kaiser Ferdinand II., Leopold I. und Joseph I., hrsg. G. Adler, Wien 1892; Textb.: Wien, Cosmerovius [1670], Nachdr. in: Italian Opera Librettos, Bd. 13, NY, London, Garland 1983 (Italian Opera 1640–1770. 94.); Textb., dt.: Wien, Cosmerovius 1670; Textb., Bearb. v. M. A. Ziani: Venedig, Nicolini 1676 **Literatur:** H. SEIFERT, Die Oper am Wiener Kaiserhof im 17. Jahrhundert, Tutzing 1985 (Wiener Veröff. zur M.Gesch. 25.), S. 326–328, 496 u. ö

*Silke Leopold*

# Sabin Drăgoi

Auch Sabin Vasile Drăgoiu; geboren am 19. Juni 1894 in Selişte (Banat), gestorben am 31. Dezember 1968 in Bukarest

## Năpasta
**Dramă muzicală în trei acte**

### Das Unglück
Musikalisches Drama in 3 Akten

**Text:** Sabin Drăgoi, nach der Tragödie (1890) von Ion Luca Caragiale
**Uraufführung:** 30. Mai 1928, Rumänische Oper, Bukarest
**Personen:** Dragomir, Gastwirt (T); Gheorghe, Lehrer (Bar); Anca, Dragomirs Frau (S); Ion, Sträfling (B);

ein alter Mann (Bar). **Chor:** Bauern, Bäuerinnen, junge Leute
**Orchester:** 3 Fl (3. auch Picc), 2 Ob, E.H, 2 Klar, B.Klar, 2 Fg, 4 Hr, 2 Trp, 3 Pos, Tb, Pkn, Schl (gr.Tr, Bck), Hrf, Streicher
**Aufführung:** Dauer ca. 2 Std. 30 Min.

**Handlung:** In einem Bergdorf in Rumänien, Ende des 19. Jahrhunderts.
I. Akt, Hof eines Wirtshauses: Es ist Feiertag; die Bauern singen und tanzen. Gegen Abend ziehen sie sich zurück, nur Dragomir, Anca und der Lehrer Gheorghe bleiben an einem Tisch sitzen. Gheorghe hat aus der Zeitung erfahren, daß der Sträfling Ion, der des Mords an Dumitru, Ancas erstem Mann, bezichtigt wurde, aus dem Zuchthaus entflohen ist. Anca wirft ihrem neuen Mann Dragomir, dem wahren Mörder Dumitrus, vor, sie zur Heirat genötigt zu haben.
II. Akt, Zimmer in Ancas Haus: Ion, der durch die im Zuchthaus erlittenen Schläge wahnsinnig geworden ist, betritt Ancas Zimmer. Sie erkennt ihn wieder, gibt ihm zu essen und richtet ihm eine Schlafstelle im Zimmer nebenan her. Gheorghe kommt ins Haus, gesteht Anca seine Liebe und macht ihr einen Heiratsantrag. Er hat erfahren, daß Dragomir beabsichtige, das Dorf zu verlassen, weil er beim Kartenspiel eine große Summe verloren hat. Anca ist immer mehr davon überzeugt, daß ihr Mann den Mord verübt hat.
III. Akt, Zimmer in Ancas Haus, Mitternacht: Anca plant, sich an Dragomir zu rächen. Dieser erwacht aus einem Alptraum und verliert die Fassung, als er Ion sieht und Anca diesem mitteilt, daß Dragomir der Mörder sei. Ion stürzt sich auf Dragomir, um ihn zu erwürgen, wird aber von Anca zurückgehalten. In einem Anfall von Verzweiflung ergreift er ein Messer und ersticht sich. Um sich an ihrem Mann zu rächen, ruft Anca die Dorfbewohner herbei und teilt ihnen mit, daß Dragomir Ion getötet habe. Nun muß auch Dragomir für ein Verbrechen büßen, das er nicht verübt hat.

**Kommentar:** Um nicht auf historische Themen zurückgreifen zu müssen, wählte Drăgoi das psychologische Bauerndrama *Năpasta* und änderte einige Textstellen der Vorlage so ab, daß der soziale Charakter besser hervorgehoben wurde. Die Handlung der Oper beinhaltet einen zweifachen dramaturgischen Sinn: Einerseits geht es um die Tragödie der Personen, andrerseits existiert ein sozialpolitischer Hintergrund. Ion, der Wahnsinnige, ist das Opfer bürgerlicher Justiz, und die Tragödie seiner Unschuld ist eine Anklage gegen jene Instanz. Das Finale ist gleichfalls durch sozialpolitischen Motive bestimmt: Der Mörder wird dem Volk übergeben, damit es ihn richte, nicht den Gendarmen wie in Caragiales Drama. – In der rumänischen Musikgeschichte ist *Năpasta* die erste Oper, die der Gattung des psychologischen Musikdramas zugeordnet wird, deren Thematik dem Leben der Bauern entnommen ist und die, nach Opern mit antiken, geschichtlichen, satirischen und Märchenthemen, im Rumänien des 20. Jahrhunderts spielt. In seiner Mu-

*Năpasta*, II. Akt; Ion Iercosan als Ion, Ion Tordai als Dragomir; Rumänische Oper, Klausenburg 1981. – Der prunkvoll-monumentale Bühnenrahmen steht in Kontrast zu dem einfachen Raum, in dessen folkloristisch-bäuerlichem Ambiente sich das tragische Schicksal der Bergbauern abspielt.

siksprache verwendet Drăgoi für den Gesangspart des Ion ein Zitat aus der *Colindă*, einem ländlichen rumänischen Weihnachtslied mittelalterlichen Ursprungs, sowie lyrische Melodien oder Tanzlieder und folkloristische Themen für die andern Partien. Im Verlauf der Handlung tauchen auch Motive auf, die als Symbole für Personen oder dramatische Momente verwendet werden. Formal ist die Oper in Nummern gegliedert, die wiederum als Variation, Rondo, einfache oder dreiteilige Liedform neben Rezitativen oder volksliedhaftem Sprechgesang (Monolog des Ion im II. Akt) gestaltet sind.

**Wirkung:** Nach den Premieren in Bukarest und Klausenburg wurde *Năpasta* bis in die Gegenwart auf diesen Bühnen und in den Opernthéatern von Jassy und Temesvar mehrmals neu inszeniert, wobei von 1958 an eine im II. Akt verkürzte Einrichtung verwendet wurde.

**Autograph:** Opera Romănă Bukarest. **Ausgaben:** Kl.A: Editura Muzicală, Bukarest 1961
**Literatur:** G. SBÂRCEA, ›Năpasta‹ lui S. V. D., Klausenburg 1958; O. L. COSMA, Opera românească, Bd. 2, Bukarest 1962, S. 32–46; V. COSMA, S. D., in: Sovetskaja muzyka 6:1964, S. 122f.; N. RĂDULESCU, S. V. D., Bukarest 1971

*Romeo Ghircoiaşiu*

# George Dreyfus

Geboren am 22. Juli 1928 in Wuppertal

## Garni Sands
**Opera in Two Acts**

**Garni Sands**
2 Akte (6 Bilder)

**Text:** Frank Gerald Kellaway, nach seinem Hörspiel (1965)
**Uraufführung:** 12. Aug. 1972, Science Theatre, University of New South Wales, Sydney
**Personen:** Andrew Stewart, Farmer (Bar); Kirstie Stewart, seine Frau (Mez); Eve Stewart, seine Tochter (S); Kane Chapman, auf Bewährung entlassener Sträfling und Liebhaber Eves (T); Joe Ayres (T), Miles Buckstone (Bar) und Emanuel Hook (B), auf Bewährung entlassene Sträflinge; Kommentator (Bar); Sergeant (B)
**Orchester:** Fl (auch Picc), Klar, Fg, Hr, Trp, Pos, Pkn, Schl (2 Spieler: kl.Tr, gr.Tr, Bck, Tomtoms, Tamtam, Crotales, Holzblock, Metallblock, Trg, Röhrenglocken, Bongos, Maracas, Glsp, Xyl, Vibr), Cel, Kl, Streicher (solistisch oder chorisch)
**Aufführung:** Dauer ca. 1 Std. 30 Min. – Kommentator und Sergeant können vom selben Sänger dargestellt werden.

**Entstehung:** In den 60er Jahren hatte Dreyfus für den Melbourner Produzenten Tim Burstall mehrere Filmmusiken komponiert und über ihn Kellaway kennengelernt. Dieser arbeitete auf Dreyfus' Wunsch sein soeben produziertes Hörspieldrama zu einem Opernlibretto um. Dreyfus vertonte es 1965/66, konnte jedoch erst sechs Jahre später die Uraufführung seines Bühnenerstlings durchsetzen.

**Handlung:** Auf Garni Sands, einer abgelegenen Farmersiedlung an der Südküste von Gippsland (Australien), um 1850.
I. Akt, 1. Bild (»Introduktion«), vor der Siedlung, früher Abend: Der Farmer Stewart, Kirstie, Eve und die vier Sträflinge sitzen vor der Haustür. Der Kommentator an der Bühnenrampe beschreibt Garni Sands, einen nur über das Meer erreichbaren Außenposten, eingeschlossen von der unendlichen Weite des Buschlands, und stellt die Personen vor: Neben der Familie des Farmers sind da der unduldsame und leichtfertige Buckstone, der finstere und jähzornige Hook, der gerissene Schurke Ayres und der aufrechte und ehrliche Kane Chapman, der Eve insgeheim liebt.
2. Bild, einsamer Platz nahe der Siedlung: Kane und Eve treffen sich heimlich. Kane will sich von Eve trennen, weil er als Sträfling nicht an eine gemeinsame Zukunft mit ihr, der Tochter eines freien Siedlers, glauben mag. Eve widerspricht mit den Argumenten, daß Kanes Begnadigung zu erwarten sei und sie selbst bald volljährig werde. Kirstie ruft Eve ins Haus zurück. 3. Bild (Filmszene), Sturm und Schiffbruch eines Versorgungsschiffs: Der Kommentator und Eve berichten an der Rampe vom Schiffbruch, bei dem Kane dem Farmer das Leben rettet (Filmende). Die beiden Männer erscheinen und danken gemeinsam mit Kirstie und Eve Gott für ihre glückliche Rettung. Stewart und die Sträflinge müssen nun das Buschland durchqueren, um Lebensmittel für die Siedlung zu beschaffen. 4. Bild, Lichtung im Buschland, Nacht: Die Sträflinge sitzen am Lagerfeuer und versuchen vergeblich, Kane für ihre Mordpläne an Stewart zu gewinnen. Stewart belauscht das Gespräch und flieht, nachdem er die Reitpferde der andern vertrieben hat. Im Streit der Sträflinge, denen nun der Hungertod droht, wird Buckstone von Hook erstochen, die andern beiden können fliehen.
II. Akt, 1. Bild, auf der Veranda von Stewarts Haus, später Nachmittag: Eve und Kirstie erwarten ängstlich die Heimkehr der Männer. Kane hat zur Siedlung zurückfinden können und erzählt Eve von den Ereignissen am Lagerfeuer. Da Stewart nun von der Liebesbeziehung seiner Tochter weiß, fürchtet Kane seine Rache und will ins Landesinnere fliehen. Gegen seinen Willen besteht Eve darauf, mit ihm zu gehen. Sie eilt ins Haus, um Proviant und eine Waffe zu holen, doch Kane verschwindet unbemerkt. Kirstie kann ihre Tochter nicht daran hindern, dem Geliebten zu folgen.
2. Bild, vor dem Haus, Mittag: Stewart ist heimgekehrt und fürchtet um das Leben seiner Tochter. Er bedauert, Kane zuvor nicht geholfen zu haben. Ein Sergeant bringt die Nachricht vom Tod der Sträflinge: Hook und Ayres sind verdurstet. Wenig später kehrt

Kane mit Eves Leiche zurück: Eve ist auf der Flucht vom Pferd gestürzt. Verbittert beklagt Kane ihren Tod, die Eltern fühlen sich mitschuldig und bitten Gott um Vergebung.

**Kommentar:** Der 1939 mit seinen Eltern nach Australien emigrierte Dreyfus gilt heute als einer der führenden Komponisten dieses Kontinents. Die Beschäftigung mit den Werken der Wiener Schule (besonders Arnold Schönbergs und Anton von Weberns) und den Arbeiten der europäischen Avantgarde (Pierre Boulez, Luigi Nono, Karlheinz Stockhausen, Hans Werner Henze) führte ihn Anfang der 60er Jahre zu dodekaphonen Kompositionsprinzipien, die in Werken wie *Music in the Air* (1961) und *From Within Looking Out* (1962) ihren Ausdruck fanden. Auch die Partitur von *Garni Sands* basiert größtenteils auf dodekaphonen Strukturen; die Klangfarben einzelner Instrumente oder Instrumentengruppen sind den unterschiedlichen Charakteren der Personen zugeordnet. Das Werk zeichnet sich durch große handwerkliche Sorgfalt aus und bezieht seine Bühnenwirksamkeit nicht zuletzt aus der farblichen Differenziertheit des Orchesterparts und aus den auch formal sehr sorgfältig strukturierten Zwischenspielen, in denen auf die konträren Ebenen der Handlung (die Sphäre der Liebenden und die durch eine äußerst rohe Sprache gekennzeichnete Ebene der drei Sträflinge) umgeblendet oder aber das Verhängnis der Liebe von Eve und Kane musikalisch antizipiert wird (I/2). Vom Sujet her ist *Garni Sands* ein klassisches Liebesdrama, geprägt durch den sozialen Gegensatz einer Gruppe von Siedlern, deren Leben von einer rauhen und lebensfeindlichen Natur geprägt ist, einer Natur, die das Libretto in seiner symbolreichen Sprache auf eindrucksvolle Weise präsent werden läßt.

**Wirkung:** Noch im Jahr der Uraufführung wurde *Garni Sands* auch in Melbourne (Union Theatre) inszeniert. Im Mai 1975 folgte die New Yorker Premiere durch die Bel Canto Opera Company; dies war die erste Aufführung einer abendfüllenden australischen Oper in Übersee seit 1913. Die Opera Mode Sydney brachte 1985 eine Inszenierung von Brian Harrison.

**Autograph:** beim Komponisten. **Ausgaben:** Kl.A v. W. Giefer, Allans Music, Melbourne [1972?]; Textb.: ebd. **Aufführungsmaterial:** Allans Music, Melbourne
**Literatur:** K. LUCAS, G. D.'s ›Garni Sands‹. A Foreword Step for Australian Opera, in: Studies in Music 7:1973, S. 78–87; E. DOBSON, G. D., in: Australian Composition in the Twentieth Century, hrsg. F. Callaway, D. Tunley, Melbourne 1978, S. 126–135

*Rainer Franke*

## The Gilt-Edged Kid
**Opera in One Act**

**Der Goldjunge**
Prolog, 1 Akt

**Text:** Lynne Strahan
**Uraufführung:** 11. April 1976, Montsalvat, Eltham (Victoria)

**Personen:** Gilt-Edged Kid (T); Clio (S); Roy (hoher T); Rusty (B); Administrator (Bar); Chef der Sicherheit (hoher T); Chef der Polizei (B); Drozdhov (Bar); Llheureux (hoher Bar); Catafalque (Kol.S)
**Orchester:** 2 Fl, 2 Ob, 2 Klar, 2 Fg, 2 Hr, 2 Trp, 2 Pos, Pkn, Schl (3 Spieler: kl.Tr, gr.Tr, Bck, Tamtam, Tamburin, Maracas, Trg, Röhrenglocken, Glsp, Xyl, Vibr, Drum set), Kl, Streicher
**Aufführung:** Dauer ca. 1 Std. 30 Min. – Die Oper kann mit reduzierter Instrumentalbesetzung gespielt werden (7 Spieler: Klar, Fg, Trp, Pos, Vl, Kb, Schl).

**Entstehung:** 1970 vergab die Australian Opera Sydney sieben Kompositionsaufträge für Bühnenwerke australischer Provenienz. *The Gilt-Edged Kid* wurde als eins dieser Stücke noch im selben Jahr fertiggestellt. Indes kam es bis auf weiteres zu keiner Inszenierung durch die Auftraggeber.

**Handlung:** In einer repräsentativen Halle in viktorianischer Neugotik, fiktive Gegenwart. Clio erläutert die Ausgangssituation: In Australien hat eine Revolution stattgefunden, ohne jedoch die Macht der regierenden Konservativen zu brechen. In dieser politischen Pattsituation treffen sich Rebellenführer und staatstragende Offizielle an neutralem Ort in der Absicht, die künftigen Machtverhältnisse auszuhandeln. – Der finstere Drozdhov, ein ehemaliger Bärenbändiger aus Odessa, schlägt vor, ein Turnier in fünf Kämpfen um die Macht zu veranstalten. Die beiden Kontrahenten sind der jugendliche Rebellenführer Gilt-Edged Kid, der »Goldjunge«, und der graumelierte Administrator auf seiten der Konservativen. Beobachtet wird das Ereignis von den Gefolgsleuten des Goldjungen: dem sentimentalen Roy, dem materialistischen Rusty und der in ihn verliebten Clio. Die Gegenseite stützen der Polizeichef und der Sicherheitsbeauftragte. Unabhängige und unrealistische Kommentatoren aus einer andern Welt sind der französische Revolutionär Llheureux mit seiner ausgeprägten Leidenschaft für Umsturz und Katastrophe und Catafalque, ein enthusiastischer Märtyrer aus dem Mittelalter. In der ersten Runde wird »Strategie« gespielt: Der völlig unerfahrene Kid schlägt die gelbe Flotte und gewinnt. Es folgen ein musikalischer Wettbewerb »Gesang mit Instrument nach Wahl« und eine Partie am Spielautomaten: Beide gehen unentschieden aus. Entgegen den Erwartungen aller gewinnt der ältliche Administrator daraufhin den Wettbewerb im Holzhacken; die letzte Runde, das Bogenschießen, bringt also die Entscheidung. Kid trifft ins Schwarze, der Administrator hantiert ungeschickt mit seiner Waffe und löst versehentlich den Pfeil, als Kid gerade vor der Zielscheibe steht. Tödlich getroffen, reflektiert der Rebell sein Schicksal mit Bitterkeit. Roy und Rusty streiten sich um den internen Machtanspruch; der Polizeichef verhaftet den Administrator wegen Totschlags. Die historischen Figuren, der Märtyrer und der Revolutionär, heißen Kid im Reich der toten Helden willkommen. Während der Vorhang fällt, wird der Administrator vom Polizeichef erschossen; der Sicherheitsbeauftragte geht telephonieren.

**Kommentar:** Das geistreiche Libretto ähnelt einer Farce über den politischen Kleinkrieg ideologischer Antipoden und steckt voller (auch tagespolitischer) Anspielungen auf die australische Situation. Die effektvolle Musik ist eingängig, bühnenwirksam und dabei überschaubar im Gebrauch sich wiederholender Strukturen, Sequenzierungen, in der Ausbreitung rhythmischer und melodischer Floskeln sowie in der generell unproblematischen Disposition von Singstimme und Orchesterbegleitung. Der Orchestersatz tritt nie in den Vordergrund; er läßt sich technisch und ohne Substanzverlust auf wenige Gerüststimmen reduzieren, denn oft verdoppeln die Instrumente einfach die Hauptstimme, oder sie werden parallel geführt. Die Wirkung der unkomplizierten Partitur basiert, wie bei andern Werken von Dreyfus, auf rhythmischer Impulsivität, lebhafter Motorik und aparten Klangeffekten, verbunden mit einer breiten Skala stilistischer Zitate und thematischer Anspielungen. Das Werk steht dem Musical im Stil Leonard Bernsteins weit näher als den zeitgenössischen europäischen Opern.

**Wirkung:** Da die Australian Opera eine Inszenierung von The Gilt-Edged Kid nicht anberaumte, ergriff der Komponist selbst die Initiative, gründete das Opernensemble Co-op GEKKO und brachte das Werk Anfang März 1976 beim Begonien-Festival in der Goldgräberstadt Ballarat an die Öffentlichkeit; vier Wochen später folgte die eigentliche Uraufführung. Beachtung durch die australische Musikkritik fand aber erst die Sydneyer Premiere am 13. Aug. 1976 am New South Wales State Conservatorium unter Leitung des Komponisten mit Simon O'Loughlin als Gilt-Edged Kid, Constance Coward als Clio und John Wegner als Administrator.

**Autograph:** beim Komponisten. **Ausgaben:** Part: Allans Music, Melbourne; Part, reduzierte Besetzung: ebd.; Kl.A v. W. Giefer: ebd.; Textb.: ebd. **Aufführungsmaterial:** Allans Music, Melbourne
**Literatur:** s. S. 70

*Annegrit Laubenthal*

# Riccardo Drigo

Geboren am 30. Juni 1846 in Padua (Venetien), gestorben am 1. Oktober 1930 in Padua

**Talisman**
→ Petipa, Marius (1889)

**Wolschebnaja fleita**
→ Iwanow, Lew Iwanowitsch (1893)

**Arlekinada**
→ Petipa, Marius (1900)

# Iwan Iwanowitsch Dserschinski

Geboren am 9. April 1909 in Tambow (Rußland), gestorben am 18. Januar 1978 in Leningrad

## Tichi Don
Opera w tschetyrjoch deistwijach

## Der stille Don
Oper in 4 Akten

**Text:** Leonid Iwanowitsch Dserschinski, nach Motiven aus dem 1. und 2. Buch des Romans (1928–40) von Michail Alexandrowitsch Scholochow
**Uraufführung:** 22. Okt. 1935, Maly-Theater, Leningrad
**Personen:** Pantelei Melechow (T); Iljinitschna, seine Frau (Mez); Grigori (T) und Pjotr (B), ihre Söhne; Dascha, Pjotrs Frau (S); Lukinitschna Korschunowa (S); Natalja, ihre Tochter (S); Mitka, ihr Sohn (hoher B); Axinja (Mez); General Listnizki (B); Jewgeni, sein Sohn (Bar); Mischuk, Kamerad Grigoris (T); Saschka, Listnizkis Kutscher (B); ein irrsinniger Soldat (T); Kosakenrittmeister (Bar). **Chor, Ballett:** Gäste, Bauern, Kosaken, Soldaten, Deserteure, Gefangene
**Orchester:** Picc, 2 Fl, 2 Ob, 2 Klar, B.Klar, 2 Fg, 4 Hr, 3 Trp, 3 Pos, Tb, Pkn, Schl (gr.Tr, kl.Tr, MilitärTr, Bck, Tamburin, Tamtam, Kastagnetten, Glsp, Röhrenglocken), Hrf, Streicher
**Aufführung:** Dauer ca. 1 Std. 45 Min. – Die deutsche Bearbeitung von Erwin Bugge nennt zusätzlich: Platonitsch, Kaufmann (Bar); Ataman der Kosakensiedlung (T); Vorsänger (T); ein geschäftiges Bäuerlein (T); Ausrufer (Spr.); Lakai (Bar).

**Entstehung:** Abram Gosenpud pointiert in seinem Standardwerk *Russki i sowjetski operny teatr 1917–1941* (1963) die fast anekdotisch anmutenden Entstehungsumstände: Der junge, unbekannte Komponist Dserschinski reicht 1934 zu einem von der *Komsomolskaja prawda* ausgeschriebenen Wettbewerb eine Oper ein, die von der Jury wegen gravierender handwerklicher Mängel abgelehnt wird, aber die Aufmerksamkeit Dmitri Schostakowitschs findet, der sich bei seinem Freund Samuil Samossud, dem Chefdirigenten des Leningrader Maly-Theaters, für Dserschinski verwendet. Und mit Hilfe des Dirigenten entsteht jenes Werk, das bis in die 50er Jahre als Prototyp der sowjetischen Oper in der offiziellen Kunstpolitik gelten sollte. Tatsächlich aber ist die Liedoper nicht erst mit *Tichi Don* entstanden und das Genre mit diesem Werk nicht erschöpft. Es gibt bedeutende und reichere Vorläufer. Dazu zählen Wladimir Deschewows *Ljod i stal* (*Eis und Stahl*, 1930), Lew Knippers *Sewerny weter* (*Nordwind*, 1930), Marian Kowals *Semlja wstajot* (*Die Erde steht auf*, 1932) und Waleri Schelobinskis *Kamarinski muschik* (*Der Komarinsker Bauer,* 1933). Dserschinski selbst hatte bereits 1932 am Theater der Arbeiterjugend mit der Operette *Seljony zech* ausprobiert, wie man eine Handlung musikalisch durch eine Aneinanderreihung verschiedener Liedtypen erzählen kann. Seinem Bruder Leonid kam daraufhin die Idee zu einem entsprechenden Libretto nach Scholochows den Nerv der Zeit treffendem bekannten Roman. An der Ausführung der Komposition, an der Lösung satztechnischer, instrumentatorischer Probleme war Samossud wesentlich beteiligt. Samossuds Anteil läßt sich im Vergleich mit den nachfolgenden Opern Dserschinskis ermessen, der nach dem großen Erfolg mit seinem Opernerstling glaubte, auf Hilfe verzichten zu können. Von ihnen kennt man heute bereits kaum noch die Titel: *Podnjataja zelina* (*Neuland unterm Pflug,* nach dem Roman von Scholochow, Moskau 1937), *Wolotschajewskije dni* (*Die Tage von Wolotschajew,* komponiert 1939), *Krow naroda* (*Das Blut des Volks,* Orenburg 1942), *Nadeschda Swetlowa* (Leningrad 1943), *Metel* (*Der Schneesturm,* nach der Erzählung von Alexander Puschkin, Leningrad 1946), *Knjas-osero* (*Der Seefürst,* nach einer Erzählung von Pjotr Werschigora, Leningrad 1947), *Daleko ot Moskwy* (*Fern von Moskau,* Leningrad 1954), *Sudba tscheloweka* (*Ein Menschenschicksal,* nach der Erzählung von Scholochow, Moskau 1961), *Grigori Melechow* (Fortsetzung von *Tichi Don,* nach dem 3. und 4. Buch von Scholochows Roman, Leningrad 1967) und *Wichri wraschdebnyje* (*Feindliche Wirbelstürme,* 1969).

**Handlung:** Im Gebiet des Don, zwischen 1914 und 1917.

I. Akt, 1. Bild, Pantelei Melechows Anwesen: Ein Sohn des Hauses, Grigori, wird an die schöne und reiche Kosakentochter Natascha verheiratet. Die Feier wird durch einen ungebetenen Gast gestört: Die Nachbarin Axinja fordert den Bräutigam für sich, denn sie liebten einander. Sie wird aus dem Haus gewiesen. 2. Bild, zwei Höfe nebeneinander, Haus und Hof Melechows, Hof und Blockhütte Axinjas: Axinja und Grigori können einander nicht vergessen. Natascha ist unglücklich, weil sie nicht geliebt wird, und der Vater Pantelei droht, Grigori das Erbteil zu entziehen. Grigori und Axinja verlassen ihre Familien.
II. Akt, 1. Bild, Platz vor einer Mühle: Bauern und Kosaken geraten in Streit, zuerst wegen der Reihenfolge beim Mahlen, dann wegen Axinja. Pantelei sagt sich von seinem Sohn los, der sich als Knecht bei General Listnizki verdingt hat. Der Zar erklärt Deutschland den Krieg. Listnizki beruft die Kosaken und Bauern zum Militärdienst ein. Grigori und Axinja müssen sich trennen. 2. Bild, Lakaienzimmer in Listnizkis Haus: Der Generalssohn Jewgeni umwirbt Axinja. Grigoris Frau Natascha bringt Axinja die Nachricht, daß dieser gefallen sei. Axinjas und Grigoris Kind stirbt. Jewgeni tröstet die Verzweifelte.
III. Akt, breiter Weg, Kosakenabteilung in der Nähe der Front: Kriegsmüde und zarentreue Soldaten geraten in Streit, ob sie den Krieg noch weiter mitmachen sollen. Grigori ist nicht gefallen, er konnte sich retten und agitiert nun gegen den Krieg. Ein wahnsinnig gewordener Soldat bekräftigt seine Worte. Der größte Teil der Soldaten schließt sich den Deserteuren an.
IV. Akt, Listnizkis Hof: Listnizki läßt sein Gut mit Wachen umstellen, um es vor den Roten zu schützen. Grigori kehrt heim und erfährt von einem aus dem Gesinde, daß seine Tochter tot ist und Axinja ihn mit dem Generalssohn betrügt. Grigori erschießt Jewgeni. Pantelei will den Sohn dafür hinrichten lassen. Grigori sagt sich von den Kosaken los, verzeiht Axinja und schließt sich der Roten Armee an.

**Kommentar:** Die Liedoper vom Typ *Tichi Don* stellte eine zeitbedingte nationale Ausprägung der Oper dar. Sie brachte für die Entwicklung der Gattung Gewinne und Verluste. Ihr Prinzip war, eine Handlung so zu bauen, daß man in ihr Melodie an Melodie reihen konnte, sei es in Liedern, Ariosi oder Chören, sei es in Tänzen, instrumentalen Vor-, Nach- und Zwischenspielen. Ensembles fehlten gänzlich, und alles zwischen diesen »Melodieperlen« Liegende hatte keine andere Funktion, als zu diesen hinzuführen. Die Komponisten dieser Gattung bezogen im Namen der Natürlichkeit Front gegen alle Versuche, die Erneuerung oder, wie der zeitgemäße Begriff lautete, Sowjetisierung des Genres über die Sprachintonation vorzunehmen, wie es zum Beispiel Schostakowitsch in *Nos* (1930) versucht hatte. Als natürlich galten lediglich lyrische Gesänge, Marsch- oder Massenlieder. Boris Assafjew sah es als Gewinn des Genres an, daß hier der volkstümlichen Lyrik wieder zur Geltung verholfen wurde. Er machte aber gleichzeitig auch geltend, daß die Vernachlässigung aller andern Bereiche der zur Oper gehörenden Formen dazu führte, daß nur noch »bloße Metrisierungen der einfachen Rede oder trockene und primitive, naturalistisch deklamierende prosaische Reden« (*Otscherki sowjetskowo musykalnowo twortschestwa,* s. Lit.) zu finden waren, daß die rhythmische Komponente verarmte und »das Ensemble als Höhepunkt der dramatischen Kollision völlig aus der Kunst verschwand« (ebd.). Die Wahl eines bekannten Stoffs, wie Scholochows Roman durch Dserschinski, war eine Bedingung für den Erfolg der Liedoper. Dialoge, die die Zusammenhänge vermitteln müßten, konnten hier in den Hintergrund treten, da Handlung und Figuren vertraut waren. Dserschinski reduzierte den Instrumentalpart weitgehend auf die Funktion von Liedbegleitung, nur in wenigen Fällen wurde das Orchester ein Partner der Szene. So in II/1, wenn General Listnizki zum Krieg mit den Worten »Es ist Zeit, für den Zaren, für den Glauben [einzustehen], hurra!« aufruft, niemand reagiert, nur das Orchester intoniert einen Trauermarsch, der leitmotivisch wiederkehrt und den passiven Widerstand des Volks signalisiert. Ein anderes Beispiel emanzipierter Orchesterfunktion macht ein weiteres Problem der Liedoper deutlich. Die Melodie der in I/2 mit einem Lied vorgestellten Axinja wechselt in II/2 ins Orchester, und mit einem Violoncellosolo wird der Streit zweier denselben Mann liebenden Frauen am Sterbe-

bett seines Kinds kommentiert. Die Prämisse der Liedoper, den Gesang aus einer emotional erhitzten Situation quasi naturwüchsig entstehen zu lassen, führte zu kolportagehaften Zuspitzungen. Assafjew benannte zwei damit zusammenhängende dramaturgische Klischees: fortwährend so sprechen und handeln zu lassen, »daß man ein Lied anstimmen« oder »Zuflucht zum Marschtritt des Massenlieds« nehmen kann. Dabei verwandelt sich dann die Melodie selbst aus einem »mächtigen Mittel der gestalthaft-seelischen Expression in eine couplethafte, fragmentarische liedhafte Form« (ebd.).
**Wirkung:** Auch über die Entstehungsgeschichte hinaus blieb Dserschinskis Name mit der Schostakowitschs verquickt. Bei einem Gastspiel des Leningrader Maly-Theaters 1936 in Moskau wurden auch *Ledi Makbet Mzenskowo ujesda* (1934) und *Tichi Don* gegeben. Während Schostakowitsch keine Gnade vor den Augen und Ohren Iossif Stalins fand, muß er sich über Dserschinski lobend geäußert haben, denn in seinem gönnerhaften Ton war die am 21. Jan. 1936 in der *Prawda* publizierte offizielle Kritik verfaßt, in der es unter anderm hieß, daß die Musik »teilweise bedeutend und tief ergreifend, teilweise nicht genügend kraftvoll sei. Ihr Autor, Genosse Dserschinski, muß noch lernen, um seine gesamten musikalischen Ressourcen entfalten zu können.« Entsprechend folgten alle andern Zeitungen, und es erschienen allein in der Saison 1935/36 rund 40 Artikel mit lobenden Stellungnahmen von Musikkritikern, Vertretern gesellschaftlicher Einrichtungen, Arbeitern und Studenten. Sofort wurde *Tichi Don* auch auf den Bühnen der Unionsrepubliken nachgespielt, so in Kiew und Baku 1936, Dnjepropetrowsk und Alma-Ata 1937, Tiflis 1938, Reval 1939, Kaunas und Riga 1940. Nach dem gleichen Bauprinzip gearbeitete Opern erschienen in schneller Folge, wie Oles Tschischkos *Bronenossez Potjomkin (Panzerkreuzer Potjomkin,* 1937) und Leon Chodscha-Einatows *Mjatesch (Der Aufstand,* 1938, nach dem Roman von Dmitri Furmanow), Schelobinskis *Mat (Die Mutter,* 1938, nach dem Roman von Maxim Gorki), Georgi Fardis *Schtschors* (1938) sowie Chrennikows *W burju (Im Sturm,* 1939, nach dem Roman von Nikolai Wirta). Auch Prokofjews *Semjon Kotko* (1940) wird zu dieser Tradition gezählt. Erst 1947 konnte Assafjew seine Fragen nach den mit dem Prinzip Liedoper verbundenen Gewinnen und Verlusten publizieren (s. Lit.).

**Autograph:** Verbleib unbekannt. **Ausgaben:** Kl.A, russ./engl. Übers. v. L. Moën, G. Shneerson, A. Steiger: Muzgiz 1937, Nr. 15063; Kl.A, überarbeitete Fassung: Muzgiz 1955; Kl.A, dt. Bearb. v. E. Bugge nach einer Übers. v. H. Kühl: Henschel-Vlg., Bln./DDR; Textb.: Muzgiz 1936. **Aufführungsmaterial:** dt. Bearb.: Henschel-Vlg., Bln./DDR
**Literatur:** Tichij Don, in: Sbornik statej, hrsg. Nemirovič-Dančenko-Musiktheater, Moskau 1936; B. ASAFEV, Opera, in: Očerki sovetskogo muzykalnogo tvorčestva, Moskau, Leningrad 1947; L. DANILEVIC, Kniga o sovetskoj muzyke, Moskau 1962; L. POLJAKOVA, Sovetskaja opera, Moskau 1968

*Sigrid Neef*

# Paul Dukas

**Paul Abraham Dukas; geboren am 1. Oktober 1865 in Paris, gestorben am 17. Mai 1935 in Paris**

## Ariane et Barbe-Bleue
**Conte en trois actes**

### Ariane und Blaubart
3 Akte

**Text:** Maurice Polydore Marie Bernard Maeterlinck
**Uraufführung:** 10. Mai 1907, Opéra-Comique, Salle Favart, Paris
**Personen:** Barbe-Bleue/Blaubart (B); Ariane (Mez); die Amme (A); Sélysette (Mez); Ygraine (S); Mélisande (S); Bellangère (S); Alladine (stumme R); ein alter Bauer (B); 2. und 3. Bauer (T, B). **Chor:** Bauern, Volksmenge
**Orchester:** 3 Fl (2. u. 3. auch Picc), 2 Ob, E.H, 2 Klar, B.Klar, 3 Fg, K.Fg oder Kb.Sarrusophon, 4 Hr, 3 Trp, 3 Pos, Tb, Pkn, Schl (4 Spieler: gr.Tr, Bck, Trg, Tamburin, RührTr, Glöckchen, Cel, Glokke in b, Tamtam), 2 Hrf, Streicher
**Aufführung:** Dauer ca. 2 Std. 30 Min.

**Entstehung:** Maeterlinck wurde zu *Ariane et Barbe-Bleue* inspiriert durch die vergeblichen Versuche seiner Freundin, der Sängerin Georgette Leblanc, einigen armen Menschen zu helfen. Gegen Ende 1898 trug der Schriftsteller in seine Notizbücher verschiedene Bemerkungen ein, die seine Freundin zu diesem Thema machte und die er später in einem szenischen Werk verarbeiten wollte. Für den ursprünglich realistischen Vorwurf verwendete er nachher mythische und legendäre Gestalten wie Ariadne, die Tochter Minos', oder Blaubart aus dem Märchen (1697) von Charles Perrault. Von Anfang an war das Manuskript als Libretto geplant. Bei der Wahl des Komponisten schwankte Maeterlinck zwischen Edvard Grieg und Dukas. 1899 entschied er sich für Dukas, der dann sieben Jahre an der Partitur arbeitete.
**Handlung:** In Barbe-Bleues Burg.
I. Akt, großer, prunkvoller Saal, Abenddämmerung: Bauern rotten sich vor dem Gebäude zusammen und geben ihrer Empörung Ausdruck, daß Barbe-Bleue, der Mörder, nun schon die sechste Frau nach Haus führe. Ariane tritt mit den sieben Schlüsseln, die er ihr gegeben hat, in den Saal; ihre Amme begleitet sie. Fest entschlossen, das Geheimnis Barbe-Bleues zu lüften, gibt sie die sechs silbernen Schlüssel der Amme, die nun die »erlaubten« Türen öffnet: Amethyste, Saphire, Perlen, Smaragde, Rubine und schließlich Diamanten leuchten aus den sechs Schatzkammern, doch Ariane interessiert sich nur für die verbotene Tür, die sie mit dem goldenen Schlüssel öffnet. Ein blasser Schimmer dringt aus der Tiefe und Gesang von Frauen, der immer mächtiger anschwillt. Barbe-Bleue

überrascht Ariane, schilt sie und will sie von der Tür wegziehen, während das Geschrei der Bauern immer drohender wird. Sie stürzen schließlich herein und bedrängen Barbe-Bleue, der sein Schwert zieht. Doch Ariane tritt dazwischen und besänftigt die Bauern mit der Bemerkung, daß ihr niemand Böses zufüge. Barbe-Bleue bleibt stehen, verblüfft über diese Wendung.

II. Akt, großer unterirdischer Raum: Ariane und ihre Amme benutzen einen unbewachten Augenblick, um in die unterirdischen Gewölbe hinabzusteigen, aus denen der Gesang der Frauen drang. Sie entdecken fünf ärmlich gekleidete Gestalten, die in einer dunklen Ecke zusammengekauert schlafen. Ariane weckt sie und fühlt sogleich Mitleid und Sympathie für Sélysette, Ygraine, Mélisande, Bellangère und Alladine, die ihr von ihrem Leben im Dunkel erzählen: Betend, singend und weinend haben sie die Zeit verbracht, ohne darauf zu hoffen, die Freiheit wiederzuerlangen. Die Dunkelheit im Raum wird plötzlich noch tiefer, da die Lampe, die Ariane mit sich trägt, durch einen vom Gewölbe fallenden Wassertropfen ausgelöscht wird. Nur im Hintergrund des Verlieses scheint ein wenig Licht einzudringen. Ariane geht auf die Stelle zu, findet eine verriegelte Tür, die sie mit äußerster Anstrengung öffnet, und steht vor einem Fenster, das Licht durchläßt, ohne die Sicht auf die Außenwelt freizugeben. Mit einem Steinwurf zerbricht sie das Glas und zieht die verängstigten Frauen hinaus in die Helle des Mittags. Man hört von fern Glockengeläut, Vogelgesang und das Rauschen des Meers.

III. Akt, Saal wie im I. Akt: Die Frauen sind in den Saal der Burg hinaufgestiegen. Sie sehen, daß ein Entweichen unmöglich ist: Die Zugbrücken hoben sich, und das Wasser im Befestigungsgraben stieg an. Doch rund um das Gebäude lauern die empörten Bauern auf Barbe-Bleue. Die Stunde der Freiheit ist nahe, Ariane will ihren Gefährtinnen das Gefühl für den eigenen Wert wiedergeben, indem sie sie mit Kleidern und Geschmeide aus den Schatzkammern schmückt. Von außen hört man, daß sich Barbe-Bleue nähert; die Bauern packen ihn und bringen ihn gefesselt und verwundet in den Saal. Ariane schickt die Bauern hinaus, löst Barbe-Bleues Fesseln und verbindet seine Wunden, verweigert sich ihm aber, als er sie an sich ziehen will. Sie schreitet mit ihrer Amme aus dem nun entzauberten Schloß, ohne die andern Frauen, die demütig das unfreie Leben an Barbe-Bleues Seite vorziehen.

**Kommentar:** Daß Maeterlinck zuerst nur Aussprüche seiner Lebensgefährtin notierte, gibt dem Text oft etwas Sentenziöses. Der Untertitel des Librettos, »La délivrance inutile« (Die vergebliche Befreiung), wird durch die handelnden Personen demonstriert, die nun freilich durch ihre Namen und das, was sich mit diesen in Mythen und Märchen verbindet, dem vordergründigen Ablauf symbolische Tiefe verleihen: Ariane ist die Frau, die in der griechischen Sage Theseus ein Garnknäuel gibt, mit dessen Hilfe er den Weg aus dem Labyrinth findet, in dem bis dahin jedes Opfer des dort gehaltenen Minotaurus sein Verderben fand. Sie nimmt die alte todbringende Ordnung, die nie in Frage gestellt wurde, nicht einfach hin. Schon zu Beginn des I. Akts sagt sie: »Zuallererst muß man ungehorsam sein. Das ist die erste Pflicht, wenn der Befehl bedrohlich und unerklärbar ist.« Ariane ist eine Lichtbringerin, ein weiblicher Prometheus. Olivier Messiaen zitierte in ihrem Zusammenhang das Johannesevangelium und gab ihr damit eine christlich-religiöse Dimension: »Das Licht leuchtet in der Finsternis, aber die Finsternis hat es nicht erkannt.« Dukas verwahrte sich in einem 1910 geschriebenen Aufsatz dagegen, ein feministisches Stück vertont zu haben; tatsächlich fehlt der Gestalt der Ariane jede militante Härte. Schon am Schluß des I. Akts siegt sie durch Gelassenheit und Güte über ihren düsteren und kriegerischen Gatten, freilich zum Nachteil der dramatischen Entwicklung, weil nun keine spannungsgeladene Auseinandersetzung zwischen beiden mehr möglich ist, wie sie Bartóks *A kékszakállú herceg vára* (1918) zeigt. Die Rolle Barbe-Bleues ist bei Maeterlinck und Dukas klein, fast unbedeutend: Er singt nur am Schluß des I. Akts und macht sich im III. Akt nur durch Gebärden verständlich. Statt dessen drückt sich die Macht seines düsteren Gebots vor allem im Bühnenbild aus, das vom Orchester musikalisch unterstützt wird: im I. und III. Akt der unheimlich-prunkvolle Saal mit den Türen

*Ariane et Barbe-Bleue*; Grace Bumbry als Ariane; Regie und Ausstattung: Jacques Dupont; Opéra, Paris 1975. – Das Bild, das Arianes Gang durch die unterirdischen Gewölbe zeigt, stilisiert durch eine Abstraktion, die das Gefühl von Zeitlosigkeit erweckt, den szenischen Vorgang zur Erinnerung an den Mythos von Ariadne, die dem Minotaurus entflieht.

zu den Schatzkammern, im II. Akt die Dunkelheit der unterirdischen Gewölbe. Die Farben der Edelsteine im I. Akt und der schwache Schimmer des Lichts im II. Akt, der nach dem Steinwurf Arianes mit der plötzlich einsetzenden strahlenden Helle kontrastiert, werden durch Klangfarben im Orchester synästhetisch dargestellt, wie es für die symbolistische Kunst des Fin de siècle typisch war. Man suchte zum Teil intuitiv, zum Teil systematisch nach Übereinstimmungen zwischen Klang und Farbe, ausgehend von Charles Baudelaires Gedicht *Correspondances,* in dem es heißt: »[...] les parfums, les couleurs et les sons se répondent.« Diese synästhetischen Tendenzen zeigen sich im 20. Jahrhundert wieder bei Messiaen, der wohl gerade deshalb den erwähnten begeisterten Artikel über Dukas' Oper schrieb. – Die andern Frauen Barbe-Bleues tragen alle Namen von Personen aus früheren Werken Maeterlincks, in denen sie wie hier das Leben und seine unverständliche Ordnung halb sprachlos erleiden. Nur Ariane rebelliert gegen die endzeitlich gestimmte Lethargie des symbolistischen Fatalismus. Damit ist Dukas' Werk als Absage an *Pelléas et Mélisande* (1902) angelegt, die Oper seines Freunds Debussy, deren Text auch von Maeterlinck stammt. Der Dichter machte im Lauf seines Lebens eine Entwicklung durch, die diese Wendung verständlich macht: In dem Gedichtband *Serres chaudes* (1889) schildert er noch das Leben der Blumen, die, von Wind und Wetter ferngehalten, hinter Glasscheiben leiden. Er nennt sie »arme Kranke ohne Sonne«. Die Frauengestalten aus seinen früheren Dramen, die stumm unter der Unfreiheit leiden und »Marionetten des Schicksals« sind, gleichen nun jenen Blumen, ja, Mélisande geht ganz in der Natur auf, wenn Pelléas im 1. Bild des III. Akts ihr langes Haar um die Zweige einer Weide windet und es nachher nicht wieder lösen kann. Die gefangenen Frauen wollen ihre neue Freiheit nicht nutzen, Ariane dagegen ist ganz Leblanc, der lebensstarken Freundin Maeterlincks, nachgebildet. Unter ihrem Einfluß nahm des Dichters Schaffen in seinen philosophisch-moralischen Schriften eine Wendung, die vorher nur schwach zu ahnen war. In *L'Intelligence des fleurs* (1907) schreibt er, daß die Blumen, obschon sie durch ihre Wurzeln zur Unbeweglichkeit verurteilt scheinen, durch Farbenpracht und Nektar Insekten anlocken und damit ein Kontakt weit voneinander entfernter Pflanzen möglich sei. Die Blumen gäben den Menschen »ein prächtiges Beispiel von Insubordination, Mut, Ausdauer und Erfindungsreichtum«. Dieser Passus klingt stark an den zitierten Ausspruch Arianes an. Nach der symbolistischen Melancholie des Fin de siècle empfand Maeterlinck nach 1900 seine Zeit als derjenigen des Perikles verwandt, voll neuer Möglichkeiten namentlich durch bedeutende neue Kenntnisse über die Seele, die die Wissenschaften gebracht hatten. Er besiegt die Angst und hofft auf ein aktives Leben, in dem der Mensch dem Menschen gleich zu gleich begegnen könne. Wichtig ist in *Ariane et Barbe-Bleue* deshalb auch der Chor der Bauern, der Aufruhr hinter der Szene, der nur dumpf zu hören ist, während Debussy die zwei Stellen in *Pelléas,* in denen das Volk der Dienerinnen auftreten sollte, bezeichnenderweise aus Maeterlincks Text strich. – Oberflächlich besehen, gleicht die Musik stark dem von Debussy geschaffenen Impressionismus mit arabeskenhaften Melodien, mit dem Parlandostil der Singstimmen, der sich dem Rhythmus und der Intonation der französischen Sprache genau anpaßt, und mit der häufig verwendeten Ganztonleiter. Doch ist Dukas viel eher ein Klassizist, der die alten Formen und Formeln respektiert, ohne die unfaßbare Schwerelosigkeit zu erreichen, wie sie Debussy kennt. Unverkennbar sind einige Einflüsse von Richard Strauss, der in den Jahren um 1907 das Pariser Publikum faszinierte wie 20 Jahre vorher Richard Wagner. Die Musik Dukas' ist deshalb auch farbenprächtiger, satter instrumentiert als diejenige Debussys, es fehlt ihr aber an diskreten harmonischen Wendungen, die die psychologische Entwicklung des Dialogs durchschaubar machen, und das auch, weil die fünf gefangenen Frauen vom Text her kaum als individuelle Charaktere gezeichnet sind. Sie bleiben ihrem pflanzenhaften Dasein verhaftet. *Ariane* stellt in Maeterlincks Schaffen eine Synthese seiner beiden wichtigsten Schaffensperioden dar.

**Wirkung:** Die Uraufführung (mit Félix Vieuille als Barbe-Bleue; Regie: Albert Carré, Bühnenbild: Lucien Jusseaume) stand im Schatten der Pariser Erstaufführung von Strauss' *Salome* (1905), die am Tag zuvor im Théâtre du Châtelet stattgefunden hatte, doch Vincent d'Indy und Gabriel Fauré äußerten sich begeistert. Indy erklärte sogar, daß *Ariane et Barbe-Bleue* das bedeutendste musikdramatische Werk nach Wagner sei. Bald bildete sich eine Gruppe junger Leute, die sich für Dukas und die Interpretin der Ariane, Leblanc, einsetzten. Für diese »Ritter der Ariane« organisierte Maeterlincks Freundin in der Abtei von Saint-Wandrille, wo sie wohnte, ein Fest, bei dem alle Ariane Treue schwuren. Schon 1902, als *Pelléas* uraufgeführt wurde, hatten sich junge Leute zusammengeschlossen, um das neue und ungewohnte Werk zu verteidigen. Dukas' Oper wurde in der Opéra-Comique 1910, 1921 und 1927 wiederaufgenommen, dann erschien sie 1935, 1939, 1945, 1952 und 1975 im Spielplan der Grand Opéra. Folgende Opernhäuser außerhalb Frankreichs führten das Werk auf: Wiener Volksoper 1908 (Dirigent: Alexander von Zemlinsky), Brüssel 1909, Metropolitan Opera New York 1911 (Ariane: Geraldine Farrar; Dirigent: Arturo Toscanini), Frankfurt a.M. 1911, Covent Garden London 1937 und Kiel 1979.

**Autograph:** Part: BN Paris; Textb.: BN Paris. **Ausgaben:** Part: Durand 1907, 1909, Nr. 7386; Kl.A: Durand 1906, Nr. 6572; Kl.A, frz./engl. Übers. v. H. Klein: Durand 1910, Nr. 7935; Textb.: Brüssel, Lacombles 1911. **Aufführungsmaterial:** Durand; dt. Übers. v. H. La Violette: A&S
**Literatur:** M. MAETERLINCK, L'Intelligence des fleurs, Paris 1907; DERS., Théâtre, Bd. 3, Brüssel 1909; G. LEBLANC, Souvenirs, 1885–1918, Paris 1931; O. MESSIAEN, ›Ariane et Barbe-Bleue‹ de P. D., in: RM 1936, Nr. 166, S. 79–86; P. DUKAS, Les écrits sur la musique, Paris 1948; G. FAVRE, L'œuvre de P. D.,

Paris 1969; T. HIRSBRUNNER, Claude Debussy und seine Zeit, Laaber 1981

*Theo Hirsbrunner*

La Péri
→ Lifar, Serge (1946)

# Gheorghe Dumitrescu

**Geboren am 28. Dezember 1914 in Oteşani (Distrikt Vîlcea)**

## Răscoala
**Dramă muzicală populară în patru acte – şase tablouri**

### Der Aufstand
Musikalisches Volksdrama in 4 Akten – 6 Bildern

**Text:** Gheorghe Dumitrescu, nach dem Roman (1932) von Liviu Rebreanu
**Uraufführung:** 20. Nov. 1959, Rumänische Oper, Bukarest
**Personen:** Miron Iuga, Bojar (B); Nadina, Mirons Tochter (S); Aristide Platamonu, Pächter (T); Baloleanu, Bojar (T); Boerescu, Minister (Bar); Boiangiu, Feldwebel der Gendarmen (T); Petre Petre, Bauer (T); Petre Gheorghe, sein Vater (B); Melinte Heruvimu (T), Lupu Chiriţoiu (B), Trifon Guju (T) und Pantelimon (T), Bauern; Dragoş, Eisenbahnarbeiter (Bar); Gherghina, Petre Petres Verlobte (S); Smaranda, Petres Mutter (Mez); Costică und Nicuşor, Petres Brüder (2 Spr.). **Chor:** Bojaren, Bojarinnen, Bauern, Bäuerinnen, Kinder, Gendarmen usw.
**Orchester:** 3 Fl (3. auch Picc), 3 Ob (3. auch E.H), 3 Klar (3. auch B.Klar), 2 Fg (2. auch K.Fg), 4 Hr, 4 Trp, 3 Pos, Pkn, Schl (Bck, Glocken, kl.Tr, Tamburin mexicano, Cel, Tamtam, Xyl, Kastagnetten, Knallbüchsen), Hrf, Streicher; BühnenM: Picc, Trp, Chor, Pferdegetrappel, Gewehrsalven, Autohupe
**Aufführung:** Dauer ca. 2 Std. 45 Min.

**Entstehung:** In den 50er und 60er Jahren wurde die rumänische Oper von historischen Themen beherrscht. Als einer der ersten Komponisten vertrat Dumitrescu diese Richtung. Schon 1952 schrieb er das Oratorium *Tudor Vladimirescu* (über den Helden des Bauernaufstands von 1821), es folgte die Oper *Ion-Vodă cel Cumplit* (*Herrscher Ion, der Fürchterliche*, Bukarest 1956), die sich mit antiosmanischen Freiheitsbestrebungen befaßt. Mit diesem Werk erarbeitete sich Dumitrescu aus Folkloremotiven, Massenliedern und neuromantischen Traditionen eine eigene Musiksprache. Beim Libretto zu *Răscoala* beschränkte er sich auf die wichtigsten Momente des Romans, die die Episoden aus dem großen Bauernaufstand von 1907 enthalten.

**Handlung:** In Rumänien, 1906/07, während des Bauernaufstands.
I. Akt, 1. Bild, Dorf in der Donauebene: Die Bauern kehren müde von der Feldarbeit heim. In Not geraten, wollen sie das Landgut Nadinas kaufen, aber deren Vater, der Bojar Iuga, widersetzt sich. Der Bauer Petre Petre wird zum Militärdienst eingezogen und verabschiedet sich von seiner zurückgelassenen Geliebten Gherghina. 2. Bild, Silvesterball in Nadinas Haus: Das Fest präsentiert sich mit den neuesten Pariser Tänzen, mit Kartenspiel und Zügellosigkeit. Einige Kinder kommen, um Glückwunschlieder zu singen, aber sie werden verjagt. Inzwischen vergewaltigt der Pächter Platamonu Gherghina, die als Haushälterin auf dem Gut des Bojaren angestellt ist.
II. Akt, vor dem Rathaus, Febr. 1907: Eine Gruppe von Bauern wird angeklagt, Getreide vom Hof des Bojaren gestohlen zu haben. Iuga befreit sie aus Angst vor einem Aufstand. Petre ist mit Dragoş vom Militärdienst zurückgekehrt und begegnet seiner wahnsinnig gewordenen Geliebten. Iuga fordert die Bauern auf, die alten feudalen Rechte wiederherzustellen. Aber alle widersetzen sich. Petre wird verhaftet, und Dragoş wiegelt die Bauern zum Aufstand auf.
III. Akt, 1. Bild, Saal der philanthropischen Gesellschaft »Das Geschenk«: Die Elite der Gesellschaft ist zu einem Theaterabend versammelt, um neue Hilfsfonds für die armen Bauern zu organisieren. Plötzlich hört man Schüsse. Die Bauern, die an den Toren der Hauptstadt rebellierten, wurden zurückgedrängt. Die Versammelten verlassen in Panik den Saal.
2. Bild, Dorfstraße: Ein Kind ist von Nadinas Auto überfahren worden. Petres Vater Gheorghe wird von den Gendarmen getötet. Dadurch bricht der Aufstand los, den die Bojaren durch demagogische Reden zu unterdrücken versuchen.
IV. Akt, Iugas Hof, Morgen: Man wartet auf den Beistand der Armee, die den Aufstand niederschlagen soll. In der Ferne sind Schlösser in Brand gesetzt worden. Die aufständischen Bauern mit Petre und Dragoş an der Spitze sind in den Hof eingedrungen. Iugas an die Soldaten gerichteter Befehl, die Bauern anzugreifen, wird nicht ausgeführt. Die Bauern setzen das Schloß in Brand und kämpfen weiter, obwohl Petre und Dragoş gefallen sind.

*Răscoala*, IV. Akt; Regie: Dimitrie Tăbăcaru, Bühnenbild: Mihail Zaborilă; Rumänische Oper, Jassy 1977.

**Kommentar:** Nationalgeschichtliches Interesse veranlaßte Dumitrescu, nach spezifischen Mitteln der Tonsprache zu suchen. In den Rollen der Bauern herrschen Folkloreelemente vor, die Partien der Vertreter des Bojarenstands und der Bourgeoisie werden dagegen durch Motive westeuropäischer Musiksprache ausgedrückt. Es gibt auch einige satirische Ausdrucksweisen in Nadinas Rolle und in den Chorpartien der Ballszene, die modernen Tänzen (Polka, Walzer, mexikanischer Tanz) entstammen. Schon in seinen früheren Werken hat Dumitrescu einen neuen Stil des Rezitativs entwickelt, der auf die südrumänischen »Horă-lungă«-Volksweisen mit ihrer Sprachmelodik zurückgeht. Die Hauptrolle des Volks findet ihren Ausdruck im Übergewicht der Chorpartien, darunter auch Chorrezitativen. Die Harmonik der Volksweisen ist modal, ansonsten bedient sich Dumitrescu der traditionellen Harmonik. Das Massenlied ist in die Chorpartien wie auch in einige Bauernrollen eingegangen. Im letzten Bild wird im Chor der aufständischen Bauern die Spannung durch polyphone Schreibweise gesteigert. Auch Leitmotivik wird verwendet und charakterisiert Personen oder Ideen der Handlung, zum Beispiel Unterdrückung, Jammer, Aufstand und Feuer. Trotz einzelner schwächerer Momente (die Rollen des Ministers und Dragoş') gehört *Răscoala* aufgrund seiner musikalisch-dramatischen Qualitäten unbestritten zu den bedeutenden und charakteristischen Werken der neuen rumänischen Musik.

**Wirkung:** Nach dem Erfolg bei der Uraufführung wurde das Werk 1977 in Jassy inszeniert. Aspekte des modernen Lebens und der Gesellschaft, besonders in *Răscoala* herausgearbeitet, sind von Dumitrescu auch in der Oper *Fata cu garoafe* (*Das Mädchen mit den Nelken*, Bukarest 1961) behandelt worden und auch von andern rumänischen Komponisten wie Sergiu Sarchizov in *Trei generaţii* (*Drei Generationen*, Konstanza 1981) und Doru Popovici in *Interogatorul din zori* (*Das Verhör im Morgengrauen*, Fernsehen 1975) aufgegriffen worden.

**Autograph:** beim Komponisten. **Ausgaben:** Kl.A: Editura Muzicală, Bukarest 1963. **Aufführungsmaterial:** Editura Muzicală, Bukarest
**Literatur:** O. L. COSMA, Opera romînească, Bd. 2, Bukarest 1962; P. BRÂNCUŞI, Muzica în România socialistă, Bukarest 1973

*Romeo Ghircoiaşiu*

# Issaak Ossipowitsch Dunajewski

Auch Issaak Iossifowitsch Dunajewski; geboren am 30. Januar 1900 in Lochwiza (bei Poltawa), gestorben am 25. Juli 1955 in Moskau

## Wolny weter
Operetta w tschetyrjoch deistwijach (pjati kartinach)

### Freier Wind
Operette in 4 Akten (5 Bildern)

**Text:** Wiktor Wladimirowitsch Winnikow, Wladimir Kracht und Wiktor Jakowlewitsch Tipot
**Uraufführung:** 29. Aug. 1947, Operettentheater, Moskau
**Personen:** Klementina Maritsch, Seemannswitwe (A); Stella, ihre Tochter (A); Pepita (Soubrette), Monna (Mez) und Berta (S), Kellnerinnen in der Kneipe »Zum siebenten Himmel«; Regina de Saint-Cloud, Mikkis Braut (Soubrette); Janko (hoher Bar), Filipp (Bar) und Foma (Bar), Matrosen; Zesar Gall, ein alter Schauspieler (B.Bar); Wirt der Kneipe »Zum siebenten Himmel« (Bar); Georg Stan, Verwalter der Reederei (Spr.); Mikki, sein Neffe (T.Buffo); Mr. Chesterfield (Spr.); Einäugiger, Polizeiagent (Spr.); Polizeikommissar (Spr.); Polizeisergeant (Spr.); Katerina, Antonia und Anna, Kellnerinnen in der Kneipe »Zum siebenten Himmel« (3 stumme R). **Chor, Ballett:** Polizisten, Matrosen und ihre Mädchen
**Orchester:** 2 Fl, Ob, 2 Klar, Fg, 3 Hr, 2 Trp, 2 Pos, Tb, Pkn, Schl (kl.Tr, gr.Tr, Bck, Gong, Trg, HolzTr, Tamburin), Hrf, Streicher
**Aufführung:** Dauer ca. 2 Std. 15 Min.

**Handlung:** In einer Hafenstadt am Mittelmeer.
I. Akt, 1. Bild, ärmliches Haus in einer Seemannssiedlung: Klementina, Witwe eines Partisanen, hat Sorgen, wie sie die Miete für ihr Häuschen aufbringen soll, als sie der reiche Verwalter der Reederei, Georg Stan, um die Hand ihrer Tochter Stella bittet. Die Mutter ist nicht abgeneigt, doch die Tochter hat sich schon für den Matrosen Janko entschieden. 2. Bild, Saal der Kneipe »Zum siebenten Himmel«: Das Fest wird vorbereitet, mit dem die Matrosen das Ende des Landaufenthalts und die baldige Ausfahrt der Schiffe feiern wollen. Der Partisan und Volksheld Stefan wird als verbrecherischer Aufwiegler gesucht. Vor der Feier veranstalten die Matrosen eine Sammlung zugunsten Klementinas. Stella, von ihrer Mutter bedrängt, Stan zu heiraten, flüchtet zu Janko.
II. Akt, Saal der Kneipe: Stella und Janko feiern Verlobung. Janko gibt sich seiner Braut als der gesuchte Partisan zu erkennen. Klementina wird von Zesar Gall anhand literarischer Beispiele überzeugt, daß Stella Janko heiraten müsse. Der Nebenbuhler Stan jedoch treibt Stella mit Fangfragen in die Enge, so daß sie ungewollt Janko verrät und nun erpreßbar ist: entweder Heirat mit Stan oder Verhaftung Jankos. Sie ist bereit, sich zu opfern, um Janko zu retten, und tritt von der Verlobung zurück. Die Matrosen sind überrascht, bis Stans Neffe Mikki, der das Gespräch zwischen Stan und Stella belauscht hat, alles aufklärt.
III. Akt, Arbeitszimmer des Polizeichefs: Stan wartet darauf, daß das Ultimatum für Stella abläuft. Wenige Minuten vor zwölf Uhr erscheint sie und erklärt sich

*Wolny weter*, II. Akt; Regie: Fred Proski; Operettentheater, Leipzig 1954.

zur Hochzeit bereit. Das hindert Stan nicht, Janko trotzdem zu verraten. Mikki übergibt derweil der Polizei Photokopien von Dokumenten, wonach Stan mit den Faschisten zusammengearbeitet hat, und fordert dessen Verhaftung. Der Polizeichef kann nicht umhin, dieser Forderung nachzukommen; doch empfiehlt ihm Chesterfield, der englische Reedereivertreter, Stan entkommen zu lassen.
IV. Akt, Saal der Kneipe: Am frühen Morgen des folgenden Tags erwartet Janko trotz drohender Verhaftung die Matrosen und wird vom Kneipenpersonal versteckt. Stan kommt verkleidet in die Kneipe, um mit Mikki abzurechnen. Der überwältigt ihn jedoch und übergibt ihn der Polizei. Stella bekennt sich zu Janko, der nun den Matrosen eröffnet, daß die Schiffe Waffen zur Niederschlagung einer antikolonialen Bewegung geladen haben. Trotz ihrer materiellen Not erklären sich die Matrosen bereit, mit den Kämpfenden Solidarität zu üben, und weigern sich, die Schiffe auslaufen zu lassen.
**Kommentar:** Erklärtes Ziel der sowjetischen Kulturpolitik in den 30er Jahren war unter anderm die Überwindung der sogenannten »neuwienerischen« Operette. Als negative Beispiele galten die Werke Nikolai Strelnikows, als positive Boris Alexandrows *Swadba w Maslinowke* (*Hochzeit in Maslinowka*, Moskau 1937), Dunajewskis *Solotaja dolina* (*Das goldene Tal*, Leningrad 1937) und Matwei Blanters *Na beregu Amura* (*Am Ufer des Amur*, Moskau 1939). Der Fortschritt gegenüber den Werken Franz Lehárs oder Emmerich Kálmáns wurde darin gesehen, daß hier zeitgenössische, dem Massenpublikum nahestehende Themen gewählt, Gestalten und Situationen aus dem Leben gegriffen und eine einfache, dem Volkslied und den sowjetischen Massenliedern verbundene Musik geschaffen wurden. Tatsächlich verwendete Dunajewski viele bereits populären Lieder als Rohmaterial für seine szenischen Werke, ein Geheimnis für den Erfolg seiner zehn Operetten. Dunajewski gilt als Schöpfer eines neuen Typus des sowjetischen Massenlieds, zu dessen charakteristischen Zügen federnde, schnelle Marschrhythmen, ein helles Durkolorit und Einfachheit zählen. Mit Geschick arbeitete Dunajewski folkloristische Elemente, so besonders ukrainische und grusinische, in seine Kompositionen ein, und das machte auch seine lyrischen Lieder, seine Romanzen und nach 1945 besonders seine Walzerlieder wie »Wospominanije«, »Moltschanije« oder »Ne sabywai« zu unerhörten Massenerfolgen. Unumwunden konnte allein Dunajewski zugeben, die gleiche Wirkung wie Lehár und Kálmán erzeugen zu wollen. Er nannte das eine »Kaskade« herstellen und meinte damit emotional provozierende Effekte, wollte diese aber, im Unterschied zu den Wiener Komponisten, nicht durch den Einsatz westeuropäischer Tanzmusik, sondern durch Marsch- und Volkslieder sowie tänzerische Folklore erreichen. Das ist ihm mit allen seinen Operetten von *I naschim, i waschim* (*Sowohl uns als auch euch*, Moskau 1924) bis hin zur unvollendeten (von Kirill Moltschanow ergänzten) *Belaja akazija* (*Weiße Akazie*, Moskau 1955) gelungen. *Wolny weter* ist darüber hinaus der Versuch, ein heroisch-vaterländisches Thema für die Operette aufzubereiten. Unter Operette verstand Dunajewski nach wie vor eine Gattung, die eine glückliche Lösung des Konflikts nach Überwindung von Schwierigkeiten garantiert und deren Musik eine begleitend-illustrative Funktion im wesentlichen nicht überschreitet. Kampf fürs Vaterland und ein verhinderter, schließlich vollzogener Liebesbund sind die zwei Themen der Handlung in *Wolny weter*, die musikalisch in der Ouvertüre durch das Zitat des bekannten Partisanenlieds »Pesnja o wolnym wetre« (Lied vom freien Wind) und ein dazu kontrastierendes lyrisch-gesangvolles Thema exponiert werden und an den entsprechenden Stellen der Handlung erinnernd und hinweisend eingesetzt sind. Darüber hinaus gewinnt Dunajewski durch seinen dem Massenlied verpflichteten Aktivismus der Operette einen eigenen, neuen Ton.
**Wirkung:** *Wolny weter* wurde sofort nach der Uraufführung an der Musikalischen Komödie Leningrad nachgespielt und dort 1957 und 1965 erneut inszeniert. Da die politische Aktion, der Partisanenkampf, als koloristischer Hintergrund für das eigentliche Geschehen, die Love-Story, fungiert, ließ das Interesse an dieser Operette in dem Maß nach, wie der Partisanenkampf an modischer Attraktivität verlor. *Wolny weter* gilt heute als gelungenes historisches Beispiel, politischen Anspruch und unterhaltende, massenwirksame Funktion zu vereinen. Vor Blanter und Boris Mokroussow gilt Dunajewski als Schöpfer der sowjetischen Operette.

**Autograph:** Gosudarstvennyj centralnyj literaturnyj archiv Moskau. **Ausgaben:** Part u. Kl.A: Muzfond, Moskau 1955; Part u. Kl.A, dt. Übers. v. A. Wagner, H. Möller: Henschel-Vlg., Bln./DDR 1959. **Aufführungsmaterial:** VAAP; Henschel-Vlg., Bln./DDR
**Literatur:** I. DUNAEVSKIJ, Vospominanija, stati, pisma, Moskau 1961; DERS., Izbrannye pisma, Leningrad 1971; DERS., Slovo kompozitora-pesennika, in: Sovetskaja muzyka 1949, H. 5

*Sigrid Neef*

# Isadora Duncan

Eigentlich Dora Angela Duncan; geboren am 26. Mai 1877 in San Francisco, gestorben am 14. September 1927 in Nizza

## Marseillaise

**Marseillaise**
Tanzstück

**Musik und Text:** Claude Joseph Rouget de Lisle (1792)
**Uraufführung:** 9. April 1916, Trocadéro, Paris
**Darsteller:** Solistin
**Orchester:** wechselndes Arrangement oder Kl
**Aufführung:** Dauer ca. 4 Min.

**Entstehung:** Duncans *Marseillaise* entstand vermutlich aus einer Improvisation; den Anstoß gaben die Unruhen um den Regierungsstil des griechischen Ministerpräsidenten Eleftherios Wenizelos. Duncan wollte dem Sekretär König Konstantins I., der im Unterschied zu Wenizelos deutschfreundlich gesinnt war, die wahre Stimmung des Volks zeigen. Die *Marseillaise* interpretierend, zog sie in Athen auf den Syntagmaplatz, hielt eine Ansprache und erreichte schließlich mit der Menschenmenge Wenizelos' Haus. Der erste Weltkrieg war dann der Anlaß, *Marseillaise* ins Repertoire aufzunehmen.
**Inhalt:** Die Tänzerin erscheint in einem einfachen, lose fallenden weißen Kleid griechischer Manier und trägt dazu einen roten Schal. Der Bühnenraum ist auf drei Seiten mit blaugrauen Vorhängen umgeben und mit einem blaugrünen Teppich ausgelegt. Zu Beginn steht die Tänzerin regungslos auf der Bühne, sie sieht den Feind kommen, fühlt sich angegriffen; sie leidet, küßt die französische Flagge und leckt Blut; in ungeheuerlichem Zorn kämpft sie um ihr Leben. Man meint, sie vor Anstrengung keuchen zu sehen; sie leidet tragisch und grandios und verkörpert die Bedrohung, die Verwundung des ganzen Vaterlands, ja, der Erde. Sie wirkt, als ob Millionen von Menschen sich mit ihren Säbeln wie ein Wirbelsturm in den Kampf stürzen. Die Arme öffnend und den Schal wie eine blutrote Flamme entfaltend, stößt sie triumphierend den Ruf aus: »Aux armes, citoyens!« Sie steht auf der Bühne wie das Fanal der siegreichen Revolution, das die Menschen (das Publikum) auffordern möchte, den Kampf aufzunehmen.
**Kommentar:** Da *Marseillaise*, wie auch alle andern Tanzkompositionen Duncans, weder filmisch aufgezeichnet (mit Ausnahme weniger Ausschnitte einer Studioaufnahme von Arnold Genthe) noch tanzschriftlich notiert wurde, ist ihre Rekonstruktion nur anhand der Aufführungsgeschichte möglich. Bei der Uraufführung, einer Veranstaltung zugunsten der Bewaffnung von Lothringen, stand *Marseillaise* mit weiteren Kreationen innerhalb des folgenden Programms: *Morceau symphonique de la rédemption* (nach César Francks *Rédemption*, 1871), Rede des französischen Kriegsministers, *Sixth Symphony* (nach Tschaikowskis *Symphonie h-Moll Nr. 6 »Pathétique«*, 1893); es spielte ein großes Orchester mit zwei Orgeln. In dem Tanz werden vier, manchmal fünf Strophen der Nationalhymne benutzt. Er besteht aus ruhigen Posen, langsamen Gesten oder knappen, kleinen Schritten, die in majestätisches Schreiten oder in eine kraftvolle, ruhige Armbewegung münden und in statuarischer Haltung enden. Duncans Bewegungen erwecken das Bild der Göttermutter Hera, nicht das einer fliehenden Nymphe oder einer leichtfüßigen Artemis. Vorbild dieses Tanzstils ist die antike Plastik, besonders Figuren, deren gestische Haltung den Eindruck »eingefrorener Bewegung« vermitteln. Exemplarisch zeigt dies die Pose des nach hinten geworfenen Kopfs (Ausdruck der siegreichen Stimmung gegen Ende des Tanzes), die an die Nike von Samothrake erinnert. Ausgrabungsfunde in Tanagra inspirierten Duncan zu neuartigen Armbewegungen; sie will jedoch nicht die Formen der griechischen Kunst nachahmen, sondern deren ästhetische Essenz, die »natürliche Bewegung« erfassen. Diese ist für Duncan Ausdruck einer idealtypischen Verbindung von Form und Inhalt, verstanden als Übertragung kosmischer Gesetzmäßigkeiten auf die Bewegungen des menschlichen Körpers: Indem sie tanzt, verkörpert sie die Sehnsucht nach Einheit des Menschen mit der Natur und dem Kosmos. Die Schlußgesten der *Marseillaise* sind noch unter einem weiteren Blickwinkel Ausdruck einer Orientierung an der Antike. Das ruhige Stehen evoziert ein Bild von Menschenmassen: Die Sansculotten der Französischen Revolution tauchen vor den Augen des Zuschauers auf und marschieren mit Duncan gegen den Feind zum Sieg. Protagonist und Chor, Individuum und Masse, verschmelzen durch ihre Persönlichkeit in mystifizierender Weise. Die Stimmungen der *Marseillaise* lassen zudem etwas von der metaphysischen Bedeutung des Tanzes bei Friedrich Nietzsche anklingen. Nietzsche meint mit Tanz Unsterblichkeit, und das bedeutet auch, zu tanzen, weil man nicht mit dem Tod konfrontiert werden möchte; denn solange man tanzt, den Körper beherrscht, ist eine spirituelle Kraft im Menschen wirksam, die den Tod verachtet. Der Tod als Herausforderung ist auch Thema der *Marseillaise*. Ebenso zeigen die Themen ihrer andern Tanzschöpfungen Duncans streitbare Lebenseinstellung. Im Allegro vivace der *Sixth Symphony* findet sie neue, ungewöhnliche Gesten, um auf die kommende Schlacht hinzudeuten: Wiederholt weist sie den Weg zum Krieg mit ausgestrecktem Zeigefinger, den Arm parallel zur Rampe erhoben. Diese direkt auf den Zuschauerraum ausgerichtete Körpersprache suggeriert ebenso Antoine Bourdelles Zeichnung der *Marseillaise* wie Van Dearing Perrines und Edmond-Georges Grandjeans Darstellungen ihrer kriegsbegeisterten Tänze. Doch nicht alle Stimmungsbilder der Revolutionstänze meinen die blutige Revolution, den Schrecken des Kriegs. Im *Marche lorraine* (New York 1917; Musik: Louis Gaston Ganne) drückt Duncan auch die Verherrlichung von Macht, Ruhm und

Freude aus. Es geht ihr also nicht nur um die Glorifizierung der Fehde, sondern auch um die Verkörperung einer idealistisch-reformerischen Lebenshaltung. Nach der Oktoberrevolution ändert sie die Konzeption: Während die *Marseillaise* der frühen Kriegsjahre ein Symbol darstellt für den siegesfreudigen Patriotismus der zivilisierten Länder, vor allem Frankreichs, wird sie nach 1917 zum Fanal der Revolution, an deren Ende Freiheit und Gleichheit der Menschen stehen. In der russischen Revolution nämlich sieht Duncan den Sieg des Aufstands von Massen über die Herrschaft einer Minderheit, das heißt den Anfang der klassenlosen Gesellschaft. Der Mensch dieser neuen Gesellschaft, ebenso wie der Mensch der Antike, verkörpert für sie den idealen freien, natürlichen Menschen: ein Gedanke, den sie zum Erziehungsprinzip in ihrer Schule erhebt und auf den sich später ihre zeitweilige Begeisterung, in Rußland zu leben, zurückführen läßt. Duncans wiederholte Forderung, die »vierte Wand«, die Barriere zwischen Zuschauer und Tänzer, niederzureißen, artikuliert die Sehnsucht nach kultisch-religiöser Aufgehobenheit. Ihre Tanzkunst befreit sich von den Regeln des klassischen Balletts und sucht die Freiheit der Selbstdarstellung. Anders als etwa Emile Jaques-Dalcroze richtet Duncan ihr Interesse nicht auf die Form der Musik, sondern auf deren emotionalen Gehalt und entwickelt daraus die tänzerische Komposition. Der rituelle Ausdruck, der auf Anregungen der um die Jahrhundertwende weit verbreiteten theosophischen Literatur zurückgeht, mythische und archetypische Bilder sowie das magische Element sind die wesentlichen Aspekte ihrer Kunst. Ihre Raumvorstellung orientiert sich an Edward Gordon Craigs »empty space«, dem leeren Bühnenraum als Abstraktion des psychischen Erlebnisraums. Ursprung des subjektiven Bewegungsempfindens ist für Duncan der Solarplexus, als physischer Ort der Seele und als Ausgangspunkt der emotionellen Stimuli. Hier sucht und findet sie die originäre Bewegung, aus der alle weiteren Bewegungen spontan entspringen und deren Abfolge einer psychischen Logik entspricht. Die Bewegung als solche, nicht eine erzählte Geschichte, wird zum dramaturgischen Element ihrer Tänze und vermittelt sich dem Zuschauer auf unbewußtem Weg. So ist das Thema des Kriegerischen in der *Marseillaise* nicht als rational durchdachtes, dialektisch betrachtetes Objekt dargestellt, sondern vielmehr im Sinn einer aus dem Fühlen des sensiblen Körperbewußtseins visionären Erfahrung von Revolution. Ihre Form findet diese Auffassung des Tanzes in Leichtigkeit und Grazie der Bewegungen, die durch Zusammenziehen und Strecken, Heben und Senken des Körpers beziehungsweise seiner Glieder den Wellen des Meers ähneln (etwa *An der schönen blauen Donau*, Wien 1903, Musik: Johann Strauß). Nach dem Tod ihrer Kinder Deirdre und Patrick (1913) verändert sich der Stil insofern, als nun »Kraft« als weitere Qualität hinzutritt. Die *Marseillaise* ist prototypisch für diese neue Art des Energieeinsatzes. Weiterhin verkörpert Duncan ihre Visionen hauptsächlich durch Armgestik; die Beinstellung bleibt vernachlässigt. Die häufig leicht gebrochene Haltung der Arme erinnert an das romantische Ballett. Neu kommt hinzu, daß sie oft nach oben oder zur Seite ausgestreckt werden. Mit der Masse ihres Leibs steigert sie die Expressivität des Bilds und betont das Körperliche. Im Unterschied zu Mary Wigman nimmt Duncan das Irreale außerhalb ihrer selbst an, als erreichbar und nicht im Unendlichen wie in der Romantik. Das Erdhafte ist für sie ein natürliches Element des Menschen, dem er freudig begegnet und das naiv und zur Freude anderer im Tanz verkörpert wird. Ihre Gesten werden jedoch nie naturalistisch, sondern erinnern an Jugendstilgesten, die nicht bezeichnen, sondern Ausdruck einer Idee sind. Alle Dokumente zur Rezeption der *Marseillaise* stimmen in der Abfolge der emotionalen Stimmungen im wesentlichen überein; sie unterscheiden sich jedoch in der Umsetzung in verschiedene bildliche Formulierungen, die auch ganz konkrete Assoziationen heranzieht. Verglichen wird *Marseillaise* zum Beispiel mit dem Fries *Le Départ des volontaires* (1836) von François Rude. Diese Figurengruppe, mit der geflügelten Marseillaise an der Spitze, zeigt Duncans Vision der Massen.

**Wirkung:** Während des ersten Weltkriegs wurde *Marseillaise* fast nach jeder Vorstellung als Zugabe

*Marseillaise*; Isadora Duncan; New York um 1920. – Duncan zieht mit ihrem expressiven Auftritt ihr Publikum – dabei die Menschenmassen aufrührend – in ihren Bann: Revolution als ästhetisches Surrogat.

getanzt. Erschien sie auf dem Programm, so meist am Schluß. Das Publikum war hingerissen, in Paris ebenso wie in New York oder Montevideo. 1917 wurde *Marseillaise* von der amerikanischen Regierung verboten, blieb jedoch weiterhin im Repertoire. – Maurice Béjart ließ sich von Duncan in seiner Choreographie *Isadora* (1976) inspirieren, die er für Maija Plissezkaja geschaffen hat und die später auch von Marcia Haydée getanzt wurde.

**Literatur:** K. FEDERN, I. D. Der Tanz d. Zukunft, Lpz. 1903; I. DUNCAN, Das Theater des Dionysos in Athen, in: Schaubühne 2:1906, Nr. 11, S. 301f.; DIES., Gordon Craig, ebd., Nr. 29, S. 45ff.; Isadora Duncan Dances the ›Marseillaise‹, in: Current Opinion, NY, Jan. 1917; F. DIVOIRE, Descouvertes sur la dance, Paris 1924; I. DUNCAN, My Life, NY 1927; DIES., The Art of Dance, NY 1928, Nachdr. 1969; I. DUNCAN, A. R. MACDOUGALL, I. D.'s Russian Days and Her Last Years in France, London 1929; A. GENTHE, I. D. 24 Studies, NY 1929; I. SNEIDER, I. D., the Russian Years, London 1968; C. AMELIN, M. DUFET, Bourdelle et la danse, I. et Nijnski, Paris 1969; F. STEEGMULLER, Your I. The Love Story of I. D. and E. G. Craig, NY 1974; L. DRAEGIN, After I. Her Art as Inspiration, in: DM, Juli 1977, S. 67ff.; P. HERTELENDY, I.'s Childhood, ebd., S. 48ff.; N. MACDONALD, I. Reexamined, Lesser Known Aspects of the Great Dancer's Life, ebd., S. 51ff.; DIES., Paris and After, 1900–04, ebd., Aug. 1977, S. 42ff.; DIES., I. and Gordon Craig, ebd., Sept. 1977, S. 60ff.; DIES., I. in London, ebd., Okt. 1977, S. 79f.; J. MARTIN, I. D. and Basic Dance, in: Nijinsky, Pavlova, Duncan, hrsg. P. Magriel, NY 1977, S. 1ff.; A. GENTHE, As I Remember, Nachdr. NY 1979; C. VAN VECHTEN, The Dance Writings, NY 1980; DERS., The New I., in: Nijinsky, Pavlova, Duncan, a.a.O., S. 27ff.; C. McVAY, I. and Esenin, Ann Arbor, MI 1980; M. NIEHAUS, I. D. Leben, Werk, Wirkung, Wilhelmshaven 1981; Isadora Speaks, hrsg. F. Rosemont, San Francisco 1983; J. LAYSON, I. D. – A Preliminary Analysis of Her Work, in: Dance Research, Bd. 1, London 1983; J. E. ATWELL, The Significance of Dance in Nietzsche's Thought, in: Illuminating Dance, Philosophical Explorations, hrsg. M. Sheets-Johnstone, Lewisburg 1984, S. 19f.; D. JOWITT, Images of I., the Search for Motion, in: Dance Research Journal 17:1985, S. 21ff.; F. BLAIR, I. Portrait of the Artist As a Woman, NY 1986; C. JESCHKE, I. D. in ihrer Zeit [unveröff. Ms.]

*Gabi Vettermann*

# Egidio Romualdo Duni

**Auch Egide Romuald Duny; geboren am 9. Februar 1708 in Matera (Basilicata), gestorben am 11. Juni 1775 in Paris**

## Le Peintre amoureux de son modèle
**Opéra-comique**

### Der in sein Modell verliebte Maler
2 Akte

**Text:** Louis Anseaume
**Uraufführung:** 26. Juli 1757, Théâtre de l'Opéra-Comique de la Foire Saint-Laurent, Paris
**Personen:** Alberti, Maler (B); Zerbin, Schüler Albertis (T); Jacinthe, eine alte Gouvernante (S); Laurette (S); La Duègne, die Anstandsdame (stumme R)
**Orchester:** 2 Ob, 2 Hr, Streicher
**Aufführung:** Dauer ca. 1 Std. 45 Min. – Gesprochene Dialoge.

**Entstehung:** *Le Peintre amoureux de son modèle* entstand als zweite Opéra-comique nach *Le Retour du village* (nach Charles Simon Favarts Komödie *Le Caprice amoureux ou Ninette à la cour*, 1755; in Paris gedruckt, aber nicht aufgeführt) im Auftrag des Direktors der Opéra-Comique, Jean Monnet. Der Erfolg war so groß, daß Paris, nach einem zunächst für ein Jahr geplanten Aufenthalt, Dunis ständiger Wirkungsort wurde. Die Verbindung von Vaudeville und einem der französischen Sprachdeklamation angepaßten italienischen Buffostils wurde für lange Zeit schulebildend für die Opéra-comique. Nach den ersten Aufführungen und dem Erstdruck ergänzte Duni bereits im Spätsommer 1757 vier neue Stücke: ein Terzett (I/4), ein Duett (I/5), ein Air (II/2) und eine Ariette (II/3), die gesondert erschienen.

**Handlung:** Im Atelier des Malers Alberti; zwei Bilder stehen auf der Staffelei.
I. Akt: Alberti ist enttäuscht über die schlechte Arbeit seines Schülers Zerbin und empfiehlt ihm, das Malen aufzugeben. Jacinthe kennt den Grund für Zerbins Geistesabwesenheit. Er ist in eine hübsche Unbekannte verliebt, der er auf der Straße begegnete. In Begleitung einer Anstandsdame erscheint die verschleierte Laurette, das neue Modell. Alberti verliebt sich sofort in sie, während Zerbin in der Unbekannten seine Angebetete erkennt. Obgleich Laurette ungebunden ist, mißtraut sie Albertis Liebesschwüren. Er schildert ihr, welche materiellen und gesellschaftlichen Vorteile ihr die Verbindung mit ihm einbringen könnte, und glaubt, ihre Zurückhaltung sei nichts als Berechnung. Doch Zerbin und Laurette spüren bereits, daß sie füreinander bestimmt sind.
II. Akt: Jacinthe fürchtet, von der Gouvernante zur Dienerin degradiert zu werden, wenn Alberti heiratet. Sie drängt sich nun als Beraterin für das junge Paar und für Alberti auf. Laurette ist sich ihrer Liebe zu Zerbin wohl bewußt, bleibt ihm gegenüber jedoch zurückhaltend. Um Alberti vor einer Verbindung mit Laurette abzuschrecken, führt Jacinthe ihm vor Augen, welche Typen von Liebhabern (liebenswürdige Abbés, Stutzer, Geldleute) bald sein Haus bevölkern werden. Sie droht, alle dadurch entstehenden Probleme ihm allein zu überlassen. Als Alberti das Porträt der Venus malt, ertappt er Laurette und Zerbin bei Zärtlichkeiten; er will Zerbin aus seinem Haus weisen. Laurette verteidigt ihre Liebe so erfolgreich, daß Alberti ihnen seinen Segen gibt.

**Kommentar:** Obgleich Monnet das Werk als Parodie auf ein italienisches Intermezzo ankündigte, handelt es sich um eine originale Opéra-comique, die erste, die Duni nach seiner Ankunft in Paris komponierte. Dies geht auch aus dem »Avertissement« hervor, in dem Duni auf Jean-Jacques Rousseaus Polemik gegen die französische Sprache in der *Lettre sur la musique* *française* eingeht. Duni hat demnach Rousseaus *Le Devin du village* (1752) geschätzt und offensichtlich auch dessen ästhetische Prämissen geteilt, wie das Werk selbst zeigt. Er verwendet zwölf bekannte Vaudevilles, von denen zwei in der Partitur bei gleichem Text von jenen des Librettodrucks abweichen. Die restlichen Stücke, acht Ariettes, ein Duett und die beiden Finalquartette, schrieb er neu. Die teilweise sehr kurzen Ariettes, deren Orchesterbesetzung meist wechselt, verlangen von den Interpreten die Fähigkeit, die Ausdrucksmöglichkeiten des Stücks in konzentriertester Form darzubieten. Der Erfolg der Aufführung hängt fast allein von der Qualität der Vokalsolisten ab.

**Wirkung:** Die Popularität des Werks wird durch die Parodie von Antoine Alexandre Henri Poinsinet, *Gilles, garçon peintre, z'amoureux-t-et rival* (2. März 1758; Musik: Jean Benjamin de La Borde) bestätigt, die 1758 und 1771 im Druck erschien. *Le Peintre amoureux de son modèle* war auch außerhalb Frankreichs ein Erfolgsstück, so in Kopenhagen 1768, in Wien (in zwei verschiedenen Versionen seit 1768) sowie im Theater im Junghof Frankfurt a. M. 1773.

**Autograph:** Verbleib unbekannt. **Abschriften:** Part d. Wiener Auff.: ÖNB Wien (H 17.895 u. H 17.331). **Ausgaben:** Part: Chez l'auteur, Paris; Desofer, Lüttich 1757; Part, Zusätze u.d.T. »Additions au peintre amoureux de son modèle«: Paris (BN D 3734 [3]); Textb.: Paris, Duchesne 1757, 1759, 1762, 1767; Kopenhagen, Philibert 1767; Den Haag 1759; Text auch in: L. ANSEAUME, Théâtre [...] ou Receuil des comédies, parodies et opéra-comiques, Paris 1766; Textb.: Wien 1768; Textb., dt. v. J. H. Faber: Ffm. 1773
**Literatur:** J. A. J. DESBOULMIERS, Histoire du théâtre de l'Opéra comique, Bd. 2, Paris 1770, Reprint NY o.J. [enthält das Szenario]; Mémoires et correspondance littéraires, dramatiques et anecdotiques de C. S. Favart, hrsg. A. P. C. Favart, Paris 1808; A. FONT, Favart: L'opéra-comique et le comédie-vaudeville au XVIIe et XVIIIe siècles, Paris 1894, Nachdr. 1970; P. WECHSLER, Louis Anseaume und das französische Singspiel, Lpz. 1909; G. CUCUEL, Les Créateurs de l'opéra-comique français, Paris 1914; R. HAAS, Gluck und Durazzo im Burgtheater, Wien 1925; A. JACUZZI, The European Vogue of Favart, NY 1932; K. M. SMITH, E. D. and the Development of the Opéracomique from 1753 to 1770, Ann Arbor, MI 1980

*Herbert Schneider*

## L'Isle de foux
**Parodie de l'Arcifanfano de Goldoni**

### Die Insel der Irren
2 Akte

**Text:** Louis Anseaume und Pierre Augustin Lefèvre de Marcouville
**Uraufführung:** 29. Dez. 1760, Théâtre-Italien, Paris
**Personen:** Fanfolin, Gouverneur der Insel (T); Sordide (B); Brisefer (T); Follette (S); Glorieuse (S); Nicette, Mündel Sordides (S); Spendrif Prodigue (T); ein Offizier des Gouverneurs (Spr.). **Chor:** Irre beiderlei Geschlecht
**Orchester:** 2 Fl, 2 Ob, 2 Hr, 2 Fg, Streicher
**Aufführung:** Dauer ca. 1 Std. 30 Min. – Gesprochene Dialoge.

**Entstehung:** Die Komposition von *L'Isle de foux* hängt eng mit Dunis 1760 erfolgter Berufung zum »Directeur de la Musique« am Théâtre-Italien zusammen. 1761 erhielt Duni das begehrte Privileg zum Druck seiner Werke.
**Handlung:** In einem Garten.
I. Akt: Fanfolin, der neue Gouverneur der Insel der Irren, beklagt sich über die schwere Last seiner Verantwortung. Sein Offizier und einige der Irren tragen ihren Wunsch vor, nach guter Führung in ihre Heimat zurückkehren zu dürfen. Fanfolin verhört einzelne, um die Möglichkeit ihrer Begnadigung zu überprüfen. Der Haudegen Brisefer berichtet, wegen mangelnder Betätigung und infolge des langen Friedens habe er Laternen zerschlagen und sein Unwesen in der Stadt getrieben. Nur der Respekt vor dem Gouverneur hindere ihn daran, auch hier alles kleinzuschlagen. Sordide ist ein alter Geizhals, der die Kassette mit dem vielen Geld, das er vom Vater seines Mündels erhalten hat, ständig mit sich herumträgt und Nicette vor der Männerwelt versteckt. Die Kassette deponiert er nun bei Fanfolin. Spendrif berichtet von seinen früheren Freunden, die ihn alle verlassen haben. Idole, wie er eins gewesen sei, trete man nach kurzer Zeit mit Füßen. Fanfolin schenkt ihm Sordides Geld, mit dem nun Spendrif vor seinen ehemaligen Freunden imponieren will. Die Repräsentanten der weiblichen Irren sind die dumme, jedoch hübsche Glorieuse, die stets lacht, die geistvolle Follette, die Fanfolin gewinnen will, und Nicette, die beim Gouverneur Schutz vor Sordide sucht. Dieser verliebt sich prompt in sie, während Spendrif Glorieuse zu Füßen stürzt und dabei die Kassette vergißt, die nun Sordide vergräbt. Follette, die alles mit angesehen hat, spielt Blindekuh mit ihm, um dabei die Kassette entführen zu können. Im letzten Moment jedoch erkennt Sordide Follettes Hinterhalt und rettet die Kassette.
II. Akt: Nicette schwankt zwischen Hoffnung und Angst, da sie nicht weiß, ob Fanfolin sie wirklich liebt. Als er kommt, stellt sie sich schlafend und gesteht ihm, im Schlaf redend, ihre Liebe. Sordide macht Fanfolin den Vorwurf, die Kassette nicht gehütet zu haben, und schimpft in einem Ausbruch der Verzweiflung und Wut auf die Frauenzimmer. Er zwingt Follette, die Herausgabe der doch noch von ihr entwendeten Kassette zu versprechen. Sie willigt unter der Voraussetzung ein, daß Sordide sie heiratet. Nicette fordert ihrseits von Sordide das Geld ihres Vaters zurück. Der Offizier stürzt herein und warnt den Gouverneur vor Brisefer, der mit Spendrif in heftigem Streit um Glorieuse liegt. Diese hat demjenigen ihre Hand versprochen, der Fanfolins Verachtung ihr gegenüber rächt. Sordide und Follette bitten um die Erlaubnis, in ihre Heimat zurückkehren zu dürfen. Fanfolin gibt gegenüber Nicette seine eigene Verrücktheit, nämlich seine Liebe zu ihr, zu erkennen. Daraufhin bitten alle Irren Nicette um Vermittlung bei

der Freilassung aus der Gefangenschaft. Sordide erhält seine Kassette zurück und alle andern ihre Freiheit. Sie eröffnen gemeinsam die Loge der Irren, in die alle Verrückten, besonders die aus Liebe, aufgenommen werden sollen.
**Kommentar:** Die gedruckte Partitur, die keine Ouvertüre enthält, ist durch Witz und Humor gekennzeichnet. Sie enthält viele »Modernismen«, die dem empfindsamen Stil und der damals modernen Instrumentalmusik entstammen und zur Charakterisierung der Personen sowie zu gezielt humoristischen oder parodistischen Zwecken, die das Sujet geradezu herausforderte, eingesetzt sind. Die meisten Nummern sind sehr kurz, prägnant und konzentriert angelegt. Sowohl bezüglich der Besetzung und der musikalischen Gestaltung als auch im Ausdruck sind größte Vielfalt und Abwechslungsreichtum erreicht. Tonmalerische Effekte gibt es in reichem Maß. Die Formen der Arien reichen von der reinen und abgewandelten Dakapoform bis zur zweiteiligen Arie und zum Duett mit wechselnden Tempi. Glorieuse wird beispielsweise in ihrer Lacharie durch ein Perpetuum mobile im ⅜-Takt und krasse dynamische Effekte charakterisiert, Follette durch virtuoses Parlando, und Nicette erscheint als höchst sensibles Wesen, in deren Arien die Affekte abrupt wechseln. In ihrem Duett mit Fanfolin ist die traditionelle Schlummermusik zugunsten der Thematik der im Schlaf agierenden Darstellerin der späteren Sonnambula-Opern vorweggenommen. In Sordides erster Arie in d-Moll und in seiner Es-Dur-Arie im II. Akt wird seine Erregung gegenüber der Meute der Irren durch das An- und Abschwellen von Liegenoten, in der C-Dur-Arie mit Solofagott durch Vorhaltsequenzketten seine Betulichkeit und in der c-Moll-Arie seine Wut durch rasende Mittelstimmen und extreme Sprünge sowie eine hohe, gleichsam schreiende Führung der Singstimme dargestellt. Das vorletzte, als Chor bezeichnete Ensemble zeichnet sich durch Takt und Bewegungswechsel sowie durch eine gezielt dramatisch-musikalische Aktion aus. Im letzten Ensemble aller Solisten werden die Soli, Duette und Tutti kunstvoll durch Refrainbildungen und Wiederholung einzelner Phrasen miteinander in Beziehung gesetzt.
**Wirkung:** Die Qualität von *L'Isle de foux* läßt sich daran ablesen, daß das Werk nach sehr erfolgreichen Aufführungen in Paris (mit 21 Vorstellungen in Serie) auch in Wien 1761 und 1763 mit einigen Änderungen sowie in Besançon 1764 und Kopenhagen 1770 gegeben wurde. *L'Isle* war Dunis größter Erfolg seit *Le Peintre amoureux de son modèle* (1757). Eine Neuaufführung in italienischer Sprache *(L'isola dei pazzi)* durch die Opera da Camera di Milano fand 1961 in Spoleto statt (Dirigent: Luciano Rosada, Regie: Giancarlo Sbragia, Ausstattung: Peter Hall).

**Autograph:** Verbleib unbekannt. **Ausgaben:** Part mit Textb.: Paris 1761; Kl.A, ital.: Ricordi 1961, Nr. 130313; Textb.: Besançon 1764; Kopenhagen 1770
**Literatur:** s. S. 82

*Herbert Schneider*

## La Fée Urgèle ou Ce qui plaît aux dames
### Comédie en quatre actes en vers

### Die Fee Urgèle oder Was den Damen gefällt
4 Akte

**Text:** Charles Simon Favart, nach der Erzählung *Ce qui plaît aux dames* (1763) von Voltaire (eigtl. François Marie Arouet), nach *The Wife of Bath's Tale* aus *The Canterbury Tales* (um 1380) von Geoffrey Chaucer
**Uraufführung:** 26. Okt. 1765, Théâtre de la Cour, Fontainebleau
**Personen:** die Fee Urgèle, auch Marton und eine Alte (S); Robinette, ihre Schwester (S); die Schäferin Thérèse (S); Ritter Robert (T); Lahire, Roberts Knecht (B); Königin Berthe (S); Denise, eine Dorfbewohnerin, auch Anklägerin am Hof der Liebe (Spr.); 2 alte Ratgeberinnen am Hof der Liebe (Spr.); Gerichtsdienerin (Spr.); Philinte und Licidas, Schäfer (2 T); die Schäferin Lisette (S); der oberste Hetzjäger (Spr.).
**Chor:** Damen, Herren und Diener der Königin Berthe, Ratgeberinnen am Hof der Liebe, Nymphen der Fee Urgèle, fahrende Ritter
**Orchester:** 2 Fl, 3 Ob, 2 Fg, 2 Hr, Streicher
**Aufführung:** Dauer ca. 2 Std. 30 Min. – Gesprochene Dialoge.

**Entstehung:** *La Fée Urgèle* entstand als die erste von zwei Opéras-comiques, die Duni nach seiner erfolgreichen Zusammenarbeit mit Louis Anseaume (*Le Peintre amoureux de son modèle*, 1757, und *L'Isle de foux*, 1760) in Verbindung mit Favart (auch *Les Moissonneurs*, Paris 1768) schrieb.

*La Fée Urgèle ou Ce qui plaît aux dames*; Marie-Thérèse Laruette als Urgèle; Kostümzeichnung: Nicolas Boquet; Paris um 1765. – Die Figurine Laruettes, einer Sängerin, die 1761 an der Comédie-Italienne debütierte, entstammt der Feder Boquets, der um 1752–73 als »erster Zeichner der königlichen Hofbelustigungen« im Dienst Ludwigs XV. stand.

**Handlung:** I. Akt, schöne Landschaft mit dem Palast König Dagoberts im Hintergrund: Marton ist in den fahrenden Ritter Robert verliebt, der sich jedoch wegen seines Rittereids keiner Frau nähern darf. Gleichwohl beschließt sie, ihn durch eine List zu gewinnen. Während Robert voller Stolz über das Leben eines Ritters berichtet, führt sein Knecht Lahire bittere Klage über die Entbehrungen dieses Daseins. Doch er schöpft Hoffnung auf Besserung, als Robert zu erkennen gibt, daß er sich verliebt hat. Derweil macht sich Marton auf den Weg in die Stadt, um Blumen zu verkaufen. Auch behauptet sie, sich mit Colin verloben zu wollen, da dieser ebenso arm und frei sei wie sie und das Leben zu genießen verstehe. Robert will ihr daraufhin nicht nur alle Blumen, sondern auch einen Kuß abkaufen. Marton jedoch lehnt ab, da sie ihre Küsse Colin versprochen habe. Als Königin Berthe auf ihrer Falkenjagd mit Marton zusammentrifft, nutzt diese die Abwesenheit Roberts und bittet um Schutz vor dessen vermeintlichen Zudringlichkeiten. Von dem Eidbruch des Ritters entsetzt, erteilt die Königin den Auftrag, Robert zu suchen.
II. Akt, am selben Ort: Robert ist gefangengenommen worden und soll vor ein Frauengericht gestellt werden. Da er gegen das Ritterrecht verstoßen hat, droht ihm die Todesstrafe. Doch es bleibt noch eine Möglichkeit der Rettung: Sollte Robert vor Gericht die Frage beantworten können, welcher Verführung Frauen stets erliegen, so könnte ihm die Strafe erlassen werden. Als alte Frau verkleidet, treibt Marton ihr kokettes Spiel mit Robert. Sie gibt vor, ihn wegen der Gerichtsverhandlung beraten zu wollen, und fordert dafür eine Belohnung, die erst zu gegebener Zeit bestimmt werden soll. Robert willigt ein.
III. Akt, großer Saal im Hof der Liebe, auf dem Richterstuhl thront Berthe: Robert weiß keine rechte Antwort auf die Frage, die die Rettung bringen sollte. Um sich aus der Affäre zu ziehen, erklärt er, man müsse den Damen ins Herz blicken, um ihre Wünsche zu erkennen. Diese Antwort findet den Beifall der Anwesenden; Robert soll sogar am Hof der Königin bleiben. Die vermeintliche Alte fordert jedoch den Lohn für ihre Ratschläge: Robert soll sie heiraten.
IV. Akt, eine ärmliche Hütte: Obwohl Robert unter der trostlosen Umgebung leidet, ist es der Alten gelungen, sein Vertrauen zu gewinnen. Angeblich im Sterben liegend, entlockt sie Robert das Versprechen, auf Marton zu verzichten. Als ihr dies gelungen ist, verwandelt sie sich in die Fee Urgèle, die Beschützerin der Ritter. Auch die Hütte verwandelt sich in einen prächtigen Palast. Aus der Fee ist wieder Marton geworden, die nun auf dem Thron sitzt. Robert darf wegen seiner unerschütterlichen Treue die Macht mit seiner Geliebten teilen.
**Kommentar:** Dunis Partitur enthält neben 18 relativ unausgewogen verteilten Arietten nur zwei Duette im II. und III. Akt sowie Chöre im I., III. und IV. Akt. Am interessantesten sind die Arietten. Besonders deren instrumentale Begleitung zeugt von Dunis außerordentlichem Sinn für Klangfarben, der sich sowohl in der variablen Zusammensetzung der Streicher- und Bläserbesetzungen offenbart als auch in der Verwendung konzertierender Soli. Die gleiche Vielfalt zeigt sich bei der Verwendung kontrastierender Metren, Tonarten und Tempi sowie in der Art der Kombination von Vokal- und Instrumentalstimmen. Auch in bezug auf die formale Gestaltung der Arietten herrscht ein hoher Grad an Differenziertheit. Sie reicht von ganz kurzen bis zu ausgeprägt langen Arienformen, von der Dakapoanlage über zwei- und mehrteilige Formen mit gleichen oder verschiedenen Tempi bis zu unterschiedlich ausgeprägten Rondoformen. An reinen Instrumentalsätzen finden sich zwei kurze, wie bei Jean-Philippe Rameau »annonces« genannte Stücke (I. und II. Akt), eine Ronde (II. Akt), ein Marsch sowie ein vierteiliges Divertissement (III. Akt), jedoch keine Ouvertüre. Der II. und III. Akt sehen getanzte Partien vor, während das letzte Finale lediglich im Libretto einen Hinweis auf Tänze enthält, die Partitur jedoch mit einem Schlußchor endet.

**Wirkung:** Noch im Uraufführungsjahr wurde das Werk in Paris gespielt (4. Dez. 1765, Comédie-Italienne). 1766 erschien es in Genua und Brüssel, 1767 in Amsterdam und Den Haag, 1770 in Kopenhagen, 1780 im Kärntnertortheater Wien sowie 1796 in Köln. Die Erstaufführungen in deutscher Sprache fanden 1772 in Mannheim und Frankfurt a. M. statt (Übersetzung: Johann Heinrich Faber). In polnischer Sprache wurde *La Fée Urgèle* 1783 in Warschau gespielt. Von den wenigen Aufführungen, die das Werk noch im 19. Jahrhundert erlebte, seien diejenigen von 1821 in Paris (Bearbeitung in einem Akt, mit neuen Chorsätzen von François Aimon), 1824 in Antwerpen sowie 1874 in Moskau genannt. Eine englische Bearbeitung des Librettos durch David Garrick unter dem Titel *A Christmas Tale* kam 1773 in London mit Musik von Charles Dibdin heraus und wurde 1777 auch in Dublin aufgeführt. Aus neuerer Zeit ist eine Aufführung in Matera 1979 zu verzeichnen.

**Autograph:** Verbleib unbekannt. **Ausgaben:** Part mit vollst. Text: Chez l'auteur, Paris; Part: Duchesne, Paris 1765; Castaud, Lyon; Textb.: Paris, Ballard 1765; Paris, Duchesne 1765, 1781; Paris, Compagnie des libraires 1768; Kopenhagen, Philibert 1770; Paris, Fage 1807; Textb., dt. v. J. H. Faber: Ffm. 1776
**Literatur:** s. S. 82

*Herbert Schneider*

# Gabriel Dupont

**Gabriel Edouard Xavier Dupont; geboren am 1. März 1878 in Caen (Calvados), gestorben am 2. August 1914 in Le Vésinet (bei Paris)**

### Antar
**Conte heroïque en quatre actes et cinq tableaux**

### Antara
**4 Akte (5 Bilder)**

**Text:** Chekri Ganem, nach seinem Versdrama (1910)
**Uraufführung:** 14. März 1921, Opéra, Salle Garnier, Paris (komponiert 1914)
**Personen:** Antar/Antara (T); Cheyboub, Antars Halbbruder (Bar); Malek, Emir der Beni-Abs, Vater Ablas (B); Amarat, Emir (Bar); Zobeir, Anführer des feindlichen Stamms der Beni-Abs (T); ein alter Schäfer (B); zwei Schäfer (T, Bar); Abla, Tochter des Emirs Malek (S); Antars Mutter (Mez); Selma (Mez) und Leila (S), Kammerfrauen Ablas; eine Hirtenstimme (S); Neda, Kammerfrau (S). **Chor:** arabische Anführer, Krieger, Schäfer, Mädchen, Frauen, Spinnerinnen. **Ballett:** Mädchen, Frauen, Spinnerinnen, Säbeltänzer
**Orchester:** 4 Fl (3. u. 4. auch Picc, 2. auch A.Fl in C), 2 Ob, 2 E.H (1. auch Ob d'amore, 2. auch Bar.Ob oder B.Klar oder Sax), 3 Klar, B.Klar, 3 Fg, K.Fg (oder Sarrusophon), 6 Hr, 4 Trp, 4 Pos, B.Tb, 4 Pkn (2 Spieler), Schl (Bck, kl. Bck, gr.Tr, kl.Tr, RührTr, Tamburin, Tambour basque, Xyl, Trg, Sistre, Tamtam, Darabukka, Metallkastagnetten), Stutzflügel, 2 Hrf, Cel, Glöckchen, Streicher; BühnenM: 2 Fl (2. auch Picc), 2 Ob, 2 E.H, 2 Bar.Ob (auch B.Klar oder Sax), 2 Klar, kl. Pk, Schl (gr.Tr, kl. Bck, Tamburin, Tambour basque, Tambour, Holz- u. Metallkastagnetten, Trg, Sistre, Darabukka), Hrf, Kl, Cel
**Aufführung:** Dauer ca. 2 Std. 30 Min. – Ballett im II. Akt. Bühnenmusik im II., III. und IV. Akt.

**Entstehung:** Stoffquelle des Werks ist die Geschichte des Kriegers und Dichters Antara Ibn Schaddad, des Helden aus einem der beliebtesten arabischen Volksromane *(Sirat Antar)*. 1910 sah Dupont im Pariser Odéon das Versdrama *Antar*. Er entschloß sich zur Komposition und arbeitete eng mit dem libanesischen Dichter zusammen, der sich nicht nur des Textbuchs annahm, sondern Dupont auch durch Vorsingen originale arabische Weisen vermittelte. 1914 war das Werk abgeschlossen, konnte jedoch wegen des ersten Weltkriegs erst postum uraufgeführt werden.
**Handlung:** Im vorislamischen Arabien, Anfang des 7. Jahrhunderts.
I. Akt, Wüste, der Boden ist bedeckt mit Pferdesatteln und verstreuten Waffen; rechts Blick auf eine Oase: Ein feindlicher Stamm hat einen Überfall gegen die Beni-Abs unternommen. Der Führer der Angreifer, Zobeir, ist gefangengenommen worden; Abla, die Tochter des Emirs Malek, entging durch das mutige Eingreifen des Schäfers Antar der Entführung. Im Kreis der Schäfer, die Antars Heldentaten rühmen, schildert Cheyboub begeistert Begebenheiten des Kampfs. Als Malek und der junge Emir Amarat von der Jagd zurückkehren, führt ihnen Antar den gefesselten Zobeir vor und erbittet sich eine Belohnung. Er wünscht sich Abla zur Frau, die er seit seiner Kindheit heimlich liebt. Unter dem Druck der anwesenden Menge willigt Malek ein. Amarat begehrt auf, da Abla ihm versprochen ist, doch Malek gibt ihm zu verstehen, daß er Antar durch eine List ausschalten wolle: Er fordert die Kammerfrau Selma auf, das »Lied der Wünsche« zu singen, das davon handelt, was eine Braut von ihrem Bräutigam erwarte. Um ihrer würdig zu werden, müßte er beträchtliche Reichtümer erwerben und siegreich aus dem Krieg gegen die Perser zurückkehren. Diese Bedingungen soll Antar erfüllen. Er willigt ein, dies innerhalb von sechs Jahren zu tun. Abla, die seine Liebe erwidert, gelobt, auf ihn zu warten. Schweren Herzens verabschieden sich Abla und Antars Mutter von Antar und Cheyboub, der seinen Halbbruder begleiten will.
II. Akt, 1. Bild, Platz in der Oase der Beni-Abs bei Einbruch der Nacht, fünf Jahre später: Voll Sehnsucht nach ihrem Geliebten greift Abla zur Guzla und gibt ihren Gefühlen in einem wehmütigen Lied Ausdruck. Sie hat die Hoffnung verloren, Antar jemals wiederzusehen. Selma versucht, sie zu trösten, da die Vorzeichen für eine glückliche Wendung günstig seien. Amarat teilt Malek mit, daß er Kunde von Antars erfolgreicher Rückkehr habe. Die beiden Emire beschließen den Sturz des Helden: Der blinde Zobeir, immer noch Gefangener der Beni-Abs, soll auf Antar gehetzt werden, den er wie niemanden sonst haßt, da er glaubt, von ihm geblendet worden zu sein. Er ahnt nicht, daß Malek und Amarat seine Schänder sind. Malek, der innerlich vor einer neuerlichen Freveltat zurückschreckt, versucht Abla zur Ehe mit Amarat zu bewegen und nicht auf den Schäfer zu warten, doch Abla läßt sich nicht beirren. Da kehrt Cheyboub zurück, dem kurz darauf Antar folgt. Er hat alle Bedingungen erfüllt und eine reiche Mitgift für Abla errungen. Abla und Antar versichern sich ihrer Liebe.
2. Bild, wie 1. Bild, es ist Tag: Während der Vorbereitungen zu einem Fest erzählt Cheyboub dem alten Schäfer von seinen Reisen mit Antar. Dessen Verse seien auf der Kaaba verewigt. In Persien habe Antar eine ganze Armee durch die Kraft seiner Verse besiegt. Schließlich habe er sich Mohammed angeschlossen und versprochen, zu ihm zurückzukehren. Malek muß nun seinen Schwur einlösen und Abla mit Antar verheiraten. Der Schäfer drängt zur Eile, da er sich auf den Weg zu Mohammed machen will. Tänze und Gesänge leiten die Hochzeitsfeierlichkeiten ein. Amarat, von der Zeremonie bis aufs Blut gepeinigt, schmiedet zusammen mit Zobeir den Mordplan, der am nächsten Tag verwirklicht werden soll.
III. Akt, Engpaß im Gebirge mit Antars Lager, bei Einbruch der Nacht: Amarat hat Zobeir herbeigeführt, der nun im Hinterhalt auf Antar lauert. Abla und Antar kommen zu dem Engpaß, um sich dort zu lagern. Da wird Antar von einem Pfeil Zobeirs an der Schulter verletzt. Cheyboub eilt zu Hilfe und ergreift den Attentäter, der sich, anstatt zu fliehen, selbst mit einem Pfeil ritzt. Er verflucht Antar, doch dieser erzählt ihm, daß er, genau wie einst Zobeir, für ein geeintes Arabien kämpfen wolle. Da durchschaut Zobeir Amarats Intrige, aber es ist zu spät: Er hat sich ein tödliches Pfeilgift injiziert. Ehe er stirbt, sagt er Antars Ende voraus und drängt zur Flucht, da die Verräter nahe seien. Cheyboub versucht Antar zu retten, indem er die Wunde mit glühenden Klingen versengt.
IV. Akt, wie III. Akt, Morgendämmerung: Antar, vom Tod gezeichnet, hat Abla und seine Leute dazu

bewogen, weiterzuziehen. Außer Cheyboub, der bei ihm ist, weiß niemand von der tödlichen Verletzung. Schließlich schickt Antar Cheyboub weg, um allein den Tod zu erwarten. Er lehnt sich an einen Felsen und stirbt im Angesicht des Sonnenaufgangs. Eine Schar von Verschwörern mit Amarat an der Spitze erscheint. Als die Männer den sitzenden Antar sehen, den sie für lebendig halten, ergreifen sie voller Entsetzen die Flucht.

**Kommentar:** Die dramaturgische Substanz läßt einige Züge erkennen, die aus der Erzählliteratur stammen und probate Konfliktkonstellationen ermöglichen. Zum einen ist dies das Märchenmotiv von der List des Königs, der einen lästigen Thronprätendenten und dessen berechtigte Ansprüche abschütteln will, indem er ihm eine scheinbar unlösbare Aufgabe zuteilt. Ein weiteres konstitutives Moment besteht in der Intrige der Mächtigen, die aus Eigennutz einen Mörder dingen, um den Helden auszuschalten. Musikalisch reiht sich Dupont mit *Antar* in die französische Wagner-Nachfolge ein. Eine konsequent durchgehaltene Leitmotivik gliedert und kommentiert zugleich das Geschehen. Die Verwendung dieser Motive erschöpft sich nicht darin, punktuell Verständnissignale auszusenden. Vielmehr sind sie in den musikalischen Satz integriert und bilden die Grundsubstanz weiter Teile, die durch repetitive Strukturen gekennzeichnet sind. Die Wiederholungen kleinster Partikel wie auch eine stark durch enge Intervalle und Wechselnoten geprägte Melodieführung stehen ganz im Dienst der Couleur locale. Die Verwendung der Ganztonleiter, pentatonische Elemente und charakteristische Intervalle wie etwa die übermäßige Sekunde, aber auch gehäufte Synkopen und Triolierungen: all das sind Mittel, die Idee des Orientalischen musikalisch zu realisieren. Glissandoartige Melismen in den Rezitativen verweisen auf die Fremdheit einer Musiksphäre, die sich gegenüber der Gattungstradition behauptet. Diese Sphäre repräsentieren auch instrumentatorische Extravaganzen (Altflöte, hochdifferenzierter Schlagzeugapparat). Im Bemühen um Mimesis des Exotischen ist hier ein neues Niveau der musikalischen Wiedergabe erreicht. Ein entscheidendes Moment ist der versuchte Ausgleich zwischen Entwicklungsformen der abendländischen und der sich in Wiederholungen zeitlos fortsetzenden arabischen Musik. Eintaktige Ostinatomodelle, die auf Eintönigkeit als Vernichtung der Zeiterfahrung zu zielen scheinen, bilden strukturell das Gegengewicht zu sequenzierender Melodik. Interessant ist die Differenzierung der Ausdrucksmittel im Hinblick auf die Sozialsphären: Am meisten orientalisch wirken die Tänze und Weisen des Volks, aber auch der Gesang des alten Schäfers. Musikalischer Zusammenhang entsteht hier durch quasi isorhythmische Modelle, die sich gegen die Taktmetrik durchsetzen. Die Motive der Protagonisten hingegen, hauptsächlich Ablas und Antars, unterliegen diastematischen Modifikationen, Augmentationen und Diminutionen. Dadurch changieren sie in ihrer Identität, ohne diese je ganz aufzugeben, und kontrastieren zu den statischen Bordunbässen, wie sie für den alten Schäfer, aber auch für Selma charakteristisch sind. Eine Art kompositorischer Ständeklausel führt dazu, daß die Helden europäischer gezeichnet sind als das Volk. Die Konfrontation mit einer außereuropäischen Musikwelt erschöpft sich mithin nicht in pittoresken Ergänzungen einer konventionellen musikdramatischen Konzeption, sondern erfaßt auch konstitutive Elemente der Gattung. Insofern darf Duponts Werk als bedeutender Beitrag zum Exotismus in der französischen Oper betrachtet werden.

**Wirkung:** Die Opéra präsentierte *Antar* in einer ausgezeichneten Besetzung. Unter der musikalischen Leitung von Camille Chevillard sangen in den Hauptrollen Fanny Heldy (Abla), Paul Franz (Antar) und Jean-François Delmas (Malek). Die Kritik hob die musikalische Vielseitigkeit des Werks hervor, bemängelte jedoch das wenig originelle, schematische Libretto mit seinem dürftigen und zähen Handlungsablauf. Hervorgehoben wurden der Reichtum der musikalischen Formen und der Klangmittel und die Ausdrucksfähigkeit von Duponts musikalischer Sprache. Man lobte die stilistische Einheit und ästhetische Klarheit der Komposition, die sich nicht in die Avantgarde einreihe und gerade dadurch ihre überzeitliche Qualität beweise. Das Werk erlebte zunächst in Paris 21 Aufführungen, 1924 erfolgte unter Henri Busser eine Reprise mit sechs Aufführungen. Schließlich gab es 1946 eine Inszenierung unter der musikalischen Leitung von Louis Fourestier, die es auf zwölf Aufführungen brachte (Abla: Jeanne Segala, Antar: José Luccioni, Malek: Bertrand Etcheverry).

**Autograph:** Part: Bibl. de l'Opéra Paris (Res. A. 730 [I–III]); Kl.A: BN Paris (Ms. 9141); Skizzen: BN Paris (Ms. 9140). **Ausgaben:** Part: Heugel, Nr. 26.234; Kl.A: Heugel 1921, Nr. 26.046; Textb.: Heugel 1921. **Aufführungsmaterial:** Heugel/Leduc

*Ruth E. Müller*

# Louis Antoine Duport

Geboren 1781 oder 1783 in Paris, gestorben am 19. Oktober 1853 in Paris

### Aschenbrödel
Großes pantomimisches Ballett
4 Akte (6 Bilder)

**Musik:** Auszüge aus der Opéra-féerie *Cendrillon* (Paris 1810) von Nicolas Isouard und der Opéra-comique *Jean de Paris* (Paris 1812) von François Adrien Boieldieu und ein Tanz aus dem Dramma giocoso *Don Giovanni* (Prag 1787) von Wolfgang Amadeus Mozart. **Libretto:** Louis Antoine Duport
**Uraufführung:** 27. Juli 1813, Theater an der Wien, Wien, Ballettensemble des Theaters
**Darsteller:** Prinz Ramiro; Baron Montefiascone; Aschenbrödel, Clorinde und Thisbe, seine Töchter;

Alidor; der Hofnarr des Prinzen; Corps de ballet: Genien, Feen, Ritter, Hofstaat, Vasallen des Barons
**Orchester:** wechselndes Arrangement
**Aufführung:** Dauer ca. 1 Std. 15 Min.

**Entstehung:** Schon mit seinem zweiten Ballett, *Figaro*, das er 1806 an seinem Stammhaus, der Pariser Opéra, herausbrachte, bewies Duport, der sich mit Auguste Vestris 20 Jahre lang um die Palme des besten Tänzers seiner Zeit gestritten hatte, Gespür für das für ihn neue Genre. Mit seiner Version von Jean-Baptiste Blaches Ballett *Almaviva et Rosine*, das vor 1806 in Bordeaux uraufgeführt worden war und später auch in Marseille gegeben wurde, hatte Duport nicht nur eine bereits beliebte Thematik des Musiktheaters aufgegriffen, sondern auch eine choreographische Erfindung Blaches zitiert, die sich zu einem beliebten Bewegungsmodell entwickelte, für das man später den Begriff »Spiegeltanz« prägte. Blache hatte in einem Pas de huit scénique zwei Gruppen von Tänzern sich spiegelverkehrt bewegen lassen. – Wegen der immer stärker werdenden Rivalität mit Pierre Gardel, der schon seit 1787, seit dem Tod seines Bruders Maximilien, den Posten des Maître des ballets an der Opéra innehatte, verließ Duport Paris, um zunächst nach Wien, danach nach Rußland und wieder nach Wien zu gehen. Die Wirren um die Leitung des Kärntnertortheaters und des Theaters an der Wien geschickt für sich nutzend, konnte Duport schon mit seinem ersten Ballett, das er 1808 für Wien herausbrachte, mit der Wiederaufnahme seines *Figaro*, jetzt als *Figaro oder Der Barbier von Sevilla*, Aufmerksamkeit erregen. Erfolgreichste Produktion dieser frühen Wiener Zeit Duports war *Der blöde Ritter oder Die Macht der Frauen* (1812), ein Ballett, das auf Dalayracs Oper *Sargines ou L'Elève de l'amour* (Paris 1788) basiert. – Angeregt von dem Erfolg von Isouards *Cendrillon* bei seiner Wiener Erstaufführung 1811, vielleicht auch inspiriert durch die 1812 erschienene Übertragung von Charles Perraults Märchen durch die Brüder Jacob und Wilhelm Grimm, wandte sich Duport in *Aschenbrödel* diesem Märchenstoff zu, der zu einem der beliebtesten des Balletts werden sollte.
**Inhalt:** In märchenhafter Zeit.
I. Akt, Garten im Schloß des Barons Montefiascone, links das Schloß, im Hintergrund ein Wald: Prinz Ramiro entfernt sich von einer Jagdgesellschaft, um die Töchter des Barons in Augenschein zu nehmen. Alidor rät dem Prinzen, ein Inkognito zu wählen; der Hofnarr solle an seiner Statt auftreten. Mit einem schäbigen Mantel seine Identität verhüllend, bleibt Alidor zurück. Er beobachtet Aschenbrödel, wie sie ihren Schwestern Clorinde und Thisbe ein Mahl zubereitet. Alidor erregt Aschenbrödels Mitleid, ihre Schwestern aber wollen ihn entfernt wissen. Alidor verschwindet rachedrohend. Der Baron, Clorinde und Thisbe machen Aschenbrödel Vorwürfe. Als ein Jäger Ramiro meldet, eilen die Schwestern, um sich zu schmücken; Aschenbrödel werden die niedrigen Arbeiten zugewiesen. Der Hofnarr, als Ramiro verkleidet, erscheint und memoriert noch einmal seine Rolle. Er macht Aschenbrödel eine Liebeserklärung, wird jedoch zurückgewiesen. Empört versucht er, sich ihre Liebe zu erzwingen; Ramiro, der Zeuge dieser Szene wird, ist von Aschenbrödels Verhalten entzückt. Der inzwischen angekommene Baron macht ihr jedoch deshalb Vorhaltungen. Er lädt den hohen Besuch zu einem Fest in den Garten; Vater und Töchter werden daraufhin in den Palast gebeten. Während sich Clorinde und Thisbe zu schmücken beginnen, denkt Aschenbrödel an ihren Beschützer. Prinz und Hofnarr beobachten sie. Als der Hofnarr Aschenbrödel wieder bedrängt, tritt Ramiro dazwischen. Aschenbrödel gesteht ihm, den sie nicht erkennt, ihre Liebe. Während sie den vermeintlichen Hofkavalier auf der Gitarre begleitet, überhört sie das Klingeln der Schwestern. Der Baron, erbost über ihr Verhalten, weist sie aus dem Schloß. Entmutigt sinkt Aschenbrödel auf eine Rasenbank. Von ihren Leiden gerührt, ruft Alidor Feen und Genien herbei, um Aschenbrödel zu trösten.
II. Akt, 1. Bild, Feenpalast, der erst sichtbar wird, nachdem sich die Wolken geteilt haben: Erschrocken über den Glanz, schämt sich Aschenbrödel ihrer armseligen Kleidung. Das Oberhaupt der Genien beruhigt sie, Feen kleiden sie ein und schenken ihr eine Rose, durch die sie die ihr noch fremden Eigenschaften von Anstand und Grazie erlangt. Genien geben ihr Unterricht im Tanzen. 2. Bild, Turnierplatz: Ramiro bereitet die Waffen für das bevorstehende Turnier vor. Er glaubt, in der fremden Dame Aschenbrödel zu erkennen; nur mühsam gelingt es ihm, seine Liebe zu ihr zu verbergen. Er bittet sie um Erlaubnis, beim Turnier ihre Farben tragen zu dürfen. Der Kampf beginnt. Clorinde und Thisbe glauben sich in der Gunst Ramiros. Als Aschenbrödel plötzlich erscheint, meinen sie sie zu kennen, sind aber über ihr vornehmes Äußeres verblüfft. Auch der Hofnarr bewundert Aschenbrödel; ihn verwirrt die Ähnlichkeit der Dame mit einer Tochter des Barons. Er reicht zunächst Clorinde die Hand, geleitet dann aber Aschenbrödel in eine Loge. Ein Ritter nach dem andern fällt, nur Ramiro bleibt unversehrt. Nachdem er auch beim Lanzenspiel Sieger geblieben ist, begibt der Hof sich in den Thronsaal. 3. Bild, Ramiros Palast: Der Hofnarr möchte mit Aschenbrödel den Tanz eröffnen, begnügt sich aber mit den Schwestern, als Ramiro es ihm verbietet. Vom Hofnarren bedrängt, flieht Aschenbrödel und verliert dabei einen Schuh und die Rose.
III. Akt, Palastgarten: Mit der Rose hat Aschenbrödel auch die gewonnenen Tugenden verloren. Clorinde und Thisbe drängen sie, den Palast zu verlassen. Der Hofnarr wiederholt sein Werben; als er wieder abgewiesen wird, schlägt seine Liebe in Verachtung um. Ramiro findet Aschenbrödel in Schmerz versunken. Er schickt den Hofnarren und die Schwestern weg. Alidor kommt mit dem Schuh und mit Bewerberinnen um die Hand Ramiros: Diejenige solle Königin sein, der der Schuh paßt. Nur Aschenbrödel paßt er. Wütend versuchen die Schwestern, ihr ihn zu entreißen.
IV. Akt, Saal im Palast, im Hintergrund ein Thron: Ramiro krönt das reichgeschmückte Aschenbrödel.

Nun erkennen die Schwestern in dem vermeintlichen Prinzen den Hofnarren. Entsetzt fallen sie Aschenbrödel zu Füßen. Ein gemeinsamer Tanz des Paars bildet den Auftakt zu einem Fest.

**Kommentar:** In der in der Wochenzeitschrift *Der Sammler* 1813 erschienenen Artikelserie *Flüchtige Umrisse über Tanz und Ballett* geht der anonyme Verfasser aus Anlaß der Premiere von *Aschenbrödel* auf Duport, aber auch auf die seiner Meinung nach neue Stellung des Balletts innerhalb der Kunstgattungen ein. Tanzkunst in Bewegung zu setzen sei nun Kunstform geworden und unterliege daher objektiv den gleichen Regeln wie jede andere Gattung der dramatischen Poesie. Dies sei eine der Hauptursachen, warum man sich in der Themenwahl für Ballette immer mehr von der Mythologie, aber auch von der Allegorie zurückziehe und sich der romantischen Poesie und der Idylle zuwende. Mit erstaunlichem Weitblick sieht der Verfasser in diesem Wandel der Thematik jene Wurzel, aus der sich tatsächlich das Charakteristikum des romantischen Balletts entwickelte. Obwohl noch eine ganze Tänzergeneration zwischen dem von Duport für die Ballettbühne adaptierten Libretto von *Cendrillon* und den ersten eigens für das Ballett von Persönlichkeiten wie Eugène Scribe verfaßten Libretti stand, war Duports Werk doch ein wesentlicher Schritt in Richtung einer neuen Ära. Freilich forderten, so meint der Verfasser der Artikelserie weiter, diese neue Art und der Inhalt des Ballettlibrettos auch einen neuen Typ des Tänzers, eines Tänzers nämlich, der die eigene Virtuosität hinter die Aussage der zu interpretierenden Rolle stelle. Und tatsächlich gelang es Duport, der ja selbst noch der Generation der Virtuosen angehörte, seine Tänzer zu motivieren, diesen Anforderungen gerecht zu werden. Über Therese Neumann etwa (Duports Frau), die Darstellerin der Titelrolle, schrieb der *Sammler*: »Madame Duport spielte den leidenden Aschenbrödel vortrefflich; sie markirte richtig den Übergang ihrer geistigen Verwandlung und war in allen Bewegungen eine Grazie.« Duport gelinge es, den »künsten und seelenvollsten Tanz zu entwickeln« (S. 555, s. Lit.), es wird dem Choreographen im Exponieren und Durchführen der Handlung eine besonders glückliche Hand zugeschrieben. Der dramatische Zusammenhang und der poetische Gehalt hielten einander die Waage, er knüpfe die Verbindungsszenen mit großer Zartheit und spare mit kluger Ökonomie den Effekt für wenige Momente auf. Große Effekte, wie das spektakuläre Turnier, die das Publikum besonders bei Produktionen im Theater an der Wien erwartete, machten denn auch den Erfolg des Balletts aus. Hatte Duport in *Aschenbrödel* als Choreograph in vielerlei Hinsicht Gespür für Kommendes bewiesen, so hielt er sich in der Wahl der Musik ganz an den Brauch der Zeit und stellte beliebte Nummern aus Opern zusammen.

**Wirkung:** Obwohl *Aschenbrödel* mit 21 Aufführungen nicht an die großen Erfolge des Theaters an der Wien anschließen konnte, wurde das Ballett Vorlage für zwei weitere Bearbeitungen des Stoffs. Schon 1815 brachte Friedrich Horschelt, ebenfalls im Theater an der Wien, ein *Aschenbrödel*-Ballett heraus (Musik: Joseph Kinsky). Es wurde zur gefeiertsten Produktion des von ihm 1814–21 geleiteten Kinderballetts. Dies *Aschenbrödel* war wiederum Vorlage für Aumers Ballett *Der Zauberschlaf*, das er 1818 für das Kärntnertortheater choreographierte (Musik: Louis-Luc Loiseau de Persuis in Zusammenarbeit mit Adalbert Gyrowetz).

**Ausgaben:** L: Wien, Wallishausser 1813
**Literatur:** Flüchtige Umrisse über Tanz und Ballett, in: Der Sammler, Wien 1813, S. 555f., 567f., 583f.; A. BAUER, 150 Jahre Theater an der Wien, Zürich 1952, S. 94; L. MOORE, The D. Mystery, in: DP 7:1960, S. 86–93; G. WINKLER, Das Wiener Ballett von Noverre bis Fanny Elßler, Diss. Wien 1967, S. 155f.; M. H. WINTER, The Pre-Romantic Ballet, London 1974, S. 449f.; I. GUEST, The Romantic Ballet in Paris, London 1980, S. 65

*Gunhild Schüller*

# Jean Baptiste Edouard Dupuy

Geboren um 1770 in Corcelles (bei Neuenburg), gestorben am 3. April 1822 in Stockholm

## Ungdom og galskab eller List over list
Syngespil i to akter og en ouverture

## Jugend und Torheit oder List für List
Singspiel in 2 Akten und einer Ouvertüre

**Text:** Niels Thoroup Bruun, nach dem Libretto von Jean Nicolas Bouilly zu der Opéra-comique *Une Folie* (Paris 1802) von Etienne Nicolas Méhul
**Uraufführung:** 19. Mai 1806, Königliches Theater, Kopenhagen
**Personen:** Gröndahl, ein alter Maler (B); Wilhelmine, sein Mündel (S); Poul, sein Knecht (T); Mikkel Madsen, Pouls Neffe (T); Rose, Rittmeister bei den Husaren (T); Johan, Roses Diener (B); Frants Donnerschlag, Husar (Spr.)
**Orchester:** 2 Fl (auch Picc), 2 Ob, 2 Klar, 2 Fg, 2 Hr, 3 Trp, Pkn, Hrf, Streicher
**Aufführung:** Dauer ca. 1 Std. 30 Min. – Gesprochene Dialoge.

**Entstehung:** Dupuy war nach Studien in Paris als Komponist, Sänger und Violinvirtuose in verschiedenen Ländern Europas tätig, bis er 1793 nach Stockholm kam, um dort die Leitung des Hoforchesters zu übernehmen. Aus politischen Gründen wechselte er 1799 nach Kopenhagen, wo er seine Stellung als Komponist festigte. Hier gelang ihm mit *Ungdom og galskab* sein größter und einziger bleibender Bühnenerfolg. In Bruuns Adaption von Bouillys Libretto ist der Schauplatz der Handlung von Paris nach Kopenhagen verlegt.

**Handlung:** In Kopenhagen.
I. Akt, Straße, einander gegenüberliegend eine Gastwirtschaft und Gröndahls Haus; über dessen Tür, frontal sichtbar, ein vergittertes Fenster: Rittmeister Rose liebt Wilhelmine, obwohl er sie nur von Gröndahls Bildern kennt. Seine Sehnsucht steigert sich um so mehr, da der Maler sein Mündel eingesperrt hält. Johan, Roses Diener, sondiert die Möglichkeiten, in das Haus einzudringen. Inzwischen fleht Wilhelmine um die Gunst Amors. Gröndahl fängt zwar einen ihrer Briefe ab, doch Rose erfährt dessen Inhalt und antwortet ihr. Als Farbenhändler verkleidet will er ins Haus gelangen, wird dabei aber von Gröndahl entlarvt. Der zweite Versuch fällt glücklicher aus: Als Rose und Johan enttäuscht auf der Straße stehen, taucht Mikkel Madsen auf, ein Neffe von Gröndahls Diener Poul. Sie erkennen die Chance und überreden ihn zu einem Kleidertausch. Als Mikkel wird Johan im Haus des Malers freundlich empfangen.
II. Akt, Gröndahls Atelier; an der Seite ein großes Gemälde, das Hagbard zeigt, wie er von Signe eine Schärpe empfängt; vor dem Gemälde ein erhöhter Platz; im Hintergrund ein großes Fenster: Wilhelmine hatte Gröndahl versprochen, für ein Bild, das schon am nächsten Tag ausgestellt werden soll, Modell zu stehen, unter der Bedingung allerdings, daß sie die Ausstellung besuchen darf. Obgleich er ihr dies verweigert, lenkt sie ein, da sie Johan in der Rolle Mikkels erkennt. Als der echte Mikkel hereinkommt, wird er von Gröndahl in die Flucht geschlagen. Johan nutzt die Verwirrung, um Rose über eine Strickleiter in das Zimmer zu holen und ihn in ein Modellkostüm zu stecken. Als »Hagbard und Signe« besteigen er und Wilhelmine ein Podium; Gröndahl gibt dem verkleideten Rose die Anweisung, vor Wilhelmine niederzuknien und ihr seine Liebe zu erklären. Zwar erscheint bald darauf das echte Modell und alles wird aufgedeckt, doch schließlich kann Gröndahl der Liebesverbindung seine Zustimmung nicht länger verweigern.
**Kommentar:** Vom Sujet her ist *Ungdom og galskab* eine typische Vormundkomödie. Die Musik verbindet französische Singspieleleganz à la Dalayrac und Isouard mit einem an Mozart geschulten Grundidiom. Besonderen Reiz gewinnt Dupuys Singspiel durch die Einarbeitung einer gewissen dänischen Note. Er läßt beispielsweise das Lied »Wenn ich eines Tags in das Brautbett muß« anstimmen, dessen durchaus internationale Polaccamelodie lustigerweise zur jütländischen Mundart erklingt. In Wilhelmines berühmter Romanze »Ich bin noch im Lenz des Lebens«, die schon in der Ouvertüre anklingt, wird eine mädchenhaft-sanfte Poesie angestimmt, die ihre Wurzeln in der jungen, schwärmerischen Romantik der Epoche eines Adam Gottlob Oehlenschläger hat. Es ist die Zeit der Restauration, wo man lieber sein Schäfchen ins trockene brachte und sich um den dampfenden Punsch sammelte, statt sich um Politik zu kümmern. Diesen Geselligkeitston repräsentiert vor allem das Trinklied »Wenn ihr guten Ratschlägen folgen könnt«. Mit der eleganten und geistreichen Ouvertüre, den schwungvollen Musiknummern und nicht zuletzt der Kopenhagener Situationskomik ist *Ungdom og galskab* eins der Hauptwerke des dänischen Singspiels.
**Wirkung:** *Ungdom og galskab* war das einzige dänische Singspiel, das sich im Repertoire des Kopenhagener Theaters auf Dauer halten konnte. Bis 1880 wurde es dort 170mal gegeben; danach fanden in größeren Abständen (zuletzt 1963) Neueinstudierungen statt, so daß die Gesamtzahl der Aufführungen auf 320 gestiegen ist. 1814 wurde das Werk in Stockholm in schwedischer Übersetzung (unter dem Titel *Ungdom och darskap eller List not list*) herausgebracht und erreichte bis 1833 dort 33 Aufführungen. In deutscher Übersetzung (unter dem Titel *List und Liebe*) erschien das Werk 1930 in Kiel. Auszüge aus dem Singspiel wurden von Vilhelm Holm für Bournonvilles Ballett *Livjægerne paa Amager* (1871) arrangiert, in dem Dupuy in der Figur des Edouard auftritt. Von der anhaltenden Beliebtheit des Werks zeugen verschiedene Rundfunk- und Fernsehproduktionen.

**Autograph:** Verbleib unbekannt. **Abschriften:** Det kongelige Teater Kopenhagen. **Ausgaben:** Part: Pios, Kopenhagen 1923; Kl.A: Horneman & Erslev, Kopenhagen 1861, Nr. 500; Hansen o.J.; Textb.: Kopenhagen, Schubothe (Det kongelige Teaters Repertoire. 220.)
**Literatur:** T. OVERSKOU, Den danske skueplats, Kopenhagen 1862; C. THRANE, Dansken komponister, Kopenhagen 1875; A. BUNTZEN, E. D., Stockholm 1902; P. LONG DES CLAVIÈRES, La Vie aventureuse d'un compositeur neuchâtelois au XVIIIe siècle, J.-B. D., in: Schweiz. Jb. 1929, S. 78ff.; R. COTTE, Compositeurs français emigrés en Suède, Diss. Paris 1961

*Esther Barfod*

# Johann Ladislaus Dussek

Auch Jan Ladislav Dusík; geboren am 12. Februar 1760 in Časlau (Čáslav; Mittelböhmen), gestorben am 20. März 1812 in Saint-Germain-en-Laye (bei Paris)

## Vězněná na Špilberku
Zpěvohra o dvou dějstvích

## Die Gefangene von Spielberg
Oper in 2 Aufzügen

**Text:** Prince Hoare, nach dem Libretto von Benoît-Joseph Marsollier des Vivetières zu der Oper *Camille ou Le Souterrain* (Paris 1791) von Nicolas Dalayrac, nach dem Roman *Adèle et Théodore* (1782) von Stéphanie Félicité Du Crest Gräfin von Genlis; Übersetzung aus dem Englischen von Milada Kunderová und Zdenka Nováková
**Uraufführung:** 14. Nov. 1798, Drury Lane Theatre, London, als *The Captive of Spilburg*; Bearbeitung von Arnošt Parsch und Miloš Štědroň: 13. Febr.

1978, Studio der Janáček-Akademie der musischen Künste, Brünn, Miloš-Wasserbauer-Kammeroper (hier behandelt)
**Personen:** Korovic, ein böhmischer Edelmann (Bar); Kazimír, sein Neffe (T); Martin, in Diensten bei Korovic (T); Bonifác, Diener bei Kazimír (Bar); Otmar, Diener bei Korovic (Spr.); Hynek, Korovic' Sohn (Spr.); Evženie, Korovic' Frau (Mez); Milena, ein Landmädchen von Spielberg (S); Offizier der kaiserlichen Garde (T); Tachstein und Kargard, Soldaten (2 Spr.). **Chor:** Soldaten, Landleute, Diener
**Orchester:** Picc, 2 Fl, 2 Ob, 2 Klar, 2 Fg, 2 Hr, 2 Trp, Schl (Gong, Crotales, Conga, Tr, Bck, gr.Tr), Streicher
**Aufführung:** Dauer ca. 1 Std. 30 Min. – Gesprochene Dialoge. Im Original tragen die Personen folgende Namen: Korovic = Korowitz; Kazimír = Canzemar; Martin = Kourakin; Bonifác = Mousic-Mirhoff; Otmar = Liebstoff; Hynek = Iwan; Evženie = Eugenia; Milena = Moola.

**Entstehung:** Während seines Aufenthalts in London (1791–99) erwarb sich Dussek einen großen Namen als Klavierkomponist und -virtuose. *The Captive of Spilburg* entstand dort 1798, möglicherweise auf Anregung von Dusseks Gattin Sophia Corri. Ihr Vater Domenico Corri war zusammen mit Dussek Inhaber jenes Verlags, der 1798 den Klavierauszug von *The Captive*, der einzigen erhaltenen musikalischen Quelle des Werks, herausgab. Als Mitautor der Musik wird in der englischen Literatur manchmal der irische Sänger, Theatermanager und Komponist Michael Kelly

*Vězněná na Špilberku*; Zdeněk Palusga als Korovic, Irena Vašíčková als Evženie; Regie: Boris Lorenz; Aufführung der Janáček-Akademie, Brünn 1978.

genannt, der bei der Uraufführung den Canzemar sang; seine Mitautorschaft ist jedoch weder im Klavierauszug noch im Textbuch angegeben. Den gleichen Stoff vertonte auch Paer in einer italienischen Adaption von Giuseppe Carcani (*Camilla ossia Il sotteraneo*, Wien 1799).
**Handlung:** Auf der Burg Spielberg in Mähren, 18. Jahrhundert. I. Akt, 1. Bild: Schneelandschaft, zur Seite ein Teil der alten Burg; 2. Bild: große Burghalle; II. Akt, 1. Bild: Gemach in der Burg; 2. Bild: Burghalle mit einer geheimen Tür zum Keller; 3. Bild: der verfallene, zum Teil in Trümmern liegende Teil der Burg; 4. Bild: Wald; 5. Bild: im oberen Teil der Bühne die Burgruinen mit Ausblick ins schneebedeckte Tal, im unteren Teil der Kerker.
I. Akt: Der junge Adlige Kazimír und sein Diener Bonifác haben sich zu der Burg Spielberg verirrt. Der gutherzige Martin, Wächter und Verwalter in einer Person, gewährt ihnen heimlich Unterkunft. In der Burg geschehen sonderbare Dinge. Im Verlies schmachtet eine unbekannte junge Frau. Vor einer Woche erschien hier unversehens der Burgherr Korovic, ein finsterer Mensch und wunderlicher Kauz. Heute brachte man auf Geheimwegen sogar ein Kind hierher. Aber Martin läßt sich nicht beunruhigen, sondern trifft voll freudiger Erwartung Vorbereitungen für seine morgige Hochzeit mit dem Landmädchen Milena. Kazimír denkt an sein trauriges Schicksal: Vor einiger Zeit hat er eine schöne junge Dame aus den Händen einer Räuberbande befreit, ihr jedoch nicht die Freiheit wiedergeschenkt, sondern sie einige Wochen gefangengehalten. Ohne zu ahnen, daß die Dame verheiratet war, warb er um ihre Liebe. Über ihre abweisende Haltung enttäuscht, ließ er sie schließlich ihrem Wunsch gemäß nach Prag gehen. Sie mußte ihm jedoch versprechen, niemals seinen Namen zu verraten. Auch Korovic ist unglücklich und von Zweifeln an der Treue seiner Frau gequält: Evženie war vor einiger Zeit spurlos verschwunden; als sie nach Wochen wieder erschien, erwies sich, daß sie im Haus eines Edelmanns gelebt hatte, dessen Namen sie nicht preisgeben wollte. Daraufhin ließ Korovic die vermeintlich Treulose, die standhaft ihre Unschuld beteuert, im tiefsten Verlies einkerkern. Seitdem wandelt er unruhig durch die leeren Räume. Heute ließ er seinen kleinen Sohn Hynek herbringen, dem er vorher gesagt hatte, daß seine Mutter gestorben sei. Er hofft, der Anblick des Kinds werde die Sünderin geständig machen. Korovic öffnet eine geheime Tür und lauscht nach Lebenszeichen seiner Gefangenen. Aus der Tiefe hört man Evženies trauriges Lied.
II. Akt: Während im entlegenen Teil der Burg die Hochzeitsgäste sich mit Tanz und Gesang unterhalten, kehrt Korovic mit Hynek in den Saal zurück. Er öffnet die geheime Tür und ruft die Gefangene herauf. Evženie, schwach und blaß, schließt ihr Kind in die Arme, aber auch jetzt weigert sie sich, den Namen ihres Entführers zu nennen. Korovic wird erneut von Eifersucht und Wut gepackt, als sich draußen Lärm erhebt; Otmar meldet die Ankunft der kaiserlichen Garde. Schnell schickt Korovic Evženie und Hynek ins Ge-

fängnis zurück, dann öffnet er die Haupttür. Kazimír und die drei Diener stürzen in den Saal. Kazimír, der inzwischen durch Zufall erfahren hat, daß Korovic sein Onkel ist, erzählt von Gerüchten über eine heimliche Trauung und eine Frau namens Evženie. Korovic solle ihren plötzlichen Tod verschuldet haben, und in diesen Tagen sei auch ihr Kind verschwunden. Evženies Familie habe eine Anklage beim Kaiser vorgebracht, woraufhin Korovic binnen drei Tagen in Prag vorstellig werden müsse. Korovic bittet Kazimír, während seiner Abwesenheit für die Gefangenen zu sorgen. Doch den Eingang zum Verlies kann er nicht mehr zeigen, da die Garde ihn verhaftet. Kazimír forscht vergebens nach dem Eingang und gibt schließlich Befehl, die Unterkellerung der Burg zu durchgraben. Die Gefangenen werden befreit, und überrascht erkennt Kazimír in Evženie seine Unbekannte. Da kehrt Korovic zurück; es ist ihm gelungen zu fliehen. Kazimír klärt ihn über seine Beziehung zu Evženie auf, und so kann Korovic, da Evženie ihm verzeiht, Frau und Sohn wieder in die Arme schließen.

**Kommentar:** Die romantisch-abenteuerliche Handlung von Dalayracs berühmter Rettungsoper ist nach Mähren verlegt, und die Burg führt den Namen der berüchtigten habsburgischen Festung Spielberg. Zwei Handlungsebenen sind zu unterscheiden: die »hohe« Sphäre der in ihrem Charakter ernsten Gestalten adliger Herkunft und die »niedere«, volkstümliche Sphäre der Diener und Soldaten. Am prägnantesten gezeichnet sind der in den Zwiespalt seiner Empfindungen verstrickte Korovic und der an Mozarts Leporello erinnernde Diener Bonifác. Dusseks Musik verbindet die englische Tradition der Ballad opera mit der mitteleuropäischen Klassik Mozartschen Typs und mit frühromantischen Elementen. Stellenweise (zum Beispiel in Korovic' Monolog am Ende des I. Akts) findet das Melodram Verwendung, gelegentlich (so am Beginn des I. Akts, bei der Verhaftung Korovic' und der Befreiung Evženies im II. Akt) setzt Dussek sehr eindrucksvoll auch das Rezitativ ein. Einige Arien haben keinen direkten Bezug zur Handlung, sondern sind etwas willkürlich implantierte strophische Lieder. Allgemein sind die genreüblichen Vokal- und Instrumentalformen verwendet, doch im Tanzcharakter und in der Kantabilität der Melodik mit Anklängen an die böhmische Folklore (besonders für die volkstümlichen Gestalten) und in der gelegentlich expressiven chromatischen Harmonik erweist sich die Originalität des Komponisten.

**Wirkung:** *The Captive of Spilburg* war als Afterpiece konzipiert, also als Ausklang eines Opernabends gedacht. Neben Kelly sang Anna Maria Crouch die Partie der Eugenia. Das historische Aufführungsmaterial gilt als verschollen; erst durch Parschs und Štědroňs einfühlsame und gelungene Neuorchestrierung nach dem Klavierauszug ist die Oper wieder für die Aufführungspraxis erschlossen worden.

**Autograph:** Verbleib unbekannt; Bearb. Parsch/Štědroň: Part: Bibl. d. Janáček-Akad. d. musischen Künste Brünn; Kl.A: ebd.
**Ausgaben:** Kl.A: Corri, Dussek, London, Edinburgh 1798; Textb.: London, Stace & Hatchard 1799. **Aufführungsmaterial:** Bibl. d. Janáček-Akad. d. musischen Künste, Brünn
**Literatur:** R. FISKE, English Theatre Music in the Eighteenth Century, London 1973, S. 574f.

*Věra Vysloužilová*

# Antonín Dvořák

Antonín Leopold Dvořák; geboren am 8. September 1841 in Nelahozeves (bei Prag), gestorben am 1. Mai 1904 in Prag

## Šelma sedlák
**Komická opera o dvou jednáních**

**Der Bauer ein Schelm**
Komische Oper in 2 Akten

**Text:** Josef Otakar Veselý
**Uraufführung:** 27. Jan. 1878, Interimstheater, Prag
**Personen:** der Fürst (Bar); die Fürstin (S); Martin, ein reicher Bauer (B); Bětuška, seine Tochter (S); Veruna, Schaffnerin (A); Václav, ein begüterter junger Bauer (T); Jeník, ein junger Hirt (T); Berta, Kammerzofe (S); Jean, Kammerdiener (T). **Chor, Ballett:** Schloßbewohner, Landvolk, Musikanten, Diener
**Orchester:** 2 Fl (2. auch Picc), 2 Ob, 2 Klar, 2 Fg, 4 Hr, 2 Trp, 3 Pos, Pkn, Schl (gr.Tr, Bck, Trg), Hrf, Streicher
**Aufführung:** Dauer ca. 2 Std.

**Entstehung:** Das Werk wurde vermutlich zwischen Febr. und Juli 1877 komponiert. Als einzige Oper Dvořáks erfuhr es noch zu Lebzeiten des Komponisten die Drucklegung des vollständigen Aufführungsmaterials.
**Handlung:** In einem Dorf in der Nähe von Taus (Böhmerwald), Ende des 18. Jahrhunderts.
I. Akt, Schloßpark, im Hintergrund das Schloß, Frühling: Von der Dorfjugend wird ein Empfang für den Fürsten vorbereitet. Bětuška nutzt diese Gelegenheit zu einem Stelldichein mit Jeník. Sie werden von Martin überrascht, der versucht, seine Tochter zur Heirat mit Václav zu überreden. Es kommt zu einem heftigen Streit, doch Bětuška beharrt auf ihrer Liebe zu Jeník. Veruna belauscht ein Gespräch, in dem Martin und Václav einen Streich gegen Jeník planen. Bětuška verspricht dem Fürsten und dessen Kammerdiener ein Rendezvous. Doch die allgegenwärtige Veruna sinnt auf Rache: Sie informiert die Fürstin und Berta, die nunmehr Bětuškas Rolle übernehmen.
II. Akt, Hof auf Martins Gut, Abend: Zu Ehren des Fürsten wird ein Volksfest gegeben. Bětuška weiß in ihrer peinlichen Situation keinen Ausweg und will mit Jeník fliehen. Da hilft jedoch Verunas List; im entscheidenden Augenblick treffen die Herren ihre legitimen Frauen, der Fürst wird geohrfeigt, Jean fällt in ein

für Jeník bestimmtes Faß, die Liebenden sind glücklich vereint.

**Kommentar:** Veselý versuchte im reibungslos funktionierenden Räderwerk der Intrige das französische Lustspiel nachzuahmen. Mit der teilweise trefflichen und natürlichen Stilisierung der Volkssprache ist dies zweifellos ein Verdienst des Verfassers, der auf der andern Seite jedoch weder die Personen, die schon durch ihre Namen auf Vorbilder verweisen (Jeník und Václav auf Smetanas *Prodaná nevěsta*, 1866, Veruna auf Blodeks *V studni*, 1867), noch die uralten und typischen Situationen der komischen Oper (der Fall eines unerwünschten Liebhabers ins Wasser in Blodeks *V studni* und Vojtěch Hřimalýs *Zaklety princ*, 1872, oder die Verwechslung der Magd mit der Herrin in Mozarts *Le nozze di Figaro*, 1786, und Lortzings *Wildschütz*, 1842) zu individualisieren vermochte. Im Bemühen um eine üppige Handlung streckte er die einfache Verwicklung und reicherte sie mit zu vielen Personen an (gleich vier Nebenbuhler bewerben sich um ein Mädchen, das wiederum zwei Rivalinnen hat), zu deren dramaturgisch schlüssiger Präsentation er nicht ausreichend Gelegenheit und Raum bot. Das Libretto krankt an der Unentschiedenheit zwischen einer heiteren ländlichen Idylle und einer kritischen Darstellung bäuerlicher Beschränktheit und Grobheit sowie adliger Gemeinheit. Selbst der Titel ist irreführend: Die Bezeichnung »Schelm« für den überlisteten Bauern ist eher ironisch aufzufassen, denn die erfolgreiche Intrigantin ist doch die dörfliche Alte. Dieser Ansatz zu einer neuartigen Komik, die für das tschechische Dorfleben sehr typisch wäre, blieb jedoch wirkungslos. – Dvořáks Wahl dieses Textbuchs belegt, daß in den 70er Jahren des 19. Jahrhunderts *Prodaná nevěsta* allmählich als ein spontan aufgenommenes Vorbild zu fungieren begann. Mit Ausnahme von Fibich haben alle bedeutenden tschechischen Komponisten der Zeit diesem Vorbild Anerkennung gezollt: Rozkošný in *Mikuláš* (1870), Bendl in *Starý ženich* (1882, komponiert 1874), Šebor in *Zmařená svatba* (1879) und Dvořák selbst schon vorher in *Tvrdé palice* (1881, komponiert 1874). Den Autoren kam es mehr auf das Milieu des tschechischen Dorfs mit seinen idealisierten Typen als auf den menschlichen Gehalt und einen tragischen Konflikt an. Obwohl Dvořák ungenügende Erfahrungen oder mangelnden Theaterinstinkt für das Erkennen dramatischer Schwächen des Textbuchs besaß, das er anscheinend ohne Änderungen vertonte, griff er alle Gelegenheiten zur Entfaltung musiktheatralisch dankbarer und kontrastierender Momente auf, schuf in den Solonummern Ruhepunkte und traf den unterschiedlichen »Ton« von Volk und Adel, Liebenden und Intriganten. Die Hinwendung zum Typus der volkstümlichen komischen Oper bedeutete für Dvořák keineswegs eine Vereinfachung seiner musikalischen Mittel. Eine wichtige Aufgabe fiel dem Orchester als einem kommentierenden und (insbesondere in den dialogischen Partien) vereinheitlichenden und tragenden Element zu. Überall offenbart sich die Tendenz zum Bau großer Formen. Dvořák glänzt mit kontrastreichen Ensembles und stimmungsvollen Volksszenen. Trotz der souverän bewältigten Vertiefung des schalen Textbuchs erwies sich das Konzept der volkstümlichen Oper für Dvořák als zu eng, so daß er es zu seinem Vorteil künftighin verlassen hat, wobei er die hier erstmals exponierte Polarität der ländlichen und adligen Welt später im Typus der historisch-komischen Oper (*Jakobín*, 1889) und der Märchenoper (*Čert a Káča*, 1899) weiter ausgearbeitet hat.

**Wirkung:** *Šelma sedlák* brachte Dvořák auf der Opernbühne einen ersten einhelligen Erfolg. Den geglückten Durchbruch an deutschsprachigen Theatern (als überhaupt erste tschechische Oper nach Smetanas *Dvě vdovy* in Hamburg 1881) in Dresden (1882) und Hamburg (1883) hat die demonstrative Ablehnung in Wien (1885) aufgehalten, die nicht nur dieser, sondern auch Dvořáks weiteren Opern Schaden zugefügt hat. In deren Konkurrenz hielt sich *Šelma sedlák* jedoch auf tschechischen Bühnen (als einziges der unter dem Einfluß von *Prodaná nevěsta* entstandenen Werke) seit der ersten Aufführung außerhalb Prags noch im Jahr der Uraufführung in Pilsen bis zur Gegenwart auf dem Spielplan, wenn es auch nach 1950 immer seltener inszeniert wurde (zuletzt 1977 in Troppau). Für die letzte Einstudierung am Prager Nationaltheater 1954 richteten der Dirigent Bohumil Gregor und der Regisseur Hanuš Thein das Werk durch die Verlegung der Auftritte 9–15 des I. Akts in dessen 2. Bild neu ein und führten zwei größere Eingriffe durch: Den Orchestersatz des kurzen Auftritts II/15 verwendeten sie als Einleitung zum 2. Bild des I. Akts; der Finalwirkung des 1. Bilds wegen griffen sie in die innere Reihenfolge des Auftritts I/8 ein und strichen den Schluß. Eine radikale deutsche Bearbeitung verfaßte Kurt Honolka (Braunschweig 1966), als er der Musik einen Text mit weitgehend anderer Handlung und andern Personen unterlegte. In der Auffassung, daß die Musik von der ursprünglichen Handlung ohne Schaden gelöst werden kann, tritt seine Geringschätzung Dvořáks als Opernkomponist offen zutage. Durch Striche und Umstellungen von Auftritten wird auch der Bau des Ganzen mißachtet;

*Šelma sedlák*, II. Akt; Bühnenbild: Karel Štapfer; Nationaltheater, Prag 1915. – Ist ein Lustspiel von Grund auf harmlos – ohne die Bösartigkeit, die oft im »Souterrain« von Possen verborgen ist –, so läßt sich das Anheimelnde, das es als Milieu braucht, kaum anders als durch schlichten Realismus erreichen.

die Verbindung und Verteilung von Gesangspartien und andern Stimmen zeugt nicht nur von Leichtfertigkeit, sondern auch von verblüffender musikalischer Unbeholfenheit und Unwissenheit. Die allgemein verbreitete und immerwährende Voreingenommenheit gegenüber Dvořák als Opernkomponist wirkt sich auch auf dies musikalisch inspirierte und bühnenwirksame Werk ungünstig aus, das weniger zweifelhafte Verbesserungen als eine angemessene Wiedergabe erfordert, die seinen Ansprüchen an ein sinnvolles Regiekonzept und an die überraschend schwierigen Gesangspartien gerecht werden würde.

**Autograph:** Part: Verbleib unbekannt; Skizzen: Museum české hudby Prag. **Ausgaben:** Part, dt. Übers. v. E. Züngel: Simrock 1882, Nr. 8304; Kl.A, tschech./dt.: Simrock 1882, Nr. 8255, Nachdr. 1930; Kl.A: Simrock/Umelecká beseda, Prag 1913; Kl.A, Bearb. in 3 Akten v. H. Thein, B. Gregor/dt. Übers. v. R. Brock: Dilia, Prag; Kl.A, dt. Bearb. v. K. Honolka u.d.T. *Der Schelm und die Bauern*: Alkor, Nr. AP 2269; Textb.: Prag, Otto [1878?], ⁴1902. **Aufführungsmaterial:** Bearb. Thein/Gregor/Brock: Dilia, Prag; Bearb. Honolka: Alkor **Literatur:** E. HANSLICK, Am Ende des Jahrhunderts. Mus. Kritiken u. Schilderungen, Bln. 1899, S. 132–140; O. ŠOUREK, Život a dílo A. D., 4 Bde., Prag 1916–33; DERS., D.s Werke. Ein vollst. Verz., Bln. 1917; J. BURGHAUSER, A. D.: thematický katalog, bibliografie, přehled života a díla, Prag 1960; DERS., A. D., Prag 1966; J. CLAPHAM, A. D., Musician and Craftsman, London 1966; K. HONOLKA, A. D. in Selbstzeugnissen und Bilddokumenten, Reinbek 1974; J. CLAPHAM, D., Newton Abbot, London 1979

*Ivan Vojtěch*

## Tvrdé palice
### Komická opera o jednom jednání

## Die Dickschädel
### Komische Oper in 1 Akt

**Text:** Josef Štolba
**Uraufführung:** 2. Okt. 1881, Neues Tschechisches Theater, Prag
**Personen:** Vávra, ein reicher Witwer (Bar); Toník, sein Sohn (T); Říhová, eine reiche Witwe (A); Lenka, ihre Tochter (S); Patenonkel Řeřicha (B). **Chor:** Jungen und Mädchen aus dem Dorf, Nachbarn, Nachbarinnen
**Orchester:** Picc, 2 Fl, 2 Ob, 2 Klar, 2 Fg, 4 Hr, 2 Trp, 3 Pos, Pkn, Schl (Trg, gr.Tr, Bck, RührTr), Streicher
**Aufführung:** Dauer ca. 1 Std.

**Entstehung:** Mit der Vertonung von *Tvrdé palice* begann Dvořák Ende Sept. 1874, nach Beendigung des *Streichquartetts a-Moll Nr. 7*. Bis auf eine einzige Unterbrechung vom 29. Okt. bis zum 3. Nov. für die Komposition der Ouvertüre zu *Král i uhlíř* (*König und Köhler*, Prag 1874) arbeitete er an dem neuen Einakter ununterbrochen; am 24. Dez. 1874 wurde die Oper vollendet.
**Handlung:** Zwei Häuser am Rand eines Landstädtchens, dazwischen ein Obstgarten: Vávra und Říhová, beide wohlhabend und verwitwet, möchten gern ihre Kinder Toník und Lenka miteinander verheiraten. Řeřicha, Pate der beiden jungen Leute, meint, die Eltern sollten zunächst die Kinder nach ihren Wünschen fragen. Doch Toníks Vater und Lenkas Mutter zweifeln nicht daran, daß ihre zum Gehorsam erzogenen Kinder ihre Entscheidung dankbar entgegennehmen werden. Řeřicha kennt jedoch nur allzu gut die Starrköpfigkeit seiner Patenkinder und sieht Schwierigkeiten voraus. Er selbst ist gleichfalls überzeugt, daß die hübsche und ordentliche Lenka und der starke und arbeitsame Toník ganz vorzüglich zusammenpassen würden; allein die Art der Eltern, den Kindern ihr Glück durch Befehl aufzuzwingen, scheint ihm nicht die beste zu sein. Toník und Lenka verweigern denn auch mit Erbitterung, auf Befehl zu heiraten. Mit roten Köpfen gehen sie und die Eltern auseinander; Řeřicha, der versteckt beide Gespräche belauscht hat, spürt zwar Genugtuung, ist aber ebenfalls beunruhigt. Um die Dinge ins reine zu bringen, ersinnt er eine Intrige. Ihm ist die alte Weisheit bekannt, daß Liebe aufflammt, wenn Eifersucht sie entfacht. Deshalb redet er Lenka ein, daß ihre Mutter die Absicht habe, sich von neuem zu vermählen, und der hübsche Toník als Bräutigam ausersehen sei. Entsetzt hört Lenka zu. Warum hatte sie sich's nicht besser überlegt? Einen netten Burschen hat sie abgewiesen, und nun wird sie ihn statt als Bräutigam als Stiefvater hinnehmen müssen. Toník erfährt ebenfalls von Řeřicha die empörende Neuigkeit: Sein Vater wolle auf seine alten Tage noch heiraten, und natürlich sei Lenka die Auserkorene. Wäre er, Toník, nicht so starrsinnig gewesen, hätte Lenka seine eigene Braut sein können, während sie jetzt seine Stiefmutter werden soll. Eigentlich ist es schwer zu glauben, und Toník hat auch seine Zweifel, aber da sieht er, wie sein Vater Lenka in die Arme nimmt. Auch Lenka muß ungewollt Zeugin sein, wenn Toník ihre Mutter küßt. Sie ahnt nicht, daß er es vor lauter Freude und Dankbarkeit tut, weil die Mutter gewillt ist, ihm Lenka zur Frau zu geben. Alles ist nun derart verwickelt, daß selbst Řeřicha befürchtet, die Sache könne ein schlechtes Ende nehmen. Zum Glück kommen sich Lenka und Toník im rechten Augenblick in die Quere. Zunächst hagelt es Vorwürfe, aber bald ist das Gewitter vorbei, man erklärt sich alles und wird einig.
**Kommentar:** Dvořák komponierte diesen Einakter als dritte seiner zehn Opern, also zu jener Zeit, als er bereits seinen eigenen charakteristischen Stil herausbildete. Zur Entscheidung für ein humorvolles, dem tschechischen Landleben entnommenes Sujet wurde er offenbar von Smetanas *Prodaná nevěsta* (1866) ermutigt, deren großer Erfolg eine ganze Reihe von Opern mit volkstümlicher tschechischer Thematik ins Leben rief, beispielsweise Blodeks *V studni* (1867), Bendls *Starý ženich* (1882, komponiert 1874) sowie Smetanas *Hubička* (1876) und *Tajemství* (1878). Bei der Wahl des Librettos hatte Dvořák eine glückliche Hand; der scheinbar schlichte und naive Text birgt eine ganze Reihe von witzigen und überraschenden Momenten, sein gütiger Humor verfehlt nicht seine Wirkung. Dvořáks Komposition bindet die verhältnis-

mäßig scharf abgegrenzten einzelnen Szenen des Librettos stärker aneinander. Die handelnden Personen gewinnen erst durch seine Musik die Prägnanz und Kontinuität überzeugender Charaktere. Dialoge nutzte er für ausdrucksvolle Rezitative, die fließend in ariosohafte Solo- oder Ensemblepartien übergehen. Der Tonfall des Burlesken, in dem Einwirkungen der Opéra-comique zu spüren sind, wechselt mit Stellen voll lyrischer Innigkeit und unverkennbar tschechischer Kantabilität. Der Orchestersatz übernimmt häufig die führende Linie beziehungsweise die Gesangsmelodie. Grundsätzlich arbeitet Dvořák mit traditionellen Mitteln des klassisch-romantischen Stils; er bewegt sich im Rahmen diatonischer Melodik und Harmonik mit geläufigen Tonartausweichungen und Modulationen, auch im formalen Aufbau hält er sich an die hergebrachten Verfahren der Opernkonvention. Dank der Fülle seiner Einfälle wurde es dabei dennoch ein Werk von ungewöhnlicher Lebendigkeit und theatralischer Wirkung.

**Wirkung:** *Tvrdé palice* mußte sieben Jahre auf die Uraufführung warten, und auch das spätere Opernrepertoire ließ dieses Werk lange unbeachtet. Erst zu Beginn des 20. Jahrhunderts wurde es wiederholt auf verschiedenen Bühnen gespielt; seitdem erfreut es sich des Gunst des Opernpublikums.

**Autograph:** Museum české hudby Prag. **Ausgaben:** Kl.A, tschech./dt. Übers. v. E. Züngel: Simrock 1882, Nr. 8262; Kl.A: Simrock 1913
**Literatur:** O. HOSTINSKÝ, D. ve vývoji naší dramatické hudby, Prag 1908; weitere Lit. s. S. 93

*Věra Vysloužilová*

## Dimitrij
**Velká opera ve čtyřech jednáních**

### Dmitri
Große Oper in 4 Akten

**Text:** Marie Červinková-Riegrová, nach dem Drama *Dimitr Ivanovič* (1856) von Ferdinand Břetislav Mikovec, nach dem Tragödienfragment *Demetrius* (1805) von Johann Christoph Friedrich von Schiller
**Uraufführung:** 1. Fassung: 8. Okt. 1882, Neues Tschechisches Theater, Prag (hier behandelt); 2. Fassung: 7. Nov. 1894, Nationaltheater, Prag
**Personen:** Dimitrij Ivanovič/Dmitri Iwanowitsch, vermeintlicher Sohn Iwans des Schrecklichen (T); Marfa Ivanovna/Iwanowna, Witwe Iwans des Schrecklichen (Mez); Marina Mníškova/Maryna Mniszchówna, aus dem Geschlecht der Fürsten von Sandomir, Dimitrijs Frau (S); Xenie Borisovna/Borissowna, Tochter Boris Godunows (S); Petr Fedorovič Basmanov/Pjotr Fjodorowitsch Basmanow, Führer des Heers des Zaren (B); Fürst Vasilij Ivanovič Šujský/Wassili Iwanowitsch Schuiski (Bar); Jov/Jow, Patriarch von Moskau (B); Něborský und Bučinský, aus dem polnischen Gefolge (2 Bar). **Chor, Ballett:** Volk von Moskau, Bojaren, Bojarinnen, Priester, polnisches Gefolge, Tänzer, Soldaten

**Orchester:** 2 Picc, 2 Fl, 2 Ob, E.H, 2 Klar (ad lib. 4 Klar), 2 Fg, 4 Hr, 2 Trp, 3 Pos, Tb, Pkn, Schl (Trg, kl.Tr, Bck, gr.Tr), Hrf, Streicher
**Aufführung:** Dauer der 1. Fassung ca. 3 Std. 45 Min., der 2. Fassung ca. 2 Std. 45 Min. – Im Zug der Umarbeitungen der 1. Fassung ab 1883 zwei Trompeten als Bühnenmusik. In der 2. Fassung zusätzlich: Baßklarinette und Tamtam. Da authentische Stimmfachangaben nicht überliefert sind, wurden sie nach dem Stimmumfang und der Interpretationstradition angegeben. Die Partie der Marfa ist in Altlage geschrieben, erfordert jedoch in den Ensembles, in denen sie die einzige Solofrauenstimme ist, Höhen bis $c'''$. Sie wurde mit Sopranistinnen (bei der Uraufführung) oder Altistinnen besetzt; diese konnten sie jedoch nur um den Preis der Auslassung der exponierten Stellen singen. Die Absicht, diese Partie sowie die große und für einen Heldentenor hoch gesetzte Partie des Dimitrij zu erleichtern, war einer der Gründe für Dvořáks 2. Fassung und die Bearbeitungen der Folgezeit.

**Entstehung:** Das ursprünglich für Karel Šebor bestimmte fünfaktige Libretto skizzierte Dvořák zwischen dem 9. Mai und dem 14. Okt. 1881 bis zum Ende des IV. Akts. Die am 11. Dez. 1881 begonnene Partitur hat er in der 2. Szene des I. Akts unterbrochen; wahrscheinlich von Ende Jan. bis 16. Aug. 1882 komponierte er noch einmal von vorn. Während dieser Zeit hat die Librettistin auf Dvořáks Wunsch die letzten beiden Akte zu einem einzigen zusammengezogen. Vom 5. bis 23. Sept. 1882 entstand die Ouvertüre. Nach der Uraufführung griff Dvořák in die Instrumentation und die Solopartien ein, um größere Effekte zu erzielen oder sie leichter singbar zu machen; zum Teil hat er erweitert, meistens jedoch gekürzt und kürzere Varianten komponiert. Vor der neuen Einstudierung in dem nach einem Brand wiederaufgebauten Nationaltheater (20. Nov. 1883) komponierte er im Juli 1883 auf einen neuen Text die 2.–5. Szene des IV. Akts; vermutlich zu einem späteren Zeitpunkt strich er aus der Ouvertüre das Allegro vivace und machte ihr einleitendes Largo zur selbständigen Introduktion. Einen andern Eingriff nahm er im Sommer 1885 vor: Er komponierte ein neues Vorspiel zum II. Akt und anstelle der nie aufgeführten B-Dur-Arie des Dimitrij in III/1 die Arie in Fis-Dur. Mit allen Veränderungen, einschließlich der im Lauf der Zeit eingeführten Striche, erschien diese 1. Fassung 1886 im Klavierauszug. Zwischen dem 9. April und dem 31. Juli 1894 hat Dvořák die ganze Oper gründlich revidiert; Introduktion und Fis-Dur-Arie wurden fortgelassen und von den 23 Auftritten der 1. Fassung, wie sie sich bis 1885 entwickelt hatte, keine unverändert übernommen, vielmehr die meisten mehr oder weniger neu komponiert, so daß eigentlich eine neue Oper mit gleichem, stellenweise gekürztem Text entstand.

**Handlung:** In Moskau, 1605/06.
I. Akt, der Rote Platz, im Hintergrund die Kremlmauer, rechts breite Treppen und ein Tor: Durch den

Tod des Zaren Boris Godunow verunsichert, versammelt sich das Volk vor dem Kreml, um über die Zukunft des Lands zu beraten. Unterdessen nähert sich das polnische Heer mit Dimitrij an der Spitze der Stadt. Das Volk und auch der Adel, der den Kindern Godunows zunächst Treue geschworen hatte, entscheiden sich für Dimitrij, als Petr Basmanov die Unterstützung des Heers für Dimitrij bekanntgibt. Xenie flüchtet vor dem meuternden Volk zu Vasilij Šujský, dessen Warnung vor einem polnischen Herrscher in Rußland nicht ernst genommen wird. Dimitrij wird vor dem Kreml festlich empfangen. Öffentlich gibt er sich als Sohn Marfas zu erkennen.
II. Akt, 1. Bild, Festsaal im Kreml, im Hintergrund eine breite Bogentür, durch einen Vorhang verdeckt: Dimitrij und Marina Mníškova feiern Hochzeit. Es kommt zu einer Auseinandersetzung, als Dimitrij Marina auffordert, ihre polnische Herkunft abzustreifen und als Zarin Russin zu werden. Auf einem Hofball geraten Polen und Russen in Streit, der nur durch Dimitrijs entschiedenes Auftreten beschwichtigt werden kann. 2. Bild, Zarengruft in der Uspenski-Kathedrale, links das Grabmal Iwans des Schrecklichen, rechts das von Boris Godunow: Dimitrij sucht Ruhe in der Stille der Gruft, in die sich auch Xenie vor betrunkenen Polen flüchtet. Dimitrij bewahrt das Mädchen vor weiteren Zudringlichkeiten und gesteht ihr spontan seine Zuneigung. Nachdem Xenie die Gruft verlassen hat, treten von Šujský angeführte Bojaren ein, um sich gegen Dimitrij zu verbünden. Als Šujský schwört, daß der echte Dimitrij bereits tot sei, kommt Dimitrij den überraschten Verschwörern entgegen, kann einige unter ihnen auf seine Seite ziehen und mit ihrer Hilfe seine Gegner vertreiben.
III. Akt, Saal im Kreml, im Hintergrund eine Galerie, von der breite Treppen in den Saal führen, im Vordergrund Thron und Sessel: Der Patriarch Jov bittet den Zaren, der polnischen Herrschsucht Einhalt zu gebieten. Xenie stürzt in den Saal, um Gnade für Šujský zu erbitten, der hingerichtet werden soll. Erschrocken erkennt sie in Dimitrij den heimlichen Verehrer. Die Begnadigung Šujskýs erzürnt die Polen. Von Eifersucht getrieben, enthüllt Marina Dimitrij seine wahre Herkunft: Er sei für den ermordeten Dimitrij ausgegeben worden. Um durch eine Abdankung nicht neue Wirrnis heraufzubeschwören, entschließt sich Dimitrij, am Thron festzuhalten und Marina zu verstoßen.
IV. Akt, Hof in Šujskýs Haus, seitlich ein Garten, im Hintergrund der Kreml: Xenie beklagt ihre betrogene Liebe. Dimitrij gelingt es jedoch, sie von der Echtheit seiner Gefühle zu überzeugen. Xenie beschuldigt ihn, für den Tod ihrer Familie verantwortlich zu sein, und fordert ihn auf, nur für das Wohl Rußlands zu leben. Marina läßt aus Rache Xenie ermorden. Am Tatort von Šujský gestellt, enthüllt sie dem entsetzten Volk Dimitrijs wahre Herkunft. Šujský beruft sich auf Marfa, die durch Schwur die Wahrheit bekräftigen soll. Dimitrij selbst verhindert den Meineid Marfas. Šujský erschießt den falschen Zaren, über dessen Leiche das Volk betet.
2.–5. Szene des IV. Akts nach der Revision der 1. Fassung (1883): Dimitrij eilt davon, um die Geliebte mit einem Hochzeitszug in den Kreml zu führen. Marina, die das Gespräch belauscht hat, stürzt mit einem Dolch auf Xenie, hält jedoch inne, als diese ihren Verzicht erklärt: Sie könne nicht Gattin des Feinds ihrer Familie werden. Gegen den Willen Dimitrijs legt Xenie ein Klostergelübde ab. Marina verkündet aus Rache Dimitrijs Illegitimität.
**Kommentar:** Erst in der Umgestaltung des Schauspiels durch Červinková-Riegrová erhielt Dvořák ein Libretto, das es ihm ermöglichte, auch auf dem Gebiet der Oper schöpferische Reife zu erreichen. *Dimitrij* ist neben *Rusalka* (1901) sein bedeutendstes Bühnenwerk und stellt gleichzeitig die Erfüllung der jahrelangen Bemühungen um die Vervollkommnung der tschechischen Nationaloper dar, nach damaliger Auffassung ein Werk mit einem historischen Sujet. Dvořáks Interesse an einem nicht aus der tschechischen Geschichte entnommenen Stoff bezeugt seine Absicht, eine nicht von vornherein durch das zeitgenössische tschechische historische Bewußtsein geprägte tragische Oper zu schreiben. An einem Ausschnitt aus den Kämpfen um den russischen Thron zu Anfang des 17. Jahrhunderts wird die Tragödie eines Helden dargestellt, der für das Ergreifen der Macht mit seinem persönlichen Glück bezahlen muß. Die Unumgänglichkeit der Gewaltanwendung, die der Machtkampf

*Dimitrij*, II. Akt; Helga Pilarczyk als Marina, Ratko Delorko als Dimitrij; Regie: Günther Rennert, Bühnenbild: Ita Maximowna; Staatsoper, Hamburg 1959. – Die Szene, in der Marina auf ihrem Polentum beharrt und sich weigert, sich als Zarin zu Rußland zu bekennen, ist auf der schiefen Ebene lokalisiert, die Dimitrijs Aufstieg zum Thron als Weg ins Verhängnis sinnfällig macht.

in sich trägt, die Tatsache, daß Dimitrij einer fremden Intervention seinen Sieg verdankt, verursacht einerseits die Verkettung von Schuld und Rache und schafft andrerseits eine Konstellation politischer Kräfte (der Gegensatz zwischen den russischen und den polnischen Hoffnungen), die unversöhnlich sind. So wird das kollektive Drama (als Voraussetzung, Katalysator und Rückwirkung) mit dem zentralen individuellen Drama organisch verflochten. – Dvořák hat durch die bei der Straffung des Textbuchs auf vier Akte entstandene andere Motivation der Katastrophe (im V. Akt führte der Aufstand der Russen gegen die Polen anläßlich der Beerdigung von Xenie zu Dimitrijs Sturz) zum symmetrischen Aufbau des Ganzen beigetragen, das nun dem allegorischen Bild des Schicksalsrads ähnelt: In den mittleren Akten, in denen Dimitrijs Macht und Ruhm ihren Höhepunkt erreichen, wird die ausschließlich auf den Adel begrenzte nationale Unverträglichkeit exponiert und zum Gipfelpunkt geführt; durch den Bruch mit den Polen (Marina) vollzieht sich Dimitrijs völlige Wendung zu Rußland (Xenie), während in den Rahmenakten sich vor den Augen des Volks Dimitrijs Aufstieg und Niedergang ereignen. Daß die dramatische Existenz der Personen nur durch ihre Beziehungen zu Dimitrij als dem Kernpunkt allen dramatischen Geschehens gesehen wird, offenbart sich darin, daß sie ausschließlich mit ihm entweder solistisch (fünf Duette Dimitrijs mit Marfa, Marina und Xenie) oder im Tableau (Šujský) konfrontiert werden, untereinander jedoch nur in dem für die Motivation der Handlung notwendigen minimalen Umfang (Xenie und Šujský). Das Textbuch wurde erheblich verändert durch Dvořáks Eingriffe, die auf die Verstärkung der Simultaneität und der kontemplativen Momente in Ensembles und Soli zielten, auf dramaturgische Ausgewogenheit der Polarität zwischen erregter Bühnenaktion und Verinnerlichung, auf Verlagerung des dramatischen Geschehens ins Innere nicht nur der Individuen, sondern auch der kollektiven Dramatis personae (hier insbesondere die selbständig handelnden, aber auch die Ereignisse selbständig reflektierenden Chöre des russischen Volks). Persönliche Züge von Dvořáks Musik (unbändiges Temperament und tiefe Schwermut) fanden hier freien Raum. Der Komponist hat in der Vertonung seine Erfahrungen aus der Kantaten-, Chor- und symphonischen Musik bei der Erweiterung der durch die Operntradition geschaffenen Verfahren verwertet. Man denke hier zum Beispiel an die Massenszenen mit achtstimmigen Doppelchören, den Einsatz von russischem und polnischem Lokalkolorit, die Organisation sukzessiver und die Integration simultaner Kontraste in Tableaus oder an die orchestrale Vergegenwärtigung des Milieus und fließender Übergänge der Gefühlszustände, an die unwillkürliche Ausweitung (dies belegt auch der von der Skizze zur Partitur nachvollziehbare Prozeß der Umwandlung der dramaturgischen Funktion der Leitmotive) der stets beredten Leitmotive zum orchestralen Kommentar. Dvořák hat hier auf dem Boden der Grand opéra den in der Entwicklung der tschechischen Nationaloper bisher unbewältigten Widerspruch zwischen historischer Oper (Grand opéra) und »fortschrittlichem« musikalischen Drama aufgehoben. Die Auseinandersetzung mit der Tradition, repräsentiert durch Giacomo Meyerbeer und Richard Wagner, geschah mit tiefem Verständnis für beide Gattungen (Couleur locale, Tableau, Leitmotiv, »tönendes Schweigen«), und in ihrer Synthese konnte sich die Individualität des Komponisten frei entfalten. Dvořák hat darüber hinaus nach europäischen Maßstäben einen Beweis für die Unhaltbarkeit der These von der prinzipiellen Unvereinbarkeit beider musiktheatralischen Gattungen geliefert. Die Tatsache, daß Dvořák ein derart vollendetes Werk mehrmals umarbeitete, ist ein merkwürdiges musikhistorisches Zeugnis des Einflusses der damaligen Musikkritik, die aus verschiedenen Gründen seine wesentlichen Qualitäten nicht begriffen hatte. Auf Eduard Hanslicks schwach begründete Forderung, auf den Mord an Xenie als zu grausam und unmotiviert zu verzichten und um des Kontrasts willen auch ein Duett von Frauenstimmen einzugliedern, gingen Dvořák und Červinková-Riegrová nur mit der Hoffnung ein, der Oper dadurch zur Aufführung in Wien und im Ausland überhaupt zu verhelfen. Durch diese Eingriffe in vorher fest konturierte Personenprofile aus Gründen einer Wendung der Handlung (es kommt zur Versöhnung der Rivalinnen, Xenie geht freiwillig ins Kloster und läßt Marina freie Hand in ihrer Rache an Dimitrij), wurde der dramatische Konflikt seines konsequenten Höhepunkts beraubt und die Notwendigkeit der Katastrophe untergraben. Im Unterschied dazu sind die 1885 nachkomponierten Teile mit der 1. Fassung gut vereinbar: das Vorspiel zum II. Akt als eine Vorwegnahme des polnisch-russischen Streits und die Arie genau in der Mitte der Oper als Ausdruck von Dimitrijs Gefühlen auf dem Gipfel der Macht und des Glücks. Die vergeblichen Versuche, *Dimitrij* im Ausland durchzusetzen, und der Mißerfolg der Gastspielvorstellung in Wien 1892 erschütterten schließlich Dvořáks Überzeugung vom Rang des Werks, so daß er sich zu einer Revision entschloß, die dann zu einer fast vollkommen neuen Komposition führte. Dvořák wollte nun den Anforderungen des »musikalischen Dramas« entsprechen, wie es von der tschechischen Musikkritik in Abhängigkeit vom Sprechtheater begriffen wurde (kennzeichnend ist ihre Hochschätzung des szenischen Melodrams als angeblicher Vollendung und Überwindung des musikalischen Dramas Wagners). Die Veränderungen reichen demnach von Strichen, Instrumentationsretuschen und Transpositionen über die Umgestaltung von Gesangspartien bis zur radikalen Umarbeitung (oft unter Verwendung des ursprünglichen musikalischen Materials). Dvořák versucht, die Verständlichkeit des gesungenen Worts durch größere Deklamatorik zu unterstreichen. Er unterdrückt die arienhafte Melodik zugunsten der rezitativisch-deklamierenden, ersetzt simultanes Singen durch sukzessive Vertonung der Ensembletexte und durch Aussparung der Chorpolyphonie. Außerdem vermeidet er, wenn möglich, Textwiederholungen, um den Ablauf der Ereignisse zu beschleunigen. Die neue Vertonung ist zumeist kürzer, die Proportionen werden durch das Anwachsen der rezitativischen Partien auf Kosten der ariosen verschoben, Reprisen tendenziell abgeschafft. Diese Neuorientierung geriet jedoch zwangsläufig in Widerspruch zur ursprünglichen Intention einer großen Oper. Trotz ihrer Fragwürdigkeit bietet die 2. Fassung ein einmaliges Material zur Untersuchung prinzipieller Ausdrucksmittel der Oper als Gattung. Die Dramaturgie der Zeit, in der 1. Fassung souverän bewältigt, wurde hier durch das Bestreben, das Wort im Tempo der »realen Zeit« zu behandeln, beeinträchtigt. Ungeachtet unleugbar gelungener Einzelheiten der neuen Vertonung belegt das Mißlingen im ganzen die Unüberwindlichkeit des Widerspruchs zwischen der veränderten Auffassung vom Dramatischen und der ursprünglichen Konzeption des Librettos sowie Dvořáks schöpferischer Veranlagung. Hierdurch werden die ästhetischen Theorien selbst in Frage gestellt, die Dvořák zu realisieren trachtete.

**Wirkung:** Für das Bühnenleben von *Dimitrij* wurde die Existenz verschiedener Fassungen verhängnisvoll. Dvořák hat 1894 dem Nationaltheater Prag verboten, die 1. Fassung zu spielen und ihr Aufführungsmaterial zu verleihen. Diese Fassung hatte, bevor Dvořák sie zurückzog, in Prag bis 1894 51 Vorstellungen erreicht, wohingegen die 2. Fassung einen schwächeren Widerhall fand (bis 1901 15 Vorstellungen). Obwohl Dvořák seine Entscheidung schriftlich nicht widerrufen hat, kehrte die letzte Inszenierung von *Dimitrij* zu Dvořáks Lebzeiten am 25. März 1904 in Pilsen (Dirigent: Antonín Kott, Regie: Adolf Ránek) mit seiner Zustimmung zur 1. Fassung (1883–85), kombiniert teilweise (insbesondere im III. Akt) mit der 2. Fassung, zurück. Dvořák hat damit beide Fassungen de facto als gleichberechtigt und ihre Mischung zugelassen. Von dieser Tatsache gingen später auch sämtliche nicht authentischen Bearbeitungen aus. Karel Kovařovic hat in seiner radikalen Bearbeitung der 1. Fassung (Nationaltheater, Prag 1906, Regie: Robert Polák) die Striche in entsprechenden Teilen der 2. Fassung und weitere in der 1. Fassung bis 1894 eingeführte Striche berücksichtigt (im Vergleich mit dem Klavierauszug von 1886 hat er ungefähr ein Viertel weggelassen), Instrumentation und Deklamation oder auch ganze Teile aus der 2. Fassung in sie eingefügt und selbst als Komponist in Form von Textveränderungen, »Verbesserungen« der Deklamation und Verdichtung der Instrumentation in das Original eingegriffen. Seine 1912 im Klavierauszug erschienene Bearbeitung hatte Erfolg und wurde zur alleinigen Basis aller künftigen Einstudierungen. Mit ähnlicher Intention (Mischen der Fassungen, Striche, nachkomponierte Musik, Textveränderungen) entstanden weitere Bearbeitungen im Nationaltheater (1941, Dirigent: Zdeněk Chalabala, Regie: Josef Munclingr; 1963, Dirigent: Bohumil Gregor, Regie: Hanuš Thein). An Kovařovic lehnt sich auch die deutsche Bearbeitung Kurt Honolkas an (Norddeutscher Rundfunk 1958, Staatsoper, Hamburg 1959), die ausnahmsweise einige Striche wieder aufmacht, dafür jedoch andere neu anbringt.

Die Rezeption von *Dimitrij* ist spätestens nach 1906 durch Bearbeitungen beeinträchtigt, die in ihrem Wesen dem Werk auf die Dauer schädlich waren, indem sie versuchten, seinen Charakter als Grand opéra zu vertuschen, und die es dadurch seiner Dramatik, Ganzheit und stilistischen Einheit beraubten. Die schon in Dvořáks Komposition gründende Variabilität des Werks und grobe Entstellungen des Originals im 20. Jahrhundert verhinderten die Eingliederung der Oper ins Repertoire. Rechnet man noch die Tatsache hinzu, daß Dvořák und Červinková-Riegrová die Slawophilie des tschechischen Publikums, das sich stets lieber mit einheimischen Helden identifizierte, offensichtlich überschätzten, daß der Stoff mit dem russisch-polnischen Konflikt von Anfang an unbeabsichtigte Aktualisierungen zuließ, die schon von vornherein verhinderten, daß die Oper in Rußland oder auf deutschsprachigen Bühnen zur Aufführung gelangen konnte, daß das Werk wegen seiner Zugehörigkeit zum Typus der Grand opéra voreingenommen beurteilt wurde, so wird damit eine Reihe von Hindernissen angedeutet, die nicht nur der adäquaten Beurteilung, sondern gar der Erkenntnis des Werkcharakters im Weg standen. Erst die halbprofessionelle englische Erstaufführung in Nottingham 1979 (Dirigent: Russell John Keable, Regie: Michael Rennison) die in der Kovařovic-Bearbeitung (bisher das einzige zur Verfügung stehende Material) die weggelassene Musik zum Großteil wiederherzustellen versuchte, hat überzeugend klargemacht, daß die vorbehaltlose Restitution des Originals, und zwar vorrangig seiner dramaturgisch und stilistisch einheitlichsten Gestalt in der 1. Fassung 1882, der einzig vertretbare Zugang zum Werk ist, den nun die erste kritische Ausgabe der Partitur (1. Fassung 1882 einschließlich der Varianten 1883 und 1885; in Vorbereitung) möglich macht.

**Autograph:** Museum české hudby Prag. **Ausgaben:** Kl.A, 1. Fassung: Starý, Prag 1886; Kl.A, 1. Fassung, 2., rev. Aufl., hrsg. K. Kovařovic: Umělecká beseda, Prag 1912, Nr. UB 39; Kl.A, 1. Fassung, 3., rev. Aufl., hrsg. O. Šourek: Hudební matice umělecké besedy, Prag 1941, Nr. H. M. 39; Textb., 1. Fassung: Prag, Urbánek 1883; Textb., 1. Fassung, 2., umgearbeitete Aufl. (mit d. Veränderungen v. 1883): ebd. 1884; Textb., krit. Ausg. v. J. Burghauser: Prag, Státní hudební vydavatelství 1961; Textb., dt. v. K. Honolka: Alkor, Nr. AE 502. **Aufführungsmaterial:** Bearb. Kovařovic, frz. Übers. v. O. de Nysankowski, J. Meylan, engl. Übers. v. J. Tyrrell: Dilia, Prag; Bearb. Honolka: Alkor

**Literatur:** E. HANSLICK, Am Ende des Jahrhunderts. Mus. Kritiken u. Schilderungen, Bln. ³1899, S. 140–148; J. BURGHAUSER, [Einl. d. krit. Ausg. d. Textb., s. Ausg.], S. 5–57 [mit ausführlicher Bibliographie d. bis 1961 erschienenen Lit.]; M. KUNA, A. D. a Rusko, in: Hudební rozhledy 30:1977, S. 386–392; DERS., D.'s ›Dimitrij‹. Its History, in: MT 120:1979, S. 23–25; M. POSPÍŠIL, D.'s ›Dimitrij‹. Its Music, in: ebd.; M. KUNA, Ke vzniku D.ova ›Dimitrije‹, in: Hudební věda 18:1981, S. 326–341 [dt. Zusammenfassung S. 342]; M. POSPÍŠIL, D.ova operní představitovu, in: Opus musicum 16:1984, S. 182–185, dt.: D.s Vorstellung von der Oper, in: Hudebně dramatické dílo A. Dvořáka, Prag [in Vorb.]; A. STICH, O libretu D.ova ›Dimitrij‹, in: Hudební věda 21:1984, S. 339–352 [dt. Zusammenfassung S. 353f.]; W. PASS, D.s Beitrag zur internationalen Theater- und Musikausstellung Wien 1892, in: Hudebně dramatické dílo A. Dvořáka, Prag [in Vorb.]; M. KUNA, Zur Genesis der Opern ›Dimitri‹ und ›Der Jakobiner‹ von A. D., ebd.; M. POSPÍŠIL, D.s ›Dimitrij‹ als Editionsproblem, in: Jb. für Opernforschung [in Vorb.]; weitere Lit. s. S. 93

*Milan Pospíšil*

## Jakobín
Opera o třech dějstvích

**Der Jakobiner**
Oper in 3 Aufzügen

**Text:** Marie Červinková-Riegrová
**Uraufführung:** 1. Fassung: 12. Febr. 1889, Nationaltheater, Prag; 2. Fassung: 19. Juni 1898, Nationaltheater, Prag
**Personen:** Graf Vilém z Harasova, Grundbesitzer (B); Bohuš, sein Sohn (Bar); Adolf, sein Neffe (Bar); Julie, Bohuš' Frau (S); Filip, Schloßverwalter (B); Jiří, ein junger Jäger (T); Benda, Lehrer und Regens chori, Komponist (T); Terinka, seine Tochter (S); Lotinka, eine alte Beschließerin im Schloß (A). **Chor:** Bürger, Bürgerinnen, Jugend, Musikanten, Wachen, Landleute; Kinderchor: Schulkinder. **Statisterie:** Wachen. **Ballett:** Musiker (Darsteller der Bühnenmusik)
**Orchester:** 3 Picc, 2 Fl, 2 Ob, E.H, 2 Klar, B.Klar, 2 Fg, K.Fg, 4 Hr, 2 Trp, 3 Pos, Tb, Pkn, Schl (Trg, Bck, gr.Tr), Org, Hrf, Streicher; BühnenM: 2 Picc, 2 Trp, B.Pos, Schl (Trg, Bck, gr.Tr), Hrf, Streicher
**Aufführung:** Dauer ca. 2 Std. 30 Min. – Die Bühnenmusik wird aus dem Orchester besetzt.

**Entstehung:** Im Okt. 1881 bat Dvořák seine Librettistin, die bereits das Textbuch für *Dimitrij* (1882) verfaßt hatte, um einen Text für eine komische Oper. Da er nach einem Stoff von übernationalem Interesse suchte, stand Dvořák dem Sujet von *Jakobín* wegen seines tschechischen Nationalkolorits zunächst ablehnend gegenüber, entschloß sich dann aber doch zur Vertonung des Textbuchs, mit dem sich die Librettistin 1882 an einem für die Errichtung des Nationaltheaters Prag ausgeschriebenen Wettbewerb beteiligt hatte. Dvořák hat vor allem in den II. Akt eingegriffen und den III. auf einen neuen Text komponiert. In II/2 wurde die Begegnung Benda/Graf weggelassen, dafür die Arie Terinkas (Text: František Ladislav von Rieger) nachkomponiert, zum Teil auch das Duett Terinka/Jiří neu vertont. Die Szene Bohuš/Julia (II/4 und 5) und fast das ganze Finale (II/7 und 8) wurden praktisch neu komponiert. Im III. Akt verwendete Dvořák teilweise die Szene Benda/Graf aus dem II. Akt; das Material des gestrichenen allegorischen Spiels (ursprünglich nach III/7) gestaltete er für die große Ballettmusik des Finales um.
**Handlung:** In einem Landstädtchen in Böhmen, 1793, während der Französischen Revolution.
I. Akt, Marktplatz mit Lauben, im Hintergrund das gräfliche Schloß, Kirchweihsonntag: Bohuš und Julia sind in die Heimat zurückgekehrt. Beim Erklingen des altvertrauten Kirchengesangs überdenken sie ihr Schicksal. Unterdessen begibt sich das Volk zum Tanz. Benda, Terinka und Jiří begegnen dem Schloßverwalter Filip, der Terinka hofiert und zum Tanz auffordert. Jiří weist Filip in die Schranken und gesteht Terinka seine Zuneigung. Ein erneuter Annäherungsversuch Filips löst einen Streit zwischen den beiden Männern aus, der von Bohuš unterbrochen wird. Bohuš erzählt, auf der Suche nach dem Grafen zu sein, worauf Filip von dessen Sohn berichtet, der Jakobiner geworden sei und deshalb vom Vater enterbt und verstoßen wurde. Unterdessen ist der Graf unter allgemeinem Jubel angekommen. Er bestimmt Adolf zu seinem Nachfolger als Landesherr.
II. Akt, Stube bei Benda mit Pulten und Musikinstrumenten: Benda probt seine für die Ernennung Adolfs zum Majoratsherrn komponierte Serenade. Jiří und Terinka werden beim Stelldichein ertappt. Als Benda erklärt, Terinka müsse den Schloßverwalter heiraten, droht das Paar, die Aufführung durch Falschsingen zu stören. Da stürzen einige Mädchen herein und berichten aufgeregt, daß man in der Stadt nach zwei verdächtigen Jakobinern fahnde. Kurz darauf stehen Bohuš und Julia vor der Tür und bitten um Quartier. Obwohl die beiden sogleich als das gesuchte Paar identifiziert werden, gelingt es ihnen, Benda für sich zu gewinnen. Er erklärt sich bereit, das von Bohuš gewünschte Treffen mit dem Grafen zu arrangieren. Nachdem Terinka die Fremden ins Nebenzimmer geführt hat, wird bereits nach ihnen gesucht: In Adolfs Auftrag soll Filip Bohuš identifizieren. Erneut entzündet sich ein Streit zwischen Filip und Jiří, in den schließlich auch Bohuš und Adolf verwickelt werden. Nun erkennt Adolf in Bohuš den Sohn des Grafen. Er läßt ihn als den gesuchten Jakobiner abführen.
III. Akt, Prunksaal im Schloß, Abenddämmerung: Vergeblich versucht Jiří, zum Grafen zu gelangen, um ihm von der Verhaftung seines Sohns zu berichten. Gegen Adolfs Befehl läßt Lotinka Julia und Benda zum Grafen, der sich über den Besuch des alten Freunds freut. Gemeinsam erinnern sie sich früherer Zeiten, in denen Bohuš noch unter ihnen war. Im vertrauten Gespräch bekundet der Graf seine Trauer, den Sohn, in dem er einen Rebellen vermutet, verloren zu haben. Beim Erklingen der Harfe, die einst seine verstorbene Frau spielte, denkt er an die Stunden der Prüfung, in denen die Gräfin für den Sohn um Schonung bat, doch kein Gehör bei ihm fand. Dies gelingt jetzt jedoch Julia, die ein früher von der Gräfin oft gesungenes Wiegenlied vorträgt und damit das Vertrauen des Grafen gewinnt. Julia schildert den wahren Sachverhalt und löst dadurch alle Mißverständnisse: Durch Adolfs Verleumdungen ist Bohuš in den Ruf geraten, Jakobiner zu sein. In Wirklichkeit wurde er selbst von den Jakobinern verfolgt und zum Tod verurteilt, so daß er fliehen mußte. Mit großen Feierlichkeiten beginnt das Fest, auf dem der Graf das Amt seinem Nachfolger übergibt. Traditionsgemäß macht er dabei vom Amnestierecht Gebrauch. Dies führt zur Entlarvung Adolfs, da er Bohuš unter falschem Na-

men als Gefangenen vorführen läßt. Vater und Sohn feiern in allgemeiner Freude Versöhnung.

**Kommentar:** Der heitere, durch scherzhafte Poesie bestechende Vorwurf bedeutet in Dvořáks reifer Bühnenkomposition eine verbindliche Formulierung seiner Dramaturgie, die den klassisch-romantischen Grundriß durch dramatische Simultaneität intensiviert. In der von einer Kette mehr oder weniger abgerundeter Formen mit erfindungsreich modifizierten Übergängen und oft weitgreifenden Überlappungen getragenen Struktur wird mittels der Modellvariationstechnik für kontrastreiche Hervorhebung der Charaktere, scharf konturierte Situationen und dichte Durchkomponierung gesorgt. In immer neu formulierten Impulsen findet Dvořáks eigentümliche Kantabilität einen wirkungsvoll abschattierten dramatischen Akzent. Die Dramatik wird wesentlich gesteigert, indem die bogenhaften Symmetrien des tonal-harmonischen Gerüsts an die dramatischen Urkeime innerhalb der verwendeten musikalischen Motive geknüpft werden. Durch das Auskomponieren dieser Bindungen des musikalischen Materials an das visuell Vorführbare und Vorstellbare dringt Dvořák in eine weitere Tiefendimension ein, in der ein kontrapunktisches Spiel spezifischer Ausdrucksregionen seinen Platz findet. So wird gleich am Anfang der Oper das aus der Kirche ertönende Marienlied mit dem erhabenen Augenblick der Rückkehr in die Heimat, mit der Erinnerung an die Mutter verflochten; so bilden die durch Brauchtum, Spiel und Scherz charakterisierten Chorsätze mit ähnlicher Auskomposition das Rückgrat für einzelne Situationen der zwischen Terinka, Jiří, Filip und Benda sich abspielenden Geschichte.

Am schärfsten kommt diese Tendenz in der Serenade des II. Akts zum Ausdruck. Als Kernstück der Oper, als ein Brennpunkt der idyllischen Festlichkeit, aber auch lyrischer Zartheit und Freude, in der die bisher mehr spielerisch geführte Entwicklung sich allmählich dem dramatischen Zusammenstoß nähert, entfaltet sie sich in ihrer archaisch gefärbten Tönung und Struktur einer doppelt kommentierten Probenvorführung gleichzeitig als ein Porträt Georg Anton Bendas (mit dem Dvořák auch seinem früheren Lehrer in Zlonitz, Antonín Liehmann, ein Denkmal setzte) und als Signum der Musik als solcher: Die Musik erscheint als jene allgegenwärtige Macht, die fast jede Figur durchzieht und zuletzt als Element des Guten, Wahren und Schönen alles löst und harmonisiert. – In der 2. Fassung zog Dvořák die Konsequenz, nun auch das Finale und damit die letzte wichtige Fläche der Großform in organischen Zusammenhang mit dieser Intention zu bringen. Das Ausschalten der mehr von außen ansetzenden Allegorie, die das musikalische Geschehen der Serenade nur als wiederholte Begleitung brachte, ermöglicht in der neu eingegliederten Tanzsuite eine Auskomposition des Materials in der Choreographie, die dadurch zugleich den wichtigen Gegenpol zu ähnlichen rein musikalisch exponierten Zügen innerhalb der Chorsuite des I. Akts bildet.

**Wirkung:** Die Uraufführung (Dirigent: Adolf Čech, Regie: Josef Šmaha) hatte zunächst so großen Erfolg, daß noch im selben Jahr 20 Wiederholungen folgten. Danach wurde *Jakobín* nur noch selten gespielt, bis sich Dvořák aufgrund zunehmender Kritik am dramaturgischen Konzept zu einer Umarbeitung entschloß. Die 2. Fassung, die als Festaufführung anläßlich eines

*Jakobín*, I. Akt, Schlußszene; Regie: Robert Polák, Bühnenbild: Karel Štapfer; Nationaltheater, Prag 1909. – Die überdimensionale, nach oben fast grenzenlose Architektur, die über die Maße von Marktplatzarkaden weit hinauswächst, erfüllt keine dramaturgische Funktion, sondern schafft einen pompösen Rahmen für den Auftritt der gräflichen Familie inmitten einer Menschenmenge.

Journalistenkongresses wiederum unter der Leitung von Čech und der Regie von Šmaha über die Bühne ging, wurde zwar anfänglich begeistert aufgenommen, doch ließ der Erfolg schnell nach. Erst die Bearbeitung (mit Kürzungen) von Karel Kovařovic (Nationaltheater, Prag 1909, Regie: Robert Polák) machte das Werk berühmt und ebnete ihm den Weg ins Repertoire. Nach und nach setzte sich jedoch wieder die 2. Fassung durch, die im Einverständnis mit Dvořáks Schwiegersohn Josef Suk 1927 in einer Inszenierung von Otokar Ostrčil in Prag erneut herauskam. Insbesondere der Initiative von Karl Elmendorff verdankt die Oper ihre Aufnahme in deutsche Spielpläne (unter anderm in Mannheim, Dresden, Berlin, Kassel, Wiesbaden, Weimar, Essen und Nürnberg); erstmals in deutscher Übersetzung (von Adolf Heller und Hedda Grab) ging das Werk 1931 in Teplitz in Szene. Nach dem zweiten Weltkrieg setzte sich die neue Übersetzung von Kurt Honolka durch (Bremen 1960). Eine Wiederbelebung erfuhr das Werk durch die schweizerische Erstaufführung 1978 in Zürich, die Einstudierung 1980 in Manchester (Royal Northern College of Music in Zusammenarbeit mit der Welsh National Opera Cardiff), die Eigenproduktion der Welsh National Opera Cardiff 1980, die Inszenierung in Graz 1980 und die amerikanische Erstaufführung durch die Sokol Opera 1980 (Lisner Auditorium, Washington).

**Autograph:** Museum české hudby Prag. **Ausgaben:** Part, 2. Fassung, GA, hrsg. O. Šourek u.a., krit. Ausg. v. F. Bartoš, tschech./dt. Übers. v. K. Honolka: Státní hudební vydavatelství/Artia, Prag 1966, Nr. H 3955; Kl.A, 2. Fassung, rev. v. K. Kovařovic: Hudební matice umělecké besedy, Prag 1911, Nr. U. B. 34; Kl.A, 2. Fassung, rev. v. O. Šourek: ebd. 1939, Nr. H. M. 46; Kl.A, tschech./dt. Übers. v. P. Ludikar, I. v. Rinesch-Hellmich: ebd. 1943, Nr. H. M. 46; Kl.A, 2. Fassung, dt. Übers. v. K. Honolka: Dilia, Prag/Alkor 1959, Nr. AE 127; Textb., 1. Fassung: Prag, Urbánek 1889; Textb., 2. Fassung: ebd. 1899; Textb., 2. Fassung, Einl. v. O. Šourek: Prag, Státní nakladatelství krásné literatury, hudby a umění 1955. **Aufführungsmaterial:** Dilia, Prag; Übers. Honolka: Alkor, AP 1251 **Literatur:** O. Šourek, D. ve vzpomínkách a dopisech, Prag 1939, dt. Prag 1954, S. 123; M. Kuna, Ke zrodu D.ova ›Jakobína‹, in: Hudební věda 19:1982, S. 245–268 [dt. Zusammenfassung S. 268]; ders., Od Matčiny písně k D.ovu ›Jakobínu‹, in: Hudební věda 21:1984, S. 32–68 [dt. Zusammenfassung S. 69]; W. Ruf, D.s ›Der Jakobiner‹ – eine realistische Oper?, in: Hudebně dramatické dílo A. Dvořáka, Prag [in Vorb.]; M. Kuna, Zur Genesis der Opern ›Dimitrij‹ und ›Der Jakobiner‹, ebd.; weitere Lit. s. S. 93

*Ivan Vojtěch*

## Čert a Káča
### Opera o třech jednáních

### Der Teufel und Káča
### Die Teufelskäthe
Oper in 3 Akten

**Text:** Adolf Wenig, nach einem tschechischen Volksmärchen in den Bearbeitungen von Božena Němcová (geb. Barbora Panklová) und Josef Kajetán Tyl

**Uraufführung:** 23. Nov. 1899, Nationaltheater, Prag
**Personen:** Jirka, Schäfer (T); Káča (Mez); ihre Mutter (Mez); Teufel Marbuel (B); Lucifer (B); der Höllenpförtner (B); der Höllenwächter (B); die Fürstin (S); die Kammerfrau (S); der Hofmarschall (B); ein Musikant (T). **Chor, Ballett:** Bauern, Bäuerinnen, Burschen, Mädchen, Musikanten, Teufel, Höflinge, Volk hinter der Bühne
**Orchester:** Picc, 2 Fl, 2 Ob, E.H, 2 Klar, B.Klar, Kb.Klar, 2 Fg, K.Fg, 4 Hr, 4 Trp, 3 Pos, 2 Tb, Pkn, Schl (gr.Tr, kl.Tr, Bck, Tamtam, Trg), 2 Hrf, Streicher
**Aufführung:** Dauer ca. 2 Std.

**Entstehung:** Die Partitur von *Čert a Káča* entstand zwischen Mai 1898 und Febr. 1899. Nach der dritten Aufführung am 29. Nov. 1899 wurden 20 neu komponierte Takte vor den 13. Takt des Endes des II. Akts eingeschoben.
**Handlung:** I. Akt, Kirmesabend in einer Dorfschenke: Ungern nimmt der Schäfer Jirka Abschied von seinen Freunden; der Verwalter zwingt ihn, auch an diesem Tag zu arbeiten. Als die zänkische Káča erscheint, findet sie keinen Tänzer und erklärt zornig, sie würde auch mit dem Teufel tanzen. Als Jäger erscheint der Teufel Marbuel und erkundigt sich nach der Fürstin und dem Hofmarschall; er hört nur Schlechtes. Er lädt Káča zum Tanz, beschreibt sein Schloß und schlägt ihr vor, mit ihm zu gehen. Der mittlerweile entlassene Jirka kehrt zurück und sieht noch Marbuel mit Káča durch den Fußboden in die Hölle verschwinden; er verspricht, sie zurückzuholen. II. Akt, in der Hölle: Die Teufel spielen Karten. Lucifer, der Höllenfürst, erkundigt sich nach Marbuel, den er als Kundschafter auf die Erde geschickt hatte. Da kommt der Gesuchte mit der erzürnten, selbst die Hölle in Unruhe versetzenden Káča auf dem Rücken, die ihn für ihre Entführung büßen läßt. Marbuel berichtet von seinem Erdenbesuch, bei dem er nur Schlechtes über die Fürstin und ihren Verwalter in Erfahrung bringen konnte. Lucifer befiehlt, die Fürstin zur Hölle fahren zu lassen, dem Verwalter noch eine letzte Gnadenfrist zu gewähren und die aufsässige Káča fortzuschaffen. Jirka bietet seine Dienste an: Im Tanz will er Káča aus der Hölle drehen. III. Akt, im Schloß: Angesichts des schweren Schicksals, das sie erwartet, bereut die Fürstin die begangenen Ungerechtigkeiten und hofft auf Rettung. Jirka, der ihr seine Hilfe anbietet, verlangt dafür Freiheit für alle Untertanen. Um Mitternacht erscheint Marbuel, um die Fürstin zu holen. Als Marbuel Káča erblickt, eilt er entsetzt und ohne die Fürstin davon. Die Gerettete verspricht, künftig gerecht zu regieren, und ernennt Jirka aus Dankbarkeit zum Minister. Auch Káča wird belohnt: Sie erhält das schönste Haus in der Umgebung und kann nun hoffen, endlich einen Bräutigam zu finden.
**Kommentar:** Durch Wenigs geglückte, auf das Schauspielerische ausgerichtete, in rhythmisierter Prosa verfaßte Bühnenbearbeitung des typisch tschechischen Volksmärchens wurde Dvořák zu einer dra-

maturgischen Form angeregt, die den leitmotivischen Charakter seiner Technik der Modellvariation deutlich hervortreten läßt. Er bedient sich dabei dreier aufeinander bezogener Gruppierungen (Dorfleben, Hölle und Schloß) und faßt sie als einen Komplex auf, dessen Wirkungsbereich die Grenzen bloßer Personen-, Ideen- und Situationscharakteristik weit überschreitet. Die mosaikartige Szenenfolge findet ein festes Gerüst in einer Kette geschlossener Flächen, die von orchestralen Einleitungen über Lied, Chor, Arioso, Arie bis zur großen, choreographisch mit Volkstänzen ausgestalteten Szene reichen, wobei ihre quasi refrainartige, wenngleich unregelmäßig gegliederte Anlage mit ihren elastisch abgestuften Zeitdehnungen und -diminutionen einer dreiteilig entworfenen Symmetrie der tonal-harmonischen Bögen in den einzelnen Akten zugeordnet ist. Daß die Kernfläche als eine großdimensionale choreographische Szene gestaltet ist, resultiert nicht nur aus der Rolle des Tanzes und der Fabel. In ihr zeigt sich am deutlichsten die Tendenz zur autonomen Behandlung theatralischer Momente. Die sorgfältige Abstufung dieser Schicht, ihre Entfesselung in jähen und kräftigen Einsätzen, bildete mit den Chören ein Vehikel der dramatischen Akzentuierung, die bei radikaler Beschränkung des Lyrischen und bei totalem Verzicht auf Ensemblesätze notwendig wurde. Darüber hinaus wirkt sich diese Tendenz im Sprechgesang Marbuels und Káčas aus, dessen expressive Züge manchmal an die dramatische Sprache Leoš Janáčeks erinnern.

**Wirkung:** Von der Uraufführung (Dirigent: Adolf Čech, Regisseur: František Šubert) an hat sich das Werk im Prager Repertoire gehalten (bis Mitte der 80er Jahre mehr als 600 Vorstellungen) und verbreitete sich rasch auch auf andere tschechische Bühnen als eine beliebte Kinderoper, die wegen ihres musikalischen Humors und ihrer glänzenden Situationskomik überzeugte. Dabei erweisen sich die Teufel als ausgesprochen sympathische Gesellen. Eine vorbildliche Interpretation bot insbesondere der Dirigent Zdeněk Chalabala (ab 1939), die Titelpartie kreierte mit Erfolg Jaroslava Procházková. Im Ausland (zum erstenmal in Bremen 1909) wurde die Oper erst nach dem ersten Weltkrieg vor allem an kleineren Theatern gespielt (Jugoslawien, Polen, Österreich, England, Sowjetunion), nach 1960 jedoch immer seltener. 1981 fand die amerikanische Erstaufführung statt (Washington, Sokol Opera).

**Autograph:** Museum české hudby Prag. **Ausgaben:** Part, GA, hrsg. O. Šourek u. a., krit. Ausg. v. J. Burghauser, tschech./dt. Übers. v. K. Honolka: Supraphon, Prag 1972; Kl.A, tschech./dt. Übers. v. R. Batka: Urbánek, Prag 1908, Nr. M. U. 554; Kl.A, rev. v. O. Šourek: Hudební matice umělecké besedy, Prag 1944, Nr. H. M. 43; Textb.: Prag, Wiesner; Textb., hrsg. Z. Culka, O. Šourek: Prag, Státní nakladatelství krásné literatury, hudby a umění 1954. **Aufführungsmaterial:** Dilia, Prag; Übers. Honolka: Alkor
**Literatur:** J. Vyslouẑil, Folklorismen und Exotismen in der Oper ›Čert a Káča‹, in: Hudebně dramatické dílo A. Dvořáka, Prag [in Vorb.]; weitere Lit. s. S. 93

*Ivan Vojtěch*

# Rusalka
Lyrická pohádka o třech jednáních

**Rusalka**
Lyrisches Märchen in 3 Akten

**Text:** Jaroslav Kvapil, nach der Erzählung *Undine* (1811) von Friedrich Heinrich Karl Baron de la Motte Fouqué, dem Märchen *Den lille havfrue* aus der Sammlung *Eventyr, fortalte for børn* (1835–48) von Hans Christian Andersen und dem »deutschen Märchendrama« *Die versunkene Glocke* (1896) von Gerhart Johann Robert Hauptmann
**Uraufführung:** 31. März 1901, Nationaltheater, Prag
**Personen:** Prinz (T); die fremde Fürstin (S); Rusalka (S); Wassermann (B); Hexe (Mez); Heger (T); Küchenjunge (S); Jäger (T); 3 Elfen (2 S, A). **Chor:** Waldelfen, Gäste im Schloß, Nixen. **Statisterie:** Gefolge des Prinzen. **Ballett:** Waldelfen, Gäste im Schloß
**Orchester:** Picc, 2 Fl, 2 Ob, E.H, 2 Klar, B.Klar, 2 Fg, 4 Hr, 3 Trp, 3 Pos, Tb, Pkn, Schl (gr.Tr, Bck, Trg, Tamtam), Hrf, Streicher; BühnenM hinter d. Szene: Hörner, Harm
**Aufführung:** Dauer ca. 2 Std. 30 Min. – Der Heger kann auch mit einem hohen Bariton besetzt werden. Jäger und Nixen singen nur hinter der Szene.

**Entstehung:** Kvapil verfaßte den Operntext unter dem Eindruck einer Ferienreise auf die Insel Bornholm im Herbst 1899. Nachdem die Komponisten

*Rusalka*; Růžena Maturová als Rusalka; Uraufführung, Nationaltheater, Prag 1901. – Die Kunst, mit naturalistischen Details eine artifizielle und dadurch dem Märchenhaften näherkommende Wirkung hervorzurufen, beruht – abgesehen von dem »Nostalgieeffekt« alter Photographien – auf der Einfügung der wuchernden Einzelheiten in ein klassizistisches Bildschema.

Oskar Nedbal, Josef Bohuslav Foerster und Josef Suk eine Vertonung des Librettos abgelehnt hatten, kam durch Vermittlung des Direktors des Prager Nationaltheaters, František Šubert, die Zusammenarbeit mit Dvořák zustande, der sich spontan begeisterte und sofort mit der Arbeit begann. Die Komposition entstand zwischen April und Nov. 1900, größtenteils in der den Komponisten inspirierenden Umgebung auf seinem Landhaus in Vysoká (bei Příbram). Mit der Wahl des Märchensujets schloß Dvořák an frühere Kompositionen an, etwa die Ballade *Svatební košile (Die Geisterbraut,* 1884), die vier 1896 komponierten symphonischen Dichtungen *Vodník (Der Wassermann), Polednice (Die Mittagshexe), Zlatý kolovrat (Das goldene Spinnrad)* und *Holoubek (Die Waldtaube)* sowie die mit komischen Elementen durchsetzte Oper *Čert a Káča* (1899).

**Handlung:** I. Akt, tiefer Wald, Nacht: Am Seeufer tanzen die Elfen und scherzen mit dem Wassermann. Rusalka sehnt sich nach einer menschlichen Seele, um die Liebe des Unbekannten, der im See zu baden pflegt, zu gewinnen. Vergeblich wird sie vom Wassermann gewarnt; sie leidet nur ihrer Sehnsucht und bittet die Hexe um Hilfe. Zynisch präsentiert die Alte ihr Versprechen: Die menschliche Seele und Gestalt sollen mit dem Verlust der Stimme bezahlt und an die bedingungslose Treue des Geliebten gebunden werden, sonst würde Rusalka verdammt und müßte ihn töten. Die Verwandlung wird vollzogen. In der Morgenröte leitet das Warnungslied des Jägers Rusalkas Begegnung mit dem Prinzen ein. Sein Herz wird von ihrer seltsam stillen Schönheit gefangen.

II. Akt, am Teich im alten Schloßpark, Abenddämmerung: Schon während der Hochzeit treten die Risse auf, durch die Rusalkas seelisch reine Liebe von menschlichen Leidenschaften getrennt wird, gespiegelt zuerst in der Furcht und Abneigung des naiv und grob gesinnten Volksmunds, dann in der unbefriedigt bleibenden Passion des Geliebten, endlich in der Begegnung des Paars mit der herausfordernden Sinnlichkeit der Fürstin, die geneigt ist, ein ironisch-böses Spiel zu eröffnen. Auch der Wassermann wird zum Zeugen dieses Schicksals, und sein Gesang wird von der vom Schloß her ertönenden Hochzeitsmusik umrahmt. Nicht einmal er kann die flüchtende Rusalka trösten. Als sie dann unwillkürlich Zeugin einer leidenschaftlichen Liebesszene zwischen der Fürstin und dem Prinzen wird und sich vom Prinzen verstoßen fühlt, zieht sie der Wassermann in die Tiefe. Den Prinzen wirft die Erschütterung in Umnachtung.

III. Akt, düstere Abenddämmerung am Seeufer: Die dem Fluch verfallene Rusalka versucht nochmals, von der Hexe Hilfe zu erbitten. Die Erlösung wäre aber nur mit dem Tod des Prinzen zu erkaufen. Rusalka zieht den Fluch vor. Die Nixen nehmen von ihr Abschied. Wut, Zorn und Ironie begegnen dem Küchenjungen und dem Heger, als sie versuchen, von der Hexe einen Rat für die Heilung des wahnsinnig gewordenen Prinzen zu holen. Wie im Traum bewegt sich der Prinz am Seeufer, wo er einst Rusalka begegnet ist. Diese erscheint als Irrlicht über dem See. Indem sie die flehende Bitte des Prinzen erfüllt, führt sie auch sein Schicksal zu Ende.

**Kommentar:** Die wichtigsten dramaturgischen Probleme von *Rusalka* liegen in den legitimen Zügen eines Spätwerks, das von vornherein den Anspruch erhebt, Intentionen viel schärfer auszuprägen, als es vom landläufig akzeptierten Werkbild an den Tag gelegt wird. Daß der einzigartige schöpferische Prozeß eine wesentliche Überschreitung des gewohnten Verhältnisses zwischen Text und Musik bedeutet, mag wohl schon im Herbst 1900 Kvapil gespürt haben, als er im Vorwort zum Erstdruck seiner Dichtung keinen Zweifel daran ließ, daß seine ausdrücklich musikalisch profilierte Form weniger einer Librettotradition als einer besonderen Werkidee angehört, die ihn mit dem »großen Lyrismus« und der aktuellen Poetik des lyrischen Fin de siècle eng verbindet. Den schlüssigsten Orientierungspunkt bildet in seinem Fall wahrscheinlich Oscar Wilde, dessen Typus der Märchenparabel schon in den frühen 90er Jahren ausgebildet war. Hier nimmt die lyrische Intention den innersten seelischen Raum von tragisch vereinsamenden Empfindungen als ihr eigentliches Feld in Anspruch, hier greift sie in einer verfeinernden Rückschau tief in den Fundus der großen europäischen Romantik. Das gilt nicht nur für Andersens Vorlage und für das außerdem hinzugezogene Motivgut (es reicht von der altfranzösischen Melusine, von Fouqués *Undine* und ihren Bearbeitungen durch E. T. A. Hoffmann und Lortzing, von den tschechischen Balladen und Volksmärchen von Karel Jaromír Erben und Němcová bis zu Hauptmann, dessen *Versunkene Glocke* von Anfang an von den Zeitgenossen zum Vergleich herangezogen wurde), sondern auch für das angewandte, montagehaft adaptierende Verfahren selbst. In ihm als allgemein verbindlichem Konstruktionsprinzip kommt letzten Endes die polar aufgefaßte Antithetik des romantischen Weltbilds zum Ausdruck, die als metaphorisch gestaltete Kraft noch einmal ihren ursprünglichen Universalitätsanspruch erhebt. Die Fabel führt die überlieferte Gesamtkontur dieses Weltbilds von innen heraus zu einer simultan angelegten Doppelspurigkeit, deutet die diskursiv faßbare Handlung zum Rahmen eines magischen Felds um, wo eine neue, indirekt aus der Unmittelbarkeit der vordergründigen Phänomene sich erhebende Linie das Verborgene und Unbenennbare aus der Tiefe erscheinen läßt. Die Individuen und Naturkräfte werden in eine allmähliche Aporie von Zeitlichkeit und Ewigkeit verstrickt, die dann in der zentral thematisierten erotischen Antithetik ihre tragische Dimension eröffnet. Denn es ist die Ewigkeit der Sehnsucht in ihrer Absolutheit, diese an einem unheilbaren Mangel an Harmonie leidende Traummacht, die dazu führt, die Augenblicke zeitlicher Erfüllung bis zu jenem Durchbruch zu treiben, wo sich dem Herzen seine eigene Weisheit erschließt: wo das Leid in all seiner Schwere als schuldloses Leid zur Quelle einer Läuterung wird, die das echte Glück als einen durch Opfer bedingten Gnadenakt, den Todeskuß, zu erleben vergönnt. Die aus dieser Katharsis sich ergebende Konstruktion führte Kvapil mit der

Brillanz eines erfahrenen Dramatikers durch. Indem er die Gesamtform konsequenterweise als Werden jener zusammenfassenden Endmetapher entwarf, den traditionellen tragischen Formgrundriß durch die breit entwickelten Erlebnismomente zu einer vorwiegend parataktischen Kette umwandelte, gab er ihr zugleich eine in sich ruhende Symmetrie, die am Ende in einer reprisenhaften Anlage nochmals bestätigt wird. Die unbewegliche Schwere dieses Grundrisses wird nun von Linien des inneren Geflechts überzogen. In überlappender Asymmetrie werden die einzelnen Glieder der Kette von komplementären Charaktergruppierungen schrittweise bis zur Katastrophe geführt, um an den entscheidenden Knotenpunkten zur eigentlichen Durchführung gebracht zu werden. Integriert schon die Exposition die beiden Protagonisten mit der konträr gefaßten Linie des Wassermanns, dann ist sie es später, die die Knotenpunkte der Katastrophe und der Katharsis entscheidend zusammenzieht: im ersten Fall zugleich mit der entwickelnden Durchführung der Fürstin, im zweiten mit den über alle Peripetien zurückgreifenden Linien der Hexe und den beiden Volksfiguren. Diese weitgespannte Durchführungsarbeit führt nun das Gegenspiel der beiden Konstruktionsschichten in den lyrisch reflektierenden Interpolationen zusammen, direkt und indirekt zugleich, denn ihre Situierung in engster Gegenüberstellung zu den großen Wendepunkten und dichtesten Knotungen der tragischen Form läßt eben jene zentrale Spur entstehen, die in der Schlußmetapher der Katharsis ihr letztes Wort findet. Die metaphorische Intensität dieser symbolisch bedeutsamen Flächen öffnet zugleich einen schlüssigen Einblick in die dramatische Kraft der von Kvapil eigenartig entwickelten Zeit- und Raumgestaltung. Aus illustrativ beschreibenden Parallelitäten zum Text und zur schauspielerischen Aktion gelöst, wird sie als autonome visuelle Ebene in den Gesamtstrom hineinkomponiert: nicht mehr als Hintergrund, sondern als innerster Nerv einer mehrstimmigen Faktur, wo der innere Konflikt aus dem metaphorischen Gegenspiel an die Oberfläche getragen wird und sich nicht mehr als Bühnentext, sondern als Bühnentextur im wahren Wortsinn manifestiert. Ihr eigentliches Werkzeug findet sie im Bereich des Lichts, dessen Behandlung bei Kvapil, wie in allen seinen von William Shakespeare bis zu Henrik Ibsen, Anton Tschechow und Maurice Maeterlinck reichenden Inszenierungen, die Züge impressionistischer Erfahrung trägt. So wird das Licht im thematisierten Phänomen der Nacht mitten in seiner zitternden Polarität erfaßt, als Helle und Dunkelheit innerhalb der Dämmerung, als unmittelbar gefaßte Mitte der Zeit, aus der alles in ewiger Wiederkehr fließt. Die von Kvapil herausgegriffenen Segmente zielen in ihrer Verkettung auf einen wellenartigen Gang, wie er der Zuständlichkeit eigen ist. Die Übergangsphasen werden augmentiert, die Eckwerte äußerst knapp gehalten, ihr Ansatz aber ist ausdrücklich und scharf abgehoben. Die verdichtete Zeiteinheit geht langsam vor sich, und die lyrisch-reflektiven Interpolationen beziehungsweise Höhepunktflächen setzen ihnen nun die gedehnte, in sich geschlossene oder geschlossen kreisende Ruhe ihrer eigenen dynamisch ausgezeichneten Wendepunkte entgegen, so daß bewegte Zeitstrukturen die starr gewordene Gegenständlichkeit und Zuständlichkeit überlagern. Das Licht kreuzt die Mitte des stillstehenden Raums, um sich ihrer ebenso antithetisch zu bemächtigen, wie es bei der Zeit geschehen ist: Es baut sie aus. Es teilt und öffnet die Fülle der Nacht, ihr Volumen, durch seine Bewegung in die Weite, Höhe, Tiefe und Breite, es verklärt und verschleiert den geschaffenen Raum, läßt ihn schrumpfen und sich dehnen im Ablauf vor einem weiten Horizont und den immer neu zu gestaltenden inneren Räumen, diesen Zauberspiegeln, in denen die Handelnden ihr wahres Gesicht zeigen. Auch da zeigt sich die doppelte Spur, die zwischen dem Licht und der Gegenständlichkeit der Bühne verläuft und später in der Konstruktion der Schlußkatharsis zu Wort kommt. Für Dvořáks Identifikation mit dieser auf Bühnentotalität komplexhaft zielenden metaphorischen Struktur scheint entscheidend zu sein, daß sie seine eigenen Erfahrungen berührt, die er insbesondere in den Neufassungen von *Jakobín* (1889, 2. Fassung 1898) und *Dimitrij* (1882, 2. Fassung 1894) ebenso wie in der kurz vorher komponierten *Čert a Káča* (1899) zur Klärung gebracht hat. In seiner integrierenden musikalischen Durchführung des mehrschichtig angelegten Bühnenentwurfs läßt auch er seine Dramaturgie in einem festumrissenen tektonischen Grundriß von prägnant gefaßten Situationsflächen wurzeln, die bei aller Modifizierung ihre genetischen Zusammenhänge mit den in klassischen Formtypen durchkomponierten Szenen nicht verleugnen. Auch seine Aktgestaltung bewahrt eine deutlich ausgedrückte Symmetrie des tonal harmonischen Plans, wobei ebenso die Dreiteiligkeit, bogenförmig zum zentralen Wendepunkt geleitet und je nach dem inneren Gang der Exposition beziehungsweise des Mittelteils variiert, den spannenden Widerpart zur innerlich scharf kontrastierenden Zweiteiligkeit am Ende bil-

*Rusalka*, II. Akt; Bühnenbild: Jan Kotěra; Uraufführung, Nationaltheater, Prag 1901. – Die überwachsene Palastarchitektur ist als szenisches Sinnbild einer Handlung gemeint, in der eine dämonisch natürliche und eine substanzlos höfische Welt in Konflikt miteinander geraten.

det. Die qualitativen Zusammenhänge innerhalb dieser Konstruktion werden in strenger tonaler Klarheit und Ausgewogenheit gehalten, die auch die Zeitverhältnisse beherrscht, um die angestrebte Proportionalität der regelmäßig wellenförmig ablaufenden einzelnen Phasen zu gewährleisten. Dies Grundmuster bildet auch die erste Kontrastebene zu dem Geflecht der großen Lichtkonturen der Bühne. Die zweite öffnet sich unmittelbar im Spiel der gegensätzlich behandelten Klangräume, die den musikalisch-dramatischen Linien zugeordnet werden und in den szenischen Flächen das eigentliche plastische Relief gestalten. Die Stimmen werden an eine bestimmte Klanggruppe von gewisser Dichte, Lage, von gewissem Timbre und Klangvolumen gebunden, und zwar in einem konkret charakterisierten Klangraum, der durch nähere oder entferntere, verschmelzende oder distanzierende Führungen im Zusammenspiel der Stimmen und des gleichsam handelnden Orchesters offen, gedeckt, resonanzreich oder dumpf, durch seine Fülle oder Leere im sich entwickelnden Geflecht auf andere raumgestaltende Formschichten empfindlich reagiert. Die Thematisierung von klangräumlichen Dispositionen kommt insbesondere in den rein instrumental behandelten Momenten zu intensiver Auswirkung, in den interpolierten Zwischen- und Nachspielen, in den Bindegliedern zwischen den Flächen, wo das Orchester als Spiegel des Unaussprechbaren das Geflecht in verdichtet kurzen, scharfen Durchführungen, in diesen plötzlich auftauchenden Höhepunkten des irgendwo in der Tiefe mächtig arbeitenden Stroms, an die Oberfläche bringt. Darum fußen auch die innersten, von den Gesangsstimmen und dem Orchesterklang getragenen Linien in ihren dialogischen, aus den lyrischen Ansätzen ins Pathetische sich steigernden Erhöhungen, Zäsuren und Tempomodifikationen ebenso wie die in dieser Struktur überwiegenden monologischen Bögen, mit liedhaften, ariosen, geschlossenen und offenen Formen, auf einem alle Klangdimensionen ausdrücklich exponierenden Material, so daß jede Klangdimension dominieren kann. Die immens differenzierte motivische Arbeit kann als Zusammenfassung aller schöpferischen Erfahrungen Dvořáks angesehen werden. In ihr kommt ebenso die für seine Symphonik typische Modell- und Abspaltungsvariation zur Geltung wie die vornehmlich in den symphonischen Dichtungen der letzten Schaffensperiode erarbeitete Modifikation des Leitmotivverfahrens, wo der Gedanke bei aller dramatisch gebundenen Prägnanz so wandlungsfähig ist, daß seine wesentlichen Elemente je nach der Situation des gegebenen Zusammenhangs ebenso als Personencharakteristik wie als zusammenfassendes Signum einer thematisierten Stimmung oder einer Stilsphäre (zum Beispiel der epischen) fungieren können. So wird schon in diesem Material innerhalb der Exposition jenes Spiel von Verweisungsbeziehungen umrissen, das nachher im Verlauf der sich entwickelnden Handlung die Welt der Protagonisten immer wieder in Verbindung mit den schicksalhaft auftretenden Naturkräften (nicht von außen, sondern aus ihrer eigenen inneren Welt heraus) bringt, so findet auch der Kern des inneren erotischen Konflikts gewissermaßen seinen authentischen Weg, auf dem er das Herz aller Figuren durchdringen kann. Vornehmlich kommt dies in jener besonderen Art der weitgespannten und sich ineinander spiegelnden lyrischen Linien zum Ausdruck, die von Person zu Person die Welle weiterführen, sie von den andern übernehmen und mit ihr auch ihre Welt aufgreifen: der Prinz von Rusalka, die Fürstin vom Prinzen und beide wiederum in unwillkürlicher, doch wesentlicher Wahlverwandtschaft von der Verlassenen, so daß ein großer Zug entsteht, der das Element der Sehnsucht und der Leidenschaft, der tragischen inneren Vereinsamung, der Katastrophe entgegenführt. In einem Bühnenstück, in dem die Lyrisierung von vornherein Aktion und Bühnenbewegung beschränkt, in dem einerseits diese Beschränkungen jeder thematisierten Bewegung immense Ausdruckskraft verleihen können (dies hat Dvořák in der duettartigen Führung des Körperausdrucks der stummen Rusalka mit dem Gesang des Prinzen ausgenutzt wie auch in der überwältigend wirkenden Bewegung des vorher fast starr stehenden Wassermanns in der Katastrophe), andrerseits die Lichtgestaltung des Raums auf der Bühne den Klang in Bewegung setzt, indem sie ihn von verschiedenen Richtungen in den Raum tönen läßt, aus der Tiefe, aus der Ferne des Horizonts, aus dieser sich nähernd, in sie verschwindend, von der Höhe auf die Erde kommend, in der Höhe verharrend; in solch einem Bühnenstück kommt eine überaus wichtige Rolle allen Bewegungsmotiven zu, die überwiegend auch ohne direkte Bindung an das Visuelle im Orchester thematisiert werden. Dies betrifft insbesondere die Tanz- und Spielmotivik, die von der Eröffnung her die Ausdruckswelt der Naturwesen, der Elfen und der Hexe verbindet und durch die Gattungsaffinität im Intermezzo der Volksfiguren weiter bis in die zentrale Fläche des Mittelteils gezogen wird, wo ihre gleichnishafte Potenz die reflexiv gehaltene Arie des Wassermanns einleitet und sich noch im Hochzeitschor auswirkt. Zuletzt sei hier noch die genial verdichtete Struktur des Schlusses skizziert. Von dem balladisch geformten Gegenstück der Mondarie eingeleitet, die die im I. Akt exponierte Rusalka-Hexe-Antinomie zusammenzieht, die nachträgliche Durchführung der als Intermezzo angesetzten Volksfiguren mit dem höchsten Pathos des Wassermanns und der Hexe verflechtet und damit die äußere Geschichte zu Ende führend, setzt der Schluß in jäher Wendung, die allerdings als werdender Umbruch des Lichts einen weichen Ton entwickelt, die dicht aneinandergefügten Ecksätze des I. Akts zu einem elegischen Ausklang zusammen, wobei das Terzett den reflexiven Höhepunkt des Ganzen in der Erinnerung an den Hochzeitschor noch einmal berührt: ein Zusammenschluß, in dem das Ganze auf einmal in all seinem Umfang, Verlauf und seiner Klangweite gefaßt wird, in dem die Summe der Schlußgesänge in einen lyrischen Finalmoment eingeht, der als »heiliger Augenblick« erscheinen muß. – In Dvořáks musikdramatischem Schaffen stellt *Rusalka* die höchste Synthese einer Entwicklung dar, die von den spontan

Wagnerschen, jedoch gescheiterten Anfängen der 70er Jahre auf langen und verwickelten Umwegen die Summe der spätromantischen Dramaturgie aus dem Geist der musikdramatischen Metaphorik bewältigt hat. In diesem Sinn gehört *Rusalka* zu den wichtigsten Werken der Jahrhundertwende. Im speziell tschechischen Kontext bildet es jenen Wendepunkt, von dem die Entwicklung unmittelbar zu Leoš Janáček führt.
**Wirkung:** In der Tschechoslowakei gehört *Rusalka* als Nationaloper zum ständigen Repertoire. Eine bis heute ununterbrochene Aufführungstradition besteht in Prag; 1964 fand die 1000., 1981 die 1400. Aufführung statt. Die Uraufführung, die im In- und Ausland mit Spannung erwartet wurde, ging mit ungewöhnlichem Erfolg über die Bühne (Rusalka: Růžena Maturová, Prinz: Bohumil Pták; Regie: Robert Polák, Dirigent: Karel Kovařovic). In der Folgezeit wurde das Werk unter verschiedenen Dirigenten (Otakar Ostrčil seit 1921, Karel Nedbal seit 1945, Zdeněk Chalabala seit 1955) mehrere Male neu inszeniert (Ostrčil 1924, Emil Pollert 1926, Václav Talich und Hanuš Thein 1936, Václav Kašlík 1950 und 1960, Bohumil Herlischka 1955). Sängerinnen wie Ada Nordenová, Marie Budíková und Milada Šubrtová zählen zu den erfolgreichsten Rusalka-Darstellerinnen dieser Inszenierungen; Marta Krásová galt über Jahre hinweg als Idealfigur der Hexe; Vilém Zítek und Eduard Haken gehörten zu den besten Interpreten des Wassermanns. Auch in andern slawischen Ländern, insbesondere Jugoslawien (Erstaufführung slowenisch in Ljubljana 1908, serbokroatisch in Zagreb 1912), Polen (zuerst in Lemberg 1929) und der Sowjetunion (Kaunas 1937), gehört die Oper zum ständigen Repertoire. In Deutschland wurde sie zum erstenmal in Stuttgart 1929 aufgeführt, wo das Werk zuletzt 1980 neu herauskam (Rusalka: Irmgard Stadler, Prinz: Horst Laubenthal, Hexe: Eva Randová; Dirigent: Václav Neumann). Eine vielbeachtete Inszenierung gab es 1981 an der Staatsoper München (Rusalka: Hildegard Behrens; Regie: Otto Schenk). Durch Aufführungen in den Vereinigten Staaten (erstmals 1935 in Chicago), England (London, Sadler's Wells 1959, English National Opera 1983) und Frankreich (Marseille 1982) sowie an zahlreichen andern europäischen Bühnen erreichte die Oper internationale Beachtung.

**Autograph:** Museum české hudby Prag. **Ausgaben:** Part, tschech./dt. Übers. v. R. Brock, GA, hrsg. O. Šourek u. a., krit.

*Rusalka*; Eilene Hannan als Rusalka, Richard Van Allan als Wassermann; Regie: David Pountney, Bühnenbild: Stefanos Lazaridis; English National Opera, London 1983. – Rusalka in der Schaukel und der Wassermann im Rollstuhl wirken wie Allegorien einer Sehnsucht, die sich einbildet, fliegen zu können, und eines Realitätssinns, der mit Verkrüppelung bezahlt werden muß. Durch die Schrumpfung des Szenischen wird das Sinnbildliche forciert.

Ausg. v. J. Burghauser: Státní nakladatelství krásné literatury, hudby a umění, Prag 1960, Nr. H 2140; Kl.A, tschech./dt. Übers. v. J. Will: Urbánek, Prag, Lpz. 1905, Nr. 1; Kl.A, nach d. krit. Ausg., tschech./dt./engl.: Státní nakladatelství krásné literatury, hudby a umění, Prag 1960, Nr. H 2816; Textb.: Prag, Topič 1901; Textb. auch in: J. KVAPIL, Divadlo, Bd. 2, Prag, Tomsa 1948; Textb., hrsg. Z. Culka: Prag, Státní nakladatelství krásné literatury, hudby a umění 1953; Textb., hrsg. Z. Culka, J. Burghauser: ebd. 1956; Textb., engl. v. D. Rusbridge: Prag, Artia 1954; Textb., dt. v. R. Brock: ebd. 1965. **Aufführungsmaterial:** Dilia; Prag
**Literatur:** J. EYSELT-KLIMPÉLY, Německé drama let devadesátých na českém jevišti, Prag 1926; O. ŠOUREK, D. ve vzpomínkách o dopisech, Prag 1939, dt. Prag 1954, S. 229; K. H. WÖRNER, Das Zeitalter der thematischen Prozesse, Regensburg 1969, S. 141 ff.; J. SCHLÄDER, Märchen oder symbolistisches Musikdrama? Zum Interpretationsrahmen d. Titelrolle in D.s ›Rusalka‹, in: Mf 34:1981, S. 25–39; J. SMACZNY, D. and ›Rusalka‹, in: Opera 34:1983, S. 241–245; K. STÖCKL, D. und die Tradition der Märchenoper, in: Hudebně dramatické dílo A. Dvořáka, Prag [in Vorb.]; S. WIESMANN, Zur Inszenierungsgeschichte von ›Rusalka‹. Märchenoper als Regieproblem, ebd.; weitere Lit. s. S. 93

*Ivan Vojtěch*

## Armida
Zpěvohra o čtyřech dějstvích

**Armida**
Oper in 4 Aufzügen

**Text:** Jaroslav Vrchlický (eigtl. Emil Frida), nach dem Epos *La Gierusalemme liberata ovvero Il Goffredo* (1575) von Torquato Tasso
**Uraufführung:** 25. März 1904, Nationaltheater, Prag
**Personen:** Hydraot, König in Damaskus (B); Armida, seine Tochter (S); Ismen, Herrscher in Syrien und Zauberer (Bar); Bohumír z Bouillonu/Gottfried von Bouillon, Heerführer des Kreuzzugs (Bar); Petr, Eremit (B); Rinald (T), Gernand (B), Dudo (T), Ubald (B), Sven (T) und Roger (T), Kreuzritter; Herold (B); Muezzin (Bar); Sirene (S). **Chor:** Sirenen, Nymphen, Feen, Ritter, königliches Gefolge in Damaskus, Christen, Heiden, Sklaven, Heer
**Orchester:** Picc, 2 Fl, 2 Ob, E.H, 2 Klar, B.Klar, 2 Fg, K.Fg, 4 Hr, 4 Trp, 3 Pos, Tb, Pkn, Schl (gr.Tr, Bck, Trg, Tamtam, Glsp, Tamburin), Hrf, Streicher
**Aufführung:** Dauer ca. 3 Std.

**Entstehung:** Vrchlický, Übersetzer von *Gierusalemme liberata*, schrieb 1888 das Libretto ursprünglich für Karel Kovařovic, der mehrere Versuche machte, den Text zu vertonen. Er gelangte lediglich bis zur Hälfte des II. Akts und ließ die Oper unvollendet. Als sich Dvořák nach seinem Erfolg mit *Rusalka* (1901) nach einem neuen Sujet umsah, bot ihm Vrchlický *Armida* an, die mittlerweile schon von Karel Bendl und Zdeněk Fibich abgelehnt worden war. Dvořák, der mit Vrchlický schon an dem Oratorium *Svatá Ludmila* (*Heilige Ludmila*, 1885) gearbeitet hatte und von seinem Librettisten Jaroslav Kvapil keinen neuen Text bekam, entschloß sich, das bereits vorliegende Material zu vertonen. Ende 1902, nach den Feierlichkeiten zu seinem 60. Geburtstag, fing er an zu komponieren, im Aug. 1903 wurde die Oper beendet.
**Handlung:** In Syrien, 1096–99, zur Zeit des ersten Kreuzzugs.
I. Akt, Gärten des Königspalasts in Damaskus: Der syrische Herrscher und Zauberfürst Ismen bringt Nachricht, daß das Kreuzfahrerheer, von dem berühmten Bohumír z Bouillonu geführt, gegen Jerusalem vorrücke, um das Grab Christi zu befreien. König Hydraot drängt zum Kampf, doch Ismen, mit den militärischen Schwächen seiner Syrer vertraut, empfiehlt als besseres Mittel die List. Der König solle seine Tochter Armida ins christliche Lager schicken, damit durch ihre Schönheit und Verführungskunst die im Gedanken an den heiligen Kampf zusammengeschlossenen Ritter verwirrt und in ihrer Eintracht gestört würden. Armida aber weigert sich; ihre Gedanken gelten einem Unbekannten, den sie einmal bei der Jagd erblickt hat und der ihr nicht mehr aus dem Sinn kommt. Ismen zaubert, um sie für seine Idee zu gewinnen, vor ihre Augen das Bild des christlichen Lagers. In einem der Kreuzritter erkennt Armida ihren unbekannten Geliebten, Rinald. Daraufhin begibt sie sich doch ins feindliche Lager, allerdings nicht zur Erfüllung eines militärischen Auftrags, sondern um Rinalds Liebe zu gewinnen. Ismen, der seit langem vergeblich um sie wirbt, hofft, Armida nach ihrer Rückkehr zu seiner Frau machen zu können.
II. Akt, das christliche Lager bei Damaskus: Nach dem Gottesdienst erwarten die Ritter, unter ihnen Rinald, weitere Befehle ihres Feldherrn. Nachdem der Herold die Ritter zu einer Kriegsberatung zusammengerufen hat, erscheint auf dem Platz Armida, schwarz gekleidet und von einem schwarzen Schleier verhüllt. Sie bittet um freien Zutritt zum Heerführer. Vergebens warnt Eremit Petr vor der Fremden. Rinald bietet seine ritterlichen Dienste an und verschafft ihr Gehör bei Bohumír. Vor der Versammlung gibt sich Armida als Prinzessin von Damaskus zu erkennen und erzählt eine ersonnene Geschichte vom Oheim und Usurpator, der ihren Vater der Krone beraubt und geblendet, ihren Bruder und sie selbst aber in die Wüste vertrieben habe. Sie fleht Bohumír an, mit seinem Heer Rache zu nehmen und ihr den Thron zurückzugeben. Dafür verspricht sie, Damaskus den Siegern zu übergeben. Rinald und eine große Zahl von Rittern melden sich zum Kampf. Nach Bohumírs Gebot soll das Los entscheiden, wer an dem Zug teilnehmen wird. Als Rinald und Armida allein bleiben, entschließen sie sich, das unsichere Ergebnis nicht abzuwarten und zu flüchten. Eremit Petr vertritt ihnen den Weg und ruft die Wachen und Ritter herbei. Da tut sich der Boden auf, und Ismen erscheint auf einem Drachenwagen. Armida und Rinald besteigen ihn und entschwinden.
III. Akt, Armidas Zaubergarten: Ismen, in einen Greis verwandelt, erinnert Armida an ihre Aufgabe. Sie bekennt sich kühn zu ihrer Liebe. Trotz Ismens Mahnworten lehnt sie es ab, seine Braut zu werden. Der Fürst droht wütend, die Zauberburg zu vernichten und die Liebenden unter den Trümmern zu begraben.

Armida, die selbst eine Zauberin ist, beweist Ismen ihre Macht: Mit einer einzigen Handbewegung läßt sie den Palast verschwinden und baut ihn sofort wieder auf. Ismen ist gedemütigt, doch nicht überwältigt; in der Nacht sinnt er auf Rache. Der Zufall führt zwei Kreuzritter herbei, Ubald und Sven, die Rinald suchen, um ihn zu befreien. Ismen erzählt den beiden von einem mächtigen Hilfsmittel, dem in einem Gewölbe der Burg verborgenen heiligen Schild des Erzengels Michael. Mit Hilfe des Schilds entreißen die Freunde Rinald Armidas Armen und führen ihn hinaus. Armida ruft ihn vergebens zurück. Hinter ihr bricht auf Ismens Wink die Burg zusammen.

IV. Akt, Oase, in der Ferne das christliche Lager: Rinald liegt ohnmächtig unter den Palmen. Allmählich erwacht er und erinnert sich mit Schrecken an die Begebenheiten der vergangenen Nacht. Bald durchdringt ihn Verlangen nach der verlorenen Geliebten, bald quälen ihn Scham und Schmerz, sein Ideal des Kreuzrittertums verraten zu haben. Die verständnisvollen Worte seiner Freunde beschwichtigen ihn, und der heilige Schild gibt ihm die Kraft zum Kampf für Christus. Er führt das Heer der Kreuzfahrer gegen Damaskus. In wildem Kampf stößt Rinald auf Ismen und schlägt ihn, der um Gnade fleht, nieder. Daraufhin erscheint ein Ritter in schwarzem Harnisch; Rinald ersticht auch diesen und erkennt dann erst in ihm Armida. Sie sinkt tödlich verwundet in seine Arme, er segnet die Sterbende und tauft sie. In einer letzten Vision sieht sich Armida mit Rinald in ewiger Liebe vereint. Rinald, vom Schmerz überwältigt, kniet neben der Toten; von fern ertönt der Gesang des Kreuzfahrerheers.

**Kommentar:** Im Libretto zu *Armida* wurde Dvořák ein Stoff zuteil, der bereits unzählige Male für Opernwerke verwendet worden war. Über drei Jahrhunderte hinweg behielt die Geschichte von der schönen orientalischen Zauberin Armida und dem Kreuzritter Rinald ihre Attraktivität für Opernkomponisten. Nach Benedetto Ferrari (*Armida*, Venedig 1639) folgt eine Vielzahl zumeist italienischer, aber auch deutscher und französischer Autoren, unter ihnen Lully (*Armide et Renaud*, 1686), Händel (*Rinaldo*, 1711), Vivaldi (*Armida al campo d'Egitto*, 1718), Salieri (1771), Gluck (1777), Mysliveček (1780), Haydn (1782), Rossini (1817) und andern. Die letzte Vertonung vor Dvořák stammt von Franz Gläser (*Die Zauberin Armide*, 1828). Erst Vrchlický entdeckt den Stoff wieder, offenbar von jenen Vorzügen des Sujets beeindruckt, die es auch früher schon für eine so große Zahl von Komponisten attraktiv machten: legendäre Kämpfe um die Befreiung des Grabs Christi, exotischer Zauber des Orients, das Zusammenstoßen der gegensätzlichen Welten von Islam und Christentum, der klassische Konflikt zwischen den Geboten von Pflicht oder Moral und der elementaren Kraft des menschlichen Gefühls. In diesen Grundriß projiziert Vrchlický allerdings die Lebensvorstellungen des 19. Jahrhunderts, vor allem eine romantische Auffassung der Liebe. Dvořák reizte die Weltberühmtheit des Sujets, denn nach den Opern in tschechischem Milieu (*Čert a Káča*, 1899; *Tvrdé palice*, 1881) und besonders nach den ausländischen Erfolgen mit *Rusalka* wünschte er sich einen Stoff, der ihm den Weg auf die Weltbühnen eröffnen würde. Zugleich entsprach das Libretto seiner Vorliebe für das Phantastische und bot ihm obendrein die Möglichkeit, einen großen und prunkvollen Opernapparat zu entfalten. Nicht zuletzt unterstützten hier manche Gedankenanalogien mit Wagner-Libretti (wie *Tannhäuser*, 1845, und *Parsifal*, 1882) sein Vorhaben, eine große Oper Wagnerschen Typs, gewissermaßen ein Gegenstück zu *Tannhäuser*, zu schaffen. Bei der Vertonung des Texts stieß Dvořák freilich auf eine Reihe von Problemen. Vrchlický, der sonst als Meister der dichterischen Form und des poetischen Ausdrucks gelten muß, zeigt hier erhebliche Schwächen nicht nur im dramatischen Aufbau und im logischen Gefüge der Handlung, sondern stellenweise auch in der dichterischen Darstellung und Verstechnik. Dvořák gelang es, einige prekäre Stellen musikalisch zu überbrücken oder wenigstens teilweise auszugleichen und zugleich die Möglichkeiten theatralischer Effekte wirkungsvoll auszunutzen. Er selbst glaubte, mit *Armida* den Gipfel seines Opernschaffens erreicht zu haben. – Für die Musik von *Armida* bildete Dvořák einen neuen Stil aus, der in musikalischen Reminiszenzen an seine amerikanische Schaffensperiode seinen Ausgangspunkt hat. Ganztonleitern, pentatonische Fragmente in Melodik und Harmonik sowie andere exotische Elemente evozieren die Sphäre der *Symphonie e-Moll Nr. 9* (1893) oder der *Biblischen Lieder* (1894). Ungemein suggestiv vermittelt diese Musik eine sinnlich berauschende, orientalische Atmosphäre; die Liebesszenen sind von außerordentlicher Expressivität. Das Gegengewicht zu Exotik und Erotik stellt das christliche Kreuzfahrertum mit Strenge und religiöser Begeisterung dar, das Dvořák vorzugsweise durch große choralartige Gesänge der Kreuzritter charakterisiert. Ist die Kantabilität der Arien und der gesanglich ausdrucksvollen Ensemble- und Chornummern vor allem für das orientalische Element kennzeichnend, so dient der pathetisch-deklamatorische Gesang eher der christlichen Welt zum Ausdruck. Dvořák nutzt weitgehend die Prinzipien der Wagnerschen Symbolik, die Grundlage seiner musikdramatischen Konstruktion bildet die Arbeit mit Leitmotiven. Damit charakterisiert er nicht nur die Hauptgestalten und ihre Entwicklung, sondern auch wichtige Vorstellungen oder Symbole, wie das Kreuz Christi, das Heer der Kreuzritter oder den zaubermächtigen Schild des Erzengels Michael.

**Wirkung:** Leider entspricht das Bühnenschicksal von *Armida* nicht ihrem künstlerischen Wert. Die Premiere fand wegen mangelhafter Einstudierung nur schwachen Beifall und brachte dem damals schon schwerkranken Komponisten eine schmerzliche Enttäuschung. Auch erneute Aufführungen im Nationaltheater Prag (1928, Dirigent: Otakar Ostrčil; 1942, Dirigent: Václav Talich; 1946, Dirigent: František Škvor) oder an andern tschechoslowakischen Bühnen (Pilsen, Brünn) sowie am Stadttheater Bremen (1961) führten trotz der günstigen Aufnahme beim Publikum und der großen Anerkennung, besonders durch die ausländische Kritik, zu keiner dauerhaften Verankerung des Werks im Repertoire.

**Autograph:** Museum české hudby Prag. **Ausgaben:** Kl.A: Dvořákovi dědicové, Prag 1941; Kl.A, Bearb. v. K. Šolc: Orbis, Prag 1951; Textb. in: Dramatická díla Jaroslava Vrchlickétu, Bd. 28, Prag 1903. **Aufführungsmaterial:** Bearb. Šolc: Dilia, Prag
**Literatur:** R. ZAMRZLA, Poslední velké dílo D.ovo, in: Antonín Dvořák. Sborník statí o jeho životě a díle, Prag 1912, S. 314–319; J. VOGEL, Vzkříšeni D.ovy ›Armidy‹, in: Listy Hudební matice, 1926, S. 19–21; F. PUJMAN, Vrchlického ›Armida‹, in: Rytmus 6:1941/42, Prag, S. 62–65; J. BACHTIK, Na okraji D.ovy ›Armidy‹, ebd., S. 26–28; weitere Lit. s. S. 93

Věra Vysloužilová

# Peter van Dyk

Geboren am 21. August 1929 in Bremen

## La Symphonie inachevée
Poème chorégraphique

### Die unvollendete Symphonie

**Musik:** Franz Schubert, *Symphonie h-Moll Nr. 8 »Unvollendete«* (1822)
**Uraufführung:** 24. März 1957, Opéra, Lyon
**Darsteller:** der junge Mann; das junge Mädchen
**Orchester:** 2 Fl, 2 Ob, 2 Klar, 2 Fg, 2 Hr, 2 Trp, 3 Pos, Pkn, Streicher
**Aufführung:** Dauer ca. 25 Min.

**Entstehung:** Als Dyk daranging, Schuberts *Unvollendete* zu choreographieren, war er auf dem Höhepunkt seiner Tänzerkarriere angelangt. Der weit über die Grenzen seines Heimatlands bekannte Danseur noble, in Deutschland geboren und ausgebildet, 1955 als Etoile an die Pariser Opéra engagiert, war nicht der erste, der diese *Symphonie* für ein Ballett verwendete. Isadora Duncan brachte 1916 in New York ihre *Unfinished Symphony* heraus. Ebenfalls in New York kam 1931 ein Ballett mit demselben Titel von Ruth Saint-Denis und Klarna Pinska heraus. Albrecht Knust verwendete die *Symphonie* für sein Ballett *Das Kreisen* (Hamburg 1931).
**Inhalt:** Raum mit Ausgang in einen Hof; im Hintergrund ein Garten. 1. Satz: Ein junges Mädchen und ein junger Mann entdecken und erfinden im Wahrnehmen der Musik die gleichen Bewegungen. Ihre enganliegende Kleidung ist, um die Unterschiede zwischen beiden zu unterstreichen, in Blautönen voneinander abgesetzt, die Beleuchtung verwischt sie jedoch wieder. Beide scheinen sich in ihrer eigenen Welt zu verlieren; aber der Gleichklang ihrer Emotionen führt zu einer wirklichen Begegnung. Die Musik vereint ihre Wesen, sie verbindet sie in ihrer Einsamkeit. Die beiden jungen Leute wollen gemeinsam einen Augenblick des Traums durchleben, er wird für sie zur Lehrzeit der Liebe. 2. Satz: Der junge Mann ist allein, wehrlos den eigenen Gedanken ausgesetzt. Er begegnet dem Mädchen, ohne es wahrzunehmen. In dem Augenblick, in dem er auf den Hof hinausgeht, betritt sie, rückwärts gehend, den Garten. Dann finden sie zueinander, um sich nicht mehr zu verlassen. Ausgelassen wie zwei Kinder verschwinden sie, einander an der Taille haltend, am Horizont.
**Kommentar:** *La Symphonie inachevée* zeigt anhand einer Reihe von Pas de deux die Entwicklung eines jungen Paars von der Jugend bis zur Reife. In seiner Choreographie, seinem ersten Ballett, vereinigt Dyk alle jene Schulen, die seine Ausbildung bestimmt hatten. Da waren der dramatisch-expressionistische Stil Tatjana Gsovskys, die lyrischen Bilder Janine Charrats, die Wechselbeziehung zwischen Aktion und Rhythmus wie in den Balletten Serge Lifars und die musikbetonte Komponente, die von George Balanchine stammte. Der Pas de deux des 1. Satzes ist ein Beispiel für lyrische Abstraktion. Die Choreographie selbst ist ein offenes Buch, in das der Zuschauer seine Assoziationen hineinschreibt, die Geschichte, die seiner Vorstellungskraft beim Betrachten des Balletts entspricht. – In einer Zeit, in der Maurice Béjart das rhythmische Universum der Komponisten des 20. Jahrhunderts untersuchte, um Werke wie *Symphonie pour un homme seul* (1955) und die eindrucksvollen Bilder von Strawinskys *Sacre du printemps* (1959) zu kreieren, war eine Synthese der Stile unbedingt erforderlich. Dank dieser Elemente, die Dyk in seine neuromantische Choreographie einflocht und die es in keiner andern Schule, sei sie englisch, dänisch, so-

*La Symphonie inachevée*, 1. Satz; Jacqueline Rayet und Peter van Dyk; Opéra, Paris 1959. – Schuberts Melancholie überträgt sich in die neoklassische Linie der sehnenden Geste nach dem zurückweichenden Mädchen.

wjetrussisch oder amerikanisch, gibt, gab es bald, mit Béjart an der Spitze, eine Reihe von jungen Choreographen, die sich der Musik der 1. Hälfte des 19. Jahrhunderts zuwandten. So choreographierte Béjart die *Neuvième Symphonie* (1964), in deren 3. Satz der Einfluß Dyks unverkennbar ist. 1959 errang Dyk für seine *Symphonie* den Kritikerpreis. Die gleiche Thematik behandelt er in seinem Ballett *La Nuit transfigurée* (Paris 1958) nach der *Verklärten Nacht* von Arnold Schönberg, in *Ideal* (Straßburg 1975) zu der Nr. 1 von Béla Bartóks *Deux portraits* oder auch in Ensemblechoreographien wie *Bien tempéré* (Genf 1970) nach dem *Wohltemperierten Klavier* von Johann Sebastian Bach und den *Diabelli-Variationen* (Bonn 1982) zur Musik von Ludwig van Beethoven. Die Auseinandersetzung mit diesem Thema erreichte ihren Höhepunkt in Dyks abendfüllenden Balletten *Pinocchio* (Hamburg 1969) zu Musik von Antonio Bibalo und *Manon Lescaut* (Genf 1979) nach Auszügen aus Symphonien und Kammermusik von Wolfgang Amadeus Mozart.
**Wirkung:** Dyk und Jacqueline Rayet tanzten am 25. Febr. 1957 anläßlich einer Wohltätigkeitsveranstaltung in der Salle Pleyel Paris zunächst nur den 1. Satz. Nach der Uraufführung des ganzen Werks folgte am 3. April 1959 die Pariser Erstaufführung in der Opéra-Comique. Die *Symphonie inachevée* hat sich als einmaliges Beispiel zeitgenössischer Choreographie nicht nur im westeuropäischen Repertoire (Hamburg 1960, Genf 1978, Nancy 1980, Bonn 1981) gehalten, sie wurde auch vom Kirow-Ballett Leningrad und 1972 vom American Ballet Theatre New York getanzt.

**Ausgaben:** Part, krit. Ausg.: F. SCHUBERT, Werke, Serie I, Bd. 2: Peters 1884–97; TaschenPart, krit. Ausg.: UE [1959], Nr. Ph 2. **Aufführungsmaterial:** M: Peters; Ch: P. v. Dyk

*Antoine Livio*

# Helmut Eder

**Geboren am 26. Dezember 1916 in Linz**

### Der Aufstand
3 Akte (9 Bilder), Nachspiel

**Text:** Gertrud Fussenegger (eigtl. Gertrud Dietz)
**Uraufführung:** 2. Sept. 1976, Landestheater, Linz
**Personen:** Stefan, Schmied und Bauernführer (Bar); Norbert, Wanderprediger (Bar); Johann und Anton, Bauern (2 Bar); Hans (Bar); Elisabeth (S); Anna und Katharina, Wäscherinnen (2 Mez); 4 Bauern (T, 2 Bar, B); Gutsverwalter (Bar); Landsknechthauptmann (Bar); 3 Soldaten (T, 2 Spr.); Kaiser (T); Prinz Maximilian (T); 3 Räte des Kaisers (T, Bar, B); Narr (T); Diener (Spr.); Leichenfledderer (T); 3 Stimmen (S, Mez, A); Knabe (stumme R). **Chor:** Frauen, Bauern, Soldaten. **Statisterie:** Kinder, Krüppel, Wachen
**Orchester:** 3 Fl (auch Picc), 3 Ob (auch E.H), 3 Klar, B.Klar, 2 Fg, K.Fg, 5 Hr, 3 Trp, 3 Pos, Tb, Cel, Laute, Pkn, Schl (Glsp, Vibr, Xyl, 2 Trg, Glocke, Röhrenglocke, 2 Kuhglocken, Gong, kl. u. gr. Bck, 2 Bck, 2 Bongos, 3 Tomtoms, gr. Tamtam, Claves, Kastagnetten, Holzblock, 2 Tempelblöcke, 2 HolzblockTr, kl.Tr, gr.Tr, RührTr, 2 Maracas, Guiro, Tamburin, 2 Rasseln, Schellen), Streicher; BühnenM: Org, gr. Tamtam
**Aufführung:** Dauer ca. 1 Std. 45 Min. – Folgende Gesangspartien lassen sich eventuell mit Chorstimmen besetzen: 4 Bauern, Gutsverwalter, 3 Soldaten, Diener, 3 Stimmen.

**Entstehung:** Eder beschäftigt sich seit den 50er Jahren mit dem Musiktheater. Nach zwei Balletten schrieb er seine erste Oper, *Oedipus* (nach Sophokles; Linz 1960). *Der Aufstand*, seine fünfte Oper, entstand als Auftragswerk des Bundeslands Oberösterreich zum 350jährigen Gedenken an einen Bauernaufstand von 1626. Fusseneggers Text stützt sich nicht protokollierend auf die historischen Ereignisse, sondern zeigt modellhaft die Motive des Aufstands, die nur teilweise aus historischer Analogiebildung gewonnen sind, etwa aus dem Humanismus von Kaiser Maximilian I., der 1519 im oberösterreichischen Wels starb, den Bauernkriegen 1524/25 oder der religiösen Erregung zur Zeit der Reformation. Nach dem Erfolg der Oper wurde in Linz ein zweites Werk Eders uraufgeführt: seine bislang letzte Oper *George Dandin oder Der betrogene Ehemann* (nach Molière; 1979). Eder entwickelt seinen pluralistischen Stil ausgehend von zwei Vorbildern: Johann Nepomuk David, seinem Lehrer, und Paul Hindemith. Zunächst dem musikalischen Neobarock verpflichtet, experimentiert Eder Mitte der 50er Jahre mit elektronischen Klangerzeugern, setzt sich mit Zwölfton- und seriellen Techniken auseinander und wendet sich schließlich den postseriellen Verfahren der Klangkomposition zu, in die er Cluster, Aleatorik und Mikrointervalle ebenso einbezieht wie verschiedenste Materialien historischer Herkunft.
**Handlung:** In Oberösterreich, 1626.
I. Akt, Sankt Barbara, an einem Fluß, zur Zeit der Kornernte: Das Volk, Bauern, Wäscherinnen, der Schmied Stefan, der blinde Hans, lebt unter schwerer Drangsalierung. Der Wanderprediger Norbert kommt ins Dorf und propagiert den Gedanken, Freiheit und Gerechtigkeit solle es für alle schon auf dieser Welt, nicht erst in Gottes Reich geben. Als die Wäscherinnen die Leiche von Norberts zwölfjährigem Neffen aus dem Fluß bergen und Stefan berichtet, wie brutal jener von Soldaten ermordet wurde, sind sich alle einig, Taten für eine neue Zeit zu setzen. Norbert und Stefan wollen am Kaiserhof Prinz Maximilian, einen Freund des Volks, als Helfer gewinnen.
II. Akt, 1. Bild, Thronsaal des Kaisers: Eine Auseinandersetzung über die richtige Regierung wird ge-

führt: Macht, mit der der Kaiser und seine drei Räte das Volk weiter zwingen wollen, steht gegen Menschenfreundlichkeit, mit der Maximilian für das Volk eintritt. 2. Bild, Gewölbe: Unsicher treten Stefan und Norbert vor den Prinzen, der Norbert als Schulkameraden in altem Einverständnis begrüßt und Stefan Vollmacht und Siegel gibt, die Bauern zu vertreten. 3. Bild, wie II/1: Noch in der Todesstunde des Kaisers versuchen seine Räte, ihre Forderungen gegen das Volk durchzusetzen. 4. Bild, vor Stefans und Johanns Haus, einige Tage später: Der blinde Hans tötet den Landsknechthauptmann, als er versucht, Elisabeth zu vergewaltigen. 5. Bild, wie II/1, Trauerdekoration: Kaum hat Maximilian dem aufgebahrten Kaiser seine Reverenz erwiesen, erpressen ihn die Räte: Für die Krone muß er ihre Forderungen erfüllen. 6. Bild, Gewölbe: Der Tod des Kaisers scheint ein Ende der Tyrannei zu versprechen. In die Freude mischt sich erster Argwohn, es könne auch weiterhin Privilegien geben. 7. Bild, wie II/1: Maximilian steht im Zwiespalt zwischen besiegelten Versprechen für das Volk und seinem Kronrecht. Er kann nicht länger standhalten, erfüllt die Forderungen der Räte, wird gekrönt und verleugnet Stefan und Norbert, als sie mit andern Eintritt in den Thronsaal erzwingen.
III. Akt, 1. und 2. Bild, Sankt Barbara, Winter: Nach Maximilians Verrat haben sich die Bauern erhoben. Stefan und Norbert stellen ein schlecht bewaffnetes Bauernheer auf und versuchen, ihre Ziele von Wut und Haß der Menge freizuhalten. Angesichts des bevorstehenden Kampfs verlieren jedoch auch sie ihre Integrität: Norbert versucht zu fliehen und wird von Bauern ermordet, Stefan vergewaltigt Elisabeth.
Nachspiel, auf dem Blachfeld: Der Bauernaufstand ist niedergeschlagen, ein Leichenfledderer beraubt die Toten, den Überlebenden bleibt die Klage.
**Kommentar:** *Der Aufstand* tritt nicht mit einem gesellschaftlichen Änderungsanspruch auf, sondern betont das Zyklische der Vorgänge (»Wie oft ist alles schon gescheh'n: Die Erde wird sich weiterdreh'n«, Vorspiel). Kennzeichnend für das musikalische Material ist die Verwendung von Zitaten: protestantische Choräle, »L'homme armé«, »Dies irae« und Schluß von Johann Sebastian Bachs *Matthäuspassion*. Die Reihung der Szenen, besonders im II. Akt, folgt dem Kontrastprinzip. Auch die gesellschaftlichen Gegensätze werden als musikalischer Kontrast vermittelt: Die Machthaber am Kaiserhof, durch Tenorlage und gekünstelten Gesangsstil gekennzeichnet, vertreten ihren Herrschaftsanspruch jeweils solistisch, das Kollektiv der unterdrückten Bauern, durch Baritonlage und einfache Gesangslinien charakterisiert, artikuliert sich dagegen in Ensembles und kämpferischen Cantus firmi. Des weiteren wird mit lyrisch-dramatischen Kontrasten gearbeitet: Das kantable Melos im Duett Elisabeth/Hans bricht jäh um in die Dramatik des Mords am Landsknechthauptmann (II/4). Der dramaturgische Aufbau folgt streckenweise einem simplen Steigerungsprinzip: In der Predigerszene des I. Akts singt die Menge fünfmal ein zunächst einstimmiges geistliches Volkslied, das chromatisch aufwärts gerückt, im Tempo gesteigert und von weiteren Gesangs- und Orchesterstimmen ergänzt wird. Der Kontrastbildung ist auch die Disposition der Formen verpflichtet. So folgt im Nachspiel dem Trauermarsch der Soldaten (Schlagzeug, Blechbläser) eine Lamentatio der Frauen (Glissandi und Cluster von Holzbläsern und tiefen Streichern). Weite Teile des I. Akts sind von Strophenliedern im Tanzidiom getragen. Konträr dazu wirkt ein kunstvolles, von Laute und Schellen begleitetes Lied des Narren im II. Akt. Die Ausdrucksskala der Solostimmen reicht von kantablen über ariose und psalmodierende Partien bis zum Sprechmelos. Neben konventionellem Gesang bilden Flüstern, heiseres Sprechen, Schreien und Kreischen die vokalen Gradationen des Chors. Häufig sind Orchester und Chor Modelle mit nicht eindeutig zielgerichtetem Zeitablauf zugeordnet. Das heißt für den Chor: Die Sänger singen textlose Vokalisen bei beliebiger Tonhöhe rhythmisch frei. Der Orchestersatz zeigt durchgängig ein Spannungsverhältnis zwischen linearer Bewegung und Klangflächenkomplexen.
**Wirkung:** Bei der Uraufführung dirigierte Theodor Guschlbauer das Bruckner-Orchester. William Ingle sang den Maximilian, Margit Neubauer die Elisabeth, Kurt Schossmann den Stefan und Fritz Uhl den Kaiser.

**Autograph:** Verbleib unbekannt. **Aufführungsmaterial:** Bär
**Literatur:** N. TSCHULIK, Musiktheater in Österreich. Die Oper im 20. Jh., Wien 1984, S. 305–308

*Susanne Rode*

# Sherman Edwards
Geboren am 4. April 1919 in New York, gestorben am 30. März 1981 in New York

## 1776
Musical Play

**1776**
7 Bilder

**Buch:** Peter Stone, nach einer Idee von Sherman Edwards. **Gesangstexte:** Sherman Edwards. **Orchestration:** Eddie Sauter (eigtl. Edward Ernest Sauter). **Choreographie:** Onna White
**Uraufführung:** 16. März 1969, 46th Street Theatre, New York
**Personen:** Mitglieder des Kontinentalkongresses: Präsident John Hancock, Dr. Josiah Bartlett, John Adams, Stephen Hopkins, Roger Sherman, Lewis Morris, Robert Livingston, Rev. John Witherspoon, Benjamin Franklin, John Dickinson, James Wilson, Caesar Rodney, Thomas McKean, George Read, Samuel Chase, Richard Henry Lee, Thomas Jefferson, Joseph Hewes, Edward Rutledge, Dr. Lyman Hall;

Charles Thomson, Sekretär; Andrew McNair, Kustos; Abigail Adams; Martha Jefferson; ein Lederschürzenträger (ein Arbeiter); ein Maler; ein Kurier
**Orchester:** Fl (auch Picc), Ob (auch E.H, Klar), Klar (auch Fl), Fg (auch Klar), 2 Hr, Trp, 3 Pos (3. auch Tb), Schl, Cemb, Hrf, Streicher
**Aufführung:** Dauer ca. 2 Std. 30 Min., keine Pause. – Kleine Orchesterbesetzung erhältlich. Tänze: kurzer Walzer, bearbeiteter Soft Shoe Step, Schrittfiguren aus dem Revuetanz.
**Gesangsnummern:** Sit Down, John; Piddle, Twiddle, and Resolve; Till Then; The Lees of Old Virginia; But, Mr. Adams; Yours, Yours, Yours; He Plays the Violin; Cool, Cool, Considerate Men; Momma, Look Sharp; The Egg; Molasses to Rum; Is Anybody There?

**Handlung:** In Philadelphia, Mai–Juli 1776. 1. Bild: Kammer des Kontinentalkongresses; 2. Bild: The Mall; 3. Bild: die Kammer; 4. Bild: Thomas Jeffersons Zimmer über der High Street; 5. Bild: die Kammer; 6. Bild: ein Vorzimmer des Kongresses; 7. Bild: die Kammer.
John Adams fordert vor dem Kongreß die Loslösung Amerikas von England, aber die Abgeordneten ignorieren sein Anliegen. Benjamin Franklin überredet Richard Lee, die Angelegenheit als Gesetzesantrag im Kongreß einzubringen. Daraufhin findet eine große Debatte statt, die nach heftigem Streit zu dem Entschluß führt, eine formelle Deklaration abzufassen. Jefferson weigert sich zunächst, das Dokument aufzusetzen, da er zu seiner jungen Frau zurückkehren will, und ist erst beruhigt, als Adams ihm Martha nach Philadelphia bringt. Während die Befürworter der Unabhängigkeit eine Inspektion von George Washingtons Truppen vornehmen, erklärt die Opposition ihre Loyalität gegenüber England. Unter der Führung von Edward Rutledge wechseln die Vertreter des Südens wegen der Sklavenpolitik ins Lager der Adams-Gegner über. Nach einem spannungsgeladenen politischen Duell passiert die Unabhängigkeitserklärung den Kongreß: mit einer Stimme Mehrheit.
**Kommentar:** Stone geht in seinen Texten auf die Geschehnisse um die amerikanische Unabhängigkeitserklärung zurück, ohne sich jedoch im Detail exakt an die historischen Fakten zu halten; Änderungen im zeitlichen Ablauf beispielsweise zielen auf dramaturgische Stringenz. Wenig bühnenwirksame Ereignisse werden weggelassen, freie Einfügungen (etwa der Besuch Martha Jeffersons in Philadelphia) dienen der Komprimierung des Handlungsablaufs. Notwendig war die Reduktion der Zahl der Abgeordneten. Der Truppenbesuch in New Brunswick, der für das 5. Bild vorgesehen war, wurde im Lauf der Voraufführungen außerhalb New Yorks gestrichen, um das Musical zu straffen. – *1776* ist ein dramatisches Musical, fast ein Schauspiel mit Musik, da die meisten Songs für den Fortgang der Handlung nicht von Bedeutung sind. Der einzige Song, der die Handlung weiterführt, ist »Molasses to Rum«. Neue Stilelemente für diese Gattung sind das Fehlen eines Chors und die Besetzung, die bis auf zwei unbedeutende weibliche Nebenrollen nur aus Männern mit fast gleichwertigen Parts besteht. Die dramatische Struktur wird von den historischen Ereignissen beherrscht. Durch die geschickte Anordnung und Handhabung dieser Fakten erreicht Stone eine Straffung im Aufbau und das Entstehen eines dramatischen Höhepunkts. Washingtons Kommuniqués, die traditionellen, durch Boten überbrachten Schreiben, unterstreichen die Haupthandlung und erreichen den Höhepunkt im fünften Brief, der das Geschehen außerhalb der Bühne mit dem auf der Bühne verbindet: Washington berichtet, daß er gerade die Familie des Abgeordneten Morris (der eben die Deklaration unterschreiben will) vor den englischen Feinden gerettet habe. Die Spannung resultiert aus den unterschiedlichen Ansichten der Abgeordneten zu Unabhängigkeit und Sklaverei und wird durch Gegenüberstellungen (Gegensatz zwischen Nord- und Südstaaten, große Debatte und Scheinprozeß im 5. Bild, Kontrast zwischen der lethargischen Atmosphäre im Kongreß und dem hektischen Vorwärtsdrängen der Armee Washingtons) unterstrichen. Die Tendenz zum Ironischen und Sarkastischen spiegelt sich in Hancocks Aufforderung an die Abgeordneten, die Deklaration zu unterschreiben: »Laßt euch die Gelegenheit zum Treubruch nicht entgehen!« – Die Musik enthält Anklänge an amerikanische Revolutions-, Volks- und Kinderlieder (»Old MacDonald Had a Farm« beispielsweise wird für »The Lees of Old Virginia« verwendet), ist aber keine bloße Zusammenstellung alter Melodien, sondern verbindet die alten Klänge mit modernen Rhythmen und Harmonien. Die traurige Ballade »Momma, Look Sharp«, ein Antikriegslied, stellt die Schrecken des Kriegs für den einzelnen Soldaten den theoretischen Erwägungen im Kongreß gegenüber. »Molasses to Rum« ist eine Reminiszenz an »Man for Sale« in Arlens *Bloomer Girl* (1944). Der Song mit seinem eindringlichen Afrorhythmus attackiert die Heuchelei der Nordstaaten, die die Sklaverei bekämpfen, aber die Sklavenschiffe liefern.
**Wirkung:** Obwohl sich Edwards, ein ehemaliger Geschichtslehrer, und Stone noch nicht als Broadway-Autoren etabliert hatten, erzielten sie mit dem Musical, das zum Renner der Saison 1968/69 wurde, außerordentlichen Erfolg und gewannen zahlreiche Preise (unter anderm Tony Awards, Joseph Maharam Foundation Awards, Drama Desk Award). *1776* wurde als erstes Musical vollständig im Weißen Haus in Gegenwart von Präsident Richard Nixon aufgeführt. 1972 entstand eine Verfilmung des Uraufführungsregisseurs Peter H. Hunt (mit William Daniels, Howard Da Silva, Paul Hecht, Clifford David und andern).

**Ausgaben:** Vocal selections: Schirmer, NY 1969; Textb.: NY, Viking Press 1970, 1976. **Aufführungsmaterial:** Music Theatre International, NY
**Literatur:** S. EDWARDS, P. STONE, Historical Note, in: [Textb., s. Ausg.]; A. FRANKEL, Writing the Broadway Musical, NY 1977

*Vicky Bähren*

# Mosche Efrati

Geboren am 24. Dezember 1934 in Jerusalem

## Tehillim Schel Jeruschalaim

**Psalmen aus Jerusalem**
Ballett

**Musik:** Noam Scheriff. **Libretto:** Mosche Efrati
**Uraufführung:** 1. Aug. 1982, Jerusalem-Theater, Jerusalem, Ensemble Kol Demama
**Darsteller:** 7 Tänzerinnen, 5 Tänzer
**Orchester:** Tonb
**Aufführung:** Dauer 22 Min.

**Entstehung:** Als Gründungsmitglied der 1963 etablierten israelischen Batsheva Dance Company war Efrati zunächst von der Ästhetik und der Technik der Patronin der Kompanie, Martha Graham, beeinflußt. 1974 gründete er sein erstes eigenes Ensemble, in dem er ebenso wie in seiner 1978 geformten Gruppe Kol Demama (Stimme – Stille) mit taubstummen Tänzern arbeitete. Efrati choreographierte *Tehillim Schel Jeruschalaim* für das Israel-Festival.

**Inhalt und Kommentar:** Dekorationslose Bühne, heller Hintergrundprospekt mit wechselnden Motiven. »Wallfahrt«, »Gottesdienst«, »Wenn ich deiner nicht gedenke, Jerusalem«, »Apotheose«: Angeregt durch das Nebeneinander dreier in Jerusalem praktizierter Religionen (der jüdischen, der christlichen und der mohammedanischen) sowie durch die alttestamentlichen Psalmen 137, 125, 122 und 85, baut Efrati seine Choreographie auf Bewegungsmotiven der verschiedenen religiösen Rituale auf. Da ist das Schreiten einer Prozession, aus dem als ekstatisches Element kleine gesprungene Soli für die Männer entstehen; die paarweise gespreizten Finger der Gläubigen und das sich wiederholende Schlagen auf die Brust der Juden; die beim christlichen Gottesdienst gebräuchliche Kniebeuge und der Kniefall der Moslems. Das mosaikhafte Nebeneinander wiederholt sich in der choreographischen Sprache Efratis und der Zusammenstellung der Musik. Auszüge aus christlichen Liturgien stehen neben gregorianischen Chorälen und samaritanischen Riten. Die Basis seiner Choreographie ist das klassische Ballett, in das er aber immer wieder freie Bewegungen oder Modern-Dance-Elemente einfließen läßt. Auch in der Führung dreier Tänzergruppen, die jeweils für eine Religion stehen, wiederholt sich das Motiv des Ineinanderflechtens. Die Kostüme (Gabi Barr) sind vielseitig deutbar: Über die beigen

*Tehillim Schel Jeruschalaim*; Uraufführung, Ensemble Kol Demama, Jerusalem 1982. – In ihrem gemeinsamen Streben nach Freiheit empfängt die Gruppe in den von oben gesandten Lichtstrahlen eine symbolische Antwort.

und weißen Ganztrikots werden weiße Überhänge gezogen, in denen man sowohl jüdische Gebetsmäntel wie Braut- oder Nonnenschleier sehen kann. Am Schluß des Balletts erscheint am Hintergrundprospekt das Wort »Jerusalem« in hebräischen, lateinischen und arabischen Buchstaben.
**Wirkung:** Nach der überaus erfolgreichen Uraufführung von *Tehillim Schel Jeruschalaim* wurde das Ballett in das Repertoire von Kol Demama aufgenommen und auf Tourneen unter anderm in den Vereinigten Staaten gezeigt.

**Ausgaben:** Video: Kol Demama u. Israel Dance Libr., Tel Aviv
**Literatur:** E. NADLER, A. YASS, D. BAR-ON, Kol Demama ve Mahol, Tel Aviv 1981; G. MANOR, The Very Articulate Demama, in: DN 1975, Bd. 61/3

*Giora Manor*

# Arne Eggen

Geboren am 28. August 1881 in Trondheim, gestorben am 26. Oktober 1955 in Bærum (bei Oslo)

## Olav Liljekrans
**Opera i tre akter**

## Olav Liljekrans
Oper in 3 Akten

**Text:** Arne Eggen, nach dem romantischen Drama *Olaf Liljekrans* (1856) von Henrik Johan Ibsen
**Uraufführung:** 11. Juni 1940, Nationaltheater, Oslo
**Personen:** Kirsten Liljekrans (A); Olav, ihr Sohn (T); Arne aus Guldvik (B); Ingeborg, seine Tochter (Mez); Hemming, sein Diener (T); Audhild, genannt das Schneehuhn aus Jostedalen (S). **Chor:** Hochzeitsgäste, Arnes Verwandte, Kirsten Liljekrans' Diener.
**Ballett**
**Orchester:** Picc, 2 Fl, 2 Ob, E.H, 2 Klar, 2 Fg, 4 Hr, 2 Trp, 3 Pos, Tb, Pkn, Schl (gr.Tr, kl.Tr, Bck, Tamburin, Glsp), Cel, Hrf, Streicher
**Aufführung:** Dauer ca. 1 Std. 30 Min.

**Entstehung:** Die Handlung der Oper gründet sich auf die durch Ibsen vorgenommene Verbindung zweier Legenden. Die eine entstammt der mittelalterlichen Volksweise *Olav Liljekrans*, die in den meisten Ländern Europas bekannt ist, die andere ist eine norwegische Erzählung über ein Mädchen, das nach der Pest als einzige Überlebende in einem abseits gelegenen Tal gefunden wurde. Eggen schrieb den Text und die Partitur seiner ersten Oper 1931–40.
**Handlung:** In einer norwegischen Berggegend, um 1370, einige Jahre nach dem Schwarzen Tod.
I. Akt, Sommertag: Zusammen mit ihren Dienern sucht Kirsten Liljekrans ihren Sohn Olav. Kurz vor seiner Hochzeit mit Ingeborg, die am selben Abend stattfinden soll, ist er verschwunden. Olav wirkt seit einigen Tagen wie verwandelt, und seine abergläubische Mutter fürchtet, er sei von einer Fee verhext worden. Als Kirsten Arne, seine Tochter Ingeborg und ihre Verwandten trifft, die auf dem Weg zur Hochzeitsfeier sind, muß sie eingestehen, daß Olav nirgends zu finden ist. Die Ehe zwischen Ingeborg und Olav sollte die jahrelange Feindschaft zwischen den beiden Familien beenden; nun aber lebt das alte Mißtrauen wieder auf. Die Suche wird mit vereinten Kräften fortgesetzt; nur Ingeborg und Hemming bleiben zurück. Sie erinnern sich, wie sie vor einiger Zeit im Gebirge ihre gegenseitige Zuneigung entdeckt haben. Ingeborg deutet an, daß sie Hemming und nicht Olav liebe. Dennoch fühlt sie sich zur beschlossenen Heirat verpflichtet. Nachdem Ingeborg Hemming verlassen hat, taucht Olav auf. Er scheint verwirrt und berichtet von einem merkwürdigen Erlebnis. In den Bergen habe er Audhild getroffen, die dort in der Einsamkeit lebe. Da Olav von Audhild vollständig bezaubert ist, hat er die Hochzeit mit Ingeborg und die Verpflichtungen seiner Familie gegenüber vergessen. Audhild, die niemals zuvor das Gebirge verlassen hatte, kommt, um sich Olav anzuschließen. Auch sie hat Olav liebgewonnen, und beide beschließen zu heiraten. Doch die Liebenden werden von Kirsten und den andern entdeckt. Olav spürt plötzlich wieder seine Pflichten der Familie gegenüber, obgleich Audhilds eigentümliche Ausstrahlung ihn weiterhin bezaubert. Um Olav zu beruhigen, wird auch Audhild zur Hochzeit geladen, von der sie glaubt, daß es ihre eigene sei.
II. Akt, am selben Tag, Nachmittag und Abend: Auf dem Hofplatz wird getanzt, bis ein Gewitter aufzieht. Olavs Gedanken kreisen um Audhild, doch verspricht er seiner Mutter, Ingeborg zu heiraten und Audhild die Wahrheit zu sagen. Audhild kommt aus der Kirche. Sie ist so von Glück erfüllt, daß Olav nicht fähig ist, ihr zu erklären, weshalb er sein Heiratsversprechen halten muß. Die Hochzeitsgäste kommen, und Kirsten befiehlt Olav, die Braut bei der Hand zu nehmen und sie in den Brautsaal zu führen. Zur Vermählung erscheint auch Audhild und stellt sich Olav an die Seite. Kirsten droht, Audhild die Wahrheit zu sagen. Obgleich Olav zögert, erklärt er Audhild zuletzt doch selbst, daß Ingeborg seine Braut ist; Audhild fällt in Ohnmacht. Arne, Ingeborg und die Gäste erschrecken über Olavs Geisteszustand, und entsetzt bittet Ingeborg Hemming, ein Pferd bereitzustellen, da sie mit ihm fliehen will. Die Trauung soll in der Kirche stattfinden, und um diese zu verhindern, wirft Audhild eine brennende Fackel durch das Fenster. Die Gäste versuchen verzweifelt, das Feuer zu löschen.
III. Akt, Gebirge, vor Tagesanbruch, später Morgen: Audhild hat ihre Habe in ein Bündel gesammelt und macht sich auf, um in die Einsamkeit zurückzukehren. Olav erscheint und bittet Audhild um Verzeihung für seinen Verrat. Doch Audhild läuft davon. In der Ferne hört man die Hochzeitsgäste, die Audhild suchen, um ihre Brandstiftung zu rächen, bei der Kirstens Hof verbrannt ist. Während der Begegnung mit Olav hat Audhild ihr Bündel verloren; sie kommt zurück, um es

zu suchen. Ihre Verfolger ergreifen sie, um sie als Hexe und Brandstifterin den Berg hinabzustürzen. Da tritt Olav dazwischen und erklärt, er wolle Audhild heiraten. Nach den alten Gesetzen wäre sie dann frei. Sein mutiges Eingreifen führt zur Versöhnung zwischen ihm und Audhild. Kirsten muß erkennen, daß sie keine Macht mehr über ihren Sohn hat. Arne verspricht, daß derjenige, der Ingeborg findet, die Hälfte seines Vermögens erhalten soll. In der Nähe versteckt, hört Ingeborg das Versprechen ihres Vaters und gibt sich zu erkennen. Sie erklärt, daß Hemming sie gerettet habe. Arne muß sein Versprechen einlösen, und die beiden Familien werden versöhnt.

**Kommentar:** *Olav Liljekrans* ist Ausdruck einer auflebenden nationalen Bewegung, die große Teile des norwegischen Musiklebens zwischen den Weltkriegen beherrschte. Diese Bewegung erlebte ihren Höhepunkt um 1930, zur Zeit des 900. Todestags König Olafs II., des Heiligen. – In Eggens Partitur nehmen Züge einer lyrischen Nationalromantik und norwegisch-folkloristische Elemente einen breiten Raum ein, ohne in jedem Fall dramaturgische Schlüssigkeit zu erreichen. Auf eine Vertiefung der inhaltlich-dramatischen Spannungen und eine Hervorhebung der Konflikte der Protagonisten hat Eggen sowohl im Libretto als auch in der Musik weitgehend verzichtet. Seine musikalische Sprache orientiert sich neben der Einbeziehung zurückhaltend moderner Stilmittel gerade auch an der spezifischen Nationalromantik Edvard Griegs, was zu einer insgesamt nicht immer schlüssigen Mischung heterogener Mittel führte.

**Wirkung:** Bei der Uraufführung erzielte *Olav Liljekrans* einen relativ großen Erfolg, wobei die Kritik allerdings Einwände gegen den Text und die musikalische Stilmischung vorbrachte. 1958 wurde die Oper im Norwegischen Rundfunk gesendet, und 1960 erlebte das Werk eine Inszenierung in Oslo. Die Kritik war diesmal einhellig der Meinung, daß *Olav Liljekrans* wegen seiner wenig schlüssigen Partitur kaum eine Zukunft haben werde.

**Autograph:** Norsk Musikksamling Oslo. **Aufführungsmaterial:** Norsk Musikkinformasjon, Oslo

Øyvind Norheim

## Cymbelin
### Opera i fire akter (sju avdelinger)

### Cymbelin
Oper in 4 Akten (7 Abteilungen)

**Text:** Arne Eggen, nach dem Romanzendrama *The Tragedy of Cymbeline* (1623) von William Shakespeare in der Übersetzung von Henrik Grytnes Rytter
**Uraufführung:** 7. Dez. 1951, Nationaltheater, Oslo
**Personen:** Cymbelin, König von Britannien (B); Imogen, seine Tochter (S); Leonatus, ein Edelmann, mit Imogen verheiratet (T); Pisario, Diener bei Leonatus (T); Helena, Kammerdienerin bei Imogen (Mez); Gajus Lucius, ein römischer Feldherr (B); Filario, ein Freund von Leonatus (Bar); Jachimo, Filarios Freund (Bar); ein französischer Edelmann (T); Belarius, ein friedloser Edelmann (T); Guiderius (Bar) und Arvigarius (T), Cymbelins Söhne, die unter den Namen Polydor und Cadwel als Söhne von Belarius versteckt sind. **Chor, Ballett:** Männer, Frauen, Kriegsleute, Elfen
**Orchester:** Picc, 2 Fl, 2 Ob, E.H, 2 Klar, 2 Fg, 4 Hr, 2 Trp, 3 Pos, Pkn, Schl (gr.Tr, kl.Tr, Bck, Trg), Hrf, Streicher
**Aufführung:** Dauer ca. 2 Std. 30 Min.

**Entstehung:** *Cymbelin*, Eggens zweite Oper nach *Olav Liljekrans* (1940), entstand 1943–48. In Eggens relativ schmalem Werkkatalog, der unter anderm noch das Märchenmelodram *Liti Kersti* (komponiert 1915) enthält, ist *Cymbelin* eins der spätesten Werke.
**Handlung:** In Britannien und Rom, zur Zeit des Kaisers Augustus.
I. Akt, Schloß des Königs in Britannien: Leonatus nimmt traurig von seiner jungen Frau Imogen Abschied. Er ist von ihrem Vater, König Cymbelin, des Lands verwiesen worden und soll jetzt nach Rom zu seinem und des Königs Freund Filario fahren. Nach seiner Abreise wirft Cymbelin Imogen vor, daß sie keinen Ehemann königlichen Gebluts, sondern nur den armen Leonatus gewählt habe. Da ihre beiden Brüder vor vielen Jahren entführt wurden, ist sie jetzt die Thronerbin. Boten des römischen Kaisers, geleitet von Gajus Lucius, melden ihre Ankunft. Cymbelin schlägt die von ihnen genannten Steuerforderungen des Kaisers ab; ein Krieg scheint unvermeidlich.
II. Akt, 1. Bild, Rom: Filario, begleitet von Jachimo und einem französischen Edelmann, erwartet Leonatus. Jachimo und der Franzose machen sich über Leonatus und seinen grenzenlosen Glauben an Imogens Treue lustig. Als Leonatus erscheint, entspinnt sich ein Disput über die Treue der Frauen. Jachimo behauptet, alle Frauen verführen zu können. Leonatus dagegen beschreibt Imogens Treue, woraufhin es zu einer Wette kommt: Jachimo soll versuchen, Imogen zu verführen; als Einsatz bietet Leonatus den Diamantring, den er von seiner Frau zum Abschied bekommen hat. 2. Bild, Schlafzimmer in Cymbelins Schloß: Jachimos Verführungsversuch ist erfolglos geblieben. Dennoch sucht er nach einem Ausweg, um einen Beweis für Imogens vermeintliche Untreue zu erhalten. Er versteckt sich in einer Truhe, die Imogen für ihn aufbewahren sollte. Als sie eingeschlafen ist, stiehlt er ihr ihren Ring, Leonatus' Abschiedsgabe. 3. Bild, Filarios Haus in Rom: Der Ring und die Beschreibungen, die Jachimo von Imogen zu geben vermag, überzeugen Leonatus. Er fühlt sich von Imogen verraten und betrogen und denkt an Rache. Imogens Ring muß er Jachimo übergeben.
III. Akt, 1. Bild, Gebirgsgegend in Wales: Pisanio hat von seinem Herrn Leonatus den schriftlichen Befehl erhalten, Imogen zu töten. Er folgt den Instruktionen des Briefs und überredet Imogen zu einer Reise nach Milford, wo er den grausamen Befehl ausführen soll. Imogen hingegen glaubt, daß sie in Milford Leonatus treffen werde. Pisanio hat sich inzwischen dazu ent-

schlossen, Leonatus' Befehl nicht zu folgen. Er zeigt Imogen den Brief und gibt ihr Knabenkleider, so daß sie den Hafen und das Schiff des Gajus Lucius erreichen kann, um zu Leonatus fahren zu können. 2. Bild, Wald mit einer Höhle in Wales: Guiderius und Arvigarius, Cymbelins Söhne, leben unter den Namen Polydor und Cadwel wie Wilde in einem abseits gelegenen Wald. Belarius hat die Prinzen entführt, um die ungerechte Behandlung, die er durch Cymbelin erfahren hat, zu rächen. Während Belarius und die Prinzen auf der Jagd sind, kommt Imogen auf ihrer Suche nach dem Weg nach Milford an der Höhle vorbei. Sie hat sich verirrt und betritt erschöpft die Höhle. Den drei Männern gegenüber nennt sie sich Fidele. Die Brüder sind von ihrem anmutigen Wesen derart entzückt, daß sie wünschen, die Unbekannte wäre ihre Schwester. Auch bemerken sie, daß Fidele bedrückt ist, dringen jedoch nicht weiter in sie. Während die drei das Essen bereiten, nimmt Imogen eine Medizin, die ihr Pisario gegeben hat, um ihre Leiden zu lindern. Sie sinkt in einen tiefen Schlaf. Ihre Brüder meinen jedoch, sie sei tot, und betten sie auf ein Lager. Gajus Lucius zieht mit seinen Soldaten auf dem Weg zur Schlacht gegen die Briten an der Höhle vorbei. Unerwartet erwacht Imogen und fragt die verwunderten Soldaten nach dem Weg nach Milford. Gajus Lucius bietet ihr seinen Dienst an, und Imogen folgt den Soldaten. Auch Belarius und die Prinzen ziehen mit.

IV. Akt, Ebene zwischen den Lagern der Römer und der Briten: Die Schlacht, zu der auch Leonatus mit dem römischen Heer nach Britannien gekommen ist, hat begonnen. Wieder in der Heimat, plagen Leonatus die Gedanken an seine noch immer geliebte Imogen. Im festen Glauben, Pisario habe sie umgebracht, stürzt er sich in die Schlacht, um zusammen mit seinen Landsleuten zu sterben. Die Briten jedoch siegen, und Leonatus vertauscht seine Kleidung mit der des römischen Heers, um wenigstens als Gefangener den Tod zu finden. Der ebenfalls gefangene Gajus Lucius bittet derweil um Gnade für die sich noch immer als Fidele ausgebende Imogen. Jachimo, der sich auch unter den Gefangenen befindet, wird von Imogen wiedererkannt. Er trägt ihren Diamantring, und sie fragt, von wem er ihn bekommen habe. Jachimo gesteht, daß er Leonatus belogen hat. Leonatus selbst gibt sich den Briten zu erkennen, bekennt, Imogen getötet zu haben, und fleht darum, daß man ihn töte. Da tritt Imogen hervor; die Liebenden versöhnen sich. Nun enthüllt auch Belarius, daß Polydor und Cadwel Cymbelins Söhne sind und er der verräterische Entführer. Überwältigt von dem Glück, seine Söhne in die Arme schließen zu können, ist Cymbelin bereit, Belarius zu verzeihen und Leonatus als Schwiegersohn anzuerkennen. Die römischen Gefangenen werden begnadigt.

**Kommentar:** Im Gegensatz zu *Olav Liljekrans*, der aufgrund seines Sujets stark folkloristische Züge trug, hat sich Eggen in *Cymbelin* entschieden von einer typischen Nationalromantik abgewandt. Gerade deshalb gelang es ihm hier, die dramaturgischen Schwächen seiner ersten Oper, in erster Linie bewirkt durch

die Mischung volkstümlicher und moderner Stilmittel, zu vermeiden und eine einheitlichere und insgesamt schlüssigere Partitur zu entwerfen. Grundlage der Musik ist, wie in allen Werken Eggens, eine ungebrochene Tonalität, gekennzeichnet durch eine zum Teil zwar freie, niemals jedoch auch nur in Ansätzen atonale Linienführung. Im III. Akt finden sich Szenen, deren Anlage die ansonsten klare dramaturgische Konzeption des Werks durchbricht. Eine Wiederbelebung von *Cymbelin*, die zweifellos erstrebenswert wäre, könnte von einer vorsichtigen Straffung des Werks profitieren.

**Wirkung:** Die Uraufführung von *Cymbelin* (Cymbelin: John Neergaard, Imogen: Aase Nordmo Løvberg, Leonatus: Bjarne Buntz, Jachimo: Øystein Frantzen; Regie: Knut Hergel, Dirigent: Arvid Fladmoe) wurde vom Osloer Publikum mit großer Begeisterung aufgenommen, und selbst die Kritik bezeichnete das Werk trotz seines extrem konservativen Stils und mancher dramaturgischer Schwächen als geglückt. Insbesondere die Inszenierung, die großes Gewicht auf die schauspielerische Entfaltung der Sänger legte, fand Beachtung. Eine Neuinszenierung hat *Cymbelin* gleichwohl bis heute nicht erlebt.

**Autograph:** Norsk Musikksamling Oslo. **Aufführungsmaterial:** Norsk Musikkinformasjon, Oslo

*Øyvind Norheim*

# Werner Egk

**Eigentlich Werner Mayer; geboren am 17. Mai 1901 in Auchsesheim (heute zu Donauwörth), gestorben am 10. Juli 1983 in Inning (Ammersee, Oberbayern)**

## Columbus
**Bericht und Bildnis**
3 Teile

**Text:** Werner Egk
**Uraufführung:** 1. Fassung: 13. Juli 1933, Bayerischer Rundfunk, München; szenisch: 13. Jan. 1942, Städtische Bühnen, Frankfurt am Main (hier behandelt); 2. Fassung: 17. Mai 1951, Städtische Oper, Berlin
**Personen:** Columbus (Bar); Ferdinand (T); Isabella (S); 3 Räte (Bar, 2 B); ein Mönch (B); ein Herold (Bar); ein Vorsänger (T); 2 Sprecher (2 Spr.); ein Herold (Spr.); 4 Soldaten (4 Spr.); 3 Auswanderer, vorher Soldaten (3 Spr.). **Chor:** Volk, Räte, Geistliche, Soldaten, Schiffsvolk, Auswanderer, Indios, ein betrachtender Chor. **Ballett**
**Orchester:** 3 Fl (3. auch Picc), 3 Ob (3. auch E.H), 2 Klar (2. auch hohe Klar), B.Klar (auch Klar), 2 Fg, K.Fg, 4 Hr, 3 Trp, 3 Pos, B.Tb, Pkn, Schl (kl.Tr [möglichst mehrere], gr.Tr, RührTr, 2 Glsp, 2 Meßklingeln, Röhrenglocken, Plattenglocke, 2 hohe

Gongs, Bck, Tamtam, B.Xyl), Cel, Hrf, Streicher; BühnenM: 4 Trp, kl.Tr, RührTr ad lib.
**Aufführung:** Dauer ca. 1 Std. 45 Min. – Keine Schauplatzangaben.

**Entstehung:** Egk schrieb das Werk 1932 als Funkoper für den Bayerischen Rundfunk. Nach einem augenscheinlich nicht zu Ende geführten Versuch, es zum Oratorium umzugestalten, stellte er 1941/42 eine Bühnenfassung her.
**Handlung:** In Spanien und Südamerika, 1493–1506.
I. Teil: Ferdinand, König von Aragonien, glaubt fest an die Richtigkeit des ptolemäischen Weltbilds und weist Columbus, dessen Ideen er für Hirngespinste hält, daher ab. Die Meinungen über Columbus sind geteilt: Den einen erscheint er als heimatloser Abenteurer von niedriger Geburt, der nichts als Matrosengeschwätz verbreitet, den andern als erleuchteter Geist, von der Weisheit der Propheten erfüllt. Königin Isabella sieht Columbus als Abgesandten der Heiligen Dreifaltigkeit und ist von der Richtigkeit seiner Vorstellungen überzeugt. Sie setzt durch, daß ein Konzil einberufen wird, das Columbus' Vorschläge wissenschaftlich prüfen soll. Das Konzil findet statt, aber die Räte lehnen Columbus' Vorstellungen als nicht vereinbar mit den bestehenden Lehren ab. Sie raten dem König, sich nicht auf eine Unternehmung mit Columbus einzulassen. Unterdessen besiegt Ferdinand die Mauren. Im Siegesjubel ist er bereit, Columbus für seine Fahrt auszurüsten. Die Anwerbung von Seeleuten für die Reise ins Ungewisse gelingt jedoch nicht; niemand will sich freiwillig auf das Abenteuer einlassen. Erst als Ferdinand den Insassen seiner Gefängnisse, die bereit sind, mit Columbus zu ziehen, Freiheit und Begnadigung verspricht, finden sich genügend Seeleute. Columbus begibt sich auf die Fahrt.
II. Teil: Nach 40 Tagen und 40 Nächten kommt Land in Sicht. Es wird von Columbus im Namen Ferdinands und Papst Alexanders VI. unter Kriegsdrohung annektiert. Die Einwohner, die die Ankömmlinge für Götter halten, leisten keinen Widerstand. Columbus, geblendet vom Gold der Indios, das er für das allervortrefflichste Ding auf der Welt hält, will die Quellen des Golds ausfindig machen und ausbeuten.
III. Teil: In Spanien herrscht großer Jubel über Columbus' Entdeckung, der wie ein zweiter Alexander empfangen wird. Sechs Jahre später: Der allgemeine Goldrausch hat aus dem Paradies, als welches das neue Land anfangs erschien, eine Hölle werden lassen, wo Verbrechen und Mißwirtschaft herrschen. Columbus

*Columbus,* II. Teil; Bühnenbild: Helmut Jürgens; Uraufführung, Städtische Bühnen, Frankfurt a. M. 1942. – Columbus wird von den ihn erwartenden Menschenmassen zu einer Erlöserfigur hochstilisiert; die Projektion seines riesigen Schattens auf das helle Segel kündet das Unheil an.

wird als Verwalter des Lands abgesetzt, verleumdet von enttäuschten Auswanderern. Abermals sechs Jahre später: Columbus, aller Titel und Ansprüche enthoben, kämpft um Rehabilitierung, die jedoch nicht gelingt. Er stirbt als jemand, der erkennen muß, daß seine Entdeckung nicht das Glück über die Menschen gebracht hat, das er ihnen bringen wollte.

**Kommentar:** Das Werk, Egks letzte und zugleich anspruchsvollste Arbeit für den Rundfunk, verdankt seine Form dem Medium, für das es geschrieben wurde. Egk hat diese Form in den Bearbeitungen für die Bühne nur unwesentlich verändert, so daß das Stück jene Mischung aus Schauspiel, Oper und Oratorium geblieben ist, als die es häufig kritisiert wurde. Die Szenen der beiden Sprecher, die das Geschehen jeweils von konträren Standpunkten aus kommentieren, sind in der Bühnenfassung ebenso reine Sprechszenen geblieben wie die Szenen der Anwerbung der Seeleute (I. Teil), der Annexion des neuen Lands (II. Teil) und der Verschwörung der Auswanderer gegen Columbus (III. Teil). Auch programmusikalische Instrumentalstücke wie das Orchesterzwischenspiel im II. Teil, das laut Textbuch von 1933 »das allmähliche Auftauchen des neuen Landes deutlich« macht, sind in der Bühnenfassung beibehalten. Die charakteristische Eigenheit der kommentierenden Chöre, deren Texte unübersehbar nach Modellen aus antiken Tragödien gestaltet sind, dürfte gleichfalls vom Zweck, der Funkoper, abgeleitet sein. Egk schrieb das Werk vor dem Hintergrund von Milhauds *Christophe Colombe* (Text: Paul Claudel; Berlin 1930), dessen Tendenzen zum Kolossalgemälde, zu poetischer Dunkelheit und vor allem zum Mystizismus er seinen »Begriff der dokumentierten Authentizität« (Egk, *Die Zeit wartet nicht*, S. 178, s. Lit.) entgegenstellte. Gemeint ist die Stützung auf historisches Material, zum Beispiel die getreue Übernahme des Texts der Annexionsurkunde vom 12. Okt. 1492, von Passagen aus den Bordbüchern von Christoph Kolumbus sowie aus »altspanischer dramatischer Literatur«, wie es in den Ausgaben des Werks heißt. Dem späteren Untertitel gemäß (die Funkfassung ist ohne Untertitel) geht es nicht um eine dramatische Darstellung, sondern um einen Bericht, eine historische Reportage des Falls Kolumbus gleichsam, in der das Mythische der Gestalt des Entdeckers kaum von Bedeutung ist. Kolumbus erscheint dementsprechend nicht als Held, als Individuum, dessen Schicksal aufgrund seiner Besonderheit Interesse beanspruchen könnte, sondern als Anschauungsmodell für die Erkenntnis, daß Fortschritt, statt (wie angenommen) dem Menschen das Paradies zu erschließen, in sein Gegenteil umschlägt. Egk ist hier wie in fast allen seinen Bühnenwerken ein skeptischer Moralist. Der Tendenz zur Sachlichkeit entspricht eine Musik, die das Typische an die Stelle des Individuellen setzt und um der deutlichen Verständlichkeit des Texts willen von lapidarer Einfachheit ist. Markantestes Merkmal ist die durchgehende Unisonoführung der Chöre. Die Melodik ist formelhaft, rezitierend, und bewegt sich häufig im engen Terz- und Quartraum. Auf diese Weise erscheinen die Übernahmen von präexistenter Musik – »die musikalische Adaption der letzten zugänglichen Reste der präcolumbianischen Musik« (ebd., S. 198), die Verwendung von originaler spanischer Musik (I/5 Choral; III/2 Volkslied) sowie die Zitate aus der katholischen Liturgie (Tedeum, Gloria) – nicht als Fremdkörper, sondern als gleichsam natürliche Bestandteile der Komposition. Zweck dieses Rückgriffs auf vorgegebene Musik ist selbstverständlich die Vermittlung des Eindrucks der Authentizität, des dokumentarisch Belegten. Da das Stück von regelmäßig wiederkehrenden Sprechszenen durchsetzt ist, wirkt es wie eine Nummernoper. Die Nummern sind jedoch betont kurz gehalten und erscheinen, da das Prinzip der musikalischen Entwicklung nahezu völlig fehlt, als statische Blöcke, geprägt durch Ostinati, liegende und pendelnde Klänge sowie zahlreiche andere Merkmale, die Zuständlichkeit bewirken. In der 2. Fassung sind Musik und Handlung ähnlich wie in Strawinskys *Renard* (1916) voneinander getrennt: Die Aktionen werden von Tänzern ausgeführt, während die Sänger in neutraler Kleidung rechts und links auf dem Proszenium sitzen.

**Wirkung:** Die szenische Uraufführung der 1. Fassung dirigierte Franz Konwitschny; die Regie besorgte Hans Meissner, die Bühnenbilder stammten von Helmut Jürgens. Es sangen Hellmuth Schweebs (Columbus) und Clara Ebers (Isabella). Egk selbst leitete die Uraufführung der 2. Fassung. Die Hauptpartien wurden von Hanns-Heinz Nissen (Columbus), Helmut Krebs (Ferdinand) und Maria Reith (Isabella) gesungen und von Jockel Stahl, Carl Jaeger und Sigrid Janke dargestellt. Die Choreographie oblag Janine Charrat. 1961 brachte die Staatsoper München das Werk im Prinzregententheater heraus; auch hier dirigierte Egk (Inszenierung: Hans Hartleb, Choreographie: Heinz Rosen). Die Hauptpartien sangen Kieth Engen, Richard Holm und Liselotte Fölser.

**Autograph:** Bayer. SB München. **Ausgaben:** Kl.A: Schott [1942], Nr. ED 2870; Textb., 1. Fassung (Funkoper): München, Franz 1933; München, Vlg. d. Bayerischen Radio-Zeitung 1936; Schott 1942. **Aufführungsmaterial:** Schott
**Literatur:** W. EGK, Musik – Wort – Bild. Texte u. Anmerkungen. Betrachtungen u. Gedanken, München 1960; DERS., Opern, Ballette, Konzertwerke, Mainz 1966; Werner Egk. Das Bühnenwerk, Ausstellungs-Kat., bearb. v. B. Kohl, E. Nölle, München 1971; E. KRAUSE, W. E. Oper u. Ballett, Wilhelmshaven 1971; W. EGK, Die Zeit wartet nicht, Percha 1973

*Egon Voss*

## Die Zaubergeige
### Spieloper in drei Akten

**Text:** Werner Egk und Ludwig Andersen (eigtl. Ludwig Strecker), nach dem Märchendrama (1868) von Franz Graf von Pocci
**Uraufführung:** 1. Fassung: 22. Mai 1935, Opernhaus, Frankfurt am Main; 2. Fassung: 2. Mai 1954, Württembergische Staatstheater, Großes Haus, Stuttgart (hier behandelt)

**Personen:** Kaspar (Bar); Gretl (S); der Bauer (B); Ninabella (S); Amandus (T); Guldensack (B); Cuperus (tiefer B); Fangauf (T); Schnapper (B); der Bürgermeister (T); der Richter (T); 2 Lakaien (T, B); ein Offizier (T). **Chor:** Elementargeister, Dienerschaft Ninabellas, Gäste, Gerichtspersonen, Stadtwache, Volk. **Statisterie:** 4 Trommler. **Ballett:** Tänzer
**Orchester:** 2 Fl (auch Picc), 2 Ob (2. auch E.H), 2 Klar, 2 Fg (2. auch K.Fg), 4 Hr, 3 Trp, 3 Pos, Tb, 3 Pkn, Schl (kl.Tr, gr.Tr, RührTr, 2 hängende Bck, Bck, Tamtam, Trg, Glsp, Röhrenglocken in d′, f′, ges′, g′, a′ u. b′, Xyl, Vibr), Cel, Streicher; BühnenM: 2 Klar, 2 Fg, 2 Hr, 4 RührTr oder kl.Tr, kl. Glocke, 2 Vl, Kb
**Aufführung:** Dauer ca. 2 Std. 15 Min. – Die 2. Fassung verändert die Dramaturgie des Stücks nicht. Die Bühnenmusik ist zum Teil (2 Vl, 2 Klar, 2 Fg, 2 Hr, Kb) aus dem Orchester zu besetzen. Doppelchor hinter der Szene.

**Handlung:** I. Akt, 1. Bild: Bauernstube; 2. Bild: Wald, Kreuzweg mit Wegweiser; II. Akt, 1. Bild: Speisesaal im Schloß Ninabellas; 2. Bild: Marktplatz einer Kleinstadt, vornehmer Gasthof mit Terrasse; III. Akt, 1. Bild: parkartiger Garten vor dem Schloß Ninabellas; 2. Bild: hügeliges Gelände vor der Stadt.

Kaspar hält es als Knecht des Bauern nicht mehr aus und will hinaus in die Welt. Gretl, Kaspars Freundin und Braut, bleibt zurück, um Kaspars Schulden beim Bauern abzuarbeiten. Auf dem Weg in die Welt schenkt Kaspar seine letzten drei Kreuzer einem Bettler, der sich daraufhin augenblicks in Cuperus, den Beherrscher der Elementargeister, verwandelt und Kaspar einen Wunsch freistellt. Kaspar wünscht sich eine Zaubergeige, die nicht nur, wie im Märchen vom Juden in Dorn, jeden zum Tanzen zwingt, sondern durch die Unwiderstehlichkeit ihrer Zaubertöne auch und vor allem zu stetem Reichtum und großem Ansehen in der Welt verhilft. Cuperus knüpft jedoch zwei Bedingungen an den Zauber: Kaspar muß versprechen, der Liebe zu entsagen und diese Bedingung gegen jedermann zu verschweigen. An dem reichen Guldensack demonstriert Kaspar zum erstenmal die Wirkung der Geige. Guldensack tanzt, bis er ohnmächtig umsinkt. Diese Situation nutzen die Gauner Fangauf und Schnapper, um Guldensack auszurauben, der, als er wieder zu sich kommt, jedoch meint, Kaspar habe ihn beraubt. Als Wundergeiger Spagatini macht Kaspar nun schnell Karriere. Von den Männern geehrt, von den Frauen bewundert, lebt er in Saus und Braus. Seiner Gretl gegenüber, die er als Dienerin einer adligen Dame wiedertrifft, hält er sein Gelübde,

*Die Zaubergeige*, II. Akt, 2. Bild; Herbert Hesse als Kaspar, Maria Madlen Madsen als Gretel, Emmy Hainmüller als Ninabella; Regie: Oskar Wälterlin, Bühnenbild: Caspar Neher; Uraufführung, Opernhaus, Frankfurt a. M. 1935. – Die Zusammenarbeit von Wälterlin und Neher in Frankfurt währte von 1934 bis 1938. Der Kompromiß zwischen stilisierender Bildkomposition und naturalistischem Detail erscheint eher als Tribut an den Zeitgeschmack denn als konzeptionelle Synthese.

der Dame selbst aber, der schönen Ninabella, vermag er nicht zu widerstehen. Als er ihren Reizen erliegt, erlischt der Zauber. Kaspars Fall ist tief; denn im gleichen Augenblick wird er, da Ninabellas Marschalk Guldensack ihn wiedererkennt, als Räuber verhaftet und soll an den Galgen. Bevor jedoch das Urteil vollstreckt wird, steckt Cuperus Kaspar heimlich die Geige zu, die Kaspar sogleich anstimmt. Durch ihren Zauber kommt die Wahrheit an den Tag. Fangauf und Schnapper bezeugen Kaspars Unschuld. Kaspar wird freigesprochen. Cuperus will ihm die Geige noch einmal überlassen, doch Kaspar gibt sie ihm zurück, weil ihm Gretls Liebe und Treue mehr bedeuten als alles, was ihm die Zaubergeige zu geben vermöchte.

**Kommentar:** *Die Zaubergeige,* Egks zweite Oper nach *Columbus* (1932), geht auf Poccis »Märchendrama in vier Aufzügen«, eine bayrische Kasperlkomödie für Marionetten, zurück. Wurden die spezifischen Eigenheiten des Kasperltheaters bei der Übertragung auf die Opernbühne naturgemäß zurückgedrängt oder ganz ausgeschieden, so blieb das von Egk weitgehend selbst verfaßte Libretto doch betont im Bereich des naiven Märchen- und Zaubertheaters. Als Schlüsselstelle bezeichnete er die Szene, in der Kaspar seine letzten Kreuzer einem Bettler schenkt. Die Sentenz der Elementargeister darauf (»Wer alles von sich wirft, dem helfen wir«) wurde in der 2. Fassung allerdings gestrichen. Kaspars gutmütiger Freigebigkeit entspricht die Opferbereitschaft Gretls, eine für die Frauen in Egks Opern generell charakteristische Eigenschaft (zum Beispiel Solveig in *Peer Gynt*, 1938, Cathleen in der *Irischen Legende*, 1955). Im übrigen ist das Stück eine Parabel über die Schlußsentenz: »Der Reichtum, die Ehren, die können vergehn, die Lieb' und die Treue muß ewig bestehn.« Die durchgehende Volkstümlichkeit der Sprache wird durch Zitate aus Gedichten Friedrich Gottlieb Klopstocks (Ninabella, II/1) und Christian Hofmanns von Hofmannswaldau (Gretl, II/2) kontrapunktiert. Dabei steht das eine für die Künstlichkeit der Liebe in der Welt von Hof und Adel, das andere für die Natürlichkeit der Liebe des einfachen Menschen. Dem entsprechen die musikalischen Sphären des Werks. Gretl und Kaspar sind Lied und Tanz zugeordnet, während Ninabella durch artifiziellere Musik charakterisiert wird. Einen dritten Bereich bilden bänkelsängerischer Jahrmarktston und Leierkastenmusik für die Gauner und den als Bettler verkleideten Cuperus. Das Werk, zur Gattung der Spieloper gehörend, ist äußerlich durchkomponiert, im Innern jedoch eine Nummernoper, die sich formal wie inhaltlich durchgehend herkömmlichvertrauter Mittel bedient. Wesentlichstes Merkmal ist die oft drastisch-unvermittelte Verwendung volkstümlicher Musik, insbesondere bayrischer Volksmusik (Bauernländler, Zwiefacher, Hupfauf, Marsch, Walzer usw.). Dem daraus resultierenden Ton derbbajuwarischer Ausgelassenheit steht, wenngleich nicht durchgehend, eine Tendenz zur ironischen Brechung durch parodierende Übertreibung gegenüber. Im Unterschied zum Neoklassizismus etwa Igor Strawinskys, auf dessen *Pulcinella* (1920) angespielt wird, ist die Distanz zur verwendeten präexistenten Musik meist nicht auskomponiert. Dennoch erweisen sich die ungetrübt diatonische Melodik, 1935 bezeichnenderweise als »gesund« apostrophiert, und die ähnlich unangetastete Dur-Moll-Harmonik (exemplarisch in der C-Dur-Schlußsentenz) durchaus nicht als bloß anachronistisch, trivial oder ausdrucksentleert, vielmehr wirken sie durch die unbekümmerte, bisweilen geradezu salopp-freche Ignoranz zeitgenössischer Standards des Komponierens polemisch-provokativ und erhalten auf diese Weise gleichsam eine neue Qualität. Von ähnlichem Effekt sind einzelne zündend-einprägsame Melodien von schlagerartiger Einfachheit, denen allerdings durch rhythmische und instrumentatorische Raffinesse ein Moment von Verfremdung beigegeben ist. Egk selbst wollte die »naiv erscheinende Einfachheit« als »Ausdruck einer unverrückbaren Ordnung« (in: *Die Zeit wartet nicht*, S. 255, s. Lit.) verstanden wissen. Die 2. Fassung, angefertigt, nachdem das Werk über mehr als 50 Bühnen gegangen war, ist gegenüber der ersten lediglich eine bühnenpraktische Verbesserung.

**Wirkung:** Die Uraufführung dirigierte Bertil Wetzelsberger (Gretl: Maria Madlen Madsen, Ninabella: Emmy Hainmüller, Kaspar: Herbert Hesse; Inszenierung: Oskar Wälterlin, Bühnenbild: Caspar Neher). Noch 1935 wurde *Die Zaubergeige* in Bremen und Augsburg gespielt, 1936 in Hamburg (Dirigent: Hans Schmidt-Isserstedt, Inszenierung: Oscar Fritz Schuh, Bühnenbild: Gerd Richter) und als Gastspiel im Rahmen der Olympischen Spiele auch in Berlin (Staatsoper), 1937 in München (Nationaltheater, Dirigent: Egk). Die 2. Fassung wurde im Jahr der Uraufführung 1954 in Kiel und München (Prinzregententheater, Dirigent: Egk) gespielt, danach in Düsseldorf 1955, Berlin (Städtische Oper) 1956 (Gretl: Lisa Otto, Ninabella: Elfriede Trötschel, Kaspar: Ernst Krukowski) und Mannheim 1957. 1966 gab es eine Inszenierung (Rudolf Hartmann) in München (Nationaltheater, Dirigent: Egk). Bis heute wird das Werk auch von vielen kleineren Opernhäusern immer wieder herausgebracht (Augsburg und Kaiserslautern 1981, Coburg 1982, Bremerhaven 1984 und andere).

**Autograph:** Bayer. SB München (beide Fassungen). **Ausgaben:** Part: Schott, Nr. 34212; Kl.A, 1. Fassung: Schott 1935, Nr. 34214; Kl.A, 2. Fassung: Schott 1954, Nr. ED 3979; Textb.: Schott 1935. **Aufführungsmaterial:** Schott
**Literatur:** s. S. 117

*Egon Voss*

# Peer Gynt
### Oper in drei Akten

**Text:** Werner Egk, nach dem dramatischen Gedicht (1867) von Henrik Johan Ibsen
**Uraufführung:** 24. Nov. 1938, Staatsoper, Berlin
**Personen:** Peer Gynt (Bar); Solveig (S); Aase (A); Ingrid (S); Mads (T); der Alte, auch der Wirt (T); die Rothaarige, auch eine Tänzerin (S); 3 Kaufleute (T,

Bar, B); der Präsident (B); 3 schwarze Vögel (3 S); ein Unbekannter (B); der Haegstadbauer (B); der Schmied (Bar); der Vogt (T); seine Frau (Mez); ein alter Mann (T); ein Hoftroll (S); 6 Würdenträger am Trollhof (6 B); ein ganz kleiner Troll (Kinder-St.); ein Kellner (T); ein häßlicher Junge (Spr.); 2 Burschen (T, B). **Chor:** Hochzeitsgäste, Trolle, Schiffsbesatzung; Trollkinder. **Statisterie:** Matrosen, Neger, Dirnen. **Ballett:** Solveigs Eltern, Klein Helga, eine Kuh (2 Solistinnen), ein Ziegenbock, ein Matrose, ein Neger, Arlecchino, Pagliaccio, Gracioso, Hanswurst, Clown, Tänzerinnen
**Orchester:** Picc, 2 Fl, 2 Ob, E.H, 2 Klar, B.Klar, 2 Fg, K.Fg, 4 Hr, 3 Trp, 3 Pos, Tb, 4 Pkn, Schl (kl.Tr, gr.Tr, Bck, Trg, Xyl, Vibr, 2 Glsp, Tamburin, Kastagnetten, gr. Tamtam, Donnerblech, Röhrenglocken), Cel, Hrf, Streicher; BühnenM hinter d. Szene: Harm, Glockengeläute
**Aufführung:** Dauer ca. 2 Std. 15 Min. – Die Besetzung erfordert zwei Frauenchöre (vier- und fünfstimmig) und einen Doppelchor (hinter der Szene). Glockengeläute vom Tonband.

**Entstehung:** Die Oper entstand als Auftragswerk der Berliner Staatsoper, an der Egk seit 1936 als Kapellmeister wirkte. Bei der Textwahl ließ sich Egk von George Bernard Shaw anregen, der 1889 in einem Musikfeuilleton anläßlich einer Aufführung von Edvard Griegs Schauspielmusik zu *Peer Gynt* (1876) auf die besondere Affinität von Ibsens Stück zur Musik hingewiesen hatte. Egk selbst verfaßte das Libretto, wobei er sich auf die deutsche Übersetzung von Ludwig Passarge gestützt zu haben scheint. Die Arbeit am Libretto dauerte von Jan. bis Sept. 1937, die Musik wurde zwischen dem 1. Nov. 1937 und dem 1. Sept. 1938 geschrieben. Noch während der Arbeit an der Partitur begannen die Proben zur Uraufführung an der Berliner Staatsoper. Das Werk ist Heinz Tietjen, seinerzeit Generalintendant der Preußischen Staatstheater, gewidmet.
**Handlung:** Um die Mitte des 19. Jahrhunderts. Vorspiel: eine kahle Anhöhe; I. Akt, 1. Bild: Hofplatz auf Haegstad; 2. Bild: Geröllhalde im Hochgebirge; 3. Bild: ein Saal im Berg des Alten; 4. Bild: Waldlichtung im Hochgebirge mit einer neugebauten Blockhütte, Hochsommer; II. Akt, 1. Bild: Kai einer mittelamerikanischen Hafenstadt; 2. Bild: Hafenschenke in Mittelamerika; III. Akt, 1. Bild: ein niedergebrannter Wald in Peers Heimat; 2. Bild: Saal im Berg des Alten; 3. Bild: die Waldlichtung mit Peers Blockhütte.
Peer Gynt, ein Träumer und Phantast, gesellschaftlich darum ein Taugenichts und Außenseiter, erscheint getrieben von Unrast und einer dumpfen Sehnsucht nach einem erfüllten Leben. Fast alles, was er tut, führt jedoch nicht zum Ziel. Mit seiner Maxime »ich tu', was ich will« gerät er in den Einflußbereich der sinnlichen und zynischen Trolle, die weder Moral noch Menschlichkeit kennen. Auch Peer Gynt ist ohne Moral, ohne deswegen aber böse von vornherein zu sein. Auf seinem Weg durch die Welt und durchs Leben raubt er am Tag der Hochzeit die Braut (Ingrid) ihrem Bräutigam (Mads) und verführt sie, um sie dann, ihrer überdrüssig, sitzenzulassen. Rücksichtslos und ohne Skrupel gegenüber den Menschen macht er sich zum reichen Mann, um seinen Ehrgeiz, Kaiser der Welt zu werden, zu befriedigen. Immer weiter verstrickt er sich ins Netz der Trolle, die ihn für sich beanspruchen. Ihre Repräsentanten, der Alte und seine rothaarige Tochter, verfolgen Peer Gynt in wechselnden Gestalten und beeinflussen sein Tun in ihrem Sinn. Vor ihnen bewahrt wird Peer Gynt schließlich durch Solveigs vorbehaltlose Liebe. In ihr findet er Ruhe und das ersehnte Zuhause.
**Kommentar:** Nach der heiter-witzig-vitalen *Zaubergeige* (1935) wollte Egk nach seinen eigenen Worten »ein großes Thema anfassen«. Wie er später schrieb, schwebte ihm ein biblisches Thema vor, die Geschichte vom verlorenen Sohn, die er allerdings nicht in der unmittelbaren Version der Bibel selbst aufgreifen wollte, sondern gleichsam metaphorisch, in einem bereits literarisch gestalteten Bild, das er schließlich in Ibsens *Peer Gynt* fand (vgl. dazu Egk, *Peer Gynt als Oper*, s. Lit.). Egks dreiaktiger *Peer Gynt* unterscheidet sich von Ibsens »dramatischem Gedicht in fünf Akten« durch die weitgehende Eliminierung sowohl der lyrisch-epischen als auch der mythisch-symbolistischen Züge, an denen das nicht zu Unrecht als Weltgedicht apostrophierte Drama Ibsens besonders reich ist. Resultat der Reduktion und Komprimierung zum Opernlibretto ist ferner eine drastische Vereinfachung der Handlung, äußerlich an der Verminderung der Schauplätze ablesbar, im Innern an der plakativen Verschärfung der Fronten von Gut und Böse erkennbar, zwischen denen Peer Gynt orientierungslos hin und her irrt. Das Böse verkörpern die Trolle, angeführt von dem Alten und seiner rothaarigen Tochter, die nach Egks Willen nicht als Fabelwesen aufzufassen und darzustellen sind, sondern ganz realistisch »als die erschreckende Verkörperung menschlicher Minderwertigkeit«, als »eine Versammlung von Strebern, Pedanten, Beschränkten, Rohlingen, Sadisten und Gangsters aller Schattierungen« (in: Klavierauszug, S. 69). Wo immer Peer in die Netze des Bösen gerät, es sind stets die nämlichen Personen, denen er begegnet (der Alte, die Rothaarige, die Trolle). Alleinige Inkarnation des Guten ist demgegenüber Solveig, die einzige Lichtgestalt in der finsteren Welt, in die sich Peer gestellt sieht. An Solveigs Rolle tritt die von Egk vorgenommene Verstärkung der spezifisch christlichen Züge des Stücks besonders deutlich hervor. Bei ihrem ersten Auftreten, bei der Hochzeit zwischen Mads und Ingrid, übt sie gleichsam das Amt des Priesters beim Vollzug des Sakraments der Ehe aus. In die Figur Solveigs sind zudem Mutterliebe und Opferbereitschaft von Peers Mutter Aase eingeflossen, deren Rolle gegenüber der Vorlage entsprechend eingeschränkt ist. Als am Ende von I/3 die Trolle über den widerspenstigen Peer herfallen, ruft dieser bezeichnenderweise nicht, wie bei Ibsen, seine Mutter um Hilfe an, sondern Solveig. Nach Egk ist Peer Gynt wie Faust, bedrängt von der Frage nach »Sinn und

Unsinn der eigenen Existenz« (in: *Die Zeit wartet nicht*, S. 268, s. Lit.), verstrickt in Schuld und Sünde und darum ruhelos auf der Flucht durch die Welt. Folgerichtig erscheint Solveig als Verkörperung des Ewigweiblichen, als Mater dolorosa und erlösendes Gretchen. Im Unterschied zu Gretchen in Johann Wolfgang von Goethes *Faust* ist Solveig jedoch kein Opfer Peer Gynts, sondern gerade die einzige, der Peer nichts Böses getan hat. Erlöst wird nicht, »wer immer strebend sich bemüht« (*Faust*, Schluß des II. Teils), sondern derjenige, der erkennt und ehrfürchtig-demutsvoll anerkennt, wen Gott ihm zur Fürsprecherin und Erlöserin bestimmt hat. Der moralisierende Zug (dies ein weiteres Kennzeichen von Egks Umsetzung) zeigt sich besonders anschaulich in der von Egk hinzuerfundenen, an Bert Brecht orientierten Gerichtsszene (III/2), in der Peer mit den Zeugen seiner bösen Taten (Mads, Ingrid, Kaufleute, Aase) konfrontiert wird. – Das Werk ist durchkomponiert, weist jedoch, Egks dem Musikdrama diametral entgegengesetzter Opernästhetik gemäß, latent eine Gliederung in Nummern auf. Die Neigung zur Nummernbildung trifft sich mit der vom Libretto vorgezeichneten Tendenz zur Einbeziehung von Musik und musikalischen Formen aus der Realität. So liegt dem Tanz beim Hochzeitsfest auf Haegstad (I/1) ein norwegisches Volkslied zugrunde. Entsprechend sind die in Mittelamerika spielenden Szenen durch die Verwendung von Elementen, Formen und Arten spanischlateinamerikanischer Musik, zum Beispiel des Tangos, geprägt. Dabei gerät die Musik in ihrer Tendenz zu nüchterner Sachlichkeit einerseits und zum Expressionismus andrerseits nie in die Nähe von Griegs Schauspielmusik, deren exotisch-weiche Romantik der Pol gewesen zu sein scheint, von dem sich Egk abzuheben trachtete. Während Peer vornehmlich durch die Expressivität seiner meist hohen Stimmlage charakterisiert erscheint und Solveig durch diatonisch-einfachere Liedmelodik gekennzeichnet wird, greift Egk in den Trollszenen fast ausnahmslos auf vorgegebene Musik zurück, auf Tanz- und Unterhaltungsmusik (Cancan, Charleston, Galopp, Polka usw.), die jedoch nicht realistisch, als Zitat aus der Wirklichkeit, übernommen wird, sondern in grellvulgärer Verzerrung auftritt. Entsprechend ist die Trollhymne »Tu nur, was dich erfreut« (die Maxime der Trollwelt, auf die Peer vereidigt wird) ein parodierter Choral, der durch seine auffallende Ähnlichkeit mit protestantischen Kirchenliedern wie »Ein feste Burg ist unser Gott« bei der Uraufführung Anstoß erregte. Charakteristischstes Merkmal der Oper ist jedoch die Nähe der Musik einiger Szenen und Personen (Trolle, Kaufleute, Präsident, Vögel) zum Songstil der 20er Jahre, insbesondere zur Musik Kurt Weills, wie denn das Werk insgesamt dem Theater Brechts und Weills nahesteht.

**Wirkung:** Die Uraufführung dirigierte der Komponist (Solveig: Käthe Heiderdsbach, Peer Gynt: Matthieu Ahlersmeyer; Regie: Wolf Völker, Ausstattung: Paul Sträter). Unter dem Einfluß der nationalsozialistischen Machthaber wurde die Oper außer in Düsseldorf

*Peer Gynt*, I. Akt, 2. Bild; Cheryl Studer als Rothaarige, Horst Hiestermann als der Alte; Regie: Kurt Horres, Ausstattung: Wilfred Werz; Staatsoper, München 1982. – Der unheimliche Ort, an dem sich der Herrscher des Trollreichs und seine Tochter treffen, ist hier nicht in der Natur angesiedelt, sondern in einer Stahl-Glas-Konstruktion, die für die Technik steht, für ihre Chancen und Risiken.

(1939) und Frankfurt a. M. (1940) nicht mehr gespielt. Wenngleich ein offizielles Verbot nicht bestand, erzielte die politisch gesteuerte Kritik, die auf die Parallelen zu Brecht und Weill sowie auf Einflüsse aus der Jazz- und Negermusik warnend aufmerksam machte, eine abwartend-distanzierte Haltung. Einen rasanten Aufschwung erlebte das Werk in den 50er Jahren, als es sich im Repertoire zahlreicher Opernhäuser befand: München 1952, Braunschweig 1953, Berlin 1954 (Städtische Oper, Dirigent: Artur Rother), Lübeck 1955, Krefeld/Mönchengladbach 1959. Danach folgten Aufführungen in Berlin 1961 (Deutsche Staatsoper, Dirigent: Horst Stein), Hartford (CT) 1966 (Dirigent: Egk), Augsburg 1970 und 1981, Leipzig 1977, München 1982 (Peer: Hermann Becht, Solveig: Lilian Sukis; Dirigent: Wolfgang Sawallisch, Inszenierung: Kurt Horres).

**Autograph:** Bayer. SB München. **Ausgaben:** Part: Schott, Nr. 35546: Kl.A: Schott 1938, Nr. ED 3197; Textb.: Schott.
**Aufführungsmaterial:** Schott
**Literatur:** F. STEGE, Berliner Musik, in: ZfM 106:1939, H. 1, S. 47–51; W. EGK, ›Peer Gynt‹ als Oper, in: Ph. Bayerische Staatsoper, München 1982, S. 12; weitere Lit. s. S. 117

*Egon Voss*

**Joan von Zarissa**
→ Maudrik, Lizzie (1940)

**Abraxas**
→ Luipart, Marcel (1948)

**Die chinesische Nachtigall**
→ Gsovsky, Tatjana (1953)

**Irische Legende**
**Oper in fünf Bildern**

**Text:** Werner Egk, nach der Erzählung *Countess Cathleen O'Shea* aus *Irish Fairy and Folk Tales* (1888) und dem Drama *The Countess Cathleen* (1892) von William Butler Yeats
**Uraufführung:** 1. Fassung: 17. Aug. 1955, Kleines Festspielhaus, Salzburg; 2. Fassung: 26. Febr. 1975, Stadttheater, Augsburg
**Personen:** Cathleen (jugendlich dramatischer S); Aleel, ein Dichter (italienischer Bar); der Tiger (dramatischer Bar); der Geier (T); 2 Eulen (S, A); 2 Kaufleute (HeldenT, Bar); 2 Hirten (lyrischer T, B); Erscheinung des verdammten Faust (tiefer B); Stimme hinter der Szene (tiefer B); Oona, Amme (A); Verwalter (Bar); die Schlange (Tänzerin). **Chor:** Engel, leere Seelen
**Orchester:** 2 Fl (2. auch Picc), 2 Ob, 2 Klar, 2 Fg, 4 Hr, 3 Trp, 3 Pos, Tb, Pkn, Schl (3 Spieler: kl.Tr, gr.Tr mit Bck, RührTr, versch. Bck, gr. Tamtam, 2 Tomtoms, Vibr, Xyl, Glsp, Röhrenglocken, kl. Schiffsglocke, chin. Tempelblöcke), Kl, Hrf, Streicher
**Aufführung:** Dauer ca. 2 Std. – Engel: gemischter Chor; leere Seelen: Solosopran und Frauenchor. Die 2. Fassung verändert die Dramaturgie des Stücks nicht.

**Handlung:** 1. Bild: Dämonenwald; 2. Bild: im Haus Cathleens; 3. Bild: Dämonenwald; 4. Bild: im Haus Cathleens; 5. Bild: an einem Kreuzweg.
Die Dämonen der Finsternis, in Tiergestalt auftretend, wollen den Menschen die freie Wahl zwischen Gut und Böse, zwischen Himmel und Hölle nehmen, um sie sämtlich und endgültig in ihre Gewalt zu bringen. Hunger und Angst sollen die Mittel sein, um das gesteckte Ziel zu erreichen. Schauplatz ist das Land der ebenso reichen wie frommen Cathleen. Die Dämonen, angeführt vom Tiger, schicken Dürre und Krankheit über Cathleens Herden, so daß alle Tiere zugrunde gehen; dann kaufen sie alles Korn auf. Nur gegen den Verkauf ihrer Seelen erhalten die Hungernden Nahrung. Der Dichter Aleel, Cathleens Freund und Geliebter, rät angesichts der Schreckensmeldungen zur Flucht, da er glaubt, das Unheil sei vorherbestimmt und der Untergang des Lands unausweichlich. Cathleen jedoch will das Land, ihre Heimat, nicht verlassen. Aleel hält sie vor, daß denjenigen, dem aufgrund seines Reichtums Flucht möglich ist, zu Recht der Fluch jener trifft, die wegen ihrer Armut nicht zu fliehen vermögen. Schließlich überzeugt sie Aleel, und dieser schwört, zu Cathleen zu halten und bei ihr zu bleiben. Cathleen bietet ihren gesamten Besitz zum Kampf gegen den Hunger auf. Ihre selbstlose Großmut verwehrt den Dämonen den Sieg. Doch diese geben sich nicht geschlagen, sondern versuchen, Cathleen selbst in Verzweiflung zu stürzen und so ihren Widerstandswillen zu brechen. Der Weg dahin führt über Aleel. Die Dämonen reden ihm ein, daß er es seiner Sendung als Dichter schuldig sei, das sterbende Land, in dem er selbst zugrunde zu gehen droht, unverzüglich zu verlassen, und beschwören zur eindringlichen Warnung Doktor Faust, der die Untreue gegenüber seiner Berufung mit den schrecklichsten Höllenqualen habe bezahlen müssen. Eingeschüchtert gibt Aleel seinen Cathleen geleisteten Schwur preis. Als er von ihr Abschied nimmt, bricht sie zusammen. Nachdem die Dämonen auch noch die letzten Reste von Cathleens Reichtum geraubt haben, bietet Cathleen schließlich selbst ihre Seele zum Verkauf, jedoch unter der Bedingung, daß dadurch alle andern Seelen frei werden und die Dämonen das Land verlassen. Darauf gehen die Dämonen ein, und Cathleen leistet ihre Unterschrift. Danach geleiten die Dämonen sie triumphierend zur Hölle, doch die Engel, die bereits zu Beginn bestritten hatten, daß es ein Mittel gebe, den Menschen die freie Wahl zu nehmen, treten ihnen entgegen: Die Dämonen haben keinen Anspruch auf Cathleen, da sie ohne Schuld sei; ihre Unterschrift aber gelte nicht, da zwischen Verdammnis und Seligkeit kein Vertrag möglich sei. Die Dämonen müssen ohne Opfer, mit leeren Händen, den Schauplatz verlassen. Der Tiger wird als ihr Wortführer in die finsterste, kälteste Unendlichkeit verbannt. Der reumütig zurückgekehrte Aleel aber, von Cathleens Opferbereitschaft ergriffen, beschließt, sein fortan einsames Leben vom Vorbild ihrer Großmut und Standhaftigkeit leiten zu lassen.
**Kommentar:** Die *Irische Legende*, deren 1. Fassung 1951–55 entstand (2. Fassung 1969/70), ist nach *Columbus* (1933), der *Zaubergeige* (1935), *Peer Gynt* (1938) und *Circe* (Berlin 1948, 2. Fassung als *Siebzehn Tage und vier Minuten*, Stuttgart 1966) Egks fünfte Oper. Der Titel des Werks und die Namen der handelnden Personen verweisen zwar auf die irische Herkunft des Stoffs, den Egk 1948 kennenlernte, in der Gestaltung selbst spielt Irland jedoch keine Rolle. Wie in nahezu allen andern Bühnenwerken Egks geht es auch hier nicht um die Darstellung von Einzelfall und Individualschicksal, sondern um die Präsentation einer Geschichte, die jeden angeht. Der Schauplatz ist darum nicht näher bestimmt, die Handlung kann überall spielen; denn es gibt keinen Ort auf der Welt, an dem der Mensch nicht vor die Wahl zwischen Gut und Böse gestellt wäre, wo nicht Dämonen und Engel um seine Seele stritten. Die Engel allerdings greifen in der *Irischen Legende* nur ausnahmsweise (am Ende, nach Cathleens Tod) handelnd ein, ähneln in ihrer aufs Kommentieren beschränkten Teilnahme dem Chor in

der griechischen Tragödie, während die Dämonen die eigentlichen Träger der Handlung sind. Sie treiben das Geschehen durch ständige Veränderung und Verschärfung der Situationen voran und zwingen die Menschen zu Entscheidungen. Auch Cathleen und Aleel handeln nur passiv; allerdings lassen die über sie hereinbrechenden apokalyptischen Ereignisse nichts anderes zu. Dabei werden zwei Verhaltensweisen exemplarisch vorgeführt: eine falsche, Aleels Flucht, und eine richtige, Cathleens Selbstopfer. Cathleen ist nach Egks eigenem Verständnis die Verkörperung der »Vorstellung, daß ein einzelner in scheinbar hoffnungsloser Lage, der eigenen Verantwortung bewußt und gegen alle Wahrscheinlichkeit, einen Ausbruch aus der Hoffnungslosigkeit unternimmt« (nach Karl Heinrich Ruppel, in: *Melos* 1955, S. 261). Cathleen erscheint zunächst als Person des Diesseits, vor allem in ihrer irdisch-sehnsuchtsvollen Liebe zu Aleel, wird im Verlauf der Handlung jedoch immer mehr zur Heiligen, zur Legendengestalt, dem Titel der Oper entsprechend. Aleel dagegen ist die Verkörperung der Selbstbezogenheit, zugleich ist er aber auch derjenige, der aus der Geschichte lernt. Die Dämonenwelt wurde bei der Uraufführung als »gleichnishafte Anspielung auf die Methoden moderner Machtsysteme« und deren »perfekt arbeitende Praktiken der Unmenschlichkeit« (Ruppel, ebd.) aufgefaßt. Egk selbst lehnte zeitbezogene Interpretationen ab; er verstand sein Stück als Mysterienspiel. – Das Werk ist durchkomponiert und weist, was vor allem im Vergleich zu Egks übrigen Opern auffällt, keine verborgene Nummerngliederung auf. Die Partitur zeigt eine für Egk ungewöhnliche Härte und Schroffheit des Klangs, die auf einer forcierten Dynamik und einer verstärkten Verwendung dissonanter Zusammenklänge beruht. Egks Wort, die Oper sei »ein freundlicher Gruß in Richtung Dodekaphonie« (*Die Zeit wartet nicht*, S. 477, s. Lit.), dürfte vornehmlich davon hergeleitet sein, daß die Komposition, neben der auch hier vornehmlich gültigen, für Egk charakteristischen Polytonalität, von vier Grundakkorden oder -klängen ausgeht, die zusammen die zwölf Töne der chromatischen Skala enthalten. Den Personen der Handlung sind zum Teil bestimmte Skalen oder Tonartenbereiche zugeordnet. Hinzu kommen Rhythmen und rhythmische Figuren, die zum einen durch systematische Verlagerung der Akzente variiert werden, zum andern durch Addition Reihen bilden (in Anlehnung an das Modell der variablen Metren Boris Blachers). Diese sind vornehmlich den Dämonen zugeordnet, deren Szenen primär rhythmisch und durch insistierende Ostinati gekennzeichnet sind. Die Partien von Cathleen und Aleel sind demgegenüber betont melodisch angelegt. Egks Neigung zur ironischen Brechung fehlt auch in diesem Werk nicht, sie zeigt sich zum Beispiel an der Führung der Stimmen der beiden Eulen, die gefühlvoll-sentimentales Singen parodieren. Zumindest vom Anspruch her ist die *Irische Legende* Egks »musikdramatisches Hauptwerk« (Ernst Krause, S. 115, s. Lit.).

**Wirkung:** Der Uraufführung im Rahmen der Salzbur-

*Irische Legende*, 3. Bild; Vladimir Ruždjak als Dichter, Kurt Marschner als Geier, Gisela Litz und Oda Balsborg als Eulen, Helmut Melchert und Matthieu Ahlersmeyer als Hyänen/Kaufleute; Regie: Günther Rennert; Staatsoper, Hamburg 1955. – Der Dichter, den die Dämonen dazu drängen, um seiner Berufung willen das von Plagen heimgesuchte Land zu verlassen, erscheint in dieser Inszenierung als leere Hülse, die den Gestus der Inspiration bloß vortäuscht. Scharf umrissene Charaktere sind dagegen, wie in der Operntradition üblich, die bösen Geister.

ger Festspiele (Cathleen: Inge Borkh, Aleel: Kurt Böhme, Tiger: Walter Berry; Dirigent: George Szell, Inszenierung: Oscar Fritz Schuh, Bühnenbild: Caspar Neher) folgte schon am 20. Okt. 1955 an der Staatsoper Hamburg die deutsche Erstaufführung (mit Siw Ericsdotter, Matthieu Ahlersmeyer, Toni Blankenheim; Dirigent: Albert Bittner, Inszenierung: Günther Rennert, Bühnenbild: Neher). 1973 wurde das Werk in Paris aufgeführt. Die Einstudierung im Münchner Prinzregententheater 1957 nahm Egk selbst vor (Inszenierung: Heinz Arnold, Bühnenbild: Helmut Jürgens). Die 2. Fassung unterscheidet sich durch Kürzungen, eine Zurücknahme der forcierten Dynamik und eine Auflichtung des Orchestersatzes mit dem Ziel größerer Transparenz (Uraufführung mit Anita Maria Salta, Ernst Grathwol, Hans Kiemer; Dirigent: Gabor Ötvös, Inszenierung: Winfried Bauernfeind, Bühnenbild: Hans-Ulrich Schmückle).

**Autograph:** Bayer. SB München. **Ausgaben:** Part: Schott 1955, Nr. BSS 38959; Kl.A: Schott 1955, Nr. ED 4321; Textb.: Schott 1955. **Aufführungsmaterial:** Schott
**Literatur:** s. S. 117

*Egon Voss*

## Der Revisor
**Komische Oper in fünf Akten**

**Text:** Werner Egk, nach der Komödie *Rewisor* (1836) von Nikolai Wassiljewitsch Gogol
**Uraufführung:** 9. Mai 1957, Schloßtheater, Schwetzingen, Ensemble der Württembergischen Staatstheater, Stuttgart
**Personen:** Chlestakow (T); Ossip, sein Diener (B); Stadthauptmann (B.Bar); Anna, seine Frau (A); Marja, seine Tochter (S); Mischka, sein Diener (T); Postmeister (T); Kurator (B); Richter (tiefer B); Bobtschinskij (T); Dobtschinskij (Bar); eine junge Witwe (S); die Frau des Schlossers (Mez); ein Kellner (stumme R). **Ballett:** ein Tänzer als Chlestakow, 2 Tänzerinnen als Anna und Marja
**Orchester:** Fl (auch Picc), 2 Ob, Klar, Fg (auch K.Fg), 2 Hr, 2 Trp, Pos, Pk, Schl (2 Spieler: kl.Tr, gr.Tr, 3 Bck, 2 Trg, Xyl, Vibr, Glsp, 3 Bongos, 3 Tomtoms, Gong, Tamtam, 2 chin. Tempelblöcke, Tamburin, Schellen, Röhrenglocken), Hrf, Kl, Streicher
**Aufführung:** Dauer ca. 2 Std.

**Handlung:** In Rußland, frühes 19. Jahrhundert.
I. Akt: Zimmer im Haus des Stadthauptmanns; II. Akt: schäbiges Zimmer im Gasthof; III., IV. und V. Akt: wie I. Akt.

In einer Kleinstadt des russischen Zarenreichs wird ein hoher Beamter aus Petersburg erwartet, der bei den Beamten, Honoratioren und Würdenträgern der Stadt nach dem Rechten sehen soll. Man hat Angst vor dem Revisor; denn selbstverständlich hat niemand in der Stadt ordnungsgemäß gewirtschaftet, es geschieht allenthalben Ungesetzliches, die Einrichtungen sind heruntergekommen, Korruption ist an der Tagesordnung. In der Verwirrung durch Schuldgefühle und schlechtes Gewissen hält man einen mittellosen Abenteurer, Chlestakow, für den Revisor und faßt sein für einen Revisor ungewöhnliches Verhalten als Raffinesse auf, durch die man sich ganz besonders bedroht fühlt. Chlestakow, der bei seiner ersten Begegnung mit dem Stadthauptmann zunächst seine Verhaftung fürchtet, geht auf das Spiel ein, da er bald merkt, welche Vorteile ihm die Angst der Oberschicht der Stadt vor Aufdeckung der skandalösen Verhältnisse in ihrem Gemeinwesen verschafft. Selbstverständlich versuchen alle, den vermeintlichen Revisor durch Bestechung wohlmeinend zu stimmen, und ebenso selbstverständlich geht Chlestakow bereitwillig auf alle Bestechungsversuche ein, während er alle Beschwerden ignoriert. Den begehrlichen Nachstellun-

*Der Revisor*, II. Akt; Gerhard Stolze als Chlestakow, Frithjof Sentpaul als Kurator, Fritz Ollendorff als Stadthauptmann, Fritz Wunderlich als Bobtschinskij, Gustav Grefe als Dobtschinskij; Regie: Günther Rennert, Ausstattung: Leni Bauer-Ecsy; Uraufführung, Ensemble der Württembergischen Staatstheater Stuttgart, Schloßtheater, Schwetzingen 1957. – Der falsche Revisor, bestochen von den Honoratioren, die sich einer hinter dem andern verstecken, zeigt sich in heiterster Alkohollaune.

gen der Frau des Stadthauptmanns entzieht er sich, indem er um die Tochter anhält; der Hochzeit mit ihr (und der ohnehin überaus heiklen Situation) weicht er durch seine plötzliche Abreise aus, die angeblich nur einem kurzen Besuch bei einem alten Onkel gilt, in Wahrheit aber Flucht ist. Ein freimütiger Brief Chlestakows an einen Freund, den der neugierige Postmeister, einer Anweisung des Stadthauptmanns gemäß, erbrochen und gelesen hat, öffnet der Gesellschaft die Augen. In das Gelächter und den Ärger über die Blamage hinein erfolgt die Ankündigung des echten Revisors.

**Kommentar:** *Der Revisor*, geschrieben unmittelbar nach der *Irischen Legende* (1955) als Auftragswerk des Süddeutschen Rundfunks Stuttgart, stellt unter Egks Opern eine Besonderheit dar, da das Libretto, von allerdings starken Kürzungen abgesehen, weitgehend eine unveränderte Übernahme von Gogols Komödie ist, also formal wie inhaltlich mit deren Dramaturgie übereinstimmt. Dennoch werden einige Akzente anders gesetzt. Was auf der Sprechbühne naturgemäß im Dialog, also sukzessiv vor sich gehen muß, kann in der Oper simultan ablaufen, in Gestalt von Ensembles, an denen Egks Oper besonders reich ist, gipfelnd in dem virtuosen Gratulationsnonett a cappella im V. Akt. Die Szenen, in denen die Honoratioren der Stadt den vermeintlichen Revisor zu bestechen versuchen, sind zu vier pantomimischen Auftritten komprimiert. Die erotischen Wunschvorstellungen von Frau und Tochter des Stadthauptmanns in bezug auf Chlestakow, bei Gogol gerade nur angedeutet, werden in zwei Ballettszenen im III. Akt ausführlich dargestellt. Das Werk ist äußerlich durchkomponiert und nach Szenen geordnet, setzt sich im Innern jedoch vielfach aus Nummern zusammen, zwischen denen Rezitative vermitteln. Allgemeines Kennzeichen ist ein formelhafter Parlandostil, dessen Modelle häufig von Szene zu Szene wechseln und bisweilen in Variationen wiederaufgenommen werden. Die Melodik spielt bewußt auf elementare russische Volksmusik an, auf Melodieformeln vornehmlich im Quint- und Quartraum, die meist ostinatohaft behandelt werden. Muster ist das mehrfach zitierte, aus Pjotr Tschaikowskis *Symphonie f-Moll Nr. 4* (1878) geläufige Birkenlied »Stand ein Birkenbaum auf dem Felde«, das als Bühnenmusik innerhalb der Handlung das Rückständig-Provinzielle der russischen Kleinstadt, den Ort des Geschehens, steht, während das Modisch-Aktuelle der großen Petersburger Welt, mit der sich Chlestakow brüstet, durch galante französische Chansons, unter anderm von Justine Favart, repräsentiert wird, vorgetragen selbstverständlich im originalen Französisch. Die charakteristischen Kennzeichen der Musik sind Witz und Ironie, die zum einen durch artistisches Raffinement in der Verwendung der kompositorischen Mittel allgemein, zum andern durch Parodie erreicht werden. Als deren Modelle und Objekte erscheinen Stilelemente Modest Mussorgskis ebenso wie Züge von Strawinskys Oper *Mawra* (1922) und Eigenheiten populärer Musik allgemein. Bemerkenswert ist die kammermusikalische Transparenz des Orchestersatzes, die das Werk in besonderem Maß als Vokaloper ausweist.

**Wirkung:** Die Uraufführung dirigierte der Komponist (Chlestakow: Gerhard Stolze, Stadthauptmann: Fritz Ollendorff; Regie: Günther Rennert, Bühnenbild: Leni Bauer-Ecsy). Seitdem wurde das Werk an vielen großen und kleinen Bühnen gespielt: Hamburg 1957 (Dirigent: Egk; Regie: Rennert, Bühnenbild: Teo Otto), Berlin (Deutsche Staatsoper) 1957 (Stolze, Heinrich Pflanzl; Dirigent: Franz Konwitschny) und 1976 (Günter Kurth, Peter Olesch; Dirigent: Heinz Fricke), Berlin (Deutsche Oper) 1973 (Donald Grobe, Tomislav Neralić; Dirigent: Reinhard Peters; Regie: Oscar Fritz Schuh). Die Premieren der Staatsoper München dirigierte jedesmal der Komponist: 1958 (Prinzregententheater), 1962 (Cuvilliéstheater; Chlestakow: Stolze, Stadthauptmann: Max Proebstl; Regie: Hans Hartleb) und 1976 (Cuvilliéstheater; Grobe, Kieth Engen; Regie: Dietrich Haugk). Die weite Verbreitung, die *Der Revisor* fand, dokumentieren auch die Aufführungen in Venedig (Biennale) 1957, Dresden, London und Wien 1958, Leipzig, Paris und Zürich 1959, New York (City Opera) 1960, Linz 1976, Aachen und Würzburg 1978, Koblenz 1980, Mainz 1981 und Passau 1984.

**Autograph:** Bayer. SB München. **Ausgaben:** Part: Schott, Nr. 39454; Kl.A: Schott 1957, Nr. ED 4933; Textb.: Schott 1957. **Aufführungsmaterial:** Schott
**Literatur:** W. EGK, Über das Verhältnis der literarischen Vorlage zur Oper. Anläßlich einer Aufführung d. ›Revisor‹ an d. Wiener Staatsoper (1958), in: DERS., Musik – Wort – Bild, München 1960, S. 283–285; weitere Lit. s. S. 117

*Egon Voss*

## Die Verlobung in San Domingo
**Oper in zwei Aufzügen, einem Vor- und einem Zwischenspiel**

**Text:** Werner Egk, nach der Erzählung *Die Verlobung in St. Domingo* (1811 als *Die Verlobung*) von Bernd Heinrich Wilhelm von Kleist
**Uraufführung:** 27. Nov. 1963, Nationaltheater, München
**Personen:** Jeanne, ein junges Mädchen (S); Babekan, ihre Mutter, eine Mulattin (A); Hoango, ein Neger (B); Nanky, ein Negerknabe (stumme R); Christoph von Ried, Offizier der französischen Armee (T); Gottfried von Ried, sein Onkel, ein alter Kolonialoffizier (B); Herr Schwarz (T); Herr Weiß (B); die Schatten von Jeanne, Babekan, Hoango und Christoph von Ried. **Statisterie:** französische Soldaten, einige Schwarze
**Orchester:** 2 Fl (2. auch Picc), 2 Ob, 2 Klar, 2 Fg, 4 Hr, 3 Trp, 3 Pos, 4–5 Pkn, Schl (kl.Tr, gr.Tr mit Bck, Bck, hängendes Bck, Glsp, Xyl, Vibr, Tamtam, chin. Tempelblock, kl. Tempelblock, Röhrenglocken chromatisch d'–des'', Bluesbatterie ([Bck, hängendes Bck, kl.Tr ad lib.], 3 Bongos, 3 Congas), Kl (solistisch), Streicher
**Aufführung:** Dauer ca. 2 Std.

**Entstehung:** Die Oper entstand 1961/62 auf Anregung von Rudolf Hartmann zur Eröffnung des wiederaufgebauten Nationaltheaters München.

**Handlung** Ein Pflanzerhaus im französischen Teil der Insel San Domingo (heute Haiti), 1803; Vor- und Zwischenspiel: Gegenwart.

Vorspiel: Herr Schwarz und Herr Weiß berichten über die Lage auf San Domingo zu Beginn des 19. Jahrhunderts und die Vorgeschichte der nachfolgenden Ereignisse. Den unterschiedlichen Beurteilungen der Ereignisse durch die beiden Herren widersprechen die Schatten der Hauptbeteiligten (Jeanne, Babekan, Hoanga, Christoph).

I. Aufzug: Während des Sklavenaufstands 1803 in der französischen Kolonie San Domingo sucht ein französischer Offizier, Christoph von Ried, für sich und seine Angehörigen Zuflucht vor den Aufständischen. Er gerät dabei ausgerechnet in das Haus eines der erbittertsten Feinde der Weißen, des Negerführers Hoango. Da dieser gerade auf einem seiner Rachezüge ist, nehmen die Mulattin Babekan und ihre Tochter Jeanne den Offizier auf, scheinbar gastfreundlich und sich mit ihm und seiner Lage solidarisierend, in Wahrheit aber darauf aus, ihn bis zur Rückkehr Hoangos hinzuhalten. Jeanne und Christoph verlieben sich jedoch ineinander, und Jeanne beschließt, den Geliebten vor Hoango zu retten. Überrascht von dessen vorzeitiger Rückkunft, weiß sie sich nicht anders zu helfen, als den schlafenden Christoph kurzerhand zu fesseln und vor Hoango und Babekan zu behaupten, auf diese Weise seine Flucht verhindert zu haben.

Zwischenspiel: Herr Schwarz und Herr Weiß sind sich auch jetzt noch nicht einig über die wahren Vorgänge um Christoph und Jeanne; deren Schatten jedoch mahnen dazu, daß Schwarz und Weiß in Zukunft lernen müssen, miteinander in Frieden zu leben.

II. Aufzug: Jeanne hat unterdessen die Angehörigen Christophs insgeheim verständigt; diese haben das Haus besetzt und Christoph befreit. Er aber, in der Annahme, von Jeanne heimtückisch hintergangen worden zu sein und seine Befreiung allein seinen Angehörigen zu verdanken, erschießt Jeanne, als sie nach der geglückten Befreiung zu ihm zurückkehrt. Von seinem Onkel über Jeannes Handlungsweise aufgeklärt, erkennt er zu spät, daß er allein ihr seine Rettung verdankt.

**Kommentar:** Das Libretto des Werks, das auf den *Revisor* (1957) folgte, lehnt sich, insbesondere in der Sprache, dicht an Kleists Novelle an, verzichtet jedoch auf alle Nebenhandlungen. Im Mittelpunkt steht der Konflikt zwischen den Rassen, der als Parabel lehrstückhaft vorgeführt wird. Vor allem das Vorspiel und das Zwischenspiel dienen diesem Zweck. Herr Schwarz und Herr Weiß sind Personen der Gegenwart, die zwar auch als Erzähler (zum Beispiel der Vorgeschichte) fungieren, vor allem aber den Rassengegensatz verkörpern, dessen unverminderte Aktualität, gerade im 20. Jahrhundert, sie durch die Unversöhnlichkeit ihrer Standpunkte unter Beweis stellen. Auf diese Weise erscheint der Konflikt noch verschärft; denn auf der Ebene der Gegenwart, der Auseinandersetzung zwischen Herrn Schwarz und Herrn Weiß, wiederholt sich die von gegenseitigem Haß geprägte Geschichte aus der Vergangenheit im Gewand scheinbar emotionsloser ideologischer Parolen, die noch weniger Ansätze zur Versöhnung enthalten als das Geschehen von einst, zumal beim Schwarzenaufstand in San Domingo im Jahr 1803, wie es hier dargestellt wird, durch die Liebe zwischen einem weißen Mann (Christoph) und einer schwarzen Frau (Jeanne) die Utopie der Versöhnung, der Überwindung der Gegensätze, gleichsam greifbar nahe ist. So kommt es zu der ungewöhnlichen Konstellation, daß nicht die Gegenwart Lehren aus der Vergangenheit zieht, sondern die Vergangenheit an die Gegenwart appellieren muß, aus den Geschehnissen von einst zu lernen; die in den Szenen zwischen Weiß und Schwarz als Schatten auftretenden vier Hauptpersonen ziehen das Fazit: »Sie müssen lernen, miteinander zu leben, sonst werden sie aneinander sterben, so, wie wir!« Immerhin erscheint dieser Kommentar nicht als Moral der Oper an deren Ende, sondern in einem Zwischenspiel, so daß die dargestellte Handlung, ganz opernhaft, mit dem tragischen Ende der Liebesgeschichte zwischen Jeanne und Christoph, nämlich dem Tod Jeannes, schließt. Die traditionelle Opernutopie, der Egk getreu folgt, erweist sich insbesondere daran, daß die letzten Worte Jeannes vom rückwärtsgewandten »du hättest mir nicht mißtrauen sollen« (Kleists Realismus) ins Visionäre gewendet sind: »Mein Liebster nimmt mich jetzt zu sich für alle Zeit, und unser Schiff nach Frankreich liegt in Port au Prince für uns bereit!« – Das Werk ist durchkomponiert und in Szenen gliedert. Als einheitstiftendes Element fungiert ein Tempo

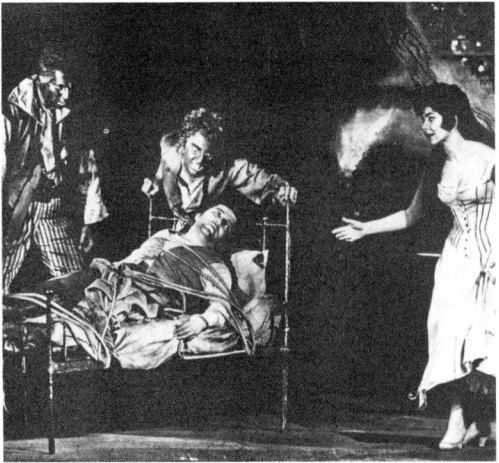

*Die Verlobung in San Domingo*, I. Aufzug, Schlußszene; Hans Günter Nöcker als Hoango, Fritz Wunderlich als Christoph von Ried, Margarethe Bence als Babekan, Evelyn Lear als Jeanne; Regie: Günther Rennert; Uraufführung, Nationaltheater, München 1963. – In diesem Punkt der Handlung ist eine der für Heinrich von Kleist charakteristischen Situationen erreicht, in denen die tragische Verstrickung nur durch grenzenloses Vertrauen auflösbar wäre: ein Vertrauen, zu dem aber einzig die weiblichen, nicht die männlichen Protagonisten fähig sind.

di blues, das regelmäßig wiederkehrt. Im gleichen Sinn wirkt die besondere Rolle des Schlagzeugs, insbesondere der exotischen Instrumente wie Bongos und Congas. Die unvermittelte Ableitung der musikalischen Gestaltung von der jeweiligen szenischen Situation führt nicht nur zu markanten Charakterisierungen, sondern auch zu einer drastischen, vordergründig anmutenden Schlagkraft des Ausdrucks, derentwegen man die Oper allgemein mit dem Verismo in Zusammenhang gebracht und in der Nähe von Puccinis *La fanciulla del West* (1910) gesehen hat. Dem entsprach die Uraufführung, die das Werk mit einem fast filmischen Realismus darbot.
**Wirkung:** Die Uraufführung dirigierte der Komponist (Herr Weiß: Richard Holm, Herr Schwarz: Karl Christian Kohn, Jeanne: Evelyn Lear, Christoph: Fritz Wunderlich; Regie: Günther Rennert, Ausstattung: Teo Otto). Vor allem die Bühnen mittlerer Theater zeigen *Die Verlobung in San Domingo* gelegentlich. Das Werk wurde 1964 in Essen und 1965 in Augsburg nachgespielt. Es folgten Mainz 1971, Kaiserslautern, Karlsruhe und Würzburg 1972; 1971 war es in Helsinki zu sehen, 1974 in Saint Paul (MN).

**Autograph:** Vlg.-Arch. Schott Mainz. **Ausgaben:** Part: Schott, Nr. 40827; Kl.A: Schott 1963, Nr. ED 5270; Textb.: Schott 1963. **Aufführungsmaterial:** Schott
**Literatur:** s. S. 117

*Egon Voss*

# Gottfried von Einem

Geboren am 24. Januar 1918 in Bern

## Prinzessin Turandot
→ Gsovsky, Tatjana (1944)

## Dantons Tod
### Eine Oper in zwei Teilen (sechs Bildern)

**Text:** Boris Blacher und Gottfried von Einem, nach dem Drama (1835) von Karl Georg Büchner
**Uraufführung:** 6. Aug. 1947, Festspielhaus, Salzburg
**Personen:** Georg/George Danton (Bar), Camille Desmoulins und Hérault de Séchelles, Deputierte (2 T); Robespierre (T) und St. Just (B), Mitglieder des Wohlfahrtsausschusses; Herrmann/Herman, Präsident des Revolutionstribunals (Bar); Simon, Souffleur (B.Buffo); ein junger Mensch (T); 1. und 2. Henker (T, B); Julie, Dantons Gattin (Mez); Lucile, Desmoulins' Gattin (S); eine Dame (S); ein Weib, Simons Frau (A). **Chor:** Männer und Weiber aus dem Volk
**Orchester:** 3 Fl (3. auch Picc), 2 Ob, 2 Klar, 2 Fg, 4 Hr, 3 Trp, 3 Pos, B.Tb, Pkn, Schl (Trg, Bck, MilitärTr, Tamburin, RührTr, gr.Tr), Streicher; BühnenM hinter d. Szene: tiefes Tamtam
**Aufführung:** Dauer ca. 2 Std. 15 Min. – Die Partien des jungen Menschen und der beiden Henker können aus dem Chor besetzt werden.

**Handlung:** In Paris, 1794.
I. Teil, 1. Bild, Zimmer: Deputierte sitzen mit ihren Damen am Spieltisch. Desmoulins berichtet, Robespierre habe wieder 20 Menschen hinrichten lassen. Der tyrannische Moralprediger ist Danton zuwider, doch für ein Vorgehen im Konvent gegen ihn scheint ihm der Zeitpunkt verfrüht. 2. Bild, Gasse: Simon verprügelt seine Frau, weil sie ihre Tochter aus Not an reiche Kavaliere verkuppelt. Das Volk wird dadurch gegen die Reichen aufgebracht und von Robespierre zusätzlich aufgewiegelt. Doch Danton nimmt gegen den Diktator Stellung und tadelt dessen Anmaßung. Da Robespierre durch das Vorkommnis erregt ist, findet St. Just bei ihm offene Ohren für den Rat, Danton und seine Freunde zu vernichten. Nur den Jugendfreund Desmoulins will Robespierre schonen, doch als er erfährt, daß dieser öffentlich gegen ihn aufgetreten ist, willigt er in dessen Verurteilung ein. 3. Bild, Zimmer: Bei Desmoulins und seiner Frau Lucile erfährt Danton, daß seine Verhaftung beschlossen ist, lehnt es aber ab zu fliehen; er ist müde. Desmoulins versucht vergeblich, Lucile zu beruhigen. Sie ahnt, daß Dantons Sturz auch den Desmoulins' mit sich bringt.
II. Teil, 1. Bild, Innenraum des Gefängnisses, dahinter der Platz vor der Conciergerie: Danton und seine Freunde sind ins Gefängnis gebracht worden. Noch hängt das Volk an Danton, doch Simon streut aus, Danton spiele sich als Aristokrat auf und sei heimlicher Royalist, und erreicht so einen Stimmungsumschwung. Desmoulins denkt nur an seine Frau, er ist verzweifelt und durch Danton kaum zu beruhigen, als Lucile halb von Sinnen vor dem Gefängnis erscheint und fragt, ob wirklich alle Gefangenen hingerichtet werden. 2. Bild, Revolutionstribunal: Danton verteidigt sich vor dem Tribunal; er erinnert an seine Rolle in der Revolution, so daß die Richter unsicher werden. St. Just versucht das Blatt zu wenden, indem er behauptet, die Anhänger Dantons wiegelten das Volk auf, ein Aufruhr stünde bevor. Danton klagt leidenschaftlich Robespierre an, es kommt zu einer heftigen Auseinandersetzung, aber zu keiner Einigung, zu keinem Richterspruch. Danton wird mit seinen Freunden in das Gefängnis zurückgebracht. 3. Bild, Revolutionsplatz: Robespierre hat sich durchgesetzt, Danton, Desmoulins und seine Freunde werden hingerichtet, das Volk johlt. Als sich die Menge verlaufen hat und nur noch zwei Henker die Guillotine säubern, erscheint die wahnsinnig gewordene Lucile. Mit dem Ruf »Es lebe der König« liefert sie sich selbst der Verfolgung aus.
**Kommentar:** Aus den 32 Szenen von Büchners dreiaktigem Drama, das Einem erstmals 1939 auf der Sprechbühne gesehen hatte, haben Blacher und der Komponist einen Operntext kondensiert, dabei ver-

schiedene Figuren zusammengeschmolzen und insbesondere die Rolle des Volks, das zwischen Anteilnahme und Verdammung schwankt, gegenüber Büchner eher noch verstärkt, so daß der Chor eine besondere Rolle spielt. Blacher und Einem haben weitgehend den Büchner-Text übernommen, ihn gekürzt, bisweilen in Simultanszenen zusammengefaßt und in Dialoge zwischen Camille Desmoulins und seiner Frau Passagen aus Büchners Briefen an seine Braut eingefügt. Einems Musik, im Aug. 1944 begonnen und im Sommer 1946 beendet, ist keine moderne Musik. Vorgebildet scheint sie durch Giacomo Puccini und Igor Strawinsky, harmonisch bleibt sie, trotz gelegentlicher bitonaler Kopplungen, tonal fixiert. »In den orchestralen Zwischenspielen, namentlich dem zweiten und dritten, in den virtuosen Klarinetten- und Flötensoli, den ehernen Chören der Hörner, Trompeten und Posaunen stehen die originellsten Teile der Partitur, in den großen Chorszenen die wirkungsvollsten« (Hans Heinz Stuckenschmidt, in: *Frankfurter Allgemeine Zeitung*, 12. Febr. 1963). Schwächer dagegen, fast durchweg parlandohaft und nur selten melodisch eigenständig sind die Solopartien, so daß die Musik das Werk unversehens zu einem macht, in dem nicht die handelnden Personen, sondern eher die Revolution an sich, gespiegelt im Bild der Massen, im Vordergrund steht. Abgesehen von den fünf markanten Bläserakkorden, mit denen die Oper beginnt und endet, sowie der Robespierre kennzeichnenden Klangfarbe von gedämpften Trompeten und das den verschiedenen Themen Dantons gemeinsame Intervall der übermäßigen Quarte, gibt es keine die gesamte Oper überspannende formale oder thematische Disposition. Vielmehr sind musikalische Formen und personenbezogene Themen mit ihren Durchführungen jeweils nur für ein einzelnes Bild, oft auch nur für eine der 17 Musiknummern oder der drei Zwischenspiele konstitutiv. Dramatischer Höhepunkt der Oper ist die Tribunalsszene (II/2): Hier setzt der Chor in sich überkreuzenden Einwürfen (für beziehungsweise wider Danton) die gliedernden Akzente; die leidenschaftliche, dabei keineswegs lyrische, sondern ganz auf die Kraft des Worts vertrauende Partie Dantons wird kontrapunktiert durch den monoton psalmodierenden Gesang des Tribunalspräsidenten Herrmann und den in strahlender Schärfe mehrfach einbrechenden A-Dur-Dreiklang, der hier als »Akkord des Gerichts« (Hans Rutz, S. 53, s. Lit.) musikalisch versinnbildlicht, daß das Urteil über Danton im Grunde schon vor der Gerichtsverhandlung gesprochen ist. – Einem hat die Oper seinem Lehrer und Mentor Blacher gewidmet.

**Wirkung:** *Dantons Tod* war nicht nur die erste Oper eines lebenden Komponisten, die bei den Salzburger Festspielen uraufgeführt wurde, sie machte zugleich den bis dahin kaum bekannten Komponisten mit einem Schlag berühmt. Der oft trockene, beinah nüchterne Konversationston der Oper wurde als adäquat und richtungsweisend für den Neubeginn des Musiktheaters nach dem zweiten Weltkrieg verstanden.

*Dantons Tod*, II. Teil, 2. Bild; Bühnenbildentwurf: Caspar Neher; Uraufführung, Festspielhaus, Salzburg 1947. – Bert Brecht nannte Neher »den größten Bühnenbauer unserer Zeit«. Seine Entwürfe sind Szenenskizzen, die die Dramaturgie des Werks visuell kommentieren, das Wesentliche sichtbar machen. So verdeutlicht Neher hier optisch die zentrale Bedeutung, die dem Chor an dieser Stelle musikalisch zukommt.

Nach der glanzvollen Premiere, die als kulturelles Ereignis empfunden wurde (Danton: Paul Schöffler, Robespierre: Josef Witt, Desmoulins: Julius Patzak, Lucile: Maria Cebotari; Dirigent: Ferenc Fricsay anstelle des ursprünglich vorgesehenen, erkrankten Otto Klemperer, Inszenierung: Oscar Fritz Schuh, Bühnenbild: Caspar Neher) wurde das Werk noch im selben Jahr im Theater an der Wien nachgespielt. Für diese Aufführung hat Einem das Vorspiel gestrichen, einige Stellen instrumentatorisch gelichtet und den Schluß um das kurze Nachspiel gestrafft. Die deutsche Erstaufführung fand am 17. März 1948 in Hamburg statt (Inszenierung: Günther Rennert). Es folgten Venedig und Brüssel 1948, Berlin 1953 (Städtische Oper), Köln 1955, Kassel und München 1956, Hannover 1958, Düsseldorf, Graz und Lübeck 1960. In den Inszenierungen in Berlin (Deutsche Oper 1963; Danton: Dietrich Fischer-Dieskau), Wien (Theater an der Wien 1963; Danton: Eberhard Wächter), New York (New York City Opera 1966; Danton: John Reardon) sowie an der Wiener Staatsoper 1967 (Danton: Wächter) hat Einems erste Oper ihre Tragfähigkeit im Spielbetrieb der großen Opernhäuser erwiesen. Zu den neueren Inszenierungen zählt diejenige Peter Brenners in Bremen 1979. 1983 fand bei den Salzburger Festspielen eine konzertante Aufführung statt (Danton: Theo Adam; Dirigent: Lothar Zagrosek).

**Autograph:** Part: Arch. d. Ges. d. M.Freunde Wien; Kl.A: ÖNB Wien. **Ausgaben:** StudienPart: UE 1961, Nr. 13197; Kl.A: UE 1947, Nr. 11694; Textb.: UE 1947, Nr. 11695; Textb., dt./engl./frz., in: [Bei-H. d. Schallplattenaufnahme Orfeo], 1984. **Aufführungsmaterial:** UE
**Literatur:** H. RUTZ, Neue Oper. G. v. E.s ›Dantons Tod‹, Wien 1947; D. HAJAS, E.s ›Dantons Tod‹ nach 16 Jahren, in: ÖMZ 18:1963, S. 204–208; W. OEHLMANN, Revolution als Schaustück. E.s ›Dantons Tod‹, in: M im Unterricht 54:1963, S. 151 f.; D. HARTMANN, Bekenntnisoper unserer Zeit. Zu G. v. E.s ›Dantons Tod‹, in: ÖMZ 22:1967, S. 594–597; DERS., G. v. E., Wien 1967; F. SAATHEN, E.-Chronik, Wien, Köln, Graz 1982

*Wulf Konold*

## Rondo vom Goldenen Kalb
→ **Swedlund, Helga (1952)**

## Der Prozeß
**Neun Bilder in zwei Teilen**

**Text:** Boris Blacher und Heinz Tilden von Cramer, nach dem Roman (1925) von Franz Kafka
**Uraufführung:** 17. Aug. 1953, Festspielhaus, Salzburg
**Personen:** Josef K. (T); Franz (B); Willem (Bar); der Aufseher (Bar); Frau Grubach (Mez); Fräulein Bürstner (S); ein Passant (Bar); ein Bursche (T); der Untersuchungsrichter (Bar); die Frau des Gerichtsdieners (S); der Gerichtsdiener (B); der Student (T); der Prügler (B); Albert K. (B); Leni (S); der Advokat (Bar); Kanzleidirektor (B); der Fabrikant (Bar); 3 Herren (2 T, Bar); der Direktor-Stellvertreter (T); ein buckliges Mädchen (S); Titorelli (T); der Geistliche (Bar); 1. Herr (Spr.); 3 junge Leute (2 T, Bar); 4 Sprecher; stumme R: Zuschauer, Soldat, Dienstmädchen, ein kleiner Junge, einige Mädchen, ein Kirchendiener, 2 Herren
**Orchester:** 3 Fl (2. u. 3. auch Picc), 2 Ob, 2 Klar, 2 Fg, 4 Hr, 3 Trp, 3 Pos, Tb, Pkn, Schl (2 Spieler: gr.Tr, RührTr, MilitärTr, Bck), Kl, Streicher
**Aufführung:** Dauer ca. 2 Std. 30 Min. – Folgende Doppelbesetzungen sind vorzunehmen: 3 junge Leute/3 Herren/Bursche, Aufseher/Passant/Fabrikant/Geistlicher, Student/Direktor-Stellvertreter, Untersuchungsrichter/Prügler, Gerichtsdiener/Willem, Fräulein Bürstner/Frau des Gerichtsdieners/Leni/buckliges Mädchen.

**Entstehung:** Bereits für die Spielzeit 1950 war die Uraufführung einer neuen Oper Einems bei den Salzburger Festspielen geplant. Doch die Komposition verzögerte sich auch deshalb, weil Einem, der inzwischen mit einigen Orchesterwerken und *Dantons Tod* (1947) auch international große Anerkennung gefunden hatte, mit dem auf nur sechs Szenen angelegten Libretto Blachers nicht zufrieden war. Er hielt es der Bedeutung des Stoffs entsprechend für unangemessen kurz und auch zu knapp in Hinsicht auf eine abendfüllende Oper. Einems Freund, der Schriftsteller Cramer, erweiterte daraufhin im Sommer 1950 die sechs Szenen und ergänzte im Herbst in enger Absprache mit dem Komponisten drei weitere Bilder (»Die Vorladung«, »Der Prügler« und »Der Fabrikant«), so daß Einem nach einzelnen Vorentwürfen erst im Spätherbst 1950 mit der Niederschrift eines ersten Particells beginnen konnte. Die einzelnen Bilder (zugleich die formalen Großabschnitte der Musik) entstanden nicht in der chronologischen Folge der Handlung; die Niederschrift der Partitur war im Sommer 1952 abgeschlossen.
**Handlung:** 1919.
I. Teil, 1. Bild, »Die Verhaftung«, zwei hell erleuchtete Zimmer, durch Türen verbunden: Das Gericht dringt in Josef K.s Wohnung ein, er wird verhaftet und zum erstenmal vernommen. 2. Bild, »Fräulein Bürstner«, ein Zimmer erleuchtet, das andere dunkel, abends: Er versucht, sich im Gespräch mit der Wohnungsnachbarin über die Realität dieses Eindringens zu verständigen, es nachspielend zu verstehen. 3. Bild, »Die Vorladung«, nächtliche Straße vor Josef K.s Haus: Er ist zunehmend verunsichert, er fühlt sich, nachdem ihm ein Passant die Vorladung zur ersten Untersuchung überbracht hat, verfolgt und beobachtet. 4. Bild, »Die erste Untersuchung«, Dachboden, in der Mitte ein kleines Podium mit Tisch: Josef K. kommt vor den Untersuchungsrichter, wo er versucht, die Sinnlosigkeit des Verfahrens anzuprangern, sich aber zunehmend in Zugeständnisse, schnelle Bündnisse, insbesondere mit Frauen, einläßt, von denen er sich Hilfe erhofft. Die Ungreifbarkeit des Gerichts führt zu Versuchen, es zu umgehen, was fast ein halbes Eingeständnis der Schuld ist.

II. Teil, 1. Bild, »Der Prügler«, langer Hausflur mit einem Verschlag, Dämmerlicht: Josef K. kommt dazu, wie zwei Wächter, die bei seiner Verhaftung zugegen waren, verprügelt werden, weil er sich über sie beschwert hat. 2. Bild, »Der Advokat«, zwei Zimmer, das linke dunkel: Sein Onkel bringt ihn zu einem Anwalt, der wie fast alle Gesprächspartner über den Prozeß weitaus besser informiert ist als der Betroffene. 3. Bild, »Der Fabrikant«, Büro einer Bank mit Schreibtisch: Selbst an seinem Arbeitsplatz in der Bank weiß man von seinem Prozeß, ein Geschäftsfreund verweist ihn hilfreich an den Gerichtsmaler Titorelli. 4. Bild, »Der Maler«, Atelier: Dieser überzeugt ihn von der Aussichtslosigkeit, freigesprochen zu werden, und rät ihm, den Prozeß zu verschleppen. 5. Bild, »Im Dom«, im Innern eines Doms: Josef K. kommt mit dem Gefängniskaplan ins Gespräch, der ihm ebenfalls helfen will, aber zwei Schergen holen ihn zur Hinrichtung ab.

**Kommentar:** Die eher innere als äußere Handlung, die mehr eine Psychopathologie der Hauptperson ist, läuft in neun Bildern ab. Kurze, intermezzoartige Szenen mit rezitativischer Führung der Singstimme stehen als dramaturgischer Kontrast den groß ausgeführten Bildern I/2, I/4, II/2, II/4 und II/5 gegenüber.

Der abrupten Szenenfolge entsprechend, ist das Werk eher ein Bilderbogen mit Stummfilmgestik als eine Oper. Aus Kafkas Roman, diesem Ineinander von Wirklichkeit und Unwirklichkeit, vermeintlich trivialer Alltäglichkeit und unheimlich-ungreifbarer Bedrohung, Verstrickung und Verhaftetsein im doppelten Sinn, eine Oper zu machen ist sicher ein problematisches Vorhaben. Einem hat in seinem Werk auch weniger versucht, eine durchlaufende Handlung zu komponieren, sondern sich auf das Stimmungshafte bezogen, das er durch bestimmte, die Szenen grundierende rhythmische Modelle fixiert. In der fast neutralen, kaum vordergründig charakterisierenden Form der Vertonung, die weitgehend auf Sprechgesang abstellt, zeigt sich eine unmittelbare Nähe zu den epischen Theaterformen von Bertolt Brecht und Kurt Weill, im Rhythmischen zu Igor Strawinskys Werken aus den frühen 20er Jahren. Im prägnanten Gegensatz zum nüchternen »Jedermannston« (Friedrich Saathen, S. 188, s. Lit.), der weite Strecken der Oper beherrscht, hat Einem die Partie jener drei Frauen gestaltet, denen Josef K. in flüchtiger Liebe begegnet. Der melodische, gefühlsbetonte Lyrismus der drei Gegenspielerinnen (Fräulein Bürstner, Frau des Gerichtsdieners, Leni) wird in seiner Kontrastwirkung noch da-

*Der Prozeß*, I. Teil, 4. Bild; Max Lorenz als Josef K., Lisa della Casa als Frau des Gerichtsdieners; Regie: Oscar Fritz Schuh, Bühnenbild: Caspar Neher; Uraufführung, Festspielhaus, Salzburg 1953. – Zwischen Undurchsichtigkeit der Bürokratie und Unverständlichkeit der erotischen Verflechtungen rollt das bedrückend-leere Ritual eines verschleppten Prozesses, sichtbar gemacht im bedrohlich-lastenden Speichergebälk der Szenerie.

durch unterstrichen, daß diese Partien von derselben Darstellerin verkörpert werden. – *Der Prozeß* ist Karl Christian Jensen und Oskar Pfister gewidmet.
**Wirkung:** Der Uraufführung im Rahmen der Salzburger Festspiele (Lisa della Casa als Fräulein Bürstner, Frau des Gerichtsdieners und Leni, Josef K.: Max Lorenz; Dirigent: Karl Böhm, Inszenierung: Oscar Fritz Schuh, Ausstattung: Caspar Neher) folgte am 10. Sept. 1953 die deutsche Erstaufführung an der Städtischen Oper Berlin (Josef K.: Erich Witte; Inszenierung: Günther Rennert, Dirigent: Artur Rother). An der Wiener Staatsoper kam *Der Prozeß* am 1. Okt. 1953 als Übernahme der Salzburger Inszenierung, jedoch mit Heinrich Hollreiser als Dirigent, heraus. Noch 1953 übernahmen die Opernhäuser in Hamburg, Mannheim, Bern, Neapel und New York (City Opera) das Werk. Weitere Inszenierungen gab es 1958 in Frankfurt a. M., 1970 an der Wiener Staatsoper (Josef K.: Gerhard Stolze, in den drei Frauenrollen: Jeannette Pilou; Inszenierung: Jorge Lavelli). Trotz vereinzelter weiterer Inszenierungen (unter anderm Darmstadt 1971, Münster 1980) konnte das Werk aufgrund der als problematisch empfundenen Synthese von tonaler Musik und surrealem Sujet bisher keinen durchschlagenden Erfolg erzielen.

**Autograph:** Arch. d. Ges. d. M.Freunde Wien. **Ausgaben:** Part: B&B 1969, Nr. 1073; Kl.A: Schott 1953, Nr. 4307; B&B 1968, Nr. 1020; Textb.: B&B 1969. **Aufführungsmaterial:** B&B **Literatur:** G. v. EINEM, Der Prozeß, in: ÖMZ 8:1953, S. 198–200; M. GRAF, ›Der Prozeß‹ von G. v. E., ebd., S. 259–264; F. SAATHEN, E.-Chronik, Wien, Köln, Graz 1982

*Wulf Konold*

## Der Besuch der alten Dame
### Oper in drei Akten

**Text:** Friedrich Dürrenmatt, als Umarbeitung seiner tragischen Komödie (1955)
**Uraufführung:** 23. Mai 1971, Staatsoper, Wien
**Personen:** Claire Zachanassian, geb. Wäscher, Multimillionärin (Mez); ihr Gatte VII (Statist); Gatte IX (T); Butler (SpielT); Toby und Roby, kaugummikauend (2 Statisten); Koby und Loby, blind (2 T); Alfred Ill (hoher Bar); seine Frau (lyrischer S); seine Tochter (Mez); sein Sohn (T); Bürgermeister (HeldenT); der Pfarrer (B.Bar); der Lehrer (Bar); der Arzt (Bar); der Polizist (B.Bar); 1. und 2. Frau (2 S); Hofbauer (T); Helmesberger (Bar); Bahnhofsvorstand (B.Bar); Zugführer (B); Kondukteur (T); Pressemann (Spr.); Kameramann (B); eine Stimme (T). **Chor:** Güllener
**Orchester:** Picc, 2 Fl, 2 Ob, 2 Klar, 2 Fg, 4 Hr, 3 Trp, 3 Pos, Tb, Pkn, Schl (Tamburin, Bck, MilitärTr, RührTr, gr.Tr, Tamtam, Gong, Trg, Kuckucksmaschine), Git, Streicher; BühnenM: Glocken in A, D und tief D, Bahnhofsglocke, Feuerglocke
**Aufführung:** Dauer ca. 2 Std. 15 Min. – Alle Verwandlungen finden bei offenem Vorhang während der Zwischenspiele statt. Partitur und Klavierauszug enthalten detaillierte Bildangaben.

**Entstehung:** Einem hatte Dürrenmatts Komödie bereits 1956 kennengelernt. Aber erst elf Jahre später konkretisierten sich seine Pläne, die inzwischen zum berühmten, 1964 von Bernhard Wicki verfilmten Erfolgsstück avancierte Tragikomödie als Stoffvorlage für eine Oper zu benutzen. Boris Blacher hatte 1967 die Umarbeitung des Schauspiels bereits in Angriff genommen. 1968 folgte Dürrenmatt einer Einladung nach Wien, um Einem kennenzulernen und sich in einer kurzfristig und eigens für ihn in der Staatsoper anberaumten Aufführung von *Dantons Tod* (1947) mit dessen Musik vertraut zu machen. Er entschloß sich daraufhin spontan, die Überarbeitung des Stücks selbst und in enger Absprache mit Einem vorzunehmen.
**Handlung:** In Güllen, einer heruntergekommenen Kleinstadt.
I. Akt, 1. Bild, auf dem verwahrlosten Bahnhof: Die Honoratioren des Orts erwarten die Ankunft der Milliardärin Claire Zachanassian, die Güllen einst als Klara Wäscher verließ. Von ihr erhofft man sich Hilfe für den Ort; der Kaufmann Ill, Claires früherer Geliebter, soll vermitteln. Claire kommt an; der Sarg, den sie mitbringt, und zwei Blinde in ihrer Begleitung erregen Aufsehen. 2. Bild, im Konradsweilerwald: Claire und Ill frischen Jugenderinnerungen auf. Ill versucht, seine damalige Handlungsweise (er hatte Claire verlassen, nachdem er sie geschwängert hatte) zu rechtfertigen, beklagt sein jetziges Leben und erklärt, er liebe sie noch immer und wünsche, die Zeit zurückdrehen zu können. 3. Bild, Wirtshaus »Goldener Apostel«: Für Claire findet ein Empfang statt. Sie verspricht der Gemeinde eine Milliarde und verlangt dafür Gerechtigkeit. Ihr Butler erklärt: Er war in Güllen Oberrichter, als Ill mit Hilfe bestochener Zeugen die Vaterschaft an Klara Wäschers Kind leugnete und sie (als Dirne gebrandmarkt) den Ort verlassen mußte. Die falschen Zeugen, Koby und Loby, hat Claire blenden und kastrieren lassen, jetzt fordert sie Ills Tod.
II. Akt, 1. Bild, Spezereihandlung: In seinem Laden stellt Kaufmann Ill bestürzt fest, daß die versprochene Milliarde zu wirken beginnt. Obwohl alle, besonders der großsprecherische Bürgermeister, beteuern, zu ihm zu halten, lassen die auf Kredit getätigten Einkäufe Böses ahnen. 2. Bild, Sakristei: Ill erhofft vom Pfarrer Trost und Beistand; dieser versucht, ihm seine Todesangst auszureden, hat aber, der Versuchung erlegen, für die Kirche eine neue Glocke angeschafft. 3. Bild, der Bahnhof, im Hintergrund Baukräne: Ill versucht zu fliehen, wird aber durch die wie zufällig herbeikommenden Güllener daran gehindert. Er scheint sich in sein Schicksal zu fügen.
III. Akt, 1. Bild, Petersche Scheune: Nachdem Claire Zachanassian im Güllener Dom ihren neunten Gatten geheiratet hat, versuchen Lehrer und Arzt, sie von ihrem Vorhaben abzubringen, und bieten ihr die Güllener Industrieunternehmen zum Kauf an. Doch Claire winkt ab; dies gehört ihr schon alles, und sie kennt keine Gnade. 2. Bild, die Spezereihandlung, kostbar renoviert: Der Bürgermeister besucht Ill in seinem Laden und versucht ihn zu überreden, der Gemeinde

durch Selbstmord die Entscheidung abzunehmen. Doch Ill hat seine Angst überwunden: Er besteht auf der Verurteilung durch seine Mitbürger. 3. Bild, Konradsweilerwald: Noch einmal treffen sich Ill und Claire und tauschen Erinnerungen aus. 4. Bild, Theatersaal im »Goldenen Apostel«: Die Gemeindeversammlung beschließt im Beisein der Presse die Annahme der angebotenen Milliarde; Ill respektiert die Entscheidung, das Urteil an ihm wird vollstreckt. Claire Zachanassian läßt den Toten in den mitgebrachten Sarg legen und überreicht dem Bürgermeister den Scheck.

**Kommentar:** Bei der Umarbeitung seiner Parabel über die Amoralität einer vermeintlich wohlanständigen, aber der Gier nach Geld verfallenen Kleinbürgergesellschaft hat Dürrenmatt etwa ein Viertel des Texts und zwei Szenen gestrichen. In der Vertonung, die als Auftragswerk der Wiener Staatsoper entstand, verschiebt sich der Akzent des Stücks; aus der Parabel, aus dem brechtisch anmutenden Denkspiel, wird ein Opernlibretto um die Paraderolle der Claire Zachanassian, ein physisch-psychisches Monstrum, das, verletzte Geliebte, zu perverser Rache in seine Heimat zurückkehrt. Einems Partitur verbleibt auch hier auf der tonalen Basis seines Komponierens, das allerdings, etwa wenn in III/3 unverhohlen Mahlerscher Volkston anklingt, Mittel verwendet, die unironisch gemeint sind, jedoch in ihrer Überlebtheit wie zitiert klingen. Zwar verfiel der eklektische, die Musik der Jahrhundertwende beschwörende Lyrismus der Oper bereits bei der Uraufführung dem ästhetischen Verdikt zahlreicher Kritiker, ohne jedoch die positive und anhaltende Wertschätzung eines breiten Publikums entscheidend zu beeinflussen. Neben dem effektvollen und noch längst nicht unaktuellen Sujet Dürrenmatts mag auch Einems zweifelsfrei geschickte musikalische Dramaturgie Anerkennung gefunden haben, die mittels spezifischer Klangfarben des Orchesters den kontrastierenden Motiven der Personen Ausdruck verleiht: Streicher- und Holzbläserklänge stehen für die Momente von Traum und Flucht und die Erinnerungen Claires und Ills an ihre Jugendliebe, Blechbläser für die Momente der Auflehnung und Rebellion, reine Schlagzeugsoli in den kurzen Einleitungs- und Zwischenspielen für das Makabre der Situation und den bösen Charme Claires. – *Der Besuch der alten Dame* ist Erwin Thalhammer zugeeignet.

**Wirkung:** Die Uraufführung war mit Christa Ludwig als Claire Zachanassian, Eberhard Wächter als Ill und Hans Beirer als Bürgermeister hervorragend besetzt (Dirigent: Horst Stein, Regie: Otto Schenk) und wurde für Einem und die Interpreten zum triumphalen Erfolg. Noch 1971 wurde das Werk in Zürich nachgespielt (Claire: Astrid Varnay, Ill: Ernst Gutstein; Dirigent: Ferdinand Leitner, Regie: Harry Buckwitz). Am 1. März 1972 fand an der Deutschen Oper Berlin die deutsche Erstaufführung statt (mit Patricia Johnson und Gerd Feldhoff; Dirigent: Klaus Tennstedt, Regie: Gustav Rudolf Sellner, Bühnenbild: Wilhelm Reinking). Wenige Tage später folgte die Premiere in Graz (Regie: Reinhold Schubert, Dirigent: Berislav Klobučar), im April 1972 kam die Oper in Mannheim heraus (mit Regine Fonseca und Georg Völker; Regie: Wolfgang Blum, Dirigent: Hans Wallat). 1973 folgten Inszenierungen in Karl-Marx-Stadt, Dortmund, Oldenburg und im Rahmen des Glyndebourne Festival

*Der Besuch der alten Dame*, I. Akt, 1. Bild; Christa Ludwig als Claire, Eberhard Wächter als Ill; Regie: Otto Schenk, Bühnenbild: Günther Schneider-Siemssen; Uraufführung, Staatsoper, Wien 1971. – Der in gespenstisches Licht getauchte improvisierte Empfang kündet das drohende Unheil an: die makabre Rache, die Claire nehmen wird.

(mit Varnay und Donald Bell; Dirigent: John Pritchard). Sellner inszenierte auch die Einstudierung an der Staatsoper München 1975 (Dirigent: Heinrich Hollreiser). Weitere Aufführungen gab es unter anderm in San Francisco (vor 1975), Wiesbaden 1979 und Linz 1983. *Der Besuch der alten Dame* zählt zu den meistgespielten Werken des zeitgenössischen Musiktheaters.

**Autograph:** Arch. d. Ges. d. M.Freunde Wien. **Ausgaben:** StudienPart, dt./engl. Übers. v. N. Tucker: Bo&Ha 1972, Nr. 19842; Kl.A, dt./engl. Übers. v. N. Tucker: Bo&Ha 1971, Nr. 19841; Textb.: Bo&Ha 1971; Textb., engl.: Bo&Ha 1972. **Aufführungsmaterial:** Bo&Ha
**Literatur:** R. KLEIN, V. E.s Dürrenmatt-Oper, in: ÖMZ 26:1971, S. 302–306; F. SAATHEN, G. v. E.s Oper abgelauscht, in: Das Opernjournal 1971/72, Nr. 6, S. 7–10; B. SONNTAG, Wie sich die alte Dame veränderte. Dürrenmatts »Tragische Komödie« und v. E.s Oper, in: Ow 1972, H. 2, S. 45–47; F. SAATHEN, E.-Chronik, Wien, Köln, Graz 1982

*Wulf Konold*

## Jesu Hochzeit
**Mysterienoper in zwei Akten**

**Text:** Lotte Ingrisch
**Uraufführung:** 18. Mai 1980, Theater an der Wien, Wien
**Personen:** Jesus (Bar); Tödin, auch in der Maske des Judas und des Richters (S); Maria (Mez); Josef (B); Magdalena (Mez); Lazarus (S); Engel des Herrn (T); 4 Evangelisten (2 T, 2 B). **Chor:** Sterbliche, Apostel, Jünger, Tiere
**Orchester:** 2 Fl (2. auch Picc), 2 Ob, 2 Klar, 2 Fg, 2 Hr, 2 Trp, B.Pos, Pkn, Schl (Trg, Bck, Tamburin, MilitärTr, RührTr, gr.Tr, 2 Holzblöcke ad lib.), Git (elektr. verstärkt), Streicher
**Aufführung:** Dauer ca. 1 Std. 45 Min. – Einheitsdekoration. Die Evangelisten sind in die Apostelchöre integriert, bevor sie solistisch hervortreten.

**Entstehung:** Der große Erfolg von Brittens im Rahmen des Kärntner Carinthischen Sommers häufig gespielter Kirchenparabel *The Prodigal Son* (1968) veranlaßte den Festspielleiter Helmut Wobisch, Einem um ein vergleichbares Werk zu bitten, das sich zur Aufführung in der Stiftskirche Ossiach eignete. Das daraufhin von der Gattin des Komponisten geschriebene Libretto wurde jedoch, noch während Einem an der Vertonung arbeitete (1978/79), von der katholischen Geistlichkeit als blasphemisch gebrandmarkt, so daß eine Uraufführung in einem Sakralraum nicht mehr in Frage kam. Gerhard Freund, der Intendant der Wiener Festwochen, erneuerte daraufhin den Kompositionsauftrag.
**Handlung:** Im Innenraum einer Kirchenruine, die einer grauen oder rembrandtfarbenen Federzeichnung gleicht; verwitterte Stufen führen zum erhöhten Altar im Hintergrund; das von einem kahlen Dornbusch umrankte Kreuz ist rot verhängt; vorn links eine alte Steinkanzel.

Vorspiel: Magdalena, eine Gitarre in der Hand, kündigt die Vorstellung an und fragt: »Gibt es Gott? Wir wissen es nicht. Aber es gibt viele Geschichten von ihm. Eine davon wollen wir spielen. Vielleicht ist sie wahr.«
I. Akt: Maria eröffnet ihrem Bräutigam Josef, daß sie ein Kind erwartet. Josef, der sie noch nicht berührt hat, glaubt sich betrogen. Da erscheint dem jungen Paar der Engel des Herrn und verkündet, daß Gott Maria auserwählt habe, den Erlöser der Welt zu gebären. Als Maria und Josef protestieren und sich lieber ein einfaches Leben in Ruhe und Frieden wünschen, reißt der Engel das rote Tuch vom Kreuz und befiehlt ihnen, ihr großes Schicksal zu tragen. Die Tödin zieht ein und demonstriert den von Krankheit gezeichneten Sterblichen ihre Macht über die Welt. Dabei jagt und erwürgt sie triumphierend den Knaben Lazarus. Jesus tritt ihr entgegen, verkündet das nahe Himmelreich und die Aussöhnung der Menschen mit dem Tod. Als Zeichen dieser Aussöhnung (Hochzeit) küssen die beiden Antagonisten Tödin und Jesus einander und fallen wie vom Blitz getroffen nieder. Maria und Josef, inzwischen alt und grau geworden, entdecken das ungleiche schlafende Paar in den Blumen und wenden sich voller Unverständnis ab. Magdalena sucht verzweifelt ihren toten Bruder Lazarus. Aus Mitleid über ihren Schmerz erweckt Jesus Lazarus wieder zum Leben. Die Tödin schwört ihm dafür Rache und legt die Maske des Judas an. Beim Anblick Judas' erleidet Magdalena einen Anfall von Besessenheit und will Jesus zur Unzucht verführen, aber dieser erweckt sie aus ihrer Trance und beginnt, den Aposteln zu predigen. Maria und Josef wollen ihren Sohn zur Heimkehr bewegen, doch dieser zieht mit seinen Jüngern und Aposteln in Jerusalem ein.
II. Akt: Ein Sturm bricht über den Zug herein. Jesus verkündigt das nahe Reich Gottes und versucht seinen Jüngern und Aposteln die Angst zu nehmen. Die Apostel verwandeln sich in die Symbolfiguren der vier Evangelisten (Mensch, Löwe, Stier und Adler) und der sieben »falschen« Apostel (Hahn, Esel, Schwein, Fuchs, Bock, Wolf und Hase), die Jünger werden zur grauen, uniformen Masse. Aufgepeitscht von Judas (Tödin), wenden sich die falschen Apostel von Jesus ab und geraten in Streit mit den Evangelisten, die seine Lehre aufschreiben und verbreiten. Jesus richtet die falschen Apostel nicht, sondern verzeiht. Magdalena bekennt sich zu Jesus und will versuchen, ihr Leben nach seiner Lehre auszurichten. Unter dem Vorsitz der Tödin halten die falschen Apostel Gericht über Jesus und verurteilen ihn zum Tod. Maria und Josef finden ihren Sohn wieder, als er sein Kreuz nach Golgatha trägt. Der Engel des Herrn schickt sie barmherzig nach Haus, um ihnen den Anblick der Kreuzigung zu ersparen. Als Jesus stirbt, erscheint noch einmal die Tödin: »Der Du mit den Füßen auf dem Regenbogen stehst, mach Hochzeit mit der Nacht!«
Nachspiel: Magdalena bekennt sich zu ihrem Glauben: »Ich kann dem Tode nicht glauben! Gott läßt uns nicht allein. Vielleicht ging aus den Augen in unser Herz er ein?«

**Kommentar:** Im Mittelpunkt des aus zahlreichen Bibelzitaten und aus eigenen Versen collagierten Librettos, das Szenen aus dem Leben Jesu (I. Akt) und Motive aus der Passion (II. Akt) verbindet, steht der christliche Erlösungsgedanke, symbolisch dargestellt zum einen als Vereinigung von Liebe und Tod, die den Menschen aus seiner Endlichkeit erlöst, zum andern als Jesu Weg zum Kreuz im Sinn der Überwindung des Tods durch Hingabe an ihn. Dabei zeichnet der entsprechend der Tradition des Mysterienspiels gleichnishafte Text (die Hochzeit Jesu mit der Tödin, der entsprechend dem romanischen Sprachgebrauch weiblichen Allegorie der Vergänglichkeit, thematisiert das aus der Offenbarung des Johannes und aus dem Hohenlied Salomos abgeleitete Sponsusmotiv, das Gleichnis vom göttlichen Bräutigam) mit seinen schlichten, manchmal banalen Versen ein durchaus zum Lob Gottes gemeintes Glaubensbild, das sich aber in provozierenden Details bewußt von offizieller kirchlicher Lehrmeinung unterscheidet und damit auch in der Öffentlichkeit einen Sturm des Protests entfesselte. Einige provokante Details, die freilich eher als Glossen denn als Symbole eines erschütterten Glaubens unserer Zeit gewertet werden müssen: Der Spielraum der Oper ist bezeichnenderweise als Kirchenruine ausgewiesen; im II. Akt schmückt Judas den Altar mit den Insignien der Kirche; Maria und Josef sind bäurisch-naiv gezeichnet, sprechen im Dialekt und stehen Jesus fremd und verständnislos gegenüber; Magdalena ist nicht nur Büßerin, sondern auch Verführerin. Auch die eben nur flüchtige Aura des Erotischen in der Beziehung Jesu zur Tödin schürte die Empörung. Dabei ist in *Jesu Hochzeit,* ganz anders als beispielsweise in Kagels fast gleichzeitig uraufgeführtem Experiment *Die Erschöpfung der Welt* (1980), in dem sich die Verzweiflung an der Welt als bittere Parodie und eine prometheische Erschaffungslust gegenüberstehen, auch musikalisch ein konventioneller Gott des Erbarmens und der Liebe gezeichnet; Jesus, charakterisiert durch eine undramatisch geführte Singstimme mit kleinem Ambitus und in Durmoll, das heißt auf engstem Raum alternierender großer und kleiner Terz, ist Verkünder des Heils der Welt. – Im Gegensatz zu früheren Opern Einems ist die Instrumentation ausgesucht sparsam und, abgesehen von der durch virtuose Streicherläufe illustrierten

*Jesu Hochzeit,* II. Akt; Karan Armstrong als Tödin (Mitte); Regie: Giancarlo Del Monaco, Bühnenbild: Dominik Hartmann; Uraufführung, Theater an der Wien, Wien 1980. – Die Gruppe der falschen Apostel um die triumphierende Tödin bildet in ihrer Dynamik einen theatralisch effektvollen Kontrast zur statischen, kontemplativen der Evangelisten.

Sturmszene, nicht auf dramatischen Effekt abgestimmt, sondern auf die symbolische Funktion von Tonarten und Einzeltönen zur Charakterisierung der Personen und ihrer Sphäre. So stehen der Ton f und die Tonart F-Dur für den Tod, C-Dur und c-Moll für die menschliche Natur, A-Dur für die Hoffnung, B-Dur für den Engel und die traditionell pastorale Tonart D-Dur für Maria und Josef (vgl. Rudolf Klein, in: *Pro und Kontra Jesu Hochzeit*, S. 159–168, s. Lit.). Gleichzeitig arbeitet Einem mit musikalischen Leitgedanken im Sinn der Fortspinnung und Variation eines wiedererkennbaren Klangmaterials, das für bestimmte Personen einsteht. Vom Ergebnis her stellt sich dies Verfahren als eine Vereinfachung und Zurücknahme der vom Komponisten noch in *Kabale und Liebe* (Wien 1976) entwickelten harmonischen Vielfalt dar, wobei nicht nur die schnellen Wechsel des Tongeschlechts (Dur/Moll) an die Symphonik Gustav Mahlers erinnern, sondern offenkundig harmonische und motivische Anleihen aus dessen *Symphonie Nr. 9* (1910) genommen wurden, um nicht als Zitat, sondern als authentische Gegenwartsmusik einzustehen.
**Wirkung:** Durch Vorveröffentlichung von Teilen des Librettos und überaus kritische Stellungnahmen von Kolumnisten und Kirchenvertretern entspann sich noch vor der Uraufführung, die gleichzeitig von ORF und ZDF im deutschsprachigen Raum ausgestrahlt wurde, eine von Polemik und Unterstellungen überwucherte Diskussion. Mit Unterschriftenlisten und einer beispiellosen Zahl von Protestbriefen an das österreichische Fernsehen und die Autoren sollte eine Aufführung des als Blasphemie verurteilten Werks verhindert werden. Die von lautstarken Protesten aus dem Zuschauerraum begleitete Uraufführung unter Leitung von David Schallon (Jesus: Per-Arne Wahlgren, Tödin: Karan Armstrong, Magdalena: Anne Gjevang, Maria: Elisabeth Steiner, Josef: Eberhard Wächter) wurde von Giancarlo Del Monaco im Hinblick auf die Möglichkeit der Überblendungstechnik des Fernsehens inszeniert und verzichtete weitgehend auf die in den Regieanweisungen des Werks an Szenenlicht und Kostümfarben präzis vorgegebene Symbolik (helles Grün für Maria als Zeichen ihrer Jugend, ein weißes Gewand für die Lichtgestalt Jesu, ein schwarzsamtener Kapuzenumhang für die Antagonistin, schwarzweiße Kleidung für den Knaben Lazarus usw.). Die wesentlich gelassener rezipierte deutsche Erstaufführung in Hannover (26. Nov. 1980, Regie: Ekkehard Grübler, Dirigent: George Alexander Albrecht) hat noch nicht die Entscheidung darüber gebracht, ob *Jesu Hochzeit* sich im Spielbetrieb der Opernhäuser durchsetzen wird.

**Autograph:** Arch. d. Ges. d. M.Freunde Wien. **Ausgaben:** Part: B&B 1979, Nr. 1417; Kl.A: B&B 1979, Nr. 1362; Textb.: B&B 1979, Nr. 1375. **Aufführungsmaterial:** B&B
**Literatur:** Pro und Kontra Jesu Hochzeit. Dokumentation eines Opernskandals, hrsg. M. Dietrich, W. Greisenegger, in: Maske u. Kothurn, Bei-H. 3, 1980; F. SAATHEN, E.-Chronik, Wien, Köln, Graz 1982

*Rainer Franke*

# Hanns Eisler

Geboren am 6. Juli 1898 in Leipzig, gestorben am 6. September 1962 in Ost-Berlin

## Die Maßnahme
**Lehrstück**

**Text:** Bertolt Brecht (eigtl. Eugen Berthold Friedrich Brecht)
**Uraufführung:** 13. Dez. 1930, Philharmonie, Berlin
**Personen:** der 1. Agitator, zugleich der Leiter des Parteihauses, der 1. Kuli und der Händler (T); der 2. Agitator, zugleich der 2. Kuli (Spr.); der 3. Agitator, zugleich der Aufseher und der Polizist (Spr.); der 4. Agitator, zugleich der junge Genosse (Spr.).
**Chor**
**Orchester:** 2 Hr, 3 Trp, 2 Pos, 4 Pkn, Schl (gr.Tr, kl.Tr, RührTr, Bck, Tamtam), Kl
**Aufführung:** Dauer ca. 1 Std. 30 Min. – Keine Angaben zur szenischen Realisierung der Schauplätze. Stimmumfang des einzigen Gesangssolisten (Tenor): f–g′. Reduzierter Schwierigkeitsgrad der Chöre (Parallelführungen, modale Diatonik) soll Aufführbarkeit durch Laienchöre ermöglichen.

**Entstehung:** Ausgangspunkt von Brechts Konzeption der *Maßnahme* war ein Weiterdenken der Problematik des *Jasagers* in der ersten Jahreshälfte 1930 (der früheste, wahrscheinlich auf März zu datierende Entwurf zur *Maßnahme* ist überschrieben »der jasager. konkretisierung«). Brechts Arbeit am Text war begleitet von ständigen Diskussionen mit Eisler über Sujet, politische Dimension und dramatische Realisierung. Eisler hat die Partitur in Berlin vom 7. Juli bis 2. Aug. 1930 ausgearbeitet; Skizzierungen dürften früher erfolgt sein, größere Umarbeitungen wurden, ausgehend von ideologischen Problemen des Texts, nach der Uraufführung vorgenommen (vgl. Manfred Grabs, 1978, S. 30, s. Lit.). Für Eislers musikalische Konzeption dürfte die Erfahrung von Weills Musik zum *Jasager* von Bedeutung gewesen sein (Uraufführung Berlin, 23. Juni 1930, also zwei Wochen vor Eislers Partiturniederschrift). Brecht hat aufgrund der marxistischen Kritik die *Maßnahme* mehrfach und teilweise einschneidend verändert (was zunächst auch musikalische Veränderungen nach sich zog). Er hat schließlich ein Aufführungsverbot erlassen, dem sich Eisler aus Solidarität anschloß.
**Handlung:** »Der Inhalt des Lehrstücks ist kurz folgender: vier kommunistische Agitatoren stehen vor einem Parteigericht, dargestellt durch den Massenchor. Sie haben in China kommunistische Propaganda getrieben und dabei ihren jüngsten Genossen erschießen müssen. Um nun dem Gericht die Notwendigkeit dieser Maßnahme der Erschießung eines Genossen zu beweisen, zeigen sie [in vier Modellsituationen], wie sich der junge Genosse in den verschiedenen politi-

schen Situationen verhalten hat. Sie zeigen, daß der junge Genosse gefühlsmäßig ein Revolutionär war, aber nicht genügend Disziplin hielt und zu wenig seinen Verstand sprechen ließ, so daß er, ohne es zu wollen, zu einer schweren Gefahr für die Bewegung wurde. Der Zweck des Lehrstücks ist also, politisch unrichtiges Verhalten zu zeigen und dadurch richtiges Verhalten zu lehren« (Brecht, im Programmheft der Uraufführung). Dies wird in einem Vorspiel, acht Szenen und einem Schlußchor dargestellt.
In einer sowjetischen Stadt, um 1920.
Vorspiel: Drei kommunistische Agitatoren treten vor das Parteigericht, um Rechenschaft über ihre Propagandatätigkeit in China abzulegen, bei der sie einen jungen Genossen erschossen haben. 1. Szene, »Die Schriften der Klassiker«: Nur mit den Schriften der marxistischen Klassiker und Propagandisten ausgerüstet, treffen die Agitatoren im letzten Parteihaus vor der Grenze einen jungen Genossen, der sie nach Mukden in China führen wird. Das Parteigericht verkündet das »Lob der U.S.S.R.«. 2. Szene, »Die Auslöschung«: Der Leiter des Parteihauses veranlaßt die Genossen, sich wegen der Gefährlichkeit des Unternehmens als Chinesen zu verkleiden. Das Parteigericht verkündet das »Lob der illegalen Arbeit«. 3. Szene, »Der Stein«: Kulis schleppen Reiskähne den Fluß herauf und werden, da sie auf dem sumpfigen Boden immer wieder ausrutschen, vom Aufseher geschlagen. Der junge Genosse soll dafür sorgen, daß die Kulis Spezialschuhe für sich fordern, und wird von den Agitatoren gewarnt, keinesfalls aus Mitleid falsch zu handeln. Doch gerade dies geschieht. Der junge Genosse versucht, den Kulis zu helfen, indem er ihnen Steine unter die Füße legt, wird dafür verlacht und schließlich als Aufhetzer verjagt. Das Parteigericht kommentiert: »Klug ist nicht, der keine Fehler macht, sondern / klug ist, der sie schnell zu verbessern versteht.« 4. Szene, »Gerechtigkeit«: Der junge Genosse verteilt Flugblätter am Fabriktor, um die Textilarbeiter zu einem Streik für höhere Löhne zu bewegen. Ein Textilarbeiter gerät unschuldig unter Verdacht und wird von einem Polizisten erschossen. Der junge Genosse fordert Gerechtigkeit. Diese wird gewährt: Der Polizist wird bestraft, aber der Streik ist abgebrochen. Die Agitatoren rechtfertigen sich vor dem Parteigericht: »Um die große Ungerechtigkeit zu erhalten, wurde die kleine Gerechtigkeit gewährt. Aber uns wurde der große Streik aus den Händen geschlagen.« 5. Szene, »Was ist eigentlich der Mensch?«: Zwischen Kaufleuten und den die Stadt beherrschenden Engländern ist ein Streit um Zölle ausgebrochen. Ein reicher Händler erwägt um seines machtpolitischen Vorteils willen, die Kulis zu bewaffnen und in den Kampf gegen die Engländer zu schicken. Der junge Genosse soll den Händler dazu bewegen, die Bewaffnung anzuordnen, weil insgeheim der Streit der Herrschenden in einen Befreiungskampf der Beherrschten umgemünzt werden soll. Empört über die Gesinnung des Händlers, kann der junge Genosse seine moralischen Prinzipien nicht mehr verbergen und weigert sich, mit diesem an einem Tisch zu essen. Der Händler schöpft Verdacht und verhindert die Bewaffnung. Parteigericht und Agitatoren ziehen den Schluß, daß es falsch sei, die Ehre über alles zu stellen. 6. Szene, »Empörung gegen die Lehre«: Der junge Genosse hält das Unrecht der Unterdrückung für unerträglich und zettelt vorzeitig einen Aufruhr an. Dabei zerreißt er seine tarnende Maske und gibt das Versteck der Agitatoren preis. Diese schlagen ihn nieder und fliehen mit ihm aus der Stadt. 7. Szene, »Äußerste Verfolgung und Analyse«: Auf der Flucht vor ihren Verfolgern wissen die Agitatoren keinen andern Rat mehr, als den jungen Genossen zu erschießen. Nur so können sie ihre Anonymität bei der Vollendung des Auftrags wahren. 8. Szene, »Die Grablegung«: Der junge Genosse gibt seine Zustimmung zur Maßnahme der Agitatoren. Er wird erschossen und in die Kalkgrube geworfen. Jetzt können die Agitatoren der Revolution zum Durchbruch verhelfen. Das Parteigericht ist mit der Maßnahme einverstanden.

**Kommentar:** »*Die Maßnahme* [...] ist der Versuch, durch ein Lehrstück ein bestimmtes eingreifendes Verhalten einzuüben« (Brecht, 1931). Dies bestimmt die theatralische Form insgesamt und in der Relation ihrer Elemente (Text, Musik, Szene). Die zentrale Handlung wird problematisiert in der Weise einer Gerichtsverhandlung: als vergangene berichtet und in experimentellen Modellsituationen ausschnitthaft vorgeführt, zugleich in Dialogen zwischen den Angeklagten und den Richtern gegenwärtig beurteilt. Handlungsdarstellung (theatralisches Spiel) und Handlungskommentar (beurteilende Reflexion) durchdringen einander. Dabei wird das Spiel durch den betonten Rollencharakter der Figuren (die Darsteller »zeigen« die Personen vor, spielen sich selbst und ihre Handlungspartner nach, möglicherweise mit Rollenwechsel) gebrochen und distanziert, wie andererseits das nachdenkende Beurteilen als dramatischer Gang exponiert ist. Diesem Konzept eines »epischen Theaters« unterstellt sich auch die Musik, sie versteht sich funktional zum Zweck des Lehrstücks. Die Musik versucht, Haltungen darzustellen: etwa »das Heroische« in Anfangs- und Schlußchor durch einen holzschnittartigen Lapidarstil, mit modaler Diatonik, terzlosen Quintklängen, ostinaten Begleitmodellen, kleinschrittigen Melodiezellen, einfacher Taktrhythmik mit »irregulären« Durchbrechungen; oder zum Beispiel »Brutalität, Dummheit, Souveränität und Selbstverachtung« des Händlers in der 5. Szene durch Jazzidiome und das »großbürgerliche« Klavier; sie versucht, Theorien als Kampfparolen zu übermitteln: etwa durch eine äußerst angestrengte Dynamik von auf Formelhaftigkeit reduzierten Chorsätzen; und sie versucht, bestimmte Aussagebereiche als von übergeordneter »Objektivität« darzustellen: zum Beispiel die Urteile der Kontrollinstanz durch rhythmische Modelle des Sprechens vom normalen Sprechton abzusetzen, zum Beispiel bestimmten Chorsätzen durch alte kontrapunktische Techniken Würde zu verleihen. – Charakteristisch sind das bewußte Aussparen subjektiv-ausdruckshafter Momente, die distanzierte Strenge, Härte, Kühle, auch Geschmeidigkeit des Tons in den verschiedenen Genres. Die Musik soll »Stellung nehmen«, nicht »Einfühlung« geben. So enthält das Orchester keine Streicher, das Instrumentarium wird ebenso funktional eingesetzt wie die verschiedenen Sprachcharaktere: vom unbegleiteten Sprechen, Sprechen zwischen Musikeinwürfen, rhythmischen Sprechen (zum Beispiel zu einem Trommelrhythmus) über Rezitativ, Arioso bis zum Singen. Das Kollektiv der Massenchöre ist in dieser Skala der bedeutendste Rang, zugleich der zentrale Bezugsrahmen. Wie in diesen Chören inhaltlich die Instanz der Wahrheit zu Wort kommt, gliedern sie formal das Stück (Anfang, Ende, Teilschlüsse) und setzen sich in der Semantik ihrer durch Tradition erhöhten Satztechniken (zum Beispiel »Kanon über ein Lenin-Zitat« am Ende der 3. Szene) als gesetzhaft, regelgebend von den andern Genres ab. Die funktionale Bezogenheit der Kompositionsarten spiegelt zugleich im Verhältnis von Individualität und Kollektivität die zentrale Idee der Brechtschen Lehrstücke vom »Einverständnis«. Bezogen auf die traditionellen musikalischen Gattungen resultiert (nicht zufällig nach der Händel-Renaissance der 20er Jahre und den Tendenzen der Neuen Sachlichkeit) eine spezifische Form eines szenischen Oratoriums zum Zweck der Belehrung. Noch der späte Brecht hielt die *Maßnahme* für das Modell eines »Theaters der Zukunft«.

**Wirkung:** Die rudimentäre Wirkungsgeschichte ist von Kontroversen gesäumt. Das Stück war zunächst für die Tage der Neuen Musik, Berlin 1930 (die Fortführung der Baden-Badener bzw. Donaueschinger Musiktage), bestimmt, wurde jedoch Anfang Mai 1930 von deren künstlerischer Leitung »nach Kenntnisnahme des Textes« abgelehnt, da offenbar »die Musik dem Texte gegenüber eine untergeordnete Stelle« einnehme (vgl. Reiner Steinweg, S. 321, s. Ausg.): eine ästhetische Begründung für politische Differenzen. Die Autoren unter Führung Brechts hatten aus taktischen Gründen eine Vorlage der Partitur abgelehnt; sie war, wie übrigens der endgültige Text, auch noch gar nicht fertig. Diese in offenen Briefen zwischen Brecht, Slatan Dudow und Eisler einerseits, Paul Hindemith, Willy Burkhard und Georg Schünemann andrerseits ausgetragene Auseinandersetzung erregte seinerzeit großes Aufsehen. – Nach der Uraufführung (Hans Heinz Stuckenschmidt: »ein Riesenerfolg«; ebd., S. 326), in der unter Karl Rankls Leitung Ernst Busch, Alexander Granach, Anton Maria Topitz und Helene Weigel als Agitatoren mitwirkten, nahm Brecht bereits für die zweite Aufführung (18. Jan. 1931, Schauspielhaus Berlin) Änderungen am Text vor (vgl. Textbuch, s. Ausg.). 1932 sind Aufführungen belegt für Düsseldorf, Leipzig, Frankfurt a. M., Chemnitz, Wien und Köln; die letzte Aufführung vor der Naziherrschaft wurde von der Polizei abgebrochen (28. Jan. 1933 in Erfurt). – Die Rezensionen in der bürgerlichen Presse reichten von schroffster politischer und künstlerischer Ablehnung bis zur Einsicht, daß hier ein ästhetisch und kunsthistorisch hochbedeutendes Werk vorlag (auch wenn man dessen politische Prämissen und Lehren nicht teilen konnte). Doch selbst in marxistischen Kreisen stieß die *Maßnahme* auf ideologische Kritik; Theoretikern der kommunistischen Partei galt sie als ein »Versuch mit nicht ganz tauglichen Mitteln«, verfertigt von »kleinbürgerlichen Intellektuellen«; die Grundkonzeption sei »unmarxistisch«, die Tendenz »idealistisch« und daher für die revolutionäre Praxis gefährlich (so Alfred Kurella, in: Steinweg, S. 378ff.). Das aus solcher Kritik und der Furcht der Autoren vor ideologischer Mißdeutung hervorgegangene Aufführungsverbot durch Brecht und Eisler hat eine wirkliche theatralische Rezeption nicht zur Entfaltung kommen lassen. Nach dem zweiten Weltkrieg gab es daher nur vereinzelte, gewissermaßen illegale Aufführungen als reines Schauspiel (Brechts Text lag gedruckt vor, das musikalische Aufführungsmaterial war gesperrt), zumeist von Schülern oder Studenten (Detmold 1961, München 1969, Ålborg 1970), auch mit der Musik eines andern, lokalen Komponisten (Carl Hütterott, Gütersloh 1966); einige Aufführungen (Uppsala 1956, Detmold 1961) hatten sogar eine betont antikommunistische, entlarven wollende Intention. Ausnahmeregelungen der Erben ermöglichten vereinzelte Aufführungen in den Vereinigten Staaten: Pittsburgh 1966 (durch die Nieuwe Komedie Den Haag, offenbar ohne Musik), Berkeley 1967 (University of California), Milwaukee 1970 (modellhaft im Rahmen eines universitären internationalen Brecht-Symposions).

**Autograph:** Hanns-Eisler-Arch. d. Akad. d. Künste d. DDR Bln. **Abschriften:** Part, datiert Sept.–Dez. 1930: ebd., vormals: UE. **Ausgaben:** Kl.A v. E. Ratz: UE 1931, Nr. 2744; Textb., krit. Ausg., in: R. STEINWEG, B. BRECHT, Die Maßnahme, Ffm. 1972 (Ed. Suhrkamp. 415.) [mit d. Texten v. Brecht u. Eisler zur *Maßnahme*, einer Dokumentation d. Rezeption u. mit Analysen d. M v. M. Grabs u. H. H. Stuckenschmidt]. **Rechte:** nicht freigegeben
**Literatur:** J. KAISER, Brechts ›Maßnahme‹ und die linke Angst, in: Neue Rundschau 85:1973, S. 96ff.; W. NASAROWA, Gedanken zur ›Maßnahme‹, in: Hanns Eisler heute, Bln./DDR 1974 (Arbeits-H. d. Akad. d. Künste d. DDR. 19.); A. BETZ, H. EISLER, Musik einer Zeit, die sich eben bildet, München 1976; M. GRABS, H. E. – Werk und Edition, Bln./DDR 1978 (Arbeits-H. d. Akad. d. Künste d. DDR. 28.); J. SCHEBERA, H. E., Bln./DDR 1981; Wer war Eisler, hrsg. M. Grabs, Bln. 1983; M. GRABS, H. E. Kompositionen – Schriften – Literatur, Lpz. 1984

*Reinhold Brinkmann*

# Mats Ek

**Geboren am 18. April 1945 in Malmö**

## Soweto

**Soweto**
Ballett

**Musik:** Collage aus Pop- und Rockmusik. **Libretto:** Mats Ek
**Uraufführung:** 18. Juni 1977, Königliches Opernhaus, Stockholm, Cullbergballetten
**Darsteller:** 6 Tänzerinnen; 3 Tänzer; Blanche, eine Puppe
**Orchester:** Tonb
**Aufführung:** Dauer 35 Min.

**Entstehung:** Schon in seinem ersten Ballett, *Kalfaktorn* (Musik: Béla Bartók; Stockholm 1976), dessen Libretto auf Georg Büchners *Woyzeck* beruhte, wurde klar, daß Ek das soziale Engagement, das seine Mutter Birgit Cullberg und sein Mentor Kurt Jooss vertraten, weiterführen würde. Das Ballett war das Ergebnis einer langjährigen Auseinandersetzung mit dem Stück gewesen. Ek, der die ihm durch sein Erbe vorgegebene Berufung zunächst ignoriert hatte und am Sprechtheater tätig war, hatte 1966 am Marionetten-Theater Stockholm Büchners Stück mit seinem Bruder Niklas, einem international bekannten Tänzer, in der Titelrolle herausgebracht. 1969 choreographierte Ek für Ingmar Bergmans *Woyzeck*-Inszenierung für das Dramatische Theater Stockholm. Zu dem Ballett *Soweto* wurde Ek durch die Unruhen in dem gleichnamigen Ort, einem Vorort von Johannesburg, angeregt. Im Frühjahr 1976 hatten schwarze afrikanische Studenten gegen die Apartheidpolitik der Regierung demonstriert, die Polizei hatte mit Gewalt geantwortet, Schwarze waren getötet worden.

**Handlung:** Dekorationslose Bühne: In einem unbarmherzig starken, weißen Licht kauern die Menschen am Boden. Nur die kleine Blanche sitzt, in weißem Tüllkleid, kühl und unberührt an der Rampe und blickt zerstreut über die Felder. Blanche ist eine Puppe, die sich nur mechanisch über die Bühne bewegen kann. Nur die allwissende Urmutter ist wach, sitzt in einem Stuhl und lauscht in die Zukunft. Wenn die Zeit reif ist, ruft sie mit rituellen Gesten zum Aufstand. Die Menschen erheben sich. Das Signal der Freiheit schneidet durch die Luft, die Menschen formen ihre Arme zu Flügeln, als ob sie durch die Lüfte fliehen wollen. Die Urmutter tanzt mit den andern, aber die Revolutionäre werden getötet. Die Puppe beginnt, verneinend den Kopf schüttelnd, im Kreis zu laufen.

**Kommentar:** *Soweto*, ein Jahr nach den Ereignissen in Südafrika uraufgeführt, ist, nach den Worten des Choreographen, der Versuch, sich in die Situation der Schwarzen einzufühlen. Doch Eks Menschen sind keine schwarzgemalten Neger, die Kleidung deutet Stand und Herkunft an. Da gibt es Männer aus den Südstaaten, aus Asien, Arbeiterfrauen und heruntergekommene Huren. Die Puppe Blanche, in weißer Krinoline und Sonnenschirm, symbolisiert die weiße herrschende Klasse. Das Ballett hat keine Handlung im eigentlichen Sinn, Episoden und Stimmungen, von geeigneter Musik unterstützt, variieren das Thema der Unterdrückung einer Klasse durch die andere. Um die Zuschauer aufzurütteln, arbeitet Ek bewußt mit starken emotionellen Mitteln, heftigen Kontrasten, sogar mit melodramatischen Effekten. Brutale Handgreiflichkeit und freche Vulgarität stehen neben poetischer Innerlichkeit. Eks Choreographie ist, trotz einiger Schwächen, von vibrierender Dynamik. Auch die choreographische Sprache ist von Cullberg, die die Urmutter in der Uraufführung und auch in späteren Vorstellungen verkörperte, und von Jooss beeinflußt. Immer auf theatralische Wirkung bedacht, baut er auf den natürlichen Bewegungsmöglichkeiten des Körpers auf und bezieht jedwede Art der Bewegungsform in seine Choreographie mit ein.

**Wirkung:** Die von Ek in *Soweto* etablierte Form des Tanztheaters fand in dem Ballett *Bernardas hus* (Musik: Collage aus spanischer Musik und Johann Sebastian Bach; Stockholm 1978), einen neuen Höhepunkt. Auch hier interessiert Ek die Geschichte einer Unterdrückung. Er zeichnet die geistige und emotionale Unterwerfung der fünf Töchter durch Bernarda als gewaltsame Groteske aus dem Geist Francisco de Goyas oder Luis Buñuels. – Ek studierte *Soweto* 1981 beim Norwegischen Nationalballett (Oslo) und 1983 beim Ballet Sopianae (Fünfkirchen/Pécs) ein.

*Soweto*; Birgit Cullberg als Urmutter; Uraufführung, Cullbergballetten, Stockholm 1977. – Cullbergs ausdrucksintensive Darstellung in der Choreographie ihres Sohns erweckt den Eindruck, als grabe sie den Impuls zum Widerstand gegen Unmenschlichkeit aus ihrem Körper.

**Literatur:** G. JENSEN, in: Dans, Nr. 16, Stockholm, Okt. 1977; E. NÄSLUND, Mehr als die Rückkehr eines verlorenen Sohnes. M. E. u. sein Versuch, für d. Ballett eine neue Form zu finden, in: Ballett 1983, Zürich 1983, S. 66–68

*Erik Näslund*

# Giselle

**Giselle**
Tanzstück (2 Akte)

**Musik:** Adolphe Adam (1841) in der Schallplattenaufnahme des Orchesters der Opéra Monte Carlo unter Richard Bonynge (1969). **Libretto:** Mats Ek, nach dem Libretto von Théophile Gautier und Jules Henri Vernoy Marquis de Saint-Georges zu dem Ballett *Giselle ou Les Wilis* (Paris 1841) von Jean Coralli
**Uraufführung:** 6. Juli 1982, Königliches Opernhaus, Stockholm, Cullbergbaletten
**Darsteller:** Giselle; Albrecht; Hilarion; Bathilde; die Hauptpflegerin Myrta; Corps de ballet: Albrechts Freunde (2 Tänzerinnen, 2 Tänzer), Bauern (4 Tänzerinnen, 4 Tänzer), Wilis, Patientinnen einer Nervenklinik (7 Tänzerinnen)
**Orchester:** Tonb
**Aufführung:** Dauer ca. 1 Std. 30 Min.

**Entstehung:** Während die Libretti von Ballettklassikern wie Reisingers *Lebedinoje osero* (*Schwanensee*, 1877) oder Iwanows *Schtschelkuntschik* (*Nußknacker*, 1890) dramaturgisch immer wieder neu gesehen wurden, hielt man an dem eines weiteren Klassikers, *Giselle*, weitgehend fest. Unter Beibehaltung der Grundkonstellation des Originallibrettos schrieb Ek für sein Ballett ein völlig neues Szenarium; er verzichtete zudem auf die weltweit getanzte, auf Marius Petipa zurückgehende Choreographie, in der dieser das Original von Coralli und Jules Perrot überarbeitet hatte. Unberücksichtigt blieben damit auch die unterschiedlichen Aufführungstraditionen, die sich, auf Petipa basierend, von Land zu Land herausgebildet hatten.
**Inhalt:** In einem Dorf und in einer Irrenanstalt, 1941. I. Akt, Dorfplatz, im Hintergrund eine in naiver Manier gehaltene Landschaft: Die nahezu wahnsinnige Giselle ist im Dorf eine Ausgestoßene. Die Bewohner haben sie, die mit einem alten Kittel bekleidet ist und eine Mütze auf dem Kopf trägt, an ein Seil gebunden. Albrecht kommt mit seinen reichen Freunden aus der Stadt. In seinem weißen Frack wirkt er auf Giselle unwiderstehlich, und auch Albrecht fühlt sich auf sonderbare Weise zu der Kranken hingezogen. Das Zusammensein der beiden wird von dem eifersüchtigen Hilarion gestört. Er liebt Giselle. Sein Versuch, so zu sein wie Albrecht, mißlingt: Er bricht unter dessen weißem Frack zusammen. Auch Bathilde, Albrechts Verlobte, versucht sich anzupassen. Aber auch ihr Versuch, eine andere gesellschaftliche Rolle zu spielen, scheitert. Erst jetzt erfährt Giselle, daß Albrecht verlobt ist. Die Übersensible zerbricht an dieser Erkenntnis und wird vollends wahnsinnig.
II. Akt, 1. Bild, ein in Weiß gehaltener Raum in einer Irrenanstalt, im Hintergrund eine Tür: Die Hauptpflegerin bewacht die am Boden liegenden Patientinnen. Giselle trägt wie die andern einen hinten geschlossenen weißen Kittel. Hilarion kommt und hofft, Giselle aus ihrer Lethargie zu wecken. Traurig verläßt er unverrichteter Dinge die Anstalt. Albrechts Erscheinen löst große Aufregung unter den Patientinnen aus. Auch er versucht Giselle in das normale Leben zurückzugewinnen; Giselle und ihre Mitpatientinnen wirken nun auf ihn, den »Normalen«, irritierend. Er fühlt sich aufgefordert, sich mit ihr und den kranken Frauen zu identifizieren. Zwar will er dem Ansinnen trotzen, aber nach und nach gibt er den Widerstand auf und sinkt zu Boden, wo er kraftlos und entblößt liegenbleibt. 2. Bild, wie I. Akt: Nackt, wie wiedergeboren, liegt Albrecht in einer Landschaft. Hilarion kommt und wirft eine Decke über ihn.
**Kommentar:** Ek war, wie er selbst schreibt, seit jeher vom *Giselle*-Libretto fasziniert. Besonders fesselten ihn die großen Gegensätze: der Realismus des I. Akts und die traumhafte Romantik des II. Akts, des nächtlichen Walds mit seinen drohenden Geisterwesen; der Kontrast zwischen dem Schloß, aus dem Albrecht kommt, und der Hütte, in der Giselle wohnt; die Begegnung zwischen dem Individuum und der Gruppe, ein Thema, das Ek schon früher beschäftigte und besonders in *Soweto* (1977) eindringlich dargestellt ist. Ek interessierte daher auch der Sonderstatus Giselles. Wegen ihrer Überempfindlichkeit braucht sie nicht mit den übrigen Bewohnern des Dorfs zu arbeiten, unter den »Wilis« ist sie die einzige, die dem Geliebten, der sie betrogen hat, nachtrauert, die ihn schützt und vor dem unabwendbar scheinenden Tod rettet. Die Nähe von Glückseligkeit und Tod sei es gewesen, so Ek, die ihn an *Giselle* fasziniert hätte. Seine Version sei der Versuch gewesen, das Märchen neu zu gestalten. Tatsächlich folgte Ek den Linien des Originallibrettos: Die Idee von der versöhnenden Kraft der Liebe bleibt erhalten. Ek verzichtet jedoch auf alles Übernatürliche; der II. Akt bleibt ein »weißer« Akt, doch er ist aus der romantischen Geisterwelt der Wilis in die hygienisch weiße Realität einer Nervenklinik versetzt. Die in den Wahn »entrückte«, vielleicht auch dorthin geflüchtete Giselle ist nun ein Wesen aus Fleisch und Blut. War sie in der Dorfgemeinschaft die Ausgestoßene, die durch ihre Übersensibilität an der Realität zerbrach, so bewirkt sie in der geschlossenen Welt der Anstalt das Aufkeimen von Menschlichkeit. An Albrecht offenbart sich diese Verwandlung. Wie bei Coralli ist Albrecht auch bei Ek Vertreter einer höheren Klasse, des Adels. Während er ursprünglich selbst seine Statussymbole, die elegante Kleidung und den Degen, ablegt, ist es bei Ek Giselle, die die Initiative ergreift. In einer kindlichen Verspieltheit, die das Antikonforme ihres Wesens offen zeigt, versucht sie einen Kleidertausch. Indem sie Albrecht entkleidet, will sie ihn zu sich ziehen. Albrecht ist dadurch unwillkürlich bezaubert; zugleich äußert sich hier eine während der ganzen Handlung präsente, manchmal unterdrückt, manchmal offen zutage tretende erotische Komponente. Wie der romantische Albrecht durchlebt auch Eks Albrecht im II. Akt einen Läuterungsprozeß. Während ersterer, für seine Tändelei mit Giselle büßend, an der Welt zerbricht, vermag Eks Albrecht, indem er sich selbst aufgibt, ein neues Leben zu finden. – Ek behielt

Adams Musik größtenteils bei und stellte nur einige Nummern der neuen Dramaturgie gemäß um. Der Bezug zu der aus der Tradition gewachsenen Choreographie ist nur partienweise durch Anspielungen und zitiertes Schrittmaterial im neuen Kontext hergestellt. Ek setzt klassischen und freien Tanz als Charakterisierungsmittel für die verschiedenen Klassen ein: Die eleganten Städter tanzen klassisch, die Damen auf der Spitze, die Dorfbewohner bewegen sich in einer Art Modern Dance. Wieder anders ist Giselles Bewegungsvokabular: Körperhaltung und Schritte spiegeln ihr Innenleben und ihren geistigen Zustand. Der Körper ist vornüber gebeugt, die Schultern in die Höhe gezogen, Kopf und Blick sind gesenkt, die Arme angewinkelt, die Beine sind einwärts gedreht. Ihre Bewegungen sind oft ruckartig, die Sprünge explosiv. Mit seiner Choreographie ist Ek ein überzeugendes modernes Gegenstück zur romantischen *Giselle* gelungen. Bezeichnenderweise sperrt sich auch Adams Musik nicht, sondern entfaltet in Eks Tanztheater neue Dimensionen.

**Wirkung:** Eks *Giselle* wurde, obwohl sich viele mit seiner Sicht des romantischen Balletts nicht anfreunden konnten, zum meistbeachteten Stück des Choreographen; es wurde auf den ausgedehnten Gastspielen der Kompanie in Europa, den Vereinigten Staaten und Kanada gezeigt.

**Ausgaben:** Schallplatte: Decca. **Aufführungsmateral:** M. Ek
**Literatur:** E. NÄSLUND, Mehr als die Rückkehr des verlorenen Sohnes. M. E. u. sein Versuch, für d. Ballett eine neue Form zu finden, in: Ballett 1983, Zürich 1983, S. 66–68

*Erik Näslund*

# Halim El-Dabh

Halim Abdul Messieh El-Dabh; geboren am 4. März 1921 in Kairo

**Clytemnestra**
→ Graham, Martha (1958)

# Edward Elgar

Sir Edward William Elgar; geboren am 2. Juni 1857 in Broadheath (bei Worcester), gestorben am 23. Februar 1934 in Worcester

**The Sanguine Fan**
→ Hynd, Ronald: L'Eventail (1976)

# Catharinus Elling

Geboren am 13. September 1858 in Kristiania (heute Oslo), gestorben am 8. Januar 1942 in Oslo

**Kosakkerne**
Opera i fire akter

**Die Kosaken**
Oper in 4 Akten

**Text:** Edvard Hagerup Bull, nach der Erzählung *Taras Bulba* (1842) aus dem Zyklus *Mirgorod* von Nikolai Wassiljewitsch Gogol
**Uraufführung:** 21. April 1897, Eldorado-Theater, Kristiania (heute Oslo)
**Personen:** Taras Bulba, Kosakenführer (B); Awdotja, seine Frau (A); Ostap (Bar) und Rodion (T), seine Söhne; Schilo, Kosakenführer (B); ein Kosak (Bar); der Korschewoj (B); ein Weib (Mez); ein Woiwode (B); Marylka, seine Tochter (S); eine Dienstmagd (Mez); ein polnischer Offizier (T). **Chor, Ballett:** Kosaken und ihre Frauen, junge polnische Mädchen, die Gäste und Diener des Woiwoden, polnische Soldaten, Männer, Frauen
**Orchester:** Picc, 2 Fl, 2 Ob, E.H, 2 Klar, 2 Fg, 4 Hr, 2 Trp, 3 Pos, Tb, Pkn, Schl (Bck, Trg), Hrf, Org, Streicher
**Aufführung:** Dauer ca. 2 Std.

**Entstehung:** Elling, in Norwegen als Komponist wie auch als bedeutender Volksmusikforscher bekannt, schrieb seine einzige Oper 1890–94, kurz bevor er sich über 20 Jahre (1898–1919) intensiv mit der traditionellen Musik seines Heimatlands beschäftigte und eine bedeutende Anzahl musikethnologischer Schriften veröffentlichte. Neben *Kosakkerne* schrieb Elling für die Bühne noch Schauspielmusiken zu William Shakespeares *What You Will* (komponiert 1890) und zu Henrik Ibsens *Kejser og Galilaeer*.
**Handlung:** In den Grenzgebieten Rußlands und Polens, 17. Jahrhundert.
I. Akt, vor Taras Bulbas blumengeschmücktem Haus: Taras Bulbas Söhne Ostap und Rodion sind nach vieljährigem Aufenthalt in Kiew, wo sie studiert haben, nach Haus gekommen. Die Eltern haben zu einer Feier geladen, um dies freudige Ereignis zu begehen. Awdotja bemerkt, daß Rodion bedrückt ist. Er hat sich verliebt; als er seiner Mutter erzählt, daß der Gegenstand seiner Liebe Marylka, die Tochter des polnischen Woiwoden in Kowno, ist, zeigt sie nur Entsetzen, denn die Kosaken und die Polen sind seit vielen Jahren bittere Feinde. Taras, Otrap und der Kosakenführer Schilo unterhalten sich derweil über das Leben der Kosaken, in dessen Huldigung alle Anwesenden einstimmen. Ein Kosak kommt und verkündet, daß die Polen mit einem Angriff begonnen haben. Die Kosaken entschließen sich, zu den Waffen zu greifen.
II. Akt, das Kosakenlager vor Dubno: Nachdem die

Tafel 3

**Tafel 3**

*oben*
Werner Egk, *Peer Gynt* (1938), III. Akt, 3. Bild; Bühnenbildentwurf: Paul Sträter; Uraufführung, Staatsoper, Berlin 1938. – Die Blockhütte in einer Waldlichtung im Hochgebirge: symbolischer Ort des Glücks seit der Vorromantik des 18. Jahrhunderts. Sie markiert die Wendung auf Peer Gynts Weg. Das Glück, das er sein Leben lang auf falschen Wegen suchte, findet er hier und jetzt in Solveigs fragloser Liebe.

*unten*
Mats Ek, *Giselle* (1982), II. Akt, 1. Bild; Siv Ander als Myrta; Bühnenbild: Marie-Louise de Geer Bergenstråhle; Cullbergbaletten, Stockholm 1982. – Ek legt den weißen Akt in die hospitalisierte Unwirklichkeit einer scheinbar verrückten Welt. Die Zwänge partialisierter und deformierter Körperlichkeit jedoch geben Anstoß zur Vision einer humaneren Welt.

Kosaken seit mehreren Wochen die Stadt Dubno belagert haben, sind sie ungeduldig geworden. Um sich abzulenken, haben sie ein Fest veranstaltet. Einzig Rodion ist außerstande, an dem Fest teilzunehmen, da er nur an Marylka denkt. Als Taras dazukommt und das Fest wütend beendet, fordern die Kosaken, daß man endlich den Angriff gegen die Polen wagen solle. Auch sind sie nicht mit ihrem Hauptmann, dem Koschewoj, zufrieden und verlangen Taras Bulba als ihren Führer. Taras bestimmt, daß der Angriff am nächsten Tag stattfinden soll. Rodion und Schilo werden als Spione in die Stadt gesandt.

III. Akt, Dubno, ein Garten mit einem großen Haus, eine Kirche, Nacht: Marylka denkt an Rodion. Sie hat ihn im feindlichen Heer gesehen und meint, ihn nie wieder treffen zu können. In der Stadt bemerkt Rodion ein Dienstmädchen, das er als Marylkas Magd wiedererkennt. Als er Marylka selbst begegnet, vergißt er seinen Auftrag. Dennoch zweifelt Marylka, ob Rodion, der Kosak, sie lieben könne. Rodion jedoch hat sich entschlossen, bei Marylka zu bleiben.

IV. Akt, Dubno, das festlich geschmückte Haus des Woiwoden: Rodion und Marylka sollen heiraten; alles ist zur Hochzeitsfeier bereitet. Obgleich Rodion ein Kosak ist, wird er vom Woiwoden als Schwiegersohn akzeptiert. Noch während der Feier kommt ein polnischer Offizier mit der Botschaft, daß die Polen im Kampf gegen die Kosaken gesiegt haben. Die gefangenen Kosaken, unter ihnen Taras Bulba, werden vor den Woiwoden geführt. Dieser fragt Taras, ob er Rodion kenne, was er bejaht und woraufhin er ein düsteres Lied über einen Kosaken anstimmt, der sein Land verraten hat und darum sterben muß. Abseits dürfen Vater und Sohn miteinander sprechen. Taras klagt Rodion des Verrats an. Beschämt verspricht Rodion, den Kosaken zur Flucht zu verhelfen. Marylka gesteht er, daß er sie nicht mehr heiraten könne. Doch nachdem sie ihn an seine Mutter erinnert, die, obwohl Kosakin, niemals wünschen könne, daß er sein Glück zerstört, gibt Rodion seinen Plan auf, den Kosaken zu helfen. Als Taras zurückkehrt und von dem Gesinnungswandel seines Sohns erfährt, streckt er ihn mit dessen eigenem Schwert nieder. Sterbend bittet Rodion den Woiwoden und die herbeieilenden Gäste, seines Vaters Leben zu schonen. Während er in den Armen Marylas stirbt, wird Taras Bulba als freier Mann entlassen.

**Kommentar:** *Kosakkerne* ist eine der ersten norwegischen Opern, die auch auf einer norwegischen Bühne zur Uraufführung kam. Zudem dürfte das Werk innerhalb des norwegischen Opernschaffens eins der ersten sein, das im Hinblick auf seine dramaturgisch-musikalische Anlage überzeugend gestaltet ist. Besonders wirkungsvoll sind die großangelegten Chorpartien, während Elling ansonsten manches Detail seiner Partitur zu langatmig gestaltet hat. Aus verschiedenen Skizzen und Einzeichnungen in das Notenmaterial geht hervor, daß Elling zeitweilig plante, *Kosakkerne* weitgehend umzuarbeiten, vermutlich in bezug auf eine zu Anfang des 20. Jahrhunderts vorgesehene Neuinszenierung des Werks, die jedoch nicht realisiert wurde. *Kosakkerne* lehnt sich eng an das Genre der deutschen romantischen Oper an, ohne die damals zunehmend beachteten Ideen des Wagnerschen Musikdramas aufzugreifen. Trotz mancher konservativer Züge gelang es Elling, in *Kosakkerne* einen persönlichen Stil zu entwickeln, der insbesondere in der gekonnten Instrumentation hervorsticht und in manchem als eine eigenwillige Auseinandersetzung mit dem Werk Heinrich Marschners erscheint. Wenn heute von einem norwegischen Opernschaffen gesprochen werden kann, so ist *Kosakkerne* das erste Werk, das diese Bewegung eingeleitet hat.

**Wirkung:** *Kosakkerne* wurden bei der Uraufführung von Kritik und Publikum begeistert aufgenommen. Auch in der folgenden Saison blieb das Werk auf dem Spielplan. Es muß den ungünstigen Verhältnissen des norwegischen Musiktheaters zugeschrieben werden, daß die Oper später nicht wieder aufgeführt worden ist. Erst in jüngster Zeit wurde *Kosakkerne* zweimal (1959 und 1968) im Norwegischen Rundfunk gesendet. Eine Wiederbelebung des Werks stellt für das norwegische Opernleben eine wichtige Aufgabe dar.

**Autograph:** Norsk Musiksamling Oslo (Ms. 2757). **Ausgaben:** Textb.: Kristiania, Biglers 1897. **Aufführungsmaterial:** Norsk Musiksamling, Oslo

*Øyvind Norheim*

# Duke Ellington

Eigentlich Edward Kennedy Ellington; geboren am 29. April 1899 in Washington, gestorben am 24. Mai 1974 in New York

**The River**
→ Ailey, Alvin (1970)

# Józef Elsner

Józef Antoni Franciszek Elsner, eigentlich Joseph Anton Franz Elsner; geboren am 1. Juni 1769 in Grottkau (Schlesien), gestorben am 18. April 1854 in Elsnerowo (bei Warschau)

**Echo w lesie**
Opera w jednym akcie

**Echo im Wald**
Oper in 1 Akt

**Text:** Wojciech Pękalski
**Uraufführung:** 22. April 1808, Nationaltheater, Warschau

**Personen:** Doryna (S); Lubin, ihr Mann, Heger (B)
**Orchester:** 2 Fl, Ob, Klar, 2 Clarini, 2 Fg, 2 Hr, Pkn, Streicher
**Aufführung:** Dauer ca. 45 Min. – Gesprochene Dialoge.

**Entstehung:** Elsner, als Komponist, Verleger, Kritiker und Pädagoge eine der führenden Persönlichkeiten im Warschauer Musikleben, hatte seine ersten Bühnenerfolge mit kleinen ein- oder zweiaktigen komischen Opern in der Tradition der Opera buffa und Opéra-comique, von denen *Echo w lesie* die weiteste Verbreitung fand. Der Journalist, Übersetzer und Schriftsteller Pękalski lieferte dem Warschauer Theater 1804–17 rund 50 Stücke, darunter mehrere Opernlibretti. Lediglich drei davon waren Originalwerke, darunter das Libretto zu *Echo*. Elsner komponierte die Musik für das Benefiz des Sängerschauspieler-Ehepaars Joanna und Jan Nepomucen Szczurowski.
**Handlung:** Im Wald, nachts: Der Heger Lubin ist bis in die Nacht im Wald geblieben, ebenso seine Frau Doryna, die sich die Zeit mit Pilzesammeln vertrieb. Nachdem sich die beiden getroffen und nicht erkannt haben, beginnen sie miteinander zu flirten. Doryna gibt sich als Tochter eines reichen Gemeindevorstehers aus, Lubin als Stallmeister. Doryna, die ihm nicht glaubt, lüftet seinen Hut: Im Mondschein erkennen die beiden einander. Die wechselseitigen Vorwürfe führen beinah zu Handgreiflichkeiten, bis der Gedanke an das gemeinsame Gut die Versöhnung veranlaßt.
**Kommentar:** *Echo w lesie* ist ein typisches Exemplar jenes zu Beginn des 19. Jahrhunderts nicht nur in Polen verbreiteten Genres des Unterhaltungstheaters, das durch einfachste Mittel (Verkleidung) dem Schauspieler die Gelegenheit zu glänzen und dem Publikum zwar kein anspruchsvolles, doch pures Vergnügen bot. Der harmlose Text mit mäßig frivolen Anspielungen auf die »moderne« bürgerliche Ehemoral und gelegentlichen Abstechern in die Umgangssprache (Schlußvaudeville) gab der Zensur keinen Anlaß zu Eingriffen. Elsner komponierte mehrere solcher Gelegenheitskomödien, *Echo* ist aber das einzige Stück in der Tradition des Intermezzos (Zweipersonendramaturgie). Auf musikalischer Ebene hervorzuheben ist die Tonmalerei der Ouvertüre, deren pastorale Topoi (Echo) bereits im Dienst eines vorromantischen Ausdruckskonzepts stehen. Die sonatenhauptsatzförmige Ouvertüre erscheint sowohl musikalisch (Aufnahme der Echos im ersten Duett, des zweiten Themas in Lubins erster Arie) als auch klangdramaturgisch (Holzbläser) mit dem Werk verbunden. Insgesamt handhabt Elsner die musikalischen Konventionen der Zeit mit Können und Geschmack. *Echo w lesie* bietet zwei guten Sängerdarstellern dankbare Rollen.
**Wirkung:** Das Ehepaar Szczurowski gastierte mit diesem Intermezzo in mehreren polnischen Städten. Noch 1808 folgten Aufführungen in Posen und Kalisch, 1820 in Krakau. *Echo w lesie* geriet erst nach einer erstaunlich großen Zahl von Wiederaufnahmen in Vergessenheit. Eine erfolgreiche Neuinszenierung brachte 1972 die Warschauer Kammeroper.

**Autograph:** Bibl. Narodowa Warschau
**Literatur:** W. BOGUSŁAWSKI, Dzieła dramatyczne, Warschau 1823, Bd. 7, S. 11–32; J. REISS, Sląszak J. E., nauczyciel Chopina, Warschau 1936; J. ELSNER, Sumariusz moich utworów muzycznych, Krakau 1957; A. NOWAK-ROMANOWICZ, J. E. Monografia, Krakau 1957; DIES., Poglądy estetyczne J. E., in: Poglądy na muzykę kompozytorów polskich doby przedchopinowskiej, Krakau 1960, S. 51–99; DIES., Okres przejściowy od Oświecenia do Romantyzmu, in: Z dziejów polskiej kultury muszycznej, Krakau 1961, Bd. 2, S. 9–101

*Ewa Burzawa*

## Król Łokietek czyli Wiśliczanki
Opera w dwóch aktach

### König Łokietek oder Die Mädchen aus Wiślica
Oper in 2 Akten

**Text:** Ludwik Adam Dmuszewski
**Uraufführung:** 3. April 1818, Nationaltheater, Warschau
**Personen:** Władysław/Wladislaw Łokietek, König von Polen (Bar); Hinkon Berke/Hynek s Dubu, tschechischer Heerführer (B); Herman, Rittmeister bei Hinkon (T); Otton, Rittmeister (Spr.); Stefan, ein Bürger von Wiślica (Spr.); Zosia und Salusia, Mädchen aus Wiślica (2 S); Jonek, Verlobter Zosias (Spr.); 2 tschechische Soldaten (2 Spr.). **Chor:** Bauern, Bäuerinnen, tschechische Soldaten, Phantome
**Orchester:** 2 Fl (auch Picc), Ob, 2 Klar, 2 Fg, 2 Hr, Pos, 2 Clarini, Fanfare (Trp?), Pkn, Schl (Trg, Tr), Hrf, Streicher
**Aufführung:** Dauer ca. 2 Std. – Gesprochene Dialoge.

**Entstehung:** Als Komponist und Dirigent der Warschauer Oper wandte sich Elsner seit 1812 zunehmend Stoffen aus der polnischen Geschichte zu, wahrscheinlich um als Ausländer bei dem national gesinnten Publikum Popularität zu gewinnen, zumal in Konkurrenz zu seinem jüngeren polnischen Kollegen Karol Kazimierz Kurpiński. Erste Etappe auf Elsners Weg zu einer polnischen Nationaloper war *Leszek Biały* (Warschau 1809), obwohl die nationalistische Thematik und der Einfluß polnischer Folklore in den Tänzen den kosmopolitischen Grundcharakter des Werks nicht verdecken können. Elsner komponierte *Król Łokietek* für das Benefiz des Schauspielers, Sängers und Schriftstellers Dmuszewski, der den König sang.
**Handlung:** In der Nähe der Stadt Wiślica, 1304.
I. Akt, Dorfstraße: Während der Vorbereitung zur Hochzeit von Zosia und Jonek berichtet Zosias Patenonkel Stefan, daß Soldaten des tschechischen Königs, der auch im Besitz der polnischen Krone ist, den legitimen König Władysław Łokietek suchen, der aus Polen hat flüchten müssen und nun offenbar zurückgekehrt sei. Die fröhliche Stimmung der Hochzeitsgäste wird gestört durch die Ankunft der tschechischen Wache. Ihr Anführer Herman setzt eine Belohnung aus für denjenigen, der Władysław töten oder den

tschechischen Besetzern verraten würde. Als Herman und seine Garde verschwunden sind, erscheint Władysław im Gewand eines Pilgers. Die Bauern, die ihn nicht erkennen, versprechen dem Pilger Hilfe für seine weitere Wallfahrt. Zosia und andere Frauen schenken ihm ihren Goldschmuck. Tief ergriffen gibt sich Władysław zu erkennen. Die Wache kommt zurück und verhaftet den Pilger, ohne zu wissen, wer in ihre Hände gefallen ist. Zosia, entsetzt über die feigen Männer, die Władysław nicht geschützt haben, ruft die Dorfbewohner zum Marsch auf Wiślica und zur Befreiung Władysławs auf.

II. Akt, 1. Bild, Hinkons Gemächer im Schloß Wiślica: Herman und Hinkon sprechen von dem Pilger, der unnachgiebig schweigt. Als Herman gegangen ist, schläft Hinkon erschöpft ein. Im Traum erscheinen ihm Phantome, die ihn vernichten wollen. Wieder erwacht, erzählt er Herman seinen Traum und heißt ihn den Pilger töten. 2. Bild, Bollwerk der Festung Wiślica mit dem Turm, in dem Władysław gefangen ist: Zosia und andere Frauen unterhalten mit Tanz und Gesang die tschechischen Soldaten, die das Arsenal bewachen. Im Tanz lassen sich die betörten Soldaten entwaffnen. Auf Zosias Zeichen kommen die Bauern heran, die die Soldaten hinausführen, das Arsenal erobern und Władysław befreien. Frauen führen den gefesselten Hinkon herbei. Bevor Władysław sich zur Eroberung der Hauptstadt Krakau aufmacht, verspricht er seinen Rettern Zosia und Jonek die feierliche Trauung in der Schloßkapelle.

**Kommentar:** Nach der dritten Teilung Polens (1795) erwachte das Interesse für die nationale Geschichte. Historische Stoffe erschienen immer häufiger auf den Bühnen, fanden Zugang auch zur Oper, um sie in den 20er Jahren des 19. Jahrhunderts schließlich ganz zu beherrschen. Als Grundlage dienten jedoch nicht die historischen Tragödien des 18. Jahrhunderts, sondern neue, um die Jahrhundertwende und danach entstandene Adaptionen nationaler Stoffe, die den Geist einer glanzvollen, oft zum Mythos glorifizierten Vergangenheit evozierten und unter dem historischen Schirm, für die Zensur unangreifbar, Analogien zur neuesten Geschichte Polens vor Augen stellten. Diese Tendenzen zeigen sich auch in *Król Łokietek*. Historischer Hintergrund sind die Ereignisse des Jahrs 1304 (nicht, wie im Libretto, 1305): der Kampf Wladislaws um den Thron gegen die tschechischen Besetzer und deren Vertreibung; seine Fahrt nach Rom und sein Aufenthalt in Ungarn; die Eroberung von Wiślica. Authentische historische Person neben dem König ist der Heerführer Hinkon (Hynek s Dubu, Statthalter des tschechischen Königs in Polen). Dmuszewski läßt Władysław allein ohne militärisches Gefolge auftreten, um den Anteil des Volks an seinem Sieg deutlicher hervorzuheben. Die Darstellung Władysławs als eines machtlosen Flüchtlings und als vom Volk geliebten »Vaters der Nation« traf den aktuellen politischen Nerv der Restaurationszeit und trug wesentlich zur Popularität des Werks bei. – Elsner schuf ein musikalisches Äquivalent zum nationalen Charakter des Stoffs mit dem Rückgriff auf die polnische Folklore: entweder durch direkte Übernahme oder durch stilistische Angleichung. Der Krakowiak dominiert das Werk (die Wahl des Krakowiakrhythmus bestimmt das Lokalkolorit, da Wiślica bei Krakau liegt). Neben dem Krakowiak (mit der charakteristischen lydischen Quarte) verwendet Elsner die Mazurka und die Polonaise; letztere repräsentiert mit ihrer reich figurierten melodischen Linie das stilistische Erbe der vergangenen Epoche. Es gibt Ansätze zu einer Art von Erinnerungsmotivik: Beim ersten Erscheinen Władysławs erklingt im Orchester das Motiv eines Lieds, das vom König übernommen wird (es ist später mit einem andern Text als Kirchenlied populär geworden). Zu den Liedern zählt auch der berühmte »Dumka von Ludgarda« aus dem II. Akt. Die dramaturgisch wichtigste Stelle der Oper ist das Intermezzo (II/1), der Traum Hinkons, in dem die Geschichte Polens in allegorischen Bildern vorgestellt wird. Jedem der zehn Bilder entspricht eine musikalische »Illustration«, die die dargestellte Epoche symbolisieren soll. Elsner wendet hier die Methode der »Erinnerungsexpression« an, bei der er Zitate aus polnischen Liedern oder auch aus eigenen Werken montiert (es wird in dieser Szene unter anderm die polnische Nationalhymne zitiert, die Ende des 18. Jahrhunderts entstand und als Soldatenlied in Italien gesungen wurde). Kurpiński widmete der Szene von Hinkons Traum höchstes Lob (in: *Tygodnik muzyczny i dramatyczny*, 1821, S. 21f.):»Es gibt dort keine Worte; denn es gibt keine solchen auf dieser Welt, die in einem kurzen Augenblick so viel und mit solchem Nachdruck hätten aussagen können. Man hört zwei Takte, und man versteht alles.« Besonders die letzten Bilder aus der neuesten Geschichte mit den im Volk noch lebendigen Gesängen übten eine starke Wirkung aus. – Mit *Król Łokietek* krönte Elsner alle älteren Bestrebungen der vorromantischen Epoche, in der Oper einen polnischen Nationalstil auf der Basis der Volksmusik zu entwickeln. Insofern vermittelt das Werk zwischen den ersten nationalen Komponisten des 18. Jahrhunderts und der späteren »Nationalschule« Stanisław Moniuszkos.

**Wirkung:** Das Publikum begrüßte *Król Łokietek* mit Enthusiasmus; die Meinungen der Kritik waren geteilt, negativ vor allem gegenüber dem Libretto. Das Werk geriet in die aktuellen ästhetischen Auseinandersetzungen zwischen »Klassikern« und »Romantikern«. Während erstere der Oper formale Schwächen und dramaturgische Mängel ankreideten, begrüßten letztere die Ansätze zu einer volksnahen Kunst. Die Oper wurde in Warschau und bald danach in Lemberg (1819) und Wilna (1821) mit Ergriffenheit aufgenommen. 1822 wurde *Król Łokietek* aufgrund des Verbots der russischen Zensur aus dem Spielplan genommen; eine für 1827 vorbereitete Wiederaufnahme kam offenbar deshalb nicht zustande. Während des Novemberaufstands 1830/31 verlangte die Bevölkerung Wiederaufnahmen aller verbotenen Werke. *Król Łokietek* kam der revolutionären Stimmung besonders entgegen; deshalb wurde jede Aufführung mit großer Erregung erwartet und begeistert begrüßt. Später verlor die

Oper (wie auch die andern von Elsner) ihre Aktualität; in der 1833 wiedereröffneten Warschauer Oper wurde sie nicht mehr aufgeführt. Die Popularität der Melodien von *Król Łokietek* reichte weit über das Theaterpublikum hinaus. Das Mazurkaduett Zosia/Salusia (I/6) wurde mit verändertem Text zum Volkslied und später in Henryk Oskar Kolbergs *Lieder des polnischen Volks* übernommen. Während eines Konzerts in Warschau 1829 spielte Niccolò Paganini Variationen über dies Mazurkathema.

**Autograph:** Bibl. Narodowa Warschau. **Ausgaben:** Text in: L. A. DMUSZEWSKI, Dzieła dramatyczne, Bd. 3, Breslau 1821 **Literatur:** T. STRUMIŁŁO, Źródła i początki romantyzmu w Polsce, Krakau 1956, S. 182–184; weitere Lit. s. S. 142

*Ewa Burzawa*

# George Enescu

**Auch Georges Enesco; geboren am 19. August 1881 in Liveni (heute George Enescu; bei Botoșani, Moldau), gestorben am 4. Mai 1955 in Paris**

## Oedipe
Tragédie-lyrique en quatre actes et six tableaux

### Ödipus
4 Akte (6 Bilder)

**Text:** Edmond Fleg (eigtl. Edmond Flegenheimer) **Uraufführung:** 13. März 1936, Opéra, Salle Garnier, Paris
**Personen:** Jocaste/Iokaste (Mez); Laïos/Laios (T); Tirésias/Teiresias (B.Bar); der Hirt (T); der Hohepriester (B); Créon/Kreon (Bar); eine thebanische Frau (A); die Sphinx (A); Mérope/Merope (A); Oedipe/Ödipus (Bar); der Totenwächter (B); Phorbas (B); ein Thebaner (T); Antigone (S); Ismene (stumme R); Thésée/Theseus (T). **Chor:** thebanische Frauen (bis 4st.), Jungfrauen (bis 4st.), Krieger (bis 6st.), Hirten (T, T, T), Priesterinnen, Hilfsgeistliche, Frauen im Palast, die Ältesten der Athener, Eumeniden; kleiner Chor: thebanische Männer und Frauen, davon Solo: 2 Frauen (S, A), 6 Männer (3 T, 3 B); 3 Gruppen Ehrengeleit (S, T); Kinderchor. **Statisterie:** ein Kind als Tirésias' Führer, thebanische Älteste. **Ballett:** Hirten, thebanische Frauen und Krieger
**Orchester:** 4 Fl (3. u. 4. auch Picc, 4. auch A.Fl), 2 Ob, E.H (auch 3. Ob), 2 Klar, kl. Klar (auch 3. Klar), B.Klar (auch A.Sax), 2 Fg, K.Fg (auch 3. Fg), 4 Hr, 4 Trp (1. auch Trp in D), 3 Pos, T.Tb, B.Tb, Kb.Tb, 3 Pkn, Schl (3 Spieler: baskische Tr, gr.Tr, kl.Tr, Trg, Tamtam, Bck, 2 hängende Bck, Kastagnetten, Schellen, Peitsche, Glocke in a'), Kl, Cel (auch Glsp), Harm (auch singende Säge), 2 Hrf, Streicher; BühnenM: 2 Fl, NachtigallenFl, 2 Trp, Windmaschine, Donnerblech, Hrf
**Aufführung:** Dauer ca. 2 Std. 30 Min. – Die Bühnenmusik (nicht Donnerblech und Windmaschine) ist aus dem Orchester zu besetzen. 2. und 3. Pauke werden vom Schlagzeug II und III gespielt; einige Kinder des Chors spielen kleine Becken; Streicher vielfach geteilt mit zahlreichen Soli. Chor der Eumeniden hinter der Szene.

**Entstehung:** Den entscheidenden Anstoß zur Vertonung des antiken Dramenstoffs empfing Enescu 1910 durch eine ihn tief beeindruckende Aufführung von Sophokles' *König Ödipus* an der Comédie-Française mit dem großen Tragöden Mounet-Sully in der Titelrolle. 1913 legte Fleg dem Komponisten ein umfangreiches Libretto vor, das dieser jedoch mit der Bitte um Kürzung an den Dichter zurückgab. Gleichzeitig entwarf Enescu erste musikalische Skizzen, die ihm allerdings in den Wirren des ersten Weltkriegs abhanden kamen und die er erst 1923 zusammen mit dem inzwischen überarbeiteten Libretto wieder in Händen hielt. Bis dahin hatte er eine Fülle weiterer Gedanken zu Papier gebracht. Die Ausarbeitung der riesigen Partitur nahm acht Jahre in Anspruch und konnte erst 1931 abgeschlossen werden. Bis zur Uraufführung vergingen weitere vier Jahre, ohne daß sich der Wunsch des Komponisten erfüllte, daß Fjodor Schaljapin die Titelpartie übernahm.
**Handlung:** I. Akt, runder Saal in Laïos' Palast mit archaischen Marmorskulpturen; zwischen mächtigen Säulen sind Blumengirlanden gespannt, im Hintergrund eine bronzene Doppeltür, in der Mitte ein Hausaltar und ein bronzenes Wasserbassin: In Theben wird die Freude über die Geburt eines Königssohns jäh gestört durch den blinden Seher Tirésias, der König Laïos prophezeit, sein Sohn werde den Vater töten und der Gatte der eigenen Mutter werden. Laïos, vor Angst besinnungslos, übergibt das Kind einem Schäfer, der es umbringen soll.
II. Akt 1. Bild, prächtiger Saal in Polybos' Palast in Korinth mit Ausblick auf das Meer und die Akropolis; Abend: Das Kind, das ausgesetzt und gerettet wurde, wuchs unter dem Namen Oedipe als Sohn des Königs von Korinth auf. Oedipe ist verzweifelt, weil das Orakel in Delphi, wo er ein Dankopfer bringen wollte, ihm verkündete, er werde seinen Vater ermorden und seine Mutter heiraten. Um dem Spruch auszuweichen, beschließt er, Korinth zu meiden. 2. Bild, lichter, hügeliger Wald mit Weideplätzen und Felsen und einem Kreuzweg mit einer verwitterten Statue: Oedipe erschlägt einen Mann, der ihn mit der Peitsche bedrohte, um sich den Weg frei zu machen. Der Schäfer war Zeuge der Tat und stellt mit Entsetzen fest, daß der Tote Laïos ist. 3. Bild, links die Stadtmauern von Theben mit einem Turm und einem verschlossenen Tor, rechts im Hintergrund Felsen; Nacht: Theben wird von der Sphinx in Schrecken versetzt, die jeden in den Abgrund stürzt, der ihr Rätsel nicht lösen kann. Oedipe gelingt es, die Antwort auf die Frage zu finden, was stärker als das Schicksal sei: der Mensch.

Er wird als Retter der Stadt zum König gekrönt und mit Königin Jocaste, Laïos' Witwe, vermählt.

III. Akt, der öffentliche Platz von Theben, links ein Tempel, rechts Oedipes Palast: Theben wird von der Pest heimgesucht. Créon kommt vom delphischen Orakel mit der Nachricht, daß die Epidemie nicht weichen werde, solange Laïos' Mörder unerkannt in der Stadt lebe. In einer quälenden, tragischen Dialektik, in der jeder Ausweg, der Rettung verheißt, weiter ins Verderben führt, wird die Wahrheit allmählich aufgedeckt. Jocaste erhängt sich. Oedipe sticht sich die Augen aus und verläßt, geführt von seiner Tochter Antigone, die Stadt.

IV. Akt, Attika, am Rand eines heiligen Hains; links ein Felsen neben einer Quelle, rechts ein marmorner Altar: Aus Kolonos bei Athen, wo Oedipe Schutz gefunden hat, versucht ihn Créon, jetzt König von Theben, zurückzuholen, weil seine Anwesenheit Segen bedeutet. Oedipe aber weigert sich und geht seiner Verklärung entgegen.

**Kommentar:** Das Libretto faßt die Handlungen von Sophokles' *Ödipus*-Tragödien zusammen: Die Vorgeschichte bildet den I. und II., *König Ödipus* den III. und *Ödipus auf Kolonos* den IV. Akt. Die Auflösung des Tragödienzyklus ins Epische, durch die der Librettist dem Komponisten, der weniger ein Dramatiker als ein Symphoniker war, um den Preis des Verzichts auf Bühnenwirkung entgegenkam, ist bei Fleg und Enescu, anders als bei Jean Cocteau und Igor Strawinsky (*Oedipus Rex*, 1927), nicht als Präsentation einer »versteinerten« Antike in der Form einer zum szenischen Oratorium erstarrten Oper zu verstehen, sondern als Anpassung des Stoffs an die Möglichkeiten eines Komponisten, dessen Stil in der »Moderne« des Jahrhundertanfangs (der sogenannten Spätromantik) wurzelte. Die Vielzahl der Personen, unter denen die Frau des Polybos (Merope genannt) ebensowenig fehlt wie die Sphinx, führt keineswegs, wie man erwarten könnte, zu einer Belebung der Bühnenhandlung; vielmehr schrumpfen die »Gegenspieler«, da ihr ständiger Wechsel (außer bei Créon) einen durchgängigen, als Rückgrat des Dramas wirkenden Antagonismus nicht entstehen läßt, zu bloßen Stichwortgebern eines immensen, die Bühnenpraxis fast überfordernden Monologs. Von einem Monodrama mit Nebenpersonen zu sprechen wäre kaum eine Übertreibung. Der Monolog aber ist im Grunde nichts anderes als ein Kommentar zu einem symphonischen Orchestersatz, der (im Sinn von Richard Wagners These, daß die Musik das »Wesen« und der sichtbare Vorgang die bloße »Erscheinung« des Dramas sei) die eigentliche Substanz des Werks bildet. Im Gegensatz zur gewöhnlichen Dramaturgie der Oper sind nicht Musik und Sprache Funktionen der szenischen Handlung, sondern das Sichtbare erscheint gerade umgekehrt als Illustration einer weniger dramatischen als episch-lyrischen Rhetorik, die ihrerseits zur ästhetischen Rechtfertigung eines Orchesterwerks von ungeheuren Ausmaßen dient, das als Symphonie gemeint, aber als solche nicht möglich war.

*Oedipe*, III. Akt; Regie: Jean Rinzescu, Bühnenbild: Roland Laub; Rumänische Oper, Bukarest 1958. – Wie im antiken griechischen Theater agieren auch hier Solisten und Chor auf zwei voneinander getrennten Spielebenen.

**Wirkung:** Die Uraufführung unter Leitung von Philippe Gaubert mit André Pernet (Oedipe), Marisa Ferrer (Jocaste), Bertrand Etcheverry (Tirésias), Jeanne Monfort (Sphinx) und Pierre Froumenty (Créon) gestaltete sich zum triumphalen Erfolg für den Komponisten. Dennoch konnte sich *Oedipe* nicht im Spielplan der Opéra behaupten. Erst 1955 produzierte und sendete der französische Rundfunk das Werk. 1956 folgte eine Inszenierung in Brüssel, der sich 1958 die rumänische Erstaufführung in Bukarest anschloß. Die Produktion gehört seitdem zum ständigen Repertoire dieses Hauses und wurde auf Gastspielen 1966 in Athen und 1975 in Ost-Berlin gezeigt. Die bundesdeutsche Erstaufführung fand 1971 in Saarbrücken statt, in der DDR wurde *Oedipe* in deutscher Übersetzung von Heidemarie Stahl 1984 in Weimar herausgebracht. Weitere Aufführungen gab es 1978 in Warschau, 1980 in Stockholm (konzertant) und 1981 in Jassy und Luzern.

**Autograph:** Museul Musicii românești Bukarest. **Ausgaben:** Part: Salabert, Paris 1934, 1955; Muzicală, Bukarest 1956, 1964; Kl.A: ebd. 1965. **Aufführungsmaterial:** Salabert; Musicală, Bukarest; Schott
**Literatur:** B. Gavoty, Entretiens avec G. E., Paris 1955; L. Voiculescu, G. E. și opera sa ›Oedip‹, Bukarest 1956; O. L. Cosma, Oedipul enescian, Bukarest 1967; George Enescu, hrsg. M. Voicana, Bukarest 1971; M. Voicana, Enesciana, Bukarest 1976; R. Draghici, G. E., Bacău 1973; R. Ghircoiașiu, Studii enesciene, Bukarest 1981; C. Taranu, G. E. dans la conscience du présent, Bukarest 1981; P. Bentiu, Capodopere enesciene, Bukarest 1984

*Carl Dahlhaus*

# August Enna

August Emil Enna; geboren am 13. Mai 1859 in Nakskov (Lolland), gestorben am 3. August 1939 in Kopenhagen

## Heksen
Opera i fire akter og et forspil

## Die Hexe
Oper in 4 Akten und einem Vorspiel

**Text:** Peter Alfred Buntzen Ipsen, nach dem Trauerspiel *Die Hexe* (1878) von Arthur Heinrich Wilhelm Fitger
**Uraufführung:** 1. Fassung: 24. Jan. 1892, Königliches Theater, Kopenhagen (hier behandelt); 2. Fassung in 3 Akten in deutscher Übersetzung von Marie von Borch als *Die Hexe*: 1. Juni 1892, Deutsches Theater, Prag
**Personen:** Thalea (S); Almuth, ihre Schwester (S); Gela, ihr Dienstmädchen (Mez); Adda und Theda, Bauernmädchen (2 Mez); Edzard von Viarda, Offizier (T); Xaver, Jesuit (T); Lubbo, Wachtmeister in Edzards Dienst (Bar); Simeon, jüdischer Gelehrter (Bar); Priester (B); 2 Turmkuriere (B). **Chor:** Frauen, Männer, Mädchen, Bauern. **Statisterie:** Brautjungfern, Soldaten, Dorfbewohner
**Orchester:** 3 Fl, 2 Ob, E.H, 2 Klar, 3 Fg, 4 Hr, 3 Trp, 3 Pos, Tb, Pkn, Hrf, Streicher
**Aufführung:** Dauer ca. 2 Std. 30 Min.

**Entstehung:** Eine Vorfassung von *Heksen*, jener Oper, die Enna mit einem Schlag berühmt machte, wurde größtenteils 1888 während seines Aufenthalts in Flensburg geschrieben. Kurz danach komponierte er eine neue Version. In dieser Gestalt wurde die Oper dem Kopenhagener Theater angeboten, wo sie nach geraumer Zeit angenommen wurde. In beiden Stadien bestand die Oper aus vier Akten. In der 2. Fassung fiel der IV. Akt weg, einzelne Teile daraus wurden in den III. Akt übernommen (Thaleas Arie, Todesszene sowie eine Bearbeitung des Vorspiels zum IV. Akt).
**Handlung:** Auf Thaleas Schloß und in dessen Umgebung an der ostfriesisch-münsterschen Grenze, 1648.
I. Akt, Schloßbibliothek; ein Tisch mit vielen Büchern, überall liegen astronomische und physikalische Instrumente, im Hintergrund ein als Labor eingerichtetes Nebenzimmer: Thalea studiert einen Schädel und schlägt in Büchern nach, beraten von Simeon, ihrem Mentor. Die Leute in der Gegend mißtrauen der Frau und halten sie, aufgehetzt von dem Jesuiten Xaver, für eine Ketzerin und eine Hexe. Edzard, Thaleas totgeglaubter Bräutigam, kehrt nach dem Friedensschluß überraschend zurück. Kirchenglocken rufen zur Dankesfeier; Thalea aber weigert sich, Edzard in die Kirche zu begleiten. An ihrer Stelle geht Almuth, die sich in den Heimkehrer verliebt hat. Thalea, allein zurückgeblieben, spürt mit großer Angst, daß sie sich verändert hat. Sie geht hinaus. Lubbo, ein Haudegen und bibelfester Fanatiker, erschrickt in der verlassenen Bibliothek über den Totenschädel auf dem Tisch: Thalea muß, so glaubt er, eine Hexe sein. Xaver tritt leise hinzu und schließt mit Lubbo einen Pakt, Edzards Hochzeit mit Thalea zu verhindern.
II. Akt, ein Saal des Schlosses mit Kamin und Bänken, im Hintergrund durch ein Portal Ausblick ins Freie: Es ist der Abend vor der Hochzeit. Während einige Mägde am Spinnrad arbeiten und andere das Brautkleid nähen, sitzt Almuth traurig neben Thalea. Nach beendeter Arbeit ziehen sich alle außer Almuth zurück, die verzweifelt mit ihren Gefühlen kämpft. Edzard kommt und glaubt zunächst, sie sei Thalea. Als Almuth sich zu erkennen gibt, kann er seine Gefühle nicht verbergen. Nachbarn und Freunde bringen der Braut einen Abschiedsgruß mit Musik. Nachdem das Paar die Huldigungen entgegengenommen hat, begleiten Thalea und Edzard die Gäste hinaus. Wieder allein und in erregter Stimmung, erleidet Almuth einen Ohnmachtsanfall. Thalea findet sie und entringt ihr das Geständnis, daß sie Edzard liebt. Mit verzweifeltem Flehen fordert Thalea ihr Recht; sie will auf das Glück nicht verzichten.
III. Akt, Dorfkirchhof, vorn im Tor, im Hintergrund das Kirchenportal, in der Ferne Blick über eine weite Ebene: In der Morgendämmerung betritt Edzard blaß

und übernächtigt den Kirchhof; er will Almuth entsagen und nur für Thalea leben. Xaver, an der Spitze einer Schar fanatischer Bauern, hetzt die Leute auf, Thalea sei eine Hexe, und das werde sich beweisen, sobald sie durch die Kirchentür trete. Junge Mädchen bestreuen den Weg mit Blumen. Der Hochzeitszug kommt, angeführt von Musikanten, die einen Festmarsch spielen. Thalea erreicht die Kirchentür, erschauert jedoch bei dem Gedanken, daß sie Edzards Liebe verloren hat, und entflieht. Sofort ertönen Rufe, sie sei eine Hexe. Edzard und seine Soldaten drängen das Volk zurück, Thalea fällt in Ohnmacht. Lubbo verlangt, daß Thalea schwört, nie ihren Glauben verleugnet zu haben; sie aber weigert sich aus Stolz. Almuth will ihr zusammen mit Edzard helfen, der Menge zu entkommen. Sie stellt sich schützend vor Thalea, fällt aber, von einem Stein getroffen, in Ohnmacht und wird in Sicherheit gebracht. Edzard und seine Soldaten kämpfen weiter gegen die Menge. (Schluß des III. Akts und der Oper in der 2. Fassung: Lubbo tötet Thalea, nachdem diese den Schwur verweigert. Sterbend segnet sie Edzard und Almuth.)
IV. Akt, Schloßhof, links Turm und Portal, rechts Brunnen und Garten, im Hintergrund eine Mauer mit verschlossenem Tor: Erregte Volksscharen belagern in der Nacht das Schloß. Edzard will die Wachtposten inspizieren; Thalea bittet ihn, die kranke Almuth zu besuchen. Simeon stürzt herein und ruft zu den Waffen. Die Belagerer greifen an, es fällt ein Kanonenschuß, die Gebäude fangen Feuer. Almuth wird in den Schloßhof gebracht, Thalea bringt ihr einen Mantel und Medizin. Xaver und Lubbo erscheinen als Unterhändler und bieten an, Almuth unter der Bedingung in Sicherheit zu bringen, daß Thalea sich ihrem Richtspruch unterwirft. Thalea, über die wahre Absicht nicht im Zweifel, willigt ein. Als draußen schon Edzards Stimme zu hören ist, durchbohrt Lubbo Thalea mit seinem Schwert. Auf ein Trompetensignal hin wird das Tor geöffnet, Edzard eilt herbei, verflucht Lubbo und läßt ihn in Ketten legen. Mit letzter Anstrengung wirft sich Thalea an Edzards Brust, sucht seine und Almuths Hände zu vereinen, sinkt aber sterbend in Simeons Arme.
**Kommentar:** Stofflich bietet *Heksen* eine effektvolle Mischung populärer motivischer Ingredienzien: Hexenverfolgung, Volks- und Kriegsszenen, Feuersbrunst und eine gefühlvolle Todesszene. Ennas eklektische, an italienischen und französischen Vorbildern wie an Richard Wagner gleichermaßen orientierte Musik mangelt es an eigentlich dramatischer Qualität. Weder durch szenische noch durch musikalische Mittel gelingt eine Integration: Aus der bloßen Abfolge rezitativischer und arienhafter Teile ergeben sich keine geschlossenen Komplexe, aus konventioneller Oberflächenmotivik keine immanent musikalischen Zusammenhänge. Beachtenswert erscheint freilich die Routine, mit der Enna sich der Lingua franca der dramatischen Musik am Ausgang des 19. Jahrhunderts bedient, die dem proklamierten Ideal des »Nationalstils« zum Trotz de facto eine kosmopolitische war.

*Heksen*; Regina Nielsen als Almuth; Uraufführung, Königliches Theater, Kopenhagen 1892. Als dramatischer Sopran sang Nielsen alle großen Partien des seriösen Fachs.

**Wirkung:** Die erfolgreiche Premiere leitete eine Serie von 18 Aufführungen ein. Die 2. Fassung machte *Heksen* auch außerhalb Dänemarks bekannt. Auf Prag 1892 folgten noch im selben Jahr Magdeburg, 1893 Berlin und Riga sowie 1894 Stockholm.

**Autograph:** Part, 1. Fassung: Det kongelige Bibl. Kopenhagen (C II, 5); Kl.A (Fragment): ebd. **Abschriften:** Det kongelige Bibl. Kopenhagen (C II, 106). **Ausgaben:** Part, 2. Fassung: Hofmeister, Lpz. [1892], Nrn. 8199 KHM 2700a, 2710, 8326; Kl.A, 1. Fassung: Hofmusikhandel, Kopenhagen; Kl.A, 2. Fassung, dt./dän.: Hofmeister, Lpz.; Hornemann & Erslev, Kopenhagen; Textb., 1. Fassung: Kopenhagen 1891, 1892; Textb., 1. Fassung [mit Inhaltsangabe u. Motivverzeichnis]: Kopenhagen 1891; Textb., 2. Fassung, dt. v. M. v. Borch: Lpz. 1892; Textb., 2. Fassung, schwed. v. E. Wallmark: Stockholm 1893
**Literatur:** G. LYNGE, Danske komponister i det 20. Århundredes begyndelse, Kopenhagen 1917, S. 67–85; K. A. WIETH-KNUDSEN, A. E. som dramatisk komponist, in: Musik IV, Kopenhagen 1920, S. 79–84; E. JACOBSEN, V. KAPPEL, Musikkens mestre, danske komponister, Kopenhagen 1947, S. 365–375

*Esther Barfod*

## Kleopatra
### Opera i tre akter og et forspil

### Kleopatra
Oper in 3 Akten und einem Vorspiel

**Text:** Arne Einar Christiansen, nach dem Roman *Cleopatra* (1889) von Sir Henry Rider Haggard

**Uraufführung:** 7. Febr. 1894, Königliches Theater, Kopenhagen
**Personen:** Kleopatra, Königin von Ägyten (S); Harmaki, der Letzte der Pharaonen (T); Sepa, Oberpriester (Bar); Charmion, seine Tochter (S); Schafra, ägyptischer Fürst (B); Iras, Sklavin bei Kleopatra (S).
**Chor:** Kleopatras Hof, ägyptische Fürsten, Priester, Krieger, Leibwache, Volk. **Ballett**
**Orchester:** Picc, 3 Fl, 2 Ob, E.H, 2 Klar, B.Klar, 3 Fg, 4 Hr, 3 Trp, 3 ZugTrp, 3 Pos, Tb, Pkn, Schl (Trg, Bck, Tamburin, Tamtam, Glsp), 2 Hrf, Streicher
**Aufführung:** Dauer ca. 2 Std. 30 Min. – Ballett zu Beginn des III. Akts.

**Handlung:** In Alexandria, um 50–30 v. Chr.
Vorspiel, unterirdisches Gewölbe: Die ägyptischen Priester und Fürsten konspirieren gegen die verhaßte Königin Kleopatra, Roms Verbündete, die ihre Herrschaft allein der Gunst des Imperators verdankt. Harmaki, der rechtmäßige Erbe des Throns, ist von dem Oberpriester Sepa erzogen worden; als Thronfolger soll er Kleopatra töten, sein Erbe antreten und das Land vom römischen Einfluß befreien.
I. Akt, Garten vor Kleopatras Palast, im Hintergrund Terrasse mit Aussicht aufs Meer, im Vordergrund ein Thronsitz: Die Königin hat einen Traum gehabt, den niemand verstehen kann. Harmaki, der von Sepa und seiner Tochter Charmion in den Palast geführt wird, gibt sich als Traumdeuter aus und erregt damit das Interesse der Königin. Um sein Herz zu gewinnen, schenkt sie ihm einen Hyazinthenkranz. Aber auch Charmion ist Harmaki sehr zugetan.
II. Akt, Harmakis Sternwarte, mit Blick in einen klaren Nachthimmel: Harmaki, von Kleopatra verzaubert, weigert sich, sie zu töten. Charmion ahnt bereits, daß er die Königin liebt und den Mord nie ausführen wird. Sie ermahnt ihn, seinen Eid zu halten, und verkündet ihm Plan und Zeitpunkt des Attentats. Als unerwartet Kleopatra erscheint, verbirgt sich Charmion und beobachtet mit sich steigernder Eifersucht Harmaki und die Königin. Nachdem diese den Turm verlassen hat, wiederholt Charmion ihre Mahnung und gesteht Harmaki ihre Liebe. Auf seine demütigende Reaktion antwortet sie mit einer Rachedrohung, falls er seiner Eidespflicht nicht nachkommen werde.
III. Akt, großer erleuchteter Saal in Kleopatras Palast; im Hintergrund offene Säulenhalle und Garten: Eifersüchtig und rachegierig verrät Charmion ihrer Rivalin die Herkunft Harmakis und den Plan des Attentats. Harmaki kommt, um Kleopatras Zukunft aus den Sternen zu deuten. Der Verrat und Harmakis Schwäche für Kleopatra vereiteln den Mordversuch. Die vor dem Palast wartenden Verschworenen werden verhaftet, Charmion stellt sich freiwillig der Leibgarde, und Harmaki begeht Selbstmord.
**Kommentar:** Das Geschehen spiegelt den Kampf zwischen Empfindungs- und willensgeprägter Vernunft. Aber weder dies Thema noch eine allgemeine Vorstellung von menschlicher Schwäche ist der Hauptinhalt, sondern liegen bloß als eine vereinende Kraft hinter den malerischen Bildern jener emotionalisierten Momente, die das Rohmaterial von Haggards Roman wie von Christiansens Libretto bilden: der sinnliche Rausch (vom nächtlichen orientalischen Ambiente verstärkt), der asketische Fanatismus und nicht zuletzt die Eifersucht als Auslöser einer spannungsgeladenen Atmosphäre. Der vielfach (auch von Enna) behauptete Wagnersche Einfluß auf die Musik wird überschätzt. Viel offenkundiger sind die Berührungen mit dem zeitgenössischen Drame-lyrique eines Jules Massenet, Ernest Reyer und Camille Saint-Saëns. Bestimmte Motive mit Varianten sind bestimmten Themenkomplexen zugeordnet, etwa »Harmaki in seiner Eigenschaft als Pharao«, »Sepa in der Rolle des Anstifters zum Staatsstreich« oder »Kleopatras Sinnlichkeit und Macht der Verführung«. Dabei bestehen zwischen den einzelnen Motivgruppen musikalische Verwandtschaften, die oft (aber nicht immer) Ausdruck dramatischer Entsprechungen sind. Die in *Heksen* (1892) vorherrschende freie Kombination arienhafter und rezitativischer Partien ist aufgegeben zugunsten eines einheitlichen ariosen Satzes. Das überzeugendste dramatische Profil zeigt die Titelfigur. Ihr sind auch die melodischen Höhepunkte der Partitur zugewiesen, etwa der atmosphärisch dichte Auftrittsgesang mit Chor (zunächst hinter der Szene; I. Akt) oder ihr ausdrücklich aus dem Kontext des Duetts mit Harmaki herausgehobenes Einlage-»Lied« (III. Akt). Ennas eher naiver Kreativität gelingt es freilich nicht, die gelungenen Einzelheiten zu einem überzeugenden dramatischen Ganzen zu verbinden.
**Wirkung:** *Kleopatra* fand um die Jahrhundertwende auch internationale Beachtung. Man spielte das Werk in Amsterdam 1897, Antwerpen (mit Wiederaufnahmen) und Breslau 1898, Berlin (Volksoper) und Zürich 1910.

**Autograph:** Verbleib unbekannt. **Ausgaben:** Part, dän./dt. Übers. v. E. Klingenfeld: B&H 1893, Pl.Nr. 20244; Kl.A, dän./dt.: Hansen 1893, Pl.Nr. 20240; B&H 1893, Pl.Nr. 20240; Textb., frz. v. G. Sandré: B&H 1898; Textb., dt. v. E. Klingenfeld: B&H 1911
**Literatur:** s. S. 147

*Esther Barfod*

# Ferenc Erkel

Auch Franz Erkel; geboren am 7. November 1810 in Gyula (Békés), gestorben am 15. Juni 1893 in Budapest

## Hunyadi László
**Opera négy felvonásban**

## László Hunyadi
Oper in 4 Akten

**Text:** Béni Egressy (eigtl. Benjámin Galambos), nach dem Drama (1839) von Lőrinc Tóth
**Uraufführung:** 27. Jan. 1844, Nationaltheater, Pest (heute Budapest)
**Personen:** László/Ladislaus V., König von Ungarn (T); Graf Ulrik Cilley, Reichsverweser (B); Erzsébet Szilágyi, Witwe János Hunyadis (S); László (T) und Mátyás (S), ihre Söhne; Miklós Gara, Palatin von Ungarn (B); Mária, seine Tochter (S); Mihály Szilágyi (B); Rozgonyi, Offizier im königlichen Heer (Bar); eine Dame (S); ein Adliger (B). **Chor:** adlige Damen und Herren, ungarische Soldaten, deutsche Söldner, Volk, Mönche. **Ballett:** Hochzeitsgäste
**Orchester:** Picc, 2 Fl, 2 Ob, 2 Klar, 2 Fg, 4 Hr, 2 Trp, 3 Pos, Ophikleide, Pkn, Schl (gr.Tr, Bck, Glsp), Org (oder Harm), Hrf, Streicher
**Aufführung:** Dauer ca. 2 Std. 30 Min.

**Entstehung:** *Hunyadi László* entstand während der als »Reformzeit« bezeichneten Epoche der ungarischen Geschichte, kurz vor der Revolution 1848/49. Ähnlich wie in andern Gebieten der Habsburgermonarchie versuchte man auch in Ungarn, mit Hilfe der Kultur eine abgrenzende Nationalpolitik zu betreiben. Die Tendenz zur Rückbesinnung auf historische Ereignisse, wie sie Tóths Drama zeigt, sollte der nationalen Identitätsfindung dienen. Erkel, seit längerem an spezifisch ungarischen Themen interessiert, begeisterte sich zeitgenössischen Berichten zufolge so sehr für den *Hunyadi-László*-Stoff, daß er Egressys ursprünglich für András Bartay geschriebenes Libretto für eine eigene Oper beanspruchte. Wahrscheinlich begann Erkel jedoch bereits Ende 1840 mit der Arbeit an dem Werk, das (abgesehen von der erst 1845 hinzugefügten Ouvertüre) 1844 vorerst abgeschlossen wurde. 1847 ergänzte Erkel die Cabaletta der Mária Gara (III. Akt), 1850 eine Arie der Erzsébet Szilágyi (II. Akt) und einen Csárdás als Ballettmusik (III. Akt). 1878 und 1884/85 widmete sich Erkel nochmals der Überarbeitung seiner Partitur, deren Eingriffe allerdings nicht mehr auszumachen sind, seit Gusztáv Oláh, Kálmán Nádasdy und Miklós Radnai eine dramaturgisch geraffte und zu drei Akten zusammengezogene Bearbeitung (Budapest 1935) vorlegten.

**Handlung:** In Belgrad, Temesvar und Ofen/Buda, 1456/57.

I. Akt, 1. Bild, vor der Burg Nándorfehérvár in Belgrad: Adlige, Soldaten und Anhänger der Hunyadis versammeln sich und warten auf Nachrichten über die gewonnene Schlacht gegen die Türken. László erscheint und vermeldet Unvorhergesehenes: Nach dem Tod seines Vaters János Hunyadi sind die Feinde seiner Familie an die Macht gekommen. Ein abgefangenes Schreiben Graf Cilleys, der zum Reichsverweser ernannt wurde, zeigt die Gefahr. Cilley verspricht dem serbischen Despoten Đurađ Branković hierin die Köpfe der Söhne János Hunyadis. Fanfaren künden von der Ankunft des Königs. Zusammen mit

*Hunyadi László*, IV. Akt, 2. Bild; Regie: Károly Konti; Illustration; Uraufführung, Nationaltheater, Pest 1844. – Der Gang des Nationalhelden László zum Schafott wird zum Fanal des Aufbruchs gegen die Fremdherrschaft.

Cilley und dem Hofstaat erscheint er zur Besichtigung der Burg. Als Zeichen seiner Ergebenheit will László Hunyadi dem König die Schlüssel der Festung übergeben. Dieser jedoch vertraut die Schlüssel und damit die Verteidigung der Burg weiterhin dem jungen Hunyadi an. Derweil ziehen deutsche Söldner auf. Die ungarischen Wachen schließen die Zugbrücke vor den Fremden. 2. Bild, Halle in der Burg: Während einer heftigen Aussprache mit dem König behauptet Cilley, die Anwesenheit der Söldner beweise, daß die Hunyadis rebellische und thronräuberische Pläne hegten. Der erschrockene König ist bereit, Cilley alle Vollmachten zur Beseitigung der vermeintlichen Gefahr zu bewilligen. Nichtsahnend gibt sich László den Gedanken an seine Braut Mária hin. Sein Freund Rozgonyi jedoch reißt ihn aus diesen Träumen und berichtet, daß Cilley ihn bei dem anstehenden Festmahl vernichten wolle. Cilley tritt mit geheuchelter Liebenswürdigkeit hinzu und lädt László und seine Freunde zum Fest. László jedoch gibt zu erkennen, daß er von dem Mordplan Kenntnis erhalten hat. Es kommt zum Kampf, und Lászlós Freunde töten Cilley. Der König erscheint. Verunsichert gibt er vor, den Anhängern des Hunyadis zu verzeihen.

II. Akt, geräumige Vorhalle der Burg in Temesvar, im Hintergrund die Familienkapelle der Hunyadis: Erzsébet Szilágyi sorgt sich um das Schicksal ihrer Söhne. Es quält sie die Angst, der König könnte wegen Cilleys Tod auf Rache sinnen. Der König, der in Begleitung Lászlós und Mátyás' eintritt, beruhigt sie. Er verspricht, die Familie der Hunyadis in Erinnerung an die Taten des Vaters als seine eigene anzusehen. Die Anwesenheit von Lászlós Braut Mária beeindruckt den König. Márias Vater, der Palatin Miklós Gara, läßt sich von dem Verhalten des Königs blenden; in Erwartung, bald königlicher Schwiegervater zu sein, schmiedet er kühne Pläne, um Macht zu gewinnen. Mária und László, von den Intrigen Garas nichts ahnend, verbringen zusammen ihre letzten glücklichen Augenblicke. Die Erwartung ihrer nahen Hochzeit scheint die Gnade des Königs zu krönen. In der Familienkapelle gelobt dieser feierlich, keine Rache wegen Cilleys Tod zu üben.

III. Akt, 1. Bild, Ofen, Wohnraum in der Burg des Königs: Die Gedanken des Königs kreisen um Mária. Als ihr Vater eintritt und von einer Verschwörung der Hunyadis gegen den König berichtet, ist der König nur allzu bereit, den Befehl zur Gefangennahme Lászlós zu geben. 2. Bild, Burggarten in Ofen: László und Mária feiern ihre Hochzeit, als plötzlich Gara mit Bewaffneten hereinstürzt. Er nimmt László und dessen Bruder Mátyás gefangen.

IV. Akt, 1. Bild, Gefängnis: László trauert um sein verlorenes Glück. Mária tritt ein und berichtet, sie habe den Wärter bestochen, der Weg zur Flucht sei frei. László jedoch bleibt unbeugsam: Die Flucht würde einem Schuldbekenntnis gleichkommen. Garas Ankunft trennt die Liebenden, die nun endgültig Abschied voneinander nehmen. 2. Bild, Marktplatz in Ofen, Abend: László wird zum Richtplatz geführt. Verzweifelt versucht seine Mutter, durch die Menge der Bewaffneten zu ihm zu gelangen. Auf dem Schafott beteuert László noch einmal seine Unschuld. Nachdem der Henker dreimal gefehlt hat, soll László nach dem Willen des Volks begnadigt werden. Auf ein Zeichen Garas schlägt der Henker jedoch ein viertes Mal zu. Lászlós Haupt fällt in den Staub.

**Kommentar:** Für die Geschichte der ungarischen Oper bedeutete die Entstehung von *Hunyadi László* den Beginn einer eigenständigen Entwicklung, deren Hauptmerkmal, die Synthese westlicher Vorbilder und spezifisch ungarischer Elemente, bis heute stilbildend wirkte. Das Sujet mit seiner charakteristischen Zeichnung historischer Figuren und seinen dramaturgisch geschickt durchgearbeiteten Intrigen und Konflikten mußte angesichts der politischen Situation in Ungarn zu einem Erfolg führen, der das Werk schnell zu einer Nationaloper werden ließ. Der ungerechte Tod Lászlós stand symbolisch für die als Tyrannei empfundene Fremdherrschaft der Habsburger und ihre antinationalen Repressalien. Die Umstände von Lászlós Tod, die Rolle des Intriganten Gara und der Eidbruch des schwachen Königs verweisen mittelbar auf die Situation Ungarns kurz vor Ausbruch der nationalen Revolution. Unausgesprochen bildet die ungarische Unabhängigkeitsbewegung gegen die Vorherrschaft Österreichs unter Kaiser Ferdinand I. den Hintergrund des Opernstoffs. – Stilistisch orientiert sich Erkels Partitur an den damals gängigen Vorbildern westeuropäischer Opernliteratur. Einflüsse der italienischen und französischen Oper zeigen sich unter anderm in Mátyás' Kavatine, Erzsébets Arie und dem Duett Mária/László im II. Akt und in Márias Hochzeitslied im III. Akt. Gleichzeitig gelang es Erkel hier (wie später noch entschiedener in *Bánk bán*, 1861), Elemente der ungarischen Volksmusik einzubeziehen, die den nationalen Charakter des Werks unterstreichen. Diese treten insbesondere in den verschiedenen Tanz- und Instrumentaleinlagen wie beispielsweise dem Csárdás der Hochzeitsszene (III/2) zutage. Zudem erscheinen spezifisch ungarische Wendungen, Charaktere und Formtypen (wie der ungarische Werbetanz Verbunkos mit seinen typischen »Bokázó«-Kadenzen) mit denjenigen westlicher Herkunft vermischt (sowohl in der Ouvertüre als auch in einer Vielzahl der Gesangs- und Chorpartien), so daß sie ihren Einlagecharakter verlieren. Dies wird besonders deutlich in der Ouvertüre, die als das erste Meisterwerk ungarischer Symphonik gilt, im großen Chor nach Cilleys Tod (I/2), im Terzett Erzsébet/László/Mátyás (II. Akt) und in Lászlós Gefängnisarie (IV/1). Erkels Leistung liegt darin, die verschiedenen stilistischen Schichten zu einer organischen Einheit gefügt zu haben.

**Wirkung:** Die Uraufführung geriet zu einer nationalen Demonstration und garantierte dem Werk innerhalb Ungarns einen nachhaltigen Erfolg. Den Aufführungen in der Hauptstadt folgten bald Inszenierungen in Preßburg (1844), Baja und Klausenburg (1846). Franz Liszt dirigierte 1846 erstmals die Ouvertüre des Werks in Wien. Nach dem Mißlingen der Revolution begann für *Hunyadi László* ein wahrer Siegeszug innerhalb Ungarns; Operntruppen trugen das Werk auch in die kleinen Städte. Ein eigens arrangierter Marsch aus Themen der Oper wurde nach 1848 anstelle des verbotenen revolutionären Rákóczimarschs populär. 1852 wurde die Oper in Temesvar, 1856 erneut in Preßburg gespielt. Die Wiener Erstaufführung fand 1856 im Theater auf der Wieden in ungarischer Sprache statt, allerdings ohne nennenswerten Erfolg. 1860 folgten Aufführungen in Zagreb und Bukarest. 1895 wurde *Hunyadi László* zum erstenmal in deutscher Sprache (Übersetzung: Alois Prasch) in Prag gespielt. Außerhalb Ungarns konnte sich *Hunyadi László* aufgrund seiner spezifisch nationalungarischen Prägung nicht durchsetzen. Gleichwohl erreichte das Werk bis 1984 allein in Budapest weit über 800 Aufführungen.

**Autograph:** Orzságos Széchényi Könyvtár Budapest (Ms. Mus. 4., Ms. Mus. 1664) [ohne Ouvertüre]. **Ausgaben:** Kl.A: Rózsavölgyi és Társa, Budapest 1896; Kl.A, ung./dt., Text-Bearb. v. K. Nádasdy, G. Oláh, mus. Bearb. v. M. Radnai: Zeneműkiadó, Budapest 1968; Textb.: Pest, Beimel 1844; Pest, Lukács [nach 1844]; Pest, Herz 1856; Budapest, Pfeifer 1886; Textb., Bearb. v. K. Nádasdy, G. Oláh, M. Radnai: Budapest, Zeneműkiadó 1961. **Aufführungsmaterial:** Bearb. Nádasdy/Oláh/Radnai: Artisjus, Budapest
**Literatur:** B. FABÓ, ›Hunyadi László‹ és ›Bánk bán‹, in: Erkel Ferencz emlékkönyv, hrsg. B. Fabó, Budapest 1910, S. 27–41; L. NÉGYESY, E. F. operaszövegei, mint drámai müvek, in: ebd., S. 227–239; K. Isoz, Kisérletek E. ›Hunyadi László‹ – janak párizsi szinrehozatalára, in: Muzsika 16:1929; J. MARÓTHY, E. F. opera-dramaturgiája, in: Zenetudományi Tanulmányok 2, Budapest 1954, S. 25–174 [mit weiteren Beitr. v. I. BARNA, J. UJFALUSSY]; L. SOMFAI, Az E. kéziratok problémái, in: Zenetudományi Tanulmányok 9, Budapest 1961, S. 81–158; Z. KODÁLY, E. és a népzene, in: Visszatekintés 2, Budapest 1964, S. 91–96; M. PÁNDI, A ›Hunyadi László‹ két külföldi bemutatója a múlt század közepén, in: Magyar Zene 1965, S. 73–81; I. VOLLY, Népdalváltozatok egy E. - operadallamra, in: ebd., S. 237–248; F. BÓNIS, E. és a népzene, in: ebd., S. 414; A. NÉMETH, E. F., Budapest 1967, dt. Budapest 1979; F. BÓNIS, E. ›Hunyadi László‹ – jának meghiussult előadási kisérlete a bécsi Udvari Operában, in: Magyar Zenetörténeti Tanulmányok, Budapest 1969, S. 267–291; D. LEGÁNY, E. F. művei és korabeli történetük, Budapest 1974; G. VÉBER, Ungarische Elemente in der Opernmusik F. E.s, Bilthoven 1976; A Budapesti Operaház 100 éve, hrsg. G. Staud, Budapest 1984

*Katalin Szerző*

## Bánk bán
### Opera három felvonásban

### Banus Bánk
### Bánk Bán
Oper in 3 Akten

**Text:** Béni Egressy (eigtl. Benjámin Galambos), nach dem Drama *Banus Bánk* (1814) von József Katona
**Uraufführung:** 9. März 1861, Nationaltheater, Pest (heute Budapest)
**Personen:** II. Endre/Andreas II., König von Ungarn (Bar); Gertrud, seine Gemahlin (Mez); Otto, Herzog von Meran, Gertruds jüngerer Bruder (T); Bánk bán/Banus Bánk, Palatin von Ungarn (T); Melinda, seine Gemahlin (S); Petur bán, Obergespan von Bihar (Bar); Ritter von Biberach, ein Abenteurer (Bar); Tiborc, ein Bauer (Bar); Meister Solom (Bar); ein Ritter (T).
**Chor:** Unzufriedene, ungarische und deutsche Ritter.
**Ballett**
**Orchester:** Picc, 2 Fl, 2 Ob, E.H, 2 Klar, 2 Fg, 4 Hr, 2 Trp, 3 Pos, Tb, Pkn, Schl (Trg, kl.Tr, gr.Tr, Zimbal, Tamtam, Bck, Glsp), Harm, Hrf, Va d'amore, Streicher
**Aufführung:** Dauer ca. 2 Std. 30 Min.

**Entstehung:** Erkels Opern und seine Tätigkeit als Chefdirigent des Nationaltheaters Pest, bei der er sich für Aufführungen in ungarischer Sprache und die Bildung einer nationalen Oper einsetzte, hängen eng mit dem Kampf um die Unabhängigkeit Ungarns zusammen. Nach der Niederschlagung der Freiheitsbewegung von 1848/49 wählte Erkel als Stoff für eine Oper Katonas verbotenes Nationaldrama. Mit Unterbrechungen arbeitete er 1850–60 an dem Werk.
**Handlung:** In Ungarn, 1213, zur Zeit der Regierung König Andreas' II.
I. Akt, 1. Bild, Festsaal im Königsschloß von Visegrád: Königin Gertrud, aus Meran gekommen, und ihr fremdes Gefolge feiern ein glanzvolles Gelage. Ein Teil der ungarischen Adligen beobachtet die Szene und bereitet eine Verschwörung gegen die Eindringlinge vor, die sich nicht um die Not des ungarischen Volks bekümmern. Sie rufen den Palatin des Lands, Bánk bán, hinzu, der mit den Verschwörern jedoch noch nicht gleichen Sinns ist. 2. Bild, Treppenhalle im Königsschloß: Herzog Otto, Bruder der Königin, macht Bánks Frau Melinda leidenschaftlich den Hof, sie aber weist ihn zurück. 3. Bild, Festsaal: Als Bánk die Melinda drohende Gefahr erkennt, sieht er betroffen ein, daß eine Verschwörung gegen die schändliche Fremdherrschaft nunmehr unausweichlich ist.
II. Akt, 1. Bild, Vorhof des Königsschlosses mit Ausblick auf die Donau: Bánk gelobt, für sein Volk und sein Land zu kämpfen. Der alte Bauer Tiborc klagt ihm die Not des Volks; Bánks Entschlossenheit wird durch die Nachricht bestärkt, Otto habe mit Gertruds Hilfe Melinda im Schlaf geschändet. Er nimmt Abschied von Melinda, die dem Wahnsinn verfallen ist, und schickt sie und ihr Kind unter der Obhut des alten Tiborc in seine ferne Burg. 2. Bild, Gertruds Gemach im Königsschloß: Bánk will an der Königin Rache üben. Er hält ihr mit bitteren Worten ihre Verfehlungen vor. Gertrud zückt ihren Dolch, doch Bánk entreißt ihn ihr und ersticht sie. Hymnisch begrüßt das Volk die befreiende Tat.
III. Akt, 1. Bild, am Ufer der Theiß, Abend: Melinda, ihr Kind und Tiborc kommen zum Flußufer. Ein Gewitter zieht herauf, Melinda singt ihrem Sohn ein Schlummerlied. Im Sturm stürzt sie sich mit ihrem Kind in den Fluß. 2. Bild, Thronsaal: Der König ist vom Feldzug zurückgekehrt und ruft an der Bahre der toten Königin die des Mords verdächtigen ungarischen Adligen zur Verantwortung. Bánk bekennt sich zur Tat. Der König zieht sein Schwert gegen ihn, als Tiborc mit der toten Melinda hinzukommt. Gebrochen sinkt Bánk zusammen.

**Kommentar:** *Bánk bán* ist die wohl bedeutendste ungarische Oper nationalpatriotischen Zuschnitts. Erkel setzte in diesem Werk die in *Hunyadi László* (1844) erstmals entfalteten dramaturgischen Bemühungen fort, indem er sich hier ganz entschieden einem nationalen Stoff des 13. Jahrhunderts zuwandte, dessen Aussage sich in historisch verschlüsselter Form gegen die gewaltsame Niederschlagung der ungarischen Freiheitsbewegung von 1848/49 richtete. Wenngleich der resignative Schluß einiges von der revolutionären Haltung der ersten beiden Akte zurückzunehmen scheint, stellt das Libretto (wie bereits das verbotene Schauspiel Katonas) dennoch den Kampf Ungarns gegen die Entrechtung des Volks in das Zentrum der Handlung. Dieser Sachverhalt sowie der Versuch Erkels, seiner Musik ein charakteristisch ungarisches Gepräge zu verleihen, ließen das Werk zur eigentlichen Nationaloper Ungarns werden. Der musikalischen Gestaltung seiner szenisch durchkomponierten Oper legte Erkel vielfach traditionelles, freilich zumeist stilisiertes musikalisches Material zugrunde. So finden sich neben der vielgestaltigen Einbeziehung des ungarischen Werbetanzes (Verbunkos), der sowohl zur Zeichnung des nationalen Milieus als auch zur Charakterisierung der ungarischen Protagonisten dient, noch andere volkstümlich angelegte Tanzformen (Csárdás, I/1) und Liedepisoden (Melindas Wiegenlied, III/1). Die zentrale Stellung des Werbetanzes als spezifisch nationales Element tritt insbesondere in den differenziert gestalteten Partien Melindas und Bánks sowie in selbständigen Instrumentalstücken (Vorspiel der Oper und Trauermusik des II. Akts) hervor, während sich Erkel zur Kennzeichnung der Fremden (zum Beispiel Ottos und Biberachs) eines Stils bedient, der bisweilen an den damals gängigen Typus der italienischen Oper erinnert. *Bánk bán* stellt zweifellos den Höhepunkt in Erkels musikdramatischer Entwicklung dar. Weniger in Richtung des Wagnerschen Musikdramas zielend, gelang es ihm hier, einen höchst eigenwilligen, vielfach beinah kammeropernhaften Stil zu entwickeln, der in den großen Szenen und Ensembles (insbesondere des III. Akts) gleichwohl höchste Dramatik anzunehmen vermag. Als Ergebnis einer gezielten Verbindung ungarischer und mitteleuropäischer Musikformen erwies sich *Bánk bán* als überaus bedeutend für die Entwicklung der nationalen ungarischen Oper und Musikkultur.

**Wirkung:** Nicht zuletzt wegen ihres patriotischen Sujets und dessen Beziehung zur Situation im nachrevolutionären Ungarn wurde *Bánk bán* bei der Uraufführung zu einem landesweiten Erfolg. »Die Feiern, mit denen der Komponist nach langen Jahren des Schweigens geehrt wurde, kamen einer politischen

*Bánk bán,* III. Akt, 2. Bild; Regie: Ede Szigligeti, Bühnenbild: Carlo Brioschi; Illustration nach der Uraufführung; Nationaltheater, Pest 1861. – Das spezifisch Nationale der Oper rückt angesichts persönlichen Schicksals in den Hintergrund: Trotz der gleichsam feierlichen Umlagerung durch das Volk und die harte Anklage des Königs vor dem Sarg seiner Frau beherrscht die Trauer des geschlagenen Helden die Szene.

Demonstration gleich« (Amadé Németh, S. 107, s. Lit.), wodurch das Werk in den folgenden Jahren gleich in mehreren Städten nachgespielt wurde, so unter anderm 1866 in Klausenburg und Großwardein, zwischen 1866 und 1873 in Arad, Debreczin, Stuhlweißenburg und Preßburg. Während *Bánk bán* in Ungarn ein nachhaltiger, bis heute fortdauernder Erfolg beschieden war, ist das Werk im deutschsprachigen Raum erst spät bekannt geworden. Nachdem eine geplante Aufführung in Wien während der Doppelmonarchie nicht zustande gekommen war (wahrscheinlich wegen der nationalen Grundhaltung des Werks), erlebte *Bánk bán* erst 1955 in Dessau (deutsche Einrichtung und Textbearbeitung von Willy Bodenstein und Heinz Röttger) seine deutsche Erstaufführung. Im selben Jahr wurde das Werk noch in Troppau und 1961 in Gent inszeniert.

**Autograph:** Part: Országos Széchényi Könyvtár Budapest [ohne Ballett d. I. Akts]; Part: ebd. [mit d. Duett »Ölj meg«, II. Akt].
**Ausgaben:** Kl.A: Rózsavölgyi, Pest 1861, Budapest [um 1910]; Kl.A, ung./dt. Übers. v. P. Somogyi: ebd. 1902, Nr. 2792; Kl.A, ung. Text-Bearb. v. K. Nádasdy, G. Oláh, mus. Bearb. v. N. Rekai, dt. Übers. v. I. Ormay, dt. Texteinrichtung v. W. Bodenstein, H. Röttger: Zeneműkiado, Budapest 1957; Textb.: Pest, Herz 1861; Budapest, Bartalis 1878; Textb., Neu-Bearb.: Budapest, Zeneműkiado 1957. **Aufführungsmaterial:** Artisjus, Budapest; DDR: Henschel-Vlg., Bln./DDR
**Literatur:** M. MOSONYI, E. ›Bánk bánjáról‹, in: Zenészeti Lapok, 21. u. 27.3.1861; DERS. [über d. Kl.A], in: ebd., 4.9., 11. u. 18.11.1861; I. BARNA, E. nagy művei és a kritika, in: Zenetudományi Tanulmányok 4, Budapest 1955, S. 211–270; weitere Lit. s. S. 151

*Melinda Berlász*

# Camille Erlanger

**Geboren am 25. Mai 1863 in Paris, gestorben am 24. April 1919 in Paris**

## Le Fils de l'étoile
### Drame musical en cinq actes et six tableaux

**Der Sohn des Sterns**
5 Akte (6 Bilder)

**Text:** Abraham Catulle Mendès
**Uraufführung:** 17. April 1904, Opéra, Salle Garnier, Paris
**Personen:** Bar-Kokeba/Bar Kochba (T); Akiba (Basse chantante); Séphora, Tochter Akibas (S); Lilith, Zauberin von Magdala (A); Beltis, Zauberin von Endor (S); Julius Séverus, römischer General (Pantomime); zwei Boten (T, B); eine alte Dienerin (Mez); eine Frau aus Magdala (S). **Chor:** die Söhne Hirams, Leviten, Pharisäer, Schriftgelehrte, Bürger, Bauern, Maurer, ihre Frauen und Kinder, Beterinnen, Bewohnerinnen von Magdala, Priesterinnen von Astaroth, Gefolge von Séphora. **Ballett:** junge und alte Legionäre, Flötenspielerinnen, die Tänzerin, der Poet, Epheben
**Orchester:** 3 Fl (3. auch Picc), 2 Ob, E.H, 2 Klar, B.Klar, 2 oder 4 Fg, Kb.Sarrusophon in C, 4 Hr, 3 Trp, 2 Pistons, 3 Pos, Tb, Pkn, Schl (gr.Tr, Bck, Tamtam), Hrf, Streicher; BühnenM: Trompeten
**Aufführung:** Dauer ca. 3 Std. – Großes Ballett und Pantomime im IV. Akt. Das Orchesterzwischenspiel im IV. Akt soll nur dann gespielt werden, wenn die beiden Bilder dieses Akts zu einem Bühnenbild zusammengelegt werden. Der Klavierauszug enthält detaillierte Angaben zu Bühnenbild und Regie.

**Handlung:** In Palästina, zwischen 132 und 135, zur Regierungszeit Kaiser Hadrians.
I. Akt, »Die Ruinen des Tempels von Jerusalem«, Nacht: Beterinnen und Zauberinnen irren wie Fledermäuse in phantastischen Kleidern umher, feiern den Sieg über den Gott Jakobs und rufen Moloch, Belial, Belzebub und Astarte an. Séphora wartet darauf, daß die Lilie aufblühe und der Stern erstrahle; beides sind Zeichen, die den Retter Israels anzeigen, doch die Zauberinnen raten ihr, um des irdischen Liebesglücks willen ihren Gott zu verlassen. Die zornigen Israeliten zeihen Akiba der Lüge, weil die versprochene Rettung aus der römischen Sklaverei nicht erfolgt ist. Plötzlich blüht die Lilie auf, und unter dem strahlenden Stern erscheint der Retter, Bar-Kokeba, in weißer Rüstung wie ein Erzengel. Alle Israeliten fallen jubelnd auf die Knie; die Zauberinnen rufen ihre Götter an.
II. Akt, »Die Stadt der Freiheit«, ein weiter Hof, Palast der Juden mit Blick auf einen Tempel: Die Israeliten bauen eine neue Stadt und vernehmen freudig die Nachricht vom Sieg über die Unterdrücker. Im Triumphzug führt Bar-Kokeba auch Lilith mit, die er trotz der Warnungen Akibas neben Séphora zur Frau nehmen möchte. Séphora nimmt das Schwert des Siegers und plant, sich zu rächen.
III. Akt, »Die Straße der Illusion«, eine enge Straße entlang der Stadtmauer von Endor, das Stadttor und der Tempel Astaroths, Nacht: Im Tempel verspricht Lilith, den Stern Israels auszulöschen, doch drohe Gefahr von Séphora, die in der Rolle einer zweiten Judith den Unterdrücker umbringen möchte. Als Séphora müde auf dem Weg zum Römerlager erscheint, schläfert Beltis sie ein.
IV. Akt, 1. Bild, »Das Zelt des Imperators«: In einer Vision sieht Séphora einer Orgie der Römer zu. Sie glaubt, den von Wein und Tanz trunkenen Julius Séverus umzubringen. 2. Bild, »Die Stadt der Niederlage«, Freiheitspalast von Israel, Terrasse, dahinter eine Ebene, in der Mitte ein Tor, vor der Morgendämmerung: Bar-Kokeba feiert mit Lilith ahnungslos in Magdala ein Fest. Séphora verkündet ihren Sieg über Julius Séverus, die andern beweisen ihr aber, daß sie alles nur geträumt habe. Bar-Kokeba erinnert sich plötzlich seiner hohen Mission, wird aber die Feinde nicht mehr besiegen können, da er Lilith geliebt hat.
V. Akt, »Die Ruinen des Tempels von Jerusalem«, wie I. Akt: Die Israeliten sind besiegt worden. Bar-Kokeba und Séphora werden sterbend hereingetragen.

Akiba sieht den Traum seines Lebens entschwinden. Vergeblich zündet er den siebenarmigen Leuchter an, der Wind löscht die Kerzen aus. Die Zauberinnen triumphieren; dem Volk Gottes bleibt nur eine schwache Hoffnung auf eine bessere ferne Zukunft.

**Kommentar:** Den historischen Hintergrund des Dramas bildet der letzte Aufstand der Israeliten gegen die römische Herrschaft. Der jüdische Freiheitskämpfer Bar Kochba hatte nach 132 Jerusalem und Judäa erobert. Nach der Rückeroberung und der Zerstörung Jerusalems durch die Römer fiel Bar Kochba 135 durch Verrat. Mendès, ein Wagnerianer der ersten Stunde, ließ sich bei der Gestaltung dieser Rolle von Lohengrin und Siegfried beeinflussen. In Analogie zum Schwanenritter erscheint Bar-Kokeba als ein Ritter der weißen Lilie; er ist als Priester und Magier ebenso ein religiöser wie ein politischer Charakter, der als Apostel der Revolution im Kampf um die Unabhängigkeit seines Lands stirbt. – Auch Erlangers Musik, die mit Unterbrechungen (Komposition der Opern *Le Juif polonais*, Paris 1900, und *Aphrodite*, 1906) über einen Zeitraum von sieben Jahren entstand, zeigt Wagnersche Einflüsse. Die zahlreichen Motive (Erlanger nennt sie »sujets musicaux«) erhalten in der großräumigen symphonischen Anlage seiner Partitur gleichsam leitmotivische Funktion zur Zeichnung der unterschiedlichen Seelenzustände der Personen. Eine chromatisch absteigende Akkordfolge im III. Akt (Beltis schläfert Séphora ein) erscheint als Reminiszenz an die entsprechende Stelle der *Walküre* (1870) zu Wotans »In festen Schlaf verschließ' ich dich«. Erlangers Motiv kehrt im Ballett des IV. Akts wieder, das Séphoras Wunschtraum schildert, Julius Séverus zu ermorden. Dies Bild (IV/1) ist durchgehend als Ballett und Pantomime gestaltet, erst in den Schlußtakten treten wieder Singstimmen hinzu. Wegen der handlungsbezogenen Thematik hat Erlanger diese »scène d'action« ausdrücklich der Venusbergszene aus *Tannhäuser* (1845) zur Seite gestellt. Dennoch ist Erlanger bei weitem kein Epigone Richard Wagners: In den plagalen Wendungen, in den Quint- und Quartparallelen, der Ganztonleiter, in den oft nicht diatonisch (funktional), sondern nach Farbwerten geordneten Akkordverbindungen, ebenso in der gleichsam schwebenden Rhythmik mit häufigen Wechseln zwischen Duole und Triole enthält die Musik alle Elemente des musikalischen Impressionismus, wie sie Claude Debussy bis zu jenem Zeitpunkt vorgezeichnet hatte, obwohl die Monumentalität des Werks in ihrer Summierung aller theatralischen und musikalischen Mittel nicht der Ästhetik von *Pelléas et Mélisande* (1902) entspricht. Seine großflächigen, auf

*Le Fils de l'étoile*, V. Akt; Lucienne Bréval als Séphora, Albert-Raymond Alvarez als Bar-Kokeba, Jean-François Delmas als Akiba; Regie: Lapissida, Bühnenbild: Amable; Uraufführung, Opéra, Paris 1904. – Anfangs- und Schlußbild zeigen die Ruinen des römischen Tempels in Jerusalem. Aus den Ruinen steigt der verschlungene Pfad, Sinnbild des Leidenswegs des Volks Israel, ins Ungewisse.

farbliche Valeurs abgestimmten Tableaus sind dramatisch ebenso wirkungsvoll wie formal schlüssig gestaltet. Zur Zeichnung des exotischen Kolorits hat Erlanger auf zwei antike delphische Hymnen in der Übertragung von Théodore Reinach zurückgegriffen. Insgesamt zeigt sein Werk einen ausgeprägten Sinn für dramatische Kontraste und für eine motivische Typisierung der Hauptgestalten.
**Wirkung:** Der klangfarbliche Reichtum und nicht zuletzt die überaus prunkvolle Ausstattung (Bühnenbild: Amable, Kostüme: Charles Bianchini) trugen dem Werk ebenso wie zuvor *Kermaria* (Paris 1897) und *Le Juif polonais* einen beachtlichen Erfolg ein. In der Uraufführung unter Leitung von Paul Taffanel sangen Lucienne Bréval die Séphora, Albert-Raymond Alvarez den Bar-Kokeba, Carlotta Zambelli verkörperte die Tanzsolistin in der Traumszene. *Le Fils de l'étoile* stand bis 1905 26mal auf dem Spielplan der Opéra.

**Autograph:** Verbleib unbekannt. **Abschriften:** Bibl. de l'Opéra Paris [vielleicht Autograph]. **Ausgaben:** Kl.A: Société nouvelle d'éditions musicales, Paris 1903, Nr. P. D. 3280; Textb.: ebd. 1903. **Aufführungsmaterial:** Eschig
**Literatur:** A. JULIEN, Le Fils de l'étoile, in: Le Théâtre 7:1904, Nr. 133, S. 12–18; E. DE SOLENIÈRE, ›Le Fils de l'étoile‹: Etude et analyse thématique de la partition, Paris 1904

*Theo Hirsbrunner*

## Aphrodite
**Drame musical en cinq actes et sept tableaux**

**Aphrodite**
5 Akte (7 Bilder)

**Text:** Louis-Ferdinand de Gramont, nach dem Roman *Aphrodite. Mœurs antiques* (1895) von Pierre Louÿs (eigtl. Pierre-Félix Louis)
**Uraufführung:** 23. März 1906, Opéra-Comique, Salle Favart, Paris
**Personen:** Démétrios (T); Timon (Bar); Philodème (T); der Hohepriester (Basse chantante); Callidès (Basse chantante); Kerkermeister (B); Chrysis (dramatischer S); Bacchis (Mez); Myrto (S); Rhodis (Mez); Chimairis (Mez); Séso (S); Mousarion (S); Tryphéra (S); Philotis (S); Corinna (S); Séléné (S); Héliope (S); Hermione (S); Crobylé (S); Diomède (S); Joessa (S); Théano (Tänzerin). **Chor:** Epheben, Kurtisanen, Philosophen, Händler, Matrosen, Tempelhüter, Tempeldiener, Tänzerinnen
**Orchester:** Picc, 3 Fl, 2 Ob, E.H, 2 Klar, 2 Fg, 4 Hr, 2 Pistons, 2 Trp, 3 Pos, Tb, Pkn, Schl (Trg, gr.Tr, Tambour de basque, Schellen, Tamburin, Bck, Crotales), Cel, 2 Hrf, Streicher
**Aufführung:** Dauer ca. 3 Std. 15 Min. – Tänze im I., II. und III. Akt.

**Handlung:** In Alexandria, um die Zeitenwende.
I. Akt, Hafenmole; Abenddämmerung: Trübsinnig promeniert der Bildhauer Démétrios durch die bunte Volksmenge und ignoriert die schönen Kurtisanen. Diese wiederum mokieren sich darüber, daß sie nicht für seine Aphroditeskulptur Modell stehen durften. Nachdem sich die Menge zerstreut hat, läßt sich Démétrios von der Wahrsagerin Chimairis die Zukunft prophezeien: All seine Liebe werde im Blut zweier Frauen und in seinem eigenen ertrinken. Aber Démétrios schenkt der dunklen Warnung keinen Glauben. Da erblickt er die Kurtisane Chrysis und ist augenblicklich gebannt von der Schönheit und dem geheimnisvollen Wesen des Mädchens. Er schwört bei Aphrodite, ihr zu schenken, was immer sie erbitte. So fordert Chrysis von ihm den Raub des sorgsam gehüteten silbernen Spiegels der Kurtisane Bacchis, des weiteren den Mord an der Frau des Hohenpriesters, deren elfenbeinernen Kamm sie begehrt, und schließlich das Perlenkollier, das die Aphroditestatue im Tempel schmückt. Démétrios ist entsetzt, doch will er, von den Liebesversprechungen des Mädchens bezaubert, ihre ungeheuerlichen Wünsche erfüllen.
II. Akt, Aphroditetempel, in der Mitte auf einem mit Schätzen behängten Podest die riesige Statue der Göttin, deren Hals mit einem siebenreihigen Perlenkollier geschmückt ist; Nacht: Démétrios hat Spiegel und Kamm geraubt und erfleht von der Göttin Vergebung für seine Freveltaten. Der Tag bricht an, und Démétrios muß sich vor einer Prozession aus Kurtisanen und Tänzerinnen verstecken, die unter Führung des Hohenpriesters das Heiligtum betritt, um der Göttin mit Geschenken zu huldigen. Auch Chrysis, zunächst wegen ihrer galiläischen Herkunft von den andern Hetären angefeindet, weiht Aphrodite ihre Gaben: einen Spiegel, einen Kamm und ein Kollier. Nachdem die Prozession den Tempel wieder verlassen hat, raubt Démétrios das Kollier vom Hals der Göttin.
III. Akt, Festsaal bei Bacchis: Das orgiastische Gelage zu Ehren Aphrodites, an dem sich Chrysis, gequält von Gedanken an Démétrios, nicht beteiligen mag, strebt mit Théanos erotischem Schleiertanz seinem Höhepunkt entgegen. Da verlangt Bacchis nach ihrem Spiegel. Als dieser nicht gefunden wird, beschuldigt man Corinna, ihn gestohlen zu haben. In ohnmächtigem Zorn verurteilt Bacchis die unschuldige Sklavin zum Tod. Timon und Callidès können nicht verhindern, daß man Corinna augenblicklich kreuzigt. Chrysis steht abseits und triumphiert, denn nun weiß sie, daß Démétrios ihre Forderungen erfüllt hat.
IV. Akt, Démétrios' Atelier: Démétrios arbeitet an einer neuen Skulptur, als von der Straße die Wehklagen des Volks über den gestohlenen Spiegel und den Mord an der Frau des Hohenpriesters zu hören sind. Démétrios ist von Schuldgefühlen gepeinigt, als Chrysis das Atelier betritt. Sie empfängt die drei Schmuckstücke aus seiner Hand, und beide bekennen einander ihre Liebe. Doch als wieder die Wehklagen des Volks zu hören sind, stößt Démétrios die Geliebte von sich und fordert sie auf, ihn auf immer zu verlassen. Chrysis erklärt, daß es nun an ihr sei, Démétrios jeden Wunsch zu erfüllen. Seiner Sinne kaum mächtig, verlangt der Bildhauer von ihr, sich mit dem gestohlenen Schmuck in aller Öffentlichkeit zu zeigen.

V. Akt, 1. Bild, beim Leuchtturm: Eine große Volksmenge debattiert über die ungeklärten Verbrechen. Da erscheint Chrysis, in einen scharlachroten Umhang gehüllt. Tempeldiener und Kurtisanen bringen die Nachricht vom Raub des Kolliers, während Chrysis sich im Leuchtturm einschließt und sich wenig später auf der äußeren Galerie des Turms im Schmuck der geraubten Gegenstände zeigt. Das Volk glaubt zunächst an ein Wunder und huldigt der vermeintlichen Aphrodite; doch dann wird die Kurtisane erkannt und verhaftet. 2. Bild, Gefängnis: Vergeblich erwartet die zum Tod verurteilte Chrysis ihren Geliebten; sie muß den vom Kerkermeister gereichten Giftbecher leeren und stirbt, als Démétrios die Zelle betritt. Im Wahn meint er, die Göttin selbst zu erblicken, und beklagt sterbend das grausame Schicksal, das Aphrodite ihm und Chrysis zugemessen hat. 3. Bild, heiliger Hain der Hermanubis, Tempelruine und offenes Grab neben der Hermanubisstatue; Morgengrauen: Myrto und Rhodis bestatten heimlich den Leichnam der schönen Hetäre.

**Kommentar:** Louÿs' *Aphrodite* ist eine schwül-erotische Sittengeschichte aus dem Hetärenmilieu des ägyptischen Alexandria. Der Roman fand bei seinem Erscheinen wegen seines exotischen, historisch wohl zutreffend rekonstruierten Milieus und wegen seiner detailversessenen Darstellung der lasziven Hauptgestalt großes Interesse. Claude Debussy hatte 1896 mit dem Gedanken gespielt, den Stoff als Vorlage für eine Ballettmusik zu verwenden. Gramonts Libretto, das Erlanger um 1901 zur Vertonung heranzog, suchte den Reiz des Anrüchigen zu nutzen. Es traf zweifellos den Nerv der Zeit, zeigte es doch das Umschlagen von übersteigertem Lebensgenuß in Barbarei, die Ambivalenz des Sinnlichen zwischen Sympathie und Abscheu und im Mittelpunkt eine Heroine, in der sich kindliche Unschuld und Verruchtheit mischten. Im Unterschied zur inhaltlich stark veränderten Nachdichtung von Hans Liebstöckl für Oberleithners Einakter *Aphrodite* (1912) ließ Gramont den Handlungsrahmen weitgehend unangetastet und stimmte das Sujet entsprechend konventionellen Operngepflogenheiten auf die Wirkung großer Tableaus ab. In seiner Vertonung erweist sich Erlanger als erfahrener und routinierter Theaterpraktiker. Mit ökonomischem Einsatz vielfach tänzerischer, von fließender Eleganz gekennzeichneter Motive gelingt es ihm, große symphonische Bögen zu schlagen und zugleich die dramatischen Akzente der Handlung wirkungsvoll zu unterstreichen. Die Harmonik zeigt sich dem Impressionismus verpflichtet, denn Erlanger nutzt nicht nur den erweiterten Rahmen entfernter Terzverwandtschaften und den Effekt tonaler Rückungen, sondern gruppiert Akkorde vielfach nach klangfarblichen Werten, die sich nicht mehr in den traditionellen Rahmen der Funktionsharmonik fügen. Tanzeinlagen und große Chorpartien bilden einen wirkungsvollen Kontrast zur dramatischen Sopranpartie der Chrysis und unterstreichen auch theatralisch effektvoll das antike Ambiente. Für Théanos Tanz im »Bacchanal« (III. Akt) griff Erlanger auf eine orientalische Melodie zurück, die er einer Sammlung von Louis Bourgault-Ducoudray entnommen hatte. Dramatischer Höhepunkt ist das große Liebesduett im IV. Akt, das jedoch weniger in der musikalischen Faktur als in der Liebestod-Thematik (»Mourons donc ensemble de la mort d'amour!«) *Tristan*-Welt erahnen läßt. Insgesamt scheint *Aphrodite* noch stärker von der Tradition der Grand opéra geprägt als von dem um 1900 in Paris sich erst allmählich vollziehenden Geschmackswandel unter dem Eindruck der Musikdramen Richard Wagners.

**Wirkung:** Mary Garden sang in der Uraufführung die Chrysis, Léon Beyle den Démétrios, Claire Friche die Bacchis, Régina Badet tanzte die Théano. Das in Paris sehr erfolgreiche Werk erlebte bis 1927 etwa 180 Aufführungen (die 100. 1913) und wurde außerdem in Brüssel (1919) und New York (1920) inszeniert.

**Autograph:** Verbleib unbekannt. **Ausgaben:** Kl.A: Société d'éditions musicales, Paris 1905, Nr. P. D. 3311; Textb.: ebd. 1905; Textb., frz./engl. Übers. v. L. Marsh: Schirmer 1914.
**Aufführungsmaterial:** Eschig
**Literatur:** A. JULLIEN, ›Aphrodite‹, in: Le Théâtre 1906, Nr. 176, S. 12–21

*Rainer Franke*

# Ernst II.

**Herzog von Sachsen-Coburg und Gotha (seit 1844), geboren am 21. Juni 1818 in Coburg, gestorben am 22. August 1893 auf Schloß Reinhardsbrunn (bei Friedrichroda)**

## Santa Chiara
### Romantische Oper in drei Aufzügen

**Text:** Charlotte Birch-Pfeiffer, nach dem Roman *Die Prinzessin von Wolfenbüttel* (1804) von Johann Heinrich Daniel Zschokke (eigtl. Johann Heinrich Daniel Schocke)
**Uraufführung:** 2. April 1854, Herzogliches Hoftheater, Gotha
**Personen:** Alexis/Alexei, Sohn Peters des Großen, Zarewitsch von Rußland (Bar); Charlotte Christina, seine Gemahlin (S); Bertha, Gräfin von Blankensee, ihre Jugendfreundin (Mez); Victor Chevalier de St. Auban (T) und Alphons de la Borde (B), Franzosen in russischen Diensten; Herbert, Charlottes Geheimsekretär (B); Aurelius, ein Armenier, Leibarzt (T); der Archimandrit von Moskau (B); ein Sbirre (T). **Chor:** russische Offiziere, Damen, Kavaliere, Popen, Winzer, Fischer. **Ballett**
**Orchester:** 2 Fl (1 auch Picc), 2 Ob, E.H, 2 Fg, 4 Hr, 4 Trp, 3 Pos, T.Hr, Bombardon, Pkn, Schl (Trg, kl.Tr, gr.Tr, Tamburin, Tamtam), Hrf, Streicher; BühnenM hinter d. Szene: Org, Glocken in D, Fis u. A
**Aufführung:** Dauer ca. 3 Std. – Ballett im Finale des I. und zu Beginn des III. Akts.

Tafel 4

**Tafel 4**

Camille Erlanger, *Aphrodite* (1906); Mary Garden als Chrysis; Uraufführung, Opéra-Comique, Paris 1906. – Die Sopranistin debütierte 1900 an der Opéra-Comique in Charpentiers *Louise* (1900). Neben Debussys Mélisande und Leroux' Orlanda in *La Reine Fiammette* (1903) war Chrysis eine der Kultrollen aus der Frühzeit ihrer Karriere. Ihr Ruhm gründet in ihrer faszinierenden Bühnenpräsenz, der vollkommenen Einheit von Erscheinung und dramatischem Ausdruck, der sich im Zusammenklang von Sprache, Stimme, Deklamation und Gebärde entfaltete.

**Entstehung:** *Santa Chiara* ist die vierte von fünf zwischen 1846 und 1858 komponierten Opern Ernsts II. und zugleich seine ambitionierteste und erfolgreichste Schöpfung. Zieht man überdies in Betracht, daß nebenher noch eine Reihe zum Teil umfangreicher Vokal-, Kammer- und Klaviermusik entstand, so verbietet es bereits die Quantität der Produktion, Ernst II. vorschnell in die Kategorie komponierender Dilettanten zu verweisen. Tatsächlich hatte er schon früh eine profunde musikalische Ausbildung sowohl im Klavierspiel als auch in den Grundlagen der Theorie erhalten, die er später bei Heinrich Carl Breidenstein in Bonn sowie bei Karl Gottlieb Reißiger in Dresden fortsetzte. Auf Anregung Franz Liszts komponierte Ernst II. seine erste Oper *Zaire* (1846) nach Voltaires Tragödie. Es folgten *Tony oder Die Vergeltung* (1848) und *Casilda* (1851; alle Coburg). Die drei Werke gingen auch über einige Bühnen außerhalb Coburgs und Gothas, jedoch verdankten sie diese Achtungserfolge eher der exponierten Stellung ihres Schöpfers als spezifisch musikalisch-dramatischen Qualitäten. Ernst II. gab sich über diesen Sachverhalt keinerlei Illusionen hin. Um so zielstrebiger plante er daher sein nächstes Projekt. Als Librettistin verpflichtete er die versierte Schriftstellerin Birch-Pfeiffer, deren raffiniert auf Publikumswirkung berechnete Rührstücke die deutschsprachigen Bühnen jener Zeit überfluteten. Sie war es auch, die Zschokkes Roman als geeignete Vorlage empfahl. Auf Wunsch des Herzogs unterzog Gustav Freytag den von ihr verfertigten Text einer dramaturgischen Revision, in deren Verlauf er einen ursprünglich vorhandenen IV. Akt eliminierte, der die Handlung, lediglich um des optischen Reizes eines erneuten Szenenwechsels willen, unnötig aufgebläht hätte. Für die Instrumentation, die bei früheren Werken der Hofkapellmeister Ernst Lampert nach Angaben des Komponisten besorgt hatte, versuchte Ernst II. zunächst Richard Wagner zu gewinnen. Nachdem dieser abgelehnt hatte, beauftragte er den Konzertmeister der Hofkapelle, Traugott Krämer, mit dieser Aufgabe, sandte die fertige Partitur aber zur abschließenden Beurteilung an Giacomo Meyerbeer nach Paris. Erst dann wurde das Werk zur Aufführung freigegeben.

**Handlung:** In Moskau und Italien, um 1715.

I. Akt, ein prächtiger Saal im Palast des Zarewitschs: Der Hofstaat bereitet sich auf die Feierlichkeiten zu Charlotte Christinas Geburtstag vor. Die Festfreude wird jedoch durch die allgemein bekannte Tatsache getrübt, daß die verehrte Fürstin schwer unter Mißhandlungen und Demütigungen ihres rohen und gewalttätigen Gatten zu leiden hat. Nachdem sie durch ihre Weigerung, Alexis' Mätresse als Hofdame aufzunehmen, dessen Wut bis zum äußersten gereizt hat, bangt man sogar um ihr Leben. Charlotte hat daher den ihr ergebenen Sekretär Herbert an den väterlichen Hof gesandt, um die Einwilligung zu ihrer Rückkehr zu erwirken; diese wird ihr jedoch aus Gründen der Staatsräson verweigert. Die Absage stürzt sie in Verzweiflung, aus der sie auch das unerwartete Erscheinen des von ihr insgeheim geliebten Victor de St. Auban nicht zu reißen vermag. Inzwischen ist Alexis fest entschlossen, sich der Gattin zu entledigen. Vom Leibarzt Aurelius läßt er sich daher ein Gift verschaffen, das er ihr während der Geburtstagsfeierlichkeiten in den Wein träufelt. Vor den Augen der entsetzten Gäste bricht Charlotte leblos zusammen.

II. Akt, Trauerkapelle: Charlotte liegt aufgebahrt im Sarg; die Freunde erscheinen, um Abschied zu nehmen. Victor, von seinen Gefühlen überwältigt, gesteht der Toten seine unwandelbare Liebe und schwört, sie zu rächen. An den wenig später beginnenden Trauerfeierlichkeiten nimmt, dem Hofzeremoniell gehorchend, auch Alexis teil. Er zeigt keinerlei Anzeichen von Reue, sondern will sich lediglich vom Tod der Gattin überzeugen. Plötzlich hebt, nur für ihn erkennbar, Charlotte drohend die Hand. Aurelius nämlich, der Fürstin zu Dank verpflichtet, hatte anstelle des Gifts nur ein starkes Narkotikum besorgt, dessen Wirkung nun verfrüht nachläßt. Bevor jedoch auf Geheiß des entsetzten Zarewitschs der Sarg geschlossen wird, gelingt es Aurelius und Herbert, die Wiedererwachende unbemerkt zu entführen.

III. Akt, in der Gegend von Resina bei Neapel, zehn Monate später: Unerkannt und glücklich lebt Charlotte mit Bertha im italienischen Asyl. Die Landbevölkerung verehrt sie als Heilige, als »Santa Chiara«, und veranstaltet ihr zu Ehren ein Fest mit Tänzen und Gesängen. Charlottes Gedanken aber sind bei Victor, dessen Liebesgeständnis sie im Sarg, scheintot, aber wachen Sinns, vernommen hat. Unerwartet wird sie noch einmal mit der Vergangenheit konfrontiert: Alexis ist nach einem fehlgeschlagenen Komplott gegen den Vater geflohen und erscheint zufällig in jener Region, in der die totgeglaubte Gemahlin lebt. Auf Geheiß des Zaren folgen ihm Victor und Aurelius. So kommt es zu einer letzten, verhängnisvollen Begegnung. Das Zusammentreffen mit den Verfolgern, vor allem aber der Anblick Charlottes, die er für ein Phantom hält, treiben Alexis zum Selbstmord. Obwohl nun der Vereinigung der Liebenden äußerlich nichts mehr entgegenstünde, begnügen sie sich mit der Versicherung ewiger Freundschaft.

**Kommentar:** In formaler Hinsicht ist *Santa Chiara* eine durchkomponierte große Oper, jedoch läßt sich unschwer das traditionelle, durch orchesterbegleitete Rezitative verbundene Nummernschema erkennen. Stilistisch verarbeitet die Partitur Einflüsse der italienischen Oper vom Typ Bellinis und Donizettis, insbesondere dort, wo die Darstellung leidenschaftlicher Affekte gefordert wird. Andrerseits ist auch eine gewisse Affinität zur deutschen Liedtradition unverkennbar. Überhaupt deuten gefällige melodische Inspirationen wie Victors Romanze »Am blum'gen Rain« (I. Akt), die auch erinnerungsmotivisch verwendet wird, oder Berthas Kavatine »Jedwede Hoffnung, jedes Glück« (II. Akt) darauf hin, daß das Talent des Komponisten eher dem Lyrischen als dem Dramatischen zuneigte. Wie viele deutsche Opern jener Zeit krankt *Santa Chiara* an den Schwächen des Librettos, das häufig allen Erfordernissen der Dramaturgie zuwiderläuft. Einerseits zeigt es eine übertriebene Neigung zu romantisch-pittoresken Genrebildern, andrerseits wird eine Reihe von Inkonsequenzen und unlogischen Details in Kauf genommen, die auf dem Sprechtheater kaum denkbar wären. Zieht man in Betracht, daß selbst ein so versierter Dramatiker wie Freytag keine entschiedenen Einwände gegen den Text in der vorliegenden Form hatte, so wirft das ein bezeichnendes Licht auf den ästhetischen Rang, den das Libretto als literarische Gattung in Deutschland einnahm. Auffallend ist die häufig bis ins Detail reichende Präformierung bestimmter Handlungselemente durch Halévys Oper *Guido et Ginévra* (1838), die am 31. Okt. 1852, also unmittelbar vor Beginn der Arbeit an *Santa Chiara,* zum erstenmal in Coburg aufgeführt wurde. Das betrifft insbesondere den Finaleffekt des I. Akts, Charlottes plötzliches Zusammensinken während des Fests, sowie ihr Erwachen aus dem Scheintod im II. Akt, aber auch das Liebesgeständnis des sozial unter ihr stehenden Verehrers am Sarg der vermeintlich Toten.

**Wirkung:** Die Uraufführung fand unter Liszts Leitung statt. In den folgenden fünf Jahren ging *Santa Chiara* über die meisten großen Bühnen Deutschlands und des benachbarten Auslands. 1855 wurde das Werk durch Vermittlung Meyerbeers auch von der Pariser Opéra angenommen, wo es mehr als 60 Aufführungen erlebte. Es ist wahrscheinlich, daß gewisse politische Implikationen diesen Erfolg mitbewirkten. Der 1853 ausgebrochene Krimkrieg hatte im Westen Aversionen gegen Rußland hervorgerufen. Möglicherweise spekulierte der Komponist, selbst Politiker von europäischem Rang, bereits bei der Wahl des Sujets auf dessen potentielle Aktualität. Die vermeintliche Skrupellosigkeit und sittliche Verderbtheit der Russen werden in Alexis personifiziert; sein Gegner ist der moralisch integre französische Aristokrat St. Auban. Eine solche Konstellation mußte vor dem Hintergrund des mit dem Belagerung Sewastopols seinem Höhepunkt entgegentreibenden Kriegs das Pariser Publikum begeistern. Abgesehen von dieser tagespolitischen Aktualität deutet aber die Tatsache, daß die Oper (wenigstens im deutschsprachigen Raum) noch bis zum Ende des 19. Jahrhunderts auf den Programmen stand, auch auf deren künstlerische Qualitäten. Die letzte Aufführung fand am 29. Mai 1927 in Coburg statt. Sämtliche Urheberrechte und alle damit verbundenen finanziellen Vorteile hatte Ernst II. den Mitgliedern der Hofkapelle übertragen.

**Autograph:** Verbleib unbekannt. **Abschriften:** LB Coburg. **Ausgaben:** Kl.A, dt./frz. Übers. v. G. Oppelt: Litolff [um 1854], Nr. 1245; Kl.A: Litolff [nach 1854], Nr. 10822; Textb.: Gotha 1854; o.O. [um 1861]; Lpz., Reclam 1882; Textb., engl.: London [um 1877]
**Literatur:** H. STARCKE, Die Inscenierung und Charakteristik deutscher, italienischer und französischer Opern. Leitfaden für Theater-Verwaltungen, Regisseure, Opernsänger, Capellmeister etc., Lieferung 8: ›Santa Chiara‹, Erfurt [um 1877]; ERNST II., Aus meinem Leben und aus meiner Zeit, 3 Bde., Bln. 1887–89 [bes. Bd. 2, S. 278–280], Bearb. in 1 Bd., Bln. 1894, S. 330f.; O. MOKRAUER-MAINÉ, Herzog E. II. von Sachsen-Coburg-Gotha und die Tonkunst, Hannover 1893; Briefe hervorragender Zeitgenossen an Franz Liszt, hrsg. La Mara, Bd. 1, Lpz. 1895, S. 122f.; E. MÜLLER, Die herzogliche Oper ›Santa Chiara‹, in: Rund um den Friedenstein. Blätter für Thüringer Gesch. u. Heimatgeschehen 4:1929, Nr. 11, S. 2; H. BACHMANN, E. II. von Sachsen-Coburg und Gotha, in: Fränkische Lebensbilder, Bd. 5, Würzburg 1973, S. 253–281; S. GOSLICH, Die deutsche romantische Oper, Tutzing 1975; H. HÖFER, Traurig schöne und kitschige Liebesgeschichte. Blick in d. Part d. Oper ›Santa Chiara‹ v. Herzog E. II., in: Coburger Tagblatt, 10.9.1983, S. 7

*Hartmut Wecker*

# Heinrich Esser

Geboren am 15. Juli 1818 in Mannheim, gestorben am 3. Juni 1872 in Salzburg

## Thomas Riquiqui oder Die politische Heirat
### Komische Oper in drei Akten

**Text:** Carl Gollmick, nach der Komödie *Riquiqui* (1837) von de Leuven (eigtl. Adolphe Graf Ribbing) und Jules Henri Vernoy Marquis de Saint-Georges
**Uraufführung:** 8. März 1843, Stadttheater, Frankfurt am Main
**Personen:** Thomas Riquiqui (T); Barnabé, sein Lehrjunge (B); Chevalier von Beauval (Bar); Amalie von Montfort (S); Jaqueline (S); Remy, Schloßverwalter Amalies (B). **Chor:** Bürger, Bürgerinnen, Dienerschaft
**Orchester:** nicht zu ermitteln
**Aufführung:** Dauer ca. 2 Std. 30 Min.

**Entstehung:** Wenn Essers Name heute noch nicht restlos vergessen ist, so liegt das hauptsächlich an seiner Tätigkeit als Kapellmeister des Hofopernthaeters in Wien (1847–69), die ihm das publizistische Lob und die Anerkennung Eduard Hanslicks eintrug. Den Zeitgenossen galt er darüber hinaus als versierter Lied- und Chorkomponist. Dagegen kann seine Beschäftigung mit dem dramatischen Genre nur als episodisch bezeichnet werden. Alle drei Opern Essers sind Jugendwerke, denen der Komponist später keine größere Bedeutung mehr zumaß. Die erste, *Sitas* (Mannheim 1840), entstand wahrscheinlich noch unter dem Einfluß von Essers Lehrer Franz Lachner. Sie erlebte nur zwei Aufführungen und ist verschollen. Das nächste Werk, *Thomas Riquiqui,* das Esser während seiner Tätigkeit als Dirigent der Liedertafel in Mainz komponierte, war wohl das erfolgreichste, wenngleich François Joseph Fétis in der *Biographie universelle* vermutet, die letzte Oper *Die zwei Prinzen* (München 1845) habe Essers Ruf in Deutschland begründet.

**Handlung:** In einem Dorf in der Franche-Comté, um 1795, gegen Ende der Französischen Revolution.
I. Akt, Thomas Riquiquis Schusterwerkstatt: Als die revolutionäre Volksmenge ihr Schloß stürmt und

brandschatzt, flüchtet Amalie von Montfort ins Haus des Schusters Riquiqui. Da sie ihm unlängst einen hohen Geldbetrag geschenkt hat, nimmt dieser sie aus Dankbarkeit bei sich auf. Als die erregte Menge jedoch Amalies Auslieferung verlangt, kann Riquiqui sie nur retten, indem er sie als seine Braut ausgibt.
II. Akt, Schusterwerkstatt: Der Schustergeselle Barnabé erzählt Jaqueline, die einst als Findelkind von der Familie des Schusters aufgenommen worden war, von der bevorstehenden Hochzeit Amalies und Riquiquis. Zunächst ist diese erschüttert, da sie ihn selbst insgeheim liebt, zeigt sich aber bei näherer Kenntnis der Motive von seinem Edelmut beeindruckt. Auf Drängen der Volksmenge soll die Trauung unverzüglich von einem öffentlichen Repräsentanten vollzogen werden. Der Chevalier von Beauval versucht noch, die Zeremonie zu verhindern, wird aber schließlich zur Flucht gezwungen. Da Riquiqui erkannt hat, daß Amalie ihrerseits auch Beauval liebt, gibt er sie frei, rät ihr allerdings, sofort ins Ausland zu gehen.
III. Akt, Saal im Schloß Montfort, ein Jahr später: Das Geld, das Amalie ihm einst geschenkt hatte, konnte Riquiqui durch gute Geschäfte in Paris vermehren. Von dem Gewinn hat er das Schloß zurückgekauft und restauriert. Er veranstaltet einen Ball, bei dem die inzwischen zurückgekehrte Amalie und der Chevalier von Beauval anwesend sind. Amalie versichert ihm ihrer Liebe, erklärt aber, aus Pflichtgefühl bei Riquiqui bleiben zu wollen. Letzterer ist unbemerkt Zeuge dieser Szene geworden und gibt sich entrüstet, drängt sogar auf sofortige Scheidung. In Gegenwart eines rasch herbeigerufenen Notars läßt er Amalie ein vorbereitetes Papier unterzeichnen. Wie sich herausstellt, handelt es sich dabei um eine Schenkungsurkunde, mit der das Schloß in den Besitz Amalies und Beauvals übergeht. Riquiqui aber nimmt nun Jaqueline zur Frau.

**Kommentar:** *Thomas Riquiqui* ist in vieler Hinsicht paradigmatisch für die deutschen Opern jener Zeit, sowohl was die textliche als auch was die musikalische Seite anbelangt. Das Libretto, zwar von Gollmick bearbeitet, stammte ursprünglich aus Frankreich. Wegen der häufig beklagten Misere der deutschen Operndichtung versuchten sich viele Komponisten an den niveauvolleren französischen Produktionen. Dabei wurde allerdings der oft drastische Realismus der Vorlagen ins Biedermeierlich-Beschauliche umgebogen. So bricht die Französische Revolution, historischer Hintergrund in *Riquiqui*, partiell als etwas Ungebändigtes, Zerstörerisches, als gesichtslose Masse in die kleinbürgerliche Idylle der Schusterwerkstatt ein, ohne sie jedoch ernsthaft gefährden zu können. Die musikalische Faktur des Werks ist äußerst heterogen, ein damals häufiges Konglomerat deutscher, italienischer und französischer Elemente. Das Opernlied, aus der Tradition des Singspiels stammend, wird zur zentralen Gattung, indem es die Lebensanschauung des biedermeierlichen Bürgertums vermittelt. So auch Riquiquis Auftrittslied »Arbeit und Frohsinn, leichtes Blut sind des Lebens höchstes Gut« (I. Akt), das sich bezeichnenderweise als Erinnerungsmotiv durch die gesamte Oper zieht. Bemerkenswert sind vor allem noch die Gewandtheit und satztechnische Sicherheit der Ensembleführung, was auf eine eingehende Übung durch zahlreiche Quartett- und Chorkompositionen hindeutet.

**Wirkung:** Wie den beiden andern Opern Essers, so blieb auch *Thomas Riquiqui* ein größerer Erfolg versagt. Nur einige deutsche Bühnen spielten das Werk gelegentlich nach. Es wurde allgemein als Äußerung eines zwar nicht gewöhnlichen Talents gewertet, dem aber das ursprünglich Dramatische abgeht. Die drei Opern entstanden in einer Phase besonderer Affinität des Komponisten zur vokalen Gestaltung, sind also eher als Aspekte dieser Vorliebe denn als erste Versuche eines angehenden Musikdramatikers zu werten. Dafür spricht auch, daß Esser später nicht mehr auf die Opernkomposition zurückkam und keinen Versuch unternahm, seine Werke wieder zur Aufführung zu bringen, was ihm aufgrund seiner Position an einem der führenden Institute Europas zweifellos möglich gewesen wäre.

**Autograph:** Verbleib unbekannt. **Ausgaben:** Kl.A: Schott 1843, Nr. 7181; Textb.: Schott [um 1843]
**Literatur:** R. SCHUMANN, Gesammelte Schriften über Musik und Musiker, Lpz. 1854; C. GOLLMICK, Autobiographie nebst einigen Momenten aus der Geschichte des Frankfurter Theaters, Ffm. 1866; H. GIEHNE, H. E., in: Badische Biographien, hrsg. F. v. Weech, Heidelberg 1875; J. PETH, Geschichte des Theaters und der Musik in Mainz, Mainz 1879; E. HANSLICK, Suite. Aufsätze über M u. Musiker, Wien 1884, S. 52ff.; M. WÖSS, H. E. Eine Darstellung seines Lebens u. Wirkens als Dirigent unter bes. Berücksichtigung seiner Beziehung zu R. Wagner, Diss. Wien 1947; L. STRECKER, Richard Wagner als Verlagsgefährte, Mainz 1951; K. J. MÜLLER, H. E. als Komponist, Diss. Mainz 1969, S. 134–138

*Hartmut Wecker*

# Jean-Jacques Etcheverry

Geboren am 17. Januar 1916 in Paris

## Khamma
**Légende dansée en un acte**

### Khamma
1 Akt

**Musik:** Claude Debussy (1912); Vollendung der Orchestration: Charles Louis Eugène Koechlin (1913).
**Libretto:** William Leonard Courtney und Maud Allan, nach der Erzählung *La Fille du prince de Bakhtan et l'esprit possesseur* aus *Les Contes populaires de l'Egypte ancienne* (1889) von Sir Gaston Camille Charles Maspéro; Bearbeitung: Jean-Jacques Etcheverry

**Uraufführung:** 26. März 1947, Opéra-Comique, Salle Favart, Paris, Ballet de l'Opéra-Comique
**Darsteller:** Khamma; die Gefangene; der Hohepriester; der Geist des Gottes Amun-Ra; der junge Mann; der Freigelassene; Corps de ballet: gefangene Sklaven, nubische Sklaven, Khammas Trauergefolgschaft
**Orchester:** Picc, 3 Fl, 3 Ob, E.H, 3 Klar, B.Klar, 3 Fg, K.Fg, 4 Hr, 3 Tr, 3 Pos, Tb, Pkn, Schl (gr.Tr, Bck, Gong, antike Bck, Glsp), 2 Hrf, Cel, Kl, Streicher
**Aufführung:** Dauer ca. 25 Min.

**Entstehung:** Im Spätsommer 1910 wandte sich die kanadische Tänzerin Allan an Debussy mit der Bitte, für sie ein Ballett zu komponieren. Sie bot dem in finanziellen Schwierigkeiten lebenden Komponisten eine hohe Summe, und er akzeptierte den Auftrag, obwohl ihm das Szenario des ursprünglich *Isis* betitelten Balletts nicht zusagte. Der Vertrag zwischen Allan, Debussy und dem Verleger Jacques Durand wurde am 30. Sept. 1910 geschlossen. Allan, zu jener Zeit berühmt und gefeiert, wollte mit *Khamma* den Erfolg wiederholen, den sie mit ihrem Solotanz *Die Vision Salomes* (Musik: Marcel Rémy) errungen hatte, uraufgeführt als »öffentliche Probe« vor geladenen Gästen am 2. Dez. 1906 im Carl-Theater Wien (vgl. Felix Cherniavsky, s. Lit.). Debussy komponierte das Werk 1911/12, orchestrierte die ersten Seiten und überließ die weitere Ausführung der Orchesterpartitur seinem Schüler Koechlin. Inzwischen gab es jedoch Schwierigkeiten mit Allan, da diese, nachdem sie den Klavierauszug gesehen hatte, darauf bestand, das Ballett müsse, um das Publikum zu fesseln, doppelt so lang sein und statt der drei komponierten Tänze sieben Soli für die Titelrolle enthalten. Debussy folgte ihren Änderungswünschen jedoch nicht. Obwohl Allan sich die alleinigen Aufführungsrechte hatte zusichern lassen, tanzte sie *Khamma* nie. Die konzertante Uraufführung dirigierte Gabriel Pierné am 15. Nov. 1924 in Paris (Concerts Colonne). 1939 plante Léonide Massine eine Choreographie, doch erst 1947 kam *Khamma* durch Etcheverry, der seit 1946 Maître de ballet und Choreograph an der Opéra-Comique war, auf die Bühne.
**Inhalt:** Im alten Ägypten, im Tempel des Amun-Ra, darin ein Götterbild aus schwarzem Stein. 1. Bild, bei Sonnenuntergang: Die Stadt ist von Feinden belagert, in der Ferne sind Kriegslärm und Trompetensignale zu hören. Der Hohepriester betritt, gefolgt von den Jungfrauen, den Tempel. Sein Gebet und der rituelle Tanz der opfernden Jungfrauen gelten der Rettung der Stadt durch Amun-Ra. Die Jungfrauen verlassen den Tempel, und der Hohepriester bleibt allein. Plötzlich hat er eine Vision, wie die Gunst des Gottes zu erlangen sei. Er verläßt den Tempel. 2. Bild, Nacht: Angeführt vom Hohenpriester tragen zwei nubische Sklaven ein verschleiertes Mädchen in den Tempel. Es ist Khamma, die zu fliehen versucht, von den Männern jedoch gewaltsam gehindert wird. Sie bleibt allein zurück, Mondlicht durchdringt den Tempel. Khamma nähert sich langsam der Statue Amun-Ras und wirft sich vor ihr nieder. Dann beginnt sie, für die Rettung der Vaterstadt zu tanzen. Der junge Mann, begleitet vom Freigelassenen, schleicht sich in den Tempel, um Khamma ins Leben zurückzuholen. Doch sie weigert sich, da sie nun die Notwendigkeit und die Größe ihres Opfers begriffen hat. Nachdem sie zweimal vor der Statue getanzt hat, bemerkt sie, daß diese sich bewegt, ein Zeichen, daß ihr Opfer angenommen und die Stadt gerettet ist. Der Geist Amun-Ras steigt zu Khamma herab, kämpft mit dem jungen Mann und tötet ihn. Khamma indessen, trunken vor Freude und Verehrung, tanzt, bis sie unter Donner und Blitz sterbend zusammenbricht. 3. Bild, Morgengrauen, das sich allmählich in Morgenröte verwandelt: Von weitem hört man Siegesgeschrei. Die Tempelpforte öffnet sich, und der Hohepriester tritt mit Palmen und Blumenträgern herein. Die Menge entdeckt Khammas Leichnam, der Hohepriester segnet ihn. Während des Trauerzugs für Khamma tritt auch der Freigelassene hinzu und findet den Leichnam des jungen Manns, den er als einziger beweint.
**Kommentar:** *Khamma* ist gewiß eins der am meisten vernachlässigten Werke Debussys. In der Öffentlichkeit unbekannt, von der Forschung als Gelegenheitsarbeit eingestuft, trug das Ballett lange den Stempel des uninteressanten Nebenwerks. Entstehungsgeschichtlich ist es *Le Martyre de Saint-Sébastien* (1911) und *Jeux* (1912) benachbart, ästhetisch zeigt es mit diesen Werken, da spröder als *Le Martyre* und konzentrierter, thematisch weniger vielgestaltig als *Jeux*, wenig Verwandtschaft. Die Verwendung von nur vier Personen und Situationen charakterisierenden Hauptthemen, ihre überaus dichte Verknüpfung, die trotz der stellenweise strengen polyphonen Führung stets eine wie zufällig sich einspielende Durchsichtigkeit des Klangbilds erzielt, und der Einsatz von Chromatik und Derivaten der Ganztonleiter veranlaßten Robert Orledge (S. 147, s. Lit.) zu der Feststellung, *Khamma* enthalte ein Kompendium harmonischer Verfahrensweisen Debussys. Die theatralische Dimension des Balletts zieht ihre Wirkung vor allem aus dem Farbenreichtum des Orchesters, das Debussy, gemessen an den Bedingungen eines tanzsolistischen, für Tourneen gedachten Bühnenwerks, sehr opulent besetzte. Besonders effektvoll sind die Einleitung, die Zeichnung der kriegsbedrohten Stadt durch ein grollendes Streicherostinato und ferne Posaunensignale, der in tänzerischen Kapriolen spielende Eintritt Khammas in den Tempel und ihr ekstatischer Schlußtanz. Darüber hinaus verfeinerte Debussy das etwas flach geratene Szenario durch seine Komposition in manchen Partien: Das Thema Khammas beispielsweise erklingt, bevor sie auftritt, in dem Augenblick, als der Hohepriester die Vision der Rettung der Stadt hat: Khamma erscheint so als Idee der Hingabe und des Opfers, bevor sie im Tanz diese Idee konkretisiert. – Das Szenario von *Khamma* greift ein für das Fin de siècle wichtiges Konzept des Künstlertums auf: die ekstatische, in extremer Einsamkeit sich vollendende Hingabe eines Auserwählten. Auch Salome wurde nach diesem Künstlerbild als Mischung aus Femme fatale

und Priesterin stilisiert, Ende des 19. Jahrhunderts dargestellt von Künstlern wie Oscar Wilde, Stéphane Mallarmé, Joris-Karl Huysmans, Gustave Moreau, Pierre Puvis de Chavannes und Aubrey Beardsley. In entsprechender zeitlicher Verschiebung kam die Gestalt der Salome auf die Tanzbühne, nicht zufällig durch Vertreterinnen des neuen, »freien« Tanzes: Fullers *La Tragédie de Salomé* (1907) und Allans *Vision Salomes*. Die Parallelen in Allans Konzeption von *Khamma* und von *Salome* sind deutlich. In beiden Stücken ist es eine Tänzerin, die allein mit sich selbst und ihrer Obsession oder Vision im Tanz und durch Tanz dargestellt wird; und sowohl in *Salome* als auch in *Khamma* bricht die Protagonistin auf dem Höhepunkt der tänzerischen Ekstase zusammen. Allan galt ebenso wie Isadora Duncan, Fuller, Mata Hari und Stacia Napierkowska als Typus der »exotischen Tänzerin«. Ihr Tanzstil, antiakademisch, barfuß, eine suggestive Mischung aus Pantomime und freien Tanzelementen, war auch bestimmend für die Konzeption von *Khamma*. Etcheverrys Choreographie hingegen stand dazu in hartem Kontrast. Als Schüler von Nicolas Zvereff und Gustave Ricaud kam er aus der russisch-französischen Balletttradition. So verwundert es nicht, daß er *Khamma* 1947 nicht im bereits historisch gewordenem Tanzstil à la Allan herausbrachte, sondern als Ballett im akademischen Stil. Dafür gestaltete er das Szenario so um, daß das Hauptgewicht der Darstellung nicht mehr allein bei der Solistin lag. Indem er die Figuren des Geists von Amun-Ra und des jungen Manns sowie seines Begleiters einführte, die den Kampf um Leben und Tod verkörpern und so Khammas Innenleben nach außen verlagern, gab er dem Bühnengeschehen größere Vielfalt. Zugleich schuf er damit die Gelegenheit für mehrere Pas de deux: Statt der drei Solotänze vor Amun-Ra tanzt Khamma nun einen Pas de deux mit dem jungen Mann und nur zwei Soli; ähnlich ist die neue choreographische Einteilung in Khammas Schlußtanz. Etcheverry orientierte sich, wie auch seine Choreographie von *Jeux* (Paris 1948) zeigt, in manchem an vergleichbaren Balletten der Sergei-Diaghilew-Ära. Die Grundstruktur seiner *Khamma*-Choreographie zeigt große Ähnlichkeit mit Fokins *Le Dieu bleu* (1912). Darüber hinaus waren es jedoch, Uraufführungskritiken zufolge, die originell eingesetzten Elemente des Neoklassizismus, die dem Ballett seinen Stellenwert sicherten.
**Wirkung:** In der Uraufführung tanzten Geneviève Kergrist die Titelrolle, Michel Gevel den Geist Amun-Ras und Dany Markel den Hohenpriester. Mit 22 Aufführungen war das Ballett erfolgreicher als die späteren Debussy-Choreographien Etcheverrys, *Le Cerf* (Paris 1947, nach verschiedenen Kompositionen) und *Jeux*, von Etcheverry »nach Nijinski« bearbeitet. 1986 wurde in Mailand im Rahmen einer »Hommage à Debussy« der Scala Uwe Scholz' *Khamma* mit Luciana Savignano uraufgeführt.

**Autograph:** M: BN Paris 1912 [die ersten 20 S. v. Debussys Hand, d. Rest v. C. Koechlin orchestriert]; L: BN Paris 1912 [frz., v. Debussys Hand] (Rés. Th. B. 126). **Ausgaben:** Kl.A: Durand 1912, Nr. D&F 8443

**Literatur:** M. ALLAN, My Life and Dancing, London 1908; F. CHERNIAVSKY, Maud Allan. I: The Early Years, 1873–1903, in: DC 6:1983, Nr. 1, S. 1–36; DERS., Maud Allan. II: First Steps to a Dancing Career, 1904–1907, in: DC 6:1983, Nr. 3, S. 189–227; DERS., Maud Allan. IV: The Years of Touring, 1910–1915, in: DC 8:1985, Nr. 1/2, S. 1–50; H.-K. METZGER, »Khamma«, in: Claude Debussy, München 1977 (M.Konzepte. 1/2.), S. 118–127; M. CHIMÈNES, Les Vicissitudes de ›Khamma‹, in: Cahiers Debussy, Nouvelle série, Nr. 2, 1978, S. 11 ff.; T. HIRSBRUNNER, Debussys Ballett ›Khamma‹, in: AfMw 36:1979, Nr. 2, S. 105 ff.; R. ORLEDGE, Debussy and the Theatre, Cambridge 1982, S. 128–148; C. KOECHLIN, Souvenirs sur Debussy, in: Cahiers Debussy, Nouvelle série, Nr. 7, 1983, S. 3 ff.

*Gabriele Brandstetter*

# Edmund Eysler
Eigentlich Edmund Eisler; geboren am 12. März 1874 in Wien, gestorben am 4. Oktober 1949 in Wien

## Bruder Straubinger
Operette in drei Akten (vier Bildern)

**Text:** Moritz West (eigtl. Moritz Georg Nitzelberger) und Ignaz Schnitzer
**Uraufführung:** 20. Febr. 1903, Theater an der Wien, Wien
**Personen:** Landgraf Philipp (T); Landgräfin Lola, seine Frau (S); Baron Naupp, Hofintendant (B); Fräulein von Himmlisch, eine junge Hofdame; Bruder Straubinger, ein wandernder Handwerksbursche (T, Bar oder T.Buffo); Oculi, das wilde Mädchen (S oder Soubrette); Schwudler, Schaubudenbesitzer (Bar); Liduschka, seine Frau (Mez); Bonifaz, ein junger Deserteur; Ruckemich, Ratsherr; Wimmerer, Stadtschreiber; Bierschopf, Amtsdiener. **Chor, Statisterie:** Hofleute, Offiziere, weibliche Garde, Handwerksburschen, Bürger, Diener
**Orchester:** 2 Fl, 2 Ob, 2 Klar, 2 Fg, 4 Hr, 2 Trp, 3 Pos, Pk, Schl (2 Spieler: kl.Tr, gr.Tr, Trg, Tamburin, Kuckuck, Glsp, Xyl, Cel, Stäbe, Glocken), Hrf, Streicher; BühnenM: Trp, Tr
**Aufführung:** Dauer ca. 2 Std. 15 Min. – Baron Naupp ist mit einem Komiker zu besetzen.

**Entstehung:** *Bruder Straubinger* ist Eyslers erster bedeutender Operettenversuch. Protegiert wurde er von dem Librettisten Schnitzer, der schon das Buch zu Eyslers Erstling, der nie aufgeführten Oper *Der Hexenspiegel*, geliefert hatte, sowie von dem Verleger Josef Weinberger. Melodien des *Hexenspiegels* sollen in *Straubinger* wiederverwendet worden sein. Die Idee zur Handlung stammt von West, der auf Weinbergers Vermittlung nach anfänglicher Ablehnung mit Schnitzer kooperierte. Der Direktor des Theaters an der Wien nahm die Operette an, weil er in der Titelrolle eine Glanzpartie für den Star seines Hauses, Alexander Girardi, vermutete.

**Handlung:** Am Rhein, 18. Jahrhundert.
I. Akt, 1. Bild, vor den Toren einer Stadt: Handwerksleute und Gaukler, die sich guten Verdienst und viel Spaß erhoffen, haben sich zum Aposteltag vor dem Stadttor eingefunden, unter ihnen der junge Deserteur Bonifaz, der um seinen Einlaß in die Stadt bangt, weil ihm die nötigen Papiere fehlen. Auch die charmante Landgräfin Lola befindet sich dort, um ihrem von einer Schlacht heimkehrenden Gatten Philipp einen prächtigen Empfang zu bereiten, sowie Philipps Vertrauter, Baron Naupp, auf der Suche nach einem schönen Mädchen für den verschwenderischen und liebeshungrigen Landgrafen. Lola kennt die Schwächen ihres Manns und wirkt ihnen gewöhnlich durch die schnelle Verheiratung seiner Geliebten entgegen. Deshalb wettet sie mit Naupp, daß sie auch die kommende Affäre binnen eines Tags vereiteln wird. In der Menge lernt Naupp den Schaubudenbesitzer Schwudler kennen, der ihm die schöne Oculi, die er als »wildes Mädchen« ausstellt, für die Zwecke des Grafen anbietet. Unterdessen ist Straubinger, ein weitgereister Handwerker, vor dem Tor eingetroffen. Als sich der Erschöpfte ein Nickerchen gönnt, nutzt Bonifaz die Gelegenheit, um ihm die Pässe zu stehlen. Da Straubinger aber stets auch die Papiere seines Großvaters, der inzwischen 114 Jahre alt geworden wäre, bei sich trägt, läßt er sich von Schwudler anwerben und als alter Veteran einkleiden. 2. Bild, vor der Eremitage des Grafen: Auf einem Fest flirtet Philipp mit Oculi. Der vermeintliche Veteran Straubinger erhält als umjubelte Sensation vom Grafen eine Pension auf Lebenszeit, ebenso wie Oculi, in der Straubinger seine einstige Verlobte Marie zu erkennen glaubt.
II. Akt, Schloßterrasse: Bis zum Abend hat Oculi gemerkt, daß sie von Schwudler verschachert werden soll, doch sie entzieht sich geschickt den Liebesattacken des Grafen. Indessen erwägt Straubinger, seinen Vertrag mit Schwudler zu lösen, weil er der Rolle des Alten überdrüssig ist, zumal ihn Oculi zusehends schmerzlicher an seine verflossene Geliebte erinnert. Nachdem der angeheiterte Schwudler tollpatschig die Absichten des Grafen offenbart hat, leitet die Gräfin sogleich die Vermählung zwischen Oculi und dem eben eingestellten jungen Gärtner (es ist Bonifaz) ein. Doch Oculi setzt sich heftig zur Wehr und ruft in ihrer Verzweiflung den Namen des verloren geglaubten einstigen Verlobten aus. Endlich erkennt Straubinger in dem »wilden Mädchen« seine Marie. Er muß jedoch auf die öffentliche Demaskierung Bonifaz' verzichten, weil er damit zugleich den eigenen Schwindel aufdecken würde. Deshalb gibt er sich Oculi durch eine Melodie, die sie einst beide zusammen sangen, heimlich zu erkennen. Als er ihr unter dem belustigten Staunen der Umstehenden schließlich die Ehe anbietet, willigt sie zur Überraschung aller ein.
III. Akt, vor einem Gästehaus im Wildpark des Grafen: Oculi und Straubinger halten verliebtes Frühstück vor dem Haus. Sie werden neugierig beobachtet von Schwudler, der die Geschichte des Paßdiebstahls inzwischen rekonstruieren konnte, und von Naupp, der seinem »grundlos« in Verdacht geratenen Landesherrn helfen und damit seine Wette doch noch gewinnen will. Auch die noch ahnungslose Gräfin schaut kurz vorbei und verspricht Oculi für die erzwungene Heirat eine Entschädigung. Schließlich trifft auch der Graf, belauert von seiner Frau, zu einem letzten Flirt mit Oculi ein. Als Lola schon glaubt, ihn ertappt zu haben, erscheint Naupp (mit Schwudler) und beweist anhand der echten Papiere Straubingers, daß der Graf von Beginn an von allem gewußt und die Ehe zwischen Oculi und dem jungen, aber schüchternen Straubinger höchstselbst eingefädelt habe.

**Kommentar:** Der Klavierauszug von *Bruder Straubinger* läßt vermuten, daß in der vergleichsweise langen Entstehungszeit eine zunächst komponierte, bewußt altertümelnde Musik nach und nach wieder verworfen wurde. Vom oft behaupteten Anklang deutschen Volksguts ist lediglich das Zitat von »O Tannenbaum« im Entreelied Straubingers (Nr. 3) übriggeblieben. Ansonsten folgt die Musik durchgängig modernen Erfordernissen und bietet in konsequenter Kombination Walzer, Galopps und Märsche. Für den langen Entstehungsprozeß mag freilich auch die Rivalität der beiden Librettisten ein Grund sein, die sich in dem spürbaren Kontrast der Liedtexte zum Handlungsumfeld niederschlug. Oft erscheinen die Couplets als allgemein gehaltenen Bonmots, die nicht im unmittelbaren Ausdruckskontext der Darsteller stehen. Doch war solch Verfahren keineswegs unüblich oder gar unmodern. Daß ursprünglich womöglich eine schärfere Entwicklung intendiert war, ist besonders an dem (musikalisch in vortrefflicher rhythmischer Spannung realisierten) 2. Finale zu ersehen. Denkbar wäre etwa gewesen, daß Bonifaz zwar Oculi geheiratet hätte, jedoch mit den falschen Papieren, so daß Straubinger im III. Akt sein Recht als legitimer Ehemann hätte erkämpfen müssen. Statt dessen verpufft bereits hier der dramatische Zündstoff und läßt dem letzten Bild lediglich die Gelegenheit zur kittenden, höchst zweifelhaften Lösung. Die Schlußszene, ein Tribut an Hörgewohnheiten und an den Publikumsgeschmack, bietet fast ausschließlich musikalische Reminiszenzen und vergißt darüber zu erklären, durch welche Argumente die Gräfin schließlich von der Treue ihres Manns überzeugt wird. Sie sind nämlich keineswegs einleuchtend. Das Textbuch vergißt schließlich, das Schicksal einer zunächst spannend angelegten Figur zu klären, denn ob Bonifaz als Deserteur gehängt oder ob er dank der nachlässigen Liberalität des Regenten begnadigt wird, interessiert, obwohl er vorsorglich keinen Gesangspart erhielt. Die Qualität der Einfälle Eyslers ist höchst unterschiedlich. Allzuoft verwendet er gängige harmonische Muster (Subdominante in Moll, scheppernde Tonika-Quintsextakkorde). Im 1. Finale, während Straubingers Präsentation als alter Veteran, sind hingegen parodistische Marschklänge und ein gut gesetztes Ensemble zu hören (»Tausend Gulden sind kein Spaß«), in dem Graf und Gräfin in ironisiertem Konflikt mit Staatsgeldern um sich werfen. Im II. Akt gelang Eysler eine Liedfolge, die durch den einfachen und eingängigen Schlager Straubingers »Küssen ist keine Sünd'« (Nr. 12) eröffnet wird. Danach folgt das schwungvolle Trommlerduett (Nr. 13) mit dem bauernschlauen Refrain »Wenn es schief geht, merk dir's Bataillon, mach rechts um und renn davon«, ein von Oculi und Straubinger zum Vortrag einstudiertes Lied, das in der Verheiratungsszene einen erotischen Hintersinn erhalten wird (gemeint ist dort der ängstlich flüchtende Gatte Straubinger). Kompositorisch am besten gelungen ist das Terzett »Vierblättriger Klee« (Nr. 14), das Eysler als versteckten Romantiker offenbart.

**Wirkung:** Der Anfangserfolg von *Bruder Straubinger* hängt sicher mit Girardi in der Titelrolle zusammen. Aus der Konkurrenz der zahlreichen »Girardi-Operetten« (ein damals gängiger Begriff, der besagt, daß viele Komponisten ihre Werke auf den Star des Theaters an der Wien zuschnitten und damit ein stereotypes Repertoire begünstigten) ragte diese Operette allerdings hervor. Allein an diesem Theater erreichte das Stück in fast ununterbrochener Folge 187 Aufführungen. Die zeitgenössische Kritik lobte Eyslers Instrumentation, vermerkte zudem positiv, daß es sich um eine ländliche Kostümoperette handelte: eine Abwechslung in einem Genre, das damals gerade zeitgenössisches Milieu bevorzugte. Straubingers Couplet »Küssen ist keine Sünd'«, der Schlager der Operette, wurde von vielen bekannten Tenören auf Schallplatte eingespielt. Daß das Erfolgslied letztlich mit dem Werk selbst identifiziert wurde, dokumentiert Hubert Marischkas Verfilmung als *Küssen ist keine Sünd'* (1950) mit Curd Jürgens, Elfie Mayerhofer und Hans Moser.

**Autograph:** Verbleib unbekannt. **Ausgaben:** Kl.A: Weinberger [um 1933]; Regiebuch: Weinberger 1933; Textb. d. Gesänge: Weinberger [um 1903]. **Aufführungsmaterial:** M u. Bühne, Wiesbaden
**Literatur:** K. EWALD, E. E., ein Musiker aus Wien, Wien, Prag, Leipzig 1934; R. M. PROSL, E. E. Aus Wiens zweiter klassischer Operettenzeit, Wien 1947

*Michael Klügl*

## Die gold'ne Meisterin
**Operette in drei Akten**

**Text:** Julius Brammer und Alfred Grünwald, nach dem Lustspiel *Die gold'ne Eva* (1902) von Franz Schönthan Edler von Pernwald und Franz Koppel-Ellfeld (eigtl. Franz Koppel)
**Uraufführung:** 13. Sept. 1927, Theater an der Wien, Wien
**Personen:** Contessa Giulietta (Spr.); Margarete, eine reiche Goldschmiedswitwe (Sängerin); Ritter Fridolin von Gumpendorf; Graf Jaromir auf Greifenstein (Buffo); Christian, Goldschmiedegeselle (T); der Altgeselle; Portschunkula, Haushälterin (Soubrette); Friedl, Lehrbub; Wenzel, Geselle bei der gold'nen Meisterin; Bruder Ignatius; Bruder Severinus; Bruder Peregrinus. **Chor:** Bürger, Bürgerinnen, Lehrbuben, Gesellen, Troubadoure, Laternenbuben, Pagen, Volk, Damen, Herren, Gäste, Mädchen, Kinder. **Statisterie**
**Orchester:** 2 Fl (2. auch Picc), Ob, 2 Klar, 2 Fg, 4 Hr, 2 Trp, 3 Pos, Pkn, Schl (kl.Tr, gr.Tr, Bck, Trg, Holzklapper, Tamtam, HolzTr), Cel, Glsp, Xyl, Hrf, Streicher; BühnenM hinter d. Szene: Harm, Glocke
**Aufführung:** Dauer ca. 2 Std. 30 Min.

**Handlung:** In Wien, 16. Jahrhundert.
I. Akt, Goldschmiedeladen der »gold'nen Meisterin« am Graben: Margarete, jung, reich und lebenslustig, hat eine Schwäche für alles Adlige. Nachdem sie auf dem Zunftball vom Kaiser mit einem Kuß ausgezeichnet worden ist, möchte sie gar zu gern Gräfin werden. Graf Jaromir und sein Freund Ritter Fridolin, zwei heruntergekommene Müßiggänger und Glücksritter, haben es nicht schwer, sich bei ihr einzuschmeicheln. Während Jaromir sich um Margarete bewirbt, macht sich Fridolin an die gleichfalls vom Adelswahn erfüllte Haushälterin Portschunkula heran.
II. Akt, im Hof des Wohnhauses der Meisterin: Vergeblich versucht der neue Geselle Christian, seine Meisterin, die er liebt, vor einer Verlobung zu warnen, weiß er doch, daß Jaromir in Nürnberg eine Braut hat. Deren Großvater, den Posthalter Paradeiser, bittet er, nach Wien zu kommen und dem untreuen Bräutigam ins Gewissen zu reden. Aber Paradeiser erscheint nicht mehr rechtzeitig. Christian muß zu einer List greifen. Er selbst schlüpft in die großväterliche Maske und verhindert die Verlobung. Jaromir kehrt reumütig nach Nürnberg zurück und bequemt sich dazu, seine alte Braut aufrichtig zu lieben, hat sie doch inzwischen eine reiche Erbschaft gemacht. Auch Fridolin räumt das Feld; er hatte schon vorher kein rechtes Interesse mehr an der zänkischen Portschunkula.
III. Akt, Wirtsgarten des Stiftskellers in Klosterneuburg: Der lebenserfahrene und kluge Pater Ignatius bringt endlich Christian und Margarete, aber auch Gumpendorf und Portschunkula, auf einer Zunftfeier zusammen. Auf dem »Bonifatius-Sessel«, der jedem die Wahrheit entlockt, gestehen sie einander ihre Liebe.

**Kommentar:** *Die gold'ne Meisterin* verdankt ihre Entstehung einer Bürgschaft, die Eysler für einen Verwandten einlösen mußte. Ältere Werke brachten kaum etwas oder nichts mehr ein, also ließ sich Eysler zu einer neuen Operette überreden. Die Librettisten übertrugen den Stoff des Schönthanschen Lustspiels geschickt vom augsburgischen ins wienerische Milieu; so entstand die letzte der sogenannten Wiener Volksoperetten. Der liebe alte Stefansturm (Nr. 16, für Norddeutschland mit variiertem Text), das Grinzinger Gasserl, wo's im Fasserl Wein und nochmals Wein hat (Spielduett, Nr. 10), Heurigenseligkeit, Eduard-Grützner-Mönche und gewachsene Handwerkstradition lebten noch einmal auf. Auch Schrammelmusik, Geigenseufzer und Wiener Lokalpatriotismus waren längst vertraut, aber Eysler frischte Vertrautes auf. Der einprägsame Walzer »Du liebe gold'ne Meisterin« (Nr. 5) durchzieht als Leitgedanke das ganze Werk. Gelegentliche Anklänge an das zeitgenössische Schlageridiom (etwa die Shimmyelemente in »O Jaromir, wie schön bist du bei Nacht«) bilden

eine reizvolle Verfremdung in der musikalischen Apotheose auf Alt-Wien.
**Wirkung:** Die Uraufführung (Margarete: Betty Fischer, Christian: Hubert Marischka), ein Vierteljahrhundert nach dem Triumph von *Bruder Straubinger* (1903) im selben Theater, brachte dem Komponisten einen überwältigenden Erfolg, der eine regelrechte Eysler-Renaissance an den deutschsprachigen Operettenbühnen auslöste. Im Theater an der Wien wurde *Die gold'ne Meisterin* 220mal en suite gespielt und anschließend weitere 50mal im Wiener Bürgertheater. Eysler selbst dirigierte sein Zugstück in den folgenden Jahren an 31 Bühnen, darunter in Berlin.

**Autograph:** Verbleib unbekannt. **Ausgaben:** Kl.A: Karczag, Wien, Lpz. 1927, Nr. 1800; Regiebuch: Octava, London 1927. **Aufführungsmaterial:** Octava, London; BR Dtld.: Bloch; Österreich: Weinberger
**Literatur:** s. S. 163

*Reinhard Stenzel*

# Leo Fall
**Geboren am 2. Februar 1873 in Olmütz (Olomouc; Nordmähren), gestorben am 16. September 1925 in Wien**

## Der liebe Augustin
### Operette in drei Akten

**Text:** Rudolf Bernauer, Ernst Friedrich Wilhelm Welisch und Eugen Spero
**Uraufführung:** 1. Fassung als *Der Rebell*: 29. Nov. 1905, Theater an der Wien, Wien; 2. Fassung: 3. Febr. 1912, Neues Theater (Theater am Schiffbauerdamm), Berlin (hier behandelt)
**Personen:** Bogumil, Regent von Thessalien (Bar); Helene, seine Nichte (S); Gjuro, Ministerpräsident (T); Nicola, Fürst von Mikolics (Komiker); Pasperdu, Advokat; Augustin Hofer, Klavierlehrer (T); Jasomirgott, Kammerdiener der Prinzessin Helene (B); Anna, seine Tochter (Soubrette); Sigiloff, Gerichtsvollzieher; Matthäus, Laienbruder und Klosterpförtner (B); ein Diener (T); ein Kammerdiener; Oberst Mirko von Mrć (Bar); Hauptmann Burko von Brć (Bar); Pips, Fähnrich (S); 1. und 2. Diener (B, T). **Chor:** Hofdamen, Hofherren, Parlamentsmitglieder, Offiziere, Beamte, Soldaten, Diener, Zofen, Brautjungfern, Kinder
**Orchester:** 2 Fl (auch Picc), 2 Ob, 2 Klar, 2 Fg, 4 Hr, 2 Trp, 3 Pos, Pkn, Schl (Trg, kl.Tr, Bck, gr.Tr, Tamburin, Tamtam), Glsp, Hrf, Streicher; BühnenM: Klar, Hr, Trp, Pos, Schl (gr.Tr, Bck), Vl
**Aufführung:** Dauer ca. 2 Std. 15 Min.

**Handlung:** In Thessalien, vor dem ersten Weltkrieg.
I. Akt, Palast der Residenz Bogumils: Thessalien heißt das Land, das der flotte Fürst Bogumil regiert. Es liegt irgendwo südlich von Wien auf dem Balkan, und man weiß nicht, was dort mehr Kummer bereitet, die politischen Schwierigkeiten oder die zerrütteten Finanzen. Die einen bleiben latent, die andern, nämlich die enormen Schulden des Regenten, werden zu Beginn eingetrieben. Beamte pfänden, was ihnen pfändenswert scheint. Leider auch das Klavier der Prinzessin Helene, für die Klavierstunden das höchste sind, weil ihr der Klavierlehrer aus Wien so gut gefällt. Er heißt Augustin Hofer und ist mit ihrer Ziehschwester Anna, der Tochter des Kammerdieners Jasomirgott, verlobt. Diese Anna ist unglaublich vornehm; so natürlich und volkstümlich sich Helene gibt, so gespreizt prinzessinnenhaft benimmt sich Augustins Braut. Der Musikus ist ihr ein bißchen zu minder. Der Bankrott des Lands steht unmittelbar bevor. Schon revoltiert die 17 Mann starke Armee. Nur eine reiche Heirat kann Thessalien sanieren. Da sich Bogumil dafür zu jung fühlt, muß seine Nichte Helene einspringen. Sie soll den Fürsten Nicola zum Mann nehmen, der steinreich ist und vom Minister bereits herbeidepeschiert wurde. Allerdings hat Bogumil schlechte Erfahrungen mit Nicola gemacht. Dieser hatte 20 Jahre zuvor schon einmal einen Putsch angezettelt, und Bogumil mußte bei Nacht und Nebel flüchten. Damals wurde er von seiner Schwägerin, von Jasomirgott und dessen Frau begleitet. Beide Damen kamen in jener Nacht mit Mädchen nieder. Obwohl also Bogumil Nicola nicht ausstehen kann, zögert er nicht, Helene an ihn zu verschachern. Sie nimmt Abschied von ihrem Augustin.
II. Akt, Palast der Residenz Bogumils: Schon während der Ehevertrag aufgesetzt wird, gibt es zwischen Nicola und Helene Schwierigkeiten. Die Prinzessin ist dem Fürsten viel zu robust. Schließlich ist Ludwig XIV. sein Ideal, und die feine Anna gefällt ihm viel besser. Sie ist auch einverstanden, seine Lavallière zu werden, »es gehört zum guten Ton, eine kleine Liaison«. Währenddessen träumen sich Helene und Augustin in die Idylle eines kleinen wienerischen Wirtshauses hinein. Der eifersüchtige Augustin belauscht ein Gespräch zwischen Nicola und Pasperdu, aus dem hervorgeht, daß die Apanage, auf die Bogumil aus ist, sofort gepfändet werden soll. Augustin erfährt auch, daß Nicola sich eine Geliebte zulegen will. Beides berichtet er Jasomirgott, der es Helene zuträgt. Beim Ball am Abend ernennt Nicola Anna zur Ehrendame seiner Braut. Helene revanchiert sich, indem sie Augustin zu ihrem Ehrenkavalier erklärt.
III. Akt, Bogumils Stammschloß: In dem Schloß, in dem beide Mädchen einst auf die Welt kamen, soll geheiratet werden. Es war in die Hände von Mönchen übergegangen, die dort köstlichen Likör brauen. Den Erlös des Verkaufs hatte Bogumil in Monte Carlo verspielt. Nun erzählt ihm Bruder Matthäus, daß die Prinzessin, die damals hier getauft wurde, ein Muttermal in Form eines Champagnerpfropfens habe. Bogumil und Jasomirgott erkennen, daß sie in jener Nacht, voll des aromatischen Likörs, die Kinder vertauscht haben. Denn Anna hat ein solches Mal, während

Helene ins gewöhnliche Kammerdienertochter-Dasein gehört. Bogumil möchte um der reichen Heirat willen alles vertuschen, aber Jasomirgott führt die richtigen Paare zusammen: Augustin und Helene können ihren Traum vom Wirtshaus in Wien wahr machen, die feine Anna wird endlich standesgemäß. Nur Bogumil bleibt auf seinem Schuldenberg sitzen.
**Kommentar:** *Der liebe Augustin* beruht auf Falls Operettenerstling *Der Rebell,* den er 1905 nach fünf Aufführungen zurückzog. Nach den Uraufführungen des *Fidelen Bauern* (1907) und der *Dollarprinzessin* (1907) war Fall ein berühmter Komponist geworden. Die Librettisten des *Rebellen,* der Kabarettist und Regisseur Bernauer und Welisch, Dramaturg des Berliner Theaters, formten den Text neu. Das Libretto wurde eins der witzigsten und amüsantesten des Genres, eine Satire, die auf die k.u.k. Monarchie, den Standesdünkel, den Kuhhandel in Sachen Heirat und Finanzen zielte: »Ich zieh' die Drähte hier im Staat, / Und dennoch hab' ich niemals Draht, / Denn gäb' es Draht in diesem Staat, / Wär' das Regieren nicht so fad« singt der Ministerpräsident, der die Revolution gerade noch verhindern kann, indem er den korrupten Nicola ins Land holt, der dem Bankrotteur Bogumil wieder aufhelfen soll. Die Paare werden durcheinandergewürfelt, bis die richtigen Partner beieinander sind. Anna, die verhinderte Prinzessin, ist als Kammerdienertochter so geziert, daß sie immer eu statt ei sagt; sie bekommt den zwielichtigen Nicola, der Klavierlehrer Augustin die praktische Helene, die mit ihm schon so fix das Pedal trat. Die pointierten Dialoge und Gesangstexte verleugnen ihr Vorbild, den Wortwitz Heinrich Heines, nicht: Helene blättert im *Buch der Lieder,* die Verse von »schönen Pagen« und der »jungen Königin« geben ihr zu denken. Den beiden Vertretern der Hocharistokratie, deren Manieren sich in nichts nachstehen, seien sie balkanesisch oder französisch, steht der redliche Jasomirgott gegenüber, der treue Kammerdiener, eine Anleihe bei dem Babenberger Herzog Heinrich, der den Beinamen Jasomirgott(helfe) trug. – Die Musik ist rhythmisch fast durchgehend vom Walzer bestimmt, einmal rascher, dann wieder gemütvoller, schmeichelnder. Den Kontrast bildet der Marsch. Fall begann seine Laufbahn als Geiger neben Franz Lehár in jener Wiener Militärkapelle, die Franz Lehár sen. leitete. Auch die Märsche sind von einer schwingenden Rhythmik, die das allzu Zackige vermeidet (Ensemble der Offiziere »Wir wollen unsere Gage«; »Heut nacht nach acht«). Jeder Akt ist in sich geschlossen. Dem leisen Finale des I. Akts, dem Duett Helene/Augustin (»Sei mein Kamerad«) entsprechen das große Finale des II. Akts mit dem Defilee der Damen und das pompöse des III. mit dem Hochzeitszug und dem Duett Helene/Augustin als langsamer Fortissimoschluß. Jeder Akt steigert sich mit einem Terzett, ihm folgt, immer als Herzstück, im I. Akt das Lied des Augustin (»Laß dir Zeit, immer mit Gemütlichkeit«), im II. das Walzerduett (»Und der Himmel hängt voller Geigen«) und im III. das getragene »Wenn die Sonne schlafen geht«. Diesen

*Der liebe Augustin,* III. Akt, Finale; Uraufführung, Neues Theater, Berlin 1912.

gefühlvollen Stücken stehen schnellere mit einem Hauch von Frivolität gegenüber: die Duette »Es war einmal ein Musikus«, »Louis Quatorze, so hieß der König« und das Walzerterzett »Wo steht denn das geschrieben, / du darfst nur eine lieben?«. Die relativ strenge Gliederung der im Aufbau ähnlichen Akte beweist die konsequente dramaturgische Linie des Werks. Ein weiterer besonderer Vorzug ist die Gleichgewichtigkeit der Hauptpartien. Die Melodien entwickeln sich aus dem Wiener Lied, aus ihm kommen die Walzer, die vice versa zu volkstümlichen Liedern geworden sind.
**Wirkung:** Die Uraufführung in Berlin war ein Riesenerfolg. Fritzi Massary, die Wienerin, kreierte die Helene und machte damit Furore. Danach spielte sie in fast allen Operetten von Fall die weibliche Hauptrolle. Die englische Erstaufführung fand 1913 als *Princess Caprice* in London statt.

**Autograph:** Verbleib unbekannt. **Ausgaben:** Kl.A: Harmonie, Bln./DreiMasken 1912, Nr. 602; Kl.A, engl. Übers. v. A. M. Thompson, Gesangstexte v. A. S. Craven, H. Beswick, P. Greenbank: Chappell, 1912, Nr. 25135; Regiebuch: DreiMasken 1912. **Aufführungsmaterial:** Bloch
**Literatur:** W. ZIMMERLI, L. F., Zürich 1957; W. HADER, L. F., Leben und Werk eines Meisters der Operette, in: Lebensbilder zur Geschichte der Böhmischen Länder, München, Wien 1974

*Vita Huber*

## Der fidele Bauer
### Operette in einem Vorspiel und zwei Akten

**Text:** Viktor Léon (eigtl. Viktor Hirschfeld), nach seinem Volksstück *Die lieben Kinder* (1898)
**Uraufführung:** 27. Juli 1907, Hoftheater, Mannheim
**Personen:** Lindoberer, der Bauer vom Lindobererhof (T oder Bar); Vincenz, sein Sohn (T); Mathaeus Scheichelroither (T oder Bar); Stefan (T) und Annamirl (S), seine Kinder; Raudaschl und Endletzhofer, Bauern; Geheimer Sanitätsrat von Grumow (Bar); Victoria, seine Frau (Mez); Horst, ihr Sohn, Leutnant bei den Husaren (T); Friederike, ihre Tochter (S); Zopf, Obrigkeit (B); die rote Lisi, Kuhdirn (S); Hei-

nerle, ihr Bub (KnabenS); Franz, Diener; Toni, Stubenmädchen; Postillon; ein Senior; eine Studentin.
**Chor, Statisterie:** Mägde, Knechte, Bauernvolk, Gaukler, Kaufleute, Gesellschaft, Studenten
**Orchester:** 2 Fl, 2 Ob, 2 Klar, 2 Fg, 4 Hr, 2 Trp, 3 Pos, Pkn, Schl (gr.Tr, kl.Tr); Streicher; BühnenM: Ziehharmonika oder Akkordeon, Trp, PostHr, 2 Klar, Glocken, Org
**Aufführung:** Dauer ca. 2 Std. 30 Min. – Annamirl und Vincenz, die im Vorspiel noch als Kinder auftreten, sind doppelt zu besetzen.

**Entstehung:** Die Anregung zum *Fidelen Bauern* stammt von Léon, der damit sein Volksstück ins Ländliche übertrug. Das ursprünglich als dreiaktig geplante Werk brachte Léon auf Anregung Falls und seiner Frau Berta in die jetzige Form. Wiener Verlage und Bühnen lehnten das Werk zunächst ab, weil sie das bäurische Sujet für nicht zugkräftig hielten.
**Handlung:** Im Dorf Oberwang (Oberösterreich), 1896 und 1907, und in Wien, 1907.
Vorspiel, »Der Student«, Straße in Oberwang, 1896: Der ärmliche Kleinbauer Mathaeus Scheichelroither, wegen seiner Mütze auch Zipfelhaubenbauer genannt, zieht den Spott, aber auch Bewunderung des Dorfs auf sich, weil er seinem Sohn Stefan eine höhere Schulbildung ermöglicht hat. Unter persönlichen Opfern des Vaters und dank der Hilfe des Bürgermeisters Lindoberer konnte Stefan das Abitur machen. Nun soll er in Wien Theologie studieren, doch er mag sich nicht von der Heimat trennen, zumal er die Verachtung der Großstädter gegenüber den Leuten vom Land fürchtet. Nachdem Mathaeus dem großzügigen Lindoberer noch ein paar Gulden abgeschwatzt hat, naht der tränenreiche Abschied, der durch Mathaeus' fideles Harmonikaspiel eine optimistische Note erhält.
I. Akt, »Der Doktor«, Dorfplatz in Oberwang, Kirmes 1907: Des Bürgermeisters Sohn Vincenz schwankt am Tag seiner Rekrutierung zwischen froher Aufbruchstimmung und Liebesweh, denn die hochnäsige Annamirl denkt nur an ihren Bruder, der inzwischen Arzt statt Theologe geworden ist und sich für den heutigen Tag angekündigt hat. Das Jahrmarktstreiben lockt auch die ledige Magd Lisi auf den Platz, auf der Suche nach einem Adoptivvater für ihren Sohn Heinerle. Als übermütige Burschen Annamirl zum Tanz zwingen wollen, provoziert ihr Beschützer Vincenz eine wilde Rauferei. Dann kehrt Mathaeus ein, der am Dorfausgang vergeblich auf seinen Sohn gewartet hat. Um ihn abzulenken, frischt Lindoberer Erinnerungen aus der gemeinsamen Soldatenzeit auf. Der Ankömmling Stefan erweist sich endlich als feiner Herr. Während die Dorfgemeinde zur Andacht zieht, überrascht er Vater und Schwester mit der Nachricht, er sei nur auf der Durchreise nach Berlin, wo seine Verlobte ihn erwarte. Mit gemischten Gefühlen erkennen sie, wie sehr sich Stefan von ihnen entfernt hat. Ihre Vorfreude auf die Hochzeit dämpft er mit dem Argument, eine weite Reise übersteige die Kräfte des Vaters. Allmählich wird klar, daß er ein Zusammentreffen der Bauern mit den städtischen Schwiegereltern vermeiden will.

Offenbar schämt er sich seiner Herkunft. Resigniert gibt Mathaeus den eigenen Sohn verloren und nimmt Lisi mit Heinerle in seine Familie auf.
II. Akt, »Der Professor«, Stefans Wohnung in Wien, sechs Monate später: Zur Ernennung Stefans zum Professor werden Vorbereitungen getroffen. Die Berliner Verwandten sind bereits eingeladen. Stefans Frau Friederike wundert sich, daß sie die Familie ihres Gatten noch nicht kennengelernt hat, als plötzlich Lindoberer, gerade geschäftlich in Wien, hereinkommt. Annamirl und Mathaeus hat er mitgebracht, doch vorerst in einem Hotel einquartiert. Spontan veranlaßt Friederike den Umzug, und während Stefan und seine Frau die Berliner vom Bahnhof abholen, treffen die Oberösterreicher ein. Auch Vincenz, inzwischen als fescher Soldat in Wien kaserniert, kommt vorbei und besiegelt mit Annamirl den ersehnten Liebesbund. Die Familie des Sanitätsrats von Grumow gibt vorerst nur eine kurze Visite, um Stefans Antrittsvorlesung zu hören. Nur der Sohn Horst bleibt zurück und trifft auf Annamirl, deren dörfliches Gewand er für einen Kostümscherz hält. Mitten in die Ankunft der Festgäste platzen Lindoberer und Mathaeus. Trotz der Vermittlungsversuche Friederikes empfinden ihre Eltern die derbe Art der Bauern als Affront, bis Horsts Rat an Stefan, solch niedere Herkunft besser zu verleugnen, den Eklat auslöst. Doch jetzt stellt sich Stefan auf die Seite des Vaters, der, als er merkt, daß die ganze Aufregung ihm gilt, sich beschwichtigend verabschieden will. Horst erkennt jedoch seine Unhöflichkeit und lenkt zur allseitigen Versöhnung ein.
**Kommentar:** Als Wilhelm Karczag die Uraufführung des *Fidelen Bauern* am Theater an der Wien verweigerte, befürchtete er offenbar, das großstädtische Wiener Publikum könnte des aus Singspiel und Posse hinlänglich bekannten Sujets »Bürger und Bauer« müde geworden sein. In der Tat bringt hier die Charakterisierung des Bauerntums, in Nachfolge etwa der Volkspossen Friedrich Kaisers, nichts wesentlich Neues. Es ist abgegriffen und ambivalent wie seit jeher. Denn präsentieren Libretto und Partitur die Ländlichkeit zu Beginn und im I. Akt in naiv-idyllischer bis erfrischender Folklore, so wird gegen Ende dann doch nur wie üblich die unkultivierte Einfalt des Landvolks dem Gespött des Publikums preisgegeben. Letztlich erkannt hatte Karczag indes die neuartige Struktur der Operette, die, anders als üblich, keinem geschlossenen Handlungsverlauf folgt, sondern ihren Rahmen aus weitgesteckten Momenten einer Biographie gewinnt. Daß der Librettist seine dem »wirklichen Leben« abgeschaute Geschichte aus einem Zeitraum von über elf Jahren zusammenschnitt, eröffnete den Zuschauern eine neue Form der Identifikation. Die Akttitel entwerfen das Bild einer Pseudobiographie, deren Entwicklung und Wendungen die Aufmerksamkeit auf sich ziehen. Operetten solchen Handlungstyps, der beispielsweise von Kollo in *Wie einst im Mai* (1913) und *Drei alte Schachteln* (1917) aufgegriffen wurde, könnte man als Biographieoperetten bezeichnen. Zugleich dokumentiert dieser

Handlungstyp einen Aspekt des Übergangs der Operette zur Revue. Daß sich in diesem Zusammenhang die Operettenlieder allmählich dem Schlager nähern, zeigen Falls schwankende Stimmcharakterisierungen. Freilich birgt die Biographieoperette dramaturgische und inszenatorische Probleme. Bedingt durch die zeitlichen Brüche und Ortswechsel entsteht mehr ein Panoptikum von Personen und Personengruppen, als daß die stringente Durchführung gewahrt bliebe. So mancher bleibt Staffage am Wegrand der Biographie Stefans. Die rote Lisi und Horst erscheinen zunächst lediglich als Teile eines kurzfristigen Ambiente, und die rasche Versöhnung von Vincenz und Annamirl ist allzu kunstlos in den II. Akt eingefügt. Das zentrale Motiv dieser Operette sind das Geld und der damit verbundene gesellschaftliche Status. Eine wesentliche Rolle spielt es für Arm und Reich. Schon Mathaeus wurde (weit über die Liebenswürdigkeit eines fidelen Bauern hinaus) ursprünglich als geiziger Krämer konzipiert, was besonders dort noch durchschlägt, wo er aus dem betuchten Lindoberer fünf Gulden herausquetscht, dabei eine Gegenleistung nicht erbringen muß, weil die Naturalien, die er anbietet, ungenießbar sind. Bei der neureich wirkenden Berliner Verwandtschaft spielen Geld und vornehme Haltung eine kaum sympathischere Rolle. Stefan, der von der Armut bis zum gehobenen Bürgertum alle Stadien durchläuft, ermöglicht das Geld die allmähliche Lösung von emotionalen Bindungen an die Heimat. Wenn er als junger Doktor nach Berlin aufbricht, drückt er dem Vater zum Trost 100 Gulden in die Hand und kauft sich somit von der moralischen Verpflichtung los, den Vater zur Hochzeit einzuladen. Das Gegenbild zum dynamischen Aufsteiger ist Lisi, die auf den ersten Blick nur als Nebenfigur fungiert, aber im Lied »Heinerle, Heinerle, hab' kein Geld« das sonst verschwiegene Leitmotiv auf den Begriff bringt. Falls Bestreben, sich über die gängige Massenproduktion hinwegzusetzen, wird überall sichtbar. Entgegen manchen aktuellen Operettenschlagerkomponisten, die die einfache Coupletform (Strophe und Walzerrefrain) favorisieren, neigt Fall zu komplexeren Formen und feinerer Harmonik. Das Lied des Mathaeus (»Ja, ich trag' a Zipfelhaub'n«, Nr. 8) etwa, ein Walzercouplet, hat zwei unterschiedliche Mittelstrophen, und seine Einleitung bestätigt keineswegs den Refrain, sondern ist ein Erinnerungsmotiv des Auftrittscouplets (»Lacht's mich nur aus«, Nr. 3) aus dem Vorspiel. Interessant und womöglich gar widersprüchlich erscheint, daß Fall hier den urbaneren Tönen eines langsamen Walzers frönt, wo doch Mathaeus zuvor auf der Harmonika ländliche Klänge anstimmte. Auch das eingängige Heinerle-Duett (Nr. 6) geht harmonisch und durch die erweiterte Rondoform über die Norm hinaus; ebenso das Finale des I. Akts, das dennoch nicht vollends überzeugen kann. Denn die opernhafte Geste (besonders beim »Ave Maria« des Chors) grenzt an Kitsch und verleiht der Handlung unangemessene melodramatische Schwere. Doch finden sich auch hier beachtliche und geglückte harmonische Wendungen, etwa bei Stefans Ankündigung seiner Verlobung; ebenso gelang der plötzlich humpelnde Kommentar zu Stefans Entschuldigungssermon (»Was mich sehr in Anspruch nimmt«, im Finale Nr. 10). Die Verkettung eines harmonisch vielfach gebrochenen Walzerthemas mit dem Motiv des Zipfelhaubencouplets (Nr. 3) beherrscht das Finale, in dem (wahrscheinlich von Engelbert Humperdinck beeinflußt) Parlandophrasen die Enttäuschung des Vaters eindringlich schildern. Neben der geschickten leitmotivischen Arbeit ist zugleich auf fein verdrahtete Schlagerstrukturen hinzuweisen. So im Zwischenspiel, das die beiden wirksamsten Nummern des I. Akts (Nr. 6 und 8) aufgreift. Das Lied vom »Pinkerl« (Nr. 8) rettet sich schließlich in das 2. Finale hinüber und scheint somit als eigentlicher gemütvoller Schlager von Fall vorgesehen. Auch der Bauernmarsch (Nr. 13) wird zum Schluß noch einmal wiederholt. Auffällig an der Partitur ist, von kaum nennenswerten Ausnahmen abgesehen, der fast gänzliche Verzicht auf Mehrstimmigkeit.

**Wirkung:** Bis 1921, also binnen 14 Jahren, gab es im deutschsprachigen Raum 7372 Aufführungen des *Fidelen Bauern*. Das Stück war somit nach Lehárs *Lustiger Witwe* (1905) damals die beliebteste der neueren Operetten. Dennoch verging nach der Uraufführung in Mannheim, wo das Werk 27mal gespielt wurde, noch ein Jahr bis zur ersten Wiener Präsentation (1. Juni 1908, Theater an der Wien). Große Interpreten verantworteten gleichermaßen den außerordentlichen Erfolg: Louis Treumann (Mathaeus) hatte zuvor auch den Danilo in der *Lustigen Witwe* gesungen, der Komiker Max Pallenberg spielte Lindoberer, und Hubert Marischka, damals noch Anfänger, kreierte die Rolle des Vincenz. Die Operette wurde zweimal verfilmt: 1927 (stumm) von Franz Seitz mit Werner Krauss als Scheichelroither und 1951 von Georg Marischka mit Paul Hörbiger als Mathaeus. Erwähnenswert ist eine Funkbearbeitung des Süddeutschen Rundfunks (1948) von Fritz Ludwig Schneider, der den leicht militärischen Ton des I. Akts abzuschwächen suchte.

**Autograph:** Verbleib unbekannt. **Ausgaben:** Kl.A: Harmonie, Bln. 1907; Regiebuch: ebd. 1907; Textb.: ebd. 1907. **Aufführungsmaterial:** Bloch
**Literatur:** s. S. 165

*Michael Klügl*

## Die Dollarprinzessin
### Operette in drei Akten

**Text:** Alfred Maria Willner und Fritz Grünbaum (eigtl. Franz Friedrich Grünbaum), unter Benutzung eines Lustspiels von Emerich Gatti Edler von Campofiore und Thilo Friedrich Wilhelm von Trotha
**Uraufführung:** 2. Nov. 1907, Theater an der Wien, Wien
**Personen:** John Couder, Präsident eines Kohlentrusts (Charakterkomiker); Alice, seine Tochter (S); Dick, sein Neffe; Daisy Gray, seine Nichte (Soubrette); Fredy Wehrburg (T); Hans Freiherr von Schlick

(Buffo); Olga Labinski, Zirkuschansonette (komische Charge); Tom, Couders Bruder; Miß Thompson, Wirtschafterin; James, Kammerdiener. **Chor:** Schreibmaschinenfräuleins, Chansonetten, Gäste, Dienerschaft, Gepäckträger
**Orchester:** 2 Fl (2. auch Picc), 2 Ob, 2 Klar, 2 Fg, 4 Hr, 2 Trp, 3 Pos, Pkn, Schl (Trg, kl.Tr, Xyl, gr.Tr, Bck, Peitsche, Tamburin, Glocken, kl. Glocke, Schellen), Hrf, Streicher; BühnenM hinter d. Szene: gestimmte Autohupe (mehrtönig-sukzessiv)
**Aufführung:** Dauer ca. 2 Std. 30 Min.

**Entstehung:** Nach dem Mißerfolg des Erstlings *Der Rebell* (1905, 2. Fassung als *Der liebe Augustin*) und dem gewaltigen Durchbruch mit dem *Fidelen Bauern* (1907) rückte im selben Jahr *Die Dollarprinzessin* den bislang unbekannten Fall auf Dauer in die erste Reihe europäischer Operettenkomponisten.
**Handlung:** In New York und Aliceville.
I. Akt, Palais des Milliardärs Couder in New York: Alice, Tochter und Geschäftsführerin des Kohlenmagnaten Couder, bläut den Büromädchen ein, daß Arbeit und Geld alles, Männer aber nichts als Hampelmänner sind. Laut Alice kauft man sich, falls Bedarf, einen Mann, sozusagen als glänzende Kühlerfigur. Schon ist einer zur Stelle, Fredy Wehrburg aus Europa, der freilich als neuer Privatsekretär ihrem Hochmut entschieden Paroli bietet. Vater Couder, der sich so rüde wie kulturlos sein Vermögen ergattert hat, versucht den Mangel an Feinheiten auszugleichen, indem er europäischen Adel importiert. Den verarmten Hans von Schlick hat er schon als Reitlehrer gewonnen. Und jetzt bringen auch noch sein Bruder und sein Neffe von ihrer Weltreise eine russische Gräfin mit: in Wahrheit die Zirkuschansonette Olga. Couder fällt prompt auf sie herein, macht sie zur Hausdame und schenkt ihr gar sein versnobtes Herz. Der drohende Eklat, als Fredy in Olga seine vormalige Geliebte erkennt, wird gerade noch abgebogen in ein munteres Hausfest.
II. Akt, wie I. Akt, einige Tage später: Alice und Fredy tauschen elegante Kränkungen aus, die sich nur allzu leicht als kratzbürstige Liebkosungen offenbaren. Beide jedoch versteifen sich auf die eigene Überlegenheit, er als Mann, sie als Milliardärin. Hans und Daisy dagegen sind sich schon hochzeitshandelseinig. Sie will ihn allerdings, wie sie glaubt, einzig als edelmännischen Begleitschutz. Und er läßt sich, vorerst, auf eine rein bruderschaftliche Hochzeitsreise ein: in getrennten Zimmern und nur vor den Leuten per du. So rüstet man sich denn zu einer Tripelverlobung in aller Pracht. Denn auch Couder kann den falschen Adelsreizen Olgas nicht länger widerstehen. Das Fest endet mit einem Mißklang. Fredy, obzwar verliebt, läßt sich nicht kaufen, schon gar nicht ersteigern. Couder blamiert sich und die Tochter, wenn er erfolglos dem Widerspenstigen die Mitgift verdoppelt und verzehnfacht.
III. Akt, Fredys kanadisches Blockhaus, ein Jahr später: Die Zeit nach dem Krach mit Alice hat er energisch genutzt, um durch Spekulation und Arbeit eine ertragreiche Ölraffinerie aus dem Boden zu stampfen. Jetzt will er, von gleich zu gleich, Alice überrumpeln und gewinnen. Unter falschem Namen hat er Couder und Tochter auf den Weg gelockt, weil es hier allem Anschein nach eine bankrotte Firma billig aufzukaufen gibt. Auch Hans und Daisy sind zur Stelle. Was sie hinter sich gebracht haben, war schließlich doch nur pro forma eine Pro-forma-Hochzeitsreise. Heimlich haben sie ihren Enthaltsamkeitspakt gebrochen, der jetzt auch noch öffentlich zu liquidieren ist. Wiederum beschert das Finale nur zwei statt drei Paarungen. Alice zwar versöhnt sich mit Fredy. Doch der alte Couder trennt sich von seiner anstrengenden Gattin Olga; mit einer hohen Abfindung, die zudem im nachhinein ausgleichen mag, was er anderweitig der vitalen Dame schuldig blieb.
**Kommentar:** Nicht erst nach dem ersten Weltkrieg, schon um die Jahrhundertwende hat die gute alte Operette, seit je auf exotische Breiten und Bräuche erpicht, auch die Neue Welt für sich entdeckt. Um die eigenen abgenutzten Stoffe etwas aufzufrischen; aber auch aus der allgemeinen, leicht schaudernden Neugier auf einen Way of life, der damals schon drauf und dran war, Europa heimzusuchen. Allenthalben bestaunte man das Land der unbegrenzten Möglichkeiten und konnte es nur verkraften, wenn man sich zugleich der Kehrseiten dieser Wundersphäre vergewisserte: technische Hochleistungen, aber keine Traditionen; mitreißender Sportsgeist, aber keine feine Kultur; unermeßlicher Reichtum von heut auf morgen, aber nicht wissen, was damit anfangen. Frühstes klingendes Beispiel solcher gemischten Faszination ist Millöckers *Armer Jonathan* (1890), der zwischen Hotelküche und Millionärsjacht, zwischen Starkult und Reklamerummel herumgeschleudert wird. Und ihren letzten Höhepunkt erreicht sie, just im Vorjahr zum schwarzen Freitag der Wallstreet, in Kálmáns *Herzogin von Chicago* (1928), die einen ganzen balkanischen Kleinstaat aufkauft und mit ihren Charlestonbatterien durcheinanderschüttelt. – Den größten Erfolg in dieser Richtung erzielte *Die Dollarprinzessin*. Trotz dürftiger Handlung, flauer Dialoge und harmloser, oft alberner Gesangstexte hat Fall, kaum gebremst durch die Schwächen seiner Librettisten, den kapitalen, kapitalistischen Witz aufgespürt und entfacht, der gleichwohl in dem Sujet steckt. Geht es doch um komische Reibungen von Leuten, die sich abzappeln im Widerspiel von Angebot und Nachfrage, von Überschuß und Defizit. Der geldmächtige Couder sowie seine Tochter und Nichte wollen erwerben, was ihnen fehlt: altehrwürdigen gesellschaftlichen Rang. Und der verarmte Baron Schlick, der abenteuerliche Fredy sowie die falsche Gräfin Olga, sie wollen gleichfalls erwerben, was ihnen fehlt: finanzielle Sorglosigkeit. Die Rechnung ginge ohne weiteres auf, kämen nicht noch unberechenbare Empfindlichkeiten dazwischen. Nicht bloß persönliche wie Liebe und Selbstachtung. Auch gesellschaftliche wie der Prestigezwist der Geschlechtsrollen, wo der Mann die Frau, wo die Amerikanerin den Europäer werbend in die Knie zwingen will. Aus operettenübli-

chem Liebesgeplänkel wird so, busineßgemäß, ein Konkurrenzkampf der Interessen und Gefühle. Das Kontor als ausgenüchtertes Chambre séparée. – Fall eröffnet, was da kommen soll, auf Anhieb mit einer spritzigen Introduktionsszene. Über ein Continuo aus gleichbleibenden stakkatierten Achteln, die das Tickticktack von Schreibmaschinen vorwegnehmen (Triangel und Xylophon), wirft das Orchester hastige melodische Schlenker, die den Arbeitseifer der Büromädchen andeuten; kurz, aber heftig unterbrochen durch aufröhrende Walzerseufzer, die sofort wieder zur strengen metrischen Ordnung gerufen werden. Dies ist das musikalische Klima, in dem nun Alice der liebeslustigen Tippsenschar (und sich selber) einschärft, daß Männer nicht anders zu handhaben seien als Firmenpapier. Auch weiterhin gelingt es dem Komponisten, dem szenischen Geschehen den jeweils treffenden Ausdrucksnenner zu entlocken. Dem allgemeinen Treiben des Geschäfts mit der Liebe und der Liebe zum Geschäft. Aber auch der besonderen Stimmung von dieser oder jenem, die wider solche Gefühlsverwertung aufbocken. Fall erweist sich da, wie auch in seinen andern Operetten, als virtuoser Meister musikalischer Gebärdensprache. Seine filigran instrumentierten Nummern erfassen dreierlei auf einmal und spielen es gegeneinander aus. Erstens den institutionellen Vorgang eines personalpolitischen Akts: Alice mustert kritisch die äußere Erscheinung des neuen Sekretärs auf seine Berufseignung. Zweitens den sozialen Gestus eingespielter Haltungen wie Flirt: Alice und Fredy tauschen zweideutige Komplimente aus. Drittens die persönlichen Regungen derer, die gerade solche gesellschaftlich vorgeprägten Verhaltensposen einnehmen: Alice und Fredy treiben den personalpolitischen Akt und, in ihm, den Flirt bis zur wechselseitigen Kränkung, um die eigene erotische Betroffenheit zu vertuschen. All diese Spannungen entfaltet das Duett Nr. 5, das zunächst in barschem, dann in saloppem Parlando hin und her springt zwischen Sechsachteln und Vierviertel, um dann breit auszufließen in einem langsamen Walzerrefrain. Dieser Refrain, der, auf nichts als »La-La« gesungen, demonstrativ jede sprachliche Eindeutigkeit verweigert, hat es in sich. Aus der amtlichen Situation bricht er aus, läßt aber im melodischen und dynamischen Auf und Ab seiner wortlos anzüglichen Frage- und Antwortgebärden offen, ob Hohn hier schon in Neigung, Flirt schon in Liebe changiert. Ähnlich verläuft das Duett Nr. 9, wo Alice den institutionellen Vorgang der Diktataufnahme listig mißbraucht, um Fredy durch den Brief an einen erfundenen Liebhaber in eifersüchtige Rage zu versetzen, die er unter beruflicher Neutralität zu verbergen sucht. Ähnlich auch verläuft, zwischen Daisy und Hans, das populärste Duett der Operette: »Wir tanzen Ringelreih'n«. Aus dem institutionellen Vorgang eines kapitalistischen Ehevertrags, der Millionen bewegen soll, aber keine Liebe, flüchten sich die beiden in die vorvertragliche und vorpubertäre Zone der Kinderspiele, um ersatzweise ihre Zärtlichkeit auf scheinbar unverfänglichem Gelände auszutoben. – Wuchtiger als in diesen vielschichtigen, mehrdeutigen Duetten geht es in jenen Ensemblenummern zu, die, ungeachtet persönlicher Empfindlichkeiten, mit der pauschalen Thematik des Stücks auftrumpfen: Amerika versus Europa. Doch auch hier läßt Fall parodistischen Vorbehalt durchklingen. So, wenn Olga samt Damenchor mit einschlägigen folkloristischen Rhythmen und Harmonien russisches Kosakenungestüm auf die Bühne wirft (Nr. 8). So, wenn Dick und Tom und Olga, vollgepumpt mit europäischer Vergnügungswut, dem amerikanischen Puritanertum in die Parade fahren (Nr. 6). So auch, wenn, umgekehrt, die damals neue Sensation des Motorsports der europäischen Geruhsamkeit entgegenbraust: in hupenbeschwingtem Allegro vivace, das plötzlich zu einem gemächlich staksenden Marsch abgebremst wird, um sich dann vollends in eine Hymne aufs Automobil zu steigern (Terzett Nr. 13). Besonders verschmitzt geht Fall vor, wenn er transozeanische Stichelei mit innereuropäischer verbindet. Das geschieht im Finale des I. Akts, wo Olga, Fredy und Hans dem adelsverzückten Couder vormachen, wie sie einander beim Hofball in Berlin kennengelernt hätten, gleichsam Schulter an Schulter mit Ihrer Wilhelminischen Majestät. Fall, der sonst wie kaum ein zweiter Operettenkomponist seiner Generation den Wiener Walzer verfeinert und ausziseliert hat, setzt hier alles dran, die plump-leutselige Abart dieses Tanzes in der Manier eines Paul Lincke zu persiflieren. Holzhämmrige Intervalle, klobige Begleitfiguren in prustendem Blech und überraschungslosem melodischen Dickfluß versetzen den huldvoll schnarrenden Kaiser samt seinem Bismarck und Moltke in eine Rixdorfer Aura: als lächerliches Fanal dessen, was man im Berlin der Nachgründerjahre und daraufhin auch im neureichen New York von 1907 für feinste Lebensart halten mag. Überhaupt ist bemerkenswert, daß Fall seine euro-amerikanische Konfrontation ausschließlich mit einheimischen musikalischen Mitteln bestreitet. Seine dramaturgisch geschickt eingesetzten Tänze beschränken sich auf Walzer, Polka, Galopp,

*Die Dollarprinzessin*, I. Akt; Marfa Dhervilly als Olga (Mitte); Bühnenbild: Emile Bertin; Théâtre de la Scala, Paris 1912. – In der leicht veränderten französischen Fassung fand *La Princesse Olga* in Paris großen Anklang.

Marsch, Mazurka und Gavotte, obwohl schon zu Beginn des 20. Jahrhunderts erste amerikanische Weisen in der Wiener Operette auftauchten (zum Beispiel Cake-Walk in Lehárs *Lustiger Witwe*, 1905, und in Straus' *Hugdietrichs Brautfahrt*, 1906). Auch späterhin hat Fall auf die gängige Verarbeitung von Jazz- und Music-Hall-Einflüssen verzichtet.

**Wirkung:** Laut Otto Kellers Statistik der Operetten nimmt *Die Dollarprinzessin* bis in die 20er Jahre mit über 6000 deutschsprachigen Aufführungen die fünfte Stelle ein. Rasch und für lange Dauer hat sich das Werk auch im Ausland, vor allem in Frankreich, England und Italien, durchgesetzt. Sogar in den Vereinigten Staaten fand es großen Anklang. Heutige Inszenierungen, die kräftig in den Text, nicht aber in die nach wie vor frische Musik einzugreifen hätten, könnten gerade deshalb reizvoll sein, weil trotz grundsätzlicher kapitalistischer Einigkeit und politischen Satellitentums der Prestigezwist zwischen Europa und Amerika, Tradition und Busineß, immer noch lebendig ist.

**Autograph:** Verbleib unbekannt. **Ausgaben:** Kl.A: B&H, NY 1907, o. Nr.; Karczag, Wien, Lpz./Harmonie, Nr. K&W 148; Kl.A, engl. Übers. v. G. Grossmith: Harms & Francis, Day & Hunter, NY 1909; Kl.A, engl. Übers. v. B. Hood, Gesangstexte v. A. Ross: Ascherberg, Hopwood & Crew, London 1909, Nr. 4863; Regiebuch: Weinberger 1969. **Aufführungsmaterial:** Weinberger; M u. Bühne, Wiesbaden
**Literatur:** s. S. 165

*Volker Klotz*

## Die geschiedene Frau
### Operette in drei Akten

**Text:** Viktor Léon (eigtl. Viktor Hirschfeld)
**Uraufführung:** 23. Dez. 1908, Carl-Theater, Wien
**Personen:** Karel van Lysseweghe, Hofsekretär (T); Jana, seine Frau (Sängerin); Pieter te Bakkenskijl, ihr Vater, Generalsekretär der Schlafwagengesellschaft in Brüssel (Bar); Gonda van der Loo (Soubrette); Rechtsanwalt de Leije; Lucas van Deesteldonck, Gerichtspräsident (T.Buffo); Ruitersplat und Dender, Gerichtsbeisitzer; Scrop, Schlafwagenkondukteur (Komiker); Adeline, seine Braut; Willem Krouwevliet, Fischer; Martje, seine Frau; Professor Tjonger und Professor Wiesum, Sachverständige. **Chor:** Journalisten, Publikum, Gerichtsdiener
**Orchester:** 2 Fl (2. auch Picc), 2 Ob, 2 Klar, 2 Fg, 4 Hr, 2 Trp, 3 Pos, Pkn, Schl (Trg, gr.Tr, Bck, kl.Tr, Tamburin, Glocke, Tamtam, Schellen), Xyl, Hrf, Streicher; BühnenM hinter d. Szene: Streicher; auf d. Szene: Kl
**Aufführung:** Dauer ca. 2 Std. 30 Min. – Der Darsteller des Scrop spielt im II. Akt Klavier.

**Entstehung:** Das Jahr 1907 bescherte der neueren Wiener Operette ein doppeltes Debüt. Zwei Musiker setzten sich durch, die auch fortan, zusammen mit Franz Lehár, die heimische Spielart dieser Gattung entscheidend prägten. Mit dem grenzenlos umjubelten *Walzertraum* ließ der anderweitig geschätzte Oscar Straus seine angriffslustigen Mythentravestien à la Jacques Offenbach hinter sich. Und wenige Monate später eroberte der bislang unbekannte Fall die Operettenbühne, Schlag auf Schlag, mit zwei Werken: *Der fidele Bauer* und *Die Dollarprinzessin*. Ausgehend von zeitgenössischen Sujets, gaben sie sogleich die (vorläufige) Ausdrucksspanne des Komponisten zu erkennen: zwischen musikalischem Volksstück im Nachklang Ludwig Anzengrubers und musikalischer Salonkomödie mit satirischem Einschlag. Auch Falls nächste Operette, im folgenden Jahr, erfüllte die hohen Erwartungen, die sein Entdecker und Förderer, der berühmte Librettist Léon, in ihn gesetzt hatte. Mit dem Buch zur *Geschiedenen Frau* gab er dem Komponisten Gelegenheit zu einer fortentwickelten Synthese der früheren Operetten. Der dazumal reizvoll anrüchige Kasus einer Ehescheidung, verbunden mit öffentlich verhandelten Intimitäten, der in der *Dollarprinzessin* nur beiläufig angespielt war, rückt jetzt in den Vordergrund. Desgleichen die abenteuerlichen Seiten modernster Verkehrsmittel: dort das dahinsausende Automobil, hier der internationale Schnellzug bei Nacht. Und daß darüber die rustikalen Momente nicht zu kurz kommen, dafür sorgt ein wacker niederländisches Milieu, das am Ende des Scheidungsknoten auf der deftigen Kirmes in Makkum lockert und löst.

**Handlung:** In Amsterdam.
I. Akt, Gerichtssaal: Jana van Lysseweghe will sich scheiden lassen von ihrem Mann Karel. Er habe, so glaubt sie sicher zu wissen, auf der Reise von Nizza nach Amsterdam sein Schlafwagenabteil mit einer fremden Dame geteilt. Karel kann das Gericht von seiner Unschuld nicht überzeugen. Ebensowenig bewirkt das biedere Fischerpaar Willem und Martje, Untermieter in seinem Haus, das ihm einen durchaus einwandfreien Lebenswandel bezeugt. Und schon gar nichts hilft das faszinierende mutmaßliche Corpus delicti, die schöne Gonda van der Loo. Sie versichert zwar, es sei nichts vorgefallen, doch zugleich bekennt sie sich grundsätzlich zur freien Liebe. Damit gewinnt die Dame, geradezu korporativ, die illegitimen Herzen aller Rechtsprecher im Saal. Jana dagegen glaubt desto hartnäckiger an Karels moralische Entgleisung. Sie besteht auf Scheidung. Ergrimmt über Janas Unversöhnlichkeit, macht nun auch Karel, wie alle andern, der flotten Gonda den Hof.
II. Akt, Wintergarten der Villa Lysseweghe, drei Wochen später: Karel veranstaltet ein Fest für Gonda, bei dem sich alle Beteiligten des sensationellen Gerichtsprozesses einfinden. Nach wie vor zwar hängt er an Jana und schöpft schon Hoffnung, als auch sie erscheint; doch sie will nicht zurück zu ihm. Sie will nur kurzfristig ein turtelndes Eheglück simulieren, ihrem überkorrekten Vater zuliebe, dem sie die Scheidung verschwiegen hat. Daß dieser angesehene Ehrenmann, Chef der Schlafwagengesellschaft, selber ein Doppelleben führt, ahnt sie nicht. Er hatte in der nämlichen Nacht im nämlichen Zug ein lichtscheues Abenteuer. Das geht aus seinem Gespräch mit dem

Schaffner Scrop hervor, der im nachhinein Karel entlasten könnte und auch möchte. Abermals jedoch scheitert die Versöhnung des geschiedenen, doch immer noch verliebten Paars, diesmal an Karel. Der Gerichtspräsident nämlich, heftig angetan von der freiliebeslustigen Gonda, will ihre Eifersucht entfachen, indem er um Jana wirbt. Hierauf entscheidet Karel, obwohl sie ihm gleichgültig ist, sich grimmig für Gonda. Und die sagt auch noch ja.

III. Akt, Kirmes in Makkum, am nächsten Tag: Hierher, wo nach altem Brauch viele Paare sich trauen lassen, hat der ego-altruistische Gerichtspräsident alle Beteiligten gelockt. Zunächst einmal wird ruchbar, wer jene Nacht im fraglichen Schlafcoupé zu zweit durchwachte: Janas würdiger Vater mit der Braut des Schaffners Scrop, der dabei, seine Karriere im Auge, das andere bereitwillig zudrückte. Nach dieser etwas trüben Klärung können Jana und Karel getrost einander neuerlich heiraten. Auch die Verfechterin der freien Liebe, Gonda, hat vorerst nichts gegen eine legale Bindung mit dem Gerichtspräsidenten.

**Kommentar:** Auf diese oder jene *Abenteuer des Schienenstrangs* (Jack London) hat sich das zeitgenössische Schauspiel kaum eingelassen. Nicht einmal die Komödie, sieht man ab von geringfügigen Ausnahmen wie Ludwig Thomas *Lokalbahn*. Ganz anders die Operette. Diese durchaus motorische Gattung, die immer wieder das seßhafte Spießbürgertum aus seinen immobilen Lebensverhältnissen herauszureißen sucht, verspürte schon früh eine Wahlverwandtschaft mit der Eisenbahn. Mit jenem neuartigen Transportmittel, das die gemächlichen Zeit- und Raumerfahrungen der Kutschenepoche revolutionierte. Nicht nur im Rausch der Geschwindigkeit liegt die Affinität der Bahn zur tanzwütigen Operette. Auch im abenteuerlichen Erlebnis eines anonymen Reisekollektivs; und vollends im heftigen Stakkatorhythmus dazumal, als die stampfenden Kolben und Pleuel der Dampflokomotiven, aber auch die schroffen Fugen der Geleise sich noch den Körpern der Fahrgäste mitteilten. Der Eröffnungschor des Bahnhofspersonals in Offenbachs *La Vie parisienne* (1866) nimmt den Takt des Schnellzugs vorweg, der sogleich in die Gare de l'Ouest einfahren wird. Und »Freie Fahrt der freien Liebe« ist ebenda die Parole des millionenschweren Brasilianers, der mit einem schier atemlosen Couplet sich umweglos aus dem Abteil in die Arme der Pariser Liebesdienerinnen schnellt. Ein erheiterndes Terzett von Kálmáns *Zigeunerprimas* (1912) läßt die komischen Plagen einer 60stündigen Bahnfahrt von Buda-

*Die geschiedene Frau*, I. Akt; Regie: Paul-Edmond, Bühnenbild: Amable; Théâtre Apollo, Paris 1911. – Das Interieur des Gerichtssaals – eine Mischung von Glaspalast und Logentheater –, ausgestattet im holländischen Stil der Jahrhundertwende, ist der Raum, in dem um die Liebe öffentlich verhandelt wird.

pest bis Paris nacherleben: in holperndem, ächzendem Allegretto, das die Erschütterungen und Prellungen eines überbesetzten Abteils der hartbänkigen dritten Klasse heraufbeschwört. Fall selbst hat seine folgenreiche Schlafwagenaffäre in dem Operettenschwank *Der Nachtschnellzug* (Wien 1913) abgewandelt. Yvains pausbäckiger Operettenheld *Kadoubec* (1929) macht seinen erotischen und sonstigen Gernegroßgefühlen Luft im spätpubertären Wunschtraum vom Stationsvorsteher mit harsch kommandierenden Signalen der Trillerpfeife: »Si j'étais Chef de Gare«. Und selbst dort, wo man per Schiff sehnsuchtsvoll von und nach Brasilien fährt, muß zumindest metaphorisch die Eisenbahn herhalten, um das doppelt lustvolle Erlebnis einer gemeinsamen maschinellen Fortbewegung zu veranschaulichen: Künnekes eiliges Foxtrottduett im letzten Bild der *Glücklichen Reise* (1932) folgt rhythmisch den Vibrationen des ratternden Zugs und nennt auch noch die reizvoll gestaffelten Fahrpreise: »Dritter Klasse, vierter Klasse / kostet nur / einen Kuß! / Erster Klasse, zweiter Klasse / kostet schon ein Stück vom Herzen.« – In der *Geschiedenen Frau* ist das Schlafcoupé nicht bloß Anlaß für die folgenden Scheidungs- und Liebeswirren. Es ist auch, als mobile Liebesgrotte, Gegenstand einer verführerischen musikalischen Huldigung. Die liebesliberale Gonda bringt sie vor, ausgerechnet im aktenstaubigen Gerichtssaal, und sie stößt so die gestrengen Amtswalter der Justitia aus der Fassung. Dies Lied Nr. 4 gibt einen treffenden Eindruck von Falls unverwechselbarem musikalischen Stil. Nichts liegt ihm ferner als erotische Grobschlächtigkeit. Schon die wenigen Takte des Orchestervorlaufs, die den Allegrettoteil eröffnen, geben sich kapriziös mehrdeutig. Drei Hörner markieren zunächst grobe Drastik, die jedoch prompt von Oboen- und Flötensoli ironisch zersetzt wird. Auch weiterhin umspielen vereinzelte Holzbläser die singende Gonda, die da scheinbar trocken über den Nutzen ferrovialen Fortschritts doziert. Wie zumeist bei Fall liefert die Streichergruppe nur eine Grundierung für die Singstimme, während Solobläser ihr als beinah eigenwillige Partner oder auch äffende Gegenspieler zusetzen. Der flinke ⅜-Takt des ersten Teils trägt zum ironischen Gepräge der Nummer bei. Er suggeriert den Rhythmus eines jetzt eben fahrenden Schnellzugs, dieweil Gondas Text vorgibt, lediglich ganz allgemein den gesellschaftlichen Nutzen der Eisenbahn zu erörtern. Diesen ohnehin nur scheinheilig lehrhaften Vortrag nimmt der zweite Teil des Lieds deutlich zurück. Mit einer süffisanten melodischen Abwärtsgeste, pointiert auf der ersten Note, wischt Gonda all den lehrhaften Firlefanz hinweg: »Wás / brauch' ich da noch úmzuschweifen«. Sie kommt, nunmehr in unruhig bewegten Dreivierteln, zur Sache: was ihr überhaupt und zumal in jener fraglichen Nacht das Schlafcoupé als rollender »locus amandi« bedeutet. Ihm gilt der dritte, der Hauptteil des Lieds. Es ist eine breit ausgespielte, eher langsame Walzermelodie in Legato, doch mit jähen dynamischen Wechseln. Was zunächst überraschen mag, da jetzt ein für allemal der Rhythmus des rollenden Zugs verschwunden ist. Just darauf aber kommt es dem Komponisten an, wenn Gonda träumerisch versichert: »O Schlafcoupé, / o Schlafcoupé, / ach wärst du heute mein, / ich bin bescheiden, / will's nicht nur für mich, / ich nehm's auch, / schläft man zu zwein.« Das ersehnte erotische Abenteuer, wann immer es eintritt, macht die abenteuerliche Bahnfahrt vergessen, der es entsprungen ist. Es schafft sich, so behauptet der Rhythmus, seinen eignen Raum und sein eignes Zeitmaß: unbehelligt von der mobilen Umwelt drumherum. – Man könnte meinen, daß Anno 1908 der Wiener Walzer seine besten Zeiten längst hinter sich hat; daß er von Lanner über die Familie Strauß bis zu Ziehrer fast restlos ausgeschöpft worden ist. Das mag wohl gelten für den Tanz- und Konzertwalzer, nicht jedoch für den dramatisierten in der Operette. Zumal *Die geschiedene Frau* beweist das Gegenteil. Es sind hier nicht nur die originellen melodischen Erfindungen und agogischen Überraschungen, die durch und für den Walzer einnehmen. Es ist erst recht das reiche, nuancierte Ausdrucksspektrum, das der Komponist diesem Tanz entlockt. Zusätzlich, oft auch gegensätzlich zum gesungenen Text erzeugt Fall immer wieder sprechende Walzersituationen, um just die halb verhohlenen Spannungen zwischen den handelnden Personen zu offenbaren. Besonders geistvoll geschieht das in den beiden musikalischen Höhepunkten des II. Akts, die einander zugleich kontern und ergänzen. Da wie dort duettiert der angeschlagene, aber unverdrossene Karel mit einer der beiden Frauen, zwischen die er ohne eignes Zutun geraten ist. Erst, in Es-Dur, mit Gonda, für die er zärtliche Kameraderie bekundet. Dann, in F-Dur, mit Jana, die er leidenschaftlich zurückerobern will. Beidemal verwickelt er die Partnerin in einen werbenden Walzer. Und beidemal ist es eine uneigentliche, umwundene Werbung mit allerlei Haken. Die ehefeindliche Gonda, die zur Liebe allenfalls bereit wäre, möchte er gewinnen für eine lieblose Heirat, um dadurch wenigstens seinen üblen Leumund als flatterhafter Schwerenöter los zu werden: »Gonda, liebe, kleine Gonda, / heirat mich ein kleines bissel, / schau, dir liegt doch wirklich / nichts daran!« Drängend, trotz der schmählichen Vorbehalte, greift hier die Walzerweise aus, mit beharrlichem Nachdruck auf dem ersten Taktteil: zunächst ein bubenhaft trotziger, dann ein männlich schmeichelnder Appell zu absonderlich unerotischer Kopulation. Und Gonda, man hört's deutlich heraus, zeigt sich singend und tanzend genau durch diese Absonderlichkeit erotisiert, sehr zum Schrecken des halbkecken Werbers. Noch vertrackter geht es zu in Karels Walzerduett mit der störrischen Jana. Hier drängt der rhythmische Duktus genau in die Gegenrichtung: Der Hauptakzent des ¾-Takts sitzt nicht vorn, auf dem ersten Taktteil; er wird vielmehr spannungsvoll hinausgezögert, so weit es irgend geht. Immerhin gilt für Karel, in einem weiten, neuerlichen Anlauf die Liebe der Exgattin zurückzugewinnen, die ihm nicht mehr über den Weg traut. Diesmal ist das Duett mehr als nur ein schwungvoller Walzerdialog. Es ist eine vielfältige und vielphasige musikalische Szene, die den Walzer, in wech-

**Tafel 5**

*oben*
Leo Fall, *Madame Pompadour* (1922), II. Akt; Manfred Illing als René, Josefine Engelskamp als Pompadour; Regie und Choreographie: Kurt Leo Sourisseaux, Bühnenbild: Sepp Schick; Städtische Bühnen, Nürnberg 1981. – Die erotisch-verspielte Welt eines luxuriösen Rokokoboudoirs à la François Boucher bildet den gemäßen Rahmen für die Liebesexerzitien der Pompadour.

*unten*
Friedrich von Flotow, *Martha oder Der Markt zu Richmond* (1847), I. Akt, 1. Bild; Waltraud Meier als Nancy, Krisztina Laki als Lady Harriet; Regie und Ausstattung: Vicco von Bülow; Staatstheater, Stuttgart 1986. – Im höfischen »Treibhaus«: sprühende Einfälle Bülows, wachsende Langeweile der Damen...

selnder Dynamik, bald übermächtig hervorbrechen, bald untergründig fortströmen läßt. Sie steht unter dem Vorzeichen eines doppelten Als-ob. Einerseits will Jana ihrem Vater ein herzhaftes Eheglück vorgaukeln, sie muß also widerwillig dem begehrlichen Karel halbwegs entgegenkommen. Andrerseits befürchtet Karel eine kalte Abfuhr und kostümiert deshalb die augenblickliche Situation in ein erfundenes Histörchen, worin sich die beiden verstecken und notfalls zurückziehen können. Ein Histörchen vom violetten Domino, von zwei ebenfalls kostümierten Ehepartnern, die einander auf dem Maskenball begegnen und einander beim Walzertanzen körperlich erspüren: »Kind, du kannst tanzen wie meine Frau!« So schaukelt das Duett zwischen zweierlei künstlichen Lagen, um den ungekünstelten Gefühlen möglichst schmerzlos Bahn zu brechen. Dabei gelingt es dem Komponisten, dies Changieren, ohne harmonische Modulationen, allein durch Tempowechsel sowie durch rhythmischen Stau und Fluß hervorzurufen. – Rollenspiel und Maskenspiel gehören seit je zum festen Bestand der Gattung Operette. Nicht nur äußerliche Verstellungen durch Maske und Kostüm, auch innere Verstellungen des Charakters, der Gefühlslagen, des gesellschaftlichen Gehabes. Merkwürdig in Falls Bühnenstücken ist eine ganz besondere Rolle, die so pointiert bei keinem andern Operettenkomponisten vorkommt: die Rolle einer mutwilligen, verschmitzt gespielten Infantilität. Als bubenhaft trotziger Spielkamerad singt sich Karel an Gonda heran, so wie der *Fidele Bauer* in seinem Zipfelhaubenlied den tumbnaiven Hinterwäldler markiert; oder wie das Buffopaar in der *Dollarprinzessin* die heuchlerisch vereinbarte strikt unerotische Ehe heraufbeschwört im quasi kindlichen Duett »Wir tanzen Ringelreihen einmal hin und her«. Kaum zu überbieten ist in dieser Hinsicht das Marschquintett Nr. 10 im Mittelakt der *Geschiedenen Frau* unter dem Refrainmotto: »Ich und du und Müllers Kuh«. Die gespielte Infantilität, die sonst höchstens zwischen zweien auftritt, befällt hier wie eine Seuche sämtliche Prominente des feinen Hausballs. Vier Männer, auf einen Schlag, wollen mit Gonda tanzen. Sie findet die Lösung: Sie dürfen es auch, alle auf einmal; aber nur reihum, nach den Regeln der kindlichen Abzählstrophe, welche »Müllers Esel« heraussondert. Fall bleibt dieser schrägen Ensembleszene nichts schuldig. So, wenn er just jenes maskuline Kollektiv, das gerade aussetzen muß, stimmlich triumphieren läßt, während der jeweils bevorzugte Solopartner kläglich nachjappt und kaum Schritt zu halten vermag mit der ungestümen Gonda. Erst recht, wenn Fall den Tanz als Polka ausgibt, ihn aber im Marschtempo entfesselt, so daß die ohnehin eher steifen Herren ins Stolpern geraten. Drastischer noch als die genannten andern Szenen gibt gerade dies Quintett zu erkennen: Die gespielte Infantilität kommt nicht von ungefähr. Sie hat triftige Gründe, satirische und lebenslustige. Satirische Gründe im Namen einer weithin unterdrückten Lebenslust. Wo vier gestandene Männer, darunter zwei zugeknöpfte Juristen, ihren erotisch-motorischen Trieben nur in der Rolle von Kleinkindern frönen können; und wo die Verfechterin der freien Liebe, grotesk überzogen, mit vier Partnern mühelos fertig wird und sie gar noch abhängt: da entsteht ein zugleich sichtbares und hörbares, ein schrecklich komisches Sinnbild vom Alltagsleben der bürgerlichen Erwachsenenwelt. Sie verbietet den Ihren, aus sich herauszugehen, die Dressur des gemessenen Lebenswandels aufzusprengen. Solchem Druck läßt sich allenfalls ausweichen, wenn man für eine kurze Spanne komödiantisch zurückfällt ins Treiben der Unerzogenen. Daß auch die Operette diesen Spielplatz nur kurzfristig einräumt, zeigt das Schicksal der vermeintlichen Nebenbuhlerin unsrer geschiedenen Frau. Gonda darf am Ende nicht länger als Missionarin der freien Liebe frei herumlaufen. Sie wird gezähmt im Ehejoch mit einem Gerichtspräsidenten.

**Wirkung:** *Die geschiedene Frau*, die sich nach der bejubelten Uraufführung auf allen einschlägigen europäischen Bühnen durchsetzte, vor allem in Deutschland, Frankreich, Italien und England, zählt zu den fünf erfolgreichsten Werken von Fall. Verfilmt wurde es 1926 von Viktor Janson mit Marcella Albani, Mady Christians und Walter Rilla. Wie markant gerade auch Einzelnummern dieser Operette über den Tageserfolg hinaus wirkten, zeigt das populäre Buffoduett des III. Akts. Sein Refrain »Man steigt nach!« avancierte acht Jahre nach der Uraufführung zum Titel einer Posse mit Musik von Oscar Straus.

**Autograph:** Verbleib unbekannt. **Ausgaben:** Kl.A: Doblinger 1908, Nr. 4019; TaschenKl.A: Doblinger 1909, Nr. 4161; Regiebuch: Doblinger 1908. **Aufführungsmaterial:** Bloch; mus. Bearb. v. A. P. Waldenmaier, Text-Bearb. v. W. Kochner: Eirich, Wien
**Literatur:** s. S. 165

*Volker Klotz*

## Brüderlein fein
### Alt-Wiener Singspiel in einem Akt

**Text:** Julius Wilhelm
**Uraufführung:** 1. Dez. 1909, Kabarett »Hölle« im Keller des Theaters an der Wien, Wien
**Personen:** Josef Drechsler, Domkapellmeister, ehemals Komponist und Kapellmeister am Leopoldstädter Theater (T); Toni, seine Frau (S); Gertrud, Haushälterin, später die Jugend (S). **Chor** hinter d. Szene
**Orchester:** 3 Fl (3. auch Picc), 2 Ob, 2 Klar, 2 Fg, 4 Hr, Kornett, 2 Trp, 3 Pos, Pkn, Schl (gr.Tr, Glocke), Hrf, Streicher; BühnenM: Vl, Kb
**Aufführung:** Dauer ca. 1 Std. – Gertrud und die Jugend können auch mit zwei Darstellerinnen besetzt werden.

**Handlung:** In Wien, in Josef Drechslers Wohnzimmer, 1840: Drechsler feiert mit seiner Frau Toni den 40. Hochzeitstag. Sie hat, wie anno dazumal, einen Gugelhupf gebacken, und das alte Ehepaar beschenkt sich mit einem gestickten Käppchen und einem Spitzenhäubchen. Da schlägt die Spieluhr siebenmal; und es erklingt das Lied »Brüderlein fein«, das Drechsler einst für den Auftritt der »Jugend« in Ferdinand Raimunds Zaubermärchen *Der Bauer als Millionär* komponiert hatte. Mit der Erinnerung tritt in der Dämmerung die Jugend ein. Sie spielt auf einer goldenen Geige und zaubert das alte Paar zurück in seine junge Liebe vor 40 Jahren. – Die junge Toni und der flotte Drechsler betreten die Stube, während sich die Hochzeitsgesellschaft, die das Brautpaar begleitet hat, entfernt. Bald hört man leise vom Gasthaus »Blaue Flasche« her den Walzer der lustigen Runde. So tanzen auch die Jungvermählten in ihre Hochzeitsnacht, die wie ein Traum vergeht. – Am nächsten Morgen, die Spieluhr zeigt auf acht, gehen der alte Drechsler und seine Frau in die Kirche. Hinter ihnen verläßt die Jugend pianissimo das Haus.

**Kommentar:** Ein Nichts an Handlung war für Fall, wie sein Librettist erzählt, der Anlaß, an einem einzigen Sommerabend in Wien diese erinnerungsselige, sanft melodiöse Musik zu komponieren. Im Mittelpunkt steht die historische Person des Komponisten Joseph Drechsler, der 1822–30 Kapellmeister am Leopoldstädter Theater und von 1844 an am Stephansdom war. Er unterrichtete auch den jungen Johann Strauß in Musiktheorie. Zwischen Falls abendfüllenden weltläufigen Gegenwartsujets der *Dollarprinzessin* (1907) und des *Lieben Augustin* (1905, 2. Fassung 1912) steht *Brüderlein fein* als ein kleines nostalgisches Kunstwerk, das scheinbar aus der Vergangenheit lebt. Die Raffinesse besteht darin, das biedermeierliche Milieu und Genrebildchen wie ein Ornament der »Wiener Werkstätten« darzustellen, L'art pour l'art. Wenn auch das Libretto gefährlich kitschig das Rührselige übertreibt, die Musik macht alles wieder wett, sie konturiert die Sentimentalität zur Innigkeit. Den betulichen Text vergißt man über dem Stimmungsreichtum der Melodien. Es überwiegt der zärtliche Rhythmus des langsamen Walzers, so im Duett »Kannst dich noch erinnern, Weiberl?«, in der bezaubernden Aufforderung zum Tanz »Herr Drechsler – Frau Drechsler – ich bitt' um die Ehr'« und im Refrain der Jugend: »Auf dem Violon von Gold«. Unbezweifelbar, daß das Stück nicht nur von der allgemeinen Erinnerung an die vergangene Jugendzeit lebt, sondern sich ganz speziell auf die Allegorie der Jugend bezieht, ein lokales wienerisches Lieblingskind. Gemeint ist Therese Krones als »Jugend« im *Bauer als Millionär,* angetan mit dem seither unverwechselbaren Kostüm: rosaroter Frack, weiße Kniebundhosen, weißer Zylinder. Wegen dieses Bilds und der Walzer hat das kleine Werk überlebt. Und es mutet wie ein Scherz am Rand der historischen Wahrheit an, daß das berühmte Lied vom »Brüderlein fein« nicht Drechsler, sondern Raimund eingefallen sein soll.

**Wirkung:** Obwohl es sich bei *Brüderlein fein* um keine abendfüllende Operette handelt, wurde sie dennoch häufig an Operettenhäusern und Mehrspartentheatern gespielt und vor allem wegen ihrer Titelmelodie beim Publikum beliebt. Mehr noch hat allerdings die Verfilmung von Hans Thimig (1942; mit Marte Harell, Hans Holt, Winnie Markus und Hermann Thimig) für die Popularität der Operette mit ihrem Alt-Wiener Milieu gesorgt.

**Autograph:** Verbleib unbekannt. **Ausgaben:** Kl.A: Weinberger 1909, Nr. 1640; Regiebuch: Weinberger 1909; Kl.A, engl. Übers. v. J. A. Bassett u.d.T. *Joys of Youth*: Marks, NY 1941. **Aufführungsmaterial:** M u. Bühne, Wiesbaden
**Literatur:** s. S. 165

*Vita Huber*

*Brüderlein fein*; Emmy Petko als Toni, Karl Ziegler als Josef Drechsler; Uraufführung, Kabarett »Hölle«, Theater an der Wien, Wien 1909. – Die Jungvermählten tanzen in ihre Hochzeitsnacht, die wie ein Traum vergeht.

# Die Rose von Stambul
**Operette in drei Akten**

**Text:** Julius Brammer und Alfred Grünwald
**Uraufführung:** 2. Dez. 1916, Theater an der Wien, Wien
**Personen:** Exzellenz Kamek Pascha; Kondja Gül, seine Tochter (S); Midili Hanum (Soubrette), Güzela, Fatme, Durlane, Emine und Sobeide, Kondjas Freundinnen; Achmed Bey (T); Müller senior aus Hamburg; Fridolin, sein Sohn (T.Buffo); Desiré, die europäische Gesellschafterin Kondjas; Lydia Kooks, die europäische Gesellschafterin Midilis; Black, ein amerikanischer Journalist; Sadi, Haushofmeister bei Kamek

Pascha; Direktor, Portier, Kapellmeister und Liftboy des Hotels »Zu den drei Flitterwochen«; ein fremder Herr; Bül-Bül und Djamileh, zirkassische Dienerinnen Kondjas. **Chor:** Herren und Damen der Gesellschaft, Hotelgäste usw.
**Orchester:** 2 Fl (2. auch Picc), 2 Ob, 2 Klar, 2 Fg, 4 Hr, 2 Trp, 3 Pos, Pkn, Schl (Tamburin, Trg, Tamtam, Bck, gr.Tr, kl.Tr, Schellen, Gong, chin. Tr), Xyl, Glsp, Cel, Hrf, Streicher; BühnenM: 8 Tamburine, Kl
**Aufführung:** Dauer ca. 2 Std. 30 Min.

**Handlung:** In Istanbul und der Schweiz, vor dem ersten Weltkrieg.
I. Akt, Harem des Kamek Pascha in Istanbul: Seine schöne, eben noch minderjährige Tochter Kondja schwärmt mit ihren Gespielinnen von abendländischer Kultur, die ihren schleierlosen Frauen ein freieres und abwechslungsreicheres Leben gewährt als hier im vergitterten Harem. Solche verlockende Westlerei kennt Kondja aus den Romanen von André Lery, mit dem sie, unbekannterweise, empfindsame Liebesbriefe wechselt. Von ihm auch hat sie den poetischen Namen »Rose von Stambul«. Desto beklommener ist sie, als ihr der Vater einen Bräutigam verordnet und zuführt: Achmed Bey, den Sohn des Ministers. Sein Charme zwar beeindruckt sie, aber was ist schon ein gewandter Mann von Welt gegen einen zartsinnigen Poeten? Kondja kann nicht ahnen, daß Achmed mit Lery identisch ist, daß er sich jedoch ausschweigt, um in beiderlei Person seine Auserwählte zu erobern.
II. Akt, Hochzeit von Kondja und Achmed in dessen Palast, einige Tage später: Fast so verzwickt, nur sehr viel handfester geht es zu zwischen Kondjas gleichfalls haremsfeindlicher Freundin Midili und dem Kaufmannssohn Fridolin Müller aus Hamburg. Fridolin ist so etwas wie ein Gegenstück zu Kondja. Sein Vater nämlich will ihn aus Geschäftsgründen zwangsverehelichen (er hat dazu auch schon eine nichts als finanziell attraktive Frau zur Hand), um seinem verhaßten Kompagnon mit einem dringend nötigen Enkel zuvorzukommen. Der Sohn indes will solchen Sprung ins Firmenerbe mit Liebe verbinden. Hierzu paßt ihm keine so gut wie die entzückte Midili. Zuvor schon hat er sie entschleiern dürfen. Nunmehr, unverdächtig verkleidet als Frau im Gewimmel der weiblichen Hochzeitsgäste, darf Fridolin sie sogar entführen: durchaus ehrbar und schweizwärts in ein gehöriges Flitterwochenhotel. Kondja, nachdem die Gäste gegangen sind, vereinbart mit Achmed ein »Glück nach der (westlichen) Mode«: zärtlich zurückhaltendes Werben durch Blumen und Gedichte; vor allem aber eine Probezeit, ob man sich wirklich liebt, ehe man vollzieht, was das Heiratspapier festlegt. Kondja behält sich vor, am Ende einer Vierwochenfrist auch noch nein sagen zu dürfen. Schleierlos im Schlafgemach, wird sie freilich fast selber schwach, beim noch nie gekosteten Sekt und beim noch nie getanzten Walzer. Als Achmed jedoch allzu stürmisch sein Gattenrecht fordert, schließt sie sich flink in ihr Zimmer ein. Während er zunächst fröhlich bittet, dann immer verzagter Einlaß fordert, läßt sie ihn wissen, sie werde jetzt mit Lery, der sie brieflich dazu ermuntert hat, ins Ausland reisen. Daß Achmed selbst der berühmte Dichter sei, wie er nun hastig eingesteht, kann sie nicht glauben. So bleibt ihm nichts als belustigte Resignation: »Sie geht zu ihm und liebt nur mich. / Doch es ist einerlei. / Meine Frau geht mit mir selber durch, / Und ich bin nicht dabei.«
III. Akt, im schweizerischen Hotel »Zu den drei Flitterwochen«, wenige Tage später: Fridolin, der sich hier mit seiner frisch angetrauten Midili tummelt, stößt verschreckt auf einen neuen, hierorts deplazierten Zufallsgast. Es ist sein Vater, der den Sohn für die vorgesehene Geschäftsehe einfangen will. Das feste Versprechen, bald schon könne er als fescher Großpapa eines strammen Buben im Hamburger Geschäftshaus dominieren, macht ihn jedoch weich für seinen nachträglichen Vater- und Firmensegen. Kondja, die sich mit Lery hier treffen will, wird von der Nachricht niedergeschmettert, der berühmte Dichter habe eine Suite reserviert für sich und seine Gattin. Er ist also schon verheiratet, und sie hat seinetwegen ihren sympathischen Achmed verlassen! Der läßt freilich nicht lang auf sich warten und beweist nun seine Identität mit dem imaginären Geliebten. Die vierwöchige Werbungsfrist ist zwar längst noch nicht herum, doch Kondja hilft nach. Sie reißt die Kalenderblätter ab und eilt, mit Achmed, der Zeit voraus ins Doppelbett des Dichtergatten.

*Die Rose von Stambul*; Fritzi Massary als Kondja; Metropoltheater, Berlin 1917. – Die gefeierte Revue- und Operettendiva in Berlin während dreier Dezennien kreierte zahlreiche Hauptpartien der Werke Leo Falls, Franz Lehárs und Oscar Straus'.

**Kommentar:** Die neuere Operette ist prüder als die zu Jacques Offenbachs und Franz von Suppés Zeiten. Damit entspricht sie den Gewohnheiten ihres Publikums der Nachgründerjahre bis mindestens zum Ende des ersten Weltkriegs. Wie eh und je zwar feiert sie unbürgerliche Selbstverschwendung in Tanz-, Trunk- und Liebesrausch. Aber sie mag dabei gleichwohl die offizielle Ehemoral nicht verprellen. Dieser Zwiespalt verstärkt sich noch angesichts der feineren Kreise des zeitgemäß unzeitgemäßen Operettenpersonals. Denn bei der Heiraterei in Hocharistokratie und Großbourgeoisie kommt es kaum je zum Gleichklang von nüchternem Interesse (hochprozentige Blaublütigkeit und ebenso hochprozentiger Vermögenszuwachs) mit Liebesleidenschaft. Aus diesem Widerspruch schlägt die Operette, trickreich, zusätzliches Reizkapital: indem sie dem Ehestand durch ungewöhnliche, oft aberwitzige Umstände diese nüchterne Regelmäßigkeit austreibt. Absonderliche Situationen werden erfunden, wo Ehe und erotisches Abenteuer keine Alternative sind, sondern eins im andern. Verwegene Verhältnisse gedeihen da nicht jenseits des matrimonialen Geheges, sondern mitten drin. Valencienne und Lehárs *Lustige Witwe* (1905) Hanna Glawari importieren, spielend, das anrüchige Nachtleben der Grisetten ins bürgerliche Heim. *Der Graf von Luxemburg* (1909) verliebt sich, ahnungslos, in eine Frau, die er unbekannterweise geheiratet hat. Ebenso ahnungslos verliebt sich Nedbals leichtsinniger Gutsbesitzer mit dem stürmischen *Polenblut* (1913) in die tüchtige Magd, die keine andre ist als seine ausgeschlagene Braut. Falls *Geschiedene Frau* (1908) erscheint ihrem Gatten so verlockend wie nie, wenn sie mit ihm spielt, sie seien noch gesetzlich verbunden. Zu diesen und vielen ähnlichen Fällen gesellt sich auch Achmed Bey, der die *Rose von Stambul* als sein eigener Rivale umbuhlt. Imaginativ darf er auskosten, wie es wohl mundet, wenn jemand die eigene Frau zum Ausbrechen verführt. Und auf der andern Seite darf sich Kondja, illusionär, als schlechterdings unwiderstehlich genießen, wenn sie zwei Männer auf einmal an sich fesselt, die zudem noch die ganze Skala wünschenswerter Liebhaber verkörpern, vom weltmännischen Draufgänger bis zum empfindsamen Seelenfreund. Das erlaubte und gefahrlose Gedankenspiel mit den Entzückungen einer unerlaubten und gefährlichen Polygamie verbindet sich hier mit geläufigen Phantasiebildern vom türkischen Harem. Und zwar abermals in einem listigen Kompromiß, der keine Bedürfnisse leer ausgehen läßt. Dem mitteleuropäischen Überlegenheitsgefühl wird geschmeichelt, ohne daß es den begehrten Fremdreiz muselmanischer Frauengemächer missen müßte: den altvertrauten, aber immer wieder nachgewürzten Reiz, der in unsern Breiten von den Mauren in Spanien über *Tausendundeine Nacht*, über Mozarts *Entführung aus dem Serail* (1782) und Rossinis *Italiana in Algeri* (1813) bis zu Jean Auguste Dominique Ingres' Odaliskenbildern, Charles Baudelaires Gedichten und vielerlei Orientalismen der Fin-de-siècle-Künste reicht. Auch die Operette hat sich, mit Suppés *Fatinitza* (1876) und Strauß' *Indigo* (1871), früh schon an die verschleierten Haremsdamen herangemacht. – Klanglich, auch melodisch und harmonisch zitiert Fall das türkische Milieu noch etwas deutlicher als sein Vorgänger. Vor allem in den Introduktionen zum I. und II. Akt, im Aufgesang zu Achmeds Lied »Man sagt uns nach«, bevor es in den langsamen Walzer »O Rose von Stambul« gleitet; und im Hochzeitsensemble aus dem II. Akt. Sogar das beherrschende Leitmotiv, das über weite Strecken die meisten der Kondja-Achmed-Nummern orchestral verklammert (eingeführt in Takt 3–5 des Vorspiels), spielt wuchtig mit »orientalischen« Intervallen. Trotzdem läßt der Komponist keinen Zweifel, daß seine musikalische Exotik nur Dekor ist, ebenso unverbindlich und unernst wie die Gesichtsschleier von Kondja und Midili, die rascher fallen als erlaubt. Diese Exotik zielt nicht so sehr auf die vorgegebene Lokalfarbe als vielmehr auf sinnliche Nähe in künstlicher Ferne. Unter dem fremden Flitter schwelt, um bei jeder Gelegenheit hervorzubrechen, üppiges westliches Melos; lauern schwungvolle Walzer- und Marschrhythmen, die, sobald losgelassen, unverhohlen ihre Wiener Herkunft bekennen. Mehr noch. Just in diesem Türkenstück behauptet Fall sich als besonders einfallspraller und quicklebendiger Erbe des unverwechselbaren Wiener Walzertons, den Franz Schubert aufgebracht, Joseph Lanner popularisiert und der jüngere Johann Strauß vervollkommnet hat. Wie schon in der *Geschiedenen Frau* und im *Lieben Augustin* (1912, 1. Fassung 1905) klingen Falls Walzer authentischer als die seiner Zeitgenossen Franz Lehár, Oscar Straus und Emmerich Kálmán, aber eben auch nuancenreicher, weil er keine internationale Erweiterung anstrebt, sondern dem einmaligen, nur wienweiten musikalischen Material ständig neue Feinheiten abgewinnt. So hat jede der drei großen Walzerszenen nicht bloß ihren eigenen Gestus: in Tempo und melodischem Verlauf, Tonart und Dynamik. Sie entwerfen auch miteinander eine dramatische Klimax ganz und gar wienerischer Tanzerotik, die allemal schon mit dem Auftakt Schleier und Turban von sich schleudert. Zuerst Achmeds verhaltenes, weit ausgreifendes, dynamisch drängendes Huldigungslied in E-Dur »O Rose von Stambul«; dann das raschere, gleichmäßiger und gleichmütiger dahinfließende Duett vom »Glück nach der Mode« in As-Dur; schließlich, A-Dur, das geradezu hymnische Bekenntnisduett »Ein Walzer muß es sein«, das die beiden Bekenner mit und in dem evozierten Tanz hochwirbelt: in melodischen Aufschwüngen, über synkopische Klippen hinweg, bis sie, beschleunigt, gebremst, beschleunigt, einen zaubrischen Rausch erreicht haben, den auch sie selber so nirgends mehr einzuholen oder gar zu wiederholen vermögen. Solchem Entzücken kann Achmed im III. Akt, nur mehr in walzerähnlichen Sechsachteln, gerade noch sein wunderhübsch selbstironisches, achselzuckend wehmütiges Erinnerungsliedchen (Nr. 17) nachträllern, eine anmutige Antiklimax. Nur ein einziges Lied noch erreicht die Schwungkraft dieser Walzernummern. Es ist Achmeds grandios-mitreißende Huldigungsserenade

(Nr. 8) an die Haremsfrauen, die seinem eher spanisch als türkisch rhythmisierten Herzensansturm mit girrenden Begleitfiguren freudig zustimmen. Dagegen fallen die durchweg gradtaktigen Buffonummern etwas ab, durch simpleren melodischen Duktus wie durch gröbere Instrumentation. Was Fridolin und Midili und was beide zusammen mit Fridolins Vater zu singen haben, ist zwar gleichfalls prägnant und unverkennbarer Fall. Doch es hört sich ganz so an, als hätten den Komponisten so stumpfsinnige Schmatzverse wie »Fridolin, ach wie dein Schnurrbart sticht« oder »Geh, sag doch Schnucki zu mir« verleitet, sich dem Immer-feste-druff-Stil der Berliner Schlageroperette anzunähern. Ein Genre, dem der graziöse Satzkünstler Fall sonst allenfalls persiflierende Beachtung hat zukommen lassen (so im klobigen »Hofball in Berlin« aus dem 1. Finale der *Dollarprinzessin,* 1907).

**Wirkung:** *Die Rose von Stambul* hatte großen und dauerhaften Erfolg. Im Theater an der Wien konnte sie nach Lehárs *Witwe* die längste Laufzeit erzielen. Unter Falls eigenen Operetten hatte sie bis tief in die 20er Jahre die dritthöchsten Aufführungszahlen, hinter dem *Fidelen Bauern* (1907) und der *Dollarprinzessin.* Wenn sie heute nur noch selten gespielt wird, so liegt es am sprachlich und dramaturgisch fadenscheinigen Libretto, das zumindest im III. Akt zu überarbeiten wäre.

**Autograph:** Verbleib unbekannt. **Ausgaben:** Kl.A: Karczag, Wien, Lpz. 1916, Nr. 1221; Regiebuch: ebd. 1916. **Aufführungsmaterial:** Weinberger, A&S
**Literatur:** s. S. 165

*Volker Klotz*

## Madame Pompadour
### Operette in drei Akten

**Text:** Rudolph Schanzer und Ernst Friedrich Wilhelm Welisch
**Uraufführung:** 9. Sept. 1922, Berliner Theater, Berlin
**Personen:** Marquise de Pompadour (S); der König (Komiker); René d'Estrades (T); Madeleine, seine Frau; Belotte, Kammerfrau der Marquise (Soubrette); Joseph Calicot, Dichter (Buffo); Maurepas, Polizeiminister; Poulard, Spitzel; Prunier, Wirt; Collin, Haushofmeister der Marquise; Boucher; Tourelle; der österreichische Gesandte; der Leutnant; Paméla, Caroline, Léonie, Valentine und Amélie, Grisetten. **Chor:** Grisetten, Bohemiens, Hofgesellschaft, Soldaten
**Orchester:** 2 Fl (auch Picc), 2 Ob (2. auch E.H), 2 Klar, Fg, 3 Hr, 2 Trp, Pos, Pkn, Schl (Tamburin, kl.Tr, Trg, Bck, Kastagnetten, Tamtam, Xyl), Glsp, Hrf, Streicher; BühnenM: 2 Picc, Trp, kl.Tr
**Aufführung:** Dauer ca. 2 Std. 30 Min.

**Handlung:** In Paris, um 1750.
I. Akt, das Wirtshaus »Musenstall«, Abend: Künstler, Grisetten und sonstiges Volk feiern Karneval. Mitten drin: der Dichter Calicot, der großen Beifall einheimst mit seinem neuen Spottlied auf den trotteligen fünfzehnten Ludwig und seine Staatsmätresse Pompadour. Ferner: der lebenslustige Graf René, der vom faden Land- und Eheleben ausspannen will. Ferner: Madame Pompadour, die, angeödet vom zierlichen Hofleben, inkognito mit ihrer munteren Kammerfrau Belotte kräftigere Abenteuer sucht. Sie hat durchaus etwas übrig für Calicots freche Majestätsbeleidigungen. Noch mehr freilich für den feurigen René, mit dem sie sich rasch einig ist. Wobei keiner der beiden weiß, in wen er sich da verliebt. Schwieriger ergeht es Belotte mit dem Poeten. Der ist zu sehr in seinen eigenen Geist verliebt, als daß er ohne weiteres auf weibliche Körperreize anspräche. Die ausgelassene Stimmung im »Musenstall« wird gestört durch eindringende Soldaten. Polizeiminister Maurepas, scharfer politischer Rivale der Marquise, führt die Truppe an. Er will die Pompadour auf Abwegen erwischen, um sie vor dem König bloßzustellen. Sie jedoch dreht hurtig den Spieß um: inkognito sei sie unterwegs, staatsgefährdende Umtriebe aufzuspüren, die der Polizei entgangen sind. Drum läßt sie das Künstlervolk umzingeln, um mitten heraus René und Calicot zu verhaften. Den einen kann sie als Geliebten, den andern als umgepolten Hofpoeten gut gebrauchen.
II. Akt, die Gemächer der Pompadour, am folgenden Nachmittag und Abend: Die Pompadour und René, den sie ihrem Leibregiment einverleibt hat, sind sich nähergekommen, aber noch nicht nah genug. Das soll in der heutigen Nacht geschehen. Vorerst schürt die Marquise den Argwohn des dümmlichen Polizeiministers, ihr Liebhaber sei Calicot, was dem ängstlichen Dichter höchst unbehaglich ist. All die liebeslustigen Listen scheitern dann freilich an inneren und äußeren Hindernissen. Zunächst einmal spricht die Landadlige Madeleine vor, die sich als bislang unbekannte Halbschwester der Pompadour entpuppt. Die allmächtige Verwandte soll ihr helfen, den verschwundenen Gatten aufzufinden. Und der ist kein andrer als René, den die Marquise sich nun widerwillig vom Herzen reißen muß. Dann kommt auch noch früher als erwartet der König von seiner Jagdpartie zurück und möchte bei ihr nächtigen: »Wünschen uns zurückzuziehn, / möchten bald ins Bettchen / mit dem blauen, seidnen Baldachin / und den Amorettchen.« Tragikomische Ironie: der König entdeckt René, mit dem die Pompadour jetzt gar nichts mehr haben darf und kann, in ihrem Schlafgemach. Der Missetäter soll sogleich füsilliert werden.
III. Akt, Arbeitszimmer des Königs, gleich danach: Den Verdacht des ohnehin begriffsstutzigen Königs kann die Pompadour geschickt entkräften. Sie führt ihm ihre Schwester Madeleine vor, der zuliebe sie den Ausreißer eingefangen habe. Wie jetzt die Dinge liegen, hat René nichts dagegen, mit seiner jungen Frau heimzukehren, zumal sie sich inzwischen am Hof einigen Pariser Charme hat einüben lassen. Auch Pompadours Pseudoliebhaber Calicot, der sich zeitweilig in die königliche Aktentruhe verkrochen hatte, kommt mit dem Leben davon. Dank der Trotteligkeit des Monarchen kriegt er sogar einen saftigen Ehren-

sold, der eigentlich für Voltaire bestimmt war. Verzehren wird er ihn in ehelicher Gütergemeinschaft mit Belotte. Die Pompadour aber wird sich an der nächsten Leibwache halbwegs schadlos halten.

**Kommentar:** Daß *Madame Pompadour* die faszinierendste Operette der 20er Jahre ist; daß sie in dieser Zeit unverbraucht und einzigartig den frechen Überschwang noch einmal einholt, den 60 Jahre zuvor Jacques Offenbach auf die Bühne brachte: das wird kaum wer vermuten, der davon nichts weiter kennt als die oben skizzierten Begebenheiten. Was sich da abspielt zwischen Bohemelokal und Schloß, zwischen hohen und niedrigen Maskenträgern, zwischen Lüsten, Ängsten und Noch-mal-Davonkommen, scheint eher schematisch. Gleichgültig scheint es den gängigen Motivbestand der abervielen Kostümoperetten abzuspulen, die den Glanz vergangener Epochen bemühen, um über das graue Heute hinwegzuglitzern. Es sieht sogar so aus, als blieben Ablauf und Endresultat der Begebenheiten noch hinter dem zurück, womit so manche Dutzendoperette dem engen Alltagstreiben kontert mit Glückswut und nichtsnutziger Tollerei. So mag der Eindruck entstehen: Was bei *Pompadour* schließlich herauskommt, widerspricht nicht, es entspricht vielmehr der kleinbürgerlichen Unlust am Wagnis, der Scheu vor Störungen des Status quo, dem Pochen auf Besitz und Seßhaftigkeit. Wer immer hier aus seiner vorgesehenen Umlaufbahn saust, wird in sie zurückgelenkt. Pompadour: eine hohe Femme fatale darf nicht über die höfischen Stränge schlagen, sie muß sich billig vertrösten. René: ein ausschweifender Ehemann wird heimgeholt, noch bevor er zum Ziel kommt. Calicot: ein unbotmäßiger Poet wird durch Angst, Korruption und Heirat kirre gemacht. Und: ein ebenso willkürlicher wie unfähiger König samt seinen Staatsorganen wird weiter so walten wie bisher. Fazit? Alles bleibt beim alten, ob gut, ob schlecht? Hörner sind da, um sie sich abzustoßen? Was der dramatische Hergang solchermaßen verkündet, wäre demnach, je nach Standpunkt, eine angenehm beruhigende oder auch eine ärgerlich resignative Botschaft. – Dieser Eindruck trügt jedoch. Mehr noch. Der trügerische Eindruck gehört zur hinterlistigen Strategie dieser Operette. Sie spielt die Botschaft aus, um sie jenen zu verleiden, die sie gern hören und glauben, weil sie sich mit den eigenen engen Verhältnissen abgefunden haben. Falls subtil aufsässige Musik, aber auch Schanzers und Welischs durchtriebene Gesangstexte und Dialoge zeigen es unmißverständlich an: Der dramatische Hergang ist keineswegs das A und O der *Pompadour*. Er ist nur Gerüst. Ein Gerüst aus anschaulichen Lebenslagen bietet er den Personen, damit sie Gelüste äußern können, die jene resignative Botschaft glattweg durchkreuzen. Und ein Gerüst aus gesellschaftlichen Hemmnissen bietet er ihnen, damit sie dagegen anrennen. Hierin liegt die szenische wie die musikalische Dramaturgie von Falls Operette. Sie entfacht unentwegt Spannungen zwischen der inneren Schwungkraft der Personen und den äußeren Hemmnissen. Je größer und dauerhafter die Hemmnisse, desto heftiger der innere Stau. Das Gerüst des dramatischen Hergangs samt seiner resignativen Botschaft liefert somit beides auf einmal: die Gelegenheiten wie auch die Widerstände, wo die Personen singend und tanzend ihren inneren Hochdruck entladen. »Ich fühl' heut in mir einen Überschuß, / den ich loswerden muß! / Der bringt mich sonst aus dem Gleichgewicht, / und das mag ich nicht! / Ich hab' in den Fingern ein Zucken und Prickeln, / ich möcht' was zerschlagen, zertrümmern, zerstückeln –« So die Pompadour im schwelenden, immer bedrohlicher sich steigernden Vorspiel zu ihrem unwiderstehlichen Auftrittswalzer. Beispielhaft singt und spricht diese Hauptfigur für die andern Personen mit. Für alle gilt: Könnten sie ungehemmt sich ausleben, ihre klingenden Gelüste, ob wild, ob sanft, verklängen in spannungslosem Dauerton oder in völligem Verstummen. Daß Pompadour und Belotte, René und Calicot nicht können und dürfen, wie sie wollen, spricht weder gegen den Wert noch gegen die Kraft ihrer ungebärdigen Energien. Es spricht einzig gegen eine Gesellschaft, die ihnen dabei in die Quere kommt. Um sie herum und in ihnen drinnen. – Hiervon handelt Falls Musik, in jeder ihrer 16 Nummern. Sie formuliert, woraus und wohin die Ausbrecher ausbrechen. Woraus? Aus dem Gehege öffentlicher Domestikation, wie sie der König verkörpert: physisch und geistig verkümmert, Mittelpunkt eines höfischen Zeremoniells, das alle spontanen Regungen abschnürt. Und sie brechen aus dem Gehege privater Domestikation aus, wie es Renés Frau Madeleine verkörpert: bieder und berechenbar, Mittelpunkt einer provinziellen Betulichkeit von ehelichen und landwirtschaftlichen Pflichten. Wohin aber brechen sie aus? Nicht etwa aus den erzwungenen Rollen in ein rollenfreies Ich. Dazu sind sie eben nicht frei genug. Sie schlüpfen vielmehr in fremde Rollen, die ihnen mehr Spielraum geben, sich selbst näherzukommen. Der I. Akt, im »Musenstall«, macht überdeutlich klar, was späterhin nur noch indirekt vonstatten geht. Maskiert läßt man sich los im beinah gesellschaftlich exterritorialen Zeitraum des Karnevals. Was das heißt, beruft zugleich und vollführt Renés überwältigendes D-Dur-Entrée: »Laridi, laridon, 's ist Karneval«. Die kecken Sechsachtel kommen zunächst locker schlendernd daher, um dann beim Refrain in strafferes und bestimmteres Tempo überzuspringen, in unaufhaltsame Motorik. Quervolkein, in jedem Arm zwei Grisetten, schnellt René durch den bewegten Raum. Quintett ist dieser selbstbewußte Tanzgesang allenfalls insofern, als Renés Partnerinnen seinem ungestümen Vorwärts ein paar kokette Einwände zwischenwerfen, damit er nur desto stürmischer sein Ziel verfolgen kann. Er: »Caroline, Amélie, / Valentine, Léonie / – von euch sagt keine: Nein!« Sie: »Das ist noch gar nicht so gewiß, / das kann auch anders kommen –« Er: »Von mir wird jedes Hindernis / bei euch im Sturm genommen, / und wenn sich eine weigert, / mein Hochgefühl sich steigert.« Damit sind die Spielregeln verkündet, im Spielraum der selbstgewählten Fremdrollen. In seiner Rolle, die René mit eigensten Energien ausfüllt, nimmt er auch sogleich die Pompadour für sich ein. Denn, so verheißt es der

Es-Dur-Refrain ihrer brodelnden Walzerconfessio: »Heut könnt' einer sein Glück bei mir machen, / wenn es der Richtige wär'.« René ist der Richtige. Und augenblicklich ist es da, das »Heut« des Glücksmachers, wenn er als scheinbar schlichter Bursch aus dem Volk sich mit dem scheinbar schlichten Mädchen aus dem Volk trifft und findet. Mit komödiantischem Salto amoroso macht das bestrickende Verführungsduett (Nr. 4) den sozialen Rollenwechsel mehr als wett: »Mein Prinzeßchen, / du, ich weiß ein verschwiegenes Gäßchen...« Ein Zwiegesang aus Lockkung und Gegenlockung, aus unverblümtem Angebot und verblümter Nachfrage. Innig und lasziv, ohne doch den Witz zu verlieren, gehen René und »Jeanne« aufeinander zu und aufeinander ein. Spielerische Lust treibt ein lüsternes Spiel, das in die eigene Verführerrolle nicht minder verliebt ist als in den Partner, dem sie gilt. So schwingen sie sich, E-Dur, allmählich hinüber aus einem ständchenhaften Visavis in einen eng umschlungenen Walzer, der nur gemeinsam ausklingen kann. Der Text, nicht allein in dieser Nummer, ist der Musik fast ebenbürtig. Er reizt sie auf, ihn auszureizen durch allerlei rhythmische Rückungen, die seine Anzüglichkeiten noch überziehen: Pompadour: »Wenn ich käme, / fürcht' ich, daß ich zu toll mich benähme, / darum müßtest zuvor du mir schwören, / nur von mir, was erlaubt ist in Ehren, / zu begehren!« René: »Ich versprech' es, / doch mein Wort – sag' ich gleich dir – ich brech' es, / denn es gibt einen Eid, der es nicht ist, / den zu brechen / einfach Pflicht ist – / wenn kein Licht ist.« Bald darauf, im Finale des I. Akts, ändert sich das Rollenverhältnis zwischen dem anonymen Burschen und dem anonymen Mädchen. Genötigt durch den Polizeiminister, der das Karnevalstreiben abwürgt, gibt sich die Pompadour zu erkennen. René weiß jetzt, wen er vor sich hat, was freilich weder ihn noch sie sonderlich berührt. Offenbar hemmt die öffentliche Domestikation, solang sie sich unterwandern läßt, weniger als die private. Denn sehr viel später, wenn die Pompadour in René ihren Schwager erkennen muß, ist es vorbei mit dem gemeinsamen Ausbruch der beiden Ausbrecher. Die beiderseitige Identifikation also, die restlose Verdrängung der freiwillig angenommenen Fremdrolle durch die gesellschaftlich erzwungene eigene, macht der verzückten Abenteurerei ein Ende. – Aber längst ist es noch nicht so weit. Vorerst führen Pompadour und René unverfroren vor, wie man just im Schloß, im eigentlichen Machtzentrum, die öffentliche Domestikation unterwandern kann, um der privaten zu entschlüpfen. Durch einen tolldreisten Trick. Man nutzt zum eigenen Zweck die blinde Selbstzwecklichkeit der Staatsapparatur: das höfische und das militärische Zeremoniell. Kraft Befehlsgewalt hat die Pompadour René zum Soldaten gemacht, um ihn vor dem Zugriff von Maurepas' Soldaten zu schützen. Nun hat er abermals eine angenommene Rolle, die seiner alltäglichen widerspricht, die militärische. Allerdings eine, die schlimmer noch als jede andre den eigenen Willen abtötet. Doch minus mal minus macht plus. Die persönliche Willkür der hohen Dame multipliziert sich mit der institutionellen Willkür des Militärs. Produkt: ein eigener Exerzierplatz, der sich vom Vorzimmer bis in ihr Schlafgemach erstreckt. Uniform und Paradedrill, sonst dazu da, persönliche Regungen zu ersticken, ermöglichen hier nun den erotischen Spielraum, den René und die Pompadour anderswo nicht hätten. Das Duett Nr. 8 spielt die vergnügt-verrückte Lage voll aus. Seine Schlagkraft kommt aus der Spannung zwischen äußerer Form und innerem Überdruck. Musikalisch ist die äußere Form ein Militärmarsch, der seine einschlägigen Eigenschaften schneidigst

*Madame Pompadour*, II. Akt; Regie: Siegmund Skraup, Bühnenbild: Elli Büttner; Landestheater, Darmstadt 1951. – Gemächer der Pompadour – eine pompöse Säulenhalle, überwölbt von üppigen Stoffbahnen: ihre Welt, ein Theater.

überpointiert: scharf skandierter Takt, schrille hohe Flöten und wirbelnde Trommeln. Und szenisch ist die äußere Form ein Exerziervorgang zwischen Befehlshaber (Pompadour) und Befehlsempfänger (René), ein harsches Hin und Her von Kommando und promptem Gehorsam. Damit ist in ihrem fühllosen Verkehrsstil die fühllose Institution vergegenwärtigt, die dem unerlaubten Paar als Tarnfarbe dient für seine unerlaubten Gefühle. In dieser äußeren Form toben sich die beiden aus. Wider den säbelrasselnden Stechschritt, den sie mutwillig heraufbeschwören, singen und spielen sie an. Erst mit verhaltenem, dann mit immer stärkerem Nachdruck: wenn modulierende Schlenker das beherrschende A-Dur eintrüben; wenn schmeidige Legatoschleifen das schroffe Stakkato unterlaufen oder überflügeln; wenn Klarinetten- und Celloklänge dem frostigen Flötengetrommel einheizen; wenn melodische Aufschwünge und dynamische Schwellungen den Marsch zwar noch nicht aus dem Takt, doch aus seinem soldatischen Gleichmaß stoßen. Auch der strikt zweideutige Text des Duetts (von »Stillgestanden, kerzengrade!« bis zu »Ruhe im Glied!«) wirkt tapfer mit, der öffentlichen Parade insgeheim in die Parade zu fahren. Die freche Inbrunst, die sich da im Marschtritt ergeht, ist nicht allein erotisch, sie ist überhaupt anarchisch. Aufbegehrerisch schmeißt sie sich in die Rollen der offiziellen Ordnungskräfte, um von innen heraus die Ordnung splittern zu lassen. – Hier zumal zeigt sich Falls einzigartige Meisterschaft in der Operette der 20er Jahre. Als spürsinniger Szenenmusiker, der genau weiß, was er ganz bestimmten Figuren in ganz bestimmten Lebenslagen jeweils zu singen gibt. Aber auch als weitplanender Musikdramatiker, der über die einzelne Szene hinweg größere Zusammenhänge herstellt; der den Gang der Handlung markiert in ihren musikalischen Stationen; der auf lange Sicht dramatische Fronten und Konfrontationen hörbar macht. So betrachtet, ist das Exerzierduett ein entscheidender musikdramaturgischer Knotenpunkt der *Pompadour*. Hierher führen die wichtigsten Wege seit der 1. Szene; hier kreuzen sich; und von hier führen sie weiter bis zur letzten Szene. Nicht nur, aber auch für Pompadour und René. Ihrer Liebeslaufbahn ist dies Duett eine wichtige Durchgangsstation. Der offizielle Marschgestus ergänzt und korrigiert den intimen Walzergestus des Verführungsduetts im I. Akt. Dort hatte der Mann das lockende Singen und Sagen. Jetzt hat es, Alltagsregeln durchkreuzend, die Frau: als Oberst, der den Rekruten zur Liebe kommandiert. Somit ist René, im schönsten antimilitärischen Unernst, eingerückt in die uniformierte Palastmannschaft. Dem strammen Takt des Exerzierduetts hat er sich nur einzwängen müssen, um hernach desto freier seine Gefühle aussingen zu können. In der paradoxen Rolle eines Wachsoldaten, der die Bewachte nicht verteidigen, sondern angreifen soll, stimmt er seine betörende Serenade an: »Madame Pompadour, Kronjuwel der Natur« (Nr. 10). Der intime Walzergestus hat ihn wieder, jetzt in F-Dur. Abermals mit ruhigem Zeitmaß, aber drängender, unabweislicher als zuvor. Abermals kommt Falls Ironie zum Zug. Nicht etwa im (durchaus ungebrochenen) Gefühlsausdruck der Nummer, aber in ihrer szenischen Anlage. Renés Serenade, die er einsam beim Wacheschieben singt, greift nämlich um sich. Hinter der Szene fällt allmählich ein Soldatenchor ein, der gleichfalls erotische Sehnsüchte laut werden läßt. Ironie: der hier als anarchischer Einzelgänger eigennützig das militärische Zeremoniell unterwandert, zerrüttet nebenbei auch noch den ganzen Betrieb. Unabsichtlich ruft er den andern Uniformierten zur Unordnung, weckt er ihre schlummernde Marschtaktlosigkeit. – Das Exerzierduett, wie gesagt, ist Knotenpunkt nicht allein für die beiden Beteiligten, Pompadour und René. Hier verdichtet sich zugleich die durchgängige Thematik des ganzen Stücks: Ausbrecherei aus dem Gehege öffentlicher und privater Domestikation durch aufsässiges Rollenspiel. Insofern sind auch die andern Hauptpersonen, mittelbar, an dieser Nummer beteiligt. Namentlich Calicot. Denn beides, der soldatische Marschschritt wie der anarchische Unterschlupf im militärischen Zeremoniell, leitet sich her aus Calicots großartig angriffslustiger Schau im Finale des I. Akts. Närrisch herausgeputzt mit Kochtopfkrone, Tischtuchpurpur, Staubwedelzepter, umringt vom gleichfalls plump beflitterten Bohemevolk, spielt er dort eine Parade des Königs, der inmitten seines Hofstaats und seiner Truppen sich der Pariser Bevölkerung offenbart. Ein schmetternder Imponiermarsch der waffenblitzenden Kürassiere, aus deren geballter Körperschaft nur um so kläglicher die huldvollen Tiraden des Monarchen herauskrächzen. Chor: »Rataplan, rataplan, rataplan – / wer kommt denn da einher? / Rataplan, rataplan, rataplan – / das stramme Militär! / Des Königs Kürassiere / in Reihe und in Glied – / damit dem vielgeliebten Mann / nicht etwa was geschieht!« Calicot: »Und hinter den illüstern / Hofherren und Ministern, / da watschelt wie ein Entelein / in seinem Purpurmäntelein / der König selbst einher – / Heil mir, ich bin ja so popo –« Chor: »Heil dir, du bist ja so popo – / so popopo – pulär.« Calicot: »Volk von Paris, / nimm meinen Dank, / mehr hab' ich nicht, / denn ich bin blank . . .« Auch Calicot bricht aus in eine fremde Rolle. Aus gleichen Gründen, aber mit andern Zielen als René, Pompadour, Belotte. Der öffentlichen und privaten Domestikation entflieht er nicht; er greift sie an in ihrem hervorragenden Vertreter, dem König. Sein Rollentausch ist ein demonstrativer Akt. Er inszeniert ihn vor einer Öffentlichkeit, um sie mitzureißen gegen das, was alle, nicht nur ihn selber, unterdrückt. Auch er freilich, wie René hernach als falscher Rekrut, genießt sich selbst, wenn er anarchisch die Rolle des Gegners usurpiert. Sein gefährlicheres, weil mehr als persönliches Spiel läßt sich nicht durchhalten. Die verhöhnte Staatsgewalt schlägt zurück: der Polizeiminister mit seinen Soldaten. So daß Calicot, will er weiterleben, nicht drum herum kommt, die Rollen anzunehmen, die ihm die Pompadour anträgt. Diese Rollen unterscheiden sich zwar von seiner verhaßten alltäglichen, doch sie stehen ihm nicht. Sie machen ihn zur lächerlichen Figur, die er im I. Akt noch nicht war. Als Hofdichter wider Willen kann er nur stümpern. Und als erotischer Stuntman der Pompadour nicht einmal das. – Spätestens die berühmteste Nummer der Operette, das Duett »Joseph, ach Joseph, wie bist du so keusch«, macht noch einmal deutlich: Die resignierende Botschaft, die den Erfolglosigkeiten all der Ausbrecher zu entnehmen wäre, wird von eben diesen Ausbrechern entkräftet. Sogar in ihren Niederlagen triumphiert die Spiellust am Doppelspiel; der unbändige Trieb, wer andrer noch zu sein als der, wozu die Bändiger uns abrichten wollen. Wiederum ist es ein Verführungsduett in angenommenen Rollen, wie das erste zwischen René und Pompadour, aber ungleich verzwickter. Auf Messers Schneide tänzelnd, wirkt das Hin und Her der beiden komiko-tragiko-komisch wie die Legende von Offenbachs *Barbe-Bleue* (1866) oder der Kerkerwalzer in seiner *Périchole* (1868). Calicot, ehe er sich zu Gegenmaßnahmen aufrappelt, ist erst einmal der Dumme. Denn er kann allenfalls ahnen, daß die Pompadour, wenn sie ihn umschnurrt, nur Katz und Maus spielt. Genauer, daß sie ihn als Maus, ablenkungshalber, dem dummen Kater Maurepas zuspielt, damit sie ungestört ihren wahren Liebhaber René genießen kann. So schlüpft sie in die Rolle einer neuen Frau Potiphar, die Jagd macht auf die Tugend eines neuen Joseph. Die einleitenden Orchestertakte zaubern sofort mit orientalisierenden Figuren einen schwülen Klangraum herbei, worin die Pompadour als entfesselte Odaliske mit hechelnden Sechzehnteln auf den atemlosen Calicot lostrippelt und losgirrt. Im Refrain wird sie rabiat, mit übermütigen Lockrufintervallen in kräftigeren Achtelnoten: »Vor allem zieh den Mantel aus, / du hast ja viel zuviel noch an!« All das präsentiert sie freilich in einer blinzelnden Haltung von Quasibrunst, die den Verdatterten rätseln läßt, ob Madame ihn bloß äfft oder ob ihr gar der erotische Unernst als zusätzliches Aphrodisiakum dient. So oder so, Calicot stellt sich jetzt auf beides ein und erweitert damit das Doppelspiel der Pompadour zum zweifachen Doppel. Arge Angst hat er (vor königlicher Todesstrafe) und fingiert sie zugleich, indem er den Kampfplatz seiner inneren Gefühle listig verlagert. So macht er der Dame vor, nicht mit seiner schrecklichen Angst kämpfe er, sondern gegen eine noch schrecklichere Sexualität, die, einmal losgelassen, nur verheerend wirken kann: »Treib das Ding nicht bis zum Gipfel, / faß mich bloß nicht so beim Zipfel / meines Mantels an, ich bitt' dich, / bleibe züchtig, bleibe sittig; / sonst verlier' ich meine Ruhe / und vergesse, was ich tue – oh!« Seinem röchelnden »Oh« schickt das Orchester prompt ein besiegelndes Amen nach. Es zitiert, in höhnischem Pathos, das Schicksalsmotiv aus Bizets *Carmen* (1875), wo Liebe unrein auf Tod sich reimt. Calicot, ähnlich und anders als Pompadour und René und Belotte, fühlt ein bißchen sehr, was er spielt; und spielt ein bißchen sehr, was er fühlt. Nur so läßt sich, vorerst, vermeiden, gesellschaftlich verordnete Rollen mit dem eigenen Ich zu verwechseln.

**Wirkung:** *Madame Pompadour* fand sofort großen Anklang. Nicht nur wegen der außergewöhnlichen Verzahnung von Sujet, Text und Musik; auch wegen der kongruenten Verkörperung der Hauptrolle durch Fritzi Massary, für die Fall die Titelfiguren fast aller seiner späten Operetten geschrieben hat: *Die spanische Nachtigall* (Berlin 1920), *Die Straßensängerin* (Wien 1922) und *Der süße Kavalier* (Wien 1923). Aber auch ungeachtet der ersten Besetzung hat sich das Werk alsbald im Inland und Ausland durchgesetzt und behauptet sich bis heute als eins der anspruchsvollsten Beispiele seines Genres auf den Spielplänen.

**Autograph:** Verbleib unbekannt. **Ausgaben:** Kl.A: DreiMasken 1920, Nr. 2633; DreiMasken 1922, Nr. DDV 10196; Regiebuch: DreiMasken 1922. **Aufführungsmaterial:** Zürich AG, Zürich; BR Dtld.: Bloch
**Literatur:** s. S. 165

*Volker Klotz*

# Manuel de Falla

Manuel Maria de Falla y Matheu; geboren am 23. November 1876 in Cádiz, gestorben am 14. November 1946 in Alta Gracia (Córdoba, Argentinien)

## La Vie brève
### Drame-lyrique en deux actes et quatre tableaux

**Das kurze Leben**
2 Akte (4 Bilder)

**Text:** Carlos Fernández Shaw; Übersetzung aus dem Spanischen: Paul Milliet
**Uraufführung:** 1. April 1913, Théâtre du Casino Municipal, Nizza
**Personen:** Salud, ein Mädchen aus Granada (S); die Großmutter Saluds (Mez); Paco (T); Sarvaor, Saluds Onkel (B oder Bar); Carmela, Pacos Braut (Mez); Manuel, Carmelas Bruder (Bar); ein Sänger (Bar); 4 Verkäuferinnen (3 S, Mez); Stimme eines Schmieds (T); Stimme eines Verkäufers (T); Stimme in der Ferne (T). Chor: Schmiede, Bevölkerung Granadas, Hochzeitsgäste. **Ballett:** Hochzeitsgäste
**Orchester:** 3 Fl (auch Picc), 2 Ob, E.H, 2 Klar, B.Klar, 2 Fg, 4 Hr, 2 Trp, 3 Pos, Tb, Pkn, Schl (Bck, gr.Tr, Tamburin, Tamtam, Trg, Glsp, Glocken, gr. u. kl. Hammer), 2 Hrf, Cel, Streicher; BühnenM: Git, Kastagnetten
**Aufführung:** Dauer ca. 1 Std. 15 Min.

**Entstehung:** Falla komponierte die Oper als *La vida breve* für einen Wettbewerb, den die Real Academia de Bellas Artes in Madrid zum 31. März 1905 ausgeschrieben hatte. Die Anregung zum Thema verdankte er einem Gedicht Fernández Shaws, das er zufällig in einer Zeitung fand. Fernández Shaw, ein sehr erfolgreicher Zarzuelalibrettist, erklärte sich bereit, das

Textbuch zu verfassen. Falla gewann den Preis, doch die Aufführung des gemäß den Wettbewerbsbedingungen als Einakter konzipierten Stücks fand nicht statt. Als Falla 1907 nach Paris ging, fand *La vida breve* aufgeschlossene Gutachter: Paul Dukas, Claude Debussy und Isaac Albéniz setzten sich dafür ein, so daß Albert Carré, der Direktor der Opéra-Comique, eine Aufführung zusagte. Er legte jedoch das Datum nicht fest; inzwischen hatte Falla die Instrumentation des Werks verfeinert. Durch Vermittlung André Messagers, des Direktors der Pariser Opéra, wurde *La Vie brève* schließlich in Nizza zur Uraufführung gebracht. Messager hatte Falla auch die Aufteilung der vier Bilder in zwei Akte und die Einfügung der Tänze im II. Akt empfohlen. In dieser Gestalt gelangte Fallas erste Oper endlich auf die Bühne.

**Handlung:** In Granada, um 1900.
I. Akt, 1. Bild, Hof eines Hauses im Albaicín (Stadtteil mit Zigeunercharakter), Tor im Hintergrund mit Blick auf eine Gasse, rechts das Wohnhaus, links Eingang zu einer Schmiede; an einem schönen Tag: Während aus der Schmiede rhythmisches Hämmern, vermischt mit den Stimmen der arbeitenden und singenden Männer, zu hören ist, tritt die Großmutter in den Hof. Sie füttert ihre Vögel, in Gedanken und Sorge um die Zukunft ihrer Enkelin. Salud erwartet sehnsüchtig Paco. Sie liebt ihn so heftig, daß seine Verspätung sie mit Verzweiflung erfüllt. Ihre bangen Ahnungen verfliegen, als Paco kommt und ihr seine unwandelbare Liebe schwört. Inzwischen erscheint Onkel Sarvaor und erzählt der Großmutter voller Ingrimm, daß Paco schon morgen ein Mädchen seines Stands heiraten werde. 2. Bild, Zwischenspiel; das Panorama Granadas vom Monte Sacro aus: Der Tag geht zur Neige, von überall sind Stimmen zu hören, Lachen, Gesang; die Nacht senkt sich über die Stadt. II. Akt, 1. Bild, eine kleine Straße vor Carmelas Haus; große offene Fenster gestatten den Blick in den Innenhof: Die Hochzeit von Paco und Carmela ist ein fröhliches Fest; es wird getanzt und gesungen. Salud

*La Vie brève*, II. Akt, 2. Bild; Bühnenbildentwurf: Salvatore Fiume; Scala, Mailand 1952. – Erst der zweite Blick auf den mit bunten Tüchern für das Hochzeitsfest geschmückten Innenhof eröffnet die symbolische Dimension des Bühnenbildentwurfs: das gespreizte Gefieder eines prächtigen Hahns als Zeichen für den unheilträchtigen »machismo« des Helden.

sieht das Feiern der andern durch das Fenster. Traurig singt sie ein Lied, so daß Paco ihre Gegenwart spürt und unruhig wird. Die Großmutter und Sarvaor sind hinzugekommen und folgen Salud, die entschlossen das Haus betritt. 2. Bild, der Innenhof des Hauses, festlich beleuchtet: Es wird immer noch getanzt. Paco ist im Gespräch mit Carmela, die seine Unruhe nicht versteht, und mit Manuel, der ihn feierlich in die Familie aufnimmt. Stimmgewirr läßt Paco aufschrecken. Sarvaor erscheint mit der verzweifelten Salud und spricht voll Zynismus von der Hochzeit, an der sie nun teilhaben wollen. Salud wendet sich zu Paco, deckt vor allen Gästen seinen schändlichen Betrug auf und bittet ihn, sie zu töten. Er streitet alles ab, doch Salud geht auf ihn zu und sinkt, mit zärtlicher Stimme seinen Namen rufend, sterbend zu Boden. Die Großmutter stürzt mit einem Schrei herbei, alle Anwesenden reagieren mit Entsetzen.

**Kommentar:** Der Erfolg von *La Vie brève* in Nizza, Paris und Madrid erfüllte die Erwartung, in der der Opernwettbewerb ausgeschrieben war: dem Mangel einer spanischen Nationaloper abzuhelfen, zumindest aber einen gültigen spanischen Beitrag zum internationalen Opernrepertoire zu leisten. »Spanisch« ist Fallas Oper in mehrfacher Hinsicht. Salud verkörpert den Typ der Südspanierin. Obwohl im Albaicín lebend, ist sie keine Zigeunerin wie Carmen (Falla äußerte sich über diesen Unterschied des öfteren), sondern echte Andalusierin. Vergleichbar sind diese beiden Frauengestalten jedoch in ihrem Charakter, in ihrem unnachgiebigen Stolz und der Unbedingtheit ihrer Liebe. Die Handlung von *La Vie brève* ist einfach und steuert geradlinig auf das tödliche Ende zu; sie zeigt die altbekannte Geschichte des betrogenen Mädchens, die hier ihre dramatische Unverwechselbarkeit durch die Einbettung in die soziale Wirklichkeit Andalusiens erhält. Granada, die Armut des Lebens im Albaicín, die Welt der Schmiedegesellen, Straßenhändler und Blumenverkäuferinnen: eine Milieuschilderung, die der Komposition Authentizität und Originalität verleiht, ohne den Einfluß des Verismo zu leugnen. – »Unselig der Mensch, der zu düsterem Geschick geboren wird, / Unselig, wer zum Amboß bestimmt ist anstatt zum Hammer«: in diesen Worten eines Schmiedegesellen erscheint das Los der Armen zusammengefaßt. Sie werden zum Leitthema der Oper, in dem das Schicksal Saluds vorausgedeutet ist, das sie zuletzt bewußt annimmt und als Fluch und Todeslied gegen Paco und die Hochzeitsgesellschaft richtet. Der »Realismus« von *La Vie brève*, die Details der Milieuzeichnung besitzen eine ausgeprägte symbolische Dimension. Die Schmiede, die Rede von Hammer und Amboß, der Vogelkäfig, die welkenden Blumen und die Turmglocken weisen als Gleichnisse auf die Vergänglichkeit, die »Kürze des Lebens«. Noch der Tod Saluds ist, im Gegensatz zu Carmens Tod, symbolisch motiviert. Während Carmen ihren Tod durch ihr Handeln, durch die Weigerung, ihre Liebe zu verraten, selbst heraufbeschwört, ist der Tod Saluds, die durch ihre Armut und ihre Rolle als Frau zur Passivität verurteilt ist, von vornherein ein Zeichen vergeblichen Aufbegehrens. Wenn in Bizets *Carmen* (1875) der Stierkampf, der spanische Urtyp des Kampfs auf Leben und Tod, konkret in die Handlung einbezogen wird, so ist davon in *La Vie brève* nur in wenigen metaphorischen Anspielungen die Rede: im »Schwert der Liebe«, das sich erhärtet wie der Stahl der Schmiede, im Gnadenstoß, den die tief verletzte Salud von Paco fordert. Dennoch ist die düstere Atmosphäre, die das Werk von Beginn an unheilschwanger, »misterioso«, durchzieht, von diesem Thema abgeleitet. Der Innenhof des Hauses, in dem sich Paco und Salud, Matador und Opfer, zuletzt im Kreis von Zuschauern gegenüberstehen, ist die Arena dieser Tragödie. Spanien suchte Falla darüber hinaus durch die Aufnahme der formenreichen andalusischen Volksmusik in die Partitur darzustellen. Der »cante jondo«, eine auf maurische Traditionen zurückgehende Form des Flamenco, erklingt immer wieder. Er ist eine Mischung aus melismatischen und rezitativischen, rhythmisch freien und gebundenen Passagen, die in das Lied der Schmiede, in Saluds Gesang »Vivan los que rien!« (I. Akt) und in das gitarrenbegleitete Solo des Sängers auf der Hochzeit (»soleares«, ein andalusisches Tanzlied, II. Akt) eingegangen ist. Die irrationalen Rhythmen des »cante jondo«, das »portamento vocal« der in Zwischenstufen der Tonleiter gleitenden Singstimme sind in kaum stilisierter Form in die Oper aufgenommen, ebenso spanische Tanzformen, die in den beiden Hochzeitstänzen des II. Akts, begleitet von Kastagnetten, Klatschen, Stampfen und »Olé«-Rufen, einen mitreißenden Wirbel entfachen. Hier kündigt sich bereits die Klangwelt von Fallas späteren Ballettkompositionen an, *El amor brujo* (1915) und *El sombrero de tres picos* (1919). Ein Höhepunkt sensiblen Kolorierens ist das Intermezzo, das den Abend und die einfallende Nacht über Granada schildert. Die Orchesterbehandlung ähnelt den symphonischen Impressionen *Noches en los jardines de España* (1915), wobei das Granada-Intermezzo noch farbenreicher ist, ein feinstes Netz von nah und fern ineinandergreifenden Lautimpressionen: Einzelstimmen und Chöre, klagende Rufe und zwitscherndes Mädchenlachen, Geräusche der Arbeitswelt und schwebende Klänge. Dies Bild Granadas geht weit über Lokalkolorit hinaus; Falla »erfindet« Spanien, wie auch Bizet, Debussy, Ravel und Albéniz in ihren Kompositionen. Die feinnervige, dennoch nicht überfeinerte Klangstruktur ist zugleich Element von Fallas Dramaturgie in *La Vie brève*, wie insbesondere die Führung des Chors zeigt. Der Chor erscheint, ausgenommen in der Hochzeitsszene, nicht als Handlungsträger und befindet sich deshalb auch nicht als Klangkörper auf der Bühne, sondern hinter der Szene; in Einzelstimmen und Gruppen verkörpert er Stimme und Stimmung des Volks, die von fern hereinklingt und in Wechsel tritt mit der Bühnenaktion. Daß diese beiden Spielebenen dennoch nicht auseinanderklaffen, vielmehr in einer Folge von Interjektionen und Parallelereignissen dicht verbunden sind, liegt an der konzentrierten Diktion des Werks. Es kommt niemals zu Szenen, in denen sich das Gefühl schwelgerisch auslebt; selbst wenn, wie in dem kurzen Duett Salud/Paco im I. Akt, Belcantoklänge einsetzen, stauen sie sich doch nur in einem augenblickshaften Affekt. Arien und Ensembles im traditionellen Sinn lassen sich in *La Vie brève* nicht ausmachen; diese sind aufgelöst in einem durchbrochenen Stil, der rezitativisch nicht nur im Gesang, sondern auch in der Sprache des Orchesters verfährt. Kurze, entfernt aufleuchtende Momente der Ruhe (etwa bei Saluds Tod, der durch *Tristan*-Chromatik als Liebestod gedeutet ist) gehen unter in herber Zurückhaltung und stolzem Lakonismus.

**Wirkung:** Die Premiere, in der Lillian Grenville als Salud und David Devries als Paco auftraten, war ein großer Erfolg. Im selben Jahr war der Klavierauszug erschienen, und nun, beinah zehn Jahre nach der Entstehung, stand der internationalen Karriere der Oper nichts mehr im Weg. In Paris beabsichtigten gleich zwei Häuser, *La Vie brève* zu inszenieren: Das noch im Bau befindliche Théâtre des Champs-Elysées wollte mit dieser Oper eröffnen, und auch Carré erinnerte sich seines einst gegebenen Versprechens, da seine Frau Marguerite nun die Salud zu singen wünschte. Am 30. Dez. 1913 erlebte die Oper eine glanzvolle Aufführung an der Opéra-Comique. 1928 und 1949 gab es am selben Haus Neuinszenierungen. In Spanien, und erstmals in spanischer Sprache, wurde *La vida breve* am 14. Nov. 1914 im Teatro de la Zarzuela Madrid gegeben. Es war ein Triumph; von nun an eroberte die Oper die internationalen Bühnen: Brüssel und Buenos Aires 1923, New York 1926, Prag und Moskau 1928, Budapest 1933, Mailand 1934, Berlin 1936 und Helsinki 1938. Nach 1945 wurde *La Vie brève* in sehr vielen Opernhäusern gespielt, beispielsweise in New York (City Center) 1958, Koblenz 1961, Montepulciano 1978, Boston 1979, Freiburg i. Br. 1981, Madrid 1982 und Lüttich 1985.

**Autograph:** Verbleib unbekannt. **Ausgaben:** Kl.A, frz./span.: Eschig 1913, Nr. M. E. 400; Kl.A, dt. Übers. v. L. Andersen: Schott 1926, Nr. M. E. 1639; Textb., span./dt./engl./frz. [Schallplattenbeilage Dt. Grammophon]: 1978. **Aufführungsmaterial:** Eschig (Schott)
**Literatur:** J. PAHISSA, Vida y obra de M. de F., Buenos Aires 1947; J. JAENISCH, M. de F. und die spanische Musik, Zürich 1952; K. PAHLEN, M. de F. und die Musik in Spanien, Freiburg, Olten 1953; L. CAMPODONICO, F., Paris 1959; S. DEMARQUEZ, M. de F., Philadelphia, NY, London 1968; G. FERNÁNDEZ SHAW, Un poeta de transición. Vida y obra de C. Fernández Shaw (1865–1911), Madrid 1969; DERS, Larga historia de ›La vida breve‹, Madrid 1972; R. CRICHTON, M. de F. Descriptive Catalogue of His Works, London 1976; DERS., F., London 1982 (BBC Music Guides)

*Gabriele Brandstetter*

# El amor brujo
→ **Imperio, Pastora (1915)**

# El sombrero de tres picos
→ **Massine, Léonide: Le Tricorne (1919)**

## El retablo de Maese Pedro
**Adaptación musical y escénica du un episodio de »El ingenioso cavallero Don Quixote de la Mancha« de Miguel de Cervantes**

**Meister Pedros Puppenspiel**
1 Akt

**Text:** Manuel de Falla, nach einer Episode aus dem Roman *El ingenioso hidalgo Don Quijote de la Mancha* (2. Buch, 25.–26. Kapitel; 1614) von Miguel de Cervantes Saavedra
**Uraufführung:** 23. März 1923, Teatro San Fernando, Sevilla (konzertant); 25. Juni 1923, Haus der Prinzessin Winnaretta Eugénie de Polignac, Paris (szenisch)
**Personen:** Don Quijote (B oder Bar); Meister Pedro, Puppenspieler (T); El Trujamán, sein Ausrufer und Erzähler (KnabenS); Sancho Panza (stumme R); der Wirt (stumme R); ein Student (stumme R); ein Page (stumme R); ein Lanzen- und Hellebardenträger (stumme R); die Figuren des Puppenspiels: Carlo Magno/Karl der Große; Melisendra, seine Tochter; Don Gayferos, ihr Gemahl; Don Roldán, Ritter am Hof von Carlo Magno; Marsilio, König der Mauren; ein verliebter Maure; Herolde, Ritter und Wachen am Hof von Carlo Magno; ein Hauptmann und Soldaten König Marsilios; Schergen; Mauren
**Orchester:** Fl (auch Picc), 2 Ob, E.H, Klar, Fg, 2 Hr, Trp, Pkn, Schl (RührTr, Xyl, 2 Rasseln, gr. Tamburin ohne Schellen, Tamtam, kl. Glocke), Harp-lute (oder Hrf), Cemb, 4 Vl, 2 Va, Vc, Kb
**Aufführung:** Dauer ca. 30 Min. – Die Streicherbesetzung kann gegebenenfalls um zwei Violinen, eine Viola, ein Violoncello und einen Kontrabaß erweitert werden. Bei der Harp-lute handelt es sich vermutlich um ein zwölfsaitiges Lauteninstrument. – Die Handlung soll nach Fallas ursprünglicher Konzeption auf der Bühne ausschließlich durch Theaterfiguren (Marionetten und Handpuppen) dargestellt werden, so daß die Aufführung Meister Pedros als Puppenspiel im Puppenspiel erscheint. Die Sänger (deren Partien Falla in Partitur und Klavierauszug genau charakterisiert) werden in diesem Fall im Orchester plaziert. Menschen waren ursprünglich nicht als Handlungsträger vorgesehen. Dennoch ist man bereits in den 20er Jahren dazu übergegangen, Don Quijote, Pedro, den Trujamán sowie die stummen Zuschauer von Sängern und Schauspielern spielen zu lassen, um das Puppenspiel deutlicher von der »Rahmenhandlung« abzugrenzen. Die Darsteller sollten bei dieser Lösung jedoch zumindest Masken tragen (Anmerkung im Klavierauszug). In beiden Fällen werden professionelle Puppenspieler zur Realisation der vom Puppenspiel bestimmten Teile des Werks benötigt.

**Entstehung:** Äußerer Anlaß für die Entstehung von *El retablo de Maese Pedro* war ein Auftrag der Prinzessin Polignac. Sie verfolgte die Idee, die musikalischen Veranstaltungen in ihrem Pariser Palais (zu denen beispielsweise Satie sein Drame-symphonique *Socrate*, 1920, und Strawinsky seine Burleske *Renard*, 1922, geschaffen haben, die freilich beide in diesem Rahmen nicht zur Aufführung gelangten) durch Puppentheateraufführungen hohen Niveaus zu bereichern, weshalb sie Falla um ein entsprechendes Werk bat. 1919, eben zu jener Zeit, als ihn das Angebot der Prinzessin erreichte, hatte Falla gerade seinen Wohnsitz von Madrid nach Granada verlegt. Dort hatte er sich mit Federico García Lorca angefreundet, mit ihm nicht zuletzt das Interesse für alte spanische Kunstmusik und Folklore verband. Zudem hatte García Lorca ein privates Marionettentheater gegründet, für das er selbst Stücke entwarf und bearbeitete und an dem sich neben andern spanischen Künstlern als Komponist und Arrangeur auch Falla beteiligte. So konnte er sich nicht nur mit dem Medium des Puppentheaters vertraut machen und wichtige Erfahrungen für diese Seite des *Retablo*-Projekts sammeln; seine musikalischen Einrichtungen und Kompositionen für García Lorcas Theater waren zum Teil auch mit dem Studium alter Quellen spanischer Musik und dem Versuch verbunden, damals wenig gebräuchliche Instrumente wie Laute und Cembalo wiederzubeleben (vgl. Ronald Crichton, 1976, S. 36f., s. Lit.), der dann wiederum im *Retablo* und darüber hinaus weiterwirkte. So komponierte Falla beispielsweise für Wanda Landowska, die bereits im *Retablo* als Spielerin beteiligte Pionierin des Cembalos, sein *Concerto D-Dur* (1926) für Cembalo und Kammerensemble. – Die Arbeiten an den Stücken für García Lorcas Theater und am *Retablo* dürften zeitweilig parallel verlaufen sein. Den Text gestaltete Falla unter zumeist wörtlicher Anlehnung an Cervantes' Roman. An der Partitur arbeitete er mit Unterbrechungen bis 1922.

**Handlung:** Im Stall einer Herberge in Aragonien mit einem von Kerzen erleuchteten Puppentheater, Ende des 16. Jahrhunderts. Nachdem Meister Pedro mit großen Worten die Aufführung eines Stücks über die Befreiung der schönen Melisendra angekündigt hat und das Publikum, unter dem sich auch Don Quijote und sein Begleiter Sancho Panza befinden, seine Plätze eingenommen hat, beginnt der Trujamán die Erzählung, zu der Pedro seine Marionetten führen wird; der Vorhang des Puppentheaters öffnet sich: 1. Bild, Saal im Palast von Kaiser Carlo Magno: Während Don Gayferos und Don Roldán ins Schachspiel vertieft sind, erscheint Carlo mit seinem Hofstaat. Von Gayferos, seinem Schwiegersohn, verlangt er wütend die Befreiung seiner Tochter Melisendra aus der Gewalt des Maurenkönigs Marsilio. Beschämt erklärt Gayferos, den Kampf um seine Gemahlin allein aufzunehmen. 2. Bild, Turm auf Marsilios Burg in Zaragoza: Einsam betrachtet Melisendra den Horizont, als plötzlich ein junger Maure erscheint und ihr einen Kuß abverlangt. Von Melisendras empörten Schreien herbeigerufen, läßt Marsilio den Mauren von seiner Palastwache zur Bestrafung abführen. – Aufgeregt unterbricht Quijote die Erzählung des Trujamán und verlangt von ihm, nicht abzuschweifen. Pedro streckt seinen Kopf aus dem Vorhang, um Quijote zu beruhigen. Dem Trujamán bedeutet er fortzufahren. 3. Bild,

Platz in Zaragoza: Der Maure wird seiner Strafe, 200 Peitschenhieben, zugeführt. 4. Bild, Pyrenäen: Gayferos reitet durch das Gebirge nach Zaragoza. 5. Bild, Turm auf Marsilios Burg: Melisendra erblickt einen vorbeireitenden Ritter und spricht ihn vom Balkon herab an, um etwas über ihren Gemahl zu erfahren. Da gibt sich Gayferos zu erkennen. Glücklich entfliehen beide in Richtung Heimat. 6. Bild, Platz in Zaragoza: Marsilio hat die Flucht Melisendras entdeckt und läßt die Glocken zum Alarm läuten. – Empört unterbricht Quijote abermals den Trujamán, da die Mauren doch keine Glocken läuten ließen, sondern nur Geräusche mit scheußlichen Trommeln und quäkenden Schalmeien machten. Wieder versucht Pedro seinen schwierigen Zuschauer zu beruhigen, indem er nun zeigt, wie die Mauren Gayferos und Melisendra verfolgen. Da gehen die ritterlichen Gefühle mit Quijote durch. Er vergißt, nur in einem Puppentheater zu sitzen, und zieht sein Schwert, um die Verfolgten zu verteidigen. Entsetzt und hilflos muß Pedro mit ansehen, wie seinen Puppen der Garaus gemacht wird. Während Quijote seinen »Sieg« über die Mauren seiner angebeteten Dulcinea widmet und das edle Rittertum preist, kann Pedro nur noch traurig die Reste seiner Puppen zusammentragen.

**Kommentar:** Vergleicht man *El retablo de Maese Pedro* mit Fallas andern Bühnenwerken, so fällt zunächst die Sparsamkeit in der Wahl der musikalischen Mittel auf. Für *La Vie brève* (1914) und die Ballette *El amor brujo* (1915) und *El sombrero de tres picos* (1917) hatte Falla Musik geschrieben, die von spanisch-andalusischen Elementen geradezu durchglüht war. Im *Retablo* hingegen macht sich die deutliche Tendenz zu einer eher zurückgenommenen kammermusikalischen Konzeption bemerkbar, die äußerlich wenige Gemeinsamkeiten mit dem effektvollen Kolorit der früheren Werke aufweist. Gleichwohl ist es auch hier wiederum die traditionelle Musik seiner Heimat, die Falla zur Grundlage seiner Partitur gemacht hat. Seit seiner Übersiedlung nach Granada beschäftigte er sich zunehmend intensiv mit dem »cante jondo«, dem andalusischen Volksgesang, zu dessen Förderung er 1922 zusammen mit García Lorca und andern Freunden eigens einen Wettbewerb organisierte (vgl. Suzanne Demarquez, S. 143ff., s. Lit.). Zudem studierte Falla erneut altspanische Kunst- und Volksmusik, wofür er unter anderm die Ausgaben seines Lehrers Felipe Pedrell benutzte. Anders jedoch als in seinen früheren Werken treten die Entlehnungen traditioneller, zumal volkstümlicher Elemente im *Retablo* weniger deutlich hervor. Am ehesten dürfte man sie in den Tanzcharakteren einiger Nummern und besonders in der schlicht-erhabenen Partie des Trujamán erkennen, dessen häufig unbegleitete, dem Lektionsstil der Gregorianik nicht unähnliche Rezitative den Gesängen der ländlichen Ausrufer, den »pregones« (ebd., S. 126), nachempfunden sind und in die von Zeit zu Zeit volkstümliche Melodien aufgenommen werden. Der sublime sinnliche Aspekt, der für viele Werke Fallas (und gerade für deren spezifisch spanisches Kolorit) charakteristisch ist, wurde im *Retablo* zugunsten einer eher distanzierten Dramaturgie aufgegeben. Dieser Sachverhalt dürfte in besonderer Weise durch die für das 20. Jahrhundert ungewöhnliche Idee einer Marionettenoper (die sich besonders im 18. Jahrhundert großer Beliebtheit erfreute) bestimmt sein. Der intime Rahmen eines Puppentheaters verlangte geradezu nach einer kammermusikalischen Gestaltung; der Distanziertheit der nicht menschlichen Darsteller konnte eine vergleichsweise abstrakte, obschon zum Teil mit einfachen Mitteln gestaltete Musik zur Seite gestellt werden. Beides zeigt sich gleich zu Anfang in der knappen fanfarenartigen Introduktion mit ihren ausgeführten melodischen Modellen im ⅝-Takt, zu denen ein hemiolischer Zweierrhythmus (als Grundierung der Trujamán-Partie taucht er an andern Stellen wieder auf) einen markanten Kontrast bildet. In der mit »Melisendra« betitelten Musik zum 2. Bild kombiniert Falla durchgehend einen ¾- mit einem ⅝-Takt, wodurch die dorische Melodie des Stücks einen gewissermaßen schwebenden Charakter erhält. Raffiniert ist die Musik des *Retablo* gerade deshalb, weil es hier gelungen ist, die vergleichsweise sparsamen Details der Komposition so einzusetzen, daß sie differenzierteste Wirkungen erzielen. Ein Vergleich mit Strawinskys *Histoire du soldat* (1918) liegt nicht zuletzt aus diesem Grund nahe. Die streng begrenzten Einzelnummern, die zumeist Pedros Puppenspielszenen begleiten, werden durch die tragende, die andern Sänger überragende Partie des Trujamán verbunden. Von denkbar einfachster Melodik, die im Prinzip nur aus modalen Skalenausschnitten und wenigen gebrochenen Dreiklängen gewonnen ist, strahlt sie eine ganz eigenartige Wirkung und Würde aus. Eine besondere Funktion innerhalb des kleinen Orchesters kommt dem Cembalo zu. Es ist (ähnlich wie

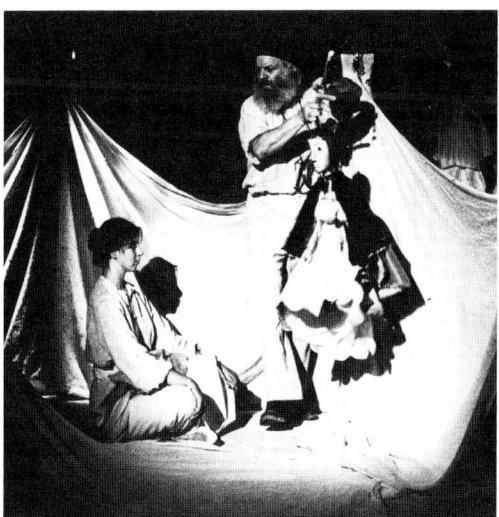

*El retablo de Maese Pedro*; Karina Chérès und Alain Recoing als Puppenspieler; Regie: Pierre-Jean Valentin und Recoing; Staatsoper, Hamburg 1980. – Die Melancholie von Fallas Melisendra schlägt sich hier nieder in der Gegenüberstellung von Mensch und Marionette.

ehemals in seiner Funktion als Continuoinstrument) oftmals zugleich Fundament und konzertierender Mittelpunkt. Zu dem einstimmigen Parlando des Trujamán bilden seine artifiziell-differenzierten Figuren einen reizvollen Gegensatz. So wenn sich nach der würdevollen »Entrada de Carlo Magno« (1. Bild) der Zorn des Kaisers in raschen Folgen von Verzierungen entlädt oder Don Gayferos' Ritt durch die Pyrenäen (4. Bild) zu einer Art Perpetuum-mobile-Tokkata gerät. *El retablo* dürfte zu jenen Werken des neueren Musiktheaters zählen, in denen eine zum Teil autonome musikalische Konzeption in eine wirkungsvolle dramaturgische Anlage integriert ist.

**Wirkung:** Bei der konzertanten Uraufführung leitete Falla das von García Lorca gegründete andalusische Orquesta bética de cámara. Die szenische Uraufführung dirigierte Vladimir Golschmann, für die Ausstattung und die Gestaltung des Puppenspiels konnten Manuel Angeles Ortíz und Hermenegildo Lanz gewonnen werden; beide waren seinerzeit schon an García Lorcas Marionettenaufführungen beteiligt gewesen. Hector Dufranne sang den Don Quijote, Thomas Salignac den Pedro, Amparito Peris den Trujamán, und Landowska spielte den Cembalopart. Trotz ihres großen Erfolgs wurde diese mittlerweile fast legendäre Aufführung (der auch Paul Valéry, Pablo Picasso und Strawinsky beiwohnten) nicht wiederholt. Wiederum konzertant wurde das Werk von denselben Interpreten im Nov. 1923 in Paris gegeben, Falla leitete diesmal das verstärkte Orchester der Société Moderne d'Instrument. Noch in den 20er Jahren folgten etliche szenische und konzertante Aufführungen verschiedener Ensembles in Spanien, Frankreich, Großbritannien, Deutschland (Oldenburg 1928), den Vereinigten Staaten und (unter Leitung von Willem Mengelberg) in den Niederlanden. 1926 wurde *El retablo de Maese Pedro* anläßlich der Tagung der Internationalen Gesellschaft für Neue Musik in Zürich (Dirigent: Falla) und anläßlich von Fallas 50. Geburtstag zusammen mit *La Vie brève* und *El amor brujo* in der Pariser Opéra-Comique gespielt. Von den ungezählten Aufführungen, die das Werk seitdem erlebt hat, seien aus neuerer Zeit genannt: 1953 Den Haag (Holland-Festival), 1956 Mailand (Piccola Scala; Quijote: Italo Tajo, Pedro: Luigi Alva, Trujamán: Teresa Querol), 1958 Barcelona (Gran Teatro del Liceo), 1965 Rom, Belluno, Brescia, Livorno, Mailand, Bergamo (Tournee des Ensembles der Oper Brünn; Dirigent: Ernesto Halffter; Trujamán: Angeles Chamorro), 1979 Boston (Savoy), 1980 Hamburg (Opera stabile; Inszenierung: Pierre-Jean Valentin und Alain Recoing; Quijote: Dieter Weller, Pedro: Heinz Kruse, Trujamán: Marianne Bräsen) und 1982 Tel Aviv (Israel Chamber Orchestra, Dirigent: David Schallon).

**Autograph:** Verbleib unbekannt. **Ausgaben:** TaschenPart, span./frz. Übers. v. G. Jean-Aubry (d.i. G. J. Aubry)/engl. Übers. v. J. B. Trend nach T. Shelton: Chester, London [1924], Nr. 46; Kl.A, span./frz.: Eschig 1923, Nr. 1713; Kl.A, span./frz./engl.: Chester [1924]; Textb., dt. v. H. Jelmoli nach L. Tieck: Chester 1926

**Literatur:** M. DE COSSART, The Food of Love. Princesse Edmond de Polignac (1865–1943) and Her Salon, London 1978, S. 134–136, 147–150; weitere Lit. s. S. 183

*Michael Mäckelmann*

## Atlàntida
### Cantata scenica in un prologo e tre parti

**Atlantis**
Prolog, 3 Teile

**Text:** Manuel de Falla, nach dem Poem *L'Atlàntida* (1877) von Jacint Verdaguer i Santaló und unter Verwendung von *Jocs de les Plèiades* von Josep Maria de Sagarra i de Castellarnau; Übersetzung aus dem Spanischen: Eugenio Montale. **Vollendung der Komposition:** Ernesto Halffter Escriche **Uraufführung:** konzertant als *L'Atlàntida*: 24. Nov. 1961, Gran Teatro del Liceo, Barcelona; szenisch: 18. Juni 1962, Teatro alla Scala, Mailand (hier behandelt)
**Personen:** Chorführer (Bar); ein Junge (KnabenS); Pirene, Königin von Spanien (C); Ercole (oder Alcides)/Herkules (stumme R); Gerione, ein dreiköpfiges Ungeheuer (2 T, Bar); Maia (S), Aretusa (S), Caleno (S), Eriteia (Mez), Elettra (Mez), Esperetusa (C) und Alcione (C), die 7 Plejaden; ein Gigant (Bar); der Oberste der Atlantiden (T); Erzengel (T, 2 Mez); Cristoforo Colombo/Christoph Kolumbus (stumme R); Hofdame (Mez); ein Page (KnabenS); Königin Isabella (S). **Chor:** erzählender Chor; handelnder Chor: Atlantiden, Titanen, Giganten, Hofdamen Isabellas, Seeleute; Kinderchor. **Ballett:** Mimen und Tänzer: Giganten, Titanen, Atlantiden, Zyklopen, Seefahrer, Heilige, Helden, spanische Aristokratie, Höflinge, Eingeborene der Neuen Welt
**Orchester:** 4 Fl (2 Picc), 3 Ob, E.H, 3 Klar, B.Klar, 4 Fg, 6 Trp, 4 Hr, 3 Pos, Tb, Pkn, Schl (gr.Tr, Bck, hängendes Bck, Tamtam, Tr, MilitärTr, Tamburin, Peitsche, Ratsche, antikes Bck, Xyl, Glsp, Glocken, Guiro), Windmaschine, Vibr, Cel, 2 Hrf, 2 Kl, Streicher
**Aufführung:** Dauer ca. 1 Std. 45 Min.

**Entstehung:** 1926 lernte Falla Verdaguers *L'Atlàntida* kennen. Er war von der Bildkraft und Klangfülle des Werks beeindruckt und trug sich seitdem mit dem Gedanken, es zu komponieren. Bereits 1893 war Enrique Morera dadurch zu der symphonischen Dichtung *Introducció a l'Atlàntida* angeregt worden. Falla begann 1928 mit der Komposition, die er, einer Anregung Max Reinhardts folgend, als »szenische Kantate« plante. Die gespannte politische Situation im Spanien der 30er Jahre und Fallas schlechter Gesundheitszustand verzögerten die Arbeiten. 1939 komponierte er in Alta Gracia, nach der Vollendung von *Homenajes* (1939), weitere Teile von *Atlàntida*. Noch kurze Zeit vor seinem Tod schuf er einige Takte zur »Aria di Pirene«, doch das großangelegte Werk, Fallas Ver-

mächtnis, blieb unvollendet. Sein Schüler Halffter ergänzte und bearbeitete es nach Skizzen Fallas.
**Handlung:** In Spanien, um 1460 und um 1480; in Atlantis, in mythischer Zeit; die Bühne zeigt eine spanische Kathedrale als einen irrealen Raum, der auf unterschiedlichen Ebenen eine ununterbrochene Bildfolge erlaubt.
Prolog, stürmisches Meer, ein halb versunkenes Schiff: Der Chorführer kommt, einen schiffbrüchigen Knaben tragend, und erzählt ihm, dem künftigen Helden Cristoforo Colombo, die Geschichte des Untergangs von Atlantis. Nur die Iberische Halbinsel, die mit Atlantis verbunden war, wurde gerettet. In einer Vision erscheint die Zukunft Spaniens (dargestellt von Mimen und Tänzern).
I. Teil, die Pyrenäen und der Süden Spaniens am Meer: Der Chorführer erzählt dem Knaben von den Abenteuerfahrten Ercoles, die ihn auch nach Spanien führen. Ein schreckliches Feuer breitet sich über die Pyrenäen aus. Ercole rettet Pirene, die Königin des Lands, aus den Flammen, und sie erzählt ihm sterbend ihr Schicksal. Gerione, ein dreiköpfiges Ungeheuer, hat sie ihres Lands und ihrer Königswürde beraubt, sie in den Norden Spaniens gedrängt und dort den Wald in Brand gesetzt, um sie zu vernichten. Ercole schwört Pirene, sie zu rächen. Als er ans Meer herabgestiegen ist, erwartet ihn eine geheimnisvolle weiße Barke, um ihn nach Cádiz zu Gerione zu bringen. Glücklich über das gute Omen gelobt Ercole, an dieser Stelle eine Stadt zu gründen: Barcelona (kleine Barke). Das Ungeheuer lenkt ihn durch das Versprechen eines größeren, eines Halbgotts würdigeren Reichs vom Kampf ab; gen Westen erscheint Atlantis in der prangenden Schönheit eines Paradieses.
II. Teil, der Garten der Hesperiden in Atlantis: Die sieben Plejaden tanzen, singen und spielen mit den goldenen Orangen; der Baum, von dem sie stammen, wird von einem Drachen bewacht. Ercole erschlägt ihn. Mit dem Untier sterben auch die Plejaden, die schönen Töchter des Königs Atlas. Doch die Götter haben Mitleid und verleihen ihnen als strahlendem Sternbild Unsterblichkeit. Ercole besiegt die aufrührerischen Bewohner von Atlantis (Atlantiden, Titanen und Zyklopen) und kehrt nach Cádiz zurück. Hier tötet er Gerione und vertreibt die höllische Schar der Harpyien und Gorgonen. Nach vollbrachter Tat steht der Held an der Stelle des heutigen Gibraltar, zwischen Afrika und Spanien, wo Atlantis beginnt. Himmlische Stimmen erklingen; sie mahnen und beschwören die noch immer unbeugsamen Atlantiden zur Umkehr. Vergeblich, der Untergang von Atlantis ist unabwendbar. Das Land zerbirst und wird vom Ozean verschlungen. Ercole errichtet als Mahnmal des Strafgerichts zwei Säulen mit der Inschrift »Non plus ultra«.
III. Teil, 1. Bild, bei Gibraltar: Colombo, nun ein erwachsener Mann, steht in Betrachtung vor den »Säulen des Herkules«. Glockenklänge und ferne Stimmen beschwören die Prophezeiung des in Andalusien geborenen Seneca herauf, daß das »Non plus ultra« durch einen kommenden Helden überwunden wird und die Grenzen des Reichs sich zu einem neuen Ufer ausdehnen werden. 2. Bild, Granada, in der Alhambra: Während ihre Hofdamen sie mit Tanz zu zerstreuen suchen, folgt Königin Isabella ihren Träumen. Sie sieht eine Taube, die ihren Ring vom Finger streift und ins Meer trägt. Eine paradiesische Insel erhebt sich aus dem Wasser. Die Taube bringt einen Blumenkranz zurück, und Isabella beschließt, der Prophezeiung zu folgen und Colombo (denn er war im Symbol der Taube, katalanisch »colom«, gemeint) für die Seefahrt auszurüsten. Es erscheinen Colombos drei Karavellen; sie stechen in See, begleitet vom Gebet der Bevölkerung. Auch die Seeleute bitten um Gottes Führung. Da erscheinen am Horizont die Umrisse der Neuen Welt, und alle stimmen in den Jubel des Hosanna ein. Das neue Land verwandelt sich allmählich in das Innere einer ungeheuren Kathedrale, in der sich Heilige und Helden, die Völker der alten und der neuen Welt begegnen.
**Kommentar:** Als »szenische Kantate« ist *Atlàntida* sehr verschieden von Fallas beiden vorhergehenden Opern. Szenisch, nicht konzertant war diese Komposition von Anfang an gedacht. Hinweise darauf geben Inszenierungspläne Fallas, zu denen ihn Bilder des Malers José María Sert inspirierten. Die »Bühne« sollte eine große Kathedrale darstellen, deren Pfeiler und leuchtende Glasmalereien eine Allegorie der »mystischen Kirche Spaniens« bilden, die Alte und Neue Welt umschließt. Verdaguers Dichtung ist ein ausladendes Epos in der damals für die Literatur wiederentdeckten katalanischen Sprache. Seine barocke Sprachfülle und seine grandiosen Naturschilderungen machten es über die Grenzen des Lands hinaus berühmt. Für Falla war die Verbindung von spanischen Legenden, Motiven aus der griechischen Mythologie, biblischen Erzählungen (der Sintflut, des Turmbaus von Babel) zu einem patriotischen Mythos Spaniens der Grund, den Atlantisstoff aufzugreifen. Darüber hinaus bewogen ihn seine tiefe Religiosität, die Liebe zu seiner Heimat (er widmete das Werk den Städten Cádiz, Barcelona, Sevilla und Granada, die in seinem Leben und Werk eine große Rolle spielten) und die Erfahrung der Neuen Welt, die für den 1939 nach Argentinien ausgewanderten Komponisten eine zweite Heimat wurde, mit *Atlàntida* ein mythisch-christliches Weltepos zu schaffen. Die thematische Spannweite des Werks reicht vom mythischen Bereich der antiken Atlantissage in die christliche Heilsgeschichte, die in der Apotheose einer völkerverbindenden Auferstehung der Neuen Welt gipfelt; die »hispanische Kathedrale« ersteht als mystischer Raum des neuen Atlantis. Apokalyptische Untergangsvisionen nehmen in Fallas Komposition freilich gegenüber den Auferstehungsvisionen (im Traum Isabellas, in »La notte suprema« und im »Hosanna« des Finales) den breiteren Raum ein. Dies verleiht dem Werk seinen düsteren Glanz: »Atlàntida trista«, so die Klage der Plejaden. – Das kompositorische Grundprinzip ist die Dualität von Untergang und Auferstehung, heidnischer und christlicher, Alter und Neuer Welt. Während die Dreistufigkeit die Abfolge der Zeiten beherrscht, von Atlantis über Spanien zum »neuen«

Atlantis, und in der Dreiteiligkeit des Werks gespiegelt ist, stehen sich die Protagonisten dieser Welten in polarer Symmetrie gegenüber: die beiden Königinnen, Pirene und Isabella, die durch Arien charakterisiert sind, und die beiden geschichtsprägenden Helden (Ercole, der die Alte Welt befreit, Colombo, der die Neue Welt entdeckt), jeweils in stummen Rollen agierend. Ercole erscheint als antike Präfiguration von Colombo, der bei Verdaguer und Falla nicht wie in zahlreichen Kolumbus-Dramen des 19. Jahrhunderts als problematische Figur gezeichnet ist, sondern über den Entdeckermythos hinaus als Heilsbringer figuriert. Eine vergleichbare Auffassung zeigt Milhauds *Christophe Colomb* (1930), wohingegen Egks *Columbus* (1942), einer großen Untergangsvision, ein kritisches Bild des Entdeckers zugrunde liegt. Das Prinzip der Dualität findet sich auch in der Behandlung der beiden Chöre; der erzählende Chor gestaltet im Wechsel mit dem Chorführer, dem Erzähler, die epische Dimension der Kantate. Er fungiert als Berichterstatter des Vergangenen und Gegenwärtigen, Kommentator der Ereignisse, Mahner und Verkünder. Der agierende Chor hingegen stellt die eher kurzen, in die epischen Partien eingesprengten Handlungssequenzen szenisch vor. Durch diese dominierende Rolle der Chöre wirkt das Werk, als sei es eine moderne Mischung aus antiker Tragödie und barockem Oratorium. Daß sein Pathos nicht unglaubwürdig erscheint, liegt an der überzeugenden musikalischen Gestaltung. Der Kompositionsstil des späten Falla ist in anderer Weise als die vergleichbaren Tendenzen im Werk seiner Zeitgenossen Maurice Ravel und Igor Strawinsky vom Klassizismus geprägt. Durch seinen Lehrer Felipe Pedrell hatte Falla die Musik der spanischen Renaissance kennengelernt. Die hohe Kunst der Polyphonie in den Kompositionen von Antonio de Cabezón und Tomás Luis de Victoria wurde ihm zum bewunderten Vorbild. In »La Salve nel mare«, am Ende des III. Teils, in der Reinheit und Strenge des Kontrapunkts, wird diese Affinität besonders deutlich. Der herbe »gotische« Klang der Kirchentonarten bestimmt sowohl die Chor- als auch die Solopartien. Bereits der Einleitungschor, »L'Atlàntida sommersa«, dessen langsam schreitender Cantus psalmodierend gegen die Dissonanzen des Orchesters geführt ist, hat modalen Charakter; der darauffolgende »Hymnus hispanicus«, ein Hochgesang auf die glanzvolle Zukunft Spaniens, reiht in der Art eines Organums Quarten und Quinten. Andere musikalische Welten erklingen in den Arien der Königinnen. Die Todesarie Pirenes, der eine requiemähnliche Chorpassage folgt, beeindruckt durch ihre expressive melodische Linie; die Arie Isabellas »Il sogno di Isabella« scheint den Hörer in die Zeit der mittelalterlichen Troubadours zu versetzen. Durchsichtig und sehr sorgfältig gesetzt, erklingt die Einleitung, »pomposo e gagliardo«; Harfen und wenige Streicher imitieren den Klang der Vihuela, die Oboe intoniert die Melodie einer katalanischen Volksweise, die Falla stilisiert in die Arie einbezog. Isabellas Gesang und die Begleitung sind zierlich-spröde, erlesen wie die Samtstickerei, die die Königin während ihrer Traumerzählung fertigt. Eine der musikalisch und szenisch bezauberndsten Stellen von *Atlàntida* ist »L'orto delle Esperidi«. Impressionistische Naturschilderung evoziert den paradiesischen Garten, und der Gesang der mit den goldenen Orangen spielenden Plejaden erinnert an die Blumenmädchen in Wagners *Parsifal* (1882). – Die farbenreiche Orchestrierung, die, Fallas Intentionen gemäß, einerseits die üppig-sinnliche Sprache von Verdaguers Dichtung unterstreicht, andrerseits mystische Spiritualität anstrebt, stammt über weite Strecken von Halffter. Immerhin war das aufwendige Instrumentenaufgebot durch die von Falla vollendeten Passagen, insbesondere den Prolog, vorgegeben. Dennoch ist der Anteil Halffters an der Endgestalt von *Atlàntida* verhältnismäßig groß; erst durch seine sorgfältige Ergänzung und Bearbeitung haben wir eine Ahnung, wie die Gestalt des anspruchsvollen Opus gedacht gewesen sein mag.

**Wirkung:** Bei der szenischen Uraufführung wurde *Atlàntida* (Inszenierung: Margarethe Wallmann, Dirigent: Thomas Schippers; Chorführer: Lino Puglisi, Pirene: Giulietta Simionato, Isabella: Teresa Stratas) mit großem Beifall aufgenommen. Im selben Jahr folgten Aufführungen beim Edinburgh-Festival und in der Deutschen Oper Berlin. 1963 dirigierte Ernest Ansermet bei einer konzertanten Wiedergabe von *Atlàntida* im New Yorker Lincoln Center eine reduzierte Fassung (Prolog, I. und III. Teil); kurze Zeit darauf war die enthusiastisch begrüßte erste Inszenierung in Argentinien (Buenos Aires, unter der Leitung von Fallas Schüler Juan José Castro). – Die von Halffter für Mailand erstellte erweiterte Fassung des unvollendeten Werks war editorisch nicht vollkommen befriedigend. Von Falla komponiert und orchestriert waren allein der Prolog und Partien aus dem I. und III. Teil, nur bruchstückhaft überliefert ist vor allem der II. Teil (vgl. Ronald Crichton, S. 82, s. Lit.). Dies stellte den Bearbeiter, trotz genauer Kenntnis von Fallas Kompositionsstil, vor eine schwierige Aufgabe. Halffter zog in der Folgezeit die Partitur zurück und unterwarf sie einer erneuten Überarbeitung, die am 9. Sept. 1976 bei den Internationalen Musikfestwochen Luzern zur 100-Jahr-Feier von Fallas Geburtstag konzertant vorgestellt wurde. Der II. Teil war nun erheblich gekürzt, und der III. Teil endete mit »La notte suprema«. Nach weiteren kleineren Änderungen wurde 1977 auf den Festspielen von Granada Halffters »definitive« postume Fassung von *Atlàntida* gegeben, die auch in einer Schallplatteneinspielung unter Leitung von Rafael Frühbeck de Burgos zugänglich ist.

**Autograph:** Part, unvollendet: E. Halffter; Part, Bearb. v. E. Halffter: ebd. **Ausgaben:** Kl.A, ital./span.: Ricordi 1962, Nr. 129112; Textb., dt. v. R. Hagelstange: Ricordi 1962. **Aufführungsmaterial:** Ricordi

**Literatur:** E. FRANCO, La grande avventura di ›Atlàntida‹, in: Musica d'oggi, Juni–Okt. 1962; weitere Lit. s. S. 183

*Gabriele Brandstetter*

**Tafel 6**

Michail Michailowitsch Fokin, *Pawilon Armidy* (1907); Waslaw Nijinski als Sklave Armidas; Figurine: Alexandr Benua; Petersburg 1907. – In seinem Entwurf variiert Benua Stil und Geist des Meisters des französischen Rokokokostüms, Louis-René Boquet, und unterstreicht damit die geschmackliche Affinität des Zarenhofs und seiner Theater zu der glanzvollen Epoche von Versailles und Fontainebleau.

# Gabriel Fauré

Gabriel Urbain Fauré; geboren am 12. Mai 1845 in Pamiers (Ariège), gestorben am 4. November 1924 in Paris

## Pénélope
**Poème-lyrique en trois actes**

Penelope
3 Akte

**Text:** René Fauchois, nach *Odysseia* von Homer
**Uraufführung:** 4. März 1913, Opéra, Monte Carlo
**Personen:** Ulysse/Odysseus, König von Ithaka (T); Eumée/Eumaios, ein alter Hirt (Bar); Antinous/Antinoos (T), Eurymaque/Eurymachos (Bar), Léodès/Leiodes (T), Ctésippe/Ktesippos (T) und Pisandre/Peisandros (T), Freier; ein Schäfer (T); Pénélope/Penelope, Königin von Ithaka (S); Euryclée/Eurykleia, die Amme (Mez); Cléone (A), Mélantho (S), Alkandre (A), Phylo (S) und Lydie (S), Mägde; Eurynome, Gouvernante (Mez). **Chor:** Hirten, Diener.
**Ballett:** Tänzerinnen, Flötenspielerinnen
**Orchester:** Picc, 2 Fl, 2 Ob, E.H, 2 Klar, B.Klar, 2 Fg, K.Fg, 4 Hr, 3 Trp, 3 Pos, Tb, 3 Pkn, Schl (Trg, Bck, gr.Tr, Tamburin, Tamtam, HandBck), Hrf, Streicher
**Aufführung:** Dauer ca. 2 Std.

**Entstehung:** Fauré erhielt eine umfassende musikalische Ausbildung an der Ecole de musique religieuse et classique in Paris, die seit 1861 von Camille Saint-Saëns, Faurés wichtigstem Lehrer, geleitet wurde. Er war zunächst als Kirchenmusiker tätig, machte sich jedoch früh schon einen Namen als Liedkomponist. Seit 1896 war er Lehrer für Komposition am Pariser Conservatoire, wo er die begabtesten Vertreter der neuen Generation zu seinen Schülern zählte: Maurice Ravel, Charles Koechlin, Florent Schmitt und andere. 1905 wurde er Direktor des Conservatoire, 1907 begann er mit der Komposition seiner einzigen Oper. Vorher hatte er Schauspielmusiken geschrieben, zum Beispiel zu Alexandre Dumas' d.Ä. *Caligula* (Paris 1888), zu Maurice Maeterlincks *Pelléas et Mélisande* (London 1898) und zu der mit großem Erfolg aufgeführten Tragédie-lyrique *Prométhée* (Béziers 1900) von Jean Lorrain und André Ferdinand Hérold. Der Arbeitsprozeß an *Pénélope*, über den Faurés *Lettres intimes* (s. Lit.) Aufschluß geben, zog sich über fünf Jahre hin und war teilweise sehr mühevoll, da der Komponist an einem schweren Gehörleiden erkrankt war.
**Handlung:** Im antiken Griechenland.
I. Akt, Raum vor den Gemächern Pénélopes: Die Mägde sprechen untereinander über ihre Herrin und deren Freier. Die meisten sind der Meinung, daß Pénélope sie nicht abweisen solle. Die Freier dringen lärmend ein und möchten die Königin sehen. Sie erscheint und spricht von dem Leichentuch für Laertes, das sie zu Ende weben möchte, bevor sie einem der Werber die Hand zur Ehe reiche. Doch im Grunde denkt sie immer noch an Ulysse, der plötzlich, von den jungen Leuten verlacht, als Bettler verkleidet erscheint. Nach dem Gastmahl bleiben Pénélope, Ulysse und seine frühere Amme Euryclée allein. Die Amme erkennt ihn an einer Narbe am Bein wieder, kann aber diese Entdeckung ihrer Herrin nicht mitteilen, da Ulysse sie daran hindert. Pénélope trennt in der Nacht das Gewebe des Leichentuchs wieder auf, um nicht schon bald einen der Freier heiraten zu müssen. Dabei wird sie von ihnen überrascht, der Zeitpunkt der erzwungenen Heirat wird auf den kommenden Tag festgelegt. Der verkleidete Ulysse eröffnet ihr, daß ihr Gatte schon bald zurückkommen werde. Sie will noch einmal den benachbarten Hügel ersteigen, um in der Nacht nach einem Schiff auf dem Meer Ausschau zu halten, das ihr den Ersehnten bringe.
II. Akt, bei einer mit Rosen geschmückten Säule auf einem Hügel über dem Meer, Abend, Mondschein: Immer noch unerkannt spricht Ulysse mit Pénélope. Er stamme aus Kreta, dort habe er den irrenden Ulysse beherbergt. Er gibt seiner Frau den Rat, morgen denjenigen als Gatten zu akzeptieren, der den Bogen ihres Manns spannen könne. Als Pénélope weggegangen ist, gibt sich Ulysse den in der Nähe um ein Feuer versammelten Hirten zu erkennen.
III. Akt, großer Säulensaal in Ulysses Palast, am Morgen: Unter dem Thron versteckt Ulysse ein Schwert, das ihm in dem zu erwartenden Kampf nützlich sein soll. Nach Tanz und Flötenspiel versuchen die Freier, einer nach dem andern, den Bogen zu spannen, bis Ulysse, immer noch verkleidet, den Kraftakt vollbringt. Anschließend tötet er mit Hilfe der Hirten alle Freier. Ulysse und Pénélope freuen sich auf das neue gemeinsame Leben, während die Hirten und die Dienerinnen Zeus preisen.

*Pénélope*, II. Akt; Lucien Muratore als Ulysse, Lucienne Bréval als Pénélope; Regie: Gabriel Astruc, Bühnenbild: Ker-Xavier Roussel; Théâtre des Champs-Elysées, Paris 1913. – Die verhaltene Spannung zwischen Pénélope, in Erwartung ihres Manns, und Ulysse, der ihr noch unerkannt gegenübersteht, ist auch im Bühnenbild präsent: in der spätimpressionistisch-klassizistischen Zeichnung von aufreißendem Abendhimmel und glattem Meeresspiegel vor dem Halbrund des Aussichtshügels.

**Kommentar:** Die Handlung folgt der *Odyssee* vom 18. bis 24. Gesang in freier Weise: Die Göttin Pallas Athene zum Beispiel, die bei Homer in der Gestalt des Mentor in den Kampf gegen die Freier helfend eingreift, kommt bei Fauchois nicht vor. Im I. Akt gelingt es Fauchois, das Epos in theatralisch wirksame Szenen zu verwandeln. Der II. Akt auf dem Hügel über dem nächtlichen Meer kommt Faurés eher verhalten-lyrischer, jeder theatralischen Attitüde abholden Begabung sehr entgegen. Seine kompositorische Entwicklung erreicht in *Pénélope* ihren Höhepunkt, vergleichbar mit den *Neuf préludes* (1910), dem Liederzyklus *Mirages* (1919) und dem *Streichquartett e-Moll* (1924). Faurés Personalstil ist in dieser Oper voll ausgeprägt. Er ist auf eine ihm allein eigene Weise unabhängig vom Stil seines Lehrers Saint-Saëns, vom Musikdrama Richard Wagners und auch von Claude Debussys mysteriös-sinnlichen Bühnenwerken. *Pénélope* ist abstrakter, »keuscher« konzipiert; die Bezeichnung Poème-lyrique deutet darauf hin, daß der Akzent auf dem inneren Drama liegt. Die musikalische Gesamtgestalt ist vorwiegend auf die sensible Erfassung psychologischer Entwicklungen abgestellt, sowohl in der feintextierten, stets durchsichtigen Orchestrierung von quasi kammermusikalischer Qualität als auch im unaufdringlichen, psychische Zustandsformen spiegelnden Gebrauch weniger Leitthemen. Die Zeichnung komplizierter Stimmungslagen gehört zu den wichtigsten Merkmalen von *Pénélope*, etwa in der Eröffnungsszene mit den spinnenden und webenden Mägden, die zugleich traumhaft und spannungsgeladen wirkt, oder in der kurzen Einleitung zum II. Akt, deren chromatische Wendungen in ihrer Intensität nicht erotisch-schwül, sondern (dem Verhältnis Pénélopes und Ulysses entsprechend) zart und luzid erscheinen. Verhaltene Expressivität kennzeichnet insbesondere die Titelrolle, eine der großen dramatischen Sopranpartien in der Oper des beginnenden 20. Jahrhunderts, die Fauré für die Wagner-Sopranistin Lucienne Bréval komponierte.

**Wirkung:** Bei der Premiere (Pénélope: Bréval, Ulysse: Charles Rousselière) wurde *Pénélope* mit Beifall aufgenommen. Im Jahr der Uraufführung gab man die Oper auch in Paris (Théâtre des Champs-Elysées; Pénélope: Bréval, Ulysse: Lucien Muratore) und Brüssel, 1924 in Antwerpen. An der Pariser Opéra-Comique wurde sie 1919 inszeniert (mit Germaine Lubin und Rousselière) und 1922, 1924, 1927 und 1931 wiederaufgenommen. 1943 kam das Werk in den Spielplan der Pariser Opéra (mit Lubin und Georges Jouatte), 1951 wurde es in Lüttich gezeigt, 1956 wiederum in Paris (Théâtre des Champs-Elysées).

**Autograph:** Bibl. de l'Opéra Paris. **Ausgaben:** Part: Heugel, Nr. 25765; Kl.A: Heugel 1913, Nr. 24214; Textb.: Heugel 1913. **Aufführungsmaterial:** Heugel/Leduc
**Literatur:** A. BRUNEAU, La Vie et les œuvres de G. F., Paris 1925; C. KOECHLIN, G. F., Paris 1927; P. FAURÉ-FREMIET, G. F., Paris 1929; V. JANKÉLÉVITCH, Pelléas et Pénélope, in: Revue du Languedoc 6:1945, S. 123f.; C. ROSTAND, L'Œuvre de G. F., Paris 1945, dt. Lindau 1950; G. FAURÉ, Lettres intimes (1885–1924), hrsg. P. Fauré-Fremiet, Paris 1951; E. VUILLERMOZ, G. F., Paris 1960; J.-M. NECTOUX, F., Paris 1972; Saint-Saëns, Fauré, correspondance, soixante ans d'amitié, hrsg. J.-M. Nectoux, Paris 1973

*Theo Hirsbrunner*

# Eliot Feld

Geboren am 5. Juli 1942 in New York

## Harbinger

**Harbinger**
Ballett

**Musik:** Sergei Sergejewitsch Prokofjew, *Konzert für Klavier und Orchester G-Dur Nr. 5* (1932)
**Uraufführung:** 31. März 1967, Dade County Auditorium, Miami (FL), American Ballet Theatre
**Darsteller:** 3 Solistinnen, 3 Solisten; Corps de ballet
**Orchester:** 2 Fl (2. auch Picc), 2 Ob, 2 Klar, 2 Fg, 2 Hr, 2 Trp, 2 Pos, Tb, Pkn, Schl (gr.Tr, kl.Tr), Kl, Streicher
**Aufführung:** Dauer ca. 20 Min.

**Entstehung:** *Harbinger* war Felds erstes Ballett. Er choreographierte es, als er Tänzer beim American Ballet Theatre war, und zeigte Teile davon Jerome Robbins, unter dem er in Bernsteins Musical *West Side Story* (1957) getanzt hatte. Robbins empfahl es den Ballettdirektoren Lucia Chase und Oliver Smith.
**Inhalt:** Handlungsloses Ballett. Im Hintergrund der Bühne ein großes, von hinten erleuchtetes Segel, das mit Pastellfarben besprizt ist. 1. Satz: Der Solist kauert zunächst am Boden und beginnt allmählich, in zusammengerollten und gestreckten Bewegungen sich

*Harbinger*; Elizabeth Lee und John Sowinski; American Ballet Company, New York 1969. – Die Harmonie des Paars spiegelt sich in der Parallelführung der Arme, die emotionsgeladene Spannung in der Stellung der Beine.

und die Umwelt zu erforschen. Sechs Mädchen kommen hinzu und kreisen in sich verändernden Bewegungsmustern um ihn herum. 2. Satz: Ein rascher Pas de deux, eine Allegro-Tour-de-force zu einem Motiv, bei dem sich das Mädchen ausstreckt und von dem Mann zu sich hingezogen wird. 3. Satz: Langsames Duo für einen Mann und eine Frau vor sieben andern Tänzern. Die Situation erinnert an die Strömungen im Wasser: Die Beine der Frau schleifen auf dem Boden, wenn der Mann sie hinter sich in gebogenen Bewegungsmustern herzieht. Die Gruppe bewegt sich in ruhig sich ändernden Formationen wie die langsamen Gegenströmungen im Meer. 4. Satz: Eine brillante Toccata ist als ein witziger Pas de trois angelegt, bei dem die zwei Solisten um Gunst und Aufmerksamkeit eines feurigen Mädchens wetteifern. Finale: Die auffallendsten Bewegungsmotive aus den vorangegangenen Abschnitten werden nebeneinandergestellt. Das Ballett endet mit einem lebhaften Bild aus dem 2. Satz. Die Mädchen springen weg, werden mitten im Flug von den Männern aufgefangen und rollen sich in ihren Armen rasch zusammen.

**Kommentar:** Feld hatte die Absicht, mit diesem Ballett bestimmte Muster menschlicher Verhaltensweisen zu untersuchen. Das ganze Ballett erzählt von seinen persönlichen Erfahrungen und von Leuten, die er kannte. Damit sollen die Spiele nachgestellt werden, die sie miteinander spielen. Im 1. Satz, in dem ein Solist durch eine Gruppe von Tänzerinnen schlendert, stellt er sich selbst und seine Phantasien vor. Der heftige 2. Satz ist eine Art Jagd. Der 3. Satz bringt ein etwas melancholisches Duo mit dem Corps de ballet als Hintergrund. Der 4. Satz ist ein Wettstreit. Das Finale enthält Bewegungsmotive aus den vorangegangenen Abschnitten. Die Anlage des Balletts, die intelligente Disposition der dynamischen Impulse, zeugt von der hohen Musikalität Felds, für dessen choreographischen Stil bereits in seinem Erstlingswerk charakteristisch ist, daß in formal klassischer Strenge dennoch eine Spur »neben« dem akademischen Kanon getanzt wird. Auf diese Weise erreicht er eine Art choreographischer Objektivität, die ein hohes Maß an Individuellem in sich aufgenommen hat, ohne daß es biographisch wirkt. Besonderen Anteil daran hat der klare Fluß der Bewegungsformen, die sich nie in Posen veräußerlichen. In den Balletten *At Midnight* (New York 1967) zu Gustav Mahlers *Rückert-Liedern* und *Intermezzo* (Spoleto 1969) zu Musik von Johannes Brahms entwickelt Feld seinen Stil weiter. Besonders in dem düster-poetischen *At Midnight* sind Elemente aus *Harbinger* wieder aufgegriffen; die Gegenüberstellung des einzelnen (als Vereinzeltem) und der Gruppe wird bestimmend. So erzählt das Ballett, ohne eigentlich erzählerisch zu sein, von möglichen Beziehungsmustern.

**Wirkung:** *Harbinger* war bei Presse und Publikum sofort ein großer Erfolg und blieb bis heute Felds bedeutendste Arbeit. Es wurde auch 1969 in Spoleto beim Festival dei Due Mondi von der American Ballet Company, einer früheren Feld-Kompanie, und vom jetzigen Feld Ballett getanzt.

**Ausgaben:** Part: Bo&Ha; Film, Probe, American Ballet Theatre, s/w, 16 mm: L. Robbins Film Arch., NY 1967 (NYPL Dance Coll. MGZHB 8-9). **Aufführungsmaterial:** M: Bo&Ha; Ch: American Ballet Theatre, NY
**Literatur:** J. ANDERSON, Meet E. F., brilliant young choreographer of ›Harbinger‹, in: DM 1967, Juli, S. 41; M. B. SIEGEL, Watching the Dance Go By, Boston 1977, S. 56f.

*Gabriele Brandstetter*

## Alphonse de Feltre

Alphonse Clarke, Graf von Feltre; geboren am 27. Juni 1806 in Paris, gestorben am 3. Dezember 1850 in Paris

### L'incendio di Babilonia
**Opera seria in due atti**

Die babylonische Feuersbrunst
2 Akte

**Text:** unbekannter Verfasser
**Uraufführung:** Anfang Juni 1840, privater Salon, Paris
**Personen:** Ferocino, Tyrann von Syrakus (B); Orlando, Malteserritter (T); Clorinda, eine ausländische Prinzessin (S); der Gondoliere (T). **Chor:** Türken, »Türkisinnen«, Ritter, Hofdamen
**Orchester:** Vl, Trg, Kl
**Aufführung:** Dauer ca. 1 Std. 15 Min.

**Handlung:** Im Urwald.
I. Akt: Mehrere Türken suchen ein geheimnisvolles Objekt. Der Tyrann Ferocino ist in den Wald gekommen, um Clorinda zu heiraten. Aber er vermutet die Existenz eines Rivalen. Da hört er den Gondoliere singen. Dieser kündigt einen Pilger an, der sich als zu Unrecht Verfolgter vorstellt. Clorinda kommt hinzu, der Chor feiert das Brautpaar. Aber sie erkennt in dem Pilger ihren Geliebten Orlando. Dieser will ihr einen Brief zuspielen, der von Ferocino abgefangen wird. Die beiden Rivalen fordern sich wütend heraus, Clorinda fällt in Ohnmacht.
II. Akt: Türken und »Türkisinnen«, Ritter und Hofdamen beklagen das Schicksal Clorindas, die wahnsinnig geworden ist und mit einer Nachtigall im Duett singen will. Als Orlando, der Ferocino besiegt hat, hinzukommt, findet sie aber den Verstand wieder und freut sich über ihr Liebesglück. Ferocino, der doch noch am Leben ist, tritt dazwischen. Aber der Tyrann hat seinen Haß vergessen. Er segnet die Heirat Orlandos, der sein bester Freund geworden ist.

**Kommentar:** »Wir haben nicht verstanden, warum der Verfasser dieses Librettos es nicht für nötig befunden hat, von einer Feuersbrunst oder von Babylon zu sprechen, um wenigstens den Titel zu rechtfertigen. Aber wir haben Gelegenheit gehabt, diesen Mangel in mehreren italienischen Opern festzustellen, und da diese Unterlassung dem Reiz des Werks nicht abträglich ist, haben wir nicht geglaubt, die bei dieser Gelegenheit begonnenen Nachforschungen fortsetzen zu müssen.« Der im Klavierauszug abgedruckte Kommentar verrät die Absicht dieser Parodie: Vom Lied des Gondoliere über die Wahnsinnsszene bis zur Finalstretta, die unzählige Male »Felicità« wiederholt, werden typische Konventionen der italienischen Opera seria ins Lächerliche gezogen. Das in einem mit französischen Wörtern vermengten Italienisch (zum Beispiel »turcquoises«, im Deutschen etwa »Türkisinnen«) verfaßte Libretto vereinigt ein Maximum stereotyper Floskeln, während die Komposition musikalische Muster der italienischen Oper bis zum Exzeß treibt. Die mit Verzierungen überladenen Cabaletten und rondoartigen Chöre parodieren offensichtlich die frühen Opern Gioacchino Rossinis, während die Musik anderer Szenen deutlich Gaetano Donizettis Melodietypen nachempfunden ist.

**Wirkung:** Feltres Werk ist nur ein Beispiel vieler zeitgenössischer Parodien, heute aber von besonderem Wert, da auch seine Musik veröffentlicht wurde. Nach der Uraufführung im kleinen Kreis war es am 27. Mai 1843, ebenfalls in einem Salon, einem breiteren Publikum vorgestellt worden. In den Hauptrollen sangen dabei der Komponist und zwei bekannte Sänger, die sich gerade von der Bühne zurückgezogen hatten, Louis Antoine Eleonore Ponchard und Laure Cinti-Damoreau. Nach dem Niedergang des Théâtre-Italien kam die postume Veröffentlichung des Klavierauszugs allerdings zu spät, um eine größere Resonanz auszulösen. Aber in einer Zeit, die das italienische Opernrepertoire vor Giuseppe Verdi wiederentdeckt, könnte auch diese gelungene Parodie auf neues Interesse stoßen.

**Autograph:** Verbleib unbekannt. **Ausgaben:** Kl.A: Colombier, Paris 1852
**Literatur:** H. BLANCHARD, L'incendio di Babilonia, in: Revue et gazette musicale 10:1843, S. 200f.; E. DE GIRARDIN, Le Vicomte de Launay, Paris 1857, Bd. 3, S. 40–43

*Anselm Gerhard*

# Manuel Fernández Caballero

Geboren am 14. März 1835 in Murcia, gestorben am 26. Februar 1906 in Madrid

## El dúo de »La Africana«
Zarzuela comica en un acto y tres cuadros

Das Duett aus der »Afrikanerin«
1 Akt (3 Bilder)

**Text:** Miguel Echegaray y Eizaguirre
**Uraufführung:** 13. Mai 1893, Teatro Apolo, Madrid
**Personen:** La Antonelli (Mez); Giussepini (T); Querubini (Bar); Pérez (B); Doña Serafina; Amina; der Bassist; ein Inspektor. **Chor:** Damen und Herren des Chors
**Orchester:** Picc, Fl, Ob, 2 Klar, Fg, 2 Hr, 2 Trp, 3 Pos, Pkn, Schl (gr.Tr, Bck, SchellenTr), Hrf, Streicher
**Aufführung:** Dauer ca. 45 Min.

**Entstehung:** Der Librettist Echegaray (nicht zu verwechseln mit seinem Bruder José, dem einst weltberühmten neuromantischen Tragödienautor) verfaßte zahlreiche populäre Schwänke. Fernández Caballero befand sich um 1893 auf dem Höhepunkt seines künstlerischen Schaffens, obwohl zunehmende Erblindung ihn dazu zwang, seine Partituren seinem ältesten Sohn Mario zu diktieren. *El duo de »La Africana«* bezieht sich parodistisch auf das Duett Gama/Sélica aus dem IV. Akt von Meyerbeers *L'Africaine* (1865).

**Handlung:** In einem spanischen Theater. 1. Bild, Probenraum mit einem Klavier, Bänken und Stühlen: Man probt die Oper *L'Africaine*, wobei zwanglos Regieanweisungen und Kostüme aus andern Opern verwendet werden. Während des berühmten Duetts kann der Tenor Giussepini die Hände nicht von seiner Partnerin Antonelli lassen und umarmt sie mit mehr als schauspielerischer Leidenschaft. Regisseur Querubini, gleichzeitig Antonellis Ehemann, gerät mit dem Nebenbuhler in Streit. 2. Bild, Querubinis Arbeitszimmer auf der Vorderbühne: Amina und der Bassist treten ein, beide in Kostümen aus *L'Africaine*, er als der große Brahmane, sie als Inèz. Aber erst einmal versucht Querubini mit allen Mitteln, den Tenor zur Weiterarbeit zu bewegen, da er ohne ihn die Aufführung scheitern sieht. Er verspricht ihm die Hand seiner Tochter Amina, doch bei der nächsten Gelegenheit kann der Tenor wieder nicht von der Primadonna lassen. Schließlich mischt sich noch die plötzlich auftauchende Mutter des Tenors ein, Doña Serafina, die hochbeglückt ihren durchgebrannten Sohn aufgespürt hat. 3. Bild, auf der Bühne während des IV. Akts der *Africaine*, im Hintergrund ist der Zuschauerraum mit dem Publikum sichtbar: Trotz allem versucht man eine Aufführung zustande zu bringen, die jedoch unvermeidlich zum Chaos führt. Die häufigen glühenden Umarmungen immer wieder unterbrechend, bemüht sich der Regisseur verzweifelt, die Situation zu retten. Zuletzt erscheint noch ein Polizeiinspektor, der das Durcheinander entwirren soll. Die Vorstellung endet in unbeschreiblichem Gekeife und Gezeter.

**Kommentar:** Theaterbetrieb von innen, hinter dem Vorhang: ein bühnenwirksames Sujet, das ästhetische mit voyeuristischen Reizen verbindet. Es ist etwas anderes und längst nicht so alt wie Theater im Theater nach Art von William Shakespeares *Hamlet* (um 1600) oder *A Midsummer Night's Dream* (um 1595). Es ist auch etwas anderes als jene Debattierstücke übers Theater, wie sie, seit Molières *L'Impromptu de Versailles* (1663), immer mal wieder auf die Bühne kamen, um den theoretischen Standpunkt des Autors unterhaltsam darzulegen. Theaterbetrieb von innen, hinter dem Vorhang: dies Sujet ist genuin komisch. Es lebt von der lachhaften Spannung zwischen perfektem Bühnenprodukt und seiner schweißtreibenden Verfertigung; zwischen gespielter Rolle und Privatperson der Akteure. Höhepunkte solcher Stücke sind die desillusionierenden Pannen bei der Herstellung von szenischer Illusion. Daß dies Sujet mehr hergibt fürs musikalische als fürs Sprechtheater, liegt an mancherlei Umständen. Da die Oper dem Alltagsleben dramaturgisch und thematisch ferner steht als das Schauspiel, wirkt sie verletzlicher, wann immer sie auf banale Widerstände stößt. Obendrein hat sie, zumal durchs Orchester, einen aufwendigeren, mithin auch anfälligeren Apparat. Schließlich sind die verstiegenen Starallüren hypochondrischer und narzißtischer Sänger gemeinhin stärker ausgeprägt als bei Schauspielern, was gleichfalls eine gern genutzte Angriffsfläche bietet. Aus diesem Mißverhältnis zwischen erhabenem Kunstziel und dem holprigen Weg dorthin beziehen einschlägige komische Opern ihre erheiternde Wirkung: von Galuppi bis Mozart, von Donizetti bis Lortzing. – Den Autoren von *El dúo de »La Africana«* gelingt es, dem überkommenen Sujet durchaus neuartige Seiten abzugewinnen. Vor allem durch drei musikdramaturgische Kniffe, die wieder und wieder die (vom Titel hervorgerufenen) Publikumserwartungen witzig unterlaufen. Erstens einmal kommt die verheißene Meyerbeer-Oper musikalisch nur sehr spärlich im Lauf der Handlung vor. Aus dem angesprochenen Duett zitiert Fernández Caballero immer nur die kurze Originalpassage »O ma Sélica vous regnez sur mon âme«, noch dazu unter kleinlichen Umständen, die sogar noch diesem musikalischen Stenogramm die erhabenen Herztöne streitig machen. Ansonsten spielt er lediglich in der Ouvertüre die Melodie von Inèz' Romanze an; aber nur, um sie nach elf Takten durch eine deftige Walzerphrase wegzuwischen. Der zweite Kniff besteht in der komischen Reibung von Stilhöhen und Größendimensionen. Giacomo Meyerbeers geschichtlich bedeutsame Haupt- und Staatsaktion um Vasco da Gama sowie ihre weltweiten Schauplätze in Lissabon, Indien und auf hoher See: sie kollidieren mit der Enge des zeitgenössischen innerspanischen Provinzialismus. Die handelnden Personen geraten sich nicht allein wegen privater Eifersucht in die Haare; sie bringen auch jeweils ihren angestammten Provinzstolz mit und hätscheln die eingefleischten Animositäten zumal zwischen dem hochmütigen Altkönigreich Aragonien und der unterentwickelten Zigeunerregion Andalusien. Just diese Gegensätze läßt Fernández Caballero laut werden in der entsprechenden musikalischen Folklore. Wenn der aragonesische Tenor Giussepini gleichsam von oben herab sich an der andalusischen Primadonna erotisch vergreift, dann wehrt sich deren regieführender Gatte nicht nur gegen den Nebenbuhler. Er wehrt sich auch gegen den unverschämten Herrschaftsanspruch jener immer schon übergriffigen nördlichen Provinz. – Der dritte musikdramaturgische Kniff ist der wirksamste:

die verzerrte Kongruenz zwischen den Liebeskonflikten der gesungenen Opernrollen und der gegenwärtigen Akteure. Meyerbeers erotisches Dreiecksverhältnis (zwei Frauen und ein Mann) verkehrt sich. Und dennoch nehmen Primadonna und Tenor, wechselseitig entflammt, immer wieder den Anlauf, sich in den erhabenen Liebesgestus ihrer Rollen auch privatim hineinzusingen. Aus den einheimischen Rhythmen und Klängen der Jotas und Seguidillas ins Pathos der Grande opéra. Um den gezielten Wirrwarr noch zu steigern, muß dies regional zusammengewürfelte Opernensemble ein französisches Werk auf Italienisch singen: ein satirischer Hinweis auf die Überflutung durch italienische Werke und Stile im heimischen Musikbetrieb, die auch aus den verballhornten Künstlernamen der Sänger spricht. Somit sind letzten Endes die eigentlichen Gegenspieler (in und jenseits der rangelnden Opernkompanie) zwei unvereinbare musikalische Ausdrucksformen. Einerseits Meyerbeers feierliche kosmopolitische Hochsprache, andrerseits die vulgäre Vielfalt spanischer Dialekte. Daß bei diesem klingenden Antagonismus, noch dazu auf den Brettern einer verstaubten Provinzbühne, *L'Africaine* den kürzeren zieht, ist kein Wunder; es liegt in der polemischen Konsequenz des komischen Musiktheaters. Fernández Caballero und sein Librettist haben hier eine derbere Variante dessen geschaffen, was später dann Richard Strauss und Hugo von Hofmannsthal in *Ariadne auf Naxos* (1912) etwas feinsinniger formulierten. Spielenswert wäre *El dúo de »La Africana«* auch außerhalb Spaniens. Die mitreißende szenische und musikalische Situationskomik des Stücks dürfte selbst dort noch wirken, wo man weder von Meyerbeer noch vom spanischen Regionalismus viel weiß.

**Autograph:** Verbleib unbekannt. **Ausgaben:** Part u. Kl.A: Union Musical Española, Madrid 1939, Nr. 5134; Textb.: ebd. 1967, Nr. 21195. **Aufführungsmaterial:** Sociedad General de Autores de España, Madrid

*Volker Klotz*

## Gigantes y cabezudos
### Zarzuela en un acto y tres cuadros

**Riesen und Riesenzwerge**
1 Akt (3 Bilder)

**Text:** Miguel Echegaray y Eizaguirre
**Uraufführung:** 29. Nov. 1898, Teatro de la Zarzuela, Madrid
**Personen:** Isidro (Bar); Antonia (Mez); Juana (S); Pepa (S); 3 Marktfrauen (3 Spr.); Pilar (S); Timoteo (T); Gerichtsdiener (Spr.); 3 Aragonier (Kinder-St., 2 T); Jesús (T); Pascual (Spr.). **Chor** mit Kinderchor. **Statisterie**
**Orchester:** 2 Fl (2. auch Picc), Ob, 2 Klar, Schalmei, Fg, 2 Hr, 2 Cornetínos (auch Trp), 3 Pos, Pkn, Tamburin, Gitarren, Bandurrias, Hrf, Streicher
**Aufführung:** Dauer ca. 1 Std.

**Entstehung:** Der Titel bezeichnet karnevaleske Maskenfiguren, die in der Provinz Aragonien bei bestimmten Volksfesten auftreten: Riesen und Zwerge mit übergroßen Dickköpfen, unter denen die Träger verschwinden bis auf die unverhältnismäßig klein erscheinenden Beine. Solche Masken bestimmen das letzte Bild, das am Feiertag der Virgin del Pilar spielt, der Heiligen Jungfrau von der Säule. *Gigantes y cabezudos* gehört zu den letzten Werken des Komponisten, die er, fast erblindet, seinem Sohn Mario diktierte. Mitbeteiligt an der Partitur war der damalige Anfänger José Serrano, der im 20. Jahrhundert dann die Weiterentwicklung der Gattung Zarzuela maßgeblich mitgeprägt hat. Sein musikalischer Anteil an diesem Stück scheint sich jedoch nicht eindeutig abgrenzen zu lassen.

**Handlung:** In Zaragoza, 1898. 1. Bild, turbulentes Treiben auf dem Marktplatz: Vor ihren Ständen streiten sich hitzig die Marktfrauen Juana und Antonia. Als sie handgreiflich werden, wirft sich der Metzger Isidro dazwischen. Der Grimm der Frauen steigert sich noch, geht aber in eine andere Richtung, sobald Timoteo erscheint, der Ortspolizist und Ehemann von Antonia. Denn er verkündet, daß neue Steuern erhoben werden. Kleinlaut versichert er, sie seien unerläßlich, um die öffentliche Ordnung aufrechtzuerhalten. Allgemeiner Aufruhr: was denn für eine öffentliche Ordnung und wozu? »Die Ordnung werd' ich stören«, wütet Antonia. Zerrissen zwischen offiziellem Amt und privater Gattenrolle, macht sich Timoteo schleunigst dünn. Die allgemeine Erregung ebbt etwas ab, als die schöne Pilar daherkommt, die Adoptivtochter und Angestellte Isidros. Wieder mal hat sie einen Brief ihres Geliebten Jesús dabei, den sie sich im Kreis der Marktleute vorlesen läßt. Denn sie selber kann nicht lesen. Schon lange muß sie Jesús vermissen, der als Soldat in Übersee Kriegsdienst abzuleisten hat um die letzten spanischen Kolonien. Pilar läßt derweil all die andern Männer abblitzen, die sie eifrig umwerben. Vor allem den hinterlistigen Polizeivorsteher Pascual, der ihr einreden will, Jesús habe seine Hochzeit mit einem andern Mädchen angemeldet. Doch sie läßt sich nicht beirren. Abermals kommt's zum Krawall, als Timoteo widerwillig bei den Marktständen die Steuer einzutreiben versucht. Seine Frau wird verhaftet wegen Widerstands gegen die Obrigkeit. Er selber zerbricht daraufhin seinen Amtsdegen, was ihn seinen Posten kostet. 2. Bild, vor der Stadt, am Ebro: Die Soldaten kehren zurück vom verlorenen Krieg in Übersee. Unter ihnen Jesús, der es kaum erwarten kann, nach langer schwerer Zeit Pilar und seine Mutter in die Arme zu schließen. Vorerst trifft er nur auf den arbeitslos herumlungernden Expolizisten Timoteo, der sich von selbstgefangenen Fischen ernährt. 3. Bild, auf den Straßen von Zaragoza am Festtag der heiligen Pilar: Der Polizeivorsteher will das Wiedersehen von Pilar und Jesús hintertreiben, indem er dem Heimkehrer weismacht, das Mädchen habe einen andern. Jesús fällt nicht darauf herein, will sich aber bei Freunden zuverlässigere Auskunft verschaffen, wie es denn mit Pilar steht. Mehr und mehr füllt sich die Stadt mit Bauern aus der Umgebung, den »buratores«, die in malerischen Trachten und Masken (als Riesen und Riesenzwerge) durch die Straßen ziehen. Pilar, die noch nichts weiß von Jesús' Heimkehr, will nun endgültig die Machenschaften des intriganten Polizeivorstehers durchkreuzen; mit einem fingierten Brief, den sie sich nach eigenem Diktat hat schreiben lassen. Daraus liest er ihr vor, Jesús sei im Krieg umgekommen. Ihre gespielte Verzweiflung bringt ihn dazu, seine miesen Liebestücken einzugestehen und fortan davon abzulassen. Er hilft ihr sogar, den Geliebten im Gewühl aufzuspüren. Das glückliche Paar verzeiht dem Intriganten, der zerknirscht auch den arbeitslosen Timoteo wieder in sein Polizistenamt einsetzt. Der ausgelassene Straßentanz ringsum zieht alle in seinen Sog, so daß sie fürs erste die verhaßten Steuern vergessen. Und den verlorenen unsinnigen Krieg, der viele Opfer gekostet hat.

**Kommentar:** Zehn Jahre jünger als Barbieri, der mit *El barberillo de Lavapiés* (1874) der neueren Zarzuela ein folgenreiches Muster setzte, hatte Fernández Caballero seine ersten großen Erfolge etwa zur nämlichen Zeit. Und zwar mit Stücken, die auf geschichtlich entrückten beziehungsweise abenteuerlich exotischen Stoffen basieren: *La Marsellesa* (Madrid 1876) und *Los sobrinos del capitán Grant* (Barcelona 1877). Am lebendigsten jedoch sind jene Werke geblieben, die er später, als 60jähriger, schrieb. Unter anderm *El dúo de »La Africana«* (1893) und zumal *Gigantes y cabezudos*. Just dieser Einakter, der zeitgenössischen Alltag heraufbeschwört, erzielte außerordentliche und dauerhafte Wirkung. Sie ist nicht nur, aber auch den patriotischen Untertönen zu verdanken, die im Unglücksjahr der spanischen Geschichte die Empfindlichkeiten der Nation anrührten. Niemals vorher oder nachher erlebte das Selbstbewußtsein der einstigen Weltmacht Spanien einen solchen Tiefpunkt wie in jenem Jahr 1898, als mit Kuba die letzte Kolonie verlorenging. Damit schwand die immer noch gepflegte Illusion, politisch eine international bedeutsame Rolle zu spielen. Dies kollektive Trauma wird szenisch Ereignis in der Rückkehr der geschlagenen Soldaten aus Übersee, die fast zaghaft in ihrer Heimatstadt Zaragoza wieder Fuß zu fassen suchen. Dabei ergehen sich weder Libretto noch Musik in vaterländischem Übereifer oder Ressentiment. Was sich da klingend Luft macht, ist das trotzige Leiden der kleinen Leute, jener ungewollten Handlanger des Imperialismus sowie ihrer mitbetroffenen Hinterbliebenen. Sie schöpfen neue, fruchtbarere Kräfte aus ihrem vitalen Alltagstreiben, das die äußeren und inneren Wunden mit ungebrochener tänzerischer Lebenslust heilt. Mehr noch als die patriotischen Momente trägt der besondere musikalische Spielraum zur nachhaltigen Wirkung von *Gigantes* bei: die regionale Volksmusik, die Fernández Caballero erfindungsreich und kunstvoll zum Sprechen bringt. Sie verlautbart, von unten her, Energien, die der obengesteuerten Machtpolitik des Lands längst erloschen sind. Der Komponist hat sich hier restlos gelöst von den Anklängen an italienische veristische Oper, an französische Opéra-comique und an Wiener Operette, die in seinen andern Stücken sich mitunter bemerkbar machen. Nicht einmal parodistisch, wie im *Dúo*, greift er über die heimischen Grenzen hinaus. Eigenwillig spielt er mit dem musikalischen Material seines näheren Umkreises. Vor allem mit den ausdrucksreichen Formen der Jota, die in Aragonien zu Haus ist. – *Gigantes y cabezudos*: das ist der szenische Triumph der Jota und der kollektiven Triebkräfte, die sich in ihr entladen. Ein Triumph jenes mitreißenden, doch streng gebauten Tanzlieds, dessen achtsilbige Verse zumeist eine siebenzeilige Copla bilden. Rhythmisch wirkt, was da erklingt und die Körper bewegt, wie ein aufgeborstener, überschwappender Walzer, dem nichts fremder ist als geschmeidige Eleganz. Der Ablauf mit seinen rauhen Übergängen von ¾- zu ⅜-Takt wird bisweilen noch zusätzlich beunruhigt durch kurze gradtaktige Phasen. Besonders auffällig sind drastische Verzögerungen und Beschleunigungen des Tempos. Überstürzte Anläufe, die unversehens innehalten, um nach einer überspannten, bedeutungsschweren Pause desto heftiger fortzueilen. Hierin liegt der Eigenart und Einzigartigkeit dieses Werks: Während andere Zarzuelakomponisten vielerlei Tanzlieder aufbieten, um jeder handelnden Person und Gruppe, jeder Situation und Leidenschaft eigenen Umriß zu geben (in der Spanne von Bolero bis Pasacalle, von Seguidilla bis Chotis, von Habanera bis Pasodoble), geht Fernández Caballero just den umgekehrten Weg. Er entfaltet die innere Vielfalt dieses einen Tanzlieds von Nummer zu Nummer. Dabei erzielt er eine Ausdrucksbreite, die nichts weniger als eintönig erscheint. Liebeslust äußert sich in seinen Jotas ebenso treffend wie derber Spott; wütender Schmerz ebenso treffend wie pfiffige List; Selbstgenuß ebenso treffend wie Mitleid. Jeder dieser Impulse ist getragen von aufrührerischem Schwung, der keine inneren und äußeren Hemmungen gelten läßt. Acht von elf Nummern sind als Jota bezeichnet oder sind unausgesprochen davon geprägt. Fast durchweg sind es Ensemblenummern mit Chor, wobei die Einzelstimmen nur zeitweilig eigene Wege einschlagen, um sich alsbald wieder mit dem Kollektiv zu vereinigen. Aus gutem Grund. Denn hier singt nicht nur diese und jener seine persönlichen Belange hervor. Hier singt jede und jeder im gemeinsamen Tanzidiom der Leute von Zaragoza die Nöte und Freuden zutage, die sie alle miteinander teilen. Streitbar singen sie vom Feilschen um Nahrung auf dem Markt. Vom Druck der Steuern desselben Staats, der die Brüder, Söhne und Liebhaber in Übersee verschleißt. Vom aufgeblasenen Übermut der Ortsgewaltigen, denen sie ihrerseits mit plebejischem Übermut empfindliche Schnippchen schlagen. – Faszinierender Höhepunkt in dieser Folge musikalischer Aufruhrgebärden ist Nr. 3a. Pilar, bekräftigt durch den Chor der Marktfrauen, erhebt mit grimmigen Einspruch gegen den Krieg, mit dem die Männer die Welt verwüsten. Das Allegro mosso wirbelnder, stoßender Orchesterläufe gibt ihr Rückenwind bei den schmerzvoll-höhnischen Anwürfen wider das verblendete maskuline Treiben. Bei den immer knapperen Hin- und Widerrufen von Solosopran und Chor steigert sich das Brio in vehementen Quart- und Terzsprüngen: »Guerra! Guerra les gusta? Guerra!« Bis dann mit schroffem Tonartwechsel auch der Rhythmus überspringt zur eigentlichen Strophe der Jota, die dräuend aufrollt und anschwillt, um unruhig weiter zu flackern zwischen ¾- und ½-Takt: »Se las mugeres mandasen...« »Wären die Frauen am Ruder...«, dann käme es nicht zu solchen martialischen Torheiten, unter denen die Männer wie die Frauen gleichermaßen zu leiden haben. Der psalmodierende Widerspruch des braven Polizisten Timoteo, der in schmalspurigen Tonschrittchen dazwischentrippelt, wirkt dabei nur als kümmerlicher Einwand, der sogleich rhythmisch weggefegt wird. Dorthin, wovon Timoteo und seinesgleichen zu Haus schwärmen, vom Feld der Ehre, wo nichts Fruchtbares wächst. Dieser Nummer antwortet, gleichsam spiegelbildlich, die übernächste: der Chor der heimkehrenden Soldaten. Ein männliches Kollektiv, aus dem sich repräsentativ die Solostimme Jesús' heraushebt. Genau jenes Jesús', an den Pilar denkt, wenn sie den andern Frauen dem Krieg eine Abfuhr erteilt. Daß diese Männer auch selbst nichts mehr davon wissen wollen, offenbart schon ihr Orchestervorspiel. Nicht nur die Instrumentation ist entwaffnet, also aller militärischen Klänge ledig. Auch der ¾-Takt, wiewohl grundsätzlich geeignet zum uniformen Aufmarsch, kommt entschieden zivil daher. Widerborstige Synkopen, Trillertriolen, aber auch das jähe Auf und Ab der Dynamik schlagen gegen die Stränge kommandierter Bewegung. Sobald der Chor einsetzt, wird vollends deutlich, daß die heimatlichen, unmilitärischen Melodien in diesen Männern schon stecken, auch wenn sie den lang vermißten Ebro und das heiß ersehnte Zaragoza vorerst nur zögernd begrüßen. Jesús reißt dann in seiner Solopartie mit der Tonart auch den Blickwinkel herum. Jetzt zielt das leidenschaftliche Begehren auf jene, die an diesem Fluß und in dieser Stadt leben, auf Mutter und Braut. Begeisterung und melancholische Ungewißheit durchdringen sich in der getragenen Melodie, die der Solist stellvertretend dem alsbald einfallenden Kollektiv aus der Seele singt. – Fernández Caballeros musikalische Dramaturgie geht schlicht, aber zwingend zuwege. Mit diesen beiden Nummern hat sie die Beschwernisse des Kriegs und der nationalen Niederlage zugleich aufgerufen und abgegolten. Die Beklemmungen der Betroffenen sind überwunden. Unbefangen können sie sich jetzt einlassen aufs fröhliche Volksfest zu Ehren der Jungfrau Pilar. Auch dieser Heiligen, so wie man sie hier auf den Gassen von Zaragoza feiert, fehlt alle sakrale Erhabenheit. Ein Chor der Leute aus Calatrao (Nr. 5a) bringt sie aufs handliche Format eines derb-vertraulichen Diminutivs: »Por / ver a la / Pilarica / vengo de Calatrao«. Der ungestüme Auftaktschlenker der Jota holt burschikos die Säulenheilige herunter aufs Pflaster: ein Quartsprung in jauchzendem Forte von $a'$ zu $d''$, dem eine Abwärtsbewegung aus kapriziös synkopierten Achteln folgt. Im Hundeabteil der Eisenbahn, weil sie sich's anders nicht leisten könnten, sind diese Bauern

in die Stadt gefahren. Und wenn sie jetzt tanzen, dann gerade nicht demütig zu Füßen der Heiligen, sondern mit ihr und um sie herum. So werden denn auch die Riesen und Riesenzwerge, die nun allenthalben nach dem Takt von Trommeln und Tamburin, von Oboen und Schalmeien daherschreiten, zum Ausdruck derer, die sich nicht unterkriegen lassen. In diesen grotesken Masken wachsen, vorerst spielerisch, die kleinen Leute von Zaragoza zu dem, was sie im gesellschaftlichen Alltag einmal werden könnten und sollten. Die widerborstigen Dickschädel der Cabezudos haben sie schon. Und zu Giganten, die mit ihrer herausragenden Größe die soziale Tiefebene des Lands überblicken und überwinden, müssen sie erst noch werden.
**Wirkung:** *Gigantes y cabezudos* wurde und blieb Fernández Caballeros bedeutsamstes Erfolgswerk. Bis zur Gegenwart: nicht nur auf spanischen Bühnen; auch auf Schallplatten, im Rundfunk und im Fernsehen.

**Autograph:** Verbleib unbekannt. **Ausgaben:** Kl.A: Union Musical Española, Madrid 1981. **Aufführungsmaterial:** Sociedad General de Autores de España, Madrid

*Volker Klotz*

# Lorenzo Ferrero

Geboren am 17. November 1951 in Turin

## Marilyn
Scene degli anni '50 in due atti

Marilyn
2 Akte (12 Bilder)

**Text:** Floriana Bossi und Lorenzo Ferrero, nach amerikanischen Originaldokumenten
**Uraufführung:** 23. Febr. 1980, Teatro dell'Opera, Rom
**Personen:** Marilyn (lyrischer Kol.S); MacArthur (B.Bar); Wilhelm Reich (lyrischer T); der Dichter Ginsberg (Rocksänger); SprechR (mindestens 8 Schauspieler u. Schauspielerinnen in Mehrfachbesetzungen): Präsident des Tribunals, französischer Sänger (Yves Montand); Mr. Smith, Beatpoet, Stimme Leary; 1. Zeuge, Beatpoet, Stimme Leary; 2. Zeuge, Mann im Lotossitz, Stimme Leary; 3. Zeuge, Beatpoet, Stimme Leary; Beatpoetin, Stimme Leary; Timothy Leary, Beatpoet, Beatpoetin, Stimme Leary; stumme R: 2 Ehemänner, 2 Krankenwärter (auch Polizisten), ein Freund (Frank Sinatra?), ein Richter.
**Chor:** Soldaten, Demonstranten, Zuhörer Learys.
**Statisterie:** Bürger, junge Leute, Militär, Polizei, Majoretten
**Orchester:** 2 Fl (auch Picc), 2 Ob (2. auch E.H), 2 Klar (1 auch kl. Klar), B.Klar, Fg, K.Fg, A.Sax (auch S.Sax), 2 Hr, 2 Trp, 2 Pos, B.Tb, Schl (3 Spieler: Glsp, Vibr, kl. u. mittleres hängendes Bck, Bck, 2 HolzTr, 3 Tomtoms, 3 Holzblöcke, 3 Tempelblöcke, Maracas, Ratsche, Guiro, Flexaton, Bamboo set, 2 Aluminiumplatten, 2 Blasebalggummirohre, JazzSchl mit Hi-hat, RührTr, 2 Bongos, gr.Tr; Xylorimba, Röhrenglocken, tiefe Röhrenglocke [Tosca-Glocke], 3 Tomtoms, antike Zimbeln, Glasspiel, Bamboo, Claves, MilitärTr, gr.Tr, Kastagnetten, 2 Aluminiumplatten, Plastikschachteln, hängendes Bck; 3 Pkn, Gong, 3 Blechkanister, Guiro, Holzklapper, 2 Trg, gr.Tr, gr. Tomtom, gr. Metallplatte, Bamboo, Springfeder), Kl (auch Cel), elektron. Org, Hrf, Streicher; BühnenM: Picc (auch Fl), 2 kl. Klar, S.FlügelHr (oder Kornett), T.FlügelHr (oder T.Sax), 2 Pos, Bombardon (oder Tb), Bck, kl.Tr, gr.Tr
**Aufführung:** Dauer ca. 1 Std. 30 Min. – Die Bühne ist zweigeteilt in Marilyns Raum und die sogenannte Hauptbühne, auf der zuweilen simultan die andern Handlungen ablaufen. Marilyns Raum könnte so gestaltet sein, daß er das Bild vergrößert, deformiert, zerteilt, multipliziert. Marilyn soll innerhalb ihres Raums möglichst natürlich agieren. Sie wird von der Sängerin selbst, nicht von Doubles, Projektionen oder durch andere Vereinfachungen dargestellt. Der Chor ist zeitweilig im Orchestergraben oder hinter der Szene plaziert. Die solistischen Gesangspartien stehen in englischer Sprache und werden nicht übersetzt. Alle Schauspieler müssen rhythmisch und musikalisch sprechen können. Der französische Sänger singt ein kleines Chanson (II. Akt).

**Handlung:** I. Akt, 1. Bild: Amerikanisches Straßenleben, Musikkapelle, Majoretten, Menschenmenge mit Fähnchen, Luftballons, Eisverkäufer und so weiter. Zweimal erstarrt die Szene, dann verlassen alle die Bühne. 2. Bild: Marilyn erinnert sich an ihre Kindheit, als sie noch die arme Waise Norma Baker war. Sie holt ihr rotes Kleid heraus, das sie bei ihren Auftritten im Koreakrieg getragen hat. Die Farbe Rot erweckt bei ihr Assoziationen an Leben, Liebe, Stärke, Blut und Tod. 3. Bild, Koreakrieg: Die amerikanischen Soldaten werden auf den Sieg über Nordkorea eingestimmt. MacArthur beschreibt die Lage: Wenn wir den Krieg gegen den Kommunismus in Asien verlieren, ist Europas Untergang nicht aufzuhalten. (Kurze Einblendung von Marilyn.) MacArthur steht zwischen toten und verletzten Soldaten. Weil er den Krieg nach China hineintragen wollte, wird er abgesetzt. MacArthur rechtfertigt sich gegenüber Präsident und Kongreß (beide unsichtbar) mit seiner berühmten Abschiedsrede: Alte Soldaten sterben nicht. 4. Bild: Marilyn reflektiert ihre Rolle als Sexsymbol. 5. Bild, Simultanszene: Vor dem »Ausschuß für unamerikanische Umtriebe« werden Angeklagte und Zeugen auf ihre Mitgliedschaft in kommunistischen Parteien untersucht. Marilyn erhält Besuch von drei Männern, anschließend telephoniert sie mit ihrem Psychiater. Sie fühlt sich allein und fürchtet, verrückt zu werden wie ihre Mutter. Weitere Zeugen treten vor. Der Widerschein von Flammen wird sichtbar. Der Psychiater hat aufgelegt, Marilyn zieht ein Hochzeitskleid an und verschwindet mit einem der drei Männer. Die Flammen rühren von einer Bücherverbrennung her: Es sind die Werke Wilhelm Reichs, der unter dem Verdacht steht, marxistische Thesen zu vertreten. Polizisten bringen ihn ins Gefängnis; ein Lichtquadrat bezeichnet die Zelle. Marilyn kehrt in zerrissenem Hochzeitskleid zurück; auch sie steht in einem Lichtquadrat. 6. Bild, Simultanszene: Reich und Marilyn singen eine Art imaginäres Duett. Reich klagt seine Verfolger an. Er erleidet Schmerzanfälle und wirft sich gegen die unsichtbaren Wände der Zelle: Warum kein Glück auf Erden, warum nicht Lust als Inhalt des Lebens? Marilyn wirft sich aufs Bett; sie fühlt sich in viele Personen aufgespalten. Reich betet, wobei er mystische Gedanken aus seinen letzten Schriften aufnimmt. Marilyn fühlt sich vom Leben betrogen, sie wird sich der Spaltung ihrer Persönlichkeit vollends bewußt. II. Akt, 1. Bild: In einem Jazzkeller trifft sich eine Gruppe von Beatpoeten, unter ihnen Ginsberg. Gespräch über Marilyn, ihren Selbstmord. Haß auf Amerika. Das Geld hat Amerikas Seele entwertet: Das Licht kommt aus dem Osten. Buddha beruhigt. Das Nirwana: das Paradies? 2. Bild: Marilyn flirtet mit dem französischen Sänger (Montand). Sie sitzen auf dem Bett, Kerzen, Champagner. Der Sänger deutet ein Chanson an. Marilyn widmet ihm ein Gedicht. Allein gelassen, reflektiert sie über die Nacht, das Schweigen. 3. Bild: Amerikanische Pazifisten demonstrieren für den Frieden. Der Friedensmarsch verläuft teilweise simultan zum nächsten Bild, das mit einer Überblendung beginnt. Wenn die »mysteriöse Person« auftritt, verschwinden die Demonstranten langsam im Dunkeln. 4. Bild: Marilyn telephoniert wieder mit ihrem Psychiater. Sie erzählt von einer versprochenen Heirat und einem Kind, das sie verloren hat. Der Besuch der mysteriösen Person, die mit hochgeschlagenem Mantelkragen und heruntergezogener Hutkrempe auftritt, beendet das Gespräch. Marilyn reicht dem Unbekannten ihren Arm, wirft ein Glas nach ihm. Er schlägt sie. 5. Bild: Timothy Leary erläutert in einer Vorlesung die Wirkung psychedelischer Drogen. Einige Personen lösen sich aus der Versammlung, um die Wirkung der Drogen zu demonstrieren. Die Polizei schreitet ein: Alle werden fortgeschleppt, als letzter Leary. 6. Bild: Marilyn ist allein. Sie fühlt sich krank, trinkt und schluckt Tabletten. Sie fürchtet sich davor, für verrückt gehalten zu werden. Erinnerungen an ihre Kindheit bringen vorübergehend Beruhigung. Dann wieder ergreift sie die Angst vor der Stille und dem Alleinsein. Sie erblickt eine Puppe, die ihr ähnlich sieht. Die Angst legt sich, sie nähert sich der Puppe. Da fallen die Schatten zweier männlicher Gestalten bedrohlich anwachsend in Marilyns Raum. Marilyn stößt einen erstickten Schrei aus. Schlagartiges Dunkel. Marilyn liegt am Boden. Zwei grau gekleidete Männer kommen vorbei, einer von ihnen prüft, ob sie tot ist. Die Musikkapelle und die Majoretten marschieren über Marilyns Leiche hinweg, unbeirrt und ohne jedes Zeichen von Trauer.

Die Menschenmenge schwenkt Fähnchen. Luftballons steigen auf: amerikanisches Leben.

**Kommentar:** Ferreros Oper ist ein gelungener Versuch, Formen für ein neues musikalisches Zeittheater mit gesellschaftskritischen Implikationen zu entwickeln. Seit Bert Brecht und Kurt Weill ist *Marilyn* in dieser Hinsicht das vielleicht bemerkenswerteste Modell. Das Werk stilisiert nicht ein Filmidol zur Opernheroine, es entspricht formal auch nicht dem Typus der Literaturoper mit durchgehender Handlung und enger Anlehnung an einen vorgegebenen Text. Ferrero und Bossi orientieren sich vielmehr an Techniken der Multimediakunst und der Montagedramaturgie, wie sie etwa Nono in seinem szenischen Oratorium *Al gran sole carico d'amore* (1975) einsetzt. Marilyn Monroe dient gleichsam als Brennspiegel für das Amerika der 50er und frühen 60er Jahre. Ihr Schicksal fungiert als Zentrum, um das ein System von Wechselbeziehungen gesellschaftlicher Kräfte und Erscheinungen jener Zeit aufgebaut wird. Der Koreakrieg, die antikommunistischen Obsessionen, die Beat generation, die psychedelischen Philosophien, der sich formierende Protest gegen den Krieg verdichten sich zu Bildern, zwischen die sich, zum Teil simultan verschränkt, die Szenen mit Marilyn schieben. Die biographischen Momentaufnahmen und Reflexionen erscheinen aber nicht vereinzelt, als »Geschichte eines Lebens«, sondern werden in das gesellschaftliche Spannungsfeld integriert. Monroe, als Sexidol Teil der herrschenden Gesellschaftsschicht und ihrer Bedürfnisse, zu denen auch der »schöne Schein« und die Täuschung über die »wahre« Realität gehören, erlebt in ihrer allmählichen psychischen Zerstörung die Polarität der gesellschaftlichen Kräfte, die das Land und seine Menschen zerreißen. Die persönliche Zerstörung korrespondiert mit der öffentlichen. Marilyn geht als Mensch daran zugrunde, als Figur gewinnt sie gleichsam Modellcharakter. Ihr Tod jedoch bleibt ebenso wie der Aufstand der Jungen, der Studenten, Dichter und Intellektuellen, ohne Folgen. Wie zu Beginn der Oper ziehen im Schlußbild wieder Blaskapellen und Majoretten über die Bühne: Die Nationalhymne erklingt, wie schon im 1. Bild, zitathaft in der Harmonisierung von Puccinis *Madama Butterfly* (1904), wobei Ferrero äußerst raffiniert mit Synkopierungen und harmonischen Überlagerungen zwischen Bühnenmusik und Orchester arbeitet. Ferrero komponiert nicht Musik zum Text, sondern schafft musikalische Klang- und Aktionsräume, in denen vieles miteinander verschmolzen erscheint. In den »historischen« Szenen gibt es Jazz, die Nationalhymne, repetitive Musik, einen Schlager, auch die »Stille« des Friedensmarschs. Dagegen steht »Opernmusik«, expressive Lyrismen, melodische Linien, arioser Gesang bis hin zum Sprechgesang (MacArthur). Ferrero gelingt es auf hohem Niveau, diese unterschiedlichen musikalischen Ausdrucksmittel in Klangräumen miteinander zu verschmelzen, mit Text und dramatischen Situationen zu vereinen, so daß geschlossene musikalisch-szenische Komplexe entstehen. Das »getrennte« Duett Reich/Marilyn ist dafür ein besonders gutes

Beispiel. Reichs eher opernhafter Singgestus wird mit Marilyns fließender Kantabilität in einem linearen Gesangsstil zusammengeführt. Obwohl Marilyn dramaturgisch primär als Katalysator im szenischen Gesamttableau funktioniert, erhält sie durch die ihr zugeordnete Musik so viel Emotionalität, daß die Figur über ihren Chiffrecharakter hinaus für den Zuschauer auch psychologisches Interesse gewinnt. Die Stimmcharakteristik des lyrischen Koloratursoprans gestattet dabei differenzierte Ausdrucksgestaltungen: Schmerzensschreie und Ausbrüche, die szenisch-realistischen Äußerungen also, wirken kunstvoll stilisiert und musikalisch eingebunden, die lyrische Timbrierung sichert den belcantistischen Passagen, besonders in der Arie im II. Akt, den vokalen Effekt; schließlich ist ein Koloratursopran schon seit Bellini und Donizetti am besten geeignet, psychische Gefährdungen im Gesang darzustellen. Da die Sängerin der Marilyn zusätzlich in einer Nummer die Stimme der singenden Monroe zu imitieren hat, ergeben sich schwierige vokale Anforderungen. Ferreros Musik, die oft auf psychoakustischen Forschungen basiert, erreicht in *Marilyn* einen hohen Integrationsgrad der unterschiedlichsten Ausdrucksmittel. Flexibel reagiert sie auf die vielgestaltigen Bühnenaktionen, wobei sie in sich selbst äußerst gestaltreich erscheint.

**Wirkung:** Gegenüber dem dreiaktigen Quasimelodram *Rimbaud ou Le Fils de soleil* (Avignon 1978, deutsche Erstaufführung Kiel 1986) zeigt die *Marilyn*-Partitur eine souveräner gewordene Beherrschung der vielgestaltigen kompositorischen Mittel, zugleich in der Verzahnung mit dem Szenischen. Die Showoper *Night* (München 1985) führte den Komponisten dagegen allzu widerstandslos in die Niederungen eines ästhetisch unergiebigen Discoambiente, trotz eines A-cappella-Chors, der Novalis' *Hymnen an die Nacht* (1800) intoniert. Mehr Erfolg hatte Ferrero mit der Kinderoper *La figlia del mago* (Montepulciano 1981). Der Opera buffa *Mare nostro* (Alessandria 1985) folgte der Einakter *Salvatore Giuliano* (Rom 1986). *Marilyn* ist bislang Ferreros prägnantestes Werk für das Musiktheater. Das zeigte sich sowohl bei der Uraufführung (Regie: Maria Francesca Siciliani; Marilyn: Emilia Ravaglia) als auch bei der deutschen Erstaufführung 1982 in Kassel (Übersetzung und Regie: Peter Werhahn; Marilyn: Paulette Berman).

**Autograph:** Vlg.-Arch. Ricordi Mailand. **Ausgaben:** Part: Ricordi 1980; Kl.A: Ricordi 1980. **Aufführungsmaterial:** Ricordi

*Gerhard Rohde*

# Zdeněk Fibich

Zdeněk Antonín Václav Fibich; geboren am **21. Dezember 1850 in Všebořice (bei Čáslau, Mittelböhmen), gestorben am 15. Oktober 1900 in Prag**

## Nevěsta messinská
Tragická zpěvohra ve třech jednáních

## Die Braut von Messina
Tragische Oper in 3 Akten

**Text:** Otakar Hostinský, nach dem Trauerspiel *Die Braut von Messina oder Die feindlichen Brüder* (1803) von Johann Christoph Friedrich von Schiller
**Uraufführung:** 28. März 1884, Nationaltheater, Prag
**Personen:** Donna Isabella, Fürstin von Messina (A); Don Manuel (Bar) und Don Cesar (T), ihre Söhne; Beatrice (S); Diego, ein alter Diener (B); Kajetan, Anführer aus dem Gefolge Manuels (B); Bohemund, Anführer aus dem Gefolge Cesars (T); ein Edelknabe aus dem Gefolge Cesars (S); die Ältesten von Messina (stumme R). **Chor:** Gefolge Manuels und Cesars, Ritter, Knappen, Hofstaat
**Orchester:** 3 Fl (3. auch Picc), 2 Ob, E.H, 2 Klar, B.Klar, 2 Fg, 4 Hr, 2 Trp, 3 Pos, Tb, Pkn, Schl (Bck, Trg), Hrf, Streicher
**Aufführung:** Dauer ca. 2 Std. 30 Min.

**Entstehung:** Nach Beendigung seiner Oper *Blaník* (Prag 1877) suchte Fibich nach einem dramatischen Stoff, der sich zur Vertonung im Stil von Richard Wagners Musikdramen eignete. Die Entscheidung zugunsten der Tragödie Schillers fiel in enger Zusammenarbeit mit dem tschechischen Kunsttheoretiker, Ästhetiker und Musikwissenschaftler Hostinský. Fibich komponierte die Oper zwischen dem 1. Jan. 1882 und dem 11. Febr. 1883 und war somit noch vor Claude Debussy, Leoš Janáček und Richard Strauss einer der Komponisten, die ein Schauspiel wörtlich, wenn auch gekürzt vertonten.
**Handlung:** In Messina, um 1100, während der Normannenherrschaft.
I. Akt, Säulensaal im Fürstenpalast: Isabella verkündet den Ältesten der Stadt die bevorstehende Heimkehr und Versöhnung ihrer beiden von Kindheit an verfeindeten Söhne Manuel und Cesar. Ihnen will sie endlich ihre Schwester Beatrice vorstellen, die auf Befehl des Vaters, des vor drei Monaten verstorbenen Fürsten von Messina, als Kind getötet werden sollte, von der Mutter jedoch heimlich zur Pflege in ein Kloster gegeben worden war. Zwei gegensätzliche Träume hatten dies bewirkt: Dem Vater war vor der Geburt seiner Tochter prophezeit worden, daß diese dereinst den Tod ihrer beiden Brüder und den Untergang des ganzen Stamms herbeiführen werde; im Traum der Mutter dagegen hieß es, Beatrice werde ihre verfeindeten Brüder in heißer Liebe vereinen. Inzwischen haben Manuel und Cesar den Palast erreicht und besiegeln feierlich und vor aller Öffentlichkeit ihre Versöhnung. Unter vier Augen teilt Manuel seinem Vertrauten Kajetan mit, daß er sich in ein junges Mädchen, dessen Namen er nicht kenne, verliebt habe; er habe es aus einem Kloster entführt und in einem Haus der Stadt versteckt, um es seiner Mutter

nun als Schwiegertochter vorzustellen. Kajetan soll das Mädchen in den Palast geleiten.
II. Akt, 1. Bild, Garten, im Hintergrund ein Gittertor, vorn links das Haus Beatrices: Beatrice erwartet ängstlich ihren Geliebten. Doch nicht Manuel erscheint, sondern Cesar, der gleichfalls das Mädchen liebt, seit er es vor drei Monaten beim Begräbnis des Vaters gesehen hat. Ohne ihr Entsetzen zu beachten, erklärt er, sie noch heute als Braut in den fürstlichen Palast führen zu wollen. 2. Bild, Gemach im Fürstenpalast: Isabella berichtet den Söhnen von ihrer Schwester Beatrice, und die Söhne eröffnen der Mutter ihre Heiratspläne, als der Diener Diego unverrichteter Dinge in den Palast zurückkehrt und vom Verschwinden Beatrices aus dem Kloster berichtet.
III. Akt, 1. Bild, der Garten: Erleichtert empfängt Beatrice ihren Geliebten Manuel. Doch kaum haben die beiden ihre Identität entdeckt und sich als Geschwister erkannt, findet Cesar das eng umschlungene Paar und ersticht in rasender Eifersucht den Bruder. 2. Bild, Säulensaal im Palast, Nacht: Die bewußtlose Beatrice wird von Cesars Gefolge in den Saal getragen und von ihrer Mutter und Diego umsorgt, als der Trauerzug mit Manuels Leiche einzieht. Von Schmerz überwältigt, verflucht Isabella den Mörder und beschwört den eben eintretenden Cesar, den Mord zu rächen. Zu spät erkennt sie die Zusammenhänge um Manuels Tod, und so kann sie ebensowenig wie Beatrice verhindern, daß der von Verzweiflung und Reue gepeinigte Cesar sich ersticht, um den Brudermord zu sühnen.

**Kommentar:** In Anlehnung an die aristotelische Poetik und an antike Tragödien (besonders Euripides' *Phönizierinnen,* Sophokles' *Ödipus* und Aischylos' *Perser*) schuf Schiller ein analytisches Drama, dessen Handlungsverlauf gleichbedeutend ist mit der schrittweise erfolgenden Aufklärung seiner Vorgeschichte, die als Bedingung des Tragischen vor den eigentlichen szenischen Ablauf gesetzt ist. Alles Entscheidende liegt in der Vergangenheit, ist also der sichtbaren Aktion entzogen. Im Vordergrund steht die Darstellung menschlicher Gefühle und Leidenschaften. Schillers Gestalten gewinnen jedoch dadurch größere Lebendigkeit und menschliche Nähe, daß ihr Handeln weniger vom Schicksal determiniert als vielmehr aus ihren gegensätzlichen, stark typisierten und beinah stilisierten Charakteren erklärbar erscheint. Und der Chor hat nicht allein die passive Aufgabe des Kommentators, der die Handlung teilnahmsvoll verfolgt, sondern tritt manchmal aus seiner vorzugsweise lyrischen Rolle heraus, um aktiv in das dramatische Geschehen einzugreifen. – Hostinský beschränkte sich hauptsächlich auf eine Kürzung des Dramentexts unter dem Gesichtspunkt der Stärkung des dramatisch agierenden Anteils des Chors gegenüber dem lyrisch kommentierenden. Er behielt in seiner Übersetzung die Schillersche Form der ungereimten Verse (fünffüßiger Jambus) bei. Fibich behandelt sie jedoch insofern als Prosa, als er die Verse zu semantisch-syntaktischen Einheiten verbindet oder teilt. In den lyrisch-ariosen Abschnitten der Musik (meist in den Chören) tritt jedoch das ursprüngliche Versmaß des Texts wieder deutlich zutage. Die Totenklage des Chors nach der Ermordung Manuels wurde weggelassen, um an dieser Schlüsselstelle der Tragödie einem höchst ausdrucksvollen und suggestiven Trauermarsch Platz zu machen, der mit rein musikalischen Mitteln eine Bilanz des tragischen Geschehens zieht. Die Schlußszene rückt das Moment des alles überwindenden Mitgefühls in den Vordergrund, so daß der Held nicht als Verdammter erscheint, sondern innerlich versöhnt in den Tod geht. Fibich hat diese gerade für die tschechische Tragödie charakteristische Katharsis musikalisch ausdrucksvoll zur Geltung gebracht. Seine Leitmotivtechnik wird insofern dem analytischen Drama Schillers gerecht, als sie ein semantisches Beziehungsgeflecht zwischen Vergangenem und gegenwärtiger Handlung herstellt. Bestimmend für die musikalische Form von *Nevěsta messinská* ist das Leitmotiv des Schicksals, mit dem die Ouvertüre beginnt, das aber auch den imposanten Trauermarsch vor der Verwandlung im III. Akt prägt und die Oper beschließt. Im Sinn des Musikdramas mied Fibich jede Gliederung in geschlossene Nummern. Der Gesang der Protagonisten bewegt sich in frei fließenden Monologen und Dialogen; wo es der lyrische Charakter des Texts erlaubt, sind jedoch ariosoartige Duett- und Ensemblepassagen eingeschaltet. Generell orientiert sich Fibichs musikalische Deklamation an Hostinskýs theoretischen Prämissen (formuliert in *O české deklamaci hudební,* Prag 1882) und zeigt bereits in *Nevěsta messinská* eine Vollkommenheit, die den späteren Meister des Melodrams *Hippodamie* (1890/91) ahnen läßt. Gestützt auf das musikalische Erbe Bedřich Smetanas, fand Fibich ernste, erhabene, im wahrsten Sinn tragische Töne und schuf ein musikalisches Clair-obscur von außergewöhnlicher Faszinationskraft.

**Wirkung:** Trotz der neuen Konzeption wurde *Nevěsta messinská* bei der Uraufführung vom Publikum mit Beifall aufgenommen, stieß jedoch auf völliges Unverständnis bei der Kritik, von der die Oper als zu deutsch, zu wagnerisch, zu düster oder zu tragisch verdammt wurde. Sie konnte sich nicht im Repertoire halten und wurde erst durch eine Wiedereinstudierung 1909 in Prag rehabilitiert. Heute hat sie auf den tschechoslowakischen Bühnen ihren festen Platz und wurde unter anderm 1979 im Rahmen des Internationalen Musikfestivals in Brünn gegeben.

**Autograph:** Museum české hudby Prag. **Ausgaben:** Part: Dilia, Prag [in Vorb.]; Kl.A: Hudební matice, Prag 1884; Kl.A, hrsg. M. Zuna: ebd., Prag 1950, Nr. 16. **Aufführungsmaterial:** Dilia, Prag
**Literatur:** O. HOSTINSKÝ, F.ova ›Nevěsta messinská‹. Rozbor díla, Prag 1884; C. L. RICHTER (d.i. A. SCHULZOVÁ), Z. F., Prag 1900; O. HOSTINSKÝ, Vzpomínky na F.a, Prag 1909; Z. NEJEDLÝ, Česká moderní zpěvohra po Smetanovi, Prag 1911; DERS., Z. F.a milostný deník, Prag 1925, Nachdr. 1948; M. OČADLÍK, Život a dílo Z. F.a, Prag 1950; Zdeněk Fibich. Sborník dokumentů a studií o jeho životě a díle, hrsg. A. Rektorys, 2 Bde., Prag 1951/52; J. JIRÁNEK, Z. F., Prag 1963; V. HUDEC, Z. F., Prag 1971

*Věra Vysloužilová*

# Hippodamie
**Melodramatická trilogie**

# Hippodamia
**Melodramatische Trilogie**

## Námluvy Pelopovy
**Scénický melodram o čtyřech dějstvích**

## Pelops' Brautwerbung
**Szenisches Melodram in 4 Aufzügen**

**Text:** Jaroslav Vrchlický (eigtl. Emil Frida)
**Uraufführung:** 21. Febr. 1890, Nationaltheater, Prag
**Personen:** SprechR: Oinomaos, König von Pisa; Hippodamie/Hippodamia, seine Tochter; Myrtilos, sein Wagenlenker; Pelops, Sohn des Königs Tantalos von Argos; Jolos, sein Diener und Begleiter; ein Wächter, ein Rufer; 2 Kampfrichter; 2 Chorführer. **Chor:** Greise von Pisa, Volk von Pisa. **Statisterie:** Volksmenge mit Kindern und Sklaven
**Orchester:** Picc, 2 Fl, 2 Ob, E.H, 2 Klar, 2 Fg, 4 Hr, 2 Trp, 3 Pos, Tb, Pkn, Schl (Trg, Bck), Hrf, Streicher
**Aufführung:** Dauer ca. 2 Std.

**Handlung:** In mythischer Zeit.
I. Akt, Platz vor dem Eingang zum königlichen Schloß in Pisa (Griechenland), kyklopische Mauern: Pelops, der Sohn des Königs Tantalos von Argos, kommt mit seinem Begleiter Jolos nach langer Reise vor die Tore von Pisa, einer Stadt gegenüber von Olympia am Alpheios. Hier herrscht König Oinomaos. Sie werden vom Wächter nicht eingelassen, da gerade heilige Spiele stattfinden. Ein Rufer verkündet im Anschluß an die Spiele, daß drei auswärtige Fürsten in einem Wagenrennen mit Oinomaos und seiner Tochter Hippodamie ihr Leben verloren haben. Ihre Häupter werden zur Abschreckung auf der Stadtmauer auf Pfähle aufgespießt. Jeder nämlich, der um Hippodamies Hand anhält, muß sich in diesem Wettkampf mit Oinomaos messen und wird verlieren. Hippodamie erscheint in der Abendröte auf der Stadtmauer. Sie ist unglücklich über die Tat des Vaters, liebkost das Haupt eines toten Freiers und trauert um ihn. Pelops ist von ihrer Schönheit gefesselt und eilt, ohne auf die Befürchtungen seines Begleiters zu hören, in die Stadt, um sie kennenzulernen.
II. Akt, Saal in Oinomaos' Palast, Möbel und Geräte primitiv nach Barbarenart: Myrtilos, der Wagenlenker und Vertraute des Königs, hat Pelops die Reichtümer des Schlosses gezeigt. Er mißtraut ihm, denn Pelops läßt sich von dieser ihm barbarisch erscheinenden Schaustellung des Besitzes nicht beeindrucken, auch nicht dem König gegenüber. Oinomaos erklärt ihm, weshalb er keine Freier duldet und sie stets zum Wagenrennen auf Leben und Tod fordert. Neben dem drohenden Verlust des Reichtums ist es vor allem der Spruch des delphischen Orakels, den er fürchtet: Als er nach seinem Sieg über die Skythen das Orakel befragt hat, wurde ihm geweissagt, sein Schwiegersohn werde ihm den Tod bringen. Pelops erwidert darauf, dies träfe auf ihn nicht zu, denn während seine Vorgänger um des Reichtums willen gefreit hätten, sei es bei ihm ausschließlich die Liebe zu Hippodamie. Zudem besäße er sein eigenes Königreich in Argos und könne auf Pisa verzichten; er erklärt sich bereit, sogleich nach dem Wettkampf abzureisen. Oinomaos glaubt ihm jedoch nicht, gewährt ihm aber eine Begegnung mit seiner Tochter, bevor sich Pelops zur Werbung um sie entscheidet. Er gesteht Hippodamie seine Liebe. Sie erwidert seine Zuneigung, kämpft aber gegen ihre Liebe an aus Angst, daß er wie seine Vorgänger im Wettrennen verlieren könnte und getötet würde. Als Pelops nicht aufgibt, warnt sie ihn, während des Rennens zum Wagen ihres Vater zurückzublicken, auf dem auch sie stehen werde. Pelops erklärt Oinomaos seine Bereitschaft zum Wettkampf. Er will um Hippodamie freien, obgleich er bereits in Kronos mit Axiocha verheiratet ist.
III. Akt, Platz vor dem Königspalast: Hippodamie überredet Myrtilos, der ihr zugetan ist, etwas zu unternehmen, damit Pelops am Leben bleibt. Sie ist

*Námluvy Pelopovy*; Jarmila Kronbauerová als Hippodamie; Regie: Karel Hugo Hilar, Bühnenbild: Vlastislav Hofman; Nationaltheater, Prag 1923. – In manieriert-lässiger Haltung, einer Karyatide gleich, lehnt Hippodamie an den kyklopischen Mauern des väterlichen Palasts, als wollte sie ihn tragen.

bereit, dafür den Tod des Vaters hinzunehmen, will aber mit dieser Unternehmung nicht direkt zu tun haben. Sie überläßt Myrtilos alle Entscheidungen und die Verantwortung. Pelops erwartet am nächsten Morgen den Start des Wagenrennens. Falls er verliert, will er sich vor den Augen der Geliebten töten. Er fleht Poseidon an, ihm beizustehen und seine Pferde zu beflügeln. Von allen Seiten naht das Volk, die Tore des Palasts öffnen sich. Ein feierlicher Zug erscheint, an der Spitze Trompeter und der Rufer; Oinomaos führt Hippodamie an der Hand, dahinter gehen die Kampfrichter, Myrtilos und Jolos führen die Pferde. Der Rufer verkündet die Aufforderung an die Bevölkerung, während des Wettkampfs im Gebet zu verharren und den Göttern zu opfern. Pelops schwört dem König, daß er ohne List und Trug in den Kampf gehe; der Verlierer solle keinen Groll gegen den Sieger hegen, da beide aus freien Stücken entschieden hätten. Hippodamie bittet ihren Vater, diesmal ein eigenes Gespann fahren zu dürfen. Pisas Greise, die Sprecher des Volks, verfolgen mit ihren beiden Chorführern das Rennen. Auf dem Höhepunkt der wilden Fahrt stürzt Oinomaos, seine Füße verfangen sich, und er wird über den Boden geschleift. Die Räder hatten sich gelöst. Sklaven legen den Sterbenden auf die Stufen des Palasts. Er verflucht Pelops und beschuldigt ihn, das Unglück veranlaßt zu haben, obgleich dieser schwört, nichts Unrechtes getan zu haben. Hippodamie und Pelops fallen sich in die Arme; Myrtilos beobachtet die beiden und deutet an, daß das letzte Wort noch nicht gesprochen sei.

IV. Akt, Gebirge mit Aussicht auf das Meer, stürmischer Abend: Nach einem überstandenen Raubüberfall suchen Pelops und Jolos Schutz in einer Höhle. Sie wollen sich hier mit Hippodamie, die von Myrtilos begleitet wird, treffen. Der Kampf mit den Räubern hat sie getrennt. Pelops ist beunruhigt über Myrtilos' Aufdringlichkeit, der nicht von Hippodamies Seite weicht. Er vermutet, daß Myrtilos etwas Geheimes weiß. Hippodamie erscheint; Myrtilos ist auf die Jagd gegangen. Sie fordert von Pelops, als alleinige Königin in Kronos zu herrschen. Pelops gesteht ihr, daß er verheiratet, aber kinderlos sei und seine Frau verstoßen werde. Er möchte Myrtilos' Geheimnis erfahren. Hippodamie ist erstaunt, daß er nichts ahnt, und erzählt ihm, daß der tödliche Unfall von Myrtilos verursacht worden ist, der die Wagenräder gelockert habe, denn Oinomaos' Pferde seien unbesiegbar. Sie selbst habe Myrtilos aus Liebe zu Pelops dazu angestiftet. Der Fluch ihres Vater sei demnach zu Recht erfolgt, doch läge die Schuld einzig bei Myrtilos, der sich frei zu seiner Tat entschieden hätte, vielleicht aus Zuneigung zu ihr. Myrtilos kehrt von der Jagd zurück, Pelops stellt ihn zur Rede. Er bietet ihm die Hälfte seines Reichtums und seines Reichs an, wenn er Hippodamie verläßt. Myrtilos erhebt jedoch Anspruch auf sie. Es kommt zum Kampf, bei dem Pelops Myrtilos ins Meer stößt. Nun fühlt er sich ohne sein Verschulden doppelt schuldbeladen: am Tod von Oinomaos und von Myrtilos. Hippodamie erscheint und ruft ihn zu sich aufs Lager.

## Smír Tantalův
Scénický melodram o čytyřech dějstvích a proměně

## Tantalos' Sühne
Szenisches Melodram in 4 Aufzügen und Verwandlungen

**Text:** Jaroslav Vrchlický (eigtl. Emil Frida)
**Uraufführung:** 6. Juni 1891, Nationaltheater, Prag
**Personen:** SprechR: Tantalos, König von Argos; Pelops, sein Sohn; Jolos, Pelops' Diener und Begleiter; Hippodamie/Hippodamia; Axiocha und ihr Schatten; Thoas; ein Seher; der Schatten des Oinomaos; Gesinde und Volk des Tantalos. **Chor, Statisterie:** Priester, Soldaten, Boten aus Pisa, Kinder, Greise
**Orchester:** Picc, 2 Fl, 2 Ob, E.H, 2 Klar, B.Klar, 2 Fg, 4 Hr, 2 Trp, 3 Pos, Tb, Pkn, Schl (Trg, Bck), Hrf, Streicher
**Aufführung:** Dauer ca. 2 Std. 30 Min.

**Handlung:** In mythischer Zeit.
I. Akt, vor dem Königspalast in Argos, Säulenhalle: Der alte König Tantalos von Argos wartet auf die Rückkehr seines Sohns; er hofft, daß Pelops seine alte Schuld gesühnt habe. Pelops und Jolos treffen in der Heimat ein. Pelops hat Hippodamie im letzten Lager schlafend zurückgelassen, um seinen Vater zunächst allein auf sie vorzubereiten und um seine Frau Axiocha zu verstoßen. Er erzählt, was er auf der Reise erlebt hat. Ihr Anlaß war, in Delphi zu erfahren, ob und wie die Schuld seines Vaters gesühnt werden könne. Der dunkle Spruch des Orakels lautete: »Sünde nur tilgt Sünde.« Tantalos glaubt ihn zu verstehen: Da er einst bei den Göttern gegen die Gastfreundschaft gesündigt hat, könne er diese Schuld nur durch stete Gastfreundschaft mindern. Er nimmt Hippodamie als neue Schwiegertochter an, akzeptiert die Geschehnisse in Pisa und ist einverstanden, daß Axiocha verstoßen wird, auch deshalb, weil man glaubt, daß von ihr keine Nachkommen zu erwarten sind. Währenddessen ist Hippodamie erwacht und hat sich auf den Weg in den Palast gemacht. Sie begegnet Axiocha und beleidigt sie. Es kommt zum Streit zwischen beiden. Pelops erscheint mit Tantalos; er weist Axiochas Begrüßung ab und stellt Hippodamie seinem Vater als neue Schwiegertochter vor. Das Volk jubelt.

II. Akt, Hof im Königspalast in Argos: Boten aus Pisa sind zu Tantalos gekommen, um ihn zu bitten, von Piraten verwüstetem Land zu helfen. Hippodamie erfährt dies von Jolos. Sie ist ungehalten und eifersüchtig, daß sich Pelops mit seinem Vater berät und daß sie bei ihm weniger Vertrauen besitzt als Tantalos. Ihr Ehrgeiz ist es, die eigentliche Herrscherin zu sein. Pelops kommt und berichtet ihr von dem Hilfeersuchen aus ihrer Heimat. Sie wirft ihm vor, er habe sich ihr gegenüber verändert, während sie ihn noch immer leidenschaftlich liebe. Tantalos bekennt dem Volk seine alte Schuld. In jungen Jahren hat er gemeinsam mit seinem Freund Pandareus den Zeustempel auf Kreta ausgeraubt, danach den Freund um dessen Anteil betrogen und ermordet. Aber wie er später erfahren mußte, war es nicht sein Freund gewesen. Er hatte den Dolch in Wirklichkeit gegen einen Gott gerichtet, Zeus oder Poseidon, der Pandareus' Gestalt angenommen hatte. Wegen dieses besonderen Frevels und der damit verbundenen Verletzung der Gastfreundschaft gegenüber den Göttern wird er von den Erinnyen verfolgt. Durch besondere Gastfreundschaft wolle er nun diese Schuld abtragen: Jedem, der an den von ihm aufgestellten Altar schlägt, wird Asylrecht gewährt; an dieser den Rachegöttinnen geweihten Stelle soll jedes Unrecht geschlichtet und Versöhnung gestiftet werden. Fortan will er auf seine Herrscherwürde verzichten. Pelops verabschiedet sich von Hippodamie, um mit seinem Heer nach Pisa zu ziehen. Axiocha erscheint und schlägt an den Altar. Jolos bittet sie, wieder zu gehen, da Hippodamie sie mit Haß verfolge. Hippodamie erscheint und verbietet ihr das Haus. Auch Tantalos vermag nicht einzugreifen. Er erkennt in dieser neuen schwierigen Situation eine Strafe der Götter dafür, daß er sein Einverständnis gegeben hat, Axiocha fortzujagen. Axiocha verflucht das Haus und seine Bewohner. Tantalos wird erneut von den Erinnyen verfolgt.

III. Akt, 1. Bild, Saal im Palast: Hippodamie ist immer noch eifersüchtig auf Axiocha, da sie meint, Pelops werde diese nie vergessen können. Thoas, den Hippodamie ausgeschickt hat, um den Aufenthalt von Axiocha zu erkunden, berichtet ihr, daß diese ein Kind zur Welt gebracht und Unterkunft bei einem Seher gefunden habe. Hippodamie befiehlt Thoas, Mutter und Kind zu ihr zu bringen. Pelops ist zurückgekehrt und erfährt von Tantalos von den Vorfällen. Er erkennt, daß er gefehlt hat, als er Hippodamie geheiratet und Axiocha verstoßen hat. Es kommt zum Streit zwischen ihm und Hippodamie. Sie wirft ihm ungenügende Liebe vor; er ist eifersüchtig, daß sie vor ihm Myrtilos geliebt haben könnte als Gunsterweis für seine Hilfeleistung beim entscheidenden Wagenrennen gegen Oinomaos. Um dies zu ergründen, begibt sich Pelops zu einem Seher. 2. Bild, Wildnis, eine Hütte: Pelops verlangt von dem Seher Kontakt zu den Seelen im Hades. Zuerst ruft Pelops Oinomaos. Dieser verflucht ihn und gewährt ihm keine Möglichkeit zur erbetenen Sühne. Von Axiocha erfährt er, daß sie ein Kind haben; er verspricht, es zu beschützen. Myrtilos' Schatten kommt trotz dringenden Rufens nicht. Pelops weiß nun, daß jener noch lebt und in ihm ein furchtbarer Rächer existiert.

IV. Akt, Zimmer im Palast, Nacht: Thoas berichtet Hippodamie, daß er Axiocha tot aufgefunden und ihr Kind hergebracht habe, doch habe Tantalos es sogleich zu sich genommen. Hippodamie befiehlt Thoas, ihr das Kind zu bringen. – Tantalos versucht Hippodamie zu überreden, das Kind als ihr eigenes anzunehmen, aber sie lehnt ab. Pelops erscheint; Hippodamie verlangt von ihm die Tötung des Kinds. Er erkennt es jedoch als sein eigenes an und verspricht, es zu beschützen. Diese Entscheidung bedeutet für Tantalos die Sühne. Er stirbt gelöst in den Armen des Sohns.

**Smrt Hippodamie**
**Scénický melodram o čtyřech dějstvích**

**Hippodamias Tod**
Szenisches Melodram in 4 Aufzügen

**Text:** Jaroslav Vrchlický (eigtl. Emil Frida)
**Uraufführung:** 8. Nov. 1891, Nationaltheater, Prag
**Personen:** SprechR: Pelops, König von Elis; Hippodamie/Hippodamia, seine Gemahlin; Atreus und Thyestes, deren Söhne; Chrysippos, Sohn des Pelops und der Axiocha; Airopa, Tochter des Königs Eurystheus von Mykene; Myrtilos; ein Knabe, Myrtilos' Begleiter; ein Kampfrichter; ein Sänger. **Statisterie:** Volk, Kämpfer, Priester, Soldaten, Mädchen, Gesinde, Sklaven
**Orchester:** Picc, 2 Fl, 2 Ob, E.H, 2 Klar, B.Klar, 3 Fg, 4 Hr, 3 Trp, 3 Pos, Tb, Pkn, Schl (Trg, Bck, gr.Tr), 2 Hrf, Streicher; BühnenM: 2 Klar, Fg, 2 Hr, 2 Trp, 3 Pos
**Aufführung:** Dauer ca. 2 Std. 15 Min.

**Handlung:** In mythischer Zeit.
I. Akt, vor dem Königspalast in Olympia: Atreus und Thyestes, Hippodamies Söhne, und der schöne Chrysippos, Axiochas Sohn, lieben Airopa, die Tochter des Königs Eurystheus von Mykene, die als Geisel am Hof lebt. Hippodamie schürt die Eifersucht ihrer Söhne auf Chrysippos, der vom Vater bevorzugt wird. Zur Feier der 20jährigen Regierungszeit, die dem Land Frieden und Wohlstand gebracht hat, veranstaltet Pelops Spiele. Zum Gedenken an seinen Sieg über Oinomaos soll ein friedlicher Wettlauf stattfinden, an dem nur Männer aus dem Volk, keine Mitglieder des Königshauses teilnehmen dürfen. Thyestes hetzt Chrysippos gegen Atreus auf; er erzählt ihm, Atreus stelle Chrysippos Airopa gegenüber als Feigling dar. Um seinen Mut zu beweisen, eilt Chrysippos gegen das Verbot auf das Kampffeld, um am Rennen teilzunehmen. Atreus stürzt ihn nach, da er ihm einen Sieg mißgönnt. Die Spiele sind dadurch gestört und werden abgebrochen. Hippodamie versucht den erzürnten Pelops gegen seinen Lieblingssohn aufzuwiegeln; sie gibt diesem die Schuld am Abbruch des Rennens. Chrysippos ist verzweifelt, daß er sich so hat gehen lassen. Er wird vom blinden Greis Myrtilos angesprochen, der gekommen ist, um sich an Pelops und Hippodamie zu rächen. Myrtilos hat alle Gespräche mitgehört, er berichtet Chrysippos von der Intrige gegen ihn. Er will ihm auch aus der Vergangenheit des Vaters erzählen, wenn er ihn in seine Hütte begleitet.

II. Akt, Festsaal in Pelops' Palast: Airopa hat sich für Atreus entschieden. Pelops verzeiht Atreus und Chrysippos öffentlich, daß sie die Spiele gestört haben. Dann verkündet er die Verbindung zwischen Airopa und Atreus. Chrysippos fühlt sich von Airopa verraten und verflucht sie. Während des Mahls besingt ein Sänger Pelops' Sieg über Oinomaos. Poseidon habe ihm damals Psylon und Harpina, die schnellsten Pferde, geliehen, mit denen er gewinnen konnte. Da berichtet Chrysippos, daß der Sieg in Wahrheit durch

Betrug errungen worden sei. Pelops leugnet dies. Hippodamie ruft ihre Söhne zur Verteidigung ihrer Ehre auf. Sie erstechen Chrysippos. Im Sterben verzeiht er seinen Stiefbrüdern; er warnt Atreus, daß Airopa ihn genauso verlassen werde wie ihn selbst.
III. Akt, Saal im Palast: Pelops ist beunruhigt darüber, von wem wohl Chrysippos sein Wissen erhalten habe. Jolos ist dieser Frage inzwischen nachgegangen und hat herausgefunden, daß Chrysippos nach dem Wettkampf einen blinden Greis zu einer einsamen Hütte geführt hat. Zwischen Atreus und Airopa kommt es zu einer heftigen Auseinandersetzung. Er glaubt an Chrysippos' letzte Worte, daß sie dessen Geliebte gewesen sei. Thyestes nutzt die Situation aus und überredet Airopa, ihn zu heiraten und zu fliehen. Chrysippos' Leichnam wird auf einem Scheiterhaufen verbrannt. Pelops trauert um ihn. Er weiß, daß der Fluch des Oinomaos auf dem Haus lastet, hofft aber auf Sühne. Er will seine Söhne wegen des Brudermords bestrafen. Hippodamie setzt sich für die beiden ein. Er wirft ihr wieder die Geschehnisse um Oinomaos' Tod vor und glaubt, was Chrysippos erzählt hat, nämlich daß sie den Mord an ihrem Vater von Myrtilos mit Liebesgunst erkauft habe; nur von Myrtilos selbst aber kann Pelops die Wahrheit erfahren. Hippodamie ist tödlich beleidigt. Sie verlangt deshalb von Atreus, daß er den Vater tötet, um sie zu rächen. Sie sieht eine Gelegenheit dazu, wenn Pelops in der Nacht den blinden Greis aufsuchen wird. Pelops hält über seine Söhne öffentlich Gericht. Er verbannt beide so lange aus der Heimat, bis sie eine ihrer Untat gleichwertige gute Tat vollbracht haben.
IV. Akt, das Innere einer verkommenen Fischerhütte: Hippodamie und Atreus warten auf den Blinden. Atreus gibt sich diesem gegenüber als Chrysippos aus und erfährt von ihm, daß er Myrtilos ist. Myrtilos legt sich zur Ruhe. Atreus verabschiedet sich von der Mutter, um außer Landes zu gehen. Pelops und Jolos erscheinen. Hippodamie bittet Pelops erneut um Gnade für Atreus. Es kommt nochmals zum Streit um ihr Verhältnis zu Myrtilos. Sie versucht Pelops zu erdolchen, was Jolos verhindern kann. Pelops will von Myrtilos die Wahrheit wissen, doch dieser weigert sich, denn er will ihn weiter im Zweifel leben lassen. Pelops durchbohrt ihn mit seinem Schwert; im Sterben verflucht ihn Myrtilos erneut. Pelops will sich nun von Hippodamie trennen, der er endgültig mißtraut. Auch sie verflucht ihn und ersticht sich. Pelops weiß sich schuldbeladen und ahnt, daß er wie sein Vater Tantalos von den Erinnyen verfolgt werden wird.

**Entstehung:** Fibich begann mit der Arbeit an *Námluvy Pelopovy* am 13. März 1888 und schloß die Partiturniederschrift am 9. Mai 1889 ab. Um den Erfolg der Uraufführung auszunutzen, komponierte er den zweiten Teil der Trilogie sehr rasch. *Smír Tantalův* entstand vom 16. März bis 21. Okt. 1890. Auch bei *Smrt Hippodamie* überrascht der schnelle Arbeitsverlauf, der sicher auch auf die Besonderheit seiner melodramatischen Konzeption, in der das musikalisch nicht notierte Wort die dominierende Rolle spielt, zurückzuführen ist. Die Klavierskizze entstand vom 14. Jan. bis 10. März 1891, die Instrumentierung wurde bereits am 22. Juni 1891 abgeschlossen. Der Text wurde von Vrchlický für Fibich geschrieben beziehungsweise überarbeitet. Der dritte Teil (1883) und der erste Teil (1887) des Dramas lagen bereits vor, als Fibich seine Komposition begann. Nachdem Fibich *Námluvy Pelopovy* komponiert hatte, schrieb Vrchlický den zweiten Teil im Blick auf die melodramatische Konzeption und widmete diese neue Dichtung dem Komponisten; den bereits vorliegenden dritten Teil arbeitete er für Fibich um. Die Klavierauszüge mit tschechischem und deutschem Text (von Edmund Grün) erschienen sehr schnell. Sie enthalten Widmungen an wichtige Interpreten der Uraufführungen: *Námluvy Pelopovy* an Maruška Bittnerová, *Smír Tantalův* an Jakub Seifert und *Smrt Hippodamie* an den Dirigenten Adolf Čech.

**Kommentar:** Für die Komposition von *Hippodamie* spielten drei Gründe eine entscheidende Rolle: der Dichter Vrchlický, der mythologische Stoff und das Interesse an einer melodramatischen Konzeption. Bereits im vorausgegangenen Bühnenwerk, *Nevěsta messinská* (1884), ist in der dramatischen Vorlage der Bezug zur antiken Tragödie bewußt gestaltet. Diese Oper hatte Fibich nicht den erwarteten Erfolg gebracht. Deshalb zögerte er sechs Jahre, bis er sich zu einem neuen Werk für das Musiktheater entschloß. Inzwischen hatte er die Gattung des Melodrams für sich entdeckt und insgesamt sechs Konzertmelodramen, davon zwei mit Orchester, komponiert; zwei der Textvorlagen stammen von Vrchlický (*Královna Ema*, 1883; *Hakon*, 1888), eine dritte hat dieser nach Ferdinand Freiligrath ins Tschechische übertragen: *Pomsta Květin (Die Rache der Blumen*, 1877). Die *Hippodamie* direkt vorausgehende Komposition ist *Hakon*, in deren Text Vrchlický mit dem nordischen Helden seiner Dichtung auch an die Helden der altgriechischen Mythologie anknüpft. Dies Konzertmelodram mit Orchester bedeutet in Fibichs Auseinandersetzung mit diesem Genre einen Höhepunkt, eine Steigerung konnte nur die Komposition eines abendfüllenden szenischen Werks bilden. Fibich hat mit dem Bühnenmelodram *Hippodamie* wohl bewußt an die Tradition seines Landsmanns Benda angeknüpft. Dessen Melodramen *Ariadne auf Naxos* (1772) und *Medea* (1775), Werke, die in der frühen Geschichte dieser Gattung erfolgreich und vorbildhaft gewesen waren, hatte er 1875 als zweiter Kapellmeister am Interimstheater Prag in tschechischer Sprache aufgeführt. Mit seiner Trilogie führte er nun das szenische Melodram zu einem monumentalen Höhepunkt, und er weckte mit seinen Werken das Interesse am Melodram in der Tschechoslowakei beim Publikum und bei den Komponisten. In seiner Nachfolge entstanden Bühnen- (zum Beispiel Josef Suks *Pod Jabloní*, Prag 1902, und *Radúz a Mahulena*, Prag 1898) und zahlreiche Konzertmelodramen. Bei dem Wagnis, das Theater und das Publikum für ein abendfüllendes melodramatisches Werk zu interessieren, vertraute Fibich auf die Kraft und Wirkung der Dramenvorlage von

Vrchlický, einem gefeierten Dichter; er war die führende Persönlichkeit der um die Zeitschrift *Lumír* gescharten jungen Literaten, die unter den national orientierten literarischen Gruppen am stärksten kosmopolitische Tendenzen vertraten. Die wichtigsten Vorlagen für Vrchlický sind das knappe *Oinomaios*-Fragment von Sophokles, das er nach einer deutschen Übertragung wörtlich übersetzt und eingearbeitet hat, und die Überlieferung bei Apollodoros; doch hat er auch andere Traditionen des Mythos ergänzend einbezogen. So sind im dritten Teil die beiden gegensätzlichen Versionen für Veranlassung und Verlauf des Wagenrennens aus dem ersten Teil in den Berichten des Chrysippos und des Pelops einander gegenübergestellt. In Vrchlickýs Darstellung bilden Leidenschaft, Schuld und Sühne die Antriebskräfte des dramatischen Geschehens, das in den Gegensätzen einer barbarischen (Pisa) und einer hellenischen Welt (Kronos) und ihren spezifischen Anschauungs- und Verhaltensweisen versinnbildlicht wird. In Fibichs Musik ist die Verwurzelung in der deutschen Romantik (Robert Schumann, dessen Melodramen er studiert hatte; Richard Wagner) zu spüren. Nur gelegentlich, wie etwa in den an einen Furiant gemahnenden Rhythmen des Gelages im dritten Teil, ist ein Bezug zur böhmischen Folklore komponiert. Ein böhmischer Ton, wie er allerdings stärker in den national intendierten Kompositionen Bedřich Smetanas und Antonín Dvořáks zu hören ist, bestimmt auch manche seiner Wendungen. Fibichs Musik ist insgesamt eher lyrisch-verhalten als dramatisch-expressiv. Sie ordnet sich ganz dem Text unter, den sie beständig begleitet, dabei kommentiert, ausdeutet und auch tonmalerisch ausgestaltet. Der Orchesterklang ist klangfarblich sehr differenziert und wird auch gezielt zur Charakterisierung von Personen und Situationen eingesetzt. Die solistischen Sprechstimmen sind weder in der Höhenlage noch im Rhythmus fixiert; nur bei den Ensemblepartien (Männer- und Frauengruppen aus dem Volk) notiert Fibich einen einfachen Rhythmus in einer gesonderten Linie. Die einzelnen Akte sind, wie in seinen Opern, in musikalisch geschlossene Auftritte gegliedert, die ohne Unterbrechung ineinander übergehen. Die Art der motivisch-thematischen Bezugsfelder erinnert an Wagners Arbeit mit Leitmotiven. Sicher sind auch die großangelegte Konzeption und der Rückgriff auf ein mythisches Geschehen dem *Ring des Nibelungen* (1876) verpflichtet. Besondere Beachtung verdient ein Zitat von 18 Takten aus Glucks *Iphigénie en Tauride* (1782) in *Smrt Hippodamie* (III/5). Es weist über Vrchlickýs Dichtung hinaus, indem es, wie Fibich in seiner Anmerkung erläutert, das Schicksal von Orest und Iphigenie als Hoffnung auf Sühne einbezieht. Pelops ersehnt sich an dieser Stelle für sich und sein Geschlecht, daß die von einem Weib (Hippodamie) verursachte Schuld einst durch die Tat einer Frau gesühnt werde. Zugleich schafft Fibich eine Verbindung von der in *Hippodamie* verwirklichten Neubelebung der Antike zurück zur Tradition der Oper im Barock, wo Stoffe aus der griechischen Mythologie die selbstverständliche Textgrundlage der meisten Bühnenwerke bildeten. In der Geschichte des Melodrams bedeutet *Hippodamie* in ihrer Monumentalität zweifellos einen Extremfall und einen Höhepunkt. Daß die Rezeption außerhalb der Tschechoslowakei ausblieb, mag verschiedene Gründe haben. Zum einen hat sich Fibichs Musik hier insgesamt nicht durchsetzen können, da ihr die nationale Komponente, die ihr in der Tschechoslowakei zukommt, als Bedeutungsmoment fehlt. Zum andern stehen seine Kompositionen im Schatten der populärer gewordenen Werke Smetanas, Dvořáks und Janáčeks. Auch hat sich die Gattung des Melodrams auf der Bühne und im Konzert außerhalb des tschechoslowakischen Bereichs im 20. Jahrhundert als nicht tragfähig erwiesen. Nicht zuletzt ist der Text, dem im Melodram besonderes Gewicht zukommt, etwa in der deutschen Übertragung von Grün schwülstig überladen. Doch ist auch das Drama im Tschechischen nicht uneingeschränkt akzeptiert worden. Franz Kafka lehnte es ab (»Elendes Stück. Ein Herumirren in der griechischen Mythologie ohne Sinn und Grund [...] eine schlechte Dichtung«; Tagebuchnotiz vom 18. Dez. 1911); allerdings bezog er sich auf ein Experiment Jaroslav Kvapils, der die Trilogie 1911 gekürzt an einem Abend als reines Sprechstück herausbrachte. Andere wiederum betonen die Aussagekraft der Sprache Vrchlickýs. Bei allen ästhetischen und künstlerischen Vorbehalten jedoch hat *Hippodamie* in der Einheit von Text und Musik große Bedeutung in der Geschichte des Melodrams. Sie gehört zu Fibichs herausragenden Leistungen und enthält eine eingängige Musik von anspruchsvoller Qualität.

**Wirkung:** Die drei Teile von *Hippodamie* haben neben der gemeinsamen Rezeptionsgeschichte auch jeweils ihre eigene, denn sie wurden oft als Einzelstücke inszeniert. Die Uraufführung von *Námluvy Pelopovy* war ein überraschender Erfolg, wie auch Josef Bohuslav Foerster, damals Musikkritiker der *Národní listy*, berichtet. Die Kritik betonte auch, daß Vrchlickýs Drama ohne Fibichs Musik nicht mehr vorstellbar sei. Die für Schauspieler ungewohnten Schwierigkeiten, im Sprechtempo und im Vortrag beständig auf die Musik einzugehen, waren in intensiver Probenarbeit gelöst worden. Das Ensemble der Uraufführung bestand aus den besten Kräften des Theaters: Josef Šmaha (Oinomaos), Bittnerová (Hippodamie), Jiří Bittner (Myrtilos), Seifert (Pelops), Eduard Vojan (Rufer), Alois Sedláček (Jolos), František Chlumský (Wächter), Karel Šimanovský und Pravoslav Řada (Chorführer), Josef Chramosta und František Karbus (Kampfrichter); Regie: Šmaha, Bühnenbild: Robert Holzer, Dirigent: Čech. Die Mitwirkenden hatten zum Teil schon früher bei Aufführungen von Konzertmelodramen Fibichs mitgearbeitet, so etwa Šmaha, Seifert und Čech bei der Premiere von *Hakon*, und besaßen daher entsprechende Erfahrungen. Viele von ihnen waren dann auch bei den folgenden Teilen der Trilogie beteiligt und haben sich über Jahrzehnte für dies Werk eingesetzt, so daß sich eine eigene Besetzungstradition gebildet hat. So wirkten bei der Uraufführung von *Smír Tantalův* mit:

Šmaha (Tantalos), Seifert (Pelops), Ludmila Danzerová (Hippodamie), Hana Kvapilová (Axiocha), Sedláček (Jolos), Josef Havelský (Thoas), Řada (ein Seher), Adolf Pštross und Vojan (Chorführer); Regie: Šmaha, Bühnenbild: Holzer, Dirigent: Čech. Die Uraufführungsbesetzung von *Smrt Hippodamie* war: Šimanovský (Pelops), Otilie Sklenářová-Malá (Hippodamie), Šmaha (Myrtilos), Seifert (Chrysippos), Vojta Slukov (Atreus), Bittner (Thyestes), Ludmila Matějovská (Airopa), Sedláček (Jolos); Regie: Seifert, Bühnenbild: Johann Kautský. Als Ganzes wurde die Trilogie erstmals am 16.–18. Febr. 1893 aus Anlaß des 40. Geburtstags von Vrchlický aufgeführt. Der erste Teil von *Hippodamie* ist besonders erfolgreich gewesen. Schon im Uraufführungsjahr hatte *Námluvy Pelopovy* die für ein neues Werk damals ungewöhnliche Zahl von elf Vorstellungen erreicht. Es schien sich zunächst auch ein internationaler Erfolg anzubahnen. Das Werk wurde vom Prager Nationaltheater neben Smetanas *Prodaná nevěsta* (1866) und Dvořáks *Dimitrij* (1882) als Beitrag für die Internationale Musik- und Theaterausstellung 1892 in Wien ausgewählt. Die Aufführung im Prater in tschechischer Sprache wurde von der Wiener Kritik positiv aufgenommen, doch galt das Interesse mehr dem Text als der Musik. 1924 wurde das Werk erneut in Wien (Volksoper) aufgeführt (deutsch von Grün; mit Ferdinand Onno, Hans Marr und Marie Guttmann; Dirigent: Leo Kraus, Regie: Renato Mordo). 1893 wurden in Antwerpen *Námluvy Pelopovy* in flämischer Sprache unter dem Titel *Pelops* und *Smír Tantalův* inszeniert. Trotz des anfänglichen Interesses wurde *Námluvy Pelopovy* erst wieder 1905 ins Programm des Prager Nationaltheaters aufgenommen; Šmaha, der Oinomaos-Darsteller der Uraufführung, beendete mit dieser Rolle seine Bühnenlaufbahn. Bei der nächsten Einstudierung 1923 versuchte der Regisseur Karel Hugo Hilar, der sich verschiedentlich mit antiken Stoffen auseinandergesetzt hatte, expressionistische Tendenzen im Ausdruck verstärkt herauszuarbeiten und die Sprache vom Klang der Musik her zu dramatisieren. Erwähnenswert ist die Aufführung von *Hippodamie* unter schwierigen Bedingungen 1944 im Theater des Prager Stadtteils Královské Vinohrady unter Mitwirkung eines Amateurorchesters (Dirigent: Iša Krejčí); das zeigt die Wichtigkeit dieses Werks innerhalb der nationalen Kultur. Nach dem zweiten Weltkrieg wurde die Trilogie am Prager Nationaltheater mit breitem Publikumserfolg gespielt, zunächst 1950 *Námluvy Pelopovy* mit zahlreichen Reprisen. Das gesamte Werk wurde 1960/61 (Dirigenten: Jaroslav Krombholc und Josef Kuchinka) und zuletzt 1975 (diese Inszenierung fast 200mal) erfolgreich aufgeführt (Dirigenten: Ladislav Simon und Jan Tichý, Regie: Karel Jernek). Wichtige Aufführungen außerhalb Prags waren in jüngster Zeit *Námluvy Pelopovy*, Pilsen 1961, und *Smrt Hippodamie*, Reichenberg 1983.

**Autograph:** Museum české hudby Prag. **Ausgaben:** *Námluvy Pelopovy:* Kl.A, tschech./dt. Übers. v. E. Grün: Urbánek, Prag 1890, Nr. 519; Kl.A, rev. v. J. Jindřich: Orbis, Prag 1952, Nr. EO 370; *Smír Tantalův:* Kl.A, tschech./dt. Übers. v. E. Grün: Urbánek, Prag 1891, Nr. 610; Kl.A, rev. v. J. Jindřich: Statni nakladatelství, Prag 1953, Nr. H 1186; *Smrt Hippodamie:* Kl.A, tschech./dt. Übers. v. E. Grün: Urbánek, Prag 1891, Nr. 683; Kl.A, rev.: Statni nakladatelství, Prag 1957, Nr. H 2118. **Aufführungsmaterial:** Dilia, Prag
**Literatur:** H. PALLA, ›Hippodamia‹; trilogie melodramat, Prag 1894; Z. NEJEDLÝ, Z. F., zakladatel scénického melodramatu, Prag 1901; J. B. FOERSTER, Der Pilger. Erinnerungen eines Musikers, Prag 1951, S. 460–462; M. SOUČKOVA, The Parnassian Jaroslav Vrchlický, in: Slavistic Printings and Reprintings, Bd. 40, London, Den Haag, Paris 1964; M. ZENKLOVÁ, ›Hippodamie‹ Jaroslava Vrchlického a Z. F., Diss. Olmütz 1964; Dějiny českého divadlo, Bd. 3, Prag 1977, Bd. 4, Prag 1983; V. HUDEC, F.s ›Hippodamie‹ – ein tschechischer Beitrag zur Ästhetik des szenischen Melodrams, in: Colloquium »The Musical Theatre« Brno 1980, Brünn 1984, S. 292–298; weitere Lit. s. S. 199

*Peter Andraschke*

## Bouře
### Zpěvohra o třech jednáních

### Der Sturm
### Oper in 3 Akten

**Text:** Jaroslav Vrchlický (eigtl. Emil Frida), nach der Komödie *The Tempest* (1611) von William Shakespeare
**Uraufführung:** 1. März 1895, Nationaltheater, Prag
**Personen:** Alonso, König von Neapel (Bar); Sebastiano, sein Bruder (T); Fernando, sein Sohn (T); Antonio, Usurpator von Mailand und Prosperos Bruder (T); Gonzalo (Bar) und Adriano (B), Höflinge; Prospero, Zauberer und ehemals Herzog von Mailand (Bar); Miranda, seine Tochter (S); Kaliban (B); Trinkulo (T) und Stefano (B), Abenteurer; Ariel (S). **Chor:** Geister, Seeleute und Gefährten
**Orchester:** 3 Fl, 3 Ob, 3 Klar, 3 Fg, 4 Hr, 3 Trp, 3 Pos, Tb, Pkn, Schl (kl.Tr, gr.Tr, Bck, Trg, Glsp), 2 Hrf, Streicher
**Aufführung:** Dauer ca. 2 Std. 30 Min.

**Entstehung:** Bereits lange vor Entstehung der Oper inspirierte Shakespeares Alterswerk *The Tempest* Fibich zu der programmatischen symphonischen Dichtung *Bouře*, die als Schauspielouvertüre erstmals am 22. Mai 1880 im Neuen Tschechischen Theater Prag aufgeführt wurde. Jahre später, nach Beendigung der großen Melodramtrilogie *Hippodamie* (1890/91), entschloß sich Fibich zur Komposition einer Märchenoper nach dem Shakespeare-Stoff und entschied sich schließlich für die librettistische Bearbeitung des zeitgenössischen Dichters Vrchlický, der ihm bereits früher Übersetzungen oder eigene Texte zu mehreren Melodramen (darunter *Královna Ema*, 1883, *Hakon*, 1888, und *Hippodamie*) geliefert hatte. Die Komposition der Oper, 1893 begonnen, wurde am 19. Okt. 1894 abgeschlossen.

**Handlung:** Auf einer verzauberten Insel im Mittelmeer, in märchenhafter Zeit.

I. Akt, Prosperos Wohnsitz, im phantastischen Stil gebaut, mit Ausblick auf das Meer, Sturm: Prospero beobachtet ein mit den Wellen kämpfendes Schiff. Seine Tochter Miranda leistet ihm Gesellschaft und erfährt, daß Prospero einst Fürst von Mailand war, vor zwölf Jahren aber von seinem jüngeren Bruder Antonio und dessen Mitverschworenem Alonso, dem König von Neapel, entmachtet, mit Miranda in einem Boot ausgesetzt und auf diese einsame Insel verschlagen wurde. Durch das Studium der Bücher, die der gute und barmherzige Höfling Gonzalo damals heimlich ins Boot schaffen konnte, ist Prospero zum Gelehrten und mächtigen Zauberer geworden, der die geheimen Kräfte der Natur nutzte und den dummen, rohen Kaliban, den ursprünglichen Herrscher der Insel, unterwerfen und die guten Geister der Insel und deren König Ariel aus der Gewalt von Kalibans Mutter, der Hexe Sycorax, befreien und sich dienstbar machen konnte. Mit Hilfe seiner Zauberkunst hat Prospero nun einen Sturm entfacht und jenes Schiff in seine Gewalt gebracht, das seinen Bruder Antonio sowie Alonso, dessen Sohn Fernando, Alonsos Bruder Sebastiano und Gonzalo trägt. Sein Plan ist, als Herzog von Mailand rehabilitiert zu werden und zugleich für das zukünftige Glück seiner Tochter Miranda zu sorgen. Mit Mühe können sich die Schiffbrüchigen ans Ufer retten und werden nun von Ariel und seinen Geistern in die Irre geführt. Prospero, unter seinem Zaubermantel verborgen, beobachtet zufrieden den Mummenschanz der Geister, der die Schiffbrüchigen narrt. Fernando aber findet zu Prosperos Wohnsitz und begegnet Miranda. Schon ergreift er verliebt ihre Hand, da trennt Prospero die beiden und ermahnt Fernando, sich erst einer Prüfung seiner Tugenden zu unterziehen, um sich Mirandas würdig zu erweisen. Fernando willigt ein.

II. Akt, tiefer tropischer Wald: Im ersten Teil seiner Prüfung muß Fernando als Holzfäller arbeiten. Er klagt über die ungewohnte schwere Arbeit und trauert um seinen vermeintlich ertrunkenen Vater. Miranda tröstet den erschöpften Prinzen und verspricht zu helfen. Die beiden bekennen einander ihre Liebe. Als sie sich aber küssen wollen, greift Prospero ein, der im Schutz seines Zaubermantels die beiden wohlwollend beobachtet hat, und schickt die Verliebten zum Haus zurück, wo auf Fernando eine neue Aufgabe wartet. Stefano und Trinkolo, zwei rohe Burschen und Abenteurer, sind ebenfalls dem Sturm entronnen und werden von Kaliban, der sich als rechtmäßiger König der Insel ausgibt, dazu überredet, Prospero zu ermorden, um so Kaliban wieder zur Macht zu verhelfen. Zum Lohn sollen sie Minister werden. Schon eilen die Kumpane fort, ohne zu ahnen, daß sie von Ariel belauscht wurden. Dieser führt die Schiffbrüchigen herbei, die sich vor Erschöpfung kaum noch auf den Beinen halten können. Auf seinen Befehl stellen die Geister ein Zelt mit reich gedeckter Tafel auf; aber als die Hungrigen nach den Speisen und Getränken greifen, wird es plötzlich finster, und unter Donnergetöse versinken Tisch und Zelt in der Erde. Prospero erscheint auf einem von zwei Drachen und Kaliban gezogenen Höllenwagen und kündigt weitere Strafen

*Bouře*, I. Akt; Stanislav Muž als Prospero; Regie: Ferdinand Pujman, Bühnenbild: Vlastislav Hofman; Nationaltheater, Prag 1937. – Nach einer kubistischen und konstruktivistischen Frühphase lassen Hofmanns Bühnenbilder seit den 30er Jahren die Hinwendung zu einem gemäßigten Realismus erkennen.

an. Schuldbewußt flehen die Gepeinigten Prospero um Verzeihung an, aber dieser hebt seinen Zauberstab und quält sie mit Wahnbildern. Alonso muß außerdem hören, daß Fernando ertrunken sei. Nur Gonzalo bleibt verschont; er darf zu Prospero in den Wagen steigen und entschwindet in die Höhe, umringt von allen Erd-, Luft-, Feuer- und Wassergeistern.
III. Akt, Prosperos Wohnung mit alchimistischen Gerätschaften und Büchern: Auf Anordnung Prosperos spielen Fernando und Miranda Schach. Ausdauer und Selbstbeherrschung des Liebespaars werden dabei auf die Probe gestellt, denn die beiden dürfen sich zu keiner Liebesäußerung hinreißen lassen und müssen zudem den verführerischen Einflüsterungen der Geister widerstehen. Schon wollen die beiden in ihrer Verliebtheit das Verbot überschreiten, da greift Ariel ein und schürt einen Streit zwischen ihnen. Die Prüfung ist bestanden; Prospero begrüßt Fernando als künftigen Sohn. Kaliban, Stefano und Trinkulo schmieden erneut Mordpläne, aber der wachsame Ariel sorgt dafür, daß sie in Streit geraten und sich verprügeln; dann läßt er sie von Höllenhunden hinausjagen. Prospero nimmt Abschied von der Insel und läßt sein Haus und alles, was er hier geschaffen hat, verschwinden. Er verzeiht allen, die sich einst gegen ihn verschworen haben, auch Kaliban, Stefano und Trinkulo, und Alonso kann den totgeglaubten Sohn in die Arme schließen. Zuletzt dankt Prospero Ariel und den guten Geistern und entläßt sie aus seinen Diensten; dann besteigt er mit den Seinen das Schiff und bricht nach dem heimatlichen Italien auf.

**Kommentar:** Fibichs Bühnenwerke der 80er Jahre sind durch sein Interesse am antiken Drama geprägt und zielen in strenger künstlerischer Disziplin auf Objektivität und dramatische Folgerichtigkeit. Unter dem Einfluß der literarischen Moderne vollzieht sich Anfang der 90er Jahre ein entscheidender Stilwandel, der Fibich zu künstlerischem Subjektivismus führt und sich musikalisch in den Werken seiner letzten Schaffensphase (*Bouře*, *Hedy*, Prag 1895, *Šárka*, 1897, und *Pád Arkuna*, Prag 1898) auf charakteristische Weise niederschlägt. Die Musik wird sinnlich und gefühlsbetont, großräumige Stimmungsbilder werden in atmosphärischen Klangflächen ausgespielt und die Gefühlswandlungen der Gestalten psychologisierend gedeutet. Wie sehr sich Fibich zu Shakespeare hingezogen fühlte, belegen bereits seine symphonischen Dichtungen *Othello* (1873) und *Bouře*. *Bouře* ist Fibichs einzige nichttragische Oper, und das zauberische, irreale Sujet, in dem die Macht des Geists und der Liebe über alle bösen Gewalten siegt, entspricht seinen damaligen Lebensumständen. Zwei wichtige musikalische Motive, das des Sturms (Vorspiel zum I. Akt) und das der aufflammenden Liebe Fernandos (II. Akt, Anfang), sind der symphonischen Dichtung *Bouře* entnommen; motivisches Material, besonders für die Liebesszenen, zog der Komponist aber auch aus seinem Klavierzyklus *Nálady, dojmy a upomínky* (*Stimmungen, Eindrücke und Erinnerungen*, 1894), einer Art musikalischem Tagebuch, in dem sich seine Freundschaft mit der Schriftstellerin und Literaturkritikerin Anežka Schulzová künstlerisch niederschlug. Schulzová schrieb die Libretti zu Fibichs letzten drei Opern, erstellte Klavierauszüge seiner Orchesterkompositionen und verfaßte nach seinem Tod die erste Fibich-Monographie. Möglicherweise war sie es, die das Libretto von *Bouře* ins Deutsche übertrug. Alle Hauptgestalten des Werks sind mit charakteristischen Motiven bedacht: Fernandos Motiv klingt ritterlich, doch ohne heldenhaftes Pathos, Mirandas ist zart und süß, Prospero wirkt erhaben und majestätisch, aber auch geheimnisvoll; Kalibans polterndes Motiv illustriert perfekt das Tragikomische dieser Kreatur. Ariel und seinen Geistern ist kein Leitmotiv zugeordnet, sondern eine sich ständig wandelnde, farbenreiche sphärische Musik. Insgesamt ist das Werk in eine spätromantische Klangsprache gehüllt, die humoristische, in den Szenen mit Kaliban und den Zechkumpanen Stefano und Trinkulo geradezu groteske Züge aufweist und den abgeklärt-heiteren Grundzug von Shakespeares Komödie zu treffen weiß. Im musikalischen Stil verrät sie, wie alle Opern Fibichs, die Nähe zu den bewunderten Vorbildern Bedřich Smetana und Robert Schumann.

**Wirkung:** Nach der Uraufführung wurde die Oper noch 14mal mit Erfolg gespielt. Mehrere Neuinszenierungen am Prager Nationaltheater (1912 dirigiert von Bohumír Brzobohatý, 1920, 1925 und 1935 von Otakar Ostrčil) haben dem Werk einen Platz im tschechischen Repertoire gesichert. *Bouře* wird noch heute auch an slowakischen Bühnen gezeigt.

**Autograph:** Museum české hudby Prag. **Ausgaben:** Kl.A, tschech./dt.: Urbánek, Prag o.J. **Aufführungsmaterial:** Dilia, Prag
**Literatur:** s. S. 199

*Věra Vysloužilová*

## Šárka
Zpěvohra o třech jednáních

## Šárka
Oper in 3 Akten

**Text:** Anežka Schulzová
**Uraufführung:** 28. Dez. 1897, Nationaltheater, Prag
**Personen:** Fürst Přemysl/Przemysl (Bar); Ctirad (T); Vitoraz, ein Priester (B); Vlasta (Mez), Libina (S), Svatava (S), Mlada (S), Radka (Mez), Častava (A), Hosta (A) und Šárka (S), Mädchen aus dem Rat Libussas. Chor: Greise, Edle, Wladikas, 12 Priester, Jünglinge, gefangene Frauen, Mädchen, Erscheinungen der erschlagenen Mädchen
**Orchester:** Picc, 2 Fl, 2 Ob, E.H, 2 Klar, B.Klar, 2 Fg, 4 Hr, 3 Trp, 3 Pos, Tb, Pkn, Schl (Bck, Trg), 2 Hrf, Streicher; BühnenM hinter d. Szene: Hr
**Aufführung:** Dauer ca. 2 Std. 30 Min.

**Handlung:** Nach Libussas Tod.
I. Akt, Opferhain nahe am Vyšehrad, Morgendämmerung: Vlasta erwartet ihre Mädchen, die nach Libussas Tod von der Regierung des Lands ausgeschlossen

wurden. Als erste erscheint Šárka; sie ermuntert Vlasta zu hartem Widerstand gegen die Männer. Die Mädchen versammeln sich und schließen sich Šárkas Meinung an. Fürst Přemysl kommt mit seinem Gefolge, um die Regierungsübernahme im Gedenken an Libussa mit einem Festopfer zu heiligen. Zum allgemeinen Entsetzen wird der Ritus von Šárka gestört, die den Opferbrand auseinanderreißt. Ctirad fordert daraufhin ihren Tod. Vlasta erläutert die Gründe für die Tat und bittet den Fürsten um die Erneuerung alter Rechte. Er lehnt ab, schenkt jedoch Šárka das Leben. Šárka fordert Ctirad zum Kampf; dieser lehnt spöttisch ab. Daraufhin erklären die Beleidigte und ihre Genossinnen den Männern den Krieg.

II. Akt, dichter Wald in der Nähe des Maydenbergs: Unter einer riesigen Eiche versammeln sich die Mädchen und berichten Vlasta über die Kämpfe. Libina kommt mit den gefangenen Frauen und erzählt, sie sei von Ctirad verfolgt worden. Šárka hofft, dies zur Rache nutzen zu können. Sie läßt sich an die Eiche binden, befiehlt den Mädchen, sich im Hintergrund zu verbergen und auf ein Hornsignal zu warten. Im Mondschein hört man Ctirad singen. Šárka täuscht vor, sie sei von den Mädchen zum Tod verurteilt worden. Ctirad befreit sie; die Begegnung läßt beide ihre Liebe zueinander erkennen. Šárka enthüllt ihm die List, Ctirad ruft mit dem Horn die Mädchen, kämpft mit ihnen, wird gefangengenommen, doch sein Leben wird durch Šárkas Einspruch gerettet.

III. Akt, felsiges Tal am linken Moldauufer, Nacht: Ctirad soll hingerichtet werden. Šárka führt Přemysl und sein Heer insgeheim zum Richtplatz, um Ctirad zu retten. Die Mädchen führen den Gefesselten herbei und bereiten den Richtpfahl vor. Šárka bekennt ihre Liebe zu Ctirad und bittet um Freiheit für ihn und sich selbst. Sie wird abgewiesen und wie er zum Tod verurteilt. Doch auf ihr Zeichen greift Přemysls Heer ein, die Mädchen werden erschlagen. Ctirad und Šárka bleiben allein. Ein Sturm bricht los, in den Wolken erscheinen die Schatten der Erschlagenen, und Šárka wird von ihren Stimmen in den Tod getrieben.

**Kommentar:** Nicht nur hinsichtlich der Fabel und der offenbar programmatischen Rückgriffe auf idiomatische Elemente des großen Vorgängers erscheint Fibich in diesem Werk als Bedřich Smetanas Nachfolger, der die neuromantisch orientierte Auseinandersetzung mit dem tschechischen Mythos nun im Bereich des Tragischen zu bewältigen versucht. In *Šárka* kommt jener geschichtliche Augenblick zum Ausdruck, in dem die Entdeckung von Heinrich von Kleists *Penthesilea* (Tondichtung von Hugo Wolf, 1883, Inszenierung in München 1892) den sich ins Psychologisieren stürzenden Partituren nach Wagners *Tristan und Isolde* (1865) einen gebührend breiten mythischen Hintergrund verschafft. Dieser Intention sind schon die drei abendfüllenden Teile von *Hippodamie* (1890/91) gefolgt, wo sich Fibich auf die monumentalisierte Form des szenischen Melodrams gestützt hat. So versucht nun *Šárka* den erotischen Gedanken innerhalb der Dramaturgie als einen Punkt zu situieren, der stark genug ist, die Formdimensionen mit entsprechender zentripetaler Kraft zusammenzuschließen. Die mächtige, über zwei Drittel des II. Akts sich erstreckende Liebesszene wird der Wendepunkt, auf den alles hinzielt und aus dem das Geschehen seine Tragik entfaltet. Hier eröffnet die Partitur die Wahrheit des Mythos, indem sie die Innigkeit von einer Gewalt amalgamieren läßt, die den gesetzten und entwickelten Elementen des rituellen und zeremoniellen Handelns innewohnt. Durch diese Verankerung wurden vorher die pseudohistorisch getarnten Züge der aktuellen nationalen Ideologie gebändigt und ebenso wie die zahlreichen erzählerischen Momente und die pointiert dekorative Pracht der Szene und des Klangs in eine organisch strukturierende Kraft umgemünzt. Diese Verankerung ist es auch, die dem dicht gewobenen Doppelspiel des Finales, wo die Konfliktreihe nun ihre sämtlichen Implikationen in der Kontroverse zwischen Liebe und Pflicht vereint, den großen Atem verleiht. Fibich leitet dabei in diesen Strom eine innere Linie ein, die aus den durchaus konsequent durchgeführten Zuordnungen von individueller Aktion und verdichtender Kraft der Chöre beziehungsweise chorartig gefaßten Ensembles resultiert und das bewegende Pathos in der inneren wie der äußeren Welt zu stiften weiß. Als bevorzugtes Instrument gestaltet sie die Übergänge zwischen den beiden Bereichen und läßt so den von ihr getragenen lyrischen Strom quer über die mächtigen Szenenblöcke zur Geltung kommen. Aus ihm schöpfen die geschlossenen Formen innerhalb der leitmotivisch durchkomponierten Struktur ihre organische Fügung, durch seine Wirkung gewinnt das große lyrische Zentrum den Charakter eines dichten, aus dem Innern der Gesamtentwicklung sich zusammenziehenden Knotens. Von vornherein wird dieser Strom von einem erregt schwebenden, zur höchsten Transzendenz sich emporhebenden Rausch durchtränkt, von jener ahnungsvollen Unruhe, mit der jede tiefe Sehnsucht ihren eigenen Untergang in sich selbst spürt und von der aus auch der unaufhaltsame Sturz in die Katastrophe wiederum von innen heraus ins Werk gesetzt wird. Daß diese mit großem Zug bis an den tragischen Entflechtungspunkt geführte Dramaturgie an dem kathartischen Epilog scheitert, liegt wohl in der Absicht begründet, den unheilbaren Bruch nochmals durchzuführen, um damit die lyrische Sphäre endgültig zu zerstören. Durch eine fast naturalistisch beschreibende, von isoliert aufgehäuftem motivischen Gut beherrschte Eindimensionalität bricht in diesen letzten 224 Takten nicht nur die innere Welt der Helden, sondern auch die Großform auseinander, so daß sie nicht einmal durch die eingesetzten Chorsätze zusammenzuschließen war und den eigentlichen Schluß als wunden Punkt erscheinen läßt. Diese Dramaturgie und ihre hervorragende Bedeutung für die Gestaltung des tschechischen Sprechgesangs fanden bald bei Antonín Dvořák und insbesondere bei Leoš Janáček eine klar bejahende Bewertung. Janáček, der diesen Stoff schon 1888/89 komponiert hatte (*Šárka*, 1925), hat sich mit Fibichs Werk kritisch auseinandergesetzt. Sein 1899 verfaßter Beitrag war fast ausschließlich dem Epilog gewidmet.

**Wirkung:** *Šárka* ist Fibichs bedeutendstes Spätwerk und wirkte in seiner lyrisch-melodischen, dem Gestus der natürlichen Wortsprache nachempfundenen Behandlung der Singstimmen stilprägend. Die Oper wurde in der Tschechoslowakei mit großem Erfolg gespielt und ist in Prag vielfach wiederaufgenommen worden, unter anderm 1903, 1910, 1917, 1926 und 1938.

**Autograph:** Skizze u. Part: Museum české hudby Prag. **Ausgaben:** Part: Dilia, Prag; Kl.A: Urbánek, Prag 1897, Nr. U 998; Kl.A, dt. Übers. v. A. Schulzová: ebd. 1944, Nr. 998a; Kl.A, krit. Ausg. v. J. Hanuš: Orbis, Prag 1950, Nr. 180. **Aufführungsmaterial:** Dilia, Prag
**Literatur:** s. S. 199

*Ivan Vojtěch*

# Valentino Fioravanti

Geboren am 11. September 1764 in Rom, gestorben am 16. Juni 1837 in Capua (Kampanien)

## Le cantatrici villane
Dramma giocoso in due atti

### Die Dorfsängerinnen
2 Akte (4 Bilder)

**Text:** Giuseppe Palomba
**Uraufführung:** Jan. 1799, Teatro dei Fiorentini, Neapel
**Personen:** Rosa, Bäuerin, vermeintliche Witwe Carlinos (S); Carlino, Rosas Mann, ein junger Soldat, sehr geistvoll (T); Don Bucefalo, Kapellmeister, furchtsam und ungebildet (B); Don Marco, wohlhabender Gichtkranker, dummer Musikdilettant (B); Agata, Gastwirtin (S); Giannetta, ein Dorfmädchen (S); Giansimone, Kellner in Agatas Gasthaus (T). **Chor:** Bauern, Soldaten. **Statisterie:** Musikanten, Häscher, Kellner, Träger
**Orchester:** 2 Fl, 2 Ob, 2 Klar, 2 Fg, 2 Hr, 2 Trp, Pkn, Streicher
**Aufführung:** Dauer ca. 2 Std. 30 Min.

**Handlung:** In Frascati (bei Rom).
I. Akt, 1. Bild, Dorfplatz, auf der einen Seite Agatas Gasthaus und Eingang zu Giannettas Garten, auf der andern die Häuser Rosas und Don Marcos: Rosa, vermeintliche Witwe von Carlino, Agata, die Gastwirtin, und Giannetta besingen die Liebe in Frascati und werden von Bucefalo, einem Kapellmeister, wegen ihres Gesangs sehr gelobt. Er verspricht Rosa und Agata, aus ihnen berühmte Sängerinnen zu machen, und will auch Giannetta und den Kellner Giansimone, der sich aufs Reimemachen versteht, mitnehmen. Beide, Rosa und Agata, fühlen sich bereits als Primadonnen und Rivalinnen. Der alte Don Marco, Schüler Bucefalos, von Gicht geplagt und ein Dilettant in musikalischen Dingen, will wie sein Lehrer eine Witwe heiraten: Rosa, so stellt sich später heraus. Da kommt Carlino in Soldatenkleidung und mit falschem Bart und sucht seine Frau. Bucefalo und Marco ängstigen sich. Carlino stellt beide zur Rede und fragt sie nach Rosa aus. Marco bittet den Unbekannten um Hilfe, Rosa als Frau zu gewinnen, und verspricht ihm ein großzügiges Geschenk. Rosa nimmt in ihrem Haus eine Gesangsstunde bei Bucefalo, die von dem eifersüchtigen Carlino, der sich noch immer nicht zu erkennen gibt, natürlich mißverstanden wird. 2. Bild, Bauernstube mit Fässern und andern ländlichen Gegenständen: Bucefalo sucht Rosa auf. Noch bevor er mit ihr ins Gespräch kommt, klopft Marco an die Tür und bittet um Einlaß. Rosa fürchtet um ihren Ruf und fordert Bucefalo auf, sich in einem der Fässer zu verstecken. Marco macht Rosa einen Heiratsantrag, den sie jedoch zurückweist. Da verlangt plötzlich Carlino Einlaß. Marco kann sich gerade noch in einem Faß verstecken, bevor Carlino das Zimmer betritt und um Quartier bittet. Rosas Ausflüchte, als alleinstehende Frau könne sie keinen Soldaten aufnehmen, werden entlarvt, als Agata und Giannetta aus Eifersucht verraten, daß kurz zuvor Bucefalo und Marco das Zimmer betreten haben. Das Erstaunen ist groß, als die beiden nacheinander hervorkommen. Carlino ist wütend, kann sich jedoch gerade noch beherrschen.
II. Akt, 1. Bild, Straße: Agata und Giannetta haben das Landleben satt und benehmen sich wie Primadonnen. In Rosas Haus soll eine Oper aufgeführt werden. Giansimone unterrichtet Carlino von diesem Unternehmen. Carlino, der immer noch glaubt, Rosa liebe Bucefalo, ist todunglücklich und will seine Heimat verlassen, fordert aber zuvor noch Bucefalo zum Duell, dem sich der Kapellmeister durch rasche Flucht gerade noch entziehen kann. 2. Bild, die Bauernstube: Rosa und Agata kämpfen um die Hauptrolle. Die Probe beginnt, wird jedoch von Carlino und den Bauern gestört. Zunächst kann sie fortgesetzt werden,

*Le cantatrici villane*; Bianca Maria Casoni, Adriana Martino und Edith Martelli als Dorfsängerinnen; Regie: Corrado Pavolini; Piccola Scala, Mailand 1961.

doch plötzlich gibt Carlino seinen Kameraden ein Zeichen und zettelt einen Aufruhr an. Giannetta holt Soldaten zu Hilfe. Die Aufregung löst sich in Wohlgefallen auf, als Carlino sich als Rosas Gatte zu erkennen gibt. Bucefalo und Marco verzeihen Carlino, und die Soldaten werden weggeschickt. Die Probe geht weiter.

**Kommentar:** Fioravantis Ruhm beruht auf seinen Opere buffe, deren Lebhaftigkeit und Vis comica unbestritten sind. Die Harmlosigkeit seiner Charaktere spiegelt sich in *Le cantatrici villane* wider. Die realistische Bühnenwirkung stützt sich auf den ursprünglichen Humor, der manchmal in Grobheit ausartet, und tritt besonders an den Parlandostellen hervor, die sich über ostinaten Orchestermotiven entwickeln. Domenico Cimarosa, der als Meister dieser Technik galt, gestand einmal, es sei ihm nicht leichtgefallen, mit Fioravantis Parlandotechnik zu wetteifern und echte Komik zustande zu bringen.

**Wirkung:** *Le cantatrici villane* waren Fioravantis größter Erfolg und eine der populärsten komischen Opern dieser Epoche. Als einaktige Version (der Text wurde von Giuseppe Foppa adaptiert) wurde die Oper unter dem Titel *Le virtuose ridicole* 1801 in Venedig aufgeführt. In viele Sprachen übersetzt, traten die *Cantatrici* ihren Siegeszug durch ganz Europa an und blieben bis Mitte des 19. Jahrhunderts ein vielgespieltes Werk. In Deutschland lief die Oper auch als *Die Sängerinnen auf dem Lande* (übersetzt von Johann Christoph Grünbaum), meist mit Dialogen anstelle der Rezitative. Das liebenswerte Werk, mit dem am 10. Juni 1827 das Hoftheater Coburg eröffnet wurde, findet sich heute wieder öfter auf dem Spielplan.

**Autograph:** Verbleib unbekannt. **Abschriften:** Part: ÖNB Wien, SB Bln./DDR, Hess. Landes- u. Hochsch.-Bibl. Darmstadt, Sächs. LB Dresden, Bibl. Cherubini Florenz, Bibl. S. Pietro a Maiella Neapel. **Ausgaben:** Kl.A: Launer, Paris, Nr. 3663; Kl.A: Schlesinger, Bln. [1818], Nr. 575; Hoftheater M.Vlg., Wien [1820], Nr. 155–160.41; Senff, Lpz. [1888], Nr. 2086; UE [1912], Nr. 3162; Kl.A, rev. v. R. Parodi, C. Richter: Ricordi 1970; Kl.A, ital./russ.: Muzyka, Leningrad 1983; Textb.: Ricordi 1961; Textb., dt. v. C. H. Henneberg, N. Sulzberger: Ricordi. **Aufführungsmaterial:** Ricordi **Literatur:** F. FLORIMO, La scuola musicale di Napoli e i suoi Conservatorii, Neapel 1881–83, Bd. 3, S. 66–70, Nachdr. Bologna 1969; A. DELLA CORTE, L'opera comica italiana del '700, Bari 1923, S. 176 ff.

*Sigrid Wiesmann*

# I virtuosi ambulanti
**Dramma giocoso in due atti**

### Die wandernden Virtuosen
2 Akte

**Text:** Giuseppe Luigi Balloco (auch Balocchi), nach dem Libretto von Louis Benoît Picard zu der Opéra-comique *Les Comédiens ambulants* (Paris 1798) von François Devienne
**Uraufführung:** 2. Sept. 1807, Théâtre-Italien, Salle Louvois, Paris

**Personen:** Bellarosa (B); Fiordaliso (T); Bocchindoro (B); Rigidaura (S); Rosalinda (S); Lauretta (S); Gervasio, Reisender (B); Uberto, Dragoner (T); Giannetta, Gastwirtin (S); der Podesta (B). **Chor:** Soldaten, Virtuosen
**Orchester:** 2 Fl, 2 Ob, 2 Klar, 2 Hr, 2 Trp, 2 Fg, Pkn, Streicher, B.c
**Aufführung:** Dauer ca. 2 Std. 30 Min.

**Handlung:** In und bei Montefiascone (Latium).
I. Akt, Wald, auf einer Seite eine halb zerfallene Kapelle, im Hintergrund ein Hügel: Der Impresario Bellarosa wartet auf seine Komödiantentruppe. Um sich die Zeit zu vertreiben, studiert er in seinen Noten, die er in einem Koffer bei sich trägt, und beschließt zu essen. Plötzlich kommt ein uniformierter Fremder in die einsame, von Dieben bedrohte Gegend, Uberto, ein Gefreiter und, wie sich bald darauf herausstellt, Cousin Bellarosas. Uberto wurde im Wald überfallen, konnte jedoch fliehen und den Übeltätern sogar noch einen Koffer mit Diebesgut entreißen. Bellarosa lädt seinen Verwandten ein, das Mahl mit ihm zu teilen, als Bocchindoro, der Dichter der Truppe, hinzukommt und von Raufereien unter den Primadonnen Rosalinda und Lauretta berichtet. Bocchindoro ergreift versehentlich Ubertos Koffer, Uberto schultert den Bellarosas. Man verabschiedet sich, Poet und Impresario begeben sich zur Truppe, Uberto sucht sein Regiment. Gervasio, auf dem Rückweg vom Haus seines kurz zuvor verstorbenen Onkels, fürchtet sich im Wald vor Dieben, zumal er das geerbte Geld mit sich trägt. Müde geworden, legt er sich in der Kapelle schlafen. Schwerfällig rollt der Wagen mit den Komödianten den Hügel herunter. Mit Mühe kann Bellarosa den Streit zwischen den Primadonnen, wer die bessere Sängerin sei, schlichten und mit der Probe beginnen. Man studiert einen Überfall ein, zu dem Bellarosa mit einem Pistolenschuß das Startzeichen gibt. Gervasio schreckt auf, glaubt, daß seine Befürchtungen Wirklichkeit geworden sind, und begibt sich in ein Versteck. Mit Erleichterung beobachtet er, daß die vermeintlichen Diebe das Feld räumen.
II. Akt, Wirtshaussaal, im Hintergrund die Koffer der Virtuosen: Die Truppe genießt das gute Essen und die behagliche Atmosphäre in Giannettas Wirtshaus und bereitet sich auf die erste Aufführung vor. Bocchindoro präsentiert einen neuen Text, die Damen üben sich im Trillern, der Tenor Fiordaliso raubt dem Poeten alle Illusionen, als er ihm vorhält, wie wenig es bei einer Opernaufführung auf den Text, wie sehr dagegen auf häufigen Szenenwechsel und prächtige Kostüme ankomme. Auch Gervasio hat im Wirtshaus Quartier bezogen und macht Giannetta vergeblich einen Heiratsantrag. Derweil streiten sich Rosalinda und Lauretta aufs neue, diesmal um die Besetzung der Hauptrolle. Ein Wettbewerb mit Bocchindoro als Schiedsrichter soll die Entscheidung bringen. Beider Vorträge werden jedoch für gleich gut befunden, so daß alles in Konfusion zu geraten droht. Giannetta macht Gervasio auf den Impresario aufmerksam, in dem er sogleich einen der vermeintlichen Diebe aus

dem Wald erkennt. Erschrocken läßt Giannetta nach dem Podesta rufen, der unmittelbar darauf mit seinen Soldaten herbeieilt. Als man beim Überprüfen des Gepäcks Diebesgut entdeckt, soll die Truppe ins Gefängnis gebracht werden. In diesem Moment kommt Uberto ins Gasthaus, um dem Podesta den Koffer mit dem vermeintlichen Diebesgut auszuhändigen. Als der Podesta aus diesem einen Stapel Noten holt, ist der Irrtum aufgedeckt, und alle sind erleichtert.

**Kommentar:** Fioravanti knüpft mit diesem Werk, der ersten bedeutenden Opera buffa, die ausdrücklich für das Pariser Théâtre-Italien geschrieben wurde, an den großen Erfolg seiner 1806 am selben Ort aufgeführten *Le cantatrice villane* an. Die Werke ähneln sich im Sujet, in beiden Opern erhalten die »Gesangsproben« einen großen Stellenwert. Überhaupt entsteht Komik in diesem Stück weniger aus der Handlung heraus (die Verwechslung der Koffer bestimmt nur Anfang und Schluß der Oper) als durch Situationskomik und Anspielungen auf den Theaterbetrieb, die sich freilich nur Kennern der damaligen Opernszene erschließen. Kompositorisch setzt Fioravanti die Entwicklung von Cimarosas Buffatechnik, die von Paisiello und Guglielmi weg und bis Rossini führte, fort: »parola e nota«, Wort und Ton (genauer: Silbe und Ton) stehen in unmittelbarer Abhängigkeit und bilden jene für Fioravanti bezeichnenden »parlati« heraus, die, über ostinate Orchestermotive gelegt, den Worten Geläufigkeit und Energie verleihen und den freilich sehr textbezogenen musikalischen Witz hervorbringen. Obwohl auch die Solonummern einige kompositorisch interessante Merkmale aufweisen (Fiordalisos Arie »Pria di tutto, ad ogni istante«, II. Akt, antizipiert Gioacchino Rossinis Fioriturentechnik), stehen im Zentrum der Partitur ohne Zweifel die großen Ensembles (die Finale und die beiden Sextette), in denen sich die Qualitäten von Fioravantis Buffokunst voll entfalten.

**Wirkung:** *I virtuosi ambulanti* war neben *Le cantatrice villane* Fioravantis erfolgreichste Opera buffa und wurde bereits 1808 in London (als *La virtuosa in puntiglia*) nachgespielt. In Italien kam das Werk erstmals 1811 in Florenz (als *I soggetti di teatro*) zur Aufführung. 1816, zu einer Zeit, als Fioravanti in Neapel außergewöhnliche Popularität genoß, wurde die Oper für das dortige Teatro dei Fiorentini bearbeitet (der in Gabolone umbenannte Impresario sang in neapolitanischem Dialekt). In deutscher Übersetzung wurde das Werk in zahlreichen deutschen Städten gegeben, unter anderm in Berlin 1808, Leipzig 1814 und München 1820, darüber hinaus in Wien 1822, Pest 1823 und Prag 1837. In neuerer Zeit wurde die Oper in einer Bearbeitung von Renato Parodi 1956 von Radiotelevisione Mailand konzertant aufgeführt.

**Autograph:** Bibl. San Pietro a Maiella (Rari 14. 5. 17-18). **Abschriften:** Bayer. SB München (St. 5. th. 68). **Ausgaben:** Part, ital./frz.: Choizeau Scrip, Paris; Kl.A, ital./frz./dt.: Meysel, Lpz. 1807, Nr. 67; Textb., ital./frz.: Paris 1807; Textb.: Neapel, Flautina 1816

*Sabine Henze-Döhring*

# Wenjamin Iossifowitsch Fleischman

Geboren am 20. Juli 1913 in Beschezk (bei Kalinin), gestorben am 14. September 1941 zwischen Luga und Krasnoje Selo (bei Leningrad)

## Skripka Rotschilda
### Opera w odnom deistwii

### Rotschilds Geige
Oper in 1 Akt

**Text:** Wenjamin Iossifowitsch Fleischman, nach der Erzählung (1894) von Anton Pawlowitsch Tschechow. **Orchestration** (Fertigstellung): Dmitri Dmitrijewitsch Schostakowitsch
**Uraufführung:** 20. Juni 1960, Haus des Komponistenverbands der UdSSR, Moskau (konzertant); April 1968, Experimentalstudio für Kammeroper, Leningrad (szenisch) (komponiert 1940)
**Personen:** Jakow Matwejewitsch Iwanow, genannt Bronze, Sargtischler und Geiger (B); Marfa, seine Frau (Mez); Rotschild, Flötist, später Geiger (T); Moissei Iljitsch Schachkes, Verzinner, Leiter des örtlichen jüdischen Orchesters (T); 6–8 Musikanten in diesem Orchester (T, B)
**Orchester:** Picc (auch 3. Fl), 2 Fl, 2 Ob, E.H, kl. Klar (auch 3. Klar), 2 Klar, 2 Fg, K.Fg, 4 Hr, 3 Trp, 3 Pos, Tb, Pkn, Schl (Trg, Tamburin, gr.Tr, kl.Tr, Glsp), 2 Hrf, Streicher
**Aufführung:** Dauer ca. 45 Min. – Einheitsbühnenbild mit drei Handlungsorten.

**Entstehung:** Als Schostakowitsch 1937 einen Lehrauftrag am Leningrader Konservatorium erhielt, gehörte Fleischman zu seinen ersten Schülern. Schon im Febr. 1940 stellte Schostakowitsch Arbeiten seiner Klasse öffentlich vor, darunter auch Teile aus *Skripka Rotschilda*. Nach den Erinnerungen von Fleischmans Mitschüler Orest Echwalow (s. Lit.) sei die Oper damals bereits vollendet gewesen. Im Sommer 1941 meldete sich Fleischman freiwillig zur Verteidigung Leningrads; er fiel im Sept. 1941. Von seinen Kompositionen sind nur wenige bewahrt. Um *Skripka Rotschilda* war Schostakowitsch selbst besorgt. Im Mai 1942 bat er den in Leningrad gebliebenen Echwalow, sich um das Material der Oper zu kümmern, und muß es von ihm auch bald erhalten haben. Auf dem Titelblatt der Partitur notierte Schostakowitsch bereits im Febr. 1944, daß er die Arbeit an Fleischmans Werk beendet habe. Er bemerkte, daß er die Oper zu Ende instrumentiert habe, ansonsten die Partitur abgeschrieben habe. Solomon Volkov, der 1968 eine szenische Aufführung angeregt hat, vermutet einen relativ großen Anteil Schostakowitschs an der Instrumentation, Gennadi Roschdestwenski spricht in den Erläuterungen zu seiner 1982 entstandenen Schallplatteneinspielung von zwei Dritteln des Werks, die von Schostakowitsch instrumentiert wurden.

**Handlung:** In einer kleinen russischen Provinzstadt, links das Haus des Sargtischlers Jakow Iwanow, rechts Haus und Hof des Kaufmanns Schapowalow, nicht weit entfernt ein Fluß, an dessen Ufer eine Weide steht: Das jüdische Orchester spielt lustig zur Hochzeit auf, nur Rotschild, der Flötist, bläst zaghaft. Der Primarius Jakow Iwanow ist darüber so ärgerlich, daß er unter Protest das Orchester verläßt. Doch auch zu Haus erwartet ihn nur Trauriges. Seine Frau Marfa legt sich zum Sterben nieder. Das Orchester spielt weiter auf der Hochzeit. Trübsal »bläst« allein Rotschild; sein Flötenspiel begegnet Marfas Schmerzensrufen, während Jakow seiner Frau keinen Halt geben kann. Rotschild wird gesandt, den Primarius zur Hochzeit zurückzuholen. Jakow jedoch gibt seiner Frau das letzte Geleit und jagt Rotschild fort. Als sich sein Zorn gelegt hat, gelingt es ihm, seinem Leid spielend Ausdruck zu verleihen. Dann vermacht er Rotschild seine Geige. Als dieser sich einstimmt, erklingt Jakows traurige Melodie.

**Kommentar:** Fleischmans Partitur ist in 20 (zum Teil außerordentlich prägnante) Episoden gegliedert. Eindeutig tonale Entwicklungen sind eher selten und akzentuieren die ansonsten freitonale Materialdisposition. Im vokalen Bereich hingegen nutzt Fleischman durchaus den traditionellen Kontrast zwischen rezitativischen und ariosen Stilmitteln sowie (zumeist in der Partie Jakows) strophischen Liedformen. Ein Netz fester motivisch-thematischer Elemente ist bestimmend für die großformale Anlage des Werks. Entlehnungen aus der traditionellen Musik des Ostjudentums stehen nicht ausschließlich für die Charakterisierung des lokalen Kolorits, sondern vielmehr auch modellhaft für die reiche Verzierungs- und Ausschmückungstechnik der Partitur. Durch ihre hohe musikalische Qualität und ihr ganz eigentümliches dramaturgisches Konzept ist *Skripka Rotschilda* ein Meisterwerk der neueren russischen Operngeschichte.

**Wirkung:** Der konzertanten Uraufführung folgte 1962 eine Rundfunkproduktion. Die szenische Uraufführung leitete Schostakowitschs Sohn Maxim. 1982 wurde *Skripka Rotschilda* in Moskau unter Roschdestwenskis Leitung wiederum konzertant gespielt. Auf Anregung von Schostakowitschs Witwe Irina kam 1984 während des Internationalen Schostakowitsch-Festivals in Duisburg konzertant unter der Leitung von Lawrence Foster die erste Aufführung außerhalb der Sowjetunion zustande.

**Autograph:** Handschrift Šostakovič: Centralny gosudarstvenny archiv literatury i iskusstva Moskau. **Ausgaben:** Kl.A: Muzyka, Moskau 1965. **Aufführungsmaterial:** VAAP, Sikorski
**Literatur:** O. EHVALOV, in: Leningradskaja konservatorija v vospominanijach, Leningrad 1962, S. 198–204; D. I. KRIVIZKIJ, Odnoaktnaia opera. Zametki kompozitora, Moskau 1979; S. CHENTOVA, Molodye gody Šostakoviča, Kniga vtoraia, Leningrad 1980; Zeugenaussage. Die Memoiren d. D. Schostakowitsch, hrsg. S. Volkov, Ffm. 1981

*Sigrid Neef*

# Flemming Flindt

Geboren am 30. September 1936 in Kopenhagen

## Enetime

### Die Unterrichtsstunde
Ballett

**Musik:** Georges Delerue, *La Leçon*. **Libretto:** Flemming Flindt, nach dem Drame comique *La Leçon* (1951) von Eugène Ionesco (eigtl. Eugen Ionescu)
**Uraufführung:** 16. Sept. 1963, Dänisches Fernsehen, Kopenhagen; 6. April 1964, Opéra-Comique, Salle Favart, Paris
**Darsteller:** die Schülerin; die Pianistin; der Ballettmeister
**Orchester:** 2 Fl, 2 Ob (2. auch E.H), 2 Klar, 2 Fg, 2 Hr, 2 Trp, Pos, Pkn, Schl (kl.Tr, hängendes Bck, Trg, Vibr, Glsp, Xyl, elektr. Glsp), Kl, Hrf, Streicher
**Aufführung:** Dauer ca. 30 Min.

**Entstehung:** Als begabter Charaktertänzer konnte Flindt sein dramatisches Talent in Arbeiten so verschiedener Choreographen wie August Bournonville, Roland Petit oder Birgit Cullberg unter Beweis stellen. Als er daran dachte, eigene Choreographien zu

*Skripka Rotschilda*, Schlußszene; Ernst August Steinhoff als Rotschild; Regie: Peter Rasky, Bühnenbild: Dieter Stegmann; Stadttheater, Luzern 1986.

schaffen, war es nicht verwunderlich, daß der auch als Danseur noble international bekannte Tänzer sich dramatischen Stoffen zuwandte. Im Bestreben, sich von der Schönheit des klassischen Balletts abzuwenden, fühlte er sich zu den Stücken Ionescos als literarische Vorlagen für eigene Werke besonders hingezogen.

**Inhalt:** In einem Ballettstudio, das halb im Keller liegt und mit Spiegeln, einem Klavier, einer Ballettstange und schweren Vorhängen ausgestattet ist; im Hintergrund ein Fenster: Die begleitende Pianistin, mittleren Alters, in alte, dunkle Kleidung gehüllt, räumt den Raum auf. Plötzlich erscheinen im Fenster zwei Beine, die Glocke läutet, und die Pianistin holt ein junges Mädchen herein, das eine Privatstunde hat. Der in einen Anzug gekleidete Ballettmeister kommt und beginnt, nachdem sich das Mädchen ein Trikot angezogen hat, mit seinem Unterricht, der allmählich immer schwieriger wird. Von der Stange geht es in die Mitte; der Lehrer steigert sich immer mehr in seine Arbeit hinein; immer härter sind seine Anforderungen und die Behandlung der Schülerin. Am Ende wird er gewalttätig, und man merkt, daß er irrsinnig ist. Das geradezu hypnotisierte Mädchen wird getötet, der vollkommen erschöpfte Lehrer kehrt in den Ankleideraum zurück, nachdem er der vorwurfsvoll blickenden Pianistin beim Wegräumen des Körpers geholfen hat. Die Pianistin bringt das Studio in Ordnung; die Schulglocke läutet wieder, ein anderes Mädchen kommt zu seiner Stunde.

*Enetime*; Flemming Flindt als Ballettmeister, Anne Marie Vessel als Schülerin; Ballett des Königlichen Theaters, Kopenhagen 1966. – Die zögernd zurückweichende Schülerin kann sich nicht mehr aus dem Bann des zwanghaft handelnden Lehrers befreien.

**Kommentar:** Das Thema des Stücks, die Sprache, blieb auch in der Übertragung auf die Ballettbühne eigentliches Sujet. Im Ballett, zu dem der als Filmkomponist bekannte Delerue die Partitur schuf, steht das Lernen und Lehren des klassisch-akademischen Balletts im Mittelpunkt des Geschehens, das von der mimisch konzipierten Figur der Pianistin wie von ungefähr gelenkt wird: Sie ist es, die das Studio (nach einer vorangegangenen Tat?) aufräumt, der Schülerin den Platz an der Stange zuweist, den Lehrer in das Studio geleitet, das Geschehen beobachtet, den Mord geschehen läßt. Ihr stummes, nur gemimtes Einverständnis steht im Gegensatz zu Lehrer und Schülerin, die sich mit Hilfe des klassisch-akademischen Vokabulars artikulieren und verständigen. Das anfänglich forsche Benehmen der Schülerin ändert sich rasch. Je weniger sie ihr Vokabular beherrscht, desto mehr gewinnt der sich zunächst unsicher gebende Lehrer an Macht. Fußschmerzen, das Nicht-mehr-artikulieren-Können kündigen ihren Untergang an. In den Schritten, die der Ballettmeister der nun schon verängstigten Schülerin vorzeigt, lebt er seinen Machtanspruch voll aus. Der erotische Unterton wird mit der Zunahme des Schwierigkeitsgrads der Übungen immer stärker; indem sie sich nicht mehr bewegen kann, ist die Schülerin dem Kranken gegenüber schließlich hilflos. Ohne Gegenwehr zu leisten, wird sie ermordet. Die Pianistin, die als Andersprechende dem Triebverbrecher nicht ausgeliefert ist, bringt das Studio wieder in Ordnung und läßt die nächste Schülerin herein. – Mit der Rolle des Ballettmeisters, die Flindt für sich selbst schuf, kreierte er eine Partie, die im krassen Gegensatz zu seinem Rollenrepertoire stand. Mit dem Gehabe eines Irren und den grotesken, oft spastischen Bewegungen zeigte sich Flindt von einer neuen Seite. Auch die Rolle der Schülerin, die Josette Amiel kreierte, fiel aus dem Rahmen des üblichen Schemas.

**Wirkung:** Seiner Dramatik und seiner Rollen wegen fand *Enetime* Eingang ins internationale Ballettrepertoire. Es wurde unter anderm für das Königliche Dänische Ballett Kopenhagen (1964), das Ballett der Oper Köln (1965), das Western Theatre Ballet Glasgow (1967) und das Joffrey Ballet New York (1968) einstudiert.

**Aufführungsmaterial:** Société des Auteurs et Compositeurs Dramatiques, Paris
**Literatur:** H.-L. SCHNEIDERS, Dichter schreiben für das Ballett VIII, in: TA 16:1968/69, S. 257–260; E. ASCHENGREEN, Enetime, in: Balletbogen, Kopenhagen 1972

*Erik Näslund*

## Dødens triumf
**Dansedrama**

### Triumph des Todes
Tanzdrama

**Musik:** Thomas Herman Koppel. **Text:** Anders Koppel. **Libretto:** Flemming Flindt, nach dem Theaterstück *Jeux de massacre* (1970) von Eugène Ionesco (eigtl. Eugen Ionescu)
**Uraufführung:** 19. Febr. 1972, Königliches Theater, Kopenhagen
**Darsteller:** 5 Solisten; Corps de ballet
**Orchester:** Tonb
**Aufführung:** Dauer ca. 1 Std. 15 Min. – Die Schauplätze, die sich ständig ändern, werden durch wechselnde Dekorationsstücke angedeutet.

**Inhalt:** 1. Szene, »Die Stadt erwacht«: Menschen eilen zur Arbeit, Mütter fahren mit Kinderwagen, Fanatiker betreiben Morgengymnastik. Einer der Fanatiker, der aus Spaß Menschen tötet, spielt dabei mit einem Ball. Ein Leichenzug zieht vorbei, die Menschen suchen sich mit Schirmen vor der radioaktiv verseuchten Luft zu schützen. Plötzlich fallen die Sargträger tot zu Boden. Der Sarg öffnet sich, der Tod selbst steigt heraus und bleibt hinfort Teilnehmer des Geschehens. 2. Szene, »Begegnung in der Nacht und Flucht«: Die Stadt ist bezwungen. Zwei Männer treffen sich, sie versuchen den Weg gemeinsam zu gehen, sterben aber, jeder eines andern Todes. 3. Szene, »Das einsame Haus«: Der Herr des Hauses ist reich genug, um sich gegen alle Krankheiten zu schützen. Er ist schließlich nackt, seine Diener bedecken ihn mit keimfreien Tüchern. 4. Szene, »Verlorene Liebe«: Zwei Männer kommen in die Stadt und treffen sich mit ihren Liebsten. 5. Szene, »Das Gefängnis«: Sieben Männer werden wie Tiere in einen Käfig gesperrt. Um sich zu schützen, will der Wärter ebenfalls in den Käfig. Alle Eingesperrten kommen um, der Wärter erhängt sich. 6. Szene, »Ankleiden für die Hochzeit«: Eine Mutter schmückt ihre Tochter für die Hochzeit; der Bräutigam ist der Tod. 7. Szene, »Der heimliche Ball«: Die Braut und ihr Bräutigam, der Tod, schwören sich vor versammelter Gemeinde Treue. 8. Szene, »Soldaten exerzieren«: Ein sadistischer Offizier quält die Soldaten. Ein Soldat stirbt; seine Kameraden schleifen den Toten mit. 9. Szene, »Die alten Leute«: Im Angesicht des Todes tanzt ein altes Paar. 10. Szene, »Die Stadt des Todes«: Sterbende liegen in Lumpen. Mülltrupps kommen, um die Toten wegzuräumen. Sie nehmen auch die noch lebende alte Frau mit. 11. Szene, »Das Modegeschäft«: Die junge Frau geht in ein Modegeschäft. In einem hysterischen Anfall reißt sie den Puppen die Kleider ab und zieht sie an. 12. Szene, »Das Feuer«: Feuer bricht aus, die Stadt steht in Flammen. Der Tod triumphiert.

**Kommentar:** Wie seinen Erstling *Enetime* (1963) und sein zweites Ballett *Den unge mand skal giftes* (Kopenhagen 1968) konzipierte Flindt *Dødens triumf* ebenfalls zunächst für das Fernsehen. Die Musik entstand in enger Zusammenarbeit mit der Gruppe »Savage Rose«, im besonderen mit den Brüdern Koppel und der Sängerin Anisette; in der Vereinigung von Elementen des Blues, psychodelischer Klangtechnik, amerikanischem Westcoast Beat, Gospel und Soul unterstreicht sie die Absichten des Choreographen. Mit seinem Ballett, das er als Bewegungstheater entwarf, wollte Flindt auf die Auswirkungen der zeitgenössischen Vernichtungsmechanismen aufmerksam machen. Der Tod sei in allen Zeiten der gleiche, er nehme aber immer wieder eine neue Gestalt an. Die stärkste Bedrohung der Menschen sei jedoch die Menschheit selbst, der ständig neue Mittel zur Zerstörung der Zivilisation einfielen. Das Ballett besteht aus einer Reihe von Bildern, die durch die Hauptperson, den Tod, verbunden sind. Eigentlicher Handlungsträger ist aber das Corps de ballet, das ständig seine Identität ändert und auch bei individueller Durchstrukturierung immer als Kollektiv geführt wird. Um diesen Aspekt zu unterstreichen, gab Flindt keine Rollenbezeichnungen an. Diese kollektive Führung des Corps de ballet erinnert an Jooss' *Grünen Tisch* (1932) oder an Robbins' Choreographie zu Strawinskys *Les Noces* (1965). Um das Gefühl der Auflösung von Generationen, ja einer ganzen Zivilisation zu unterstreichen, arbeitet Flindt mit einer Vielzahl von Tänzern und speziellen Bühnen- und Lichteffekten. In den ausladenden Bildern, die manchmal mit grellen Farben, manchmal mit feinem Sinn für Körper, Farbe und Licht komponiert sind, sind die Verzweiflung, der Lebensdurst und die Todesangst der Menschen zu spüren. Im Duo der beiden Alten gelingt es Flindt, mit leisen Tönen zu berühren.

**Wirkung:** Trotz einiger negativer Stimmen, die in Flindts Umsetzung des Ionesco-Stücks etwa eine Totentanzrevue sahen, in der Showeffekte die satirische Moral überwuchern, wurde *Dødens triumf* einer der größten Erfolge des Königlichen Theaters Kopenhagen im 20. Jahrhundert. Das Ballett wurde bis 1977 172mal getanzt und lockte, auch der Musik wegen, ein ganz neues Publikum in das Theater.

*Dødens triumf*; Inge Jensen, Jette Buchwald, Sorella Englund, Winnie Johnsen, Lizzie Rode; Uraufführung, Ballett des Königlichen Theaters, Kopenhagen 1972. – Ihre Angst vor der bevorstehenden Apokalypse verdrängt die Gesellschaft in einer entfesselten Orgie der Nacktheit, die Aufsehen erregte.

**Literatur:** E. NÄSLUND, A. G. STÄHLE, F. F., in: Dans, Sonder-H., Stockholm 1974

*Erik Näslund*

# Friedrich von Flotow

Friedrich Adolf Ferdinand Freiherr von Flotow; geboren am 27. April 1812 auf Gut Teutendorf (Mecklenburg), gestorben am 24. Januar 1883 in Darmstadt

## Indra
### Romantische Oper in drei Aufzügen

**Text:** Gustav Heinrich Gans Edler Herr zu Putlitz, nach dem Libretto von Jules Henri Vernoy Marquis de Saint-Georges zur 1. Fassung
**Uraufführung:** 1. Fassung in 1 Akt als *L'Esclave de Camoëns*: 1. Dez. 1843, Opéra-Comique, Salle Favart, Paris; 2. Fassung: 18. Dez. 1852, Kärntnertortheater, Wien (hier behandelt); 3. Fassung in 4 Akten in der Übersetzung von Achille de Lauzières als *Alma l'incantatrice*: 9. April 1878, Théâtre-Italien, Salle Ventadour, Paris
**Personen:** Don Sebastian, König von Portugal (T); Don Luiz Camoëns/Luís de Camões, Dichter (Bar); Pedro, Offizier (B); Luiz Gonzago Camera/Gonçalves da Câmara, Beichtvater und Erzieher des Königs (B); Fernand, Begleiter des Königs (B); Jozé, Wirt (T); Zigaretta, seine Frau (S); Kudru, Mohrin, Anführerin einer Bande indianischer Gauklerinnen (S); Indra, ihre Sklavin (S). **Chor:** Edelleute, Matrosen, Soldaten, Mädchen, Gauklerinnen, Volk
**Orchester:** 2 Fl, 2 Ob, 2 Klar, 2 Fg, 4 Hr, 2 Trp, 3 Pos, Pkn, Schl (gr.Tr, kl.Tr, Trg), Streicher; BühnenM: 2 Picc, 2 Ob, 2 Klar, 2 Trp, 2 Git, Schl, Hrf
**Aufführung:** Dauer ca. 2 Std. 30 Min. – Dem Klavierauszug (1853) ist im Anhang ein Fandango-Portughesa beigefügt, der möglicherweise im II. Akt zwischen Nr. 14 und 15 eingesetzt werden sollte.

**Entstehung:** Anläßlich eines Auftrags der Wiener Hofoper für eine große Oper griff Flotow auf seinen fast zehn Jahre alten Einakter zurück. Das Libretto verfaßte Putlitz nach Saint-Georges, ergänzte es um Nebenepisoden und weitete es zu einem abendfüllenden Werk aus.
**Handlung:** In Ostafrika und Portugal, 1571.
I. Akt, Hafenplatz in Sofala, einer Festung an der Ostküste Afrikas auf dem Seeweg nach Indien: Vor Jozés Gasthaus zechen portugiesische Edelleute und Matrosen, während eine Truppe indianischer Gauklerinnen singend und tanzend auftritt. Der Offizier Pedro verliebt sich sogleich in die schöne Indra, Sklavin der Anführerin Kudru. Diese bittet den fremden Herrn zur Nacht in ihr Zelt, wo Indra ihm zu Willen sein soll. Derweil erregt Indra auch die Aufmerksamkeit des nach Afrika verbannten Don Luiz Camoëns. Betört lauscht er ihrem Lied, als dessen Dichter er sich zu erkennen gibt. Pedro, dem nicht verborgen bleibt, daß Indra sich Camoëns zuwendet, verweist diesen (da auch er Soldat ist) zur Hafenwache. Mittlerweile hat Camoëns erfahren, daß er mit dem nächsten Schiff nach Portugal zurückkehren kann. Sein Glück wird jäh gestört, als Indra, von Pedro bedrängt, aus Kudrus Zelt stürzt. Aus Mitleid befreit Camoëns die Sklavin mit dem Geld, das er zu seinem eigenen Freikauf verwenden wollte. Da Pedro mit seinen Soldaten naht, um Camoëns, der seinen Posten ohne Erlaubnis verließ, zu verhaften, entflieht dieser mit Indra und dem Freund Jozé in einem Boot auf das Meer.
II. Akt, am Kai von Sodoré in Lissabon, Abend und Nacht: Zur Zeit der Abendmesse treffen sich Indra und Camoëns. Noch immer in Gefahr, als Deserteur bestraft zu werden, kniet er verzweifelt vor einem Marienbild nieder. Beim Anblick des Betenden findet auch Indra Tröstung. Doch Jozé meldet die Ankunft eines Offiziers, der Camoëns sucht. Es ist Pedro, der den Verlust Indras nicht verwinden konnte und nun auf Rache sinnt. Zur gleichen Zeit wagt König Sebastian eine Ausfahrt mit dem Boot, obwohl er selbst die Schließung des Hafens zur Nachtzeit befahl. Von den eigenen Wachen verletzt, gelangt er mit seinen Begleitern in Jozés Gasthaus. Als er aus tiefer Ohnmacht erwacht, erblickt er Indra, deren Schönheit ihn bezaubert. Plötzlich erscheint Pedro, um Indra mit sich zu nehmen; der König schützt sie, ist jedoch bereit, seinem stürmischen Offizier zu verzeihen. Zum Dank übergibt Indra Sebastian ein der Heimat Portugal gewidmetes Gedicht Camoëns'.
III. Akt, Hof in Jozés Gasthaus in Lissabon: Jozé beklagt, daß er, noch immer um die Sicherheit des Freunds Camoëns fürchtend, nicht einmal seinen Gästen zu trauen vermag. Der König kommt, um Indra, die schöne Unbekannte, wiederzusehen und für sich zu gewinnen. Auch möchte er den Namen des Dichters erfahren, dessen Verse Indra ihm übergab. Als Pedro ins Gasthaus eindringt, um Camoëns gefangenzunehmen, erhält er vom König den Befehl, den Deserteur zur Bestrafung abzuführen. Als sich Indra daraufhin erbietet, dem König ihre Liebe zu schenken, enthüllt Pedro ihr vermeintliches Heidentum. Indra jedoch wiederholt das Gebet, das sie vor dem Marienbild von Camoëns vernommen hatte. Nun erfährt der König auch, daß Camoëns der Dichter ist, der sein Heimatland so innig zu besingen vermag. Während Pedro voller Anteilnahme seiner Rache entsagt, entläßt der König Indra, damit sie ihre Liebe Camoëns schenke.

**Kommentar:** Hatte Flotow bereits in seinen Erfolgswerken *Alessandro Stradella* (1844) und *Martha* (1847) gelegentlich die Grenze zum Künstlich-Volkstümlichen und Sentimentalen überschritten, so gelang es ihm gerade in *Indra* nicht, diese Tendenz der bewußten Begrenzung des eigenen Schaffens auf eine Art biedermeierlichen Spielopertypus mit dem teils exotischen, teils iberisch-folkloristischen Sujet in Einklang zu bringen. Tatsächlich findet der handlungsbedingte Kontrast zwischen dem »indianischen« und dem portugiesischen Kolorit kaum Unterstützung durch die Musik. Flotows Versuche, das Fremde des Stoffs zu charakterisieren, bleiben vielmehr blaß, insbesondere da sie von einer Fülle allzu volkstümlicher Liedepisoden überlagert werden. Während dieses für mehrere Opern Flotows eigentümliche Element in einem Werk wie *Martha* aufgrund der Handlungsvorlage noch sinnvoll erscheinen konnte, mußte es in *Indra* zur Verkümmerung des dramaturgischen Konzepts führen. Die seit Beginn des 19. Jahrhunderts zunehmend an Beliebtheit gewinnenden Orientalismen in Opern werden hier gleichsam ad absurdum geführt, indem sie in einen Rahmen eingebettet erscheinen, der letztlich keinerlei Entfaltung einer spezifisch außereuropäischen Atmosphäre gestattet. Es liegt nahe, anzunehmen, daß sowohl Putlitz als auch Flotow an den Erfolg von *Martha* anzuknüpfen suchten, indem sie eine an die Tradition der Opéra-comique angelehnte, jedoch durchkomponierte und auf gesprochene Zwischentexte verzichtende Liedoper schufen, die gleichwohl nicht dem Anspruch des mehrschichtigen Stoffs gerecht zu werden vermochte. Daß die *Indra*-Vorlage dennoch einen starken Reiz auf Flotow ausübte, zeigt sich nicht nur darin, daß er das ursprünglich einaktige Werk zu einer großen Oper ausweitete, sondern auch in der italienischen Neufassung mehr als 25 Jahre nach der Uraufführung.

**Wirkung:** Das heute nahezu vergessene Werk wurde zwar an vergleichsweise vielen Bühnen nachgespielt, ein durchschlagender Erfolg war ihm gleichwohl nicht vergönnt. Noch im Uraufführungsjahr kam es am Hamburger Stadttheater heraus, jedoch nur mit einer einzigen Vorstellung. 1853 wurde *Indra* dann in Berlin, Frankfurt a. M. und Kassel, 1854 in Pest, 1855 in Amsterdam und Riga, 1857 in Helsinki und Petersburg sowie 1866 in Moskau gespielt. Nach beinah 20jähriger Unterbrechung begann eine zweite Serie von Inszenierungen 1882 in Posen. Bis zur Jahrhundertwende folgten 1883 Kassel, 1884 Berlin, 1889 Basel, 1892 Leipzig, 1893 Detmold, 1896 Reval, 1901 Coburg und 1902 Elberfeld. Die italienische 3. Fassung brachte es 1878 am Théâtre-Italien und an Covent Garden London auf vier beziehungsweise zwei Aufführungen. Diese Fassung wurde auch in deutscher Übersetzung von Alfred von Wolzogen als *Alma* nachgespielt (Schwerin 1879).

**Autograph:** Verbleib unbekannt. **Ausgaben:** Kl.A: B&B 1853; Kl.A, ital. Bearb.: Escudier, Paris 1878; Textb., dt./engl.: London [1878]. **Aufführungsmaterial:** B&B
**Literatur:** B. BARDI-POSWIANSKY, F. als Opernkomponist, Diss. Königsberg 1927; A. GOEBEL, Die deutsche Spieloper bei Lortzing, Nicolai und F. Ein Beitr. zur Gesch. u. Ästhetik d. Gattung im Zeitraum v. 1835–1850, Diss. Köln 1975

*Michael Mäckelmann*

## Alessandro Stradella
### Romantische Oper in drei Aufzügen

**Text:** W. Friedrich (eigtl. Friedrich Wilhelm Riese)
**Uraufführung:** 30. Dez. 1844, Stadttheater, Hamburg
**Personen:** Alessandro Stradella, Sänger (T); Bassi, ein reicher Venezianer (B); Leonore, sein Mündel (S); Malvolino, Bandit (B); Barbarino, Bandit (T). **Chor, Statisterie:** Schüler Stradellas, Masken, Landleute, Pilger, vornehme Bürger, Patrizier. **Ballett**
**Orchester:** 2 Fl (2. auch Picc), 2 Ob, 2 Klar, 2 Fg, 4 Hr, 2 Trp, 3 Pos, Pkn, Schl (gr.Tr, Trg, RührTr), Glocke in Es, Hrf, Streicher
**Aufführung:** Dauer ca. 2 Std.

**Entstehung:** Im Frühjahr 1837 wurde im Palais Royal Paris die einaktige Comédie mêlée de chant *Stradella* von Paul Duport und Philippe Auguste Pittaud Deforges uraufgeführt, für die Flotow einige Arien komponiert hatte. Möglicherweise handelte es sich dabei um eine Parodie auf die fünfaktige Oper *Stradella* von Louis Niedermeyer (Text: Emile Deschamps und Emilien Pacini), deren Uraufführung am 3. März 1837 in der Opéra stattfand. Stoffliche Grundlage beider Libretti war die sensationell aufgemachte Darstellung des Lebens Alessandro Stradellas in der *Histoire de la musique et de ses effets depuis son origine jusqu' a présent* (1715) von Pierre und Jacques Bonnet-Bourdelot, die im 19. Jahrhundert die Quelle zahlreicher Novellen, Gedichte und Opern zum gleichen Sujet war. Der historische Stradella war einer der führenden italienischen Komponisten seiner Zeit und für seine Liebesabenteuer berüchtigt. Nach der Entführung der Tochter des Alvise Contarini aus Venedig entging er am 10. Okt. 1677 nur knapp einem Attentat. Am 25. Febr. 1682 wurde er im Auftrag der Brüder Lomellini, deren Schwester er Musikunterricht erteilt hatte, in Genua ermordet. – Im Frühjahr 1844 traf Flotow den Berliner Bühnenautor Riese in Paris. Dieser hatte bereits 1842 Flotows Oper *Le Naufrage de la Méduse* (Paris 1839) für Hamburg übersetzt. Es gelang Riese, das Stadttheater Hamburg, an dem er als Autor wirkte, für den Stradella-Stoff zu gewinnen. Mit Flotow überarbeitete er den Einakter von 1837 grundlegend.

**Handlung:** In Italien, um 1670.
I. Akt, Platz in Venedig mit Bassis Haus: Alessandro Stradella ist in Leonore verliebt, die von ihrem Vormund Bassi unter strenger Aufsicht gehalten wird. Zusammen mit Freunden gelingt es Stradella im Trubel des Karnevals, Leonore zu entführen.
II. Akt, Stradellas Geburtsort bei Rom: Stradella und Leonore feiern Hochzeit. Unter die Gäste mischen sich die Banditen Malvolino und Barbarino, die von Bassi gekauft wurden, um Stradella zu ermorden und Leonore zurückzubringen.
III. Akt, Vorhalle in Stradellas Haus: Die Banditen sind von Stradellas Güte und Stimmschönheit begeistert und zögern, ihn zu ermorden. Bassi erhöht sein Kopfgeld. Während Stradella seine Hymne an die Madonna probt, soll er getötet werden. Die Macht seines Gesangs aber verzaubert die Mörder, und Bassi verzeiht Stradella.

**Kommentar:** Riese formte die reißerische Vorlage zu einer spannungslosen, im Sinn der romantischen Oper kaum überzeugenden Geschichte um. Er benutzte einfache Reimverse und verzichtete darauf, die Handlungsführung durch Einfügung einer Nebenhandlung abwechslungsreicher zu gestalten. Dramatische Spannung soll die Idylle nicht sprengen; die Banditen, als biedere Familienväter dargestellt, die mit den »beruf-

lichen Fortschritten« des Nachwuchses voreinander prahlen, vertreten das belebende komische Element. Eine Bedrohung für den »Helden« Stradella stellen diese »Mörder« allerdings nicht dar. Deshalb treibt kein schlüssiger Konflikt die Handlung voran. – Flotows Musik ist leicht und zupackend in den Partien der Banditen und im Karnevalsfinale des I. Akts; dagegen bleibt sie bei Stradella und Leonore eher sentimental. In Stradellas Hymne (»Jungfrau Maria«, III. Akt), dem Kulminationspunkt der Oper, einer dramaturgisch wenig geglückten Szene voller Pseudoromantik, Religion, Liebe und Kunst, streift die Musik zuweilen die Grenze des Kitschs. Am besten gelingen Flotow die strophisch gebundenen Liedformen mit eingängigen Melodien, wie Stradellas Serenade (I. Akt), die Räuberballade, das Trinklied der Banditen (beide im II. Akt) und der Wechselgesang im III. Akt. Die Höhepunkte der Partitur sind die Verschwörerszenen, das Terzett Bassis mit den Banditen im III. Akt und das Duett Malvolino/Barbarino (»An dem linken Strand des Tiber«, II. Akt). Vorbild für die Banditen ist das Gaunerpaar Giacomo/Beppo aus Aubers *Fra Diavolo* (1830). Obwohl von Flotow als romantische Oper bezeichnet, steht *Alessandro Stradella* eher der Opéra-comique nahe, mögen auch gesprochene Dialoge fehlen. Typisch französisch sind auch die Tänze (Tarantella und Pas de deux), die auf Wunsch der Hamburger Balletttruppe in den I. und II. Akt eingefügt wurden.
**Wirkung:** *Alessandro Stradella* begründete Flotows Ruhm in Deutschland. Innerhalb eines Jahrs wurde das Werk an 15 deutschen Bühnen aufgeführt, wobei es allein in Hamburg bis 1932 218 Aufführungen erlebte. In Wien lief es 1845 im Theater an der Wien (30. Aug.) und im Kärntnertortheater (9. Sept.) und brachte Flotow den Kompositionsauftrag für *Martha* (1847) ein. Für die Pariser Erstaufführung (Théâtre-Italien 1863) komponierte Flotow zwei virtuose Einlagearien zur Partie der Leonore hinzu (»Rondinella prigioniera«, I. Akt, »Su la tazza ognuno impugni«, II. Akt). Von den zahlreichen Aufführungen, die *Alessandro Stradella* außerhalb Deutschlands noch erlebte, seien genannt: Wien und Pest 1845, Prag, London und Warschau 1846, Stockholm 1847, Petersburg 1851. Mit der New Yorker Aufführung 1853 gelangte Flotows Werk auch nach Amerika. Es folgten Cleveland 1859, Mexiko 1861, Santiago 1869, Buenos Aires 1872 und Rio de Janeiro 1889. Bis ins 20. Jahrhundert wurde *Alessandro Stradella* immer wieder neu inszeniert, erreichte jedoch nie die Popularität von *Martha*.

**Autograph:** Verbleib unbekannt. **Abschriften:** Part: BL London (Hirsch II. 232), Öffentliche Bücherhallen Hbg. (F 17q 4a I–III), ÖNB Wien (O. A. 1597). **Ausgaben:** Part: Böhme, Hbg. 1845; Müller, Wien [um 1850]; Cranz, Lpz. [um 1880]; Kl.A, hrsg. F. v. Flotow: Böhme, Hbg. [1844], Nr. 282; Kl.A: Cranz, Hbg. [1873], Nr. 1227 [später Peters]; Litolff 1914, Nr. 28459 [später Peters]; UE 1914, Nr. 4943 [auch B&H]; Textb., hrsg. G. R. Kruse: Lpz., Reclam; Textb., hrsg. H. Mendel: Bln., Mode
**Literatur:** F. BRENDEL, Alessandro Stradella, in: NZfM 22:1845, S. 202a–203, 209f. [Rez. d. Kl.A]; E. HANSLICK, ›Stradella‹ von F., in: DERS., Musikalisches und Literarisches. Der »Modernen Oper« V. Teil, Bln. ³1890, S. 116–123; R. STOCKHAMMER, F. v. F.s Beziehungen zu Wien, in: ÖMZ 17:1962, S. 175–179; weitere Lit. s. S. 216

*Robert Didion*

## Martha oder Der Markt zu Richmond
### Romantisch-komische Oper in vier Aufzügen

**Text:** W. Friedrich (eigtl. Friedrich Wilhelm Riese), teilweise nach einem Plan von Jules Henri Vernoy Marquis de Saint-Georges
**Uraufführung:** 25. Nov. 1847, Kärntnertortheater, Wien
**Personen:** Lady Harriet Durham, Ehrenfräulein der Königin (S); Nancy, ihre Vertraute (Mez); Lord Tristan Mickleford, ihr Vetter, königlicher Pagenaufseher (B); Plumkett, ein reicher Pächter (B); Lyonel, sein Ziehbruder (T); der Richter zu Richmond (B); 3 Mägde (A, 2 S); 3 Diener der Lady (2 B, T); Gerichtsschreiber (stumme R); ein Pächter (B); eine Pächterin (S). **Chor:** Mägde, Dienerinnen, Jägerinnen im Gefolge der Königin, Knechte, Pächter, Pächterinnen, Landleute, Diener. **Statisterie:** Pagen
**Orchester:** 2 Fl (2. auch Picc), 2 Ob, 2 Klar, 2 Fg, 4 Hr, 2 Trp, 3 Pos, Ophikleide, Pkn, Schl (Trgl, kl.Tr, gr.Tr, Glocken in as′ u. c″), Hrf, Streicher; BühnenM: 2 Hr, 2 Trp, Pos, kl.Tr
**Aufführung:** Dauer ca. 2 Std.

**Entstehung:** Der große Erfolg von *Alessandro Stradella* (1844) veranlaßte die Wiener Hofoper, eine neue Oper bei Flotow zu bestellen. Da sich die Zusammenarbeit mit dem Hamburger Theaterdichter Riese bewährt hatte, bearbeiteten beide wieder einen Stoff, den Flotow bereits vertont hatte. Am 21. Febr. 1844 war an der Pariser Opéra Maziliers Ballett *Lady Harriette ou La Servante de Greenwich* (Libretto: Saint-Georges nach dem Vaudeville *La Comtesse d'Egmont*) uraufgeführt worden, zu dem Flotow den I. Akt komponiert hatte (II. Akt: Friedrich Burgmüller, III. Akt: Edouard Deldevez). Auch für Riese war es nicht die erste Beschäftigung mit diesem Stoff, wurde doch am 31. Jan. 1846 in Hamburg Eduard Stiegmanns Oper *Lady Harriet* uraufgeführt, deren Libretto er verfertigt hatte. Bevor Flotow seine neue Oper in Angriff nahm, beendete er die Komposition von *L'Ame en peine*, seiner ersten Oper für die Opéra Paris (Text: Saint-Georges), deren Uraufführung am 29. Juni 1846 jedoch kein Erfolg beschieden war. Flotow übernahm aus ihr die »Air des larmes«, die zu Lyonels Arie »Ach so fromm« wurde. Für den I. Akt von *Martha* beschränkten sich Flotow und Riese größtenteils darauf, den I. Akt der Ballettvorlage mit neuem Text zu versehen. Der II.–IV. Akt sind neu, die Figur des Plumkett fügte Riese hinzu. Bei der Komposition verarbeitete Flotow Abschnitte aus seiner Ballettpartitur. Der größte Teil der Oper wurde 1847 auf Flotows Gut Wutzig in Pommern und im mecklenburgischen Teutendorf komponiert, die Ouvertüre erst

kurz vor der Uraufführung in Wien. Zur gleichen Zeit arbeitete Balfe an einer Oper mit dem gleichen Stoff: *The Maid of Honour* (Text: Edward Fitzball) wurde am 20. Dez. 1847 in London uraufgeführt.
**Handlung:** In England, um 1710, zur Regierungszeit von Königin Anna.
I. Akt, 1. Bild, Boudoir der Lady: Lady Harriet langweilt sich. Weder der Luxus am Hof noch die Gunst der Königin können sie aufmuntern, auch nicht das Erscheinen ihres dicken und tölpelhaften Cousins Lord Tristan, über dessen plumpe Liebesbeweise sie sich mit ihrer Vertrauten Nancy lustig macht. Am Schloß vorbei ziehen Mägde zum Markt nach Richmond. Die Lady und Nancy verkleiden sich daraufhin ebenfalls als Mägde und brechen mit dem sich sträubenden Tristan, der den Pöbel verachtet, aber dennoch als »Pächter Bob« ausstaffiert wird, nach Richmond auf. 2. Bild, Marktplatz in Richmond: Die Pächter Lyonel und Plumkett suchen Mägde. Lyonel ist der Pflegesohn von Plumketts Eltern. Sein Vater war in der Verbannung gestorben und hinterließ seinem Sohn nur einen Ring, den dieser zur Königin bringen soll, wenn er sich in Gefahr befinde. Der Richter eröffnet den Markt. Die Mägde, die ein Handgeld annehmen, sind verpflichtet, ein Jahr lang dem Geldgeber zu dienen. Die Lady und Nancy verdingen sich zum Scherz bei Lyonel und Plumkett. Um einen Skandal zu vermeiden, folgen sie den Pächtern.
II. Akt, Plumketts Pächterwohnung: Die beiden Mägde, die sich Martha und Julia nennen, sind nicht gerade diensteifrig und können nicht einmal spinnen. Plumkett ist wütend, Lyonel versucht ihn zu beschwichtigen. Er hat sich in Martha/Harriet verliebt und macht ihr einen Heiratsantrag, den sie hochmütig und amüsiert zurückweist. Mit Tristans Hilfe entfliehen die Mägde in der Nacht.
III. Akt, Wald mit kleinem Wirtshaus: Plumkett entdeckt im Jagdgefolge der Königin seine Magd Julia. Lyonel ist seit Marthas Verschwinden schwermütig. Als Lady sieht er sie nun wieder. Um ihr nicht standesgemäßes Abenteuer zu vertuschen, erklärt sie ihn vor der Jagdgesellschaft für wahnsinnig. Tristan läßt Lyonel verhaften; rechtzeitig übergibt dieser noch Plumkett den Ring seines Vaters.
IV. Akt, 1. Bild, Pächterwohnung: Lady Harriet erklärt Lyonel ihre Liebe. Sie hat den Ring zur Königin gebracht, die an ihm erkennt, daß Lyonel der Sohn des Grafen Derby ist. Stolz weist Lyonel die Lady zurück. Plumkett und Nancy dagegen werden sich einig. 2. Bild, Platz vor Plumketts Haus: Lady Harriet läßt die Marktszene nachspielen. Sie will nur noch Lyonels Magd sein. Er ist über ihre Liebe gerührt und heiratet sie.
**Kommentar:** Ein etwas mattes Spannungsfeld zwischen Adel und Landvolk, die sich dank des ebenso alten wie theaterwirksamen Mittels der Verkleidung nahekommen, bildet den dramaturgischen Rahmen des Stücks. Die unterschiedlichen Ebenen werden schließlich aufgehoben, und am Ende trifft man sich dort, wo die Verwicklung ihren Ausgang nahm: Gekleidet wie seinerzeit auf dem echten Markt zu Richmond, begegnen sich die vier Hauptpersonen in ihrem gemeinsamen Anliegen, der Liebe. Die Motivation bedingt den Ausgang des Geschehens: Langeweile, aus der man in eine echte, ungekünstelte Ländlichkeit ausbrechen will. Die faden Schäferspiele des nichtstuenden Adels, der vornehme Zeitvertreib, genügen den Ansprüchen der beiden Damen, die sich vom einfachen Gesang der zum Markt ziehenden Mädchen anstecken lassen, nicht mehr. Aus dem Spaß wird jedoch auf zweifache Weise schnell Ernst: Der Librettist schürzt den komödiantischen Knoten, indem er Arbeitsverweigerung mit aufkeimenden Liebesgefühlen kombiniert. Lady Harriet erschrickt ob dieser Gefühle und flieht zurück ins bisherige Leben. Während der Jagd, einer ihrem Stand gemäßen Betätigung in der Natur, wird sie wieder mit Lyonel zusammengeführt; hatte er schon einmal versucht, die einfache Magd in seinen Stand zu »erheben«, was sie veranlaßte, den Werber auszulachen, so ist es nun wiederum sie, die sich über ihn erhebt und ihn (noch immer aus Angst vor den eigenen Gefühlen?) brüsk abweist, diese Abweisung aber gleichzeitig mildert, indem sie ihn für geistig gestört erklärt. Diese Reaktion ist ihrem Stand angemessen. Auf dem Höhepunkt der Verwirrung kann nur noch ein dramaturgischer Kniff helfen, ein Deus ex machina in Gestalt des Rings, der Lyonels wahre Herkunft enthüllt. Als Lyonel nun durch die Geliebte, die ihn so arg enttäuschte, weil sie ihn so erniedrigte, von seiner hohen Abkunft erfährt, weigert er sich (aus Angst?), dem Stand anzugehören, der ihn gerade erst zutiefst kränkte. Was bleibt, um die beiden und auch das buffoneske Paar Plumkett und Nancy zusammenzuführen? Man müßte die Handlung noch einmal zurückdrehen, und genau das tut Riese mit seinem »Theater im Theater«, in dem nunmehr ein Bauer den Richter mimt, der die Richtigen zusammenführt. Die Liebe, angefacht durch ein Volkslied »recht fürs Herz«, ebnet den Weg aus den gewollten (Lady und Nancy) und ungewollten (Lyonel) Verkleidungen heraus, um im Einfachen, Natürlichen, eben im Volk sich zu finden. – Der Verzicht auf Nebenhandlung und überflüssige Buffonerien erlaubt eine Handlungsführung, in deren Mittelpunkt sich im Gewand der äußeren Verkleidung die inneren Wandlungen der Ehrendame der Königin, ihrer Vertrauten Nancy und des nichtsahnenden Lyonel vollziehen. Diese drei Personen profilieren sich in einer Umgebung von Typen (Lord Tristan, Plumkett, Richter) am ehesten zu Charakteren, wenn auch nicht zu übersehen ist, daß die einzelnen Personen in ihrer sozialen Stellung nicht präzis genug gezeichnet sind, was angesichts der Handlungskonstruktion problematisch ist. Besonders deutlich wird dies an der Rolle der Nancy. Sie wird als Vertraute, Freundin und Dienerin der Lady vorgestellt, zeigt auf dem prächtigen Hof aber wenig Talent als Magd, singt dagegen als Teilnehmerin der höfischen Jagdgesellschaft ein Lied und heiratet schließlich doch einen Pächter. Rieses gereimte Verse gestatteten Flotow, auch die überleitenden kurzen Rezitative zu komponieren; man hätte an ihrer Stelle (gemäß der Tradition der Opéra-comique) gesprochene Texte

erwartet. *Martha* ist ihrer musikalischen Faktur nach eher französisch, wenngleich sie heute dem Genre der deutschen Spieloper zugerechnet wird; es bleibt eine Frage des Musizierstils, welcher Seite man dies Werk zuschlägt. Die Opéra-comique in der Ausprägung bis Daniel François Esprit Auber und Eugène Scribe darf als Modell angesehen werden, das Flotow durch seinen Aufenthalt in Paris bestens bekannt war. Er hat dies Modell nicht weiterentwickelt, sondern nur einzelne Aspekte übernommen, etwa die Organisation von Chor-Ensemble-Sätzen, in denen die thematische Arbeit in den instrumentalen Satz verlegt wird, dem die Gesangsstimmen untergeordnet sind. Die Neigungen der Lady zum »einfachen Volk« sind in Text und Musik allgegenwärtig, am deutlichsten spürbar im letzten Finale. Flotows und Rieses Humor ist nicht immer überzeugend und bisweilen nur wenig unterhaltsam, wie beispielsweise Plumketts aufgesetzt wirkendes, aber populäres Strophenlied vom Porterbier im III. Akt zeigt. Die musikalische Ausgestaltung der Partie der Lady weist diese in den Personenkreis der französischen Oper. Lyonel erscheint beinah als eine Parodie des Typus »lyrischer Tenor«. In Umkehrung der Rollenklischees von Sopran und Tenor wird hier der Tenor aus unglücklicher Liebe schwermütig und ergeht sich in elegischen Kantilenen, die im Ensemble »Mag der Himmel Euch vergeben« (Finale des III. Akts) kulminieren. Im musikalischen Vokabular Flotows finden sich vorwiegend prägnante, einfache Rhythmen, eingebettet in musikalische Kleinformen (Gavotte, Mazurka), sowie dazu passende kürzere musikalische Floskeln (häufig ins Orchester verlagert), jedoch auch eingängige Melodien, gestützt von einer problemlosen Harmonik, wie etwa im Quartett der Marktszene und im berühmten Liebesduett des II. Akts, das die »Letzte Rose« der Lady enthält. Flotow variiert hier die originale Melodie »The Grove of Blarney« aus den *Irish Melodies* von Thomas Moore. Diese Melodie unterlegte Moore dem Text »The last rose of summer«, der auch von Riese übernommen wurde (die einzige Spur von Couleur locale in *Martha*). In der vorgeblichen Schlichtheit dieser Nummer wird deutlich, wie sehr die Natürlichkeit der Lady bloß eine nachgemachte ist, die zudem der Gefahr ausgesetzt ist, ins Sentimentale abzugleiten. Flotow verwendet diese Weise »leitmotivisch«: viermal im IV. Akt und im III. als Einleitung zu Lyonels Arie »Ach so fromm«. Daß hier die heitere Stimmführung mit der emphatischen und applaustächtigen Schlußwendung kaum zum melancholischen Text paßt, mag seine Ursache darin haben, daß Flotow diese Arie aus *L'Ame en peine* übernommen hat.

**Wirkung:** Fast nur durch *Martha* ist Flotow heute noch bekannt. Dabei wurde gerade diese Oper von der Musikkritik trotz der guten Besetzung (Harriet: Anna Zerr, Plumkett: Karl Johann Formes, Lyonel: Joseph

*Martha oder Der Markt zu Richmond*, I. Akt, 2. Bild; Metropolitan Opera, New York 1915. Margarethe Arndt-Ober als Julia/Nancy, Giuseppe De Luca als Plumkett, Enrico Caruso als Lyonel, Frieda Hempel als Martha/Harriet: eine echte Kutschfahrt mit falschen Mägden.

Erl) bei der Uraufführung nicht eben freundlich aufgenommen, so daß der anhaltende Erfolg des Werks weniger unter musikalischem als vielmehr unter sozialhistorischem Aspekt zu sehen ist. Die zweite Einstudierung von *Martha* besorgte Franz Liszt 1848 in Weimar. Bis 1850 lief die Oper über 15 deutsche Bühnen; sie trat zudem einen Siegeszug im Ausland an, während beispielsweise die Opern von Albert Lortzing eine fast rein deutsche Angelegenheit blieben. In England verhalf das einheimische Sujet dem Werk zum Erfolg, zumal einige Züge der Musik dem Idiom Michael William Balfes und vor allem Arthur Sullivans ähnlich sind (London, Drury Lane 1849 in deutscher, Covent Garden 1858 in italienischer Sprache). In Frankreich (Paris 1858, Théâtre-Italien) und Italien wurde *Martha* zum Paradestück für italienische Sänger. Lyonel war eine Glanzrolle Enrico Carusos, insbesondere in zwei von vier Aufführungsserien an der Metropolitan Opera (1906/07 und 1915/16). Die lockere Eleganz, die eingängige einfache Melodik, Rieses Theatersinn und Flotows volkstümliche Tonsprache ebneten dem Werk den Weg auf die Bühnen der Welt, auf denen es auch heute noch zum Bestand der Spielpläne gehört. Von neueren Aufführungen seien die der Met 1961 (Lady: Victoria de los Angeles, Lyonel: Richard Tucker), die umstrittene, gezielt antiromantische der Kölner Oper 1981 (Inszenierung: Hans Neugebauer, Ausstattung: Walter Schwab, Dirigent: Charles Mackerras), die des Münchner Gärtnerplatztheaters 1984 (Lady: Zdzislawa Donat; Inszenierung: Wolfram Mehring) sowie die vielbeachtete, sanft ironisierende Inszenierung von Vicco von Bülow in Stuttgart 1986 genannt. Parodien ließen bei dem großen Erfolg des Werks nicht auf sich warten: Das Wiener Carltheater brachte am 21. Jan. 1848 Johann Nepomuk Nestroys Parodie in drei Akten *Martha oder Die Mischmonder Markt-Mägde-Mietung* (Musik: Michael Hebenstreit) heraus. *Martha oder Auf diesem nicht mehr ungewöhnlichen Wege* (Text: Hermann Kipper, Musik von verschiedenen Komponisten) ist eins der beliebten Divertissements, die die Kölner Oper alljährlich zur Karnevalszeit spielt, und die »Salonszene« *Frau Martha in der Oper Martha* (Berlin 1861, Text: Robert Linderer, Musik: Gustav Michaelis) gehört ebenfalls zu diesem Genre.

**Autograph:** Memorial Libr. of Music, Stanford Univ. (327).
**Abschriften:** BL London (Hirsch II. 231 [unvollst.]), Public Libr. Boston, Allan A. Brown Coll. of Music (M. 401.17).
**Ausgaben:** Part: Müller [?], Wien [nach 1847]; Cranz, Hbg. [um 1880]; Cranz, Lpz. [um 1900]; B&H 1940; Richter, Hbg. [um 1940], Kl.A., hrsg. F. v. Flotow: Müller, Wien 1848, Nr. 280 [später: Cranz, Lpz.]; Kl.A.: Cranz, Hbg.] Cranz, Lpz. [um 1890], Nr. 39223 [auch Peters]; Litolff 1914; Peters 1914, Nr. 9768; UE 1914, Nr. 4941 [oder 3800]; Wessely, Wien, Nr. 1037-39; Textb.: Wien, Pichlers selige Witwe 1847; Textb. mit Einlagen v. G. R. Kruse: Lpz., Reclam [1910]. **Aufführungsmaterial:** B&H; hrsg. G. Hüttig, W. v. Stas: Astoria, Bln. (West)
**Literatur:** E. J. DENT, A Best-Seller in Opera, in: ML 22:1941, S. 139–154; W. HÜBNER, Martha, Martha, komm doch wieder, in: M u. Ges. 13:1963, S. 618ff.; weitere Lit. s. S. 216

*Robert Didion*

# La Veuve Grapin
**Opérette en un acte**

**Die Witwe Grapin**
1 Akt

**Text:** Philippe Auguste Pittaud Deforges (eigtl. Philippe Auguste Alfred Pittaud)
**Uraufführung:** 21. Sept. 1859, Théâtre des Bouffes-Parisiens, Paris
**Personen:** Marquis Bressieux (T); Georgette (S); Vincent, Diener des Marquis (B)
**Orchester:** 2 Fl, 2 Ob, 2 Klar, 2 Hr, 2 Kornette, Pos, Pkn, Trg, Streicher
**Aufführung:** Dauer ca. 50 Min.

**Handlung:** In einem alten Schloß, 1770: Der verschwenderische junge Marquis Bressieux ist finanziell am Ende. Sein geerbtes Vermögen ist zunächst von seinem inzwischen verstorbenen Vater, der Rest dann von ihm selbst verspielt worden. Jetzt bekommt er zu allem Überfluß von seiner Geliebten in Havanna eine schriftliche Absage. Die Durchführung seines Entschlusses, in den Freitod zu gehen, wird von seinem Diener Vincent unterbrochen. Unerwarteter Besuch bewegt den schüchternen Marquis, sich zurückzuziehen. Es ist die kesse Georgette, die reiche Witwe des verstorbenen Prokurators Grapin, die eintrifft und dem etwas verwunderten Vincent ihre Lebensgeschichte erzählt. Als Bauernmädchen unweit vom Schloß des Marquis geboren, hatte sie schon als Kind erfahren, daß die markgräfliche Belohnung für ihre Milchlieferungen wegen ihrer Schönheit für sie hätte kompromittierend sein können. Von der Unmoral der Welt enttäuscht, schlug sie, ihre Reize ausnutzend, den Weg des skrupellosen sozialen Aufstiegs ein. Durch den Tod des Prokurators reich geworden, bleibt ihr nur noch, einen besseren Namen und einen angemessenen Wohnsitz zu erwerben. Das Verkaufsschild vor dem heruntergekommenen Schloß hat sie hierher geführt, und nun überbietet sie alle andern Interessenten um das Dreifache. Vincent erblickt in ihr die Retterin seines Herrn. Er schlägt ihr vor, sie solle doch auch den markgräflichen Titel erwerben. Mit der Vorstellung, es handele sich noch um den alten Marquis aus ihrer Kindheit, willigt Georgette in die Heirat ein, stellt jedoch die Bedingung, daß sie und ihr Bräutigam sich sofort nach der Hochzeitszeremonie auf ewig trennen müßten. Groß ist allerdings Georgettes Überraschung, als sie feststellt, daß sie sich mit dem Sohn des alten Marquis vermählen soll. Vertragsgemäß will der Marquis gleich nach der Eheschließung abreisen; Georgette und Vincent planen jedoch es jetzt anders. So fädelt Georgette Auslegungsvarianten in die Vertragsbedingungen ein, die zu einer Verzögerung der Abreise führen. Zunächst verweigert sie dem Marquis die Herausgabe eines Bilds einer seiner Geliebten und überredet ihn, wenigstens für ein improvisiertes Hochzeitsmahl bei ihr zu bleiben. Schon regen sich auch im Herzen des Marquis Gefühle der Zuneigung. Um so peinlicher ist es für ihn, als

Georgette das Bild seiner Freundin schließlich doch hervorholt. Sie simuliert eine Eifersuchtsszene und fordert den Marquis nunmehr auf, augenblicklich abzureisen. Auch sie wolle die Weiterfahrt sofort antreten. Die inzwischen eingebrochene Dunkelheit nutzt Vincent aus, um Georgette vor angeblichen Räubern zu warnen. Sie läßt sich überreden, im letzten bewohnbaren Zimmer des Schlosses zu übernachten. Der Marquis bietet ihr an, zu ihrem Schutz bei ihr zu bleiben. Kokettierend besteht sie darauf, daß zumindest ein Vorhang zwischen ihnen aufgespannt werde, was auch geschieht. Doch Vincent sorgt dafür, daß die Nachtruhe des Brautpaars nur von kurzer Dauer bleibt. Draußen gibt er Schüsse ab, die er als Abwehr gegen einen Angriff der Räuber erklärt. Der Marquis kann die erschrockene Marquise davon überzeugen, daß sie in ihm einen sorgenden und schützenden Gatten gefunden habe. Sie ergreift die Gelegenheit, und das Paar faßt den Entschluß, das Schloß zur gemeinsamen Residenz zu küren und ihr neu gefundenes Glück dort miteinander und mit dem jubelnden Volk zu teilen.

**Kommentar:** Die Handlung stellt eine geistreiche Variante des alten Motivs vom gesellschaftlichen Aufstieg durch die Ehe dar. Ursprünglich war es die Frau, die arm, schüchtern und von niedrigem Stand war. Der Mann dagegen, zugleich reich, von sicherem Auftreten und adlig, pflegte die Frau von ihrem »Schicksal« zu retten. Unter solchen Voraussetzungen hatten die Textdichter immerhin genügend Spielraum, eine Übertretung der Standesschranken für die Betroffenen entweder zum glücklichen Abschluß zu führen, wie in Rossinis *Il barbiere di Siviglia* (1816), oder tragisch scheitern zu lassen, wie in Corallis *Giselle* (1841) und Verdis *Luisa Miller* (1849). In Deforges' Dichtung hat sich das Blatt gewendet: Jetzt hat eine reich gewordene, selbstsichere, nichtadlige Frau die Initiative ergriffen und nach eigenem Ermessen einem verarmten Adligen ihrer Wahl das große Glück beschert. Als entschlossener und ehrgeiziger Emporkömmling aus dem Bauernstand wendet sie jeden Versuch ab, ihre Person und ihre ständische Unterprivilegiertheit auszunutzen. Aus eigener Kraft (und vor allem unter ihren eigenen Bedingungen) schwingt sie sich zur Aristokratie auf. Der Preis allerdings, den sie dafür zahlen muß, sind die Einsamkeit, die Verbitterung und eine erworbene Skrupellosigkeit, sowohl in gesellschaftlichen Angelegenheiten wie auch in menschlichen Beziehungen. Erst ihre Begegnung mit dem weltfremden, aber in seiner Verzweiflung noch immer liebenswürdigen und gnädigen Marquis erweckt verschüttete menschliche Gefühle in Georgette und verwandelt sie von einer Harpyie zurück in ein zärtliches weibliches Wesen. Musikalisch wird Georgettes charakteristische Entwicklung von Flotow entsprechend gezeichnet. Stilistisch läßt sich das Werk in zwei Teile untergliedern. Die Handlung und die Musik des ersten Teils (bis Nr. 4) werden von Georgette und ihrem bäuerlichen Milieu bestimmt: Die schlichten Nummern sind allesamt Soloarien und der Opéra-comique zuzuordnen. Im zweiten Teil wird die Persönlichkeit des in seinem Wesen trotz »nouvelle pauvreté« immer noch distinguierten Adligen durch einen musikalischen Stilwandel von der Opéra-comique zur Grand opéra hin gezeichnet: Das zuvor häufige Melodram kommt nicht mehr vor, und die gesprochenen Dialoge werden zugunsten einer Mischform von Secco und Accompagnato zurückgedrängt; an die Stelle der Solonummern treten Duette (Nr. 6 und 7) und Terzette (Nr. 5a und 8). Somit wird die charakterliche Vertiefung in Georgettes Entwicklung mittels eines zunehmend erhabenen Stils und einer sich vergrößernden Besetzung zum dramaturgischen Höhepunkt geführt. Das mehrgliedrige Finale stellt mit seinem Walzer und der Wiederholung der »Clic! Clac!«-Polka (Nr. 2) einerseits eine Rückbindung zum musikalisch volkstümlichen ersten Teil her, andrerseits vermittelt es mit seiner Terzettbesetzung den Eindruck, daß das Volk draußen mitjubele, was Deforges auch im Text suggeriert. So verleiht Flotow diesem Schluß trotz einfachster Mittel zumindest den Geist der rauschenden Höhepunkte der Grand opéra. Eine weitere formale Umrahmung des Werks stellt das »Schlummerlied« dar, das sowohl die Ouvertüre wie auch den letzten Abschnitt (Nr. 7 und 8) einleitet. *La Veuve Grapin* ist ein kleines Meisterwerk seines Genres, das sich auch für Aufführungen von Musikstudenten und Amateuren eignet. Die hervorragende deutsche Übersetzung stammt von Flotow.

**Wirkung:** Der erfolgreichen Premiere folgten bald zahlreiche Aufführungen in andern Städten und Ländern, so 1860 Brüssel, 1861 Berlin (Friedrich-Wilhelm-Städtisches Theater), 1862 Hamburg (Stadttheater), 1868 Petersburg (russisch), 1879 Helsinki (finnisch), 1885 Budapest, 1898 Berlin (Theater des Westens) und 1922 Berlin (Theater »Die Rampe«).

**Autograph:** Verbleib unbekannt. **Ausgaben:** Kl.A: Joubert, Paris, Nr. 10189; Kl.A, rev. v. C. F. Wittmann, dt. Übers. v. F. Markwort [d.i. F. v. Flotow]: B&B [1925]; Textb., bearb. v. S. Anheißer: Köln 1929. **Aufführungsmaterial:** B&B
**Literatur:** s. S. 216

*Peter Cohen*


# Carlisle Floyd

**Carlisle Sessions Floyd; geboren am 11. Juni 1926 in Latta (South Carolina)**

## Susannah
**A Musical Drama in Two Acts**

### Susannah
2 Akte (10 Bilder)

**Text:** Carlisle Floyd
**Uraufführung:** 24. Febr. 1955, Florida State University, Tallahassee (FL)

**Personen:** Susannah Polk (S); Sam Polk, ihr Bruder (T); Olin Blitch, Prediger (T); der kleine Bat McLean (T); Ältester McLean (Bar); Ältester Gleaton (T); Ältester Hayes (T); Ältester Ott (Bar); Mrs. McLean (Mez); Mrs. Gleaton (S); Mrs. Hayes (S); Mrs. Ott (A). **Chor, Ballett:** Leute von New Hope Valley **Orchester:** 2 Fl (2. auch Picc), 2 Ob (2. auch E.H), 2 Klar (2. auch B.Klar), 2 Fg (2. auch K.Fg), 4 Hr, 2 Trp, 3 Pos, Tb, Pkn, Schl (RührTr, Bck, Gong, Xyl), Cel, Hrf, Streicher
**Aufführung:** Dauer ca. 1 Std. 45 Min. – Der Klavierauszug enthält detaillierte Bild- und Regieangaben.

**Entstehung:** Schon Floyds Bühnenerstling *Slow Dusk* (State University, Syracuse, NY 1949), angesiedelt in einem beklemmenden ländlichen Milieu unter notleidenden amerikanischen Farmern, zeigt im Ansatz alle Stilmerkmale, die seine erfolgreichste Oper *Susannah* auszeichnen: den tragisch-romantischen Gestus einer mit Elementen der amerikanischen Volksmusik durchsetzten Orchestersprache, eine kantabel-lyrische Diktion der Gesangspartien und gelegentliche Rückgriffe auf das Melodram. In seinen bisher elf Opern ist Floyd stets sein eigener Librettist. Nach dem begrenzten Erfolg von *Slow Dusk* und dem mißlungenen *Fugitives*, die er nach der Uraufführung (Florida State University, Tallahassee 1951) wieder zurückzog, gewann er mit der 1953/54 komponierten *Susannah* auch internationale Anerkennung als Bühnenkomponist.
**Handlung:** Im New Hope Valley (Tennessee).
I. Akt, 1. Bild, Kirchhof der New-Hope-Kirche, ein Montagabend im Juli: Beim Gemeindefest ziehen die älteren Frauen über die junge und ungewöhnlich schöne Susannah Polk her, eine von ihrem trunksüchtigen Bruder Sam aufgezogene Waise. Die Ankunft des Reisepredigers Olin Blitch, der die Seelsorge der Gemeinde übernehmen wird, unterbricht den Tanz der jungen Leute. Blitch sticht Susannahs Schönheit ins Auge; er tanzt mit ihr. 2. Bild, vor dem Farmhaus der Polks, wenige Stunden später: In Begleitung des kleinen Bat McLean kehrt Susannah fröhlich-erregt vom Tanz heim. Bat spricht von den Blicken, die die jungen Männer beim Tanz auf Susannah geworfen haben, aber diese lacht nur darüber und träumt von fernen Ländern, die sie noch kennenlernen will. Sam ist hinzugekommen und singt auf Susannahs Bitten den »Jaybird Song« wie einst ihr Vater. 3. Bild, Wald bei den Polks, am folgenden Morgen: Susannah badet in einem einsamen Teich. Die Gemeindeältesten, auf der Suche nach einem Platz für die Taufzeremonie, entdecken sie. Wegen ihrer Nacktheit verurteilen sie Susannah als mit dem Teufel im Bund. 4. Bild, Kirchhof, am selben Abend: Die Ältesten und ihre Frauen zerreißen sich wieder die Mäuler über Susannah. Ihre Ankunft wird mit eisigem Schweigen quittiert, schließlich gibt McLean ihr zu verstehen, daß sie in der Gemeinde nicht mehr willkommen ist. 5. Bild, vor dem Farmhaus der Polks, eine halbe Stunde später: Bat erzählt Susannah, warum die Gemeinde sie verfolgt. Er gesteht, auf Drängen seiner Eltern intime Beziehungen mit ihr erlogen zu haben. Sam gelingt es nicht, Susannah zu trösten.
II. Akt, 1. Bild, vor dem Farmhaus der Polks, Freitagmorgen: Sam überredet Susannah, zur bevorstehenden Beichtveranstaltung zu gehen. 2. Bild, New-Hope-Kirche, am selben Abend: Blitch predigt und ruft zur Beichte auf. Auch Susannah wird aufgefordert, vorzutreten und ihre Sünden öffentlich zu bekennen, aber sie flieht aus der Kirche. 3. Bild, vor dem Farmhaus der Polks, eine Stunde später: Blitch versucht Susannah noch einmal zur Beichte zu überreden. Als er damit scheitert, vergewaltigt er sie. 4. Bild, Kirche, Samstagmorgen: Blitch mußte entdecken, daß Susannah noch Jungfrau war. Er ist über seine Tat verzweifelt und bittet Gott um Vergebung. Als die Gemeinde sich versammelt, versucht Blitch sie von Susannahs Unschuld zu überzeugen, aber da er seine eigene Schuld aus Feigheit verschweigt, verstößt die Gemeinde die anwesende Susannah und verläßt empört die Kirche. Schließlich geht auch Susannah, angeekelt von Blitchs Wiedergutmachungsversprechen und seiner flehentlichen Bitte um Verzeihung. 5. Bild, vor dem Farmhaus der Polks, bei Sonnenuntergang am selben Tag: Susannah erzählt Sam, der mehrere Tage auf Jagd war, von Blitchs »Bekehrungsversuch«. Sam schwört, den Priester zu ermorden, und stürzt mit dem Gewehr davon. Wenig später berichtet Bat, daß Sam den Priester erschossen habe und der Mob im Glauben an ihre Schuld Susannah lynchen wolle. Mit dem Gewehr vertreibt sie die rasende Menge, die sie aus dem Tal jagen will. Auch Bat wird mit Prügeln davongejagt. Susannah bleibt allein und verbittert zurück.
**Kommentar:** Als Stoffvorlage diente Floyd der apokryphe Zusatztext zum *Buch Daniel,* die Legende von der schönen Susanna, die, beim Baden von zwei Alten beobachtet, deren unsittliches Begehren abweist, daraufhin des Ehebruchs bezichtigt und zum Tod verurteilt und erst durch Befragungen des jungen Daniel, des Abgesandten göttlicher Gerechtigkeit, rehabilitiert wird. Die Figur ist durch Gemälde unter anderm von Tintoretto, Peter Paul Rubens, Paolo Veronese und Rembrandt berühmt und in der Musik durch zahlreiche Oratorien der Barockzeit (unter anderm von Alessandro Scarlatti und Georg Friedrich Händel). In der Übertragung auf ein amerikanisches Milieu hat Floyd Susannah zu einem braven, heimatsüchtigen Mädchen gemacht, das nicht erwachsen werden will und sich mit dem »Jaybird Song« in eine heile Vergangenheit zurückträumt; andrerseits sind mit dem lüsternen Reiseprediger und der doppelten Moral und Frömmelei der Gemeindeältesten und ihrer Frauen sozialkritische Töne angeschlagen, die nicht in einem beschönigenden Happy-End widerrufen werden. Im Gegensatz zur biblischen Vorlage ist der rechtende Daniel ausgespart, und Susannah muß sich ihr Existenzrecht gegenüber der Gemeinde mit Gewalt erzwingen. Bei der Wahl und Gestaltung des Sujets und bei der musikalisch nicht ohne Sympathie gezeichneten Gestalt des Olin Blitch mag ausschlaggebend gewesen sein, daß Floyd einem Predigereltern-

haus entstammte. Die in den Vereinigten Staaten mit großem Erfolg gespielte Oper vereinigt mehrere stilistische Elemente, die es nahelegen, in *Susannah* den vielleicht verspäteten, jedoch geglückten Fall einer Nationaloper zu erblicken. Sie vereinigt eine Anzahl ansprechender, aber nicht übermäßig anspruchsvoller Partien und ist damit für engagierte Laien darstellbar, kam also dem damaligen Spielbetrieb in den Vereinigten Staaten entgegen, in dem die Verbreitung eines Werks vielfach auf die zahlreichen und auf relativ hohem Niveau agierenden Universitätstheater angewiesen war. Zum andern bot das Sujet natürlich eine Grundlage für Diskussionen über puritanische Moralvorstellungen, und es gehörte wohl noch zum amerikanischen Selbstverständnis, daß man sich wie Susannah einen eigenen Platz in der Gesellschaft erkämpfte, und sei es mit dem Gewehr in der Hand. Schließlich zielte die Oper nicht auf dramatischen Verlauf, sondern auf eine Abfolge sentimentaler Gefühlszustände und kam mit ihrem an der damaligen Filmmusik Hollywoods orientierten Pathos (klanggesättigte Orchestersprache, dicke, mit Quarten geschärfte Blechbläsersätze, Dur-Moll-Tonalität unter Einbeziehung anderer Modi, besonders des dorischen) einer Erwartungshaltung entgegen, die eher Giuseppe Verdi und Giacomo Puccini und nicht die europäische Avantgarde zum ästhetischen Maßstab erhob. Die in *Susannah* gelungene Verschmelzung von Filmmusik mit Elementen der Volksmusik der amerikanischen Siedler des 19. Jahrhunderts war exemplarisch geeignet, den eigenen kulturellen Traditionen nachzuhorchen. Die typisch amerikanische Diktion der Musik, verstärkt durch den mittelwestlichen Siedlerslang des Texts, macht das Werk zu einem unübersetzbaren Sonderfall und zu einem operngeschichtlich bedeutsamen Gegenstück zum Jazz- und Ragtime-Idiom von Gershwins *Porgy and Bess* (1935).
**Wirkung:** In der Uraufführung unter Leitung von Karl Kuersteiner sang Phyllis Curtin die Titelpartie (Polk: Walter James, Blitch: Mack Harrell), sie war auch in der Premiere der New York City Opera am 27. Sept. 1956 zu hören (Polk: Jon Crain, Blitch: Norman Treigle; Dirigent: Erich Leinsdorf). Danach erhielt Floyd den New York Music Critic Circle Award für die beste neue Oper des Jahrs. Ein hervorragender Interpret des Polk war später Richard Cassilly. Ein Gastspiel des New Yorker Ensembles anläßlich der Weltausstellung in Brüssel (Juni 1958) machte die Oper erstmals einem europäischen Publikum zugänglich. 1961 folgte eine englische Inszenierung durch die Kentish Opera Group in Orpington. Als erste Oper in New York wurde *Susannah* am 30. März 1982 (New York City Opera) nach dem am Broadway entwickelten Ann-Silver-System am Bühnenrand für Taubstumme simultan in Zeichensprache übertragen.

**Autograph:** Verbleib unbekannt. **Ausgaben:** Part: Bo&Ha 1955; Kl.A: Bo&Ha 1957, 1967; Textb.: Bo&Ha 1955. **Aufführungsmaterial:** Bo&Ha, NY

*Rainer Franke*

## Wuthering Heights
### A Musical Drama in a Prologue and Three Acts

**Wuthering Heights**
Prolog, 3 Akte (8 Bilder)

**Text:** Carlisle Floyd, nach dem Roman (1847) von Emily Jane Brontë
**Uraufführung:** 1. Fassung: 16. Juli 1958, Opera, Santa Fe (NM); 2. Fassung: 9. April 1959, New York City Opera, New York (hier behandelt)
**Personen:** Catherine Earnshaw, genannt Cathy (S); Heathcliff (Bar); Nelly (Mez); Hindley Earnshaw (T); Mr. Earnshaw (B); Joseph (T); Lockwood (T). **Chor:** Festgäste. **Statisterie:** Diener
**Orchester:** 2 Fl (2. auch Picc), 2 Ob (2. auch E.H), 2 Klar (2. auch B.Klar), 2 Fg, 2 Hr, 2 Trp, 2 Pos, Pkn, Schl (kl.Tr mit Schnarrsaiten, Bck, hängendes Bck, Gong), Hrf, Streicher
**Aufführung:** Dauer ca. 2 Std. 15 Min. – Der Klavierauszug enthält detaillierte Bild- und Regieangaben. In der 1. Fassung zusätzlich: Edgar Linton (T), Isabella Linton (S).

**Handlung:** In den Moorgegenden im Norden Englands, 1817, 1820/21, 1835.
Prolog, Wohnküche und Kaminzimmer auf Wuthering Heights, einem verwitterten Gutshaus; ein Winterabend 1835: Lockwood, der neue Nachbar des mürrischen Heathcliff, bleibt wegen des Schneetreibens über Nacht. Nachdem Heathcliff, seine Frau Isabella und der Diener Joseph zu Bett gegangen sind, liest Lockwood im Tagebuch einer Catherine Earnshaw-Linton. Vor dem Fenster erscheint plötzlich eine weiße Hand, und man vernimmt Cathys Stimme, die um Einlaß bittet. Heathcliff hat den Spuk gehört und stürzt in die Winternacht hinaus, um Cathy zu finden.
I. Akt, 1. Bild, in denselben Räumen, Febr. 1817: Der alte und kranke Gutsbesitzer Earnshaw gerät mit seinem Sohn Hindley in Streit. Dieser fühlt sich durch den fast gleichaltrigen Heathcliff, ein in Liverpool aufgelesenes Findelkind, zurückgesetzt. Der Vater stirbt an einem Herzanfall, seine Tochter Cathy und Heathcliff schwören sich ewige Treue. 2. Bild, ebenda, April 1817, bei Sonnenuntergang: Wie er es geschworen hatte, unterdrückt Hindley Heathcliff nach Kräften. Cathy flüchtet mit Heathcliff ins Moor zu einem ersten Kuß. Als sie das Nachbargut Thrushcross Grange erkunden, bricht sich Cathy ein Bein und wird von den Lintons und deren Kindern Isabella und Edgar zur Pflege aufgenommen.
II. Akt, 1. Bild, ebenda, Mai 1817: Cathy kehrt als feine Dame aus dem Gutshaus der Lintons zurück und mokiert sich über Heathcliffs ungepflegtes Äußeres. Dieser rächt sich, indem er dem Besucher Edgar eine Tasse Tee ins Gesicht schüttet. Dafür wird er von Hindley ausgepeitscht. Cathy verbindet ihn. 2. Bild, ebenda, Juni 1817: Edgar trägt Cathy seine Hand an. Sie nimmt sie an, bekennt jedoch später ihrer Dienerin Nelly, daß sie unglücklich sei und Heathcliff wohl niemals wissen werde, wie sehr sie ihn liebe.

III. Akt, 1. Bild, Wohn- und Empfangsräume auf Thrushcross Grange, Aug. 1820: Eine Festgesellschaft ist zu Besuch; einige Paare tanzen ein Menuett. Heathcliff ist als reicher Mann aus der Fremde zurückgekehrt, um Cathy, die inzwischen mit Edgar verheiratet ist, doch noch zu gewinnen. Sie zögert jedoch. Heathcliff gewinnt Hindley all sein Geld und das Gut Wuthering Heights im Spiel ab. 2. Bild, ebenda, Sept. 1820: Heathcliff will Cathy mit der Drohung erpressen, daß er Isabella heiraten werde. Cathy beschließt zu sterben. 3. Bild, ebenda, April 1821: Cathy ist hochschwanger und nervenkrank. Endlich gesteht sie Heathcliff ihre Liebe. Sie stirbt in seinen Armen, im Bewußtsein, seine Liebe verraten zu haben. Heathcliff verflucht sich und sie; für ihn lebt Cathy weiter als Vision, die ihn bis an sein Lebensende heimsuchen wird.

**Kommentar:** Nach dem Erfolg von *Susannah* (1955) erteilte die Santa Fe Opera Floyd im Herbst 1957 den Kompositionsauftrag zu *Wuthering Heights*. Brontës Geschick, eine Art Karussell der Konstellationen durch die Generationen hindurch aufzubauen, ist oft bewundert worden. Bemerkenswert sind die kontrastierenden Perspektiven, aus denen der Leser auf die tragische Liebesbeziehung Heathcliff/Cathy blickt: einerseits mit den Augen des fremden, zugereisten Pächters und Haupterzählers Lockwood, andrerseits mit den Augen der den Tageshorizont nie verlassenden Anteilnahme der Dienerin Nelly. Bei Floyd ist davon allerdings wenig mehr übriggeblieben als die romanzenhafte Verbrämung der tragischen Liebesverbundenheit. Soziale Charakteristiken sind romantischem Charakterspiel gewichen. Bei Brontë ist das Geistermotiv eine Konzession an den Zeitgeschmack, bei Floyd erscheint es wie eine Erinnerung an Sentas Verfallenheit an die Fliegenden Holländer. Verismoanleihen sind in der durchkomponierten Form des »musical drama« festzustellen. Heathcliff ist ein quartenreiches, harmonisch stark überlastetes Endlosmotiv zugeordnet, das an den II. Akt von Wagners *Parsifal* (1882) erinnert. (Die Kernzelle des Motivs findet sich zu Parsifals Worten »Die Mutter konnt' ich vergessen«, eine Langform bei Klingsors »Haha! Den Zauber wußt' ich wohl«.) Cathy wird begleitet von einem terz- und quintfreudigen, quasi unbekümmerten und harmonisch reduzierten Material. Edgar und mit ihm der bürgerlichen Festatmosphäre von Thrushcross Grange ist ein ironisch-steifes »minuetto« zugeordnet. Nur im III. Akt kommt es seitens der Gäste zu Unisono-Chorgesang beziehungsweise seitens der Protagonisten zu echter Mehrstimmigkeit, während sonst Monologe überwiegen, gelegentlich mit Wechselrede durchsetzt. Die Liebestodlösung zitiert auch musikalisch Wagners *Tristan und Isolde* (1865). Wu-

*Wuthering Heights*, I. Akt, 2. Bild; Phyllis Curtin als Cathy, John Reardon als Heathcliff; Uraufführung der 2. Fassung, New York City Opera, New York 1959. – Die romantisch-zerklüftete Bühnenlandschaft ist Folie und Reflex der emotionalen Zerrissenheit von Cathy und Heathcliff.

*thering Heights* ist ein in sich stimmiges Beispiel des Historismus der von Hollywood geprägten 50er Jahre. Bernard Herrmann, einer der erfolgreichsten Filmmusikkomponisten, hatte bereits 1948–50 seine (nicht aufgeführte) Oper *Wuthering Heights* nach Brontë geschrieben. Die beiden Verfilmungen des Romans (*Wuthering Heights*, 1939, von William Wyler; *Abismos de pasión*, 1953, von Luis Buñuel) haben in Floyds Oper offensichtlich ihre Spuren hinterlassen, erkennbar zum Beispiel an den filmisch gedachten Regieangaben in I/2, in denen sich das Geschehen fließend von Wuthering Heights auf die freie Moorlandschaft (Penniston Crag), schließlich auf die Gegend von Thrushcross Grange verlagert. *Wuthering Heights* ist weniger eine Literaturoper im herkömmlichen Sinn als ein musikalischer Digest durch einen klassischen Roman.

**Wirkung:** In der Uraufführung der 1. Fassung unter Leitung von John Crosby sangen Phyllis Curtin (Cathy), Robert Trehy (Heathcliff), Regina Victoria Sarfaty (Nelly) und Loren Driscoll (Edgar). Trotz der hervorragenden Besetzung bei der Premiere der 2. Fassung (Curtin, John Reardon, Patricia Neway, Frank Porretta; Dirigent: Julius Rudel) konnte Floyd mit *Wuthering Heights* nicht an den Erfolg von *Susannah* anknüpfen. Auch seinen späteren Opern (*The Passion of Jonathan Wade*, New York 1962; *The Sojourner and Mollie Sinclair*, Raleigh, NC 1963; *Markheim*, New Orleans 1966; *Of Mice and Men*, Seattle 1970; *Bilby's Doll*, Houston 1976; *Willie Stark*, Houston 1981) blieb mit Ausnahme der in den Vereinigten Staaten mehrfach inszenierten und auch in Europa gezeigten Oper *Of Mice and Men* (nach John Steinbecks Novelle) eine nachhaltige Wirkung versagt.

**Autograph:** Verbleib unbekannt. **Ausgaben:** Part: Bo&Ha [1958]; Kl.A: Bo&Ha, NY 1961; Textb., 2. Fassung: Bo&Ha 1959. **Aufführungsmaterial:** Bo&Ha, NY

*Matthias Theodor Vogt*

# Anton Foerster

**Geboren am 20. Dezember 1837 in Wosenitz (Osenice; bei Jitschin, Ostböhmen), gestorben am 17. April 1926 in Rudolfswert (Novo mesto; Slowenien)**

## Gorenjski slavček
**Lirično-komična opera v treh dejanjih**

## Die Oberkrainer Nachtigall
Lyrisch-komische Oper in 3 Akten

**Text:** Emanuel František Züngel, nach dem Libretto von Luiza Pesjak (auch Luise Pessiak, geb. Crobath) für die 1. Fassung

**Uraufführung:** 1. Fassung als Operette: 27. April 1872, Landestheater, Ljubljana/Laibach; 2. Fassung: 30. Okt. 1896, Landestheater, Ljubljana/Laibach (hier behandelt)
**Personen:** Majda, Witwe (Mez); Minka, ihre Tochter (S); Franjo (T); Chansonette, Gesangslehrer (Bar); Ninon, seine Frau (S); Strukelj, Bürgermeister (B); Rajdelj, Schreiber (T); Lovro (Bar); Wirt (B). **Chor:** Dorfmädchen und -burschen
**Orchester:** Picc, 2 Fl, 2 Ob, 2 Klar, B.Klar, 2 Fg, 3 Hr, 2 Trp, 3 Pos, Pkn, Schl (gr.Tr, kl.Tr, Trg), Streicher
**Aufführung:** Dauer ca. 1 Std. 30 Min.

**Entstehung:** *Gorenjski slavček* entstand infolge eines Wettbewerbs des Dramatischen Vereins in Ljubljana für eine Operette und ein Libretto. Eine Operette und nicht etwa eine Oper war dabei wohl deshalb gefragt, weil zu dieser Zeit der Dramatische Verein noch nicht über genug fähige Sänger verfügte und die Operette im damaligen Ljubljana äußerst beliebt war, wie unter anderm Aufführungszahlen der Werke Jacques Offenbachs beweisen. Darum verfaßte Foerster *Gorenjski slavček* zunächst als Operette mit Ouvertüre und zwölf Musikeinlagen. In dieser Form wurde das Werk der Jury in Prag vorgelegt, die aus den Komponisten Bedřich Smetana, Karel Bendl und Ljudevít Procházka bestand, und errang dort den ersten Preis. Bald danach wurde das Stück unter der Leitung des Komponisten mit Erfolg uraufgeführt. Erst 20 Jahre später beschloß Foerster, die Operette in eine Oper umzuarbeiten. Das ursprüngliche Libretto wurde von Smetanas Librettisten Züngel und später auch von dem slowenischen Dichter Engelbert Gangl umgestaltet. Foerster vervollständigte das Werk noch mit einigen Musiknummern und ersetzte die Dialoge durch Rezitative. Für die zweite Aufführung am 3. Nov. teilte Foerster den I. Akt, so daß ein Dreiakter entstand. 1922 wurde die Oper von Karel Jeraj ergänzend überarbeitet; die ursprünglichen Eigenheiten des Originals wurden dabei jedoch beachtet. Es handelte sich nicht um große Veränderungen, sondern nur um zusätzliche Texte und Umstellungen einiger Szenen.

**Handlung:** Bei Veldes/Bled (Oberkrain), vor 1848. I. Akt, Dorfplatz vor dem Gasthaus: Nach längerer Abwesenheit kehrt der Student Franjo in sein Heimatdorf zurück. Zuerst begegnet er seinem Freund Lovro, bald danach sieht er auch seine geliebte Minka. Zur gleichen Zeit kommt ein französischer Gesangslehrer namens Chansonette nach Oberkrain, um Volkslieder zu sammeln. Er hört auch Minkas schöne Stimme und ist davon derart begeistert, daß er beschließt, Minka mit nach Paris zu nehmen und dort als Opernsängerin ausbilden zu lassen. Die »Nachtigall« versteckt sich jedoch. Unter den erschienenen Dorfmädchen sucht Chansonette vergebens nach Minkas Stimme. Als er sich verzweifelt entfernen will, hört er sie plötzlich aus der Ferne; erfreut eilt er ihr entgegen.
II. Akt, Garten der Gaststätte: Der Wirt bedient diensteifrig Chansonette und seine Frau Ninon. Auch der Dorfsekretär, der Dorfschreiber Rajdelj und der Bür-

germeister Štrukelj sind anwesend; man lernt sich kennen, und Ninon zeigt ihre Kunstfertigkeit in Gesang und Tanz. Minkas Mutter eilt verzweifelt herbei und klagt ihrer Tochter, daß der Gläubiger beide aus dem Haus jagen wird, wenn sie nicht sofort die Schuld von 200 Gulden begleichen. Als Chansonette das hört, bietet er Minka 200 Gulden, falls sie bereit ist, mit nach Paris zu kommen. Franjo, der nun erfährt, daß Chansonette Minka entführen will, ruft schnell seine Freunde Lovro, Štrukelj und Rajdelj, um gemeinsam dies Vorhaben zu verhindern. Die Oberkrainer Burschen singen mit Franjo das Volkslied »Vsi so prihajali« (»Alle kamen«). Alle sind hingerissen von dem schönen Lied, am meisten Minka, die erst jetzt erkennt, daß nur dies Dorf ihre Heimat ist. Deshalb entschließt sie sich, bei Franjo zu bleiben.
III. Akt, wie I. Akt: Franjo, Štrukelj und Rajdelj kommen zu einer guten Lösung, um den Gesangslehrer zu vertreiben. Štrukelj improvisiert eine Gerichtsverhandlung, in der er Chansonette des Landes verweist und zu einer Geldstrafe verurteilt. Schließlich stellt sich heraus, daß Chansonette es mit Minka nur gut meinte. Er schenkt ihr das Geld, und da er erkennt, daß sie Franjo wirklich liebt, versucht er nicht mehr, sie zum Verlassen Franjos zu überreden. Als Dank singen die Burschen für Chansonette einige slowenische Volkslieder. Bald darauf kommt ein Bote, der Chansonette von seiner Aufnahme in den Ritterstand und von der Ernennung zum Hofsänger unterrichtet. Nun muß er leider Oberkrain verlassen. Fröhlich und in freundschaftlichem Einvernehmen verabschiedet man sich. Die »Nachtigall« bleibt bei Franjo, Chansonette und seine Frau kehren in ihre Heimat zurück.

**Kommentar:** Das Libretto ist einfach strukturiert. Foerster gelang es, dessen Schlichtheit mit einfallsreicher Musik zu verbinden. Smetana beschrieb Foersters Oper als ein Werk von erfindungsreicher Melodik, bemerkenswerter und gewandter Instrumentation. Die kontrapunktische Versiertheit des Komponisten kommt besonders in den Ensembles der Schlußszenen zur Geltung. Foersters Charakterzeichnung ist äußerst effektvoll. Sein Bestreben war es von Anfang an, also bereits bei der Operettenfassung, eine slowenische Nationaloper zu schaffen. So versuchte er stellenweise das urwüchsige slowenische Melos einzufangen und verwendete außerdem noch einige Volkslieder beziehungsweise volkstümliche Weisen, die er allerdings seinem persönlichen Ausdrucksstil anglich. Dessen ungeachtet ist die Auswahl der entlehnten Melodien ziemlich gelungen und wirkungsvoll. Charakteristisch ist dabei, daß Foerster nicht die Pariser oder Wiener Operette zum Vorbild nahm, sondern sich zum Teil an den gehobeneren Stil der heiteren tschechischen Oper anlehnte. Daß auch Smetana mit seiner *Prodaná nevěsta* (1866) sein großes Vorbild war, ist nicht verwunderlich. Smetanas Einfluß erkennt man besonders in den Liebesduetten oder auch in der melancholischen Arie von Minkas Mutter Majda.

**Wirkung:** *Gorenjski slavček* wurde zum Standardwerk des slowenischen Opernrepertoires. Vor allem in Jerajs Bearbeitung erntete sie allgemeinen Beifall bei Kritik und Publikum. Die Oper ist nicht zuletzt wegen der Volks- beziehungsweise volkstümlichen Weisen auch für das heutige Publikum noch attraktiv. Die Oper wird fast jedes Jahr in den beiden slowenischen Opernhäusern (Ljubljana, Maribor) aufgeführt. 1910 stand sie auch in Brünn auf dem Spielplan. Da das Autograph der 2. Fassung bis 1984 verschollen war (erst dann wurde es im Archiv des Slowenischen Nationaltheaters Ljubljana aufgefunden), stützte man sich bei Einstudierungen dieser Fassung auf den Klavierauszug von 1901. Erst am 4. Okt. 1984 wurde das Werk im Nationaltheater Ljubljana in jener Form aufgeführt, die der Originalgestalt der 2., der Opernfassung am ehesten entspricht. 1986 wurde *Gorenjski slavček* in Olmütz einstudiert.

**Autograph:** 1. Fassung (unvollst.): National- u. UB Ljubljana; 2. Fassung: Arch. d. Slowenischen Nationaltheaters Ljubljana.
**Ausgaben:** Kl.A: Glasbena matica, Ljubljana 1901; Textb.: Bundesdruckerei, Ljubljana 1922
**Literatur:** D. CVETKO, Musikgeschichte der Südslawen, Kassel, Maribor 1975, S. 161

*Manica Špendal*

# Josef Bohuslav Foerster

Geboren am 30. Dezember 1859 in Prag, gestorben am 29. Mai 1951 in Vestec (bei Brandeis an der Elbe-Altbunzlau, Mittelböhmen)

## Eva
**Opera o třech dějstvích**

Eva
Oper in 3 Aufzügen

**Text:** Josef Bohuslav Foerster, nach dem Drama *Gazdina roba* (*Die Witwe eines Lebenden*, 1889) von Gabriela Preissová (geb. Sekerová)
**Uraufführung:** 1. Jan. 1899, Nationaltheater, Prag
**Personen:** Eva, Näherin (S); Mánek (T); Mešjanovká, seine Mutter (A); Samko, Kürschner (Bar); Zuzka (Mez); Rúbač, Arbeiter (B). **Chor:** Burschen, Mädchen, Musikanten
**Orchester:** 3 Fl (3. auch Picc), 2 Ob, 2 Klar, B.Klar, 3 Fg (3. auch K.Fg), 4 Hr, 3 Trp, 3 Pos, Tb, Pkn, Schl (Trg, gr.Tr, Bck, Glsp), Hrf, Org, Streicher
**Aufführung:** Dauer ca. 2 Std. 15 Min.

**Entstehung:** Foerster erkannte Preissovás Drama sofort als ein geeignetes Opernsujet. Da es jedoch seiner Vorstellung widersprach, einen Prosatext zu vertonen, bat er den Librettisten Jaroslav Kvapil, das Schauspiel in Versform zu bearbeiten. Als sich Foerster 1894 zum Sommeraufenthalt in die mährische Slowakei, den Schauplatz von *Gazdina roba*, begab, wartete er indes noch immer auf das Libretto. So widmete er im Folgejahr dem Thema zunächst eine Orchesterkomposition mit dem Titel *Tragische Ouvertüre*. Das Textbuch schrieb er schließlich selbst; Ende Febr. 1895 war die Arbeit beendet. Dieser Erfolg ermutigte Foerster, weitere Libretti (zu *Nepřemožení*, Prag 1918; *Srdce*, Prag 1923; *Bloud*, Prag 1936) selbst zu schreiben. Die Komposition begann er unmittelbar nach Fertigstellung des Texts; Anfang 1897 wurde die Partitur beendet.

**Handlung:** In der mährischen Slowakei und in Ungarn, 80er Jahre des 19. Jahrhunderts.

I. Akt, Kirmes auf einem Dorfplatz: Die arme verwaiste Näherin Eva und der Bauernsohn Mánek mögen sich. Doch vieles trennt die jungen Leute: Ungleichheit der Herkunft und des Eigentums, Konfessionsschranken zwischen der Protestantin Eva und Máneks katholischer Familie, dazu die ablehnende Haltung von Máneks Mutter, der hochmütigen und herrschsüchtigen reichen Witwe Mešjanovká. Nicht zuletzt trennt die beiden auch die Verschiedenheit ihres Charakters: Mit Máneks lebensfrohem Optimismus kontrastieren Evas Hang zu düsteren Grübeleien, ihre Existenzangst und ihr überempfindlicher Stolz. Im Wirtshaus und auf dem Dorfplatz wird getanzt; Mánek wurde zum Tanzordner, zum »Altgesellen«, gewählt. Seine Partnerin ist die reiche Maryša, die von der Mutter für ihn ausersehene Braut. Eva ist gekränkt und überhäuft den Geliebten mit Vorwürfen, weil er seiner Mutter nachgegeben hat. Mánek will sich rechtfertigen, beteuert Eva seine Liebe und aufrichtige Absicht, sie zur Frau zu nehmen. Zutiefst verletzt faßt Eva, als sie auch noch die Beleidigungen von Máneks Mutter hören muß, einen überstürzten Entschluß und gibt ihr Wort dem Kürschner Samko. Der ist zwar bereits in den Jahren und hinkt, ist aber ein rechtschaffener Mann und Eva seit jeher zugetan. Nicht einmal die Religion steht im Weg, denn auch er ist evangelisch. Mánek muß sich in die neue Lage fügen.

II. Akt, Stube in Samkos Hütte, rechts ein großer Ofen, davor eine leere Wiege; vier Jahre später: In der Ehe mit Samko findet Eva kein Glück. Die einzige Freude war ihr das Töchterchen, das aber bald gestorben ist. Nun sitzt sie nur noch weinend an der leeren Wiege oder verbringt ihre Zeit am Kindes- und am Elterngrab. Samko kann sie nicht mehr leiden, seit er der todkranken Tochter den Arzt verweigert hat aus fanatischer Überzeugung, daß einzig Gott über ein Menschenleben walte. Kein Wunder, daß sie immer häufiger an ihre Jugendliebe zurückdenkt. Auch Mánek, mit Maryša verheiratet und Vater zweier Kinder, fühlt sich immer wieder zu Eva hingezogen. Eines Abends, als Samko nicht zu Haus ist, besucht Mánek sie, versichert ihr von neuem seine Liebe und bittet, mit ihm nach Ungarn zu gehen, wo er sich als Gutsverwalter verdingt hat. Dort können sie unerkannt miteinander leben, und irgendwann würde sich wohl eine neue Ehe schließen lassen. Überraschend kehrt Samko zurück. Mánek flieht durch das Fenster. Zwischen den Eheleuten kommt es zu einer Auseinan-

*Eva*, I. Akt; Marie Veselá als Mešjanovká, Ada Nordenová als Eva; Regie: Ferdinand Pujman, Bühnenbild: Josef Gottlieb; Nationaltheater, Prag 1939. – Das friedliche Bild von Dorfplatzidyll und Heiligenstatue trügt: Zwischen den Frauen herrscht Zwietracht.

dersetzung, in der Samko einen Stock nach Eva schleudert. Sie verläßt das Haus und eilt zu Mánek, um mit ihm noch in derselben Nacht zu fliehen.
III. Akt, großer Hof auf einem Bauerngut mit Aussicht auf die ungarische Tiefebene: Eva lebt mit Mánek auf einem Gutshof am Ufer der Donau. Das Jahr war gut, nun feiert man das Erntefest, und Mánek freut sich mit seinen Arbeitern über den Erfolg. Nur Eva kann ihre Trübseligkeit nicht loswerden; die Unklarheit ihrer Lage beunruhigt sie. Sie argwöhnt, einen schweren Fehler begangen zu haben. Ihre Vorahnungen sollen bald in Erfüllung gehen. Rúbač, ein angetrunkener Arbeiter, beschimpft sie als »Witwe eines Lebenden«. Eva ist außer sich und bittet Mánek um Beistand. Unversehens erscheint die alte Mešjanovká, um ihren Sohn zurechtzuweisen. Sie unterbreitet ihm die traurige Lage zu Haus, wo Frau und Kinder nach ihm weinen, und drängt Mánek, unverzüglich zurückzukehren. Mit einem Amtsdokument, das ihm jede neue Eheschließung gerichtlich untersagt, bekräftigt sie ihre Forderung. Mánek weigert sich nachzugeben, er verspricht Eva, mit ihr weiterzuleben, die Familie könne er ja ab und zu besuchen. Doch Eva scheint gar nicht zuzuhören. Sie ist durch die Nachricht in eine Art Wahnsinn geraten. Im Glauben, nach so vielen Qualen endlich das Paradies erblickt zu haben, wo ihr Töchterchen und ihre Eltern ihr zuwinken, reißt sie sich los und stürzt sich in die Donau. Mánek ruft um Hilfe, doch es ist zu spät.

**Kommentar:** *Eva* gehört in jene Reihe tschechoslowakischer Opern mit ländlichem Sujet, die mit Smetanas *Prodaná nevěsta* (1866) angefangen und Janáčeks *Její pastorkyňa* (1904; nach einem späteren Drama Preissovás) ihren Gipfel erreicht hat. Neu ist Foersters realistische Auffassung. Seine Oper zeichnet weder ein Dorfidyll, noch bietet sie eine bloße Folkloreschau. Vielmehr ist sie ein Werk, das sich mit den Problemen des Landvolks, gleichviel ob sie sozialen, religiösen oder andern Gegensätzen entspringen, ernsthaft auseinandersetzt. Der umfassend gebildete Komponist, Dichter und Maler Foerster hatte allerdings in seiner Librettobearbeitung vieles, was bei Preissová sehr kräftig und prägnant ausgesprochen ist, durch seine poetisierende Umgestaltung entschärft. Mehrere Szenen sind ausgelassen, die nebensächlichen dramatischen Linien eliminiert, die Personen von 20 auf sechs reduziert. Andrerseits sind einzelne Momente zu großen lyrischen Szenen entfaltet. Sein dramatisches Interesse konzentriert sich auf Eva, deren innere Entwicklung er mit tiefer psychologischer Einsicht in Sprache und Musik nachzeichnet. Ein Widerhall des zeitspezifischen Interesses für die Frau und ihre Stellung in der Gesellschaft ist darin unverkennbar und findet auch im Titel der Oper seinen Ausdruck. In die tschechoslowakische Oper tritt hiermit ein Frauenbild, das zu großen Frauengestalten der Weltliteratur (wie Lew Tolstois Anna Karenina oder Theodor Fontanes Effi Briest) ein Pendant darstellt und das später von Janáček mit genialer künstlerischer Überzeugungskraft in *Káta Kabanová* (1921) auf die Opernbühne gebracht wurde. Foerster gilt als Vermittler zwischen der klassisch-romantischen Tradition und den Musikrichtungen des beginnenden 20. Jahrhunderts. In *Eva* bekennt er sich bewußt zum Erbe Smetanas und Dvořáks, vor allem was die Sangbarkeit und innere Wärme seiner Musik betrifft. Dennoch sind bei ihm Einflüsse der deutschen Spätromantik, besonders eine gewisse Nähe zu seinem Freund Gustav Mahler, unverkennbar. In seinem persönlichen Stil meidet er jeden Radikalismus; seine dichterische und musikalische Ausdrucksweise ist maßvoll und ohne grelle Direktheit. Es dominieren durchkomponierte, sehr melodisch gestaltete Rezitative, doch fehlen auch nicht ausdrucksvolle Arien, Lieder und Ensembles. Die musikalischen Bögen folgen insgesamt einer regelmäßigen Periodenstruktur, der sich auch die traditionell geformten, zumeist achtsilbigen Verse gut anpassen. Stilbildend erweisen sich die Leitmotive der vier Hauptgestalten, aus denen sich das melodische Gerüst der Oper entwickelt, doch verwendet Foerster auch anderes motivisches Material. Sämtliche Leitmotive sind von der Melodie des slowakischen Lieds »Kysuka, Kysuka« abgeleitet, das am Anfang vom Chor originalgetreu zitiert wird. Im Orchester, zumal in den Violinen, erinnern einige schnelle Spielfiguren an die Improvisationspraxis der slowakischen Geiger. Dessenungeachtet und trotz der Lokalisierung im mährisch-slowakischen Grenzgebiet ist der Gesamtcharakter der Musik nicht volkstümlich-rustikal. Subtile Melodieführung, kunstvolle motivische Arbeit, harmonische Finessen und nicht zuletzt der nur ab und zu von einer Polka abgelöste, quasi ländlerartige ¾-Takt mit feinen Temponuancen verleihen dem Werk stellenweise eine geradezu salonhafte Eleganz. In den instrumentalen Passagen, wie in der Ouvertüre und in den Tanzszenen, wird die stilistische Ambiguität besonders deutlich.

**Wirkung:** Durch die sparsame Personenbesetzung, den intimen Charakter der Musik und die mehr auf Gefühl und Geist als auf prunkvollen Effekt eingestellte Dramaturgie erhält das Werk den Charakter einer Kammeroper. Wohl deshalb fand *Eva* anfangs nur wenig Anerkennung. Das Werk mußte zwei Jahre auf die Uraufführung warten, und in dem vom Prager Nationaltheater 1896 ausgeschriebenen Wettbewerb für eine neue tschechische Oper kam sie nach Werken von Karel Kovařovic und Zdeněk Fibich nur auf den dritten Platz. Trotzdem gehörte *Eva* jahrzehntelang zum Repertoire aller großen und kleineren tschechischen Opernhäuser und erlebte bis 1986 nicht weniger als 70 Inszenierungen. – Der Uraufführung (Eva: Růžena Maturová, Mánek: Bohumil Pták, Samko: Bohumil Benoni; Dirigent: Adolf Čech) folgten weitere Inszenierungen zunächst nur zögernd (1904 und 1910 Prag, 1906 und 1910 Brünn). Den eigentlichen Durchbruch erreichte das Werk erst 1920, als es unter der Leitung von Bohumír Brzobohatý und Otakar Ostrčil wiederum im Prager Nationaltheater über die Bühne ging. Von den zahlreichen tschechischen Inszenierungen seien genannt: Prag 1926 (Dirigent: Ostrčil), Pilsen 1934 (Eva: Ada Nordenová, Mánek: Josef Masák), Ostrau 1938 (Dirigent: Jaroslav Vogel),

Brünn 1939 (Dirigent: Karel Nedbal), Prag 1943 (Eva: Ludmila Červinková) und 1949 (Eva: Marie Podvalová, Mánek: Beno Blachut), Ostrau 1956 (Eva: Libuše Domaníuská) und Prag 1981 (Eva: Alena Míková, Samko: Jaroslav Souček). Im Ausland konnte sich *Eva* nicht durchsetzen. Der Aufführung in der Wiener Volksoper 1915 (als *Marja*) folgten lediglich Inszenierungen in Freiburg i. Br. 1923 und Ljubljana 1925.

**Autograph:** Museum české hudby Prag. **Ausgaben:** Kl.A: Hudební matice Umělecké besedy, Prag 1909, ³1940; Orbis, Prag 1951, Nr. EO 521; Kl.A u.d.T. *Marja*, dt. Übers. v. J. Brandt: UE [1916], Nr. 5830; Textb.: Prag, SNKLHU 31954; Textb., dt.: UE [um 1915]; Textb., tschech./dt./engl./frz., in: [Bei-H. d. Schallplattenaufnahme], Prag 1985
**Literatur:** Z. NEJEDLÝ, Česká moderní zpěvohra po Smetanovi, Prag 1911; J. B. Foerster. Jeho životní pouť a tvorba. 1859–1949, hrsg. J. Bartoš, P. Pražák, J. Plavec, Prag 1949

*Věra Vysloužilová*

# Michail Michailowitsch Fokin

**Auch Michel Fokine; geboren am 25. April 1880 in Sankt Petersburg (heute Leningrad), gestorben am 22. August 1942 in New York**

## Pawilon Armidy
Odnoaktny balet-pantomima w trjoch kartinach

### Der Pavillon Armidas
Ballettpantomime in 1 Akt und 3 Bildern

**Musik:** Nikolai Nikolajewitsch Tscherepnin, *Oschiwljonny gobelen*. **Libretto:** Alexander Nikolajewitsch Benua (auch Alexandre Benois), nach *Omphale. Histoire rococo* aus *Une Larme du diable* (1839) von Pierre Julius Théophile Gautier
**Uraufführung:** 1. Fassung als *Oschiwljonny gobelen (Der lebende Gobelin)*: 15. April 1907, Mariinski-Theater, St. Petersburg, Ballett der Kaiserlichen Ballettschule; 2. Fassung: 8. Dez. 1907, Mariinski-Theater, St. Petersburg, Ballett des Mariinski-Theaters (hier behandelt)
**Darsteller:** Armida/Madlen; Wikont de Boschansi/Rinaldo; Markis/Zar Gidrao; Sklave Armidas; Narr; Saturn; Amor; Bacchus; ein Schäfer; Corps de ballet: Freundinnen Armidas, Hofdamen, Herren, gefangene Ritter, Harfenspieler, Neger, Pagen, Diener, Postillons, Bacchantinnen, Schäferinnen
**Orchester:** 3 Fl (3. auch Picc), 2 Ob, E.H, 2 Klar, B.Klar, 2 Fg, K.Fg, 4 Hr, 3 Trp, 3 Pos, Tb, Pkn, Schl (Bck, Trg, gr.Tr, kl.Tr, MilitärTr, Glsp, Tamburin, Xyl), Cel, 2 Hrf, Streicher
**Aufführung:** Dauer ca. 45 Min. – Die Celesta kann durch ein Klavier (eine Oktave höher gespielt) ersetzt werden.

**Entstehung:** Schon um 1900 hatte Benua den Plan, Gautiers Erzählung als Grundlage eines Ballettlibrettos zu benutzen. Er bat Tscherepnin, die Musik dazu zu komponieren. Als das Projekt schon fortgeschritten war, zerschlug es sich; Tscherepnin vollendete jedoch eine Suite. Als Fokin 1907 aufgefordert wurde, ein Ballett für die Abschlußvorstellung der Kaiserlichen Ballettschule in Petersburg zu choreographieren, empfahl ihm Tscherepnin Thema und Suite. Dies Ballett bestand nur aus dem 2. Bild, der Traumszene, des späteren Werks. Es gefiel, und man beschloß, das Ballett in das Repertoire des Mariinski-Theaters zu übernehmen.
**Inhalt:** In Frankreich, zur Zeit Ludwigs XIV. 1. Bild, Pavillon im Stil Ludwigs XIV.: Auf einer Reise sucht Wikont de Boschansi im Schloß des Markis vor einem Unwetter Schutz. Er wird in einem Pavillon untergebracht, an dessen Wand ein Gobelin hängt, Armida und ihren Hofstaat darstellend. Der Wikont legt sich zur Ruhe. Die Uhr schlägt Mitternacht, zwölf Knaben führen einen Tanz der Stunden auf. 2. Bild, Palastgärten im Stil des Petersburger Hofs zur Zeit Katharinas der Großen: Während der Wikont schläft, werden die Figuren des Gobelins lebendig. Der Wikont verwandelt sich in Rinaldo, den lange abwesenden Liebhaber Armidas. Sie heißt ihn mit einem Fest willkommen und schenkt ihm einen gestickten Schal. Da bricht der Tag an, die Vision verschwindet. 3. Bild, Pavillon, vor den Fenstern ziehen Schäferinnen mit ihren Herden vorbei; Morgen: Beim Erwachen wird der Wikont von dem geheimnisvoll düsteren Markis begrüßt. Er zeigt auf Armidas Schal, der auf der Uhr liegt. Zugleich erkennt der Wikont, daß Armida auf dem Gobelin ihren Schal nicht mehr trägt und alles, was er für einen Traum hielt, Wirklichkeit war. Er sinkt in Ohnmacht.
**Kommentar:** *Pawilon Armidy,* das in einer Überarbeitung als *Le Pavillon d'Armide* in Paris (19. Mai 1909, Théâtre du Châtelet) gezeigt wurde, war auch der erste große Erfolg des Choreographen Fokin. Hier konnte er seine Vorstellungen einer Verschmelzung von Choreographie, Szene und Musik verwirklichen. *Pawilon* lancierte zudem die Karriere von Waslaw Nijinski. Vor dem sensationellen »Tanzereignis« Nijinski, der in der Rolle des Sklaven brillierte, verblaßten die übrigen choreographisch interessanten Details, das türkisch angelegte Bacchanal der Traumszene, der zitathafte Tanz der Stunden und der ungewöhnliche, als Pantomime angelegte Schluß. Für Nijinski schuf Fokin eine Variation, die seine Virtuosität voll zur Geltung brachte. Bei den Aufführungen in Paris waren Tamara Karsawina und Alexandra Baldina seine Partnerinnen. Nach dem für Paris neu zusammengestellten Pas de trois lief Nijinski nicht mit seinen Partnerinnen ab, sondern sprang schräg zwischen die Kulissen, so daß man nicht mehr sah, wie er landete: der erste seiner legendären Sprünge, die das Publikum zu Beifallsstürmen hinrissen.

**Wirkung:** *Pawilon Armidy* wurde bei Gastspielen der Ballets Russes 1911 in Rom und London, 1912 in Wien und Berlin gezeigt. Danach verschwand das Ballett von den Spielplänen. Im Repertoire der School of American Ballet befindet sich eine von Alexandra Danilova einstudierte Passage des Balletts, 1975 brachte sie für die erste Nijinski-Gala der Staatsoper Hamburg einen Pas de quatre heraus, der von Marina Eglevsky, Marianne Kruuse, Zhandra Rodriguez und Michail Baryschnikow getanzt wurde.

**Ausgaben:** Part: Belaieff 1930, Nr. 3073; Kl.A: Belaieff 1909, Nr. 2825; Peters, Nr. Bel. 321; L in: Fünf Ballette, Belaieff.
**Aufführungsmaterial:** M: Peters; Ch: Nachlaß Vitale Fokine
**Literatur:** Collection des plus beaux numéros de Comoedia Illustré et des programmes consacrés aux Ballets et Gala Russes, depuis le début à Paris, 1909–1921, Paris 1921; S. L. GRIGORIEV, The Diaghilev Ballet 1909–1929, hrsg. V. Bowen, London 1953; M. FOKIN, Protiv tečenija; vospominanija baletmejstera, hrsg. J. Slonimskij, Leningrad 1962, dt.: Gegen den Strom. Erinnerungen eines Ballettmeisters, Bln./DDR 1974; B. KOCHNO, Diaghilev and the Ballets Russes, NY 1970; R. BUCKLE, Nijinsky, London 1971; A. LEVINSON, Bakst. The Story of the Artist's Life, NY 1971; V. KRASOVSKAJA, Russki baletny teatr natschala XX veka, 2 Bde., Leningrad 1971/72; The Decorative Art of Léon Bakst, hrsg. A. Alexandre, NY 1972; C. SPENCER, Léon Bakst, London 1973; N. MACDONALD, Diaghilev Observed, NY, London 1975; Nijinsky Dancing, hrsg. L. Kirstein, London 1975; R. BUCKLE, Diaghilev, London 1979, dt. Herford 1984; R. NIJINSKY, Nijinsky and the Last Years, London 1980; C. W. BEAUMONT, M. F. and his Ballets, NY 1981; B. NIJINSKA, Early Memoirs, hrsg. I. Nijinska, J. Rawlinson, NY 1981; J. U. R. LAZZARINI, Pavlova, Repertoire of a Legend, London 1982; K. MONEY, Anna Pavlova. Her Life and Art, London 1982; K. SORLEY WALKER, De Basil's Ballets Russes, London 1982; S. Djagilev i russkoje iskusstvo stati, otkrytye, pisma, intervju, perepiska, sowrenniki o Djagileve, hrsg. J. S. Silberštein, V. A. Samkov, Moskau 1982; J. R. ACOCELLA, The Reception of Diaghilev's Ballets Russes by Artists and Intellectuals in Paris and London, 1909–1914, New Brunswick 1984, Diss. Univ. of New Jersey; L. GARAFOLA, Art and Enterprise in Diaghilev's Ballets Russes, NY 1985, Diss. City Univ.; D. L. HORWITZ, M. F., Boston 1985

*Dale Harris*

# Lebed

**Der Schwan**
Ballett

**Musik:** Camille Saint-Saëns, »Le Cygne« aus *Le Carnaval des animaux. Grande fantaisie zoologique* (1886)
**Uraufführung:** 22. Dez. 1907, Mariinski-Theater, St. Petersburg
**Darsteller:** der Schwan (Tänzerin)
**Orchester:** Vc, 2 Kl
**Aufführung:** Dauer ca. 3 Min. – Es existieren zahlreiche Arrangements der Musik.

**Entstehung:** Das Tanzsolo wurde im Rahmen eines Wohltätigkeitskonzerts »zugunsten neugeborener

*Lebed*; Anna Pawlowa als der Schwan; London 1912. – Poesie der Vergänglichkeit: im Federkleid versinnlicht sich die Elegie des Schwanenmotivs.

Kinder und armer Mütter in der kaiserlichen Entbindungsanstalt« uraufgeführt und schon bald in *Umirajustschy lebed* (*Der sterbende Schwan*) umbenannt. Fokin datierte es später irrtümlich in das Jahr 1905 zurück (vgl. dazu Wera Krassowskaja, s. Lit., und John und Roberta Lazzarini, s. Lit.). Er schreibt, daß das Werk in wenigen Minuten entstand und »beinah eine Improvisation« war (in: *The Dying Swan*, s. Lit.). Das Schwanenkostüm schuf Léon Bakst.
**Inhalt:** Leere, fast dunkle Bühne: Ein Schwan wird in den letzten Augenblicken seines Lebens, von Schmerzen gepeinigt, immer schwächer, bis er dem Tod erliegt. Der Tanz ist ein ruhig fließender Pas de bourrée von der einen hinteren Ecke diagonal über die Bühne (Takt 1–9) zur Mitte (10–11) und geht weiter in Kreisen zum Hintergrund; Geschwindigkeit und Spannung erhöhen sich (12–16), bis die Bewegung abbricht (17). Die Tänzerin nimmt den Pas de bourrée mit dem Rücken zum Publikum wieder auf, bewegt sich nach hinten, dann zur Mitte (18–24), die Bewegung setzt wieder aus; der Schwan sinkt zu Boden (25) und stirbt (26–28). Während des Tanzes steht die Arbeit der Beine und Füße in starkem Gegensatz zu der ausdrucksvollen Geschmeidigkeit des Oberkörpers, besonders zu Kopf, Schultern und Armen. Der Kopf wird manchmal zurückgeworfen, manchmal nach vorn gebeugt, dann wieder berührt er die hochgezogene rechte Schulter. Zum Kopf gepreßt beziehungsweise um den Körper geschlungen, veranschaulichen die Arme das Flügelschlagen und Zittern des Körpers. Voll ausgestreckt, versinnbildlichen sie ein stummes Flehen um Leben und Kraft.
**Kommentar:** Fokin kreierte dies Ballett für Anna Pawlowa. Für das große Publikum, das sie sich auf der ganzen Welt erwarb, wurde dieser Tanz, den sie bis zum Ende ihrer Karriere tanzte, zur Quintessenz eines tragischen Balletts. In einer Zeit, in der man Ballett als nicht viel mehr als frivole Unterhaltung ansah, war *Lebed* ein augenscheinliches Beispiel dafür, daß dieser Tanzstil tiefe Gefühle ausdrücken konnte. Die Stärke lag in der Verbindung von Schlichtheit der tänzerischen und choreographischen Mittel und Inten-

sität der Bildsprache. Die kreisenden Bourrées der Tänzerin, ihre halben, immer schwächer werdenden Bewegungen, ihre Versuche, sich wieder vom Boden zu erheben, hinterließen einen unvergeßlichen Eindruck. Dazu gehörte auch die Verwendung von streng klassischer Technik der Beine und frei geführten, weichen und expressiven Port de bras ebenso wie der Kontrast des klassisch-konventionellen Tutus des 19. Jahrhunderts zur Ausdruckskraft des Werks als Ganzem. So kurz das Solo auch ist, war es doch das erste Beispiel Fokins, das die poetische Natur des Tanzes bewies und die rein virtuose Seite hinter sich ließ. Es versinnbildlichte eine universelle Wahrheit: das Pathos, das in der Vergänglichkeit des Lebens enthalten ist. Zur Evokation dieser Atmosphäre sollte auch die Musik von Saint-Saëns beitragen, die Fokin gegen die Usancen der Zeit nicht als rhythmische Grundlage der Schritte einsetzt, sondern als Medium der Stimmungsmalerei. Fokin betonte stets das Poetische seiner Erfindung und warnte vor einer allzu wörtlichen Interpretation des körperlichen Zustands eines zum Sterben verurteilten Schwans. Ohne Zweifel muß der Tanz aus Metaphern bestehen, und die Hauptaufgabe der Tänzerin ist das Aufrechterhalten einer melancholisch-träumerischen Stimmung, ohne in falsche Sentimentalität abzugleiten.

**Wirkung:** Fokin selbst studierte *Lebed* auch für seine Frau Wera ein. Das Solo wurde von zahlreichen Tänzerinnen übernommen, die sich das Schwanenkostüm als Zeichen des Ballerinentums gern zulegten. Nach Pawlowas Tod (1931) verband man mit dem Werk vor allem die Namen der Tänzerinnen Alicia Markova, Yvette Chauviré, Galina Ulanowa und Maija Plissezkaja.

**Ausgaben:** Part: Durand 1922, Nr. 10154; TaschenPart: Durand 1957; Kl.A: Durand [um 1915], Nr. 3881; Bearb. für Vc, Kl: Fisher, NY 1915; Bearb. für Kl v. A. Pero, in: M. FOKIN, The Dying Swan [s. Lit.]; Film, Anna Pavlova 1882–1931: Museum of Modern Art, NY 1965; Film, Anna Pavlova, in: Theatrical and Social Dancing in Film 1909–1936, Teil 1: Museum of Modern Art, NY (NYPL Dance Coll. MGZHB 12-1029). **Aufführungsmaterial:** M: Durand; Ch: Nachlaß Vitale Fokine **Literatur:** M. FOKIN, The Dying Swan. Music by C. Saint-Saëns, NY 1925 [mit detaillierter Beschreibung d. Tanzes durch Fokin u. 36 Photos v. Posen W. Fokinas]; A. LEVINSON, Anna Pavlova, Paris 1928; V. DANDRÉ, Anna Pavlova in Art and Life, London 1932, Nachdr. NY 1979; V. KRASOVSKAJA, Anna Pavlova, Leningrad, Moskau 1965; weitere Lit. s. S. 230

*Dale Harris*

## Cléopâtre
**Ballet en un acte**

## Kleopatra
1 Akt

**Musik:** Anton Stepanowitsch Arenski, *Notsch w Jegipte (Eine Nacht in Ägypten,* 1908); Sergei Iwanowitsch Tanejew, Ouvertüre zu der Operntrilogie *Oresteja (Orestie,* Petersburg 1895); Nikolai Andrejewitsch Rimski-Korsakow, Auftritt Kleopatras aus der Oper *Mlada* (Petersburg 1892); Michail Iwanowitsch Glinka, »Orientalischer Tanz« aus der phantastischen Oper *Ruslan i Ljudmila* (Petersburg 1842); Alexandr Konstantinowitsch Glasunow, »Herbst« aus der Musik zu dem Ballett *Wremena goda (Die Jahreszeiten,* Petersburg 1900) von Marius Petipa; Modest Petrowitsch Mussorgski, »Persischer Tanz« aus dem musikalischen Volksdrama *Chowanschtschina* (Petersburg 1880/1886). **Libretto:** Michail Michailowitsch Fokin, nach der Novelle *Une Nuit de Cléopâtre* aus *Une Larme du diable* (1839) von Pierre Julius Théophile Gautier, nach dem Prosafragment *Jegipetskije notschi (Ägyptische Nächte,* 1837) von Alexandr Sergejewitsch Puschkin
**Uraufführung:** 1. Fassung als *Jegipetskije notschi (Ägyptische Nächte):* 8. März 1908, Mariinski-Theater, St. Petersburg; 2. Fassung: 2. Juni 1909, Théâtre du Châtelet, Paris, Ensemble der russischen Opern- und Ballettsaison (hier behandelt)
**Darsteller:** Ta-hor; Cléopâtre/Kleopatra; Amoûn; 2 Sklaven, Favoriten Cléopâtres; Hoherpriester; Corps de ballet: Tänzerinnen, Sklaven, Griechen, Satyrn, Diener, Musiker, Gefolge Cléopâtres, Volk; Statisterie
**Orchester:** Picc, 2 Fl, 3 Ob (3. auch E.H), 2 Klar, B.Klar, 3 Fg, 6 Hr, 2 Trp, 3 Pos, Tb, Pkn, Schl (gr.Tr, Bck, Trg, Tamtam, Tamburin, MilitärTr, Glsp), Kl, 2 Hrf, Streicher
**Aufführung:** Dauer ca. 30 Min.

**Entstehung:** Arenskis Partitur war Fokin bei einem Besuch der Theaterbibliothek in Petersburg in die Hände gefallen; sie schien ihm die Möglichkeiten zur Darstellung seiner szenischen Ideen zu bieten. Nach dem großen Erfolg, den *Jegipetskije notschi* bei der Premiere erzielt hatte, war es naheliegend, das Werk in der »Russischen Saison« in Paris zu zeigen. Doch Sergei Diaghilew war weder mit dem Ballett noch mit dem Titel einverstanden. Er beauftragte Fokin mit der Überarbeitung, ließ einige Stücke anderer Komponisten einfügen und gab dieser 2. Fassung den Titel *Cléopâtre.* Fokin konzipierte die Titelrolle nun für Ida Rubinstein.
**Inhalt:** Vor einem Tempel am Ufer des Nils: In der Abenddämmerung trifft sich Ta-hor mit ihrem Geliebten Amoûn. Da erscheint der Hohepriester und kündigt Cléopâtre an, die an einer Tempelzeremonie teilnehmen wird. Sklaven tragen auf ihren Schultern einen Sarkophag herein und setzen ihn in der Mitte der Bühne ab. Man schiebt ihn und findet eine wie eine Mumie verhüllte weibliche Gestalt. Sklavinnen nehmen die Binden ab und enthüllen Cléopâtre. Von einem Versteck aus sieht Amoûn zu und entbrennt in Liebe zu ihr. Ta-hor, seiner Geliebten, begegnet er gleichgültig. Während sie die feierlichen Tänze der Tempelgemeinschaft anführt, schreibt er seine Gefühle auf einen Papyrus, befestigt ihn an einem Pfeil und schießt diesen so geschickt ab, daß Pfeil und Botschaft Cléopâtre zu Füßen fallen. Auf ihren Befehl hin wird er zu ihr gebracht; sie bietet ihm eine Liebesnacht an

mit der Bedingung, daß er danach getötet wird. Amoûn hört nicht auf das Flehen Ta-hors. Von bacchantischen Tänzern umkreist, begeben sich Cléopâtre und Amoûn zum Diwan der Königin. Am Ende der Liebesszene sinken die Tänzer zu Boden, und die bis dahin wie von einem Schleier verhüllten Liebenden werden sichtbar. Der Hohepriester reicht Amoûn einen Becher vergifteten Weins; er trinkt, ohne zu zögern, und sinkt tot zu Boden. Cléopâtre und ihr Gefolge entfernen sich. Nun erscheint Ta-hor auf der Suche nach ihrem untreuen Geliebten. Sie findet seinen entseelten Körper und beweint sein Ende.

**Kommentar:** *Cléopâtre* war das erste der exotischen und erotischen Ballette, mit denen Diaghilew Westeuropa in Entzücken versetzte. Klassischer Tanz, Pantomime und Ausstattung waren zu einem harmonischen Ganzen verschmolzen. Der exotische Reiz des Balletts basierte zum einen auf der choreographischen Umsetzung des ägyptischen Lokalkolorits, zum andern auf der Faszination des Kleopatra-Stoffs. Fokin hatte das Thema mit vollem Ernst behandelt und sich besonders um Stiltreue bemüht. So verwendete er in einem Tanz die Profilbewegungen der Ägypter. Im Bacchanale zu Glasunows Musik, das Begeisterungsstürme hervorrief, sah Fokin seine Vorstellung vom antiken Tanz verwirklicht. Für die pantomimische Darstellung der Titelrolle wurde die junge Rubinstein entdeckt. Sie war keine ausgebildete Tänzerin, doch ihre dunkle, exotische Schönheit und ihre intensive Bühnenpräsenz machten sie zur idealen Darstellerin der Cléopâtre, die hoheitsvoll und unbewegt, mit unergründlichen Basiliskenaugen die Faszination einer tödlichen Erotik verkörpert.

**Wirkung:** *Cléopâtre* wurde zusammen mit *Pawilon Armidy* (1907) und *Les Sylphides* (1909) am Eröffnungsabend der ersten von Diaghilew organisierten Pariser Ballettsaison gegeben. Der Erfolg galt der opulenten Ausstattung von Léon Bakst ebenso wie der Darstellung der Solisten (neben Rubinstein Anna Pawlowa als Ta-hor, Fokin als Amoûn, Tamara Karsawina und Waslaw Nijinski als Lieblingssklaven). 1918 nahm Diaghilew das Ballett in London wieder auf (Ausstattung: Robert Delaunay und Sonia Delaunay-Terk). 1936 wurde es für die Ballets Russes du Colonel de Basil wieder einstudiert, verschwand aber bald endgültig vom Spielplan. – 1971 choreographierte Ugo Dell'Ara für die Mailänder Scala sein Kleopatra-Ballett *Notte egiziane* zur Suite *Jegipetskije notschi* (1938) von Sergei Prokofjew.

**Ausgaben:** Arenskij: Part, Suite: Jurgenson, Moskau [1901], Nr. 25820; Kl.A, Suite: ebd. [1902], Nr. 27061-72; Taneev: Part: Belaieff [1901], Nr. 1414; Rimskij-Korsakov: Part: Belaieff 1891, Nr. 385; Glinka: Part: Stellovskij, Petersburg 1878; Glazunov: Part: Belaieff 1910, Nr. 2703; Musorgskij: Part: Bessel, Petersburg [um 1900], Nr. 5718. **Aufführungsmaterial:** M: Peters; Sikorski; Jurgenson, Bonn; VAAP; Ch: Nachlaß Vitale Fokine

**Literatur:** A. E. JOHNSON, The Russian Ballet, London 1913, S. 63–75; weitere Lit. s. S. 230

*Dale Harris*

## Danses du Prince Igor
### Ballet en un acte

### Tänze Prinz Igors
1 Akt

**Musik:** Alexandr Porfirjewitsch Borodin, Tanz der Polowzer Mädchen (II. Akt, Nr. 8) und Polowzer Tanz und Chor (II. Akt, Nr. 17) aus der Oper *Knjas Igor* (Petersburg 1890). **Libretto:** Michail Michailowitsch Fokin
**Uraufführung:** 19. Mai 1909, Théâtre du Châtelet, Paris, Ensemble der russischen Opern- und Ballettsaison
**Darsteller:** Polowzer Mädchen; Polowzer Frau; Polowzer Krieger; Corps de ballet: Polowzer Mädchen, orientalische Sklavinnen, Polowzer Jünglinge und Krieger
**Orchester:** Picc, 2 Fl, 2 Ob, E.H, 2 Klar, 2 Fg, 4 Hr, 2 Trp, 3 Pos, Tb, Pkn, Schl (Tamburin, Trg, kl.Tr, Bck, gr.Tr), Glsp, Hrf, Streicher, Chor (ad lib.)
**Aufführung:** Dauer ca. 15 Min.

**Entstehung:** Seiner zweiten Opernsaison in Paris 1909 wollte Sergei Diaghilew ein Ballett hinzufügen, mußte jedoch aus finanziellen Gründen seine Pläne ändern. Er hatte ursprünglich die Wiederholung von Mussorgskis *Boris Godunow* (1874) vor, 1908 ein riesiger Erfolg mit Fjodor Schaljapin in der Titelrolle, außerdem Alexander Serows *Judif* (1863), Glinkas *Ruslan i Ljudmila* (1842), Rimski-Korsakows *Pskowitjanka* (1873), umbenannt in *Ivan le Terrible,* Borodins *Knjas Igor* und, zum erstenmal, einen Ballettabend. Davon blieben schließlich übrig: *Ivan,* zwei Akte von *Judif,* der I. Akt von *Ruslan* und der II. Akt von *Igor.* Die *Danses du Prince Igor* wurden im Zusammenhang des gesamten II. Akts von Borodins Oper gezeigt, um dem Pariser Publikum nicht nur die hervorragenden Tänzer, sondern auch berühmte russische Sänger und den Chor vorzustellen. Fokin schuf seine Choreographie im Auftrag Diaghilews, in Kenntnis, jedoch ohne wesentliche Übernahmen von Lew Iwanows Choreographie der Polowzer Tänze für die Uraufführung der Oper *Knjas Igor.* Bühnenbild und Kostüme für die *Danses du Prince Igor* stammten von Nikolai Rjorich, der für seine bühnenwirksamen Kostüme Elemente jakutischer und kirgisischer Volkstrachten verwendete.

**Inhalt:** Im Lager der Polowzer Krieger, 1185: Bei den ersten Takten des ersten Tanzes tritt ein Polowzer Mädchen, mit Zöpfen und in hohen, weichen Schuhen, vor die Zelte und weckt den Stamm auf. Die Männer erheben sich, strecken sich und tauschen rauhe Begrüßungen aus. Das Polowzer Mädchen schnellt hervor, geschwind sich drehend und die Hände zur Seite haltend mit den Handflächen parallel zum Boden. Die andern Mädchen schließen sich an. Zum Andantino (¾) am Anfang des Finales kommt eine Reihe orientalisch gekleideter Sklavinnen auf die Bühne, die sich träge hin und her bewegen und Schleier über den Köpfen halten. Aus ihrer Mitte löst sich eine in Rot gekleidete Polowzer Frau mit Perlenketten in den Zöpfen, bewegt sich gleitend hin und her und schließt sich wieder der Gruppe an, die sich nun auf dem Boden lagert, die Gesichter mit Schleiern halb verdeckend. Im anschließenden Allegro vivo (²/₄) stürmen die Krieger unter Anführung ihres Hauptmanns herbei. Sie haben Bogen bei sich, die sie zum Abschluß ihrer wilden Sprünge spannen. Im nächsten Allegro (³/₄) treten erneut die Frauen in verführerisch gleitenden Bewegungen unter die Männer. Presto (⁶/₈): Aufgereizt durch den Anblick der Frauen, schleudern die Krieger sie über ihre Schultern und tragen sie weg in ihre Zelte. Vier Polowzer Jünglinge treten hervor und tanzen zu einer Passage für Streicher (pizzicato) und Oboe einen schnellen Tanz, bei dem sie den ⁶/₈-Rhythmus durch Klatschen auf die Schenkel markieren. Zum Moderato (²/₂) kommen wieder die Polowzer Mädchen in schwebenden Schritten hinzu. Im nächsten Abschnitt treffen die verschiedenen Rhythmen aufeinander: ¹²/₈ der Jünglinge gegen ²/₂ der Frauen. Die Männer, die sich immer noch schnell bewegen, begegnen den langsam sich wiegenden Frauen. Dem Presto (⁶/₈) folgt ein Allegro con spirito (²/₄), das immer schneller und heftiger wird, wenn das Ballett seinen Höhepunkt in einem allgemeinen Tanz erreicht, der von den Kriegern und ihrem Anführer beherrscht wird, die sich zur Rampe vorbewegen, die Bogen spannen und auf die Knie fallen.

**Kommentar:** Die Tänze sind in der Oper dazu bestimmt, den gefangenen Fürsten und seinen Sohn zu unterhalten, und haben keinen erzählenden Inhalt. Der erste ist ein schnell bewegter Tanz für die Polowzer Mädchen, im ⁶/₈-Takt, mit sehr farbiger Orchestrierung von Rimski-Korsakow, in der die Holzblasinstrumente eine wichtige Rolle spielen. Der zweite ist das Finale des II. Akts, der Tanz der Polowzer mit Chor. Es wird meist unverändert, aber ohne Chor verwendet und besteht aus mehreren kurzen Abschnitten in kontrastierenden Rhythmen und Tempi. Sein Höhepunkt erreicht in einem schneller werdenden Allegro, dessen Rhythmus durch die charakteristische Verwendung von Pauken und Schlagwerk unterstrichen wird. Dem auf einfachen Mitteln basierenden Lokalkolorit der Musik entsprach der Duktus der Choreographie: in der Suggestion von wilden Tanzritualen eines barbarischen Volks (die Gesichter der Tänzer waren mit Ruß und Schmutz beschmiert), die besonders in den schwierigen Sprungfolgen und den rhythmischen Stampfbewegungen die gewohnten Divertissements russischer Nationaltänze hinter sich ließen. Den Aussagen in seinen Erinnerungen (s. Lit.) zufolge wollte Folkin beweisen, wie ausdrucksvoll ein Gruppentanz sein kann, wenn er nicht nur als Hintergrund für Solisten oder als reines Bewegungsornament aufgefaßt ist, sondern seine Ausdrucksstärke aus der körperlichen Darstellung vitaler Gefühle bezieht. Insbesondere der Gruppentanz der Männer wurde in den *Danses du Prince Igor* aufgewertet, wenn auch sowjetische Tanzhistoriker heute bestreiten, daß diese Aufwertung erstmals durch Fokins Choreographie geschah.

**Wirkung:** *Danses du Prince Igor* schockierte das Publikum in Paris und zwei Jahre später in London und zog es zugleich in seinen Bann. Das Ballett, das seinen großen Erfolg nicht zuletzt Adolph Bolms überragender solistischer Leistung verdankt (die Frauensoli tanzten Sofija Fjodorowa und Jelena Smirnowa), blieb in Europa bis zu Diaghilews Tod populär; solange seine Kompanie existierte, wurde es jedes Jahr aufgeführt. 1924 wurde das Ballett neu inszeniert. Für diese Einstudierung schuf Bronislava Nijinska ein virtuoses Solo für die Haupttänzerin. – *Danses du Prince Igor* stand fortwährend auf den Spielplänen der Ballets-Russes-Nachfolgekompanien; Fokin selbst studierte das Ballett unter anderm 1925 für das Königliche Dänische Ballett ein (Bühnenbild: Konstantin Korowin). Die Einstudierungen folgender Choreographen basieren auf Fokins Choreographie: Alexis Dolinoff, High School, Reading (PA), Philadelphia Ballet Company, 1936; Nicholas Beriozoff, New Theatre, Northampton, Metropolitan Ballet, 1948; Serge Lifar und Nicolas Zvereff, Opéra, Paris, Opéra Ballet, 1949; Serge Grigoriev und Lubov Tchernicheva, London Festival Ballet 1956 und Covent Garden, London, Royal Ballet, 1965. – 1941 präsentierte Nikolai Sergejew im Alhambra Theatre Glasgow mit der International Ballet Company seine Choreographie, die auf Iwanows Choreographie von *Knjas Igor* zurückgriff. 1976 brachte Alexandra Danilova das Ballett für die Schüler der School of American Ballet heraus. Die wichtigsten Choreographien in Deutschland waren: Yvonne Georgi, Städtische Bühnen, Hannover 1928, und Rudolf von Laban, Deutsche Staatsoper, Berlin 1930. Die wichtigsten Choreographien in der Sowjetunion: Alexandr Gorski, Bolschoi-Ballett, Moskau 1914; Kasjan Goleisowski, Bolschoi-Ballett, Moskau 1944 und 1953; Igor Moissejew, Staatliches Volkstanzensemble 1971.

**Ausgaben:** Part: Belaieff [1889], Nr. 115 (141, 145.1150, 148); Wiener Philharmonischer Vlg., Wien 1927, Nr. 8246; StudienPart: Belaieff 1976, Nr. 388; Kl.A: Belaieff [1889], Nr. 120.119.143; Marks, NY 1940; Film, Ausz., Ballet Russe de Monte Carlo, s/w, 16 mm: L. Massine Coll. [1937–40] (NYPL Dance Coll. MGZHB 4-1000/243); Film, Probe, Royal Ballet, London, nach Fokin v. S. Grigoriev, L. Tchernitcheva, s/w, 16 mm: ebd. 1964 (NYPL Dance Coll. MGZHB 6-1000/242). **Aufführungsmaterial:** M: Peters; Ch: Nachlaß Vitale Fokine

**Literatur:** P. A. LIEVEN, The Birth of Ballets Russes, Boston, NY 1936; L. SOKOLOVA, Dancing for Diaghilev, NY 1961; weitere Lit. s. S. 230

*Dale Harris*

## Les Sylphides
Rêverie romantique en un acte

### Die Sylphiden
1 Akt

**Musik:** Frédéric François Chopin, *Prélude A-Dur Nr. 7* op. 28,7 (1839; Orchestration: Sergei Iwano-

witsch Tanejew), *Nocturne As-Dur Nr. 10* op. 32,2 (1837; Orchestration: Igor Strawinsky), *Valse Ges-Dur Nr. 11* op. 70,1 (1835; Orchestration: Tanejew), *Mazurka D-Dur Nr. 23* op. 33,2 (1838; Orchestration: Nikolai Alexandrowitsch Sokolow), *Mazurka C-Dur Nr. 44* op. 67,3 (1835; Orchestration: Anatoli Konstantinowitsch Ljadow), *Valse cis-Moll Nr. 7* op. 64,2 (1847; Orchestration: Alexandr Konstantinowitsch Glasunow) und *Valse brillante Es-Dur Nr. 1* op. 18 (1831; Orchestration: Strawinsky). **Libretto:** Michail Michailowitsch Fokin
**Uraufführung:** 2. Juni 1909, Théâtre du Châtelet, Paris, Ensemble der russischen Opern- und Ballettsaison
**Darsteller:** 3 Solistinnen, Solist; Corps de ballet: 20 Damen
**Orchester:** Picc, 2 Fl, 2 Ob, 2 Klar, 2 Fg, 4 Hr, 2 Trp, 3 Pos, Tb, Pkn, Schl (gr.Tr, kl.Tr, Bck, Trg, Tamburin), Hrf, Streicher
**Aufführung:** Dauer ca. 30 Min. – Fokin verkleinerte das Corps de ballet bei manchen Aufführungen auf 16 Tänzerinnen.

**Entstehung:** Die Entstehungsgeschichte dieses Balletts begann damit, daß Fokin Glasunows *Schopeniana* (1893) kennenlernte, eine Orchesterbearbeitung von vier zum Teil transponierten Klavierstücken Chopins *(Polonaise A-Dur Nr. 3* op. 40,1, *Nocturne F-Dur Nr. 4* op. 15,1, *Mazurka cis-Moll Nr. 32* op. 50,3, *Tarantelle As-Dur* op. 43). Da diese Stücke nur für dramatische Szenen und Charaktertänze geeignet schienen, bat Fokin Glasunow, als lyrische Ergänzung Chopins *Valse cis-Moll* für Orchester einzurichten. Zu diesen fünf Stücken choreographierte Fokin das Ballett *Schopeniana* (Mariinski-Theater, Petersburg, 23. Febr. 1907). Es bestand aus fünf autonomen Szenen (»Ein Ballsaal in Warschau«, »Nocturne«, »Bauernhochzeit in einem polnischen Dorf«, »Vision im Mondlicht«, »Ein Platz in Neapel«). Anna Pawlowa und Michail Obuchow tanzten einen Pas de deux, der den ätherischen und poetischen Geist des romantischen Balletts um 1830–40 wiedergab. Für Pawlowa hatte Léon Bakst ein Kostüm entworfen, das von Maria Taglionis Kostüm in Filippo Taglionis *La Sylphide* (1832) inspiriert war: weißer Musselin, der mit Girlanden aus rosa Seidenröschen zusammengehalten war, ein Kranz aus Rosen für das Haar und winzige Flügel aus Gaze. Im Febr. 1908 stellte Fokin innerhalb von drei Tagen für eine Wohltätigkeitsveranstaltung eine Auswahl von Soli und Ensembles aus dem Ballett *Romantitscheskije grjosy. Balet pod musyku Schopena* zusammen, an dem er gerade arbeitete. Pawlowa, Tamara Karsawina und er selbst waren zusammen mit einem Corps de ballet von 20 Damen daran beteiligt. Die Orchestration der zusätzlich aufgenommenen Werke stammte von Moritz Keller, Dirigent am Alexandrinski-Theater Petersburg. Die *Valse cis-Moll* und die *Polonaise A-Dur* in der Orchesterbearbeitung von Glasunow wurde übernommen. Die Tänzerinnen trugen Kostüme nach dem Entwurf für Pawlowa 1907. In diesem Ballett verzichtete Fokin in allen Nummern auf Inhalt und Charaktertanz. Am 21. März 1908 wurde das Werk vom kaiserlichen Ballett anläßlich einer weiteren Wohltätigkeitsveranstaltung im Mariinski-Theater getanzt. Die Solisten waren Olga Préobrajenska, Pawlowa, Karsawina und Waslaw Nijinski. Es bestand aus: *Polonaise A-Dur* als Ouvertüre, *Nocturne As-Dur* (ganzes Ensemble), *Valse Ges-Dur* (Karsawina), *Mazurka D-Dur* (Pawlowa), *Mazurka C-Dur* (Nijinski), *Prélude A-Dur* (Préobrajenska), *Valse cis-Moll* (Pawlowa und Nijinski) und *Valse brillante Es-Dur* (ganzes Ensemble). Für diese Vorstellung trugen die Tänzerinnen die Kostüme des *Balet pod musyku Schopena,* Nijinski jedoch ein Kostüm, das Bakst für ihn entworfen hatte, als er am 24. Nov. 1907 bei der Abschiedsbenefizvorstellung für Marius Petipa einen Pas de deux (*Nocturne* und *Valse* von Chopin) mit Matilda Kschessinskaja in der Choreographie von Klawdija Kulitschewskaja tanzte. Es war Nijinskis erster Auftritt in einer Hauptpartie, denn er war damals noch nicht offiziell Solist. Am 19. April 1908 brachte Fokin Teile der *Romantitscheskije grjosy* als *Gran pa na musyky Schopena* bei der Schulabschlußfeier der Petersburger Theaterlehranstalt heraus. Am 4. März 1909 wurde das Ballett als *Schopeniana* bei einer Wohltätigkeitsveranstaltung im Mariinski-Theater getanzt, danach ging es in das Repertoire dieses Theaters ein. Wahrscheinlich wurde für diese Aufführung eine neue Dekoration bei Boris Anisfeld in Auftrag gegeben. Dies Ballett, oft auch *Schopeniana 2* genannt, wurde in das Programm der ersten »Russischen Saison« (1909) im Théâtre du Châtelet Paris aufgenommen und auf Sergei Diaghilews Vorschlag in *Les Sylphides* umbenannt. Damit stellte Diaghilew eine unmißverständliche Verbindung zum romantischen Ballett des frühen 19. Jahrhunderts im allgemeinen und zu *La Sylphide* im besonderen her. Die Umbenennung bedeutete auch eine Huldigung an Frankreich und sein kulturelles Erbe. Bei der Übernahme in Paris wurde die *Polonaise A-Dur,* die in der russischen Schopeniana-Tradition bis heute als Ouvertüre beibehalten ist, durch das *Prélude A-Dur* ersetzt, das auf diese Weise neben seiner Funktion im Stück als Ouvertüre noch einmal verwendet wurde. Außerdem wurden einige Stücke neu orchestriert. Die Ausstattung übernahm Alexander Benua.
**Inhalt:** Handlungsloses Ballett. Waldlichtung mit einer mittelalterlichen Ruine, Mondnacht. Ouvertüre, *Prélude A-Dur:* Der Vorhang hebt sich über einem Tableau, das vom gesamten Ensemble gebildet wird. Der Tänzer steht mitten auf der Bühne, zwei Solistinnen stehen an seinen Seiten und haben den Kopf zu seiner Schulter geneigt. Die dritte Solistin liegt in einer Pose zu seinen Füßen. Das Corps de ballet umrahmt das Bild. *Nocturne As-Dur:* Das Tableau löst sich auf, das Corps bewegt sich in Pas de bourrée vorwärts. Der Tänzer hebt eine Solistin in die Höhe und unterstützt sie dann in einer Arabesque. Unter dem Bogen, den ihre Arme bilden, läuft die Tänzerin hindurch, die dem Tänzer zu Füßen gelegen hatte. Am Ende bildet das Corps einen Halbkreis, zwei Tänzerin-

nen führen abwechselnd eine Arabesque penchée und eine Attitude en avant aus. *Valse Ges-Dur:* Das Corps formt, noch ohne Musik, Linien auf beiden Seiten der Bühne. Die zweite Solistin tritt auf, die Musik beginnt. In Grand jetés, Jetés en tournant und Cabrioles springt sie über die Bühne. Sie beendet ihr Solo in einer Pirouette auf der Spitze, die sie mit dem Rücken zum Publikum hin schließt. *Mazurka D-Dur:* Die Nummer beginnt wieder in Stille. Das Corps bildet auf der Seite und im Hintergrund der Bühne drei Seiten eines Quadrats. Die erste Solistin tritt auf. Sie fliegt in Grand jetés über die Bühne. Das Corps begleitet das Solo mit weichen, flügelartigen Armbewegungen. Die Solistin schwebt durch einen Halbkreis, führt einige Relevés auf der Spitze aus und läuft nach einer letzten Arabesque ab. Das Corps behält seine Armbewegungen bei und findet sich, nachdem die Musik ausgeklungen ist, in einer engen Gruppe zusammen. *Mazurka C-Dur:* Das Corps bildet in zwei Reihen einen Halbkreis. Der Tänzer beginnt mit seinem Solo, die erste Reihe des Corps kniet nieder. Der Tänzer führt langsame Sprünge aus und begleitet sie mit weichen, weiten Armbewegungen. Nach einigen Cabrioles kniet er, in sich versunken, nieder und streicht sich, wie um besser sehen zu können, eine Locke aus der Stirn. Dann läuft er ab. Das Corps umschließt in drei Kreisen je eine Tänzerin. *Prélude A-Dur:* Das Corps bildet einen Halbkreis. Die dritte Solistin tritt auf. Sie steht in der Mitte der Bühne, ihre Hand wie lauschend ans Ohr haltend. Sie tanzt verzückt, als ob sie mit luftigen Wesen in Verbindung stünde. Am Ende des Solos steht sie wieder in der Mitte der Bühne, ihre Arme erhoben. *Valse cis-Moll:* Der Tänzer tritt auf; hoch über sich hat er die erste Solistin gehoben. Er trägt sie in einer Diagonale über die Bühne, sie führt eine einzige Cabriole aus. Ihr folgender Pas de deux ist voll fließender Bewegungen, die Hebefiguren erwecken den Eindruck, als wären die beiden schwerelos. Während des Pas de deux hat sich das Corps, alle mit einer Hand am Kinn, in romantischen Posen am Boden gruppiert. Am Ende des Pas de deux gehen alle ab. *Valse brillante Es-Dur:* Das Corps tritt in Gruppen auf; in Grand jetés bewegen sie sich zur Rampe hin. Jeder Solotänzer hat eine kleine Variation. Für einen kurzen Augenblick scheinen sie im Corps aufzugehen. Die Tänzer nehmen schließlich jene Pose ein, mit der das Ballett begann. In einer letzten Bewegung, die einem Ausatmen gleicht, eilt eine Reihe von Tänzerinnen im letzten Moment an die Rampe und läßt sich vor den Tänzern nieder.
**Kommentar:** Die Verschiedenartigkeit der Musikstücke wird durch die alles beherrschende lyrisch verinnerlichte Stimmung ausgeglichen, die sofort mit der Verwendung des *Prélude A-Dur* als Ouvertüre, nach As-Dur transponiert und zweimal nacheinander gespielt, einsetzt. Das folgende *Nocturne* wird langsamer als üblich genommen, dann schließen sich eine heitere *Valse* und zwei *Mazurkas* an, die eine lebhaft, die andere nachdenklicher, was durch ein langsameres Tempo, als es Chopin vorgeschrieben hat, erreicht wird. Nun erklingt das *Prélude A-Dur* dreimal nacheinander. Die melancholische *cis-Moll-Valse* schließt sich an, mit einem von Glasunow vermutlich auf Fokins Bitte hinzugefügten Eingangsteil, der aus der Anfangskantilene der *Etude cis-Moll Nr. 19* stammt. Obwohl dem Wesen nach ein Salonstück, fügt sich die *Valse brillante* bruchlos an und stört die Stimmung des Ganzen nicht. Auch sie wird meist langsamer gespielt, als Chopin es vorgesehen hatte. – Geblendet von der szenischen Opulenz von *Pawilon Armidy* (1907), dem fremdartigen Reiz der *Danses du Prince Igor* (1909) und der exotischen Spannung in *Cléopâtre* (1909), hätte das Pariser Publikum von 1909 *Les Sylphides* leicht als belanglos abtun können. Das Geniale in diesem Werk wurde jedoch sofort empfunden. Alles, was Diaghilew für seine erste Saison aus Rußland importierte, war für die Franzosen neu, aber *Les Sylphides* hatte überhaupt keinen Vorläufer. Trotz aller Neuheiten waren *Pawilon* und *Cléopâtre* Handlungsballette, die *Danses* Teil einer Oper (Borodins *Knjas Igor,* 1890), nur *Les Sylphides* hatte weder einen erzählenden Charakter, noch war es durch einen Textzusammenhang gerechtfertigt. Einziges Thema war der Tanz selbst, der nicht als Virtuosität, sondern als Kunst des Ausdrucks eingesetzt wurde. Obwohl es sich aus verschiedenen Nummern zusammensetzte, also ein Divertissement war, war *Les Sylphides* alles andere als ein Gemisch; alle Tänze waren Teil einer einzigen traumartigen Atmosphäre. – Diaghilews neuer Name für *Schopeniana* stellte eine direkte Verbindung zum romantischen Ballett her, Benuas Dekor tat das gleiche. Nur Fokins Choreographie beschränkte sich nicht auf Historismus. Sein Ballett war eine in Bewegung umgesetzte Reaktion auf die Musik Chopins. Es bestätigte die Ideale der Kunst des frühen 19. Jahrhunderts, die Sehnsucht nach dem Unerreichbaren, beschränkte sich aber nicht auf das Vokabular einer bestimmten Epoche. Es war vor allem ein Versuch, die allgemeine Sehnsucht nach Schönheit und die in ihrer Vergänglichkeit begründete Melancholie in Tanz umzusetzen. Fokin sagte, daß sich *Les Sylphi-*

*Les Sylphides*; Uraufführung, Ballett der russischen Opern- und Ballettsaison, Paris 1909. – Im flutenden Mondlicht formt sich in fließender Bewegung der Tanz als Reminiszenz an die Romantik.

*des* aus seiner Bewunderung für Pawlowa und Obuchow im Pas de deux »Vision im Mondlicht« zu Chopins *Valse cis-Moll* entwickelt hatte. Besonders Pawlowa, schlanker, ätherischer und feiner als alle andern Tänzerinnen der Zeit, inspirierte Fokin zu einem Stil, in dem die Technik der Poesie untergeordnet ist. *Les Sylphides* beginnt und endet mit dem gleichen Bild. Die zyklische Struktur gibt dem Werk etwas Immerwiederkehrendes und Dahinschwindendes: eine Vision, erhascht während eines Anhaltens der Zeit. Der Einfluß, den *Les Sylphides* ausübte, war nachhaltig. Als anerkannt erstes Ballett, in dem die körperliche Realisation der musikalischen Stimmung sich das Sujet und den Ort unterordnet, und als eindeutiges Meisterwerk Fokins hat es eine Nachkommenschaft erzeugt, die ebenso zahlreich wie unterschiedlich war.

**Wirkung:** *Les Sylphides* blieb in Diaghilews Repertoire bis zu seiner letzten Saison (1929). 1909 wurden die Solopartien von Anna Pawlowa, Tamara Karsawina, Alexandra Baldina und Waslaw Nijinski getanzt. Von Anfang an sind die Teile des Balletts den Tänzern in verschiedener Weise zugeteilt worden, manchmal tanzte die erste Solistin auch das *Prélude*, manchmal die *Valse Ges-Dur*. Trotz gegenteiliger Beteuerungen hat Fokin immer wieder kleine Veränderungen vorgenommen. Als er 1914 das Ballett für das Mariinski-Theater Petersburg herausbrachte, choreographierte er eine neue Variation für den Tänzer hinzu und ersetzte die *Mazurka C-Dur* durch die *Mazurka C-Dur Nr. 24* op. 33,3 (1838). Diese Variation sah man im Westen erstmals 1936, als Fokin *Les Sylphides* für die René Blum Ballets de Monte Carlo inszenierte (Solotänzer war André Eglevsky). In der Sowjetunion, wo das Ballett weiterhin *Schopeniana* heißt, ist diese Variation noch immer gebräuchlich. Vom Finale gibt es zwei Fassungen. In der einen geht der Solist einfach an seinen Platz im Tableau, in der andern springt er über die kniende dritte Solistin hinweg, ehe er sich in das Bild einfügt. 1940 wählte Fokin für die Aufführung mit dem Ballet Theatre New York die erste. Unter dem Titel *Chopiniana* studierte er das Ballett 1913 für das Stockholmer Opernballett und 1925 für das Königliche Dänische Ballett Kopenhagen ein. *Les Sylphides* stand auch im Repertoire der Ballets-Russes-Nachfolgekompanien, die sich nach 1929 formiert haben. 1930 studierte Karsawina das Ballett für das Londoner Ballet Rambert ein. 1932 brachte Alicia Markova es mit dem Vic-Wells Ballet heraus; Anton Dolin war der Solist. Serge Grigoriev, Diaghilews Regisseur von 1909 bis 1929, und seine Frau Lubov Tchernicheva betreuten die Wiederaufnahme von 1955. Auch diese war weitgehend authentisch, ebenso die von Bronislava Nijinska für die Markova-Dolin-Truppe 1936. Die Kostüme waren wie bei fast allen auf Fokin beruhenden späteren Aufführungen die gleichen wie die von Benua 1909. Benuas mondbeschienene Lichtung wurde allgemein als ideale Dekoration angesehen, obwohl Fokin selbst nicht auf ihr bestand. Für das Stockholmer Opernballett beauftragte er Anisfeld mit einer neuen Dekoration. Bei den Inszenierungen von 1936 (Blum-Kompanie Monte Carlo) und 1940 (Ballet Theatre New York) sah er gleichfalls von der ursprünglichen Dekoration ab. 1936 wurde eine Landschaft im Stil Camille Corots verwendet, 1940 eine Walddekoration von Augustus Vincent Tack. *Les Sylphides* wurde, mit unterschiedlichen Orchesterbearbeitungen, ein Standardwerk, das bis heute in den meisten Opernhäusern gezeigt wird. Zu Klavierbegleitung wurde es 1983 vom Ballettensemble des Nationaltheaters München getanzt. – Nijinski brachte 1914 in London eine eigene Choreographie unter dem Titel *Les Sylphides* zu neu ausgewählter, von Maurice Ravel instrumentierter Musik von Chopin heraus. Zunächst als *Une Soirée de Chopin*, später umbenannt in *Une Soirée de danse*, kam 1913 in London Ivan Clustines Choreographie für Pawlowas Balletttruppe zu Musik von Chopin in der Orchestration von Glasunow auf die Bühne von Covent Garden. Dies Ballett schloß Chopins *Valse cis-Moll* in der Choreographie von Fokin ein und blieb in Pawlowas Repertoire bis zu ihrem Tod. 1972 brachte Alexandra Danilova das Ballett unter dem Titel *Chopiniana* für das New York City Ballet heraus. In dieser Einstudierung wurde das Werk vor einem Rundhorizont, in vollem Licht, in Trainingstrikots und ohne die quasipantomimischen Gesten des Suchens und des Lauschens getanzt.

**Ausgaben:** *Chopiniana*, Suite, Part: Belaieff 1894, Nr. 863; StudienPart (Glazunov): Belaieff 1979, Nr. 460; *Les Sylphides:* Labanotation v. L. Weber: DNB, NY 1974; Beneshnotation v. E. Allen: DNB, NY/BIC, London 1962; Film, Ballet Russe de Monte Carlo, s/w, 16 mm: L. Massine Coll. 1937 (NYPL Dance Coll. MGZHB 6-1000, Reel 27); Film, Ballet Theatre, 16 mm, s/w: J. Pillow Coll. 1949 (NYPL Dance Coll. MGZHB 6-345); Film, Royal Ballet, London, in: An Evening with the Royal Ballet, Teil 1, 1963: Audio Brandon, Mount Vernon, NY; Film, Probe, American Ballet Theatre, s/w, 16 mm: J. Robbins Film Arch. 1968 (NYPL Dance Coll. MGZHB 12-903). **Aufführungsmaterial:** M: Peters; Ch: DNB, NY (Laban); BIC, London (Benesh)
**Literatur:** M. EVANS, The Music of ›Les Sylphides‹, in: DT 1939, Okt., S. 9f.; L. KIRSTEIN, A. L. HASKELL, S. DEAS, ›Carnaval‹, ›Le Spectre de la rose‹, and ›Les Sylphides‹, London [1949]; M. SKEAPING, F. in Sweden, in: DaD 1957, Mai; C. BARNES, Ballet Perspectives 1 and 2: ›Les Sylphides‹, in: DaD 1957, Sept., Nov.; weitere Lit. s. S. 230

*Dale Harris*

# Le Carnaval
**Ballet-pantomime en un acte**

## Der Karneval
1 Akt

**Musik:** Robert Schumann, *Carnaval. Scènes mignonnes sur quatre notes* (1835); Orchesterbearbeitung: Alexandr Konstantinowitsch Glasunow, Nikolai Andrejewitsch Rimski-Korsakow, Alexandr Petrow, Nikolai Semjonowitsch Klenowski, Wassili Pawlowitsch Kalafati, Nikolai Nikolajewitsch Tscherepnin, Anatoli Konstantinowitsch Ljadow, Alexandr Adolfowitsch Winkler (eigtl. Alexander Gustav Winkler), Joseph Wihtol, Anton Stepanowitsch Arenski und

**Tafel 7**

*oben*
Michail Michailowitsch Fokin, *Shéhérazade* (1910); Bühnenbildentwurf: Léon Bakst; Uraufführung, Ensemble der russischen Opern- und Ballettsaison, Paris 1910. – Die Wirkung von Baksts Entwürfen, deren Märchenorientalismus im Geist des Art nouveau gestaltet ist, liegt in der fast grellen, starke Kontraste betonenden Farbgebung, von der eine bezwingende emotionale Kraft ausgeht.

*unten*
Michail Michailowitsch Fokin, *Pétrouchka* (1911), 1. und 4. Bild; Bühnenbildentwurf: Alexandr Benua; Ballets Russes, Paris 1911. – Der Schaubude des Jahrmarkts, dem Ort, an dem sich die zeitlose Tragödie Petruschkas abspielt, setzt Benua die Petersburger Realität der vorösterlichen Butterwochen entgegen. Das Bühnenbild erinnert an jenes Jahrmarkttreiben, das – zu Beginn des 20. Jahrhunderts verboten – Benuas Liebe zum Theater weckte.

Nikolai Alexandrowitsch Sokolow. **Libretto:** Michail Michailowitsch Fokin und Léon Bakst (eigtl. Lew Samoilowitsch Rosenberg)
**Uraufführung:** 20. Mai 1910, Theater des Westens, Berlin, Ensemble der russischen Ballettsaison
**Darsteller:** Arlequin; Colombine; Chiarina; Papillon; Estrella; Pierrot; Florestan; Pantalon; Eusébius; Corps de ballet: Damen, Kavaliere, Philister
**Orchester:** Picc, 2 Fl, 2 Ob, 2 Klar, 2 Fg, 4 Hr, 2 Trp, 3 Pos, Tb, Pkn, Schl (gr.Tr, kl.Tr, Bck, MilitärTr, Trg, RührTr, Glsp), Hrf, Streicher
**Aufführung:** Dauer ca. 30 Min.

**Entstehung:** 1910 wurde Fokin gebeten, für einen unter dem Motto »Karneval« geplanten Wohltätigkeitsball in Petersburg ein Werk zu schaffen. Die Musikwahl des Choreographen fiel auf Schumanns *Carnaval*, den er schon seit längerem für ein Ballett verwenden wollte. *Le Carnaval* entstand, wie Fokin in seinen Memoiren (*Protiw tetschenija*, s. Lit.) berichtet, in nur drei Proben; die letzte fand schon im Pawlow-Saal statt, wenige Minuten vor Beginn des Balls. Das Finale mit der Flucht der Philister wurde von Fokin mit den Ballgästen gestellt. Bei der Uraufführung trugen die Tänzer Masken, die allmählich weggelassen wurden. Leonid Leontjew tanzte den Arlequin, Tamara Karsawina die Colombine, Wera Fokina die Chiarina, Bronislava Nijinska den Papillon, Ludmilla Shollar die Estrella, Wsewolod Mejerchold den Pierrot, Waslaw Nijinski den Florestan, Alfred Bekefi den Pantalon und Alexandr Schirjajew den Eusébius. Sergei Diaghilew, der die Petersburger Aufführung nicht gesehen hatte, ließ sich von Alexandr Benua und Serge Grigoriev überreden, das Ballett in das Programm der vorgesehenen Gastspiele aufzunehmen; auf seinen ausdrücklichen Wunsch wurde das Klavier durch Orchester ersetzt.
**Inhalt:** Entlegener Winkel in einem Garten, in dem ein Maskenball stattfindet; an einem Tisch, halb darübergebeugt und eingeschlafen, Pierrot. »Préambule«: Drei Damen treten auf, ihre Verehrer folgen ihnen. Darauf tanzen einige Paare Walzer. Ihnen folgen Estrella und Chiarina mit ihren Anbetern. Zwei junge Liebende erscheinen, küssen sich und laufen ab. »Pierrot«: Pierrot erwacht und bewegt sich mit flatternden weiten Ärmeln langsam und melancholisch durch den Raum. »Arlequin«: Arlequin kommt dazu, springt in munterem Walzer umher und macht sich über Pierrot lustig. Der fällt zu Boden. »Valse noble«: Nun treten sechs Walzer tanzende Paare auf; sie gehen ab, Pierrot folgt ihnen. »Eusébius«: Eusébius tritt auf und läßt sich auf einem Sofa nieder; Chiarina kommt und schenkt ihm eine Rose. »Florestan«: Zur Musik eines schnellen Walzers tanzt Estrella herein, verfolgt von Florestan. Pierrot wirft ihr sehnsuchtsvolle Blicke zu. »Coquette«: Eusébius umwirbt Chiarina, sie wirft ihm Blumen zu. »Réplique«: Pierrot ist, nachdem er das wechselnde Spiel der Verliebten beobachtet hat, noch melancholischer. »Papillons«: Pierrot verfolgt den Schmetterling und versucht ihn mit seinem Hut zu fangen. »A.S.C.H. S.C.H.A. (Lettres dansantes)«: Pierrot tanzt glücklich einen schnellen Walzer, seinen Hut an sich drückend, doch Papillon ist verschwunden. »Chiarina«: Chiarina tanzt mit zwei Freundinnen; sie versuchen Florestan an der Verfolgung Estrellas zu hindern. Er entwindet sich ihnen. »Chopin«: Langsamer, geheimnisvoller Pas de trois Chiarinas und ihrer Freundinnen. Florestan, der in seine Träume versunken ist, erscheint; er tanzt mit den Mädchen und läßt sie nachdenklich zurück. »Estrella«: Estrella gleitet auf die Bühne und ist im nächsten Augenblick verschwunden. »Reconnaissance«: Colombine und Arlequin treten auf, sie mit gleitendem Pas de bourrée, er ihr zur Seite springend. »Pantalon et Colombine«: Pantalon kommt zu einem Stelldichein mit Colombine, wird aber von ihr und Arlequin unbarmherzig geneckt. »Valse allemande«: Pantalon wird weiterhin geneckt. »Paganini«: Triumphierendes Solo Arlequins, das in einer allmählich zu Boden sinkenden Pirouette kulminiert. »Aveu«: Liebespaare treten auf; Arlequin legt in einer rührend-sehnsuchtsvollen Gebärde Colombine sein Herz zu Füßen. »Promenade«: Die Bühne füllt sich mit tanzenden Paaren, die Arlequin und Colombine zur Verlobung gratulieren. »Pause«: Papillon eilt herbei, gefolgt von Pierrot. »Marche des ›Davidsbündler‹ contre les Philistins«: Die Philister treten auf, werden im traditionellen Großvatertanz

*Le Carnaval*; Tamara Karsawina als Colombine. – Im Gewand der Commedia dell'arte vor dem Hintergrund eines Balls: das Spiel mit der Liebe.

verspottet und schließlich verjagt. Alle vereinen sich zu einem freudigen Tableau.
**Kommentar:** Fokin versuchte, seine Choreographie, ähnlich wie in dem ebenfalls nach Musik Schumanns geschaffenen Ballett *Papillons* (Petersburg 1912), aus dem Geist der Komposition zu entwickeln. Schumanns »Scènes mignonnes sur quatre notes« bestehen aus 21 Teilen. Die vier Buchstaben A, S, C, H (as-c-h oder a-es-c-h) hatten besondere Bedeutung für Schumann, stammte doch seine erste Braut, Ernestine von Fricken, aus Asch; außerdem sind die Buchstaben in seinem Nachnamen enthalten. 15 Teile von *Carnaval* beruhen auf der Drei- oder der Viernotenversion. Fokin verflocht in seinem Szenar Ereignisse aus dem Leben und Charakterzüge des Komponisten mit Commedia-dell'arte-Figuren, nach denen einige Teile der Komposition benannt sind. In einer Reihe von Entrees werden Szenen und Vorkommnisse am Rand eines Balls geschildert, Gefühle, die unter den Beteiligten an diesem gesellschaftlichen Ereignis entstehen, Flirts und Courtoisie. Die Typen der Commedia dell'arte sind wie gewöhnliche Menschen der Biedermeierzeit, in der die Komposition entstand, gekleidet. Die lose verknüpften, rasch vorüberhuschenden Szenen führten Fokin zu reizvollen Kontrastierungen der Typen; in teilweise sehr virtuosen Pas seul und Pas de deux wechseln die gegensätzlichen Charaktere des sprühenden Arlequin und des melancholischen Pierrot, dazwischen sind immer wieder pantomimisch betonte Szenen und flüchtige Walzerpassagen eingefügt; der Schluß ist hauptsächlich auf Laufbewegungen aufgebaut.
**Wirkung:** Für die Bühnenpremiere von *Le Carnaval* schuf Bakst als Dekoration einen tiefblauen Vorhang, der an der Oberkante mit einem Fries großer stilisierter Blumen in Schwarz, Rot und Gold verziert war. Lydia Lopokova tanzte nun die Colombine; sie interpretierte diese Rolle auch bei der Premiere in Paris (Opéra, 4. Juni 1910). Nijinski, später der berühmteste Arlequin, übernahm die Rolle bei der Bühnenpremiere des Balletts in Petersburg (Mariinski-Theater, 19. Febr. 1911). Diaghilew behielt das Werk bis zu seiner letzten Saison (1929) im Repertoire. Obwohl *Le Carnaval* niemals den Erfolg von *Les Sylphides* erreichte, wurde es ein Standardwerk der Ballets Russes. In den Vereinigten Staaten wurde es erstmals bei der Tournee des Diaghilew-Ensembles 1916 gegeben. In England wurde es 1930 vom Ballet Rambert mit Karsawina (Colombine), Leon Wójcikowski (Arlequin) und Frederick Ashton (Eusébius) einstudiert, drei Jahre später tanzte es das Vic-Wells Ballet London mit Alicia Markova (Colombine), Stanislas Idzikowski (Arlequin) und Antony Tudor (Pierrot). Bei der Wiederaufnahme durch das Sadler's Wells Ballet 1944 übernahm Margot Fonteyn die Colombine. 1933 wurde das Werk erstmals von den Ballets Russes de Monte Carlo getanzt; betreut von Fokin, wurde es von den René Blum Ballets de Monte Carlo gegeben, ab 1938 stand es im Spielplan des Ballet Russe de Monte Carlo. 1940 brachte Fokin sein Werk für das Ballet Theatre New York heraus. Nach dem zweiten Weltkrieg wurde *Le Carnaval* auch in Moskau (1946; Choreographie: Wladimir Burmeister) und Leningrad (1962; Choreographie: Fjodor Lopuchow nach Fokin), in den Vereinigten Staaten, in Australien, Schweden, Kanada, Großbritannien und Deutschland (Köln 1962 und München 1983) gegeben, konnte sich jedoch nie lange im Repertoire halten. Der Geist des Werks, eine Mischung aus romantischer Begeisterung und ironischer Komödie im Sinn Jean Pauls, mag den Tänzern und dem Publikum heute schwer zugänglich und fremd sein.

**Ausgaben:** M: Henle, München 1977, Nr. 187; Part: Belaieff; Labanotation, Ausz. v. C. Wolz oder R. Cook: NY 1962 (DBN, NY; NYPL Dance Coll.); Beneshnotation, Ausz.: BIC, London/DNB, NY; L: London, Beaumont 1918; Film, Ausz., Ballet Russe de Monte Carlo, s/w, 16 mm: L. Massine Coll. [1936–38] (NYPL Dance Coll. MGZHB 4-1000/76). **Aufführungsmaterial:** M: Belaieff; Ch: Nachlaß Vitale Fokine
**Literatur:** s. S. 230

*Dale Harris*

## Shéhérazade
### Drame chorégraphique en un acte

### Scheherazade
1 Akt

**Musik:** Nikolai Andrejewitsch Rimski-Korsakow, 1., 2. und 4. Satz aus *Schecherasada* (1888). **Libretto:** Alexandr Nikolajewitsch Benua (auch Alexandre Benois) und Léon Bakst (eigtl. Lew Samoilowitsch Rosenberg)
**Uraufführung:** 4. Juni 1910, Opéra, Salle Garnier, Paris, Ensemble der russischen Ballettsaison
**Darsteller:** Zobéide; ein Neger, Lieblingssklave Zobéides; König Sharyar; Schah Zeman, sein Bruder; der Oberenuch; Odaliske; Corps de ballet: Odalisken, Frauen des Sultans, Tänzerinnen, Neger, Jünglinge, Damen und Herren des Hofs, Adjutanten und Gefolge des Schahs
**Orchester:** Picc, 2 Fl, 2 Ob (2. auch E.H), 2 Klar, 2 Fg, 4 Hr, 2 Trp, 3 Pos, Tb, Pkn, Schl (gr.Tr, RührTr, Tamburin, Trg, Bck, Tamtam), Hrf, Streicher
**Aufführung:** Dauer ca. 30 Min.

**Entstehung:** Sergei Diaghilew und seine Berater Bakst und Benua beschlossen, das Ballett *Shéhérazade* 1910 für die zweite »Russische Saison« in Paris herauszubringen. Benua, der den Anspruch erhob, der alleinige Verfasser des Szenars zu sein, geriet mit Diaghilew in Streit, als auf dem Programm der Uraufführung Bakst als Autor des Librettos genannt wurde. Vermutlich war Bakst tatsächlich stark an der Gestaltung des Werks beteiligt, zumal er die erste Erzählung aus *Tausendundeiner Nacht* als Grundlage für die Handlung vorgeschlagen hatte. Unumstritten ist Baksts visueller Beitrag zum Erfolg des Balletts; seine Bühnenbilder und Kostüme wurden zu einer Theatersensation und waren lange ein Hauptanziehungspunkt des Balletts. Die Witwe des 1908 gestorbenen Rimski-Korsakow, Nadeschda, wehrte sich heftig gegen die Verwendung der Musik ihres Manns und verweigerte die Erlaubnis zu Aufführungen in Rußland, konnte aber trotz heftiger Bemühungen Aufführungen im Ausland nicht verhindern. – Diaghilew schlug vor, den 3. Satz der Suite zu streichen, da dessen meditativer Charakter seiner Meinung nach nicht zum Thema paßte, und den 1. Satz als Ouvertüre für das erotische und blutrünstige Drama zu verwenden.

**Inhalt:** Halle im Palast des Königs Sharyars, im Hintergrund drei kleine blaue Türen: Auf Vorschlag Zemans will der König die Treue seiner Frauen auf die Probe stellen und läßt im Palast verbreiten, er werde sich auf eine längere Jagd begeben. Zobéides Bitte, bei ihr zu bleiben, erhört er nicht. Nachdem sich die königlichen Brüder und die Wachen entfernt haben, gelingt es den Frauen, den Obereunuchen zu bestechen. Er öffnet zwei der Türen, die die Frauen von den Sklaven trennen. Die Sklaven stürzen heraus zu ihren Geliebten. Nachdem Zobéide dem Obereunuchen eine kostbare Perlenkette geschenkt hat, öffnet er auch die letzte Tür: Der Lieblingssklave stürzt heraus und eilt in die Arme Zobéides. Auf dem Höhepunkt der nun folgenden Orgie kehren der König und sein Bruder zurück und finden den Verdacht der Treulosigkeit der Frauen bestätigt. Frauen und Sklaven werden von den Wachen getötet. Der König zögert, auch Zobéide zu töten, doch Schah Zeman macht mit dem Fuß eine verächtliche Bewegung zum toten Lieblingssklaven hin und erinnert ihn damit an den Verrat. Ehe jedoch die Wachen Zobéide töten können, entreißt sie einem von ihnen den Dolch und stößt ihn sich ins Herz. Tot sinkt sie dem König zu Füßen.

**Kommentar:** Nach Rimski-Korsakows eigener Aussage besteht *Schecherasada* aus »einzelnen unzusammenhängenden Episoden und Bildern aus *Tausendundeine Nacht,* die über alle vier Sätze [...] verteilt sind: die See und Sindbads Schiff, die phantastische Geschichte vom Prinzen Kalender, der Prinz und die Prinzessin, das Fest in Bagdad und der Schiffbruch am Felsen, auf dem der goldene Reiter steht« (in: *Chronik,* S. 292, s. Lit.). Der Komponist bestreitet jedoch, daß seiner Musik ein konkretes Programm zugrunde liegt. Vielmehr ginge es ihm um »ein Kaleidoskop von Märchenbildern und Skizzen im orientalischen Stil« (ebd., S. 293). Die einzige Ausnahme sei das Thema der Soloviline, das zu Beginn des 1., 2. und 4. Satzes und in der Mitte des 3. erklinge und sich auf Scherazade, die Erzählerin von *Tausendundeiner Nacht,* beziehe. – *Shéhérazade* war einer der größten Triumphe der Frühzeit Diaghilews. In seiner farbigen Erotik, die vom russischen Ballett erwartet wurde, übertraf es *Cléopâtre* (1909) bei weitem. Für Paris und bei den Gastspielen in London bestand der Reiz der Ballettruppe in der Mischung aus Exotischem und Barbarischem. *Shéhérazade* erreichte und übertraf dank des Genies Baksts und Waslaw Nijinskis (Lieblingssklave) alle Erwartungen, die durch die erste Pariser Saison geweckt worden waren. Es scheint, als ob sich Fokin die Anregungen bei den schönen Künsten geholt habe; er, der damals noch nicht über orientalischen Tanz gearbeitet hatte, wandte sich persischen Miniaturen zu, um den rechten Stil für sein weitgehend mimisches Drama zu finden. Der Erfolg von *Shéhérazade* kam keinesfalls überraschend. Westliches Denken brachte seit langem Orient und Erotik miteinander in Verbindung, was sich auch in andern Werken der Zeit zeigte, von Strauss' Oper *Salome* (1905) bis zu dem Spektakel mit Pantomime *Sumurûn* (1910), Inszenierung Max Reinhardt. Zugleich war *Shéhérazade* ein Ausdruck des Strebens nach sexueller Freiheit und der Wiederentdeckung des Instinktiven, das die Jahre vor dem ersten Weltkrieg kennzeichnete. Fokin und Bakst wählten als Stoff dieses orientalischen Balletts nicht (wie Rimski-Korsakow) die Beziehung zwischen der geschichtenerzählenden Scheherazade (sie kommt in dem Ballett überhaupt nicht vor) und dem Sultan, sondern sie stellten die erste Erzählung aus *Tausendundeiner Nacht,* die Dreiecksgeschichte zwischen Sultan, Zobéide und ihrem Lieblingssklaven, in den Mittelpunkt, die in einem Gemetzel endet. Nijinski hat zum

*Shéhérazade*; Waslaw Nijinski als Lieblingssklave Zobéides; Uraufführung, Ensemble der russischen Ballettsaison, Paris 1910. – Die Drehung aus der Körpermitte: scheinbare Abwendung als Form verführerischer Zuwendung.

künstlerischen Erfolg Entscheidendes beigesteuert. Er tat weit mehr, als die von Fokin vorgeschriebenen Schritte zu tanzen. Er entwickelte aus ihnen eine vollkommene tänzerische Charakterisierung. Die Körperhaltung, die Kraft der Bewegungen, die Haltung des Kopfs, das Lächeln waren Beiträge Nijinskis und nicht Fokins. Sein »goldener Sklave« (so genannt wegen des Kostüms, nicht der Schminke, die bläulichgrau war) war animalisch; man hat ihn als Hengst, Schlange, Panther, Fisch beschrieben. Wie alle seine großen Rollen war auch diese eine Mischung aus Menschlichem, Unter- und Übermenschlichem, eine Darstellung, die die geschlechtliche Differenzierung unmöglich machte und die Grenzen des Alltäglichen weit überschritt. Sein Auftritt nach dem Öffnen der dritten Tür wurde mit dem Flug eines Pfeils verglichen, sein Tod, »in einer vollen Pirouette auf dem Kopf stehend« (Bronislava Nijinska), glich dem Verlöschen einer übernatürlichen Kraft. Er war die Verkörperung des sexuell Unwiderstehlichen. Kein späterer Darsteller vermochte ähnliche Reaktionen auszulösen. Ida Rubinstein, eine reiche Autodidaktin, die bei Fokin kurz studiert und im Jahr zuvor die Titelrolle in *Cléopâtre* kreiert hatte, mimte die Zobéide mit großer Eindringlichkeit. Ihre dunkle, exotische Schönheit, ihr knabenhafter Körper bildeten das vollendete Pendant zu dem androgyn wirkenden Nijinski. Später brachte Tamara Karsawina größere Fraulichkeit und eine stärkere körperliche Plastizität in die Charakterisierung Zobéides. In den 30er Jahren verband man Lubov Tchernicheva mit der Rolle.

**Wirkung:** 1911 brachte Gertrude Hoffman im Winter Garden Theatre New York ein eigenes Ballett in Anlehnung an Fokin zur Aufführung. Sie selbst verkörperte die Zobéide, Lydia Lopokova die Odaliske, Alexei Bulgakow den Schah, Theodore Kosloff den Lieblingssklaven. Kosloff führte auch Regie. 1914 erweiterte Fokin das Ballett um einen Pas de deux für Zobéide und ihren Lieblingssklaven zu der Musik des 3. Satzes der Suite, den er selbst mit seiner Frau Wera tanzte. 1916 brachte Diaghilew das Originalballett erstmals in die Vereinigten Staaten (Century Theatre New York); drei Monate später tanzte Nijinski den Sklaven an der Metropolitan Opera. Sofort nach der Erstaufführung wurden Versuche unternommen, *Shéhérazade* in Amerika zu verbieten, teils wegen der Darstellung von Liebesszenen zwischen Schwarzen und Weißen, mehr noch wegen der unverhohlenen Sinnlichkeit, die Proteste der Moralisten auslöste und sogar in freidenkenden Städten wie Boston und New York zu polizeilichen Untersuchungen führte. Auch als nach 1918 das provokatorische Element zu verblassen begann, behielt das Ballett doch einen festen Platz in der Gunst des Publikums und wurde so sehr als Bestandteil des Ballettensembles empfunden, daß Diaghilew es nicht aus dem Repertoire nehmen konnte. 1928 wollte er es von Henri Matisse neu ausstatten lassen, angeblich, weil die Dekorationen schäbig geworden waren, offensichtlich aber, um es dem Empfinden der neuen Zeit anzupassen. Der Maler lehnte aber ab. Baksts Dekor und Kostüme sind grundlegender Bestandteil der Individualität von *Shéhérazade*; ihnen verdankte das Ballett nicht zuletzt seinen Erfolg. Der schattige Harem mit seinen großen Drapierungen und den fast grellen Farben hatte sofort Einfluß auf Mode und Innenarchitektur der Epoche. Man kannte Farbverbindungen von Blau und Grün, Rosa und Rot von der avantgardistischen Malerei her; auf dem Theater waren sie etwas Neues. Es war Baksts Verdienst, nachimpressionistischer Farbigkeit in Gestalt russischer und orientalischer Fremdartigkeit allgemeine Verbreitung verschafft zu haben. *Shéhérazade* muß auch als Stufe in der Entwicklung zum Primitiven in den Künsten gesehen werden, die in jenen Jahren vor sich ging, nicht nur im Westen, sondern auch in Rußland, wo Bewegungen wie die Blaue Rose und der Akmeismus Malerei und Literatur von Symbolismus und Ästhetizismus wegführten. Das Theaterpublikum bestach jedoch vor allem die Erotik des Balletts, die Darstellung des verbotenen Sex, die durch die Bestrafung derer, die sich darin ergingen, gesühnt wurde. Das Ballett bewahrte auch, nachdem größere sexuelle Freiheit die Norm geworden war, einen Teil seines Glanzes. In den 30er Jahren, in denen sich das Werk dauernd im Repertoire von Colonel de Basil und René Blum befand, bezauberte es das Publikum. Auch in den 40er Jahren füllte es in den Vereinigten Staaten noch die Häuser. George Balanchine machte sich in Rodgers' Musical *On Your Toes* (1936) in einer großangelegten Tanznummer (»Princess Zenobia«) darüber lustig. Doch bis heute hat es seine Anziehungskraft nicht ganz verloren: 1952 brachte Nicholas Beriozoff Fokins Choreographie für das London Festival Ballet heraus. 1980 wurde es vom New Yorker Dance Theatre of Harlem inszeniert und erwies sich dank der Hingabe und Energie der Tänzer als Erfolg. Frederic Franklin, der den Sklaven mit dem Ballet Russe de Monte Carlo getanzt hatte, betreute die Aufführung und tanzte den Eunuchen. 1986 unternahm er eine Rekonstruktion des Balletts und der Kostüme Baksts für Les Ballets de Monte Carlo. – Schon 1922 brachte Heinrich Kröller eine eigene Choreographie in Wien heraus. Nach 1940 schufen zahlreiche Choreographen eigene Ballette: Wladimir Burmeister, Stanislawski-Nemirowitsch-Dantschenko-Musiktheater, Moskau 1944; Nina Anissimowa, Maly-Theater, Leningrad 1950; Vassili Marcu, Ballett der Bukarester Oper 1965; Dragutin Boldin, Heidelberg 1975; Klaus Riedel, Mainz 1975; Joachim Gerster, Braunschweig 1978; Valeri Panov, Wien 1981. La Meri choreographierte eine *Shéhérazade* für das Exotic Ballet New York 1945, Murray Louis eine moderne Tanzversion, *Schéhérazade: A Dream*, 1974 und die indische Tänzerin Lilavati eine Kathakali-Version für das Stadttheater Malmö 1969.

**Ausgaben:** Part: Belaieff 1912, Nr. 2957; StudienPart: Peters, Nr. Bel. 333; L: London, Beaumont [1919]; Film, Ballets Européens de Nervi, s/w, 16 mm: L. Massine Coll. 1960 (NYPL Dance Coll. MGZHB 8-1000/263); Film, Ausz., Ballet Russe de

Monte Carlo, s/w, 16 mm: ebd. 1937 (NYPL Dance Coll. MGZHB 4-1000/262). **Aufführungsmaterial:** M: Peters; Ch: Nachlaß Vitale Fokine
**Literatur:** N. RIMSKIJ-KORSAKOV, Letopis moej muzykalnoj žizni, Petersburg 1909, dt. Stuttgart, Bln., Lpz. 1928, ²1968; A. E. JOHNSON, The Russian Ballet, London 1913, S. 85–107; C. VAN VECHTEN, The Dance Writings, NY 1974; weitere Lit. s. S. 230

*Dale Harris*

## L'Oiseau de feu
Ballet en un acte et deux tableaux

### Der Feuervogel
1 Akt

**Musik:** Igor Strawinsky. **Libretto:** Michail Michailowitsch Fokin
**Uraufführung:** 25. Juni 1910, Opéra, Salle Garnier, Paris, Ensemble der russischen Ballettsaison
**Darsteller:** L'Oiseau de feu/der Feuervogel; La Belle Tsarévna/die schöne Zarewna; Ivan Tsarévitch/Iwan Zarewitsch; Kastcheï l'Immortel/der unsterbliche Kaschtschei; die 12 verzauberten Prinzessinnen; Corps de ballet: Ungeheuer, Gefolge, Pagen, Kavaliere
**Orchester:** 2 Picc (auch 3. Fl), 2 Fl, 3 Ob, E.H, 3 Klar, B.Klar, 3 Fg (auch 2. K.Fg), K.Fg, 4 Hr, 3 Trp, 3 Pos, Tb, Pkn, Schl (Trg, Tamburin, gr.Tr, Tamtam, Bck, Glsp, Xyl), Cel, Kl, 3 Hrf, Streicher; BühnenM auf d. Szene: 3 Trp, 2 T.Tb, 2 B.Tb, Glocken in es u. g
**Aufführung:** Dauer ca. 50 Min. – Orchester der Ballettsuite (1945): 2 Fl (auch Picc), 2 Ob, 2 Klar, 2 Fg, 4 Hr, 2 Trp, 3 Pos, Tb, Pkn, Schl (gr.Tr, Bck, kl.Tr, Tamburin, Trg, Xyl), Kl, Hrf, Streicher; Dauer ca. 30 Min.

**Entstehung:** Nach Alexandr Benua ließ der besondere Erfolg, den Fokin mit seinen *Danses du Prince Igor* (1909) bei der ersten von Sergei Diaghilew präsentierten russischen Saison in Paris erzielte, den Plan reifen, ein neues Märchenballett mit Fokin als Choreograph herauszubringen:»Die ehrwürdige Vergangenheit unseres Lands und die tiefe Symbolik sind zu stark, zu lebendig und anziehend, um nicht genutzt zu werden [...] Gemeinsam begannen wir, nach einer geeigneten Geschichte zu suchen, erkannten aber bald, daß es keine einzelne Geschichte gab, die ganz unseren Anforderungen entsprach, und daß wir eine Handlung schaffen mußten, die sich aus der Verschmelzung mehrerer ergab« (*Reminiscences,* S. 303, s. Lit.). Fokin begann damit, Elemente verschiedener Geschichten aus Alexandr Afanasjews Sammlung russischer Volksmärchen (*Narodnyje russkije skaski,* 1855–63) zusammenzufügen. In seinen Erinnerungen (*Protiw tschenija,* s. Lit.) bezeichnet er sich selbst als Autor des neuen Szenarios, und auch im ursprünglichen Programmheft wurde er als Autor angegeben; Benua jedoch berichtet, er selbst und die Maler Dmitri Stellezki und Alexandr Golowin, die Schriftsteller Wladimir Potjomkin und Alexei Remisow hätten Wichtiges beigetragen (von letzterem stammt die Idee zu einigen der Ungeheuer im Gefolge Kastcheïs). Weitere Vorschläge stammten von Strawinsky, nachdem ihm der Auftrag für die Musik erteilt worden war. Benua berichtet, daß die Wahl zuerst auf Nikolai Tscherepnin gefallen war, daß aber, nachdem Fokin ein Libretto geschaffen hatte, Diaghilew sich an Anatoli Ljadow wandte, dessen Schüler er einst gewesen war. Ljadow lieferte nicht schnell genug, woraufhin Diaghilew Strawinsky beauftragte, dessen Orchesterstück *Feu d'artifice* (1908) er 1909 in Petersburg gehört hatte. Strawinsky hatte bereits die Orchestration von Frédéric Chopins *Valse brillante* (1831) für Diaghilew angefertigt, die das Schlußstück von *Les Sylphides* (1909) abgab. Beim Komponieren hatte Strawinsky ursprünglich Bedenken. Er war sich seiner Fähigkeiten nicht ganz sicher und sollte zudem, wie er später erklärte, ein Ballett verfassen, das »eine beschreibende Musik verlangte von der Art, wie ich sie

*L'Oiseau de feu;* Michail Fokin als Ivan, Tamara Karsawina als L'Oiseau de feu; Uraufführung, Ensemble der russischen Ballettsaison, Paris 1910. – So wie Fokin in seiner Rolle dem Oiseau de feu die Freiheit gibt, eröffnet er mit seiner Choreographie der Kunstgattung Ballett neue Dimensionen.

eigentlich nicht schreiben wollte« (*Expositions and Developments*, S. 128, s. Lit.). Überdies war er mit seiner Oper *Le Rossignol* (1914) beschäftigt, deren I. Akt bereits fertiggestellt war. Aber einmal überredet, legte er diese Arbeit beiseite, und er hatte bereits einige Ideen zu Papier gebracht, als Diaghilew Anfang Dez. 1909 den Auftrag bestätigte. Die Introduktion wurde in einer Datscha der Familie Rimski-Korsakow begonnen (die Musik ist Andrei Rimski-Korsakow gewidmet). Nach Petersburg zurückgekehrt, brachte Strawinsky die Komposition schnell voran. Im April war auch die Orchestration vollendet. Die Musik wurde dann nach Paris geschickt, wo noch einige Veränderungen vorgenommen wurden. Die fertige Partitur trägt das Datum »18. Mai 1910«.

**Inhalt:** In einem Zaubergarten mit einem Baum mit goldenen Äpfeln, einer Mauer an einer Seite und im Hintergrund einem kaum erkennbaren düsteren Gebäude; Nacht: L'Oiseau de feu durchquert den Garten in einer Reihe von Sprüngen, die den Eindruck des Fliegens erwecken; Ivan klettert über die Mauer in den Garten. Bei der Rückkehr von L'Oiseau de feu versteckt er sich und beobachtet ihn. Nachdem L'Oiseau de feu einen goldenen Apfel gepflückt hat, wird er von Ivan gefangen. Er bittet Ivan um die Freiheit und erhält sie, nachdem Ivan eine Feder bekommen hat, mit der er in der Not L'Oiseau de feu herbeirufen kann. Ivan beobachtet das Erscheinen der verzauberten Prinzessinnen aus einem Versteck heraus. Bei deren Spiel mit den goldenen Äpfeln werden die Äpfel wie Bälle hin und her geworfen. Ivan verliebt sich in eine der Damen, La Belle Tsarévna, und erweist ihr seine Ehrerbietung. Er erfährt, daß sie unter dem Bann des Zauberers Kastcheï stehen und in den Palast zurückkehren müssen. Er versucht ihnen zu folgen, doch es erhebt sich ein Sturm, Dunkelheit bricht herein; Ungeheuer bedrohen Ivan. Als Kastcheï selbst auf ihn eindringt, erinnert er sich der Feder, die L'Oiseau de feu ruft. Noch einmal führen die Ungeheuer einen höllischen Tanz auf, doch die Gefahr ist gebannt. Alle außer Ivan sinken in einen Zauberschlaf. Er findet das Ei, in dem die Seele des Zauberers enthalten ist, das Geheimnis der Unsterblichkeit Kastcheïs, und zerbricht es. Der Palast verschwindet, und der über allem liegende Bann Kastcheïs löst sich. Die versteinerten Krieger werden lebendig. Alle sagen Ivan Dank. Ivan und die Tsarévna werden vereint und in feierlicher Zeremonie gekrönt. Auch die andern Prinzessinnen vereinen sich mit ihren Kavalieren.

**Kommentar:** Obwohl Strawinsky sich nach eigener Aussage in jener Zeit »im Aufruhr gegen den armen Rimski« befand, war es dessen Oper *Solotoi petuschok* (*Der goldene Hahn*, 1909), aus der er sich Anregungen zur Differenzierung zwischen natürlichen und übernatürlichen Kräften für *L'Oiseau de feu* holte: In der Oper erscheinen diatonische Themen in Verbindung mit Menschen, chromatische für Zauberwesen. Strawinsky schrieb dementsprechend diatonische Melodien für Ivan, die Prinzessinnen und die Dankeshymne am Schluß (hier wie im Chorowod-Tanz wird russische Volksmusik aufgegriffen). Die Musik des Oiseau de feu, Kastcheïs und seines Gefolges und die ganze Zauberwelt werden aus dem Tritonus gewonnen, oft unter Mitbenutzung der großen oder kleinen Terz. Nach Eric Walter White liegt das Grundmaterial der Musik von *L'Oiseau de feu* selbst bereits in den ersten vier Noten der Introduktion, die später in Umkehrung und im Krebs gebracht werden. Die alterierenden großen und kleinen Terzen beziehen sich auf Kastcheï. Bemerkenswert ist auch die Behandlung des Rhythmus, von den subtilen Synkopen im Tanz des Oiseau de feu bis hin zu der Dynamik des Höllentanzes, durchgehalten in gleichbleibendem Metrum und ebensolchen Phrasen. Strawinsky empfand später seine Orchesterbesetzung als verschwenderisch groß. Bereits 1911 hatte er eine fünfsätzige Orchestersuite (noch mit der Originalbesetzung) erstellt; 1919 entstand eine ebenfalls fünfsätzige Suite mit besonders in den Holzbläsergruppen verkleinertem Orchester und 1945 die zehnsätzige Ballettsuite mit der geringfügig veränderten Instrumentierung von 1919. Trotzdem ist die ursprüngliche Orchestrierung von brillanter Wirkung und zumindest gleichwertig mit Nikolai Rimski-Korsakow, von dem die Verwendung der Glissandi der Hörner und Posaunen stammt. Das Streicherglissando im Flageolett am Beginn des Balletts, das von den Bässen ausgelöst wird, setzte Strawinsky als einen neuartigen koloristischen Effekt ein. Der Komponist wohnte allen Proben in Petersburg bei und gab den Tänzern des öfteren praktische Ratschläge. Tamara Karsawina übernahm den Oiseau de feu, nachdem Anna Pawlowa, die ursprünglich vorgesehen war, es abgelehnt hatte, zu Strawinskys Musik zu tanzen. Obwohl die Musik noch nicht charakteristisch für Strawinsky ist, wurde er besonders mit diesem Ballett identifiziert. – Für das Libretto verband Fokin die zwei ursprünglich voneinander unabhängigen russischen Sagen um den Zauberer Kaschtschei und den Feuervogel zu einem neuen Märchen, in dem das Böse durch die Kraft der Phantasie (verkörpert durch den Oiseau de feu) und der Liebe besiegt wird. In *L'Oiseau de feu* realisierte sich Fokins Streben nach einer neuen Einheit von Choreographie, Musik und Ausstattung. Er arbeitete aufs engste mit Strawinsky zusammen und zeigte ihm in Mimik und Bewegung den tänzerischen Charakter der Hauptfiguren. Jede einzelne wurde durch eine ganz bestimmte Choreographie charakterisiert. Nur der Oiseau de feu tanzt auf Spitze als Zeichen seiner besonderen Kräfte; große Sprünge, die das Fliegen veranschaulichen sollen, bestimmen das Schrittvokabular dieser Rolle. Für die Prinzessinnen wurde ein anderes Vokabular gewählt; sie tanzen barfuß oder auf Halbspitze. Dadurch wird ihre Gefangenschaft ebenso betont wie ihre Armut, und ihre natürlichen sanften Bewegungen tragen Anklänge an russischen Volkstanz in sich. Wieder anders bewegen sich Kastcheï und sein Gefolge, manchmal mit schweren Charakterschritten, manchmal grotesk, eckig und häßlich, manchmal komisch. Fokin eliminierte stereotype pantomimische Bewegungen und traditionelle Ballettgesten und erzählte die Geschichte in Aktion und Tanz; die Handlung wird nicht durch Gebärden verständlich gemacht, nicht erklärt, sondern getanzt. In einem wichtigen Punkt stimmte Strawinsky den Choreographen um: Fokin schwebte für das Finale eine Reihe von Hochzeitstänzen vor. Strawinsky schlug eine feierliche Krönungsprozession vor, in der mehr geschritten als getanzt würde. Sie bildet den Schluß des Balletts. Fokin wollte einen »Reiter der Nacht«, in Schwarz auf schwarzem Pferd, und einen »Reiter des Morgens«, in Weiß auf weißem Pferd. Die Pferde traten auch tatsächlich bei der Premiere auf, aber Diaghilev ließ sie aus aufführungspraktischen Gründen bald weg. – Benua war der erste und scharfsichtigste Kritiker des Balletts. Er bewunderte Choreographie und Musik und ihre Harmonie, bedauerte aber beim Bühnenbild das Fehlen einer an Hieronymus Bosch oder Pieter Breughel orientierten Stimmung. Golowins Ausstattung paßte weder zu den Ideen Strawinskys noch zu denen Fokins. Diaghilew hatte zunächst gehofft, den Maler Michail Wrubel für die Ausstattung zu gewinnen, doch war dieser inzwischen gestorben. Die von Bakst entworfenen Kostüme für den Oiseau und die Tsarévna gefielen ihm besser. 1926 schuf Natalija Gontscharowa neue Entwürfe, die besonders bei den Prinzessinnen Veränderungen der Choreographie nötig machten. Diaghilew betreute bei beiden Produktionen die Beleuchtung auf das sorgfältigste. Als dramaturgische Schwäche empfand Benua eine gewisse Distanziertheit der Hauptfiguren vom Publikum. Zudem erschien Kastcheï zu spät und starb zu früh. Darüber hinaus war Benua mit dem von Diaghilew angesetzten Zeitlimit von einer Stunde nicht einverstanden. Die Handlung müsse dadurch zu schnell vorangetrieben werden. Strawinsky war anderer Meinung. Er fertigte 1945 die Ballettsuite an, weil er das ganze Ballett zu lang fand.

**Wirkung:** Ungeachtet der genannten Probleme wurde *L'Oiseau de feu* sofort ein Erfolg. Es dirigierte Gabriel Pierné. Karsawina tanzte die Oiseau de feu, Fokin den Ivan, seine Frau Wera Fokina die Tsarévna, Alexei Bulgakow den Kastcheï. Enrico Cecchetti übernahm die Rolle später, die Titelrolle tanzten später Lydia Lopokova und Xenia Maklezowa (bei der amerikanischen Erstaufführung während eines Gastspiels der Ballets Russes 1916 in New York). *L'Oiseau* markiert die Wende auf dem Weg zu einer neuen und organischen Beziehung zwischen Musik, Tanz und Ausstattung. Das Ballett etablierte Fokin als Choreographen und Strawinsky als Komponisten von internationalem Rang. Es wurde zum Standardwerk des Repertoires der Ballets Russes und ihrer Nachfolgekompanie, der Ballets Russes du Colonel de Basil. Für diese Truppe wurde es 1934 mit Alexandra Danilova wiederaufgenommen; spätere Interpretinnen waren Irina Baronova und Tamara Toumanova. Als das Ballett zum 25. Todestag Diaghilews für das Londoner Sadler's Wells Ballet einstudiert wurde, wurde eine neue Generation mit Fokins Choreographie und Gontscharowas Ausstattung vertraut. Die Einstudierung besorgte Diaghilews ehemaliger Regisseur Serge Grigoriev, Karsawina betreute Margot Fonteyn, die die Titelrolle tanzte. Die Aufführung fand am 23. Aug. 1954 beim Edinburgh-Festival statt, die Einstudierung blieb bis 1980 im Spielplan des Royal Ballet London. – Strawinskys Musik interessierte auch andere Choreographen. Von den Choreographien, die bis 1945 entstanden, sei die von Adolph Bolm für das Ballet Theatre New York 1945 erwähnt. Für Bolm stellte Strawinsky nach einer Garantie, daß mindestens 30 Aufführungen stattfinden, die verkürzte Ballettsuite her. George Balanchine übernahm diese Suite und die wunderbare Ausstattung von Marc Chagall, die für Bolm entstanden war, für seine erste Choreographie des Balletts (*Firebird*, 1949) für das New York City Ballet; er folgte der Erzählung Fokins, fügte einige dramatische Details hinzu und änderte die Schlußszene. 1970 nahm er das Ballett erneut in den Spielplan auf. Dafür choreographierte Jerome Robbins einen neuen »Höllentanz« und die Ensembletänze. Chagalls Ausstattung wurde neu angefertigt und den Dimensionen des New York State Theatre angepaßt. Die kürzere Musikfassung ermöglichte übergangslos aneinandergereihte Erzählungen, die Partie des Oiseau de feu wurde durch die gigantischen Flügel und die lange Schleppe des Chagall-Kostüms zu einer Schreitpartie herabgemindert; aus dem Feuervogel wurde ein erdgebundener Pfau. Weitere Choreographien zu Strawinskys Musik schufen: Serge Lifar, Opéra, Paris 1954; John Cranko, Deutsche Oper Berlin und Stuttgarter Ballett, 1964; George Skibine, Harkness Ballet 1965; Brian Macdonald, Harkness Ballet 1967. Ein Ballett, das Aufsehen erregte, war das von Maurice Béjart (Paris 1970). Die Titelfigur ist hier der aus der Asche neugeborene Phönix, ein Partisanenführer, der zwar unterlag, dessen Geist aber unzerstörbar ist. Ebenfalls 1970 brachte John Neumeier in Frankfurt a. M. *L'Oiseau de feu* als Science-fiction-Stück heraus, das er für die Wiener Staatsoper 1983 überarbeitete und variierte. Ferenc Barbay wiederum orientierte sich 1981 für die Staatsoper München am Modell Béjarts und choreographierte zur Synthesizerbearbeitung der Musik Strawinskys durch Isao Tomita einen ebenso spektakulären wie dynamischen Pas de deux für zwei männliche Solisten.

**Autograph:** Part: Cons. de Musique Genf. **Ausgaben:** Part, Faks.-Nachdr. d. Autographs: Minkoff, Genf 1985; Part: Jurgenson, Moskau 1911, Nachdr. Forberg, Lpz. 1924, Nr. 34920; Schott 1933, Nr. ED 6461; Kl.A: Jurgenson, Moskau 1911, Nachdr. Forberg, Lpz. 1924, Nr. 34903-19; Schott, Nr. ED 3279; Suite 1945, Part: Schott 1946, Nr. ED 4420; Beneshnotation: BIC, London/DNB, NY; Film, Royal Ballet, London, color, 35 mm: BBC-TV, London 1959 (Schoenfeld Film Distr., NY); Film, American Ballet Theatre: ZDF 1981 (Video: FIMT VC 3939). **Aufführungsmaterial:** M: Schott; Ch: Phyllis Fokine, Jackson Heights, NY
**Literatur:** E. EVANS, Stravinsky, ›The Firebird‹ and ›Petrushka‹, London 1933; T. KARSAVINA, A Recollection of Stravinsky, in: Tempo 1948; M. LEDERMAN, Stravinsky in the Theatre, NY 1949, ²1965; A. DENNINGTON, The Three Orchestrations of Stravinsky's ›Firebird‹, in: The Chesterian, London 1960, Winter; I. STRAVINSKY, R. CRAFT, Expositions and Developments, NY, London 1962; Stravinsky and the Dance: A Survey of Ballet

Productions 1910–1962, hrsg. Dance Collection d. NYPL, NY 1962; E. W. WHITE, Stravinsky, Los Angeles, London 1966, 2., erw. Aufl. 1979, S. 182–192; N. GOODWIN, M.-F. CHRISTOUT, Béjart in Two Cities, in: DaD 1971, Febr., S. 22–26; H. KIRCHMEYER, Strawinskys russische Ballette, Stuttgart 1974, S. 41–73; I. STRAVINSKY, R. CRAFT, Stravinsky in Pictures and Documents, NY 1978; A. BLAND, The Royal Ballet: The First 50 Years, London 1981; weitere Lit. s. S. 230

*Noël Goodwin*

## Le Spectre de la rose
Tableau chorégraphique

### Der Geist der Rose

**Musik:** Carl Maria von Weber, *Aufforderung zum Tanz* (1821); Orchestration: Hector Berlioz (1841).
**Libretto:** Jean-Louis Vaudoyer
**Uraufführung:** 19. April 1911, Théâtre de Monte Carlo, Monte Carlo, Les Ballets Russes
**Darsteller:** das junge Mädchen; der Geist der Rose
**Orchester:** 2 Fl (2. auch Picc), 2 Ob, 2 Klar, 4 Fg, 4 Hr, 2 Trp, 2 Kornette, 3 Pos, Pkn, 2 Hrf, Streicher
**Aufführung:** Dauer ca. 10 Min.

**Entstehung:** Die Idee zu *Le Spectre de la rose* entstand 1910. Vaudoyer schrieb in der Zeitschrift *La Revue de Paris* über Fokins Ballett *Le Carnaval* (1910), in dem Chiarina Eusébius eine Rose zuwirft. Als Motto seines Aufsatzes verwendete er zwei Zeilen aus dem Gedicht *Le Spectre de la rose* von Théophile Gautier: »Je suis le spectre d'une rose / Que tu portais hier au bal«. Dies wiederum erinnerte Vaudoyer an Webers *Aufforderung zum Tanz,* eine Musik, von der er wußte, daß Gautier sie besonders geliebt hat. Er schrieb an Léon Bakst und schlug ein Ballett zu Webers Musik und Gautiers Gedicht vor. Sergei Diaghilew stimmte zu, und Fokin choreographierte in kurzer Zeit einen Pas de deux für Waslaw Nijinski und Tamara Karsawina.
**Inhalt:** Im Schlafzimmer eines jungen Mädchens, links und rechts große Fenster, die in einen mondbeschienenen Rosengarten blicken. 1. Teil, Introduktion: Ein junges Mädchen kehrt von seinem ersten Ball nach Haus zurück und hält träumend eine rote Rose in der Hand, die ihm ein Verehrer geschenkt hat. Es legt seinen Umhang ab und setzt sich in einen Lehnstuhl.
2. Teil, Walzer: Der Geist der Rose kommt durch das Fenster herein und tanzt durch das Schlafzimmer. Dann läßt er das Mädchen aufstehen, tanzt mit ihm und führt es wieder zu seinem Stuhl zurück. Er wiederholt seinen Tanz durch das Zimmer. Als der Walzer zu Ende ist, beugt er sich kurze Zeit über das Mädchen, küßt es sanft auf die Stirn und springt durch das weit geöffnete Fenster hinaus in den Garten.
3. Teil, Finale: Das Mädchen erwacht, hebt die Rose, die ihm aus der Hand gefallen war, vom Boden auf und drückt sie an sich.
**Kommentar:** Der große Erfolg, den dies Werk hatte, scheint Diaghilew und seine Mitarbeiter überrascht zu haben. Tatsächlich machte das Ballett auf alle, die es in der Originalbesetzung sahen, einen ungeheuren Eindruck. Ohne Zweifel vermittelten Nijinski und Karsawina ein unvergeßliches poetisches Erlebnis mit dieser kleinen Anekdote, die Fokin in ein eigenwilliges klassisches Vokabular kleidete. Das Überraschende und Überwältigende waren Nijinskis ätherische Virtuosität, seine Elevation, seine scheinbare Freiheit von irdischen Einschränkungen. Für die meisten Zuschauer war sein Sprung in den Garten der Höhepunkt des Balletts. Er rief wahre Stürme der Begeisterung hervor. Nijinski tanzte mit einer so erstaunlichen Leichtigkeit und Lebhaftigkeit, daß die Zuschauer überzeugt waren, ein nie vorher gesehenes technisches Wunder erlebt zu haben: Die wahre Natur des Ereignisses war die theatralische Illusion, die Nijinski gelungen war. In der Begeisterung über Nijinskis Sprung wurden das Erwachen des Mädchens, seine anfängliche Enttäuschung, daß niemand an seiner Seite ist, und das sich anschließende Verstehen und Annehmen des leidenschaftlichen Traums allgemein übersehen. Nach Arnold Haskell (s. Lit.) war aber gerade das Finale der Höhepunkt von *Le Spectre*

*Le Spectre de la rose*; Tamara Karsawina, Waslaw Nijinski; Uraufführung, Ballets Russes, Monte Carlo 1911. – Der Geist der Rose erscheint dem Mädchen im Traum.

*de la rose.* Möglicherweise ist die Verwandlung des Mädchens tatsächlich das eigentliche Thema des Balletts: Als sie anfängt zu träumen, ist sie ein Mädchen; wenn sie erwacht, hat sie den Übergang zur Frau erlebt. Daß dieser Aspekt des Balletts vom Publikum nicht erkannt wurde, hängt damit zusammen, daß Nijinski die Aufmerksamkeit im Theater durch die umgestaltende, magisch verwandelnde Natur seines Genies auf sich zwang. Alle, die ihn als Geist der Rose erlebt hatten, waren sich darin einig, daß das Ballett bei weitem nicht mehr den Eindruck hinterließ, nachdem Nijinski die Partie abgegeben hatte, auch wenn immer wieder gesagt wurde, daß das an den Tänzern lag, die ihm folgten, und nicht an Fokins choreographischer Konzeption. Heute kann man sagen, daß die Interpreten der Uraufführung, vor allem Nijinski, eine entscheidende Rolle im Erscheinungsbild der Ballette Fokins spielten. Bronislava Nijinska schreibt in *Memoirs* (s. Lit.), daß der Choreograph die männliche Partie aus konventionellen akademischen Schritten und Posen gestaltete und Nijinski selbst die plastische Darstellung erfand, besonders in den Bewegungen der Arme und Hände, die den Geist der Rose mehr als alles andere charakterisieren. Deshalb darf man Nijinskis kreativen Beitrag zu diesem Ballett nicht unterschätzen. Danach wird es auch verständlich, daß nach seinem Ausscheiden ein Teil der Wirkung auf das Publikum ausblieb. Nicht mehr vorstellbar ist außerdem die Wirkung des Bühnenbilds von Bakst: eine durchaus realistische, detaillierte Einrichtung, historisch genau und stilistisch überzeugend, wie sie ein junges Mädchen, im Stil der Zeit gekleidet, um 1830 in seinem Zimmer gehabt haben könnte. Die Bedeutung der Dekoration liegt darin, daß das Ballett, das als Nachahmung eines alltäglichen Ereignisses beginnt und endet (in diesen Teilen wird die Rolle des Mädchens durch mimische Mittel gestaltet), immer mehr von der Wirklichkeit abrückt und immer poetischer wird. *Le Spectre* ist ein visionärer Blick in eine alltägliche Existenz, eine Verwandlung der Banalitäten durch metaphysisches Bewußtsein. Das eindringliche Konzept dieses Balletts ist untrennbar mit der Realisation durch Nijinski verbunden. Zwei Elemente seiner Tanzkunst machten es bedeutend: Nijinskis Gabe, androgyne Züge darzustellen, Eigenschaften der menschlichen Psyche, die das Geschlecht überwinden und Mann und Frau gleichermaßen eigen sind, und Nijinskis Fähigkeit, einen metaphysischen Daseinszustand mit rein physischen Mitteln zu schaffen: Seine Elevation, wie die Maria Taglionis in Filippo Taglionis *La Sylphide* (1832), war die Bestätigung seiner tänzerischen Identität. Zu dem Triumph des Balletts trug in nicht geringem Maß auch das Kostüm bei, das Bakst für Nijinski entworfen hatte. Ein mit Blumenblättern bedecktes Trikot und eine ebensolche Kappe verwandelten den Menschen in ein Pflanzenwesen. Nijinski hat aber nicht so sehr eine Rose imitiert als vielmehr die Poesie der Natur. Nach Nijinskis Ausscheiden 1913 tanzte Fokin die Hauptrolle, um zu demonstrieren, daß der Erfolg seiner Werke nicht von der Originalbesetzung abhing. Aber er war kein ausreichender Ersatz für Nijinski. Das lag vielleicht daran, daß Fokin den Geist der Rose als konventionellen Liebhaber darstellte.

**Wirkung:** Nach Nijinskis Ausscheiden aus den Ballets Russes führte Diaghilew das Werk weiterhin auf, wenn auch selten. Unter den Interpreten waren Lydia Lopokova, Lydia Sokolova, Wera Nemtschinowa und Lubov Tchernicheva als junges Mädchen, Alexandr Gawrilow und Anton Dolin als Geist der Rose. Das Ballett wurde häufig von den Ballets-Russes-Nachfolgekompanien getanzt, die nach Diaghilews Tod entstanden. Karsawina tanzte es 1930 mit dem Ballet Rambert London, Dolin 1932 mit dem Vic-Wells Ballet London. 1944 studierte Karsawina Margot Fonteyn die Rolle ein. Die interessantesten Darsteller nach dem zweiten Weltkrieg waren Jean Babilée mit den Pariser Ballets des Champs-Elysées 1945 und Michail Baryschnikow, zunächst mit dem Ballett der Hamburgischen Staatsoper bei den Hamburger Ballett-Tagen 1975 und danach mit dem American Ballet Theatre, ebenfalls 1975. Beide verfügten über ausreichende technische Fähigkeiten und künstlerische Empfindung, um die Rolle mühelos und anrührend darzustellen, konnten aber doch nicht das zur Legende gewordene Niveau Nijinskis erreichen. Unter demselben Titel choreographierte Béjart einen Pas de deux (Brüssel 1978; mit Judith Jamison und Patrice Touron) als Parodie auf Fokins Ballett.

**Ausgaben:** Part: Brandus, Paris [1875], Nr. 12406; Kl.A: Paxton, London [1951], Nr. 15733; Labanotation mit Videotape v. R. Cook: DNB, NY 1975; Beneshnotation v. D. Frankel: DNB, NY/BIC, London 1980; Video, American Ballet Theatre at Wolf Trap (VA): WNET, NY 1976 (NYPL Dance Coll. MGZI 7-363); Video, Joffrey Ballet: WNET, NY 1981; Video, Metropolitan Opera NY: WNET, NY 1984 (NYPL Dance Coll. MGZIC 9-700). **Aufführungsmaterial:** Nachlaß Vitale Fokine
**Literatur:** L. SOKOLOVA, Dancing for Diaghilev, NY 1961; A. HASKELL, Balletomania: Then and Now, NY 1977; weitere Lit. s. S. 230

*Dale Harris*

## Pétrouchka
### Scènes burlesques en quatre tableaux

**Petruschka**
4 Bilder

**Musik:** Igor Strawinsky. **Libretto:** Igor Strawinsky und Alexandr Nikolajewitsch Benua (auch Alexandre Benois)
**Uraufführung:** 13. Juni 1911, Théâtre du Châtelet, Paris, Les Ballets Russes
**Darsteller:** Pétrouchka/Petruschka; die Ballerina; der Mohr; ein alter Schaubudenbesitzer mit einem Puppentheater; 9 Ammen; 5 Kutscher; 2 Pferdeknechte; der betrunkene Kaufmann; 2 Straßentänzerinnen; 2 Zigeunerinnen; 2 Drehorgelspieler; der »Vater« des Jahrmarkts; Karnevalsmasken (2 Tänzerinnen, 11 Tänzer); Corps de ballet, Statisterie: Kaufleute, fliegende Händler, Offiziere, Soldaten, Edelleute, Kinder, Bauern, Polizisten, Bärenführer

**Orchester:** 4 Fl (3. u. 4. auch Picc), 4 Ob (4. auch E.H), 4 Klar (4. auch B.Klar), 4 Fg (4. auch K.Fg), 4 Hr, 2 Trp, 2 Kornette, 3 Pos, Tb, Pkn, Schl (Xyl, Tamtam, Tamburin, gr.Tr, Röhrenglocken, Trg, Bck, kl.Tr), Cel, Kl, 2 Hrf, Streicher
**Aufführung:** Dauer ca. 45 Min. – Orchester der Fassung von 1947: 3 Fl (3. auch Picc), 2 Ob, E.H, 3 Klar (3. auch B.Klar), 2 Fg, K.Fg, 4 Hr, 3 Trp, 3 Pos, Tb, Pkn, Schl (Xyl, Bck, Tamtam, Trg, gr.Tr, kl.Tr, Tamburin), Cel, Kl, Hrf, Streicher.

**Entstehung:** Strawinsky schreibt in *Chroniques de ma vie*, daß er nach der Vollendung von *L'Oiseau de feu* (1910) und vor Beginn von *Le Sacre du printemps* (1913) das Bedürfnis hatte, eine Komposition für Orchester zu schreiben, »in der das Klavier die wichtigste Rolle spielen sollte« (in: *Autobiography*, S. 31, s. Lit.). Beim Komponieren habe er das Bild einer Puppe vor Augen gehabt, die lebendig werde und am Ende traurig und kläglich zusammenbreche. Der Komponist beschloß, das Werk *Pétrouchka* zu nennen, nach dem »unsterblichen und unglücklichen Helden jedes Jahrmarkts in jedem Land« (ebd., S. 32). Im Herbst 1910 machte ihm Sergei Diaghilew einen Besuch in Lausanne, um sich über die Arbeiten an *Le Sacre* zu informieren. Statt dessen spielte ihm Strawinsky zwei Sätze eines Konzertstücks vor, die er »Pétrouchkas Ruf« und »Russischer Tanz« nannte. Diaghilew erkannte ihre Eignung für das Theater und forderte Strawinsky auf, sie zu einem Ballett auszubauen, das sich mit der Puppe und ihren Leiden vor dem Hintergrund des traditionellen Butterwochen-Jahrmarkts (die Butterwoche war die Fastnachtswoche) in Petersburg befassen sollte. Diaghilew schlug Benua für Szenarium und Dekoration vor, da dieser von jeher ein Liebhaber des russischen Puppentheaters war. Fokin, der das Sujet und die Musik von *Pétrouchka* erst kennenlernte, als Strawinsky seine Komposition bereits vollendet hatte, begann mit der Choreographie im Teatro Costanzi Rom, wo Diaghilews Truppe gerade gastierte, und setzte sie in der Opéra fort, nachdem das Ensemble nach Paris übergesiedelt war. Inzwischen entwarf Benua das Bühnenbild für den Jahrmarkt mit seinen Ständen und Theaterbuden und der Kulisse der Stadt im Hintergrund (1. und 4. Bild) und für die Stuben Pétrouchkas und des Mohren (2. und 3. Bild), außerdem die realistischen Kostüme für die Jahrmarktbesucher und einen Vorhang, auf dem Dämonen durch den Nachthimmel fliegen.
**Inhalt:** In Petersburg, um 1830. 1. Bild, Jahrmarkt: Eine bunte Menge drängt sich auf dem frostigen Admiralsplatz. Straßentänzer und andere Künstler finden ihr Publikum, bedeutungsvolle Trommelwirbel künden den Direktor eines Puppentheaters an, dessen Flötenspiel seine magischen Kräfte anzeigt: Er stellt drei Puppen vor, Pétrouchka, eine Ballerina und einen Mohren, die lebendig werden, wenn er sie berührt, und sich ihrem Charakter entsprechend bewegen, zuerst im Innern der Theaterbude und dann davor. Dazu erklingt die Musik des »Russischen Tanzes«. 2. Bild, Pétrouchkas Zimmer, schwarze Wände, mit Sternen und Halbmonden bemalt; auf den Flügeltüren zum Zimmer der Ballerina Teufelsfiguren auf Goldgrund: Mit einem Tritt befördert der Schausteller Pétrouchka in sein Zimmer. Der verflucht sein Schicksal. Die Ballerina besucht ihn, doch sie versteht ihn nicht, sondern erschrickt, als er ihr mit linkischem Gebaren seine Zuneigung zeigt. In Verzweiflung und Zorn bleibt er einsam zurück. 3. Bild, Zimmer des Mohren, die Wände sind mit Palmen und exotischen Früchten bemalt: Faul und zufrieden spielt der Mohr mit einer Kokosnuß, verneigt sich vor ihr und drückt ihr seine Verehrung aus. Die Ballerina besucht auch ihn; sie tanzt vor ihm und will bewundert werden. Er läßt sich verführen und tanzt mit ihr. Aus der Ferne hört man den wütenden und eifersüchtigen Pétrouchka näherkommen. Der Mohr und Pétrouchka streiten miteinander, bis die Ballerina davonläuft und der Mohr Pétrouchka hinauswirft. 4. Bild, Jahrmarktstreiben am Abend: Ammen tanzen einen alten Tanz und flüchten ängstlich vor einem Tanzbären, der mit seinem Führer auftritt. Zigeuner tanzen mit einem betrunkenen Kaufmann, Kutscher und Stallburschen tanzen, die Mädchen gesellen sich zu ihnen. Maskierte, von einem Teufel angeführt, drängen sich dazwischen. Pétrouchkas Schreie, die aus dem geschlossenen Theater dringen, unterbrechen die immer stärker werdende Ausgelassenheit. Pétrouchka stürzt heraus, verfolgt vom Mohren, der ihn mit einem Säbel zu Boden streckt. Es beginnt zu schneien. Ein Polizist holt den Schausteller herbei, der die »Leiche« aufhebt und ausschüttelt, um den Leuten zu zeigen, daß es nur eine mit Sägespänen gefüllte Puppe war. Langsam zerstreut sich die Menge; der Theaterdirektor schleppt die Puppe weg. Da lenkt ein Trompetensignal seine Aufmerksamkeit auf das Dach seiner Bude, auf der Pétrouchka als Geist erscheint, wild gestikulierend und ihm und dem Publikum im Theater eine lange Nase machend.
**Kommentar:** Der nachromantischen Vorliebe für den musikalischen Impressionismus einerseits und für Richard Wagners überhöhte Chromatik andrerseits begegnete *Pétrouchka* 1911 mit scharfen, durchdringenden Klängen, neuartiger Harmonik und einer bis dahin unerreichten musikalischen Ausdruckskraft für den Tanz. Strawinsky erinnerte sich, daß es das Nebeneinander von zwei Akkorden auf C und Fis war (der eine ganz aus den weißen, der andere aus den schwarzen Tasten des Klaviers bestehend), das ihm voller Möglichkeiten erschien. Sie wurden zum Kernmotiv der Partitur für dies erste Ballett, das seinen Grundkonflikt, die Gespaltenheit, musikalisch aus der Bitonalität begründet. Daneben verwendet Strawinsky authentische Volksweisen, die im »Russischen Tanz«, im Tanz der Ammen, der Kutscher und in den beiden Drehorgelmelodien des 1. Bilds erkennbar sind. Anleihen bei Joseph Lanner sind die Walzer der Ballerina und des Mohren (3. Bild). Die Anleihen sind geschickt in die musikalische Faktur verwoben und tragen dazu bei, die Musik mit Zeit und Raum zu verbinden, wie sie auf der Bühne geschildert werden. Besonders zu Beginn des Balletts erfaßt Strawinskys

Musik das Geschehen auf dem Jahrmarkt gleichsam aus der Totalen, so daß gleichzeitig eine von Flöten und Klarinetten gespielte Drehorgelimitation und eine Spieldosenmelodie erklingen; in diese Simultanklänge mischen sich nach und nach die Volkstänze und andern volkstümlichen Melodien des Jahrmarkts, die Musik für die Puppen, ein Mosaik aus nebeneinandergestellten Motiven, die nicht nur die äußeren Charakteristika, sondern auch die inneren Regungen, deren die Puppen fähig sind, illustrieren. Kontinuierlich erzählend steuert die Musik Ereignis, Charakter, psychologische Interpretation und Hintergrundatmosphäre bei. Sie wird durch Rhythmen in verschiedenen Metren und unregelmäßigen Zeiteinheiten vorangetrieben, die Fokin, wie er einräumt, und auch den Tänzern zunächst Schwierigkeiten bereiteten. Über den Schluß des Balletts schrieb Strawinsky: »Das Erscheinen von Pétrouchkas Geist war meine Idee, nicht die Benuas. Ich hatte die Musik im 2. Bild in zwei Tonarten entworfen, als Pétrouchkas Beleidigung des Publikums, und ich wollte den Dialog der Trompeten in zwei Tonarten, um am Ende zu zeigen, daß sein Geist immer noch das Publikum verhöhnt« (*Expositions and Developments,* S. 136, s. Lit.). Der Reichtum an instrumentalen Farben ist ein Teil der theatralischen Funktion der Musik, wobei merkwürdigerweise das Klavier, das zunächst als Soloinstrument geplant war und besonders im »Russischen Tanz« und im 2. Bild dazu dient, Pétrouchkas Züge entstehen zu lassen, im Lauf des Stücks immer mehr aus der Faktur verschwindet. Strawinsky änderte dies in seiner Bearbeitung von 1947, die er vornahm, um die Musik angesichts der veränderten Verhältnisse 35 Jahre nach der Uraufführung zu vereinfachen und leichter aufführbar zu machen. Diese Fassung bemüht sich mehr um die Details der Instrumentation, um Ausgewogenheit als um bildhafte Eindrücke; er erreichte dies durch neue Tempoangaben, Taktstriche, Angaben zur Aufführung und Metronomzahlen. »Ohne Zweifel ging Strawinsky 1946, so perfekt seine Orchestrierung auch sein mochte, nicht im gleichen Geist an die Musik heran wie 1910« (Eric Walter White, S. 202, s. Lit.; mit einem Vergleich der Metronomangaben beider Fassungen). Der späteren Fassung, die aus dem veränderten Blickwinkel des älteren, erfahrenen Manns entstanden war, zogen nicht wenige das Original vor, etwa Pierre Monteux, der die Uraufführung dirigiert hatte, und Ernest Ansermet, der sich beharrlich weigerte, Strawinskys revidierte Fassung zu dirigieren. – Fokins Revolution der Tanzkonzeption, durch die er aus einer schauspielartigen Unterhaltung eine umfassende theatralische Kunstform machen wollte, erreichte vielleicht in *Pétrouchka* ihren Höhepunkt. Anders als etwa Petipa in seiner Zusammenarbeit mit Alexandr Glasunow (*Raimonda,* 1898) vertrat Fokin die Ansicht, daß der Komponist volle Freiheit haben solle, seine Idee des geplanten Balletts musikalisch zu realisieren. Durch solche Ideen einer »Emanzipation des Komponisten« entstanden das neue Ballett und die neue Ballettmusik. Die Musik wurde frei und reicher und damit auch der Tanz. Die unerwartete und oftmalige Unterbrechung des Rhythmus in der Partie Pétrouchkas hielt Fokin für psychologisch begründet. Solche Musik resultiere aus der Qual, die durch das Überwechseln des einen Gefühls in ein anderes, des einen Gedankens in einen andern entsteht. Fokin entwarf puppenartige, unnatürliche Bewegungen, die gleichzeitig drei ganz unterschiedliche Charaktere beschreiben sollten. Der traurige, introvertierte Pétrouchka bewegt sich en dedans, der freche, extravertierte Mohr genau gegensätzlich, also en dehors, die Ballerina ist ohne jede Persönlichkeit, steif und ausdruckslos. Diese höchst artifizielle Präsentation unterstreicht die Ambivalenz von Marionette und Mensch, von mechanischen und beseelten Verhaltensweisen. Den Hauptfiguren stehen die naturalistisch gesehenen Personen der Volksmenge gegenüber, mit deren Tänzen Fokin den Anschein einer natürlichen, nicht künstlich gestellten Bewegung des Jahrmarktstrubels erwecken wollte. Gerade jene Szenen, in denen durch die Kombination vieler nebeneinander spielender Einzelbilder filmähnliche Abläufe erzielt werden, zählen zu den gelungensten Passagen. Denn dadurch wird choreographisch analog zur Bitonalität und den Simultanschichtungen der Musik der Aspekt der Gleichzeitigkeit und der fehlenden Eindeutigkeit des Handelns dargestellt. Fokin verlangte aber auch, daß alle tänzerischen Vorgänge ohne die geringste

*Pétrouchka*; Waslaw Nijinski in der Titelrolle. – Die Maske verdeutlicht die Rollenauffassung des Tänzers: Nicht der Mensch agiert als Puppe, sondern er selbst wird zur Puppe, die vorgibt, Mensch zu sein.

Abweichung von seiner Choreographie abliefen. Léonide Massine, ein späterer Interpret des Pétrouchka bei den Ballets Russes und andern Truppen, bemerkt dazu, daß bei nur zwei Orchesterproben Fokin keine Zeit blieb, für jede einzelne Person auf dem Jahrmarkt gesondert zu choreographieren. Massine baute bei seinen Wiederaufnahmen des Balletts den Jahrmarkt »architekturartig« auf, nach einem Grundriß, auf dem mit Ziffern die Plazierung jedes Tänzers zu verschiedenen Zeiten angegeben war. »Jeder Tänzer kannte nun seine ›Aktion‹, bezogen auf die Bühne, und die Zeit, die ihm für ihre Ausführung zur Verfügung stand« (Olga Maynard, s. Lit.). Fokin legte das Ballett in Bögen an; alle Gedanken und Ereignisse sollten Stück für Stück, wie ein Mosaik, Gestalt annehmen und zum Leben erweckt werden. In *Pétrouchka* steht nie der virtuose Tanz als solcher im Vordergrund, er ist immer Teil des Konzepts. Um mehr als 100 Personen auf der Bühne mit der Musik in Einklang zu bringen, entschied Fokin, daß die Darstellungen der Volksmenge im 1. und 4. Bild möglichst realistisch sein sollten, damit die Geschichte der lebendig gewordenen Puppe um so phantastischer wirkte. Auch wenn man *Pétrouchka* nicht ausdrücklich als Teamarbeit bezeichnen kann (mit Ausnahme der Zusammenarbeit von Strawinsky und Benua beim Entwurf des Librettos), entstand das Ballett doch aus dem Zusammenwirken verschiedener Talente zum Besten eines organischen Ganzen, wie es Diaghilew immer anstrebte. Deshalb kann es auch weiterhin als Zusammenfassung all dessen gelten, was die Ballets Russes anstrebten, als Prototyp des Charakterballetts.

**Wirkung:** Bei der Uraufführung tanzten Waslaw Nijinski (Pétrouchka), Tamara Karsawina (Ballerina), Alexandr Orlow (Mohr) und Enrico Cecchetti (Schaubudenbesitzer). Für mehrere Tänzergenerationen blieb die Titelrolle eine Herausforderung. Auf Nijinski folgten Adolph Bolm, Massine und andere bis hin zu Rudolf Nurejew, der sie zum erstenmal 1963 verkörperte. Das Ballett blieb im Repertoire der Ballets Russes, die es auch in London (1913) und New York (1916) herausbrachten. Fokin studierte es für das Königliche Dänische Ballett (Kopenhagen 1925), das Original Ballet Russe (New York 1940) und das Ballet Theatre (New York 1942) ein. Bronislava Nijinska brachte Fokins Choreographie 1932 in Buenos Aires und für das Ballet du Marquis de Cuevas 1953 in Paris zur Aufführung; Nicolas Zvereff und Serge Lifar studierten sie für das Ballett der Opéra Paris 1948, Nicholas Beriozoff 1950 für das London Festival

*Pétrouchka*, 4. Bild; Alexandr Orlow als Mohr, Waslaw Nijinski als Pétrouchka, Tamara Karsawina als Ballerina; Bühnenbild: Alexandr Benua; Uraufführung, Ballets Russes, Paris 1911. – Unter den Augen der gaffenden Menge wird Pétrouchka vom Mohren erschlagen.

Ballet ein. Eine weitere Einstudierung war die von Diaghilews ehemaligem Regisseur Serge Grigoriev mit seiner Frau Lubov Tchernicheva und dem Royal Ballet London (Covent Garden 1957). Massine, der die Titelrolle als erster in den Vereinigten Staaten tanzte, studierte das Ballett 1958 für Wien und 1970 für das City Center Joffrey Ballet New York ein. Auch in Deutschland wurde *Pétrouchka* immer wieder neu herausgebracht, durch Yvonne Georgi in Hannover 1927, Kurt Jooss in Essen 1930 und Tatjana Gsovsky in Berlin 1947. Aurel von Milloss brachte es 1942 in Rom, Erika Hanka 1947 in Wien zur Aufführung. – Während die meisten Einstudierungen deutlich die Handschrift Fokins verraten, gab es auch Choreographen, die sich von ihm absetzten. Erich Walter beispielsweise machte 1966 und 1983 an der Deutschen Oper am Rhein (Düsseldorf und Duisburg) aus dem Hanswurst eine geschundene Kreatur, die sich am Ende am Zauberer rächt. Maurice Béjart rückte 1977 in Brüssel und 1982 in Stuttgart wieder die Gegenwart in den Mittelpunkt tänzerischen Tuns und zeigte einen jungen Mann, der auf der Suche nach seiner verlorenen Identität zum willfährigen Opfer eines Magiers wird. Konfrontiert mit seinem Unterbewußten, wie es sich in den Masken Petruschkas, des Mohren und der Ballerina darstellt, verliert er sich zum Schluß im Spiegelkabinett seiner eigenen Phantasie. Für die Nijinski-Gala VIII der Hamburger Ballett-Tage 1982 erarbeitete John Neumeier schließlich eine *Pétrouchka*-Choreographie, die die ursprüngliche Handlung lediglich in Konturen noch erahnen ließ und die Charaktere auf ihren archetypischen Kern reduzierte.

**Autograph:** Vlg.-Arch. Boosey & Hawkes NY. **Ausgaben:** Part, Fassung 1911: Ed. Russe de Musique, Bln. 1922, Nr. 348; Bo&Ha; Norton, NY 1967; Part, Fassung 1947: Ed. Russe de Musique, London; TaschenPart: Bo&Ha, Nr. 639; Beneshnotation: BIC, London; L: London, Beaumont 1919; Film, nach Fokin, v. S. Grigoriev, L. Tchernicheva, s/w, 16 mm: BBC, London 1962; Film, Joffrey Ballet mit R. Nureev: PBS-TV, NY 1982. **Aufführungsmaterial:** M: Bo&Ha; Ch: Phyllis Fokine, Jackson Heights, NY
**Literatur:** E. EVANS, Stravinsky. ›The Firebird‹ and ›Petrushka‹, London 1933; I. STRAVINSKY, Chroniques de ma vie, Paris 1935/36; DERS., An Autobiography, NY, London 1936, Nachdr. 1962; F. W. STERNFELD, Some Russian Folksongs in Stravinsky's ›Petrushka‹, in: Notes 1945, März; M. LEDERMAN, Stravinsky in the Theatre, NY 1945; I. STRAVINSKY, R. CRAFT, Memories and Commentaries, NY, London 1960; E. ANSERMET, Fondements de la Musique dans la Conscience Humaine, Neuchâtel 1961, dt. München 1965; Stravinsky and the Dance: A Survey of Ballet Productions 1910–1962, hrsg. Dance Collection d. NYPL, NY 1962; I. STRAVINSKY, R. CRAFT, Expositions and Developments, NY, London 1962; E. W. WHITE, Stravinsky, Los Angeles, London 1966, 2., erw. Aufl. 1979, S. 193–203; Petrushka: An Authoritative Score of the Original Version, in: Views and Comments, hrsg. C. Hamm, NY 1967; O. MAYNARD, Petrushka Portofolio, in: DM 1970, Febr., S. 47–62; H. KIRCHMEYER, Strawinskys russische Ballette, Stuttgart 1974, S. 73–102; I. STRAVINSKY, R. CRAFT, Stravinsky in Pictures and Documents, NY 1978; A. BLAND, The Royal Ballet: The First 50 Years, London 1981; weitere Lit. s. S. 230

*Noël Goodwin*

## Le Dieu bleu
Légende hindoue en un acte

**Der blaue Gott**
1 Akt

**Musik:** Reynaldo Hahn. **Libretto:** Clément Eugène Jean Maurice Cocteau und Federico Carlos de Madrazo y Hahn
**Uraufführung:** 13. Mai 1912, Théâtre du Châtelet, Paris, Les Ballets Russes
**Darsteller:** die Göttin; das junge Mädchen; die Bajadere; der blaue Gott; der junge Mann; der Hohepriester; Corps de ballet: Priester, Gefolge, Hindus, Mädchen, Fakire, Volksmenge, Ungeheuer, Dämonen
**Orchester:** nicht zu ermitteln
**Aufführung:** Dauer ca. 35 Min.

**Entstehung:** Bereits Ende 1910 besprach Cocteau, der von Fokins früheren orientalischen Balletten beeindruckt war, mit Sergei Diaghilew und Hahn das Szenarium zu *Le Dieu bleu*. Die Musik und die Kostümwürfe von Léon Bakst waren 1911 fertig. Fokin begann jedoch erst Anfang 1912 mit der Choreographie des Werks, das in der Pariser Saison 1912 zusammen mit *L'Oiseau de feu* (1909), *Le Spectre de la rose* (1911) und den *Danses du Prince Igor* (1909) auf dem Programm stand.
**Handlung:** In Indien, in mythischer Zeit; zwischen zwei hohen Klippen der Schrein des blauen Gottes, davor der heilige Lotosteich, dahinter ein orangefarbener Felsen mit steinernen Gigantenköpfen und Pfosten, von denen Riesenschlangen herabhängen: Eine Prozession von Priestern und Tempeldienern nähert sich dem Heiligtum; Früchte und Blumen werden gebracht, einige Mädchen führen eine Ziege herbei, die geopfert werden soll; das Opferfeuer wird entzündet. Davor stehen der Hohepriester und die Novize, der in den Tempeldienst treten soll. Junge Frauen, auf deren Schultern Pfauen mit bis auf den Boden hängenden Federn sitzen, vollführen rituelle Gebärden, Fakire tanzen in religiöser Ekstase. Der soeben geweihte Priester wird der wartenden Menge vorgestellt. Er blickt gleichgültig in die Gesichter, bis ihn der Blick eines jungen Mädchens trifft, der ihm bewußt macht, daß er von nun an auf die Liebe verzichten muß. Als er ein weiteres Mal an den Reihen der Zuschauer vorübergeführt wird, wirft sich das Mädchen leidenschaftlich zu seinen Füßen nieder. Während die Tempeldiener sie zu fassen versuchen, streift der anfänglich noch zögernde junge Priester seine weißen Gewänder von den Schultern und zieht das Mädchen in seine Arme. Er wird gefangen hinausgeführt, die Menge zieht sich zurück, und das Mädchen wird in Ketten gefesselt allein zurückgelassen. Es ist mittlerweile Nacht geworden. Als sie sich befreien will, stößt sie eine Tür auf, aus der Drachen und Ungeheuer auf sie eindringen. In ihrer Angst wirft sie sich vor den Schrein der Götter und fleht um Hilfe. Da leuchtet in der Mitte des heiligen Lotosteichs ein bläulich phosphoreszierendes Licht auf, und aus der sich öffnenden

Lotosblüte steigen die Göttin und der blaue Gott herauf; sie ist ganz in Weiß, er in eine goldene Tunika gekleidet. Die Göttin tröstet das Mädchen, der Gott nähert sich und bannt mit magischen Gebärden die Ungeheuer. Da treten die Priester und Tempeldiener herein, erblicken die Götter und werfen sich zu Boden. Die Göttin segnet das Mädchen, ihr Geliebter wird zu ihr geführt. Während die Göttin wieder im Lotos entschwindet, steigt der blaue Gott, auf seiner Rohrflöte blasend, auf einer goldenen Treppe, die in dem sich spaltenden orangefarbenen Felsen erscheint, in den Himmel.

**Kommentar:** Mit *Le Dieu bleu* wurde die erfolgreiche Reihe der orientalischen Ballette, die Fokin für die Ballets Russes schuf, fortgesetzt. Fokins Choreographie war inspiriert durch Basreliefs von Brahmatempeln, hinduistische Götterplastiken und indische Tänze, die er durch eine in Petersburg gastierende Gruppe siamesischer Tänzer kennengelernt hatte. Daraus entlehnte er die gewinkelten Posen der Arme, die geneigte Kopfhaltung, die nach oben gewendeten Handflächen und das rituelle Spiel der Fingerbewegungen. Insbesondere der Tanz des blauen Gottes, der Höhepunkt des Balletts, integrierte diese indischen Elemente. Das Gleiten in diese Positionen, das Verharren in Posen und deren Auflösung in Gesten, die zugleich sanft und fanatisch wirkten, erschien in Waslaw Nijinskis Darstellung als magisches Ritual, das alles in seinen Bann schlug. Bakst hatte für den blauen Gott (dessen Name sich nicht auf die Kleidung, sondern auf den blauschimmernd geschminkten Körper bezog) eins seiner prunkvollsten Kostüme entworfen. Weitere choreographisch interessante Partien waren der in manchem an die *Danses du Prince Igor* gemahnende wilde Tanz der Fakire und der jugendstilartige Tanz der Frauen mit den Pfauen. Daß trotzdem das Ballett als Ganzes nicht vollkommen überzeugend wirkte, lag nicht zuletzt an der Musik Hahns, der dem exotischen Thema eher mit dem Charme seiner Salonkompositionen als mit der erforderlichen musikalischen Opulenz und Bizarrerie gerecht zu werden suchte.

**Wirkung:** Obwohl der Aufwand der prachtvollen Ausstattung von Bakst die exotischen Vorgänger wie *Cléopâtre* (1908), *Shéhérazade* (1910) und *Les Orientales* (Paris 1910) noch übertraf, zeigte sich an *Le Dieu bleu,* daß das Genre der orientalischen Handlungs- und Ausstattungsballette keine Innovationen mehr zu bieten hatte. Der mäßige Erfolg des Balletts bestätigt diesen Eindruck, das trotz der hochkarätigen Besetzung (Göttin: Lidija Nelidowa, Mädchen: Tamara Karsawina, Bajadere: Bronislava Nijinska, Gott: Nijinski, junger Mann: Max Froman, Hoherpriester: Michail Fjodorow) nach wenigen Wiederholungen (1913 in Paris und London) abgesetzt wurde.

**Ausgaben:** Kl.A: Heugel 1911, Nr. 25224. **Aufführungsmaterial:** Nachlaß Vitale Fokine
**Literatur:** L. SCHNEIDER, La Grande saison de Paris au Théâtre du Châtelet, in: Le Théâtre, Nr. 322, Mai 1912, S. 4–10; weitere Lit. s. S. 230

*Gabriele Brandstetter*

## Daphnis et Chloé
### Ballet dramatique en un acte et trois tableaux

**Daphnis und Chloe**
1 Akt (3 Bilder)

**Musik:** Maurice Ravel, *Daphnis et Chloé. Symphonie chorégraphique.* **Libretto:** Michail Michailowitsch Fokin, nach dem Schäferroman *Poimenika kata Daphnin kai Chloen* von Longos
**Uraufführung:** 8. Juni 1912, Théâtre du Châtelet, Paris, Les Ballets Russes
**Darsteller:** Daphnis; Chloé/Chloe; Dorcon/Dorkon; Lycéion/Lykanion; Bryaxis, Anführer der Piraten; Lammon, ein alter Hirt; 3 Nymphen; Corps de ballet: Schäferinnen, Schäfer, Nymphen des Gottes Pan, Piraten, Satyrn, Bacchantinnen
**Orchester:** Picc (auch Fl), 2 Fl (2. auch Picc), A.Fl in G, 2 Ob, E.H, Klar in Es, 2 Klar, B.Klar in B, 3 Fg, K.Fg, 4 Hr, 4 Trp, 3 Pos, Tb, Pkn, Schl (Tamtam, Crotales, Kastagnetten, Trg, gr.Tr, Bck, kl.Tr, Tr, baskische Tr), Windmaschine, Cel, Glsp, Xyl, 2 Hrf, Streicher; BühnenM auf d. Szene: Picc, Klar; hinter d. Szene: Hr, Trp, Chor
**Aufführung:** Dauer ca. 1 Std. – Der Chor kann durch Orgel ersetzt werden.

**Entstehung:** Ermutigt durch den Erfolg der ersten »Russischen Saison« in Paris, gab Sergei Diaghilew 1909 zwei Ballette in Auftrag: Von Claude Debussy sollte *Masques et Bergamasques* (1910) aufgeführt werden, von Ravel *Daphnis et Chloé.* Diaghilew beauftragte Léon Bakst mit der Ausstattung zum *Daphnis*-Ballett, Fokin, der schon 1904 ein Ballett nach Longos' Roman geplant hatte, war für die Choreographie vorgesehen. Als der Komponist endlich die Partitur fertiggestellt hatte, hatte sich die Situation an der Spitze der Kompanie wesentlich verändert. Fokin war nicht mehr beherrschender Choreograph der Truppe, ihm war Waslaw Nijinski, der eben an seiner ersten Choreographie, *L'Après-midi d'un faune* (29. Mai 1912), arbeitete, als ernstzunehmender Konkurrent erwachsen, der von Diaghilew besonders gefördert wurde. So entstand die Choreographie zu *Daphnis et Chloé* unter ungünstigen Umständen. Ravels Musik war als Suite bereits am 2. April 1911 uraufgeführt worden. Hinzu kam, daß das neue Ballett nicht am Beginn der Saison 1912 angesetzt wurde und daher auch nicht die Publizität erhielt, die es verdient hätte. Darüber hinaus wurde es bei der Uraufführung dramaturgisch schlecht plaziert. Nach der Premiere verließ Fokin die Ballets Russes.

**Inhalt:** Im antiken Griechenland. 1. Bild, dem Gott Pan geweihter heiliger Hain mit Felsen, Zypressen und Statuen von drei Nymphen: Eine Schar junger Männer und Mädchen zieht mit Opfergaben für die Nymphen herein. Sie knien nieder und tanzen einen feierlichen rituellen Tanz. Daphnis kommt, gefolgt von Chloé. Auch sie werfen sich vor den Nymphen nieder. Nun wird Daphnis von den Mädchen in ihren Kreis gelockt, Chloé in den der jungen Männer. Der

Kuhhirt Dorcon versucht sie zu küssen, doch Daphnis stößt ihn fort. Die Dorfbewohner schlagen einen Wettstreit zwischen Daphnis und Dorcon vor. Der Preis soll ein Kuß von Chloé sein. Daphnis wird Sieger und umarmt seine Chloé; Darcon geht fort, Chloé wird in den Hain geführt, und Daphnis bleibt allein zurück. Jetzt erscheint die Verführerin Lycéion. Sie versucht Daphnis zu umgarnen; er widersteht ihr jedoch, sie verschwindet und läßt einige ihrer Schleier zurück, die Daphnis aufhebt. Eine Horde Piraten bricht ein und verfolgt die Mädchen. Chloé wirft sich vor den Nymphen nieder, doch die Piraten ergreifen sie und schleppen sie mit sich fort. Daphnis findet die Sandale seiner Geliebten, verflucht die Nymphen und sinkt in Ohnmacht. Es wird Nacht. Die Statuen erwachen zum Leben und tanzen. Dann helfen sie Daphnis auf und führen ihn zum Felsen. Pan erscheint; Daphnis kniet vor ihm nieder. 2. Bild, Lager der Piraten, im Hintergrund das Meer, am Ufer liegt das Piratenschiff vor Anker: In einem wilden Tanz feiern die Piraten ihren Sieg. Chloé wird in Fesseln herbeigeschleppt. Bryaxis befiehlt ihr zu tanzen. Sie gehorcht, macht aber immer wieder Fluchtversuche, die von den Piraten vereitelt werden. Schließlich ergreift Bryaxis sie roh und wirft sie sich über die Schulter. Plötzlich wird es dunkel; phantastische Satyrn erscheinen. Die Erde öffnet sich, der Schatten Pans fällt auf die Szene. Die Piraten flüchten; Chloé bleibt allein zurück. 3. Bild, im heiligen Hain: Daphnis liegt einsam auf dem Boden. Der Morgen kommt. Die Hirten finden Daphnis; Schäferinnen führen ihm Chloé zu. Sie trägt eine Krone als Zeichen ihrer Rettung durch Pan. Der alte Hirt erklärt, daß Pan sie gerettet habe im Gedenken an seine eigene Liebe zu Syrinx. Daphnis und Chloé spielen das Werben Pans um Syrinx nach. Bacchantinnen eilen herbei; vor Pans Altar wird die Verlobung des Paars vollzogen und in einem Freudenfest gefeiert.

**Kommentar:** Im Szenarium eines Daphnis-und-Chloe-Balletts, das Fokin bereits 1904 ausgearbeitet hatte, entwarf er nicht nur eine Handlungsskizze, sondern im Vorwort auch ein ästhetisches Programm. Er reflektierte über Grundfragen des Balletts als Kunstform, über Tradition und Zukunft, über Technik, Stil, Handlung und Ballettkomposition, all jene Vorstellungen also, die er in seinen Choreographien für Diaghilew schließlich realisierte. Für *Daphnis et Chloé* gilt, was Fokin im allgemeinen als seine Reform des Balletts betrachtete: die Einheitlichkeit der Handlung, die durchweg tänzerisch verwirklicht ist (nicht in Pantomime und Divertissements geteilt), der Verzicht auf einzelne Tanznummern, auf dramatisch nicht begründete Sologlanznummern, das Zusammenwirken von Choreographie, Musik und Bühnengestaltung. Darüber hinaus lassen sich Einzelheiten der *Daphnis-et-Chloé*-Choreographie nur schlecht rekonstruieren, da wegen des Streits zwischen Fokin und Diaghilew und der Rivalität zwischen Fokin und Nijinski (der allerdings trotzdem die Rolle des Daphnis tanzte) nur wenige und oft unzuverlässige Dokumente überliefert sind. Fokin nahm nicht, wie es die Griechenverehrung des 18. und 19. Jahrhunderts vermuten ließe, die antike Plastik zum Modell seines Balletts, sondern Vasenbilder und Tempelfriese. Einerseits wirkte die Choreographie, als ob einzelne Elemente aus solchen Bildern herausgenommen und lebendig gemacht seien, etwa das Solo von Daphnis im 1. Bild, das Nijinski tanzte, indem er (einer Skizze von Valentine Gross zufolge) die Arme um einen auf seinen Schultern ruhenden Hirtenstab legte. Andrerseits schienen manche Sequenzen, als ob sie in die Zweidimensionalität gehoben seien, etwa eine Reihe von Tänzerinnen im 3. Bild, die sich mit verschlungenen Armen im Profil über die Bühne bewegte. Da die klassischen Pas nicht dem Sujet entsprachen, verwandelte und erweiterte Fokin das Schrittvokabular. Das führte beispielsweise dazu, daß er für Tamara Karsawina als Chloé Posen entwarf, die an Isadora Duncans griechische Tänze erinnerten, obwohl sie deren Reformstil ablehnte. Adolph Bolm als Dorcon tanzte die Danse grotesque im 1. Bild in derben, eckigen Bewegungsabläufen. Und im 2. Bild, wenn die Piraten vor der Erscheinung Pans in Schrecken auseinanderlaufen, gab Fokin bewußt das klassische »en dehors« zugunsten der Parallelposition der Beine auf. – Die Musik zu *Daphnis et Chloé* gehört zu Ravels schönsten Kompositionen (zur Partitur vgl. *Pipers Enzyklopädie des Musiktheaters*, Bd. 1, S. 78). Ravel, der großes Interesse am Ballett hatte, sagte über seine Musik: »Meine Absicht war es, ein weit ausgedehntes musikalisches Fresko zu komponieren, wobei es mir weniger um das archaische als um das Griechenland meiner Träume ging, das sich verhältnismäßig leicht mit dem Griechenland verbinden ließ, das die französischen Künstler vom Ende des 18. Jahrhunderts sich vorstellten und darstellten. Das Werk ist symphonisch aufgebaut auf der Grundlage eines straffen tonalen Plans und mit Hilfe einer kleinen Zahl von Motiven, deren Durchführung die Einheitlichkeit des Werks sicherstellt« (in: *Esquisse autobiographique*, s. Lit.). Zu Beginn erklingt das erste dieser Motive, eine archaisierende, auf einer Folge leerer Quinten basierende Phrase, die in die Danse religieuse mündet, eine wiegende Passage von Zweier- und Dreierrhythmen, die die religiöse Bedeutung des ersten Auftritts der

*Daphnis et Chloé*, 1. Bild; Bühnenbildentwurf: Léon Bakst; Uraufführung, Ballets Russes, Paris 1912. – Das Griechenlandbild von Bakst wird zur sinnlich-üppigen Landschaftsphantasie.

Schäfer und Schäferinnen und die Verehrung der Nymphen und ihres Gottes Pan verdeutlicht. Eingefügt in das Ritual ist das Liebesthema von Daphnis und Chloé. Die frei verwendeten Leitthemen, die ungewöhnlich farbige, von Nikolai Rimski-Korsakow beeinflußte Orchestrierung, die vieldeutige Sinnlichkeit der Klangfarben und Rhythmen sind das Ergebnis von Ravels langwieriger, ganz auf den Tanz bezogener Ausarbeitung der Partitur. Dennoch hat die Musik zu *Daphnis et Chloé* ihren Siegeszug im Konzertsaal (meist in Form einer der zwei Suiten gespielt) und nicht auf der Ballettbühne angetreten. Die Gründe für den geringen Erfolg von Fokins Choreographie liegen in den bereits genannten Zwistigkeiten, aber auch darin, daß der Gräzismus als exotisch-klassischer Reiz auf der Ballettbühne durch Fokins eigenes Ballett *Narcisse* (Monte Carlo 1911) und durch den Erfolg von Nijinskis *L'Après-midi d'un faune* nicht mehr so neuartig wirkte.

**Wirkung:** *Daphnis et Chloé* verschwand zunächst vom Spielplan der Ballets Russes. Als es 1924 wiederaufgenommen wurde, choreographierte Bronislava Nijinska einige Passagen hinzu. Fokin selbst studierte das Ballett 1921 für die Pariser Opéra ein, er und Wera Fokina tanzten die Hauptrollen. Diese Fassung wurde 1934 wieder aufgefrischt. Eine Einstudierung des Balletts nach Fokin besorgten 1962 Serge Lifar und Nicolas Zvereff für die Mailänder Scala. – Von den zahllosen Choreographien, die zu Ravels Musik entstanden sind, seien erwähnt: Lifar 1958 mit Bühnenbildern von Marc Chagall für die Pariser Opéra und Frederick Ashton 1951 für das Sadler's Wells Ballet London (die einzige Choreographie, die sich über Jahrzehnte im Spielplan hielt). In Deutschland beschäftigte sich 1947 Tatjana Gsovsky für die Deutsche Staatsoper Berlin mit *Daphnis et Chloé,* nachdem sie schon 1942 in Leipzig zu Musik von Leo Spies ein *Daphnis-und-Chloe*-Ballett erarbeitet hatte. John Cranko setzte sich zweimal mit dem Werk Ravels auseinander: 1962 in Stuttgart und 1969 an der Staatsoper München. John Neumeier siedelte (1972 in Frankfurt a. M., 1973 in Hamburg und 1983 in Wien) den hellenistischen Roman in der musikalischen Entstehungszeit an und erklärte die Geschichte, die Longos in seinem Roman erzählt, als einen Traum, in dem sich die Konturen der historischen Wirklichkeit und der literarischen Fiktion überschneiden. Glen Tetley schließlich entkleidete 1975 in Stuttgart die Vorlage vollends aller Zeitbezogenheit und akzeptierte in den beiden Kontrastpaaren Daphnis/Chloe und Dorkon/Lykanion einzig die Widersprüchlichkeit der menschlichen Natur: eine Abstraktion des Romans, die auch Hans van Manen 1972 in seiner Interpretation zur *Suite Nr. 2* für das Niederländische Nationalballett bereits erfolgreich durchgesetzt hatte. Seine Choreographie kam 1977 an der Deutschen Oper Berlin heraus. 1960 kam das Sujet in der Sowjetunion zum erstenmal auf die Ballettbühne: Gulbat Dawitaschwili choreographierte *Dafnis i Chloja* für das Ballett des Maly-Theaters Leningrad; 1966 choreographierte Mai-Ester Murdmaa das Ballett für das Estland-Theater Reval. Ihre Choreographie kam 1974 beim Kirow-Ballett Leningrad heraus.

**Ausgaben:** Part: Durand 1911–13, Nr. 7937 (2 Bde.); Taschen-Part: Durand 1913, Nr. 9127; Kl.A: Durand 1910, Nr. 7748; L: Durand 1912. **Aufführungsmaterial:** M: Durand; Ch: Phyllis Fokine, Jackson Heights, NY
**Literatur:** T. KARSAVINA, Theatre Street, London 1930, NY 1961; Une esquisse autobiographique de Maurice Ravel, hrsg. Roland-Manuel, in: RM 1938, Nr. 187, S. 17 f.; S. GODDARD, Ravel's ›Daphnis and Chloe‹, in: BA 6:1952, S. 84–88; V. JANKÉLÉVITCH, Ravel, NY, London 1959; H. SEARLE, Ballet Music, London 1972; A. ORENSTEIN, Ravel. Man and Musician, NY 1975, dt. Stuttgart 1978, S. 192–195, 236–238; weitere Lit. s. S. 230

*Ingrid Brainard*

## La Légende de Joseph
**Ballet**

### Josephs-Legende

**Musik:** Richard Strauss, *Josephs-Legende. Handlung in einem Aufzug.* **Libretto:** Harry Klemens Ulrich Graf von Keßler und Hugo Laurenz August Hofmann Edler von Hofmannsthal
**Uraufführung:** 14. Mai 1914, Opéra, Salle Garnier, Paris, Les Ballets Russes de Serge Diaghilev
**Darsteller:** Potiphar; Potiphars Weib; ihre Lieblingssklavin; Potiphars Gäste; Potiphars Hausmeister; Potiphars Diener, Leibwachen und Sklavinnen; ein Scheik; seine 8 Begleiter; sein junger Diener; 3 Verschleierte; 3 Unverschleierte; Dienerinnen der Verschleierten; 2 Aufseher; Sulamith, Tänzerin; 6 Boxer; ihre Begleiter; Joseph, ein 15jähriger Hirtenknabe; 6 Knaben, seine Spielkameraden; Henkersknechte Potiphars; ein in Gold gewappneter Erzengel
**Orchester:** Picc, 4 Fl (1 auch Picc), 3 Ob (3. auch E.H), Heckelphon, Klar in D, 2 Klar, B.Klar in A, Kb.Klar oder K.Fg, 3 Fg, K.Fg (auch 4. Fg), 6 Hr, 4 Trp, 4 Pos, T.Tb in B, B.Tb, 6 Pkn (2 Spieler), Schl (3 Spieler: Glsp, Trg, Tamburin, Bck, gr.Tr, kl.Tr, 4 Paar Kastagnetten, 2 kl. Zimbeln; weitere Spieler: Holz- und Strohinstrumente, Windmaschine, Tamtam), Xyl, Cel, Kl, 4 Hrf, Streicher (je 10 Vl I, II u. III, je 8 Va I u. II, je 6 Vc I u. II, 8 Kb); BühnenM hinter d. Szene: Org
**Aufführung:** Dauer ca. 1 Std.

**Entstehung:** Ausgangspunkt für das Ballett war eine Idee Alexandr Benuas, für die Ballets Russes ein Ballett im Stil und im Geist des Renaissancemalers Paolo Veronese herauszubringen. Keßler und Hofmannsthal, seit langem Bewunderer des berühmten Ballettensembles von Sergei Diaghilew, entwarfen 1912 ein Szenar, im selben Jahr erging ein Kompositionsauftrag an Strauss. Als Choreograph und Hauptdarsteller war Waslaw Nijinski vorgesehen. Strauss langweilte der keusche Joseph (Brief vom 11. Sept. 1912). Im Frühjahr 1914 beendete er die Instrumentation. Die Premiere wurde für die Pariser Saison der Ballets Russes festgesetzt, als Choreograph Fokin

Tafel 8

**Tafel 8**

Louis Gaston Ganne, *Les Saltimbanques* (1899); Angèle Gril als Marion; Théâtre de la Gaîté-Lyrique, Paris um 1910. – Die französische Operettendiva debütierte im Pariser Théâtre du Châtelet und erspielte sich in Monte Carlo ein großes Repertoire an Operetten und Opéras-comiques. Ihr Weg läßt sich weiterverfolgen über das Théâtre de l'Apollo in Paris zu den Bühnen Marseilles und Lyons bis zum Théâtre de la Gaîté.

verpflichtet. Als Joseph debütierte der 19jährige Léonide Massine.

**Inhalt:** In Potiphars Palast. Vorspiel bei reich gemustertem geschlossenen Vorhang; danach Säulenhalle im Stil Andrea Palladios, im Hintergrund erhöhte Loggia, an der Wand unter ihr Teppiche, die im weiteren Verlauf hochgezogen werden und den Blick auf eine Kammer mit einem Lager freigeben: Potiphar, sein Weib und sein Hof tafeln in einer vergoldeten Loggia. Einige Sklaven legen Potiphars Weib Geschenke zu Füßen; sie reagiert nur mit Desinteresse. Aus der Schar verschleierter und unverschleierter Mädchen löst sich Sulamith und tanzt, einige Boxer versuchen, den Hof mit Ringkämpfen zu unterhalten. Auf ein Zeichen Potiphars bringen Negersklaven den in einer Hängematte schlafenden Joseph herein. Von einem Hofbeamten geweckt, tanzt Joseph ein Solo, das zunächst seine Unschuld und Naivität versinnbildlicht. Nachdem er mit Sprüngen seinen Tanzraum gleichsam abgesteckt hat, drückt er das Suchen und Ringen um Gott aus. Nach einer fast ekstatischen Verzückung wird Josephs Tanz ruhiger; er kehrt zur Pose des einfachen Hirtenknaben zurück. Sein Tanz wird vom Geflüster des Hofs begleitet, Potiphars Weib hat ihn mit größter Aufmerksamkeit verfolgt. Potiphar hebt die Tafel auf, der Hof verläßt den Saal, Joseph bleibt zurück. Nach einem Gebet läßt er sich auf ein Lager nieder und schläft ein. Er liegt träumend; die Musik schildert seinen Traum, in dem ihm ein schützender Engel erscheint. Potiphars Weib nähert sich Josephs Lager. Sie betrachtet verzückt den Schlafenden, berührt ihn und küßt ihn. Er springt auf und verbirgt sich in seinem Mantel, reißt sich aus ihrer leidenschaftlichen Umarmung los und steht entblößt vor ihr. Da betreten Wachen den Saal, Potiphars Weib weist auf Joseph, die Wachen nehmen ihn fest. Außer sich vor Zorn befiehlt Potiphar, den Knaben zu foltern. Gelassen beobachtet Joseph die Vorbereitungen; da erscheint in gleißendem Licht ein Engel. Er berührt die Ketten, sie fallen von Joseph ab; der Knabe verschwindet mit dem Engel. Der Hof taumelt vor Entsetzen, Potiphars Weib ist wie erstarrt. In letzter Verzweiflung erdrosselt sie sich mit ihren Perlen.

**Kommentar:** Bei der Übersendung des Szenariums an Strauss hob Hofmannsthal die beiden Hauptelemente des Balletts hervor: das biblische Sujet in Kostümen nach Veronese und die scharfe Antithese der Hauptfiguren. In diesen Gegensätzen ist die Spannung zwischen biblischem Mythos und venezianischer Renaissance, zwischen Apotheose der Reinheit und überreizter Dekadenz ausgesprochen. Hierin liegt aber auch das Problem des Balletts, denn durch die stark symbolzentrierte Konzeption ist der Fluß der ohnehin spärlichen Handlung gehemmt, die Tendenz zum Statischen präformiert. In der szenischen Darstellung überwiegen das festliche Ritual und die expressive Pantomime. Der Tanz der Verschleierten und Unverschleierten, ein Hochzeitstanz, ist eher eine erotische Pantomime (laut Szenarium mit betont wollüstigen Gebärden und wiegendem Körperrhythmus auszuführen), in der nur der Liebestanz Sulamiths als echtes Tanzsolo choreographiert ist. Auch die Rolle von Potiphars Weib ist als ausdrucksintensive erotische Pantomime gedacht, wohingegen die Rolle des Joseph durch Pantomime und Tanz gleichermaßen geformt ist. Strauss sah (trotz des Widerspruchs von Hofmannsthal) im Verhältnis Joseph/Potiphars Weib eine Ähnlichkeit zu Jochanaan/Salome und versuchte

*La Légende de Joseph*; Léonide Massine als Joseph, Max Froman als Erzengel; Bühnenbild: José María Sert, Kostüme: Léon Bakst; Uraufführung, Ballets Russes, Paris 1914. – Die Reinheit des Hirtenknaben triumphiert über die Dekadenz des Hofs: Der Erzengel weist Joseph den Weg.

auch einen musikalischen Rekurs in die Welt seiner früheren *Salome* (1905). Dies gelang freilich nicht. Die pompöse Orchestrierung (mit der Dreiteilung der Violinen wie in *Elektra,* 1909), die betont schlichten Leitthemen, das glanzvolle Kolorit und das helle, Josephs strahlende Reinheit deutende »Josephs-C-Dur« können nicht über die Schwächen der Komposition hinwegtäuschen. Hofmannsthal bemerkte darüber, vorsichtig formulierend, das Beste an der Musik seien die große Allüre und der wahrhafte Freskostil, im Seelischen hingegen bleibe sie vieles schuldig. – Die Premiere, dirigiert von Strauss, wurde zum letzten großen Ereignis einer untergehenden Gesellschaft, das Ballett selbst wurde jedoch kein Erfolg. Protagonisten und Ausstattung wurden gebührend hervorgehoben, etwa Marija Kusnezowa, die Sängerin und Mimin, die, da Ida Rubinstein für die weibliche Hauptpartie nicht zur Verfügung stand, Potiphars Weib verkörperte. Massine wurde als weitere Entdeckung Diaghilews gefeiert, die Ausstattung von José María Sert ebenso bestaunt wie die Kostüme von Léon Bakst. Der Grund des Mißerfolgs von *La Légende de Joseph* ist nicht in der choreographischen oder szenischen Lösung Fokins zu suchen, sondern im Aufeinandertreffen zweier Balletttraditionen, die miteinander wenig gemein hatten. Die russische Ballettkultur war (von Marius Petipa ausgehend über Fokin bis hin zu Nijinski) einen eigenen Weg gegangen. Ihm gegenüber stand die mitteleuropäische Tradition. Als Gegenbewegung zum Opernballett, das schon lange als abgeschmackt und altmodisch galt, hatte sich die besonders von Max Reinhardt gepflegte theatralische Form der Pantomime entwickelt. Dichter wie Arthur Schnitzler, Max Mell und Hofmannsthal schrieben Libretti, Komponisten wie Franz Schreker, Strauss und Béla Bartók die Musik dafür. *La Légende de Joseph* war als Pantomime konzipiert, die in der Folge, nicht zuletzt wegen der Musik von Strauss, in Mitteleuropa zu einem Standardwerk wurde, aber folgerichtig vom Repertoire der Ballets Russes verschwand.

**Wirkung:** Zu den Choreographen, die die Musik von Strauss für eine eigene Choreographie verwendeten, gehören: Heinrich Kröller, Berlin und München 1921, Wien, Leipzig und Prag 1922; Leopold Sachse, Hamburg 1922; Max Semmler, Bern 1922 und Preßburg 1929; Jaroslav Hladík, Brünn 1923; Willy Godlewski, Hannover 1924; Yvonne Georgi, Hannover 1927; Giovanni Pratesi, Mailand 1928; George Balanchine für das Königliche Dänische Ballett, Kopenhagen 1931; Lizzie Maudrik für das Ballett der Städtischen Oper Berlin 1931; Aurel von Milloss, Augsburg 1933, Wiederaufnahme in Florenz 1956; Jan Ciepliński, Budapest 1934; Helga Swedlund, Hamburg 1934; Pia und Pino Mlakar, Zürich 1936, Wiederaufnahme München 1941, und 1964 für ein Gastspiel des Kroatischen Nationalballetts in Salzburg; Margarethe Wallmann, Wien 1936 und Mailand 1951; Hans Macke, Zürich 1941, Wiederaufnahme 1951; Max Froman, Preßburg 1943; Erika Hanka, Wien 1949; Victor Gsovsky, München 1952; Heinz Rosen, München 1958; Antony Tudor, Buenos Aires 1958; Octavio Cintolesi, Bonn 1975; Erich Walter, Düsseldorf 1975; Joseph Rusillo, Mailand 1982. Innerhalb der Aufführungstradition der *Josephs-Legende* vollzog sich ein Wandel, dessen Endpunkt 1977 von John Neumeier gesetzt wurde. Dem Zeitgeschmack entsprechend wurde das Werk von einer Pantomime zu einem Ballett umfunktioniert. In seiner für Wien entstandenen Choreographie ging Neumeier von Keßlers Charakterisierung des Protagonisten aus. Sein Satz »Joseph ist ein Tänzer und ein Träumer« wurde zum Ausgangspunkt für Neumeiers Choreographie, in der er nach eigenen Worten »die lebenden Bilder und mimischen Szenen durch Tanz ersetzte« (Programmheft der Wiener Staatsoper). Neumeier studierte *Josephs Legende* 1979 für Hamburg und 1980 für München ein.

**Autograph:** M: Slg. Strauss Garmisch-Partenkirchen. **Ausgaben:** Part: Fürstner, Bln. 1914, Nr. 7300; Kl.A v. O. Singer, dt./engl. Übers. v. A. Kalisch: ebd. 1914, Nr. 7302; Kl.A, frz.: ebd. 1914, Nr. 7303; L: ebd., Nr. 7305; L, engl.: ebd., Nr. 7307; L, frz.: ebd., Nr. 7306. **Nachlaßmaterial:** M: Fürstner, London/Schott; Ch: Nachlaß Vitale Fokine
**Literatur:** J. GREGOR, Richard Strauss und der Tanz, in: Der Tanz 12:1929, Nr. 6; R. S. HOFFMANN, Straussens ›Josephslegende‹, in: M.Blätter d. Anbruch 4:1922, Nr. 7/8; F. LAVEN, Pariser Strauss-Première, in: NMZ 35:1914, Nr. 17; A. POUGIN, Josephslegende, in: Le Ménestrel 80:1914, Nr. 21; A. JEFFERSON, Richard Strauss and the Ballet, in: DT 1969, April/Mai, S. 354–356, 366, 410–412; N. DEL MAR, Richard Strauss. A Critical Commentary on His Life and Works, London 1969, ²1978, Bd. 2, S. 124–150; G. SCHÜLLER, Josephs Legende. Eine Prod. d. Ballets Russes – Ein Teil Wiener Ballett-Gesch., in: Tanzblätter 1:1977, Nr. 5; Ph. Staatsoper, Wien, Febr. 1977; weitere Lit. s. S. 230

*Gunhild Schüller*

# L'Epreuve d'amour
**Ballet en un acte**

### Die Liebesprobe
1 Akt

**Musik:** Wolfgang Amadeus Mozart, Ouvertüre, Nr. 1 und 2 aus *Ouvertüre und drei Kontretänze* KV 106 (1790), Nr. 1 aus *Zwei Kontretänze* KV 603 (1791), Nr. 1 aus *Sechs Kontretänze* KV 462 (1784) und *Marsch C-Dur* KV 214 (1775); weitere zehn Nummern unbekannter Herkunft. **Libretto:** Michail Michailowitsch Fokin und André Louis Derain
**Uraufführung:** 4. April 1936, Théâtre de Monte Carlo, Monte Carlo, Ballets de Monte Carlo
**Darsteller:** Chung-Yang; ihr Geliebter; der Mandarin, ihr Vater; der Botschafter; 2 Adjutanten des Botschafters; der Schmetterling; Corps de ballet: Freundinnen Chung-Yangs, Affen, Soldaten, Freunde des Geliebten, Diener
**Orchester:** 2 Fl, 2 Ob, 2 Fg, 2 Hr, 2 Trp, Streicher
**Aufführung:** Dauer ca. 30 Min.

**Entstehung:** 1928 fand Ludwig Seitz in der Sammlung des Steiermärkischen Musikvereins in Graz die

Abschrift eines einaktigen Ballettdivertissements: »Divertißement. Die Regrutierung oder die Liebes Probe. Die Musik zu diesem Divertißement ist meistens von denen Contratänzen des Herrn Mozart angewendet«. Ouvertüre und fünf der 15 Nummern stammen von Mozart. Das Werk muß nach dem 5. Febr. 1791 entstanden sein (dies ist das Entstehungsdatum des als Nr. 12 verwendeten ersten der *Zwei Kontretänze*). Das ebenfalls in Graz aufgefundene Textbuch führt folgende Charaktere auf: Ein Pächter; Liesel, seine Tochter; Hiesel, ihr Liebhaber; Bauern, Bäuerinnen; Werbekorporal; Marketenderinnen; Soldaten. Die Handlung sagt aus, daß Liebende zwar getrennt werden können, nicht aber ihre Liebe. – Unter dem Titel *Die Liebesprobe oder Chung-Yang, die treue Tänzerin* verfaßte Roderich von Mojsisovics nach der Auffindung der Grazer Partitur ein Libretto, das auf einer koreanischen Legende basiert. Dies Libretto benutzten Fokin und Derain als Ausgangspunkt für ihr Ballett. Sie verlegten das Sujet ins Chinesische, modifizierten die Handlung und änderten auch die Reihenfolge der musikalischen Nummern.

**Inhalt:** In China, links und rechts je eine Pagode, im Hintergrund eine an einem Fluß gelegene Wiese mit vereinzelten Pagoden, in der Ferne Hügel, darüber ein Himmel mit Schäfchenwolken: Ein meditierender Mandarin wird von Affen behelligt, die er vertreibt. Ein Schmetterling sucht ihn so lange heim, bis Chung-Yang und ihr Geliebter kommen. Die schlechte Laune des Mandarins richtet sich gegen den Liebhaber seiner Tochter, den er wegen seiner Armut nicht als Schwiegersohn akzeptieren will. Verärgert jagt er ihn davon. Ein Botschafter aus einem westlichen Land tritt mit zwei Adjutanten und Dienern auf. Beeindruckt vom Reichtum des Fremden, will der Mandarin diesem seine Tochter zur Frau geben. Angesichts der Schönheit Chung-Yangs willigt der Botschafter freudig ein. Er versucht, Chung-Yang zu verführen. Ein riesiger Drache erscheint und vertreibt ihn. Da entsteigt dem Drachen, der nur aus Papier ist, der Geliebte Chung-Yangs. Seine Freunde, als Räuber maskiert, bemächtigen sich der Schätze des Botschafters. Als das Fehlen des Schatzes bemerkt wird und der Botschafter mittellos geworden ist, zieht der Mandarin sein Angebot zurück. Chung-Yang gelingt es nun, ihren Vater zu überreden, sie ihrem Geliebten zur Frau zu geben. Nachdem der Mandarin widerwillig zugestimmt hat, geben die Freunde des Bräutigams die Schätze an seinen Besitzer zurück. Der Mandarin möchte wieder zu seinem Wort stehen, doch der Botschafter erkennt, daß er nur seines Reichtums wegen zum Schwiegersohn auserkoren war, und lehnt das neuerliche Anerbieten ab. Nun sind die Liebenden vereint. In einer Prozession werden sie an den Ort der Vermählung getragen. Der verbittert zurückbleibende Mandarin wird erneut von den Affen geneckt, und auch der Schmetterling scheint sich über dessen vergebliche Anstrengungen, zu Reichtum zu gelangen, lustig zu machen. Wütend wirft der Mandarin seinen Stock nach dem davonfliegenden Schmetterling.

**Kommentar:** *L'Epreuve d'amour* ist das erfolgreichste Werk der letzten Schaffensperiode Fokins. Es entstand für die 1936 von René Blum gegründeten Ballets de Monte Carlo. Nachdem Fokin zuletzt 1914 für Sergei Diaghilews Ballets Russes gearbeitet hatte, war dies die erste Zusammenarbeit mit einer nach dem Tod Diaghilews in Monte Carlo entstandenen Ballets-Russes-Kompanie. In den dazwischenliegenden Jahren war Fokin hauptsächlich für das Petersburger Mariinski-Theater und für eigene Unternehmungen in Amerika tätig gewesen. Fokins Libretto wurde wesentlich durch den Ausstatter Derain mitbestimmt, dessen Tätigkeit bei dem neuen Ensemble ebenfalls eine Brücke in die Vergangenheit, zu Diaghilews Kompanie, darstellte. Das Libretto erfuhr einige Umarbeitungen, Fokins letzte Fassung stammt von 1937. Das Ballett zeigt den Choreographen noch einmal auf der Höhe seiner Schaffenskraft. Musik, Choreographie und Ausstattung standen miteinander in völligem Einklang. Die Parabel des Triumphs der Liebe über die Habgier wurde in der Art der im 18. Jahrhundert beliebten Chinoiserien dargeboten. Mit Geschmack und der ihm eigenen Charakterisierungskunst gestaltete Fokin eine Geschichte, die sich durch Klarheit und Einfachheit auszeichnete, der es aber auch nicht an feiner Ironie und Humor mangelte. Schritte und Gesten entwickelten sich ganz natürlich aus dem Handlungsablauf, wie in allen Werken Fokins bildeten Tanz und Pantomime eine untrennbare Einheit. Die Charaktere waren durch unterschiedliche Bewegungsformen gekennzeichnet: zierlich und anmutig die chi-

*L'Epreuve d'amour*; Wera Nemtschinowa als Chung-Yang; Ausstattung: André Derain; Uraufführung, Ballets de Monte Carlo, Monte Carlo 1936. – Hinter dem Zierat der Chinoiserie und der Geziertheit des Mädchens verbergen sich Menschlichkeit und Gefühlstiefe.

nesischen, gespreizt und ausgeklügelt die ausländischen Figuren. Ein weiterer Kontrast entstand durch die porzellanen wirkende Chung-Yang und den in seinen Wutausbrüchen grotesk gezeichneten Mandarin. Der Pas de deux des Liebespaars war durch vorwiegend en profil ausgeführte Schritte und langsame Drehungen bestimmt. Die virtuosen Passagen der Choreographie waren dem Schmetterling vorbehalten, der die Lauterkeit der Liebenden symbolisierte. Derains Ausstattung trug wesentlich zum Erfolg des Balletts bei.

**Wirkung:** Den Ballets de Monte Carlo war nur eine kurze Existenz beschieden. Nach Gastspielen in London, wo *L'Epreuve d'amour* besondere Zustimmung fand, löste sich die Kompanie 1937 auf. Das Repertoire ging in den Besitz des 1938 gegründeten Ballet Russe de Monte Carlo über; diese Kompanie brachte *L'Epreuve* noch im selben Jahr nach Amerika, wo das Werk jedoch weniger Anklang fand als in Europa. Ein Grund für den mäßigen Erfolg mag gewesen sein, daß die Originalbesetzung nicht mehr zur Verfügung stand. Wie in den meisten Werken Fokins ging auch in *L'Epreuve* die größte Wirkung von den Darstellern der Uraufführung, Wera Nemtschinowa, André Eglevsky und Anatole Oboukhoff, aus. Als die Kompanie 1939 nach Europa zurückkehrte, wurde die Ausstattung in einem Pariser Lagerhaus deponiert und mußte bei Ausbruch des zweiten Weltkriegs, als die Kompanie endgültig nach Amerika ging, zurückgelassen werden. Eins der subtilsten Ballette Fokins war für immer vom Spielplan des Ballet Russe de Monte Carlo verschwunden. Erst 1956 gab es durch den ehemaligen Ballettmeister der Ballets de Monte Carlo, George Gé, eine Wiedereinstudierung für das Finnische Nationalballett. Die bislang letzte Einstudierung erfolgte 1980 durch Nicholas Beriozoff an der Indiana University Bloomington. – Auch auf deutschen Bühnen wirkte sich die Grazer Wiederentdeckung aus. Harald Josef Fürstenau führte 1930 am Badischen Landestheater Karlsruhe *Die Rekrutierung oder Die Liebesprobe* unter Verwendung des Grazer Librettos auf. Willy Godlewski brachte 1930 im Münchner Residenztheater das Ballett erstmals mit Mojsisovics' Libretto zur Aufführung. Es hieß nun *Die Liebesprobe oder Chung-Yang, die treue Tänzerin*. Zum Grazer Libretto kehrten Pia und Pino Mlakar zurück, als sie *Die Rekrutierung* 1953 mit dem Ballett der Bayerischen Staatsoper in Bayreuth aufführten.

**Ausgaben:** Film, Probe, Ballet Russe de Monte Carlo, s/w, 16 mm: L. Massine Coll. 1937 (NYPL Dance Coll. MGZHB 8-1000/145). **Aufführungsmaterial:** Nachlaß Vitale Fokine
**Literatur:** P. MICHAUT, Le Ballet contemporain, Paris 1950; C. BEAUMONT, Complete Book of Ballets, London 1937; J. ANDERSON, The One and Only: The Ballet Russe de Monte Carlo, NY 1981; weitere Lit. s. S. 230

*Alfred Oberzaucher*

*Paganini*; Dmitry Rostov als Paganini; Uraufführung, Covent Garden Russian Ballet presented by Educational Ballets, London 1939. – Von den Phantomen seiner Virtuosität bedroht, wird der Geiger zum Gefangenen seiner Meisterschaft.

**Paganini**
Fantastic Ballet in Three Scenes

**Paganini**
3 Bilder

**Musik:** Sergei Wassiljewitsch Rachmaninow, *Rapsodie sur un thème de Paganini* (1934) mit neuem, eigens für *Paganini* komponiertem Schluß. **Libretto:** Sergei Wassiljewitsch Rachmaninow und Michail Michailowitsch Fokin
**Uraufführung:** 30. Juni 1939, Covent Garden, London, Educational Ballets
**Darsteller:** Paganini; the Divine Genius/der göttliche Genius (Solistin); eine florentinische Schöne; Guile/Arglist; ein florentinischer Jüngling; Scandal/Skandal; Gossip/Klatsch; Envy/Neid (2 Tänzerinnen); Satan; Corps de ballet: böse Geister, Gespenster, Erscheinungen, Paganinis Rivalen, ihre Förderer, florentinische Mädchen und Jünglinge, göttliche Geister, Paganinis Doppelgänger
**Orchester:** 2 Fl (2. auch Picc), 2 Ob, E.H, 2 Klar, 2 Fg, 4 Hr, 2 Trp, 3 Pos, Tb, 3 Pkn, Schl (kl.Tr, Trgl, Bck, gr.Tr), Glsp, Kl, Hrf, Streicher
**Aufführung:** Dauer ca. 30 Min.

**Inhalt:** 1. Bild, halbrunder Konzertsaal, vor dessen Podium einige Gestalten als Publikum sitzen: Paganini wird von Rivalen, von Guile, Gossip, Scandal und dem Satan selbst gepeinigt. 2. Bild, florentinische Landschaft im Sommer: Mit seiner bezwingenden Persönlichkeit bezaubert er ein schönes florentinisches Mädchen. Er leiht sich von einem ihrer Freunde eine Gitarre, und sie tanzt wie besessen zu den Klängen des Instruments. Mit einer sanften Melodie bringt er sie wieder zu sich selbst zurück, dann entfernt er sich. 3. Bild, hoher, düsterer Saal, ein kleiner Tisch mit einer Kerze: Der altgewordene Paganini kann den stürmischen Anfeindungen der Rivalen und der Eifersucht nicht länger widerstehen. Tröstend tritt Divine Genius zu ihm, vertreibt die Feinde und geleitet seinen unsterblichen Geist zum Himmel.
**Kommentar:** *Paganini* war das letzte Ballett, das Fokin für ein europäisches Ensemble schuf, für die Ballets Russes du Colonel de Basil, die zu dieser Zeit gerade Educational Ballets hießen. Das Werk, das den Kampf eines musikalischen Genies mit den Schwierigkeiten der menschlichen Existenz darstellt, wurde ein Publikumserfolg, aber von Kennern als rührselig und langweilig verurteilt. Nur die zweite der drei Szenen wurde dank der Leistung von Tatiana Riabouchinska als besessene florentinische Schönheit ein echter Erfolg. Die Rolle des Paganini, dargestellt von Dmitry Rostov, ist hauptsächlich als Pantomime angelegt. Besonders im 1. Bild äußert sich seine dämonische Ausstrahlung in eher statischen Posen, im Kontrast zu den ihn umringenden Spukgestalten. Das 2. Bild hingegen ist sehr tänzerisch; für das florentinische Mädchen choreographierte Fokin ein furioses Solo, in dem sie aus einer wirbelnden Folge von Tours chaînés déboulés und Drehungen in Arabesque plötzlich zum Stillstand kommt, allmählich wie in Trance Bögen in Pas de bourrées beschreibend. *Paganini* war eins der letzten Beispiele eines Genres, das in den 30er Jahren blühte: das Ballett, das die diabolischen romantischen Züge in den schöpferischen Künsten behandelt.
**Wirkung:** *Paganini* blieb bis 1948 im Repertoire der Truppe des Colonel de Basil. 1986 studierte Vladimir Dokoudovsky, der die Titelrolle unter Fokins Leitung beim Original Ballet Russe getanzt hatte, *Paganini* für das Ballet Theatre Tulsa (OK) ein. – 1960 wurde im Bolschoi-Theater Moskau Lawrowskis Ballett *Paganini* uraufgeführt. Die Titelrolle verkörperte Jaroslaw Sech. Als Musik verwendete Lawrowski die Originalfassung der *Rapsodie* von Rachmaninow. Unter dem Titel *Rhapsodie, Variationen über das Thema Paganini* brachte Youri Vámos 1978 für eine Ballettwerkstatt der Bayerischen Staatsoper eine Choreographie zu der Musik von Rachmaninow heraus, die in das Repertoire der Staatsoper München aufgenommen wurde.

**Ausgaben:** TaschenPart: Foley, NY 1934; Eulenburg, Nr. 1224; Kl.A für 2 Kl: Foley, NY 1934, Nr. R 8; Film, Ausz., s/w, 16 mm, in: Geneviève Moulin Dancing 1946 (NYPL Dance Coll. MGZHB 4-906+908). **Aufführungsmaterial:** M: Ed. C. Budde, Bln.; Ch: Nachlaß Vitale Fokine
**Literatur:** L. GARAFOLA, F.'s ›Paganini‹ Resurrected, in: BR 14:1986, Nr. 1, S. 69–71; weitere Lit. s. S. 230

*Dale Harris*

# Jewstignei Ipatowitsch Fomin

**Geboren am 16. August 1761 in Sankt Petersburg (heute Leningrad), gestorben im Mai 1800 in Sankt Petersburg**

## Jamschtschiki na podstawe
Igrischtsche newsnatschai
**Komitscheskaja opera w odnom deistwii**

**Die Kutscher auf der Poststation**
Großes improvisiertes Spiel
Komische Oper in 1 Akt

**Text:** Nikolai Alexandrowitsch Lwow
**Uraufführung:** 1788, Privattheater des Gouverneurs Gawrila Romanowitsch Derschawin, Tambow (Rußland)
**Personen:** Timofei Burakow, Kutscher (T); Abram, sein Vater (B); Fadejewna, Timofeis Frau (S); Trifon, genannt Janka, ein junger Kutscher, Timofeis Freund (B); Wachrusch, Dorftölpel (T); Kurier (B); SprechR: Offizier, der ledige Bauer Filip Prolas, 2 Dragoner, 2 Verbannte, 4 Postkutscher. **Chor:** Postkutscher

**Orchester:** 2 Fl, 2 Ob, 2 Klar, 2 Fg, 2 Hr, 2 Trp, Pkn, Streicher
**Aufführung:** Dauer ca. 1 Std. – Gesprochene Dialoge.

**Entstehung:** Bereits als Sechsjähriger wurde Fomin in die Akademie der schönen Künste in Petersburg aufgenommen, wo er bei Matteo Buini, Hermann Friedrich Raupach und Anton Blasius Sartori Musik studierte. Nach erfolgreichem Abschluß seiner Studien ging er 1782 mit einem Stipendium nach Bologna, um bei Giovanni Battista Martini und Stanislao Mattei Unterricht zu nehmen. Gleichwohl galt er nach seiner Rückkehr an den Hof Kaiserin Katharinas II. 1786 als Muschik, da er nur untergeordnete Tätigkeiten ohne ein offizielles Amt wahrnahm. Daher sind die Spuren seines Lebens und Schaffens auch so schnell und unwiederbringlich verwischt. Es ist noch nicht endgültig geklärt, wie viele Werke für das Musiktheater er tatsächlich geschaffen hat. Als gesichert gilt heute die Autorschaft von sieben; davon sind nur drei vollständig rekonstruierbar: *Jamschtschiki na podstawe*, das Melodram *Orfei* (1792?) und *Amerikanzy* (1800). Es sind singuläre Werke, in der Problemstellung national, in Geist und Ausführung universal. – *Jamschtschiki* entstand 1787. Lwow, Volksliedersammler, Maler und Bühnenschriftsteller, schrieb das Libretto vermutlich nicht für ein öffentliches Theater, sondern für eine Aufführung im engen Kreis der Freunde des Dichters und Gouverneurs (1784–89) Derschawin; zu jenem Kreis gehörte auch Fomin, musikalischer Leiter des von Derschawin 1786 in Tambow gegründeten Theaters. Auf einer Librettokopie ist der 8. Nov. 1787 (Petersburg) als Uraufführungsdatum angegeben, Alexei Finagin (s. Lit.) nennt den 13. Jan. 1788; für keine dieser Angaben gibt es jedoch eine Bestätigung.

**Handlung:** In der Poststation an einem großen Reiseweg: Kutscher warten auf Reisende, um deren Pferdegespanne auszuwechseln. Ein Offizier trifft ein, um Rekruten abzuholen. Abram lädt ihn in die Hütte ein. Sein Sohn Timofei, der in der letzten Nacht als Rekrut einberufen worden ist, leidet darunter, seine erst am Vortag ihm angetraute Fadejewna verlassen zu müssen; das Paar vermutet zu Recht eine Intrige von Filip Prolas, der es auf Timofeis Frau abgesehen hat. Vor einem Jahr war er desertiert und dient nun bei einem Polizeichef. Die empörten Kutscher berichten davon dem Offizier. Zwei Betrunkene kommen vorbei, ein Kurier und Wachrusch, der Dorftölpel; dann erscheint ein Bauer. Er kommt mit dem angeblichen Befehl, Timofei, der zum Dienst gehen soll, auf seinem Posten abzulösen, doch die Kutscher erkennen in ihm Prolas. Der greise Abram erzählt dem Offizier, daß seine andern Söhne schon im Dienst seien und ihm nur Timofei bliebe. Der Offizier verspricht Timofeis Freilassung und befiehlt, Prolas zu arretieren; die Kutscher finden bei ihm einige offenbar dem Polizeichef geraubte Sachen. Trotz der Fürbitten des beglückten Timofei wird Prolas abgeführt. Der Offizier schenkt dem jungen Paar Geld und reist ab.

**Kommentar:** Lwows Untertitel »Igrischtsche newsnatschai« bezieht sich auf eine im 18. Jahrhundert populäre Form des russischen volkstümlichen Theaters, die für die Ausbildung einer Dramaturgie der Genreszenen in der frühen nationalen Oper Rußlands bedeutsam war. Charakteristisch sind etwa die mit dem Ganzen nur locker verbundenen Szenen 11 und 12 mit den Auftritten der Betrunkenen, des Kuriers und Wachruschs wie überhaupt die stark vertretenen Chöre (dreimal in selbständigen Nummern, zweimal in Ensembles). Für einige Nummern (Nr. 2–4, 7–8) griff Fomin auf authentische Volksmelodien zurück, wobei er die »gedehnten« (portjaschnyje) und »tänzerischen« (pljassowyje) Liedtypen der Situation entsprechend einsetzte; auch die von ihm selbst komponierten Nummern richtete er nach Folkloremodellen aus. Der volkstümlichen Gesangspraxis entlehnt ist die Verbindung von solistischem Vorgesang (sapjew) mit anschließendem Chor. Fomins Orchestersatz ist gekennzeichnet durch eine Emanzipation der Bläserstimmen, die häufig die melodische Linienführung unabhängig von den Streichern übernehmen, so besonders ausgeprägt in Timofeis Klage (Nr. 3), in der ein Fagott (klangähnlich den russischen Volksinstrumenten) der Gesangsstimme selbständig gegenübertritt. In Nr. 8 wird durch Streicherpizzikati der Klang einer Mandoline imitiert (Fomin plante ursprünglich die Verwendung dieses Instruments, verzichtete dann jedoch darauf). Die in Sonatenhauptsatzform angelegte Ouvertüre, die ebenfalls ein Volkslied zitiert, geht unmittelbar in den Eröffnungschor über. – *Jamschtschiki na podstawe* wandte sich als erste russische Oper gegen eine pastorale Darstellung von Volksszenen und präsentierte Personen aus der Unterschicht in realistischem Ambiente als Handlungsträger.

**Wirkung:** Außer der Besetzung der Uraufführung gibt es lediglich ungenaue Überlieferungen über eine angebliche Petersburger Aufführung. Zeitgenössische Quellen überliefern keinerlei Informationen über die Aufführungen und die Reaktion des Publikums. Erst 1840 erwähnte Alexandr Fürst Schachowskoi den Text von Lwow, ohne die Musik Fomins zu nennen (*Letopis russkowo teatra*, Bd. 11, S. 5). In dem Essay *Die Oper in Rußland und die russische Oper* (in: *Ruslan i Ruslanisty*, 1867) verwies Alexandr Serow auf *Jamschtschiki na podstawe* als Beispiel für ein echtes Interesse an russischer musikalischer Folklore im Gegensatz zu den im 18. Jahrhundert verbreiteten pseudonationalen russischen Liedern mit Melodien im italienischen Stil. Erst 150 Jahre nach der Premiere, 1947, fand in Moskau eine vom Glinka-Museum veranstaltete konzertante Aufführung statt; die erste szenische Aufführung in neuerer Zeit veranstaltete 1977 das Moskauer Musikalische Kammertheater.

**Autograph:** Kirow-Theater Leningrad; Textb. (hs. Kopie): Bibl. Saltykov-Ščedrin Leningrad. **Ausgaben:** Part mit gesprochenen Dialogen, hrsg. J. W. Keldyš, I. M. Vetlitsyna: Muzyka, Moskau 1977; Textb.: [Privat-Vlg.], Tambow 1788; Fragmente in: Istorija russkoj muzyki v notnych obrazach, Bd. 1, hrsg. S. L. Ginsburg, Moskau, Leningrad 1940. **Aufführungsmaterial:** VAAP

**Literatur:** A. W. FINAGIN, E. F., žizn i tvorčestvo, in: Muzyka i muzykalnyj byt staroj Rossii, Leningrad 1927; A. S. RABINOVIČ, Russkaja opera do Glinki, Moskau 1948, S. 91f.; B. DOBROCHOTOV, F., Moskau, Leningrad 1949; R.-A. MOOSER, Annales de la musique et des musiciens en Russie au XVIIIme siècle, Genf 1948–51, Bd. 2, S. 519; D. LEHMANN, Rußlands Oper und Singspiel in der 2. Hälfte des 18. Jahrhunderts, Lpz. 1958, S. 102–125; J. W. KELDYŠ, [s. Ausg.], S. 193–204; I. M. VETLITSYNA [s. Ausg.], S. 205–211

*Ewa Burzawa*

## Orfei
**Melodrama**

### Orpheus

**Text:** Jakow Borissowitsch Knjaschnin (1763)
**Uraufführung:** vermutlich 1792, St. Petersburg
**Personen:** Orfei/Orpheus (Spr.); Ewridika/Eurydike (Spr.). **Chor**
**Orchester:** 2 Picc, 2 Fl, 2 Klar, 2 Fg, 2 Hr, 2 Trp, 3 Pos, Tb, Pkn, Streicher
**Aufführung:** Dauer ca. 1 Std. – Das Autograph nennt bei der Orchesterbesetzung zwei Naturhörner, zwei Naturtrompeten und als Bläserbesetzung insgesamt altrussisches Jagdhornorchester. Der Chor ist nur mit Bässen besetzt.

**Entstehung:** Fomins Melodrama ist ein Werk hohen künstlerischen Rangs. Von andern russischen Komponisten seiner Zeit ist nichts Vergleichbares bekannt. Die Entstehungsbedingungen liegen im dunkeln, und die wenigen Quellen machen Widersprüche deutlich. Als Fomin starb, war er schon vergessen, sein Tod fand keine Beachtung, während gleichzeitig sein *Orfei* seit 1792 erfolgreich war und bis 1811 auf russischen Bühnen gespielt wurde. 1817 findet sich in einer Fußnote zur biographischen Einleitung der dritten Ausgabe von Knjaschnins Werk die Anmerkung, Fomin habe sich mit der Vertonung von *Orfei* ein »unvergeßliches Denkmal geschaffen«, während sich *Orfei* des Italieners Federico Torelli (Petersburg 1781) daran nicht messen könne.
**Handlung:** Vorhof der Hölle: Orfei klagt um die von einem Schlangenbiß getötete Ewridika. Ihm wird verkündet, er werde sie vom Tod erlösen können, wenn er die Götter der Unterwelt besänftige. Orfei fleht zu Pluto, sich der Liebe zu Proserpina zu erinnern, denn wie der Gott einst, so liebe er, der Mensch, jetzt Ewridika und leide ihretwegen. Er spielt seine Lyra. Ihm wird verkündet, der Gott sei bereit, das Gesetz des Tods aufzuheben, doch dürfe er Ewridika nicht ansehen, bis sie die Oberwelt erreichten. Ewridika erscheint. Ihre Freude weicht der Trauer, den Lebenden wieder geschenkt, aber Orfeis Liebe verloren zu haben. Orfei wendet sich ihr zu, und sie wird ihm erneut entrissen. Er will der Gattin folgen und sich töten. Es wird ihm untersagt, das Ende seines Lebens selbst zu bestimmen. Orfei verflucht die Götter, will ihnen trotzen und an den Ufern des Styx ausharren, bis er mit Ewridika vereint ist. Die Furien zwingen Orfei, den Ort zu verlassen, und behaupten selbst den Platz.
**Kommentar:** Es gibt Literatur, die Fomins *Orfei*-Vertonung der von Torelli zuordnet, doch ist dieser Zusammenhang eher paradox. Bereits Knjaschnin nannte seinen *Orfei*-Text ein Melodrama. Das Verhältnis von Sprache und Musik galt den russischen Aufklärern, zu denen Knjaschnin zählt, als entscheidendes Problem. Die russische Sprache sollte sich der Musik, die Musik der russischen Sprache verbinden; die Trennung in gesprochenen Dialog und Gesangsnummer sollte jenseits »fremder« Modelle, wie sie mit dem Secco der Buffa und dem Accompagnato der Seria gegeben waren, aufgehoben werden. Vorbilder waren hierbei die Tragédie-lyrique, Jean-Jacques Rousseaus Ästhetik und auch Georg Anton Bendas Melodramen. Insofern war Torellis Vertonung des russischen Texts von Knjaschnin ein Mißverständnis. Wesentlich waren andere künstlerische Ereignisse jener Zeit: Seit Ende der 70er Jahre wurden Bendas Melodramen *Ariadne auf Naxos* (1775), *Medea* (1775) und *Pygmalion* (1779) in Petersburg und Moskau aufgeführt, 1781 erschien Glucks *Orfeo ed Euridice* (1762) auf dem russischen Theater, 1793 erstmals Mozarts *Don Giovanni* (1787). Knjaschnin kommentierte den Orpheus-Mythos; er ging von dessen Klassizität aus und machte auf zwei Bedeutungen aufmerksam: Erstens ist der dem Tod vertraute Mensch ein sich den Ängsten des Lebens Entreißender (dieser war die Hoffnung der russischen Aufklärer und ihr Gegenstand, er wirkte subversiv), und zweitens wird die menschliche Existenz in einem absolutistischen Willkürsystem von anonymen Kräften (in der Realität die Hofkamarilla, im Kunstwerk *Orfei* die »Stimme«, russisch »golos«) bestimmt; freies, selbstbestimmtes Handeln wird unmöglich, selbst der Tod kann nicht mehr frei gewählt werden (eine Antizipation von Alexander Puschkins Ende). Fomin identifizierte sich mit Knjaschnins Kommentar und gestaltete ihn musikalisch selbständig. Dem sprachlichen Bau nicht sklavisch folgend, gliederte er in vier durch Tonarten-, Tempi- und Fakturwechsel sowie Kontraste in den Instrumentalfarben deutlich getrennte musikalische Komplexe. In den ersten beiden und im letzten erhält die »Stimme« Gewicht, ein Unisonomännerchor. Der Klang des altrussischen Jagdhornorchesters signalisiert, wer und was hier gemeint ist. Nur in der dritten Episode erhalten Orfei und Ewridika einen kurzen trügerischen Freiraum, werden von der »Stimme« nicht belangt. Sind »Stimme«, Anlage und Gestalt des Orfei in Knjaschnins Text deutlich angelegt, hat die Figur der Ewridika vom Dichter nur wenige Worte erhalten, dafür wurde sie zu einer musikalischen Erfindung Fomins. Nach einer enharmonischen Modulation tritt sie noch vor Beginn der 2. Szene mit A-Dur in Erscheinung, und Fomin übersetzt Knjaschnins Wort »dopolni« (»ergänze«) ins Musikalische. »Ergänze, mein Gatte, das wiedergegebene Lebenslicht durch das deiner Augen!« bittet Ewridika, und ihr gesanglich-tänzerisches, also vokal angelegtes Thema ergänzt das instrumentale, Orfeis Klarinettenmotiv,

um sich alsbald durch die Änderung der Begleitstimme ins Passionshaft-Choralartige zu wenden, wenn sie Leben und Liebe wieder entrissen wird. Eine aus der kontrastreichen inneren Anlage der Themen entstehende Dynamik kennzeichnet das musikalische Geschehen. Die große Kunstform wird erreicht durch eine kalkulierte, sinnvolle und sinnstiftende, symphonische Gestaltungsprinzipien einbeziehende Gliederung. Durch die tonale Disposition werden die einzelnen Teile getrennt und gleichzeitig ins Verhältnis zueinander gesetzt, so wenn Anfang und Schluß in d-Moll, Orfeis Klage und sein Bittgebet in g-Moll und Es-Dur, die Zwiesprache der Liebenden in A-Dur stehen, Orfeis Zusammenbruch durch schnelle Modulationen über Septakkorde bis hin zu f-Moll manifest wird. Die in der Ouvertüre exponierten Themen sind gestisch oder figural, immer deutlich gestalthaft, wechselnd im Ausdruck. Die Musik trägt auch Verweischarakter, so bei dem Wort »supruga« (»Gattin«) auf Gluck und bei Kennzeichnung von Unerbittlichkeit und Todesnähe auf Mozarts *Don Giovanni,* wenn auch unentschieden bleiben muß, ob es Bezüge Fomins zu beiden Meistern sind oder ob sich alle drei gemeinsamer Zeichen bedienten. – Dem Genre des Melodramas entsprechende Stellen, wenn man darunter eine von Musik begleitete Textdeklamation versteht, sind selten, wesentlich auf die Zwiesprache Orfei/Ewridika beschränkt. Hier hat Fomin zweimal den Hinweis »recitativo« gegeben, den Text über die Noten gesetzt, rhythmische Übereinstimmung anstrebend. Bestimmend aber für den Gesamtcharakter des Werks ist der Wechsel zwischen gesprochenem Wort und Instrumentalmusik. Hier wird nach Rousseaus 1793 publiziertem Prinzip verfahren, daß der Darsteller sich unterbricht, stockt, schweigt, während das Orchester für ihn spricht und das so ausgefüllte Schweigen unendlich stärker beeindrucke, als wenn der Darsteller selbst alles das aussprechen würde, was die Musik vermittelt. Fomin steht auf dem Boden der russischen Opernentwicklung, der Suche nach einer Verbindung von Wort und Musik jenseits von Secco und Accompagnato, zugleich aber geht sein *Orfei* im Genre des Melodramas nicht auf, er schuf hier eine Art »symphonischer Handlung« mit begleitendem Text.

**Wirkung:** Das Genre des Melodramas war auf der russischen Bühne des 18. Jahrhunderts bekannt und beliebt, erfuhr aber, bis auf Fomins *Orfei,* keine Fortführung oder Entwicklung. Um die Jahrhundertwende wurde in Knjaschnins Text eingegriffen, der tragische Schluß in ein glückliches Ende verwandelt. Wie die meisten andern Werke der Gattung fiel im 19. Jahrhundert auch Fomins Melodrama dem Vergessen anheim, wurde durch andere Entwicklungen verdrängt. Die Aufführung des *Orfei* 1903 durch die Moskauer Gesellschaft für Literatur und Kunst kam einer Wiederentdeckung gleich, doch folgten die nächsten Aufführungen erst 1947 in Moskau (Dirigent: Nikolai Anossow) und 1953 in Leningrad. Das Theater und die Komponisten waren diesem Genre gegenüber verschlossen, Strawinsky zum Beispiel schämte sich seiner *Perséphone* (1934). Doch haben Schallplatte und Rundfunk *Orfei* bereits für sich entdeckt. Mit Alexei Finagins Arbeiten in den 20er Jahren begann die Erforschung von Fomins Schaffen durch die sowjetische Musikwissenschaft. Fomins Bedeutung als singuläre, die Probleme der russischen Oper seiner Zeit fassende und lösende Erscheinung ist heute unbestritten.

**Autograph:** Bibl. Kirov Leningrad. **Ausgaben:** Part, hrsg. B. Dobrochotov: Gos.muz.izdat 1953. **Aufführungsmaterial:** VAAP
**Literatur:** G. Seaman, E. I. F., in: MMR 88:1958, Nr. 895, S. 21–26; J. W. Keldysch, E. F. und das russische Musiktheater des 18. Jahrhunderts, in: Beitr. zur Mw., Bln. 1967, H. 3/4, S. 305 ff.; weitere Lit. s. S. 259

*Sigrid Neef*

## Amerikanzy
### Komitscheskaja opera w dwuch deistwijach

### Die Amerikaner
Komische Oper in 2 Akten

**Text:** Iwan Andrejewitsch Krylow (Gesangstexte) und Alexandr Iwanowitsch Kluschin (Bearbeitung der Dialogtexte), nach der Tragödie *Alzire ou Les Américains* (1736) von Voltaire (eigtl. François Marie Arouet)
**Uraufführung:** 20. Febr. 1800, Steinernes Theater, St. Petersburg
**Personen:** Don Gusman, spanischer Würdenträger (T); Donna Elwira, seine Schwester (S); Azem, Anführer der Amerikaner (S); Zimara, Geliebte Gusmans, Azems Schwester, Amerikanerin (S); Soreta, Geliebte Folets, Amerikanerin (Mez); Folet, Spanier, Ansiedler (B); Ferdinand, Untergebener Gusmans (Bar). **Chor:** spanische und amerikanische Krieger, amerikanische Einwohner
**Orchester:** 2 Fl, 2 Ob, 2 Klar, 2 Fg, 2 Hr, 2 Trp, Pkn, Tr, Streicher; BühnenM hinter d. Szene: Trp, MilitärTr, Bck
**Aufführung:** Dauer ca. 1 Std. 30 Min.

**Entstehung:** Die Entstehungsgeschichte von *Amerikanzy* ist zugleich ein Stück Aneignungsgeschichte der französischen Aufklärung im jekaterinischen Rußland. Fomin wurde wahrscheinlich bei seinem Bolognaaufenthalt 1784–86 mit dem russischen Dichter Denis Fonwisin bekannt, der Voltaires *Alzire* übersetzt hatte. In der Tradition einer Kunst, die am Verhältnis beziehungsweise Mißverhältnis zwischen europäischer Zivilisation und Kultur der »Naturvölker« Probleme von Menschenrecht, Selbstbestimmung und Freiheit ins Bild brachte, stand auch Krylow, der später als Fabeldichter reüssierte, seine Laufbahn jedoch als Bühnenautor begann. Er schrieb 1788 das Libretto für Fomin, der gerade aus Gawrila Derschawins Diensten von Tambow nach Petersburg zurückgekehrt war. Doch Krylows Libretto erregte Anstoß, und es kam zu einer Auseinandersetzung mit dem Direktor des Hoftheaters, Pjotr Soimonow, der das Werk ablehnte, weil auf einer russischen Bühne

Menschen von Stand nicht mit dem Feuertod bedroht werden dürften. Gefürchtet war wohl die naheliegende Assoziation »brennender Scheiterhaufen«, die die Pugatschow-Aufständischen den russischen Gutsbesitzern bereitet hatten. Erst der Soimonow folgende Fürst Alexandr Naryschkin gefiel sich in der Rolle eines Förderers der russischen Oper und setzte Fomins Werk durch, indem er den Publizisten und Zensor Kluschin mit einer Neufassung der Dialoge beauftragte. Kluschin behauptet im Vorwort des Librettodrucks, daß in den Dialogtexten kein Wort mehr von Krylow stamme, an den Gesangstexten hingegen nichts verändert sei. Beide Behauptungen stimmen nicht. In den Dialogen blieben wesentliche Gedanken, selbst ganze Passagen Krylows erhalten, in die Gesangstexte wurde eingegriffen, zum Beispiel die Wörter »wolnost« oder »swoboda«, wenn sie von den aufständischen Amerikanern gebraucht wurden, durch das unverfänglichere »prawa« ersetzt. Der Widerspruch könnte bedeuten, daß Kluschin nicht nur Zensor war, sondern als Karamsinist auch ein heimlicher Sympathisant Krylows. So spricht er auch nie davon, das Werk zu »verbessern« (isprawit), sondern es »durchzusetzen« (proprawit). Kurios, doch vielleicht nicht ganz zufällig ist das Versehen, in dem 1800 gedruckten Klavierauszug die Gesangstexte nicht zu korrigieren, wohingegen sie im Libretto desselben Jahrs verändert erschienen.

**Handlung:** In Südamerika, 16. Jahrhundert, zur Zeit der spanischen Eroberung.
I. Akt, 1. Bild, Wüste, auf der einen Seite Berge, auf der andern Wald, hierin in der Ferne die Laubhütte der Amerikaner: Zwei spanische Eroberer, der Heerführer Gusman und der Ansiedler Folet, lieben die einheimischen Schwestern Zimara und Soreta. Die Europäer wollen die Mädchen bewegen, ihnen nach Spanien zu folgen. Zimara schlägt Gusman die Bitte ab, Soreta diskutiert mit Folet die Vorzüge der Alten und der Neuen Welt. Zimara denkt über ihren Konflikt nach: die Eroberer hassen zu sollen, aber einen von ihnen zu lieben. Ihr Bruder Azem leidet unter dem gleichen Schicksal, er liebt die Spanierin Elwira. Diese ist nicht minder unglücklich, wurde sie doch von Azem gefangengenommen und liebt ihn. Folet fürchtet sich allein im Urwald; der philosophische Kopf sieht in der Finsternis Gespenster. Im nächtlichen Dunkel suchen sich die beiden Paare, verfehlen sich, irren umher, rufen einander. Azem belauscht sie, erkennt trotz Finsternis seine Schwester und flucht den Europäern. Die Schwestern fürchten seinen Zorn und flüchten mit den Spaniern. 2. Bild, reiches Zimmer in Gusmans Haus: Die Mädchen wollen noch immer nicht mit nach Europa. Azem hat die Spanier überfallen und Gusman und Folet gefangengenommen.
II. Akt, 1. Bild, von allen Seiten von Bergen und Wald umgebene Siedlung, in der Ferne das Meer: Für die Amerikaner ist der Tag der Rache, der Freiheit gekommen. Azem verurteilt Gusman und Folet zum Feuertod, Elwira bekennt, daß Gusman ihr Bruder ist. Azem begnadigt die Spanier. Gusman verspricht ihm Elwiras Hand, gegenüber Folet aber kehrt er den Herrn heraus. Dieser beschließt, in Amerika zu bleiben, wo es keine Herren und Knechte gibt. 2. Bild, Saal in Gusmans Haus: Spanische Verstärkung ist gekommen, das Kriegsglück hat sich gewendet. Gusman gibt den gefangenen Azem frei, der sich bereit erklärt, Elwira nach Spanien zu folgen. Für Zimara ist Amerika überall dort, wo Gusman ist. Folet wird mit einem guten Posten in Spanien geködert, und von Soreta wird erwartet, daß sie ihm folgt.

**Kommentar:** Fomins komische Oper wird durch den Wechsel zwischen Komischem und Tragischem, philosophischem Witz und gefühlvoller Empfindsamkeit charakterisiert. Mit den entwickelten Ensembles, in denen sich die Handlung durch Veränderung der Tonarten und Tempi als musikalische entfaltet, ordnet sich in die Tradition der Opera buffa ein. Die Dialoge treiben die Handlung voran, die musikalischen Nummern sind emotionale und gedankliche Haltepunkte. Ouvertüre und Arie der Elwira (Nr. 11) sind durch Themendualismus und Kontrastdramaturgie gekennzeichnet. Elwiras Konflikt, gefangen zu sein und den Feind zu lieben, wird mit der äußeren Kollision (Bruder und Geliebter stehen sich im Kampf gegenüber) verbunden: Das musikalische Schlachtengemälde löst die Arie aus und bestimmt deren Dramatik. Herrscht, der Verssprache entsprechend, in den Arien und Ensembles ein periodisch-symmetrisches Strukturprinzip, wird es in den Szenen, so vor allem im Rezitativ und Arioso Folets (Nr. 7), durchbrochen. Dieser sozial niedrigsten Figur sind mit zwei Arien und dieser Szene die meisten musikalischen Nummern, darunter die musikalisch kühnste, gegeben. In Folet ist der Typus des Sancho Pansa oder Leporello verkörpert; Mozarts *Don Giovanni* (1787) war in Rußland damals bereits aufgeführt und bekannt. Folet ist ein »philosophischer Kopf«, der seine Lage und sich selbst nicht nur zu durchschauen, sondern auch ironisch zu beurteilen vermag. Dem Orchesterpart weist Fomin partiell eine über die Begleitfunktion hinausgehende Rolle zu, wenn »amerikanische Finsternis«, Waldesrauschen und Waldesnacht oder Schlachtenlärm zu malen sind, wenn mit »sprechenden« Pausen Folet seine Gesprächsbereitschaft mit dem Publikum zu signalisieren hat (Nr. 3, ganz ähnlich Papageno in Mozarts *Zauberflöte*, 1791) oder solistisch geführte Instrumente Kommentare der Situation zu geben haben. Figurenbezogene, sinnstiftende Motivik ist kaum entwickelt, lediglich der Anführer der Amerikaner, Azem, hat ein fanfarenartiges Leitmotiv; doch erhält diese Figur durch ihre »Leittonart« Es-Dur die Aura des aufgeklärten Fürsten. So wird deutlich, daß mit dem »amerikanischen Urwald« kein fernes Land gemeint ist. In der Dreierkonstellation der Liebenden (Gusman/Zimara, Azem/Elwira, Folet/Soreta) wird nach den Typen des Lyrischen, Heroischen und Komischen unterschieden, wobei sich bei Zimara und Soreta jeweils lyrische und heroische Züge mischen. Bei grundsätzlich homophoner Satzstruktur sind polyphone Episoden charakterisierend eingesprengt, so im Finale des I. Akts ein unendlicher Kanon der einander suchenden, rufenden und antwortenden Liebesleute, später vom Baß des sie belauschenden Azem kontrapunktiert. Die Weltläufigkeit des Komponisten Fomin, seine Kenntnis und Beherrschung der Genreeigenarten sowie seine Sensibilität für nationale Eigentümlichkeiten lassen *Amerikanzy* als eine geglückte Ausformung des Typus der russischen komischen Oper erscheinen.

**Wirkung:** Trotz Kluschins Bearbeitung konnte sich die Oper die Gunst des höfischen Publikums nicht erwerben. Sie wurde noch zweimal gespielt (24. und 29. Jan. 1801). Aufgrund ihrer künstlerischen Höhe und kosmopolitischen Haltung stand sie aber auch außerhalb nationaler Bestrebungen, die einheimische Oper vom russischen Volkslied und Brauchtum her aufzubauen, wie es Fomin selbst mit *Jamschtschiki na podstawe* (1787) getan hatte. *Amerikanzy* galt in der russischen Musikgeschichte als blasser Abklatsch der Opera buffa (vgl. Alexandr Rabinowitsch, S. 97f., s. Lit.). Boris Dobrochotow war in seiner 1969 überarbeiteten Monographie von 1947 schon vorsichtiger. Der eigentliche Durchbruch, eine Umbewertung des Werks, kam erst 1985 mit dem Erscheinen des 3. Bands der neuen russischen Musikgeschichte (s. Lit.), in der das Kapitel über Fomin von Juri Keldysch verfaßt ist. – Der Stoff gibt auch den Vorwurf für Verdis Oper *Alzira* (Neapel 1845), deren Libretto (von Salvatore Cammarano) allerdings Voltaires aufklärerische Ideen stark einebnet.

**Autograph:** Verbleib unbekannt. **Abschriften:** Bibl. Kirov Leningrad. **Ausgaben:** Kl.A: Petersburg 1800; Jurgenson, Petersburg 1895; Textb.: Petersburg 1800. **Aufführungsmaterial:** VAAP
**Literatur:** I. KRYLOV, Polnoe sobranie sočinenij, Bd. 3, Petersburg 1918; A. RABINOVIČ, Russkaja opera do Glinki, Moskau 1948; S. M. BABINCEV, Neizvestnye rukopisi I. A. Krylova, in: Teatralnoe nasledstvo. Soobščenija i publikacii, Moskau 1956; Istorija russkoj muzyki, hrsg. J. Keldyš, J. M. Levašov, A. Kandinskij, Bd. 3, Moskau 1985; weitere Lit. s. S. 259

*Sigrid Neef*

# Nancy Ford

Nancy Louise Ford; geboren am 1. Oktober 1935 in Kalamazoo (Michigan)

## I'm Getting My Act Together and Taking It on the Road
Musical

**Ich steig' aus und mach' 'ne eigene Show**
1 Akt

**Buch und Gesangstexte:** Gretchen Cryer. **Orchestration:** Scott Berry, Nancy Ford, Bob George, Lee Grayson, Donald Scardino, Dean Swenson und Elliot Weiss
**Uraufführung:** 16. Mai 1978, Anspacher Theatre of

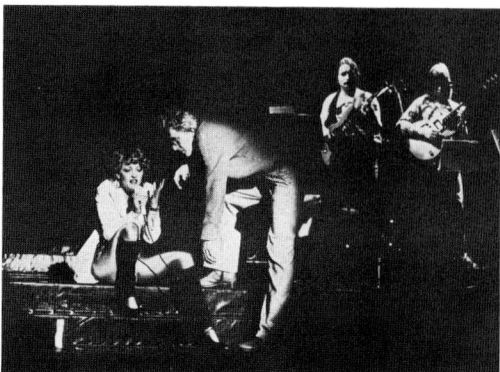

*I'm Getting My Act Together and Taking It on the Road*; Pola Bokal als Heather Jones, Reinhard Musik als Joe Epstein; Regie: Hartmut Forche; Pfalztheater, Kaiserslautern 1982.

the New York Shakespeare Festival Public Theatre, New York
**Personen:** Heather Jones; Joe Epstein, Manager; Alice und Cheryl, Background-Sängerinnen; Jake, Len, Scott, Lee und Bobby, Musiker; Inspizient(in)
**Orchester:** Fl, Schl (Trommeln, 2 Sätze Glocken, Röhrenglocken, Tamburin, versch. Instr. für d. Schlagzeuger: Flexaton, Wind chime usw.), Stringoder Omni-Synt, elektr. Git, akustische Git mit eingebautem Tonabnehmer, 2 Banjos, Kl, elektr. Kl mit Verstärker, Mundharmonika, E-Baß
**Aufführung:** Dauer ca. 2 Std., keine Pause. – Die Band agiert von der Bühne aus. Wichtigste Voraussetzung ist eine perfekte elektroakustische Anlage. Vorgeschrieben sind drei Doppel-Hall-(Echo-)Verstärker für Gitarre und Synthesizer, ein Baßverstärker, Mithöranlagen für den Schlagzeuger, die Company und den musikalischen Leiter, acht Mikrophone (fünf Standmikrophone, zwei mit Ausleger, eins mit Schwanenhals), Mikrophone am Klavier, Mischpult, Lautsprecher im gesamten Raum. Die Partie der Heather Jones erfordert schauspielerisches und sängerisches Talent. Die drei Sängerinnen müssen Mikrophonerfahrung und Grundkenntnisse im Jazztanz haben. Jake wird solistisch auch als Sänger und Tänzer eingesetzt. Die andern Musiker nehmen mit Kommentaren und Background-Gesang am Bühnengeschehen teil. Das Regiebuch enthält genaue Angaben zur bühnentechnischen Einrichtung.
**Gesangsnummern:** Gotta Feel the Love (Bekenn dich zur Liebe); But Tomorrow I Hit the Road (Ich geh' auf Tournee); Smile; In a Simple Way I Love You (Weil ich dich ganz einfach liebe); Miss America; The Strong Woman Number (Die ganz starken Frauen); Dear Tom; And We Sit in a Bar and Talk 'till Two (Der alte Freund); Somebody's Fixing Me up (Irgendwer hängt mir was an); Somebody Is Too Big (Manch einer ist zu groß); Happy Birthday

**Entstehung:** Ford und Cryer, Autorinnen, Komponistinnen, Sängerinnen und Schauspielerinnen, fielen dem Publikum zum erstenmal mit ihrem Musical *Now*

*Is the Time for All Good Men* (New York 1967) auf, das die Unruhen der 60er Jahre zum Thema hat. Der Durchbruch kam dann mit *The Last Sweet Days of Isaac* (New York 1970): Das Stück erhielt vier Kritikerpreise und schaffte den Sprung nach Europa. 1973 brachte das Team Ford/Cryer das Musical *Shelter* am Broadway heraus.

**Handlung:** Die Bühne eines Kabaretts, auf der nur die Ausrüstung der Band aufgestellt ist: Showmanager Joe Epstein kommt von einer Reise zurück. Zu Haus findet er seine Frau in den Armen eines fremden Manns, im Theater trifft er seinen Topstar Heather Jones in ungewohnter, weil »in Farbe und Form natürlicher« Frisur. Und was sie ihm bei der Generalprobe ihrer neuen Show zu bieten hat, irritiert ihn endgültig; ihre selbstgeschriebenen und -komponierten Songs reimen nicht mehr Liebe auf Triebe, sondern setzen sich mit der Beziehung zwischen Mann und Frau auseinander, speziell mit dem Mißtrauen der Gesellschaft gegenüber einer selbständig denkenden und handelnden Frau. Heather ist ausgestiegen aus dem Image des jungen, schönen, sehr weiblichen Lieblings der Fernsehzuschauer und dokumentiert das in ihrer neuen, eigenen Show. Joe reagiert verärgert und verständnislos. Die neue Heather Jones ist ihm zu aggressiv, zu direkt und zu selbstbewußt. Zudem erkennt er in ihren Liedern die Probleme seiner eigenen Frau wieder, die er weder versteht noch akzeptiert. Doch Heather gibt nicht nach. Um ihre Show durchzusetzen, trennt sie sich von ihrem Manager.

**Kommentar:** Mit *I'm Getting My Act Together* ist es Ford und Cryer geglückt, zwei Themen von spröder Unverträglichkeit miteinander zu verbinden: das Musical und die Emanzipation der Frau. Das ganze Publikum, nicht nur die Frauen, ist aufgefordert, sich mit den angesprochenen Problemen auseinanderzusetzen, sich mit den Personen auf der Bühne zu identifizieren, ihre Reaktionen zu überdenken. Daß dies gelingt, ist sowohl den witzigen und schlagkräftigen, virtuosen und bemerkenswert klugen Dialogen zu verdanken als auch einer sehr eingängigen Musik, die zwischen Pop, Rock und sentimentaler Nostalgie pendelt, nicht den Anspruch besonderer Originalität erhebt und dem Hörer durch ihren unkomplizierten melodischen Aufbau bekannt und vertraut erscheint. Songs und Tänze werden zwar als Showelemente eingesetzt, bilden aber zugleich eine geschickte Verbindung zwischen den persönlichen und den beruflichen Anliegen der drei Frauen. Die Autorinnen vermeiden, das Kernthema durch eine ausladende Nebenhandlung zu verharmlosen. Denn bei allem Spaß, den das Publikum beim Wiedererkennen »alter Freunde und Feinde« auf der Bühne hat: reine Unterhaltung ist dies Kammermusical nicht. Es zeigt, wie in Form einer unterhaltenden Show ein akutes gesellschaftliches Problem dargestellt werden kann.

**Wirkung:** *I'm Getting My Act Together and Taking It on the Road* wurde von der Kritik äußerst kühl aufgenommen, vom Publikum jedoch in bisher mehr als 1000 Vorstellungen stürmisch gefeiert. Die deutsche Erstaufführung fand am 18. Okt. 1980 im Schloßparktheater Berlin statt. Das Musical wurde dann an zahlreichen deutschen Bühnen nachgespielt.

**Ausgaben:** Kl.A: Fiddleback Music, NY 1978; Textb.: NY, French 1980. **Aufführungsmaterial:** French, NY; dt. Übers. v. E. Gesell, H. Baumann: Bloch

*Martina Krawulsky*

# William Forsythe

Geboren am 30. Dezember 1949 in New York

## Orpheus
**Ballett in sechs Szenen**

**Musik:** Hans Werner Henze. **Text:** Edward Bond
**Uraufführung:** 17. März 1979, Württembergische Staatstheater, Großes Haus, Stuttgart, Stuttgarter Ballett
**Darsteller:** Orpheus; Eurydike; Persephone; Hades; Apollo; 3 Richter; Hauptwächter; Wärter; Totenwächter; Landleute; Wahnsinnige; arme Leute; verkrüppelte und rasende Menschen; reiche Leute; Mädchen; Frauen; Männer; die Toten; Orpheus' Freunde; Monstren; Tiere
**Orchester:** 2 Fl (1. auch Picc u. A.Fl, 2. auch Picc u. B.Fl), 3 Ob (1. auch Ob d'amore, 2. auch E.H, 3. auch Heckelphon), 2 Klar (1. auch Klar in Es, 2. auch B.Klar u. Kb.Klar), S.Sax (auch A.Sax, T.Sax, Bar.Sax u. B.Klar), 2 Fg (2. auch K.Fg), 6 Hr, 3 Trp, 3 Pos, B.Tb, Schl (4 Spieler: 4 Pkn, kl.Tr, gr.Tr, Claves, Zimbeln, Handglocken, Röhrenglocken, Loo jon; 5 Trg, Zimbeln, 4 hängende Bck, 3 Tamtams, 2 hohe u. 2 tiefe Metallplatten, Handglocken, Flexaton, Guiro, Ratsche; Tamburin, kl.Tr, Tomtoms, Boobams, 5 Herdenglocken, Handglocken, Sistrum, Windmaschine, Vibr; Tomtoms, Tempelblöcke, LotosFl, Glsp, Marimbaphon, Handglocken), Git, Cel, Cemb, Kl, Org, Hrf, 9 Vl, 4 Va, 4 Vc, 3 Kb; BühnenM auf d. Szene: 3 BlockFl; hinter d. Szene: Ob, E.H, Heckelphon, S.Sax in B, Git, Hrf; Schl auf d. Bühne: Sistrum, Hioschigi, Tanzkastagnetten, Fingerzimbeln, Sakefaß oder Darabukka, tibetanische RasselTr, Spielzeugpfeifen, Vogellockrufe, Flexatone; Schl hinter d. Bühne: 2 kl. Bck, RührTr, 3 Tamtams, 2 Kirchenglocken; Schl unter d. Bühne: RührTr, 3 Tamtams mit Kontaktmikrophonen, Donnerblech, NebelHr
**Aufführung:** Dauer ca. 1 Std. 30 Min. – Die Tänzer müssen auch sprechen. Die Blockflöten der Bühnenmusik werden ad libitum von Tänzern gespielt. Das Schlagzeug auf der Bühne wird von Tänzern gespielt. Die Bühnenmusik hinter der Szene wird aus dem Orchester besetzt.

**Entstehung:** In einem Brief an Josef Rufer gibt Henze ausführlich Auskunft über die Entstehung seines zweiten abendfüllenden Balletts, das er nach *Undine* (1977) komponiert hat. Er verweist darin auf den 2. Cantiere Internazionale d'Arte in Montepulciano, in dessen Mittelpunkt nicht allein die unterschiedlichsten Orpheus-Vertonungen klassischer und zeitgenössischer Autoren standen, sondern auch die Aspekte orphischer Überlieferung, die der Gräzist Franco Serpa in einer Vorlesung erläuterte. Er »entdeckte uns Hörern«, so Henze, »auf welche Weise, auf welchen Wegen die Ideen und Bilder dieser Überlieferung in unserer heutigen Vorstellungswelt weiterwirken, wie sie unser Denken bestimmen, unsere Gefühle, in welch hohem Maße sie also zu unserer Kultur gehören. Es entstand der Eindruck, daß die griechische Zivilisation unterirdisch und organisch in unserer Psyche weiterlebt und daß nicht nur unsere Träume und Wünsche, sondern auch unser Wollen und Wirken, unsere Entscheidungen und unsere Handlungen von den ihr zugehörigen Ideen und Mythen, also auch der Geschichte des Orpheus, bestimmt sind« (in: *Musik und Politik*, s. Lit.). Henze sammelte, von Serpas Vortrag nachhaltig beeindruckt, verschiedenste Orpheus-Materialien und sandte sie regelmäßig an Bond in Cambridge. Im Dez. 1977 kam es zu einem klärenden Gespräch, wonach sich der Dramatiker zur Mitarbeit an einem »instrumentalen Theater« bereit erklärte, »worin die Singstimmen durch Gesten, Gebärden und Tanzschritte ersetzt sind und worin dieses Verstummen eine andere, instrumentale Beredsamkeit notwendig macht, einen sprechenden Ausdruck, der unauswechselbar und unverwechselbar zu sein hätte, auch erzählend und deklamatorisch und unaussetzlich auf die Handlung gerichtet, auf die ihr innewohnende Bedeutung, geeignet, auch noch die Protoplasmen der Symbole und ihrer Wirkungen in musikalischen Formen widerzuspiegeln und sie in dieser Spiegelung erst deutlich, hörbar, fühlbar und mitvollziehbar zu machen« (ebd.). Wenige Wochen später lag Henze bereits die »story in six scenes«, wie Bond seinen Text bezeichnete, vor, und er begann sofort mit der Arbeit, die er im folgenden Jahr zu Ende brachte. Parallel dazu bemühte sich Henze um einen Choreographen. Forsythe, damals vor allem für das Stuttgarter Ballett tätig, erklärte sich schließlich dazu bereit, nachdem er 1978 für den 3. Cantiere Internazionale einen Pas de deux zu Henzes *Aria de la folía española* geschaffen hatte. An der *Orpheus*-Produktion waren konzeptionell zu maßgeblichen Teilen auch der Bühnenbildner Axel Manthey und der dramaturgische Berater Jens Brockmeier beteiligt.

**Inhalt:** »Die Welt«. 1. Szene: Landleute tanzen zur Feier des Frühlings vor der Statue Apollos. Unter ihnen ist Orpheus, der sich als einziger der wilden Tiere und rasenden Menschen erwehrt, die wenig später, von einem Sturm begleitet, auf der Bühne erscheinen. Er tötet ein Tier und bringt damit alle zum Verstummen. Apollo segnet Orpheus und überreicht ihm die Leier. Orpheus entdeckt die Macht der Musik und besänftigt mit ihr Tiere wie Menschen. Alle beginnen zu tanzen, auch Eurydike, die Orpheus' Aufmerksamkeit erregt. Im gemeinsamen Tanz begreifen die Menschen zum erstenmal ihren eigenen Körper, sie erkennen sich selbst. 2. Szene: Die Welt hat sich verändert, die Gesellschaft ist in Reiche und Arme geteilt. Während die Reichen hochmütig vor ihrem Idol Apollo tanzen, stiehlt ein Armer Gold von Apollos Statue. Er wird dabei ertappt. Ein Kampf entbrennt, in dessen Verlauf Eurydike getötet wird. Sofort tauchen die Hüter der Toten auf, den Leichnam zu holen. Orpheus spielt auf seiner Leier ein Klagelied. Die tote Eurydike hört seine Weise und beginnt wieder zu leben. Die Hüter der Toten, außer sich vor Schrecken, kehren drohend zur Hölle zurück. Die armen Leute tanzen mit Orpheus und Eurydike einen Freudentanz. 3. Szene: Eurydike und die andern Mädchen führen vor Apollo einen Tanz der Lobpreisung und des Danks auf. Erneut treten die Hüter der Toten, für alle unsichtbar, auf den Plan, ergreifen Eurydike und schleppen die sich Sträubende in die Hölle. Orpheus kehrt zu den Mädchen zurück, spielt auf seiner Leier und hält inne, als er Eurydike vermißt. Er begreift, was geschehen ist, und versucht, sich zu töten. Die Männer halten ihn zurück. Apollo will ihn trösten. Doch Orpheus läßt sich nicht trösten. Er geht, um Eurydike zu retten, durch das Tor der Hölle. »Die Unterwelt«. 4. Szene: Die drei Richter warten an den Ufern des Styx. Orpheus kommt und erkennt jenseits des Flusses unter den Toten Eurydike. Er weint vor Freude und Schmerz. An seinen Tränen sehen die Richter, daß er nicht tot ist. Sie wollen ihn deshalb den Styx nicht überqueren lassen, doch Orpheus spielt auf seiner Leier und besänftigt sie. Orpheus setzt über und betritt die eisige Landschaft der Verdammten. Hades und Persephone kommen. Sie sind alt, verschlagen, listig und böse. Entsetzt erkennen sie den Wandel, den Orpheus' Musik hervorruft. Sie versuchen, die Toten zu berühren, aber die Toten laufen davon. Orpheus bricht mit Eurydike auf und läßt die flehenden Toten zurück. Wächter folgen ihm. Als er den Styx überquert, geht ein Schauer durch die Hölle; die Toten fallen in ihre eisige Verzweiflung zurück. 5. Szene: Orpheus und Eurydike kehren durch den Tunnel zur Erde zurück und begegnen Toten auf ihrem Abstieg in den Hades. Apollo und seine Begleiter warten am Tor, um die beiden zu begrüßen. Als Orpheus indes den Eingang erreicht, wird er vom Glanz Apollos geblendet. Er wendet sich ab und sieht Eurydikes Gesicht. Sofort trennen die Wächter die Liebenden. Während Apollo und seine Begleiter einen Freudentanz über Orpheus' Glück vollführen, sinkt Eurydike in die Hölle zurück. Orpheus wird aus der Hölle gestoßen. Am Tor steht der Hauptwächter, schweigsam und unbewegt. Orpheus spielt erneut auf seiner Leier, doch die ironischen Rufe von Hades und Persephone übertönen seine Musik. Apollo ersucht Orpheus vergebens, ihn anzusehen. 6. Szene, Orpheus' Wahnsinn: Irrtümlich hält er einige Mädchen für Eurydike. Er tanzt mit ihnen und schleudert sie dann wütend von sich. Der Sturm kehrt wieder und mit ihm die wilden Tiere und die rasenden Menschen. Apollo erscheint, der Sturm legt sich, aber Orpheus tanzt weiter seinen chaotischen Tanz. Apollo versucht ihn zu trösten, doch Orpheus wendet sich ab und zerbricht im Zorn seine Leier. Ohnmächtig sinkt er zu Boden, während Apollo sich beleidigt entfernt. Orpheus richtet sich auf und zupft an einer Saite der zerbrochenen Leier. Eine neue Musik ertönt. Bei ihrem Klang erheben sich die Toten aus der Hölle. Sie tanzen zu der neuen Musik, die sie verwandelt. Orpheus tanzt mit Eurydike. Die Musik der Menschen ist zur Musik Apollos geworden, die Musik Apollos zur Musik der Menschen. Alle tanzen.

**Kommentar:** In dem erwähnten Brief an Rufer bezeichnet Henze sowohl seine drei Quartette aus den 70er Jahren wie auch die beiden Variationswerke *Il vitalino raddoppiato* (1977) und *Aria de la folía española* als Studien zu *Orpheus*. Besondere Bedeutung mißt der Komponist aber der *Royal Winter Music* (1976) zu, weil sie wie die *Orpheus*-Musik ganz vom Klang der Gitarre bestimmt werde, die er als gleichsam archaisches Instrument bereits in *Kammermusik 1958* (1958–63) in Beziehung zur griechischen Antike gebracht habe. Darüber hinaus reizten ihn die spezifischen Klangqualitäten der Gitarre, ihr Farbenreichtum und ihre Fähigkeit, die »Schattenseiten« menschlicher Existenz zum Tönen zu bringen. Nicht nur beginnen mit ihrem Klang alle Arien des Orpheus, auch die Grundintervalle, auf denen sich das Werk aufbaut (»f, as, g, e, dann, wie eine Antwort, cis, b, d, es, und schließlich, wie eine Konsequenz und eine Vervollständigung, a, fis, h, c«), werden von diesem Instrument entfaltet. Das Klangspektrum erweitert sich dann sukzessive, wobei ausschließlich Saiteninstrumente (Harfe, Streicher, Cembalo) hineingezogen werden. – Dieser Welt Orpheus' und Eurydikes, dieser Welt des »Lebens«, dieser »gegen den Tod, gegen den Wahnsinn gerichtete[n] Anstrengung der Liebe, des Glaubens«, wird diejenige Apollos, »das Göttliche, das Gesetz, die Herrschaft, der schenkende Vater, der Klassizismus«, antithetisch gegenübergestellt. Henze wählt eine andere Tonreihe, die es erlaubt, die »ambivalente Rolle«, die Apollo in dem Stück einnimmt, zu vergegenwärtigen, und auch eine andere Klangfarbe, die ausschließlich von Blasinstrumenten, Schlagwerk, Glocken, Metallophonen, auch Klavier und Celesta erzeugt wird. Die Charakterisierung der Welt des Apollo als zunehmend »kalt, gefährlich und vergänglich« erfolgt darüber hinaus unter anderm durch Anklänge an Barockmusik: Apollos letzte große Szene, »als eine zeremoniell schmetternde Sarabande komponiert«, faßt Henze als »den vielleicht entscheidenden Augenblick in diesem Drama« auf. Die Unterwelt schließlich, das Inferno, berührt sich mit der Welt Apollos insofern, als das Instrumentarium und das tonale Material beibehalten werden. Innerhalb der Blasinstrumente wählt Henze hier jedoch vorwiegend tiefe Register, um außer über den Duktus auch über ihr Espressivo Passionsmusik Johann Sebastian Bachs (»Weinen, Stöhnen, Klagen«) zu assoziieren. – Die Dramaturgie dieses Stücks beruht mithin zum großen Teil auf einer metaphorischen Verwendung des Instrumentariums, nach Henze ein weiterer Versuch, mit *Orpheus* »sein altes Thema« zu bereichern, das heißt: »Sprachlichkeit der Musik. Im vorliegenden Falle geht es zusätzlich, in gesteigertem Maße, auch um die Gebärden, die die Musik zu machen versteht« (ebd.). – Forsythe geht in seinem Ballett noch einen Schritt über Bond und Henze hinaus. Er reduziert das Personal des Librettos, läßt die Handlung archaischer erscheinen und erweitert den Mythos zu einer Menschheitsgeschichte. Dabei schreckt er vor chaotischen Elementen nicht zurück. Am Anfang sind zuckende, sich windende, stampfende Leiber zu sehen, Tänzer, von Joachim Herzog phantastisch vermummt, die mit Sistrum, Hioschigi, Saketrommel, Rasseln, Spielzeugpfeifen, Blockflöten und Flexatonen einen »Heidenlärm« veranstalten oder sich, von Medizinmännern und -frauen mit roter Farbe beschmiert, wie wilde Tiere gebärden. Erst Apollo, der, auf einer Wolke wandelnd, durch eine hohle, neonlichterhellte Gasse vom Olymp herniedersteigt, setzt dem Tanztohuwabohu ein vorläufiges Ende. Leutselig, mit der gönnerhaften Überheblichkeit eines Gottes, bringt er die Kunst unters Volk. Kunst, das heißt hier: die Leier, die er als Leihgabe und Anschauungsobjekt in eine beleuchtete Museumsvitrine stellt. Zaghaft greift Orpheus in die Saiten und wird sich auf einmal der Macht bewußt, die die Musik offenbar besitzt. Mit ihrem Klang besänftigt er nicht nur die Massen; er macht mit ihm auch seine Mitmenschen hellhörig und damit fähig, sich selbst zu begreifen und endlich im Gegenüber mehr als den Rivalen, nämlich den potentiellen Liebespartner zu erkennen. Die 2. Szene erinnert an die 50er Jahre. Die anfängliche Gemeinsamkeit ist dahin. Während aufgetakelte Glamourgestalten tanzend vor Preispokalen einem göttlichen Popanz huldigen, folgen die andern, in ärmliche Kleiderschürzen gehüllt, so lange ihrem Treiben, bis sich ihr Unmut in einer kämpferischen Auseinandersetzung entlädt. Auf der Strecke bleibt dabei ein unschuldiges Opfer: Eurydike, vom durchdringenden Schmerzensschrei aller Kontrahenten hingemeuchelt. Mit verzerrten Gesichtern erscheinen die Totenwäch-

*Orpheus*, 4. Szene; Melinda Witham als Persephone, Eva Steinbrecher als Opfer, Otto Neubert als Hades; Bühnenbild: Axel Manthey; Uraufführung, Stuttgarter Ballett 1979. – Wie Vampire fallen Persephone und Hades über ein wehrloses Opfer her.

ter, von epileptischen Anfällen geschüttelt: Handlanger der Unterwelt im Smoking, die wie Spurensicherer der Kriminalpolizei den Leichnam »einzukreiden« versuchen. Ähnliche Assoziationen finden sich in allen Szenen des Stücks. Alltagsbewegungen und Verhaltensstörungen, klassische Tanzmuster (etwa in der Charakterisierung Apollos), spastische Bewegungselemente (in der Gestaltung der Hadesszene) und atavistische Urmotionen werden in *Orpheus* in einem Zusammenhang gezeigt, der durchaus logisch erscheint und der Aufführung aller Widersprüchlichkeit der choreographischen und szenischen Materialien zum Trotz eine Geschlossenheit ermöglicht.

**Wirkung:** Mit Richard Cragun (Orpheus), Birgit Keil (Eurydike), Reid Anderson (Apollo), Melinda Witham (Persephone) und Otto Neubert (Hades) war die Uraufführung unter der musikalischen Leitung von Woldemar Nelsson optimal besetzt. Entsprechend positiv waren auch die kritischen Reaktionen. Einen dauerhaften Erfolg erzielte das Ballett trotz gelegentlicher Wiederaufnahmen im Rahmen des Stuttgarter Ballettrepertoires nicht, und eine Einstudierung an einem andern Theater erfolgte schon gar nicht. Erst 1986 brachte die Wiener Staatsoper das Werk in einer instrumentalen Neufassung des Henze-Schülers Gerd Kühr heraus, in der der Orchesterapparat reduziert ist. Es wurde von der Gret-Palucca-Schülerin Ruth Berghaus als »Geschichte in drei Bildern« inszeniert und choreographiert, die die düsteren Seiten des Mythos betonte (Dirigent: Ulf Schirmer, Bühnenbild: Hans-Dieter Schaal, Kostüme: Marie-Luise Strandt).

**Ausgaben:** Part: Schott 1979; Beneshnotation, Working Score: Stuttgarter Ballett, Stuttgart. **Aufführungsmaterial:** M: Schott; Ch: W. Forsythe
**Literatur:** J. BROCKMEIER, Über die Arbeit an einer neuen Sprachlichkeit von Musik und Bewegung. Erfahrungs-Ber. eines Dramaturgen, in: Ballett 1979, Velber 1979, S. 12–17; Orpheus-Materialien, Stuttgart 1979; H. W. HENZE, Über die Entstehung der Musik zu Edward Bonds ›Orpheus‹, in: DERS., Musik und Politik. Schriften u. Gespräche 1955–1984, München 1984, S. 290–297; S. NEEF, Zur Orpheus-Musik von Hans Werner Henze, in: Ph. Staatsoper, Wien 1986; DIES., Der Alltag ist die Hölle. R. Berghaus u. d. ›Orpheus‹ v. H. W. Henze an d. Wiener Staatsoper: Ein Produktions-Ber., in: Ballett 1986, Bln. 1986, S. 22–25

*Hartmut Regitz*

## Seite 1 – Love Songs – Alte Platten
**Ballett**

**Musik und Songtexte:** 1: Rudy Clark (1971); 2: Burt F. Bacharach und Hal David (1962); 3: Teddy Randazzo und Bobby Weinstein (1964); 4: Gary Geld und Peter David Udell (1970); 5: Bacharach und David (1964); 6: Nickolas Ashford und Valerie Simpson (1968); 7: Gerry Goffin, Carole King und Jerry Wexler (1967). **Libretto:** William Forsythe
**Uraufführung:** 5. Mai 1979, Nationaltheater, München, Stuttgarter Ballett
**Darsteller:** 5 Solistinnen, 3 Solisten
**Orchester:** Tonb

**Aufführung:** Dauer 21 Min. – Die Songtitel bezeichnen nicht die »Inhalte« der Szenen, sondern die Gliederung des Balletts.

**Inhalt:** Das Werk besteht aus einer Serie lose verbundener Soli, Pas de deux und Ensembles, die gleichwohl Konflikte ahnen lassen; die Szenen scheinen in einer Diskothek zu spielen; die Männer tragen schwarze Hosen, weiße Hemden und farbige Schlipse, die Frauen individuelle, elegant geschnittene schwarze Kleider. 1. »If You Gotta Make a Fool of Somebody«: Solo einer Tänzerin, die dabei von den andern beobachtet wird. Ihr Versuch, Aufmerksamkeit zu erheischen, wird fast brutal zurückgewiesen. Am Ende fällt sie einem der Männer in die Arme, der sie zurückstößt und in die Arme eines andern treibt, der sie wiederum an den dritten weitergibt. 2. »Make It Easy on Yourself«: Solo für eine andere Tänzerin, die zunächst für sich auf Spitze tanzt. Die Männer sehen mit distanziertem Interesse ihren tänzerischen Exhibitionen zu, bis sie zuletzt erschöpft in sich zu erstarren scheint. 3. »Goin' Out of My Head«: Pas de deux, der immer wieder unsanft unterbrochen wird. Er schleift sie brutal über den Boden, sie wehrt sich. Ihm widerfährt das gleiche Schicksal. Dann raffen sich beide zu einem neuen Tanz hoch. Am Ende widersetzt sich die Solistin immer nachdrücklicher den Umklammerungsversuchen ihres Partners. 4. »I Got Love«: Solo für eine Tänzerin, das immer wieder auf Spitze gestellt und, von den Männern fast bedrängt, jäh unterbrochen wird. 5. »Always Something There to Remind Me«: Pas de deux für ein anderes Paar, der zunächst als Paartanz beginnt, dann aber immer häufiger in kämpferische Einzelaktionen mündet. 6. »You're All I Need to Get By«: Solo für einen Tänzer. 7. »You Make Me Feel«: Ensemble, in dem zwar alle Tänzer und Tänzerinnen mehr oder weniger miteinander tanzen, bei dem aber nie der Eindruck von tänzerischer Kommunikation entsteht.

**Kommentar:** »Den Texten populärer Musik«, so schreibt Forsythe in einer Programmnotiz zu *Seite 1 – Love Songs – Alte Platten,* »liegen nicht selten – wenn auch unbeachtet – potente Alltagsdramen zugrunde. Dieses Ballett reiht Situationen aneinander, die sich aus der latenten Ironie dieser an der Oberfläche naiven und sentimentalen Lieder ergeben haben.« Um diese Situationen für jedermann erkennbar zu machen, wählte Forsythe nicht nur bekannte Schlager, gesungen unter anderm von Dionne Warwick und Aretha Franklin. Er schafft auch, indem er geschickt und effektvoll Jazzidiom, Disco-Dance und klassische Tanztechnik zu einer formalen Einheit zusammenzwingt, eine Gegenwärtigkeit, die dem Zuschauer von heute vertraut ist: Er kann sich unmittelbar in den Bühnenfiguren wiedererkennen, begreift Partnerkampf und Beziehungslosigkeit, dröhnend übertönt von der Popmusik eines Bacharach oder Wexler, als Zeichen seiner Zeit. Da Forsythe die »Stellungsspiele« immer wieder ironisch übertreibt, gewinnen sie zugleich einen kritischen Aspekt, der sie von ähnlichen Arbeiten unterscheidet.

**Wirkung:** Ursprünglich eine Gelegenheitsarbeit für einen Galaabend der Bayerischen Staatsoper, entwickelte sich das bei allen spektakulären Reizen relativ einfache Ballett (Kostüme: Eileen Brady) nicht nur zu einem Lieblingsstück des Ensembles, sondern fand auch beim Publikum außerordentlichen Zuspruch und wurde deshalb von andern Ballettkompanien als Repertoireattraktion übernommen. So werden die *Love Songs*, wie das Ballett in der Regel inzwischen genannt wird, mittlerweile vom Ballett der Städtischen Bühnen Frankfurt a. M. 1980, vom New Yorker Joffrey Ballet 1983, vom Nederlands Dans Theater Den Haag 1984, vom Aterballetto Reggio nell'Emilia 1984, vom Ballett des Zürcher Opernhauses 1985 und vom Pennsylvania Ballet Philadelphia 1986 getanzt, meist in einer im Lauf der Zeit erarbeiteten Neufassung, die nicht nur manches Bewegungsdetail verschärft, sondern anstelle des Schlußsongs »You Make Me Feel« seit 1984 »Baby I Love You« (von Ronnie Shannon) interpretiert.

**Ausgaben:** Beneshnotation: Stuttgarter Ballett, Stuttgart. **Aufführungsmaterial:** W. Forsythe

*Hartmut Regitz*

## Gänge
**Ein Stück über Ballett**
3 Teile

**Musik:** Thomas Jahn
**Uraufführung:** 1. Fassung in 1 Teil: 25. Febr. 1982, Zirkustheater, Scheveningen, Nederlands Dans Theater; 2. Fassung: 27. Febr. 1983, Städtische Bühnen, Oper, Frankfurt am Main, Ballett der Städtischen Bühnen (hier behandelt)
**Darsteller:** 34 Tänzer und Tänzerinnen
**Orchester:** Tonb
**Aufführung:** Dauer ca. 2 Std. 30 Min. – In der 1. Fassung waren 13 Darsteller sichtbar und 11 nicht sichtbar beteiligt. Der Tonträger wurde unter der musikalischen Leitung von Bernhard Kontarsky mit dem Frankfurter Opernhaus- und Museumsorchester und dem Studio Walldorf produziert. Für die Aufführung ist eine Acht-Spur-Tonanlage erforderlich, dazu drei Kassettenrecorder, Richtmikrophone (Kondensator), Vocoder, 24-Kanal-Mischpult, ein zusätzlicher Übertragungswagen und ein Mikroport.

**Entstehung:** Über einen Zeitraum von vier Jahren hinweg beschäftigte sich Forsythe mit den Nouveauroman-Theorien Alain Robbe-Grillets und den Strukturanalysen Roland Barthes'. Aber erst in enger Zusammenarbeit mit der Dramaturgie der Frankfurter Oper entwickelte der Choreograph ein Konzept, das diese Erkenntnisse auch auf das Ballett anwandte. Einen ersten Versuch wagte Forsythe 1982 zusammen mit Michael Simon im Auftrag des Nederlands Dans Theater. Ein Jahr später erweiterte er seine *Gänge* um zwei zusätzliche Teile von je 50 Minuten Dauer zu einem »Stück über Ballett«, das nach achtmonatiger Probezeit uraufgeführt wurde. Dabei ging Forsythe in zwei Schritten vor: Erst zeichnete er rund 300 Probestunden seines Projekts, an dem sich nahezu das gesamte Ballett beteiligt hatte, auf 280 Videobändern auf. Danach wählte er nach einem genauen »Drehbuch« die Szenenfragmente für seine endgültige Bühnenproduktion aus, die dann wie ein »normales« Ballett einstudiert wurde. Die Musik wurde dem Produktionsprozeß entsprechend aufgezeichnet, elektronisch aufbereitet und über ein Achtspursystem eingespielt.

**Inhalt und Kommentar:** Auf der leeren Bühne; im Hintergrund eine helle, schräggestellte Wand mit einer Tür: *Gänge*, so sagen Forsythe und Simon, ist kein Ballett. Deshalb hat das Stück auch keine erkennbare Handlung. Die einzelnen Stationen lassen sich am ehesten mit Stichworten wie »Training«, »Probe« und »Aufführung« umreißen, auch wenn die drei Teile des Werks nicht unbedingt damit identisch sind. Oft überlappen sich diese Ausdrucksbereiche. In bruchstückhaften Szenen, die im I. Teil durch Blackouts voneinander getrennt sind, werden die Technik des Tanzes ausgeleuchtet, das Verhalten der Zuschauer dargestellt, der gesellschaftliche Umkreis der Künstler abgegrenzt. Im II. Teil, mit einer leuchtend roten Couch vor einem hellen Paravant im Mittelpunkt, wird der Probensituation gestisch wie sprecherisch ausgespielt. Im III. Teil, der eigentlichen »Aufführung«, in der die Bühne bis zu den Brandmauern geöffnet ist, greift Forsythe wieder insofern choreographisch auf Traditionen zurück, als er immer wieder auf die Diagonale romantischer und klassischer Ballette verweist. Die Schlußszene reflektiert noch einmal das Bewußtsein des Zuschauers. Forsythe und Simon möchten, wie sie sagen, die Geschichte des Balletts erzählen. Sie wollen den historischen Kontext, in dem Schritte und Bewegungen erscheinen, überprüfen. Das geschieht teilweise durch das Mittel der Sprache: Bewegungen des klassischen Balletts werden durch die Sprache beschrieben, in der Tänzer Ballett während der Probe, des täglichen Trainings und der Abendvorstellung erfahren. Gezeigt werden soll auch der stark isolierende Kreislauf im Leben eines Tänzers. Das gleiche Prinzip der Übersetzung findet seine Anwendung auf die Musik: Tänzer zählen Musik. Ob all das schon mit *Gänge* gelungen ist, bleibt offen. Die Autoren sichten zwar alle Materialien, die sie im Ballettberuf vorgefunden haben, sie stellen auch die Neoklassik eines George Balanchine, die Technik der Danse d'école, das mechanische Ballett der »Bauhaus«-Zeit ebenso zur Diskussion wie das absurde Theater, die Theorien des Nouveau roman und das moderne Tanztheater mitsamt seinen Minimal-dance-Experimenten. Aber eine Synthese der Materialien findet hier noch nicht statt, das durch den vielmonatigen Arbeitsprozeß veränderte Bewußtsein hat noch keine neuen Lösungen parat. Am Ende der *Gänge* herrscht noch Pessimismus. Forsythe und Simon betrachten ihre Arbeit deshalb auch als ein Forschungsprojekt zum Thema Ballett, das in nachfolgenden Arbeiten weitergeführt worden ist. – Werke wie *France/Dance* (Opéra-Comique, Paris 1983; Neueinstudierung Frankfurt a. M. 1984), *Artifact*

(Frankfurt a. M. 1984), *Steptext* (Frankfurt a. M. 1985) und *LDC* (Frankfurt a. M. 1985) markieren dabei die entscheidenden Stationen. In *France/Dance* setzt Forsythe seine Bild- und Textsprache in Beziehung zur Bewegungssprache. Er zeigt ihre Verwandtschaft auf, analysiert ihre Gesetzmäßigkeit, indem er eine Modellchoreographie wie Balanchines *Apollon musagète* (1928) immer wieder variiert. Dabei wird augenfällig, wie auch beim Tanz Bedeutung erst im Zusammenhang entsteht: Ein Schritt ist wie ein Buchstabe; eine Phrase gleicht einem Wort; eine Choreographie folgt der gleichen Logik wie ein Roman. Zugleich setzt Forsythe Geschichte in einen aktuellen Zusammenhang, definiert Ballett auf eine mehrdeutige Weise als Zeitkunst, indem er die Überlieferung als zeichenhaft verschlüsselte Relikte der kulturellen Vergangenheit behandelt: Monumente wie das Empire State Building, der Schiefe Turm von Pisa, die Akropolis sind in *France/Dance* zu Zeichen geworden, zu Sperrholzsymbolen, mit denen eine Liliputanerin ein geistreiches Spiel treibt. Johann Sebastian Bachs *Kunst der Fuge* wird dabei immer wieder kontrapunktiert durch Geräusche der Natur. Ähnlich verhält es sich auch mit *Artifact*, einem Ballett in fünf Teilen, dem Bachs Chaconne aus der *Partita für Violine d-Moll* (am Flügel frei variiert) zugrunde liegt. Forsythe untersucht nicht nur die Beziehung von Sprache und Tanz, indem er bestimmte Wortfamilien auswählt, die immer wieder um Begriffe wie »Denken« und »Sehen« kreisen. Auch der Zeichencharakter von Tanz und Sprache, ihre Formalisierung, wird überprüft, wenn er einer künstlich gewordenen Kunst die Rudimente einer bildnerischen Sprache, Piktogramme, entgegenstellt. In *LDC* greift Forsythe die Wortgruppe »Arbeiten«, »Gebrauchen« und »Funktionieren« auf und verändert sie in einer Art grammatikalischem Kreis unendlicher Wiederholung. Dabei werden die Tänzer selbst erklärtermaßen zum Text, zu den Schrifttafeln auf einem Riesenkubus von fünf Metern Seitenlänge, der die wichtigsten Bausteine des Theaters in sich vereint: Klang, vermittelt durch Lautsprecher; Licht in Gestalt von Scheinwerfern und Sprache, fixiert in jenen Schrifttafeln, nach denen die Darsteller zu handeln haben. Eine Ansagerin gibt die Befehle, ausgewählt aus 100 durchnumerierten Bewegungsfolgen. Zugleich werden sie Teil einer technisierten Welt, zum Opfer einer alptraumhaften Utopie, die jeden Zusammenhang mit Natur verloren hat. Diese kulturkritische Haltung, die den Zweifel am Sinn des technisch Machbaren mit den Mitteln der technischen Kommunikation inszeniert, prägt auch Forsythes Tanzstück *Die Befragung des Robert Scott †* (Frankfurt a. M. 1986).

**Aufführungsmaterial:** M: Peer, Hbg.; Ch: W. Forsythe
**Literatur:** H. SCHEIER, Endlich wird ein neues Terrain beschritten, in: Ballett 1982, Zürich 1982, S. 76; T. WÖRDEHOFF, Ein möglicher Tatort: Ballett. Produktions-Ber. über ›Gänge. Ein Stück über Ballett‹ v. W. F. an d. Frankfurter Oper, in: Ballett 1983, Zürich 1983, S. 4–10

*Hartmut Regitz*

*Gänge*, III. Teil; Elizabeth Corbett (links); Uraufführung der 2. Fassung, Ballett der Städtischen Bühnen, Frankfurt a. M. 1983. – Der klassische Tänzer als Material: Immer wieder werden die einzelnen Glieder einer Ballettdiagonale neu arrangiert.

# Wolfgang Fortner

Geboren am 12. Oktober 1907 in Leipzig, gestorben am 5. September 1987 in Heidelberg

## Die weiße Rose
→ Keith, Jens (1951)

## Bluthochzeit
### Lyrische Tragödie in zwei Akten (sieben Bildern)

**Text:** Federico García Lorca, *Bodas de sangre. Tragedia* (1933); Übersetzung aus dem Spanischen: Enrique Beck (eigtl. Heinrich Beck; 1952)
**Uraufführung:** 8. Juni 1957, Städtische Oper, Köln
**Personen:** die Mutter (dramatischer S); die Braut (S); die Magd (Mez); die Frau Leonardos (A); die Schwiegermutter Leonardos (A); die Bettlerin als Tod (A, ChansonR); das Kind (jugendlicher S, evtl. hohe Kinder-St.); ein Mädchen im 2. Bild (Kol.S); 3 Mädchen im 4. Bild (2 S, A); 2 Mädchen im 7. Bild (2 A); junger Holzfäller mit weißem Gesicht als Mond (T); Leonardo (Bar); 2 Burschen (2 T); 3 Gäste (3 Bar); die Nachbarin (Spr.); der Bräutigam (Spr.); der Vater der Braut (Spr.); 3 Holzfäller (Spr.). **Chor:** Gäste, Burschen, Mädchen, Nachbarinnen, Stimmen hinter der Szene. **Ballett:** Hochzeitsgäste
**Orchester:** 3 Fl (3. auch Picc), 2 Ob, E.H, 2 Klar, B.Klar, T.Sax, 2 Fg, K.Fg, 3 Trp, 3 Pos, Tb, Pkn, Schl (5 Spieler: gr.Tr, kl.Tr, RührTr, Tamburin, Bck, hängendes Bck, Trg, Kastagnetten, Rumbabirne, Xyl, Vibr, hoher Holzstab, Gong), Cel, 2 Mand, 2 Git, Hrf, Streicher; BühnenM: Picc, Ob, Klar (auch kl. Klar), Schl (3 Spieler: gr.Tr mit Bck, Tamburine, Trg, Kastagnetten), 2 Mand, 2 Git, 2 Vl, Kb
**Aufführung:** Dauer ca. 2 Std. 30 Min. – Ballett in I/4 und II/1. Die sieben Bilder sind durch instrumentale Zwischenspiele miteinander verbunden.

**Entstehung:** Der Komposition der *Bluthochzeit* ging eine Schauspielmusik für die lyrische Tragödie von García Lorca voraus, die Fortner für die Inszenierung von Karlheinz Stroux (Hamburg 1948) schrieb. Keimzelle für die spätere Oper war die dramatische Szene *Der Wald*, die erstmals im Hessischen Rundfunk am 25. Juni 1953 gesendet wurde.
**Handlung:** In Andalusien.
I. Akt, 1. Bild, gelb gestrichener Wohnraum im Haus der Mutter: Der Bräutigam ist auf dem Weg in den neuerworbenen Weinberg und bittet die Mutter um ein Messer, um Trauben zu schneiden. Sie fährt erschrocken auf, da die Vorstellung des Messers böse Erinnerungen in ihr wachruft; ihr Mann und ein anderer Sohn fielen Messerstichen zum Opfer, Bluttaten der feindlichen Sippe Félix. Um sie abzulenken, spricht der Sohn von seiner bevorstehenden Heirat. Die Mutter ist von seltsamen Vorahnungen erfüllt, verspricht jedoch aus Liebe zu ihrem Sohn, am nächsten Tag im Ödland um die Hand der Braut anzuhalten. Von einer Nachbarin erfährt sie, daß die Braut früher mit Leonardo Félix verlobt war, der aber nun ihre Cousine zur Frau hat. 2. Bild, rosa gestrichenes Zimmer im Haus Leonardos: Leonardos Frau und die Schwiegermutter wiegen das Kind in den Schlaf. Da kommt Leonardo, dessen Pferd in letzter Zeit häufig die Hufeisen verliert, vom Schmied zurück. Mißtrauisch forschend erwähnt seine Frau, er sei gestern bei einem Ritt im Ödland gesehen worden. Als sie von der bevorstehenden Heirat ihrer Cousine spricht, reagiert er barsch. 3. Bild, Inneres der in den Berg gehauenen Behausung der Braut: Bräutigam und Mutter sind zur Brautwerbung erschienen. Der Brautvater ist rasch einverstanden. Die Hochzeit wird für die kommende Woche festgesetzt; der herbeigerufenen Braut werden die Geschenke überreicht. Als die Magd Leonardos gestrigen Ritt durch das Ödland erwähnt, ist die Braut verstört. Wieder hört man Pferdegetrappel; auch diesmal ist es Leonardo, der am Haus vorbeijagt. 4. Bild, großer Vorraum im Heim der Braut: Am Morgen des Hochzeitstags ist die Braut nur widerstrebend bereit, sich den Brautkranz aufsetzen zu lassen. Da erscheint als erster Gast Leonardo. Er erinnert an das frühere Verlöbnis und wirft ihr vor, ihn wegen seines bescheidenen Besitzes abgewiesen zu haben. Inzwischen treffen auch die übrigen Gäste ein; die Braut drängt darauf, möglichst rasch zur Kirche zu fahren.
II. Akt, 1. Bild, vor der in den Berg gehauenen Behausung der Braut: Die Hochzeitsgäste kehren zurück. Der Anblick der feindlichen Sippe läßt bittere Gefühle in der Mutter aufsteigen. Die Braut, schwermütig in sich versunken, begibt sich unter dem Vorwand, ausruhen zu wollen, ins Haus. Die Gäste fordern das Brautpaar auf, den Bänderreigen zu tanzen. Aber die Braut ist verschwunden. Auch Leonardo ist nirgends aufzufinden. Eilig macht sich der Bräutigam

*Bluthochzeit*, I. Akt, 4. Bild; Anny Schlemm als Braut, Ernst Grathwol als Leonardo; Regie: Erich Bormann, Ausstattung: Walter Gondolf; Uraufführung, Städtische Oper, Köln 1957. – Unabhängig von der Handlung, gleichgültig gegenüber der Dekoration und ohne Rücksicht auf den musikalischen Stil bleibt der Gestus des Opernduetts immer der gleiche: nicht aus willkürlicher Konvention, sondern gewissermaßen unter dem Zwang der Musik und ihrer Vermittlung an das Publikum.

zur Verfolgung in den nahen Wald auf. 2. Bild, im Wald, Nacht: Drei Holzfäller kommentieren die Ereignisse der gestörten Hochzeitsfeier. Ein weiterer Holzfäller mit bleichem Gesicht will als Mond den Wald hell erleuchten, in dem der Kampf der beiden Männer stattfinden soll. Die Bettlerin als Tod weist dem Bräutigam den Weg. Die beiden Fliehenden werden kurz sichtbar; später vernimmt man zwei Schreie: Leonardo und der Bräutigam haben sich gegenseitig erstochen. 3. Bild, weißer Raum mit Bögen und dicken Mauern: In Zorn und Verzweiflung schlägt die Mutter die Braut, die von ihr den Tod erfleht. Doch die Mutter wendet sich von ihr ab und beschwört in großer Klage jenes Messer, durch das zwei Männer, schicksalhaft vorbestimmt, den Tod fanden.

**Kommentar:** Fortners *Bluthochzeit* steht ebenso wie seine zweite García-Lorca-Vertonung *In seinem Garten liebt Don Perlimplín Belisa* (1962) in der Tradition der modernen Literaturoper. Im Mittelpunkt des mythisch-zeitlosen, symbolhaft überhöhten Geschehens steht die Figur der Mutter, die die schicksalhaften Mächte der Lebensverstrickung verkörpert, denen die handelnden Subjekte unterworfen und ausgeliefert sind. Um den Charakter des Wortdramas in seiner Spannung zwischen lyrischen Partien und den Prosadialogen, die die Handlung vorwärtstreiben, zu wahren, reicht Fortners Interpretation des Texts von gesprochenen Dialogen über melodramatisch untermalte Partien bis hin zu lyrischen Kantilenen und zuweilen weitgespanntem Espressivo. Die Grundelemente der streng konstruierten Partitur werden gleich zu Beginn des 1. Bilds exponiert: Eine von den Holzbläsern vorgetragene Zwölftonstruktur, eine in der Oboe angedeutete Volksliedmelodie, ein rhythmisches Modell in der Gitarre und ein polytonaler Akkord in Flöten und Klarinetten sind die Keimzellen, auf denen der musikalische Verlauf basiert und die im Sinn des Schönbergschen Prinzips der entwickelnden Variation vielfältige Gestalt gewinnen und jedem der sieben Bilder einen spezifischen Grundton verleihen. – Der Gefahr, die in García Lorcas lyrischer Tragödie thematisierte Blutrache in veristisch-krasser Manier auszukomponieren, tritt Fortner durch musikalische Zurücknahme entgegen. So wird der Tod der beiden Rivalen durch zwei nur von einem Schlagzeugwirbel begleitete Schreie angedeutet; die finstere Atmosphäre des Walds, Sinnbild der ausweglosen Situation, wird durch einen Kanon zweier Soloviolinen mit sparsamer Schlagzeugbegleitung musikalisch eingefangen; das Liebesgeständnis der Braut an Leonardo erfolgt, Debussys *Pelléas et Mélisande* (1902) nicht unähnlich, in äußerstem Pianissimo. Von Zurücknahme zeugen auch die folkloristischen Elemente der Partitur. Zwar scheinen andalusische Volksweisen auf (ein Bolerorhythmus, ein Springtanz), doch sind sie der Fortnerschen Musiksprache, die eher auf Distanzierung abzielt, amalgamiert und treten nur stilisiert in Erscheinung.

**Wirkung:** *Bluthochzeit* wurde anläßlich der Eröffnung des neuerbauten Kölner Opernhauses 1957 unter der Leitung von Günter Wand uraufgeführt (Mutter: Natalie Hinsch-Gröndahl). Die Oper ist das bisher erfolgreichste Bühnenwerk Fortners und gilt als Klassiker des modernen Musiktheaters. Bereits 1958 in Bremen nachgespielt, erlebte sie Inszenierungen unter anderm in Zürich 1966 (Mutter: Hilde Zadek; Dirigent: Armin Jordan), Gelsenkirchen 1969, Lübeck 1970 (Martha Mödl; Dirigent: Fortner), Dortmund, Nürnberg und Kiel 1976, Mannheim 1977, Aachen (Mödl; Dirigent: Jean-François Monnard), Wiesbaden 1982 (Ingrid Steger; Dirigent: Siegfried Köhler) und Düsseldorf 1986 (Mödl; Dirigent: Hans Wallat). García Lorcas lyrische Tragödie bildet auch die Stoffgrundlage für Gades' Ballett *Bodas de sangre* (Madrid 1974).

**Autograph:** beim Komponisten. **Ausgaben:** StudienPart: [Neufassung d. Zwischenspiele 1963]: Schott, Nr. ED 5032; Kl.A: Schott [1957], Nr. ED 4934; Textb.: Schott 1957. **Aufführungsmaterial:** Schott
**Literatur:** W. FORTNER, ›Bluthochzeit‹ nach Federico García Lorca, in: Melos 1957, H. 3, S. 71–73; Wolfgang Fortner. Eine Monographie, hrsg. H. Lindlar, Rodenkirchen 1960 (Kontrapunkte. 4.); U. STÜRZBECHER, Werkstattgespräche mit Komponisten, München 1973, S. 101–111

*Monika Schwarz*

## In seinem Garten liebt Don Perlimplín Belisa
### Vier Bilder eines erotischen Bilderbogens in der Art eines Kammerspieles
2 Akte (4 Bilder)

**Text:** Federico García Lorca, *Amor de Don Perlimplín con Belisa en su jardín. Aleluya erótica en cuatro cuadros* (1933), nach der Farce *Le Cocu magnifique* (1920) von Fernand Crommelynck; Übersetzung aus dem Spanischen: Enrique Beck (eigtl. Heinrich Beck; 1954)
**Uraufführung:** 10. Mai 1962, Schloßtheater, Schwetzingen, Ensemble der Bühnen der Stadt Köln
**Personen:** Don Perlimplín (hoher lyrischer Bar); Belisa (hoher S); Marcolfa, Dienerin Don Perlimplíns (A); Belisas Mutter (Kol.S); 2 Koboldchen (2 S). **Kammerchor. Ballett:** einige Tänzer und Tänzerinnen
**Orchester:** Fl (auch Picc), Ob, E.H, Klar, B.Klar, Fg, K.Fg, 2 Hr, 2 Trp, Pos, Pkn, Schl (3 Spieler: gr.Tr [auch mit Fußbedienung], kl. RührTr, kl. Becken, Gong, tiefer Gong, Trg, Kastagnetten, Holzblock, hoher Holzstab, Xyl, Vibr, Glocken, 5 Bongos), Cel, Git, Hrf, Streicher; BühnenM: Fl, Cemb, Tonb (5 elektron. Pfiffe)
**Aufführung:** Dauer ca. 1 Std. 15 Min. – Kammerchor teils im Orchester, teils hinter der Bühne aufgestellt. Choreographische Tanzeinlage in II/2.

**Entstehung:** Über die Notwendigkeit von Musik in Verbindung mit seinem *Don Perlimplín* hatte sich García Lorca selbst geäußert: »Das Werk lehnt sich auf die Musik wie eine kleine Kammeroper. Die kurzen Zwischenaktmusiken sind verquickt mit Sonatinen von Scarlatti, und der Dialog wird fortwährend von Akkorden und Hintergrundmusik unterbrochen« (vgl. Beck, s. Lit.). Fortners Vermutung, daß García Lorca »an die Möglichkeit dieses Theaterstücks für und nicht nur mit Musik« gedacht habe (Fortner, S. 106, s. Lit.), scheint nicht nur durch García Lorcas Hinweis bestätigt, sondern auch durch die Poetik der Prosasprache, durch die in der Dichtung direkt angesprochene Musik (in Belisas zweiter Kanzone) und die hochstilisierten Verse der Kanzonen (für Belisa und Perlimplín) und der Serenade (für unsichtbare Stimmen), in denen formale Gliederungen vorgegeben sind, die ein Komponist unmittelbar übernehmen kann. So ist zumindest der immerhin nicht gewöhnliche Umstand erklärlich, weshalb dieser »erotische Bilderbogen« eines Dichters des 20. Jahrhunderts mehrfach für das Musiktheater herangezogen wurde. Bereits das viel konkretere Eifersuchtsdrama des belgischen Dramatikers Crommelynck war von Berthold Goldschmidt als Tragikomödie vertont worden (*Der gewaltige Hahnrei*, 1932). García Lorcas Stück hatten Luigi Nono zu einer Ballettmusik (Tatjana Gsovskys *Der rote Mantel*, 1954) und Bruno Maderna zu einer Funkoper (*Don Perlimplin ovvero Il trionfo dell'amore e dell'imaginazione*, Radiotelevisione Italiana Rom 1961) inspiriert. Nach Fortner, der die Oper als Auftragswerk des Süddeutschen Rundfunks für die Schwetzinger Festspiele komponierte, vertonten auch Claude Arrieu (*Don Perlimplín,* Tours 1980) und Balduin Sulzer (*In seinem Garten liebt Don Perlimplín Belisa*, Linz 1984) das Kammerspiel.

**Handlung:** In Don Perlimplíns Haus und Garten.
I. Akt, 1. Bild, »Vorspiel«, Don Perlimplíns Haus, im Hintergrund Belisas Balkon: Der reiche, alternde Don Perlimplín schickt sich auf Betreiben seiner Dienerin Marcolfa an, um die Hand der schönen, jungen Belisa anzuhalten. Seiner Werbung stimmt Belisas Mutter freudig zu. 2. Bild, Raum bei Perlimplín, in der Mitte ein großes Himmelbett mit Federbüschen: In der Hochzeitsnacht ist Perlimplín, der Belisas »weißen Leib« durch das Schlüsselloch betrachtet, von ihrer sinnlichen Ausstrahlung überwältigt und möchte ihre Sexualität beseelen. Belisas Liebesdurst aber ist universal. Das weitere Geschehen entzieht sich dank eines Schleiers, den zwei witzig-ironische Koboldchen vorziehen, den Blicken. Am nächsten Morgen trägt Perlimplín goldene Hörner, und fünf Türen stehen weit offen. Durch sie kamen offenbar fünf Liebhaber, Vertreter aller fünf Rassen: erotische Wunschgebilde Belisas. Perlimplín hingegen stößt durch dies Erlebnis in einen Phantasiebereich vor, der die Grundsätze bürgerlicher Moral übersteigt, und imaginiert einen Jüngling mit roter »capa« (Umhang).
II. Akt, 1. Bild, Perlimplíns Eßzimmer, die Perspektiven sind verzeichnet: Perlimplín überzeugt sich im Gespräch mit Belisa von den Wirkungen seines Phantasiegeschöpfs. Belisa ist zu dem mysteriösen Jüngling, der sich nie zeigt, doch glühende Briefe schreibt, in Liebe entbrannt. Und Perlimplín beschließt, durch das Opfer seines Lebens Belisa mit einer Seele zu begaben. 2. Bild, Zypressen- und Orangengarten: Mit Hilfe Marcolfas hat Perlimplín ein Treffen zwischen ihr und dem Jüngling vereinbart, zu dem sich Belisa am Abend erwartungsvoll im Garten einfindet. Perlimplín tritt hinzu, macht dunkle Andeutungen und stürzt, scheinbar eifersüchtig, mit einem Dolch davon. Taumelnd tritt der Jüngling mit der roten Capa in den Garten und stirbt in Belisas Armen. Sie erkennt die Seele ihres Gatten erst durch das Opfer seines Lebens.

**Kommentar:** García Lorcas irreal-traumhaftes Kammerspiel bezieht auch Momente von Groteske und Tragik ein. Grotesk und marionettenhaft wirkt vor allem Belisas Mutter, deren Partie Fortner mit gestelzt wirkenden Koloraturen und mit einer holprigen Diktion ausstattete. Der literarischen Vorlage, die auf psychologische Intimität zielt, entsprechen kammermusikalische Instrumentierung mit hellem, silbrigem Klang (Celesta, Vibraphon, Cembalo), fein abgestufte Wechsel von Gesang, Sprechgesang und gesprochenem Wort und überwiegend hohe Stimmlagen. Die vier Bilder, die Fortner in zwei Akte gliederte, entsprechend der sich ändernden psychologischen Moti-

*In seinem Garten liebt Don Perlimplín Belisa*, I. Akt, 2. Bild; Ernst Gutstein als Perlimplín, Lia Montoya als Belisa; Regie: Oscar Fritz Schuh, Bühnenbild: Teo Otto; Uraufführung, Ensemble der Bühnen der Stadt Köln, Schloßtheater, Schwetzingen 1962. – Der gehörnte Perlimplín deckt Belisa mit einem Zartgefühl zu, das etwas von der Entsagung ahnen läßt, mit der er sich für den Traum opfern wird, den er von ihrem wahren Wesen in sich trägt.

vation Perlimplíns (zunächst passiv, dann aktiv in der Erfindung des Jünglings mit der Capa und dem Entschluß zum Selbstmord), haben einen jeweils spezifischen musikalischen Charakter: das 1. Bild (Vorspiel) ist ein lyrisches Scherzo, das 2. ein Kanon (»Nachtkanon«), das 3. ein Duett, das letzte eine Serenade. Die autonome, aus einer Zwölftonreihe abgeleitete Struktur des Werks (jedes Bild basiert auf einer Permutation der Reihe) ist weniger illustrativ eingesetzt; sie realisiert vielmehr eine »höhere inkommensurable Berührung von Dichtung und Musik« (Friedhelm Döhl, s. Lit.). Die stilisierte, assoziationsreiche Sprache García Lorcas, das Marionettenhafte und Imaginäre der »Handlung« und die Mehrdeutigkeit der Gestalt Belisas spiegeln sich in der Musik wider. So gemahnt das Cembalo als Instrument und in der Ornamentik seiner Stimme (Vorschläge, Praller, Mordente) an barocke Kammermusik, die Gitarre und der Bolerorhythmus der Serenade an spanisches Lokalkolorit, ohne daß damit jedoch ein eindeutiger Bezug auf Zeit und Ort der Ereignisse hergestellt werden soll. Zudem ist eine Irrealisierung des Klangs durch die Plazierung einzelner Instrumente und des Kammerchors angestrebt, der seine Position mal im Orchestergraben, mal hinter der Bühne einnimmt. Und nicht zuletzt verweist bereits die musikalische Einleitung zum Vorspiel, in der der Chor fünfstimmig den Titel des Werks singt, das folgende Spiel in den Bereich des Irrealen. – Die musikalisch strenge Form, die nach Fortners Worten in *Don Perlimplín* den Typus der Arie ersetzt, findet sich in den Kanzonen, aber beispielsweise auch in Belisas »Adagio« (II/1), wo als Begleitung zu ihrem Gesang »in den Instrumenten ein rhythmischer Doppelkanon in der anderthalbfachen Vergrößerung [ertönt] quasi als ihr eigener Rhythmus und der des vorgestellten Liebhabers, dessen größeren Schritt sie liebend verfolgt« (Fortner, s. Lit.). Daneben gibt es locker gefügte, quasi improvisatorische Teile, die den Commedia-dell'arte-Geist des Stücks unterstreichen.
**Wirkung:** Die Uraufführungsproduktion (Perlimplín: Ernst Gutstein, Belisa: Lia Montoya; Dirigent: Wolfgang Sawallisch, Inszenierung: Oscar Fritz Schuh, Bühnenbild: Teo Otto) wurde 1963 an das Opernhaus Köln übernommen und anläßlich der Berliner Festwochen 1963 als Gastspiel im Theater des Westens gezeigt. In den 60er Jahren wurde *In seinem Garten liebt Don Perlimplín Belisa* mehrfach inszeniert, zum Beispiel in Dortmund, Darmstadt (mit Horst Schäfer, Gertie Charlent; Dirigent: Hans Drewanz) und München 1965 (Cuvilliéstheater; Hans Günter Nöcker, Ingeborg Hallstein; Inszenierung: Hans Hartleb, Dirigent: Meinhard von Zallinger), Lübeck 1966 (Rolf Oberste-Brink, Barbara Rondelli; Inszenierung: Ulrich Melchinger). 1974 waren in Wiesbaden (Hermann Becht, Ella Lee) und Wuppertal (Willi Nett, Paula Page) zwei verschiedene Inszenierungen von Kurt Horres zu sehen. Die Hochschule für Musik und darstellende Kunst Hamburg spielte die Oper 1981 (Inszenierung: Ulrich Wenk). 1984 besorgte Klaus-Henning Eschrich eine Inszenierung in Oldenburg.

**Autograph:** beim Komponisten. **Ausgaben:** Kl.A: Schott 1962, Nr. ED 5266; Textb.: Ffm., Insel 1954, Nachdr. Schott 1962, Nachdr. auch in: Ph. Staatstheater, Oldenburg 1984. **Aufführungsmaterial:** Schott
**Literatur:** E. BECK, In seinem Garten liebt Don Perlimplín Belisa, in: Melos 1962, S. 109–111; W. FORTNER, Wieder ein Lorca?, ebd.; F. DÖHL, Oper als lyrisches Kammerspiel, in: NZfM 125:1964, S. 183–187; weitere Lit. s. S. 270

*Monika Schwarz*

# Elisabeth Tudor
**Szenen aus dem Leben der Regentinnen Elisabeth der Ersten von England und Maria Stuart, Königin von Schottland, ehemaliger Königin von Frankreich, Prätendentin der englischen Krone, Königsmörderin, Gattenmörderin, Verschwörerin, hingerichtet 1587 zu Fotheringhay**
3 Akte, Epilog

**Text:** Mattias Braun; Bearbeitung: Wolfgang Fortner
**Uraufführung:** 23. Okt. 1972, Deutsche Oper, Berlin
**Personen:** Elisabeth Tudor, Königin von England (Mez); Maria Stuart, Königin von Schottland (S); Herzog von Norfolk (Bar), Graf von Leicester (Bar), Nicolas Bacon (CounterT), Arundel (T), Gresham (T), Walsingham (B) und Cecil (B), englische Peers; Murray, ein schottischer Adliger (T); 5 schottische Barone (T, 2 Bar, 2 B); Tyrrel, ein schottischer Soldat (Bar); Diener Norfolks (B); Bänkelsängerin (A, ChansonR); eine Stimme von draußen (A); Herr Toorlittlegood, Herr Jeremy, Herr Goliath, Amyas Paulet, Lord Oberrichter, geheimer Bevollmächtigter der Königin Elisabeth, Amtsperson (7 Spr.). **Chor** mit Kinderchor. **Statisterie:** Bothwell, 1. und 2. Bote, ein Mann, eine Frau, Fischer, Wachsoldaten, Cortège des Herzogs von Norfolk, Jagdgefolge, Allegoriendarsteller, Städter, herumziehende Verelendete, Musiker und Musikermimen, Volksmenge
**Orchester:** 2 Fl (2. auch Picc), A.Fl, 2 Ob, E.H, kl. Klar, 2 Klar, B.Klar, A.Sax, 2 Fg, K.Fg, 3 Trp, B.Trp, 3 Pos (3. auch B.Pos), Tb, Pkn, Schl (mindestens 3 Spieler: Xyl, Vibr, Marimbaphon, Glsp, 3 Bongos, Holzblock, Claves, Trg, hohes, mittleres u. tiefes Bck, gr. Gong, Tamtam, kl.Tr, RührTr, gr.Tr mit Bck, JazzSchl ad lib.), Cel, elektr. Org, elektr. Git, Lt, Hrf, Streicher; 3 Musikergruppen: 1. auf d. Bühne: A.BlockFl, 2 Trp, 2 Pkn, gr.Tr mit Bck; 2. v. Tonb: Vl, E.H, Fg, Pos; 3. v. Tonb: 2 Vl, 2 Va, 2 Vc
**Aufführung:** Dauer ca. 3 Std. – Gesprochene Dialoge. Musiker und Musikermimen im Saal und auf der Bühne; Volksmenge auf und hinter der Bühne; Kinderchor und Chor werden vom Tonband eingespielt. Tonbänder mit den elektronischen Klängen (von Hans Peter Haller) und der Jagdhornmusik sind vom Experimentalstudio der Heinrich-Strobel-Stiftung des Südwestfunks Baden-Baden erhältlich.

**Entstehung:** Das Werk entstand als Auftragskomposition der Deutschen Oper Berlin 1968–71. Vor der Aufführung distanzierte sich Braun von der Bearbeitung seines Texts durch Fortner.

**Handlung:** In England und Schottland, 1567–87, zur Zeit der Abdankung Maria Stuarts vom schottischen Thron und ihrer Hinrichtung zu Fotheringhay.
I. Akt, 1. Bild: im Parlament von Edinburgh; 2. Bild: im Haus Norfolks in London; 3. Bild: in der Bucht von Solway, Nacht, Sturm; 4. Bild, im Kronrat in London; 5. Bild: Straße in London; 6. Bild: Zimmer im Schloß von Carlisle; II. Akt, 1. Bild: am Hof in London, großer Festsaal mit Öffnungen zu den Nebensälen; 2. Bild: Gegend bei Schloß Bolton, Nacht; 3. Bild: Gegend von Bolton; 4. Bild: Straße in London; 5. Bild: andere Straße in London; 6. Bild: Raum im Tower; III. Akt, 1. Bild: in der Kleiderkammer der Peers; 2. Bild: Garten von Schloß Fotheringhay; 3. Bild: Straße in London, Nacht; 4. Bild: Versammlung der Peers in London; 5. Bild: Zimmer auf Schloß Fotheringhay; Epilog, 1. Bild: Fotheringhay; 2. Bild: Straße in London; 3. Bild: vor Bacons Haus; 4. Bild: Fotheringhay; 5. Bild: Westminster-Galerie; 6. Bild: leere Bühne.

I. Akt: Im Parlament in Edinburgh wird Maria der Mitschuld am Tod ihres Gatten Henry Stewart Lord Darnley bezichtigt, ihrer Königswürde enthoben und verbannt. Von ihrer Flucht nach England berichtet Tyrrel, ihr Diener und Vertrauter, im Haus des Herzogs von Norfolk und bittet um Hilfe. Bei Nacht und Sturm trifft die verzweifelte und erschöpfte Maria in der Bucht von Solway mit Norfolk zusammen. Er weist ihr Schloß Carlisle als Aufenthalt zu. Im englischen Kronrat führen die Peers einen aufgeregten Diskurs: Die Kräfte der Gegenreformation stiften Unruhe; man möchte sich der katholischen Maria entledigen, da sie als legitime Erbin der englischen Krone eine Gefahr für Englands Politik darstellt. Elisabeth weist die Peers in die Schranken. Marias Leben soll nicht gefährdet werden. Doch beauftragt sie den ihr nahestehenden Norfolk, Marias Schuld oder Unschuld am Tod Darnleys zu klären. Norfolk, als Marias Feind gekommen, scheidet als ihr heimlicher Verlobter und erhält als Unterpfand ihr Halskruzifix.

II. Akt: Die Peers kommentieren Marias Freisprechung, Norfolks Sinneswandel gibt Anlaß zu Verdacht. Elisabeth erscheint als souveräne, rationale Herrscherin, die unnötiges Blutvergießen vermeiden möchte. Flucht- und Umsturzpläne von Maria und Norfolk werden aufgedeckt, und Norfolk wird des Hochverrats überführt. Nachdem die tief getroffene Elisabeth den Hinrichtungsbefehl erteilt hat, bricht sie ohnmächtig zusammen.

III. Akt: Die politischen Ereignisse spitzen sich zu. Die Gegenreformation zieht immer weitere Kreise. Ein Attentat auf Elisabeth kann gerade noch abgewendet werden. Sie unterzeichnet ein Gesetz, das bei Konspiration die Todesstrafe vorsieht. Während die Nachricht von einer neuen Verschwörung Marias Elisabeth noch zögern läßt, bringt das Zusammentreffen der Rivalinnen die Wende: Elisabeth bietet der seit 20 Jahren in Schutzhaft lebenden Maria Fluchthilfe an, falls sie auf den Thronanspruch verzichtet. Nach innerem Kampf ist Maria bereit. Sie wirft sich Elisabeth zu Füßen; als sie das Kruzifix zum Mund führt, weicht Elisabeth angewidert zurück. Der lange zurückgehaltene Haß, Resultat persönlicher Ranküne wie unterschiedlicher Religions- und Staatsauffassungen, bricht hervor. Marias Ende ist besiegelt.

Epilog: Vor Gericht werden Maria erneut Umsturz- und Mordpläne vorgeworfen. Das Volk demoliert eine große Puppe, die Maria darstellt und mit einem Schild »Die Pest« versehen ist. Einige Bürger sinnieren über die politischen Hintergründe der Ereignisse und den Gang der Geschäfte. Maria Stuart betont vor Gericht erneut ihre Unschuld. Elisabeth unterschreibt das Todesurteil. Eine Amtsperson bestätigt dessen Vollstreckung.

**Kommentar:** Das dramaturgisch an William Shakespeare orientierte Libretto sucht durch die Einbeziehung des Volks und einzelner seiner Vertreter, durch Mittel der Ironie (Bacons pseudophilosophisches Räsonnieren) und des Schaurig-Grotesken (Bänkelsängerin) ein die aristokratische Welt überschreitendes Zeitbild zu vermitteln, leidet jedoch an teilweise undeutlicher Szenenführung, die in dem Versuch historischer Detailtreue begründet scheint. Allerdings bietet

*Elisabeth Tudor*, II. Akt; Helga Dernesch als Elisabeth; Regie: Werner Kelch; Uraufführung, Deutsche Oper, Berlin 1972. – Der Prunk, mit dem das Hoffest gefeiert wird, kontrastiert grell mit dem inneren Elend, dem Elisabeth, hin und her gerissen zwischen Rachsucht und enttäuschter Liebe, ausgesetzt ist. Die Distanz zwischen ihr und den andern ist unüberbrückbar.

es Möglichkeiten für vielfältige musikalische Idiome, die Fortner sich zunutze macht. Seine Musiksprache reicht von streng organisierten Partien über frei improvisierte, vom stilisierten Moritatenton über Jazzanklänge bis zu Zitat und Collage altenglischer Tänze, großangelegten Choreinlagen und Verwendung elektronischer Mittel. Ein Gegengewicht zur komplexen, mitunter denaturalisierten Deklamation der Vokalstimmen bilden die umfangreichen Sprechpartien.
**Wirkung:** Der Uraufführung (Elisabeth: Helga Dernesch, Maria: Colette Lorand, Norfolk: Hans Günter Nöcker; Inszenierung: Werner Kelch, Dirigent: Gerd Albrecht) folgte bereits nach einem Monat eine Inszenierung von Imo Moszkowicz in Zürich (Hildegard Hillebrecht, Ellen Kunz, Roland Hermann; Dirigent: Ferdinand Leitner). Weitere Einstudierungen gab es in München 1973 und Köln 1974, ohne daß sich *Elisabeth Tudor* in den Spielplänen behaupten konnte.

**Autograph:** beim Komponisten. **Ausgaben:** Kl.A v. W. Steinbrenner: Schott 1972, Nr. ED 6571. **Aufführungsmaterial:** Schott
**Literatur:** H. H. STUCKENSCHMIDT, Großer königlicher Streit in F.s ›Elisabeth Tudor‹, in: Melos 39:1972, H. 6, S. 363–366; weitere Lit. s. S. 270

*Monika Schwarz*


# Lukas Foss
Eigentlich Lukas Fuchs; geboren am 15. August 1922 in Berlin

## The Jumping Frog of Calaveras County
Comic Opera in Two Parts

### Der springende Frosch von Calaveras
2 Teile

**Text:** Jean Karsavina (geb. Faterson), nach der Skizze *The Celebrated Jumping Frog of Calaveras County* (1865) von Mark Twain (eigtl. Samuel Langhorne Clemens)
**Uraufführung:** 18. Mai 1950, Indiana University, Bloomington
**Personen:** Smiley, Besitzer des Froschs (T); Onkel Henry, Wirt (Bar); Lulu, dessen Nichte (Mez); der Fremde (B); der Gitarrespieler (Bar); 2 Würfelspieler (T, B). **Chor:** Goldgräber, Frauen, Kinder
**Orchester:** Fl (auch Picc), Ob, 2 Klar, Fg, Hr, 2 Trp, Pos, Tb, Schl (RührTr, gr.Tr, Bck, hoher Holzblock, Trg), Kl, Streicher
**Aufführung:** Dauer ca. 1 Std. – Streicher solistisch oder mehrfach besetzt. Auch mit Klavierbegleitung aufführbar.

**Handlung:** In Calaveras, einem typischen Städtchen der Goldrauschtage. 1. Teil, Onkel Henrys Schenke: Stolz der Stadt ist Daniel Webster, der Frosch mit dem unerhörten Sprungvermögen. Sein Besitzer Smiley, Schankwirt Onkel Henry und dessen Nichte Lulu verbreiten Daniels Lob und träumen vom Ruhm des Städtchens. Ein Fremder wettet, daß ein beliebiger anderer Frosch weiter springen wird als Daniel. Heimlich läßt er diesen eine Handvoll Schrot schlucken. 2. Teil, auf der Kreuzung der beiden Straßen von Calaveras: Alle Einwohner beteiligen sich als Nebenwetter an der Herausforderung, während sich die schöne Lulu von dem Fremden verführen läßt. Der herbeigeschaffte Frosch springt kläglich, Daniel dagegen gar nicht. Höhnend und mit allem Wettgeld verzieht sich der Fremde. Die Klage des Städtchens um den entgangenen Ruhm verwandelt sich in Empörung, als der Betrug entdeckt wird. Der Fremde wird gestellt und ohne das Geld davongejagt.
**Kommentar:** Mark Twains Farce führt mit bisweilen bösartiger Ironie die auch für den Westen Amerikas typische Manie ad absurdum, vom Hundertsten ins Tausendste zu kommen, dabei den Gegenstand der Suche oder Erzählung auszusparen und die Ersatzobjekte in ein Geflecht von Unwichtigkeiten einzuspinnen. Gesucht wird auf Anfrage eines Freundesfreunds ein Reverend Leonidas W. Smiley; erzählen läßt sich der Berichterstatter von einem gewissen Jim Smiley, zu dessen Sammelleidenschaften eben auch die für Springfrösche gehört. Die Geschichte des Wettbewerbs entwickelt sich mit jener Zufälligkeit, mit der von ihr berichtet wird, und nimmt kaum ein Viertel des Texts ein. Mark Twains beiläufiger Erzählstil offenbart seinen Zweifel am Wert der beschriebenen Dinge; die Erzählung sollte eher als kommunikationstheoretische Studie begriffen werden. Vielleicht aus Protest gegen den Ruhm als Spaßmacher der amerikanischen Pionierzeit, den ihm die humoristische Erzählung mit einem Schlag eintrug, vielleicht auch als Widerruf gab er 1875 dem Abdruck der Geschichte und ihrer französischen Übersetzung eine Rückübersetzung von pointierter Fehlerhaftigkeit bei. Als Modell und Ausgangsbasis für ein zeitgemäßes Werk des Musiktheaters bot sich *The Jumping Frog of Calaveras County* für Foss mithin geradezu an, als er 1948 nach einem Opernstoff suchte. Aber Foss überführte Mark Twain aus der Indifferenz der Haltungen und Vorgänge in eine präzise und biedere Story nach dem Muster: Stolz / herausgeforderte Eitelkeit / Wettglück / Scham des Betrogenen. Die Biederkeit auch der Dramaturgie erweist sich im von Foss hinzugefügten Rache-und-Strafe-Finale. In Fügung, Orchestration und gelegentlich auch im Satz kokettiert *The Jumping Frog* mit der Opera buffa des 18. Jahrhunderts. Grundlage des musikalischen Idioms ist die Neotonalität im Stil des mittleren Paul Hindemith. Charakteristisch ist die rhythmische Exaktheit bei wechselnden Metren. Sanglichkeit und Faßbarkeit sind geradezu gesucht. Die Instrumentation ist von gelegentlich aphoristischem Anspruch. Volksmusik bis hin zum Jazz wird einbezogen.
**Wirkung:** Allein in den ersten fünf Jahren erlebte *The Jumping Frog of Calaveras County* in den Vereinigten

Staaten 36 Inszenierungen, in Europa acht, darunter Köln 1956, Wiesbaden 1959, Berlin (Amerika-Haus) 1960, Linz und Wien 1964, Bremen 1965. Die erste New Yorker Aufführung wurde von der »After Dinner Opera Company« bewerkstelligt, bis Aug. 1958 war die Oper 70mal inszeniert unter anderm an den Universitäten von Alabama, Denver, North Carolina, Stanford, Texas, Sacramento und der University of California. 1958 ergänzte der Komponist das Werk um die Einlage »Lulus Song of the Lovely Man«. 1980 wurde von Radiotelevisione Italiana Rom eine italienische Bearbeitung (*La rama salterino*) von Antonio Gronen-Kubitzki gesendet. Der Erfolg dieser komischen Oper überstrahlte den von Foss' nachfolgenden Bühnenwerken, zum Beispiel der dreiaktigen Fernseh-Märchenoper *Griffelkin* (Tanglewood, MA 1956), bei weitem.

**Autograph:** Verbleib unbekannt. **Ausgaben:** Part: Fischer, NY 1951, 1958; Kl.A: ebd. 1951; Kl.A, dt. Übers. v. H. Stüwe: Lienau [1956]; Textb.: NY, Fischer 1951. **Aufführungsmaterial:** Fischer, NY; Übers. Stüwe: Lienau
**Literatur:** H. G. HAWN, A Survey of 141 Chamber Operas and Related Works by American Composers from 1947 through 1956, Ann Arbor, MI 1984, Diss. Indiana Univ. 1966, Teil 2, S. 702–728

*Matthias Theodor Vogt*

## Introductions and Good-Byes
A Nine-Minute Opera

**Vorstellungen und Verabschiedungen**
1 Bild

**Text:** Gian Carlo Menotti
**Uraufführung:** 5. Mai 1960, Avery Fisher Hall, Lincoln Center (?), New York
**Personen:** Mr. McC., der Gastgeber (Bar); ein Diener (stumme R); 9 Gäste (stumme R: 4 Frauen, 5 Männer).
**Chor** oder Solistenquartett (S, A, T, B)
**Orchester:** Fl, Klar, Fg, Hr, Trp, Schl (Xyl, Tamburin, Bck, Trg, Türglocke), Hrf ab lib., Kl, Streicher
**Aufführung:** Dauer 9 Min. – Chor beziehungsweise Solistenquartett im Orchesterraum plaziert; Streicher solistisch oder in Gruppen. Das Werk kann in mehreren Varianten aufgeführt werden: 1. als szenische Oper mit vollständiger Rollenbesetzung und a) Instrumentalensemble oder b) Klavier und Xylophon oder c) mit Klavier (ein oder zwei Spieler); 2. konzertant mit vollständiger Rollenbesetzung und mit a), b) oder c); 3. als Arie für Baritonsolo (die andern Vokalpartien entfallen) und mit a), b) oder c). Die Rollen der Gäste können mit Marionetten gespielt werden.

**Entstehung:** Für sein Festival dei Due Mondi in Spoleto erteilte Menotti im Frühjahr 1959 eine Anzahl von Aufträgen für Kürzestopern unter Verweis auf die Opéra-minutes Darius Milhauds oder Paul Hindemiths Sketche mit Musik, in denen sich die Komponisten 30 Jahre zuvor mit Leichtigkeit, Witz und Ironie romantischer Emphase und veristischer Konvention entledigt hatten. Das Libretto für Foss, seit 1953 in der Nachfolge Arnold Schönbergs Professor für Kompositionslehre an der University of Southern California in Los Angeles, entstand im Lauf dreier Telephongespräche mit Menotti. Foss widmete die Miniaturoper Charles Delaney, Richard Duffalo und sich selbst, »den Veteranen unzähliger Experimente in Ensembleimprovisation« (in: Vorwort zum Klavierauszug, s. Ausg.).
**Handlung:** Für eine Cocktailparty hergerichteter Raum. Vorspiel: Der Diener holt Flaschen, einen Eiskübel, mixt die Getränke und geht wieder. – Mr. McC. begrüßt seine nacheinander eintreffenden Gäste, stellt sie einander vor und verabschiedet sie wieder der Reihe nach. – Nachspiel: Der Diener kehrt zurück, räumt die Gläser auf und schließt den Vorhang.
**Kommentar:** Gesungen werden in diesem kleinen Werk ausschließlich die Namen der ihrerseits stummen neun Gäste nebst How-do-you-do und Good-bye. Die dramatische Struktur der Szene ist in ihrem Crescendo-diminuendo-Effekt ebenso eine musikalische, wie die instrumentalen Motive auf freien Improvisationen über den Klang der Namen aufbauen. Auf dem Höhe- und Wendepunkt, der nicht wie in Hindemiths *Hin und zurück* (1927) auch ein Spiegelpunkt ist, lösen sich die Namenspartikel im Begleitchor zu einem bunten Rhabarberensemble auf. In der Aussparung jeglicher Konversation auf dieser Cocktailparty wird eine gewisse Nähe zur musiktheatralischen Sozialkritik erkennbar, wie sie von Kagel (*Staatstheater*, 1971) gepflegt wurde. Die harmonisch freie und dem Ideal der Durchsichtigkeit verhaftete musikalische Idiomatik bezeichnet im Schaffen des Komponisten die Mitte zwischen neotonaler Ästhetik, beeinflußt durch Sergei Kussewizki und seinen Lehrer Hindemith, und dem Indeterminismus seines 1963 gegründeten Center for Creative and Performing Arts. Improvisatorisch erscheinen das Xylophonvor- und -nachspiel, die Foss als »Dry-Martini music« apostrophierte (in: Vorwort zum Klavierauszug, s. Ausg.); Wahlfreiheit wird suggeriert durch die Besetzungsanordnung; die szenische Realisierung ist dagegen klar fixiert. *Introductions and Good-Byes* erscheint als Versuch, auf der Grundlage quasi atomistischer Partikel die serielle Determination einer Opernszene zu schaffen, wobei musikalische und dramatische Kategorien ausgetauscht werden.
**Wirkung:** In der konzertanten Uraufführung mit dem New York Philharmonic Orchestra unter der Leitung von Leonard Bernstein sang John Reardon die Partie des Mr. McC. Das Stück ist leicht zu realisieren und deshalb besonders für Laienensembles geeignet.

**Autograph:** Verbleib unbekannt. **Ausgaben:** Part: Fischer, NY 1960; Kl.A: ebd. 1961, Nr. 3391. **Aufführungsmaterial:** Fischer, NY

*Matthias Theodor Vogt*

# Jean Françaix

Jean René Françaix; geboren am 23. Mai 1912 in Le Mans

## Le Roi nu
→ Lifar, Serge (1936)

## Le Diable boiteux
**Opéra-comique de chambre**

**Der hinkende Teufel**
1 Akt

**Text:** Jean Françaix, nach dem Roman *Le Diable boiteux* (1707) von Alain René Lesage
**Uraufführung:** 30. Juni 1938(?), Haus der Prinzessin Winnaretta Eugénie de Polignac, Paris
**Personen:** Erzähler, auch Don Zambullo (B); der hinkende Teufel (hoher T)
**Orchester:** Fl, Ob, Klar, Fg, Hr, Trp, Pos, Pkn, Schl (Trg, Bck, Gong, Glocken, gr. Tr), Xyl, Hrf, Streicher
**Aufführung:** Dauer ca. 20 Min.

**Entstehung:** Der Roman von Lesage zeichnet ein satirisch-pittoreskes Porträt der damaligen Pariser Gesellschaft mit scharfem Blick für die Verhaltensweisen, die sich hinter der Fassade der Konventionen verbargen. Der Tradition des 17. Jahrhunderts entsprechend, benutzte Lesage die Form des Schelmenromans, in der moralisch-kritische Schilderungen durch Humor vermittelt werden. Das moralisierende Element tritt jedoch gegenüber der Tendenz zum rein Erzählerisch-Registrierenden zurück bei gleichzeitiger Steigerung der ironisch-grotesken Züge. Die Einkleidung der Tableaus in die Fabel vom hinkenden Teufel ist dem spanischen Vorbild von Luis Vélez de Guevara (*El diabolo cojaelo,* 1641) entnommen. Françaix war bereits mehrfach als Bühnenkomponist hervorgetreten, als er mit *Le Diable boiteux* sein Debüt als Opernkomponist gab. Nicht weniger als sieben Ballettmusiken (unter anderm *Le Roi nu,* Choreographie: Serge Lifar, Paris 1936; *La Lutherie enchantée,* Choreographie: Sonia Korty, Antwerpen 1936), von denen bis 1938 vier uraufgeführt wurden, sind im Umkreis dieser Kammeroper entstanden. Bisher hat Françaix weitere drei Opern komponiert: *L'Apostrophe* (Amsterdam 1951), *Paris, à nous deux!* (1954) und *La Princesse de Clèves* (Rouen 1965).
**Handlung:** In Madrid, Nacht: Der Erzähler schildert Don Zambullos Flucht über die Dächer von Madrid. Seine Verfolger haben ihn mit seiner Geliebten überrascht und wollen ihn zur Ehe mit der Dame zwingen. Es gelingt dem jungen Liebhaber, sich in einer Kammer zu verbergen. Mit Unbehagen bemerkt Zambullo, daß er in die Wohnung eines Magiers geraten ist. Er vernimmt Hilferufe eines Geists, der vom Magier in einer Phiole gefangengehalten wird. Zunächst zögert Zambullo, der Bitte um Befreiung Folge zu leisten. Schließlich zerstört er doch die Flasche, als der Geist verspricht, ihm Einblick in die Schwäche und Lächerlichkeit der Menschen zu verschaffen. Nach und nach erscheint die zwerghafte Gestalt eines auf Krücken gestützten Teufels, der sogleich mit seinem Befreier auf die Spitze der Kirche San Salvador fliegt, von wo aus die ganze Stadt zu überblicken ist. Durch Zauberkraft läßt der Teufel die Dächer verschwinden, so daß sich ein unbegrenzter Blick in das Innere der Häuser eröffnet. Verschiedene Tableaus werden Zambullo vom Teufel als Beispiele menschlicher Unzulänglichkeit vorgeführt und mit ironisch-sarkastischen Bemerkungen kommentiert. Der Anblick eines um seine Geliebte trauernden Jünglings veranlaßt den Teufel zu zynischen Ausführungen über die Ausweglosigkeit und Hilflosigkeit des Liebenden. Der Mitleid fühlende Zambullo erhält den Rat, niemals den Gefühlen zu folgen, da dies nur ins Unglück führe. Ein bieder aussehender Tanzlehrer, der wegen Verführung einer Schülerin im Gefängnis sitzt, findet nur kurze Beachtung; eine alternde Lebedame, die im Bad Perücke und Gebiß abgelegt hat, lenkt die Aufmerksamkeit auf sich. Das boshafte Vergnügen der beiden Beobachter steigert sich, als in der benachbarten Wohnung ein Oberst sich für die Nachtruhe seines künstlichen Auges und seines Holzbeins entledigt. In ihrem Zimmer schreibt die Tochter eines Advokaten einen Aufsatz mit dem Titel »Der ehrliche Mann«. Der Teufel prophezeit eine schlechte Zensur, da die junge Dame ausgerechnet ihren Vater für dies Thema zum Vorbild gewählt hat. Nach Spottversen über die menschliche Eitelkeit werden Zambullo und der Teufel Zeugen einer tragisch-komischen Liebesszene: Von Serenadenklängen begleitet, steigt Graf Belflor in das Zimmer seiner Geliebten, die, erschöpft von einer galanten Stunde mit einem andern Liebhaber, gerade ruht, Belflor mit diesem verwechselt und vorwurfsvoll abweist. Als der Graf sich daraufhin zurückzieht, begegnet er seinem zurückkehrenden Rivalen und weist ihn auf die Ruhebedürftigkeit der Dame hin. Vom weiteren Verlauf des Geschehens werden die beiden Zuschauer jedoch durch einen Hexensabbat abgelenkt, dem die Zeremonie einer schwarzen Messe folgt. Luzifer erscheint, begleitet von maskierten Angehörigen der feinen Gesellschaft Madrids. Zu spät bemerkt der Teufel und der Magier, der ihn sogleich wieder in seinen Bann zieht. Der Erzähler berichtet, wie Zambullo am Tag erwacht, die Vorhänge zuzieht und wieder einschläft.
**Kommentar:** Françaix' Oper lehnt sich eng an die Vorlage an, jedoch weniger inhaltlich als formal und von der Intention her. Einige Tableaus, die der Teufel Don Zambullo vorführt, sind direkt von Lesage übernommen, behandeln dort aber eher nebensächliche Episoden (Tanzlehrer, Lebedame, Oberst). Die weiteren sind vom Komponisten aus verschiedenen Teilen der Romanhandlung neu zusammengestellt worden. Das satirische Element erfährt hierdurch eine stärkere Pointierung, die bis an die Grenzen des Zynismus

führt. Der Handlungsrahmen dagegen wurde nahezu vollständig in die Oper integriert. Allerdings wird hier offengelassen, ob es sich bei Zambullos Erlebnissen um Realität (wie bei Lesage) oder um einen Traum gehandelt hat. Am deutlichsten zeigt sich Françaix' enge Anlehnung an Lesage in der dramaturgischen Konzeption. Wie im Roman handeln die Personen nicht selbst, sondern fungieren als passive Beobachter. Eine Handlung im eigentlichen Sinn existiert nicht, sondern entwickelt sich aus den Schilderungen des Erzählers und dem Dialog zwischen dem Teufel und Zambullo. Während der Tableaus übernimmt der Erzähler die Rolle Zambullos. Die groteske Komik entsteht allein durch die spöttisch-geistreichen Wortspiele und ironischen Kommentare. Eine szenische Darstellung der Handlung, die ohnehin nur mit einem unverhältnismäßig hohen Aufwand zu realisieren wäre, erübrigt sich daher. Dies Handlungskonzept läßt sich deutlich an den Singstimmen erkennen, bei denen es sich um ausgesprochene Buffopartien handelt. Die deklamatorische Behandlung der Stimmen ist auf das Verstehen des Texts angelegt. Mit Ausnahme einiger Falsettstellen werden extreme Lagen weitgehend vermieden. Die Orchesterbegleitung ist durchgehend verhalten. Die allgemeinen musikalischen Merkmale entsprechen weitgehend dem Stil der in den 30er Jahren entstandenen Werke Françaix'. Die Melodieführung ist nahezu ausschließlich diatonisch und vermeidet übermäßige und verminderte Intervallschritte. Die hoquetusartige Behandlung der Melodiestimmen und die häufige Verlagerung rhythmischer Akzente auf die leichten Taktzeiten illustrieren die hinkenden Bewegungen des Teufels. Die Harmonik trägt koloristische Züge durch die Verwendung von Sept- und Nonakkorden sowie durch häufige Hinzufügung von Sekunddissonanzen, bewegt sich andrerseits jedoch in relativ engem tonalen Rahmen. Dieser Tendenz zur Übersichtlichkeit entspricht auch der formale Aufbau der Oper, der aus einer Aneinanderreihung geschlossener Abschnitte besteht, innerhalb derer symmetrische Periodik vorherrscht. Hier prägen sich die neoklassizistischen Züge stark aus. Sie erinnern einerseits an das Schema der Nummernoper, andrerseits zeigt der Tanzcharakter der Musik, der sich am ausgeprägtesten in einigen der Tableaus manifestiert, die Anlehnung des Komponisten an die Form der Suite. Neben einem Walzer lassen sich Grundmuster von Tanzformen des 17. Jahrhunderts erkennen (Menuett mit musetteartiger Begleitung, Bourrée, Gigue), die teils in stereotypenhafter Formelhaftigkeit auftreten, teils stark verfremdet werden. Durch diese Technik wird der parodistische Charakter des gesamten Werks bedeutend unterstützt.
**Wirkung:** Die Uraufführung wurde von Nadia Boulanger dirigiert. Es sangen Doda Conrad und Hugues Cuenod. *Le Diable boiteux* erlebte seine amerikanische Premiere 1950 in New York (konzertant). Françaix ist im wesentlichen durch seine Kammermusik und Instrumentalkonzerte bekannt. Sein Opernschaffen ist vor allem in Deutschland nahezu vollständig unbekannt geblieben.

**Autograph:** Verbleib unbekannt. **Ausgaben:** Kl.A, frz./dt. Übers. v. K. Gutheim: Schott 1952, Nr. 4309. **Aufführungsmaterial:** Schott
**Literatur:** A. MACHABEY, J. F., Paris 1949; C. DELAHAYE, Le culte de l'originalité en musique. Crédo artistique de J. F., in: SMZ 48:1958; M. LANJEAN, J. F., Paris 1961; M. DE COSSART, The Food of Love. Princesse Edmond de Polignac (1865–1943) and Her Salon, London 1978, S. 207 f.; W. WÖHLER, J. F. – ein europäischer Franzose, in: Das Orch 28:1980, S. 103–106

*Hans-Peter Rösler*

## Les Demoiselles de la nuit
→ Petit, Roland (1948)

## Paris, à nous deux! ou Le Nouveau Rastignac
**Opéra-bouffe en deux scènes**

**Paris, uns beiden! oder Der neue Rastignac**
Prolog, 2 Szenen, Epilog

**Text:** France Roselyne Rachel Roche und Jean Françaix
**Uraufführung:** 7. Aug. 1954, Théâtre Municipal, Fontainebleau
**Personen:** die Frau des Hauses (lyrischer S); der Streber (T); der Cicerone (Bar); das Wunderkind. **Chor:** Gäste
**Orchester:** S.Sax, A.Sax, T.Sax, B.Sax
**Aufführung:** Dauer ca. 30 Min.

**Handlung:** Italienischer Prolog: Die Anwesenden schildern Paris als »Tout-Paris«, als Zustand der Gnade. »Tout-Parisien« ist jemand, der bekannt und, um welchen Preis auch immer, arriviert ist. Also lautet die Devise: Schein geht vor Sein. 1. Bild, Saint-Germain-des-Près, zwischen den Cafés Deux Magots und Flore: Auf der Terrasse gibt der Cicerone dem Streber Ratschläge, wie man in Paris zu Erfolg kommen kann. Sie gehen gemeinsam verschiedene Möglichkeiten durch: Politik, Geschäftsleben, Militär, Sport. Schließlich befindet der Cicerone, daß man es mittels eines gerade im Schwange befindlichen Salons mit den schönen Künsten versuchen sollte. 2. Bild, ein Pariser Salon: Die Gäste bekunden ihren Einfluß in der Kunstszene und ihre Kennerschaft. Man rühmt ein Wunderkind, das Klavier spielt und singt. Vier Saxophonisten spielen ein modernes Stück. Man verjagt sie aus dem Salon. Der Streber gibt an der Seite des Cicerone sein Debüt. Man stellt ihn der Hausherrin vor, die seine Antworten elegant und ingeniös findet. Der Cicerone dagegen wird für langweilig und geschmacklos gehalten und hinausgedrängt. Italienischer Epilog: Der Cicerone beklagt sich über die Undankbarkeit des Strebers. Die Anwesenden fassen zusammen: In Paris ist es nicht so wichtig zu arrivieren, sondern die andern am Arrivieren zu hindern.
**Kommentar:** Das Werk wurde den Autoren 1954 von Nadia Boulanger für das Conservatoire americain in

Fontainebleau in Auftrag gegeben. Françaix war als musikalischer Gestalter der Filme von Sacha Guitry *(Si Versailles m'était conté,* 1954, und *Napoléon,* 1955) bekannt. *Paris, à nous deux!* enthält zu großen Teilen Auszüge aus *Si Versailles m'était conté.* Geschrieben als Satire auf die Pariser Salons, in denen Genie und unverschämte Anmaßung nahe beieinander liegen, ist es ein heiter-parodistisches und leicht eingängiges Tableau. Während Françaix in Amerika und England bekannt und vielgespielt ist, wurde er in Frankreich trotz seines charakteristisch französischen Stils erst spät anerkannt.

**Autograph:** Vlg.-Arch. Transatlantiques Paris. **Ausgaben:** Kl.A: Transatlantiques, Paris 1958, Nr. 1353; Textb.: ebd.
**Aufführungsmaterial:** Transatlantiques/Schott
**Literatur:** s. S. 277

*Michel Pazdro*

# Alberto Franchetti

Alberto Baron Franchetti; geboren am 18. September 1860 in Turin, gestorben am 4. August 1942 in Viareggio (Toskana)

## Cristoforo Colombo
**Dramma lirico in quattro atti ed un epilogo**

**Christoph Kolumbus**
2 Teile (4 Akte, Epilog)

**Text:** Luigi Illica
**Uraufführung:** 1. Fassung: 6. Okt. 1892, Teatro Carlo Felice, Genua (hier behandelt); 2. Fassung in 3 Akten und Epilog: 17. Jan. 1923, Teatro alla Scala, Mailand
**Personen:** Cristoforo Colombo/Christoph Kolumbus (Bar); Isabella, Königin von Aragonien (S); Don Fernan Guevara, Kapitän der königlichen Garde (T); Don Roldano Ximenes/Roldán Jiménez, Ritter, Vertrauter des Kardinals Talavera, Beichtvater der Königin (B); Marguerite, Offizier (Bar); Roderigo di Triana, Offizier (B); Matheos, Galeerenführer (T); 3 Pilger (T, Bar, B); ein Mönch (B); 4 Ritter (2 T, 2 B); Anacoana, eine indianische Fürstin (Mez); Iguamota, ihre Tochter (S); Diaz (T); Bobadilla, königlicher Gesandter (B); ein alter Kazike (B); Yanika, seine Tochter (Mez); eine Bäuerin (Mez); Nanyanka, Sklavin der Anacoana (Tänzerin). **Chor, Statisterie:** Prälaten, Kardinäle, Bischöfe, Mönche verschiedener Orden, Ritter, Würdenträger des Königs, Granden von Spanien, Waffenträger, Pagen, Wachen, Seeleute, Soldaten, Indianer, Kaziken, Tänzerinnen usw.
**Orchester:** Picc, 2 Fl, 2 Ob, E.H, 2 Klar, B.Klar, 3 Fg, K.Fg, 4 Hr, 3 Trp, 4 Pos, Tb, Pkn, Schl (gr.Tr, Bck, Trg, Sistro, Glocken), Hrf, Org, Streicher; BühnenM: »strumenti selvaggi« (exotische Instrumente) ad lib.

**Aufführung:** Dauer ca. 3 Std. – Tänze im III. Akt. – Zusätzliche Personen im III. Akt der 2. Fassung: eine Frau (S); vier Ritter (2 T, 2 B).

**Entstehung:** Die literarische Auseinandersetzung mit Kolumbus ist bis ins frühe 17. Jahrhundert zurückzuverfolgen. Bereits mit der ersten Dramatisierung des Stoffs (Lope de Vegas *El Nuevo Mundo descubierto por Colón,* um 1604) setzten Idealisierung und Mystifizierung der Gestalt ein, die im 19. Jahrhundert im Zeichen des Historismus in einer Flut von Kolumbus-Dichtungen ihren Höhepunkt erreichten. Während im 17. Jahrhundert das religiöse Motiv im Mittelpunkt stand (Sieg des Christentums über das Heidentum), erhielt der Stoff im 18. Jahrhundert unter dem Einfluß Jean-Jacques Rousseaus eine naturphilosophische Auslegung. Dem romantischen Kunstideal des 19. Jahrhunderts entsprach die Deutung Kolumbus' als heroisch-genialischer Entdecker. Bereits im 17. Jahrhundert erschien er auch auf der Opernbühne (erstmals vermutlich mit Alessandro Scarlattis *Il Colombo ovvero L'India scoperta,* Rom 1690, Text: Pietro Ottoboni). Beliebt wurde der Stoff vor allem im 19. Jahrhundert: Felice Romanis Libretto wurde nicht weniger als dreimal vertont, unter anderm von Francesco Morlacchi (*Il Colombo,* 1828) für die Eröffnungssaison des Teatro Carlo Felice Genua. – Den 400. Jahrestag der Entdeckung Amerikas beabsichtigte der Magistrat Genuas mit einer Oper zu feiern, in deren Mittelpunkt Kolumbus, einer der großen Söhne der Stadt, stehen sollte. Ein Wettbewerb wurde ausgeschrieben, aus dem Franchetti als Sieger hervorging. Von Bedeutung für das Votum der Jury dürfte die Stellungnahme Giuseppe Verdis gewesen sein, der Franchetti nach dessen erfolgreicher Debütoper *Asrael* (Reggio nell'Emilia 1888) als vielversprechendes Talent sah. Franchetti hat später seine Oper wiederholt überarbeitet. Bereits für die Wiederaufnahme in Genua 1895 wurden der III. und IV. Akt in einen zusammengezogen und verschiedene Umstellungen, Ergänzungen und Streichungen vorgenommen. Für die Scala-Einstudierung 1923 komponierte Franchetti einen neuen III. Akt, der auch im Klavierauszug erschien.
**Handlung:** In Salamanca, 1487, während der Überfahrt nach Amerika, 1492, bei Xaragua, 1503, und in Medina del Campo, 1506.
I. Teil, »Die Entdeckung«. I. Akt, großer Innenhof im Kloster San Stefano zu Salamanca: Während hinter verschlossenen Türen das königliche Konzil mit dem Genueser Cristoforo Colombo über die Frage diskutiert, ob es einen westlichen Seeweg nach Indien gäbe, stellt das Volk Spekulationen an. Drei Pilger erzählen von jenem Heiligen, den die göttliche Vorsehung ein Schiff besteigen und ein fernes Wunderland entdecken ließ. Verzückt vernimmt das Volk die Legende, sehr zum Mißvergnügen von Don Roldano Ximenes, der Colombos Ideen für Scharlatanerie hält. Um das Volk umzustimmen, beschwört er die Gefahren des Meers herauf, indem er von einem Ungeheuer berichtet, dem alle Seeleute zum Opfer fallen. Kaum hat das Volk

dies vernommen, verwünscht es den Fremden. Inzwischen hat das Konzil Colombos Anliegen verworfen. Als er erscheint, wird er vom Volk verhöhnt; erst das Auftreten von Don Fernan Guevara setzt diesem Treiben ein Ende. Colombo ist erschüttert. Da offenbart Königin Isabella dem Verzweifelten ihre Vision von einem fernen Land jenseits des Ozeans und reicht ihm ein Diadem als Zeichen ihrer Huld.

II. Akt, auf den Schiffen »Santa Maria« und »Pinta«, Nacht: Mit Unterstützung der Königin hat Colombo seinen Plan realisieren können und ist mit drei Schiffen in See gestochen. Nach langer Fahrt stellt Kapitän Matheos fest, daß der Kompaß nicht mehr funktioniert. Colombo versucht die besorgten Matrosen zu beruhigen. Allein auf Deck zurückgeblieben, befallen ihn erneut Zweifel, ob er nicht einer Wahnvorstellung gefolgt sei, doch dann gewinnt er sein Selbstvertrauen zurück. Während des Abendgebets gelingt es Roldano, die andern Offiziere und die Mannschaft gegen Colombo aufzuhetzen. Eine Meuterei droht auszubrechen, man will den verhaßten Genuesen ins Meer stürzen. Plötzlich ertönt von der »Pinta« der Ruf: »Land in Sicht!« Die Verschwörung bricht zusammen. Während die Sonne über dem Meer emporsteigt, legen die Matrosen Colombo begeistert den Admiralsmantel um und küssen ihm die Füße.

II. Teil, »Die Eroberung«. III. Akt, bei Xaragua, am Ufer des heiligen Sees: Die spanischen Soldaten haben auf der Suche nach den sagenhaften Reichtümern der Indios das Land geplündert und viele Eingeborene getötet, darunter auch einen alten Kaziken, dessen Tochter Yanika die mexikanische Fürstin Anacoana beschwört, ihren Vater zu rächen. Als Anacoana zögert, wird sie von den Indios beschuldigt, aus Liebe zu Roldano ihr Volk an die Spanier verraten zu haben. Doch Anacoana enthüllt den Zweck ihrer Liaison: Sie sei nur deshalb die Geliebte Roldanos geworden, um die Absichten der Invasoren auszukundschaften. Ihr Ziel sei es, Colombo und sein Gefolge ins Land zu locken, um dann alle Weißen zu vernichten. Da erscheint Guevara zusammen mit Marguerite und Diaz, um Roldano in Colombos Namen wegen Rebellion zu verhaften. Roldano bezichtigt seinerseits Colombo der Verräterei, doch Guevara läßt sich nicht beirren. Roldanos Schicksal scheint besiegelt; da ruft Anacoana Tänzerinnen herbei, um Guevara abzulenken. Unter ihnen ist auch ihre Tochter Iguamota. Guevara ist von ihrer Schönheit fasziniert und verliebt sich in sie. Während die beiden in Umarmung versunken zurückbleiben, zieht Roldano triumphierend davon.

IV. Akt, bei Xaragua, Paradiesufer: Anacoana bittet Colombo um Verzeihung für sich und Roldano, den sie als ihren Mann ausgibt. Nach kurzem Zögern erklärt sich Colombo bereit, Gnade vor Recht ergehen zu lassen. Als Guevara Anacoanas Racheabsichten enthüllt, fordern die empörten Spanier den Tod der Fürstin. Nur mit Mühe vermag Colombo ein Blutvergießen zu verhindern. Plötzlich erscheint eine Galeere: Es ist Bobadilla mit seinem Gefolge. Im Namen des spanischen Königs erklärt er Colombo für abgesetzt und übernimmt an dessen Stelle die Herrschaft über Amerika. Für Roldano ist dies der Augenblick, sich an Colombo zu rächen. Er beschuldigt ihn des Hochverrats und macht ihn für den Tod zahlreicher Landsleute verantwortlich. Als Anacoana die Verleumdung aufdecken will, wird sie von Roldano niedergestochen. Nach einem kurzen Handgemenge sind Colombos Getreue entwaffnet. Roldano wird mit dem Calatrava-Orden ausgezeichnet. Während Colombo abgeführt wird, beklagen die Indios den Tod ihrer Fürstin.

Epilog, Krypta mit den Gräbern der spanischen Könige in Medina del Campo: Colombo betritt mit Guevara den Raum. Die jahrelange Haft hat ihn altern lassen. Guevara beabsichtigt, bei Isabella um Hilfe für Colombo nachzusuchen, doch die Königin ist soeben gestorben; junge Mädchen schmücken ihr Grab mit Blumen. In Melancholie blickt Colombo zurück auf sein Leben voller Ruhm und Schuld. Vor dem Grab seiner Wohltäterin kniend, befiehlt er seine Seele Gott und stirbt in den Armen seines Freunds.

**Kommentar:** Illicas Libretto zeichnet in der programmatischen Schilderung einiger Begebenheiten aus Kolumbus' Leben die Hauptstationen seines Wirkens nach, ohne sich jedoch im Detail an die geschichtlichen Fakten zu halten. Vom Gattungstyp her steht *Cristoforo Colombo* in der Tradition der großen historischen Oper Meyerbeers, dessen *L'Africaine* (1865) hier nicht nur stofflich (Entdeckerthematik), sondern auch dramaturgisch auf weite Strecken als Modell

*Cristoforo Colombo*; Giuseppe Kaschmann in der Titelpartie; Scala, Mailand 1892. – Kaschmann, einer der führenden Baritone der Epoche, repräsentierte als Sänger eine vermittelnde Position zwischen der älteren Belcantoschule und dem neuen darstellerisch orientierten veristischen Stimmideal.

gedient hat. Dabei verfahren Illica und Franchetti insofern konsequenter als Eugène Scribe und Giacomo Meyerbeer, als sie auf die Einführung einer eigentlichen Liebeshandlung verzichten, so daß das erotische Moment wenn auch nicht völlig ausgespart, so doch peripher bleibt. Die Liaison zwischen der indianischen Fürstin Anacoana und dem Spanier Roldano erfolgt seitens der Frau aus politischem Kalkül und erfährt konsequenterweise auch keinerlei musikalische Exponierung (etwa durch ein Liebesduett). Im Mittelpunkt steht Colombos Ringen um die Verwirklichung seiner Idee: nicht nur mit einer verständnislosen Umwelt, sondern auch mit sich selbst. Während Colombo die Selbstzweifel teils mit Hilfe Isabellas, mit der ihn eine Art Seelenverwandtschaft verbindet, teils aus eigener Kraft überwindet, unterliegt er letztlich der geistigen Mediokrität und Borniertheit seiner Gegner. Der Tod Isabellas, seiner einzigen Stütze, beendet auch sein Leben. Der visionäre Epilog schlägt den Bogen zurück zur Schlußszene des I. Akts: Mit dem Scheitern seiner irdischen Existenz hat Colombo den göttlichen Auftrag erfüllt, den er einst von Isabella empfing. Den Gegentyp Colombos als politischen Intriganten und Zyniker repräsentiert Roldano. Schon zu Beginn zeigt er sich als Demagoge, wenn er im I. Akt das den Plänen Colombos geneigte Volk durch die Schauergeschichte von einem Meeresdämon in Angst versetzt. Als ihn das Schicksal zum Befehlsempfänger des verhaßten Colombo bestimmt (II. Akt), scheut er sich nicht, die aufkeimende Unsicherheit der Seeleute auszunutzen und eine Meuterei anzustiften, mit dem Ziel, Colombo zu ermorden (das Vorbild der entsprechenden Szenen Neluscos aus *L'Africaine* ist mit Händen zu greifen). – Musikalisch ist *Cristoforo Colombo* ein typisches Dokument des zeitgenössischen italienischen Meyerbeer-Nachfolge. Franchettis Personalstil unterscheidet sich nicht unwesentlich von dem der Veristen. Ungleich höher als bei andern italienischen Opern um 1890 ist hier der Grad der Integration lyrischer Elemente in den dramatischen Ablauf; das Herauslösen einzelner Momente, etwa zur separaten Darbietung im Konzertsaal, erweist sich meist als unmöglich. Ganz eindeutig setzt Franchetti nicht auf den Primat der Melodik, was bereits die zeitgenössische Kritik als Schwäche gebrandmarkt hat. Fraglos kann Franchettis Melos nicht mit dem Pathos Verdis, der Glut Mascagnis oder dem Sentiment Puccinis aufwarten. Die Melodiebildung nimmt sich entweder betont einfach aus (Gesang der Pilger oder Isabellas Gebet, I. Akt) oder gibt sich aufgrund gehäufter Chromatismen betont spröde. Überwiegend sind die Gesangspartien deklamatorisch oder allenfalls arios gehalten. Unverkennbar ist eine Akzentuierung der orchestralen Komponente, von den Zeitgenossen Franchettis als »sinfonismo« bezeichnet. Symptomatisch sind nicht nur die zahlreichen Vor- und Zwischenspiele (besonders jenes zum Epilog), nicht nur die zahlreichen Partien deskriptiven Charakters, sondern vor allem die Tatsache, daß das Orchester ein (wenn auch nicht leitmotivisch organisiertes) klangliches Kontinuum bildet als Rückhalt für die vokale Entfaltung. Franchettis Lehrzeit bei Felix Draeseke in Dresden und Joseph von Rheinberger in München hat hier ihre Spuren hinterlassen. Der formale Zusammenhalt erscheint primär in der epischen Struktur des Texts begründet. Typisch für die Oper ist die herausragende Stellung des Chors, gewiß auch ein Reflex auf den Repräsentationscharakter des Werks als einer Festoper. In ihrer zum Teil dekorativen, zum Teil handlungtragenden Funktion zählen die satztechnisch vielseitig gestalteten Chorpartien zu den dichtestgewebten Stellen der Partitur. Den Mangel an kompositorischer Substanz und dramatischer Stringenz vermögen jedoch auch sie nicht aufzuwiegen.

**Wirkung:** Die Uraufführung (Colombo: Giuseppe Kaschmann, Isabella: Elvira Colonnese, Anacoana: Giulia Novelli, Guevara: Edoardo Garbin, Roldano: Francesco Navarrini; Dirigent: Luigi Mancinelli, ab der dritten Aufführung Arturo Toscanini) wurde zum künstlerischen Höhepunkt der Genueser Kolumbus-Feiern. Man erkannte sehr wohl, daß der beträchtliche musikalische und szenische Aufwand im Dienst einer ambitionierten Werkkonzeption stand, für die es im zeitgenössischen Opernschaffen Italiens wenig Vergleichbares gab. Noch stärkere Resonanz fand die im selben Jahr stattfindende Inszenierung an der Mailänder Scala, mit gleicher Besetzung der männlichen Hauptrollen und mit Carmen Bonaplata de Bau als Isabella und Iguamota sowie Virginia Guerrini als Anacoana (Dirigent: Edoardo Mascheroni). Bereits 1895 erschien *Cristoforo Colombo* erneut auf der Bühne des Carlo Felice, diesmal mit Ramón Blanchart als Colombo, am Pult wiederum mit Toscanini. Bald spielten auch ausländische Bühnen die Oper nach (Hamburg 1893, Prag 1896 und Barcelona 1902), die erheblichen aufführungspraktischen Schwierigkeiten standen einer weiten Verbreitung jedoch entgegen. In den folgenden Jahrzehnten behielt das Werk eine begrenzte Popularität, weil große Baritone sich für die gesangsschauspielerische Paraderolle des Colombo einsetzten: außer Kaschmann (Venedig 1895) noch Eugenio Giraldoni (Buenos Aires 1901), Riccardo Stracciari (Buenos Aires 1906), Pasquale Amato (Mailand 1908), Titta Ruffo (Monte Carlo 1909, Buenos Aires 1910, Philadelphia und Chicago 1913), Carlo Galeffi (Mailand 1923) und Sigismondo Zalewsky (Rom 1923). Franchettis zeitbedingter Versuch, das Kolumbus-Thema als Ideendrama mit den Mitteln der großen historischen Oper darzustellen, steht am Ende einer langen stoffgeschichtlichen Tradition. Die späteren Adaptionen von Milhaud (*Christophe Colombe*, 1930) und Egk (*Columbus*, 1942) bedienten sich der Mittel eines epischen Musiktheaters.

**Autograph:** Vlg.-Arch. Ricordi (auch d. neuen III. Akts). **Ausgaben:** Kl.A: Ricordi 1893, Nr. 96250; Ricordi 1901, Nr. 98202; Ricordi, Bo&Ha [um 1909], Nr. 98250; Kl.A., ital./dt. Übers. v. L. Hartmann: Ricordi [1892], Nr. 96420; Kl.A d. neuen III. Akts: Ricordi 1923, Nr. 96250; Textb.: Ricordi [1892], [1893], Nr. 96130; Textb., 2. Fassung: Ricordi [1923], Nr. 96130; Textb., engl. v. R. H. Elkin: NY, Ricordi, Nr. 116035; Textb., dt. v. L. Hartmann: Ricordi, Nr. 96421; Textb.,

tschech. v. V. J. Novotný: Prag, Šimáček 1896. **Aufführungsmaterial:** Ricordi
**Literatur:** A. SOFFREDINI, ›Cristoforo Colombo‹ di A. F., in: Gazzetta musicale di Milano 47:1892, S. 651; A. LUALDI, ›Cristoforo Colombo‹ di A. F. alla Scala, in: Serate musicali, Mailand 1928, S. 12; M. MORINI, L'epopea dell'ozeano Atlantico in un'opera sul grande Genovese, in: Appunti per una cronologia: ›Cristoforo Colombo‹ di F., in: Discoteca alta fedeltà, Mailand 1974, Nr. 143, S. 24ff.

*Norbert Christen*

## Germania
**Dramma lirico in un prologo, due quadri e un epilogo**

Germania
Prolog, 2 Bilder, Epilog

**Text:** Luigi Illica
**Uraufführung:** 11. März 1902, Teatro alla Scala, Mailand
**Personen:** Giovanni Filippo Palm (B); Federico Loewe (T), Carlo Worms (Bar) und Crisogono (Bar), Studenten; Ricke (S); Jane, ihre Schwester (Mez); Lene Armuth, eine alte Bettlerin (Mez); Jebbel, ihr Enkel (S, später T); Stapps, protestantischer Pfarrer (B); Luigi Adolfo Guglielmo/Ludwig Adolf Wilhelm Lützow (B); Carlo Teodoro/Karl Theodor Körner (T); Weber (T); Frau Hedvige (Mez); Peters, Viehtreiber (B); der Chef der deutschen Polizei (B); ein Polizist (B); die Frau (A); ihr Sohn (stumme R). **Chor:** Studenten, Soldaten, Polizisten, Mitglieder und Anhänger des Tugendbunds, des Louisenbunds und des Korps der Schwarzen Jäger, Waldbewohnerinnen.
**Statisterie:** Maßmann, Nostitz, die beiden Schlegel, Gentz, Humboldt, Fichte, Rückert, Schleiermacher, Schenkendorf, Schill, Scharnhorst, Arndt und andere historische Persönlichkeiten; Otto, Bevollmächtigter Napoleons in München; Palms Frau und Kinder
**Orchester:** 2 Picc, 2 Fl, 2 Ob, 2 E.H, 2 Klar, B.Klar, 3 Fg, K.Fg, 4 Hr, 3 Trp, B.Trp, 3 Pos, B.Pos, 4 Tb, B.Tb, Pkn, Schl (kl.Tr, gr.Tr, Bck, Trg, Tamtam), Cel, Harm, 2 Hrf, Streicher; BühnenM: 2 Hr, Trp, 2 gr.Tr, 6 kl.Tr
**Aufführung:** Dauer ca. 2 Std. 15 Min.

**Handlung:** In Deutschland, Anfang des 19. Jahrhunderts. Prolog: in der Umgebung von Nürnberg, eine alte Mühle an der Pegnitz; 1. Bild: in einem Winkel des württembergischen Schwarzwalds, in der Hütte eines Waldhüters; 2. Bild: in Königsberg, der unterirdische Treffpunkt des Geheimbunds Louisenbund, einer Abzweigung des Tugendbunds; Epilog: auf der Ebene von Leipzig, zwischen Rochlitz und Grimma, am 19. Okt. 1813; die Schlacht, die drei Tage gedauert hat, ist beendet; auf dem Schlachtfeld liegen noch die Toten und Verwundeten.
Der Student Federico Loewe nimmt begeistert und fanatisch am Kampf um die Befreiung Deutschlands von der napoleonischen Herrschaft teil und arbeitet wie alle seine Gesinnungsgenossen im Untergrund. Soeben kehrt er von einer erfolgreichen Unternehmung zurück. Während seiner Abwesenheit hat sich sein Freund Carlo Worms in seine Freundin Ricke verliebt und ist ihrer Schönheit und ihrem Wesen so erlegen, daß er sie schließlich verführt hat. Ricke will Federico gestehen, was geschehen ist, aber Worms droht, sich mit ihm zu duellieren, und so schweigt sie aus Angst um Federico, den sie wahrhaft liebt. Die Beziehung zwischen ihnen bleibt zumindest nach außen ungetrübt. Als es einige Zeit später heißt, Worms sei tot, stimmt Ricke der Hochzeit mit Federico zu. Ausgerechnet am Tag der Hochzeit aber kehrt Worms zurück. Da er merkt, was seine Rückkehr für Ricke bedeutet, reist er sofort wieder ab. Auch Ricke verläßt heimlich das Haus, da sie es nicht über sich bringt, Federico die Wahrheit zu sagen. Doch er ahnt die Zusammenhänge und will sich an Worms rächen. Vor dem Gericht des Studentenbunds in Königsberg klagt er ihn an und fordert ihn zum Duell. Bevor es jedoch dazu kommt, tritt die Königin, Deus ex machina und Allegorie auf Deutschland (Germania), dazwischen und versöhnt die Streitenden: Sie sollen ihre persönlichen Angelegenheiten angesichts der großen Aufgabe der Befreiung Deutschlands hintanstellen. Federico und Worms ziehen gemeinsam in die Völkerschlacht und sterben fürs Vaterland. Ricke findet den sterbenden Federico auf dem Schlachtfeld. Bevor er stirbt, versöhnt er sie mit Worms, dem sie zum Zeichen der Vergebung die Augen zudrückt. Der Abzug der geschlagenen napoleonischen Truppen bleibt ihr einziger Trost.
**Kommentar:** Das Stück, nach *Asrael* (Reggio nell'Emilia 1888), *Cristoforo Colombo* (1892), *Fior d'Alpe* (Mailand 1894) und *Il signor di Pourceaugnac* (nach Molière; Mailand 1897) Franchettis fünfte Oper, versucht, seinem Titel gemäß, Deutschland zum Haupthelden des Geschehens zu machen. Dennoch steht die Liebesgeschichte um Ricke, Federico und Worms im Mittelpunkt, die weder Deutschland noch dessen Befreiungskriege voraussetzt. Sie dominiert derart, daß die Ereignisse um Deutschland und seine Befreiung von der napoleonischen Herrschaft nicht viel mehr sind als Ambiente und Milieu. Trotzdem steht das eine nicht unverbunden neben dem andern. Die Verknüpfung erfolgt im Zeichen der mit viel hymnischem Pathos und unbekümmertem Hurrapatriotismus gefeierten Ideologie vom ehrenvollen Tod für das Vaterland. Sie hebt den privaten Konflikt auf die überpersönliche Ebene des Nationen- und Nationalitätenkonflikts und löst ihn dadurch auf. Das Werk steht in seinem einerseits durchaus realistischen, andrerseits aber ideologisch-fiktiven Bezug zur Historie in der Tradition der großen Oper, folgt hinsichtlich der die drei Hauptpersonen betreffenden Liebesgeschichte jedoch eher veristischen Tendenzen. Dem entspricht eine Musik, die eklektizistisch Stilelemente der Meyerbeer- und Wagner-Nachfolge mit solchen des Verismo zu verbinden sucht. Die Oper ist durchkomponiert, ohne doch ganz auf nummernhafte Abschnitte zu verzichten (wie zum Beispiel die durch Enrico Caruso berühmt gewordenen Solostellen des

Federico im Prolog und 1. Bild). Deutsche Kinder-, Volks- und Studentenlieder (zum Beispiel »Weißt du, wieviel Sternlein stehen« und »Gaudeamus igitur«) sowie Carl Maria von Webers Vertonung des Gedichts »Lützows wilde Jagd« von Theodor Körner (sowohl Körner als auch Weber treten als Personen der Handlung auf) dienen der realistischen Schilderung des deutschen Milieus zu Anfang des 19. Jahrhunderts und werden zum Teil in leitmotivähnlicher Weise verwendet. *Germania* dürfte den Höhepunkt der germanophilen Phase der italienischen Oper bilden, deren Hauptvertreter vor Franchetti Catalani (*Loreley*, 1880; *La Wally*, 1892) war.

**Wirkung:** Schon bei der Uraufführung war die Oper ein beachtlicher Erfolg (Federico: Caruso, Ricke: Amelia Pinto, Worms: Mario Sammarco; Dirigent: Arturo Toscanini). In andern Städten Italiens wurde sie bald nachgespielt (Rom 1903, Palermo 1905). Noch 1902 wurde *Germania* in Buenos Aires und Montevideo gespielt, 1904 in Odessa und Minsk (hier dirigiert von Pietro Mascagni); Petersburg und Mexiko folgten 1905, London (Covent Garden) 1907, New York 1910 (Federico: Caruso, Worms: Pasquale Amato, Jane: Emmy Destinn; Dirigent: Alfred Hertz). Die deutsche Erstaufführung fand am 10. Nov. 1908 in Karlsruhe statt; es verwundert in diesem Zusammenhang, daß dies germanophile Werk in Deutschland in der Folgezeit kaum aufgeführt wurde. In Mailand kam die Oper 1929 noch einmal heraus, wiederum dirigiert von Toscanini (Federico: Francesco Merli, Ricke: Lina Bruna Rasa). Aus neuerer Zeit ist eine Einstudierung 1953 in Reggio nell'Emilia bekannt (Dirigent: Umberto Berrettoni).

**Autograph:** Verbleib unbekannt. **Abschriften:** Vlg.-Arch. Ricordi Mailand. **Ausgaben:** Kl.A: Ricordi 1902, Nr. 104800; Kl.A, dt. Übers. v. A. Brüggemann: Ricordi 1905, Nr. 109680; Textb.: Turin 1902; Ricordi 1952; Textb., ital./engl. Übers. v. C. Aveling: NY 1902. **Aufführungsmaterial:** Ricordi
**Literatur:** L. TORCHI, ›Germania‹ di A. F., in: RMI 9:1902, S. 377–421

*Egon Voss*

# César Franck

César Auguste Jean Guillaume Hubert Franck; geboren am 10. Dezember 1822 in Lüttich, gestorben am 8. November 1890 in Paris

## Hulda
**Opéra en quatre actes et un épilogue**

**Hulda**
4 Akte, Epilog

**Text:** Charles Jean Grandmougin, nach dem Drama *Halte-Hulda* (1858) von Bjørnstjerne Martinius Bjørnson

**Uraufführung:** 4. März 1894, Opéra, Monte Carlo (komponiert 1885)
**Personen:** Hulda, Tochter des Herrschers Hustawick (S); ihre Mutter (Mez); Aslak, Herrscher (Basse chantante); Gudrun, seine Frau (Mez); Halgerde, seine Schwester (Mez); Gudleik (Bar), Gunnar (T), Arne (B), Eyric (T), Chroud (Bar) und Eynar (T), seine Söhne; Chordis, Gunnars Braut (S); Eiolf, Ritter (T); Swanhilde, eine Höfische (S); ein Herold (B); König und Königin von Norwegen (stumme R). **Chor:** Fischer, junge Mädchen und Männer an Aslaks Hof, Soldaten und Volk aus der Sippe Aslaks, Gefolge des Königs. **Ballett:** ein alter Mann als Winter, junge Mädchen als Schnee, Elfen, Undinen, ein junger Ritter als Frühling
**Orchester:** 2 Fl (auch Picc), 2 Ob, 2 Klar, B.Klar, 4 Fg, 4 Hr, 2 Trp, 2 Pistons, 3 Pos, Tb, 3 Pkn, Schl (Bck, gr.Tr, Trg), 2 Hrf, Streicher; BühnenM: A.Sax, 2 T.Sax, Bar.Sax, 2 Trp, 2 Pistons, 3 Pos, Tb, 2 Vl, Va, Vc, Kb
**Aufführung:** Dauer ca. 2 Std. 30 Min. – Ballett im IV. Akt.

**Entstehung:** Bereits aus den 40er und 50er Jahren des 19. Jahrhunderts gibt es Zeugnisse von Francks kompositorischer Auseinandersetzung mit der Gattung Oper. Doch sind seine beiden frühen Arbeiten, *Stradella* (vor 1844 für Klavier und Gesang entworfen, nie orchestriert und erstmals 1985 an der Pariser Opéra-Comique mit Klavierbegleitung inszeniert) und *Le Valet de ferme* (1853, nicht aufgeführt), wohl noch als unprofilierte Experimente anzusehen. *Hulda* und das Drame-lyrique *Ghiselle* (Monte Carlo, 6. April 1896) dagegen entstanden in Francks letztem Lebensjahrzehnt, also in seiner produktivsten Schaffensphase. Dennoch sind sie, gemessen an der Popularität der in unmittelbarer zeitlicher Nachbarschaft komponierten kammermusikalischen und symphonischen Werke (*Variations symphoniques*, 1885; *Symphonie d-Moll*, 1888; *Violinsonate A-Dur*, 1886), nahezu unbekannt geblieben. Der Klavierentwurf zu *Hulda* entstand 1879–82, die Partitur trägt das Schlußdatum 15. Febr. 1885. Ungeachtet seiner gescheiterten Bemühungen, das Werk an der Pariser Opéra herauszubringen, begann Franck 1888 mit der Komposition von *Ghiselle*, die ihn bis zu seinem Tod beschäftigte, deren Orchestration er jedoch nur bis zum Ende des I. Akts vollenden konnte.

**Handlung:** In Norwegen, um 1100.
I. Akt, links tannenbewachsene Felsen, schneebedeckt; rechts der Wohnsitz Hustawicks, im Hintergrund das Meer; Abend: Hulda und ihre Mutter erwarten sorgenvoll Hustawicks Heimkehr von der Jagd. In der Ferne singen die Fischer ein Abendlied, als plötzlich Krieger aus der Sippe der Aslaks unter Führung von Gudleik und Gunnar sie umstellen. Die Krieger haben Hustawick erschlagen und dessen Gefolgsleute besiegt; nun zwingen sie Hulda, ihnen auf das Schloß der Aslaks zu folgen, wo sie Gudleik heiraten soll. Haßerfüllt schwört sie, den Mord zu rächen.

II. Akt, geschmückter Saal in Aslaks Schloß, zwei

Jahre später: Die Hochzeit Huldas mit Gudleik und die seines Bruders Gunnar mit Chordis wird vorbereitet. Gudleik gerät mit seinen Brüdern in Streit, die mißbilligen, daß er ein Mädchen aus der feindlichen Hustawick-Sippe heiraten will. Nur mit Mühe kann Gudrun den Streit ihrer Söhne schlichten. Nachdem Hulda an den Hof der Aslaks gekommen war, hatte sie sich in den Ritter Eiolf verliebt, der ihre Liebe erwidert und nun als Abgesandter des Königs zur bevorstehenden Hochzeit am Hof erscheint. In einem Festzug werden die Brautleute in den Saal geleitet. Gudleik hat voller Eifersucht Huldas Liebe zu Eiolf bemerkt und stellt sie deshalb zur Rede. Aber die als Höhepunkt der Feierlichkeiten beginnenden Schaukämpfe mit Schwertern unterbinden die Aussprache. Zuletzt stehen sich Gudleik und Eiolf in einem Kampf gegenüber, und als Eiolf seine Liebe zu Hulda öffentlich bekennt, wird aus dem Spiel ein Kampf auf Leben und Tod. Eiolf erschlägt Gudleik; das Entsetzen der Gäste kommentiert Hulda mit triumphierendem Hohn.
III. Akt, auf einem Söller mit Zinnen; Abend, später Nacht: Aslak und Gudrun wollen den Tod ihres Sohns an Eiolf rächen. Hulda und Eiolf beschließen die gemeinsame Flucht nach Island. Nachdem Eiolf gegangen ist, erscheint Aslaks Sohn Arne, um Hulda seine Liebe zu gestehen. Hulda weist ihn zurück; da stürzt Aslak aus seinem Versteck hervor und tötet Arne, den er in der Dunkelheit mit Eiolf verwechselt.
IV. Akt, »La Fête royale«, im Park vor dem königlichen Schloß, im Hintergrund das Schloß und ein See: Unter Lobgesängen des Volks hält das Königspaar mit seinem Gefolge, darunter auch Eiolf und Swanhilde, Einzug und sieht von der Schloßterrasse aus dem zu diesem Fest veranstalteten allegorischen Ballett zu: dem siegreichen Kampf des Frühlings gegen den Winter. Danach ziehen das Königspaar und die Gäste, unter die sich inzwischen auch die drei Brüder Gudleiks gemischt haben, in den Ballsaal. Swanhilde beklagt ihr Schicksal, den geliebten Eiolf an Hulda verloren zu haben. Als sie Eiolf nun gegenübersteht und ihre unerschütterliche Liebe bekennt, erinnert sich dieser der Vergangenheit und schließt beschämt und voll neu erwachter Liebe Swanhilde in die Arme. Hulda entdeckt das Paar, und ihre Liebe zu Eiolf schlägt in grenzenlosen Haß um. Sie gewinnt die Brüder Chroud, Eyric und Eynar für ihren Racheplan.
Epilog, ebenda: Während das Volk dankbar die Wiederkehr des Frühlings feiert, denkt Hulda nur noch an Rache. Als Eiolf ihr entgegentritt, wird er von den Brüdern erschlagen. Eiolfs Gefolgsleute nehmen ihrerseits Rache und töten die Aslak-Brüder. Hulda stürzt sich in die Fluten des Sees.
**Kommentar:** Im Bestreben, das auf feine psychologische Konflikte abgestimmte Drama Bjørnsons auf die Konventionen der Grand opéra abzustimmen, geriet Grandmougin unter den Zwang zu tiefgreifender und nachteiliger Veränderung des Schauspiels. Die in seinem Libretto geradezu stereotyp und schablonenhaft herangezogenen Situationsmodelle der Grand opéra (Gebetsszene, prunkvolle Massenszene, großer Brautzug, Liebesduett, Naturbild und Kampfszene) werden als Spiegelbilder eines inneren Dramas der Heldin nicht lebendig, sondern zerfallen in essayistische Episoden. Grandmougin blähte den Raub Huldas und den Tod Gudleiks, die bei Bjørnson als Vorgeschichte nur en passant Erwähnung finden, zu zwei vollständigen Akten auf, mit dem Resultat, daß Swanhilde, die eigentliche Gegenspielerin Huldas, zu einer Randfigur wird, die im IV. Akt völlig unvermittelt den Fortlauf des Dramas bestimmt, als sie Eiolf für sich zurückgewinnt und ihn, psychologisch nicht eben einleuchtend, zu einem abrupten Wandel seiner Gefühle bewegt. Außerdem verlegte Grandmougin Bjørnsons in der nordischen Sagenwelt angesiedelte Handlung um zwei Jahrhunderte zurück, in die Zeit der Christianisierung Norwegens. Aber der in der Gebetsszene des I. Akts damit thematisierbare Konflikt zwischen Heidentum und Christentum (Huldas Mutter betet zum Christengott, Hulda ruft die heidnischen Götter um Hilfe an) bleibt für den weiteren Verlauf des Dramas folgenlos. Generell treten psychische Konflikte in den Hintergrund zugunsten der drastisch gezeichneten blutrünstigen Fehde zweier Familien. Hulda selbst wird dabei zur bloßen Vollstreckerin einer Erbrache, und das eigentliche Drama, ihr Kampf für die freie Partnerwahl gegen das sozialpolitische Kalkül der Zweckehe, wird verstellt durch unzureichend motivierte Äußerlichkeiten. – Francks offenkundige literarische Anspruchslosigkeit gegenüber einem zerfahrenen Libretto, das möglicherweise durch Catulle Mendès' Libretto für Chabriers *Gwendoline* (1886) beeinflußt ist, darf jedoch nicht über die musikalischen Qualitäten des Werks hinwegtäuschen. Franck hat eine durchweg lyrische, an den dramatischen Höhepunkten schwelgerische Orchestersprache gefunden, die in ihrer reichen Chromatik, in der Verwendung alterierter Akkorde, in der Art der Behandlung der Streicher und in der Tendenz zur Klangverschmelzung ein überzeugendes Beispiel seines Personalstils ist. Wiederkehrende musikalische Motive dienen weder der Personencharakteristik, noch vertiefen sie als semantischer Verweis eine dramatische Situation. Sie konstituieren vielmehr einen Fundus, aus dem die großen symphonischen Abschnitte der Partitur entwickelt werden. Als charakteristisches Beispiel für Francks Verfahren, auch mehrere Episoden der Handlung zu einheitlichen Blöcken mit einer symphonisch durchgearbeiteten Motivik zusammenzufassen, kann der Beginn des III. Akts gelten. Sein Orchestervorspiel (Entr'acte pastoral), symphonisches Stimmungsbild einer hellen Sommernacht, ist aus einem lyrischen Wiegenmotiv entwickelt, das zugleich die beiden folgenden Szenen des Akts (den kurzen Dialog Aslak/Gudrun und den Beginn von Huldas Monolog) prägt. Franck vereinigt also unter einem einheitlichen lyrischen Stimmungsgehalt zwei ganz konträre Situationen: Aslak plant einen Mord, Hulda erwartet ihren Geliebten.
**Wirkung:** *Hulda* und *Ghiselle* wurden erst nach Francks Tod uraufgeführt. Trotz eindrucksvoller Inszenierung von Raoul Gunsbourg und guter Besetzung mit Blanche Deschamps-Jehin (Hulda), Albert Saléza

(Eiolf), Paul Lhérie (Gudleik), der seinerzeit den Don José in Bizets *Carmen* (1875) kreierte, und Emma d'Alba (Swanhilde) wurde *Hulda* mit nur geringem Interesse zur Kenntnis genommen und mußte nach drei Aufführungen abgesetzt werden. Es ist aber nicht der Komposition, sondern den Mängeln des Librettos zuzuschreiben, daß *Hulda* nach einzelnen Aufführungen in Den Haag und Toulouse 1895 vom Spielplan verschwand. Eine Studioproduktion der Radiotelevisione Italiana (Mailand 1960, italienisch) und eine szenische Aufführung an der Reading University Opera (1978, englisch von Annette Thompson) haben das Werk in Erinnerung gerufen.

**Autograph:** Part: BN Paris (MS 8610); Kl.Entwurf (ca. 1879–82): BN Paris (MS 8611 [1–5]); Kl.A (ca. 1885): BN Paris (MS 8612). **Ausgaben:** Part u.d.T. *Houlda*: Choudens [1894]; Kl.A: Choudens [1894]; Kl.A (gekürzt): Choudens [1894], Nr. 8910; Textb.: Choudens 1894. **Aufführungsmaterial:** Choudens
**Literatur:** J. TIERSOT, Hulda, in: Le Ménestrel, März 1894; A. ENGELFRED, ›Hulda‹ di C. F., in: RMI 1895, S. 312; V. D'INDY, C. F., in: RM 1903, Nr. 3, S. 209–212, 296–302, 455–458; C. VAN DEN BORREN, L'Œuvre dramatique de C. F.: ›Hulda‹ et ›Ghiselle‹, Brüssel 1907, S. 47–126; W. MOHR, C. F. Ein dt. Musiker, Stuttgart 1942, S. 202–208; N. DUFOURCQ, C. F. Le milieu, l'œuvre, l'art, Paris 1949

*Rainer Franke*

# Johann Wolfgang Franck

**Getauft am 17. Juni 1644 in Unterschwaningen (bei Dinkelsbühl), gestorben zwischen 1696 und 1719**

### Die drei Töchter Cecrops'
Vorspiel, 5 Akte

**Text:** Maria Aurora Gräfin von Königsmarck, nach einer Episode aus dem 2. Buch der *Metamorphoseon libri* (um 5 n. Chr.) von Ovid (Publius Ovidius Naso)
**Uraufführung:** Febr. (?) 1686, Markgräfliches Theater, Ansbach
**Personen:** Cecrops, König von Athen (B); Aglaure, Herse und Pandrose, seine Töchter (3 S); Pirante, ein Prinz aus Phönizien (T); Philomene, Pandroses Hofjungfer (A); Sylvander, Pirantes Bedienter (T); ein Gärtner (B); eine Gärtnerin (S); Venus (S); Vesta (S); Jupiter (B); Minerva (S); Merkur (A); Cupido (S); die Freiheit (S); der Geiz (stumme R); der Neid (A); 3 Amoretten (3 S). **Chor:** Frauen von Athen. **Ballett**
**Orchester:** Streicher, B.c
**Aufführung:** Dauer ca. 3 Std. – Die Neuausgabe schlägt neben dem Continuo nur Streicher (Vl I, II; Va I, II) für den ein- bis fünfstimmigen Instrumentalsatz vor, was der ursprünglichen Klangvorstellung sicher nicht entspricht. Blas- und Saiteninstrumente sind ad libitum zu beteiligen.

**Entstehung:** Franck, Hofkapellmeister des Markgrafen Johann Friedrich von Brandenburg-Ansbach, mußte im Jan. 1679 Amt und Residenz verlassen, nachdem er den Liebhaber seiner Frau Anna Susanna getötet hatte. Er ging nach Hamburg, wo er als Opernkomponist und Kantor bald zu Erfolg und großem Ansehen gelangte. Dennoch versuchte er, den Kontakt zum Ansbacher Hof wiederherzustellen, was ihm offenbar gelang, denn *Die drei Töchter Cecrops'* wurden dort zur Geburt des Erbprinzen Wilhelm Friedrich uraufgeführt, sicherlich in Anwesenheit und unter der Leitung Francks. Wenige Wochen später starb jedoch der Markgraf. Franck kehrte nach Hamburg zurück. Dort brachte er, wahrscheinlich im Juli 1686, die Oper in einer geänderten Fassung erneut heraus.

**Handlung:** Vorspiel: Waldlichtung, Venus in einer Wolke, umgeben von Liebesgöttern; I. Akt: Garten, in der Ferne Cecrops' Palast; II. Akt: Tempel Minervas mit großem Vorhof; III. Akt: von Marmorsäulen umstandener Platz in Cecrops' Palast mit Zugang zu Aglaures Zimmer; IV. Akt: schöne Gegend mit vielen Quellen und einem von Bäumen und Statuen eingerahmten Brunnen; V. Akt: Garten bei Cecrops' Palast, im Hintergrund Wege, an deren Ende man Höhlen mit Springbrunnen sieht.
Venus, von drei Amoretten unterstützt, ringt mit dem Geiz um die Freiheit und siegt, verliert die Freiheit aber an Vesta, die Göttin der Keuschheit. Die Liebe überwindet zwar materielles Begehren, trübt jedoch die Urteilskraft. – Pandrose liebt Pirante, der aber Herse ergeben ist. Während eines Fests zu Ehren Minervas beobachtet Merkur Cecrops' Töchter und verliebt sich ebenfalls in Herse. Herse weist auch Merkur ab. Um sich Zugang zu ihrem Gemach zu verschaffen, besticht er Aglaure mit Gold und Edelsteinen. Minerva, die Herse als Priesterin gewinnen will, schickt den Neid aus, der sich mit seinen Schlangen der schlafenden Aglaure nähert. Diese erkennt die Leere ihres Reichtums und besinnt sich eines Besseren. Cecrops bestimmt Sylvander, eine List zu ersinnen, durch die eine seiner Töchter mit Pirante verbunden werden könne. Minerva versichert sich der Hilfe Jupiters, um sich Herse zu erhalten. Aglaure hindert Merkur daran, zu Herse zu gelangen, und wird wegen ihres Wortbruchs in einen Stein verwandelt. Jupiter selbst ruft Merkur zurück in die Götterwelt. Sylvander gelingt es, Pirante mit Pandrose zu verbinden. Herse ist froh, daß sie Minerva dienen darf. Jupiter stimmt eine Huldigung an Markgräfin Eleonore zur Geburt des Prinzen an, in die alle übrigen Personen einfallen.
**Kommentar:** *Die drei Töchter Cecrops'* ist eins der wenigen deutschsprachigen Stücke dieser Zeit, die nicht auf eine vorliegende dramatische Fassung zurückgreifen, sondern ein Sujet selbständig aufbereiten. Dabei hat sich die Dichterin zwar in der Formung an der italienischen Oper, in der Gestaltung aber eher an der zeitgenössischen deutschen Kantatendichtung

orientiert. Sie schuf ein handlungsarmes Stück, das jedoch reich an barocker Emblematik ist. Mit bemerkenswertem Geschick gelang es ihr, Mythologie, Allegorie und Sentenz so aufeinander zu beziehen, daß sie sich wechselseitig rechtfertigen. Der Reiz der Oper liegt darin, daß die Musik dieser textlichen Eigenart zu entsprechen vermag. Franck verfügt über eine lückenlose Skala von primär musikalischen Ausdrucksformen (Ritornelle und Ensembles), über Lieder und Arien bis zur textbezogenen Deklamation. Sie sind flexibel genug, um jederzeit sowohl die Bildhaftigkeit der Sprache als auch das Gewicht des Gesagten zu verdeutlichen. Es entsteht ein abwechslungsreicher Verlauf, in dem die kurzen Arien zwar Momente der musikalischen und der poetischen Verdichtung bilden, die gestalterische Phantasie sich aber vor allem an der Rezitation entzündet. – Neben Stadens *Seelewig* (1644) und *Dafne* (1671) von Giovanni Andrea Bontempi und Marco Giuseppe Peranda gehört *Die drei Töchter Cecrops'* zu den wenigen erhaltenen deutschen Opern des 17. Jahrhunderts. Es ist das einzige vollständig überlieferte szenische Werk Francks.

**Autograph:** Verbleib unbekannt. **Abschriften:** Part: Regierungs-Bibl. Ansbach; Textb.: ebd., Bayer. SB München. **Ausgaben:** Part in: DTB, Bd. 38, hrsg. G. F. Schmidt, Litolff 1938; Textb.: o. O., o.J. (Herzog-August-Bibl. Wolfenbüttel, Nr. 596, ohne d. Schlußhuldigung); Textb. auch in: Die Hamburger Oper. Eine Slg. v. Texten d. Hamburger Oper aus d. Zeit 1678–1730, hrsg. R. Meyer, Bd. 1, München, Kraus 1980, S. 127–171 **Literatur:** G. F. SCHMIDT, Zur Geschichte, Dramaturgie und Statistik der frühdeutschen Oper (1627–1750), in: ZfMw 5:1922/23, S. 582–597, 642–665, 6:1923/24, S. 129–157, 496–530; I. SCHREIBER, Dichtung und Musik der deutschen Opernarien 1680–1700, Wolfenbüttel, Berlin 1925; G. F. SCHMIDT, J. W. F.s Singspiel ›Die drey Töchter Cecrops‹, in: AfMf 4:1939, S. 257–316; W. KLEEFELD, Das Orchester der Hamburger Oper 1678–1738, in: SIMG 1:1899/1900, S. 219–289; W. BRAUN, ›Die drey Töchter Cecrops‹. Zur Datierung u. Lokalisierung v. J. W. F.s Oper, in: AfMw 40:1983, S. 102–125; DERS., Aus der Frühgeschichte der alten Hamburger Oper [in Vorb.]

*Helga Lühning*

# Clemens von Franckenstein

Clemens Erwein Georg Heinrich Karl Bonaventura Freiherr von und zu Franckenstein; geboren am 14. Juli 1875 in Wiesentheid (bei Kitzingen), gestorben am 19. August 1942 in Hechendorf (bei München)

## Des Kaisers Dichter Li-Tai-Pe
### Oper in drei Akten

**Text:** Rudolf Lothar (eigtl. Rudolf Spitzer)
**Uraufführung:** 2. Nov. 1920, Hamburgische Staatsoper, Hamburg
**Personen:** Hüan-Tsung, der Kaiser (Bar); Li-Tai-Pe/ Li Po, der Dichter (T); Ho-Tschi, Doktor der kaiserlichen Akademie (Bar); Yang-Kwei-Tschung, 1. Minister (B); Kao-Li-Tse, Kommandant der Garden (T); ein Herold (B); ein Wirt (T); ein Soldat (B); Fei-Yen, eine koreanische Prinzessin (S); Yang-Gui-Fe, ein Mädchen aus dem Volk (S). **Chor:** Trinkgesellschaft: Bettler, Landstreicher, Dirnen, Soldaten; 6 Mandarine. **Statisterie:** Knechte, kaiserliche Reiter, Trompeter, Lautenspielerinnen, Garden, Würdenträger **Orchester:** 3 Fl, 2 Ob, E.H, 2 Klar, B.Klar, 3 Fg, 4 Hr, 3 Trp, 3 Pos, Tb, Pkn, Schl (Tamburine, Trg, Bck, gr.Tr, Glsp, Xyl), Git, Mand, 3 Hrf, Cel, Streicher
**Aufführung:** Dauer ca. 3 Std.

**Handlung:** In China, Mitte des 8. Jahrhunderts.
I. Akt, Schenke, daneben eine Straße, in der Ferne die Mauern von Peking: Soldaten und Bettler rühmen Li-Tai-Pe als großen Volksdichter. Als Ho-Tschi Pläne zu einem Bankett zur Ehrung des Dichters schmiedet, berichtet dieser, bei Yang-Kwei-Tschung und Kao-Li-Tse in Ungnade gefallen zu sein. In Yang-Gui-Fe erkennt Li-Tai-Pe das Mädchen, das ihm einst, als er betrunken auf der Straße lag, Zuflucht bot. Ein Herold verkündet die Ankunft des Kaisers. Dieser sucht einen Dichter, der seine Liebe zu einer schönen Prinzessin, die er zur Frau begehrt, in Verse zu kleiden vermag. Li-Tai-Pe verspricht, ein Liebesgedicht zu verfassen, und macht sich mit der ganzen Trinkgesellschaft auf den Weg zum Palast.
II. Akt, Thronsaal des Kaisers, rechts und links je ein sitzender Drache aus Gold: Der Kaiser hat den Hofstaat versammelt. Yang-Kwei-Tschung und Kao-Li-Tse tragen Liebesgedichte vor, die jedoch beim Kaiser auf Ablehnung stoßen. Li-Tai-Pe, der von beiden Konkurrenten als Trunkenbold beschimpft wird, findet mit seinen Versen die Zustimmung des Kaisers, der ihm ein Prachtgewand anlegen läßt, damit er der Prinzessin das Gedicht überbringe. Yang-Gui-Fe, die Li-Tai-Pe liebt, fürchtet, ihn an die Prinzessin zu verlieren. Ho-Tschi, dem sie sich anvertraut, schickt sie, als Page verkleidet, mit auf die Reise.
III. Akt, Garten vor dem kaiserlichen Palast, rechts ein breiter Fluß: Minister und Kommandant bereiten den Empfang vor. Yang-Kwei-Tschung und Kao-Li-Tse erwarten Li-Tai-Pe mit einer schweren Anschuldigung. Sich auf Aussagen des Pagen stützend, behaupten sie, er habe die Prinzessin verführt, bevor sie dem Kaiser zugeführt wurde. Vor der Verkündung des von den Konspiranten geforderten Todesurteils wird der Page vorgeführt. Doch da enthüllt Yang-Gui-Fe ihre wahre Identität und berichtet von den Bestechungsversuchen des Ministers und des Kommandanten, die sie zu einer falschen Aussage überreden wollten. Die vom Kaiser über Yang-Kwei-Tschung und Kao-Li-Tse verhängte Todesstrafe wird von der Prinzessin in eine Verbannung gemildert. Li-Tai-Pe aber, der für seine Dienste würdig belohnt werden soll, äußert nur den Wunsch nach freiem, unbeschränktem Weingenuß. Mit Yang-Gui-Fe, die er zur Frau nimmt, fährt er in einem Boot davon.

**Kommentar:** *Des Kaisers Dichter Li-Tai-Pe* ist das fünfte und letzte Bühnenwerk Franckensteins. Während die Erstlingswerke *Griseldis* (Troppau 1898) und *Fortunatus* (Budapest 1909) im Einflußbereich Richard Wagners stehen, bereiten die symphonische Dichtung *Salome* (1902) sowie die Einakter *Rahab* (Hamburg 1911) und *Die Biene* (Darmstadt 1916) den Weg zu einem in *Li-Tai-Pe* erstmals voll entfalteten jugendstilhaften Impressionismus. Die Vorliebe des Komponisten für orientalische Dichtung sowie sein Interesse für den chinesischen Lyriker Li Po, der auch Gustav Mahler im *Lied von der Erde* (1908) und Ernst Toch in seiner Kammersymphonie *Die chinesische Flöte* (1921) beschäftigt hat, geht auf Hans Bethges Anthologie *Die chinesische Flöte* (1907) zurück, aus der Franckenstein fünf Dichtungen (zwei davon, »Die Trappe im Mondlicht« und »Die rote Rose«, basieren auf Gedichten von Li Po) als Liederzyklus vertonte. – Im Mittelpunkt steht, wie auch in Schrekers *Fernem Klang* (1912), Pfitzners *Palestrina* (1917) und Wolf-Ferraris *Sly* (1927), das Drama des Künstlers, das die Unterdrückung Li-Tai-Pes schildert, eingebettet in die im Libretto durch zahlreiche szenische Hinweise heraufbeschworene exotische Märchenwelt. Die von Lothar angestrebte Symbiose von Künstlerdrama, in das bekannte Topoi (Dichter- beziehungsweise Sängerwettbewerb, Verkleidungen, höfisches Intrigenspiel) eingeflochten sind, und Couleur locale versucht Franckenstein durch eine eklektische, impressionistische Elemente (häufige Verwendung des Nonakkords) aufgreifende Klangsprache und einen in Leitmotivik verhafteten Orchesterstil einzufangen. Von besonderer Bedeutung für die musikalisch-dramatische Stringenz des Werks ist Yang-Gui-Fes immer wieder erklingender Gesang »Einsam und regungslos sinnt am Ufer des Stromes der Kormoran«, I/1), in dem sie ihrer Bewunderung für den Dichter Ausdruck verleiht.
**Wirkung:** Nach der Uraufführung beurteilte die Fachwelt das Werk äußerst kritisch, obwohl es beim Publikum regen Zuspruch fand. Bemängelt wurde die stilistische Heterogenität, die auf der Vermischung von impressionistischer Harmonik, Lokalkolorit, Chinoiserie und symphonischem Orchesterstil beruht. Besonderer Beliebtheit erfreute sich *Des Kaisers Dichter Li-Tai-Pe* in den Zwischenkriegsjahren, wo die Oper zum Repertoire zahlreicher deutscher Bühnen (unter anderm Königsberg, Coburg, München, Karlsruhe, Breslau, Augsburg, Krefeld, Berlin, Plauen, Köln und Stuttgart) gehörte.

**Autograph:** Verbleib unbekannt. **Ausgaben:** Part: DreiMasken 1920; Kl.A: DreiMasken 1920, Nr. 1694; Textb.: DreiMasken 1920, Nr. 24. **Aufführungsmaterial:** Dreiklang/DreiMasken
**Literatur:** W. ZENTNER, C. v. F., in: ZfM 96:1929, S. 769–775; DERS., C. v. F., in: ZfM 102:1935, S. 740–743; DERS., C. v. F. Zu seinem Geburtstag am 14. Juli 1935, in: Dt. Volksbildung 10:1935, S. 27–33; A. D. McCREDIE, Some Jugendstil Lyric and Dramatic Texts and Their Settings, in: Miscellanea Musicologica. Adelaide Studies in Musicology 13:1985

*Andrew McCredie*

# François Francœur

Geboren am 21. September 1698 in Paris, gestorben am 5. August 1787 in Paris

# François Rebel

Geboren am 19. Juni 1701 in Paris, gestorben am 7. November 1775 in Paris

## Scanderberg
Tragédie

## Skanderbeg
Prolog, 5 Akte

**Text:** Antoine Houdar de La Motte (auch Antoine La Motte-Houdar) und Jean Louis Ignace de La Serre Sieur de Langlade
**Uraufführung:** 1. Fassung: 27. Okt. 1735, Opéra, Palais-Royal, Paris; 2. Fassung: 22. Okt. 1763, Schloß, Fontainebleau
**Personen: Prolog:** Melpomène/Melpomene, Muse der Tragödie (S); Polymnie/Polyhymnia, Muse der Musik (S); L'Amour/die Liebe (S); La Magie/die Magie (H-C); Chor, Ballett: Gefolge von Melpomène und Polymnie. **Handlung:** Amurat, Sultan (B); Roxane, seine Lieblingssultanin (S); Scanderberg/Skanderbeg, ein albanischer Prinz (H-C); Servilie, Prinzessin, Tochter des Gewaltherrschers von Serbien (S); Osman, Palastaufseher (B); der Mufti (H-C); eine Sultanin (S); eine Griechin (S); der Aga der Janitscharen (H-C); eine Asiatin (S); eine Italienerin (S); eine Odaliske (S); der Wesir (B); 2 Skythen (T, B); Caïmacan (B). **Chor, Ballett:** Begleiter des Sultans, Begleiter des Palastaufsehers, Janitscharen, Sklaven verschiedener Nationen, Odalisken, Imame im Gefolge des Muftis
**Orchester:** 2 Fl, 2 Ob, 2 Fg, 2 Trp, Pkn, Schl, Streicher, B.c
**Aufführung:** Dauer ca. 3 Std. – Großes Ballett.

**Entstehung:** Die jahrzehntelange Zusammenarbeit von Francœur und Rebel, die sich nicht nur auf künstlerische, sondern auch auf administrative Aufgaben erstreckte (beide bekleideten nach 1750 leitende Positionen an der Académie Royale de Musique), hat der Entwicklung der französischen Oper wichtige Impulse gegeben. Ihrem ersten gemeinsam verfaßten dramatischen Werk, der Tragédie-lyrique *Pyrame et Thisbé* (Paris 1726), ließen sie bis 1770 noch 17 weitere in den verschiedensten Genres folgen. Den jeweiligen kompositorischen Anteil des einen oder andern zu bestimmen erweist sich als unmöglich, jedoch hat bereits Jean Benjamin de La Borde (*Essai sur la musique ancienne et moderne*, Bd. 3, Paris 1780) eine vielleicht zutreffende, wenn auch pauschale Abgrenzung vorgenommen, wonach die »morceaux de sentiment« von Francœur, die »morceaux de force« von Rebel stammen. Ein zusätzliches philologisches Problem ergibt sich daraus, daß zahlreiche Werke des Komponistenpaars später von Francœurs Neffen, Louis-Joseph Francœur, überarbeitet wurden. Die vierte Gemeinschaftsproduktion, die Tragédie-lyrique *Scanderberg*, war die mit Abstand erfolgreichste. Das wegen des Tods von Houdar de La Motte unvollendet gebliebene Libretto wurde von La Serre fertiggestellt (Prolog und Ergänzung des V. Akts).

**Handlung:** In Adrianopel (heute Edirne), Mitte des 15. Jahrhunderts.

Prolog, ein den Musen geweihter Hain, in der Ferne der Parnaß: Umgeben von ihrem Gefolge unterhalten sich Melpomène und Polymnie über ihre neue Tragödie, bei deren Gestaltung Polymnie ihrer Schwester neidlos den Vorrang einräumt. La Magie bietet ihre Dienste an, wird aber abgewiesen. Gemeinsam rufen die beiden Musen L'Amour herbei, der mit Gefolge erscheint. Von seiner Macht soll das Schicksal des unglücklichen Helden der Tragödie künden.

I. Akt, Garten des Serails im Palast des Sultans: Prinz Scanderberg befindet sich in der Gewalt des Sultans Amurat, doch der Wächter Osman ist auf seiner Seite und will ihm zur Flucht verhelfen. Der Prinz liebt Servilie, die Prinzessin von Serbien, deren Vater von Amurat angegriffen wurde; um ihretwillen will er gegen den Sultan kämpfen. Roxane erscheint und schmeichelt sich bei Scanderberg ein, indem sie ihm berichtet, sie habe sich beim Sultan für ihn eingesetzt und sein Leben erwirkt. Ihr Ziel ist, ihn für sich zu gewinnen, doch er bleibt standhaft. Die Nachricht von der bevorstehenden Ankunft des siegreichen Sultans versetzt Roxane in Angst und Schrecken, da sie die Eifersucht ihres Gebieters fürchtet.

II. Akt, Hof außerhalb des Serails, geschmückt für den Empfang des Sultans: Scanderberg schwebt in Ängsten um Servilie, deren Land von Amurat erobert wurde. Von ihr erfährt er, daß Amurat sie als Preis für den Friedensschluß zu seiner Frau und Favoritin machen will. Die Liebenden fassen den Plan zur Flucht. Amurat erscheint und gesteht Servilie seine Liebe.

III. Akt, Innenhof des Serails: Die eifersüchtige Roxane schmiedet Mordpläne gegen Amurat. Auch Scanderberg will Rache nehmen, schreckt jedoch vor Verrat zurück und beschließt, Roxanes Pläne zu vereiteln. Der Wesir, der sich mit Roxane verbündet hat, will Amurat töten, doch Scanderberg verhindert die Tat und tötet den Wesir. Zum Dank bietet Amurat Scanderberg an, sich mit ihm die Herrschaft über das Reich zu teilen. Janitscharen preisen Amurats Ruhm.

IV. Akt, Garten des Serails, begrenzt durch einen Kanal: Scanderberg teilt Servilie den Fluchtplan für die kommende Nacht mit. Roxane überrascht die beiden und droht ihnen Rache an. Als Amurat Servilie seinen Antrag macht, tritt Roxane dazwischen und deckt das Komplott der Liebenden auf. Außer sich vor Wut verurteilt Amurat Scanderberg zum Tod; Servilie will er trotz allem zu seiner Frau machen.

V. Akt, in der großen Moschee: Alles ist für die Hochzeit Amurats mit Servilie vorbereitet. Zur allgemeinen Überraschung stellt der Mufti fest, daß die Heirat gegen das Gesetz verstoße; zwar sei Amurat Herr über die Welt, aber nicht über das Gesetz. Als auch Servilie Widerstand leistet, fühlt der Sultan sich hintergangen, denn ihre Zustimmung zur Ehe mit ihm war die Bedingung für Scanderbergs Straffreiheit. Scanderberg wird vorgeführt: Er soll den Bund des Sultans mit Servilie bestätigen oder sterben. Vor die Entscheidung gestellt, wählt er den Tod. Servilie ersticht sich; sterbend trägt sie den Rivalen auf, sich zu versöhnen. Als auch Scanderberg sich durchbohren will, wird er vom Sultan daran gehindert: Fern von ihm solle er ihr gemeinsames Unglück beweinen, das vielleicht einst den Ruhm wiedergutmachen werde. (Schluß des V. Akts in der 2. Fassung: Amurat ringt sich zur Entsagung durch und entläßt Servilie und Scanderberg zusammen mit ihren Landsleuten in die Heimat.)

**Kommentar:** In der Ära Jean-Philippe Rameaus gelang es nur wenigen Komponisten, mit eigenen Erfolgen an der Académie Royale auf Dauer aus dem Schatten des großen Vorbilds herauszutreten. *Scanderberg* von Rebel und Francœur (zeitgenössische Quellen nennen die Komponisten stets in dieser Reihenfolge) ist eine dieser Ausnahmen. Zum nicht geringen Teil dürfte die Wirkung auf der dramatischen Farbigkeit des rein historischen Sujets beruht haben, insbesondere auf dem zwar nicht einmaligen, aber

*Scanderberg*, I. Akt; Illustration; Teresa Vestris als Sultanin. – Die aus einer namhaften Florentiner Tänzerfamilie stammende Ballerina debütierte 1751 an der Pariser Opéra, wo sie als »Belle Italienne« vor allem in den Pas de deux mit ihrem Bruder Gaetano Aufsehen erregte.

doch ungewöhnlichen tragischen Schluß, der noch nach Jahrzehnten als so wenig selbstverständlich empfunden wurde, daß man ihn in der 2. Fassung durch ein konventionelles Lieto fine mit den obligatorischen Divertissements ersetzte. Aber auch musikalisch wartet *Scanderberg* mit beachtlichen Qualitäten auf. Bereits der Prolog zeigt mit der tonmalerischen Erdbebenmusik des Auftritts von La Magie einerseits, der charakteristischen »Descente«-Musik, die das Herabschweben L'Amours begleitet, andrerseits ein weites Spektrum von Ausdruckskontrasten. Die stimmlichen Anforderungen in den Arien, oft mit obligaten Instrumenten, sind sehr hoch. Roxanes »Que la grotte s'embellisse« (I. Akt) ist von Flöte und Violine, Scanderbergs »Que ce jour est charmant« (I. Akt) von zwei Flöten und reich ornamentierter Violine begleitet. Die Italienerin trägt ihre melismenreiche Arie im IV. Akt in der Landessprache vor (»Splendite luci belli«). Andere Nummern vermitteln die großen, leidenschaftlichen Affekte in abrupten Ausdruckswechseln, so die Szenen Roxane/Servilie zu Beginn des III. und IV. Akts. Zumal den Arien Amurats eignet durchgehend ein Ton enthusiastischen Aufschwungs, sei es in der Liebe, sei es im Haß, der die Figur des orientalischen Despoten in schillernder Größe musikalisch Gestalt werden läßt. Nimmt man dazu noch die mehr genrehaften, aber durchgehend charakteristischen Chor- und Tanzszenen, so ergibt sich ein musikdramatisches Gesamtbild von erstaunlicher Fülle und Bandbreite des Ausdrucks, das den Erfolg des Werks selbst im Vergleich mit den Opern Rameaus verständlich erscheinen läßt.

**Wirkung:** Für *Scanderberg* hatte die Opéra ihre Spitzenkräfte aufgeboten: Marie Antier (Roxane), Marie Pélissier (Servilie), Denis-François Tribou (Scanderberg), Pierre de Jélyotte (La Magie und Mufti), Claude de Chassé (Amurat); in den Tanzdivertissements brillierte Marie Sallé. Sensation machte das Bühnenbild des V. Akts mit dem Innern der Moschee (Szenographie: Giovanni Niccolò Servandoni). Bis zur vorläufigen Absetzung vom Spielplan im Jahr 1736 erreichte *Scanderberg* insgesamt 33 Aufführungen. Für die Wiederaufnahme 1763 in Fontainebleau unterzog Francœur gemeinsam mit seinem Neffen Louis-Joseph das Werk einer gründlichen Umarbeitung, die sich vor allem auf die Divertissements und den V. Akt erstreckte. Weitere Änderungen wurden für Aufführungen in den Jahren 1777, 1779 und 1783 vorgenommen.

**Autograph:** Verbleib unbekannt. **Abschriften:** 2. Fassung: BN Paris, Bibl. de l'Opéra Paris (teilweise autograph). **Ausgaben:** Part [réduite]: Francœur, Paris, Nachdr.: Pendragon, NY [in Vorb.] (French Opera in the 17th and 18th Centuries. 37.); Textb.: Paris 1735; Textb. in: Recueil général des opéras, Bd. 16, Nr. 124, Nachdr.: Genf, Slatkine 1971, Bd. 3, S. 555–569; Textb.: Paris, Ballard 1763
**Literatur:** F. ROBERT, Scanderberg, le héros national albanais dans un opéra de R. et F., in: Recherches sur la musique française classique 3:1963, S. 171–178

*Herbert Schneider*

# Rudolf Friml

Charles Rudolf Friml, auch Roderick Freeman; geboren am 7. Dezember 1879 in Prag, gestorben am 12. November 1972 in Los Angeles

# Herbert Stothart

Geboren am 11. September 1895 in Milwaukee (Wisconsin), gestorben am 1. Februar 1949 in Los Angeles

## Rose-Marie
**Musical Play**

**Rose-Marie**
2 Akte (10 Bilder)

**Buch und Gesangstexte:** Oscar Greeley Glendenning Hammerstein II und Otto Harbach (eigtl. Otto Abels Hauerbach). **Orchestration:** Robert Russell Bennett. **Choreographie:** David Bennett
**Uraufführung:** 2. Sept. 1924, Imperial Theatre, New York
**Personen:** Lady Jane; Sergeant Malone; Black Eagle; Edward Hawley; Wanda; Emile La Flamme; Hard-Boiled Herman; Jim Kenyon; Rose-Marie La Flamme; Ethel Brander. **Chor:** Mädchen der Gesellschaft, kanadische Mädchen, Mischlingsmädchen, berittene Polizei, Trapper, Führer
**Orchester:** Fl, Ob, 3 Klar, Fg, Hr, 2 Trp, Pos, Pkn, Schl, Hrf, Streicher
**Aufführung:** Dauer ca. 2 Std. 30 Min. – Tänze: Walzer, choreographierter Marsch der Reiter, nichtauthentischer Indianertanz mit Corps de ballet, Wandas Tanz, Gesellschaftstänze.
**Gesangsnummern:** Vive la Canadienne; Hard-Boiled Herman; Rose-Marie; The Mounties; Lak Jeem; Indian Love Call; Pretty Things; Why Shouldn't We?; Totem Tom-Tom; Only a Kiss; Minuet of the Minute; Door of Her (My) Dreams

**Entstehung:** Geschichten über einen Karneval auf dem Eis im kanadischen Quebec brachten den Produzenten Arthur Hammerstein auf den Gedanken, vor diesem Hintergrund eine Operette anzusiedeln. Sein Neffe Oscar Hammerstein II und Mitautor Harbach, die vor Ort Informationen zu diesem Thema sammeln sollten, konnten ihm jedoch nur berichten, daß niemandem ein derartiges Karnevalsvergnügen bekannt war. Hammerstein war aber mittlerweile fest entschlossen, ein Stück in Kanada spielen zu lassen, und so beauftragte er die Autoren, eine eigene, völlig neue Story zu schreiben, woraufhin das Buch zu *Rose-Marie* entstand.
**Handlung:** In Nordkanada, in Fond du Lac (Saskatchewan) und in Quebec. I. Akt, 1. Bild: Lady Janes Hotel; 2. Bild: Lagerfeuer; 3. Bild: Black Eagles Hütte; 4. Bild: wie I/2; 5. Bild: Totem Pole Lodge am Kootenaypaß in den Rocky Mountains; II. Akt,

1. Bild: Geschäft in Quebec; 2. Bild: großer Ballsaal im Château Frontenac, Quebec; 3. Bild: Keller eines Hotels am Fluß; 4. Bild: auf einem Hügel am Kootenaypaß; 5. Bild: das Schloß.
I. Akt: Rose-Marie, Sängerin in Lady Janes Hotel in den Rocky Mountains, liebt den Trapper Jim Kenyon. Jim will Black Eagle aufsuchen, um die Rechte an einem Goldfund zu klären, trifft den Indianer aber nicht in seiner Hütte an. Bald nachdem Jim gegangen ist, kehrt Black Eagle zurück und findet seine Frau Wanda in enger Umarmung mit Edward Hawley vor. In dem entbrennenden Streit tötet Wanda ihren Mann, und Hawley lenkt den Verdacht auf Jim. Rose-Marie rät ihm zur Flucht und willigt, um ihren Geliebten zu retten, in eine Ehe mit Hawley ein, der schon lange ein Auge auf Rose-Marie geworfen hat.
II. Akt: Rose-Marie gibt alle Hoffnung auf Jim auf, aber dessen Partner Hard-Boiled Herman bringt die Wahrheit aus Wanda heraus, und so kann Sergeant Malone die wahren Schuldigen verhaften. Glücklich schließen sich die Liebenden wieder in die Arme.

**Kommentar:** *Rose-Marie* ist am besten in die Kategorie Operette einzureihen, in der die Heroine ihren Helden wiedergewinnt, nachdem der wahre Bösewicht entlarvt wurde. Zur Thematik passen die eingängigen, nicht am Jazz orientierten Melodien von Friml, der einmal in einem Interview sagte: »Ich kann ohne Romantik, Zauber und Helden keine Musik schreiben.« Die Uraufführungsproduktion (557 Aufführungen) wurde gerühmt wegen der hinreißenden Dekorationen, der Stimmen von Dennis King und Mary Ellis von der New Yorker Metropolitan Opera, der Handlung mit ihrem kanadischen Kolorit und für den Schlager »Totem Tom-Tom«, bei dem Reihen von Tänzerinnen in verschwenderischen, an Totempfähle erinnernden Kostümen auftraten und nach einem mitreißenden indianischen Rhythmus tanzten. Dennoch waren es auf die Dauer die Musik und die Songs, die die Show zur erfolgreichsten des Jahrzehnts machten. Die Musik übertraf vieles, was vorher in Amerika geschrieben worden war, und bewies, daß die Wiener Tradition auch in die Vereinigten Staaten übertragen werden konnte. Die indianischen Nummern wie »Totem Tom-Tom« und »Indian Love Call« sind zwar nicht authentisch, wurden aber wegen ihrer ungewöhnlichen Verwendung von Melodie und Rhythmus schnell populär; die Musik, die den pantomimisch dargestellten Mord an Black Eagle begleitet, gerät sogar in die Nähe der Oper. Mit Ausnahme des 1. Finales aber treiben die Songs die Handlung nicht voran und dienen mehr der Charakterbeschreibung. Bei der Zusammenarbeit der beiden Komponisten lieferte Friml die großen Melodien und Stothart die eher komischen Songs, vor allem die für das Liebespaar Herman und Jane. *Rose-Marie* verbindet alte Elemente mit neuen. So ist zum Beispiel das humoristische Komödienduo Herman und Jane der Vaudevilletradition verpflichtet. Neuartig war, daß ein Mord auf die Bühne gebracht wurde und daß die Songs stärker in die Handlung integriert wurden. *Rose-Marie*

*Rose-Marie*, I. Akt; Mary Ellis in der Titelpartie; Kostüm: Charles Le Maire; Imperial Theatre, New York 1924. – Mary Ellis in der Pose der Tingeltangeldiva aus der kanadischen Provinz.

ist ein frühes Beispiel für Hammersteins Bestreben, die Kluft zwischen der Musik und dem emotionalen Gehalt des Stücks zu schließen, aber trotz der guten Songs ist die Handlung im Grunde uninteressant und fast banal.

**Wirkung:** *Rose-Marie* war nach der Uraufführung, bei der unter anderm noch Dorothy Mackaye, Arthur Deagon, Eduardo Ciannelli, William Kent und Arthur Ludwig sangen und spielten, auch im Ausland, so in Paris mit 1250 Vorstellungen, in London mit 851 Vorstellungen (das erfolgreichste Musical des Jahrzehnts), in Berlin, Stockholm und Moskau und in Londoner Neuproduktionen von 1942 und 1960, ein großer Erfolg beschieden. Richard Rodgers parodierte das Stück in *The Garrick Gaieties* (1925; Buch: Lorenz Hart), das das Operettengenre auf den Arm nahm. *Rose-Marie* wurde dreimal verfilmt: 1928 von Lucien Hubbard (mit Joan Crawford und James Murray), 1936 von W. S. Van Dyke (mit Jeanette MacDonald und Nelson Eddy) und 1954 von Mervyn Le Roy (mit Ann Blyth und Howard Keel), wobei die Version von Van Dyke die berühmteste ist. Sie avancierte zu einem der erfolgreichsten Filme ihres Entstehungsjahrs.

**Skript:** Regie- u. Soufflierbuch d. UA: NYPL Theatre Coll. 3520, 4280. **Ausgaben:** Kl.A: Harms, NY 1925. **Aufführungsmaterial:** Tams-Witmark, NY; dt. Übers. v. K. Eidam: M u. Bühne, Wiesbaden

*Vicky Bähren*

# Margarita Petrowna Froman

Geboren am 8. November 1890 in Moskau, gestorben am 24. März 1970 in Boston

## Ohridska legenda
Balet u četiri čina

### Die Ohrider Legende
Ballett in 4 Akten

**Musik und Libretto:** Stevan Hristić
**Uraufführung:** 1. Fassung: 29. Nov. 1947, Nationaltheater, Belgrad, Ballett des Nationaltheaters (hier behandelt); 2. Fassung als *Ochridskaja legenda*: 12. April 1958, Stanislawski-Nemirowitsch-Dantschenko-Musiktheater, Moskau
**Darsteller:** Biljana; Marko, ein armer Landarbeiter im Dienst von Biljanas Vater; Biljanas Vater; Biljanas Mutter; Ivan, Biljanas Verlobter; Trauzeuge; ein Freund Ivans; Fahnenträger; Ivans Vater; Ivans Mutter; ein alter blinder Musiker; seine kleine Tochter (8–12 Jahre alt); der Sultan; der Großwesir; Eunuch; eine dicke Wache; eine Rumänin; eine Bulgarin; eine Griechin; eine Albanierin; ein junger griechischer Schäfer; Abendstern; Biserka, Königin der Najaden; Anführer der Janitscharen; ein junger Dorfbewohner; Corps de ballet: junge Dorfbewohner und -bewohnerinnen, Volk, 6–8 Begleiter des Abendsterns, Najaden, Odalisken, Janitscharen, Sklaven, Sklavinnen, der Hof und sein Gefolge, Wachen, Soldaten. **Chor**
**Orchester:** Picc, 2 Fl, 2 Ob, E.H, kl. Klar, 2 Klar, B.Klar, 2 Fg, K.Fg, 4 Hr, 3 Trp, 3 Pos, Tb, Pkn, Schl (Bck, Trg, kl.Tr, gr.Tr, Tamburin, Glsp, Glocke), Cel, Streicher; BühnenM auf d. Szene: Picc, Fl, Ob, Klar, Schl (Tamburin, gr.Tr), Vl
**Aufführung:** Dauer ca. 2 Std. – Der Chor (S, A, T) singt hinter der Szene und im I. Akt.

**Entstehung:** *Ohridska legenda* war bereits Fromans drittes Ballett mit nationalem Charakter. Schon 1924 hatte sie *Licitarsko srce* (*Das Lebkuchenherz*; Musik: Krešimir Baranović) herausgebracht, das auf kroatischen Nationaltänzen aufbaute. 1937 folgte ihr einer Volkssage inspirierte Ballett *Imbrek z nosom* (*Imbrek mit der langen Nase*; Musik: Baranović). Beide Ballette entstanden für das Ballettensemble der Zagreber Oper, das seit 1921 unter Fromans Leitung stand. Hristić begann 1928 mit der Komposition. Sein Szenarium beruht auf einer romantisch-märchenhaften Volkslegende zur Zeit der Türkenherrschaft auf dem Balkan. Der I. Akt wurde am 5. April 1933 im Nationaltheater Belgrad unter Hristić' Leitung uraufgeführt (Choreographie: Nina Kirsanowa). Er arbeitete dann an der Vervollständigung des Werks noch fast zwei Jahrzehnte. In der endgültigen Gestalt kam *Ohridska legenda* in Zusammenarbeit mit der Choreographin Froman, die auch Regie führte, und mit Hristić als Dirigent erst 1947 heraus.

**Inhalt:** I. Akt, Hof von Biljanas Haus: Biljana, die Tochter eines mazedonischen Edelmanns, sieht gern Marko, den Knecht ihres Vaters. Dieser gibt bekannt, daß er die baldige Ankunft der Freier erwartet. Während der Freiungszeremonie fallen die Türken ein. Der für Biljana bestimmte Verlobte fällt im Kampf, und Biljana wird in türkische Gefangenschaft verschleppt.

II. Akt, am Ufer des Ohrider Sees: Marko wünscht sich das wundertätige Schwert, womit er die Türken in die Flucht schlagen könnte. Der Morgenstern zeigt ihm den Weg zur Fee Biserka, die ihm nicht nur das Schwert, sondern auch eine Wunder wirkende Rose überreicht.

III. Akt, Harem des Sultans: Der türkische Großwesir sucht die schönsten Sklavinnen für den Sultan. Dabei fällt seine Wahl auf Biljana. Da erscheint Marko und wirft Biljana die Rose zu. Biljana verwandelt sich in eine weiße Taube und fliegt zum Himmel empor.

IV. Akt, wie I. Akt: Marko ist unglücklich und will nicht im Kolo tanzen, wozu ihn die Mädchen und jungen Männer auffordern. Da läßt sich eine weiße Taube auf einem blühenden Pflaumenbaum nieder und verwandelt sich in Biljana. Überglücklich schließt Marko sie in seine Arme. Biljanas Eltern, Freunde und Nachbarn umringen das Paar, dessen Hochzeit nun vorbereitet wird.

**Kommentar:** *Ohridska legenda* gilt als Hristić' Hauptwerk. Die musikalisch-dramaturgische Realisation spiegelt die inhaltlichen Kontraste des Sujets wider. Schon die Volkslegende, auf der das Szenarium beruht, differenziert drei verschiedene Ambiente: das nationale (I. und IV. Akt), das phantastische (II. Akt) und das orientalische (III. Akt). Die interes-

*Ohridska legenda*; Mira Sanjina als Biljana, Dimitrije Parlić als Marko; Uraufführung, Ballett des Nationaltheaters, Belgrad 1947. – Die nationale Eigenständigkeit findet ihren Ausdruck im stilisierten Volkstanz.

santesten und bedeutendsten Momente der Musik enthalten der I., II. und IV. Akt, insofern hier die melodischen, rhythmischen und harmonischen Charakteristika der serbischen Volksmusik auf originelle Weise mit Hristić' kompositorischem Idiom verschmolzen erscheinen. Einige Folkloremelodien, wie »Biljana« und »Pušči me«, mit Assoziationen zum Chorlied *X. rukovet* von Stevan Mokranjac, haben den Charakter von »Leitmotiven« innerhalb eines auf weite Strecken symphonisch gestalteten Orchestersatzes. Obwohl das stoffliche und dramaturgische Vorbild der großen sowjetischen Ballette unübersehbar bleibt, gelang Hristić mit *Ohridska legenda* dank der integrativen Kraft seiner musikalischen Sprache eine nationale Variante des Genres von eigenem Reiz, die die anhaltende Popularität des Werks mehr als rechtfertigt. Für konzertante Aufführungen wurden von Hristić später vier Suiten zusammengestellt. – Wie schon in früheren Arbeiten baute Froman ihre Choreographie zu *Ohridska legenda* auf regionalen Volkstänzen auf, gestaltete sie aber durch Straffung und Stilisierung des Schrittmaterials, durch Reduzierung der Bewegungsfolgen und durch die Ergänzung pantomimischer Passagen insgesamt theatralischer.

**Wirkung:** *Ohridska legenda* ist das bedeutendste Werk des jugoslawischen Musiktheaters. Der von Anfang an große Erfolg beweist, daß es den Weg zum Publikum gefunden hat. Dies wurde bestätigt durch die einhellige Zustimmung bei den Gastspielen des Ballettensembles des Nationaltheaters Belgrad in Jugoslawien (unter anderm Zagreb, Ljubljana, Maribor, Rijeka, Sarajevo, Skopje, Novi Sad, Dubrovnik, Pula) und im Ausland (Edinburgh und Kairo 1951, Athen 1952, Wiesbaden, Genf, Zürich und Salzburg 1953, Florenz und Wien 1955, Pilsen und Beuthen 1956, Moskau 1958, Barcelona 1965). In Fromans Choreographie wurde *Ohridska legenda* allein vom Ballettensemble des Nationaltheaters 351mal aufgeführt. Die letzte Vorstellung fand am 4. Juli 1966 in Krušbvac (Serbien) statt. Bei fast allen Aufführungen stand bis zu seinem Tod (1958) der Komponist am Dirigentenpult. In der 2. Fassung fügte Hristić unter anderm einen Prolog hinzu, änderte die Szene Biljana/Bräutigam im I. Akt sowie die Szene Biserka/Marko im II. Akt. In dieser Fassung wurde *Ohridska legenda* am 29. Dez. 1966 in einer Choreographie von Dimitrije Parlić wieder ins Repertoire des Nationaltheaters Belgrad aufgenommen, wo das Werk bis heute gespielt wird. *Ohridska legenda* wurde außerdem von andern jugoslawischen und ausländischen Choreographen sowie Regisseuren und Ballettensembles auf allen größeren jugoslawischen Opernbühnen dargestellt; bis heute gab es mindestens 500 Aufführungen.

**Autograph:** Verbleib unbekannt. **Ausgaben:** Part: Udruschenje Kompositora Srbije, Belgrad 1985; Kl.A mit vollst. Szenar: Prosveta, Belgrad 1964
**Literatur:** B. M. DRAGUTINOVIĆ, Ohridska legenda, in: Politika 44:1947, Nr. 12784, S. 7; V. PERIČIĆ, Muzički stvaraoci u Srbiji, Belgrad 1972, S. 126–128

*Manica Špendal*

# William Henry Fry

Geboren am 10. August 1813 in Philadelphia, gestorben am 21. September 1864 in Santa Cruz (Jungferninseln)

## Leonora
### Opera in Three Acts (Seven Scenes)

**Leonora**
3 Akte (7 Bilder)

**Text:** Joseph Reese Fry, nach dem Schauspiel *The Lady of Lyons or Love and Pride* (1838) von Edward George Earle Bulwer-Lytton, 1. Baron Lytton of Knebworth, nach *The History of Perourou or The Bellows Mender* (1801) von Helen Maria Williams
**Uraufführung:** 1. Fassung: 4. Juni 1845, Chestnut Street Theatre, Philadelphia, Ensemble der Seguin-Truppe (hier behandelt); 2. Fassung in italienischer Sprache: 29. März 1858, Academy of Music, New York
**Personen:** Valdor, ein reicher Kaufmann (B); Montalvo, ein vornehmer Herr (B); Alferez, ein Herr (T); Julio, Bauer (T); Leonora, Valdors Tochter (S); Mariana, Julios Schwester (S). **Chor:** ein Priester, ein Notar, Edelleute, Damen
**Orchester:** 2 Fl (2. auch Picc), 2 Ob, 2 Klar, 2 Fg, 2 Hr, 2 Trp, 3 Pos, Tb, Pkn, Schl (gr.Tr, kl.Tr, Bck, Trg), Org, Streicher; BühnenM: 2 Hr, 3 Trp, 2 Pos, 2 Vl, Va
**Aufführung:** Dauer ca. 2 Std. 30 Min.

**Entstehung:** Bulwer-Lyttons Schauspiel gehörte bis Ende des 19. Jahrhunderts zum festen Repertoirebestand der Boulevardtheater in den englischsprachigen Ländern. In seinem Libretto hat Frys Bruder Joseph Reese wichtige Motive der Vorlage, auch wenn wiederholt auf sie angespielt wird, ausgelassen, dafür andere hinzugefügt. Die Namen der Personen wurden geändert, Ort und Zeit der Handlung aus dem napoleonischen Frankreich in das Spanien der Zeit der Eroberungsfeldzüge gelegt.
**Handlung:** In Spanien, frühes 16. Jahrhundert.
I. Akt, 1. Bild, Vorraum eines Festsaals in Alferez' Haus mit einer reich gedeckten Tafel: Alferez und andere Edelleute trinken auf den Wein und die Liebe. Der verspätet eintreffende Montalvo wird von den andern hochgenommen, weil er bei einer Frau war, der schönen, aber kaltherzigen Leonora. Entrüstet lehnt Montalvo es ab, auf sie zu trinken, da sie von niedrigem Stand sei. In Wirklichkeit aber hat Leonora ihn abgewiesen. Ihr Vater Valdor, ein reicher Kaufmann, berichtet, daß ein junger Bauer sich ebenfalls in Leonora verliebt und ihr in einem Brief seine Gefühle gestanden, sie aber auch ihn abgewiesen habe. Valdor hat den Brief heimlich an sich genommen und zeigt ihn den andern. Beim Lesen faßt Montalvo den Plan, sich an Leonora zu rächen. 2. Bild, Julios Hütte: Der

Bauer Julio beklagt seine Armut, die es ihm unmöglich mache, um die Hand Leonoras anzuhalten. Julios Schwester Mariana versucht vergeblich, ihm seine hoffnungslose Liebe auszureden. Da erscheint Montalvo und enthüllt ihm, daß er von Julios heimlicher Liebe weiß, und auch, daß Leonora sie zurückgewiesen habe; darüber hinaus habe Valdor Julios Geheimnis in die Öffentlichkeit getragen. Scheinheilig bietet Montalvo nun Julio seine Hilfe an: Da Leonora glaube, daß nur ein Prinz ihrer würdig sei, müsse Julio sich eben als Prinz verkleiden; Gelegenheit zum Auftritt böte ein Fest, das Valdor am selben Abend anläßlich des Geburtstags von Leonora geben wird; er selbst wolle Julio mit allem ausstatten, was er brauche. So werden beide das bekommen, was sie sich ersehnen: Montalvo seine Rache und Julio Leonoras Hand.
3. Bild, prunkvoller Saal in Valdors Haus mit einer Galerie, zu der Stufen hinaufführen; Blick durch ein Fenster auf den Nachthimmel: Leonora heißt die Gäste willkommen; sie gesteht sich ein, daß nur wahre Liebe ihr Herz bezwingen kann. Montalvo erscheint mit Julio, den er als Prinzen vorstellt. Wie unter einem Bann vernimmt Leonora Julios Lob ihrer Schönheit und muß erkennen, daß auch sie sich endlich verliebt hat. Insgeheim fragt Julio sich, ob sein Täuschungsmanöver nicht ein schlimmes Ende nehmen wird.
II. Akt, 1. Bild, Vorzimmer in Valdors Villa; im Hintergrund verschlossene Bogentüren, die zu einer Kapelle führen: Brautjungfern verkünden die bevorstehende Hochzeit. Leonora und Julio versichern einander ihre Liebe. Leonora erklärt Julio, daß sie ihn nicht wegen seines Reichtums heirate, sondern weil sie ihn liebe. Julio fragt sie, ob sie ihn auch lieben würde, wenn er nur ein Bauer wäre; ihre Antwort ist »ja«. Montalvo erscheint voll heimlicher Freude über seine geglückte Rache an der hochmütigen Leonora: Schon bald liebe sie den Mann, den sie jetzt liebt, hassen. Die Trauungszeremonie beginnt. 2. Bild, Julios Hütte: Julio gesteht Leonora, daß dies sein Zuhause ist. Sie beginnt zu begreifen, daß nur ihr Hochmut die Ursache ihrer jetzigen Demütigung ist. Montalvo erscheint, verhöhnt Leonora und bietet ihr an, sie mit sich zu nehmen. Ihr wird klar, welche Rolle Montalvo gespielt hat, und lehnt ab. Julio versucht sie zu trösten und erklärt dem eintretenden Valdor, Leonoras Ehre nicht angetastet zu haben. Leonora erkennt nun, daß Julio sie wirklich liebt, und bittet ihn, seine Frau bleiben zu dürfen. Beschämt und im Gefühl, Leonoras unwürdig zu sein, stürzt Julio davon. Leonora sinkt ohnmächtig in die Arme ihres Vaters.
III. Akt, 1. Bild, vor Julios Hütte, drei Jahre später: Julio berichtet Mariana, daß er gerade aus der Neuen Welt zurückgekehrt sei und es dort als Soldat zu Ehren und Reichtum gebracht habe; jetzt sei er Leonoras Liebe würdig. Mariana erzählt ihm, daß Leonora eingewilligt habe, ihre Ehe aufzulösen und Montalvo zu heiraten. Julio ist sich unsicher über ihre wahren Empfindungen. 2. Bild, Zimmer: Leonora sitzt an einem Tisch, auf dem Schriftstücke ausgebreitet sind. Montalvo erscheint und brüstet sich, daß Leonora nun bald die Seine wird. Da Valdor sein ganzes Vermögen

verloren hat, will Leonora Montalvos Werben nachgeben. Auf Geheiß Montalvos soll durch einen Notar sogleich die alte Ehe aufgelöst und die neue geschlossen werden. Da erscheint Mariana mit der Nachricht, ein Edelmann sei gerade aus dem Krieg in fernen Ländern zurückgekehrt und wünsche als ein Freund Julios Leonora zu sprechen. Julio tritt verkleidet herein und fragt Leonora, ob sie ihm eine Botschaft für seinen Freund mitgeben wolle. Sie erklärt, daß sie Julio immer noch liebe, aber gezwungen sei, Montalvo zu heiraten, um ihren Vater vor Schande zu bewahren. Montalvo drängt sie, den Kontrakt zu unterschreiben, aber Julio zerreißt ihn. Wutentbrannt fordert Montalvo den Fremden auf, sich zu erkennen zu geben. Als Julio seine wahre Identität enthüllt, stürzt Leonora überglücklich in seine Arme. Alle feiern das wiedervereinte Paar.

**Kommentar:** Wie der Komponist in einer Vorbemerkung zum Klavierauszug feststellte, handelt es sich bei *Leonora* um die erste von einem Amerikaner komponierte große Oper auf einen englischen Text. Mit *Leonora* wollte Fry »das lyrische Drama zu einem Bestandteil der nationalen Kultur machen, da dies die einzige Möglichkeit ist [...] eine [nationale] Schule der Musik zu begründen« (in: *The American Composer Speaks*, s. Lit.). Daß ihm die Verwirklichung seiner Absicht nur ansatzweise gelang, lag an der Epigonalität seiner musikalischen Sprache. Stilistisch bewegt sich *Leonora* weitgehend in den Bahnen einer trivialisierten italienischen Opernromantik. Vertraut war Fry insbesondere mit Vincenzo Bellinis Stil, da er und zwei seiner Brüder für die nordamerikanische Erstaufführung von *Norma* (1831) in Philadelphia 1841 verantwortlich zeichneten: Joseph Reese übersetzte den Text ins Englische und bearbeitete ihn, Edward Plunket fungierte als Manager, und William Henry dirigierte die zwölf Vorstellungen. Auf das Vorbild besonders Bellinis deuten die Arienformen (häufig a-a'-b-a' mit Coda), die sequenzierende Melodieführung über wechselnden harmonischen Stufen und die Angleichung von Rezitativ und Arie in einem rhythmisch strukturierten Deklamationsmelos. Wenn auch *Leonora*, ebenso wie Frys zweite aufgeführte Oper, *Notre Dame of Paris* (Philadelphia 1864; nach Victor Hugos Roman), heute nur noch historisches Interesse beanspruchen kann, so markiert sie doch eine wichtige Etappe in der Emanzipation einer eigenständigen nordamerikanischen Musikkultur.

**Wirkung:** Der Premiere schlossen sich elf weitere Aufführungen an. Die Hauptpartien sangen Arthur Seguin (Montalvo), Ann Seguin (Leonora) und John Frazer (Julio), die übrigen Rollen waren mit Amateuren besetzt. Die musikalische Leitung hatte Adolf Schmidt, das Bühnenbild entwarf Russell Smith. Eine weitere Inszenierung kam am 8. Jan. 1846 im Walnut Street Theatre Philadelphia heraus. Für die Aufführung der 2. Fassung 1858 (Dirigent: Karl Anschütz) nahm Fry umfangreiche Änderungen in der Partitur vor. Zuvor hatte er eine ausgedehnte Europareise unter andern nach Paris unternommen, wo er sich vergeblich bemühte, *Leonora* an der Opéra auf eigene

Kosten in einer öffentlichen Probe vorzustellen. Obwohl *Leonora* in Europa im großen und ganzen negativ beurteilt wurde, fand die Oper in den Vereinigten Staaten großen Anklang. Am treffendsten hat wohl Francis Courtney Wemyss, Komanager des Chestnut Street Theatre, die Bedeutung von *Leonora* umrissen, wenn er sagt, daß zum erstenmal in den Vereinigten Staaten eine ernstzunehmende Oper aufgeführt worden sei, die den technischen Erfordernissen der Grand opéra entspricht, komponiert und inszeniert von einem Amerikaner.

**Autograph:** Part u. St.: Libr. Company of Philadelphia. **Ausgaben:** Kl.A: Ferrett, Philadelphia 1846
**Literatur:** J. S. DWIGHT, Dwight's Journal of Music, Bd. 13, Boston 1858, S. 7, 18; E. E. HIPSHER, American Operas and Its Composers, Philadelphia 1934, S. 205–212; J. T. HOWARD, Our American Music, NY 1946, S. 238–247; W. T. UPTON, W. H. F.: American Journalist and Composer-Critic, NY 1954, Nachdr. 1974; I. LOWENS, W. H. F.: American Nationalist, in: Music and Musicians in Early America, NY 1964, S. 212–222; The Composer Speaks, hrsg. G. Chase, Baton Rouge, LO 1966, S. 46; E. L. SMITH, W. H. F.'s ›Leonora‹, Ann Arbor, MI 1975, Diss. Univ. of Kentucky

*Robert P. Kolt*

# Loie Fuller

**Eigentlich Marie Louise Fuller; geboren am 15. Januar 1862 in Fullersbury (heute zu Hinsdale; Illinois), gestorben am 1. Januar 1928 in Paris**

## The Serpentine Dance

**Der Serpentinentanz**
Ballett

**Musik:** Ernest Gillet, *Loin du bal* (1886). **Libretto:** Loie Fuller
**Uraufführung:** 15. Febr. 1892, Casino Theatre, New York
**Darsteller:** Solistin
**Orchester:** Kl
**Aufführung:** Dauer ca. 3 Min.

**Entstehung:** Fuller beschreibt in ihrer Autobiographie *Fifteen Years of a Dancer's Life* die Entstehung des *Serpentine Dance*. Sie erwähnt einen Auftritt in dem Stück *Quack, M. D.* Während einer Szene, in der sie von Dr. Quack »hypnotisiert« wurde, trug sie ein weites Seidengewand, das sie wegen seiner Länge in die Höhe halten mußte. Auf diese Weise folgte sie mit ausgebreiteten Armen den Bewegungen des Hypnotiseurs. Ihre schmetterlingsähnliche Erscheinung rief beim Publikum spontane Überraschungsausrufe hervor. Ihrer Beschreibung im Kapitel »How I Created the Serpentine Dance« zufolge (S. 25–43, s. Lit.) war dies für sie der entscheidende Moment, um eine tänzerische Laufbahn einzuschlagen. Der Direktor des Casino Theatre war bereit, die ehemalige Schauspielerin und Sängerin als Varietétänzerin unter Vertrag zu nehmen. Ihr Tanz war zunächst als Divertissement im II. Akt von Audrans Operette *L'Oncle Célestin* (Paris 1891) eingesetzt. Überzeugt von der Wirksamkeit ihrer Darbietung, erfand er dafür die Bezeichnung *The Serpentine Dance* und fügte Gillets Intermezzo *Loin du bal* hinzu. Am 23. Febr. 1892 verließ Fuller das Theater und zeigte *The Serpentine Dance* fortan als selbständiges Tanzstück.

**Inhalt:** Die Tänzerin erscheint in einem langen weißen Kleid auf der verdunkelten Bühne. Sobald sie ihren Tanz beginnt, wird sie von allen Seiten mit farbigem Licht angestrahlt. Während sie ihr Kleid, am Saum gefaßt, in kreisenden und schwingenden Bewegungen um sich schlingt, wechseln die Farbeinstellungen der auf sie gerichteten Projektoren. Im Rhythmus mit der Musik bewegt sie sich hin und her, führt die verschiedensten Drehungen aus, biegt ihren Oberkörper weit rückwärts. Sie springt kaum, tanzt hauptsächlich am Platz, unterbrochen von wenigen Laufschritten über die Bühne.

**Kommentar:** *The Serpentine Dance* ist eine Kreation Fullers, dessen Vorläufer im Skirt dance zu finden sind. Kate Vaughan gilt als die bekannteste Vertreterin dieses Varietétanzes, einer Verbindung von klassischem Tanz und Step. Das Charakteristische des *Serpentine Dance* lag vor allem in den schlangenartigen Bewegungen. Die wellen-, spiral- und schraubenförmigen Effekte kamen durch Drehungen und Gegendrehungen zustande, währenddessen sie das Kleid in die Höhe hielt und um sich schwang. Sie erzählte mit ihrem Tanz keine Geschichte, sondern schuf suggestive Bilder. Die auf Musik und Tanz abgestimmte Lichtregie erhöhte die völlige Konzentration auf die Tanzende. Fullers Affinität zum Jugendstil zeigte sich im fortwährenden Bewegtsein und Gleiten der Gewänder. Ihre fließenden Bewegungen entsprachen den sich in Architektur, Malerei und Skulptur herausbildenden gewundenen Formen. Der optische Reiz, die Überbetonung von Licht, Farbe und Linie, fand besonderen Anklang bei den Künstlern des Fin de siècle. Eine wesentliche Neuerung, die Fuller speziell für den *Serpentine Dance* entwickelte, bestand in der Vergrößerung des Stoffvolumens und der Hinzufügung von darin verborgenen Stäben. Mit deren Hilfe konnte sie die nun umfangreicheren Seidenbahnen in die Höhe wirbeln. Auf diese Weise gelang es ihr, neue Figuren und Posen auszuführen. Durch das ungleiche Verhältnis von Körper und »Kleid« verschwand sie in den sich immer neu bildenden phantastischen Stoffornamenten. Ihr Körper ließ sich nur noch erahnen. Sie löste sich scheinbar in den von ihr hervorgebrachten Formgebilden auf, um im nächsten Moment wieder zu erscheinen. Der Zuschauer sah ihre Bewegungen in geringster Zeitverzögerung in den Stoffen fortgesetzt. Die Übergänge von einer Figur zur nächsten waren durch diese minimale Verzögerung kaum wahrnehmbar, was ständig für Überraschungsmomente sorgte. Fullers Bewegungsausdruck bestand in den vielen werdenden und vergehenden Formen. Sie verwandelte sich von einem Augenblick zum andern, beim Publikum ständig neue Assoziationen auslösend. Die Suggestion richtete sich ganz an die Vorstellungswelt der Zuschauer, deren Empfindungen durch die Flüchtigkeit der angedeuteten Bilder in ständiger Erregung gehalten wurden. Der *Serpentine Dance* ist Ausgangspunkt und Grundlage für ihre weiteren Tänze, aber auch Anregung für die Schaffung eines Genres, das in den bildenden und darstellenden Künsten ihrer Zeit wiederzuentdecken ist.

**Wirkung:** Das Ende des 19. Jahrhunderts brachte eine konzentrierte Anhäufung technischer Errungenschaften und einen rascheren Wechsel des Zeitgeschmacks. Neues wurde mit offenen Armen begrüßt und ebenso schnell wieder ersetzt. Fullers Erscheinen in Paris traf mit diesem veränderten Lebensgefühl zusammen, was ihr den Weg ebnete. Mit ihrem Debüt am 5. Nov. 1892 in den Folies-Bergère begann ihre sagenhafte Karriere. Das damalige Programm bestand aus vier Tänzen, wobei *Le Serpentine* ihren Ruhm begründete. Die sie begleitende Unterhaltungsmusik setzte sich aus beliebten Melodien der damaligen Zeit zusammen. Erst später verwendete sie Orchesterstücke und Suiten bekannter klassischer und zeitgenössischer Komponisten. Gabriel Pierné schrieb 1895 die Musik zu Fullers Interpretation der Salome. Im selben Jahr tanzte sie zu Wagners »Walkürenritt« ihren berühmten *Danse feu* (Paris 1895) auf einer von unten beleuchteten Glasplatte. Jules Massenet gab ihr das uneingeschränkte Aufführungsrecht an seinen Musikwerken. Sie schuf Tänze zu Stücken von Ludwig van Beethoven, Wolfgang Amadeus Mozart, Georg Friedrich Händel, Charles Gounod ebenso wie zu Alexandr Skrjabins *Prométhée*, Edvard Griegs *Peer Gynt* und Claude Debussys *Nocturnes*. In der aufsehenerregenden Inszenierung *L'Escalier monumental* (Paris 1925) bewegten sich ihre Tänzer zu Debussys *La Mer* (1905) nicht sichtbar auf einer mit Seidenbahnen verhüllten Treppe. Fuller blieb weit länger populär, als man vorhersagte, und fand viele Nachahmer. Schlangen- und Schleiertänze waren geradezu en vogue und dienten als Motiv für die ersten filmischen Versuche. Alice Guy drehte *Danse serpentine* (1900) mit Lina Esbrard; weiterhin existiert eine Aufnahme Thomas Alva Edisons in der Art Fullers, getanzt von Annabelle Whitford (1894). Weitere Filme finden wir von Max Skladanowsky, Georges Méliès und Charles Pathé, der 1906 ihren *Danse feu* festhielt. Die junge Filmkunst mußte auch auf Fuller faszinierend wirken, da diese weit mehr Möglichkeiten bot, die von ihr angestrebte gleichwertige Verbindung von Tanz, Bewegung, Musik und Beleuchtung zu perfektionieren. Sie verwirklichte drei Filme, *Le Lys de la vie* (1920; von Gabrielle Sorère mit René Clair), *Visions des rêves* (nach 1920) und den nicht vollendeten *Copelius and the Sandman* (1927). Maler, Bildhauer, Literaten und Komponisten interessierten sich für Fuller und ließen sich von ihren Tänzen inspirieren. Stéphane Mallarmé gefiel vor allem das Unpersönliche ihrer Darstellung in Verbindung mit dem scheinbar Zufälligen. Auguste Rodin sah ihre Bedeutung in der Erneuerung von Beleuchtung und Bühnenhintergrund. Henri de Toulouse-Lautrec und Jules Chéret hielten ihre charakteristischen Posen in Lithographien fest. Rupert Carabin schuf eine Serie von Fuller-Skulpturen. In dem von Henri Sauvage für sie entworfenen Theater zur Pariser Weltausstellung 1900 stellte sie die japanische Tänzerin Sadda Yacco mit ihrem Schauspielensemble vor. Als Förderin von Isadora Duncan, Maud Allan, Yacco und Ohta Hanako organisierte sie Gastspiele und Tourneen im Ausland. In der Tanzkunst leitete sie eine Erneuerungsbewegung ein, die von der nachfolgenden Generation durch die Propagierung eines natürlichen Bewegungsstils zum Tragen kam. Als Reaktion auf den Jugendstil kam die gebrochene Linie zum Ausdruck. Somit verlor *The Serpentine Dance* als Symbol dieser Epoche seine Bedeutung; er taucht jedoch als Zeichen in Form von Schleiern in Tanz und Film immer wieder auf.

**Ausgaben:** Kl.A: Decourelle, Nizza [1886], Nr. P. D. 22
**Literatur:** R. MARX, Une Rénovatrice de la danse, in: Musée 4:1907, Nr. 3, S. 91–104; L. FULLER, Fifteen Years of a Dancer's Life, London 1913, Nachdr. NY 1977; M. H. HARRIS, Magician of Light, Ausstellungs-Kat. Virginia Museum, Richmond 1979; C. DE MORINNI, L. F. The Fairy of Light, in: Dance Index 1:1942, Nr. 3, S. 40–51; S. R. SOMMER, L. F., in: Drama Review 19:1975, Nr. 1, S. 53–67; G. MORRIS, La Loie, in: DM 51:1977, S. 37–41; S. R. SOMMER, L. F.'s Art of Music and Light, in: DC 4:1981, Nr. 4, S. 389–401

*Brygida Ochaim*

*The Serpentine Dance*; Loie Fuller; Illustration. – Die Fülle schwingender Seidenbahnen scheint den Körper der Tänzerin zu entmaterialisieren. Farbiges Licht und ornamentaler Bewegungsfluß: getanzter Jugendstil.

## La Tragédie de Salomé
**Drame dansé en deux actes et sept tableaux**

### Die Tragödie Salomes
2 Akte

**Musik:** Florent Schmitt. **Libretto:** Robert d'Humières
**Uraufführung:** 9. Nov. 1907, Théâtre des Arts, Paris
**Darsteller:** Salomé/Salome; Jean/Johannes; Hérode/Herodes, Tetrarch von Judäa; Hérodias/Herodias; der Henker
**Orchester:** Picc, 2 Fl, 2 Ob, E.H, 2 Klar, B.Klar, 2 Fg, Sarrusophon, 4 Hr, 3 Trp, 3 Pos, Tb, Pkn (chromatisch), Schl (gr.Tr, kl.Tr, Trg, Bck, Tamtam, Glsp), 3 Hrf, Streicher; BühnenM hinter d. Szene: 3 (evtl. 6) Mez
**Aufführung:** Dauer ca. 30 Min. – Das Stück spielt an einem einzigen Schauplatz. Die Bezeichnung »tableaux« bezieht sich nicht auf Bildwechsel, sondern auf die dramatische Gliederung der Komposition.

**Entstehung:** Mit ihren Auftritten 1892/93 in den Folies-Bergère war der Schauspielerin und Tanzautodidaktin Fuller der Durchbruch als Tänzerin gelungen. »La Loïe« wurde von den Künstlern und Intellektuellen der Pariser Avantgarde als »Göttin des Lichts« gepriesen und als Idol einer neuen Kunst stilisiert. *The Serpentine Dance* (1892), *La Danse des nuages* (Paris 1893), *Le Danse feu* und *Le Lys du Nil* (beide Paris 1895), ihre bis dahin bedeutendsten Tänze, hatten den Stil ihres neuartigen synästhetischen Bewegungstheaters offenbart: das charakteristische Zusammenspiel von Musik, farbigem Licht und Bewegungsornament des in wallenden Seidenstoffen sich fortsetzenden Tanzes. 1894 suchte Fuller, die bisher immer mehrteilige Programme gezeigt hatte, nach einem Sujet für ein abendfüllendes Werk. Ihre Wahl fiel auf Salomé, jenes ebenso schöne wie grausame Frauenbild, das die Literaten und Maler des 19. Jahrhunderts fasziniert hatte. 1893 erschien Oscar Wildes Drama, das seinerseits durch Gustave Moreaus Bilder angeregt war. Lange vor Strauss' *Salome* (1905) kreierte Fuller ihre aus dem Geist des Fin de siècle gestaltete *Salomé* (Théâtre de l'Athénée, Paris 1895; Libretto: Armand Silvestre und Charles Henry Meltzer, Musik: Gabriel Pierné). Zwar hatte Fuller mit diesem Werk nicht den erhofften Erfolg, möglicherweise, weil sie ihre Salome als keusches Wesen im Sinn von Stéphane Mallarmés *Hérodiade* (1865), nicht als erotisch-dekadente Femme fatale angelegt hatte. Dennoch griff sie auf den Stoff zurück, der nun durch das Libretto Humières' und die farbintensive Musik Schmitts eine eindringlichere Gestaltung erfuhr.

**Inhalt:** Auf der Terrasse von Hérodes Palast hoch über dem Toten Meer, um 28 n. Chr.
I. Akt, »Prélude«: Über dem Toten Meer ist der Sonnenuntergang vor dem Moabgebirge zu sehen. Die Berge versinken im allmählich sich intensiver färbenden roten Schein. Das Massiv des Nebo, von dem aus Moses das Gelobte Land grüßte, bevor er starb, erhebt sich in der Ferne. »Danse des perles«: Fackeln erleuchten die Terrasse, reflektierend im Schimmer wehender Stoffe. Hérodias greift gedankenverloren in ihre Perlenketten und goldenen Schleier. Salomé tritt hinzu, fasziniert von den Perlen. Sie schmückt sich mit kindlicher Freude und beginnt zu tanzen.
II. Akt, »Les enchantements sur la mer«: Im Dunkel der Nacht tritt Hérode auf die Terrasse, in Gedanken versunken; Hérodias beobachtet ihn. Aus dem Meer steigen mysteriöse Lichter auf. Die verschwimmenden Umrisse der versunkenen Stadt Pentapolis scheinen sich in der Flut zu enthüllen, als ob alte Verbrechen neu erstünden. Das Drama, das sich im Bewußtsein der beiden Hauptfiguren abspielt, wird in der dämonischen Phantasmagorie wie in einem magischen Spiegel reflektiert. Die Orgien von Sodom und Gomorrha, erstickt durch einen Aschenregen, klingen in Rhythmen, Seufzern, Händeklatschen und wahnsinnigem Lachen herauf. Eine einzelne Stimme, voll Verlassenheit und Sehnsucht, steigt aus dem Abgrund. Hérode lauscht; Salomé erscheint, unwiderstehlich davon angezogen. In der Ferne ertönt Donnergrollen. Salomé beginnt zu tanzen. Hérode erhebt sich. »Danse des éclairs«: Es ist vollkommen dunkel; Blitze zucken am Horizont. Salomés lasziver Tanz erregt Hérode. Er verfolgt die Fliehende, ergreift sie und reißt dabei den Schleier von ihrem Körper. Sie ist nackt; da kommt Jean und bedeckt sie mit seinem Büßermantel. Hérode gerät darüber in Wut, und Hérodias gibt ein Zeichen, das Jean dem Henker ausliefert. Dieser bringt Jeans Haupt auf einer goldenen Schale. Salomé nimmt die Trophäe, wird aber plötzlich unruhig. Es ist, als ob sie die Stimme des Hingerichteten gehört hätte. Sie wirft die Schale mit dem Kopf ins Meer, doch dieser taucht, blutrot, aus der Tiefe wieder auf. Entsetzen packt Hérode, Hérodias und den Henker, Salomé stürzt ohnmächtig nieder. Als sie zu sich kommt, erzittert sie: Jeans Blicke fixieren sie, der Kopf verschwindet und erscheint an anderer Stelle, blickt sie wieder an, und schließlich vervielfältigen sich die blutigen Häupter. Entsetzt flieht Salomé vor den Visionen. »Danse de l'effroi«: Während Salomé tanzt, bricht ein Sturm los. Ein Unwetter, Schwefelwolken, sturmgepeitschtes Meer, zersplitternde Zypressen, Blitze über dem Palast, der feuerspeiende Nebo und die in Flammen stehende Kette des Moab: der Untergang bricht über Salomé herein und packt sie in einem teuflischen Delirium.

**Kommentar:** In Humières' Libretto sind die wichtigsten Motivstränge der Salome-Darstellung in Literatur und Malerei der Jahrhundertwende verflochten. Der Schauplatz und die in dramatischen Naturereignissen sich spiegelnde Haßliebe zwischen Hérode und Hérodias gehen auf Gustave Flauberts Novelle *Hérodias* (1877) zurück; Salomé vereinigt in sich Züge der Lasziven, wie sie in Wildes Drama gezeichnet ist, mit der Unnahbarkeit der »froide enfant« aus Mallarmés Dramenfragment. Die Phantasmagorien des Grauens schließlich, die in der Vision des abgeschlagenen Haupts Johannes' des Täufers gipfeln, sind durch Moreaus 1876 bekannt gewordenes Gemälde *L'Appa-*

*rition* inspiriert. Humières' und Schmitts Verfahren, die Atmosphäre von ererbter Sünde und spätzeitlicher Dekadenz mehr anzudeuten als auszumalen, gibt bereits eine Leitlinie für die Choreographie, die (wie jedes Salome-Ballett) plumpe Direktheit zugunsten einer raffinierten Stilisierung zu meiden hat. – Schmitts Komposition ist eine brillante musikalische Adaption des Sujets. Sie verbindet transparente Motivarbeit und klare Formgebung mit einer differenzierten Instrumentation, die das Exquisite ebenso wie das Morbide des Stoffs erfaßt. Flirrende Trillerketten der Holzbläser und Streicher und gedämpfte Tremoloschauer unterstreichen die Lichtreflexe des Bühnengeschehens, der Wechsel von impressionistischem Klangteppich, romantisch-wehmütiger Vokalise und heftig akzentuierten Einwürfen der Blechbläser vermittelt die Exaltation der dramatischen Ereignisse. Der Schluß weist in seinem brutalen rhythmischen Schock auf Strawinskys *Le Sacre du printemps* (1913) voraus. Daß Schmitt mit *La Tragédie de Salomé* den exotischen Themenkreis nicht für immer hinter sich ließ, beweist seine glanzvoll-üppige Musik zu Pierre Marodons Film *Salammbô* (1925), einer Salome verwandten Flaubertschen Gestalt. – Fullers Choreographie bewegt sich im Umkreis der Orientalismusvorliebe der Kunst vor dem ersten Weltkrieg; auch Scheherezade, Kleopatra, Tahor waren, beispielsweise in Choreographien Michail Fokins, als Typen der Femme fatale Titelgestalten des Balletts. Die Gefahr, Salome, die idolisierte Verkörperung des L'art pour l'art im Fin de siècle, durch naturalistische Darstellung zu profanieren, umging Fuller durch ihre Lichtregie. Zwar enthält *Salomé* auch pantomimische Passagen, etwa in Salomés Spiel mit den Perlenketten, im Tanz vor Hérode und im »Danse de l'effroi«, doch gelingt es Fuller, das Phantasma des Tanzes, für das Salome im Symbolismus steht, nicht durch Realismus zu zerstören. Die eigentliche Spannung ihres tänzerischen Dramas, im Gegenspiel von Körper und Unkörperlichem, von Macht und Ohnmacht des Begehrens, von prasserischer Sinnlichkeit und asketischer Spiritualität, wird durch die Synästhesie von Farbe, Licht und Bewegung erzielt. Riesige Stoffflächen feinster Seide und eine neuartige, von Fuller entwickelte Beleuchtung bildeten die Voraussetzung für die bewegte Szenographie, die wie eine Kombination von impressionistischen Bildern und Diorama wirkte. Die Choreographie übertrug die Bewegung mit Hilfe von Stoff und Licht in die künstliche Landschaft, so das psychische Drama von innen nach außen verlagernd. In Salomés Seidenkleid setzte sich der Tanz unmittelbar in den Raum fort; das Kostüm wurde selbst zur Szenerie und stiftete so die Einheit von Körper und Raum. Episoden wie »Danse des perles« evozierten im Zusammenklang von Seide und Licht den Eindruck, als ob Emile-Gallé-Gläser in Bewegung gegossen seien. Die beständig sich wandelnden Ornamente der Seidenbahnen, das Wehen in schraubenförmigen Windungen und wolkenähnlichen Bauschungen wirkten im abgedunkelten Auditorium, als ob die Choreographie den Raum selbst, Licht, Luft und Wasser in Bewegung versetzte. Die exotisch-bedrohliche Atmosphäre des Salome-Dramas erschien ins Immaterielle einer Traumwelt gehoben, in einer Lichtchoreographie, von der Fuller sagte: »Je sculpte de la lumière.«

**Wirkung:** Der Erfolg von *La Tragédie de Salomé* verdankt sich weniger Fullers tänzerischer Leistung; verglichen damit war Maud Allans *Die Vision Salomes* (Wien 1906; Musik: Marcel Rémy) weit suggestiver. Die zukunftweisende Bedeutung lag vielmehr in der Gesamtheit des Bühnenereignisses. Insbesondere die Lichteffekte als Bestandteil der Szenographie und der Choreographie beeinflußten das experimentelle Theater zu Anfang des 20. Jahrhunderts. Fuller entwickelte ihr Konzept in den folgenden Jahren weiter. Werke wie *Les Ballets fantastiques* und *Les Ombres* (beide Paris 1922), die sie mit ihren Schülerinnen kreierte, sind Beispiele ihrer Absicht, das Theater zu einem »Tempel des Lichts« zu machen. Dabei spielte sie auch zunehmend mit der Wirkung von Schattenbildern. So, wie sie in ihrem *Serpentine Dance* die traditionelle Form des Schal- und Schleiertanzes sowie den Skirt dance für ihre Tanzinnovationen eingesetzt hatte, so entdeckte sie später den Schattentanz des romantischen Balletts als verwandlungsfähiges Vorbild. Das Faszinierende an ihren Licht-Schatten-Choreographien war das Neben- und Ineinander von Bewegung im Raum, die durch die Beleuchtung in die Zweidimensionalität von Schattenumrissen projiziert wurde. Ähnliche Effekte erzielte sie in Gabrielle Sorères Film *Le Lys de la vie* (1920), der mit Negativaufnahmen arbeitete, eine Idee, die von der Kritik als revolutionäre kinematographische Erfindung gewertet wurde. – Im Gegensatz zu Fullers Choreographie, die keine Wiedereinstudierung erfuhr, zeitigte Schmitts Komposition eine eigene Wirkungsgeschichte, die um so bedeutsamer ist, als Paris seit 1907 von einer wahren »Salomania« heimgesucht wurde. Die Salome-Mode kursierte, der schillernden Sphäre des Sujets gemäß, in allen Bereichen des Musiktheaters, von der Oper bis zum Varieté. 1907 hatte Strauss' *Salome* ihre Pariser Erstaufführung, 1909 choreographierte Fokin für die noch unbekannte Ida Rubinstein eine skandalträchtige *Salome* zur Musik von Alexander Glasunow, 1910 kam Antoine Mariottes Tragédie-lyrique *Salomé* (Lyon 1908) nach Paris, in der Natalia Trouhanova den Tanz der sieben Schleier tanzte, und im selben Jahr hatte Léo Pougets Mimodrame *Salomé* im Casino de Paris Premiere. 1912 wurde Schmitts *Tragédie* am Théâtre du Châtelet aufgeführt (Choreographie: Ivan Clustine; Salomé: Trouhanova), 1913 am Théâtre des Champs-Elysées, wo Sergei Diaghilew das Werk in der Choreographie von Boris Romanow mit Tamara Karsawina herausbrachte, und 1919 kam das Ballett in den Spielplan der Opéra (Choreographie: Nicola Guerra; Salomé: Rubinstein). Im selben Haus tanzten 1922 Yvonne Daunt, 1928 Olga Spessivtzeva, 1944 Suzanne Lorcia und 1954 Lycette Darsonval (Choreographie: Albert Aveline) die Salomé. – Aus der Vielzahl der Salome-Ballette des 20. Jahrhunderts seien genannt (ein nahezu vollständiges Verzeichnis gibt Richard Byron Bizot, s. Lit.): die Interpretationen von Ruth Saint-Denis (Richmond 1931) und Rosella Hightower (Paris 1950) zu Strauss' Musik; Grahams *Herodiade* (Washington 1944; Musik: Paul Hindemith), deren ursprünglicher Titel *Mirror Before Me* den introspektiv-psychologischen Anspruch ihrer Darstellung verdeutlicht; Cullbergs *Salome* (Stockholm 1964; Musik: Hilding Rosenberg), Béjarts *Comme la princesse Salomé est belle ce soir* (Paris 1970; zu Strauss' Musik) sowie Flindts *Salome* (Kopenhagen 1978; Musik: Peter Maxwell Davies).

**Autograph:** Part: Bibl. de l'Opéra Paris (Res. A. 723a). **Ausgaben:** Part: Durand 1912, Nr. 8187; TaschenPart: Durand 1912, Nr. 8485. **Aufführungsmaterial:** Durand
**Literatur:** R. BIZOT, Salome in Modern Dance [unveröff. Ms. d. »International Seminar on the Bible in Dance«]; weitere Lit. s. S. 294

*Gabriele Brandstetter*

# Johann Joseph Fux
**Geboren 1660 in Hirtenfeld (Steiermark), gestorben am 13. Februar 1741 in Wien**

## Orfeo ed Euridice
**Componimento da camera per musica**

### Orpheus und Eurydike
1 Akt

**Text:** Pietro Pariati
**Uraufführung:** 1. Okt. (?) 1715, Schloßpark der Favorita, Wien
**Personen:** Orfeo/Orpheus (A); Euridice/Eurydike (S); Plutone/Pluto (T); Proserpina (S); Amore/Amor (S); Aristeo (T). **Chor:** elysäische Geister, Schatten der Unterwelt, Amoretten
**Orchester:** Fl, Chalumeau, 2 Fg, Theorbe, Streicher, B.c
**Aufführung:** Dauer ca. 1 Std. 30 Min. – Der Chor der elysäischen Geister ist mit Sopran, Alt und Tenor, der Chor der Schatten der Unterwelt mit Alt, Tenor und Baß, der Chor der Amoretten mit Sopran und Alt besetzt. Der Chalumeau wird heute üblicherweise durch eine Klarinette ersetzt. Die Partie des Amore wurde in der Uraufführung von einem Kastraten gesungen.

**Entstehung:** Die Vorliebe der Habsburger Kaiser Leopold I., Joseph I. und Karl VI. für die italienische Oper ist bekannt. Die kaiserliche Kapellmeisterstelle, die Fux von 1715 an innehatte, nachdem er bereits 1698 zum Hofkomponisten des Kaisers und 1713 zum Vizekapellmeister ernannt worden war, war eine der angesehensten und begehrtesten in ganz Europa. Um das in ihn gesetzte Vertrauen zu rechtfertigen, komponierte Fux anläßlich des 30. Geburtstags Kaiser Karls VI. *Orfeo ed Euridice*. Allerdings gab es in seiner Oper *Julio Ascanio, rè d'Alba* (Wien 1708) einen zu ähnlichen Zwecken komponierten Vorläufer, der einaktig und im Stil der venezianisch-wienerischen Operntradition in Richtung auf die Kammeroper entwickelt worden war.

**Handlung:** Im Hades, in mythischer Zeit: Orfeo besingt vor den seligen Geistern die große Liebe zu seiner toten Gemahlin Euridice und gelangt dank seines Gesangs und der Töne seiner Leier in das Reich der Toten. Aristeo, der Euridice in den Hades gefolgt ist, um ihr nahe zu bleiben, dringt in sie mit dem Verlangen, seiner Liebe nachzugeben und ihn zu erhören. Proserpina berichtet Amore, der sich um Orfeos und Euridices willen selbst in die Unterwelt begeben hat, von ihrer Vermutung, daß auch Plutone, ihr Gatte, sich in Euridice verliebt habe. Aber Amore beruhigt sie; Euridice halte in unveränderter Treue an Orfeo fest, und dieser Treue wegen werde er Plutone bitten, Euridice die Freiheit wiederzugeben. Auch Proserpina will dies vor Plutone unterstützen. Als Plutone Orfeos ansichtig wird, fragt er ihn, wie er als Lebender es wagen konnte, das Reich der Toten zu betreten. Die Liebe habe ihn hergeführt und die Hoffnung, sein Mitleid erwecken zu können, antwortet Orfeo. Aristeo stachelt Plutone gegen Orfeo auf: Wenn Plutone Euridice ziehen lasse und ihr die Freiheit schenke, verliere er an Macht und Ansehen. Euridice setzt Aristeo entgegen, daß er nur deshalb so spreche, weil sie seinen Nachstellungen widerstand. Plutone rühmt sich, auch Mitleid empfinden zu können, aber das Gesetz seines Reichs verbiete ein Nachgeben. Nun dringen Proserpina und Amore in Plutone, angesichts der großen Tugend der Liebenden seinen Sinn zu ändern, und wenn schon nicht aus diesem Grund, dann um Jupiters willen, dessen Geburt mit dieser Tat gefeiert werden solle. Nachdem er sich von den Geistern der Unterwelt versichern ließ, frei entscheiden zu können, verkündet Plutone, daß er zur Ehre Jupiters das alte Gesetz brechen werde: Orfeo darf mit Euridice zu den Lebenden zurückkehren. Amore und Proserpina beglückwünschen Plutone zu dem Geschenk, das er Jupiter gemacht habe und das auch ihn ehre. Dem Kaiser von Österreich verkünden sie, daß er an seinem Geburtstag durch die Darstellung der reinen Liebe zwischen Orfeo und Euridice erfreut und in der Verehrung Jupiters gefeiert werden soll.
**Kommentar:** Der schon mit den Anfängen der Oper in Florenz verbundene Stoff der Orpheussage wurde von Pariati in einem Ausschnitt als Libretto formuliert, der mit der Orpheusklage beginnt, während Vergil (*Georgica* IV, 453–527) und Ovid (*Metamorphoseon libri* X, 1–85) mit dem todbringenden Schlangenbiß einsetzen, durch den Eurydike an ihrem Hochzeitstag sterben muß. Ausführliche Beschreibungen der Unterwelt fehlen bei Pariati. Auch wird, wie bei Ottavio Rinuccini (Libretto zu Peris *Euridice*, 1600), die Bedingung für Orpheus, sich beim Gang aus der Unterwelt nicht nach Eurydike umzuwenden, nicht gestellt. Trotz des dadurch ermöglichten Lieto fine wird die Handlung nicht in eine pastorale Umge-

bung versetzt. Das Hauptmotiv ist die Liebe, die in verschiedenen Variationen und unter verschiedenen moralischen Aspekten durch die Beziehungen der handelnden Personen dargestellt wird. Die Sprache ist bildhaft, zumal in den sechs Gleichnisarien. Die Affekte hat Fux vor allem in den Rezitativen verstärkt herausgearbeitet. Erstmals in *Orfeo ed Euridice* finden sich bei Fux homophone Chorszenen, und mit einer einleitenden und abschließenden Chorszene antizipiert Fux bereits Bestrebungen der Reformoper der 60er und 70er Jahre des 18. Jahrhunderts. Zudem ist die Licenza in Form einer großen Dakapochorszene gestaltet. Es fällt auf, daß in *Orfeo* nur hohe Stimmen verwendet wurden; selbst Plutone singt in der Stimmlage eines Tenors; seine erste Arie (»Per regnar com più ci di gloria«) wird zur Charakterisierung seiner unterirdischen Macht von zwei konzertierenden Fagotten begleitet. Ebenso wird Orfeos Adagioarie (»Io di lete su la sponda«) von einer Flöte und einem Chalumeau, eine spätere Arie (»Felice io me n'andrò«) mit einer Theorbe (in der Funktion von Orfeos Leier) instrumental eingefärbt, so daß über die Charakterisierung hinaus gleichzeitig eine abwechslungsreiche Instrumentation bezweckt und erreicht wurde. Obgleich als Kontrapunktiker berühmt, hat Fux diese Kunstfertigkeiten vor allem in seiner Kirchenmusik praktisch angewandt und sein Opernschaffen weitgehend davon freigehalten. Er schloß sich vielmehr dem neuen italienischen Opernstil an und stand somit als Bühnenkomponist auf der Höhe seiner Zeit. Im Gegensatz zu den großen Festopern (zum Beispiel *Costanza e fortezza,* 1723, die für das gesamte Hoforchester instrumentiert wurde) war *Orfeo* offenbar für einen kleineren festlichen Rahmen vorgesehen und ist für eine kleinere Orchesterbesetzung geschrieben worden. Insofern stellt *Orfeo* den kleineren Typ einer Festa teatrale, nicht aber den einer Opera seria dar. Im Titelblatt der Partitur wurde das Werk als »Componimento da camera«, in heutiger Terminologie etwa »Kammeroper«, bezeichnet; aber auch die Licenza verweist auf den Charakter der Festa teatrale durch den Hinweis auf den Geburtstag Kaiser Karls VI.

**Wirkung:** In der Uraufführung sangen Gaetano Orsini (Orfeo), Maria Conti-Landini (Euridice), Silvio Garghetti (Plutone), Regina Schoonjans (Proserpina), Domenico Tollini (Amore) und Francesco Borosini (Aristeo). Zum selben Anlaß, dem Geburtstag Karls VI., wurde das Werk zusammen mit einer Kantate von Caldara 1728 in Wien erneut aufgeführt. Die Partiturabschrift von 1725 in Budapest legt nahe, daß *Orfeo ed Euridice* dort nicht nachgespielt wird. Da die Bühnenwerke von Fux ansonsten zu sehr mit den damaligen feierlichen Anlässen, für die sie komponiert wurden, verbunden sind, ist zumindest von den kleinen Opern nicht zu erwarten, daß sie eine Wiederbelebung auf der Bühne erfahren, es sei denn aus historischen Gründen.

**Autograph:** Verbleib unbekannt. **Abschriften:** ÖNB Wien (Mus. MS 17231), Arch. d. Ges. d. M.Freunde Wien, Max-Reger-Arch. Meiningen. **Ausgaben:** Part, Faks.-Nachdr. d. Abschrift ÖNB Wien: Garland, NY, London 1978 (Italian Opera 1640–1770. 19.)
**Literatur:** L. v. KÖCHEL, J. J. F., Hofcompositor und Hofkapellmeister der Kaiser Leopold I., Josef I. und Karl VI. von 1698 bis 1740, Wien 1872, Nachdr. 1974; J. H. v. D. MEER, J. J. F. als Opernkomponist, 3 Bde., Bilthoven 1961 (Utrechtse bijdragen tot de muziekwetenschap. 2.)

*Hans-Joachim Bauer*

## Angelica vincitrice di Alcina
**Festa teatrale**

### Angelica, Siegerin über Alcina
3 Akte

**Text:** Pietro Pariati, nach Episoden aus dem Epos *Orlando furioso* (1516) von Ludovico Ariosto. **Ballettmusik:** Fux (I. Akt) und Nicola Matteis (II. und III. Akt)
**Uraufführung:** 13. Sept. 1716, Schloßpark der Favorita, Wien
**Personen:** Angelica, Königin von Cataja, verliebt in Medoro (S); Alcina, Zauberin, ebenfalls verliebt in Medoro (S); Medoro, Afrikaner, verliebt in Angelica (A); Bradamante, für Astolfo gehalten, verliebt in Ruggiero (S); Ruggiero, anfangs verliebt in Angelica, später in Bradamante (T); Atlante, Zauberer aus Mauretanien, für Orlando gehalten (T); Felicità Pubblica (S). **Chor:** Liebesgeister, Schatten und Geister der Unterwelt, heroische Tugenden, Ritter, Helden. **Statisterie:** chinesische Pagen, Dienerinnen und Bogenschützen von Cataja als Gefolge Angelicas, Mohrenpagen und -sklaven und indische Wächter als Gefolge Alcinas, Krieger, Seeräuber, Matrosen, Ungeheuer, heroische Tugenden, Ritter, Helden, Wilde. **Ballett:** Furien, Geister, Krieger, Wilde, Ritter, Helden
**Orchester:** 2 Orch: je 2 BlockFl, 2 Ob, 2 Fg, 4 Trp, 2 Pos, Pkn, Streicher, B.c
**Aufführung:** Dauer ca. 3 Std. – Bradamante wurde in der Uraufführung von einem Kastraten gesungen. Die Ballette waren von Alessandro Phillebois (I. Akt), Giovanni Battista Guerreri und Karl Grizzenbach (II. Akt) und Pietro Simone Levassori della Motta (III. Akt) choreographiert. Umfangreiche Bühnenmaschinerie.

**Entstehung:** Die Oper war ein Auftragswerk Kaiser Karls VI. anläßlich der Geburt Erzherzog Leopolds (13. April 1716). Erhöht wurde die freudige Stimmung am Kaiserhof durch den Sieg des Prinzen Eugen von Savoyen-Carignan über die Türken bei Peterwardein am 5. Aug. 1716.
**Handlung:** In Alcinas Reich.
I. Akt, Alcinas hell erleuchtete, prachtvolle Zauberburg, über einer reichen Gold- und Edelsteingrube errichtet: Alcina verkündet die Ankunft der Königin Angelica, der gefürchteten Rivalin. Medoro und Ruggiero, Alcinas Gefangene, freuen sich auf das Kommen der Königin, von der sie Rettung erhoffen. Scheinheilig begrüßt Alcina die Feindin, die gekommen ist, um Medoro, ihren Geliebten, zu befreien und

den immergrünen Lorbeerbaum, Spender ewigen Glücks, zu berühren. Alcina gibt Medoro frei, schwört aber Rache. Bradamante, die als Mann verkleidet unter dem Namen Astolfo Zugang zu Alcinas Hof gefunden hat, um Ruggiero, den sie liebt, aus den Fesseln der Zauberin zu befreien, warnt Angelica vor Alcinas Zorn und verspricht ihr zu helfen. Auch Ruggiero und der Zauberer Atlante, der unter falschem Namen als Orlando ins Reich der feindlichen Alcina eingedrungen ist, sagen ihre Unterstützung zu. Alcina beschwört die Geister der Unterwelt. Den Furien befiehlt sie, die glückseligen Inseln in ein Land des Schreckens zu verwandeln und den dort gedeihenden Lorbeerbaum vor Angelica zu verbergen.

II. Akt, zwei unbewohnte, furchterregende, durch einen Kanal voneinander getrennte Inseln, von schrecklichen Ungeheuern belagert, in der Ferne ein Meerbusen mit Schiffen, in der Mitte ein flammenspeiender Felsen: Angelica befindet sich in Alcinas Gewalt. Auch Medoro ist wieder gefangengenommen worden. Alcina droht, ihn zu töten, falls Angelica nicht bereit ist, ihr den Geliebten zu überlassen. Doch Medoro und Angelica wollen lieber sterben als einander untreu werden. So beschließt Alcina, die Rivalin vor den Augen Medoros von einem Ungeheuer verschlingen zu lassen. Da erreichen Atlante, Ruggiero und Bradamante das Ufer. Ruggiero gelingt es, mit einem Zauberschild das Ungeheuer zu bannen. Medoro und Angelica werden in Sicherheit gebracht.

III. Akt, die glückseligen Inseln mit üppig grünen Gärten, auf einer der beiden Inseln eine als Kerker benutzte Burg: Als Alcina das Fehlen der beiden Gefangenen bemerkt, versucht sie, Ruggiero zum Mord an Medoro anzustiften. Ruggiero, der Angelica heimlich liebt, fordert den Rivalen zum Kampf. Atlante verhindert die Tat und führt die Versöhnung herbei. Der vermeintliche Orlando gibt sich nun als der von Alcina gefürchtete Zauberer Atlante zu erkennen und läßt den Kerker zerfallen, in dem Alcina den immergrünen Lorbeerbaum versteckt hält. Endlich gibt sich die Zauberin geschlagen. Großmütig verzichtet Angelica angesichts des glückbringenden Lorbeerbaums auf Rache und verweist Alcina auf eine tugendhaftere Zukunft. Astolfo gibt sich als Bradamante zu erkennen. Im Glanz des Lorbeerbaums wird die Liebe der beiden Paare besiegelt. – In der Hoffnung auf allgemeine Glückseligkeit bringt die Felicità Pubblica ihre Freude über die Geburt des Thronfolgers zum Ausdruck.

**Kommentar:** Pariati, der als Wiener Hofpoet acht Libretti für Fux verfaßte (unter anderm *Costanza e fortezza*, 1723), gestaltete den Stoff, der schon des öfteren auf die Bühne gebracht worden war, frei um, indem er die Vielzahl von Schauplätzen auf Alcinas

*Angelica vincitrice di Alcina*, I. Akt; Charles Brett als Medoro (vorn rechts); Regie: Peter Lotschak, Ausstattung: Gianmaurizio Fercioni und Luisa Gnecchi; Vereinigte Bühnen, Graz 1985. – Spiegel, gläserne Versatzstücke und kristallene Lichteffekte sind Medien für barocke Künstlichkeit und übersinnliche Zaubertricks.

Zauberreich reduzierte und die einzelnen Episoden neu kombinierte. An die Stelle historischer und politischer Momente, wie sie in der Opera seria eine große Rolle spielten, treten in der Festa teatrale allegorische Elemente, die nicht nur in der Gestalt der in der Licenza auftretenden Felicità Pubblica greifbar sind, sondern auch in den zahlreichen Chören und Ballettszenen der Liebesgeister, der Schatten und heroischen Tugenden. Wenngleich direkte Bezüge zu bestimmten Personen der höfischen Gesellschaft fehlen, wie sie beispielsweise in *Costanza* vorliegen, dürfte das exponierte Gegensatzpaar Alcina/Angelica den Grundtyp der schlechten und der guten Fürstin verkörpern. Wie in vielen Libretti Pariatis dominiert auch hier das erotische Ränkespiel, das die verwickelten Liebesverhältnisse verschiedener Paare zeigt, die mit Hilfe beziehungsweise gerade trotz der vielfältigen Intrigen, Eifersüchteleien, Verwandlungen, Verwechslungen und sonstigen Verwirrung stiftenden Maßnahmen den glücklichen Ausgang erleben dürfen. Auf moralisierende Aspekte wird dabei nicht verzichtet: Großzügig schenkt Angelica der Widersacherin Alcina das Leben, verweist sie jedoch auf eine tugendhaftere Zukunft; Ruggiero, der zunächst undankbare und treulose Geliebte, bekennt sich, beschämt durch die aufopfernde Treue von Bradamante, zu der Geliebten. Im szenischen Aufwand, in der prunkvollen Ausstattung, in der Expansion teilweise dramaturgisch unerheblicher Statistengruppen (großes Aufgebot von Gefolgschaften) sowie in breit angelegten Chorszenen erfüllen Szenograph (Giuseppe Galli da Bibiena begründete mit dieser Oper seinen Ruhm), Komponist und Textdichter die Bedingungen einer Festa teatrale, einer großen Oper, wie sie für eine Freilichtaufführung im Schloßgarten der Favorita geschaffen werden sollte. Einen Eindruck von der effektvollen Verwendung von Bühnenmaschinen, für deren technische Versorgung Ferdinando Galli da Bibiena, Giuseppes Vater, verantwortlich zeichnete (I. Akt: flammenspeiende Klippe, aus der Ungeheuer emporsteigen; III. Akt: Spaltung der Gefangenenburg; Licenza: Triumphmaschine), wie auch vom pompösen, prunkvollen Verlauf der Uraufführung vermitteln die Aufzeichnungen von Mary Wortley Montagu. Ihrem Brief an Alexander Pope vom 14. Sept. 1716 sind auch Einzelheiten über die szenische Realisierung zu entnehmen. Wie aus der Beschreibung hervorgeht, wurde die Szenerie den geographischen Gegebenheiten angepaßt, indem der Schloßteich mit seinen beiden Inseln die Grundlage der Bühnenarchitektur bildete. Auch das kompositorisch-dramatische Konzept des Werks spiegelt den Festcharakter der Freilichtaufführung wider: Die Klangpracht wurde durch die Aufstockung des Orchesterapparats auf zwei Ensembles erhöht. Den großzügigen Charakter der Aufführung unterstützen die breit angelegten Chöre, die neben einigen effektvollen Solonummern (moralisierende Arien Nr. 9, 18, 21, Gleichnisarien Nr. 7, 29, in denen Natur und Tierwelt zu Vergleichen mit Seelenzuständen herangezogen werden) die kompositorischen Stützpfeiler des Werks bilden. Einzelnen Szenen fällt aufgrund der besonderen instrumentatorischen oder deklamatorischen Gestaltung herausragende Bedeutung zu, etwa Angelicas Abgangsarie »Più che freme« (I/6), in der die verzweifelte Lage in stürmisch wogenden Begleitfloskeln des Orchesters Ausdruck findet, Alcinas dämonische Beschwörungsszene »Voi da' profondi abissi« mit nachfolgender Rachearie (I/9), ein großangelegtes Accompagnato mit spannungsgeladenem Instrumentalpart, ferner Alcinas Arie »Occhi miei, siete infelici« (III/3), Beispiel feinster musikalischer Charakteristik (Bruch von Alcinas Zauberstab und damit ihrer Macht). Die Oper ist mit ihren großflächigen Chören und den in Tanzszenen mündenden Finale ein Musterbeispiel barocken Repräsentationstheaters, in dem Text, Musik und szenische Darstellung effektvoll zusammenwirken.

**Wirkung:** Die Uraufführung, der man mit Spannung entgegengesehen hatte (Angelica: Maria Conti-Landini, Alcina: Regina Schoonjans, Medoro: Gaetano Orsini, Ruggiero: Francesco Borosini, Bradamante: Domenico Tollini), wurde den Berichten Wortley Montagus zufolge durch ein Gewitter gestört und deshalb vermutlich abgebrochen. Möglicherweise ist dies der Grund dafür, daß die Uraufführung gelegentlich auf den 14. Sept. datiert wird. Dabei handelte es sich aber wahrscheinlich um die zweite, wenngleich erste vollständige Aufführung. Weitere Vorstellungen gab es am 20. und 21. Sept. am selben Ort. Eine Wiederaufführung in der Einrichtung von Nikša Bareza (Musik) und Peter Vujica (Text) fand 1985 in Graz statt.

**Autograph:** ÖNB Wien. **Abschriften:** ÖNB Wien. **Ausgaben:** Textb., ital./dt.: Wien, Ghelen 1716; Textb., dt. u.d.T. *Die über die Alcina obsiegende Angelica*: ebd.
**Literatur:** L. ALLACI, Drammaturgia, Venedig 1755, S. 88; M. WORTLEY MONTAGU, Letters, Paris 1836; H. TINTELNOT, Barocktheater und barocke Kunst, Bln. 1939, S. 76; weitere Lit. s. S. 298

*Julia Liebscher*

## Costanza e fortezza
### Festa teatrale per musica

**Beständigkeit und Stärke**
3 Akte

**Text:** Pietro Pariati. **Ballettmusik:** Nicola Matteis
**Uraufführung:** 28. Aug. 1723, Hradschin, Prag
**Personen:** Publio Valerio/Publius Valerius Publicola, römischer Konsul (B); Porsenna, König der Etrusker, liebt Valeria (A); Tito Tarquinio, Sohn des Lucius Tarquinius Superbus, liebt Clelia (S); Valeria, Tochter des Publio Valerio, Verlobte Muzios (S); Clelia, eine adlige römische Jungfrau, Geliebte Orazios (A); Muzio, Verlobter Valerias (A); Orazio, Geliebter Clelias (T); Erminio, Sohn des Publio Valerio, liebt Clelia (S); Il fiume Tevere/der Tiber und Il Genio di Roma/der Genius Roms, Allegorien (T). **Chor:** etruskische Soldaten, gefangene Römer, römische Soldaten, Nymphen des Tiber, Nebenflüsse des Tiber, römisches Volk, Gärtner, Salier, Haruspices, Penaten.

**Statisterie:** Liktoren, römische Soldaten, königliche Wachen bei Porsenna, etruskische Soldaten, römische Ritter, etruskische Edle als Heerführer, römische Sturmpioniere, römisches Volk, Pagen Porsennas, Pagen Valerias, Pagen Clelias, Nymphen des Tiber, Nebenflüsse des Tiber. **Ballett:** Priester des Mars, La Costanza Romana/die römische Beständigkeit, Valore degli Etruschi, toskanische Haruspices, L'Amore della Gloria/die Liebe zum Ruhm, La Fortezza Romana/die römische Stärke, römische Penaten, L'Amore della Pace/die Liebe zum Frieden, La Pubblica Felicità/das öffentliche Wohl
**Orchester:** 2 BlockFl, 2 Ob, Fg, 8 Trp, 4 Pkn, Streicher, B.c
**Aufführung:** Dauer ca. 5 Std. 30 Min. – Porsenna, Tito Tarquinio, Muzio und Erminio wurden in der Uraufführung von Kastraten gesungen. Von den acht Trompeten sind vier hoch (Clarinlage). Nymphenchor hinter der Szene. Drei heroisch-allegorische Ballette von Pietro Simone Levassori della Motta (I. und III. Akt) und Alessandro Phillebois (II. Akt) (Musik erhalten): Kampfszene (I. Akt), Haruspices mit L'Amore della Gloria und La Fortezza Romana (II. Akt), Penaten mit L'Amore della Pace und La Pubblica Felicità (III. Akt).

**Entstehung:** Die Oper wurde in Auftrag gegeben für die Krönung Kaiser Karls VI. als König von Böhmen in Prag 1723. Die berühmten legendären Episoden aus der Frühzeit der römischen Republik um Horatius, Porsenna und Claelia, überliefert durch Titus Livius, waren schon oft in italienischen Opern verwendet worden, bevor Pariati sie 1723 noch einmal zusammenstellte, dabei mehr auf szenische Wirkung als auf dramatische Kohärenz bedacht.
**Handlung:** In Rom, um 500 v. Chr.
I. Akt, weite Landschaft am Tiber mit Subliciusbrücke, zur einen Seite Blick auf Rom mit dem Vestatempel im Vordergrund, zur andern der halb zerfallene Palast Tarquinios, im Hintergrund Wald und der von den Etruskern besetzte Janiculus, am Tag der Vesta (9. Juni): Während die vorrückenden Etrusker und ihre bereits zahlreichen römischen Gefangenen alternierend die militärische Ausgangslage schildern, steigt aus dem Tiber eine Fontäne auf, verschwindet wieder und läßt auf einem Thron den Flußgott erscheinen, der zusammen mit den Nymphen Rom seinen Beistand verheißt. Porsenna, der die Herrschaft der Tarquinier wiederherzustellen versucht, verhandelt mit Publio Valerio, der das für Rom ungünstige Friedensangebot jedoch ablehnt und die eigenen Kin-

*Costanza e fortezza*; Bühnendekoration: Giuseppe Galli da Bibiena; Uraufführung, Hradschin, Prag 1723. – Die prunkvolle Dekoration – eins der Bühnenbilder, in denen die Architekturträume der Epoche scheinhafte Gestalt annehmen – bezieht sich weniger auf die Handlung, als daß sie die soziale Funktion der Aufführung, die Repräsentation des Hofs, überwältigend sinnfällig macht.

der, die Porsenna als Geiseln mitführt, in die Gefangenschaft zurückschickt. Die Etrusker greifen erneut an, Oratio verteidigt allein die Subliciusbrücke, während diese hinter ihm abgebrochen wird.
II. Akt, Königsquartier mit den Prunkzelten von Porsenna und Tarquinio im etruskischen Lager vor Rom: Muzio, der zunächst vergeblich versucht, Valeria zur Flucht zu überreden, unternimmt einen erfolglosen Mordanschlag auf Porsenna. Gefangengenommen demonstriert dieser seine Todesverachtung, indem er eine Hand ins Feuer hält und versengen läßt; Porsenna schenkt ihm die Freiheit. Valerio kommt zu neuen Friedensverhandlungen. Oratio, Tarquinio und Erminio streiten um Clelia; nur Porsennas Erscheinen verhindert offenen Kampf.
III. Akt, königliche Gärten der Tarquinier auf dem Janiculus, Mondnacht: Clelia entreißt dem zudringlichen Tarquinio das Schwert und will ihn töten, als Erminio erscheint und sie daran hindert. Valeria weist ein Friedensangebot Porsennas zurück, worin dieser sich ihre Gunst ausbedingt. Tarquinio schmäht die Römer und klagt Oratio an, er habe Clelia zur Flucht verholfen. Da bringt Publio die Entflohene zurück, die nun ihrerseits Tarquinio beschuldigt. Betroffen läßt Porsenna daraufhin Tarquinio fallen, gibt seinen kriegsmüden Etruskern und ihren von den Göttern beschützten Opponenten nach und schließt Frieden.
**Kommentar:** Das theatralische Ereignis, das als feierliche Hofzeremonie abrollte, war nicht nur mit äußerstem Prunk ausgestattet, sondern in Text, Musik, Szene, Ballett usw. raffiniert durchdacht und als sowohl reale wie symbolische Verherrlichung des absoluten Monarchen geplant, dessen persönliches Motto der Titel der Oper war. Die Partitur war ein Hauptwerk des alternden Hofkapellmeisters, der als Exponent barocken Kontrapunkts dem konservativen Geschmack Karls VI. Genüge tun konnte. Johann Joachim Quantz berichtet, daß die Massenbesetzung des Orchesters Fux' fugiertem Stil zuträglich gewesen sei. Seine Musik zeigt eine ganz persönliche Weiterentwicklung nicht nur älterer italienischer, sondern auch französischer und deutscher Stilelemente.
**Wirkung:** Die Uraufführung erfolgte unter freiem Himmel in einem von Giuseppe Galli da Bibiena, dem Schöpfer der Bühnendekoration, eigens errichteten Theater. Am Schluß der Oper erschien eine Höhle (»grottesca«), die sich in einen Triumphbogen für den Genius Roms verwandelte. Dieser Licenza folgte endlich eine Huldigung an Kaiserin Elisabeth Christine, zu deren Geburtstag die Aufführung stattfand. Die musikalische Leitung hatte Antonio Caldara, es sangen und spielten Spitzenkräfte der Wiener Hofkapelle (unter anderm Giovanni Carestini, Domenico Genuesi, Gaetano Orsini, Francesco Conti, Gottlieb Muffat und Johann Georg Reinhardt), verstärkt durch Prager Musiker. Über die näheren Umstände berichten zahlreiche Quellen (vgl. Egon Wellesz, s. Ausg.), zum Beispiel Quantz, der mit Carl Heinrich Graun und Silvius Leopold Weiß im Orchester mitwirkte. 1938 gab es zwei Inszenierungen, zunächst unter dem gerade für seine Wiederaufführungen von Barockopern

renommierten Werner Josten am Smith College Northampton (MA), dann am Prager Konservatorium unter Otakar Jeremiáš.

**Autograph:** Verbleib unbekannt. **Ausgaben:** Part, krit. Ausg. nach zeitgen. Quellen, hrsg. E. Wellesz, in: DTÖ 17:1910, Bd. 34/35, Nachdr. Graz 1959 [mit umfangreicher, guter Einl.]; Textb.: Wien, Ghelen [1723]
**Literatur:** E. WELLESZ, [s. Ausg.]; weitere Lit. s. S. 298

*Reinhard Strohm*

# Antonio Gades

Eigentlich Antonio Esteve; geboren am 16. November 1936 in Elda (Alicante)

## Carmen

**Carmen**
Ballett

**Musik:** Auszüge aus der Oper *Carmen* (Paris 1875) von Georges Bizet in der Schallplattenaufnahme des Orchestre de la Suisse Romande unter Thomas Schippers; spanische Volksmusik. **Libretto:** Antonio Gades und Carlos Saura Atarés
**Uraufführung:** 17. Mai 1983, Théâtre de Paris, Paris, Ballet Antonio Gades
**Darsteller:** Carmen; José; Rivale; der Torero; Corps de ballet: Frauen, Männer
**Orchester:** Tonb, 3 Git, Kastagnetten, 2 Sänger
**Aufführung:** Dauer ca. 1 Std. 30 Min. – Gitarristen und Sänger auf der Bühne.

**Entstehung:** Der Erfolg ihres Tanzfilms *Bodas de sangre* (1981; nach Gades' Ballett, Madrid 1974) bewog den Spanischtänzer Gades und den Filmregisseur Saura, ihre gemeinsame Arbeit der Verbindung von Film und Tanz fortzusetzen. Das Thema ihrer zweiten Arbeit war *Carmen*. Wiederum sollte sich das tägliche Leben einer Tanztruppe mit den Szenen eines Balletts vermischen. Der Film entstand 1983. Anschließend erarbeiteten die beiden Künstler eine Bühnenfassung für Gades' Truppe.
**Inhalt:** In einem Übungsraum; im Hintergrund stehen hohe Spiegelwände, die während des Spiels vielfach umgestaltet werden; die kahlen Bühnenwände mit technischen Einrichtungen, die immer wieder sichtbar werden, vermitteln die Atmosphäre einer Probebühne: Das Stück beginnt mit einem fulminanten Training der Truppe. Die Tänzer, die die Hauptrollen des Carmen-Balletts tanzen, führen jeweils ein Solo aus. Als erstes Bild des Stücks wird eine Szene mit den Frauen allein geübt. Sie sitzen im Halbkreis an Holztischen und klopfen mit den Händen auf die Tischplatte; daraus entsteht ein lebhaftes, angriffiges Singen, dann ein wildes Tanzen in zwei sich immer feindlicher gegen-

überstehenden Gruppen, die von Carmen und einem andern Mädchen angeführt werden. Die von harten Rhythmen der Füße begleiteten wechselnden Konfrontationen gipfeln in der tödlichen Messerwunde, die Carmen dem Mädchen am Hals versetzt. Lautlos sinkt diese zu Boden. In knappen, stilisierten Marschschritten nähert sich die von José angeführte Eskorte der Soldaten. Er nimmt Carmen in Haft, mit einem Fächertanz verführt sie José. Narzißtisch selbstversunken tanzt er eine Farucca inmitten der Spiegelwände. Zu den Klängen der Habanera wird eine erotische Begegnung zwischen Carmen und José geprobt. Danach feiert die Truppe eine »juerga«. José begegnet seinem Rivalen. Josés Verwirrung steht in schroffem Gegensatz zu der Ausgelassenheit der Truppe, die zu ihrem Vergnügen die farbigen Formen der Bulerias und zu den Klängen des Torerolieds einen parodierten Stierkampf tanzt. Carmen beteuert, daß sie José liebe. Am Spieltisch geraten er und der Rivale in Streit, ein wilder Männertanz mit Spazierstöcken als Waffen wird geprobt, ein tödliches Duell. Carmen stellt sich auf die Seite des Siegers José. Der Torero wird für die Aufführung in ein prunkvolles Kostüm gekleidet. Man tanzt volksfestartig paarweise Paso doble, Carmen zuerst mit José, dann mit dem Torero. Zweimal stehen sich die beiden Männer drohend gegenüber. Die Menge schart sich ausgelassen um den Torero, Carmen sagt sich von José los. Er folgt ihr und ersticht sie zu den Klängen des Opernfinales.

**Kommentar:** *Bodas de sangre* ist als Bühnenstück in seiner dramaturgisch-choreographischen Struktur schwach. Es handelt sich um eines jener Gebrauchs-Handlungsballette, in denen eine pantomimisch dürftig angedeutete Handlung als Aufhänger für wirkungsvolle Tanzeinlagen dient. Außergewöhnliches haftet nur Sauras Film an, seiner Kunst, das Wesen des Tanzes in Bildern einzufangen. Bei *Carmen* war Saura auch Regisseur der Bühnenfassung. Dadurch hatte diese wie der Film eine überlegene, geschlossene Wirkung. Auf der Bühne wie im Film ging es den Autoren nicht um eine choreographische Darstellung des Stoffs. Sie hatten anderes im Sinn und rühmten sich, »so etwas wie ein spanisches Musical erfunden« zu haben, ein Genre also, das sich höchstens momentweise auf das Dramatisch-Tragische seiner Stoffe einläßt, um seinem eigentlichen Wesen, der szenisch-musikalisch-tänzerischen Unterhaltung, treu bleiben zu können. Die publikumswirksamen Formen des Spanischtanzens werden um ihrer selbst und um ihrer äußerlichen Wirkung willen an den Stoff herangetragen, aber nicht der Stoff aus und mit ihnen gestaltet, wie das Susana Audéoud in ihrem auf Federico García Lorcas *Bodas de sangre* (1933) beruhenden Ballett *Los siete punales* (Toronto 1981) tat, wo sie Elemente einer neuen Kunstsprache und so unmittelbar zum tragend sprechenden Ausdruck des Dramas werden. Saura und Gades aber lassen sich mit klarer Konsequenz nie, weder dramaturgisch noch tänzerisch, mit den emotionalen Aspekten des Stoffs ein. Ihr Prinzip ist das Spiel auf drei Ebenen: der des Carmen-Stoffs, der der Probenarbeit der Truppe und der ihrer privaten Sphäre. Es wechseln Proben der Tanztechnik mit solchen zum Carmen-Stück; sie werden in fließenden Übergängen zugleich voneinander abgetrennt und miteinander verbunden durch kleine Pausen der Entspannung für die Truppe, in denen die private Existenz und private Beziehungen der Tänzerinnen und Tänzer sichtbar werden. Immer wenn das Geschehen auf der einen Ebene für die Künstler und das Publikum schwierig und fordernd würde, folgt der meist abrupte Wechsel auf die andere. Der Choreograph kann sich somit auf die Geschichte von Carmen einlassen, solange sie dankbare tänzerische Möglichkeiten bietet, und da abbrechen, wo die Weiterführung mit den Mitteln des Tanzes heikel und schwierig würde. Gades kommt mit den bewährten brillanten, aber stereotypen, für ein Musical jedoch bestens geeigneten Formen seiner umjubelten Fiestaprogramme aus. Zu diesem Genre gehören einfache, allgemeinverständliche Zeichen, die Klischees. Und so ist *Carmen* in hohem Maß vom Spanienklischee geprägt, von der »españolada«. Das größte Problem von *Carmen* besteht darin, daß ein Grundcharakter des Stoffs, die Leidenschaft, nicht als innere Kraft gestaltet, sondern als Klischee spanischer Leidenschaft nur bravourös demonstriert wird. Eine Darstellung echter Leidenschaft aber schließt das Konzept mit seinen Wechseln von privater Begegnung und Szenenproben aus. Eigentliche Carmen-Szenen werden großartig hochgetrieben, aber dann steigen die Darsteller sichtlich unberührt aus ihrem souverän beherrschten Kunsthandwerk aus; die privaten Szenen erfahren zwar gewisse Steigerungen, aber haben Episodencharakter und können beliebig abgebrochen werden. So kam es zu dem paradoxen Phänomen, daß mit einem der leidenschaftlichsten Stoffe der Weltliteratur und mit dem als Inbegriff der Leidenschaft gefeierten Flamenco gerade kein Drama der großen Gefühle entstand, sondern ein Musical des unverbindlichen Scheins von Gefühlen. Dazu kommt, daß Gades schon vor *Carmen* den Flamenco von seinem Ursprung unmittelbar individuellen Ausdrucks weg zu höchster Kunstgestaltung geführt hatte, mit Flamencogruppentänzen, die in ihrer geschliffenen formalen Brillanz dem Kunstideal des klassischen Corps de ballet weitaus näher stehen als dem einer Volkskunst. Mit Gespür für dynamische Abstufungen und Steigerungen und für plastische Formgebung gelingt Gades jedoch die Umsetzung der einfachen Flamencoformen in die großen Abläufe der professionellen Truppe. Viele Partien stellen nur Formkunst um ihrer selbst willen dar; ein Element des Spanischtanzens aber weiß Gades immer neu auch für die dramatische Aussage nutzbar zu machen: das Klopfen. Das Klopfen von Händen auf Tischplatten, von Füßen und Stöcken auf den Boden setzt er effektvoll von drohenden, vereinzelt leisen Schlägen bis zum großen Trommelfeuer von rasch wirbelnden Schlagkaskaden ein, mit denen er vibrierende Spannungssteigerungen zu erreichen weiß.

**Wirkung:** Auf der Bühne kann sich der Tanz naturgemäß freier und direkter entfalten als im Film, und als überaus effektvolle Showform des Flamencostils von

Gades hat *Carmen* denn auch auf Tourneen große Erfolge geerntet. Sie wurde aber nicht so sehr zum Ereignis wie Sauras Film. Dieser erreichte zwar nicht mehr die stille Intensität von *Bodas de sangre*, aber überzeugte doch als filmische Umsetzung nicht einer Choreographie, sondern von Tanz und Atmosphäre der Tanzwelt, auch wenn diese zum Teil an der Grenze des Kitsches gezeigt wird. Wenn Saura in einem Film nur Gades' Choreographie abbildet, wie in ihrem dritten gemeinsamen Werk, *El amor brujo* (1986), bleibt auch er blaß, und der Film vermag keine nennenswerte Wirkung zu erzielen, obwohl nicht weniger virtuos getanzt wird.

**Literatur:** A. LIVIO, Über die Schwierigkeit, Carmen zu sein, in: Ballett 1983, Zürich 1983; P. LARTIGUE, A. G. Le flamenco, in: L'Avant-scène, Paris 1984; C. W. THOMIEN, Carmen lebt, in: Parnaß, Dez. 1984; C. SAURA, A. GADES, ›Carmen‹. Ein Traum v. bedingungsloser Liebe, München, Hbg. 1985; M. KRÜGER-ZEUL, ›Carmen‹ und die falschen Träume, in: Psychoanalyse auf der Couch, hrsg. H.-M. Lohmann, Ffm. 1984

*Richard Merz*

# Useir Gadschibekow

Useir Abdul Gussein ogly Gadschibekow; geboren am 17. September 1885 in Agdschabedy (Aserbaidschan), gestorben am 23. November 1948 in Baku

## Leili we Medschnun
**Besch pardali opera**

**Leili und Medschnun**
Oper in 5 Akten

**Text:** Useir Gadschibekow, nach Motiven des Epos *Leylâ ile Medcnun* (um 1540) von Muhammad Ibn Sulaiman Fuduli (auch Mehmed Fuzulî)
**Uraufführung:** 25. Jan. 1908, Privattheater von G. S. A. Tagijew, Baku, Operntruppe Nidschat
**Personen:** Geis, später Medschnun (T); Leili (S); Geis' Eltern (S, T); Leilis Eltern (Mez, Bar); Ibn Salam (T); Nofel, Heerführer einer arabischen Völkerschaft (Bar); Said, Geis' Freund (T); 2 Araber (2 T). **Chor, Ballett:** Brautwerber, Reiter, Gäste, Schüler
**Orchester:** 2 Klar, Trp, Tamburin, Tar, Kemantscha, Streicher (ohne Va)
**Aufführung:** Dauer ca. 2 Std. 30 Min. – Die Neuorchestration (1959) von Nasim Aliwerdibekow hat folgende Besetzung: 2 Fl, 2 Ob, 2 Klar, 2 Hr, 2 Trp, Tamburin, Tar, Kemantscha, Streicher. – Die Tar ist ein lautenähnliches Zupfinstrument mit doppeltem Korpus und Membranen als Resonanzdecke, die Kemantscha eine Art Fiedel (mit Bogen gestrichen); beide sind aserbaidschanische Volksmusikinstrumente.

**Entstehung:** *Leili we Medschnun* entstand 1907 und gilt als die erste nationale Oper Aserbaidschans, Gadschibekow als Begründer der professionellen Musik seines Lands. Die Titelfiguren nahmen in der orientalischen Dichtkunst einen ähnlichen Rang ein wie Romeo und Julia im westeuropäischen Kulturkreis. Fudulis Epos ist eine von zahlreichen Nachdichtungen beziehungsweise Nachahmungen von Nesamis Liebesgeschichte (1188), die die Legende um die unglückliche Liebe von Leili und Medschnun nach früharabischen Quellen des 8.–10. Jahrhunderts gestaltete. 1897 waren in Schuscha (Aserbaidschan) Szenen (möglicherweise mit musikalischer Begleitung) aus Fudulis Epos aufgeführt worden. Programmatisch knüpft Gadschibekow an diese Aufführung an und bekennt sich zu einer eigenständigen nationalen Tradition. Das Libretto schrieb er unter Beibehaltung der Verse Fudulis selbst mit der erklärten Absicht, die gleichnishaften Vorgänge des Epos zu Bildern gerinnen zu lassen, aus denen Fudulis Verse (Ghaselen) wie auch die aserbaidschanischen Improvisationsmodelle, die Mugame, sich entfalten können. Er schrieb nicht zu einer Handlung Worte und entsprechende Musik, sondern entwarf zu vorhandenen Worten, Situationen und Musikmodellen archetypische und dramatisch wirkungsvolle Bilder. In den 30er Jahren verlief seine künstlerische Entwicklung in eine andere Richtung. Er adaptierte Elemente der russischen Opernklassik und schrieb 1935 eine Arie für Medschnuns Vater (I/1), die im selben Jahr in Baku verlegt, jedoch niemals aufgeführt wurde. Diese Arie steht dem Werkganzen auffällig fremd gegenüber und demonstriert so, daß mit *Leili we Medschnun* ein Schritt zur Entwicklung einer musikalisch-theatralischen Form jenseits tradierter europäischer Opernmodelle getan wurde.
**Handlung:** In Aserbaidschan, um 1400.
I. Akt, Prolog, Platz vor der Medrese: Lob der Harmonie zwischen Mensch und Natur. – Leili, die Tochter reicher Eltern, und Geis, ein armer Lehrer, gestehen einander ihre Liebe und verstoßen so gegen das Verbot der freien Partnerwahl. Geis bittet seinen Vater, als Brautwerber zu Leilis Eltern zu gehen.
II. Akt, Leilis Elternhaus: Der Antrag von Geis' Vater wird unfreundlich zurückgewiesen. Geis wird wahnsinnig, das heißt ein Medschnun. Ibn Salam wird als Bräutigam willkommen geheißen.
III. Akt, Wüste: Geis lebt in der Wüste. Nofel, der Anführer eines Araberheers, erbarmt sich des Schicksals Medschnuns. In einer Botschaft an Leilis Vater droht er dessen Sippe den Krieg an, wenn er Leili Geis nicht gebe. Leilis Vater stellt sich zum Kampf und wird besiegt. Doch die Gewalt löst Leilis Bindung an Salam nicht. Der Brauch ist stärker.
IV. Akt, Ibn Salams Haus: Die Gäste feiern fröhlich die Hochzeit von Leili und Salam. Nur die Braut trauert. Medschnun erscheint als ungebetener Gast. Salam bemerkt erstmals die Liebe der beiden und ist seiner Ruhe beraubt. Leili siecht vor Kummer dahin. Salam hofft, daß die Zeit die Wunden heilen werde. Medschnun erscheint auf der Suche nach Leili, aber er erkennt sie nicht mehr. Leili stirbt.

V. Akt, Friedhof mit dem frischen Grab Leilis: Medschnun erfährt von seinem Freund Said von Leilis Tod. Er bettet sich auf das Grab und stirbt der Geliebten nach.
**Kommentar:** In der Verbindung von einstimmiger und mehrstimmiger Volksmusik zur Zeichnung menschlicher Situationen und menschlichen Verhaltens erlangte *Leili we Medschnun* Modellcharakter. Kennzeichnend für das Werk ist der Wechsel von Liedern, ad libitum gesungenen oder gesprochenen Dialogen und mehrstimmigen instrumentalen oder vokalen Passagen. Die einzelnen Teile eines Bilds sind durch Wiederholungen oder Reminiszenzen eines Refrains miteinander verklammert und fügen sich so zu einer mehrteiligen Liedform. Schönstes Beispiel hierfür ist das Finale des III. Akts. Grundlage der musikalischen Gestaltung sind die Mugame, die von den Musikern rezitativisch, liedhaft oder tänzerisch durch Improvisation entfaltet werden. Jedes Mugam wird bestimmt durch das Aufbauschema und die Gesamtheit der für ihn typischen formelhaften Melodie- und Harmoniewendungen. Der Komponist legt den Charakter der von ihm gewünschten Improvisation fest. So schrieb Gadschibekow ursprünglich keine Partitur im europäischen Sinn, sondern ein Arbeitsszenarium, in dem er lediglich notierte, auf welche Worte welches Mugam auszuführen ist, welchen Charakter die Improvisation erhalten soll (durch Fixierung rhythmisch-melodischer Floskeln) und welche Instrumente spielen. Lückenlos notiert waren lediglich die mehrstimmigen Tanz- und Gesangsepisoden, der einstimmende Prolog des Chors sowie die Kriegs- und Hochzeitslieder. Das motivische Material der Ouvertüre ist semantisch mit den beiden Nebenfiguren Nofel und Ibn Salam verbunden. Die Ouvertüre lenkt also nicht (in psychologischer Deutung) auf die Liebestragödie der Titelgestalten hin, sondern schlägt rein formal eine Brücke zum V. Akt, wo ihr Material zur Charakterisierung Salams verwendet wird. Die Einbettung der alten Mugame in größere instrumentale Stücke, wie zu Beginn des I. und II. Akts, wurde Gadschibekow dadurch erleichtert, daß bestimmte Mugame, wie das Rast in E in der Ouvertüre, den europäischen Tonarten (E-Dur) vergleichbar sind oder angenähert werden können. Viele der musikalischen Parameter sind nicht an den Stoff, an die Entwicklung des Konflikts geknüpft, auch im Duett Leili/Geis (I/1), in dem das instrumentale Zwischenspiel weniger aus der Situation als vielmehr aus der musikalischen Form folgt: Die Tar führt die Melodie, die Kemantscha imitiert, das Tamburin gibt das rhythmische Grundmuster. Mit der späteren russischen Liedoper (Wladimir Deschewow, Iwan Dserschinski, Lew Knipper) ist die frühe Mugam-Oper insofern nicht zu vergleichen, als es im orientalischen Modell primär um die Entfaltung von Gleichnishaftem geht, die Kunst der Improvisation bei den Sängern und Instrumentalisten gefordert ist wie der gemeinsame Bezugspunkt von Ausführenden und Zuhörenden auf ein bekanntes und im Hier und Jetzt verändertes Modell.
**Wirkung:** *Leili we Medschnun* ist bis heute eins der erfolgreichsten, immer wieder aufgeführten Werke auf den Bühnen Aserbaidschans. Seit 1935, dem Jahr der Erstaufführung am Staatlichen Theater Baku, datieren Bearbeitungen, besonders durch Regisseure, die das Werk in die Richtung eines psychologischen Realismus zu bringen suchten. Gadschibekow, der dem 1935 noch nachgab, distanzierte sich bereits 1938 davon. In jenem Herbst wurde *Leili we Medschnun* wieder in der alten Form am Staatlichen Theater Baku gespielt, eine Neuinszenierung gab es erst 1955. Einfluß hat die Oper auf die usbekische Musikkultur gehabt; sie wurde hier 1911 bei einem Gastspiel in Taschkent vorgestellt (vgl. Semjon Ginsburg, s. Lit.). Eine der ersten usbekischen Opern, *Leili i Medschnun* (Taschkent 1940) von Reingold Glier und Talib Sadykow, wurde nach dem gleichen Stoff geschrieben. Weiterhin entstanden unter demselben Titel eine Oper (Aschchabad 1946) von Juli Meitus und Dangatar Owesowin und Goleisowskis Ballett (1964; Musik: Sergei Balassanjan). Obgleich das Werk insofern Schule machte, bleibt Gadschibekows Mugam-Oper in ihrer formalen Strenge und Konsequenz singulär.

**Autograph:** Bibl. Ahundov Baku. **Ausgaben:** Kl.A, aserbaidschanisch/russ. Übers. v. V. Kafarov: Az. Muzgiz, Baku 1959; Textb.: Baku 1912, 1915, 1917. **Aufführungsmaterial:** Orchestration N. Aliverdibekov: VAAP
**Literatur:** U. GADŽIBEKOV, Ot ›Leilij i Medžnun‹ do ›Körogly‹, in: Iskusstvo azerbaidžanskogo naroda, Moskau, Leningrad 1938; S. GINZBURG, Puty rasvitija uzbekskoj muzyki, Iskusstvo, Moskau, Leningrad 1946, S. 22; E. ABASOVA, Opera ›Leili i Medžnun‹ U. G., Baku 1960; DIES., Opery i muzykalnye komedii U. G., Baku 1961; DIES., U. G., Baku 1975; [Bibliographie], hrsg. M. Aslanov, R. Gulieva, K. Kazimov, Š. Kerimova, Baku 1975

*Sigrid Neef*

# Kjor-ogly
Besch pardali opera

### Der Sohn des Blinden
Oper in 5 Akten

**Text:** Gamjan Ismailow und Mamed Said Ordubady (eigtl. Mamed Gadschi-aga ogly Ordubady; Verse), nach Motiven aus dem Volksepos *Kjor-ogly* (um 1600)
**Uraufführung:** 30. April 1937, Staatliches Aserbaidschanisches Achundow-Theater für Oper und Ballett, Baku
**Personen:** Ali, ein alter Stallmeister bei Khan Hassan (B); Rowschen, sein Sohn, später unter dem Namen Kjor-ogly (T); Nigjar, Rowschens Geliebte (S); Eiwas, ihr Bruder (T); Khan Hassan (B); Khan Ibrahim (B) und Gamsa-Bek (T), seine Vertrauten; Polad, sein Diener (T); sein Hofnarr (T); Pascha Echsan (T); eine Sängerin bei Hof (S); Nadir und Weli, Bauern (2 T); 3 Herolde (3 T); Farrasch (T); 3 Heerführer (3 T). **Chor, Ballett:** Bauern, Gäste des Khans, Zwerge, Krieger Kjor-oglys, Krieger und Gefolge Khan Hassans
**Orchester:** 2 Fl, 2 Ob, E.H, 2 Klar, 2 Fg, 2 Surna,

2 Balaban, 4 Hr, 3 Trp, 3 Pos, Tb, Pkn, Schl (Bck, Trg, Tamburin, Tamtam, gr.Tr, Def, Glsp), 2 Tar, 2 Kemantscha, Hrf, Streicher
**Aufführung:** Dauer ca. 2 Std. 30 Min. – Surna und Balaban sind aserbaidschanische Holzblasinstrumente, Def ein Schlaginstrument.

**Entstehung:** Nach seinen ersten Erfolgen mit dem Typus der Mugam-Oper (*Scheich Senan*, Baku 1909; *Rustam we Sochrab*, Baku 1910; *Asli we Kerem*, Baku 1910) schrieb Gadschibekow zwischen 1915 und 1932 neben seiner Arbeit für das Theater auch Kammer-, Orchester- und Chormusik. Er gründete 1926 den ersten professionellen mehrstimmigen Chor Aserbaidschans und 1931 ein Volksinstrumentenorchester, dessen Mitglieder sowohl zu improvisieren als auch nach Noten zu spielen verstanden. Außerdem studierte er die Werke des russischen und westeuropäischen Musiktheaters, vor allem die Opern Glinkas, Borodins, Verdis und Tschaikowskis. Dies fand seinen Niederschlag in der Oper *Kjor-ogly*, die 1932–36 entstand. Nach eigener Aussage fühlte er sich bei der Komposition besonders von zwei zeitgenössischen Opern beeinflußt: Gliers *Schachsenem* (Baku 1927) und Muslim Magomajews *Negris* (Baku 1935), wobei ihn letztere insbesondere wegen ihrer heroisch-revolutionären Thematik faszinierte.

**Handlung:** In Aserbaidschan, 16./17. Jahrhundert.
I. Akt, malerischer Landstrich, Frühlingsmorgen, im aufsteigenden Nebel die Umrisse der Berge: Die Bauern arbeiten auf den Feldern. Das Volk stöhnt unter der Knute des Khans Hassan. Dieser hat Gäste geladen und will ihnen sein schönstes Pferd vorführen. Da es auf der Weide steht, kann es nicht augenblicklich herbeigeführt werden. In einem Zornesausbruch befiehlt Hassan, den alten Stallmeister Ali zu blenden. Alis Sohn Rowschen schart daraufhin die Unzufriedenen aus dem Volk um sich und geht mit ihnen als Kjorogly (Sohn eines Blinden) in die Berge, um einen Racheplan gegen Hassan vorzubereiten.
II. Akt, ein üppig ausgestattetes Gemach Hassans: Hassan feiert rauschende Feste. Er hat von dem Racheplan Kjor-oglys erfahren und beschließt, ihn in eine Falle zu locken. Dazu befiehlt er, dessen Pferd Gyr-at zu stehlen. Nigjar belauscht Hassans Anordnungen und schickt ihren Bruder Eiwas, um den geliebten Kjor-ogly zu warnen.
III. Akt, Kriegslager Kjor-oglys in den Bergen Tschenly-bel: Anuschen, Armenier, Grusinier und Kurden haben sich um Kjor-ogly geschart. Der Verräter Gamsa erschleicht sich Kjor-oglys Vertrauen und stiehlt das Pferd. Eiwas' Warnung kommt zu spät.
IV. Akt, Hassans Garten: Im Schatten der Bäume feiert Hassan mit seinen Gästen den Raub des Pferds. Ein Sänger unterhält die Gäste; Gamsa erkennt in ihm Kjor-ogly. Nigjar ergreift für Kjor-ogly Partei. Dieser nutzt die Verwirrung und flieht mit seinem Pferd. Hassan befiehlt die Hinrichtung Nigjars, Eiwas' und des Knechts, der Gyr-at nicht halten konnte.
V. Akt, öffentlicher Platz: Alles ist zur Hinrichtung vorbereitet. Nigjar besteigt das Schafott; da erscheint Kjor-ogly mit seinen Kriegern, rettet Nigjar und tötet Hassan. Das Volk jubelt seinem Befreier zu.

**Kommentar:** Die Vorlage ist eine Legende, in der langdauernde historische Prozesse in phantastischen Wunschbildern konzentriert wurden: Entführung und Wiedergewinnung des Wunderpferds Gyr-at, Befreiung der Geliebten und Volksaufstand. Gadschibekow wählte mit Ordubady einen Librettisten, der als Begründer des historischen aserbaidschanischen Romans gilt und dem Bestreben des Komponisten nach einer psychologisch motivierten Darstellungsweise entgegenkam. Gadschibekow vollzieht die Aneignung einer als Norm und Vorbild empfundenen fremden Kunstform, der russischen Opernklassik. Das real vorhandene kulturell-geschichtliche Minderwertigkeitsgefühl gegenüber der russischen Nation (ehemals waren ihre Vertreter als Kolonisatoren, später als Befreier tätig) sollte durch eine Verbindung von russisch bestimmter Form und nationalem Gehalt verdrängt werden. Die Aneignung des Russischen (oder Westeuropäischen) zeigt sich in den vorgeschriebenen Stimmcharakteren, der Orchesterbesetzung, der homophonen Satzweise, den Arien, Ensembles, Chören und Schlußtableaus. Aserbaidschanische Volksinstrumente und harmonisch-melodische Wendungen einzelner Mugame sind lediglich als koloristische Elemente eingepaßt, und die Volkstänze (besonders im I. und V. Akt) sind eher exotische Attraktionen, die dramaturgisch nur notdürftig motiviert die Funktion der Balletteinlagen einer Grand opéra übernehmen. Gadschibekow stellt mit seinem Helden die beliebtesten Mugame wie Rast, Schur, Tschargjach vor. Im IV. Akt läßt er Kjor-ogly drei Lieder singen, in denen die Vortragstechnik der Aschugen (Volkssänger) zur Geltung kommt: Vorliebe für Halbtonschritte, Tonrepetitionen, ständig wechselnde Rhythmik, reiche Verzierungstechnik der Singstimme, Quintklänge und ostinate Rhythmik im Begleitpart. Das »Thema des leidenden Volks« (Elmira Abassowa, in: *Opery i musikalnyje komedii*, S. 139, s. Lit.) bestimmt leitmotivisch alle symphonischen Passagen (Ouvertüre, Zwischenspiel zum III. und Vorspiel zum V. Akt), heftet sich aber auch an die beiden »positiven« Gestalten Kjor-ogly und Nigjar. In der dissonanzreichen Harmonik und der scharf punktierten Rhythmik scheinen die »negativen« Figuren prägnanter und eindrucksvoller gezeichnet als der eigentliche Held. Hassans Arie im II. Akt ist eins der besten Stücke der Oper. Polyphone Strukturen sind, abgesehen von dem effektvollen Chor der Aufständischen, »Tschenlybel« (III. Akt), selten. Insgesamt gewinnt die Musik keine Selbständigkeit. Noch 1961 galt *Kjor-ogly* als »erste klassische aserbaidschanische Oper« und als Fundament für die Entwicklung der Kunstmusik in Aserbaidschan (ebd., S. 184).

**Wirkung:** *Kjor-ogly* wurde 1938 und 1959, jeweils während der »Dekade der aserbaidschanischen Kunst und Literatur«, in Moskau gezeigt. 1941 erhielt Gadschibekow für die Oper den Stalin-Preis. Bereits 1939 wurde sie in Aschchrabad in turkmenischer, 1942 in Eriwan in armenischer und 1950 in Taschkent in usbekischer Sprache gespielt. Die letzte Inszenierung fand 1975 in Baku zum 90. Geburtstag Gadschibekows statt.

**Autograph:** Dom-muzej Uzeira Gadžibekova Baku. **Ausgaben:** Kl.A, russ. Übers. v. L. G. Zorin: Muzgiz, Moskau 1952; Sovetskij kompozitor, Moskau 1970; Textb., russ. v. M. Paschajew, R. Ivnev (d.i. M. A. Kovalev): Baku, Upravlenie po delam iskusstv 1938; Textb., russ. Bearb. v. S. V. Pančenko: Baku, Ahundov teatr 1942, 1962. **Aufführungsmaterial:** VAAP **Literatur:** Kior-ogly. Sbornik statej i libretto k dekade Azerbaidžankogo iskusstva v Moskve, Baku 1938; E. ABASOVA, Tematizm narodnych scen v opere ›Kior-ogly‹, in: Sovetskaja muzyka 1960, H. 9, S. 35–42; DIES., Opera ›Kior-ogly‹ U. G., Baku 1966; weitere Lit. s. S. 305

*Sigrid Neef*

# Marco da Gagliano

Geboren am 1. Mai 1582 in Florenz, gestorben am 25. Februar 1643 in Florenz

## La Dafne
Favola

**Daphne**
Prolog, 6 Szenen

**Text:** Ottavio Rinuccini
**Uraufführung:** Jan. 1608, Palazzo Ducale, Mantua
**Personen: Prolog:** Ovidio/Ovid (T). **Handlung:** Venere/Venus (S); Amore/Amor (S); Apollo (T); Dafne/Daphne (S); Tirsi/Thyrsis, Bote (A); 3 Hirten (2 T, B); 2 Nymphen (S). **Chor:** Hirten, Nymphen
**Orchester:** Keine Angaben zur Besetzung; Andeutungen im Vorwort des Partiturdrucks von 1608 sprechen von einer Sinfonia (das heißt einem Ensemble) mit verschiedenen Instrumenten, die zur Begleitung der Chöre und für die Ritornelle benötigt werden. Die Besetzung war daher wahrscheinlich ähnlich wie in Monteverdis *Orfeo* (1607): 2 BlockFl, Cemb, Virginal, 2 Chitarroni, Lt, Cister, Organo da legno, Streicher. – Zur Charakterisierung von Apollos Leier schreibt Gagliano vier Violen vor.
**Aufführung:** Dauer ca. 1 Std.

**Handlung:** In Arkadien: Arkadien wird von dem gräßlichen Drachen Python bedroht. Die Hirten und Nymphen flehen Jupiter an, sie von dem Ungeheuer zu befreien. Apollo erscheint und tötet den Drachen mit seinem unbesiegbaren Pfeil. Die Hirten und Nymphen preisen den ruhmreichen Gott. Amore und Venere begegnen Apollo, der den blinden Liebesschützen verspottet. Amore beschließt gekränkt, nicht eher zu ruhen, als bis er auch Apollo seine Macht hat spüren lassen. Beklommen gedenken die Hirten und Nymphen der Taten des erzürnten Liebesgotts und fürchten für Apollo und sich selbst. Auf der Jagd erfährt Dafne von den Hirten, wie Apollo den Drachen getötet hat. Apollo erscheint und verliebt sich, von Amores Pfeil getroffen, augenblicklich in die schöne Nymphe. Dianas Dienerin flieht in den Wald; als Apollo ihr folgt, triumphiert Amore über sein göttliches Opfer. Amore brüstet sich vor Venere mit seiner Tat und will auch an der stolzen Dafne Rache nehmen. Der Bote Tirsi berichtet, wie sich vor seinen Augen Dafne in einen Lorbeerbaum verwandelt hat, um Apollo zu entgehen. Gemeinsam mit den Hirten und Nymphen beweint er ihr Schicksal. Apollo erscheint und wehklagt über die Verwandlung der geliebten Nymphe. Zum Zeichen seiner ewigen Liebe sollen Zweige des Lorbeerbaums für immer seine Stirn bekränzen. Die Hirten und Nymphen bitten Amore, ihnen ein ähnliches Schicksal zu ersparen.

**Kommentar:** Ursprünglich sollte *La Dafne* gemeinsam mit Monteverdis *L'Arianna* im Karneval 1608 bei der Hochzeit des Erbprinzen Francesco IV. mit Margarete von Savoyen aufgeführt werden, die besonders großartig geplant war. Aus verschiedenen Gründen wurde die Hochzeit auf Mai verlegt. So beschloß man, Gaglianos Werk bereits im Jan. 1608 zu geben und *L'Arianna* für die Hochzeitsfeierlichkeiten aufzuheben. Der direkte Vergleich dieser Werke, deren Libretti beide von Rinuccini stammen, dem wichtigsten Poeten der frühen Oper, blieb deshalb aus. Ein solcher Vergleich zeigt, obwohl von Monteverdis Werk nur das berühmte »Lamento d'Arianna« erhalten ist, dem heutigen Betrachter die Wende vom Pastoralen zum Tragischen, an die Rinuccini die junge Gattung Oper ein Jahrzehnt nach ihrer Entstehung geführt hat. *La Dafne* war das erste Operntextbuch überhaupt (für Peris *Dafne*, Florenz 1598). Noch ganz in der Poetik der Favola pastorale befangen, gründet sich die Handlung auf das gemeinschaftliche Leben aller Bewohner Arkadiens, wobei einzelne Figuren herausragen, ohne jedoch ein Einzelschicksal zu haben. Hierin liegt der prinzipielle Unterschied zu *L'Arianna*, in der, unbeschadet der ebenso umfangreichen Rolle des Chors wie in *La Dafne,* die Titelfigur die dramatisch überragende Gestalt der Handlung ist. *La Dafne* bleibt ein eher traditionelles Libretto, wenngleich Rinuccini für die Aufführung in Mantua Änderungen vornahm, die für die Entwicklung der Gattung äußerst wichtig waren. Es handelte sich dabei nicht nur um Verlängerungen, sondern um Ausweitungen der dramatischen Passagen (Apollos Kampf mit dem Ungeheuer, den der Chor erschrocken beobachtet und kommentiert) und um den Einschub in sich geschlossener Chor- und Ensembleszenen (das »Hymnus« genannte Bittgebet an Jupiter zu Beginn der Oper, die Klage um Dafnes Verwandlung). Es sind Szenen von großer Theatralik und Bühnenwirksamkeit, die deutlich machen, wie schnell sich die Oper von einem intellektuellen Spiel zu einer höfischen Unterhaltung gewandelt hat. War zunächst auch für Rinuccini das in Musik übertragene Wort vorrangig gewesen, so übernimmt er selbst nun szenographische Elemente seiner eigenen Intermedien von 1589 in die Oper (wie den Kampf mit dem

Drachen), die ausschließlich der Befriedigung der Schaulust dienen. Hier greift die Dramaturgie auf überkommene Theaterformen zurück; der Hymnus dagegen bedeutet einen wichtigen Schritt in die Zukunft der musikalisch geschlossenen Szene: Rinuccini komponiert ein vierstrophiges Gedicht mit Refrain, das abwechselnd von einem oder zwei Sängern und dem Chor vorgetragen wird. Die Versformen dieser Strophen (paarig geordnete »ottonari piani« und »tronchi«) sind volkstümlichen Ursprungs und in der Oper ein absolutes Novum (»Se lassù tra gl'aurei chiostri / potè un cor trovar mercè. / Odi i pianti e i preghi nostri / o del ciel monarca e rè«). Die humanistische, auf Wiederbelebung der Antike gerichtete Tendenz der Camerata des Grafen Giovanni Bardi erlaubte keine solchen metrischen Experimente, deren Bedeutung für die Oper gering geblieben wäre, hätten sie nicht größten Einfluß auf die Vertonung genommen. Im Gegensatz zu den mit virtuosen Koloraturen aus dem gleichmäßig fließenden »recitar cantando« (Sprechgesang) herausgehobenen Strophen, wie Amores »Chi da lacci d'amor vive disciolto« und Apollos »Non curi la mia pianta o fiamma o gelo«, komponiert Gagliano hier auf der Basis regulärer trochäischer Verse eine syllabisch schlichte Weise, deren geschlossener Ariencharakter auf regelmäßigen, viertaktigen Perioden beruht, deren harmonische Kadenzen durch die Zäsuren an den beiden betonten Endsilben unterstützt werden. Solche auf dem Zusammenspiel von Versmetrum und musikalischem Rhythmus beruhenden Kompositionen sind die Archetypen der späteren Opernarie. Die virtuosen Gesänge Amores und Apollos haben dagegen eher retrospektiven Charakter; strophische Variationen über unveränderter Baßmelodie wie diese sind eine in das 16. Jahrhundert zurückgehende Kompositionspraxis, die in der frühen Monodie eine wichtige Rolle spielte, später aber ariosen Formen von der Textur des »Hymnus« weichen mußte. Derart virtuose Gesänge verbannt Gagliano zudem aus der eigentlichen Fabel in die betrachtenden Stellen, die schon die Camerata als »luoghi oziosi« (Stellen der Muße) im Gegensatz zu den »parti recitative« duldete. Für solche Rezitative fordert der Komponist im Vorwort des Partiturdrucks einen von Verzierungen freien Melodieverlauf, in dem der Sänger die Worte so deutlich skandieren solle, daß jedermann sie gut verstehen könne. Die virtuosen Gesänge gäben dann dem Sänger Gelegenheit zu brillieren, zu welchem Zweck sie einzig komponiert seien. Unschätzbar ist das Vorwort des Partiturdrucks vor allem wegen seiner genauen Angaben zur Inszenierung, die nicht nur eine bis ins Detail historisch getreue Rekonstruktion ermöglichen, sondern wertvolle Hinweise zur Inszenierungs- und Aufführungspraxis der frühen Oper geben. Den Vorrang der Gemeinschaft vor dem Einzelschicksal belegen auch diese Regieanweisungen: Der Chor, der aus mindestens 16 bis 18 Sängern bestehen solle, gruppiere sich halbmondförmig auf der Bühne und bleibe dort während der ganzen Oper, das Geschehen mit Schritten und Gesten kommentierend. Genau beschrieben ist auch der Kampf mit dem Ungeheuer, bei dem Apollo von einem im Fechten ausgebildeten Tänzer vertreten werden soll, damit er nach dem Kampf, bei dem das Ungeheuer flügelschlagend und feuerspeiend auf den Boden kriechen und schließlich schwerverletzt in eine der Gassen flüchten soll, nicht zu erschöpft zum Singen sei. Dies alles habe sich im Zeitmaß des begleitenden Chors »Ohimè che veggio« zu vollziehen. Die Einfügung dieses Chors durch Rinuccini für Gaglianos Vertonung bezeugt ein wesentlich ausgeprägteres musikdramatisches Bewußtsein als in der ursprünglichen Librettofassung für Peri, in der sich der Kampf stumm, ohne Chorbegleitung vollzieht. Handlung und Musik so eng zu verknüpfen gehört zu den Qualitäten dieser Partitur, zumal in der Pastoraloper (wie auch hier) das oftmals einzige dramatische Geschehen, die Katastrophe, in einen szenisch ineffizienten Botenbericht gekleidet wird. Gaglianos Orchester befand sich, anders als bei Cavalieris *Rappresentatione* (1600), deren Druck ein ähnlich aufschlußreiches Vorwort enthält, vor der Bühne, in Blickkontakt mit den Sängern. Lediglich die vier Violenspieler für die Lyrabegleitung sollten, um die Täuschung vollkommen zu machen, unsichtbar für das Publikum in der Apollo am nächsten liegenden Gasse stehen.

**Wirkung:** Die Oper wurde vermutlich 1610 in Florenz wiederholt und geriet dann wie fast alle Opern dieser Zeit in Vergessenheit. Robert Eitners Teilpublikation von 1881 weckte erneut ein zaghaftes Interesse. Abgesehen von einer halboffiziellen Moskauer Aufführung 1911 gab die erste Einstudierung in neuerer Zeit anläßlich des Maggio Musicale Fiorentino 1965 in den Boboligärten des Palazzo Pitti unter Roberto Lupi in einer Bearbeitung von Riccardo Nielsen (Szenerie: Luciano Alberti); in historisch getreuer Bearbeitung führte Jürgen Jürgens *La Dafne* 1968 in Bremen konzertant auf. In der Einrichtung und unter Leitung von Claudio Gallico kam *La Dafne* 1978 im Teatro Olimpico Sabbioneta (bei Mantua) auf die Bühne. Dasselbe Ensemble spielte das Werk 1981 in London (Victoria & Albert Museum). 1982 gab es in Rom (Teatro Valle) eine Inszenierung von Giancarlo Cobelli für das Ensemble des Villa Torlonia Chamber Music Theatre unter der musikalischen Leitung von Fausto Razzi.

**Autograph:** Verbleib unbekannt. **Ausgaben:** Part: Marescotti, Florenz 1608 (BL London, Civ. Museo Bibliogr. Musicale Bologna, Conservatoire Paris, LOC Washington, Bibl. S. Cecilia Rom), Faks.-Nachdr.: Forni, Bologna 1969 (Bibl. Musica Bononiensis. IV,4.); Part, Teile, Bearb. v. R. Eitner: Ges. für M.Forschung, Lpz. 1881 (Publ. älterer praktischer u. theoretischer M.Werke. 10.); Part, Bearb. v. J. Erber: London, Cathedral Music 1978 [mit engl. Übers. d. Vorw. d. Part 1608 u. d. Textb.]; Textb. in: A. SOLERTI, Gli albori del melodramma, Mailand 1904, Nachdr. Hildesheim 1969, Bd. 2, S. 65–104 [mit Vorw. d. Part 1608]
**Literatur:** E. VOGEL, M. Da G. Zur Gesch. d. Florentiner M.Lebens v. 1570 bis 1650, in: VfMw 5:1889, S. 396–442, 509–568; A. A. ABERT, Claudio Monteverdi und das musikalische Drama, Lippstadt 1954, S. 167–169

*Silke Leopold*

# La Flora ovvero Il natal de' fiori
Favola in musica recitativa

## Flora oder Die Geburt der Blumen
Prolog, 5 Akte

**Text:** Andrea Salvadori. **Komposition** des Parts der Clori: Iacopo Peri
**Uraufführung:** 14. Okt. 1628, Teatro Mediceo degli Uffici, Florenz
**Personen: Prolog:** Himeneo/Hymen (T). **Licenza:** Apollo (T). **Handlung:** Mercurio/Merkur (A); Berecintia (S); Venere/Venus (S); Amore/Amor (S); Zeffiro/Zephyr (S); Pane/Pan (T); Corilla (S); Clori (S); Pasitea (S); Talia/Thalia (S); Aglaia (S); Satiro/Satyr (T); Lirindo (T); Plutone/Pluto (B); Caco (T); Radamanto (T); Minos (T); Gelosia/die Eifersucht (A); Tritone (T); Austro, Südwind (T); Borea, Nordwind (T); Nettuno/Neptun (T); Giove/Jupiter (T). **Chor, Ballett:** Waldnymphen, Satyrn, Furien, Grazien, Winde
**Orchester:** keine Angaben zur Besetzung; Rückschlüsse anhand von Monteverdis *Orfeo* (1607): mehrere BlockFl, Chitarroni, Organo da legno, Cembali, 2–3 Melodie-Instr. (Vl, Violetten usw.), Baßstreicher, evtl. Regal u. Posaunen
**Aufführung:** Dauer ca. 2 Std. 30 Min.

*La Flora ovvero Il natal de' fiori*; Illustration nach dem Bühnenbildentwurf von Alfonso Parigi; Uraufführung, Teatro Mediceo degli Uffici, Florenz 1628. – Parigi, in seinem Schaffen ein Eklektiker und im Schatten seines Vaters Giulio stehend, war als Bühnenbildner vor allem wegen seiner klassizistisch-strengen Gartenarchitekturen geschätzt.

**Entstehung:** Anlaß der Aufführung war die Hochzeit von Margherita de' Medici mit Herzog Eduard I. (Farnese). Diese Verbindung und die Huldigung an die Heimat der Braut sind das eigentliche Thema der Oper. Eine mit vielfältigen Allegorien und verschwenderischer Szenographie (von Alfonso Parigi) versetzte Handlung ist die dramaturgische Konsequenz, eine Collage, in der sich neben den eigentlichen Trägern der Handlung eine Menge pastoraler und allegorischer Nebenfiguren tummelt.
**Handlung:** Auf Geheiß Gioves sollen aus der Liebe Zeffiros, des Frühlingswinds, zu Clori, der schönsten der toskanischen Nymphen, die Blumen entstehen. Amore aber weigert sich aus Trotz, Clori mit seinem Pfeil zu treffen. Mit Hilfe Mercurios und der Grazien, die den Liebesgott mit einem zauberhaften Wiegenlied einlullen, stiehlt Venere ihrem schlafenden Sohn die Waffen und schießt selbst den Pfeil auf Clori, die sich sogleich in Zeffiro verliebt. Amore fordert, um sich zu rächen, von der Hölle die schlimmste der Furien, Gelosia, und heckt mit Hilfe des in unerwiderter Liebe schmachtenden Pane eine böse Intrige aus, in deren Folge Zeffiro, untröstlich über die vermeintliche Untreue Cloris, die toskanischen Felder verläßt und sie den Stürmen und Unwettern ausliefert. Bestürzt über diese Entwicklung, geben die Götter Amore seine Waffen zurück. Doch als Amore nun besänftigt Gelosia zu Plutone zurückschicken will, weigert sich diese heftig, wohl wissend, weder dort noch in Gioves oder Nettunos Reich willkommen zu sein, und läßt sich lediglich das Versprechen abringen, niemals in die Herzen Margheritas und Eduards zu fahren. Zeffiro wird zurückgerufen, und überglücklich vergießt er Freudentränen, aus denen wunderbarerweise Blumen sprießen; die schönste aber ist die Lilie, ist sie doch das Wappenzeichen der Medici und der Farnese. Zum Gedenken an dies Wunder soll Clori künftig Flora genannt werden. Mit einer Huldigung an die Lilie und an Flora (Fiorenza – Florenz) beschließt Apollo das Spiel.
**Kommentar:** *La Flora* ist das vielleicht reinste Beispiel eines Operntypus, der besonders in der 1. Hälfte des 17. Jahrhunderts gepflegt wurde: ein Gelegenheitswerk, das nicht nur zu einem bestimmten Anlaß aufgeführt wurde, sondern selbst direkt auf diesen Anlaß zugeschnitten war. Musikalisch erinnert die Oper stark an Gaglianos *Dafne* (1608), die bisher entwickelten Formen des Sologesangs (strophische Variation, Tanzlied, Solomadrigal) sind jedoch dramaturgisch geschickter plaziert. Höhepunkte sind sicherlich die virtuose Auftrittsarie Cloris, die Tanz- und Chorszenen am Ende jedes Akts, besonders aber das hinterlistige Schlaflied der Grazien und Mercurios mit seiner beständig auf dem schmalen Grat zwischen Wiege- und Tanzrhythmus balancierenden Melodik. Die von Parigi entworfenen Bühnenbilder waren einzigartig in der Gestaltung verblüffender Naturschauspiele wie Sturm und Regen und der Geburt der Blumen.

**Autograph:** Verbleib unbekannt. **Ausgaben:** Part: Pignoni, Florenz 1628 (Bibl. Estense Modena, Bibl. S. Pietro a Maiella Neapel, Civ. Museo Bibliogr. Musicale Bologna), Faks.-Nachdr.: Forni, Bologna 1969 (Bibl. Musica Bononiensis. IV,7.); Textb.: Florenz, Cecconelli 1628; Florenz, Pignoni 1628; Textb. u.d.T. *Il natal de' fiori*: Venedig, Valvasene 1669
**Literatur:** H. GOLDSCHMIDT, Studien zur Geschichte der italienischen Oper im 17. Jahrhundert, Lpz. 1901, Nachdr. 1967, S. 32–35; A. T. CORTELLAZZO, Il Melodramma di M. da G., in: Claudio Monteverdi e il suo tempo, hrsg. R. Monterosso, Kongreß-Ber. Venedig, Mantua, Cremona 1968, S. 583–598; S. LEOPOLD, Die Hierarchie Arkadiens. Soziale Strukturen in d. frühen Pastoralopern u. ihre Ausdrucksformen, in: Schweizer Jb. für Mw., Neue Folge 1:1981, S. 71–92; weitere Lit. s. S. 309

*Silke Leopold*

# Vincenzo Galeotti

Eigentlich Vincenzo Tomasselli; geboren am 5. März 1733 in Florenz, gestorben am 16. Dezember 1816 in Kopenhagen

## Amors og balletmesterens luner

### Die Launen Amors und des Ballettmeisters
Ballett

**Musik:** Jens Lolle. **Libretto:** Vincenzo Galeotti
**Uraufführung:** 31. Okt. 1786, Königliches Theater, Kopenhagen, Königliches Dänisches Ballett
**Darsteller:** Amor; Paar aus der Steiermark; Quäkerpaar; griechisches Paar; norwegisches Paar; altes Paar; französisches Paar; Paar von Amager; 3 Negerpaare; Priester
**Orchester:** 2 Fl, 2 Ob, 2 Fg, 2 Hr, Streicher
**Aufführung:** Dauer ca. 30 Min.

**Entstehung:** Mit diesem Ballett wollte Galeotti, der als Ballettmeister in verschiedenen Städten Italiens, in Wien und London gearbeitet hatte und 1775 nach Kopenhagen gekommen war, eine Satire auf die Moralvorstellungen der Aufklärung und die Rousseausche Empfindsamkeit schaffen, aber auch die strengen Regeln, die die Künste in seiner Zeit einengten, aufs Korn nehmen. Bei einer Gesellschaft hatte man dem Ballettmeister vorgeworfen, daß es gegen die Regeln der Kunst sei, am Anfang eines Balletts viele Soli und Pas de deux nacheinander tanzen zu lassen. Ebenso sei es unzulässig, die nicht beschäftigten Tänzer auf der Bühne zu lassen, wenn ihre Gegenwart nichts mehr mit der Handlung zu tun habe. Galeotti suchte daraufhin nach einem Sujet für ein Ballett, mit dem er diesen Meinungen widersprechen wollte. Der Tempel Amors und das ebenfalls aus der Antike stammende Verbinden der Augen in Gegenwart des Liebesgotts gaben ihm dazu die Möglichkeit. Mit seiner Allegorie über die Blindheit der Liebe leistete Galeotti zugleich seinen Beitrag zu der im 18. Jahrhundert aktuellen Debatte über die Regeln der Kunst.

**Inhalt:** In einem Tempel: Priester mit verbundenen Augen bringen dem Gott der Liebe in seinem Tempel ein Opfer. Auf Amors Bitte hin werden die Binden abgenommen und die Türen des Tempels geöffnet. Amor geht ab, und nun erscheinen nacheinander liebende Paare verschiedener Nationalität und tanzen. Jedes Paar tanzt einen für sein Heimatland charakteristischen Tanz und wird dann von den Priestern an die Seite geführt, um dort auf die Rückkehr Amors zu warten. Er erscheint und gibt bekannt, daß niemand in seinem Tempel vereint werden könne, dem nicht zuvor die Augen verbunden würden. Alle Liebespaare sind dazu bereit, doch spielt ihnen Amor einen Streich: Er vereinigt sie nicht so, wie sie den Tempel betraten, sondern würfelt die Liebenden in komischer und lächerlicher Weise durcheinander. Alle sind glücklich, solange ihnen die Augen verbunden sind. Nachdem sie aber die Binden abgelegt haben, entsteht die größte Verwirrung. Im Finale trennen sich die Paare und werden zu Einzelpersönlichkeiten, die miteinander nichts mehr zu tun haben wollen.

**Kommentar:** Die Musik zu dem Ballett besteht aus einer Introduktion, zwölf einfachen Nummern und einem etwas anspruchsvolleren Finale. Galeotti hält sich streng an die Regeln des Hofballetts, wonach die obligatorische Abfolge von Danse noble, Danse joyeuse und Danse grotesque unerläßlich ist. Danses nobles sind die Tänze zu Beginn des Balletts, der Tanz der Griechen, der Franzosen und Amors Befehl; heitere Tänze sind der steirische und der norwegische Tanz, die Tänze aus Amager und der Tanz der zusammengewürfelten Paare. Grotesk sind der Tanz der Quäker, der Alten, der Neger und das Finale. Der Einfluß der Aufklärung macht sich in der Verwendung folkloristischer Elemente bemerkbar: Steiermark und Tirol wurden als Heimat des Walzers aufgefaßt; deshalb ist der steirische Tanz ein einfacher Walzer, wie er um 1770 entstanden war. Der Tanz der Quäker ist auf punktierten Rhythmen aufgebaut und erinnert dadurch an bestimmte komische Charaktertänze. Im Tanz der Norweger werden Springtänze stilisiert, ländliche Melodien untermalen die Tänze aus Amager. Der Tanz der Neger ist strukturell wie melodisch von gewollter Simplizität. Die höfische Eleganz des französischen Barocks kommt in der Gigue zum Ausdruck. Zunächst war diese Nummer ein Solo; später wurde der Tanz zum Pas de deux des französischen Paars. Das Finale war ursprünglich eine improvisierte Nummer; die tanzenden Paare durften das Ende so gestalten, wie es ihnen gefiel. In späteren Inszenierungen wurde der Schluß choreographisch festgelegt.

**Wirkung:** *Amors og balletmesterens luner* ist das

*Amors og balletmesterens luner*; Henning Kronstam und Ulla Skou als Quäkerpaar; Königliches Theater, Kopenhagen 1976. – Die Charaktere versuchen das Reglement der alten Ordnung zu überwinden, sind aber wie das Pendel eines Metronoms gebunden.

älteste Ballett in der Literatur, das in seiner Originalchoreographie bis heute erhalten geblieben ist. Im Verlauf seiner 200jährigen Geschichte ist es von jeder Ballettmeistergeneration am Königlichen Theater Kopenhagen aufgeführt worden. Bis zum Tod Galeottis war es ständig im Repertoire. Zwischen 1816 und 1830 erlebte das Ensemble einen Niedergang, und Galeottis anspruchsvolle Ballette verschwanden vom Spielplan. Nur dieses hielt sich, seiner Kürze und Heiterkeit wegen. August Bournonville, der 1830 Ballettmeister wurde, stand den Werken seines Vorgängers kritisch gegenüber; *Luner* behauptete sich dennoch. Bis 1841 wurde es regelmäßig aufgeführt. Zwischen 1841 und 1885 fand keine Aufführung statt, von da an wurde es wieder fester Bestandteil des Repertoires. 1884 ließ Ballettmeister Emil Hansen zum 100. Jahrestag der Entstehung des Balletts eine komplette Partitur anfertigen. Frederik Rung bearbeitete die Orchestrierung und nahm einige kleine Veränderungen vor. Folgende Ballettmeister betreuten danach das Werk in Kopenhagen: Hansen (1885–1903), Hans Beck (1909–18), Gustav Uhlendorff (1922), Kaj Smith (1929), Harald Lander (1933–57), Hans Brenaa (1958–67 und 1973–75). 1975 wurde es zum 500mal gegeben. Lander inszenierte das Werk auch an der Pariser Opéra (1952) und für das Nederlands Ballet (1957). – Als eins der wenigen genuin heiteren Werke der gesamten Literatur besticht *Amors og balletmesterens Iuner* auch heute sowohl durch den Witz, der sich aus der Situation heraus ergibt, als auch durch die überaus tanzbaren Rollen.

**Abschriften:** Part (1884): Vlg.-Arch. Hansen Kopenhagen; Original-ProbenPart: Den kongelige Bibl. Kopenhagen. **Ausgaben:** Kl.A, unvollst., Bearb. v. F. Rung: Hansen [?] 1895; L: Kopenhagen 1786, Nachdr. 1801. **Aufführungsmaterial:** Bibl. d. Kongelige Teater Kopenhagen
**Literatur:** S. KRAGH-JACOBSEN, T. KROGH, Den kongelige danske ballet, Kopenhagen 1952; S. KRAGH-JACOBSEN, Balletbogen, Kopenhagen 1955; C. W. BEAUMONT, Ballets Past and Present, London 1955; S. LUNN, Fund og Forskning, Kopenhagen 1966; A. FRIDERICIA, Bournonville, Kopenhagen 1979

*Ole Nørlyng*

# Robert von Gallenberg

Wenzel Robert Graf von Gallenberg; geboren am 28. Dezember 1783 in Wien, gestorben am 13. März 1839 in Rom

### Cesare in Egitto
→ Gioia, Gaetano (1807)

### Alfred der Große
→ Aumer, Jean-Pierre (1820)

# Baldassare Galuppi

Genannt il Buranello; geboren am 18. Oktober 1706 auf Burano (Venedig), gestorben am 3. Januar 1785 in Venedig

### Alessandro nell'Indie
**Dramma per musica**

### Alexander in Indien
3 Akte (8 Bilder)

**Text:** Pietro Metastasio (eigtl. Pietro Antonio Domenico Bonaventura Trapassi; 1729), anonyme Bearbeitung
**Uraufführung:** 1. Fassung: Karneval 1738, Teatro Nuovo Arciducale, Mantua; spätere Fassung (hier behandelt): Karneval 1755, Teatro Regio Ducale, Parma; Himmelfahrt 1755, Teatro di S. Samuele, Venedig; 12. Okt. 1755, Neues Hoftheater, München
**Personen:** Alessandro/Alexander (T); Poro/Poros, König eines Teils von Indien, liebt Cleofide (S); Cleofide, Königin des andern Teils von Indien, liebt Poro (S); Erissena, Schwester Poros (S); Gandarte, General Poros, liebt Erissena (S); Timagene, Vertrauter Alessandros, doch insgeheim dessen Feind (S)
**Orchester:** 2 Fl, 2 Ob, 2 Fg, 2 Hr, Streicher, B.c
**Aufführung:** Dauer ca. 3 Std. – Poro, Gandarte und Timagene wurden in allen Fassungen von Kastraten gesungen. Der Schlußchor wird von den Solisten gesungen. Die Aufführung Neapel 1754 sieht noch zwei Trompeten vor; als Bühnenmusik sind in den Handschriften Washington und Lissabon vorgesehen: 2 Fl (Lissabon: Picc), 2 Ob, Fg, 2 Hr, Pkn.

**Entstehung:** Metastasios Dramma per musica wurde erstmals im Karneval 1730 in Rom mit Musik von Leonardo Vinci aufgeführt. Es entsprach der Zeit, daß ein Text wie der von Metastasio nach der ersten Vertonung noch von andern Komponisten, häufig in mehr oder weniger stark veränderter Form, für eigene Opern verwendet wurde. So wurde *Alessandro nell'Indie* unter anderm auch von Händel (*Poro*, 1731), Porpora (*Poro*, 1731), Sarri (1736), Gluck (*Poro*, 1744), Rinaldo da Capua (1742), Duni (1743), Graun (1744), Piccinni (1758), Jommelli (1760), Cocchi (1761), Johann Christian Bach und Traetta (1762), Sacchini (1763), Anfossi (1772), Paisiello (1773), Cimarosa (1781), Cherubini (1784), Bianchi (1785) und Gnecco (1800) vertont.
**Handlung:** I. Akt, 1. Bild, Schlachtfeld: Der indische König Poro hat die Schlacht gegen Alessandro verloren und will Selbstmord begehen. Sein General Gandarte bewegt ihn zum Tausch der Gewänder und schwört ihm Treue. Bei seiner Gefangennahme gibt sich Poro als Asbite aus und behauptet, Gefolgsmann Poros zu sein (seine wahre Identität erfahren die Griechen erst am Schluß). Alessandro schickt Asbite

mit der Aufforderung zur Unterwerfung zu Poro, er läßt auch dessen Schwester Erissena frei, die von ihm schwärmt. Deshalb kann Timagenes Werben bei ihr kein Interesse finden. Allein zurückgeblieben, gibt Alessandros Vertrauter zu erkennen, wie sehr er den König haßt. 2. Bild, Garten im Schloß Cleofides mit Palmen, Zypressen und einem Bacchustempelchen: Cleofide erklärt dem wütenden Poro, daß sie aus List Kontakt zu Alessandro halte. Sie läßt ihn schwören, nicht mehr eifersüchtig zu sein, und versichert ihn ihrer Liebe, als sie zu Alessandro aufbricht. Erissena, die von Alessandro eingenommen ist, hält ihren Liebhaber Gandarte hin, der sich getäuscht und betrogen fühlt. 3. Bild, Flußufer mit dem großen Zelt Alessandros gegenüber Cleofides Schloß: Alessandro gesteht Timagene seine Liebe zu Cleofide. Diese setzt mit großem Gefolge über den Fluß und macht ihm ihre Aufwartung. Es gelingt ihr, ihn durch Vorwürfe über seine Invasion in Poros Reich zu verwirren. Die beiden werden durch Poro unterbrochen, der sich als Asbite Zugang zu Alessandro verschafft hat. Cleofide wahrt sein Inkognito, macht aber aus Enttäuschung über seine Eifersucht und aus politischem Kalkül Alessandro in Poros Gegenwart ein Liebesgeständnis. Allein gelassen, erinnern sich Poro und Cleofide vorwurfsvoll ihrer wechselseitigen Versprechen und beklagen ihren Schmerz.

II. Akt, 1. Bild, Zimmer in Poros Palast: Poro und Gandarte planen einen Hinterhalt für Alessandro und das griechische Heer. Gandarte versucht, Poros private Motive in den Hintergrund zu drängen. Erissena klagt, nicht mitziehen zu können, um Alessandro zu sehen. 2. Bild, freies Feld mit alten Gebäuden, Brücke: Das griechische Heer schickt sich an, in Cleofides Reich einzumarschieren. Cleofide heißt Alessandro willkommen. Poros Truppen verwickeln die Griechen in einen heftigen Kampf, in dem sie aber unterliegen. Auf der Flucht finden sich Poro und Cleofide und gestehen sich erneut ihre Liebe. Als sie sich umzingelt wissen, sieht Poro den einzigen ehrenvollen Ausweg darin, mit Cleofide aus dem Leben zu gehen. Er will die Geliebte erstechen, doch da tritt Alessandro dazwischen. Cleofide schützt Asbite, indem sie ihn als bloßen Befehlsempfänger Poros hinstellt, und bittet für ihn um Gnade. Alessandro ist durch diesen vermeintlichen Edelmut um so mehr von der Königin eingenommen. Cleofide versichert Asbite verklausuliert ihre fortdauernde Liebe. Timagene läßt den geheimen Verbündeten Asbite frei. 3. Bild, Zimmer in Cleofides Schloß: Um das griechische Heer zu beruhigen, das über das Komplott aufgebracht ist, will Alessandro Cleofide heiraten. Aus einem Versteck tritt Gandarte hervor, behauptet, Poro zu sein, und bietet sich als Opfer an. Alessandro ist darüber so bewegt, daß er den vermeintlichen Poro mit Cleofide zusammenführt. Die Freude Gandartes und Cleofides schlägt jedoch jäh in Entsetzen um, als Erissena ihnen den angeblichen Tod Poros meldet.

III. Akt, 1. Bild, Laubengänge im Park von Cleofides Schloß: Poro weiß nichts von seiner Begnadigung durch Alessandro und beauftragt Erissena, diesen und Timagene in eine Falle zu locken. Cleofide, die Poro tot glaubt, bewegt Alessandro zu baldiger Hochzeit. Eine Ungeschicklichkeit Erissenas deckt Timagenes Doppelrolle auf; als dieser bereut, verzeiht ihm Alessandro und verpflichtet ihn zu um so größerer Treue. Poros Intrige bricht zusammen; als er von der bevorstehenden Hochzeit erfährt, wünscht er sich den Tod und stürzt, von Gandarte gefolgt, davon. Erissena, von Alessandro nicht beachtet und von Gandarte verlassen, bleibt verwirrt zurück. 2. Bild, Bacchustempel: Zur Hochzeit werden Freudenfeuer entzündet. Cleofide beschwört den Schatten Poros und will sich ins Feuer stürzen. Poro tritt aus einem Versteck hervor, um mit ihr gemeinsam in den Tod zu gehen. Alessandro aber belohnt Poros Treue zur Geliebten, indem er ihm Cleofide zur Frau gibt und ihn zum König einsetzt. Gandarte wird König des andern Teils von Indien und erhält die Hand Erissenas. Poro verspricht ewige Freundschaft; die Versammelten stimmen das Lob Alessandros an.

**Kommentar:** Der Stoff geht auf Jean Racine und letztlich auf Quintus Curtius Rufus zurück (vgl. Bruno Brunelli, s. Ausg.). Historisch verbürgt ist neben der Figur Alexanders lediglich die des indischen Königs Poros, der Alexander nach heftigem Kampf unterlegen, von diesem aber wieder in Amt und Würden eingesetzt worden war. Die andern Personen sind erfunden; sie dienen der Einbettung der historischen Figuren und Situationen in Liebesabenteuer und Intrigen. Insgesamt darf *Alessandro nell'Indie* als typisches Beispiel für das Schema der Opera seria gelten. Die Personen werden statisch vorgeführt (der edelmütig-souveräne Alessandro, der eifersüchtige Poro, die besonnen intrigierende Cleofide und so weiter). Handlung entsteht durch den Fortgang der Intrige, die eine Fülle von Situationen mit sich bringt, darunter auch zufällige und unwahrscheinliche; die Verwicklungen lösen sich traditionell zu einem Lieto fine. Neben den üblichen Mitteln der Intrige wie Verkleidung, Mißverständnis und neben Rollen, die zum Typus neigen, prägen Requisiten des barocken Spektakels das Drama: Schlacht auf der Brücke, Freudenfeuer (mit dem Motiv der Witwenverbrennung), Übersetzen des Hofstaats über den Fluß, Mord- und Selbstmordversuche, Aufzug der Heerscharen mit Elefanten und so weiter. Ähnlich plakativ nimmt sich die Charakterisierung der Personen aus, besonders die Glorifizierung der Herrscherfigur Alessandro (dessen eigentliches Unrecht, die Invasion, nicht zur Debatte steht). – Ihren Niederschlag findet die Reihung von Situationen in der strikten Scheidung von Handlung und Reflexion, also von Rezitativ und Arie als den nahezu ausschließlichen Gestaltungsformen (zu diesen kommen noch die Sinfonia zu Beginn, ein Marsch, ein Duett und der kurze Schluß-»Coro«). Die von Metastasio vorgesehenen Dimensionen haben sich verschoben; die Rezitative sind kürzer geworden, die Arien dafür länger und gewichtiger. Sie sind (abgesehen von zwei kurzen Kavatinen handelt es sich durchweg um Abgangsarien) nicht mehr gelegentliche Unterbrechungen, sondern werden mehr und mehr zum Eigentlichen der Aufführung, wozu die Handlung nur noch den Vorwand liefert. – Die in den drei Partituren enthaltenen Arien folgen fast ausschließlich der traditionellen Dakapoanlage. Sie veranschaulichen in der allmählichen Abkehr von der barocken Generalbaßmusik ein Stadium, das durch metrische Akzentuierungen und ein Auseinanderfallen von Melodie und Begleitung charakterisiert ist. Die Vorzüge Galuppis, der um diese Zeit wohl der am meisten gespielte Seriakomponist war, liegen im besonderen Charme der Gesten und in der zunehmend durchsichtigeren Instrumentation. Gemeinsam ist den (vor allem in der Fassung von 1755) sorgsam miteinander abgestimmten Arien eine an Instrumentalmusik erinnernde Diktion und Gliederung, die von der Einheitlichkeit des zugrundeliegenden Affekts ausgeht. Ein Reagieren auf sprachliche Nuancen tritt demgegenüber in den Hintergrund. Galuppi verzichtet weitgehend auf spontane Gesten, die seine gleichzeitige Opera buffa prägen. Die Darstellung nach außen gewandter Affekte gelingt Galuppi ebenso überzeugend wie die der lieblich-verhaltenen. Für erstere seien die typischen Zornarien in G-Dur und B-Dur genannt (»Vedrai con tuo periglio«, »Destrier che all'albergo è vicino«); von bestrickender Wärme ist dagegen Cleofides Versprechen »Se mai turbo il tuo riposo«, und in einem ähnlich freundlich-intimen Ton ist Gandartes »E prezzo leggiero« (Fassung 1755) gehalten. Erwähnt seien auch die besonderen instrumentalen Effekte in Alessandros Arie »S'è ver che t'accendi«, die neben Violinen und Bässen mit je zwei obligaten Violen und Fagotten besetzt ist, sowie in der Kavatine »Ombra dell'idol mio«, in deren dreistimmigem Satz die Melodie (Unisono von Singstimme, 1. Violine und Flöten) durch die 2. Violine in der unteren Oktave verdoppelt wird.

**Wirkung:** Vor allem durch die Libretti ist eine Reihe von weiteren Aufführungen von *Alessandro nell'Indie* verbürgt: 1752 Stuttgart, 1754 Neapel, 1756 Lodi und Brescia, 1759 Padua, 1760 Prag. Der Praxis der Zeit entsprechend stimmt kein Libretto mit Metastasios Text völlig überein; die Einrichtung auf die besonderen Umstände jeder Aufführung, besonders im Hinblick auf die jeweiligen Sänger, galt als Norm. Noch viel weniger eindeutig ist die musikalische Überlieferung. Die drei Partiturhandschriften differieren zum Teil erheblich; unter den zahlreichen einzeln überlieferten Stücken finden sich Versionen, die nicht in den Partituren vorkommen. Weder können alle musikalischen Quellen einer Aufführung zugeordnet werden noch allen Aufführungen musikalische Quellen. – Auch Galuppi hatte bei zahlreichen Aufführungen jeweils für neue Musik zu sorgen: Einzelne Arien übernahm er aus einer früheren Fassung oder aus andern Opern. Andere Arien arbeitete er um, etwa auch durch Unterlegung anderer Texte; manches komponierte er neu. Heute läßt sich folgendes rekonstruieren: Die definitiven musikalischen Einkleidungen der frühen Aufführungen sind nicht erhalten (abgesehen von einigen Einzelarien). Die Handschrift Washington gehört wohl dem Jahr 1753 an, ist aber keiner Aufführung zuzuordnen. Vielleicht ist sie eine Vorstufe der Handschrift Lissabon, die zur Aufführung von Neapel im Karneval 1754 gehört. Besonderes Interesse scheint Galuppi an der Aufführung von Parma 1755 gehabt zu haben, denn die Veränderungen und Eingriffe gegenüber der Aufführung Neapel stellen nicht nur etwas modernere Versionen dar, sondern sind von höherem qualitativen Anspruch (Handschrift München). Diese Fassung liegt im wesentlichen auch den beiden andern Aufführungen von 1755 (Venedig, München) zugrunde; vermutlich greifen die späteren Aufführungen auf sie zurück.

**Autograph:** Verbleib unbekannt. **Abschriften:** LOC Washington (M 1500. GS. A4 [Fassung um 1753, Kopie v. 1911]), Bibl. da Ajuda Lissabon (44. VI. 53 a 55 [1754]), Bayer. SB München (Mus. Mss. 228 [1755]). **Ausgaben:** Part, krit. Ausg., hrsg. R. Wiesend: Laaber-Vlg., Laaber (Concentus musicus) [in Vorb.]; Textb.: Mantua, Benedetto 1738; Stuttgart, Cotta 1752; München, Vötter 1755; Parma, Monti 1755; Venedig, Geremia 1755; Mailand, Ghislandi 1756; Venedig, Fenzo 1756; Padua, Vidali 1759; Prag, Pruscha 1760

**Literatur:** F. PIOVANO, B. G. Note bio-bibliografiche, in: RMI 13:1906–15:1908; A. DELLA CORTE, L'opera comica italiana nel '700, Bd. 1, Bari 1923; W. BOLLERT, Die Buffaopern B. G.s, Bottrop 1935, Diss. Bln.; A. DELLA CORTE, B. G., profilo critico, Siena 1948; Baldassare Galuppi. Note e documenti, Siena 1948; W. OSTHOFF, Mozarts Cavatinen und ihre Tradition, in: Helmuth Osthoff zu seinem 70. Geburtstag, Tutzing 1969, S. 139–177; R. WIESEND, G.-Handschriften als Quellen zur Münchner Operngeschichte, in: M in Bayern, 1978, H. 16, S. 29–39; DERS., Metastasios Revisionen eigener Dramen und die Situation der Opernmusik in den 1750er Jahren, in: AfMw 40:1983, S. 255–275; DERS., Studien zur opera seria von B. G., Tutzing 1984 (Würzburger musikhist. Beitr. 8.); DERS., G. fra opera seria e opera buffa, in: Galuppiana. Studi e ricerche, Kongreß-Ber. Venedig 1985 [in Vorb.]

*Reinhard Wiesend*

## L'Olimpiade
**Dramma per musica**

### Die Olympiade
3 Akte (5 Bilder)

**Text:** Pietro Metastasio (eigtl. Pietro Antonio Domenico Bonaventura Trapassi; 1733), anonyme Bearbeitung
**Uraufführung:** 26. Dez. 1747, Teatro Regio Ducale, Mailand
**Personen:** Clistene, König von Sicione, Vater Aristeas (T); Aristea, seine Tochter, liebt Megacle (S); Argene, vornehme Kreterin, verkleidet als Hirtin Licori, liebt Licida (S); Licida, angeblich Sohn des Königs von Kreta, Liebhaber Aristeas und Freund Megacles (S); Megacle, Liebhaber Aristeas und Freund Licidas (S); Aminta, Erzieher Licidas (T); Alcandro, Vertrauter Clistenes (A)
**Orchester:** die Mailänder Partitur enthält kaum Besetzungsangaben; anzunehmen sind: 2 Fl, 2 Ob, 2 Hr, 2 Trp, Streicher, B.c

**Aufführung:** Dauer ca. 3 Std. – Licida und Megacle wurden von Kastraten gesungen.

**Handlung:** Auf den Elysäischen Feldern bei Olympia.
I. Akt, 1. Bild, Waldschlucht: Clistene hat zum Siegespreis der olympischen Spiele seine Tochter Aristea bestimmt. Licida hat sich in Aristea verliebt und bittet seinen Freund Megacle, sich unter seinem Namen zu den Kämpfen zu melden. Der eben angekommene Megacle weiß nichts von dem Preis und willigt ein, denn er ist Licida verpflichtet, weil dieser ihm einmal das Leben gerettet hat. 2. Bild, liebliche Landschaft vor Olympia: Auch Argene, Licidas frühere Geliebte, ist nach Olympia gekommen, um ihn als Schäferin verkleidet zurückzugewinnen. Erst nach der Einschreibung erfährt Megacle den Grund für die Verstellung; sein Schmerz ist groß, als der Name Aristea fällt, ist sie doch seine Geliebte, deren Hand ihm durch Clistenes Einspruch verwehrt ist. Er will aber weder Licida noch Aristea anvertrauen, welcher Zwiespalt aus Liebe und Freundschaft ihn nun quält. Voller Zweifel über seine Liebe bleibt Aristea beim Abschied zurück.
II. Akt (keine Schauplatzangaben, vermutlich wie I/2): Megacle hat die Wettkämpfe gewonnen. Selbstlos will er vor der Preisverteilung abreisen und Aristea der Fürsorge Licidas anvertrauen. Aristea fällt in Ohnmacht, als ihr Megacle die Hintergründe aufdeckt. Licidas Glück ist nur von kurzer Dauer: Angriffe Aristeas und Vorwürfe Argenes treffen ihn ebenso wie die Nachricht vom angeblichen Tod Megacles und von seiner eigenen Verbannung.
III. Akt, 1. Bild, zerfallenes Hippodrom: Ohne voneinander zu wissen, wollen sich Megacle und Aristea das Leben nehmen, woran sie aber gerade noch gehindert werden können. Alcandro meldet, daß Licida bei dem Versuch gefaßt wurde, Clistene zu ermorden. 2. Bild, große Treppe vor dem Tempel des olympischen Zeus: Als das Todesurteil vollzogen werden soll, bietet sich die vermeintliche Schäferin Argene an Licidas Statt an. Ihre wahre Identität kommt ebenso zum Vorschein wie die Licidas, der sich als Sohn Clistenes entpuppt. Dieser hatte wegen eines ungünstigen Orakelspruchs seinen Sohn gleich nach der Geburt aussetzen lassen und seit langem für tot gehalten. Als die Anwesenden für Licidas Unschuld plädieren, ist Clistene bereit, Megacle und Aristea sowie Licida und Argene als Paare zu verbinden.

**Kommentar:** Galuppi hatte nach seiner Rückkehr aus London, wo er nach dem Scheitern Georg Friedrich Händels für zwei Spielzeiten (1741–43) die Oper leitete, große Schwierigkeiten, sich wieder ins Musikleben Venedigs einzugliedern; er mußte sich mit unbedeutenden Aufträgen zufriedengeben. In zunehmendem Maß erhielt er in jenen Jahren jedoch Kompositionsaufträge für die andern großen italienischen Theater, meist zur Vertonung bereits vorhandener Libretti des kaiserlichen Hofdichters Metastasio. Ein repräsentatives Beispiel ist *L'Olimpiade,* die, wie üblich, gegenüber dem Original leicht bearbeitet und den Gegebenheiten der vorhandenen Sängertruppe angepaßt ist. Es entspricht dabei einer Tendenz der Metastasio-Rezeption, daß unter anderm aus Kostengründen auf die Mitwirkung eines Chors verzichtet wurde; dies ist im Fall von *Olimpiade* besonders bedauerlich, weil dadurch etwa der arkadischen Szene (zu Beginn des 2. Bilds im I. Akt) die wesentliche Dimension des Ausbreitens wohllautender Harmonie genommen wird. Die sensibel ausgewogene Reihung von Dakapoarien gibt ein gutes Bild von den stilistischen Möglichkeiten des Opernkomponisten Galuppi vor dem Einsetzen seiner Buffaproduktion. Mindestens fünf Arien hat er, einer üblichen Praxis folgend, aus andern Opern entlehnt, darunter die effektvollen »Tigre che sdegno ed ira« und »Son qual per mar turbato« aus seinem wenige Wochen vorher in Venedig gegebenen *Arminio*. Die beiden Arien stechen nicht zuletzt durch die effektvolle und virtuose Behandlung der Bläser hervor, die in *Olimpiade* sonst nicht anzutreffen ist. Die einleitende Sinfonia wurde neuerdings als Werk des Mailänders Giovanni Battista Sammartini identifiziert. Die Anfertigung der Ouvertüre war damals noch nicht unbedingt im Auftrag der Opernkomposition enthalten, der musikalisch-inhaltliche Bezug von Ouvertüre und Oper war also kein opernästhetisches Anliegen. Megacles Arie »Se cerca, se dice« (II. Akt, 10. Szene) ist die am häufigsten überlieferte Arie Galuppis und eine seiner berühmtesten Kompositionen überhaupt. Noch 30 Jahre später nennt sie Georg Joseph Vogler »bezaubernd schön, nicht so feurig aufwallend als Jomellens, noch so edel und erhaben als Hassens Saz, aber gefühlvoller –, in dem naifesten Tone – und ganz fürs empfindsame Herz gemacht« (s. Lit.) und stellt sie über die Vertonung durch Anfossi (Venedig 1774).

**Wirkung:** Wie zahlreiche Libretti von Metastasio war auch *L'Olimpiade* nach Caldara (Wien 1733) von mehreren andern Komponisten vertont worden: Vivaldi (Venedig 1734), Pergolesi (Rom 1735), Leo (Neapel 1737), Giuseppe Scarlatti (Lucca 1745), Duni (Parma 1755) und andere. Nach der Uraufführung wurde Galuppis *L'Olimpiade* 1749/50 und 1750/51 in Neapel (in der Literatur manchmal irrtümlich als *Olimpia* verzeichnet), 1750 in Prag und 1763 in Siena gespielt. Bei Aufführungen in Mannheim (1749, 1756), London (1756, 1765) und Cádiz (1762) scheint zumindest teilweise Musik von Galuppi verwendet worden zu sein.

**Autograph:** Verbleib unbekannt. **Abschriften:** Part d. UA: Bibl. Verdi Mailand (Ms. Noseda G 99). **Ausgaben:** Part, Faks.-Nachdr. d. Abschrift: Garland, NY, London 1978 (Italian Opera 1640–1770. 41.); Part: The Favourite Songs, Walsh, London [um 1755/56]; Textb.: Mailand, Malatesta 1747, Nachdr. in: Italian Opera Librettos, Bd. 7, NY, London, Garland 1978 (Italian Opera 1640–1770. 57.)

**Literatur:** G. J. VOGLER, Betrachtungen der Mannheimer Tonschule, Bd. 1, Mannheim 1778, S. 129–144 u. Beilage; D. HEARTZ, Hasse, G., and Metastasio, in: Venezia e il melodramma nel Settecento, hrsg. M. T. Muraro, Bd. 1, Florenz 1978, S. 309–339; weitere Lit. s. S. 313

*Reinhard Wiesend*

## Il mondo alla roversa ossia Le donne che comandano
**Dramma bernesco per musica**

### Die verkehrte Welt oder Die Herrschaft der Frauen
3 Akte (7 Bilder)

**Text:** Carlo Goldoni
**Uraufführung:** 14. Nov. 1750, Teatro di S. Cassiano, Venedig
**Personen:** Rinaldino (S); Tullia (S); Cintia (S); Aurora (S); Giacinto (B); Graziosino (B); Ferramonte (T).
**Chor:** Frauen, Männer
**Orchester:** 2 Fl, 2 Ob, 2 Hr, Pkn, Streicher, B.c; BühnenM: 2 Ob, 2 Hr
**Aufführung:** Dauer ca. 2 Std. 45 Min. – Rinaldino wurde bei der Uraufführung von einer Frau, später gelegentlich von Soprankastraten gesungen.

**Handlung:** Auf einer Insel bei den Antipoden. I. Akt, 1. Bild, prächtiger Innenhof mit Blick auf einen Platz: Die Männer ziehen einen Triumphwagen mit Tullia, Cintia und Aurora. Sie lassen sich gern in Ketten legen und sich in völliger Passivität von den Frauen Aufgaben zuweisen, denn ihr einziger Wunsch ist es, von den Frauen geliebt zu werden oder wenigstens gnädige Beachtung bei ihnen zu finden. Den Frauen ist die Problematik ihrer Lage bewußt. Sie geraten allerdings in Streit darüber, wie ihre Machtposition stabilisiert werden könne. 2. Bild, Zimmer: Tullia (der Name spielt auf Marcus Tullius Cicero an) rät, mit Besonnenheit die Männer bei Laune zu halten, Cintia will sie mit Strenge unterjochen, Aurora hingegen mit Koketterie binden. Hinzu kommen Eifersüchteleien der Frauen untereinander. II. Akt, 1. Bild, Zimmer: Tullia schlägt zur Sicherung der Frauenherrschaft die Errichtung einer Monarchie vor; die drei Frauen können sich aber im Losverfahren nicht auf eine Kandidatin einigen. 2. Bild, liebliche Bucht: Ein Schiff landet mit Männern unter Führung Ferramontes. Ihm gelingt es, Rinaldino über die Situation und die Falschheit der Frauen die Augen zu öffnen. 3. Bild, Zimmer: Die zerstrittenen Cintia und Aurora verlangen jeweils von ihren »Sklaven«, die Rivalin mit dem Schwert zu beseitigen, was beide nicht ausführen wollen. III. Akt, 1. Bild, Zimmer: Rinaldino ist umgestimmt. Er verspricht Tullia, die sich über die andern Frauen beklagt, Hilfe, wenn sie bereit ist, sich ihm wieder unterzuordnen. Auch die andern beiden Frauen geben sich allmählich geschlagen. 2. Bild, schöner und prächtiger Ort: Die Herrschaft der Frauen ist vorüber. Alle feiern das Ende der verkehrten Welt.

**Kommentar:** Thema des mit leichter Hand hingeworfenen Librettos ist die verkehrte Weltordnung (worauf bereits der Schauplatz hinweist: »eine Insel bei den Antipoden«), die sich durch eine Herrschaft der Frauen ergibt. Goldoni spielt auf den wachsenden Einfluß von Frauen im politischen Leben seiner Epoche an: Man denke an Kaiserin Maria Theresia, die Zarinnen Anna Iwanowna und Katharina II. oder an Marquise de Pompadour. Der eigentliche Gegenstand der Satire sind jedoch die Auswüchse des galanten Zeitalters, eine bis zur Perversion der völligen Unterwerfung gesteigerte Buhlerei der Männer um die Gunst der Frauen. Die Gattungsbezeichnung »dramma bernesco« steht in Zusammenhang mit einer literarischen, auch in der Lyrik gepflegten Mode, die sich auf Francesco Berni, einen Dichter des frühen 16. Jahrhunderts, bezieht. – Die Rollenverteilung mit drei Paaren und einer Vermittlerfigur (Ferramonte) ist durchaus typisch für die Opera buffa der Zeit. Das Stück lebt von Episoden, die in der Komik der Ausgangssituation gründen. Von den eher derb-klischeehaften Buffopaaren heben sich Tullia und Rinaldino durch differenziertere Empfindung und aufgeklärte Denkungsart als »parti serie« (ernste Rollen) ab. Die musikalischen Mittel entsprechen weitgehend denen von *Il filosofo di campagna* (1754). Hingewiesen sei auf die Losszene (II/1), in der die Beratung und Abstimmung mehrfach vom Chor der Frauen »Libertà, cara libertà« unterbrochen und interpretiert werden. Bei der Ankunft Ferramontes und seiner Genossen (II/2) sind die Aufregung der an den Strand geeilten Frauen und die Unterwerfung der Ankömmlinge durch eine kurze martialische Sinfonia in D-Dur dargestellt, die den lieblichen Marsch in B-Dur, der vom Schiff her ertönt, zum Verstummen bringt. Ungewöhnlich ist auch die Wiederaufnahme einer charakteristischen Floskel aus der Einleitungssinfonia im Finale des I. Akts.

**Wirkung:** Der Uraufführung folgten zahlreiche Wiederaufführungen in Norditalien; die Verbreitung der Oper reichte schließlich von Barcelona (1752) bis Hamburg (1754) und Moskau (1759); noch 1768 wurde sie in Dresden gegeben. Den Stoff vertonten später unter anderm Paisiello (1764) und Salieri (1794). Das Libretto von Galuppis Opera buffa *L'uomo femmina* (Venedig 1762) ist eine wenig gelungene Nachahmung von *Il mondo alla roversa*.

**Autograph:** Verbleib unbekannt. **Abschriften:** Sächs. LB Dresden (Mus. 2973-F-502), Bibl. du Cons. Brüssel (2089), BN Musique Paris (D. 4285), Bibl. Estense Modena (Mus. F. 1597), Museo Puccini Torre del Lago, LOC Washington (M 1500. G 2 M 5). **Ausgaben:** Kl.A: Breitkopf, Lpz. 1758 [einer d. ersten gedruckten Kl.A überhaupt; er enthält d. Ouvertüre (Sinfonia) u. alle Arien u. größeren Einlagen]; Textb.: Venedig, Fenzo 1750
**Literatur:** G. G. BERNARDI, ›Il mondo alla roversa o sia Le donne che comandano‹, in: Musica d'oggi 17:1934, S. 206–210; weitere Lit. s. S. 313

*Reinhard Wiesend*

## Il filosofo di campagna
**Dramma giocoso per musica**

### Der Philosoph vom Land
### Der Philosoph auf dem Land
3 Akte (7 Bilder)

## Galuppi: Il filosofo di campagna (1754)

**Text:** Carlo Goldoni
**Uraufführung:** 26. Okt. (?) 1754, Teatro di S. Samuele, Venedig
**Personen:** Eugenia, ledige Tochter Don Tritemios (S); Rinaldo, Edelmann, liebt Eugenia (S); Nardo, ein reicher Bauer, genannt der Philosoph (T); Lesbina, Dienstmädchen im Haus Don Tritemios (S); Don Tritemio, auf dem Land lebender Bürger (B); Lena, Nichte Nardos (S); Capocchio, Landnotar (T)
**Orchester:** 2 Fl (auch Picc), 2 Ob, 2 Hr, Streicher, B.c
**Aufführung:** Dauer ca. 2 Std. 30 Min. – Bei der Uraufführung und den meisten der folgenden Aufführungen wurde Rinaldo von einer Frau gesungen. – Orchester in der Bearbeitung von Ermanno Wolf-Ferrari: 2 Fl (2. auch Picc), 2 Ob, 2 Hr, 2 Trp, Streicher, B.c; in der Bearbeitung von Virgilio Mortari zusätzlich eine Pauke.

**Entstehung:** Für Galuppi bedeutete *Il filosofo di campagna* einen ersten Höhepunkt der Zusammenarbeit mit Goldoni, aus der bereits 1740 *Gustavo primo re di Svezia* und 1741 *Oronte re de' Sciti* (beide Venedig) und von 1749 an eine beachtliche Anzahl von Buffaopern hervorgegangen war: *L'Arcadia in Brenta* (1749), *Arcifanfano re de' matti* (1750), *Il mondo della luna* (1750), *Il paese della cuccagna* (1750), *Il mondo alla roversa* (1750), *Il conte Caramella* (1751), *La mascherata* (1751; Beteiligung Galuppis unsicher), *Le virtuose ridicole* (1752), *La calamita de' cuori* (1753), *I bagni d'Abano* (1753; alle Venedig). Wie Goldoni im Vorwort zur Opera buffa *Lo speziale* (1754) von Vincenzo Pallavicini und Domenico Fischietti vermerkt, hat er *Il filosofo* in der Fastenzeit 1754 geschrieben.

**Handlung:** I. Akt, 1. Bild, Garten bei Don Tritemios Haus: Eugenia beklagt sich, daß sie von ihrem Vater zur Heirat mit Nardo bestimmt ist, obwohl sie Rinaldo liebt. Lesbina verspricht Hilfe; auch sie will heiraten. Rinaldo hält um Eugenias Hand an, was aber von Tritemio abgelehnt wird. 2. Bild, Bauernhaus auf dem Land: Nardo bekennt sich voll Selbstzufriedenheit zum geruhsamen Landleben. Er verlacht Lena, die heiraten und dadurch sozial aufsteigen will. 3. Bild, Salon in Tritemios Haus: Nardo will seine Aufwartung machen. Lesbina realisiert, daß sie gleichermaßen sich und ihrer Herrin dient, wenn sie sich als Eugenia ausgibt, und läßt sich von Nardo einen Ring anstecken. Sie vermeidet es geschickt, mit Tritemio zusammenzutreffen, der seine angeblich schüchterne Tochter sucht und wie Nardo überzeugt ist, daß die Verlobung sei vollzogen worden.
II. Akt, 1. Bild, Tritemios Zimmer: Eugenia wird von Lesbina überredet, die Verlobte zu spielen. Als Rinaldo mit einem Notar auftritt, um sich Herkunft und Vermögen bestätigen zu lassen, herrscht allseitige Verwirrung, da die Fiktion von Eugenias Verlobung aufrechterhalten wird. Rinaldo geht enttäuscht und wütend ab. Eugenia erhält ein Geschenk von Nardo, das sie jedoch verschmäht. Tritemio ist darüber aufgebracht, kann aber von Lesbina mit der Andeutung beruhigt werden, daß sie vielleicht seine Frau werden wolle. Ratlos bleibt Eugenia zurück. 2. Bild, Bauernhaus: Nardo preist seine Genügsamkeit. Er gibt Rinaldo sofort nach, als dieser ihn bestürmt, auf Eugenia zu verzichten. Als Lesbinas wahre Identität erkannt wird, macht ihr Nardo eine Liebeserklärung. Lena aber distanziert sich von dem Dienstmädchen bürgerlicher Abstammung und entdeckt Wert und Würde des Bauernstands. 3. Bild, Zimmer in Tritemios Haus: Gemeinsam mit dem Notar wird die Doppelhochzeit Eugenia/Rinaldo und Lesbina/Nardo vorbereitet; Lesbina diktiert den Vertrag. Lediglich der Hausherr ist unwissend und glaubt, daß Nardo seine Tochter und er selbst Lesbina heiraten werde. Als er Eugenia nicht finden kann, läßt er die Vorbereitungen unterbrechen.
III. Akt, Bauernhaus: Auf der Flucht geraten Eugenia und Rinaldo zufällig vor Nardos Haus. Lena erkennt die beiden und gibt ihnen Unterkunft, kann sich aber den Spaß nicht versagen, sie peinlich genau nach ihrem Ehestand zu befragen. Tritemio hat vom Aufenthaltsort seiner Tochter gehört; Nardo verwehrt ihm den Zutritt und nimmt gelassen die Schimpftiraden Tritemios gegen seinen vermeintlichen Schwiegersohn hin. Tritemio ist völlig verwirrt, als der Notar eintrifft und Nardo und Lesbina ihre Liebe preisen. Als die Paare vor ihn treten, fühlt er sich als Ehestifter wie als Ehewilliger betrogen. Doch er nimmt, um Lena zu ärgern, deren Heiratsangebot an.

**Kommentar:** Der besondere Erfolg von *Il filosofo di campagna* liegt in der glücklichen Kombination einer Reihe von vertrauten Elementen. So kennt das mittlere 18. Jahrhundert mehrere Komödien und Opere buffe, die den zur Mode breiter Kreise abgesunkenen »Philosophismus« des aufgeklärten Zeitalters karikieren; aus dem Sprechtheater sind Rollentypen wie das schlaue Dienstmädchen, der komische Alte, der Notar, die Waise und so weiter bekannt. Übliche Stereotype sind die Heiratswünsche vor allem der weiblichen Figuren, die im wesentlichen die Handlung bestimmen; ein dramaturgisches Requisit ist die Intrige, die auf der Uninformiertheit einer Person basiert. Der Schauplatz auf dem Land bietet Idyllen, regt durch die Konfrontation verschiedener Schichten andrerseits zur Reflexion über Standesunterschiede an. Besonders Lena ist zunächst dem kleinbürgerlichen Aufstiegsstreben verhaftet, das sie erst durch den Einfluß von Nardos »Philosophie« (sprich: Genügsamkeit) aufgibt. Die vordergründig-handfesten Aktivitäten um Verheiratung, Ehevertrag, Mitgift werden von Nardo, Lena, Tritemio und Lesbina, den »parti buffe« (komische Rollen), getragen. Von ihnen werden Eugenia und Rinaldo als »parti serie« (ernste Rollen) abgehoben. Die ironische Charakterisierung der beiden Figuren durch gestelzte Sprache und Unfähigkeit zu handeln stellt eine Karikatur der Opera seria dar. Bemerkenswert ist, daß im *Filosofo* die Trennung in »parti serie« und »buffe« nicht wie sonst meist mit sozialen Schichten zusammenfällt. – Die junge Gattung Opera buffa lehnt sich in ihrer Dramaturgie zunächst an die Opera seria an, etwa in den zahlreichen Abgangsarien. Sie prägt daneben aber auch spezifische eigene Formen aus, so in Auftrittsliedern und -duetten, kurzen Kanzonetten, im weitgehenden Ersatz der Dakapoarie durch die kürzere zweiteilige Anlage und vor allem durch die Ensembles, das dramaturgisch-musikalische Sinnbild der der Komödie zugrundeliegenden Gemeinschaft. Die Kulmination der Handlung an den Aktenden führt im *Filosofo* zu zwei großen Finale (I. und II. Akt) mit einer nach dem Prinzip der Steigerung angelegten Folge mehrerer Abschnitte (Kettenfinale). Im III. Akt steht vor einem kurzen Schlußensemble ein großes Duett Lesbina/Nardo, das ähnlich den Finale angelegt ist. Die Musik der Arien orientiert sich, ähnlich der Opera seria, an Affekten, so in den Typen der pastoralen und kriegerischen Arie, der Rachearie und der Arie der verlassenen Geliebten. Zukunftweisend ist vor allem die larmoyante Zeichnung Lenas (»Di questa poverella«). Andere Nummern sind dagegen stark situationsbezogen und wirken durch feingliedrige, witzige Motivik.

**Wirkung:** *Il filosofo di campagna* ist die erfolgreichste komische Oper zwischen Pergolesis *Serva padrona* (1733) und Piccinnis *Buona figliuola* (1760); über 80 Einstudierungen in ganz Europa sind bekannt. Schon die erste venezianische Neueinstudierung 1756 bestand in einer Bearbeitung; ihre Tendenz, das Seriaelement zugunsten des komischen mehr und mehr zurückzudrängen und dadurch die ursprüngliche Ausgewogenheit aufzugeben, bestimmte auch die meisten späteren Aufführungen. Einer römischen Tradition entspricht die Reduzierung der Oper auf eine zweiteilige, intermezzoartige »farsetta« mit nur fünf Personen (1757), die als *La serva astuta* 1761 auch in Venedig erschien. Auf fünf Personen beschränkt ist auch die Bearbeitung von Wolf-Ferrari (Venedig 1907, auch 1954/55, jeweils Conservatorio Benedetto Marcello, Piccolo Teatro Musicale; Dirigent: Renato Fasano), während die Bearbeitung von Mortari sich auf wenige Striche und Umstellungen beschränkt (Venedig 1938; auch Divonne-les-Bains 1973). Weitere Inszenierungen fanden unter anderm 1927 in Treviso (als *La serva astuta*, Bearbeitung: Gian Giuseppe Bernardi), 1982 in Mailand (Piccola Scala), 1985 auf dem Buxton-Festival in englischer Sprache (Übersetzung: Geoffrey Dunn, Regie: Malcolm Fraser) und 1986 anläßlich der Festa musicale Stiana (Studio lirico) statt.

**Autograph:** Verbleib unbekannt. **Abschriften:** ÖNB Wien (cod. 18067–68), SB Bln./DDR (Mb O. 466), Sächs. LB Dresden (Mus. 2973-F-501 [nur I. Akt]), Thurn u. Taxissche Hof-Bibl. Regensburg (Galuppi 17/I, II), Wiss. Allgemein-Bibl. Schwerin, Niedersächsisches Staats-Arch. Wolfenbüttel (46 Alt, Bündel XXXII [u.d.T. *La serva accorta*]), BN Paris (D. 4280-82), Fitzwilliam Museum Cambridge (32. E. 4-6 = Ms. 126. 1-3), BL London (Add. 16141 u. RM. 22. c. 20-27), Bibl. Cherubini Florenz (D. 130), Arch. Doria-Pamphili Rom, Accad. Musicale Chigiana Siena, Bibl. Marciana Venedig (Mss. it. CL. 4. 687 = 9870), Palácio Nacional da Ajuda Lissabon (44. VI. 73 a 75), Public Libr. Boston (M 40. 6), LOC Washington (M. 1500. G2F4). **Ausgaben:** Part: Walsh, London 1761; Part, Bearb. v. E. Wolf-Ferrari: Ricordi 1954, Nr. 128629; Kl.A, Bearb. v. V. Mortari: Carisch, Mailand 1938; Kl.A, Bearb. v. E. Wolf-Ferrari: Ricordi 1954, Nr. 128632, Nachdr. 1975; Textbr.: Venedig, Fenzo 1754. **Aufführungsmaterial:** Bearb. Mortari: Carisch/Bär; Bearb. Wolf-Ferrari: Ricordi

Literatur: W. OSTHOFF, Die Opera buffa, in: Gattungen der Musik in Einzeldarstellungen (Gedenkschrift L. Schrade), Bd. 1, Bern, München 1973 [S. 724ff. über d. 1. Finale v. *Il filosofo di campagna* nach d. Bearb. Wolf-Ferrari]; S. HANSELL, Improvisation in Mid 18th-Century Italian Comic Opera. The Recitative Style of B. G.'s ›Il filosofo di campagna‹ (1754), in: Studier och essäer tillägnade Hans Eppstein 25. 2. 1981, Stockholm 1981, S. 34–54; M. F. ROBINSON, Three Versions of Goldoni's ›Il filosofo di campagna‹, in: Venezia e il melodramma nel Settecento, Bd. 2, Florenz 1981, S. 75–85; weitere Lit. s. S. 313

*Reinhard Wiesend*

## La diavolessa
**Dramma giocoso per musica**

**Die Teufelin**
3 Akte (6 Bilder)

**Text:** Carlo Goldoni
**Uraufführung:** Nov. 1755, Teatro di S. Samuele, Venedig
**Personen:** Graf Nastri (A); die Gräfin (S); Dorina, ein flottes Mädchen (A); Giannino, ein junger Mann, verliebt in Dorina (B); Don Poppone Corbelli, ein Edelmann (B); Falco, Wirt (T); Ghiandina, Kammermädchen (S); Gabrino, Diener (stumme R)
**Orchester:** 2 Fl, 2 Ob, 2 Hr, Streicher, B.c
**Aufführung:** Dauer ca. 3 Std. – Graf Nardi wurde in der Uraufführung von einem Kastraten gesungen. Die Fassung des Librettos in der Goldoni-Gesamtausgabe weicht von den Partituren und dem Libretto von 1755 in manchen Einzelheiten ab.

**Entstehung:** Das Werk gehört zu einer Serie teilweise höchst erfolgreicher Opere buffe, die zwischen 1748 und 1755 in Zusammenarbeit von Goldoni und Galuppi in Venedig entstanden.
**Handlung:** In Neapel. I. Akt, 1. Bild: vornehmes Zimmer in einem Gasthof; 2. Bild: Zimmer in Don Poppones Haus; II. Akt, 1. Bild: Hof in Poppones Haus; 2. Bild: dunkler Keller; III. Akt, 1. Bild: Zimmer; 2. Bild: Saal im Erdgeschoß.

I. Akt: Dorina und Giannino sind in einem Gasthaus in Neapel angekommen, wo Dorina feststellen muß, daß Giannino kein Geld hat. Verärgert will sie ihn verlassen. Der Wirt Falco kommt dazu und verspricht, ihnen zu Geld zu verhelfen. Auch Graf und Gräfin Nastri sind in derselben Herberge abgestiegen. Sie streiten sich, weil die Gräfin auf die hübsche Dorina eifersüchtig ist. Gabrino bringt die ungeduldig erwartete Einladung in Poppones Haus. Poppone ärgert sich über den angekündigten Besuch, da er gerade jetzt in seinem Keller einen Schatz entdeckt zu haben glaubt. Ghiandina, die Poppone heiraten will, ist an die Schatzsuchereien schon gewöhnt und bleibt skeptisch; eine ehrenhafte Frau sei der beste Schatz, meint sie. Dorina und Giannino, von Falco geschickt, melden sich an. Poppone hält sie für den angekündigten Nastri und dessen Frau und nimmt sie gastlich auf. Danach treffen Graf und Gräfin ein, die Poppone nun für die von Falco angekündigten Berufsschatzsucher aus der Türkei hält und entsprechend behandelt, was das adelsstolze Paar empört. Poppone merkt zwar, daß Dorina und Giannino widersprüchliche Angaben über ihre Herkunft machen, doch reden sie sich heraus, und alles endet zunächst in einem Durcheinander.

II. Akt: Der Graf ist noch entrüstet über die nicht standesgemäße Behandlung. Als Poppone ihm anbietet, seinen »Schatz« mit ihm zu teilen, wird dies auf Dorina bezogen, die der Gräfin ohnehin ein Dorn im Auge ist. Der Graf geht zum Schein auf das Spiel ein, um an Poppones Gewinn beteiligt zu werden. Dorina berichtet Falco von der Verwechslung; er verspricht Hilfe und überredet Poppone, den Schatzsuchern mit einem Geschenk, zum Beispiel einem Ring und einem vollen Beutel, Mut zu machen. Graf und Gräfin weisen das Angebot entrüstet zurück, während die vermeintlichen Grafen Dorina und Giannino sagen, Adelssitten zwängen sie geradezu, Geschenke nicht zurückzuweisen. Ghiandina beklagt sich wegen der Geschenke und wegen Dorina, deren Freundlichkeit gegenüber Poppone ihr gefährlich erscheint. Poppone verspricht ihr Treue. In Poppones Keller führt Falco Dorina und Giannino als Teufel verkleidet ein; mit Beschwörungen und maskierten Stimmen zwingen sie Poppone, noch einmal Geld herauszurücken. Dann muß er tapfer graben und wird, als sich der Mißerfolg abzeichnet, auch noch verprügelt.

*La diavolessa*; Elena Rizzieri als Gräfin; Regie: Corrado Pavolini, Ausstattung: Emanuele Luzzati; Teatro La Fenice, Venedig 1952. – Ihre leichte, technisch perfekte Koloraturstimme prädestinierte die Sängerin in besonderer Weise für Sopranpartien der klassischen Opera buffa.

III. Akt: Immer noch sind der Graf und die Gräfin über die schlechte Behandlung verärgert. Da stürzt der verprügelte Poppone herein, um sie, die vermeintlichen Schatzsucher, aus dem Haus zu vertreiben. Sie zeigen ihm seine Einladung; er entschuldigt sich, und auch Graf und Gräfin vertragen sich wieder. Ghiandina macht Dorina klar, daß Poppone sie heiraten werde. Dorina und Giannino werden über ihren Streich nicht glücklich und streiten. Falco bringt die Rettung in Form eines Briefs, der den Tod von Gianninos Vater und damit eine reiche Erbschaft anzeigt. Von Falco geführt, erscheinen Dorina und Giannino bei Poppone als freundliche Geister und geben Ring und Geldbeutel zurück. Poppone hat Ghiandina als Schatz, die Welt ist wieder im Lot.

**Kommentar:** Goldoni kann als Schöpfer der Opera buffa bezeichnet werden, die er in Zusammenarbeit mit Komponisten in den 40er Jahren des 18. Jahrhunderts aus der Sprechkomödie, der Commedia dell'arte, dem komischen Intermezzo und der Commedia per musica entwickelte. In *La diavolessa*, die vor allem wegen Galuppis Musik einen ersten Höhepunkt der Gattung darstellt, werden die Rollentypen des älteren Theaters im Ansatz beibehalten, aber differenzierter und persönlicher gestaltet (zum Beispiel ist das Kammerkätzchen Ghiandina doch auch eine liebende Frau, die Poppone nicht nur erobern, sondern auch glücklich machen will). Es werden Zwischenstufen zwischen Komik und Ernsthaftigkeit eingeführt (Giannino). Wichtig bleibt das Thema des Standesunterschieds und des sozialen Aufstiegs. Dorina und Giannino sind beide »Aufsteiger«, doch dient das Goldoni mehr zur Ironisierung und zur Kritik an den standesgebundenen Verhaltensweisen: Der Dünkel des Adels, aber auch bürgerliche Habsucht und Lieblosigkeit (Giannino und Dorina) bekommen einen Denkzettel. Am meisten wird natürlich die nicht standesspezifische Dummheit bloßgestellt. Das Ziel der Verwicklungen ist in andern Stücken oft die Klassenversöhnung, hier mehr die zwischen streitenden und eifersüchtigen Liebesleuten, die die Lektion erhalten, daß man durch Arroganz beziehungsweise Rücksichtslosigkeit gegenüber Dritten auch als Partner nicht glücklich werden kann. Dem moralischen Zweck der Sittenkritik verhilft vor allem der außenstehende Falco zum Durchbruch, ein väterlicher Freund, dessen platonische Verehrung für Dorina ein ganz persönlicher Zug an diesem Libretto ist. – Szenisch berühmt ist die Geister- und Prügelszene im 2. Finale. Sie ist musikalisch ausgefüllt durch eine einzige Nummer, ein sprühendes Buffafinale, in dem die verschieden metrisierten Textabschnitte der Reihe nach mit neuer, charakteristischer Musik versehen werden (Kettenfinale). Goldoni hat auch in den Arien, Duetten und Terzetten neue Strukturen erprobt, die zum Teil das Dakapo als zu unrealistisch ausschließen und von Galuppi gewöhnlich als zweiteilige Reprisenformen vertont werden. – Galuppis Kunst hat sich in *La diavolessa* zu einer eigenständigen Buffasprache entwickelt, kann auf grobe Persiflage verzichten (außer in einer Dakapoarie des hochmütigen Grafen, in der sozial gefärbte

Kritik an der Opera seria geübt wird) und trifft vor allem den leichtfertigen, aber warmen Ausdruck der Arientexte Ghiandinas und Falcos. Sprache und Vers werden oft etwas oberflächlich, ja monoton behandelt; dafür läßt die Gliederung der Stücke in rhythmisch und harmonisch kontrastierende Abschnitte immer wieder frische Impulse entstehen, die das Interesse wachhalten und mehr den Inhalt als die Formulierung des Texts illustrieren. Der melodische Schwung und die tänzerischen Allegri zielen auf Heiterkeit und Leichtigkeit, der in den Andantino- und Largoabschnitten ein besinnlicherer und kantabler, aber nicht sentimentaler Ton gegenübersteht. Scharfe Kontraste sind vermieden, das Orchester wird eher sparsam behandelt und der Melodie untergeordnet. Trotzdem ist Galuppi mit dem Erfinden charakteristischer Instrumentalgrundierung und dem Vertrauen auf rhythmische Impulse für die Großform auch der Erbe Antonio Vivaldis. Das vokale und instrumentale Verzierungswesen, die anmutigen Menuette, die symmetrischen Melodiephrasen gehören schon zum »galanten« Stil. Galuppi kommt Goldoni nahe im Formalen und im Stilistisch-Atmosphärischen; was seine Musik nicht leisten kann, ist die musikalische Durchdringung der Aktion selbst. Ganz unerreichbar bleibt ihr auch Goldonis Wortwitz, der aber nie wirklich eine Angelegenheit der Vertonung war.

**Wirkung:** *La diavolessa* hatte im Vergleich zu andern Gemeinschaftsproduktionen einen durchschnittlichen, doch immer noch achtbaren Erfolg (Graf: Giuseppe Celesti, Gräfin: Antonia Zamperini, Dorina: Serafina Penni, Giannino: Giovanni Leonardi, Poppone: Michele del Zanca). Das Stück wurde zum Teil mit andern Titeln und anderer Gattungsbezeichnung mehrmals nachgespielt: 1756 in Leipzig, 1763 in Nürnberg und 1769 in Braunschweig (möglicherweise von derselben Operntruppe), in Italien offenbar nur 1757 in Rom, Teatro Capranica, und in einer Pasticciofassung als *Don Poppone* (mit Arien von Nicola Calandra) 1759 in Bologna, Teatro Formagliari. Unter der Leitung von Carlo Maria Giulini brachte das Teatro La Fenice Venedig das Werk 1952 im Rahmen des Festival di Venezia heraus (mit Elena Rizzieri, Agostino Lazzari, Sesto Bruscantini und Franco Calabrese). 1964 wurde *La diavolessa* in Wiesbaden in deutscher Sprache inszeniert (Dorina: Marie-Louise Gilles, Poppone: Herbert Grabe, Giannino: Camillo Meghor).

**Autograph:** Verbleib unbekannt. **Abschriften:** BL London (R. M. 22. c. 14-19), Bibl. Estense Modena (MS Mus. F. 348), ÖNB Wien (MS 18070). **Ausgaben:** Part, Faks.-Nachdr. d. Abschrift Wien: Garland, NY, London 1978 (Italian Opera 1640–1770. 44.); Textb.: Venedig, Geremia 1755, Nachdr. in: Italian Opera Librettos, Bd. 4, Garland, NY, London 1978 (Italian Opera 1640–1770. 54.); Textb. auch in: Opere complete di Carlo Goldoni, hrsg. G. Ortolani, Bd. 29, Venedig 1930, S. 425–488. **Aufführungsmaterial:** dt. v. G. Wilhelms: A&S
**Literatur:** R. STROHM, Die italienische Oper im 18. Jahrhundert, Wilhelmshaven 1979 (Taschenbücher zur Mw. 25.), S. 246–264; weitere Lit. s. S. 313

*Reinhard Strohm*

# Giovanni Galzerani

Geboren 1790 in Portolongone (heute Porto Azzurro; Elba, Toskana), gestorben nach 1853

## Il corsaro
**Azione mimica in cinque atti**

### Der Korsar
5 Akte (6 Bilder)

**Musik:** Arrangement nach verschiedenen Komponisten. **Libretto:** Giovanni Galzerani, nach *The Corsair. A Tale* (1814) von Lord Byron (eigtl. George Gordon Noel, 6. Baron Byron)
**Uraufführung:** 16. Aug. 1826, Teatro alla Scala, Mailand
**Darsteller:** Corrado, Häuptling der Korsaren; Medora, seine Verlobte; Seid, Pascha; Gulnara, Favoritin des Paschas; Golfiero, Corrados Vertrauter; Pamira, Golfieros Frau; Merania, Medoras Mutter; Corps de ballet: Offiziere, Wachen und Sklaven des Paschas, Korsaren, Männer, Frauen, Kinder, Inselbewohner
**Orchester:** wechselndes Arrangement
**Aufführung:** Dauer ca. 1 Std. 15 Min.

**Inhalt:** Auf der Insel der Korsaren und in Pascha Seids Serail.
I. Akt, liebliche Gegend, am Strand Schiffe: Das Hochzeitsfest Corrados und der schönen Medora wird gefeiert. Die Inselbewohner streuen dem Paar Blumen und tanzen. Da nähert sich ein Schiff. Ein Bote bringt Corrado eine geheime Nachricht; daraufhin befiehlt dieser, sofort in See zu stechen. Traurig nehmen die Männer und ihre Familien voneinander Abschied. Am meisten aber ist Medora getroffen. Sie bricht ohnmächtig zusammen. Corrado verbirgt seinen Schmerz, reißt sich von ihr los und besteigt sein Schiff, das rasch in der Ferne verschwindet.
II. Akt, 1. Bild, prunkvolle Vorhalle in Pascha Seids Serail: Der Pascha hat zur Feier des erwarteten Siegs über die Piraten ein großes Fest vorbereiten lassen. Gulnara erwartet ihn, um ihn während des Festmahls mit Harfenspiel zu unterhalten. Doch der Pascha wendet sich einer andern schönen Sklavin zu. Gekränkt zieht sich die ehemalige Favoritin zurück, während der Pascha seinen Offizieren noch letzte Anweisungen gibt. 2. Bild, prächtiger Saal mit Aussicht auf das Meer und geschmückte Schiffe; auf der gegenüberliegenden Seite das beleuchtete Serail: Dem tafelnden Pascha, der sich von seiner neuen Lieblingssklavin und durch Tanzvorführungen die Zeit vertreiben läßt, wird ein Derwisch gemeldet. Dieser gibt sich als Flüchtling aus dem Lager der Korsaren aus und informiert den Pascha über den Feind. Doch ein fremdes Schiff inmitten seiner Flotte bestätigt dem Pascha den Verdacht auf Verrat. Schon verwüsten die Piraten das Serail. Corrado befiehlt, die Frauen zu schonen, und rettet Gulnara eigenhändig aus den Flammen. Doch

das Kampfglück der Piraten wendet sich. Einige können fliehen, Corrado jedoch kämpft weiter.

III. Akt, anmutige Gegend in der Nähe der Bäder, Mondschein: Der Pascha vergewissert sich beim Gang durch die Trümmer seines Siegs. Unter den Gefangenen ist auch Corrado. Gulnara hat sich in Corrado verliebt und versucht, für ihn beim Pascha zu bitten; vergeblich, denn der hat ihre Neigung erkannt, so daß nun auch sie um ihr Leben fürchten muß.

IV. Akt, Kerker in einem Turm, im Hintergrund ein gegen das Meer führendes vergittertes Tor: Corrado ist durch Gedanken an Medora beunruhigt. Da schleicht Gulnara mit einer Lampe und einem Dolch in den Kerker. Sie versucht, Corrado zum Mord am Pascha zu bewegen. Doch der lehnt es ab, den Schlafenden hinterrücks zu töten. Entschlossen, die Tat selbst zu vollbringen, verläßt Gulnara den Kerker. Bei Sonnenaufgang verhüllen plötzlich Wolken den Horizont, Donner und Blitz deuten auf das blutige Geschehen. Gulnara kehrt zurück, gezeichnet vom Entsetzen über die vollbrachte Tat. Das Tor steht nun offen, die beiden flüchten mit einem Schiff.

V. Akt, Gegend mit schroffen Felsen auf der Korsareninsel mit Blick auf das Meer: Aus einem soeben gestrandeten Schiff wanken Corrados Gefährten blutüberströmt an Land. Die Klagen der Inselbewohner über die Niederlage dringen zu Medora, die herbeieilt und voll Angst nach Corrado fragt. Als sie von seinem Schicksal hört, sinkt sie leblos zu Boden. Im Unwetter zerschellt ein Schiff in den Klippen. Die Seeleute haben Corrado erkannt, der sich und Gulnara mit letzter Kraft rettet. Als Corrado seine Leute nach Medora fragt, erkennt Gulnara in grenzenlosem Schmerz, daß der Geliebte für sie verloren ist. Sie sinkt an der Seite der toten Medora nieder. Corrado bahnt sich einen Weg durch die Menge, steigt auf die Klippen und stürzt sich in den Abgrund.

**Kommentar:** Galzerani wird häufig als Epigone von Gaetano Gioia und Salvatore Viganò, deren Nachfolger an der Scala war, betrachtet. Dies ist, zieht man den negativen Beiklang dieser Bewertung ab, insofern richtig, als er die wesentlichen Tendenzen und choreographischen Innovationen seiner Vorgänger aufgriff und in nahezu manieristischer Weise weiterführte. Er begann seine choreographische Laufbahn mit Demicaractère-Balletten, etwa *L'allievo della natura* (Turin 1817), darauf folgten unter dem Einfluß von Gioia, den er bewunderte, seine als »azione mimiche«, »azione tragico-storica« oder »azione mitologica-storica« bezeichneten Choreographien. Diese fünf- bis sechsaktigen heroisch-tragischen Pantomimen haben einen mythologischen oder einen historischen Gegenstand. Sie konstituieren einerseits eine heroische Variante des von Franz Hilverding, Gasparo Angiolini und Jean Georges Noverre begründeten Ballet d'action; andrerseits führten sie Viganòs Form des »coreodramma« weiter, indem sie das rhetorische Pathos der tragischen Ballettpantomime psychologisch ausdifferenzierten. Dies zeigte sich nicht nur in der dramatischen Führung der Hauptfiguren, die von den Tänzern große Ausdruckskraft forderte, sondern besonders in der Behandlung des Corps de ballet. Hatte Viganò bereits die bis dahin eher ornamental-dekorativen, in symmetrischen Formationen geführten Gruppentänze aufgelockert und in das ballettdramatische Geschehen eingebunden, so führte Galzerani diese Arbeit mit dem plastischen, quasi natürlich agierenden Ensemble weiter, indem er die »ballabili« von ihrer Funktion als Divertissements befreite und in dramatisch tragende Bewegungszentren gliederte. Im *Corsaro* erscheinen die »danza caratteristica degli isolani« des I. Akts und der »gran ballabile turco« des III. Akts noch als traditionelle Ensemblechoreographien, als tänzerisch inszeniertes Lokalkolorit; doch das »quintetto legato all'azione« im II. Akt, von Gulnara und vier Sklavinnen getanzt, ist ein Beispiel für die choreographische Integration von Handlungssequenzen. Dennoch sind die Neuerungen, die Galzerani (er schuf über 80 Ballette) vorschwebten, in keiner Weise revolutionär. Wenn man einen Indikator suchte, warum Galzerani nicht zu den Größten seiner Epoche zählte, so wäre er darin zu sehen, daß er die Gattung der heroischen Pantomime weit über den Zeitpunkt ihrer historischen Aktualität hinaus beibehielt. Er choreographierte Ballette wie *Ettore Fieramosca* (Mailand 1837), als die Epoche des romantischen Balletts bereits angebrochen war, und wandte sich diesem versuchsweise in Choreographien wie *Diavoletta* (Mailand 1852) erst zu, als es seinen Höhepunkt schon überschritten hatte.

**Wirkung:** *Il corsaro* war Galzeranis erfolgreichstes Ballett. Seit der Uraufführung (Corrado: Nicola Molinari, Gulnara: Antonia Pallerini, Medora: Giuditta Bencini; Bühnenbild: Alessandro Sanquirico, Kostüme: Rosa Cervi) wurde es auf allen wichtigen Bühnen Italiens gezeigt: in Padua 1827, in Neapel 1830 mit der berühmten österreichischen Ballerina Therese Heberle als Medora, in Bergamo 1831, Wien 1836, Turin 1837, Como 1838, Mailand 1842, Florenz 1845 und Parma 1850. *Il corsaro* ist die erste Adaption von Byrons Sujet für die Ballettbühne. Die späteren Adaptionen für das Ballett und für die Oper sind höchstwahrscheinlich von Galzeranis Erfolgswerk beeinflußt. Albert schuf das Ballett *Le Corsaire* (London 1837; Musik: Nicholas Charles Bochsa). Bedeutender war Maziliers *Le Corsaire* (Paris 1856; Musik: Adolphe Adam). Dessen Libretto von Henri Vernoy de Saint-Georges ist gegenüber Galzeranis Vorlage um einigen Konfliktstoff erweitert. Durch Jules Perrot, der Maziliers Choreographie veränderte, gelangte das Sujet nach Petersburg, wo Marius Petipa 1868 eine Choreographie schuf und Adams Musik durch Einlagen von Cesare Pugni und Leo Delibes erweiterte. Der heute als *Le Corsaire* berühmte Pas de deux wurde von Petipa zur Musik von Riccardo Drigo in die Neufassung eingefügt, die er 1899 für die Primaballerina assoluta Pierina Legnani choreographierte. Dieser virtuose Pas de deux gilt bis heute als Prüfstein für Solistenpaare. – 1975 schuf Wazlaw Orlikowsky sein Ballett *Der Korsar* für die Bregenzer Festspiele; es tanzte das Ballett des Zagreber Nationaltheaters. Parallel zur Wirkung von *Il corsaro* in der Ballettgeschichte setzte 1831 mit Pacinis *Il corsaro* die Adaption des Stoffs für die Opernbühne ein. Es ist wahrscheinlich, daß Pacinis Librettist Jacopo Ferretti, der bereits für Filippo Celli den Text zu einer Korsarenoper verfaßt hatte (*Il corsaro ossia Un maestro di capella in Barberia*, Rom 1822), die nichts mit Byrons Thema zu tun hat, Galzeranis Ballett kannte. Luigi Arditi komponierte zu Ferrettis Text eine Oper *Il corsaro* (Havanna 1847); 1848 wurde Verdis *Il corsaro* (Text: Francesco Maria Piave) in Triest uraufgeführt.

**Ausgaben:** L: Neapel, Flautina 1830; L, dt./ital.: Wien, Wallishausser 1836

*Gabriele Brandstetter*

# Louis Gaston Ganne

Geboren am 5. April 1862 in Buxières-les-Mines (Allier), gestorben am 14. Juli 1923 in Paris

## Les Saltimbanques
**Opéra-comique en trois actes et quatre tableaux**

### Die Gaukler
3 Akte (4 Bilder)

**Text:** Maurice Ordonneau
**Uraufführung:** 30. Dez. 1899, Théâtre de la Gaîté, Paris
**Personen:** Paillasse, Spaßmacher der Gauklertruppe (T); André de Langeac, Offizier (Bar); Grand Pingouin, Kraftathlet der Gauklertruppe (T); Malicorne, Direktor der Gauklertruppe (Bar); Comte des Etiquettes (T); Bernardin, Chorleiter; Marquis de Liban; Baron de Valengoujon; der Herbergswirt; Rigobin und Coradet, Offiziere; ein Unteroffizier; Pinsonnet (HosenR); Suzanne (S); Marion (Mez); Frau Malicorne; Frau Bernardin; Marquise du Liban; 2 Gaukler; ein Küchenjunge. **Chor:** Soldaten, Bauern, Bäuerinnen, Akrobaten, Künstler, Publikum
**Orchester:** 2 Fl, Ob, 2 Klar, Fg, 2 Hr, 2 Trp, 3 Pos, Pkn, Schl (Tr, Tambour de basque, gr.Tr, Bck, Trg, Schellen), Hrf, Streicher; BühnenM auf d. Szene: Klar in Es, Piston, Pos, Tb, Tr, gr.Tr
**Aufführung:** Dauer ca. 3 Std. – Die Partie der Marion kann auch mit einem Alt besetzt werden. Voll zur Wirkung kommt das Stück, wenn einige Akrobaten zur Verfügung stehen.

**Handlung:** In Versailles und Bécanville (Normandie), um 1750.
I. Akt, 1. Bild, reges Treiben auf einer Straße in Versailles, im Hintergrund das kleine Zirkuszelt der Gauklertruppe Malicorne, davor Wohnwagen um ein Feuer: Die Vorstellung, die man nicht sieht, läuft gerade. Wer dran ist mit seiner Nummer, verschwindet im Zelt und kommt dann wieder hervor. Den Artisten geht es nicht gut, sie sind aber leidlich zufrieden mit ihrem abwechslungsreichen Wanderleben: der Spaßmacher Paillasse; der Kraftathlet Pingouin, liiert mit der Schlangendame Marion, vormals Zofe hier in Versailles; und die 16jährige Suzanne, die als Findelkind unter den Gauklern aufwuchs und jetzt vom brutalen Direktor Malicorne zur Seiltänzerin abgerichtet wird. Das unerfahrene Mädchen versteht nicht, wieso es die Männer anzieht, nicht nur Paillasse, der ihr heftig den Hof macht. 2. Bild, das Zirkuszelt von vorn, mit offener Bühne: Malicorne lockt mit einigen Kostproben zum Besuch der Vorstellung. Marion zerreißt dicke Schiffsketten und zwingt den kolossalen Pingouin in die Knie. Paillasse reißt Witze. Suzanne singt ein ergreifendes Liedchen. Das gibt den Ausschlag, die Leute strömen ins Zelt. Auf Malicornes Befehl muß Suzanne abkassieren. Blumensträußchen nimmt sie an, nicht aber die volle Geldbörse, die der verzückte Offizier André de Langeac ihr geben will. Malicorne wütet, rafft das Geld an sich und will das Mädchen bestrafen, doch André greift schützend ein. Angetan von dem jungen Mann, schenkt sie ihm, bevor er gehen muß, eins der Blumensträußchen und behält das andre: zur Erinnerung. Nochmals kommt es zu bösem Streit mit Malicorne, der Suzanne als seinen Besitz betrachtet. Als er ihr gar mit der Peitsche droht, haben seine Hauptgaukler endgültig genug. Paillasse, Marion und Pingouin machen sich, unter dem Beifall der Menge, mit Suzanne davon.

II. Akt, ein Dorfplatz mit Wirtsgarten in Bécanville, drei Monate später: Im Gartenrestaurant freuen sich die Einheimischen auf ein Volksfest mit Sängerwettstreit. Comte des Etiquettes, reicher Schloßherr und Onkel Andrés, hat eine heimliche Liebschaft mit der Frau seines Chorleiters Bernardin. Auf vertrackte Weise hört er ihn gleich doppelt, familiär und beruflich: Den Männerchor des Gatten läßt er ein ihr zugedachtes Liedchen so oft singen, wie die Uhr schlagen wird zum abendlichen Stelldichein. Madame begreift, wie immer. Bald darauf kommt das Gauklergrüppchen mit Suzanne, verkleidet als Zigeuner. Sie fürchten die Polizei, weil sie, ohne Ablösung zu zahlen, Malicorne davongelaufen sind. Seitdem haben sie sich kläglich durchschlagen müssen, haben Hunde und Katzen frisiert, aus Kaffeesatz geweissagt und andern artistisch unwürdigen Kleinkram verrichtet. Jetzt fürs Volksfest geben sie sich als Vorhut eines italienischen Zirkus aus, der gleichfalls auftreten wird. Pingouin und Marion sind sich heiratseinig; Paillasse betet weiterhin erfolglos Suzanne an, die André nicht vergessen kann. Während sie sich zur Probenarbeit zurückziehen, marschieren Soldaten ins Dorf, kommandiert von André. Er hat das Blumensträußchen aufbewahrt und findet just hier nun überraschend auch noch die Spenderin. Großes Liebesgeständnis. Die Standesdünkel von Andrés Vater soll der großzügige Onkel Etiquettes brechen helfen. Er hilft auch, als Malicorne mit seinem neuen Zirkus einzieht, die vier

Abtrünnigen stellt und in die Enge treibt. Etiquettes zahlt ihn aus und lädt alle andern in sein Schloß.
III. Akt, Schloßpark des Comte des Etiquettes in Bécanville: Bei einem Fest klärt sich alles, sogar Suzannes dunkle Herkunft. Madame Bernardin soll vor den Gästen das Lied von der Schäferin Colinette vortragen, das der Graf einst komponiert hat. Ihr eifersüchtiger Gatte läßt es nicht zu. Da springt Suzanne mit einem Lied ein, das sie seit ihrer Kindheit kennt. Tableau: es ist das nämliche! Prompt wirkt es als akustisches Amulett, woran einschlägige Romaneltern ihr lang verschollenes Kind zweifelsfrei wiederzuerkennen pflegen. Die Eltern, das sind Etiquettes und Frau Bernardin, die einstmals unter einem andern Namen als Seiltänzerin auftrat. Vor 17 Jahren gab sie das Kind Malicorne, der gleichfalls anders hieß, in Verwahrung. Ihr jetziger Gatte kündigt empört die Scheidung an, während die andern guter Dinge sind. Der Graf holt für den Neffen bei sich selbst das Jawort der Tochter ein, kauft Malicorne den Zirkus ab und verschenkt ihn an Pingouin, Marion und Paillasse. Letzterer, der Suzanne endgültig aufgeben muß, lenkt sich nun selber ab wie sonst sein Jahrmarktspublikum: mit Sprachkapriolen.

**Kommentar:** Die Faszination der *Saltimbanques* entspringt vor allem dem Zirkusmilieu, das kein anderer Bühnenkomponist, weder vorher noch nachher, so wuchtig und farbig auf die Bühne gebracht hat. Sei es mit Bedacht, sei es unwillkürlich, Ganne meistert ein schier widersinniges Unterfangen: die fahrende, strikt unbürgerliche Schaustellerei, ohne sie zu domestizieren, ausgerechnet dem spätbürgerlichen Musiktheater einzugemeinden, jener festen Kunstburg seßhafter, besitzversessener Lebensart. Durch einen so einfachen wie wirksamen Trick. Ganne übersetzt die artistischen Prinzipien des Gegenstands in sein eigenes musikdramatisches Metier. Umwegloses Draufloslos auf die pure Sensation; jahrmarktschreierischer Kult mit dem Nonplusultra; der Schein von akrobatischer Einmaligkeit, hinter dem sich vielmalige Wiederholung, der Schein von müheloser Leichtigkeit, hinter dem sich angestrengtes Training verbirgt: Mit solchen Manegeprinzipien trumpfen auch Gannes Musiknummern auf, wenn sie als klingende Schaunummern alle möglichen Feinsinnsvorbehalte des Publikums überschreien. So was mußte einschlagen zu einer Zeit, da in der Pariser Operette die empfindsam-kapriziösen Stücke von André Messager, die geistvoll-grotesken Stücke von Claude Terrasse und, sanft verröchelnd, die treuherzigen Stücke des späten Edmond Audran einen gedämpften Kammerton angaben. – Auf anderm Niveau, ein Vierteljahrhundert später und somit auch merklich epigonal, geht es in den *Saltimbanques* ähnlich zu wie in Bizets *Carmen* (1875), die das wüste Stierkampf- und Schmugglermilieu, gleichfalls musikalisch rüde und bedenkenlos, auf die Opernbühne warf. Gannes furios anspringende Ouvertüre, die ihr Potpourriegepräge nicht abschleift, sondern die Nahtstellen schroff hervorhebt, klingt denn auch wie eine lustige Huldigung an Bizet. Auch im Verlauf der Bühnenhandlung setzt Ganne auf weitgespannte, oft unvermittelte Ausdrucksextreme. Hier die schmissigraumgreifenden Auftrittsmärsche der Artisten; dort das zart-graziöse Allegretto in der Villanelle »La bergère Colinette« (Nr. 8). Hier das mitreißende, solistisch und kollektiv überselbstbewußte »Va, gentil soldat!« (Nr. 15), das André an der Spitze seiner Mannschaft schmettert; dort das herzergreifende D-Dur-Quartett der ausgerissenen und abgerissenen Gaukler, die im Walzertakt fröhliche Miene zur eigenen Hungerlage erspielen (Nr. 12). Hier die tief atemholende, dann in Sechzehnteln daherplappernde Selbstanpreisung derselben vier, wenn sie sich als mundflinke italienische Akrobatengruppe gebaren (Nr. 17); dort Marions mild-besänftigende Weise, die den Manegenkumpan Paillasse über seine unglückliche Liebe zu Suzanne hinwegtrösten soll (Nr. 23). Einzig der Es-Dur-Walzer »C'est l'amour / qui flotte dans l'air à la ronde«, im Finale von I/2, fällt aus Gannes kunstvoll reißerischem Rahmen, indem er sich als kunstlos reißerischer Gemütsschlager anbiedert, jenseits des Theaters und seines selbstgemachten Zirkus. Er klingt wie eine von Paul Linckes spießigen Kneipenromanzen. – Nun ist Operettendramaturgie etwas anderes als Zirkusdramaturgie. Sie läßt sich nicht kurzerhand übernehmen. Das hat selbst der mittelmäßige Ordonneau gewußt, als er seine krude und verworrene Story für Gannes musikalische Belange zurechtmachte. Sie ist noch viel figuren- und episodenreicher, als die Inhaltsangabe erkennen läßt. Gerade diese krude Verworrenheit aber hat ihre Vorteile. Einerseits feit sie das Stück gegen bloß additive Nummernfolge nach Art eines Zirkusprogramms. Andrerseits bewahrt sie es davor, das Zirkussujet durch eine engeführte, lukendichte und gradlinige Handlung zu vergewaltigen. Was dabei herauskam (zum höhnischen Grausen des Operettenhistorikers Florian Bruyas, der sich nicht genug darüber ereifern kann), ist ein Bühnengeschehen, das, dem Zufall folgend allerlei Haken schlägt. Dabei entsteht etwas Neuartiges. Es hat weniger mit musikalischem Drama zu tun als mit dem, was zur gleichen Zeit (nur zwei Monate später!) Charpentier in seiner *Louise* (1900) vorführte: »Musikroman«. Charpentier erzählt eine intim-psychologisierende Privatgeschichte im kleinbürgerlichen Dachgeschoß. Ganne erzählt eine grell-extravertierte Kollektivgeschichte, die auf Straßen und Jahrmärkten spielt. Beiden gemeinsam ist das Hauptinteresse an einem episch aufgebrachten, durchdrungenen und ausgebreiteten Milieu; an dichtem, vielfältigem Ambiente, dem der dramatische Hergang nur Vorwand ist. Ganne schrieb einen, nein: den Musikroman vom Zirkus. Und der ist immer noch lesenswert.

**Wirkung:** Den großen Erfolg dieses Hauptwerks hat Ganne nur annähernd mit seiner Rattenfänger-Operette *Hans, le joueur de flûte* (1906) und mit einigen Balletten erzielen können. Über den französischen Sprachbereich, wo *Les Saltimbanques* nach wie vor Anklang findet (mehrere Schallplatteneinspielungen), ist es kaum hinausgedrungen. Gute Textbearbeitung und einfallsreiche Inszenierung könnten seine Bühnenwirksamkeit auch anderswo beweisen, zumal im beschränkten Spielplan des deutschen musikalischen Lachtheaters.

**Autograph:** Verbleib unbekannt. **Ausgaben:** Part: Choudens; Kl.A: Choudens 1900, Nr. 11770; Textb.: Paris, Billaudot.
**Aufführungsmaterial:** Choudens
**Literatur:** C. MENDÈS, L'Art du théâtre, années 1895–1900, 3 Bde., Paris o. J.; J. BRUYR, L'Opérette, Paris 1962, S. 58; F. BRUYAS, L'Histoire de l'opérette en France, Lyon 1974, S. 302–305; V. KLOTZ, Dramaturgie des Publikums, München 1976, S. 138–145 [zur Zirkusthematik u. Metaphorik im Theater d. Jh.-Wende]

*Aiga Klotz / Volker Klotz*

## Hans, le joueur de flûte
Opéra-comique en trois actes

### Hans, der Flötenspieler
3 Akte

**Text:** Maurice Vaucaire und Georges Mitchell
**Uraufführung:** 14. April 1906, Théâtre de Casino, Monte Carlo
**Personen:** Hans, der Flötenspieler (Bar); Yoris, Dichter und Puppenschnitzer (T); Pippermann, Bürgermeister (B); Van Pott, 1. Schöffe, Verlobter Lisbeths (T); Pétronius (T), Tantendorff (T), Loskitch (T), Steinbeck (B) und Karteifle (B), 2.–6. Schöffe (Chorsoli); Guillaume, Pförtner des Rathauses (T); der Nachtwächter (T); ein junger Mann (T); der Sergeant der Bürgergarde (T); Sentinelle, ein Funktionär (Bar); Van Quatch, groß und blond (Bar); ein Bürger (Bar); Lisbeth, 18 Jahre, Pippermanns Tochter (S); Ketchen, Dienstmädchen bei Pippermann, Guillaumes Frau, 19 Jahre (S); Frau Pippermann, 35–40 Jahre (A); Waffelhändlerin, 25 Jahre (S); Frau Tantendorff, 28 Jahre (Mez); Frau Loskitch, 25 Jahre (Mez); Ketly, Dienerin, 19 Jahre (S); eine rote und eine braune Puppe (stumme R, Ballett); Pétronius jr. (KinderR). **Chor:** Schöffinnen, Bürger, Bürgerinnen, Milchmädchen, Puppen, Bürgerwehr, Dienerinnen, Kinder, Zeitungsverkäufer, Stabträger des Rats, Polizeihäscher, Zunftsprecher, Musiker, Sänftenträger. **Ballett:** Fischer, Fischerinnen, Puppen
**Orchester:** Picc, 2 Fl, Ob, 2 Klar, 2 Fg, 2 Hr, 2 Trp, 3 Pos, Tb, Pkn, Schl (kl.Tr, Trg, gr.Tr, Bck, Turm-Glsp, Röhrenglocken, Glocken, Glsp), Hrf, Streicher; BühnenM: Banda (nicht differenziert)
**Aufführung:** Dauer ca. 2 Std. 30 Min.

**Entstehung:** Das Werk war zuerst für die Opéra-Comique Paris bestimmt; die Titelrolle wurde für deren Star Jean Périer, den ersten Pelléas, geschrieben, der sie dann in Monte Carlo sang.
**Handlung:** In Milkatz, der reichen Hauptstadt eines imaginären Lands zwischen Holland und Flandern.
I. Akt, Platz vor dem Rathaus: Die honorigen, aufgeblasenen Bürger von Milkatz leben von Getreidespekulation. Yoris, der Dichter, beklagt das; ehedem sei die Stadt für kunstvolle Puppen berühmt gewesen. Wenn man ihn auch verspotte, er werde eine neue Puppe auf- und ausstellen. Sie trägt die Züge der angebeteten Bürgermeisterstochter Lisbeth, die mit einem besonders dummen Schöffen verlobt ist. Hans, von irgendwo weit her, weißhaarig und mit magischen jugendlichen Augen, Mäusefänger und Zauberflötenspieler, verhindert, daß die Getreidehändler kein Körnchen für Mäuse übrig haben und daß Pippermann und Van Pott die neue Puppe zerstören: Seine Flöte macht die Bürger unbeweglich. Er lockt die Katzen unter traurigem Abschiedsgesang der Bürger in den Kanal und hetzt seine Mäuse auf das Getreide.
II. Akt, Speisezimmer bei Pippermann: Man führt den gefangenen Yoris herein. Lisbeth verliebt sich in seine Standhaftigkeit und gibt dies auch ihrem Vater kund. Er verspricht ihr, sie könne Yoris vor dem Scheiterhaufen bewahren, wenn sie ihm helfe, in den Besitz der magischen Flöte zu gelangen. Hans gibt ihr die Flöte freiwillig. Pippermann läßt Yoris nun verhaften, aber die Flöte hat sich selbständig gemacht. Sie hilft nicht, wie man hoffte, die Mäuse zu ertränken. Hans will die Stadt von den Mäusen befreien, wenn man Yoris freigibt, den Brauch mit dem Wettbewerb um die schönste Puppe wiederaufnimmt und ihm eine der ausgestellten Puppen zu eigen gibt.
III. Akt, Rathausplatz: Die rasch herbeigebrachten Puppen der Milkatzer können mit der von Yoris nicht konkurrieren. Als aber Hans diese Puppe für sich beansprucht, weigert sich Yoris. Obwohl er alle Getreidepreise auswendig gelernt hat, wird er nochmals vom Bürgermeister als Schwiegersohn abgewiesen. Hans schlägt vor, Yoris mit seiner Puppe zu vermählen, wenn er so an ihr hänge. So geschieht es, und zur allgemeinen Überraschung stellt sich die Puppe als die leibhaftige Lisbeth heraus. Hans zieht mit Mäusen und Flöte weiter, um »für Ideale« zu kämpfen.
**Kommentar:** Nichts als eine Hochzeit, das ist ein mageres Ergebnis für ein Künstlerdrama und für das Eingreifen eines zaubernden Flötenspielers. Doch es geht hier weder darum, den Konflikt zwischen Künstler und Gesellschaft zu persiflieren wie in Offenbachs *Orphée aux enfers* (1858), noch ihn falsch zu problematisieren wie in Lehárs *Paganini* (1925) oder *Friederike* (1928). Verniedlichung, Stilisierung in ein jugendstilartiges Biedermeier sind wohl eher als Flucht und Ausflucht zu werten. Das anmutige Spiel, dem eine gepflegte, unterhaltsame Musik entspricht, hat schon 1906 niemanden verstört. Obwohl es harmlos wirkt, nimmt es als eine der seltenen französischen Jugendstiloperetten für sich ein und erscheint aufrichtiger als viele großspurige Künstler(musik)dramen jener Epoche.
**Wirkung:** Nach der erfolgreichen Premiere (Périer, Mariette Sully als Lisbeth) wurde *Hans, le joueur de flûte* in den folgenden Jahren nicht nur in Frankreich häufig gespielt. Hervorzuheben sind die Aufführungen im Théâtre Apollo Paris 1910, bei denen Périer seinen Triumph von Monte Carlo wiederholte, sowie im Manhattan Opera House New York im selben Jahr. Das Werk hat auch heute noch seinen festen Platz im immer um ästhetische Qualität bemühten französischen Operettenrepertoire.

**Autograph:** Verbleib unbekannt. **Ausgaben:** Kl.A: Ricordi 1906, Nr. 111400, Nachdr. 1911; Textb., dt. v. F. Falzari: Ricordi. **Aufführungsmaterial:** Ricordi
**Literatur:** R. HAHN, [Rez.], in: Le Journal, 1.6.1910; weitere Lit. s. S. 323

*Josef Heinzelmann*

# Manuel García

Manuel del Popolo Vicente Rodríguez García; geboren am 21. Januar 1775 in Sevilla, gestorben am 9. Juni 1832 in Paris

## El poeta calculista
### Opera en un acto

### Der Dichter als Phantast
1 Akt

**Text:** Manuel García
**Uraufführung:** 22. April 1805, Teatro de los Caños del Peral, Madrid
**Personen:** der Dichter (T)
**Orchester:** 2 Fl, 2 Ob, 2 Klar, 2 Fg, 2 Hr, 2 Trp, Streicher
**Aufführung:** Dauer ca. 1 Std. – Keine Schauplatzangabe.

**Entstehung:** García, einer der größten Tenöre seiner Zeit (er brillierte vor allem in Opern Mozarts, Cimarosas, Paers und Rossinis), trat bereits zu Beginn seiner Theaterlaufbahn in Madrid auch als Komponist hervor, zunächst mit Tonadillas (*El majo y la maja*, 1798; *La declaración*, 1799), sodann mit Operetten (*El seductor arrepentido*, 1802; *El reloj de Madeira*, 1802). Den Höhepunkt dieser ersten Schaffensperiode bilden die beiden Monodramen *El poeta calculista* und *El preso o El parecido* (1805; nicht zu verwechseln mit der Operette *El preso*, 1803).
**Handlung:** Der Poet hatte seine Karriere als Kopist bei einem andern Dichter begonnen, wo er viel zu arbeiten und wenig zu essen hatte. Der Meister starb vor Hunger, da seine Werke überall abgelehnt wurden. Die hinterlassenen Stücke wird sich der Poet nun vornehmen, sie ein wenig bearbeiten und einige Chansons und Ariettes einfügen. Von dem Erlös wird er sich ein Zimmer mieten und eigene komische »saynetes« (Intermedien) verfassen und sie um ein »jaleo« bereichern. Als Beispiel führt er einen berühmten »caballo« (»Yo que soy contrabandista«) vor. In einer Komödie, deren Situationen und Personen er bereits im Kopf hat, wird er sich über die ganze Welt lustig machen und sodann eine schreckenerregende Tragödie schreiben mit einigen komischen Arien zwischen den Akten. Schließlich wird er einen Operntext verfassen und nach einem Komponisten Ausschau halten, der ihn skrupulös vertont. Er imaginiert ein Liebesduett, das auf jeden Fall am Anfang der Oper stehen soll. Ruhm und Reichtum wird ihm dies Werk bringen, dem er sogleich eine Polonaise anfügt. Als er jedoch nach Mantel, Hut und Degen greifen will, um sich an den Hof zu begeben, wird er sich seines Wahns bewußt. Der Tag ist schon weit fortgeschritten, er besitzt keinen Sou und muß sich beeilen, um die Armenspeisung im Konvent nicht zu versäumen. Dann wird er sich als Marktschreier verdingen, um sein Brot auf ehrliche Weise zu verdienen. Das Publikum bittet er, ihm seine Wahnvorstellungen zu verzeihen.
**Kommentar:** Gerade die aus heutiger Sicht modern anmutende Ästhetik von *El poeta calculista*, der desillusionierende Zug der Darstellung und die tendenziell »offene« Form als Reihung isolierter Einzelnummern, geht direkt auf die Gattungstradition der »tonadilla escénica« zurück. Dabei wird die Satire auf den gescheiterten Künstler zur Glanznummer für den virtuosen Sängerdarsteller, mit der der Komponist und Interpret García seine eigenen stupenden Fähigkeiten zur Schau stellt. Musikgeschichte machte der Jaleo im andalusischen Stil (»Yo que soy contrabandista«). Das Lied fand so weite Verbreitung, daß man die Urheberschaft, allerdings irrtümlich, García zuschrieb; man findet es heute noch in Anthologien spanischer Volkslieder. Franz Liszt griff es als Motiv für sein *Rondeau fantastique sur un thème espagnol* (1836) auf. Der ⅜-Takt, die Ostinatobegleitung in Akkorden (mit der Dominante als Orgelpunkt), der syllabische Beginn, der Wechsel von Fermaten und Koloraturen und die typischen Zwischenrufe (»Ay ay ay jaléo«) machen dies Lied zu einem glänzenden Beispiel für den andalusischen Jaleo. In volkstümlichem Stil sind unter anderm auch ein kurzer Bolero, verziert mit zahlreichen typisch spanischen Koloraturen, und eine Polacca mit stark akzentuiertem Rhythmus und zahlreichen Appoggiaturen gehalten. Der Stil der Komödie wird durch eine »grande ariette« mit vielen Verzierungen, der der Tragödie durch ein auf komische Weise pathetisches Rezitativ hervorgehoben. Aber das Glanzstück des Sängers war mit Sicherheit das Liebesduett »Anegado en tanta dicha«, bei dem der Tenor beide Rollen singt, die tiefe (bajo) und hohe (tiple) Lage in immer kürzeren Abständen wechselnd, bis er schließlich das Duett auf die Weise simuliert, daß er in schnellem Tempo hoquetusartig jeweils eine Note der einen auf eine Note der andern Stimme folgen läßt.
**Wirkung:** Der legendäre Ruf dieses »Unipersonel« (so die Gattungsbezeichnung im Pariser Manuskript) gründet vor allem in jenen fünf Aufführungen, die García 1809 am Théâtre de l'Impératrice Paris sang (Premiere: 15. März, als Benefizvorstellung). Garcías hinreißende gesangsschauspielerische Darbietung machte diese erste Begegnung des Pariser Opernpublikums mit künstlerisch filtrierter spanischer Folklore zur musikalischen Sensation und zum Triumph für den Komponisten-Interpreten. Daß es zu keinen weiteren Aufführungen kam, lag allein an García selbst, der, von den Anforderungen der Partie erschöpft, *El poeta calculista* absetzte und auch später nicht mehr in der

Oper auftrat. Soweit ersichtlich, hat sich bis heute noch kein anderer Interpret an dies Werk gewagt, das für jeden großen Sängerdarsteller eine interessante Herausforderung bedeuten würde.

**Autograph:** BN Paris (Ms. 6574 [1]). **Ausgaben:** Part, Ouvertüre: Paris, Michot [1809]; Textb., span./frz.: Paris, Rougeron 1809
**Literatur:** P. RICHARD, Notes biographiques sur M. G., in: La Revue musicale 1832, S. 171–174; J. TIERSOT, Bizet and Spanish Music, in: MQ 13:1927, S. 574–581; J. SUBIRÁ, La tonadilla escénica, Madrid 1930; DERS., El operetista M. G. en la Biblioteca municipal de Madrid, in: Revista de la biblioteca, archivos y museos de ayuntamiento de Madrid 1935, S. 179–196

*Raphaëlle Legrand*

# Alejandro García Caturla

Alejandro Evelio García Caturla; geboren am 7. März 1906 in Remedios (Kuba), gestorben am 12. November 1940 in Remedios

## Manita en el suelo
**Opera bufa en un acto y cinco scenas**

### Manita auf dem Boden
1 Akt (5 Bilder)

**Text:** Alejo Carpentier (1931)
**Uraufführung:** 15. Febr. 1985, Gran Teatro García Lorca, Havanna (komponiert 1934)
**Personen:** Papá Montero, Erzähler (T); Marionetten: Manita en el suelo (T), El Capitán General de España (B), El Chino de la Charada (Bar), Juan Indio (T), Juan Odio (Bar), Juan Esclavo (B), der Hahn Motoriongo (T oder Mez), La Virgen de la Caridad del Cobre (S), Candita la Loca (Mez), der Zauberer Tá Cuñengue, Mond 1 und 2, Magier, Spiritisten. **Chor:** Neger, Negerinnen, acht Milizionäre
**Orchester:** Picc, 2 Fl, 2 Ob, E.H, kl. Klar, 2 Klar, B.Klar, 2 Fg, 2 Hr, 2 Trp, 2 Pos, Tb, Pkn, Schl (Tr, gr.Tr, Trg, Bck, Tamtam, Guiro, Claves, Maracas), Kl, Streicher
**Aufführung:** Dauer ca. 1 Std. – Lediglich Papá Montero agiert auf einer großen Bühne. Für das Marionettenspiel dient eine kleine Puppenbühne. Es kann (wie bei der Uraufführung) auch von Schauspielern und Tänzern ausgeführt werden. Alle Sänger (außer Montero) befinden sich im Orchestergraben.

**Entstehung:** Die Konzeption von Carpentiers Libretto für ein afrokubanisches »misterio bufo« geht auf das Jahr 1930 zurück. Carpentier lebte damals in Paris im Exil und überarbeitete gerade seine »historia afrocubana« *Ecue-yamba-ó!* (1933), die er 1927 als politischer Häftling im Gefängnis von Havanna geschrieben hatte. Personen und Handlung seines Romans gaben ihm die Idee für ein Bühnenwerk, das er García Caturla schon 1928 versprochen hatte. Der bedeutende Romancier Carpentier ist zugleich der Verfasser der bislang besten Geschichte der kubanischen Musik (1946) sowie von Musikkritiken in der Manier George Bernard Shaws. Für sein Libretto wurde er möglicherweise angeregt durch andere Marionettenopern wie Fallas *El retablo de Maese Pedro* (1923). In *Manita* verband er Allegorie und magischen Realismus mit den einfachen Symbolen religiöser Legenden und volkstümlicher Mythen zu einem faszinierenden Gesamtbild. Als Quellen für die Charaktere seines Texts dienten: eine Legende von der Erscheinung Marias, der Schutzpatronin Kubas, auf der Insel, die »abakuá«- und »lucumí«-Rituale, die afrokubanische Geheimbünde in den Vorstädten heute noch praktizieren, sowie die chinesische Scharade. – Manita en el suelo, der eigentlich Manuel Cañamazo hieß und im 19. Jahrhundert lebte, war genau wie Montero ein »curro del manglar« und »ñáñigo«-Häuptling, das heißt eine von den religiösen Geheimbünden Kubas verehrte Gestalt. Der eigentliche Held des »misterio bufo« ist jedoch nicht Manita und auch nicht Montero, sondern der allgegenwärtige schwarze Hahn, der Gallo Motoriongo oder Enkiko; er gehört unabdingbar zu den »abakuá«-Initiationszeremonien. In die Handlung sind Elemente des »yoruba«- oder »lucumí«-Rituals verwoben, vor allem die »santería« oder »baile de santo«, eine Zeremonie mit Wechselgesängen, die von Schlaginstrumenten begleitet werden. Sie dient dazu, die Heiligen anzuflehen. Carpentier verwendet durchgehend volkstümliche Refrains, typische Redensarten, Lieder und »sones«. Höhepunkte der Handlung nimmt er zum Anlaß, um Elemente aus verschiedenen Strängen der Tradition einfließen zu lassen.
**Handlung:** In Kuba, 19. Jahrhundert. 1. Bild: Papá Montero fordert das Publikum auf, der Geschichte von Manita en el suelo zu lauschen, des »ñáñigos«, der Finsternis in die Welt brachte, als er den Mond verprügelte. Auf der Marionettenbühne stehen Manita, El Capitán und El Chino in einer berühmten Vorstadtbar, der »Bodega del Cangrejo«. Chino fordert den Capitán mit einem ersten Rätsel heraus. Dieser verliert und droht Chino mit Gefängnis, da die Scharade ein illegales Spiel sei. Chino besänftigt ihn mit einem Goldstück. Ein Pappbild des rituellen Hahns schimmert auf einem Regal; alle preisen den Hahn Moriongo. 2. Bild: Manita ist mächtig geworden, die andern Häuptlinge haben Respekt vor ihm, der Capitán besticht ihn, Chino ist sein Buchmacher, und die Frauen erfüllen ihm jeden Wunsch. Auf der Marionettenbühne: Die drei Juans auf hoher See; sie sitzen auf ihrem gekenterten Boot. Kein einziger Fisch ist in ihrem Netz. Plötzlich erblicken sie den Hahn und fangen ihn ein. Der Hahn lamentiert, ein heiliges Tier zu sein, dessen Federn zum Zaubern und dessen Augen als Medizin benutzt werden. Doch die Klage hilft nicht, der Hahn wird verspeist. 3. Bild: Montero beklagt den Tod des Hahns. Auf der Marionettenbühne, das Haus des Zauberers Tá Cuñengue: Candita la Loca, das verrückte Medium, ist umringt von Negern und Nege-

rinnen und ruft die Heiligen an, sie mögen kundtun, wer den Hahn getötet hat. Die Heiligen auf dem Pappaltar lassen die Namen der Fischer Juan Indio, Juan Odio und Juan Esclavo aufscheinen. Manita schwört, den Hahn zu rächen. 4. Bild, auf der Marionettenbühne: Die Fischer werden von einem Sturm überrascht, den Manita mit seinem Fluch heraufbeschworen hat und der von Montero melodramatisch geschildert wird. Manita ruft die heidnischen Gottheiten an, die Fischer ins Verderben zu stürzen, während diese La Virgen anrufen, ihnen beizustehen. Tatsächlich beruhigt sich die See, und der Mond geht auf. Die drei Juans stimmen einen Dankgesang an. Manita droht, sie zu töten, wenn sie an Land gehen. Den Mond will er schlagen, wenn er herabsteigt. Der Mond geht unter, und Manita schlägt auf ihn ein, so daß die Luft aus ihm entweicht und er wie ein Ballon zusammenfällt. 5. Bild, auf der Marionettenbühne: Der Capitán und die Guarda Civil jammern über eine Welt, in der es keinen Mond mehr gibt. Milizionäre wollen Manita festnehmen. Chino erscheint und fordert den Capitán erneut heraus, ein Rätsel zu lösen. Dann holt er einen strahlenden Mond aus seiner Tasche, der nun über der großen Bühne aufgeht. Manita wird freigelassen, die Ordnung der Dinge ist wiederhergestellt, und Montero beendet die Posse mit Frohlocken.

**Kommentar:** Von den 29 seit 1807 in Kuba entstandenen Opern ist *Manita en el suelo* die charakteristischste. García Caturla hatte 1928 bei Nadia Boulanger in Paris studiert. Von Beruf war er Richter; er hinterließ 47 Werke. In zwei Briefen, die Carpentier 1931 an ihn schrieb, schlägt er vor, die traditionellen Elemente in der musikalischen Anordnung strikt voneinander abzusetzen: »Verwenden Sie das ›ñáñigo‹-Element für Manita, die Pentatonik für den Chinesen, die ›guajiro‹- und kreolischen Elemente für die Heilige Jungfrau und die drei Juans [...] Und vor allem: Papá Montero darf nicht singen! Arbeiten Sie bei ihm mit allen nur denkbaren Formen der Deklamation (im Grunde verschiedene Abstufungen akzentuierten Sprechens)« (in: *Correspondencia*, S. 364f., s. Lit.). García Caturla ging nicht auf diese Vorschläge ein, sondern verband Gestalten aus den iberisch-christlichen Legenden und afrokubanische Mythen zu einer Synthese musikalischer Idiome, die aus zwei divergierenden Strömungen der traditionellen Musik stammen: der »guajiro«- oder ländlichen Tradition der iberischen Eroberer und einigen der volkstümlichsten Elemente der afrokubanischen Musik. Für die musikalisch-dramaturgische Konzeption ist von zentraler Bedeutung, daß Montero singt. Seine Partie erinnert an die des Trujamán in Fallas *Retablo*. Montero erzählt die Geschichte in der Art eines Chorführers in tiefer, mittlerer und hoher Deklamation, getragen von einer rhythmischen Begleitung (Nr. 1 und 3). Während die drei Fischer den Hahn braten, singt Montero eine Ballade (Nr. 6). »Da in der kubanischen Volksmusik die charakteristische Eigenart eben auf der Durchdringung ihrer afrikanischen und iberischen Wurzeln beruht«, wie der kubanische Ethnologe und Musikwissenschaftler Fernando Ortíz (s. Lit.) feststellt, hat García Caturla die bereits miteinander verschmolzenen Restelemente einer aus zwei Kulturen stammenden Musik aufgegriffen und sie in einer Synthese vereint. Der Tod des Hahns und Monteros Ballade sind Wendepunkt der Handlung und musikalisches Hauptstück innerhalb einer symmetrischen Anordnung von kurzen musikalischen Nummern. In ihr wird eine Art musikalisch-thematischer »Grundidee« formuliert, die, über motivische Veränderungen, ihre vollständige melodische Form erst im Kernstück der Ballade erhält. – García Caturlas Stil verbindet sehr geschickt eine komplexe harmonische Sprache mit der melodischen Einfachheit volkstümlicher Weisen. Tatsächlich charakterisiert García Caturla auf subtilere Weise, als Carpentier vorgeschlagen hatte, die verschiedenen Traditionen, indem er thematischen Strukturen, die aus einem einzigen Urmotiv abgeleitet sind, verschiedene metrische und rhythmische Muster unterlegt, die für die jeweilige Tradition charakteristisch sind. Für La Virgen (Nr. 9) beispielsweise, die allegorisch alle Rassen beschützt, setzt García Caturla die wesentlichen Merkmale des volkstümlichen kubanischen »son« ein; es handelt sich hierbei um einen gesungenen Tanz, den Odilio Urfé als »das synkretistische Beispiel einer nationalen kulturellen Identität« (s. Lit.) bezeichnet. Zu den buffonesken Elementen in *Manita* (die sowohl vom Komponisten als auch vom Librettisten als Parodien auf die traditionelle Oper gedacht waren) gehört der »danzón« als Ouvertüre, genauso ein Versatzstück, um irgendein beliebiges Schauspiel im Teatro Alhambra Havanna zu eröffnen, wie es die französische Ouvertüre in den Genres des späten Barocks war; und in Monteros Melodram (Nr. 8) wird die Beschreibung des Sturms von einer symphonischen Durchführung begleitet, die den Walkürenritt parodiert. – Im Dez. 1934 schloß García Caturla die Orchestrierung der Ouvertüre, des Zwischenspiels und der Ballade ab. Die Ballade, 1934 als *Elegía al Enkiko* separat veröffentlicht, blieb bis zur Premiere der vollständigen Oper der einzige bekannte Teil der Partitur. García Caturla, der auf offener Straße ermordet wurde, hinterließ außerdem ein Particell der gesamten Oper, das Hinweise für die Orchestrierung der übrigen Nummern enthält. Die Rekonstruktion der Partitur für die Uraufführung besorgten Hilario González Iñignez und Carmelina Muñoz.

**Wirkung:** In der Uraufführung von *Manita en el suelo* waren die Marionetten durch Tänzer des Ballet Nacional de Cuba ersetzt. Es dirigierte Rembert Egües. Die Choreographie stammte von Alberto Alonso und die Ausstattung von Ricarda Reymena. – Neben *Manita* zählen zu den bedeutenden Werken der kubanischen Oper die sechs Opern von Eduardo Sánchez de Fuentes, darunter *Yumurí* (1898), die zweite kubanische Oper, die sich mit einem Thema aus der Kolonialzeit befaßt, und *Kabelia* (1944). Außerdem ist *La esclava* (1921) von José Mauri Esteve zu nennen, der darüber hinaus 40 Zarzuelas, zwei Operetten und etliche kubanische »danzones« geschrieben hat, die er in seine Zarzuelas integrierte.

**Autograph:** Particell u. Kl.A: Museo Nacional de la Música Havanna. **Ausgaben:** Textb. in: Isla. Revista de la Universidad de Las Villas, Jan.–Dez. 1978, S. 83–97. **Aufführungsmaterial:** Museo Nacional de la Música, Havanna
**Literatur:** F. ORTÍZ, Cuban Counterpoint: Tobacco and Sugar, NY 1947, S. 98; J. J. ARRÓM, Certidumbre de América, Madrid 1971, S. 184–214; A. GARCÍA CATURLO, Correspondencia, hrsg. M. A. Henríquez, Havanna 1978, S. 360–365; A. CARPENTIER, Ecue-yamba-ó!, Neu-Ausg. Barcelona 1979; O. URFÉ, Son, in: Diccionario de la música cubana, hrsg. H. Orovio, Havanna 1981, S. 391–396; H. GONZÁLES, Program Notes, in: Ph. Ballet Nacional de Cuba 1985

*Malena Kuss*

# Maximilien Gardel

Maximilien Léopold Philippe Gardel; geboren am 18. Dezember 1741 in Mannheim, gestorben am 11. März 1787 in Paris

### Ninette à la cour
Ballet en action en trois actes et cinques tableaux

### Ninette am Hof
3 Akte (5 Bilder)

**Musik:** Vincenzo Legrenzio Ciampi und Egidio Romualdo Duni, ergänzt von Etienne Nicolas Méhul, Domenico Cimarosa und anonymen Komponisten.
**Libretto:** Maximilien Gardel, nach der Komödie *Le Caprice amoureux ou Ninette à la cour* (1755) von Charles Simon Favart
**Uraufführung:** 13. Sept. 1776, Choisy-le-Roi (bei Paris), Ballett der Académie Royale de Musique
**Darsteller:** König Astolphe; Gräfin Emilie; Fabrice, Vertrauter des Königs; Colas; Ninette; Vogt; Notar; 1. Kanzleigehilfe; Tanzmeister; Corps de ballet: Höflinge, Hofdamen, Kammerzofen, Lakaien, Reiter, Pagen, Bauern, Bäuerinnen
**Orchester:** 2 Fl, 2 Ob, 2 Klar, 2 Fg, 2 Hr, 2 Trp, 2 Pkn, Streicher
**Aufführung:** Dauer ca. 1 Std. 15 Min.

**Entstehung:** Hatten sich die Choreographen der Zeit in der Wahl der Libretti fast ausschließlich auf mythologische Themen beschränkt, so schlug Angiolini in *Ninette à la cour* (Wien 1765) mit der Übertragung eines in Schauspiel und Oper beliebten Sujets auf die Ballettbühne einen neuen Weg ein, dem später Jean Georges Noverre, besonders aber Gardel folgen sollten. Der Stoff ging auf Ciampis *Bertoldo, Bertoldino e Cacasenno* (Piacenza 1747; Text: Carlo Goldoni) zurück, wiederaufgenommen in seinem Intermezzo *Bertholde à la cour* (Paris 1753), das Favart mit *Le Caprice amoureux* parodierte. Dunis Opéra-comique *Le Retour au village* (aus den späten 50er Jahren) wurde nicht aufgeführt, seine Musik scheint allerdings in Gardels Ballett Eingang gefunden zu haben.

**Inhalt:** I. Akt, Landschaft mit Obstbäumen, auf beiden Seiten kleine Bauernhäuser: Bauern und Bäuerinnen sind mit Feldarbeiten beschäftigt. Ninette und Colas gestehen einander ihre Liebe, der Vogt und der Notar bringen den Ehevertrag, den sie unterzeichnen. Eine Jagdgesellschaft trifft mit dem König ein, der in Ninette verliebt ist und ihr, sobald sie allein sind, ein Geständnis macht. Colas beobachtet sie, gerät in Zorn und stößt Ninette zur Seite, die wutentbrannt dem König folgt.
II. Akt, 1. Bild, Ninettes Zimmer im Schloß: Ninette ist von den Sitten am Hof verwirrt. Der Tanzmeister gibt ihr Unterricht, mißmutig folgt sie seinen Anweisungen. Der König kommt und umschmeichelt sie, sie aber sehnt sich nach Colas. Die Gräfin erscheint, macht sich über Ninette lustig und zieht sich mit dem König zurück. 2. Bild, Ballsaal: Die Gräfin spottet über Ninette, die sich beim Menuett ungeschickt anstellt. Die Mitglieder des Hofs führen Tänze vor. 3. Bild, Ninettes Zimmer: Wütend erscheint Colas, gefolgt von Reitern, die ihn verspotten. Als Ninette kommt, erkennt er sie nicht und weigert sich, einen Beutel mit Gold anzunehmen, den sie ihm reicht. Ninette täuscht eine Ohnmacht vor. Colas, der ihr zu Hilfe kommt, erkennt sie nun und bittet um Vergebung, die sie ihm jedoch verweigert. Es kommt zur Auseinandersetzung zwischen der Gräfin und Ninette, die versichert, den König nicht zu lieben. Sie fordert die Gräfin auf, sich zu verstecken. Colas schleicht herein und verbirgt sich. Der König kommt, um Ninette den Hof zu machen; sie löscht die Lichter und tauscht den Platz mit der Gräfin, ohne daß der König es merkt. Die Mißverständnisse lösen sich, der König heiratet die Gräfin, und Ninette bekommt Colas.
III. Akt, prunkvolle Gartenanlagen: Mit einem großen Fest wird die Doppelhochzeit gefeiert.

**Kommentar:** Zur Entstehungszeit von *Ninette à cour* hatte Gardel in seiner zweifachen Funktion als »Maître de ballets de la Cour«, einer Position, die er von seinem Vater Claude nach dessen Tod 1774 übernommen hatte, und »Maître de ballets de l'Académie Royale« für ein verschiedenartiges Repertoire zu sorgen. Kreierte er für den Hof vor allem Divertissements oder mehraktige Ballette mythologischen oder pastoralen Inhalts, so behielt er diese Themen in seinen Balletten für die Académie zwar bei, gab ihnen aber ein neuartiges Erscheinungsbild. Mit *Ninette*, zunächst für den Hof entstanden, dann aber in einaktigen Fassung auch an der Académie (1778) gespielt, schien Gardel den erfolgreichen Versuch unternommen zu haben, ein Pendant zur Opéra-comique zu schaffen. Die Neuerung betraf also keinesfalls die Stoffwahl, folgten doch die Ballettmeister längst den Librettisten der Opéra-comique und suchten ihre Stoffe in den Pariser Vorstadttheatern, besonders in den Stücken Favarts. Sogar Gardels Lehrmeister Noverre, dem er 1781 als Ballettmeister an der Académie folgte, war diesen Weg unter anderm in *Annette et Lubin* (1778, Musik: François-Joseph Gossec) gegangen. Gardel gestaltete das Verhältnis zwischen Handlung und Musik flexibler, indem er die überkomme-

nen Tanzmodelle, die einzig auf Unterhaltung abzielten, in eine aus der Handlung entwickelte ausdrucksstarke Dramaturgie einarbeitete. Analog den Genres der Oper des 18. Jahrhunderts hatten das Schrittmaterial und die Bewegungsart eine enge Bindung an den jeweiligen gesellschaftlichen Stand und waren folgendermaßen kategorisiert: Charaktere wie auch Personengruppen hohen Stands oder göttlicher Herkunft verkörperten das »genre noble«. Sie hatten sich majestätisch, mit Eleganz und Präzision zu bewegen und führten meist langsame Bewegungsfolgen aus. Dieser Bewegungsart waren bestimmte Musikstücke zugeordnet wie die Sarabande, die Passacaille, die Gigue lourée oder die Gavotte noble. Waren die Tänzer des »genre noble« groß und wohlproportioniert, so war ein ebenmäßiger Wuchs auch für die Vertreter des »genre demi-caractère« Bedingung; ihr Schrittrepertoire war ebenso breit gefächert wie die Charaktere, die sie darstellten. Als Zephire, Sylphen, Troubadoure, Schäfer, Griechen oder Römer tanzten sie unter anderm zu einer Sicilienne, einer Musette galante, einem Menuet gracieux, einer Gigue ordinaire, einer Gavotte oder einem Passepied. Der Tänzer des »genre comique« schließlich führte alle Nationaltänze aus. In der musikalischen Gestaltung seiner Ballets d'action verwendete Gardel nun nicht mehr ausschließlich eine durchgehende Partitur eines Ballettkomponisten, sondern griff auf Musikstücke aus Opern zurück. Mit diesem Mittel, das bis in die 30er Jahre des 19. Jahrhunderts von fast allen Choreographen angewandt wurde, führte Gardel die Kunstgattung aus der mit Ernst und Verbissenheit geführten Diskussion zwischen Angiolini und Noverre heraus und gab ihr einen so populären Anstrich, daß sie sich gerade in den Jahren der Französischen Revolution als besonders beliebte theatralische Form behaupten konnte.
**Wirkung:** In der glanzvollen Uraufführung tanzten Gaetano Vestris den König, Anne Friederike Heinel die Gräfin, Gardels Bruder Pierre den Fabrice und Gardel den Colas. Ninette wurde von Marie-Madeleine Guimard verkörpert. Bis 1785 wurde *Ninette à la cour* regelmäßig aufgeführt. Eine leicht abgewandelte Fassung wurde am 29. Mai 1782 in Versailles in Anwesenheit König Ludwigs XVI. und am 15. Nov. 1782 in der Académie Royale gezeigt: Der III. Akt wurde gestrichen und die Ballszene erweitert. Auch in der Besetzung gab es Veränderungen: Jean Dauberval tanzte den Colas und Maximilien Gardel den Tanzmeister, der der wichtigste Part ist. Im selben Jahr wirkte Gardel zusammen mit Dauberval als Choreograph bei der Uraufführung von Grétrys *Colinette à la cour* (Paris) mit. Am 15. Juli 1802 wurde das Ballett zum letztenmal aufgeführt, und zwar als Benefizvorstellung von Pierre Gardel. Für sein Londoner Debüt schuf Vestris sein Ballett zu Musik von Giovanni Battista Noferi (1781). Auf Gardels Ballett basierte die Einstudierung von Pierre Hus 1815 in Neapel.

**Autograph:** L (Fragment): Bibl. de l'Opéra Paris (A. 257).
**Abschriften:** Part: Bibl. de l'Opéra Paris (A 257 b I-III).
**Ausgaben:** L: Paris, Ballard 1782

**Literatur:** J. B. COLSON, Manuel dramatique ou Details essentiels sur 240 Opéras-comiques en 1, 2, 3 et 4 actes formant le fonds du répertoire des théâtres de France et sur 100 Vaudevilles pris dans ceux ont obtenu le plus de succès à Paris, Bordeaux 1817; C. BLASIS, The Code of Terpsichore, London 1828, Faks.-Nachdr. London 1976, S. 88–92, 188f.; P. MIGEL, The Ballerinas from the Court of Louis XIV to Pavlova, NY 1972, S. 59–64, 71–89; M. H. WINTER, The Pre-Romantic Ballet, London 1974, S. 165f.; I. GUEST, Le Ballet de l'Opéra, Paris 1976, S. 57–79; DERS., The Romantic Ballet in Paris, London 1980; G. PRUDHOMMEAU, Quand l'opéra dansait à la Porte Saint Martin, in: Danser, Okt. 1985, S. 72–75

*Germaine Prudhommeau*

# Pierre Gardel

Pierre Gabriel Gardel; geboren am 4. Februar 1758 in Nancy, gestorben am 18. Oktober 1840 in Paris

## La Dansomanie
**Folie-pantomime en deux actes**

### Die Tanzsucht
2 Akte

**Musik:** Etienne Nicolas Méhul. **Libretto:** Pierre Gardel
**Uraufführung:** 14. Juni 1800, Opéra, Salle Montansier, Paris
**Darsteller:** Duléger, tanzwütiger Besitzer eines Schlosses in Savoyen; Madame Duléger, seine Gattin; Phrosine, ihre Tochter, verliebt in Demarsept; Castagnet, Dulégers fünfjähriger Sohn; Demarsept, Colonel der Infanterie, verliebt in Phrosine; John, sein »Jockei«; Flicflac, Tanzmeister; Brisotin, sein Zeremonienmeister; Pasmoucheté, ein fröhlich-naiver Diener; ein alter Bauer; sein Sohn, neuvermählt; eine alte Bäuerin; ihre Tochter, neuvermählt; ein Offizier, Bruder von Madame Duléger; eine junge Verwandte von Madame Duléger; Descarpes, Schuhmacher; Corps de ballet: behäbige Bauern und Bäuerinnen, Dorfbewohner, junge Savoyarden, alte Landwirte, Türken, Chinesen, Basken, 6 Diener
**Orchester:** Picc, 2 Fl, 2 Ob, 2 Klar, 2 Fg, 2 Hr, Pkn, Streicher
**Aufführung:** Dauer ca. 1 Std. 15 Min.

**Entstehung:** Gardel war seit 1777 Premier danseur noble an der Opéra und übernahm 1787, nach dem Tod seines Bruders Maximilien, die Position des Ballettmeisters. Obwohl ein begabter Tänzer, wurde er in der Virtuosität und Ausstrahlung von Auguste Vestris übertroffen. Unübertroffen jedoch waren seine Intelligenz und seine Bildung, sein Perfektionswille und seine Musikalität, die der Lehrtätigkeit (zu seinen Schülern gehörte auch Carlo Blasis) und der choreographischen Arbeit zugute kamen. Als vorzüglicher Geiger überraschte er in *La Dansomanie* durch ein Violinsolo. Nach einigen Divertissements, die noch unter der Ägide seines Bruders entstanden, war *Télémaque dans l'île de Calypso* (Paris 1790) sein erstes Ballett. Während der Revolutionsjahre inszenierte und choreographierte er unter anderm Gossecs *L'Offrande à la liberté* (1792). *La Dansomanie* war eine Wende, die zugleich einen Einschnitt in der Ballettgeschichte markiert. Allein das Aufgebot berühmter Tänzer und Choreographen des beginnenden 19. Jahrhunderts auf der Besetzungsliste zeigt den außergewöhnlichen Status des Werks.

**Inhalt:** In Savoyen, Ende des 18. Jahrhunderts.

I. Akt, eine Landschaft, im Hintergrund eine Anhöhe und ein Dorf; auf der einen Seite das Innere eines Pavillons, der zu Dulégers Schloß gehört; davor ein umzäunter Garten; auf der andern Seite das Innere des Hauses des jungen Colonels: Duléger kommt hüpfend und springend mit seinem Sohn auf dem Arm den Hügel herunter, zum Zaun seines Gartens. Dort faßt er seinen Sohn an der Hand und läßt ihn tanzen. Der Diener Pasmoucheté beobachtet, wie sein Herr wieder einmal seiner Leidenschaft frönt, und ahmt ihn nach. Madame Duléger erwartet sie zum Essen. Währenddessen tritt Demarsept aus seinem Haus und blickt verliebt zu Phrosines Fenster hinüber. Sie erwidert seine Gefühle und zieht sich, da er vorgibt, sie nicht zu verstehen, zurück, um ihm zu schreiben. Inzwischen räumt Pasmoucheté den Tisch ab, läßt aber das Tablett fallen, als er selbst vergeblich diese schwierigen Schritte, zwei Jetés battus und einen Entrechat, probiert. Phrosine hat ihren Brief, am Hals einer Taube befestigt, zu Demarsept geschickt; er öffnet ihn und bedeckt ihn mit Küssen. Sie geht in den Garten zu ihrer Familie. Der Tanzmeister Flicflac erscheint mit seinem Zeremonienmeister; Duléger fragt ihn, wie man Jetés battus ausführt. Flicflac zeigt es ihm und läßt ihn auch andere schwierige Schritte, Pirouetten sur le cou-de-pied, Walzer und Arabesques üben, bis er erschöpft ist. Madame Duléger beobachtet ihre Tochter, wie sie dem Colonel nachsieht. In Phrosines Tanzstunde steht »Die Gavotte von Vestris« auf dem Programm. Duléger ist entzückt; auch Demarsept bewundert Phrosine und nutzt die Gelegenheit, seinen Heiratsantrag als »Mann von Rang und Namen« zu machen. Madame Duléger ist nicht abgeneigt, ihr Gatte aber fragt den Offizier, ob er die »Gavotte von Vestris« tanzen könne. Als dieser verneint, weist der Tanzsüchtige ihn ab, zur großen Verzweiflung von Phrosine. Madame Duléger weiß einen Ausweg: Sie läßt ein Fest vorbereiten, bei dem Flicflac als Türke, sein Zeremonienmeister als Chinese und der Colonel als Baske um die Hand Phrosines wetteifern sollen. Als der Schuhmacher mit Schuhen

*La Dansomanie*; Patrice Bart als Demarsept, Monique Loudières als Phrosine; Einstudierung: Ivo Cramér; Ballet de l'Opéra, Opéra-Comique, Paris 1985. – Unter der Maske unerkannt, wirbt das Liebespaar mit einem virtuosen Baskentanz um die Zustimmung zur Hochzeit.

kommt, will Duléger die von Vestris kaufen. Umständlich zieht er sie an, überzeugt, damit auch dessen Talent erworben zu haben. Alle tanzen.
II. Akt, mit Lüstern und Lichtgirlanden geschmückter Salon, der sich in der Mitte auf den Garten öffnet; im Hintergrund Dulégers Schloß mit Terrasse und zwei Wendeltreppen, dazwischen eine gerade in den Garten führende Treppe: Gärtner, Diener und Kinder pflücken Blumen und binden sie zu Sträußen. Madame Duléger und Phrosine, festlich gekleidet, kommen mit ihren Verwandten und Freunden, die Musikinstrumente bei sich haben, aus dem Schloß. Man sieht ein Stückchen Verkleidung unter Phrosines Robe. Duléger erscheint; die Füße tun ihm weh, weil die Schuhe zu klein sind. Kinder tanzen, um ihn willkommen zu heißen; alte Bauern bringen ihm Blumen und Früchte. Auch seine Frau und seine Tochter überreichen ihm Blumensträuße. Zwei junge Savoyerinnen kommen mit einer Kiste, aus der Castagnet springt, verkleidet als Savoyarde; er tanzt einen savoyardischen Tanz. Plötzlich ist fremdartige Musik zu hören: Die Chinesen, Türken und Basken kommen über die Treppen, formieren sich im Garten zu verschiedenen Mustern, und jede Quadrille macht ihre Aufwartung. Die drei Vortänzer bitten um Phrosines Hand und erklären sich bereit, sich im Tanz zu messen. Duléger willigt ein, Phrosine dem Sieger zur Frau zu geben. Die drei zeigen ihre Tänze. Phrosine, als Baskin verkleidet und von Duléger nicht erkannt, tanzt mit dem Basken, ihrem Colonel, einen Tanz, der Duléger begeistert. Er schickt nach Phrosine, um sie dem Basken zur Frau zu geben. Alle lassen ihre Verkleidung fallen; Duléger verzeiht ihnen und stimmt der Heirat zu. Alle tanzen.

**Kommentar:** *La Dansomanie* bezeichnet einen wichtigen Einschnitt in der Geschichte des Tanzes: Es ist das erste Ballett, das nicht auf ein durch die Literatur vorgegebenes Sujet zurückgreift. Der Inhalt ist allein auf den Tanz bezogen und als Funktion des Tanzes konzipiert. Für diese »selbstreflexive« Thematik gab es freilich ein Vorbild: Stanislas Champeins auf den Gesang bezogene Opéra-comique *La Mélomanie* (Versailles 1781). Gardel bezeichnet deshalb diese Neuerung nicht als Ballettpantomime, sondern als »folie-pantomime« (Pantomime der Torheit). Am Anfang seines Librettos bittet er um Nachsicht für den Titel *Dansomanie*, den er erfunden habe, um das Publikum, das anderes gewohnt sei, mit nichts als Tanz zu unterhalten. Während der Französischen Revolution hatte Gardel wohl oder übel die getanzten Partien in den patriotischen Werken besorgt, die das Regime von der Opéra verlangt hatte, eine Phase seines Schaffens, die er jetzt geflissentlich ignorierte. Er war sich des Schlußstrichs bewußt, den die Revolution für den Tanz gezogen hatte. Die Welt von einst war, was das Ballett betrifft, untergegangen, die Sonderformen Opéra-ballet, Tragédie-ballet, Tragi-comédie-ballet und Comédie-ballet waren nicht mehr produktiv. Es blieb nur noch das Ballett als solches, so wie wir es kennen. Die Überlebenden der Revolution kompensierten ihre Angst, indem sie sich in Vergnügungen stürzten. Und es gab tatsächlich solche Tanzbesessenen. Immerhin siedelt Gardel die Handlung bewußt nicht in Paris, sondern in Savoyen an. Der Tanz spielte dort seit dem 16. Jahrhundert eine große Rolle, am dortigen Hof hielten sich berühmte Ballettmeister auf. Auch die andern erwähnten Nationen, Türken, Chinesen und Basken, wurden nicht zufällig ins Spiel gebracht. Seit dem 16. Jahrhundert findet man eine nicht unbeträchtliche Anzahl von türkischen und, vor allem im 18. Jahrhundert, chinesischen Figuren in Balletten, und zwar mit jeweils präzis dargestellten, wenn auch nicht authentischen Eigentümlichkeiten. Dadurch, daß Gardel auf sie zurückgreift, spricht er einerseits eine bestimmte Tradition an, andererseits verleiht er der Farce, die das Glück von Demarsept und Phrosine sichern soll, etwas Altmodisches. Darüber hinaus läßt die Handlung auch an Molières Komödie *Le Bourgeois gentilhomme* (1670) denken, und wahrscheinlich erinnerte sich Gardel an die Zeremonie Mamamouchis in der türkischen Verkleidungsszene. Auch Basken tauchten häufig in Balletten auf; allerdings war dies das letztemal. Man weiß, daß sie über eine sehr entwickelte choreographische Technik verfügten, und die Figuren in *La Dansomanie* sind ganz anders als die in den vorangegangenen Werken. Es ist durchaus möglich, daß Gardel sich für diese Passage von der Folklore, einschließlich der schwierigen Pas d'élévation, inspirieren ließ, denn genau dies ist das Hauptmerkmal des baskischen Tanzes; und diese Technik setzte sich schließlich durch. Für die Geschichte des Tanzes ist jene Passage des Librettos besonders aufschlußreich, in der die neuen Schritte bezeichnet werden. Nach dem heutigen Stand der Forschung ist dieser Text der älteste, in dem die »arabesque« auf eine Tanzfigur bezogen wird. Außerdem sind der Begriff »Walzer« und die Verwendung des Terminus »Quadrille« im Sinne einer Gruppe bemerkenswert; letzterer bezeichnet zu jener Zeit noch nicht einen Teil des Corps de ballet der Opéra. In den Balletten *Télémaque*, *Psyché* (Paris 1790) und *Le Jugement de Paris* (Paris 1793) hatte Gardel, der als Perfektionist galt, die Technik der einzelnen Figuren und Sprünge weiterentwickelt, was dadurch ermöglicht wurde, daß die Kostüme leichter und bequemer wurden. Deutlicher als in seinen vorangegangenen Balletten bezog Gardel alle Grundlagen der neuen Technik ein, indem er sie auf die Spitze trieb. Bei einem »Ballettomanen« kann kein Extrem zu übertrieben sein. Allerdings darf seine Rolle nicht vom besten Tänzer übernommen werden. Sie wurde von Goyon interpretiert, einem »danseur comique«, der eher wegen seines Spiels als wegen seiner tänzerischen Leistungen geschätzt wurde. Er glänzte vor allem in der Pantomime und war daher prädestiniert für die Rolle Dulégers. Im Gegensatz dazu konnte Vestris, der hervorragendste Tänzer seiner Zeit, das ganze Spektrum seiner Fähigkeiten zur Schau stellen, indem er sich auf spektakuläre Weise von dem anfangs etwas linkischen Colonel zu dem hinreißenden baskischen Tänzer des II. Akts steigerte. Ein zusätzlicher Scherz bestand darin, daß sich Vestris sagen lassen mußte, er beherrsche die »Gavotte von Vestris« nicht. Marie Elisabeth Anne Gardel hatte als Phrosine vermutlich weniger Möglichkeiten als in *Psyché*, eine komplexe Persönlichkeit zu gestalten, aber die Stillage war in diesem Fall natürlicher, und sie konnte ihre Virtuosität unter Beweis stellen. Madame Duléger wurde von Clotilde Mafleurai getanzt; sie war eine exzellente Tänzerin des »style noble«, was perfekt mit ihrer Rolle übereinstimmte. Bemerkenswert ist auch das Auftreten von Louis-Jacques Milon als Flicflac (die Bezeichnung einer damals sehr geschätzten tänzerischen Figur). Diese Rolle mußte von jemandem getanzt werden, der die Technik beherrschte, ohne aber allzusehr durch Virtuosität zu glänzen, da ja am Ende der baskische Tänzer der beste sein muß. Milon war wie geschaffen für alle Feinheiten dieser Rolle. Jean-Pierre Aumer tanzte den alten Bauern; es war an der Opéra durchaus üblich, die Rollen betagter Personen, die natürlich die einfachsten Tänze auszuführen hatten, Anfängern zu geben. Ein weiterer Anfänger trat als »Jockei« auf: Filippo Taglioni. Mit *La Dansomanie* ist es Gardel gelungen, die zukunftsträchtige Entwicklungslinie des Balletts aufzugreifen. Die mythologischen Sujets, die an der Opéra 1800–15 noch häufig dargestellt wurden (18 von 28 Inszenierungen), verschwinden 1815–30 fast ganz (nur drei von 23 Inszenierungen). An ihre Stelle trat das von Gardel eingeführte realistischere Genre mit frei erfundenen Themen.

**Wirkung:** *La Dansomanie* hatte von Anfang an großen Erfolg; die Zahl der Aufführungen innerhalb von 26 Jahren belief sich auf 246. Bereits 1801 (?) studierte Eugène Hus das Ballett in Bordeaux ein; 1803 brachte es Etienne Lauchery als *Die Tanzsucht* in Berlin heraus, wo es bis 1825 auf dem Spielplan blieb. Taglioni inszenierte Gardels Werk für das Wiener Hoftheater 1805. Es wurde bis 1809 gegeben und 1814 wiederaufgenommen. Im Londoner King's Theatre studierte André Jean-Jacques Deshayes 1806 *La Dansomanie* ein. Galeottis Ballett *Chromanien eller Dandsesygen* (Kopenhagen 1811) nach dem Modell der *Dansomanie* blieb jedoch erfolglos. Als *La danzomania* wurde Gardels Werk 1813 im Teatro San Carlo Neapel aufgeführt. – Die Wiederaufnahmen 1976 in Drottningholm unter Ivo Cramér (in Zusammenarbeit mit Mary Skeaping) und 1985 an der Pariser Opéra-Comique zeigen, daß *La Dansomanie* nichts von seinem Reiz verloren hat. Es handelt sich um das einzige Ballett von Gardel, das wiederaufgeführt wurde, und es ist vielleicht das einzige, das überhaupt noch aufführbar ist.

**Autograph:** M, Teile: Bibl. de l'Opéra Paris (Mat. 19. 78, 1-37). **Abschriften:** Part: Bibl. de l'Opéra Paris (A 372 A I-II; Opé Mat. 19. 78, 1-37). **Ausgaben:** Kl.A: Gaveaux, Paris [um 1800]; L: Paris, Ballard 1800; Paris, Roullet 1816, 1823; L, dt.: Bln. 1803
**Literatur:** A. POUGIN, Méhul. Sa vie, son génie, son caractère, Paris 1889, S. 193–195; I. GUEST, La Dansomanie, in: DT 1985, Nov., S. 127–129

*Germaine Prudhommeau*

# Paul et Virginie
Ballet-pantomime en trois actes

## Paul und Virginie
3 Akte

**Musik:** Rodolphe Kreutzer, als Arrangement seiner Opéra-comique (Paris 1791). **Libretto:** Pierre Gardel, nach dem Libretto von Edmond Guillaume François de Favières zu Kreutzers Oper, nach dem Roman (1788) von Jacques Henri Bernardin de Saint-Pierre **Uraufführung:** 12. Juni 1806, Hoftheater, Saint-Cloud, Ballett der Opéra Paris
**Darsteller:** Paul; Virginie; Madame Delatour, Virginies Mutter; Marguerite, Pauls Mutter; Monsieur de la Bourdonnaye, Gouverneur der Kolonie; Domingo, Neger; Marie, Negerin, Domingos Frau; der Pfarrer; Zabi, ein alter Neger; Dorval, ein weißer Siedler; die 2 Kinder von Zabi; Corps de ballet: Offiziere aus dem Gefolge des Gouverneurs, Neger, kleine hellhäutige Kreolen, Negermischlinge, 3 kleine Musikanten, schwarze und weiße Matrosen, Soldaten aus dem Gefolge des Gouverneurs, Musikanten usw.
**Orchester:** 2 Fl (auch Picc), 2 Ob, 2 Klar, 2 Fg, 2 Hr, 2 Trp, Pkn, Schl (Tr, Donner, Kanonenschlag), Streicher
**Aufführung:** Dauer ca. 1 Std. 15 Min.

**Entstehung:** Als zweite Oper nach diesem Stoff entstand Le Sueurs *Paul et Virginie ou Le Triomphe de la vertu* (1794). Die erste Aufführung von Gardels Ballett an der Opéra (Salle Montansier) fand am 24. Juni 1806 statt.

**Inhalt:** Auf der Ile de France (heute Mauritius), 18. Jahrhundert.
I. Akt, felsige Küstenlandschaft; im Vordergrund die Hütten von Madame Delatour und Marguerite, im Hintergrund Port Louis; Morgen: Paul und Virginie begießen im Garten Palmen, die an ihrem Geburtstag gepflanzt wurden. Mit liebevollen Neckereien bekunden sie ihre gegenseitige Zuneigung. Domingo beobachtet die beiden und berichtet amüsiert seiner Frau Marie davon. Virginie fühlt sich verraten und verlangt, daß Domingo und Marie als Entschädigung eine Bamboula tanzen. Madame Delatour und Marguerite kommen zum Frühstück. Sie beschließen, ihre Kinder zu verheiraten. Candor, der Pfarrer, umringt von einer Schar von Kreolen und Negern, bringt Früchte und nimmt am Frühstück teil. Die Mütter unterrichten ihn von ihrem Plan, worauf er sich bereit erklärt, die Trauung vorzubereiten. Hilfesuchend wirft sich Zabi, ein alter Negersklave, vor Virginie und Paul auf den Boden: Sein Herr habe ihn verkauft und wolle ihn von seinen Kindern trennen. Paul und Virginie verschwinden mit ihm und seinen Kindern. Domingo meldet die Ankunft des Gouverneurs, der Geschenke für Virginie mitbringt und einen Brief, der ihre Abreise nach Paris verlangt. Die Mütter sind verzweifelt, Domingo macht sich auf die Suche nach ihren Kindern.
II. Akt, Wald, im Hintergrund Gebirge: Paul und Virginie bemühen sich um den erschöpften Zabi, als

lärmende Musik seinen Herrn Dorval und mehrere Sklaven, die ihn suchen, ankündigt. Der zunächst ungehaltene Dorval ist von Virginies Bitten für Zabi gerührt, so daß er diesem verspricht, seine Kinder behalten zu dürfen. Dorval zieht mit seinen Männern ab. Paul und Virginie sind am Ende ihrer Kräfte und rufen um Hilfe. Domingo findet sie, berichtet von der Ankunft des Gouverneurs und führt sie nach Haus. III. Akt, wie I. Akt: Madame Delatour, Marguerite und Marie empfangen die Heimkehrenden und präsentieren die Geschenke. Marguerite zieht sich mit Paul zurück und berichtet ihm von der bevorstehenden Abreise Virginies. Er ist verzweifelt und beschließt, mit Virginie zu fliehen. Doch der Gouverneur und seine Truppen bringen Virginie auf das Schiff. Unterdessen ist der Pfarrer eingetroffen, um die Hochzeit zu feiern. Ein Gewitter zieht auf. Paul klettert auf einen Felsen und sieht ein Schiff, das in Seenot geraten ist. Virginie ist auf dem Schiff zu erkennen. Er springt in die Wellen, um sie zu retten. Domingo und Zabi folgen ihm und bringen Paul und Virginie bewußtlos an Land. Beide werden zunächst für tot gehalten, doch mit dem Aufklaren des Himmels erwachen sie. Der Gouverneur ist dankbar für die Rettung und läßt die Trauung zu.

**Kommentar:** In der Konzeption von *Paul et Virginie* ging Gardel von Kreutzers Oper aus, änderte jedoch die Akteinteilung. Der I. Akt der Oper entspricht dem II. des Balletts, II. und III. Akt der Oper sind im III. Akt des Balletts zusammengefaßt. Der I. Akt des Balletts ist neu konzipiert, ebenso alle tänzerischen Passagen, vor allem die Bamboula. Der Tanz als solcher ist hier nicht mehr, wie in *La Dansomanie* (1800), das Thema des Balletts, es wurde vielmehr notwendig, nach Anlässen für Tänze zu suchen, die bisweilen sehr konstruiert wirken. *Paul et Virginie* ist eine merkwürdige Vermischung von Traditionen des 18. mit neuen Ideen des 19. Jahrhunderts. Weit mehr als in seinen ersten Erfolgsballetten, *Télémaque dans l'îsle de Calypso* und *Psyché* (beide zu Musik von Ernest Louis Müller, Paris 1790) oder in *Le Jugement de Paris* (Musik: Etienne Nicolas Méhul, Joseph Haydn und Ignaz Pleyel, Paris 1783) bedient sich Gardel in *Paul et Virginie* der Pantomime. Anweisungen wie »er sagt«, »er erzählt ihm«, »sie flehen ihn an«, »er hat angekündigt« durchziehen das ganze Libretto. Wenn diese Passagen auch veraltet wirken, so ist das Thema doch modern: Es handelt sich nicht mehr um eine mythologische oder pastorale Geschichte, selbst wenn die Tändeleien von Paul und Virginie im I. Akt sehr an entsprechende Szenen vor allem zu Beginn des I. Akts von *Le Jugement* erinnern. Die Helden sind zeitgenössische, in einem exotischen Land lebende Menschen, die, gemäß der Romanvorlage, die Utopie einer idealen Gesellschaft vorleben. Der mit festen Formeln arbeitende Exotismus türkischer oder chinesischer Prägung des 18. Jahrhunderts ist einem sich realistisch gebenden Exotismus gewichen. Bewußt wurde das Naturvolk, das als Menschheitsideal hingestellt wurde, in seiner Naivität übertrieben gezeichnet, Lokalkolorit sollte die Wirkung noch unterstreichen. Neu in der Konzeption des Librettos war die Andeutung eines Leitmotivs. Im II. Akt wird die Ankunft von Paul, Virginie, Zabi und dessen Kindern mit der gleichen Musik angekündigt, die bei ihrem Abtreten im I. Akt erklang. Über die Choreographie des Balletts ist nichts bekannt, es scheint jedoch sicher zu sein, daß neue Techniken in weit geringerem Maß eingesetzt wurden als in *La Dansomanie*. Nirgends ist von Leichtigkeit und Anmut die Rede. Die Besetzungsliste ist in dieser Hinsicht sehr aufschlußreich: Während der 36jährigen Marie Elisabeth Anne Gardel die Rolle der Virginie, eines zierlichen jungen Mädchens, das fast noch ein Kind ist, übertragen wurde, schien es offensichtlich unmöglich, die Rolle des Paul dem 46jährigen Auguste Vestris anzuvertrauen. Vielmehr wird ein unbekannter Tänzer, Saint-Amand, der im Archiv der Opéra kaum Erwähnung findet, damit betraut. Vestris mußte sich mit der Rolle des Negers begnügen, die, abgesehen von der virtuosen Bamboula, vor allem pantomimisch angelegt ist. Seine Partnerin Emilie Bigottini war der aufsteigende Stern. Man bewunderte schon damals ihre darstellerischen und technischen Fähigkeiten. Auch Louis-Jacques Milon konnte als Bourdonnaye keine allzu große Virtuosität zur Schau stellen. Zu bemerken ist noch, daß Goyon den alten Neger interpretierte. Fanny Bias war die Vortänzerin der »Negermischlinge«; ihr zukünftiger Partner, Antoine Paul, ging in der Menge der »schwarzen und weißen Matrosen« völlig unter.

**Wirkung:** *Paul et Virginie*, das nicht in die progressive Entwicklungslinie der andern Ballette Gardels paßt, hatte dennoch mit einer Gesamtzahl von 108 Aufführungen einen nicht unbeträchtlichen Erfolg. Das Ballett stand bis 1828 auf dem Spielplan der Opéra, es gab allerdings nicht einmal halb so viele Aufführungen wie bei *La Dansomanie*. Der Erfolg ist möglicherweise nur auf die Beliebtheit des Romans und Gardels Ansehen zurückzuführen, obwohl sein Ruhm bereits abnahm. Er, der Initiator des neuen Balletts, wurde von andern überholt und griff auf Altbewährtes zurück; es gelang ihm nicht, den Tanz in jene Richtung weiterzuentwickeln, aus der die Romantik hervorgehen sollte. – 1809 brachte Jean-Pierre Aumer das Ballett *Paul et Virginie ou Les Deux Créoles* mit zusätzlicher Musik von Henri Darondeau in Wien heraus, 1815 setzte er das Ballett erneut in Szene. 1816 folgte eine Version des Balletts von Anatole Petit für die Königliche Oper Berlin, 1830 studierte August Bournonville *Paul et Virginie* in Kopenhagen ein. *Paul et Virginie ou Le Naufrage* nannte Charles Louis Didelot das Ballett, als er es in Petersburg einstudierte, 1831 stand es erneut auf dem Spielplan. Eine späte Aufführungsserie erlebte Michel François Hoguets Ballett *Paul und Virginie* (Berlin 1848, Musik: Wenzel Gährich), das bis 1865 auf dem Spielplan stand.

**Abschriften:** Part, 3 Bde., 39 Einzel-St.: Bibl. de l'Opéra Paris.
**Ausgaben:** L d. Balletts v. J.-P. Aumer: Wien, Wallishausser 1809

**Literatur:** M. DIETZ, Geschichte des musikalischen Dramas in Frankreich während der Revolution bis zum Directorium (1787 bis 1795) in künstlerischer, sittlicher und politischer Beziehung, Wien 1885, Nachdr. Hildesheim, NY 1970, S. 195–198; The Ballet Poems of August Bournonville. The Complete Scenarios, Appendix Two, in: DC 6:1983, Nr. 1, S. 52–63

*Germaine Prudhommeau*

# Francesco Gasparini

Getauft am 19. März 1661 in Camaiore (bei Lucca, Toskana), gestorben am 22. März 1727 in Rom

## Il Bajazet
**Dramma per musica**

**Bajasid**
3 Akte (7 Bilder)

**Text:** Ippolito Zanelli, nach dem Libretto (1710) von Agostino Graf Piovene zur 1. Fassung, nach der Tragödie *Tamerlan ou La Mort de Bajazet* (1675) von Jacques Pradon
**Uraufführung:** 1. Fassung als *Tamerlano*: 1711, Teatro di S. Cassiano, Venedig; 2. Fassung: 1719, Teatro Antico, Reggio nell'Emilia (hier behandelt)
**Personen:** Bajazet/Bajasid I., türkischer Sultan, Gefangener Tamerlanos (T); Tamerlano/Timur-Leng, Herrscher der Tataren (A); Asteria, Bajazets Tochter, Geliebte Andronicos (S); Irene, Prinzessin von Trapezunt, Verlobte Tamerlanos (S); Andronico und Clearco, griechische Prinzen, Verbündete Tamerlanos (2 A); Leone, General Bajazets, Vertrauter Asterias (A); Zaida, Dienerin Asterias (S)
**Orchester:** Fl, 2 Ob, 2 Hr, Fg, Streicher, B.c
**Aufführung:** Dauer ca. 3 Std. – Tamerlano, Andronico, Clearco und Leone wurden in der Uraufführung von Kastraten gesungen.

**Entstehung:** Das Schicksal des von dem asiatischen Eroberer Timur-Leng 1402 bei Ankara besiegten und in der Gefangenschaft durch Selbstmord endenden türkischen Sultans Bajasid I. war schon von einigen Dichtern in Tragödien behandelt worden, unter anderm von Christopher Marlowe in *Tamburlaine the Great* (1590). Während die Titelfigur hier als brutaler Tyrann geschildert worden war, stellt ihn Pradon um der geschichtlichen Wahrheit willen als einen im Grunde ehrenwerten Mann dar, der bei aller angeborenen Wildheit einen großmütigen Charakter besessen habe; sein Gegenspieler Bajazet ist von Fanatismus beherrscht. Pradons Tragödie wurde zuerst von Antonio Salvi zu einem Libretto umgeformt; Alessandro Scarlattis Musik zu *Il gran Tamerlano* (Pratolino 1706) hat sich nicht erhalten. Ebenfalls auf Pradon fußte Piovene. Er erweiterte aber die Handlung, indem er den weiblichen Rollen mehr Gewicht gab. Von Irene, Tamerlanos Braut, war bei Pradon nur berichtet worden; bei Piovene kämpft sie um Tamerlanos Liebe. Bajazets Tochter Asteria, bei Pradon nur Objekt, löst durch ihre Mordpläne selbst die Konflikte aus. Von Gasparinis Musik dieser 1. Fassung haben sich nur wenige Arien erhalten. In der 2. Fassung bleibt die Handlung im wesentlichen gleich. Der Textbearbeiter Zanelli hat aber einige Nebenrollen geändert, die Sterbeszene Bajazets eingefügt (über seinen Tod war in der 1. Fassung nur berichtet worden) und fast alle Rezitativtexte weitgehend neu formuliert; von den Texten der Musiknummern wurden nur vier aus der 1. Fassung übernommen. Bei der 2. Fassung handelt es sich also nicht um eine nur im üblichen Rahmen veränderte Wiederaufführung. Mit Recht heißt es im Libretto, die Musik sei neu.

**Handlung:** Im Mongolenreich, 1403. I. Akt, 1. Bild: Gewölbe mit Wachtposten für Bajazet; 2. Bild: für Bajazet und Asteria bestimmte Gemächer in Tamerlanos Palast; 3. Bild: Vorhalle und Garten des Palasts; II. Akt, 1. Bild: Gang mit Öffnung zu Tamerlanos Kabinettssaal; 2. Bild: Halle mit zwei Thronsesseln; III. Akt, 1. Bild: von Türmen begrenzter Hof im Serail; 2. Bild: Tamerlanos Speisesaal.
I. Akt: Der mächtige Tamerlan hat, unterstützt von dem griechischen Prinzen Andronico, den Sultan Bajazet besiegt und zusammen mit seiner Tochter Asteria gefangengenommen. Nur der Gedanke an die Zukunft seiner Tochter hält Bajazet davon ab, sich weiteren Demütigungen durch Selbstmord zu entziehen. Tamerlan ist mit der ihm unbekannten Irene, der Erbin eines Königreichs, verlobt. Während ihre Ankunft erwartet wird, verliebt sich Tamerlano in Asteria. Er will eine Heirat mit ihr nicht erzwingen, sondern mit Bajazet Frieden schließen. Andronico, der selbst Asteria liebt und von ihr geliebt wird, soll bei Bajazet für Tamerlano um sie werben und dafür Irene und deren Königreich erhalten. Als Asteria von diesen Plänen hört, fühlt sie sich von Andronico verraten. Die zu ihrer Hochzeitsfeier eingetroffene Irene will sofort in die Heimat zurückkehren, als sie vom Sinneswandel ihres Verlobten erfährt, wird aber von Andronico, der sich davon eine Wendung zu seinen Gunsten verspricht, überredet, sich als Vertraute Irenes auszugeben und Tamerlano wenigstens kennenzulernen.
II. Akt: Um sich an Andronico zu rächen, geht Asteria auf Tamerlanos Angebot ein. Bajazet verhindert dies, indem er Tamerlano beleidigt und seine Tochter so demütigt, daß sie ihren wahren Plan enthüllt; sie zeigt den versteckten Dolch, mit dem sie Tamerlano bei der ersten Umarmung töten wollte. Vater und Tochter werden wieder eingekerkert.
III. Akt: Bajazet hat von einem treuen Sklaven Gift erhalten, das er mit Asteria teilt. Tamerlano will Asteria noch einmal vergeben. Sie lehnt ab und fordert Andronico zu dem Geständnis heraus, daß er sie liebe. Der erneut gekränkte Tamerlano will nun Bajazet töten und Asteria einem seiner Sklaven zur Frau geben. Vorher aber soll sie, die Sultanstochter, ihn bei der Tafel bedienen. In den Wein, den sie ihm kreden-

zen muß, gießt sie Gift. Das aber sieht Irene und eröffnet es Tamerlano. Dessen Befehl, daß zuerst Bajazet und Andronico von dem Wein trinken, versucht Asteria zu umgehen, indem sie selbst sich anschickt, das Glas zu leeren; aber Andronico schlägt es ihr aus der Hand. Nachdem Bajazet Gift genommen hat, verflucht er sterbend noch einmal den Feind. Irene gibt sich zu erkennen und setzt sich für Frieden und Versöhnung ein. Tamerlano verzeiht Asteria, überläßt sie Andronico und heiratet Irene.

**Kommentar:** *Tamerlano* und *Il Bajazet* können als Musterbeispiele der um 1700 in Venedig entstandenen Opera seria gelten. Komische Elemente waren ausgeschaltet. Die Handlung läuft in den Rezitativen ab, die keineswegs nur trocken waren, sondern immer, wenn es der Text erforderte (also nicht nur in den drei Accompagnatos), ausdrucksstark und dramatisch sein konnten. Jede Szene mündete in eine Arie ein; die Handlung steht still, damit der Akteur seinen Gefühlen Ausdruck geben oder sie durch Vergleichsbilder veranschaulichen kann. Normalerweise sah das Libretto vor, daß der Sänger nach seiner Arie von der Bühne abging. Die 2. Fassung enthält 36 Musiknummern. Von den 32 Arien sind 24 Abgangsarien. Lediglich Irene, gesungen von Faustina Hasse-Bordoni, führte sich mit einer Auftrittsarie ein. Im übrigen finden sich in der Oper zwei Ariosi, ein Terzett und ein »coro«, der von den an der Schlußszene beteiligten Solisten gesungen wird.

**Wirkung:** In der Uraufführung sangen neben Hasse-Bordoni Francesco Borosini (Bajazet), Marianna Benti Bulgarelli (Asteria) und Antonio Maria Bernacchi (Tamerlano). Von weiteren Aufführungen dieser 2. Fassung ist nichts bekannt. Bei den Opern mit dem Titel *Il Tamerlano*, die 1715 in Verona, 1716 in Udine und Florenz sowie 1719 in Ancona aufgeführt wurden und in deren Libretti kein Komponist genannt wird, kann es sich um mehr oder weniger veränderte Wiederaufführungen von Gasparinis 1. Fassung handeln. Auch *Bajazette*, 1723 in Venedig mit der Musik von Gasparini aufgeführt, fußte auf der 1. Fassung. Die Geschichte von Timur-Leng und Bajasid gehört zu den beliebtesten Opernsujets. Allein für das 18. Jahrhundert sind 49 Libretti überliefert; man kennt die Namen von 28 Komponisten. In den meisten Fällen bildete Piovenes Libretto die Grundlage, so auch für Händels *Tamerlano* (1724). Der Textbearbeiter Nicola Francesco Haym hat beide Fassungen ausgewertet; zahlreiche Szenen sind wörtlich übernommen. Wahrscheinlich hat Händel auch Gasparinis Partitur gekannt.

**Autograph:** nicht erhalten. **Abschriften:** Part, 2 Mss. v. gleicher Hand: ÖNB Wien (Mus. Hs. 17251), Staatl. Museen Meiningen (126$^w$). **Ausgaben:** Part, krit. Ausg., hrsg. M. Ruhnke: Henle, München 1981 (Die Oper. 3.) [Notenband]; Part, Faks.-Nachdr. d. Abschrift Wien: Garland, NY, London 1978 (Italian Opera 1640-1770. 24.); Textb., 1. Fassung: Venedig, Rossetti 1710; Textb., 2. Fassung: Reggio nell'Emilia, Vedrotti 1719, Nachdr. in: Italian Opera Librettos, Bd. 3, NY, London, Garland 1978 (Italian Opera 1640-1770. 53.). **Aufführungsmaterial:** krit. Ausg.: Henle, München

**Literatur:** J. M. KNAPP, Handel's ›Tamerlano‹, in: MQ 56:1970, S. 404-430, dt. in: 50 Jahre Göttinger Händel-Festspiele, hrsg. W. Meyerhoff, Kassel 1970, S. 167-185; M. RUHNKE, Das italienische Rezitativ bei den deutschen Komponisten des Spätbarock, in: Studien zur ital.-dt. M.Gesch., Bd. 11, Köln 1976 (Analecta musicologica. 17.), S. 79-120; R. STROHM, Die italienische Oper im 18. Jahrhundert, Wilhelmshaven 1979 (Taschenbücher zur Mw. 25.), S. 95-111; Francesco Gasparini. Atti del primo convegno internazionale (1978), hrsg. F. Della Seta, F. Piperno, Florenz 1981; M. RUHNKE, Zum Rezitativ der Opera seria vor Hasse, in: Colloquium »Johann Adolf Hasse und die Musik seiner Zeit« (Siena 1983), hrsg. F. Lippmann, Laaber 1987 (Analecta musicologica. 25.), S. 159-186

*Martin Ruhnke*

# Florian Gaßmann

Florian Leopold Gaßmann; geboren am 3. Mai 1729 in Brüx (Most; bei Aussig, Nordböhmen), gestorben am 20. Januar 1774 in Wien

## Amore e Psiche
Opera

**Amor und Psyche**
3 Akte (8 Bilder)

**Text:** Marco Coltellini, nach dem Märchen »Amor und Psyche« aus dem Roman *Metamorphoseon libri XI* (*Der goldene Esel*, um 170-175) von Lucius Apulejus
**Uraufführung:** 5. Okt. 1767, Burgtheater, Wien
**Personen:** Palemone/Palaimon, König von Knidos (T); Psiche/Psyche, seine Tochter (S); Venere/Venus (S); Amore/Amor (S); Zeffiro/Zephir (S); Imeneo/Hymen (stumme R). **Chor:** die Vergnügen, Genien; Scherzo/Scherz, Gioco/Spaß und Riso/Lachen im Gefolge Amores; Schwestern Psiches; Nymphen; Grazien und Amoretten im Gefolge Veneres; Priester; Schicksalshüter; Furien. **Ballett:** die Vergnügen, Genien; Furien
**Orchester:** 2 Fl, 2 Ob, 2 E.H, 2 Fg, 2 Hr, 2 Corni di caccia, 2 Trp, Pkn, Streicher, B.c
**Aufführung:** Dauer ca. 3 Std. – Amore und Zeffiro wurden in der Uraufführung von Kastraten gesungen.

**Entstehung:** 1763 wurde Gaßmann, der zuvor in Venedig gewirkt hatte, an den Wiener Hof verpflichtet, wo er die Nachfolge Christoph Willibald Glucks als Ballettkomponist antrat. Den Auftrag zu *Amore e Psiche* erhielt Gaßmann anläßlich der Feierlichkeiten zur Verlobung der Erzherzogin Maria Josepha (die zehn Tage nach der Uraufführung, kurz vor der Hochzeit, starb) mit Ferdinand IV., König von Neapel. Die glückliche Wiedervereinigung von Amor und Psyche sollte gleichsam die Allegorie auf die Hochzeit des königlichen Paars bilden.

**Handlung:** In mythischer Zeit.
I. Akt, 1. Bild, öder Strand auf der Insel Knidos, deren Ufer, von steilen Felsen umgeben, eine kleine Bucht bilden, die den Blick auf das ruhige Meer freigibt: Verliebt betrachtet Amore in der Morgendämmerung die schlafende Psiche. Die ihn begleitenden Nymphen umtanzen die Geliebte. Zu ihnen gesellen sich Scherzo, Gioco und Riso, schließlich Imeneo als Vorbote der nahen Hochzeit des Paars. Bei aufsteigender Morgenröte erinnert sich Amore der grausamen Fügung des Schicksals, nach der es Psiche untersagt ist, Amore anzusehen. Mißachtet sie das Verbot, ist sie der Rache der eifersüchtigen Venere ausgeliefert. Bevor Amore Psiche verläßt, verwandelt er den Strand in einen lieblichen Garten. 2. Bild, lieblicher Ort mit schattigen Wegen, Quellen, Myrtenwäldchen und einem von Rosen umgebenen Tempelchen; an dessen Eingang ein Schild mit der Aufschrift »Für Psiche, schöner als Venere«: Psiche erwacht, verwundert über ihre Umgebung, weiß sie doch, daß sie des Nachts die Orientierung verloren hat und am Strand eingeschlafen ist. Für Psiche unsichtbar teilen ihr Amore und die Genien mit, daß sie sich nach wie vor am Strand befinde, den ein Gott ihr zu Ehren verschönt habe. Noch immer verwirrt, sieht sie ihren Vater Palemone und ihre Schwestern kommen, die sie verzweifelt gesucht haben. Psiche beruhigt Palemone, dem Stimmen Gefahr für Psiches Leben prophezeit haben: Ein sie liebender Gott habe das Paradies geschaffen. Unter Verweis auf die zahlreichen Opfer der Götter warnt Palemone Psiche und fordert sie auf, sich mit ihm in den heiligen Wald zu begeben und dort ihren Schicksalsspruch zu erwarten. Amore bittet Zeffiro, ihn gegenüber Venere, deren Ankunft in Knidos bevorsteht, zu unterstützen. Als Venere in ihrer goldenen Kutsche erscheint und die Inschrift am Tempel liest, erfaßt sie blinder Zorn. Während sie im Begriff ist, den Tempel zu zerstören, kommt Amore hinzu, der sie weder zu besänftigen noch Verständnis für seine Liebe zu Psiche zu wecken vermag. Venere droht, sich an Psiche zu rächen, und gibt ihren Nymphen den Befehl, alles niederzubrennen. Während Garten und Tempel in Flammen aufgehen, tanzen Furien.
II. Akt, 1. Bild, Wald des Schicksals; ein schattiger Ort mit zerstörten Bildnissen unbekannter Gottheiten; im Hintergrund der zu den Orakeln führende Höhleneingang: Palemone hat sich mit Psiche zu dem heiligen Wald begeben, um, wie ihm verheißen, Psiches Schicksal zu erfahren. Während die Priester einen feierlichen Gesang anstimmen, steigt Palemone in die Höhle hinunter, worauf sich der Himmel verdunkelt und Donner ertönt. Erschüttert kehrt er zurück mit der Nachricht, daß ein Gott Psiche zur Braut gewählt habe und sie in eine Höhle des Kaukasus gebracht werde, wo sie auf den unsichtbaren Bräutigam stoße. Breche sie das Verbot, ihn anzusehen, sei ihr der Tod sicher. Kaum hat Psiche den Schicksalsspruch vernommen, wird sie von einer Wolke erfaßt und in die Lüfte gehoben. Der verzweifelte Vater wünscht sich den Tod. 2. Bild, Gebirgszug im Kaukasus; zwischen den höchsten, vom ewigen Eis umgebenen Abhängen der Eingang zu einer geheimnisvollen Höhle: Venere erwartet Psiches Ankunft. Naiv bittet Psiche die Göttin um Hilfe. Venere macht sie jedoch zum Opfer einer List, indem sie sie mit dem Versprechen in die Höhle lockt, das angebliche Ungeheuer, das nur im Dunkeln mächtig sei, erschlagen zu können, wenn sie eine Laterne anzünde. Zeige sie sich mutig, sei ihre Rückkehr zum Vater gewiß. Venere ist sich ihrer Rache und ihres Triumphs sicher. 3. Bild, prächtiger Salon in Amores Palast: Die Vorbereitungen für die Hochzeit werden getroffen. Amore beauftragt Zeffiro, Psiche zu ihm zu führen. Als sie eintritt, breitet sich Dunkelheit aus. Amore gibt sich als ihr Geliebter zu erkennen, eröffnet ihr jedoch auch, daß sie ihn nicht sehen dürfe, bevor die Hochzeit vollzogen sei. Psiche glaubt dem Fremden nicht, entzündet, wie ihr von Venere geheißen, die Laterne und erhebt die Waffe. Als sie den Irrtum erkennt, beklagt sie mit Amore ihr Schicksal, das sie nun für ewig trennt. Venere läßt Psiche von den Schicksalshütern in die Unterwelt bringen, worauf Amore, Zeffiro und der inzwischen ebenfalls eingetroffene Palemone mit Entsetzen reagieren.
III. Akt, 1. Bild, zum Acheron führendes schauerliches Tal: Furien gruppieren sich tanzend zur Bewachung des Flusses. Psiche verteidigt sich vergebils, als Venere sie beschuldigt, für Amores Verrat verantwortlich zu sein. Die Göttin übergibt sie den Furien, die sie in die Unterwelt führen sollen. Obwohl von Psiches Tugend beeindruckt, ist sie nicht bereit, Gnade walten zu lassen. Allein unter der Bedingung, daß Amore auf Psiche verzichtet, würde sie allen verzeihen. Amore sieht sich hierzu nicht fähig und bittet die Mutter um seinen Tod. Gerührt vergibt Venere schließlich dem Paar. 2. Bild, vom Höllenfeuer erleuchtete grauenvolle Grotte: Gezeichnet durch ihre Erlebnisse in der Unterwelt, beschließt Psiche, ihrem Leben mit einem Schluck Styxwasser ein Ende zu setzen. Zu spät erfährt sie von Veneres Gnade und sinkt zu Boden, als Amore ihr die freudige Nachricht überbringt. Amore will seiner Geliebten in den Tod folgen. 3. Bild, prächtiger Saal: Venere erscheint und erklärt, daß sie als letzten Beweis für Psiches und Amores Liebe diese Situation herbeigeführt habe. Psiche habe in Wirklichkeit kein Styxwasser, sondern vom Quell der ewigen Jugend getrunken. Als Psiche erwacht, vereinigt Venere Psiche und Amore zum Paar.

**Kommentar:** Mit seinem mythologischen Sujet, den weiträumig angelegten Chor- und Ballettszenen und dem Reichtum an Bühneneffekten steht das Werk in der Tradition der Festa teatrale, so wie sie sich seit dem 17. Jahrhundert am Wiener Hof herausgebildet hat. Dramaturgisch und musikalisch gehört *Amore e Psiche* jenem Operntyp an, der sich in Wien um 1760, unmittelbar anknüpfend an Traettas *Ippolito ed Aricia* (1759), durchzusetzen begann und mit Glucks *Orfeo ed Euridice* (1762) operngeschichtliche Bedeutung gewann. Während Coltellini, der ebenfalls 1763 nach Wien kam, bereits mit dem Libretto für Traettas *Ifigenia in Tauride* (1763) einen Beitrag zu diesem Operntyp beigesteuert hatte, bedeutete *Amore e Psi-*

*che* für Gaßmann eine erste Auseinandersetzung mit den Ideen der Reformer. Vor allem mit den weitgehend durchkomponierten Chor-Solo-Szenen knüpft Gaßmann ganz unmittelbar an seine Vorbilder an. Bereits die Ouvertüre leitet mit dem letzten Satz, zugleich Amores Arioso »Venite al bel soggiorno«, direkt in die Introduktion. Chöre und Rezitative, begleitete wie unbegleitete, gehen in der Regel ineinander über; die nach dem dreiteiligen Dakaposchema angelegten Arien fügen sich zumindest tonal ein, sind bisweilen jedoch auch mit den Rezitativen verbunden. Die einzelnen »Bilder«, Amores Betrachtung Psiches am Strand, die Orakelbefragung am Anfang des II. Akts sowie Psiches Gang in die Höhle mit dem spektakulären »colpo di scena«, dem Anzünden der Laterne, sind in diesem Sinn durchkomponiert. Gerade dieser Szenenkomplex weist mit seiner Folge von Arie, Chor, Rezitativ und (unmittelbar nach dem »colpo«) Ensemble, an dem außer Amore und Psiche auch Venere, der Chor der Schicksalshüter, Palemone und Zeffiro beteiligt sind, Züge einer auf Steigerung angelegten Finalkomposition auf, wie sie erst am Ende des 18. Jahrhunderts üblich wurde.

**Wirkung:** Wie in damaliger Zeit die Regel, wurde das für den konkreten Anlaß komponierte Werk nicht wieder aufgeführt. Coltellinis Libretto wurde hingegen noch zweimal neu vertont: 1773 von Tommaso Traetta für das kaiserliche Theater Petersburg und 1780 von Joseph Schuster für das Teatro San Carlo Neapel, ebenfalls 1780 kam es in Florenz als Pasticcio zur Aufführung.

**Autograph:** Verbleib unbekannt. **Abschriften:** Bibl. S. Pietro a Maiella Neapel (Mss. 1465/67), ÖNB Wien, Ges. d. M.Freunde Wien. **Ausgaben:** Part, Faks.-Nachdr. d. Abschrift Neapel: Garland, NY, London 1983 (Italian Opera 1640–1770. 87.); Textb.: Wien, Ghelen 1767, Nachdr. in: Italian Opera Librettos, Bd. 11, NY, London, Garland 1984 (Italian Opera 1640–1770. 92.)
**Literatur:** G. DONATH, F. L. G. als Opernkomponist, in: StMW 2:1914, S. 34–211; G. ZECHMEISTER, Die Wiener Theater nächst der Burg und nächst dem Kärnthnerthor von 1747 bis 1776, in: Theatergeschichte Österreichs, Bd. 3/2, Wien 1971; H. ABERT, W. A. Mozart, Lpz. [10]1983, S. 381f.

*Sabine Henze-Döhring*

## La contessina
### Dramma giocoso per musica

### Die junge Gräfin
3 Akte (8 Bilder)

**Text:** Marco Coltellini, nach dem Libretto von Carlo Goldoni zu der Commedia per musica (Venedig 1743) von Giacomo Maccari
**Uraufführung:** vermutlich 3. Sept. 1770, Ad-hoc-Theater, Mährisch-Neustadt
**Personen:** Graf Baccellone, Vater der jungen Gräfin (B); die junge Gräfin, Geliebte Lindoros (S); Pancrazio, Vater Lindoros (B); Lindoro (T); Vespina, Kammerzofe der Gräfin (S); Gazzetta, Kaufmannsgehilfe bei Pancrazio (T); Bediente (stumme R)
**Orchester:** 2 Ob, 2 Fg, 2 Hr, Streicher, B.c
**Aufführung:** Dauer ca. 3 Std.

**Handlung:** I. Akt, 1. Bild: Handlungskontor Pancrazios; 2. Bild: Zimmer im Haus des Grafen Baccellone; 3. Bild: Garten; II. Akt, 1. Bild: das Handlungskontor; 2. Bild: das Zimmer im Haus des Grafen; 3. Bild: Saal mit Stühlen und einem Kanapee; III. Akt, 1. Bild: Zimmer im Haus des Grafen; 2. Bild: großer, erleuchteter Saal mit Tafel.
Lindoro, der Sohn des reichen Kaufmanns Pancrazio, hat sich in die Tochter des Grafen Baccellone verliebt und wirbt unter dem Namen Marchese di Cavromano um sie. Als Pancrazio von der Liebe seines Sohns erfährt, geht er selbst zu Baccellone und hält um die Hand der Gräfin an, wird jedoch von dem adelsstolzen Vater und seiner hochfahrenden Tochter mit Spott davongejagt. Um sich zu rächen, brütet er gemeinsam mit seinem Gehilfen Gazzetta, der in Vespina verliebt ist, eine Intrige aus, die den Grafen demütigen soll. Als Vater des vermeintlichen Marchese verkleidet, erscheint er im gräflichen Haus und vereinbart mit dem ebenso arroganten wie unsicheren Grafen die Hochzeit. Gazzetta, von Vespina nicht nur über die desolaten finanziellen Verhältnisse des Grafen, sondern auch über dessen bäuerliche Herkunft unterrichtet, hilft ihm (einmal als markgräflicher Genealoge verkleidet, einmal als frisch aus dem Heimatdorf angereister bäuerlicher Vetter des Grafen, einmal als reisender Adliger, der die Gräfin um ihre Hand bittet, die ihm darauf ihrerseits nach ihrer Eheschließung die Rolle ihres Cicisbeo verheißt), Baccellone und seine Tochter bloßzustellen. Als alles zur Hochzeit bereit ist, erscheint Pancrazio in seinen eigenen Kleidern und offenbart die Intrige. Um der Blamage zu entgehen, besteht Baccellone nun seinerseits auf die Heirat, bekommt jedoch von Pancrazio die gleichen Worte zurück, mit denen er den Kaufmann so höhnisch abgewiesen hatte. Erst durch die Reue der Gräfin und die Bitten seines Sohns läßt er sich erweichen. Auch Gazzetta und Vespina werden ein Paar.
**Kommentar:** Der Reiz dieser Oper, die in einem aus Holz errichteten Opernhaus vor der Rathaustreppe in Mährisch-Neustadt aus Anlaß des Besuchs König Friedrichs des Großen bei Kaiser Joseph II. aufgeführt wurde und deren Thema (der schon von Molière gegeißelte Adelsstolz) symptomatisch ist für das immer stärker werdende bürgerliche Selbstbewußtsein, liegt in Gaßmanns gelungener musikalischer Karikatur der einzelnen Personen. Die menuettartig geschnörkelte Kavatine, mit der sich die Gräfin bei ihrer Morgentoilette dem Publikum vorstellt, wie auch das folgende gestelzte Zwiegespräch mit Lindoro wirken musikalisch durch kurze Seufzerfiguren und Stakkatobegleitungen bei normaler Konversation und weit ausladenden Intervallsprüngen bei großen Gesten ebenso zierlich-dumm wie die Worte der Gräfin. Voll Ironie gezeichnet ist auch Graf Baccellone; seine erste Arie, deren Hauptteil die Verspottung des Plebejers mit

polternden Stakkato-Dreiklangsbrechungen in der Instrumentalbegleitung zum Ausdruck bringt und deren Mittelteil Verachtung und Empörung mit scharf punktierendem Melodieverlauf und bissigen Streichertremoli deutlich macht, ist die am stärksten charakterzeichnende Komposition der Oper. Den Anfang dieser Arie am Schluß dem sympathischen Pancrazio noch einmal in den Mund zu legen ist zwar ein schon auf Goldoni zurückgehender Kunstgriff, erhält aber durch Gaßmanns Vertonung ein ungleich stärkeres dramatisches Gewicht. Besonders reich ist die Oper an Ensemblesätzen: neben den drei Finale sechs Terzette und ein Chorsatz. Das Finale des III. Akts ist als vaudevilleartiges Rondo komponiert, eine von Gaßmann auch für Arien bevorzugte Form, die in *La contessina* neben freien zwei- und dreiteiligen Arienformen bei der typischen Dienstbotenarie Vespinas verwendet wird.

**Wirkung:** Noch im Jahr der Uraufführung erfolgte in Venedig die italienische Erstaufführung. Das schnell bekannt gewordene und überaus beliebte Werk wurde in den 70er Jahren des 18. Jahrhunderts an zahlreichen Bühnen Europas gespielt. In verschiedenen deutschen Übersetzungen gelangte die Oper als *Das gräfliche Fräulein* 1783 in Prag, *Die junge Gräfin* 1784 in Riga, *Die Gräfin oder Der übelangebrachte Stolz* 1786 und *Johann in sechs Gestalten* 1797 in Wien zur Aufführung. Über Inszenierungen in Mannheim und Klagenfurt 1924 hinaus sind keine neueren Aufführungen bekannt.

**Autograph:** Verbleib unbekannt. **Abschriften:** ÖNB Wien. **Ausgaben:** Part, krit. Ausg., hrsg. R. Haas, in: DTÖ XXI/1, Bd. 42–44, Graz 1914, Nachdr. 1960; Textb.: Brescia, Pasini [1774]; Kopenhagen, Grane 1778
**Literatur:** G. DONATH, F. L. G. als Opernkomponist, in: StMW 2:1914, S. 34–211; R. STROHM, Die italienische Oper im 18. Jahrhundert, Wilhelmshaven 1979 (Taschenbücher zur Mw. 25.), S. 278–290

*Silke Leopold*

# Peter Gast

**Eigentlich Johann Heinrich Köselitz; geboren am 10. Januar 1854 in Annaberg (heute zu Annaberg-Buchholz; Erzgebirge), gestorben am 15. August 1918 in Annaberg**

## Der Löwe von Venedig
### Komische Oper in drei Akten

**Text:** Peter Gast
**Uraufführung:** 1. Fassung als *Die heimliche Ehe*: 23. Jan. 1891, Stadttheater, Danzig; 2. Fassung: 11. Febr. 1933, Opernhaus, Chemnitz
**Personen:** Graf Robinson aus Padua (Bar); Geronimo, ein reicher Kaufherr (B); Carolina, jüngere Tochter Geronimos (hoher S); Elisetta, ältere Tochter Geronimos (S); Paolino, Buchhalter bei Geronimo (T); Fidalma, Schwester Geronimos, Witwe (A). **Chor:** Diener, Gondoliere, Kammermädchen, Nachbarn, Nachbarinnen
**Orchester:** Picc, 2 Fl, 2 Ob, 2 Klar, 2 Fg, 4 Hr, 2 Trp, 3 Pos, Tb, Pkn, Schl (Bck, gr.Tr, Trg), Hrf, Streicher
**Aufführung:** Dauer ca. 3 Std.

**Entstehung:** Die 1878–83 in Venedig nach dem Vorbild von Cimarosas berühmter Opera buffa *Il matrimonio segreto* (1792) entstandene deutsche komische Oper wurde später noch wiederholt von Gast geändert. Trotz des Einsatzes von Friedrich Nietzsche, der das Werk für sehr bedeutend hielt, kam es erst 1891 auf die Bühne (vier Aufführungen). Gast hat die Oper danach umgestaltet (vor allem Teile umgestellt) und in dieser Fassung 1901 unter dem neuen Titel im Klavierauszug veröffentlicht. Auch danach hat er noch an dem Werk gebessert, vor allem Teile neu instrumentiert, aber diese Arbeit nicht mehr beenden können (Einzelheiten der offenbar mehrfachen Umarbeitungen sind noch nicht ermittelt). – Folge der Bilder: I. Akt (1. Fassung: I/1); II. Akt, 1. Bild (I/2); II. Akt, 2. Bild (II/1); III. Akt, 1. Bild (II/2); III. Akt, 2. Bild (III. Akt). III/2 ist gegenüber der Endfassung am Anfang durch die Szene Geronimo/Paolino erweitert, im Finale gekürzt.

**Handlung:** Im Palazzo Geronimos in Venedig, um 1770.

I. Akt, venezianischer Vorsaal mit Blick auf die Stadt und die Lagune: Geronimo, ein reicher Kaufmann zu Venedig, möchte seine zwei Töchter nur adligen Freiern geben. Indes entbrannten die jüngere Carolina und Paolino, der Geschäftsführer Geronimos, in Liebe zueinander. Sie haben sich heimlich trauen lassen und sind daher in der größten Verlegenheit, ihre Tat zu beichten. Paolino sucht sich in Geronimos Gunst zu setzen, um sein Bekenntnis zu erleichtern. Zu diesem Zweck bemüht er sich um einen aristokratischen Bräutigam für die ältere Tochter Elisetta, den er endlich in seinem Freund, dem Grafen Robinson, findet. Der Graf hält brieflich bei Geronimo um Elisettas Hand an, verspricht auch, bald in Venedig selbst vorzusprechen. Geronimo ist entzückt von dem Gedanken, daß seine Tochter nun bald als Gräfin in der Gesellschaft figurieren wird. Da er aber sogleich auch für Carolina einen Edelmann beigestellt sehen möchte, schlägt Paolinos erster Versuch zur Anbahnung des Geständnisses ins Gegenteil um. Der Graf kommt an. Nach einem herzlichen Empfang wünscht Geronimo, Robinson möge erproben, ob er seine Zukünftige unter den drei Damen (Carolina, Elisetta und Fidalma) herausfinde. Geronimo und Paolino gehen fort. Der Graf wendet sich der reizenden Carolina zu. Aufmerksam gemacht, daß Elisetta ihm zur Braut bestimmt sei, bleibt er, wie die drei Frauen, fassungslos.

II. Akt, 1. Bild, Garten hinter Geronimos Palazzo: Paolino entschließt sich, dem Grafen sein Geheimnis anzuvertrauen, hoffend, daß dieser es dem Alten erzählen werde. Doch im selben Moment tritt ihm der

Graf mit der Entdeckung entgegen, für Elisetta habe er kein Interesse; er begehre Carolina zur Braut. Paolino ist außer sich. Der Graf verfolgt Carolina mit Liebesanträgen; Elisetta überrascht beide, als der Graf Carolina um Erhörung anfleht. Beleidigt verklagt sie beide bei Fidalma. Geronimo und Paolino kommen hinzu. Aus Rücksicht auf den Grafen wagt niemand eine Antwort auf Geronimos Frage, was denn vorgefallen sei; es herrscht allgemeine Bestürzung. 2. Bild, großes Prunkzimmer im Rokokostil: Robinson und Geronimo beraten. Der Graf verzichtet auf Elisetta und erhält Carolina zur Frau. Paolino sieht als Ausweg nur noch die Vortäuschung einer Zuflucht zu Fidalma. Diese mißdeutet jedoch seine Annäherung und umarmt und küßt ihn, worüber er beinahe in Ohnmacht fällt. Fidalma ruft um Hilfe, Carolina erscheint, sieht ihren Mann zu den Füßen der Tante, wähnt sich hintergangen, ja ist im Begriff, ihn niederzustechen. Nach Fidalmas Abgang aufgeklärt, bereut sie ihre Übereilung. Beide kommen überein, nach dem Mißlingen ihres dritten Versuchs, die Verwirrung im Guten zu lösen, noch diese Nacht zu fliehen.
III. Akt, 1. Bild, Garten: Noch weniger als Carolina kann sich Elisetta mit der Abmachung zwischen dem Grafen und Geronimo zufriedengeben. Sie verlangt, Carolina solle auf einige Monate in die Obhut eines Klosters gegeben werden. Bekomme der Graf ihre Schwester nicht mehr zu Gesicht, so werde er sich nach und nach gewiß an sie selbst halten. Fidalma stimmt Elisetta sofort bei, und Geronimo wird gezwungen, trotz der Abmachung mit dem Grafen in die Regelung einzuwilligen. Carolina sinkt, sobald sie allein ist, zum Gebet nieder. Da erscheint abermals der noch ahnungslose Graf. Er erfährt nunmehr im Vertrauen, daß sie bereits versprochen sei, und wird von ihr aufgefordert, sich auf ihre Seite zu stellen. Nachdem er sein Treueversprechen mit einem Handkuß besiegelt hat, will er wissen, welchen Dienst er ihr eigentlich zu leisten habe. In diesem Moment stürzen Elisetta, Fidalma und Geronimo herein. Die Situation mißverstehend, sehen sie in Carolinas Gebaren ein neues Motiv, sie ins Kloster zu schaffen. Verzweiflung Carolinas, Unerbittlichkeit der andern Familienmitglieder, heftiger Protest des Grafen sind die Folge. 2. Bild, der Vorsaal bei Nacht: Geronimo übergibt Paolino zu sofortiger Expedition einen Brief an die Äbtissin, in deren Kloster Carolina untergebracht werden soll. Paolino will jedoch mit Carolina fliehen. Elisetta und der Graf, im Begriff, sich in ihre Schlafzimmer zurückzuziehen, begegnen einander. Elisetta schöpft Verdacht, daß er zu Carolina schleichen wolle, und nimmt sich darum vor, ihm aus dem Hinterhalt aufzulauern. Nachdem beide mit Kerzen in ihren Zimmern verschwunden sind und das Haus still und finster geworden ist, geht Carolinas Tür auf. Paolino und Carolina treten heraus; sie wollen hinunter und in der Gondel entfliehen. Elisetta öffnet ihre Tür, um zu lauschen. Die Entfliehenden hören das Knarren und ziehen sich in Carolinas Zimmer zurück. Elisetta wähnt den Grafen bei Carolina; sie will ihn blamieren und weckt daher ihren Vater und ihre Tante aus dem

Schlaf. Diese drei stellen sich vor Carolinas Zimmer auf und rufen den Grafen, der aus seiner Tür tritt, die sich im Rücken der Rufenden befindet. Großes Erstaunen erfaßt die Anwesenden. Zuletzt ruft man Carolina. Arm in Arm erscheint das junge Ehepaar. Alle sind frappiert; allmählich entlädt sich der Unwille des Vaters, der das Paar, das um Gnade fleht, verflucht und verstößt, bis sich der Graf ins Mittel legt: Denken wir nicht ans Geschehene, sondern an das, was einzig in unserer Hand ist, ans Künftige! Er ist Kavalier und erklärt sich aus Wohlwollen gegen Carolina bereit zur Heirat mit Elisetta. Geronimo wird durch Fidalmas und Elisettas Zureden besänftigt. Alles jubelt in Freude und Dankbarkeit.

**Kommentar:** *Der Löwe von Venedig* steht in der Tradition der komischen Oper, die sich mit Cornelius, Humperdinck und Wolf-Ferrari als Hauptvertretern unter Abkehr von Wagners Musikdrama durchsetzte und zu einer Neubelebung der Opera buffa in Deutschland führte. Gast strebte nach einer Individualisierung der Typen der Buffa, konventionelle Züge sind jedoch unverkennbar. Neben Elementen romantischer Spielopernmusik sowie Anklängen an die italienische Musik des 18. Jahrhunderts sind Spuren Richard Wagners zu beobachten. Kantabilität kennzeichnet nicht nur die Rezitative, sondern auch die instrumentalen Sätze (Aktvorspiele, Zwischenspiele im II. und III. Akt). Carl Fuchs wies dem Werk »die Bedeutung einer neuern und höheren Entwicklungsstufe der deutschen komischen Oper zu und begründet[e] diesen Anspruch damit, daß Gasts komische Oper auf ihrem Gebiete in allgemein [...] verständlicher Form das Problem gelöst habe, dramatische Vernunft mit musikalischer Schönheit zu verbinden« (in: *Musikalisches Wochenblatt* 22:1891, S. 69). Gasts historische Stellung beruht weniger auf seiner Bedeutung als Komponist, durch die er sich keinen festen Platz in der Musikgeschichte sichern konnte, als vielmehr auf seinem Verhältnis zu Nietzsche, der sein kompositorisches Œuvre enthusiastisch beurteilte und vergeblich zu fördern versuchte. Nietzsche erblickte in Gast einen neuen Mozart, in seiner Musik erkannte er die in den eigenen Schriften immer wieder postulierte italienische Melodik und rhythmische Leichtigkeit. Gast konnte die übertriebenen Erwartungen Nietzsches nicht erfüllen.

**Wirkung:** Die wichtigste bisher erzielte Wirkung war die auf Nietzsche. Immer wieder preist er diese Musik, die er voller Zukunft sieht. Ihm galt das Liebesduett, das in der 2. Fassung den II. Akt beschließt, als »himmlische Musik«. Die Uraufführung fand allerdings trotz des leidenschaftlichen Einsatzes von Fuchs nur geringes Echo. Sie veranlaßte Gast zur Umarbeitung. Später waren dann Aufführungen, die in Wiesbaden und Heidelberg erwogen wurden, unmöglich, da kein benutzbares Material mehr vorhanden und keine Partitur zugänglich war. Die Uraufführung der 2. Fassung (Regie: Richard Meyer-Walden) ging zwar mit Erfolg über die Bühne, zog aber, wohl wegen der gegebenen Zeitumstände, keine weiteren Aufführungen nach sich.

**Autograph:** Nationale Forschungs- u. Gedenkstätten d. klassischen dt. Lit. Weimar. **Ausgaben:** Kl.A, 2. Fassung: Hofmeister, Lpz. 1901, Nr. 8617; Textb., 1. Fassung: Danzig, Kafemann 1890. **Aufführungsmaterial:** Nationale Forschungs- u. Gedenkstätten d. klassischen dt. Lit., Weimar
**Literatur:** C. FUCHS, Thematikon zu P. G.s komischer Oper ›Die heimliche Ehe‹, Lpz. 1890; E. WACHLER, Warum ist P. G.s ›Löwe von Venedig‹ nicht wieder aufgeführt worden?, in: ZfM 96:1929, S. 159f.; E. PODACH, Gestalten um Nietzsche, Weimar 1932; A. EINSTEIN, Der »Antipode Wagners« (1933), in: Berliner Tageblatt, 12.3.1933, sowie in: DERS., Von Schütz bis Hindemith, Zürich, Stuttgart 1957; F. R. LOVE, Nietzsche and P. G., New Haven, CT 1958, Diss. Yale Univ.

*Rudolf Stephan*

# Pierre Gaveaux

**Geboren am 9. Oktober 1760 in Béziers (Hérault), gestorben am 5. Februar 1825 in Charenton-le-Pont (bei Paris)**

## Léonore ou L'Amour conjugal
Opéra-comique en deux actes

**Leonore oder Die eheliche Liebe**
2 Akte

**Text:** Jean Nicolas Bouilly
**Uraufführung:** 19. Febr. 1798, Théâtre Feydeau, Paris
**Personen:** Dom Fernand, Minister und Grande von Spanien (Bar); Dom Pizarre, Gouverneur eines Staatsgefängnisses (H-C); Florestan, Gefangener (T); Léonore, seine Frau, unter dem Namen Fidélio Gefangenenwärter (S); Roc, Kerkermeister (B.Bar); Marceline, seine Tochter (S); Jacquino, Gefängnispförtner, Liebhaber Marcelines (T); ein Gefangener (B).
**Chor:** Gefangene, Volk, Gefolge Dom Fernands, Wachen
**Orchester:** 2 Fl, 2 Ob, 2 Klar, 2 Fg, 2 Hr, 2 Trp, 2 Pos, Pkn, Streicher
**Aufführung:** Dauer ca. 2 Std. 15 Min. – Gesprochene Dialoge. Pizarre ist als Gesangsrolle keine Solopartie; er beteiligt sich, wenn überhaupt, nur am letzten Chor. Chorsoprane werden nur im Schlußchor als Volk zur Verdopplung der unisono geführten Stimmen Léonores und Marcelines benötigt, Choralte gar nicht.

**Entstehung:** Nach Bouillys Memoiren (s. Lit.) beruht die Fabel zu *Léonore* auf einer wahren Begebenheit, die er während der Schreckenszeit der Revolution als Administrator des Departements Indre-et-Loire miterlebte, die er aber in eine nicht näher bezeichnete Vergangenheit (der erste Bearbeiter des Textbuchs für Beethovens *Fidelio*, 1805, Josef Sonnleithner, spricht einmal vom 16. Jahrhundert) nach Spanien verlegte und verschleiernd »fait historique espagnol« nannte.

Der Rollenname Fidélio geht auf William Shakespeares Schauspiel *Cymbeline* (1611) zurück, in dem Imogen, auf deren Treue eine verhängnisvolle Wette abgeschlossen worden ist, sich in einen Pagen italienischer Abstammung mit dem Namen Fidele verkleidet, um auf ihrer Flucht Nachstellungen zu entgehen.
**Handlung:** In einem spanischen Staatsgefängnis unweit von Sevilla.
I. Akt, Innenhof des Gefängnisses, umgeben von verschiedenen Gebäuden mit vergitterten Fenstern, im Hintergrund das Eingangstor mit der Loge des Beschließers: Marceline, Tochter des Kerkermeisters Roc, hofft auf die Festlegung des Tags ihrer Hochzeit mit der als Fidélio verkleideten und als Gefängniswärter unermüdlich tätigen Léonore durch ihren Vater und schwärmt von ihm; an Jacquinos Werben ist ihr nichts mehr gelegen. Da Fidélio gut einzukaufen versteht, wird Roc ihn und seine Tochter am Tag nach dem für die allernächste Zeit erwarteten Besuch des Gouverneurs zusammengeben; außer Liebe brauche es allerdings auch Geld zum Heiraten, meint Roc. Fidélio bittet um sein Vertrauen, ihm bei seiner schweren Arbeit behilflich sein zu dürfen, um auf diese Weise Kontakt zu ihrem von Pizarre aus persönlicher Feindschaft eingekerkerten Gatten Florestan zu erlangen, den sie hier vermutet. Sie hofft, daß der Gouverneur ihrem Wunsch stattgegeben wird; Marceline hofft, daß er ihrer Verbindung mit Fidélio zustimmt: Léonore spricht sich Mut und Kraft für ihr Unternehmen zu. Roc hat inzwischen von Pizarre, der zu einer Inspektion des Gefängnisses gekommen war, die Erlaubnis erhalten, Fidélio in die Gefangenenverliese mitzunehmen. Auch soll Léonore mit Roc eine Zisterne als Grab für den geheimnisvollen Gefangenen (es ist Florestan) ausheben, dessen Rationen seit Wochen gekürzt waren und den Pizarre, maskiert und für Roc selbst nicht erkennbar, umbringen will, bevor der Minister bei seiner bevorstehenden Visite den Aufenthaltsort Florestans entdecken kann.
II. Akt, unterirdisches dunkles Geschoß mit einem alten Verlies und einer Zisterne: Florestan denkt an vergangene Tage und nimmt es in Pflichterfüllung willig hin, für die Wahrheit, für die er mutig eingetreten war, in Ketten zu liegen, den Tod vor Augen. Während er schläft, kommen Roc und Léonore in das Verlies und machen sich an die Arbeit. Erst nachdem Florestan wieder aufgewacht ist, erkennt Léonore ihn; ohne sich zu entdecken, erbittet sie von Roc Wein und Brot für den Hoffnungslosen. Pizarre kommt, verkleidet und maskiert. Als er seinen Dolch ziehen will, wirft sich Léonore zwischen ihn und Florestan; sie gibt sich, nachdem auch Pizarre sich demaskiert hat, zu erkennen und richtet ihre Pistole auf ihn. In diesem Moment ertönt die Trompete, die die Ankunft des Ministers ankündigt. Pizarre zieht sich, um dem Minister gegenüberzutreten, mit Roc zurück, der die Ehegatten einschließt. Sie fallen sich in die Arme. Das Verlies wird gestürmt, wobei Stimmen, die in der Ferne erklingen, Florestan und Léonore als Vorzeichen ihres bevorstehenden Untergangs mißverstehen. Roc führt den Minister zu Florestan und Léonore und

bittet für sie um Erbarmen. Léonore darf ihres Manns Ketten aufschließen, Pizarre wird in Florestans Verlies gesperrt, und alle preisen das wieder vereinte Paar.

**Kommentar:** Das Textbuch des von seinen Zeitgenossen »Tränendichter« genannten Bouilly gehört zu den Rettungsopern, die während der Revolutionszeit an den beiden Pariser Opernbühnen, die ein aktuelles, wenn auch orts- und zeitversetztes Repertoire pflegten (Théâtre Favart, Théâtre Feydeau), gegeben wurden. Gaveaux, der gleichzeitig ein ausgezeichneter Sänger war und den Part des Florestan selbst ausführte, hatte den Floreski in Cherubinis *Lodoïska* (1791) gesungen, die als Prototyp der heroischen Rettungsoper anzusehen ist. Auch wenn der dort ausgeprägte hohe dramatische Stil in Gaveaux' Partitur nicht erreicht ist (dafür fehlte es dem Libretto speziell an wirkungsvoll aufgebauten, mehrgliedrigen Finale), so sind die Solo- und Ensemblenummern in ihren wechselnden oder divergierenden Gefühlsäußerungen formal und von der Melodiegebung her teilweise sehr differenziert angelegt sowie geschickt und charakteristisch instrumentiert. Den traditionellen Typus der Romanze weiß Gaveaux für Léonore (Nr. 5) und Florestan (Nr. 7) mit großem Ernst auszustatten. Der Schluß des I. Akts mit dem Gefangenenchor, der pianissimo ausläuft, und der von Léonore und Florestan falsch interpretierte Rachechor (II/11) nach der Abwehr der Bedrohung durch Pizarre (einer der um 1800 häufig verwendeten Chöre »come da lontano«) verbinden musikalischen und szenischen Effekt eindrucksvoll miteinander und wurden, wie auch andere Details der Partitur, zum Muster für die weitere Rezeption des Stoffs. Bouillys Soloszene Léonores mit ihrer Arie voller Hoffnungs- und Rachegedanken wurde von Gaveaux im Gegensatz zu Beethoven (Nr. 9) nicht vertont.

**Wirkung:** *Léonore ou L'Amour conjugal* hatte bei der Uraufführung großen Erfolg, der neben dem Stoff auch der Darstellerin der Titelpartie, Julie Angélique Scio, zu verdanken war. Zu einer Neueinstudierung kam es allerdings nur noch in Brüssel (1799). Bouillys Libretto wurde mehrfach übersetzt und bearbeitet, zunächst ins Italienische (nach Richard Engländer vermutlich von Giacomo Cinti) für Paer (*Leonora ossia L'amore coniugale,* 1804) sowie von Gaetano Rossi für Mayr (*L'amor coniugale,* 1805) und schließlich ins Deutsche von Sonnleithner für Beethoven.

**Autograph:** Verbleib unbekannt. **Ausgaben:** Part ohne Dialogtext: Frères Gaveaux, Paris 1798, Nr. 10; Textb.: Paris [1798/99], Nachdr. in: A. SANDBERGER, Ausgewählte Aufsätze zur Musikgeschichte, Bd. 2, München 1924, S. 283–324; Paris, Barba [um 1799]. **Literatur:** J.-N. BOUILLY, Mes récapitulations, 3 Bde., Paris 1836/37; J.-G. PROD'HOMME, ›Léonore ou l'amour conjugal‹, de Bouilly et G., in: SIMG 7:1905/06, S. 636–639; L. SCHIEDERMAIR, Über Beethoven's ›Leonore‹, in: ZIMG 8:1906/07, S. 115–126; W. HESS, Beethovens Oper ›Fidelio‹ und ihre drei Fassungen, Zürich 1953; M. RUHNKE, Die Librettisten des ›Fidelio‹, in: Opernstudien. A. A. Abert zum 65. Geburtstag, Festschrift, hrsg. K. Hortschansky, Tutzing 1975, S. 121–140

*Klaus Hortschansky*

# Giuseppe Gazzaniga

Geboren am 5. Oktober 1743 in Verona (Venetien), gestorben am 1. Februar 1818 in Crema (bei Cremona, Lombardei)

## Don Giovanni ossia Il convitato di pietra
Dramma giocoso in un atto

**Don Giovanni oder Der steinerne Gast**
1 Akt (4 Bilder)

**Text:** Giovanni Bertati
**Uraufführung:** 5. Febr. 1787, Teatro di S. Moisè, Venedig
**Personen:** Don Giovanni (T); Donna Anna, Tochter des Komturs von Oljola (S); Donna Elvira, Braut Don Giovannis (S); Donna Ximena, Dame aus Villena (S); der Komtur (B); Herzog Ottavio, Bräutigam Donna Annas (T); Maturina, Braut Biagios (S); Pasquariello, Diener und Vertrauter Don Giovannis (B); Biagio, Bauer, Bräutigam Maturinas (B); Lanterna, anderer Diener Don Giovannis (T); verschiedene Diener (stumme R)
**Orchester:** 2 Ob, 2 Hr, Streicher, B.c
**Aufführung:** Dauer ca. 1 Std. – Drei Verwandlungen auf offener Szene; keine Ouvertüre.

**Entstehung:** Gazzaniga, dessen beträchtliches Ansehen als Komponist vor allem auf seinen etwa 40 Buffa- und zahlreichen Seriaopern (unter anderm *Antigona,* Neapel 1781; *Idomeneo,* Padua 1790; *Gli Argonauti in Colco,* Venedig 1790) gründete, scheint sich zur Zeit der Entstehung des Werks in Venedig aufgehalten zu haben, wo 1786 und 1787 sechs Opern von ihm (fünf Buffe und eine Seria) gegeben wurden. Bertati war zwischen 1771 und 1791 einer der meistbeschäftigten Textdichter der venezianischen Theater (insbesondere des Teatro di S. Moisè). Gazzanigas Einakter gehört mit den Don-Juan-Opern von Francesco Gardi *(Il nuovo convitato di pietra,* Venedig 1787) und Vincenzo Fabrizi (*Il convitato di pietra,* Rom 1787) zu den letzten musikdramatischen Bearbeitungen des Stoffs vor Mozarts *Don Giovanni* (1787). Den Anlaß zur Entstehung von Gazzanigas Werk gab der in den 80er Jahren auch auf der Opernbühne offensichtlich populäre Stoff, der von Kennern als vulgär bezeichnet wurde. Beides belegt eine Äußerung von Carlo Goldoni: »Niemals erhielt ein Bühnenstück über einen derart langen Zeitraum hinweg so anhaltenden Beifall beim Volk wie dies Schauspiel. Darüber waren sogar die Schauspieler derart verwundert, daß einige von ihnen entweder aus Einfalt oder heuchelnd zu sagen pflegten, ein heimlicher Pakt mit dem Teufel unterhielte den Zulauf zu diesem närrischen Stück« (in: Vorrede zu seiner Komödie *Il dissoluto ossia Don Giovanni Tenorio,* 1738). – Die Tradition der Don-Giovanni-Opern geht einerseits auf die Sprechkomödie zurück (Tirso de Molina, Molière, Giacinto Andrea Cicognini, Goldoni, Francesco Cerlone und andere), andrerseits auf die Rezeption des Stoffs durch das volkstümliche Stegreiftheater der Commedia dell'arte in Italien. Eine der ersten dieser Opern dürfte *La pravità castigata* (1734, Musik: Eustachio Bambini) gewesen sein. Erst in der 2. Hälfte des 18. Jahrhunderts findet der Stoff Eingang ins Buffatheater. Namhaft zu machen sind *Il convitato di pietra* von Giuseppe Calegari (Venedig 1777; Musik verschollen), *Il convitato di pietra ossia Il dissoluto punito* von Vincenzo Righini (Prag 1776), *Il convitato di pietra* von Giacomo Tritto (Neapel 1783), *Il Don Giovanni* von Gioacchino Albertini (Venedig 1784) sowie die oben genannten Werke von Gardi und Fabrizi. Diese Opern haben fast alle viele Aufführungen in verschiedenen Fassungen erlebt. – Bei der Uraufführung ging Gazzanigas Werk die Opernpersiflage *Il capriccio drammatico* voraus (Text: Bertati, Musik verschollen, möglicherweise von verschiedenen Komponisten), deren Vorlage sich im Libretto *La novità* (Musik: Felice Alessandri, Text: Bertati; Venedig 1775) findet. *Capriccio drammatico* stellt Vorbereitungen zu einer Opernaufführung in einer deutschen Stadt dar. Der Impresario Policastro schlägt als Novität *Don Giovanni* vor. Die Handlung entspricht in ihren Grundzügen derjenigen in Mozarts Werk bis zum Quartett einschließlich (I/9) und dann wieder von der Kirchhofszene (II/11) an bis zum Schluß.

**Handlung:** In Villena (Aragonien). 1. Bild, Garten vor dem Haus Donna Annas: Pasquariello hält Wache vor dem Eingang zu den Gemächern Donna Annas. Hilferufend versucht Anna, Don Giovanni festzuhalten. Zwischen ihm und dem herbeieilenden Komtur kommt es zum Zweikampf, in dem der Komtur tödlich getroffen wird. Pasquariello und Giovanni fliehen. Anna berichtet Don Ottavio vom Tod des Vaters. Beide schwören Rache. 2. Bild, ländliche Gegend mit Bauernhäusern und einem vornehmen Landsitz: Donna Elvira, die ihrem Bräutigam nachgereist ist, klagt über die Untreue der Männer. Giovanni erkennt Elvira und läßt sie mit Pasquariello allein zurück, der ihr die Liebschaften seines Herrn aufzählt. Unterdessen macht Giovanni Donna Ximena den Hof und verspricht ihr die Ehe. Auf einem ländlichen Verlobungsfest wendet er sich Maturina, der Braut Biagios, zu. Das Zusammentreffen Ximenas, Elviras und Maturinas mit Giovanni und Pasquariello führt zu einem heftigen Streit zwischen Elvira und Maturina. 3. Bild, einsamer Ort mit einem von Zypressen umgebenen Grabmonument, auf dem die Reiterstatue des Komturs steht: Giovanni und Pasquariello laden die Statue zum Mahl. 4. Bild, Gemach im Haus Giovannis: Während die Tafel bereitet wird, versucht Elvira vergeblich, Giovanni zur Umkehr zu bewegen. Das Mahl beginnt. Der eintretenden Statue verweigert Giovanni

*Don Giovanni ossia Il convitato di pietra*, 2. Bild; Pietro Bottazzo als Don Giovanni, Adriana Martino als Maturina (Mitte); Regie: Luciano Alberti, Ausstattung: Mino Maccari; Piccola Scala, Mailand 1974. – Mit dem Mittel der Ironisierung zielt der Regisseur auf eine Verfremdung der komödiantischen Topoi.

die Reue; er stürzt in den sich auftuenden Abgrund der Hölle. Die Gäste, unter ihnen die Frauen, denen Giovanni nachgestellt hatte, beenden in allgemeiner Heiterkeit das Mahl.

**Kommentar:** Bertati und Gazzaniga hielten sich in ihrem *Don Giovanni* an die Tradition der einaktigen Dramatisierung, die ein Indiz dafür darstellt, daß man dem Stoff in der Musikkomödie damals noch mit ästhetischen Vorbehalten begegnete, obwohl in der Folge die Einakter gelegentlich zu abendfüllenden Werken umgearbeitet wurden. Dies geschah jedoch nicht mit der Oper von Gazzaniga. Bertatis Textbuch unterscheidet sich vorteilhaft von früheren und zeitgenössischen Don-Juan-Opern durch schlüssige, knappe Handlungsführung, Konzentration auf die Hauptsituationen des Stoffs (Überfall auf Donna Anna und Tod des Komturs, die Elvira-Szenen mit Registerarie, das ländliche Fest mit dem zweiten Verführungsversuch, Kirchhofszene, Don Giovannis Abendtafel und Untergang, heiteres Ende) und durch eine wirkungssichere Dramaturgie. Andrerseits weist der Aufbau der Handlung Züge des Skizzenhaften, ja Rudimentären auf, die auf die einaktige Form zurückzuführen sind (so tritt Anna, die als Hauptfigur eingeführt wird, nach der 3. Szene nicht mehr auf). Ein Vorzug des Stücks war, daß es auch mit minimaler Sängerbesetzung auskam: Da nicht nur die Rollen des Komturs und des Biagio von derselben Person übernommen werden konnten, sondern zur Not auch die Rollen Annas und Maturinas sowie die Ottavios und Lanternas, ließ sich das Sängeraufgebot von zehn beziehungsweise neun auf die normale Siebenzahl reduzieren. Nach Komödiengepflogenheit endet die Oper heiter. Darin liegt eine Abweichung vom üblichen Spektakelschluß mit dem Untergang Giovannis, an dem die Mehrzahl der Buffafassungen festhielt. In zahlreichen Aufführungen von Gazzanigas *Don Giovanni* wurde denn auch das ungewohnte Lieto fine gestrichen. Darin äußert sich die zwiespältige Position des Don-Juan-Sujets im Rahmen der italienischen Musikkomödie. Giovannis Untergang als »scena ultima« ist eine Konzession an das volkstümliche Theater und kein Indiz für die Nobilitierung in Richtung auf das ernste oder gar tragische Theater. Dies dürfte auch noch für die frühen Aufführungen von Mozarts *Don Giovanni* gelten, in denen die heitere letzte Szene entfiel. Aus der Perspektive des 18. Jahrhunderts bedeutet der Spektakelschluß einen Rückfall in die trivialen Formen des Don-Juan-Spiels. Gazzaniga schrieb eine dramatisch profilierte, zum Teil originelle Musik, die durch ihre gedrängten Konturen und ihre Frische auffällt. Es verwundert daher nicht und steht trotz fehlender Dokumente fest, daß Lorenzo Da Ponte sein Textbuch für Mozart auf der Grundlage von Bertatis Libretto ausarbeitete und auch Mozart sich von bestimmten Stellen der Musik Gazzanigas angeregt sah. Da Ponte, 1791–94 Nachfolger Bertatis in der Stellung des Theaterdichters in Wien, hielt sich nicht nur (bis I/9 und nach II/11) streng an die äußere Handlungsfolge, sondern gelegentlich sogar an den Wortlaut der Vorlage. Da Pontes Text zeigt jedoch auch in den auf Bertati zurückgehenden Teilen eine höhere, neue sprachliche und dramatische Plastizität, außerdem eine in der Verknüpfung der Aktionsfäden ungewöhnliche Konzeption (Musikstücke werden zu Angelpunkten des Geschehens), die wahrscheinlich auf Mozart zurückgeht. Es ist ebenfalls dokumentarisch nicht belegt, aber aus einigen musikalisch entsprechenden Stellen (in der Introduktion Auftritt Annas und Giovannis, in den Registerarien, im Duett der Kirchhofszene) geht hervor, daß Mozart Gazzanigas Partitur kennengelernt hat und einige Anregungen empfing. Beide Komponisten trafen sich möglicherweise Anfang 1786 in Wien, wo Gazzaniga die Buffa *Il finto cieco* komponierte (Wien 1786; Text: Da Ponte).

**Wirkung:** *Don Giovanni* ist eine der erfolgreichsten Opern Gazzanigas gewesen. Zwischen 1787 und 1796 lassen sich (zum Teil aufgrund noch erhaltener Libretti) weit über 30 Aufführungen nachweisen (zum Beispiel schon 1787–89 außer in Venedig in Varese, Bologna, Bergamo, Treviso, Padua, Cremona, Turin, Forlì, Korfu, Reggio nell'Emilia, Mailand und Ferrara). 1792 wurde die Oper in Paris gegeben, wo Luigi Cherubini das Quartett »Non ti fidar, o misera« (Text aus Mozarts Werk) hinzukomponierte, im selben Jahr in Lissabon, 1794 von Betreiben Da Pontes in London als Pasticcio (Textbearbeitung: Da Ponte), 1796 in Madrid. Danach gibt es nur noch vereinzelte Aufführungen, die letzte in dieser Zeit nachgewiesene 1821 in Mailand. Im Verlauf seiner Aufführungsgeschichte wurde Gazzanigas Einakter unter anderm auch kombiniert (erstmals in Mailand 1789) mit Cimarosas Einakter *L'impresario in angustie* (1786) aufgeführt. In jüngerer Zeit gab es Aufführungen in San Francisco 1977, Heidelberg 1979 (mit einer Sinfonia von Giovanni Paisiello als Ouvertüre), als Produktion von Opera Viva am Collegiate Theatre London 1980, Amsterdam 1981, Bern 1982, Salzburg 1983 und Bloomington (IN) 1984. In einer Einrichtung von Guido Turchi, der die Sinfonia aus Gazzanigas *Antigono* (Rom 1779) als Ouvertüre wählte, wurde das Werk 1956 von Radiotelevisione Italiana Mailand gesendet (Elvira: Rosanna Carteri, Don Giovanni: Herbert Handt, Pasquariello: Carlo Cava; Dirigent: Nino Sanzogno) und 1973 vom Ensemble der Mailänder Piccola Scala im Rahmen eines Dezentralisierungsprogramms in Mantua, Pavia, Lecco, Como und andern lombardischen Städten aufgeführt. Diese Einstudierung wurde 1974 an die Piccola Scala Mailand übernommen.

**Autograph:** nicht erhalten. **Abschriften:** Civ. Museo Bibliogr. Musicale Bologna, Bibl. Verdi Mailand, Bibl. d. Ges. d. M.Freunde Wien, UB Los Angeles (»Londoner Partitur«). **Ausgaben:** Part, hrsg. S. Kunze: Bär 1974; Textb.: Venedig, Valentini 1787; Lissabon 1792; Textb. auch in: S. Kunze, Don Giovanni vor Mozart [s. Lit.], Anh. II [darin auch: *Il capriccio drammatico* u. d. Umarbeitung durch L. Da Ponte]. **Aufführungsmaterial:** Bär

**Literatur:** S. Kunze, Don Giovanni vor Mozart. Die Tradition d. Don-Giovanni-Opern im ital. Buffa-Theater d. 18. Jh., München 1972 [dort auch weitere Lit.]

*Stefan Kunze*

# Hans Gefors

Geboren am 8. Dezember 1952 in Stockholm

## Christina
**Opera in Two Acts**

### Christine
2 Akte (14 Bilder)

**Text:** Lars Hans Carl Abraham Forssell und Hans Gefors, nach Forssells Schauspiel *Christina Alexandra* (1968)
**Uraufführung:** 18. Okt. 1986, Königliches Opernhaus, Stockholm
**Personen:** Christina/Christine als Kind (stumme R); Christina als Erwachsene (Mez); Christina als alte Dame (Mez); der Fremde (Bar); Maria Eleonora, König Gustav II. Adolfs Frau (S); Axel Oxenstierna, Kanzler (Bar); Ebba Sparre, Christinas Freundin (S); Johannes Mattiae, Christinas Kaplan und Hauslehrer (Bar); Carl/Karl Gustav, Christinas Cousin (T); Descartes (B); Jacques (T) und Fernande (Bar), Spaßmacher am Hof Maria Eleonoras; Chanut, französischer Botschafter (Bar); Pimentel, spanischer Botschafter (T); eine Hofdame (S); Kardinal Azzolino (Bar); Stefania Chigi, Marquise (S); Papst Alexander VII. (T); Pater Le Bel, Klostervorsteher (B); Maria, Kammermädchen (S); der Vorsänger (Bar); ein Opfer (Sänger); Fama (S); Victoria (KnabenS); Fältskräck (T); ein Rezitator (Sänger); 2 Doktoren (2 Sänger); ein Ausrufer (Sänger); ein Tanzlehrer (Sänger); ein Musiklehrer (Sänger); 4 römische Bischöfe (4 Sänger); Kammerdiener in Fontainebleau (T oder Bar); Lakai in Fontainebleau (T oder Bar); Giacomo, ein Junge (stumme R). **Chor:** Volk in Stockholm, Hofleute, Gäste am Hof, Minister, römisches Volk, Prozessionsteilnehmer, Chor im Vatikan. **Ballett**
**Orchester:** 2 Fl (auch Picc und A.Fl), BlockFl, 2 Ob (auch E.H), 2 Klar (auch kl. Klar, B.Klar u. Kb.Klar), 2 Fg (auch K.Fg), 4 Hr, 3 Trp (auch PikkoloTrp), 3 Pos, Tb, 4 Pkn, Schl (3 Spieler: gr.Tr, TenorTr, ReibTr, 4 tiefe Log drums, Bongos, 4 Tomtoms, High hat, 4 Bck, 2 Gongs, Tamtam, Crotales, Röhrenglocke, Flexaton, Schwirrholz, Kastagnetten, Ratsche, Sandpapier, Glasstäbe, Bambusrohre, Claves, Maracas, Guiro, Peitsche, Holzblock, Marimba, Vibr, Xyl, Trg, Trillerpfeife), Hrf, Git, Mand, 2 Synthesizer (Yamaha DX7), elektr. B.Git, Streicher
**Aufführung:** Dauer ca. 2 Std. 45 Min.

**Entstehung:** Gefors' und Forssells erste gemeinsame Arbeit, die Kammeroper *The Poet and the Glazier* (Århus 1980), brachte dem Komponisten die entscheidenden theaterpraktischen Erfahrungen. Der Produktion dieses Werks in der Rotunde der Stockholmer Oper (1982) folgte der Auftrag für eine große Oper, für deren Libretto Forssell sein Schauspiel *Christina Alexandra* vorschlug. Ursprünglich als Drehbuch für Luchino Visconti entworfen, aus finanziellen Gründen jedoch nie realisiert, arbeitete der Autor seinerzeit das Stück im Auftrag des Stockholmer Theaters zu einem umfangreichen Drama um. Gefors entwarf zunächst eine Synopsis der Handlung, die als Grundlage für Forssells 1984 fertiggestelltes Libretto diente. Die kompositorische Arbeit erstreckte sich von Ende 1983 bis zum März 1986.
**Handlung:** In Schweden, Italien und Frankreich, 1632–60.
I. Akt, 1. Bild, »Die Hinrichtung«: Die sechsjährige Christina wird gezwungen, der Exekution verhaßter Katholiken beizuwohnen. Man trennt das Kind von seiner Mutter Maria Eleonora, die auf die Nachricht vom Tod ihres Manns, Gustav II. Adolf, hin in tiefe Lethargie verfällt. 2. Bild, »Der Unterricht«: Zusammen mit ihrer Freundin Ebba Sparre erhält Christina ihre Ausbildung und religiöse Erziehung von Johannes Mattiae. Carl Gustav kehrt mit reicher Kriegsbeute aus katholischen Landen zurück. Christina begegnet dadurch einer für sie neuen Kultur und faßt den Entschluß, ihre Heimat zu verlassen, von dem sie selbst Ebbas Freundschaft nicht mehr abbringen wird. 3. Bild, »Die Krönung«: Ein Ballett, das die Schrecken des Kriegs darstellt, umrahmt die Feierlichkeiten. Christina empfindet Verachtung für ihr Volk wie für den Hof. Sie überrascht den betrunkenen Carl Gustav beim Schäferstündchen mit einer Bediensteten, wodurch ihr Ekel gegenüber der körperlichen Liebe verstärkt wird. 4. Bild, »Der Fremde«: In Fieberträumen wird Christina von schrecklichen Kindheitserlebnissen verfolgt. Als einzigem gelingt es dem Fremden, Christinas düstere Stimmungen aufzuheitern. Zu ihrer Belustigung macht er die Hofleute lächerlich. Doch auch seinen Annäherungsversuchen verschließt sie sich. 5. Bild, »Begegnung mit Descartes«: Auf Einladung Christinas kommt Descartes. Das Resultat dieser Begegnung ist Christinas Reise nach Rom, wo sie sich einem rein geistigen Leben verpflichtet. 6. Bild, »Abschied von Schweden«: Christina dankt ab und verläßt ihr Land mit dem Fremden.
II. Akt, 1. Bild, »Ankunft in Rom«: Voll guter Erwartungen erreichen Christina und der Fremde Rom, wo Kardinal Azzolino und andere Geistliche sie willkommen heißen. 2. Bild, »Die Hundehetze«: Ein grausames Spektakel, bei dem wilde Hunde zum Amüsement des Volks und der Kirche auf Krüppel und Kranke losgelassen werden, wirft seinen Schatten auf Christinas Bild von Rom. 3. Bild, »Besuch beim Papst«: Ein Zusammentreffen mit Papst Alexander VII. in der Sixtinischen Kapelle desillusioniert sie vollends. 4. Bild, »Der Lauf der Zeit«: Christina versammelt zum Kummer der Kirche in ihrem Haus Künstler und Freidenker. Der Fremde beklagt den Wandel ihrer Persönlichkeit aufgrund der vielen Enttäuschungen. Christina schreibt sehnsuchtsvolle Briefe an Ebba und leidet unter ihrer zunehmenden Vereinsamung. 5. Bild, »Neapel«: Die Faszination der Macht beginnt wieder eine Rolle in Christinas Denken zu spielen. Mit Unterstützung des französischen Botschafters Chanut strebt sie nach der Krone von

Neapel. Der spanische Botschafter Pimentel will durch Bestechung des Fremden ihre Pläne erkunden. Christina fühlt sich betrogen. 6. Bild, »Azzolino«: Eine scheinheilige Prozession kirchlicher Vertreter, die in einer Schlemmerei gipfelt, ruft Christinas Abscheu hervor. Sie fühlt sich von der Kirche verlassen. 7. Bild, »Fontainebleau«: Christina hat den Fremden getötet und bekennt sich entgegen den Vertuschungsversuchen von Pater Le Bel zu ihrer Tat. 8. Bild, Epilog, »Schweden«: Christina besucht ihre Heimat und erbittet Geld. Carl Gustav verweist sie des Lands.
**Kommentar:** In ihrer Auswahl biographischer Stationen aus dem Leben der schwedischen Königin konzentrieren sich Gefors und Forssell ohne historisch-dokumentierenden Anspruch allein auf die psychische Disposition Christinas in ihrer religiösen, politischen und sozialen Gebundenheit. Spotartig folgen in sich geschlossene Bilder aufeinander, deren Dramaturgie der psychoanalytischen Einsicht in die traumatische Erlebniswelt des Kinds entspringt. Paradigmatisch für diese Konzeption ist die Figur des »Fremden«, einer Vereinigung mehrerer Männergestalten aus Christinas Leben, mit der der Konflikt der Geschlechterspannung ins Zentrum rückt. Der Tod des Vaters, die frühe Trennung von der Mutter und die brutale Konfrontation mit dem im Namen der Religion machtpolitisch kalkulierten Mord prägen Christinas Gefühlsleben, das ihr die Empfindung für eine Liebesbeziehung verwehrt. Ihre hohe Intellektualität, ihre Einsicht in die Verlogenheit und Pervertiertheit staatlicher und kirchlicher Machtstrukturen, setzt sie in eigenwillige Entscheidungen um, die sie zunehmend von ihrer Umwelt distanzieren und schließlich zur Vernichtung des »Fremden« führen. Die kontinuierliche Präsenz ihres inneren Konflikts während aller Lebensphasen findet musikalisch in der zweimal unverändert wiederkehrenden »Arie des Suchens« (I/1, II/1 und 4) ihre Entsprechung. Gerade die Entwicklungslosigkeit dieser Wiederholungen macht die psychische Einheit von der Kindheit bis zum Alter (im Epilog treten die drei Darstellerinnen Christinas zusammen auf) evident. Analog dem Gestaltungsprinzip des Dramas komponiert Gefors die einzelnen Szenen jeweils als eigenständige Abschnitte, die somit nicht in der Art motivischer Entwicklung aufeinander bezogen sind. Eingebunden in eine durchkomponierte musikalische Struktur stellen großangelegte Arien und zahlreiche ariose Partien die Konflikte brennpunktartig heraus. Die Intention, die historische Gestalt der Königin in Form eines Psychogramms lebendig werden zu lassen, macht *Christina* gegenüber vielen historisierenden zeitgenössischen Opern zum aktuellen Werk. Gefors nutzt sämtliche Errungenschaften moderner Kompositionstechnik und vermag gleichzeitig den Anforderungen der Gattung Oper, ohne sie in Frage stellen zu müssen, auf innovative Weise gerecht zu werden.
**Wirkung:** *Christina* wurde in der internationalen Presse als herausragendes Ereignis der letzten Jahre vorgestellt. Sowohl Gefors' Komposition als auch die Inszenierung von Göran Järvefelt und Gary Berksons musikalische Leitung wurden als beispielhaft gerühmt: Das Werk habe große Chancen, sich längerfristig im modernen Repertoire zu behaupten. In der von Kathrine Hysing ausgestatteten Inszenierung sangen Birgitta Svendén (Christina), Margareta Hallin (Christina), Per-Arne Wahlgren (der Fremde), Gunilla af Malmborg (Maria Eleonora), Curt Appelgren (Oxenstierna) und Jorunn Svensk (Ebba Sparre).

**Autograph:** beim Komponisten. **Ausgaben:** Hansen [in Vorb.].
**Aufführungsmaterial:** Hansen
**Literatur:** I. FABIAN, Traumatische Lebensphasen einer Königin, in: Ow 27:1986, H. 12, S. 10f.; DERS., H. G. Ein Gespräch mit d. Komponisten d. Oper ›Christina‹, ebd., S. 12–14

*Thomas Steiert*

# Fritz Geißler

Geboren am 16. September 1921 in Wurzen (bei Leipzig), gestorben am 11. Januar 1984 in Bad Saarow-Pieskow (bei Frankfurt/Oder)

## Der zerbrochene Krug
**Komische Oper in sieben Szenen**

**Text:** Fritz Geißler, nach dem Lustspiel *Der zerbrochne Krug* (1804) von Bernd Heinrich Wilhelm von Kleist
**Uraufführung:** 28. Aug. 1971, Städtische Theater, Kellertheater, Leipzig
**Personen:** Walter, Gerichtsrat (Bar); Adam, Dorfrichter (B); Licht, Schreiber (T); Frau Marthe Rull (A); Eve, ihre Tochter (S); Veit Tümpel, Bauer (B); Ruprecht, sein Sohn (T); Frau Brigitte (Mez); ein Bedienter (Bar); Margarete und Liese, Mägde (2 Mez)
**Orchester:** Fl (auch Picc), Ob (auch E.H), Klar (auch B.Klar), Fg (auch K.Fg), Hr, Cemb, 2 Vl, Va, Vc, Kb
**Aufführung:** Dauer ca. 1 Std. 15 Min., keine Pause. – In der Partitur sind keine Schauplätze angegeben.

**Entstehung:** Nach verschiedenen Kammermusikwerken, die Geißler während und nach seiner Studienzeit in den 50er Jahren schrieb, wandte er sich seit 1960 zunehmend dem symphonischen Genre und dem Musiktheater zu. Für die Bühne entstanden zunächst Ballettkompositionen wie *Pigment* (1960) und *Der Doppelgänger* (1970). *Der zerbrochene Krug*, 1969 komponiert, steht am Beginn einer Reihe von Opern und weist bereits, wenn auch im Rahmen einer Kammeroper, Geißlers breites Spektrum instrumentaler und vokaler Kompositionstechniken auf, das die folgenden umfangreicheren Werke bestimmt: *Der Schatten* (Leipzig 1975) nach einem Märchenstoff von Jewgeni Schwarz und *Das Chagrinleder* (Weimar 1981; Text: Günther Deicke).
**Handlung:** In Huisum (bei Utrecht), 1783: Die Dorfbewohner sind vor Gericht versammelt. Der Groll der

Klägerin Marthe Rull richtet sich gegen Ruprecht, den sie in der Kammer ihrer Tochter Eve neben den Scherben ihres Krugs angetroffen hat. Ruprecht aber sieht Eves Ehre und damit sein Glück vernichtet, denn er weiß, daß ein von ihm nicht erkannter anderer Mann den Krug zerschlagen hat. In Anwesenheit des von Dorfrichter Adams Amtsführung peinlich berührten Gerichtsrats Walter führt der intrigante Schreiber Licht eine Zeugin vor, die mit ihm gemeinsam die Spur des Teufels, hinterlassen von einem Menschen- und einem Pferdefuß, von Eves Kammerfenster bis zur Wohnung des klumpfüßigen Dorfrichters verfolgt habe. Als schließlich dessen in Marthes Obstspalier gefundene Perücke auftaucht und seine Kopfverletzung sich aus einem Schlag Ruprechts erklärt, sucht Adam das Weite. Licht triumphiert als neuer Dorfrichter.

**Kommentar:** Hatte Kleist sein Lustspiel vom Dorftyrannen, der sein Amt mißbraucht, auf Zustände in Preußen zu Beginn des 19. Jahrhunderts gemünzt, so ging es Geißler darum, mit der durch historische Distanz ermöglichten Heiterkeit von Überlebtem Abschied zu nehmen, aber auch den Zuschauer eigene Schwächen in den Opernfiguren erkennen zu lassen. Mit Geschick straffte Geißler Kleists Lustspiel. Der Beginn mit dem 6. Auftritt hatte einige Umstellungen zur Folge. So trifft der Gerichtsrat erst während der Auseinandersetzungen zwischen Adam und den Parteien ein. Drei Auftritte der Vorlage entfallen ganz. Der Komponist verzichtete darauf, Kleists Wortlaut umzuformulieren. Er suchte ihn vielmehr in eine musikalische Struktur zu fassen, die seine Originalität bewahrt. Als geeignete Lösung erwies sich die durchgängige Führung der Gesangsstimmen in einer klug kalkulierten Aleatorik, die Charaktere festlegt, dabei aber der Improvisationsfähigkeit der Solisten viel Raum läßt und es ihnen ermöglicht, sich ihren Part gewissermaßen »zurechtzusingen«. Der von elf Spielern auszuführende Instrumentalpart weist auf Zusammenhänge hin und kommentiert die Vorgänge. Aus dem Wechsel von aleatorischen Passagen und solchen von metrischer Festigkeit im begleitenden Kammerensemble ergibt sich ein den Ablauf gliederndes, aber auch die Freizügigkeit des Solistenensembles disziplinierendes Spannungsgefüge. Deutliche Zäsuren setzen Sprechtexte: Worte des Gerichtsrats grenzen die Exposition vom eigentlichen Verhandlungsbeginn ab; Walter und Adam sprechen am Ende der 5. Szene ihre Anweisungen in eine Generalpause des Orchesters, und vor Beginn der 7. Szene spricht Adam seine Aufforderung, zum Schluß zu kommen, in den Ausklang der vorangehenden instrumentalen Phrase. Durch charakteristische Motive, Instrumentalfarben und lautmalerische Effekte sichert Geißler musikalische Faßlichkeit. Neuartig ist die Verbindung traditioneller Verfahren mit aleatorischer Technik. – Das Werk befand sich bis 1981 im Spielplan des Leipziger Kellertheaters.

**Wirkung:** Nach der Uraufführung (Regie: Günter Lohse) wurde *Der zerbrochene Krug* 1972 in der Deutschen Staatsoper Berlin von Horst Bonnet inszeniert (Dirigent: Heinz Rögner). Neben weiteren Aufführungen an kleineren Bühnen der DDR kam das Werk in Graz und 1974 als Produktion der Wuppertaler Bühnen in Solingen heraus (Inszenierung: Kurt Horres, Dirigent: Frank Meiswinkel). Obwohl Geißlers Opern fester Bestandteil des Repertoires in der DDR sind, wird er in erster Linie jedoch als Symphoniker rezipiert.

**Autograph:** Nachlaß d. Komponisten. **Ausgaben:** Part: Dt. Vlg. f. M 1974, Nr. 1086; Kl.A: Dt. Vlg. f. M 1974. **Aufführungsmaterial:** Dt. Vlg. f. M
**Literatur:** C. SRAMEK, F. G.s Oper ›Der zerbrochene Krug‹, in: M.Bühne 1977, Bln./DDR

*Eberhard Schmidt*

# Richard Genée

Franz Friedrich Richard Genée; geboren am 7. Februar 1823 in Danzig, gestorben am 15. Juni 1895 in Baden (bei Wien)

## Der Musikfeind
### Komische Operette in einem Akt

**Text:** Richard Genée
**Uraufführung:** 16. Jan. 1862, Friedrich-Wilhelmstädtisches Theater, Berlin
**Personen:** Hammer, Rentier (B.Buffo); Ida, seine Nichte (S); Alfred Moll, Komponist (T)
**Orchester:** 2 Fl (auch Picc), 2 Ob, 2 Klar, 2 Fg, 2 Hr, 2 Trp, 3 Pos, Pkn, Streicher; BühnenM hinter d. Szene: 2 Vl, Va, Vc
**Aufführung:** Dauer ca. 45 Min.

**Handlung:** In einem eleganten Zimmer: Hammer hat sich ein stilles Landhaus gekauft, weil die grassierende Musiziererei ihn zur Verzweiflung bringt. (Geheimer Grund ist, daß eine anfängliche Musikleidenschaft bei seinem mißlungenen Debüt als Sänger ins Gegenteil umschlug.) Leider singt seine Nichte Ida, die er als Waise aufnahm, recht gern, und überdies liebt sie einen Komponisten, den er nicht einmal kennenlernen, viel weniger als Verwandten akzeptieren will. Trällernd vertreibt sie den Onkel, empfängt den Liebsten und rät ihm, sich beim Oheim als Musikfeind auszugeben und die freie Wohnung im Haus anzumieten. Alfred besteht die Probe auf seine Nichtmusikalität und bekommt die Wohnung. Auf seine Bitte vergegenwärtigt sich Ida ein altes, in der Familie beliebtes Lied. Freunde haben Hammer zum Zechen verleitet. Als er beschwingt zurückkommt und einduselt, erklingt aus dem Nebenzimmer die Melodie, die ihn schließlich von seinem Musikhaß und dem Widerstand gegen Idas Ehe heilt.

**Kommentar:** Genée, der anfänglich romantisch-spielopernhafte Musiktheaterwerke geschaffen hatte, aber in den vorangegangenen Jahren vor allem als

Komponist von (meist humorvollen, handlungsmäßig pointierten) Männerchor- und Hausgesangswerken hervorgetreten war, übertrug diese Erfahrungen quasi ins Theater. Die kleine Besetzung und sketchartige Handlung lassen vermuten, daß er dabei auch an Amateuraufführungen dachte. Auch die recht spießige Schlußpointe »Die Kunst muß umkehren« (und zwar zum »einfachen Volksliede«) paßt zu der spätbiedermeierlichen Liedertafelmentalität, ebenso wie die Charakterisierung des Werks in der *Süddeutschen Musikzeitung*: »Genée's Ruf als talentvoller Componist kann durch dieses reitzende in ächt deutscher Weise geschaffene Werk nur erhöht werden« (1862, S. 16). Im Zusammenspiel mit dem Text entsteht ein gemütlich-komisches Ganzes, trotz Franz von Suppé in aller Bescheidenheit der wohl gelungenste Beitrag zum deutschsprachigen unterhaltenden Musiktheater zwischen Albert Lortzing und Johann Strauß. Vor allem die beiden Duette und die einleitende Arie Hammers sind witzig angelegt. Die Rückkehr des weinbeschwingten Hammer zu einem Melodram nimmt die entsprechende Situation im III. Akt von Strauß' *Fledermaus* (1874) vorweg, zu der Genée das Textbuch schrieb.

**Wirkung:** Die Uraufführung fand eine sehr günstige Aufnahme. Es folgten rasch Inszenierungen unter anderm in Schwerin, Mannheim, Frankfurt a. M., Mainz und Hamburg, aber bald verdrängten Jacques Offenbachs brillantere Einakter das deutsche Pendant von den Opernbühnen. Vor allem Dilettanten und Debütanten sorgten jedoch weiterhin, noch in den letzten Jahrzehnten, für Aufführungen, etwa am Konservatorium in Linz (1968 und 1980) und 1977/78 an der Wiener Kammeroper.

**Autograph:** Verbleib unbekannt. **Ausgaben:** Part: B&B [um 1864]; Kl.A v. F. F. Brißler (mit Dialogen): B&B, Nr. 12948. **Aufführungsmaterial:** B&B

*Josef Heinzelmann*

## Nanon, die Wirtin vom Goldenen Lamm
### Komische Operette in drei Akten

**Text:** F. Zell (eigtl. Camillo Walzel) und Richard Genée, nach der Komödie *Nanon, Ninon et Maintenon ou Les Trois boudoirs* (1839) von Armand Dartois (eigtl. François Victor Armand d'Artois de Bournonville), Marie Emmanuel Guillaume Marguerite Théaulon de Lambert und Pierre-Jean Lesguillon
**Uraufführung:** 10. März 1877, Theater an der Wien, Wien
**Personen:** König Ludwig XIV. (Spr.); Frau von Maintenon (Spr.); Marquis d'Aubigné, ihr Neffe (T); Ninon de L'Enclos (S); Frau von Frontenac (S) und Gräfin Houlières (A), Ninons Freundinnen; Marquis von Marsillac, Intendant der königlichen Schauspiele (T); Hector, Vicomte von Marsillac, sein Neffe (T); Nanon Patin, Wirtin vom Goldenen Lamm (Kol.S); Pierre, ihr Verwandter (T); Frau von Foulbert und Fräulein von Armenonville, Stiftsdamen (2 Spr.); Abbé La Plâtre (Bar); Gaston, Ninons Page (T); Bombardini, Tambourmajor (Spr.); Perotte, Ninons Diener (Spr.); Baptiste, Diener bei Frau von Maintenon (Spr.); Jacqueline, Kellnerin bei Nanon (Spr.); ein Korporal (B.Bar); ein Kommissär (Spr.). **Chor:** Verwandte Nanons und Gäste im Goldenen Lamm, Bürger, Soldaten, Studenten, Festgäste, Offiziere, Herren und Damen vom Hof. **Statisterie:** Soldaten, Trommler, Pfeifer. **Ballett**
**Orchester:** Picc, Fl, 2 Ob, 2 Klar, 2 Fg, 4 Hr, 3 Pos, Pk, Schl (Bck, kl.Tr, gr.Tr, Trg, Glsp, Tamburin, Tambour petit), Streicher; BühnenM: Picc, kl.Tr, Statisten mit kl. SchnabelFl, d. d. Ton E hervorbringen
**Aufführung:** Dauer ca. 2 Std. 30 Min. – Die Bühnenmusik wird aus dem Orchester besetzt.

**Handlung:** In Paris, um 1685.
I. Akt, Vorhalle in Nanons Wirtshaus: Man feiert den Sankt-Annen-, den Namenstag der schönen Wirtin Nanon. Der Hoftheaterintendant Marsillac führt seinen vom Land gekommenen Neffen Hector hierher, weil Nanon eine der größten Attraktionen von Paris darstellt: Nicht nur, weil der König hier einmal angehalten und von ihrem Wein getrunken hat, sondern vor allem, weil sie eine umschwärmte junge Frau und gleichwohl von untadeliger Tugend ist. Sie ist freilich gegenüber dem Tambour Grignan weniger unnahbar, der mit seinen Kameraden unter Trommelbegleitung ein selbstverfaßtes Namenstagshuldigungsgedicht vorträgt. Marsillac hört das gefällige Lied und notiert es sich. Inkognito kommt die berühmte Ninon de L'Enclos, weil ihr zugetragen wurde, einer ihrer Favoriten verkehre im Goldenen Lamm. Nanon erfährt erst nach dem Fortgang Ninons, die Hilfe verspricht, wenn diese einmal nötig würde, wer sie war. Nun eröffnet Nanon ihrem Grignan, daß sie jeden Augenblick ihre Verwandtschaft erwarte, denn sie wolle sich heute mit ihm verloben. Der Ausersehene ist gar nicht recht erfreut, denn er ist nicht Grignan, für den Nanon ihn hält, sondern der verkleidete Marquis d'Aubigné. Er kann wenigstens schnell noch dem Regimentschef ein Billett schicken. Schon kommen die Verwandten und der Notar. Gerade noch rechtzeitig erscheint ein Korporal und verhaftet zum Schrecken Ninons den falschen Grignan unter dem Vorwand, daß dieser sich duelliert habe. Darauf steht seit jüngstem Erlaß die Todesstrafe. Der Page Gaston bringt Nanon einen Ring Ninons und rät ihr, bei Ninon Hilfe zu suchen.
II. Akt, Salon bei Ninon: Auch hier wird der Sankt-Annen-Tag gefeiert, feinste Herren und durchaus angesehene Damen sind versammelt. D'Aubigné ist recht zerstreut, und als ihm Ninon Vorwürfe macht, daß er sie seit Wochen vernachlässige, lenkt er sie mit einer Ode zum Namenstag ab, die nichts anderes ist als das Ständchen für Nanon vom Vormittag. Auch hier reüssiert das Lied, der Abbé La Plâtre notiert es sich. Marsillac kommt mit seinem Neffen und dem neuesten Hofklatsch. Nanon erscheint, und Ninon fordert alle Anwesenden auf, sich für die Wirtin und ihren verhafteten Tambour zu verwenden. Als Nanon allein

d'Aubigné gegenübersteht, hält sie ihn für Grignan, doch er leugnet die Identität. D'Aubigné und der junge Marsillac geraten eifersüchtig aneinander und verschwinden in den Garten zu einem Duell. Wieder im vollen Kreis der Festgesellschaft, will Onkel Marsillac nun Eindruck bei Ninon machen und trägt ihr das Annenlied vor. Natürlich wird er als Plagiator unterbrochen; gestört wird er auch durch seinen an einer wenig ehrenhaften Stelle verwundeten Neffen sowie durch einen Kommissar, der von dem Zweikampf erfahren hat und die Duellanten verhaften will. Hector verrät aber den Namen seines Gegners nicht.

III. Akt, Boudoir der Frau Maintenon: Frau von Foulbert sitzt an der Orgel und begleitet den Abbé, der das Annenlied als fromme Kantate für die alt und bigott gewordene Favoritin des Sonnenkönigs vorträgt. Marsillac versucht mit frommen Redensarten Hilfe für seinen verhafteten Neffen zu finden. D'Aubigné erscheint, und als seine Tante ihm Vorhaltungen macht, daß er sie so lange nicht mehr besucht habe, trägt er seinerseits zur Beschwichtigung das Annenlied als für sie gedichtet und komponiert vor. Wütend über sein angebliches Plagiat läßt die Tante die drei Herren stehen. Nanon erscheint und ist einen Augenblick mit einem soignierten Herrn (es ist Ludwig XIV.) allein, den sie als identisch mit einem Porträt an der Wand erkennt und für Herrn von Maintenon hält. Als sie ihm von dem Ungemach ihres Verlobten erzählt, verspricht er umfassende Hilfe und gibt ihr ein Billett für den Regimentskommandanten des Tambours. Nanon bedankt sich mit zwei Küssen. Maintenon, Ninon und der Abbé wissen nicht recht, wie sie d'Aubigné helfen sollen. Er hat sich nämlich als der gesuchte Duellant bekannt, und nun droht ihm die Todesstrafe. Seine Tante will schon aufbrechen, um sich dem König zu Füßen zu werfen, da erscheint Nanon. Sie hat beim Regiment die Identität ihres Grignan erfahren und gibt ihm die Freiheit in doppeltem Sinn, von ihrer Liebe und durch einen Zettel: »Letzter Pardon einem Duellanten gewährt. Ludwig«. Jetzt aber will d'Aubigné nicht mehr von ihr lassen, und auch Maintenon gewinnt Gefallen an der zweimal vom König ausgezeichneten und doch so keuschen Nanon. Sie wird dafür sorgen, daß Nanon zur standesgemäßen Partie für d'Aubigné wird, und zwar als Gräfin »Delikat«, weil Ihre Majestät mit diesem Prädikat sowohl den Wein als auch die Küsse Nanons bedachte.

**Kommentar:** *Nanon, die Wirtin vom Goldenen Lamm* und *Der Seekadett* (Wien 1876) waren in ihrer Zeit derart erfolgreich, daß sich Genée 1878 von seiner Kapellmeistertätigkeit am Theater an der Wien zurückziehen und als freischaffender Komponist und Librettist etablieren konnte. Nicht nur schöpft das Libretto seinen Stoff aus Frankreich. Auch die Dramaturgie ist bis zu einem gewissen Grad nach dem Vorbild Charles Lecocqs und des späteren Jacques Offenbach modelliert; freilich ins Deutsche übersetzt: Der Kostüm- und Dekorationseffekt verselbständigt sich, die naheliegende Bloßstellung von sexueller und religiöser Heuchelei im Umkreis des Königshofs wird kaum wahrgenommen; das Happy-End, wie überhaupt die ganze Intrige, wird allzu ernsthaft zelebriert. Verminderter Esprit macht den bekenntnisscheuen Liebhaber d'Aubigné zur eher unsympathischen Figur und die am Ende für ihre Ehrbarkeit belohnte Nanon zur biederen Kleinbürgerin. Komisch sind eigentlich nur die beiden Marsillacs. Insofern nimmt das Libretto bereits Entwicklungen voraus, die zur sentimentalen Operette des späten Franz Lehár führen. Auch die musikalische Faktur ist relativ modern: Es überwiegen die tänzerischen Liedformen, auch wo es um größere Ensembles oder Finale geht; lyrische Nummern gibt es nicht. Wenn auch der durchschlagende musikalische Einfall fehlt, so ist die Ausführung doch gediegen, routiniert. Gelungen sind die wenigen Stellen, in denen Genée dem parodistischen Impetus seiner Chor- und Sologesangsnummern nachgibt, etwa der geschnalzte »Delikat«-Walzer oder die Walzercoda im Finale des II. Akts »Er hinkt! In die Hü-, Hü-, Hüfte ein Stich!«. Geschickt sind auch die Abwandlungen des an und für sich blassen Annagesangs; wie ja auch die Intrige fast akademisch korrekt durchgeführt und ausgenutzt ist: geschickt, aber eben doch nicht mitreißend.

**Wirkung:** Begreiflicherweise konnte sich *Nanon* auf Dauer nicht im Repertoire halten, trotz ihres erheblichen Anfangserfolgs: in Berlin zwischen Okt. 1883 und Sept. 1884 300 Aufführungen en suite; 1884 in Budapest, Petersburg, Brünn und Riga, 1885 in New York (englisch), Basel, Reval, Prag und Straßburg, 1886 in Brüssel, Stockholm (schwedisch) und Warschau (polnisch), 1888 in Rom (italienisch) und 1889 in Birmingham (englisch). In der Bearbeitung von Otto Maag und Anton Paulik wurde *Nanon, die Wirtin vom Goldenen Lamm* 1956 in Nürnberg gegeben.

**Autograph:** Verbleib unbekannt. **Ausgaben:** Part: Lewy, Wien; Kl.A: Cranz, Lpz., Brüssel, London, Nr. 26020; Bloch [um 1956]; Textb.: Wien, Lewy; Weinberger. **Aufführungsmaterial:** Bearb. Maag/Paulik: Bloch (BR Dtld.), UE (Österreich) **Literatur:** F. J. BRAKL, Moderne Spieloper, München, Lpz. ²1886

*Josef Heinzelmann*

# Pietro Generali

Eigentlich Pietro Mercandetti; geboren am 23. Oktober 1773 in Masserano (bei Vercelli, Piemont), gestorben am 3. November 1832 in Novara (Piemont)

## I baccanti di Roma
**Melodramma eroico in due atti**

**Die Bacchanten von Rom**
2 Akte (7 Bilder)

**Text:** Gaetano Rossi, nach der Tragödie *I baccanali* (1788) von Giovanni Marchese Pindemonte

**Uraufführung:** 1. Fassung: 14. Jan. 1816, Teatro La Fenice, Venedig (hier behandelt); 2. Fassung als *I baccanali di Roma*: Fastenzeit 1818, Teatro della Pergola, Florenz
**Personen:** Postumio Albino/Postumius Albinus (B); Sempronio (T); Minio Cerinio (B); Publio Ebuzio (S); Fecenia (S); Ippia (S); Lentulo (T); der Oberaugur (B).
**Chor:** Bacchanten, Diener des Bacchus, Priester des Mars, Führer, Legionäre, römisches Volk. **Statisterie:** Bacchanten, Auguren, Liktoren, Soldaten, Volk, Frauen
**Orchester:** Picc, Fl, 2 Ob, 2 Klar, 2 Hr, 2 Trp, Fg, Pos, Pkn, Catuba, Sistro oder Trg, Streicher, B.c; BühnenM: Banda (nicht differenziert)
**Aufführung:** Dauer ca. 3 Std. – Ebuzio wurde in der Uraufführung von einem Kastraten gesungen.

**Handlung:** In und bei Rom, um 150 v. Chr., zur Amtszeit des Konsuls Postumius Albinus.
Vorgeschichte: Der Bacchantenkult kam von Griechenland über Etrurien nach Rom. In der Nähe Roms, im Wald von Stimula, wurde ein Bacchustempel errichtet, und dort fanden fortan die geheimen Zusammenkünfte und orgiastischen Zeremonien statt. Im Lauf der Zeit verrohten die Sitten der zu strenger Geheimhaltung verpflichteten Gemeinschaft, und schwere Verbrechen wurden begangen, ohne daß je irgend etwas ans Licht kam. So tötete Sempronio einst den Vater seines inzwischen volljährig gewordenen Mündels Ebuzio, dem er nun sein Erbe auszuhändigen hat. Dies will er verhindern, indem er Ebuzio dazu verführt, Bacchant zu werden, um ihm das gleiche Schicksal wie seinem Vater zufügen zu können.
I. Akt, 1. Bild, Marstempel: Priester vollziehen in Anwesenheit des Konsuls Postumio, seiner Legionäre und römischen Volks ein Opferzeremoniell zu Ehren des Kriegsgotts, den der Konsul um Beistand für die Bezwingung Liguriens bittet. Donner und Blitz, Verlöschen der Opferflamme auf dem Altar, das Beben der Erde und die Erschütterung des Tempels versetzen die Betenden in Angst und Schrecken, zumal sie vom Oberpriester als Zeichen des Gotteszorns gedeutet werden, hervorgerufen durch ungesühnte schwere Verbrechen. Der Konsul verspricht, der Sache nachzugehen und die Schuldigen zu bestrafen. Die Heeresleitung soll derweil Ebuzio übernehmen, der jedoch unauffindbar und, wie sich bald darauf herausstellt, inzwischen von Sempronio zu den Bacchanten gebracht worden ist. 2. Bild, düstere Wege im Wald von Stimula; zwischen den Bäumen sind Teile des Bacchustempels zu erkennen; in der Mitte ein großes Bildnis: Bacchanten und Bacchantinnen feiern ihren Gott. Der faszinierte Ebuzio wird in die Gemeinschaft aufgenommen und verpflichtet sich, ihre Gesetze zu befolgen. 3. Bild, Wald von Stimula, außerhalb des Bacchustempels, zu dem eine große Freitreppe führt: Fecenia warnt Ebuzio vor der Gefährlichkeit der Bacchanten, fleht ihn jedoch vergeblich an, dem Kult abzuschwören und mit ihr zu fliehen. Sempronio und Minio, der Oberpriester des Bacchustempels, besprechen ihren Plan, Ebuzio zu töten. Minio vermag Sempronios unvermutet aufkommende Angst vor Fecenia, dem Oberpriester des Marstempels und dem Konsul nicht zu zerstreuen. Der Konsul kommt mit seinem Gefolge und nimmt vor dem Tempel Platz, um an den feierlichen Riten teilzunehmen, wird jedoch von Minio mit der Begründung abgewiesen, daß nur Bacchanten zugelassen seien. Auch sein Wunsch, Ebuzio zu sprechen, wird ihm abgeschlagen, so daß ein Streit zwischen Postumios Gefolge und den Bacchanten entsteht, in den sich unerwartet Ebuzio einschaltet. Zum Entsetzen der hinzukommenden Fecenia und des Konsuls kehrt er nicht mit nach Rom zurück, sondern bleibt bei den Bacchanten und scheint, nach Fecenias Überzeugung, damit verloren. Der Konsul will einen Volksentscheid über das Vorgehen gegen die Bacchanten herbeiführen.
II. Akt, 1. Bild, außerhalb des Bacchustempels im Wald von Stimula: Sempronio überreicht Ebuzio einen Dolch und verlangt von ihm, Fecenia zu töten. Dies weist Ebuzio zurück, da er Fecenia noch immer liebt. 2. Bild, Marsfeld: Das Volk ist in der Frage des Bacchantenkults gespalten. Fecenia, als inzwischen verbannte ehemalige Bacchantin mit dem Kult vertraut, klärt den Konsul und das Volk über die Verderbtheit und die barbarischen Verbrechen der Gemeinschaft auf. Entsetzt begreift Postumio, daß nur sie die Schuldigen sein können, die den Gotteszorn erregt haben, und beschließt, gegen die Bacchanten vorzugehen. Sempronio droht Fecenia mit dem Tod Ebuzios, weckt damit in ihr jedoch nur neue Kräfte. Inzwischen bereiten sich unter Lentulos Leitung die römischen Soldaten zum Kampf gegen die Bacchanten vor. Ippia hofft, daß auch das Volk sich gegen sie entscheiden möge und dem Konsul Erfolg beschieden ist. 3. Bild, düstere Wege im Wald von Stimula mit Blick auf den Tempel: Ebuzio und Fecenia treffen zusammen. Er erinnert sich seiner Pflicht, die Geliebte zu töten, und fordert sie auf, ihn sofort zu verlassen. Er zeigt ihr den Dolch, in dem sie sogleich die Waffe erkennt, mit der Sempronio einst Ebuzios Vater getötet hatte. Als Beweis für ihre Behauptung überreicht sie ihm ein zusammengerolltes Leder, auf dem sein sterbender Vater den Namen seines Mörders und die Forderung nach Rache niedergeschrieben hatte. Ebuzio sind nun die Augen geöffnet, und er beschließt, sich augenblicklich zu rächen. Das Paar wird jedoch von Minio und den Bacchanten überrascht, Ebuzio sogleich entwaffnet. Fecenia nimmt alle Schuld auf sich und will an Ebuzios Statt sterben. Die Bacchanten sind um ihr Schicksal besorgt und fürchten die Zerstörung ihrer Kultstätte. Verkleidet als Bacchant, hat sich Lentulo Zutritt in den Wald verschafft, um Fecenia und Ebuzio zu Hilfe zu eilen. 4. Bild, Tempelruine mit Gräbern im Innern, im Vordergrund ein brennender Altar mit dem heiligen Messer: In Erwartung seines Tods nimmt Ebuzio auf den Stufen eines Grabs Platz. Minio kommt in Begleitung der Bacchanten und Fecenias hinzu und fällt über das Paar das Todesurteil. Ebuzio vertröstet Fecenia auf ein besseres Leben im Elysium. Als das Opfer vollzogen werden soll, unterbricht plötzlicher Waffenlärm das Ritual. Ebuzio nutzt

Tafel 9

**Tafel 9**

*oben*
Pierre Gardel, *Paul et Virginie* (1806), I. und III. Akt; Bühnenbildentwurf: Pierre François Léonard Fontaine, Charles Percier und J. M. Thiébault; Uraufführung, Hoftheater, Saint-Cloud 1806. – Die Architekten Percier und Fontaine verband 1794 bis 1814 eine fruchtbare Zusammenarbeit als Direktoren der Dekorationsabteilung an der Pariser Opéra. Sie gelten als die Schöpfer des Empirestils, der sich von der Strenge des Klassizismus eines Jacques Louis David in das eher Liebliche des Néo-grec löste.

*unten*
Giorgio Federico Ghedini, *Le baccanti* (1948), II. Akt; Bühnenbildentwurf: Felice Casorati; Uraufführung, Scala, Mailand 1948. – Seit den 30er Jahren entwarf Casorati Bühnenbilder für Opern und Ballette an den großen Bühnen Italiens. Vom sezessionistischen Jugendstil Wassily Kandinskys und Gustav Klimts, später insbesondere von Paul Cézanne beeinflußt, intensivierte er das Dekorativ-Malerische, sowohl in der charakteristischen Konturgebung der Landschaft als auch in der Farbgebung, die – vorherrschend in Weiß-, Grün- und Blautönen – kühl und gläsern wirkt.

den Augenblick der Verwirrung und tötet Minio mit dem heiligen Messer. Lentulo mit seinen Soldaten und Postumio in Begleitung seines Gefolges eilen herbei, das Volk zündet den Wald an. Sempronio wird entwaffnet, dem Plebiszit des römischen Volks entsprechend der Tempel zerstört und der Kult abgeschafft.

**Kommentar:** Generali ist hauptsächlich als Buffakomponist hervorgetreten und hat mit *Pamela Nubile* (Venedig 1804), *Le lagrime d'una vedova* (Venedig 1808) und besonders mit *Adelina* (Venedig 1810) einige der zu ihrer Zeit meistgespielten komischen Opern geschaffen. Von größerer historischer Bedeutung sind jedoch seine Opere serie, die einen wichtigen Beitrag zur Entwicklung jenes Opernstils bildeten, den man bald darauf allein mit dem Namen Gioacchino Rossinis verband. Unter den zahlreichen Seriakomponisten des frühen 19. Jahrhunderts war er einer der wenigen, die nicht im Gefolge Rossinis dessen Stil imitiert, sondern ihn mit herausgebildet haben. *I baccanti di Roma*, seine erfolgreichste Opera seria und nur drei Monate nach Rossinis *Elisabetta d'Inghilterra* (1815) uraufgeführt, weist dramaturgisch und musikalisch alle Merkmale einer Rossinischen Seriapartitur auf. Entscheidend sind dabei weniger die Übereinstimmungen im formalen Bereich: das Vorherrschen von »coro, scena ed aria« als einer zu einem größeren Szenenkomplex entfalteten Solonummer sowie dreisätziger Duette und weiträumig angelegter Finale. Das Eindringen der neuen Formen war ein allgemeiner Prozeß, der auch von andern Komponisten, in der Regel unter Beibehaltung des älteren Stils, mitgetragen wurde. Die historische Besonderheit der *Baccanti* besteht vielmehr in den satztechnischen Neuerungen, die jenen von *Elisabetta* in nichts nachstehen. Die Fioriituren sind notiert und (wie bei Rossini) integraler Bestandteil der Melodie. Auch der bei Rossini und seinen Nachfolgern zur Norm werdende Kontrast von lyrischem ersten Ariensatz mit eher deklamatorischer Melodik und rhythmisch fixiertem zweiten mit oftmals geradezu plakativer Cabalettamelodik ist bei Generali schon voll ausgebildet. Historisch bedeutsam ist weiterhin, daß Generali mit den gleichen kompositionstechnischen Mitteln wie Rossini die Schlußsteigerungen in den »strette« bewirkt, zum Beispiel durch das Crescendo, das nicht nur ein Lauterwerden bezeichnet, sondern einen über Instrumentation und Motivkombination auskomponierten dynamischen Prozeß. Generalis Verfahren, den Bacchanten durch das Sistro eine charakteristische Klangfarbe zu geben, die sorgfältig ausdifferenzierende Instrumentation überhaupt sind entscheidende Merkmale einer »modernen« Seriapartitur, wie sie zur damaligen Zeit nur bei Rossini vorkommen. Der Rang der *Baccanti* erschöpft sich freilich nicht in ihrer historischen Rolle. Der melodische Einfallsreichtum des Komponisten ist zumindest im Vergleich zu seinen italienischen Zeitgenossen außerordentlich und verleiht der Partitur eine seltene Spannkraft und Lebendigkeit. Von großer Bühnenwirkung sind die Introduktion und das 2. Finale. Im Ablauf der szenischen Ereignisse und musikalischen Effekte sowie im dramaturgischen Aufbau ist das Eröffnungstableau gleichsam eine Vorwegnahme der berühmten »introduzione« aus Rossinis *Semiramide* (1823), deren Libretto ebenfalls Rossi verfaßte. An das Schlußtableau mit dem brennenden Wald von Stimula knüpft erst wieder Pacinis *L'ultimo giorno di Pompei* (1825) mit dem Ausbruch des Vesuvs an. Es mag an der Bizarrerie des Sujets gelegen haben, daß nicht nur Rossi, sondern bereits Luigi Romanelli, der das Libretto für Nicolinis Oper *I baccanali di Roma* (1801) verfaßte, zu diesen effektvollen Szenerien inspiriert wurde. In der Ausrichtung auf extreme Bühnenwirkungen und in Generalis Kompositionsstil liegt mithin die schon von den Zeitgenossen gesehene Modernität der Partitur begründet, die einen Vergleich mit Rossinis frühen und auch noch mittleren Werken nicht zu scheuen braucht. Neben Michel Carafa gehörte Generali zu den wenigen Komponisten, welche auch während Rossinis Karriere Werke schufen, die sich, zumindest gemessen an ihrem Erfolg in und außerhalb Italiens, über Jahrzehnte behaupten konnten.

**Wirkung:** Mit Ausnahme der Opern Rossinis entstanden bis in die 20er Jahre des 19. Jahrhunderts hinein nur wenige Werke, die so erfolgreich wie *I baccanti di Roma* waren. Populär wurde freilich erst die 2. Fassung, die vor allem im II. Akt Änderungen aufweist (Wegfall des 1. Bilds; neukomponiertes Terzett; Umstellung einiger Arien). Die 1. Fassung wurde nachweislich in München (1817), vermutlich auch in Triest (1816) und Darmstadt (1818) nachgespielt. Die 2. Fassung, die in Florenz mit »furor« aufgenommen wurde, wie Giacomo Meyerbeer berichtet (Brief an seinen Bruder Michael Beer vom Sept. 1818), kam dann in ganz Italien bis 1832 Jahr für Jahr zur Aufführung, worunter die Inszenierung an der Mailänder Scala von 1825 (Postumio: Vincenzo Galli, Fecenia: Loreto García) mit 23 Reprisen wohl am erfolgreichsten war. Auch außerhalb Italiens wurde das Werk in jenen Jahren gespielt, wobei die Wiener Inszenierung von 1820 (Theater an der Wien), wie in München unter dem Titel *Die Bacchanten*, besondere Aufmerksamkeit erregte. In der letzten nachweisbaren italienischen Aufführung (Mailand 1832) wurde das Werk als *I baccanali aboliti* gegeben.

**Autograph:** Verbleib unbekannt. **Abschriften:** Part, 1. Fassung: Bayer. SB München (St. th. 21); Part, 2. Fassung: Bibl. Cherubini Florenz (A. II. 76-79), Bibl. S. Cecilia Rom (G. Mss. 155-156), ÖNB Wien (S. m. 25081), BL London. **Ausgaben:** Kl.A: Simrock 1819, Nr. 1584, Faks.-Nachdr.: Garland, NY, London (Italian Opera 1810–1840. 8.) [in Vorb.]; Textb., 1. Fassung: Venedig, Rizzi 1816; Textb., 1. Fassung, dt.: München, Lentner 1817; Textb., 2. Fassung: Florenz, Fantosini 1818; Bologna, Sassi 1819; Venedig, Casati 1819; Modena, Vincenzi 1819; Mailand, Tamburini 1820; Mailand, Bettoni 1825; Mailand, Manini 1932

**Literatur:** C. PICCOLI, Elogio del maestro di cappella P. G., Novara 1835; L. SCHIEDERMAIR, Eine Autobiographie P. G.s, in: Festschrift Rochus Freiherr von Liliencron, Lpz. 1910, S. 249; J. FREEMAN, P. G. in Sicily, in: MR 34:1973, S. 231

*Sabine Henze-Döhring*

# Yvonne Georgi

Emilie Felixine Hortense Yvonne Georgi;
geboren am 29. Oktober 1903 in Leipzig,
gestorben am 25. Januar 1975 in Hannover

## Der Golem
### Ballett in einem Akt

**Musik:** Francis Burt. **Libretto:** Erika Hanka und Francis Burt, eingerichtet von Yvonne Georgi
**Uraufführung:** 31. Jan. 1965, Landestheater, Hannover, Ballett des Landestheaters
**Darsteller:** der Golem; Rachel, ein schönes Mädchen; Channoch, ein junger Mann; Deborah, eine fanatisch fromme Frau; der Rabbi; Corps de ballet: die jüdische Gemeinde, fremde Eindringlinge
**Orchester:** 3 Fl, 3 Ob, 3 Klar, 3 Fg, 4 Hr, 3 Trp, 3 Pos, Tb, Pkn, Schl (gr.Tr, Bck, baskische Tr, RührTr, MilitärTr, Tamtam), Streicher
**Aufführung:** Dauer ca. 40 Min.

**Entstehung:** Der einer jüdischen Legende entstammende Golem, eine Lehmfigur in Menschengestalt, die durch einen Schem Leben und unüberwindbare Stärke erhält, dem Volk in Zeiten der Not beisteht und schließlich, des Schems beraubt, wieder zur leblosen Figur wird, war mehrfach Stoff für die Tanzbühne. Joe Jenčík schuf eine pantomimische Tragödie in drei Teilen (Prag 1924; Musik: Jiří Fiala), und Vladimír Pirnikov gestaltete ein zweiaktiges pantomimisches Ballett (Pilsen 1929; Musik: Karel Moor). – Burt kam während seiner Studienzeit bei Boris Blacher in Berlin zum erstenmal mit dem Golem-Stoff in Berührung. Angeregt durch das Interesse, das man im Berlin der 50er Jahre dem Ballett entgegenbrachte, und durch eine Schilderung der Wiedererweckung eines Golems, faßte er den Entschluß zu einem Golem-Ballett, wobei er überlieferte Motive mit frei erfundener Handlung verbinden wollte. Nach seiner Übersiedlung nach Wien schlug Burt den Stoff Hanka, der Ballettmeisterin der Wiener Staatsoper, vor. Gemeinsam mit Burt erarbeitete sie ein Szenarium, für das sie zusätzlich die Figur der Deborah erfand. Hanka starb 1958 nach Fertigstellung des Librettos, 1963 beendete Burt die Komposition. – Georgi war nach dem zweiten Weltkrieg eine der führenden Exponentinnen des klassischen Balletts in Deutschland. In ihrer dritten Schaffensperiode als Ballettmeisterin in Hannover (1954–70) waren *Elektronisches Ballett* (1957), *Evolutionen* (1958) und *Die Frau aus Andros* (1960), alle zu Musik von Henk Badings, ihre wichtigsten Ballette. Darüber hinaus schuf sie mehrere Ballette zu Musik des Kreises um Burt wie *Glück, Tod und Traum* (Alpbach 1954; Musik: Gottfried von Einem) und *Demeter* (Schwetzingen 1964; Musik: Blacher).

**Inhalt:** In einem europäischen Getto, Mittelalter: Channoch umwirbt die schöne Rachel, nur zögernd tanzt sie mit ihm. Gettobewohner warnen das Paar vor Eindringlingen. Rachel will fliehen, aber Channoch hält sie zurück. Wütender Mob dringt ins Getto ein und raubt Rachel. Aus ihren Verstecken hervorgekommen, geben die Gettobewohner dem unglücklichen Channoch die Schuld an dem Geschehen. Verzweifelt klagt das Volk. Die fanatische Deborah gibt den Gettobewohnern den Glauben zurück. Sie verlangt vom Rabbi die Wiedererweckung des Golems. Der Rabbi bringt die noch leblose Figur. In einer Beschwörung wird ihm der lebensspendende Schem angelegt, der Golem erwacht zum Leben. Er wird in die Stadt geschickt, um Rachel zurückzubringen. Späher geben die in Gebete versunkenen Frauen Kundschaft vom Tun des Golems. Er bringt Rachel zurück. Als sie mit ihm allein ist, wendet sie sich ihrem Retter in schwärmerischer Hingabe zu. Im Golem erwachen triebhafte Kräfte. Von Channoch gerufen, eilen das Volk und der Rabbi herbei, um der entsetzten Rachel zu helfen. Der Rabbi versucht ihm den Schem zu entreißen, der Golem schützt sich mit Rachel und erdrückt sie dabei. Er beginnt zu toben; da reißt Deborah ihm den Schem von der Brust. Der Golem sinkt leblos zusammen. Angeführt von Deborah und dem Rabbi, stimmt das Volk ein Klagelied an.

**Kommentar:** Georgis choreographisches Schaffen stand nach dem zweiten Weltkrieg im Zeichen einer Synthese von Ausdruckstanz, dessen hervorragende Vertreterin sie war, und dem klassischen Ballett, dem sie sich nun mehr und mehr zuwandte. Selbst an der Neuen Schule Hellerau und an der Mary-Wigman-Schule ausgebildet, hatten für sie beide Formen des Tanzes das gleiche Ideal zu erfüllen: die Harmonie und Einigung zwischen Körper und Geist zu zeigen. In der Konzeption ihres Librettos ging es den Autoren weder um die Nacherzählung der Erschaffung eines künstlichen Menschen, wie sie schon im Talmud verzeichnet ist, noch um die Legenden des Prager Hohen Rabbis Löw, in denen erstmals der Golem als Retter des jüdischen Volks vorkommt. Burt erzählt von einer in keiner andern literarischen Vorlage auftauchenden Wiederbelebung des Golems und erhält so einen Freiraum, in dem er Überliefertes mit Selbstfundenem verbinden kann. Er verknüpft eine Liebes-

*Der Golem*; Marion Vitzthum als Rachel, Horst Krause als Golem; Uraufführung, Ballett des Landestheaters, Hannover 1965.

beziehung, die für den Konflikt zwischen Triebhaftem und Geist steht, mit der in den Legenden vertretenen Grundidee, die für ihn auch in der heutigen Zeit gültig ist: Ein bedrängtes Volk ruft in seiner Ohnmacht nach übernatürlichen Kräften; sie bringen wohl die ersehnte Rettung, beschwören aber letztlich eine noch größere Katastrophe herauf. In ihrer Choreographie gelang Georgi eine echte Verbindung von chorischem und klassischem Tanz. Das chorische Idiom, mit dem das Volk gezeichnet war, hob die klassisch geführten Hauptpartien, Rachel, Channoch und Deborah, um so stärker hervor. Sie erschienen, wie Kurt Peters es in seiner Uraufführungskritik (s. Lit.) formulierte, »wie vom Hauch des chorischen Geistes angeleuchtet und überhöht«, die klassische Sprache bekam dadurch eigene Aussagekraft. Die Dramatik des Balletts, die Georgi durch dies Gegenüber der beiden Tanzarten, aus den kontrastierend geführten Solisten und Corps de ballet, erzielte (so wurde ein Solo vor dem in freskohafter Unbeweglichkeit verharrenden Corps getanzt) und die allein aus der Bewegung entstand, war denn auch die herausragendste Eigenschaft des *Golem*. In einer Zeit, in der man dem Handlungsballett glaubwürdige Dramatik, ja seine Existenzberechtigung abzusprechen begann, in der das handlungslose Ballett mehr und mehr an Boden gewann, lieferte Georgi den Beweis, wie wirkungsvoll durch Tanz erzählte Handlung sein kann. Freilich waren es auch die Charakterzeichnungen der Protagonisten, die wesentlichen Anteil an der überzeugenden Kraft des *Golem* hatten. Der Golem war mit einem aus dem Mythos geschöpften dämonischen Akzent versehen; das Urgewaltige, das er zu verkörpern hatte, wurde allerdings durch die zu roboterhaften Bewegungen etwas abgeschwächt. Fehlte es Rachel an dramatischer Aussage, Channoch an Entwicklung innerhalb der Rolle, so überzeugte die mit glühendem Eifer agierende Deborah. – Burts kompositorischer Plan unterstützt wirkungsvoll den dramatischen Handlungsbogen von Klage–Freude–Entsetzen–Klage. Obwohl die Hauptfiguren und wesentliche Situationen jeweils plastisch herausgestellt werden, zum Beispiel Rachel in ihrem zart schwebenden Solo am Beginn des Werks oder der Golem durch ein markantes Motiv des Schreitens, verliert die Musik sich nicht in eine bloße situationsbezogene Nummernfolge, sondern entfaltet sich zur übergeordneten Großform, deren Rahmen das Klagemotiv bildet. Die motivischen Gestalten erhalten ihr Gepräge sowohl aus der tänzerischen Bewegung als auch aus der dramatischen Stimmung. Durch ihre variierende Verarbeitung entwickelt Burt ausgedehnte, spannungsvolle Steigerungen, die auf ihrem Höhepunkt in Jubel, wie im Freudentanz über Rachels Befreiung, oder in Verzweiflung, wie nach Rachels Tod, umschlagen. Dem Grundmotiv der Handlung, dem Konflikt zwischen Golem als reinem Triebwesen und der geistigen Sphäre des Menschen, sind im Instrumentalen der Bereich der geräuschhaften Trommeln und des Tamtams und der der Bläser und Streicher zugeordnet. Sinnbildhaft erklingt diese Konstellation in den einleitenden fanfarenartigen Bläsermotiven, die sich jeweils ins Diffuse des Geräuschs auflösen.

**Wirkung:** In der Uraufführung tanzten Marion Vitzthum die Rachel, Dóra Csinády die Deborah und Horst Krause den Golem. Fred Marteny studierte den *Golem* 1966 in Graz, 1970 in Marseille, 1972 in Santiago de Chile und 1979 in Seoul ein. 1968 wurde das Werk von Alois Mitterhuber (Ausstattung: Ernst Fuchs) im Theater an der Wien gegeben, 1972 von Dimitrije Parlić in Belgrad. 1982 schuf Erich Walter eine Version für die Wiener Staatsoper, in der er das Originallibretto weitgehend beibehielt, jedoch durch eine Rahmenhandlung einen Bezug zur heutigen Zeit herstellte. Walter, der in seiner Heimatstadt Fürth selbst die Reichskristallnacht miterlebt hatte, ging in seiner Bearbeitung von der jüngsten Vergangenheit aus und ließ das darauffolgende Geschehen wie eine Vision abrollen.

**Ausgaben:** Kl. A: UE 13853; L: UE. **Aufführungsmaterial:** UE
**Literatur:** H. KOEGLER, Y. G., Velber 1963; Ph. Landestheater, Hannover 1965; K. PETERS, Dem Handlungsballett eine Bresche. Y. G.s ›Der Golem‹, in: TA 12:1965, H. 10, S. 297f.; Yvonne Georgi, hrsg. R. H. Schäfer, Braunschweig o.J.

*Gunhild Schüller*

# Edward German

Eigentlich Sir German Edward Jones; geboren am 17. Februar 1862 in Whitchurch (Shropshire), gestorben am 11. November 1936 in London

## Merrie England
A New and Original Comic Opera in Two Acts

**Fröhliches England**
2 Akte

**Text:** Basil Charles Willett Hood
**Uraufführung:** 2. April 1902, Savoy Theatre, London
**Personen:** der Earl of Essex (Bar); Sir Walter Raleigh (T); Walter Wilkins, Schauspieler in William Shakespeares Truppe (T); Silas Simkins, ein anderer Schauspieler (Bar); Long Tom und Big Ben, königliche Forstleute (2 Bar); Hofnarr der Königin (Spr.); Metzger, Bäcker, Klempner und Schneider (4 Bar); ein Lord (Bar); Soldat (Statist); 1. und 2. Page der Königin (Choristinnen oder stumme R); Königin Elizabeth/Elisabeth (A); Bessie Throckmorton (S); »Jill-All-Alone« (Mez); die Maikönigin (S); Marjory (Choristin oder stumme R); Kate (S); Hofdame (Statistin). **Chor:** Lords, Ladies, Stadtleute von Windsor, Soldaten usw.
**Orchester:** 2 Fl, 2 Ob, 2 Klar, 2 Fg, 2 Hr, 2 Trp, 2 Pos, Schl (kl. Tr, gr. Tr, Bck, Tamburin, Trg, Schellen), Streicher

**Aufführung:** Dauer ca. 2 Std. – Die wenig exponierten Stimmlagen und die sängerfreundliche Schreibweise Germans lassen bei der Besetzung großen Spielraum. Nicht selten wird auf englische Bühnentraditionen und Kenntnisse zurückgegriffen, etwa bei der archaischen Masque, einem tänzerisch-pantomimischen Drachenkampf des Nationalheiligen St. Georg, beim Spiel um Robin Hood und den Jäger Herne. Bei der Uraufführung spielte das Savoy-Orchester, wie es bei den Sullivan-Opern üblich war. Vom Komponisten gibt es zahlreiche Bearbeitungen für kleinere Orchester, Militärkapellen, Klavier allein oder mit Begleitinstrument.

**Entstehung:** German, der durch die sehr erfolgreichen Schauspielmusiken zu Shakespeares *King Richard III* und *King Henry VIII* aufgefallen war, wurde mit der Vollendung von Sullivans hinterlassenem Opernfragment *The Emerald Isle* beauftragt. Die Anerkennung seiner Arbeit stempelte ihn nach der Uraufführung (London 1901) zum legitimen Nachfolger Sullivans. Das Savoy Theatre verpflichtete ihn mit Hood, Sullivans letztem Librettisten, sofort für eine weitere Oper, *Merrie England,* die eine Fortsetzung der Savoy-Tradition im Sinn von William Schwenck Gilbert und Arthur Sullivan ermöglichen sollte.

*Merry England*; Joan Stuart als Bessie Throckmorton, Anna Pollak als Königin Elizabeth; Regie: Dennis Arundell; Sadler's Wells Opera, London 1960.

**Handlung:** In England, um 1600, während der Regierung Königin Elisabeths I.

I. Akt, Themseufer bei Windsor: Die Maikönigin beruft Long Tom und Big Ben, Forstleute aus Windsor, als beste Armbrustschützen in ihr Gefolge. Jill, Long Toms Freundin, beklagt, daß alle Bürger, außer Tom, sie für eine Hexe halten. Walter Wilkins, ein Wanderschauspieler aus Shakespeares Truppe, und Walter Raleigh können zuerst mit einem Chanson, dann mit einem Trinklied von Jill ablenken. Raleigh sucht Bessie Throckmorton, Hofdame Königin Elizabeths und seine heimliche Geliebte. Bessie tritt allein auf und klagt über den Verlust eines Liebesbriefs von Raleigh, den die eifersüchtige Königin nicht sehen darf. Raleigh gesellt sich zu ihr, und zusammen besingen sie die Freuden weltabgeschiedener Zweisamkeit. Earl of Essex, Raleighs Rivale bei der Königin, stellt sich ein und singt mit den Schauspielern Wilkins und Silas Simkins ein Terzett auf die Liebe; als man Jill gefangen hereinbringt und Tom sie verteidigt, lockert er die Spannung durch ein Preislied auf die englischen Männer und erhält dafür von Jill Raleighs Brief, den sie gefunden hat. Elizabeth erscheint mit ihrem Gefolge, bekommt von Essex den Brief und hält sich für die angesprochene Bessie, da sie Raleighs Handschrift erkennt. Raleigh beteuert aber seine Liebe zu Bessie, wofür ihn Elizabeth auf seine Güter, Bessie und Jill aber in den Tower schickt. Moriskentänzer beschließen das Finale.

II. Akt, eine Lichtung im Wald von Windsor: Bessie und Jill sind entflohen, Raleigh als Schauspieler verkleidet und alle drei noch in Windsor. Die Königin will Bessie vergiften, Raleigh will sie befreien, besingt aber zunächst mit Jill ihr beiderseitiges Unglück in der Liebe, bis Bessie, die das gleiche tut, gefunden ist und sich Essex mit dem Versprechen seiner Hilfe hinzugesellt. In einem absurden Schauspiel vor der Königin lösen sich die Verwicklungen. Robin-Hood/Raleigh und Bessie/Marion werden in ihrem Spiel durch die Erscheinung des Jägers Herne unterbrochen, der nach der Sage ein geplantes Verbrechen des Monarchen ankündigt. Elizabeth beachtet den Wink und begnadigt Jill, Bessie und Raleigh. Essex ist ihr neuer Favorit.

**Kommentar:** *Merrie England* greift alte englische Theatertraditionen auf, etwa die lockere Szenenfolge der Masque und des Pageant. Eine eigentliche Handlung fehlt fast, und Steigerungen zu den Aktschlüssen kommen eher durch Verdichtung schwungvoller Ensembles als durch eine Schürzung des Knotens zustande. Typen englischer Folklore, Geschichtslegende und Theatertradition der Charaktere dürfen bei einem britischen Publikum als bekannt und beliebt vorausgesetzt werden. Doch dürften dies und die gefällige Stilisierung nationaler Legenden bei einem kontinentalen Publikum die ermüdende, von der Handlung kaum motivierte Auftrittsserie einzelner Darsteller mit oder ohne Chor kaum aufwiegen. Hood verfügte nicht über die satirische Schärfe und den Groteskwitz, mit dem Gilbert solche Typen in eine Galerie zeitgenössischer Gesellschaftskritik verwandeln konnte; ebensowenig konnte German wie Sullivan aus volkstümlicher Melodik mit orchestraler Eleganz, rhythmischer Vielfalt und musikalischem Witz das unverwechselbare spätviktorianische Flair heitergeistreichen Musiktheaters hervorlocken. Germans Melodien sind eingängig, seine Orchestrierung ist geschmackvoll, seine gleichförmige Abfolge von Einzelarie und Arie mit Begleitchor etwas schulmäßig. Sänger liebten ihn, und die Beliebtheit seiner Arien und Lieder hat auch zu zahlreichen Amateuraufführungen geführt. Seine Stärke ist das Harmlos-Zarte, Volkstümlich-Beschwingte, das kaum ironisierend durchkreuzt wird. So gewinnt das Werk den Charakter einer freundlich-naiven Märchenoper für Erwachsene: Machtintrigen, Giftpläne, Räuberspiel und Hexenwahn, vor allem aber jede Form von Erotik erscheinen so purgiert und freundlich, wie dies eigentlich nur in der Märchenidylle denkbar ist.

**Wirkung:** *Merrie England* war dank seiner Mischung aus viktorianischer Shakespeare-Schwärmerei, englischer Folklore und Tudor-Legenden ein großer und bleibender Erfolg (in der Uraufführung sangen unter anderm Agnes Fraser, Rosina Brandram, Henry Lytton und Walter Passmore). Die geschickte Verquikkung von nationalenglischen Mythen der Selbststilisierung, vom Prinzen Hal über Robin Hood und die »English Rose« Throckmorton bis zur Virgin Queen mit ihren Kavalieren, verlieh dem Stück fast den Charakter einer Nationaloper, weshalb man ernsthaft erwog, es zur Wiedereröffnung von Sadler's Wells nach dem Krieg anzusetzen. Dennoch hat sich die erhoffte Wirkung, nämlich die Fortsetzung der komischen Operntradition im Sinn Gilberts und Sullivans, nicht eingestellt. Wie wenig zukunftsträchtig die Flucht in die musikalische Simplizität und die Anleihen bei älterer Musik tatsächlich waren, zeigte sich bereits bei *The Princess of Kensington* (London 1903), das den Erfolg von *Merrie England* wiederholen sollte, tatsächlich aber das Ende des Savoy als Londoner Opéra-Comique einläutete. Etwas straffer, auf dramatische Konflikte hin, ist die Partitur der »comic opera« *Tom Jones* (Manchester 1907) angelegt. Sie bekräftigt indes nochmals den Eindruck von einem gediegenen Bühnenmusiker, der wenig anzufangen weiß mit dem verwirrenden Widerspiel zwischen Fiktion und erzählter Wirklichkeit, wie sie Henry Fieldings Roman (1749) entfacht. Motor des musikdramatischen Geschehens ist auch hier, überdeutlich, die Neigung zum überlieferten heimischen Stoff und nicht die hinterhältige Lust an dessen ironischer Zersetzung, die bereits im Original das erste und das letzte Wort hatte. Immerhin blieben Germans Abscheu vor allen »Neutönern« und der bewußte Rückzug auf spezifisch englische Libretti und englische Musikformen von einer kaum zu unterschätzenden Wirkung auf die Operettenpflege in England.

**Autograph:** Verbleib unbekannt. **Ausgaben:** Kl.A: Chappell 1902, ²1903, Nr. 21511; London 1955. **Aufführungsmaterial:** Chappell

**Literatur:** W. H. SCOTT, E. G.: an Intimate Biography, London 1932; R. ELKIN, E. G., in: The Music Masters, hrsg. A. L. Bacharach, Bd. 3, London 1952

*Herta Elisabeth Renk*

# George Gershwin

**Eigentlich Jacob Gershvin; geboren am 26. September 1898 in Brooklyn (heute zu New York), gestorben am 11. Juli 1937 in Beverly Hills (Kalifornien)**

## Oh, Kay!
**Musical Comedy**

**Oh, Kay!**
2 Akte (5 Bilder)

**Buch:** Guy Reginald Bolton und Sir Pelham Grenville Wodehouse. **Gesangstexte:** Ira Gershwin (eigtl. Israel Gershvin) und Howard Dietz. **Orchestration:** William Daly. **Choreographie:** Sammy Lee (eigtl. Samuel Levy).
**Uraufführung:** 8. Nov. 1926, Imperial Theatre, New York
**Personen:** Jimmy Winter, Playboy; Constance, seine Frau; Earl of Blendings; Kay, seine Schwester; Larry Potter, Boß einer Alkoholschmugglerbande; McGee, genannt Shorty, sein Komplize; Jansen, Zollinspektor; Polly, Phil, Odile, Izzy und Jean, Mitglieder des Cottontail-Klubs; Appelton, Richter; 2 Assistenten Jansens
**Orchester:** Fl, Ob, 2 Klar, Fg, 2 Hr, 2 Trp, Pos, Schl, Kl, Streicher
**Aufführung:** Dauer ca. 2 Std. 30 Min. – Kleines Ensemble, ohne Chor, reduziertes Ballett. Das Stück stellt keine hohen stimmlichen und tänzerischen Ansprüche, der Schwerpunkt liegt im Komödiantischen. Eine Off-Broadway-Bearbeitung von 1960 und eine 1974 in London produzierte Version (beide mit reduzierter Orchesterbesetzung) sind durch zusätzliche Songs aus andern Film- und Bühnenwerken Gershwins erweitert worden.
**Gesangsnummern:** The Woman's Touch (Die Frau im Haus); Don't Ask (später: Home; Zu Haus); Dear Little Girl (später: You'll Still Be There; Und doch bleibst du bei mir); Maybe (Wer weiß); Clap Yo' Hands (Klatsch und sing); Bride and Groom; Do, Do, Do (Tu's, tu's, tu's); Someone to Watch Over Me (Jemand, der mich glücklich macht); Fidgety Feet (Plötzlich kribbelt's im Fuß); Heaven on Earth; Oh, Kay, You're O. K. (Oh, Kay, bist o. k.); Show Me the Town (in der Erstproduktion gestrichen)

**Entstehung:** Die englische Schauspielerin Gertrude Lawrence gab mit *Oh, Kay!* ihr Debüt am Broadway, nachdem sie ihre Mitwirkung davon abhängig ge-

*Oh, Kay!*; Gertrude Lawrence als Kay; Uraufführung, Imperial Theatre, New York 1926. – Die englische Schauspielerin, Tänzerin und Sängerin eroberte sich bereits als 15jährige die Bretter der Londoner Kabaretts, acht Jahre später debütierte sie mit durchschlagendem Erfolg in New York. Über Jahrzehnte war sie einer der großen Stars in England und den Vereinigten Staaten.

macht hatte, daß Gershwin die Musik schrieb. Erschwert wurde die Arbeit durch eine Erkrankung Ira Gershwins, aber dank der Mitarbeit von Dietz, der die Songtexte vollendete, konnte die Uraufführung wie geplant stattfinden. Weitere Mitwirkende waren unter anderm Constance Carpenter, Betty Compton, Victor Moore und Oscar Shaw.
**Handlung:** In einer Sommervilla in der amerikanischen Kleinstadt Easthampton an der Atlantikküste, zur Zeit des Alkoholverbots. I. Akt, 1. und 2. Bild: Wohnzimmer; II. Akt, 1. Bild: Garten; 2. Bild: Keller; 3. Bild: Garten.
I. Akt: Im Keller der seit einiger Zeit leerstehenden Villa des Salonlöwen Jimmy Winter haben Schmuggler heimlich ein Alkohollager angelegt. Als Jimmy auf der Hochzeitsreise mit Constance in seinem Landhaus Quartier nimmt, bringt er das Alkoholgeschäft in Gefahr und kann nur mit Mühe daran gehindert werden, den Keller zu betreten. Da flüchtet Kay, die ohne Paß an Land gegangen ist, vor dem Zollinspektor in die Villa. Jimmy erkennt in ihr das Mädchen, das ihn einmal vor dem Ertrinken gerettet hat, und schützt sie vor der Verhaftung, indem er sie als seine Frau ausgibt. Doch aus dem Spiel wird Ernst. Zu beider Glück stellt sich heraus, daß Jimmys gerade geschlossene Ehe ungültig ist, weil er zum Zeitpunkt der Heirat noch nicht von seiner ersten Frau geschieden war.
II. Akt: Als Jimmys erste Ehe geschieden wird und er nun wohl oder übel Constance heiraten müßte, läßt ihn Kay kurzerhand als Alkoholschmuggler verhaften. Wie vorauszusehen, weigert sich Constance daraufhin, ihn zu heiraten. Die hochprozentige Schmuggelware kann durch einen Trick in Sicherheit gebracht werden, und für Jimmy und Kay ist der Weg frei zum Traualtar.
**Kommentar:** Nach einer »Dekade der opulenten Revue« zwischen 1910 und 1920 wurde von Komponisten und Textern wie den Gershwins, Vincent Youmans, Cole Porter, Richard Rodgers und Lorenz Hart der Versuch unternommen, Elemente der Revue und der Operette miteinander zu verbinden und somit Handlung, Gesangstexte und Musik enger zu verknüpfen. Ein nicht ganz geglückter Schritt in diese Richtung ist *Oh, Kay!*, eine banale Verwechslungs- und Liebesgeschichte, die mit Hilfe einiger Gags zu einem abendfüllenden Stück aufgebläht worden ist und deren Libretto zwar eine satirische, von der Revue herrührende Situationskomik aufweist, aber an Originalität mit einer guten Operette nicht konkurrieren kann.»Die Oberflächlichkeit des Stücks entsprach der Oberflächlichkeit des Jahrzehnts« (Siegfried Schmidt-Joos). So stehen auch die von Jazz und Ragtime beeinflußten Songs als eine Kette amüsanter, aber funktionsloser Melodien ohne Intermezzi, Rezitative und Finale oft in keinem Zusammenhang mit der Handlung (zum Beispiel der Gershwin-Klassiker »Someone to Watch Over Me« oder Kays Song »Do, Do, Do«, der in den 20er Jahren vom Rundfunk sogar als eine erotische Aufforderung mißverstanden und boykottiert wurde). Jedoch ist es eine Möglichkeit des Musicals, über die lediglich unterhaltende Funktion hinaus »sich selbst auf den Arm zu nehmen, und das mit überlegtem Witz« (Leonard Bernstein, s. Lit.). – Die deutsche Bearbeitung erlebte am 31. Mai 1978 ihre Premiere an den Städtischen Bühnen Dortmund.

**Skript:** Textb.: NYPL Theatre Coll. (5697). **Ausgaben:** Kl.A: Harms, NY 1926. **Aufführungsmaterial:** Tams-Witmark, NY; dt. Übers. v. M. Colpet: Städtische Bühnen, Dortmund
**Literatur:** D. EWEN, A Journey to Greatness, NY 1956; I. GOLDBERG, G. G., NY 1958; L. BERNSTEIN, The Joy of Music, NY 1959, dt. Stuttgart 1961; A. GAUTHIER, G. G., Paris 1973; E. JABLONSKI, S. LAWRENCE, The G. Years, NY 1973; R. KIMBALL, The Gershwins, NY 1973; C. SCHWARTZ, G.: His Life and Music, Indianapolis 1973; DERS., G. G.: A Selective Bibliography and Discography, Detroit 1974; W. SCHWINGER, G. Eine Biographie, Mainz 1983

*Martina Krawulsky*

## Girl Crazy
**Musical**

**Verrückt nach Mädchen**
2 Akte (8 Bilder)

**Buch:** Guy Reginald Bolton und John W. McGowan.
**Gesangstexte:** Ira Gershwin (eigtl. Israel Gershvin).
**Orchestration:** Robert Russell Bennett. **Choreographie:** George Hale

**Uraufführung:** 14. Okt. 1930, Alvin Theatre, New York
**Personen:** Danny Churchill, Playboy; Molly Gray, Postbedienstete; Pete, Hotelbesitzer; Lank Sanders, Bandit; Gieber Goldfarb, Taxichauffeur; Flora James, Patsy West und Tess Parker, Freundinnen von Danny; Kate Fothergill, Barsängerin; Slick Fothergill, Croupier; Sam Mason, Manager; Jake Howell, Bandit; Eagle Rock, Indianer; Hotelportier; Lariat Joe; The Foursome, Gesangsquartett; lateinamerikanisches Tanzpaar. **Chor:** Cowboys, die Dudeens
**Orchester:** Fl, Ob (auch E.H), 2 A.Sax (auch Klar, Bar.Sax), T.Sax (auch Fl, Klar), 2 Trp, Pos, Schl, Kl, 2 Vl, 2 Va, Vc, Kb
**Aufführung:** Dauer ca. 2 Std. – Das gesamte Ensemble wirkt bei einigen Chören und choreographierten Szenen mit; den größten Anteil an den Tanznummern hat jedoch der Chor. Ein lateinamerikanisches Tanzpaar tritt mit Spezialtänzen auf. »The Foursome« sind ein aus Cowboys bestehendes Gesangsquartett, das Szenenwechsel überbrückt und den Begleitchor für Songs der Hauptpersonen stellt. Musik und Gesangstexte erfordern dazu passende Jazz- und Swingtänze der damaligen Zeit sowie Choreographien mit Western-Cowboy-Flair und mit Elementen lateinamerikanischer Tänze. Da keine Originalchoreographien überliefert sind, müssen für jede Produktion neue Tänze geschaffen werden.
**Gesangsnummern:** Lonesome Cowboy; Could You Use Me? (Was kann ich für dich tun?); Bidin' My Time (Laß dir Zeit); Bronco Busters (Ja, wir sind Cowboys); Barbary Coast; Embraceable You (Umarm mich); Sam and Delilah (Samson und Delila); I Got Rhythm (Ich lieb' Rhythmus); Goldfarb! That's I'm!; Land of the Gay Caballero; But Not for Me (Doch nicht für mich); Treat Me Rough (Quält mich nur); Boy! What Love Has Done for (to) Me (Toll, was man aus Liebe tut); When It's Cactus Time in Arizona

**Entstehung:** Die Produzenten Alex Aarons und Vinton Freedley, auf der Suche nach einer neuen Attraktion für ihr Alvin Theatre, ermunterten Gershwin zu einem weiteren Projekt mit Bolton, mit dem er schon bei *Lady Be Good!* (New York 1924), *Tip-Toes* (New York 1925), *Oh, Kay!* (1926) und *Rosalie* (New York 1928) zusammengearbeitet hatte. Die neue Show sollte den Mythos vom Wilden Westen auf die Schippe nehmen und ein Vehikel für das Talent der Darsteller Bert Lahr und Ginger Rogers und des Komponisten Gershwin liefern, der auf der Höhe seines Broadway-Ruhms stand.
**Handlung:** In Custerville (Arizona) und San Luz (Mexiko). I. Akt, 1. Bild: Das Custer-Haus in Custerville; 2. Bild: Dannys Freizeitranch; 3. Bild: Gieber Goldfarbs Wahlzentrum; 4. Bild: vor dem Postamt von Custerville; 5. Bild: Bar auf der Freizeitranch; II. Akt, 1. Bild: das Hotel »Las Palmas« in San Luz; 2. Bild: der Bahnhof von San Luz; 3. Bild: vor der Freizeitranch.
I. Akt: Der gutaussehende Playboy Danny Churchill wird von seinem Vater in den Westen geschickt, wo er auf der familieneigenen Ranch arbeiten und seinen New Yorker Müßiggang mit Nachtklubs, Broadway-Shows und hübschen Mädchen vergessen soll. Zwei Jahre im »ländlichen Exil« sollen den Schürzenjäger auf andere Gedanken bringen, denn in Custerville gibt es so gut wie keine Frauen. Danny läßt sich von dem Taxichauffeur Gieber Goldfarb nach Custerville fahren, wo die hübsche Molly Gray, eine der wenigen Frauen des Orts, gleich sein Interesse weckt, seine Avancen aber zunächst zurückweist. Danny, der nicht gewillt ist, auf ein angenehmes Leben zu verzichten, funktioniert die Ranch in ein Freizeitzentrum um, engagiert einen Mädchenchor (die »Dudeens«) und läßt aus New York seine Freundinnen Patsy, Tess und Flora nachkommen. Als dann auch noch die Sängerin Kate Fothergill mit ihrem Mann Slick, einem Croupier, auftaucht, dauert es nicht lange, bis auch ein Spielsalon zu den Attraktionen der Freizeitranch gehört. Goldfarb wird zum neuen Sheriff von Custerville gewählt und gerät darüber mit dem brutalen Lank in Streit, der selbst auf diesen Posten spekuliert hatte und Goldfarb aus dem Weg haben möchte. Sam Mason, ein alter Rivale Dannys um die Gunst der Frauen, ist wegen Tess aus New York angereist, interessiert sich aber auch für Molly. Als er im Spielsalon die Bank sprengt, wollen Lank und der zwielichtige Hotelbesitzer Pete ihm den Gewinn abnehmen. Die beiden Banditen beschließen, vorher Goldfarb zu töten, der aber das Gespräch, hinter der Bar versteckt, mitanhört und sich zur Tarnung als Indianer verkleidet, wodurch es später zu Verwechslungen mit dem echten Indianer Eagle Rock kommt. Zwischen Sam, Molly und Danny entbrennt ein Streit, woraufhin Sam mit Molly nach San Luz fahren will, was Danny vergeblich zu verhindern sucht. Slick Fothergill will mit Tess und Flora ebenfalls nach Mexiko durchbrennen, seine Frau Kate macht ihm jedoch einen Strich durch die Rechnung. II. Akt: Alle Beteiligten finden sich in San Luz wieder. Sam hat sich und Molly im Hotel »Las Palmas« als Ehepaar eingetragen, und Danny ist entsprechend

*Girl Crazy*, I. Akt, 2. Bild; Ethel Merman als Kate (Mitte); Uraufführung, Alvin Theatre, New York 1930. – Mermans Laufbahn begann in Nightclubs; mit *Girl Crazy* wurde sie über Nacht zum Star: Über 20 Jahre strahlte sie am Himmel des Broadways.

wütend. Lank und Pete schlagen Sam zusammen und rauben ihm das beim Spiel gewonnene Geld. Danny wird aufgrund seiner Eifersucht des Diebstahls verdächtigt und angeklagt, kann aber mit Mollys Hilfe in einem Zug vor der Polizei fliehen. Goldfarb, der immer noch von Lank und Pete bedroht wird, kann sich vor den beiden nur retten, indem er sich auf der Damentoilette des Bahnhofs als Frau verkleidet. Zurück in Arizona, lösen sich aber alle Verwicklungen: Danny und Molly werden endgültig ein Paar, und Goldfarb kann Lank und Pete mit ihrer Beute in einem Güterwagen verhaften.

**Kommentar:** *Girl Crazy* war nach dem satirischen *Strike Up the Band* das zweite Gershwin-Musical, das 1930 seine Premiere erlebte. Allerdings waren satirische Themen nicht sonderlich attraktiv für ein Publikum, das auf dem Höhepunkt der Wirtschaftskrise für ein paar Stunden Ablenkung im Theater suchte, und deshalb griff man bei *Girl Crazy* auf die erprobten und erfolgreichen Muster der Schwänke und Farcen der 20er Jahre zurück. Bolton war ein Meister dieser Form, machte sich jedoch in einigen Szenen, die heute peinlich wirken und bei Neuproduktionen oft fortgelassen werden müssen, über Eigenheiten bestimmter Bevölkerungsgruppen lustig. So wird der Hotelbesitzer Pete im Regiebuch als »half-breed« (Halbblut) beschrieben, eine verächtliche Bezeichnung für eine Person mit einem weißen und einem indianischen oder mexikanischen Elternteil. Goldfarb, der »komische Jude« im Stück, wird beim Essen eines Schinkenbrots überrascht und rechtfertigt sich, er könne den Anblick von Schinken nicht ertragen: Er esse ihn, um ihn »aus den Augen« zu bekommen. Der Plot ist der eines herkömmlichen Komödienmelodrams inklusive eines raubenden Schurken in der Figur Lanks. (Selbst 1930 war das New Yorker Publikum noch fasziniert von der vermeintlichen Wildheit und Romantik des amerikanischen Westens.) Der schon in früheren Musicals und Schauspielen behandelte Kontrast zwischen den Werten und dem Lebensstil des Ostens und des Westens zeigt sich hier in Molly und Danny. Molly stammt zwar aus dem Westen, besitzt aber doch die Sprödigkeit der Frauen aus dem Osten. Danny, von ihrer Schönheit und Bescheidenheit angezogen, gibt sein Schürzenjägerdasein bald auf, bedrängt Molly aber, mit ihm nach New York zu gehen, während Molly ihn viel lieber im Westen halten möchte. Nach und nach ändern beide ihre Einstellung, um dem andern zu gefallen. Mason wird eingeführt als Auslöser von Mißverständnissen zwischen Danny und Molly; das Motiv für seine Handlungsweise ist eine offene Rechnung mit Danny, der ihm eine Liebesaffäre in New York verdorben hatte. Pete und Lank entsprechen dem Stereotyp des Schurken: Pete spricht nur gebrochen Englisch und nimmt alles schweigend hin; Lank erschießt Sheriffs und tyrannisiert seine Mitmenschen.

*Girl Crazy*, II. Akt, Finale; Regie und Choreographie: Larry Fuller, Bühnenbild: Wolfgang Hardt; Pfalztheater, Kaiserslautern 1977.

Kate und Slick Fothergill bilden den traditionellen komischen Gegenpol zu Held und Heldin. Die verführerische Kate ist sich ihrer Wirkung auf Männer wohl bewußt, möchte aber doch die volle Aufmerksamkeit ihres nervösen und ungeschickten Manns haben, der sogar bei der Leitung eines Spielsalons keine glückliche Hand zeigt. Flora, Patsy und Tess sind typische Mädchen des Jazz-Zeitalters, Überbleibsel der Jahre vor dem Börsenkrach. Eagle Rock ist eher eine komische als eine Charakterrolle. Im Gegensatz zu Goldfarbs lächerlicher Verkörperung eines Jiddisch sprechenden Indianers ist Eagle Rock ein gutaussehender, gebildeter, sorgfältig gekleideter junger Mann. Sein Einsatz spielt auf das Bühnenklischee des verleumderischen Indianers an, soll aber Gelächter erzeugen durch die überraschende Tatsache, daß er gerade nicht der herkömmlichen Vorstellung entspricht. Die Rolle des Goldfarb war ursprünglich für Lahr vorgesehen, wurde dann allerdings von Willie Howard übernommen, der seine eigene Komik in das Stück einbrachte. So darf Goldfarb bei Gelegenheit Jiddisch schwatzen und die populären Entertainer Maurice Chevalier, Al Jolson und George Jessel imitieren. Zweimal tritt er in komischen Verkleidungen auf: einmal als falscher Indianer, das andere Mal in Frauenkleidern, was in einer »lustigen Katastrophe« endet, als er den Rock verliert und in Unterhosen dasteht. Das Buch bietet reichlich Möglichkeiten für visuelle Komik; die verbale Komik bewegt sich auf dem Niveau des Schwanks und schließt viele Wortspiele und Vaudeville-Späße ein. – Im Vergleich mit dem gesprochenen Dialog sind die Gesangstexte weitaus kultivierter und tragen auf amüsante Weise zur Charakterisierung der Personen bei. In Anbetracht der Banalität und der Vorhersehbarkeit der Handlung ist es Gershwin mit Erfolg gelungen, seine Texte auf die Charaktere und Begebenheiten abzustimmen. Im Fall von »Embraceable You«, das aus einer andern, nicht produzierten Gershwin-Show stammt, ist der romantische Einschlag völlig angemessen, obgleich es keinen Bezug zu Ort und Zeit hat. – Die Tatsache, daß sich Musicalfans immer noch fast genauso gut an die beeindruckende Uraufführungsbesetzung erinnern wie an die reichhaltige Partitur, zeigt einen der Gründe, warum die Gershwins sich nach dem nur mäßigen Erfolg von *Strike Up the Band* wieder an das Erfolgsrezept des Musiktheaters der 20er Jahre hielten: Zusammen mit den Buchautoren schnitten sie eine farbige Show auf das Talent von Darstellern wie Ethel Merman zu. Weitere Erfolgsgaranten waren der populäre Allen Kearns als Danny, Rogers als Molly, Howard als Goldfarb, William Kent als Slick und das seinerzeit führende lateinamerikanische Tanzpaar Tony und Renée Demarco. Bei der Uraufführung dirigierte Gershwin das Orchester von Red Nichols, in dem solche künftigen Big-Band-Größen wie Benny Goodman, Gene Krupa, Jimmy Dorsey, Jack Teagarden und Glenn Miller saßen. Das von Bolton und McGowan lose strukturierte Buch ermöglichte es den komödiantischen Darstellern, dem Stück ihre eigene Art von Humor aufzuprägen; Gershwins Songs unterstrichen die stimmlichen Talente der Sänger, und Donald Oenslagers Ausstattung gab der Produktion das Flair des alten Westens und des benachbarten Mexikos. – Die Musik trägt viel dazu bei, von der Vorhersehbarkeit der Handlung abzulenken. Auf Gershwins in der Ouvertüre vorgestellte und erst später wieder erklingende Melodien wird als Überbrückung bei Szenenwechseln und in Form von Zwischenmusiken verwiesen, bevor sie vollständig in Gesangs- oder Tanznummern vorgestellt werden. (Diese heute nicht mehr gebräuchliche Art der Musikpräsentation machte es möglich, daß das Publikum beim Verlassen des Theaters die Melodien vor sich hin pfeifen konnte.) Gershwins Melodien und Tempi paßten sich sehr gut den Schauplätzen und Handlungsabschnitten an: Das langsam-wiegende »Bidin' My Time« untermalt die Langeweile der Cowboys; »Barbary Coast« beschwört den rauchigen Glamour von San Franciscos Vergnügungsvierteln; »Embraceable You« verbindet romantische Sehnsucht mit zögernder Zurückhaltung; »Sam and Delilah« ist eine amüsante biblische Parodie der populären Ballade »Frankie and Johnnie«; »I Got Rhythm« wurde Mermans Showstopper, bei dem sie zum Erstaunen des Publikums einen Ton (das hohe C auf dem »I«) 16 Takte lang aushielt. (Die *New York Times* schrieb danach, daß dieser Song eine wahre Tanzwut ausgelöst habe.) – Damals war es nicht üblich, daß Musik- oder Ballettkritiker ein Broadway-Musical besprachen; die Theaterkritiker, die nicht viel oder gar nichts von Musik und Tanz verstanden, konnten sich über Gesangs- und Tanznummern nur ganz allgemein äußern. Auch wurden zu der Zeit Broadway-Choreographien nicht für die Nachwelt festgehalten (ein Kostenfaktor, der auch heute oft gescheut wird), und so sind keine bestimmten Tänze für *Girl Crazy* bekannt. Das Demarcos-Tanzpaar dürfte Tänze aus seinem eigenen Repertoire vorgeführt haben. Die Regieanweisung, daß »When It's Cactus Time« mit Lasso schwingenden Cowboys aufgeführt werden soll, läßt darauf schließen, daß auch neue Formen der Darbietung an die Stelle des großen Tanzfinales treten konnten.

**Wirkung:** *Girl Crazy* brachte es in der Saison 1930/31 auf die für die Zeit der Wirtschaftskrise beachtliche Zahl von 273 Vorstellungen. Das Musical wurde zweimal verfilmt: 1932 von William Seiter und 1943 von Norman Taurog (mit Judy Garland und Mickey Rooney als Molly und Danny). Trotz der abgedroschenen Handlung und des altmodischen Humors ist *Girl Crazy* dank Gershwins eingängiger, melodiöser Musik immer noch sehr beliebt und steht bei Profi-, College- und Amateurensembles häufig auf dem Spielplan. – Eine inhaltlich leicht veränderte deutsche Bearbeitung wurde am 19. Febr. 1977 im Pfalztheater Kaiserslautern vorgestellt.

**Ausgaben:** Kl.A: New World Music, NY 1954. **Aufführungsmaterial:** Tams-Witmark, NY; dt. Übers. v. M. Colpet: Pfalztheater, Kaiserslautern
**Literatur:** s. S. 354

*Glenn Loney*

## Of Thee I Sing
**Musical Play**

**Ich singe von dir**
2 Akte

**Buch:** George Simon Kaufman und Morrie Ryskind.
**Gesangstexte:** Ira Gershwin (eigtl. Israel Gershvin).
**Orchestration:** Robert Russell Bennett und William Daly. **Choreographie:** George Hale
**Uraufführung:** 26. Dez. 1931, Music Box Theatre, New York
**Personen:** John P. Wintergreen, Präsidentschaftskandidat; Alexander Throttlebottom; Mary Turner, Wintergreens Sekretärin; Diana Devereaux, Miß White House; Louis Lippman; Francis X. Gilhooley; Matthew Arnold Fulton; Senator Robert E. Lyons; Senator Carver Jones; Sam Jenkins, Chefsekretär; ein französischer Botschafter; ein Zimmermädchen; Miß Benson, Chefsekretärin; der Oberste Richter; eine Putzfrau; ein Senatssekretär; ein Fremdenführer; Vladimir Vidovitch und Yussef Yussevitch, Ringer; ein Arzt; Girls des Schönheitswettbewerbs; Schiedsrichter; Photographen; Reporter; Paradegirls und -boys; Polizisten; Mitglieder des Obersten Gerichtshofs; Senatoren; Sekretäre; Sekretärinnen; Militärgarde des französischen Botschafters; südamerikanische Touristen; Gäste; Diener
**Orchester:** wird zur Zeit rekonstruiert
**Aufführung:** Dauer ca. 2 Std. 30 Min. – Ausgebildete Gesangsstimmen sind für Wintergreen, Mary und Diana (die auf die Bluessängerinnen der 20er Jahre hin konzipiert wurden) erforderlich. Chor, Ballett, großes Ensemble (50–60 Personen). Choreographierte Songs, keine Solotanznummern. I/7 ist mit den eingeblendeten Dias, Filmausschnitten und Tonaufnahmen eine relativ aufwendige Multimediashow. – Seit 1952 wird die Orchestration von J. S. Schaub benutzt: A.Sax I (auch Fl, Klar), A.Sax II (auch Klar), T.Sax (auch Ob), 2 Trp, Pos, Schl, Streicher. – Jetziger Stand der Rekonstruktion der Originalbesetzung: Fl, Ob, 2 A.Sax, T.Sax (alle Holzbläser auch Klar, 1 Spieler auch 2. Fl), Hr, 3 Trp, Pos, Schl (2 Spieler: Xyl, Glocken, Ratsche, Trap set, Holzblock u. a.), Kl, 6 Vl, 2 Va, Vc, Kb.
**Gesangsnummern:** Wintergreen for President; Who Is the Lucky Girl to Be?; The Dimple On My Knee; Because, Because; Never Was Here a Girl So Fair; Some Girls Can Bake a Pie; Love Is Sweeping the Country; Of Thee I Sing; Here's a Kiss For Cinderella; I Was the Most Beautiful Blossom; Hello, Good Morning; Who Cares?; Garçon, S'il Vous Plaît; The Illegitimate Daughter; The Senatorial Roll Call; Jilted!; Who Could Ask For Anything More?; Posterity; Trumpeter, Blow Your Horn

**Entstehung:** Hauptereignis der amerikanischen Geschichte zwischen 1927 (Kerns *Show Boat*) und 1931 (*Of Thee I Sing*) waren die Wirtschaftskrise und der Börsenkrach von 1929. Die wirtschaftliche Depression hatte aber auch positive Auswirkungen auf das kulturelle Leben in Amerika: Die Knappheit der Mittel förderte die Experimentierfreudigkeit und das Suchen nach neuen Wegen. Man wollte die traurige Lage durch einen leichten und fröhlichen Ton überspielen, war sich aber auch der Verantwortung des Theaters bewußt. Neben ästhetische Ideale traten intellektuelle Provokation und Zeitkritik, eingebettet in die unterhaltsame Form der leichten Muse. Für das Musical machten die Brüder Gershwin mit ihren politischen Satiren *Strike Up the Band* (New York 1930) und *Of Thee I Sing* den Anfang, 1936 folgten Romes Amateurshow *Pins and Needles,* 1938 *The Cradle Will Rock*, eine linksorientierte Musicaloper von Marc Blitzstein. Weiterführende Veränderungen erfuhr das Musical durch Kurt Weills Emigration (1935) in die Vereinigten Staaten, besonders mit *Lady in the Dark* (1941) und *One Touch of Venus* (1943).
**Handlung:** In Amerika. I. Akt, 1. Bild: Main Street in New York; 2. Bild: Hotelzimmer; 3. Bild: Atlantic City; 4. Bild: Hotelsuite; 5. Bild: außerhalb des Madison Square Garden; 6. Bild: im Madison Square Garden; 7. Bild: die Wahlnacht; 8. Bild: Washington; II. Akt, 1. Bild: im Weißen Haus; 2. Bild: vor dem Kapitol; 3. Bild: im Senat; 4. Bild: wie II/1; 5. Bild: der Gelbe Raum im Weißen Haus.
I. Akt: Wintergreen, unbedarfter Spitzenkandidat einer noch unbedarfteren und nicht näher zu definierenden politischen Vereinigung, bewirbt sich um die Präsidentschaft, Throttlebottom um den Posten des Vizepräsidenten. In Ermangelung eines politischen Programms wird der Wahlkampf mit dem Slogan »Mehr Liebe ins Weiße Haus« geführt. Die Gewinnerin einer überregionalen Schönheitskonkurrenz soll Wintergreen auf seinen Wahlkampfreisen begleiten, ihn nach gewonnener Wahl heiraten und First Lady werden. Diana Devereaux aus Louisiana, die »Blume des Südens«, wird zur Miß White House gewählt, Wintergreen entscheidet sich jedoch für seine Sekretärin Mary Turner, die zwar mit Dianas Südstaatencharme nicht konkurrieren, dafür aber die besseren Weizenbrötchen backen kann. Als Musterbeispiel des amerikanisch-romantischen Liebhabers wird Wintergreen Präsident der Vereinigten Staaten und trotz Dianas Protest Marys Ehemann.
II. Akt: Der arbeitsreiche Alltag des Präsidentenpaars wird von der Nachricht überschattet, daß Diana die illegitime Tochter des illegitimen Sohns eines illegitimen Neffen von Napoleon ist. Als Frankreich daraufhin mit dem Abbruch der diplomatischen Beziehungen droht, plant der Senat den Sturz des Präsidenten, nimmt davon jedoch wieder Abstand, als bekannt wird, daß Mary schwanger ist. Sie bringt Zwillinge zur Welt, und das von Geburtenrückgang bedrohte Frankreich fordert nun unter Androhung eines Kriegs als Entschädigung die Herausgabe des Nachwuchses. Erst als sich Vizepräsident Throttlebottom bereit erklärt, die vernachlässigte Diana aus ihrer Illegitimität zu erlösen und zu heiraten, kommt es zur glücklichen Lösung der hochpolitischen Konflikts.
**Kommentar:** War Gershwins gesellschaftskritisches Musical *Strike Up the Band,* eine beißende Satire auf

den Krieg, immer noch an den Konventionen des Broadway-Theaters orientiert, so schlug das Autorenteam mit *Of Thee I Sing* nicht nur inhaltlich, sondern auch formal neue Wege ein. Gershwin setzt sich bewußt über die herkömmliche Teilung der musikalischen Welt in »ernst« und »unterhaltend« hinweg: Ernst ist das Thema des Stücks, der geistlose Mechanismus der amerikanischen Wahlen, unterhaltend dagegen sind die Mittel. Nach wie vor scheinen die oberflächlichen Musicalklischees, Verwechslungen und Schwänke die Handlung zu bestimmen, sogar das Aschenputtel-Cinderella-Pygmalion-Motiv (geheiratet wird nicht die verführerische Miß White House, sondern die einfache Sekretärin) fehlt nicht, und schon der Titel deutet die Richtung des Musicals an. Jedoch kommen diese zeitlos-kitschigen Themen mit dem ebenso zeitlosen, aber dafür um so realeren, gefährlicheren Metier der Politik in Berührung und dekuvrieren sich gegenseitig. Die romantische Liebesgeschichte wird zum bewußt eingesetzten politischen Mittel, die Politik beschränkt sich auf geistlose Privatismen: Ein Präsident wird gewählt, da er die Frau fürs Leben gefunden hat; ein Mißtrauensantrag scheitert, weil seine Frau ein Kind erwartet; man droht mit Krieg, weil sich ein Mädchen in seiner Eitelkeit gekränkt fühlt; und so weiter. Die Klischees sind so eingesetzt, daß ihre Beziehungslosigkeit zur Realität aufgedeckt wird. Der amerikanische Wahlkampf scheint so lächerlich zu sein, daß er nur durch bewußte Übertreibungen zu ertragen ist. Schon die Slogans zu Beginn (»Wintergreen Forever!«, »Wintergreen – A Man's Man's Man« usw.) persiflieren die allgemein gehaltenen, zu nichts verpflichtenden Parteiprogramme und Wahlversprechen. Seitenhiebe auf Parteifinanzierung und Ausnutzung der Presse für Parteiinteressen, rhetorisch brillante und trotzdem nichtssagende Wahlredner; der als Trottel dargestellte Vizepräsident und damit der Hinweis auf seine geringe Bedeutung; das als Geheimtip empfohlene fiktive Buch »What Every Young President Ought to Know« (schließlich gibt es den amerikanischen Glauben an die Erlernbarkeit aller Fähigkeiten): das alles deckt die Fragwürdig-

*Of Thee I Sing*, II. Akt; Lois Moran als Mary (Mitte); Regie: George Simon Kaufman, Bühnenbild: Jo Mielziner, Kostüme: Charles Le Maire, Choreographie: George Hale; Uraufführung, Music Box Theatre, New York 1931. – Die Geburt der Zwillinge wird zum spektakulären Staatsereignis, Vertreter der High-Society geben ihm den würdigen Rahmen.

keit des Wahlkampfs auf. Kein Wort von Politik im ganzen Stück! Und trotzdem oder gerade deshalb: eine politische Satire, die die Gleichgültigkeit der Zeit gegenüber politischen Aktivitäten und die Hinwendung zum braven, abgekapselten Familiendasein, zum Kult um Ehe und Mutterschaft widerspiegelt. Einziges Zugeständnis an die Konventionen des Broadways ist der großangelegte Schönheitswettbewerb des I. Akts. Bis 1931 waren Chorus-Girls als Staffage im Musical noch selbstverständlich; Gershwin befreit sie von ihrer früheren Funktionslosigkeit und baut ihre Auftritte logisch in die Handlung ein. Nicht weniger sensationell als die Entdeckung der Politik als Musicalthema ist die Behandlung des Librettos, das mit seinen geschliffenen Texten, die unverstellt, ungekünstelt und »sophisticated« die amerikanische Sprache wiedergeben, nun keine untergeordnete Rolle mehr spielt. Die Songtexte unterstützen nicht nur die charakterisierende Musik, sondern ergänzen sie darüber hinaus. Während die Musik bisher auf die Texte hin komponiert wurde, schrieb Gershwin nun zuerst die Musik, deren Rhythmus und psychologischen Gehalt der Text dann aufnehmen mußte. Diese wechselseitige Beeinflussung führte zu einer »Einheitlichkeit des Stils, die größte Abwechslung einschließt« und »diese Show [zu einem] Höhepunkt in unserer Musikgeschichte« werden ließ (Leonard Bernstein, s. Lit.). Die Satire macht sich nicht nur verbal, sondern auch musikalisch bemerkbar. Schon die Eröffnungsmelodie »Wintergreen for President« ist mit ihrer Verarbeitung alter amerikanischer Wahlschlager (»Hail, Hail, the Gang's All Here«, »Tammany«) und Anklängen an »Stars and Stripes Forever« eine Parodie auf die herkömmliche Wahlpropaganda. In Gershwins Partitur, die Blues und Ragtime zu verbinden versteht, sind auch Anklänge an stilisierten Jazz zu finden. Saxophone und gestopfte Posaunen bilden häufig den Vordergrund, außerdem setzt das Klavier, Gershwins Lieblingsinstrument, die wichtigsten Akzente. Ausgedehnte komponierte Sequenzen, skandierter Sprechgesang, Solo- und Ensemblenummern und, zur Unterstützung der Dramatik, häufig unterlegtes Melodram lassen die Musik als den Handlung und Stimmung transportierenden Teil des Gesamtwerks erscheinen. Im Gegensatz dazu spielt der Tanz keine besondere Rolle. Er dient in kleinen Ensembleszenen lediglich zur optischen Anreicherung der Songs.
**Wirkung:** Die Uraufführung (mit William Gaxton, Victor Moore und Lois Moran) wurde von Publikum und Presse begeistert aufgenommen. Erstmals erschien das Libretto eines Musicals in Buchform und erhielt 1932 den bisher rein literarischen Werken vorbehaltenen Pulitzer-Preis, womit die Bedeutung des Musicals in der amerikanischen Kultur unterstrichen wurde (aufgrund der Kriterien für die Preisvergabe blieb der Komponist jedoch von der Ehrung ausgeschlossen). 1952 brachte das Ziegfeld Theatre kurz vor den Präsidentschaftswahlen eine wenig erfolgreiche Reprise heraus. Schon die vom Autorenteam 1933 in New York vorgestellte Musicalsatire *Let 'Em Eat Cake,* die inhaltlich an *Of Thee I Sing* anknüpft, hatte keinen großen Anklang gefunden, da das Thema Politik diesmal als ernstes Anliegen und mit wenig Humor behandelt worden war.

**Skript:** Textb. für d. Auff. 1952: NYPL (MGZMC-Res. 24, Folders 75 u. 76). **Ausgaben:** Kl.A: New World/Warner Bros., NY 1932; Textb.: NY, Knopf 1932; NY, French 1959. **Aufführungsmaterial:** French, NY
**Literatur:** L. BERNSTEIN, The Joy of Music, NY 1959, dt. Stuttgart 1961; weitere Lit. s. S. 354

*Martina Krawulsky*

## Porgy and Bess
### An American Folk Opera

**Porgy und Bess**
3 Akte (9 Bilder)

**Buch:** Edwin Du Bose Heyward, nach dem Schauspiel *Porgy* (1927) von Dorothy Hartzell Heyward (geb. Kuhns) und Edwin Du Bose Heyward, nach dessen Roman *Porgy* (1925). **Gesangstexte:** Edwin Du Bose Heyward und Ira Gershwin (eigtl. Israel Gershwin)
**Uraufführung:** 10. Okt. 1935, Alvin Theatre, New York
**Personen:** Porgy, ein verkrüppelter Neger (B.Bar); Bess, eine junge Negerin (S); Sporting Life, Rauschgifthändler und Schmuggler (T); Crown, ein gutverdienender, brutaler Neger (Bar); Jake, Fischer, Besitzer des Boots »Möwe« (Bar); Clara, seine Frau, Mutter eines kleinen Sohns (S); Robbins, ein junger Fischer (T); Serena, seine Frau (S); Peter, ein alter Neger, Honigverkäufer (T); Maria, seine Frau (A); Jim (Bar), Mingo (T) und Nelson (T), Neger, Fischer; Lily und Annie, Negerinnen (2 Mez); Scipio, Negerjunge (Spr.); Erdbeerverkäuferin (Mez); Krabbenverkäufer (T); Mr. Archdale, ein weißer Rechtsanwalt (Spr.); Simon Frazier, Negeradvokat (Bar); Leichenbestatter (Bar); Leichenbeschauer (Spr.); Detektiv (Spr.); Polizist (Spr.). **Chor, Ballett:** Bewohner von Catfish Row, Fischer, Kinder, Hafenarbeiter
**Orchester:** 2 Fl (2. auch Picc), 2 Ob, E.H, 3 Klar, B.Klar, A.Sax, T.Sax, Fg, 3 Hr, 3 Trp, 2 Pos, B.Tb, Pkn, Schl (Marimbaphon, Glsp, 2 Röhrenglocken, Banjo), Kl, Streicher; BühnenM: 3 Trp, 2 Pos, B.Tb, kl. MilitärTr, gr.Tr, Eisenplatte (Gong)
**Aufführung:** Dauer ca. 2 Std. 30 Min. – Einige kleine solistische Partien sind aus dem Chor zu singen.

**Entstehung:** Der Roman *Porgy* schildert das Leben der Gullahs in Charleston; im Mittelpunkt steht der verkrüppelte Neger Porgy. Das Buch bedient sich keiner ausschließlich sentimentalen Darstellung, bezieht aber noch keine sozialkritischen Aspekte ein, wie es einige Jahre später für Werke mit ähnlichen Sujets charakteristisch werden sollte. Gershwin war von dem Stoff so fasziniert, daß er sogleich mit Heyward in Verbindung trat. Heyward schrieb das Libretto für Gershwin auf der Grundlage einer Bühnenfassung des Romans, die er fast um die Hälfte kürzte. Hinzu kamen neue Liedtexte, von denen einige von Gershwins Bruder Ira stammen (zum Beispiel »A Woman Is a Sometime Thing«, »It Ain't Necessarily So«, »There Is a Boat Dat's Leaving for New York«, »A Red-Headed Woman«, »Bess, You Is My Woman Now«). Ebenso wie das Theaterstück weist das Libretto den Dialekt der Gullahs auf, der durch phonetische und grammatikalische Eigenheiten von der amerikanischen Sprache abweicht. Um sich ein authentisches Bild vom Leben dieses schwarzen Stamms zu machen, verbrachte Gershwin den Sommer 1934 auf Folly Island in der Nähe von Charleston, zu Beginn des Jahrs hatte er mit der Komposition begonnen. Bestimmte Merkmale ihrer Musik fanden Eingang in die Oper, so das »Shouting«, ein rhythmisches Muster, das als Begleitung zu Spirituals geklatscht wurde, Rufe von Straßenverkäufern, für die das Anschleifen von Tönen charakteristisch ist, und spezielle Sprechintonationen, nach denen Gershwin die Rezitative einrichtete. Im Spätsommer 1935 wurde die Oper fertiggestellt. Nicht ohne Schwierigkeiten war das Problem der Besetzung zu lösen. Die Auswahl an ausgebildeten farbigen Sängern war damals gering, deshalb umfaßte die Besetzung der Uraufführung auch Darsteller, die in Harlem-Theatern und Nachtklubs arbeiteten, ja der Darsteller des Sporting Life, John Bubbles, ein bekannter Vaudeville-Schauspieler, war des Notenlesens gänzlich unkundig. – Die Theater Guild in Boston veranstaltete am 30. Sept. 1935 im Colonial Theatre eine Voraufführung.

**Handlung:** In Charleston (South Carolina), um 1870, nach dem Bürgerkrieg.

I. Akt, 1. Bild, die Catfish Row, eine ehemals von begüterten Weißen bewohnte Straße, die zum Hafen führt; Spätsommer: Nach der Arbeit haben sich die Bewohner der Catfish Row zu geselligem Beisammensein versammelt. Man singt, tanzt und vergnügt sich beim Würfelspiel. Währenddessen versucht Clara, die Frau des Fischers Jake, ihr Baby in den Schlaf zu singen. Peter, ein Honigverkäufer, bietet seine Ware feil. Da das Baby immer noch schreit, versucht Jake, der am Würfelspiel teilnimmt, es zu beruhigen. Aber sein Spottlied auf die Frauen zeitigt auch nicht den gewünschten Erfolg. Da kommt der verkrüppelte Porgy auf seinem Ziegenwagen herangefahren. Freundlich foppt man ihn wegen seiner Zuneigung zu der schönen Bess, die mit dem gewalttätigen Crown

*Porgy and Bess*, I. Akt, 1. Bild; Todd Duncan als Porgy (Mitte); Regie: Rouben Mamoulian, Bühnenbild: Serge Soudeikine; Uraufführung, Alvin Theatre, New York 1935. – Die Catfish Row im Slumviertel, Hauptschauplatz der Geschichte um Bess; Porgy, der verkrüppelte Neger auf dem Ziegenkarren, ihr Held.

zusammenlebt. Doch Porgy läßt sich nicht aus der Ruhe bringen. Schließlich kommen auch Crown und Bess hinzu, um sich am Würfelspiel zu beteiligen. Crown ist betrunken und angriffslustig und versucht seine Mitspieler übers Ohr zu hauen. Als der Fischer Robbins Crowns falsches Spiel aufdeckt, kommt es zum Streit, der immer gewalttätiger wird, bis Crown Robbins erschlägt und die Flucht ergreift. Während sich Serena, die Frau des Ermordeten, klagend über ihn beugt, versucht der frivole Sporting Life, der mit Rauschgift handelt und dem nichts heilig ist, die zurückgebliebene Bess zu überreden, mit ihm nach New York zu gehen, denn er hat schon lange ein Auge auf sie geworfen. Aber Bess lehnt ab. Da ertönen Polizeisignale. Alle suchen eilig ihre Wohnungen auf, und Bess, die von den übrigen Frauen wegen ihres lockeren Lebenswandels verachtet wird, kann nur bei Porgy Zuflucht finden. 2. Bild, Serenas Zimmer, Nacht: Robbins ist in Serenas Zimmer aufgebahrt worden. Man sammelt Geld für seine Bestattung. Auch Bess will etwas beisteuern, doch Serena lehnt ab. Erst als sie erfährt, daß es Porgys Geld ist, nimmt sie es an. Die beschwörenden Klagen werden abrupt von einem weißen Polizeidetektiv unterbrochen. Er droht, die Leiche den Medizinstudenten zu übergeben, falls sie nicht morgen beerdigt werde. Den alten Honigverkäufer Peter nimmt er als Tatzeugen mit aufs Revier. Da erscheint der schwarze Bestatter. Als er den geringen Betrag sieht, der gesammelt wurde, ist er nicht bereit, das Begräbnis vorzunehmen. Auf das inständige Bitten aller willigt er jedoch ein.

II. Akt, 1. Bild, Catfish Row, einen Monat später: Am frühen Morgen sind die Fischer damit beschäftigt, ihre Netze zu flicken. Clara bittet ihren Mann, wegen der drohenden Septemberstürme nicht auszufahren. Doch dieser läßt sich nicht von seinem Vorhaben abbringen, da er seinem Sohn eine gute Ausbildung ermöglichen möchte. Porgy, der nun mit Bess zusammenlebt, ist glücklich; der schwarze Winkeladvokat Frazier verkauft für einen Dollar Porgy eine Scheidungsurkunde für Bess, damit er sie heiraten könne. Als sich herausstellt, daß Bess mit Crown gar nicht verehelicht war, erhöht er sein Honorar. Der hinzutretende weiße Rechtsanwalt Archdale gebietet dem unlauteren Treiben Einhalt und teilt mit, daß Peter wieder auf freiem Fuß sei. Da fliegt ein Bussard vorüber, Symbol für kommendes Unheil. Porgys heitere Stimmung vergeht, jedoch nur für kurze Zeit, denn Bess versichert ihm erneut ihre Liebe. Auch Sporting Lifes Annäherungsversuche vermochten nichts auszurichten. Eine Musikkapelle bläst zum Aufbruch für das anberaumte Picknick auf Kittiwah Island. Alle machen sich eilig auf. Doch Bess will bei Porgy bleiben, der wegen seines Gebrechens nicht teilnehmen kann. Als alle sie drängen, doch mitzukommen (auch Porgy ermuntert sie), gibt sie nach. 2. Bild, Strand von Kittiwah Island, am selben Abend: Beim Picknick sind alle vergnügt und ausgelassen. Sporting Life führt das Wort, indem er blasphemische Bibelinterpretationen zum besten gibt. Die fromme Serena ist empört und drängt zum Aufbruch. Das Signal des Dampfers ertönt, der die Ausflügler zurückbringen soll. Gerade als sich Bess zum Gehen anschickt (sie ist ein wenig hinter den andern zurückgeblieben), tritt Crown ihr in den Weg. Er hat sich seit seiner Flucht auf der Insel verborgen gehalten. Bess will sich losmachen und erzählt Crown, daß sie nun mit Porgy zusammenlebe, doch schließlich bleibt sie, da sie Crown nicht zu widerstehen vermag, mit ihm auf der Insel zurück. 3. Bild, Catfish Row, eine Woche später: Jake und die übrigen Fischer machen sich zur Ausfahrt bereit. Bess liegt seit ihrer Rückkehr von der Insel krank danieder und phantasiert im Fieber. Serena verspricht durch ihr Gebet Heilung, die rasch eintritt. Nun, da sie wieder gesund ist, bittet Bess Porgy, sie vor Crown zu schützen, denn sie hatte ihm versprochen, zu ihm zurückzukehren. Indessen hat sich das Wetter verschlechtert. Da ertönt die Sturmglocke, und Clara, die ihren Mann auf See weiß, bricht ohnmächtig zusammen. 4. Bild, Serenas Zimmer, im Morgengrauen des folgenden Tags: Voller Furcht versammeln sich die Bewohner der Catfish Row bei Serena. Um sich die Angst zu nehmen, stimmen sie ein Spiritual an. Als jemand an die Tür klopft, glaubt man, es sei der Tod. Aber es ist Crown, der von der Insel herübergeschwommen ist, um Bess zu holen. Den angsterfüllten Gesängen setzt er ein aufreizendes Lied von einem rothaarigen Weib entgegen. Plötzlich sieht man vom Fenster aus, wie Jakes Boot kentert. Clara übergibt Bess rasch ihr Kind und stürzt in das Unwetter hinaus. Crown eilt, nicht ohne zuvor alle andern Männer als Schwächlinge verhöhnt zu haben, hinter ihr her.

III. Akt, 1. Bild, Catfish Row, am folgenden Tag: Alle trauern um die auf dem Meer umgekommenen Fischer, um Jake und Clara. Auch Crown glaubt man tot. Nur Sporting Life, dem jede gemütvolle Seelenregung fremd ist, grinst zynisch und deutet dunkel an, daß Crown mit dem Leben davongekommen sei. Bei anbrechender Dunkelheit ziehen sich alle in ihre Behausungen zurück. Da kommt Crown vorsichtig herangeschlichen. Er erreicht Porgys Wohnung. Plötzlich öffnet sich leise das Fenster, und Porgy sticht ihm ein Messer in den Rücken. Dann würgt er ihn, bis er tot zusammenbricht. 2. Bild, Catfish Row, am folgenden Nachmittag: Ein weißer Untersuchungsrichter und ein Detektiv kommen, um den Mordfall aufzuklären. Serena wird verdächtigt. Aber sie kann ein Alibi nachweisen. Als Porgy hinzutritt, wird er gebeten, die Leiche zu identifizieren. Er weigert sich, wird jedoch gezwungen mitzukommen. Der verzweifelten Bess nähert sich Sporting Life. Er sieht seine Chance gekommen und malt ihr das Schreckensbild eines lebenslang hinter Gittern sitzenden Porgy aus. Und erneut fordert er sie auf, mit ihm nach New York zu gehen. Wütend weist Bess ihn ab. Aber Sporting Life, der seiner Sache sicher scheint, legt ihr ein Päckchen »happy dust« (Rauschgift) auf die Türschwelle und entfernt sich lachend. 3. Bild, Catfish Row: Porgy kehrt aus dem Gefängnis zurück. Eine Woche war er in Untersuchungshaft. Wegen Zeugnisverweigerung und Mißachtung des Gerichts (bei der Leichenschau hatte er aus Aberglauben die Augen geschlossen) war er festgehalten worden. Nun ist er guter Dinge und merkt nicht, daß seine Mitbewohner betreten schweigen. Als er vergeblich nach Bess ruft, muß er die bittere Wahrheit erfahren, daß diese mit Sporting Life nach New York gegangen ist. Alle bitten ihn inständig, er möge sie vergessen. Aber sein Glauben an ihre gemeinsame Liebe ist unerschütterlich. Auf seinem Ziegenwagen macht sich Porgy nach dem weit entfernten New York auf, um mit Gottes Hilfe seine Bess wiederzufinden.

**Kommentar:** Bis in die 30er Jahre waren die Versuche amerikanischer Komponisten, eine eigenständige Oper zu schaffen, wenig erfolgreich. Selbst wenn sie sich bemühten, durch Sujets aus der amerikanischen Geschichte den nationalen Charakter der Werke den Konventionen europäischer Operntypen verhaftet. Erst Werke wie Gruenbergs Jazzoper *The Emperor Jones* (1933), Marc Blitzsteins *The Cradle Will Rock* (1936), dessen politisches Sujet am Musiktheater Weillscher Prägung orientiert ist, und Thomsons *Four Saints in Three Acts* (1934), dessen Kombination von abstraktem Libretto und einfachster tonaler Musiksprache einen Skandalerfolg verursachte, markierten den Weg zu einer amerikanischen Oper. Doch blieb ihr Erfolg weitgehend auf die Vereinigten Staaten beschränkt. Erst *Porgy and Bess* errang internationale Anerkennung und wurde dank seiner Mischung aus Elementen der seriösen und der Unterhaltungsmusik sowie nicht zuletzt wegen seines Stoffs als typisch amerikanisch angesehen. Gershwin hatte sich mit zahlreichen Songs im Tin-Pan-Alley-Stil, mit Broadway-Musicals und Stücken im symphonischen Jazz schon einen Namen als Komponist verschafft, bevor er sich an das ehrgeizige Projekt einer Oper wagte. Der Plan zu einer Oper, die auf der jüdischen Volkserzählung *The Dybbuk* basieren sollte, wurde über einige Skizzen hinaus nicht weiter verfolgt. Auch Verhandlungen mit der Metropolitan Opera, ein Werk dort zur Uraufführung zu bringen, zerschlugen sich, nicht zuletzt deshalb, weil er nicht nur das kleine, elitäre Opernpublikum, sondern breitere Schichten ansprechen wollte. Heywards Roman schien ihm ein geeignetes Sujet, seine Intentionen zu verwirklichen. – Obwohl die Bezeichnung Volksoper nicht im Titel der Partitur figuriert, wollte Gershwin sie als solche verstanden wissen: »*Porgy and Bess* ist eine Volkserzählung [...] Ich entschied mich gegen die Verwendung von originalem Volksliedmaterial, denn die Musik sollte aus einem Guß sein. Deshalb schrieb ich eigene Spirituals und Volkslieder. Aber sie sind noch Volksmusik, und da sie in Opernform sind, ist *Porgy and Bess* eine Volksoper« (*Rhapsody in Catfish Row*, S. 72, s. Lit.). Zwar klingt die Bezeichnung »Volkserzählung« irreführend, da es sich bei dem Libretto keineswegs um eine adaptierte Volkserzählung handelt, doch hat sie insofern ihre Berechtigung, als das Leben der Gullahs im Zentrum des Werks steht. Denn der Liebesbeziehung zwischen der leichtlebigen Bess und dem verkrüppelten Schwarzen Porgy, die sich als roter Faden durch den Handlungsablauf zieht und dessen dramaturgische Grundlage darstellt, stehen gleichgewichtig volksartige Szenen wie das Würfelspiel, die Totenklage und das Picknick gegenüber. Zudem spielt sich Porgys Liebe zu Bess nicht als abgeschiedene Liebesenklave ab, sondern fast alle übrigen Personen der Oper nehmen mehr oder minder engagiert daran teil. Die sporadisch auftretenden Weißen hingegen sind nicht als Charaktere gezeichnet, sondern lediglich als Vertreter von Gesetz und Macht, die allerdings nur beschränkte Geltung haben. Das Libretto weist vielfältige Aspekte auf, die von krasser Realistik bis zu lyrisch-beschaulichen Episoden reichen, und ist in seinem Aufbau im wesentlichen auf Spannung hin angelegt, eine Spannung, die Gershwins Musik voll Rechnung trägt. Das durchkomponierte Werk ist, manchen Opern des italienischen Verismo nicht unähnlich, auf starke musikalische Kontraste hin konzipiert, ohne sich in solcher Nachahmung zu erschöpfen. Eine Art symphonischer Jazz, wie Gershwin ihn in seiner *Rhapsody in Blue* (1924) und dem *Concerto in F* (1925) schon ausgebildet hatte, Songelemente im Broadway-Stil und die stilisierte Nachahmung von Gesängen der Schwarzen sind die musikalischen Pole, die Gershwin gleichwohl in eine Einheit bringt und die der Oper ihr spezifisches Gepräge verleihen. Nach einem kurzen Vorspiel wird die Perspektive auf die Einbeziehung des Jazz gleich zu Beginn des I. Akts eröffnet. Aus einem Haus der Catfish Row erklingt auf einem verstimmten Klavier ein Blues, dessen Hauptmotiv im Orchestervorspiel angedeutet wurde und in den die den Feierabend genießenden Schwarzen einstimmen, bis schließlich auch das Orchester einfällt. Obwohl das Werk durchkomponiert ist, schälen sich geschlossene Nummern heraus: Chöre, Ensemblesätze und solistische Einlagen, die zum einen songartig sind, zum andern in der Nähe italienischer Opernarien stehen. Während die lyrischen Gesänge zuweilen mit einem sentimentalen Zug behaftet sind, wie etwa Porgys Lied »Oh, Little Stars« oder das Liebesduett »Bess, You Is My Woman Now«, sind die Lieder im Songstil, denen ein sarkastischer Gestus eigen ist, ganz besonders gelungen. Zu erwähnen sind vor allem Sporting Lifes blasphemische Bibelinterpretation »It Ain't Necessarily So« und Crowns »A Red-Headed Woman«, das, grell instrumentiert, den frommen Gesängen wirkungsvoll entgegengesetzt ist. Über den unterschiedlichen Charakter und das unterschiedliche Niveau solcher solistischer Einlagen hinaus ist ihnen jedoch eins gemeinsam: Sie werden stellenweise von Einwürfen des Chors unterbrochen beziehungsweise kommentiert, was als spezifische Eigenart der Partitur gelten darf und gleichzeitig der Bezeichnung Volksoper ihre Legitimität verleiht. Die Chorsätze zeigen am deutlichsten Gershwins Bestreben, auf musikalische Stilmerkmale der Negermusik zurückzugreifen. Besonders stark tritt die Atmosphäre des Rituellen und der religiösen Inbrunst in dem Spiritual »Gone, Gone, Gone« in Erscheinung. In diesem sechsstimmigen Trauergesang wie auch in dem kunstvoll gebauten »Oh, Doctor Jesus, Oh Lawd Above« (II/4) gelingt es Gershwin, den improvisatorischen Zug der ursprünglichen Spirituals, ihren antiphonalen Charakter und ihre modale Harmonik einzufangen. Rituelle Züge besitzt auch die Picknickszene, die gleichsam einen Ausbruch aus dem Christentum zurück ins Heidnisch-Afrikanische darstellt. Ein Allegretto barbaro mit afrikanischen Trommeln, das Musizieren der Akteure auf Waschbrett, Kämmen und Knochen machen die ausgelassene, ekstatische Stimmung musikalisch sinnfällig. Zum dramatischen Zug des Werks, in dem Gershwin vor kraß veristischen Effekten nicht zurückschreckt, tragen auch die rein instrumentalen Partien bei sowie die illustrative Sturmszene und die Ermordung Crowns durch Porgy. Über solch unmittelbar illustrative Momente hinaus aber schafft Gershwin ein Netz von motivischen Beziehungen, die als Erinnerungsmotive wirksam werden.

**Wirkung:** Während *Porgy and Bess* bei der Voraufführung begeistert aufgenommen wurde, blieb der Uraufführung ein großer Erfolg versagt. Die Kritik war fast einhellig negativ mit dem Tenor, es handle sich bei der Oper um eine hybride Mischung aus Oper und Musical. Zwar blieb sie wochenlang auf dem Spielplan, wurde jedoch mit finanziellen Einbußen nach 124 Aufführungen abgesetzt. Einzelne Nummern hingegen fanden sofort begeisterte Aufnahme und Verbreitung. Aufgrund dieser Tatsache suchte Gershwin mit dem Arrangement einer Suite (1936) und konzertanten Aufführungen von Ausschnitten der Oper als Ganzes den Weg zu ebnen, blieb jedoch erfolglos. Erst Jahre später, nach dem Tod des Komponisten, bemühte man sich erneut um das Werk, das schließlich zu einem triumphalen Welterfolg wurde. Einen ersten Schritt markierten die Aufführungen in Los Angeles und San Francisco 1938. Wie bereits die Uraufführung inszenierte diese Produktionen Rouben Mamoulian mit Todd Duncan und Anne Brown in den Hauptrollen. Eine Neuproduktion in Maplewood (NJ) brachte 1941 den Durchbruch. So würdigte Virgil Thomson, der *Porgy and Bess* zunächst als falsche Folklore und halbherzige Oper charakterisiert hatte, es nun enthusiastisch als »schönes Musikstück und tief bewegendes Werk des Musiktheaters« (in: *The Musical Scene*, S. 168, s. Lit.). Am 22. Jan. 1942 kam das Werk zum zweitenmal in New York heraus; es wurde acht Monate lang im Majestic Theatre gespielt. Die erste europäische Aufführung fand am 27. März 1943 in Kopenhagen mit einer dänischen Besetzung statt (Königliches Theater; mit der Partie des Crown debütierte Frans Andersson). Die Stadt war damals von den Deutschen besetzt, und die Gestapo unternahm gezielte Aktionen gegen die »jüdische Negeroper mit Urwaldgeschrei«. Dennoch ging das Werk in Szene. Erst nach 22 jeweils voll besetzten Vorstellungen konnten die Nazis seine Absetzung erzwingen. Gleich nach dem Krieg wurde *Porgy and Bess* wieder in den Kopenhagener Spielplan aufgenommen und in einigen Vorstellungen mit den damals berühmtesten Interpreten der Titelpartien, Duncan und Brown, gastweise besetzt. Schwedische Theater folgten dem dänischen Beispiel (Göteborg 1948, Stockholm 1949, Malmö 1952). Die russische Erstaufführung (konzertant) am 18. April 1945 in Moskau war so erfolgreich, daß man bereits am 14. Mai 1945 eine szenische Aufführung folgen ließ. In der Schweiz kam *Porgy and Bess* erstmals während der Juni-Festwochen in Zürich heraus; im Herbst 1950 wurde das Werk in das Repertoire des Zürcher Stadttheaters übernommen (in der Übersetzung von Ralph Benatzky). 1952 gründeten Blevins Davis und Robert Breen die Everyman Opera Company, die mit *Porgy and Bess* auf Welttournee ging. Nach einer ersten Vorstellung in Dallas sowie einigen Gastspielen in andern Städten der Vereinigten Staaten war Wien die erste europäische Station. Es folgten zahlreiche weitere Städte, und überall wurde die Oper bejubelt, die ihren Erfolg nicht zuletzt der ausgezeichneten sängerischen und darstellerischen Leistung des Ensembles (mit William Warfield und Leontyne Price) verdankte. Höhepunkt der Tourneen war ein einwöchiges Gastspiel an der Mailänder Scala 1955. 1959 wurde *Porgy and Bess* von Otto Preminger verfilmt, mit Dorothy Dandridge als Bess (gesungen von Adele Addison), Sidney Poitier als Porgy (gesungen von Robert McFerrin) und unter der musikalischen Leitung von André Previn. Inzwischen war die Oper an allen europäischen Theatern heimisch geworden. Aufsehen erregte eine Inszenierung von Götz Friedrich an der Komischen Oper Berlin (neue deutsche Übersetzung von Horst Seeger und Friedrich). 1982 führte das New Yorker Harlem Opera Ensemble das Werk in Barcelona auf. 1983 wurde in der Radio City Music Hall New York eine der aufwendigsten und erfolgreichsten Inszenierungen von *Porgy and Bess* herausgebracht (Gastspiel in Florenz 1984). 1985 kam die erfolgreichste amerikanische Oper erstmals auf die Bühne der New Yorker Metropolitan Opera (Porgy: Simon Estes, Bess: Grace Bumbry, Serena: Florence Quivar, Inszenierung: Nathaniel Merrill, Dirigent: James Levine), 1986 auch nach Glyndebourne (Willard White, Gregg Baker, Cynthia Haymon; Inszenierung: Trevor Robert Nunn, Dirigent: Simon Rattle).

**Autograph:** Verbleib unbekannt. **Ausgaben:** Kl.A: Gershwin Publishing Corp., NY 1935; Random House, NY 1935; Textb.: NY, Gershwin Publishing Corp. 1935; Chappell; Textb., dt. v. R. Benatzky: Apollo 1950; Textb., dt. v. H. Seeger, G. Friedrich: Chappell, Hbg. 1969. **Aufführungsmaterial:** Tams-Witmark, NY; Übers. Seeger/Friedrich: Bloch; Übers. Benatzky: Reiss, Basel

**Literatur:** G. GERSHWIN, Rhapsody in Catfish Row, in: George Gershwin, hrsg. M. Armitage, NY 1938, S. 72–77; D. B. HEYWARD, ›Porgy and Bess‹ Return on Wings of Song, ebd., S. 34–42; V. THOMSON, The Musical Scene, NY 1945, Nachdr. 1968, S. 167–169, dt. München, Bln. 1948, S. 187–189; R. DUNCAN, ›Porgy and Bess‹. The Work and ist Conception, in: Opera 3:1952, S. 710–712; EARL OF HAREWOOD, The Work and its Performance, in: ebd., S. 712–718; N. JESSE, ›Porgy and Bess‹, Zürich 1957; G. FRIEDRICH, Zwanzig Notizen zu einer Aufführungskonzeption von ›Porgy and Bess‹, in: Jb. d. Komischen Oper Bln. 9:1969, S. 153–162; V. THOMSON, A Virgil Thomson Reader, Boston 1981, S. 23–27; weitere Lit. s. S. 354

*Monika Schwarz*

Tafel 10

**Tafel 10**

*oben*
Alberto Ginastera, *Bomarzo* (1967), I. Akt; Regie: Imo Moszkowicz, Bühnenbild: Erich Brauer; Opernhaus, Zürich 1970. – Brauer gehört der Wiener Schule des phantastischen Realismus an. Die farbintensiven Bilder von Traum, Schrecken und Wahn evozieren die phantastische Malerei von Hieronymus Bosch bis Salvador Dalí. Der die Szenen durchgängig beherrschende Kopf des Monsters zitiert eine der Felsskulpturen aus dem manieristischen Park von Bomarzo.

*unten*
Umberto Giordano, *Fedora* (1898), II. Akt; Regie: Grischa Asagaroff, Bühnenbild: Andrzej Majewski; Opernhaus, Zürich 1982. – Der Präsentation einer feinen Gesellschaft des Fin de siècle entspricht die Ausstattung: ein Jugendstilpavillon in Stahl-Glas-Konstruktion, der als Einheitsdekoration die Szenen verbindet.

# Ottmar Gerster

Geboren am 29. Juni 1897 in Braunfels (bei Wetzlar), gestorben am 31. August 1969 in Borsdorf (bei Leipzig)

## Enoch Arden oder Der Möwenschrei
Oper in vier Bildern

**Text:** Karl Michael Freiherr von Levetzow, nach der Verserzählung *Enoch Arden* (erschienen 1864 unter dem Titel *Idylls of the Hearth*) von Alfred Lord Tennyson
**Uraufführung:** 15. Nov. 1936, Opernhaus, Düsseldorf
**Personen:** Enoch Arden (Bar); Annemarie, seine Frau (S); der Windmüller Klas (T); der Schultheiß (B); der junge Enoch Arden (S oder Mez). **Chor, Ballett:** Schiffer, Schiffsjungen, Matrosen, Müllerburschen, Nachbarn, Schulkameraden des jungen Enoch
**Orchester:** 2 Fl, 2 Ob (2. auch E.H), 2 Klar, 2 Fg, 4 Hr, 3 Trp, 3 Pos, B.Tb, Pkn, Schl (gr.Tr, Bck, kl.Tr, Trg, SchellenTr, HolzTr, Tamtam, Röhrenglocken), Hrf, Streicher; BühnenM auf d. Szene: Ziehharmonika
**Aufführung:** Dauer ca. 2 Std. – Polterabendtanz (2. Bild), Tanz der weißen Möwen, Abschiedspantomime, Schifferpolka (4. Bild). Der Chor singt sowohl auf wie hinter der Szene. Das Klappern der Mühle im 2. Bild wird mit zwei Hämmerchen auf einem Brett ausgeführt. Im 3. Bild wird eine Stimme hinter der Szene durch ein Megaphon verlangt.

**Entstehung:** Gersters musikalische Praxis als Geiger und Bratschist und als Chorleiter im Rahmen der Arbeiterbewegung der 20er Jahre hat sein Komponieren unmittelbar geprägt. Charakteristisch für die damals entstandenen Kammermusikwerke, Lieder und Chöre ist ihr volkstümlicher, traditionsgebundener Ton, der auch das spätere Schaffen, in dem die Oper breiten Raum einnimmt, im wesentlichen bestimmt. Nach mehreren Jugendopern entstanden *Madame Liselotte* (Essen 1933), *Enoch Arden, Die Hexe von Passau* (Düsseldorf 1941; Text: Richard Billinger) und nach dem zweiten Weltkrieg *Das verzauberte Ich* (Wuppertal 1949) und *Der fröhliche Sünder* (Weimar 1963). Gerster hatte Tennysons Verserzählung in seiner Kindheit kennengelernt. Das Libretto übergab Levetzow 1935. Gerster legte es ungelesen weg und stieß erst bei einem Umzug wieder darauf. Er las es am selben Abend und notierte am nächsten Morgen die ersten Themen. Im Aug. 1936 beendete er die Komposition.

**Handlung:** In einem englischen Küstendorf und auf einer Südseeinsel, um 1850.
1. Bild, Enoch Ardens Haus in einem Küstenort: Der Kapitän macht sich zur letzten Ausfahrt bereit, um dann seßhaft zu werden. Seine junge Frau Annemarie, durch Möwenschreie von bösen Ahnungen erfüllt, versucht vergeblich, ihn zurückzuhalten. Die Fürsorge für Frau und Sohn vertraut Enoch seinem Freund an, dem Windmüller Klas, ohne zu wissen, daß Annemarie diesem früher versprochen war.
2. Bild, Haus des Windmüllers, zehn Jahre später: Enoch ist nicht zurückgekehrt. Nach langem Widerstreben lebt Annemarie nun mit Klas in eheähnlicher Gemeinschaft. Als der Schultheiß mit einer Flaschenpost erscheint, der letzten Botschaft von der untergegangenen Brigg Enochs, willigt sie in die Heirat ein.
3. Bild, eine Südseeinsel: Nach dem Untergang seines Schiffs wurde Enoch auf eine einsame Insel verschlagen. Wie ein Wilder lebend, dem Wahnsinn nah, hat er die Hoffnung auf Rettung aufgegeben. Er will seinem Leben ein Ende setzen. Sein letztes Leuchtsignal aber wird beantwortet, und ohnmächtig sinkt er vor seinen Rettern zusammen.
4. Bild, ein freier Platz vor der Mühle: Der junge Enoch nimmt von seinen Freunden Abschied. Am nächsten Tag wird er zum erstenmal ausfahren. Der

*Enoch Arden oder Der Möwenschrei*; Regie: Curt Becker-Huert, Bühnenbild: Friedrich Kalbfuß; Nationaltheater, Mannheim 1938/39. – Die dumpfe Enge des Raums, die durch das einfallende Licht in ihrer Wirkung noch verstärkt wird, ist Ausdruck der seelischen Bedrückung seiner Bewohner.

alte Enoch, von den Leuten des Orts nicht erkannt, erfährt im Haus des Windmüllers von der Wiederverheiratung seiner Frau. Verbittert und voller Verzweiflung stürzt er sich auf den Freund. Doch letztlich soll die Entscheidung bei Annemarie liegen. Erkennt sie ihn, will Klas verzichten. Sie aber tritt Enoch fremd gegenüber. Und nachdem er als angeblicher Freund des toten Vaters von seinem Sohn Abschied genommen hat, stürzt er sich von einer Klippe ins Meer. Annemarie, angstvoll, vernimmt einen Schrei: einen Möwenschrei.

**Kommentar:** Das Seemannsepos *Enoch Arden* war vor dem ersten Weltkrieg im deutschen Sprachraum Tennysons populärstes Werk. Es lag in zahlreichen Übersetzungen vor und wurde um die Jahrhundertwende mehrfach vertont (so von Robert Erben, Frankfurt a. M. 1895, und Viktor Hansmann, Berlin 1897) sowie 1908 (als *After Many Years*) und 1912 von David Wark Griffith verfilmt. Als einzige Bearbeitung des Stoffs aus dieser Zeit ist Richard Strauss' Melodram (1897) für Stimme und Klavier noch heute neben Gersters Oper bekannt. Levetzkows Libretto verbindet in wirkungsvollem Wechsel die individuell-psychologisch ausgerichtete Erlebniswelt Enochs mit den eher illustrativen Rahmenszenen der Geschichte. Gersters musikalische Gestaltung nimmt jede Gelegenheit wahr, diese unterschiedlichen Stimmungsebenen in entsprechend charakteristische musikalische Formen zu übertragen. Mit wenigen Hauptmotiven, die bereits in der Ouvertüre exponiert werden, sind die verschiedenen Szenen verbunden. Der Möwenschrei, ein synkopisch rhythmisiertes Sekundmotiv in parallelen Quinten, sowie dem Duktus des Trauermarschs verwandte Akkordpassagen geben dem Werk seinen melancholischen Grundton. Demgegenüber finden Verzweiflung und Ungewißheit in nervösen chromatischen Skalengängen ihren klanglichen Ausdruck. Dem Handlungsverlauf entsprechend benutzt Gerster geschlossene Formen in Verbindung mit der Rahmenerzählung. Tänze und Lieder von einprägsamer Melodik stehen neben Fuge und herber Polyphonie; burschikose Volksmusik hat Gerster in gemäßigt modernes Orchesterkolorit gekleidet. Enochs Konflikt zwischen dem Willen zum Überleben und vergeblicher Hoffnung auf Rettung ist als dramatisch sich frei entwickelndes Rezitativ mit melodischen Einschüben gestaltet. Im Gegensatz zur Spätromantik setzt er die Instrumentalgruppen ungemischt nebeneinander. Die Tanz- und Ballettnummern, die in manchen Inszenierungen weggelassen wurden, gehören zu den besten Stücken der Partitur. Leitmotivisch zieht sich der Möwenschrei, Symbol für bange Ahnung und Fernweh, durch das Werk.

**Wirkung:** *Enoch Arden oder Der Möwenschrei* konnte sich lange Zeit im Repertoire zahlreicher Bühnen im In- und Ausland halten. Nahezu alle deutschen Theater brachten das seinem Umfang nach für kleinere Häuser geeignete Werk heraus. Wiederaufnahmen fanden seit den 60er Jahren sowohl in der DDR als auch in der Bundesrepublik Deutschland statt: Coburg 1961, Leipzig 1965, Altenburg und Zeitz 1967, Stendal 1968, Flensburg und Trier 1984 und Bremerhaven 1987.

**Autograph:** Verbleib unbekannt. **Ausgaben:** Kl.A v. T. Mölich: Schott 1936, Nr. 34719. **Aufführungsmaterial:** Schott **Literatur:** W. WOLF, O. G.s ›Enoch Arden‹, Bln. 1967

*Monika Schwarz*

# Charles-Hubert Gervais

Geboren am 19. Februar 1671 in Paris, gestorben am 15. Januar 1744 in Paris

## Hypermnestre
**Tragédie**

## Hypermnestra
Prolog, 5 Akte

**Text:** Joseph de Lafont
**Uraufführung:** 1. Fassung: 3. Nov. 1716, Opéra, Palais Royal, Paris; 2. Fassung: 1. April 1717, Opéra, Palais Royal, Paris (hier behandelt)
**Personen: Prolog:** Le Nil/der Nil (B); Isis (S); ein Ägypter (H-C); eine Ägypterin (S); eine Najade (S); Chor: Ägypter, Ägypterinnen; Ballett: Najaden.
**Handlung:** Danaus, König von Argos, Vater Hypermnestres (B); Lyncée, Sohn Aigyptos', Liebhaber Hypermnestres (H-C); Hypermnestre/Hypermnestra, Tochter Danaus' (S); Arcas, Vertrauter Danaus' (B); der Schatten Gélanors, des Königs von Argos (B); Isis (S); Hoherpriester der Isis (H-C); ein Schäfer (H-C); eine Schäferin (S); eine Bewohnerin von Argos (S); eine Koryphäe (S); ein Koryphäe (H-C). **Chor, Ballett:** Krieger, Matrosen, Ägypter, Argirer, Schäfer, Schäferinnen, Knaben, Mädchen, Priester, Priesterinnen
**Orchester:** 2 BlockFl, 2 Fl, Picc (?), 2 Ob, 2 Fg, 2 Trp, Pkn, Tamburin, Streicher, B.c (Laute, Theorbe, Cemb)
**Aufführung:** Dauer ca. 2 Std. 45 Min.

**Entstehung:** Gervais' Karriere als Komponist stand von Beginn an unter der Protektion des Herzogs von Chartres, des späteren Herzogs Philippe II von Orléans und Regenten Frankreichs, dem er zunächst als »ordinaire de la musique«, sodann als »maître de musique« diente und der ihn schließlich (1723) zusammen mit André Campra und Nicolas Bernier zum »maître de musique de la chapelle du roi« machte, ein Amt, das Gervais bis zu seinem Tod bekleidete. Großen und auch bleibenden Erfolg hatte Gervais erst mit seiner dritten und letzten Oper, *Hypermnestre*. Sie und auch schon die vorangegangene (*Penthée*, Paris 1705) entstanden unter dem direkten künstlerischen Einfluß des Regenten, der als ausgezeichneter Musiker und Musikkenner galt. Ob er auch als Komponist an diesen Werken beteiligt war, ließ sich bislang nicht zweifelsfrei feststellen. Der ersten musikdramatischen Adaption des antiken Danaidenmythos in Frankreich gingen zwei Bearbeitungen für das Sprechtheater voraus: *Les Danaïdes* (1646) von Jean Oger de Gombauld und *Hypermnestre* (1704) von Théodore Riupeirous.

**Handlung:** In mythischer Zeit.

Prolog, fruchtbare Landschaft am Ufer des Nils, im Hintergrund Pyramiden: Das ägyptische Volk huldigt der Friedensstifterin Isis. Nachdem sie das Land vom Krieg befreit hat, will Le Nil ihm durch seine Überschwemmungen Überfluß geben. Isis erscheint dem Volk und verkündet, daß sie nun von diesem Ort scheiden müsse, da sie göttliche Pflichten wahrzunehmen habe: Sie eilt zu Hypermnestres Hochzeit.

I. Akt, Platz in Argos mit dem Mausoleum Gélanors, Sonnenaufgang: Danaus, von seinem Bruder Aigyptos und dessen 50 Söhnen der Herrschaft über Nordafrika beraubt, war mit seinen 50 Töchtern nach Argos geflohen, wo er König Gélanor beseitigte und sein Reich usurpierte. Aigyptos' Söhne verfolgten ihn jedoch weiterhin, woraufhin Danaus einen Unterwerfungsfrieden schließen mußte, in dem er gezwungen wurde, ihrer Heirat mit seinen Töchtern zuzustimmen. Am Morgen des Hochzeitstags wartet man in Argos auf die Ankunft der Flotte von Aigyptos' Söhnen. Der ängstliche, von bösen Traumgesichten geplagte Danaus wird von seiner Tochter Hypermnestre getröstet, die das Wiedersehen mit Lyncée, einem von Aigyptos' Söhnen, herbeisehnt. Während einer öffentlichen Totenehrung für Gélanor öffnet sich dessen Grab: Gélanors Schatten erscheint und verkündet, daß einer von Aigyptos' Söhnen die Herrschaft über Argos antreten werde; Danaus werde untergehen, »wenn sein Blut sich nicht für ihn bewaffne«.

II. Akt, Hafen von Argos mit Danaus' Palast: Danaus erwartet seinen zukünftigen Schwiegersohn Lyncée, den ein Sturm vom Ufer fernhält. Auch Hypermnestre ist zugegen und fürchtet um das Leben ihres Bräutigams. Schließlich erreicht Lyncée das Ufer, und die Liebenden sehen sich nahe dem Ziel ihrer Wünsche. Hypermnestre fordert ihn auf, ihr in den Palast zu folgen, wo alles für die Hochzeit bereitet ist.

III. Akt, Isistempel: Der Priester vollzieht die Trauung zwischen Lyncée und Hypermnestre. Auf Danaus' Geheiß werden die Pforten des Tempels geöffnet, um dem Volk Gelegenheit zu geben, der Feier beizuwohnen. Als Arcas dem König von einer Meuterei berichtet, die gegen ihn im Gange ist, erklärt Lyncée sich bereit, gegen die Aufständischen vorzugehen. Danaus, der Gélanors Prophezeiung fürchtet, läßt Hypermnestre schwören, das Leben des Vaters zu retten. Da sie von dem Orakel nichts weiß, stimmt sie zu, obwohl sie glaubt, durch die Vermählung mit Lyncée ihre Pflicht bereits getan zu haben. Da eröffnet ihr der Vater, daß sie Lyncée töten müsse; auch ihre Schwestern sollen in der folgenden Nacht Aigyptos' Söhne ermorden. Hypermnestre erschaudert angesichts des Dilemmas: Sie ist nun gegenüber dem Gatten und dem Vater durch einen Eid gebunden.

IV. Akt, Gärten von Danaus' Palast, im Hintergrund die Gemächer der Töchter, Nacht: Mit Blumen geschmückte Knaben und Mädchen unter Führung von Arcas huldigen den Neuvermählten mit einem Fackelzug. Hypermnestre, noch immer zum Widerstand gegen den Vater entschlossen, erwartet den Gemahl. Als er erscheint, drängt sie den Überraschten zur Flucht und versucht sich zu erstechen; Lyncée entwindet ihr den Dolch. Während ein Gewitter heraufzieht, ertönen aus dem Palast laute Schreie: Die Bluthochzeit der Danaiden hat begonnen. Lyncée stürzt seinen Brüdern zu Hilfe.

V. Akt, Danaus' Palast: Hypermnestre gelingt es, Lyncée davon abzubringen, den Mord an seinen Brüdern an Danaus zu rächen. Der König klagt seine Tochter an, durch das Verschonen Lyncées ihren Schwur gegenüber ihrem Vater gebrochen zu haben. Das Orakel erfüllt sich unaufhaltsam: Nicht aus freiem Willen, sondern weil eine überirdische Macht seinen Arm führt, tötet Lyncée Danaus mit dem Schwert. Sterbend muß der König das Scheitern seines Ver-

*Hypermnestre*, IV. Akt; Lyncée und Hypermnestre; Illustration: Jean Baptiste Henri Bonnart. – Der Versuch, sich zu erstechen, mißlingt: Lyncée wird ihr den Dolch entreißen.

suchs eingestehen, dem Spruch des Schicksals entrinnen zu wollen.
**Kommentar:** Der an der italienischen Musik orientierte Geschmack des Regenten bildete erkennbar die Richtschnur für Gervais' *Hypermnestre*. Zwar bleibt das Modell Jean-Baptiste Lullys im ganzen bewahrt, erscheint jedoch in vielfacher Hinsicht erweitert und aufgelockert. Das zeigt sich besonders an der geschmeidigen, den Airs angenäherten Deklamation der Rezitative. In den geschlossenen Nummern hat der italienische Kantatenstil melodisch und satztechnisch deutliche Spuren hinterlassen. Allgemein imponiert die ebenso einfache wie dramatisch schlagkräftige Konzeption weiträumiger Szenenkomplexe (Totenfeier, Sturm- und Hochzeitstableau). Bis auf den II. enden die Akte nicht mit den traditionellen Chor-Tanz-Divertissements, sondern mit Soloszenen Danaus' (I., III. und V. Akt). Beeindruckend vielfältig ist das Repertoire vokaler und instrumentaler Formen von hoher kompositorischer Qualität. Geschickt bedient sich Gervais einer durchdachten Tonartendramaturgie. So vollzieht sich im I. Akt der Auftritt von Gélanors Schatten in punktierten Rhythmen im düsteren f-Moll. Dagegen kontrastiert Danaus' d-Moll-Klage mit phrygischer Kadenzierung das strahlende D-Dur der Chöre und Tänze und das mediantisch dagegengesetzte F-Dur der beginnenden Erdbebenmusik. Im III. Akt sind besonders Hypermnestres Dakapoarie mit zwei Soloflöten, die zur Singstimme kontrapunktieren, und die beiden orientalisches Kolorit suggerierenden einstimmigen Airs hervorzuheben, die mit Tamburin und kleiner Flöte besetzt sind. In der Tempelszene des III. Akts hebt sich ein kontrapunktisch behandeltes Terzett im »stile antico« wirkungsvoll ab. Hohe instrumentale und vokale Timbres (Flöten und Violinen, Sopranchor) charakterisieren im IV. Akt die Gartenszene in der Hochzeitsnacht, auf die Hypermnestres Monolog in d-Moll und die Gewittermusik in B-Dur folgen. Im V. Akt ist der ursprüngliche Finalchor in der 2. Fassung durch ein großes Accompagnato von Danaus und Lyncée ersetzt. Mit *Hypermnestre* begründete Gervais seine opernhistorische Rolle als einer der wichtigsten Wegbereiter der Musikdramatik von Jean-Philippe Rameau.
**Wirkung:** Bei der Premiere sangen in den Hauptrollen Françoise Journet (Hypermnestre), Jacques Cochereau (Lyncée) und Gabriel-Vincent Thévenard (Danaus). Für die Wiederaufnahme 1717 gestaltete Gervais den V. Akt auf einen neuen Text von Simon-Joseph Pellegrin völlig um. In dieser Form erlebte *Hypermnestre* noch drei Reprisen: 1728 (mit den Tänzerinnen Marie-Anne de Cupis de Camargo, Françoise Prévost und Marie Sallé), 1746 und 1765.

**Autograph:** Prolog, IV. u. V. Akt mit Varianten u. Zusätzen: Bibl. de l'Opéra Paris (A. 95a). **Ausgaben:** Part: Ballard, Paris 1716; reduzierte Part: ebd. 1716, Nachdr.: Pendragon, NY (French Opera in the 17. and 18. Centuries. 319.) [in Vorb.]; Textb.: Paris, Ribou 1716; ebd. 1734, in: Recueil général des opéras, Bd. 12, Nr. 91, Nachdr.: Slatkine, Genf 1971, Bd. 3, S. 28–42; Lyon, Delaroche 1742

*Herbert Schneider*

# François Auguste Gevaert

François Auguste Baron Gevaert; geboren am 31. Juli 1828 in Heusden (bei Gent), gestorben am 24. Dezember 1908 in Brüssel

## Le Capitaine Henriot
### Opéra-comique en trois actes

**Hauptmann Henriot**
3 Akte

**Text:** Gustave Vaëz (eigtl. Jean Nicolas Gustave van Nieuwenhuyzen) und Victorien Sardou
**Uraufführung:** 29. Dez. 1864, Opéra-Comique, Salle Favart, Paris
**Personen:** René de Mauléon (T); Henri IV/Heinrich IV. von Navarra (Bar); Bellegarde, Hauptmann des Königs (T); Don Fabrice, Hauptmann der Liga (Bar); Pastorel (B.Buffo); Blanche d'Etianges (S); Fleurette, Marketenderin (S); Valentine de Rieulles (S); Chavigny, Kämmerer des Königs (T); ein Herold (Spr.).
**Chor:** königliche Offiziere und Soldaten, Bürger und Bürgerinnen von Paris, spanische Offiziere und Soldaten, Kavaliere, Jäger, Pagen, Diener
**Orchester:** 2 Fl (auch Picc), 2 Ob, 2 Klar, 2 Fg, 4 Hr, 2 Cornets à pistons, 3 Pos, Pken, Schl (Trg, gr.Tr, Bck, kl.Tr, MilitärTr), Hrf, Streicher; BühnenM hinter d. Szene: Hrf, Trg, Sturmglocken, Kanonendonner, 2 Vl, Kb, kl. Männerchor
**Aufführung:** Dauer ca. 2 Std. – Gesprochene Dialoge. Das Couplet I/6 kann einen Ton tiefer transponiert werden.

**Entstehung:** Nach der erfolglosen Premiere seiner ersten Oper *Hugues de Zomerghem* (Gent 1848) übersiedelte Gevaert nach Paris, wo er zunächst am Théâtre-Lyrique mit *Georgette ou Le Moulin de Fontenoy* (1853) und in den folgenden zehn Jahren an der Opéra-Comique mit sieben weiteren komischen Opern seine größten Bühnenerfolge verzeichnen konnte. 1867 wurde er zum Gesangs- und Musikdirektor der Pariser Opéra berufen; damit beendete er seine Laufbahn als Komponist. Mit Ausbruch des deutsch-französischen Kriegs 1870 kehrte er nach Belgien zurück und wurde als Nachfolger von François Joseph Fétis Direktor des Brüsseler Conservatoire Royal de Musique, das sich unter seiner Leitung zu einer der bedeutendsten Musikanstalten der Welt entwickelte. – Das von Vaëz unvollendet hinterlassene Libretto wurde von Sardou abgeschlossen.
**Handlung:** Vor und in Paris, 1594.
I. Akt, königliches Heerlager auf den Höhen von Bellevue, im Vordergrund Fleurettes Schenke: Königliche Soldaten und Bürger von Paris nutzen den letzten Tag des Waffenstillstands zwischen Henri IV und der spanischen Liga zu einem Fest. Als Mönche verkleidet haben sich Blanche d'Etianges, ihre Freundin Valentine und der Diener Pastorel unter das Volk gemischt. Blanche will ihren Geliebten René de Mau-

léon davon abhalten, sie heimlich im noch von der Liga gehaltenen Paris zu besuchen, denn sie befürchtet, er könne den Ligisten in die Hände fallen. Sie schickt Pastorel mit einem entsprechenden Brief zu René; doch statt den Brief zu besorgen, frönt Pastorel seiner Leidenschaft, dem Essen und Trinken. So kann Don Fabrice, ein Hauptmann der Liga, der seinerseits Blanche liebt und sie verfolgt, den Brief abfangen und gegen einen andern, Blanche verleumdenden, vertauschen, der den Adressaten in Blanches Hotel und damit in seine Falle lockt. Den Adressaten, René, verwechselt er allerdings mit dem König, denn Henri IV selbst, der soeben mit seinen Gefolgsleuten von der Jagd zurückkehrt, gibt sich als Capitaine Henriot aus. Zum Schein verbündet er sich mit Fabrice. Auf getrennten Wegen ziehen alle nach Paris: René, weil er sich wegen des gefälschten Briefs von Blanche betrogen glaubt, Henri, weil er mit einer List die Stadt zu erobern hofft, Fleurette, weil sie sich ihren treulosen Gatten Pastorel zurückerobern will, und Fabrice, weil er Henri in eine Falle gelockt zu haben meint.

II. Akt, Saal in Blanches Stadthaus in Paris: Das Kampfgetümmel in den Straßen ist das Pendant zum verwirrenden Durcheinander in Blanches Salon. René trifft ein und stellt Blanche zur Rede. Trotz ihrer Treueschwüre glaubt er immer wieder Gründe zu finden, die sein Mißtrauen schüren. Fabrice setzt René gefangen und übergibt ihn den Ligisten.

III. Akt, Vorhof des Stadthauses: Da die Eroberung der Stadt durch die Royalisten unmittelbar bevorsteht, versucht Fabrice zum König überzulaufen. Henri nimmt seinen Widersacher jedoch gefangen. Sein Plan, die beiden Gefangenen gegeneinander auszutauschen, scheitert am Widerstand Fabrices. So wird Fleurette zur Heldin, weil sie mit einigen königstreuen Bürgern René vor der Exekution rettet. Fabrice fällt auf der Flucht einem Degenstreich Henris zum Opfer. Blanche und René finden glücklich zueinander.

**Kommentar:** Als romantische Mantel-und-Degen-Komödie steht *Le Capitaine Henriot* in der Tradition des »pièce bien faite« Eugène Scribes. Die Historie, die blutige Eroberung einer Stadt, wird hier, besonders mit der Gestalt Henri/Henriots, des listigen Haudegens und Herzensbrechers, umgemünzt in einen galanten Wettstreit um die Herzen schöner Frauen. Auf plakativ-komische Weise wiederholt sich auf der Dienerebene (Fleurette/Pastorel), was unter den Personen höheren Stands (Blanche/René) mit edlem Sentiment und soldatischem Ehrbewußtsein ausgetragen wird. Gevaert gelingt es nur selten, aus dem Schatten seiner Vorbilder Adolphe Adam und Daniel François Esprit Auber herauszutreten. Seinem leichten, zur Opéra-bouffe tendierenden Tonfall fehlt es an ironischer Schärfe und satirischem Biß, um gegenüber Jacques Offenbach oder Charles Lecocq bestehen zu können. Volkstümlich-sentimentale Nummern (Chansons, Romanzen, Serenade und Kavatine) bilden die lyrischen Ruhepunkte in einer Folge abwechslungsreicher Genretableaus. Mit routinierter Eleganz reproduziert Gevaert die musikalischen und dramaturgischen Standards der zeitgenössischen Opéra-comique, ohne zu einem persönlichen Stil zu finden.

**Wirkung:** Obwohl *Le Capitaine Henriot* mit 48 Aufführungen in einer Saison (in der Uraufführung sangen unter anderm Léon Achard, Mlle. Bélia, Joseph Antoine Charles Couderc, Célestine Galli-Marié und Charles Marie Auguste Ponchard) mehr als nur einen Achtungserfolg erzielte, war dem Werk, wie auch den vorangegangenen Opern, keine dauerhafte Wirkung beschieden. *Le Capitaine Henriot* kam 1865 am Théâtre de la Monnaie Brüssel heraus, wurde dort in der folgenden Spielzeit wiederaufgenommen, seitdem aber nicht mehr gespielt.

**Autograph:** Verbleib unbekannt. **Ausgaben:** Part: Grus, Paris [1865], Nr. L. G. 2700; Kl.A: ebd. [1865]; Kl.A mit vollst. Text, frz./dt. Übers. v. E. Pasqué: Schott [1865], Nr. 18312; Textb.: Paris, Lévy Frères 1865, ²1866
**Literatur:** F. DUFOURCQ, G., Brüssel 1909; E. CLOSSON, G., Brüssel 1929

*Gisela Franke*

# Giorgio Federico Ghedini

Geboren am 11. Juli 1892 in Cuneo (Piemont), gestorben am 25. März 1965 in Nervi (bei Genua)

## Le baccanti
**Un prologo, tre atti e cinque quadri**

### Die Bacchantinnen
Prolog, 3 Akte (5 Bilder)

**Text:** Tullio Pinelli, nach der Tragödie *Bakchai* (407 v. Chr.) von Euripides
**Uraufführung:** 21. Febr. 1948, Teatro alla Scala, Mailand
**Personen:** Dioniso (Bar); ein Priester (Bar); Agave (S); der Chorführer der Bacchanten (T); Töchter und Mägde Agaves (4 oder 6 S); eine Tochter Agaves (S); eine Magd Agaves (S); Tiresia (B); ein Thebaner (T); Pènteo (T); Cadmo (B); ein Jüngling (T); 4 Jünglinge (2 T, Bar, B); die Chorführerin der Mänaden (Mez oder A); ein Bauer (Bar); eine Stimme (T); eine andere Stimme (B); eine Stimme (A). **Chor:** Bacchanten, Thebaner, Mänaden, Priester. **Statisterie:** Gefolge Pènteos, Wachen
**Orchester:** 3 Fl (2. u. 3. auch Picc), 3 Ob (3. auch E.H), 3 Klar (3. auch B.Klar), 3 Fg (3. auch K.Fg), 4 Hr, 3 Trp, 3 Pos, B.Tb, 3 Pkn, Schl (hängendes Bck, Tamburin, gr.Tr, Trg, kl.Tr, Tamtam, gr. Tamtam, Bck), Cel, Glsp, Xyl, 2 Hrf, Streicher; BühnenM: Schl (gr.Tr, Donner, 2 hängende Bck), Org
**Aufführung:** Dauer ca. 2 Std. – Der Frauenchor ist bis zu neunfach geteilt. Tänze im I. Akt.

**Entstehung:** Als Dirigent und Chorleiter hatte sich Ghedini schon in jungen Jahren einen Namen gemacht; als Komponist fand er in seinem Heimatland vor allem durch seine beiden neoklassizistischen Orchesterkonzerte *Architetture* (1940) und *Concerto dell'albatro* (1945, nach einer Episode aus Herman Melvilles Roman *Moby Dick*, 1851) Anerkennung, in denen er sich auf eigenständige und originelle Weise mit barocker Polyphonie auseinandersetzte. Als Opernkomponist trat er erst Ende der 30er Jahre in Erscheinung, zunächst mit der dreiaktigen *Maria d'Alessandria* (Bergamo 1937), einer noch uncharakteristischen, auf effektvolle Chor- und Ensembleszenen angelegten neobarocken Oper. In Zusammenarbeit mit dem Dramatiker, Librettisten und Regisseur Pinelli entstanden danach in kurzer Folge *Re Hassan* (Venedig 1939), *La pulce d'oro* (Genua 1940) und 1941–43 *Le baccanti*, sein mit Abstand originellstes Bühnenwerk.

**Handlung:** In mythischer Zeit.

Prolog, vor dem Königspalast in Theben: Aus Asien nach Griechenland gekommen, schickt sich Dioniso an, Theben seinem Kult zu unterwerfen. Die ganze Stadt soll sich auf dem Berg Citerone dem ekstatischen Fest des Gottes weihen.

I. Akt, vor dem Königspalast: Eine Massenhysterie hat die Bevölkerung Thebens erfaßt; die Priester erkennen, daß eine unbekannte Macht von ihrer Stadt Besitz ergriffen hat. Tiresia weissagt, daß sich ein neuer Gott offenbare. Der junge König Pènteo, mit einigen Gefährten heimgekehrt, macht den Ältesten der Stadt Vorwürfe, daß sie Theben nicht besser geschützt hätten. Sein Vater Cadmo erwidert, sie hätten höheren Mächten weichen müssen. Eine große Menge von Thebanern sei unter der Führung von Agave, Pènteos Mutter, in wilder Raserei zum Berg Citerone gezogen. Dioniso wird, als Gott unerkannt, in Ketten vor Pènteo geführt, da er die Menschen aufgewiegelt habe. Er gibt an, im Dienst einer neuen Gottheit zu stehen, aber Pènteo lehnt es ab, dem »schamlosen« Gott zu dienen, und läßt ihn ins Gefängnis werfen. Priester des Apoll versuchen das Bocksblut von den Palastmauern zu waschen.

II. Akt, 1. Bild, vor dem Königspalast: Gegen Sonnenuntergang haben sich Bacchanten in Erwartung der Rache ihres Gottes vor Pènteos Palast versammelt. Ein Erdbeben läßt die Säulen des Palasts bersten, Flammen schlagen aus dem Dach. Dioniso hat sich befreit und tritt vor den Palast. Unterdessen berichtet ein Hirte Pènteo, daß die Bacchantinnen, von Agave angeführt, über die Herden herfallen und die Tiere mit bloßen Händen zerreißen. Dioniso erscheint Pènteo und weckt seine Neugier, das Treiben der Bacchantinnen bei Nacht zu beobachten. Pènteo verkleidet sich als Mänade und folgt Dioniso auf den Berg Citerone.

2. Bild, auf dem Citerone: Auf der Höhe angekommen, versteckt sich Pènteo, um die Mänaden zu beobachten. Dioniso offenbart ihnen, daß sich unter ihnen ein Ungeweihter befinde, der ihn beleidigt habe, und fordert sie zur Rache auf. Die Mänaden stürzen sich auf Pènteo. Vergeblich versucht er, sich seiner Mutter, die ihn in ihrem Wahn für einen jungen Löwen hält, als ihr Sohn zu erkennen zu geben.

III. Akt, Platz in Theben, Nacht: Die Menge lauscht den Lauten, die vom Citerone herüberhallen, und ahnt, daß Pènteo, ihr König, getötet wurde. Agaves Stimme kündet die Rückkehr der Bacchantinnen an. Auf ihrem Tirsisstab trägt Agave Pènteos Kopf. Durch Cadmos beschwörendes Zureden kommt sie langsam wieder zu sich und erkennt mit Entsetzen, daß sie ihren eigenen Sohn getötet hat. Dioniso erscheint in einer Aureole; zur Strafe dafür, daß Theben sich dem neuen Dionysoskult zu widersetzen versuchte, verbannt er Agave und Cadmo aus der Stadt.

**Kommentar:** Ghedini entschied sich erst nach längerem Zögern für Pinellis Text, da er sich fragte, ob der antike Stoff beim zeitgenössischen Publikum überhaupt auf Interesse stoßen würde. Gerade der Abstand von jeglicher Tradition war dann jedoch für die Vertonung ausschlaggebend, da er sich durch die Andersartigkeit der dramatischen Situationen an keine Konventionen gebunden fühlte. Dem antiken Sujet versucht Ghedini mit einer statuarischen und oratorienhaft stilisierten Musik gerecht zu werden, die an Einflüsse Alfredo Casellas denken läßt. Dominierende Kennzeichen dieses gleichsam barockisierenden Stils sind wuchtige Klänge und eine motorische, stereotype Rhythmik mit einfachen Akzentverschiebungen. In dem oft homophonen Chor- und Orchestersatz Note gegen Note zeigt sich der Stil des Neomadrigalismo ebenso wie in der einfachen tonalen Harmonik, die nur gelegentlich polytonale Elemente einbezieht. Die sukzessive Übereinanderschichtung von Terzen während des Mänadentanzes (I. Akt) und die Folge von zehn Quarten zu Beginn von II/2 sind Anzeichen eines konstruktiven Denkens, das den Komponisten über den Neoklassizismus hinaus zu Problemen einer komplexeren Materialorganisation zu führen scheint.

**Wirkung:** Dem Werk war bei der Premiere zu Ghedinis Enttäuschung kein Erfolg beschieden; es stieß beim Publikum auf Unverständnis. Unter Leitung von Fernando Previtali und in der Regie von Orazio Costa sangen Augusta Oltrabella (Agave), Piero Guelfi (Dioniso) und Antonio Annolaro (Pènteo). Zwei Rundfunksendungen der Radiotelevisione Italiana (Rom 1949 und Turin 1955) machten das Werk einer breiteren Hörerschaft zugänglich. Erst 1972 kam es, wiederum an der Scala, zu einer Neuinszenierung der *Baccanti*. Unter Leitung von Nino Sanzogno sangen Orianna Santunione und Giulio Fioravanti. Regie führte Margarethe Wallmann; als Bühnenbilder übernahm man die für die Uraufführung entworfenen von Felice Casorati.

**Autograph:** Verbleib unbekannt. **Ausgaben:** Part: Ricordi 1947, Nr. 126809; Kl.A: Ricordi 1948, Nr. 126812; Textb.: Ricordi 1947. **Aufführungsmaterial:** Ricordi
**Literatur:** G. F. GHEDINI, Note su ›Le baccanti‹ e su altri lavori, in: Agora, Turin 2:1946, S. 23 ff.; A. M. BONISCONTI, G. F. G. e le sue ultime opere, in: Rassegna musicale 19:1949, S. 98–109; N. CASTIGLIONI, G. F. G., Mailand 1955; R. ZANETTI, La musica italiana nel Novecento, o. O. 1985, S. 1070–74

*Horst Weber*

# Casimir Gide

Geboren am 4. Juli 1804 in Paris,
gestorben am 18. Februar 1868 in Paris

**Le Diable boiteux**
→ Coralli, Jean (1836)

**La Tarentule**
→ Coralli, Jean (1839)

# Jean Gilbert

Eigentlich Max Winterfeld; geboren am 11. Februar 1879 in Hamburg, gestorben am 20. Dezember 1942 in Buenos Aires

## Die keusche Susanne
### Operette in drei Akten

**Text:** Georg Okonkowski, nach der Farce *Le Fils à papa* (1906) von Antony Mars und Maurice Ernest Georges Desvallières
**Uraufführung:** 26. Febr. 1910, Wilhelmtheater, Magdeburg
**Personen:** Baron Konrad des Aubrais, Privatgelehrter (Bar); Delphine, seine Frau (A); Jacqueline (S) und Hubert (T.Buffo), deren Kinder; René Boislurette, Leutnant (T); Pomarel, Parfümfabrikant (Bar); Susanne, seine Frau (S); Charencey, Privatier (Bar); Rose, seine Frau (S); Alexis und Emile, Oberkellner und Kellner im Moulin Rouge; Mariette, Kammerjungfer bei Aubrais; Vivarel, Godet, Irma und Paillasson, Gäste im Moulin Rouge; ein Polizeikommissar.
**Chor:** Herren und Damen der Gesellschaft, Mitglieder der Akademie, Studenten, Gäste, Polizisten
**Orchester:** Picc, Fl, Ob, Klar, Fg, Hr, Trp, Pos, Pkn, Schl (gr.Tr, kl.Tr, Tamburin, Bck, Glocken, Trg), Hrf, Streicher (Anzahl d. Instrumente nicht zu ermitteln)
**Aufführung:** Dauer ca. 2 Std. 30 Min. – Orchester der Bearbeitung von Robert Gilbert (1953): 2 Fl (2. auch Picc), 2 Ob, 2 Klar (2. auch B.Klar), 4 Hr, 3 Trp, 2 Pos, Pkn, Schl (kl.Tr, Xyl, JazzSchl, Glsp, gr.Tr, Bck, Trg, Tempelblöcke), Git, Cel, Hrf, Streicher.

**Entstehung:** Gilbert ist ein typischer Vertreter der Berliner Operette. Nach seiner musikalischen Ausbildung (zunächst in Hamburg) begann er seine Karriere 1897 als Kapellmeister und gewann recht bald erste Anerkennung als Komponist von Operetten und leichtgewichtigen musikalischen Possen. Nach seinem Bühnenerstling *Das Jungfernstift*, der 1901 am Hamburger Zentralhallentheater herauskam (der dortige Theaterdirektor Ernst Drucker hatte ihm den Künstlernamen beigelegt) und zwei weiteren Stücken (*Der Prinzregent* und *Jou-Jou*, beide Hamburg 1903) zog Gilbert als Leiter der Kapelle des Zirkus Hagenbeck durch Europa, ehe er sich 1910, nach dem großen Erfolg seiner *Keuschen Susanne*, in Berlin etablierte. Dort komponierte er im Lauf der nächsten 15 Jahre in unerhörtem Tempo annähernd 50 Operetten und Possen, die er vornehmlich am Thalia-Theater, dessen Dirigent und Hauskomponist er war, zur Aufführung brachte, darunter *Puppchen* (1912), *Das Autoliebchen* (1912), *Die Tangoprinzessin* (1913), *Wenn der Frühling kommt* (1914) und *Das Fräulein vom Amt* (1915). Am Metropoltheater kam *Die Kinokönigin* (1913), am Theater des Westens *Die Fahrt ins Glück* (1916) heraus. Durch Fehlspekulationen um die Früchte seiner Arbeit gebracht, war er 1933 zudem als Jude gezwungen, Deutschland zu verlassen. Er emigrierte über Wien, wo 1933 seine letzte Operette, *Die Dame mit dem Regenbogen*, uraufgeführt wurde, über Paris, London, Madrid 1939 nach Buenos Aires und versuchte, seinen Lebensunterhalt als Dirigent und Komponist von Filmmusiken zu bestreiten.

**Handlung:** In Paris.
I. Akt, Salon in der Parterrewohnung des Barons des Aubrais: Der Hausherr Aubrais gibt einen Empfang, denn er ist wegen seiner Studien über die Vererbungslehre in die Akademie der Wissenschaften aufgenommen worden. Unter den Gästen befinden sich sein wissenschaftlicher Rivale Charencey und Vetter René, der um die Hand seiner Tochter Jacqueline anhält. Aubrais und seine Frau Delphine weisen den einstigen Casanova René ab. Allerdings läßt sich Aubrais auf eine Wette ein, Jacqueline René für den Fall zu überlassen, daß dieser ihn je bei einem Seitensprung erwischen sollte. In Wahrheit ist die Familie Aubrais nicht so tugendhaft, wie sie sich gibt. Jacqueline drängt darauf, mit René das Nachtleben kennenzulernen, und ihr Bruder Hubert, ein Debütant in der Liebe, horcht René über seine Frauengeschichten aus. René erzählt ihm von einem Erlebnis, das er mit der Frau eines Parfümfabrikanten in der Provinz hatte. Dort hatten sie sich einem Fremden gegenüber, der sich später als Charencey herausstellen wird, als Ehepaar ausgegeben. Diese Frau, Susanne Pomarel, trifft mit ihrem echten Gatten auf dem Fest ein. Sie will sich bei Aubrais bedanken, daß er sie unterstützt hat, einen Keuschheitspreis zu gewinnen. Pomarel läßt sich sogleich entschuldigen. Er muß auf eine Militärübung, ist also nicht zugegen, als Susanne und René ein Rendezvous für den Abend ausmachen. René wird aber Hubert, der sich auf den ersten Blick in Susanne verliebt hat, statt seiner hinschicken. Man begibt sich zur Ruhe. Nacheinander verlassen Hubert, Aubrais und Jacqueline, von Delphine unbemerkt, das Haus.
II. Akt, Moulin Rouge: Der diskrete Oberkellner Alexis hat alles im Griff. Deshalb treffen die Pärchen aus den Séparées Nr. 5, René und seine tatenlustige Freundin Jacqueline, Nr. 6, Aubrais, der hier als Boboche regelmäßig verkehrt, und Rose (Charenceys bisher vor aller Gesellschaft behütete Frau, die Au-

brais in einem Taxi kennenlernte, ohne zu wissen, wer sie ist), und Nr. 7, Hubert und Susanne, zunächst nicht aufeinander. Auch Charencey weilt hier, entdeckt zwar nicht seine Frau, dafür aber alle Mitglieder der Familie Aubrais. Er läuft zu Polizei und Presse, um seinen Rivalen zu blamieren. Pomarel hat sich auf der Suche nach einer Schlafgelegenheit ins Moulin Rouge verirrt. Unausweichlich trifft schließlich Familie Aubrais zusammen. Schnell wird Aubrais mit René einig, der Jacqueline zur Frau haben soll. Inzwischen hat die Polizei Charencey fortgeschickt: Nur wenn seine Frau im Moulin Rouge wäre, gäbe es einen Grund einzuschreiten. Zurück im Moulin Rouge, findet er Rose unter den Feiernden, und Pomarel, durch Lärm geweckt, entdeckt Susanne. Die Polizei greift ein: Wer kann, flieht rechtzeitig.

III. Akt, wie I. Akt: Beim Frühstück herrscht verschworenes Stillschweigen über die Ereignisse der Nacht, denn Delphine soll nichts erfahren. Der eben neu eingestellte Butler (es ist Alexis) gefährdet die Ruhe, erweist sich jedoch als diskret. Susanne ist nicht, wie alle hoffen, in die Provinz zurückgekehrt, sondern stürzt, um ihren Ruf besorgt, in den Salon. Doch ihre Aufregung ist unnötig, denn unter den Einflüsterungen des nun ebenfalls um seine Ehre bedachten Charencey ist Pomarel zu der Erkenntnis gelangt, daß Susannes Besuch im Moulin Rouge nur den Zweck hatte, leichte Mädchen zu bekehren.

**Kommentar:** Die Bezeichnung Operette für *Die keusche Susanne* ist nur wenig präzis. Genauer zu charakterisieren wäre das Werk etwa als Posse mit Gesang.

Denn das nicht eben geistsprühende, doch in der Handlung geschickt montierte Libretto käme in einer temporeichen Darbietung fast ohne die Musik Gilberts aus. Was *Susanne*, deren Stoff sich an Operetten wie Offenbachs *Vie parisienne* (1866) und Strauß' *Fledermaus* (1874) orientiert, von ihren Vorbildern unterscheidet, sind die grotesk überspitzten Verwicklungen, die eine adäquate Musikalisierung beinah unmöglich machen. Gilbert scheint eine originär operettenhafte Komik auch nicht angestrebt zu haben, wie etwa die Szene vor Schluß des Werks beweist, in der Susanne ratlos den Salon betritt und alle Familienmitglieder die Frage stellen: »Was soll sie tun?« Ein solcher Dialog wäre von Offenbach mit Sicherheit in Musik umgesetzt worden. Von seiner Art musikalischen Witzes sind Gilberts Intentionen weit entfernt. Zwar haben sich Rudimente des älteren Operettenjargons erhalten, so im Cancan zu Beginn der Ouvertüre oder im Auftrittslied Pomarel/Susanne (Nr. 4, »Wir sind ein zärtlich Pärchen«). Dominierend ist indes ein gassenhauerischer Berliner Ton, wie er sich etwa im Marschrefrain »Wenn der Vater mit dem Sohne auf den Rummel geht« (Nr. 11), auch »Lebemannmarsch« genannt, manifestiert. Dieser Marsch beherrscht auch das Finale des II. Akts (Nr. 12), die anschließende Zwischenaktmusik und das Finale des III. Akts (Nr. 16). Darüber hinaus ist er schon in der Ouvertüre enthalten. Das Gegengewicht zu diesem Marsch bildet der sanfte Walzerrefrain »Wenn die Füßchen sich heben« (im Duett Nr. 8, »Der Kleine gefällt mir sehr«), der ebenfalls in der Ouvertüre, der

*Die keusche Susanne*, II. Akt, Finale; Neues Schauspielhaus, Berlin 1911. – Berliner Luft im Moulin Rouge: Man legt 'ne kesse Sohle aufs Parkett, bewegt von gassenhauer-berlinerischen Tönen.

Zwischenaktmusik (Nr. 12½) und dem anschließenden Melodram zu Beginn des III. Akts eine bedeutende Rolle spielt. Melodische Schwächen, besonders im III. Akt, sind nicht zu übersehen: Das Polkalied »Susanne, Susanne« (Nr. 14) konnte sich nicht als Schlager etablieren, und beinah noch unbeholfener, schlecht volksliedhaft wirkt das anschließende Duett »Auf einem Hühnerhaufen« (Nr. 15). Dagegen fallen einige überraschende metrische Wendungen ins Auge, zum Beispiel der Wechsel von ⅔- und ⅜-Takt im Duett Nr. 3 (»Ist denn wahr, was alle sagen«) sowie im 1. Finale (Nr. 6, »Das ist Madame Tugendpreis«).
**Wirkung:** In London (Lyric Theatre) wurde das Werk erstmals 1912 als *The Girl in the Taxi* gespielt (mit Yvonne Arnaud, Arthur Playfair, Charles Herbert Workman und Amy Augarde). Die französische Erstaufführung folgte 1913 in Lyon. *Die keusche Susanne* wurde 1926 (als Stummfilm) von Richard Eichberg verfilmt (mit Lilian Harvey und Willy Fritsch). 1953 fertigte Gilberts Sohn Robert mit geschickter Hand eine textliche und musikalische Bearbeitung an: Die Handlung ist nach Berlin verlegt und die Musik mit Schlagern aus andern Operetten Gilberts bereichert (unter anderm »Ja, das haben die Mädchen so gerne« aus *Autoliebchen* und »Puppchen, du bist mein Augenstern« aus *Puppchen*). In dieser seitdem allein autorisierten Bearbeitung war *Die keusche Susanne* erstmals im Stadttheater Zürich am 3. April 1954 zu sehen, zwei Monate später folgte eine Inszenierung am Gärtnerplatztheater München. Mit einer Inszenierung 1986 am Metropoltheater Ost-Berlin hat das Werk vor den zahlreichen andern Operetten und Gesangspossen Gilberts seinen bleibenden Wert als amüsantes und kesses »Milljö«-Stück abermals unter Beweis gestellt.

**Autograph:** Verbleib unbekannt. **Ausgaben:** Kl.A: Benjamin, Hbg. 1911; Kl.A, Bearb. v. R. Gilbert: Zürich AG, Zürich 1953; Textb.: Bln., Musika 1910; Regiebuch d. Bearb.: Zürich, Zürich AG 1953. **Aufführungsmaterial:** Bearb. Gilbert: Zürich AG, BR Dtld.: Bloch

*Michael Klügl*

# Rosamund Gilmore

Geboren am 8. Juni 1955 in Esher (bei London)

## Egmont-Trilogie
Tanztheater (3 Teile)

### Egmont

**Musik:** Franz Hummel, *Tanztheatermusik für Violine und Orchester*; Aufnahme mit Gabriele Sassenscheidt und dem Münchner Studiosinfonieorchester, Leitung: Franz Hummel. **Libretto:** Rosamund Gilmore
**Uraufführung:** 20. Mai 1982, Stadttheater, Regensburg, Laokoon Dance Group Riedenburg
**Darsteller:** Klärchen; Brackenburg; Mutter
**Orchester:** Tonb
**Aufführung:** Dauer ca. 1 Std. 15 Min.

### g, die Mutter ist in Pommerland

**Musik:** Franz Hummel, *Unendliches Klavierstück*; Aufnahme mit Franz Hummel; Weihnachtsansprache des Papsts; Kirmeswalzer. **Libretto:** Rosamund Gilmore
**Uraufführung:** 11. April 1983, Theater am Turm, Frankfurt a. M., Laokoon Dance Group Riedenburg
**Darsteller:** Klara; Fritz; Mutter
**Orchester:** Tonb
**Aufführung:** Dauer ca. 2 Std.

### Klara

**Musik:** Franz Hummel, *Tanztheatermusik für acht Blechbläser*; Aufnahme mit dem Buccina Ensemble Bonn, Leitung: Stefan Schädler. **Libretto:** Rosamund Gilmore
**Uraufführung:** 13. Okt. 1983, Deutsches Schauspielhaus, Hamburg, Laokoon Dance Group Riedenburg
**Darsteller:** Klara
**Orchester:** Tonb
**Aufführung:** Dauer ca. 30 Min.

**Entstehung:** Die Idee zu diesem »Tanztheaterstück nach Goethe«, wie *Egmont* noch bei der Uraufführung untertitelt war, kam Gilmore, nachdem sie die Tagebücher eines 17jährigen Mädchens erhalten hatte, das wenige Tage nach der Ermordung des Popidols John Lennon Selbstmord beging. In den Fall der Renate B., die in schwärmerischer Idolisierung des Popstars der eigenen bedrückenden Wirklichkeit zu entgehen suchte und deren Traumwelt mit Lennons Tod zusammenbrach, sah die Choreographin Parallelen zu Johann Wolfgang von Goethes Klärchen und deren Verhältnis zu Egmont. Es entstand der Plan, die Geschichte des namenlosen Teenagers mit dem tragischen Stoff des Goethe-Dramas zu überlagern und zu verknüpfen. Aus Renate B. wurde Klärchen, Brackenburg erhielt Züge von deren Punkerfreund Buzzer.
**Inhalt:** *Egmont:* Wohnstube mit Sessel, Fernsehgerät, einem Laufstall und einem »Hausaltar«: Klärchen sitzt stumpf in einem mit Erde ausgelegten Laufstall, aus dessen behütender und zugleich beengender Einfriedung sie erst ins Leben treten muß. Die Mutter dämmert vor einem bildlos flimmernden Fernsehgerät. Brackenburg übt sich in aggressivem militärischen Reglement. Auf einem Hausaltar ist Egmont lediglich in Form eines Ritterhelms präsent, Symbol der Macht, in dessen unterwürfige Anbetung die Mutter die Tochter einübt. Erste vorsichtige Annäherungsversuche zwischen Klärchen und Brackenburg scheitern, da sie in ihm nur den idealisierten Helden sehen kann, er jedoch bei ihr recht körperliche, sexuelle

Interessen verfolgt. Beide nehmen immer neue Anläufe, zueinander zu kommen. Doch ist Klärchen einerseits derart auf ihr Heldenidol fixiert und in fast infantiler Asexualität gefangen, sind andrerseits Brackenburgs Liebesbeweise derart gewaltsam, daß jeder Versuch einer Beziehung scheitern muß. Die Mutter führt dabei eine stille, doch nachdrückliche Regie und versucht, gewappnet mit Zitaten aus Goethes Drama, den von ihr angezettelten Konflikt abzuwiegeln. In einem letzten Ausbruchsversuch mischt sich Klärchen mit dem Ruf »Free Egmont!« unter die Zuschauer. Als sie jedoch keine Hilfe erhält, kehrt sie resigniert auf die Bühne zurück. Phlegmatisch läßt sie sich als Luxusweibchen drapieren. Ihre Hoffnungslosigkeit mündet in einen Tanz mit durchschnittenen Pulsadern. Am Ende kriecht sie in den Hausaltar, der über ihr zusammenbricht.

*g, die Mutter ist in Pommerland:* Wohnküche mit billigen Kaufhausstühlen, einem Tisch, Regal, einer Bank: Was wäre aus Klärchen geworden, hätte sie geheiratet? Das kniend und gleich mehrfach emphatisch gegebene Jawort bleibt ein uneingelöstes Versprechen auf bürgerliches Eheglück. Während Fritz, der deutsche Durchschnittsmann, sein Recht als Gatte einfordert, sucht sich Klara ihm, behindert von religiöser Prüderie und einer unlösbaren Mutterbindung, immer wieder zu entziehen. Jetzt ist sie es, die ihn mit ihren Kommandos exerzieren läßt und sich so vom Leib zu halten sucht. Sie flieht in die Kinderwelt ihrer Puppen, entwindet sich seinen Umarmungen und bemalt die Wände, kämpferisch verzweifelt die Faust hochreckend, mit Frauenzeichen. Mehrfach drohen beide, einander zu verlassen, ohne sich wirklich zu trennen. In einem minutenlangen Dauerlauf auf der Stelle finden sich beide zu einer Art Glücksmarathon: der tragikomischen Karikatur eines partnerschaftlich absolvierten Lebenswegs. Zur nachfolgenden Weihnachtsfeier mit der Mutter zwängen sich beide in ein Holzregal und setzen die Ehe als kindliches Kriegsspiel der Geschlechter fort. Als die Mutter stirbt, verkündet Fritz herrisch: »So, jetzt wird hier einiges anders!« Die häusliche Idylle wird mit Maschendraht eingezäunt. Fritz schlüpft in die Rolle des »coolen Machos«, an dem alle Annäherungsversuche Klaras, die nun reumütig die liebende und sorgende Gattin spielen will, abprallen. Es kommt zum letzten Streit, an dessen Ende sie ihn mit dem Gewehr aus der Umzäunung treibt. Allein und am Scheitern ihres Glücks irre geworden, absolviert Klara immer wieder exakt den gleichen Ablauf häuslicher Verrichtungen und gemeinsamer Erinnerungen, der ihr Leben noch einmal wie im Zeitraffer Revue passieren läßt. Der Vorgang wiederholt sich viermal.

*Klara:* Leere schwarze Bühne, die lediglich durch eine diagonale Lichtgasse strukturiert wird: Klara erscheint als »Bag-lady«, eine heruntergekommene Stadtstreicherin, die ihre Habseligkeiten in einem alten Kinderwagen vor sich herschiebt. Der Weg ist ihr durch die diagonale Lichtgasse genau vorgeschrieben. Noch einmal bereitet sie, in Tüten und Taschen kramend, die Überbleibsel eines gescheiterten Lebens vor sich aus, darunter eine kitschige Schneewittchenstatue aus Gips, die sie wie ein Symbol verlorener Unschuld hütet. Über Megaphon bittet die Zuschauer um Hilfe, die sie auch erhält. Doch ihr vorgezeichneter Weg endet an einer Wand, an der sich ihre verzweifelten Tanzbewegungen brechen.

**Kommentar:** Die dramaturgische Konzeption, die zahlreiche Kritiker und einen Teil des Publikums zunächst durch ihre Radikalität irritierte, überführt einerseits den tragischen Stoff in den kleinbürgerlichen Alltag der Gegenwart. Andrerseits weitet sie das Illustriertenschicksal der 17jährigen aus zur Abrechnung mit der lieblosen Militanz familiärer Verstrickungen. Das Stück folgt nicht nur in Umrissen nacherzählten Fabel, die erst durch die szenische Kraft der bewegten Bilder eingelöst wird. – Die Dauer der einzelnen Teile ist nach den Lebensabschnitten der Protagonistin (Klara) bemessen. Im I. Teil mit Klärchen im Teenageralter zeigt Gilmore, daß die Idolisierung auch ein (gleichermaßen wohl untauglicher) Versuch Klärchens ist, sich selbst zu befreien. Der II. Teil ist der längste und stellt die erwachsene Klara in ihrer Ehe vor. Der III. Teil setzt die Geschichte ins Alter fort. Für die letzte und kürzeste Lebensphase steht das halbstündige Solo Klaras. Die Entwicklung wird auch in den Rollenbezeichnungen skizziert: Aus Klärchen wird Klara, aus Brackenburg Fritz, der Mann. Dabei spielen die Rollen lediglich auf Goethes *Egmont* an. Hinter den Namen verbirgt sich das Allerweltsschicksal eines Manns und einer Frau. Der dramaturgische Bogen wird von der Musik nachvollzogen. Ist sie im I. Teil noch relativ zusammenhängend collagiert, so wird der II. Teil (als Zeichen größter Offenheit) über weite Strecken ohne jede musikalische Begleitung gespielt. Allein der III. Teil wird in einer dramaturgischen Engführung durchgängig von Musik begleitet.

*Egmont-Trilogie: g, die Mutter ist in Pommerland;* Susan Oswell als Klärchen, Ian Owen als Brackenburg; Laokoon Dance Group, Frankfurt a. M. 1983. – Mit einer alltäglichen Gestensprache, die eine Situation auf einen bezeichnenden Punkt bringt, erhellt Gilmore beides: die Verweigerung und zugleich die Abhängigkeit in der ehelichen Beziehung.

Entsprechend verändert sich die Bühne. – Die Radikalität und Kompromißlosigkeit der *Egmont-Trilogie*, die in fast dreijähriger Arbeit nach dem Debütstück *Loisaida* (München 1980) und nach *Marianne Söndermann hat geträumt* (Bonn 1981) entstand, ist bezeichnend für die provokante Ausnüchterung und Entschlackung, der Gilmore das Tanztheater unterzogen hat. Mit ihrer 1979 gegründeten Laokoon Dance Group gehört sie bereits zur zweiten Generation der Tanztheaterchoreographen nach Pina Bausch, die den erkämpften Freiraum eigenständig für sich zu nutzen verstehen. Tänzerische Bewegung im konventionellen Sinn ist in den Stücken der Laokoon Dance Group, die »Dance« seit 1984 in ihrem Namen demonstrativ mit einer feinen Linie durchgestrichen hat, kaum mehr zu finden. An ihre Stelle ist ein Bewegungstheater getreten, das jede Motion, jede Geste nach ihrem Aussagewert befragt und leere Bewegung, die um ihrer selbst willen geschaffen wird und mit keiner Alltagserfahrung korrespondiert, nicht mehr zuläßt. In dieser Reduzierung auf das Wesentliche ihrer Geschichten macht Gilmore weniger als irgendeine andere Choreographin des Tanztheaters Konzessionen an das Publikum. Mit unbeirrbarer Stringenz führt sie den Zuschauer bis zu jenem Punkt, an dem ihre (meist weiblichen) Protagonisten unter der Last falsch eingerichteter Verhältnisse und fehlgeleiteten Verhaltens zusammenbrechen, in den Selbstmord oder Wahnsinn fliehen. So stellt sich auch die *Egmont-Trilogie* bewußt quer zu allen kulinarischen Rezeptionsgewohnheiten, die sich gemeinhin mit dem Begriff Tanz verbinden. In ihrer Sprödigkeit verlangt sie unabweisbar, Klaras Leiden an einer Wirklichkeit zur Kenntnis zu nehmen, die vor allem für die Frauen schlecht eingerichtet ist. Doch sosehr die Choreographin die Sektion des Alltagslebens in eine fast ausweglose Engführung treibt, so klar weisen ihre ungemein präzisen, oft in surreale Tragikomik umschlagenden Theaterbilder auch auf den Ausweg. Der Zuschauer des Dilemmas, in das die Figuren auf der Bühne, die sich heillos im Netz kleinbürgerlicher Verhaltensnormen verstricken, zumindest die Einsicht in die Zusammenhänge und Ursachen voraus. In der *Egmont-Trilogie* hat Gilmore erstmals bündig und prägnant ihr Thema ausformuliert: die seelischen Verkrüppelungen unter einer rigiden Zwangsmoral und die Einübung in den täglichen Kleinkrieg, der die größeren Schlachtfelder erst möglich macht. In den nachfolgenden Werken (etwa *Lokus*, Theater im Turm, Frankfurt a. M. 1984) hat sie dies Thema ausgebaut und vertieft und in *Blaubart* (Theater im Turm, Frankfurt a. M. 1984), einer Tanztheateradaption von Hummels Oper (1984), gleichsam zum Sittengemälde einer ganzen Epoche, des Fin de siècle, ausgeweitet, wohingegen in *h-Moll-Messe* (Hamburg 1986; zur Musik von Johann Sebastian Bach) bewußt die das Sakrileg streifende Auseinandersetzung mit der Tradition des Christentums gesucht ist.

**Wirkung:** Mit der *Egmont-Trilogie* erzielte die Laokoon Dance Group erstmals einen überregionalen Durchbruch, auf den zahlreiche Einladungen zu Gastspielen und zur Teilnahme an Festivals im In- und Ausland folgten. Bis zum Ende der Spielzeit 1985/86 war sie das meistgespielte und erfolgreichste Stück im Repertoire der Kompanie.

**Ausgaben:** Video: Laokoon Dance Group, Riedenburg. **Aufführungsmaterial:** M: F. Hummel; Ch: R. Gilmore
**Literatur:** J. SCHMIDT, Von Schwanensee zum Unkrautgarten, in: Theater 1967–1982, hrsg. Internationales Theater-Inst., Bd. 2, S. 61 ff.; N. SERVOS, Von der Hand in den Mund. Zur Situation d. freien Gruppen, in: Tanz in Deutschland, hrsg. H. Regitz, Bln. 1984, S. 116–133; J. SCHMIDT, Tanzwunder, in: Westermanns Monats-H., Jan. 1985, S. 6 ff.; N. SERVOS, Aus Glück gekreuzigt, in: Die Zeit, 15.11.1985

*Norbert Servos*

# Jerónimo Giménez

Jerónimo Giménez (auch Jiménez) y Bellido; geboren am 10. Oktober 1854 in Sevilla, gestorben am 19. Februar 1923 in Madrid

## El mundo comedia es ó El baile de Luís Alonso
Sainete lírico en un acto, dividido en tres cuadros

### Die Welt ist Komödie oder Der Hausball Luís Alonsos
1 Akt (3 Bilder)

**Text:** Francisco Javier de Burgos y Larragoiti
**Uraufführung:** 27. Febr. 1896, Teatro de la Zarzuela, Madrid
**Personen:** María Jesús (S); Juana (Mez); Luís Alonso (T); Tinoco (T.Buffo); Manuela (S). **Chor. Statisterie**
**Orchester:** Picc, Fl, Ob, 2 Klar, Fg, 2 Hr, 2 Trp, 3 Pos, Pkn, Schl, Git, Hrf, Streicher
**Aufführung:** Dauer ca. 1 Std.

**Entstehung:** Giménez ist einer der profiliertesten Könner aus der zweiten Generation der Zarzuelakomponisten, die diese eigentümlich spanische Spielart des Musiktheaters weitgehend von bislang wirksamen italienischen und französischen Mustern befreit und auf heimische Volksmusik verpflichtet haben. Er war als besonders subtiler Harmoniker und Instrumentator von gleichem Rang wie sein jüngerer katalanischer Kollege Amadeo Vives, mit dem er einige besonders gelungene Bühnenstücke gemeinsam vertonte, unter anderm *El húsar de la guardia* (Madrid 1904) und *La gatita blanca* (Madrid 1906). Schon früh hatte sich Giménez als Dirigent und als Komponist von Orchesterwerken hervorgetan. Doch erst die beiden Einakter um die tragikomische Figur des biedermeierlichen Pantalone Luís Alonso (nach mittleren Erfolgen mit einem halben Dutzend Zarzuelas) machten ihn berühmt. Und sie machten geradezu Epoche in der Geschichte dieser Gattung. Sie sind im Abstand von einem Jahr entstanden, sind durch den Titelhelden lose miteinander verknüpft und werden deshalb häufig zu einem Aufführungsabend zusammengekoppelt. Dabei verhält sich die Chronologie der Entstehung umgekehrt zu jener der dramatisierten Begebenheiten. Die Autoren haben eine Episode der Vorgeschichte, die Hochzeit *(Boda)* des mißtrauischen Beinahhahnreis, dem Hausball *(Baile)* des inzwischen Verheirateten nachgeliefert.

**Handlung:** In Cadíz, um 1840; Wohnhaus Luís Alonsos, in dem er seine vielbesuchte Tanzschule betreibt: Wer in Cadíz auf sich hält, läßt sich hier die neuesten Tänze und feines Benehmen beibringen. Heute abend findet wieder mal eins der kleinen Hausfeste statt für Schüler und Freunde des Etablissements. Dabei werden, zum kalten Buffet, einstudierte Tänze vorgeführt. Doch just dies feierliche gesellschaftliche Ereignis wirbelt einige sonst verborgene minder gesellschaftsfähige Bewandtnisse zum Vorschein. Bei den Veranstaltern wie bei den Gästen. María Jesús beispielsweise, die sehr viel jüngere Gattin des betulichen Luís Alonso, den sie in allen Lebenslagen wacker unterstützt, läßt sich umwerben vom verliebten Tinoco, dem Gitarrenspieler der Tanzschule. Sogar wertvolle Ohrringe hat sie von ihm angenommen, freilich ohne Gegenleistung. Es ist der nämliche Schmuck, den Tinocos eifersüchtige Frau Juana hier, instinktiv am richtigen Ort, aufzuspüren sucht. Auch die geheimen Schwächen der Gäste kommen nach und nach ans Licht: die Übergriffigkeiten eines adelsstolzen alten Marqués, der auf wackligen Gichtbeinen noch immer den jungen Mädchen nachstakt; die verhohlene Umtriebigkeit einer vornehmen Witwe, die fast blindlings ihre Töchter verheiraten will, um dem drohenden Gerichtsvollzieher zu entrinnen. Und allerlei andre Unfeinheiten mehr. Trotz solcher Mißklänge, die bei diesem properen Hausball laut werden, wahrt Luís Alonso beharrlich den guten Ton. Er waltet würdig seines Amts als etwas schütterer Arbiter elegantiarum. Fehltritt hin oder her, der Meister pocht unerbittlich auf den Takt der neusten Walzer, Schottischen und Polkas, die den Provinzlern in Cadíz auf Tanzbeinen den Anschluß verschaffen sollen an den Rhythmus der großen, mondänen Welt. Am (moderaten) Ende des Stücks scheinen die Straucheleien und Ausrutscher vergessen. Alle haben wieder ordentlichen Tritt gefaßt unter der freundlich-strengen Anleitung Luís Alonsos.

**Kommentar:** Dieser Einakter, voll Anmut und Witz, ist mehr als eine flüchtige Kleinigkeit. So, wie das scheinbar leichtgewichtige Sujet dramaturgisch entfaltet wird, noch dazu in hinterhältig verstiegenen Versdialogen, widerlegt es den ersten Eindruck eines harmlos bunten Sketchs. Genauer besehen, kehrt *El mundo comedia es* listig jenes berühmte poetische Grundmotiv um, das unter anderm in Thornton Wilders *The Bridge of San Luis Rey* (1927) dem Publikum zu denken gibt: wie da im extremen Augenblick eines gemeinsamen Tods die Zufallsgruppe verschiedentiger Leute, Mann für Mann und Frau, ihre jeweiligen Lebensgeheimnisse offenbaren. Hier jedoch wirkt keine tödliche Bedrohung. Im Gegenteil. Hier löst die alltagsenthobene Lustbarkeit eines Hausballs die sonst diskreten Zungen, um just die im Alltag verschwiegenen Anrüchigkeiten aufzudecken. Ein kleines Taifünchen bricht aus und legt sich wieder, rund um den unbeirrbaren Luís Alonso, der in Beruf und Gebaren auf stilvoller Ordnung besteht. – Diesen dramatischen Hergang bringt die genau kalkulierte Abfolge der musikalischen Nummern sinnfällig zum Klingen. Sie formt eine Verlaufskurve, die ausschert, um zu ihrem Anfangspunkt zurückzukehren. Sie verläuft: von maßvollen zu unbändigen und wiederum zu maßvollen Lebensregungen. Den äußeren Rahmen des Geschehens bilden drei markante Orchesterstücke. Vorab ein Präludium, das kosmopolitisch gepflegt daherkommt als konzertante Polka mit anschließendem artigen Walzer. Den gleichen gesetzten Stil rufen am Ende die letzten Takte des Orchesterfinales dann nochmals herauf. Völlig gegensätzlich wirkt das Intermedio (Nr. 3). Es jagt spanische Folklore, vornehmlich im Rhythmus der Jota, durch eine reiche Skala aparter Farbklänge, die alle Tiefen und Höhen der Instrumente erfaßt. Dies orchestrale Zentrum des Stücks flankieren zwei Gesangsnummern von ähnlich ungestümem Gepräge. Auch sie entfesseln in andalusischen Rhythmen Triebkräfte, die, gemessen am eleganten Salonstil der eingeübten Gesellschaftstänze drumherum, so unerhört wie ungehörig wirken müssen. Zunächst das Duett Nr. 2 des verliebten Gitarristen Tinoco mit der durchaus ansprechbaren, letztlich aber ironisch abgesicherten María Jesús. Im Schwung des Flamencos läßt es die Flammen hochzüngeln, die zwischen den beiden öffentlich nicht ausbrechen dürfen: geschürt durch aufreizende Ay-ay-ay-Rufe, schwelend in Zigeunertonarten, knisternd in scharfen Synkopen. Dann ein »Canción de la gitana« (Nr. 4), worin Tinocos eifersüchtige Frau Juana ihre Leidenschaft herausschnellen läßt, gleichfalls im Tonfall ihrer andalusischen Heimat. – Eingebettet sind diese ungebärdigen musikalischen Ausbrüche in gesungene Tanzszenen, die vorführen, wie man sich schicklich auf dem Parkett der feinen Welt zu bewegen hätte. Die »Tanzlektion« (Nr. 2) zelebriert, eins nach dem andern, ein altehrwürdiges Menuett; eine mazurkanahe Varsoviana; einen auftrumpfenden Schottischen; schließlich original spanische quadrillenähnliche Lanceros und einen Bolero mit gedämpfter Feurigkeit. Dabei holt die Instrumentation historisch weit aus, mit dem Klangbild des 18. Jahrhunderts beim Menuett, um sich Stück für Stück der Gegenwart zu nähern. Zugleich fällt auf, wie bei diesem Quintett, das Luís Alonso gravitätisch anführt, die beteiligten Frauen dort erst auftreten, wo es um die heimischen Tänze geht. Nicht nur ihr Stimmanteil wächst, beschwingt durch die eingreifenden Kastagnetten, auch ihr rhythmisches Engagement, das fortschreitend den würdigen Maître de plaisir überrundet. Später dann, in seinem Polkalied mit Chor (Nr. 5), dominiert der Meister wieder ganz in seiner eigenen Domäne. Er weiß und hält hoch, was dem biedermeierlichen Leib- und Seelenleben frommt: Selbst die hüpfende Munterkeit dieses Tanzes fügt sich der Regel des Ma-non-troppo. Luís Alonso, der weltfremd weltläufige Pantalone, tänzelt zur Förmlichkeit zurück, die seinem Leben und Institut geziemt. Beflissen übersieht er, wie die andern hinter seinem Rücken oder gar auf seiner Nase im Gegenrhythmus herumtanzen.

**Autograph:** Verbleib unbekannt. **Aufführungsmaterial:** Sociedad General de Autores de España, Madrid
**Literatur:** J. DELEITO Y PIÑUELA, Origen y apogeo del género Chico, Madrid 1949

*Volker Klotz*

## La boda de Luís Alonso ó La noche del encierro
### Sainete lírico en un acto, dividido en tres cuadros

### Die Hochzeit Luís Alonsos oder Die Nacht vorm Stierkampf
1 Akt (3 Bilder)

**Text:** Francisco Javier de Burgos y Larragoiti
**Uraufführung:** 27. Jan. 1897, Teatro de la Zarzuela, Madrid
**Personen:** María Jesús (S); Luís Alonso (T); Paco (Bar); Miguelito (T); Tarugo (komischer T); Gabrié (T); Picua und Pililli (2 S). Chor
**Orchester:** Picc, Fl, Ob, 2 Klar, Fg, 2 Hr, 2 Trp, 3 Pos, Pkn, Schl, Hrf, Streicher
**Aufführung:** Dauer ca. 45 Min.

**Entstehung:** Der erste Einakter um Luís Alonso, den komisch-würdigen Tanzmeister aus Cadíz, fand derart begeisterten Anklang beim Publikum, daß die Autoren binnen Jahresfrist dieselbe Figur erneut auf die Bühne brachten. Diesmal geht es noch heftiger und deftiger zu, wobei sich alle Aufmerksamkeit aufs Gebaren des Titelhelden konzentriert.
**Handlung:** Im festlich geschmückten Haus Luís Alonsos im Stadtteil Puerta de Tierra von Cadíz, um 1840: Der spröde Junggeselle macht heute Hochzeit. Auserkoren hat er sich die weidlich jüngere María Jesús, deren Reize nicht nur seinen späten Liebeswallungen, sondern auch seiner berühmten Tanzschule Auftrieb geben. Luís Alonso ist zwar von der Tugend seiner Angetrauten überzeugt, dennoch beunruhigt ihn der Altersunterschied. Zudem zwackt ihn das Gerücht, María Jesús sei vor seiner Zeit einem gewissen Gabrié zärtlich verbunden gewesen. Sie weist jedoch die inquisitorischen Anwürfe des besorgten Bräutigams entschieden zurück. Gabrié, der davon hört, fühlt seine und ihre Ehre verletzt und will sich rächen. Am abendlichen Höhepunkt der Hochzeitsfeier, als die fröhliche Gesellschaft vom Balkon dem »Encierro« zuschaut (für die Corrida am nächsten Tag werden die Kampfstiere durch eingezäunte Straßen getrieben), schlägt Gabrié zu. Schrill schreit er auf, so daß die Tiere nervös ausbrechen. Prompt springt Luís Alonso aus dem Fenster, um sich beim Einfangen zu beteiligen. Seine Braut läßt er hilflos zurück im gefährlichen Durcheinander. Gabrié nutzt die Gelegenheit. Er rettet María Jesús und nimmt sie beiseite, um ihr Vorwürfe zu machen, daß sie ihrer beider durchaus einwandfreien früheren Beziehungen nicht hinreichend geklärt habe. Allmählich legt sich die Aufregung, nachdem die Stiere eingefangen worden sind. Die Hochzeitsgäste kehren animiert zurück. Auch Luís Alonso, allerdings nicht auf eigenen Beinen. Beim Sprung aus dem Fenster hat er sich verletzt, so daß man ihn nun auf einen Sessel betten muß. Demnach werden sich die Freuden der Hochzeitsnacht, zur Schadenfreude von Gabrié, in Grenzen halten. Gleichwohl ist Luís Alonso guter Dinge, wenn er als neuer Haushaltsvorstand und altbewährter Schicklichkeitswalter (vorläufig stationär) die Gäste zum Schlußtanz dirigiert.
**Kommentar:** Szenisch und musikalisch wirkt *La boda de Luís Alonso* noch schlagkräftiger als *El mundo comedia es* (1896). Offenbar sind die Autoren, die im ersten Stück noch etwas unsicher experimentierten, mit dem Rückenwind des Erfolgs nun aus ihren Reserven herausgegangen. Witzig haben sie das häusliche mit dem öffentlichen Fest verschränkt. Sinnreich über Kreuz: hier das Präludium zur Ehe, dort das Präludium zum Stierkampf; hier den Vorraum zum trauten Brautgemach, dort den Vorraum zur blutigen Arena. Mit der hinterhältigen Pointe, daß da einer, der insgeheim bangt, seine junge Gemahlin könnte ihm früher oder später Hörner aufsetzen, seinerseits beinah von den ausbrechenden Stieren auf die Hörner genommen wird. Dabei ist dieser Luís Alonso weit entfernt von der gängigen Karikatur des lachhaft jämmerlichen Hahnreis in Schwank und Operette. Komponist wie Librettist nehmen ihn, auch und gerade als Sonderling, von Herzen ernst. Sie machen daraus eine merkenswerte Zwischenfigur in der Geschichte des heiteren Theaters: auf halbem Weg vom Pantalone der Commedia dell'arte, der vergebens auf steifen Freiersfüßen daherschreitet, zum tragikomischen älteren Hochzeiter, wie ihn später ihr andalusischer Landsmann Federico García Lorca in *Amor de Don Perlimplín con Belisa en su jardín* (1931) entwirft: als letalen Nebenbuhler seiner selbst. Daß Luís Alonso kein lendenlahmer Popanz ist, beweisen die Gesänge und Tänze, die seiner durchaus tatkräftigen, lebenslustigen Persönlichkeit Umriß geben. Der Ton, den er im ersten Quintett angibt, wenn er zunächst die männlichen Hochzeiter willkommen heißt, klingt nicht minder vital als der seiner Braut, die im folgenden chorbegleiteten Terzett heiter und erwartungsfroh auf ihn eingeht. Zumal dies Terzett offenbart: Luís Alonsos späte Liebe ist kein bodenloses Hirngespinst. Sie hat, ganz buchstäblich, Hand und Fuß. Denn die musikalische Szene, worin der muntere Bräutigam zum erregenden Cante jondo gleich drei Frauen und namentlich María Jesús mitreißt, gipfelt in einem ausgelassenen Zapateado: einem andalusischen Tanz in raschen Dreivierteln, der gemeinhin die begleitenden Kastagnetten mit heftigem Händeklatschen und Fuß-

stampfen noch übertrumpft. Das anschließende Zwischenspiel des Orchesters behält den ekstatischen Schwung bei, wechselnd zwischen Jota und Seguidilla in vielfältigem Klangkolorit. Danach kommt María Jesús zum Zug, bestärkt durch den Chor, der alle Hochzeitsgäste auf die Beine bringt. Diese Habanera nimmt bezeichnenderweise die Anfangstakte der Ouvertüre auf. Woraus man entnehmen darf, daß wohl auch künftig die energische junge Frau das erste Wort in Luís Alonsos Leben haben wird. Ihm dagegen bleibt vorbehalten, in der folgenden und abschließenden Nummer jene Boleras gesanglich und tänzerisch zu entfalten, die ebenfalls bereits in der Ouvertüre angeklungen waren. So schließt sich der Kreis. Sogar in doppelter Hinsicht. Denn der Hochzeiter darf dabei die Genugtuung genießen, daß alle Anwesenden nach seinem Kommando ihn umtanzen. Allerdings nicht ohne (musikalische) Ironie. Diese Boleras nämlich verlieren, von Mal zu Mal, ihre herkömmlich ausschweifende Dynamik. Ihr Rhythmus domestiziert sich mehr und mehr zur feierlichen Polonaise.

**Wirkung:** Die beiden Einakter um Luís Alonso haben sich rasch und dauerhaft in Spanien durchgesetzt. Nicht nur auf den einschlägigen Bühnen wurden und werden sie immer wieder aufgeführt. Die beiden Orchesterintermezzi erscheinen auch häufig in Konzertprogrammen. Und der Zapateado aus *La boda de Luís Alonso* ist dermaßen zum musikalischen Begriff geworden, daß er drei Jahrzehnte nach der Uraufführung in einer andern Zarzuela als Signal verarbeitet wurde: in Moreno-Torrobas vielgespielter *La marchenera* (1928).

**Autograph:** Verbleib unbekannt. **Aufführungsmaterial:** Sociedad General de Autores de España, Madrid
**Literatur:** J. DELEITO Y PIÑUELA, Origen y apogeo del género Chico, Madrid 1949

*Volker Klotz*

## La tempranica
### Zarzuela en un acto y tres cuadros

### Die Frühaufsteherin
1 Akt (3 Bilder)

**Text:** Julián Romea y Parra
**Uraufführung:** 19. Sept. 1900, Teatro de la Zarzuela, Madrid
**Personen:** La Tempranica (S); Don Luís (Bar); Gabrié (S); Sabú (S); Pastora (S); Gitano (T); Don Mariano (Bar); Don Ramón (Bar); Mister James (T); Zalea (S); Miguel (Spr.). **Chor. Statisterie**
**Orchester:** Picc, Fl, Ob, 2 Klar, Fg, 2 Hr, 2 Trp, 3 Pos, Pkn, Schl, Hrf, Streicher
**Aufführung:** Dauer ca. 1 Std.

**Entstehung:** Entschiedener als in seinen vorausgegangenen Zarzuelas läßt sich Giménez hier stofflich und musikalisch auf die Gegebenheiten der heimischen Provinz Andalusien ein. Zumal auf die besonderen Verhältnisse zwischen spanischer Oberschicht und Gitanos. Dabei ist zu bedenken, daß die Zigeuner, seit Jahrhunderten zu Haus in dieser Gegend, längst nicht so exotisch erscheinen wie in andern europäischen Ländern. Die Aura von Unheimlichkeit, Fremdartigkeit und Abenteuer ist geringer als anderswo, im Alltag wie in der poetischen Phantasie. Großenteils selber seßhaft, vor allem um Granada herum, können hier die Zigeuner den immobilen Bauern, Bürgern und adligen Großgrundbesitzern kaum jene Schauer einflößen, die etwa in Verdi-Opern oder in vielen populären Romanen des 19. Jahrhunderts von ihnen ausgehen. Insofern wirkt das Sujet dieser Zarzuela um 1900 zwar leicht antiquiert, doch nicht unrealistisch.

**Handlung:** In und bei Granada, Ende des 19. Jahrhunderts. 1. Bild, Gutshof des jungen Aristokraten Don Luís: Mit seinen Gästen bereitet sich Don Luís auf die Jagd vor, die sie am nächsten Tag veranstalten wollen. Mister James aus England, der die andern belustigt durch sein verballhorntes Spanisch, möchte unbedingt etwas erfahren von den Bräuchen der Gegend und von ihren berühmten Gesängen. Keiner kennt sich da besser aus als der junge Zigeuner Gabrié, den jeder schätzt als Schmied, aber auch als unermüdlichen Sänger und Erzähler. Man holt ihn herbei, und Gabrié berichtet zunächst einmal über die herzlichen Beziehungen zwischen seiner Sippe und der Luís'. Der Gutsherr will seinen Redefluß bremsen, sobald Gabrié auf ein besonders heikles Thema kommt: daß seine Schwester (genannt La Tempranica, die Frühaufsteherin) allemal in Melancholie verfalle, wenn Luís vom Gut in die Stadt zurückkehre. Die Jagdrunde wittert ein anrüchiges Abenteuer, weil der Hausherr so strikt davon ablenkt. Gabrié soll endlich sein Lied vorsingen: »Die Tarantel und das Schlangengezücht«. Danach wird der Gitano eilig verabschiedet. Nur: er soll seiner Schwester nicht verraten, daß Luís wieder da ist. Nun muß er selbst die fragliche Geschichte erzählen. Vor Jahren, bei einem Jagdunfall, hatte er, schwer angeschlagen, das Bewußtsein verloren und wurde in einer Zigeunerhütte gesundgepflegt. Namentlich von der 18jährigen María, die sich heftig in ihn verliebte. Er aber konnte und durfte ihre Liebe nicht erwidern: Nach seiner Genesung ließ er sie weinend zurück. Soweit die Vorgeschichte. Mittlerweile hat Gabrié, wider sein Versprechen, der Schwester von Luís' Anwesenheit erzählt und damit ihre Leidenschaft wieder geweckt. Sie eilt aufs Gut zu einem erneuten Treffen, bei dem er sie abermals und erst recht zurückweist. Denn er hat sich in der Zwischenzeit standesgemäß verheiratet. 2. Bild, Zigeunerlager auf einem Berggipfel: Man bereitet ein großes Fest vor für die Heirat Marías mit dem allgemein beliebten jungen Gitano Miguel. María, die nach ihrer geschwundenen Hoffnung dazu bereit war, gerät in größte Verwirrung, als (ohne böse Absicht) Luís mit der Jagdgesellschaft daherkommt, um James die malerische Landschaft und das Zigeunerleben zu zeigen. Während die Tempranica überlegt, ob sie Miguel nicht doch aufgeben soll, erlauscht ihr Bruder, daß Luís verheiratet ist. Die Nachricht stürzt sie vollends in Trauer. 3. Bild, Luís' Villa in Granada: María ist mit ihrem Bruder zur Stadt gewandert, um sich noch ein letztes Mal mit dem hoffnungslos Geliebten auszusprechen. Sie trifft indes nur auf seine Frau, mit dem kleinen Sohn auf dem Arm. Jetzt sieht María buchstäblich ein, daß ihre Liebe zu Luís aussichtslos ist. Mit Miguel, so redet sie sich vorerst ein, könnte sie vielleicht ein handfesteres Glück erreichen.

**Kommentar:** Der dramatische Hergang, dem roten Faden nacherzählt, vermittelt den Eindruck eines folkloristischen Rührstücks mit reaktionärer Dutzendmoral: Klassen, Rassen und Geschlechter sollen, säuberlich getrennt, an ihrem angestammten Platz bleiben, Leidenschaften nicht über die Stränge schlagen und Frauen gar in ihrer immer schon verfügten passiven Liebesrolle verharren. Dieser Eindruck wird jedoch gründlich erschüttert, sobald die Musik ins szenische Geschehen eingreift. Die Dramaturgie von *La tempranica* folgt einem Prinzip, das an den meisten Zarzuelas jener Zeit zu beobachten ist. Im Unterschied zur mitteleuropäischen Oper, auch zur Operette, setzt die Musik deutlich andere Gewichte als der Text. Sie zielt gerade nicht darauf ab, die maßgeblichen Konflikte der dramatischen Handlung sowie die ausgesprochenen Standpunkte des Dialogs möglichst angemessen, unmittelbar und lückenlos zum Klingen zu bringen. Sie drückt vielmehr immer wieder Haltungen aus, die den handelnden und redenden Hauptpersonen offiziell verwehrt sind. Die Texte dieser Zarzuelas reden zwar den Machtverhältnissen und Werten im geschichtlich rückständigen Spanien nach dem Mund. Mehr oder minder krampfhaft bejahen sie, was die feudalen, patriarchalischen, kirchlichen Zwänge des Lands verordnen. Die Musik dagegen macht sich stark für all die lebenslustigen Bedürfnisse, die jenen Zwängen zum Opfer fallen. Dabei entsteht eine antihierarchische, zentrifugale Dramaturgie. Das heißt: die Zarzuela weist just den scheinbar unerheblichen Nebenpersonen erhebliche und besonders mitreißende Nummern zu. Jenen Figuren und Gruppen also, die frei sind von der ideologischen Beweislast der herausragenden Protagonisten. Frei auch von der Sehnsucht nach einem Happy-End, sofern es denn überhaupt ein glückliches sein kann, wenn es nicht abweichen darf vom gesellschaftlich vorgezeichneten Weg. Zu solchen freien Figuren gehören die drei Zigeuner, die bei der Festvorbereitung das komische Ensemble »Triquitrí, triquitrá« anstimmen, ein keckes Spottcouplet in bizarr abgehacktem Walzertakt. Oder auch Gabrié mit seinem atemberaubend geschwinden »Tarantel«-Lied, das witzig den italienischen Tarantelrhythmus mit andalusischer Melodik kreuzt. Noch charakteristischer sind die umfangreichen Chorszenen, die einen unverhältnismäßig großen und gleichsam eigenständigen Raum einnehmen. Unverhältnismäßig freilich bloß dann, wenn man sie am äußeren, oberflächlichen Verlauf des Geschehens mißt. Diese Chöre und was sie verlautbaren sind indes keineswegs nur ein singender Hintergrund, vor dem sich das bedeutsamere Schicksal der solistischen Hauptfiguren abhebt. Im Gegenteil. Wo immer sie erklingen, mit durchweg vielfältiger und spannungsvoller Stimmführung, geben sie den bestimmenden Ton an, in den die Titelheldin jeweils einfällt. Ein Ton der heiteren Ausgelassenheit; des vehementen Aufbegehrens; der tänzerischen, körperseligen Selbstvergessenheit. Den musikalischen Rahmen des ganzen Stücks markiert zwar die Tempranica: mit einem schmerzvoll-leidenschaftlichen Leitmotiv aus neun Tönen in andalusischer Zigeunertonart, das zunächst die Ouvertüre, dann ihre beiden Romanzen und ihren kurzen Schlußmonolog prägt. Doch genau dies Leitmotiv zieht wie magisch in fast allen Nummern der Titelheldin die melodischen und rhythmischen Gegenkräfte der Chorszenen auf sich, die es jedesmal heftig anfechten. Dabei kommt auch der kammermusikalische Orchesterchoreograph Giménez deutlich zum Zug. So, wie er die Holzbläser gegen die Streicherstimmen antanzen läßt, wie er Soloinstrumente eigene Wege führt, bald im Einklang mit der aufsässigen Tempranica, bald im schroffen Widerspruch zu ihren Trauerweisen, deutet er an, daß ihr erzwungener Verzicht am Ende das letzte Wort nicht sein kann. Gewiß wäre Don Luís kein richtiger Partner ihrer faszinierenden Leidenschaft. Das offenbart der konventionelle Ausdruck seines Parts im Duett, obwohl er da mehr von seiner erotischen Betroffenheit verrät, als er im Dialog je auszusprechen wagt. Nicht minder seine Nachrufromanze »Tempranica, Tempranica«, die in eher steifem Pathos einen nicht allzu schmerzhaften Verzicht formuliert. Aber auch Marías Verlobter, der wackere Gitano Miguel, kann ihr nicht gewachsen sein. Er hat nur eine Sprechrolle, die Marías musikalischem Überschwang nichts weiter als eine Antwort in karger Prosa zu geben vermag. – So bleibt *La tempranica* eine erregend offene Frage: als Bühnenwerk wie als Titelheldin. Daß die weibliche Hauptfigur, entgegen offizieller Auffassung, ihrer männlichen Umwelt überlegen ist, obwohl sie ihr am Ende unterliegt; daß sie mehr ersehnt, als die vorhandenen Männer und die maskuline Gesellschaft überhaupt erfüllen können: dafür sprechen noch weitere Anzeichen von Giménez' Musikdramaturgie. Einzig dort nämlich findet María ebenbürtigen Widerhall und Widerpart beim andern Geschlecht, wo es kollektiv in den Chorszenen ihren trotzigen Schmerz mit trotziger Fröhlichkeit kontert. Und der einzige Mann, der ihr nahesteht und ein ungegängeltes Leben munter drauflos lebt, ist ihr Bruder Gabrié. Der aber ist eine Hosenrolle. Ein energischer Sopran in abgewetzter Männerkluft, der mit seinem »Tarantel«-Lied mühelos die zahmen Romanzen des edelmännischen Baritons Luís in die Ecke singt. Wenn schließlich María im kurzen Abgesang den Titel des Stücks aufgreift und sich zu dem Spitznamen bekennt, den die Umwelt ihr gab (»Tempranica nennen sie mich«), dann macht sie ihn zur eigenen Parole. Die »Frühaufsteherin« hat mehr Zukunft vor sich als die andern, die in den besseren Morgen hineinschlafen.

**Wirkung:** *La tempranica* wurde der größte Bühnenerfolg des Komponisten, während eine unzulängliche spätere Opernfassung rasch in Vergessenheit geriet. Das Werk wird in Spanien bis heute viel gespielt.

Zudem übte es, durch seine kunstvolle Verarbeitung der andalusischen Volksmusik, merklichen Einfluß aus auf jene Musiker, die den Gattungsansatz der Zarzuela in eine anspruchsvollere, minder populäre Richtung weiterentwickelten: auf Manuel de Falla und Enrique Granados. Eine ähnlich starke Wirkung konnten Giménez' spätere Werke nicht mehr erreichen; abgesehen von jenen, die er gemeinsam mit Amadeo Vives schrieb: *El húsar de la guardia* (Madrid 1904) und *La gatita blanca* (Madrid 1906).

**Autograph:** Verbleib unbekannt. **Ausgaben:** Part u. Kl.A: Union Musical Española, Madrid, Nr. 5405. **Aufführungsmaterial:** Sociedad General de Autores de España, Madrid
**Literatur:** J. DELEITO Y PIÑUELA, Origen y apogeo del género Chico, Madrid 1949

Volker Klotz

# Alberto Ginastera

Alberto Evaristo Ginastera; geboren am 11. April 1916 in Buenos Aires, gestorben am 25. Juni 1983 in Genf

## Don Rodrigo
Opera en tres actos y nueve cuadros

**Don Rodrigo**
3 Akte (9 Bilder)

**Text:** Alejandro Casona (eigtl. Alejandro Rodríguez Alvarez)
**Uraufführung:** 24. Juli 1964, Teatro Colón, Buenos Aires
**Personen:** Florinda, Tochter des Grafen Don Julián (dramatischer S); Don Rodrigo/Roderich, König von Spanien (dramatischer T); Don Julián, Gouverneur von Ceuta (Bar); Teudiselo, Erzieher Rodrigos (B); Fortuna, Dienerin Florindas (Mez); 1. und 2. Zofe (S, Mez); Bischof, auch blinder Eremit (Bar); 1. Page, auch 1. Schmied und 1. Bote (T); 2. Page, auch 2. Schmied und 2. Bote (Bar); ein junger Bote (C); Stimme des Traums (tiefer B); Rapaz (Knabe); Zagala (Mädchen). **Chor:** Herolde, Pagen, Zofen, Damen, Ritter, Hauptleute, Krieger, Wachen, arabische Krieger; Volk: Bauern, Hirten, Holzfäller, Handwerker
**Orchester:** 3 Fl (1. auch A.Fl in G, 3. auch Picc), 3 Ob (3. auch E.H), 3 Klar (3. auch B.Klar), 3 Fg (3. auch K.Fg), 6 Hr, 4 Trp, 4 Pos, Tb, 7 Pkn (2 Spieler), Schl (6 Spieler: 3 Tr, 3 Crotales, 3 Trg, 3 kl. hängende Bck, 3 Tamtams [alle kl., mittel, gr.], 2 Bck, gr.Tr, Peitsche), Xyl, Glsp, Cel, Mand, Hrf, Streicher (Va I auch Va d'amore); BühnenM: 12 Hr, 8 Trp, 25 Glocken
**Aufführung:** Dauer ca. 1 Std. 30 Min. – Die Partitur enthält Hinweise zur genauen Aufstellung der Glocken. Für die Bühnenmusik ist eine reduzierte Fassung (6 Hr, 4 Trp) lieferbar. Schauplätze sind nicht spezifiziert.

**Entstehung:** Die Legende von Roderich, König der Westgoten, einer der ältesten und ergiebigsten epischen Stoffe Spaniens, ist tief im Kulturleben des Lands verwurzelt, denn sie ist mit acht Jahrhunderten arabischer Besetzung Spaniens verbunden, von der Niederlage Roderichs in der Schlacht von Guadalete (711) bis zur Restauration des christlichen Spaniens nach der Eroberung Granadas 1492. In zahllosen literarischen Verarbeitungen verwoben sich Geschichte und Legende, von der *Crónica mozárabe del año 754*, dem einzigen zeitgenössischen Bericht, bis zu den *Rimes heroïques* (1922) des Belgiers Jules Leclercq. Das Ende des letzten Westgotenkönigs wird in der volkstümlichen Romanzensammlung berichtet, die zwischen 1450 und 1637 entstand; es ist der Gegenstand des ersten spanischen historischen Romans, der *Crónica sarracina* (1443) von Pedro del Corral. Mit dem Thema beschäftigten sich auch die englischen Romantiker Robert Southey (*La Caba*, 1802, und *Roderick, the Last of the Goths*, 1814), Walter Scott (*The Vision of Roderick*, 1811) und Walter Savage Landor (*Count Julian*, 1811). Unter den Komponisten, die den Stoff zum Opernthema machten, befinden sich neben Händel (*Rodrigo*, 1707) drei Lateinamerikaner: der Mexikaner Manuel de Zumaya (*El Rodrigo*, 1708, Musik verschollen), der Kolumbianer José María Ponce de León (*Florinda*, 1880) und der Chilene Gustavo Becerra Schmidt (*La muerte de Don Rodrigo*, 1958). Die Legende entwickelte sich aus mozarabischen, christlichen und rein arabischen Quellen, deren jede die Aspekte betonte, die zur jeweiligen Kultur paßten. Der spanische Dramatiker Casona, der die Bildlichkeit der Legende in sich aufnahm wie der Komponist Ginastera einzelne Idiome aus der argentinischen Volksmusiktradition, schuf ein metaphernreiches Libretto, das im wesentlichen auf die christlichen Versionen der Legende zurückgreift. Nach diesen Quellen verlor Roderich, der nach dem Sieg über seine Feinde zum Westgotenkönig gekrönt worden war, sein Königreich an die Mauren, nachdem er die Tochter seines Bundesgenossen aus dem Reich der Berber verführt hatte. In seiner Empörung bricht der Berber das Bündnis und öffnet den Mauren die Region Gibraltar, die bis dahin Spanien gegen ihre Angriffe abgeschirmt hatte. Die nicht durch Dokumente belegte Verführung dient in den christlichen Versionen zur Betonung der Moral, daß das tollkühne und sündhafte Verhalten des Westgotenkönigs den Zorn Gottes hervorgerufen und die Invasion der moslemischen Heiden nach sich gezogen habe.

**Handlung:** In Toledo, um 700.
I. Akt, 1. Bild, »Der Sieg«: Im Triumph kehrt Rodrigo nach dem Sieg über seine Feinde, die seinen Vater geblendet haben, nach Toledo zurück und trifft im Palast Florinda, die von ihrem Vater an den Hof gebracht und seiner Fürsorge anvertraut wird. 2. Bild, »Die Krönung«: Bei der Krönung in der Kathedrale bricht Rodrigo mit der Tradition und setzt sich selbst die Krone auf das Haupt, als sie Florindas Händen entgleitet. 3. Bild, »Das Geheimnis«: Nach einer alten

arabischen Zauberlegende mußte jeder Westgotenkönig an der eisernen Truhe in der Höhle von Toledo, der Höhle des Herkules, ein neues Schloß anbringen lassen; Rodrigo jedoch befiehlt, die Truhe zu öffnen, und findet ein Pergament, auf dem das Eindringen der Moslems nach Spanien und das tragische Schicksal desjenigen prophezeit werden, der das Grabgewölbe geschändet hat. Rodrigo bittet Julián, die Inschrift des Pergaments zu lesen. So liest derjenige die Prophezeiung, der sie selbst ausführen wird.

II. Akt, 1. Bild, »Die Liebe«: Rodrigo kehrt von der Jagd zurück und überrascht Florinda und ihre Hofdamen beim Baden in seinem Garten. 2. Bild, »Das Vergehen«: Rodrigo verführt Florinda und verläßt sie dann für 70 Tage. 3. Bild, »Die Botschaft«: Verzweifelt über Rodrigos Gleichgültigkeit, schreibt Florinda an ihren Vater und bittet ihn, sie zu rächen.

III. Akt, 1. Bild, »Der Traum«: In einem Alptraum sieht Rodrigo, wie der Brief an Julián übergeben wird. Er ruft sich die Jagd ins Gedächtnis zurück, die der Verführung vorausging, und die Schändung des Grabs. 2. Bild, »Die Schlacht«: Julián besiegt Rodrigo in der Schlacht von Guadalete. Rodrigo wird verwundet. Als die Sonne untergeht, bleibt nur der treue Teudiselo auf dem Schlachtfeld zurück und beweint die Toten. 3. Bild, »Das Wunder«: Als bußfertiger, zerlumpter Wanderer sucht Rodrigo Schutz in der Hütte eines Einsiedlers. Florinda erscheint und spricht ihm Hoffnung zu, daß ihm vergeben und ganz Spanien dereinst wieder christlich werde.

**Kommentar:** Der I. Akt, in dessen Mittelpunkt Rodrigo steht, zeigt seinen Mut und den Adel seines Charakters, aber auch seinen Hochmut und die Geringschätzung der Tradition. Rodrigos Krönung wird mit einem Prunk gefeiert, der an die des Boris in Mussorgskis *Boris Godunow* (1874) erinnert. Der lyrische II. Akt mit Florinda als zentraler Figur zeigt den Kontrast zwischen ihrer jugendlichen Verletzbarkeit vor der Verführung und ihrer Rachsucht, nachdem Rodrigo sie verlassen hat. Die Badeszene ist durch die Legende von den »Baños de la cava« inspiriert, die in sechs bekannten spanischen Romanzen besungen wird. Wie die Gartenszene wurde die Briefszene ebenfalls durch eine populäre spanische Romanze (»Cartas escribe la cava«), niedergeschrieben von Juan de Timoneda, angeregt. Der tragische III. Akt stellt zwar nicht ausdrücklich Julián in den Mittelpunkt, zeigt aber seinen Anteil an Rodrigos Verhängnis. An den Schluß von Wagners *Tannhäuser* (1845) erinnert das letzte Bild (Rodrigos Reue und Tod); dabei stehen der Eremit als Symbol für die christliche Vergebung und die Kinder als das für Rodrigos verlorene Unschuld. Rodrigos Niederlage im Kampf bedeutet den Verlust des christlichen Spaniens an die Moslems, Rodrigos Reue und Tod die Aussicht auf eine Rückeroberung ganz Spaniens. Der Bußgang Rodrigos, der in der christlichen Legendenversion enthalten ist und den Schluß der Oper bildet, gründet sich auf die unerklärliche räumliche Distanz zwischen Guadalete, wo Rodrigo besiegt und verwundet wurde, und Viseu in Portugal, wo Rodrigos Grab ist. Der anonyme Chronist der *Refundición de la Crónica de 1344* (um 1440) berichtet, daß Rodrigo ein so frommer Christ geworden sei, daß, »als er starb, auf wunderbare Weise alle Glocken von Viseu auf Gottes Geheiß zu läuten begannen« (Ramón Menéndez Pidal, S. 68–81, s. Lit.). Von diesem Bericht beeindruckt, verbanden Ginastera und Casona die Legenden vom Fall und Wiedererstehen des christlichen Spaniens zu einem besonders beglückenden Opernfinale. In ihrer Schlußarie, die sie singt, als Rodrigo stirbt, hört Florinda die Glocken ganz Spaniens läuten. Ginastera setzt dafür zehn Gruppen von Glocken ein, von denen vier im Orchestergraben, drei im Parkett und drei auf den Rängen plaziert sind. Die genau festgelegten Töne jeder der Glockengruppen erklingen in verschiedenen Zeitintervallen, so daß der Eindruck unabhängig voneinander erklingender Glocken, von allen Enden Spaniens her, entsteht. Auch an anderer Stelle erzielt Ginastera besondere Effekte durch die Verteilung der Instrumente und Stimmen im Raum. 18 Hörner sind an verschiedenen Stellen des Zuschauerraums postiert, um vielchörig symbolisch die Jagd darzustellen (3. Zwischenspiel), die der Verführung Florindas vorangeht. Zur Erinnerung an diese eherne Fanfare setzt Ginastera später im Zusammenhang mit Rodrigos bevorstehendem Tod (5. Zwischenspiel »Fanfare di Rodrigo«) je acht Hörner und Trompeten als Bühnenmusik hinter der Szene ein. In einem gigantischen Chorsatz wird ein phantasmagorischer Effekt erzielt durch das Nebeneinanderstellen von singenden und sprechenden Chorgruppen hinter der Szene. Ein geteilter gemischter Chor fordert Rodrigos Tod; dabei erklingt dasselbe Motiv wie nach Rodrigos Sieg zu Beginn von I/1. – In *Don Rodrigo* verbindet Ginastera dramatische und visuelle Konzeptionen der Oper des späten 19. Jahrhunderts mit einer musikalischen Sprache, die ihre Wurzeln in Arnold Schönbergs Zwölftonmusik hat. Er nutzt die Regeln der dodekaphonen Musik, um dramatische Assoziationen hervorzurufen. So wird die zentrale dramatische Idee des Librettos, Heroismus als archetypischer Wert, in die Struktur der Partitur übertragen, indem sie mit der Grundreihe assoziiert wird, von der das meiste Tonmaterial abgeleitet wird. Rodrigos Heroismus wird mit den ersten vier Tönen dieser Reihe verbunden, ihrem »heroischen« Segment, das die Intervalle bereitstellt, die harmonisch und melodisch den I. Akt bestimmen. In gleicher Weise liefert das zweite Segment der Grundreihe das Material für den lyrischen II. und das dritte dasjenige für den tragischen III. Akt. Eine zweite strukturelle Funktion der Grundreihe ist die Schaffung von Hilfsreihen. Besonders wichtig durch ihre Wirkung auf den dramatischen Ablauf sind zwei Hilfsreihen, die aus dem ersten Segment abgeleitet und Florinda und Rodrigo zugeordnet sind, den heroischen Charakteren der Oper. Aus Florindas Reihe arbeitet Ginastera Rodrigos Leitmotiv heraus, aus Rodrigos Reihe das Florindas. Aus beiden leitet er eine neue Reihe ab (die dritte Generation), an der beide teilhaben, wenn sie in der Verführungsszene gemeinsam singen. So entwickelt Ginastera ein Netz von Hilfsreihen und abgeleiteten Leitmotiven, in dem jede Generation in ihrer dramatischen Bedeutung spezifiziert ist und dessen Elemente alle von einem der drei Grundsegmente abgeleitet sind. Wichtig ist dabei, daß die Ableitung der Reihen und Leitmotive von der Grundreihe von dramatischen, nicht nur von musikalischen Gesichtspunkten bestimmt wird, ähnlich wie es in Bergs *Lulu* (1937) der Fall ist. – Die erste der drei Opern Ginasteras ist ein Höhepunkt in der Anwendung der Zwölftonmethode, die Ginastera zum erstenmal im 2. Satz seiner *Klaviersonate* (1952) verwendet hatte. Wie Berg in *Wozzeck* (1925) legt Ginastera geschlossene Instrumentalformen für jedes der neun Bilder fest: 1. Rondo, 2. Suite in quattro pezzi, 3. Melodramma, 4. Caccia ed scherzo, 5. Notturno e duo, 6. Aria in cinque strofe, 7. Tripartita, 8. Canon ed aria, 9. Struttura d'arco. Ebenfalls wie in *Wozzeck* werden diese Formen nach den dramatischen Situationen ausgewählt. In Übereinstimmung mit der Ansicht Ginasteras, daß »Sex, Gewalttätigkeit und Halluzination drei Grundelemente sind, aus denen große Oper konstruiert werden kann«, beschäftigen sich seine späteren Bühnenwerke (*Bomarzo,* 1967, und *Beatrix Cenci,* Washington 1971) mit der theatralischen Verarbeitung des Wahnsinns. – Der epische Charakter des Stoffs erfordert Bühnengesten der großen Oper. Die Dekoration soll dem heroischen, lyrischen und tragischen Grundton der Akte Rechnung tragen. Mit der Verführungsszene als dramatischem Wendepunkt zeigen die neun Bilder den allmählichen Machtverlust Rodrigos, von der triumphalen Rückkehr aus der Schlacht bis zu Niederlage, Buße und Tod. Die Bühnendekoration kann durch Diaprojektion noch bereichert werden. Mit Hilfe von Dias kann in Rodrigos Traumszene die Erinnerung an die Schändung der geheimen Gewölbe, die symbolische Jagd vor der Verführungsszene und den Brief Florindas an ihren Vater heraufbeschworen werden. Auch die Schlachtszene, von Rodrigos Zelt aus in der Ferne sichtbar, kann durch Projektion dargestellt werden.

**Wirkung:** Nach der erfolgreichen Uraufführung als Auftragswerk der Stadt Buenos Aires (Sofía Bandín als Florinda, Carlo Cossutta als Rodrigo, Angel Matiello als Julián, Victor de Narké als Teudiselo; Dirigent: Bruno Bartoletti, Regie: Jorge Petraglia, Bühnenbild: Leal Rey) wurde *Don Rodrigo* von Julius Rudel für die Eröffnungssaison des neuen Hauses der New York City Opera im Lincoln Center ausgewählt (1966; Rodrigo: Plácido Domingo, Florinda: Jeannine Crader, Julián: David Clatworthy, Teudiselo: Spiro Malas). Drei Arien für dramatischen Sopran (II/1, II/3 und III/3) bilden zusammen mit Teilen der Orchesterzwischenspiele die *Sinfonia Don Rodrigo,* die 1964 in Madrid uraufgeführt wurde.

**Autograph:** Part u. Kl.A: Nachlaß d. Komponisten. **Ausgaben:** Kl.A: Bo&Ha 1969, Nr. 19549; Textb., span./engl. Übers. v. H. A. Spalding: Bo&Ha 1967. **Aufführungsmaterial:** Bo&Ha
**Literatur:** R. MENÉNDEZ PIDAL, El Rey Rodrigo en la literatura, in: Tipografía de la Revista de Archivos, Bibliotecas y Museos 1925; A. DURÁN, Romancero general, Bd. 1, Madrid 1945, S. 408f.; P. SUÁREZ URTUBEY, A. G.'s ›Don Rodrigo‹, in: Tempo 74:1965, S. 12–18; DIES., A. G., Buenos Aires 1967, S. 58–67; J. ORREGO-SALAS, ›Don Rodrigo‹ de G., in: Artes Hispánicas 1:1967, Nr. 1, S. 95–133; M. E. KUSS, Nativistic Strains in Argentine Operas Premiered at the Teatro Colón (1908–1972), Ann Arbor, MI 1976, Diss. Univ. of California, Los Angeles 1976; DIES., Type, Derivation, and Use of Folk Idioms in G.'s ›Don Rodrigo‹ (1964), in: Latin American Music Review 1:1980, Nr. 2, S. 176–195; J. L. JUSTESEN, A History of the Initial Stagings of New Productions at the New York City Opera: 1966–1975, Ann Arbor, MI 1982, Bd. 1, S. 25–36; A. GINASTERA, Bemerkungen zu ›Don Rodrigo‹, in: Alberto Ginastera, hrsg. F. Spangemacher, Bonn 1984 (M d. Zeit. Dokumentationen u. Studien. 4.), S. 76–79

*Malena Kuss*

## Bomarzo
Opera en dos actos y quince cuadros

**Bomarzo**
2 Akte (15 Bilder)

**Text:** Manuel Mujica Láinez, nach seinem Roman (1962)
**Uraufführung:** 19. Mai 1967, Lisner Auditorium, Washington (DC)
**Personen:** Pier Francesco Orsini, Herzog von Bomarzo, genannt Vicino (T); Silvio de Narni, Astrologe (Bar); Gian Corrado Orsini, Vater Pier Francescos (B); Girolamo und Maerbale, Brüder Pier Francescos (2 Bar); Nicolas Orsini, Neffe Pier Francescos (A oder T); Julia Farnese, Frau Pier Francescos (S); Pantasilea, eine florentinische Kurtisane (Mez); Diana Orsini, Großmutter Pier Francescos (A); Bote (Bar); Hirtenknabe (Knaben-St.); Pier Francesco, Girolamo und Maerbale als Kinder (3 Spr.); Abul, Sklave Pier Francescos (stumme R); Skelett (Tänzer). **Chor:** Prälaten, Höflinge, Pagen, Diener, Astrologen, dämonische Ungeheuer
**Orchester:** 2 Fl (2. auch Picc), 2 Ob (2. auch E.H), 2 Klar (2. auch Klar in Es u. B.Klar), 2 Fg (2. auch K.Fg), 3 Hr, 3 Trp, 3 Pos, 4 Pkn, Schl (3 Spieler: Xyl, Röhrenglocken, 3 Bck, 3 hängende Bck, 5 Bongos, 5 Kuhglocken, 3 Tamburine, 2 dünne Metallplatten, Guiro, kl., mittleres u. gr. japan. Wind chime, Glsp, 3 Trg, 3 Gongs, 5 Tomtoms, 5 Tempelblöcke, Pellet bells, Holzklapper, 3 kl. hängende Bck, 3 sehr tiefe chin. Gongs, RührTr, RührTr mit Schnarrsaiten, WirbelTr, gr.Tr, 5 Holzblöcke, Hioschige), Mand, Cemb, Kl (auch Cel), Hrf, Streicher (Va I auch Va d'amore)
**Aufführung:** Dauer ca. 2 Std. 15 Min. – Für die Kontrabässe sind fünfsaitige Instrumente vorgeschrieben.

**Entstehung:** Der Roman scheint dem ungeheuerlichen »Sacro Bosco« Bomarzos, ein zum Teil noch heute rätselhaftes Phantasiegebilde aus der Zeit vor 1564, unmittelbar entsprungen zu sein. Dort wurde er jedenfalls konzipiert, inmitten der steinernen Gestalten in den Gärten Orsinis bei Viterbo, die Mujica

Láinez 1958 kennenlernte, »genau wie es sich Poe für den Kriminalroman wünscht: in Kenntnis des Schlusses die Geschichte von hinten her aufzurollen« (Jorge Campos, s. Lit.). Aus seiner Interpretation der »grotteschi« als riesenhafte und bizarre Verzerrungen klassischer Prototypen, entworfen von Pier Francesco Orsini als Ausformung seiner selbst, als zeitlose Denkmäler, mit denen er die Begrenztheit seines eigenen Lebens durchbrechen wollte, schuf Mujica Láinez das Bild eines gequälten buckligen Menschen (die Idee dazu kam ihm angesichts der steinernen Schildkröte, »die ihr Schicksal auf dem Rücken trägt«), besessen von der Angst vor Tod, Zurückweisung und Mißgestalt. Der Roman spielt 1512–72, in der Zeit, als Italien Kriegsschauplatz war und von französischen und spanischen Invasionen erschüttert wurde. Den buckligen Orsini, das Oberhaupt der Familie, hinderten seine Gebrechen, ein Kriegerleben nach Art der Kondottieri zu führen. Er wandte sich mithin andern Betätigungen zu, den Wissenschaften, der Alchimie, der Magie und allem, was seltsam und absonderlich war. Verfaßt in einem fesselnden Stil, entfaltet das Kompendium das innere Leben Bomarzos, seine Verirrungen und seine zweideutige Sexualität vor dem Hintergrund der Welt der Renaissance und bezieht, ohne freilich auf sie anzuspielen, Dokumente wie die Memoiren Benvenuto Cellinis, Torquato Tassos, aber auch Alfred de Mussets Drama *Lorenzaccio* (1834) mit ein. Im Kontext der Wertsystems der Renaissance, die Kraft und Schönheit zum Nonplusultra erhob, war Bomarzos Deformiertheit die Ursache, ihn auszugrenzen und die Wirklichkeit fliehen zu lassen, so daß er in eine Isolation geriet, die ihn, als Resultat der Verbogenheit seines Innenlebens, zur Konzeption der Grotteschi führte. Es ist dies Moment der Entfremdung, das auch heute noch Interesse an seinem Charakter weckt. Während der Garten Manierismus in seiner höchsten Intensität und die Verzerrung der Ordnung der Dinge verkörpert, belebt die Erzählung die ästhetische Wahrnehmung der unterschwelligen Dramas der Gestalten, die als Spiegelbild und Metapher eines prototypischen Charakters des 20. Jahrhunderts gelten können. Hinzu kamen Museumsstücke, die aus ihrem statischen Dasein herausgeholt und in der realen Szenerie des Romans zum Leben erweckt wurden: ein Skelett, das im Libretto insofern dramatische Verwendung findet, als es die Grausamkeit von Pier Francescos Vater und seine qualvolle Kindheit vergegenwärtigt; das Bildnis eines Edlen von Lorenzo Lotto in der Accademia in Venedig, Bomarzos idealisiertes Selbstbildnis und Symbol seiner Sehnsucht nach Schönheit; ein Minotauros-Torso aus den Vatikanischen Museen. – Das Libretto entlehnt zwar essentielle Elemente des Romans, greift sie jedoch nicht einfach auf, sondern deutet sie um in einer Folge von 15 kreisförmig angelegten Bildern.

**Handlung:** In Bomarzo, Florenz und Rom, 16. Jahrhundert.

I. Akt, 1. Bild, »Der Trank«, Schloßpark von Bomarzo; links im Hintergrund der in Nebel gehüllte Eingang zum »Höllenrachen« (ein in Stein gehauenes Ungeheuer), von Treppen, Bäumen und Felsen umgeben: Unter dem Höllenrachen bietet der Astrologe Silvio de Narni Pier Francesco einen Trank an, der, wie ihm in seinem Horoskop verheißen, Unsterblichkeit verleiht. Pier Francesco hört aus der Ferne die Stimme eines Hirtenknaben, der die Freuden seines einfachen Lebens besingt und niemals mit dem Herzog tauschen würde, der in seinem Buckel zugleich die Bürde seiner Sünden trägt. Die Stimme seiner Großmutter, Diana Orsini, mahnt ihn, daß er betrogen worden sei und sterben werde. Der Trank war ein Gifttrank. Die Stimme des Hirten erklingt erneut, Bomarzo versucht jedoch vergeblich, auf ihn zuzugehen. Als er stirbt, erscheinen vor ihm jene rätselhaften und qualvollen Ereignisse seines Innenlebens, die zu der Konzeption des Sacro Bosco geführt haben. 2. Bild, »Pier Francescos Kindheit«, Raum im Schloß von Bomarzo; im Licht von vier Kandelabern sieht man ein Sofa und offene Truhen, deren Inhalt, Kleider und Schmuckstücke, im Raum verstreut ist; im Hintergrund ein Geheimzimmer: Gequält von seinen Brüdern Girolamo und Maerbale schreit Pier Francesco. Sein Vater kommt und führt ihn, sich lustig machend über sein Gebrechen, in einen geheimen Raum, wo er ein Skelett erblickt. In seiner Phantasie sieht Pier Francesco das Skelett tanzen und sich von ihm verfolgt, bis der Kandelaber erlischt. 3. Bild, »Das Horoskop«, Wohnraum des jungen Pier Francesco; er und Narni, nun junge Männer, stehen vor einem mit Büchern beladenen Tisch; vor ihnen der Text eines Horoskops: Narni liest aus Pier Francescos Horoskop seine Unsterblichkeit heraus. Sein Vater, so nimmt Pier Francesco an, bedrohe jedoch die Erfüllung der Prophezeiung. Um ihm zu helfen, ruft Narni dämonische Kräfte und folgt damit den Wünschen der mächtigen Mutterfigur Diana. Klagende Laute von Pfauen sind im Garten zu hören, Vorboten einer Tragödie. Diana erscheint auf der Terrasse, erfüllt von einer düsteren Vorahnung. Ein Bote berichtet, daß sein Vater schwer verwundet aus der Schlacht von Florenz zurückkehre. Pier Francesco erkennt nun, daß die Prophezeiung sich erfüllen werde. 4. Bild, »Pantasilea«, Florenz; das Zimmer der Kurtisane Pantasilea mit prächtigem Bett und Schrank; Spiegel an allen Wänden; von Zeit zu Zeit Schreie von Pfauen aus der Ferne: Um ihn zu verspotten, hat Pier Francescos Vater ihn zu der Kurtisane Pantasilea geschickt. Ihre Sinnlichkeit und ihre ungewöhnliche Schönheit stehen in scharfem Gegensatz zu Pier Francescos Impotenz und physischer Deformation, die von den Spiegeln vielfach reflektiert wird. Als die Pfauen schreien, konfrontieren die Spiegel Pier Francesco nicht allein mit seinem Gebrechen, sondern werden zugleich zum Symbol seiner tiefen autistischen Isolation: »Zerbrich den Spiegel, den du in dir trägst«, sagt Pantasilea, bevor sie ihn mit einem Aphrodisiakum verhöhnt. 5. Bild, »Am Tiber«, ländliche Gegend in Bomarzo; links der Tiber, im Hintergrund von einem Felsen verdeckt: Diana versichert Pier Francesco, daß die ihm im Horoskop vorausgesagte Unsterblichkeit sich erfüllen werde. Sein Vater stirbt an den Wunden, die er sich in der Schlacht

zugezogen hatte. Girolamo, Nachfolger als Herzog, badet im Tiber. Als er, auf einem Felsen stehend, mit seiner Kraft prahlt, verliert er das Gleichgewicht und stürzt in den Fluß. Pier Francesco eilt herbei, ihn zu retten, doch Diana hält ihn zurück: »Komm mit mir, Herzog von Bomarzo. Nun bist du Herzog von Bomarzo, für immer.« 6. Bild, »Pier Francesco Orsini, Herzog von Bomarzo«, der Große Saal im Schloß, mit Trophäen und Ahnenbildern geschmückt; Damen und Höflinge sind zur Zeremonie versammelt, die Pier Francesco zum Herzog von Bomarzo verkündet: Während der Zeremonie führt Diana Pier Francesco zu der schönen Julia Farnese, Tochter des Galeazzo, die er heiraten will. Pier Francesco fühlt ihre Abweisung, wenn sie, mit seinem Bruder Maerbale den Aufzug der Paare anführen, über die Terrasse entschwindet. Der stumme Sklave Abul bleibt ergeben an der Seite seines Herrn. Eine maskierte Person nähert sich, um dem neuen Herzog zu huldigen. Sie öffnet den Mantel und enthüllt eine Gestalt ohne Gesicht, gekleidet wie der verstorbene Herzog. 7. Bild, »Das Fest in Bomarzo«, Terrasse außerhalb des Großen Saals; Pier Francesco in der Nähe des Eingangsportals, über dem das Wappen der Orsini angebracht ist: In einem Selbstgespräch sieht Pier Francesco seinen Traum, Bomarzo zu besitzen, erfüllt und vergleicht seine Situation mit dem stillen Rätsel um die noch unbehauenen Felsen in seinem Garten. In einer traumhaften Phantasie beobachtet Pier Francesco eine idealisierte Erscheinung seiner selbst, die mit den drei Gestalten seiner Liebe, Julia Farnese, Pantasilea und Abul, eine Gagliarda tanzt. Der Gagliarda folgt eine orgiastische Mascherata. Die Damen tanzen hinaus, die Männer demaskieren sich und formen einen phantastischen Kreis um ihn: Sie alle ähneln dem idealisierten Pier Francesco der Gagliarda. 8. Bild, »Das Bildnis des Lorenzo Lotto«, wie I/3; an der einen Wand das idealisierte Porträt Pier Francescos, gemalt von Lotto; gegenüber ein mit einem Tuch zugehängter großer Spiegel: Von der mit den Franzosen gegen Karl V. gefochtenen Schlacht in der Pikardie zurückgekehrt, denkt Pier Francesco über das Geheimnis der Liebe nach, fasziniert von den Zügen seines idealisierten Porträts. Als er den Spiegel bemerkt, enthüllt er ihn. Wie im Zimmer Pantasileas wird er mit seiner Deformation konfrontiert. Aus der Ferne ertönt Narnis Voraussage seiner Unsterblichkeit: »So lange, wie die Zeit existiert, wird der Herzog von Bomarzo sich selbst betrachten können.« Im Spiegel erscheint an seiner Statt das Bild des Teufels. Seine Züge sind jene, die später der Höllenrachen in seinem Garten erhalten wird.
II. Akt, 1. Bild, »Julia Farnese«, Saal in Galeazzo Farneses Palast in Rom: Besessen von Julias Schönheit, beobachtet Pier Francesco, wie sie mit Maerbale ein Madrigal über die Anmut höfischer Liebe singt. In seiner Eifersucht stürzt Pier Francesco dazwischen und gießt den Pokal mit Rotwein, den Maerbale ihr gerade anbietet, auf ihr Kleid. Wie die Pfauenschreie während Pantasileas Lied über die sinnliche Liebe sind die roten Flecken Vorboten einer Tragödie. 2. Bild, »Das Brautgemach«, Gemach im Schloß von Bomarzo: Nach der Hochzeitszeremonie ziehen sich Pier Francesco und Julia zurück. Sie trägt ein Bouquet mit Rosen und Lilien. Während Dienerinnen sie entkleiden, singt sie erneut das Madrigal als Anspielung auf ihre Liebe zu Maerbale. Pier Francesco bittet sie, das traurige Lied zu vergessen und statt dessen das Wappen auf der Tapete zu betrachten, das die Rosen der Orsini mit den Lilien der Farnese ineinander verwebt. In seiner Verwirrung sieht Pier Francesco plötzlich in dem Wappen ein dämonisches Gesicht. 3. Bild, »Der Traum«, ebenda, gedämpftes, unwirkliches Licht: Unfähig, Julia in dieser Nacht zu besitzen, verfällt Pier Francesco in einen unheimlichen Traum, in dem die Bilder der Grotteschi, noch unbehauen, vor ihm entfaltet werden. 4. Bild, »Der Minotaurus«, Galerie im Schloß von Bomarzo mit Büsten römischer Kaiser in einem Halbkreis; im Zentrum eine Marmorstatue des Minotaurus: Umgeben von seinen Ahnen, den Orsini, so wie die Kaiser den Minotaurus umgeben, vergleicht Pier Francesco sein Schicksal mit des mythischen Tiers und küßt die Statue, gereizt durch seine Unfähigkeit, Julia zu besitzen. Stimmen aus dem Hintergrund verweisen auf die Fortdauer seiner selbst, die Pier Francesco mit den Felsen in seinem Garten anstrebt. 5. Bild, »Maerbale«, Garten im Schloß von Bomarzo, auf der einen Seite in einem Turm Julias Schlafgemach; Jahre später, Nacht: Voll Argwohn, daß Julia und Maerbale ihn hintergehen, fordert Pier Francesco Narni auf, die Liebenden zusammenzubringen. Als sie sich küssen, befiehlt Pier Francesco Abul, Maerbale zu töten. 6. Bild, »Die Alchimie«, Narnis Keller im Schloß; das Horoskop erscheint aufs neue: Nun behauen, symbolisiert jeder der Grotteschi in Pier Francescos Garten eine Episode seines schwierigen Lebens. Narni mischt die Flüssigkeiten, die das Versprechen auf Unsterblichkeit, so wie im Horoskop vorausgesagt, in sich tragen. Gestalten bedeutender Alchimisten scheinen wie Furien um ihn herum zu tanzen. Nicolas Orsini, Maerbales Sohn, vergiftet den Trank, um den Tod seines Vaters zu rächen. 7. Bild, »Der Garten der Ungeheuer«, wie I/1, im Nebel nur schwach vom Mondschein erhellt: Der Sacro Bosco wacht, als Pier Francesco unter dem Höllenrachen stirbt. Der Hirte nähert sich dem leblosen Körper des Herzogs und küßt sein Gesicht. Sein Gesang stellt die Unschuld und den ewigen Frieden Pier Francescos wieder her.

**Kommentar:** *Bomarzo* und Ginasteras spätere Oper *Beatrix Cenci* (Washington 1971) behandeln Grenzsituationen im Leben fiktiver und realer Personen aus dem 16. Jahrhundert (*Bomarzo*: physische Angst, *Beatrix*: Inzest). Beeinflußt von den Theorien Antonin Artauds, komponierte Ginastera mit *Bomarzo* und *Beatrix* zwei episodenhafte Stücke, die in ihrer Überbetonung des Theatralischen einen Bruch gegenüber Ginasteras Stil in *Rodrigo* (1964) bedeuten, dessen dramaturgische Prämissen eher der Oper des 19. Jahrhunderts entstammen. *Bomarzo* enthält keine dramatische Entwicklung, sondern exponiert extreme Gefühlssituationen, beginnend und endend mit dem Tod des Protagonisten. Wie in *Marat/Sade* (1964) von

Peter Weiss »erweist sich der Wahnsinn als die einfachste (eben abstrakteste) und drastischste Methode, das Wiederentstehen von Ideen in theatralischen Begriffen auszudrücken« (Susan Sontag, s. Lit.). In *Bomarzo* wie im Theater Artauds fungieren diese Ideen nicht als intellektuelle Abstraktionen, sondern als Stimulantien der Empfindungen, als »Dekor, Ausrüstung, als sinnbetörendes Material« (Sontag, ebd.). Zentral in *Bomarzo* ist die Idee der Unvergänglichkeit, die in Zusammenhang steht mit dem Tod und seinem Gegenpart, der Unsterblichkeit, symbolisiert durch die Skulpturen des manieristischen Gartens. Übertragen auf die Grotteschi, wird die Idee der Unvergänglichkeit folglich in Gegensatz zu Pier Francescos qualvollem Leben und seiner Todesfurcht gebracht. Eingeschlossen in die Unvergänglichkeit sind eine Reihe gegensätzlicher Eigenschaften, die in den mittleren Szenen ausgeleuchtet werden. Liebe ist in der Oper in drei Personen verkörpert: in Pantasilea, Julia Farnese und Abul; Sinnbild der Unschuld sind der »ewige« Hirtenknabe, der das »Lamento di Tristano« singt, und Julia; Schönheit repräsentiert das Porträt des anonymen Adligen auf Lottos Gemälde. Ihre Gegensätze, Zurückweisung, Schuld und Mißgestalt, sind in Pier Francesco selbst verkörpert. Der dramatische Zyklus schließt, wenn Pier Francesco seine eigene Mißbildung mit den Grotteschi im Garten identifiziert. Da er die Grotteschi als Ausformung seiner selbst erkennt, versinnbildlichen sie das Unvergängliche, das er sucht, und schließlich auch die ästhetische Lösung seiner gespaltenen Existenz (II. Akt, Interludium 14, »Elegie auf den Tod von Pier Francesco«). Ginastera verwendet die Musik als eine Formel, mit der Zustände erhöhten Bewußtseins heraufbeschworen werden, in denen sich sinnliche Ideen darstellen und entfalten können. Wie in Alban Bergs *Lulu* (1937) stützen sich die Tonbeziehungen auf eine zwölftönige Grundreihe, die nacheinander andere Reihen, Akkorde und Leitmotive hervorbringt. Die Unvergänglichkeit, die zentrale Idee der Oper, verbindet sich mit der Grundreihe, die, in einem statischen Cluster vorgestellt, in einer vollkommenen musikalischen Analogie zur Zeitlosigkeit und zur materiellen Unvergänglichkeit der Skulpturen steht. Indem die Musik der kreisförmigen Bewegung des Textes folgt, beginnt und endet sie mit dem Auftreten der Grundreihe auf C (Grundgestalt der Reihe im Präludium) und G, also der Dominante (II/7). Der II. Akt beginnt ebenfalls mit dem Zitat der Grundreihe auf G, wobei die Tonika-Dominant-Beziehung zwischen den Akten aufrechterhalten bleibt, eine Beziehung, die auch immer wieder auftaucht in den korrespondierenden Arien der beiden Akte (zum Beispiel im Gesang des Hirten, I/1, mit dem Zentrum auf A und im Madrigal von Julia, II/1, mit dem Zentrum auf E). Was für Bergs Anwendung der Zwölftontechnik charakteristisch ist, gilt auch für Ginastera: Er bedient sich ihrer Methoden, ohne auf die Zusammenhang stiftenden Eigenschaften der Tonalität zu verzichten. Wie die Unvergänglichkeit die gegensätzlichen Eigenschaften in sich trägt, so enthält die Grundreihe, die damit assoziiert werden kann, die zwei zentralen von ihr abgeleiteten Reihen, die Assoziationen zum »Traum« und zum »Tod« in sich bergen, als tonale Räume, in denen die Gegensätze sich entfalten. C und Fis (1. und 12. Ton der Grundreihe) werden nicht nur strukturell im Verlauf des ganzen Werks betont, sondern sie dienen auch als Ausgangspunkte dieser beiden Reihen. Der Traum ist der wichtigste Bereich, in dem Pier Francescos Phantasien sich entfalten können. Das erotische 7. Bild ist ein Ballett, das ganz und gar auf musikalischem Material basiert, das der »Traum«-Reihe abgewonnen wurde. Die Szene beginnt mit einem »Passamezzo«, der auf Akkorden gründet, die von Gliedern aus vier Formen der »Traum«-Reihe abgeleitet wurden. Im Monolog, der darauf folgt, geht Pier Francescos Verlangen, Bomarzo zu besitzen, in Erfüllung. Der Monolog, eine der wenigen traditionell geschriebenen Arien der Oper, beginnt mit der Vorstellung des ersten Hexachords der »Traum«-Reihe. In Verbindung mit Pier Francescos Traum von der Unvergänglichkeit wird die ganze Oper hindurch immer wieder eine Art von »Leitmotiv« zitiert, aufgebaut aus dem ersten und zweiten Tetrachord der gleichen Reihe. Zwei Tänze, die auf der »Traum«-Reihe basieren, bringen die Szene zu ihrem Höhepunkt: eine phantasmagorische Gagliarda für Cello und Cembalo und die besessene, ständig wiederholte Mascherata für Orchester, die mit dem Dies-irae-Zitat auf den Tod anspielt. Die Mascherata kulminiert in einem Fortissimo-G im Unisono, das genau auf den Mittelpunkt der Oper fällt. Wenn auch dramatische Bewegung im aristotelischen Sinn beseitigt ist und Allegorie und das Spiel mit Ideen die Handlung ersetzen, ist doch Ginasteras Vertrauen auf das dramatische Konzept nicht nur im Entwurf jeder Szene manifestiert, sondern auch in der Dominanz des Materials. Während die erste Hälfte der Oper aus der »Traum«-Reihe gewonnen wird, mit dem Höhepunkt im 7. Bild, greift die »Lösung« immer stärker auf Material der »Todes«-Reihe zurück. In diesem Plan haben die statischen Cluster, die auf der Grundreihe basieren und mit der Unvergänglichkeit in Verbindung gebracht werden müssen, die Funktion von Pfeilern, die die bezeichnendsten strukturellen Punkte markieren. In der lyrischen Poesie der Villanella, die ganz auf von der »Todes«-Reihe abgeleiteten Akkorden beruht, sind die Steine als Metapher für den Tod aufgefaßt (Interludium 12). Pier Francescos metaphysische Angst löst sich auf, wenn er seine eigene Besessenheit von Unsterblichkeit auf die symbolische Unsterblichkeit der Felsen in seinem Garten überträgt. An dieser Stelle und zum einzigen Mal in der Oper sind die beiden Reihen des Tods und des Traums in die »Elegie auf den Tod Pier Francescos« (Interludium 14) integriert. Der Kreis schließt sich, wenn die Unvergänglichkeit Traum und Tod in sich einschließt. Das Netzwerk von Reihen und von diesen abgeleiteten Leitmotiven, die Assoziationen zu Sinnesvorstellungen in sich tragen, begründet freilich für sich genommen nur einen musikalischen Zusammenhang als solchen, noch nicht eine musikalische Dramaturgie, wie es die Tonhöhenorganisation in *Rodri-*

go tat. Was die Dramaturgie von *Bomarzo* von jener der früheren Oper absetzt, ist die unentwickelte, nichtprozessuale Behandlung von Tonhöhen. Tonhöhenbewegungen, eingefügt in größere strukturelle Einheiten (Unterteilungen innerhalb der Szenen), wirken kristallisierend, im Raum eingefroren, der Zeit enthoben, ein Klima statisch schillernder Innenschau schaffend. Die gegeneinandergesetzten klanglichen Einheiten artikulieren eine innere Entwicklung des statischen Tableaus und schaffen eine surreale Welt von Klangbildern, die mit der gespaltenen Psyche Pier Francescos übereinstimmen. Auf Ginasteras Suche nach künstlerischer Identität markiert *Bomarzo* wie Artauds Theater ein Stadium bewußter Exzentrizität, der absichtlichen Überladung der Sinne mit dem Ziel, die Aufmerksamkeit auf das Erfundene oder das Unerwartete zu lenken, ganz wie die manieristischen Gärten, die das Werk inspirierten. Die allegorische Konzeption der Rollen, die Kristallisation der Tonhöhen und die Gegenüberstellung ambivalenter Einheiten zur Darstellung des Wahnsinns deuten nicht auf eine Parallele zum Drama oder zum Roman, sondern zur Skulptur und Architektur. Die Konzeption von *Bomarzo* zeigt eine fundamentale und wesentliche Verwandtschaft mit den molluskenartigen Oberflächen der Bauten von Antonio Gaudí in Barcelona, einer abstrakten Version des Manierismus der Grotteschi.
**Wirkung:** Nach der Premiere unter der musikalischen Leitung Julius Rudels und der Regie Tito Capobiancos mit Salvador Novoa (Pier Francesco), Richard Torigi (Narni), Claramae Turner (Diana Orsini), Joanna Simon (Pantasilea), Isabel Penagos (Julia Farnese) und Brent Ellis (Maerbale) kam das Werk, wiederum unter Rudel und in nahezu gleicher Besetzung, 1968 an der New York City Opera und, unter Antonio Tauriello, 1972 am Teatro Colón Buenos Aires zur Aufführung (Novoa, Renato Cesari, Turner, Simon, Penagos, Ricardo Catena). In Europa wurde *Bomarzo* erstmals 1970 in Kiel gegeben, dann 1970 in Zürich (Sven Olof Eliasson, Roland Hermann, Erika Wien, Carol Smith, Renate Lenhart, Howard Nelson; Dirigent: Ferdinand Leitner, Regie: Imo Moszkowicz) und 1976 in Zusammenarbeit der New Opera Company und der English National Opera im Coliseum London (Graham Clark, Geoffrey William Chard, Sarah Walker, Katherine Pring, Barbara Walker, Niall Murray; Dirigent: Leon Lovett, Regie: Anthony Besch).

**Autograph:** Nachlaß d. Komponisten; Kopie: Vlg.-Arch. Bo&Ha NY; ProbenKl.A v. A. Tauriello: Bo&Ha NY. **Ausgaben:** Textb., span./engl. Übers. v. H. A. Spalding: Bo&Ha 1967; Textb., engl. v. L. Salter, dt. v. E. Roth: Bo&Ha 1970. **Aufführungsmaterial:** Bo&Ha
**Literatur:** M. MUJICA LÁINEZ, Bomarzo, Buenos Aires 1962; S. SONTAG, Marat/Sade/›Artaud‹, in: DIES., Against Interpretation, NY 1965; P. HUME, ›Bomarzo‹. A Modern Masterpiece, in: Washington Post, 20.5.1967, S. E–18; DERS., An Opera is Born, in: Americas 19:1967, Nr. 7, S. 35–37; I. LOWENS, G.'s ›Bomarzo‹ Spectacular Triumph, in: Evening Star, Washington, 20.5.1967, S. A–11; A. GINASTERA, How and Why I Wrote ›Bomarzo‹, in: Central Opera Service Bulletin 9:1967, Nr. 5, S. 10–13, dt. in: Alberto Ginastera, hrsg. F. Spangemacher, Bonn 1984 (M d. Zeit. Dokumentationen u. Studien. 4.), S. 80–87; D. HENAHAN, Señor G., South America's Top Composer, in: NY Times Magazine, 10.3.1968, S. 28f.; H. C. SCHONBERG, ›Bomarzo‹. Once the Shock Value... Has Worn Off..., in: NY Times, 24.3.1968, S. D–19; J. CAMPOS, ›Bomarzo‹, novela manierista, in: Insula, 1971, Nr. 292, S. 11, dt. in: Opernhaus Zürich, Jb. 1971/72; D. W. FOSTER, The Monstrous in Two Argentine Novels [»Bomarzo« u. »Minotauroamor«], in: Americas 2:1972, Nr. 24, S. 33–36; J. P. FRANZE, Bomarzo, in: Buenos Aires Musical 27:1972, Nr. 437; P. SUÁREZ URTUBEY, A. G. en cinco movimientos, Buenos Aires 1972, S. 81–94; W. DEAN, Bomarzo, in: MT 1977, Jan., S. 56f.; M. KUSS, Symbol und Phantasie in G.s ›Bomarzo‹ (1967), in: Alberto Ginastera, a.a.O., S. 88–102

*Malena Kuss*

# Gaetano Gioia
Geboren 1768 in Neapel, gestorben am 30. März 1826 in Neapel

## Cesare in Egitto
Tragico ballo eroico-pantomimo in quattro atti

### Cäsar in Ägypten
4 Akte (5 Bilder)

**Musik:** Wenzel Robert Graf von Gallenberg. **Libretto:** Gaetano Gioia
**Uraufführung:** 14. Juli 1807, Teatro San Carlo, Neapel
**Darsteller:** Cesare/Cäsar; Publio und Decio, Offiziere Cesares; Tolomeo Dionisio/Ptolemaios XIII., König von Ägypten; Cleopatra/Kleopatra, Tolomeos Schwester; Apollodoro, Vertrauter Cleopatras; Fotino, Achilla, Teodoro und Settimio, Tolomeos Ratgeber; Corps de ballet: Hofdamen Cleopatras, Grazien, Nymphen, Amoretten, Zephiretten, Bacchanten, römische und ägyptische Krieger und Wachen, Frauen und Männer aus dem Volk
**Orchester:** nicht zu ermitteln
**Aufführung:** Dauer ca. 1 Std. 15 Min.

**Entstehung:** Als Gioia *Cesare in Egitto* schuf, war er bereits ein bekannter Tänzer, Ballettmeister und Choreograph. Von Jesuiten erzogen und für die geistliche Laufbahn bestimmt, hatte er sich als Zwölfjähriger unter dem Eindruck von Gaetano Vestris für die Tänzerlaufbahn entschieden, debütierte im Alter von 19 Jahren in Rom und hatte schon mit seinem ersten Ballett *Sofonisba* (Vicenza 1798) einen Erfolg, der ihm den Weg zu Italiens wichtigsten Bühnen ebnete. Er wirkte unter anderm in Venedig, Mailand, Neapel, Turin, Florenz und Wien. 1801 kehrte er nach Neapel zurück, widmete sich nur noch der Choreographie und schuf innerhalb der nächsten sechs Jahre über 30 Ballette. Für *Cesare* arbeitete er eng mit dem Bühnenbildner Antonio Niccolini und dem Komponisten Gallenberg zusammen, der 1806 nach Neapel gekommen war und sich dort mit seinen Ballettmusiken und durch eine Gelegenheitskomposition für die Krönung Joseph Bonapartes zum König von Neapel einen Namen gemacht hatte. Die Uraufführung von *Cesare* fand im Rahmen einer Festveranstaltung zur Feier von Napoleons I. Sieg bei Friedland (14. Juni 1807) statt, bei der außer Gioias Ballett noch Jean Racines *Iphigénie* (1674) und Giuseppe Farinellis Oper *Climene* (Neapel, 27. Juni 1807) gezeigt wurden.

**Inhalt:** In Alexandria, Ende 48 v. Chr., nach der Schlacht von Pharsalos.

I. Akt, Vorhalle des Königspalasts am Meer, mit einer Statue, die die Krönung Tolomeos durch Pompejus darstellt; Cesares Flotte im Hintergrund: Tolomeo, umgeben von seinen Ratgebern, ist in Gedanken versunken. Er wird aufgeschreckt durch Fotino, der berichtet, er habe Pompejus, der nach der verlorenen Schlacht gegen Cesare nach Ägypten geflohen war, getötet, und der nun Tolomeo rät, Cesare das Haupt seines Feinds zu überreichen. Apollodoro verabscheut die Tat und mahnt zur Vorsicht. Inzwischen ist Cesares Flotte gelandet. Der Feldherr, dessen Erscheinung Aufsehen in der Bevölkerung erregt, begrüßt Tolomeo, vermißt jedoch Cleopatra. Fotino überreicht Cesare Pompejus' Haupt; doch dessen Reaktion widerspricht den Erwartungen. Entrüstet über den hinterhältigen Mord an einem Römer, befiehlt Cesare, die Schuldigen zu strafen und für Pompejus ein ehrenvolles Begräbnis auszurichten. Diese Wendung der Ereignisse versetzt die Ägypter in Erregung und Furcht. – Nacht: In einem Boot erscheint die verkleidete Cleopatra, begleitet von ihren Vertrauten. Sie trifft auf Apollodoro, der von den Begräbnisfeierlichkeiten zurückkehrt; bei ihm sind einige Wachen, die die Urne mit Pompejus' Asche tragen. Dem Freund vertraut sie ihren Entschluß an, Cesare ihre berechtigten Ansprüche vorzutragen, Mitregentin neben ihrem Bruder Tolomeo zu sein. Apollodoro schickt die Wachen fort und bietet ihr seine Begleitung an.

II. Akt, Cleopatras Gemach mit einem geschlossenen Alkoven; seitlich der Eingang zu Cesares Gemächern: Cleopatra, im Alkoven verborgen, hat eine Überraschung für Cesare vorbereitet. Apollodoro lenkt den Eintretenden so lange ab, bis sich die Vorhänge des Alkovens öffnen und Cleopatra in verführerischer Pracht als Venus erscheint, umgeben von Grazien, Nymphen, Amoretten und Zephiretten. Cesare ist bezaubert und sichert der Geliebten seine Hilfe zu. Auf seinen Befehl kommt Tolomeo in Begleitung von Achilla, weigert sich jedoch, die Herrschaft mit seiner Schwester zu teilen. Achilla, eifersüchtig auf Cesare, verspricht Tolomeo, ihn zu rächen. Dazu soll er ihm seinen Mantel überlassen, damit er sich frei innerhalb der königlichen Gemächer bewegen könne. Tolomeo stimmt zu und bittet Cesare, vorgeblich zur Versöhnung bereit, Teodoro und Fotino aus dem Gefängnis zu entlassen. Cesare bewilligt es und ordnet an, daß man ein Fest zur Krönung der beiden Herrscher vorbereite. Es ist spät nachts; Cesare entläßt alle Anwesenden und zieht sich zurück. Cleopatra hat sich in den Alkoven begeben. Da erscheint Achilla in Tolomeos Mantel, hält, vom Anblick Cleopatras überwältigt, inne und stößt versehentlich eine Lampe um. Das Geräusch läßt Cesare herbeieilen. Er durchschaut den Anschlag und ruft die Wachen. Achilla will ihn töten, um sich zu retten; Cleopatra hindert ihn, so daß er, um nicht erkannt zu werden, aus dem Fenster flieht, Tolomeos Mantel zurücklassend. Da kommt Tolomeo und erkennt wütend, daß Cesare am Leben ist und sein eigener Mantel in den Händen der Schwester gegen ihn zeugt. Da er, um den Freund zu schützen, auf Cesares Fragen schweigt, wird er abgeführt. Cesare überträgt nun, zum Jubel der Römer und des Gefolges der Königin, Cleopatra die Alleinherrschaft.

III. Akt, für die Krönung geschmückte Galerie, ein Thron im Hintergrund, Loggien mit Ausblick auf den Nil: Zur Krönung Cleopatras erscheinen auch Settimio, Teodoro und Fotino, die Cesare für ihre wiedererlangte Freiheit heuchlerisch Dank sagen, insgeheim aber auf Verrat sinnen. Plötzlich überfällt Achilla mit einer Anzahl Bewaffneter die Römer; auch Fotino und seine Freunde und schließlich Tolomeo und seine Krieger kämpfen gegen die Römer, so daß diese fliehen müssen. Cesare sieht als einzigen Ausweg, sich in den Nil zu stürzen. Die ohnmächtige Cleopatra wird von den Frauen in ihre Gemächer gebracht.

IV. Akt, 1. Bild, königliche Gemächer: Cleopatras Verzweiflung steigert sich noch, als Achilla ihrem Bruder triumphierend Cesares Schild überbringt als Beweis für dessen Tod. Zum Lohn für seine Verdienste fordert Achilla Cleopatras Hand; Tolomeo stimmt zu, Cleopatra aber weist dies Ansinnen haßerfüllt zurück. Da treten Teodoro, Fotino und Settimio ein mit der Nachricht, daß Cesare lebt und die Römer erneut und siegreich kämpfen. Um die Schwester vor Cesare zu verbergen, läßt Tolomeo sie, von Achilla bewacht, in ein Verlies führen und begibt sich selbst in die Schlacht. Apollodoro hat alles beobachtet und eilt, Cesare zu benachrichtigen. 2. Bild, schrecklicher Ort im Palast: Achilla versucht vergeblich, Cleopatra zum Vergessen Cesares und zur Erwiderung seiner Gefühle zu bringen. Die Verzweifelte schöpft erst Mut, als laute Schläge gegen die Mauer ihres Gefängnisses zu

*Cesare in Egitto*, IV. Akt; Bühnenbild: Antonio Niccolini; Uraufführung, Teatro San Carlo, Neapel 1807. – Niccolinis monumentale Bühnenarchitektur repräsentiert den neapolitanischen Neoklassizismus des Ottocento.

hören sind. Unter Waffenlärm flüchtet Tolomeo, verfolgt von Publio und andern Römern, und stürzt sich wieder in das Kampfgetümmel, entschlossen, eher zu sterben, als gefangengenommen zu werden. Nach wiederholten Schlägen gegen die Befestigung stürzt die Mauer im Hintergrund ein und öffnet den Blick auf die Stadt. Apollodoro führt Cesare zu Cleopatra. Die Ägypter sind von den Römern besiegt, Achilla wird von Publio zu Boden geworfen, Fotino, Settimio und Teodoro sind in Ketten gelegt. Cesare und Cleopatra umarmen sich; das Volk steigt auf das eingestürzte Mauerwerk, um seine Königin zu sehen und im Triumph zu feiern.

**Kommentar:** Im Vorwort seines Librettos nennt Gioia Plutarch als Hauptquelle seiner Cäsar-Darstellung. Wahrscheinlicher ist jedoch, daß (wie schon für Giacomo Francesco Bussanis im 18. Jahrhundert vielfach vertontes *Cesare*-Libretto) Pierre Corneilles Tragödie *La Mort de Pompée* (1643) die Grundlage bildet. Die in jedem Moment große Expression evozierende Faktur von Gioias Tanzdrama zielt darauf, die Stärke, die Gerechtigkeit und den Glanz Cesares, die Schönheit und den Ehrgeiz Cleopatras und die Intrigen und die Niederlage Tolomeos in einer affektgeladenen Gebärdensprache zu offenbaren. Wie sehr diese heroisch-tragische Pantomime als zeitgemäßes Gegenstück zum Historiendrama empfunden wurde, zeigt ihr großer Erfolg in der Mailänder Aufführung von 1809, bei der Napoleon I. zugegen war und dem Choreographen, in dessen *Cesare* er seinen eigenen Ruhm gefeiert sehen mochte, seine Bewunderung aussprach. Auch Salvatore Viganò, der Schöpfer des »coreodramma« und Gioias Vorbild und Konkurrent, hielt das Ballett für ein Spitzenwerk seiner Gattung. Gioia hatte sich, seit er in Wien Viganòs *Die Geschöpfe des Prometheus* (Musik: Ludwig van Beethoven) gesehen hatte, immer mehr mit den Erfordernissen der Gattung, der sorgfältig und ganz nach dramatischen Gesichtspunkten arrangierten Synthese von Handlung, Choreographie und Musik, vertraut gemacht. Seine Meisterschaft zeigte sich bereits in *Il ritorno di Ulisse in Itaca* (Neapel 1804); gerühmt wurde hier die Wiedererkennungsszene, die Darstellung von keimenden, wachsenden und schließlich sich überstürzenden Gefühlen in einer expressiven Körpersprache. Gioias Beiname »Sophokles der Choreographie« veranschaulicht seine Kunst des nur den Mut erzählter Dramas und weist zugleich auf den neoklassischen Stil dieser Tanzschöpfungen hin. Das Ziel einer heroischen Ballettpantomime wie *Cesare,* eine Übersetzung des Empfundenen und Gedachten ins Sichtbare und Wirkliche der Gebärde, weist sie als echte Zwischengattung zwischen Oper und Schauspiel aus. Gioia und seine Nachfolger nannten sich dementsprechend nicht Choreographen, sondern »compositori di balli«. In der Tat zeigt *Cesare* typische Merkmale einer ballettdramatischen »Komposition«: die Ausgewogenheit von Tanz und Pantomime, von Solopartien, kleineren Ensembles und Massenszenen, von dramatischer Aktion und Bild. Einzelszenen, wie der Auftritt Cleopatras als Venus oder Cesares Sprung über die Loggiabrüstung in den Nil, setzten spektakuläre Glanzlichter; den Stil dieses Mimodramas vergegenwärtigen jedoch besser noch seinerzeit selbstverständliche Details, wie etwa die Kunst, ausdrucksvolles Verharren in einer Pose dramatisch wirkungsvoll zu nutzen (Cesares Entdeckung Achillas in Cleopatras Gemach), oder die Verschmelzung von Choreographie und Szenographie zu einem eindrucksvollen Gesamtbild (der Einsturz der Gefängnismauern und das Schlußbild). Gallenbergs Musik war, wie einer Rezension anläßlich der Wiener Aufführung von *Cesare* (9. April 1829, Kärntnertortheater) zu entnehmen ist, »ausgezeichnet schön, charakteristisch und würdevoll, brav gearbeitet und dennoch überall Ballettmusik« (in: *Allgemeine Theaterzeitung,* s. Lit.). In Wien hatte man sich nicht zufällig der Originalmusik zu Gioias Ballett erinnert; Gallenberg war eine bekannte Erscheinung im Wiener Musikleben und hatte soeben die Leitung des Kärntnertortheaters übernommen. An diversen italienischen Bühnen hingegen hielt man sich an die Gepflogenheit, für Ballette die Musik von »vari celebri autori« zu verwenden, zumeist ein Potpourri aus geeigneten beliebten Opernausschnitten.

**Wirkung:** *Cesare in Egitto* war Gioias erfolgreichstes Ballett; darauf weisen auch die zahlreichen Librettodrucke hin. Aufführungen gab es in Rom (Teatro Argentina) und Mailand 1809, Bologna 1812, Florenz (Teatro della Pergola) und Mailand 1815, Genua 1819 und Neapel (Teatro San Carlo) 1825. Darunter zählten Inszenierungen wie die Mailänder von 1809 (mit dem Ehepaar Teresa und Giovanni Coralli als Cleopatra und Cesare, Gaetana Abrami en travestie als Tolomeo) und von 1815 in der eindrucksvollen Ausstattung von Alessandro Sanquirico zu den großen Bühnenereignissen der Zeit. Darüber hinaus fand das Werk dadurch Verbreitung, daß viele Ballettmeister und Choreographen *Cesare* nach Gioia einstudierten, so etwa Angelo Tinti (Mantua 1815), Domenico Augusto Turchi (Siena 1829), Luigi Astolfi (Wien, Kärntnertortheater 1829; wobei er selbst die Titelrolle tanzte, seine Frau Fanny Mazzarelli den Tolomeo und Fanny Elßler die Cleopatra) und Federico Massini (Parma 1861/62). Auch in den Bereich der Oper reichte dieser Einfluß des Balletts, wie die Vorrede von Jacopo Ferretti im Libretto zu Pacinis *Cesare in Egitto* (1821) bezeugt. Dort sind als Vorbilder Giovanni Schmidts Libretto zu Giacomo Trittos Oper (1805) und Gioias Ballett genannt.

**Ausgaben:** L: Mailand 1809; Bologna 1812; Florenz 1815; Livorno, Falorni 1815, Nachdr. in: R. CARRIERI, La danza in Italia 1500–1900, Mailand 1946, S. 36f.; Mailand 1816; Genua 1819; Neapel, Flautina 1825; L, dt.: Wien, Wallishausser 1829 [L. Astolfi nach Gioia]

**Literatur:** [Rez.], in: Allgemeine Theaterzeitung u. Original-Bl. für Kunst, Lit. u. geselliges Leben 22:1829, Nr. 48, 21.4.1829, S. 190f.; L. ROSSI, Il ballo alla Scala. 1778–1970, Mailand 1972, S. 36–40; F. MANCINI, Scenografia napoletana dell'Ottocento. A. Niccolini e il Neoclassico, o.O. 1980, S. 26, 37, 148, 383

*Gabriele Brandstetter*

# Gabriella di Vergy
**Azione tragico-pantomimica in cinque atti**

**Gabrielle de Vergy**
5 Akte

**Musik:** Paolo Brambilla und Pietro Romani, unter Verwendung von Ausschnitten aus Opern von Gioacchino Rossini und Giacomo Meyerbeer. **Libretto:** Gaetano Gioia, nach der Tragödie *Gabrielle de Vergy* (1770) von Dormont de Belloy (eigtl. Pierre Laurent Buyrette)
**Uraufführung:** Herbst 1819, Teatro della Pergola, Florenz
**Personen:** Gabriella/Gabrielle; Fayel, Graf von Vergy; Rodolfo di Coucy; Filippo Augusto/Philipp II. August, König von Frankreich; Almeida, Fayels Schwester; Alberico, Edelmann aus Fayels Umgebung; Corps de ballet: Hofdamen von Gabriella und Almeida, Ritter, Pagen, Krieger
**Orchester:** wechselndes Arrangement
**Aufführung:** Dauer ca. 1 Std.

**Inhalt:** Auf Schloß Autrei (Burgund), um 1220.
I. Akt, Schloßgarten: Fayel hat ein Fest veranstaltet, um das Gemüt seiner Gemahlin aufzuheitern und ihr Herz zu gewinnen, da er ahnt, daß sie immer noch den Verlust ihres Geliebten Rodolfo di Coucy betrauert. Gabriella kommt in Begleitung von Almeida und Alberico, vermag ihren Kummer aber nicht zu verbergen. Fayel dringt in sie, doch sie zieht sich zurück, so daß er in eifersüchtigem Zorn beschließt, sich zu rächen. Almeida versucht ihn zu besänftigen mit dem Rat, der Zeit zu vertrauen.
II. Akt, Gabriellas Gemach: Gabriella tritt ein, vergewissert sich, daß niemand sie beobachtet, und betrachtet voll Schmerz ein Bild von Rodolfo. Als sie Schritte hört, verbirgt sie es schnell. Fayel erscheint und versucht noch einmal, ihr Geheimnis zu erfahren. Er wird unterbrochen von einem Herold, der die Ankunft des Königs meldet. Während Fayel Vorbereitungen für den hohen Besuch trifft, ist Gabriella mit dem Herold allein. Er nimmt den Helm ab und gibt sich als Rodolfo zu erkennen. Sie umarmt ihn, den sie tot glaubte, leidenschaftlich und gelobt ihm ewige Liebe; sie beteuert, gegen ihren Willen geheiratet zu haben, will jedoch ihre Ehe nicht brechen. Als Rodolfo den Liebesschwur erwidern will, sind Fayels Schritte zu vernehmen. Rodolfo nimmt, nun wieder als Herold, das Antwortschreiben an den König entgegen. Gabriellas Gemüt ist nach dieser Begegnung erhellt, worüber Fayel ebenso erstaunt wie erfreut ist. Sie ist

*Gabriella di Vergy*, IV. Akt; Nicola Molinari als Fayel, Giuseppe Villa als Rodolfo, Antonia Pallerini als Gabriella; Illustration: Gallo Gallina nach dem Bühnenbildentwurf von Alessandro Sanquirico; Teatro alla Scala, Mailand 1822. – Die Verknüpfung von klassischer Symmetrie und neogotischer Strenge erhält durch den starken Licht-Schatten-Kontrast einen manieristischen Akzent. Der diagonal einfallende Lichtkegel verbindet Wandbild und Szenerie, die sich im Motiv des Kniefalls vor dem Herrscher auch spiegelbildlich aufeinander beziehen.

bereit, mit ihm den König zu empfangen, da sie in dessen Gefolge Rodolfo erwartet. Kriegerische Musik verkündet König Filippo Augustos Ankunft.
III. Akt, zum Empfang des Königs geschmückter großer Platz vor dem Schloß: Fayel, begleitet von Gabriella, Almeida, Alberico, Hofdamen und Wachen, begrüßt den König und sein Gefolge. Er ist bestürzt, den verhaßten Nebenbuhler Rodolfo hier zu sehen, läßt sich jedoch nichts anmerken. Das Fest beginnt, und der König, der Gefallen an Almeida findet, schlägt eine Verbindung mit Rodolfo vor, worüber sie und Fayel gleichermaßen erfreut sind. Rodolfo jedoch flüchtet sich in eine Ausrede, die der König akzeptiert. Er entfernt sich in einem feierlichen Zug.
IV. Akt, Gabriellas Gemach: Almeida bittet Gabriella, als Mittlerin für sie bei Rodolfo einzutreten. Gabriella ist im Zwiespalt, verspricht es jedoch aus Freundschaft und Pflichtgefühl. Erst als sie allein ist, fühlt sie, daß es ihr unmöglich sein wird, dem Geliebten in solcher Mission gegenüberzutreten, und beschließt deshalb, den Auftrag schriftlich zu übergeben. Almeida hat inzwischen Rodolfo geholt und nimmt, als Gabriella ihm das Schreiben aushändigen will, den Brief schnell an sich, da sie sich bessere Chancen durch eine mündliche Werbung erhofft. Sie läßt die beiden allein; Gabriella gesteht Rodolfo ihren schweren Auftrag, doch dieser beteuert ihr abermals seine Liebe. Ihre Umarmung wird von Fayel belauscht, der mit gezogenem Schwert eintritt, Rodolfo zum Duell fordert und Gabriella in den Kerker führen läßt.
V. Akt, unterirdisches Gewölbe im Schloß: Fayel befiehlt Alberico, Gabriella von Rodolfos Tod zu unterrichten. Als sie in Ohnmacht fällt, glaubt Fayel, den Beweis für die Untreue seiner Gattin zu haben, und sinnt auf Rache. Von Alberico erfährt Gabriella, als sie wieder zu sich kommt, daß auch Fayel schwerverwundet ist, und bemüht sich deshalb, ihn zu besänftigen. Da erscheint ein Diener Fayels und bringt in einem verschlossenen Gefäß Rodolfos Herz. Als Gabriella das Gefäß auf Befehl Fayels öffnet, sinkt sie in furchtbarem Entsetzen tot zu Boden. In diesem Augenblick treten der König und Almeida ein und zeigen Fayel Gabriellas Schreiben an Rodolfo. Fayel erkennt zu spät die Unschuld seiner Gemahlin. Er will sich durchbohren, wird daran gehindert, reißt wütend die Binde von seiner Wunde und verblutet neben Gabriella.

**Kommentar:** Mit *Gabriella di Vergy* vollendet sich ein Stilwandel in Gioias über 200 Ballette umfassendem Werk, der sich im »ballo mitologico« *Saffo* (Neapel 1806) schon abzeichnete und den Übergang ins Spätwerk markiert. Der Neoklassizismus der napoleonischen Ära, der in *Cesare in Egitto* (1807), aber auch noch in Balletten wie *Il trionfo di Trajano* (Venedig 1813) oder *Arsinoe e Telemaco* (Mailand 1814) vorherrschte, tritt nun zurück zugunsten einer als romantisch empfundenen Ausrichtung des Balletts. Dies betrifft die Stoffe, die nicht mehr der Mythologie oder Geschichte der Antike entnommen sind, aber auch die Dramaturgie. »Die Sage des Geschicks Gabrielens von Vergy ist an und für sich so interessant, so ächt romantischer Natur, daß sie bereits in allen Formen verarbeitet ward«, heißt es in einer Wiener Rezension (in: *Wiener Zeitschrift für Kunst, Literatur, Theater und Mode,* s. Lit.) in bezug auf Gioias Ballett und seine Vorbilder, nämlich Belloys Roman und Carafas (1816) auch von Donizetti als Anregung für seine *Gabriella di Vergy* (1826) betrachtete Oper. Das mittelalterlich-schaurige Sujet und die einfache, ohne Nebenstränge ganz auf die tragische Konstellation zentrierte Handlung bezeugen diese Tendenz. Der dramatische Gegenstand, der Seelenkampf der sentimentalen Heroine, und die dramatische Inszenierung, die Verlagerung der wesentlichen Darstellungsaugenblicke auf die innere Bühne, kamen dem expressiven Pathos dieser Tanzpantomime sehr entgegen. Dargestellt in der strengen Konvention des erhabenen Stils, wird nicht der brillante Effekt technischer Virtuosität intendiert, sondern die Synthese eines mit dem dramatischen Sujet eins werdenden Tanzes. Mehr noch als in Gioias früheren Werken ist hier die Choreographie auf die gesamte Ausdrucksskala der pantomimisch-tänzerischen Körpersprache ausgerichtet, wie sie insbesondere die Idealdarstellerin dieses Genres, Antonia Pallerini, ausgebildet hatte.

**Wirkung:** *Gabriella di Vergy* hatte bereits in der Uraufführung mit Francesca Pezzoli als Gabriella, Luigi Costa als Fayel und Ferdinando Gioia, dem Bruder des Choreographen, als Rodolfo großen Erfolg und wurde bald als eins der besten Werke Gioias geschätzt. In einer erweiterten und besonders glanzvollen Inszenierung mit dem Bühnenbild von Alessandro Sanquirico wurde das Werk 1822 an der Mailänder Scala gegeben, wo am selben Abend auch Rossinis *Matilde di Shabran* (1821) gezeigt wurde. In den Hauptrollen waren die sowohl von Salvatore Viganò als auch von Gioia am meisten geschätzten pantomimisch-dramatischen Tänzer zu sehen: Pallerini als Gabriella, Nicola Molinari als Fayel, Pietro Trigambi als Alberico, Giuseppe Bocci als Filippo Augusto, Maria Bocci als Almeida und Giuseppe Villa, der 20 Jahre später (1842) an derselben Bühne nochmals eine Aufführung von Gioias *Gabriella* einstudierte, als Rodolfo. Nach Gioias Tod wurde das Ballett von diversen Ballettmeistern und Choreographen auf italienische und deutsche Bühnen gebracht: in Modena 1827, in Bologna 1828 von Pietro Campilli (in Kombination mit Rossinis Oper *Le Siège de Corinthe*, 1826, als *L'assedio di Corinto*), in Florenz 1829 von Ferdinando Gioia, in Wien 1829 von Luigi Astolfi, in Venedig 1832, in Varese 1837 von Giuseppe Turchi und in Mailand 1842 von Villa.

**Ausgaben:** L: Florenz 1819; Mailand 1822; Modena 1827; Bologna 1828; Florenz, Fantosini 1829; Parma 1829; Venedig, Casali [1832]; Mailand 1842; L, dt.: Wien, Wallishausser 1829
**Literatur:** [Rez.], in: Wiener Zs. für Kunst, Lit., Theater u. Mode, Nr. 125, 17.10.1829, S. 1027f.; L. Rossi, Il ballo alla Scala, 1778–1970, Mailand 1972, S. 37–40

*Gabriele Brandstetter*

# Umberto Giordano

Umberto Menotti Maria Giordano; geboren am 28. August 1867 in Foggia (Apulien), gestorben am 12. November 1948 in Mailand

## Andrea Chénier
**Dramma di ambiente storico in quattro quadri**

André Chénier
4 Bilder

**Text:** Luigi Illica
**Uraufführung:** 28. März 1896, Teatro alla Scala, Mailand
**Personen:** Andrea/André Chénier (T); Carlo Gérard (Bar); Maddalena di Coigny (S); Bersi, Mulattin (Mez); Gräfin von Coigny (Mez); die alte Madelon (Mez); Roucher (B); Pietro Fleville, Romancier, Pensionär des Königs (B oder Bar); Fouquier Tinville, öffentlicher Ankläger (B oder Bar); Matthieu, gen. Populus, ein Sansculotte (Bar); der Abate, Dichter (T); ein Incroyable (T); ein Haushofmeister (B); Dumas, Präsident des Wohlfahrtsausschusses (B); Schmidt, Schließer von St. Lazare (B). **Chor, Statisterie:** Damen, Herren, Abbés, Lakaien, Stallknechte, Schlittenführer, Heiducken, Musiker, Diener, Pagen, Schäfer, Schäferinnen, Bettler, Bürger, Sansculotten, Carmagnolen, Nationalgarden, Soldaten der Republik, Gendarmen, Marktweiber, Fischhändlerinnen, Strumpfwirkerinnen, Ausrufer, Kolporteure, Merveilleusen, Incroyables, Volksvertreter, Richter, Geschworene, Gefangene, Verurteilte, Gassenbuben, ein Musikmeister, Albert Roger, Filandro Farinelli, Horatius Cocles, ein Kind, ein Schreiber, der alte Gérard, Robespierre und Gestalten der Französischen Revolution, ein Cafékellner usw.
**Orchester:** Picc (auch 3. Fl), 2 Fl, 2 Ob (2. auch E.H), 2 Klar (2. auch B.Klar), 2 Fg, 4 Hr, 3 Trp, 3 Pos, B.Tb, Pkn, Schl (gr.Tr, Bck, Trg, MilitärTr, Tamtam), Hrf, Streicher; BühnenM: B.Tr, 8 kl.Tr, Schellengeläute
**Aufführung:** Dauer ca. 2 Std. 15 Min.

**Entstehung:** Nach seiner eigenen Darstellung (Personenverzeichnis des Klavierauszugs) stützte sich Illica für sein Libretto nicht nur auf die historischen Tatsachen, sondern auch auf Ideen der Brüder Edmond und Jules Goncourt, Théophile Gautiers, Arsène Houssayes und Henri de Latouches, des Herausgebers der Werke André Chéniers. Illica schrieb das Libretto für Alberto Franchetti, der seine Rechte jedoch im Sommer 1894 an Giordano abtrat. Die Komposition wurde im Aug. 1894 begonnen und Ende Jan. 1896 abgeschlossen.
**Handlung:** In Frankreich, 1789–94, während der Französischen Revolution.
1. Bild, in der Provinz im Schloß der Grafen von Coigny, Wintergarten: Während der Vorbereitungen eines Adelsfests zeigen sich die kaum mehr überbrückbaren Spannungen zwischen den sozialen Schichten am Vorabend der Französischen Revolution. Der Diener Gérard, der mitansehen muß, wie sein greiser Vater trotz Gebrechlichkeit und Schwäche Dienst tun muß, ist sich sicher, daß das Ende der Adelsherrschaft nahe ist, während die Adligen selbst sich vor dem Blick auf die Wirklichkeit durch die Flucht in Schäferidyllik zu bewahren suchen. Zu dem Fest, bei dem sich vornehmlich Künstler, Poeten und Musiker ein Stelldichein geben, ist zum erstenmal auch der junge Dichter Andrea Chénier geladen. Daß er nicht bereit ist, sich auf Wunsch der Gräfin Coigny sogleich poetisch zu produzieren, wird ihm als Unhöflichkeit ausgelegt. Herausgefordert von Maddalena, der Tochter der Gräfin, verteidigt Chénier die von den Aristokraten zynisch verspottete Liebe und greift die inhumane Welt des Adels heftig an. Maddalena, die schon vorher eine kritische Einstellung gegenüber der Aristokratie angedeutet hatte, entschuldigt sich bei Chénier für ihre Provokation, während die übrigen Chéniers Äußerung mit Stillschweigen übergehen. Chénier verläßt das Fest, das jedoch aufs neue unterbrochen wird, als Gérard an der Spitze einer Gruppe von Bettlern und armen Leuten eindringt, um den Reichen das von ihnen verursachte Elend zu zeigen. Die Gräfin entläßt Gérard auf der Stelle. Bevor er geht, wirft er ihr seine Livree vor die Füße. Dann geht das Fest weiter, als ob nichts geschehen wäre.
2. Bild, Straße in Paris, links die Terrasse der Feuillantes und das Café Hottot, im Hintergrund der Ex-Cours-la-Reine, von der Seine begrenzt; Sommer 1794: Chénier, den die Revolution und ihre Folgen enttäuscht haben, erfährt, daß er gesucht wird. Sein Freund Roucher hat ihm deshalb einen Paß verschafft und überredet ihn nun, unverzüglich zu fliehen. Er aber, der nicht feige scheinen will und an eine Bestimmung durch das Schicksal glaubt, zögert: Eine unbekannte Frau hat ihm geschrieben und ihn um eine Begegnung gebeten. Voller Sehnsucht nach dem Erlebnis der Liebe, das ihm bislang noch nicht zuteil wurde, sieht Chénier dem Treffen mit der geheimnisvollen Unbekannten entgegen, die, wie sich bei der Begegnung selbst sogleich herausstellt, niemand anderer ist als Maddalena di Coigny. Sie schildert Chénier ihre Situation. Da ihre Angehörigen der Revolution zum Opfer fielen und ihr Schloß zerstört wurde, ist sie allein und mittellos, als Adlige zudem besonders gefährdet. Sie sucht Schutz bei Chénier, dessen engagiertes Eintreten für die Unterdrückten und Hilfsbedürftigen seinerzeit beim Fest auf Schloß Coigny ihr in lebhafter Erinnerung ist. Maddalenas rührende Schutzlosigkeit entflammt Chénier zu überschwenglicher Hilfsbereitschaft. Beide schwören, bis in den Tod zueinander zu halten. Da tritt plötzlich Gérard, den die Revolution zum Vertrauten Robespierres hat werden lassen, von seinen Spitzeln herbeigerufen, dazwischen. Er liebt Maddalena seit seiner Zeit auf Schloß Coigny und versucht nun, sich ihrer zu bemächtigen, doch Chénier zwingt ihn zum Duell und verwundet ihn, während der herbeigeeilte Roucher Maddalena in Sicherheit bringt. Als Gérard erkennt, daß Chénier es

ist, der ihn verwundet hat, fordert er ihn auf, zu fliehen und für Maddalena zu sorgen. Als die Wachen eintreten, erklärt er, nicht zu wissen, wer ihn verwundet hat.
3. Bild, die Erste Kammer des Revolutionstribunals (Wohlfahrtsausschuß); ein großes Zimmer: Chénier ist verhaftet worden. Gérard, der Mitglied des Revolutionstribunals ist, muß die Anklage gegen ihn verfassen. Da er den Prozeß von vornherein für verloren hält, schiebt er seine Skrupel schließlich beiseite und beschuldigt Chénier nach dem herrschenden Usus des Hochverrats. Maddalena erscheint vor Gérard und fleht ihn an, Chénier zu retten. Getrieben von seinem ungestümen Verlangen nach ihr, fordert Gérard als Gegenleistung, daß sie sich ihm hingebe. Als sie dazu bereit ist, bricht er jedoch, erschüttert von ihrer Opferbereitschaft, in Tränen aus und entschließt sich reumütig, alles zu tun, um Chénier vor der Guillotine zu bewahren. Volk und Tribunal aber akzeptieren weder seine Einwände noch seine Selbstbezichtigungen. Chénier wird zum Tod verurteilt.
4. Bild, der Hof des Gefängnisses St. Lazare, die Nacht vor dem 25. Juli 1794: Chénier hat seine letzten Verse, einen Hymnus auf die Poesie, geschrieben. Er liest ihn Roucher vor. Als dieser gegangen ist, erscheinen Gérard und Maddalena. Es gelingt ihnen, den Aufseher zu bestechen, daß er Maddalena die Stelle mit einer zum Tod Verurteilten tauschen läßt. So gelangt Maddalena ins Gefängnis und zu Chénier. Glücklich im sicheren Gefühl ihrer gegenseitigen Liebe besteigen sie, als der Morgen graut, ihrem Schwur getreu, gemeinsam den Karren, der sie zum Schafott bringt.

**Kommentar:** Nach *Marina* (komponiert 1889), der zunächst vielgespielten *Mala vita* (Rom 1892; umgearbeitet zu *Il voto,* Mailand 1897) sowie der den gleichen Stoff wie Donizettis *Maria di Rohan* (1843) behandelnden *Regina Diaz* (Neapel 1894) ist *Andrea Chénier* Giordanos vierte Oper und zugleich sein erfolgreichstes Werk. Äußerlich entspricht seine Dramaturgie der Opernkonvention. Den Mittelpunkt der Handlung nämlich bildet, zumindest aus der Sicht der real auftretenden Personen, jene gleichsam klassische Dreierkonstellation, in der eine Frau, Maddalena, zwischen zwei Männern steht, Chénier und Gérard. Chénier und Maddalena bilden das Paar, dessen Liebe durch den abgewiesenen Gérard nicht zum Glück irdischer Erfüllung findet. Indessen spielen Rivalität, Eifersucht und Haß nur am Rande eine Rolle, und auch der Ausgang des Geschehens hat nur bedingt damit zu tun. In den zentralen Situationen nämlich stellt sich Gérard nicht gegen Chénier, seinen Rivalen, sondern tritt für ihn ein und verteidigt ihn, denunziert schließlich sogar sich selbst, um Chénier vor der Guillotine zu retten. In Wahrheit sind die treibenden Kräfte der Handlung weder die Liebe zwischen Chénier und Maddalena noch die Hemmnisse, die ihrer Erfüllung im Weg stehen, weder Gérards Eifersucht noch die Intrigen, die sich daran knüpfen. Die zentralen Handlungsimpulse gehen vielmehr von der Revolution aus. Sie ist nicht nur Milieu und Atmosphäre, wie man auf den ersten Blick meinen könnte, sondern Agens und Movens. Daß Chénier inhaftiert, abgeurteilt und hingerichtet wird, geschieht im Gefolge von Maximilien de Robespierres Schreckensherrschaft und ist nicht etwa die Konsequenz eines von Gérard begangenen Verrats. Handelte Gérard allein seiner Leidenschaft für Maddalena entsprechend, so würde er Chénier, nachdem dieser ihn angegriffen und verwundet hat, unverzüglich anzeigen, um ihn verhaften und verurteilen zu lassen. Der Nebenbuhler ließe sich so fast legal aus dem Weg räumen. Erst als Chénier bereits verhaftet ist, läßt Gérard, da er an einen Freispruch durch das Revolutionsgericht nicht glaubt, für einen Moment seinen Gefühlen und damit seinem Haß freien Lauf. Mit der Anklage gegen Chénier beschleunigt er im Grunde aber nur ein Verfahren, das auch ohne sein Zutun ablaufen und früher oder später zu Chéniers Hinrichtung führen würde. Gérard ist ein Rädchen im Getriebe der Revolution, seine emotionale Bezogenheit auf Chénier mehr zufällige Zutat als Ursache des Geschehens. Die Revolution ist es auch, die Gérard überhaupt eine gewisse Aussicht auf Erfüllung seiner Liebe und Leidenschaft zu der adligen Maddalena verschafft. Sie läßt ihn an die Möglichkeit einer Verbindung mit ihr glauben, und sie vor allem ist es, die ihm die Macht verleiht, Maddalena zu verfolgen und in seine Nähe zu bringen. Die Revolution beraubt Maddalena ihrer Familie und bedroht auch sie mit Tod, dem sie durch Versteck und Verkleidung entgeht. Der Terror der Revolution ist es schließlich auch, der Maddalena zu Chénier treibt. So betroffen sie sich im 1. Bild von Chéniers humanitärem Engagement zeigt, so gewiß ist doch, daß sie Chénier bei einer Fortdauer des Ancien régime nicht lieben, daß sie vermutlich nicht einmal seine Nähe suchen würde. Ihre Liebe erwächst aus Angst und bedrohlicher Einsamkeit, hat daher viel mit Dankbarkeit für den Schutz und die Sicherheit zu tun, die Chénier ihr gewährt, kaum aber etwas mit Erotik. Maddalena liebt Chénier wie einen Bruder, und sie tut es, weil die Verhältnisse sie dazu zwingen, nicht weil es ihrer freien Entscheidung entspringt oder der erotischen Anziehung Chéniers. – Neben der Revolution als zentralem Handlungsträger ist nur noch Chéniers Sehnsucht nach dem Erlebnis der Liebe von größerer Bedeutung. Es ist ein Zentralpunkt des 2. Bilds und der gesamten Oper, daß Chénier, obwohl längst von Robespierres Schergen verfolgt, in Paris bleibt und sich damit der Gefahr für sein Leben aussetzt, allein um die Liebe zu erfahren, die ihm bis dahin fremd geblieben ist und ohne die ihm das Leben nicht lebenswert, erfüllt und sinnvoll erscheint. Fliehen, nur um das bloße Leben zu retten, wie es der Vertraute Roucher rät, hieße Verrat begehen am Leben, so wie es sein sollte. Nicht der Tod ist schlimm, sondern das Leben ohne Liebe. Für Maddalena und Chénier ist die Liebe der Triumph über die schlechte Realität und seine Bedingung notwendig der Tod. Nicht von ungefähr gipfelt das Duett im 2. Bild, das dem sonst in der Oper üblichen Liebesduett des sich findenden Paars entspricht, in einem Bekenntnis zum gemeinsamen Tod, obwohl zu diesem Zeitpunkt keiner von beiden konkret vom Tod bedroht ist. Nicht das gemeinsame Leben ist die Perspektive der Liebe zwischen Chénier und Maddalena, sondern der gemeinsame Tod. – Gérard, Chéniers Rivale, ist für die Haupthandlung kaum notwendig. Er verstärkt nur einige Züge, macht Wendungen des Geschehens plausibler. Wichtiger ist er als Kontrastfigur zu Chénier. In seinem Engagement für die Ideen der Französischen Revolution und eine Humanität, die allen Menschen gleichermaßen zuteil wird, stimmt er mit Chénier überein. Seine Liebe zu Maddalena jedoch steht in grellem Gegensatz zu derjenigen Chéniers. Sie ist getragen von erotischer Leidenschaft, sinnlichem Begehren. Er selbst sieht sich als Sklaven der Wollust. Er ist jedoch kein Zyniker und auch nicht der schwarze Charakter der Operntradition. Vielmehr ist er die tragische Figur des Stücks, ein Revolutionär, der seine Emotionen Verrat üben lassen an einem Gesinnungsgenossen, an dessen Lauterkeit er nicht einen Moment zweifelt. Gérard bleibt zwar am Leben, jedoch resigniert und voller Trauer, während diejenigen, die sterben müssen, triumphieren. Gérard ist, nicht anders als das Liebespaar, ein Opfer der Revolution, die selbst bezeichnenderweise anonym bleibt. Durch den Verzicht auf jegliche Form von Personifizierung, wie sie der Opernkonvention entsprochen hätte, erscheint die Revolution ausschließlich als jene überpersönliche Macht, der das Individuum machtlos ausgeliefert ist (Robespierre tritt zwar auf, doch seine Rolle geht über die eines Statisten nicht hinaus). Entsprechend der Bedeutung, die die Revolution für das gesamte Stück hat, ist die Funktion dessen, was gewöhnlich Milieu schildert und Ambiente beschreibt, gewandelt. Es geht in den Episoden und genrehaften Tableaus nicht um die Kennzeichnung eines bloßen Hintergrunds der Haupthandlung, um die Vermittlung einer akzidentellen Atmosphäre, sondern um die Charakterisierung eines zentralen Trägers der Handlung, eben der Revolution. Darum sind die Episoden und Genreszenen in ungewöhnlicher Weise ausgedehnt und mit Gewicht belegt. Eindrücklichste Beispiele sind: die Szene der Mulattin Bersi im 2. Bild, in der das allgemeine Lebensgefühl zur Zeit der Schreckensherrschaft geschildert wird, der bewußtlos-gierige Lebenstaumel im Angesicht der Guillotine, und der Auftritt der alten Madelon im 3. Bild, die in fast fanatischer Vaterlandsliebe ihren Enkel, ein Kind, zur Verteidigung Frankreichs den Soldaten übergibt. In der Vielfalt der von der Haupthandlung unabhängigen Episoden erscheint das Geschehen um die drei Hauptpersonen gewichtloser, als in der Oper sonst üblich. Zudem sind die Szenen und Auftritte der Protagonisten auffällig kurzgefaßt. So ist, was sich zwischen Maddalena, Chénier und Gérard abspielt, eingebettet in ein größeres und umfassenderes Geschehen; die Macht, die die Revolution als Rahmen des Ganzen ausübt, wird unmittelbar anschaulich. – Die Oper ist ein Hauptwerk des italienischen Verismo. Im Unterschied zu Mascagnis *Cavalleria rusticana* (1890) und Leoncavallos *Pagliacci* (1892), den veristischen Paradigmen, verzichtet Giordano nicht auf das Einbeziehen von Musik aus der Realität, in der die Handlung spielt, sondern greift auf präexistente Musik zurück, auf Lieder aus der Zeit der Französischen Revolution: *Carmagnole, Ça ira* und *Marseillaise*. Sie werden entsprechend ihrer Funktion, authentische Wirklichkeit zu repräsentieren, unverändert übernommen, ausdrücklich als Zitate verwendet (der Klavierauszug macht eigens auf sie aufmerksam!) und überdies, mit Ausnahme des *Ça ira,* als Bühnenmusik eingesetzt. Auf eine Verwendung von Motiven aus diesen Liedern verzichtet die Partitur, wie es scheint, bewußt, so daß die Lieder unverbunden neben Giordanos Musik stehen, also in der Tat als ein Stück Wirklichkeit ins Werk hineinragen. Die drei Revolutionslieder sind den drei Revolutionsbildern (2.–4. Bild) vorbehalten, während im 1. Bild durch die archaisierende Nachahmung von Musik des 18. Jahrhunderts (Schäferchor, Cembalostück, Tempo di gavotta) das Ancien régime porträtiert wird. Der Rückgriff auf ältere Formen und Prinzipien der Melodik und Harmonik begegnet auch in den andern Bildern, erscheint indessen weniger als bewußt ausgeprägter Werkstil denn als Stil Giordanos. Kennzeichnend für den Verismo des Stücks ist die lärmend-laute Instrumentation in den Volksszenen des 2. und 3. Bilds mit ihrem forcierten Schlagzeugeinsatz auf der Bühne, dem die Anweisungen an die Sänger (gridando = schreiend, urlando = heulend, tumultuosamente = lärmend) korrespondieren (dies »urlando« wurde zeitweise für das charakteristischste Merkmal des Verismo ausgegeben). Der Anteil an gesprochenem Text ist größer als gewohnt, und auch der komponierte Text ist nicht durchweg mit kantabler Melodik versehen, sondern immer wieder auf fast formelhafte Deklamation beschränkt, dabei oft unbegleitet. Da das Volk, die Menge, eine bedeutende Rolle spielt, ist der Choranteil besonders groß, obwohl das Werk nicht einen einzigen ausgedehnten und geschlossenen Chorsatz enthält. Ensemblesätze fehlen völlig; die wenigen Stellen mit simultanem Gesang mehrerer Personen lassen die Gleichzeitigkeit als gleichsam zufälliges

*Andrea Chénier,* 3. Bild; Victor Braun als Carlo Gérard, Ernesto Veronelli als Andrea Chénier; Regie: Willy Decker, Bühnenbild: Ezio Frigerio und William Orlandi; Oper, Köln 1983. – Andrea Chénier vor dem Anklagestand: Das Volk klagt das Todesurteil ein, das Gérard im Namen des Gesetzes der Menschlichkeit vergeblich aufzuheben sucht.

Nebeneinander erscheinen. Das Werk ist durchkomponiert; sein Fluß fußt vornehmlich auf der Arbeit mit Orchestermotiven, die entsprechend den Szenen und Auftritten wechseln, jedoch in der Regel nicht im Wagnerschen Sinn symphonisch durchgeführt werden. Einzelne dieser Szenenmotive kehren leitmotivartig wieder und werden dabei gemäß den szenischen Situationen in Charakter und Struktur abgewandelt. Die geschlossenen, arienhaften Partien, zu denen sich die Musik immer wieder nummernartig verfestigt, folgen keinen bestimmten traditionellen Modellen oder Schemata, basieren jedoch durchweg auf herkömmlicher Periodik und arbeiten in freilich unregelmäßiger Weise mit Wiederholungen.
**Wirkung:** In der Uraufführung sangen in den Hauptrollen Avelina Carrera (Maddalena), Giuseppe Borgatti (Chénier) und Mario Sammarco (Gérard); es dirigierte Rodolfo Ferrari. Im selben Jahr folgten Aufführungen unter anderm in Brescia, Genua, Mantua, Parma, Turin und New York; 1897 in Budapest, Buenos Aires, Florenz, Moskau, Neapel, Petersburg, Prag, Santiago; 1898 in Antwerpen, Barcelona, Berlin (Theater des Westens), Kairo, Lissabon, Rio de Janeiro. Den bis heute anhaltenden Erfolg verdankt *Andrea Chénier* nicht allein seinen unbestreitbaren musikdramatischen Qualitäten, sondern gewiß auch den dankbaren großen und kleinen Rollen. So ist gerade bei dieser Oper die Aufführungsgeschichte zum wesentlichen Teil Sängergeschichte. In den drei Hauptrollen erscheinen nahezu alle großen Tenöre, Soprane und Baritone des 20. Jahrhunderts, sofern sie dem dramatischen Stimmtyp angehören. Von den unübersehbar zahlreichen Aufführungen und Interpretationen seien hier einige besonders exemplarische genannt, etwa an Covent Garden London 1907 mit Emmy Destinn, Enrico Caruso und Sammarco und an der Metropolitan Opera New York 1921 mit Claudia Muzio, Beniamino Gigli und Giuseppe Danise. An der Mailänder Scala, die *Chénier* besonders häufig herausbrachte, sangen 1926 Giuseppina Cobelli, Aureliano Pertile und Benvenuto Franci (Dirigent: Ettore Panizza), 1932 Gina Cigna, Gigli, Danise (Dirigent: Victor De Sabata). Die Aufführungen von 1949, wiederum unter De Sabata, stellten mit Renata Tebaldi, Mario Del Monaco und Paolo Silveri eine neue Interpretengeneration vor. Del Monaco, in jenen Jahren der führende Vertreter des Chénier, sang ihn an der Scala noch 1955 (mit Maria Callas und Aldo Protti/Giuseppe Taddei) und 1960 (mit Tebaldi und Ettore Bastianini) sowie an der Metropolitan Opera 1954 (mit Zinka Milanov und Leonard Warren). Diese Inszenierung blieb in wechselnden Besetzungen über ein Jahrzehnt im Spielplan (Maddalena: Herva Nelli, Antonietta Stella, Tebaldi; Chénier: Richard Tucker, Kurt Baum, Franco Corelli; Gérard: Bastianini, Mario Sereni, Anselmo Colzani). Die bislang letzten herausragend besetzten Inszenierungen gab es 1979 in Barcelona (Montserrat Caballé, José Carreras, Juan Pons) und Chicago (Eva Marton, Plácido Domingo, Renato Bruson), 1981 in Wien (Gabriela Beňačková, Domingo und Piero Cappuccilli) und wiederum an der Scala 1983 (Anna Tomowa-Sintow, Carreras, Cappuccilli; Dirigent: Riccardo Chailly).

**Autograph:** Verbleib unbekannt. **Ausgaben:** Part: Sonzogno, Nr. 1576; Kl.A: Sonzogno 1931, Nr. 292; Kl.A, dt. Übers. v. M. Kalbeck: Sonzogno, Nr. 934; Textb.: Sonzogno 1896; Textb., dt.: Sonzogno. **Aufführungsmaterial:** Sonzogno; M u. Bühne, Wiesbaden (auch dt. Übers. v. P. Brenner)
**Literatur:** A. GALLI, G. MACCHI, G. C. PARIBENI, U. G. nell'arte e nella vita, Mailand 1915; Musica e scena, Sonder-H., Mailand 1926; R. DE RENSIS, U. G. e Ruggero Leoncavallo, in: Quaderni dell'Accad. Chigiana 20, Siena 1949; D. CELLAMARE, U. G. La vita e le opere, Mailand 1949; G. CONFALONIERI, U. G., Mailand 1958; Giordano, in: Quaderni musicali, Sonder-H. Nr. 3, 1959, auch in: L'Opera, Mailand 1967, Nr. 3; P. D. WRIGHT, The Musico-dramatic Techniques of the Italian Verists, Diss. Univ. of Rochester, NY 1965; D. CELLAMARE, U. G., Rom 1967; Umberto Giordano, hrsg. M. Morini, Mailand 1968

*Egon Voss*

# Fedora
## Melodramma in tre atti

**Fedora**
3 Akte

**Text:** Arturo Colautti, nach dem Drama *Fédora* (1882) von Victorien Sardou
**Uraufführung:** 17. Nov. 1898, Teatro Lirico, Mailand
**Personen:** Fürstin Fedora Romazoff (S); Gräfin Olga Sukarev (S); Graf Loris Ipanoff (T); De Siriex, Botschaftsattaché (Bar); Dimitri, Groom (KnabenA); Gretch, Polizeikommissar (B); Lorech, Chirurg (Bar); Desirè, Kammerdiener (T); Baron Rouvel (T); Cirillo, Kutscher (Bar); ein Savoyardenknabe (A); Boroff (B); Nicola (B); Sergio (T); Michele, Portier (Spr.); Boleslav Lazinski, Komponist (Spr.); Doktor Müller (Spr.). **Chor:** Herren, Damen, Dienerschaft, Landmädchen. **Statisterie:** Marka, Kammerfrau; Basilio, Diener
**Orchester:** Picc (auch 3. Fl), 2 Fl (auch Picc), 2 Ob (2. auch E.H), 2 Klar (2. auch B.Klar), 2 Fg, 4 Hr, 3 Trp, 3 Pos, B.Tb, Pkn, Schl (gr.Tr, Bck, Trg, Sistro, WirbelTr, MilitärTr aus Blech, Tamtam), Hrf, Streicher; BühnenM: Picc, Fl, Hr, Trg, elektr. Glöckchen, Akkordeon, Kl
**Aufführung:** Dauer ca. 1 Std. 45 Min.

**Entstehung:** Giordano hegte den Plan einer Oper nach Sardous erfolgreichem Theaterstück seit 1893, begann mit der kompositorischen Arbeit jedoch erst 1896. Die Partitur wurde im Herbst 1898 fertig.
**Handlung:** In Petersburg, Paris und im Berner Oberland
I. Akt, Haus des Grafen Vladimiro Andrejevitch, Petersburg, Winter: Die Dienerschaft erwartet kartenspielend die Heimkehr des Hausherrn. Es ist der Abend vor der Hochzeit Vladimiros mit der Fürstin Fedora Romazoff, einer reichen Witwe, die der Graf

heiratet, um sich seiner Schulden zu entledigen. Fedora erscheint. Sie liebt den Grafen überschwenglich und glaubt sich wiedergeliebt. Vladimiro wird schwerverletzt gebracht. Pistolenschüsse haben ihn getroffen. Während Ärzte sich im Nebenzimmer um ihn bemühen, beginnt die Polizei mit der Aufklärung des Verbrechens. Die Verhöre der Dienerschaft ergeben, daß die Tat vermutlich von Graf Loris Ipanoff verübt wurde. Da Vladimiro der Sohn des Polizeichefs ist, nimmt man für die Tat ein politisches Motiv an und hält den Täter für einen Nihilisten, einen Staatsfeind. Der Graf stirbt. Fedora schwört Rache.

II. Akt, Haus der Fürstin Fedora Romazoff, Paris: Fedora hat Loris in Paris aufgespürt, seine Bekanntschaft gemacht und ihn derart bezaubert und umgarnt, daß er sich in sie verliebt hat. Sie selbst hat dabei eine starke Zuneigung zu Loris entwickelt. Während eines großen Abendempfangs in ihrem Haus gibt Loris nach einem gegenseitigen Liebesgeständnis zu, Vladimiro getötet zu haben. Gleichzeitig aber beteuert er seine Unschuld. Die Beweise dafür will er Fedora bei einem Treffen in der Nacht vorlegen. Unterdessen trifft die Nachricht ein, daß die Nihilisten ein Attentat auf den Zaren verübt haben. Fedora bricht ihr Fest ab. Da nun feststeht, daß Loris Vladimiro getötet hat, veranlaßt Fedora die Verfolgung von Loris' Familienangehörigen durch die Geheimpolizei des Zaren und gibt dem Kommissar Gretch den Auftrag, Loris nach dem für die Nacht verabredeten Treffen zu verhaften. Loris kommt und berichtet den genauen Hergang seiner Tat. Vladimiro war der Liebhaber von Loris' Ehefrau. Bei einem Stelldichein, bei dem Loris beide überraschte, kam es zum Schußwechsel, den Vladimiro eröffnete. Loris tötete Vladimiro in Notwehr. Zum Beweis legt er Briefe Vladimiros vor. Da nun deutlich ist, daß Fedora von Vladimiro getäuscht wurde und Loris unschuldig ist, steht Fedoras Liebe zu Loris nichts mehr im Weg. Um Loris vor der Verhaftung zu bewahren, sieht sie kein anderes Mittel, als sich ihm gegen alle Sitte sogleich als seine Geliebte hinzugeben.

III. Akt, Terrasse von Fedoras Villa im Berner Oberland: Fedora und Loris verleben eine äußerlich glückliche Zeit. Man hofft auf Loris' Begnadigung, die die Legalisierung der Beziehung zwischen Loris und Fedora ermöglichen würde. Tatsächlich trifft die Nachricht von der Begnadigung ein, zugleich erfährt Loris aber auch, daß sein Bruder, denunziert von einer ihm unbekannten Frau, im Gefängnis umgekommen ist und seine kranke Mutter bei der Kunde vom Tod des Sohns gestorben ist. Loris ist voller Haß- und Rachegefühle gegen die Denunziantin. Bei dem Versuch, Verständnis und Erbarmen für die Unbekannte, die sie ja selbst ist, zu wecken, verrät sich Fedora. Empört dringt Loris auf Fedora ein, die in ihrer Verzweiflung Gift nimmt. Als sie stirbt, verzeiht ihr Loris.

**Kommentar:** Giordano schrieb das Stück im Anschluß an *Andrea Chénier* (1896) und zum Teil als Widerpart zu jenem Werk. *Fedora* spielt ausschließlich in der Aristokratie, die Handlung vollzieht sich im Salon der feinen Gesellschaft; auch der III. Akt, der äußerlich nicht im Salon spielt, fügt sich in das Bild.

Zu dieser Beschränkung auf den intimen Innenraum, auf die Geschlossenheit der höchsten Gesellschaftsschicht, von der das Volk, das in *Chénier* eine so bedeutende Rolle spielt, ausgeschlossen ist, gesellt sich eine Sicht der Personen, die im Gegensatz steht zu derjenigen in *Chénier*. Dort nämlich erscheint als Hauptperson der Handlung die Revolution, der die Menschen, gleich welcher Herkunft, ausgeliefert sind, so daß das menschliche Schicksal als Folge der politisch-gesellschaftlichen Verhältnisse erkennbar wird. In *Fedora* steht demgegenüber das Individuum als handelnde und den Gang des Geschehens bestimmende Instanz im Zentrum. Hier bilden die gesellschaftlichen Verhältnisse nur den Hintergrund, das Milieu, das als Kontrastfolie dazu dient, die Titelheldin und das von ihr ausgehende Geschehen eindringlich werden zu lassen. – Fedora, die Hauptperson, auf die sich alles Interesse richtet, hat zum einen große Ähnlichkeit mit einer Femme fatale; jedenfalls gehören die Schlingen, in denen Loris sich fängt, zu deren Mitteln. Zum andern gemahnt Fedora in ihrer ungehemmten Rachsucht an archaische Leidenschaftlichkeit, an die rasenden Erinnyen der Antike. Es dürfte kein Zufall sein, daß sie keine Mitteleuropäerin ist. Als Russin entstammt sie, zumindest aus mitteleuropäischer Sicht, einem Randgebiet der Zivilisation, vergleichbar der antiken Medea. Auch Fedora ist in ihrer alle christliche Humanität gnadenlos negierenden Rachsucht eine Barbarin. Ihre Tragödie ergibt sich allerdings weniger aus der Ungehemmtheit ihrer Leidenschaften als vielmehr daraus, daß sie ihren Gefühlen stets so sehr verfällt, daß sie die Wirklichkeit darüber aus den Augen verliert. Mit ihren Empfindungen reagiert sie nicht auf die Welt, sondern sie richtet sich, gleichsam selbstherrlich, die Welt nach ihren Gefühlen ein. Damit muß sie notwendig scheitern. Sie macht sich ein falsches Bild von der Realität, wie ihre Einschätzung Vladimiros und Loris' anschaulich zeigt, und selbstverständlich vermag sie die politisch-gesellschaftlichen Konsequenzen ihres bedingungslosen Vertrauens in die eigenen Gefühle nicht abzusehen. Es ist nur folgerichtig, daß sie am Ende die Geister, die sie rief, nämlich die russische Geheimpolizei, nicht mehr los wird. Hier endet die Allmacht des Individuums. Ähnlich wie Stephana in *Siberia* (1903) sieht sich Fedora gezwungen, gegenüber Loris die Wahrheit über sich selbst, ihr Tun in der Vergangenheit, zu verbergen, weil sie fürchtet, dessen Liebe zu verlieren. Ihr Liebesglück ist darum von ständiger Angst überschattet, und auch der Rückzug in die Entlegenheit der Idylle, das Berner Oberland, kann die Entlarvung, die Offenlegung der Lüge, die von fern an Henrik Ibsens Begriff der Lebenslüge gemahnt, nicht aufhalten. – Das Werk gehört dem Verismo an. Durch die Verlegung des Schlußakts ins Berner Oberland (in Sardous Stück spielt auch er in Paris) sind für die drei Akte drei markant geschiedene Orts- und Gesellschaftssphären gegeben, deren musikalischer Darstellung Giordanos besonderes Interesse gilt. Insbesondere der II. Akt ist charakteristisch gestaltet: Es erklingen die aktuellen Tänze der Zeit

(Walzer, Galopp, Polonaise), es werden russische und französische Lieder von Fedoras Gästen vorgetragen, und im Zentrum steht ein von einem Pianisten gespieltes Notturno nach Chopinschem Modell (der Pianist wird als künstlerischer Nachfahre Frédéric Chopins vorgestellt). Der zentrale Dialog, in dem Fedora Loris zum Eingeständnis der Tötung Vladimiros bringt, vollzieht sich vor dem Hintergrund dieses Klaviervortrags. Der III. Akt ist im Gegensatz dazu selbstverständlich durch volkstümliche Musik der Alpenregion gekennzeichnet. Dabei sticht vor allem der Gesang eines Savoyardenknaben mit Akkordeonbegleitung hervor, der am Ende auf engstem Raum, bisweilen taktweise, in den Schlußmonolog der sterbenden Fedora hineinklingt. Entsprechend der Tatsache, daß die Handlung ausschließlich in der gesellschaftlichen Oberschicht sich abspielt, ist der Choranteil gering; das Volk bleibt ausgeschlossen. Dafür spielen Ensemblesätze, die in *Mala vita* (Rom 1892) und *Andrea Chénier* nahezu ganz fehlen, eine größere Rolle. *Fedora* ist durchkomponiert und verwendet eine Reihe von Melodiewendungen und Motiven, darunter ein Tempo di polacca, leitmotivartig. Wie in den Opern des Verismo üblich, heben sich aus dem Fluß des Ganzen stets einzelne Abschnitte nummernartig heraus.

**Wirkung:** Die Uraufführung dirigierte der Komponist; in den Hauptrollen sangen Gemma Bellincioni (Fedora), Enrico Caruso (Loris) und Delfino Menotti (De Siriex). *Fedora* ging 1899 über zwölf italienische Bühnen und wurde im selben Jahr in Buenos Aires, Rio de Janeiro und Mainz gespielt. Danach gab es unter anderm die folgenden Aufführungen: 1900 Barcelona, Lissabon und Wien; 1901 Bukarest, Konstantinopel, Kairo und Krakau; 1902 Budapest und Melbourne; 1903 Berlin (Berliner Theater) und Genf; 1905 Paris (Théâtre Sarah Bernhardt mit Lina Cavalieri, Caruso, Titta Ruffo), 1906 London (Rina Giachetti, Giovanni Zenatello, Mario Sammarco) und New York (Cavalieri, Caruso, Antonio Scotti). In der Folgezeit avancierte *Fedora* neben Cileas *Adriana Lecouvreur* (1902) und Puccinis *Tosca* (1900) zur bevorzugten Primadonnenoper innerhalb des veristischen Repertoires. Claudia Muzio (New York 1921), Maria Jeritza (New York 1923, London 1925), Giuseppina Cobelli (Mailand 1932 und 1935, Rom 1932 und 1937), Gianna Pederzini (Mailand 1939 und 1941, Rom 1940 und 1949), Maria Caniglia (Mailand 1948), Maria Callas (Mailand 1956), Renata Tebaldi (Neapel 1961), Magda Olivero (Neapel 1965), Viorica Cortez (Bologna und Neapel 1978) und Eva Marton (Zürich 1982) waren die hervorragendsten Vertreterinnen einer erst in jüngster Zeit allmählich verblassenden Rollentradition.

**Autograph:** Verbleib unbekannt. **Ausgaben:** Part: Sonzogno, Nr. 1556; Kl.A: Sonzogno 1898, Nachdr. 1941, Nr. 984; Kl.A, dt. Übers. v. L. Hartmann: Sonzogno 1898, Nr. 1001; Textb.: Sonzogno 1901. **Aufführungsmaterial:** Sonzogno
**Literatur:** s. S. 394

*Egon Voss*

# Siberia
**Dramma in tre atti**

### Sibirien
3 Akte

**Text:** Luigi Illica
**Uraufführung:** 19. Dez. 1903, Teatro alla Scala, Mailand
**Personen:** Stephana (S); Nikona (Mez); ein Mädchen (S); Vassili (T); Gleby (Bar); Fürst Alexis (T); Ivan (T); Bankier Miskinsky (Bar); Walinoff (B); der Hauptmann (B); der Sergeant (T); ein Kosak (T); der Isprawnik (T); der Invalide (Bar); der Aufseher (B).
**Chor:** Bauern, Frauen, Offiziere, Soldaten, Sträflinge
**Orchester:** Picc, 3 Fl (3. auch 2. Picc), 2 Ob, E.H, 2 Klar, B.Klar, 2 Fg, K.Fg, 4 Hr, 3 Trp, 3 Pos, Tb, Pkn, Schl (gr.Tr, kl.Tr, Bck, Trg, Tamtam), Cel, Hrf, Streicher; BühnenM: kl.Tr, 2 Trp, 7 Glocken, Tastenzither, 2 Mand, Kl (mit Papierstreifen präpariert), Vc, Kb
**Aufführung:** Dauer ca. 1 Std. 45 Min. – Folgende Rollen können vom selben Sänger dargestellt werden: Alexis/Kosak, Miskinsky/Invalide, Ivan/Sergeant/Isprawnik, Hauptmann/Aufseher.

**Entstehung:** Giordano begann mit dem Werk im Jahr 1900, unterbrach die Arbeit jedoch 1901 für die Operette *Giove a Pompei* (Rom 1921), eine Gemeinschaftskomposition mit Alberto Franchetti. *Siberia* wurde 1903 beendet. Nach der Uraufführung vorgenommene Änderungen erscheinen nicht so durchgreifend, daß von verschiedenen Fassungen gesprochen werden könnte.
**Handlung:** In Rußland und Sibirien, 1. Hälfte des 19. Jahrhunderts.
I. Akt, »Die Hetäre«, Rundsaal des kleinen eleganten Palasts, den Fürst Alexis Stephana geschenkt hat; am frühen Morgen des Alexanderfests im August: Nikona und Ivan erwarten ungeduldig die Heimkehr ihrer Herrin, der »schönen Orientalin«, die von Fürst Alexis ausgehalten wird, sich jedoch in Vassili, einen mittellosen jungen Offizier, verliebt hat. Gleby, dem Stephana ihren Aufstieg zur ersten Hetäre Petersburgs verdankt, erscheint, um mit Stephana Geschäfte zu besprechen. Als kurz darauf auch Alexis mit mehreren Freunden kommt, lenkt Gleby, der durchschaut, welches Wagespiel Stephana treibt, die Gesellschaft durch Gesang und Spiel ab, bis Stephana unbemerkt zurückkehrt. Gleby bekräftigt seine Ansprüche an Stephana, der es jedoch allein um ihre neue Liebe zu tun ist. Alexis gesteht Stephana erneut seine Liebe und beschenkt sie mit einem wertvollen Armband. Dann erscheint Vassili, um sich von Nikona, seiner einstigen Ziehmutter, zu verabschieden, da er in den Krieg gegen die Türken zieht. Er ahnt nicht, daß er sich im Haus seiner Geliebten befindet. Zufällig begegnen sich Stephana und Vassili, doch obwohl Vassili erkennt, daß Stephana nicht die einfache Frau ist, die er bislang kannte, hält seine Liebe zu ihr unvermindert

an, und als Alexis hinzukommt, stellt Stephana Vassili offen als ihren Geliebten vor. Es kommt zum Streit, man zieht die Degen, und Vassili tötet Alexis.

II. Akt, »Die Liebende«, an der Grenze zwischen Rußland und Sibirien, auf halber Strecke zwischen Omsk und Kolywan: Man erwartet den Zug der Verbannten, der schließlich als lange Kette von Sträflingen erscheint, unter ihnen Vassili. Stephana hat inzwischen ihr Petersburger Haus aufgegeben und ist Vassili nachgefahren. Jetzt erreicht sie die Sträflinge. Vassili und Stephana sinken sich in die Arme. Stephana ist entschlossen, mit Vassili in die Verbannung nach Sibirien zu gehen. Auch die eindringlichen Warnungen Vassilis vor dem, was sie an Entbehrungen und Elend dort erwartet, können sie nicht abhalten.

III. Akt, »Die Heldin«, das Sträflingshaus der Bergwerke von Transbaikal, Ostern: Man freut sich auf ein Fest am Abend. Vassili und Stephana leben ungetrübt ihrer Liebe. Walinoff, einst ein Freund des Fürsten Alexis, nun Gouverneur in Sibirien, bietet Stephana seine Gunst an, doch sie ist ganz vom Glück ihrer Liebe zu Vassili erfüllt und widersteht jeder Verlockung eines freien und besseren Lebens. Gleby, inzwischen ebenfalls sibirischer Sträfling, hat Stephana ausfindig gemacht und versucht, seine alte Rolle bei ihr zu spielen. Indem er sie durch Schilderung ihres früheren Lebens öffentlich bloßstellt, glaubt er, seinen alten Einfluß zurückgewinnen zu können. Tatsächlich weckt er in Vassili auch zunächst heftige Eifersucht und Empörung, doch findet Vassili zu seiner Liebe zurück. Stephana aber enthüllt vor den Sträflingen schonungslos ihre Vergangenheit, wobei sich zeigt, daß sie das Opfer und Gleby, ihr erster Verführer, der Täter und Schuldige ist. Während der Osterzeremonie versuchen Stephana und Vassili zu fliehen; Stephana wird von den Wachen tödlich getroffen. Bevor sie stirbt, küßt sie die Erde Sibiriens.

**Kommentar:** Das Werk, Giordanos nächste Oper nach *Fedora* (1898) und *Giove a Pompei*, erscheint äußerlich als Tragödie. Es beschreibt den Abstieg einer Frau, Stephanas, von der Spitze der Gesellschaft hinab zur Schicht derer, die aus der Gesellschaft ausgeschlossen sind, vom Glanz des kulturellen Luxus ins Dunkel des Straflagers fern aller Zivilisation. Komplementär dazu verläuft der moralische Aufstieg derselben Frau; die Überschriften der drei Akte beschreiben diesen Weg: »Die Hetäre«, »Die Liebende«, »Die Heldin«. Im Innern ist das Werk mithin ein Läuterungsdrama. Ausgangspunkt und Grundlage der Wandlung ist die Liebe zwischen Stephana und Vassili, die zugleich aber auch den Konflikt birgt, der dem Geschehen seine Spannung gibt. Stephana ist auf diese Liebe angewiesen wie auf einen Rettungsanker, sieht diese Liebe jedoch in Gefahr, wenn Vassili erfährt, wer sie wirklich ist. Sie versucht darum, die Wahrheit vor ihm zu verbergen. Der Versuch, am Leben der ausgehaltenen Kurtisane festzuhalten und zugleich vor Vassili die züchtige Frau zu spielen, mißlingt (I. Akt). Stephanas Konsequenz und damit der entscheidende Schritt zur Läuterung ist die Aufgabe des Lebens als Kurtisane und die Wahl des Strafla-

gers, das sie als äußerlich Unschuldige auf sich nimmt (II. Akt). Dieser Schritt ist jedoch nicht nur Sühne. In bezug auf die Erhaltung von Vassilis Liebe erscheint der Gang ins ferne Straflager wie der Versuch, der Vergangenheit zu entfliehen. Er gelingt jedoch nicht. Stephana wird von ihrer Vergangenheit in Gestalt ihres ehemaligen Kupplers und Zuhälters Gleby eingeholt. Die Konfrontation mit ihm (III. Akt) ist die Stunde der Bewährung. Stephana besteht sie. Daß ihre Sühne Anerkennung findet, wird vordergründig dadurch angezeigt, daß Vassilis Liebe zu Stephana auch angesichts dessen, was Vassili über Stephanas früheres Leben erfährt, bestehen bleibt. Die gleichsam offizielle Anerkennung von Stephanas Sühne kommt in der österlichen Verkündung »Christ ist erstanden« zum Ausdruck, die unmittelbar auf Stephanas Offenbarung der Wahrheit über ihr Leben folgt. Es ist die letzte Station des Kreuzwegs, den der Gang nach Sibirien darstellt. Zugleich ist es die Widerlegung der Behauptung Glebys im I. Akt, für Maria Magdalena (alias Stephana) gebe es keine Erlösung. Stephanas Tod, den man als Opfertod für Vassili zu verstehen hat, ist das Siegel auf die Rettung ihrer Seele. – Die drei Akte des Werks bilden große Tableaus. Vornehmlich der II. und der III. Akt sind geprägt von zahlreichen Vorgängen, die mit der Handlung in keinem unmittelbaren Zusammenhang stehen und reine Episoden bleiben. Aus ihnen formt sich jedoch ein nahezu selbständiges Geschehen, in das die Handlung wie inselhaft eingelassen erscheint. Ort und Ambiente dominieren über die Personen. Die musikalische Ge-

*Siberia*, III. Akt; Henri Dangès als Gleby, Lina Cavalieri als Stephana, Lucien Muratore als Vassili; Regie: Paul Stuart; Opéra, Paris 1911. – Glebys Bloßstellungen wirken schockierend, können jedoch Vassilis Liebe zu Stephana nicht wirklich erschüttern.

staltung der Tableaus ist entsprechend ausführlich und aufwendig. Die Musik bedient sich, vornehmlich in der aus Liedern, Chören und Tänzen sich zusammensetzenden Bühnenmusik, des vor allem von Pjotr Tschaikowski ausgebildeten Idioms russischer Musik, greift jedoch auch auf originale russische Melodien und Gesänge zurück wie die Zarenhymne und das berühmte *Lied der Wolgaschlepper*, das als lapidarer Männerchorsatz das Tableau des II. Akts trägt und leitmotivartig im III. Akt wiederkehrt. Das Werk ist durchkomponiert, im Innern jedoch aus zahlreichen Kleinformen zusammengesetzt, die häufig bogenförmig angelegt sind. Neben Symmetrie und Kurzgliedrigkeit, beides auf herkömmlicher Periodik fußend, ist der fast völlige Verzicht auf Ensembles auffällig, während der Choranteil der besonderen Rolle des Ambiente gemäß groß ist. Im Verhältnis von Gesang und Orchester und in der Führung der Singstimmen entspricht das Werk dem Stil des Verismo.

**Wirkung:** Die Uraufführung mit Rosina Storchio als Stephana, Giovanni Zenatello als Vassili, Giuseppe De Luca als Gleby und Antonio Pini-Corsi als Alexis dirigierte Cleofonte Campanini. In der Folgezeit ging das Werk in Italien 1904 über acht, 1905 über sechs und 1906 über sieben Bühnen. Hervorzuheben ist die Inszenierung an der Oper Rom 1906 mit Amelia Pinto (Stephana), Arturo Franceschini (Vassili) und De Luca (Gleby). Paris hörte *Siberia* bereits 1905 im Théâtre Sarah Bernhardt (Pinto, Amedeo Bassi, Titta Ruffo; Dirigent: Campanini); 1911 brachte die Opéra das Werk in französischer Sprache heraus (Lina Cavalieri, Lucien Muratore, Henri Dangès; Dirigent: Paul Antoine Vidal). Weitere Inszenierungen außerhalb Italiens gab es unter anderm 1904 in Buenos Aires (Dirigent: Arturo Toscanini), Lissabon und Santiago, 1905 in Alexandria und Nizza, 1906 in Mexiko, New Orleans und Stuttgart, 1907 in Zürich, 1908 im Manhattan Opera House New York (Zenatello, Mario Sammarco), 1911 in Berlin und Wien, 1912 in Budapest und 1917 in São Paulo. Um diese Zeit begann sich abzuzeichnen, daß *Siberia* den Erfolg von *Andrea Chénier* (1896) und *Fedora* nicht wiederholen würde. In den folgenden Jahrzehnten erschien die Oper fast nur noch auf italienischen Bühnen und auch dort zunehmend seltener (unter anderm in Bari 1935 und in Rom 1941). Die kontinuierlichste Aufführungstradition läßt sich an der Mailänder Scala nachweisen, die *Siberia* noch viermal in Neuinszenierungen vorstellte: 1917 (mit Gilda Dalla Rizza, Bassi und Giuseppe Danise), 1927 (mit Bianca Scacciati, Francesco Merli und Victor Damiani), 1936 (mit Maria Caniglia, Francesco Battaglia und Carlo Tagliabue) und 1949 (mit Adriana Guerrini, Antonio Annolaro und Giovanni Inghilleri).

**Autograph:** Verbleib unbekannt. **Ausgaben:** Part: Sonzogno 1903, Nr. 1150; Kl.A: Sonzogno 1903, Nr. 1151, Nachdr. 1981; Kl.A, dt. Übers. v. O. Neitzel: Sonzogno 1906, Nr. 1331; Textb.: Sonzogno; Textb., dt.: Bln., Köln, Lpz., Ahn [1906]. **Aufführungsmaterial:** Sonzogno
**Literatur:** s. S. 394

*Egon Voss*

# Madame Sans-Gêne
## Commedia in tre atti

**Madame Sans-Gêne**
3 Akte (4 Bilder)

**Text:** Renato Simoni, nach der Komödie (1893) von Victorien Sardou und Emile Moreau
**Uraufführung:** 25. Jan. 1915, Metropolitan Opera House, New York
**Personen:** Caterina/Catherine Hubscher, genannt Madame Sans-Gêne, Büglerin, später Herzogin von Danzig (S); Toniotta, Giulia und La Rossa, Büglerinnen (3 S); Lefebvre, Sergeant, später Marschall und Herzog von Danzig (T); Fouché, Revolutionär, später Polizeipräfekt (Bar); Graf von Neipperg (T); Vinaigre, Tambour (T); Königin Carolina/Karoline (S); Prinzessin Elisa (S); Despréaux, Tanzlehrer (T); Gelsomino, Page (Bar); Napoleone/Napoleon (Bar); Madame von Bülow, Hofdame (S); Roustan, Vorsteher der Leibwächter (Bar); Stimme der Kaiserin (S); Maturino, Junge aus dem Volk (stumme R); Kammerzofe Caterinas (stumme R); Kammerdiener Napoleones (stumme R). **Chor, Statisterie:** Volk, Soldaten, Hofdamen
**Orchester:** Picc, 2 Fl, 2 Ob, 2 Klar, 2 Fg, 4 Hr, 3 Trp, 3 Pos, Tb, Pkn, Schl (gr.Tr, kl.Tr, Bck, Trg, Sistro, Ratsche), Cel, Hrf, Streicher; BühnenM: 2 Hr, 2 Trp, 2 Pos, Glocke, kl.Tr
**Aufführung:** Dauer ca. 2 Std.

**Entstehung:** Der Plan, eine Oper über die durch ihr resolutes Auftreten gegenüber Napoleon berühmt gewordene Elsässerin Catherine Hubscher zu schreiben, geht bis zum Jan. 1901 zurück. Während der Arbeit an der Partitur, die in Giordanos Villa in Baveno am Lago Maggiore entstand, befand sich der Komponist in ständigem brieflichen Kontakt mit dem in Mailand ansässigen Schriftsteller und Kritiker Simoni, der auch das Textbuch für Puccinis *Turandot* (1926) verfaßte. Als Arturo Toscanini von dem Vorhaben erfuhr, erklärte er sich, von der Stoffvorlage begeistert, bereit, das Werk aufzuführen.
**Handlung:** In Paris, 1792 und 1811, zur Zeit der Revolution und Napoleons I.
I. Akt, Raum in Caterinas Wäscherei mit Blick auf die Straße, gegenüber die Tuilerien, am 10. Aug. 1792, dem Tag des Sturms auf die Tuilerien: Die Büglerinnen werden durch die Kämpfe vor dem Haus von der Arbeit abgelenkt. Fouché, einer der Revolutionäre, stürzt aufgeregt herein, um seine Wäsche abzuholen: Da der Aufstand gescheitert sei, will er, bevor es zu Verhaftungen kommt, Paris so schnell wie möglich verlassen. Doch da wird der Sieg gemeldet. Fouché eilt davon, um die Führung über die Menge zu übernehmen. Als Caterina gerade den Laden verlassen will, schleppt sich ein Verwundeter hilfesuchend zur Tür. Es ist Graf von Neipperg, der für die Truppen des österreichischen Kaisers kämpft. Obwohl Caterina durch ihren Bräutigam Lefebvre den Revolutionären verbunden ist, empfindet sie Mitleid mit Neipperg und

versteckt ihn in ihrem Schlafzimmer. Da kommt Lefebvre mit einigen Soldaten und berichtet von einem verletzten Royalisten, den sie aus den Augen verloren hätten. Die verschlossene Tür zu Caterinas Schlafzimmer macht ihn stutzig. Einen versteckten Liebhaber im Verdacht, verschafft er sich gegen den Willen der Geliebten Zutritt. Mit Spannung erwarten die Soldaten Lefebvres Rückkehr. Zur Überraschung Caterinas erklärt er, niemanden vorgefunden zu haben. Als sich die Soldaten entfernt haben, verspricht Lefebvre, beschämt über seine unberechtigte Eifersucht, dem Verwundeten zur Flucht zu verhelfen.

II. Akt, Schloß Compiègne, Sept. 1811: Lefebvre und Caterina sind inzwischen Herzog und Herzogin von Danzig. Caterina allerdings gelingt es nicht, ihre einfachen, ja derben Manieren abzulegen. Als die Eheleute ihre gegenseitige Liebe beschwören, kündigt sich Neipperg an, um den Freund um Hilfe zu bitten: Napoleone hat beschlossen, ihn ins Exil zu schicken, weil er ein Verhältnis mit seiner Frau Marie Louise vermutet. Fouché, inzwischen Polizeipräfekt, warnt Caterina vor Napoleones Schwestern, deren Besuch bevorsteht. Bei der Ankunft der Gäste verweigert Caterina die Begrüßungszeremonie. Als die beiden Schwestern die Gelegenheit nutzen, sich über Caterinas Benehmen lustig zu machen, reagiert Caterina mit heftigen Angriffen. Erzürnt und mit Drohungen verlassen die Damen das Haus. Kurze Zeit später läßt Napoleone Caterina zu sich rufen.

III. Akt, 1. Bild, Napoleones Arbeitszimmer: Napoleone erwartet Caterina und klagt sie an, ihn und den gesamten Hof der Lächerlichkeit preisgegeben zu haben. Caterina wiederum beschwert sich über das Benehmen der kaiserlichen Schwestern und verweist auf ihre Verdienste, die sie sich als Soldat an der Seite ihres Manns in Napoleones Namen erworben hätte. Da wird Napoleone hellhörig und erkennt in der Herzogin Madame Sans-Gêne, die einstige Büglerin. Gemeinsam erinnern sie sich der ersten Tage der Revolution, als Napoleone, damals noch einfacher Soldat, seine Hemden bei ihr waschen ließ. Als Napoleone Caterina in freudiger Stimmung und versöhnt hinausbegleitet, entdeckt er Neipperg, den er bereits im Exil glaubt, der sich jedoch in einem geheimen Gang in Napoleones Räumen versteckt hat. Napoleone sieht nun seinen Verdacht endgültig bestätigt und beschließt Neippergs Hinrichtung. 2. Bild, Napoleones Arbeitszimmer, einige Stunden später: Caterina bittet Lefebvre, sich für den unschuldigen Neipperg einzusetzen. Napoleone selbst zweifelt inzwischen an Neippergs Schuld und beschließt deshalb, seine Gattin auf die Probe zu stellen. Zu diesem Zweck läßt er ihr Neippergs Besuch melden. Die Kaiserin zeigt sich jedoch uninteressiert und reicht lediglich ein Billett durch die Tür, das Neipperg übergeben werden soll. Als Napoleone entdeckt, daß der Brief an den österreichischen Kaiser Franz I., seinen Schwiegervater, adressiert ist und Neipperg nichts weiter als Botschafterdienste erledigte, ist er endlich von der Unschuld Neippergs überzeugt. In freudiger Stimmung wird die allgemeine Versöhnung gefeiert.

**Kommentar:** Als zunächst literarische, dann musiktheatralische Strömung war das Anfangsstadium des Verismo zu Beginn der 90er Jahre des 19. Jahrhunderts durch Sujets gekennzeichnet, die im bäuerlichen Ambiente Siziliens und Kalabriens oder im proletarischen Milieu Neapels angesiedelt waren. Musikalische Struktur und Intention der Werke waren wesentlich durch das Lokalkolorit bestimmt, das nicht nur den Stimmungshintergrund abgab, vor dem sich die Ereignisse abspielten, sondern Psychologie und Ausdrucksform der handelnden Personen prägte. Bereits in der Mitte der 90er Jahre begann sich mit Opern wie Puccinis *Tosca* (1900), Cileas *Adriana Lecouvreur* (1902) und Giordanos *Andrea Chénier* (1896) eine neue Tendenz abzuzeichnen: An die Stelle der Figuren aus dem alltäglichen Leben, die ursprünglich im Mittelpunkt des Interesses standen, traten Künstlerpersönlichkeiten, die zugleich als historische Persönlichkeiten gelten durften. *Madame Sans-Gêne* scheint in mancher Hinsicht unter Einbeziehung der bereits in *Chénier* aufgegriffenen Tradition der französischen Revolutions- und Schreckensoper beide Sphären miteinander zu verbinden: volkstümlich-einfaches Milieu, dem die Protagonistin entstammt und das sie bis zum Schluß gegen aristokratische Strenge zu verteidigen sucht, und historische Authentizität, die durch die Person Sans-Gênes verbürgt ist. Lokalkolorit (Wirren der Französischen Revolution) und Gesellschaftskritik gehen in der Titelfigur eine fesselnde, überzeugungskräftige Verbindung ein. Mit der Wahl der Textvorlage verpflichteten sich Simoni und Giordano einem bis heute in Frankreich beliebten Theaterstück, dessen Hauptmerkmale (Komik der Titelfigur, Dramatik des in die Wirren der Revolution eingebetteten Handlungsverlaufs sowie ironische Gesellschaftskritik) in die Oper Eingang fanden. – Das durchkomponierte Werk, das in der Führung der Singstimmen durch die innige Verknüpfung von Deklamation und Kantabilität gekennzeichnet ist, läßt die Unterteilung in rezitativische Monologe, Arien und Duette deutlich erkennen. Der für den Verismo typische emphatische, schwelgerische Tonfall beruht auf der häufigen Verdopplung des Vokalparts durch das Orchester und dem daraus resultierenden opulenten Klang, der nicht selten symphonische Züge annimmt. Auch die allgemeine Vorliebe der Veristen für die musikalische Charakterisierung des Lokal- und Zeitkolorits ist in *Madame Sans-Gêne* entsprechend der Ästhetik des Naturalismus, die die Kennzeichnung der Schauplätze nach Ort und Zeit verlangte, zu beobachten. Giordano hat für die einzelnen Sphären, die sich gegenseitig durchdringen, einleuchtende musikalische Chiffren gefunden: Die im I. Akt zentralen Vorgänge um die Einnahme der Tuilerien wurden durch Zitate aus bekannten französischen Revolutionsliedern (*Ça ira, Marseillaise*) illustriert. Der Schilderung des höfischen Gesellschaftslebens im II. Akt liegt die Verwendung musikalischer Stilmittel der Zeit zugrunde, buffoneske Züge treten hier am deutlichsten zutage; die Szene des Tanzmeisters gehört diesbezüglich zu den überzeugendsten Beispielen. Die Arie »Gli avrei detto: tenetevele!«, die Caterina Lefebvre wutentbrannt entgegenschleudert, als er berichtet, daß Napoleone von ihm die Scheidung verlange, ist die einzige berühmt gewordene Arie der Oper. Musikdramatischer Höhepunkt und zentrale Szene des Werks, die die schärfsten politischen und sozialen Gegensätze bewußt werden läßt, ist die Begegnung Caterinas mit Napoleone, in der es der unerschrockenen Büglerin mit Witz und Ironie gelingt, Napoleone gegen jegliche Standesregeln und höfische Etikette von ihrer Liebe zu Lefebvre zu überzeugen.

**Wirkung:** Mit *Madame Sans-Gêne*, seiner achten Oper, konnte Giordano den mit *Andrea Chénier* begründeten Erfolg nicht aufrechterhalten; das Werk wird heute außerhalb Italiens kaum noch gespielt. Die Uraufführung unter Toscaninis Leitung (Caterina: Geraldine Farrar, Lefebvre: Giovanni Martinelli, Napoleone: Pasquale Amato) ging mit rauschendem Beifall über die Bühne. Die Kritik lobte nicht nur die Schönheit und Vielzahl der melodischen Einfälle, sondern auch die kompositorische Gestaltung sowie den originellen Handlungsablauf, der auch heute an Bühnenwirksamkeit keineswegs eingebüßt haben dürfte. Noch im Jahr der Uraufführung fand die italienische Erstaufführung in Turin statt, gefolgt von Mailand. 1916 wurde die Oper erstmals in französischer Sprache in Paris gespielt, 1931 in deutscher Sprache in Breslau. Es folgten Aufführungen unter anderm in Brescia 1916, Florenz 1926 sowie in Rom 1936 unter der musikalischen Leitung von Tullio Serafin (Caterina: Franca Somigli).

**Autograph:** Verbleib unbekannt. **Ausgaben:** Part: Sonzogno 1914, Nr. 1883; Kl.A: Sonzogno [1914/15], Nr. 1884; Textb.: Sonzogno 1914
**Literatur:** D. CELLAMARE, U. G., Rom 1967, S. 153–162; M. MORINI, U. G., Mailand 1968, S. 154–158; A. DELLA CORTE, Madame Sans-Gêne, in: RMI 1915, S. 139ff.; weitere Lit. s. S. 394

*Julia Liebscher*

## La cena delle beffe
**Poema drammatico in quattro atti**

### Das Mahl der Spötter
4 Akte

**Text:** Sem Benelli, nach seinem Schauspiel (1909), nach der dritten Novelle der »Prima cena« aus *Le cene* (1556) von Antonfrancesco Grazzini (gen. il Lasca)
**Uraufführung:** 20. Dez. 1924, Teatro alla Scala, Mailand
**Personen:** Giannetto Malespini (T); Neri Chiaramantesi (Bar); Gabriello Chiaramantesi (T); Tornaquinci (B); Calandra (Bar); Fazio (Bar); Trinca (T.Buffo); der Arzt (Bar.Buffo); Lapo (T); ein Sänger, hinter der Bühne (T); Ginevra (S); Lisabetta (S); Laldomine (Mez); Fiammetta (S); Cintia (Mez). **Statisterie:** Diener Tornaquincis, Läufer und Knechte der Medici

**Orchester:** 3 Fl (3. auch Picc), 2 Ob, E.H, 2 Klar, B.Klar, 2 Fg, 4 Hr, 3 Trp, 3 Pos, Tb, Pkn, Schl (Bck, gr.Tr, kl.Tr, Trg, Tamtam, Fonospira), Hrf, Cel, Kl, Xyl, Sistro mit Tastatur, Streicher; BühnenM: 2 Mand, Va, Vc, Kb, Hrf
**Aufführung:** Dauer ca. 1 Std. 45 Min.

**Entstehung:** Giordano kam im Sommer 1919 auf die Idee, Benellis erfolgreiches Theaterstück einer Oper zugrunde zu legen, mußte sich jedoch, bevor er mit der Komposition beginnen konnte, mit dem Komponisten Tommaso Montefiore auseinandersetzen, der seit 1909 die Rechte an dem Stoff besaß, ohne aber ein Opernwerk vorgelegt zu haben. Montefiore trat seine Rechte erst 1923 endgültig ab. Zu dieser Zeit hatte Giordano bereits mit der Komposition begonnen. Im Mai 1922 lagen der I. und der IV. Akt fertig vor, im Mai 1923 war lediglich der II. Akt noch nicht ganz abgeschlossen, Anfang Febr. 1924 übergab Giordano die fertige Partitur seinem Verleger.
**Handlung:** In Florenz, um 1470–90, zur Zeit von Lorenzo de' Medici (il Magnifico).
I. Akt, Tornaquincis Haus: Bei Tornaquinci, einem reichen und gebildeten Florentiner, soll auf Geheiß von Lorenzo de' Medici ein Versöhnungsmahl stattfinden zwischen Giannetto Malespini und den Brüdern Neri und Gabriello Chiaramantesi. Giannetto, der als erster eintrifft, erzählt dem Gastgeber, welch grausamen Streich ihm die Brüder Chiaramantesi gespielt haben. Da sie seine Leidenschaft für die Kurtisane Ginevra bemerkten, lockten sie ihn unter der Vorspiegelung, bei ihnen werde er die Ersehnte treffen, in ihr Haus, wo sie ihn knebelten, in einem Sack in den Arno tauchten und mit Dolchen auf ihn einstachen. Giannetto, obwohl überaus ängstlich und unter seiner Feigheit leidend, schwört Rache. Die Brüder Chiaramantesi erscheinen mit Ginevra. Neri verspottet Giannetto, der gute Miene zum bösen Spiel macht. Man schließt offiziell Frieden, Giannetto jedoch schürt das Mißtrauen der Brüder gegeneinander, indem er Gabriello auf den Kopf zusagt, in Ginevra, die inzwischen Neris Geliebte ist, verliebt zu sein. Gabriello verläßt verunsichert das Gastmahl, um nach Pisa zu reisen. Neri warnt ihn zum Abschied vor seiner Eifersucht. Giannetto unterhält die bei dem brutalen Neri sich langweilende Ginevra durch den Vortrag anzüglicher Lyrik und gewinnt ihre Sympathie. Neri versucht demgegenüber, Giannetto durch die plumpe Demonstration seiner Besitzansprüche an Ginevra zu reizen und zu demütigen. Giannetto bietet Neri schließlich eine Wette an: Da Neri behauptet, es gebe in ganz Florenz niemanden, vor dem er Angst habe, wettet Giannetto mit ihm, daß er es nicht wagen werde, in einer Rüstung und mit einer Streitaxt über der Schulter zu dem Händler Ceccherino in der Via Vaccereccia zu gehen, dem Versammlungsort der jungen Leute von Florenz. Neri geht sogleich auf die Wette ein, schickt Ginevra nach Haus und läßt sich umgehend eine Rüstung anlegen. Während er sich, vom vielen Wein fast betrunken, prahlerisch auf den Weg macht, läßt Giannetto Neris Kleider beiseite schaffen und

beauftragt seinen Diener Fazio, in der Stadt zu verbreiten, Neri habe den Verstand verloren.

II. Akt, Vorzimmer bei Ginevra, am nächsten Morgen: Cintia weckt ihre Herrin Ginevra, um ihr mitzuteilen, daß Neri den Verstand verloren habe. Ginevra schenkt dem zunächst keinen Glauben, da sie sich sicher ist, die Nacht mit Neri verbracht zu haben; doch als sie sich vergewissern will, stellt sich heraus, daß nicht Neri, sondern Giannetto bei ihr war, der Neris Kleider benutzt hatte, um Ginevra zu täuschen. Ginevra fühlt sich jedoch weniger dadurch betrogen, daß sie glaubte, Neri in ihren Armen zu halten, als dadurch, nicht teilgehabt zu haben am Genuß des Liebesdiebstahls. Bevor Giannetto und Ginevra sich ihrer von Rachegefühlen und Diebsgelüsten geprägten Liebe hingeben können, erscheint Neri. Als er in Ginevras verriegeltes Gemach mit Gewalt eindringen will, nehmen Bedienstete der Medici ihn fest und führen ihn ab. Giannetto präsentiert sich ihm als Ginevras Liebhaber; Neri antwortet mit einer Todesdrohung.

III. Akt, ein Saal im Palast der Medici: Ein Arzt will an Neri, der in sicheren Gewahrsam genommen wurde, seine Heilkünste demonstrieren. Giannetto läßt ihn gewähren, da Neri auf diese Weise mit den Opfern seiner brutalen Streiche konfrontiert wird, die sich an ihm rächen wollen; er hat jedoch das Glück, daß eine ehemalige Geliebte, Lisabetta, ihn noch immer liebt. Sie rät ihm, die Rolle des Wahnsinnigen zu spielen, da nur so möglich sei, daß er freikomme. Giannetto, der merkt, wie gefährlich weit das Spiel bereits gediehen ist, bittet Neri, einzulenken und Frieden zu schließen. Neri beharrt jedoch auf seiner Rolle des Wahnsinnigen und läßt sich von Lisabetta fortführen. Giannetto ruft ihm nach, er werde am Abend bei Ginevra sein.

IV. Akt, wie II. Akt: Ginevra genießt den Abend in Erwartung Giannettos. Überraschend erscheint Neri, der sie zwingt, sich ins Schlafgemach zu begeben und sich ruhig und wie gewohnt zu verhalten. Neri selbst versteckt sich. Während ein Sänger von fern eine Serenade vorträgt, tritt ein Mann auf und eilt in Ginevras Gemach. Neri folgt ihm und erdolcht ihn und Ginevra. Als er zurückkommt, begegnet er Giannetto und muß erkennen, daß er seinen eigenen Bruder, Gabriello, getötet hat. Nun wahrhaft wahnsinnig, ruft er nach Lisabetta.

**Kommentar:** Nach *Siberia* (1905) schrieb Giordano mit *Marcella* (Mailand 1907) und *Mese mariano* (Palermo 1910) zwei Werke, die bei aller Tragik des Handlungsausgangs auf den Tod als Ende des Geschehens verzichten. Dann folgte die Commedia *Madame Sans-Gêne* (1915). Der sich in dieser Entwicklung, insbesondere in der Wendung zur komischen Oper, andeutende Versuch einer Überwindung oder Wandlung des Verismo fand in *La cena delle beffe* (und in Giordanos letztem vollendeten Bühnenwerk, der komischen Oper *Il re*, Mailand 1929) seine Fortsetzung. Das betrifft sowohl das Libretto als auch die Musik, wenngleich selbstverständlich der Verismo, dem Giordano zeit seines Lebens verhaftet blieb, seine deutlichen Spuren hinterlassen hat (weder darf das am Ende ermordete Paar singend, wie in der älteren Oper üblich, vom Leben Abschied nehmen, noch erhält der Wahnsinn, in den Neri durch seine Tat gerät, eine markante musikalische Ausprägung). Die veränderte Richtung zeigt sich bereits in der Wahl des Librettisten Benelli, der dem literarischen Verismo fernstand, vielmehr der durch Gabriele D'Annunzio repräsentierten und dem Verismo entgegengesetzten Stilrichtung des Decadentismo zuzurechnen ist. Die Elemente der Handlung sind solche der Komödie, worauf der Titel des Werks verweist. Gezeigt wird jedoch gleichsam deren Kehrseite. Die Streiche, die man sich gegenseitig spielt, sind Ausdruck von Menschenverachtung oder dienen einer Rache, die auch vor dem Tod nicht zurückschreckt. Der Spott reißt bei denen, die ihn ertragen müssen, tiefe Wunden auf; aus ihnen wächst tödlicher Haß. Im Mittelpunkt des Geschehens steht, wie in der Oper üblich, die Auseinandersetzung zwischen zwei Männern, Giannetto und Neri (Tenor und Bariton); sie hat jedoch im Gegensatz zur Operntradition nichts mit der Liebe dieser Männer zu einer Frau zu tun. Äußerlich geht es zwar auch um Ginevra, doch ist die Beziehung der Männer zu ihr, einer Kurtisane, ganz auf sexuelles Begehren beschränkt. Nicht zufällig gibt es noch einen weiteren Liebhaber Ginevras, Neris Bruder Gabriello. Bezeichnend ist vor allem, daß der Genuß von Ginevras Gunst nicht als Liebesglück, sondern als Prestigegewinn gegenüber dem Rivalen erfahren wird. Neri dient der Besitz Ginevras allein zur Demonstration seines Machtanspruchs, und Giannettos Wünsche in bezug auf Ginevra, die das Geschehen überhaupt erst auslösen, erscheinen, als Giannetto schließlich am Ziel seiner Wünsche ist, überdeckt vom Genuß der Rache an Neri. Liebe im Verständnis der Operntradition gibt es nur in der Beziehung zwischen Neri und Lisabetta; sie bildet, wenn auch nur am Rand, den Kontrapunkt zu den Beziehungen der Männer zu Ginevra, erscheint selbst aber ebenfalls unkonventionell, da sie weder ihre gefeierte Erfüllung findet noch durch einen eifersüchtigen Dritten gestört wird. Die Auseinandersetzung zwischen Giannetto und Neri ähnelt der Austragung eines Sohn-Vater-Konflikts. Die beiden Kontrahenten bilden einen lapidaren Gegensatz. Auf der einen Seite ein Mann (Neri), der sich durch Kraft und Mut, auch Brutalität auszeichnet, einen totalen Anspruch auf Macht und Herrschaft erhebt und vor keinem Kampf zurückschreckt; auf der andern Seite eine Gestalt voller Angst und Schwäche. Giannetto, der von sich sagt, die Furcht habe ihn deformiert, bewundert Neri. Sein innigster Wunsch ist es, von Neri anerkannt zu werden. Da er nur Spott und Verachtung erntet, schlägt seine Bewunderung schließlich in Haß um. Fortan bewegt ihn nur noch der Gedanke an Rache. In ihrem Vollzug erfährt Giannetto erstmals Befreiung von Angst und Schwächegefühl, hat er zum erstenmal den Eindruck, wahrhaft zu leben. Er überwindet seine Bindung an Neri aber nicht. Wie zentral sein Wunsch nach Neris Anerkennung ist, zeigt der Schluß des III. Akts: Erstmals in der Position des Stärkeren, die eine traditionelle Operngestalt zum Triumph veranlaßt haben würde, bittet er

Neri flehentlich um Erbarmen, um die Gnade des Friedensschlusses, und um sie zu erreichen, entschuldigt er sich für den Streich, den er Neri gespielt hat. Giannettos Ansinnen steigert indessen Neris Ablehnung. Die Auseinandersetzung zwischen Giannetto und Neri gemahnt an den Kampf zwischen David und Goliath. Neri ist festgelegt auf die Eigenschaften Kraft und Mut und glaubt, alle Probleme durch Gewalt lösen zu können. Er fällt seiner eigenen Uneinsichtigkeit und Unbeweglichkeit zum Opfer. Giannetto dagegen ist sensibel (nicht zufällig versteht er sich auf Poesie), und als der körperlich Schwache, der der Verachtung der Starken ausgesetzt ist, hat er Kräfte des Intellekts entwickelt, über die Neri nicht verfügt. Es ist ihm folglich ein leichtes, sich an Neri zu rächen. Der Sieg der Schlauheit über die Kraft wird jedoch nicht als solcher erlebt. Der Sieger, Giannetto, ist am Ende ratlos und nicht minder betroffen als der Besiegte. – Wie in Inhalt und Dramaturgie hat Giordano auch in bezug auf die Musik den Versuch der Überwindung oder Wandlung des Verismo unternommen. Das zeigt sich allgemein an einem größeren Maß an Differenziertheit der Komposition und einem Verzicht auf schlagkräftige Eingängigkeit, auf die Effekte der veristischen Oper. Symptomatisch ist der leise Schluß des Werks. Die Sparsamkeit in der Anwendung der Mittel, die man als Merkmal eines Altersstils ansehen kann, reicht bis zu spröder Kargheit. Die Harmonik, stellenweise zur Erzielung eines Renaissancekolorits archaisierend, ist herber als in Giordanos früheren Werken und korrespondiert damit der häufigen Verwendung tieferer Lagen, dunklerer Farben und geräuschreicherer Klänge. Die Tendenz zu mehr Differenziertheit der Musik zeigt sich zum einen an der Neigung zur Variation bei Wiederholungen, zum andern an den zahlreichen Takt- und Tempowechseln, die die in Giordanos älteren Werken uneingeschränkt maßgebende Periodik zwar nicht aufheben, aber doch immer wieder durchbrechen und verdecken. Anklänge an Richard Wagner (auf das Tristan-Motiv wird wiederholt angespielt) zeigen den stilistischen Wandel ebenso an wie die Integration von Ensembles (im III. Akt bis zur Oktettbesetzung), die in Giordanos Verismoopern fast ganz fehlen. Dafür ist hier auf die dort in so reichem Maß vorhandenen Chöre, den Repräsentanten des Volks, verzichtet. Das Werk ist gleichsam ein Kammerspiel.

**Wirkung:** Den künstlerischen Rang der Uraufführung garantierte neben den ausgezeichneten Hauptdarstellern (Ginevra: Carmen Melis, Giannetto: Hipólito Lázaro, Neri: Benvenuto Franci) vor allem Arturo Toscanini am Dirigentenpult. Die Inszenierung blieb auch in der nächsten Spielzeit im Repertoire der Scala. In den folgenden zwei Jahren ging das Werk in Italien über 26 Bühnen und stieß auch im Ausland zunächst auf lebhaftes Interesse. Es erklang 1925 in Barcelona, Buenos Aires, Malta und Santiago, 1926 in Chicago, Kairo und an der New Yorker Metropolitan Opera (mit Frances Alda, Beniamino Gigli, Titta Ruffo), 1927 in Warschau, 1929 in Hamburg und 1930 in Nizza. Seit den 30er Jahren gab es auch in Italien nur noch vereinzelte Inszenierungen von *La cena delle beffe*, so 1934 in Rom (Adelaide Saraceni, Giacomo Lauri-Volpi, Franci; Dirigent: Gino Marinuzzi).

**Autograph:** Verbleib unbekannt. **Ausgaben:** Part: Sonzogno 1924, Nr. 2453; Kl.A: Sonzogno 1924, Nr. 2452; Kl.A, ital./dt. Übers. v. E. Lert: B&B 1924, Nr. 19564; Textb.: Sonzogno 1924; Textb., dt.: B&B 1924. **Aufführungsmaterial:** Sonzogno **Literatur:** s. S. 394

*Egon Voss*

# Peggy Glanville-Hicks
Geboren am 29. Dezember 1912 in Melbourne

## The Transposed Heads
A Legend of India in Six Scenes

**Die vertauschten Köpfe**
6 Bilder

**Text:** Peggy Glanville-Hicks, nach der Erzählung *Die vertauschten Köpfe* (1940) von Thomas Mann
**Uraufführung:** 4. April 1954, Kentucky Opera, Louisville (KE)
**Personen:** Schridaman, ein Brahmane (T); Nanda, sein Freund, aus niedriger Kaste (B); Sita, ein junges Mädchen (S); Kali, Göttin (Sprech-St.); Kamadamana, ein Guru (Spr.). **Chor:** Dorfbewohner
**Orchester:** Fl, Ob, Klar, Fg, Hr, Trp, Pos, Pkn, Schl (4 Spieler: gr.Tr, kl.Tr, Trg, 3 Gongs, Tomtom, Tamtam, hängendes Bck, Bck, Tamburin, Marimba, Xyl), Vibraphon, Hrf, Streicher; BühnenM: Fl, 2 Tomtoms
**Aufführung:** Dauer ca. 1 Std. 30 Min. – Da die Vertauschung der Köpfe durch eine Vertauschung der Kostüme vorgetäuscht wird, müssen Schridaman und Nanda von ungefähr gleicher Statur sein. »In Ermangelung eines Orchesters kann eine annehmbare Aufführung zur Not mit elektronischer Orgel und drei Schlagzeugspielern erzielt werden‹‹ (Glanville-Hicks im Klavierauszug). – Die Stimme der Göttin Kali kann elektronisch verstärkt sein.

**Entstehung:** Um 1950 distanzierte sich Glanville-Hicks von der Zwölftontechnik, die sie bis dahin bevorzugt verwendet hatte. Sie näherte sich in ihren Werken der Musik des östlichen Kulturkreises, deren Merkmal, eine voneinander unabhängige Funktion des rhythmischen, melodischen und harmonischen Elements, der kompositionstheoretischen Auffassung der Komponistin entgegenkam. 1952 schrieb sie ihre erste in dieser Tradition stehende Komposition, *Letters from Morocco* für Tenor und Kammerorchester. Kurz darauf entstand *The Transposed Heads*, dessen Text fast wörtlich Manns Erzählung folgt. Deren zwölf Kapitel sind zu sechs Bildern zusammengefaßt.

**Handlung:** In Indien.

1. Bild, eine geheiligte Badestelle am Gangesufer: Der junge Brahmane Schridaman und sein aus einer niedrigeren Kaste stammender Freund Nanda ruhen in einer Waldlichtung. Sie werden dabei zufällig Zeugen, wie die junge Sita ein rituelles Bad nimmt. Der asketische Schridaman verfällt Sitas Schönheit, ist sich dessen aber anfangs nicht bewußt.

2. Bild, wie 1. Bild, einige Tage später: Als die beiden Freunde einander wieder treffen, lacht Nanda seinen Gefährten aus: Schridaman ist in Sita verliebt und weiß sich keinen Rat. Seine Sehnsüchte widersprechen seinem asketischen Leben. Nanda verspricht ihm, für ihn bei Sita um ihre Hand anzuhalten.

3. Bild, Sitas Dorf: Schridaman und Sita heiraten. Das glückliche Paar wird von den Bewohnern des Dorfs mit Gesang und Tanz gefeiert.

4. Bild, Waldlichtung mit einem verfallenen Tempel der Göttin Kali, Spätnachmittag: Auf der Fahrt durch einen Wald gelangen Schridaman, Sita und Nanda zu einem verfallenen Tempel. Während sich Schridaman im Tempel aufhält, wird klar, daß zwischen Sita und Nanda eine Liebe erwacht ist, die sie einander aber nicht bekennen. Im Tempel gerät Schridaman in rituelle Ekstase und opfert sich selbst: Er enthauptet sich mit einem Schwert. Als Nanda den Tempel betritt, um nach Schridaman zu suchen, sieht er das Unheil. Aus Schuldgefühlen wegen seiner heimlichen Liebe zur Frau seines Freunds enthauptet er sich ebenfalls. Nun betritt Sita den Tempel. Beim Anblick der beiden Leichen klagt sie sich als Todesursache der Freunde an und will sich erhängen. Da ertönt die Stimme der Göttin Kali: Anstatt sich zu erhängen, solle Sita den Schaden wiedergutmachen und mit Kalis Kraft die Köpfe wieder auf die Rümpfe fügen. In ihrer Verwirrung vertauscht Sita aber die Köpfe: Das Haupt des Gatten befindet sich nun auf dem Leib des »Liebhabers« Nanda, und Schridamans Leib trägt das Haupt Nandas. Als die beiden wieder aufstehen, stellt sich die Frage, wer der Ehemann, wer der Freund sei.

5. Bild, Ashram des Gurus hoch im Himalaja: Um eine Antwort auf diese schwierige Frage zu erhalten, haben sich die drei auf den Weg zu einem weisen Guru gemacht. Er erklärt, daß der Kopf entscheidend sei, worauf sich Nanda (mit Schridamans Leib) in die Einsamkeit zurückzieht.

6. Bild, in den Bergen: Die Freude von Sita und Schridaman (mit Nandas Leib) ist nur von kurzer Dauer: Sita sehnt sich bald nach dem ursprünglichen Körper ihres Gemahls. Sie macht sich daher auf den Weg, um Nanda zu suchen. Schridaman folgt ihr, und als die drei wieder beisammen sind, gelangen sie zu der Überzeugung, daß es nur eine Lösung aus dem Dilemma gibt: Man wird die vertauschten Wesen durch Verbrennung wieder mit dem »Allwesen« vereinen. Ein Scheiterhaufen wird errichtet. Schridaman und Nanda töten einander in einem kurzen Kampf, da eine Frau nur als Witwe Selbstmord verüben darf. Tot und entseelt fallen Schridaman und Nanda auf den Scheiterhaufen. Danach steigt auch Sita in die Flammen, und alle drei verbrennen.

**Kommentar:** Bei Manns Erzählung handelt es sich um die Ausgestaltung einer indischen Legende, mit deutlichen Anklängen an Johann Wolfgang von Goethes Ballade *Paria* (1823). In Manns Darstellung sprechen die heiligen Personen eine alltägliche, realistische Sprache, die weltlichen Personen ergehen sich in blumenreichen Redewendungen. Diese ironische Form der Umkehrung einer die Person charakterisierenden Redeart und die so entstandene Hervorhebung vor den andern Charakteren wurde von Glanville-Hicks in *The Transposed Heads* übernommen: In ihrer Oper sind die beiden Heiligen Kamadamana und Kali durch Sprechrolle und Sprechstimme von den übrigen Darstellern abgehoben. Mit dem Tod von zwei einander entgegengesetzten, sich in ihrer engen Freundschaft dennoch ergänzenden Personen ist die Voraussetzung für den weiteren Verlauf der Handlung gegeben: Die Köpfe von Schridaman und Nanda werden von Sita vertauscht. Die Verwechslung der Köpfe bildet einerseits die eigentliche Basis der Erzählung und schafft andrerseits die Voraussetzung, um die der Erzählung zugrundeliegende Philosophie der Dualität drastisch zu veranschaulichen: Leib, Sinnlichkeit verkörpert durch Nanda; Kopf, Geistigkeit verkörpert durch Schridaman. Es geht hier um zwei voneinander untrennbare Ebenen, wobei diese Dualität im Gespräch zwischen Kali und Sita aus weiblicher Sicht betont und zu der ironischen Frage erhoben ist, ob der männliche Körper oder der Geist begehrenswerter sei. Die Körper-Geist-Dualität, wie sie in Manns Erzählung durchgespielt ist, begründet die Motivation der Komponistin, ein Thema aus der indischen Sagenwelt zu wählen. Auf programmatische Weise hat Glanville-Hicks versucht, in ihrer Komposition eine Annäherung an das Klangidiom der indischen Musik herzustellen, wobei ihr die Abwendung von der Zwölftontechnik und die Hinwendung zu einer die Rhythmik akzentuierenden Kompositionsweise bereits die Richtung wiesen. Charakteristisch für diese Tendenz ist die in *The Transposed Heads* ausgeprägte Verwendung des Schlagwerks, das die Grundlage der Konzeption der Oper bildet. Ein Beispiel dafür ist die Hochzeitsszene in Sitas Dorf (3. Bild): Über durch verschiedene Trommeln, Becken und Marimba gebildeten Rhythmen wurde eine sehr einfache, einprägsame Melodie der Bläser gelegt, die sich im Gesang dieser Szene wiederholt. Dabei ist zu erkennen, wie gut es die Komponistin versteht, den Klang des Worts durch die Verwendung verschiedener Schlaginstrumente nicht zu zerstören, sondern zu erhalten, zu unterstreichen und zu betonen. In der folgenden Tanzszene befinden sich ein Flöten- und ein Tablaspieler als Mitglieder der Dorfgemeinde auf der Bühne. »Der Flötenspieler präludiert, um die Tonreihe des folgenden Tanzes anzugeben, während der Tomtomspieler das rhythmische Grundmotiv schlägt« (Klavierauszug, S. 56). Darüber hinaus entlehnt Glanville-Hicks viele Rhythmen und Melodien der Hindu-Klassik und -Volksmusik, um einen authentischen indischen Klang zu erzielen. Zwar finden die klassischen östlichen Melodieinstrumente (Vinar und Sitar) in dieser Oper keine Verwendung, aber deren Klang sowie die ihn charakterisierenden Intervalle und Tonfolgen werden durch westliche Melodieinstrumente nachempfunden und durch die Vielzahl der Schlaginstrumente ergänzt. In Szenen wie dem Hochzeitstanz und der Darstellung des Scheiterhaufens ist die Verbindung von authentisch »Indischem« und individueller Gestaltungskraft der Komponistin besonders überzeugend.

**Wirkung:** Die Oper wurde 1958 in New York (Phoenix Theatre) von Chandler Cowles inszeniert und von der Kritik sehr positiv besprochen. Die erste Aufführung in Australien war in Sydney 1970. Zusammen mit Glanville-Hicks' einaktiger Oper *The Glittering Gate* (New York 1959) wurde *The Transposed Heads* 1986 beim Adelaide-Festival gegeben.

**Autograph:** Verbleib unbekannt. **Abschriften:** Associated Music NY. **Ausgaben:** Kl.A, engl./dt. Übers. v. M. Bomhard: Associated Music, NY 1958, Nr. AMP 95660-139. **Aufführungsmaterial:** Associated Music, NY
**Literatur:** P. GLANVILLE-HICKS, Technique and Inspiration, in: Juilliard Review, Bd. 5, Nr. 2, 1958, S. 3–12; F. CALLAWAY, D. TUNLEY, Australian Compositions in the Twentieth Century, Oxford, Wellington, NY 1978

*Thomas Trabitsch*

# Franz Gläser

Franz Joseph Gläser, auch Glaeser; geboren am 19. April 1798 in Obergeorgenthal (Horní Jiřetín; Nordböhmen), gestorben am 29. August 1861 in Kopenhagen

## Des Adlers Horst
**Romantisch-komische Oper in drei Akten**

**Text:** Karl von Holtei, nach der Erzählung (1829) von Johanna Henriette Schopenhauer (geb. Trosiener)
**Uraufführung:** 29. Dez. 1832, Königstädtisches Theater, Berlin
**Personen:** Richard, herrschaftlicher Förster (Bar); Renner, Sonnenwirt, auch Bandenwirt (B); Veronica, Renners Frau (S); Anton, beider Sohn (T); Marie, Renners Pflegetochter (S); Rose, Richards Frau (S); Cassian (T) und Lazarus (B), Schleichhändler; Christian, Knecht bei Renner (Spr.). **Chor:** Landleute, Schleichhändler (Schmuggler). **Ballett**
**Orchester:** Picc, 2 Fl, 2 Ob, 2 Klar, 2 Fg, 4 Hr, 2 Trp, 3 Pos, Pkn, Schl (gr.Tr, Bck, Trg), Hrf, Streicher
**Aufführung:** Dauer ca. 3 Std. – Ballett am Ende des I. Akts.

**Entstehung:** Gläser war einer der zahlreichen komponierenden Kapellmeister in der durch politische Kleinstaaterei dezentralisierten deutschen Kulturlandschaft des 19. Jahrhunderts. Er hatte seine musikalische Ausbildung (Violine und Komposition) am Prager Konservatorium erhalten. 1817–30 war er Dirigent an verschiedenen Wiener Vorstadttheatern. Dort lernte er den Geschmack der Masse kennen, den er mit teilweise äußerst seichten Singspielen*, Possen, Pantomimen, Schauspielmusiken, Balletten und ähnlichem zu befriedigen suchte. 1830 wurde er an das Königstädtische Theater Berlin berufen, eine Bühne, die ebenfalls vorwiegend der leichteren Unterhaltung diente. Allerdings waren hier die Ansprüche höher, was sich in einem deutlichen Nachlassen von Gläsers Produktion niederschlug. In den zwölf Berliner Jahren entstanden nur 15 seiner mehr als 100 Bühnenwerke, darunter das Hauptwerk *Des Adlers Horst*. Der Text war auf Anregung Giacomo Meyerbeers von Holtei verfaßt worden, einem Autor, der hinsichtlich seiner Produktivität und deren Niveau als ein schriftstellerisches Pendant zu Gläser gelten kann. Vielleicht beruhte der Erfolg der Oper gerade auf der Tatsache, daß hier zwei mit den Wünschen des Publikums vertraute Praktiker zusammenkamen. Holtei bearbeitete später noch Victor Hugos *Hernani* als Libretto für Gläser; das Projekt kam aber nicht zur Ausführung. 1842 ging Gläser nach Kopenhagen, wo er als Hofkapellmeister und 1845–48 auch als Direktor des Konservatoriums fungierte. Dort entstanden zwei weitere Opern, zu denen Hans Christian Andersen die Texte lieferte: *Bryllupet vet Como-søen* (*Die Hochzeit am Comer See*, Kopenhagen 1848) und *Nøkken* (*Die Wassernymphen*, Kopenhagen 1853).

**Handlung:** Im Riesengebirge, Ende des 18. Jahrhunderts.

I. Akt, freier Platz vor Renners Haus: Die von ihrem Mann, dem Förster Richard, treulos verlassene Rose hat zusammen mit ihrem Kind auf dem einsamen Gehöft des Sonnenwirts Renner Unterschlupf gefunden. Es ist Sommer, und die Tagelöhner aus dem Tal werden zur Heuernte erwartet. Zufällig erscheint auch Richard, der unterwegs ins Hochgebirge ist. Sein Gewissen plagt ihn, längst hat er seinen Schritt bereut. Da sieht er sich unvermittelt seiner totgeglaubten Frau gegenüber. Rose weigert sich jedoch, mit ihm zu sprechen, und verbirgt sich im Haus. Verzweifelt entfernt sich Richard. Inzwischen sind die Landarbeiter eingetroffen und veranstalten ein Fest. Als Renner Rose zum Tanz holt, wird sie von den Talbewohnern erkannt und des Ehebruchs bezichtigt.

II. Akt, vor Renners Haus: Rose erzählt Renner, der sie einst aufgenommen hatte, ohne Fragen zu stellen, ihre Lebensgeschichte. Um weiteren Anfeindungen zu entgehen, will sie den Berggasthof verlassen. Zuvor bittet sie den Wirt aber noch, seinem Sohn Anton die Hochzeit mit Marie, der Pflegetochter der Familie, zu erlauben. Diese war bislang am Einspruch von Renners Frau Veronica gescheitert. Renner willigt ein, trinkt sich aber Mut an, um die zu erwartende Auseinandersetzung mit Veronica bestehen zu können. Mitten in die heitere Episode bricht die Katastrophe herein. Ein Adler fliegt über die Bühne, in den Klauen Roses Kind, das er unter den Augen der entsetzten Mutter geraubt hat.

III. Akt, höchster Gipfel des Riesengebirges: Allein folgt Rose dem Adler, doch besteigt sie im Nebel die falsche Felsspitze. Der Adlerhorst befindet sich zwar in Sichtweite, aber dennoch unerreichbar auf einem andern Gipfel. In ohnmächtiger Verzweiflung ruft Rose den Namen Richards. Dieser befindet sich tatsächlich in der Nähe und eilt ihr sofort zu Hilfe. Jedoch wagt er nicht, auf den Adler zu schießen, aus Furcht, er könnte das Kind treffen. Plötzlich spaltet ein Blitz in der Nähe einen Baum, der sich als Brücke zwischen beide Gipfel legt. Durch dies göttliche Zeichen ermutigt, schießt Richard und tötet den Adler. Das Kind ist gerettet, und die Eheleute finden wieder zueinander.

**Kommentar:** *Des Adlers Horst* ist das Ergebnis des Zusammenwirkens zweier Bühnenpraktiker. Das gesamte Reservoir effektvoller theatralischer Versatzstücke wird hier, ohne Rücksicht auf dramaturgische Stringenz, aufgeboten: Rührszenen, farbige, aber retardierende Genrebilder, katastrophale Einbrüche und die finale Wendung zum Guten mit dem durch obligate Verwendung schon inhaltslos gewordenen Lob der göttlichen Gerechtigkeit. Ähnlich heterogen und eklektizistisch ist auch die musikalische Seite. Wie in den meisten Opern deutscher Kleinmeister jener Epoche dominieren liedhafte Elemente. Daneben ist vor allem der Einfluß Carl Maria von Webers unverkennbar. Richards Rezitativ und Arie »O daß der Felsen starre Kluft« (I. Akt) ist ein bis an die Grenze zum Plagiat gehender Reflex auf die große Max-Arie aus dem I. Akt des *Freischütz* (1821). Das Terzett »Die Flaschen zur Hand« (II. Akt) macht partiell zaghafte Versuche, die Parlandotechnik italienischer Opern zu imitieren. Französischer Provenienz sind hingegen die beiden Romanzen »Die Arme weint« (I. Akt) und »Wo der Wiese grünes Band« (II. Akt). Der III. Akt ist durchkomponiert und bildet bereits formal einen Bruch zu den vorhergehenden. Er ist wiederum ein müder Reflex auf die düsteren Seiten der musikalischen Romantik und erschien bereits den Zeitgenossen als der schwächste Teil; der Komponist hatte seine Kräfte hier restlos überfordert. Überhaupt ist aus heutiger Sicht kaum noch nachzuvollziehen, wie ein solches Produkt aus Spekulation und Routine eine derart lang anhaltende Resonanz erzielen konnte.

**Wirkung:** Von allen Bühnenwerken Gläsers war einzig *Des Adlers Horst* ein mehr als nur lokaler Erfolg beschieden. Anfang 1837, also nach etwa vier Jahren, erlebte die Oper bereits die 50. Aufführung in Berlin, ein für die damalige Zeit beachtliches Resultat. Sie ging über fast alle deutschen Bühnen und erfreute sich nahezu ein halbes Jahrhundert lang der ungebrochenen Gunst des Publikums. Lediglich Wien bildete darin eine Ausnahme, weil man dort wohl Gläsers Namen mit weniger prätentiösen Schöpfungen verband. Auch ausländische Theater bekundeten ihr Interesse. 1833 wurde die Oper in Prag gegeben, 1834 in Amsterdam; es folgten Basel (1835), Petersburg (1836) und Budapest (1837). 1835 wurde das Werk ins Dänische übersetzt, 1837 ins Schwedische und Englische. 1855 kam es zu einer erneuten Aufführung in Berlin, diesmal jedoch an der renommierten Königlichen Oper. Johanna Wagner sang die Partie der Rose. Die letzte nachweisbare Inszenierung von *Des Adlers Horst* fand 1883 in Bremen statt.

**Autograph:** Verbleib unbekannt. **Abschriften:** Part u. Textb.: LB Coburg (TB Op 138); Auff.-Material: StUB Opern-Slg. Ffm. (Mus Hs 223). **Ausgaben:** Kl.A: Trautwein, Bln. 1833, Nr. 422 **Literatur:** W. NEUMANN, F. G., in: Die Componisten der neueren Zeit, Bd. 36, Kassel 1856, S. 85–116; K. v. HOLTEI, Vierzig Jahre, Bd. 4, Breslau 1859, S. 291f.; A. WEISSMANN, Berlin als Musikstadt, Bln., Lpz. 1911, S. 199; O. SCHRENK, Berlin und die Musik, Bln. 1940, S. 99; A. BAUER, Das Theater in der Josephstadt zu Wien, Wien, München 1957; S. GOSLICH, Die deutsche Romantische Oper, Tutzing ²1975

*Hartmut Wecker*

# Philip Glass

**Geboren am 31. Januar 1937 in Baltimore (Maryland)**

### Einstein on the Beach
→ Wilson, Robert (1976)

### Satyagraha
**M. K. Gandhi in South Africa**
**Opera in Three Acts**

**Satyagraha**
M. K. Gandhi in Südafrika
3 Akte (7 Bilder)

**Regiebuch:** Philip Glass und Constance De Jong. **Gesangstexte:** aus dem altindischen Lehrgedicht *Bhagawadgita* (4./3. Jahrhundert v. Chr.?), zusammengestellt von De Jong
**Uraufführung:** 5. Sept. 1980, Stadsschouwburg, Rotterdam
**Personen:** Mohandas Karamchand Gandhi (T); Miß Schlesen, seine Sekretärin (S); Mrs. Naidoo, eine indische Mitarbeiterin (S); Kasturbai, Gandhis Ehefrau (Mez oder A); Mr. Kallenbach, ein europäischer Mitarbeiter (Bar); Parsi Rustomji, ein indischer Mitarbeiter (B); Mrs. Alexander, eine freundschaftlich verbundene Europäerin (A); Arjuna/Ardschuna (T); Krishna/Krischna (B) und Duryodhana (stumme R), mythologische Gestalten; Count Leo Tolstoy/Lew Graf Tolstoi, Rabindranath Tagore und Martin Luther King (stumme R). **Chor:** Krieger zweier feindlicher Armeen, Satyagrahi, Europäer, Inder, Polizisten
**Orchester:** 3 Fl (3. auch Picc), 3 Ob (3. auch E.H), 3 Klar, B.Klar, 2 Fg, elektr. Org, Streicher
**Aufführung:** Dauer ca. 3 Std. – Unveränderlicher Bestandteil aller Bühnenbilder ist eine im Hintergrund

plazierte, etwa 3,50 Meter hohe abgeplattete Pyramide; auf ihr befindet sich im I. Akt Tolstoy an seinem Schreibtisch, im II. Akt Tagore in einem Korbsessel, neben sich einen Vogelkäfig, im III. Akt King in Hemdsärmeln vor Mikrophonen. – Die Gesangstexte sind in Sanskrit vertont; sie sollen nicht in die Landessprache des Publikums übersetzt werden. Das Regiebuch enthält genaue Schauplatzangaben und ausführliche Hinweise auf die historischen Fakten, auf die sich die darzustellende Situation bezieht. Einige Regieanweisungen (wie zu den Tageszeiten und zur Farbe des Grases) fordern dazu auf, durch Verfremdung das Gleichnis- und Symbolhafte der historischen Situation sichtbar zu machen.

**Entstehung:** Nach klassischen Kompositionsstudien an der Juilliard School in New York und bei Nadia Boulanger in Paris erhielt Glass die entscheidenden Impulse seiner Hinwendung zur Minimal music aus der Zusammenarbeit mit dem indischen Sitarvirtuosen Ravi Shankar 1965/66 in Paris sowie durch das Studium der indischen Musik mit Allah Rakha. Glass gab daraufhin das Komponieren in der westlichen Tradition auf, verwarf seine früheren Arbeiten und komponierte ausschließlich mit repetitiven Strukturen. Er entwickelte daraus eine eigenständige und unverwechselbare Musiksprache. 1968 gründete er das Philip Glass Ensemble (drei Saxophonisten, drei Keybordspieler, ein Toningenieur), mit dem er seine Musik in New York und auf Tourneen durch die Vereinigten Staaten und Europa (zuerst 1969) vorstellte: *Pieces in the Shape of a Square* (1968), *Music in Fifths* (1970), *Music with Changing Parts* (1970), *Music for Voices* (1972) und *Music in Twelve Parts* (1974). Anfang 1975 begann Glass mit der Komposition von *Another Look at Harmony* (Teil 1–3 1975, Teil 4 1977). Die ersten beiden Teile dieses Werks bilden die Grundlage für die beiden zuerst konzipierten Szenen der Musik zu Wilsons *Einstein on the Beach* (1976), die für dasselbe Ensemble geschrieben ist. Seitdem gehört Glass zu den profiliertesten und erfolgreichsten Komponisten der amerikanischen Postmoderne. – Für Leben und Werk Mahatma Gandhis begann Glass sich bereits 1966 zu interessieren, als er bei seinem ersten Aufenthalt in Indien einen Dokumentarfilm über den sogenannten »Salzmarsch« gesehen hatte. Glass hat sich später eingehend mit Schriften von und über Gandhi befaßt, doch ging es ihm in *Satyagraha* nicht allein darum, ein (ausschnitthaftes) Bild der historischen Person zu entwerfen. Zugleich beleuchtete er die religiösen Wurzeln der Lehre Gandhis, und aus der Überzeugung von der ungebrochenen Aktualität dieser Lehre entwarf er ein umfassendes Szenarium, das das Werk zu einem gegenwartsbezogenen politischen und religiösen Manifest machte. Mit der Einbeziehung der Gestalt Kings sollte die Wiedererstehung des passiven politischen Widerstands in der amerikanischen Bürgerrechtsbewegung sinnfällig werden; die Szene mit der Verbrennung der Meldebescheinigungen (II/3) wollte Glass als Gleichnis für die amerikanische Situation verstanden wissen, bei der ehemalige Vietnamkämpfer aus Empörung über die Außenpolitik der Vereinigten Staaten ihre Wehrpässe verbrannten. *Satyagraha* ist ein Auftragswerk der Stadt Rotterdam für De Nederlandse Operastichting, die Komposition wurde im Aug. 1979 (Schlußdatum der Partitur) vollendet.

**Inhalt:** Auf dem Schlachtfeld Kuru (Indien), in mythischer Zeit, und in Südafrika, 1896–1913.
I. Akt, »Tolstoy«. 1. Bild, »Kuru, das Feld der Gerechtigkeit«, mythisches Schlachtfeld, zugleich eine Ebene in Südafrika, Morgendämmerung: Zwei feindliche Armeen haben kampfbereit Aufstellung bezogen. Da sich auf beiden Seiten Verwandte gegenüberstehen, sind die Führer der einen Armee (Gandhi und Arjuna) von Mitleid erfüllt und im Zweifel über den richtigen Weg ihres Handelns. Aus der Erkenntnis, Glück und Unglück, Gewinn und Verlust, Sieg und Niederlage gleich zu achten, und aus der Verheißung, in der Niederlage den Himmel, im Sieg die Herrschaft über die Erde zu erlangen, findet Gandhi die Kraft, den Kampf gegen das Unrecht aufzunehmen. 2. Bild, »Tolstoy-Farm«, freies Feld auf der Tolstoy-Farm in Südafrika, 1910, Vormittag: Unter Gandhis Leitung errichten die noch wenigen Anhänger seiner Lehre das erste autarke, genossenschaftlich organisierte Wirtschaftsgebilde. Als Lebensform praktizieren sie Satyagraha aus der Überzeugung, daß derjenige keine Schuld erwirbt, sondern ein Wissender genannt wird, der seine Werke in Zufriedenheit, ohne Besitzdenken und Neid vollbringt. 3. Bild, »Das Gelübde«, unter freiem Himmel, 1906: Aus Empörung über den rassendiskriminierenden »Black Act« der südafrikanischen Regierung versammeln sich die Inder und verpflichten sich zum gemeinsamen Widerstand. Alle bekennen sich zur Rede Parsi Rustomjis, daß derjenige von den Göttern belohnt wird, der ihnen Opfer bringt und der weder aus Bequemlichkeit noch Angst der mühevollen Arbeit ausweicht oder sogar sein Leben gefährdenden Arbeit ausweicht.
II. Akt, »Tagore«. 1. Bild, »Konfrontation und Errettung«, die Außenbezirke einer europäischen Siedlung in Südafrika, 1896, Nachmittag: Gandhi wird von aufgebrachten Europäern mit Steinen beworfen. Die Männer, deren Interesse nur auf Erhaltung ihrer Privilegien gerichtet ist, denunziert die Britin Mrs. Alexander als die von Nichtwissen Geblendeten, die ein unreines Leben führen. Mrs. Alexander nimmt Gandhi schützend unter ihren Schirm und rettet ihm so das Leben. 2. Bild, »Die ›Indian Opinion‹«, Teil eines gemeinschaftlichen Wohngebiets, in dem die »Indian Opinion« untergebracht ist, in der Mitte eine große Druckerpresse in Betrieb, 1906, 17 Uhr: Farmbewohner stellen die »Indian Opinion« zusammen, eine Zeitung, in der die Inder ihre neuen Ideen publizieren. Gandhi inspiziert den Druckvorgang. Miss Schlesen, Kallenbach und andere Mitarbeiter verpflichten sich zu vorbildhaftem Handeln aus der Erkenntnis, daß ihr Beispiel den Unwissenden auf den richtigen Weg führen wird. 3. Bild, »Protest«, leeres Feld im Freien, 1908, Abenddämmerung: Gandhi und seine Anhänger verpflichten sich im Gebet dazu, keinen Haß, sondern

nur Mitleid und Liebe gegenüber den Menschen zu fühlen. Aus Solidarität mit all denen, die wegen der Mißachtung des »Black Act« ins Gefängnis kamen, verbrennen sie ihre Meldebescheinigungen.

III. Akt, »King«. »Der Marsch von Newcastle«, mythisches Schlachtfeld, zugleich eine Ebene in Südafrika, 1913, Dämmerung, später Nacht: Kasturbai und Mrs. Naidoo verkünden, daß gipfelhoch und mit der Weltseele vereint der Strebende steht, der Dinge nicht nach ihrem materiellen Wert beurteilt und der gegen Freunde und Feinde gleichgesinnt ist. Unter der Obhut Gandhis ziehen die Protestierenden in kleinen Gruppen vorüber, umlauert und behindert von südafrikanischen Polizisten. Gandhi bleibt im Kreis seiner engsten Freunde zurück. Während sie schlafen, spricht er davon, daß Wahrheit kein ewiger Besitz ist, sondern immer neu erkämpft werden muß. Er rezitiert die Lehre von der Wiedergeburt: Der Erhabene ersteht in jedem einzelnen Weltalter wieder, zum Schutz der Guten, zur Vernichtung der Übeltäter und zur Festigung der Frömmigkeit. Am Sternenhimmel, hinter der Plattform mit King, erscheint das Heer der Satyagrahi.

**Kommentar:** Die *Bhagawadgita* (»Gesang des Erhabenen«) wurde nachträglich (als Teil des 6. Buchs) in das ältere Epos *Mahabharata* aufgenommen. Sie war für den Hindu Gandhi, der in die Kaste der Waischjas (Kaufleute) geboren wurde, die zentrale Schrift, aus der er seine spirituelle Philosophie der »Satyagraha« (wörtlich »Festhalten an der Wahrheit«) bezog und entwickelte. Gandhi bezeichnete mit diesem von ihm erfundenen Begriff seine in Südafrika entwickelte und praktizierte Verhaltensweise: eine Form des gewaltfreien politischen Widerstands, der Verweigerung und des bürgerlichen Ungehorsams gegenüber der Staatsgewalt, die auch Gesetzesübertretungen einschloß. Mit der Protestversammlung der Inder im Empire Theatre Johannesburg (11. Sept. 1906; dargestellt in II/3) wurde Satyagraha zum Inbegriff ihrer politischen und weltanschaulichen Haltung; Gandhi hat sie später als Waffe im Kampf um die Unabhängigkeit Indiens eingesetzt. – *Satyagraha* ist ein stark politisch und ideologisch motiviertes Werk, ein spätes Dokument der amerikanischen Protestbewegung der ausgehenden 60er Jahre, das sich in vielen Aspekten den traditionellen Gattungsbegriffen des Musiktheaters entzieht. Wie bei *Einstein on the Beach* meint schon der Untertitel »Opera« nicht »Oper«, sondern allgemein »Werk«. Seine Einzelelemente (visuelle Ebenen, Text, Musik) scheinen zunächst scheinbar beziehungslos nebeneinander zu stehen, doch fügen sie sich kalkuliert zueinander in dem Sinn, daß sie verschie-

*Satyagraha*, I. Akt, 3. Bild; Gandhi I: Leo Goeke; Regie und Ausstattung: Achim Freyer; Württembergische Staatstheater, Stuttgart 1981. – Die Lichtschiene symbolisiert den Weg der Wahrheit und des gewaltfreien politischen Widerstands, auf den Mahatma Gandhi seine Anhänger einschwört, als Reaktion auf den Black Act, das rassendiskriminierende Gesetz der südafrikanischen Regierung.

ne Aspekte von Glass' Idee der Satyagraha wiedergeben. Der gesungene Text vermittelt die religiös-philosophische Dimension der Idee; in Bühnenbild und szenischer Aktion wird am Beispiel Gandhis gleichnishaft die Anwendbarkeit der Lehre gezeigt. Der I. Akt beschreibt Gandhis Suche nach Identität und die Entwicklung von Satyagraha zu einer politischen Waffe, der II. die Widerstände der Gesellschaft gegen Satyagraha, der III. ihre zeitlose Gültigkeit. Dabei ist diese Erzählebene so fragmentarisch verkürzt, daß sie erst mit einem Vorwissen um die Biographie Gandhis verständlich wird. Zudem sind in das Bühnenbild und die szenische Aktion Chiffren der Ideengeschichte von Satyagraha eingewoben. Das 1. Bild erfaßt synchron die Ausgangssituation, an der die *Bhagawadgita* im *Mahabharata* eingeschaltet ist (die Heere der beiden indischen Königsfamilien der Kuruvas und Pandavas sind kampfbereit gegeneinander aufgestellt; Ardschuna wird von Krischna über den richtigen Weg des Handelns in der Wahrheit belehrt), und die historische Situation der Rassendiskriminierung in Südafrika. Neben diesem Rekurs auf den Ursprung der Idee in mythischer Zeit sind in den Gestalten von Tolstoi, Tagore und King die geistigen Repräsentanten der Idee auf die Bühne gestellt. Die Musik, als letztes Element, ist nicht illustratives Beiwerk des Bühnengeschehens, vielmehr eine eigenständige Komponente, die stark auf das Meditations- oder Trancebedürfnis des Zuhörers abstellt und in ihren endlosen Repetitionen von Klangmustern und Wörtern auf eine von Gandhi häufig praktizierte Gebetsform der Hindus hinzuweisen scheint. Sie ist zusammengesetzt zu großen Blöcken, die vom Typus her klassischen Formen des Musiktheaters entsprechen, und nach den für Glass typischen repetitiven Strukturen gearbeitet: Melodisch-rhythmische Einheiten von der Länge weniger Takte sind aneinandergereiht und vielfach wiederholt. Dabei liegt oft einem ganzen Bild, manchmal auch nur einem Solo- oder Ensemblegesang ein unveränderliches harmonisches Gerüst (vier oder fünf Tonstufen, meist Dreiklänge) zugrunde, das lediglich durch oft unmerklich wechselnde Figurationen in den Diskantinstrumenten variiert wird. Jedes Bild ist damit eine Art Passacaglia über ein harmonisches Basismodell. Kennzeichnend ist eine motorische, sehr gleichförmige Rhythmik aus dem Impuls der schnellen Achtelbewegung, ein Kontinuum mit manchmal überraschenden, harten Wechseln von einem Metrum ins andere. Glass arbeitete in *Satyagraha* erstmals mit Streichern und erzeugte, gemessen am hellen, kristallinen Timbre der *Einstein*-Musik, einen fülligeren, wesentlich weicheren Klang, der sich der Idee verpflichtet zeigt, mit einem traditionell besetzten Orchester den Klang einer Orgel zu imitieren. – Außergewöhnlich und, wie es scheint, neuartig für das Musiktheater ist die Tatsache, daß die Darsteller gleichzeitig zwei unterschiedliche Funktionen erfüllen. In Kostümierung und Bewegung verkörpern sie eine historische Person, als Sänger der heiligen Sanskrit-Texte übernehmen sie eine Aufgabe, die der des Evangelisten in Johann Sebastian Bachs Passionen vergleichbar ist. In dieser ungewöhnlichen Schichtung von Aktion und Sprache werden die Bühnengestalten zu fiktiven Symbolen. Die Tatsache, daß Glass historisch zeitgetrennte Personen gleichzeitig auf die Bühne stellt, unterstreicht zusätzlich den Montagecharakter der Szene. Da auch die Musik keine Steigerungs- oder Entwicklungsprozesse suggeriert, sondern in ihrer undramatischen Struktur stationäre Klangräume von quasi unendlicher Dimension (Dauer) erstehen läßt, ist eine Handlung im eigentlichen Sinn aufgehoben, das heißt ersetzt durch einen multimedial gestalteten Raum, der dem Environment der bildenden Kunst nahekommt.

**Wirkung:** Mit seiner religiösen und politischen Thematik sprach *Satyagraha* vor allem ein junges und engagiertes Publikum an, das sich nicht zu den traditionellen Besuchern eines Opernhauses zählt. *Satyagraha* wurde einerseits, vor allem von Anhängern der Friedensbewegung, Atomkraftgegnern und religiös motivierten »Aussteigern«, als eine Alternativoper rezipiert und frenetisch gefeiert, stieß andrerseits jedoch auch auf Ablehnung und wurde von vielen und ebenfalls politisch engagierten Zuschauern als zu glatt und vor allem in musikalischer Hinsicht primitiv und schönfärberisch verurteilt. Da in den einzelnen Bildern nur jeweils sehr kurze Handlungsmomente vorgeschrieben sind, stellt *Satyagraha* große Anforderungen an die Kreativität des Regisseurs. In jedem Fall gibt die Musik mit ihren metrischen Wechseln und ihren großen formalen Einheiten eine präzise Richtschnur für die Dauern und den Bewegungsrhythmus der choreographisch neu zu erfindenden Teile. Denkbar unterschiedlich sind die beiden Inszenierungen ausgefallen, die das Werk bisher erfuhr. Die Uraufführungsproduktion (Gandhi: Douglas Perry, Miß Schlesen: Rhonda Liss; Niederländische Opernkompanie und Symphonieorchester Utrecht, Leitung: Bruce Ferden; Regie: David Pountney, Ausstattung: Robert Israel) war sparsam, formelhaft gestaltet und in Kostümen und Situation dem korrekten Erzählen der Geschichte verpflichtet. In der mechanischen Gestik der Gestalten und repetitiven Bewegung des Chors erinnerte sie noch an Wilsons Vokabular für *Einstein*. Die Produktion ging anschließend in Utrecht, Scheveningen und Amsterdam mit großem Erfolg über die Bühne, ehe sie 1981 (wieder mit Perry) in Lewiston (NY) und an der New Yorker Brooklyn Academy of Music ihre ersten amerikanischen Aufführungen erlebte. Achim Freyer entfesselte 1981 in Stuttgart (Gandhi: Leo Goeke [die Rolle wurde zusätzlich mit einem Tänzer und einem Schauspieler besetzt], Schlesen: Inga Nielsen, Kasturbai: Elke Estlinbaum; Dirigent: Dennis Russell Davies) eine üppig wuchernde, optisch bezwingende Bilderwelt, die sich weit vom historischen Kontext des Werks löste. Bei Freyer wurde *Satyagraha* als Kritik an einer von Konsum und Gewalt beherrschten Wegwerfgesellschaft zu einem brisanten Gegenwartsstück. 1984 wurde diese Inszenierung nach Wuppertal ausgeliehen und dort mit hauseigener Besetzung gespielt (Ghandi: Roderic Keating; Dirigent: Tristan Schick).

**Autograph:** beim Komponisten. **Ausgaben:** Part: Dunvagen, Bryn Mawr, PA [1979; Leihmaterial]; Regiebuch u. Textb., Sanskrit/engl./dt./frz., in: [Bei-H. d. Schallplattenaufnahme CBS], 1985; Textb., dt., in: Ph. Nr. 24, Staatstheater, Stuttgart 1981/82. **Aufführungsmaterial:** International Production Associates, NY (Rechte), Dunvagen (Presser, Bryn Mawr)
**Literatur:** G. QUANDER, Schauplätze für Musik. Tendenzen im amerik. M.Theater d. Gegenwart, in: Musiktheater heute, hrsg. H. Kühn, Mainz 1982, S. 105–121; S. LOTRINGER, New Yorker Gespräche, Bln. 1983; [Bei-H. d. Schallplattenaufnahme, mit Beitr. v. R. T. JONES, T. PAGE u. a.; CBS], 1985; C. DAHLHAUS, Postmoderne und U-Musik, in: ÖMZ 40:1985, S. 154–159; L. LASSETTER, The Position of ›Satyagraha‹ in the Operatic Trilogy of P. G., in: Opera Journal, hrsg. Univ. of Mississippi, 20:1987, H. 1, S. 3–14

*Rainer Franke*

# Echnaton
## Oper in drei Akten

**Buch:** Philip Glass in Zusammenarbeit mit Shalom Goldman, Robert Israel, Richard Riddell und Jerome Robbins (eigtl. Jerome Rabinowitz). **Gesangstexte:** aus altägyptischen und biblischen Texten zusammengestellt von Goldman. **Sprechtexte:** aus altägyptischen Texten und modernen Reiseführern
**Uraufführung:** 24. März 1984, Württembergische Staatstheater, Großes Haus, Stuttgart
**Personen:** Echnaton (CounterT); Nofretete, seine Gemahlin (A); Königin Teje, seine Mutter (S); Haremhab, General und zukünftiger Pharao (Bar); Aye, Vater Nofretetes und Berater des Pharaos (B); Hoherpriester des Amun (T); die 6 Töchter Echnatons und Nofretetes (6 Frauen-St.); der Erzähler (Spr.) in den Rollen Amenophis' (des Sohns des Hapu), des Schreibers und des Reiseführers. **Chor:** Begräbnisteilnehmer, Volk von Theben
**Orchester:** 2 Fl (2. auch Picc), 2 Ob (auch Ob d'amore), 2 Klar, B.Klar, 2 Fg, 2 Hr, 2 Trp, 2 Pos, Tb, Pk, Schl (4 Tomtoms, kl.Tr, gr.Tr, Bck, Trg, Holzblock, Tamburin, Fingerzimbeln, Röhrenglocken), Cel, Synthesizer, 12 Va, 8 Vc, 6 Kb
**Aufführung:** Dauer ca. 2 Std. 15 Min. – Die Rolle des Erzählers kann von den Hauptdarstellern übernommen werden. Die Sprechtexte sind in der jeweiligen Landessprache wiederzugeben; die Gesangstexte in den alten Sprachen (ägyptisch, hebräisch und akkadisch) bleiben unübersetzt, mit Ausnahme der *Hymne an Aton* (II/4), die in der Landessprache des Publikums erklingen soll. Das Szenario enthält zum Teil genaue Angaben zu den Quellen der Texte; außerdem gibt es erläuternde Hinweise zur historischen Situation. Schauplätze sind nicht immer angegeben, auch Bildwechsel sind nicht immer eindeutig vorgeschrieben, teilweise finden sie während einer Szene bei offenem Vorhang statt.

**Entstehung:** Den Ausgangspunkt seiner Idee, die geheimnisumwobene Gestalt des Pharaos Echnaton in den Mittelpunkt einer Oper zu stellen, fand Glass in dem spekulativen Buch *Oedipus and Akhnaton: Myth and History* (New York 1960) von Immanuel Velikowsky, der in Echnaton das historische Vorbild für den Ödipus des griechischen Dramas entdeckt zu haben glaubt. *Echnaton* entstand im Auftrag der Staatstheater Stuttgart. Bereits im Juni 1982 hatte Glass seine zuvor komponierte Kammeroper *The Photographer* in Amsterdam erfolgreich uraufgeführt.
**Handlung:** In Theben und Achet-Aton, um 1365–48 v. Chr., während der Regierungszeit Echnatons, und in der Gegenwart.
I. Akt, Theben, das Jahr 1 der Regierungszeit Echnatons. 1. Szene, »Begräbnis von Amenophis III.«: Das Begräbnis Amenophis' III., des Vaters Echnatons, wird vorbereitet. Der Erzähler spricht ein Totengeleit. Amenophis III. folgt der Prozession, seinen Kopf in Händen tragend. Das Volk von Theben und Aye fallen in einen Abschiedssalut für den scheidenden König ein. 2. Szene, »Die Krönung Echnatons«: Echnaton legt das Gewand für seine Krönung an. Der Schreiber verkündet den Namen und die Titel des neuen Pharaos, der mit der Doppelkrone von Unter- und Oberägypten gekrönt wird. Das Volk huldigt dem neuen Pharao. 3. Szene, »Das Fenster der öffentlichen Auftritte«, ein mit Fenstern versehener Balkon des Palasts: In Begleitung von Nofretete und Teje verkündet Echnaton seinem Volk den Anbruch einer neuen Zeit. Im Hintergrund bewegt sich der Leichenzug Amenophis' III. über einen Fluß ins Totenreich.
II. Akt, Theben und Achet-Aton, die Jahre 5–15 der Regierungszeit Echnatons. 1. Szene, »Der Tempel«, ein Amuntempel: Echnaton und seine Anhänger zerstören den Tempel und brechen damit die Macht der Amunpriester. Als Zeichen des Siegs scheint das Licht des Aton durch das weggerissene Dach in den Tempel. 2. Szene, »Echnaton und Nofretete«: König und Königin bekennen einander ihre Liebe. Im Hintergrund wird wiederum der Leichenzug in einem späteren Stadium seiner Reise sichtbar: Er erhebt sich auf den Flügeln großer Vögel zum himmlischen Land des Ra. 3. Szene, »Die Stadt/Tanz«: Der Schreiber spricht die Texte, die auf den Grenzsteinen der Stadt Achet-Aton stehen. In ihnen ist von der landschaftlichen Schönheit des Orts die Rede und davon, daß Echnaton die Stadt zum Ruhm Atons erbauen ließ. Während im Hintergrund Achet-Aton sichtbar wird, tanzen Echnaton und seine Anhänger zur Feier ihrer Einweihung. 4. Szene, »Hymne«: Echnaton bekennt sich in einer Hymne zu Aton als dem einen Schöpfergott. Hinter der Bühne singt der Chor den 104. Psalm (eine Adaption von Echnatons Sonnenhymnus).
III. Akt, Achet-Aton, das 17. Jahr der Regierungszeit Echnatons, und Gegenwart. 1. Szene, »Die Familie«, auf einer Seite ein Zimmer in Echnatons Palast: Echnaton und seine Familie sind von der Außenwelt isoliert. Vor dem Palast rezitiert der Schreiber aus den Amarna-Briefen, in denen von unterlassener Hilfeleistung Echnatons zur militärischen Sicherung der ägyptischen Provinzen in Syrien die Rede ist. Er hetzt damit das Volk gegen den König auf. 2. Szene, »Angriff und Sturz«: Unter Führung von Haremhab, Aye und dem Hohenpriester des Amun stürmt die Menge den Palast. Echnaton und seine Familie wer-

den verschleppt. 3. Bild, »Die Ruinen«, Gegenwart, Ruinenfeld von Achet-Aton (heute Amarna): Der Schreiber berichtet von der Renovierung des Amuntempels nach dem Sturz Echnatons. Touristen besichtigen das Trümmerfeld. Ein Reiseführer erläutert, was von Achet-Aton geblieben ist. 4. Szene, »Epilog«: Die Geister Echnatons, Nofretetes und Tejes irren durch das Ruinenfeld und schließen sich dem Leichenzug Amenophis' III. an, der im Hintergrund seine Reise ins Land des Ra fortsetzt.

**Kommentar:** In *Echnaton* hält sich Glass an seine Prinzipien einer additiven Minimal music, die er aus der Spielpraxis seines eigenen Ensembles entwickelt hatte. Wie in seinen vorangehenden Bühnenwerken sind alle musikalischen Parameter genau, das heißt auf konventionelle Weise notiert: Tempo und Instrumentation, ebenso die Anzahl der Wiederholungen der jeweiligen Patterns und auch das Aufeinandertreffen divergierender metrischer Strukturen zu »resulting patterns« (Steve Reich) sind exakt vermessen (ausgezählt) und resultieren nicht aus rhythmisch irrationalen Gebilden, wie etwa in Reichs *Piano Phase* (1967). Zudem gestattet die Partitur im Unterschied etwa zu Terry Rileys frühen Arbeiten in Minimal music weder Freiräume für Improvisationen, noch duldet sie Zufallskonstellationen. Zur Erzeugung des atmosphärischen, scheinbar monotonen Klangkontinuums sind agogische oder dynamische Freiheiten der Interpreten quasi ausgeschlossen; die Ausführung wird zu einer unpersönlichen, mechanischen Angelegenheit. Die instrumentale Realisation hat Glass nun einem Klangkörper übertragen, der nicht wie in *Satyagraha* (1980) das 19. Jahrhundert, sondern ältere Orchesterformationen zu adaptieren scheint. Auffällig ist ein differenzierterer, wählerischer Umgang mit Klangfarben, der sich im Verzicht auf Violinen, im Gebrauch der barocken Oboe d'amore, aber auch in einer größeren Schlagzeugbesetzung manifestiert, mit der (besonders plastisch in der Tanzszene zur Einweihung der neuen Stadt, II/3) ein exotisches Kolorit erzeugt wird. Durch die Besetzung mit einem Countertenor ist Echnaton deutlich von den übrigen Gesangssolisten abgehoben. Das strahlende und helle Timbre seiner Stimme unterstreicht seine geistige Sonderstellung innerhalb der Gesellschaft und sein androgynes Wesen, am eindrucksvollsten in der »Hymne an Aton« (II/4), deren Text das wichtigste Dokument der prämonotheistischen Gottesidee Echnatons wiedergibt. Durch eine geschickte Zusammenstellung wichtiger Textdokumente der Echnaton-Zeit entwirft Glass ein Bild des Königs, dessen historische Rolle heute nur noch fragmentarisch zu erschließen ist. Der Zuschauer kann den Stationen seiner Biographie problemlos folgen, da Glass einen Erzähler auftreten läßt, der zu genau fixierten Zeitpunkten die fremdsprachig gesungenen Texte in der jeweiligen Landessprache des Publikums vorspricht. Glass wollte *Echnaton* als Schlußteil einer Trilogie über bedeutende Persönlichkeiten der Wissenschaft (Albert Einstein), der Politik (Mahatma Gandhi) und der Religion (Echnaton) verstanden wissen. Echnaton ist jedoch nicht nur der Zeitfernste, sondern auch der Unbekannteste der drei und seine Rolle als Weltveränderer nur noch in Umrissen erfaßbar. Das Werk gibt deshalb kein geschlossenes Porträt, sondern exponiert Probleme und Streitfragen um eine Persönlichkeit, deren Deutung einerseits der szenischen Realisierung und damit dem Ermessen des Regisseurs (Glass beschränkt sich in seinem Szenario auf Hinweise zu wissenschaftlicher Literatur des 20. Jahrhunderts über die Zeit Echnatons), andrerseits dem Zuschauer selbst überlassen bleibt. Glass reicht seinem Zuschauer der »Weltkultur« die Frage nach dem großen historischen Subjekt und seiner welterneuernden Tat weiter. Er konfrontiert ihn mit einer von der asiatischen wie von der amerikanischen Kultur inspirierten Musik mit ihren Implikationen des maschinellen und elektronischen Zeitalters. So ist es nur konsequent, daß Glass (er ist übrigens der einzige Komponist der Minimal music, der sich dem Musiktheater zuwandte) *Echnaton* in engem thematischen Zusammenhang mit seinen beiden vorangehenden großen Bühnenwerken sehen wollte, denn mit dem Thema der Religion, exponiert vor allem in der Gottesidee Echnatons, ist neben Wissenschaft und Politik der dritte Grundpfeiler jeden Weltbilds zum Gegenstand gemacht.

**Wirkung:** *Echnaton* wurde vor allem wegen der eindrucksvollen, assoziationsreichen Präsentation gerühmt, für die Achim und Ilona Freyer ein umfangreiches Szenario entworfen hatten. Echnaton war mit dem Countertenor Paul Esswood hervorragend besetzt (Nofretete: Milagro Vargas, Teje: Maria Husmann, Haremhab: Wolfgang Probst, Hoherpriester: Arend Baumann, Aye: Helmut Holzapfel; Dirigent: Dennis Russell Davies). Die amerikanische Erstaufführung als *Akhnaton* (eine Gemeinschaftsproduktion der Grand Opera Houston und der New York City Opera) kam im Okt. 1984 in Houston, im Nov. in New York heraus. Sie stand unter der Regie von David Freeman (Echnaton: Christopher Robson, Nofretete: Marta Senn, Teje: Marie Angel; Dirigent: Christopher Keene) und stellte in starkem Kontrast zur Interpretation Freyers, in der Echnaton als faszinierende, vieldeutige Lichtgestalt erscheint, mit Echnaton einen mißgestalteten Hermaphroditen auf die Bühne, der zwischen kindischen Phantasien und idealistischen Visionen pendelt. Diese Inszenierung wurde 1985 (mit kleinen Änderungen, wiederum unter Freemans Regie) von der English National Opera London übernommen (Echnaton: Robson, Nofretete: Sally Burgess, Teje: Angel, Haremhab: Christopher Booth-Jones, Aye: Richard Angas; Dirigent: Paul Daniel).

**Autograph:** beim Komponisten. **Ausgaben:** Part: Dunvagen (Presser, Bryn Mawr, PA) [1984?; Leihmaterial]; Textb., engl. (Gesangstexte in alten Sprachen u. engl. übers.): ebd. 1984; Textb., dt. (Gesangstexte in alten Sprachen u. dt. übers. v. A. Frémont), in: Ph. Nr. 35, Staatstheater, Stuttgart 1984/85. **Aufführungsmaterial:** International Production Associates, NY (Rechte), Dunvagen (Presser, Bryn Mawr)
**Literatur:** P. DANIEL, Glass Music, in: Opera 36:1985, S. 615–619; weitere Lit. s. S. 409

*Rainer Franke*

# Alexandr Konstantinowitsch Glasunow

Geboren am 10. August 1865 in Sankt Petersburg (heute Leningrad), gestorben am 21. März 1936 in Neuilly-sur-Seine (bei Paris)

**Raimonda**
→ Petipa, Marius (1898)

**Wremena goda**
→ Petipa, Marius (1900)


# Reingold Morizewitsch Glier

Eigentlich Reinhold Glière; geboren am 11. Januar 1875 in Kiew, gestorben am 23. Juni 1956 in Moskau

**Schachsenem**
Opera w tschetyrjoch deistwijach, pjati kartinach

**Schachsenem**
Oper in 4 Akten, 5 Bildern

**Text:** Michail Petrowitsch Galperin und Dschafar Dschabarly, nach Motiven der mittelalterlichen persischen Erzählung
**Uraufführung:** 1. Fassung in russischer Sprache: 17. März 1927, Staatliches Aserbaidschanisches Achundow-Theater für Oper und Ballett, Baku; 2. Fassung in aserbaidschanischer Sprache: 4. Mai 1934, Staatliches Aserbaidschanisches Achundow-Theater für Oper und Ballett, Baku (hier behandelt)
**Personen:** Bachrambek, Feudalherr (B); Schachsenem, seine Tochter (S); Agdschagyus, ihre Freundin (Mez); Aschig Garib (T); Chani, seine Mutter (Mez); Schachweled, ein mächtiger Feudalherr (Bar); Chadschiachmed, Freund Aschig Garibs (T); Gjuloglan, Höfling Schachweleds (T); Gasan und Samed, Aschugen (Sänger) (2 T); Khan (Bar); Herold (Bar). **Chor, Ballett:** Volk, Freundinnen Schachsenems, Angehörige und Diener Bachrambeks, Schachweleds und des Khans
**Orchester:** 3 Fl (1 auch Picc), 2 Ob, E.H, 3 Klar, 3 Fg, K.Fg (ad lib.), 4 Hr, 3 Trp, 3 Pos, Tb, Pkn, Schl (gr.Tr, Bck, kl.Tr, Tamburin, Tamtam, Trg, Glsp), Cel, 2 Hrf, Streicher
**Aufführung:** Dauer ca. 2 Std. 30 Min.

**Entstehung:** Im Herbst 1924 begann in der aserbaidschanischen Zeitschrift *Kommunist* eine bis 1928 andauernde scharfe Auseinandersetzung um die Entwicklung der nationalen Kultur, besonders der musiktheatralischen Formen. Es entstand ein Streit um den Verzicht auf die nationale Tradition, der bis zu Überlegungen reichte, die Mugam-Oper zu verbieten. Mit *Schachsenem* wurde zumindest offiziell und bis heute der Streit um die Entwicklung der aserbaidschanischen Oper entschieden. Bereits 1923 hatte Glier auf Anregung der Sängerin Schewket Mamedowa, der späteren Interpretin der Schachsenem, vom Volksbildungskommissariat Aserbaidschans einen Vertrag zur »Schaffung einer nationalen Oper« angeboten bekommen. Er nahm diesen Auftrag an, reiste noch im selben Jahr nach Aserbaidschan und machte sich dort mit den Sitten und Gebräuchen sowie der Volksmusik bekannt. Für die Vertonung wurde die weitverbreitete, bereits von Michail Lermontow ins Russische übersetzte Legende von der schönen Schachsenem und dem Sänger Garib (auch Kerib) gewählt. Da Glier sich natürlich nicht in wenigen Wochen mit der Musik Aserbaidschans vertraut machen konnte, ließ er sich Volksmelodien von Mamedowa, Dschabar Karjagdar und Kurban Primow zutragen und integrierte sie in seine Partitur. Bezeichnenderweise fand die Uraufführung der neuen »Nationaloper« in russischer Sprache statt.
**Handlung:** In Aserbaidschan, Mittelalter.
I. Akt, Garten des Feudalherrn Bachrambek: Schachsenem, die Tochter des reichen Bachrambek, liebt den armen Sänger Garib. Der Vater läßt ihn ins Verlies werfen, die Tochter soll den reichen Schachweled heiraten. Schachsenem verhilft Garib zur Flucht und schwört, sieben Jahre auf ihn zu warten.
II. Akt, 1. Bild, Flußufer: Garib, müde von der Flucht, badet im Fluß, während ein Diener Schachweleds das Hemd raubt. 2. Bild, Karawanserei in einer persischen Handelsstadt: Reiche und arme fahrende Leute, Händler und Sänger kehren hier ein. Der Herold des Khans ruft einen Sängerwettstreit aus: Der Sieger soll von der Tochter des Khans belohnt werden. Garib siegt, doch verschmäht er den Siegeslohn. Da erreicht ihn die Botschaft Schachsenems, sie werde am nächsten Tag mit Schachweled vermählt. Das Volk schenkt Garib ein Wunderpferd, das ihn in kürzester Zeit zur Geliebten bringen soll.
III. Akt, wie I. Akt: Der letzte Tag der Frist ist angebrochen. Schachsenem wird Garibs blutbeflecktes Hemd gezeigt, so daß sie glaubt, er sei tot. Im Traum sieht sie den Geliebten auf dem Wunderpferd und erkennt die bevorstehende Ankunft.
IV. Akt, Saal in Bachrambeks Palast: Es ist der Tag der Hochzeit. In letzter Minute erscheint Garib. Schachweled stürzt sich mit dem Schwert auf den Rivalen, vor den sich schützend Schachsenem stellt. Der Bräutigam läßt von Garib ab und verschmäht die Braut, die einen andern liebt. Bachrambek verstößt die ungehorsame Tochter. Das Volk aber huldigt der Treue und Opferbereitschaft der Liebenden.
**Kommentar:** Die Partie der Titelheldin besteht aus

fünf selbständigen Episoden: einem Lied, drei Arien und einer Ballade. Jede davon ist harmonisch vielgestaltig und reich an motivischen Beziehungen. Ähnliches gilt für Garibs drei Arien und die Mugam-Demonstrationen innerhalb des Sängerwettstreits. Die wenigen Ensembles (zwei Duette Schachsenem/Garib im I., ein Duett Schachsenem/Agdschagyus sowie ein Quintett im IV. Akt) sind kompositorisch schwach entwickelt. Die Chöre, hier besonders vier ausgedehnte Frauenchöre, und die dominierenden Sologesänge Schachsenems und Garibs verleihen der Oper einen lyrischen, hellen Charakter, traditionell kontrastiert von den tiefen Stimmen der Bösen, des Vaters und des Bräutigams, und deren marschartiger Motorik. Der Sängerwettstreit, dramaturgisch entbehrlich, gibt Gelegenheit, reichlich Volksbräuche, Lieder, Tänze und Chöre vorzustellen. Außer den Melodiezitaten und der Imitation bestimmter Volksinstrumente, wie der Sas (ein kaukasisches Tamburin), findet weder in der Harmonik noch in der Stimmführung eine Auseinandersetzung mit der Volksmusikpraxis statt. Dafür geben die ausgedehnten instrumentalen Passagen, wie der Marsch Schachweleds (I. Akt), der Auftritt des Khans (II/2), das Intermezzo (vor dem III. Akt), der Hochzeitsmarsch (IV. Akt) sowie vor allem die Ouvertüre beredte Beispiele für eine »Symphonisierung des Mugam«; gemeint ist damit die Integration des alten, auf ladoharmonischem Fundament basierenden Improvisationsmodells in die Kontrastdramaturgie und die Dur-Moll-Tonalität der westeuropäischen Musizierpraxis. Die Rolle des Orchesters ist prinzipiell auf eine affektsteigernde, -deutende und -darstellende Funktion festgelegt.

**Wirkung:** Die kulturelle Situation war Ende der 20er Jahre in fast allen der Sowjetunion angegliederten asiatischen Republiken vergleichbar. Der Versuch, wie ihn Gadschibekow mit *Leili we Medschnun* (1908) unternommen hatte, aus den eigenen Ursprüngen heraus eine professionelle Musikkultur zu schaffen, galt zunächst für gescheitert. Mit *Schachsenem* wurde ein anderer Weg beschritten. Seiner erinnern sich noch heute die Komponisten Aserbaidschans und Usbekistans in Dankbarkeit: »Die Erschließung der Gestalt des neuen Menschen oder der Gestalt des Volkshelden der Vergangenheit von der Position der Gegenwart aus erfordert natürlich neue künstlerische Mittel. Der Kampf für die Bewahrung und Nutzung des klassischen Erbes in den 20er Jahren ging in Aserbaidschan parallel mit dem Kampf um die Einführung der professionellen Formen der Kunst« (Boris Seidman, S. 216, s. Lit.). In Parenthese sei vermerkt, daß Glier eine ähnliche Rolle auch in Usbekistan spielte. Hier hatte er das Melodram *Gjulsara* (Taschkent 1936) geschaffen und die Opern *Leili i Medschnun* (Taschkent 1940) und *Gjulsara* (Taschkent 1949). Bei den Opern war der usbekische Komponist Talib Sadykow Koautor, der ihm das authentische »Rohmaterial«, die Volksweisen, zuarbeitete, die Glier dann bearbeitete. Nach dem Tod des aserbaidschanischen Komponisten Abdul Magomajew wurde Glier von der Regierung Aserbaidschans gebeten, dessen erfolgreiche Oper *Negris* (1935) zu überarbeiten. Das Werk kam 1939 in Gliers Bearbeitung heraus. *Schachsenem* hatte eine beispielgebende historische Funktion. Gadschibekows *Kjorogly* (1937) ist die direkte Weiterführung einer hier gesetzten Tradition.

**Autograph:** 1. Fassung: Azerbaidžanskij republikanskij rukopisnyj fond Baku; 2. Fassung: Bibl. d. Aserbaidschanischen Staatlichen Theaters für Oper u. Ballett Achundow Baku. **Ausgaben:** 1. Fassung: Kl.A: Azmuzgiz, Baku 1927; 2. Fassung: Kl.A: ebd. 1935. **Aufführungsmaterial:** VAAP
**Literatur:** R. GLIÈR, Kak ja rabotal nad operoi ›Šachsenem‹, in: Isvestija, 24.4.1934; DERS., in: Šachsenem, hrsg. Bolšoi teatr opery i balety, Baku 1937; L. DANILEVIČ, Kniga o sovetskoj muzyke, Moskau 1962; N. E. PETROVA, R. M. G., 1875–1956. Kratkij očerk žizni i tvorčestva, Leningrad 1962; G. CHUBOV, Šachsenem (1938), in: Sovetskaja opera. Sbornik statej, Moskau 1963; B. SEIDMAN, G. i azerbaidžanskaja muzykalnaja kultura, in: Reingold M. Glièr. Stati, vospominanija, materialy, hrsg. V. M. Bogdanov-Berezovskij, Bd. 2, Leningrad 1967; S. M. VEKSLER, R. M. G. i uzbekskaja muzyka, Taschkent 1981

*Sigrid Neef*

**Krasny mak**
→ Laschtschilin, Lew Alexandrowitsch / Tichomirow, Wassili Dmitrijewitsch (1927)

**Medny wsadnik**
→ Sacharow, Rostislaw Wladimirowitsch (1949)

# Michail Iwanowitsch Glinka

Geboren am 1. Juni 1804 in Nowospasskoje (heute Glinka; bei Smolensk), gestorben am 15. Februar 1857 in Berlin

## Schisn sa zarja
**Opera w tschetyrjoch deistwijach s epilogom**

### Ein Leben für den Zaren
**Iwan Sussanin**
Oper in 4 Akten mit Epilog

**Text:** Jegori Fjodorowitsch Baron Rosen; Epilog: Wassili Andrejewitsch Schukowski
**Uraufführung:** 9. Dez. 1836, Bolschoi-Theater, St. Petersburg
**Personen:** Iwan Sussanin, Bauer des Dorfs Domnino (B); Antonida, seine Tochter (S); Wanja, Adoptivsohn Sussanins (A); Bogdan Sobinin, Landwehrmann und Bräutigam Antonidas (T); Sigismund III., König von Polen (B); ein polnischer Bote (T); ein russischer Krieger (B). **Chor:** russische Bauern und Bäuerinnen, Landwehrmänner, polnische Hofgesellschaft, Ritter. **Ballett:** polnische Hofgesellschaft, Tänzer

Tafel 11

**Tafel 11**

*oben*
Philip Glass, *Echnaton* (1984), I. Akt, 2. Szene; Paul Esswood als Echnaton; Regie: Achim Freyer, Ausstattung: Ilona und Achim Freyer; Uraufführung, Staatstheater, Stuttgart 1984. – Die wie Lichtstrahlen zur Erde fallenden Bänder von Echnatons Krönungsgewand nehmen Bezug auf die altägyptische Darstellung des Sonnengottes Aton, dessen zur Erde gerichtete Strahlen in Händen endigen.

*unten*
Philip Glass, *Satyagraha* (1980), II. Akt, 2. Bild; Regie und Ausstattung: Achim Freyer; Staatstheater, Stuttgart 1981. – Akteure bewegen sich umeinander wie ein Räderwerk, als Träger von Buchstabenschildern, Schriftbändern und -tafeln. Wörter bilden sich, lösen sich auf in einzelne Teile, setzen sich neu zusammen; mit diesen Veränderungen verbunden ist ein permanenter Bedeutungswandel. Der Prozeß kulminiert in einer Wortbedeutungsüberflutung des gesamten Bühnenraums.

**Orchester:** 2 Fl (2. auch Picc), 2 Ob (2. auch E.H), 2 Klar, 2 Fg, 4 Hr, 2 Trp, 3 Pos, Ophikleide, Pkn, kl.Tr, Hrf, Streicher; BühnenM: Trp, kl.Tr, Glsp
**Aufführung:** Dauer ca. 3 Std.

**Entstehung:** Anfang 1834 teilte Glinka in einem Brief an Señor Tobolsky (wahrscheinlich ein Pseudonym des Karikaturisten Nikolai Stepanow) mit, daß er ein Werk über sein Volk und dessen Helden schaffen wolle. Während der Heimreise von Italien 1834 notierte er sich bereits Melodien zur späteren Verwendung. Den endgültigen Anstoß für die Komposition gab der Dichter Schukowski im Winter 1834/35. Auf einem seiner allwöchentlichen Treffen mit den bekanntesten Künstlern Petersburgs, unter ihnen auch Alexander Puschkin und Nikolai Gogol, schlug er Glinka Iwan Sussanins heroische Selbstaufopferung als Opernsujet vor. Schukowski selbst wollte anfänglich das Libretto schreiben, trat dann aber wegen Arbeitsüberlastung zurück. Ende 1834 entwarf Glinka einen dreiaktigen Gesamtplan und nahm Kontakt mit verschiedenen Textdichtern auf. Wladimir Graf Sollogub schrieb einige Texte, überwarf sich aber mit Glinka, weil er dessen lapidare Auskunft, der II. Akt habe aus »Polonaise, Mazurka, Krakowiak und Chor« zu bestehen, als Anweisung für ein Divertissement mißverstand. Auch mit dem Dichter Nestor Kukolnik arbeitete Glinka kurze Zeit zusammen, doch nur Rosen erfüllte die schwierige Aufgabe, Texte und Verse für die bereits fixierten Figuren und Situationen zu schaffen. 1834–36 unternahm Glinka verschiedene Veränderungen am Gesamtplan, die darauf abzielten, die Handlungsabfolge im Wechsel von sozialer Aktion und familiärem Geschehen zu entwickeln. Glinkas eigene Situation, insbesondere seine Verlobung und Heirat, trugen nicht unwesentlich zur Ausformung von Sobinin und Antonida bei. Die dreimalige Umarbeitung der Ouvertüre, mit deren Komposition 1834 die eigentliche kompositorische Arbeit begann, zeigt Glinkas Bemühen, zwischen einzelnen Teilen, besonders zwischen Ouvertüre und Epilog, sinnstiftende Beziehungen herzustellen. Im Winter 1835/36 studierte er einzelne Arien mit befreundeten Sängern ein und führte im März 1836 den I. Akt im Haus von Michail Graf Wielgorski seinen Freunden vor. Kritische Hinweise Wielgorskis, des Komponisten und Publizisten Wladimir Fürst Odojewski sowie des Musikpädagogen und Pianisten Charles Mayer fanden Glinkas Zustimmung. In seinen autobiographischen Aufzeichnungen, den »sapiski«, macht er ausdrücklich auf die von ihnen veranlaßten Veränderungen aufmerksam. Kurz vor der Uraufführung gliederte Glinka den Epilog im Hinblick auf dessen Zusammenhang mit der Ouvertüre neu und brach mit der Tradition großangelegter Schlußchöre. Die Teilung in zwei Orte und Szenen zielt darauf ab, den Jubelgesang durch den Klageton zu unterbrechen, damit der neu ansetzende abschließende Ruhmeschor seine Kraft aus der Erinnerung und dem Gedenken gewinnt. Auf Bitten des Sussanin-Darstellers Ossip Petrow komponierte Glinka 1837 nach Texten Kukolniks eine Szene (Nr. 20) für die Partie des Wanja nach, die im selben Jahr anstelle der Sobinin-Arie gegeben wurde. Diese Praxis hat sich eingebürgert, ist aber nicht unumstritten. Wenige Tage vor der Uraufführung benannte Glinka die Oper, möglicherweise auf Anraten seiner Freunde, in *Schisn sa zarja* um. Nach 1917 setzte sich wieder der ursprüngliche Titel durch und gilt seit Sergei Gorodezkis 1939 am Bolschoi-Theater Moskau aufgeführter Libretto-Bearbeitung als verbindlich.

**Handlung:** Im Dorf Domnino und Umgebung, in Polen und Moskau, 1612/13.

I. Akt, Straße in Domnino: Bauern und Landwehr stehen zur Abwehr drohender Gefahr bereit. Bäuerinnen bieten ihnen Gruß und Willkommen. Männer und Frauen schließen sich zusammen, da sie die Heimat nicht preisgeben wollen. Antonida klagt, weil der Krieg ihre Liebe bedroht. Ihr Vater Iwan Sussanin mahnt, alle Hoffnung auf persönliches Glück zurückzustellen, da der Feind bereits in Moskau ist. Sobinin, Führer der Landwehr, bringt Antonida als Brautgeschenk die Nachricht, daß das Volk dem polnischen Feind erfolgreich entgegengetreten ist. Antonidas und Sobinins Bitten nachgebend, stimmt Sussanin ihrer Hochzeit als Unterpfand der Befreiung zu.

II. Akt, Thronsaal König Sigismunds III.: Die Polen wähnen sich als Herren Rußlands und feiern ihre Siege. Ein Bote stört das Fest mit der Nachricht, daß sich das russische Volk erhoben habe und erfolgreich Widerstand leiste. Der polnische Adel fürchtet um seine Sicherheit und Ehre, doch finden sich entschlossene Ritter, das erbeutete Land zu verteidigen.

III. Akt, Stube in Sussanins Haus: Der Waisenknabe Wanja ist bei Sussanin aufgewachsen, hat hier Zuneigung und Liebe gefunden und will den Seinigen bei der Verteidigung der Heimat beistehen. Sussanin gibt Wanjas Bitten nach, mit ihm in den Kampf ziehen zu dürfen. Die Tochter wird ihn verlassen, doch ist ihm dafür in Wanja ein Sohn herangewachsen. Die Nachbarn wünschen zur Hochzeit Glück und werden zum Fest geladen. Sussanin segnet das Paar. Sobinin eilt, Freunde und Verwandte zu holen. In Erwartung der

*Schisn sa zarja*, II. Akt; Choreographie: Antoine Titus; Illustration; Uraufführung, Bolschoi-Theater, Petersburg 1836. – Die festliche Eleganz der stilisierten Charaktertänze polnischer Soldaten täuscht über die Ungewißheit ihres Siegs hinweg.

Gäste bleiben Antonida, Sussanin und Wanja zurück. Polnische Krieger fordern Sussanin auf, ihnen den Weg zum Waldkloster zu weisen, in dem sich die russischen Streitkräfte aufhalten. Sussanin geht zum Schein darauf ein, doch schickt er Wanja heimlich fort, die Landwehr zu warnen. Die Mädchen verabschieden gemäß der Sitte die Braut. Antonida jedoch fürchtet, daß der Vater den Tod finden wird. Als Sobinin mit den Verwandten eintrifft und vom Geschehen erfährt, macht er sich auf, Sussanin zu retten. IV. Akt, 1. Bild, dichter Wald: Während eines Schneesturms gibt die Landwehr die Hoffnung auf, die Spuren Sussanins und der Polen zu finden. Doch Sobinin weckt den Mut seiner Gefährten aufs neue. 2. Bild, ein anderer Teil des Walds, vor den Toren des Waldklosters: Wanja warnt vor einem polnischen Überfall; die russischen Streitkräfte ziehen zum Kampf hinaus. 3. Bild, ein wiederum anderer Teil des Walds, dicht und undurchdringlich, es beginnt zu dunkeln: Sussanin hat die Polen in eine ausweglose Lage gebracht; aus diesem Dickicht werden sie nicht mehr herausfinden. Die erschöpften Polen wollen bis zum Morgen rasten. Sussanin hofft noch auf Rettung, doch als der Morgen dämmert, weiß er, daß er den Tod finden wird, und nimmt Abschied vom Leben. Er bekennt den Polen, sie in die Irre geführt zu haben, und wird von ihnen erschlagen. Epilog, 1. Bild, vor den Toren zum Roten Platz: Das Volk freut sich des Siegs über den Feind. Doch im Siegesjubel wird Klage laut. Wanja berichtet von Sussanins Tat und Tod. Der Bauer wird in den Kreis der Helden aufgenommen. 2. Bild, der Rote Platz: Es erschallt Jubel über die befreite Heimat.

**Kommentar:** Michail Cheraskow, Autor des russischen Heldenepos *Rossijada* (1779), erwähnte 1805 erstmals Iwan Sussanin als einen der Dichtung würdigen Helden. Alsbald übernahmen verschiedene Künstler diese Figur und hoben jeweils das für sie Wesentliche aus dem historischen Ereignis hervor. Als der zerstrittene russische Adel das Land den polnischen Eindringlingen unter Sigismund III. bereits preisgegeben hatte, riefen Dmitri Fürst Poscharski und der Kaufmann Kusma Minin das Volk zur Selbstbefreiung auf. Im Verlauf dieses schließlich erfolgreichen Kampfs, der auch dem Bojaren Romanow als Michail den Zarenthron verschaffte, opferte der Bauer Iwan Sussanin im Winter 1612/13 sein Leben, als er zur Rettung der russischen Streitkräfte eine Abteilung der Polen in die Irre führte. Die offizielle zaristische Geschichtsschreibung leugnete lange Zeit diese für das monarchistische System so unbequeme Figur. Doch mit der Formierung der antinapoleonischen Befreiungsbewegung traten Ähnlichkeiten zwischen den historischen Situationen von 1612 und 1812 hervor, und Sussanins Name wurde zum Synonym für den russischen Befreiungskampf. Im Frühjahr 1812 erschien die erste Erzählung über Sussanin, der weitere folgten. Die Bedeutung Sussanins war nicht mehr zu leugnen; deswegen deuteten die Anhänger der Monarchie seine Tat in ihrem Sinn. Alexandr Fürst Schachowskoi schrieb ein Libretto *Iwan Sussanin* (Musik: Katerino Kawos, Petersburg 1815), in dem die Motive der Selbstaufopferung als Treue zum Zaren gedeutet wurden. 1823 schuf Kondrati Rylejew sein Epos *Iwan Sussanin* und interpretierte Sussanins Tat als die eines freien, selbstbewußten Patrioten. Nach dem Dekabristenaufstand (1825) und Rylejews Hinrichtung durften Name und Werk des Dichters nicht mehr genannt werden. Dies Tabu währte bis zum Ende der russischen Selbstherrschaft und wurde durch die Aufdeckung der Petraschewzen-Bewegung, die für die Anwendung von Charles Fouriers und Pierre Joseph Proudhons Lehren in Rußland eintrat, 1849 noch verstärkt, so daß Glinka noch in den 1854/55 geschriebenen »sapiski« sich nur indirekt (wenngleich eindeutig) zu Rylejews Epos bekennen konnte. Hugo Riemanns Ansicht, daß mit *Schisn sa zarja* die nationale russische Musik beginne, da sich Glinka von deutschen und italienischen Einflüssen freizumachen verstand, war zu Beginn des 20. Jahrhunderts weit verbreitet, obgleich sie weder durch eine Analyse zu belegen ist noch den ästhetischen Intentionen Glinkas entspricht. Wenn *Schisn* den Rang einer russischen Nationaloper beanspruchen kann, dann stehen dafür nicht nur die Verwendung von Volksliedmelodien oder der vaterländisch-heroische Stoff ein. *Schisn* ist die erste russische Oper, in der Rezitativ und Kantilene gleichberechtigte Bedeutung erlangten und in der Eigentümlichkeiten russischer Volksmusikpraxis als strukturelles Verfahren in die Komposition einbezogen wurden. Glinkas »liedhaftes Rezitativ« vereinigt Ausdrucksfähigkeit und dramatische Flexibilität mit Melodizität unter Rückgriff auf die russische Sprachintonation. Es zeichnet sich durch eine von intonatorisch-rhythmischen Kadenzen abgerundete Liedhaftigkeit, »pessenost«, und strukturelle Kongruenz zwischen Satzbau und musikalischer Phrase aus. Fließende Übergänge zwischen den Musiknummern und Dialogen werden in den Szenen mannigfaltig erprobt. Glinka verbindet durch thematisch-musikalische Beziehungen nicht nur Einzelsituationen miteinander, sondern erreicht auch eine über die bloße Geschehensfolge hinausgehende Gesamtaussage. Dabei handelt es sich um traditionelle Erinnerungsmotivik, wie in den sieben Motivzitaten der Abschieds- und Sterbeszene Sussanins (IV. Akt), und um eine charakterisierende Anwendung rhythmischer Modelle, zum Beispiel der Mazurka für die Polen. Zudem existieren thematische Beziehungen, die zwischen Ouvertüre, Introduktion, III. Akt und Epilog und zwischen den Instrumental- und Gesangspartien vermitteln und übergreifende Zusammenhänge schaffen. Mit den berühmten Worten »stracha ne straschus« (III. Akt) weist Sussanin die ihn zum Verrat auffordernden Polen zurück, und zwar im Ton der verteidigungsbereiten Landwehrleute und Bauern (»W burju, s grosu«-Chor der Introduktion). Die erneute Wiederkehr dieses Themas im Zwischenspiel zum Epilog antizipiert, was dann Schlußchor und Terzett ausdrücklich in Worten bestätigen: Der Geist dieses Manns überdauert seinen physischen Tod. Als charakteristisches Gestaltungsmittel sind vor allem Imitationspraktiken erwähnenswert. So gilt der fugierte Chor der Introduktion als die Erfüllung von Glinkas Ideal einer über das Zitieren von Volksliedmelodien hinausgehenden Verbindung von westeuropäischer Kontrapunktik mit den polyphonen Variationsverfahren der russischen Chormusikpraxis. In dieser Hinsicht hat sich die Beurteilung dieses Chors radikal gewandelt. Bis in die Mitte der 50er Jahre des 20. Jahrhunderts galt Alexandr Serows Urteil als verbindlich, der Glinka eine ungenügende Beherrschung der Fugentechnik zum Vorwurf machte. Sergei Tanejew hat die der volkstümlichen russischen Chormusikpraxis eigentümlichen kontrapunktischen Techniken systematisiert und als vertikal beziehungsweise horizontal beweglichen (»podwischny«) Kontrapunkt bestimmt. Glinka hat diese Möglichkeiten von Stimmversetzungen und -verschiebungen in *Schisn* bereits praktisch angewandt. Eins der berühmtesten und folgenreichsten Beispiele hierfür ist der »Slawsja«-Chor, der später Schlußchor des Epilogs geworden ist. Er stellt eine polyphone Variation dar, vervollständigt durch Chorstimmen- oder Orchesterfigurationen und miniaturhafte Sequenzierungen. Durch horizontale Stimmverschiebung erzielt Glinka im »Slawsja«- wie auch im Hochzeitschor »My na rabotu w les« (III. Akt) eine Art »unendlicher« polyphoner Variation. Trotz dieser Bestrebungen blieb Glinka in der Regel dem Periodenbau und symmetriefordernden Kadenzprinzip verpflichtet, was er später selbst als Schwäche gewertet hat. Er nannte deshalb seine erste Oper »starucha«, die Alte, um den Abstand zur zweiten zu markieren.

**Wirkung:** Der Erfolg der Uraufführung war groß und nachhaltig, wie von der Sängerin des Wanja, Anna Petrowa-Worobjowa, bezeugt wird: »Die Wirklichkeit [realnost] dieses Chors [Introduktion] traf mich furchtbar; während des ruhigen Gesangs der Männer plappert das Häufchen Frauen wie eine Ratsche los. Nach der gewohnten italienischen Musik war das so neu und wirklich, daß mir vor Begeisterung der Atem stockte.« In der bald darauf einsetzenden Diskussion wurde die Auseinandersetzung auf den für eine Nationaloper wesentlichen Punkt gebracht: inwieweit es eine Entwicklung in der Kunst gebe und wie diese zu befördern sei. Noch im Dez. 1836 publizierte Odojewski drei Artikel in der Zeitschrift *Sewernaja ptschela* (7., 15. und 16. Dez.), auf die sich alle folgenden Rezensenten, Anhänger oder Gegner von *Schisn sa zarja* bezogen. Odojewski erinnert in diesem Zusammenhang an die Werke von Alexandr Aljabjew, Wielgorski und Iossif Genischta, die, ohne Volkslieder zu zitieren, in ihrer Melodik typisch russisch seien. Glinka habe diese Stilelemente in noch nie dagewesenem Umfang verwendet; mit seiner Oper beginne die Periode der russischen Musik. Faddei Bulgarin, Sprachrohr reaktionärer Kreise, gegen den sich auch Puschkin verteidigen mußte, reagierte prompt, indem er noch im Dez. 1836 in derselben Zeitschrift die Frage nach der Entwicklung der Kunst aufgriff. Seiner Meinung nach sollte der Komponist nicht nach Neuem streben, sondern sich lediglich überlieferter Stilmittel bedienen. Gogol schätzte *Schisn*, weil Glinka hier zwei slawische Musikstile, den russischen und den polnischen, glücklich zu verbinden verstand. Wladimir Stassow und Serow waren sich in der Bedeutung des nationaltypischen Elements für die Entwicklung der russischen Oper einig und hoben dies an Glinkas Opernerstling hervor. Für beide galt der »Slawsja«-Chor als beispielhaft. Der auf Richard Wagners Prinzip des Musikdramas fixierte Serow arbeitete eine Art Monothematik in *Schisn* heraus, indem er die allmähliche Formierung des »Slawsja«-Themas vom Beginn des I. Akts an nachzeichnete (s. Lit.). Nach Alexandr Dargomyschskis und Modest Mussorgskis Versuchen mit einem »melodischen Rezitativ« stellte sich die Frage nach der Bedeutung von Glinkas »liedhaftem Rezitativ« neu. Während German Larosch (*Glinka i jewo snatschenije w istorii musyki*, Moskau 1867) und Nikolai Kaschkin (*Glinka i jewo ispolnenije*, Moskau 1902) Glinkas Rezitativform weiterhin als wegweisend verteidigten (ihnen wurde von der Praxis recht gegeben), publizierte Zesar Kjui zum 50. Jahrestag der Uraufführung von *Schisn* 1886 seine Gegenposition, nach der Glinka die Gattung Oper nicht vorangebracht, sondern sich mit den Formen zufrieden gegeben habe, die im Westen schon in Gebrauch waren; erst mit Dargomyschski und seiner Schule nehme die russische Oper ihren

*Schisn sa zarja*; Julia Platonowa als Antonida, Ossip Petrow als Sussanin; Mariinski-Theater, Petersburg. – Seit seinem großen Erfolg als Sussanin der Uraufführung war Petrow bis in die 70er Jahre einer der führenden Interpreten der russischen Oper. Platonowa debütierte 1863 mit der Partie der Antonida.

eigentlichen Anfang. Seit der Uraufführung (außer den Genannten Marija Stepanowa als Antonida; Choreographie: Antoine Titus, Bühnenbild: André Roller) ist das Werk ständig im Repertoire der Bühnen in Petersburg und Moskau (seit 1842) und wurde bis 1917 jeweils zur Saisoneröffnung gespielt (letzte Neuinszenierung in Leningrad 1978). Das Moskauer Bolschoi-Theater brachte 1939 (Textbearbeitung von Gorodezki), 1942, 1945 (Inszenierung: Leonid Baratow, Choreographie: Rostislaw Sacharow, Bühnenbild: Pjotr Wiljams; Sussanin: Alexandr Wedernikow, Antonida: Antonina Neschdanowa) und 1979 Neuinszenierungen. Emil Passynkow inszenierte das Werk 1981 in Perm und 1984 in Minsk (Sussanin: Jaroslaw Petrow). Fjodor Schaljapin sang 1898 in der Privatoper von Sawwa Mamontow den Sussanin. 1924 erschien das Werk in einer freien Bearbeitung als *Sa serp i molot (Für Sichel und Hammer)* in Odessa und 1926 in Baku. Gorodezkis Librettobearbeitung wurde bereits in den 50er Jahren von dem Musikwissenschaftler Boris Jarustowski kritisiert, doch wird sie noch heute verwendet. Es kann Gorodezki als Verdienst angerechnet werden, anstelle des Zarennamens konsequent die von Minin und Poscharski eingesetzt zu haben, doch fallen die oftmals triviale Eindeutigkeit der Sprache sowie die Verstöße gegen das Versmaß negativ ins Gewicht. Obgleich die französische Öffentlichkeit durch Henri Mérimées Reisebericht *Une Année en Russie* (in: *Revue de Paris*, März 1844) auf Glinkas Oper aufmerksam gemacht wurde, erfolgte die Aufnahme ins Repertoire westeuropäischer Bühnen zögernd und spät: 1866 Prag, 1874 Mailand, 1878 Hannover (deutsche Erstaufführung unter Hans von Bülow, deutsch von Richard Pohl), 1887 Covent Garden London mit Emma Albani (Antonida), Sofia Scalchi (Wanja), Jules-Célestin Devoyod (Sussanin) und Julián Gayarre (Sobinin). 1888 unternahm eine russische Gruppe von Berlin über Kopenhagen nach London und einigen andern englischen Städten. Weitere Aufführungen gab es 1890 in Nizza, 1896 in Paris, 1900 in Hamburg und 1936 in San Francisco. 1940 brachte die Berliner Staatsoper das Werk mit Maria Cebotari, Jaro Prohaska, Helge Rosvænge und Beate Asserson heraus. Von den neueren Inszenierungen außerhalb der Sowjetunion sind die 1949 in Prag, 1950 in Sofia, 1953 in Leipzig, 1958 in Triest und 1959 in Dresden (Regie: Alfred Eichhorn, Dirigent: Wilhelm Schleunig; mit Theo Adam, Ruth Glowa-Burkhardt, Gerhard Hösel und Ilse Ludwig) zu nennen. Ebenfalls 1959 inszenierte Tatiana Pavlova das Werk an der Mailänder Scala. Unter der Leitung von Efrem Kurtz und in der Ausstattung von Nicola Benois sangen Boris Christoff, Renata Scotto, Fiorenza Cossotto und Ruggero Raimondi. 1967 wurde *Schisn sa zarja* am Teatro San Carlo Neapel aufgeführt (Adriana Maliponte, Giorgio Casellato Lamberti und Christoff).

**Autograph:** Bibl. Saltykov-Ščedrin Leningrad. **Ausgaben:** Part: Stellovskij, Petersburg 1875 [ohne Ouvertüre]; ebd. 1881; Belaieff 1907; Jurgenson, Moskau 1907; Part in: Polnoe sobranie sočinenij, Bd. 12 A u. B, Muzyka, Moskau 1965; Kl.A: Stellovskij, Petersburg 1857; Kl.A, russ./dt.: Gutheil, Moskau 1885; Kl.A in: Polnoe sobranie sočinenij, Bd. 13, Muzyka, Moskau 1964; Kl.A, Bearb. v. S. Gorodecki, S. Samosud: Muzgiz, Moskau 1953, Nr. 17183; Part u. Kl.A, dt. Übers. v. H. Möller: Henschel-Vlg., Bln./DDR 1953. **Aufführungsmaterial:** dt. Übers. v. H. Schmidt: Peters

**Literatur:** P. VEIMARN, G. Biografičeskij očerk, Moskau 1892; O. v. RIESEMANN, G., in: DERS., Monografien zur russischen Musik, Bd. 1, München 1923, S. 63ff.; M. PEKELIS, G., in: Istorija russkoj muzyki, Moskau 1940, S. 348–367; B. ASAFEV, M. I. G., Moskau 1947, S. 213–228; A. OSOVSKIJ, Dramaturgija opery M. I. G. ›Ivan Susanin‹, in: Issledovanija i materialy, Leningrad, Moskau 1950, S. 7–71; C. CUI, Šestidesjatiletie ›Ivana Susanina‹, in: Isbrannye stati, Leningrad 1952; V. STASOV, M. I. G., monografija, in: DERS., Izbrannye sočinenija, Bd. 1, Moskau 1952; M. I. GLINKA, Literaturnoe nasledie, Leningrad, Moskau 1952/53, Bd. 1, S. 687–699, Bd. 2, S. 305–314; V. PROTOPOPOV, Istorija sozdanija uvertjury ›Ivana Susanina‹, in: Sovetskaja muzyka, Bd. 1, Moskau 1954, S. 54–65; T. LIVANOVA, V. PROTOPOPOV, G. tvorčeskij put, Moskau 1955, Bd. 2, S. 162–268; A. SEROV, ›Ivan Susanin‹. Opera M. I. Glinki opyty techničeskoi kritiki nad muzykoj M. I. Glinki. Rol odnogo motiva v celoj opere ›Ivan Susanin‹, in: Izbrannye stati, Bd. 2, Moskau, Leningrad 1957; V. PROTOPOPOV, ›Ivan Susanin‹ Glinki. Muzykalno-teoretičeskoje issledovanie, Moskau 1961; M. I. GLINKA, Aufzeichnungen aus meinem Leben, Bln. 1961; DERS., Polnoe sobranie sočinenij. Literaturnye proizvedenija i perepiski, 2 Bde., Moskau 1973–77; D. BROWN, M. G. A Biographical and Critical Study, London 1974; M. RACHMANOVA, M. G. – ein russischer Genius, in: Kunst u. Lit. 12:1978, S. 1328–32; O. LEVAŠOVA, G.s Briefe, ebd., S. 1333–40

*Sigrid Neef*

## Ruslan i Ljudmila
Wolschebnaja opera w pjati deistwijach

### Ruslan und Ljudmila
Phantastische Oper in 5 Akten

**Text:** Michail Iwanowitsch Glinka und Walerjan Fjodorowitsch Schirkow, nach dem Poem (1820) von Alexander Sergejewitsch Puschkin; Mitarbeit: Nestor Wassiljewitsch Kukolnik, Nikolai Andrejewitsch Markewitsch, Michail Alexandrowitsch Gedeonow, Konstantin Alexandrowitsch Bachturin und Alexander Alexandrowitsch Fürst Schachowskoi
**Uraufführung:** 9. Dez. 1842, Bolschoi-Theater, St. Petersburg
**Personen:** Swjetosar, Kiewer Großfürst (B); Ljudmila, seine Tochter (S); Ruslan, Kiewer Ritter, Ljudmilas Bräutigam (B oder Bar); Ratmir, ein chasarischer Fürst (A); Farlaf, ein warägischer Ritter (B); Gorislawa, Gefangene Ratmirs (S); Finn, ein guter Zauberer (T); Naina, eine böse Zauberin (Mez); Bajan (Balladensänger) (T); Tschernomor, ein böser Zauberer, Zwerg (stumme R); Kopf eines Riesen (Chor: T, B).
**Chor, Ballett:** Verwandte Swjetosars, Ritter, Bojaren, Bojarinnen, Dienerinnen, Kinderfrauen, Ammen, Edelknaben, Waffenträger, Truchsesse, Druschina (Anhängerschaft des Fürsten), Volk, Mädchen des Zauberschlosses, Mohren, Zwerge, Sklaven Tschernomors, Nymphen, Undinen

**Orchester:** Picc, 2 Fl, 2 Ob (2. auch E.H), 2 Klar, 2 Fg, K.Fg, 4 Hr, 2 Trp, 3 Pos, Pkn, Schl (gr.Tr, kl.Tr, Tamburin, Bck, Glsp, Trg), Glasharmonika, Kl, Hrf, Streicher; BühnenM: Picc, 2 Fl, 2 Ob, kl. Klar, BassettHr, B.Klar, 4 Hr, 2 A.Hr, 2 T.Hr, B.Hr, 3 Kornette, 4 Trp, 3 Pos, 2 Tb, B.Tb, Schl (gr.Tr, kl.Tr, Tamburin, Bck, Trg)
**Aufführung:** Dauer ca. 3 Std. 15 Min. – Orchestration von Mili Balakirew (Moskau 1907) für Theater mit kleinem Orchesterapparat.

**Entstehung:** Glinka faßte den Plan, eine Oper nach Puschkins Poem zu schreiben, Ende 1836, als sich der Konflikt zwischen Zar Nikolaus I. und dem Dichter bereits zuspitzte. Puschkin selbst soll 1836 im Schukowski-Kreis von einer lyrischen Oper, die die choreographischen, musikalischen und dekorativen Künste vereinigt, gesprochen haben. Glinka bewies Mut, als er an *Ruslan i Ljudmila* als Opernstoff festhielt, denn nachdem Puschkin im Febr. 1837 an den Folgen eines Duells gestorben war, konnte die Handlung des Poems (zwei Liebende werden durch die Machenschaften eines fürstlichen Ungeheuers getrennt) als Parabel verstanden werden. Des Zaren unverhohlen gezeigtes Interesse für Puschkins Frau Natalija war eine der Ursachen des Duells gewesen. Glinka hatte daher allen Grund, die Öffentlichkeit in dem Glauben zu lassen, die unter seinem zweiten Oper sei ein Kind weinseliger Laune entstanden. In seinen 1854/55 geschriebenen autobiographischen Aufzeichnungen, den »sapiski«, teilt er mit, der betrunkene Bachturin habe im Winter 1837 in einer Viertelstunde den Gesamtplan der Oper entworfen. Bereits Wladimir Stassow versuchte, Glinka in dieser Hinsicht gleichsam gegen sich selbst zu schützen. Doch ein Jahrhundert lang glaubte man an das falsche Bild, das Glinka gezeichnet hatte: die Oper sei als Stück- und Flickwerk nach Texten von sechs verschiedenen Librettisten entstanden. Erst nachdem der Briefwechsel Glinkas mit Schirkow und dessen Arbeitsaufzeichnungen gefunden und in den 50er Jahren des 20. Jahrhunderts publiziert worden waren, änderte sich das Bild. Es zeigt sich nun, daß Glinka bereits im Winter 1837 einen Gesamtplan der Oper, »ursprünglicher Plan« genannt, entworfen hatte und im Verlauf dieses und des folgenden Jahrs mit seinem Freund, dem Dichter und Maler Schirkow, zusammenarbeitete. Während seines Scheidungsprozesses 1839 unterbrach Glinka die Arbeit und nahm sie erst 1841 wieder auf. Auch dann blieb Schirkow wichtigster Partner; allein 19 der 27 Nummern stammen von ihm. Die andern Mitarbeiter wurden nur kurzzeitig herangezogen, vor allem als Schirkow 1841 in die Ukraine gereist war. So adaptierte Markewitsch Verse Puschkins für den Persischen Chor und die Ballade Finns; die Szene Farlaf/Naina und das Rondo schrieb sich Glinka selbst. Gedeonow verfaßte die Texte für das Duett Finn/Ruslan und das Finale des II. Akts, Kukolnik die für das Duett Ratmir/Finn und das Ende des V. Akts. Diese Mitarbeiter hatte sich Glinka bewußt gewählt; so war Kukolnik ein anerkannter, wenngleich konservativer Dichter und Gedeonow Zensor in Petersburg. Im Dez. 1841 schickte Glinka das Programm der nahezu vollendeten Oper (es fehlten nur wenige Nummern, die Ouvertüre und die Zwischenspiele) an die kaiserliche Theaterdirektion. Schirkow gegenüber äußerte er die Befürchtung, daß er das Finale noch umarbeiten müsse, »denn ich nehme an, daß die letzte Szene geändert wird« (Brief vom 20. Dez. 1841). Tatsächlich strich die Direktion die dort ausgeführte Ermordung und Auferstehung Ruslans. Dies hätte zu stark an Puschkin erinnert. Später, schon während der Einstudierung, wurde dann auch des Bajan Preislied auf Puschkin gestrichen, und so gelangte die Introduktion nur in verstümmelter Gestalt zur Uraufführung. Obwohl die schwankende Gefühlslage des Komponisten, die Trennung von seiner Frau Marija, die Liebe zu Jekaterina Kern bald hindernd, bald fördernd die Komposition beeinflußten, verlief diese insgesamt folgerichtig, begann mit den Hauptpartien, denen die Finale sich anschlossen, und endete mit den Tänzen und Zwischenspielen. Die Ouvertüre wurde während der Einstudierungsphase dem Orchester quasi auf den Leib geschrieben.

**Handlung:** In Rußland, sagenhafte Vorzeit.
I. Akt, prunkvoller großfürstlicher Festsaal in Kiew: Großfürst Swjetosar hat zur Hochzeit seiner Tochter Ljudmila geladen. Die Gäste erwarten von einem Bajan gefällige Weisen und ein Preislied auf die Herrschenden. Er aber warnt vor dem Wechsel des Schicksals und spricht allein dem Künstler unsterblichen Ruhm zu. Ljudmila sagt Vater, Heimat und Kindheit Lebewohl, verabschiedet die abgewiesenen Freier, den Ritter Farlaf und den Chasarenfürsten Ratmir, und vertraut sich Ruslan an. Swjetosar segnet das Paar. Ruslan und Ljudmila schwören sich Treue bis in den Tod. Da wird Ljudmila geraubt. Es geschieht vor aller Augen, und doch hat es keiner gesehen. Swjetosar verspricht das halbe Reich und Ljudmila demjenigen, der ihm die Tochter zurückbringt. Ratmir, Ruslan und Farlaf machen sich auf den Weg.
II. Akt, 1. Bild, Finns Höhle: Auf seinem Weg begegnet Ruslan ein kundiger Mann, der ihm verrät, daß

*Ruslan i Ljudmila*, IV. Akt; Choreographie: Antoine Titus; Illustration; Uraufführung, Bolschoi-Theater, Petersburg 1842. – Weder die verführerische Ambivalenz des Orients noch die in dieser Welt wurzelnden, aber europäisch stilisierten Tänze können Ljudmilas Retter von ihrem Vorhaben abhalten.

Ljudmila vom Zwerg Tschernomor geraubt und auf dessen Schloß entführt worden ist. Finn erzählt Ruslan sein Leben und lehrt ihn, daß Liebe weder durch Gewalt noch durch List zu erringen sei. Er hatte versucht, die schöne Naina zuerst durch Gold, dann durch magische Kräfte zu gewinnen. Darüber war die Zeit vergangen, und als er deren Liebe endlich gewann, waren beide alt geworden. Statt Liebe entbrannte Haß. Naina versucht nun, alle wahren Liebenden zu verderben; so wird sie auch Ruslan verfolgen. Finn will Ruslan gegen Naina helfen, doch die mutige Tat, unter Lebensgefahr den Zwerg zu besiegen, muß Ruslan allein vollbringen. 2. Bild, öde Gegend: Farlaf wünscht sich Ljudmila als Braut, scheut aber die Mühe ihrer Befreiung. Naina lauert ihm auf und verspricht, er werde Ljudmila bekommen. Farlafs Freude ist groß. 3. Bild, weites Feld: Ruslan sieht die Gebeine tapferer Kämpfer, deren Namen keiner rühmt, und erkennt schaudernd, daß auch ihm dies Schicksal zuteil werden kann. Die Hoffnung der Liebe rettet ihn vorm Verzagen. Ruslan stört die Ruhe der Toten und wird von deren Wächter, einem Riesenkopf, bedroht. Er wehrt sich und tötet das Ungeheuer. Der Sterbende verrät, daß er Tschernomors Bruder sei und von diesem im Streit um ein Schwert getötet wurde, von dem geweissagt ist, daß es den Riesenkopf und Tschernomor töten werde. Es fällt Ruslan zu.
III. Akt, Nainas Zauberschloß: Schöne Mädchen versprechen Zuflucht vor der Kälte und den Plagen der Welt und locken Wanderer ins Schloß. Ein Mädchen, das den ungetreuen Geliebten sucht, hört den süßen Ton und kehrt im Schloß ein. Es ist Gorislawa auf der Suche nach Ratmir. Ratmir, auf Ljudmilas Spur, hört ebenfalls die Rufe der Mädchen und findet sich ein. Nainas Mädchen entflammen seine Lust. Ratmir verlacht Gorislawas Treue. Die Zurückgewiesene bittet Ruslan um Schutz. Auch ihn haben die Rufe verlockt, auch ihm verwirren sich die Sinne. Er verliebt sich in Gorislawa. Finn erlöst die Ritter aus dieser Verwirrung. Ratmir und Gorislawa werden ein Paar und machen sich mit Ruslan zu Ljudmilas Befreiung auf.
IV. Akt, Tschernomors Zaubergärten: Ljudmila wird mit den Genüssen des Orients verwöhnt, doch sie weist alles zurück. Tschernomor zeigt sich ihr, offenbart seine Macht und Herrlichkeit. Er wird zum Zweikampf gefordert, versenkt Ljudmila in einen Zauberschlaf und wird besiegt. Ruslan hat Ljudmila befreit, kann aber den Zauberschlaf nicht bannen. Ihre Lippen umspielt ein Lächeln. Verzweiflung und Eifersucht treiben Ruslan zum Wahnsinn, Gorislawa und Ratmir stehen ihm bei. Sie versprechen sich Hilfe von heilkundigen Männern; alle machen sich auf nach Kiew.
V. Akt, 1. Bild, Nachtlager von Ruslan und den Seinen in einem Tal: Ratmir ist durch Gorislawas Liebe verwandelt. Die schlafende Ljudmila wurde von Ruslans Seite geraubt; er jagt den Räubern hinterher. Ratmirs Liebe zu Gorislawa wird geprüft. Er erhält von Finn einen Ring, der Ljudmilas Schlaf bannen kann, und wird beauftragt, diesen Ruslan zu überbringen. 2. Bild, Festsaal in Kiew: Farlaf hat mit Nainas Hilfe Ljudmila geraubt und nach Kiew gebracht. Swjetosar und die Seinen trauern um die vom Todesschlaf Umfangene. Farlaf kann den Zauber nicht bannen. Ruslan erst erweist sich als der wahre Befreier. Mit Finns Zauberring erlöst er Ljudmila. Die Liebenden freuen sich ihrer Vereinigung. Gorislawa und Ratmir erinnern sich der Freundeshilfe in schwerer Stunde. Das Volk dringt herein, und alle vereinigen sich in der Hoffnung, daß Liebe Kälte und Tod besiege.

**Kommentar:** Puschkin war mit *Ruslan i Ljudmila* schlagartig zum Mittelpunkt der russischen Literatur seiner Zeit geworden. Bereits 1822 erklärte der Lyriker Alexander Bestuschew in seinem Sendschreiben *An den Autor des Poems ›Ruslan i Ljudmila‹*, daß hier Prinzipien der russischen Vorromantik in Vollendung realisiert worden seien. Puschkin bezog sich nicht nur auf die verschiedensten, stilistisch und auch kulturell unterschiedlichsten Quellen, wie Ludovico Ariostos *Orlando furioso* (1515), Christoph Martin Wielands *Oberon* (1780) und Wassili Schukowskis *Die zwölf schlafenden Jungfrauen*, sowie auf russische Märchen, Abenteuererzählungen und Heldenepen. Er erhob auch in klarer Abwendung von der klassizistischen Ästhetik die Stilhöhenmischung zum Prinzip, stellte durch Autorenkommentare entsprechende zeitkritische Ansichten heraus und handhabte romantische Ironie, hierin Heinrich Heine vergleichbar, um hinter den vorgetäuschten die wahren, oft widersprüchlichen Motive menschlichen Handelns hervorzukehren. Von der Position des russischen Voltairianertums aus plädierte er für natürliche Sinnlichkeit. So bereitete dies Poem durch seine souveräne, von den Beschränkungen des russischen Klassizismus und Sentimentalismus freie dichterische Haltung der russischen Romantik den Boden. Wie in Puschkins Poem ist auch in Glinkas Oper das Tragische vom Komischen nicht getrennt, geht der Spaß der Katastrophe voraus, ist die Liebe mit Tod, Haß mit Liebe, hitzige Lust mit kaltem Gefühl durchdrungen. Figuren, aber auch soziale Gruppen werden in Situationen gebracht, die sie zu widersprüchlichen Äußerungen und Handlungen herausfordern. Diesem dramaturgischen Prinzip entsprechen die verschiedenen Formen der musikalischen Variationstechnik. Eine zentrale Stellung nimmt Finns Ballade (II/5), eine Charaktervariation, ein. Für Glinkas Prinzip, die dramatischen Vorgänge in entsprechende musikalische zu übertragen, steht die Introduktion (I/1) exemplarisch ein. Das gesamte musikalische Geschehen stellt eine entwickelnde Variation des eröffnenden Bajan-Themas »Dela dawno minuwschich dnei« dar. Zunächst steht dies Thema gegen den Chorgesang der Hochzeitsgäste, setzt sich dann im Verlauf der Introduktion immer stärker durch, bis es auf dem Höhepunkt in variierter Form vom Chor übernommen wird. Mithin ist hier die Herausforderung des einzelnen, der einer Gruppenerwartung nicht nachgibt, sondern seine Auffassung durchsetzt, als musikalischer Vorgang skizziert. – Kontraste zwischen zwei Kulturen, der nordisch-russischen und der östlich-orientalischen, werden musikalisch behauptet, wobei deren jeweilige Authentizität nicht durch das Zitieren originaler Volksliedmelodien (wie in Finns Ballade, im Persischen Chor, III/12, oder in der Lesginka, IV/20) allein gegeben ist. Glinka erstrebte weniger östliches Kolorit (melismatische oder pentatonische Wendungen sind sparsam eingesetzt), vielmehr kontrastierte er die russischen mit den östlichen Weisen, indem er der tonalen Unerbittlichkeit der einen die bis zur Gleichzeitigkeit von Dur und Moll gehende Unentschiedenheit der andern (g-Moll/B-Dur im Persischen Chor, h-Moll/D-Dur im Türkischen Tanz) gegenüberstellt. Das Paradoxe daran ist, daß diese tonale Unbestimmtheit, die »peremenny lad«, auch eine Eigentümlichkeit der russischen Volkschorpraxis ist, so daß der »östliche Charakter« nicht als natürlich-authentischer, sondern als ein vom Komponisten gesetzter, künstlicher erscheint. – Mit Tschernomor hat Glinka eine Figur geschaffen, die kein Wort zu singen und zu sagen hat und doch vollkommen präsent ist. Die den Zwerg personifizierende vielgerühmte Ganztonfolge (»gamma Tschernomora«), auch als eine Kette labiler alterierter Septakkorde auftretend, hat nicht die Funktion eines Leitmotivs. Sie gibt lapidar in der Coda der Ouvertüre an, gegen wen dieser atemlose Prestissimojubel sich richtet, signalisiert im I. Akt, wer Ljudmila geraubt hat, im IV. Akt, wie der Zwerg mit Ruslan kämpft, und sie verschwindet, nachdem Tschernomors Niederlage durch einen über vier Oktaven reichenden Fall des Motivs klar ist. – Charakteristische Situationen, in erster Linie solche der Selbstbehauptung in einer feindlichen Umwelt, des Alleinseins und der Zwiesprache mit sich selbst, heben sich durch den Einsatz solistischer Instrumente von ihrer Umgebung ab, wie des Fagotts in Gorislawas Kavatine (III/13), des Englischhorns in Ratmirs Arie (III/14) oder einer Violine in Ljudmilas Arie (IV/18). Auch weiterreichende Sinnzusammenhänge werden durch instrumentale Klangfarben hergestellt. So ist die Klarinettenmelodie, mit der Ruslan die im Todesschlaf befangene Ljudmila zu erwecken versucht, ein Rufen, das ins Leere geht. Im Finale der Oper wird das Zitat dieser Melodie zum akustischen Synonym für Finns Zauberring und von der erwachenden Ljudmila aufgenommen. Damit werden Melodie und Klarinettenklang zur Metapher einer über den Tod hinausreichenden und diesen bezwingenden Liebe. – Die Musik ist szenisch äußerst genau; durchdachte, sinnstiftende Details verweisen auf kryptische Mitteilungen. So ist komponiert, wie der Bajan aus der Rolle fällt (I/1). Harfenarpeggien mit Streicherpizzikati imitieren anfänglich den Klang der altrussischen Gusli, passend zu Stoff und Situation einer Hochzeit im alten Kiew. Doch als der Bajan ein Preislied auf einen »unbekannten Sänger« (gemeint ist Puschkin) anstimmt, wechselt die Begleitung zum Klavier, zum Salonlied des 19. Jahrhunderts. Solche Stilbrüche sind Durchbrüche zur Realität und keineswegs harmlose Elemente romantischer Ironie. In Ruslans Szene und Arie (II/8) wird die musikalische Form zum Vorgang. Durch das »Gras des Vergessens« (»trawa sabwenija«) erschüttert, muß Ruslan aus sich selbst heraus den Mut finden, einen Kampf zu wagen, dessen Ausgang Tod und Vergessen sein kann. Der Sonatenform entsprechend, werden zwei Themen exponiert, die dem Wort »Schwert« und dem Namen »Ljudmila« zugeordnet sind. In der Durchführung werden Schwert- und Liebesthema miteinander durch das Sekundklagemotiv, einer Umdeutung der Schlußfloskel des Schwertthemas, verbunden, und in der Reprise wechselt der Schwerttext zum Liebesthema und der Liebestext zum Schwertthema, so daß in Erfüllung der Sonatenform Liebe und Tod ineinander gespiegelt erscheinen. Das Finale des V. Akts könnte als Tableau verstanden werden, doch unterbricht Glinka zweimal durch jähe Modulation und Tempoverlangsamung den losbrechenden Prestissimojubel, Gorislawa und Ratmir erinnern an die Unbeständigkeit des Schicksals. Dieser Jubel hat etwas Überhetztes, im Triumph schimmert Angst auf, es könne so nicht bleiben. Mit dieser Spannung setzenden Überformung endet die Oper, deren Schöpfer nicht mehr auf klassizistische Ausgewogenheit zielte.

**Wirkung:** Gegenüber *Schisn sa zarja* (1836) wurde *Ruslan i Ljudmila* weniger enthusiastisch aufgenommen und unterschiedlich beurteilt. Unstimmigkeiten zwischen Glinka und den Sängern sowie die Tatsache, daß die kaiserliche Familie die Uraufführung vorzeitig verließ, waren für den Kritiker Faddei Bulgarin Anlaß, von einem Mißerfolg zu sprechen. Er versuchte seine Behauptung damit zu begründen, daß die Inszenierung nur selten gegeben und wenig beachtet wurde, was jedoch nicht den Tatsachen entsprach, da die Oper bis zum Saisonende am 21. Febr. 1843 32mal vor vollem Haus gespielt wurde. Für Stassow hingegen waren es vor allem die einschneidenden Kürzungen, die einem einhelligen Erfolg im Weg standen. Die Auseinandersetzung, welche Bedeutung *Ruslan i Ljudmila* für die weitere Entwicklung der russischen Oper habe, begann 1860 mit einer heftigen Kontroverse zwischen Alexandr Serow und Stassow, die zur prinzipiellen Diskussion des Musikdramas führte (vgl. Richard Taruskin, s. Lit.). Serow entschied sich, bei Anerkennung der künstlerischen Größe von *Ruslan i Ljudmila*, für *Schisn*, da Glinka mit seiner ersten Oper einen Schritt in Richtung Musikdrama getan habe. Stassow und seine Freunde widersprachen diesem Argument nicht. Doch da sie die Zukunft der russischen Oper nicht in einer Nachahmung des Musikdramas sahen, gaben sie *Ruslan i Ljudmila* den Vorzug, schränkten allerdings ein, daß hier eine gute Musik zu einem schlechten Text geschrieben worden sei. Auch Wladimir Fürst Odojewski, einer der führenden und einflußreichsten Kritiker seiner Zeit, der 1836 die exemplarische Einschätzung von *Schisn* gegeben hatte, schloß sich dem Urteil Stassows an. German Larosch griff 1867 in die Diskussion ein und behauptete eine antiwagnerische Position ähnlich der Eduard Hanslicks. Er sah in *Ruslan i Ljudmila* das Ideal der Oper, da die Musik hier in keiner Weise von der Handlung gegängelt werde. Von Serow ist die Injurie »Ruslanisten« in bezug auf Stassow, Anatoli Ljadow, Balakirew und dessen Freunde überliefert.

Dieser Druck von außen veranlaßte die Anhänger des Werks, die sich als Herausgeber und hervorragende Propagandisten betätigten (Ljadow leitete 1864 die Aufführung des Mariinski-Theaters Petersburg, Balakirew studierte die Oper 1867 in Prag ein), bestimmte Züge der Oper zu betonen. Sie legten so den Grund zu einseitigen Betrachtungen. Die Rezeptionsgeschichte von *Ruslan i Ljudmila* ist einerseits von einem klassischen Vorurteil (gute Musik zu schlechtem Text) geprägt, andrerseits von einem Fehlurteil (ein Werk heroisch-historischen Charakters). Slawophil-folkloristische Interpretationen verschafften der Oper zwar eine weltweite Anhängerschar, wirken aber einem echten Verständnis entgegen. In der Forschung hat sich, nicht zuletzt durch Boris Assafjews Arbeiten, die Meinung von der konsequenten musikalischen Formung von *Ruslan i Ljudmila* durchgesetzt, vor allem von der hier realisierten Einheit von Musik und Text. Die Uraufführung fand statt mit Ossip Petrow (Ruslan), Marija Stepanowa (Ljudmila), Emilja Lilejewa (Gorislawa), Anfissa Petrowa (Ratmir), D. Tosi (Farlaf), Lew Leonow (Finn) und Baikow (Swetosar). In Moskau spielte man das Werk 1847 zum erstenmal, am Bolschoi-Theater wurde die Oper erst 1868 aufgenommen und ist seitdem im Repertoire. 1882, 1897, 1901 (Farlaf: Fjodor Schaljapin), 1907 (Bajan: Leonid Sobinow), 1931, 1937, 1948 (Dirigent: Alexandr Melik-Paschajew) und 1972 (Dirigent: Boris Chaikin) entstanden jeweils Neuinszenierungen. Schaljapin sang den Farlaf in weiteren Aufführungen 1904 im Mariinski-Theater und 1917 im Opern- und Ballettheater Petrograd. Außerhalb Rußlands wurde das Werk 1867 in Prag und 1907 in Helsinki gespielt. Die erste Aufführung in England fand 1931 im Lyceum Theatre London in russischer Sprache statt (mit Georges Pozemkowsky und Konstantin Kaidanow). Der Londoner Philopera Circle, eine Amateurgruppe, brachte 1957 zum 100. Todestag Glinkas die erste Produktion in englischer Sprache heraus. Zur deutschen Erstaufführung kam es 1950 an der Deutschen Staatsoper Berlin (mit Ruth Keplinger, Karl Wolfram und Otto Hopf). An der Staatsoper Hamburg hatte 1969 George Balanchines Inszenierung Premiere (Bearbeitung in drei Akten von Kurt Honolka). Unter der Leitung von Charles Mackerras und in der Ausstattung von Nicola Benois sangen Carl Schultz, Jeanette Scovotti, Hubert Hofmann, Ursula Boese, Noël Mangin, Judith Beckmann, Helmut Melchert und Maria von Ilosvay. Das Moskauer Bolschoi-Theater gastierte 1973 mit der 1972 entstandenen Inszenierung von Boris Pokrowski (Choreographie: Juri Grigorowitsch, Dirigent: Juri Simonow) an der Mailänder Scala (mit Galina Borissowa, Nina Fomina, Alexei Maslennikow, Juri Masurok, Jewgeni Nesterenko, Wirgilius-Kjastutis Noreika, Bela Rudenko und Tamara Sinjawskaja).

**Autograph:** Verbleib unbekannt, vermutlich beim Brand d. Bolschoi-Theaters Petersburg (1859) vernichtet; Notenmaterial: Bibl. Saltykov-Ščedrin Leningrad. **Ausgaben:** Part, hrsg. L. Šestakova: Stellovskij, Petersburg 1878; Part: Gutheil, Moskau 1885; Part, russ./dt.: ebd. 1903; Part: Gos.muz.izdat 1947; Part, hrsg. G. V. Kirkor, in: Polnoe sobranie sočinenij, Bd. 14 A u. B, Muzyka, Moskau 1966; dass. mit dt. Übers. v. H.-J. Leipold, S. Neef, E. Röhlig: Henschel-Vlg., Bln./DDR 1978; Kl.A: Stellovskij, Petersburg 1856 [Ex. dieser Ausg. mit Anm. u. Korrekturen Glinkas: SB Bln./DDR]; Kl.A, hrsg. M. A. Balakirev: Jürgenson, Moskau [1881], Nr. 30078; Kl.A, hrsg. G. V. Kirkor: Polnoe sobranie sočinenij, Bd. 15, Muzyka, Moskau 1967; dass. mit dt. Übers. v. H.-J. Leipold, S. Neef, E. Röhlig: Henschel-Vlg., Bln./DDR 1978; Textb., kommentiert v. F. Fachma: Moskau 1961. **Aufführungsmaterial:** wiss. GA: VAAP; dt. v. R. Küfferle: Schott; ital. v. C. Gatti: ESZ; dt. Text d. wiss. GA: Henschel-Vlg., Bln./DDR
**Literatur:** T. LIVANOVA, M. I. G. Sbornik materijalov i statej, Moskau, Leningrad 1950; R. F. TARUSKIN, The ›Ruslan‹ Controversy, in: DERS., Opera and Drama in Russia, 2 Bde., NY 1975, Diss. Columbia Univ., S. 1–77; weitere Lit. s. S. 416

*Sigrid Neef*

# Christoph Willibald Gluck

**Christoph Willibald Ritter von Gluck; geboren am 2. Juli 1714 in Erasbach (bei Neumarkt i. d. Opf.), gestorben am 15. November 1787 in Wien**

## La Semiramide riconosciuta
**Dramma per musica in tre atti**

### Die wiedererkannte Semiramis
3 Akte (7 Bilder)

**Text:** unbekannter Bearbeiter, nach dem Dramma per musica von Pietro Metastasio (eigtl. Pietro Antonio Domenico Bonaventura Trapassi; 1729)
**Uraufführung:** 14. Mai 1748, Burgtheater, Wien
**Personen:** Semiramide/Semiramis, unter dem Namen Nino, König von Assyrien (A); Mirteo, Prinz von Ägypten und Bruder Semiramides (T); Ircano, ein skythischer Prinz (S); Scitalce, ein aus Indien stammender Prinz (S); Tamiri, Prinzessin von Baktrien (S); Sibari, Vertrauer Semiramides (S). **Chor:** Volk, Soldaten, Wachen, Gefolge von Mirteo, Ircano und Scitalce
**Orchester:** 2 Fl, 2 Ob, 2 Fg, 2 Hr, 2 Trp, Streicher, B.c
**Aufführung:** Dauer ca. 3 Std. 15 Min.

**Entstehung:** Mit Metastasios häufig vertontem Libretto eröffnete das von Rocco Lopresti nach Turiner Vorbild in einer Kavalierssozietät geführte Opernunternehmen das umgebaute Burgtheater anläßlich des Geburtstags von Kaiserin Maria Theresia (13. Mai) und huldigte mit der Wahl des Stoffs, in dessen Mittelpunkt eine ebenfalls an Königs Statt regierende Herrscherin steht, zugleich der aufgrund der Pragmatischen Sanktion souveränen Landesmutter. Wieso man Gluck mit der Vertonung betraute und wie man überhaupt Verbindungen zu ihm hat knüpfen können, ist derzeit noch unbekannt. Gluck war damals bei der umherreisenden Operntruppe Pietro Mingottis beschäftigt und läßt sich bei diesem im Sommer 1747 in Dresden und dann wieder im Herbst 1748 in Hamburg und im Winter 1748/49 in Kopenhagen nachweisen. Vielleicht hat er die Scrittura demnach in Dresden erhalten, von wo auch einige der Gesangs- und Tanzsolisten für die Aufführung gewonnen worden waren. Im übrigen bekam er für die Komposition und die musikalische Leitung der Aufführungen ein Honorar von 412 Gulden 30 Kreuzer.

**Handlung:** In Babylon, zu legendärer Zeit.
I. Akt, 1. Bild, Säulengang des am Euphrat gelegenen Königspalasts mit einem Altar des Baal: Unter der Schirmherrschaft der in männlichen Kleidern als König Nino herrschenden Semiramide bewerben sich der ägyptische Prinz Mirteo, den Semiramide nicht als ihren Bruder erkennt, der skythische Prinz Ircano und der indische Prinz Scitalce um die Hand Tamiris, der legitimen Erbin des Königreichs Baktrien. Nachdem Semiramide in Scitalce jenen Idreno wiedererkannt hat, den sie einst am ägyptischen Hof liebte, weiß sie Tamiris Entscheidung, die auf Scitalce fallen würde, hinauszuschieben. Auch Scitalce hat Semiramide, die er glaubt einst getötet zu haben, wiedererkannt, ohne daß einer von beiden seine Erkenntnis offenlegte. 2. Bild, hängende Gärten: Um Semiramide zu veranlassen, sich zu entdecken, wirbt Scitalce mit größerem Nachdruck um Tamiri. Semiramide jedoch stachelt die Rivalen Mirteo und Ircano auf, nicht tatenlos zuzusehen; so sinnen sie auf Scitalces Ermordung.
II. Akt, 1. Bild, erleuchteter Königssaal, Nacht: Sibari, der Semiramide seit dem Aufenthalt in Ägypten kennt und liebt, gibt Ircano zu erkennen, daß er Scitalce aus dem Weg zu räumen gedenke durch ein Gift, das er in den von Tamiri dem Auserwählten zu reichenden Trank gibt. Zur Überraschung aller lehnt Scitalce den Trank ab, und als auch Ircano, der von dem Gift in dem Becher weiß, diesen zu Boden wirft, ist der Eklat da. Um Scitalce vor der Rache der Mitbewerber zu bewahren, nimmt Semiramide ihn gefangen. 2. Bild, Gemächer im Parterre: Ircano läßt sich von Sibari, der den Mitwisser besänftigen muß, zu Tamiris Entführung am nächsten Morgen überreden. Zwar entdeckt sich Semiramide endlich Scitalce, doch da die Vorgänge von früher noch nicht geklärt sind, fühlt sich dieser nach wie vor verraten.
III. Akt, 1. Bild, Gegend am Euphrat mit brennenden Schiffen: Sibari möchte mit Ircano fliehen, der vergebens auf Tamiri wartet; doch als beide von Mirteo gestellt werden, gibt sich Sibari als Verfolger Ircanos aus, und Mirteo kann diesen festnehmen. Nun lenkt Sibari den Verdacht auf Scitalce, indem er Mirteo mitteilt, jener habe seinerzeit in Ägypten dessen Schwester geraubt. Nur mit Mühe ist Mirteo von raschen Taten zurückzuhalten. 2. Bild, königliche Gemächer: Die Verwirrung der Gefühle erreicht ihren Höhepunkt. Semiramide bietet Scitalce Ehe und Thron, doch umsonst; noch immer durchschaut dieser nicht Sibaris briefliche Mitteilung, daß sie einen andern liebe. Tamiri hofft wieder auf Scitalce und verstößt Mirteo erneut. 3. Bild, Amphitheater mit Thron: Noch schenkt Semiramide Ircanos Hinweis auf die versuchte Vergiftung keinen Glauben, sondern läßt, zutiefst verletzt, Mirteo und Scitalce einen öffentlichen Zweikampf beginnen. Mirteos an den Gegner gerichteter Vorwurf der falschen Identität jedoch läßt rasch, indem ein Wort das andere ergibt, das ganze Ausmaß der mit jenem Brief eingefädelten Intrige erkennen. Semiramide gibt sich ihrem Volk zu erkennen und reicht Scitalce die Hand, während Tamiri Mirteo akzeptiert. Ircano, der Sibari am liebsten umbringen möchte, soll Verzeihung üben lernen. Alle huldigen der Königin.

**Kommentar:** Man darf unterstellen, daß Gluck nach den Lehrjahren in Oberitalien und den marginalen Stationen in London (1746) und Dresden (1747) an den Auftrag aus Wien für sich den Anspruch knüpfte, hier als einer möglichen zukünftigen Wirkungsstätte sein Bestmögliches zu geben. Das vorgegebene Libretto und der eigene ästhetische Standort erlaubten dabei weder eine radikale Abkehr von dem in handlungtragenden Rezitativen und affektbetonten Arien bestehenden System der Opera seria noch eine Aushöhlung der herrschenden musikalischen Sprache. Das kompositorische Profil mußte sich in einer ganz eigenen Ausfüllung des Typus zeigen, die die persönliche Gestaltung der Melodik und die freie, nicht mehr immer schematische Handhabung der Dakapoform gleichermaßen einschlossen. Setzte der in der italienischsprachigen Welt gefeierte Dresdner Hofkapellmeister Johann Adolf Hasse zur selben Zeit auf einen sinnlich-schönen, in den unendlichen Verschlingungen eines Belcantos ausschwingenden Affektausdruck, so Gluck auf das Charakteristische ebenso wie auf das womöglich bei Georg Friedrich Händel in London abgelauschte Pathetische des Affekts. In Weiterführung früherer Bemühungen dringt nun in auffälliger Weise Lied-, Marsch- und Tanzgut österreichisch-böhmischer Prägung namentlich in die Arienmelodik der Nebenpersonen Tamiri und Mirteo und bestätigt damit die Tendenz zum Natürlichen und Lapidaren. Für die Titelheldin wird dem ein pathetisch-deklamatorischer Gesangsstil entgegengesetzt, der in seiner Ungebundenheit eine breite Palette der Affektdarstellungen erlaubt. Im Rahmen der Entwicklungen nicht zulassenden Topik erhalten die Rollen damit dennoch eine innere Spannung, Beseelung und Wärme, die auf Zukünftiges vorausweisen und Metastasio zu seinem vernichtenden Urteil, vor allem aber zu seinem berühmten Wort von 1751 an Farinelli veranlaßt haben könnten: Gluck habe ein »wunderbares, aber närrisches Feuer«.

**Wirkung:** Da man keine Mühen und Kosten gescheut, die besten Gesangskräfte der Zeit (Vittoria Tesi, Angelo Amorevoli und andere) verpflichtet und prachtvolle Dekorationen erstellt hatte, war der Erfolg des Werks nach den Aussagen Metastasios und des Oberstbofmeisters Joseph Fürst von Khevenhüller-Metsch überwältigend; er sicherte 27 Aufführungen bis Anfang Juli. Nur der musikalisch sensible Metastasio gab über Glucks Anteil (ohne übrigens dessen

Namen zu erwähnen) ein vernichtendes Urteil ab; mit der in einem Brief vom 29. Juni 1748 formulierten Aussage, die Musik sei »unerträglich erzvandalisch«, dennoch ginge die Aufführung »zu den Sternen«, wird deutlich, daß der Dichter für die persönliche Stilhaltung Glucks schon zu einem frühen Zeitpunkt kein Verständnis aufzubringen wußte. Ferner erhellt, daß Musik im Typus des metastasianischen Dramma per musica im Sinn eines Gesamtkunstwerks lediglich eine den Gesangsleistungen, den Dekorationen und den eingeschobenen Tanzdarbietungen beigeordnete Rolle zu spielen hatte, deren Qualität den Eindruck kaum wesentlich trüben konnte. Wie in der Zeit nicht ungewöhnlich, ist es zu einer Einstudierung von *La Semiramide riconosciuta* an einem andern Ort nicht gekommen. Gluck selbst hat entgegen der sonst von ihm extensiv geübten Entlehnungspraxis nur den Schlußsatz der Sinfonia und eine Arie in späteren Werken wiederverwendet.

**Autograph:** Verbleib unbekannt. **Abschriften:** ÖNB Wien (Ms. mus. 17. 793). **Ausgaben:** Part, Faks.-Nachdr. d. Abschrift: Garland, NY, London 1982 (Italian Opera 1640–1770. 74.); Textb.: Wien, Ghelen 1748, Nachdr. in: Italian Opera Librettos, Bd. 16, NY, London, Garland 1983 (Italian Opera 1640–1770. 97.)
**Literatur:** R. HAAS, G. und Durazzo im Burgtheater. Die Opéra comique in Wien, Zürich, Wien, Lpz. 1925; K. HORTSCHANSKY, Unbekannte Aufführungsberichte zu G.s Opern der Jahre 1748 bis 1765, in: Jb. d. Staatl. Inst. für M.Forschung Preußischer Kulturbesitz 1969, Bln. 1970, S. 19–37; G. CROLL, Anmerkungen zu Musik, Theater und Musikern in Wien zur Zeit Maria Theresias und Josephs II., in: Österreich im Europa der Aufklärung. Kontinuität u. Zäsur in Europa zur Zeit Maria Theresias u. Josephs II., Wien 1985, S. 663–672; **zu Gluck:** A. B. MARX, G. und die Oper, 2 Bde., Bln. 1864, Nachdr. Hildesheim 1980; A. JULLIEN, La Cour et l'opéra sous Louis XVI: Marie-Antoinette et Sacchini, Salieri, Favart et G., Paris 1878; E. DE BRICQUEVILLE, Le Livret d'opéra français de Lully à G., Paris 1887; E. NEWMAN, G. and the Opera, London 1895, Nachdr. Westport, CN 1976; J. J. KHEVENHÜLLER-METSCH, Aus der Zeit Maria Theresias. Tagebuch 1745–1780, Wien, Lpz., Bln. 1908–12; W. VETTER, G.s Entwicklung zum Opernreformator, in: AfMw 6:1924, S. 165–212; DERS., G.s Beitrag zur Tragédie lyrique und Opéra comique, in: ZfMw 7:1924/25, S. 321–355; C. HOPKINSON, A Bibliography of the Printed Works of C. W. G. 1714–1784, London 1959, Nachdr. NY 1967; P. HOWARD, G. and the Birth of Modern Opera, London 1963; K. GEIRINGER, G. und Haydn, in: Festschrift O. E. Deutsch, Kassel 1963, S. 75ff.; A. OREL, Einige Bemerkungen zu Tanzdramen C. W. G.s, ebd., S. 82ff.; L. FINSCHER, G. und das Lieto fine. Über ein dramaturgisches Problem d. heutigen G.-Pflege, in: Musica 18:1964, S. 296ff.; K. HORTSCHANSKY, Doppelvertonungen in den italienischen Opern G.s. Ein Beitrag zu G.s Schaffensprozeß, in: AfMw 24:1967, S. 54–63, 133–144; O. F. SALOMAN, Aspects of »Gluckian« Operatic Thought and Practice in France. The Musico-Dramatic Vision of Le Sueur and La Cépède Tradition, NY 1970, Diss. Columbia Univ.; W. BAETHGE, Philosophisch-ästhetische Untersuchungen zur Opernreform C. W. G.s unter Berücksichtigung musikästhetischer Aspekte, Diss. Halle (Saale) 1971; A. A. ABERT, Die Bedeutung der opera seria für G. und Mozart, in: Mozart-Jb. 1971/72, S. 68–75; R. ANGERMÜLLER, Opernreform im Lichte der wirtschaftlichen Verhältnisse an der Académie royale de musique von 1775 bis 1780, in: Mf 25:1972, S. 267–291; K. HORTSCHANSKY, Parodie und Entlehnung im Schaffen C. W. G.s, Köln 1973 (Analecta musicologica. 13.); P. GALLARATI, G. e Mozart, Turin 1975; Quaderni dell'Accademia Chigiana 29/30, 1975 [mit Beitr. v. J. G. RUSHTON, F. W. STERNFELD, K. KLINGER]; A. L. TOLKOFF, The Stuttgart Operas of Niccolò Jommelli, Ann Arbor, MI 1980, Diss. Univ. of Yale 1974

*Klaus Hortschansky*

## La clemenza di Tito
### Dramma per musica in tre atti

### Die Milde des Titus
3 Akte (7 Bilder)

**Text:** Pietro Metastasio (eigtl. Pietro Antonio Domenico Bonaventura Trapassi; 1734)
**Uraufführung:** 4. Nov. 1752, Teatro San Carlo, Neapel
**Personen:** Tito Vespasiano/Titus, römischer Kaiser (T); Vitellia, Tochter des Kaisers Vitellius (S); Servilia, Schwester Sestos, liebt Annio (S); Sesto, Freund Titos, liebt Vitellia (S); Annio, Freund Sestos, liebt Servilia (S); Publio, Präfekt der Prätorianer (S).
**Chor:** römische Senatoren und Patrizier, Legaten der Provinzen, Prätorianer, Liktoren, Volk
**Orchester:** 2 Fl, 2 Ob, 2 Fg, 2 Hr, 2 Trp, Streicher, B.c
**Aufführung:** Dauer ca. 3 Std.

**Entstehung:** Gluck, der damals in Prag lebte, erhielt im Sommer 1752 die Scrittura für die erste Oper der Wintersaison 1752/53 in Neapel, die im allgemeinen mit der Feier des Namenstags König Karls IV. von Neapel-Sizilien am 4. Nov. eröffnet wurde. Man erwartete von ihm, der bis dahin keine Oper für Neapel komponiert hatte, »eine Musik von gänzlich neuartigem Stil und noch nie gehörter Art«. Dem Wunsch, den alten, sicherlich modernisierten Text von Antonio Salvis *Arsace* (1720) zu vertonen, widersetzte sich mit Erfolg und setzte die des mit Aufnahme von geringen Kürzungen unveränderten Metastasio-Librettos durch, das zum erstenmal am 4. Nov. 1734 mit Musik von Caldara in Wien zum Namenstag Kaiser Karls VI. aufgeführt worden war. In Neapel hatte man Metastasios Dramma per musica vor 1752 bereits 1735 mit Musik von Leonardo Leo, 1738 (Komponist unbekannt) und 1749 mit Musik von David Perez gegeben.
**Handlung:** In Rom, 79 n. Chr. I. Akt, 1. Bild: Loggia in Vitellias Gemächern mit Blick auf den Tiber; 2. Bild: Atrium des Jupitertempels mit dem Forum Romanum im Hintergrund; 3. Bild: lieblicher Platz im Kaiserpalast auf dem Palatin; II. Akt, 1. Bild: Bogengänge; 2. Bild: ebenerdige Galerie, die sich zum Garten hin öffnet, mit Statuen geschmückt; III. Akt, 1. Bild: Titos Schreibzimmer; 2. Bild: prächtiger Platz vor dem Amphitheater, in dem man die Verschwörer, die den wilden Tieren vorgeworfen werden sollen, bereits erblickt.
I. Akt: Vitellia sinnt auf Rache, da der neue Kaiser ihr, der Tochter des ehemaligen Kaisers, eine andere Frau vorgezogen hat. Sie plant eine Verschwörung gegen

Tito, zu der sie auch den ihr ergebenen Sesto, den alten Freund des Kaisers, anstiftet, schiebt ihre Pläne jedoch auf, als sie aus Annios Mund hört, daß Tito sich von seiner Gemahlin Berenike getrennt habe. Kaum hat Annio das Einverständnis Sestos zur Hochzeit mit dessen Schwester Servilia erhalten, als Tito verkündet, er wolle diese zur Frau. Servilia jedoch will Annio treu bleiben, und Tito tritt großmütig zurück. Vitellia greift in Unkenntnis der neuen Situation ihre Pläne wieder auf und fordert von Sesto Taten. Da erreicht sie die Nachricht, daß Tito nun sie zur Gemahlin ausersehen habe. Voller Angst bleibt sie zurück; der Lauf der Ereignisse ist jedoch nicht mehr aufzuhalten.

II. Akt: Sesto eilt, von Gewissensqualen erschüttert, den Verschwörern nach und kehrt wenig später mit der Nachricht zurück, daß er Tito getötet habe. Als er Vitellias Entsetzen sieht, versucht er sich das Leben zu nehmen; rechtzeitig kommt aber noch die Botschaft, daß er einen Römer getroffen habe, der die Kleider des Kaisers trug. Die Untersuchungen lassen zunächst Annio als Rädelsführer erscheinen, da er Sestos Mantel mit einem roten Band, dem Kennzeichen der Verschwörer, trägt. Annio, den auch Servilia für schuldig hält, wird der Gerichtsbarkeit übergeben. Wenig später wird Sestos Rolle deutlich; während er von Vitellia Abschied nimmt, wird er gefangengenommen. Sie bleibt, da ein Unschuldiger für sie sterben soll, erschüttert und in Angst vor Entdeckung zurück.

III. Akt: Noch kann Tito nicht an Sestos Schuld glauben. Alles spricht gegen ihn, und auch er selbst bekennt sich zu seiner Tat. Ohne Vitellia zu verraten, will er den Tod erleiden. Wohl unterschreibt Tito das Todesurteil, zerreißt es aber gleich wieder; der alte Freund, wenn auch untreu, soll leben. Vitellia ist inzwischen bereit, Tito alles zu offenbaren, da sie den Geliebten nicht sterben lassen will. Vitellia entdeckt Tito ihre Schuld. Der Herrscher gewährt allen Verschwörern Verzeihung und führt Vitellia Sesto zu, der ihr so treu gedient hat. Alle huldigen Tito.

**Kommentar:** Gluck blickte 1752 auf eine zehnjährige Karriere als Komponist von Opere serie zurück und hatte in dieser Zeit Sicherheit in der Handhabung ihrer Stilmittel erlangt. Soweit es der metastasianische Operntypus um 1750 zuließ, ist nun auch Glucks persönliche Handschrift erkennbar, die sich früher schon angedeutet hatte. Dem Handlungsverlauf entsprechend stattete er die Partien des Sesto, den in Neapel Caffarelli, einer der berühmtesten Kastraten der Zeit, sang, und des Tito mit weichen, lyrischen, die der Vitellia jedoch mit leidenschaftlichen, teilweise dämonischen Zügen aus. Er suchte in allen Nummern eine Verbindung von sinnlich-schönem Belcanto und dramatischer innerer Spannung des Affektausdrucks zu erlangen und geriet damit an die Grenzen des statischen metastasianischen Arientyps, ohne an der generellen Disposition des Dramma per musica (handlungsfördernde Rezitative und kontemplative Arien) zu rütteln. Die in den Arien formulierten Affekte werden durch die einfühlsame musikalische Behandlung zu persönlichen Empfindungen. Gleiches gilt für die Verwendung wiederkehrender eigener Tonfälle in den Arien, wie auch immer wieder musikalisch-motivische Verbindungen zwischen den Personengruppen ausgearbeitet werden. Daß manche dieser beinah leitmotivischen Bezüge durch die reichliche Anwendung der Parodie zustande gekommen sind, unterstreicht die Absicht, gerade mit den aus früheren Werken (*Sofonisba*, Mailand 1744, *Ezio*, Prag 1750, *Issipile*, Prag 1752) übernommenen Stükken eine musikalisch-dramatische Organisation der Arien untereinander zu bewirken. *La clemenza di Tito* ist sicherlich die reifste Oper Glucks am Ende seiner Wanderjahre.

**Wirkung:** Unmittelbare Erfolgsmeldungen waren zu dieser Zeit nicht üblich und betreffen, wenn sie vorkommen, meist das Theaterereignis als Ganzes. Offensichtlich hat aber Glucks Musik einiges Aufsehen erregt, was durch die Legendenbildung belegt wird. Befragt, ob eine Stelle aus Sestos Arie »Se mai senti spirarti sul volto« gegen die Regeln des guten Tonsatzes verstoße, lehnte der angesehene Kontrapunktlehrer Francesco Durante eine Stellungnahme mit der Begründung ab, daß er dies nicht entscheiden könne, sich aber glücklich schätzen würde, wenn er eine solche Eingebung gehabt hätte. Die Musik gerade dieser Arie verwendete Gluck dann nochmals in Iphigénies Arie »O malheureuse Iphigénie« (*Iphigénie en Tauride*, 1779). Zum ersten und einzigen Mal in neuerer Zeit kam *La clemenza di Tito* 1987 in Metz zur Aufführung, und zwar in der Bearbeitung und Inszenierung sowie unter der musikalischen Leitung von Jean-Claude Malgoire.

**Autograph:** Verbleib unbekannt. **Abschriften:** Part: SBPK Bln. (West) (Mus. ms. 7772), Bibl. du Cons. Brüssel, Bibl. S. Pietro a Maiella (Rari 27. 5. 31-33), Bibl. Verdi Mailand, Schweiz. LB Bern [modern]
**Literatur:** W. J. WEICHLEIN, A Comparative Study of Five Musical Settings of ›La Clemenza di Tito‹, Ann Arbor 1956, Diss. Univ. of Michigan; H. LÜHNING, »Titus«-Vertonungen im 18. Jahrhundert. Untersuchungen zur Tradition d. Opera seria v. Hasse bis Mozart, Laaber 1983 (Analecta musicologica. 20.), S. 193–260; weitere Lit. s. S. 422

*Klaus Hortschansky*

# Le Cinesi
## Azione teatrale

### Die Chinesinnen
1 Akt

**Text:** Pietro Metastasio (eigtl. Pietro Antonio Domenico Bonaventura Trapassi; 1735)
**Uraufführung:** 24. Sept. 1754, Schloßtheater, Schloßhof (Niederösterreich)
**Personen:** Lisinga, eine vornehme junge Chinesin, Silangos Schwester (A); Silango, ein junger Chinese, Sivenes Geliebter (T); Tangia, Freundin Lisingas (A); Sivene, Freundin Lisingas (S)
**Orchester:** Fl, 2 Ob, 2 Hr, Streicher, B.c
**Aufführung:** Dauer ca. 1 Std. – Schlagzeug (Trg,

Glsp, Tr, Tamburin u. a.) ad libitum (vgl. Gerhard Croll, S. VI, s. Ausg.).

**Entstehung:** Gluck komponierte *Le Cinesi* im Auftrag von Joseph Friedrich Prinz von Sachsen-Hildburghausen, der Kaiserin Maria Theresia und ihren Gemahl Franz I. nach Schloßhof eingeladen hatte und ihnen zu Ehren einige Opernvorstellungen gab. Die Kaiserin hatte als junges Mädchen selbst die Rolle der Lisinga übernommen, als Metastasios »Componimento drammatico che introduce ad un ballo cinese« mit Musik von Antonio Caldara 1735 am Wiener Hof aufgeführt wurde. Das für drei Frauenrollen geschriebene Libretto wurde von Metastasio für eine Aufführung in Aranjuez (1751, Musik: Nicola Conforto) um eine Männerrolle erweitert.

**Handlung:** In einer chinesischen Stadt; Zimmer in Lisingas Haus: Lisinga, Tangia und Sivene sitzen beim Tee, unschlüssig, wie sie ihre Langeweile vertreiben könnten. Da betritt Silango das Zimmer und verursacht großen Wirbel, denn im sittenstrengen China ist solch freier Umgang verboten. Die entrüsteten Mädchen beschließen, Silango erst bei Einbruch der Dunkelheit unbemerkt fortzuschicken, bis dahin jedoch sich die Zeit vergnüglich zu vertreiben: mit Theaterspiel. Jede Chinesin wählt eine Szene in einem andern Stil; chinesisch freilich soll er nicht sein. Lisinga entschließt sich für die Tragödie und spielt Andromache. Sivene wählt die Pastorale und inszeniert als Nymphe Licoris mit dem in sie verliebten Silango als Tirsis ein empfindsames Schäferstück. Die auf Sivene eifersüchtige Tangia spielt in einer Komödienszene einen affektierten Gecken vor dem Frisierspiegel. Keine der Szenen trägt den Sieg davon. Silango schlägt deshalb vor, gemeinsam ein Ballett zu tanzen, denn ein Tanz zu heiteren Liedern erfreue alle.

**Kommentar:** *Le Cinesi* markiert, zusammen mit der kurz darauf komponierten Pastorale *La danza* (Wien 1754), einen Einschnitt in Glucks Schaffen. Es ist das erste Werk seiner Wiener Zeit, in der er sich von der Opera seria zu lösen begann und sich dem Vaudeville, der Opernserenade und der Opéra-comique zuwandte. Der Reiz von Metastasios Libretto lag für den Komponisten darin, im Rahmen des Exotischen, der Chinoiserie, drei Opernstile (den tragischen, den pastoralen und den komischen) spielerisch zu kontrastieren. Witz und Kontur geben dem Werk die sich kreuzenden Blickrichtungen: Die Idee des Theaterspiels entzündet sich aus dem Blick der Chinesinnen auf den jungen

*Le Cinesi*; Sophie Boulin als Sivene, Christina Högman als Lisinga, Peter Galliard als Silango, Eva Maria Tersson als Tangia; Regie und Ausstattung: Herbert Wernicke; Staatsoper, Hamburg, Premiere in Monte Carlo 1987 (Probenphoto). – Was in der Uraufführung die Glasprismen der Rokokochinoiserie bewirkten, das Eigene im Fremden zu reflektieren, vergegenwärtigt die Ausstattung Wernickes mit den gerahmten Bruchstücken von Spiegeln.

Mann, vor dessen Augen sie nun dies Blickspiel weitertreiben, jede in ihrer Szene: den haßsprühend-pathetischen Blick in der tragischen, den schwärmerisch-verliebten in der pastoralen und den parodierend-eitlen in der komischen Szene; schließlich führt der Blick auf das gemeinsame Tanzvergnügen am Schluß das Quartett zusammen. Gluck trägt zum Charme dieses »trattimento musicale« mit überaus leichten, flüssigen Rezitativen bei. Auch die Ouvertüre, eine dreisätzige Sinfonia, zeigt seine Beherrschung des Buffostils. Hervorzuheben sind Lisingas tragische Szene (ein affektstarkes Accompagnato und eine dramatische Arie) und die komische Szene Tangias (besonders das Secco, gesungen »tra i denti«, durchsetzt mit couplétähnlichen Passagen). Das Schlußquartett, ein graziöser Ballo, verwendete Gluck abgeändert für Diamantines Arie in *L'Ile de Merlin* (1758). Nach dem Bericht Karl Ditters von Dittersdorfs gab das neuartige Bühnenbild, das viele prismatische Glasstäbe glitzernd reflektierend zwischen den Lackdekorationen zeigte, dem Werk den preziösen Glanz einer Rokokochinoiserie.

**Wirkung:** *Le Cinesi* errang Beifall, der ebensosehr den Sängern galt: Theresia Heinisch (Sivene), Katharina Starzer (Tangia), Joseph Friebert (Silango), insbesondere der vorzüglichen Vittoria Tesi (Lisinga). Das Werk wurde 1754 noch einige Male in Schloßhof und im Gartentheater des benachbarten Schlosses Niederweiden gezeigt und im folgenden Jahr in Wien gegeben (Lisinga: Caterina Gabrielli). 1761 war eine Bearbeitung (möglicherweise von Joseph Starzer) in Petersburg zu sehen. In Holzbauers *Cinesi* (Mannheim 1756) wurde Tangia durch einen Bruder Silangos ersetzt. Von neueren Inszenierungen sind besonders hervorzuheben: 1959 Wien (Kammeroper), 1984 Basel und 1987 Monte Carlo und Schwetzingen.

**Autograph:** Verbleib unbekannt. **Ausgaben:** Part, krit. Ausg., hrsg. G. Croll: C. W. GLUCK, Sämtl. Werke, Abt. III, Bd. 17, Bär 1973, Nr. BA 2297. **Aufführungsmaterial:** Bär
**Literatur:** R. ENGLÄNDER, G.s ›Cinesi‹ und ›Orfano della China‹, in: Gluck-Jb. 1:1913, S. 54ff.; G. CROLL, [Vorw., s. Ausg.]; weitere Lit. s. S. 422

*Gabriele Brandstetter*

## L'innocenza giustificata
### Festa teatrale in due parti

**Die gerechtfertigte Unschuld**
2 Teile (3 Bilder)

**Text:** Giacomo Graf Durazzo, unter Verwendung von Arientexten von Pietro Metastasio (eigtl. Pietro Antonio Domenico Bonaventura Trapassi)
**Uraufführung:** 1. Fassung: 8. Dez. 1755, Burgtheater, Wien (hier behandelt); 2. Fassung als *La vestale*: Sommer 1768, Wien (?)
**Personen:** Claudia, vestalische Jungfrau (S); Valerio/Valerius, römischer Konsul (T); Flaminia, Schwester Claudias, Priesterin am Tempel der Vesta (S); Flavio, römischer Edelmann (S). **Chor:** Senatoren, Liktoren, Volk. **Ballett:** römische Edelleute und Damen, Priester, phrygische Priesterinnen, Volk
**Orchester:** 2 Fl, 2 Ob, 2 Fg, 2 Hr, 2 Trp, Streicher, B.c
**Aufführung:** Dauer ca. 2 Std. – Ballette am Schluß des I. und II. Teils. Die Ballettmusik, wahrscheinlich nicht von Gluck, ist verschollen. Bei einer Inszenierung könnten die Ballette durch Zusammenstellung Gluckscher Tanzsätze aus den Divertissements der späten französischen Opern aufgeführt werden, da sie dramaturgisch zur Handlung gehören.

**Entstehung:** Gluck, der wahrscheinlich seit 1752/53 ständig in Wien lebte und zunächst im Umkreis des Prinzen Joseph Friedrich von Sachsen-Hildburghausen wirkte, wurde von Durazzo, der seit 1754 die Direktion der kaiserlichen Theater in Wien innehatte, in immer stärkerem Umfang zunächst zur Einrichtung der neuen Spielgattung Opéra-comique und dann für Sonderaufgaben im Bereich der italienischen Opera seria herangezogen, deren Pflege allerdings während des Siebenjährigen Kriegs auf Staats- und Familienfeiern des Hofs beschränkt blieb. Durazzo, der für eine Erneuerung der italienischen Oper eintrat, schuf die dramatische Handlung von *L'innocenza giustificata*, in die er Arientexte Metastasios einstreute, ein Handgriff, der dem Publikum im Textbuch als Huldigung an den berühmten Dichter schmackhaft gemacht wurde.

**Handlung:** In Rom, 204 v. Chr.
I. Teil, Säulenhalle im Innern des Hauses der Vestalinnen: Als Valerio, vom Senat geschickt, mit finsterer Miene das Haus der Vestalinnen betritt, ahnt Flavio Unheil. Valerio meldet Flaminia, daß Claudia das Feuer ausgehen lassen und dem Keuschheitsgebot zuwidergehandelt habe. Er rät zu Beherrschung, bis der Senat über die Gestrauchelte entschieden habe. Claudia beteuert ihre Unschuld, an die Flaminia jedoch nicht recht glauben kann, die, verzagend, ohne die Freundin nicht länger leben möchte. Junge römische Edelleute und Damen tanzen gemeinsam.
II. Teil, 1. Bild, Vorhalle mit Aufgang zum großen Saal, in dem der Senat über Claudia zu Gericht sitzt: Claudia sieht, nachdem sie vor dem Senat ausgesagt hat, Flavio und fleht ihn an, zu gehen und nie zu versuchen, sie wiederzusehen, damit die Gerüchte um ihre Freundschaft nicht neue Nahrung erhielten. Valerio überbringt die Entscheidung des Senats: schuldig des Tods. Obwohl unschuldig, will sich Claudia dem Urteil stellen. Da stürmt Flavio mit der Nachricht herein, daß das Schiff mit dem Standbild der Mater magna aus Phrygien im Tiber auf Grund gelaufen und mit tausendfacher Kraft nicht freizuziehen sei. Claudia faßt dies als Zeichen der Götter auf und ist willens, das Schiff allein loszuziehen, um ihre Unschuld zu beweisen. Valerio stimmt ihr zu. Claudia ist sich ihres Triumphs gewiß, und auch Flavio sieht ein wenig Hoffnung. 2. Bild, ein Stadtteil am Tiberufer mit großen Gebäuden und dem Schiff in der Mitte des

Flusses: Die Gottheit um Gnade und Hilfe bittend, versucht die Menge vergebens, das Schiff fortzubewegen. Man gibt Claudia die Schuld für den Zorn des Himmels. Sie jedoch kann das Schiff scheinbar mühelos freimachen und zum Ufer führen. Ihre Unschuld ist bewiesen, alle danken dem Himmel. Priester, phrygische Priesterinnen und Römer bringen ihre Freude über das gerettete Bildnis zum Ausdruck.

**Kommentar:** *L'innocenza giustificata* ist eine erste Verwirklichung jener im Kreis um Durazzo, Wenzel Anton Graf Kaunitz, Ranieri de' Calzabigi und Gasparo Angiolini aufkommenden Ideen, nach denen ein großes Sujet mit angemessener Einfachheit und Geradlinigkeit unter Verzicht auf konventionelle Intrigen und Liebesverwicklungen dargestellt werden soll und mit denen die italienische Oper reformiert werden konnte. Die Handlung fand Durazzo bei Titus Livius und Ovid vorgebildet. Die gegenüber dem Dramma per musica nicht im gleichen Maß schematisierte Gattung der Festa teatrale bot die Möglichkeit zur phantasievolleren Gestaltung und den geeigneten Rahmen (wie später auch bei der Azione teatrale *Orfeo ed Euridice*, 1762), die Reformideen in einem Werk zu gestalten, das sich zwar noch der Historie bedient, aber gerade in der Massenszene des Schlußbilds Züge jener mythischen Allgemeingültigkeit gewinnt, die für die späteren Reformwerke symptomatisch sind. Der Chor begnügt sich nicht mehr mit einer dekorativen, bestätigenden Rolle, sondern wird zum dramatischen Partner, den Gluck in Halbchören oder doppelchörig zum Ensemble der Solisten agieren läßt. Die geradlinige, aber wenig ereignisreiche und konfrontationslose Handlung ist in die leidenschaftlich bewegten Rezitative verlegt. Um das Wunder der Schlußszene (das auch in der antiken Bildkunst dargestellt wurde) in seiner Größe begreiflich zu machen, waren jene Arien als statische Momentaufnahmen notwendig, die die Gefühle aller Beteiligten mit angemessenem Nachdruck zu einem differenzierten, manchmal bewegten und charakteristischen Ausdruck bringen. Es ist bezeichnend, daß Metastasios Texte zum Teil dessen »undramatischen« Werken, den kleineren »componimenti«, entstammen, die andern dramaturgischen Regeln als die Drammi per musica unterlagen. Wenn Claudias innere Spannung zunimmt, wie in der 7. Szene bei dem Entschluß, das Opfer zu bringen, oder wenn die wundervolle Tat vollbracht wird, öffnen Durazzo und Gluck die traditionelle Dakapoform zur offenen Cavata »Fiamma ignota nell'alma mi scende« und streichen Metastasios zweite Arienstrophe. Sie fügen die Metastasio fremde Arietta »Ah, rivolgi, o casta Diva« an, zu der Claudia das Schiff loszieht, und schaffen damit eine nach hinten offene Handlungsnummer, die im Gegensatz zu allen lyrisch-betrachtenden oder vergleichenden Texten Metastasios steht. Die 2. Fassung ändert an dem grundsätzlichen Konzept anscheinend kaum etwas, ein weiterer Beweis dafür, daß Gluck, auch nach *Alceste* (1767), keinen fundamentalen Widerspruch gesehen haben kann. – Im einzelnen entnahm Durazzo die Arientexte folgenden Werken Metastasios: Flavios »D'atre nubi è il sol ravvolto« und Flaminias »A' giorni suoi la sorte« aus *Il natal di Giove* (1740), Valerios »Sempre è maggior del vero« und Flavios »Non è la mia speranza« aus *Attilio Regolo* (1740), Claudias »Guarda pria se in questa fronte« aus *Ezio* (1728), das Duett Claudia/Flavio »Va, ti consola, addio« aus *Zenobia* (1740), Claudias Cavata »Fiamma ignota nell'alma mi scende« aus *L'Olimpiade* (1733), Valerios »Quercia annosa sull'erte pendici« aus *Il sogno di Scipione* (1735) und Claudias »La meritata palma« aus *La pace fra la virtù e la bellezza* (1738).

**Wirkung:** Die Uraufführung mit Caterina Gabrielli (Claudia), Carlo Carlani (Valerio), Maria Beneventi (Flaminia) und Tommaso Guarducci (Flavio) fand anläßlich des Geburtstags von Kaiser Franz I. statt. *L'innocenza giustificata* wurde nach den Aufführungen der Winterspielzeit 1755/56 im Aug. 1756 wiederaufgenommen. Daß Gluck dem Werk Bedeutung beimaß, zeigt die Überarbeitung als *La vestale*, auch wenn unbekannt ist, unter welchen Umständen sie zustande gekommen ist. Jedenfalls erhielt die von Gluck hochgeschätzte Sopranistin Antonia Bernasconi hier die Gelegenheit, sich in der virtuosen Partie der Claudia zu zeigen (Flavio: Emanuele Cornacchini, Valerio: Benedetto Bianchi, Flaminia: Marianna Uttini).

**Autograph:** Verbleib unbekannt. **Abschriften:** ÖNB Wien (Cod. 17786), SBPK Bln. (West), Bibl. du Cons. Brüssel [modern]. **Ausgaben:** Part, hrsg. A. Einstein, ital./dt. Übers. v. A. Günther, in: DTÖ 44:1937, Bd. 82, Nachdr. Graz 1960; Textb., 2. Fassung: Wien 1768 (ÖNB Wien)
**Literatur:** R. HAAS, G. und Durazzo im Burgtheater, Zürich 1925; A. EINSTEIN, G.s ›La vestale‹, in: MMR 66:1936, S. 151 f.; K. HORTSCHANSKY, Unbekannte Aufführungsberichte zu G.s Opern der Jahre 1748 bis 1765, in: Jb. d. Staatl. Inst. für M.Forschung Preußischer Kulturbesitz 1969, Bln. 1970, S. 25 f.; F. W. STERNFELD, G.'s Operas and Italian Tradition, in: Chigiana 29/30:1972/73, S. 275–281; weitere Lit. s. S. 422

*Klaus Hortschansky*

## Il re pastore
**Dramma per musica in tre atti**

### Der König als Hirte
3 Akte (4 Bilder)

**Text:** Pietro Metastasio (eigtl. Pietro Antonio Domenico Bonaventura Trapassi; 1751)
**Uraufführung:** 8. Dez. 1756, Burgtheater, Wien
**Personen:** Alessandro/Alexander, König von Makedonien (T); Aminta, Hirt, Liebhaber Elisas, der später als einziger legitimer Erbe des Königreichs von Sidon erkannt wird (S); Elisa, eine edle phönikische Nymphe, junges Mädchen aus dem alten Geschlecht des Kadmos, liebt Aminta (S); Tamiri, eine flüchtende Prinzessin im Gewand einer Hirtin, Tochter des Tyrannen Straton II. von Sidon, liebt Agenore (S); Agenore/Agenor, Edelmann aus Sidon, Freund Alessandros, liebt Tamiri (S). **Chor, Statisterie:** Gefolge Alessandros, griechische Hauptleute, königliche Wa-

chen, Edle von Sidon, griechische Lagerwachen, Hirtenknaben
**Orchester:** 2 Fl, 2 Ob (auch E.H), 2 Fg, 2 Hr, 2 Trp, Pkn, Streicher, B.c
**Aufführung:** Dauer ca. 3 Std.

**Entstehung:** Metastasio schrieb das Libretto im Auftrag Kaiserin Maria Theresias für eine Kavaliersaufführung, die am 27. Okt. 1751 mit Johann Baptist Anton Graf Pergen und vier adligen Hofdamen als Darstellern und der Musik von Giuseppe Bonno im Schloß Schönbrunn bei Wien stattfand. Den Stoff für die Fabel fand er in der Alexander-Monographie von Quintus Curtius Rufus und bei Marcus Junianus Justinus. Anschließend wurde das Textbuch, wie in der Zeit üblich, von verschiedenen Komponisten vertont (Giuseppe Sarti, Pesaro, Karneval 1752; Francesco Antonio Uttini, Drottningholm bei Stockholm 1755; Johann Adolf Hasse, Hubertusburg bei Leipzig 1755; David Perez, Cremona 1756), bevor es erneut in Wien, diesmal mit der Musik Glucks, gegeben wurde. Ohne zu dieser Zeit fest am kaiserlichen Hof angestellt gewesen zu sein, wurde Gluck von dem Hoftheaterintendanten Giacomo Graf Durazzo verschiedentlich zur Komposition italienischer Opern (*L'innocenza giustificata,* 1755) und Einrichtung französischer Opéras-comiques für die Wiener Theater herangezogen. Die Komposition von *Il re pastore* war offensichtlich vor dem 30. Okt. 1756 ganz oder teilweise beendet, denn mit Ausnahme der Arie I/1 liegen die Nummern des Aminta (Arien I/2, II/4, III/2, Duett I/8) in ersten Fassungen vor (Partitur S. 301–345), die Gluck bei grundsätzlich beibehaltener Faktur des Satzes (Tonart, Satzcharakter usw.) für den erst seit diesem Datum besoldeten und damit engagierten Darsteller der Rolle, Ferdinando Mazzanti, überarbeitete, wobei er die Gesangspartie in eine im allgemeinen höhere Lage verlegte. Die von László Somfai in der Partitur (S. 346–364, vgl. auch S. IX, 368) edierten verzierten Fassungen, überliefert in einer Flötenstimme (beziehungsweise in den Ensembles in zwei Flötenstimmen), stellen sicherlich nicht die Wiedergabe der improvisierten Gesangsverzierungen auf einem Blasinstrument, sondern die Bearbeitung der notierten Gesangsstimme für dieses dar.

**Handlung:** In der Nähe der phönikischen Hafenstadt Sidon, 312 v. Chr.
I. Akt, weithin gedehnte Flußlandschaft mit Blick auf Sidon: Ohne von seiner Identität zu wissen, lebt Aminta als Hirte und wird von Elisa auch in seiner Armut geliebt. Alessandro, der Sidon erobert und den Tyrannen Straton II. vertrieben hat, erkennt in Aminta den rechtmäßigen Nachfolger auf dem Königsthron von Sidon. Der getreue Agenore teilt Aminta und Elisa mit, daß dieser in Wirklichkeit Abdalonymos sei. Alessandro wolle ihn in seine Rechte einsetzen.
II. Akt, in der Nähe des Feldlagers des griechischen Heers und verfallener Ruinen: Es bahnen sich Verwicklungen an. Elisa und Aminta suchen nach einander, ohne sich jedoch zu treffen, jene aus Angst, ihren zum König gewordenen Liebsten zu verlieren, dieser, um seine Liebe zu Elisa auch als König zu bestätigen. Alessandro wiederum möchte, nachdem er erfahren hat, daß Tamiri, die Tochter Stratons, noch am Leben ist, sie Aminta, dem neuen König, zur Frau geben. Agenore, selbst Tamiri in Liebe verbunden, muß Aminta die Nachricht zukommen lassen, daß dieser Elisa vergessen müsse. Schließlich fühlen sich die beiden Frauen, Elisa und Tamiri, die Alessandros Entscheid nicht kennen, durch das zurückhaltende Benehmen Amintas und Agenores vor den Kopf gestoßen und verlassen, während die Männer ratlos sind.
III. Akt, 1. Bild, Inneres einer großen Grotte in der Nähe des griechischen Lagers: Alle Beteiligten haben inzwischen von Alessandros Entschluß Kenntnis erhalten und reagieren auf ihre Art. Aminta beugt sich aus Dankbarkeit gegenüber der Staatsräson, Agenore resigniert und leidet, Elisa gibt nicht auf, sie eilt vielmehr zu Alessandro, und Tamiri schließlich verhöhnt Agenore angesichts der verletzenden vorzeitigen Preisgabe seiner Liebe, um ihm eine Lehre zu erteilen. 2. Bild, Gegend mit dem Portikus des Herkulestempels von Tyrus: Sobald Alessandro vom wahren Sachverhalt der Liebesbeziehungen erfährt, gibt er die Paare so zusammen, wie sie zusammen sein wollen. Aminta und Elisa sollen über Sidon herrschen, und Agenore und Tamiri werden ein neues eigenes Reich erhalten. Alle vereinen sich zum Lob des neuen Königs Aminta.

**Kommentar:** Metastasios Libretto unterscheidet sich von seinen Drammi per musica der 30er und 40er Jahre wesentlich durch den Verzicht auf Intrigen. Die Verwicklungen entstehen allein aus dem gutgemeinten, aber die bestehenden Liebesverhältnisse verwirrenden Beschluß Alessandros, Versöhnung stiften zu wollen. Dabei nimmt die heile, bukolisch-arkadische Hirtenwelt mit tatsächlich existierender Güte und Liebe als Wunschtraum einen breiten Raum ein, mit dem Metastasio auf seine Art die Ideen Jean-Jacques Rousseaus von Freiheit und Rückkehr zur Natur artikulierte und in ein zugleich idyllisches und absolutistisches Gewand kleidete. Für Gluck war das bukolische Element des Stoffs Anreiz, den mit aller Meisterschaft komponierten koloraturbeladenen Seriaton immer wieder mit pastoralen Elementen in Melodik, Rhythmik, Harmonik und Instrumentation zu durchsetzen und dabei auch Anklänge an österreichische Serenadenstimmung aufblitzen zu lassen. An die Stelle des Al-fresco-Stils mancher früheren Partitur (zum Beispiel *La Semiramide riconosciuta,* 1748) ist eine subtile, nuancenreiche Musiksprache von erfrischender Heiterkeit getreten, die aber auch den typisch Metastasioschen Widerstreit zwischen Pflicht und Liebe in Aminta individuell zu verlebendigen und Agenores seelische Erschütterung auszudrücken weiß. Die Musik einiger Nummern (beziehungsweise ihrer Teile) entnahm Gluck früheren Opern und paßte sie, wie es in der Zeit Brauch war, dem neuen Wortlaut an. Am Text des Librettos hat er im übrigen nichts geändert.

**Wirkung:** Die Uraufführung fand in glänzender Besetzung (mit Caterina Gabrielli und Mazzanti in den

Hauptpartien) aus Anlaß des Geburtstags von Kaiser Franz I. statt und stellte damit vom Sujet her eine Huldigung an diesen dar, dessen Geburts- und auch Namenstag (4. Okt.) wiederholt zum Anlaß der Erstaufführung eines theatralischen Werks gewählt wurden. Die technischen Fähigkeiten der beiden Hauptdarsteller müssen, betrachtet man die Befrachtung der Partitur mit Koloraturen, enorm gewesen sein; in einem brieflichen Bericht über die Aufführung bezeichnet Metastasio denn auch Mazzanti als »gran suonatore di violino in falsetto«. Die Tatsache, daß das Werk keine Neueinstudierung zu anderer Zeit an einem andern Theater erlebte, gehört zu den Merkmalen des Theaterbetriebs der Zeit und sagt nichts über die Qualität der Oper aus.

**Autograph:** Verbleib unbekannt. **Abschriften:** ÖNB Wien (Cod. 17788, Bd. I), SBPK Bln. (West) (Ms. mus. 7780). **Ausgaben:** Part, krit. Ausg., hrsg. L. Somfai, ital./dt. Übers. v. H. Swarowsky: C. W. GLUCK, Sämtl. Werke, Abt. III, Bd. 8, Bär 1968, Nr. BA 2284. **Aufführungsmaterial:** Bär
**Literatur:** L. SOMFAI, [Vorw., s. Ausg.]; K. HORTSCHANSKY, Aufführungsberichte zu Glucks Opern der Jahre 1748–1765, in: Jb. d. Staatl. Inst. für M.Forschung Preußischer Kulturbesitz 1969, Bln. 1970, S. 26f.; weitere Lit. s. S. 422

*Klaus Hortschansky*

## L'Ile de Merlin ou Le Monde renversé
### Opéra-comique en un acte

### Merlins Insel oder Die verkehrte Welt
1 Akt

**Text:** Louis Anseaume (1753)
**Uraufführung:** 3. Okt. 1758, Schloß Schönbrunn (bei Wien)
**Personen:** Merlin (T); Argentine und Diamantine, Merlins Nichten (2 S); Zerbin (Spr.); Hanif (T); Pierrot (B); Scapin (B); der Philosoph (T); M. de la Candeur, Prokurator (T); Hippocratine (S); Chevalier de Catonville, Stutzer (T); M. Prud'homme, Notar (B)
**Orchester:** 2 Fl, 2 Ob (auch E.H), Fg, 2 Hr, Streicher, B.c
**Aufführung:** Dauer ca. 1 Std. 30 Min. – Gesprochene Dialoge.

**Entstehung:** *L'Ile de Merlin* geht auf Jean-Claude Gilliers' Vaudeville *Le Monde renversé* (Paris 1718; Text: Alain René Lesage und d'Orneval) zurück. 1728 wurde das beliebte Stück als *Die verkehrte Welt*, übersetzt von Johann Philipp Praetorius, mit Musik von Georg Philipp Telemann in Hamburg aufgeführt, und 1753 überarbeitete Anseaume den Text. Zu diesem Libretto komponierte Gluck, der sich in Wien seit 1758 auf Anregung des Hoftheaterintendanten Giacomo Graf Durazzo der Opéra-comique zuwandte, insgesamt 24 Musiknummern.
**Handlung:** Auf der Insel des Zauberers Merlin; im Hintergrund wildbewegtes Meer, die Trümmer eines zerstörten Schiffs ragen aus den Fluten: Pierrot und Scapin sind als Schiffbrüchige auf eine einsame Insel verschlagen worden, auf der alle Verhältnisse dieser Welt umgekehrt sind. Zunächst treffen sie ein Tischleindeckdich an, das sie Merlin verdanken, dem sie drei Jahre gedient haben. Die Nymphen Argentine und Diamantine erscheinen und erklären, daß alle treulosen Männer auf der Insel eingesperrt würden. Pierrot und Scapin schwören den beiden Treue, die Nymphen sagen ihnen Schwierigkeiten mit Rivalen voraus. Nach den Nymphen zeigen sich andere Gestalten der verkehrten Welt. Ein Philosoph gibt sich als eleganter Kavalier; er ist nicht, wie französische Philosophen sonst, schäbig gekleidet, verschroben und engstirnig, sondern hat Geist, Geschmack und Eleganz. Auf der Insel, verkündet er, gebe es keine Bösewichte, Prozesse entscheide man nach dem Menschenverstand, Notare seien rechtschaffen, Händler gewissenhaft. Der Prokurator de la Candeur beteuert seine Ehrlichkeit und versichert, daß die Advokaten die Prozeßkosten selbst übernähmen. Die Ärztin Hippocratine schwört auf die Lehren der Natur. Chevalier de Catonville berichtet, daß auf der Insel Liebe lebenslange Treue bedeute, daß Schlichtheit die Menschen entzücke. Zitternd vor Angst erscheinen Diamantine und Argentine. Hanif und Zerbin wollen ihre Rivalität durch einen Zweikampf entscheiden, doch verbieten die Gesetze der verkehrten Welt jegliche Gewalt. Der Notar beschließt, daß die richtigen Paare durch Würfelspiel ermittelt werden sollen. Pierrot und Scapin verlieren das Spiel. Aus dem Wasser steigt eine durchscheinende Grotte auf, in der sich Merlin und sein Gefolge befinden. Merlin belohnt die treuen Dienste Pierrots und Scapins. Er will sie mit Hilfe seines Zauberstabs zu rechtschaffenen Menschen machen und seine Nichten mit ihnen vermählen.
**Kommentar:** Die Zeit seiner Opéra-comique-Kompositionen, 1758–64 in Wien, bildet als Interim zwischen seiner Auseinandersetzung mit dem italienischen Opernstil und den Reformopern eine wichtige Phase in Glucks Schaffen. *L'Ile de Merlin*, im selben Jahr wie *La Fausse esclave* (Wien 1758) entstanden, schafft nicht nur komische Situationen, sondern ist auch Parodie und Satire auf soziale Schichten und Mißstände des 18. Jahrhunderts, also ein Spiegel der Zeit. In zwölf nahezu gleichrangigen, lose aneinandergereihten burlesken Szenen treten die Vis comica und die Situationskomik an die Stelle einer dramatischen Handlungsentwicklung und individueller Personencharakteristik. Besonderen Reiz erhält das Stück durch das Nebeneinander von mythologischen und realistischen Figuren und Typen, die der Commedia dell'arte verpflichtet sind. Bedeutsam ist die Ouvertüre, die Gluck später als Einleitung zu *Iphigénie en Tauride* (1779) übernommen hat. Bedeutsam ist darüber hinaus Glucks souveräne Beherrschung der Gattung in der Vielfalt der Formen, von Vaudeville-Timbres und den typischen Verkettungen kleingliedrigen Motivmaterials bis zur streng gebauten Dakapoarie traditionellen Zuschnitts und zu kleineren Ensemblenummern.

Tafel 12

**Tafel 12**

*oben*
Christoph Willibald Gluck, *Orfeo ed Euridice* (1762), II. Akt, 1. Bild; Florence Quivar als Orfeo; Regie und Ausstattung: Achim Freyer; Deutsche Oper, Berlin 1982. – Freyers Deutung des Mythos verdichtet die Szene zu einer bildgesättigten Höllenvision: Orpheus als trauriger Narr mit bonbonfarbener Leier ist umgeben von Geistern und Verdammten, die durch blutrote Nabelschnüre verbunden aneinander hängen; aus der Wand ragt ein Wasserhahn, an dem die dionysische Traube hängt.

*unten*
Christoph Willibald Gluck, *Alceste* (1776), II. Akt der französischen Fassung; Dunja Vejzovic als Alceste, John Garriso als Admète; Regie und Bühne: Robert Wilson; Staatstheater, Stuttgart 1986. – Wilsons subtile Beleuchtungsregie läßt bei sparsamer Verwendung von Farbe und Form – vorherrschend Azurblau, ein Schicksalswürfel, Säulen – einen visionären Innenraum entstehen, der die innere Handlung des Dramas atmosphärisch spiegelt. Den Eindruck des Bildhaften verstärkt die Personenregie, die Affekte in stilisierte, fast ritualisierte Gesten bannt: Ruhende Bewegung wird erfahrbar als bewegende Ruhe.

**Wirkung:** Eine Aufnahme und Neugestaltung des Stoffs findet sich in Antonio Amicones *La grotta del mago Merlino* (Rom 1786) und Ugo Burnazzis *La grotta di Merlino* (Ravenna 1889); Glucks Oper beeinflußte außerdem Wenzel Müllers Singspiel *Die verkehrte Welt* (Wien 1822). Große Teile des Werks wurden von Johann Nepomuk Fuchs für das Gluck-Pasticcio *Die Maienkönigin* (Wien 1888) arrangiert, das bis 1933 häufig aufgeführt wurde (unter anderm in Prag 1900, Dresden 1902, Berlin 1912, Philadelphia 1927; in Übersetzung: Stockholm 1896, Budapest 1913, Kopenhagen 1933).

**Autograph:** Verbleib unbekannt. **Ausgaben:** Part, krit. Ausg., frz./dt. Übers. u. hrsg. G. Haußwald: C. W. GLUCK, Sämtl. Werke, Abt. IV, Bd. 1, Bär 1956, Nr. BA 2293. **Aufführungsmaterial:** Bär
**Literatur:** G. HAUSSWALD, [Vorw., s. Ausg.]; weitere Lit. s. S. 422

*Rudolph Angermüller*

## L'Ivrogne corrigé
**Opéra-comique en deux actes**

### Der bekehrte Trunkenbold
2 Akte

**Text:** Louis Anseaume, für die Opéra-comique *L'Ivrogne corrigé ou Le Mariage du diable* (Paris 1759) von Jean-Louis Laruette; Bearbeitung: Charles Simon Favart
**Uraufführung:** April 1760, Burgtheater, Wien
**Personen:** Mathurin, ein Trunkenbold (T); Mathurine, seine Frau (Mez); Colette, seine Nichte (S); Lucas, sein Zechkumpan, Winzer (B); Cléon, Colettes Liebhaber, auch als Pluto verkleidet (T). **Chor:** Bauern, Bäuerinnen, Schauspieler und Schauspielerinnen, mit Cléon befreundet
**Orchester:** 2 Ob (auch E.H), Fg, 2 Hr, Streicher, B.c
**Aufführung:** Dauer ca. 1 Std. 30 Min. – Gesprochene Dialoge.

**Entstehung:** Der erfahrene Theaterpraktiker Anseaume hatte sich bereits als Autor zahlreicher damals sehr beliebter komödiantischer Operntexte einen Namen gemacht. Sein Libretto geht auf eine kurze humoristische Fabel Jean de La Fontaines zurück: Eine geplagte Ehefrau versucht ihren trunksüchtigen Gatten zu läutern, indem sie ihn mittels einer inszenierten Maskerade glauben macht, er sei bereits in die Hölle abberufen worden. Doch statt zu bereuen, bleibt der Gatte ein unbelehrbarer Trunkenbold und verlangt selbst dort noch nach Wein. Bei Anseaume allerdings gelingt die Bekehrung. Laruettes Vertonung des derb-komischen und oft zweideutigen Librettos ist ein Kompilat aus elf Vaudevilles und 13 eigens komponierten Nummern und darin ein typisches Beispiel jener frühen Pariser Opéras-comiques, die Gassenhauermelodien (»vaudevilles«) der Pariser Jahrmarktkomödien mit eigens komponierten »airs nouveaux« im italienischen Stil verbanden und sich in Parodierung der italienischen Opera seria und der Tragödien der Pariser königlichen Hofbühne als eigenständige Musikgattung etablierten. Laruettes *L'Ivrogne* gelangte jedoch sowenig wie seine andern Opéras-comiques über einen Augenblickserfolg hinaus. Der Direktor der kaiserlichen Theater in Wien, Giacomo Graf Durazzo, wandte sich Ende 1759 an Favart in der Absicht, in Wien eine gehobene Gattung der komischen Oper und damit ein Gegenstück zur Opera seria und zum Opernideal Pietro Metastasios zu schaffen. Favart bearbeitete das Libretto ohne nennenswerte Eingriffe, milderte jedoch die drastische Diktion. Gluck hat die Oper durchgehend neu komponiert, außerdem einige Vaudevilles durch Arien ersetzt. Die Tatsache, daß die Stimmfächer bei Laruette und Gluck identisch sind und Glucks Chœur final (II. Akt) in Tonart (F-Dur), Takt (⅜), Rhythmus, Instrumentation und Gliederung deutliche Entsprechungen zu Laruettes Chor Nr. 12 zeigt, deutet darauf hin, daß Gluck dessen Vertonung kannte.

**Handlung:** In Mathurins Haus.
I. Akt, Zimmer, in der Mitte ein gedeckter Tisch, darauf ein Weinkrug mit zwei Gläsern: Mathurin und der Winzer Lucas frönen ihrer Lieblingsbeschäftigung. Der angetrunkene Lucas ist eitel genug, sich Hoffnungen auf die schöne Colette zu machen und sich darüber zu belustigen, daß diese sich in das »Milchgesicht« Cléon verliebt hat. Schon rauscht Mathurins Frau herein und stört die Idylle: Mathurine verwünscht die nichtsnutzigen Faulpelze, die ihrerseits das Gezeter unerträglich finden und deshalb ein ruhigeres Plätzchen in der nächsten Kneipe ansteuern. Colette können die Warnungen Mathurines vor der Ehe nicht überzeugen, denn sie sieht in Cléon ihren idealen Gatten, den sie nur deshalb nicht heiraten darf, weil ihr Onkel Mathurin sie mit Lucas verkuppeln und so der Zechkumpanei eine familiäre Basis geben will. Da erscheint Cléon und wartet nicht nur mit einer Liebeserklärung an Colette auf, sondern auch mit einem Plan, der Mathurins Widerstand gegen die Liebesheirat brechen und zugleich die Trunksucht der beiden Kumpane kurieren soll. Kaum ist Mathurin betrunken heimgekehrt, schläft er ein und wird von Cléon und einigen Bauern in den Keller getragen.
II. Akt, Keller: Cléon hat die Maske des Pluto angelegt, die Schauspieler und Schauspielerinnen, die er für seinen Plan gewinnen konnte, sind in die Masken von Höllengeistern und Furien geschlüpft, die nun mit einem Klagegeheul Mathurin und Lucas aufwecken. Wirklich glauben die Saufbrüder schon in die Unterwelt abberufen zu sein, denn die Teufel Griffardin und Furcifer wollen ihnen das Fell gerben, und der Fluchtweg ist plötzlich durch Pluto und andere Höllengeister versperrt. Pluto will Milde walten lassen und verurteilt die beiden, sich gegenseitig mit so vielen Stockhieben zu traktieren, wie sie Gläser Wein zusammen getrunken haben. Im rechten Augenblick dringt die gutmütige Mathurine in das Schattenreich ein und bittet für ihren Mann um Gnade. Lucas aber soll schmoren und wird davongeschleppt. Auch Colette bittet für Mathu-

rin, der nun um Vergebung fleht und verspricht, nie mehr einen Tropfen anzurühren, geschweige denn seine Frau zu schlagen, und Colette soll ihren Cléon bekommen. Ein Notar bringt den Ehekontrakt, und da auch Cléon unterzeichnen muß, legt dieser seine Plutomaske ab und beendet den Spuk. Aus Freude, noch unter den Lebenden zu weilen, beschließt Lucas, sofort Bacchus zu huldigen. Mathurin aber will, von seiner Gattin scharf fixiert, selbst den Hochzeitswein verschmähen.

**Kommentar:** Glucks Komposition besteht aus Ouvertüre, 15 Airs nouveaux und einer nur in Stimmen überlieferten Sinfonia (abgedruckt im Anhang der kritischen Ausgabe), die ihrem Charakter nach eine Ballettmusik ist und wahrscheinlich als handlungsverbindende Zwischenaktmusik erklang. Die dreiteilige Ouvertüre in G-Dur, der Mozart sich offenkundig bei der Komposition seiner Ouvertüre zu *Bastien und Bastienne* (1768) erinnerte, hat Gluck, leicht verkürzt und einen Ton höher transponiert, als Bacchanale in III/4 von *Armide* (1777) wiederverwendet. Zwei Englischhörner begleiten die Klage Mathurines (Arie Nr. 11), die ihren Gatten von Pluto losbittet. Diese c-Moll-Arie mit ihren Schluchzermotiven, die im Zusammenhang mit der Höllenmaskerade natürlich ebenso parodistisch wirkt wie der vorangehende Trauerchor der Höllengeister (Nr. 7), ähnelt sehr dem ersten Klagechor aus *Orphée et Euridice* (1774) und ist damit ein weiteres Indiz dafür, daß Gluck seine komischen Opern keineswegs als kompositorisch nebensächlich und unbedeutend gegenüber dem großen Reformwerk seiner tragischen Opern einstufte. In den vier Charakterstücken (die meist in Tanzform mit achttaktigen Ritornellen geschriebenen Trinklieder Mathurins und Lucas' und das Zankterzett Nr. 2) zeichnet Gluck seine Figuren musikalisch humorvoll und mit Parodie: Forte-piano-Akzente, abgerissene Wortphrasen, widersinnige Pausen, eigensinniges Zerdehnen einer Textsilbe illustrieren die dröhnende Heiterkeit Mathurins (Nr. 6), und der Ehestreit (Terzett, Nr. 2) erhält seine Pointe durch imitatorische Stimmeinsätze. Aber auch in den lyrisch gestimmten Arien, die schlicht gehalten und auf innigen Ausdruck berechnet sind, hat Gluck dem deutschen Singspiel richtungweisende Impulse gegeben. Bezeichnenderweise ergeht sich Mathurine am Schluß nicht in Spott über den gebeutelten Gatten, sondern wendet sich in ihrer G-Dur-Arie (Nr. 13) ins Lyrische und Versöhnliche, gewinnt also Distanz zur bloßen Posse und damit Innerlichkeit und menschliche Nähe. – Nach den Ergebnissen Ludmilla Holzers und den quellenkundlichen Untersuchungen Franz Rühlmanns kann als gesichert gelten, daß das Werk nicht nur mit der Musik von Gluck, sondern zusätzlich mit elf Vaudevilles (darunter sechs Duette) zur Aufführung gelangte, die Gluck am Cembalo improvisierend begleitete. Den acht Vaudevilles im I. Akt stehen nur drei im II. gegenüber. Gluck legte den Schwerpunkt seiner Vertonung also offensichtlich auf die auch dramaturgisch effektvolle Höllenmaskerade des II. Akts, wo ihm mit der Arie des Pluto (Nr. 10) zugleich das formal kunstvollste und, aus der Situationskomik entwickelt, humorvollste Stück gelang. Zwei ganz heterogene Satztypen sind aneinandergeheftet und werden nach einem überleitenden Rezitativ wiederholt: Der Vordersatz ist ein feierlicher Choral im Alla-breve-Takt (mit ernster Miene waltet Pluto der »Würde« seines Amts), der Nachsatz ein plapperndes und melodisch banales Allegro im 3/8-Takt (Pluto verordnet die Prügelstrafe und hält sich dabei den Bauch vor Lachen). So zeichnet sich in *L'Ivrogne corrigé* der musikgeschichtlich bedeutsame Prozeß der allmählichen Eliminierung der Vaudevilles zugunsten des durchgehend neukomponierten Singspiels ab. Dennoch stellen die Vaudevilles im Hinblick auf eine Wiederaufführung der Oper ein Problem dar: Sie blähen einerseits den dramaturgisch ohnehin etwas zähflüssigen I. Akt zusätzlich auf, verbürgen andrerseits jedoch eine Symmetrie und zeitliche Gleichgewichtung der beiden Akte und bieten, da Gluck sie bei seiner Vertonung berücksichtigte, eine gewisse Abwechslung zu den stilistisch sehr ähnlichen Airs nouveaux des I. Akts.

**Wirkung:** Von der Uraufführung sind weder das genaue Datum noch die Namen der Sänger überliefert. Nachgewiesen ist aber eine Wiener Reprise am 30. Mai 1761, die vermutlich den Anstoß zur Aufnahme in den Spielplan deutscher Schauspieltruppen gab, denn die Oper wurde mit in derb-realistischem Umgangston abgefaßten deutschen Texten 1780 in Mannheim als *Der Rausch* und 1784 in Weimar als *Die Trunkenbolde in der Hölle* gegeben. Erst im Juli 1922 brachte die Petite Scène Glucks in Vergessenheit geratene Oper in einer französischen Bearbeitung von Vincent d'Indy am Pariser Théâtre Albert Ier zur Wiederaufführung. Am Schauspielhaus Kiel wurde sie 1936 in einer deutschsprachigen Bühnenbearbeitung (mit einigen Vaudevilles) von Bernhard Engelke gezeigt, und die Opernschule der Staatlichen Hochschule für Musik Berlin spielte sie ebenfalls in deutscher Sprache nach einer Bühnenfassung von Rühlmann und in einer Neuinstrumentierung von Sergiu Celibidache.

**Autograph:** Verbleib unbekannt. **Abschriften:** Sächs. LB Dresden. **Ausgaben:** Part, krit. Ausg., hrsg. F. Rühlmann, zu Ende geführt v. F. Stein: C. W. GLUCK, Sämtl. Werke, Abt. IV, Bd. 5, Bär 1951, Nr. BA 2298; Kl.A v. V. d'Indy: Legouix, Paris 1925, Nr. R. L. 18; Kl.A v. S. Celibidache: Bär 1957, Nr. BA 2299, Nachdr.: ebd. 1983, Nr. 2298a; Kl.A, dt. Bearb. v. L. Gessner, mus. Bearb. v. J. Aschenbrenner u.d.T. *Die Trunkenbolde in der Hölle*: Sikorski; Textb.: Wien, Ghelen 1760; Textb., dt. u.d.T. *Der letzte Rausch*: Mannheim, Schwan 1780; Textb.: Bär 1948. **Aufführungsmaterial:** Bär; Bearb. Gessner: Sikorski; dt. Bearb. v. H. Haug u.d.T. *Der kurierte Saufbruder*: Bloch **Literatur:** R. HAAS, G. und Durazzo im Burgtheater, Wien 1925; L. HOLZER, Die komischen Opern G.s, in: StMW 13:1926, S. 3–37; F. RÜHLMANN, [Vorw., s. Ausg.]; weitere Lit. s. S. 422

*Rainer Franke*

# Don Juan ou Le Festin de pierre
→ **Angiolini, Gasparo (1761)**

# Le Cadi dupé
## Opéra-comique en un acte

## Der betrogene Kadi
1 Akt

**Text:** Pierre-René Lemonnier, für die Opéra-comique (Paris 1761) von Pierre Alexandre Monsigny
**Uraufführung:** 9. Dez. 1761, Burgtheater, Wien
**Personen:** der Kadi (B); Fatime, seine Frau (S); Zelmire (S); Nouradin, ihr Geliebter (T); Omar, Färber (B); Ali, die häßliche Tochter Omars (T); ein Aga des Kadis (stumme R). **Chor**
**Orchester:** Piffero, 2 Ob, 2 Fg, 2 Hr, Schl (Stromento turco, kl.Tr, Trg), Salterio, Streicher
**Aufführung:** Dauer ca. 1 Std. – Gesprochene Dialoge. Piffero ist vermutlich eine Diskantschalmei, Stromento turco eine große Trommel mit aufgeschnalltem Becken, Salterio ein Hackbrett.

**Entstehung:** Monsignys *Cadi dupé* war am 4. Febr. 1761 mit durchschlagendem Erfolg uraufgeführt worden. Wie zuvor das Libretto von *L'Ivrogne corrigé* (1760), ließ sich auch diesmal der Direktor der kaiserlichen Theater in Wien, Giacomo Graf Durazzo, Lemonniers Textbuch von Charles Simon Favart aus Paris zuschicken und übergab es Gluck zur Neuvertonung für das Französische Theater (Burgtheater). Unabhängig von der Musik Monsignys versah Gluck den *Cadi*, seine elfte und vorletzte komische Oper, mit einer Ouvertüre und 16 Airs nouveaux.

**Handlung:** Im Haus des Kadis in Bagdad: Fatime hat allen Grund, sich über das heuchlerische Gebaren der Männer zu beklagen, denn ihr Gatte, der alternde, aber allmächtige Kadi, ist ihrer überdrüssig geworden und wünscht sich statt dessen die schöne Zelmire zum Weib. Diese aber hatte seinen Antrag abgelehnt, wofür er sich rächte, indem er einen von Räubern um sein Vermögen gebrachten jungen Mann bei Zelmires Verwandten als wohlhabenden Kaufmann ausgab und als Ehemann für Zelmire empfahl. Prahlend verkündet der Kadi nun seiner Frau, daß Zelmire tatsächlich jenen Bettler Nouradin geheiratet hat, verschweigt dabei aber geflissentlich seine geheime Hoffnung, den mittellosen Nouradin recht bald aus dem Feld zu schlagen. Fatime weiß jedoch aus Briefen Zelmires, daß der Kadi nach wie vor auf Freiersfüßen wandelt, und flieht gedemütigt und empört über dessen Arglist in ihre Gemächer. Der Kadi weiß freilich nicht, daß Nouradin nur einen kleinen Teil seines Vermögens an die Räuber verlor und in Zelmire das Glück seines Lebens gefunden hat. Die beiden Liebenden beschließen, dem Kadi die Suppe gründlich zu versalzen, und machen sich den Umstand zunutze, daß dieser Zelmire noch niemals zu Gesicht bekam. So gibt sich Zelmire als Ali, die Tochter des Färbers Omar, aus und läßt den von ihrer Schönheit berauschten Kadi sich davon überzeugen, daß die Behauptungen des Färbers, seine Tochter sei häßlich wie die Nacht, nur Vorwände sind, Ali nicht verehelichen zu müssen. Augenblicklich wird nach dem Färber geschickt, der sich über die Ehewünsche des Kadis höchlichst verwundert, zunächst die Häßlichkeit seiner Tochter mit drastischen Worten schildert, dann aber schlau genug ist, einen unverschämt hohen Kaufpreis auszuhandeln mit dem Hinweis, daß er die »Ware« gegebenenfalls zurücknehmen, das Geld aber in jedem Fall behalten werde. Fatime überrascht die beiden und macht ihrem Gatten eine Eifersuchtsszene. Aber es bleibt dabei: Der Kadi will sich von ihr scheiden lassen. Schon bringt Omar die Braut, und der Kadi muß sich zu seinem Schrecken davon überzeugen, daß die richtige Ali tatsächlich eine Mißgeburt ist, die er niemals heiraten wird. Omar löst bereitwillig den Ehekontrakt, und Ali muß schweren Herzens auf den Kadi verzichten. Dieser aber ist um sein Geld geprellt und braucht für den Spott, den er von Zelmire und Nouradin erntet, nicht zu sorgen. Reumütig wendet sich der Betrogene an Fatime, die sich tatsächlich versöhnlich zeigt und ein Happy-End gestattet. Alle vereinen sich zum Lobgesang auf die tugendhafte Liebe.

**Kommentar:** Glucks Einakter zählt zum Genre der Türkenoper, deren exotische Sujets sich seit den Türkenkriegen nicht nur in Wien größter Beliebtheit erfreuten. Diese Stücke waren eine teils lässige, sicherlich verharmlosende Reaktion auf die Bedrohung durch die fremde osmanische Welt und blieben bis zum Anfang des 19. Jahrhunderts populär. Genregemäß zielen im *Cadi* weder das Libretto noch die Musik auf psychologischen Hintersinn oder auf allzu große Glaubwürdigkeit der Handlung. Vielmehr agieren standardisierte und kräftig überzeichnete Typen: eine Identifikationsgestalt für das Publikum (hier ist es die kokette Zelmire, deren Kleinbürgerschläue über alles triumphiert), eine grotesk-komische Figur (Ali), ein gutmütiger jugendlicher Liebhaber (Nouradin), die Zänkische (Fatime) und ein Kadi, der exakt jenen klischeehaften Typus des rohen und polternden Orientalen verkörpert, wie er sich in den »türkischen« Schauspielkomödien der Wiener Vorstadt und der Pariser Jahrmärkte zuhauf findet. Zur Kennzeichnung des Milieus griff Gluck im *Cadi* nicht nur auf das Instrumentarium der Janitscharenmusik zurück, sondern bediente sich zugleich des für die Türkenoper typischen Vokabulars: kurzer Vorschläge, Triller und Pizzikati, gleichmäßig pochender Rhythmen im schnellen ¼- oder Alla-breve-Takt, einer aus kleinen Intervallen konstruierten Motivik mit chromatischen Vorhalten auf betonten Zählzeiten. Mit diesen einfachen und plakativ eingesetzten Mitteln gelingt Gluck eine etwas unterkühlte, insgesamt aber überzeugende Individualisierung der »orientalischen« Gestalten des Kadis, Omars und Zelmires. Daß Gluck die Partie der Ali mit einem Tenor besetzte, entsprach durchaus der geläufigen italienischen und französischen Bühnenpraxis. Hier unterstreicht es die vordergründige und drastische Komik der Situation. Der bedauernswerten Färberstochter hat Gluck jedenfalls keine schöne, auf innigen Ausdruck berechnete Arie gegönnt, sondern ihr zwei Arietten in Moll (»Regardez ces traits nobles et parfaits« und »Adieu donc, mon cher poulet«) mit gewollt platten und täppischen melodischen Formeln und einer durch Pausen zerrissenen, stotternden Diktion gegeben, um musikalisch zu unterstreichen, daß Ali auch nicht mit den Gaben des Geists ausgestattet ist. Nouradins Partie bildet musikalisch den Gegenpol zum liedhaften Vaudevilleton, der die Gesänge der übrigen Akteure kennzeichnet. Der »empfindsame« Stil seiner Arie »Si votre flamme est trahie« zeigt sich in der ungekünstelten, lyrischen Diktion der Musik; dramaturgisch ist die Arie allerdings deplaziert, da sie die Exposition der Handlung behindert. Gluck hat sie später in die 2. Fassung (1775) von *L'Arbre enchanté* (Wien 1759) und in *Armide* (1777) übernommen. Musikalischer Glanzpunkt ist zweifellos das mehrteilige Duett Zelmire/Kadi (»Qu'en dites-vous, Monseigneur«), in dem nach den lyrischen Anfangspartien erstmals ein schnelles Tempo angeschlagen wird: Hier preist Zelmire mit flotter Zunge ihre Reize, während der von ihrer Schönheit geblendete Kadi anfangs kaum mehr als ein paar langgedehnte Seufzer der Bewunderung herausbringt. Das witzige Frage-und-Antwort-Spiel, das Zelmire dem Kadi aufzwingt, nimmt in seinem schnellen Wechseldialog das Duettino Susanna/Almaviva (»Crudel! perchè finora farmi«) aus Mozarts *Le nozze di Figaro* (1786) in musikalisch einfacherer Machart vorweg. Aber auch der Parlandocharakter etwa der Arie Omars »Entre ma femme et la table« ist bedeutungsvoll für die Sprachbehandlung in der deutschen komischen Oper geworden. Das Schlußquartett mit dem Rundgesang aller Akteure weist zurück auf die französische Praxis des Vaudevilles. Neben der bereits genannten Arie Nouradins hat Gluck das Zankduett Fatime/Kadi (»Perfide cœur volage«) in *Iphigénie en Aulide* (1774) für die hochdramatische Auseinandersetzung Agamemnon/Achille wiederverwendet.

**Wirkung:** *Le Cadi dupé* machte in Wien Furore und wurde dort vermutlich noch 1768 (Neudruck [?] des Librettos) wiederaufgenommen. International konnte Glucks Oper jedoch nicht mit Monsignys Vertonung konkurrieren, die in den 60er und 70er Jahren an vielen europäischen Theatern nachgespielt wurde. Erst 1783 erschien Glucks Oper in der deutschen Übersetzung von Johann André in Berlin (in Karl Theophilus Döbbelins Theater) und Hamburg (Altes Stadttheater), teilte im folgenden allerdings das Schicksal seiner andern komischen Opern und geriet für annähernd 100 Jahre in Vergessenheit. Die heute im Archiv der Hamburgischen Staatsoper befindliche Partiturabschrift (*Der betrogene Kadi*, deutsch von André), die Max Arend in seiner Gluck-Biographie (1921) erstmals erwähnt, ist offenkundig für die Aufführungen von 1783 angefertigt worden und kann, vor allem die Instrumentation betreffend, als die derzeit zuverlässigste Quelle des Werks gelten. Im Zug einer Renaissance der komischen Opern Glucks Ende des 19. Jahrhunderts kam der *Cadi* zunächst in veränderter Gestalt wieder auf die Bühne, und zwar in einer nach der Wiener Gesangspartitur (die keine Ouvertüre enthält und für den Orchesterpart nur eine Violin- und eine Baßstimme führt, mit vereinzelten Notizen zur Instrumentation) angefertigten, musikalisch entstellenden Bearbeitung von Johann Nepomuk Fuchs, der die Musik nach eigenem Ermessen instrumentierte, Tempobezeichnungen veränderte und völlig unmotiviert je eine Arie Zelmires und Fatimes (Nr. 4 und 9) durch zwei Arien aus Glucks *La Rencontre imprévue* (1764) ersetzte. In dieser Bearbeitung wurde Glucks Oper, ins Deutsche übersetzt von Wilhelm Hock, erstmals 1878 in Hamburg aufgeführt. Fuchs' Bearbeitung blieb, zusammen mit einer recht kläglichen deutschen Textbearbeitung von Fritz Krastel, für die weitere Rezeption des Werks bestimmend. So wurde *Le Cadi* 1881 in Wien, 1882 in Kassel, Berlin und München, 1883 in Graz, 1887 in Prag und 1930 in Wien gezeigt, zuletzt anläßlich der Schwetzinger Operntage 1952 (zusammen mit dem Ballett *Don Juan*, 1761) in einer Aufführung der Städtischen Bühne Heidelberg. Vereinzelte Aufführungen gab es außerdem in Budapest (1881, ungarisch), Rotterdam (1887), Manchester (1893), Straßburg (1900), Amsterdam (1930, holländisch), Rochester, NY (1932, englisch) und Jerusalem (1935, hebräisch). Vermutlich in der musikalischen Bearbeitung von Vincent d'Indy wurde *Le Cadi dupé* 1926 in Paris durch die Petite Scène gespielt, 1928 auch in Nantes. Die Hamburger Abschrift wurde 1975 zur Grundlage einer vollständigen Platteneinspielung gemacht; eine szenische Realisierung nach dieser Quelle steht noch aus.

**Autograph:** Verbleib unbekannt. **Abschriften:** Part, dt. Übers. v. J. André (um 1783): Arch. d. Hamburgischen Staatsoper Hbg.; GesangsPart (ohne Ouvertüre): ÖNB Wien (Mus S. 17877); GesangsPart: Bibl. du Cons. Brüssel (12. 832). **Ausgaben:** Kl.A, mus. Bearb. v. J. N. Fuchs, Text-Bearb. v. F. Krastel: UE [1881], Nr. 3163; Senff, Lpz. [um 1885], Nr. 1655; Textb.: Wien, Ghelen 1768. **Aufführungsmaterial:** Bearb. Fuchs/Krastel: UE
**Literatur:** E. HANSLICK, Aus dem Opernleben der Gegenwart. Neue Kritiken u. Studien, Bln. 1884, S. 132–136; weitere Lit. s. S. 422

*Rainer Franke*

## Orfeo ed Euridice / Orphée et Euridice
Azione teatrale per musica / Tragédie-opéra en trois actes

### Orpheus und Eurydike
3 Akte (5 Bilder)

**Text:** *Orfeo ed Euridice:* Ranieri Simone Francesca Maria de' Calzabigi
*Orphée et Euridice:* Pierre Louis Moline, nach Calzabigi
**Uraufführung:** *Orfeo ed Euridice:* 5. Okt. 1762, Burgtheater, Wien
*Orphée et Euridice:* 2. Aug. 1774, Opéra, Salle des Tuileries, Paris
**Personen:** *Orfeo ed Euridice:* Orfeo/Orpheus (A); Euridice/Eurydike (S); Amore/Amor (S). **Chor:** Schäfer, Nymphen, Furien und Larven der Unterwelt, Heroen und Heroinen des Elysiums, Gefolgsleute Orfeos

## Gluck: Orfeo ed Euridice (1762) / Orphée et Euridice (1774)

*Orphée et Euridice:* Orphée/Orpheus (H-C); Euridice/Eurydike (S); L'Amour/Amor (S). **Chor:** Schäfer, Schäferinnen, Nymphen, Dämonen, Furien, selige Geister, Heroen, Heroinen

**Orchester:** *Orfeo ed Euridice:* 2 Fl, 2 Chalumeaus, 2 Ob, 2 E.H, 2 Fg, 2 Kornette, 2 Hr, 2 Trp, 3 Pos, Pkn, Cemb, Hrf, Streicher
*Orphée et Euridice:* 2 Fl, 2 Ob, 2 Klar, 2 Fg, 2 Hr, 2 Trp, 3 Pos, Pkn, Streicher; BühnenM: Ob, Hrf, Streicher

**Aufführung:** *Orfeo ed Euridice:* Dauer ca. 1 Std. 30 Min. – Das Orchester wird in II/1 geteilt. Das zweite Orchester besteht aus Harfe, Streichern und Cembalo und kann hinter der Bühne postiert werden.
*Orphée et Euridice:* Dauer ca. 2 Std. – Chor: im I. und II. Akt, Soli in Sopran, Alt und Tenor.

**Entstehung:** Gluck wurde durch den Wiener Hoftheaterintendanten Giacomo Graf Durazzo mit Calzabigi bekannt gemacht, der im Febr. 1761 von Paris nach Wien gekommen war und seine *Orfeo*-Dichtung offenbar schon mitgebracht hatte (wenngleich wohl noch nicht in ihrer endgültigen Gestalt). Erste Frucht der Zusammenarbeit Calzabigi/Gluck war das Tanzdrama *Don Juan ou Le Festin de pierre,* das im Okt. 1761 in der Choreographie Angiolinis aufgeführt wurde. Die Komposition von *Orfeo ed Euridice* hat Gluck wahrscheinlich erst nach seiner nächsten Premiere, der Opéra-comique *Le Cadi dupé* (Dez. 1761), begonnen. Die Zusammenarbeit mit Calzabigi war wohl noch während der Kompositionsarbeit eng, auch wenn der Dichter seinen Anteil an der musikalischen Gestaltung des Werks (offener Brief an den *Mercure de France* vom 26. Juni 1784) sicherlich übertreibt. Für die Partie des Orfeo wurde auf Glucks Veranlassung der Altist Gaetano Guadagni verpflichtet; der Komponist studierte ihm die Rolle selbst ein und trug mit ihm Ausschnitte aus dem entstehenden Werk in Calzabigis Wohnung vor (8. Juli und 6. Aug. 1762). Vermutlich hängt der Termin der Uraufführung mit dem Namenstag Kaiser Franz' I. (4. Okt.) zusammen; eigenartig ist nur, daß der Librettodruck nichts davon erwähnt. – Die Neufassung unter dem Titel *Orphée et Euridice* ist Glucks zweite französische Reformoper, nach *Iphigénie en Aulide* (1774). Die Entscheidung, statt eines zweiten Werks eine Bearbeitung eines italienischen Originals zu bringen (an der Académie Royale ein Wagnis), mag in Zeitmangel begründet gewesen sein; ebensogut können aber auch programmatische Überlegungen hineingespielt haben (Herausstellen der ersten Reformoper par excellence, Verbindung der Wiener mit der Pariser Reform, Beziehung zu Marie Antoinette). Die Arbeit an Text und Musik der Neufassung konzentrierte sich vermutlich auf die wenigen Monate zwischen der Premiere von *Iphigénie* und von *Orphée,* sie lief teilweise noch mit den ersten Proben parallel, und bis zum letzten Moment vor der Aufführung scheint es Änderungen gegeben zu haben (ablesbar vor allem in den Divergenzen zwischen dem Libretto- und dem Partiturdruck). – Calzabigis Libretto wurde noch von Bertoni (1776) vertont.

**Handlung:** Am Averner See (Angabe nur in *Orfeo ed Euridice*), in mythischer Zeit.
I. Akt, lieblicher, einsamer Lorbeer- und Zypressenhain mit dem Grabmal Euridices: Schäfer und Nymphen trauern mit Orfeo am Grabmal Euridices. Als Orfeo sich aufrafft und erklärt, er wolle Euridice dem Hades entreißen, erscheint Amore und verkündet, was Jupiter, durch Orfeos Schmerz gerührt, beschlossen hat: Er darf in die Unterwelt hinabsteigen, und wenn er die Furien durch seinen Gesang besänftigt und Euridice zurückgeleitet, ohne sie anzusehen und ohne ihr Jupiters Gebot zu verraten, soll sie leben. Orfeo willigt ein und wird unter Donner und Blitz entrückt.
II. Akt, 1. Bild, Unterwelt, schaurige Höhlengegend jenseits des Flusses Cocythus: Die Furien bedrängen Orfeo; es gelingt ihm jedoch, sie nach und nach zu besänftigen, und sie ziehen sich zurück. 2. Bild, Gefilde der Seligen: Bei den seligen Heroen und Heroinen des Elysiums trifft er auf Eurdice. Während die Seligen sie umsingen und umtanzen, ergreift er ihre Hand, ohne sie anzusehen, und eilt mit ihr davon.
III. Akt, 1. Bild, eine finstere, labyrinthisch gewundene Grotte: Das Paar flieht. Euridice kann nicht verstehen, warum Orfeo ihr die Rettung nicht erklärt und sie nicht ansieht, und sie bedrängt ihn, zweifelt an seiner Liebe, verzweifelt und will erneut sterben. In höchster Verzweiflung bricht Orfeo das Gebot und wendet sich Euridice zu: Sie stirbt. Er will sich selbst den Tod geben. 2. Bild, prächtiger Amortempel: Zum zweitenmal erscheint Amore und beklagt Orfeo, der um des Gottes willen so viel gelitten habe. Noch einmal erweckt er deshalb Euridice zum Leben. Alle Anwesenden preisen die Wohltaten Amores.

**Kommentar:** Die Handlung spielt in mythischer Zeit in Thrakien, wurde aber von Calzabigi um der Einheit des Orts willen an den Averner See verlegt, einen Kratersee bei Cumae in Kampanien, der im römischen Altertum als Eingang zur Unterwelt galt. Calzabigi beruft sich dabei auf Vergil, *Georgica* IV (Vers 449 ff.) und *Aeneis* VI (womit vermutlich die grandio-

*Orphée et Euridice,* II. Akt; Pauline Viardot-García als Orphée (Mitte); Illustration nach dem Bühnenbild von Charles-Antoine Cambon und Joseph François Désiré Thierry; Théâtre-Lyrique, Paris 1859. – Mit der Interpretation der als Orphée enthusiastisch gefeierten Sängerin sah das zeitgenössische Publikum seine Vorstellung vom klassischen Gesangsideal verwirklicht.

se Schilderung durch die cumäische Sibylle gemeint ist, Vers 125 ff.). Der Cocythus (Kokytos) ist einer der Unterweltsflüsse, bei Homer ein Arm des Styx, bei Vergil identisch mit dem stygischen Sumpf, den Charon überquert. Calzabigi hat die Orpheussage in ein sehr einfaches und geradliniges Bühnengeschehen umgesetzt. Sein Text war ein entschiedener Schritt über alle früheren Versuche zur Reform der Oper im 18. Jahrhundert und über die Gattungen, an denen er noch Anteil hatte (Opera seria und Festa teatrale), hinaus; in Wien, wo Pietro Metastasio als Hofdichter wirkte, mußte er revolutionär wirken: eine mythologische, nicht »historische« Handlung ohne Intrigen, Nebenhandlungen und Umwege, in der der Mythos als Versinnbildlichung elementarer menschlicher Erfahrungen und Situationen verstanden wurde; Konzentration auf nur zwei Personen, von denen die eine erst am Ende des II. Akts auftritt, singend überhaupt nur im III. Akt präsent ist; Chöre, die zur Handlung gehören und aktiv in sie eingreifen; eine fast schmucklose und zugleich betont emotionale Sprache (und in ihr vor allem wird die entschlossene Abkehr Calzabigis von den poetischen Traditonen der Opera seria und der Festa teatrale deutlich, zumal der Dichter als Metastasio-Epigone begonnen hatte). Deutlicher traditionsbezogen sind die Formen der Dichtung: Die Aufteilung in drei Akte weist auf die Opera seria; die Gliederung der Akte in wenige große Szenen, die vor allem im I. und II. Akt im Wechsel von Chören, Tänzen und Soli geradezu monumental wirken, weist auf die Festa teatrale und wohl auch auf die Tragédie-lyrique, geht aber über beide nicht unerheblich hinaus. In den Detailformen ist die Metastasio-Tradition durch einfache Liedstrophen fast ganz verdrängt; die einzige Dakapoarie in der traditionellen Form von zwei Vierzeilern, Euridices »Che fiero momento« (III/1), wird am Schluß durch die gestammelten Worte »vacillo, tremo« formal und emotional aufgebrochen. Selbst Amore ist nicht einfach ein Deus ex machina, sondern selbstverständlicher Teil einer konsequent mythologischen Welt, Beweger des Geschehens nicht nur zum scheinbar konventionellen Lieto fine hin, sondern von Anfang an. Daß andrerseits das Lieto fine auch einen konventionellen Aspekt hat, bekennt Calzabigi im »argomento« des Texts selbst: »Um die Fabel unserer Szene anzupassen, ist es erforderlich, das tragische Ende zu ändern.« Zweifellos hat sich Calzabigi in *Orfeo ed Euridice* wie in *Alceste* (1767), weniger entschieden in *Paride ed Elena* (1770), vielerlei Anregungen zunutze gemacht, aus Opera seria, Festa teatrale und Tragédie-lyrique, aus den opernästhetischen Diskussionen der Enzyklopädisten und den vielen Reformansätzen, die die Geschichte der ernsten Oper praktisch das ganze 18. Jahrhundert hindurch begleiten. Dennoch gehen seine Texte, vor allem in der Diktion und im Aufbau monumentaler Szenen, über die bloße Summierung solcher Anregungen weit hinaus, und ihr Anteil an der Reform der metastasianischen Oper ist kaum zu überschätzen. Daß schon der *Orfeo*-Text auf diese Reform zielt, daß also seine Beziehungen zur Festa-teatrale-Tradition sekundär sind, ist, nach dem inneren Zusammenhang mit Calzabigis späteren Reformtexten und nach der Art und Weise, wie Gluck ihn aufgefaßt hat, nicht zu verkennen. Die seltsame Gattungsbezeichnung, die der Dichter ihm gab (»azione teatrale«), dürfte demnach nicht Verlegenheit oder laxe Umschreibung für Festa teatrale sein, sondern Programm. Hermann Aberts witziger Vergleich mit Wagners Terminus »Handlung« für *Tristan und Isolde* (1865) ist so abwegig nicht. Gluck hat Calzabigis Anteil an der Reform der italienischen ernsten Oper in seinem berühmten offenen Brief an den *Mercure de France* (1773) ausdrücklich anerkannt: »Es ist M. de Calzabigi, dem das Hauptverdienst zukommt [...] Er ist es, der es mir ermöglichte, die Quellen meiner Kunst zu entwickeln [...] Diese Werke *[Orfeo, Alceste, Paride]* sind angefüllt mit glücklichen Situationen, schrecklichen und pathetischen Zügen, die dem Komponisten das Mittel an die Hand geben, große Leidenschaften darzustellen und eine kraftvolle und anrührende Musik zu schaffen.« Gluck hat diese Möglichkeit genutzt, indem er in *Orfeo,* weit über alle Ansätze in früheren Werken hinaus, einen Stil monumentaler und zugleich emotional hochgespannter Einfachheit entwickelte, der sich von den Traditionen der Opera seria mindestens so weit entfernte wie Calzabigis Text von der metastasianischen Librettotradition (auch wenn im Detail manche Einflüsse anderer Reformansätze, vor allem aus den von der Tragédie-lyrique beeinflußten Opern Tommaso Traettas, zu beobachten sind). Calzabigis schmucklose Texte werden schmucklos und lapidar deklamiert, Koloraturen fehlen fast ganz, statt der großen italienischen Arienformen herrschen einfachste Lied- und Chorstrophen vor, die in den Szenenblöcken zu tonartlich ausgewogenen Großformen zusammengefügt werden. Daß die großen und einfachen Wirkungen nicht künstlerischer Mangel, sondern Stilisierung sind, zeigt die Gegensphäre, der differenzierte und reiche Klangzauber der Elysiumszene. Daß

*Orfeo ed Euridice*, II. Akt, Hölle, Eingang zur Unterwelt; Bühnenbildentwurf: Adolphe Appia, 1926. – Appias Ideal eines linear gegliederten, den Akteuren ein Höchstmaß an Bewegungsmöglichkeit zulassenden Bühnenraums scheint hier seine klassische Ausformung gefunden zu haben.

die Einfachheit der musikalischen Sprache nichts zu tun hat mit klassizistischer Blässe, mit der sie später verwechselt wurde, sondern Korrelat eines extrem angespannten Ringens um Wahrheit und Kraft des Ausdrucks ist, zeigt vor allem der völlige Verzicht auf das Secco zugunsten eines außerordentlich differenzierten, dramatisch schlagkräftigen und psychologisch wahren Accompagnatos. – Obwohl Gluck und sein Textdichter der französischen Fassung, Moline, unter extremem Zeitdruck arbeiteten, ist es ihnen gelungen, die Umarbeitung von *Orfeo* nicht nur an die Traditionen der Tragédie-lyrique anzupassen, sondern umgekehrt in diese Traditionen die seit *Orfeo* weiterentwickelten Reformideen einzubringen. Das Ergebnis ist ein ästhetisch in wesentlichen Zügen neues Werk. Entscheidend für diesen Eindruck sind erstens die Neukomposition der Rezitative, die gegenüber *Orfeo* wesentlich dramatischer, differenzierter und reicher, meist auch knapper sind und die einen ganz neuen Rezitativtonfall entwickeln, jenseits des italienischen Seccos und Accompagnatos wie auch jenseits des französischen Récitatif mesuré; zweitens die Umgestaltung der Hauptfigur zu einer dramatischen Tenorrolle (Haute-contre); drittens die musikalische Dynamisierung wesentlicher Szenen und damit zusammenhängend die deutlichere Herausarbeitung des Gegensatzes bewegter und statischer Szenen, wozu besonders die wohl aus der Zeitnot geborene, aber klug genutzte Tendenz beitrug, das Stück gerade durch den Ausbau statischer Szenen (die zum großen Tableau erweiterte Elysiumszene) auf eine halbwegs normale Spieldauer zu erweitern. Vergleichsweise konventionell sind dagegen die Einfügung einer virtuosen Abgangsarie am Schluß des I. Akts, die Gluck für den Gesangsvirtuosen Joseph Legros, dem er die übrigen zwei Stunden hindurch dramatischen und entschieden unvirtuosen Gesang abverlangte, gleichsam zur Erholung spendierte, und das Ballett am Schluß der Oper, das ohne Schaden für das Werk gestrichen werden kann. Für die ästhetische Wirkung belanglos ist schließlich die Tatsache, daß die meisten eingefügten Stücke nicht Originalkompositionen, sondern Parodien von Nummern aus älteren, dem Pariser Publikum 1774 noch nicht bekannten Gluck-Opern sind. Insgesamt stellt sich *Orphée et Euridice* im Vergleich mit *Orfeo ed Euridice* als das entschieden dramatischere und bühnenwirksamere Werk dar; sein eigentliches Problem ist nur die außerordentlich schwierig zu besetzende Tenorpartie. Die von Adolf Bernhard Marx aufgebrachte und seitdem nicht auszurottende Vorstellung, die französische Fassung sei eine Verschandelung des »reineren« *Orfeo,* ist ein Mißver-

*Orfeo ed Euridice*, I. Akt; Kathleen Ferrier als Orpheus, Tänzerinnen des Sadler's Wells Ballet; Regie und Choreographie: Frederick Ashton, Ausstattung: Sophie Fedorovitch; Covent Garden, London 1953. – Die mit subtiler Phrasierung und noblem Timbre gestaltete Partie der englischen Altistin galt lange Zeit als Inbegriff moderner Gluck-Interpretation.

ständnis, das auf eine klassizistische Fehldeutung schon der italienischen Fassung zurückgeht.
**Wirkung:** Die Uraufführung von *Orfeo ed Euridice* wurde von Gluck geleitet. Guadagni sang den Orfeo, Marianna Bianchi die Euridice, Lucie Clavareau den Amore; die Choreographie stammte von Gasparo Angiolini, die Ausstattung von Giovanni Maria Quaglio. Das Werk wurde heftig diskutiert, aber nur im Kreis der Kenner; einen Publikumserfolg hatte es nicht, wie sich aus der vermutlich von Calzabigi inspirierten ausführlichen Rezension (vgl. Abert, s. Lit.) ablesen läßt. Daß es programmatisch gemeint war, demonstrierte Durazzo dadurch, daß er es auf seine Kosten in Paris in Partitur stechen ließ, was für eine Tragédie-lyrique normal gewesen wäre, für eine italienische Oper (außerhalb Londons) aber recht ungewöhnlich war. Praktische Folgen hatte dieser Partiturdruck allerdings nicht; vielmehr wurde das Werk, wie im 18. Jahrhundert weitestgehend üblich, vor allem durch Sänger verbreitet, und zwar, da der Orfeo die einzige »große« Rolle in einer »zu kurzen« Oper war, durch die Sänger dieser Partie. Guadagni brachte das Werk nach London (1770 und 1771), wo es 1773 auch der Sopranist Giuseppe Millico sang, für den Gluck für die Aufführung in Parma 1769 einige Änderungen vorgenommen hatte. Giusti Ferdinando Tenducci sang den Orfeo von Neapel über Florenz und Venedig bis Dublin; Luigia Crespi als Euridice und Girolamo Crescentini brachten das Werk 1799 und 1801 nach Lissabon. Relativ oft diente es, entsprechend seiner Nähe zur Festa teatrale, als höfische Festoper, wie in Parma, so in Stockholm 1773, Neapel 1774, Wien 1781 und Petersburg 1782. Oft, vor allem in London, wurde es durch Einschübe fremder Komponisten und Sänger pasticcioartig erweitert, weil es für einen normalen Opernabend als zu kurz galt (bei andern Gelegenheiten wurde es deshalb entweder mit einem größeren Ballett oder mit einem Sprechdrama gekoppelt). Oft wurde es auch konzertant aufgeführt und geradezu als Kantate oder Oratorium angekündigt (Breslau 1770, Florenz 1773, Hamburg 1775/76, Rom 1776, Kopenhagen 1779, Salzburg 1786, Bologna 1788, Siena 1795). Die erste Aufführung, in der Orfeo von einem Tenor gesungen wurde, war zugleich die erste in schwedischer Sprache, Stockholm 1773. Einzelne Nummern schließlich, vor allem natürlich »Che farò senza Euridice«, fanden weite Verbreitung; »Che farò« wurde in österreichischen und böhmischen Klöstern geistlich umtextiert. – Die Uraufführung von *Orphée et Euridice* wurde wie die von *Iphigénie en Aulide* durch Gerüchte, Pressenotizen, Terminverschiebungen, gesperrte und dann doch öffentliche Proben zur Sensation, an der tout Paris teilnahm. Die Besetzung (Legros als Orphée, Madeleine Sophie Arnould als Euridice und Rosalie Levasseur als L'Amour) war nicht ideal, zumal Arnould ihre beste Zeit schon hinter sich hatte, aber Gluck scheint sie und vor allem den zuvor als reinen Kehlkopfvirtuosen berüchtigten Legros so radikal in singende Darsteller verwandelt zu haben, daß die Zeitgenossen überwältigt waren. Die Aufführung und die ihr folgenden (47 bis zum Nov. 1774) waren ein noch größerer Erfolg als diejenigen von *Iphigénie,* finanziell wie im literarischen Echo. In Paris blieb *Orphée* 1774–1800 fast ununterbrochen auf dem Spielplan der Opéra, mit ständigen Umbesetzungen und vielen Eingriffen in die Partitur und fast immer mit beträchtlichem Erfolg. Eine zweite, weit weniger erfolgreiche Aufführungsserie erlebte das Werk 1809–17, jetzt mit Louis Nourrit als Orphée, für den die extreme Tessitura der Partie entschärft werden mußte. Außerhalb Frankreichs hatte *Orphée* (soweit die Daten der Aufführungsgeschichte eine Unterscheidung zwischen französischer und italienischer Fassung zulassen) offenbar wenig Erfolg, nachdem die erste Nachspielrunde der Novität in den 70er Jahren vorüber war (Brüssel, Den Haag, Brünn, konzertant in Kopenhagen und Odense). In den 80er Jahren reiste die Theatertruppe von Johann Böhm mit dem Werk (in deutscher Übersetzung von Ferdinand Prinner); 1786 fand die erste Aufführung in Stockholm statt (schwedische Übersetzung von dem Hofbibliothekar Adolf Fredrik Ristell). Im frühen 19. Jahrhundert scheint nur die Berliner Aufführungsgeschichte des Werks bemerkenswert zu sein, vor allem dank der Bemühungen Bernhard Anselm Webers um eine Berliner Gluck-Tradition und dank Anna Milder-Hauptmann als Euridice, aber auch hier blieb der dauerhafte Erfolg aus, und 1821 griff man auf die italienische Fassung zurück (nun mit einer Altistin als Orfeo). In der 1. Hälfte des 19. Jahrhunderts scheint das Interesse an der Oper gering gewesen zu sein. Wiederbelebt wurde sie theoretisch vor allem durch Richard Wagner, praktisch durch Franz Liszt in Weimar 1854 und durch Hector Berlioz, der das Werk für die Altistin Pauline Viardot-García bearbeitete. Mit dieser Bearbeitung (Paris, Théâtre-Lyrique 1859, Euridice: Marie-Constance Sass) begann der Siegeszug der Mischfassungen, die besonders als ideale Benefizstücke für Altistinnen beliebt wurden und noch heute die Bühnen beherrschen, obwohl sie musikalisch und dramaturgisch Verbrechen an Gluck und Calzabigi sind (vgl. Herbert Rosendorfer, Ludwig Finscher, 1963, s. Lit.). Mit Wagners Gluck-Propaganda begann andrerseits eine zweite Karriere der Reformoper als besonders bevorzugtes Vehikel für Reformen und Experimente in Regie, Choreographie und Ausstattung. Ihr theatergeschichtlich bedeutendstes Zeugnis war die Inszenierung von Emile Jaques-Dalcroze und Adolphe Appia in Hellerau 1913, in der die beiden Reformer zum erstenmal und sogleich mit internationalem Erfolg ihre Ideen für eine Wiedergeburt des antiken Musiktheaters aus modernem Geist verwirklichen konnten und damit unter anderm Paul Claudel nachhaltig beeindruckten (rhythmische Bewegungsregie, antikisierende Stilbühne); zugleich wurde diese Inszenierung zum Prototyp der Versuche, das Lieto fine durch einen »tragischen« Schluß zu ersetzen (Stillstehen der Handlung nach »Che farò«, Wiederholung der Trauerszene des Anfangs als Schlußszene). – Seit Berlioz' Bearbeitung ist kaum noch zu entscheiden, welchen der zahlreichen Inszenierungen direkte Mischfassungen oder situationsbe-

dingte Gelegenheitsbearbeitungen zugrunde lagen und liegen. Fest steht allerdings, daß (von wenigen Ausnahmen abgesehen) weder die italienische noch die französische Originalfassung Glucks unbeschädigt ins Repertoire der Opernhäuser eingegangen ist. Gleichwohl wurde der französischen Fassung als Ausgangspunkt für die diversen Bearbeitungen und Einrichtungen meist der Vorzug gegeben. Seit den 90er Jahren des 19. Jahrhunderts ist *Orfeo* nahezu durchgängig im Programm der bedeutendsten Operninstitutionen in aller Welt. 1882 erschien das Werk in einer deutschen Übersetzung von Johann Daniel Sander im Programm der Wiener Hofoper. Ebendort ist für das Jahr 1935 auch eine der wenigen Inszenierungen des Calzabigi-Originals nachzuweisen (Orfeo: Kerstin Thorborg, Euridice: Jarmila Novotná; Dirigent: Bruno Walter, Inszenierung und Choreographie: Margarethe Wallmann), und 1959 erschien *Orfeo* in Wien nochmals in einer bedeutenden Inszenierung von Oscar Fritz Schuh (Ausstattung: Caspar Neher) und mit weltbekannten Interpreten (Orfeo: Giulietta Simionato, Euridice: Wilma Lipp, Amore: Anneliese Rothenberger). Von 1896 an (zunächst in der Berlioz-Bearbeitung) blieb *Orfeo* bis heute im Repertoire der Pariser Opéra-Comique (unter anderm 1899, Dirigent: André Messager; 1905, Dirigent: Henri Busser; 1908, Orfeo: Alice Raveau; 1912, Orfeo: Marie Delna; 1921, Orfeo: Fernand Ansseau; 1967, Orfeo: Yves Bisson). Vermutlich lag der *Orfeo*-Aufführung 1860 am Londoner Covent Garden ebenfalls Berlioz' Bearbeitung zugrunde. Von den Londoner Inszenierungen seien die der Jahre 1920 (Dirigent: Thomas Beecham), 1937 (Dirigent: Fritz Reiner), 1953 (Orfeo: Kathleen Ferrier; Dirigent: John Barbirolli), 1961 (Orfeo: Norma Procter; Dirigent: Louis de Froment), 1969 (Orfeo: Yvonne Minton, Euridice: Pilar Lorengar; Dirigent: George Solti) und 1972 (Orfeo: Shirley Verrett; Dirigent: Charles Mackerras) hervorgehoben. An der Mailänder Scala erschien das Werk erstmals 1891 auf dem Spielplan. Es folgten Inszenierungen 1907 und 1924 (Dirigent jeweils: Arturo Toscanini), 1942 und 1947 (Orfeo: Ebe Stignani), 1951 (Orfeo: Fedora Barbieri, Euridice: Hilde Güden; Dirigent: Wilhelm Furtwängler) und 1958 (Orfeo: Barbieri, Euridice: Sena Jurinac; Dirigent: Lovro von Matačić, Inszenierung: Gustaf Gründgens), 1962 (Orfeo: Simionato, Euridice: Lipp; Dirigent: Nino Sanzogno). Für die New Yorker Metropolitan Opera erfolgten seit 1891 vielfach Übernahmen von Inszenierungen aus Wien (Walter) und Mailand (Toscanini, Furtwängler). Des weiteren sind für New York die Aufführungen der Jahre 1955 (Dirigent: Pierre Monteux), 1970 (Orfeo: Grace Bumbry) und 1972 (Orfeo: Marilyn Horne; Dirigent: Mackerras) zu nennen. Vor dem zweiten Weltkrieg war es ausschließlich Walter, der für die musikalische Leitung von *Orfeo* anläßlich der Salzburger Festspiele 1931 und 1932 (Orfeo: Sigrid Onegin, Euridice: Maria Müller, Amore: Maria Cebotari), 1933 (Euridice: Cebotari) und 1936 (als Übernahme der Wiener Inszenierung von 1935) die Verantwortung trug. 1948 erschien das Werk in Salzburg unter Herbert von Karajan (Orfeo: Elisabeth Höngen, Euridice: Cebotari) und 1949 unter Josef Krips. Von den neueren Inszenierungen sei diejenige der französischen Fassung in der Opéra Paris 1973 (Orphée: Nicolai Gedda; Inszenierung: René Clair, Choreographie: George Balanchine) genannt, der eine Konzeption zugrunde lag, die die mythologischen Gemälde Gustave Moreaus zum Vorbild nahm.

**Ballett:** Glucks Musik regte zahlreiche Choreographen zu eigenen Deutungen an. Bei diesen Arbeiten sind grundsätzlich zwei Vorgehensweisen zu unterscheiden: 1. Inszenierungen der Oper, bei denen eine choreographische Durchgestaltung im Vordergrund stand; 2. Ballette, deren musikalische Grundlage Glucks Musik war. – Die wichtigsten choreographischen Inszenierungen waren die von Wsewolod Mejerchold und Michail Fokin, Petersburg 1911; Jaques-Dalcroze und Annie Beck, Hellerau 1913; Balanchine, New York 1936; Valeria Kratina, Karlsruhe 1936; Rosalia Chladek, Wien 1940; Mary Wigman, Leipzig 1947; Frederick Ashton, London 1953; Balanchine, Hamburg 1963 und Paris 1973; Pina Bausch, Wuppertal 1975; John Neumeier, Hamburg 1978. Zu den wichtigsten Balletten der zweiten Gruppe gehören: Isadora Duncan, München 1902 (sie interpretierte zunächst nur kleine Teile der Oper, fügte aber im Lauf ihrer Karriere weitere Abschnitte hinzu); Ivan Clustine, Chicago 1915; Rudolf von Laban, Turin 1927; Wallmann, München 1930 (als »Bewegungsdrama« von Felix Emmel unter dem Titel *Orpheus Dionysos*) und Wien 1935; Ninette de Valois, London 1941. –

*Orphée et Euridice*; Nicolai Gedda als Orphée; Regie: René Clair, Choreographie: George Balanchine, Ausstattung: Bernard Daydé; Opéra, Paris 1973. – Eine im frühen 19. Jahrhundert unterbrochene Tradition wiederaufnehmend, restituierte die Opéra die französische Fassung und besetzte den Orphée mit einem Tenor, der wie kein anderer zu seiner Zeit die gesanglichen und stilistischen Ansprüche der Partie zu bewältigen vermochte.

Teile von Balanchines Choreographie sind als *Chaconne* fester Bestandteil des Repertoires des New York City Ballet geworden. Am 22. Jan. 1976 zum erstenmal getanzt, ist *Chaconne* für ein Hauptpaar, ein weiteres Solistenpaar, vier Solistinnen, zwei Halbsolopaare, 13 Tänzerinnen und sechs Tänzer konzipiert und dauert 30 Minuten. Der Vorhang öffnet sich über einem von Tänzerinnen geformten lebenden Bild. Zur Musik der seligen Geister tanzt das Hauptpaar (in der Uraufführung Suzanne Farrell und Peter Martins) ein inniges Duo. Die Choreographie erweckt den Eindruck des Schreitens in himmlischen Gefilden. Die Atmosphäre ändert sich abrupt. Es folgt ein höfisch anmutendes Divertissement, das aus einem Duo, einem Pas de trois und einem Pas de cinq gebildet ist. Das Duo ist wieder ganz auf die besonderen Fähigkeiten des Hauptpaars zugeschnitten. Das Ensemble beschließt gemeinsam das Ballett.

**Autograph:** *Orfeo ed Euridice:* Verbleib unbekannt; Fragment, wahrscheinlich frühere, nicht in d. Part.Druck aufgenommene Fassung d. Schlußchors: Thüringische LB Weimar; *Orphée et Euridice:* Bruchstücke u. Entwürfe: Bibl. de l'Opéra Paris (Ms. Rés. 88, 89), Bibl. du Cons. de Musique Paris (Ms. 367, 369), SB Bln./DDR (Mus. ms. autogr. Gluck 4.), Memorial Libr. of Music Stanford (Kat.-Nr. 375), Bibl. Saltykov-Ščedrin Leningrad (Nr. 2. 64. 65.). **Abschriften:** *Orfeo:* Bibl. del Cons. Parma (Ms. 3923, 3927, 27549); *Orphée:* Bibl. de l'Opéra Paris (A. 230. b.). **Ausgaben:** *Orfeo:* Duchesne, Paris 1764; Part, Bearb. v. H. Berlioz: Heinze, Lpz. 1866; Part, krit. Ausg., ital./dt., hrsg. H. Abert, in: DTÖ 21/2:1914, Bd. 44a, Nachdr. Graz 1960; Part, krit. Ausg., hrsg. A. A. Abert, L. Finscher, ital./dt. Übers. v. H. Swarowsky: C. W. GLUCK, Sämtl. Werke, Abt. I, Bd. 1, Bär 1963, Nr. BA 2294; Kl.A, dass.: Bär 1964, Nr. 2294a: Kl.A, Bearb. v. H. Berlioz: Escudier, Paris 1859; Kl.A, ital./dt.: Peters 1864, Nr. 9991; B&H 1916; Kl.A, ital./engl. Übers. v. J. Troutbeck: Novello-Ewer, London 1891; Textb., ital./dt. Übers. v. J. A. v. Ghelen: Wien, Ghelen 1762, auch in: Deutsche Schaubühne, Wien 1762; Textb., ital./frz.: Wien 1762; Textb., frz.: Paris, Bauche/Duchesne 1764; Textb.: Parma, Bearb. Wien, Trattner 1770; Textb., ital./engl.: London, Griffin 1770; Textb.: Bologna, Sassi 1771; Florenz, Pagani 1771; Textb., ital./dt.: München, Thuille 1773; *Orphée:* Part: Lemarchand, Paris 1774; Part, krit. Ausg., hrsg. F. Pelletan, C. Saint-Saëns, A. Tiersot, frz./ital. Übers. v. G. Pozza/dt. Übers. v. M. Kalbeck: Durand/B&H 1898; Part, krit. Ausg., hrsg. L. Finscher, frz./dt. Übers. v. H. Swarowsky: C. W. GLUCK, Sämtl. Werke, Abt. I, Bd. 6, Bär 1967, Nr. BA 2282; Kl.A, dass.: Bär 1968, Nr. 2282a; Kl.A, frz./engl. Übers. v. H. F. Chorley: Chappell, London 1861, Nr. 11225; Kl.A, frz./dt.: Peters 1867, Nr. 9902; Kl.A: Lemoine, Paris 1901; Textb.: Paris, Delormel 1774. **Aufführungsmaterial:** Bär
**Literatur:** *Orfeo ed Euridice:* H. ABERT, [Vorw., s. Ausg.; darin: Rez. d. »Wiener Diariums« v. 13. 10. 1762]; A. LOEWENBERG, G.'s »Orfeo« on Stage, in: MQ 26:1940; H. ROSENDORFER, Wer hilft dem Ritter Gluck, in: NZfM 123:1962, S. 449 ff.; L. FINSCHER, Che farò senza Euridice? Ein Beitr. zur G.-Interpretation, in: Festschrift H. Engel, Kassel 1964, S. 96–110; D. HEARTZ, From Garrick to G.: The Reform of Theatre and Opera in the Mid-18th Century, in: Proceedings of the Royal Music Association 94:1967/68, S. 111–127; K. GEIRINGER, Concepts of the Enlightenment in G.'s Italian Reform Opera, in: Studies on Voltaire 88:1972; R. MONELLE, G. and the »Festa Teatrale«, in: ML 54:1973, S. 308–325; Chigiana 29/30:1975 [enthält Beitr. v. G. ALLROGGEN, D. HEARTZ, M. F. ROBINSON, F. W. STERNFELD zu *Orfeo*]; F. DEGRADA, »Danze di eroi« e »saltarelli di burattini«: vicende dell'›Orfeo‹ di G., in: DERS., Il palazzo incantato, Fiesole 1976, Bd. 1, S. 115–131; L'Avant-scène, Opéra, 23:1979 [mit Beitr. v. F. AZOURI, J.-A. MÉNÉTRIER, P. RELIQUET, D. RISSIN, A. TUBEUT]; *Orphée et Euridice:* L. DE LA LAURENCIE, ›Orphée‹ de G., étude et analyse, Paris o. J.; weitere Lit. s. S. 422

*Ludwig Finscher / Gunhild Schüller* (Ballett)

## La Rencontre imprévue
### Opéra-comique en trois actes

**Die unvermutete Begegnung**
**Die Pilger von Mekka**
3 Akte

**Text:** L. H. Dancourt (gen. Hurtaut d'Ancourt), nach dem Libretto von Alain René Lesage, d'Orneval (auch Dorneval) und Louis Fuzelier zu dem Vaudeville *Les Pèlerins de la Mecque* (Paris 1726) von Jean-Claude Gilliers
**Uraufführung:** 7. Jan. 1764, Burgtheater, Wien
**Personen:** Ali, Prinz von Balsora (T); Rezia, Favoritin des Sultans (S); Dardané, Amine und Balkis, Damen im Gefolge Rezias (3 S); Osmin, Sklave Alis (T); der Sultan von Ägypten (T); Banou, Sklavin (Spr.); Vertigo, Maler (B); ein Kalender (B); ein Karawanenführer (B); Morachin, Negersklave (Spr.).
**Statisterie:** Gefolge und Garde des Sultans, Sklavinnen Rezias, Lastenträger
**Orchester:** Fl (auch Piffero), 2 Ob (auch E.H), 2 Fg, 2 Hr, Schl (Tr, Bck), Streicher, B.c
**Aufführung:** Dauer ca. 2 Std. – Gesprochene Dialoge. Piffero, transponierend in g notiert, ist vermutlich eine Diskantschalmei.

**Entstehung:** *La Rencontre imprévue* hat ebenso wie die vorangehenden komischen Opern, die Gluck für die Wiener Hoftheater komponierte, eine französische Vaudeville-Komödie zur Vorlage. Gluck hatte die Komödie in der Sammlung *Le Théâtre de la Foire ou L'Opéra comique* (Bd. 6, Paris 1728) entdeckt und sich in Absprache mit Giacomo Graf Durazzo bei *La Rencontre* entgegen früheren Gepflogenheiten für eine beinah 40 Jahre alte Vorlage entschieden; gewöhnlich hatte Durazzo für Wien solche Komödien ausgewählt, die soeben in Paris Furore gemacht hatten. Neben der Kürzung des Texts auf etwa die halbe Länge bestand Dancourts Bearbeitung in der Eliminierung der in keiner französischen Jahrmarktskomödie fehlenden Figur des Arlequin, dessen Text er zum großen Teil der neu eingeführten Figur des Osmin übertrug. Um den erzieherischen und ethischen Charakter der Komödie zu betonen, stärkte er die noblen und edlen Züge der Hauptgestalten und milderte die oft derbe Diktion der Vorlage, ohne jedoch die Situationskomik, von der große Teile der Komödie getragen sind, zu streichen. Bereits das erste gedruckte Libretto (Wien 1763) enthält den Hinweis: »Les Balets sont de la composition de Mr. Angiolini«. Der Choreograph und Komponist Gasparo Angiolini war seit 1757 fest in Wien engagiert, seit 1759 hatte er den Posten des Ballettmeisters inne. Als erfolgreichstes Werk seiner Zusammenarbeit mit Gluck wurde 1761 das Ballett *Don Juan* am Burgtheater uraufgeführt. Es gilt als wahrscheinlich, daß Angiolini die vier Ballette zu *La Rencontre*, die Karl Graf von Zinzendorf als Augenzeuge der Ur(?)aufführung in seinen Tagebuchnotizen erwähnt, nicht nur choreographiert, sondern auch die Musik dazu komponiert hat. Die Ballettmusik ist verschollen.

**Handlung:** In Ägypten.

I. Akt, Platz in Kairo: Seit Jahren zieht Prinz Ali von Land zu Land, um seine Geliebte, Prinzessin Rezia, wiederzufinden, die ihm einst von Seeräubern geraubt wurde. Sein Diener Osmin hält nach einer neuen Stellung Ausschau, denn in der Börse seines Herrn und im eigenen Magen herrscht gähnende Leere. Da Osmin treffliche Eigenschaften besitzt (lebenslustig, dumm, faul und gefräßig, ein Freund vieler Frauen), empfiehlt ihm der Kalender, ein Bettelderwisch und Lebenskünstler, Mitglied in seiner Bruderschaft zu werden, um so auf bequeme Weise den Lebensunterhalt zu sichern. Der Maler Vertigo, eine verschrobene Koryphäe seines Metiers, verkündet majestätisch, welch hohe Inspiration soeben seinen Geist beflügelt; dann eilt er von dannen. Da erscheint die Muselmanin Balkis und bittet Ali, ihr in den Palast des Sultans zu folgen, denn die schönste aller Haremsdamen habe ihn vom Fenster aus erblickt und liebe ihn unsterblich. Ali aber sucht kein Liebesabenteuer und läßt sich nur widerstrebend von Osmin, der sofort die Küche des Sultans zu schätzen weiß, in den Palast drängen.

II. Akt, großer Saal in indischem Geschmack: Ali und Osmin werden fürstlich bewirtet. Rezia, Lieblingsfrau des Sultans, läßt Alis Herz durch die schönen Sklavinnen Dardané und Amine prüfen. Aber Ali ist deren Verführungskunst nicht erlegen, sondern hält Rezia die Treue, die er nun glücklich und unvermutet wiedersieht. Schon schmieden die Liebenden Fluchtpläne, da bringt Balkis die Nachricht von der vorzeitigen Rückkehr des Sultans von der Jagd. Vor seinem Zorn über die Eindringlinge fliehen alle durch eine Geheimtür zu den Bettelmönchen.

III. Akt, Warenlager einer Karawanserei: Die Flüchtenden bestechen den Kalender als Vorsteher der Karawanserei mit einem Diamantring, damit er sie versteckt und ihnen zur weiteren Flucht im Schutz einer Karawane von Mekkapilgern verhilft. Der Sultan aber hat 10000 Zechinen für ihre Ergreifung ausgesetzt, die sich der Kalender nicht entgehen lassen will. Während Balkis und Osmin noch Vertigo verspotten, der seine jüngsten Kreationen preist, hat der Kalender das Versteck der Flüchtenden schon verraten, und der herbeistürmende Sultan verurteilt die Frevler zum Tod. Als er jedoch erfährt, daß Ali der Prinz von Balsora ist und Rezia ihrem Geliebten trotz zweijähriger Trennung die Treue gehalten hat, zeigt er Großmut und Gerechtigkeit. Der Kalender wird als Verräter des Landes verwiesen, die Liebenden aber sollen ihre Hochzeit mit königlichem Pomp feiern und sich am Hof des Sultans niederlassen.

**Kommentar:** Noch im Rückblick auf die kleinen einaktigen komischen Opern, die Gluck zuvor für Wien durch Ergänzung einiger Airs nouveaux und kurzer Ensemblesätze zu den traditionellen Vaudevilles komponiert hatte, bezeichnet der Librettoerstdruck *La Rencontre imprévue* im Untertitel noch irreführend als »Comédie en trois actes mêlée d'ariettes«. In Wahrheit aber hat Gluck hier alle Vaudevilles eliminiert (nur an zwei oder drei Stellen ließen sie sich, allerdings auf Kosten der Kontinuität der Handlung, noch einfügen) und damit seinen entscheidensten Beitrag zur Emanzipation der noch jungen Gattung der Opéra-comique geleistet, einen Beitrag, der seinen Reformleistungen auf dem Gebiet der Opera seria durchaus zur Seite gestellt werden kann. Zum weiten Experimentierfeld, das die neue Gattung eröffnete, gehörte es für Gluck, den lockeren und gassenhauerischen Ton der alten Vaudevilles aufzunehmen und ihn dabei mit formal einfachen, strophisch oder in Dakapoform gegliederten Arien mit volksliedhafter, der natürlichen Sprachdiktion wesentlich besser angepaßter Melodik zu veredeln. Außerdem ging es ihm um die ironische Paraphrasierung der traditionellen Arientypen der Opera seria. In musikalischer Hinsicht übertreffen die Vielzahl der die Dialogstruktur elastisch fortführenden Ensemblesätze und die mehrteiligen Finale die französischen Vorlagen bei weitem. – Das dramaturgisch gelungene Libretto, das in der Gegenüberstellung des hohen Paars Rezia/Ali und ihrer buffonesken Antipoden Osmin/Kalender/Vertigo Gluck alle Möglichkeiten zur musikalischen Charakterisierung bot (ein lyrisch-empfindsamer Stil für die Liebenden, ein volkstümlicher, schlichter Allegroton für Osmin), läßt die Handlung nur im III. Akt ein einziges Mal ins Stocken geraten. Daß Gluck hier nicht kürzte, sondern Vertigo nicht weniger als drei Arien nacheinander singen läßt (Nr. 29–31), nachdem der Maler zuvor schon in drei aufeinanderfolgenden Terzetten zu Wort gekommen war, läßt sich aus dem Reiz erklären, die Gemälde, die Vertigo mit großspurigen Worten seinen Zuhörern anpreist, mit jeweils unterschiedlichen musikalischen Stilmitteln zu charakterisieren und dabei nicht nur das »Original-

*La Rencontre imprévue*, I. Akt; Regie: Arthur Maria Rabenalt, Choreographie: Cläre Eckstein, Bühnenbild: Wilhelm Reinking; Landestheater, Darmstadt 1930.

genie« Vertigo mit feinem Spott zu bedenken, sondern auch die etablierten Arientypen der ernsten Opern gehörig zu parodieren: So illustriert Gluck das Schlachtengemälde (Nr. 29, »Des combats, j'ai peint l'horreur«) mit einem martialischen Allegromarsch, den jäh herabstürzenden Wildbach (Nr. 30, »C'est un torrent impétueux«) mit flirrenden Streichersechzehnteln, und für das sanfte Wiesenbächlein (Nr. 31, »Un ruisselet bien clair«) erfindet er ein schmelzendes Andantethema, das zusammen mit dem Air Alis »Vous ressemblez à la rose naissante« (Nr. 11, gleichfalls ein Andante) wegen seiner schlichten, volksliedhaften Melodik zu den damals beliebtesten Stücken der Oper zählte. – Wie unkonventionell und experimentierfreudig Gluck in *La Rencontre* zu Werk ging, läßt sich beispielhaft an einem Terzett im III. Akt zeigen (Nr. 28, Balkis/Osmin/Vertigo: »Est-ce un Adagio?«): Beim ironischen Ratespiel, welche Art von Musik wohl jene Musikantengruppe intoniere, die Vertigo in den Hintergrund eines seiner jüngsten Gemälde plazierte, läßt Gluck in souveräner Flexibilität in jeweils nur wenigen Takten im Orchester und in der Vokalstimme die verschiedenen Stiltypen anspielen, von denen die Akteure gerade sprechen: ein Adagio, ein Andante, ein Kantabile, ein Spirituoso, ein Amoroso, ein Allegretto und ein Presto. Im Schlußpresto dieses Terzetts hat Gluck ebenso wie in Vertigos Air »D'un céleste transport« (Nr. 4) seine Musik exakt auf die Gestik Vertigos abgestimmt, der stets mit ausladender Bewegung seine kühne Pinselführung demonstriert. Im Terzett sind dies schrapende Violinarpeggios (über alle vier Saiten), im marschmäßigen Air herauf- oder herabfahrende Streicherläufe. – Die Ähnlichkeit der Handlung mit Mozarts *Entführung aus dem Serail* (1782) braucht nicht eigens betont zu werden. Bei Gluck wie bei Mozart verkündet entsprechend den Konventionen der Zeit ein moralisch erhabene Herrscher die Schlußsentenz: Der Tugendhafte wird erhöht, der Frevler bestraft. Und wenn Glucks Vertonung auch nicht die Qualität der *Entführung* erreicht, so entschädigt seine Oper andrerseits durch eine kräftigere, auch musikalisch gut gezeichnete Situationskomik, die das aristokratische Ethos (*La Rencontre* sollte wie alle andern komischen Opern Glucks erzieherisch wirken und eine Schule der guten Sitten sein) konterkariert. – In dem von Haydn nach derselben Textvorlage in italienischer Sprache als *L'incontro improvviso* (1775) vertonten Libretto ist die Situationskomik der Vorlage weitgehend eliminiert, unter anderm auch die Partie des Malers ersatzlos gestrichen. – In allen acht nachweisbaren komischen Opern, die Gluck zwischen 1758 und 1764 in Wien komponierte, finden sich nur wenige Entlehnungen aus früheren Opern. Bei *La Rencontre* ist Rezias Air (Nr. 25, »Maître des cœurs«), ein Menuett mit Majeur und Mineur, aus *Il trionfo di Clelia* (Bologna 1763) entnommen. Als reines Instrumentalstück hat Gluck dies Menuett im Divertissement des III. Akts von *Iphigénie en Aulide* (1774) noch einmal aufgegriffen. Eine Vorlage zum Air parodié Alis (Nr. 14) ist nicht nachweisbar.

**Wirkung:** Der große Bekanntheitsgrad dieser Oper läßt sich nicht zuletzt an den zahlreichen gedruckten Libretti ablesen, die sich zu beinah allen im folgenden genannten Aufführungen des 18. Jahrhunderts erhalten haben. Französisch wurde die Oper 1766 in Bordeaux (als *Ali et Rézia*) und Brüssel gespielt, 1768 in Mannheim, 1772 in Kopenhagen, 1776 in Lüttich, 1780 in Kassel, 1783 in Lille, 1784 in Marseille und 1790 in Paris (Comédie-Italienne) in einer musikalischen Bearbeitung von Jean-Pierre Solié. In der deutschen Übersetzung von Johann Heinrich Faber ging das Werk erstmals 1771 in Frankfurt a. M. in Szene und wurde bis in die ersten Jahre des 19. Jahrhunderts hinein an zahllosen Bühnen des deutschen Sprachraums nachgespielt, zunächst wieder in Wien (1776 und in Wiederaufnahme 1780, 1789 und 1807), sodann unter anderm 1779 in München und Augsburg, 1781 in Ulm, Hamburg und Karlsruhe, 1782 in Nürnberg, 1783 in Bonn und Berlin, 1784 in Mainz, 1785 in Riga, 1786 in Preßburg, Bad Pyrmont und Köln, 1789 in Hannover und Braunschweig, 1792 in Brünn, 1793 in Graz und 1804 in Bern. Aufführungen in der jeweiligen Landessprache gab es unter anderm 1776 in Kopenhagen und 1786 in Stockholm. Erst zu Beginn des 20. Jahrhunderts ist *La Rencontre imprévue* wieder vereinzelt auf den Spielplänen zu finden, zunächst in Paris 1906 (Opéra-Comique, als *Les Pèlerins de la Mecque*) und 1923 (Théâtre-Lyrique), in Wiesbaden 1922 (mit neuem deutschen Text von Carl Hagemann), 1924 in Basel, 1928 in Berlin, 1930 in Darmstadt, 1931 in Wien, 1932 in Stettin (mit neuem deutschen Text von Charlotte Gräfin Rittberg) und 1939 in Loughton (Essex; englisch). Ekkehard Pluta besorgte 1983 eine Inszenierung in Hagen, wobei für die Ballettmusiken verschiedene Stücke von Gluck und Teile aus Rameaus *Les Indes galantes* (1735) herangezogen wurden.

**Autograph:** Verbleib unbekannt. **Ausgaben:** Part, krit. Ausg., hrsg. M. Arend, frz./dt. Übers. v. C. Rittberg: Vlg. d. Gluck-Ges., o.O. [1910]; Part, krit. Ausg., hrsg. H. Heckmann, frz./dt. Übers. v. H. Swarowsky: C. W. GLUCK, Sämtl. Werke, Abt. IV, Bd. 7, Bär 1964, Nr. BA 2280; Kl.A: Legouix, Paris [um 1891], Nr. G. L. G. 1308; Kl.A, dt. Übers. v. C. Hagemann: B&H 1928, Nr. 5327; Textb.: Wien, Ghelen 1763, Nachdr. 1768; Bordeaux, Chappuis 1766; München, Mayrin 1767; Amsterdam, Constapel et le Febure 1768; Textb. (mit Dancourts Avertissement): Brüssel, T'Sterestevens 1765; Textb., dt. u.d.T. *Die unvermutete Zusammenkunft oder Die Pilgrime von Mekka*: Frankfurt a. M. 1772; Wien 1780; Textb.: Amsterdam, La Haye 1786. **Aufführungsmaterial:** Bär, B&H
**Literatur:** s. S. 422

*Rainer Franke*

## Il Telemaco ossia L'isola di Circe
**Dramma per musica**

### Telemach oder Die Insel Circes
2 Akte (6 Bilder)

**Text:** Marco Coltellini
**Uraufführung:** 30. Jan. 1765, Burgtheater, Wien

**Personen:** Ulisse/Odysseus, König von Ithaka (T); Telemaco/Telemach, sein Sohn (A); Merione, Sohn des Königs Idomeneo von Kreta, Gefährte Telemacos (S); Asteria, aus dem Gefolge Circes, später als Schwester Meriones erkannt (S); Circe, Tochter des Sonnengotts, verliebt in Ulisse (S); eine Orakelstimme (B). **Chor:** Nymphen, Hirten, Gefährten Ulisses, Träume. **Ballett:** Nymphen, Hirten, Träume
**Orchester:** Fl, 2 Ob, 2 E.H, 2 Fg, 2 Hr, 2 Trp, Pkn, Streicher, B.c mit 2. Cemb
**Aufführung:** Dauer ca. 2 Std. 45 Min. – Nur die Ballettmusik von I/1 ist erhalten geblieben. Telemaco und Merione wurden in der Uraufführung von Kastraten gesungen und müssen mit Frauenstimmen besetzt werden.

**Entstehung:** Die Aufführung der Oper feierte die Vermählung des Kronprinzen Joseph von Habsburg (später Kaiser Joseph II.) mit Maria Josepha von Bayern. Es handelt sich um eins der Auftragswerke für den habsburgischen Hof, bei denen Gluck mit andern hervorragenden Vertretern der Reform wie Ranieri de' Calzabigi, Gasparo Angiolini und den Bühnenbildnern Giovanni Maria und Carlo Quaglio zusammenarbeitete. Einiges spricht dafür, daß die konkreten Vorbereitungen zur Aufführung kurzfristig durchgeführt werden mußten; jedenfalls scheint Gluck das im Libretto vorgesehene Schlußballett nicht komponiert zu haben. Auch das in II/3 vorgesehene pantomimische Ballett der Träume hat keine eigene Musik. Es ist nicht sicher, ob die Oper ursprünglich zweiaktig geplant war.
**Handlung:** In mythischer Zeit.
I. Akt, 1. Bild, prächtiger Amortempel mit Altar: Auf Circes Insel Ogygia zelebrieren Circe, Telemaco und Asteria ein Versöhnungsopfer zu Ehren Amors, das von festlichen Tänzen umrahmt wird. Doch das Bild des erzürnten Gottes antwortet mit Orakelstimmen, die verkünden, daß Amor denjenigen zum Leiden verurteile, der in der Liebe tyrannisch sei. Damit ist Circe gemeint; bestürzt verspricht sie Telemaco und Asteria, sie freizulassen. Um Circes Verhalten zu erklären, erzählt Asteria ihrem Geliebten Telemaco, daß Circe seit sieben Jahren einen fremden Krieger in tyrannischer Liebe gefangen halte. Telemaco ahnt, daß es sein Vater ist. Merione stürzt herbei und warnt Telemaco und Asteria. Im Zauberwald hat er entdeckt, daß die Bäume verwandelte Menschen sind; vielleicht ist Ulisse unter ihnen. 2. Bild, Waldwildnis mit alten Bäumen und Durchblick auf einen Bach: Ulisse zwingt Circe endlich zu dem Schwur, ihn nach Haus ziehen zu lassen. Später kommt Telemaco, von Merione geleitet; die Bäume sprechen zu ihm, können ihm aber nicht sagen, wo Ulisse ist. Verzweifelt ruft er den Schatten des totgeglaubten Vaters an. Plötzlich treten Circe und Ulisse hervor; Vater und Sohn fallen sich in die Arme. Die verzauberten Gefährten Ulisses bitten um Freiheit, die Circe ihnen gewährt. Der Wald verwandelt sich in einen Lustgarten.
II. Akt, 1. Bild, Circes königliche Gemächer, nachts, erleuchtet: Merione stellt sich Ulisse als Sohn des befreundeten Königs Idomeneo von Kreta vor und erzählt von Telemacos Aufenthalt in Kreta, von der verlorenen Tochter Idomeneos und von seiner Freundschaft zu Telemaco. Ulisse gewinnt ihn als Helfer bei den Vorbereitungen zur Flucht von der Insel, die durch Circe gefährdet ist. 2. Bild, Circes Zaubergrotte mit Altar und Dreifuß: Circe ist unglücklich, daß ihr Zauber Ulisse nicht aufhalten kann; als letztes Mittel versucht sie, die Traumgeister zu beschwören. Sie sollen Telemaco im Traum Penelopes Selbstmord vorspielen. 3. Bild, großes Zimmer, spärlich erleuchtet, mit Bett: Nachdem die Traumgeister Telemaco das befohlene Ballett vorgezaubert haben, wacht er erschrocken in Ulisses Armen auf und berichtet ihm, daß Penelope tot sei und ihn bitte, nicht nach Ithaka zurückzukehren. Aber Ulisse vermutet einen Betrug Circes und verläßt sich auf seine innere Stimme. Asteria versucht vergeblich, Telemaco, der mit Ulisse nach Ithaka aufbrechen soll, zurückzuhalten. Die verzweifelt zurückgebliebene Asteria wird von Circe zur Rache angestachelt. Sie soll die Schiffe verbrennen, da sie nicht wie Circe durch einen Eid gebunden sei. Asteria aber denkt noch an Versöhnung. 4. Bild, anmutiger Meeresstrand mit Schiffen, die in See stechen: Ulisse und seine Gefährten sind zur Einschiffung bereit; Telemaco kann den Vater nicht mehr umstimmen. Da eilt Asteria herbei und fleht um Mitleid; sie wird von Merione als seine Schwester erkannt, die schon lange Zeit für Telemaco als Braut bestimmt war, bevor sie von Circe geraubt wurde. Erlöst und freudig gehen alle aufs Schiff und segeln ab. Circe kommt mit Gefährtinnen, um die Schiffe zu verbrennen. Sie erkennt, daß es zu spät ist, verflucht Ulisse, verwünscht die Insel und verwandelt sie in eine düstere Einöde, ungerührt durch die Bitten der Gefährtinnen; dann fliegt sie auf einem Drachen davon. Amor und Venus steigen vom Himmel und verwandeln Ogygia in eine schöne Liebesinsel.
**Kommentar:** Das Drama ist eine Mischung aus ähnlichen Stoffen verschiedener Herkunft; zumindest in Einzelzügen erscheinen neben der Homerschen Hauptfabel die Mythen und Theaterstücke von Medea, Kalypso, Alcina, Ruggiero, Armida und Dido. Obwohl all dies auch in der Tradition der italienischen Oper verarbeitet worden war, basiert *Il Telemaco* mehr auf Vorstellungen der französischen Tradition, und zwar der Tragédie-lyrique von Lully bis Rameau. Die Vorliebe für magische und »romantische« Stoffe (im Sinn von »merveilleux«), die bei Coltellinis eklektischer Märchenoper den Ton angibt, war als Gegenströmung gegen Aufklärung und den heroischen Klassizismus etwa der Iphigenie-Fabeln im 18. Jahrhundert immer zumindest latent vorhanden. Daß sie hier im engsten Kreis der Wiener Reformer auftaucht (Coltellini war Schüler Calzabigis, und sein *Telemaco* hat dessen Anerkennung gefunden), zeigt eine gewisse Ambivalenz der Reformbestrebungen selbst, zumindest im Inhaltlichen. Dramaturgisch und damit zusammenhängend auch musikalisch ist die Oper jedoch ein Reformwerk. Das Libretto ist im wesentlichen so angelegt, daß sich der Gleichtakt

Rezitativ/Arie nie durchsetzen kann, sondern immer wieder mit Abschnitten voller Aktion, mit lyrischen Versen, Chorsätzen mit Accompagnati, Ariosi und Ensembles wechselt; bedeutsam ist die formale und szenische Funktion der Chor- und Ballettsätze, die der Entfaltung individuellen Gefühls gleichsam im Weg stehen können. Mehrfach werden große, reich gegliederte Szenenstrukturen aufgebaut, die von Gluck oft auch musikalisch (durch Analogien und direkte Wiederholungen) zusammengespannt sind (zum Beispiel I/1, I/6–7, II/2, II/9–10). Hier ist auch im Detail meist die traditionelle Dakapoanlage aufgegeben und durch paarige oder strophische Wiederholungen ersetzt, wie überhaupt die streng gebundenen Formen Vorrang vor den ganz freien Accompagnati haben. Zwischen diese dramaturgisch straff organisierten und musikalisch weit ausholenden Blöcke sind allerdings noch konventionellere Szenenfolgen und einige lange Dialoge im Secco eingelagert (vor allem am Anfang des II. Akts), bei denen dann auch konventionellere Arien auftauchen (zum Beispiel II/4). Ganz fehlen nur die metastasianische Gleichnisarie und die rein virtuose Koloratur. Glucks Streben nach Natürlichkeit und Unmittelbarkeit der Aussage erscheint hier in der Entfaltung breit gedehnter Melodiebögen einfachster Art (ohne Textwiederholung) über einem reich figurierten Orchestersatz. Wie auch in den andern Reformopern, einschließlich derjenigen Tommaso Traettas, entsprechen den Motiven des Pseudoreligiösen und Vorgeschichtlich-Rituellen in der Handlung die vergleichsweise starre Behandlung der Sprache, vor allem natürlich in den Chören, und eine scheinbar urwüchsige, oft flächige oder monotone Behandlung des Rhythmus und der Harmonie. Es ist um so bemerkenswerter, daß Gluck in *Telemaco* mehrere seiner besten Stücke aus der Zeit vor 1760 verwertet hat, allerdings meist unter beträchtlicher Umarbeitung besonders der Form.

**Wirkung:** Daß *Il Telemaco ossia L'isola di Circe* von *Orfeo ed Euridice* (1762) und *Alceste* (1767) überschattet wurde, verhinderte schon damals das Bekanntwerden; daß die Aufführung nicht ganz geglückt war, läßt sich aufgrund der Ausfälle Calzabigis gegen einige Sänger vermuten. Obwohl die Partitur eine Fülle bedeutender und charakteristischer Musik enthält, wurde das Werk offenbar nicht nachgespielt. Daß einer erfolgreichen Wiedererweckung keine prinzipiellen Hindernisse entgegenstehen, bewies die erste Aufführung in neuerer Zeit, die 1987 im Rahmen des Fests von Hellbrunn in der Salzburger Residenz stattfand.

**Autograph:** Fragment: ÖNB Wien. **Ausgaben:** Part, krit. Ausg., hrsg. K. Geiringer: C. W. GLUCK, Sämtl. Werke, Abt. I, Bd. 2, Bär 1972, Nr. BA 2286. **Aufführungsmaterial:** Bär **Literatur:** K. GEIRINGER, [Einl., s. Ausg.; mit weiterer Lit.]; R. STROHM, Die italienische Oper im 18. Jahrhundert, Wilhelmshaven 1979 (Taschenbücher zur Mw. 25.), S. 305–335 [mit weiterer Lit.]; weitere Lit. s. S. 422

*Reinhard Strohm*

## Sémiramis
→ **Angiolini, Gasparo (1765)**

## Alceste / Alceste
Tragedia messa in musica in tre atti /
Tragédie-opéra en trois actes

**Alkestis**
3 Akte (5 Bilder)

**Text:** *Alceste. Tragedia:* Ranieri Simone Francesco Maria de' Calzabigi
*Alceste. Tragédie-opéra:* Marie François Louis Gand-Leblanc Bailli du Roullet, nach Calzabigi
**Uraufführung:** *Alceste. Tragedia:* 26. Dez. 1767, Burgtheater, Wien
*Alceste. Tragédie-opéra:* 23. April 1776, Opéra, Palais Royal, Paris
**Personen:** *Alceste. Tragedia:* Admeto, König von Pherä in Thessalien (T); Alceste/Alkestis, seine Gattin (S); Eumelo und Aspasio, deren Kinder (2 S); Evandro, Vertrauter Admetos (T); Ismene, Vertraute Alcestes (S); ein Ausrufer (B); ein Priester Apollos (T); Apollo (T); Oracolo/Orakel (B); ein Gott der Unterwelt (B). **Chor:** Höflinge, Bürger, Hofdamen Alcestes, Priester Apollos, Götter der Unterwelt. **Ballett:** Pantomimen: Volk aus Pherä, Götter der Unterwelt; Tänze: Priester Apollos, Höflinge, Hofdamen Alcestes, Volk
*Alceste. Tragédie-opéra:* Admète, König von Thessalien (H-C); Alceste/Alkestis, Gattin Admètes (S); 2 Kinder Admètes und Alcestes (2 stumme R); der Oberpriester Apollons (B); Evandre, ein Führer des Volks von Pherä (H-C); ein Waffenherold (B); Hercule/Herkules (B); 4 Chorführer (S, A, T, B); Apollon/Apollo, Beschützer von Admètes Haus (B); L'Oracle/das Orakel (B); ein Gott der Unterwelt (B). **Chor:** Volk, Götter der Unterwelt. **Statisterie:** Frauen im Gefolge Alcestes, Palastaufseher, Gefolge Hercules. **Ballett:** Pantomimen: Priester, Priesterinnen; Tänze: Volk
**Orchester:** *Alceste. Tragedia:* 2 Fl, 2 Ob, Chalumeau, 2 E.H, 2 Fg, 4 Hr, 2 Trp, 3 Pos, Streicher, B.c
*Alceste. Tragédie-opéra:* 2 Fl, 2 Ob, 2 Klar, 2 Fg, 4 Hr, 2 Trp, 3 Pos, Pkn, Streicher
**Aufführung:** *Alceste. Tragedia:* Dauer ca. 2 Std. 15 Min. – Pantomimen in I/1, II/2, II/6 und III/2, Tänze in I/3, II/3, II/6 und III/5.
*Alceste. Tragédie-opéra:* Dauer ca. 2 Std. 45 Min. – Pantomimen und Tänze in I/3 und II/1 sowie am Schluß der Oper.

**Entstehung:** Die Entstehungsgeschichte der Wiener *Alceste* ist nicht rekonstruierbar. Allein die Frage, warum Calzabigi den Alkestis-Stoff gewählt hat, läßt Vermutungen zu: Kaiserin Maria Theresia (so geht aus der Dedikation des Librettisten hervor) habe nach dem Tod ihres Gatten Franz I. (1765) ein Alkestis vergleichbares Zeugnis des Muts und der Liebe abgelegt. – Wann Gluck den Plan zu einer Umarbeitung für die Pariser Académie Royale de Musique faßte, ist nicht bekannt. Wahrscheinlich hatte er sich jedoch schon seit Beginn seiner Pariser Tätigkeit (1774) mit diesem Problem befaßt. Im Spätsommer 1774 kam es vermutlich zu ersten Beratungen mit Roullet, der, so kann weiterhin angenommen werden, das Textbuch in seinen Grundzügen im Winter 1774/75 fertiggestellt hat. Eine dramaturgisch entscheidende Änderung, die Verlegung des Hoffests aus der Mitte des II. Akts an dessen Beginn, geht auf eine Anregung Jean-Jacques Rousseaus zurück, den Gluck ausdrücklich um sein Urteil gebeten hatte. Mit der musikalischen Umarbeitung begann Gluck im Anschluß an seine Rückkehr nach Wien im März 1775. Aus den Briefen, die Gluck in der Folgezeit an Roullet richtete, lassen sich Details der Entstehung erschließen, vor allem jedoch wird deutlich, welchen Beitrag der Komponist zum endgültigen Text der französischen Fassung beigesteuert hat. Probleme bereitete zumal der III. Akt und hier besonders das Finale, das Roullet ursprünglich als Schlußapotheose auf die Künste entworfen hatte. Gluck sah darin eine Ablenkung von der eigentlichen Handlung und skizzierte, von kleinen Änderungen abgesehen, die letzte Szene so, wie sie bei der Uraufführung erklang. Vor allem forderte er den Verzicht auf das in Paris übliche Schlußballett und bat Roullet, es bei einer Chaconne bewenden zu lassen, da die Aufnahmefähigkeit des Publikums nach Anhören der Oper erschöpft sei. In dieser Frage jedoch konnte er sich bei der Académie nicht durchsetzen. Die Fertigstellung der Partitur verzögerte sich durch eine mehrmonatige Krankheit des Komponisten. Ende 1775 sandte Gluck die ersten beiden Akte nach Paris, den III. Akt brachte er im März 1776 mit. Am 19. März wurde das Textbuch von der Zensur gebilligt. Unmittelbar vor der Uraufführung, am 20. April, erschien ein Artikel, in dem das Libretto als »triste, lugubre, noir épouvantable« (*Mémoires secrets pour servir à l'histoire de la république des lettres en France*, London 1778, Bd. 9) bezeichnet wurde. Die kühle Aufnahme bei der Uraufführung veranlaßte Gluck, den III. Akt, der am wenigsten gefiel, noch einmal umzuarbeiten. In dieser letzten von Gluck autorisierten Fassung erschien das Werk vermutlich erstmals in der sechsten Aufführung am 10. Mai. Gluck stellte einige Szenen um und führte als entscheidende Neuerung die Figur des Hercule als Retter Alcestes ein. Möglicherweise war dies eine Idee Glucks, denn in seinem Brief an Roullet vom 31. Jan. 1776 brachte er unter Verweis auf Euripides' Tragödie *Alkestis* (438 v. Chr.) diese Figur schon einmal in die Diskussion. Die Arie Hercules (»C'est envain«) basiert auf einer älteren Komposition, Ezios Arie »Ecco alle mie catene« aus Glucks *Ezio* (Prag 1750).

**Handlung:** *Alceste. Tragedia:* In Pherä.
I. Akt, 1. Bild, großer Platz, im Hintergrund der Königspalast mit großem Portal, darüber ein Balkon: Ein Ausrufer verkündet, daß König Admeto im Sterben liege. Evandro, Admetos Vertrauter, ruft das Volk auf, sich zum Tempel zu begeben, um das Orakel um Rat zu befragen. Alceste bittet die Götter um Erbarmen und schließt sich mit ihren Kindern dem Volk an. 2. Bild, Apollotempel: Das Volk und die Priester sammeln sich zum Gebet. Während der Zeremonie erbebt die Erde, der Tempel schwankt, schließlich verkündet das Orakel seinen Spruch: Admeto wird sterben, wenn kein anderer für ihn stirbt. Alceste bleibt mit ihren Kindern allein zurück und faßt den Entschluß, sich für Admeto zu opfern, erfüllt von dem Wunsch, ein Zeugnis der Gattentreue abzulegen. Evandro ruft Alceste und die Kinder zum sterbenden Gatten und Vater. Unterdessen klagt das Volk, daß niemand den Großmut zum Selbstopfer aufbringe.
II. Akt, 1. Bild, den Göttern der Unterwelt geweihter dunkler Wald in der Umgebung von Pherä; Nacht: Nachdem Ismene ihre Herrin vergeblich angefleht hat, den Wald zu verlassen, bittet Alceste die Götter, ihr Opfer anzunehmen. Befremdet über eine zuvor nicht gekannte Todesangst, kommen ihr Zweifel, die jedoch nichts an ihrem Entschluß zu ändern vermögen. Sie bittet jedoch die Götter, den Tod für einen Augenblick aufzuschieben, um noch ein einziges Mal mit Admeto und den Kindern zusammentreffen zu können. 2. Bild, Zimmer in Admetos Palast; auf der einen Seite ein Altar, auf der andern ein Bett; der Raum ist erleuchtet: Admeto ist unerwartet genesen und freut sich über die ihm entgegengebrachten Zeichen der Zuneigung. Seine Freude wird jedoch getrübt, als er von Evandro erfährt, daß das Selbstopfer einer seiner Nächsten die Ursache seiner raschen Heilung ist. In diesem Augenblick trifft Alceste bei ihrem Gatten ein. Verwundert über ihr Schweigen, ahnt er, daß Kummer sie bedrückt, und fragt nach dem Grund. Als sie ihm ihren Entschluß zum Selbstopfer gesteht, reagiert er entsetzt und verzweifelt. Alceste eröffnet ihm, daß die Götter ihre Entscheidung bereits angenommen haben. Admeto begibt sich augenblicklich in den Tempel, um das Orakel erneut um Rat zu fragen und die Götter zu bitten, das Opfer nicht anzunehmen. Immer noch in dem Glauben, daß sie für den Gatten sterben darf, verabschiedet sich Alceste von ihren Kindern.
III. Akt, prächtiger offener Vorhof des Palasts mit Statuen und Trophäen, im Hintergrund die Stadt; Tag: Admeto überbringt Evandro die Nachricht, daß das Votum der Götter unwiderruflich sei. Alceste und Admeto fügen sich dem Urteil und nehmen voneinander Abschied. Das Volk beklagt Alcestes Tod. Adme-

*Alceste*, II. Akt; Bühnenbildentwurf: Karl Friedrich Schinkel; Hofoper, Berlin 1817. – Die antiken Vorbildern nachempfundene Bühnenarchitektur war der zeitgenössischen Interpretation Glucks als dem Klassizisten der Oper kongenial.

to kann den Verlust der Gattin nicht ertragen und will ihr in den Tod folgen. Da steigt Apollo in einer strahlenden Wolke herab. Mit sich führt er Alceste und gibt sie in Würdigung ihrer Gattenliebe Admeto zurück.

*Alceste. Tragédie-opéra:* I. Akt (Schauplätze und Handlung wie *Alceste. Tragedia*): Nachdem Alceste den Entschluß gefaßt hat, sich für den Gatten zu opfern, ruft sie der Oberpriester zum sterbenden Admète. Wieder allein, bekundet sie den Gottheiten der Unterwelt, frei und ohne Furcht zu sterben, da nichts schöner sei, als für jemanden, den man liebt, in den Tod zu gehen. II. Akt (das 1. Bild von *Alceste. Tragedia* entfällt), großer Saal in Admètes Palast: Während Admète mit Bestürzung auf den Orakelspruch reagiert, ermutigt ihn das thessalische Volk, das Leben zu genießen, prophezeit jenem ein ruhmreiches Schicksal, der für König und Vaterland stirbt, und beginnt zu tanzen. Alceste, soeben hinzugekommen, reagiert mit Beklommenheit auf das Freudenfest. (Fortsetzung wie *Alceste. Tragedia*.) Nachdem Admète Alceste verlassen hat, um in den Tempel zu gehen und sich als Opfer anzubieten, bittet Alceste um Mut zum Sterben. III. Akt, 1. Bild, Vorhof des königlichen Palasts: Evandre und das Volk trauern um Alceste, die den Tod sucht. Hercule kommt an den thessalischen Hof, hört von dem Geschick Admètes, der seiner Gattin in den Tod folgen will, und beschließt, dem König zu Hilfe zu kommen. 2. Bild, wilde Landschaft, Eingang zur Unterwelt, abseits der Altar des Tods; Dämmerung: Gebrochen tritt Alceste auf, ergeben in ihr Schicksal schreitet sie zum Altar und will sich Zugang zur Unterwelt verschaffen. Götter der Unterwelt weisen sie bis zum Abend ab. Admète erscheint, beide beklagen ihr Schicksal. Sie nähern sich dem Altar. Die Götter der Unterwelt umringen Alceste und ziehen sie fort. Als Admète ihr nacheilen will, wird er von Hercule, der den Göttern Einhalt gebietet, zurückgedrängt. Apollon erscheint auf einer Wolke und verkündet zum Lob Hercules Alcestes und Admètes Rettung. 3. Bild, Vorhof des königlichen Palasts: Apollon fordert das Volk auf, den König zu preisen. Alceste und Admète danken dem gnädigen Gott, der sogleich wieder in die Lüfte entschwebt, begrüßen ihre Kinder und weisen auf Hercule als ihren Retter.

**Kommentar:** Calzabigis Text behält von Euripides' Drama nur den Kern der Handlung bei und rationalisiert die Vorlage im Sinn der Tugendvorstellungen des 18. Jahrhunderts. Euripides' *Alkestis* ist die Apotheose der Gastfreundschaft, nicht der aufopfernden Gattenliebe. – Glucks *Alceste* galt und gilt als Prototyp der sogenannten Reformoper, mit dem der Komponist erstmals grundlegend die Opera seria italienischer Provenienz überwunden, die Einheit von Dichtung und Musik bewirkt und damit der Gattung jene Würde verliehen habe, die ihr als dramatischer Kunst zukomme. Daß vor allem *Alceste* und weniger die ebenfalls zu den Reformopern zählenden *Orfeo ed Euridice* (1762) und Traettas *Ifigenia in Tauride* (1763) in den Mittelpunkt der Diskussion um die Erneuerung der Gattung gestellt wurde, hängt nicht zuletzt mit dem berühmt gewordenen Vorwort zusammen, das als Widmung an Großherzog Leopold I. von Toskana der ersten gedruckten Partitur des Werks (Wien 1769) vorangestellt ist. Dies von Gluck unterzeichnete Schreiben ist gleichsam das Programm einer generellen Reform der Opera seria: Er, Gluck, habe es abgelehnt, zum Vorteil einer Gesangsakrobatik zu komponieren, durch welche die italienische Oper der Langeweile und Lächerlichkeit ausgeliefert worden sei, und habe der Musik ihre wahre Aufgabe, nämlich der Poesie zu dienen, zurückgegeben; die Ouvertüre solle auf die wortgebundene Musik vorbereiten; da es ihm um Klarheit und schlichte Schönheit (»beauté simple«) gehe, habe er auf neuartige Effekte, die nicht durch die Situation oder den Ausdruck vorgegeben seien, verzichtet. Gluck faßte in diesem Vorwort die bereits von Francesco Graf Algarotti in seinem *Saggio sopra l'opera in musica* (Livorno 1755) formulierten Reformideen, die im wesentlichen auf ein Vermischen von Opera seria und Tragédie-lyrique zielten und aus denen bereits eine Reihe neuartiger, Glucks Opern in vielen Punkten nahestehender Werke hervorgegangen waren, noch einmal zusammen. In seiner musikhistorischen Bedeutung ist es zweifelsohne überschätzt worden, denn Gluck und Calzabigi griffen Algarottis Ideen weitaus konsequenter auf, als aus der Dedikation hervorgeht. Im Unterschied zur metastasianischen Oper, die sich dramaturgisch durch das Ineinandergreifen von Haupt- und Nebenhandlungen konstituiert, basiert Calzabigis Drama auf einem einzigen Aktionsstrang: der Bereitschaft Alcestes, sich für den Gatten zu opfern, die alles weitere, Admetos Genesung und das Hoffest, des Königs verzweifelten Versuch, das Selbstopfer Alcestes abzuwenden, den Gang in die Unterwelt, schließlich die Rettung durch Apollo, auslöst. Die Nebenpersonen, Ismene und Evandro, bleiben dramaturgisch bedeutungslos, überhaupt ist die Handlung arm an äußeren Ereignissen. Bereits in dem Augenblick, als Alceste sich zu opfern entschließt (I/5), können die Personen nicht mehr über ihr Schicksal bestimmen, sondern sind abhängig vom Votum der Götter. Höhepunkte der Oper, dramatisch wie musikalisch, sind dann auch die Momente »inneren« Handelns (I/5, II/1) sowie das Aufeinandertreffen von Mensch und göttlicher Macht, sei es indirekt wie beim Orakelspruch, sei es direkt wie im heiligen Wald. Die häufig vorkommenden Accompagnatos, die zahlreichen Chöre sowie die spezielle Anlage der Arien erhalten hier ihren dramaturgischen Sinn. Diese für die Opera seria neuartige Konzeption, deren Schlüsselproblem darin besteht, daß sie nicht einen Wechsel der Affekte hervorbringt, sondern nur einen einzigen Affekt in verschiedenen Schattierungen, das Leiden Alcestes und des Volks um Admeto, das Leiden Admetos und des Volks um Alceste, erforderte andere musikdramaturgische Lösungen. Da nur in sehr wenigen Augenblicken der dramatischen Entwicklung die Handlung sich in der Weise zuspitzt, daß ein Affekt oder eine Sentenz gleichsam als Resümee Träger einer Arie wird, im Vordergrund vielmehr der

Affekt in seiner Vielfalt und Veränderung steht, konnten mit Accompagnato und Arioso aufgrund der Möglichkeit zu häufigem Motiv-, Tonart- und Tempowechsel präziser als mit Arien dem Leiden Alcestes in all seinen Dimensionen Ausdruck verliehen, das allmähliche Reifen ihres Entschlusses zum Selbstopfer sowie ihre innere Bewegtheit im heiligen Wald verdeutlicht werden. Auch die Chöre, die Priester ohnehin, aber auch das Volk als Kommentator der Ereignisse, sind keine Staffage mehr, sondern, als Kollektiv ebenso vom Schicksal Admetos und Alcestes betroffen wie diese selbst, unmittelbar in die Handlung integriert. Gleiches gilt für die Ballette, deren Funktion, die Verzweiflung des Volks auszudrücken, die Genesung Admetos zu feiern, präzis im Libretto fixiert ist. Die Integration von Rezitativ, Arie, Chor und Ballett zu einem musikdramatischen »Ganzen«, eine der zentralen Forderungen der Reformer, deren Realisation auf ein Vermischen von Opera seria und Tragédie-lyrique zielte, ist in *Alceste* noch tiefer greifend verwirklicht als in den zahlreichen andern Werken, die unter dem Einfluß von Giacomo Graf Durazzo, mit Unterstützung seiner Anhänger, Calzabigi und Marco Coltellini, sowie der Komponisten Gluck, Traetta, Gian Francesco de Majo und Florian Gaßmann, in Wien zur Aufführung kamen. Mit dieser Entwicklung einher ging zumindest bei Gluck nicht allein die Tatsache, daß die Arie an Stellenwert verlor, sondern auch, daß die Vertonung selbst sich änderte. Der Gestus ist weitaus deklamatorischer, wortgebundener, als in der italienischen Oper üblich; desgleichen entfallen die ausgreifenden, sich aus dem melodischen Kontext herauslösenden Koloraturen und andere gesangsvirtuose Elemente, die bislang in der Gattung Inbegriff und Mittel dramatischen Komponierens waren. Auch das Orchester wird motivisch und klanglich dramatischen Zwecken zugeführt. Als Beispiel seien nur die mit Chalumeau, Oboe und Fagott instrumentierten Seufzermotive im Rezitativ »Parti... Sola restai« und in der anschließenden Arie »Chi mi parla« erwähnt. Daß Werke Glucks und nicht Opern Traettas oder Majos in Paris reüssieren konnten, mag in der Konsequenz begründet sein, mit der die an der französischen Ästhetik orientierten Vorstellungen der Reformer umgesetzt wurden. – In Anbetracht der tiefgreifenden Änderungen, die Gluck bei der Umarbeitung für Paris vornahm, fällt es schwer, den Begriff Fassung, so wie er gemeinhin verwendet wird, als zutreffend gelten zu lassen. Die Zweifel gründen weniger in der Tatsache, daß die Übertragung des Texts ins Französische eine Neukomposition der Rezitative erforderte, daß das Secco nun völlig eliminiert wurde, sondern darin, daß das Streichen, Umstellen oder Erweitern einzelner Szenen, ein Vorgang, der tief in die Dramaturgie der Oper eingriff, eine neue Werkgestalt zum Ergebnis hatte. Durch die Umwandlung der Rollen der Kinder zu stummen Personen, durch die Reduzierung der Partie Evandros und Streichung Ismenes ist das Werk in noch größerem Maß auf Alceste und Admète sowie auf ihren Widerpart, die Götter, zentriert. Der I. Akt schließt nun mit Alcestes Arie »Divinité du Styx«, in der die innere Handlung, der Entschluß der Gattin zum Selbstopfer, gleichsam kulminiert. Sie bildet das Pendant zum Hoffest, mit dem der II. Akt der französischen Fassung beginnt und das Gluck, vor allem was die Tänze betrifft, erheblich erweitert hat. Zwar fiel dieser Revision eine musikalisch bedeutende Szene, Rezitative und Arien Alcestes sowie ihr Dialog mit den Göttern der Unterwelt, zum Opfer, doch ist der dramaturgische Gewinn außerordentlich. Reaktion und Gegenreaktion, Alcestes Selbstopferung und Admètes Genesung, die sich im Freudenfest des thessalischen Volks kundtut, vergegenwärtigen gerade in ihrem Kontrast auf prägnante Weise die tragische Konsequenz des Orakelspruchs. Weniger glücklich ist die Revision des III. Akts gelungen, die, wie schon die Bearbeitung des II. Akts erkennen läßt, offensichtlich in der Absicht erfolgte, die szenischen Ereignisse spektakulärer zu gestalten. Der Chor »Piangi, o patria« (»Pleure, ô patrie«), in der italienischen Fassung die Reaktion des Volks auf die Nachricht von Alcestes Tod, steht nun am Beginn des Akts (nach Evandres Rezitativ); hieran schließt sich die Ankunft Hercules an. Für die Einführung dieser Figur mag vor allem sprechen, daß die Rettung Alcestes vorbereitet wird und nicht wie in Wien als unerwartete Wendung, als »coup de théâtre«, erfolgt. Dagegen ist einzuwenden, daß, anders als bei Euripides, in dessen Drama Herakles' Hilfe aus dem Gebot der Gastfreundschaft erwächst, das Eingreifen des Gottes ohne Motiv ist. Noch schwerer wiegt, daß durch Hercules Rettung

*Alceste*; Janet Baker als Alceste; Regie: John Copley, Ausstattung: Roger John Butlin und Michael Stennett; Covent Garden, London 1981. – Mit ihrer Fähigkeit, stimmlich und darstellerisch Pathos zu vergegenwärtigen, wurde die Sängerin zur authentischen Interpretin dieser Partie.

Alcestes das Erscheinen Apollons überflüssig wird, darauf jedoch nicht verzichtet werden konnte, da der Oberpriester ihn in der Tempelszene im I. Akt als zuständig für das Schicksal Admètes angerufen hatte. Diese und andere Schwächen sind ohne Frage Nachteile der französischen Fassung. Ihr Gewinn gegenüber der italienischen Fassung liegt in der dramaturgischen Straffung der ersten beiden Akte und in ihrem größeren Reichtum an szenischen Effekten.

**Wirkung:** *Alceste. Tragedia:* Daß die Aufnahme bei der Uraufführung (Alceste: Antonia Bernasconi, Admeto: Giuseppe Tibaldi, Evandro: Antonio Pilloni, Ismene: Teresa Eberardi, Priester und Apollo: Filippo Laschi) eher negativ war, mag zum einen damit zusammengehangen haben, daß es in noch höherem Maß als die früheren Reformopern von den Konventionen der Gattung abwich, zum andern mit der Tatsache, daß mit Bernasconi eine Sängerin die Titelrolle übernommen hatte, die bislang in der Opera buffa hervorgetreten und nicht mit dem Gesangsstil der Opera seria vertraut war. Sowenig Bernasconi beim Publikum ankam, so angesehen war sie bei Gluck und Calzabigi, deren Wahl kein Zufall war, sondern in den besonderen Anforderungen der Partie gründete, für die, Äußerungen Calzabigis zufolge, eher eine gute Schauspielerin als eine im italienischen Koloraturgesang perfekte Interpretin vonnöten war. Auf der gleichen Voraussetzung, dem Streben nach dramatischer »Wahrheit«, beruhte auch der Verzicht auf einen Kastraten für Admeto und die Wahl des Tenors Tibaldi, der ebenfalls, wie aus einem Brief Calzabigis hervorgeht, über hohe schauspielerische Qualitäten verfügt haben muß. Erfolg und Anerkennung konnte sich das Werk erst allmählich sichern. 1770, 1781 und 1786 wurde *Alceste* in Wien wiederaufgenommen, wobei es nach Calzabigi insgesamt 90mal gegeben wurde (in: Jacques Gabriel Prod'homme, *Gluck*, Paris 1948, S. 405). Bereits 1775 kam es durch die Initiative des Vorgängers Glucks in Wien, des Kapellmeisters Paolo Scalabrini, zu einer Aufführung des Werks im dänischen Hoftheater auf Schloß Christiansborg. In Italien wurde *Alceste* erstmals 1778 in Bologna, einem Zentrum der Gluck-Pflege, mit Tibaldi als Admeto und Anna Lucia De Amicis als Alceste gegeben. Trotz der 33 Repressen war der Oper Calzabigi zufolge kein bleibender Erfolg beschieden. Auch in Deutschland konnte sich das Werk nur schwer durchsetzen. Zwar gab es einzelne Einstudierungen, 1783 in Hannover und, angeregt durch den Gluck-Verehrer Bernhard Anselm Weber, 1796 am Nationaltheater Berlin (eine weitere 1804), jedoch entwickelte sich keine Aufführungstradition. Es ist ausgesprochen schwierig, die Wirkungsgeschichte der italienischen *Alceste* im 19. und 20. Jahrhundert zu verfolgen. Zum einen geht aus den einschlägigen Aufführungsverzeichnissen nicht immer eindeutig hervor, welche Fassung zugrunde gelegt wurde, zum andern verfuhren die Kapellmeister freizügig mit den Partituren oder stellten Mischfassun-

*Alceste*, II. Akt; Dunja Vejzovic als Alceste, David Griffith als Admeto; Regie und Ausstattung: Karl Kneidl; Oper, Frankfurt a. M. 1982. – Das Ausbreiten der Photos als Reminiszenz an die Vergangenheit wirkt als pointierte Geste: ein wehmütiger Rückblick auf ein erfülltes Leben im Angesicht des Todes.

gen her. Als einzige moderne Einstudierung ist die 1956 von der British Broadcasting Corporation London produzierte bekannt geworden (Alceste: Kirsten Flagstad; Dirigent: Geraint Jones).

*Alceste. Tragédie-opéra:* Der Erfolg der Uraufführung (Alceste: Rosalie Levasseur, Admète: Joseph Legros, Evandre: Tirot, Apollon: Moreau, Oberpriester: Nicolas Gélin) war zwiespältig. Einig war sich das Publikum jedoch in der Ablehnung des III. Akts, die Gluck zu den genannten Revisionen veranlaßte. Auf einhelliges Wohlgefallen muß die Oper jedoch noch immer nicht gestoßen sein, denn nach Glucks Abreise aus Paris (Mitte Mai 1776) komponierte François-Joseph Gossec ein sechsteiliges Schlußballett, zu dessen Aufnahme in die gedruckte Partitur Gluck nur unwillig seine Zustimmung gegeben haben muß, da er sich zuvor heftig gegen ein derart umfangreiches Ballett gewehrt hatte. Über die Interpretin der Alceste waren die Ansichten ebenfalls geteilt: Levasseur wurde nach einigen Aufführungen durch Marie-Joséphine Laguerre ersetzt, übernahm die Rolle jedoch bis 1784 noch mehrere Male. Trotz der nicht sehr günstigen Aufnahme bei der Uraufführung wurde *Alceste* in Paris ein Repertoirestück (bis 1826) und in diesem Zeitraum annähernd 300mal gegeben. Der Erfolg der französischen *Alceste* blieb zunächst auf Paris beschränkt. In Deutschland gab es lediglich einzelne Aufführungen dieser Fassung: in der Übersetzung von Johann Böhm, dessen Wandertheater das Werk 1784 in Frankfurt a. M. und 1787 in Kassel aufführte (vermutlich gaben Böhm und seine Truppe es auch 1784 in Köln); 1791 mit deutschem Text von Heinrich Gottlieb Schmieder in Mainz; 1817 in der Übertragung von Karl Alexander Herklots in Berlin (mit Anna Milder-Hauptmann). – Im Rahmen der von Hector Berlioz angeregten Gluck-Renaissance, die mit Aufführungen einzelner Ausschnitte aus den nunmehr »historisch« gewordenen Werken Glucks in den 40er Jahren begann, kam es 1861, im Jahr der Pariser *Tannhäuser*-Aufführung, erstmals wieder zu einer Gesamtpräsentation mit Pauline Viardot-García als Alceste und Pierre Jules Michot als Admète. *Alceste* fand beim Publikum jedoch nicht die gleiche positive Aufnahme wie 1859 *Orphée et Euridice* (1774), so daß man bald ein umfangreiches Ballett hinzufügte, bei der Wiederaufnahme 1866 (Alceste: Marie Battu, Admète: Pierre François Villaret) nur noch zwei Akte plus Ballett spielte. Vermutlich angeregt durch die Pariser Renaissance, begann man sich um die Mitte des 19. Jahrhunderts auch in Deutschland verstärkt dem Gluckschen Œuvre zuzuwenden. Richard Wagner und Franz Liszt führten in Dresden und Weimar einige seiner Werke auf, wobei *Alceste* 1846 in Dresden (vermutlich mit Wilhelmine Schröder-Devrient) und 1857/58 in Weimar gegeben wurde. Zwar kam es auch in den letzten beiden Jahrzehnten des 19. und zu Beginn des 20. Jahrhunderts zu einzelnen Inszenierungen (Bologna 1888; Prag 1901; London und Brüssel 1904; Opéra-Comique, Paris 1904), eine Wiederbelebung des Werks, die es erneut zur Repertoireoper namhafter Interpreten werden ließ, setzte jedoch erst in den 20er Jahren an der Opéra Paris ein, wo es in einer Inszenierung von Pierre Chéreau mit der Wagner-Sängerin Germaine Lubin (mit wechselnden Partnern als Admète: Georges Thill und Georges Jouatte) während der folgenden Jahre (1926, 1928, 1929, 1932, 1936, 1941 und im Grand Amphithéâtre de la Sorbonne 1944) regelmäßig gespielt wurde. Als Gastspiel der Opéra, wiederum mit Lubin und Jouatte, wurde *Alceste* 1937 an Covent Garden London gegeben. In diese Zeit fiel auch die Erstaufführung an der New Yorker Metropolitan Opera unter der Leitung von Ettore Panizza (mit Marjorie Lawrence). Ebenfalls unter Panizza wurde die Oper einige Jahre in Buenos Aires gegeben (1934–36). – Nach dem zweiten Weltkrieg gelangte das Werk, von Ausnahmen wie den Aufführungen an der Metropolitan Opera (1952 englisch unter Alberto Erede mit Flagstad und Brian Sullivan; 1960/61 unter Erich Leinsdorf mit Eileen Farrell und Nicolai Gedda) und an der Mailänder Scala (1954 unter Carlo Maria Giulini mit Maria Callas) abgesehen, vorwiegend im Rahmen von Musikfestivals auf die Bühne: 1953, 1954 und 1958 in Glyndebourne in der Bearbeitung und unter der Leitung von Vittorio Gui (mit Magda László und Richard Lewis), 1966, ebenfalls in Guis Bearbeitung, beim Maggio Musicale in Florenz (mit Leyla Gencer), 1974 beim Edinburgh-Festival (mit Julia Varady und Robert Tear). Die Inszenierung des Maggio Musicale wurde 1972 von der Scala übernommen. 1981 brachte Covent Garden das Werk heraus (mit Janet Baker und Tear; Dirigent: Charles Mackerras), 1982 folgte die Opéra National Brüssel (mit Sylvia Sass), 1984 das Grand Théâtre Genf in der Inszenierung von Pier Luigi Pizzi, der bereits Bühnenbilder und Kostüme für die Florentiner Aufführung entworfen hatte (mit Jane Mengedoht und Gösta Winbergh). Diese Inszenierung wurde 1985 von der Pariser Opéra übernommen (Alceste: Shirley Verrett). In der Regie von Robert Wilson kam *Alceste* 1986 in Stuttgart heraus (mit Dunja Vejzovic).

**Autograph:** *Alceste. Tragedia:* SPKB Bln. (West), BN Musique Paris (Fragmente); *Alceste. Tragédie-opéra:* BN Musique Paris (Rés. Vm² 150). **Ausgaben:** *Alceste. Tragedia:* Part: Trattner, Wien 1769; Part, krit. Ausg., hrsg. G. Croll, ital./dt.: C. W. GLUCK, Sämtl. Werke, Abt. I, Bd. 3, Bär 1987, Nr. BA 2292; Kl.A v. H. Viecenz, dt. Übers. v. H. Abert: B&H [1924?], Nr. 29102; Textb.: Wien, Ghelen 1767; Wien, Trattner 1769, 1770; Bologna, Sassi 1778; Textb., dt.: Bln., Haude & Spener 1796; Textb., dt. v. J. A. v. Ghelen, in: Alkestis. Vollst. Dramentexte, hrsg. J. Schondorff, München, Wien 1969; *Alceste. Tragédie-opéra:* Part: Bureau d'abonnement musical, Paris; Castaud, Lyon [1776]; Des Lauriers, Paris [4. Aufl.]; Boieldieu, Paris [5. Aufl.]; Part, frz./dt. Übers. v. P. Cornelius/ital. Übers. v. G. Zaffira: Richault, Paris 1874; Part, krit. Ausg., hrsg. R. Gerber: C. W. GLUCK, Sämtl. Werke, Abt. I, Bd. 7, Bär 1957, ²1981, Nr. BA 2291; Kl.A v. J. C. F. Rellstab: Rellstab, Bln., Nr. 217; Kl.A: Veuve Nicolo, Paris 1824, Nr. 4; Troupenas, Paris [nach 1825]; Veuve Launer, Paris 1842, Nr. 3321; Girod, Paris [nach 1853]; Brandus, Paris [um 1854], Nr. 8145; Escudier, Paris 1861, Nr. 2047; Heugel 1863, Nr. 5661; Kl.A, dt. Bearb. v. C. J. Stegmann: Simrock [um 1815], Nr. 1125; Kl.A, frz./dt. Bearb. v. F. Brißler: Chaillier, Bln. [um 1837], Nr. 150; Kl.A, frz./dt.

Bearb. v. A. Conradi, J. C. Grünbaum: B&B [um 1854], Nr. 2879; Kl.A, frz./dt. Übers. v. F. Brißler: Peters [um 1863], Nr. 4402; Kl.A, frz./dt.: Schott 1864, Nr. 17927; Litolff [um 1875], Nr. 2203; Kl.A, frz./dt. Übers. v. G. F. Kogel: Peters [um 1882], Nr. 6660; Kl.A, ital. Übers. v. A. Zanardini: Ricordi 1887, Nr. 49139; Kl.A, Text-Bearb. v. L. Narici: Choudens [um 1898], Nr. 10722; Kl.A, bearb. v. F. A. Gevaert: Lemoine, Paris 1902, Nr. 19415; Kl.A v. O. Taubmann, dt. Übers. v. P. Cornelius/engl. Übers. v. C. Aveling: B&H [1904], Nr. V. A. 2039; Kl.A, dt., bearb. u. instrumentiert [Mischung aus frz. u. ital. Fassung] v. F. Mottl: Ahn, Bonn/B&H [1911]; Kl.A, nach d. krit. Ausg.: Bär 1975, Nr. BA 2291a; Textb.: Paris, Delormel 1776, 1779, 1784, 1786; Paris, Ballard 1786; Paris, Roullet 1797, 1809; Textb., dt. v. P. Cornelius: München, Wolf 1880. **Aufführungsmaterial:** *Alceste. Tragedia:* Bär; *Alceste. Tragédie-opéra:* Bär, Choudens; Übers. Mottl: A&S
**Literatur:** H. BERLIOZ, L'Alceste d'Euripide, celles de Quinault et de Calzabigi; Reprise de l'›Alceste‹ de G. à l'Opéra, in: DERS., A travers chants, Paris 1862, Nachdr. Paris 1971, S. 156–238; F. W. STERNFELD, Expression and Revision in G.'s ›Orfeo‹ and ›Alceste‹, in: Essays Presented to Egon Wellesz, Oxford 1966, S. 144–129; P. PETROBELLI, L'›Alceste‹ di Calzabigi e G.: l'illuminismo e l'opera, in: Memorie e contributi alla musica dal medioevo all'età moderna. Offerti a F. Ghisi nel settantesimo compleanno [1901–1971], hrsg. G. Vecchi, Bologna 1971 (Quadrivium. 12².), S. 279–293; P. HOWARD, G.'s two Alcestes: a Comparison, in: MT 65:1974, Nr. 1578, S. 129–144; L'Avant-scène, Opéra 1985, Nr. 73; weitere Lit. s. S. 422

*Sabine Henze-Döhring*

## Paride ed Elena
**Dramma per musica in cinque atti**

### Paris und Helena
5 Akte (6 Bilder)

**Text:** Ranieri Simone Francesco Maria de' Calzabigi
**Uraufführung:** 3. Nov. 1770, Burgtheater, Wien
**Personen:** Elena/Helena, Königin von Sparta (S); Paride/Paris, Sohn des Trojanerkönigs Priamos (S); Amore/Amor, unter dem Namen Erasto/Erastes, Vertrauter Helenas (S); Pallade/Pallas Athene (S); ein Trojaner (S). **Chor, Ballett:** Trojaner, Spartaner, Spartanerinnen, Gefolge der Pallas Athene
**Orchester:** 2 Fl (auch Picc), 2 Ob, 2 Fg, 2 Hr, 2 Trp, Pkn, Tamburin, Hrf, Streicher, B.c
**Aufführung:** Dauer ca. 3 Std. – Paride kann auch mit einem Tenor besetzt werden. Der I., III. und V. Akt enthalten lose mit der Handlung verknüpfte Balletteinlagen und Tänze zum Chorgesang. Die Chorpartie enthält einige kleinere Soli.

**Entstehung:** Die Darstellung des Stoffs basiert auf zwei Elegien aus dem Ovid-Kreis, zwei Briefen, die Paris und Helena miteinander wechseln. Calzabigi hielt sie für echte Werke Ovids. Die Originalpartitur war João de Bragança Herzog von Lafões gewidmet, der von Anfang an zum Kreis um den reformfreudigen ehemaligen Hoftheaterintendanten Giacomo Graf Durazzo in Wien gehörte. Calzabigi dürfte das Textbuch erst nach der Uraufführung von *Alceste* (26. Dez. 1767) begonnen haben und vollendete es laut brieflicher Aussage vor dem 12. Dez. 1768, während Gluck in dieser Zeit bereits an der Arbeit war.

**Handlung:** In Sparta und Umgebung, in mythischer Zeit.

I. Akt, Strand mit Blick auf Sparta, trojanische Zelte und Venusstatue in einer Rosenlaube: Paride und sein Gefolge sind nach Sparta gekommen, um Elena, die schönste Frau unter den Sterblichen, in Augenschein zu nehmen. Sie huldigen Venus, der Paride die größte Schönheit unter den Göttinnen zuerkannt hat, und bitten sie um ihre Gunst. Amore, als spartanischer Unterhändler Erasto verkleidet, durchschaut Parides eigentliche Wünsche, die auf den Besitz Elenas gerichtet sind. Die Spartaner bewundern den Reichtum der Asiaten und unterhalten die Gäste mit Tänzen.
II. Akt, Saal im Königspalast von Sparta: Paride erscheint vor Elena mit Geschenken. Beide sind verwirrt. Während ihn ihr Anblick völlig gefangennimmt, faßt sie sich schnell und gibt sich kühl, um seine Kühnheit zu dämpfen. Amore assistiert ihnen.
III. Akt, großer Säulenhof für Spiele und Wettkämpfe: Nachdem Paride die Sieger der Wettspiele mit Lorbeerkränzen ausgezeichnet hat, singt er auf Elenas Wunsch in der barbarischen Umgebung ein kunstvolles heimatliches Lied zur Leier, das er benutzt, um ihr seine Liebe zu offenbaren. Elena ist entsetzt, Paride wird in höchster Leidenschaft ohnmächtig; in Elena regt sich Erbarmen, doch noch entzieht sie sich, um ihrer Ehre willen, seinem Antrag und flieht. Das Fest nimmt seinen Fortgang.
IV. Akt, Gemach der Königin: In einem Brief erklärt sich Paride erneut. Elena antwortet ihm, um sich durch den Hinweis auf ihre Verlobung endgültig freizumachen. Bei der nächsten Begegnung jedoch wirbt Paride heftiger und nachdrücklicher als je zuvor um Elena, und sie fühlt, wie ihr Widerstand nachläßt. Innerlich zerrissen bleibt sie zurück.
V. Akt, 1. Bild, Gärten: Als Erasto ihr Parides Abreise vortäuscht, bekennt sich Elena in ihrer Enttäuschung zu ihrer Liebe. Zur Rede gestellt, demaskiert sich Erasto als Amore und Werkzeug der Göttin Venus, deren Macht sich Elena nicht entziehen kann. Der Verbindung der beiden Liebenden schwört jedoch Pallas Athene Rache durch den Fall Trojas. Zusammen wollen Paride und Elena das Schicksal ertragen.
2. Bild, Meeresbucht, in der Ferne der Königspalast von Sparta; Nacht: Den fortsegelnden Trojanern wird ein Fest mit Tanz und Chorgesang bereitet.

**Kommentar:** *Paride ed Elena* ist das dritte und letzte Libretto, das Calzabigi für Gluck geschrieben hat. Es behandelt, wie *Orfeo ed Euridice* (1762) und *Alceste*, das Thema Liebe, vermeidet aber, anscheinend auf Wunsch einflußreicher Kreise am Wiener Hof, eine tragische Konstellation. Bewußt wird von Calzabigi nach seinen eigenen Worten ein neues Operngenre angestrebt, »ganz und gar galant und ohne Teufel« (Mariangela Donà, S. 292, s. Lit.). Libretto und Musik leben von der gegensätzlichen, die römische Auffassung des Pseudo-Ovid widerspiegelnden Charakterisierung des Paris als eines genußfreudigen, feinnervigen, weltmännischen Asiaten und der Helena als einer sittenstrengen, bodenständigen Griechin, deren Sprödigkeit »der liebende Jüngling [...] mit allen Künsten erfinderischer Leidenschaft besiegt« (Vorwort zur Partitur). Das Drama ist ein Liebesspiel in einem festlichen Rahmen mit Chören und Tänzen, das auch ohne Amores Auftreten den gleichen Verlauf genommen hätte. Spätestens der Racheschwur der Pallas Athene gibt dem Spiel schicksalhafte Bedeutung. Die hier erstmals von Calzabigi konsequent ausgearbeiteten charakterlichen und nationalen Gegensätze in dem Sujet gaben Gluck die Möglichkeit, seine Ideen von einer inneren musikalischen Dramatik der Szene und der Charakterisierung der Personen in den deklamatorischen, melodischen und harmonischen Details der Rezitative, Arien, Ensembles und Chöre zu verwirklichen, die wie in den vorangegangenen Reformwerken zu großen Blöcken und Komplexen mit übergreifenden Bögen zusammengefaßt sind, aber auch ständig fließende Übergänge kennen. Zahlreiche formale, stilistische und ausdrucksmäßige Neuerungen zeichnen die von Belcanto und Deklamation bestimmte Partitur aus.

**Wirkung:** Nach einer Tagebucheintragung von Fürst Joseph von Khevenhüller-Metsch hat die Oper »wegen ihres ungleichen und in etwas wunderlichen Gusto nicht besondere Approbation gefunden« (in: Gluck, *Werke*, S. V, s. Ausg.), konnte sich aber, wie Calzabigi in einem Brief schreibt, ständigen Publikumsandrangs erfreuen und damit außergewöhnliche Einnahmen erzielen (Donà, S. 291). Sie war eigens für den Besuch Leopolds I., des Großherzogs von Toskana und nachmaligen Kaisers, dem das Libretto gewidmet war, besonders aufwendig inszeniert worden. Katharina Schindler sang die Partie der Elena, der mit Gluck eng befreundete Kastrat Giuseppe Millico den Paride, Theresia Kurz den Amore und Gabriella Tagliaferri die Pallas Athene. Die Ballette schuf Jean Georges Noverre. Eine Aufführung außerhalb Wiens, wo das Werk bis 1771 gegeben wurde, hat wohl nur 1777 in Neapel stattgefunden. Verschiedene Versuche, es für die moderne Bühnenpraxis zu erschließen (deutsche Version in zwei Akten von Josef Stransky, Prag 1901, Hamburg 1911, Weimar 1937), hatten jedoch nur begrenzten Erfolg. 1973 kam es zu einer Aufführung in Siena mit Katia Ricciarelli (Elena) und Franco Bonisolli (Paride) unter Leitung von Piero Bellugi.

**Autograph:** Verbleib unbekannt. **Abschriften:** Part: BN Paris (Vm 449), ÖNB Wien (Cod. 17781). **Ausgaben:** Part: Trattner, Wien 1770; Part, krit. Ausg., ital./dt. Übers. u. hrsg. R. Gerber: C. W. Gluck, Sämtl. Werke, Abt. I, Bd. 4, Bär 1954, Nr. BA 2296; Kl.A, ital./dt.: Peters [um 1863], Nr. 4398; Kl.A, ital./dt. Übers. v. R. Gerber: Bär 1957, Nr. 2296a; Kl.A, ital./frz. Übers. v. A. L. Hettich: Leduc, Paris 1909, Nr. 13930; Textb., ital./frz./ dt. [gesondert erschienen]: Wien, Trattner 1770; Textb.: Neapel, Mazzola-Vocale 1777; Textb., dt.: Bär [1948]. **Aufführungsmaterial:** Bär
**Literatur:** R. Gerber, [Vorw., s. Ausg.]; M. Donà, Dagli Archivi Milanesi: Lettere di Ranieri de Calzabigi e di Antonia Bernasconi, in: Studien zur ital.-dt. M.Gesch., Bd. 9, hrsg. F. Lippmann, Köln 1974, S. 268–300 (Analecta musicologica. 14.); weitere Lit. s. S. 422

*Klaus Hortschansky*

## Iphigénie en Aulide
### Tragédie-opéra en trois actes

**Iphigenie in Aulis**
3 Akte

**Text:** Marie François Louis Gand-Leblanc Bailli du Roullet, nach der Tragödie *Iphigénie* (1674) von Jean Baptiste Racine
**Uraufführung:** 19. April 1774, Opéra, Palais Royal, Paris
**Personen:** Agamemnon, König in Mykene und Oberbefehlshaber der Griechen gegen Troja (B); Clitemnestre/Klytämnestra, seine Frau (S); Iphigénie/Iphigenie, beider Tochter (S); Achille/Achill, König in Thessalien (H-C); Patrocle/Patroklus, sein Freund (B); Calchas/Kalchas, Oberpriester am Dianatempel in Aulis (B); Arcas/Arkas, Hauptmann der Leibwache Agamemnons (B); 3 Griechinnen (3 S); ein Grieche (T); eine Griechin in Iphigénies Gefolge (S); eine andere Griechin (S). **Chor, Ballett:** griechische Offiziere und Soldaten, griechisches Volk, Wachen, thessalische Krieger, Frauen aus Argos im Gefolge der Königin und Iphigénies, Frauen aus Aulis, Sklaven aus Lesbos, Priesterinnen Dianas
**Orchester:** 2 Fl, 2 Ob, 2 Klar, 2 Fg, 2 Hr, 2 Trp, Pkn, gr.Tr, Streicher
**Aufführung:** Dauer ca. 2 Std. 30 Min. – Ballett in allen drei Akten.

**Entstehung:** Der Plan, eine französische Oper für die Académie Royale de Musique in Paris zu schreiben, entstand offensichtlich in Wien, als Roullet dort Attaché der französischen Gesandtschaft war. Racines Vorlage abändernd, führte er den Oberpriester Calchas ein und zog die Handlung von fünf auf drei Akte zusammen. 1772 war die Partitur wahrscheinlich schon weit fortgeschritten. Sonst hätten Librettist und Komponist kaum öffentlich ihre Absicht propagiert, das französische Musiktheater zu reformieren. Im Okt. 1772 und Febr. 1773 erschienen im *Mercure de France* aufsehenerregende offene Briefe, in denen zunächst Roullet (noch von Wien aus) und dann Gluck ihre Ansichten vertraten. Die persönlichen Beziehungen Roullets, die Verbindungen Glucks, die er 1764 bei seinem ersten Aufenthalt in Paris geknüpft haben dürfte, und die Fürsprache der Thronfolgerin Marie Antoinette machten es möglich, daß die Leitung der Académie die Partitur des deutschen Komponisten zur Aufführung annahm, der sich bisher nur in der italienischen Opera seria und der französischen Opéra-comique ausgewiesen hatte, allerdings mit seinen Reformopern *Orfeo ed Euridice* (1762), 1764 in Paris gedruckt, und *Alceste* (1767) europäisches Aufsehen erregt hatte. Im Okt. 1773 begab sich Gluck nach Paris. Noch während der Proben wurde manches geändert und hinzugefügt, wobei Libretto und Originalpartitur (nicht vollkommen übereinstimmend) den Zustand der Uraufführung wiedergeben. Man wird kaum von verschiedenen Fassungen sprechen können, eher von verschiedenen Stadien, die die Partitur bis zur Aufführung durchgemacht hat, die aber heute nur schwer rekonstruierbar sind. Während der ersten Aufführungen regten sich Zweifel und wohl auch offene Kritik an der Gestalt des Divertissements. Änderungen kamen nicht zustande, da die Theater ab 1. Mai geschlossen wurden, weil das Ableben Ludwigs XV. erwartet wurde. Seit Dez. 1774 weilte Gluck erneut in Paris. *Iphigénie en Aulide* wurde im Jan. 1775 mit einigen Änderungen wiederaufgenommen, die anscheinend in Etappen vorgenommen wurden und wiederum nur umrißhaft zu rekonstruieren sind. Im wesentlichen betreffen sie die Divertissements. Wie so oft sind auch für diese Oper zahlreiche Sätze früherer Werken Glucks entnommen; dabei hat er bei den Divertissements besonders intensiven Gebrauch von Entlehnungen gemacht.

**Handlung:** Im griechischen Heerlager am Strand von Aulis in Böotien, vor Ausbruch des Trojanischen Kriegs.

I. Akt, im Hintergrund das Lager der Griechen und ein Wäldchen: Agamemnon, der als Heerführer der Griechen den Raub Helenas durch den trojanischen Königssohn Paris rächen will, ist verzweifelt, wird doch die Göttin Diana seiner Flotte nur dann günstigen Wind gewähren, wenn er seine Tochter Iphigénie auf dem Altar opfert. Noch widersetzt er sich der Forderung und versucht, mit der fingierten Botschaft, daß Achille Iphigénie untreu geworden sei, Tochter und Gattin vom Lager der Griechen in Aulis fernzuhalten. Auf heftiges Drängen der Griechen verspricht Calchas, daß noch heute der Wille der Götter erfüllt werde. Agamemnon läßt sich nicht umstimmen. Aber Arcas hat Clitemnestre und Iphigénie nicht mehr in Mykene erreicht; unter dem Jubel aller treffen sie in Aulis ein. Iphigénie hört jetzt von der vermeintlichen Treulosigkeit Achilles. Die Mutter rät, ihm mit Verachtung entgegenzutreten, aber noch will Iphigénie an die Untreue nicht glauben. Als sie zusammentreffen, kann Achille Iphigénie von seiner Liebe und Treue überzeugen, und beide finden wieder zueinander.

II. Akt, weite Säulenhalle in Agamemnons Palast: Frauen aus ihrem Gefolge versuchen Iphigénie zu trösten, die sich grämt, Achille grundlos mißtraut zu haben. Der Kummer ist rasch verflogen, als Clitemnestre Achille ankündigt, der die Braut zum Traualtar geleiten will. Thessalische Soldaten marschieren auf und huldigen der neuen Königin mit Chören und Tänzen. Als sich der Zug zum Traualtar wenden will, stürzt Arcas mit der Nachricht herein, Iphigénie solle nun unverzüglich geopfert werden. Clitemnestre bittet Achille um Hilfe. Achille will sich Agamemnon entgegenstellen, dieser aber fordert Iphigénie, da sonst die Gunst der Götter verspielt werde. Doch Achille schützt sie mit seinen thessalischen Truppen. In der Auseinandersetzung mit Achille wird sich Agamemnon seiner Vaterliebe bewußt und beauftragt Arcas, mit Clitemnestre und Iphigénie nach Mykene zu fliehen, um so die geliebte Tochter zu retten.

III. Akt, 1. Bild, Inneres eines prachtvollen Zelts, durch dessen Öffnung das Volk zu sehen ist: Angesichts der empörten Menge beschließt Iphigénie, sich zu stellen. Sie nimmt Abschied von Achille, der vergeblich versucht, sie zurückzuhalten und schließlich davonstürzt, um Calchas am Opfer zu hindern. Wieder fordern die Griechen das Opfer. Entsetzt wünscht Clitemnestre Jupiters Blitze auf das griechische Heer herab. Während sie zum Strand eilt, bitten die Griechen Diana, das Opfer gnädig anzunehmen. 2. Bild, Meeresufer mit Opferaltar: Kaum haben die Griechen den Altar erreicht, eilt Achille mit seinen Thessaliern herbei, zieht die bereits an den Stufen des Altars kniende Iphigénie zu sich und bedroht Calchas und die Griechen. Bevor es zu einem Kampf kommt, verkündet Calchas, daß die Tugend Iphigénies, die Tränen der Mutter und die Tapferkeit Achilles die Götter bewogen hätten, auf das Opfer zu verzichten. Als sicheres Zeichen ihrer Gnade sei anzusehen, daß das Feuer auf dem Altar erloschen sei und Winde aufkämen, die eine Abreise ermöglichten. Alle danken der gnädigen Göttin und huldigen ihr mit Chören und Tänzen.

**Kommentar:** Der Schritt Glucks, als beinah 60jähriger mit einer Tragédie-lyrique in Paris auf die traditionsreiche, wenn auch in diesen Traditionen erstarrte Bühne der Académie Royale zu gehen, ist sicherlich der bedeutungsvollste seines Lebens gewesen und im nachhinein einer der folgenreichsten der Operngeschichte überhaupt. Wohl hatte er mit seinen italienischsprachigen Reformopern *Orfeo ed Euridice*, *Alceste* und *Paride ed Elena* (1770) europäisches Aufsehen erregt und für Diskussionen um eine Erneuerung des italienischen Opernhtheaters gesorgt; zu einer allgemeinen Verbreitung dieser Werke in den freien, das heißt von habsburgischen Interessenverflechtungen unabhängigen Spielplänen der Opernwelt ist es kaum gekommen. Hier wurde eigentlich weiterhin bewährte italienische Oper gegeben. Es darf angenommen werden, daß sich Gluck über die begrenzte Wirkung seiner Reform klar geworden war und deshalb eine neue Plattform suchte, die um so eher Paris heißen konnte, als sich nicht nur die theatralischen Beziehungen, sondern auch die politischen seit dem Kurswechsel des allmächtigen Ministers Wenzel Anton Fürst von Kaunitz mit Frankreich ausgesprochen eng gestaltet hatten; eine Entwicklung, die 1770 ihren Abschluß in der Vermählung der Erzherzogin Maria Antonia (Marie Antoinette) mit dem nachmaligen König Ludwig XVI. fand. Da sich auch in Paris immer lauter Stimmen hören ließen, die eine Erneuerung der französischen Oper und ihres Aufführungsstils herbeiwünschten, dürfte man das Angebot Glucks nicht ungern angenommen haben. Zu längerfristigen Vereinbarungen kam es dann 1775 nach den Erfolgen von *Iphigénie en Aulide* und *Orphée et Euridice* (1774). – Gluck hatte sich mit *Iphigénie* nicht weniger vorgenommen, als (wie er in dem offenen Brief von 1773 schreibt) eine »musique propre à toutes les nations« zu schreiben und damit die lächerliche Unterscheidung nationaler Musikstile verschwinden zu machen. Es mag dahingestellt bleiben, ob *Iphigénie* eine »übernationale« Oper geworden ist und damals werden konnte. Sicherlich ist sie keine italienische Oper und geht auch in ihrer Konzeption über die Grundpositionen der italienischen Reformopern hinaus. Ebensowenig ist sie eine französische Oper, gemessen am Entwicklungsstand der Tragédie-lyrique vor Glucks Eintreffen in Paris. Sie widersprach geradezu dem Geist der raffinierten, hochstilisierten heroischen Oper Jean-Philippe Rameaus, den Claude Debussy später als *den* Klassiker Frankreichs betrachtete, während ihm Gluck als naturalistischer Barbar erschien. Mit *Iphigénie en Aulide* wandte sich Gluck nach der Betonung des liedhaften, melodischen und noch dem Belcanto verhafteten Ausdrucks in den letzten italienischen Opern einem betont rhythmisch-deklamatorischen Stil zu, der für sein Alterswerk bestimmend wurde und sich eng an den französischen Wortvortrag anlehnte. Dies widerspricht keineswegs der Idee der »übernationalen« Musiksprache, die viel mehr eine Sprache der Natur, der wahren menschlichen Empfindungen und Leidenschaften sein sollte, wie sie überall anzutreffen waren und sich in verschiedenen Sprachakzenten artikulieren konnten. Die formalen Unterschiede der nationalen Operntypen sollten sich als überflüssig erweisen. – Es ist der auffälligste Zug der Partitur, daß in vielen musikalischen Abschnitten, die sich tendenziell zu einer geschlossenen Nummer abrunden könnten, die formalen Eingrenzungen durch Tempowechsel oder Einschübe von rezitativischem Tonfall aufgebrochen werden und so den vorwärtsdrängenden dramatischen Ausdruck nicht erstarren lassen, wie etwa in den beiden Airs Agamemnons im I. Akt. Sofern der Chor in die Handlung einbezogen ist und nicht statuarische Staffage bildet (wie in den Divertissements), gilt die Tendenz zur formalen Offenheit auch für ihn. In der musikalischen Handhabung und dramaturgischen Rolle gewinnen die Chorbeteiligungen die Konturen der Turbae in den mittel- und norddeutschen Passionshistorien, die Gluck allerdings kaum gekannt haben dürfte. Die Airs der Solisten weisen ein breites Spektrum formaler Möglichkeiten auf, die aus den beiden nationalen Traditionen gewonnen und je nach Aussage und Handlungsgang konventionell oder unkonventionell behandelt wurden. Wenn Clitemnestre Iphigénie zu einer Haltung gerechten Zorns gegenüber Achille wegen dessen vermeintlicher Untreue, an die beide Frauen zu diesem Zeitpunkt glauben, auffordert (I/6: »Armez vous d'un noble courage«) oder Iphigénie zu Beginn des II. Akts zwischen Furcht und Hoffnung schwankend vor sich hin brütet, erfüllen Dakapogebilde genau die dramaturgische Funktion des Stillstands der Empfindungen. Iphigénie verabschiedet sich in III/3 (»Adieu, conservez dans votre âme«) von Achille in einer zweiteiligen Liedform, in der beide Hälften wiederholt werden, gleichsam um sich in Achilles Seele ganz fest einzuschreiben, und zwar keineswegs in weinerlichem, sondern in sehr innig gefaßtem Es-Dur, das in seinen Achtelreihungen wie melodiöses Sprechen wirkt. Mehrteilige größere Formen, die den Rahmen der gewohnt kurzen Airformen der französischen Oper sprengen, finden sich an jenen Stellen, in denen das seelische Spannungsfeld mehrschichtig ist, wie etwa in Iphigénies Air in I/7 »Hélas! mon cœur«, in dem sie zwischen Ungläubigkeit, Enttäuschung, Liebe und Sehnsucht hin und her gerissen wird, oder wie in der Szene Agamemnons in II/7 (»O toi, l'objet le plus aimable«), in der er verzweifelt zwischen der Forderung nach dem Opfer, seiner Vaterliebe, seiner Angst vor ewiger Verdammung wegen der Ermordung der Tochter und der Anklage gegen die gnadenlose Göttin steht. Hier und anderswo gewinnen immer wieder kleine instrumentale Motive, die unabhängig von der Begleitfigurik und -motivik der Gesangsstimmen erfunden sind, gestische Bedeutung, die psychische Vorgänge dort andeuten, wo nicht gesungen wird, die Spannungen jedoch weiterwirken. Mitunter fließen auch die Grenzen zwischen arienhafter und arioser Stimmführung und Orchesterbegleitung, wie etwa in der Calchas-Szene in I/2 (»D'une sainte terreur«), in der er den Griechen Dianas grauenvolle Forderung verkündigt. Sparsam, aber wirkungsvoll machen Textdichter und Komponist von Ensembles der Solisten Gebrauch, in denen unterschiedliche dramaturgische Konstellationen ausgetragen werden. Verwendet das Schlußduett Iphigénie/Achille im I. Akt (»Ne doutez jamais de ma flamme«) noch das bewährte inhaltliche Muster der Liebe, das hier notwendig erscheint, um die Zweifel an der Treue Achilles zu zerstreuen und eine feste Ausgangsposition für sein Eintreten für Iphigénie zu erhalten, so zeigt das Duett Achille/Agamemnon in II/6 (»De votre audace témeraire«) die unversöhnliche Kontraposition, die der Herrschende und der Liebende innehaben. Daß sie sich im Weg stehen, läßt sie in

*Iphigénie en Aulide*; Lucienne Bréval als Iphigénie; Opéra-Comique, Paris 1907. – Die Sängerin debütierte 1892 an der Pariser Opéra als Selica in Meyerbeers *L'Africaine* (1842). Als dramatischer Sopran und Mezzosopran führte sie die großen Wagner-Partien an der Opéra ein. Gleichermaßen erfolgreich war sie im klassischen Fach (Rameau, Gluck).

gleich heftigem Tonfall in einem Duett zusammentreffen. Die beiden Quartette im II. und III. Akt, beide in F-Dur, sind Ausdruck konzentrierter innerer Sammlung vor der Hochzeit beziehungsweise fast stammelnde Empfindung angesichts des unverhofften Ausgangs. Der auffälligste Satz ist jedoch das Terzett im II. Akt (»C'est mon père, Seigneur«), in dem Iphigénie, Clitemnestre und Achille über Agamemnon reden, ihn bedauern, ihn lieben, verachten, anklagen und sich lediglich in der Anrufung des Himmels um Beistand zusammenfinden. Er, der hier Abwesende, ist die zentrale und problematische Figur der Oper. Iphigénie handelt wie eine folgsame Tochter, Clitemnestre wie eine Mutter und Achille wie ein mutiger Liebhaber, aber wie soll sich der König und Vater Agamemnon entscheiden? Gibt es einen Ausweg aus dem Konflikt zwischen Staatsräson und Pflicht gegenüber den Untertanen einerseits und Vaterliebe und Verantwortung gegenüber dem eigenen Kind andrerseits? Die Lösung kommt zwar plötzlich, jedoch wohlvorbereitet, hat aber immer wieder Diskussionen und Änderungsvorschläge bewirkt. Seit den Aufführungen 1775 verkündete nicht mehr Calchas den Verzicht auf das Opfer, sondern Diana selbst entläßt die Griechen aus ihrer Verpflichtung. Unabhängig vom Schluß des antiken Originals mit der Entrückung Iphigenies nach Tauris bleibt die Schwierigkeit bestehen, in der Inszenierung das Lieto fine Roullets als notwendige Folge der konsequenten Handlungsweise aller Betroffenen gemäß der in ihnen lebendigen Stimme der Natur darzustellen, die mit all ihren Zwiespälten den Sieg über scheinbar blinde Gesetzmäßigkeiten davonträgt. Die Änderungen von 1775 sind Retuschen, die durch Einführung Dianas dem Verzicht auf das Opfer den letzten Rest willkürlichen Zufalls nehmen, den die Verkündigung durch den Oberpriester gehabt haben könnte, und dem Freispruch die Bedeutung einer Anerkennung der Handlungsweise und Motivation der Betroffenen geben, jedoch das inhaltliche und dramaturgische Konzept in keiner Weise antasten.

**Wirkung:** In der Uraufführung sangen Madeleine Sophie Arnould die Iphigénie, Henri Larrivée den Agamemnon, Joseph Legros den Achille und Nicolas Gélin den Calchas, wobei die Divertissements unter dem beherrschenden Einfluß des Ballettmeisters Gaetano Vestris länger ausfielen, als es Gluck nach seinen Intentionen lieb gewesen sein kann. *Iphigénie en Aulide* hatte auf Anhieb Erfolg, mit dem der Grundstein für die Erneuerung der französischen Oper gelegt wurde. Darauf bauen die Werke Cherubinis ebenso auf wie die Spontinis bis hin zu Meyerbeer und Berlioz. Das Werk wurde in Paris (1778 in Choisy, sekundiert von der Parodie *Momie* von Jean-Etienne Despréaux) ununterbrochen bis 1824 428mal gegeben und 1907 an der Opéra-Comique neu einstudiert mit Lucienne Bréval (Iphigénie) und Léon Beyle (Achille). Im Ausland erlebte es seine ersten Aufführungen in der Originalsprache in Kassel 1782, Hamburg 1795, Gent 1799, Petersburg 1801, Wien 1805 und Braunschweig 1806. In Übersetzungen wurde die Oper zuerst in Stockholm 1778 und in Magdeburg (deutsch von Johann Daniel Sander) 1790 gegeben. Weitere deutschsprachige Einstudierungen fanden 1806 in Schwerin, 1807 in München, 1808 in Wien, 1809 in Berlin, 1816 wieder in München (musikalische Bearbeitung von Peter von Winter), 1819 in Kassel und 1820 in Stuttgart statt, bis Richard Wagner 1847 eine vollständige Überarbeitung der Übersetzung Sanders und der Partitur vorlegte. Den Schluß suchte er durch die Einführung der Artemis (!), die Iphigenie in einer Wolke mit sich nach Tauris führt, mit Euripides in Übereinstimmung zu bringen, um damit auch die »unerläßliche Mariage« zu umgehen und die »süßliche Liebschaft« soweit wie möglich zurückzudrängen. Wagner machte, abgesehen von Eingriffen in die Orchestration, auch vor der Neukomposition von Übergängen, Vor- und Nachspielen sowie von »ariosen Rezitativen« für Iphigenie und Artemis im III. Akt nicht halt. Diese Bearbeitung ist, wenn auch zunächst zögernd, über fast alle deutschsprachigen Bühnen gegangen (Weimar 1856, Mannheim 1861, Karlsruhe 1863, Darmstadt 1864, Schwerin 1867, Wien, Hofoper 1867, Kassel 1871, Braunschweig 1873, Leipzig 1876, Hamburg 1877, Königsberg 1878, München 1879, Dessau 1883, Wiesbaden 1885, Straßburg 1900, Stuttgart 1908, Berlin, Deutsches Opernhaus 1914) und in Kopenhagen 1861 und Christiania/Oslo 1875 gegeben worden. Italienisch erklang *Iphigénie* zuerst 1812 in Neapel, tschechisch 1872 in Prag, englisch 1933 in Oxford und in den Vereinigten Staaten 1935 auf französisch in Philadelphia. Bei den Salzburger Festspielen wurde die Oper erstmals 1930 von Marie Gutheil-Schoder inszeniert (Choreographie: Grete Wiesenthal); unter Leitung von Bruno Walter sangen Margit Angerer die Iphigénie, Josef Kalenberg den Achille und Emil Schipper den Agamemnon. Am selben Ort erschien 1962 eine Inszenierung von Günther Rennert, der in Zusammenarbeit mit Fritz Oeser eine neue deutsche Textfassung vorlegte und sich für die Musik nicht mehr auf Wagners Bearbeitung, sondern auf die Partiturneuausgabe von Fanny Pelletan und Berthold Damcke von 1873 (die dem Partiturerstdruck von 1774 folgt und Glucks Änderungen von Jan. 1775 einbezieht) stützte; die Choreographie besorgte Erich Walter, Karl Böhm

*Iphigénie en Aulide*, I. Akt; Bühnenbildentwurf: Caspar Neher; Staatsoper, Wien 1942.

dirigierte die Wiener Philharmoniker, es sangen Christa Ludwig, Walter Berry (Agamemnon), James King (Achille), Inge Borkh (Clitemnestre) und Otto Edelmann (Calchas). Obwohl die Oper nach dem zweiten Weltkrieg nicht die Popularität von *Iphigénie en Tauride* (1779) erreichte, haben doch zahlreiche internationale Bühnen Neuinszenierungen vorgelegt. *Iphigénie en Aulide* wurde unter anderm gezeigt in Buenos Aires (vor 1949), Essen (vor 1953), Heidelberg (1955) und ebenfalls 1955 in Berlin mit Clara Ebers als Iphigénie und Margarete Klose als Clitemnestre (Dirigent: Hans Löwlein). 1958 schuf Georg Hartmann eine Inszenierung in Frankfurt a. M. (Musik in Wagners Bearbeitung) mit Claire Watson als Iphigénie und Ernst Gutstein als Agamemnon. 1961 folgte Düsseldorf (Siff Pettersen; Wilhelm Ernest als Achilles), im selben Jahr wurde eine Studioproduktion der British Broadcasting Corporation London (mit neuer englischer Textfassung von Arthur Jacobs) gesendet, 1962 erschien die Oper in New York (American Opera Society) konzertant mit Marilyn Horne, 1965 am selben Ort (Carnegie Hall) mit der Salzburger Besetzung von 1962 (ebenfalls konzertant). Stockholm brachte 1965 eine Inszenierung von Bengt Peterson in französischer Sprache heraus mit Elisabeth Söderström, Kåge Jehrlander (Achille) und Rolf Jupither (Agamemnon), der Inszenierungen 1970 in Hannover, 1975 in Karlsruhe und Weimar, 1977 in Innsbruck und Coburg und 1978 in Bremen folgten.

**Autograph:** Verbleib unbekannt. **Ausgaben:** Part, krit. Ausg., hrsg. M. Flothuis, ital./dt.: C. W. GLUCK, Sämtl. Werke, Abt. I, Bd. 5, Bär 1987, Nr. BA 2301; Part: Le Marchand, Paris [1774]; Bureau d'Abonnement Musical, Paris [1775/76, Titel-Aufl.]; Des Lauriers, Paris [um 1783, Titel-Aufl., später Nr. 3]; Boieldieu Jeune, Paris [1811–15, Titel-Aufl. Nr. 3]; Part, hrsg. F. Pelletan, B. Damcke, frz./dt. Übers. v. P. Cornelius/ital. Übers. v. G. Zaffira: Richault, Paris 1873; Part, frz./dt. Übers. v. A. Dörffel: Peters [1884], Nr. 6780; Kl.A: Simrock [1808/09], Nr. 602; Le Duc, Paris [um 1811], Nr. 856-982; Veuve Nicolo, Paris [1824], Nr. 2; Troupenas, Paris [nach 1825]; Schlesinger, Paris [um 1840], Nr. 3186; Veuve Launer, Paris [1842], Nr. 3312; Girod, Paris [nach 1853]; Brandus, Paris [um 1854], Nr. 8154; Choudens [1899], Nr. 11758; Lemoine, Paris [1899], Nr. 18740; Kl.A, frz./dt.: Challier, Bln. [1839], Nr. 260; B&B [um 1855], Nr. 3257; Peters [um 1864], Nr. 4422; Holle, Wolfenbüttel [um 1865]; Litolff [um 1875], Nr. 2302; Peters [um 1879], Nr. 6179; Peters 1953, Nr. 9752; Bär [in Vorb.], Nr. BA 2301a; Kl.A, frz./engl. Übers. v. J. Troutbeck: Novello, Ewer, London 1876; Kl.A, Bearb. v. R. Wagner: B&H [1859], Nr. 9793; B&H, Nr. 775; Kl.A, Bearb. v. P. Friedrich [d. i. F. Oeser], G. Rennert: Bär 1962, Nr. 4327a; Textb.: Paris, Delormel 1774; Textb., dt. Übers. v. J. D. Sander: Bln., Decker; Textb., Bearb. v. R. Wagner: Stuttgart, Reclam, Nr. 5694; Textb., dt. Übers. v. P. Friedrich, G. Rennert: Bär 1962. **Aufführungsmaterial:** Choudens, Sonzogno, Bär; Bearb. Wagner: B&H; Bearb. Friedrich/Rennert: Bär

**Literatur:** R. WAGNER, G.s Ouvertüre zu ›Iphigenia in Aulis‹ (1854), in: DERS., Gesammelte Schriften und Dichtungen, Bd. 5, Lpz. 1872, S. 143–158; J. MÜLLER-BLATTAU, G. und Racine, in: Annales Univ. Saraviensis 3:1954, S. 219–229; W. WEISMANN, Der Deus ex machina in G.s ›Iphigenie in Aulis‹, in: Dt. Jb. d. Mw. 7:1962, S. 7–17; J. RUSHTON, From Vienna to Paris: G. and the French Opera, in: Chigiana 29/30:1972/73, S. 283–298; F. DEGRADA, Due volti di ›Ifigenia‹, in: Il palazzo incantato. Studi sulla tradizione del melodramma dal Barocco al Romanticismo, Bd. 1, Fiesole 1979, S. 175–208; Y. GIRAUD, Iphigénie entre Racine et Du Roullet, in: L'Opéra au XVIIIe siècle. Actes du Colloque organisé à Aix-en-Provence par le Centre Aixois d'Etudes et de Recherches sur le XVIIIe siècle 1977, Aix-en-Provence 1982, S. 163–184; weitere Lit. s. S. 422

*Klaus Hortschansky*

## Armide
**Drame-héroïque en cinq actes**

### Armida
5 Akte

**Text:** Philippe Quinault (1686), nach einer Episode aus dem Epos *La Gierusalemme liberata ovvero Il Goffredo* (1575) von Torquato Tasso
**Uraufführung:** 23. Sept. 1777, Opéra, Palais Royal, Paris
**Personen:** Armide/Armida, Zauberin, Nichte Hidraots (S); Phenice (S) und Sidonie (S), Armides Vertraute; Hidraot, Zauberer, König von Damaskus (B); Aronte, Heerführer in dessen Diensten (B); Renaud, Ritter im Heer Gottfrieds von Bouillon (H-C); Artemidore, Ritter (T); Ubalde, Ritter (B); der dänische Ritter (T); La Haine/Furie des Hasses (A); ein Dämon als Melisse (S); ein Dämon als Lucinde (S); ein Dämon als Najade (S); 2 Koryphäen (2 S); Plaisir/Genius der Freude (S). **Chor:** Volk von Damaskus, Gefolge von La Haine, Nymphen, Hirten, Dämonen als Landleute, Genien der Freude, selige Geister. **Statisterie:** Gefolge Hidraots. **Ballett:** Volk von Damaskus, Nymphen, Hirten, Furien, Ungeheuer, Dämonen als Landleute, Gefolge Armides, Genien der Freude, selige Geister
**Orchester:** 2 Fl, 2 Ob, 2 Klar, 2 Fg, 2 Hr, 2 Trp, Pkn, Streicher
**Aufführung:** Dauer ca. 3 Std. – Ballett in allen fünf Akten. Die Partien der Najade (II. Akt) und Lucinde (IV. Akt) sowie die der Melisse (IV. Akt) und des Plaisir (V. Akt) wurden bei der Uraufführung von denselben Darstellerinnen gesungen. Die Koryphäen sind aus dem Chor zu besetzen.

**Entstehung:** Nach dem Vertrag mit der Académie Royale de Musique von 1775 sollte Gluck drei weitere große Opern liefern, eventuell anstelle einer der Opern eine Opéra-comique im Stil seiner *Cythère assiégée* (Paris 1775). Ob das Drame-héroïque *Armide* diese Bedingung erfüllte, erscheint zweifelhaft, auch wenn die Scheinwelt der Insel Kythera manche Parallelen zur Zauberwelt Armides zeigt. In der Korrespondenz tauchen die ersten Überlegungen Ende Nov. 1775 auf. Danach war von vornherein eine Vertonung des beinah 100 Jahre alten Librettos von Quinault ins Auge gefaßt, das dieser für Jean-Baptiste Lully geschrieben hatte. Gluck vertonte das Libretto, abgesehen von einigen Kürzungen, unverändert. Lediglich für das Ende des III. Akts bat er den Textdichter von *Iphigénie en Aulide* (1774), François Gand-Leblanc du Roullet, um eine neue Szene für Armide. Daß er Quinaults Prolog nicht beibehielt, erklärt sich aus der Aufführungspraxis der Académie. Ende Jan. 1776 hatte Gluck schon einige Szenen von *Armide* konzipiert, obwohl er noch an der Umarbeitung von *Alceste* (1767) war. Zuvor schon hatte er sich in einem Brief an Roullet (13. Dez. 1775) Gedanken über die Sänger gemacht. Armide sollte mit Rosalie Levasseur oder Marie-Joséphine Laguerre einer jungen Kraft anvertraut werden. Levasseur, die Mätresse des österreichischen Botschafters Florimund Graf Mercy d'Argenteau, sang die Partie schließlich. Die etwas ältere Madeleine Sophie Arnould, die in *Iphigénie* und *Orphée et Euridice* (1774) die Hauptpartien gesungen, mit der Gluck sich aber überworfen hatte, wurde nicht mehr berücksichtigt. Die Komposition erstreckte sich über fast zwei Jahre; doch lag der Schwerpunkt der Arbeit zwischen 1776 (Rückkehr aus Paris nach der *Alceste*-Aufführung) und Mai 1777 (erneute Reise von Wien nach Paris). In die Oper hat Gluck viel Musik aus älteren Werken, namentlich aus dem vom Sujet her verwandten *Telemaco* (1765), in neuer Interpretation übernommen.

**Handlung:** In Damaskus und Umgebung, gegen 1100, zur Zeit des ersten Kreuzzugs.

I. Akt, Platz in Damaskus mit einem Triumphbogen: Phenice und Sidonie schwärmen von der Schönheit und dem Glück ihrer Herrin, während Armide sich von Renaud verschmäht sieht. Ein Traum quält sie, daß der Verhaßte stärker bleiben wird als sie. Ihr greiser Onkel Hidraot möchte sie verheiratet wissen; sie selbst, die über Magie und Zauberei verfügt, möchte lieber frei sein. Wenn sie aber schon heiraten soll, dann genügt es nicht, daß der Erwählte König ist, er muß auch Renaud bezwingen können. Das Volk huldigt ihr. Aronte trifft ein und berichtet, daß ein unbezwingbarer Held (es ist Renaud) alle Kreuzritter aus der Gefangenschaft der Damaszener befreit habe. Alle schwören ihm dafür Rache.

II. Akt, Landschaft, in der ein Fluß eine anmutige Insel bildet: Renaud schickt Artemidore, den er befreit hat, zurück in das Lager der Kreuzritter, aus dem er selbst von Gottfried von Bouillon aufgrund einer ihm fälschlich angelasteten Tat verbannt worden war. Renaud drängt es nach Abenteuern und neuem Ruhm. Artemidores Warnung vor Armides Künsten schlägt er in den Wind; ihm, dem Liebe noch niemals die Sinne verwirrt habe, könne sie nichts anhaben. Armide und Hidraot rufen La Haine und ihr Gefolge an, daß sie ihnen den Feind ausliefern. Tatsächlich naht Renaud, und während sich Hidraot und Armide zurückziehen, läßt er sich von der Idylle, die Armide gezaubert hat, betören. Danach schläft er ein. In Nymphen, Hirten und Hirtinnen verwandelte dienstbare Geister Armides umgaukeln ihn. Armide will Renaud töten, läßt jedoch den Dolch fahren, erneut in Liebe zu dem Helden entbrannt. Ihren Dämonen befiehlt sie, sich in Zephire zu verwandeln und sie mit Renaud an das Ende der Welt zu bringen.

III. Akt, Wüste: Noch begreift Armide die Wandlung nicht, die in ihr vorgegangen ist. Phenice und Sidonie klagt sie das Unglück ihrer unerwiderten Liebe. Erneut ruft sie La Haine an, ihr den Zorn zurückzugeben, den sie liebend verlor. Die Furie ist bereit, gegen die Liebe anzutreten, doch auf dem Höhepunkt der Beschwörung wird Armide bewußt, daß sie Renaud völlig verfallen ist, und sie bittet um Einhalt. La Haine und ihr Gefolge verfluchen Armide, die angesichts der fürchterlichen Drohung um Mitleid und Hilfe zu Amor fleht, dem ihr Herz nun ganz gehört.

IV. Akt, ebenda: Der dänische Ritter und Ubalde suchen Renaud. Gegen sie schickt Armide Ungeheuer und Truggebilde aus. Dem Ritter erscheint ein Dämon als Lucinde, die er in der Heimat liebte, und Ubalde einer in Gestalt seiner geliebten Melisse. Die Ritter bewahren einander vor dem Trug und fliehen.

V. Akt, Armides verzauberter Palast: Armide und der verzauberte Renaud haben sich in Liebe gefunden. Sie drängt es jedoch, in das Reich der Unterwelt hinabzusteigen, da sie dem Unheil, das sie ahnt, dort hofft vorbeugen zu können. Sie versichern sich noch einmal ihrer Liebe, dann beginnen auf Anordnung Armides Tänze und Chöre, die Renaud während ihrer Abwesenheit unterhalten. Da treffen Ubalde und der dänische Ritter auf Renaud, der die ihm aufwartenden Dämonen fortgeschickt hat, und fordern ihn auf, sich den Kreuzfahrern wieder anzuschließen. Den Schild haltend, den ihm Ubalde gereicht hat und der den Zauber zu bannen vermag, ist Renaud bereit zu folgen, als Armide zurückkehrt. Sie fleht ihn an, zu bleiben oder sie als Gefangene mitzunehmen. Sie droht, daß ihr Schatten ihn nach ihrem Tod ewig verfolgen werde. Vergeblich, Renaud und die Freunde eilen von hinnen. Armide verzehrt sich in Liebesqual, wie ihr die Furie prophezeit hatte, und die Hoffnung auf Rache ist das einzige, was ihr bleibt. Ihren Dämonen befiehlt sie, den Zauberpalast zu zerstören. Sie selbst entschwebt auf einem Wagen in die Lüfte.

**Kommentar:** *Armide* ist sicher die problematischste, vielleicht aber auch die reizvollste der späten Opern Glucks. Sie ist auf eine einzige Figur, Armide, abgestellt, neben der alle andern Personen zu Typen werden. Was sich in der Gestalt Armides abspielt, ist so facettenreich wie bei kaum einer andern Figur im Werk des Reformators. Die Deutung des Handlungsverlaufs ist ganz anders als bei Quinault und Lully. Mag in deren Zeit die Frage interessiert haben, wie die Ritter Gottfrieds von Bouillon mit einer Erscheinung wie Armide fertig werden, wie sie den Schauplatz siegreich verlassen, so interessierte Gluck allein das psychologische Drama, das sich in der zugleich hassenden und liebenden Frau abspielt. Daß sie als fremdartige Zauberin von den christlichen Rittern abzulehnen ist, muß in Glucks Augen ihren Reiz erhöht haben. Die Neudeutung der alten Vorlage geschieht allein mit den Mitteln der Musik, die Gluck für die Gestaltung der Titelrolle heranzieht. Mit ihnen vermag er ihre außergewöhnliche Anziehungskraft darzustellen und alle Schattierungen ihrer seelischen Kämpfe nachzuempfinden. – In einem Brief vom Sommer 1776, der 1777 in der *Année littéraire* veröffentlicht wurde, hebt Gluck hervor, daß er sich in *Armide* bemüht habe, mehr Maler und Poet als Musiker zu sein. Gemeint ist damit offensichtlich, daß er den rasch wechselnden Empfindungen in der musikalischen Sprachgebung (Melodik, Harmonik und Instrumentation) mit einer Lebhaftigkeit, einem Anpassungswillen und Einfühlungsvermögen gefolgt sei, die ein Ausmusizieren, das sich in festumrissene formale Gebilde fassen ließe, nicht ermöglicht hätten. Er spricht von einer »espèce de délicatesse« (Feinheit), die in *Alceste* nicht vorhanden sei und das differenzierte, starken Schwankungen unterworfene Seelenleben Armides andeute. Auch wenn die Individualisierung der Personen, die er hier als neue Errungenschaft heraushebt, schon in seinen früheren Werken erkennbar ist, ist darin *Armide* ein später nicht mehr erreichter Höhepunkt. Die verschiedenen Seelenzustände, Emotionen und Entwicklungen Armides sind zu einem ungemein gegensätzlichen, mit Widersprüchen kämpfenden Seelenleben zusammengefaßt, dem Gluck, der plakative Mittel bevorzugte, in der musikalischen Sprache mit einer bis dahin unbekannten Detailfreude nachgeht, so daß sich dem aufgeschlossenen Hörer die Psyche der Titelfigur vermittelt. Die Partitur kennt für sie wenige formal abgeschlossene Gebilde im Sinn traditioneller Nummern (Arien), die über das ganze Stück beziehungsweise seine Hauptteile einen einheitlichen Tonfall ausbreiten. Armide, die mit sich völlig uneins ist, die liebt, wo sie hassen wollte, aber nicht wiedergeliebt wird, muß immer wieder zu den verwunderten Fragen an sich selbst, ihren Stolz und ihre Unabhängigkeit (genau wie die Dakapoform) zurückkehren. In ihrer musikalischen Strukturierung jedoch verwischt sich diese Form. Es herrscht ein dauerndes Fluten, in dem die Konturen der Motive und Themen verschwinden; die Gesangslinie hebt immer wieder halb- und ganzzeilenweise von oben an, um diatonisch in unterschiedlichen Schwingungen und unmerklichen Brechungen nach unten auszulaufen. Die definitive Rückkehr zum Anfang ist nicht, wie oft in der Dakapoarie, der Schritt in die Ausgangsposition zurück, sondern der Weg, der zwangsläufig im Sinn einer Kreisbewegung dorthin führt. – Die übrigen Partien sind von der Ausdrucksskala Armides grundsätzlich und in ihrem eigenen Tonfall verschieden. Sidonie und Phenice sind durch einen leichten, liedhaft buffonesken Tonfall als geschwätzige Freundinnen charakterisiert, Hidraot strahlt Würde und Entschlossenheit aus, Renaud präsentiert sich teils wie die andern Ritter in einem heroischen, teils in einem kantabel dahinschmelzenden Tonfall. Ihre Anteile fügen sich in das rasche Wechselspiel von Armides Seelendrama ein, ohne sich zu größeren Komplexen zu verdichten (mit Ausnahme von Renauds Arie im II. Akt, »Plus j'observe ces lieux«). – Monumentale Größe erlangt die im Zentrum der Oper stehende Auseinandersetzung Armides mit La Haine und ihrem Gefolge, die zu einem mehrgliedrigen Block geformt ist: Soloabschnitte, Chorauftritte und pantomimische Beschwörungsszenen reihen sich aneinander, alle von der durch mehrfache Textwiederholung gesteigerten Wucht des zum Statuarischen tendierenden musikalischen Ausdrucks bestimmt. Nach der niederschmetternden Verwünschung Armides durch La Haine mußte noch eine kurze Szene folgen, sollte Armide nicht völlig verstört zurückbleiben. Die vier zusätzlichen Verse von Roullet am Schluß des III. Akts boten Raum, dramaturgisch und musikalisch einen Ausblick auf das Ende der Tragödie zu eröffnen. In den zweiten Violinen klingen noch die Schrecken nach, die Armide eben erlebt hat; in den melodischen Wendungen der ersten Violinen wird die Intensität spürbar, mit der Armide, Amor verfallen und ihn um Gnade anflehend, nun Renaud lieben wird. Der Vorwurf, daß Gluck unnötigerweise auch alle Nebenhandlungen der Vorlage vertont habe, wo er sich doch sonst auf das Wesentliche beschränke, verkennt, daß diese als Kontrast notwendig waren, ohne den die Haupthandlung zu einem für die Zeit unerhörten und auch nicht vorstellbaren Psychogramm geworden wäre. – Die statisch-dekorativen Tanzbilder mit Chorgarnierung sind im Gegensatz zur Pariser Tanztradition Mittel zum Zweck, Liebe auch von ihrer anmutig-verführerischen Seite mit all ihren vielfältigen, schillernden Gesich-

*Armide*; J. Rousseau als Renaud; Opéra, Paris. – Der Hautecontre, der 1780 an der Opéra debütierte, sang zunächst die Partien von Joseph Legros und erlangte Berühmtheit wegen des Charmes seiner Stimme, der Feinheit und Empfindsamkeit seiner Vortragskunst.

tern zu zeigen, gegenüber der Armides Haßliebe zu einem elementaren, unbedingten Ereignis wird. Aus den Tanzbildern entwickeln sich stets Handlungsimpulse. Die Oper lebt von den starken Kontrasten, die in der Dramaturgie der Handlung, der musikalischen Komplexe und der psychologischen Entwicklung der Titelfigur liegen.

**Wirkung:** *Armide* hatte bei der Uraufführung einen außerordentlichen Erfolg (Armide: Levasseur, Renaud: Joseph Legros, Hidraot: Nicolas Gélin, Ubalde: Henri Larrivée), rief aber auch (zum letztenmal) Glucks Gegner auf den Plan, die, nachdem sie sich inzwischen mit *Orphée et Eurydice* angefreundet hatten, die alten Argumente anbrachten, obwohl das Werk weder in der italienischen noch in der französischen Tradition stand. Angeheizt durch die für die gleiche Zeit vorgesehene Aufführung von Piccinnis *Roland* (1778), erreichte der Streit seinen Höhepunkt. Glucks Werk blieb in Paris bis 1837 auf dem Spielplan, anfangs wie üblich von Parodien begleitet (*L'Opéra de Province*, 1777, und *Madame Terrible*, 1778). 1905 wurde es an der Opéra neu inszeniert, mit der berühmten Lucienne Bréval als Armide, und konnte sich dort bis 1913 (340 Aufführungen) im Spielplan behaupten. Die Rezeption außerhalb Frankreichs verlief zögernd. In Kopenhagen gab man die Oper 1779 konzertant und unvollständig; Aufführungen erlebte man 1782 in Hannover italienisch, 1783 in Kassel, 1787 in Stockholm mit einem von Georg Joseph Vogler vertonten Prolog, 1808 in Wien am Theater an der Wien und in deutscher Übersetzung am Kärntnertortheater. Nachhaltigen Einfluß übten allein die Einstudierungen an der Königlichen Oper Berlin im 19. Jahrhundert aus: 1805 unter Bernhard Anselm Weber in der Übersetzung von Julius von Voß, 1820 in neuen Dekorationen von Karl Friedrich Schinkel, 1843 unter der Leitung von Giacomo Meyerbeer. Unter Richard Wagners Leitung wurde *Armide* 1843 in Dresden herausgebracht, 1853 gab man sie mit überarbeiteten Rezitativen von Joseph Strauß in der Übersetzung von Eduard Devrient in Karlsruhe. Eine tschechische Übersetzung folgte 1866 in Prag. 1877 wurde *Armide* am Stadttheater Leipzig, 1880 in Basel gezeigt. Eine »freie szenische und textliche Neubearbeitung« mit musikalischen Ergänzungen von Josef Schlar legte Georg von Hülsen für die Wiesbadener Festspiele von 1902 vor. In Italien wurde *Armide* zuerst 1890 in Neapel und noch einmal 1911 in Mailand (mit Eugenia Burzio; Dirigent: Tullio Serafin) gegeben. 1910 wurde sie an der Metropolitan Opera New York unter Leitung von Arturo Toscanini (mit Olive Fremstad als Armide und Enrico Caruso als Renaud) gezeigt. Das englische Publikum lernte das Werk konzertant 1860 in Norwich, auf der Bühne 1906 in London (Covent Garden; Armide: Bréval) in französisch und 1928 (ebenfalls Covent Garden; Armide: Frida Leider) in deutsch kennen, bevor 1936 in Falmouth und 1939 in Glasgow eine englische Übersetzung zur Aufführung vorgelegt wurde. Außer vereinzelten Aufführungen in London 1962 (Drury Opera Players) und Schwetzingen 1966 (in einer deutschen Textbearbeitung und musikalisch stark gekürzten Fassung von Hans Hartleb; Armide: Ingrid Bjoner; Dirigent: Gerd Albrecht) ist besonders die Einstudierung durch die City of London Sinfonia unter Richard Hickox zu nennen: Mit Felicity Palmer wurde *Armide* 1982 in der ungekürzten Originalgestalt und in französischer Sprache in der Londoner Christ Church Spitalfields (Inszenierung: Wolf Siegfried Wagner) gespielt. Mit Montserrat Caballé als Armide kam es 1986 zu einer Aufführung des Werks in Barcelona.

*Armide*, V. Akt; Bühnenbildentwurf: Atelier Johann Kautsky, Angelo Rottonara; Maifestspiele, Hoftheater, Wiesbaden 1902. – Die zeitgenössische Presse rühmte die dekorative Prachtentfaltung der Szene mit ihren offenen Bildwechseln und farbenprächtigen Wandeldekorationen. Das Zauberschloß taucht langsam aus dem Dunkel auf, als Armide aus der Unterwelt zurückkehrt.

**Autograph:** Ouvertüre u. V. Akt: Bibl. du Cons., in: BN Paris (Ms. 370, 368, 371); I., III. (nur 1. u. 2. Szene) u. IV. Akt: Bibl. de l'Opéra Paris (Rés. 87. 1-3). **Ausgaben:** Part, krit. Ausg., hrsg. K. Hortschansky, frz./dt. Übers. v. D. Müller: C. W. GLUCK, Sämtl. Werke, Abt. I, Bd. 8, Bär 1987, Nr. BA 2302; Part: Bureau du Journal de Musique, Paris [1777]; Mme. Lemarchand, Paris [um 1779, Titel-Aufl.]; Deslauriers, Paris [um 1783, Titel-Aufl., später mit Nr. 1]; Boieldieu Jeune, Paris [zwischen 1811 u. 1815, Titel-Aufl.]; Part, hrsg. F. Pelletan, C. Saint-Saëns, O. Thierry-Poux, frz./dt. Übers. v. F. v. Holstein/ital. Übers. v. A. Boito: Richault, Paris [1890]; Kl.A: Rellstab, Bln. [1805/06], Nr. 372; Carli, Paris [um 1820], versch. Nrn. zwischen 77 u. 1666; Veuve Nicolo, Paris [1823], Nr. 1; Troupenas, Paris [nach 1825]; Veuve Launer, Paris [1842], Nr. 3221; Girod, Paris [nach 1853]; Brandus, Paris [um 1854], Nr. 8146; Schaerbeek, Brüssel [um 1870]; Choudens [um 1898], Nr. 10714; Lemoine, Paris [1902], Nr. 19141; Kl.A, frz./dt. Übers. v. J. v. Voß: Schlesinger, Bln. [1813], Nr. 75; Challier, Bln. [um 1836], Nr. 125; Leo, Bln. [um 1837], Nr. 73; Kl.A, dt. Übers. v. J. v. Voß: Schlesinger, Bln. [1838], Nr. 2127; Peters [1864], Nr. 4420; Schott [um 1869], Nr. 19811; Peters [1882/83], Nr. 6662; Litolff (Coll. 83.); Kl.A, frz./engl. Paraphrase v. H. F. Chorley: Chappell [1860], Nr. 11005; Kl.A, it.: Ricordi [1886], Nr. 46282; Kl.A, frz./dt. Übers.: Bär 1987, Nr. 2302a; Textb.: Paris [1777]; Textb., frz./dt./engl., in: [Bei-H. d. Schallplattenaufnahme], London 1983. **Aufführungsmaterial:** Bär
**Literatur:** Glucks Briefe an Franz Kruthoffer, hrsg. G. Kinsky, Wien 1927; P. HOWARD, ›Armide‹: a Forgotten Masterpiece, in: Opera 33:1982, S. 572–576; weitere Lit. s. S. 422

*Klaus Hortschansky*

# Iphigénie en Tauride
## Tragédie en quatre actes

### Iphigenie auf Tauris
4 Akte

**Text:** Nicolas François Guillard, nach der Tragödie (1757) von Claude Guimond de La Touche
**Uraufführung:** 1. Fassung: 18. Mai 1779, Opéra, Palais Royal, Paris (hier behandelt); 2. Fassung (bearbeitet von Johann Baptist von Alxinger und Gluck) als *Iphigenie auf Tauris*: 23. Okt. 1781, Burgtheater, Wien
**Personen:** Iphigénie/Iphigenie, Tochter Agamemnons und Klytämnestras, Oberpriesterin des Dianatempels auf Tauris (S); Thoas, König der Skythen (B); Oreste/Orest, Iphigénies Bruder (B); Pylade/Pylades, griechischer Prinz, Freund Orestes (H-C); 2 Priesterinnen (2 S); Diane/Diana (S); ein Skythe (B); ein Diener des Heiligtums (B); 4 Priesterinnen (2 S, 2 A).
**Chor:** Griechen, Priesterinnen, Eumeniden, Volk der Skythen, Wache des Thoas. **Statisterie:** Wache des Tempels. **Ballett:** Skythen, Eumeniden, der Schatten Klytämnestras
**Orchester:** 2 Picc (2. auch Fl), Fl, 2 Ob, 2 Klar, 2 Fg, 2 Hr, 2 Trp, 3 Pos, Pkn, Schl (Tr, Bck, Trg), Streicher
**Aufführung:** Dauer ca. 2 Std. 30 Min. – Ballett im I. Akt, Pantomime im II. Akt. Änderungen bei den Stimmfächern in der 2. Fassung: Thoas (tiefer B), Orest (T), ein Skythe (T). Die vier Priesterinnen sind aus dem Chor zu besetzen.

**Entstehung:** Anfang 1775, während seines zweiten Aufenthalts in Paris, wurde zwischen Gluck und der Académie Royale de Musique ein Kontrakt über die Komposition von drei weiteren großen Opern geschlossen, nachdem *Iphigénie en Aulide* (1774) einen so großartigen Erfolg errungen hatte. Ins Auge gefaßt wurden: *Alceste*, *Electre* und *Iphigénie en Tauride*. Angeblich auf Empfehlung des Textdichters von *Iphigénie en Aulide*, François Gand-Leblanc du Roullet, wurde Guillard gebeten, das Textbuch zu schreiben. Mit der Komposition hat Gluck offensichtlich erst nach der Rückkehr von seinem vorletzten Pariser Aufenthalt im Febr. 1778 begonnen. Den ganzen Sommer über arbeitete er fieberhaft gleichzeitig an den Partituren zu *Iphigénie en Tauride* und *Echo et Narcisse* (Paris 1779), so daß es bei seiner Ankunft in Paris im Nov. 1778 heißen konnte, er führe zwei neue Opern mit sich. Im Zug der Komposition forderte Gluck vom Librettisten eine Reduktion von ursprünglich fünf auf vier Akte sowie zahlreiche Detailänderungen, die im Briefwechsel mit Guillard nachgewiesen sind. Gluck hatte sich schon früher mit dem Stoff schöpferisch auseinandergesetzt: 1765 wurde in Laxenburg ein »seriöses Ballett, so aus der Tragödie d'Iphigénie genommen«, in der Choreographie Gasparo Angiolinis mit Glucks Musik aufgeführt. Musik und Szenar dieses Balletts konnten bisher nicht aufgefunden werden; doch wenn man bedenkt, in welchem Umfang Gluck Musik aus der Ballettpantomime *Sémi-ramis* (Choreographie: Angiolini, 1775) und andern Werken in *Iphigénie* übernommen hat, muß man damit rechnen, daß manche Szene der Oper bereits in dem Ballett vorgeprägt war.

**Handlung:** Auf Tauris (vermutlich die Krim, die im Altertum Chersonesus Taurica hieß und von Skythen bewohnt wurde), in archaischer Zeit.
I. Akt, heiliger Hain mit dem Eingang zum Dianetempel: Während ein Gewitter tobt, flehen Iphigénie und die Priesterinnen des Tempels zu den Göttern, sie nicht zu bestrafen und sie, falls ihr Zorn diesem grausamen Land gelte, zu einem anmutigeren Zufluchtsort zu führen. Nachdem wieder Ruhe eingekehrt ist, erzählt Iphigénie, in deren Seele der Sturm noch kein Ende gefunden hat, ihren nächtlichen Traum: Ihr Vater Agamemnon sei ermordet worden, und ihre Mutter Klytämnestra habe ihr ein Schwert gereicht, das sie, Iphigénie, unter dem Zwang einer unheilvollen Macht ihrem Bruder Oreste in die Brust gestoßen habe. Die Priesterinnen sind entsetzt. Aller Hoffnung beraubt, erbittet Iphigénie von Diane den Tod, um den Bruder im Schattenreich wiederzusehen. Auch die Priesterinnen ersehnen ein Ende ihrer Qualen. Thoas, der König der Skythen, naht. Er fühlt sich bedroht, wenn ein Fremder, der in sein Land gelangt, dem von Iphigénie und ihren Gefährtinnen zu vollstreckenden Opfertod entgeht. Vorahnungen quälen ihn. Da kommen seine Skythen mit der Nachricht, daß die Götter ihnen neue Opfer zugeführt haben (Pylade und Oreste), deren Tod den Zorn des Himmels besänftigen werde. Thoas befiehlt Iphigénie, die heftig zwischen ihrer Pflicht und der Stimme der Natur hin und her gerissen ist, das Opfer zu vollziehen. Nach ihrem Abgang feiern die Skythen das bevorstehende Opfer mit Gesang und wilden Tänzen. Gefesselt werden Oreste und Pylade herbeigeführt. Pylade ist nicht bereit, den Grund ihres Kommens zu nennen. Die Skythen wiederholen ihren Freudengesang.

*Iphigénie en Tauride*, I. Akt; Bühnenbildentwurf: Jean Démosthène Dugourc (1781), ausgeführt von Jacob Mörck; Königliches Theater, Stockholm 1783. – Dugourc, im Bereich der angewandten Kunst ein vielseitiger Mann, war seit 1783 an der Opéra als Dekorations- und Kostümzeichner, später als »dessinateur de la couronne et des Menus-Plaisirs« in Paris tätig. Er arbeitete auch verschiedentlich für das Ausland. Für Stockholm stattete er sechs Opern aus.

II. Akt, Opferraum im Tempel mit einem Altar auf der Seite: Die Opferung erwartend, klagt sich Oreste neuer Schuld an: nachdem er einst die Mutter getötet habe, auch den Freund in den nur von ihm ersehnten Tod zu führen. Dieser jedoch ist froh, mit dem Freund auch im Tod vereint zu sein. Die Freunde werden getrennt, Oreste bleibt allein zurück. Daß der Tod seine Gewissensqualen beenden werde, beschwichtigt sein Entsetzen und beruhigt ihn. Als Oreste erschöpft eingeschlafen ist, drohen die Eumeniden mit Rache für den Muttermord. In ihrem Kreis erscheint auch der Schatten Klytämnestras. Oreste stöhnt im Unterbewußtsein. Beim Eintritt Iphigénies und der Priesterinnen fliehen die Furien, Oreste wähnt (noch immer ohne Bewußtsein) in Iphigénie seine Mutter zu sehen. Iphigénie, die nach 15 Jahren Aufenthalt in der Fremde den Bruder nicht erkennt, erfährt von Oreste, dem bei ihrem Anblick lediglich eine Ähnlichkeit auffällt, die Geschichte der Ermordung Agamemnons durch Klytämnestra und deren Ermordung durch den Sohn. Dieser habe nun auch den lange ersehnten Tod gefunden; allein Elektra lebe noch in Mykene. Iphigénie sieht damit ihre Vorahnungen erfüllt. Nachdem Oreste weggeführt worden ist, beweinen die Priesterinnen die unglückliche Heimat und Iphigénie, der Eltern und vermeintlich auch des Bruders beraubt, ihr hoffnungsloses Schicksal. Gemeinsam gedenken sie des toten Oreste und vollziehen die Trauerriten.

III. Akt, Iphigénies Gemach: Auf Bitten ihrer Gefährtinnen beschließt Iphigénie, Elektra eine Botschaft über ihr Geschick zukommen zu lassen. Sie will einen der beiden Griechen mit der Aufgabe betrauen und ihn damit, der Natur und dem Herzen folgend, vor dem Opfertod bewahren. Es soll Oreste sein, der sie nach Aussehen und Alter an den Bruder erinnert. Den Gefangenen, die hereingeführt werden, deutet sie an, daß sie einen von ihnen retten könne. Nun will jeder für den andern sterben. Sie verkündet, welchen sie gewählt hat. Pylade ist glücklich, durch seinen Tod das Leben des Freunds zu retten. Vergeblich versucht Oreste, ihn zu überreden, an seiner Stelle die Botschaft zu überbringen. Er ist angesichts der Gewissensqualen nach dem Muttermord besessen von der Idee, zu sterben und den Freund nach Griechenland ziehen zu lassen. Noch einmal versucht Pylade, Oreste umzustimmen. Als Iphigénie sich anschickt, Pylade zu opfern, greift Oreste ein und droht mit Selbstmord, wenn er nicht das Opfer sein werde. Iphigénie willigt schließlich ein und übergibt Pylade die Botschaft an Elektra. Allein zurückgeblieben, ruft Pylade die Freundschaft an, sie möge ihm beistehen, entweder Oreste retten oder mit ihm sterben zu können.

IV. Akt, Inneres des Dianetempels mit einem Standbild der Göttin und dem Opferaltar: Iphigénie schreckt vor der abscheulichen Pflicht zurück, da doch ein Gott in ihrem Innern für den jungen Griechen gesprochen hat. Von der Göttin erfleht sie die Grausamkeit, den Unglückseligen ermorden zu können, nachdem ihre Menschlichkeit ausgelöscht sei. Die Priesterinnen führen Oreste herein und wenden sich dem Standbild zu. Iphigénie ist am Ende ihrer Kräfte und weint.

Oreste fühlt sich getröstet, daß zum erstenmal nach langer Zeit jemand um ihn weint. Die Priesterinnen bereiten Oreste auf die Opferung vor, schmücken ihn und geleiten ihn zum Altar. Iphigénie schaudert es beim Anblick Orestes. Als sie mit letzter Kraft das Messer gegen ihn führen will, sagt er, daß so auch Iphigénie, seine Schwester, in Aulis gestorben sein müsse. Damit erkennen sich die Geschwister und fallen sich in die Arme. Regungen des Gewissens drängt Iphigénie sogleich zurück. Eine Griechin meldet Thoas' Ankunft. Iphigénie ist entschlossen, das Opfer nicht zu vollziehen, und stellt Oreste unter den Schutz des Heiligtums. Schon steht Thoas da, vor Zorn außer sich über die Flucht des einen Griechen, und fordert den Vollzug der Opferung. Auch der Einwand, daß das Opfer Iphigénies Bruder Oreste sei, bringt ihn nicht davon ab. Da sie sich dem Befehl widersetzt und die Priesterinnen Oreste schützend in ihre Mitte nehmen, versucht Thoas nun selbst, die Geschwister umzubringen. Da stürzt Pylade mit einer Schar Griechen herein und erschlägt Thoas. Zwischen Griechen und Skythen kommt es zum Kampf, den Diane, in einer Wolke zwischen die Kämpfenden herabsteigend, beendet. Sie gebietet den Skythen, den Griechen das zu lange entweihte Standbild zurückzugeben; Oreste jedoch befreit sie, da er genügend gebüßt hat, von seiner Schuld und schickt ihn mit Iphigénie nach Mykene, damit er dort die Herrschaft in Frieden übernehme. Diane kehrt zurück, und Oreste stellt Pylade Iphigénie als seine Schwester vor. Die Götter haben ihr Orakel eingelöst und zürnen nicht mehr.

**Kommentar:** Die beiden Iphigenie-Dramen Glucks bezeichnen Anfang und Ende der Reform der französischen Oper, denen sich noch als »erotisches« Nachspiel *Echo et Narcisse* anschließt. In ihnen hat er die Umwandlung der allzu traditionsgebundenen, statischen französischen Oper mit ihrer Schaustellung von Affekten auf einem farbig-dekorativen szenischen Hintergrund zu einem Drama wirklicher menschlicher Leidenschaften und ethischer Ideen vollzogen. *Iphigénie en Tauride* muß dabei als Glucks vollkommenste und kompromißloseste Schöpfung angesehen werden. Am deutlichsten wird dies im Fehlen einer traditionellen Ouvertüre und in der schockierenden Behandlung des Balletts, das im I. Akt die naturhaften, opfergläubigen und noch in archaischen Vorstellungen verhafteten Skythen darstellt, im II. Akt die furchtbaren Verwünschungen pantomimisch unterstützt, die die Eumeniden ausstoßen, und das höfische Divertissement negiert. Glucks Stil und Formgefühl hatten jetzt Sicherheit erreicht. Kurzzügige, kleingliedrige und kontrastreiche Abschnitte werden nahtlos mit den größeren, flächenhaften Teilen, die sich in ihren Umrissen geschlossenen Formen nähern und dann doch nach einer Seite offen sind, verbunden; die musikalische Sprache paßt sich der psychologischen Entwicklung der Handlung an. Es gehört zu den Stärken des Werks, daß bei einem Sujet bar jeder Erotik (dies war schon in Guimonds Drama vorgeprägt) das lyrische Element nicht zu kurz kommt.

Anknüpfungspunkte sind die Erinnerungen der verschleppten Griechinnen an die Heimat und die königliche Familie in Mykene sowie die Freundschaft Orestes und Pylades. Vorherrschend ist ein rhythmisch-deklamatorischer Stil, der, abwechslungsreicher als in *Armide* (1777), die einzelnen Figuren als individuell umrissene und differenzierte oder sogar stark kontrastierende Erscheinungen hervortreten läßt. Leitgedanke des Texts und der Musik ist die »humanité«, deren sich Iphigénie in ihrer größten Not nur scheinbar entledigt sehen möchte, wohl wissend, daß dies überhaupt nicht möglich ist. Es ist die »humanité« der bürgerlichen Gesellschaft des ausgehenden 18. Jahrhunderts, die sich in einen antiken Stoff hüllt, um, der eigenen Zeit und dem eigenen Raum enthoben, desto nachdrücklicher ihr bewußt zu werden. – Der Anfang der Oper hat weder in der französischen Operntradition noch im Schaffen Glucks ein Vorbild. Bei offenem Vorhang erklingt eine mit »Le calme« überschriebene, sich »gracieux« im ⅜-Takt wiegende Musik, in der die Blechbläsergrundierungen und die unruhiger werdenden zweiten Violinen das baldige Ende der Stimmung ahnen lassen. Ein Gewitter zieht auf, wird immer stärker, führt Regen und Hagel mit sich (alle diese Steigerungsmerkmale sind in der originalen Partitur verbalisiert und mit den zeitüblichen, von Gluck mit der ihm eigenen Rigidität und Einseitigkeit gesteigerten Mitteln musikalisch gestaltet) und wird von Iphigénie und den Priesterinnen als Zeichen des Zorns der Götter aufgefaßt. Spätestens an dieser Stelle wird deutlich, daß es sich bei dem Anfang der Oper nicht um ein Tableau handelt, wie es aus der Opéra-comique bekannt ist (und wozu die in *Iphigénie* eingesetzte Musik in umgekehrter Reihenfolge einmal bei der Opéra-comique *L'Ile de Merlin,* 1758, gedient hat), sondern daß der Sturm als von den Göttern gelenkte Naturgewalt Handlungspartner der Szene ist und damit zum Korrelat der inneren Unruhe Iphigénies wird. Die sittliche Reinigung, auf Menschenopfer zu verzichten, muß noch erfolgen. Daß Iphigénie dieser Aufgabe entfliehen möchte, wird nicht angenommen: Das Gewitter hält an. Erst daß ihre Hände, die »heilig-barbarischen«, keine Opferungen mehr vollbringen wollen (a-Moll), läßt den Sturm sich legen und führt zu jener Tonart, die für Iphigénie als Priesterin signifikant ist. A-Dur, das sich kontrastierend und komplementär auf das a-Moll bezieht, verheißt nach letzten, grollenden Violinfiguren die Besänftigung der Götter; jetzt kehrt Ruhe ein: »Le calme reparait«; sie sagt es gleich zweimal, weil es so doch wieder nicht ganz stimmt. Das mit differenzierten Mitteln durchgeformte Accompagnato gibt die Erklärung. Aus der Rückung von e-Moll nach Fis-Dur (im Pianissimo) spinnt sich Iphigénies Traumerzählung heraus, die sie

*Iphigénie en Tauride*, I. Akt; Bühnenbildentwurf: Giovanni Grandi; Scala, Mailand 1937. – Das Monumentale des Palasts und das starre Personenarrangement der Krieger – ein Reflex der Mussolini-Ära – wenden den archaischen Vorgang ins Bombastisch-Dekorative.

in »lodernden« Figuren noch einmal die Brandkatastrophe im väterlichen Palast und in hastigen Sechzehntelfiguren die Mordtat nacherleben läßt. So kurz der Chor der Priesterinnen (»O songe affreux«) das Traumgesicht schaudernd kommentiert, so voller dissonanter Spannungen ist der sich halbtonweise von e-Moll nach a-Moll vorwärtsschiebende musikalische Satz. Die parallelen Tritonus in den Außenstimmen scheinen die Übereinstimmung von Traum und Wirklichkeit anzudeuten. In einem flächig gehaltenen Rezitativ zieht vor Iphigénies Auge die fluchbeladene Geschichte ihres Hauses vorüber, als deren Schlußpunkt sie Orestes Tod ansieht. Es zielt auf das Zentrum des I. Akts, die in A-Dur stehende dreiteilige Arie Iphigénies (»O toi, qui prolongeas mes jours«), in der sie Diane um Gnade, um den Tod anfleht. Doch klingt die Arie nicht verzweifelt, vielmehr geht von ihr eine heitere Gelöstheit und Sicherheit aus, die von der kantablen, immer wieder die Terz suchenden Melodik ebenso bestimmt ist wie von der Tonart. Von Wildheit künden die Streicherfigur bei Thoas' Auftritt (I/2) und das kurze Aufflackern von g- und c-Moll-Klängen, zumal B-Tonarten bisher vermieden wurden. Seine nicht zu schnelle große Arie »De noirs pressentiments« (h-Moll) ist auf wenige elementare musikalische Mittel beschränkt. Sie werden gebündelt in einem melodischen Unisono der meisten Stimmen zu langgehaltenen Grundierungen des Basses (oder umgekehrt in Bewegungen des Basses zu Flächen der Streichertremoli) und in einem über weite Strecken durchgehaltenen punktierten Rhythmus als Antriebskern einfachster Art. Posaunenartig ertönt für Thoas mitten in der Arie im tiefen d der Hörner eine Stimme; es ist die vor der Glaubensfähigkeit stehende Urangst: »Tremble, ton supplice s'apprête«. Die Satzstruktur der Arie zu diesem Menetekel dechiffriert Thoas' Verfassung. Er muß mit seiner Stimme dem unerbittlich gleichbleibenden Rhythmus der führenden ersten Violine beziehungsweise dem Baß folgen; er steht blind unter dem Eindruck von Orakeln und Sprüchen und ist in seinem naturhaften Gottheitsverständnis den Gewalten unterworfen. Es ist ein dumpfes Selbstverständnis, das sich nicht entfalten wird (im Gegensatz zur Anlage der Rolle bei Goethe). Iphigénie leitete ihr Unglück aus der Familiengeschichte ab, die zugleich eine Geschichte des Bewußtseins darstellt, Thoas seins allein aus der Urangst, die er nicht rational bewältigen kann. In exotisch gemeinter Instrumentierung erklingen die Chöre und Tänze der Skythen in einer bewußt verfremdeten Melodik, um den Kontrast von äußerst entwickelter Zivilisation und naturhafter Wildheit zu zeigen. Mit den Charaktertänzen verzichtete Gluck auch erstmals konsequent auf das traditionelle Divertissement des Balletts, das ihm immer so viel Mühe und Ärger bereitet hatte. Ihr D-Dur und h-Moll repräsentieren wieder wie am Anfang der Oper die Natur, diesmal in der Form einer noch in rohem Zustand befangenen Menschheit. Thoas jubelt kurz zu einem H-Dur-Sextakkord auf, als er von dem neuen Opfern erfährt, das ihm der Sturm (also die Götter) zugeführt hat. Daraus ergibt sich eine die Szeneneinschnitte übergreifende musikalische Architektonik. Der fast ausschließlich in Kreuzarten angelegte I. Akt wird durch eine Grundstruktur geprägt, die sich als Dreieck betrachten läßt. Den beiden Eckblöcken in D-Dur liegt gleichsam als Spitze Iphigénies A-Dur-Arie gegenüber, die ihrerseits von den a-Moll-lastigen Chören der Priesterinnen flankiert wird. Diese Konstruktion in ihrer Klarheit und Ruhe des Satzes strahlt durch ihre Vorbereitung und Installierung Übersicht, Bewußtheit und hochstehende Gesinnung aus. – Wenn die Handlung im II. Akt aus der freien Natur in einen Innenraum verlegt wird, spielen sich auch alle wesentlichen Vorgänge im Innern, in der Seele und der Phantasie der Personen ab. Zentrum ist die in einer »schreckenerregenden Ballettpantomime« mit Chor sichtbar gemachte Erscheinung der Eumeniden, die sich unterbewußt in Orestes Phantasie abspielt (II/4). Die Eumeniden treten zu einer Musik auf, die Oreste zugeordnet ist und zuvor schon in G-Dur seine Soloszene eingeleitet hatte (II/3). Das Kopfmotiv drückt mit einer Sechzehntel-Auftaktnote, dem folgenden, überproportional langen Anhalten des Haupttons auf derselben Tonhöhe und dem punktierten Abfall zur unteren Oktave beziehungsweise Doppeloktave etwas von der ungeheuren seelischen Anspannung Orestes aus. Zum erstenmal entlädt sich diese in einem verzweifelten Aufschrei, der in einen Zustand tranceartiger Erschöpfung führt, in dem er nur scheinbar Ruhe in sich einziehen spürt (»Le calme rentre dans mon cœur«). Die »verhetzten« Violinfiguren aber, die Sforzati, das krampfhafte Festhalten am a des Basses sowie die Synkopen der Bratschen verraten deutlich seinen wahren Zustand. Zum zweitenmal (II/4), das Motiv steht jetzt in D-Dur, entlädt sich die Spannung in den Wahnvorstellungen, die sich in dem d-Moll-Chorsatz der Eumeniden (»Vengeons la nature«) artikulieren. Die Verwendung lang tradierter Mittel (der in ganzen Noten dahinziehende diatonische, an Hexachordbearbeitungen erinnernde Skalenaufstieg, seine kontrapunktische Verknüpfung mit Imitationen und gegenläufigem chromatischen Quartbaß in den Posaunen, der plagale Abschluß der Chorblöcke, der in Vierteln die Skala ausschreitende oder die Oktave durchspringende Baß) verleiht dem Satz neben seiner Wucht einen betont altertümlichen Charakter als Korrelat der uralten Schuld, die Oreste in sich trägt. Das folgende Accompagnato (II/5) ist vordergründig ein Dialog, veranschaulicht aber zugleich den Prozeß, der sich in Oreste abspielt: Indem er das, was er erlebt hat, was als Schuld seine Seele quält, ausspricht, gelangt Unterbewußtes ins Bewußtsein und leitet eine Katharsis ein. Wie schwer es ist, sich auszusprechen (wenn auch zunächst nur in Andeutungen und Halbwahrheiten), deutet der chromatische Baßgang von d nach as nach der entscheidenden Frage (»Que lui répondre, o Dieux«) an, mit der er sich selbst aus der Isolation führt. Eine Läuterung im musikalischen Sinn bedeutet es zweifellos, wenn während des auch sprachlich dichten, im klassischen Alexandriner stehenden Kollektiveingeständnisses (»De forfaits sur forfaits quel assemblage affreux«) von dem übermäßigen Quint-

Tafel 13

**Tafel 13**

*oben*
Christoph Willibald Gluck, *Iphigénie en Tauride* (1779), I. Akt; Bühnenbildentwurf: Emil Preetorius; Staatsoper, Berlin 1941. – Obwohl die Entwürfe von Preetorius nicht eindeutig einer Stilrichtung zugeordnet werden können, so stehen sie doch in der Tradition des 19. Jahrhunderts und lassen den Einfluß des Klassizismus Karl Friedrich Schinkels ebenso erkennen wie den Historismus Angelo Quaglios.

*unten*
Martha Graham, *Clytemnestra* (1958), II. Teil; Martha Graham als Clytemnestra (Mitte); Martha Graham and Dance Company, New York 1983. – Im Augenblick des Triumphs nach dem Mord an Agamemnon sind alle Elemente der Choreographie auf den tödlichen Wahnsinn des Eifersuchtsdramas bezogen: Die Kreuzigungsgebärde durch Hades' ausgestreckte Todeszweige im Hintergrund, das gespannte Oval des Bildausschnitts im Vordergrund, das Blutrot von Vorhang, Kleid und Licht suggerieren den gesamten Raum als klaffende Wunde.

sextakkord auf ges nicht wie üblich in den Quartsextakkord von b-Moll, sondern im doppelten Auflöseschritt der Außenstimmen nach F-Dur gegangen wird. So viel unbegreifliche Untat findet nach alterierten, harmonisch und melodisch sich ineinanderschiebenden Bewegungen eine nicht irreguläre, aber ungewöhnliche, klare Durlösung statt des Zurücksinkens in düsteres Moll, in zermarternde Selbstanklage. Der Vollstrecker der Rache, Oreste, ist zwar »fatales«, aber notwendiges Werkzeug der Götter gewesen für eine Tat, die gesühnt werden mußte. Iphigénie begreift, daß Oreste noch nicht zu sich selbst gefunden hat, der Reifeprozeß noch aussteht. Also verleugnet er sich und berichtet, daß Oreste tot sei. Trauer ergreift Iphigénie; c-Moll klingt mehrfach an, der Ton es wird durch Sforzato schneidend in der unbegleiteten ersten Violine herausgehoben, der Baß geht in einem konsequenten Zug schrittweise die Oktave c–c' durch, damit sich sein Weg erfülle, wie sich Iphigénies Traum erfüllt zu haben scheint. Der Schluß des II. Akts ist mit einem großangelegten Komplex aus Chorsatz der Priesterinnen, Arie und Chor-Solo-Satz der Trauer, Hoffnungslosigkeit und Verlassenheit in der Fremde gewidmet, die nun, da die Eltern und der Bruder nicht mehr sind, der Sehnsucht keine Nahrung mehr gibt. Doch weht in der G-Dur-Arie (»O malheureuse Iphigénie«) über den synkopischen ersten und den dauernd auf der Taktmitte betonten zweiten Violinen ein weitgeschwungenes Oboensolo, das bei mäßig bewegtem Grundschritt (Andante moderato) nicht nur Trostlosigkeit, sondern vielleicht auch suggerierte und eigentlich widerrufbare Melancholie verbreitet. Eine solche Interpretation würde auch die einzige gravierende dramaturgische Änderung, die Gluck in der 2. Fassung vorgenommen hat, erklären. Er ersetzte die in der 1. Fassung noch breit angelegte Totenehrung für Oreste, die Iphigénie mit ihren Priesterinnen in einem graziösen ⅜-Satz in C-Dur/c-Moll vornimmt (129 Takte!), durch eine c-Moll-Sinfonia aus 18 Takten, die nun den »Trugschluß« des Akts bildet und durch den Wegfall des vorausgehenden Rezitativs nicht als zeremonielle Totenehrung verstanden werden muß. Nach den für den späten Gluck typischen skizzenhaften Einleitungstakten, die in den unbegleiteten Portatotupfern der Violinen etwas von der schmerzvollen Stille ausdrücken, die um die beiden Freunde herrscht, steigert sich Oreste unter den taktweise ansteigenden, fast gehackten Schlägen der Streicher in eine weitere Selbstanklage. Die Arie (»Dieux! qui me poursuivez«) gehört dem Typus der Haß- oder Wutarie an; doch nicht der Akteur haßt, sondern er fühlt sich gehaßt und verfolgt und verfällt in ohnmächtige Wut. Durch diese Umkehrung wird der Arie die dramaturgisch starre Typik genommen, die auch im Detail der musikalischen Satzgestaltung verändert ist. Orestes zerrissenes Innenleben ist Pylade unverständlich, die Selbstbeschuldigungen erscheinen ihm unnötig. Schon das Accompagnato mit vorwiegend A-Dur-Sextakkorden, dann aber seine Arie »Unis dès la plus tendre enfance«, ebenfalls in weltentrücktem A-Dur, bilden einen deutlichen Gegensatz zu Orestes Arie; ihr Tonfall liegt in der Nähe der Iphigénie-Arie des I. Akts. Die schmelzende Melodik und die Violintriller sind ein Abbild der ruhigen Zuversicht und des ungetrübten Selbstverständnisses, mit dem sich die Jugendzeit ebenso beschwören, wie es sich gefaßt zusammen mit dem Freund in den Tod gehen läßt. Bei einer deutlich dreigliedrigen Anlage des ganzen Akts (am Anfang zwei Arien der Freunde, in der Mitte Orestes verzweifelte Auseinandersetzung mit seinem eigenen Ich und am Ende Iphigénies trugschlüssige Klage mit dem Trauerzeremoniell um Oreste) kulminiert der II. Akt hinsichtlich der Stilmittel in der Arie Iphigénies, die nach italienischer Tradition eine »große« wäre (sie ist ja auch der Oper *La clemenza di Tito*, 1752, entnommen) und nach französischer Tradition dem Air nahestünde, aber weniger konzerthaft isoliert dasteht, sondern in ihrer musikalischen wie szenischen Dramaturgie fest in den Akt eingefügt ist. – Nachdem in den ersten beiden Akten die Kreuztonarten eindeutig dominiert hatten und d-Moll im Eumenidenchor, g-Moll im Chor der Priesterinnen (»Patrie infortunée«) und c-Moll im Trauerzeremoniell im II. Akt jeweils als Verdunklung der gleichnamigen Durtonart erschienen waren, beginnt der III. Akt mit einer viertaktigen Einleitung in B-Dur, wie jetzt überhaupt die B-Tonarten in den Vordergrund treten. Die vier Takte, mit »fieramente« überschrieben, umreißen im Gestus stolzer Entschlossenheit die offizielle Sphäre nach der privaten des II. Akts. Die Priesterin Iphigénie wird handeln, allerdings nicht, wie das Gesetz es befiehlt, sondern wie es Mitleid und Vorahnung verwandtschaftlicher Bande gebieten. In der g-Moll-Arie »D'une image, hélas! trop chérie« drückt Iphigénie ihre Empfindungen in einer rhythmisch und melodisch außerordentlich sensibel geführten Gesangslinie zu einer verhaltenen Sottovoce-, aber dennoch expressiven Begleitung aus. Iphigénies Absichten werden in einem Terzett (eigentlich ein Duett) deutlich; zu lang gehaltenen Duodezi-

*Iphigénie en Tauride*, II. Akt; Erna Schlüter als Iphigénie; Regie: Alfred Noller, Bühnenbild: Caspar Neher; Staatsoper, Hamburg 1945. – Die Zeitumstände – es handelte sich um die letzte Produktion der Hamburgischen Staatsoper auf der Behelfsbühne der Musikhalle – verliehen Iphigénies Totenfeier eine beklemmend reale Dimension.

men-Orgelpunkten zwischen Oboe und Baß ringt sie sich phasenweise, von B-Dur ausgehend sich nach f-Moll und g-Moll wendend, zu der schmerzlichen Entscheidung durch, einen der beiden Griechen als Boten in die Heimat freizugeben, den andern aber zu opfern. Die Violinvorhalte geraten ins Stocken (und sind damit genau die Vorenthaltungen, die der Szene entsprechen), bis der Bote bezeichnet ist. Die Freunde sekundieren Iphigénies Gedanken in ihren Antworten in lebhafterem Tempo (Animé) vorwiegend in Moll. Die trugschlüssige Auflösung des B-Dur-Septakkords bei Iphigénies Abgang nach ihrer Entscheidung (Wechsel von III/3 zu III/4) spiegelt die Verwirrung wider, die sie auslöste. Wenn das folgende c-Moll-Duett der beiden Freunde (»Et tu prétends encore que tu m'aimes«), in dem sie die Rollen tauschen wollen, so breiten Raum einnimmt und in seinen Stilmitteln in einem leidenschaftlichen, an Claudio Monteverdis Concitato erinnernden Ton gehalten ist, kann dies nur bedeuten, daß das Thema der bedingungslosen Freundschaft, wenn auch aus der älteren, heroischen Tradition stammend, in der Lebensauffassung des ausgehenden 18. Jahrhunderts nach wie vor (oder als römische Bürgertugend auch wieder neu motiviert) einen wesentlichen Platz innehat. Aber auch Orestes Selbstbewußtsein ist noch nicht frei vom Gedanken an die Familienschuld; noch quälen ihn die Eumeniden (arpeggierte Violinfiguren). In einem kurzen F-Dur-Satz, der mit einer der für Gluck typischen auftaktartigen Aufforderungsfiguren beginnt, erbittet Oreste für sich den Opfertod und die Freilassung des Freunds. Pylade stimmt eine kriegerische Arie mit großem heroischen Gestus an, die in ihrem C-Dur bereits auf den Schluß der Oper hinweist; nicht Bote wird er sein, sondern Befreier Orestes. Den III. Akt zeichnen keine großen Blöcke aus, sondern wechselnde Szenen mit meist kürzeren, fast liedhaften Arien und Soli, in denen die Akteure ihre Empfindungen oder ihre aus dem Dialog heraus evozierten Gefühle ausdrücken. Dabei steht das Duett ziemlich in der Mitte des Akts. Dem Rückzug von plakativen Taten und Worten auf die kleinere Dimension der direkten Auseinandersetzungen entspricht auch das Bühnenbild. Nicht mehr der größere Innenraum des Tempels, in dem auch der Altar steht, ist Schauplatz, sondern ein Gemach Iphigénies. Traditionell mit Vor- und Nachspiel versehene geschlossene, teilweise liedhafte Formen bei den Arien »D'une image« Iphigénies (Form AB), »Ah! mon ami, j'implore ta pitié« (Form ABA') und »Divinité des grandes âmes« Pylades (Form AA') und bei dem Duett »Et tu prétends« (ohne Vorspiel) vermitteln einen kontemplativen Eindruck von Empfindungsbezirken, die in aller Vielfalt der Brechungen musikalisch ausgestaltet werden. Unruhe bewirken lediglich das dramatische Terzett »Je pourrais du tyran tromper« und der Rückfall Orestes in seine Wahnvorstellungen. Am Schluß leuchtet jedoch mit dem C-Dur der Pylade-Arie und ihrer Haltung die Klarheit rationalen Handelns, verantwortungsbewußter Humanitas und emanzipierten freien Selbstbewußtseins deutlich auf. – Anfang und Ende des IV. Akts sind blockartig abgesetzt, der Schluß als Erfüllung der göttlichen Verheißungen, die im Orakel vorhersehbar gewesen wären, hätte man die Vernunft in ihnen erkannt, der Anfang als der noch ausstehende Prozeß der Reinigung und letztendlichen Einsicht bei Iphigénie (»Je t'implore et je tremble, ô Déesse implacable«). Er vollzieht sich in A-Dur, also in ihrer Tonart, in einer leidenschaftlichen Arie mit großem Gestus und dauernden, beklemmenden, gegen sie gerichteten Betonungen des zweiten Taktviertels durch die instrumentale Begleitung. Sie setzt ein verzweifeltes, trotziges Vertrauen in die Göttin, die sie anfleht. Ihr, der das Opfern als Verbrechen bewußt geworden ist und die das Messer nicht mehr führen kann, müsse schon alle Menschlichkeit (»humanité«) genommen werden für die weitere Pflichtausübung. Aber warum gerade ihr dies Schicksal, fragt sie beklommen im Pianissimo zu zarten, harmonisch intrikaten Vibratoklängen. Doch wenn sie von ihrer Reue spricht, deuten jubelnde Oboen- und Violinfiguren den entscheidenden Schritt zur Selbstbestimmung an. Hier bahnt sich die Lösung an, die noch durch zwei sakrale Sätze verstellt ist, den Chor »O Diane, sois-nous propice« (a-Moll), mit dem die Priesterinnen Oreste der Göttin vorführen, und die Hymne »Chaste fille de Latone« (G-Dur), mit dem sie ihn in das Heiligtum führen. Nach der Hymne reißen die plötzlichen Wendungen auf knappem Raum nicht ab. Die nur acht Takte lange Stelle (IV/2), während der Iphigénie schaudernd das Opfer Orestes erblickt und das Messer ergreift, ist von einer sonst bei Gluck kaum anzutreffenden harmonischen Dichte und gleichzeitig spröden Klanglichkeit, die höchste Anspannung signalisiert; es folgt der eigentliche Erkennungsdialog mit nur vier Takten; die Priesterinnen, die gerade noch in d-Moll zum Opfer aufgefordert hatten, huldigen bereits fünf Takte später zu einem strahlenden Fis-Dur-Septakkord mit majestätischen Punktierungen und »Trommelwirbel« der unteren Streicher Oreste. Wenig später rutscht das gis der zweiten Violine (vibrato) aus einem E-Dur-Klang plötzlich nach g, und Iphigénie zerstreut in C-Dur jubelnd alle dunklen Erinnerungen in Oreste. In einer ebenso abrupten Wendung nach d-Moll trifft dann in einem knappen, von kurzatmigen, hastigen Figuren in den Violinen begleiteten Satz die Nachricht von Thoas' Nahen ein. In einem wilden, in Daktylen aufstampfenden, mit Klangmassen oder unisono gestalteten dahinpeitschenden Satz, der vordergründig in F-Dur steht, aber immer wieder den lydischen Tritonus h exponiert, fordert er Rache und sofortigen Vollzug des Opfers. In Herrscherpose (Fis-Dur-Septakkord) will er selbst die tödlichen Streiche gegen Oreste, Iphigénie und die Priesterinnen führen, fällt aber von der Hand Pylades zum über zwei Oktaven abfallenden Lauf in h-Moll, mit dem er seinen Eintritt in die Oper im I. Akt begonnen hatte. Sofort springt nun der Satz nach D-Dur um. Der schlagartige Wechsel hebt den Kampf der Griechen mit den Skythen ab und macht ihn zu einem zeremonialen Schau- und Prestigekampf. Als Diane zu einem Fis-Dur-Sextakkord eingreift, ist ihr Einschreiten nicht mit dem eines Deus ex machina zu vergleichen, der einen unentwirrbaren Knoten löst, sondern beendet die Massenschlägerei, die im Vergleich zur eigentlichen psychologischen Fabel nur Staffage ist. Die Skythen redet Diane in h-Moll an. Oreste wird jedoch unter ausholenden musikalischen Gesten (grave) in a-Moll von aller Schuld befreit. Es gehört zu den Überraschungen der Partitur, daß nun nicht allenthalben lauter Jubel ausbricht. Vielmehr wird der prozessuale Aspekt der Bewußtwerdung auch musikalisch dadurch unterstrichen, daß Oreste in einem kleinen Satz (»Dans cet objet touchant«), in dem er seinem Freund Iphigénie als seine Schwester vorstellt und der in a-Moll beginnt, nach G-Dur kadenziert, noch einmal zu einem Bogen, der von der Violine nachdenklich gezogen wird, in einen f-Moll-Klang rückt, um dann in G-Dur zu schließen, wieder jene ⅜-Figur aus dem Kernstück seiner Partie, dem »Le calme rentre dans mon cœur« im II. Akt, aufgreift, ohne daß ihr noch einmal jene unruhige, widersprechende Funktion zugeordnet ist wie dort. Die äußeren Ereignisse sind für Oreste zu plötzlich eingetreten, als daß er auf einmal all die Spannungen und Verwirrungen seiner Seele überwinden kann. Noch zittert das Erlebte in ihm nach. Verhaltene Freude keimt auf und erhebt sich nur zögernd zu einer größeren melodischen, noch immer von Schmerz erfüllten Geste (letzte Szene). Daß die Fabel aber zu einem guten Ziel geführt hat, wird in dem allgemeinen Chor, in dem sich alle Teilnehmer der theatralischen Erziehung, Mitwirkende wie Zuhörer, der Intension nach artikulieren, mit der Gluck geläufigen lapidaren Klarheit in C-Dur bejubelt.

**Wirkung:** Die Uraufführung mit Rosalie Levasseur als Iphigénie und Joseph Legros als Pylade fand nach einigen Anlaufschwierigkeiten in den letzten Probenwochen statt. Sie wurde als der endgültige Sieg der Reform gefeiert; Gluck habe nun das seit nahezu 200 Jahren auf der Opernbühne gesuchte »secret des anciens« gefunden. Auch die von der Gegenpartei arrangierte, gleichzeitig geplante Einstudierung von Piccinnis *Iphigénie en Tauride,* deren Uraufführung dann aber erst 1781 stattfand, tat dem Erfolg keinen Abbruch, im Gegenteil, sie dürfte die Stimmung und Kritikfähigkeit nur angeheizt haben. Die Besonderheiten der Oper wurden von der Berichterstattung ebenso vermerkt, wie ihr auch Mißverständnisse unterliefen, etwa wenn anstelle des Erscheinens Dianes ein tragischer Schluß vorgeschlagen wird. Die Tradition des Ballettdivertissements ließ jedoch die Gemüter nicht ruhen (einschließlich Jean Georges Noverre, der die Choreographie der Tänze im I. und der Pantomimen im II. Akt besorgt hatte), so daß François-Joseph Gossec beauftragt wurde, noch ein Ballett an den IV. Akt anzufügen. In dieser Form wurde das Werk erstmals am 4. Juni 1779 gegeben. Die Uraufführung wurde, wie in Paris üblich, von Parodien (drei) begleitet, von denen *Les Rêveries renouvelées des Grecs* von Charles Simon Favart und Jean Nicolas Guérin de Frémicourt mit Musik von Félix-Jean Prot vom 26. Juni 1779 den größten Erfolg hatte, wurde sie doch auch in Kassel (1782), Toulouse (1784), Lüttich (1789), Brüssel (1798), Stockholm (1800, schwedisch), Moskau (1807), Gent (1822) und wieder in Paris (1822) nachgespielt. Zwei Jahre nach Glucks Rückkehr aus Paris im Okt. 1779 führte man in Wien zum erstenmal eine deutsche Bearbeitung auf, die Gluck zusammen mit dem Christoph-Martin-Wieland-Nachahmer Alxinger geschaffen hatte. Dabei wurden vor allem die Melodik und Rhythmik der Singstimmen der Deklamation und Syntax des neuen deutschen Texts angepaßt. Die Änderungen am Orchestersatz reichen von kleinen Retuschen bis zur Neugestaltung. Die Besetzung, Thoas wurde von einem Sänger mit außergewöhnlich tiefer Stimme gesungen (Ludwig Fischer, der erste Osmin in Mozarts *Entführung aus dem Serail*, 1782) und Oreste

*Iphigénie en Tauride*, III. Akt; Lisbeth Balslev als Iphigénie; Regie und Ausstattung: Achim Freyer; Staatsoper, München 1979. – Die optische Verrätselung durch surrealistische Bildsymbole verleiht der Szene suggestive Kraft, löst sie aber zugleich aus dem dramatischen Kontext.

von einem Tenor, machte weitere Änderungen und teilweise eine Aufgabe der tonartlichen Architektur notwendig. Umgestaltet wurde schließlich, wie erwähnt, der Schluß des II. Akts, wo an die Stelle des Chor-Solo-Satzes eine Sinfonia in c-Moll trat, eine Lösung, die übrigens auch in Form eines c-Moll-Marschs in späteren Aufführungen von *Iphigénie en Tauride* vorkommt. Damit hatte die Rezeption der Oper zwei Ausgangspunkte, wobei der deutsche Zweig bald abstarb. Der Alxinger-Text diente lediglich einer deutschsprachigen Aufführung 1790 in Frankfurt a. M. und der italienischen Übersetzung Lorenzo Da Pontes zur Grundlage, die 1783 und 1786 in Wien gegeben wurde. Alle übrigen deutschsprachigen Aufführungen verwenden jedoch Übersetzungen des französischen Texts. Die erste legte Johann Daniel Sander 1795 in Berlin vor, größere Wirkung hinterließ zunächst die von Christian August Vulpius unter lebhafter Anteilnahme von Johann Wolfgang von Goethe und Friedrich von Schiller 1800 anläßlich der Säkularfeier in Weimar verfertigte, die für Aufführungen in Stuttgart (1805), Wien (1807), München (1808), Berlin (1812) und anderswo übernommen wurde. In späteren Wiener Aufführungen hinterließen Johann Michael Vogl als Oreste und Anna Milder-Hauptmann als Iphigénie auf den jungen Franz Schubert einen tiefen Eindruck. Auch Ludwig van Beethovens Gluck-Verständnis wurde durch *Iphigénie* geprägt. Angeregt durch die Wiener Aufführung 1807, übersetzte Heinrich Wilhelm Graf Haugwitz den Text für eine Aufführung in seinem Schloß Náměšt bei Brünn. Bald jedoch gewann die Sandersche Übersetzung im deutschen Sprachraum die Oberhand und konnte auch durch neuere Versionen aus der 2. Hälfte des 19. Jahrhunderts nicht verdrängt werden, die Karl Hermann Bitter (Berlin 1866) und etwas erfolgreicher Peter Cornelius für die 1874 erschienene sogenannte Pelletan-Ausgabe schufen. Eine auch in die Musik eingreifende Bearbeitung legte 1891 Richard Strauss vor, die vorübergehend Resonanz fand und in der das Werk 1916 in New York bekannt wurde. Bemerkenswert ist, daß *Iphigénie* in den ersten Dezennien nach der Uraufführung auch in der Originalsprache in Deutschland, Österreich und den angrenzenden Ländern rezipiert worden ist; Aufführungen sind belegt in Rheinsberg 1783, Kassel 1784, Kopenhagen 1785 (konzertant), Berlin 1788 (konzertant) und Braunschweig 1802. Gleichzeitig setzen auch Übersetzungen in andere Sprachen ein, die im allgemeinen mit bestimmten Aufführungen in Verbindung stehen. Bereits am 5. Mai 1783 wird die Oper in Stockholm in einer schwedischen Übersetzung von Adolf Fredrik Ristell in Zusammenhang mit der intensiven Gluck-Pflege zu einer Zeit gegeben, als die Oper unter König Gustav III. eine besondere Blütezeit erlebt. Noch zu klärende Verbindungen dürften zwischen dem Staatsbesuch des russischen Thronfolgers und Großfürsten Paul in Wien im Nov. 1781, bei dem er auch eine Aufführung der deutschen *Iphigenie auf Tauris* und weitere Gluck-Opern besuchte, und der frühen russischen Übersetzung, vermutlich von Wassili Woroblewski, für eine Aufführung nach 1786 am Theater des Grafen Nikolai Scheremetew in Kuskowo bei Moskau bestehen. England lernte das Werk in der italienischen Übersetzung Da Pontes kennen (London 1796), in deutscher Übersetzung (London 1840) und noch einmal italienisch von Salvatore Marchesi (London 1866), ehe 1910 zum erstenmal eine englische Aufführung stattfand. Vorausgegangen war 1860 in Manchester eine konzertante Darbietung in einem Hallé-Konzert in der Übersetzung von Henry Chorley. In Paris erlebte *Iphigénie* bis 1829 408 Aufführungen, verschwand dann anscheinend für beinah 40 Jahre vom Spielplan und wurde 1868 am Théâtre-Lyrique neu einstudiert. Zwischen 1900 und 1931 stand *Iphigénie* an der Opéra-Comique (Salle Favart) in einer Inszenierung von Albert Carré 58mal auf dem Spielplan, mit Rose Caron in der Titelpartie (1906 mit Jeanne Raunay, 1914 mit Lucy Isnardon, zuletzt mit Suzanne Balguerie); zu ihren Partnern zählten unter anderm Maximilien-Nicolas Bouvet (Oreste) und Léon Beyle (Pylade). 1931 inszenierte Pierre Chéreau das Werk an der Opéra (Salle Garnier; Iphigénie: Germaine Lubin; Dirigent: Pierre Monteux), 1965 erschien dort eine Produktion von Louis Erlo und Jean Janoir (mit Régine Crespin, Robert Massard und Guy Chauvet), und 1984 wurde eine Inszenierung von Liliana Cavani (mit Shirley Verrett, Thomas Allen und John Treleaven; Dirigent: Gerd Albrecht) gegeben. Inzwischen war die Oper auch an andern französischen Bühnen wiederaufgenommen worden, unter anderm 1952 in Aix-en-Provence unter Carlo Maria Giulini (mit Patricia Neway, Pierre Mollet und Léopold Simoneau) und 1983 in Lyon unter Leitung von John Eliot Gardiner (mit Rachel Yakar, Gilles Cachemaille und Georges Gautier). Die späte und vergleichsweise geringe Wirkung in Italien (erstmals 1922 im Teatro Olimpico Vicenza, in italienischer Sprache) blieb beschränkt auf jeweils zwei Inszenierungen in Mailand (1937 von Lothar Wallerstein, mit Maria Caniglia unter Victor De Sabata; 1957 von Luchino Visconti mit Maria Callas, Dino Dondi und Francesco Albanese unter Nino Sanzogno) und Florenz (1962 mit Rita Gorr unter Pierre Dervaux; 1981 mit Edda Moser unter Riccardo Muti, französisch). Von den zahlreichen internationalen, zum Teil herausragenden Neuinszenierungen seien genannt: Luzern 1957, London (Covent Garden 1961, mit Gorr unter George Solti, 1966 und 1973), Wien 1969 (mit Sena Jurinac), Berlin (Komische Oper 1977), Genf 1978, Edinburgh 1979, München 1979 (2. Fassung; Inszenierung: Achim Freyer; mit Lisbeth Balslev, Siegfried Jerusalem und Claes Håkan Ahnsjö), Salzburg 1981 (mit Kristine Ciesinski), Wiesbaden 1981, Stuttgart 1984 (in der Münchner Freyer-Inszenierung mit Catarina Ligendza) und Rom 1986.

**Autograph:** 1. Fassung: Verbleib unbekannt; 2. Fassung (nur Fragmente d. Sing-St. vorhanden; vollst. Part. Autograph dürfte wohl nie existiert haben): SB Bln./DDR (Mus.ms.autogr. Gluck 2) u. M.Bibl. Peters Lpz. (seit 1945 verschollen, Photokopie vorhanden). **Abschriften:** 1. Fassung, geschrieben v. J. B. F. A. Lefebvre (1779) mit zahlreichen Ergänzungen u. Korrekturen v. Glucks Hand: Bibl. de l'Opéra Paris (A. 267a); 2. Fassung: ÖNB

Wien, Slg. d. Ges. d. M.Freunde Wien, Moravské Muzeum Brünn. **Ausgaben:** 1. Fassung: Part: Bureau du Journal de Musique, Paris [1779]; Deslauriers, Paris [nach 1779, Übernahme d. Platten d. Original-Ausg.; nach 1792 mit Pl.Nr. 4]; Boieldieu Jeune, Paris [zwischen 1811 u. 1815, Pl.Nr. 4]; Part, hrsg. F. Pelletan, B. Damcke, frz./dt. Übers. v. P. Cornelius/ital. Übers. v. G. Zaffira: Richault, Paris [1874]; Part, hrsg. A. Dörffel, frz./dt.: Peters [vor 1886]; Part, hrsg. H. Abert, frz./dt. Übers. v. P. Cornelius: Eulenburg [1927], Nr. 4700; Part, krit. Ausg., hrsg. G. Croll, frz./dt. Übers. v. P. Schmidt: C. W. GLUCK, Sämtl. Werke, Abt. I, Bd. 9, Bär 1973, Nr. BA 2287; Kl.A: Rellstab, Bln. [1788/89], Nr. 54 [mit d. Ouvertüre zu *Iphigénie en Aulide*]; Veuve Nicolo, Paris [1824], Nr. 3; Troupenas, Paris [nach 1825]; Schlesinger, Paris [1840/41], Nr. 3187; Veuve Launer, Paris [1842], Nr. 3323; Girod, Paris [nach 1853]; Brandus, Paris [um 1854], Nr. 8153; Choudens [1899], Nr. 11303; Lemoine, Paris [1900], Nr. 18925; Kl.A, frz./dt. Übers. v. J. D. Sander: Schlesinger, Bln. [1812], o.Nr. [Typendruck]; ebd. [um 1824], Nr. 50; Challier, Bln. [1838], Nr. 200; B&B [1842], Nr. 559; Peters [1863/64], Nr. 4417; Peters [1882/83], Nr. 6661; Peters [nach 1900], Nr. 9141; Kl.A, frz./engl. Übers. v. J. W. Mould: Boosey, London [1852]; Chappell [1860], Nr. 10982 [engl. Textparaphrase v. H. F. Chorley]; Kl.A, engl. Übers. v. J. Troutbeck: Novello, Ewer, London [1875]; Kl.A, dt. Bearb. v. R. Strauss: Fürstner [1891], Nr. 4400; Kl.A, frz./dt.: Bär 1973, Nr. 2287a; Textb.: Paris, Lormel 1779; 2. Fassung: Part, hrsg. J. Müller-Blattau: Peters [1958], Nr. 11559 [Vlg.-Nr. 4540]; Part, krit. Ausg., hrsg. G. Croll: C. W. GLUCK, Sämtl. Werke, Abt. I, Bd. 11, Bär 1965, Nr. BA 2281; Kl.A: Peters [1956], Nr. 11554 [Vlg.-Nr. 4541]; Bär 1965, Nr. BA 2281a; Textb.: Wien 1781; Stuttgart, Reclam 1959, Nr. 8286.
**Aufführungsmaterial:** Bär
**Literatur:** H. ABERT, Eine neue deutsche Bearbeitung der G.schen ›Iphigenie auf Tauris‹ von Gian Bundi, in: Mk 17:1924/25, S. 125–127; J. MÜLLER-BLATTAU, G. und die deutsche Dichtung, in: JbPet 45:1938, S. 30–52; The Collected Correspondence and Papers of Christoph Willibald Gluck, hrsg. H. u. E. H. Müller v. Asow, London 1962 [mit fehlerhaftem Nachweis d. Veröff. d. Texte in d. Originalsprache]; G. CROLL, Ein unbekanntes tragisches Ballett von G., in: Mitt. d. Ges. für Salzburger Landeskunde 109:1970, S. 275–277; J. RUSHTON, ›Iphigénie en Tauride‹: the Operas of G. and Piccinni, in: ML 1972, S. 411ff.; C. DAHLHAUS, Ethos und Pathos in G.s ›Iphigenie auf Tauris‹, in: Mf 27:1974, S. 289–300 [vgl. d. Kontroverse zu diesem Aufsatz, ebd. 1975, S. 305–311, u. 1976, S. 72f.]; L'Avant-scène Opéra, Nr. 62, April 1984; weitere Lit. s. S. 422

*Klaus Hortschansky*

# Adam Pawlowitsch Gluschkowski

Geboren 1793 in Sankt Petersburg (heute Leningrad), gestorben 1868 (?)

## Ruslan i Ljudmila ili Niswerschenije Tschernomora, slowo wolschebnika
Balet w pjati aktach

## Ruslan und Ljudmila oder Der Sturz Tschernomors, des bösen Zauberers
Ballett in 5 Akten

*Ruslan i Ljudmila*; Dekoration der Uraufführung; Ballettensemble des Hauses Paschkow, Moskau 1821. – Im Wechselspiel von Grausamkeit und märchenhafter Verklärung findet die romantisch-ironisierende Darstellung ihren Ausdruck.

**Musik:** Friedrich Scholtz. **Libretto:** Adam Pawlowitsch Gluschkowski, nach dem Poem *Ruslan i Ljudmila* (1820) von Alexandr Sergejewitsch Puschkin
**Uraufführung:** 16. Dez. 1821, Haus Paschkow, Moskau, Ballettensemble des Hauses Paschkow
**Darsteller:** der Fürst von Kiew; Ljudmila, seine Tochter; Ruslan, ein junger Ritter, ihr Bräutigam; Slotwora, eine böse Zauberin; Tschernomor, ein böser Zauberer; Dobrada, eine gute Zauberin; ein Riesenhaupt; Perun, ein Waldgott; Kinderfrau Ljudmilas; ein bewaffneter Krieger; 2 Ungeheuer; 6 Araber; 2 Mädchen; Corps de ballet: Gesandte, Bojaren, Krieger, Volk, Kupidos, Amoretten, junge Mädchen, Geister, Zauberer, Ungeheuer der Luft, Furien, Priester
**Orchester:** 2 Fl, 2 Ob, 2 Klar, 2 Fg, 4 Hr, 2 Trp, Pos, Pk, Schl (gr.Tr, Bck, Trg), Hrf, Streicher
**Aufführung:** Dauer ca. 2 Std. 30 Min.

**Entstehung:** Ausgebildet an der Petersburger Ballettschule bei Iwan Walberch, aber auch bei Charles Louis Didelot und Louis Antoine Duport, war Gluschkowski zunächst Tänzer am Bolschoi-Theater Petersburg. 1808 übersiedelte er nach Moskau, wo er erster Tänzer am Arbat-Theater, dem Vorläufer des heutigen Bolschoi-Theaters, war. Als Gluschkowski 1812, in den Wirren, die durch die Besetzung Moskaus durch Napoleon I. entstanden waren, die Leitung des etwa 40 Tänzer umfassenden Ballettensembles übernahm, fiel ihm nach dem Brand des Arbat-Theaters die schwierige Aufgabe zu, die Gruppe an Behelfsbühnen zu beschäftigen und gleichzeitig ein eigenständiges Repertoire aufzubauen. Bis zur Eröffnung des neuen Bolschoi-Theaters 1825 tanzte die Gruppe 1814–18 im Haus Apraxin, 1818–25 im Haus Paschkow. Bei der Übersiedlung in das neue Haus zählte das Ensemble etwa 50 Tänzer.
**Inhalt:** In Rußland, sagenhafte Vorzeit.
I. Akt, 1. Bild, prunkvoller Festsaal: Der Fürst von Kiew hat zur Hochzeit von Ruslan und Ljudmila geladen. Ein Donnerschlag unterbricht die Feierlichkeiten, in eine Wolke gehüllt erscheint ein häßlicher Zwerg, der sich in einen Rosenstrauch verwandelt,

aus dem die Zauberin Slotwora heraustritt und Ljudmila ergreift. Gebannt vom Zauberstab, verfolgt die Gesellschaft hilflos Ljudmilas Entführung. Nachdem die Wolke mit dem Zwerg verschwunden ist, macht Ruslan sich auf die Suche nach der Braut. 2. Bild, Höhle im Wald, in der Ferne Tschernomors Schloß, von einem Schlachtfeld umgeben: Auf seiner Suche begegnet Ruslan Dobrada, die ihm mit Zauberkraft ungewohnte Kräfte verleiht. Sie öffnet ihm eine Quelle kraftspendenden Wassers, weist ihm den Weg zu Tschernomors Schloß und verschafft ihm eine Rüstung zum Kampf mit dessen Bewacher, dem schlafenden Riesenhaupt. Ruslan besiegt das feuerspeiende Haupt und tritt in Tschernomors Reich ein.

II. Akt, Garten, Nacht: Slotwora bringt Ljudmila in die Gefilde Tschernomors, wo sie tanzende Mädchen aufzuheitern versuchen. Tschernomor gesteht ihr seine Liebe und bietet Besitz und Herrschaft an. Ljudmila weist alles zurück. Sie schöpft Hoffnung, als Krieger von Ruslans siegreichem Kampf berichten. Der wütende Tschernomor läßt Ljudmila von Slotwora bewachen und eilt Ruslan entgegen.

III. Akt, ein mit Schlangen und Ungeheuern geschmückter Thron, umgeben von Opfertischen, in Tschernomors Schloß; rechts die Statue des Orakels mit einer Papierrolle, auf der Weissagungen sichtbar werden, links ein magischer Spiegel: Tschernomor hat seine Zauberdiener versammelt, die Beschwörungen sprechen und in den Büchern der Magie lesen. Slotwora erscheint, auf ein Zeichen von ihr bringen Krieger Ruslans Rüstung, die Ljudmila von der Aussichtslosigkeit ihrer Hoffnung überzeugen soll. Sie fällt in Ohnmacht, erwacht wieder, als Tschernomor sie küßt, und stößt ihn zurück. Das Orakel warnt Tschernomor vor Ruslan, der nur durch Schönheit besiegt werden könne. Slotwora verwandelt ihre Zauberinnen in junge Mädchen und will damit Ruslan bezwingen.

IV. Akt, Rosengarten mit einem Tempel: Man führt Ljudmila herbei und stößt sie in eine Höhle, die Tschernomor durch Zauberkraft aus einem Rosenstrauch geschaffen hat. Ruslan naht, die jungen Mädchen wollen ihn verführen und entwaffnen. Doch alle Versuche scheitern an Dobradas Eingreifen, das Ruslan vor den Versuchungen bewahrt. Es kommt zum Zweikampf zwischen Tschernomor und Ruslan, den Dobrada mit der Vernichtung Tschernomors zugunsten von Ruslan entscheidet. Ljudmila wird befreit und von Ruslan in die Arme geschlossen.

V. Akt, der Tempel Peruns in einer Waldlichtung: Der Fürst und sein Volk wohnen einer Opferzeremonie der Priester Peruns bei. Ein Donner kündigt die Rückkehr von Ruslan und Ljudmila an. Der Fürst bezeugt Perun seinen Dank, man begrüßt das Paar, die Hochzeitsfeierlichkeiten beginnen.

**Kommentar:** Zeitlich, inhaltlich und ästhetisch ist Gluschkowskis Werk zwischen dem Walberchs, der als erster russischer Choreograph gefeiert wird, und dem Œuvre Didelots anzusetzen, der bis zu seinem Tod 1837 sein Mentor blieb. Gluschkowski übernahm und erweiterte den Gebrauch russischer Folklore, die Walberch erstmals auf die Ballettbühne gebracht hatte; aber auch Walberchs Adaption einer literarischen Vorlage, sein Ballett *Novy Werter* (*Der neue Werther*, Petersburg 1799; Musik: Sergei oder Alexei Titow), das 1808 in den Spielplan des Arbat-Theaters übernommen wurde, mochte Vorbild für Gluschkowski gewesen sein. Einen größeren Einfluß übte Didelot auf Gluschkowski aus. Von ihm übernahm er nicht nur den so typischen Einsatz von Theatermaschinerie, sondern auch die Art des Erzählens durch den Tanz. In seinem Libretto behielt Gluschkowski die Hauptmotive von Puschkins Ritterpoem, wenn auch etwas verwässert, bei. Die Bewährung und Prüfung im Kampf gegen das Böse war auch im Ballett wesentliches Element der Handlung, die Vorhersagen und das Eintreten eines bevorstehenden Unglücks erschienen sogar auf Tafeln geschrieben auf der Bühne. Freilich wurde das bei Puschkin vorhandene historische Moment übergangen, die magischen Kräfte, die helfen, das Unheil zu bezwingen, waren ebenso überbetont wie die märchenhaft-allegorischen Szenen. Überbetont wurden auch jene Passagen, die sich für die Darbietung folkloristischer Tänze eigneten. Diese Szenen wurden zusätzlich von der sonst als gefällig beschriebenen Musik unterstrichen.

**Wirkung:** Die Uraufführung von *Ruslan i Ljudmila* mit Gluschkowski als Ruslan und seiner Frau Tatjana als Ljudmila erzielte besonders wegen des lebhaft gezeichneten Lokalkolorits, aber auch wegen des Aufwands an theatralischen Mitteln großen Erfolg. Das Ballett konnte sich zehn Jahre lang im Repertoire des Ensembles behaupten. 1824 brachte Didelot zusammen mit Auguste Poirot, der als herausragendster Folkloretänzer der Zeit galt, das Ballett in Petersburg heraus. Didelot und Poirot betonten mehr die Kämpfe, die Märsche und die Verwandlungen und setzten noch in größerem Maß die Theatermaschinerie ein.

**Abschriften:** M: Bibl. d. Vaganova-Inst. Leningrad
**Literatur:** A. P. GLUŠKOVSKIJ, Vospominanija baletmejstera, hrsg. J. Slonimskij, Leningrad 1940; S. L. GINZBURG, Russkij muzikalny teatr 1700–1835, Leningrad 1941, S. 252–254; V. M. KRASOVSKAJA, Russkij baletnyj teatr ot vosniknovenija do serediny XIX veka, Leningrad 1958; N. ROSLAVLEVA, Era of the Russian Ballet, London 1966, S. 31–41, 53f.; M. G. SWIFT, A Loftier Flight. The Life and Accomplishments of C.-L. Didelot, Balletmaster, Middletown, CN 1974, S. 173; J. K. BACHRUŠIN, Istorija russkogo baleta, Moskau 1977

*Gunhild Schüller*

# Francesco Gnecco

**Geboren 1768/69 in Genua, gestorben 1810 in Mailand oder 1811 in Turin**

## La prova di un'opera seria
### Melodramma giocoso in due atti

**Die Probe einer Opera seria**
2 Akte (5 Bilder)

**Text:** Francesco Gnecco
**Uraufführung:** 15. oder 16. Aug. 1805, Teatro alla Scala, Mailand
**Personen:** Corilla Tortorini, erste Sängerin für die Opera seria (S); Federico Mordente, erster Tenor (T); Violante Pescarelli, zweite Sängerin (S); Campanone, Dirigent und Komponist (B); Don Grilletto Pasticci, Dichter und Autor des Dramma serio (B); Fastidio Frivella, Impresario (T); Fischietto, Souffleur, Kopist und Vorsteher der Choristen (B); Pipetto, Bauer (T); Checchina, seine Frau (S). **Chor:** Choristen, Bauern.
**Statisterie:** Bäuerinnen
**Orchester:** 2 Fl, 2 Ob, 2 Klar, 2 Fg, 2 Hr, 2 Trp, Pos, Streicher, B.c
**Aufführung:** Dauer ca. 1 Std. 30 Min.

**Entstehung:** Im 18. Jahrhundert erfreuten sich Opere buffe, die den über alle literarischen und musikalischen Ansprüche sich hinwegsetzenden Geschäftssinn des Impresarios, die Starallüren der Primadonna oder Eifersüchteleien unter den Sängern zum Gegenstand hatten, größter Beliebtheit. Gnecco knüpfte an Werke wie Gaßmanns *L' opera seria* (1769), Salieris *Prima la musica, poi le parole* (1786) und Cimarosas *L'impresario in angustie* (1786) an, als er seine am 8. Juli 1803 im Teatro S. Grisostomo Venedig aufgeführte Farsa *La prima prova dell' opera »Gli Orazi e i Curiazi«* (Text: Giulio Artusi) komponierte. Der Erfolg dieses Einakters ermutigte ihn, die Farsa zu einer zweiaktigen Oper zu erweitern, wobei er nun darauf verzichtete, am Beispiel eines existierenden Werks, Cimarosas ebenfalls in Venedig gegebenen *Gli Orazi e i Curiazi* (1796), den Theaterbetrieb zur Zielscheibe seines Spotts zu machen, und eine Oper mit dem Titel »Ettore in Trabisonda« fingierte.
**Handlung:** In und bei Lissabon. 1. Akt, 1. Bild: Salon im Foyer eines noch nicht fertiggestellten Theaters; 2. Bild: Saal im Haus der Primadonna; 3. Bild: liebliche Landschaft mit Hügeln im Hintergrund; II. Akt, 1. Bild: Atrium des neuen Theaters; 2. Bild: im Innern des noch im Bau befindlichen Theaters.
Der Chor beginnt mit den Proben für die Oper »Ettore in Trabisonda«, mit der das neue Theater eröffnet werden soll. Der Poet sieht dem Gelingen der Aufführung jedoch mit Skepsis entgegen, da das Theater immer noch nicht fertiggestellt ist. Schwierigkeiten bereitet zudem die Primadonna Corilla, die ständig abgelenkt ist durch Eifersucht und Mißtrauen gegenüber ihrem Geliebten Federico und die Probe mit zahlreichen unter Drohungen vorgebrachten Änderungswünschen behindert. Murrend fügen sich Impresario, Poet und Maestro in ihr Geschick. Eine Landpartie zur Mittagszeit, die wenigstens für einen Augenblick Frieden stiften soll, endet in Aufruhr, denn Federico erregt durch seinen Flirt mit der Bäuerin Checchina erneut Corillas Eifersucht, zudem bricht gerade in diesem Augenblick ein schweres Unwetter los. – Noch am selben Abend wird die Probe fortgesetzt, und wieder stört Corilla mit ihren Sonderwünschen. Poet und Maestro beklagen ihr schweres Los und erbitten von Minerva einen Geldsegen als Ausgleich für ihre Mühen. Nachdem Corilla unter großem Beifall ihr Rondo vorgetragen und der Maestro zu guter Letzt auch die Sinfonia einstudiert hat, sind alle zufrieden. Das Ankündigungsplakat wird verlesen, jeder ist seiner Rolle entsprechend erwähnt, so daß dem Erfolg der Oper nichts mehr im Weg steht.
**Kommentar:** Gneccos Partitur knüpft zwar stilistisch an Giovanni Paisiellos und Domenico Cimarosas Opere buffe an, reicht jedoch in keinem Augenblick, vor allem nicht in den Ensembles und Finale, an den musikalischen Standard der großen Vorbilder heran. Eine primär künstlerische Bewertung träfe auch nicht den eher »offenen« Charakter des Werks, das den Interpreten große Variationsmöglichkeiten ließ, besonders in der Gestaltung der Protagonistenpartien Corillas und Federicos. Gemessen an andern Opere buffe der Zeit, nehmen die Nebenpersonen, selbst der Baßbuffo Campanone, einen äußerst geringen Stellenwert ein, und auch die großen Ensembles, zumeist Gesangsproben, vermitteln nicht jenen Esprit, der in vergleichbaren Werken (etwa Cimarosas) besticht. Im Zentrum der Oper stehen die Arien und Duette von Primadonna und erstem Tenor, deren parodistische Wirkung im Zusammenhang der Rahmenhandlung (der Theaterintrigen und des ins Groteske verzerrten Opernbetriebs) und durch Überzeichnen der Seriapoesie ins Formelhafte hervortritt. Diese Nummern wurden auch am häufigsten verändert. In den Partiturhandschriften sind Gneccos ursprüngliche Vertonungen oft durch andere ersetzt. In weit höherem Maß als

*La prova di un'opera seria*; Giuditta Pasta als Corilla, Luigi Lablache als Campanone. – Die Praxis, in das kleine Werk nach Belieben sogenannte »arie di baule«, Paradestücke der Sänger, einzufügen, war der Grund, daß zahlreiche Interpreten, unter ihnen die als Norma wie als Anna Bolena gefeierte Pasta und der als Giorgio wie als Don Pasquale berühmte Lablache, bis weit ins 19. Jahrhundert hinein in dieser Buffa auftraten.

andere Opern der Zeit gestaltete sich dies Werk während seiner langen Rezeptionsgeschichte von Aufführung zu Aufführung neu und stand oder fiel mit den Interpreten von Primadonna und Tenor.
**Wirkung:** La prova di un' opera seria war eine der erfolgreichsten Opere buffe ihrer Zeit und gehörte bis in die späten 50er Jahre des 19. Jahrhunderts zum Repertoire der bedeutendsten Belcantisten. Es gab zahlreiche Aufführungen in Italien (so in Mailand 1809, 1834, 1837, 1846, Neapel 1807, 1811, Florenz 1812, 1818, 1831/32, 1839/40, Turin 1821, Venedig 1848), in Deutschland (Dresden 1815, München 1818, Berlin 1841) und in andern Ländern (Barcelona und Lissabon 1806, Brüssel 1810, Kopenhagen 1843, Stockholm 1849). Am spektakulärsten waren jedoch ohne Zweifel die Aufführungen in Paris (1806, 1810, 1831, 1834/35) und London (1831, 1835, 1837/38, 1840, 1848, 1854, 1860): In beiden Städten sangen in den 30er Jahren Giulia Grisi und Giovanni Battista Rubini die Rollen der Corilla und des Federico, zu einer Zeit, als sie in den Belcantopartien Gaetano Donizettis und Vincenzo Bellinis an denselben Theatern brillierten. Weitere berühmte Interpreten waren María Malibran, Henriette Méric-Lalande, Giuditta Pasta und Domenico Donzelli. Noch 1854 sang Pauline Viardot-García die Corilla an Covent Garden (Luigi Lablache als Campanone), und zwar unmittelbar nachdem sie die Rolle der Fidès aus Meyerbeers *Le Prophète* (1849) interpretiert hatte. Bedauerlicherweise läßt sich nicht mehr feststellen, welche Arien Grisi, Rubini und Viardot-García »mitbrachten«. Verschiedentlich, so in Paris, wurde ein Duett aus Paisiellos *Elfrida* (1792) eingefügt, die Berliner Abschrift (s. Ausg.) enthält Musik Pietro Carlo Guglielmis. Eine erfolgreiche Neuaufführung gab es im Febr. 1983 im Teatro La Fenice Venedig (mit Leyla Gencer als Corilla und Luigi Alva als Federico; Dirigent: John Fisher, Inszenierung: Pier Luigi Pizzi) und 1984 in Cagliari. Diese von Giacomo Zani bearbeitete einaktige Version ist eine Mischfassung aus Pariser und Neapler Handschrift und enthält darüber hinaus Einlagearien von Cimarosa, Vivaldi, Paisiello und Rameau. Anknüpfend an den Erfolg von Gneccos Oper, vertonte Pilati das Libretto erneut, und zwar in der gekürzten und zum Teil veränderten Übersetzung von Marie Emmanuel Guillaume Théaulon und Théodore Nézel (Théâtre du Palais-Royal, Paris 1835). Eine weitere Neuvertonung dieses Sujets, Giuseppe Mazzas *La prova d'un opera seria* (Rijeka 1845), adaptierte Vicente Lleó für seine Zarzuela *El maestro Campanone*.

**Autograph:** Verbleib unbekannt. **Abschriften:** Part: Bibl. Cherubini Florenz (A. IV. 35-40), SBPK Berlin (Mus. ms. 7860), Bibl. S. Pietro a Maiella Neapel (Rari 27. 4. 16) [bearb. Version], BN Paris; Textb.: Mailand, Pirola 1805. **Ausgaben:** Part, Bearb. v. G. Zani: Sonzogno 1983
**Literatur:** Biographische Nachrichten von F. G. aus dem Giornale Italiano und aus dem Redattore del Reno im Auszuge mitgetheilt von Chladni, in: AMZ 14:1812, Sp. 29

*Sabine Henze-Döhring*

# Benjamin Godard

Benjamin Louis Paul Godard; geboren am 18. August 1849 in Paris, gestorben am 10. Januar 1895 in Cannes

## Jocelyn
**Opéra en quatre actes**

**Jocelyn**
4 Akte (8 Bilder)

**Text:** Paul Armand Silvestre und Joseph Amédée Victor Capoul, nach *Jocelyn. Episode. Journal trouvé chez un curé de village* (1836) von Alphonse Marie Prat de Lamartine
**Uraufführung:** 25. Febr. 1888, Théâtre de la Monnaie, Brüssel
**Personen:** Jocelyn (T); der Bischof (B.Bar); ein Greis (B); ein Hirte (B); Laurences Vater (Bar); Julies Gatte (Bar); ein Stutzer (T); der Kerkermeister (B); ein Geck (Bar); Laurence (S); Jocelyns Mutter (Mez); Julie (S); ein junges Mädchen (S); ein junger Bergbewohner (Mez). **Chor:** Hochzeitsgäste, Bergbewohner, Volk von Grenoble, Lebemänner, Teilnehmer der Fronleichnamsprozession
**Orchester:** 2 Fl (auch Picc), 2 Ob, 2 Klar, 2 Fg, 4 Hr, 2 Trp à pistons, 2 Cornets à pistons, 3 Pos, Tb, Pkn, Schl (gr.Tr, Bck, Trg, Tamtam, Tambour, Tambour de basque), Hrf, Streicher; BühnenM: Glocken
**Aufführung:** Dauer ca. 2 Std. 30 Min.

**Entstehung:** Das Libretto ist im wesentlichen eine Kompilation aus Lamartines Text, dessen Handlungsgerüst in starker Reduktion übernommen wurde bis auf den Schluß: Lamartines Laurence stirbt im Spätherbst und nicht an Fronleichnam, sie lebt heruntergekommen in Maltaverne und nicht, wie die Oper suggeriert, wohlhabend in Paris. Auch Charles Gounod hatte sich, fünf Jahre zuvor, für den Stoff interessiert. Die Initiative zu Godards Libretto scheint indes von dem Tenor und Koautor Capoul ausgegangen zu sein, der die Rolle des Jocelyn als den Abschluß seiner Bühnenlaufbahn konzipierte.
**Handlung:** In Frankreich, um 1800.
I. Akt, 1. Bild, Garten vor Jocelyns Elternhaus: Man feiert Julies Hochzeit. Jocelyn hält sich abseits; er fühlt sich zum Priester berufen und nimmt Abschied von der Mutter. 2. Bild, strahlender Morgen in wilder Gebirgslandschaft: Die Bergbewohner leben in idyllischer Eintracht. Jocelyn kommt als Flüchtling; man stößt zunächst auf Mißtrauen, wird dann aber wiedererkannt als jener Priester, der auf der Flucht seine Soutane gegen Zivil hatte tauschen müssen. In der Ferne sieht man, wie Soldaten einen Mann und einen Knaben hetzen; die Verfolgten kommen rasch näher, der Mann vertraut im letzten Moment seinen Sohn Laurence der Obhut Jocelyns an, da haben die Verfolger schon aufgeholt und schießen ihn nieder. Jocelyn und dem Kind gelingt die Flucht.

II. Akt, 1. Bild, Adlerhöhle: Die Flüchtigen haben ein Versteck gefunden und ruhen sich aus. Im Gespräch bringt Jocelyn unbedacht ins Spiel, daß der Tod ihn treffen könne. Laurence erleidet vor Entsetzen über diesen Gedanken einen Schwächeanfall; Jocelyn, der helfen will, wird gewahr, daß er keinen Knaben, sondern eine junge Frau umsorgt. 2. Bild, Hof des Gefängnisses in Grenoble, Nacht: Aus dem Hintergrund dringen dumpfe Schläge, begleitet von einem Lied desjenigen, der dort das Schafott zimmert. Der inhaftierte Bischof von Grenoble hat Jocelyn holen lassen und weiht ihn, nach einigen Skrupeln wegen seiner Liebe zu Laurence, zum Priester. 3. Bild, belebter Platz in Grenoble, Herbstmorgen mit strahlendem Sonnenaufgang über dem Gebirge: Das Volk akklamiert, bis auf eine kleine Gruppe frommer Frauen, die bevorstehende Hinrichtung. Jocelyn erteilt dem Bischof auf dem Weg zum Schafott die Absolution.
III. Akt, 1. Bild, Adlerhöhle: Laurence wartet mit verzweifeltem Trotz auf Jocelyn, dessen Mutter beschlossen hat, die Verlassene zu sich zu nehmen. Doch Laurence beharrt darauf, daß Jocelyn kommen wird. Der hat vor der Höhle mitgehört, tritt hinzu und sagt Laurence, daß er jetzt Priester ist. Beide nehmen Abschied fürs Leben. 2. Bild, leere Straße in Paris; in der Mitte ein stattliches Haus, die obere Etage ist beleuchtet; Abend: Laurence ist eine gefragte Dame der Gesellschaft, die viele Verehrer hat und steht gleichwohl im Ruf schrullenhafter Treue zu ihrer ersten Liebe. Jocelyn treibt es immer wieder zu ihrem Haus, von draußen beobachtet er heimlich, wie Laurence auf den Balkon hinaustritt; verzweifelt will er sie wiedersehen, doch da ertönt in der Ferne eine Glocke und mahnt ihn an sein Gelübde.
IV. Akt, Straßenaltar der Fronleichnamsprozession, gegenüber die Wohnung von Laurence: Laurence hat einen Schwächeanfall, sie fühlt den Tod nahen und ruft nach einem Priester; Jocelyn kommt, erkennt sie, sucht aber seine Identität zu verbergen; im letzten Augenblick erst kommt es für die Sterbende zu einer Wiederbegegnung.
**Kommentar:** Godard nennt keine Geschehenszeit, denn diese impliziert der Titelverweis »tiré du poème de Lamartine«: Dort heiratet Julie am 31. Mai 1786, die Verfolgung im Gebirge ist im Aug. 1793, am 2. Aug. 1794 besucht Jocelyn den zum Tod verurteilten Bischof von Grenoble, im Sept. sieht er Laurence in Paris, und am 22. Okt. 1802 erteilt er ihr die Sterbesakramente. In der Oper modifizieren allerdings einige Divergenzen, wie der Tod an Fronleichnam oder die insgesamt stark komprimierte Aktionenfolge, diesen Zeitplan. Gegenüber Lamartine ist die fromme Selbstgerechtigkeit des Helden übersteigert, insbesondere in der vergröberten Schlußszene. Es entfallen seine skrupulösen Monologe, alle innere Entwicklung ist gleichsam kupiert. Zudem verfehlt Godard häufig die Emotionalität seiner Personen, etwa indem er die Dauer einer Gefühlsäußerung ignoriert. So wird die Wiederbegegnung mit der sterbenden Laurence derart flink heruntergeklamiert, daß nicht einmal Raum für einen Moment des Erstaunens bleibt. Auch in der Harmonik findet Godard selten zu dramatischer Intensität. Am ehesten gelingen ihm noch gradlinig sich steigernde Chorszenen, unscharf gerät aber auch hier wieder das gestische Detail. Leichter trifft Godard das Pittoreske: zum Beispiel in mitkomponierten Stimmen der Geigen zum Hochzeitstanz, in der Carmagnole und dem fanatisch gesteigerten »Ça ira« oder dem à la Hans Sachs zum Lied hämmernden Schafottzimmerer. Der Einfluß Richard Wagners beschränkt sich auf die stilistische Ebene, vor allem in den Gesangspartien, und in formaler Hinsicht auf die konsequente motivische Ausarbeitung. Die Oper gilt neben der Symphonie dramatique *Le Tasse* (1878) als Godards bestes Werk. Als Einzelstück erfolgreich war lange Zeit Jocelyns Berceuse aus dem II. Akt.
**Wirkung:** *Jocelyn* erlebte bald nach der Premiere am 13. Okt. 1888 im Pariser Château d'Eau seine zweite und vorläufig letzte Einstudierung. Die Brüsseler Inszenierung war bemerkenswert gut besetzt (mit Rose Caron, Emile Engel und Jacques Isnardon). In Paris sangen Marguerite Gay und Capoul; wegen der begrenzten Möglichkeiten des Château d'Eau blieb diese Präsentation weit hinter der Uraufführung zurück.

**Autograph:** Verbleib unbekannt. **Ausgaben:** Part: Choudens; Kl.A: Choudens [1888], Nr. 7045; Textb.: Choudens 1888.
**Aufführungsmaterial:** Choudens
**Literatur:** C. BELLAIGUE, Théâtre de la Monnaie de Bruxelles: [Jocelyn], in: L'Année musicale, Oct. 1887 à Oct. 1888, Paris 1889, S. 85–99; M. CLERJOT, B. G., Paris 1902; M. CLAVIÉ, B. G., Paris 1906

*Annegrit Laubenthal*

## La Vivandière
**Opéra-comique en trois actes**

### Die Marketenderin
3 Akte

**Text:** Henri Cain
**Uraufführung:** 1. April 1895, Opéra-Comique, Salle du Théâtre-Lyrique, Paris
**Personen:** Marion (Mez oder dramatischer S); Jeanne (S); Georges (T); La Balafre (B.Bar); Hauptmann Bernard (Bar); der Marquis (Bar); Lafleur (T); André (T); ein Bauer (Bar); Leutnant Vernier (stumme R). **Chor:** Landbewohner, Soldaten
**Orchester:** 3 Fl, 2 Ob, 2 Klar, 2 Fg, 4 Hr, 2 Pistons, 2 Trp, 3 Pos, Tb, Pkn, Schl (Tr, Trg, gr.Tr, Bck), 2 Hrf, Streicher; BühnenM: Trompeten, Querpfeifen, Trommeln
**Aufführung:** Dauer ca. 2 Std. 30 Min.

**Entstehung:** Godard starb kurz vor Vollendung der Partitur; Paul Vidal, mit der Weiterführung betraut, hatte nur noch die Orchestrierung zu beenden.
**Handlung:** In Frankreich, 1794.
I. Akt, Umgebung von Nancy: Marion, die Marketenderin, begleitet in ihrem Eselskarren das republikani-

sche Korps Hauptmann Bernards. Auf Quartiersuche ziehen sie am Besitz des Marquis de Rieul vorbei. Unter den Bauern ist Rieul verhaßt, nur sein jüngster Sohn Georges erfreut sich ihrer Sympathie. Gerade kommt er von der Jagd zurück, heißt die Soldaten willkommen und bewirtet sie. In melancholischer Selbstbesinnung entschließt er sich, auf seiten der Republikaner mitzukämpfen; am nächsten Morgen schließt er sich Bernards Truppe an. Zuvor trifft er noch einmal Jeanne, die ihn liebt, und bemüht sich um Aussöhnung mit seinem royalistischen Vater, doch der verstößt ihn. Auch Jeanne trifft sein Bann, sie bricht zusammen; Marion kommt mit ihren Leuten vorbei und überredet die Verlassene mitzukommen. II. Akt, Feldlager der Republikaner in der Vendée: Man bereitet sich auf den Tag vor; Marion umsorgt Jeanne, beide beten für die Soldaten. Lafleur läßt sich wieder einmal den rührseligen Brief seiner Eltern vorlesen. Georges ist inzwischen Sergeant geworden und exerziert mit seiner Einheit; er und Jeanne sehen sich endlich wieder. Marion erfährt zufällig, daß in der bevorstehenden Schlacht um das Dorf ausgerechnet Rieul den Gegner anführen und somit auf Georges' Truppen treffen wird; entsetzt drängt sie Bernard, den Kampf zwischen Vater und Sohn zu verhindern. Georges wird schließlich zur Rekrutierung abgeordert, und Bernard selbst übernimmt seine Vertretung.

III. Akt, erobertes Dorf in der Vendée: Die Republikaner feiern auf dem Marktplatz ihren Sieg. Rieul wurde gefangengesetzt, Marion verwahrt die Schlüssel. Georges kehrt zurück, begrüßt Jeanne und erfährt vom Schicksal seines Vaters, dem nun die Hinrichtung droht. Er stiftet Marion zur Befreiung an, sie läßt Rieul entwischen, die Flucht wird entdeckt, und man versucht erfolglos, den Entkommenen wieder einzufangen. Marion gesteht ihre Tat Bernard, der zwar ihre Beweggründe verstehen kann, aber keinen Weg sieht, sie vor dem Kriegsgericht zu bewahren. Ein reitender Bote bringt das rettende Dekret des Nationalkonvents: Der Krieg ist aus, alle Gefangenen sind amnestiert.

**Kommentar:** Die Soldatenoper ist nicht bloß unrealistisch, sondern genrehaft. Die historischen Elemente sind nicht ernst zu nehmen; wenn Cain den II. und III. Akt in die Vendée, immerhin Zentrum des verheerenden nachrevolutionären Bürgerkriegs, verlegt und historische Figuren wie Louis Lazare Hoche und Jean-Nicolas Stofflet erwähnt, so bleiben diese Realitätsspuren dramaturgisch völlig belanglos. Für sich genommen, ist der Text von drastischer Unlogik, bietet kaum mehr als eine operettenhafte Folge von spannungslosen Miniaturen und bleibt, auch politisch, klischeehaft bis ins Detail. Die Musik ist demgegenüber zurückhaltend. Godards Melodik meidet trotz ihrer Schlichtheit abgenutzte Wendungen und verzichtet weitgehend auf chromatische Schritte; die Harmonik ist, bei sehr sparsamer Satztechnik, streckenweise durchaus originell, oft dissonanzenreich, und zuweilen in reizvollem Widerspruch zu den Gemeinplätzen des Librettos. Etwas aus dem Rahmen fällt der Entreakt zwischen dem I. und II. Akt, quasi ein Nocturne und musikalisch das anspruchsvollste Stück der Oper.

**Wirkung:** *La Vivandière* hatte als einzige Oper Godards einigen Erfolg. Noch 1895 wurde sie (in deutscher Übersetzung von Heinrich Bolten-Baeckers) in Düsseldorf gegeben, 1896 erschien sie auf den Spielplänen von Liverpool, Brüssel und Mailand, dann in London, Prag, Moskau, Genf und Montreal. In Paris wurde sie 1914, in Brüssel 1932 wiederaufgenommen. Bei der Uraufführung gefielen Marie Delna als Marion, Lucien Fugère als Balafre und Edmond Clément als Georges.

**Autograph:** Verbleib unbekannt. **Ausgaben:** Part: Choudens; Kl.A: Choudens 1895, Nr. 9695; Kl.A, frz./russ.: Choudens; Kl.A, frz./engl. Übers. v. G. Whyte: Ascherberg, London [1896], Nr. E. A. C. 1064; Textb.: Choudens 1933. **Aufführungsmaterial:** Choudens
**Literatur:** s. S. 469

*La Vivandière*; Marie Delna als Marion; Uraufführung, Opéra-Comique, Paris 1895. – Die Mezzosopranistin kreierte die Marion als 20jährige; drei Jahre später feierte sie ihr Debüt an der Opéra als Fidès in Meyerbeers *Le Prophète* (1849).

*Annegrit Laubenthal*

# Alexander Goehr

Peter Alexander Goehr; geboren am 10. August 1932 in Berlin

## Arden muß sterben
### Eine Oper vom Tod des reichen Arden von Faversham in zwei Akten (sieben Szenen)

**Text:** Erich Fried, nach dem Schauspiel *The Lamentable and True Tragedy of M. Arden of Feversham in Kent* (1592) eines unbekannten Verfassers
**Uraufführung:** 5. März 1967, Hamburgische Staatsoper, Hamburg
**Personen:** Arden, ein reicher Kaufmann (B); Franklin, Ardens Freund (B); Alice, Ardens Frau (Mez); Mosbie, ihr Geliebter (T); Susanne, ihre Zofe, Mosbies Schwester (S); Michel, ihr Diener, in Susanne verliebt (T); Greene (Bar) und Reede (B), von Arden ruinierte Grundbesitzer; Mrs. Bradshaw, eine Nachbarin (A); Beutelschneid (T) und Schwarzer Bill (B), Mörder; ein Fährmann (B); ein Hirt (S); ein Lehrbursche (Spr.); Bürgermeister von Faversham (Bar); Sprecher im Epilog. **Chor:** Marktleute, 6 Konstabler
**Orchester:** Picc, 2 Fl (2. auch 2. Picc), 2 Ob (2. auch Ob d'amore), E.H, Klar in Es (auch 1. BassettHr), 2 Klar, B.Klar in B (auch 2. BassettHr), 3 Fg (3. auch K.Fg), 4 Hr, 3 Trp, 3 Pos, Tb, Pkn, Schl (4 Spieler: Bck, MilitärTr, Tempelblöcke, Peitsche, Tamtam, Gongs, Maracas, Trg, gr.Tr, SchellenTr, Hihat, kl.Tr, 4 Bongos, Donnerblech, Ratsche, 2 Tomtoms, Claves), Akkordeon, Cemb, Kl, Org, 2 Hrf, Streicher; BühnenM: Streichquintett
**Aufführung:** Dauer ca. 1 Std. 45 Min. – Gesprochener Epilog; nur im Libretto abgedruckt. Das Klavier wird elektrisch verstärkt durch ein Mikrophon, das über den Saiten eingebaut wird; der Ton wird verzerrt. In der Londoner Inszenierung 1974 wurde die Bühnenmusik von einer Blaskapelle gespielt.

**Entstehung:** Die Oper entstand 1966 in Zusammenarbeit mit Fried. Als Vorlage diente ein anonymes englisches Schauspiel aus der Shakespeare-Zeit, das Fried in der Art eines Brechtschen antikapitalistischen Moralstücks adaptierte. Die Oper war ein Auftragswerk der Hamburgischen Staatsoper.
**Handlung:** In Faversham und London, 1550.
I. Akt, 1. Bild, Ardens Haus: Arden ist ein reicher Mann und hat seine jetzige Position dadurch erreicht, daß er tatkräftig seine eigenen Interessen verwirklichte. Seine Frau Alice trachtet ihm nach dem Leben, um seinen Platz für ihren Liebhaber Mosbie freizumachen und um ihn zu beerben. Mosbie und Alice, Michel und Susanne sowie Greene und Reede sind an der Vorbereitung des Mords an Arden beteiligt. Bill und Beutelschneid werden mit der Ausführung beauftragt. Die Nachbarin Bradshaw stellt sich nur scheinbar gegen das Vorhaben und schweigt schließlich, um nicht selbst in Schwierigkeiten zu geraten. Arden rühmt sich seines unverwüstlichen Glücks und erhält von Franklin die neuerliche Freudenbotschaft, daß ihm vom König die Güter der Abtei von Faversham zugesprochen worden sind. Deshalb muß er nach London reiten. Alice spielt ihm die verlassene Gattin vor und schwört ihm Treue, solange er lebe; kaum jedoch sind Arden und Franklin gegangen, freut sich die Verschwörerbande, daß Arden direkt in den Tod reite. Alice und Mosbie verlieren keine Zeit, ins gemeinsame Bett zu kommen. 2. Bild, Heide: Arden und Franklin erreichen das Flußufer und werden in starkem Nebel vom Fährmann übergesetzt. Dann kommen Bill und Beutelschneid und wollen ebenfalls zum andern Ufer gebracht werden, nachdem sie erfahren haben, daß Arden drüben ist. Der Fährmann aber spielt den Banditen einen Streich und setzt allein vom Ufer ab. 3. Bild, Ardens Haus: Da sich die Verschwörer nicht einig werden, was nach der Freveltat geschehen soll, rufen sie Alice und Mosbie aus dem Schlafzimmer zu sich, um sich bestätigen zu lassen, daß sie auch wirklich erhalten, was ihnen versprochen wurde. Ein Hirt meldet, daß Arden ertrunken sei; Alice spielt die verzweifelte Witwe. Schon freuen sich die vermeintlichen Erben, als plötzlich Arden vor ihnen steht. Erschrocken glau-

*Arden muß sterben*, I. Akt; Kerstin Meyer als Alice, Ronald Dowd als Mosbie (oben), Ria Urban als Susanne, Horst Wilhelm als Michel; Regie: Egon Monk, Bühnenbild: Ekkehard Grübler; Uraufführung, Staatsoper, Hamburg 1967. – Die Liebes- und Verschwörerpaare stecken unter einer Decke in Ardens Haus.

ben sie, einen Geist vor sich zu haben. Der aber räumt handgreiflich auf und wirft das Pack aus dem Haus. Mosbie zieht wütend seinen Degen; Arden nimmt ihm die Waffe weg und versöhnt sich sogar mit ihm, bevor er erneut die abgebrochene Reise antritt und für übermorgen ein Festgelage ankündigt.

II. Akt, 1. Bild, Straße in London: Bill und Beutelschneid treiben sich in London herum und begegnen plötzlich Arden und Franklin. Die Gauner verfolgen die beiden; dabei wird Bill von einem Fensterladen am Kopf getroffen, so daß Arden und Franklin unversehrt ihr Haus erreichen. Mitten in der Nacht zerreißt ein gellender Schrei die Stille. Arden und Franklin laufen mit Kerzen herbei und erfahren, daß Michel schlecht geträumt hat. Arden verschließt das Tor, das Michel absichtlich für Bill offengelassen hatte, der nun seinen Mordplan nicht mehr ausführen kann. 2. Bild, Ardens Haus: Arden hat das versprochene Gastmahl angeordnet; alle warten auf das Essen. Zum Zeitvertreib soll Arden ein Spiel mit Mosbie wagen. Auf ein Stichwort treten Bill und Beutelschneid aus der Kammer, stülpen Arden ein Tuch über den Kopf, und Bill stößt mit seinem Messer zu. Auch Mosbie und Alice stoßen mit Messern auf Arden ein. Ardens Körper wird hinausgetragen; die Mörder werden entlohnt und weggeschickt. Da verschafft sich im Namen des Gesetzes der Bürgermeister Einlaß. Ein Konstabler bringt die Leiche, das Messer und ein blutiges Tuch. Der Bürgermeister und Franklin fragen nach dem Grund für den Mord. Bill und Beutelschneid kehren zurück und bieten ihren Dienst als Henker an; die Nachbarin Bradshaw stellt sich als Kronzeugin zur Verfügung.

Epilog: Thomas Arden of Faversham wurde am 15. Februar 1550 ermordet, aus Liebe, aus Habgier, aus Rache und Neid. Der Zuschauer hat damit nichts zu tun; und wenn er ähnliches plante, würde er es geschickter machen.

**Kommentar:** Fast alle Charaktere sind als selbstsüchtige und habgierige Kreaturen dargestellt. Goehrs Partitur ist eine überraschende Mischung aus dem scharfkantigen, an Schönberg erinnernden Stil, den er in früheren Orchesterwerken entwickelt hatte, und Weillschen Elementen, die in seiner Musik neu sind, aber durch die ungestümen gereimten Couplets in Frieds Text nötig wurden. Die Form der Ballade bietet wenig Möglichkeit zu vielgestaltiger Diktion, deshalb sind die Gesangslinien eher trocken und einförmig: Es besteht kaum ein Unterschied zwischen Alices geheuchelter Fürsorge für Arden und ihrem Verlangen nach Mosbie. Andrerseits ist die Orchestrierung dramatisch wirksam. Goehr macht auch Gebrauch von Material des 16. Jahrhunderts, oft um es zu parodieren, und bevorzugt die schneidenden Klänge von Blasinstrumenten und Schlagzeug. Die Erfahrungen mit *Arden muß sterben* waren ein Grund dafür, daß Goehr sich in der Folgezeit dramatischen Werken intimeren Charakters zuwandte (*Naboth's Vineyard,* London 1968; *Shadowplay,* London 1970; *Sonata About Jerusalem,* Jerusalem 1971), die alle für nicht mehr als fünf Sänger und zehn Instrumentalisten bestimmt sind. Diese Stücke sind ebenfalls moralische Parabeln, aber ohne den schwerwiegenden politischen Anspruch der Oper.

**Wirkung:** Die Uraufführung dirigierte Charles Mackerras (es sangen Toni Blankenheim, Herbert Fliether, Kerstin Meyer, Ronald Dowd, Ria Urban, Horst Wilhelm, William Workman, Hans Sotin, Ursula Boese, Kurt Marschner und Manfred Schenk; Inszenierung: Egon Monk, Bühnenbild: Ekkehard Grübler). Die englische Erstaufführung durch die New Opera Company fand 1974 im Sadler's Wells Theatre London in der Inszenierung von Jonathan Miller statt, der die Handlung ins späte 19. Jahrhundert verlegte.

**Autograph:** beim Komponisten. **Ausgaben:** Kl.A, dt./engl. Übers. v. G. Skelton: Schott 1967, Nr. ED 10908; Textb.: Schott 1967, Nr. 10908-10; Textb., engl.: Schott 1967, Nr. 10908-11. **Aufführungsmaterial:** Schott
**Literatur:** D. DREW, Why Must Arden Die?, in: The Listener 58:1967, S. 412, 445

*Paul Griffiths*

# Hermann Goetz

Hermann Gustav Goetz; geboren am 7. Dezember 1840 in Königsberg (Pr), gestorben am 3. Dezember 1876 in Hottingen (bei Zürich)

## Der Widerspenstigen Zähmung
### Komische Oper in vier Akten

**Text:** Joseph Viktor Widmann und Hermann Goetz, nach der Komödie *The Taming of the Shrew* (1594) von William Shakespeare
**Uraufführung:** 11. Okt. 1874, Hof- und Nationaltheater, Mannheim
**Personen:** Baptista, ein reicher Edelmann in Padua (B); Katharine und Bianka, seine Töchter (2 S); Hortensio (Bar) und Lucentio (T), Biankas Freier; Petruchio, ein Edelmann aus Verona (Bar); Grumio, sein Diener (B); ein Schneider (T); Haushälterin bei Petruchio (A); Haushofmeister bei Petruchio (T); eine Witwe (A); eine Zofe (S). **Chor:** Baptistas und Petruchios Dienerschaft, Hochzeitsgäste, Musikanten, Nachbarn, Nachbarinnen
**Orchester:** 2 Fl (auch Picc), 2 Ob, 2 Klar, 2 Fg, 4 Hr, 2 Trp, 3 Pos, Pkn, Git (gestimmt in Es, As, Des, Ges, B, Es), Hrf, Streicher; BühnenM: Fl, Ob, 2 Klar, 2 Fg, 2 Hr
**Aufführung:** Dauer ca. 2 Std. 30 Min. – Die Gitarre in I/1 kann durch eine Harfe ersetzt werden.

**Entstehung:** Etwa ein Drittel des von Widmann ausgearbeiteten Textbuchs stammt vom Komponisten. Die ursprüngliche Konzeption sah drei Akte vor. Die 1. Szene und den Librettoplan erhielt Goetz am 8. März 1868, den II. und III. Akt am 28. April. Die

Mitarbeit des Komponisten am Libretto führte schließlich zu der im Sommer 1868 fixierten vieraktigen Fassung. Erste kompositorische Skizzen datieren von Ende 1868; Weihnachten liegen die 1. und 2. Szene und die Szene Katharine/Petruchio vor. Die Skizzierung des III. Akts ist am 17. Jan. beendet, die des ganzen Werks Ostern 1870. Abschlußdatum für die Partitur ist der 10. Juni 1872, für den Klavierauszug der März 1873. Ernst Franks Anregungen teilweise folgend, nahm Goetz noch eine Auflichtung der Partitur vor, wodurch insbesondere echte Seccos an die Stelle zu gewichtig instrumentierter Verbindungsstücke traten. Kurz vor der Uraufführung tauschte Goetz noch die von Shakespeare übernommene Szene mit der Wette der jungen Ehemänner gegen das Septett »Ich muß nur staunen« (IV/6) aus. Für die Berliner Erstaufführung 1876 komponierte Goetz zur Partie der Katherine eine große Arie (»Die Kraft versiegt«) hinzu.

**Handlung:** In Padua und auf dem Landsitz Petruchios bei Verona, 16. Jahrhundert.

I. Akt, Straße in Padua, rechts Baptistas Haus mit Balkon: Die beiden Töchter des Edelmanns Baptista könnten kaum gegensätzlicher sein: Bianka, sanftmütig und empfindsam, Katharine, widerborstig und zänkisch; die eine umworben, die andere gemieden. Lucentio, einer der zahlreichen Freier Biankas, bringt seiner Angebeteten spätabends ein Ständchen. Doch er wird bald durch das Hausgesinde gestört, das, Katharines wegen rebellisch geworden, seine Kündigungswut hinausschreit. Nur mit Lohnaufbesserung und Wein kann Baptista den Aufruhr in Akklamation umwandeln, sehr zum Mißvergnügen Katharines, die dabei ihr scharfes Mundwerk zeigt. Lucentio setzt sein Ständchen fort, Bianka ist zuerst spröde, geht dann aber auf ihn ein. Schon naht Hortensio, ein zweiter Anbeter Biankas. Sie zieht sich zurück, die Freier geraten aneinander, mit Mühe kann Baptista ein Degengefecht verhindern. Er erinnert Hortensio daran, daß für ihn Hausverbot besteht; Lucentio aber erfährt, daß Bianka erst nach Katharines Hochzeit zu haben ist. Bis dahin sollen beide Töchter sich in Kunst und Wissenschaft üben. Darauf beschließen die Freier, als Hauslehrer verkleidet die Nähe der Angebeteten zu suchen und ihre Gunst zu gewinnen. Es naht Hilfe in Gestalt Petruchios, der, reich, verwöhnt und gelangweilt, nach dem Widerstand im Weib sucht. Er ist kampfgewohnt, und die Schilderung dessen, was ihn mit Katharine erwartet, reizt ihn, sie zu erobern.

II. Akt, Zimmer in Baptistas Haus: Bei der Morgentoilette hält Katharine ihrer Schwester zu große Nachgiebigkeit gegenüber der Männerwelt vor; sie selbst, kündigt sie an, werde sich keinem fügen. Ihr Vater, den Petruchio um ihre Hand bittet, warnt sie eindringlich, doch vergeblich. Beim folgenden Zusammentreffen begegnet Petruchio Katharines Widerstand,

*Der Widerspenstigen Zähmung*, III. Akt; Ida Auer-Herbeck als Bianka, Carl Slovak als Lucentio, Eduard Schlosser als Petruchio, Karl Ditt als Baptista, Ottilie Ottiker als Katharina, Nina Zottmayr als Witwe, August Knapp als Hortensio; Regie: August Wolff, Bühnenbild: Josef Kühn; Uraufführung, Hof- und Nationaltheater, Mannheim 1874.

indem er stets auf das fiktive Gegenteil ihres Verhaltens reagiert, sie aber auch mehrmals küßt, ungeachtet ihres Protests. So liegen bei ihr bald Zuneigung und Widerborstigkeit im Streit. Auch dem hinzukommenden Baptista gegenüber vermag Petruchio mit solch »umgekehrter Reaktion« erfolgreiche Werbung zu demonstrieren, bis es ihm mit der Frage, ob sie Furcht habe, gelingt, Katharines Behauptungswillen an die Ehe zu binden. Er scheidet mit der Ankündigung, daß er sie nächsten Montag heiraten werde.

III. Akt, Saal in Baptistas Haus: Die Strategie des umgekehrten Verhaltens setzt Petruchio als Bräutigam und Ehemann fort. Seine Rauhbeinigkeit übertreibend, lebt er Katharine ihr eigenes Verhalten vor. Er benimmt sich kräftig gegen den Strich, läßt er doch am Hochzeitstag Braut und Gäste so lange warten, daß Bianka in der Zwischenzeit von Hortensio und Lucentio unterrichtet werden kann und seine Ankunft zum Ereignis wird. Er erscheint mit seinem Diener derart vagabundenhaft gekleidet, daß die feierliche Zeremonie zur Karikatur ausartet. In der Kirche ist sein ungehobeltes Benehmen beispiellos. Schließlich brüskiert er alle durch seine Weigerung, am Festmahl teilzunehmen. Im Stil des Brautraubs reißt er Katharine zu sich auf das Pferd und sprengt davon.

IV. Akt, Saal in Petruchios Landhaus: Als Ehefrau wandelt sich Katharine zu einem sanften und ergebenen Geschöpf. Flitterwochen als permanenter Ehestreß durch Ehekrach, das ist es, was die Dienerschaft als Voraussetzung eines solchen Wandels begreift. Dabei haben die Bediensteten unmittelbar unter Petruchios Beschimpfungen, Drohungen und Prügeln zu leiden; Katharine indes entwickelt sich zur Fürsprecherin und Dulderin. Sie nimmt es hin, hungrig an einer Tafel zu sitzen, auf der die besten Gerichte erscheinen, aber, vom Hausherrn verworfen, gleich wieder abserviert werden. Sie sieht ihre Kampfeslust schwinden und hofft auf die ihr zuwachsende Demut als Brücke zu besänftigender Liebe. Wie eine Prüfung erträgt sie sogar Petruchios mäkelndes Eingreifen in die Domäne der Frau: Kleidung und Putz. So endet dann das von Petruchio inszenierte wilde Gaukelspiel mit einem Gang ins Freie, bei dem es Katharine müßig erscheint zu streiten, ob man unter Mond oder Sonne wandle: Beide erkennen sich als liebendes Paar. Beim Besuch Baptistas, Lucentios und seiner Frau Bianka und des neuvermählten Hortensio mit Frau wird Katharines Wandlung allgemein bestaunt. Ein festliches Mahl vereint alle, bei dem Katharine als Kleinod Petruchios gepriesen wird.

**Kommentar:** Die Oper verdient nicht zuletzt deshalb Beachtung, weil sich der Komponist unbeeindruckt von Richard Wagners Verdikt an der geschlossenen Form orientiert hat. Sicherlich ist für die Gesamtanlage das Prinzip formaler Abrundung maßgebend. Gleichwohl sind im Zusammenhang mit den Gegebenheiten der Handlung öffnende formale Momente festzuhalten. Lucentios Serenade (»Klinget, klinget, liebe Töne«, I/1) ist von Choreinwürfen durchschossen, bereits auf den Aufruhr hin orientiert und damit ihrer dramatischen Funktion nach eher öffnend als in sich ruhend. Überhaupt steht die 1. Szene als ein Beispiel dafür, wie Goetz aus Stimmungsbild, Dialog, Situationsschilderung und Handlungsentwicklung Mischformen aufbaut, in denen Empfindungsskizze, Choreinblendung, Chordialog und Rezitativ abwechseln und einander durchdringen. Dabei fluktuiert das Rezitativ zwischen Secco und vom Orchester getragenen Formen bis hin zum Arioso (zum Beispiel II/4). Daneben gibt es ausgesprochen geschlossene formale Gebilde, wie Katharines Lied (»Ich will mich keinem geben«, II/1) und ihre Klageszene (»Die Kraft versagt«, IV/3). In das für die Oper wesentliche Netz differenzierter musikalisch-szenischer Konfigurationen und Abläufe sind nun aber zwei für die Entwicklung und innere Korrespondenz der Protagonisten wesentliche Motive integriert: ein Motiv, das Petruchios überschäumende Grobheit charakterisiert (I/5, III/4, IV/2), und Katharines Motiv oder Gesang der Wandlung und Einkehr (»Er macht mir bang«, II/4). Beide Motive, bereits in der Ouvertüre exponiert und kontrastierend verarbeitet, sind Nervenpunkte des Verlaufs. Doch sie sind weder inhaltlich noch dramatisch-funktional identisch. Petruchios Motiv charakterisiert die männliche Kraftnatur, Katharines die seelische Einkehr und weibliche Schmiegsamkeit. So wird Katharines Motiv beim ersten Erscheinen bereits von Petruchio aufgegriffen, um schließlich am Ende (»Komm, liebes Käthchen«, IV/5) die seelische Übereinstimmung des Paars zu entfalten. Die besondere Dimension des Motivs wird durch die Disposition der Tonarten deutlich; beim ersten Erscheinen steht es in es-Moll, während es im IV. Akt auf des-Moll einsetzt und nach As-Dur führt. Auf diese Weise korrespondiert es auch mit der zwischen Ges-Dur und Des-Dur pendelnden Klageszene (IV/3). Melodisch-motivische und harmonische Akzente vertiefen das szenische Profil, Katharines Wandlung profilierend. Zweifellos wird nicht zuletzt mit diesem Motiv der von Goetz betonte Unterschied zwischen seiner Katharine und Shakespeares Kate deutlich. Ein inszenatorisches Problem gibt der Schluß des III. Akts auf: Man änderte ihn gewöhnlich dahin, daß das Brautpaar gemeinsam durch das Fenster statt durch gewaltsamen Zugriff Petruchios zu Pferd entschwand. Dadurch wurde der Aktschluß verfälscht und verlor auch an Wirkung.

**Wirkung:** Nach der mit beachtlichem Beifall aufgenommenen Uraufführung (Dirigent: Ernst Frank) spielte man *Der Widerspenstigen Zähmung* 1875 in Wien (Dirigent: Johann Herbeck) und in Weimar, 1876 in Berlin mit Minnie Hauk als Katharine, für die Goetz noch kurz vor seinem Tod den Monolog »Verbanne deines Zornes Toben« im Finale der Oper nachkomponierte. Außerdem wurde das Werk vor Goetz' Tod in Bremen, Coburg, Darmstadt, Dessau, Gotha, Leipzig, München, Salzburg und Schwerin aufgeführt; später noch in Karlsruhe und Straßburg. Eine eindrucksvolle Aufführung fand 1943 in Dresden statt. Nach dem Krieg wurde das Werk von Ernst Legal (Dirigent: Hans Löwlein) 1952 an der Staatsoper Berlin (Admiralspalast) inszeniert. Aus den letzten Jahren sind nur noch vereinzelte Aufführungen im deutschen Sprachraum zu verzeichnen (Luzern 1981, Hagen 1984).

**Autograph:** Zentral-Bibl. Zürich (Hs.-Abt.). **Ausgaben:** Part: Schabelitz, Zürich 1872; Kistner, Lpz., Nr. 4520; Kl.A: ebd., Nr. 4521; Peters; B&H, Nr. 4521; Textb.: Lpz., Kistner. **Aufführungsmaterial:** Kistner & Siegel, Köln
**Literatur:** E. FRANK, H. G., in: Mus. Wochen-Bl. 7:1876; L. HELD, H. G. über seine ›Widerspenstige‹, in: Mk 1:1901, S. 371–377; O. GROHE, H. G. und Mannheim, in: Jb. für Mannheimer Kultur 1913; E. KREUZHAGE, H. G. Sein Leben u. seine Werke, Lpz. 1916; G. R. KRUSE, H. G., Lpz. 1920; B. WEIGL, Der Widerspenstigen Zähmung. Briefwechsel zwischen H. G. u. E. Frank, in: Mk 19:1926/27, S. 317–326; R. HUNZIKER, H. G. und J. Brahms, Zürich 1940; G. PUCHELT, H. G. (1840–76), in: SMZ 116:1976, S. 438

*Klaus Kropfinger*

# Walter Wilhelm Goetze

Geboren am 17. April 1883 in Berlin, gestorben am 24. März 1961 in Berlin

## Adrienne
### Operette in drei Akten

**Text:** Alexander Sigmund Pordes-Milo und Günther Bibo, nach dem Schauspiel *Adrienne Lecouvreur* (1849) von Augustin Eugène Scribe und Gabriel Jean Baptiste Ernest Wilfrid Legouvé
**Uraufführung:** 24. April 1926, Carl-Schultze-Theater, Hamburg
**Personen:** August der Starke (Komiker); Moritz von Sachsen, sein Sohn (T); Anna Iwanowa, verwitwete Herzogin von Kurland (Soubrette); Graf Kayserling (Buffo); Gräfin Arnim, Hofdame; Bestuscheff, Oberkammerherr; Larsdorf, Geheimsekretär; Adrienne Lecouvreur (Sängerin); Fleury, Ballettmeister (Komiker); Ignaz Poppowitsch, Diener des Herzogs Moritz (Komiker); Graf Brühl, Oberkammerherr am sächsischen Hof; Baron von Kobel, Adjutant des Herzogs Moritz; ein Kammerdiener; ein Page; ein Offizier. **Chor:** Offiziere, Hofherren und -damen, Kammerdiener, Tataren, Grenadiere, Hofstaat. **Statisterie:** Tscherkessen. **Ballett:** Pagen, Lakaien, Heiducken
**Orchester:** 2 Fl (2. auch Picc), Ob, 2 Klar, Fg, 2 Hr, 2 Trp, 3 Pos, Pkn, Schl (Bck, Trg, kl.Tr, Tamburin, gr.Tr, Schellen, HolzTr, Klatsche), Cel, Glsp, Balalaika, Vibr, Hrf; Streicher
**Aufführung:** Dauer ca. 2 Std. 30 Min. – Die Regiebücher der späteren Bearbeitungen enthalten choreographische Angaben zu Nr. 10 und beschreiben die Abweichungen gegenüber dem Original.
**Entstehung:** Die Hauptpersonen des Stücks und einige ihrer Konflikte sind geschichtlich. Nicht nur August der Starke und die kurländische Herzogin Anna. Auch Moritz von Sachsen und seine spannungsvolle Liebesaffäre mit der berühmten Pariser Schauspielerin Adrienne Lecouvreur, die von Scribe bis Cilea schon reichen Stoff für melodramatische Bühnenspiele hergab. *Adrienne* ist nicht Goetzes erste historisierende Operette. Er hatte schon mit ähnlich vergangenheitsverliebten Stücken große Erfolge erzielt, mit *Ihre Hoheit – die Tänzerin* (Stettin 1919) und *Die Spitzenkönigin* (Stettin 1920).
**Handlung:** Im herzoglich kurländischen Schloß Mitau und am Hof Kurfürst Augusts des Starken in Dresden, 1726/27.
I. Akt, Halle im Schloß Mitau: Der verschuldete Moritz von Sachsen genießt das abenteuerliche Leben, in der Liebe wie in der Politik. Für die Krone von Kurland nähme er schon die reichlich ruppige Herzogswitwe Anna in Kauf, die seinem Charme nicht widerstehen kann. Während sie in Petersburg bei ihrer mächtigen Zarintante Katharina I. die Heiratserlaubnis einholt, vertreibt sich Moritz in ihrem Schloß die Zeit bei fröhlichen Zechgelagen mit seinen Offizieren. Eines Morgens, wie ein Wunder im eingeschneiten, abseitigen Kurland, erscheint, noch dazu in Moritz' Privatgemächern: Adrienne, die »Königin« der Comédie-Française. In Paris hatten die beiden ein Liebesverhältnis. Und das ist, so zeigt sich gleich, auch für Moritz noch lebendig. Adrienne will bei ihm bleiben, ungeachtet ihrer Karriere und seiner politischen Heirat. Ihr durchgängiges Leitmotiv, in lockerem, aber nachdrücklichem Andantino, lautet: »Ich hab' nun einmal eine Caprice: die heißt: Maurice – die heißt Maurice.« Dagegen kann auch ihr allzu kapriziöser Begleiter nicht aufkommen, der Ballettmeister Fleury, der ihre Kunst und Gunst vergeblich umtänzelt. Moritz und Adrienne singen sehr bewegt das Einst ins Jetzt, da wird die Ankunft von Herzogin Anna gemeldet. Die Heiratserlaubnis hat sie mitgebracht aus Petersburg. Und dazu noch einen herben Nachklang von den rauhen Sitten am dortigen Hof: vom Wodka- und Männerverbrauch, was sie, bekräftigt durch ihre Tscherkessengarde, herzhaft in die Runde stampft. Obwohl die Schauspielerin schleunigst versteckt wird, erfährt Anna von ihrer Anwesenheit. Sie läßt sich allenfalls halbwegs durch Moritz beschwichtigen, Adrienne sei nur beruflich hier für ein Gastspiel beim Verlobungsfest. Anna will sich überlegen, ob sie nicht besser doch Graf Kayserling erhören soll, der sie lang schon umwirbt.
II. Akt, Festsaal im Schloß: Für den Abend wird ein Ball vorbereitet, mit künstlerischer Einlage für Adrienne und Fleury. Anna mißlingt es, den Ballettmeister auszuhorchen: Moritz' Kammerdiener Ignaz hat ihn vorsorglich alkoholisch entschärft. Halb sinnierend, halb barsch ruft sie dann ihr Verlangen nach Moritz zur kurländischen Räson. Trotzdem, wenn er endgültig Schluß macht mit der Schauspielerin, soll morgen Verlobung sein. Doch schon beschwören die beiden ihr erstes Stelldichein, damals im Park von Monbijou. Der Trubel von Fest-, Liebes- und politischen Wirren überstürzt sich jetzt. Kayserling, zurück von einer Mission in Wien, wettet mit Anna um ihre

Hand, daß Moritz noch in dieser Nacht die Treue brechen wird. Sie schlägt tapfer ein; ahnungslos, daß der Fastverlobte den betrunkenen Fleury als Strohmann in sein Bett gelegt hat, um bei und mit Adrienne ausgiebig Abschied zu feiern. Dies Treffen, wie auch immer begründet, gibt den Ausschlag. Anna wendet sich Kayserling zu. Und Moritz überspielt seine Enttäuschung mit allerlei Galanterien für die Hofdamen, die ihn in den späten Festwirbel ziehen.

III. Akt, Privatkabinett Augusts in Dresden, ein halbes Jahr später: Auf dem Fürstenkongreß will August sich mit seiner vermeintlichen Schwiegertochter in spe Anna treffen. Moritz ist mit seiner Armee auf dem Weg hierher. Auch Adrienne und Fleury sind zur Stelle. Man hat sie engagiert für eine Darbietung beim Kongreßfest. Die Unterredung zwischen August und Anna springt von einem Mißverständnis ins andre. Denn Moritz hat es bis jetzt nicht gewagt, dem Vater die gescheiterte Verlobung einzugestehen. Auch Anna schafft es nicht, dem wohlgemuten alten Herrn die Laune zu verderben. Schließlich rückt der eingetroffene vielgeliebte Sohn doch noch mit der Wahrheit heraus. Anna ist endgültig entschlossen, Kayserling zu heiraten. Adrienne gibt ihre Liebe auf und strebt zurück zum Pariser Theater, im Herzen nach wie vor ihre Caprice: Maurice. Er aber, der erotische und politische Hasardeur, sucht Frau Fortuna fürs erste in der Kriegsspielerei. Das letzte Wort hat Fleury. Seine Sechzehntel plaudern aus, was jeder weiß, der schlecht darüber denkt: »Honny soit, qui mal y pense!«

**Kommentar:** Goetze ist wie der zwei Jahre jüngere Eduard Künneke ein Außenseiter der Berliner Operette. Beide meiden die kesse Drastik, auch die anschmeißerische Bierseligkeit der Lincke, Kollo, Gilbert sowie der vielen Kleinstklamaukler à la Walter Bromme und Hugo Hirsch. Nicht aus mangelnder Vitalität, sondern aus Stilgefühl. Und erst recht aus einem sicheren Sinn für die Eigenart musikalischen Theaters. Es kommt ihnen zwar auch, aber nicht hauptsächlich drauf an, daß möglichst viele Nummern schlag- und schlagerartig dem Publikum eingehen. Vorab sollen sie den dramatischen Hergang zum Klingen, die handelnden Personen zum Singen bringen als je eigenartige Figuren in einem gemeinsamen unverwechselbaren Milieu. Wäre Goetze nicht an solch szenischer Triftigkeit gelegen, er hätte sich kaum so beharrlich auf historisierende Operetten konzentriert, die wenig Spielraum lassen für Tagesschlager und aktuelle Modetänze. Gut zwei Drittel seiner etwa 30 Stücke musizieren Vergangenheit auf die Bühne. Teils mit authentischen, teils mit erfundenen Ereignissen, die allemal den besonderen Lebensstil der jeweiligen Epoche herbeizitieren sollen. Mit dieser Vorliebe zum Nacherleben zurückliegender Verhältnisse steht Goetze in der deutschsprachigen Operette ziemlich allein. Dafür trifft er sich mit französischen Musikern der Belle Epoque, vor allem mit André Messager, Pierre Joseph Alphonse Varney, Henri Hirschmann und Reynaldo Hahn. Sie alle suchen, wie jeder zünftige Operettenkomponist, den Alltagsabstand als Voraussetzung für die tollen Unwahrscheinlichkeiten der Gattung. Nur eben nicht in exotischen Breiten und fabulösen Räumen oder in grotesken Entstellungen. Vielmehr in dem, was nicht mehr ist, aber war; oder doch vielleicht so gewesen sein könnte. Was Goetze (wie seine französischen Vorgänger und Zeitgenossen) betreibt und dem Publikum schmackhaft macht, wirkt sicher auch als Flucht aus der Gegenwart. Es scheint sogar so etwas wie Republikflucht zu sein. Denn Goetzes Neigung gerade zu höfischen und feudalen Lebenskreisen ist unverkennbar. Doch es sind noch andere, minder fragwürdige Lüste im Spiel. Auch abgesehen vom Bühnenreiz alter und prächtiger Kostüme, Tänze und Zeremonien. *Adrienne* läßt daran keinen Zweifel. Hier geht es um keine verklärende Wiederbelebung überholter gesellschaftlicher Klassen und politischer Staatsgebilde. Denn was da auf der Bühne ausbricht, sind nicht etwa ersehnte Wirklichkeiten vergangener Verkehrsformen. Es sind ihre ersehnten Möglichkeiten. Der Hof in Kurland und Sachsen sowie das höfische Theater der Comédie-Française erscheinen als Arena kühner Gesten und Gefühle. Als Arena abenteuerlicher Lebenshaltungen, singend verkörpert in den Hauptfiguren. – Es sind lauter unbekümmerte Bilderbuchfeudale. Fürsten oder Möchtegernfürsten der Politik wie Anna und Moritz, Fürsten oder Möchtegernfürsten der Kunst wie Adrienne und Fleury. Was ihren abenteuerlichen Zug noch verstärkt: sie schicken sich nicht in ihre doch so mächtigen und erfolgreichen Positionen; sie drängen hinaus, sie sind schlechterdings ungenügsam. Adrienne setzt ihre Künstlerlaufbahn aufs Spiel für eine erotische Caprice. Moritz will alles auf einmal: Geld, politische Macht und interesselose Liebe. Anna wettet um Moritz' Treue mit dem Einsatz ihrer Person und ihres Herzogthrons. Alle drei, die hier aufeinanderstoßen, sind rückhaltlose Spielernaturen. Jedenfalls in ihrem Grundimpuls. Sie gehen jedes Wagnis ein für das, wonach ihnen zumute ist. Ob aus augenblicklicher Laune oder auf lange Sicht. Selbst Fleury, in seiner erheiternd kapriziösen Art, macht keine halbe Sache. Für Adrienne und ihre Kunst läßt sich dieser überfeinerte Pariser auf den barbarischen Nordosten ein. – Das also ist die eigentliche Attraktion, die Goetze und seine Librettisten entfesseln: die abenteuerliche Schwungkraft der Hauptfiguren und ihres unberechenbaren Widerspiels. Unter dem Vorzeichen der Vergangenheit, weil solche staunenswerten Übermütigkeiten der bürgerlichen Gegenwart rundum abgehen. Deren vorsichtige Lebenshaltung in Geschäft und Familie läßt dem Alltag kaum noch Farbe und Schwung. Denn es herrscht das unansehnliche Kapital. Daß dies Kapital ebenfalls mit waghalsigem Einsatz spielt (nur eben weniger mit eigenem als mit dem Einsatz derer, die es erarbeiten), das steht auf einem andern, auf keinem klingenden Notenblatt. Solche Faszination von *Adrienne* käme nicht auf, hätte sich Goetze an längst heruntergekommene Stereotypen der Operette gehalten: ans übliche Vierergespann von sentimentalem und burleskem Paar, garniert mit einem nichts als schmückenden Chor. Auch hier zwar gera-

Tafel 14

**Tafel 14**

*oben*
Charles Gounod, *Mireille* (1864), II. Akt; Bühnenbildentwurf: Auguste-Alfred Rubé; Uraufführung, Théâtre-Lyrique, Paris 1864; Lithographie nach einem Gemälde von Augustin Lamy. – Rubé, der seit 1862 zumeist in Zusammenarbeit mit Philippe Chaperon hervortrat, war als Bühnenbildner auf Außenszenen spezialisiert, die er als malerische Tableaus von opulenter Farbigkeit gestaltete. Lamys das Dekorative ins Koloristische wendende Darstellung betont die atmosphärischen Qualitäten der Szene: Das mediterrane Ambiente der Arena von Arles dominiert den menschlichen Konflikt.

*unten*
Fromental Halévy, *La Juive* (1835), I. Akt; Bühnenbildentwurf: Léon Feuchère, Charles-Polycarpe Séchan, Jules Pierre Michel Diéterle und Edouard Désiré Joseph Despléchin; Illustration von Eugène Cicéri aus der Sammlung »Decorations de théâtre«; Uraufführung, Opéra, Paris 1835. – Die Dekorationen aus dem Atelier der vier Bühnenbildner, das von 1833 bis 1848 Bestand hatte, prägten maßgeblich den Stil der Szenographie an der Opéra in der Epoche des Übergangs von der Romantik zum Realismus. In der Cortège Kaiser Sigismunds vor der gotischen Kulisse der Stadt Konstanz, einer der aufwendigsten Ausstattungsszenen der Pariser Opéra, verkörperte sich der Bürgertraum eines mittelalterlichen Fests.

ten Tenor und Sopran, Soubrette und Buffo an- und durcheinander. Doch ihr gängiger Rollencharakter und ihre gängigen Wechselbeziehungen sind aufgesprengt. Adrienne ist weder bläßliche Empfindsame noch einschlägige Femme fatale, sondern überlegene Regisseurin eigner und fremder Gefühle. Daß sie Gefühle hat, hört man aus den beiden Duetten mit Moritz heraus, zumal aus dem selbstvergessenen Lentowalzer vom Park Monbijou. Und daß sie Gefühle zu handhaben weiß, bekundet spätestens das blinzelnde Understatement ihres Foxtrottchansons im III. Akt: »Ein bißchen Talent muß man haben.« Und Moritz ist kein strahlender Herzensgewinner, sondern eine Mischung von lausbubenhaftem Übermut und listigem Kalkül. Charmant schamlos spielt er (vor Anna im 1. Finale) die zwinkernde Rolle eines Agenten der eignen Vorzüge auf dem Tummelplatz der Liebe. Seine leichtfertige Allegroweise verwandelt die geforderte Verteidigung in ironische Selbstreklame: »Denn wenn ich lieb' – dann liebe ich, man kennt ja in der Liebe mich.« Auch Anna ist weit mehr als eine drollige Soubrette. Ob im Branntweinlied, im Räsonierchanson oder im militärischen Duett mit Kayserling, jedesmal macht sie mit Witz aus ihrer deftigen Burschikosität einen reizvollen Lebensüberschuß. Eine bärbeißige Anmut, die gegenüber der geschmeidigen Weltläufigkeit ihrer Rivalin sehr wohl bestehen kann. Schließlich der Buffo Fleury, der, antibuffonesk, mit der Antisoubrette Anna unmittelbar so gut wie nichts zu tun hat. Dafür aber mittelbar. Mit ihrem gleichfalls etwas harschen höfischen Damengefolge, dem Fleury französische Lebensart beizubringen versucht: im zierlichen Tanzlehrgang (Nr. 5), aber auch im keckernden Spottlied auf Moritz, das er von den Pariser Straßen mitgebracht hat (Nr. 7). – Nicht nur in diesen Nummern sowie in den gut gebauten Finale ist der Chor ein eifriger Partner mit eigenem Gepräge. Goetze, versiert in farbiger Vielstimmigkeit, gibt ihm mehr dramatisches Gewicht als nur zu mechanischem Widerhall. Insgesamt kann sich *Adrienne* hören und sehen lassen. Mit einigem Abstand hinter den besten historisierenden Frauenoperetten, die deutschsprachig in den 20er Jahren herauskamen: Falls *Madame Pompadour* (1923) und Künnekes *Lady Hamilton* (1926). Goetze hat einen unverkennbar eigenen Ton, auch wenn er die Originalität und Durchschlagskraft der andern beiden Komponisten nicht ganz erreicht.

**Wirkung:** Obwohl *Adrienne* bei der Uraufführung gut ankam, auch auf andern Bühnen und im Rundfunk vielfach nachgespielt wurde, haben die Autoren das Stück zweimal textlich etwas umgearbeitet, 1936 und nach dem Krieg. In den III. Akt wäre nochmals einzugreifen, wo immer man sich dieser sonst so lebensfähigen und spielenswerten Operette annimmt.

**Autograph:** Verbleib unbekannt. **Ausgaben:** Kl.A: Neuer Theater Vlg., Bln. 1936; Regiebuch: Weber, Bln. [1926]; VVB, Bln. 1936; Vereinigte Bühnen- u. M.Verlage, Bad Kissingen; Astoria, Bln. **Aufführungsmaterial:** Astoria, Bln./Sikorski

*Volker Klotz*

# Der goldene Pierrot
## Operette in acht Bildern

**Text:** Oskar Felix (eigtl. Felix Blumauer) und Otto Kleinert
**Uraufführung:** 31. März 1934, Theater des Westens, Berlin
**Personen:** Peter Sander, Weingutsbesitzer (Komiker); Edith, seine Tochter (Sängerin); Horst Brenkendorf (T); Ferdi Larsen (T. Buffo); Grit Wasconi, Filmschauspielerin (Soubrette); Minna, Ediths Zofe; Heinrich Schmitz; ein Funkreporter; ein Empfangschef; ein Kellner; ein Winzer; eine Winzerin; ein Narr. **Chor:** Masken, Herren und Damen der Gesellschaft, Winzer, Winzerinnen, Kellner, Musiker
**Orchester:** 2 Fl (auch Picc), Ob, 2 Klar, Fg, 2 Hr, 2 Trp, 3 Pos, Pkn, Schl (2 Spieler: gr.Tr, Bck, kl.Tr, Glsp, Trg, Tamburin, Kastagnetten, Schellen, Vibr, Xyl), Cel, Hrf, Streicher; BühnenM ad lib.: Kl, 2 Vl, Vc
**Aufführung:** Dauer ca. 2 Std. 30 Min.

**Entstehung:** Seit 1933 schrumpften die deutschen Operettenspielpläne zwangsläufig unter dem Druck der rassistischen Kulturpolitik zusammen. Er traf nicht nur den Stammvater dieser Gattung, Jacques Offenbach. Er traf auch wichtige zeitgenössische Komponisten: Fall und Kálmán, Straus und Granichstaedten, Benatzky und Abraham. Von den lebenden Operettenmusikern blieben im deutschen Einflußbereich in erster Linie Lehár und Künneke, in zweiter Linie Goetze und Dostal. Sie haben es jedoch weitgehend fertiggebracht, ihre neuen Werke freizuhalten von nazistischen Tendenzen. Auch und gerade dort, wo sie merklich die erzwungenen Lücken auszufüllen versuchten, die durch besonders populäre verbannte Werke entstanden waren. So Dostal mit *Monika* (1937) Jessels alemannische Dorfoperette *Schwarzwaldmädel* (1917). So auch Goetze mit dem *Goldenen Pierrot* Kálmáns Karnevaloperette *Faschingsfee* (1917). Selbst der auffällige Umstand, daß Goetze, der bislang und auch fortan fast nur historische Stoffe vertonte, diesmal einen zeitgenössischen Stoff wählte, läßt am Werk selbst keine einschlägigen Zugeständnisse erkennen: weder musikalische noch thematische im Libretto seines altbewährten Mitarbeiters Felix.

**Handlung:** In einer großen Stadt am Rhein. 1. Bild: Karnevalssitzung; 2. Bild: Straße; 3. Bild: ein elegantes Tanzlokal; 4. Bild: Salon bei Sander; 5. Bild: Séparée; 6. Bild: wie 3. Bild; 7. Bild: Garten bei Sander; 8. Bild: intimer Raum der Villa Sonneneck. Edith, die zu Haus als brave höhere Tochter gilt, spielt eine Doppelrolle. Unerkannt, in der Maske eines goldenen Pierrots, der den Männern den Kopf verdreht, um ihnen eine Nase zu drehen, treibt sie allerlei Schabernack mit den fragwürdigen Honoratioren der Stadt. Sogar mit ihrem Vater, dem respektablen Weingutsbesitzer Sander. Ein Skandal! Zumal für den Karnevalsverein, der sich berufen sieht, die befristeten alljährlichen Ausschweifungen zünftig zu steuern.

Darum will der Elferrat, unter dem Vorsitz von Sander, den goldenen Pierrot schleunigst unschädlich machen. Doch die namenlose Maske läßt sich nicht einfangen. Weder auf der Straße noch im Tanzlokal, wo Papa Sander mit dem temperamentvollen Filmstar Grit Wasconi anbändeln möchte. Grit freilich findet an dem biederen Schwerenöter weit weniger Gefallen als am lustigen Ferdi Larsen, der in ihr eine Jugendfreundin erkennt: die durchaus hiesige Stadtschauspielerin Gretel Wasserbächer, die sich in Hollywood einen schönen Namen gemacht hat. Als der goldene Pierrot auf dem Ball ins Gedränge kommt, springt Grit prompt bei. Nur zu gern fördert sie die Ausbrüche einer Geschlechtsgenossin aus dem engen bürgerlichen Gatter. Noch einen andern unerwarteten Schutz findet der Pierrot: in Horst Brenkendorf, einem Sohn von Sanders Geschäftsfreund, der aus Berlin gekommen ist, um sich mit Edith zu verloben. Da sein Freund Ferdi ihm die ausersehene, aber nie gesehene Braut als ein eher hausbackenes Frauenzimmer ausgemalt hat, spricht er desto lebhafter auf die Reize der geheimnisvollen Maske an. Er erzählt ihr sogar, daß er, nolens volens, demnächst mit Edith sich offiziell verloben wird. Bei weiteren Treffen dann, im Séparée und im Tanzlokal, kommen die beiden sich noch näher. Horst muß dabei, sogar schriftlich, versprechen, auch späterhin zu einem Stelldichein zu kommen, wann immer die Unbekannte ihn bestellen mag. Nach einem halben Jahr, am Hochzeitstag mit Edith, denkt er freilich nur noch an seine junge Frau, die ihn immer mehr für sich einnimmt. Just für diesen Abend jedoch fordert der goldene Pierrot das gegebene Versprechen ein. In einem abgelegenen Zimmer der Villa (Edith hat sich vorgeblich mit Migräne zurückgezogen) kommt es zur Konfrontation: zwischen dem halbtägigen Ehemann und der Maskierten, die sich entlarvt, um ihn als untreu zu entlarven. Doch er kann beweisen, daß er schon beim letzten Rendezvous Edith an ihrem Ring erkannt und daraufhin erst recht sich in sie verliebt hat. Auch Vater Sander erfährt nun, mit zwiespältigen Gefühlen, wer in jenem Pierrot und was in dieser Tochter steckt.

**Kommentar:** Der Ehe- oder Liebespartner als Nebenbuhler seiner selbst: dies Sujet, ob in weiblicher oder männlicher Rolle, ist oft und mit viel musikdramatischem Gewinn in der Operette abgewandelt worden. Vorsätzlich spielen ein solches erotisches Doppelspiel Strauß' Rosalinde in der *Fledermaus* (1874), Falls Achmed Bey in der *Rose von Stambul* (1916), Kálmáns Prinzessin Jutta im *Hollandweibchen* (1920), aber auch bei Goetze selbst die Herzogin in *Ihre Hoheit – die Tänzerin* (Stettin 1919). Und ahnungslos spielen es Offenbachs Piquillo in *La Périchole* (1868) und Lehárs *Graf von Luxemburg* (1909). Noch häufiger hat die Operette Faschingstrubel entfacht mit aberwitzigen Verwechslungen, Täuschungen und Enttäuschungen. So möchte man meinen, diesen abgespielten und zersungenen Sujets, auch wenn sie nun verkoppelt erscheinen, seien 1934 wohl kaum noch Überraschungen abzugewinnen. Trotzdem ist es Goetze und seinen Librettisten gelungen, dem *Goldenen Pierrot* eigene Konturen zu geben. Und zwar durch eine sozialkritische Wendung, die gerade zu jener Zeit nicht selbstverständlich war. Schon als vagabundierende Faschingsmaske, aber auch als gezielte Rivalin ihrer selbst treibt Edith, der goldene Pierrot, mehr als nur ein unverbindliches Spiel. Komödiantisch offenbart sie die ungleichen Rollenzwänge in der bürgerlichen Familie und Gesamtgesellschaft: wonach die Frau sittsam ans Haus gefesselt und oft sogar regelrecht in Kauf genommen wird. Die Maske, die Edith wählt, ist doppelt ironisch. Obwohl unverkennbar Frau, treibt sie ihre erotischen Possen mit den Männern nicht als Pierrette, sondern, transvestiert und travestiert, als Pierrot. Noch dazu als goldener, der veranschaulicht, daß nicht alles Gold ist, was da glänzt; schon gar nicht der goldene Boden des väterlichen Winzerhandwerks. So löckt die maskierte Edith, straßauf straßab, wider ihre bürgerliche Domestikation. Zugleich führt sie, singend, tanzend, tollend, den tonangebenden Herren vor, daß es, wenn überhaupt, nicht allein Männersache sein muß, ein Doppelleben zu führen zwischen öffentlicher Wohlanständigkeit und heimlicher Ausschweifung. Satirisch angeschlagen wird dabei auch ein Sachverhalt, der für frühere Operetten noch nicht im gleichen Maß aktuell war: die verwaltete Fastnacht. Von Strauß' *Karneval in Rom* (1873) und *Nacht in Venedig* (1883) bis Kálmáns *Faschingsfee* wird der Rausch maskierter Selbstvergessenheit und Verbrüderung gefeiert als eine beglückende Anarchie, die auch noch in den Alltag überschwappt. Anders im heruntergekommenen rheinischen Karneval, den Goetze aufs Korn nimmt. Hier greift der bourgeoise Alltag über ins heitere Chaos durch einen Verein mit pingeliger Geschäftsordnung und strenger Hierarchie. Hier wird die Ausgelassenheit durch einen uniformierten Elferrat amtlich geregelt. Dieser Verein, dem just der Unternehmervater Sander vorsitzt, sieht sich in seinen Fundamenten unterhöhlt durch die unberechenbaren Aktionen des goldenen Pierrots. Dies Angriffsspiel, allerdings nicht mit der gleichen Unerbittlichkeit, setzt Edith auch dort noch fort, wo es um ihre persönlichen Belange geht. Sie schafft es, ihren auferlegten zum erwünschten Ehemann zu machen. Zug um Zug verwandelt sie ihn mittels ihrer Doppelrolle vom erwerbstüchtigen Einheirater zum waghalsigen Liebhaber. Allerdings, diese Fortsetzung von Ediths Ausbrüchen, im Sog des unvermeidlichen Happy-Ends, ist bei weitem nicht so brisant wie ihre karnevalistischen antikarnevalistischen Umtriebe zuvor. Goetzes musikalische Dramaturgie macht keinen Hehl daraus. Sie hat im 7. Bild für das frischverheiratete Paar nur noch eine Reminiszenz (Nr. 20) jenes Duetts (Nr. 9) übrig, mit dem der Pierrot im 3. Bild sich erstmals auf den ebenso unerkannten Horst einließ. Der prickelnd lasszive English-Waltz in As-Dur hatte dort den Zauber eines erotischen Initialfunkens: in aparter Instrumentation, in rhythmischen Hakenschlägen, in spannungsvollem Zueinander und Auseinander der Stimmen, in ungewöhnlichem Aufbau (Refrain–Strophe–Refrain). Dies Duett mit dem schillernden Textmotto

»Man spielt nicht mit Herzen« wird in der Reminiszenz entzaubert. Verkürzt auf den griffigen Refrainteil, schrumpft es zum melodischen Markenzeichen mit eindeutiger Moral. Diese Ehe, so hört man voraus, wird auch fortan vom Kapital ihrer abenteuerlichen Vorgeschichte zehren. Obendrein stimmt bedenklich, daß Edith und Horst gemeinsam nur dort musikalisch in Schwung kommen, wo sie im Kreis mit andern singen und tanzen: in den flotten Ensemblenummern »Wer am Rosenmontag an Aschermittwoch denkt« (Nr. 15) und »Kommt die Nacht, zieht Pierrot durch das Städtchen« (Nr. 16). Es sind, charakteristisch für Goetze, vielstimmige Geschwindmärsche, die durch jähe Synkopen jegliches militärische Stechschrittgepräge zersplittern. – Nirgends freilich behauptet sich der eigene Stil des Komponisten so deutlich wie in jenen musikalischen Szenen, mit denen er auch in andern Operetten dramatische Höhepunkte bestreitet, ob in *Adrienne* (1926) oder in der *Spitzenkönigin* (Stettin 1920), ob in *Schach dem König* (Berlin 1935) oder sonstwo. Jedesmal ein inständiges Wechselspiel von Solo und Chor, die einander anfeuern und dazwischenfahren, bekräftigen und Paroli bieten. Im *Goldenen Pierrot* markiert die Abfolge solcher Szenen die dramatischen Fronten und Kräfteverhältnisse. Die allererste entwirft die Exposition, die Ruhelage des biederen Status quo, durch spöttisch ausgespielte Statik zwischen Solo und Gruppe. Sander, folgsam unterstützt vom gemischten Chor der Karnevalsfunktionäre, beschwört das Spießerglück eines behäbigen »Schunkelwalzers« (Nr. 2). Die uniformierte Gemeinde, das zeigt der simple Chorsatz, ist sich rundum einig mit ihrem uniformierten Vormund. Arm in Arm und Kehle für Kehle stimmt sie ihm bei: wir sind unter uns im deftig skandierten ¾-Takt. Ab dem 3. Bild jedoch kommt die Gegenbewegung vehement zum Zug mit entsprechenden musikalischen Szenen, die der gemütlichen Selbstzufriedenheit in die Parade fahren. Jetzt ist der Chor kein willenloser Resonanzkörper mehr. Er wird zum kollektiven Partner. Eigenwillig greift er auf, was der Solist äußert; fordert ihm ab, was in ihm steckt; singt sich ihm in den Weg, um ihn zu noch energischeren Anläufen zu ermuntern. Gleich drei solche Nummern nacheinander durchkreuzen die Ordnung der ehrenamtlichen Vergnügungsbürokraten. Jedesmal männliches Solo mit weiblichem Chor oder umgekehrt. Hier brechen nun kollektiv die Geschlechterschranken auf, gegen die schon seit Beginn der Pierrot einsam anrennt. Zunächst zeigt der unbekümmerte Buffo Ferdi, umringt und bestärkt vom Damenchor, welche Kräfte in einem Walzer stecken, wenn er nicht zum gemessenen Wiegen des Schunkelns pervertiert. Ähnlich den *Accelerationen* von Johann Strauß steigert sich da, eins im andern, Melos

*Der goldene Pierrot*, 3. Bild, Finale; Inge van Heer als Edith (Mitte); Regie: Paul Helmuth Schüßler, Choreographie: Aurel von Milloss, Bühnenbild: Helmut Jürgens; Städtisches Theater, Düsseldorf 1935. – Das Tanzlokal ein Maskensaal: die Maske beherrscht die Szene.

und Tempo zu einer dynamischen Spirale aus keck pausierten Stakkati, um schließlich träumerisch auszuschwingen, weit weg von dieser kleinbürgerlichen Welt: »Den ér/sten Wál/zer hát / erdácht: / der Mann im Mónd« (Nr. 5). Ungleich heftiger, Allegro appassionato, geht's dann zu in Grits Auftrittslied mit Herrenchor (Nr. 6). Es ist ein quicklebendiger Bastard aus Geschwindmarsch und Paso doble in F-Dur, der nun restlos alle Betulichkeit über den Haufen wirft. Übermütige, selbstironisch machohafte »Caramba«-Flüche, die Grit wie Bälle mit der Männerhorde wechselt, akzentuieren das dahinstürmende Ensemble. Präriegalopp (im Film und in ersehnter Naturlandschaft) singt es herbei ins Tanzlokal der wackeren deutschen Stadt am Rhein. Geschickt bringt es Goetze hin, den Schwung des ersten Teils im Refrain noch zu intensivieren, indem er überraschend moduliert und zugleich den rhythmischen Akzent verschiebt: Die gleiche melodische Phrase, jetzt befreit von der anfänglichen Triole, schöpft gleichsam Atem, um nun erst recht loszupreschen. Mit dieser ungestümen Nummer ist das Terrain freigefegt für Ediths titelprägendes Hauptensemble. Eine maskierte Eigenhuldigung in der Rolle des namenlosen erotischen Rattenfängers, der betört, äfft, verwirrt: »Goldner Pierrot, eine Nacht / mit dir im Fasching verbracht« (Nr. 7). Diese Tangoweise in A-Dur hat innere Spannung genug, um auf äußeres Tempo verzichten zu können. Hier wächst sich nun vollends der Chor zum eigenständigen Partner aus. Bei gleichberechtigter Stimmführung duettiert er regelrecht mit der Solistin. Goetze läßt dabei, sinnigerweise über Kreuz, den verführenden Pierrot vom ganzen Orchester begleiten, während er der verführten Männergruppe nur solistische Flöten und Fagott beigibt. So hat denn, jedenfalls unter dem Vorzeichen der Faschingsfiktion, die einzelgängerische Frau die stärkeren Bataillone auf ihrer Seite. Abermals ein Zeichen für die gewitzte musikalische Dramaturgie des Komponisten.

**Wirkung:** In der Uraufführung sangen unter anderm Edith Schollwer, Karl Jöken, Kurt Vespermann und Genia Nikolajewa. *Der goldene Pierrot* ging über die meisten deutschen Bühnen und hat sich auch in den Rundfunkprogrammen gehalten. Er wurde und blieb, nach *Adrienne,* Goetzes wirksamstes Werk. Trotz mäßiger Dialoge und mancher unbeholfenen Strophentexte behauptet sich hier eine nach wie vor lebendige Operette zu einer Zeit, als diese Gattung international schon am Absterben war. Bis zu Beginn des zweiten Weltkriegs entstanden weitere Werke wie *Schach dem König* und *Sensation im Trocadero* (Stettin 1936), während und nach dem Krieg *Tanz der Herzen* (Stettin 1940) und *Liebe im Dreiklang* (Heidelberg 1950). Mit keinem dieser späteren Stücke konnte Goetze die Erfolge jener beiden Operetten einholen.

**Autograph:** Verbleib unbekannt. **Ausgaben:** Kl.A: Allegro 1934, o.Nr.; Regiebuch: Allegro 1934. **Aufführungsmaterial:** Allegro

*Volker Klotz*

# Friedrich Goldmann

Geboren am 27. April 1941 in Siegmar-Schönau (heute zu Karl-Marx-Stadt)

## R. Hot bzw. Die Hitze
Opernphantasie in über einhundert dramatischen, komischen, phantastischen Posen
5 Akte (6 Bilder)

**Text:** Thomas Körner, nach der »dramatischen Phantasey« *Der Engländer* (1777) von Jakob Michael Reinhold Lenz
**Uraufführung:** 27. Febr. 1977, Deutsche Staatsoper, Apollosaal, Berlin
**Personen:** Robert Hot, ein Eng-Länder (T); Lord Hot, sein Vater (B); Lord Hamilton, dessen Freund (T); die Prinzessin von Carignan, auch eine Buhlerin (S); ein Major, in sardinischen Diensten, auch ein Beichtvater (B.Bar); ein Soldat, auch Peters, Bediener (B); Williams, ein Bediener, auch ein Wundarzt (stumme R)
**Orchester:** Fl (auch Picc), Ob, Klar, Fg, Hr, Schl (Claves, Maracas, Holzblock, Guiro, auf Holz aufgelegtes verbeultes Blech, Waschbrett, tiefes Tomtom, Maultrommeln, Trg, Hihat, gr. Bck, hängendes Bck), 2 Tonb, elektron. Org, Kb
**Aufführung:** Dauer ca. 1 Std. 15 Min., keine Pause. – Die Schlaginstrumente werden zusätzlich von den Bläsern gespielt. Tonband für II/2: Trivialmusik (Rock, Beat o. ä.) nach Wahl des Theaters; Tonband für V. Akt: Kinderchor (S, A), Glsp, Röhrenglocken, 4 Bck, 2 Tamtams, 2 Cinelli, Vl I, Vl II, Va, Vc.

**Entstehung:** *R. Hot bzw. Die Hitze* ist das erste Bühnenwerk Goldmanns und Körners. Es entstand 1974 im Auftrag der Deutschen Staatsoper Berlin und erhielt den 1. Preis in einem Wettbewerb, der anläßlich des 25. Jahrstags des Bestehens der DDR ausgetragen wurde.
**Handlung:** In Turin.
Vorgeschichte: Robert Hot hat sein Elternhaus in England verlassen, um, allen Konventionen zum Trotz, sein eigenes Leben zu führen. Verliebt in die Prinzessin von Carignan, ist er in Turin Soldat geworden, um in ihrer Nähe sein zu können.
I. Akt, vor dem Palast der Prinzessin: Robert steht Wache. Er macht die geliebte Prinzessin auf sich aufmerksam, indem er vor ihrem Fenster sein Gewehr abschießt. Da die Prinzessin seine Gefühle nicht erwidern darf, will er sterben. Er zeigt sich selbst als Deserteur an und erwartet das Standgericht.
II. Akt, 1. Bild, im Palast: Die Prinzessin erwirkt die Aufhebung von Roberts Todesurteil. 2. Bild, Roberts Gefängnis: Die Prinzessin selbst überbringt Robert die Nachricht von seiner Begnadigung zu lebenslänglicher Haft. Er aber verlangt den Tod von ihrer Hand. Tief berührt von seinem leidenschaftlichen Gefühl, schenkt sie ihm ein Medaillon mit ihrem Porträt. Ihrer

Liebe nun gewiß, sieht Robert das Leben wieder in andern Licht. Inzwischen gelang es seinem Vater, ihn freizukaufen. Lord Hot redet Robert ein, die Prinzessin könne sich nicht verzeihen, ihn unglücklich gemacht zu haben. Widerstrebend folgt Robert dem Vater.

III. Akt, Hots Hotel: Robert empört sich, daß man ihn durch gesellschaftliche Zerstreuungen »zur Vernunft« bringen will. Er flieht aus dem Hotel.

IV. Akt, unter dem Fenster der Prinzessin: Erfolglos versucht Robert, die Prinzessin wiederzusehen.

V. Akt, in Hots Zimmer: Lord Hot behauptet vor seinem Sohn, die Prinzessin feiere gerade ihre Hochzeit. Robert will sich aus dem Fenster stürzen. Daran hindert ihn Lord Hamilton, Freund seines Vaters, und schickt ihm zur Zerstreuung eine Buhlerin. Er ahnt nicht, daß sich in deren Kleidern die Prinzessin Zutritt verschafft. Roberts Glück ist unermeßlich, als sie sich zu erkennen gibt. Sie veranlaßt ihn, die Täuschung fortzusetzen und einen Selbstmord vorzuspielen. Angesichts seines vermeintlich toten Sohns gerät Lord Hot außer sich. Während alle den eilig herbeigerufenen Beichtvater anflehen, wenigstens Roberts Seele zu retten, erhebt sich dieser unbemerkt und tanzt mit der Prinzessin aus der Szene.

**Kommentar:** Die fünf Akte setzen sich aus 112 »Posen« zusammen. Der Begriff meint einerseits Abgrenzung gegen symphonische Opernkonzepte wie gegen die Form der Nummernoper; andrerseits kennzeichnet er die Struktur des Verlaufs, in dem für jede Handlungsphase die jeweilige psychisch-physische Befindlichkeit der Figur mit ihren positiven oder negativen Umweltbeziehungen sowie die wertende Haltung der Autoren zum dramatischen Augenblick komprimiert sind. Von Zusammenhang stiftenden Korrespondenzen abgesehen, zeigt jede Pose ein eigenes Gesicht. Goldmann erreicht dies durch jeweils besondere Kombination der Instrumente, durch unterscheidende kompositorische Struktur und Form, die eine Vielzahl musikalischer Charaktere ermöglichen. Er verwendet heterogenste musikalische Mittel: Motorik und Virtuosität neben Lyrik, Klischees der Unterhaltungs- und Gebrauchsmusik neben Polyphonie, Bitonalität und Aleatorik. Die Musiker beteiligen sich über ihren instrumentalen Anteil hinaus sprechend (auf rhythmisch fixierten ungefähren Tonhöhen), pfeifend, mit zischendem »s« zur Heimlichkeit mahnend oder auch mit »erlöstem Stöhnen« auf Hots Flucht aus dem Hotel reagierend. Die Elemente und ihre Kombinationen sind genau geplant und erzielen bewundernswerte Anschaulichkeit. Die szenische und geistige Präzision der kompositorischen Erfindung ist typisch für Goldmanns Werk. Noch die kleinste Zäsur ist von Bedeutung. In solchem Zusammenhang wird begreiflich, daß Körner den Text so knapp, gelegentlich wie in einer Kürzelsprache, abfassen konnte: Er schrieb für einen Komponisten, der sich mit zwingender Genauigkeit musikalisch zu artikulieren weiß. Körner und Goldmann verändern den Schluß der Vorlage: Sie heben die Tragik des Freitods komödiantisch im vorgetäuschten Selbstmord auf. Der damit geöffnete Weg

*R. Hot bzw. Die Hitze*, II. Akt, 2. Bild; Peter Menzel als Hot, Brigitte Eisenfeld als Prinzessin; Regie: Peter Konwitschny, Ausstattung: Karl-Heinz Schäfer; Uraufführung, Staatsoper, Berlin 1977. – Selbst befangen, zweifelt Hot noch an seiner Befreiung durch die Liebe.

aus der normierten alten Welt heraus ist allerdings Fiktion. Wohl realisieren die beiden Protagonisten in ihrer Liebesbeziehung ein Stück besseren Lebens; damit jedoch ist erst ein Anfang gesetzt, eine Beziehung, die sich an der Realität zu bewähren hat und ihr Teil leisten muß, deren Begrenztheit zu überwinden. Um im »zweiten Schluß« die produktive Spannung zwischen Wirklichkeit und Möglichkeit zu unterstreichen, klingt über Tonband ein von Kinderstimmen gesungenes Lied herein, das einen Zukunftsaspekt ins Spiel bringt. *R. Hot bzw. Die Hitze* ist ein wesentliches Werk für die Entwicklung des musikalischen Theaters in der DDR und sicher nicht ohne Interesse für die Gattung überhaupt.

**Wirkung:** Nach der Uraufführung unter Leitung des Komponisten (Hot: Peter Menzel, sein Vater: Peter Olesch, Lord Hamilton: Peter Bindszus, Prinzessin: Brigitte Eisenfeld) fand die westdeutsche Erstaufführung am 15. Nov. 1978 in Stuttgart statt (Hot: Lutz-Michael Harder, Prinzessin: Rebecca Littig; Dirigent: Bernhard Kontarsky, Inszenierung: Ernst Poettgen). Anläßlich der Eröffnung der 2. Norddeutschen Opernstudiowoche 1980 in Braunschweig brachte die Opera stabile der Hamburgischen Staatsoper das Werk dort heraus (wiederum mit Harder und Kontarsky; Prinzessin: Jutta-Renate Ihloff) und übernahm es danach für sechs Aufführungen nach Hamburg (Opera stabile der Hamburgischen Staatsoper).

**Autograph:** beim Komponisten. **Ausgaben:** Part: Peters, Lpz. 1979, Nr. 9654; Kl.A: ebd. 1979; Textb.: ebd. 1978, Nr. 10012.
**Aufführungsmaterial:** Peters, Lpz.
**Literatur:** S. NEEF, Zum Werk, in: Textb. [s. Ausg.]; dass., ältere Fassung, in: TdZ 1976, Nr. 8, S. 64; F. SCHNEIDER, Momentaufnahme. Notate zu M u. Musikern in d. DDR, Lpz. 1979

*Eberhard Schmidt*

# Karl Goldmark

Auch Károly Goldmark; geboren am 18. Mai 1830 in Keszthely (Plattensee), gestorben am 2. Januar 1915 in Wien

## Die Königin von Saba
**Oper in vier Akten**

**Text:** Salomon Hermann Ritter von Mosenthal
**Uraufführung:** 10. März 1875, Hofoper, Wien
**Personen:** König Salomon (Bar); Baal-Hanan, Palastaufseher (Bar); Assad (T); der Hohepriester (B); Sulamith, seine Tochter (S); die Königin von Saba (Mez); Astaroth, ihre Sklavin (S); Stimme des Tempelwächters (B); Stimmen aus dem Volk (S, A, T, B). **Chor, Statisterie:** Leibwache, Frauen, Mägde, Sklavinnen, Krieger, Soldaten, Jungfrauen, weiße und schwarze Sklavinnen im Gefolge der Königin von Saba, Gefolge König Salomons, Gefolge Baal-Hanans, Sänger, Harfenspieler, Priester, Leviten, Volk, Mädchen, Jünglinge, Haremsfrauen, Bajaderen. **Ballett:** Mädchen, Bienen
**Orchester:** 3 Fl (3. auch Picc), 2 Ob, E.H, 2 Klar, B.Klar, 2 Fg, 4 Hr, 3 Trp, 3 Pos, Tb, 3 Pkn, Schl (gr.Tr, Bck, 2 kl.Tr, hängendes Bck, Trg, Glöckchen, Amboß), 2 Hrf, Streicher; BühnenM: 2 A.Pos, 2 T.Pos, 2 B.Pos, Tb, Schl (Tamburin, Trg, Tamtam), 6 Hrf ad lib.
**Aufführung:** Dauer ca. 3 Std. – Ballett im I. und III. Akt. Bis zu 14fache Teilung der Streicher.

**Entstehung:** Goldmarks Karriere als Komponist begann 1857 in Wien; 1862 wurde es ihm durch ein staatliches Stipendium ermöglicht, seine berufliche Tätigkeit als Geiger und Klavierlehrer einzuschränken. Einen ersten großen Erfolg hatte er 1865 mit der Ouvertüre *Sakuntala*. In diesen Jahren befaßte er sich nach eigenem Bekunden erstmals mit dem Königin-von-Saba-Stoff und dem Gedanken, darüber eine Oper zu komponieren. Auslöser war die Ähnlichkeit seiner Schülerin Karoline Bettelheim mit Frédéric Schopins Porträt der biblischen Gestalt. 1863 nahm das Projekt konkrete Züge an, als Goldmark selbst ein Szenarium entwarf, das er einem Dilettanten namens Klein zur Ausarbeitung vorlegte. Enttäuscht von dessen Text, ließ er den Plan zunächst fallen. 1865 griff er das Projekt wieder auf, als Mosenthal ihm empfahl, mit ihm als Librettisten eine Oper zu schreiben. Binnen 14 Tagen verfügte Goldmark über die ersten beiden Akte des von Mosenthal nach dem alten Szenarium verfaßten Librettos, mit deren Vertonung er sogleich begann. Hemmnisse stellten sich dadurch ein, daß Mosenthal erst nach Jahren den III. Akt ablieferte, der bei Goldmark vor allem seines Happy-Ends wegen auf wenig Gegenliebe stieß. Goldmark unterteilte ihn in zwei Akte und setzte sich so lange mit Mosenthal auseinander, bis das Libretto in seiner endgültigen Form fertiggestellt war. 1872 legte er die Partitur, die er im Nov. 1871 abgeschlossen hatte, der Hofoper Wien zur Begutachtung vor. Deren Direktor Johann Herbeck, aber auch der einflußreiche Musikkritiker Eduard Hanslick lehnten das Werk ab. Erst eine Teilaufführung (Einzugsmarsch und Chor) anläßlich einer Matinee im Jan. 1874 in Wien in Anwesenheit Franz Liszts und Johannes Brahms', bei der sich vor allem Liszt positiv eingestellt zeigte, sowie das energische Einschreiten Konstantin Prinz zu Hohenlohe-Schillingsfürsts, des Intendanten der Oper, übten den nötigen Druck aus, so daß Herbeck das Werk auf den Spielplan setzte. Während der Proben erweiterte Goldmark auf Herbecks Wunsch den Auftrittsmonolog König Salomons im Tempel, um den Sänger Johann Nepomuk Beck nicht um Szenenapplaus zu bringen. Die einschneidendste Veränderung erfolgte jedoch in der Woche zwischen Generalprobe und Premiere, als Goldmark auf Anweisung Hohenlohes die Partitur erheblich kürzte. In dieser Form erschien die *Königin von Saba* dann auch im Druck, die gestrichenen Passagen sind jedoch in den autographen Materialien erhalten geblieben (vgl. István Kecskeméti, Einführungstext, s. Lit.).

**Handlung:** In Jerusalem und am Rand der syrischen Wüste, in biblischer Zeit.
I. Akt, Halle in König Salomons Palast: Am Hof in Jerusalem erwartet man die Ankunft der Königin von Saba. Der junge Assad, der sie im Auftrag Salomons auf der letzten Wegstrecke begleitet hat, ist vorausgeeilt, um ihr Erscheinen anzukündigen. Verstört meidet er den Blick seiner Braut Sulamith. Von Salomon wegen seines Verhaltens zur Rede gestellt, gesteht er, in eine schöne Unbekannte verliebt zu sein, die ihn beim Bad, während einer Rast im Libanongebirge, umarmt habe. Als die Königin bald darauf mit ihrem Gefolge einzieht und den Schleier lüftet, erkennt Assad in ihr die Fremde wieder, die ihn jedoch verleugnet. Salomon besänftigt den Erregten und erinnert ihn an seine bevorstehende Hochzeit mit Sulamith.
II. Akt, 1. Bild, phantastischer Garten mit Zedern, Palmen und Rosensträuchern, aufsteigender Mond: Die Königin lockt Assad zu einem Stelldichein in den Palastgarten, entzieht sich ihm aber nach kurzem Zusammensein. 2. Bild, Tempel: Bei der Hochzeitsfeier erscheint die Königin mit Brautgeschenken. Bei ihrem Anblick verliert Assad die Beherrschung, wirft seinen Ring fort und stürzt der Geliebten zu Füßen, die vorgibt, ihn nicht zu kennen. Im Angesicht des vom Hohenpriester enthüllten Allerheiligsten huldigt Assad der Königin als seiner Göttin. Das Volk fordert den Tod des Lästerers, doch Salomon behält sich den endgültigen Urteilsspruch vor.
III. Akt, Festhalle: Auf einem Fest zu ihren Ehren versucht die Königin vergeblich, bei Salomon Assads Begnadigung zu erwirken. Der verzweifelten Sulamith, die selbstlos um das Leben des Bräutigams bittet, schenkt Salomon Gehör: Assad soll nicht sterben, sondern an einen einsamen Ort am Rand der Wüste verbannt werden; dorthin möge auch Sulamith gehen.
IV. Akt, Rand der Wüste: Assad wird von der Königin, die sich mit ihrer Karawane auf dem Heimweg

befindet, mit neuen Liebesversprechungen bedrängt; er weist aber die Versucherin von sich. Sulamith kommt, um ihm zu verzeihen. Erschöpft stirbt er in ihren Armen.

**Kommentar:** Im Libretto bildet der biblische Bericht vom Besuch der Königin von Saba in Jerusalem lediglich den stofflichen Rahmen für einen Ideenkonflikt romantischer Provenienz: den Kampf zwischen guten und bösen Mächten, Licht und Finsternis, um die Seele eines labilen, verführbaren Manns. Die exotische Königin erhält über die Rolle einer Rivalin Sulamiths hinaus eine metaphysische Dimension als dämonische Versucherin und nächtliche Herrscherin im Reich der Triebe. Mit Täuschung und Verstellung (»Steh mir bei, du Geist der Lüge«, I/7) sucht sie Assads Sinne zu verwirren und für die Mächte der Finsternis zu gewinnen, denen sie sich nach dem Scheitern ihres Plans in trotziger Verzweiflung selbst überantwortet (»Schatten der Nacht, verschlinget mich!«, IV/2). Von ihrer gleisnerischen Dienerin Astaroth sekundiert, entfaltet diese »Königin der Nacht« ihren Verderben bringenden Zauber erst in der Dunkelheit; bei Tageshelle verharrt sie in sphinxhafter Schweigsamkeit. Ihr Gegenspieler ist Salomon als Hüter des göttlichen Gesetzes, das sich in der vernünftigen Ordnung gesellschaftlichen Lebens manifestiert. Der Herrscher im Reich des Lichts durchschaut den Anschlag der dämonischen Mächte (»Der Gott, der meinen Thron gegründet, er heischt die Wahrheit und das Licht! Die Fackel, so die Nacht entzündet, verlöscht vor seinem Angesicht«, III/2). Im Verborgenen lenkt er das Geschick des unglücklichen Paars, weist dem Gestrauchelten den Weg zur Sühne und führt den Reuigen im Tod mit seiner Braut wieder zusammen. Assad, der »schwankende Held«, steht nur vordergründig zwischen den beiden Frauen; im Kampf um seine Seele, den Salomon und die Königin austragen, spielt Sulamith nur eine Stellvertreterrolle: eher passives Opfer als selbstverantwortlich Handelnde. Die Parallelen in der dramaturgischen Grundkonstellation zwischen der *Königin von Saba* und Wagners *Tannhäuser* (1845) sind mit Händen zu greifen, vor allem im Tempelbild des II. Akts und im IV. Akt: Assads blasphemisches Liebesbekenntnis (»Mögt ihr mich bei Gott beschwören, meine Göttin bet' ich an!«, II/7) einerseits, die phantasmagorische Erscheinung der Königin als Versucherin vor Assads Erlösungstod andrerseits evozieren archetypische Szenen aus Wagners Oper. – Gerade in ihrer Simplizität erweist sich diese Kontrastdramaturgie als wirkungssichere Vorgabe für den Komponisten, die Goldmark geschickt zu nutzen wußte. Stilistisch präsentiert sich *Die Königin von Saba* als effektvolle Mischung aus Elementen der Grand opéra und des Wagnerschen Musikdramas. Der großen Oper verpflichtet ist der repräsentative Rahmen musikalischer und szenischer Prachtentfaltung, der freilich nie dramatisch aktiviert wird, sondern auf dekorative Funktionen beschränkt bleibt (Eindimensionalität der Ensembles und Chöre). Auf Wagner weisen das durchgehende, nur gelegentlich von Nummern unterbrochene Deklamationsmelos, die entwik- kelte, wenn auch nicht formbildende Motivtechnik sowie die reiche, hier allzu wahllos gehandhabte Chromatik, die melodische Konturen zum Nachteil der dramatischen Stringenz zerfließen läßt. Als Charakteristikum des musikalischen Satzes tritt ein exzessiver Gebrauch von Ostinati hervor. Die Qualitäten der Musik liegen auf der klanglichen Ebene, die Goldmark sehr differenziert im Sinn eines imaginativen Orientalismus gestaltet. Das gilt sowohl für die opulente Farbigkeit der großen Orchesterpartien (Einzugsmarsch der Königin; »Nachtstück«; Ballett mit dem populären »Bienentanz«; Wüstensturm während Assads Monolog) als auch für den aussparend-verfremdenden Effekt unbegleiteter Vokalstimmen (Astaroths Lockruf; Gebetsruf des Tempelwächters), die ihre Vorbilder in Meyerbeers *Africaine* (1865) haben. Das schärfste und zugleich differenzierteste dramatische Profil weist die Rolle Assads auf. Die musikalische Spannweite reicht vom Wagner-Idiom der großen Monologe (»Am Fuß des Libanon«, I/6; »Komm, Tod, geendet sind die Qualen«, IV/3) zur Italianità des berühmten Kantabiles »Magische Töne« (II/3), in dem sich bellinische Melodik und spätromantisches Sfumato zu einer preziösen Mischung verbinden. – Als musikdramatisches Pendant zu Hans Makarts üppig-exotischen Prunkgemälden bleibt *Die*

*Die Königin von Saba*; Charlotte von Seeböck als Sulamith; Königliche Oper, Budapest 1909.

*Königin von Saba* ein wichtiges Dokument des Fin-de-siècle-Historismus österreichisch-ungarischer Provenienz.

**Wirkung:** Der Publikumserfolg der Uraufführung (Königin: Amalie Materna, Sulamith: Marie Wilt, Salomon: Beck, Assad: Gustav Walter, Hoherpriester: Viktor von Rokitansky) war außerordentlich. Lediglich die Kritik äußerte sich zurückhaltend, monierte vor allem das Libretto (Robert Werba, s. Lit.). Das Werk gewann rasch an Popularität und entwickelte sich zu einem der beliebtesten des modernen Repertoires. Bereits 1897 wurde die 100. Aufführung gezählt. In der von Gustav Mahler (später auch von Bruno Walter) geleiteten Neuinszenierung 1901 sangen Anna Bahr-Mildenburg, Elise Elizza, Leopold Demuth, Fritz Schrödter und Vílem Heš; als Astaroth brillierte Selma Kurz, deren langer Triller im »Lockruf« Gesangsgeschichte machte. Unter den wechselnden Besetzungen der folgenden Jahre ist vor allem das Debüt Leo Slezaks als Assad 1904 hervorzuheben. Eine spezielle Aufführungstradition bildete sich für den »Bienentanz« heraus, der in Wien zum Repertoire der Primaballerinen gehörte (nach Henriette Mauthner in der Premiere: 1901 Irene Sironi, 1907 Cecilia Cerri, 1915 Elsa von Strohlendorf, 1918 Gusti Pichler). Eine weitere Inszenierung folgte 1936 unter der Leitung von Karl Alwin (mit Anny Konetzni und Josef Kalenberg). Bis 1937 gab es 277 Aufführungen. Noch länger und kontinuierlicher hielt sich *Die Königin von Saba* im Spielplan der Budapester Oper. Bereits 1876 fand die Erstaufführung in ungarischer Übersetzung von Lajos Dóczi statt (mit Róza Tanner Szabó, Ida Benza, Lehel Ódry, Josef Ellinger und Károly Kőszeghy; Dirigent: Sándor Erkel). Neuinszenierungen folgten 1916 und 1930 (Dirigent: Antal Fleischer, Regie: Árpád Szemere, Ausstattung: Gusztáv Oláh). Diese Inszenierung wurde 1945, 1956 und 1961 (Erkel-Theater) wiederaufgenommen, wobei Oláh zumeist auch Regie führte. In den Hauptrollen brillierten die Spitzensänger der Budapester Oper: Elza Szamosi, Olga Haselbeck, Charlotte von Seeböck, Ella Némethy, Klára Palánkay, Rózsi Delly (Königin), Italia Vasquez, Teréz Krammer, Seeböck, Anna Medek, Mária Németh, Magda Rigó, Paula Takács (Sulamith); František Broulík, Dezső Aranyi, Kálmán Pataky, János Halmos (Assad); Dávid Ney, Lajos Rózsa, László Jámbor (Salomon). – Auch in Italien wurde das Werk als *La regina di Saba* in den ersten Dezennien nach der Premiere häufig und mit Erfolg gegeben (Übersetzung: Angelo Zanardini). Nach Turin 1879 (Dirigent: Carlo Pedrotti) folgten noch im selben Jahr Bologna (Königin: Emma Turolla), 1882 Rom, 1887 Mailand (Neueinstudierung 1901 unter der Leitung Arturo Toscaninis) und 1888

*Die Königin von Saba*, I. Akt; Ludovic Konya als Salomon, András Molnár als Assad; Regie: András Mikó, Bühnenbild: Wolfram Skalicki; Vereinigte Bühnen, Graz 1985. – Die von bronzefarbenen Vogelgestalten und Ornamenten babylonischer Provenienz besetzte Wand repräsentiert die magische Welt, die bipolar gespalten ist und weiter aufgespalten wird durch das gewaltsame Eindringen der Königin in Salomons heilige Stätte.

Genua (Neueinstudierung 1902). Toscanini brachte das Werk 1901 auch in Buenos Aires mit Amelia Pinto, Enrico Caruso und Eugenio Giraldoni heraus. In Deutschland wurde *Die Königin von Saba* bald nach der Premiere an zahlreichen größeren Bühnen einstudiert (unter anderm 1877 Hamburg, 1879 Berlin und Leipzig, 1880 Dresden und München, 1881 Frankfurt a. M.). Die Metropolitan Opera New York gab das Werk 1885, 1886, 1889 (mit Lilli Lehmann als Königin) und 1905. Nach dem zweiten Weltkrieg wurden außer in Budapest Aufführungen des Werks selten. Unter der Leitung von Reynald Giovaninetti erfolgte 1970 eine konzertante Einstudierung in New York (Königin: Alpha Floyd, Sulamith: Teresa Kubiak). Ihr folgte eine weitere 1979 in Wien anläßlich des 19. Internationalen Musikfests der Wiener Konzerthausgesellschaft (Königin: Anja Silja, Sulamith: Sabine Hass, Assad: Siegfried Jerusalem, Salomon: Wolfgang Brendel). Die erste szenische Neuinszenierung gab es 1985 in Graz.

**Autograph:** Part: Országos Széchényi Könyvtár Budapest (Ms. mus. 6. 503/1-2); Kl.A, teilweise Part u. Particell: ÖNB Wien (Mus. Hs. 30400). **Abschriften:** ÖNB Wien (O. A. 1319-20). **Ausgaben:** Part: Pohle, Hbg. [1879], Nr. 342; Schweers & Haake, Bremen [1880], Nr. H. P. 342; UE 1912; Ricordi; Kl.A: Pohle, Hbg. [1879], Nr. 343; Schweers & Haake, Bremen [1880], Nr. H. P. 343; Kl.A, engl. Übers. v. J. H. Cornell: Pohle, Hbg. [1881], Nr. 540; Textb.: Hbg., Pohle; Wien, Wallishausser 1875; Wien, Tagblatt-Bibl. [mit Einf. v. H. Kralik]; Wien, Künast; Lpz., Reclam, Nr. 5467. **Aufführungsmaterial:** UE, Ricordi
**Literatur:** E. HANSLICK, Aus neuer und neuester Zeit, in: DERS., Musikalisches Skizzenbuch. Der modernen Oper 4. Teil, Bln. 1888, S. 13f.; R. BATKA, Aus der Opernwelt, München 1907, S. 177–184; K. GOLDMARK, Erinnerungen aus meinem Leben, Wien 1922, S. 114–131, ung. [mit Nachwort, Zeittafel, Werk-Verz., Kommentar u. Namenregister], hrsg. I. Kecskeméti: Budapest 1980; F. KOSTJAK, Hermann Salomon Mosenthal als Dramatiker, Diss. Wien 1929, S. 62–73; M. GRAF, Die Wiener Oper, Wien, Ffm. 1955, S. 257; T. HELM, Fünfzig Jahre Wiener Musikleben (1866–1916), hrsg. M. Schönherr, Wien 1977, S. 91; R. WERBA, Königin für 277 Abende. G.s Oper u. ihr wienerisches Schicksal, in: ÖMZ 34:1979, S. 192–201; I. KECSKEMÉTI, [Einf., in: Bei-H. d. Schallplattenaufnahme Hungaroton], 1980; DERS., A ›Sába királynöje‹ dramaturgiájának kérdéseihez, in: Magyar zene 21:1980; **zu Goldmark:** K. ISOZ, Zenei kéziratok, Bd. 1: Zenei levelek, Budapest 1924; E. KÁLMÁN, G. K., 1830–1930, Budapest 1930; L. KOCH, G. K., 1830–1930, Budapest 1930 [ung./dt. G.-Bibliographie]; J. KLEMPA, G., az ember, Keszthely 1930; E. SEBESTYÉN, Magyar operajátszás Budapesten, 1793–1937, Budapest 1937; M. KÁLDOR, P. VÁRNAI, G. K. élete és müvészete, Budapest 1956; P. VÁRNAI, G. K. élete képekben, Budapest 1957; A Budapesti Operház 100 éve, hrsg. G. Staud, Budapest 1980

*Sieghart Döhring*

## Das Heimchen am Herd
### Oper in drei Abteilungen

**Text:** Alfred Maria Willner, nach der Erzählung *The Cricket on the Hearth* (1846) von Charles Dickens
**Uraufführung:** 21. März 1896, Hofoper, Wien

**Personen:** John, Postillon (Bar); Dot, seine Frau (S); May, Puppenarbeiterin (S); Edward Plummer, Seemann (T); Tackleton, Puppenfabrikant (B); das Heimchen, eine Grillenelfe (S); Annette (S); Georgette (S); ein Mädchen (A); eine Stimme (T); die alte Anne (A); ein Bauer (B). **Chor:** Dorfleute, Elfen, Heimchen
**Orchester:** 3 Fl (3. auch Picc), 2 Ob, E.H, 4 Klar, B.Klar, 2 Fg, 4 Hr, 3 Trp, 4 Pos (4. auch Tb), Pkn, Schl (kl.Tr, Bck, Glocke, Trg), Hrf, Streicher; BühnenM: Trp
**Aufführung:** Dauer ca. 2 Std. 45 Min. – Der Chor der Elfen und Heimchen singt hinter der Szene.

**Handlung:** In einem Dorf in England, Anfang des 19. Jahrhunderts.
I. Abteilung, Prolog, Wolkendekoration: Die unsichtbaren Elfen preisen das segensreiche Wirken eines Heimchens als Schutzgeist. – Große, ländlich einfache Stube in Johns Haus, Abendstimmung: Das Heimchen schlüpft hinter dem Herd hervor und resümiert wohlgefällig das Glück der jungen Leute, bei denen es lebt. Nur noch ein eigenes Kind fehlt dem Ehepaar zum vollkommenen Glück. Das Heimchen verschwindet wieder, bevor Dot in die Stube tritt und das Abendessen bereitet. In glücklicher Zwiesprache mit sich und dem Heimchen gesteht die Frau, der Geburt eines Kinds entgegenzusehen, will aber das Geheimnis noch für sich behalten. Statt ihres erwarteten Gatten betritt die Puppenarbeiterin May die Stube und schüttet der Freundin ihr Herz aus: Sie soll den schrulligen Tackleton heiraten, obgleich sie noch immer Edward liebt, der sie vor sieben Jahren verlassen hat. Dot gibt dem armen Mädchen Essen für seinen blinden Pflegevater mit. Indessen kommt John mit seinem Postwagen an, umarmt seine Frau und stellt ihr einen Gast vor. Es ist Edward, der in Seemannskleidung unerkannt in sein Heimatdorf zurückgekehrt ist. John teilt inzwischen die Post für die Dorfbewohner aus, die eine so große Aufregung daraus machen, daß das Heimchen vor dem Lärm in die nahe Rosenhecke flüchtet.
II. Abteilung, 1. Bild, Garten vor dem Haus: John sitzt am gedeckten Tisch und läßt sich von seiner Frau bewirten, die ihn neckend eifersüchtig zu machen sucht. May, von Dot eingeladen, findet sich zum Abendessen ein. Tackleton kommt dazu und will seine Braut abholen und küssen, wird aber abgewiesen. Unbemerkt tritt Edward hinzu und mischt sich ins Gespräch. Ohne seinen Namen zu verraten, erzählt er von seinem Leben in der Fremde und seiner traurigen Rückkehr. May erschrickt und kommt ins Grübeln. Als Edward auch noch ein Säckchen Edelsteine vorzeigt, legt Dot zum Scherz das Geschmeide an, kommt ins Schwärmen und beginnt zu tanzen. Edward legt ihr als Geschenk ein goldenes Kreuz um den Hals und flüstert ihr seinen Namen zu. Verwirrt bricht sie in Tränen aus. Tackleton zieht falsche Schlüsse und lädt John auf ein Bier ein, da er vermutet, der Fremde wolle sich an dessen Frau heranmachen. Edward will jedoch mit Dots Hilfe lediglich herausfinden, ob May ihn noch liebt. John, hinter Sträuchern versteckt,

beobachtet die beiden, wird eifersüchtig und eilt mit einer Holzhacke ins Haus, wohin sich Edward zurückgezogen hat. Dann stutzt er, besinnt sich eines Besseren und beklagt lediglich seine Torheit, ein so junges Weib zur Frau genommen zu haben. Schluchzend sinkt er zusammen, hört aber noch, wie ihn das Heimchen tröstet, das Dots Treue versichert, zumal sie gerade ein Kind von ihm erwartet. Während John einschläft, singen die Heimchen und Elfen. 2. Bild, Waldweiher mit schilfigen Ufern, Mondnacht: Heimchen und Elfen tanzen. Wie in einer Vision sieht man ein dreijähriges Kind, Posthorn blasend und im Fuhrmannskittel, mit Holzwägelchen und -pferden.

III. Abteilung, Wohnstube in Johns Haus, morgens: May schmückt sich als Braut. Dot will ihr den Myrtenkranz aufsetzen, wogegen sich May plötzlich heftig sträubt. Ein Seemannslied singend, kommt Edward langsam näher und betritt die Stube, die Dot inzwischen verlassen hat. May reißt sich den Myrtenkranz vom Kopf und ist fest entschlossen, Tackleton nicht zu heiraten. Sie erkennt Edward, der sich seines angeklebten Barts und seiner grauen Perücke entledigt hat, fliegt in seine Arme und bekennt ihre andauernde Liebe. Edward nimmt sich vor, mit Hilfe der Dorfburschen Tackleton einen Streich zu spielen, und verschwindet. Tackleton betritt mit einem mächtigen Blumenstrauß und einer falschen Perlenkette das Zimmer, um seine Braut abzuholen. Burschen drängen in die Stube, als seien sie Hochzeitsgäste. Tackleton will sie hinauswerfen. Er kann aber nicht einmal verhindern, daß Edward die eintretende Braut am Arm nimmt und beide mit seinem Wagen zur Kirche fahren. Die Burschen treiben noch eine Weile ihren Spaß mit dem gefoppten Hochzeiter, den sie schließlich unter höllischem Gelächter in die Freiheit entlassen. John und Dot betreten die leere Stube. Sie hält ihm scherzhaft sein Mißtrauen vor, zumal sie geholfen hatte, May und Edward wieder zusammenzubringen. Er poltert los, ihre heimlichen Vorwürfe wegen seines Alters und des Kindersegens der Nachbarin nicht länger ertragen zu wollen. Als Dot ihm ein weiteres Geheimnis anvertrauen will, wird John ernsthaft zornig, ist jedoch schnell beschwichtigt, als er vom gemeinsamen Kind erfährt. Das Heimchen schlüpft hinter dem Ofen hervor und besiegelt das Glück des Paars, ohne jedoch unerwähnt zu lassen, daß die Geschichte ein Märchen gewesen sei, zumal die Elfen diese Ansicht bestätigen; gleichzeitig gruppieren sich die Hauptpersonen zu einem »lebenden Bild«.

**Kommentar:** In Willners Bearbeitung wird das Hausmärchen, das Dickens als Weihnachtsgeschichte in behaglicher Atmosphäre vor knisterndem Kaminfeuer angesiedelt hatte, in eine sommerliche Jahreszeit verlegt, die gemächliche Erzählung des Originals in eine relativ knappe Handlung gebracht, die das dramatische Moment der Verweigerung, Tackletons Frau zu werden, zwar aufgreift, aber die Verwandlung des alten Geizkragens in einen liebenswerten Menschen ausspart. Die durchkomponierte Form der Oper wird nicht zu hochdramatischen Entwicklungen genutzt, sondern zur Darstellung schlichter Geschehnisse im bürgerlichen Alltag, die durchaus auch in Nummern hätten gegliedert werden können; Melodik und Harmonik sind entsprechend einfach und zweckmäßig eingesetzt. Auch die Chöre haben weniger dramatische Motivationen als vielmehr den Zweck der Auflockerung des Geschehens. Typisch dafür ist die Situation, in der John die Pakete an die Dorfbewohner verteilt. Deren Ungeduld manifestiert sich zwar chorisch; doch die polternde Wirkung kommt ohne die Unterstützung des Orchesters, das die Szene zum eigentlichen Höhepunkt treibt, nicht heraus.

**Wirkung:** Obgleich inzwischen fast völlig vergessen, war *Das Heimchen am Herd* Ende des 19. Jahrhunderts eine der erfolgreichsten Opern in Mitteleuropa. An der Wiener Hofoper hielt sich das Werk bis 1905 im Spielplan, in einer Neuinszenierung 1913 nochmals bis 1920. Noch im Jahr der Uraufführung (John: Josef Ritter, Dot: Marie Renard, May: Irene Abendroth, Plummer: Fritz Schrödter, Heimchen: Ellen Brandt) ist es in Berlin, Brünn, Budapest, Prag, Riga, Basel, Posen und Straßburg nachgespielt worden. Im Jahr darauf fanden drei Aufführungen mit übersetztem Libretto statt: kroatisch in Zagreb, tschechisch in Prag und schwedisch in Stockholm. Die Inszenierung 1898 in Petersburg wurde mit deutschem Text gespielt. In englischer Übersetzung von Percy Pinkerton wurde das Werk 1900 in London gegeben; eine Übersetzung von Charles Henry Meltzer wurde für die Aufführungen 1912 in Philadelphia und Chicago verwendet. 1912 gab es auch eine deutsche Inszenierung in Reval. Am längsten blieb *Das Heimchen* in Budapest im Repertoire. Nach der ungarischen Erstaufführung am 4. Okt. 1896 in der Übersetzung von Emil Ábrányi (Vilmos Beck, Margit Wein, Irén Pewny, Dezső Arányi, Ferenc Hegedüs, Margit Kaczér) kam es bis 1937 auf 22 Aufführungen.

**Autograph:** Országos Széchényi Könyvtár Budapest (Ms. mus. 6. 505). **Ausgaben:** Part: Berté, Lpz. 1896, Nr. 211; Kl.A: ebd. [1895], Nr. 204; UE 1902
**Literatur:** s. S. 485

*Hans-Joachim Bauer*

## Ein Wintermärchen
**Oper in drei Akten**

**Text:** Alfred Maria Willner, nach dem Schauspiel *The Winter's Tale* (1610) von William Shakespeare
**Uraufführung:** 2. Jan. 1908, Hofoper, Wien
**Personen:** Leontes, König von Sizilien (T); Hermione, seine Gemahlin (S); Mamillius, beider Sohn (S); Perdita, beider Tochter (S); Polixenes, König von Böhmen (Bar); Florizel, sein Sohn (T); Camillo, Vertrauter Leontes' (B.Bar); Antigonus, Befehlshaber der königlichen Wachen (B.Bar); Paulina, seine Gattin (Mez); Cleomenes (B) und Dion (T), Edle an Leontes' Hof; Valentin, ein alter Schäfer (B); ein Hausierer (B); eine Dienerin Leontes' (S); ein Edler (Bar); 4 Gewappnete (T, 3 stumme R); ein Bursche (T); 4 Schiffer (2 T, 2 B); ein alter Schäfer (B); die Zeit (Spr.). **Chor:**

Mädchen und Frauen als Gefolge der Königin, Edle und Diener als Gefolge Leontes' und Polixenes', junge und alte Schafhirten, junge Schäferinnen, Mädchen, Burschen. **Statisterie:** Dienerinnen, Wachen.
**Ballett:** Mädchen, Burschen
**Orchester:** 3 Fl, 2 Ob, E.H, 2 Klar, B.Klar, 2 Fg, K.Fg, 6 Hr, 3 Trp, 5 Pos, Tb, Pkn, Schl (kl.Tr, Bck, Trg, Glöckchen), Hrf, Streicher; BühnenM hinter d. Szene: 3 Klar, Schalmei, 2 Hr, Harm
**Aufführung:** Dauer ca. 2 Std. 30 Min. – Ballett im II. Akt.

**Handlung:** In Sizilien und Böhmen, vor Christi Geburt.
I. Akt, Sizilien, Marmorterrasse in König Leontes' Garten mit Ausblick auf das Meer und das Küstengebirge, Nachmittag: Seit zwölf Monaten hat König Leontes seinen Freund Polixenes zu Gast, der sich jetzt verabschieden will. Hermione, die kürzlich eine Tochter, Perdita, gebar, überredet Polixenes zu bleiben. Dadurch wird Leontes' Argwohn geweckt. Im Glauben, daß sein Freund ihn betrogen habe und auch der Vater Perditas sei, beauftragt er Camillo, ihn zu töten. Camillo jedoch verrät Polixenes die Rachepläne und flieht mit ihm. Leontes hält die Flucht des Freunds für die Bestätigung seines Verdachts und rächt sich nun an der Königin, der er den »Bastard« nehmen läßt. Hermione ist entsetzt, kann jedoch die Anschuldigungen des Gatten nicht entkräften und ergibt sich in ihr Schicksal. Auch der Orakelspruch, der Hermiones Unschuld bestätigt, vermag Leontes nicht von seiner Überzeugung abzubringen. Unmittelbar danach wird Hermiones und ihres Sohns Tod gemeldet.
II. Akt, Prolog, 16 Jahre später, Wolkenvorhang, leuchtende Schleier, Sanduhr: Die Zeit verkündet, daß Perdita nach Böhmen verschlagen wurde und dort als Kind eines Schäfers aufwuchs. – Böhmen, Fest der Schafschur bei Valentin in ländlicher Umgebung: Prinz Florizel kauft von einem Hausierer bunte Sachen für die Burschen und Mädchen. Perdita verliebt sich spontan in den spendablen Prinzen, der seinerseits Feuer fängt. Verkleidet als Schäfer, treten Polixenes und Camillo hinzu. Florizel stellt ihnen Perdita als seine Braut vor. Da gibt sich Polixenes als König zu erkennen und verfügt die Trennung des ungleichen Paars. Florizel und Perdita beschließen zu fliehen; Camillo gibt ihnen den Rat, nach Sizilien zu segeln.
III. Akt, 1. Bild, Sizilien, Gemach in Leontes' Schloß: Gealtert grämt sich Leontes wegen seiner Schuld. Da besucht ihn Florizel, der sich als Gesandter Polixenes' und Perdita als Tochter des lybischen Königs und seine Gattin ausgibt. Als Polixenes' Ankunft gemeldet wird, offenbart sich Florizel dem König, der dem Paar Schutz gewährt. Leontes begrüßt den alten Freund und erfährt, daß Florizels Gattin in Wirklichkeit Perdita ist, seine vor 16 Jahren verstoßene Tochter. Der Orakelspruch hat sich erfüllt: »Und ohne Erben wird der König sterben, wenn die verstoß'ne Tochter er nicht findet.« 2. Bild, im Hintergrund Halle mit Krypta und Hermiones Statue: Ergriffen stehen alle um das steinerne Ebenbild der Königin, das sich plötzlich belebt: Hermione steigt vom Sockel und schließt die Angehörigen in die Arme.
**Kommentar:** Der Librettist hat Shakespeares fünfaktiges Schauspiel in der Weise umgestaltet, daß der I. Akt die ersten drei Akte der Vorlage umfaßt, während die letzten beiden Akte formal übereinstimmen. – In Leontes' Ges-Dur-Arioso zu Beginn des I. Akts verwendet Goldmark eine Melodie, die, als »Erkennungsmotiv« mehrmals variiert, sich offensichtlich auf Hermiones Schuldlosigkeit bezieht und im II. Akt auch auf ihre Tochter Perdita übertragen wird. Charakteristisch für den Tonsatz sind rasche Modulationen und der häufige Wechsel von unbegleitetem Sologesang und orchestralen Einwürfen. Im Gegensatz zu früheren Werken läßt sich Goldmark hier selbst in den dramatisch pointierten Momenten nicht auf eine erhitzte musikalische Tonsprache ein. Die Partitur ist vielmehr vom märchenhaft versöhnlichen Schluß der Handlung her konzipiert. Die elegische Grundstimmung des Werks resultiert nicht allein aus Goldmarks Altersstil, sondern ist Teil der Werkidee. Der heitere, gelegentlich virtuose Ton der Volksszenen im II. Akt (Perditas Lied mit Chor) bildet dazu einen wirkungsvollen Kontrast. Eine musikalische Vorwegnahme der Schlußszene in der Ouvertüre bestätigt das musikdramaturgische Grundkonzept der Oper und unterstreicht ihre formale Geschlossenheit.
**Wirkung:** Die Hofoper hatte für *Ein Wintermärchen* eine Spitzenbesetzung aufgeboten (Leontes: Leo Slezak, Hermione: Anna Bahr-Mildenburg, Perdita: Selma Kurz, Polixenes: Leopold Demuth, Florizel: Fritz Schrödter; Dirigent: Bruno Walter). Gleichwohl konnte Goldmark mit seiner neuen Oper nicht an den Erfolg des *Heimchens am Herd* (1896) und schon gar nicht an den inzwischen 30 Jahre zurückliegenden der

*Ein Wintermärchen*; Imre Palló als Polixenes; Figurine: Tivadar Márk. – Márk war seit 1934 über 40 Jahre lang Leiter des Kostümwesens an der Budapester Oper.

*Königin von Saba* (1875) anknüpfen. Zwar wurde das Werk noch im selben Jahr in der ungarischen Übersetzung von Lajos Dóczi in Budapest (Leontes: Georg Anthes, Polixenes: Mihály Takács, Perdita: Erzsi Sándor, Hermione: Italia Vasquez, Florizel: Dezső Arányi; Dirigent: Dezső Márkus) und Frankfurt a. M. gegeben, 1909 in italienischer Übersetzung in Turin, in russischer in Moskau sowie in Berlin und Brünn, doch geriet es bald darauf in Vergessenheit.

**Autograph:** Országos Széchényi Kőnyvtár Budapest (Ms. mus. 6. 508). **Abschriften:** Part: ÖNB Wien (O. A. 1687); Kl.A: ÖNB Wien (O. A. 1688). **Ausgaben:** Kl.A: Karczag & Wallner, Wien [1907], Nr. V. T. W. 107; Textb.: ebd. 1907. **Aufführungsmaterial:** B&H
**Literatur:** J. KORNGOLD, Deutsches Opernschaffen der Gegenwart, Lpz., Wien 1921, S. 224–231; weitere Lit. s. S. 485

*Hans-Joachim Bauer*


# Berthold Goldschmidt

Geboren am 18. Januar 1903 in Hamburg

## Der gewaltige Hahnrei
### Musikalische Tragikomödie in drei Akten

**Text:** Berthold Goldschmidt, nach der Farce *Le Cocu magnifique* (1920) von Fernand Crommelynck, unter Benutzung der deutschen Übersetzung (1922) von Elvire Bachrach
**Uraufführung:** 14. Febr. 1932, Nationaltheater, Mannheim
**Personen:** Bruno (T); Stella, seine Frau (S); Petrus, Kapitän zur See, Stellas Vetter (B); Ochsenhirt (B); Estrugo, Brunos Schreiber (T); der junge Mann aus Ostkerke (T); die Amme Meme (A); Gendarm (Bar); Cornelie (S); Florence (A). **Chor:** Bauern, Bäuerinnen, Musikanten, Gendarmen
**Orchester:** 3 Fl (2. u. 3. auch Picc), 2 Ob, E.H, 2 S.Sax (ad lib.), kl. Klar, Klar, B.Klar, 2 Fg, K.Fg, 4 Hr, 3 Trp, 3 Pos, B.Tb, Pkn, Schl (Xyl, Glsp, gr.Tr, kl.Tr, gr. RührTr, chin. Tr, HolzTr, Bck, Tamtam, Trg), Hrf, Streicher; BühnenM: Ob, Klar, Fg, Trp, Hr, Pos, gr.Tr mit Bck
**Aufführung:** Dauer ca. 1 Std. 30 Min. – An kleineren Bühnen ist die Bühnenmusik im Orchester zu spielen.

**Entstehung:** Goldschmidt ging 1922 nach Berlin, wo er Schüler Franz Schrekers an der Musikhochschule wurde. Er hatte früh Erfolg mit einem *Streichquartett*, einer *Klaviersonate* und verschiedenen Orchesterwerken, und schon 1926 nahm ihn die Universal Edition unter Vertrag. Zunächst arbeitete Goldschmidt als Korrepetitor, Dirigent und Komponist in Dessau, Berlin und Darmstadt, ehe er 1930 als Berater von Carl Ebert an die Städtische Oper Berlin berufen wurde.

1935 emigrierte er nach England. Während seiner Darmstädter Jahre (1927–30) gab ihm der Regisseur Arthur Maria Rabenalt die Anregung zu einer Oper nach Crommelyncks *Le Cocu magnifique*, das damals ein Erfolgsstück in Frankreich war und durch eine Inszenierung von Wsewolod Mejerchold in Deutschland Aufsehen erregt hatte. Die Komposition und Instrumentation des Werks dauerten von Okt. 1929 bis Juni 1930. Erst im Febr. 1930 erteilte Crommelynck dem Komponisten die notwendigen Bühnenrechte.

**Handlung:** In Flandern, in und vor Brunos Haus: Die schöne Stella ist ihrem Mann Bruno treu ergeben, doch dessen Eifersucht wird so extrem, daß er nur noch den Beweis für die Untreue seiner Frau sucht; er will betrogen werden, damit seine Zweifel ein Ende haben. Der Ochsenhirt versucht die Abwesenheit Brunos zu nutzen, um Stella Gewalt anzutun, wird aber von der Amme niedergeschlagen. Stellas Vetter Petrus kommt zu Besuch, und bald darauf beginnt Bruno ihn herauszufordern, zunächst damit, daß er ihn auf Stellas Schönheit aufmerksam macht. Unvermittelt schlägt er ihn und weist ihn aus dem Haus. Der Wahn, daß seine Frau einen heimlichen Geliebten haben müsse, verstärkt sich. Bruno läßt Petrus rufen und provoziert ihn aufs äußerste. Um ihren Mann aus seinem krankhaften Zustand zu erlösen, glaubt Stella, sich seinem Willen fügen zu müssen, und läßt sich von Petrus wegreißen. Dieser Schritt erweckt neue Zweifel in Bruno, der hinter dem gespielten einen wirklichen Betrug ahnt. Die Ehe der beiden wird zum Dorfskandal. Bruno gibt Stella der Reihe nach den Männern des Dorfs, doch glaubt er, daß sie durch scheinbares Eingehen auf seine Wünsche den wirklichen Geliebten vor ihm verbergen will. Er selbst schleicht sich verkleidet zu Stella und sucht sie zu verführen. Als sie endlich seinem Werben erliegt, denn sie spürt, daß sie diesen Mann liebt, fallen die Weiber des Dorfs, die ihn für einen Ehebrecher halten, über ihn her. Bruno lenkt die Wut der Menge auf Stella. Der Ochsenhirt erscheint und rettet sie, verlangt aber seinen Lohn. Obwohl sie ihn zunächst schroff zurückweist, schützt sie ihn vor Brunos Wut, der glaubt, ihren eigentlichen Liebhaber endlich entdeckt zu haben. Daraufhin verläßt Stella ihren Mann und folgt dem Hirten, da sie sieht, daß Bruno von seinem Wahn nicht abzubringen ist. Tatsächlich erweckt sie in Bruno dadurch nur neuen Argwohn.

**Kommentar:** Die Handlung steht unter dem zur grotesken Konsequenz geführten Leitgedanken, daß die erotische Eifersucht ihrer Sache nie sicher ist und nach immer überzeugenderen Beweisen für die Treue oder die Schuld des andern Teils sucht. Darüber hinaus zeigt das Stück, wie ein einziger unbedeutender Zwischenfall zur totalen Zerstörung persönlicher Verhältnisse führen kann. Goldschmidt fand in dem tragikomischen Drama eine »gesteigerte Realität« nahe an der Grenze des Phantastischen. Der eigenartige Reiz der Oper besteht zwischen der gewaltsamen Irrationalität des Stoffs und der beherrschten Souveränität der Vertonung, die die gespaltene Ästhetik Crommelyncks durch starke Gegenwirkung erhöht. In der profilierten Rhythmik, der eckigen, breit ausgedehnten (manchmal an Sergei Prokofjew erinnernden oder Dmitri Schostakowitsch vorausahnenden) Kantilene seiner Melodien, der linearen Satzweise, der kontrastreichen, doch durchsichtigen Instrumentation und den klar geschlossenen Formen ist *Der gewaltige Hahnrei* ein musterhaftes Beispiel für Goldschmidts reifen Stil.

**Wirkung:** In Mannheim unter Joseph Rosenstock kam es zu vier Aufführungen, die sehr freundlich aufgenommen wurden, jedoch nicht ohne die üblichen politisch und kulturell bedingten Unruhen. Schon beim Druck des Textbuchs und bei der Uraufführung selbst wurden die vermeintlich anstößigsten Teile des Klavierauszugs und der Partitur geändert (zum Beispiel »Zeig ihm dein Haar« statt »deine Brust«). Die Inszenierung, von der expressionistisch-kubistischen Mejerchold-Inszenierung beeinflußt, wurde in bescheidenen Grenzen gehalten, nicht nur wegen der damaligen wirtschaftlichen Lage, sondern auch um einen Protest möglichst zu vermeiden. Ein Orchestervorspiel, das nicht im Klavierauszug erscheint, ging dem Werk voraus. Bis auf kleinere Änderungen in der Dynamik und Instrumentation befindet sich die einzige bedeutende Revision im Arioso Stellas im III. Akt. *Der gewaltige Hahnrei* wurde von Ebert für die Saison 1933/34 der Städtischen Oper Berlin angenommen; eine Aufführung dort kam jedoch infolge der politischen Ereignisse nicht zustande. Das Werk wurde 1982 stark gekürzt vom Trinity College of Music London konzertant aufgeführt. – Von Goldschmidt stammt außerdem die noch unaufgeführte Oper *Beatrice Cenci* nach Percy Bysshe Shelley (1949/50).

**Autograph:** beim Komponisten. **Ausgaben:** Kl.A: UE 1932; Textb.: UE 1932. **Aufführungsmaterial:** UE
**Literatur:** H. GUTMANN, Der Komponist B. G., in: Bühnen-Bl. 11:1931/32; D. MATTHEWS, B. G. A Biographical Sketch, in: Tempo, Nr. 144, März 1983, S. 2–6; DERS., B. G.: Instrumental and Chamber Music, in: Tempo, Nr. 145, Juni 1983, S. 20–25; C. MATTHEWS, G.'s Orchestral Music, in: Tempo, Nr. 148, März 1984, S. 12–16

*Christopher Hailey*

# Kasjan Jaroslawitsch Goleisowski

Geboren am 5. März 1892 in Moskau, gestorben am 4. Mai 1970 in Moskau

## Iossif Prekrasny
**Balet w dwuch aktach (schest episodach)**

**Joseph der Schöne**
Ballett in 2 Akten (6 Bildern)

**Musik:** Sergei Nikiforowitsch Wassilenko. **Libretto:** Kasjan Jaroslawitsch Goleisowski
**Uraufführung:** 3. März 1925, Experimentierbühne des Bolschoi-Theaters, Moskau, Kammerballett
**Darsteller:** Iossif/Joseph; Pharao Potifar/Potiphar; Taijach, seine Frau; ein älterer Bruder; Sklavin; Sklave; 2 Kaufleute; Corps de ballet: Mädchen, junge Männer, Brüder, Bedienstete der Königin, Priester, Richter, Kaufleute, Kameltreiber
**Orchester:** 3 Picc, 2 Fl, Timplipito, 2 Ob, E.H, 4 Klar, B.Klar, Fg, K.Fg, 4 Hr, 4 Trp, 3 Pos, Tb, Pkn, Schl (gr.Tr, kl.Tr, RührTr, Tamburin, Bck, Tamtam, Glocken, Glöckchen, Glsp, Trg), 2 Hrf, Streicher, S, A, Chor
**Aufführung:** Dauer ca. 1 Std. – Chor am Ende des II. Akts. Timplipito ist vermutlich eine Form der spanischen Pito (Schnabelflöte).

**Entstehung:** Im Zug der Infragestellung des tradierten Kulturguts geriet das klassische Ballett schon bald nach dem Ausbruch der russischen Revolution in das Schußfeld der offiziellen Kritik und der für die Kultur Verantwortlichen. Hatte das Ballett als die mit dem Zarenhof am engsten verknüpfte Kunstgattung in der neuen Gesellschaftsordnung noch eine Existenzberechtigung? Die Entscheidung Wladimir Lenins, das bürgerliche Kulturgut als möglichen Ausgangspunkt für Neues beizubehalten, gab den jungen Choreographen, die schon vor oder während der Revolution zu arbeiten begonnen hatten, jenen Freiraum, den sie auf ihrer Suche nach Neuem brauchten. Goleisowski hatte schon, kurz nachdem er 1910 Mitglied des Moskauer Bolschoi-Balletts geworden war, zu choreographieren begonnen. Während des Kriegs arbeitete er, der schon 1916 eine eigene Schule aufgemacht hatte, für Nikita Baljews Kabarett »Letutschaja mysch« (Die Fledermaus). Der vielseitig interessierte Goleisowski kreierte für die intime Bühne des Kabaretts satirisch gehaltene kurze Choreographien, sogenannte Miniaturen, deren Bewegungssprache voll grotesken Witzes war. Ab 1918 schuf er Kinderballette für das Bolschoi-Ballett, 1922 gründete er, ebenfalls in Moskau, das »Kamerny balet«, eine Kammertanzgruppe, für die er schon im ersten Jahr *Salomeja* (Musik: Richard Strauss) und *Fawn* (Musik: Claude Debussy) herausbrachte, Ballette, die als Vorstufen zu *Iossif Prekrasny* betrachtet werden können.

**Inhalt:** In biblischer Zeit.
I. Akt, 1. Bild, Hügelland in Kanaan: Iossif, in bunte Kleider gehüllt, hütet die Herden seines Vaters. Seine eifersüchtigen Brüder versuchen ihn zu töten, er kann sich retten. Die Brüder stellen das Geschehene als Scherz dar. Der lustige Tanz von Mädchen und jungen Männern läßt Iossif seine Angst vergessen. Während sich die Sonne neigt, führen die jungen Leute einen Liebestanz auf und umringen schließlich Iossif. Aus Neid beschließen die Brüder erneut, Iossif zu töten; er kann abermals fliehen. 2. Bild, Wüste: In der Dunkelheit erwarten die Brüder eine Karawane, die nach Ägypten zieht. Kaufleute und Kameltreiber sind von Iossifs Schönheit entzückt; er wird von seinen Brüdern

verkauft. Iossif will fliehen, man holt ihn ein und bindet ihn. Die Kaufleute nehmen ihn mit sich.

II. Akt, 1. Bild, Saal in Potifars Palast, auf Podesten zwei Throne, davor eine Mauer mit drei Toren: Potifars Krieger führen einen Tanz aus. Die Mauern heben sich, das Ritual der Anbetung des Pharaos wird vorbereitet. Potifars Hof tritt auf, der Zug wird durch Tänze unterbrochen, das Herrscherpaar folgt. Die Untertanen neigen sich vor Potifar und Taijach. Die Königin befiehlt, mit dem Mahl zu beginnen. Männer bringen Iossif, das Herrscherpaar begibt sich zu den Thronen. Potifar fragt Taijach nach ihren Wünschen, sie bittet um Iossif. Potifar zögert, ihren Wunsch zu erfüllen. Auf Wunsch Taijachs wird Iossif auf einen Schild gehoben, Taijach streckt ihm die Arme entgegen, Iossif erstarrt. Er beteiligt sich an einem Tanz, in den Taijach einfällt. Der Tanz nimmt orgiastischen Charakter an. Wieder bittet Taijach Potifar um Iossif, zornig gewährt er ihr die Bitte. 2. Bild, Innenraum: Taijach verführt Iossif. 3. Bild, Saal im Palast: Taijach klagt Iossif an, sie zum Ehebruch verführt zu haben. Zornig will Potifar Iossif töten, aber von seiner Schönheit berückt, läßt er von Iossif ab und übergibt ihn den Priestern. Iossif wird in einen Kerkerschacht gestürzt. 4. Bild, Saal im Palast: Taijach nimmt an dem orgiastischen Tanz teil. In demütiger Haltung gruppiert sich daraufhin Potifars Hof um den Herrscher; Taijach blickt in den Kerker.

**Kommentar:** *Iossif Prekrasny* ist Goleisowskis wichtigstes Werk und in der Thematik wie im Stil typisch für sein Schaffen in den 20er Jahren. Es versinnbildlicht den Protest gegen die reine Macht, die das geistige Leben unterbinden will, ist eine Anklage gegen den Despotismus und ein Appell an die Freiheit des Geists. Goleisowski verquickte auf ingeniöse Weise Kunstströmungen, die im jungen Sowjetstaat aktuell waren, löste aber Bewegungen wie Proletkult oder Agitprop aus ihrem parteipolitischen Kontext und gab den übernommenen Formen neue Inhalte. Der Choreograph richtete so jene Mittel, mit denen die Partei die Massen zu beeinflussen suchte, gegen die Partei selbst. Der Forderung des Proletkults nach Negierung der bürgerlichen Traditionen trägt Goleisowski mit der Art des Einsatzes der Tanztechnik Rechnung. Zwar verwendete er das überlieferte klassische Vokabular, reduzierte es aber auf ein Minimum von Schritten und Posen, die an sich keine inhaltliche Aufgabe mehr zu erfüllen hatten, sondern ihre Aussagekraft durch eine nahezu skulpturale Behandlung des Körpers bekamen. In gleicher Weise verfuhr Goleisowski mit dem Corps de ballet, das er, das Agitproptheater vor Augen, als Masse einsetzt, die er aber wie ein Bildhauer formt. Damit erzielt er Effekte, die über die eindimensionale Darstellung politischer Propaganda weit hinausgehen. Wesentlichen Anteil an der Konzeption und Realisation von *Iossif* hatte der Ausstatter Boris Erdman, der wiederum seine Erfahrungen, die er als Schauspieler in Alexandr Tairows Kammertheater gewonnen hatte, in die Inszenierung des Balletts einbrachte. Tairows bewegungs- und rhythmusbetontes Theater, wie er es etwa in seiner Inszenierung (1917) von Oscar Wildes *Salomé* (1893) mit Hilfe der Kostüm- und Bühnenbildnerin Alexandra Exter verwirklichte, kann als direktes Vorbild für Goleisowskis Ballette aus dieser Zeit angesehen werden. Aber auch mit den Bühnenbauten Erdmans, die auf den ersten Blick eine Replik der Dekorationen Exters zu sein scheinen, gelang Goleisowski eine Umfunktionierung der Mittel. Die konstruktivistische Bühnenlösung, die sich mit ihrem kalkulierten Gestaltungsprinzip eigentlich einer inhaltlichen Motivation entgegenstellt, bekommt bei Goleisowski Symbolgehalt. Erdmans über- und nebeneinandergestellte Plattformen im I. Akt, die Goleisowski zur bewußten Auseinandersetzung mit dem Boden anregen, stehen für die hügelige Landschaft Kanaans. Ohne Symmetrie sind die Podeste wie zufällig angeordnet; sie geben so den Geist Iossifs und der Bewohner des Lands wieder. Im Gegensatz dazu steht das Bühnenbild des II. Akts. Der streng symmetrische Aufbau, von zwei Säulen flankiert, symbolisiert die absolute Macht des Pharaos. Aus dieser Bühnenlösung ergeben sich Bewegungsabläufe, die ihrerseits wieder die Handelnden charakterisieren. In der Art eines Selbstporträts tanzt Iossif zu Beginn des I. Akts in einer offenen Landschaft von der Tiefe seines Gefühls, seiner poetischen Natur, von der Schönheit und seinem religiösen Empfinden. Im Gegensatz dazu steht II/1 mit einem streng geordneten Zug von Soldaten und Höflingen, in dem Taijach auf einem Schild hereingetragen wird und den Potifar abschließt. Stufenweise erhellt das Licht ein Bild der absoluten Macht. Potifar hat sich an die Spitze einer Konfiguration gestellt, die einer Pyramide gleicht. Die geordnete Gruppe, die nun en profile steht, läßt keinen Zweifel aufkommen, wer das Gesetz in diesem Staat vertritt. Es ist ein Bild kalten, obsessiven Machtanspruchs, das hier dem freiheitsliebenden Iossif entgegengesetzt wird. Iossif vermag aber diese Ordnung zu erschüttern, indem er Taijach zurückweist. Das Volk reagiert auf die Bestrafung, seinem Handeln folgt, mit einem orgiastischen Tanz. Dadurch wird die Machtstruktur gleichzeitig auch zerstört. Goleisowski und Erdman übernehmen aber auch das von Tairow aus dem fernöstlichen Theater und der Commedia dell'arte heraus entwickelte Stilmittel des bemalten Körpers, das den Bewegungsrhythmus möglichst unbeeinflußt vor Augen führen sollte. Erdmans Kostüme, die aus bekannten, aber auch aus neuen Materialien wie Netzen oder Seilen gefertigt waren, ließen den Körper weitgehend unbedeckt, so daß Erdmans Farbschema, das sowohl gesellschaftliche Strukturen wie auch verschiedene ethnische Gruppen hervorheben wollte, noch augenscheinlicher war. Die Juden waren orange bemalt, die Ägypter rot, die Äthiopier braun, Taijach weiß und Iossif zitronengelb. Ein schwarzer Vorhang, vor dem die Tänzer agierten, ließ die Farben noch eindringlicher erscheinen. Die Tänzerinnen trugen um ihre bloßen Arme und Beine Ledergürtel, die an Gebetsriemen der Juden erinnerten. Die sparsame Kleidung der Tänzer gab Goleisowskis Choreographie einen erotischen Akzent, der weniger durch Schritte, Posen,

Ineinanderschlingungen der Körper oder durch für die damalige Zeit hohe Hebungen zustande kam, sondern vom bemalten Körper ausging, der in gleicher Weise, wie er ihn anzog, Distanz zum Zuschauer schuf. Besonders bemerkenswert waren die Ausstrahlung der Königin (Ljubow Bank), die von sphinxhafter Kälte war, und die weiche Schönheit Iossifs (Wassili Jefimow). – Blieb *Iossif* in Moskau ohne nachweisliche Folgen, so ist Goleisowskis Einfluß auf den jungen George Balanchine bekannt, waren doch Goleisowskis Miniaturen, die Balanchine 1921, im Jahr seiner Graduierung, in Leningrad sah, für ihn der Anlaß, eine eigene Kompanie zu gründen. Als Balanchines kleine Truppe 1923 ihren ersten Abend gab, warf ihm die Kritik die Nähe zu Goleisowski vor, da seine Choreographie ebenso akrobatisch und erotisch wie die seines Vorbilds sei. Obwohl sich Balanchines choreographische Sprache schon in den 20er Jahren änderte, erinnern Passagen und Rollen einiger seiner Ballette, wie etwa der Part der Sirene oder die Szene mit den Trinkkumpanen in *Le Fils prodigue* (1929), an seine frühe Zeit. Goleisowskis Bewegungselement der sich an den Händen haltenden, gleichzeitig sich ineinander verschlingenden Tänzer, das auch Fjodor Lopuchow in seinem Ballett *Welitschije mirosdanija* (*Die Größe des Weltalls*, 1923) gebrauchte, wurde für Balanchine zu einer Art »Leitmotiv«, das er in fast allen Balletten verwendete und immer wieder neu variierte. Überraschend ist Goleisowskis Wahl der Musik. Wassilenko, der bis zu Beginn der 20er Jahre als Dirigent und Komponist von symphonischer und Kammermusik, vor allem aber als Pädagoge am Moskauer Konservatorium hervortrat, schrieb eine eher konventionelle Musik, in der er sich als Kenner verschiedener nationaler Farben auswies. Die Musik besaß, nach Juri Faier, eine gewisse Blässe, vor der sich aber die dramatische Entwicklung der Handlung gut abheben konnte. Effektvoll war ein Chor, der die Orgiastik des bacchantischen Tanzes noch steigerte.

**Wirkung:** *Iossif Prekrasny* löste bei der Presse, aber auch innerhalb des Bolschoi-Balletts die heftigsten Diskussionen aus. Vertreter der alten Schule wie Wassili Tichomirow und Iwan Smolzow wandten sich gegen Goleisowski; andere wie Anatoli Lunatscharski, damals Volkskommissar für das Bildungswesen, waren für ihn. Kritisiert wurden die Verwendung eines biblischen Themas und die symbolisch verschlüsselte politische Aussage. Goleisowskis Choreographie sei zu akrobatisch, zu erotisch, bestünde ausschließlich aus einer Art lebender Skulpturen und Tableaux vivants; der Choreograph habe den Tanz der Plastik geopfert. *Iossif* verschwand vom Spielplan, die Einstudierungen des Balletts, die Goleisowski 1926 in Odessa und 1928 in Charkow vornahm, konnten sich nicht behaupten. Durch die Produktionen seiner Kammertanzgruppe offensichtlich in Ungnade gefallen, widmete Goleisowski sich in den folgenden Jahren der Music-Hall in Moskau.

**Ausgaben:** Kl.A: Gos.muz. izdat 1927; L: Moskau, Teapečat 1929. **Aufführungsmaterial:** M: VAAP
**Literatur:** B. TAPER, Balanchine. A Biography, NY 1960, S. 65ff.; M. G. SWIFT, The Art of the Dance in the U.S.S.R., Notre

*Iossif Prekrasny*, I. Akt; Bühnenbild: Boris Erdman; Uraufführung, Kammerballett der Experimentierbühne des Bolschoi-Theaters, Moskau 1925. – Die Kühle der konstruktivistischen Bühnenlösung betont die Sinnlichkeit der ineinander verschlungenen farbigen Körper.

Dame, IN 1968, S. 68; J. F. FAIER, O sebe, o muzyke, o balete, Moskau 1974; E. J. SURIC, Choreografičeskoe iskusstvo dvacatych godov, Moskau 1979, S. 188–200; DIES., Triumph der Technik oder Menschen als tanzende Maschinen. Das Sowjetische Ballett d. zwanziger Jahre u. d. Einfluß d. Konstruktivismus, in: Ballett 1981, Velber 1981, S. 24–33; N. ČERNOVA, K. G. žizn i tvorčestvo, Moskau 1984, S. 81–108

*Gunhild Schüller*

## Leili i Medschnun
Choreografitscheskaja poema w trjoch aktach

## Leili und Medschnun
Choreographisches Poem in 3 Akten

**Musik:** Sergei Artemewitsch Balassanjan (eigtl. Balassanjanz). **Libretto:** Kasjan Jaroslawitsch Goleisowski und Sergei Alexandrowitsch Zenin, nach dem Versepos (1188) von Nesami (eigtl. Nesamoddin Eljas Ebn Jusof)
**Uraufführung:** 22. Dez. 1964, Bolschoi-Theater, Moskau, Bolschoi-Ballett
**Darsteller:** Khan Bachtior; Leili, Bachtiors Tochter; Kais (Medschnun); Ibn-Salom; sein Vater; Nowfal; Sklavenhändler; Corps de ballet
**Orchester:** Picc, 2 Fl, 2 Ob, E.H, 2 Klar, 2 Fg, 4 Hr, 3 Trp, 3 Pos, Tb, Pkn, Schl (gr.Tr, Bck, Trg), Hrf, Streicher
**Aufführung:** Dauer ca. 1 Std. 30 Min.

**Entstehung:** Nach seinem aufsehenerregenden *Iossif Prekrasny* (1925), mit dem er sich, nach eigenen Worten, zum »Führer des neuen Balletts« gemacht, aber gleichzeitig den Unwillen der Parteiführung zugezogen hatte, bereitete Goleisowski für das Bolschoi-Ballett das Ballett *Smertsch (Wirbelwind)* zu Musik von Boris Ber vor. Thema war der Klassenkampf, der zwischen Foxtrott tanzenden Kapitalisten und Proletariern ausgetragen wurde; alte Ordnung und jugendlich revolutionärer Geist wurden allegorisch dargestellt. Das Ballett, 1927 auf der Filialbühne des Bolschoi-Theaters aufgeführt, wurde nach der Generalprobe abgesetzt. Nach einem weiteren Mißerfolg seines Balletts *Karnawal* (Experimentalbühne des Bolschoi-Theaters, Moskau 1928; Musik: Sergei Wassilenko) wandte sich Goleisowski verstärkt der Arbeit in der Music-Hall zu, konzentrierte sich auf das Tanzgeschehen in den Hauptstädten der Sowjetrepubliken und wurde so zum Kenner russischer und außereuropäischer Tanzformen. Besonderes Verdienst erwarb er sich um den Aufbau des Balletts in Duschanbe, der Hauptstadt der Sowjetrepublik Tadschikistan. 1941 brachte er dort das vierteaktige Ballett *Du Gul* (*Zwei Rosen*; Musik: Alexandr Lenski) heraus. In Duschanbe lernte Goleisowski auch den Stoff von Nesamis Epos kennen, den schon Gadschibekow, der Begründer der aserbaidschanischen Nationaloper, in seiner Oper *Leili we Medschnun* (1908) verwendet hatte. Das erste *Leili we Medschnun*-Ballett erschien 1947 in Duschanbe. Die Choreographie stammte von Gafar Walamat-Sade, die Musik von Balassanjan. 1957 wurde das Ballett neu inszeniert, 1970 von Natalija Konjus überarbeitet. 1964 schließlich brachte Goleisowski seine dreiaktige Version heraus.
**Handlung:** I. Akt, Marktplatz: Leili, die Tochter des mächtigen Khans Bachtior, besucht mit ihrem Vater einen Markt, wo sie Japanerinnen als Sklaven für ihren Hof erwerben wollen. Der junge Kais protestiert mit seinem Vater gegen den Sklavenhandel und gerät so in Konflikt mit dem reichen Ibn-Salom. Als Kais die verschleierte Leili erblickt, wird er zum Medschnun, zu einem von Liebe besessenen Jüngling. Unbemerkt nähert er sich Leili und überreicht ihr eine Rose, die jedoch nach der Übergabe ihre Blütenblätter verliert. Auch Leili ist in den Jüngling auf den ersten Blick verliebt. Sie schenkt ihm ihren Schleier; er überreicht ihr seinen Dolch. Als Bachtior Leili ohne Schleier sieht, ist er empört und nimmt einem andern Mädchen ihren Schleier weg, um Leili zu verhüllen. Er beschließt, sie zu verheiraten.

*Leili i Medschnun*; Natalija Bessmertnowa als Leili; Uraufführung, Bolschoi-Ballett, Moskau 1964. – Der Facettenreichtum orientalischer Hand- und Armbewegungen verschmilzt hier harmonisch mit dem klassischen Tanz.

II. Akt, Bachtiors Haus: Leili versucht, sich gegen die Heirat mit Ibn-Salom zu wehren. Sie kann die Schale mit dem zeremoniellen Brautgetränk ihrem vorgesehenen Gatten nicht überreichen, weil ihre Arme kraftlos sind; sie flieht, wird aber vom Vater zurückgeholt. Um Leili aufzuheitern, werden Schautänze gezeigt. Kais und sein Vater erscheinen und bitten um Leilis Hand. Ibn-Salom stürzt sich auf Kais und will ihn töten. Bachtior gebietet Einhalt, so daß Vater und Sohn das Haus verlassen können. Leili schwört, daß sie nur Kais lieben wird. Als ihr Mann sich nähert, verletzt sie ihn mit Kais' Dolch.

III. Akt, 1. Bild, Wüste: Im Fieberwahn erscheint Kais Leilis Bild, doch Geister wollen dies Abbild immer wieder verbergen. Als er dennoch die Wahngestalt berührt, ist der Traum zu Ende, und er hält nur Leilis Schleier in den Händen. Ziellos irrt er durch die Wüste. Hier trifft er den Räuber Nowfal, der ein Fest feiert, weil er eine Karawane geplündert hat. Nowfal hat Erbarmen mit dem Medschnun und verspricht, ihm zu helfen. 2. Bild, Stadtmauer: Ibn-Salom und Nowfal kämpfen miteinander. Nowfal überwältigt seinen Gegner und wirft ihn gefesselt Kais vor die Füße, damit er ihn tötet. In diesem Augenblick erscheinen Leili und Bachtior. Kais läßt das Schwert fallen und eilt zu Leili. Ibn-Salom wird befreit. Nowfal rät Kais, mit Leili zu fliehen. Ibn-Salom verfolgt die beiden und will Kais erstechen, aber Leili wirft sich dazwischen und wird tödlich verwundet. Kais umarmt im Tod seine Geliebte und erdolcht sich.

**Kommentar:** In seinem Libretto geht Goleisowski von Zenins Szenarium aus, legt aber sein Augenmerk im besonderen auf die kontrastierende Charakteristik der Figurenkonstellation und fügt sozialkritische Aspekte hinzu. Goleisowskis klassische Sprache wird, besonders in den Pas de deux Leili/Medschnun, mit orientalischen Bewegungsmotiven derart verquickt, daß sie zeitweise völlig in den Hintergrund tritt. Bemerkenswert ist auch die Führung der Arme und Hände Leilis, die sich ganz auf die unendliche Vielfalt orientalischer Vorbilder stützt. Die Musik Balassanjans, eines Mitbegründers des Opernthaters in Duschanbe, konzentriert sich auf das Geschehen um das Liebespaar und betont die intimen Aspekte des Stoffs. Balassanjans Partitur von 1947 enthielt nur wenige original tadschikische Volksmelodien. Für Goleisowski überarbeitete er die Musik und verwendete besonders für die Divertissements im II. Akt mehr authentisches Folkloremateral.

**Wirkung:** *Leili i Medschnun* erzielte einen großen Erfolg und behauptete sich im Repertoire des Bolschoi-Balletts. In der Rolle der Leili konnte sich Natalija Bessmertnowa, die die Partie von Raissa Strutschkowa übernommen hatte, als Solistin mit feinem Stilgefühl profilieren. Die Rolle des Kais kreierte Wladimir Wassiljew. 1969 brachte Nela Nasirowa in Baku ein einaktiges Ballett mit der gleichen Thematik heraus (Musik: Kara Karajew).

**Ausgaben:** Kl.A: Muzgiz, Moskau 1959 [zum Ballett v. G. Valamat-Zade, Fassung 1957]. **Aufführungsmaterial:** M: VAAP

**Literatur:** J. Slonimskij, Sovetskij balet. Materialy i istorija sovetskogo baletnogo teatra, Moskau, Leningrad 1950; ders., Sem baletnych istorij, Leningrad 1967, S. 125–152; L. Entelis, 100 baletnych libretto, Moskau, Leningrad ²1971, S. 50–53; N. Černova, K. G. žizn i tvorčestvo, Moskau 1984, S. 403–425

*George Jackson*

# Marin Goleminow

Marin Petrow Goleminow; geboren am 28. September 1908 in Kjustendil (bei Sofia)

## Iwailo
**Opera w tri deistwija (sedem kartini)**

## Iwailo
Oper in 3 Akten (7 Bildern)

**Text:** Magda Petkanowa, nach dem Drama (1911) von Iwan Mintschow Wasow
**Uraufführung:** 13. Febr. 1959, Nationaltheater, Sofia
**Personen:** Iwailo (B.Bar); Maria (Mez); Kremena (S); Andronik (T); Terter (T); Godeslaw (B); Dobril (Bar); Grudo (T); Djado Prodan (T); Pater Serafim (T); Wichar (T); Mlada (S); Efrossina (S); Teoktista (Mez); Teodor (Bar); Durugutsch (B). **Chor:** Volk, junge Mädchen, Priester
**Orchester:** 3 Fl (3. auch Picc), 3 Ob (3. auch E.H), 3 Klar (3. auch B.Klar), 2 Fg, 4 Hr, 3 Trp, 3 Pos, Tb, Pkn, Schl (gr.Tr, Tamtam, Tamburin, Bck, Trg), Tarabuka ad lib., Streicher
**Aufführung:** Dauer ca. 1 Std. 45 Min.

**Entstehung:** Die Idee, den Volkshelden Iwailo, der als Anführer des Bauernaufstands von 1277 sogar den Zarenthron bestieg, zum Gegenstand einer großen Oper zu machen, stammt aus dem Jahr 1950, als Goleminow die vom Altmeister der bulgarischen Musik, Dobri Christow, stammende Ouvertüre *Iwailo* neu orchestrierte. Die Komposition der Oper folgte 1954. »Was mich an diesem Sujet gefesselt hat, ist die an revolutionärem Pathos und tragischen Konflikten reiche Epoche. Vor dem Hintergrund eines historischen Tatbestands war ich bestrebt, dem bedrückenden Schicksal des Volks und seiner moralischen Größe ein rein menschliches psychologisches Drama gegenüberzustellen, das durch den Zusammenstoß von zwei verschiedenen Welten, der bulgarischen und der byzantinischen, ausgelöst worden ist« (Vorwort des Klavierauszugs).
**Handlung:** In Tarnowo und Umgebung, 1278.
I. Akt, 1. Bild, Iwailos Heimatdorf: Durch die Angriffe der Tataren in Angst und Schrecken versetzt, wollen die Bauern ihren Heimatort verlassen. Der Gusla-

spieler Djado Prodan sucht sie mit einem Lied über Iwailo zu beruhigen. Von fern ist der Lärm der herannahenden Truppen Iwailos zu hören. Der als Händler verkleidete Byzantiner Andronik hat sich unter die Bauern gemischt und versucht, den kumanischen Söldner Durugutsch zu überreden, in Iwailos Dienste zu treten, um ihn bei passender Gelegenheit zu töten. Mlada sagt scherzhaft zu ihrer Freundin Kremena, daß diese wohl bald Zarin sein werde. Da erscheint Iwailo und schließt seine Frau Kremena zärtlich in die Arme. Das anschließende Volksfest wird durch die Nachricht vom Herannahen der Tataren unterbrochen. Iwailo zieht mit seiner Schar in den Kampf. 2. Bild, Iwailos Festung: Durugutsch hat Iwailos Vertrauen gewonnen und bewacht in dessen Abwesenheit die Festung, während Kremena auf Iwailos Rückkehr wartet. Andronik hat sich in die Festung eingeschlichen und gibt Durugutsch den Befehl, Kremena zu entführen. Voll Freude begrüßt das Volk Iwailo als Sieger, doch da wird gemeldet, daß der Bojar Godeslaw mit seiner Schar gegen Iwailo marschiere. Der Bojar Terter hat sich gegen die Zarin Maria gestellt und bietet nun Iwailo seine Hilfe zur Erlangung der Zarenherrschaft unter der Bedingung an, daß eine Bojarin neue Zarin werde. Iwailo weist das Ansinnen empört zurück: Nur Kremena könne Zarin werden.

II. Akt, 1. Bild, ein Balkankloster: Godeslaw hat Iwailos Truppen geschlagen, so daß Iwailo gezwungen ist, sich in einem Kloster zu verbergen. Als die Verfolger den Flüchtigen stellen, ruft Iwailo die Soldaten auf, zu desertieren und sich dem Volk anzuschließen. Von seiner Kühnheit mitgerissen, gehen auch die Bojaren zu Iwailo über. Da kommt die Nachricht von Kremenas Entführung. 2. Bild, Zarenschloß: Andronik, der in die Zarin Maria verliebt ist, macht dieser Vorwürfe, die Ermordung Iwailos verhindert zu haben. Sie enthüllt ihm, daß sie selbst Iwailo zu heiraten beabsichtige, um ihrem Sohn den Thron zu erhalten. Erbittert droht Andronik, Iwailo zu töten. Heimtückisch läßt Maria Kremena wissen, daß Iwailo eine Bojarentochter zu heiraten beabsichtige, und reicht ihr dann ein vergiftetes Getränk. Wenig später wird Kremena Zeugin eines Gesprächs, bei dem Andronik Durugutsch zuredet, Iwailo zu töten.

III. Akt, 1. Bild, Iwailos Lager: Die Sorge um seine entführte Frau hält Iwailo nicht davon ab, Vorbereitungen für die Einnahme Tarnowos zu treffen. Mit letzten Kräften gelingt es Kremena, sich zu ihm zu schleppen und ihn vor der Verschwörung zu warnen. Dann stirbt sie. 2. Bild, Zarenschloß: Nachdem Maria die Nachricht vom bevorstehenden Sieg Iwailos erhalten hat, beschließt sie, ihm entgegenzuziehen und ihre Pläne durch Verführungskunst zu verwirklichen. 3. Bild, Schloßplatz: Mit begeisterten Zurufen wird Iwailo vom Volk begrüßt. Die Zarin verneigt sich vor ihm und nennt ihn ihren Gast, doch Iwailo erklärt, daß er nicht als Gast, sondern als Herr gekommen sei. Das Volk jubelt.

**Kommentar:** *Iwailo* ist eine Fortsetzung der heroisch-historischen Oper, wie sie in Wladigerows *Zar Kalojan* (1936) und Pipkows *Momtschil* (komponiert 1939–44) verwirklicht wurde. Charakteristisch ist die Darstellung des persönlichen Dramas vor historischem Hintergrund mit volkstümlichen Genre- und heroischen Massenszenen. Die Librettistin ist weitgehend Wasows Vorlage gefolgt, hat jedoch zugunsten des einheitlichen musikalischen Aufbaus die Handlung von Nebenfiguren und unwichtigen Episoden befreit. Dabei konnten schablonenhafte Opernszenen und von künstlichem Pathos getragene Situationen nicht immer vermieden werden, aber insgesamt folgt die Handlung einer natürlichen und logischen Entwicklung, die reich an Gegensätzen und spannenden Situationen ist. – Dem Werk liegen verschiedene musikalische Themen zugrunde, die im Verlauf der Entwicklung einer Umgestaltung unterworfen werden. Zumeist sind es kurze Motive mit prägnanter rhythmischer Struktur, wie sie für Goleminows Stil kennzeichnend sind. Die beiden gegnerischen Mächte, die bulgarische (in Iwailo und seinen Kriegern verkörpert) und die feindliche (durch das verallgemeinerte Tatarenbild und die Byzantiner, an erster Stelle Zarin Maria, vertreten), sind in den Klangfarben deutlich gegeneinander abgehoben. In der Darstellung des persönlichen Dramas überwiegen breit angelegte Dialog- und Monologszenen von arios-rezitativischem Stil, während in den Massenszenen sich geschlossene Chor-, Tanz- und Soloepisoden dominieren, ohne daß der Fluß der musikalischen Entwicklung gefährdet wird. Die vokale Melodik ist dem Wesen des bulgarischen Volkslieds verpflichtet und bietet den Sängern alle Möglichkeiten, ihr gesangliches Können zu zeigen. Das Orchester übernimmt die Funktion der psychologischen Deutung des Geschehens, beschränkt sich jedoch oft auf die volkstümlich-naturalistische Zeichnung des Lokalkolorits. Am eindrucksvollsten sind die Chorszenen, besonders der mit ostinaten Rhythmen gestaltete Chor der jungen Mädchen (I/1), der volkstümliche A-cappella-Chor (I/1) und der Kirchenchor (II/1).

**Wirkung:** Mit seinem patriotischen Sujet und seiner leicht verständlichen musikalischen Sprache ist *Iwailo* eine der am häufigsten gespielten bulgarischen Opern. Sie wurde an fast allen bulgarischen Opernbühnen, aber auch im Ausland (deutsche Erstaufführung am 17. Dez. 1960 in Cottbus, Gastspiel der Nationaloper Sofia in Budapest 1967, sowjetische Erstaufführung 1960 in Kuibyschew) aufgeführt. Eine Produktion der Volksoper Plowdiw kam 1985 in Weliko Tarnowo, der früheren bulgarischen Hauptstadt Tarnowo, heraus (Dirigent: Goleminow, Regie: Plamen Kartalow, Bühnenbild: Dimitar Kirow).

**Autograph:** Part u. Kl.A: Sajuz na balgarskite kompozitori Sofia. **Ausgaben:** Kl.A: Nauka i Iskustwo, Sofia 1960. **Aufführungsmaterial:** Jusautor, Sofia; AKM, Wien
**Literatur:** P. Stojanov, Novata balgarska opera ›Iwajlo‹, in: Balgarska musika 10:1959, S. 25–29; B. Arnaudova, M. G., Sofia 1968; A. Christov, Opera i Savremennost, Sofia 1969; V. Krastev, Očercy po istorija na balgarskata musika, Sofia 1970; S. Lasarov, M. G., Sofia 1971; L. Sagaev, Savremennoto balgarsko operno tvorčestvo, Sofia 1974

*Maria Kostakeva*

# Sografat Sachari
**Opera w schest kartini**

## Sachari, der Maler
Oper in 6 Bildern

**Text:** Pawel Spassow, nach seiner Erzählung *Grechownata ljubow na Sografa Sachari* (*Die sündhafte Liebe des Malers Sachari*, 1957)
**Uraufführung:** 17. Okt. 1972, Nationaltheater, Sofia
**Personen:** Sachari (B.Bar); Dimitar (Bar); Christiania (S); die Mutter (Mez); der Küster (T); 3 Stifter (T, Bar, B); Erzähler (Spr.)
**Orchester:** 2 Fl, 2 Ob, 2 Klar, 2 Fg, 4 Hr, 2 Trp, Pkn, Schl (gr.Tr, kl.Tr, Bck, Tamtam), Kl, Streicher
**Aufführung:** Dauer ca. 1 Std. 30 Min.

**Entstehung:** Im Mittelpunkt der zweiten Oper Goleminows steht der zur Legende gewordene bulgarische Kirchenmaler Sachari Sograf, einer der Hauptvertreter der Malerschule von Samokow, von der wichtige Impulse zur kulturellen Erneuerung Bulgariens während der osmanischen Fremdherrschaft ausgingen. Seine zahlreichen Wandgemälde in bulgarischen Klöstern und Kirchen, auf denen die Heiligenbilder Züge lebender Menschen tragen, waren Anlaß für verschiedenartige Interpretationen seines Lebens und seiner Kunst. Besondere Aufmerksamkeit erregte Spassows Erzählung, die die unglückliche Liebe des Meisters zu Christiania, der Frau seines Bruders, darstellt.
**Handlung:** In Samokow, Mitte des 19. Jahrhunderts, während einer Pestepidemie.
1. Bild, Garten mit niedriger Mauer an einer Seite, klare Sternennacht: Sachari ist durch seinen Beruf als Kirchenmaler gezwungen, eine lange Reise anzutreten. Er nimmt Abschied von seiner Geliebten Christiania und bittet sie, auf ihn zu warten.
2. Bild, Inneres einer Kirche: In seine Arbeit versunken, malt Sachari das Bildnis der Jungfrau Maria mit den Gesichtszügen Christianias. Zweifel plagen ihn, ob es nicht Sünde sei, an einem heiligen Ort ein weltliches Antlitz darzustellen. Das Eintreten der drei Stifter unterbricht ihn.
3. Bild, Raum in einem reichen Haus, mit Holzschnitzereien und einem niedrigen Eßtisch: Nach langer Abwesenheit kommt Sachari als berühmter Meister nach Haus und erwartet voll Ungeduld seine Geliebte. Doch er muß erfahren, daß Christiania inzwischen die Frau seines Bruders, des Kirchenmalers Dimitar, geworden ist. Um mit ihr unter vier Augen sprechen zu können, bittet Sachari seinen Bruder, Christiania malen zu dürfen. Aber er bemüht sich vergeblich, von ihr den Grund ihrer Untreue zu erfahren, und auch das Porträt will wegen seiner Erregung nicht gelingen.
4. Bild, Inneres einer Kirche: Sachari malt Ikonen, um sein Leid zu vergessen. Der Küster ist von seiner Kunst begeistert, der Maler selbst jedoch mit seinem Werk nicht zufrieden. Da erscheint sein Bruder. Als er unter den Heiligenbildern das Antlitz Christianias wiedererkennt, beschuldigt er Sachari der Sünde und wirft ihm Unfähigkeit vor. Derart herausgefordert, beschuldigt Sachari den Bruder, ihm Christianias Liebe gestohlen zu haben.
5. Bild, Christianias Zimmer, stürmische Sommernacht: Sachari hat sich heimlich hereingeschlichen und fordert Christiania auf, mit ihm zu fliehen. Sie zögert jedoch und gibt vor, ihn nie geliebt zu haben.
6. Bild, der Raum in dem reichen Haus: Sachari hat sich in sein Schicksal ergeben und wieder auf den Weg gemacht, um in Kirchen und Klöstern Ikonen zu malen. Unterwegs ist er vielen Menschen begegnet, die vor der Pest geflohen sind, und hat so erfahren, daß Christiania sich angesteckt habe. Er eilt zu ihr, und sie gesteht ihm angesichts des Tods ihre große Liebe. Von neuer Kraft durchdrungen, beginnt Sachari sie zu malen und steigert sich in höchste schöpferische Begeisterung. Christiania stirbt, mit einem glücklichen Lächeln auf den Lippen.

**Kommentar:** *Sografat Sachari* ist ein an gegensätzlichen Gefühlsmomenten und Situationen reiches menschliches Drama, dessen Libretto sich, abgesehen von einer gelegentlichen Langsamkeit der Handlung, die an andere Opern mit ähnlicher Thematik erinnert (Iliews *Bojanskijat maistor,* 1962, und Chadschiews *Maistori,* 1966), durch eine bildhafte poetische Sprache und die innere Logik der Handlungsentwicklung auszeichnet. Spassow akzentuiert in der Gestalt Sacharis zum einen den ästhetischen Konflikt zwischen innovativer Kunst und der verknöcherten akademischen Lehre der Kunstschule, zum andern die tragische Liebe zu Christiania. Im Verzicht auf prunkvolle Ausstattung zugunsten des musikalischen Kammerspiels mit fein gesponnenen, psychologisch motivierten Monologen und Dialogen ist die Oper ein typisches Beispiel für die um 1970 verbreiteten Tendenzen des bulgarischen Musiktheaters. Durch die Einbe-

*Sografat Sachari*, 3. Bild; Nikola Gjuselew als Sachari, Stojan Popow als Dimitar, Rumjana Barewa als Christiania, Reni Penkowa als Mutter; Regie: Mischo Chadschimischewa; Uraufführung, Nationaloper, Sofia 1972.

ziehung eines Sprechers, der die hinter der Szene ablaufenden Ereignisse schildert und erläutert, tritt ein zwar undramatisches, aber dennoch wirkungsvolles Moment hinzu, das die sichtbare Handlung in den Bereich der Legende verweist. Den musikalisch reich gestalteten Monologen und Dialogen stehen wenige Ensemblesätze gegenüber (zum Beispiel das Terzett der drei Stifter, 2. Bild). Die nuancierte vokale Melodik ist fest mit der Orchesterbegleitung verbunden, die in ihrer solistischen Instrumentierung Golominows Vorliebe für Details und scheinbar unbedeutende Gesten zeigt und ein durch motivische Arbeit kunstvoll gestaltetes Beziehungsgeflecht entstehen läßt. Ohne ins folkloristische Genre abzugleiten, aber von nationaler Wesensart geprägt, beruht Golominows musikalische Sprache auf einer erweiterten Diatonik, die alle zwölf Töne der Skala berührt.

**Wirkung:** Vom Publikum und von der Kritik mit Beifall begrüßt, wurde diese Oper auch in andern Opernhäusern Bulgariens (Sofia, Stara Sagora, Russe) aufgeführt.

**Autograph:** Part u. Kl.A: Nationaloper Sofia. **Ausgaben:** Kl.A: Musika, Sofia 1978. **Aufführungsmaterial:** Jusautor, Sofia; AKM Wien
**Literatur:** I. CHLEBAROV, Nova balgarska opera na sofijska scena, in: Balgarska musika 23:1972, S. 45–48; S. LASAROV, Zografat Zacharij, in: Narodna kultura, Nr. 45, 4.11.1972; R. BICHS, Parvata premiera na Sofijskata narodna opera, ›Zacharij Zograf‹, nova tvorba na M. G. i Pavel Spasov, in: Otečestven front, Nr. 8716, 20.10.1972; R. STATELOVA, Zacharij Zograf, in: Plamak 19:1973, Nr. 1, S. 37–42

*Maria Kostakeva*

## Trakiski idoli
### Opera w prolog i dwe deistwija (schest kartini)

**Thrakische Idole**
Oper in Prolog und 2 Akten (6 Bildern)

**Text:** Marin Goleminow und Stefan Ditschew, nach seinem Drehbuch *Sawraschtane w Bessa Para (Rückkehr nach Bessa Para,* 1979)
**Uraufführung:** 18. Nov. 1981, Nationaloper, Stara Sagora
**Personen:** Sprecher; Teres (Bar); Aniri (S); Miltokites (B); Ambroselma (T); Line (S); Sitoni (S); Boire (Mez); Kenika (dramatischer S); Mirto (Mez); Bura (T); Ptak (T); Heilkundiger (T); Ejonei (Spr.). **Chor, Ballett:** Thraker, Frauen, Priester, Priesterinnen
**Orchester:** Picc, 2 Fl, 2 Ob, E.H, 2 Klar, B.Klar, 2 Fg, 4 Hr, 3 Pos, Tb, Pkn, Schl (gr.Tr, Tamtam, Tamburin, Bck, Trg), Kl, Hrf, Streicher
**Aufführung:** Dauer ca. 1 Std. 30 Min.

**Handlung:** Im alten Thrakien.
Prolog, Tempel: Teres malt; in seinem Bewußtsein erwachen die kommenden Ereignisse und Gestalten.
I. Akt, 1. Bild, Heiligtum in den Bergen, in der Mitte die unvollendete Statue der Göttermutter: In Thrakien herrscht Krieg; Priester beweinen die gefallenen Krieger, deren Schatten noch immer im Heiligtum umherirren, weil die lebenspendende und -nehmende Göttermutter sie nicht freigeben will, solange ihre Statue unvollendet ist. Aber nur der verschollene Bildhauer Teres, ein Bruder des thrakischen Herrschers Ejonei, besitzt die Fähigkeit, das Standbild zu vollenden. Griechische Gefangene sollen geopfert werden, um die Göttin zu besänftigen. Da wirft sich einer von ihnen Ambroselma, dem Vertreter Ejoneis, zu Füßen und gibt sich als Teres zu erkennen. Seiner griechischen Kleidung wegen war er irrtümlich gefangengenommen worden. Allenthalben werden die Heimkehr des Künstlers und die Aussicht auf die Vollendung der Statue bejubelt, denn nun wird die Göttin die Schatten der Toten zum Gott Salmoxis ziehen lassen, der ihnen ewiges Leben gewähren wird. Auch Line, Sitori und Boire, die Töchter des Herrschers, sind voller Geduld, weil nun endlich das Fest des großen Mysteriums stattfinden kann, auf dem sie den Frauenstatus erhalten sollen. 2. Bild, heidnischer Tempel mit Götzenbildern: Kenika kündet das Erscheinen der Priester und der Göttermutter an. Dann bereitet man die Wahl eines jungen Mädchens vor, das Teres für die Vollendung der Statue Modell stehen soll. Teres befindet sich in einem Zwiespalt: Nach zehnjährigem Aufenthalt in Griechenland glaubt er nicht mehr an die thrakischen Götter. Wie soll er das Abbild einer Göttin schaffen, an die er nicht glaubt? Als jedoch Aniri, die Tochter des Oberpriesters, erscheint, ist Teres von ihrer Schönheit bezaubert und faßt den Entschluß, sie in der Gestalt der Göttin zu verewigen. 3. Bild, Teres' Arbeitsraum: Teres hat die Statue fast vollendet; Aniri steht ihm Modell. Die Priester vollführen ein magisches Ritual, durch das Aniris Lebenskraft auf die Figur der Göttermutter übertragen werden soll. Teres gesteht Aniri seine Liebe, aber diese glaubt kein Recht zu haben, sich ihrer Liebe hinzugeben. Sie fühlt sich dem Glauben ihres Volks verbunden und einer höheren Macht verpflichtet. Vergeblich versucht Teres, sie davon zu überzeugen, daß man sie zum Werkzeug der von Priestern erfundenen Lügen mache. Aniri ist fest entschlossen, sich in ihr Schicksal zu fügen.
II. Akt, 1. Bild, großer Platz, in der Mitte die Statue der Göttermutter: Am Tag des großen Mysteriums nähert sich vom Felsenhügel die Prozession der Priester, angeführt von Miltokites und Kenika mit einer Schar von Jungfrauen, unter ihnen Aniri, die in das Mysterium der Göttin eingeweiht werden sollen. Voller Furcht erwarten die Mädchen die Abgesandte der Göttin, während Miltokites ihnen die Augen verbindet. Aber das Ritual hat kaum begonnen, als Teres herbeistürzt und Aniri entführt. Alles versinkt im Dunkel der Nacht. 2. Bild, derselbe Ort, Morgendämmerung: Die Nacht des großen Mysteriums ist zu Ende. Teres entfernt die Binde von Aniris Augen; doch anstatt sich zu freuen, stößt sie ihn zurück und beschuldigt ihn, ein Sakrileg begangen zu haben. Vergeblich versucht er, sie von seiner Liebe zu überzeugen, vergeblich bittet er sie, mit ihrem Vater sprechen zu dürfen. Aniri teilt ihm mit, daß über ihr Schicksal bereits entschieden und sie dem Herrscher Ejonei versprochen sei. 3. Bild, derselbe Ort, im

Hintergrund eine Treppe zum Tempel: Aufgeregt bringt Ambroselma die Nachricht, daß Ejonei tödlich verwundet sei. Die Priester tragen den sterbenden Herrscher herbei, um ein letztes Ritual, die Hochzeitszeremonie, zu vollziehen. Als seine Gattin muß Aniri ihm in das ewige Leben folgen. Alle Bitten des Bildhauers weist der Oberpriester unerbittlich zurück; Aniri wird den Opfertod sterben.

**Kommentar:** *Trakiski idoli* vereinigt zwei für Goleminow charakteristische ethische Themenkreise: den Zweifel und die Einsamkeit des schöpferisch tätigen Menschen (wie in *Sografat Sachari,* 1972) und den Konflikt des freiheitsliebenden und geistig unabhängigen Menschen mit starren gesellschaftlichen Normen (wie in seinem Tanzdrama *Nestinarka,* Sofia 1942). Das Werk ist weder eine Historienoper wie *Iwailo* (1959), noch bezieht sie ihr Sujet aus einer Legende wie *Sografat Sachari*; der eher zögernde Handlungsverlauf, die zahlreichen Monologe, der bekenntnisartige Ton der Darstellung und die manchmal weitschweifigen literarischen Beschreibungen belegen den idellen, historischer Zeitlichkeit enthobenen und auf allgegenwärtige menschliche Probleme und Konflikte zielenden Gestus des Dramas. In der Nachzeichnung der alten thrakischen Bräuche hat sich der Komponist weder von der exotischen Atmosphäre noch vom poetischen Geist der Volkslegenden leiten lassen. Vielmehr dient Goleminow die harte, atavistische Atmosphäre der ältesten heidnischen Epochen der bulgarischen Kultur als Hintergrund, vor dem er seinen eigenen ethischen Standpunkt darlegt. Wie in *Sografat Sachari* führt Goleminow auch hier einen Sprecher ein, der jedoch weniger die Aufgabe hat, die Handlung zu erläutern, als dem Standpunkt des Autors Nachdruck und Objektivität zu verleihen. Goleminows persönliche Ansichten kommen besonders deutlich in Teres' zahlreichen Monologen zum Ausdruck, die vornehmlich von Kunst und moralisch-ethischen Problemen handeln. Die Gegenüberstellung von lyrischem Gesang und Wortsprache verleiht dem Werk Pathos und Beredsamkeit und erinnert stilistisch an Opernoratorien wie Strawinskys *Oedipus Rex* (1928) oder Honeggers *Jeanne d'Arc au bûcher* (1938). In die Richtung des stilisierten Musiktheaters verweisen außerdem die mystisch-heidnische Atmosphäre, die Rituale, der Verzicht auf traditionelle Opernformen (die einzige Arie dieser Oper singt Aniri), die Dominanz des Orchesters, die freien Rezitative und Sprechepisoden sowie das Stilisiert-Dekorative und Statische der Tanz- und Chorszenen. Wie in Goleminows übrigen Bühnenwerken werden auch in *Trakiski idoli* kurze und charakteristische diatonische Motive verwendet. Die von Folklorismen freie musikalische Sprache bevorzugt archaisierende Klänge (besonders in den Blechblasinstrumenten) und Ostinatorhythmen. Die Vokalmelodik weist einen großen Reichtum an Ausdrucksmitteln auf: von expressiven Sprechszenen über rezitativisch-deklamatorische Episoden bis zu Ariosopassagen.

**Wirkung:** Aus Anlaß der 1300-Jahr-Feiern der Gründung des ersten bulgarischen Reichs wurde die Oper 1981 zur Eröffnung des 9. Opern- und Ballettfestivals uraufgeführt. Danach wurde sie noch in Sofia inszeniert (1983) und fand bei Publikum und Kritik wohlwollende Aufnahme.

**Autograph:** Part u. Kl.A: beim Komponisten. **Ausgaben:** Kl.A: Musika, Sofia [in Vorb.]. **Aufführungsmaterial:** Jusautor, Sofia; AKM Wien
**Literatur:** A. PALIEVA, Premierata na ›Trakijski idoli‹, in: Balgarska musika 33:1982, S. 73–75; D. DIMITROV, Pres pogleda na dirigenta – za premierata na ›Trakijski idoli‹ w Sofia, in: ebd. 34:1983, S. 29–33

*Maria Kostakeva*

# Carlos Gomes

Antônio Carlos Gomes; geboren am 11. Juli 1836 in Campinas (bei São Paulo), gestorben am 16. September 1896 in Belém (Pará)

## Il Guarany
**Opera ballo in quattro atti**

**Der Guaraní**
4 Akte (6 Bilder)

**Text:** Antonio Enrico Scalvini und Carlo D'Ormeville, nach dem Roman *O Guarani* (1857) von José Martiniano de Alencar
**Uraufführung:** 19. März 1870, Teatro alla Scala, Mailand
**Personen:** Don Antonio de Mariz, ein alter portugiesischer Hidalgo (B); Cecilia, seine Tochter (S); Pery, Häuptling der Guaraní (T); Don Alvaro, ein portugiesischer Abenteurer (T); Gonzales (Bar), Ruy-Bento (T) und Alonso (B), spanische Abenteurer; der Kazike der Aimoré (B oder Bar); Pedro, Bewaffneter im Dienst Don Antonios (B). **Chor:** Abenteurer der verschiedensten Nationen, Männer und Frauen der portugiesischen Kolonie, Wilde vom Stamm der Aimoré
**Orchester:** Picc, 2 Fl, 2 Ob, 2 Klar, 2 Fg, 4 Hr, 2 Trp, 2 Cornetti, 3 Pos, Cimbasso, Pkn, Schl (gr.Tr, Bck, Trg), Hrf, Streicher; BühnenM: 4 Hr
**Aufführung:** Dauer ca. 3 Std. 15 Min. – Ballett im III. Akt.

**Entstehung:** Einer von Gomes' Großvätern war Spanier, der eine Indianerin vom Stamm der Guaraní geheiratet hatte. 1846 begann Gomes unter Anleitung seines Vaters Manuel José, eines Musikers, verschiedene Instrumente zu lernen, 1855 komponierte er seine ersten Werke. 1856 wurde er in die Kompositionsklasse des Konservatoriums in Rio de Janeiro aufgenommen. Seine ersten Opern, *A noite do castelo* (Rio de Janeiro 1861) und *Joana de Flandres* (Rio de Janeiro 1863), erzielten einen derartigen Erfolg, daß Gomes ein kaiserliches Stipendium erhielt, mit dem er seine Studien am Mailänder Konservatorium fortsetzen konnte. Vom Febr. 1864 an nahm er Privatunterricht bei dessen Direktor Lauro Rossi. 1867 und 1868 schrieb er die Musik für zwei Mailänder Revuen (*Se sa minga* und *Nella luna*) auf Texte von Scalvini und errang sogleich eine gewisse Popularität. In dieser Zeit stieß er auf Alencars Roman *O Guarani*, der ihn so faszinierte, daß er beschloß, nach ihm eine Oper zu schreiben. Nachdem Gomes durch seine Kontakte zur Gruppe der Scapigliatura um Arrigo Boito Zugang zum Salon der Gräfin Clara Maffei gefunden hatte, gelang ihm der entscheidende Sprung an die Scala, die *Il Guarany* annahm.

**Handlung:** In der Nähe von Rio de Janeiro, um 1560. I. Akt, Esplanade vor dem Palast von Don Antonio: Zu den Gästen des Hidalgos Antonio, die sich zu einer Jagd versammelt haben, zählen neben dem Portugiesen Don Alvaro auch die Abenteurer Gonzales, Ruy-Bento und Alonso. Da Alvaro sich in Antonios Tochter Cecilia verliebt hat, muß er sich manche Anspielung gefallen lassen. Antonio erscheint mit einer schlechten Nachricht: Einer seiner Jäger habe versehentlich eine Indiofrau vom Stamm der Aimoré getötet; mit einem Gegenschlag müsse daher gerechnet werden. Die Abenteurer sind sofort von der Idee eines Kampfs gegen die Indios begeistert, doch Antonio ist zurückhaltend; er erzählt ihnen, daß unlängst ein Guaraní seine Tochter vor dem Tod gerettet habe. Da erscheint der Lebensretter: Pery, der Guaraníhäuptling. Cecilia hat sich in ihn verliebt, doch der Vater hat mit ihr andere Pläne: Sie soll die Frau von Alvaro werden. Die Gäste entfernen sich, um gemeinsam das Ave-Maria zu beten, nur Pery und Cecilia bleiben zurück; beide gestehen einander ihre Liebe.
II. Akt, 1. Bild, Grotte im Dschungel: Perys Gedanken an Cecilia werden durch das Erscheinen von Gonzales und seiner Kumpane unterbrochen. Da sie sich unbeobachtet glauben, erörtern sie ihr Vorhaben, sich in den Besitz von Antonios Silbermine zu bringen und zugleich Cecilia zu entführen, zu der Gonzales in Liebe entbrannt ist. Kaum hat Pery dies vernommen, tritt er hervor. Alonso und Ruy-Bento fliehen, Gonzales bleibt zurück und versucht Pery zu töten. Dem gelingt es, Gonzalez zu entwaffnen. Pery ist bereit, Gonzales das Leben zu schenken, wenn dieser schwört, das Land zu verlassen. Zum Schein leistet Gonzales den Eid. 2. Bild, Lager der Abenteurer: Alonso, Ruy-Bento und die übrigen erwarten die Rückkehr von Gonzales. Als er eintrifft, stimmt er ein Loblied an auf den Wein, die Frauen und den Krieg. 3. Bild, Cecilias Zimmer: In Gedanken verweilt Cecilia bei Pery. Plötzlich erscheint Gonzales und erklärt ihr ungestüm seine Liebe. Als sie ihn empört zurückweist, versucht er sie zu entführen, wird jedoch von einem Pfeil verwundet. Durch Pery erfahren Antonio und Alvaro von Gonzales' Plänen. Als der Palast von den Aimoré angegriffen wird, stürzen Antonios Männer hervor, um ihn zu verteidigen.
III. Akt, Lager der Aimoré, tief im Dschungel: Bei dem Angriff der Indios ist Cecilia in Gefangenschaft geraten. Über ihr weiteres Schicksal soll der Kazike der Aimoré entscheiden. Der ist von ihrer Schönheit jedoch so fasziniert, daß er sie zu seiner Frau machen will. In diesem Augenblick wird ein weiterer Gefangener gebracht: Pery. Als dieser zugibt, ins Lager eingedrungen zu sein, um Cecilia zu befreien und den Kaziken zu töten, ist sein Schicksal besiegelt: Er wird beim Festessen die Hauptmahlzeit der Kannibalen abgeben. Während die Zeremonie vorbereitet wird, bleiben Pery und Cecilia allein zurück; noch einmal beschwören sie ihre Liebe. Das Fest beginnt mit der Anrufung der Götter durch den Kaziken, dann folgen die Tänze der Indios. Plötzlich stürzt eine Schar portugiesischer Söldner unter Führung von Antonio und Alvaro hervor; es gelingt ihnen, Cecilia und Pery zu befreien; Alvaro aber wird tödlich verwundet.
IV. Akt, unterirdische Gewölbe des Kastells: Nach wie vor verfolgen Gonzales und die Abenteurer ihren Plan, Antonio um seine Silbermine zu bringen und Cecilia zu rauben. Antonio hat ihre Unterredung belauscht. Er beschließt, ihnen zuvorzukommen. Pery erscheint und enthüllt ihm, daß es einen geheimen Ausgang aus dem Kastell gibt. Antonio möchte Cecilia in Sicherheit wissen, doch er zögert, sie einem Ungläubigen anzuvertrauen, woraufhin Pery seinem alten Glauben abschwört und sich taufen läßt. Auf Drängen Antonios flüchten Pery und Cecilia. Gonzales erscheint mit seinen Kumpanen und fordert, das Geheimnis der Mine preiszugeben als Entgelt für das Leben Antonios. Dieser aber schleudert Fackeln in die Pulverfässer und sprengt sich und seine Gegner in die Luft.

**Kommentar:** Alencar gilt als der eigentliche Schöpfer einer eigenständigen brasilianischen Prosa. Der studierte Jurist, der es zeitweilig sogar bis zum Justizminister gebracht hatte, schrieb zahlreiche Romane, Novellen und Dramen, deren Sujets vor allem in der Kolonialzeit angesiedelt sind. Die dramaturgische Struktur des Librettos läßt sich auf einfache Muster zurückführen. Im Prinzip geht es um den Konflikt zwischen Gut und Böse, zwischen dem portugiesi-

*Il Guarany*, I. Akt; Bühnenbildentwurf: Carlo Ferrario; Uraufführung, Scala, Mailand 1870. – Ferrario war einer der führenden italienischen Bühnenbildner in der 2. Hälfte des 19. Jahrhunderts. Seine realistische Szenengestaltung vereint beides: die malerische »Bild«haftigkeit der Dekoration und die historiengetreue Umsetzung des Opernstoffs.

schen Hidalgo als dem Repräsentanten der etablierten Ordnung und den spanischen Abenteurern um Gonzales. Dieser Handlungsstrang wird durch weitere dramatische Motive angereichert, die ebenfalls auf Kontrast abgestellt sind: durch die Auseinandersetzung zwischen den Portugiesen und den Aimoré, zwischen christlicher Zivilisation und heidnischem Barbarentum (die Aimoré werden gar als Kannibalen hingestellt). Diesen »bösen« Indios treten die »guten« Indios der Guaraní gegenüber, die zwar als Kollektiv nicht in Erscheinung treten, aber durch ihren Häuptling Pery repräsentiert werden. Pery vertritt den Typus des edlen Wilden, wie ihn Jean-Jacques Rousseau 100 Jahre zuvor dargestellt hat: sein Leben für andere einsetzend, tapfer und treu, eine durch und durch positive Gestalt im Gegensatz zu Gonzales, der, von Amoralität und Skrupellosigkeit geprägt, das negative Pendant abgibt. Die komplizierte Verschränkung der verschiedenen Handlungsstränge untereinander, die man als Kompensation für die allzu starre Typisierung ansehen kann, erweist sich insofern als problematisch, als sich die verschiedenen Konflikte in ihrer dramatischen Wirkung nicht erhöhen, sondern abschwächen. Daß sich der Schluß ebenso überraschend wie unbefriedigend ausnimmt, ist letztlich in der Konzeption begründet: Obwohl dem Werk ein ernstes Sujet zugrunde liegt, endet es nicht tragisch mit dem Tod des Protagonisten, wie es die Ästhetik der Gattung erfordert. Gleichwohl ist das Lieto fine nicht ungetrübt: Mit der Vernichtung der Verschwörer (die Schlußszene erinnert an das Finale des V. Akts in Meyerbeers *Prophète*, 1849) hat auch Antonio freiwillig seinem Leben ein Ende gesetzt. Die Bösen sind zwar ihrer gerechten Bestrafung nicht entgangen, doch ein Repräsentant des Guten hat mit seinem Leben bezahlt. – In Rio hatte Gomes Opern Rossinis, Bellinis, Donizettis und Verdis kennen und schätzen gelernt; in seinen ersten beiden Opern orientierte er sich vor allem am frühen und mittleren Verdi, von der formalen Anlage hin bis zu melodischen Anklängen. Erstaunlicherweise hat Gomes, obwohl mit dem vielfältigen Repertoire der Scala vertraut, die weitere Entwicklung der Oper fast völlig ignoriert; im Prinzip repräsentiert *Il Guarany* den Stand zu Beginn der 50er Jahre. Die 27 Nummern der Partitur sind mit deutlichen Zäsuren voneinander getrennt und folgen in der Anlage weitgehend der italienischen Tradition: Auf die in sich abgeschlossene Ouvertüre, die die wichtigsten Melodien vorab präsentiert, folgt ein Jägerchor im typischen ⅜-Takt als Introduktion, während das Liebesduett am Ende des I. Akts das traditionelle Schema Rezitativ–Kantabile–Rezitativ–Cabaletta durchscheinen läßt. Dies Duett wie auch Perys Auftrittsarie im II. Akt zeigen, daß das lyrische Melos, die große Kantilene nicht zu den Stärken dieser Oper zählen. Es fehlt oft an der prägnanten Rhythmisierung, an sinnfälliger Diastematik und ausgreifender Harmonik, deren Zusammenwirken erst der Melodik jene charakterisierende Fähigkeit verleiht, die eine der großen Stärken Verdis war. – Die delikate, fast schon raffinierte Instrumentation zeigt den französischen Einfluß, der sich in den 60er Jahren auch im Spielplan der Scala widerspiegelt. Um so erstaunlicher mutet die Zurückhaltung an, die sich Gomes im III. Akt auferlegt, der unmittelbar auf die Grand opéra verweist und durch den gewichtigen Ballettanteil die Gattungszugehörigkeit des Werks bestimmt hat. Der größere Teil dieses Akts ist der Schilderung des Ambiente vorbehalten (Ballabile, Baccanale, Invocazione), doch diese Abschnitte unterscheiden sich so gut wie nicht von dem üblichen Idiom; die Forderung nach der Couleur locale hat Gomes ignoriert, das deskriptive Moment bleibt blaß, indifferent. Was sich stilistisch abhebt, sind nur zwei oder drei Stellen, unter anderm ein Motiv im Allegretto des Baccanale, das mit seinem ostinaten Harmoniewechsel fremdartig wirkt (es ist zugleich das Hauptmotiv der Oper), und der Auftritt der Indiojungen im Anschluß daran. Der Rest ist Ballettmusik in französischer Manier; vom farbigen Exotismus einer *Aida* (1871) bleibt *Il Guarany* weit entfernt.

**Wirkung:** Bei der Uraufführung (Cecilia: Marie-Constance Sass, Pery: Giuseppe Villani, Kazike: Victor Maurel; Dirigent: Eugenio Terziani) war dem Werk ein durchschlagender Erfolg beschieden, so daß es 1871 und 1881 an der Scala wiederaufgenommen wurde. Noch im selben Jahr wurde es in Rio de Janeiro gespielt; es folgten Aufführungen in Florenz (1871), Genua und London (1872), später Ferrara, Bologna und Moskau. Unter Tullio Serafin wurde *Il Guarany* 1937 in Rom aufgeführt (Pery: Beniamino Gigli). Eine eigene, bis in die heutige Zeit kontinuierliche Aufführungstradition gab es in Brasilien. Die bedeutendsten Interpreten des Pery waren Reis e Silva (São Paulo 1933, 1941/42, Rio de Janeiro 1935, 1937, 1939, 1940/41), Georges Thill (Rio und São Paulo 1936), Mario Del Monaco (Rio 1949/50, São Paulo 1949) und Assis Pacheco (Rio 1951–53, 1955, 1960, 1970, Belo Horizonte 1951/52, 1966, 1968, 1970, São Paulo 1964, 1972). Unter den Darstellerinnen der Cecilia sind hervorzuheben Carmen Gomes (São Paulo 1933, Rio 1935, 1937, 1939), Maria Sá Earp (São Paulo 1941, 1949, 1951, Rio 1949–51, 1955, 1960) und Diva Pieranti (Belo Horizonte 1952, Rio [Maracanã] 1967). Die Partie des Gonzales sangen viele Jahre unter anderm Sylvio Vieira (Rio 1935, 1937, 1939–41, 1943, 1950/51, São Paulo 1941/42) und Paulo Fortes (São Paulo 1949, Belo Horizonte 1951/52, Rio 1952/53, 1955, 1960). Ihnen folgten unter anderm Piero Cappuccilli (Rio 1964) und Lourival Braga (São Paulo 1964, Rio 1970, Belo Horizonte 1968, 1970). Aufführungen in neuerer Zeit in Italien gab es 1971 in Neapel (Pacheco, Pieranti, Costanzo Mascitti) und Palermo (Benito Maresca, Pieranti, Andrea Ramus).

**Autograph:** Istituto nacional de musica da Universidade Rio de Janeiro. **Abschriften:** Vlg.-Arch. Ricordi Mailand. **Ausgaben:** Kl.A: Ricordi 1913, Nr. 53426; Lucca, Mailand, Nr. 20651-78; Lucca, Girard, Mailand, Neapel, Nr. 18701-78; Textb.: Mailand, Lucca 1870, Nr. 18758; Mailand, Ricordi, Lucca, Nr. 53748; Textb., span.: Barcelona, Gorzhs 1876. **Aufführungsmaterial:** Istituto nacional de musica da Universidade, Rio de Janeiro

**Literatur:** H. P. VIEIRA, C. G.: sua arte e sua obra, São Paulo 1934; J. GOMES VAZ DE CARVALHO, A vida de C. G., Rio de Janeiro 1935; M. DE ANDRADE, C. G., São Paulo 1939; P. CERQUERA, C. G., São Paulo 1944; A. C. GOMES, Carteggi italiani, hrsg. G. N. Vetro, Mailand o.J.; S. ANBERTI, ›O Guarani‹ e ›Colombo‹ de C. G., Rio de Janeiro 1972; J. FERNANDES, Do sonho a conquista Rivivendo um gênio da musica, São Paulo 1978

*Norbert Christen*

## Fosca
**Melodramma in quattro atti**

**Fosca**
4 Akte (8 Bilder)

**Text:** Antonio Ghislanzoni, nach der Erzählung *La festa delle Marie. Storia veneta del secolo X* (1869) von Luigi Marchese Capranica del Grillo
**Uraufführung:** 1. Fassung: 16. Febr. 1873, Teatro alla Scala, Mailand; 2. Fassung: 7. Febr. 1878, Teatro alla Scala, Mailand
**Personen:** Gajolo, Pirat aus Istrien (B); Fosca, seine Schwester (S); Delia (S); Paolo, ein venezianischer Kapitän, Sohn Michele Giottas (T); Cambro, ein venezianischer Sklave in Diensten Gajolos (Bar); Michele Giotta (B); der Doge von Venedig (B). **Chor:** Piraten aus Istrien, Volk von Venedig, venezianische Edelleute, venezianische Mädchen. **Statisterie:** venezianische Hochzeitsgäste, Soldaten, Pagen
**Orchester:** 2 Fl (2. auch Picc), 2 Ob, E.H, 2 Klar, 2 Fg, K.Fg, 4 Hr, 4 Trp, 4 Pos, B.Tb, Pkn, Schl, Org, Sistro, Hrf, Streicher; BühnenM: Banda (nicht differenziert)
**Aufführung:** Dauer ca. 2 Std. 30 Min.

**Handlung:** In Piran (Slowenien) und Venedig, 944.
I. Akt, 1. Bild, Lager der Piraten in Piran: Gajolo, der Anführer, unterbreitet seinen Männern den Plan, bei einer Hochzeit in Venedig Mädchen zu entführen. Cambro berichtet von der hohen Belohnung, die der venezianische Edelmann Michele Giotta für seinen Sohn Paolo ausgesetzt hat, der sich in der Gewalt der Piraten befindet. Fosca, die Paolo liebt, erinnert ihren Bruder Gajolo an sein Versprechen, Paolo ihr zu überlassen, und schlägt vor, die Belohnung durch eine List zu erschleichen, was die Piraten jedoch als ehrlos ablehnen. 2. Bild, Küste in Piran: Cambro, der Fosca seit langem begehrt, jedoch von ihr verschmäht wird, ist überzeugt, sie noch für sich gewinnen zu können. Fosca führt Paolo aus der Gefangenengrotte. Sie verspricht ihm die Freiheit und gesteht ihm ihre Liebe, die er nicht erwidert, da sein Herz Delia gehört. Fosca will ihn daraufhin in die Grotte zurückbringen lassen, wird jedoch von Gajolo und Giotta daran gehindert: Das Lösegeld sei bezahlt, Paolo frei. Cambro nähert sich der empörten Fosca. Heuchelnd bietet er ihr seine Hilfe an, indem er ihr verspricht, sie in ihrer Rache für die Schmach zu unterstützen: Er will ihr Delia in die Hände spielen; dafür verspricht Fosca, Cambros Braut zu werden.

II. Akt, 1. Bild, Delias Haus in Venedig: Paolo und Delia beteuern einander ihre Liebe. In einer Stunde soll ihre Hochzeit stattfinden. Delia äußert ihr Mitgefühl für das Schicksal Foscas, die Paolo während seiner Gefangenschaft gepflegt hatte. Als Händler verkleidet, versucht Cambro die Lage auszukundschaften. Während der Hochzeitsfeier soll Delia entführt werden. 2. Bild, vor der Kirche San Pietro di Castello in Venedig: Cambro und Fosca erwarten verkleidet den Hochzeitszug. Sie schwankt zwischen Mitleid und Rachegefühlen. Als der Zug vorbeizieht, wirft sich Fosca Paolo in den Weg. Gajolo, der das Gelingen des Überfalls gefährdet sieht, vermag die Anwesenden von der geistigen Verwirrtheit der Frau zu überzeugen. Dann gibt er das Zeichen zum Angriff. Während des Handgemenges entführt Cambro Delia. Gajolo wird gefangengenommen.
III. Akt, 1. Bild, Piratengrotte in Piran: Delia beklagt ihr Schicksal. In Fosca erkennt sie die »Verrückte«, die den Hochzeitszug gestört hat. Fosca gibt sich ihr als ihre Rivalin zu erkennen. Delia fleht um Gnade für Paolo, für dessen Rettung sie ihr Leben lassen will. Gerührt bittet Fosca Delia um Vergebung und erklärt, dem Glück der Liebenden nicht mehr im Weg zu stehen. 2. Bild, Küste in Piran: Die Piraten planen die Befreiung Gajolos, nachdem sie von Cambro vom Scheitern des Überfalls gehört haben. Cambro gelingt es, Foscas Rachsucht erneut zu schüren, bis sie schwört, ihren Bruder zu befreien und das Cambro gegebene Versprechen einzulösen.
IV. Akt, 1. Bild, Dogenpalast in Venedig: Der dem Dogen vorgeführte Gajolo schlägt ein Tauschgeschäft vor: sein Leben gegen Paolos. Sollte Fosca Paolo bereits getötet haben, würde er nach Venedig zurückkehren und sich der gerechten Strafe stellen. Im Fall eines Wortbruchs, warnt ihn der Doge, würde ihn und seine Männer die Rache Venedigs treffen. 2. Bild, Piran: Cambro täuscht Paolo Delias Tod vor. Paolo möchte wenigstens im Tod mit seiner Braut vereint sein. Da erscheint Fosca, die ihm Delia vorführt und ihr vorschlägt, sich zu vergiften, um Paolos Leben zu retten. Delia ist bereit dazu, aber Paolo lehnt sich dagegen auf, woraufhin Fosca den Piraten die Anweisung gibt, Paolo zu töten. Doch da kehrt Gajolo zurück. Er befiehlt seinen Männern, Paolo unverzüglich freizulassen. Er habe Cambro, der ihn beim Überfall verriet, getötet. Paolo und Delia müßten zur Rettung seines eigenen Lebens wohlbehalten nach Venedig zurückkehren. Fosca rechtfertigt ihr Handeln mit ihrer großen, jedoch unerfüllten Liebe. Die beiden Liebenden vergeben ihr, doch Foscas Lebenswille ist gebrochen. Sie trinkt das Delia zugedachte Gift.
**Kommentar:** Gomes' Vorstellungen von musikalischer Dramatik vermochten sich in *Fosca* noch am ehesten mit denjenigen des fortschrittlichen Lagers der Scapigliati (Arrigo Boito, Franco Faccio) zu decken. Die Personenkonstellation im Libretto des der Mailänder Scapigliatura nahestehenden Ghislanzoni nimmt die von Boitos Libretto für Ponchiellis *La Gioconda* (1876) voraus. Das Motiv der sich für den Mann aufopfernden Frau spielte in der sich allmählich

zum Verismo hin entwickelnden italienischen Librettistik der 2. Hälfte des 19. Jahrhunderts eine zentrale Rolle. Vorläufer waren die beiden Opern *Jone* (1858) und *La contessa d'Amalfi* (1864) von Errico Petrella sowie Boitos *Nerone* (1924, seit 1862 geplant); weitere Verarbeitung fand das Thema außer in *La Gioconda* in Ponchiellis *Il figliuol prodigo* (1880), Puccinis *Madama Butterfly* (1904) und *Turandot* (1926). – In *Fosca* sind starre Nummernstrukturen des traditionellen »melodramma« zugunsten einer die Handlung vorantreibenden Raffung weitgehend beseitigt; das Werk ist größtenteils durchkomponiert. Auch wenn Gomes, ähnlich wie Ponchielli in *I Lituani* (1874), auf Modelle Wagnerschen Komponierens, etwa die Motivtechnik, zurückgreift, bedeutet das lediglich eine Annäherung; hauptsächlich geht Gomes den von Giacomo Meyerbeer und Giuseppe Verdi beschrittenen Weg der allmählichen Auflösung der Nummernstruktur auf der Basis des überlieferten Opernmodells weiter. Im Gegensatz zu *Salvator Rosa* (1874) schuf Ghislanzoni in *Fosca* keine Vorlagen für effektvolle Massenszenen; der Choranteil ist hier weitaus geringer. Dafür ließ der Librettist mehr Freiraum für die Charakterzeichnung der einzelnen Personen. Foscas Anteil am musikalischen Geschehen ist bemerkenswert: Sie singt in drei solistischen Abschnitten (darunter die Arie »Quale orribile peccato« aus dem II. Akt, deren Duktus Lauras »Stella del marinar« aus *La Gioconda* vorwegnimmt) und ist an sechs Ensembles beteiligt.

**Wirkung:** Die Uraufführung brachte Gomes den ersten Mißerfolg. Trotz ausgezeichneter Sänger (Gabrielle Krauss als Fosca, Carlo Bulterini als Paolo, Victor Maurel als Cambro; Dirigent: Faccio) wurde das Werk nach nur sieben Aufführungen abgesetzt. Gomes mußte sich den Vorwurf des »Wagnerismo« gefallen lassen. Für die Wiederaufnahme an der Scala 1878 nahm er einige Revisionen vor (neue Cambro-Arie im I. Akt, kürzeres 2. Finale, modifiziertes Duett Fosca/Delia im III. Akt). Die erfolgreiche Premiere der 2. Fassung, wiederum unter Faccio, mit Amalia Fossa als Fosca und Francesco Tamagno als Paolo, schien eine Wende in der Publikumsgunst herbeizuführen. Für die Einstudierung in Modena 1889 änderte Gomes an der Partitur erneut. 1890 wurde die Oper am Teatro Dal Verme Mailand zum letztenmal in Italien gespielt (mit Hariclea Darclée als Fosca). Die letzte europäische Aufführung fand 1900 auf Malta statt. Bereits 1877 erfolgte die südamerikanische Erstaufführung in Buenos Aires; brasilianische Einstudierungen gab es unter anderm in Rio de Janeiro 1935 (Carmen Gomes, Reis e Silva, Giuseppe Danise), 1950 (Maria Helena Martins, Alfredo Colosimo, Paulo Fortes), 1952, 1962 und 1965 (Ida Miccolis, Assis Pacheco, Lourival Braga) sowie in São Paulo 1933 und 1966 (Miccolis, Sergio Albertini, Costanzo Mascitti).

**Autograph:** Ricordi Brasileira São Paulo. **Ausgaben:** Kl.A: Lucca, Mailand [1873], Nr. 21053-82; ebd. [1878], Nr. 21151-78; Ricordi [1878], Nr. 53532; Ricordi Brasileira, São Paulo 1985; Textb.: Mailand, Lucca [1873]. **Aufführungsmaterial:** Ricordi
**Literatur:** L. H. CORREA DE AZEVEDO, Relação das operas de autores brasileiros, Rio de Janeiro 1938; G. MARQUES, O homem da cabeça de leão, São Paulo 1971; weitere Lit. s. S. 500

*Peter Stalder*

## Salvator Rosa
**Dramma lirico in quattro atti**

**Salvator Rosa**
4 Akte (7 Bilder)

**Text:** Antonio Ghislanzoni, nach dem Roman *Masaniello* (1851) von Eugène de Mirecourt (eigtl. Charles Jean Baptiste Jacquot)
**Uraufführung:** 21. März 1874, Teatro Carlo Felice, Genua
**Personen:** Herzog von Arcos, Vizekönig von Neapel (B); Isabella, seine Tochter (S); Salvator Rosa (T); Masaniello (Bar); Gennariello (S); Graf von Badajoz (T); Fernandez, spanischer Truppenkommandant (T); Corcelli, Pirat (B); Bianca, eine spanische Edeldame (S); Schwester Ines (S); Bruder Lorenzo (B). **Chor, Statisterie:** junge Maler, Piraten, Hofgesellschaft, Volk von Neapel, Nonnen, spanische Soldaten, Mönche
**Orchester:** 2 Fl (2. auch Picc), 2 Ob, 2 Klar, 2 Fg, 4 Hr, 3 Trp, 3 Pos, B.Tb, Pkn, Schl (gr.Tr, Bck, Trg, Glocken), Org, Hrf, Streicher; BühnenM: Banda (nicht differenziert)
**Aufführung:** Dauer ca. 2 Std. 15 Min. – Bianca und Ines können mit derselben Sängerin besetzt werden.

**Entstehung:** Den historischen Stoff um den Volksaufstand in Neapel gegen die spanische Regierung unter der Führung des Fischers Masaniello im Juli 1647 vertonten bereits Daniel Purcell (*The Famous History of the Rise and Fall of Massaniello*, London 1699), Keiser (*Masagniello furioso oder Die neapolitanische Fischer-Empörung*, Hamburg 1706), Bishop (*Masaniello, the Fisherman of Naples*, London 1825), Carafa (*Masaniello ou Le Pêcheur napolitain*, 1827), Auber (*La Muette de Portici*, 1828) und Stefano Pavesi (*Fenella o La mueta di Portici*, Venedig 1831). Der Maler, Dichter und Musiker Salvator Rosa, bekannt durch seine Landschafts- und Schlachtengemälde, soll sich am Aufstand Masaniellos beteiligt haben. Seine Gestalt steht im Mittelpunkt verschiedener Opern und Singspiele, so von Joseph Rastrelli (*Salvator Rosa oder Zwei Nächte in Rom* (Dresden 1832), Giovanni Luigi Bazzoni (Mailand, Teatro Canobbiana 1837), Pietro Raimondi (Neapel 1838), Friedrich Eduard Sobolewski (*Salvator Rosa unter den Banditen*, Königsberg 1848), Karl Doppler (Pest 1855) und Jules Laurent Anacharsis Duprato (Paris 1861).
**Handlung:** In und bei Neapel, 1647.
I. Akt, 1. Bild, Salvator Rosas Atelier: Rosa malt an einem neuen Bild. Gennariello, einer seiner Schüler,

beneidet den Meister um dessen leidenschaftliche Verehrung für eine Frau. Masaniello, Wortführer der Verschwörer gegen die spanischen Unterdrücker, bespricht mit Rosa den geplanten Aufstand; das Läuten der Mittagsglocken werde das Zeichen zum Angriff sein. Rosa ist betrübt, seine Arbeit, vielleicht sogar sein Leben für die Sache Masaniellos zu lassen. Nichts wünscht er sich sehnlicher, als die unbekannte Angebetete wiederzusehen. Gennariello kommt mit der Nachricht, daß spanische Soldaten sein Haus umstellt hätten. Graf Badajoz zwingt Rosa zu einer Unterredung mit dem Vizekönig, Herzog von Arcos. Rosas Schüler suchen vergebens nach ihrem Meister und schließen sich den Aufständischen an. 2. Bild, Saal im Palast des Vizekönigs: Der Vizekönig und sein Truppenkommandant Fernandez wollen den drohenden Aufstand im Keim ersticken. Arcos, wenig überzeugt von der Stärke der eigenen Truppen, gibt Fernandez den Auftrag, seine Tochter zu beschützen, und zeigt ihm den geheimen Notausgang. Badajoz bringt Rosa. Dieser bezichtigt Arcos der Verletzung der vom spanischen König garantierten Rechte. In Arcos Tochter Isabella erkennt er die Frau, deren Bild sich ihm seit der ersten Begegnung unauslöschlich einprägte. Auch sie erkennt ihn wieder, verbirgt es jedoch. Vergebens fleht sie ihren Vater an, auf Rosas Bitte um möglichst wenig Blutvergießen einzugehen. Badajoz meldet, daß die Stadt in Aufruhr sei und sich die spanischen Truppen im Rückzug befänden. Arcos und sein Gefolge flüchten durch den Geheimgang. Rosa und Masaniello werden vom Volk als Helden gefeiert.

II. Akt, 1. Bild, Zimmer im Castel Nuovo: Im Auftrag Masaniellos überbringt Rosa dem Vizekönig einen Vertrag, der die Rechte des neapolitanischen Volks garantieren soll. Nachdem sich Arcos zurückgezogen hat, gestehen sich Rosa und Isabella ihre Liebe. Arcos überrascht die beiden und beschließt, Isabella vorübergehend ins Kloster zu schicken. 2. Bild, Strand: Das Volk feiert seinen Sieg. Es fordert die Vertreibung sämtlicher Spanier und die Inthronisation Masaniellos. Doch dieser mahnt zur Gerechtigkeit, nicht zur Rache. Er selbst möchte sein Leben als Fischer weiterführen. Arcos händigt Masaniello einen Vertrag aus, der ihn zu seinem Bevollmächtigten erklärt. Während das Volk Arcos zujubelt, gibt dieser seinen Leuten Befehl, die Aufständischen zu überwältigen, sobald man sich ihres Vertrauens sicher sei.

III. Akt, 1. Bild, Terrasse mit Garten im Palast des Vizekönigs: Vor Beginn des Festbanketts besprechen Badajoz und Fernandez den Gegenschlag. Corcelli und seine Piraten konnten als Verbündete gewonnen werden. Masaniello, der sich, inzwischen angeheitert, mit dem Gedanken angefreundet hat, König zu werden, wird von Rosa benachrichtigt, daß sie verraten und hintergangen wurden, worauf Arcos Rosas Verhaftung anordnet. 2. Bild, Innenhof eines Klosters: Isabella beklagt ihre Trennung von Rosa. Ihr Vater droht ihr mit dessen Ermordung, sollte sie sich seinem Befehl widersetzen, Fernandez' Frau zu werden.

IV. Akt, Säulenhalle des Palasts, im Hintergrund die Kirche S. Maria del Carmine: Badajoz und Corcelli beschließen, die Stadt zu unterwerfen. Badajoz läßt Rosa frei. Isabella warnt Rosa, daß ein Mordanschlag auf Masaniello geplant sei: Sobald dieser die Kirche betrete, sei sein Schicksal besiegelt. Aber auch er, Rosa, sei in Gefahr. Als sie ihm von ihrer bevorstehenden Heirat mit Fernandez erzählt, verflucht er sie und eilt fort, um Masaniello zu warnen. Isabella ist bereit, sich für den Frieden zu opfern, und betritt die Kirche. Tödlich getroffen von den Kugeln, die Masaniello galten, wankt sie aus der Kirche. Noch bevor es zum entscheidenden Kampf kommt, bittet sie ihren Vater um Milde. Dieser befiehlt den Rückzug. Sterbend verspricht Isabella Rosa, ihn dort zu erwarten, wo Liebe unsterblich sei. Das Volk schreit nach Vergeltung.

**Kommentar:** Nach der Beschreibung eines Einzelschicksals in *Fosca* (1873) bekannte sich Gomes mit *Salvator Rosa*, zum zweitenmal nach *Il Guarany* (1870), wieder zum historischen Drama, das noch immer Angelpunkt der italienischen Operndramaturgie der 60er und 70er Jahre war. Wie Verdi mit *Les Vêpres siciliennes* (1855), *La forza del destino* (1862), *Don Carlos* (1867) und *Aida* (1871) macht auch Gomes seine entscheidenden stilistischen Anleihen bei der Grand opéra Giacomo Meyerbeers, Fromental Halévys und Charles Gounods. Er verzichtet jedoch auf die in Paris unerläßliche Ballettmusik (die Tarantella in II/2 wurde ebenso wie die Forlana in Ponchiellis *La Gioconda*, 1876, später vom Chor getanzt). Als einer der letzten Belege für das Verwenden eines Marschduetts darf Rosa/Masaniellos im I. Akt gelten. Ähnlich wie das Duett Carlos/Posa aus *Don Carlos* tritt es als Reminiszenz in Erscheinung; ebenfalls erinnerungsmotivischen Charakter besitzt das Liebesmotiv Rosa/Isabella. Rosas Romanze »Forma sublime eterea« gehört zum Typus der kontemplativen Tenorromanze, wie sie Verdi für Radames in *Aida*, Ponchielli für Enzo in *La Gioconda* und Matteo Salvi für Marcello in Donizettis unvollendetem *Il duca d'Alba* (1839/1882) verwenden. Verweise auf *La Gioconda* finden sich auch in der Anlage des 2. Finales. Gennariello (Canzonetta »Mia piccirella«, I. Akt) hat sein Vorbild in Urbain aus Meyerbeers *Huguenots* (1836) und in Oscar aus Verdis *Ballo in maschera* (1859). Angereichert mit französischen Elementen der Grand opéra Meyerbeers sind Gennariellos »strofe« und das Finalensemble des I. Akts.

**Wirkung:** Nach der erfolgreichen Uraufführung (Isabella: Romilda Pantaleoni, Gennariello: Clelia Blenio, Rosa: Salvatore Anastasi) gelangte die Oper noch im selben Jahr an die Mailänder Scala, wo ihr 15 Aufführungen beschieden waren; es folgten unter anderm Malta 1879, Athen 1880 und, als letzte europäische Aufführung, Rom 1903. Die südamerikanische Erstaufführung fand 1880 in Rio de Janeiro statt, Buenos Aires folgte 1897. In Rio wurde *Salvator Rosa* noch 1905, 1920 (Hedy Iracema-Brügelmann, Francesco Merli, Carlo Galeffi), 1926 (Bianca Scacciati als Isabella) und 1947, in São Paulo 1926 und 1977 (Nina Carini, Ruth Staerke, Benito Maresca, Paulo Fortes) gegeben.

**Autograph:** LOC Washington (M. 1500. G. 637). **Ausgaben:** Kl.A: Ricordi [1874], Nr. 43683; Ricordi Brasileira, São Paulo 1985; Textb.: Ricordi [1874]. **Aufführungsmaterial:** Ricordi Brasileira, São Paulo
**Literatur:** s. S. 500

*Peter Stalder*

## Lo schiavo
**Dramma lirico in quattro atti**

### Der Sklave
4 Akte

**Text:** Rodolfo Paravicini, nach einem Entwurf von Alfredo Visconde de Taunay d'Escragnolle
**Uraufführung:** 27. Sept. 1889, Teatro Imperial Dom Pedro II, Rio de Janeiro
**Personen:** Graf Rodrigo, ein portugiesischer Pflanzer (B); Americo, sein Sohn, Marineoffizier in der portugiesischen Flotte (T); Ilàra, Eingeborene, Sklavin (S); Gräfin von Boissy, eine französische Dame (S); Iberè, Sklave, ehemaliger Häuptling der Tamojo (Bar); Goitacà, eingeborener Heerführer (B); Gianfèra, Aufseher beim Grafen (Bar); Lion, Diener der Gräfin (B); Guarûco (T); Tapacoà (T) und Tupinambà (Bar), Hauptleute bei der Verschwörung der Eingeborenen.
**Chor, Statisterie:** Eingeborenenkrieger, einheimische Sklaven und Sklavinnen, Landarbeiter, Verwalter, Aufseher, französische Damen, Offiziere, französische Diener
**Orchester:** 3 Fl (3. auch Picc), 2 Ob, 2 Klar, 2 Fg, 4 Hr, 4 Trp, 3 Pos, B.Tb, Pkn, Schl (gr.Tr, Bck, Trg, Glocken), Hrf, Streicher; BühnenM hinter d. Szene: Trp, Kornett
**Aufführung:** Dauer ca. 2 Std. 30 Min. – Tänze im II. Akt.

**Entstehung:** Nach dem Mißerfolg seiner *Maria Tudor* (Mailand 1879) beschäftigte sich Gomes mit verschiedenen neuen Opernprojekten, ohne sie indes zu Ende zu führen. 1883 begann er mit der Arbeit an *Lo schiavo*. Die Idee zur Vertonung eines Stoffes aus der brasilianischen Kolonialgeschichte geht auf Gomes' Freund Taunay zurück, einen engagierten Kämpfer für die in jenen Jahren heftig umstrittene Abschaffung der Sklaverei in Brasilien. Taunay verfaßte einen Entwurf, den Gomes von Paravicini zu einem italienischen Libretto umarbeiten ließ, wobei er auf dessen endgültige Fassung maßgeblichen Einfluß nahm. So setzte er gegen den Willen Paravicinis die Einfügung der von Francesco Giganti textierten »Hymne an die Freiheit« durch. Die Komposition nahm mehrere Jahre in Anspruch. Nachdem sich die fest vereinbarte Premiere in Bologna 1887 zerschlagen hatte, vergab Gomes das Werk nach Rio de Janeiro.
**Handlung:** In Brasilien, 1567.
I. Akt, ein Hof in der Zuckerrohrplantage am Parahyba: Von Portugiesen beaufsichtigte Indios arbeiten als Sklaven auf der Plantage des Grafen Rodrigo, unter ihnen Iberè, ehemals Häuptling der Tamojo, und Ilàra. Der Oberaufseher Gianfèra treibt sie zur Arbeit an. Rodrigo will verhindern, daß sein Sohn Americo, der Ilàra liebt und von ihr wiedergeliebt wird, seine Beziehung zu ihr fortsetzt. Ein befürchteter Sklavenaufstand ist ihm willkommener Anlaß, Americo an seine Pflichten als Offizier der portugiesischen Marine zu erinnern. Um dessen Verbindung zu Ilàra zu zerstören, plant Rodrigo, die Heirat zwischen Iberè und Ilàra zu erzwingen. Americo ruft die Aufseher zur Ordnung, als er sieht, wie Iberè, der verdächtigt wird, die Sklaven zum Aufstand aufzuhetzen, geschlagen wird. Americo verspricht, sich für die Freiheit der Sklaven einzusetzen, und bietet Iberè seine Freundschaft an. Nachdem Ilàra und Americo voneinander Abschied genommen und sich ewige Liebe geschworen haben, werden Iberè und Ilàra getraut.
II. Akt, Palais der Gräfin von Boissy: Gräfin Boissy, die Americo liebt und ihn mit Rodrigos Einverständnis heiraten möchte, erfährt, daß Americo eine andere liebt. Während eines Fests, bei dem auch Rodrigo anwesend ist, führen Eingeborene Tänze vor. Anschließend erklärt die Gräfin ihre Sklaven für Freie und plädiert für die Abschaffung der Sklaverei. Unerwartet erscheinen Ilàra und Iberè. Als Americo von ihrer Heirat erfährt, glaubt er, Ilàras Liebe für immer verloren zu haben. Er schwört Iberè Rache.
III. Akt, Urwald nahe den Jacarepaguàbergen: Ilàra hofft, Americo, dem ihre wahre Liebe gilt, bald wiederzusehen. Iberè, der weiß, daß Ilàra ihn nicht liebt, bittet um ihre Freundschaft. Die Hauptleute der Eingeborenen versammeln sich und drängen Iberè zum Kampf gegen die Portugiesen. Sie wählen ihn zu ihrem Anführer. Nachdem die Eingeborenen schwören, alles für die Wiedererlangung ihrer Freiheit zu tun, führt sie Iberè zu Rodrigos Plantage.
IV. Akt, befestigtes Lager der Eingeborenen: Bei einem Angriff der Portugiesen, der von den Eingeborenen abgewehrt werden kann, gerät Americo in die Gewalt der Aufständischen. Iberè hätte nun Gelegenheit, Americo zu töten. Die Krieger, die Iberè zu mißtrauen beginnen, fordern Americos Tod. Ilàra erklärt sich bereit, mit Americo zu sterben. Iberè, von

*Lo schiavo*, I. Akt; Karl-Heinz Offermann als Iberè, Inga-Lill Modig als Ilàra; Regie: Edgar Kelling, Ausstattung: Ekkehard Grübler; Stadttheater, Bern 1977. – Als Revolutionär verdächtigt, wird Iberè brutal diszipliniert. Die Kirche sorgt für die Zwangstaufe.

Ilàras Todesbereitschaft und ihrer Liebe zu Americo tief berührt, ermöglicht den Liebenden die Flucht. Er richtet sich selbst vor seinen aufgebrachten Kampfgefährten.
**Kommentar:** Wie die Handlung von *Il Guarany* (1870) ist auch die von *Lo schiavo* vor dem Hintergrund der brasilianischen Sklavenaufstände in den Anfängen der portugiesischen Kolonialherrschaft angesiedelt. Bei Taunay spielt die Handlung im 18. Jahrhundert: Ilàra und Iberè sind aus den afrikanischen Kolonien Portugals verschleppte schwarze Sklaven, keine Indios. Doch Paravicini empfahl Gomes, die Handlung ins 16. Jahrhundert zu verlegen und die Afrikaner durch brasilianische Indianer zu ersetzen. Es gab zwar bereits dunkelhäutige (oder irrtümlich für solche gehaltene) Heroinen auf der Opernbühne (Lakmé, Leila, Selika, Aida), doch verstieß offenbar die Vorstellung farbiger Protagonisten in Paravicinis Augen gegen die Opernkonvention. Auch in *Lo schiavo* verzichtet Gomes auf die Einbeziehung brasilianischer Folklore; die Eingeborenentänze, die nicht zuletzt zur Popularität des Werks beitrugen (darunter der habaneraartige Tanz der Tamojos), halten sich im üblichen Rahmen einer imaginativen Exotik. Im Gegensatz zu *Fosca* (1873) herrschen wiederum klare Zäsuren zwischen periodisch strukturierten und szenischen Abschnitten. Gomes' Vorliebe für grelle dramatische Effekte in der Manier der Grand opéra offenbart sich in der Verschwörungsszene des III. Akts und dem »Coro ronda« zu Beginn des IV. Akts. Im 2. Finale wirkt Ponchiellis *La Gioconda* (1876) nach; veristische Züge zeigt das Duett Iberè/Americo aus dem IV. Akt. Von großem koloristischen Reiz ist das »Alvorada« (Morgenröte) überschriebene Orchestervorspiel (IV/4), das die Stimmung im morgendlichen Urwald einfängt.
**Wirkung:** *Lo schiavo* ist nach *Il Guarany* Gomes' meistgespielte Oper. Seit der begeistert aufgenommenen Uraufführung, die unter der Leitung des Komponisten stattfand (Iberè: Innocente De Anna, Ilàra: Adelina Peri, Americo: Franco Cardinali), hielt sie sich ununterbrochen im Repertoire der großen brasilianischen Bühnen. 1921 gab es Aufführungen in Rio de Janeiro und São Paulo mit italienischen Spitzenkräften (Iberè: Giacomo Rimini, Ilàra: Rosa Raisa, Americo: Angelo Minghetti, Gräfin: Toti Dal Monte), ebenso 1936 (Armando Borgioli, Gina Cigna, Galliano Masini/Aureliano Marcato, Maria Sá Earp). 1938 übernahm Sylvio Vieira die Rolle des Iberè, die er während des folgenden Jahrzehnts mit wechselnden Partnern bei zahlreichen Aufführungen in Rio und São Paulo verkörperte. Seine Nachfolger waren Paolo Ansaldi (São Paulo und Rio 1947–49), Enzo Mascherini (Rio 1951 mit Elisabetta Barbato, Assis Pacheco und Diva Pieranti), Lourival Braga (Rio 1954), Giuseppe Taddei (São Paulo 1955 mit Antonietta Stella, Antonio Salvarezza und Agnes Ayres), Braga (Rio 1957 und 1959 mit Ida Miccolis und Alfredo Colosimo), Paulo Fortes (Rio 1961), Braga (Rio 1963–69) und Fernando Teixeira (Rio 1971 und 1976, Belo Horizonte 1972 und São Paulo 1979). Anläßlich der brasilianischen Feierlichkeiten zu Gomes' 150. Geburtstag 1986 wurde *Lo schiavo* in Belo Horizonte, Brasilia, Curitiba und Campinas aufgeführt. Die europäische Erstaufführung fand 1977 in Bern (deutsch von Hans Hartleb) statt. 1978 folgte London (St. John's Smith Square).

**Autograph:** Ricordi Brasileira São Paulo. **Ausgaben:** Kl.A: Ricordi [1889], Nr. 98115-25; Ricordi, Nr. 52989; Ricordi Brasileira, São Paulo 1985; Textb.: Ricordi [1889], [1955].
**Aufführungsmaterial:** Ricordi Brasileira, São Paulo
**Literatur:** s. S. 500

*Peter Stalder*

# Alexandr Alexejewitsch Gorski

Geboren am 18. August 1871 in Sankt Petersburg (heute Leningrad), gestorben am 20. Oktober 1924 in Moskau

## Salambo
**Balet w pjati aktach i semi kartinach**

## Salambo
Ballett in 5 Akten und 7 Bildern

**Musik:** Andrei Fjodorowitsch Arends. **Libretto:** Alexandr Alexejewitsch Gorski, nach dem Roman *Salammbô* (1862) von Gustave Flaubert
**Uraufführung:** 10. Jan. 1910, Bolschoi-Theater, Moskau, Bolschoi-Ballett
**Darsteller:** Gamilkar/Hamilkar Barkas, Herrscher von Karthago; Salambo, seine Tochter; Mato, ein Libyer; Narr-Awas, ein numidischer Heerführer; Tanit, Göttin des Monds; Schachabarim, Hoherpriester; Spendius, ein entlassener griechischer Sklave; eine Sklavin; eine Beduinin; ein Beduine; Eschmun; Corps de ballet: Mädchen im Gefolge Salambos, Männer und Frauen Karthagos, Libyer, Soldaten
**Orchester:** 2 Picc, 2 Ob, E.H, kl. Klar, 2 Klar, B.Klar, 2 Fg, K.Fg, 6 Hr, 6 Trp, 4 Pos, Schl, 2 Hrf, Cel, Kl, Org, Streicher; BühnenM: 9 Trp
**Aufführung:** Dauer ca. 2 Std.

**Entstehung:** Gorski erhielt seine Ausbildung an der Kaiserlichen Ballettschule in Petersburg. Dort choreographierte er 1899 sein erstes Ballett, *Klorinda, zariza gornych fei* (*Clorinda, die Königin der Bergfeen*). Er notierte es in der Tanzschrift seines Freunds Wladimir Stepanow, dessen Notationssystem er auch als Unterrichtsfach einführte. 1898 kam Gorski mit dem von Konstantin Stanislawski und Wladimir Nemirowitsch-Dantschenko gegründeten Moskauer Künstlertheater in Berührung. Stanislawskis Reformideen beeinflußten schon Gorskis erste Arbeiten in

Moskau, seine Inszenierungen von Petipas *Spjaschtschaja krassawiza* (*Dornröschen*, 1890) 1898 und von *Don Kichot* (*Don Quijote*, 1869) und *Lebedinoje osero* (*Schwanensee*, 1895) 1900, die in Moskau eine eigene Aufführungstradition der Petipa-Ballette begründeten. Diese Arbeiten zeigen bereits Gorskis Stil des realistischen Handlungsballetts. 1902 schuf Gorski, der seit 1900 Tänzer und Ballettmeister beim Moskauer Bolschoi-Ballett war, sein bedeutendstes Werk vor *Salambo*, das »Esmeralda«-Ballett *Dotsch Guduly* (*Gudulas Tochter*; Musik: Anton Simon). Mit *Salambo* griff Gorski wiederum nach einem hochdramatischen Sujet für sein Ballett, das er in sechsmonatiger enger Zusammenarbeit mit Arends und dem Bühnenbildner Konstantin Korowin ausarbeitete.

**Inhalt:** In Karthago, um 240 v. Chr., nach dem Ende des Ersten Punischen Kriegs. Die »heiligen« Gärten Gamilkars in Megara; Salambos Gemach in Gamilkars Palast; im Tempel Tanits; in Matos Zelt; vor und in den Straßen Karthagos: Die vom Krieg gegen Rom zurückgekehrten karthagischen Söldner, unter ihnen Mato und Spendius, feiern in Gamilkars Gärten. Auf dem Höhepunkt des wüsten Gelages erscheint Salambo, die Priesterin Tanits; gekleidet in ein enges schwarzes Kleid und einen purpurnen Mantel, kostbar geschmückt und Lyra spielend schreitet sie ehrfurchtgebietend die hohe Treppe herab. Die Söldner, angestachelt durch Spendius, werden aufsässig, da sie ihren Lohn nicht erhalten haben. Mato und Narr-Awas sind die Anführer der nun folgenden militärischen Aktionen. Karthago scheint verloren, als Mato den Schleier der Mondgöttin, den »Saimf«, der das Schicksal der Stadt bestimmt, raubt. Schachabarim überredet Salambo, den Schleier zurückzuholen. Widerstrebend begibt sie sich ins Lager des Feinds. Nach einer leidenschaftlichen Liebesbegegnung mit Mato entwendet sie den Schleier. Damit sinkt die Macht des Libyers. Gamilkar hatte, um die bedrohliche Belagerung Karthagos abzuwenden, dem großen Baal »Moloch« die Kinder vornehmer Familien geopfert. Nun schlägt das Kriegsglück um, die Rebellen werden zurückgeschlagen, das Söldnerheer aufgerieben, Mato gefangengenommen. Vor den Augen Salambos, die die Liebesnacht mit dem Libyer nicht vergessen hat, wird er zu Tode gefoltert. Sie stirbt vor Grauen und Schmerz.

**Kommentar:** *Salambo* war die wichtigste Etappe im Schaffensweg Gorskis. Mit diesem Ballett verwirklichte er seine Reformprinzipien, die er dem traditionellen klassischen Stil in Marius Petipas Prägung entgegensetzte. Stanislawskis an dramatischer Einfachheit und darstellerischem Realismus orientierte Theaterreform war von entscheidendem Einfluß auf Gorskis Konzeption einer integrierten dramatischen Ballettform. Stanislawskis System der »Psychotechnik«, die Forderung nach einer vollständigen Verkörperung und psychophysischen Durchdringung der Rolle, übertrug Gorski auf die Charakterdarstellung in *Salambo*. Eine solche realistische, psychologisch genaue Zeichnung der Hauptfiguren, die von den Ausführenden hohe darstellerische und improvisatorische Fähigkeiten verlangte, war im Ballett prinzipiell neu. Dem Zeugnis von Kritikern zufolge kamen sogar Theaterschauspieler, um die Todesszene Matos zu studieren. »Mimopljaska«, wie Gorskis Form des Mimotanzes genannt wurde, bezog sich ebenso auf die

*Salambo*, I. Akt, 1. Bild; Jekaterina Gelzer als Salambo (Mitte); Bühnenbild: Konstantin Korowin; Uraufführung, Ballett des Bolschoi-Theaters, Moskau 1910. – Dem üppigen Trinkgelage wird Einhalt geboten durch die hohe Erscheinung Salambos. Die Szene, zunächst nicht als Ballett identifizierbar, ist in der Raumspannung und der Plastizität der Choreographie typisch für Gorskis Stil des Mimotanzes.

Führung des Corps de ballet, das nicht mehr in der strengen Nummernfolge des klassischen Stils eingesetzt ist. Anstelle von Divertissements verbinden sich Tänze und lebende Szenenbilder in asymmetrisch strukturierter, bewegter Choreographie. Zum historischen Realismus dieses Balletts gehörte auch die Kleidung: lange stilisierte Gewänder und Sandalen statt Tutus und Ballettschuhen. Das Illustrative von Gorskis Choreographie, in der sich die Masse weniger nach den Gesetzen des Balletts als der dramatischen Handlung bewegt, blieb nicht unangefochten. Auch in der buchstäblichen Treue gegenüber der literarischen Quelle ging Gorskis Realismus in manchen Szenen zu weit. Der Versuch, die vielfältigen Linien des Sujets zu bewahren, störte die dramatische Einheit des Balletts, obwohl Gorskis Konzept gerade auf deren Ganzheit gerichtet war. Nicht zuletzt wurde die Eklektik der Ausdrucksmittel kritisiert. Denn Gorski setzte, um den Gegensatz zum traditionellen Bolschoi-Stil (vertreten durch Wassili Tichomirow, den Darsteller des Narr-Awas) zu überbrücken, auch klassische Elemente ein: Am Ende des Stücks wechselt Salambo ihre Sandalen mit Ballettschuhen und tanzt mit Narr-Awas einen klassischen Pas de deux. Ein weiteres Beispiel dieser Stilmischung ist der »Tanz des Grams«, den Tanit (verkörpert durch Vera Karalli) nach dem Verlust ihres Schleiers zeigt. Solche phantastischen Elemente widersprachen dem realistischen Bildersystem des Mimodramas. Ganz anders als den Pas de deux Salambo/Narr-Awas baute Gorski die Ensembles Salambos und Matos auf. Den Mato tanzte Michail Mordkin; als Schüler Tichomirows war er ein exzellenter klassischer Tänzer, gehörte aber zur Jugend, deren künstlerische Ideale sich an Gorski orientierten. Ein charakteristischer Zug der Ensembles Salambo/Mato ist nicht nur die Abwendung von der Technik des klassischen Tanzes; wichtiger noch war die Abwendung von der geschlossenen Komposition, die für alle akademischen Tanzformen verpflichtend gewesen war. Die Szene in Matos Zelt ist kein Pas de deux mit einer bestimmten Folge von Adagio und Variationen, sondern freier Dialog, eine Verschmelzung von Tanz und pantomimischer Darstellung. Ähnlich ist die Szene im I. Akt, als Salambo in Gamilkars Gärten erscheint: kein klassisches Solo, sondern ein nahezu statischer Auftritt, der durch die außerordentliche dramatische Ausstrahlung Jekaterina Gelzers, der großen Gorski-Ballerina, faszinierte. Wäre Gorski noch entschiedener bei dem Verfahren geblieben, Elemente des klassischen Tanzes mit freier Bewegung zu verbinden, so wäre er Michail Fokin auf der Suche nach neuen Ausdrucksformen des Tanzes zuvorgekommen. Die russische Ballettgeschichtsschreibung zieht Verbindungslinien von Gorskis Reformballett zur ersten Phase sowjetischer Choreographie.

**Wirkung:** *Salambo* war trotz der Angriffe ein großer Erfolg und beim Publikum lange beliebt. Dazu trugen die opulente Ausstattung Korowins und die hervorragende Besetzung bei (außer den Genannten Sofija Fjodorowa als Sklavin und Alexandra Balaschowa als Beduinin). Gorski, der große Erneuerer des russischen Balletts, wurde im Westen, anders als Fokin, nicht so bekannt, so daß Dokumente seines Schaffens nur schwer zugänglich sind. Zu seinen wichtigsten Werken nach *Salambo* gehört *Pjatja simfonija* (Moskau 1916; Musik: *Symphonie B-Dur Nr. 5*, 1895, von Alexandr Glasunow). Die Choreographie einer ganzen Symphonie war eine Neuheit, ähnlich wie schon *Etjudy* (Moskau 1908; Musik: Anton Rubinschtein), ein handlungsloses, ganz durch Farbsymbolik strukturiertes Ballett, das unter dem Eindruck eines Gastspiels von Isadora Duncan entstanden war. – Ein weiteres *Salambo*-Ballett schuf Igor Moissejew (Moskau 1932), für das Arends' Musik durch Kompositionen Glasunows, Wassili Nebolsins und Alexandr Zfasmans erweitert wurde.

**Aufführungsmaterial:** M: VAAP
**Literatur:** N. ROSLAVLEVA, Era of the Russian Ballet, London 1966, S. 155–166; V. KRASOVSKAJA, Russkij baletnyj teatr načala XX veka. Bd. 1: Choreografy, Leningrad 1971, S. 261–266

*Gabriele Brandstetter*

# François-Joseph Gossec

Eigentlich François-Joseph Gossé; geboren am 17. Januar 1734 in Vergnies (Hennegau), gestorben am 16. Februar 1829 in Passy (heute zu Paris)

## Les Pêcheurs
Comédie en un acte

## Die Fischer
1 Akt

**Text:** Piédefer Marquis de La Salle d'Offémont
**Uraufführung:** 7. Juni 1766, Comédie-Italienne, Paris
**Personen:** Jacques, ein alter Fischer (B); Simone, seine Frau (A); Suzette, ihre Tochter (S); Monsieur Le Bailly, Magistrat (T); Lubin alias »Bernard«, ein junger Gutsbesitzer (T); Ambroise, Jacques' Schwager (B)
**Orchester:** 2 Ob, 2 Fg, 2 Hr, Streicher
**Aufführung:** Dauer ca. 1 Std. 15 Min. – Gesprochene Dialoge.

**Entstehung:** Durch die Protektion Jean-Philippe Rameaus war der junge Gossec im Herbst 1751 in das renommierte Orchester des Pariser Generalsteuerpächters Alexandre de La Pouplinière aufgenommen worden. Eine Reihe von Instrumentalkompositionen und der spektakuläre Erfolg seiner *Grande messe des morts*, die im Mai 1760 im Jakobinerkloster in der Rue Saint-Jacques uraufgeführt wurde, hatten Gossec zu großem Ansehen verholfen, so daß er nach dem Tod von La Pouplinière (1762) leicht eine neue Anstellung im Orchester von Louis François Fürst von Conti fand. Für ihn schrieb Gossec auch 1762 sein erstes Bühnenwerk, das einaktige Divertissement *Le Périgourdin*. Im selben Jahr entstand (nach einem Vaudeville von Antoine François Quétant) das Pasticcio *Le Tonnelier*, zu dem Gossec einige Nummern beigesteuert hatte und das am 28. Sept. 1762 am Théâtre de la Foire Saint-Laurent uraufgeführt wurde; am 16. März 1765 erlebte *Le Tonnelier* in einer neuen, von Gossec allein redigierten Fassung an der Comédie-Italienne seine zweite Premiere. Wenige Monate später, am 27. Juni, brachte dasselbe Theater die dreiaktige Comédie *Le Faux Lord* heraus; vor allem wohl aufgrund des mediokren Librettos wurde das Stück bereits nach dem I. Akt derart ausgepfiffen, daß die Aufführung abgebrochen werden mußte. Immerhin glaubte sich La Salle, ein Freund Contis, dazu berufen, den glücklosen Komponisten mit einem besseren Libretto zu bedenken, und nolens volens sah sich Gossec mit einem neuen Bühnenwerk befaßt: mit der Comédie *Les Pêcheurs*.

**Handlung:** Am Meeresstrand: Der alte Fischer Jacques sitzt inmitten seiner Netze, raucht seine Pfeife und denkt an seine Tochter Suzette, die ihm ihre Liebe zu dem jungen Bernard gestanden hat. Jacques wäre dieser Schwiegersohn wohl recht, seine Frau aber, die ebenso ehrgeizige wie zänkische Simone, hat für Suzette einen andern Bräutigam bestimmt: den Magistrat Le Bailly. Er sei zwar schon weit über 60 Jahre alt, doch bei einer so guten Partie spiele das Alter keine Rolle. Diesen »Abenteurer« Bernard aber solle sich das Mädchen aus dem Kopf schlagen; seit drei Monaten sei er nun im Dorf, und man wisse nicht einmal, woher er komme. Suzette ist tief unglücklich und bittet den Vater, ihr beizustehen. Jacques rät ihr, zunächst Bernards Identität zu lüften; dann wolle er, vielleicht mit der Hilfe seines Schwagers Ambroise, der auf Simone einigen Einfluß hat, schon dafür sorgen, daß aus der Hochzeit mit Le Bailly nichts wird. Suzette bleibt allein zurück; der Magistrat erscheint und trägt dem Mädchen (hustend und sichtlich von der Last seiner Jahre gebeugt) seinen Reichtum und seine Hand an. Im rechten Moment taucht Bernard auf und befreit Suzette von den Zudringlichkeiten des alten Lüstlings, der dem Nebenbuhler Rache androcht und wütend abgeht. Suzette beschwört ihren Liebsten, ihr seine Herkunft zu entdecken; zögernd erklärt ihr Bernard, er stamme aus einem Nachbardorf, sei dort mit einem herrschaftlichen Lakaien in Streit geraten und habe nach einer deftigen Prügelei fliehen müssen. Als dann Jacques mit seinem Schwager hinzukommt, erkennt freilich Ambroise in »Bernard« sofort Lubin, den Neffen und Erben des reichen Gutsbesitzers Thomas. Doch Simone und Le Bailly wollen sich auch von diesem neuen Stand der Dinge nicht umstimmen lassen: Suzette sei dem Magistrat versprochen, und dabei bleibe es! Als aber Jacques (von Ambroise unterstützt) seine Einwilligung zu dieser Heirat strikt verweigert, zeigt Le Bailly sein wahres Gesicht: »Wenn ich schon nicht das Vergnügen habe, die Hand Eurer Tochter zu erhalten, dann werde ich mir ein Vergnügen daraus machen, Euch zu ruinieren!« Empört über diese Drohung und den bösen Charakter des Alten, gibt nun auch Simone der Liebe Suzettes zu Lubin/Bernard ihren Segen.

**Kommentar:** Das Libretto der *Pêcheurs* ist kaum besser als das des *Faux Lord*: eine harmlose, an den Meeresstrand verlegte »paysannerie« (Jacques Gabriel Prod'homme) mit gesprochenen Dialogen nach dem Geschmack des französischen Rokokos, die deutlich in der Tradition von Rousseaus *Devin du village* (1752) und der »comédies mêlées d'ariettes« Charles Simon Favarts steht. Unstimmigkeiten der Handlung (Warum lebt Lubin seit drei Monaten in dem Fischerdorf unter einem Inkognito? Warum gibt er Suzette nicht seine wahre Identität zu erkennen? Was wird aus der Drohung des düpierten Magistrats?) und eine schablonenhafte Rollentypologie sind indes symptomatisch für die Gattung. – Gossecs Musik folgt dem Modell der Comédies Egidio Romualdo Dunis, die in den 50er Jahren des 18. Jahrhunderts in der Gunst des Pariser Publikums an die Stelle der Vaudevilles getreten waren. Parodistische Elemente (das auskomponierte Husten Le Baillys), kontrapunktische Techniken (das fugierte Trio Suzette/Bernard/Le Bailly) und volksliedhafte Romanzen wechseln miteinander ab. Größeren Wert als Duni legt Gossec allerdings auf die Ausarbeitung der Ensembles, die eher den von François André Philidor, Pierre Alexandre Monsigny und André Ernest Modeste Grétry gepflegten Genres der Opéra-bouffe und der Opéra-comique entsprechen. Bemerkenswert ist auch der weitgehend selbständige Gebrauch der Oboen und Hörner, zum Beispiel in der zweiteiligen Ouvertüre.

**Wirkung:** Obwohl man die szenischen Schwächen des Werks erkannte, wurden *Les Pêcheurs* bei der Uraufführung überaus wohlwollend aufgenommen. Friedrich Melchior von Grimm etwa vermerkt in seiner *Correspondance littéraire*: »Nach einem so brillanten Debüt verdient es ein Musiker wie Gossec unbedingt, ermutigt zu werden. Es gibt in diesem Stück eine Vielzahl von Arien, die sich mit dem besten messen können, was Frankreich in dieser Art geschaffen hat.« Tatsächlich waren es vor allem die Arien, die die Beliebtheit der *Pêcheurs* ausmachten; ihre Melodien wurden sogar separat veröffentlicht. Auch wenn François Joseph Fétis (der übrigens als Datum der Premiere irrtümlich den 8. April angibt) wohl mit seiner Behauptung übertrieben hat, die Comédie sei »das ganze Jahr über fast das einzige Stück auf dem Spielplan gewesen«, so waren doch die *Pêcheurs* der größte und dauerhafteste Erfolg, den Gossec als Komponist auf dem Theater verbuchen konnte. Bis 1791 lassen sich Aufführungen in Paris nachweisen, 1805 wurde das Werk (in einer flämischen Übersetzung) in Antwerpen aufgeführt, 1819 schließlich ging es am Brüsseler Théâtre de la Monnaie in Szene. Mit einigen andern Comédies (*Toinon et Toinette*, 1767; *Le Double déguisement*, 1767; *Les Agréments d'Hylas et Sylvie*, 1768; alle Paris) versuchte Gossec vergeblich, an den Erfolg der *Pêcheurs* anzuknüpfen. Zumal nach

Grétrys Ankunft in Paris und dem überwältigenden Triumph, den dessen Opéra-comique *Le Huron* am 20. Aug. 1768 an der Comédie-Italienne erlebte, mußte sich Gossec auf diesem Feld des Musiktheaters geschlagen geben.

**Autograph:** Verbleib unbekannt. **Ausgaben:** Part: L'Auteur, Paris 1766; Chevardière, Paris [1768]; Leduc, Paris; Textb.: Paris, Vente 1766
**Literatur:** F. M. v. GRIMM, Correspondance littéraire, philosophique et critique, adressée à un souverain d'Allemagne, 17 Bde., Paris 1812–14, Bd. 1–7; F. FÉTIS, Nécrologie, in: Revue musicale 5:1829, S. 80–86; P. HÉDOUIN, G., sa vie et ses œuvres, Valenciennes 1852; A. ADAM, G., in: DERS., Derniers souvenirs d'un musicien, Paris 1871, S. 143–196; F. HÉLLOUIN, G. et la musique française à la fin du XVIIIe siècle, Paris 1903; L. DUFRANE, G., sa vie, ses œuvres, Paris 1927; F. TONNARD, F.-J. G., musicien hennuyer de la révolution française, Brüssel 1938; J.-G. PROD'HOMME, F.-J. G. La vie – les œuvres – l'homme et l'artiste, Paris 1949; W. THIBAUT, F.-J. G., chantre de la revolution française, Gilly 1970

*Michael Stegemann*

## Sabinus
**Tragédie-lyrique en quatre actes**

**Sabinus**
4 Akte (5 Bilder)

**Text:** Michel Paul Guy de Chabanon
**Uraufführung:** 1. Fassung in 5 Akten: 4. Dez. 1773, Hoftheater, Versailles; 2. Fassung: 22. Febr. 1774, Opéra, Palais-Royal, Paris (hier behandelt)
**Personen:** Sabinus, gallischer Fürst, Urenkel Cäsars (B); Epponine, gallische Prinzessin (S); Mucien/Muzius, römischer Statthalter in Gallien (T); Le Génie de la Gaule/der Geist Galliens (T); der oberste Druide (B); Natalis, Freund und Vertrauter Sabinus' (T); Faustine, Freundin und Vertraute Epponines (S); Arbate, ein Römer (B); ein Hirte (H-C); eine fremde Frau (S); Charlemagne/Karl der Große (stumme R). **Chor:** gallisches Volk, römische Soldaten, Druiden, Schäferinnen, Schäfer, Gefolge Génies, Völker verschiedener Nationen. **Ballett:** gallisches Volk, Schäferinnen, Schäfer, Gefolge Génies, Völker verschiedener Nationen
**Orchester:** 2 Fl (auch Picc), 2 Ob, 2 Klar, 2 Fg, 2 Hr, 2 Trp, 3 Pos, Pkn, Streicher, B.c; BühnenM: 2 Fg, 2 Hr, Pkn
**Aufführung:** Dauer ca. 3 Std. 15 Min.

**Entstehung:** Nach den Triumphen seines Landsmanns André Ernest Modeste Grétry auf der Bühne der Comédie-Italienne hatte Gossec Ende der 60er Jahre alle Hoffnung aufgegeben, im »leichten« Genre der Comédie, der Opéra-bouffe oder der Opéra-comique über kurze Achtungserfolge hinauszukommen. Er wandte sich daraufhin wieder mehr der Instrumentalmusik zu und gründete gemeinsam mit Joseph Boulogne Saint-Georges 1769 die »Concerts des amateurs«, die als Konkurrenzunternehmen der seit 1725 bestehenden »Concerts spirituels« bald zu einer der wichtigsten Institutionen des Pariser Musiklebens avancierten. 1771 aber kehrte Gossec zum Musiktheater zurück und legte der Académie Royale de Musique die Tragédie-lyrique *Sabinus* vor, ein in Umfang, Besetzung und szenischer Konzeption monumentales Werk, das vielleicht in der Absicht entstanden war, Frankreich eine Nationaloper zu schaffen. Die Aufführungsvorbereitungen erstreckten sich über einen Zeitraum von mehr als zwei Jahren, während derer sich Gossec allerdings nur sporadisch um das Stück gekümmert zu haben scheint; jedenfalls verwendete er den Großteil seiner Zeit weiterhin auf die Leitung der Concerts des amateurs und brachte es schließlich dahin, daß er im Sommer 1773 für eine geringe Summe auch die Privilegien der Concerts spirituels erwerben konnte, die er gemeinsam mit dem Geiger Pierre Gaviniès und dessen Schüler Simon Leduc neu organisierte.
**Handlung:** In Gallien, Mitte des 1. Jahrhunderts.
I. Akt, der große Platz von Langres: Sabinus, gallischer Fürst und (angeblich) Urenkel Cäsars, liebt Prinzessin Epponine, um die auch der römische Statthalter Mucien wirbt. Ein Traum, den er seinem Freund Natalis erzählt, hat Sabinus offenbart, daß er zum Befreier seines Volks vom römischen Joch bestimmt sei. Mit ihrer Vertrauten Faustine und einer Gruppe von Schäferinnen und Schäfern kommt Epponine hinzu und versichert Sabinus ihre Liebe. Arbate aber verkündet Muciens Befehl, Sabinus und Epponine seien des Tods, wenn der Fürst es wagen sollte, sich Muciens Werben entgegenzustellen. Das aufgebrachte Volk greift zu den Waffen, um, von Sabinus geführt, ein für allemal die Besatzer zu vertreiben.
II. Akt, heiliger Hain der Druiden: Während die Gallier in den Kampf gegen die Römer gezogen sind, hat sich Epponine vor Muciens Nachstellungen in den Hain geflüchtet. Schäferinnen und Schäfer beklagen mit ihr die Grausamkeit des Kriegs. In einem feierlichen Marsch nahen die Druiden, und nachdem das Landvolk den Göttern geopfert hat, verkündet der oberste Druide, er wolle das Orakel über das Schicksal Galliens befragen, und begibt sich in das Heiligtum. Entsetzt muß Epponine erfahren, daß die Götter das Opfer zurückgewiesen haben: Die Römer werden den Krieg gewinnen. Schon naht Mucien mit Arbate und seinen Soldaten, verflucht Epponine und ihr Volk und gibt den Befehl, die Bäume des Hains zu fällen und die Altäre umzustürzen. Tatenlos müssen die Gallier den Verwüstungen des Heiligtums zusehen.
III. Akt, Einöde mit Felsen und Abstürzen: Sabinus hat die Schlacht gegen die Römer verloren und ist mit Natalis an diesen wüsten Ort geflohen. Seine dreifache Niederlage als Mann, als Liebender und als Patriot läßt ihn zutiefst verzweifeln, mutlos will er die Waffen niederlegen und den Kampf aufgeben. Da erscheint mit Blitzen und Donnern Le Génie de la Gaule vor Sabinus und befiehlt ihm, sich zu der Gruft seiner Ahnen zu begeben und dort einzuschließen. Durch ihn werde Gallien frei werden und zu einem der mächtigsten Reiche der Erde aufsteigen. Vor den Augen

Sabinus' und Natalis' erscheint Charlemagne auf seinem Thron, umgeben von seinen Völkern.

IV. Akt, 1. Bild, die unterirdische Grabstätte der gallischen Fürsten: Sabinus ist der Anordnung Le Génies gefolgt und hat sich in die Gruft seiner Ahnen begeben. Von ferne nähert sich ein Klagechor: Epponine glaubt, Sabinus sei im Kampf gefallen, und kommt mit ihrem Gefolge, um sich selbst am Grab des Geliebten den Tod zu geben. Eine unbekannte Kraft hält Sabinus davon zurück, sich der Prinzessin zu zeigen, und drängt ihn, sich in einem der Sarkophage zu verbergen. Schon will Epponine Hand an sich legen, als Mucien erscheint und versucht, ihr den Dolch zu entwinden. Da ertönt ein dumpfer Donner: Der Sarkophag, in dem Sabinus sich versteckt hat, versinkt in der Erde, und in voller Rüstung stellt sich der Fürst dem römischen Statthalter entgegen. Er dringt auf ihn ein und tötet ihn. 2. Bild, großer Platz von Langres, Morgengrauen: Die Römer sind geschlagen. Le Génie steigt in seiner ganzen Glorie vom Himmel herab und rühmt Sabinus als den Befreier des Reichs. In einer »Quadrille des nations« mit Chören und Tänzen feiert das Volk seinen Sieg.

**Kommentar:** Auch nach dem Tod Jean-Philippe Rameaus (1764) blieben die von ihm ausgeformten Gattungen der Tragédie-lyrique, der Opéra-ballet und des Ballet-héroïque, in deren Tradition *Sabinus* steht, auf der Bühne der Académie Royale verbindlich. Werke wie Monsignys *Aline, reine de Golconde* (1766), Jean Joseph de Mondonvilles *Thésée* (1767) oder Etienne Joseph Floquets *Union de l'amour et des arts* (1773) bezeichnen aus heutiger Sicht freilich nur ein Interregnum, das am 19. April 1774 mit der Uraufführung von Glucks *Iphigénie en Aulide* endete. *Sabinus* unterscheidet sich allerdings in wesentlichen Punkten von den genannten Stücken: zum einen durch die »nationale« Thematik, die über die mythologisch-historische Starre der gängigen Sujets hinausgreift, und die in manchem Gossecs Revolutionskompositionen antizipierenden Massenszenen; zum andern durch den außergewöhnlichen Aufwand, den die musikalische und szenische Realisierung des Werks verlangt, das Louis Dufrane und Jacques Gabriel Prod'homme nicht zu Unrecht als Vorläufer der Opern Gaspare Spontinis und der Grand opéra Giacomo Meyerbeers bezeichnet haben. Doch so kühn der Entwurf von *Sabinus* auch ist, so wenig geht Gossec in seiner Umsetzung über die Ästhetik der barocken Opéra-ballet hinaus. Die Divertissements der Schäferinnen und Schäfer im I. und II. Akt nehmen sich im Kontext der Handlung ebenso als Fremdkörper aus wie im IV. Akt die »Quadrille des nations« mit ihrer großen Schlußchaconne: Relikte eines Genres, dem es eher um Bühnenwirksamkeit zu tun war als um dramaturgische Schlüssigkeit. Andrerseits zeigt Gossec als »symphoniste« in den Chor- und Tanzsätzen der Partitur wesentlich mehr Originalität und kompositorische Raffinesse als in den eigentlich handlungtragenden Szenen, vor allem, was die Instrumentation betrifft. Besondere Beachtung verdient in diesem Zusammenhang der Auftritt der Druiden im II. Akt: Zum erstenmal in der Geschichte der französischen Oper wurden hier Posaunen eingesetzt, vielleicht in bewußter Anlehnung an die Orakelszene von Glucks *Alceste* (1767). An Gluck erinnert auch die melodiebetonte Faktur der Rezitative. Dennoch ist die musikalische Zeichnung der Charaktere ebenso blaß wie ihre verbale Exposition; zwischen Chabanons sprödem und poetisch unbeholfenem *Sabinus*-Libretto und den Arbeiten Philippe Quinaults oder Louis de Cahusacs liegen Welten.

**Wirkung:** Über die Aufnahme der Vorpremiere von *Sabinus* am Hof von Versailles ist nichts bekannt. Die offizielle Uraufführung an der Académie Royale (mit Marie-Jeanne Larrivée als Eponine, Henri Larrivée als Sabinus und Jean Dauberval, Maximilien Gardel und Gaetano Vestris als Ballettsolisten) war ein glatter Mißerfolg, so daß sich Chabanon und Gossec zu einer Umarbeitung entschlossen: Neben einer Vielzahl kleiner Änderungen wurde der IV. Akt (Sabinus' Ankunft im Vorhof seines Palasts, von dem aus der Weg zur Grabstätte der gallischen Fürsten hinabführt) nahezu ersatzlos gestrichen, und die »Quadrille des nations« wurde vom Ende des III. auf das des IV. Akts verlegt, um als großes Finale das Werk zu beschließen. Doch auch in dieser gestrafften Fassung blieb *Sabinus* erfolglos. Nur die aufwendigen Bühnenbilder und die Kostüme der von Vestris einstudierten Ballettszenen fanden Anklang, und selbst Friedrich Melchior von Grimm, sonst ein vehementer Fürsprecher Gossecs, erklärte in seiner *Correspondance littéraire* (s. Lit.): »Die Musik ist kunstvoll, aber ohne Anmut oder Genie: Eine traurige kühle Schönheit geht von ihr aus, die man bewundert, ohne Geschmack oder Vergnügen an ihr zu finden.« Als dann wenige Wochen nach der Uraufführung Glucks *Iphigénie* ihre Premiere erlebte, war es um Gossecs Werk endgültig geschehen. Seine Ernennung zum »Maître de musique pour le service du théâtre« (zu einem der Direktoren der Opéra) im Dez. 1774 mag seitens König Ludwigs XVI. eine Art Entschädigung für den Mißerfolg von *Sabinus* gewesen sein; offenbar wollte man den Komponisten, der sich so sehr um die französische Musik verdient gemacht hatte, nicht brüskieren. 1780 arbeitete Gossec zwar an einer erneuten Revision des Werks, doch seine Hoffnung auf eine Neuinszenierung erfüllte sich nicht. Immerhin zählte noch François Joseph Fétis den Autor von *Sabinus* »parmi les compositeurs dramatiques les plus distingués de l'école française«. – 1937/38 unternahm es Amédée Gastoué (gemeinsam mit Louis Durey, Edmond Marc und O. Guerra), die aufgrund der verschiedenen Umarbeitungen überaus komplizierte Quellenlage von *Sabinus* zu sichten und eine schlüssige Partitur des Werks zu rekonstruieren.

**Autograph:** Verbleib unbekannt; Fragmente: Bibl. de l'Opéra Paris (A. 228 I-VI, Rés.). **Abschriften:** BN Paris (Ms. 1429 u. 1495; teilweise autograph). **Ausgaben:** Textb., 1. Fassung: Paris, Ballard 1773; Textb. in: Recueil des fêtes et spectacles 1773, Bd. 4 [Bibl. de l'Opéra, Paris]
**Literatur:** s. S. 508

*Michael Stegemann*

# Thésée
**Tragédie-lyrique en quatre actes**

## Theseus
4 Akte (6 Bilder)

**Text:** Etienne Morel de Chédeville, nach dem Libretto von Philippe Quinault zu der Tragédie-lyrique (1675) für Jean-Baptiste Lully
**Uraufführung:** 1. März 1782, Opéra, Salle de la porte Saint-Martin, Paris
**Personen:** Eglé, Prinzessin und Mündel des Königs Egée (S); Egée/Ägeus, König von Athen (B); Thésée/Theseus, Sohn Egées (H-C); Médée/Medea, Prinzessin und Zauberin (S); Minerve/Minerva (S); Cléone, Dienerin Eglés (S); Arcas, Freund und Vertrauter Egées (B); Dorine, Freundin und Vertraute Médées (S); die Oberpriesterin der Minerve (S). **Chor:** Volk von Athen, Gefolge und Soldaten Egées, Priesterinnen der Minerve, Furien, Dämonen und Geister der Unterwelt. **Ballett:** Soldaten, Priesterinnen, Schäferinnen, Schäfer, Furien, Dämonen und Geister der Unterwelt
**Orchester:** 2 Fl (auch Picc), 2 Ob, 2 Klar, 2 Fg, 2 Hr, 2 Trp, 3 Pos, Pkn, Streicher, B.c
**Aufführung:** Dauer ca. 3 Std. 30 Min.

**Entstehung:** Gossec scheint nach dem Mißerfolg von *Sabinus* (1773) den Vorrang Christoph Willibald Glucks neidlos anerkannt zu haben. Als »Maître de musique pour le service du théâtra« der Académie Royale stellte er sich von Anfang an auf die Seite des »Orphée germanique« und gegen den vom konservativen Lager zum Gegenspieler Glucks aufgebauten Neapolitaner Niccolò Piccinni. Gluck seinerseits wußte Gossec als einen seiner sichersten und wertvollsten Freunde in Paris zu schätzen, so daß er ihm 1776 sogar die Revision des III. Akts seiner *Alceste* (1767) für die Bühne der Opéra anvertraute. Nach *Armide* (1777) folgte als fünfte »Reformoper« *Iphigénie en Tauride*, die am 18. Mai 1779 ihre glanzvolle Premiere erlebte; von der zweiten Aufführung an wurde dem IV. Akt (auf ausdrücklichen Wunsch Glucks hin) das neunsätzige Ballett *Les Scythes enchaînés* angefügt, das Jean Georges Noverre nach einer Partitur Gossecs entworfen hatte. Während dieser Jahre blieb Gossec freilich dem Musiktheater keineswegs fern, vermied es aber wohl, sich mit Gluck auf dem Feld der Reformoper zu messen. Für die Opéra entstanden die beiden einaktigen Pastoralen *Alexis et Daphné* und *Philémon et Baucis*, die am 26. Sept. 1775 uraufgeführt wurden, das »intermède mêlé de chants et de danses« *La Fête du village* (1778) sowie die Ballette *Annette et Lubin* (1778; Choreographie: Noverre), *Mirza et Lindor* (1779; Choreographie: Maximilien Gardel; eins der erfolgreichsten Bühnenwerke Gossecs, das bis 1808 immerhin 58mal aufgeführt wurde) und *La Fête de Mirza* (1781; Choreographie: Gardel). Nachdem aber Gluck mit seinem Drame-lyrique *Echo et Narcisse* (1779) einen spektakulären Mißerfolg erlebt und Paris endgültig verlassen hatte, zögerte Gossec nicht lange und bereitete die Aufführung von *Thésée* vor. Der Uraufführung ging eine Privataufführung »devant leurs Majestées« am 26. Febr. 1782 in Versailles voraus.

**Handlung:** In mythischer Zeit.
I. Akt, im Tempel der Minerve: Egée, der König von Athen, hat einen Sohn, der im fernen Troizen unter der Obhut seines Großvaters aufwächst. Wenn die Zeit reif ist, so soll, einer Weissagung zufolge, ein Schwert den Thronerben ausweisen. Nun ist Thésée (von dem niemand, auch nicht er selbst, weiß, daß er der Sohn Egées ist) nach Athen gekommen und hat das Volk gegen seinen König aufgehetzt. Vor dem Tempel tobt ein blutiger Kampf. Eglé, die sich in den Tempel geflüchtet hat, gesteht ihrer Dienerin Cléone ihre Liebe zu Thésée; Egée aber, der endlich den Aufstand niedergeschlagen hat, will sein Mündel auf den Thron von Athen erheben. Gemeinsam mit der Priesterin der Minerve betreten die Soldaten des Königs den Tempel, um in Tänzen, Chören und Opferhandlungen der Göttin für den Sieg zu danken; doch noch während dieses Fests bricht der Kampf aufs neue los.
II. Akt, vor Médées Palast: Médée, die eigentlich zur Gemahlin Egées bestimmt ist, hat sich ebenfalls in Thésée verliebt und wird von ihrer Vertrauten Dorine dazu ermutigt, dieser Leidenschaft nachzugeben. Thésée jedoch, der Egée besiegt hat und mit dem Volk von Athen zum Palast kommt, weist Médée zurück: Seine Liebe gehört Eglé. In wilder Eifersucht schwört Médée, Thésée und Eglé zu vernichten.
III. Akt, 1. Bild, vor Médées Palast: Ahnungslos berichtet Eglé der Zauberin von ihrer Liebe zu Thésée. Médée ruft die Dämonen an, ihrer Rache zu helfen. 2. Bild, eine schreckliche Einöde: Médée hat ihren Palast in eine Einöde verzaubert, in der Dämonen und Geister der Unterwelt Eglé quälen. Auch Thésée, in tiefen Schlaf versetzt, wird herbeigebracht und soll sterben. Um ihn zu retten, willigt Eglé ein, Egées Werben nachzugeben und der Liebe Médées nicht länger im Weg zu stehen. 3. Bild, eine liebliche Insel: Von Médées Zauberstab berührt, erwacht Thésée aus seinem Schlaf und findet sich zu seiner Überraschung gemeinsam mit Eglé auf einer Insel (auch sie ist nur ein Spukbild, das Médée ihm vorgaukelt). Glücklich will er die Geliebte in die Arme schließen, doch Eglé zeigt sich kalt und abweisend. Erst nach langem Drängen Thésées gesteht sie ihm, der Heirat mit Egée zugestimmt zu haben. Verzweifelt beklagt Thésée die Ungerechtigkeit des Schicksals, bis Eglé bekennt, nur ihn zu lieben. Médée, die im Verborgenen das Gespräch der beiden belauscht hat, erscheint und heuchelt Zustimmung: Sie wolle ihre Liebe begünstigen.
IV. Akt, Médées Zauberpalast: Médée ist entschlossen, Thésée zu vernichten, da nichts seine Liebe zu Eglé zu brechen vermochte. Obwohl sie um die Identität Thésées weiß, redet sie dem König ein, sein Sohn halte sich immer noch in Troizen verborgen; das Volk aber wolle Thésée, einen Fremden, auf den Thron von Athen setzen. Damit nicht das eigene Geschlecht untergehe, müsse Thésée sterben. Egée läßt sich täuschen und kredenzt dem siegreichen Helden einen

Becher vergifteten Weins; im letzten Augenblick jedoch erkennt er an dem Schwert, das er einst seinem Sohn gegeben hat, in Thésée seinen rechtmäßigen Erben. Médée sieht ihr Spiel verloren und ruft die Dämonen und Geister der Unterwelt herbei, um den Zauberpalast zu zerstören. Da erscheint Minerve, gebietet dem unseligen Treiben der Zauberin, die mit ihren Dämonen zur Unterwelt hinabstürzt, Einhalt und vereinigt den Bund Thésées und Eglés, denen das Volk huldigt.

**Kommentar:** Bereits 1765 hatte Jean Joseph de Mondonville eine Neuvertonung von Quinaults fünfaktiger Tragédie-lyrique *Thésée* unter teilweiser Verwendung von Lullys Musik vorgelegt; dieser Version war kein Erfolg beschieden. 1779 erfuhr dann Lullys *Thésée* an der Académie Royale eine erneute Wiederaufführung, die Gossec offenbar tief beeindruckte. Dem Beispiel Glucks folgend, der 1777 Quinaults (1686 von Lully vertonte) *Armide* umgearbeitet hatte, bat Gossec Morel um eine Neufassung von *Thésée*, die allerdings nur wenig besser geriet als seinerzeit Michel Paul Guy de Chabanons Libretto für *Sabinus*. Wie sehr sich Gossec dem Vorbild Lullys verpflichtet fühlte, zeigt nicht zuletzt der Umstand, daß er Egées Arie aus dem I. Akt (»Faites grâce à mon âge«) notengetreu von diesem übernahm. Im übrigen ist die Partitur ganz im Stil der Gluckschen Reformopern gehalten und knüpft, vor allem in den großangelegten Chorszenen, in den Ballettdivertissements, in der Instrumentation, an die von *Sabinus* an. Einen dramatischen Höhepunkt bildet die den II. Akt beschließende Eifersuchtsarie Médées (»Dépit mortel, transport jaloux!«): Der mächtige, vom Klang der Posaunen verdunkelte Orchesterpart unterstreicht den Ausdruck wilder Verzweiflung in der Solostimme auf überwältigende Weise. Die Programmouvertüre führt bereits vor dem Aufgehen des Vorhangs in die Kampfszene zu Beginn des I. Akts ein.

**Wirkung:** Sowohl bei den »Gluckisten« als auch bei den Parteigängern Lullys, die noch die berühmte »Querelle des Bouffons« in Erinnerung hatten, fand *Thésée* zwar Beachtung und Lob, doch die musikalische Sprache des Werks schien gerade wegen seiner Anklänge an diese Vorbilder überholt. So berichtet die seit 1774 von Heinrich Meister fortgeführte *Correspondance littéraire*: »Der Gesang ist zwar weder sehr neu noch sehr interessant, doch von guter Schreibart und angenehm in seinen Melodien. Die Aufführung indes war von edler Art, und die Ballette wurden eben so gut ausgeführt, wie es möglich ist, seit wir Vestris verloren haben.« Alles in allem errang *Thésée* trotz erstklassiger Besetzung (Eglé: Mme de Saint-Huberty, Thésée: Joseph Legros) nur einen Achtungserfolg und wurde nach 16 Vorstellungen abgesetzt.

**Autograph:** Part: Bibl. de l'Opéra Paris (A. 290a); Fragmente: BN Paris (Ms. 1468; Rés. 95). **Abschriften:** BN Paris (D. 16572 [1-2]). **Ausgaben:** Textb.: Paris, Delormel 1782; Paris, Didot 1783; Textb. in: Suite du répertoire du théâtre français, Paris 1822, Bd. 12, S. 87–128
**Literatur:** s. S. 508

*Michael Stegemann*

## L'Offrande à la liberté
### Scène religieuse

**Das Opfer an die Freiheit**
1 Akt

**Text:** Adrien-Simon Boy oder Joseph-Marie Girey-Dupré, Claude Joseph Rouget de Lisle und Marie-Joseph de Chénier
**Uraufführung:** 30. Sept. 1792, Opéra, Salle de la porte Saint-Martin, Paris
**Personen:** ein Bürger (hoher B); ein anderer Bürger (B). **Chor, Ballett:** Soldaten, Bürgerinnen, Bürger
**Orchester:** 2 Fl (auch Picc), 2 Ob, 2 Klar, 2 Fg, 2 Hr, 4 Trp, 3 Pos, Pkn, Schl (RührTr, gr.Tr, Bck, Sturmgeläut, Kanonenschläge), Streicher
**Aufführung:** Dauer ca. 30 Min.

**Entstehung:** Nachdem bereits *Thésée* (1782) nur einen Achtungserfolg errungen hatte, mußte Gossec mit seiner »paysannerie qualifiée opéra« (Jacques Gabriel Prod'homme) *Rosine ou L'Epouse abandonnée* am 14. Juli 1786 einen so vernichtenden Durchfall hinnehmen, daß er sich entschloß, dem Musiktheater endgültig den Rücken zu kehren. Seit Jan. 1784 hatte er sich überdies neuen Aufgaben zugewandt: Auf seine Empfehlung hin war der Académie Royale de Musique (der Opéra) eine »Ecole Royale de Chant« angegliedert worden, Keimzelle des späteren Conservatoire. Gossec wurde zu ihrem Leiter bestimmt und gab sein Amt als »Maître de musique pour le service du théâtre« auf, um sich ganz den pädagogischen Aufgaben widmen zu können. Nach dem Sturm auf die Bastille und dem Ausbruch der Französischen Revolution stellte Gossec die Ecole Royale sofort in den Dienst der nationalen Sache, für die er sich auch als Komponist einsetzte. Zunächst waren es nur ältere Werke Gossecs, die anläßlich der zahlreichen Nationalfeiern aufgeführt wurden; allein im Aug. 1789 erklang dreimal seine immer noch berühmte *Messe des morts* (1760) »en l'honneur des citoyens morts pour la défense de la cause commune«. Doch kaum ein Jahr später erhob ihn die Aufführung eines *Te Deum* und des *Chant du 14 juillet* (seine erste Zusammenarbeit mit Chénier, die 1792 fast der *Marseillaise* Rougets den Rang als offizielle Nationalhymne abgelaufen hätte) in den fortan unumstrittenen Rang des »Premier Musicien de la Révolution«. Betrachtet man das Repertoire der »Fêtes et Cérémonies de la Révolution Française« (s. Lit.), so ist Gossec (neben Henri Montan Berton, Charles-Simon Catel, Luigi Cherubini, Nicolas Dalayrac, Jean François Le Sueur, Etienne Nicolas Méhul und Jean-Pierre Solié) tatsächlich der am häufigsten vertretene Komponist. Einen seiner größten und dauerhaftesten Erfolge errang Gossec mit *L'Offrande à la liberté*.

**Handlung:** Ein Bürger fordert das Volk auf, mit ihm den Gesang des Vaterlands anzustimmen: »Veillons au salut de l'Empire«. Ein anderer Bürger berichtet, überall seien die französischen Waffen siegreich, doch noch immer gelte es, die Freiheit zu verteidigen.

Zu den Klängen der *Marseillaise* erscheint die Statue der Freiheit auf einem Altar; in feierlicher Prozession kommen die Bürgerinnen und Bürger herbei, legen am Fuß des Altars Opfergaben nieder und entzünden Feuer und Räucherwerk. Plötzlich wird Alarm geschlagen, Sturmgeläut ruft das Volk zu den Waffen. In gewaltigem Unisono stimmen alle den Refrain der *Marseillaise* an: »Aux armes, citoyens!«

**Kommentar:** An der eigentlichen Komposition der *Offrande à la liberté* hat Gossec nur geringen Anteil; so lautet auch der vollständige Untertitel des Werks: »Scène composée de l'air ›Veillons au salut de l'Empire‹ et de la ›Marche des Marseillais‹ avec récitatifs, chœurs et accompagnement à grand orchestre«. Von Gossec selbst sind die Rezitative (deren Texte wohl aus der Feder Chéniers stammen), die zwischen fünfter und sechster Strophe der *Marseillaise* eingefügte *Danse religieuse* sowie die effektvolle Instrumentation. Die Hymne »Veillons au salut de l'Empire« ist Dalayracs Prosakomödie *Renaud d'Ast* (1789) entnommen und von Boy oder Girey-Dupré (in den Quellen wird bald der eine, bald der andere genannt) mit einem neuen, patriotischen Text versehen worden; Gossec hat das Stück zwar rhythmisch gestrafft, im übrigen aber ebensowenig verändert wie die musikalische und textliche Substanz der *Marseillaise*.

**Wirkung:** *L'Offrande à la liberté* erlebte bei der Uraufführung einen durchschlagenden Erfolg. Während die einen von der optischen Seite des Schauspiels begeistert waren (das im Grunde handlungslose Werk war von Pierre Gardel überaus aufwendig in Szene gesetzt worden; sogar lebendige Pferde wurden auf die Bühne gebracht), rühmten andere die farbige Instrumentation, insbesondere die bei jeder Strophe wechselnde, immer neue überraschende Wirkungen hervorrufende Begleitung der »Marche des Marseillais«. Der gewaltige Erfolg gerade der *Marseillaise* veranlaßte Gossec, der zu etwa derselben Zeit einstudierten Wiederaufnahme seines Balletts *Mirza et Lindor* (1779; Choreographie: Maximilien Gardel) eine ähnliche »Inszenierung« der Hymne Rougets folgen zu lassen, wie sie *L'Offrande* bot: »Nach den Tänzen, mit denen das Ballett eigentlich schließt, eilt ein Offizier herbei und meldet, daß feindliche Truppen unsere Grenzen bedrohen. Auf der Bühne erscheint die Statue der Freiheit, vor der man einen Altar errichtet. Die ›Marche des Marseillais‹ erklingt. Kanonendonner verkündet den Angriff der Feinde, die Männer greifen zu den Waffen und stürzen sich in die Schlacht, während die Frauen die Freiheit um Beistand anflehen. Siegreich kehren die Franzosen mit einer Reihe von Gefangenen zurück, denen man aber großmütig die Freiheit schenkt, eine Idee, die von glänzender Wirkung war« (Friedrich Melchior von Grimm, s. Lit.). *L'Offrande* fand so großen Anklang, daß sie 35mal nacheinander gegeben wurde; bis 1797 stieg die Zahl der Aufführungen an der Opéra auf 143. Zwischen dem 6. Sept. 1797 und dem Sommer 1799 stand das Werk erneut auf dem Spielplan, und auch in späterer Zeit blieb es eine Art Nationalspektakel, das zu gegebenem Anlaß aufgeführt wurde. So fand 1848 eine »représentation nationale« der *Offrande* statt, und 1915 war gleichfalls eine Aufführung angekündigt (an deren Stelle allerdings Gossecs *Triomphe de la République*, 1793, gespielt wurde). Auch bei der Konzertreise, die Gossec und die Ecole Royale de Chant 1792/93 nach Belgien unternahmen, um die Idee der Revolution zumindest musikalisch über die Grenzen Frankreichs hinauszutragen, wurde *L'Offrande à la liberté* mehrfach aufgeführt. Das Autograph scheint schon relativ früh (vermutlich während der Reise nach Belgien) verlorengegangen zu sein. Bereits 1792 aber war eine Ausgabe veröffentlicht worden, nach der sich alle späteren Aufführungen richteten. Sie lag der Einstudierung von 1848 ebenso zugrunde wie der Abschrift, die Amédée Gastoué in den 30er Jahren des 20. Jahrhunderts anfertigte.

**Autograph:** Verbleib unbekannt. **Abschriften:** BN Paris [v. A. Gastoué]. **Ausgaben:** Part: Imprimérie Nationale, Paris 1792
**Literatur:** C. PIERRE, Musique des fêtes et cérémonies de la Révolution Française, Paris 1899; J. TIERSOT, Les Fêtes et chants de la Révolution Française, Paris 1908; weitere Lit. s. S. 508

*Michael Stegemann*

# Le Triomphe de la République ou Le Camp de Grandpré
### Divertissement-lyrique en un acte

### Der Triumph der Republik oder Das Feldlager von Grandpré
1 Akt

**Text:** Marie-Joseph de Chénier
**Uraufführung:** 27. Jan. 1793, Opéra, Salle de la porte Saint-Martin, Paris
**Personen:** der General (B); der Adjutant (B); Thomas (T); der Bürgermeister (B); Laurette (S); La Liberté/die Freiheit (S); ein Greis (B); der Genius der Kunst (stumme R); der Genius des Überflusses (stumme R). **Chor:** preußische und französische Soldaten, Bewohner des Dorfs Grandpré, Offiziere, Nationalgardisten, Invaliden. **Ballett:** Schäferinnen, Schäfer, Bewohner von Grandpré, Völker verschiedener Nationen (Engländer, Spanier, Schweizer, Savoyarden, Polen, Neger)
**Orchester:** 2 Fl (Picc), 2 Ob, 2 Klar, 2 Fg, 2 Hr, 4 Trp, 3 Pos, Pkn, RührTr, gr.Tr, Kanonenschläge, Gewehrsalven, Streicher
**Aufführung:** Dauer ca. 1 Std. 15 Min.

**Entstehung:** Ebenso wie *L'Offrande à la liberté* (1792) ist der ihr nahe verwandte *Triomphe de la République*, der zunächst den Titel *Le Camp de Grandpré* trug, ohne den konkreten Anlaß einer Revolutionsfeier entstanden. Er sollte zur Erbauung des Volks dienen und nationale Begeisterung schüren. Der Titel *Le Camp de Grandpré* steht freilich in einer merkwürdigen Diskrepanz zu den geschichtlichen Fakten: Tatsächlich waren die Franzosen unter ihrem General Jean Pierre François Chasot hier am 14. Sept.

1792 von den Truppen Graf von Clerfayts geschlagen worden; der Sieg aber, den Gossec hier verherrlicht, fand am 20. Sept. in der Schlacht von Valmy statt.
**Handlung:** In Grandpré, im Vordergrund das Feldlager der Franzosen, im Hintergrund, jenseits der Aire, das preußische Feldlager; Sept. 1792: Bei Tagesanbruch erklären der General, sein Adjutant und der Bürgermeister des Dorfs den Bewohnern von Grandpré, daß die Feinde bald endgültig geschlagen seien. In der Vorfreude des Siegs führen Schäferinnen und Schäfer einen munteren Reigen an, Thomas und Laurette besingen den Ruhm der republikanischen Armee. Doch plötzlich wird Alarm gegeben; aufs neue entbrennt der Kampf. Die Männer greifen zu den Waffen und ziehen in die Schlacht. Während aus der Ferne Kanonendonner und Gewehrsalven zu hören sind, erzählt ein alter Soldat von den früheren Siegen der Franzosen. Im Hintergrund sieht man die geschlagenen preußischen Truppen in wilder Flucht davoneilen; einige stürzen sich in den Fluß, um schwimmend zu entkommen, die Franzosen aber machen sie mit einer Gewehrsalve nieder. Der General führt seine Soldaten ins Dorf zurück und ordnet ein Fest zur Feier des Siegs an. Auf einer Wolke steigt vom Himmel La Liberté herab, gefolgt von den Genien der Kunst und des Überflusses. Unter einem mit Fahnen und Kriegstrophäen geschmückten Baum errichtet sie ihren Thron: Männer, Frauen und Kinder kommen herbei und huldigen ihr. Die Freiheit erklärt das republikanische Frankreich zu ihrem Tempel, von dem aus die Tyrannei überall in der Welt vernichtet werden soll. In einem farbenprächtigen Defilee ziehen Völker verschiedener Nationen auf und verherrlichen die Freiheit.
**Kommentar:** Das Werk ist deutlich dem Vorbild der *Offrande* nachgestaltet, zeigt aber andrerseits, vor allem in dem abschließenden »Entrée des nations« (die im Finale von *Sabinus*, 1773, ihre Parallele hat), deutliche Anklänge an die Form der Tragédie-lyrique. So ist der Aufzug der Neger (Szenenanweisung: »Sie tragen kleine Trommeln aus einer halben kürbisähnlichen Fruchtschale, die mit einem Fell bespannt ist; die Trommeln werden mit den Fingern geschlagen«) wohl nur um des exotischen Kolorits willen in dies Revolutionsdivertissement eingearbeitet worden. Wie schon in der *Offrande* sind Gossecs Chorsätze und Instrumentation von großem Effekt. Als Ouvertüre erklingt eine »Marche nocturne pour les patrouilles de nuit«, gefolgt von der Hymne »Dieu du peuple et des rois« (Gossecs *Chant du 14 juillet*).
**Wirkung:** Ironie der Geschichte: Gossecs *Triomphe de la République,* und damit seine Hymne an die Ideale von Freiheit, Gleichheit und Brüderlichkeit, erlebte seine Uraufführung (wie schon *L'Offrande* in der Inszenierung von Pierre Gardel) wenige Tage nach der Hinrichtung König Ludwigs XVI. Die Revolution war außer Kontrolle geraten, die Republik hatte sich in ein blutiges Terrorregime verkehrt. Gossecs Werk ist vielleicht das letzte, in dem die ursprüngliche, von keiner Willkür und keinem Schrecken verdunkelte Begeisterung der Französischen Revolution noch zu spüren ist. Die von den ersten Sängern der Opéra (Martin Joseph Adrien, Louis Armand Chardin, Auguste-Athanase Chéron, Adelaïde Gavaudan, Marie-Thérèse Maillard) getragene Einstudierung erlebte zehn Aufführungen.

**Autograph:** Bibl. de l'Opéra Paris (Rés. 98/1-2). **Abschriften:** Bibl. de l'Opéra Paris. **Ausgaben:** Part: Mozin, Nadermann, Paris [1794]; Textb.: Paris, Imprimérie Nationale 1793, 1794; Paris, Baudouin
**Literatur:** C. PIERRE, Musique des fêtes et cérémonies de la Révolution Française, Paris 1899; J. TIERSOT, Les Fêtes et chants de la Révolution Française, Paris 1908; weitere Lit. s. S. 508

*Michael Stegemann*

# Jakov Gotovac
Geboren am 11. Oktober 1895 in Split (Dalmatien), gestorben am 16. Oktober 1982 in Zagreb

## Morana
**Romantična narodna opera u tri čina**

## Morana
**Romantische Nationaloper in 3 Akten**

**Text:** Ahmed Muradbegović, nach einer bosnischen Volkslegende
**Uraufführung:** 1. Fassung in tschechischer Übersetzung von Antonín Balatka: 29. Nov. 1930, Nationaltheater, Brünn; 2. Fassung: 16. Sept. 1941, Kroatisches Nationaltheater, Zagreb (hier behandelt)
**Personen:** Morana, Bauernmädchen (S); Gorava, ihre Mutter (Mez oder S); Bojan, Bauernbursche und Moranas Freund (T); Njegovan, sein Vater (B); Gojen, Dudelsackpfeifer (Bar); Govedarka, Dorfwahrsagerin (K.A); Bela (S); Jela (A); Dane (T); Mijo (Bar); Kata (S); Mara (A); Rade (T); Pavo (B); die Stimme des Hirten (S). **Chor:** Dorfmädchen und -burschen, Volk, Hochzeitsgäste
**Orchester:** Picc, 2 Fl, 2 Ob, E.H, 2 Klar, B.Klar, 2 Fg, 4 Hr, 3 Trp, 3 Pos, Tb, Pkn, Schl (gr.Tr, MilitärTr, HolzTr, Bck, Trg, Tamtam, Glsp, Xyl, Ratsche), Hrf, Cel, Streicher
**Aufführung:** Dauer ca. 2 Std. 30 Min.

**Entstehung:** Gotovac' erste Begegnung mit dem Musiktheater fand anläßlich der Komposition der Schauspielmusik zu dem pastoralen Spiel *Dubravka* (1928) statt. Im selben Jahr begann er mit der Arbeit zu *Morana*, die er 1930 vollendete. 1933 folgte *Ero s onoga svijeta* (1935), die populärste jugoslawische Oper. Weiter komponierte er noch das historische Musikdrama *Mila Gojsalića* (Zagreb 1951), die Opernlegende *Dalmaro* (Zagreb 1958) und den Einakter *Stanac* (Zagreb 1959).

**Handlung:** In den Bergen Dalmatiens, in alten Zeiten.

I. Akt, Wald an einem Nachmittag im Mai: Inmitten des Walds haben die Burschen Quitten versteckt, mit denen sie ihren Auserwählten das Zeichen zur Vermählung geben wollen. Für die schöne Morana hat ein reicher Bauernsohn das Liebeszeichen durch die bestochene Dorfwahrsagerin Govedarka verstecken lassen. Morana jedoch nimmt die Quitte nicht an, da sie den jungen Bauern Bojan liebt. Obgleich Bojans und ihre Familie schon lange im Streit leben, beschließen sie ihre baldige Hochzeit.

II. Akt, vor den Häusern der Eltern Moranas und Bojans: Ein Streit ist ausgebrochen, weil keine der beiden verfeindeten Familien der Heirat zustimmen will. Als Bojan und Morana erscheinen, den Segen der Eltern zu erbitten, werden sie enttäuscht. Entschlossen wenden sie sich daraufhin von ihren Familien ab, um in den Bergen ihr Glück zu finden.

III. Akt, Bergwald: Die Schönheit der einsamen Bergwelt wird gestört, als der Dudelsackpfeifer Gojen eintrifft, um Morana und Bojan vor den aufgebrachten Dorfbewohnern zu warnen. Wegen ihrer freien Liebe wollen die Leute das junge Paar hart bestrafen. Da entdeckt Gojen, daß die Wahrsagerin die Leute aufgehetzt hat, um ihres Lohns für die mißlungene Kuppelei nicht verlustig zu gehen. Während vom dem zornigen Volk verbannt wird, können Morana und Bojan in das Dorf zurückkehren, und auch die Eltern geben ihnen ihren Segen.

**Kommentar:** Gotovac, der zu den bedeutendsten Komponisten der neunationalen Richtung Kroatiens zählt, wollte mit *Morana* ein musikdramatisches Werk schaffen, das auch beim breiten Publikum Erfolg haben sollte. Aus diesem Grund suchte er kaum neue musikalische Wege, sondern lehnte sein Werk Vorbildern traditioneller Opernformen, zumal des slawischen Kulturraums, an. Deutlich wird dies in den weiträumigen Chorszenen, mit denen sich Gotovac am nachhaltigsten der kroatischen Folklore näherte. In den solistischen Partien orientierte er sich hingegen eher an der Tradition des italienischen Belcantos. Nationalkolorit kommt insbesondere auch in der großangelegten und wirkungsvollen Tanzszene des I. Akts zum Ausdruck, in deren Mittelpunkt der Volkstanz Kolo steht. – Trotz der eher naiven Vorlage der Volkslegende gelang es Muradbegović in seinem Libretto, die Personen wirkungsvoll zu charakterisieren, was besonders für die Wahrsagerin und den Dudelsackpfeifer gilt. – Der große Erfolg von *Ero* und die musikdramaturgischen Erfahrungen mit diesem Werk veranlaßten Gotovac dazu, *Morana* umzugestalten. 1940 bearbeitete er mit Hilfe seines Librettisten den III. Akt, indem er die Oper nicht mehr mit der Bestrafung der Wahrsagerin, sondern mit der Heirat Moranas und Bojans enden ließ.

**Wirkung:** Nach der Uraufführung (Leitung: Balatka), der zehn weitere Aufführungen und 1931 ein Gastspiel im Nationaltheater Prag folgten, wurde *Morana* unter Gotovac' Leitung 1931 erstmals in kroatischer Sprache in Zagreb gespielt, danach 1931 in Belgrad und Ljubljana, 1933 in Sarajevo und Dubrovnik sowie 1935 in Split. Die Uraufführung der 2. Fassung dirigierte der Komponist. 1953 wurde *Morana* wieder in das Repertoire der Zagreber Oper aufgenommen. In deutscher Sprache ist das Werk erstmals 1943 in Hannover gegeben worden. Nach dem zweiten Weltkrieg folgten Aufführungen in fast allen jugoslawischen Opernhäusern (unter anderm Split, Rijeka, Maribor, Ljubljana und Subotica). 1956 entstand eine neue deutsche Übersetzung des Werks (Marc-André Hugues) für eine Inszenierung in Gera.

**Autograph:** Nacionalna sveučilišna biblioteka Zagreb. **Ausgaben:** Part: [Privatdruck], Zagreb 1974; Part, dt. Übers. v. M.-A. Hugues: Bln./DDR 1956; Kl.A, 1. Fassung: [Privatdruck], Zagreb 1932; Kl.A, 2. Fassung: [Privatdruck], Zagreb 1941
**Literatur:** K. KOVAČEVIČ, Hrvatski kompozitori i njihova dela, Zagreb 1960, S. 169; DERS., Hrvatsko narodno kazalište, Zagreb 1969, S. 504f.

*Manica Špendal*

# Ero s onoga svijeta
**Komička opera u tri čina**

## Ero der Schelm
Komische Oper in 3 Akten

**Text:** Milan Begović, nach der Volkserzählung und dem Fastnachtsspiel *Der farent Schueler ins Paradeis* (1560) von Hans Sachs
**Uraufführung:** 2. Nov. 1935, Kroatisches Nationaltheater, Zagreb
**Personen:** Marko, ein reicher Bauer (B); Doma, sein Weib in zweiter Ehe (Mez); Djula, Markos Tochter aus erster Ehe (S); Ero, später Mića (T); Sima, Müller (Bar); ein Hirtenknabe (Kinder-St. oder S); ein Knecht

*Ero s onoga svijeta*, II. Akt; Branka Beretovac als Djula, Stojan Stojanow als Mića; Regie: Stanko Gašparović, Bühnenbild: Drago Turina; Nationaltheater, Zagreb 1977. – Der bauernschlaue Ero alias Mića, verkleidet als Sima, nimmt Djula in seine Fänge und flieht.

(T); 1.–6. Mädchen (4 S, 2 A); 1.–8. Weib (4 S, 4 A); 1.–4. Obsthändlerin (2 A, 2 S); 1.–4. Kaufmann (2 T, 2 B). **Chor:** Mädchen, Frauen, Burschen, Hirten, Obsthändlerinnen, Kaufleute, sonstige Dorfbewohner. **Ballett**
**Orchester:** 3 Fl (3. auch Picc), 3 Ob (3. auch E.H), 3 Klar, 2 Fg (2. auch K.Fg), 4 Hr, 3 Trp, 3 Pos, Tb, Pkn, Schl (4 Spieler: Bck, SchellenTr, Glsp, Röhrenglocken, Glocke in D, Trg, MilitärTr, Tamtam, gr.Tr, Peitsche, Xyl, kl.Tr, Ratsche, HolzTr, Schellen), Kl, Hrf, Streicher; BühnenM: Org
**Aufführung:** Dauer ca. 2 Std.

**Handlung:** In einem Dorf in Dalmatien.
I. Akt, auf der Tenne: Die Mädchen singen ein heiteres Lied, nur Djula ist traurig; ihre Mutter ist gestorben, ihr strenger, reicher Vater hat die zänkische Witwe Doma geheiratet. Djula sehnt sich nach einem Freier. Plötzlich springt Mića, ein zerlumpter Bursche, vom Heuboden herab und erklärt den erschrokkenen Mädchen, er sei vom Himmel gefallen. Doma kommt hinzu und jagt die Mädchen davon. Mića vereinbart mit Djula ein Stelldichein. Doma möchte von ihm, der vom Himmel fiel, gern erfahren, wie es ihrem verstorbenen ersten Mann geht. Mića, der sich jetzt Ero nennt, entlockt der dummen Frau Geld, indem er vorgibt, es ihrem verstorbenen Mann überbringen zu wollen. Als Marko von diesem Streich erfährt, verfolgt er Ero mit seinen Knechten.
II. Akt, Simas Mühle: Getreide wird gemahlen. Doma kommt mit Djula hinzu, die ihr Schicksal beklagt. Sima und die Dorfweiber wollen sie trösten. Als Mića auftaucht, um ein Versteck zu suchen, tauscht Sima mit ihm die Kleider und flüchtet. Marko eilt ihm nach in dem Glauben, Ero zu verfolgen. Als er mit dem gefangenen Sima zurückkommt, verrät ihm ein Dorfjunge, daß Ero mit Djula geflohen sei.
III. Akt, ein bunter Jahrmarkt: Marko und Doma sind verärgert. Sima will sie besänftigen. Da erscheinen hoch zu Pferd Mića und Djula. Keine Partei will zunächst nachgeben, doch dann erfahren die Eltern, daß Ero nicht Ero, sondern der reiche Bauernsohn Mića ist.
**Kommentar:** Die 1926/27 entstandene Oper ist ein volkstümliches Werk; ihr Held ist der serbisch-kroatische Eulenspiegel, Archetyp des gewitzten und freien Menschenverstands. Die dem Werk zugrundeliegende Volkserzählung behandelt die Streiche eines Bauernburschen während der Türkenherrschaft. Begović, der das Libretto im Stil der kroatischen Volksdichtung annäherte, strich die türkischen Elemente und wählte als Ort der Handlung sein Geburtsdorf Vrlika. Ländliche Sitten, Bräuche, Folklore, Volkshumor und -weisheit bilden den eigentlichen Kern des Werks. Zarte Kantilenen wechseln mit bewegten Massenszenen, tänzerische Rhythmen mit lyrischen Gesängen; Rezitative gliedern die musikalischen Nummern. Musik, Text und dramaturgische Anlage sind von einer naiven Volkstümlichkeit durchdrungen, die die Oper zu einem Welterfolg machte. Sie wurde in zehn Sprachen übersetzt und erlebte allein in Zagreb rund 500 Vorstellungen. 1938 wurde die Oper in Karlsruhe erstmals deutsch aufgeführt, 1940 erschien sie in Berlin. Nachdem über 70 europäische Bühnen sich des Werks angenommen haben, gehört *Ero s onoga svijeta* zum festen Repertoire, zumal des osteuropäischen Musiktheaters.

**Autograph:** Nacionalna i sveučilišna biblioteka Zagreb. **Ausgaben:** Kl.A: Albini, Zagreb 1936; Kl.A, serbokroatisch/dt.: Savez kompozitora Jugoslavije, Zagreb; Kl.A, dt. Übers. v. R. Dvornik-Cobenzl: B&H; Kl.A, dt. Übers. v. E. Hartmann: UE [1955], Nr. 12261; Textb.: Zagreb, Albini 1936, ²1943; Textb., dt. v. E. Hartmann: UE, Nr. 12262. **Aufführungsmaterial:** UE
**Literatur:** J. ANDREIS, Iz hrvatske glazbe – J. G., Zagreb 1979, S. 119–166; Zbornik 2 Društva skladatelja Hrvatske, Zagreb 1980 [Tagungsdokumentation]

*Branko Polić*

# Morton Gould
**Geboren am 10. Dezember 1913 in New York**

## Fall River Legend
→ **De Mille, Agnes (1948)**

# Charles Gounod
**Charles François Gounod; geboren am 17. Juni 1818 in Paris, gestorben am 18. Oktober 1893 in Saint-Cloud (bei Paris)**

## Sapho
**Opéra en trois actes**

### Sappho
3 Akte

**Text:** Guillaume Victor Emile Augier
**Uraufführung:** 1. Fassung: 16. April 1851, Opéra, Salle de la rue Le Peletier, Paris (hier behandelt); 2. Fassung in 2 Akten: 26. Juli 1858, Opéra, Salle de la rue Le Peletier; 3. Fassung in 4 Akten: 2. April 1884, Opéra, Salle Garnier, Paris
**Personen:** Phaon (T); Alcée, Dichter (Bar); Pythéas (B); Cratès (T); Cygénire (B); Sapho/Sappho, Dichterin (Mez); Glycère, Kurtisane (S); ein Hirte (T); 1. Herold (T); 2. Herold (B); Oberpriester (B); Chorführerin (S). **Chor:** Volk, Priester
**Orchester:** 2 Fl (2. auch Picc), 2 Ob, 2 Klar, 2 Fg, 4 Hr, 2 Trp (auch Pistons), 3 Pos, Ophikleide, Pkn, Schl (gr.Tr, Bck, Trg, Tambour de basque, Tamburin, Schellenbaum), 4 Hrf, Streicher
**Aufführung:** Dauer ca. 1 Std. 30 Min.

**Entstehung:** Parallel zu den Bemühungen um eine adäquate Übersetzung ihrer Oden war im Lauf des 18. Jahrhunderts auch die Gestalt der Sappho selbst als Bühnensujet in Mode gekommen. Um 1800 erschienen mehrere Melodramen und Ballette, ab 1820 gab es eine Reihe von Opern, zumeist mit der Komponente des Phaon-Mythos. – Pauline Viardot-García protegierte Gounods Operndebüt, sie vermittelte dem 31jährigen einen Kompositionsauftrag des Direktors Nestor Roqueplan und gewann den renommierten Augier zur Mitarbeit. Der Sappho-Stoff fügte sich unschwer Roqueplans Bedingung, diese Oper müsse kurz und ernst sein und Viardot-García eine Hauptrolle bieten. Für die Zeit der Komposition lebte Gounod, ebenso wie der gleichaltrige Iwan Turgenjew, auf dem Landsitz der Viardots in Courtavenel. Vertragsgemäß wurde das Werk dort im Sept. 1850 vollendet.

**Handlung:** In Olympia und Lesbos, 6. Jahrhundert v. Chr.

I. Akt, Olympia während der Spiele: Alcée, Phythéas und Phaon verschwören sich gegen den Tyrannen Pittacus. Phaon, von bemerkenswerter Schönheit und darum von Sapho wie von Glycère umworben, kann sich zunächst nicht entscheiden, ob er der Klugheit der Dichterin oder der Attraktivität der Kurtisane den Vorzug geben soll. Sein Mitverschwörer Phythéas ist in Glycère verliebt. Als Sapho einem begeisterten Zuhörerkreis eine ihrer Oden vorträgt, antwortet Phaon mit seinem Liebesgeständnis.

II. Akt, Phaons Villa auf Lesbos: Die Verschwörer beschließen die Ermordung des Tyrannen und bekräftigen mit ihrer Unterschrift ihre Solidarität. Phythéas behält das Dokument und nutzt die Gelegenheit, sich mit der rachedurstigen Glycère zu verbünden, um Phaons Verbannung zu erwirken. Glycère verspricht Phythéas ihre Gunst und erhält dafür die Eidesurkunde, mittels derer sie von ihrer Rivalin Sapho den Schwur erpreßt hat, Phaon abreisen zu lassen und ihm weder zu folgen noch von dieser Abmachung Kenntnis zu geben. Dann ruft sie Phaon herbei, gibt sich, da Phythéas sie verraten habe, als seine Retterin aus und drängt zur Flucht. Um ihn nicht an Pittacus auszuliefern, muß Sapho es trotz aller Bitten ablehnen, ihrem Geliebten in die Verbannung zu folgen. Phaon, scheinbar verstoßen, durchschaut die Intrige nicht, und so willigt er ein, als sich ihm Glycère triumphierend zur Begleitung anbietet.

III. Akt, am Strand, Sturm: Phaons Freunde sind versammelt, um Abschied zu nehmen. Sapho spielt so gut es geht weiterhin die Treulose und erträgt, schon dem Tod zugewandt, die allgemeine Ächtung. Das Lied des Hirten gewährt einen letzten Aufschub, dann nimmt sie ihre Harfe, erkennt zuletzt, daß Phaon niemals an sie denken wird, und stürzt sich ins Meer.

**Kommentar:** Der Text, Augiers einziges Opernlibretto, zählt zwar zu den besseren Dramatisierungen des Stoffs, krankt aber an mangelndem Konfliktpotential. Den Personen fehlt jede innere Dynamik, die Handlung bleibt im Grunde statisch, evoziert keinen Geschehensablauf, sondern fügt toposhafte Situationen aneinander. Die Musik kann diesen Zug zur Mäßigkeit nicht kompensieren; sie schafft keine übergeordnete Spannung und arbeitet sich, jedoch ohne realistische Detailzeichnung, so eng am Text entlang, daß kein Raum bleibt zur bühnenwirksamen Entfaltung der kargen Handlungsmomente. Es fehlt das Ballett, es fehlen die szenischen Effekte der Grand opéra, und es fehlt deren Impulsivität, ohne daß die Komposition indes jene Eigenständigkeit besäße, wie sie zum Ausgleich vonnöten wäre. Die Unentschiedenheit des Konzepts ist nur vordergründig damit zu erklären, daß es sich hier um ein Erstlingswerk handelt, sondern verrät vielmehr Gounods inneren Abstand zu dem, was in Paris um 1850 die Gattung Oper ausmachte. Er selbst bezeichnete seine *Sapho* als »revolutionär«, was seinerzeit, als nur die Rückbesinnung auf Christoph Willibald Gluck herausgehört wurde, niemand recht verstand; erst im nachhinein ist die Hinwendung zum später ausgeprägten Dramelyrique erkennbar. Vollzieht die Oper selbst sogar handlungsmäßig eine Art Wende zur Innerlichkeit, so haften ihr doch auch noch Spuren politischer Provokation an. »Zittert, Tyrannen, Kettenschmiede, Völkerfresser, erbleicht! Mit Blut gemästete... Monster!«: dieser glühende Aufruf des Verschwörers Alcée wurde auf Geheiß des Zensors durch eine blasse Ode an die »Liberté« ersetzt.

**Wirkung:** *Sapho* konnte sich nicht durchsetzen. Nach Gounods späterem Urteil fehlten der Partitur die Vertrautheit mit der Bühne, die Kenntnis und Beherrschung der theatralischen Effekte und eine ausreichende Gewandtheit in der Instrumentierung. Bei der Uraufführung (Sapho: Viardot-García, Phaon: Louis Gueymard) schnitt das Finale des I. Akts am besten ab; die andern Erfolgsstücke waren im III. Akt das Hirtenlied »Broutez le thym« und Saphos tragischer Abgesang »O ma lyre immortelle«. Mit Zurückhaltung reagierten die Kritiker, unter ihnen Théophile Gautier, Adolphe Adam und der wohlgesinnte Hector Berlioz. Die Oper blieb für nur sechs weitere Abende mit Viardot-García im Programm, verdrängt durch Aubers *Zerline* (Paris 1851) mit der Viardot-Rivalin

*Sapho*, I. Akt; Pauline Viardot-García als Sapho, Louis Gueymard als Phaon, Hippolyte Brémond als Pythéas, Félix Mécène Marié de l'Isle als Alcée; Bühnenbild: Charles-Polycarpe Séchan; Uraufführung, Opéra, Paris 1851.

Marietta Alboni. Weitere Reprisen an der Opéra noch im selben Jahr, mit Elizabeth Masson als Sapho, sowie die Aufführung 1851 an Covent Garden London mit Viardot-García waren ebensowenig erfolgreich. Weder die reduzierte 2. Fassung, an die sich die Uraufführung von Lucien Petipas Ballettpantomime *Sacountala* (Musik: Ernest Reyer) anschloß, noch die erweiterte 3. Fassung (5 Bilder, Ballett am Schluß des 2. Bilds), die es immerhin auf 31 Vorstellungen brachte (Sapho: Gabrielle Krauss), konnten diesem durch die Entwicklung der Gattung obsolet gewordenen Vorläufer des Drame-lyrique einen Platz im Repertoire sichern.

**Autograph:** 1. Fassung: Verbleib unbekannt; Neukompositionen für d. 3. Fassung [ca. 80 Prozent] verteilt auf: Stiftelsen Musikkulturen främjande Stockholm, NYPL NY (JOG 72-118), Bibl. de l'Opéra Paris (Rés 103). **Abschriften:** Part u. St.: Bibl. de l'Opéra Paris (A 573a I-III). **Ausgaben:** Kl.A, frz./ital.: Choudens [1860], Nr. A. C. 700; Kl.A: Colombier, Paris 1866; Textb.: Paris, Lévy 1851
**Literatur zu Gounod:** J. J. DEBILLEMONT, C. G.: Etude, in: Nouvelle revue de Paris 2:1864, S. 559–568; Autobiographie de Charles Gounod et articles sur la routine en matière d'art, hrsg. G. Weldon, London 1875; L. PAGNERRE, C. G. Sa vie et ses œuvres, Paris 1890; C. GOUNOD, Mémoires d'un artiste, Paris 1896, dt. Breslau 1896; E. HANSLICK, C. G., in: DERS., Fünf Jahre Musik (1891–1895): Kritiken. Der modernen Oper 7. Teil, Bln. ³1896, Nachdr. Farnborough 1971, S. 361ff.; A. HERVEY, G. and His Influence, in: DERS., French Music in the Nineteenth Century, London 1903; P. L. HILLEMACHER, G., Paris 1905; C. DEBUSSY, A propos de C. G., in: Musica, Juli 1906, Nachdr. in: DERS., Monsieur Croche et autres écrits, Paris 1971, dt. Stuttgart 1974, S. 172–174; C. BELLAIGUE, G., Paris 1910; J.-G. PROD'HOMME, A. DANDELOT, G. (1818–1893): sa vie et ses œuvres, Paris 1911, Nachdr. Genf 1973; A. POUGIN, G. épistolaire. G. l'écrivain, Teil 3, in: RMI 19:1912, S. 239–285, 637–695, 20:1913, S. 453–486, 792; M. COOPER, C. G. and His Influence on French Music, in: ML 21:1940, S. 50ff.; P. LANDORMY, G., Paris 1942; M. CURTISS, G. Before ›Faust‹, in: MQ 38:1952, S. 48–67; H. BUSSER, G., Lyon 1961; J. HARDING, G., London 1973; S. E. HUEBNER, The Second Empire Operas of C. G., Ann Arbor, MI 1985, Diss. Princeton Univ.

*Annegrit Laubenthal*

# La Nonne sanglante
### Grand opéra en cinq actes

**Die blutige Nonne**
5 Akte (6 Bilder)

**Text:** Augustin Eugène Scribe und Germain Delavigne, nach einer Episode aus dem Roman *The Monk* (1796) von Matthew Gregory Lewis (gen. Monk Lewis)
**Uraufführung:** 18. Okt. 1854, Opéra, Salle de la rue Le Peletier, Paris
**Personen:** Graf von Luddorf (Bar); Baron von Moldaw (B); Rodolphe, Luddorfs Sohn (T); Agnès, Moldaws Tochter (S); Arthur, Rodolphes Page (S); Pierre, Eremit (B); Agnès, die blutige Nonne (Mez); Fritz, ein junger Pächter (T); Arnold (T) und Norberg (B), Moldaws Freunde. **Chor:** Ritter, Soldaten, Luddorfs und Moldaws Leibeigene, Bauern, Bäuerinnen
**Orchester:** Picc, 2 Fl, 2 Ob (auch E.H), 2 Klar, B.Klar, 2 Fg, 4 Hr, 4 Trp, 3 Pos, Ophikleide, Pkn, Schl (gr.Tr, kl.Tr, Tamburin, Trg, Tamtam, Glocke), 2 Hrf, Streicher; BühnenM: Trp, Glocke
**Aufführung:** Dauer ca. 2 Std. 45 Min. – Ballett im III. und IV. Akt.

**Handlung:** In der Umgebung von Prag, 11. Jahrhundert.
I. Akt, Moldaws Schloß: Luddorf und sein Gefolge sind dabei, Moldaws Schloß zu erobern. Pierre tritt dazwischen und erreicht, daß die Familien Frieden schließen. Als Unterpfand der Versöhnung soll Agnès Rodolphes Bruder heiraten. Aber sie liebt Rodolphe, der mit ihr fliehen will. Agnès zögert, weil in dieser Nacht wieder die blutige Nonne erscheinen wird. Rodolphe verlacht diesen Aberglauben und überredet Agnès, sich selbst als Gespenst zu verkleiden, um ungehindert fliehen zu können. Luddorf, der die beiden belauscht, verflucht seinen Sohn. Agnès versichert Rodolphe, um Mitternacht zu kommen.
II. Akt, 1. Bild, Straße vor Moldaws Schloß: Arthur verjagt zechende Landleute, indem er ihnen von der blutigen Nonne erzählt. Rodolphe erwartet seine Ge-

*La Nonne sanglante*; Louis Gueymard als Rodolphe; Illustration; Uraufführung, Opéra, Paris 1854. – Der Sänger debütierte 1849 an der Pariser Opéra als Robert le diable und war bis 1868 Startenor des Hauses. In den Opern Meyerbeers, Gounods, Halévys und Verdis sang er die großen Partien seines Fachs.

liebte, als plötzlich die Nonne im Schloßhof erscheint. Sie läßt Rodolphe ewige Treue schwören und führt ihn unter Donner und Blitz hinweg. 2. Bild, Ruinen eines Schlosses: Rodolphe sieht, wie das Schloß seiner Väter wiederersteht. Von der Nonne eingeladene Tote versammeln sich zu seiner Hochzeit. Als der Eremit Pierre den Spuk verschwinden läßt, erklärt die Nonne, daß Rodolphe ihr für immer angehöre.

III. Akt, Schenke: Unter den Hochzeitsgästen von Fritz und Anna hat Arthur auch Rodolphe entdeckt. Er teilt ihm mit, daß er nun Agnès heiraten könne, da sein Bruder gefallen ist. Rodolphe bleibt ängstlich zurück, weil ihn die Nonne bisher jede Nacht an sein Gelübde erinnert hat. Als sie wieder erscheint, fleht er sie an, ihn freizugeben. Sie stimmt unter der Bedingung zu, daß er ihren Mörder rächt, den sie ihm morgen zeigen wird.

IV. Akt, Gärten von Luddorfs Schloß: Während der Hochzeitsfeier zeigt die Nonne Rodolphe, nur für ihn sichtbar, in seinem Vater ihren Mörder. Um nicht zum Vatermörder zu werden, weist Rodolphe Agnès' Hand zurück. Dadurch bricht der alte Zwist wieder auf, die Familien stürzen sich in den Kampf.

V. Akt, im Freien: Luddorf bittet am Grab der Nonne um seinen Tod, damit sein Sohn glücklich werden kann. Da erscheinen Moldaws Soldaten, um sich in einem Hinterhalt an Rodolphe zu rächen. Agnès verlangt von Rodolphe eine Erklärung seines Verhaltens. Als Luddorf, der alles verfolgt, ihre Liebe sieht, beschließt er, an Rodolphes Stelle in den Hinterhalt zu gehen. Sterbend beschwört er Rodolphe und Moldaw, die Blutrache zu vergessen. Die Nonne, deren Verzauberung gelöst ist, zieht Luddorf mit sich in die Wolken und läßt das Liebespaar glücklich zurück.

**Kommentar:** Scribes Libretto ist nicht das einzige, das an die Episode von der blutigen Nonne in Lewis' Schauerroman anknüpft, auch in Salvatore Cammaranos Libretto für Donizettis *Maria de Rudenz* (1837) steht dies Motiv im Mittelpunkt. Während Cammarano aber das Drama *La Nonne sanglante* (1835) von Auguste Anicet-Bourgeois und Julien de Mallian zur direkten Vorlage nahm, scheint Scribes Arbeit von diesem Boulevardstück weit entfernt. Handschriftliche Entwürfe von 1838 lassen jedoch erkennen, daß auch Scribe zunächst von diesem Vorbild ausging und sich erst während der Ausarbeitung immer weiter davon entfernte. Es ist nicht bekannt, ob Scribe den Stoff von Anfang an für einen bestimmten Komponisten vorgesehen hatte, jedenfalls war 1841–47 Hector Berlioz mit dem Libretto befaßt, zwei Arien und ein Duett aus dem I. Akt liegen in seiner Komposition vor (Bibliothèque Nationale Musique, Paris, Rés. Vm$^2$. 178). Nachdem Berlioz das offenbar noch nicht abgeschlossene Libretto zurückgegeben hatte, bot es Scribe den verschiedensten Komponisten (Halévy, Meyerbeer, Verdi, Auber, David, Grisar, Clapisson) an, bevor im Juni 1852 die Zusammenarbeit mit Gounod fixiert wurde. In seiner endgültigen Gestalt wird besonders deutlich, wie schwierig es war, die Scribe sichtlich am Herzen liegende Darstellung übernatürlicher Vorgänge in das überkommene Gerüst einer großen historischen Oper in fünf Akten zu integrieren. Geistererscheinungen stehen neben Situationen, die bereits aus andern Libretti Scribes bekannt waren, und die uneinheitliche Handlung wird durch die Einführung entbehrlicher Nebenfiguren noch weiter kompliziert. So wurde Scribes Text in der zeitgenössischen Presse allgemein kritisiert; Berlioz merkte in seiner Besprechung (*Journal des débats,* 24. Okt. 1854) maliziös an: »Es ist eine schwierige Aufgabe, solch ein Libretto zu komponieren.« Auch Gounod ließ sich anscheinend vorwiegend von den übernatürlichen Szenen inspirieren, seine Musik wirkt aber selbst dort ein wenig konventionell, auch wenn er das »Interlude fantastique« (mit einem instrumental eingesetzten Chor hinter der Bühne) und den »Marche funèbre« im II. Akt als gelungen ansah. Besonders breit führte er außerdem verschiedene dekorative Nummern wie die Tanzszenen im III. und IV. Akt aus. Von den Solisten erscheint neben dem Liebespaar vor allem Pierre musikalisch herausgehoben, eine wahrscheinlich auf Gounods Wunsch in das Libretto eingefügte historische Figur. Wie in seiner Scène dramatique *Pierre l'ermite* (London 1851) räumte Gounod auch in der Oper dieser religiös motivierten Rolle großen Raum ein. Der Religiosocharakter von Pierres Arie am Beginn der Oper wird dabei vom begleitenden Chor noch unterstrichen, so wie sich auch der Schlußchor mit seiner modalen Harmonik der zeitgenössischen Kirchenmusik annähert.

**Wirkung:** Gerade diese Verquickung eines Schauerdramas mit religiösen Momenten mußte einflußreichen konservativen Kreisen als Verstoß gegen die Regeln des guten Geschmacks erscheinen. Obwohl der Operndirektor Nestor Roqueplan das Werk elfmal mit gutem Erfolg hatte spielen lassen, mißbilligte sein Nachfolger François-Louis Crosnier das Werk und setzte es sofort ab.

**Autograph:** Bibl. de l'Opéra Paris (A. 585a; zum Teil Abschrift). **Ausgaben:** Part: Jannot, Paris [1855]; Kl.A: ebd. [1855]; Choudens, Paris [1859]; Textb.: Paris, Jonas 1854; Paris, Beck 1854; Textb. auch in: E. SCRIBE, Œuvres complètes, Bd. III/6, Paris 1876, S. 1–69
**Literatur:** A. E. F. DICKINSON, Berlioz's ›Bleeding Nun‹, in: MT 107:1966, S. 584–588; weitere Lit. s. S. 517

*Anselm Gerhard*

# Le Médecin malgré lui
**Opéra-comique en trois actes**

### Der Arzt wider Willen
3 Akte

**Text:** Jules Paul Barbier und Michel Florentin Carré, nach der Komödie (1666) von Molière (eigtl. Jean-Baptiste Poquelin)
**Uraufführung:** 15. Jan. 1858, Théâtre-Lyrique, Paris
**Personen:** Sganarelle (Bar); Martine, seine Frau (Mez); Géronte (B); Lucinde, seine Tochter (S);

Léandre, ihr Liebhaber (T); Valère, Diener Gérontes (B); Jacqueline, Amme bei Géronte (Mez); Lucas, ihr Mann (T); Monsieur Robert (T). **Chor:** Besenbinder, Besenbinderinnen, Bauern
**Orchester:** 2 Fl (2. auch Picc), 2 Ob, 2 Klar, 2 Fg, 4 Hr, 2 Trp, Pkn, Schl (gr.Tr, Bck, Trg), Streicher
**Aufführung:** Dauer ca. 2 Std. 15 Min. – Gesprochene Dialoge.

**Handlung:** I. Akt, im Wald, bei Sganarelles Haus: Sganarelle prügelt wieder einmal seine Martine. Bald hat sie Gelegenheit, es ihm heimzuzahlen: Gérontes Diener suchen einen Wunderdoktor, der Lucinde, die Tochter ihres Herrn, von ihrer Stummheit heilen soll. Martine gibt ihren Mann als Wunderdoktor aus, der sich aber erst nach Prügeln dazu bereit finden werde, seine Künste zu zeigen. Ihre List verfängt: Valère und Lucas schlagen Sganarelle, bis er zugibt, Arzt zu sein.
II. Akt, Zimmer in Gérontes Haus: Die Amme Jacqueline besteht darauf, nichts anderes als unerfüllte Liebe zu Léandre sei der Grund für Lucindes Stummheit. Géronte will von diesem Habenichts nichts wissen, er hat einen reichen Freier für seine Tochter. Daß der aber nur heiraten will, wenn die Braut wieder reden könne, belustigt Sganarelle, der stumme Ehefrauen für die besten hält und nun in einer mit lateinischen Brocken durchsetzten Diagnose tatsächlich herausbekommt, daß die Patientin stumm sei. Außer dem Honorar Gérontes verdient er sich noch einen zweiten Beutel, weil er Léandre verspricht, seiner Liebe förderlich zu sein. Dies wird um so leichter sein, als, wie er erfährt, Lucinde ihre Stummheit nur vorschützt. Er gibt Léandre als Apotheker und seinen Helfer aus.
III. Akt, bei Gérontes Haus: Von allen Seiten strömen die Patienten zu dem neuen Wunderdoktor. Daß Lucinde sich in Léandres Gegenwart zum Sprechen hinreißen läßt, hält Géronte für einen unerhörten Heilerfolg. Jetzt soll Sganarelle sie auch von ihrem verliebten Starrsinn abbringen. Statt dessen verhilft er ihr zur Flucht mit dem vermeintlichen Apotheker. Als das herauskommt, soll er, zur Freude seiner Frau, gehängt werden. Aber eine plötzliche Erbschaft für Léandre bewirkt, daß Géronte der Liebesheirat nun doch zustimmt.
**Kommentar:** Gounods Rückgriff auf Molière rief bei den Zeitgenossen Widerstand hervor, obwohl bereits 1792 Marc Antoine und sein Sohn Marc Antoine Madeleine Désaugiers *Le Médecin malgré lui* als Opéra-comique mit einer »Ça-ira«-Parodie vorgelegt hatten. Daß der Originaltext des Klassikers weitgehend beibehalten wurde (Untertitel im Klavierauszug: Comédie de Molière, arrangée en opéra-comique), verursachte Einsprüche der Comédie-Française und der Zensur. Tatsächlich konnte Molière jedoch nur in dieser Form für den Theaterbereich des Boulevard du Temple gewonnen werden. Die Bestimmung als musikalisches Volkstheater veranlaßte Gounod, seine stilistischen Spielereien einer möglichst großen melodischen und theatralischen Schlagkraft der Musik unterzuordnen, so daß seine Anklänge an Lully, die Comédie à ariettes, Mozart und Rossini bei allem Eklektizismus homogen wirken. Ein Auseinanderfallen des Stücks droht eher durch die allzu große Spannweite zwischen bezaubernden lyrischen Passagen und drastischer, auf Molière zurückgehender Komik. Eine gewisse Schwäche besteht auch in der durch die Molière-Treue hervorgerufenen eher episodischen Beanspruchung der verschiedenen Rollen; durch alle Akte gehen nur die Titelpartie und die Nebengestalten der beiden Diener. Lucinde darf erst im III. Akt den Mund aufmachen, und dann auch nur als Soubrette (im umwerfend komischen Diagnosequintett »Rien n'est capable, mon père« muß sie allerdings kräftig brummen). Dankbarer ist ihr Partner Léandre mit einer lyrischen Serenade (»Est-on sage dans le bel âge«, II. Akt) und einem altertümelnden »fabliau« (»Je portais dans une cage«, II. Akt) bedacht. Die Chorszenen wirken ebenso wie mehrere als Ständchen oder Couplets angelegte Solonummern eher als Einlagen, während die Handlung in den Dialogen und Ensembles fortgeführt wird. Diese Anlage kommt Bearbeitungsabsichten entgegen, die meist darauf zielten, dem Liebespaar mehr zu singen zu geben und den Chor zu eliminieren. Die ausgetüftelten Instrumentationsraffinessen (etwa die Holzbläser beim »glouglou« von Sganarelles Trinklied »Qu'ils sont doux«, I. Akt) dürften einem Publikumserfolg freilich kaum im Weg gestanden haben, wie in älteren Biographien zu lesen ist.
**Wirkung:** Gounods Oper steht zwischen seinen Schauspielmusiken zu Molière und seinem 1873 begonnenen, nie vollendeten Versuch, *Georges Dandin* auf den originalen Prosatext zu komponieren. Dadurch ist *Le Médecin malgré lui* ein Meilenstein in der Entwicklung zur Literaturoper. Musikalisch faszinierte das Werk eklektizistische Komponisten wie Saint-Saëns, Strawinsky und Poulenc. Wegen seiner dankbaren Titelpartie, seiner Komik und seiner reizvollen Musik wurde es häufig inszeniert. Der Uraufführung folgten mehrere Inszenierungen an der Opéra-Comique, die erste 1872; Ende 1978 wurde dort die

*Le Médecin malgré lui*, III. Akt; John van Kesteren als Léandre, Kurt Walldorf als Robert, Heinz Friedrich als Géronte, Eva-Maria Görgen als Jacqueline, Colette Boky als Lucinde; Regie: Jean-Pierre Ponnelle, Bühnenbild: Werner Juhrke; Gärtnerplatztheater, München 1966.

100. Aufführung erreicht. Bemerkenswert war die Produktion von Sergei Diaghilew in Monte Carlo 1924, für die Erik Satie Rezitative anstelle der Molièreschen Dialoge komponierte. Die deutsche Erstaufführung fand am 22. Nov. 1862 in Hamburg statt (Übersetzung: Theodor Gaßmann); Emil Nikolaus von Reznicek schuf 1910 eine Bearbeitung für die Komische Oper Berlin. 1928 wurde das Werk in der Berliner Krolloper gespielt (Dirigent: Fritz Zweig, Regie: Hanns Schulz-Dornburg, Bühnenbild: Teo Otto). 1965 kam es in Wuppertal in einer musikalischen und textlichen Bearbeitung von Herbert Hahne und Hans-Klaus Langer heraus. Ein bleibender Erfolg wurde Jean-Pierre Ponnelles Inszenierung von 1966 für das Münchner Gärtnerplatztheater (Sganarelle: Richard Kogel; Dirigent: Kurt Eichhorn; 140 Aufführungen), die 1971 an die Wiener Volksoper übernommen wurde. Die von Ponnelle mitverfaßte Einrichtung übernimmt je drei Nummern aus *La Colombe* (Baden-Baden 1860) und *Philémon et Baucis* (1860) in die Partitur und beläßt den Molière-Text fast ungekürzt, verzichtet aber auf den Chor. Sie wurde mehrfach nachgespielt (Frankfurt/Oder 1969, Kaiserslautern 1973, Nürnberg 1974, Halle 1980, Hagen 1982). An der Opéra-Comique kam 1978 auf Initiative von Rolf Liebermann eine Version heraus, die der Oper einen Prolog voranstellte, bestehend aus einer Textmontage diverser unbekannter Stücke Molières (zusammengestellt von Jean Louis Martin Barbaz) mit Musik von Jean-Baptiste Lully.

**Autograph:** Verbleib unbekannt. **Ausgaben:** Kl.A: Gallet, Paris, Nr. 2097; Tallandier, Paris; Kl.A, dt. Übers. v. E. N. v. Reznicek: A&S 1910; Kl.A, Neu-Bearb. u. dt. Übers. v. J. Heinzelmann, J.-P. Ponnelle: A&S 1966; Kl.A, engl. Übers. v. C. L. Kenney: Bo&Ha [um 1870]; Textb.: Paris, Lévy 1859; Paris, Billaudot 1978. **Aufführungsmaterial:** Chappell/Joubert, A&S
**Literatur:** s. S. 517

*Josef Heinzelmann*


**Faust**
Opéra en cinq actes

**Faust**
**Margarethe**
5 Akte (9 Bilder)

**Text:** Jules Paul Barbier und Michel Florentin Carré, nach Carrés Drame fantastique *Faust et Marguerite* (1850) und *Faust. Der Tragödie erster Teil* (1806) von Johann Wolfgang von Goethe in der Übersetzung (1828) von Gérard de Nerval (eigtl. Gérard Labrunie)
**Uraufführung:** 1. Fassung: 19. März 1859, Théâtre-Lyrique, Paris; 2. Fassung: 3. März 1869, Opéra, Salle de la rue Le Peletier, Paris (hier behandelt)
**Personen:** Doktor Faust (T); Méphisthophélès (B); Valentin (Bar); Wagner (B); Marguerite (S); Siébel (S); Marthe (Mez). **Chor:** Studenten, Soldaten, Bürger, junge Mädchen, Frauen, Irrlichter, Hexen (auf d. Szene); junge Mädchen, Bauern, Dämonen, Engel (hinter d. Szene). **Ballett:** Aspasie/Aspasia, Laïs/Lais und Phryné/Phryne mit Kurtisanen, Cléopatre/Kleopatra mit nubischen Sklavinnen; Hélène/Helena mit den Töchtern Trojas
**Orchester:** 2 Fl (2. auch Picc), 2 Ob (2. auch E.H), 2 Klar, 2 Fg, 4 Hr, 2 Trp (auch Pistons), 3 Pos, Pkn, Schl (gr.Tr, Bck, kl.Tr, Trg, Tamtam), 2 Hrf, Org, Streicher; BühnenM: S.SaxHr, B.SaxHr, Kb.SaxHr, 2 Pistons, 2 Trp, 2 A.Pos, T.Pos
**Aufführung:** Dauer ca. 2 Std. 45 Min. – Ballett im IV. Akt. 1. Fassung mit gesprochenen Dialogen.

**Entstehung:** 1838 lernte Gounod Goethes *Faust* in der Übersetzung Nervals kennen und war, wie er in seiner Autobiographie schreibt, von dem Werk außerordentlich fasziniert. Während seines Romaufenthalts (1839–42) las er die Tragödie erneut. Möglicherweise dachte er schon in dieser Zeit an eine künstlerische Auseinandersetzung mit dem Stoff, denn als Barbier ihm 1855 erstmals einen entsprechenden Vorschlag unterbreitete, behauptete er, diesen Plan schon viele Jahre verfolgt zu haben. Auf der Basis von Carrés Boulevardstück und mit dessen Einverständnis verfaßte Barbier das Textbuch zunächst allein. Anregungen holte er sich darüber hinaus aus Goethes Tragödie in der Übersetzung Nervals, der er unter anderm die Walpurgisnacht entnahm, wobei er hier, aber auch an andern Stellen den Text bisweilen wörtlich entlehnte. Doch erst durch die Initiative Léon Carvalhos, des Direktors des Théâtre-Lyrique, der Gounod im Dez. 1856, anläßlich der Uraufführung von Massés *La Reine Topaze*, ebenfalls auf den Stoff ansprach, nahm das Projekt konkrete Formen an. Bereits 1856 verfügte Gounod über das Libretto, dessen erste drei Akte er bis zum März 1857 komponierte. Die Arbeit an *Faust* wurde dann für lange Zeit unterbrochen: Abgesehen von der Ablenkung durch das *Ivan le Terrible*-Projekt für die Opéra, das Gounod erst im Nov. 1857 aufgab, und einer psychischen Erkrankung im Okt. 1857 war der entscheidende Grund, daß Marc Jean Louis Fournier, der Direktor des Théâtre de la porte Saint-Martin, im Febr. 1857 ankündigte, ein Faust-Drama von Adolphe Dennery mit der Schauspielmusik von Amédée Artus aufführen zu wollen. Carvalho verschob daraufhin das Projekt und beauftragte Gounod mit dem *Médecin malgré lui* (1858), den er noch vor seiner Erkrankung abschloß. Obwohl sich Fourniers Aufführung verzögerte (sie fand erst im Sept. 1858 statt), setzte Carvalho den Premierentermin für Nov. 1858 fest. Im April 1858 nahm sich Gounod der Partitur wieder an, komponierte daran intensiv während seines Sommeraufenthalts in der Schweiz und muß das Werk im Sept. abgeschlossen haben, denn die Proben begannen Anfang Okt. 1858. Zu diesem Zeitpunkt stand bereits fest, daß Caroline Carvalho die Marguerite anstelle der zunächst vorgesehenen Delphine Ugalde singen sollte. Die Uraufführung wurde erneut verschoben, da Léon Carvalho meinte, es sich nicht erlauben zu können, das Werk so unmittelbar auf Dennerys Stück folgen zu lassen. Mit seiner Angst vor der Konkurrenz des Boulevardtheaters stand er nicht allein da. Selbst Alphonse Royer, der Direktor der Opéra, hatte mit diesem Theater, dem mit einer aufwendigen Maschinerie spektakuläre Bühneneffekte gelangen, um die Gunst des Publikums zu kämpfen. Daß die Proben sich ungewöhnlich lange hinzogen und Gounod extrem belasteten, hing nicht nur mit der Verschiebung der Premiere zusammen, sondern lag vor allem darin begründet, daß die Oper in ihrer ursprünglichen Gestalt zu umfangreich war und infolgedessen radikal gekürzt werden mußte. Unter den »Strichen«, die zu Gounods Leidwesen in erster Linie Léon Carvalho bestimmte, ist als wohl größter Verlust Marguerites Wahnsinnsarie, die den V. Akt eröffnen sollte, anzusehen. Daß auch der für den 23. Febr. 1859 angesetzte Premierentermin verschoben werden mußte, lag an der schwachen Leistung des Tenors Guardi, der in letzter Minute durch Joseph Théodore Désiré Barbot ersetzt werden mußte. Mit Caroline Carvalho und Barbot sowie Mathieu Emile Balanqué als Méphistophélès fand dann im März die Premiere statt. Das Werk war von Anfang an ein Publikumserfolg. Bis 1868 wurde es allein am Théâtre-Lyrique über 300mal, häufig aber auch in der französischen Provinz und im Ausland gegeben (unter anderm deutsch 1861 in Darmstadt, Dresden und Stuttgart, italienisch 1862 in Mailand, 1863 in London an Her Majesty's Theatre und an Covent Garden, englisch 1864 an Her Majesty's Theatre und in New York). Neben zahlreichen Retuschen kristallisierte sich im Lauf dieser Jahre als entscheidende Änderung das Ersetzen der gesprochenen Dialoge durch Rezitative heraus, wie dies vermutlich erstmals im April 1860 in Straßburg praktiziert wurde. 1864, für die zweite Aufführungsserie am Her Majesty's Theatre, komponierte Gounod für Charles Santley die Arie »Even the bravest heart may swell«, die in der französischen Version von Onésine Pradère-Niquet (»Avant de quitter ces lieux«), wenn auch nicht in den folgenden Jahren in Paris, große Popularität gewann. Als Carvalho 1868 mit dem Théâtre-Lyrique Bankrott machte, war Gounod gezwungen, das Werk der Opéra anzubieten. Im Aug. 1868 erwarb ihr Direktor Emile Perrin von Carvalho die Rechte und das Aufführungsmaterial und beauftragte Gounod, die Ballettmusik für die Walpurgisnacht und ein neues Couplet Méphistophélès' für den IV. Akt zu komponieren, eine Arbeit, die er im Nov. abschloß. In dieser Form, mit neuen Bühnendekorationen von Edouard Désiré Joseph Despléchin, Charles-Antoine Cambon, Auguste-Alfred Rubé und Philippe Chaperon sowie dem von Henri Justamant choreographierten Ballett kam das Werk im März 1869 zur Uraufführung.

**Handlung:** In Deutschland, 16. Jahrhundert.

I. Akt, Fausts Studierzimmer: Faust sinniert über sein verfehltes Leben und will ihm mit einem Gifttrank ein Ende setzen. Im Begriff, den Kelch an die Lippen zu führen, hört er aus der Ferne Stimmen junger Mädchen und Bauern, die den Freuden ihrer Existenz Ausdruck geben, verflucht das Glück und die Wissenschaft und ruft Satan. Um den Preis, daß er Méphistophélès seine Seele verschreibt, will dieser ihm die Jugend zurückgeben. Bevor Faust den Vertrag unterschreibt, erscheint als Vision die am Spinnrad sitzende Marguerite. Faust leert den ihm von Méphistophélès angebotenen Kelch und verwandelt sich in einen jungen Mann. Er erhält das Versprechen, das Mädchen noch heute wiederzusehen.

II. Akt, Stadttor, links die Schenke »Zum Bacchus«: Die Bürger, unter ihnen Wagner und seine Studenten, feiern Kirmes. Siébel verspricht Valentin, der in den Krieg ziehen muß, seine Schwester Marguerite zu beschützen. Méphistophélès bietet den Umstehenden Wein an und trinkt auf das Wohl Marguerites. Dies fordert Valentin so heraus, daß er auf Méphistophélès mit seinem Degen losgeht. Als die Waffe zerbricht, zeichnet er zum Schutz vor Satan mit der Klinge ein Kreuz. Das Fest nimmt mit Walzertanz seinen Fortgang. Faust hat sich dazugesellt und bittet Méphistophélès, ihn zu Marguerite zu führen. Er bietet ihr seinen Arm an, doch sie weist ihn zurück.

III. Akt, Marguerites Garten, links ein Wäldchen, rechts ein Pavillon: Faust und Méphistophélès beobachten aus dem Verborgenen, wie Siébel, der Marguerite heimlich liebt, einen Blumenstrauß vor die Tür legt. Während Faust die Atmosphäre des einfachen und stillen Hauses auf sich wirken läßt, besorgt Méphistophélès ein Schmuckkästchen, das er neben den Blumenstrauß stellt. Als die beiden sich entfernt haben, erscheint Marguerite, setzt sich an ihr Spinnrad und singt die Ballade vom König in Thule. Sie entdeckt die Gaben und schmückt sich, wenn auch zögernd, mit den Pretiosen. Méphistophélès und Faust kehren zurück. Während Méphistophélès mit der Nachbarin Marthe im Garten spazierengeht, kommen Faust und Marguerite sich näher. Er gesteht ihr seine Liebe. Von unerklärlicher Angst erfüllt, bittet sie ihn, der die Nacht bei ihr bleiben will, fortzugehen und vertröstet ihn auf den nächsten Tag, ruft ihn jedoch zurück, als er sich entfernt. Höhnisch lachend verläßt Méphistophélès den Garten.

IV. Akt, 1. Bild, Marguerites Zimmer: Verlassen von Faust und abgewiesen von ihren Gefährtinnen, beklagt Marguerite ihr Los. Siébel tröstet sie und bietet

*Faust*, II. Akt; Illustration nach dem Bühnenbild von Philippe Chaperon und Auguste-Alfred Rubé; Uraufführung der 2. Fassung, Opéra, Paris 1869.

ihr seine Hilfe an. 2. Bild, Kirche: Marguerite will Gott um Vergebung bitten. Dies wird ihr jedoch versagt, als Stimmen aus der Ferne sie mit Namen rufen. Méphistophélès erscheint hinter einer Säule und flüstert ihr ins Ohr, nicht mehr erwählt, sondern verdammt zu sein. Der nun anhebende religiöse Gesang steigert noch ihre Verwirrung. Sie betet dennoch zu Gott, wird von Méphistophélès verflucht und bricht ohnmächtig zusammen. 3. Bild, Straße, links Marguerites Haus: Die Soldaten, mit ihnen Valentin, sind zurückgekehrt. Beunruhigt über Siébels merkwürdiges Verhalten, betritt Valentin das Haus seiner Schwester. Faust, der mit Méphistophélès die Straße passiert, fürchtet sich vor einem Wiedersehen mit der Verlassenen. Um sie aus dem Haus zu locken, singt Méphistophélès wie zum Hohn ein Liebesständchen, wobei er sich auf der Gitarre begleitet. An Marguerites Statt erscheint jedoch Valentin, zerschlägt die Gitarre und fordert zum Duell. Faust, der als erster den Degen zieht, geht, unsichtbar gelenkt von Méphistophélès, als Sieger hervor. Tödlich verwundet, verflucht Valentin Marguerite und stirbt.

V. Akt, 1. Bild, im Harz: Méphistophélès führt Faust in sein Reich und läßt einen goldenen Palast erscheinen, in dem an einem Tisch Königinnen und Kurtisanen der Antike sitzen, die ihn zu verführen suchen. 2. Bild, Brockental: Als Faust in einer Vision Marguerite erblickt, fordert er Méphistophélès auf, ihn zu ihr zu bringen. Gemeinsam bahnen sie sich den Weg durch die tanzenden Hexen. 3. Bild, Gefängnis: Faust will Marguerite, die in geistiger Verwirrung zur Kindsmörderin geworden ist, aus dem Gefängnis befreien. Marguerite vermag sich seiner zu erinnern, ihm jedoch nicht zu folgen. Sie erkennt in Méphistophélès den Teufel und betet zu Gott, als Faust und Méphistophélès zur Flucht drängen. Sie stirbt. Dem »Verdammt« Méphistophélès' halten die Engel ihr »Gerettet« entgegen und geleiten Marguerite in den Himmel.

**Kommentar:** Es ist ohne Zweifel verfehlt, dies aus einem Boulevardstück hervorgegangene und für eine Volksbühne, was das Théâtre-Lyrique im Unterschied zur Opéra war, konzipierte Werk mit Goethes Tragödie zu vergleichen. Barbier und Carré trachteten allein danach, für eine Liebesgeschichte einen spektakulären Rahmen zu finden, und suchten ihren Stoff in der Weltliteratur, wie das in der Librettistik von Anfang an üblich war. Daß man dabei die Lebensproblematik Fausts auf den Aspekt reduzierte, sich mit dem Alter nicht abfinden zu können, und die Dämonie Mephistopheles' auf den Hang, Verwirrung zu stiften, daß mithin beide Charaktere um ihre metaphysische Dimension gebracht wurden, konnte nur jene verstören, die in der Oper Goethe wiedererkennen wollten, was dem damaligen französischen Publikum gewiß fernlag. Wenn sich der Vergleich mit Goethe dennoch aufdrängt, und sei es auch nur in dem Sinn, daß mit dem Werk etwas angestrebt wurde, was nicht eingelöst werden konnte, dann mag das mit der Unentschiedenheit zusammenhängen, mit der sich Gounod, aber auch schon Barbier und Carré dem Stück zuwandten.

Sei es, um bühnenwirksame Tableaus zu schaffen, sei es, vor allem seitens Gounods, um doch noch etwas von der großen Literatur, der er sich so verbunden fühlte, in das Werk hineinzutragen, übernahm man, abweichend von Carrés Schauspiel, aus der Tragödie Elemente (Kirchenszene, Walpurgisnacht, Gefängnisszene und himmlische Rettung), die sich mit Carrés Plot nur schwer vereinbaren ließen. Dies Problem ist darüber hinaus eng mit einem weiteren, die musikalische Gattung betreffenden verbunden. Zwar hatte sich die Opéra-comique der Grand opéra gegenüber geöffnet und mit dem Drame-lyrique eine Opernform hervorgebracht, die eine Art Mischgattung darstellt, jedoch wurden viele Traditionen beibehalten. Hierzu zählen die »dugazons«, Personen, die dramaturgisch wichtig sind, musikalisch jedoch kein Profil erhalten. In *Faust* sind dies Siébel und Valentin, Fausts und Méphistophélès' Gegenspieler, die mit nur einer Arie (»Faites-lui mes aveux«) beziehungsweise überhaupt keiner Solonummer vertreten sind (die Einfügung von Valentins »Avant de quitter ces lieux« erfolgte aus Gründen der Bühnenpraxis, nicht aus Gounods künstlerischer Intention) und auch in den Ensembles nicht individuell hervortreten. Hierzu zählen aber auch die Couplets, strophische Gesänge, die eher den Charakter von Einlagen haben, als daß sie musikdramaturgisch relevant sind. Dies Problem betrifft vor allem Méphistophélès, den Antipoden, von dem auch in der Oper, freilich auf einer andern Ebene, das Schicksal Fausts und Marguerites abhängt. Seine drei Solonummern, das »Ronde du veau d'or«, die Serenade »Vous qui faites l'endormie« und das Couplet »Minuit! minuit«, gehen aus der Handlungssituation hervor und prägen nicht die Dramatis persona. Diese Verankerung des Werks in der Tradition der Opéra-comique wäre kein Problem, gäbe es nicht den III. Akt und die Walpurgisnacht, musikalische Komplexe, die nicht nur über die Opéra-comique hinausweisen, sondern sich mit ihr reiben. Könnte bei der Walpurgisnacht noch dahin gehend argumentiert werden, daß sie, vor allem durch das ausgedehnte Ballett, erst für die 2. Fassung diese Dimension erhalten hat und ursprünglich anders konzipiert war, so nicht beim III. Akt, der in jeder Hinsicht das Kernstück der Oper darstellt. Das gilt nicht nur dramatisch, insofern als sich hier die Liebeshandlung entfaltet, sondern auch musikalisch, insofern als Fausts Kavatine »Salut! demeure chaste et pure«, Marguerites Lied »Il était un roi de Thulé«, ihre Arie »Ah! je ris, de me voir«, das Quartett »Prenez mon bras« und das Duett Marguerite/Faust »Il se fait tard« einen Komplex bilden, wie er der Opéra-comique fremd war. Dies ist nicht allein eine Frage der Dramaturgie und der Formdisposition, sondern betrifft vor allem die musikalische Faktur, die den Geschmack der Zeit so exakt traf: jene an den Sprachgestus angelehnte, in ein scheinpolyphones Gefüge der Nebenstimmen eingebettete Melodik, verbunden mit einem über die Instrumentation erzielten Mischklang. Hier auch ist ein über die Einzelnummern hinausgreifende Disposition zu erkennen, indem über das Zitat der Marguerite-Vision (I. Akt) im Duett

(»O nuit d'amour«) sowie über das Kavatinenzitat (Reprise des 1. Teils) an dessen Schluß (»Divine pureté«) ein musikdramaturgischer Zusammenhang zwischen erster Begegnung, Wiederbegegnung und Liebesgeständnis erstellt wird. Zumindest auf diesen III. Akt trifft der Einwand von Gounods Zeitgenossen und seinen späteren Kritikern nicht zu, er habe keine große melodische Erfindungskraft und wenig Sinn für dramatisches Komponieren besessen. Die Problematik des Werks liegt weniger in Gounods kompositorischen Fähigkeiten als in der Krise der Gattung begründet, die jenes Mixtum compositum aus Musik von Rang und Anspruch (III. Akt) und routiniert gefertigten Stücken, die ganz andern Intentionen folgen (»Ronde du veau d'or«, Walzer und Chor »Ainsi que la brise légère«), ermöglichte. Unbeschadet dieses ästhetischen Mangels, den des Zeitgenossen ebenso erkannten (nur anders begründeten), wie er heute wahrgenommen wird, wurde *Faust* zu einem der meistgespielten Werke der Opernliteratur. Das belegt nicht allein die Unabhängigkeit des Publikumserfolgs von akademischen Erwägungen, das belegt vor allem die Schlagkraft zahlreicher Nummern der Partitur, die bis heute nicht ihre Faszination einbüßten.

**Wirkung:** An den großen Erfolg, der bereits der 1. Fassung beschieden war, konnte die Opéra nicht nur anknüpfen, sondern ihn noch vergrößern. Die mit Christine Nilsson (Marguerite), Colin (Faust) und Jean-Baptiste Faure (Méphistophélès) uraufgeführte Fassung war nun die verbindliche, die ältere (mit gesprochenen Dialogen) wurde an der Opéra nur noch 1932 auf Initiative Henri Bussers einstudiert, nach wenigen Reprisen jedoch wieder durch die neuere ersetzt. Bis in die heutige Zeit wurde *Faust* an der Opéra, mit allein sechs Inszenierungen in der Salle Garnier (1875, 1893, 1908, 1934, 1956, 1975), nahezu 3000mal aufgeführt und ist mit großem Abstand das in diesem Haus meistgespielte Werk. Nach dem Niederbrand der Salle de la rue Le Peletier 1873 wurde *Faust* 1874 in der Salle Ventadour (Adelina Patti als Marguerite) gegeben und kam 1875 erstmals in der Salle Garnier zur Aufführung (Carvalho, Edmond Alphonse Léon Vergnet, Pierre Gailhard). Unter den zahlreichen bedeutenden Interpreten an der Opéra sind außer den schon genannten Hariclea Darclée (1888), Emma Eames (1889), Nellie Melba (1890), Geraldine Farrar (1905), Mary Garden (1908), Yvonne Gall (1908), Germaine Lubin (1916), Fanny Heldy (1921), Marise Beaujon (1924), Eidé Norena (1929), Géori Boué (1942), Victoria de los Angeles (1949), Régine Crespin (1952), Suzanne Sarroca (1961) und Mirella Freni (1975) als Marguerite hervorzuheben, Jean de Reszke (1887), Albert-Raymond Alvarez (1892), Auguste Affre (1896), Lucien Muratore (1906), Paul Franz (1909), Georges Thill (1924), Raoul Jobin (1931), Giacomo Lauri-Volpi (1935), Georges Noré (1938), Giuseppe Di Stefano (1954), Nicolai Gedda (1961) und Alain Vanzo (1964) als Faust sowie Jacques Bouhy (1871), Victor Maurel (1880), Pol Plançon (1883), Edouard de Reszke (1885), Jean-François Delmas (1886), Marcel Journet (1909), Alexander Kipnis (1930) und Nicolai Ghiaurov (1958) als Méphistophélès. Eine der Opéra vergleichbare Aufführungstradition gab es an Covent Garden London und an der Metropolitan Opera New York. Bis zum ersten Weltkrieg wurde *Faust* in London alljährlich (mit Ausnahme von 1912 und 1914) gegeben, zunächst häufig mit Patti, dann mit Eames, Melba und Selma Kurz als Marguerite, mit Mario, Jean de Reszke und Alvarez als Faust sowie Edouard de Reszke, Plançon und später Fjodor Schaljapin als Méphistophélès. 1974 wurde das Werk an Covent Garden mit Kiri Te Kanawa (Marguerite), Stuart Burrows (Faust) und Norman Treigle (Méphistophélès) erstmals wieder einstudiert. In New York kam *Faust* bis in die 60er Jahre kontinuierlich auf den Spielplan, zuerst 1883 (Nilsson, Italo Campanini, Franco Novara), dann mit allen bedeutenden Interpreten der Zeit (Lilli Lehmann, Eames, Melba, Farrar, Elisabeth Rethberg, Angeles, Hilde Güden, Elisabeth Söderström, Montserrat Caballé und Freni als Marguerite; Jean de Reszke, Enrico Caruso, Thill, Jussi Björling, Di Stefano, Gedda und Gianni Raimondi als Faust; Edouard de Reszke, Plançon, Schaljapin, Cesare Siepi und Ghiaurov als Méphistophélès). Ohne Frage haben diese drei Häuser am nachhaltigsten die Rezeption des Werks geprägt. Darüber hinaus wurde *Faust* in der ganzen Welt gespielt, am wenigsten möglicherweise in

*Faust*, III. Akt; Constance Nantier-Didiée als Marthe, Jean-Baptiste Faure als Méphistophélès, Adelina Patti als Marguerite, Mario als Faust; Covent Garden, London 1864. – Die als ideal empfundene Besetzung der Hauptpartien mit den Spitzensängern der damaligen Zeit begründete den legendären Erfolg des Werks an diesem Haus.

Deutschland. Als weitere bedeutende Interpreten der Hauptrollen sind summarisch noch Elisabeth Schwarzkopf, Lisa della Casa, Renata Tebaldi, Wilma Lipp, Renata Scotto, Joan Sutherland, Beverly Sills, Pilar Lorengar, Teresa Zylis-Gara, Raina Kabaiwanska, Edda Moser und Julia Varady (Marguerite), Plácido Domingo, Alfredo Kraus, Giacomo Aragall und Franco Bonisolli (Faust) sowie Boris Christoff, Ezio Pinza, Nicola Rossi-Lemeni, Giorgio Tozzi, George London, Samuel Ramey und Ruggero Raimondi (Méphistophélès) zu nennen. Seit den 60er Jahren stieß *Faust* zunehmend auf das Interesse bedeutender Regisseure, die in interpretierender Auseinandersetzung mit dem Werk unkonventionelle Inszenierungskonzepte entwarfen. Jean-Louis Barrault (Metropolitan Opera 1964, Wiederaufnahmen außerhalb New Yorks an der Scala Mailand 1966 und an der Oper Rom 1972) verlieh dem Ausstattungsstück, als das es bis dahin auf die Bühne gebracht wurde, Züge einer Tragödie. Ladislav Stros (Warschau 1966) verlegte die Handlung wohl erstmals vom 16. Jahrhundert in die Zeit des Second Empire. Hierin folgte ihm Luca Ronconi (Bologna 1975, Genf 1980, mit den Bühnenbildern der Inszenierung von 1975), der die Walpurgisnacht als Fest der Pariser Halbwelt gestaltete. In dem von Max Bignens entworfenen Einheitsbühnenbild, einer Konstruktion aus Glas und Eisen im Stil funktionaler Architektur, interpretierte Jorge Lavelli (Paris 1975, Wiederaufnahmen außerhalb von Paris 1977 in New York und Washington, 1984 in Bonn) das Stück als romantisches und soziales Drama. Faust und Méphistophélès sah er als eine einzige Figur, als zwei Seiten einer gespaltenen Persönlichkeit. In Deutschland erhielt die Rezeption neue Impulse durch die kritische Edition von Fritz Oeser, nach der das Werk erstmals 1976 in Leipzig einstudiert wurde. Hieran schlossen sich Aufführungen in Ost-Berlin, Augsburg und Zwickau 1977, Kassel 1978, Nürnberg 1979, Karlsruhe und Salzburg 1980 sowie an zahlreichen andern Bühnen an. Unter den neueren Inszenierungen sind außerdem Pier Luigi Pizzis für die Staatsoper München (1980), Ken Russells für die Staatsoper Wien (1985) und Otto Schenks für die Staatsoper Hamburg (1985) hervorzuheben.

**Autograph:** Part: BN Paris (Ms. 17724 [1]); Fragmente: ebd. (Ms. 17724 [2]); Stiftelsen Musikkulturens främjande Stockholm. **Ausgaben:** Part: Choudens, Nr. A. C. 675; Calman-Lévy, Paris 1890; Part, frz./dt. Übers. v. J. Behr, mit BallettM v. L. Schindelmeisser: B&B [1864], Nachdr. Kalmus, Miami; Part, engl. Übers. v. H. Chorley, hrsg. C. Lucas: Chappell 1900; Part, frz./engl.: Mapleson, NY [1943]; Kl.A ohne Rezitative, hrsg. L. Delibes: Choudens [1859], Nr. A. C. 664; Kl.A: Choudens [1860], Nr. A. C. 664; Kl.A, frz./dt. Übers. v. J. Behr: B&B [um 1895], Nr. 9309; Kl.A, ital./engl. Übers. v. H. Chorley, hrsg. A. Sullivan: Bo&Ha; Kl.A mit BallettM, ital./engl. Übers. v. H. Chorley, hrsg. E. F. Rimbault: Chappell [um 1870], Nr. 12234; Kl.A mit BallettM v. L. Delibes, frz./engl. Übers. v. H. Chorley, hrsg. T. Baker: Schirmer [1902], Nr. 16100; Kl.A, ital. Übers. v. A. de Lauzières u.d.T. *Fausto*: Choudens; Lucca, Mailand, Nr. 13851-76; Kl.A, frz./dt. Übers. v. W. Zimmer u.d.T. *Margarete*, hrsg. F. Oeser: Henschel-Vlg./Alkor [1972],

*Faust*, IV. Akt; Regie: Jorge Lavelli, Ausstattung: Max Bignens; Opéra, Paris 1975. – Der Kontrast zwischen dem deplorablen Erscheinungsbild der heimkehrenden Soldaten und ihrem patriotischen Gesang sollte als Brechung des Heroismus auf die Brutalität des Kriegs verweisen.

Nr. AE 133; Textb. mit Dialogen: Paris, Calman-Lévy [1859], 1866; Textb., ital. v. A. de Lauzières: Mailand, Lucca; Textb., dt. v. J. Behr: B&B. **Aufführungsmaterial:** Choudens, B&B, Henschel-Vlg./Alkor
**Literatur:** A. D. MICHELS, G.s ›Faust‹. Offener Brief an F. Liszt, in: NZfM, 1.4.1859, S. 155–157; J. B. BARNHILL, G.'s Opera ›Faust‹: a Plea for the Lyric Drama, London 1894; F. BURGESS, G.'s ›Faust‹, London 1905; A. SOUBIES, H. DE CURZON, Documents inédits sur le ›Faust‹ de G., Paris 1912; C. SAINT-SAËNS, The Manuscript Libretto of ›Faust‹, in: MT 1921, S. 553–557; P. LANDORMY, ›Faust‹ de G., Paris 1922; L'Avant-scène, Opéra, Nr. 2, Paris 1976; T. J. WALSH, Second Empire Opera, The Théâtre Lyrique, Paris 1851–1870, London, NY 1981, S. 96ff. u. passim; weitere Lit. s. S. 517

*Sabine Henze-Döhring*

## Philémon et Baucis
Opéra en trois actes

### Philemon und Baucis
3 Akte

**Text:** Jules Paul Barbier und Michel Florentin Carré
**Uraufführung:** 1. Fassung: 18. Febr. 1860, Théâtre-Lyrique, Paris (hier behandelt); 2. Fassung als Opéra-comique in 2 Akten: 16. Mai 1876, Opéra-Comique, Salle Favart, Paris
**Personen:** Philémon/Philemon (T); Baucis (S); Jupiter (Bar); Vulcain/Vulkan (Buffo); eine Bacchantin (S). **Chor, Ballett:** Bacchantinnen, Korybanten, junge Leute
**Orchester:** 2 Fl, 2 Ob, 2 Klar, 2 Fg, 4 Hr, Trp, Piston, 3 Pos, Pkn, Schl (Trg, gr.Tr, Amboß), Hrf, Streicher; BühnenM: Picc, Fl, 2 Ob, 2 Hrf, Schl (Trg, Tambour de basque), Kl 4händig
**Aufführung:** Dauer ca. 2 Std. – Ballett im II. Akt. Die Bacchantin entfällt in der 2. Fassung, die Chorpartie ist wesentlich kleiner und hinter der Bühne zu singen. Ungewöhnlich und reizvoll ist der Gebrauch des Klaviers in der Instrumentation des Bacchantenchors (Nr. 2 und 12).

**Entstehung:** *Philémon et Baucis* wurde von dem Baden-Badener Kurdirektor Edouard Bénazet in Auftrag gegeben und war ursprünglich, wie Gounod im Jan. 1859 an Georges Bizet schrieb, als zweiaktige Opéra-comique geplant. Eine Uraufführung in Baden-Baden kam jedoch, vermutlich aus politischen Gründen, nicht zustande. Vielmehr tauschte das Théâtre-Lyrique mit Baden-Baden einen eigenen Auftrag an Gounod (*La Colombe*, Baden-Baden 1860) gegen *Philémon et Baucis* ein. Aus diesem Wechsel der Uraufführungsbühnen resultierten zahlreiche Änderungen der Konzeption: Wohl auf Drängen Léon Carvalhos, des Direktors des Théâtre-Lyrique, wurde das Werk auf drei Akte (mit einem neuen Mittelakt) erweitert. Im Verlauf der Proben wurden dann auch die Außenakte noch mit Solonummern angereichert, vor allem um die Partie der Baucis für Caroline Carvalho (der das Werk gewidmet ist) effektvoller und virtuoser zu gestalten. Unklar ist bis heute, ob das Werk mit gesprochenen Dialogen aufgeführt wurde oder doch mit Rezitativen, wie sie die Statuten des Théâtre-Lyrique vorschrieben.

**Handlung:** In Phrygien, mythische Zeit.
I. Akt, Hütte von Philémon und Baucis: Das betagte Ehepaar kann sich ohne Wehmut seiner Jugend erinnern; ihre Liebe, so gestehen sie einander, ist nicht mit ihnen gealtert. Als draußen ekstatische Gesänge von Bacchantinnen und Korybanten erklingen, hofft Philémon, daß Jupiter diesen ihre Gotteslästerung verzeihe. Baucis geht, das Abendessen zu bereiten, als sich ein Gewitter erhebt. Zwei Fremde erbitten Unterkunft, die Philémon gern gewährt. Die Fremden erweisen sich im unbelauschten Gespräch als Jupiter und der mißmutige Vulcain, der sich in seine Schmiede zurücksehnt und von Jupiter damit aufgezogen wird, daß seine Gemahlin Venus ihm mit Merkur untreu wurde. Sie sind hierhergekommen, um sich von der Frömmigkeit der Bevölkerung zu überzeugen, aber mit Ausnahme dieser Hütte haben sie nicht einmal Gastfreundschaft angetroffen. Baucis' Bescheidenheit und ihre beständige Liebe zu Philémon, für den sie gern eine junge Geliebte wäre, finden Jupiters Wohlgefallen. Daß er das aufgetragene Wasser voreilig in Wein verwandelt, muß er damit erklären, daß er ein Sendbote der Götter sei, um die gottlosen Nachbarn zu bestrafen. Er versetzt das Paar in Schlaf und verspricht ihm ein gesegnetes Erwachen.
II. Akt, Tempel: Die sittenlosen Nachbarn haben die heilige Stätte entweiht und feiern hier ihre Orgien. Obwohl sie von Trunkenheit erschöpft sind, bringt eine Bacchantin sie dazu, das Gelage fortzusetzen. Vulcain mahnt sie, die Götter zu respektieren, doch sie erklären, der freie Mensch sei Herr der Welt. Jupiter läßt den Tempel in Feuer und Flammen aufgehen und die Frevler darin umkommen.
III. Akt, Palast: Baucis erwacht und wird gewahr, daß ihr und Philémon die Jugend wiedergeschenkt ist und ihre Hütte sich in einen Palast verwandelt hat. Philé-

*Philémon et Baucis*, II. Akt; Illustration nach dem Bühnenbild von Charles-Antoine Cambon und Joseph François Désiré Thierry; Uraufführung, Théâtre-Lyrique, Paris 1860. – Vorbild dieser Dekoration war das von Paolo Veronese inspirierte kolossale Historiengemälde »Römer der Verfallszeit« von Thomas Couture, das im Pariser Salon 1847 wegen seines ungewohnten Ausmaßes Aufsehen erregte.

mon erkennt Baucis zunächst nicht wieder, woraufhin sie die Spröde spielt und davonläuft. Jupiter wird sich ihrer Schönheit bewußt und will sie verführen; Vulcain soll Philémon ablenken. Jupiters Plan scheint zu gelingen; jedenfalls gewährt Baucis ihm einen Kuß, als sie seine Identität erfährt. Aber Vulcain spielt Jupiter einen Streich und bringt Philémon vorzeitig zurück, so daß dieser sich fast am Göttervater vergreift. Ein Streit zwischen den Eheleuten läßt Baucis erkennen, wie unauslöschbar ihre Liebe zu Philémon ist. Nun verspricht sie Jupiter, ihm ihre Gunst zu gewähren, wenn er ihr zuvor einen Wunsch erfülle. Leichtfertig geht Jupiter darauf ein und muß nun erfahren, daß er sie wieder alt machen solle, was ihm die Liebe gänzlich verleidet. Er verzichtet auf Baucis, läßt sie aber jung.

**Kommentar:** Die von Ovid in seinen *Metamorphosen* (um 5 n. Chr.) klassisch geprägte Sage hatte durch Jean de La Fontaine ihre in Frankreich vorbildliche Fassung erhalten. Als eine Verbeugung vor La Fontaine kann man es überdies ansehen, daß die Librettisten im I. Akt Baucis eine Paraphrase der Fabel von Stadtmaus und Landmaus in den Mund legen. Das Libretto enthält viele feine ironische Details, aber auch Widersprüche, die bereits den Kritikern der Uraufführung auffielen: Daß Jupiter zunächst als rächender, würdiger Göttervater auftritt, am Ende aber als Frauenheld düpiert wird; daß der Materialismus der Bacchanten bestraft wird, das Happy-End im Gegensatz zur Sage (Philemon und Baucis werden zu Tempelhütern und nach ihrem Tod in heilige Bäume verwandelt) aber ein materialistisches ist. Der Rückgriff auf die Mythologie war damals im Pariser Theater kaum mehr üblich. Als direkte Vorgänger lassen sich nur Massés *Galathée* (1852) und Offenbachs sensationell erfolgreicher *Orphée aux enfers* (1858) anführen. (Offenbachs zweite Antikenparodie, *Daphnis et Chloé*, kam Wochen später heraus.) Hier bieten sich auch die Vorbilder für die ironische Abwandlung der Sage. Musikalisch fand das antike Sujet eine Entsprechung höchstens in den pikant kolorierten Chören, deren Exotismus freilich eher provenzalisch klingt wie überhaupt der häufige Gebrauch von Musette- und Tamburineffekten. Insgesamt hat man den Eindruck einer Vorwegnahme von *Mireille* (1864), etwa wenn Vulcain eher an Ourrias erinnert als an einen Gott oder eine komische Figur. Eine barockisierende Wendung beschließt nur das Duett Baucis/Jupiter im III. Akt, obwohl sich eine solche Stilparodie angesichts des Librettos angeboten hätte. Das altjunge Liebespaar äußert sich in einem »zeitlos« bukolischen Stil voller Anmut und Reiz. Jupiter kann sich auch im Finale des II. Akts nicht in göttlicher Größe darstellen, die von ihm ausgelöste Katastrophe äußert sich musikalisch als Theaterdonner. Dies um so mehr, als der II. Akt dramaturgisch aufgepappt wurde und auch so wirkt. Hinzu kommt, daß die eigentliche Handlung kaum mehr als einen Einakter trägt und der Reiz des Werks in seinen (naturgemäß spannungslosen) Zustandsschilderungen liegt. Ganz ohne Zweifel ist die 2. Fassung ohne den opernhaften Mittelakt, die ja auch den ursprünglichen Intentionen entspricht, weitaus glücklicher und in sich geschlossener. Die scheinbar schlichten Melodien und die trotz einiger Zugeständnisse an sängerische Virtuosität formal klare Struktur kennzeichnen die Idylle. Erst bei näherem Hinsehen erweist sich die kompositorische Naivität als eine scheinbare, denn besonders die Duette sind keineswegs stereotyp, sondern durchaus facettenreich und kunstvoll durchgestaltet.

**Wirkung:** Obwohl Carvalho eine verschwenderische Ausstattung genehmigte und die Besetzung keine Wünsche offenließ (Carvalho und Charles Bataille als Jupiter), kam es nur zu 13 Aufführungen. Ohne Resonanz blieben auch die Brüsseler (1862) und Antwerpener (1863) Inszenierung. Eine für 1866 geplante Reprise am Théâtre-Lyrique kam nicht zustande. Erst 1931 wurde die Oper dort wiederaufgenommen. Zur Bereicherung des Repertoires wurde das Werk erst, als die Opéra-Comique die 2. Fassung herausbrachte (mit Marguerite Chapuy). Bis zum zweiten Weltkrieg stand *Philémon et Baucis* dort 240mal auf dem Spielplan, zuletzt 1940 mit Odette Turba-Rabier und Mario Altéry (Dirigent: Roger Désormière). 1878 wurde an der Wiener Hofoper die 1. Fassung in deutscher Übersetzung von Julius Hopp gezeigt (mit Kürzungen im III. Akt). Trotz Übersetzungen ins Schwedische (Stockholm 1879), Tschechische (Prag 1892; dort zuerst auf deutsch 1882), Ungarische (Budapest 1880), Spanische (Madrid 1883) und Englische (Liverpool 1888, London 1894) kam es nirgendwo zu einem Durchbruch. Bemerkenswert ist eine gestiegene Beliebtheit in Frankreich während der 20er und 30er Jahre, als die Neoklassizisten in Gounod ein Vorbild sahen: So gab es unter anderm Inszenierungen in Monte Carlo 1924 in einer Produktion von Sergei Diaghilew (mit nachkomponierten Rezitativen von Georges Auric) und 1930 in Aix-les-Bains. 1957 produzierte Radiotelevisione Italiana Mailand eine Aufnahme in italienischer Sprache, die der leicht gekürzten 1. Fassung (mit Rezitativen) folgt (Renata Scotto und Alvinio Misciano; Dirigent: Nino Sanzogno).

**Autograph:** Stiftelsen Musikkulturens främjande Stockholm.
**Ausgaben:** Kl.A, 1. Fassung: Choudens 1860, Nr. 703; Kl.A, 2. Fassung: Choudens; Textb., 1. Fassung: Lévy Frères, Paris 1860; Textb., 2. Fassung: Calman-Lévy, Paris. **Aufführungsmaterial:** Choudens
**Literatur:** E. HANSLICK, Musikalische Stationen. Der modernen Oper 2. Teil, Bln. 1885, Nachdr. Farnborough 1971, S. 131 ff.; weitere Lit. s. S. 517

*Josef Heinzelmann*

## La Reine de Saba
### Grand opéra en cinq actes

### Die Königin von Saba
5 Akte (6 Bilder)

**Text:** Jules Paul Barbier und Michel Florentin Carré, nach *Les Nuits du Ramazan* (1850) aus *Voyage en*

*Orient. Scènes de la vie orientale* von Gérard de Nerval (eigtl. Gérard Labrunie)
**Uraufführung:** 1. Fassung in 4 Akten: 28. Febr. 1862, Opéra, Salle de la rue Le Peletier, Paris; 2. Fassung: 5. Dez. 1862, Théâtre de la Monnaie, Brüssel (hier behandelt)
**Personen:** Balkis, Königin von Saba (S); Benoni, Adonirams Lehrling (S); Sarahil, Balkis' Amme (Mez); Adoniram, Solimans Bildhauer und Baumeister (T); Soliman, König der Israeliter (B); Amrou (T), Phanor (Bar) und Méthousaël (B), Andonirams Arbeiter; Sadoc, Hoherpriester (B); Tubalkaïn (stumme R). **Chor:** Volk, Jüdinnen, Sabatäerinnen, Arbeiter, Sklavinnen. **Ballett:** Jüdinnen, Sabatäerinnen
**Orchester:** Picc, 2 Fl, 2 Ob (2. auch E.H), 2 Klar, 4 Fg, 4 Hr, 2 Trp, 2 Pistons, 3 Pos, Ophikleide, Pkn, Schl (Bck, gr.Tr, Tamtam, Trg), 4 Hrf, Streicher
**Aufführung:** Dauer ca. 4 Std. – Ballett im III. Akt. In der Gußszene (II/I) erfordert der Vulkanausbruch besonderen technischen Aufwand.

**Entstehung:** Bereits im Aug. 1860, kurz vor der Uraufführung von *La Colombe* in Baden-Baden, spricht Gounod in einem Brief an Georges Bizet von Plänen zu einer fünfaktigen Oper, der späteren *Reine de Saba*. Anfang 1861 begann er mit der Komposition, der IV. Akt war am 1. Aug. abgeschlossen, die Proben begannen bereits am 17. Okt. 1861. Kürzungen und Änderungen während der Probenzeit gingen weit über das normale Maß hinaus, weil sich herausstellte, daß das Werk selbst für eine Grand opéra zu lang war. Mitte Febr. 1862 wurde die für den Handlungsverlauf wichtige, vom theatralischen Effekt und von der musikalischen Konzeption her zentrale Gußszene (II. Akt) vermutlich aus Gründen der Brandgefahr gestrichen. Dagegen blieb der Vorschlag Barbiers, Teile der umfangreichen Ballettmusik (zwölf Nummern, die bei der Uraufführung etwa 45 Minuten gedauert haben müssen) zu streichen, wegen des erbitterten Widerstands des Choreographen Lucien Petipa unberücksichtigt.
**Handlung:** In Jerusalem, 10. Jahrhundert v. Chr.
I. Akt, 1. Bild, Adonirams Werkstatt: Der an seinen schöpferischen Fähigkeiten verzweifelnde Adoniram beschwört Tubalkaïn, seinen göttlichen Ahnherrn, um Hilfe für sein neuestes Projekt: Ein monumentales Bronzegefäß soll für König Soliman gegossen werden. Sein Lehrling Benoni kommt mit der Nachricht, daß die Ankunft von Balkis, der legendär schönen Königin von Saba, bevorstehe. Adoniram interessiert sich dafür nicht und will wieder an die Arbeit gehen, wird aber von drei unzufriedenen Arbeitern, Amrou, Phanor und Méthousaël, unterbrochen. Sie dringen auf eine Solderhöhung und auf die Preisgabe des Losungsworts, das den Weg zur echten Kunstfertigkeit ebnet. Adoniram lehnt ihre Bitte ab. Sadoc, der Hohepriester, beendet das Gespräch, um Adoniram zu Soliman und Balkis zu geleiten. Die Arbeiter sinnen auf Rache. 2. Bild, vor dem Tempel: Soliman und Balkis treten vor das jubelnde Volk. Balkis wird von der Herrlichkeit des Tempels so eingenommen, daß sie verlangt, den Bauherrn kennenzulernen. Während sie seine Arbeit lobt, hört Adoniram aus ihrer Stimme das mystische Echo seiner Ahnen heraus. Er fragt sie, ob sie mit seiner Arbeit zufrieden sei. Als Soliman sich wegen der zudringlichen Menschenmenge beschwert und noch hinzufügt, daß nur Gott sie zurückdrängen könne, faßt Adoniram dies so auf, daß Balkis sich vom Volk belästigt fühle. Er macht mit seiner Hand eine geheimnisvolle Bewegung in Form eines T, des Anfangsbuchstabens Tubalkaïns. Zum Unbehagen Solimans bewirkt dies Zeichen, daß sich die Menschen in ihre Zunftverbände formieren und in disziplinierten Einheiten vorbeimarschieren. Anerkennend legt Balkis ihr Kollier um Adonirams Hals.
II. Akt, Schmelzofen auf dem Berg Zion, Nacht: Während der letzten Vorbereitungen für den Guß des Gefäßes schweifen Adonirams Gedanken zur Begegnung mit Balkis zurück. Das königliche Paar trifft ein, um dem Gießvorgang zuzusehen. Soliman warnt Adoniram, daß Gott seinen Hochmut bestrafen könne. Das geschmolzene Metall wird freigelassen. Zu spät stürzt Benoni mit der Meldung herein, daß die drei Aufrührer die Arbeit sabotiert hätten. Die Gußform wird zerstört, und der Schmelzofen explodiert.
III. Akt, Zedern- und Palmenhain: Das festliche Leben am Hof setzt sich mit Tänzen fort. Balkis sinnt über ihre Gefühle zu Adoniram nach. Gemeinsam versuchen sie, ihre Lage zu klären. Durch das Fiasko des Gießens gedemütigt, hält Adoniram sich ihrer nicht mehr für würdig und wirft ihr verzweifelt das Kollier zu. Balkis aber weist auf ihren geheimnisvollen Bund und gesteht, daß sie keinerlei Gefühle für Soliman hegt. Sie erklären sich ihre Liebe. Somit wird die Wiedervereinigung zweier verwandter Abkömmlinge Tubalkaïns über den Jäger Nimrod vollzogen und eine heilige Linie fortgesetzt, die bis auf Kain, den Stammvater aller Künstler, zurückreicht. Zur Feier dieses Bunds läßt Tubalkaïn die Dschinnen die Gußform wiederherstellen und das Gefäß vollenden. Das Danklied wird von den Aufrührern belauscht. Sie wollen Soliman von den Ereignissen berichten.
IV. Akt, Saal im Palast: Die festliche Stimmung vermag Solimans Bedenken über Balkis' Absichten

*La Reine de Saba*, I. Akt, 2. Bild; Illustration nach dem Bühnenbild von Edouard Désiré Joseph Désplechin; Uraufführung der 1. Fassung, Opéra, Paris 1862.

nicht mehr zu zerstreuen. Die Aufrührer erzählen ihm vom nächtlichen Treffen. Da sie das Gießen sabotiert hatten, glaubt Soliman ihnen nicht. Adoniram bittet um Entlassung aus dem königlichen Dienst. Das Angebot Solimans, ihm das höchste Staatsamt zu geben, weist er hochmütig ab. Tief verunsichert bereitet sich der König auf ein Treffen mit Balkis vor. Sie erscheint und bittet um einen weiteren Tag Bedenkzeit, gönnt Soliman jedoch eine Stunde. Sie macht ihn betrunken, während er nun um sie kämpft. Zwischen Geständnissen seiner Liebe und Drohungen versucht er, sie mit Gewalt zu bezwingen. Ein starkes Betäubungsmittel versetzt ihn plötzlich in Schlaf. Triumphierend nimmt Balkis ihren Ring zurück und flieht.

V. Akt, Tal des Kidron: Adoniram wartet auf Balkis, um mit ihr zu fliehen. Ein Gewitter tobt. Bevor Balkis eintrifft, erscheinen die drei Aufrührer und wiederholen ihre Forderungen. Erneut weigert Adoniram sich; daraufhin wird er von ihnen ermordet. Balkis findet ihn sterbend, steckt den Ring an seinen Finger und prophezeit berauscht seine Erhebung zum Halbgott. Adoniram nimmt feierlich seinen Platz neben Tubalkaïn ein.

**Kommentar:** Gounod mußte nicht zuletzt aus Gründen der Aufführungsdauer seine Vorlage erheblich straffen, mit der Folge, daß die Motivation einiger Handlungsmomente (insbesondere das Verhältnis Balkis' zu Soliman und die Mißstimmung, die zum Scheitern der Hochzeit führt) unberücksichtigt blieb. Er glich diesen Verlust jedoch mit der Ausdrucksvielfalt der Musik und den Gestaltungsmöglichkeiten der Grand opéra aus. Die Vergegenwärtigung des dramatischen Zusammenhangs mit musikalischen und formalen Mitteln hat dann rückwirkend der Handlung eine neue Dimension erschlossen. Der Ausgangspunkt von Gounods Deutung des Stoffs ist die Vorstellung des Eingreifens einer im vitalistischen Sinn zu verstehenden, für die Sterblichen unerforschbaren und daher tückischen Lebenskraft in das Schicksal der Menschen. Für Adoniram nimmt diese Lebenskraft die personifizierte Form eines Lebensgeists, und zwar seines Künstlerahnherrn Tubalkaïn, an. Dieser ist die Quelle und der Hüter seiner Schaffenskraft, seiner Macht über die Arbeiter und seiner die Standesgrenzen überschreitenden Anziehungskraft auf Balkis. Adoniram erliegt jedoch der Versuchung, sich für unbezwingbar zu halten. Selbst als es ihm gelingt, eine Königin zu verführen, ist er immer noch nicht bereit, sein beruflich jetzt überflüssiges Geheimnis an seine Arbeiter weiterzugeben. In seinem Hochmut überschätzt er die schützende Macht seines Ahnherrn, wird fallengelassen und findet den Tod. Soliman ist gelenkt von der Lebenskraft seines Erbschicksals als Vertreter eines herrschenden Geschlechts, der davidischen Dynastie, und somit ein unlösbarer Teil seines leichtlebigen Hofs. Darüber, vor allem jedoch, weil er in ein falsches Gefühl der Sicherheit gebracht wurde, ist er in dieser Affäre gescheitert. Dies erklärt seine anfänglich fast unglaubliche Lethargie und seine Leichtgläubigkeit, wenn er vor Balkis' Untreue gewarnt wird. Auch sein Unmut über Adonirams Ablehnung seines Angebots ist begrenzt und wird vom Hof aufgefangen (Chor, Nr. 16). Erst als Balkis seinen königlichen Liebesbefehl (»Je sois roi!«, Nr. 17) verweigert, verwandelt er sich, zu spät, in einen kämpfenden, leidenschaftlichen Liebhaber. Seine Niederlage und seine Demütigung am Ende des IV. Akts sind das psychische Pendant zur Explosion am Ende des II. Akts als dem musikalischen Höhepunkt der Oper. Die Lebenskraft von Balkis ist die Liebe. Ihre von Benoni beschriebene Schönheit (Nr. 2) kommt ihr allzeit zustatten. Sie war nach Jerusalem mit der Absicht gekommen, eine Bindung mit Soliman einzugehen. Adoniram war, wie Soliman ihn beschrieb, ein »seltsamer, trübsinniger, schwärmerischer, ja fast wilder Einzelgänger« (Nr. 4). Offenbar mit großen Vorbehalten geriet Balkis in den erotischen Bann von Adoniram und mußte daraufhin die Flucht aus Jerusalem antreten. Verspielt sind ihr Königsamt und ihr Ruf. Sie konnte nicht ahnen, daß Tubalkaïn seinen Schützling inzwischen seinem Schicksal überlassen hat. Zum Schluß steht sie mit leeren Händen da. Amrou, Phanor und Méthousaël sind die Widersacher, die die Liebesabsichten von Balkis und Adoniram zum Scheitern bringen. Sie treten als musikalisches Trio auf, ein Konzept, das schon Meyerbeer für die Wiedertäufer im *Prophète* (1849) mit großer Wirkung angewandt hatte. Die Anliegen der Aufrührer sind durchaus legitim. Gounod gönnt ihnen ihre Würde. Ihre Warnung (Nr. 15) wird »avec noblesse« vorgetragen. Allein wegen der gerechten Sache lassen sie sich zu Denunziation und Mord verführen. – Den drei Welten der Handlung werden der Grand opéra entsprechend drei musikalische Stile zugrunde gelegt. Das Magisch-Märchenhafte Tubalkaïns ist durch eine düstere, fast statische Harmonik und durch Rückungen gekennzeichnet. Das in Quarten steigende Schaffens- beziehungsweise Tubalkaïn-Motiv begleitet Adoniram, wenn er als Künstler auftritt. Das Höfisch-Brillante des heiteren Hofstaats ist durch eine kadenzorientierten, der Vierhebigkeit verpflichteten, stark rhythmisch geprägten Klang gekennzeichnet; das Motiv Solimans entstammt dieser Welt. Das leidenschaftliche Aufbegehren der Sterblichen gegen das Diktat des Schicksals, sei es in Adonirams Gebet, im Liebeskampf Solimans oder in der Wut der Aufrührer, äußert sich in einem eher symphonischen Stil. Ihren edelsten Ausdruck findet diese Sphäre in Balkis' Liebesmotiv (Nr. 10). Auf eine dem Sujet entsprechende orientalische Couleur locale, wie später in Meyerbeers *L'Africaine* (1865) oder in Saint-Saëns' *Samson et Dalila* (1877), hat Gounod verzichtet.

**Wirkung:** Die abschätzige Reaktion von Publikum und Presse auf die Uraufführung der 1. Fassung (Balkis: Pauline Gueymard, Adoniram: Louis Gueymard, Soliman: Belval) ist zum Teil erklärlich aus der entstellenden Präsentation (Streichung der Gußszene, mithin des gesamten II. Akts), zeugt aber auch von Unverständnis gegenüber der Vielfalt der aufgebotenen musikalischen Mittel. Die üblichen Intrigen taten den Rest, so daß *La Reine de Saba* nach nur 15

Vorstellungen abgesetzt wurde. In den unmittelbar folgenden Inszenierungen in Brüssel und Darmstadt (Jan. 1863) zeigte man die Gußszene erstmals, dafür wurden jedoch andere Kürzungen vorgenommen. In Brüssel wurde jene Apotheose eingefügt, in der Adoniram in die Sphäre Tubalkaïns erhoben wird. Bei der Brüsseler Reprise 1876, deren Proben Gounod überwachte, restituierte er jedoch den Schluß der 1. Fassung, in der das Werk mit einer kurzen Eloge über dem Leichnam Adonirams schließt (»Emportons dans la nuit«). Nach vereinzelten Aufführungen in London (Crystal Palace 1865, konzertant) und Manchester (1880) und einer erfolglosen Wiederaufnahme 1900 am Théâtre-Populaire Paris geriet das Werk in Vergessenheit. Erst die Inszenierung in Toulouse 1969 und die Veröffentlichung eines Mitschnitts dieser Einstudierung auf Schallplatte (1. Fassung; Dirigent: Michel Plasson) haben *La Reine de Saba* wieder an die Öffentlichkeit gebracht.

**Autograph:** Vlg.-Arch. Choudens Paris. **Abschriften:** Bibl. de l'Opéra Paris (A. 609. a. I-IV). **Ausgaben:** Part: Choudens; Kl.A, hrsg. G. Bizet: Choudens [1862], Nr. A. C. 880, Nachdr. 1961; Kl.A, dt. Übers. v. E. Pasqué: Schott [1863]; Kl.A, engl. Bearb. v. H. Farnie u.d.T. *Irene*: Metzler, London [1865], Nr. 3304; Textb.: Paris, Calman-Lévy. **Aufführungsmaterial:** Choudens, Sonzogno
**Literatur:** G. SERVIÈRES, La Légende de la reine de Saba et l'opéra de C. G., in: Guide musical, 2.12.1909; J.-M. BAILBÉ, Autour de ›La Reine de Saba‹: Nerval et G., in: DERS., Regards sur l'Opéra, Paris 1976, S. 113–126; weitere Lit. s. S. 517

*Peter Cohen*

# Mireille
Opéra en cinq actes

## Mireille
5 Akte (7 Bilder)

**Text:** Michel Florentin Carré, nach *Mirèio. Pouèmo prouvençau* (1859) von Frédéric Joseph Etienne Mistral
**Uraufführung:** 1. Fassung: 19. März 1864, Théâtre-Lyrique, Paris (hier behandelt); 2. Fassung in 3 Akten: 15. Dez. 1864, Théâtre-Lyrique, Paris
**Personen:** Maître Ramon, ein reicher Pächter aus der Provence (B); Ambroise, Korbflechter aus Valabrègue (B); Fährmann der Furt von Trinquetaille (B); Vincent, Ambroises Sohn (T); Ourrias, Stierbändiger aus der Camargue (Bar); ein Bürger von Arles (Bar); Andreloun, Schafhirt (Mez); Mireille, Tochter Maître Ramons (S); Vincenette, Vincents Schwester (S); Taven, Hexe aus dem Val d'Enfer (Mez); Clémence, Norade, Azalaise und Violane, junge Mädchen aus Arles (4 S); Echo (Bar); Stimme aus der Höhe (S). **Chor:** Pilger, Geister, Bauern und Bäuerinnen aus der Provence, Bürger aus Avignon, Arles und Beaucaire
**Orchester:** 2 Fl (2. auch Picc), 2 Ob (2. auch E.H), 2 Klar, 2 Fg, 4 Hr, 2 Trp (auch Pistons), 3 Pos, Pkn, Schl (Bck, gr.Tr, Trg, Tamburin, Tamtam, Glocken in f' u. c'), 2 Hrf, Streicher; BühnenM hinter d. Szene: Glocken in es', Org oder Kl
**Aufführung:** Dauer ca. 2 Std. 45 Min. – Gesprochene Dialoge. 2. Fassung ohne Tamtam; Vincenettes Rolle ist in den späteren, gekürzten Ausgaben gestrichen. Tanz der Bauern (Farandole) im II., Tanz der Geister im III. Akt.

**Entstehung:** Nach *La Reine de Saba* (1862) hatte Gounod die Wahl zwischen dem klassischen Mignon- und dem volkstümlichen Mireille-Stoff. Im Nov. 1862 entschied er sich für *Mireille*, für deren Hauptrolle von Anfang an Caroline Carvalho, die Frau Léon Carvalhos, des Direktors des Théâtre-Lyrique, vorgesehen war. Mistral gab im Febr. 1863 die Erlaubnis, seine Dichtung als Libretto zu bearbeiten. Carré lehnte sich so eng wie möglich an die Vorlage an, und Gounod berichtete dem Dichter, es werde in seiner neuen Oper »nur Mistral« geben. Der Briefwechsel der beiden nahm bald enthusiastische Züge an, und im Frühjahr 1863 folgte Gounod einer Einladung Mistrals in die Provence. Der Komponist nahm die Atmosphäre der Landschaft in sich auf, und die Arbeit ging ihm leicht von der Hand. Schon nach zwei Monaten war die Oper, zunächst in vier Akten geplant, im wesentlichen skizziert. Gounod schätzte an Mistrals Dichtung besonders das Volkstümliche, die Echtheit der Gefüh-

*Mireille*; Caroline Carvalho als Mireille; Uraufführung, Théâtre-Lyrique, Paris 1864. – Die darstellerisch nicht unumstrittene, gesangstechnisch jedoch bedeutende Sopranistin des Second Empire kreierte nahezu sämtliche Protagonistinnenpartien Gounods.

le und die erdverbundenen Charaktere. Als Caroline Carvalho sich im April in Tarascon aufhielt, riet sie Gounod, seine Oper »brillant, brillant, brillant« zu schreiben. Damit kündigten sich die Schwierigkeiten schon an, die ihn erwarteten. Noch bevor es zur Uraufführung kam, mußte er vor allem der Sänger wegen Änderungen vornehmen. Infolge unzureichender stimmlicher Fähigkeiten des Tenors Morini mußte das einzige Solo Vincents (V. Akt) fortfallen. Carvalho wollte die für ihre Stimme ungeeignete »Air de la Crau« nicht singen, so daß Gounod gezwungen war, Teile daraus zu streichen und als Ausgleich die Ariette »Heureux petit berger« zu komponieren.

**Handlung:** In der Provence bei Arles, 19. Jahrhundert.

I. Akt, Maulbeerplantage: Die Hexe Taven prophezeit den Bauernmädchen Unglück in der Liebe. Clémence träumt von einem Prinzen, während Mireille den Korbflechter Vincent liebt. Taven warnt sie vor dieser Verbindung, sichert ihr jedoch Beistand zu. Vincent und Mireille schwören einander, nach Saintes-Maries-de-la-Mer zu pilgern, sollte einem von beiden Unheil zustoßen.

II. Akt, Arena von Arles: Bauern singen und tanzen eine Farandole. Taven kündigt Mireille drei Freier an, unter ihnen den Stierbändiger Ourrias, den sie jedoch abweist. Ambroise erzählt Ramon von der Liebe Vincents zu einem reichen Mädchen und bittet ihn um Rat. Ramon empfiehlt, Vincent solle das Mädchen sofort vergessen. Als er erfährt, daß es sich um Mireille handelt, enterbt und verflucht er sie. Die beiden dürfen sich nicht wiedersehen.

III. Akt, 1. Bild, Val d'Enfer: Ourrias trennt sich auf dem Heimweg von seinen Freunden und trifft auf den niedergeschlagenen Vincent. Nach einem erregten Wortwechsel verwundet Ourrias den Rivalen mit seinem mit Eisen beschlagenen Stock. Auf das Stöhnen Vincents hin eilt Taven herbei und verflucht Ourrias. 2. Bild, Rhoneufer, an der Brücke von Trinquetaille, Mondschein: Der von Gewissensbissen geplagte Ourrias ruft den Fährmann, ihn überzusetzen. Plötzlich tauchen Geister aus dem Wasser. Es schlägt Mitternacht. Als das Boot nach erneutem Rufen endlich erscheint, springt Ourrias hinein. Das Boot kentert in den aufgewühlten Fluten, und Ourrias ertrinkt.

IV. Akt, 1. Bild, Innenhof von Ramons Farm, Vorabend des Sankt-Johannis-Tags mit Freudenfeuern: Ramon und seine Helfer feiern Erntedank. Mireille beneidet einen Flöte spielenden Hirten um seine unbeschwerte Existenz. Als sie durch Vincenette vom Unglück Vincents erfährt, jedoch auch davon, daß Taven ihn kuriert hat, macht sie sich mit ihren Juwelen auf den Weg nach Saintes-Maries. 2. Bild, die Crau, eine dürre Ebene, Mittag: Mireille ist erschöpft und hat die Orientierung verloren. Sie sieht eine Fata Morgana und bricht enttäuscht zusammen, als sie entschwindet. Flötenspiel verleiht ihr neue Kräfte.

V. Akt, die Kirche von Saintes-Maries-de-la-Mer, im Hintergrund das Meer: Die Gläubigen ziehen in die Kirche. Vincent betet für Mireilles Schutz. Dem Tod nah, betritt sie mühsam die Kirche und gerät in freudige Ekstase, als sie Vincent erblickt. Sie stirbt an Erschöpfung, ihrer Seele ist jedoch eine himmlische Existenz beschieden.

**Kommentar:** Durch *Mireille* wurde Mistral, der der provenzalischen Wiedererweckungsbewegung »Felibrige« angehörte und mit *Mirèio* seiner Heimat ein literarisches Denkmal setzen wollte, einer breiteren literarischen Öffentlichkeit bekannt. Das Werk ist nach *Faust* (1859) Gounods nächstes Drame-lyrique; er selbst bezeichnete Mireille als eine »zweite Marguerite«. Eine Besonderheit in Carrés Libretto sind die Versdialoge. Dieser Umstand ließ Henri Busser, der das Werk 1945 in einer Neuedition vorlegte, vermuten, sie seien ursprünglich als Rezitative gefaßt worden. Das originale Aufführungsmaterial enthält jedoch keine Rezitative, sie wurden von Gounod erst für London (1864) komponiert (im Libretto zu dieser Aufführung erscheinen die für die Rezitative gekürzten Texte zum erstenmal). Gounod, der sich hier den Gepflogenheiten eines ausländischen Opernhauses anpassen mußte, billigte beide Lösungen. Daß er mit *Mireille* kompositorisch neue Wege beschreiten wollte, geht nicht allein aus der Tatsache hervor, daß er sich in der Auseinandersetzung mit Caroline Carvalho um die Frage der Anreicherung der Partie mit Vokalisen weniger kompromißbereit als bei *Faust* zeigte und mit »Heureux petit berger« eher auf Lokalkolorit als auf den Stimmcharakter der Sängerin Rücksicht nahm, sondern auch aus den ursprünglichen, noch vor der Premiere gestrichenen Teilen der »Air de Crau«, die mit ihrer kurzatmigen, eng der Prosodie angepaßten Deklamation auf nahezu veristische Weise die Erschöpfung der durch die Wüste irrenden Mireille schildern. Freilich kann man es nicht allein den äußeren Umständen oder dem Eigensinn Carvalhos anlasten, daß Gounod, zumindest in bezug auf die dramaturgische Anlage des Werks, seinen eigenen Anspruch nach neuen musikdramatischen Lösungen nicht einzulösen vermochte. Bereits die Zeitgenossen erkannten dies als Problem, und Paulo Scudo vertrat denn auch in seinem einige Wochen nach der Uraufführung geschriebenen Artikel für die *Revue des deux mondes* die Ansicht, daß nur sechs Stücke der Oper als »dramatische« Musik bezeichnet werden könnten. In der Tat kommt es nach dem 2. Finale zu keinem weiteren Kulminationspunkt. Auch fehlen den Protagonisten wirkliche Gegenspieler: Ourrias stirbt bereits im III. Akt, Ramon erscheint jeweils nur kurz. Dieser Mangel hätte kompensiert werden können durch überzeugende, Couleur locale vermittelnde Tableaus, so wie dies das provenzalische Sujet erfordert. Obwohl Gounod mit der Farandole, der »Chanson de Magali« und der Musette melodisch auf provenzalische Volksmusik zurückgriff, vermochte er insgesamt jedoch nicht das Material für integrale Milieuschilderung zu nutzen.

**Wirkung:** Der Premiere war wohl hauptsächlich der schwachen Leistung Carvalhos wegen kein großer Erfolg beschieden. Bereits im Juli 1864, als das Werk erstmals, und zwar in italienischer Übersetzung von Giuseppe Zaffira und mit Rezitativen statt gesprochenen Dialogen, am Her Majesty's Theatre London zur Aufführung kam (mit Therese Tietjens und Antonio Giuglini), schloß die Oper mit einem Happy-End. Diese Umdeutung des Schlusses (Mireille erwacht aus der Ohnmacht und erhält von ihrem Vater den Segen für ihren Bund mit Vincent) wurde in der 2. Fassung beibehalten, für die Gounod noch die Valse-ariette »O légère hirondelle« komponierte. Für die Einstudierung an der Opéra-Comique 1874 wurde, ohne daß sämtliche Striche wieder aufgemacht wurden, die 1. Fassung herangezogen. 1889 griff die Opéra-Comique jedoch erneut zur 2. Fassung, die bis 1900 im Repertoire blieb. Außerhalb Frankreichs wurde *Mireille* im 19. Jahrhundert unter anderm italienisch in Petersburg (1874), Wien (1876), Rom (1880), Mailand (1886) und New York (1884) gegeben, französisch 1893 (wiederaufgenommen 1902) an der Krolloper Berlin. Seit der Aufführung an der Opéra-Comique 1901 bürgerte sich eine Mischversion ein, deren Grundlage die 1. Fassung war, »O légère hirondelle« jedoch beibehielt und, da Gounods Orchestration für die »Air de Crau« und das 5. Finale verloren waren, diese Teile in gekürzter Form gab. 1939 bekam die Rezeption von *Mireille* durch die Initiative Reynaldo Hahns und Bussers neue Impulse. Dieser bemühte sich um eine Restitution der 1. Fassung, soweit das nach dem Autograph noch möglich war, orchestrierte die verlorenen Teile neu und entschied sich für die Rezitative. Unter der musikalischen Leitung Hahns kam diese Einrichtung 1939 an der Opéra-Comique zur Aufführung (mit Jane Rolland und Louis Arnoult) und wurde fortan allen weiteren Aufführungen zugrunde gelegt. 1960 wurde *Mireille* in Bordeaux gegeben, 1961 in Wexford und 1962 an der Opéra-Comique (mit Andréa Guiot und Alain Vanzo). 1980 wurde das Werk in Liverpool unter der Leitung von Michael Hunt einstudiert (als angeblich erste Wiederaufführung der 1. Fassung), ebenfalls 1980 wurde *Mireille* als Koproduktion des Grand Théâtre Genf und der English National Opera in Arles, 1981 in Genf und 1983 im Coliseum London aufgeführt.

**Autograph:** Part: Pierpont Morgan Libr. NY; einzelne Nrn. d. Part u. d. St.: Vlg.-Arch. Choudens Paris; Fragmente: BN Paris.
**Ausgaben:** Part, 2. Fassung: Choudens [um 1886], Nr. 6251; Part, hrsg. H. Busser: Choudens [um 1945], Nr. 6251; Kl.A, 1. Fassung: Choudens, Nr. 17793; Kl.A, 2. Fassung: Choudens, Nr. 1005; Kl.A, ital. Übers. v. G. Zaffira/engl. Übers. v. H. F. Chorley: Bo&Ha; Textb.: Paris, Calman-Lévy [1864], Nachdr. Paris, Librairie Théâtrale [um 1970]; Textb., dt. v. A. Bertuch: Schott; Textb., dt. v. M. Draexler, E. Pasqué: Fürstner; Textb., ital. v. G. Zaffira: Sonzogno; Textb., engl. v. H. F. Chorley: Bo&Ha [um 1880]. **Aufführungsmaterial:** Choudens; Sonzogno; Mapleson Music Libr., NY; Peters, NY; Bo&Ha, NY
**Literatur:** G. SERVIÈRES, La Version originale de ›Mireille‹, in: Quinzaine musicale, 1.4.1901; G. DORET, A propos du cinquentenaire de ›Mireille‹, in: DERS., Musique et musiciens, Lausanne 1915, S. 183–188; G. FERRANT, La Vrai ›Mireille‹ de G., Avignon 1942; R. HAHN, A propos de ›Mireille‹, in: DERS., Thèmes variés, Paris 1946, S. 103–111; weitere Lit. s. S. 517

*Britta Schilling*

## Roméo et Juliette
### Opéra en cinq actes

**Romeo und Julia**
Prolog, 5 Akte (7 Bilder)

**Text:** Jules Paul Barbier und Michel Florentin Carré, nach *An Excellent Conceited Tragedy of Romeo and Juliet* (1596) von William Shakespeare
**Uraufführung:** 1. Fassung: 27. April 1867, Théâtre-Lyrique, Paris (hier behandelt); 2. Fassung: 20. Jan. 1873, Opéra-Comique, Salle Favart, Paris; 3. Fassung: 28. Nov. 1888, Opéra, Salle Garnier, Paris
**Personen:** Juliette, Capulets Tochter (S); Stéfano, Roméos Page (S); Gertrude, Juliettes Amme (Mez); Roméo, ein Montaigu (T); Tybalt, Capulets Neffe (T); Benvolio (T) und Mercutio (Bar), Roméos Freunde; Pâris (Bar); Grégorio, Diener der Capulets (Bar); Capulet, Juliettes Vater (B); der Herzog von Verona (B); Bruder Laurent (B); Bruder Jean (B). **Chor:** Damen und Herren aus Verona, Bürger, Soldaten, Mönche, Pagen, Diener
**Orchester:** Picc, 2 Fl, 2 Ob (2. auch E.H), 2 Klar, 2 Fg, 4 Hr, 2 Trp (auch Pistons), 3 Pos, Pkn, Schl (Bck, gr.Tr, Trg), 2 Hrf, Streicher; BühnenM auf d. Szene: 2 Hrf; hinter d. Szene: Org
**Aufführung:** Dauer ca. 2 Std. 45 Min. – Der Chor des Prologs wird von den Solisten gesungen. 3. Fassung mit Ballett im IV. Akt.

**Entstehung:** Gounods Vorliebe für Shakespeares *Romeo and Juliet* geht bis 1839 zurück. Damals erlebte er als junger Konservatoriumsschüler eine Probe von Berlioz' dramatischer Symphonie *Roméo et Juliette* (1839), deren Finale, die »Réconciliation des Montaigus et des Capulets«, ihn besonders beeindruckte. 1842 vertonte er in Rom als Stipendiat der Académie des Beaux-Arts einige Fragmente aus *Romeo e Giulietta*. Bei diesem Text handelt es sich vermutlich um das Libretto, das Bellini seiner Oper *I Capuleti e i Montecchi* (1830) zugrunde legte. Die Idee, eine Oper über Shakespeares Drama zu komponieren, formulierte Gounod erstmals 1864 in einem Brief an Pauline Viardot-García. Als Librettisten wählte er wiederum Barbier und Carré, die ihm seit *Le Médecin malgré lui* (1858) alle Texte geschrieben hatten. Für die Komposition zog sich Gounod im April 1865 nach Saint-Raphaël (bei Cannes) zurück. – Léon Carvalho, der Direktor des Théâtre-Lyrique, beharrte darauf, ein spektakuläres Element in die eher intime Komposition einzubauen. So erweiterte Gounod 1866 den IV. Akt um das jetzige 2. Bild. Ursprünglich schloß der Akt damit, daß Juliette, allein in ihrem Zimmer, den von Bruder Laurent gemischten Trank zu sich nimmt. Ein anderer Streitpunkt zwischen Gounod und Carvalho betraf die Rezitative, die Gounod wie bei der 1. Fassung von *Faust* (1859) zunächst als gesprochene Dialoge konzipiert hatte. Aber auch hierin ließ er sich umstimmen. Nach weiteren Änderungen, Ergänzungen und Streichungen wurde *Roméo et Juliette* zur Uraufführung freigegeben.

**Handlung:** In Verona, 14. Jahrhundert.
Prolog: Die am Geschehen Beteiligten berichten das aus der Fehde zwischen den Capulets und den Montaigus erwachsene Schicksal Roméos und Juliettes.
I. Akt, hell erleuchtete Galerie im Palast der Capulets: Capulet veranstaltet einen Maskenball. Unter die Gäste mischen sich Roméo und Mercutio aus dem Haus der befeindeten Montaigus. Als Capulets Tochter Juliette, die dem vornehmen Pâris versprochen ist, kurz unbeaufsichtigt ist, spricht Roméo sie an; beide sind sofort in Liebe entbrannt. Tybalt deckt die Herkunft des Fremden auf; nur das Eingreifen Capulets hält ihn davon ab, auf Roméo loszugehen.
II. Akt, Garten, links Juliettes Pavillon mit Fenster und Balkon im ersten Stock; Nacht: Roméo steigt auf den Balkon vor Juliettes Zimmer, und die beiden Liebenden genießen ein heimliches Tête-à-tête. Juliette bittet Roméo, sie zu heiraten.
III. Akt, 1. Bild, Klosterzelle: Bruder Laurent vermählt das Liebespaar in der Hoffnung, dadurch Frieden zwischen den streitenden Parteien zu stiften. 2. Bild, Straße vor dem Haus der Capulets: Roméos Page entfacht die Fehde aufs neue. Der hinzukommende Roméo versucht, die Parteien zu beschwichtigen, doch als Tybalt Mercutio im Kampf verletzt, läßt er sich herausfordern und ersticht ihn. Daraufhin wird er vom Herzog aus der Stadt verbannt.
IV. Akt, 1. Bild, Juliettes Zimmer; Nacht: Trotz des Bannspruchs verbringt Roméo die Nacht bei Juliette und nimmt erst bei Tagesanbruch Abschied. Capulet drängt indessen auf die Hochzeit seiner Tochter mit Pâris. Laurent findet einen Ausweg und gibt Juliette ein Narkotikum, das sie in einen todähnlichen Schlaf versetzen soll. 2. Bild, terrassenartige Anlage im Garten der Capulets am Ufer der Etsch, rechts im Hintergrund das Portal einer Kapelle, jenseits des Flusses Blick auf einen Teil der Stadt: Als Capulet seine Tochter zur Hochzeit mit Pâris in die Kapelle führen will, bricht sie leblos zusammen.
V. Akt, unterirdische Gruft der Capulets: Ein Brief Laurents an Roméo, der ihn über Juliettes fingierten Tod informieren sollte, hat den Empfänger nicht erreicht. So muß Roméo glauben, am Grab seiner Frau zu stehen, als er die Gruft betritt. Er umarmt Juliette ein letztes Mal, dann nimmt er einen Gifttrank. Noch ehe das Gift wirkt, erwacht Juliette. Als sie Roméos nahen Tod gewahr wird, stößt sie sich einen Dolch in die Brust. Bevor sie gemeinsam sterben, bitten sie Gott um Gnade.

**Kommentar:** Im Unterschied zu den Libretti zahlreicher anderer Vertonungen von Shakespeares Tragödie, unter ihnen Bellinis, die 1859 auch an der Pariser Opéra gegeben wurde, lehnten sich Barbier und Carré eng an die Vorlage an, ohne daß festzulegen wäre, welche der zahlreichen Übersetzungen ins Französische sie wählten. Trotz dieser Nähe zum Original ergaben sich dramaturgische Lücken, da Kürzungen unumgänglich waren. So ist zum Beispiel die Exposition recht unvollständig: Es bleibt unklar, wie Juliette erfährt, daß Tybalt im Kampf mit Roméo tödlich verwundet worden ist; auch weiß man nicht, wie der angebliche Tod Juliettes Roméo zu Ohren gekommen ist. Darüber hinaus hat die Oper eine starke religiöse Ausrichtung: Im III. Akt gestaltete Gounod eine bei Shakespeare nur angedeutete kirchliche Trauung; ebenfalls ist das 2. Bild des IV. Akts, die gescheiterte Hochzeit Juliettes mit Pâris, völlig neu. Generell zieht sich durch die Oper ein religiöser Ton, der in dem an Gott gerichteten Bittruf um Vergebung (»Seigneur, pardonnez-nous!«) kulminiert. – Als Drame-lyrique, als »Interieur privater Tragödien« (Carl Dahlhaus), verzichtet das Werk auf große Tableaus, Massenansammlungen und historische Geschehnisse, so wie sie in der Grand opéra seit Giacomo Meyerbeer üblich waren, und ist auf den privaten Konflikt konzentriert. Im Zentrum der Partitur stehen folglich die vier großen Duette der Protagonisten: »Ange adorable« im I. Akt beim ersten Zusammentreffen des Paars, »O nuit divine je t'implore« in der Balkonszene im II. Akt, »Va! je t'ai pardonné« im IV. Akt beim Abschied nach der Liebesnacht sowie »Dieu! quelle est cette voix« unmittelbar vor dem Tod. Verschiedene Erinnerungs-

*Roméo et Juliette*; Aino Ackté als Juliette; Opéra, Paris 1897. – Die finnische Sopranistin, die an der Pariser Oper 1897 als Marguerite debütierte, erwarb sich zunächst im französischen Fach, später vor allem in Wagner- und Strauss-Partien internationales Ansehen.

motive, unter ihnen eine Art Liebesmotiv, das an den Schlüsselstellen der Oper wiederkehrt, stiften dramaturgischen Zusammenhang auf musikalischer Ebene: Wenn zum Beispiel Juliette am Schluß mit den Worten »O joie infinie et suprême de mourir avec toi« von ihrem Glück singt, mit Roméo sterben zu dürfen, erklingt als Reminiszenz an die Liebesnacht im Pianissimo erneut jenes Motiv, das im Fortissimo Roméos Entschluß kommentierte, trotz Todesgefahr bis zum Tagesanbruch bei Juliette zu bleiben (»Ah! vienne donc la mort!... je reste!«). Im Unterschied zu *Faust* konnten in *Roméo et Juliette* nur wenige Nummern zu »Schlagern« werden: Mercutios »Ballade de la reine Mab«, Juliettes Valse-ariette »Je veux vivre dans le rêve« sowie Stéfanos Chanson »Depuis hier je cherche mon maître«. Mit seinem Verzicht auf Vergegenwärtigung der Umstände, die zu der privaten Tragödie geführt haben (die Familienfehde ist zumindest musikdramaturgisch wirkungslos), setzte Gounod die in den Werken Jules Massenets kulminierende Entwicklung der französischen Oper vom Historiengemälde zum Seelendrama als deren bedeutendster Vertreter fort.

**Wirkung:** *Roméo et Juliette*, deren Premiere Caroline Carvalho und Pierre Jules Michot sangen, war Gounods letzter großer Bühnenerfolg. Die Presse reagierte größtenteils mit Begeisterung: »*Faust* hat sein ebenbürtiges Gegenstück gefunden. Die Romeo-Kompositionen Bellinis und Vaccais existieren nicht mehr und werden für immer im Schatten verschwinden. So wie es nur einen *Faust* gibt, kann man heute sagen, daß es nur einen *Roméo* gibt« (Henri Moréno, in: *Le Ménestrel*, 4. Mai 1867). Der Erfolg des Werks, zumindest sein rascher Bekanntheitsgrad auch über Frankreich hinaus, wurde durch den Umstand begünstigt, daß Paris anläßlich der Weltausstellung 1867 von Fremden überschwemmt war. Noch im Jahr der Premiere wurde das Werk am Théâtre-Lyrique über 100mal gegeben. Als erste nichtfranzösische Bühne brachte Her Majesty's Theatre London 1867 die Oper in italienischer Sprache heraus (mit Adelina Patti und Mario). Im selben Jahr folgten Mailand, Brüssel und Dresden. Da das Théâtre-Lyrique seine Tore schon im folgenden Jahr schloß, war Gounod gezwungen, seine Oper einer andern Bühne anzubieten. Von London aus (wo er 1870–74 lebte) beauftragte er Georges Bizet, das Werk für die Opéra-Comique neu einzurichten. Die bemerkenswerteste Änderung dieser 2. Fassung (wiederum mit Carvalho) betrifft den Schluß des III. Akts, wo die Intervention des Herzogs von Verona gestrichen ist. Für die Opéra-Comique stellte diese Aufführung insofern eine Sensation dar, als sie die erste ohne gesprochene Dialoge war. In dieser Fassung wurde das Werk bis 1887 nahezu alljährlich mit großem Erfolg gegeben. Für die 3. Fassung an der Opéra (mit Patti und Jean de Reszke) fügte Gounod den Auftritt des Herzogs wieder ein, ebenso das 2. Bild des IV. Akts, dem er ein Ballett beifügte, wie es die Tradition des Hauses verlangte. Im V. Akt strich er die Szene zwischen Laurent und Jean. War Reszke bis 1901 an der Opéra der führende Roméo (er sang die Partie darüber hinaus 1889–94 an Covent Garden London und 1891–95 an der Metropolitan Opera New York), so wurde Patti, die am Ende ihrer Karriere stand, bereits 1889 von Hariclea Darclée, Emma Eames und Nellie Melba abgelöst, die alle die Juliette mit großem Erfolg sangen. An der Opéra stand *Roméo et Juliette* einst an siebter Stelle der meistgespielten Opern, wurde bis in die Mitte des 20. Jahrhunderts jährlich gegeben und brachte es auf über 600 Aufführungen. Als bedeutendste Interpretinnen der Juliette sind Bessie Abott, Jana Noria, Geraldine Farrar, Mary Garden, Yvonne Gall, Fanny Heldy und Eidé Norena hervorzuheben, als Roméo Albert Saléza, Lucien Muratore, Paul Franz und Georges Thill. Auch an Covent Garden und an der Metropolitan Opera kam das Werk regelmäßig auf den Spielplan. Bedeutende Interpreten dieser Aufführungen waren außer den schon Genannten Selma Kurz und Lucrezia Bori sowie Dmitri Smirnow, Beniamino Gigli und Jussi Björling. Nach dem zweiten Weltkrieg verlor das Werk zwar an Popularität, dennoch kam es bis in die heutige Zeit zu bedeutenden Einstudierungen: 1963 in Barcelona (Mady Mesplé, André Turp), 1967 an der Metropolitan Opera (Mirella Freni, Franco Corelli), 1981 an der English National Opera London (Valerie Masterson, John Brecknock), in Dallas (Jeannette Pilou, Alfredo Kraus) sowie in Chicago (Freni, Kraus), 1982 an der Opéra Paris (Barbara Hendricks, Neil Shicoff; Dirigent: Alain Lombard). Unter der Leitung von Plácido Domingo wurde *Roméo et Juliette* erneut 1986 an der Metropolitan Opera mit Cecilia Gasdìa und Kraus aufgeführt.

**Autograph:** Part: Verbleib unbekannt; Entwurf: Bibl. de l'Opéra Paris (Rés. 650 [1]). **Abschriften:** Part d. Balletts d. 3. Fassung: Bibl. de l'Opéra Paris (A. 650 a I-II). **Ausgaben:** Part: Choudens [1867], Nr. 1483, Nachdr. Kalmus, NY [1956]; Kl.A: Choudens, Nr. A. C. 1411; Kl.A, ital. Übers. v. G. Zaffira u.d.T. *Romeo e Giulietta*, hrsg. H. Salomon: Choudens, Nr. A. C. 1410; Kl.A, dt. Übers. v. T. Gaßmann: Choudens; Kl.A, hrsg. H. Salomon: Choudens [1888], Nr. A. C. 1411; Kl.A, frz./engl. Übers. v. T. Baker: Schirmer [um 1897]; Kl.A, ital. Übers. v. F. L. Arruga: Sonzogno; Textb.: Paris, Lévy [um 1888]; Paris, Librairie Théâtrale [1970]; Textb., frz./engl.: NY, Rullman [um 1900]. **Aufführungsmaterial:** Choudens, Sonzogno
**Literatur:** L'Avant-scène, Opéra, Nr. 41, Paris 1982; weitere Lit. s. S. 517

*Sabine Henze-Döhring / Thomas Schacher*

# Emil Graeb

Geboren am 14. Januar 1850 in Berlin,
gestorben am 25. Dezember 1920 in Berlin

## Aschenbrödel
**Ballett in drei Akten**

**Musik:** Johann Strauß (Sohn); Einrichtung: Josef Bayer. **Libretto:** Hermann Heinrich Regel, nach einem Entwurf von A. Kollmann

**Uraufführung:** 2. Mai 1901, Königliches Opernhaus, Berlin, Ballett des Königlichen Opernhauses
**Darsteller:** Gustav, Chef des Warenhauses »Die vier Jahreszeiten«; Franz, sein jüngerer Bruder; Madame Leontine, Putzmacherin; Fanchon und Yvette, ihre Töchter; Grete, Leontines Stieftochter, Laufmädchen in Gustavs Warenhaus; ein Pikkolo, Gustavs Privatdiener; Flora; die Brautführerin; Anna, Berta, Klara, Dorothea, Emma, Franziska, Gisela und Hermine, Putzmacherinnen; 2 Verkäuferinnen; eine Dame; ein Straßenmusikant; Corps de ballet: Ballgäste, Hochzeitspagen, Brautmädchen, Amoretten
**Orchester:** 2 Fl, 2 Ob, 2 Klar, 2 Fg, 4 Hr, 2 Trp, 3 Pos, Tb, Pkn, Schl (gr.Tr, kl.Tr), Hrf, Streicher
**Aufführung:** Dauer ca. 1 Std. 30 Min.

**Entstehung:** Nach der Uraufführung von Strauß' Oper *Ritter Pasman* (1892) an der Wiener Hofoper regte Eduard Hanslick ein Strauß-Ballett an. Zu konkreten Plänen kam es erst sechs Jahre später, als die Wiener Wochenzeitschrift *Die Waage* eine Preiskonkurrenz ausschrieb, um ein Textbuch für ein Strauß-Ballett zu finden. Der Jury gehörte unter andern der Direktor der Hofoper, Gustav Mahler, an, der sich bereit erklärt hatte, das Ballett aufzuführen. Unter 700 Textbüchern fiel die Wahl schließlich auf eins, das unter dem Decknamen A. Kollmann eingereicht worden war und eine moderne Behandlung des *Aschenbrödel*-Stoffs beinhaltete. Gerüchten zufolge soll es sich bei dem Verfasser um einen Erzherzog gehandelt haben. Strauß begann unverzüglich mit der Komposition, konnte jedoch das Werk nicht vollenden (er starb im Juni 1899). Nachdem Karl Millöcker abgelehnt hatte, die Partitur zu ergänzen, wandte man sich an Bayer, der als erfahrener Ballettkomponist geeignet schien, das Werk fertigzustellen. Strauß hatte nur den I. Akt in Partiturform hinterlassen, für die beiden andern standen Klavierskizzen mit Instrumentationsangaben zur Verfügung. Bayer hatte das Material zu ordnen und Überleitungstakte und Verbindungsstücke zwischen den einzelnen Bildern thematisch und motivisch aus den vorhandenen Skizzen abzuleiten. Da Mahler plötzlich aus Kostengründen seine Einwilligung zur Aufführung zurückzog, wandte sich Strauß' Witwe Adele an die Königliche Oper Berlin, die das Werk annahm. Von Berlin aus bat man den erfahrenen Wiener Ballettlibrettisten Regel, eine Umarbeitung des Buchs vorzunehmen. Das ursprüngliche Libretto von Kollmann wurde vernichtet.
**Inhalt:** Im Karneval.
I. Akt, Atelier von Madame Leontine: Die Putzmacherinnen sitzen über ihrer Arbeit. Zwei Verkäuferinnen bemühen sich um eine anspruchsvolle Kundin. Leontine lobt die Mädchen, nur die Arbeit ihrer Stieftochter erregt ihren Zorn. Da stürmt Grete ins Zimmer, Leontine schilt sie. Franz tritt ein, der Grete von der Straße aus gefolgt ist. Er sieht sich Leontine gegenüber und stellt sich vor *(Selbstporträt)*: Er ist jung, schön und reich, ein Mann von Welt, kann reiten, rudern, radfahren, Lawntennis spielen und sogar Auto fahren. Er will der beschämten Grete seine Liebe erklären. Fanchon und Yvette kommen in ausgelassener Stimmung herein. Voll Stolz erzählen sie, wie sie von ihren Bewunderern, Zivil und Militär, verfolgt wurden *(Promenadenabenteuer)*. Ein Pikkolo erscheint *(Liebesbotschaft)*. Er ist ein Diener von Franz' Bruder Gustav und bringt eine Einladung zu einem Ball für Grete und ihre Mutter. Er übergibt Leontine den Brief und einen Karton mit zwei Kostümen. Leontine bestimmt, daß Fanchon und Yvette zum Ball gehen werden. Die beiden probieren die zwei blauen Dominos und verspotten Grete. Franz versucht, Grete zu trösten. Ein Straßenmusikant tritt ein; er spielt auf der Drehorgel *(An der schönen blauen Donau)*. Alle tanzen, nur Grete steht still in einer Ecke. Franz gibt dem Pikkolo den Auftrag, ein Kostüm zu bringen, das denen gleicht, die Fanchon und Yvette tragen werden. Grete muß ihre Stiefschwestern schmücken; höhnisch werfen sie ihr ein Paar goldene Schuhe vor die Füße, die zu einem der Kostüme gehörten. Grete bleibt allein zurück. Traurig füttert sie ihre Tauben und tanzt vor ihrem Spiegelbild mit einer Kleiderpuppe *(Taubenwalzer)*. Plötzlich erscheint der Pikkolo und bringt Einladung und Kostüm, ohne den Absender zu verraten. Grete verabschiedet sich von ihren Tauben und geht auf den Ball.
II. Akt, Ballsaal in Gustavs Haus: Franz führt in ausgelassener Laune einen Maskenreigen an *(Merveilleusen-Quadrille)*. Gustav wartet voller Ungeduld auf Grete. Fanchon und Yvette treten in ihren blauen Dominos auf. Gustav vermutet in einer von ihnen Grete. Da lassen die Dominos ihre Masken fallen. Enttäuscht weicht Gustav zurück. Grete tritt verschleiert ein. Unter ihrem blauen Domino trägt sie ein ägyptisches Kostüm *(Ägyptischer Sklavinnentanz)*. Gustav glaubt die Ersehnte zu erkennen. Franz will Grete den Arm reichen; sie wehrt dankend ab. Allein gelassen, löst Grete ihren Schleier; Gustav gesteht ihr seine Liebe. Sie sinkt an seine Brust. Die Gäste kehren zurück, Grete enteilt. Eine allegorische Gruppe, die Blumenkönigin Flora und ihr Gefolge, hält Einzug. Das schönste Mädchen soll zur Ballkönigin gekürt werden. Die ersten Bewerberinnen tanzen in den Saal *(Konfektioneusen-Walzer)*. Es folgen die eleganten Salondamen *(Quadrille)*. Geleitet von Franz treten Fanchon und Yvette auf *(Mazurka)*. Schon will Flora ihre Wahl treffen, da naht in züchtiger Anmut und Grazie Grete *(Aschenbrödel-Walzer)*. Flora spendet Grete den Preis, die Blumenkrone *(Blumengrüße)*. Grete nimmt die Huldigungen und Glückwünsche der Gäste entgegen *(Blumenfackel-Polonaise)*. Da reißt Franz zornentbrannt Grete den Schleier vom Gesicht. Die Brüder streiten sich, wessen Gast Grete eigentlich sei. Erschrocken flieht sie und verliert dabei einen goldenen Schuh.
III. Akt, 1. Bild, Leontines Atelier: Grete kehrt vom Ball heim. Die Tauben haben inzwischen die Arbeit verrichtet, die ihr aufgetragen worden war: Nach Farben geordnet, liegen die Blumen auf dem Tisch. Grete sinkt müde in einen Stuhl und schläft ein. Noch einmal sieht sie sich in Gustavs Armen durch den Saal schweben; dann träumt sie von ihrer Hochzeit und ist

zum erstenmal allein mit Gustav. Rosige Amoretten erscheinen. Grete wird durch die Heimkehr Leontines und ihrer Töchter, in deren Gefolge sich Franz befindet, geweckt. Auch Gustav erscheint, der die Eigentümerin des goldenen Schuhs ausfindig machen will. Fanchon und Yvette probieren ihn, er paßt nicht. Leontine macht gute Miene zum bösen Spiel und ruft Grete herbei. Sie probiert den Schuh, er sitzt wie angegossen. Franz erklärt Gustav, wie die von ihm gesandten Dominos in falsche Hände geraten waren. Grete bittet, den verlorenen Schuh als Andenken behalten zu dürfen. Gustav geleitet Grete zurück ins Warenhaus, wo sie den Schuh in Empfang nehmen soll. 2. Bild, Gustavs Warenhaus, Abteilung für Brautausstattung: Grete, von Gustav geführt, tritt ein. Ein reicher Brautschatz erwartet sie *(Brautschatztanz)*, Hochzeitspagen reichen ihr Brautkranz und Schleier, Brautfächer und Taschentuch. Brautmädchen nahen mit Geschenken *(Alt-Wiener Porzellan, Schmuckwalzer)*. Leontine stürzt mit ihren Töchtern herbei. Grete und Gustav nehmen die Glückwünsche entgegen. Franz überreicht Grete zur Versöhnung einen Blumenstrauß. Aschenbrödels Traum ist Wahrheit geworden.

**Kommentar:** Strauß schien nach dem Mißerfolg seiner Oper *Ritter Pasman* und dem mäßigen Erfolg seiner Operette *Die Göttin der Vernunft* (1897) seine negative Haltung gegenüber der Komposition eines Balletts aufgegeben zu haben. Für die Preiskonkurrenz eines Ballettlibrettos stellte er einen Betrag von 4000 Kronen zur Verfügung, womit er gleichzeitig alle Rechte an dem Buch erwarb. Sein Plan war, mit seiner Komposition die Kunstgattung Ballett in musikalisch-szenischer Weise durch Einbeziehung von Chören zu reformieren und durch Leitmotive eine stärkere Charakterisierung der Figuren zu erzielen. Da die Partitur unvollendet geblieben war, bleibt die Frage offen, wieweit dies Vorhaben realisiert worden wäre. So wie sich die Komposition in Bayers Bearbeitung präsentiert, ist sie eine Abfolge von Walzern, Polkas und Märschen, die sich nicht wesentlich von der Art unterscheidet, in der Bayer seine eigenen Ballette zu komponieren pflegte. Mit wenigen Ausnahmen mangelt es der Musik an präziser Charakterisierung oder erzählerischen Momenten, die die Handlung illustriert hätten. Ausnahmen bilden das *Selbstporträt* und die *Promenadenabenteuer*, beide im von Strauß vollendeten I. Akt. Nach der Uraufführung wurde von der Kritik bemängelt, daß die Partitur eine Aneinanderreihung einzelner, wenngleich hübscher, manchmal sogar charakteristischer Tänze sei. Wie in den althergebrachten Balletten hätten die musikalisch geschlossenen Formen vorgeherrscht, wohingegen in den modernen Pantomimen, die man nun zu sehen wünschte, eine freiere, den Vorgängen folgende Behandlung der Musik üblich sei. Tatsächlich scheint es das Vorhaben der für die Realisierung des Balletts Verantwortlichen gewesen zu sein, das Werk dem Stil der modernen Pantomime anzupassen, wenngleich man auf ballettgemäße Tanzbilder *(Selbstporträt, Promenadenabenteuer, Liebesbotschaft, Taubenwalzer, Ägyptischer Tanz, Blumengrüße, Aschenbrödel-Walzer, Trousseau-Divertissement)* nicht verzichten wollte. Weitgehend ihres Märchencharakters entkleidet, wurde die *Aschenbrödel*-Handlung auf einer sozial niedrigeren Stufe angesiedelt; sie ist in die Gegenwart verlegt. Die Musik entsprach aber nicht diesem nüchternen Ambiente. Bemerkenswert ist, daß im Libretto auf das Moment der Mildtätigkeit, die die Belohnung Aschenbrödels auslöst, völlig verzichtet wird. Gretes sozialer Aufstieg ist nicht das Resultat einer guten Tat. Dem Bestreben nach Modernisierung wurde am stärksten in der Kostümgestaltung Rechnung getragen. Man verzichtete auf traditionelle Ballettkostüme; an die Stelle von Tutus waren bodenlange Kleider getreten, die die choreographische Gestaltung insofern beeinflußten, als sie dem Einsatz der Spitzentechnik entgegenstanden. Graebs Beitrag zu dem Ballett, der letztlich von untergeordneter Bedeutung war, wurde von der Kritik nur am Rand erwähnt; immerhin wurde ihm großes Geschick bei der Lösung des choreographischen Teils der Aufgabe attestiert. – Strauß' später Versuch, ein Ballett zu komponieren, fiel in eine Zeit, in der der Wunsch nach Reformen laut geworden war. Die neuen künstlerischen Absichten waren jedoch noch unausgegoren und nicht klar artikuliert. Seine Komposition erwies sich in der Einrichtung durch Bayer als nicht taugliche Grundlage für die ohnedies nur vagen Reformideen der für die Produktion Verantwortlichen.

**Wirkung:** *Aschenbrödel* blieb in Berlin bis 1903 auf dem Spielplan und brachte es auf 37 Vorstellungen. In Wien besann man sich erst nach dem Ende der Direktionszeit Mahlers wieder auf das Werk. Der neue Direktor der Hofoper, Felix von Weingartner, betrieb seine Aufführung. Die Premiere war für die zweite Maihälfte 1908 geplant. Heinrich Lefler wurde mit dem Entwurf der Kostüme, Anton Brioschi mit dem der Dekorationen beauftragt. Josef Haßreiter studierte die Choreographie nach schriftlichen Aufzeichnungen Graebs ein, nahm aber im III. Akt einige Umarbeitungen vor. Nachdem der vorgesehene Premierentermin nicht eingehalten werden konnte, wurde er auf den Namenstag Kaiser Franz Josephs I., den 4. Okt., verlegt. Das Werk wurde in Wien mit Beifall aufgenommen. Der I. Akt fand bei der Kritik die meiste Zustimmung. Das *Selbstporträt*, die *Promenadenabenteuer*, der *Taubenwalzer* und die leitmotivische Entwicklung hin zum *Aschenbrödel-Walzer* fanden Gefallen. Der vorherrschende und immer wiederkehrende Dreivierteltakt im II. und III. Akt wurde jedoch als ermüdend empfunden. Wie in Berlin wurden auch in Wien die Kostüme einer Reform unterzogen. Weingartner, der die Wiener Erstaufführung dirigierte, hatte sie nach langen Kämpfen durchgesetzt. Das Werk wurde an der Hofoper zunächst bis 1914 gespielt und erlebte 46 Aufführungen. Anläßlich des 50jährigen Bestehens des Opernhauses gab es 1919 eine Neueinstudierung; nach nur zwei Vorstellungen wurde das Werk aber abgesetzt. Erst 60 Jahre später brachte das Northern Ballet Manchester (1979) das Ballett in einer Choreographie von Robert de Warren wieder auf die Bühne. Weitere Choreographien folgten von Wolfgang Winter (Koblenz 1981), Josette Gatineau (Innsbruck 1982) und Joachim Gerster (Mannheim 1983).

**Autograph:** M: M.Slg. d. Stadt- u. LB Wien. **Ausgaben:** Kl.A: Weinberger 1900; L: Weinberger 1900. **Aufführungsmaterial:** Weinberger
**Literatur:** J. SCHNITZER, Meister Johann, Wien, Lpz. 1920, Bd. 2, S. 145–152; N. GOODWIN, Cinderelliana, in: DaD 1979, Nr. 11; G. SCHÜLLER, A. OBERZAUCHER, R. MATZINGER, K. VEITL, Aschenbrödel, in: Tanzblätter 1981, Nr. 33, 1982, Nr. 35; R. MATZINGER, Die Geschichte des Balletts der Wiener Hofoper 1869–1918, Diss. Wien 1982

*Alfred Oberzaucher*

# Paul Graener
Geboren am 11. Januar 1872 in Berlin,
gestorben am 13. November 1944 in Salzburg

## Hanneles Himmelfahrt
### Oper in zwei Akten

**Text:** Paul Graener und Georg Julius Johannes Gräner, nach der Traumdichtung *Hannele* (1893) von Gerhart Johann Robert Hauptmann
**Uraufführung:** 17. Jan. 1927, Sächsisches Staatstheater, Dresden, und Stadttheater, Breslau
**Personen:** Hannele (hoher S); Gottwald, Lehrer (T); Schwester Martha, Diakonissin (A); Tulpe (Mez), Hedwig (S), Pleschke (B) und Hanke (T), Armenhäusler; Seidel, Waldarbeiter (stumme R); Dr. Wachler, Arzt (stumme R); Erscheinungen: der Maurer Mattern, Hanneles Vater (Spr.); eine Frauengestalt, ihre verstorbene Mutter (A); eine Diakonissin (A); ein großer schwarzer Engel (stumme R); drei lichte Engel (S, Mez, A); der Fremde (T); 4 weißgekleidete Jünglinge (stumme R); der Dorfschneider (T). **Chor:** Frauen, Kinder, viele kleine und große Engel
**Orchester:** 3 Fl (3. auch Picc), 3 Ob (3. auch E.H), 3 Klar (3. auch B.Klar), 3 Fg (3. auch K.Fg), 4 Hr, 3 Trp (3. auch Kornett), 3 Pos, Tb, Pkn, Schl (Glsp, Tamtam, Trg, Gong, tiefe Glocke, kl.Tr, gr.Tr), Org, Cel, 2 Hrf, Streicher, S; BühnenM auf d. Szene: Fl, Hrf, Glöckchen in e; hinter d. Szene: Glocken
**Aufführung:** Dauer ca. 1 Std. 15 Min. – Martha und die Erscheinung einer Diakonissin sowie der Fremde und Gottwald werden jeweils von einem Darsteller gesungen. Der Sopran im Orchester singt auf Vokalise. Jeweils drei Kinder und Frauen im Chor haben kleine Solopartien zu singen. Für den Schlußchor werden mindestens 30 Soprane, 30 Alte, 20 Tenöre und 20 Bässe sowie »eine Sopranstimme aus der Höhe« gefordert.

**Entstehung:** Bereits in seiner Schulzeit betrieb Graener Kompositionsstudien bei Albert Becker in Berlin und ging frühzeitig in die Praxis als Kapellmeister, so daß er aus dieser Erfahrung viel Routine in seine Bühnenwerke einbringen konnte. Mit *Das Narrengericht* (Wien 1913), *Don Juans letztes Abenteuer* (Leipzig 1914), *Byzanz* (München 1918, umgearbeitet als *Theophano*, Leipzig 1922) und *Schirin und Gertraude* (Dresden 1920) gehörte Graener zwischen den Weltkriegen zu den am meisten aufgeführten zeitgenössischen deutschen Opernkomponisten.

**Handlung:** In einem Zimmer im Armenhaus eines Gebirgsdorfs in Schlesien.
I. Akt: Lehrer Gottwald betritt bei stürmischem Winterwetter mit dem verstörten Hannele auf dem Arm das Armenhaus. Er hat das Mädchen gerade aus dem Teich gezogen und fragt sie, warum sie ins Wasser gegangen sei. Hannele behauptet, Jesus habe sie aus dem Wasser zu sich gerufen. Da sie wie im Fieber spricht, schickt man nach einem Arzt und einer Schwester. Hannele möchte jedoch nicht gesund werden, sondern zu Jesus in den Himmel. Vergeblich versucht Schwester Martha, Hanneles Angst vor ihrem Vater zu zerstreuen. Da steht er schon selbst als Erscheinung vor ihrem Bett und macht ihr Vorwürfe wegen ihres Fernbleibens. Ohnmächtig bricht Hannele zusammen, als Martha wieder das Zimmer betritt. Sie hebt das Kind auf und legt es ins Bett zurück. Fiebernd berichtet Hannele, daß ihr Vater sie gerade besucht habe und daß sie Jesus heiraten werde. Sie glaubt, Fliederduft zu riechen und wieder die Stimme Jesu zu hören. Martha beruhigt das Kind mit einem Schlaflied. Im Dämmerlicht erscheint eine geisterhafte Frauengestalt, die Hannele als Mutter anspricht und zum Verweilen auffordert. Bevor die Erscheinung verschwindet, läßt sie dem Kind Himmelsschlüssel als Pfand zurück. Als drei Engel in Gestalt geflügelter Jünglinge erscheinen, bricht das Kind in Jubel aus.
II. Akt: Hannele schlägt die Augen auf und sieht Martha an ihrem Bett, der sie von den Engeln erzählt. Da die Schwester ihr nicht glaubt, will Hannele die Schlüsselblumen vorzeigen. Aber Martha kann die Blumen nicht sehen. Da erblickt das Kind einen schwarzen Engel, den es anspricht, während Martha leise das Zimmer verläßt. Von plötzlichem Grauen befallen, schreit Hannele laut auf und wendet sich einer ins Zimmer tretenden Gestalt in der Kleidung einer Diakonissin zu, die dem Mädchen verkündet, daß der schwarze Engel der Tod sei und daß sie sich zum Sterben bereit machen solle. Auf ihr Läuten tritt ein buckliger Dorfschneider ein, der Hannele mit Hilfe der Diakonissin als Braut schmückt. Sie wird auf das Bett gelegt, und der schwarze Engel tritt näher. Schon hebt er sein Schwert, als die Diakonissin ihre Hände schützend auf Hanneles Herz legt. Als der Engel verschwunden ist, erscheint Gottwald mit Glokkenblumen, die er zu Füßen der toten Hannele legt. Die Armenhäusler treten ein und unterhalten sich darüber, daß Hannele eine Heilige sein solle. Vier Jünglinge bringen einen gläsernen Sarg, den sie vor dem Bett abstellen. Als Gottwald das Leichentuch entfernt, erscheint Hannele von Licht überstrahlt. Unbemerkt entfernt er sich. Grölend kommt Hanneles Vater aus dem Wirtshaus. Da tritt ein Greis mit den

Zügen Gottwalds ein und bittet um Speise und Trank. Er macht den unwirschen Vater auf sein totes Kind aufmerksam, das dieser erst jetzt bemerkt. Obwohl man ihn einen Mörder schilt und der Greis ihm ins Gewissen redet, bleibt er verstockt. Da sieht er, wie von den Himmelsschlüsseln in Hanneles Händen ein gelblichgrünes Licht ausgeht. Der Greis beugt sich über den Sarg und erweckt das Kind, während der Vater wie von Sinnen aus dem Zimmer stürzt. Hannele schlägt die Augen auf und entsteigt dem Sarg. Die Wände des Zimmers weichen zurück und öffnen sich zu einer Blumenwiese, hinter der die goldenen Zinnen der ewigen Stadt mit einem Tor sichtbar werden. Langsam schreitet der Greis mit Hannele auf das Tor zu, das sich öffnet. Mit ausgebreiteten Armen empfängt die Mutter ihr Kind. Die Vision verschwindet. Der Arzt erscheint, beugt sich über das Bett und bestätigt den Umstehenden Hanneles Tod.

*Friedemann Bach*, II. Akt; Hans Fidesser als Bach, Rosalind von Schirach als Antonie; Regie: Otto Krauß, Bühnenbild: Gustav Vargo; Städtische Oper, Berlin 1932.

**Kommentar:** Hauptmanns »Traumdichtung« legt durch das lyrische Potential in den zahlreichen religiös-visionären Szenen eine Vertonung nahe, wenn auch solche Art von »Musikhaltigkeit« nicht unbedingt dramatische Qualitäten enthalten muß. In der Tat begründet der Komponist in seinem programmatischen Librettovorwort die Veroperung von Hauptmanns Text nicht dramaturgisch, sondern aus seinem metaphysischen Gehalt, den »nur die Musik, die transzendentalste aller Künste« ausschöpfen könne (s. Ausg.). Symbolische Bedeutung erhält der Choral »Ach bleib mit deiner Gnade bei uns, Herr Jesu Christ«, der bereits zu Beginn des I. Akts erklingt. Seine Funktion weitet sich von naturalistischer Milieucharakterisierung über die Öffnung visionärer Gesichte aus Hanneles Fieberträumen zum apotheotischen Jubelhymnus der »Himmelfahrt«. Musikalisch fügt der Choral sich nahtlos in Graeners eklektische Tonsprache, deren spätromantisches, an Max Reger orientiertes Idiom mit neubarocken Elementen eine allzu simple Verbindung eingeht.

**Wirkung:** Der Erfolg von *Hanneles Himmelfahrt* erfuhr in den 30er Jahren durch Graeners kulturpolitische Aktivitäten im Dienst des Nationalsozialismus eine zusätzliche Steigerung. Nachdem das Werk an der Deutschen Oper Berlin zur Aufführung gekommen war, erfolgten zahlreiche Einstudierungen auch an kleinen und mittleren Bühnen.

**Autograph:** Verbleib unbekannt. **Ausgaben:** Kl.A: B&B [1927], Nr. 19710; Textb.: B&B 1927. **Aufführungsmaterial:** B&B
**Literatur:** G. GRÄNER, P. G., Lpz. 1922; F. STEGE, P. G., in: ZfM 99:1932, S. 9; P. GRÜMMER, Verzeichnis der Werke P. G.s, Bln. 1937; E. SCHMITZ, Zum 70. Geburtstag P. G.s, in: ZfM 109:1942; H. KILLER, P. G., in: Mk 34:1942, S. 150

*Hans-Joachim Bauer*

## Friedemann Bach
### Oper in drei Akten (vier Bildern)

**Text:** Rudolf Lothar (eigtl. Rudolf Spitzer), nach dem Roman (1858) von Albert Emil Brachvogel

**Uraufführung:** 13. Nov. 1931, Mecklenburgisches Staatstheater, Schwerin
**Personen:** Graf von Brühl (Bar); Arabella, seine Frau (S); Antonie, seine Tochter (S); Friedemann Bach (T); Hoforganist Merberger (B); Ulrike, seine Tochter (Mez); Baron von Sipmann (T); Doles (Bar). **Chor:** Schüler von Johann Sebastian Bach, Damen und Herren der Hofgesellschaft. **Statisterie:** ein Offizier, 4 Soldaten
**Orchester:** 3 Fl (auch Picc), 3 Ob (3. auch E.H), 3 Klar (3. auch B.Klar), 2 Fg, K.Fg, 4 Hr, 3 Trp, 3 Pos, B.Tb, Pkn, Schl (kl.Tr, Bck, Trg, Tamtam, Glsp), Cel, Cemb, Org, Hrf, Streicher; BühnenM: Fl, Ob, Hörner, Glocken, Hrf, Vl, Va, Vc, Kb
**Aufführung:** Dauer ca. 1 Std. 45 Min. – Zwei Schüler aus dem Chor sind mit kleinen Gesangssoli betraut.

**Entstehung:** Das reife Opernschaffen Graeners fiel in jene Zeit, da die Nationalsozialisten die Macht in Deutschland an sich rissen. Schon bald konnten sie durch verschiedene streng politisch organisierte Überwachungsorgane direkten Einfluß auf die entscheidenden kulturellen Einrichtungen, darunter eben auch die Opernhäuser, ausüben. Mit *Friedemann Bach* hatte Graener nach der Machtergreifung zunächst wegen seines jüdischen Librettisten Schwierigkeiten, denen er jedoch dadurch ausweichen konnte, daß er die Machthaber mehrfach seiner Ergebenheit versicherte. Von Graener übernommene Ehrenämter taten ein übriges: Als Richard Strauss 1933 Präsident der Reichsmusikkammer war, stand ihm neben Paul Hindemith und Hans Pfitzner auch Graener zur Seite. 1934 wurde er Ehrenvorsitzender des »Arbeitskreises nationalsozialistischer Komponisten«.
**Handlung:** In Dresden, 1733 und 1735.
I. Akt, Haus des Hoforganisten Merberger: Friedemann, der Sohn Johann Sebastian Bachs, wird in Dresden erwartet, wo er sich mit dem »welschen Musikus« Marchetti messen soll. Die Gastgeber, vor allem Merbergers Tochter Ulrike, sind davon überzeugt, daß Friedemann als Sieger aus dem Wettstreit hervorgehen werde. Friedemann, der Ulrikes Zunei-

gung nicht bemerkt, deutet in einem Gespräch mit dem Bach-Schüler Doles an, daß er die enge Bindung an die strenge Kunst seines Vaters überwinden wolle, um ein selbständiger Künstler werden zu können.
II. Akt, Palais des Grafen von Brühl: Als Höhepunkt eines Kostümfests soll der Wettstreit zwischen Friedemann und Marchetti ausgetragen werden. Hierzu kommt es jedoch nicht, da der Kontrahent ausbleibt. Statt dessen verliebt Friedemann sich in Antonie, die Tochter des Grafen. Später begegnet ihm die als Mänade verkleidete Gräfin; sie verrät ihm weder Stand noch Namen, händigt ihm jedoch den Schlüssel zu ihrem Schlafgemach aus. Die Verabredung wird von Baron Sipmann, dem Sekretär des Grafen, belauscht. Ihm hat der Graf für den Fall eines besonderen Diensts Antonie zur Ehe versprochen. Die Intrige nimmt ihren Lauf: Mutter und Tochter werden gegeneinander ausgespielt, Friedemann wird anhand des Schlüssels überführt und ins Gefängnis geworfen.
III. Akt, 1. Bild, ein einfach eingerichtetes Zimmer bei Doles, zwei Jahre später: Doles und Ulrike, deren Vater gestorben ist, haben inzwischen geheiratet. Die Eheleute haben Friedemann in ihrem Haus aufgenommen, um ihn, der als gebrochener Mann das Gefängnis verlassen hat und in Schwermut verfallen ist, wieder aufzurichten. In der Kirche soll die Hochzeit von Antonie und Sipmann stattfinden. Durch ihr Jawort hat Antonie Friedemanns Freilassung erwirkt. Die Glocken des Doms, die zur Hochzeitsfeier des ihm unbekannten Paars läuten, mahnen Friedemann an seine künstlerische Sendung. Er eilt zur Kirche.
2. Bild, Orgelgalerie: Friedemann nimmt auf der Orgelbank Platz, um das Lied zu spielen, das einmal seine Liebe zu Antonie ausdrückte. Plötzlich wird die Trauung durch einen Aufschrei Antonies unterbrochen, die sich an die Melodie erinnert. Sie eilt zu Friedemann und gesteht ihm ihre Liebe.
**Kommentar:** Graeners Werke konnten aus zwei Gründen während der nationalsozialistischen Herrschaft so erfolgreich sein: Zum einen war Graener ein entschiedener Befürworter der neuen Machthaber, was er schon vor 1933 nicht verhehlt hatte, zum andern war die schlichte Tonsprache seiner Kompositionen wie geschaffen für die reaktionären »Kunsttheorien« der Nazis. Graeners Opern wurden wegen ihrer »klassischen Volkstümlichkeit« gelobt und als »das im besten Sinne ›Unzeitgemäße‹« (*Zeitschrift für Musikforschung* 1942) den verpönten Werken Weills (*Die Bürgschaft*, 1932) und Křeneks (*Jonny spielt auf*, 1927) gegenübergestellt. – So fragwürdig die Vertonung der frei erfundenen Geschichte Brachvogels war, dem zeitgenössischen Publikumsgeschmack lief sie offenbar nicht zuwider, zumal sie wirkungsvolle Möglichkeiten für die Verwendung von Zitaten und Stilkopien bot. Graener gestaltete die Partitur im Sinn der zu jener Zeit zuhauf gepflegten neubarocken Spielmusik (so im Fugato des Präludiums zum III. Akt), ohne einen charakteristischen eigenen Ton zu finden. Zur Gestaltung von Erinnerungsmotiven nutzte er unter anderm das berühmte B-A-C-H und eine Melodie, die Wilhelm Friedemann Bach zugeschrieben wird. Als Thema für den musikalischen Wettkampf griff Graener auf das Lied »Willst du dein Herz mir schenken« aus Johann Sebastian Bachs *Notenbüchlein* zurück.
**Wirkung:** Nach der Uraufführung und der Berliner Erstaufführung von *Friedemann Bach* war die Presse voll des Lobs und stellte einen einhelligen Publikumserfolg fest. Nach dem zweiten Weltkrieg allerdings verschwanden Graeners Opern schnell wieder von den Spielplänen.

**Autograph:** Verbleib unbekannt. **Ausgaben:** Part: B&B; Kl.A: B&B 1931, Nr. 19994; Textb.: B&B 1931, Nr. 150. **Aufführungsmaterial:** B&B
**Literatur:** E. ISTEL, Die moderne Oper vom Tode Wagners bis zur Gegenwart, Lpz., Bln. 1923; R. LOTHAR, Wie ›Friedemann Bach‹ entstand, in: Der Aufstieg 2:1933, H. 1; weitere Lit. s. S. 537

*Hans-Joachim Bauer*

# Martha Graham

Geboren am 11. Mai 1894 in Pittsburgh (Pennsylvania)

## Lamentation

Klage
Tanzstück

**Musik:** Zoltán Kodály, Nr. 3 aus *Zongoramuzsika* (1909). **Libretto:** Martha Graham
**Uraufführung:** 8. Jan. 1930, Maxine Elliott's Theatre, New York, Martha Graham
**Darsteller:** Solistin
**Orchester:** Kl
**Aufführung:** Dauer ca. 5 Min.

**Entstehung:** Graham begann ihre Laufbahn 1916 als Schülerin an der von Ruth Saint-Denis und Ted Shawn geleiteten Denishawn-Tanzschule. 1919 wurde sie Mitglied der Denishawn Dancers, von denen sie sich trennte, um 1926 ihre eigene Kompanie zu gründen, bestehend aus drei Tänzerinnen und Graham als Solistin. Bereits in den Anfängen ist Grahams Stil, intensitätsgeladen, konzentriert und kompromißlos, deutlich ausgeprägt. Soli wie *Tanagra* (New York 1926) und Soli mit Gruppe wie *Heretic* (New York 1929) sind bereits ganz in der für Graham typischen skulpturalen Strenge komponiert, eine Choreographie, die in der Bewegung immer auch die Magie eines archaischen Rituals freizusetzen sucht. Schon 1927 gründete Graham die Martha Graham School of Contemporary Dance, aus der in der Folgezeit die Tänzer ihrer Kompanie hervorgingen. Die Schule ist seither zum internationalen Zentralinstitut des Modern Dance geworden, in dem »Graham-Technik«, der von Graham entwickelte Stil des Modern Dance, gelehrt wird.

Hatte Graham zu Beginn noch gegen Widerstände und Ablehnung ihrer Choreographien zu kämpfen, so gilt sie seit den 50er Jahren als die Schöpferin großer Tanzmythen und als eine der bedeutendsten Tänzerinnen und Choreographinnen des 20. Jahrhunderts.

**Inhalt:** Dekorationslose Bühne: Die Tänzerin sitzt auf einer niedrigen Bank. Scheinwerfer beleuchten nur sie; der Rest der Bühne bleibt dunkel. Die Bewegungsfreiheit der Tänzerin ist durch ein röhrenartiges Kostüm aus Jersey eingeengt, das nur Gesicht, Hände und Füße frei läßt, so daß das Publikum ihren Körper nicht zu sehen bekommt, sondern nur die skulpturartigen Formen, die bei der Interaktion zwischen Tänzerin und Kostüm entstehen. Der Tanz bewegt sich von einer solchen Skulptur zur nächsten. Jede beginnt im Torso, bezieht allmählich den ganzen Körper mit ein und formt ihn zu einer einzigen Einheit. Dazwischen gibt es keinen vollkommenen Stillstand. Die höchste Steigerung einer Pose ist so dynamisch, daß sie sofort in die nächste überleitet. Die Bewegung von Pose zu Pose ist die eigentliche Aktion, die während des Tanzes weiterentwickelt und intensiviert wird. Am Ende kommt die Figur einmal zum Stehen und sinkt dann in sich zusammen auf den Boden. Dies erweckt jedoch nicht den Eindruck, als sei die Klage vorüber oder sie sich zerfallen. Vielmehr hat der Betrachter das Gefühl, daß das Tanzbild allmählich schweben bleibt. Die Tänzerin unterstreicht diese Wirkung durch einen maskenhaften Gesichtsausdruck.

**Kommentar:** *Lamentation* ist eins der zahlreichen Solostücke, die Graham zu Anfang ihrer Karriere für sich selbst kreiert hat. Der Haupteffekt des Werks besteht in der Empfindung, daß der Ausdruck des Dargestellten aus der Erfahrung der auf der Bühne sichtbaren Tänzerin entspringt, nicht jedoch als persönliche Erfahrung des Leids seitens dieser Tänzerin, sondern als Objektivierung des persönlichen zum universalen Erleben. Graham verkörperte dabei kein spezifisch weibliches Leid; sie wurde vielmehr zur Personifizierung der Idee der Klage schlechthin. Tanz und Musik vermischen sich und formen eine Einheit. Trotzdem scheint der Tanz unabhängig von der Musik existieren zu können. Der Betrachter wundert sich, daß die Musik schon vor dem Tanz da war und nicht erst durch diesen entstand.

**Wirkung:** *Lamentation* hatte neben *Frontier* (New York 1935) als Solo Bestand. Obwohl der Tanz nach 1975 auch von andern Mitgliedern der Graham-Kompanie ausgeführt wurde (zum Beispiel von Peggy Lyman), kann der Eindruck der Originalproduktion, für die Graham auch Kostüm und Beleuchtung beisteuerte, kaum von einer andern Tänzerin erzielt werden. Die Objektivierung von Emotion in diesem Ballett öffnete den Weg zu Grahams ersten Gruppenwerken, zum Beispiel *Primitive Mysteries* (1931).

**Ausgaben:** M: Rózsavölgyi, Budapest 1910; Film, s/w, 16 mm: Pictorial Films (NYPL Dance Coll. MGZHB4-823); Film, color, 16 mm: Harmon Foundation, Moselsio 1943 (NYPL Dance Coll. MGZHB 4-163); Video, mit P. Lyman: WNET/13, NY 1976 (NYPL Dance Coll. MGZIC 9-200). **Aufführungsmaterial:** M: Rózsavölgyi, Budapest; Ch: Martha Graham Center, NY

*Lamentation*; Martha Graham; Uraufführung, Maxine Elliott Theatre, New York 1930. – Indem der Stoff die Körperbewegung verhüllt, enthüllt sich um so mehr die zu skulptural Abstraktion getriebene Gefühlsbewegung.

**Literatur:** M. ARMITAGE, M. G., Los Angeles 1937; J. MARTIN, Introduction to the Dance, NY 1939; B. MORGAN, M. G.: Sixteen Dances in Photographs, NY 1941; R. HORAN, The Recent Theatre of M. G., in: Dance Index, Jan. 1947; M. LLOYD, The Borzoi Book of Modern Dance, NY 1949; L. HORST, C. RUSSEL, Modern Dance Forms in Relation to the Other Modern Arts, San Francisco 1961; Martha Graham, hrsg. K. Leabo, NY 1961; L. LEATHERMAN, M. G.: Portrait of the Lady as an Artist, NY 1966; M. GRAHAM, The Notebooks of M. G., NY 1973; D. McDONAGH, M. G., NY 1974; W. TERRY, Frontiers of Dance. The Life of M. G., NY 1975; E. KENDALL, Where She Danced, NY 1979; M. B. SIEGEL, The Shapes of Change: Images of American Dance, Boston 1979; S. A. KRIEGSMAN, Modern Dance in America: The Bennington Years, Boston 1981; E. STODELLE, Deep Song: The Dance Story of M. G., NY 1984

*Susan Manning*

## Primitive Mysteries
### Dance in Three Parts

**Primitive Mysterien**
3 Teile

**Musik:** Louis Horst. **Libretto:** Martha Graham
**Uraufführung:** 2. Febr. 1931, Craig Theatre, New York, Martha Graham and Dance Company
**Darsteller:** Solistin, 18 Tänzerinnen
**Orchester:** Fl, Ob, Kl
**Aufführung:** Dauer ca. 20 Min.

**Entstehung:** *Primitive Mysteries* entstand knapp zwei Jahre, nachdem Graham ihre eigene, nur aus Frauen bestehende Kompanie, genannt »The Group«, gegründet hatte. In der ersten Zeit schuf sie zwei verschiedene Arten von Tänzen: Solos und Gruppentänze mit einer stark kontrastierenden Solorolle. Wenn sie gelegentlich auch Tänze nur für die Gruppe kreierte, hatten diese doch nie die Anziehungskraft der Arbeiten, an deren Ausführung sie selbst beteiligt war. Horst war Musikdirektor der Denishawn Company, deren Mitglied Graham bis 1923 gewesen war. Er verließ die Truppe zwei Jahre später und wurde Mentor und musikalischer Leiter von Grahams Truppe. *Primitive Mysteries* war die erste Ballettmusik, die er für Graham komponierte; ihr folgten acht weitere, darunter *Frontier* (New York 1935) und *El Penitente* (Bennington 1940). Horst beriet Graham auch bei der Auswahl von schon existierenden Musikstücken; später (nach 1934) wählte er Komponisten aus, die Aufträge für Grahams Truppe erhielten. 1930 besuchten Horst und Graham gemeinsam den Südwesten der Vereinigten Staaten und lernten dabei die Vermischung von spanisch geprägtem Christentum und indianischen Kultformen kennen, wie sie sich besonders in einer Büßersekte äußerten. Dieser Besuch hinterließ seine Eindrücke in *Primitive Mysteries* und noch in *El Penitente*, dem letzten gemeinsamen Werk.

**Inhalt:** Dekorationslose Bühne: Die Solistin trägt ein schlichtes Kleid aus weißem Organdy mit flatternden Bändern und Ärmeln. Einen starken Kontrast dazu bilden die dunkelblauen Gewänder der Frauen mit enganliegendem Mieder, kurzen Ärmeln, rundem, kragenlosem Ausschnitt und knöchellangem gebauschten Rock. 1. Teil, »Hymn to the Virgin«: Die Frauen und die Jungfrau treten in schweigender Prozession ein. Die Frauen postieren sich auf Linien, die die Kastenform der Bühne nachbilden. Die Jungfrau geht von einer dieser Linien zur andern und eröffnet damit jeweils einen Dialog in Gesten. Sie gibt jeder Frau ihren Segen. Dann bilden die Frauen einen Kreis um sie. Durch Sprungfolgen bewegt sich dieser Kreis einmal in der einen, einmal in der andern Richtung. Am Schluß verbeugen sich die Frauen vor der Jungfrau, bevor sie die Bühne verlassen. 2. Teil, »Crucifixus«: Zwei Frauen stehen links und rechts neben der Jungfrau. Die Pose der drei Figuren läßt an die Kreuzigung Christi denken. Die Begleiterinnen der Jungfrau erscheinen zeitweilig als Jünger, zeitweilig als Ankläger. Zunächst schreiten die Frauen einher, als ob sie gequält darauf wartet, daß etwas geschehe. Dann beginnen sie im Kreis zu hüpfen, wobei sie nach vorn springen und doch von ihren Armen, die hinter dem Rücken geschlossen sind, zurückgehalten werden. Am Schluß fallen sie auf die Knie, bevor sie wiederum als Prozession die Bühne verlassen. 3. Teil, »Hosanna«: Die Jungfrau hält einen Dialog mit einer Frau aus der Gruppe. Durch Posen, die aus der christlichen Malerei bekannt sind, erinnert die Frau an Christus, die Jungfrau an Maria. Die Gruppe tanzt zur Verherrlichung der Jungfrau und krönt sie, bevor sie in einer Schlußprozession abgeht.

**Kommentar:** Die Musik ist so abgefaßt, daß sie die Handlung unterstützt, nicht nur durch Klang, sondern auch durch Momente des Schweigens, Schweigen gerade während der Prozessionen und einiger der eindrucksvollsten Bewegungsbilder. Rhythmische schlagzeugähnliche Passagen entsprechen Bewegungsphrasen in den Gruppentänzen. Die Instrumentation mit Klavier und Bläsern ist typisch für Horsts Kompositionen für Graham und die Werke anderer

*Primitive Mysteries*, 1. Teil; Martha Graham (Mitte); Uraufführung, Craig Theatre, New York 1931. – Die Spannung zwischen der Gruppe und der wie eine Göttin erscheinenden Solistin wächst aus der choreographischen Verknüpfung von Tanz und Ritual.

Komponisten, die er ihr aus dem zeitgenössischen Repertoire vorschlug. Auf die traditionelle Melodik und Harmonik der Streicher wurde verzichtet zugunsten der motivischen Möglichkeiten, die das Kammerensemble bot. – Die Prozessionen bilden eine deutliche Trennung zwischen den drei Teilen des Werks. Die Jungfrau spielt in jedem Teil eine andere Rolle und verhält sich entsprechend unterschiedlich zur Gruppe. Im 1. Teil erscheint sie als Gottheit, im 2. als Christus, im 3. als Jungfrau Maria. Die Choreographie verschmilzt viele Rollen in der einen Rolle der Jungfrau. So läßt der Tanz eher das Wesen des Rituals als dessen Ausübung in Erscheinung treten. Auffällig ist der extreme Kontrast zwischen der Solistin und der Gruppe. Diese stellt nicht die Verehrung der Gottheit durch die christlichen Indianer dar, sondern bleibt immer sie selbst, auch wenn sie das Wesen des Rituals verkörpert.

**Wirkung:** Bei der Uraufführung tanzte Graham die Jungfrau; außerdem schuf sie die Kostüme und zeichnete für die Lichtregie verantwortlich. *Primitive Mysteries* wurde zu einem Meilenstein in Grahams Karriere und in der Entwicklung des amerikanischen Modern Dance. Es faßt die Ergebnisse ihrer Arbeit in der ersten Schaffensperiode zusammen, zeigt ihren inzwischen gereiften Solostil, in dem sie sich mehr mit ihrem Objekt identifiziert als einen Charakter darstellt. Es zeigt aber auch das Entstehen eines endgültigen Gruppenstils und den Einsatz der Gruppe als dramatische Kraft, die im Gegensatz zur Solistin steht, und schließlich ihre Meisterschaft in der Suitenform, der Verknüpfung getrennter Abschnitte als Aussagen zu einem Thema oder einer Folge von Themen. Bei der Wiederaufnahme 1964 im Rahmen eines Gedächtnisprogramms für Horst tanzten Yuriko und zwölf Frauen aus der Graham-Truppe (anstelle der ursprünglichen 18).

**Autograph:** Part: L. Horst Coll., Martha Graham Center NY.
**Ausgaben:** Film, s/w, 16mm: Connecticut College School of Dance Arch. Film 1964 (NYPL Dance Coll. MGZHB 8-88).
**Aufführungsmaterial:** Martha Graham Center, NY
**Literatur:** s. S. 539

*Susan Manning*

## Letter To the World

**Brief an die Welt**
Tanzstück

**Musik:** Hunter Johnson. **Libretto:** Martha Graham
**Uraufführung:** 11. Aug. 1940, College Theatre, Bennington (VT), Martha Graham and Dance Company
**Darsteller:** Emily als Tänzerin; Emily als Sprecherin; die Ahnfrau; die Feenkönigin; das junge Mädchen; 2 Kinder; der Liebhaber; March; Corps de ballet: 3 Männer, 2 Frauen
**Orchester:** Fl, Klar, Ob, Fg, Pkn, Schl (gr.Tr, kl.Tr, Holzblock, Tamtam), Kl, Streicher
**Aufführung:** Dauer ca. 55 Min.

**Entstehung:** *Letter To the World* gehört zu Grahams Serie von Tanzstücken mit typisch amerikanischen Themen, die mit *Frontier* (New York 1935) begann und mit *Appalachian Spring* (1944) endete. Das puritanische Erbe herrschte in vielen Balletten dieser Serie vor (hier verkörpert durch die Ahnfrau); dies Werk unterscheidet sich aber von den übrigen dadurch, daß es eine historische Person in den Mittelpunkt stellt und nicht einen amerikanischen Typus. *Letter To the World* gehört aber auch zu den Stücken Grahams, in denen ihre eigene Rolle zwei männlichen Partnern gegenübersteht, in diesem Fall Erick Hawkins als Liebhaber und Merce Cunningham als March. Beide waren die ersten Männer in der Graham-Truppe; sie war mit ihnen zum erstenmal gemeinsam in *Every Soul Is a Circus* (New York 1939) aufgetreten: Graham als Kaiserin der Arena, die den Zirkusdirektor Hawkins dem Akrobaten Cunningham vorzieht. Beide zeigten als Tänzer gegensätzliche Qualitäten: Hawkins war kernig-kräftig, Cunningham leicht und lebhaft, so daß sich durch die kontrastierenden Typen für Graham eine Reihe dramatischer Möglichkeiten eröffnete. Auch in *El Penitente*, das am selben Abend wie *Letter* uraufgeführt wurde, waren Hawkins (Büßer) und Cunningham (Christus) die Partner Grahams (Maria).

**Inhalt:** Eine weiße Bank mit geschwungener Lehne sowie weiße, schmiedeeiserne Tore und Fenstergitter als Andeutung des berühmten Hauses von Amherst: Tänzerin und Sprecherin gehen über die Bühne und grüßen sich. Die Sprecherin geht ab und überläßt die Bühne ihrem Alter ego zum Tanz. Dann kommt sie wieder, und beide treten in physischen Kontakt. Der Liebhaber erwidert den Gruß der Sprecherin und der Tänzerin, bevor er allein zu tanzen beginnt. Dann erscheinen die beiden Kinder und junge Paare in Partykleidung. – Wiederum treten die Paare auf, diesmal gekleidet, als gingen sie zu einer Beerdigung. Bald folgt ihnen die Ahnfrau und kämpft mit der Tänzerin. Die Paare agieren als Sargträger, heben den Leichnam Emilys als Tänzerin in die Höhe, danach die beiden Mädchen an ihrer Stelle. Der Liebhaber versucht vergeblich, Emily wieder zum Leben zu erwecken. – Der Alptraum endet; Emily kehrt zurück und tanzt überschwenglich mit March, die Ahnfrau jedoch vertreibt ihn. Emily tanzt allein, gestikuliert mit den Armen in offenen Kreisen, den freien Raum umspannend. Auf ihren lockenden Tanz hin erscheint der Liebhaber, und als ihn Emily aus andern Freiern auswählt, zieht sich die Ahnfrau zurück. Im gemeinsamen Tanz mit dem Liebhaber bewegt Emily sich nun zurückhaltender als vorher allein. Die Ahnfrau kehrt zurück, trennt die Liebenden und führt den Mann weg. Emily antwortet mit einem angstvollgequälten Tanz; als die Ahnfrau wiederkommt, gelingt es Emily, sich aus deren Umklammerung zu lösen. Endlich frei, wirbelt sie schnell und leicht herum und trifft schließlich die Sprecherin zu einem gemeinsamen Spaziergang wie zu Beginn. Emily bleibt auf der Bank sitzen; die Sprecherin geht ab mit den Worten: »Das ist mein Brief an die Welt.«

**Kommentar:** *Letter To the World* ist ein erzählender Tanz. Die Handlung verbindet analog dem Bewußtseinsstrom-Roman Worte und Bewegungen und spielt sich in der inneren Vorstellungswelt der Protagonistin Emily Dickinson ab, deren Gedichten sowohl der Titel des Tanzstücks als auch die Überschriften von dessen zehn Abschnitten entnommen sind. Keine der Personen verkörpert allein Dickinson; jede aber repräsentiert einzelne Züge von deren Charakter. Zunächst einmal wird sie gekennzeichnet durch ein Doppel-Ich als Tänzerin und als Sprecherin. Die Rolle der Tänzerin schuf Graham für sich selbst; sie soll Dickinsons fühlende Seite ausdrücken. Im Lauf des Stücks trägt sie verschiedene Kostüme (Entwürfe: Edythe Gilfond): zunächst ein Kleid in lichten Farben mit weitem, bodenlangem Faltenrock und mädchenhaftem übergroßem Kragen, später ein etwas dunkleres Partykleid mit von der Schulter fallenden verführerischen Rüschen, dann ein verblichenes blaues Matrosenkostüm und schließlich ein schmuckloses weißes Gewand, an Armen und Körper eng und von der Taille zum Boden weiter werdend. Die Schauspieler-Tänzerin, die die Rolle der Sprecherin übernimmt, bringt die zurückhaltende, ernste Dickinson zum Ausdruck. Ihr Gewand erinnert im Stil an die Kleidung, die die Tänzerin als erstes trägt: grau und blaßlila der lange Faltenrock; das Mieder mit schmalen Rüschen am Halsausschnitt. Die Ahnfrau verkörpert Dickinsons Herkunft, puritanisch, ehrfurchtgebietend, aber schön; sie ist jedoch auch das Symbol ihrer immer wachen Angst vor dem Tod. Sie ist in ein schwarzes Kleid mit langen Ärmeln und bodenlangem Rock gehüllt; die schwarze Haube hat einen weißen Rand, was aber das Starre ihres Erscheinungsbilds nicht mildert. March und die andern Männer sind Erscheinungsformen des Liebhabers, der (gekleidet in ein weißes Hemd und eine dunkle Hose) seinerseits ein Ausdruck ihres Verlangens nach Glück ist. Der Verlust des Liebhabers veranlaßt sie, ihre Bestimmung als Dichterin und die Tatsache zu erkennen, daß sie ihr Glück nur in vertiefter Arbeit finden kann. Daß aus der Tragödie dieses Verlusts die Dichterin geboren wird, ist ihr »Brief an die Welt«. Die Choreographie enthüllt einen Augenblick ihres Lebens und in diesem eingeschlossen die ganze Lebensgeschichte. Darin zeigt sich die erzählende Struktur dieses Tanzstücks. Die sprechende und die tanzende Emily beginnen und beenden das Stück gemeinsam. Dazwischen liegt eine Vision dessen, was auf dem Weg zwischen Eingangstor und Bank geschehen sein könnte. Diese Vision jedoch umschließt Emilys Lebensgeschichte: ihren Kampf mit der Ahnfrau, einem Sinnbild für das Gewicht der eigenen Vergangenheit und derjenigen der ganzen Nation. Sie trifft ihren Liebhaber und verliert ihn wieder. Dieser Verlust läßt sie die Umklammerung durch die Ahnfrau abschütteln und Befriedigung

*Letter To the World*; Martha Graham als Tänzerin/Emily, Erick Hawkins als Liebhaber, Jean Erdman als Sprecherin/Emily; Bühnenbild: Arch Lauterer; Uraufführung, College Theatre, Bennington 1940. – Das Gegenüber einer ganz dem Augenblick ihrer Gefühle hingegebenen und einer beobachtenden, in die Zukunft gewandten Figur zeigt Grahams Verfahren der Ich-Doppelung, um Bewußtseinsmomente in Choreographie zu übersetzen.

in ihrem »Brief« finden, der Schaffung eines Kunstwerks. Jean Erdman, die die Sprecherin kreierte, schrieb dazu: »Die Geschichte eines Lebens enthüllt, als Geschichte der Erinnerung einer Seele an ihr eigenes Geschick, die Geschichte des Schicksals eines Künstlers. Das Publikum empfindet dies als nichts anderes als die eigene Lebensgeschichte, nur von größerer Intensität als bei den meisten sonst.« – Die Erzählstruktur des Werks, die Graham hier zum erstenmal angewandt hat, ermöglicht es, einen kurzen Augenblick zur Darstellung eines ganzen Lebens zu verwenden. Diese Struktur betonen einige der bedeutendsten Tänze Grahams in den 40er Jahren (*Deaths and Entrances*, 1943, *Appalachian Spring*, 1944, *Night Journey*, 1947). Diese Werke schließen die zweite wichtige Periode in Grahams Entwicklung ein: Sie sind Synthesen der theatralischen Mittel Bewegung, Musik, Ausstattung. Alle stellen eine Protagonistin dar, die sich mit einer Krise konfrontiert und von Personen umgeben sieht, die ihr Gefühlsleben reflektieren. Diese zweite Periode begann mit *American Document* (Bennington 1938). Bis zu *Letter* benutzte Graham einen theatralischen Rahmen für eine symbolische Handlung. *American Document* war eine Minstrel-Show, *Every Soul* spielte in einem Zirkus mit drei Arenen, war ein Mysterienspiel. Mit *Letter* entdeckte Graham die Möglichkeit, eine symbolische Handlung auf der Bühne unmittelbar durch eine Struktur darzustellen, die dem Bewußtseinsstrom-Roman nahekam. Sie ermöglicht es, einen Augenblick des Bewußtseins zu einer vielschichtigen Parabel auszudehnen. Johnsons Musik, bestehend aus Einleitung, zwölf thematisch unverbundenen Abschnitten und Coda, reflektiert Dickinsons Gedichte. Der Komponist hatte das Werk für Klavier geschrieben, dann für 13 Instrumente gesetzt. 1952 erstellte er eine Suite für Kammerorchester, 1959 folgte eine Fassung für Orchester.

**Wirkung:** Die erste New Yorker Aufführung fand am 20. Jan. 1941 im Mansfield Theatre statt. *Letter To the World* wurde 1970 in New York (Brooklyn Academy of Music) wiederaufgenommen (Tänzerin: Pearl Lang, Sprecherin: Erdman, Ahnfrau: Jane Dudley).

**Ausgaben:** Orch.Suite, Part: Galaxy Music Corp., NY 1968.
**Aufführungsmaterial:** Martha Graham Center, NY
**Literatur:** J. ERDMAN, The Dance as Non-verbal Poetic Image, in: The Dance Has Many Faces, hrsg. W. Sorell, Cleveland 1951; R. A. MONACO, The Music of Hunter Johnson, Diss. Cornell Univ., Ithaca, NY 1960; weitere Lit. s. S. 539

*Susan Manning*

## Deaths and Entrances

**Tode und Zugänge**
Tanzstück

**Musik:** Hunter Johnson. **Libretto:** Martha Graham, nach den Romanen und Memoiren von Anne, Charlotte und Emily Jane Brontë

**Uraufführung:** 18. Juli 1943, College Theatre, Bennington (VT), Martha Graham and Dance Company
**Darsteller:** die 3 Schwestern; 3 Kinder aus der Erinnerung; der düstere Geliebte; der poetische Geliebte; 2 Kavaliere
**Orchester:** Fl (auch Picc), Ob (auch E.H), Klar, Fg, Hr, Pkn, Schl (gr.Tr, kl.Tr, Bck, Glocken, Holzblock), Kl, Streicher
**Aufführung:** Dauer ca. 1 Std.

**Entstehung:** Mit allen Beteiligten dieses Tanzstücks hatte Graham im Lauf des Bennington-Festivals schon zusammengearbeitet. Der Plan für die Musik entstand 1942 gemeinsam mit Johnson, der schon *Letter To the World* (1940) für Graham komponiert hatte. Die Korrespondenz mit dem Bühnenbildner Arch Lauterer belegt Grahams Einfluß auf die Dekorationen. Die Rolle der Hauptdarstellerin schuf Graham für sich selbst; die Darstellerinnen der andern beiden Schwestern, Sophie Maslow und Jane Dudley, erfahrene Mitglieder aus Grahams Gruppe, entwickelten ihre Rollen weitgehend selbst, nachdem Graham die Grundlinien festgelegt hatte. Der Titel des Werks stammt aus einem Gedicht von Dylan Thomas. Wenn Graham auch durch die Lektüre der Werke der Brontë-Schwestern zu ihrer Choreographie angeregt wurde, so ging sie nach eigenem Zeugnis schon in ihrer Darstellung über diese hinaus, wollte Allgemeingültiges aussagen, die Gefühle darstellen, »die den Teil in uns einbeziehen, der für den schöpferischen Traum verantwortlich ist« (Brief an Lauterer). – *Deaths and Entrances* war das zweite Tanzstück Grahams, das sich mit Frauen als Künstlerinnen befaßte; in *Letter To the World* setzte Graham Bilder aus Emily Dickinsons Gedichten in Bewegung um. *Deaths* ist allerdings nicht so spezifisch auf die Brontë-Schwestern bezogen. Die drei Schwestern des Tanzstücks sind nicht unbedingt als die Brontës zu verstehen, sie sind ihnen nur verwandt, während die Personen in *Letter* verschiedene Aspekte der Hauptfigur Dickinson darstellen.

**Inhalt:** In einem Zimmer und in der Halle eines alten Hauses: Die Bewegung einer Schachfigur eröffnet den Tanz. Die Hauptdarstellerin tanzt mit ihren Schwestern. Sie sind so gezeichnet, wie diese sie unbewußt sieht, die eine launenhaft, die andere fürsorglich. Die negativen Gefühle zwischen den Schwestern stehen im Gegensatz zu den liebevollen zwischen den drei Kindern aus der Erinnerung. Der düstere und der poetische Geliebte tanzen mit der Hauptperson. Die Männer stellen Aspekte des andern symbolisch dar, wie die Hauptfigur sie unbewußt sieht. Die beiden Liebhaber kämpfen miteinander und tragen dabei den Konflikt aus, der im Innern der Frau vor sich geht. Sie tanzen auch mit den beiden Kavalieren. Höhepunkt des Tanzes ist das Wahnsinnssolo der Hauptfigur. Am Ende bleiben die drei Schwestern allein, die Hauptperson gewinnt die Kontrolle über sich selbst wieder; sie stellt mit einer Geste des Triumphs eine Schachfigur nahe bei den Schwestern auf.

*Deaths and Entrances*; Martha Graham; Uraufführung, College Theatre, Bennington 1943. – Für Graham, die Tanz als »Graphik des Herzens« begreift, ist auch das Gesicht symbolisches Gefäß ihrer Psychogramme.

**Kommentar:** *Deaths and Entrances* trägt als Tanz die Strukturen eines Traums. Es gibt keine einzelnen Teile. Unerklärte Ereignisse folgen aufeinander in raschem Ablauf. Ein Zusammenhang zwischen ihnen besteht nur in den Assoziationen. Thematische Phrasen kehren wieder wie Erinnerungen, die häufig zurückkommen. Wie der Traum verschmilzt der Tanz Vergangenheit und Gegenwart. Er läuft im Bewußtsein der Hauptfigur ab, der Person Emily Jane Brontës. Im Programmheft der Uraufführung wurde das Stück als Legende poetischer innerer Erlebnisse, nicht als Geschichte äußerer Geschehnisse erläutert: Erinnerungen aus der Kindheit, Dramatisierungen bekannter Gegenstände, romantische Träume, von Sehnsüchten und Wahnsinn genährte Haßausbrüche. Die Intensität, mit der Graham die Hauptrolle tanzte, gab den Ereignissen ihren inneren Zusammenhang; für sie sind sie Realität, Bilder, über die sie nachdenkt und die sie unabhängig von sich selbst ablaufen sieht. Ihre Wahnsinnsszene beginnt mit einem winzigen Beben des Brustkorbs und der Schultern und mit seltsamen Verzerrungen des Halses. Sie bewegt sich mit verrenkten Schritten und verdrehtem Körper; das geistig Abnorme wiederholt sich im Körper. Jede der drei Schwestern hat einen Gegenpart in Gestalt des Kinds in der Erinnerung. Der Hauptfigur sind außerdem zwei Männer zugeordnet: der düstere Geliebte (getanzt von Erick Hawkins) und der poetische Geliebte (Merce Cunningham). Die beiden jungen Männer sind als Kavaliere dargestellt. Lauterers Ausstattung deutete in abstrakten Formen ein Haus an, das an das »Haus im Moor« der Brontë-Schwestern erinnnerte. Einzelne Gegenstände sind für die Handlung von Bedeutung: ein blaues Glas, eine große Muschel, zwei weiße Vasen, zwei Schachfiguren, weiß und rot. Diese Gegenstände rufen bestimmte Erinnerungen aus der Vergangenheit wach. Die Choreographie unterstreicht dies beim Umgang der Tänzer mit diesen Gegenständen. So scheint das blaue Glas die Erinnerung an den düsteren Geliebten heraufzubeschwören. Bei der Uraufführung tanzten alle Beteiligten in Übungskleidung (von Charlotte Trowbridge). Für die erste New Yorker Aufführung trug die Hauptfigur ein bodenlanges, schulterfreies schwarzes Kleid, die Schwestern in Varianten das gleiche, die Herren gekräuselte Hemden, Westen und Hosen. Der Zeitstil der Kostüme (von Edythe Gilfond) sollte dem Werk einen theatralischen Aspekt verleihen und deutlich machen, daß es von der Einbildung sehr menschlicher Personen handelte.

**Wirkung:** *Deaths and Entrances* war die erste Arbeit, in der Graham psychische Prozesse direkt auf der Bühne darstellte. Ihre früheren erzählenden Tanzstücke enthüllten zwei Bedeutungsebenen: einen imaginären Raum und eine psychologische Allegorie. In *Deaths* hingegen ist die psychologische Allegorie transparenter; das alte Haus der Einbildung ist eine zarte Hülle für die traumartige Struktur des Werks. Ähnliche spätere Werke sind *Dark Meadow* (New York 1946) und *Errand Into the Maze* (New York 1947). Die erste New Yorker Aufführung fand am 26. Dez. 1943 statt (46th Street Theatre). Hierbei wurde eine Orchesterfassung der Musik Johnsons verwendet, bei der Trommeln, Holz- und Blechbläser und Kontrabaß eingesetzt wurden. 1970 kam es an der Brooklyn Academy of Music zu einer Wiederaufführung (Matt Turney, Phyllis Gutelius und Mary Hinkson als Schwestern).

**Aufführungsmaterial:** Martha Graham Center, NY
**Literatur:** R. A. MONACO, The Music of Hunter Johnson, Diss. Cornell Univ., Ithaca, NY 1960; weitere Lit. s. S. 539

*Susan Manning*

## Appalachian Spring

### Appalachen-Frühling
Tanzstück

**Musik:** Aaron Copland. **Libretto:** Martha Graham und Aaron Copland
**Uraufführung:** 28. Okt. 1944, Library of Congress, Washington (DC), Martha Graham and Dance Company
**Darsteller:** die Braut; der junge Farmer; der Erwekkungsprediger; die Pionierfrau; 4 Anhänger des Predigers (4 Frauen)
**Orchester:** Fl, Klar, Fg, Kl, Streicher
**Aufführung:** Dauer ca. 30 Min.

## Graham: Appalachian Spring (1944)

**Entstehung:** Die Elizabeth Sprague Coolidge Foundation beauftragte Graham mit den Choreographien für einen Ballettabend in der Library of Congress, für den sie Copland, Paul Hindemith und Darius Milhaud Kompositionsaufträge erteilt hatte. Der Bildhauer Isamu Noguchi, der schon vorher für Graham gearbeitet hatte, schuf die Ausstattung aller drei Tanzstücke dieses Abends. Der Titel des Werks stammt von einem Gedicht Hart Cranes.

**Inhalt:** Vor der stilisierten Silhouette eines Farmhauses, eine Bank vor der Außenmauer, ein Schaukelstuhl im Innern, daneben Teile eines Zauns und ein Baumstumpf: Das Erscheinen der einzelnen Personen vermittelt einen ersten Eindruck ihres Charakters. Der Erweckungsprediger schreitet komisch-pompös herein. Die Pionierfrau gleitet durch die Silhouette der Tür in einer Aura der Seligkeit. Der Farmer streicht mit der Hand über die Mauer des Hauses und freut sich über seinen zukünftigen Besitz. Als die Braut eintritt, umarmt sie den jungen Mann, wendet sich aber nach der ersten Berührung wieder ab. Sie zieht sich zurück, um zu Füßen der Pionierfrau niederzuknien; der Farmer schreitet zum Zaun und stellt sich dort auf. Die Braut und der Farmer lassen eine unterschiedliche Haltung zu ihrer bevorstehenden Hochzeit erkennen. Die Pionierfrau tanzt mit den Anhängern des Predigers, als wolle sie diese segnen. Ihre gefalteten Hände und ihre großen Gesten verbreiten eine Atmosphäre der Ruhe. Die andern Figuren stehen unbeweglich; sie nehmen den Teil des Raums ein, der ihnen natürlich zukommt. Die nicht tanzenden Figuren bleiben in dieser Weise von den andern isoliert. Der Prediger stellt sich in Rednerpose auf den Baumstumpf. Der Farmer bleibt beim Zaun, die Braut im Haus, obwohl sie sich dort noch nicht wohl zu fühlen scheint. Der Farmer tanzt das nächste Solo, als wolle er sich vor der Braut darstellen. Seine Schritte und Sprünge überwinden mit großer Leichtigkeit weite Räume. Sein naiver Optimismus läßt ihn etwas kindlich erscheinen. Er fordert die Braut zum Mittanzen auf; später erwidert sie diese Aufforderung und beginnt den zweiten Abschnitt des Duos. Sie wenden sich einander zu und tanzen füreinander. Dann tanzt der Prediger mit seinen Anhängern. Die Hingabe der vier Frauen erscheint kindisch und dumm; sie umschwirren ihn wie aufgeregte Jungtiere. Allmählich geht er auf ihre sexuell gefärbten Spiele ein. Das Corps bleibt für den Rest des Tanzes im Hintergrund. In ihrem Solo dreht sich die Braut im Kreis und weiß nicht, in welche Richtung sie gehen soll. Sie erwidert die Zuwendung des Predigers, seiner Anhänger und des Farmers, ohne sich entscheiden zu können, zu wem sie sich wenden soll. Dann huscht sie ins Haus, um scheinbar ein Kind aus den Armen der Pionierfrau in Empfang zu nehmen. Wieder begegnet sie dem Farmer. Mit dem Prediger und der Pionierfrau durchschreiten sie den Raum, um die Trauungszeremonie darzustellen. Danach beginnen Braut und Farmer eine festliche Gigue. Der Prediger reagiert darauf mit einem furchtdurchdrungenen Solo. Bevor er beginnt, setzt er seine Kopfbedeckung ab und stülpt sie über die erhobenen Hände seines Gefolges.

Sie sollen dies Symbol seines Wirkens anbeten, während er von Besessenheit ergriffen wird. Seine Schüttelbewegungen und das Fuchteln mit den Händen rufen dunkle und dämonische Kräfte wach. Nachdem die Besessenheit vorübergegangen ist, segnet die Pionierfrau den Farmer. Er läßt seinen inneren Aufruhr in einem Solo erkennen, das dunkler im Ton ist als das vorangegangene. In einer Serie von Sprüngen gräbt er sich auf jeden ersten Taktschlag in den Boden und gibt damit seinem Handeln ein Gewicht und eine Festigkeit, die es vorher nicht hatte. In ihrem Solo deutet die Braut an, wie sie ein Kind bekommen und viel allein sein wird. Sie wiegt das Kind und reicht es dem Farmer, der aber wie alle andern während des Solos im Hintergrund bleibt. Mit Ausnahme der Braut knien alle mit dem Rücken zum Publikum. Sie neigt sich wie zum Gebet. Alle gehen ab; der Farmer und seine Braut betreten das neue Heim. Die Braut weist mit der Hand über die Mauer hinaus ins Weite.

**Kommentar:** *Appalachian Spring* ist ein erzählender Tanz. Er ist das letzte der Americana-Ballette Grahams. Das immer wiederkehrende Thema dieser Reihe (*Frontier*, New York 1935, *American Document*, Bennington 1938, *Letter To the World*, 1940) sind die Freiheiten der amerikanischen Kultur und deren Einschränkungen durch das puritanische Erbe, das Gewicht der Traditionen, die dem Pioniergeist und der Inbesitznahme der Freiräume entgegenstehen. *Appalachian Spring* stellt diese Gegensätze im Rahmen einer persönlichen Beziehung zwischen Mann und Frau dar. Die Handlung schreitet kontinuierlich fort; Solos, Duos und kleine Gruppentänze folgen aufeinander. Die Figuren stellen keine bestimmten Einzelpersonen dar, sondern Typen. Sie sind eng mit bestimmten Teilen des Schauplatzes verbunden, der Erweckungsprediger hat seinen Platz am Baumstumpf,

*Appalachian Spring*; Erick Hawkins als Farmer, Martha Graham als Braut, May O'Donnell als Pionierfrau, Merce Cunningham als Erweckungsprediger; Uraufführung, Library of Congress, Washington 1944. – Im Miteinander manifestiert sich das religiös fundierte Ethos des amerikanischen Pionierzeitalters im 19. Jahrhundert.

der Farmer am Zaun, die Pionierfrau im Haus. Bis zum Ende bleibt die Braut unsicher, welches ihr Platz ist. Die Erzählung hat zwei Ebenen. Sie evoziert ein mythisches Appalachenland und einen psychologischen Bereich. Der Zuschauer wird Zeuge des psychischen Wegs der Braut und des Farmers, wobei beide auch das Bild erkennen lassen, das sich dem andern beim Blick in das Innere des Partners bietet. Im Lauf des Werks bejaht die Braut allmählich die Besitznahme des Raums, das Überschreiten der Grenze und die Zukunft, die ihr bevorsteht. Der Farmer erkennt und versteht allmählich die dunkleren Farben, die das Bewußtsein der Braut prägen. Der Prediger und die Pionierfrau sind charakteristische Typen, symbolisieren aber auch die Wünsche und Nöte der Protagonisten. Als diese gelöst sind, ist die Gegenwart der älteren Personen nicht mehr nötig. Farmer und Braut bleiben am Ende allein auf der Bühne. – Die Rolle der Braut schuf Graham für sich selbst; Erick Hawkins tanzte den Farmer, Merce Cunningham den Erweckungsprediger, May O'Donnell die Pionierfrau. Die Kostüme (von Edythe Gilfond) sind erdfarben; der Prediger trägt ein tiefbraunes Gewand, der Farmer dunkle Arbeitskleidung, die Braut und die Pionierfrau bodenlange Kleider in hellerem Ton, die Anhänger des Predigers zerknüllte Gewänder in ausgeblichenem Blau. Der Stil der Kostüme hat sich seit der Uraufführung kaum verändert; sie sind heute lediglich in etwas helleren Schattierungen gehalten. Coplands Musik ist mehr als nur Hintergrundbegleitung. Da er volkstümliche Melodien und Hymnen in seine Komposition einbezogen hat, entsteht der Eindruck eines mythischen Orts im Amerika der Pionierzeit. Grahams Zusammenarbeit mit Copland gestaltete sich enger als die mit Hindemith *(Herodiade)* und Milhaud *(Imagined Wing)*. Der Komponist schrieb das Werk, noch heute eins seiner beliebtesten Stücke, für Kammerorchester und arbeitete es 1945 zu einer achtsätzigen Suite aus, von der er auf Wunsch des Dirigenten Eugene Ormandy 1954 eine Orchesterfassung schrieb. – Für Graham erschöpfte sich mit *Appalachian Spring* die Verwendung eines mythischen Amerika als Rahmen für den psychischen Weg einer jungen Frau, die vor einer Krise steht. Sie wandte sich danach griechischen Legenden und Mythen zu.

**Wirkung:** Die erste Aufführung in New York fand am 15. Mai 1945 statt (National Theatre). Eine Wiederaufnahme ging 1965 über die Bühne (54th Street Theatre, mit Ethel Winter als Braut). 1986 wurde *Appalachian Spring*, nach wie vor ein Schlüsselwerk Grahams, im Programm zum 60jährigen Jubiläum der Martha Graham Dance Company in New York und auf Europatournee gezeigt.

**Ausgaben:** Part: Bo&Ha [1945]; Labanotation (unvollst.): DNB, NY. **Aufführungsmaterial:** M: Bo&Ha; Ch: Martha Graham Center, NY
**Literatur:** N. BUTTERWORTH, The Music of Aaron Copland, Wellingborough 1985; weitere Lit. s. S. 539

*Susan Manning*

## Cave of the Heart

**Höhle des Herzens**
Tanzstück

**Musik:** Samuel Barber, *Medea*. **Libretto:** Martha Graham
**Uraufführung:** 1. Fassung als *Serpent Heart*: 10. Mai 1946, McMillan Theatre, Columbia University, New York; 2. Fassung: 27. Febr. 1947, Ziegfeld Theatre, New York, Martha Graham and Dance Company (hier behandelt)
**Darsteller:** die Zauberin; der Abenteurer; das Opfer; die Figur des Chors
**Orchester:** Fl (auch Picc), Ob (auch E.H), Klar, Fg, Hr, Kl, Streicher
**Aufführung:** Dauer ca. 25 Min.

**Entstehung:** Seit 1934 hatte Graham amerikanischen Komponisten immer wieder Kompositionsaufträge erteilt. Anlaß war diesmal ein Auftrag des Alice M. Ditson Fund der Columbia University; dort hatte *Serpent Heart* im Rahmen des 2. Festivals der zeitgenössischen amerikanischen Musik Premiere. In der 2. Fassung lockerte Graham die enge Anlehnung an die Geschichte von Jason und Medea. Grahams Rolle hieß in der 1. Fassung »Eine wie Medea«, Erick Hawkins' Rolle »Einer wie Jason«, Yuriko tanzte die »Tochter des Königs«, das heißt Kreons Tochter, um

*Cave of the Heart*; Martha Graham als die Zauberin; Uraufführung der 2. Fassung, Ziegfeld Theatre, New York 1947. – Die wie zur Statue erstarrte mythische Gestalt Medeas ist durchdrungen von den Torsionen der Rachsucht.

derentwillen Jason Medea verstieß; die »Figur des Chors«, getanzt von May O'Donnell, behielt ihre Bezeichnung in beiden Fassungen bei.

**Inhalt:** In bergigem Gelände mit einem Wall in Serpentinen und fünf Felsblöcken, einem Altar und einem goldenen Baum: Der Abenteurer und das Opfer tanzen ein Duo; damit erregen sie die Eifersucht der Zauberin, deren Wut und Rachsucht ihren Höhepunkt in einem Solo erreicht, in dem sie ein rotes Band auszuspeien scheint, ein Symbol ihres vergifteten Schlangenherzens. Heftige Schüttelbewegungen drücken ihre innere Unruhe aus, die sie über längere Zeit an den Boden fesselt. Während des Geschehens betritt die Figur des Chors immer wieder die Bühne, stellt aber nur zur Zauberin eine andeutende Beziehung her. Das Stück endet, indem die Zauberin würdevoll die Bühne betritt und den toten Körper der Rivalin in einem Leichentuch hinter sich herzieht. Der Abenteurer wirft sich über die Leiche der Geliebten, in der Umklammerung des Tods sind sie miteinander verbunden. Die Zauberin steht aufrecht und ruhig mit erhobener Hand. Wie in Trance geht sie zu dem goldenen Baum, läßt sich von seinen Zweigen umschließen, begibt sich zum Altar und steht dort regungslos wie die zu Stein gewordene Rachsucht.

**Kommentar:** *Cave of the Heart* ist ein erzählender Tanz nach dem Mythos von Jason und Medea. Er stellt diesen Mythos nicht inhaltsgetreu auf der Bühne dar, sondern verkörpert die rachsüchtige Eifersucht und damit die Emotionen, die die Legende beherrschen. Ohne Gliederung in deutlich abgesetzte Teile ist das Stück als eine einzige große Steigerung bis zum Schlußhöhepunkt angelegt; es zeigt die besessene und zerstörerische Liebe, die aus sich selbst heraus immer weiterbrennt und, wenn sie enttäuscht wird, in wütenden Haß umschlägt. – *Cave of the Heart* gehört zu einer Reihe von Tanzstücken, die Isamu Noguchi zwischen 1935 und 1948 für Graham ausstattete. Freistehende abstrakte Objekte mit Symbolcharakter beherrschen die Bühne. Die genauen Anweisungen, die Graham dem Bühnenbildner dabei erteilte, lassen erkennen, daß das Bühnenbild seinerseits einen großen Anteil an der Choreographie hatte. Die Kostüme (von Edythe Gilfond) bestanden aus einem schwarzen Kleid mit Goldbesatz für die Zauberin und einer kurzen weißen Tunika für das Opfer; das Kostüm des Abenteurers war schwarz, weiß und goldfarben. Die Figur des Chors, die dem antiken Vorbild entsprechend periodisch »kommentierend« auftritt, trug ein graues Gewand; die Zauberin war zusätzlich mit einer spinnennetzförmigen Rüstung bekleidet. Ihre Aufmachung sollte den Status der Halbgöttin zum Ausdruck bringen.

**Wirkung:** *Cave of the Heart* war das erste Tanzstück, in dem Graham einen griechischen Mythos als Quelle der Choreographie nutzte; sie gestaltete ihn dabei aber bis zur Unkenntlichkeit um. Dies Verfahren hielt sie auch in *Errand Into the Maze* (New York 1947) bei der Behandlung der Sage von Theseus und Minotaurus bei. In andern Tanzstücken hielt sie sich wiederum enger an die griechische Vorlage, so in *Night Journey* (1947) und *Clytemnestra* (1958). In Europa brachte Karl Bergeest Barbers Komposition als *Medea* 1953 in Köln heraus. 1964 studierte Graham *Cave of the Heart* für die soeben gegründete Batsheva Dance Company ein, und 1965 brachte sie das Stück noch einmal in New York heraus (54th Street Theatre) mit Helen McGehee als Zauberin. 1986 wurde das Werk zum 60jährigen Bestehen der Martha Graham Dance Company in New York und auf Europatournee gezeigt.

**Ausgaben:** Part (erweitertes Orch): Schirmer 1949, Nr. 42215, Nachdr. 1956. **Aufführungsmaterial:** Martha Graham Center, NY
**Literatur:** R. SABIN, M. G. Presents New York, in: Dance Observer, Juni/Juli 1946; R. E. FRIEDEWALD, A Formal and Stylistic Analysis of the Published Music of Samuel Barber, Des Moines 1957, Diss. Iowa State Univ.; weitere Lit. s. S. 539

*Susan Manning*

## Night Journey

**Nachtreise**
Tanzstück

**Musik:** William Howard Schuman. **Libretto:** Martha Graham
**Uraufführung:** 3. Mai 1947, Cambridge High and Latin School, Cambridge (MA), Martha Graham and Dance Company
**Darsteller:** Jocasta/Jokaste; Oedipus/Ödipus; der Seher; der Chorführer; die Töchter der Nacht als Chor (6 Frauen)
**Orchester:** Fl, Ob, Klar, Fg, Hr, Kl, Streicher
**Aufführung:** Dauer ca. 25 Min.

**Entstehung:** Die Elizabeth Sprague Coolidge Foundation beauftragte Graham mit dem Tanzstück *Night Journey* und wählte wie zuvor bei dem Auftragswerk *Appalachian Spring* (1944; Musik: Aaron Copland) einen zeitgenössischen amerikanischen Komponisten. Graham bevorzugte Originalkompositionen für ihre Tänze und förderte auf diese Weise junge Komponisten. Die Uraufführung fand im Rahmen eines Symposiums des Harvard College zum Thema Musikkritik statt. Schon vor *Night Journey* hatte sich Graham von griechischen Mythen inspirieren lassen, so in *Cave of the Heart* (1946) und *Errand Into the Maze* (New York 1947); nie zuvor jedoch hatte sie namentlich Figuren aus den griechischen Mythen dargestellt.

**Inhalt:** In Jocastas Gemach mit einem Bett: Jocasta ist allein. Sie hält ein Seil über ihr Haupt und blickt nachdenklich darauf. Der Seher tritt ein und pocht mit seinem Stab auf den Boden. Das stetige Klopfen erscheint wie ein Omen für Jocastas späteres Schicksal. Er reißt Jocasta das Seil aus der Hand. Der Chor tritt auf und bildet das Echo zu Jocastas Seelenangst, die sich in ihrem Tanz ausdrückt. Sie wirft sich dem Seher zu Füßen, aber er antwortet ihr nicht. Jocasta steigt auf ihr Lager und wird ruhig. Der Seher geht ab.

Oedipus kommt herein, vom Chor begleitet. Er tanzt, als wolle er seine Männlichkeit darstellen; sein Auftreten wirkt arrogant. Er zieht Jocasta vom Bett zu einem Sitz hinten auf der Bühne und tanzt weiter für sie. Seine erotischen Gesten wirken eher komisch als erregend. Dann stellt sich Jocasta ihm dar; ihre schüchternen Gesten scheinen mehr einem jungen Mädchen angemessen als einer älteren Frau. Schließlich tanzen sie zusammen, und das eigentlich groteske Bild entfaltet eine beunruhigende Wirkung. Einen Moment lang hält Jocasta Oedipus wie einen Liebhaber umschlungen, im nächsten Moment wie ihr Kind an der Brust. Sie verstricken sich in das Seil, wobei sie abwechselnd die Liebenden und auch Mutter und Sohn darstellen. Der Chor kehrt zurück. Nicht länger scheint er Jocastas Gefühle nachzuvollziehen. Vielmehr signalisiert er durch das Bedecken von Mund und Augen mit den Händen Empörung über die Handlungen des Paars. Der Seher kehrt zurück und trennt die beiden, indem er das Seil, das sie zusammenhält, löst. Oedipus erhebt sich vom Bett und fällt in die Arme des Chors; dann löst er die Nadel von Jocastas Gewand und sticht sich die Augen aus. Jocasta kehrt in ihre Anfangsposition zurück, zieht ihr Gewand aus, legt sich das Seil um den Hals und fällt tot zu Boden. Der Seher geht über die Bühne, wiederum auf den Boden klopfend wie zu Beginn.

**Kommentar:** *Night Journey* ist ein erzählendes Werk nach der Ödipussage, das dieser jedoch eine ungewöhnliche Struktur verleiht. Die Handlung wird aus der Sicht Jocastas wiedergegeben, Oedipus' Frau, und, wie die Sage schließlich enthüllt, auch seine Mutter. Ort der Handlung ist ein stilisierter Raum, Symbol des Bewußtseins Jocastas. Die dargestellte Zeit umfaßt den kurzen Abschnitt vor Jocastas Selbstmord nach dem Erkennen der Zusammenhänge. Der Tanz breitet diesen Moment im Bewußtsein Jocastas zu einer ganzen Erzählung aus. Aus dieser Perspektive sieht sie verzerrt ihr erstes Zusammentreffen mit Oedipus, weshalb dann auch dessen Erscheinung im Tanz lächerlich wirkt. Einen ernsten Ton behält sich die Choreographie für die Darstellung des Verhältnisses von Mutter und Sohn beziehungsweise Mann und Frau vor. Der Tanz zeigt nicht, wie Jocasta zu dem Entschluß kommt, Selbstmord zu begehen. Ihr Entschluß steht fest, als das Tanzstück beginnt. Die Funktion, in das Geschehen einzuführen, hat der Seher, der in späteren Aufführungen unter dem Namen Tiresias auftrat. Jocasta, Oedipus und der Seher stellen stilisierte Handlungen dar; der Chor überträgt ihre Emotionen in Bewegungen. Die Präsenz des Chors unterstreicht die Absicht Grahams, die Bühnenwelt als Bereich des psychischen Bewußtseins darzustellen und nicht als Verkörperung realer Ereignisse. Die Passagen mit stilisierter Aktion und die Tanzbewegungen ergänzen einander und bilden ein zusammenhängendes Ganzes. Die Partie der Jocasta schuf Graham für sich selbst, die des Oedipus für Erick Hawkins. Mark Ryder war der Seher. Die Dekoration (von Isamu Noguchi) zeigt durch Jocastas Gemach mit einem stilisierten Lager, dessen Form die Vereinigung von Mann und Frau suggeriert, ein Abbild des Inneren Jocastas. Stufen führen zu ihrem Bett und deuten auf diese Weise Oedipus' Eintritt in ihr Leben an. Auch die zur Dekoration gehörenden Lorbeerzweige und das Seil erhalten im Lauf des Tanzes symbolische Bedeutung. Insgesamt entsteht durch diese Dekoration eine Atmosphäre, in der alle Objekte Zeichencharakter erlangen; einzelne Gegenstände (wie das Bett) definieren einen symbolischen Raum. Die Choreographie verbindet zeichenhafte Handlungen durch den Übergang aus einem symbolischen Raum der Bühne in einen andern. Das Seil wird zum Bild der Verwandtschaft von Mutter und Sohn, des unausweichlichen Schicksals, des Tods durch Selbstmord. Das große Bild eines Auges, das Oedipus mit sich trägt, deutet auf seine spätere Blendung durch die eigene Hand hin. Die Kostüme (von Edythe Gilfond) bestanden aus einem beigefarbenen Gewand für Jocasta (später kam ein zweites Gewand hinzu, dessen sie sich vor ihrem Selbstmord entledigt) und scharlachroten Hosen und Riemen um die Brust für Oedipus. Sein Kostüm sollte seine Männlichkeit unterstreichen, ihn aber auch etwas kindisch erscheinen lassen. Der Seher trug ein den ganzen Körper umhüllendes Gewand mit Kapuze, außerdem eine Maske. Die Mitglieder des Chors waren in schwarze Gewänder mit Silberbesatz in typisch griechischen Formen gekleidet. Die Beziehung zwischen den Bewegungsformen der verschiedenen Charaktere und der Musik wechselt im Verlauf des Stücks, wobei dieser Wechsel den Gang der dramatischen Aktion unterstreicht. Zu Beginn kontrastieren die schlagkräftigen Auftritte des Chors mit den eher dünnen, ausgehaltenen Klängen; Jocastas Bewegungen hingegen stimmen mit der dichteren und akzentuierteren Textur der Musik überein, so daß die Klänge aus Jocastas Einstellung zu entspringen scheinen: kraftvoll, wenn sie tanzt, kraftlos, wenn sie passiv ist. Als Oedipus erscheint, wechselt die Musik zwischen der Imitation seiner aggressiven und Jocastas sanfteren Bewegungsweisen. Gegen Ende des Stücks, als der Standpunkt des Chors dominierend wird, laufen seine stoßenden Bewegungen und die Musik wieder parallel. Dann wiederholen sich die dünnen Klänge des Beginns und verlieren sich im Schweigen. Zuletzt ertönen die emphatischen Klopflaute, mit denen der Seher die Sterblichkeit bezeichnet.

**Wirkung:** Die erste Aufführung in New York fand am 17. Febr. 1948 statt (Maxine Elliott Theatre). Für diese Vorstellung nahm Graham einige Änderungen vor: Die auf der Bühne dargestellte Zeitspanne wurde verkürzt, indem die Erläuterung des Verwandtschaftsverhältnisses von Oedipus und Jocasta in die Vergangenheit verlegt wurde. Das große Auge, das Oedipus mit sich führte, wurde weggelassen und das entsprechende Geschehen durch mimische Darstellung ersetzt. *Night Journey* antizipierte spätere auf griechischen Mythen basierende Tanzstücke, wie *Clytemnestra* (1958), *Alcestis* (New York 1960), *Phaedra* (New York 1962), *Circe* (London 1963) und *Cortege of Eagles* (New York 1967).

**Ausgaben:** M: Presser, Bryn Mawr, PA; Film, s/w, 16 mm: Nathan Kroll (NYPL Dance Coll. MGZHB 12-127). **Aufführungsmaterial:** M: Presser, Bryn Mawr, PA; Ch: Martha Graham Center, NY
**Literatur:** s. S. 539

*Susan Manning*

## Seraphic Dialogue

**Seraphischer Dialog**
Tanzstück

**Musik:** Norman Dello Joio, *The Triumph of St. Joan* (1951). **Libretto:** Martha Graham
**Uraufführung:** 8. Mai 1955, ANTA Theatre, New York, Martha Graham and Dance Company
**Darsteller:** Joan/Jeanne d'Arc; Magd; Krieger; Märtyrer; St. Michael; St. Catharine; St. Margaret
**Orchester:** Fl, Ob, Klar, Fg, Hr, Trp, Pos, Pkn, Schl (Glocken, Bck, gr.Tr, kl.Tr), Kl, Streicher
**Aufführung:** Dauer ca. 25 Min.

**Entstehung:** Dello Joio hatte schon für Grahams Ballett *Diversion of Angels* (New London, CT 1948) die Musik komponiert. Als Graham vom Louisville Orchestra den Auftrag für ein Solo erhielt, wandte sie sich wiederum an Dello Joio, der 1950 die Oper *The Triumph of St. Joan* komponiert hatte. Das Solo, das das Thema der Oper behandelte, kam unter demselben Titel 1951 in Louisville, dargestellt von Graham, heraus (Dekoration: Frederick John Kiesler). Als sich Graham 1955 noch einmal mit dem Thema beschäftigte, ging sie von der im ursprünglichen Auftrag vorgeschriebenen Form des Solos ab und schuf das Ensemblewerk *Seraphic Dialogue*. Die Musik wurde unverändert beibehalten, Choreographie und Dekorationen (Isamu Noguchi) waren jedoch neu. Diesmal enthielt das Werk keine Rolle für Graham selbst.
**Inhalt:** Auf der Bühne drei Konstruktionen aus poliertem Messing, eine davon mit Sitzen für die Magd, den Krieger und den Märtyrer, eine andere als Ständer für Kreuz und Schwert, die dritte Kreise und Rhomben darstellend: St. Michael hält in Gegenwart der andern Heiligen seine Hände über Joans Haupt, als wolle er sie segnen. Joan zieht sich in ihren geheiligten Zufluchtsort zurück. Die Magd, der Krieger und der Märtyrer tanzen ihre Solos und danach Duos mit Joan und Michael. Schließlich ziehen sich die Figuren zurück, und Joan wird noch einmal von Michael umarmt.
**Kommentar:** *Seraphic Dialogue* ist ein erzählender Tanz, in dessen Mittelpunkt ein bedeutender Augenblick im Leben der Protagonistin steht. Joan wird hier in dem Moment dargestellt, als sie zur Heiligen wurde. Dabei läuft jedoch keine entsprechende Zeremonie ab; vielmehr wird ihr Eintritt in den herausgehobenen Status der Heiligkeit enthüllt durch die Personifizierung verschiedener Aspekte ihres Wesens und durch andere Heilige. Graham setzte Joan mit andern seherisch begabten Frauen gleich, über die sie vorher schon Ballette geschaffen hatte: Emily Dickinson in *Letter To the World* (1940), Jocasta in *Night Journey* (1947). »Wenn die Geschichte von Jeanne d'Arc getanzt werden soll, dann besteht ihr wesentlicher Inhalt in dem, was nicht ausgesprochen werden kann [...] Es ist ein Konflikt, den jeder mehr oder weniger kennt [...] Es ist ein ständiger Konflikt zwischen gesundem Menschenverstand, angenehmem Leben und dem, was ausgeführt werden muß: der Vision« (Graham, in: *Notebook*, s. Lit.). Bilder für die Darstellung dieser Vision des Absoluten bezog Graham aus den Schriften der großen Mystikerinnen, der Heiligen Theresia von Avila und Katharina von Siena. Magd, Krieger und Märtyrer personifizieren Joan in ihren unterschiedlichen Wirkungsformen in der Vergangenheit; die Heiligen wiederum, die Schwert und Kreuz mit sich führen, sind Aspekte des zukünftigen Lebens der Heldin. St. Michael ist die einzige männliche Rolle (getanzt von Bertram Ross) des *Seraphic Dialogue*, er fungiert als Chorfigur, der die Handlung einleitet und beendet. Die weibliche Hauptpartie wurde von Linda Hodes getanzt. Mit Noguchi arbeitete Graham seit 1935 zusammen. Seine Dekorationen schaffen eine Bühnenwelt, in der die Gegenstände symbolisch eingesetzt und angeordnet sind. Die Tänzer verwenden sie in symbolischen Handlungen, für die ihnen durch die Dekorationsstücke bestimmte Räume auf der Bühne zugeordnet sind. Die mit Kreisen und Rhomben ausgestaltete Messingkonstruktion auf der Bühne erinnert an farbige Glasfenster und stellt Joans geheiligten Bezirk dar. Magd, Krieger und Märtyrer sind mit den drei Messingsitzen in Verbindung zu bringen. Durch diese Raumgebundenheit werden andrerseits die Handlungsmöglichkeiten der Akteure eingeschränkt. Die Bühnenwelt wird zur Metapher für die Einflüsse, denen die Tänzer ausgesetzt sind: Vergangenheit, Schicksal, Vorbestimmung. Bei der Uraufführung schimmerte die Bühnendekoration wie Gold; ähnlich kostbar waren die Kostüme, die Graham selbst entworfen hatte. Michael trug einen weiten langen Mantel. Kopfbedeckungen vervollständigten die Mäntel der Tänzerinnen.
**Wirkung:** *Seraphic Dialogue* war das erste einer Reihe von Balletten, in denen sich Graham auf den Vorgang des Sich-Erinnerns konzentrierte. Die Protagonisten unterliegen dabei keiner wesentlichen Veränderung ihrer Person, sie blicken lediglich auf die Ereignisse ihres Lebens zurück. Am umfassendsten wird dies Prinzip in *Clytemnestra* (1958) angewandt. 1958 kam *Seraphic Dialogue* etwas verändert noch einmal in New York heraus (Adelphi Theatre). 1986 wurde das Werk im Rahmen des Jubiläumsprogramms zum 60jährigen Bestehen der Martha Graham Dance Company in New York gezeigt.

**Ausgaben:** Part, Suite: Fischer, NY 1952, 1954 (C. Fischer Study Score Series. 9.). **Aufführungsmaterial:** M: Fischer, NY; Ch: Martha Graham Center, NY
**Literatur:** D. HERING, St. Joan, Clytemnestra and M. G., in: DM, Juni 1958, S. 36–39; weitere Lit. s. S. 539

*Susan Manning*

## Clytemnestra

**Klytämnestra**
Tanzstück (4 Teile)

**Musik:** Halim Abdul Messieh El-Dabh. **Libretto:** Martha Graham, nach der *Oresteia* (458 v. Chr.) von Aischylos
**Uraufführung:** 1. April 1958, Adelphi Theatre, New York, Martha Graham and Dance Company
**Darsteller:** Clytemnestra/Klytämnestra; Aegisthus/Ägisthus; Agamemnon; Iphigenia/Iphigenie; Electra/Elektra; Orestes; Cassandra/Kassandra; Helen of Troy/Helena von Troja; Hades; Paris; der Wächter; der Geist Agamemnons; der Todesbote; die Furien (6 Frauen); Corps de ballet: Männer, Klageweiber
**Orchester:** Fl, Ob, Klar, Fg, Hr, Trp, Pos, Pkn, Schl (gr.Tr, kl.Tr, Bck, Xyl, 2 Tamtams, Holzblock), Hrf, Streicher, S, B
**Aufführung:** Dauer ca. 3 Std. – Die Sänger sitzen im Vordergrund rechts und links auf der Bühne. Mehrfachbesetzungen sind möglich: Hades/Paris/Wächter/Geist. Die Beleuchtung hebt zeitweilig einzelne Objekte der inselartig auf der Bühne verteilten, in den vier Teilen des Werks gleichen Dekorationsstücke hervor.

**Entstehung:** *Clytemnestra* beendete eine dreijährige Pause im Schaffen Grahams. Es war ein Auftragswerk der Baron de Rothschild Foundation (Choreographie), der Katharine Cornell Foundation (Musik) und von Carroll Russell (Dekorationen: Isamu Noguchi, Kostüme: Graham).
**Inhalt:** In Mykenä und im Hades; Clytemnestras Thron, zeitweilig durch einen Vorhang aus Goldstreifen verdeckt; auf der einen Seite ein zweiter Thron auf einer Plattform, auf der andern eine Plattform mit einem felsenartigen Gebilde und zwei riesigen gekreuzten Speeren, außerdem ein großes rotes Tuch, gehalten durch zwei Bambusstäbe.
I. Teil, Prolog, Hades: Der Todesbote geht vor einem groben grauen Leinenvorhang vorüber; der Vorhang öffnet sich und gibt den Blick auf Clytemnestra und ihren Thron frei. Clytemnestra erlaubt Helen of Troy, die bis dahin an dem felsenartigen Gebilde gestanden hat, sich zu bewegen. Die Bühne wird lebendig, die Furien huschen herum; sie verschwinden ebenso plötzlich, wie sie erschienen sind, und lassen Clytemnestra allein. Verachtet von Hades, dem König der Unterwelt, beginnt sie noch einmal das schreckliche Netz zu weben, das ihr zum Verhängnis wurde; sie unterzieht sich der äußersten Anstrengung, die Vergangenheit und ihr Schicksal zu verstehen. Helen erscheint, die schöne Botin des Verhängnisses, das sie bewirkte. Noch einmal hat Clytemnestra die Vision des trojanischen Raubs. Sie sieht das Opfer Iphigenias, das schicksalhafte Zusammentreffen von Orestes und Electra und ihren Mordplan. Sie steht Orestes gegenüber und begegnet mit ihm gemeinsam in quälender Erinnerung all den Personen, die mit ihrem Leben verwoben waren: Helen, Paris, Electra, Aegisthus, Iphigenia, Agamemnon und schließlich Cassandra. Beim Anblick Cassandras überwältigt Clytemnestra erneut das Verlangen nach Rache.
II. Teil, Mykenä: Der Wächter verkündet den Fall Trojas; die Furien antworten mit einem Jubeltanz. Agamemnons Rückkehr kündigt sich durch die beiden großen gekreuzten Speere an, die von namenlosen Männern hereingefahren werden. Wiederum kauert Clytemnestra nahe bei ihrem Thron, voller Angst angesichts der vor ihr ablaufenden Ereignisse aus der Vergangenheit. Höhepunkt ist der Mord an Agamemnon und Cassandra hinter dem roten Vorhang. Am Ende stürzen sich die Furien auf Clytemnestra.
III. Teil, Mykenä: Im Traum sieht Clytemnestra visionär ihr Schicksal und das ihrer fluchbeladenen Familie. Es erscheinen ihr der Geist Agamemnons, Electra und die Klageweiber. Sie erschaut ihre und Aegisthus' Ermordung durch Orestes und dessen Verfolgung durch die Furien.
IV. Teil, Epilog, Hades: Agamemnon sitzt hinter dem Vorhang aus schimmernden Streifen hinten auf der Bühne; Cassandra, Electra, Iphigenia, Helen und Clytemnestra gehen langsam nach hinten ins Halbdunkel, während die Sänger »Wiedergeburt! Wiedergeburt!« singen. Clytemnestra, nunmehr allein, hält Zweige mit Blättern hoch und schlägt mit ihnen auf ihr Haupt. Das nochmalige Erleben des Geschehens der Vergangenheit hat sie ruhig werden lassen.
**Kommentar:** *Clytemnestra* ist ein erzählendes Werk. Wie in früheren vergleichbaren Tanzstücken von Graham breitet es flüchtige Momente des Bewußtseins aus. Es spielt nicht in der Welt der äußeren Ereignisse, sondern im Gedächtnis. Die Choreographie unterscheidet Clytemnestras Rolle, die Graham für sich schuf und zunächst auch selbst tanzte, und ihren Bewegungsstil deutlich von allen andern Figuren. Clytemnestra ist während des gesamten Stücks auf der Bühne präsent und beobachtet den Wiederablauf der Ereignisse ihrer Vergangenheit. Ihre Reaktion darauf bringt sie nicht durch Tanz zum Ausdruck, sondern durch dramatisches Mienenspiel. Ihr ganzes Wesen scheint im Geschehen absorbiert zu sein. Ihre Körperlinie steht in scharfem Kontrast zu den andern Tänzern. Angewinkelte Arme, hochgezogene Schultern und vorgeschobener Kopf bringen ihre Frustration, ihren Raubtiercharakter zum Ausdruck. Dagegen stehen die gewundenen, schnellen, sich schlängelnden Bewegungen der Tänzerinnen. Dieser Kontrast im Spiel unterstreicht den Blickwinkel des Erzählerischen. Der Betrachter verliert nie den Eindruck, daß im Tanz noch einmal Clytemnestras Erinnerungen ablaufen. Dies Wiederablaufen der Ereignisse zeigt Grahams Interesse an der griechischen Legende selbst. Auch *Night Journey* (1947) bot Rückblicke, aber die Ereignisse der Vergangenheit waren hier für Graham nur interessant gewesen als das Bewußtsein der Protagonistin bestimmende Faktoren. Sie wurden mit dem Blick Jocastas als Oedipus' Weib gesehen. Der Tanz konzentrierte sich auf den Moment in ihrem Bewußtsein, der ihrem Selbstmord vorausging. Ihre Erinnerungen liefen auf einer einzigen Gedächtnis-

ebene ab. In *Clytemnestra* jedoch sind es zwei Ebenen, die der Erinnerung und die des Ereignisablaufs, der hier dem spektakulären Geschehen sein eigenes Recht und größeres Interesse verleiht: Erstere läuft ohne Chronologie im Hades ab (Prolog und Epilog), letztere chronologisch in Mykenä (II. und III. Teil). Das rote Tuch bedeckt den Boden für Agamemnons Auftritt; später verhüllt es nach dem Doppelmord ihn und seine Geliebte Cassandra. Der graue Vorhang hebt sich, wenn das eigentliche Geschehen beginnt, und senkt sich vor dem Ende, vor Clytemnestras Solo. Die Bedeutung des Vorhangs hinter dem Vorhang, der den andern freigibt, hinter dem sich weitere Handlungsteile verbergen, erhöht die Wirkung des Tanzes als wiedererlebte Erinnerung. Denn die Erinnerung kann zu weiteren Enthüllungen führen, kann aber auch noch tiefer liegende Erinnerungen verbergen. Auch Umhänge als Kostüme können enthüllen und verbergen. Die Männer tragen kurze Hosen und Oberteile, die Frauen lange Tücher. Die Kostüme lenken die Aufmerksamkeit auf die Bewegungen des Körpers, deren Ausdruck im Mittelpunkt von Grahams Bewegungstechnik steht. In einer 2. Fassung des IV. Teils treten Pallas Athene und Apollon in Solos auf, Clytemnestra und Orestes versöhnen sich. Clytemnestras Schlußsolo ist in beiden Fassungen gleich.
**Wirkung:** Da Graham zum Zeitpunkt der Uraufführung schon 64 Jahre alt war, verlangt die Rolle der Clytemnestra weniger tänzerischen Ausdruck als vielmehr eine starke Bühnenpersönlichkeit und dramatische Mimik. Bei der Wiederaufnahme 1973 alternierten Mary Hinkson und Pearl Lang in dieser Rolle.

**Ausgaben:** Film, color, 16 mm: W. W. Films for J. Robbins Film Arch. 1978 (NYPL Dance Coll. MGZHB 16-1749). **Aufführungsmaterial:** M: Peters, NY; Ch: Martha Graham Center, NY
**Literatur:** D. HERING, St. Joan, Clytemnestra and M. G., in: DM, Juni 1958, S. 36–39, 64; R. SABIN, M. G. and Her Dance Company, in: Dance Observer, Juni/Juli 1960; weitere Lit. s. S. 539

*Susan Manning*

**Episodes**
→ Balanchine, George (1959)

# Enrique Granados

Enrique Granados y Campiña; geboren am 27. Juli 1867 in Lérida, gestorben am 24. März 1916 im Ärmelkanal

## Goyescas
**Opera en un acto y tres cuadros**

Goyescas
1 Akt (3 Bilder)

**Text:** Fernando Periquet y Zuaznabar
**Uraufführung:** 28. Jan. 1916, Metropolitan Opera House, New York
**Personen:** Rosario, eine junge Dame des Madrider Adels (S); Fernando, ein junger Offizier, ihr Liebhaber (T); Paquiro, Stierkämpfer (Bar); Pepa, ein Mädchen aus dem Volk (Mez); eine Stimme (S oder T). **Chor:** Majas, Majos
**Orchester:** 2 Fl (2. auch Picc), 2 Ob, E.H, 2 Klar, 2 Fg, 2 Hr, 3 Trp, 3 Pos, Tb, Pkn, Schl, Streicher; BühnenM hinter d. Szene: Glocken, Tamtam
**Aufführung:** Dauer ca. 1 Std. – Gesellschaftstänze im 2. Bild: Gallardo und Fandango, die Ballettauftritte ermöglichen.

**Entstehung:** Granados hatte bereits 1898 seine erste Zarzuela *María del Carmen* in Madrid herausgebracht, der bis 1911 fünf weitere Bühnenwerke folgten. Mit großem Erfolg stellte er als Pianist seinen Klavierzyklus *Goyescas* 1911 in Barcelona und 1914 in Paris vor. Dieser Zyklus und die kastilische »tonadilla«, eine charakteristische Liedform, die Granados schon seiner Liedsammlung der *Colección de tonadillas escritas en estilo antiguo* zugrunde gelegt hatte, waren entscheidende Ausgangspunkte für die Entwicklung der Idee zu der Oper, die in der Schweiz fertiggestellt wurde. Der erste Weltkrieg verhinderte die für Paris vorgesehene Uraufführung. Sie fand in New York statt und brachte dem Komponisten große internationale Anerkennung ein.
**Handlung:** In Madrid, um 1800. 1. Bild, die Festwiese »Florida« vor den Toren der Stadt: Majas und

*Goyescas*; Anna Fitziu als Rosario; Uraufführung, Metropolitan Opera, New York 1916.

Majos, die Jugend der Madrider Gesellschaft, spielen Pelele: Eine Strohpuppe, einem ungeliebten Liebhaber gleichend, wird in einer Decke hochgeschleudert und wie ein Spielball wieder aufgefangen. Paquiro spart nicht mit Komplimenten für die Mädchen. Pepa, derzeit Geliebte des Stierkämpfers, wird von der Menge freudig begrüßt. Rosario, die in einer Sänfte zum Rendezvous mit Fernando, einem jungen Offizier, eintrifft, sucht zunächst vergeblich nach ihm. Paquiro indes erinnert Rosario an den Laternenball und ihre gemeinsamen Stunden und fordert sie auf, wieder dorthin zu kommen. Fernando, der eifersüchtig in einem Versteck Zeuge dieses Gesprächs wird, sagt Paquiro zu, daß Rosario zum Ball kommen werde, allerdings in seiner Begleitung. Pepa fühlt sich nun vernachlässigt und schwört Rosario Rache. 2. Bild, Laternenball: Das Zusammentreffen aller Personen, das arrogante Auftreten Fernandos, Pepas ungezügelte Eifersucht, Rosarios Ohnmacht auf dem Höhepunkt des erregten Wortwechsels schüren den Konflikt, der darin gipfelt, daß Paquiro Fernando für den nächsten Morgen zum Duell fordert. Rosario kommt wieder zu Bewußtsein und zieht sich mit Fernando zurück; die übrigen gesellen sich zum Fandango. 3. Bild, Garten von Rosarios Haus, Nacht: Rosario hört die Nachtigall und erwidert ihren Gesang. Ahnungsvoll bedrückt geht sie in ihr Haus. Fernando kommt an ihr Fenster, sie beschwören leidenschaftlich ihre Liebe. Dann kündigt die Glocke die Stunde des Duells auf dem nahe gelegenen Platz an. Paquiro erscheint mit Pepa. Im Kampf wird Fernando tödlich verwundet, er taumelt zurück in den Garten und stirbt in den Armen Rosarios.

**Kommentar:** Obschon ein Künstler des 20. Jahrhunderts, ist Granados, wie viele spanische Künstler seiner Zeit, von den alten lyrischen Themen des Lands fasziniert. Während diese Haltung oftmals zu einer nationalbewußten Volkstümlichkeit führte, die von den Intellektuellen als Rückbesinnung auf die Tradition proklamiert wurde, ließ sich Granados von der »romantischen« Welt des 18. und 19. Jahrhunderts leiten. Zudem gefesselt von der Person des spanischen Malers Francisco José de Goya und seiner Kunst, verbindet er beide Elemente mit der traditionellen »tonadilla«, die er kunstvoll weiterentwickelt. Goyescas greift Szenen aus der Welt Goyas auf; bereits der Beginn mit dem Pelelespiel bezieht sich auf ein bestimmtes Bild des Malers. Wenngleich das Libretto geringen literarischen Wert hat und generell die Handlung durch das Nebeneinanderstellen von Bildern eine Art fragmentarischen Charakter erhält, weist das Werk dennoch eine beachtliche Geschlossenheit auf. Sie beruht auf der Qualität der Melodien und der Anmut der Orchestrierung zumal der zahlreichen volkstümlichen Nummern. Parallelen zu Fallas *La Vie brève* (1913) sind unverkennbar; auch Granados konnte die starren Regeln der Zarzuela überwinden. Einflüsse der klassischen spanischen Musik wie unter anderm von Domenico Scarlatti oder Antonio Soler sind festzustellen. Zudem besticht Granados' Partitur durch raffinierte Rhythmik, die zweifellos eins der Hauptmerkmale jenes besonderen spanischen Kolorits darstellt. Deutlich wird dies gleich zu Anfang des 1. Bilds, wenn sich zu den Rufen der Majas und Majos (»Aquí como allá«) markante Tanzrhythmen entfalten, die in mehreren Schichten verlaufen, oder im ersten Intermezzo, einem brillanten Instrumentalsatz, in dem sich aus einem zunächst schlichten »minuetto« nach und nach ein rauschender, flamencoähnlicher Tanz entwickelt. Die dramaturgischen Qualitäten des Werks wurden in der amerikanischen Kritik gelobt, wo man *Goyescas* mit dem Verismo von Mascagnis *Cavalleria rusticana* (1890) verglich. Einzelne Szenen und Tänze, deren harmonischer Charakter zum Teil noch die ursprüngliche Komposition für Klavier erkennen läßt, sind als Konzert- und Vortragsstücke fester Bestandteil im Repertoire spanischer Sängerinnen.

**Wirkung:** Nach der Uraufführung (Rosario: Anna Fitziu, Fernando: Giovanni Martinelli, Paquiro: Giuseppe De Luca; Dirigent: Gaetano Bavagnoli) wurde das Werk in Übersetzungen unter anderm 1919 in Paris (Opéra; mit Fitziu, Martinelli, Joachim Cerdan und Flora Perini) und 1937 in der Mailänder Scala (mit Maria Carbone Rossini, Cloe Elmo und Afro Poli) gegeben und 1940 auch in Barcelona aufgeführt. Für Spanien hat *Goyescas* den Rang einer echten Oper. Wenn das Werk kaum noch gespielt wird, mag das an der Eigentümlichkeit des ästhetischen Empfindens von Granados liegen, das in gewisser Weise zu seinen Lebzeiten bereits ein Anachronismus war.

**Autograph:** Familie Carreras-Granados Barcelona. **Ausgaben:** Kl.A, span./engl. Übers. v. J. W. Johnson: Schirmer 1915, Nr. 25655; Textb., engl.: Schirmer 1915. **Aufführungsmaterial:** Schirmer
**Literatur:** G. DE BOLADERES, E. G., Barcelona 1921; J. SUBIRÁ, E. G., Madrid 1926; H. COLLET, Albéniz y G., Paris 1929, ²1948; A. FERNÁNDEZ-CID, G., Madrid 1956

*José Casanovas Puig*

# Bruno Granichstaedten

Bruno Bernhard Granichstaedten; geboren am 1. September 1879 in Wien, gestorben am 20. (oder 30.?) Mai 1944 in New York (oder Hollywood?)

## Majestät Mimi
### Operette in drei Akten

**Text:** Felix Dörmann (eigtl. Felix Biedermann) und Alexander Roda Roda (eigtl. Alexander Friedrich Roda)
**Uraufführung:** 17. Febr. 1911, Carl-Theater, Wien
**Personen:** Marco von Bythinien; Mimi; Prinzessin Xenia; der Fürst von Lepanto; Aladrio, Sekretär der Gesandtschaft, später Zeremonienmeister; Maurice,

Cabaretdirektor; Ferry, Conferencier; Teophil, Dichter; Louis, Kellner, später Kammerdiener; 1.–4. Bythinier; der Kapellmeister; 6 Offiziere (Hosenrollen).
**Chor, Statisterie:** Cabaretpublikum, Zeitungsjungen, Musiker, Offiziere, Soldaten, Hofstaat
**Orchester:** 2 Fl (2. auch Picc), 2 Ob (2. auch E.H), 2 Klar, 2 Fg, 4 Hr, 2 Trp, 3 Pos, Tb, Pkn, Schl (kl.Tr, gr.Tr, Bck, Trg, Tamburin, Tamtam), Xyl, Glsp, Hrf, Streicher; BühnenM: nicht differenziertes Orch; Trp
**Aufführung:** Dauer ca. 2 Std.

**Entstehung:** Granichstaedten hatte mit seiner ersten Operette *Bub oder Mädel* (Wien 1908) einen großen Erfolg errungen, den er mit zwei weiteren Werken, *Auf Befehl der Herzogin* (Wien 1915) und *Der Orlow* (1925), noch übertrumpfen konnte. *Majestät Mimi* gehört zu seinen frühesten Werken. Vermutlich reizte es Granichstaedten, da er selbst in Wiener Cabarets gearbeitet hatte, ein Libretto, das in diesem Milieu spielt, zu vertonen.
**Handlung:** Im Cabaret »Zum borstigen Igel« in Paris und in Brussa, der Hauptstadt von Bythinien.
I. Akt, Zuschauerraum des Cabarets: Der »Borstige Igel« hat zwei ganz besondere Attraktionen: eine tugendhafte Wiener Brettldiva, Mimi, und einen wirklichen Prinzen aus regierendem Haus eines Duodez-Balkanstaats, Marco von Bythinien. Der Prinz fühlt sich im Pariser Exil sehr wohl und hat über den Freuden des Cabarets die Heimat und den Thron seiner Väter vergessen. Er liebt die süße, kapriziöse Mimi, die mit ihm im Cabaret auftritt. Er liebt sie mit der Ehrlichkeit aller Tenoristen, sie gibt ihm aber einen Korb und liebt ihn nur platonisch, weil sie tugendhaft ist. Der arme Prinz ist fast unglücklich, weil Mimi nicht seine ungekrönte Königin sein will. Plötzlich wird er heftig an sein Vaterland erinnert: zuerst durch eine Zeitung, die einen Staatsstreich in Bythinien und die Machtübernahme durch Prinzessin Xenia, eine Cousine Marcos, meldet, dann durch eine bythinische Deputation, die ihm die Königskrone anträgt.
II. Akt, Thronsaal im Königsschloß in Bythinien: Marco nimmt die Krone an und bildet aus seinen Cabaretgefährten seine neue Regierung. Der Cabaretdirektor Maurice wird Ministerpräsident, der Conferencier Ferry und der Dichter Teophil werden Minister, Louis, der Kellner, avanciert zum Kammerdiener. Auch seine platonische Freundin Mimi hat der frischgebackene König mitgenommen, er ernennt sie zur Gräfin von Saverne. In Bythinien führt er ein operettenhaftes Regime. Er zecht die Nächte durch und verpfändet im Tarockspiel seine Krone. Ein Unwetter braut sich zusammen: Die heiratslustige und eifersüchtige Xenia intrigiert gegen Mimi, Geldmangel breitet sich im Land aus, das Volk murrt hinter der Operettenszene. Marco verlobt sich aus Staatsrücksichten mit Xenia, Mimi geht zurück nach Paris.
III. Akt, Arbeitszimmer des Königs: Xenia und Ferry sorgen für Hofklatsch; beide wollen nach Paris und im Cabaret auftreten. Xenia verzichtet auf die Krone, löst die Verlobung mit Marco, hat diesem aber eine Brautschau der heiratsfähigen höheren Töchter arrangiert.

Fürst Lepanto, wiederum bythinischer Unterhändler in Paris, bringt Mimi, die er als seine Tochter ausgibt, ebenfalls zum königlichen Heiratsmarkt. Unerkannt überzeugt sie sich davon, daß Marco sie noch liebt. So findet dieser in Mimis Arme und gewinnt auch die verpfändete Krone wieder.
**Kommentar:** Das Buch von *Majestät Mimi* ist wenig originell. Abgesehen von Anklängen an Straus' *Walzertraum* (1907) und Lehárs Einakter *Mitislaw, der Moderne* (1907) wurden satirische Möglichkeiten, die im Stoff liegen (Rollentausch Cabaretstar/König, Operettenregime, sentimentale Liebe zu einer Brettldiva) nicht genutzt. Das Meiste bewegt sich im ¾-Takt. Trotz des internationalen Milieus, das er heraufbeschwört, musiziert der Komponist in dieser frühen Operette noch ganz und gar wienerisch. Mit ihren ausgereizten Intervallen und drastischen Verzögerungen des zweiten Takts schließen sich seine Walzerlieder und -duette an das Vorbild Carl Michael Ziehrer an. Doch sie sind treffsicherer auf die dramatische Situation hin gebaut als etwa jene im *Fremdenführer* (1902) oder in den *Landstreichern* (1899). Granichstaedtens beachtliche Ausdrucksspanne in diesem Tanzidiom läßt sich ermessen, wenn man die beiden Lentoweisen (Markos Entree im I. Akt und das Duett von der Segeljacht im III. Akt) vergleicht mit dem überwältigenden, aufwirbelnden Walzerduett Nr. 8, das plötzlich aus der grotesk feierlichen Ernennungsszene hervorbricht. Daß er auch in andern Rhythmen erheiternde Stimmungen erzeugen kann, beweist der Allegrettoteil im Duett Marko/Mimi Nr. 5: ein plapperndes Parlando im ¾-Takt, das den »lächelnden Amor« auf die Bühnenbretter zitiert. Gleichwohl zeigt sich immer wieder, daß der Komponist sich in dem engen austriakischen Klangraum melodisch noch nicht freigeschwommen hat. Sein Material ist hier längst nicht so variationsreich wie in den 20er Jahren, wenn er die Rhythmen und Klänge internationaler Tanzmusik eigenständig vereinnahmt. Offenbar war er auch nicht hinreichend gefordert durch das fadenscheinige Libretto, das etliche Handlungsmotive unbegründet läßt. Zum Beispiel: Weshalb will Prinzessin Xenia plötzlich zum Cabaret? Wegen Ferry? Seichter Wortwitz und lose verbundene Handlungsstränge weisen *Majestät Mimi*, alles in allem, eher als ein Konglomerat musikalisch wirksamer Cabaretszenen denn als Operette aus.
**Wirkung:** Bis 1921 wurde *Majestät Mimi* 38mal aufgeführt. Dann geriet sie auf deutschsprachigen Bühnen in Vergessenheit. Nicht so im romanischen Ausland. In Italien hat der ebenso rührige wie skrupelarme Operettenunternehmer Carlo Lombardo das Werk (musikalisch kaum verändert) unter dem Pseudonym Léon Bard als *La duchessa del Bal Tabarin* (1917) herausgebracht. Es hatte, dramatisch gestrafft, beträchtlichen Erfolg, der sich auch in Spanien fortsetzte, wo *Mimi* in die repräsentative Schallplattenserie der 100 Zarzuelas als drittes ausländisches Werk neben Lehárs *Graf von Luxemburg* (1909) und *Eva* (1911) aufgenommen wurde: als Leo Bards *La duquesa del Bal Tabarin*.

**Autograph:** Verbleib unbekannt. **Ausgaben:** Kl.A: Weinberger 1911, o.Nr. [als Ms. vervielfältigt]; Regiebuch: Weinberger 1911. **Aufführungsmaterial:** Weinberger/M u. Bühne, Wiesbaden
**Literatur:** F. HADAMOWSKY, H. OTTE, Die Wiener Operette. Ihre Theater- u. Wirkungs-Gesch., Wien 1947 (Klassiker d. Wiener Kultur. 2.); A. BAUER, 150 Jahre Theater an der Wien, Wien 1952

*Renate Schusky*

## Der Orlow
### Operette in drei Akten

**Text:** Ernst Marischka und Bruno Granichstaedten
**Uraufführung:** 3. April 1925, Theater an der Wien, Wien
**Personen:** Nadja Nadjakowska; John Walsh, Automobilfabrikant; Jolly Jefferson, sein Kompagnon; Harry und Fred, Freunde von Walsh; Charles Escabonier, Impresario; Redbrock, Reporter; Brown, Detektiv; Stepanoff, Polizeidolmetsch; John, Diener bei Walsh; Jessie, Zofe bei Nadja; ein Billeteur; ein Abbé; Hunter, Werkmeister; Dolly Marbanks, Kontoristin; Alex Doroschinsky, Maschinist im Werk von Walsh und Jefferson. **Chor:** Damen und Herren der Gesellschaft, Dancinggirls. **Statisterie:** Kontoristinnen, Arbeiter, Artisten, Detektive, Reporter
**Orchester:** 2 Fl (auch Picc), 2 Ob, 2 Klar, A.Sax, T.Sax, 2 Fg, 4 Hr, 2 Trp (2. auch KinderTrp), Kornett in B, 3 Pos, Pkn, Schl (kl.Tr, gr.Tr, HolzTr, Bck, Trg, Tamtam, Tamburin, Kastagnetten, Schellen, Glocke, Peitsche), Balalaika (oder Mand), Banjo, Glsp, Xyl, Cel, Kl, Hrf, Streicher; BühnenM hinter d. Szene: Autohupen, Glockengeläute, Kl, Vl, Jazzband: A.Sax, T.Sax, Kornett, Pos, Schl (gr.Tr, Bck, kl.Tr, Flexaton ad lib., Kastagnetten), Banjo, T.Banjo, Kl, Vl
**Aufführung:** Dauer ca. 2 Std. 30 Min. – Wenn die Jazzband nicht vorhanden ist, spielt an ihrer Stelle entweder das Orchester oder das Klavier weiter. In Nr. 7a dürfen die Spieler der Jazzband improvisieren.

**Entstehung:** Granichstaedten hatte bis zur Entstehung des *Orlow* fast nur Operetten im Wiener Stil

*Der Orlow*, I. Akt; Lotte Kobler als Dolly, Karl Schulz als Stepanoff, Thia Klein als Nadja, Heinrich Gretler als Jefferson; Regie: Adi Berger, Bühnenbild: Albert Isler; Stadttheater, Zürich 1925.

komponiert. Lediglich *Auf Befehl der Herzogin* (Wien 1915) brachte ihm mehr als einen lokalen Erfolg ein. Mit *Orlow* und der *Milliardärin* (Wien 1928) sprengte Granichstaedten vollends den Wiener Rahmen, den er schon in *Indische Nächte* (Wien 1921) und *Die Bacchusnacht* (Wien 1923) gelockert hatte, und wandte sich moderneren musikalischen Formen zu.

**Handlung:** In New York.
I. Akt, Automobilfabrik von Walsh & Jefferson: Die Chefs der Fabrik, John Walsh, ein vierschrötiger Amerikaner, und Jolly Jefferson, ein junger Dandy, sind in die russische Tänzerin Nadja Nadjakowska verliebt, eine Frau von blendender Schönheit, Rasse und Eleganz. Deren häufige Besuche in der Fabrik gelten jedoch nicht den schwerreichen Amerikanern, sondern dem Maschinisten Alex Doroschinsky, einem Arbeiter und russischen Landsmann. Als Walsh erfährt, daß seine Angebetete für den Russen schwärmt, veranlaßt er seinen Kompagnon, den lästigen Nebenbuhler hinauszuwerfen. Aber es kommt ganz anders: Jefferson erkennt in Doroschinsky einen alten Freund wieder, den Fürsten Alexander Alexandrowitsch, mit dem er vor dem Krieg in Paris manche Nacht durchzecht hatte. In der russischen Revolution verlor Alexandrowitsch seinen Besitz und fristet seitdem als werktätiger Emigrant sein Leben. Aber etwas hat er aus seiner Vergangenheit in die Neue Welt retten können: den Orlow, den berühmten Riesendiamanten des russischen Kaiserhauses, der ihm laut Familienbeschluß als Eigentum zugefallen war. Als Alexandrowitsch der Liebe Nadjas sicher ist (sie schenkt dem vermeintlichen Arbeiter eine Balalaika), bittet er Jefferson, den Orlow zu Geld zu machen. In Sachen Liebe will Jefferson nicht »gegen Rußland kämpfen«, er sucht Ersatz unter den Bürodamen, ein schwieriges Unterfangen, da Walsh im Interesse der guten Zusammenarbeit zwischen männlichen und weiblichen Angestellten nur potthäßliche Damen eingestellt hat. Dennoch hat Jefferson Glück: Das Mädchen Dolly entpuppt sich, nachdem es mehrere entstellende Requisiten abgelegt hat, als hübsch und liebenswert.
II. Akt, Park von Walsh' Landhaus: Der Fabrikant gibt zu Ehren der angebeteten Russin ein Gartenfest. Er hat sich die Verlobung mit Nadja zum Ziel gesetzt und will alle Nebenbuhler endgültig ausschalten. So hat er auch den Maschinisten Alex geladen, von dem er annimmt, daß er sich durch wenig salonfähiges Benehmen vor der ganzen Gesellschaft und besonders vor Nadja lächerlich machen wird. Alex erscheint jedoch in der Uniform eines russischen Generals der Leibgardekosaken des Zaren und ist der vollendete Kavalier. Allerdings lüftet er nicht sein Inkognito. Walsh sieht, daß sein Coup mißglückt ist; er will sich Nadjas Liebe kaufen, indem er ihr den Orlow, über den er mit Jefferson handelseinig geworden ist, überreicht. Entrüstet tritt Alexander hinzu und erklärt den Stein zu seinem Eigentum. Niemand kann ihn, den Maschinisten, als rechtmäßigen Besitzer des Millionenwerts ansehen, auch für Nadja ist er entweder ein Hochstapler oder ein Dieb. Ein Detektivaufgebot erscheint und will ihn verhören. Der russische Dolmet-

scher erkennt in ihm schließlich den früheren Großfürsten und teilt dies der Gesellschaft mit. Nadja bereut ihr Verhalten und will Alexander um Verzeihung bitten; dieser wirft ihr den Orlow vor die Füße.
III. Akt, Logengang des Varietétheaters »Alhambra«: Nadja ist durch den Besitz des Orlows nicht glücklich geworden, sie sehnt sich nach Alexander, den sie zu Unrecht verdächtigt hat. Auch der Großfürst, der durch das Erbe seiner Großmutter wieder zu Besitz kommt, kann Nadja nicht vergessen. Er erscheint im Varieté, um sie zu sehen. Nadja gelingt es, ihn durch ein Täuschungsmanöver mit dem Orlow, den sie scheinbar einem Tänzer schenkt, zu sich zu locken. Der Besitz des Orlows wird zum Prüfstein für die Liebe zwischen Nadja und Alexander: Zwar »unterliegt« der Orlow in dem Vergleich, aber als Verlobungsstein besiegelt er das Glück des Paars.

**Kommentar:** *Der Orlow* ist zu Unrecht in Vergessenheit geraten. Die außerordentliche Laufzeit Ende der 20er Jahre ist erklärbar mit der einfallsreichen Musik Granichstaedtens und der Originalität des Buchs. Granichstaedten schrieb eine Musik voll langsam-schwelgerischer Walzer (»Einmal kommt die Zeit, wo man Dummheiten macht«), neuartiger Rhythmen (Blues, Tango, Shimmy) und berückender Chansons (»Für dich, mein Schatz, hab' ich mich schön gemacht«, II/7a). Er verwertete russische Motive (»Morgen früh marschieren die Soldaten aus der Stadt«, I/1; »Hab' ein russisch Lied im Ohr«, I/6) und brachte erstmals eine Jazzband auf die Bühne (Bärenshimmy, I/4). Berühmt als Schlager wurde »Da nehm' ich meine kleine Zigarette« (I/3). Eine witzige Instrumentierung, das abwechselnde Spiel des Orchesters und der Jazzband, die eingeschobenen Tanzszenen, der ständige Rhythmuswechsel: dies alles sind Pluspunkte für die Partitur der revuehaften Operette. Das Buch, nicht ohne Sentimentalität, lebt von der zu dramatischer Steigerung fähigen Liebesbeziehung zwischen der exotisch-schönen Künstlerin und ihrem blendend aussehenden täppisch-galanten Landsmann, dessen Versteckspiel in der Doppelrolle Anlaß zu weiteren Verwicklungen gibt. Komisch wirken daneben das amerikanische Zufallsliebespaar Jefferson/Dolly und der Möchtegernliebhaber Walsh, die Karikatur des schwerreichen amerikanischen »business maker«.

**Wirkung:** In Wien und an einigen Auslandsbühnen erzielte *Der Orlow* beträchtliche Erfolge. Die Operette hält den vierten Platz in den Aufführungsannalen des Theaters an der Wien (nach Lehárs *Lustiger Witwe*, 1905, Falls *Rose von Stambul*, 1916, und Strauß' *Zigeunerbaron*, 1885): Bis 1930 erlebte *Der Orlow* 428 Reprisen. 1927 wurde das Werk von Luise und Jakob Julius Fleck verfilmt (mit Ivan Petrovich), 1932 von Max Neufeld als *Der Diamant des Zaren* (mit Petrovich und Liane Haid).

**Autograph:** Verbleib unbekannt. **Ausgaben:** Kl.A: Bristol, Wien, Bln. 1925, Nr. 40; Octava, London, Nr. 19; Regiebuch: Wien, Bristol. **Aufführungsmaterial:** Weinberger/M u. Bühne, Wiesbaden
**Literatur:** s. S. 554

*Renate Schusky*

# Carl Heinrich Graun

Geboren zwischen dem 9. August 1703 und dem 8. August 1704 in Wahrenbrück (bei Cottbus), gestorben am 8. August 1759 in Berlin

## Artaserse
**Dramma per musica**

### Artaxerxes
3 Akte (7 Bilder)

**Text:** Pietro Metastasio (eigtl. Pietro Antonio Domenico Bonaventura Trapassi; 1730), anonyme Bearbeitung
**Uraufführung:** 2. Dez. 1743, Hoftheater, Berlin
**Personen:** Artaserse/Artaxerxes I., Prinz und später König von Persien, Freund Arbaces und Liebhaber Semiras (S); Mandane, Artaserses Schwester, Geliebte Arbaces (S); Artabano/Artabanos, Hauptmann der königlichen Leibgarde, Vater Arbaces und Semiras (S); Arbace, Freund Artaserses, Liebhaber Mandanes (S); Semira, Schwester Arbaces und Geliebte Artaserses (S); Megabise, Armeegeneral, Vertrauter Artabanos (S). **Chor:** Granden, Gefolge Artaserses. **Statisterie:** Gefolge Artabanos, Wachen
**Orchester:** 2 Fl, 2 Ob, 2 Fg, 2 Hr, Streicher, B.c
**Aufführung:** Dauer ca. 2 Std.

**Entstehung:** *Artaserse* ist die dritte von 30 Opern, die Graun für das neueröffnete Berliner Hoftheater komponierte. Kurz nach seiner Thronbesteigung hatte König Friedrich II. den Bau eines Opernhauses befohlen, das 1742 mit einer Oper Grauns eröffnet wurde. Friedrich II. bewunderte die Musik Johann Adolf Hasses, der die Hofoper im benachbarten Dresden zum bedeutendsten Zentrum der italienischen Oper nördlich der Alpen gemacht hatte; es gelang ihm jedoch nicht, Hasse nach Berlin abzuwerben. In Graun fand er einen Komponisten, dessen Opernmusik Hasses Stil sehr nahekam. Mehr als ein Jahrzehnt wurden an der Berliner Oper, mit vereinzelten Ausnahmen, nur Werke dieser beiden Komponisten gespielt.

**Handlung:** In Susa, der Residenz des persischen Königs, 465 v. Chr.
I. Akt, 1. Bild, der innerste Garten im Palast des Königs, Mondnacht: Arbace, Artabanos Sohn, hat sich vergeblich bei Xerxes I., seinem König, um die Hand von dessen Tochter Mandane bemüht und ist aus der Stadt verwiesen worden. Heimlich trifft er sich mit seiner Geliebten zu einem letzten Lebewohl. Kaum hat Mandane ihn verlassen, als sein Vater mit blutigem Schwert hereinstürzt. Er hat Xerxes getötet und drängt seinen Sohn, das Schwert zu nehmen und in Sicherheit zu bringen. Artabano will die ganze königliche Familie auslöschen, um sich selbst auf den Thron zu bringen. Es gelingt ihm, Xerxes' Sohn Artaserse zu überzeugen, dessen Bruder Darius habe den Mord begangen. Artaserse gibt Artabano den Befehl, Darius

zu töten; doch als Artabano fort ist, möchte er diesen Entschluß rückgängig machen. Bevor er davonstürzen kann, naht Arbaces Schwester Semira, seine Geliebte, die sich seine abweisende Eile nicht erklären kann. Megabise, Artabanos Vertrauter, nutzt die Gelegenheit, Semira seine Liebe zu erklären, doch Semira weist ihn zurück. 2. Bild, ein Hof im Königspalast: Artabano berichtet dem entsetzten Artaserse, daß er Darius getötet habe. Wenig später stürzt Semira mit der Nachricht herein, daß Darius nicht der Mörder war; man habe den richtigen gefaßt. Arbace wird sogleich in Ketten hereingeführt. Er beteuert seine Unschuld, verteidigt sich aber nicht. Artaserse ist ebenso verwirrt wie Mandane und Semira; er kann sich nicht entschließen, seinen engsten Freund töten zu lassen. Mandane schwört Arbace Rache. Sie ist hin und her gerissen zwischen Haß und Liebe.
II. Akt, 1. Bild, königliche Zimmer: Artaserse möchte Arbaces Unschuld beweisen und bittet Artabano um Hilfe. Dieser versucht statt dessen, seinen Sohn zu einer kompromittierenden Flucht zu überreden, doch Arbace weigert sich und ruft seine Wächter, ihn in Ketten ins Gefängnis zurückzubringen. Artabano verspricht Megabise die Hand seiner Tochter, wenn er ihn weiter in seinen Intrigen unterstützt. Semira gehorcht, läßt Megabise aber nicht im unklaren darüber, daß sie ihn niemals lieben werde. Auf dem Weg zur Gerichtsverhandlung trifft sie Mandane; sie kann sie nicht von ihrem Vorsatz abbringen, Arbace anzuklagen. 2. Bild, ein großer Saal mit einem Thron, Sesseln und einem Tisch: Bei der Verhandlung verteidigt Semira ihren Bruder gegen Mandane. Artaserse, unfähig, Arbace zu verurteilen, bittet Artabano, das Urteil über seinen Sohn zu sprechen. Als Artabano das unterschriebene Todesurteil präsentiert, sind alle entsetzt. Selbst Mandane, die ihren Vater rächen mußte, hatte gehofft, daß Artabano seinen Sohn schützen würde. Einen Moment lang ist Arbace versucht, seinen Vater bloßzustellen; doch dann siegt die Sohnesliebe, und er nimmt den Urteilsspruch an. Allein zurückgeblieben, beschließt Artabano, nun, da er sich selbst gerettet hat, für die Rettung seines Sohns zu sorgen.
III. Akt, 1. Bild, das Innere der Festung, in der Arbace gefangengehalten wird: Heimlich ist Artaserse im Gefängnis erschienen und befiehlt Arbace, um ihn zu retten, die Flucht. Kaum ist Arbace, nach langem Zögern, fort, erscheinen Artabano und Megabise, um ihn ihrerseits zu befreien. Furcht erfüllt sie, als sie die Zelle leer finden. 2. Bild, ein Kabinett in Mandanes Räumen: Semira macht Mandane heftige Vorwürfe, daß sie ihren Geliebten dem Tod ausgeliefert habe. Als sie sieht, wie Mandane leidet, bereut sie ihre Wut. Auf der Flucht hat sich Arbace in Mandanes Gemächer gestohlen, um ihr Lebewohl zu sagen. Er verbirgt sich in den Vorhängen und sieht, wie Mandane voller Verzweiflung sich umbringen will, da sie Arbace tot glaubt. Im letzten Moment entwindet Arbace ihr den Dolch. Vergeblich versucht er sie zu überzeugen, daß er nicht der Mörder ihres Vaters sei; schließlich gibt er ihr sein Schwert, ihn zu töten. Doch das bringt sie nicht übers Herz; statt dessen bittet sie ihn, zu fliehen

und ihr nie wieder unter die Augen zu treten. 3. Bild, ein prächtiger Ort für die Krönung Artaserses; ein Thron; ein brennender Altar mit dem Bildnis der Sonne; eine Schale: Bei seiner Krönung greift Artaserse zu dem heiligen Becher, um als neuer König den Bund mit der Sonne zu bekräftigen. Artabano hat das Getränk vergiftet. Doch als Artaserse den Becher an die Lippen setzt, unterbricht Semira die Zeremonie mit der Nachricht, daß der Palast von Aufständischen umzingelt sei. Einen Moment lang glaubt Artaserse, Arbace sei der Anführer; doch da kommt Mandane und berichtet, Arbace habe mit den Aufständischen verhandelt und sie zur Anerkennung des neuen Königs bewogen. Als Arbace erscheint, bittet Artaserse ihn, zum Beweis seiner Unschuld aus der heiligen Tasse zu trinken. Doch als Arbace den Becher nimmt und die heiligen Worte spricht, fährt Artabano mit dem Eingeständnis seiner Schuld dazwischen. Artaserse will den Verräter töten, doch Arbace bittet für seinen Vater. Besänftigt von so viel Großmut, vergibt Artaserse Artabano, gibt Mandane seinem Freund zur Braut und macht dessen Schwester zu seiner Gemahlin.

**Kommentar:** *Artaserse*, eins der beliebtesten und am häufigsten vertonten Libretti Metastasios, war von Hasse mehrfach komponiert und bearbeitet worden, bevor Graun sich dieses Stoffs annahm. Die Bearbeitung des Librettos für die Berliner Oper orientiert sich in manchen Punkten an Hasses Version von 1730; andere Umarbeitungen wurden direkt für Graun vorgenommen. Gegenüber dem Originallibretto fällt vor allem die radikale Kürzung der Rezitative auf; die Szenen sind auf das Mindestmaß zusammengestrichen, das für ein Verständnis der Handlung nötig ist. Es hat sogar den Anschein, als habe die Berliner Version die Kenntnis des Originallibrettos vorausgesetzt, da die gesamte Vorgeschichte und die privaten Überlegungen des Intriganten Artabano fehlen, die seine Handlungen im Grunde erst erklärbar machen. Wie in London, so man Opern mit ähnlich knappen Szenen komponierte, so scheint auch in Berlin das Publikum der italienischen Sprache nicht mächtig gewesen zu sein, und allzu lange Rezitative hätten die Zuhörer gelangweilt. Die Verteilung der Arien entspricht über weite Strecken der von Domenico Lallis Bearbeitung für Hasse; dazu gehört auch, daß Mandane eine Arie mehr als alle andern Rollen zugewiesen bekam; diese Partie hatte Hasses Frau Faustina Hasse-Bordoni gesungen. Die Berliner Bearbeitung fügte lediglich noch einen Chor und ein für die Opera seria höchst ungewöhnliches Sextett im I. Akt hinzu. – Das herausragende Merkmal von Grauns Vertonung sind die Stimmlagen: Alle sechs Rollen sind für hohe Stimmen komponiert. Fünf hohen Sopranpartien steht eine tiefere Sopranrolle (Artabano) gegenüber. Das Orchester beschränkt sich zumeist auf Streichinstrumente und ist nur in zwei Arien um doppelt besetzte Bläser erweitert. Alle Arien sind in Dakapoform und mehr oder weniger virtuos; an der bisweilen ungeschickten Textdeklamation zeigt sich, daß Graun, anders als Hasse, niemals in Italien studiert hat und Italienisch offensichtlich nicht ausreichend beherrsch-

te. Nahezu alle Arien sind von der Melodie her erfunden; das Orchester ist auf eine reine Begleitfunktion reduziert. Hierin wie auch in der formalen Anlage der meisten Hauptthemen (charakteristisch ist, daß sie bisweilen den jeweiligen Schluß der Phrase wie zur Bekräftigung noch einmal wiederholen) erweist sich Graun als ein getreuer Nachahmer Hasses. Aus dem strengen Rahmen der Opera seria fällt das Sextett im I. Akt heraus. Den Höhepunkt der Verwirrung um die Entdeckung des vermeintlichen Mörders Arbace bündelt das Berliner Libretto zu einem großen Ensemble, wo Metastasio mehrere Szenen mit drei Arien (einschließlich Artabanos berühmten, von Zeitgenossen parodierten Texts »Non ti son padre«) geschrieben hatte. Ebenso ungewöhnlich wie das Sextett als solches ist die formale Anlage: Die Großform ist zweiteilig, nach jeweils einer Folge von solistischen Äußerungen vereinigen sich die Stimmen zu einem homophonen Ensemble. Die solistischen Partien entsprechen sich zumindest in ihren Kopfmotiven; die Periodik ist irregulär. Komponiert in dem Jahr, das als Beginn der Gattung Opera buffa gilt, kommt diesem Seriaensemble große Bedeutung zu; es scheint, als habe Graun die strikte Trennung von Handlung und Musik in der Opera seria nicht im gleichen Maß ernst genommen wie seine italienischen Zeitgenossen. Das Sextett steht an der Schwelle zum Handlungsensemble, wie es in der Frühzeit der Opera buffa komponiert wurde. Graun zitiert Artaserses Eröffnung des Sextetts (»Come un amico, o Dio, possa punir non so«) in e-Moll zu Beginn des II. Akts noch einmal fast wörtlich als Kopfmotiv von Artaserses Arie, nachdem er Arbace befreit hat (»Pensa che l'amor mio t'offre la vita in dono«), diesmal in Es-Dur: der gleiche Gedanke zu nahezu derselben Musik, gleichsam als Erinnerung an den Beginn des Konflikts. Eine ähnliche Technik der Wiederholung wendet Graun in der Schlußszene an, wenn erst Artaserse, später Arbace den vergifteten heiligen Becher leeren will. Arbace wiederholt den Hymnus, den zuvor Artaserse angestimmt hatte, um eine Terz nach oben transponiert. Artabanos angstvoller Einwurf »Misero me« entspricht dabei wörtlich Artaserses Bitte an die Gottheit »Volgiti a me«, und erst am Schluß, bei den Worten »è veleno«, die die Situation schlagartig verändern, ändert sich die Komposition.
**Wirkung:** Über den Erfolg der Uraufführung, mit der die Karnevalssaison eröffnet wurde, ist nichts bekannt. Wie groß Grauns Reputation in Deutschland gewesen sein muß, erhellt die Tatsache, daß das Werk in andern Städten nachgespielt wurde, was in damaliger Zeit eher ungewöhnlich war. So wurde die Oper in deutscher Übersetzung und unter Hinzufügung einiger Arien 1745 und 1747 in Braunschweig aufgeführt. Im Aug. 1750 wurde *Artaserse* in Stuttgart anläßlich der Eröffnung des neuen Opernhauses gegeben.
**Autograph:** Verbleib unbekannt (d. Zuschreibung d. Ms. Mus. MS autog. Graun C. H. 9 d. SB Bln./DDR ist zweifelhaft).
**Abschriften:** Herzog-August-Bibl. Wolfenbüttel (Cod. Guelf. 81 Mus. Hdschr.), Hess. LB Darmstadt, UB Rostock, SB Bln./

DDR, SBPK Bln. (3 Abschriften: Ms 8211, 8211/1 u. 8211/2, v. denen 2 unvollst. sind). **Ausgaben:** Part, Faks.-Nachdr. d. Abschrift Wolfenbüttel: Garland, NY, London 1978 (Italian Opera 1640–1780. 40.); Textb., ital./dt.: Bln., Haude 1743, Nachdr. in: Italian Opera Librettos, Bd. 3, NY, London, Garland 1978 (Italian Opera 1640–1770. 53.); Stuttgart, Cotta
**Literatur:** C. H. MENNICKE, Hasse und die Brüder G. als Symphoniker: Nebst Biographien und thematischen Katalogen, Lpz. 1906; A. YORKE-LONG, Music at Court. Four Eighteenth Century Studies, London 1954

*Silke Leopold*

## Montezuma
### Tragedia per musica

**Montezuma**
3 Akte (7 Bilder)

**Text:** Friedrich II., der Große, König von Preußen; italienische Übersetzung: Giampietro Tagliazucchi
**Uraufführung:** 6. Jan. 1755, Hoftheater, Berlin
**Personen:** Montezuma, Kaiser von Mexiko (S); Eupaforice, Königin von Tlascála, Montezumas Braut (S); Tezeuco, kaiserlicher Diener (T); Pilpatoè, kaiserlicher General (S); Erissena, Vertraute der Königin (S); Ferdinando Cortes/Hernán Cortés, Anführer der Spanier (S); Narvès/Narváez, ein spanischer Hauptmann (S). **Chor:** Volk. **Statisterie:** Gefolge Montezumas und Cortes'. **Ballett**
**Orchester:** 2 Fl, 2 Ob, 2 Fg, 2 Hr, Streicher, B.c
**Aufführung:** Dauer ca. 2 Std. 30 Min.

**Entstehung:** Aus der Korrespondenz zwischen Wilhelmine, Markgräfin von Bayreuth, und ihrem Bruder Friedrich II. geht hervor, daß der König das Libretto zu *Montezuma* im Okt. 1753 in französischer Sprache abfaßte und den Text am 16. April 1754 nach Bayreuth schickte. Erst nach Wilhelmines Begutachtung hat offenbar Graun im Mai 1754 (nachdem der Text vom Hofdichter Tagliazucchi in italienische Verse übersetzt worden war) mit der Komposition begonnen

*Montezuma*, III. Akt, 1. Bild; Bühnenbildentwurf: Giuseppe Galli da Bibiena; Uraufführung, Hofoper, Berlin 1755.

und sie im Nov. 1754 beendet. In Briefen an seine Schwester stellt Friedrich II. es so dar, als kämen die Reformvorschläge, statt der üblichen dreiteiligen Dakapoarie die konzisere zweiteilige Kavatine zur Strukturierung der Oper zu wählen, von ihm selbst. Während der Entstehungszeit des *Montezuma*-Librettos hatte jedoch Graun selbst schon in seiner Oper *Semiramide* (Berlin 1754) mit der Kavatine experimentiert, und zwar derart, daß im I. Akt nur dreiteilige Dakapoarien vorkommen, im II. Akt bereits zwei Kavatinen einbezogen werden und der III. Akt ausschließlich zweiteilige Arien aufweist, so daß diese Oper gleichsam als Versuchsoper hinsichtlich der neuen formalen Konzeption gelten kann, die in *Montezuma* konsequent fortgeführt wurde.

**Handlung:** In Mexiko, 1519/20.

I. Akt, 1. Bild, drei große Palmengänge im kaiserlichen Garten: Montezuma erfreut sich der Zuneigung seines Volks und bedarf zu seinem Glück nur noch einer Königin. Zur Gemahlin wählte er Eupaforice, die ein Königreich als Mitgift in die Ehe bringen wird und Montezuma wirklich liebt. In den paradiesischen Frieden bringt Pilpatoè die erschreckende Nachricht, daß fremde Krieger mit Schiffen über das Meer gekommen seien und göttergleiche Macht besäßen. Ihr Anführer, Ferdinando Cortes, sei nach Amerika gekommen, um selbst mit Montezuma zu verhandeln. Durch Geschenke lasse er sich nicht zufriedenstellen. Die Spanier seien gekommen, die Welt zu erobern, und niemand könne ihrer Kraft und ihrem Mut widerstehen. Montezuma mag dem Bericht seines tapferen Heerführers kaum Glauben schenken und will sich den Tag seiner Hochzeit nicht verderben lassen. Sorgenvoll sieht dagegen Pilpatoè der Zukunft entgegen. 2. Bild, Gemächer der Königin: Dumpfe Ahnungen beschleichen auch Eupaforice, die aus den Zeichen der Auguren Unheil heraufkommen sieht und den schrecklichen Berichten von den fremden Eroberern glaubt. Ihre Dienerin Erissena versucht die Königin zu trösten mit dem Glück, das sie durch ihre Vermählung mit Montezuma erfahre. Inzwischen wird berichtet, daß die Spanier bis vor die Mauern der Hauptstadt vorgedrungen seien. Zu allem Unglück steht das Heer Montezumas weit von der Stadt entfernt. Montezuma glaubt allerdings noch immer, mit großzügigen Geschenken und Freundlichkeiten die Spanier beschwichtigen zu können. Selbstsicher tritt Narvès als Unterhändler der Spanier vor den Kaiser, der trotz Eupaforices Warnung Cortes in seinen Palast einlädt.

II. Akt, 1. Bild, großer Platz am Ufer des die Stadt durchfließenden Stroms: Narvès erwartet nur noch das Zeichen für den Angriff, um die Stadt Montezumas zu erobern, den Kaiser gefangenzunehmen und die Bevölkerung auszurotten. Cortes aber setzt auf List und Betrug. Montezuma empfängt die Spanier mit offenen Armen und Geschenken, Cortes hat untertänigen Respekt angeordnet. Vergeblich versucht Pilpatoè nochmals seinen Kaiser vor Vertrauensseligkeit zu warnen. 2. Bild, Vorhof des kaiserlichen Palasts, die mexikanische Leibwache auf der einen, die Spanier in Schlachtordnung auf der andern Seite: Die Spanier überrumpeln die Gastgeber und erobern den Palast im Handstreich. Cortes selbst will den Kaiser gefangensetzen und dessen Braut zur eigenen Frau machen, um den Unwillen des Volks zu beschwichtigen. Montezuma ist wie gelähmt vor Entsetzen angesichts solchen Verrats, während Cortes ihm entgegenhält, im Namen seines Gottes und des Königs von Spanien mit allen Mitteln die Heiden besiegen und bekehren zu müssen. Eine verbale Auseinandersetzung zwischen Cortes und Montezuma über theologische und moralische Fragen ist fruchtlos. Als Montezuma sich mit Gewalt seiner Gefangennahme widersetzen will, wird er gefesselt. Eupaforice bricht in Klage über den erniedrigten kaiserlichen Geliebten aus, worauf Cortes behauptet, Montezuma habe ihn ermorden wollen und sei deshalb bestraft worden. Mit der Drohung, den Kaiser zu töten, will sich Cortes die Königin gefügig machen. Eupaforice widersetzt sich, und Cortes wartet auf eine bessere Gelegenheit. 3. Bild, ein Teil des kaiserlichen Gartens: Eupaforice hat ihre Getreuen zusammengerufen, um einen Plan zur Rettung Montezumas zu schmieden. Die Unglücksbotschaft vom Heer, daß dort Montezumas Neffe, Tacuba, der den Anschluß an Spanien proklamiert, die Befehlsgewalt an sich gerissen habe, läßt keine Hilfe von außen mehr erwarten. Deshalb plant man einen Aufstand in der Stadt.

III. Akt, 1. Bild, Montezumas Gefängnis: Montezuma beklagt sein Schicksal, ohne verlorene Schlacht besiegt worden zu sein. Unerwartet kommt Eupaforice, nachdem sie die Wachen bestochen hat, in den Kerker, um dem Geliebten Mut zuzusprechen. Erissena eilt hinzu und verkündet, daß inzwischen der Plan zur Rettung verraten worden sei und die Spanier das Volk niedermetzeln. Man rät Montezuma zur eiligen Flucht, die der Kaiser zunächst verschmäht; schließlich fügt er sich aber Eupaforices Flehen. 2. Bild, großer, von Säulen abgeschlossener Hof, im Hintergrund die Stadt: Die Flucht des Kaisers und seiner Getreuen wird vereitelt, und alle Mexikaner werden als Gefangene vorgeführt. Wutentbrannt will Cortes Rache nehmen, stellt aber nochmals seine Bedingungen, die falschen Götter, die Herrschaft und Eupaforices Hand zu lassen, wenn er leben wolle. Montezuma lehnt ab. Eupaforices heimliche Rache jedoch zeigt sich bereits am Horizont, wo sich glutrot die Feuersbrunst der Stadt und des Palasts mit den von den Spaniern begehrten und jetzt vernichteten Schätzen spiegelt. Triumphierend stößt sich Eupaforice einen Dolch in die Brust. In seiner Wut läßt Cortes seine mordgierigen Söldner auf alles Lebendige los, um die Stadt zu verwüsten.

**Kommentar:** *Montezuma* war eine der letzten Opern Grauns, da mit Ausbruch des Siebenjährigen Kriegs 1756 der Opernbetrieb in Berlin eingestellt werden mußte. Graun komponierte bis zu seinem Tod außer drei weiteren Opern nur noch das *Tedeum* auf den Sieg bei Prag. Neben *Ifigenia in Aulide* (Berlin 1748) wurde *Montezuma* von den Zeitgenossen als sein bedeutendstes Bühnenwerk gepriesen. Die enge Zusammenarbeit des Königs mit seinem Hofkapellmeister führte zu einem dramatisch wie musikalisch überzeugenden Ergebnis. Für den Stoff aus der neuzeitlichen Historie mit mexikanischem Lokalkolorit gab es bereits ein Vorbild in Vivaldis *Montezuma* (Venedig 1733) mit Girolamo Giustis Text, von dem freilich Friedrichs II. Libretto so stark abweicht, daß eine Abhängigkeit wenig wahrscheinlich ist. Friedrich II. exponiert einerseits den schändlichen Verrat der Spanier als gleichsam höhere Pflicht gegenüber ihrem Christengott und dem fernen König in Kastilien und stellt andrerseits aus dem Geist der Aufklärung Montezuma moralisch über den Konquistador. – Die Einführung der zweiteiligen Kavatine anstelle der bislang üblichen dreiteiligen Dakapoarie stellt das Werk in den Kontext zeitgenössischer Reformbestrebungen. Daß der Versuch, eine neue Form für die Oper zu finden, nicht auf Anhieb gelang, braucht nicht zu verwundern, da Graun der Tradition verpflichtet blieb und radikale Neuerungen scheute. Immerhin zeigt *Montezuma* im Vergleich zu früheren Opern größere dramatische Wirksamkeit und besonders im I. und III. Akt eine präzisere Personencharakteristik. Im II. Akt illustriert Graun die Eroberung des mexikanischen Kaiserpalasts durch ein instrumentales Intermezzo. In Eupaforices Rachearie (»Barbaro, che mi sei fiero d'orrore oggetto«) zeichnet er durch Tempowechsel die Affekte der Königin nach. Die Turbulenzen des Schlusses der Handlung werden vom Chor und von einem Ballett zusammengefaßt. Die Balletteinlagen sind in der Ausgabe in den *Denkmälern deutscher Tonkunst* in einem Anhang beigefügt: vier Tanzsätze für den Schluß des I. Akts, sechs für den Schluß des II. sowie acht für den Schluß des III. Akts.

**Wirkung:** Die häufigen und schnell aufeinander folgenden Wiederholungen von *Montezuma* im Jan. 1755 zeugen von der Beliebtheit der Oper. Nach der Wiedereröffnung des Opernhauses 1764 mit Grauns *Merope* (Berlin 1756) wurde *Montezuma* 1771 erneut aufgenommen. Nach der Reprise von Grauns *Orfeo* (Berlin 1752) 1785 gerieten Grauns Opern dann für lange Zeit in Vergessenheit. Erst 1936 machte Fritz Neumeyer mit einer deutschen Textbearbeitung in Saarbrücken den ersten Versuch einer Wiederbelebung von *Montezuma*. Das Preußenjahr 1981 lenkte neues Interesse auf das Werk. In einer umstrittenen Inszenierung von Herbert Wernicke (Textbearbeitung: Georg Quander), die die Handlung nach Sanssouci verlegte, die Personen mit denen des preußischen Hofs identifizierte (Montezuma: Friedrich II.), kam die Oper im Berliner Hebbel-Theater heraus. Die Inszenierung wurde 1982 auch im Markgräflichen Opernhaus Bayreuth gespielt und 1986 in der Deutschen Oper Berlin wiederaufgenommen. 1987 gab es eine Aufführung von *Montezuma* beim Festival dei Due Mondi in Spoleto.

*Montezuma*, I. Akt, 1. Bild; Sophie Boulin als Eupaforice, Gudrun Sieber als Erissena; Regie und Ausstattung: Herbert Wernicke; Berliner Festspiele, Hebbel-Theater, Berlin 1981. – Das Mexiko des 18. Jahrhunderts: eine großzügig gestaltete Gartenarchitektur im Stil Sanssoucis, die sich ohne Umbauten in einen Salon oder in ein Gefängnis verwandeln läßt.

**Autograph:** Verbleib unbekannt. **Abschriften:** SBPK Bln. (West) (Mus. ms. 8232), M.Bibl. d. Joachimsthalschen Gymnasiums Bln., Hess. Landes- u. Hochsch.-Bibl. Darmstadt, Sächs. LB Dresden, Mecklenburgische LB Schwerin, UB Rostock. **Ausgaben:** Part, hrsg. A. Mayer-Reinach, in: DDT I, Bd. 15, Lpz. 1904, Neu-Ausg. Wiesbaden 1958; Textb.: Bln., Haude u. Spener 1771. **Aufführungsmaterial:** B&H **Literatur:** A. MAYER-REINACH, [Vorw., s. Ausg.]; H. KLÜPPELHOLZ, Die Eroberung Mexikos aus preußischer Sicht. Zum L d. Oper ›Montezuma‹ v. Friedrich d. Großen, in: Oper als Text. Romanistische Beitr. zur L.Forschung, hrsg. A. Gier, Heidelberg 1986, S. 65–94 (Studia Romanica. 63.)

*Hans-Joachim Bauer*

# André Ernest Modeste Grétry

**Geboren am 8. Februar 1741 in Lüttich, gestorben am 24. September 1813 in Montmorency (bei Paris)**

## Le Huron
Comédie en deux actes

### Der Hurone
2 Akte

**Text:** Jean-François Marmontel, nach *L'Ingénu, histoire véritable tirée des manuscrits du père Quesnel* (1767) von Voltaire (eigtl. François Marie Arouet)
**Uraufführung:** 20. Aug. 1768, Opéra-Comique, Hôtel de Bourgogne, Paris
**Personen:** Le Huron/der Hurone (B); Fräulein von St. Yves (S); Herr von St. Yves, ihr Vater (B); Fräulein von Kerkabon (S); Herr von Kerkabon, ihr Bruder (B); der Amtmann (Spr.); Gilotin, sein Sohn (T); ein Offizier (T); ein Gefreiter (T). **Statisterie:** Soldaten, Truppen des Amtmanns
**Orchester:** 2 Fl (2. auch Picc), 2 Ob, 2 Klar, 2 Fg, 2 Hr, Pkn, Streicher
**Aufführung:** Dauer ca. 2 Std. – Gesprochene Dialoge.

**Handlung:** Auf einem Dorfplatz: Die Geschwister Kerkabon unterrichten einen »Wilden«, den man nach seiner Herkunft vom Huronsee »Le Huron« nennt. Fräulein von Kerkabon vertritt gegenüber ihrer Freundin, Fräulein von St. Yves, die Ansicht, daß sie diesen Naturmenschen eher wahrer Liebe für fähig halte als die gebildeten französischen Landsleute. Daraufhin gesteht Fräulein von St. Yves, daß sie Le Huron liebt. Sie macht Gilotin, dem Sohn des Amtmanns und Wunschbräutigam ihres Vaters, unmißverständlich klar, daß sie ihn nicht heiraten wird. Le Huron kommt von der Jagd zurück; auch er hat offensichtlich an Fräulein von St. Yves Gefallen gefunden. Er erzählt von seiner Vergangenheit, und es stellt sich dabei heraus, daß er ein Neffe der Kerkabons, also ein Franzose, ist. Er weigert sich trotzdem, seine Verhaltensweisen abzulegen, er möchte so akzeptiert werden, wie er ist. Fräulein von Kerkabon sieht in der Liebe ihres Neffen zu Fräulein von St. Yves die einzige Möglichkeit, ihn zum Umdenken zu bewegen. Ein Offizier ruft alle Franzosen zu den Waffen gegen die Engländer. Anstelle des feigen Gilotin zieht Le Huron in den Krieg. Er kehrt als Sieger zurück, und Herr von St. Yves stimmt der Heirat mit seiner Tochter zu. Doch die Freude währt nicht lange: Weil sich Le Huron gewaltsam Zutritt zum Zimmer seiner Braut verschafft hat, will Herr von St. Yves sie in ein Kloster schicken. Zwar versuchen die Kerkabons, das Handeln ihres Neffen zu rechtfertigen, doch die von Gilotin überbrachte Nachricht, daß Le Huron sogar ins Kloster eindringen wollte, macht alle Hoffnungen zunichte. Als Deus ex machina fungiert der französische Offizier: Sein Bericht vom heldenhaften Verhalten Le Hurons im Kampf für das Vaterland stimmt Herrn von St. Yves doch noch um. Er verzeiht »dem Ehemann die Verbrechen des Verliebten«.

**Kommentar:** *Le Huron* ist das erste Produkt der sieben Jahre währenden Zusammenarbeit zwischen dem noch jungen, unbekannten Komponisten und Marmontel, dem damals schon berühmten Dichter der *Contes moraux* (1761). Sie kam durch die Vermittlung und Fürsprache des schwedischen Botschafters in Paris, des Dichters Gustav Philip Graf Creutz, zustande, dem das Werk gewidmet ist. Wie in späteren Stücken (zum Beispiel *Lucile*, 1769, *Zémire et Azor*, 1771) entnimmt Marmontel, der als Librettist bis 1770 (*Silvain*, Paris 1770) anonym schrieb, den Stoff einer zeitgenössischen Vorlage, in diesem Fall Voltaires im Juli 1767 in Genf unter dem Pseudonym Dulaurens erschienenen Roman, der schon im Sept. 1767 in Paris verboten wurde. In der Tradition von Charles de Montesquieus *Lettres persanes* (1721) prallen hier europäische Kultur und die Natürlichkeit eines Wilden (die Huronen waren eine Konföderation von vier Irokesisch sprechenden Indianerstämmen) schroff aufeinander. Voltaires scharfe Gesellschaftskritik (insbesondere gegen Jesuiten und Jansenismus gerichtet) bleibt mit Rücksicht auf die Zensur in der Oper ganz im Hintergrund. Aus dramaturgischer Sicht liegt der Hauptmangel des Librettos darin, daß die dramatische Entwicklung nach drei Vierteln des Stücks eigentlich schon zu Ende ist. Weiterhin verteilt und plaziert Marmontel die Arien unzweckmäßig; zum Beispiel hat der Protagonist im I. Akt drei Arien nacheinander zu singen; im II. Akt muß er die Folge Duett–Arie–(Ariette Gilotin)–Arie–Arie bewältigen. Überhaupt trägt der Sänger Le Hurons (in der Uraufführung Joseph Caillot) die Hauptlast des Stücks: Von den 19 Vokalnummern ist er an zehn beteiligt (sieben Arien, ein Duett, ein Quartett und ein »duo concerté de chœurs«; von den restlichen neun Nummern entfallen auf die Partie des Fräuleins von St. Yves vier Arien und ein Duett). Die schwierige Partie Le Hurons muß mit einem hohen Bariton besetzt werden (nicht weniger als 35 hohe g), der sowohl lyrische als auch bewegte Passagen gestalten kann. Den dramaturgischen Schwächen steht ein hohes sprachliches Niveau gegenüber. Die lyrischen Qualitäten von Marmontels Libretto kommen Grétrys Bestreben nach deklamatorischer Exaktheit, insbesondere im Sinn einer »präzis treffenden Wahrnehmung des einer bestimmten Gemütsbewegung eigenen Tonfalls« (Peter Gülke, s. Lit.), entgegen. Dies zeigt deutlich ein Vergleich der Arien »Si jamais je prends un époux« (Fräulein von St. Yves), »Vous me charmez« (Le Huron) und »Dans quel canton est l'Huronie« (Le Huron), des populärsten Stücks der Oper. Bemerkenswert sind der Gebrauch der Klarinetten und insbesondere die in die Arie integrierten Accompagnatopassagen (II/13) sowie das »récitatif obligé« des Fräuleins von St. Yves (II/3).

**Wirkung:** *Le Huron* war Grétrys erster großer Erfolg. Er veranlaßte Voltaire zu der weitsichtigen Feststellung: »Ich fürchte sehr, daß die Opéra-comique eines Tags die große tragische Oper zu Grabe trägt« (Brief an Michel Paul Guy de Chabanon, 9. Sept. 1768). Das Stück erlebte in Paris bis Ende 1768 17 Aufführungen, 1769 folgten acht weitere. 1770–85 können 111 Vorstellungen verbucht werden, 1793 noch drei, 1806 eine (mit zahlreichen Strichen). Weitere Aufführungen in französischer Sprache fanden statt in Amsterdam 1768, Lüttich und Kopenhagen 1769, Kassel 1783 und Parma 1787. In der deutschen Übersetzung von Carl Ludwig Reuling wurde *Le Huron* in Wien 1770, 1776 und 1783, Prag 1770, Frankfurt a. M. 1772, Mainz 1776 und Bonn 1783 gespielt. Übersetzungen gab es auch ins Dänische (Kopenhagen 1780) und Holländische (Bearbeitung von Jacob Toussaint Neyts, 1769).

**Autograph:** Verbleib unbekannt. **Ausgaben:** Part: Beraux, Paris [1768]; Frey, Paris 1823 (Coll. des opéras en grandes partitions. 1.); Part, hrsg. E. Fétis: B&H, Lpz., Brüssel 1883–1936 (Coll. complète des œuvres de Grétry. 14.); Textb.: Merlin, Paris 1768, 1770, 1772, 1779; Kopenhagen, Philibert 1769
**Literatur:** E. Fétis, [Vorw., s. Ausg.; darin zahlreiche Zitate aus zeitgen. Veröff.]; zu Grétry: A. E. M. Grétry, Mémoires ou Essais sur la musique, Paris 1789, Nachdr. 1973, dt. (Ausz.) Wilhelmshaven 1978 [darin: Vorw. v. P. Gülke, S. 5–74]; ders., De la vérité, ce que nous fûmes, ce que nous sommes, ce que nous devrions être, Paris 1801; ders., Réflexions et poésies, hrsg. L. Solvay, E. Closson, 4 Bde., Brüssel, Paris 1919–22, Nachdr. NY 1978; ders., Méthode simple pour apprendre à préluder en peu de temps, avec toutes les ressources de l'harmonie, Paris 1803, Nachdr. 1968; M. Brenet, G. Mémoires couronnés ... par l'Académie royale ... de Belgique, Bd. 36, Brüssel 1884, S. 1–287; R. Rolland, G., in: Revue de Paris, 15.3.1908, auch in: ders., Musiciens d'autrefois, Paris 1908; H. Wichmann, G. und das musikalische Theater in Frankreich, Halle 1929; S. Clercx, G., 1741–1813, Brüssel 1944, Nachdr. NY 1978; E. G. J. Gregoir, G., célèbre compositeur belge, Brüssel, Paris, London 1883; Nachdr. NY 1978; La correspondance générale de G., hrsg. G. de Froidcourt, Brüssel 1962; R. D. R. Jobe, The Operas of A.-E.-M. G., Ann Arbor 1965, Diss. Univ. of Michigan; C. E. Koch, The Dramatic Ensemble Finale in the Opéra Comique of the Eighteenth Century, in: L'arte musicale in Italia 39:1967, S. 72–83; K. Pendle, The Opéras Comiques of G. and Marmontel, in: MQ 62:1976, S. 409–434; D. Charlton, G. and the Growth of Opéra Comique, NY 1986; V. Mattern, Mozart und G. Spuren d. Opéra comique in Mozarts ›Finta giardiniera‹?, in: NZfM 148:1987, Nr. 1, S. 10–17

*Volker Mattern*

# Lucile
Comédie en un acte

## Lucile
1 Akt

**Text:** Jean-François Marmontel, nach seiner Erzählung *L'Ecole des pères* aus den *Contes moraux* (1761)
**Uraufführung:** 5. Jan. 1769, Opéra-Comique, Hôtel de Bourgogne, Paris
**Personen:** Lucile (S); Timante (T); Dorval senior (B); Dorval junior, sein Sohn (T); Blaise (B); Julie (S); ein Lakai (Spr.). **Chor, Ballett:** Mädchen und Jungen des Dorfs
**Orchester:** 2 Fl (2. auch Picc), 2 Ob, 2 Fg, 2 Hr, Streicher
**Aufführung:** Dauer ca. 1 Std. 30 Min. – Gesprochene Dialoge. Die Partie des Blaise ist im Hinblick auf die Tessitura des großen Monologs (I/7) mit einem Bariton zu besetzen.

**Handlung:** Ankleidezimmer im Landhaus von Timante: Freudig bereitet man das für den nächsten Tag geplante Hochzeitsfest von Timantes Tochter Lucile vor. Da auch der Vater des Bräutigams, Dorval, keine Vorbehalte gegen seine zukünftige Schwiegertochter hat, ist die neue Familie rundherum glücklich. Der hinzukommende Pflegevater von Lucile, Blaise, gesteht Lucile unter vier Augen, daß nicht Timante, sondern er ihr leiblicher Vater ist: Seine Frau hat ihm kurz vor ihrem Tod berichtet, daß nicht die eigene Tochter, sondern das von Timante ihnen anvertraute gleichaltrige Pflegekind nach der Geburt gestorben sei. Da Lucile Blaise verehrt, freut sie sich zunächst über diese unerwartete Nachricht; doch dann wird ihr bewußt, daß die plötzlich aufgerichtete soziale Schranke (Blaise ist nur ein einfacher Bauer) ihrer Heirat mit dem reichen Dorval im Weg steht. Trotzdem will sie zu ihrem Vater halten. Sie teilt ihrem Verlobten mit, daß sie ihn liebt, sich aber dennoch von ihm trennen müsse. Als Lucile Dorval schließlich einweiht, schlägt ihr Bräutigam vor, das Geheimnis zu hüten, um die Heirat doch noch zu ermöglichen. Aber Lucile möchte sich offen zu ihrem leiblichen Vater bekennen. Daraufhin entlockt Timante im persönlichen Gespräch Dorvals Vater das Bekenntnis, daß Tugend- und Ehrenhaftigkeit wichtiger seien als die Zugehörigkeit zum Geburtsadel. Als Timante ihm nun die Neuigkeit eröffnet, kann Dorval nicht umhin, seine Theorie auch in die Praxis umzusetzen: Der Hochzeit steht nichts mehr im Weg.

**Kommentar:** Nur vier Monate nach Grétrys erstem

großen Erfolg *Le Huron* (1768) erscheint mit *Lucile* ein Stück, das von großer Bedeutung für die gattungsgeschichtliche Entwicklung der Opéra-comique ist (Marmontel spricht von einem »genre nouveau«). In *Lucile* ist der Bezug zu der in der 1. Hälfte des 18. Jahrhunderts wurzelnden Literaturgattung der »comédie larmoyante« (Pierre Claude Nivelle de La Chaussée, *Mélanide,* 1741) evident. Marmontels Affinität zu dem »genre sentimental« oder der »weinerlichen Komödie« (wie Gotthold Ephraim Lessing sagt) findet in seinen *Contes moraux,* die zu einer Art Familienfibel des 18. Jahrhunderts geworden sind, ihren exemplarischen Ausdruck. Von *Lucile* spricht Marmontel als einem »Stück, dessen Charakter dem meiner Erzählungen entspricht«. Der direkte Bezug zu *L'Ecole des pères* beschränkt sich allerdings im wesentlichen auf die Namen der Personen. Nach Grétrys Worten behandelt die Oper »die Köstlichkeiten des häuslichen Zusammenlebens« (Memoiren, S. 132, s. Lit.). Insbesondere das Quartett »Où peut-on être mieux qu'au sein de la famille« wurde berühmt. Es »ließ die Tränen der Zuschauer fließen« (ebd., S. 132), wenngleich es aus musikalischer Sicht nicht annähernd an die Bedeutung von Blaises Monolog (I/7) heranreicht. Grétry widmet dieser Szene, die einen eindrucksvollen Beweis seiner musikdramatischen Fähigkeiten darstellt, in seinen Memoiren eine ausführliche Analyse (S. 177–181). Seine Ausführungen machen deutlich, daß diese Szene nicht repräsentativ für das gesamte Stück ist. Paradigma für den Stil der Oper ist viel eher Luciles auf einer zärtlichen, gefühlvollen Melodie basierende Arie »Qu'il est doux de dire en aimant«. Der dramaturgische Aufbau des Stücks ist (wie in *Le Huron*) nicht befriedigend. Der zentrale Handlungskonflikt (die Tatsache, daß Blaise Luciles leiblicher Vater ist) wird relativ spät exponiert (8. Szene) und die Lösung des Knotens über Gebühr verzögert.

**Wirkung:** Alle zeitgenössischen Kommentare sind sich hinsichtlich des großen Erfolgs von *Lucile* einig. Die Partie des Blaise wurde (wie die Titelpartie in *Le Huron*) von Joseph Caillot gesungen, einem sehr hohen Baß. Grétry berichtet über die Aufnahme: »Das Publikum, das diesem Werk einen vollen Erfolg bereitete, war sich indessen in der Auffassung einig, daß mir das heitere Genre verschlossen sei; die Zeitungen wiederholten die Meinung des Publikums, und man warf mir vor, die Leute in der komischen Oper zum Weinen zu bringen« (ebd., S. 133). Die Affinität des Publikums zum »genre sentimental« scheint aber doch über die Zweifel hinsichtlich der Gattungsgrenzen dominiert zu haben, denn *Lucile* wurde für über zehn Jahre zur populärsten Opéra-comique Grétrys. Die Oper wurde 1769 29mal gegeben (*Le Huron* nur achtmal), 1770–80 folgten 166 Aufführungen. 1781–93 brachte es *Lucile* noch auf 46 Vorstellungen. Eine erfolgreiche Wiederaufnahme erlebte *Lucile* ebenso wie einige andere Grétry-Opern in der napoleonischen Ära. 1804–14 wurde sie 49mal gespielt. Ende des 18. Jahrhunderts vielfach, auch in Übersetzungen, gespielt, verschwand das Werk zu Beginn des 19. Jahrhunderts aus dem Repertoire. Eine Wiederaufnahme fand 1920 in Lüttich statt.

**Autograph:** Verbleib unbekannt. **Ausgaben:** Part: Aux adresses ordinaires, Paris/Castaud, Lyon [1769]; Frey, Paris 1823 (Coll. des opéras en grandes partitions. 2.); Part, hrsg. E. Fétis: B&H, Lpz, Brüssel 1883–1936 (Coll. complète des œuvres de Grétry. 2.); Textb.: Paris, Veuve Duchesne 1769; Paris, Merlin 1769, 1770, 1774; Amsterdam, Den Haag, Constapel et Le Febure 1769; Textb., dt.: Wien 1778; Textb., holl. v. J. T. Neyts: Amsterdam 1781
**Literatur:** E. Fétis, [Vorw., s. Ausg.; darin zahlreiche Zitate aus zeitgen. Veröff.]; C. D. Brenner, Dramatizations of French Short Stories in the Eighteenth Century, Berkeley, Los Angeles 1947; F. S. Fox, A Classic Style in French Opera (1750–1825), Ann Arbor, MI 1984, Diss. Florida State Univ. 1962, S. 73–102; K. Pendle, Les philosophes and opéra comique: The case of G.'s ›Lucile‹, in: MR 38:1977, S. 177–191; M. Cardy, The Literary Doctrines of Jean-François Marmontel, Oxford 1982 (Studies on Voltaire and the Eighteenth Century. 210.); weitere Lit. s. S. 561

*Volker Mattern*

## Le Tableau parlant
### Comédie-parade en un acte

**Das sprechende Bild**
1 Akt

**Text:** Louis Anseaume
**Uraufführung:** 20. Sept. 1769, Opéra-Comique, Hôtel de Bourgogne, Paris
**Personen:** Cassandre, Vormund Isabelles (T); Isabelle (S); Colombine, Isabelles Zofe (S); Léandre, Neffe Cassandres, Geliebter Isabelles (T); Pierrot, Léandres Diener (T)
**Orchester:** 2 Fl, 2 Ob, 2 Fg, 2 Hr, Streicher
**Aufführung:** Dauer ca. 1 Std. 30 Min. – Gesprochene Dialoge. Umfang der Partie des Pierrot: G–a'.

**Handlung:** In Cassandres Haus; ein kurz vor der Vollendung stehendes Porträt Cassandres steht auf einer Staffelei im Hintergrund: Léandre, der Geliebte Isabelles, ist seit längerer Zeit spurlos verschwunden. Seit dem Tod ihrer Eltern lebt Isabelle bei ihrem alten Vormund Cassandre, Léandres Onkel, der ihr den Hof macht und sie heiraten will. Die Vorschläge ihrer gerissenen Zofe Colombine zur Lösung der Probleme scheinen Isabelle aufgrund ihres Stands nicht akzeptabel. Es bleibt ihr nichts anderes übrig, als zum Schein auf Cassandres Heiratsantrag einzugehen. Um Isabelle auf die Probe zu stellen, gibt der immer noch mißtrauische Cassandre vor, einige Tage verreisen zu müssen. In Wirklichkeit will er aus seinem Kabinett heraus das Geschehen während seiner Abwesenheit beobachten. Nachdem Cassandre offiziell abgereist ist, kehren Léandre und sein Diener Pierrot überraschend zurück. Nach Pierrots Schilderung ihrer Abenteuer in Cayenne finden er und seine Geliebte Colombine ebenso schnell wieder zusammen wie Isabelle und Léandre. Ein Festessen soll diesen Tag beschließen. Léandre und Isabelle wollen das Essen, Pierrot und Colombine den Wein besorgen. Cassandre, der bis jetzt noch nicht gelauscht hat, kommt ins Zimmer und sieht die vier Bestecke auf dem Tisch; er ahnt natürlich sofort, was hinter seinem Rücken gespielt wird. Zornig bschließt er, das Gesicht aus seinem unvollendeten Porträt herauszuschneiden, um das Treiben aus nächster Nähe beobachten zu können. Das Quartett kommt zurück. Isabelle soll mit Hilfe des Porträts üben, wie sie ihrem Vormund am besten beibringen kann, daß sie Léandre liebt. Das Porträt wird zum »tableau parlant«. Als Isabelle das Bild fragt, ob es der Heirat mit Léandre zustimme, ertönt ein donnerndes »Ja!«. Während Isabelle und Léandre nur stotternde Entschuldigungsversuche hervorbringen, zeigt sich das Dienerpaar wenig beeindruckt. Cassandre jedoch resigniert; sollen sie heiraten und sich zum Teufel scheren, die jungen Leute; was bleibt dem alten Junggesellen anderes übrig, als sich auf die gewohnte Position zurückzuziehen.

*Le Tableau parlant*; Théâtre de Monsieur, Paris 1910. – Die Commedia-dell'arte-Konfiguration vor dem »sprechenden Bild« verbindet Situationskomik und Charakterporträt.

**Kommentar:** Seiner eigenen Aussage nach reagierte Grétry mit *Le Tableau parlant* auf den Vorwurf des Publikums, in *Lucile* (1769) habe er die Leute in der komischen Oper nicht zum Lachen, sondern zum Weinen gebracht. Mit *Le Tableau parlant* bietet er ein Gegenstück zum »genre sentimental«: Witz, Burleske und Tempo des Spiels in einer Fülle brillanter Nummern. Sowohl die Gattungsbezeichnung Comédie-parade (»Die ›parade‹ ist eine Mischung aus Bouffonnerie und Vornehmheit; die Schauspieler stammen aus dem niederen Volk und versuchen uns zum Lachen zu bringen, indem sie die tragische Redeweise nachäffen und die Aussprache der Wörter in burlesker Weise verdrehen«, schrieb Friedrich Melchior von Grimm, zitiert nach dem Vorwort der *Collection complète*, S. III, s. Ausg.) als auch die Namen der Personen (Colombine und Pierrot als lustige Personen sowie Isabelle und Léandre als Liebespaar; besonders der an Pantalone erinnernde Alte als quasi männliche Kassandra) weisen auf den Charakter des Stücks und die Beziehung zur Commedia dell'arte hin. Grétry setzte sich jedoch das Ziel, »das Genre der ›Mantel-und-Degen-Stücke‹ zu veredeln« (in: Memoiren, S. 134, s. Lit.), und in der Tat bleibt die Zeichnung der Personen nicht nur an der Oberfläche. Insbesondere mit der Figur des Cassandre gelingt Grétry eine Charakterstudie des in der Liebe erfolglosen Alten. – Die Partitur bietet eine Fülle großartiger Musik: von der parodistisch-nachäffenden Schilderung des Liebeswerbens Cassandres durch Isabelle (»Tiens, ma reine«) über die Darstellung der gespielten Trauer (Terzett »Il faut partir, o peine extrême«), die spöttisch-ironische Ariette Colombines (»Vous étiez ce que vous n'êtes plus«), der Grétry in seinen Memoiren eine ausführliche Analyse widmet und die Jean-Jacques Rousseau besonders geschätzt zu haben scheint, die Pseudotragik von Cassandres d-Moll-Arie (»Pour tromper un pauvre vieillard«), die große Wutarie Cassandres (»C'est donc ainsi que l'on m'abuse«) bis hin zu Pierrots berühmter Arie (»Notre vaisseau, dans une paix profonde«), der Erzählung des Sturmabenteuers im Sinn eines pittoresk-dramatischen Genrebilds. Der Einfluß des italienischen Buffostils in Verbindung mit Grétrys dramatischem Gespür, seinem Eingehen auf die jeweilige dramatische beziehungsweise psychologische Situation der Personen, führte schon Grimm zu dem Urteil: »Es ist eine absolut neue Musik, für die es in Frankreich kein Vorbild gab« (in: *Correspondance*, 1. Okt. 1769, zitiert nach dem Vorwort der *Collection complète*, S. IV).

**Wirkung:** *Le Tableau parlant* (in der Uraufführung gesungen von Jean-Louis Laruette, Marie-Jeanne Trial, Marie-Thérèse Laruette, Antoine Trial und Clairval) hielt sich fast 100 Jahre im Spielplan der Opéra-Comique. Bis 1778 fanden 114 Aufführungen statt; 1779–88 folgten 95, 1789–98 50 und 1799–1809 noch 26 Vorstellungen. Die Wiederaufnahme 1811 brachte es bis 1820 auf 174 Aufführungen; bis 1830 folgten weitere 51, bis 1840 noch 33 Vorstellungen. Nach einer zehnjährigen Pause gab es 1851–65 abermals 93 Vorstellungen; die beeindruckende Gesamtbilanz: 636 Aufführungen. Nur drei Grétry-Opern wurden an der Opéra-Comique länger als *Le Tableau* gespielt: *Les Deux avares* (1770; Wiederaufnahme 1893), *L'Epreuve villageoise* (Versailles 1784; Wiederaufnahme 1888) und *Richard Cœur de Lion* (1784; bis 1893). *Le Tableau* wurde 1770 auch in Fontainebleau gespielt. Es folgten Aufführungen in der Originalsprache und in Übersetzungen in ganz Europa und sogar in Amerika. Einzelne Inszenierungen im französischen Sprachraum gab es noch zu Beginn des 20. Jahrhunderts (Brüssel 1909; Paris, Théâtre de Monsieur 1910).

**Autograph:** Verbleib unbekannt. **Ausgaben:** Part: Aux adresses ordinaires, Paris/Castaud, Lyon [1769]; Frey, Paris 1823 (Coll. des opéras en grandes partitions. 3.); Part, hrsg. E. Fétis: B&H, Lpz., Brüssel 1883–1936 (Coll. complète des œuvres de Grétry. 9.); Textb.: Paris, Veuve Duchesne 1769 [2 Ausg. mit 43 bzw. 64 S., beide mit M.Abdrucken]; Paris, Ballard 1770 **Literatur:** A. D'ORIGNY, Annales du Théâtre Italien, Paris 1788; E. FÉTIS, [Vorw., s. Ausg.; darin zahlreiche Zitate aus zeitgen. Veröff.]; P. WECHSLER, Louis Anseaume und das französische Singspiel, Diss. Lpz. 1909; weitere Lit. s. S. 561

*Volker Mattern*

# Les Deux avares
**Opéra-bouffon en deux actes**

## Die beiden Geizigen
2 Akte

**Text:** Charles-Georges Fenouillot de Falbaire de Quingey
**Uraufführung:** 1. Fassung: 27. Okt. 1770, Salle de la Belle-Cheminée (?), Fontainebleau; 2. Fassung: 6. Dez. 1770, Opéra-Comique, Hôtel de Bourgogne, Paris; 3. Fassung: März (?) 1773, Opéra-Comique, Hôtel de Bourgogne, Paris (hier behandelt)
**Personen:** Gripon (T) und Martin (B), Geizhälse; Henriette, Gripons Nichte (S); Jérôme, Martins Neffe (T); Madelon, Bedienstete Gripons (S); Ali, 1. Janitschare (B); Mustapha, 2. Janitschare (H-C). **Chor:** Osman, 7 Janitscharen
**Orchester:** 2 Fl, 2 Ob, 2 Klar, 2 Fg, 2 Hr, Mand, Streicher
**Aufführung:** Dauer ca. 2 Std. 15 Min. – Gesprochene Dialoge. Die Partie des Martin ist mit einem Bariton zu besetzen. Die 1. Fassung enthält fünf Nummern, deren Musik nicht erhalten ist; zusätzliche Rollen der 1. Fassung: der Kadi von Smyrna (Spr.); der französische Konsul (Spr.); der Sekretär des Konsuls (stumme R); ein junger Franzose (stumme R).

**Handlung:** Auf einem Platz in Smyrna; rechts Gripons Haus, daneben ein Obelisk; links die Rückseite von Martins Haus mit zwei Fenstern, davon das untere vergittert; im Vordergrund ein Brunnen; im Hintergrund rechts ein Haus mit einer hochgelegenen Fensternische.
I. Akt: Henriette, die Nichte des geizigen Gripon, und Jérôme, der Neffe des nicht minder geldgierigen Martin, lieben sich. Die beiden Geizhälse versuchen jedoch mit allen Mitteln, die Hochzeit zu verhindern, da sie sonst die von ihnen verwalteten Erbschaften der beiden Waisen verlieren würden. Sie beschließen die Plünderung der unter dem Obelisken gelegenen Grabkammer eines reichen Mufti. Unterdessen planen Jérôme und Henriette, unterstützt von Henriettes Vertrauter Madelon, die Flucht nach Frankreich. Henriette möchte keinesfalls ohne die Wertgegenstände ihrer Mutter, die Gripon in einer Kiste verschlossen hält, abreisen. Der Zufall kommt zu Hilfe: Madelon beobachtet, wie Gripon seine Schlüssel vergißt, und informiert umgehend das junge Paar. In der Eile stößt Henriette den Korb, in den Madelon die Wertgegenstände gepackt hat, in den Brunnen. Der Plan, Jérôme mit Eimer und Seil hinunterzulassen, um den Korb heraufzuholen, wird durch den Anmarsch der Janitscharen zunächst vereitelt.
II. Akt: Als die Luft wieder rein ist, wird das Vorhaben realisiert, doch in dem Moment, als Jérôme wieder oben ist, tauchen Gripon und Martin auf, um ihren Plan auszuführen. Jérôme wird nochmals hinabgelassen; Henriette und Madelon flüchten ins Haus. Martin findet im Grab nur einen Kaftan und einen Turban. Aus Wut wirft Gripon beides in den Brunnen und schlägt das Fallgitter zu: Martin ist gefangen. Gripon will vor den anrückenden Janitscharen in sein Haus flüchten, muß jedoch feststellen, daß seine Schlüssel weg sind. Geistesgegenwärtig steigt er mit Hilfe einer Leiter in eine Fensternische des benachbarten Hauses. Die betrunkenen Janitscharen fluchen Mohammed. Als eine der Wachen am Brunnen trinken will, erscheint der zürnende Mohammed persönlich: in Gestalt des mit Kaftan und Turban verkleideten Jérôme. Die Janitscharen flüchten und reißen dabei die Leiter um. Jérôme ruft Henriette und Madelon herbei; gemeinsam ringen sie den in der Falle sitzenden Geizhälsen das Versprechen ab, der Heirat zuzustimmen und den Besitz ordnungsgemäß zu übertragen.

**Kommentar:** Wie er im Vorwort zu seinem in Paris verbotenen Stück *L'Honnête criminel* (1767) schreibt, sah Falbaire im Theater die Möglichkeit, direkt auf aktuelle Probleme der Gesellschaft einzugehen. Diese Grundhaltung scheint auch das Libretto zu *Les Deux avares* zu bestimmen: Die skrupellose Art und Weise, mit der sich die beiden geizigen Franzosen an den Türken und den ihnen anvertrauten Waisen bereichern, ist alles andere als sympathisch. Formal orientiert sich Falbaire an der italienischen Opera buffa, was auch am anderm am turbulenten Handlungsverlauf (Verkleidungen, betrunkene Wachen) deutlich wird. Folgerichtig ist die Gattungsbezeichnung in den beiden Partiturdrucken »opéra-bouffon«; im Vorwort zum Librettodruck der 2. Fassung spricht Grétry explizit von einer »wirklichen Opéra-bouffon«. Dagegen ist die Gattungsbezeichnung in den andern Librettodrucken zum Teil »comédie en deux actes«. Obwohl Grétry in seinen Memoiren einräumt, daß er Probleme mit der Vertonung dieses Stoffs hatte, enthält die Partitur mitreißende Buffamusik (zum Beispiel Martins »Nièces, neveux«, I/5) und einige bemerkenswerte Neuerungen: Jérômes Serenade verlangt Mandolinen ad libitum und wird durch einen rezitativischen Mittelteil dramatisch aufgelockert; der Janitscharenmarsch mit Chor (Klarinette, aber keine »türkische Musik«) ist ein Handlungschor mit wichtiger dramaturgischer Funktion; überhaupt dominieren in *Les Deux avares* zum erstenmal die teilweise mit detaillierten Szenenanweisungen versehenen Duette und Ensembles über die Solonummern (in der 3. Fassung: vier Duette, ein Terzett, ein Duett mit Chor, drei Chorszenen, ein Finale gegenüber sechs Arien). Grétry gelingt eine eindrucksvolle Charakterzeichnung der beiden Geizigen, deren Buffastil in wirksamem Kontrast zur gefühlvoll-lyrischen Musik des Liebespaars steht. Im Finale des II. Akts ist der Gegensatz zwischen den angstschlotternden Grabräubern und der sie auslachenden Gegenpartei glänzend herausgearbeitet. Ebenfalls erwähnenswert sind das aktionsreiche Terzett (»Tiens la corde«, II/2), Henriettes Koloraturarie (»Plus de dépit«, I/6, bis c'''), Martins Arie (»Sans cesse auprès de mon trésor«, I/4) sowie das Duett Gripon/Martin (»Prendre ainsi cet or, ces bijoux«, I/5). Für die 3. Fassung hat Grétry drei Stücke hinzukomponiert, von denen zwei die in der 2. Fas-

sung gestrichenen Nummern »Paris est le charmant asyle« und »Au voleur« ersetzen; ein Zusatz ist Gripons Ariette (»Saute, Gripon réjouis-toi«, II. Akt).
**Wirkung:** Die Reaktion auf *Les Deux avares* war nicht überschwenglich. In der Regel wurde die Musik gelobt, das Libretto jedoch für schlecht befunden. Friedrich Melchior von Grimm stellte darüber hinaus fest, daß das Stück nicht genug Soloarien enthalte. Trotzdem erlebte *Les Deux avares* bis 1796 208 Vorstellungen. Die Wiederaufnahme 1802 war mit 28 Aufführungen bis 1812 nicht sehr erfolgreich. Eine zweite Wiederaufnahme erreichte 1893 immerhin 19 Vorstellungen. Zahlreiche Inszenierungen in allen Ländern Europas, vielfach in Übersetzungen, belegen die andauernde Popularität des Werks bis ins 19. Jahrhundert. Eine englische Bearbeitung *(The Two Misers)* wurde von Charles Dibdin vertont (London 1775). Nicolas Isouard komponierte eine italienische Übersetzung des Stücks als *I due avari* neu (Malta 1797), Salvatore Agnelli, ein Schüler Gaetano Donizettis, vertonte unter Verwendung von Grétrys Musik das Libretto neu (Marseille 1860). Im 20. Jahrhundert wurde *Les Deux avares* in Moskau 1909, Kassel 1926, Genf 1932, Versailles 1939 und Genua 1975 aufgeführt.

**Autograph:** Verbleib unbekannt. **Ausgaben:** Part, 2. Fassung: Aux adresses ordinaires, Paris/Castaud, Lyon 1771; Frey, Paris 1823 (Coll. des opéras en grandes partitions. 5.); Part, 3. Fassung: Paris, Lyon 1773; Part, 3. Fassung, hrsg. E. Fétis: B&H, Lpz., Brüssel 1883–1936 (Coll. complète des œuvres de Grétry. 20.); Kl.A, 3. Fassung, dt.: Senff, Lpz., Nr. 2087 [ohne »Fuyons ce triste rivage«]; Textb., 1. Fassung: Paris, Ballard 1771, 1784; Textb., 2. Fassung: Paris, Delalain 1770, 1771; Textb.: Brüssel, Berghen 1774; Textb., dt.: Ffm. 1771; Text auch in: Théâtre de l'Opéra-Comique ou Recueil de pièces restées à ce théâtre, Bd. 7, Paris 1812
**Literatur:** E. Fétis, [Vorw., s. Ausg.; darin zahlreiche Zitate aus zeitgen. Veröff.]; weitere Lit. s. S. 561

*Volker Mattern*

## Zémire et Azor
**Comédie-ballet, en vers et en quatre actes, mêlée de chants et de danse**

### Zémire und Azor
4 Akte (5 Bilder)

**Text:** Jean-François Marmontel, nach der Komödie *Amour par amour* (1742) von Pierre Claude Nivelle de La Chaussée
**Uraufführung:** 9. Nov. 1771, Théâtre Royal, Schloß, Fontainebleau
**Darsteller:** Azor, persischer Prinz, König von Kamir (T); Sander, Perser, Kaufmann aus Ormus (Bar); Ali, Sanders Sklave (T); Zémire (S), Fatmé (S) und Lisbé (S oder Mez), Sanders Töchter; eine Fee (stumme R).
**Chor, Ballett:** Geister, Feen
**Orchester:** 2 Fl, 2 Ob, 2 Fg, 2 Hr, Streicher; BühnenM: 2 Fl, 2 Klar, 2 Fg; hinter d. Szene: 2 Hr
**Aufführung:** Dauer ca. 2 Std. – Gesprochene Dialoge.

**Entstehung:** Das Märchen *La Belle et la bête* ist ein reines und in seinen Widersprüchen charakteristisches Produkt des 18. Jahrhunderts. 1740 wurde es von Gabrielle-Susanne Barbot de Villeneuve zum erstenmal erzählt, natürlich unter Verwendung vieler alter Märchenmotive. Marie Leprince de Beaumont gab dem Märchen die endgültige Form und veröffentlichte es 1756 in ihren *Magasins des enfants ou Dialogues d'une sage gouvernante avec ses élèves de la première distinction*. Dieser Titel verrät, daß das Märchen eine erzieherische Absicht hatte, und in der Tat geht es auch um einen kleinen Erziehungsroman: Die Schöne ist trotz ihrer Schönheit bescheiden, weiß sich ins Unglück zu schicken, ohne ihre gute Erziehung zu vergessen, und der gute Ausgang wird zum Triumph der Tugend. All das ist rührend und erhebend zugleich. Als Marmontel, ein Freund Voltaires und Protégé Marquise de Pompadours, aus dem Märchen ein Opernlibretto machte und der junge Grétry es vertonte, bekam *La Belle et la bête* nicht nur einen neuen Titel. Die Schöne heißt nun Zémire und der in ein Tier verwandelte Prinz Azor, um anzudeuten, daß die Handlung in einem märchenhaften Persien spielt. Freilich ist diese Exotik so pariserisch, daß sogar ein »clavecin« auf der Bühne stehen darf. Überdies ist das Personal um einen angsthasig-gefräßigen Diener vermehrt, der den gut persischen Namen Ali trägt, aber geradenwegs aus der italienischen Opera buffa zu kommen scheint. An der Vorbereitung des Werks nahmen führende Geister der Aufklärung teil. Es war von der Wahrhaftigkeit des Ausdrucks die Rede. Zumindest Grétry spricht davon in seinen Memoiren: »Ich hatte ein nahezu ungetrübtes Vergnügen bei der Arbeit, weil ich fühlte, daß das Werk gleichzeitig von sehr wahrem und sehr starkem Ausdruck war, ja, ich halte es sogar kaum für möglich, daß man mehr Wahrheit des Ausdrucks, mehr Melodie und Harmonie miteinander vereinen könne« (S. 146 f., s. Lit.).

**Handlung:** In Persien, in märchenhafter Zeit.
I. Akt, prunkvoller Saal in einem verzauberten Palast: Der durch Schiffbruch verarmte Kaufmann Sander und sein Diener Ali betreten erschöpft und verängstigt den anscheinend menschenleeren Palast. Ali fühlt sich keineswegs wohl in der zaubrischen Umgebung und behauptet, es sei draußen das allerschönste Wetter, warum also nicht weiterreisen? Doch als plötzlich köstlichste Speisen und Getränke wie von Geisterhand herbeigezaubert vor ihnen stehen, will Ali, der entsetzlich gähnt, nicht mehr weg. Und dabei ist jetzt der Himmel wieder heiter. Sander treibt es nach Haus. Er möchte aber für seine Tochter Zémire eine Rose brechen. Da erscheint unter Blitzen ein Ungeheuer, Azor. Sander müsse wegen der Rose sterben. Er erzählt, daß er sie seiner jüngsten Tochter mitbringen wollte, die bei der Abreise nur um eine Rose gebeten habe, während die beiden älteren kostbare Spitzen und Bänder von ihm wünschten. Azor horcht auf, als von den Töchtern die Rede ist. Er gibt Sander frei, unter der Bedingung, daß eine seiner Töchter für den Vater kommen und sich ihm, dem Scheusal, hingeben müs-

se. Unter Drohungen und Verlockungen gibt Azor seinen nun noch mehr bedrückten Gast frei.

II. Akt, Zimmer in Sanders bescheidenem Haus: Fatmé, Lisbé und Zémire erwarten die Rückkehr ihres Vaters und seine Mitbringsel. Daß er im Unglück und nur mit einer Rose zurückkehrt, will Zémire mit Kindesliebe heilen. Aber die Ursache seines heimlichen Kummers offenbart er ihr nicht. Daraufhin erzählt Ali, wie er mit seinem Herrn durch die Lüfte heimgekehrt ist. Während Sander seinen Töchtern einen Abschiedsbrief schreibt, um sich dem Ungeheuer wieder auszuliefern, erfährt Zémire von dem schwatzhaften Diener, was der Vater verschwieg. Sie will den Vater retten und bringt Ali dazu, sie zum Palast des Ungeheuers zu führen.

III. Akt, Palast des Ungeheuers: Azor beklagt sich über sein Schicksal, ein empfindsames Herz in einem so abstoßenden Äußeren zu beherbergen. Zémire erscheint mit Ali, der sich freut, daß er wieder nach Haus geschickt wird. Zémires Begegnung mit Azor verläuft sehr galant. Zuerst erspart Azor ihr seinen Anblick und läßt sie durch Geister bedienen. Als er sich dann sichtbar macht, findet er geistreiche und charmante Worte über die Liebe, die auch den häßlichsten Gegenstand (und damit meint er natürlich sich) verschöne. Zémire nimmt sich zusammen und singt für den Musikliebhaber Azor eine Arie von der Grasmücke. Aus ihr hört er eine gewisse Trauer heraus: Zémire wünscht, noch einmal ihren Vater und ihre Schwestern zu sehen; Azor zeigt sie ihr in einem Zauberspiegel. Der Anblick zerreißt Zémire das Herz, sie bittet, ihre Familie ein letztes Mal besuchen zu

*Zémire et Azor*, III. Akt; Marie-Thérèse Laruette als Zémire, Clairval als Azor; Illustration; Uraufführung, Théâtre Royal, Fontainebleau 1771. – Die Märchenszene des Zauberspiegels, in dem Zémire ihre Familie wiedersieht, ereignet sich auf der imaginären Bühne eines fürstlichen Spiegelsaals.

dürfen. Azor erlaubt es ihr. Aber wenn sie nicht vor Sonnenuntergang zurückkehre, müsse er sterben.

IV. Akt, 1. Bild, bei Sander: Ali berichtet erschrocken, daß er im Himmel einen feurigen Wagen heranfliegen sehe, dem Zémire entsteigt. Sie erzählt beruhigend von dem doch sehr menschlichen Ungeheuer, mit dem sie künftig leben soll, aber ihr Vater besteht darauf, sie dürfe nicht mehr zu Azor zurückkehren. Zémire gehorcht ihm nicht. 2. Bild, Palast des Ungeheuers: Der Tag geht zur Neige und Azors Leben auch, denn Zémire ist nicht zurückgekehrt, wie sie es versprochen hat. Der bereits bewußtlose Azor gewinnt sein Leben und seine frühere schöne Gestalt zurück, als sie zurückkehrt und bekennt, daß sie ihn liebt. Das Ungeheuer war ein verwunschener Prinz, der nun gemeinsam mit der treuen und empfindsamen Zémire den Thron besteigen kann.

**Kommentar:** In *Zémire et Azor* kristallisiert sich die Welt des Rokokos, eine merkwürdige Zeit des Übergangs und des Umbruchs, voll Charme und Vernünftelei, voll Sentimentalität und Romantik, in geschliffener Form und doch mit der Sehnsucht nach Natürlichkeit und Wahrheit. Spannt sich nicht auch der Bogen der Oper zwischen dem Königshof (die Uraufführung fand vor dem Dauphin, dem späteren Ludwig XVI., und seiner jungen Frau Marie Antoinette statt) und den aufklärerischen Enzyklopädisten, die an Entstehung und Verbreitung von Grétrys Werk den lebhaftesten Anteil nahmen? *La Belle et la bête* bildet sowohl in der literarischen wie in der musiktheatralischen Ausformung einen Gegenpol zu den Märchenstücken des Venezianers Carlo Graf Gozzi. Mehr noch als durch die Umwandlung der Namen haben Marmontel und Grétry dem Märchen neue Bedeutung gewonnen, indem sie den Blickwinkel auf die Handlung verschoben: In der Vorlage ist es eine gute Fee, die die Lösung bewirkt, die das Gute (das Schöne) belohnt und das Schlechte bestraft, nämlich die mißgünstigen Schwestern, die zu Statuen werden und so lange verzaubert das Glück der zur Königin aufgestiegenen Schwester ansehen müssen, bis aller Neid und alle Bosheit aus ihrem Herzen verschwinden, was wohl nie eintreten wird, wie die offensichtlich nicht grenzenlos gute Fee vorhersagt. In der Oper gibt es diese Fee nicht mehr, und man erlebt die ganze Handlung mit den Augen Azors. Warum er in die Tiergestalt verzaubert wurde, erzählen weder das Märchen noch die Oper hinlänglich. Er weiß, er ist abstoßend und möchte doch anziehend sein, er flößt Abscheu ein und sehnt sich doch nach Liebe. Er liebt Zémire, ist versucht, sie zum Bleiben zu zwingen, aber er will am Ende nur freiwillige Gegenliebe, obwohl doch seine ganze Existenz als König, als Mann, ja sogar sein schieres Leben von ihr abhängt. Selbsterziehung, die belohnt wird, wobei sich historisch freilich der zweite Handlungsschritt später verselbständigte: Die Erlösung eines verwunschenen Manns durch die Liebe eines reinen Mädchens ist das Urbild aller romantischen Erlösungsopern (siehe Spohrs *Zémire und Azor*, Frankfurt a. M. 1819, auf ein Libretto von Johann Jakob Ihlee, das Marmontels Vorlage fast unverändert ins Deutsche überträgt). – *Zémire et Azor* traf nicht nur die romantischen Sehnsüchte einer unerlösten Zeit, sondern schuf auch für deren rationale Ziele poetische Bilder. Das Werk trägt nicht nur das Gepräge eines Märchens, sondern auch das kritischer Psychologie. Wir sehen Ali, auch Sander und die beiden Schwestern in ihren Schwächen und Beschränktheiten, und selbst Zémire und Azor müssen Anfechtungen und Kämpfe mit eigenen Begierden bestehen, bevor es zum glücklichen Ende kommt. Dies weniger der dramatischen Spannung zuliebe als um der Wahrhaftigkeit der Charaktere und des Ausdrucks willen. Marmontel freilich übertünchte diese Abgründe oft und gern mit seinen manierierten Versen voll Edelmut und Wohlerzogenheit, die meistens mit immer den gleichen faden Reimen schließen (pas–trépas zum Beispiel kommt mindestens dutzendmal vor). Als »comédie-ballet« bildet *Zémire et Azor* eine Mischform aus der Ballettoper Jean-Philippe Rameaus und der Opéra-comique. Von Rameau rührt noch der märchenhafte Dekorationsaufwand mit seinen Verwandlungseffekten und dem Einsatz des Tanzes, die Opéra-comique lieferte die »glaubhafte« Dramaturgie der Charaktere und den Wechsel von gesprochenem und gesungenem Wort. Das Ballett der Geister und Feen (Choreographie: Jean-François Deshayes) bildet innerhalb der Handlung eine eigene (sprachlose) dramaturgische Ebene und ist somit im Sinn der Wahrscheinlichkeit gerechtfertigt. Besonders deutlich wird der Unterschied zu den Zaubereffekten, die im Barock beliebt waren, aber selbst im Zusammenhang mit Stoffen wie Armida, Semiramis, Kirke eine letztlich nur äußerliche Funktion hatten. Die erste Märchenoper in der Geschichte des Musiktheaters war durchaus auch formal etwas Neues. In den einzelnen Musiknummern finden sich keine einfachen Liedformen mehr, die auf das Vaudeville zurückverweisen. Vor allem in den Ensembles wird Grétrys Schulung in Italien deutlich. »Französisch« ist vor allem die Instrumentierung, die dramaturgisch im Dienst des Kolorits eingesetzt wird.

**Wirkung:** Daß *La Belle et la bête* in unserer Zeit seinen Zauber nicht verloren hat, beweist der Film von Jean Cocteau (1946), beweist auch ein Satz aus Maurice Ravels »pièces enfantines« *Ma mère l'oye* (1910), der die Überschrift trägt: »Les Entretiens de la belle et de la bête«. Grétrys Version (in der Uraufführung gesungen von Clairval, Joseph Caillot, Marie-Thérèse Laruette, Marie-Jeanne Trial und Mlle. Beaupré) war in ihrer Zeit so beliebt, daß sie vor allen Königen und Fürsten, aber auch, was noch mehr sagen will, vor fast allen Bürgern Europas gespielt wurde. In seinen Memoiren berichtet Grétry, daß sie bei einer deutschen Messe (wohl der Frankfurter) an einem Abend in drei Sälen und in drei Sprachen gleichzeitig gegeben wurde und überall ausverkauft war. Ende des 18. Jahrhunderts war sie einer der größten Opernerfolge, ein Musiktheater-Bestseller, der erst nach Jahrzehnten etwa von Mozarts *Don Giovanni* (1787) und *Zauberflöte* (1791) auf den deutschen Bühnen überflügelt wurde, aber bis weit in die Biedermeierzeit hinein im Repertoire blieb. Von den Reprisen seien erwähnt die der Pariser Opéra-Comique 1846, bei der Adolphe Adam die Instrumentation erweiterte und sogar Eingriffe in die Begleitung vornahm, und 1862, anläßlich derer ein von Auguste Bazille eingerichteter Klavierauszug erschien. 1980 wurde die Oper in London (The Collegiate Theatre) in der Bearbeitung von Thomas Beecham gegeben. In Deutschland wurde das Werk 1985 in Bielefeld wiederaufgeführt; John Dew versetzte es in eine Comic-strip-Welt der 50er Jahre und schrieb die Dialoge neu, die Zeitlosigkeit des Märchens erfolgreich unterstreichend. Besondere Wirkung hatte das Werk als Vorbild für viele andere Märchenopern, vielleicht sogar auf die *Zauberflöte*, denn immerhin befand sich eine Partitur von *Zémire et Azor* in Mozarts Nachlaß.

**Autograph:** Verbleib unbekannt. **Ausgaben:** Part: Houbaut, Paris 1771; Part, hrsg. E. Fétis: B&H, Lpz., Brüssel 1883–1936 (Coll. complète des œuvres de Grétry. 13.); Kl.A: Janet et Cotelle, Paris; Kl.A, dt. Übers. u. hrsg. J. A. Hiller: Schwickert, Lpz. 1783; Kl.A, Bearb. v. A. Bazille, Paris 1862; Textb.: Paris, Vente 1771; Paris, Ballard 1771; Textb., dt. v. J. H. Faber: Ffm., Andreä 1775. **Aufführungsmaterial:** dt. Übers. v. J. Heinzelmann: Ed. Bouffes, Oberwesel-Langscheid
**Literatur:** E. FÉTIS, [Vorw., s. Ausg.]; weitere Lit. s. S. 561

*Josef Heinzelmann*

## Le Jugement de Midas
**Comédie en trois actes (en prose) mêlée d'ariettes**

### Das Urteil des Midas
3 Akte (4 Bilder)

**Text:** Thomas d'Hèle (auch Thomas Dhèle; eigtl. Thomas Hales) und Louis Anseaume
**Uraufführung:** 28. März 1778, Palais-Royal, Paris (Privataufführung); 27. Juni 1778, Comédie-Italienne, Paris
**Personen:** Apollon (T); Mercure (Spr.); Midas, Amtmann (T); Palémon, Bauer (B); Mopsa, seine Frau (S); Lise und Chloé, seine Töchter (2 S); Pan, Holzfäller (B); Marsyas (H-C). **Chor:** Landleute
**Orchester:** 2 Fl (auch Picc), 2 Ob, 2 Fg, 2 Hr, Streicher
**Aufführung:** Dauer ca. 2 Std. – Gesprochene Dialoge. Der Chor verstärkt nur die Schlußensembles und kann weggelassen werden. Die Aktion beginnt schon während der Ouvertüre, die bei offenem Vorhang gespielt wird.

**Entstehung:** Grétry hatte 1776 den aus England stammenden Hèle kennengelernt. *Le Jugement de Midas* war ihre erste gemeinsame Arbeit. Anseaume versifizierte die Gesangsstücke. Die bereits 1776 abgeschlossene Komposition blieb zwei Jahre unaufgeführt. Um die Aufführung an einem öffentlichen Theater zu beschleunigen, bemühte sich Grétry um eine Aufführung am Hof. Das Werk wurde aber vom Spielplankomitee, den »Gentilshommes de la chambre«, abgelehnt. Schließlich kam es zu einer Privataufführung unter der Ägide von Madame de Montesson und ihres Manns, des Herzogs von Orléans. Der alte Voltaire sah die Aufführung und schrieb einen spöttischen Vierzeiler über das Werk: »La Cour a dénigré tes chants, / Dont Paris a dit des merveilles. / Grétry, les oreilles des grands / sont souvent de grandes oreilles.« Schon nach einem Vierteljahr brachte die öffentliche Uraufführung dem Werk einen unbestrittenen großen Erfolg.

**Handlung:** I. Akt, eine Ebene, im Hintergrund Berge, früher Morgen: Während eines Gewitters stürzt Apollon vom Himmel. Er hat seinen Sturz überlebt, denn als Gott ist er ja unsterblich. Trotzdem hätte Jupiter, wie er sich beklagt, ihn nicht aus dem Olymp werfen dürfen, nur weil er im Beisein Junos über seine Amouren spottete. Was vermag ihn über seinen tiefen Fall hinunter auf die Erde zu trösten? Am besten er selbst, schließlich ist er ja der Gott der Dichtung und der Gesangskunst. So erweicht der Gesang auch nicht den Göttervater, sondern lockt einen simplen Bauern an, Palémon, der den fremden Burschen als Knecht annehmen will. Statt des Sonnenwagens soll Alexis, wie er sich jetzt nennt, nun einen Mistkarren lenken. Zwei Dinge freilich reizen ihn, einmal den Landarbeiter zu spielen. Erstens scheint es im Dorf recht musikalisch zuzugehen, vor allem der Amtmann Midas scheint geradezu versessen auf die Kunst des Schöngesangs. Und zweitens hat Palémon zwei entzückende Töchter, Lise und Chloé. Die sollen morgen heiraten, und zwar die Herren Pan und Marsyas. Die Bräutigame sind zwar nur Holzfäller und Hirten, aber Midas hält sie für die besten Sänger im Dorf, und er will sie mit den beiden besten Sängerinnen vermählen, damit er sein Ensemble zusammenhalten und vielleicht gar belcantistischen Nachwuchs erwarten kann. Palémon versteht sich gut mit dem derben Pan, der die populären Vaudeville-Lieder liebt, nicht aber mit seiner Frau Mopsa, die den schmachtenden Marsyas protegiert, aber von Pan nichts wissen will. Wie gut, daß das Ehepaar zwei Töchter hat, so daß es zu dem Kompromiß einer Doppelhochzeit kommt.

II. Akt, Zimmer in Palémons Haus: Apollon gefällt Lise ganz ausnehmend, Chloé aber nicht minder, und vor allem: Die Mädchen haben sich auf den ersten Blick in ihn verliebt. Für einen Sterblichen wären zwei Geliebte zuviel, aber für einen Gott ist nichts zu schwer. Zuerst bringt er Mopsa auf seine Seite; danach gewinnt er kurz nacheinander den Mädchen Liebesgeständnisse ab, bei jeder auf ihre Art. Mopsa will Palémon ärgern, indem sie Chloés Wunsch unterstützt und sie statt dem Pan dem Alexis (Apollon) vermählt sehen will. Palémon hat das gleiche mit Lise vor, zuungunsten von Marsyas. So ärgern sie sich gegenseitig, und die Bräutigame sind natürlich darob nicht erfreut, weder Pan, der ordinäre Vaudeville-Melodien plärrt, noch Marsyas, der auf hohem Kothurn pathetische Opernfloskeln säuselt.

III. Akt, 1. Bild (keine Schauplatzangabe): Apollon hält es für einen üblen Dorfbrauch, daß sich die beiden Mädchen dem Vater respektive der Mutter anvertraut haben. Fehlte nur, daß sie sich gegenseitig… Pan und Marsyas beschweren sich bei Midas, daß ihnen Palémon und Mopsa ihre Töchter vorenthalten wollen. Midas mag zuerst nicht glauben, daß sein schönes Arrangement umgestoßen werden soll. Er veranstaltet einen Sängerwettstreit, um die rechte Lösung zu finden, das heißt diesen vorlauten Fremdling in die Schranken zu weisen. Apollon beginnt. Von welch hehrerem Stoff sollte er anheben als von Apollon? Er klagt über die in einen Lorbeerbaum verwandelte Daphne. Midas freilich meint: »minderwertige Musik, geschmacklos gesungen«. Er ist für Stile, die zu seiner Jugendzeit in Mode waren und die Marsyas und Pan vorzüglich beherrschen. Einzeln wirken sie schon lächerlich, da sich aber Operntragödie und Vaudeville im Quodlibetduett vereinigen, ist der Effekt auf des Musageten Lachmuskeln unwiderstehlich. Samt ihren Eltern sind Lise und Chloé, jede für sich, freilich von Apollon entzückt, er von ihnen, freilich beiden zugleich, auch. Er macht einen letzten Versuch mit einer allegorischen Ariette von der Nachtigall, der Kuckuck und Uhu die Krone der Gesangskunst streitig machen; unverständiger Schiedsrichter ist ein Esel. Auch Midas erweist sich, zunächst im übertragenen Sinn, als ein solcher. Er spricht in pathetischem Rezitativ Pan und Marsyas den Preis im Singen und in der Liebe zu und verbannt Alexis. Der gibt sich als Apollon zu erkennen und bewirkt ein Wunder: Midas wachsen lange Ohren. 2. Bild, das Ufer eines schilfbewachsenen Flusses, in der Ferne der Parnaß: Just in diesem Moment kommt der Götterbote Mercure und überbringt die Verzeihung Jupiters. Apollon versetzt die beiden reizenden Schwestern auf den Doppelgipfel des ihm heiligen Bergs. Wahrer Kunstrichter aber, so verkündet er, könne nur das Publikum in diesem Saal sein.

**Kommentar:** Es überrascht nicht, daß Grétry sich in diesem Wettstreit mit dem Gott der Künste verbündet. Er war sich freilich, wie er in seinen Memoiren sagt, durchaus bewußt, daß seine Apollon-Arien keine göttliche Erhabenheit besitzen. Was er als apollinische Musik und Gesangskunst ausgibt, ist die eigene. So läßt er seinen Apollon als Exponenten der Opéra-comique über die hochpathetisch ausgeschmückten Accompagnati des Marsyas einerseits und die nichtssagenden, im ³⁄₈-Takt geträllerten Tanzliedchen des Pan andrerseits triumphieren, das heißt, das von ihm entwickelte Genre siegt über die Tragédie-lyrique älterer Machart und das damals, 1776, auch bereits überwundene Vaudeville. Wenn Grétry in seinen Memoiren davon spricht, er habe mit Marsyas weniger die alte Musik selbst karikieren wollen als die unerträglichen Manieren, die mit ihrer Ausführung verbunden waren, so erscheint das als Schutzbehauptung. Das Libretto besticht dadurch, daß die parodistische Satire in eine so kunstvoll geführte Intrige eingebettet ist. »Die Handlung dieses hübschen Stücks ist einfach und geistreich; der Dialog voller Leben, Natürlichkeit und Wahrheit; die Vorgänge selbst nehmen einen schon gefangen, unabhängig von dem allegorischen Sinn, den sie bergen, und die Fabel findet sich mit so viel Geschick kombiniert, daß beide Interessen, das an der Handlung und das an ihrer Sinngebung, daher auseinander folgen und sich entwickeln, ohne einander jemals zu schaden, ohne auch nur einen Moment den Zuschauer zu verwirren.« Diesem Urteil von Friedrich Melchior von Grimm in der *Correspondance littéraire* (zitiert nach: Vorwort der *Collection complète*, S. IV, s. Ausg.) läßt sich noch hinzufügen, daß ähnliche ergiebige Parodien im allgemeinen in der Welt des Theaters oder der Musik spielen, daß darin Komponisten, Berufssänger und dergleichen auftreten. Im 18. Jahrhundert scheint nur Glucks *Le Cinesi* (1754) vergleichbar angelegt, obwohl der schwache Handlungsrahmen die Satire nicht trägt. Da die beiden abgeschmackten Gesangskonkurrenten, zumindest Pan, bereits vorhandene Musik singen (die Titel der Gesänge sind im Libretto vermerkt), handelt es sich hier um eine Parodie zugleich im ursprünglichen wie auch im modernen Sinn. Daß Grétry dabei die für seine Zeit moderne Musik über das Altmodische siegen läßt, zeigt, daß er sich der Zustimmung seines Publikums sicher oder sehr kühn war. Auf ähnlich freche Weise ist offengelassen, wo und wann das Stück eigentlich spielt. Man sollte sich von den antiken Namen nicht irritieren lassen: Grétrys Publikum fand wohl, daß es sich um Zeitgenossen irgendwo in der französischen Provinz handelte. Hingewiesen sei noch auf die vollendete Symmetrie der Intrige, wobei durch die feine Abschattung der Charaktere der beiden Mädchen die direkt aufeinanderfolgenden Verführungsszenen komisch variieren. Und in der Musik sind die italienischen Buffaerrungenschaften bereits ganz eingeschmolzen, vor allem in den ungemein lebendigen Ensembles. Sieht man von den Stilkarikaturen der Rollen von Pan und Marsyas ab, herrscht stets eine leicht ironisch getönte Einheitlichkeit, die die bukolische Stimmung des Beginns, die Gewitter- und Dramenszenen bruchlos integriert. Bis heute hat sich die in ihrem Musikaufbau dramaturgisch bestimmte Ouvertüre im Konzertrepertoire gehalten.

**Wirkung:** Das Werk hatte großen unmittelbaren Erfolg. Die Rolle des Marsyas wurde von Antoine Trial, dem ersten Vertreter des nach ihm benannten Stimmfachs, gesungen. Von diesem Erfolg zeugen auch französischsprachige Aufführungen 1779 in Kassel und 1780 in Wien sowie deutschsprachige 1781 in Bonn und Berlin und 1783 in Riga. Nach einer Inszenierung im Pariser Théâtre Feydeau 1802 und einer in New Orleans 1808 scheint *Le Jugement de Midas* erst wieder 1924 in Paris (Petite Scène) und 1938 im Konservatorium in Amsterdam gespielt worden zu sein. Heute ist zwar die ehedem aktuelle Satire nur noch ein historisches Dokument, aber das Stück als Ganzes dürfte seinen Reiz noch nicht verloren haben.

**Autograph:** Verbleib unbekannt. **Ausgaben:** Part: Houbaut, Paris 1778; Frey, Paris 1823 (Coll. des opéras en grandes partitions. 13.); Part, hrsg. E. Fétis: B&H, Lpz., Brüssel 1883–1936 (Coll. complète des œuvres de Grétry. 17.); Textb.: Duchesne, Paris 1778
**Literatur:** E. Fétis, [Vorw., s. Ausg.]; weitere Lit. s. S. 561

*Josef Heinzelmann*

## Les Fausses apparences ou L'Amant jaloux
Comédie en trois actes

### Falscher Augenschein oder Der eifersüchtige Liebhaber
3 Akte

**Text:** Thomas d'Hèle (auch Thomas Dhèle; eigtl. Thomas Hales), nach der Komödie *The Wonder: A Woman Keeps a Secret* (1714) von Susannah Centlivre
**Uraufführung:** 20. Nov. 1778, Salle de la Comédie, Schloß, Versailles
**Personen:** Don Alonze, spanischer Edelmann, Geliebter Léonores (T); Lopez, Kaufmann (B); Florival, französischer Offizier (T); Isabelle, Schwester Don Alonzes (S); Léonore, Lopez' Tochter (S); Jacinte, Zofe Léonores (S)
**Orchester:** 2 Fl, 2 Ob, 2 Fg, 2 Hr, 2 Mand, Streicher
**Aufführung:** Dauer ca. 2 Std. – Gesprochene Dialoge.

**Handlung:** In Cádiz. I. und II. Akt: Zimmer mit Kabinett in Lopez' Haus; III. Akt: von einer Mauer umgebener Garten mit einem beleuchteten Pavillon. Lopez möchte unbedingt verhindern, daß seine Tochter Léonore erneut heiratet, um das Kapital, das Léonores verstorbener Gatte in Lopez' Geschäft gesteckt hat, nicht zu verlieren. Daher verbietet er Isabelle, Léonores Freundin, und ihrem um Léonore werbenden Bruder Don Alonze, das Haus zu betreten. Florival, ein französischer Offizier, verhindert, daß Isabelle während der Abwesenheit ihres Bruders von ihrem Vormund zur Heirat gezwungen wird. Beide flüchten ins Haus von Lopez. Nachdem Florival, der Isabelle für Léonore hält, sich verabschiedet hat, erzählt Isabelle Léonore ihr Erlebnis. Als Alonze unerwartet zurückkehrt, versteckt sich Isabelle aus schlechtem Gewissen im Kabinett. Während des Gesprächs mit Léonore vernimmt Alonze aus dem Nebenraum Geräusche; sofort beschuldigt er Léonore der Untreue. Lopez und Jacinte, Léonores Zofe, kommen hinzu, und nach langem Hin und Her tritt Isabelle verschleiert aus ihrem Versteck. Dank einer von Jacinte geistesgegenwärtig erfundenen Geschichte wird die Identität des Geschwisterpaars nicht aufgedeckt. Alonze muß sein Unrecht einsehen. Ohne zu wissen, daß Isabelle sich schon im Pavillon versteckt hat, verbietet Lopez nun auch den Zugang zum Garten. Unter dem Vorwand, einen Wechsel einlösen zu wollen, erscheint Florival. Von Jacinte erfährt er, wo sich Isabelle aufhält, und nach einem kurzen Gespräch mit Lopez verläßt er wieder das Haus. Reumütig erscheint Alonze. Unmittelbar vor der Versöhnung mit Léonore erklingt von draußen Florivals an Isabelle, die vermeintliche Léonore, gerichtete Serenade: Alonzes Eifersucht steigert sich zu furchtbarem Zorn. Florival steigt über die Gartenmauer, um zu Isabelle zu gelangen. Alonze, der Florival für seinen Gegenspieler hält, folgt ihm und vermutet in der in den Pavillon flüchtenden weiblichen Person natürlich Léonore. Lopez erscheint in Begleitung Jacintes und stellt die beiden Eindringlinge zur Rede. Man fordert Léonore auf, ihr Versteck zu verlassen. Die Verblüffung ist groß, da sie aus dem Haus und nicht aus dem Pavillon herauskommt. Die Verwicklungen klären sich auf. Der Doppelheirat steht nichts mehr im Weg.

**Kommentar:** Jean François de La Harpe, Schriftsteller und Theoretiker des französischen Klassizismus und einer der profiliertesten Gegner Christoph Willibald Glucks, bezeichnet *Les Fausses apparences* als »das Hauptwerk der Opéra-comique bis zum heutigen Zeitpunkt« (s. Lit.). Schwächen von Centlivres Vorlage werden von Hèle geschickt getilgt, die dramaturgische Grundsituation ist neu: »Wie nie vorher in der Opéra-comique liegt die Frontlinie hier nicht zwischen möglicherweise nicht zusammenpassenden oder leichtfertigen Liebenden, sondern zwischen verantwortlichen Partnern« (David Charlton, s. Lit.). Grétrys Musik reagiert sensibel auf psychologische Vorgänge (melodramatische und rezitativische Abschnitte, Dialogunterbrechungen im Ensemble, Mollpassagen usw.). Nimmt man Léonores Koloraturarie (»Je romps la chaîne«, II/1) aus, dann gibt es in *Les Fausses apparences* praktisch kein Stück, das keine dramatische Entwicklung hätte. Wie schon in *Les Deux avares* (1775) überwiegen die Duette und Ensembles gegenüber den Solonummern (fünf Duette, ein Terzett, ein Quartett, zwei Finale, sechs Arien). Das Finale des I. Akts ist Grétrys bestes Ensemble bis zu diesem Zeitpunkt. Es beinhaltet eine deutliche dramaturgische und musikalische Parallele zum Finale des II. Akts aus Mozarts *Le nozze di Figaro* (1786). Weiterhin erwähnenswert sind Florivals dramaturgisch geschickt eingesetzte Serenade (»Tandis que tout sommeille«, II/14, mit Mandolinenbegleitung) und das Quartett Jacinte/Isabelle/Alonze/Lopez (»Seigneur, sans trop être indiscret«, III. Akt), in dem alle Beteiligten mit demselben Motiv einsetzen, dann aber personentypische Fortführungen entwickeln. Die Vertonung der Textstelle »Charmante Léonore« dieses Quartetts erinnert an zwei Stücke, die später entstanden sind: einmal an den Beginn von Papagenos »Ein Mädchen oder Weibchen« aus Mozarts *Zauberflöte* (1791), stärker jedoch (aufgrund der marschmäßigen Instrumentierung) an den Beginn der 1792 komponierten *Marseillaise*. Die Verwechslungsdramaturgie des in einem nächtlichen Garten spielenden III. Akts stellt eine zweite Parallele zu Mozarts *Figaro* (Finale des IV. Akts) dar. Es lassen sich bei *Les Fausses apparences* drei zu Lebzeiten Grétrys aufgeführte Varianten nachweisen. Sowohl zwischen der Uraufführung in Versailles und der ersten Aufführung in Paris (23. Dez. 1778) als auch zwischen dieser und der zweiten Aufführung in Paris (9. Jan. 1779) nahm Grétry Änderungen an seinem Werk vor. Auf Wunsch von Marie-Jeanne Trial (der ersten Sängerin der Opéra-Comique, für die Koloraturarien geschrieben wurden) ersetzte Grétry die Eröffnungsarie Léonores im II. Akt (»Eloignez-vous, vanie tendresse«) für die erste Pariser Aufführung durch eine Bravourarie (»Je romps la chaîne qui m'engage«). Diese Arie wurde für die zweite Pariser Aufführung gekürzt. Unterschiede zwischen Versailles und der ersten Pariser Aufführung betreffen auch die Stellung von Dialogpassagen und geringfügige Änderungen einzelner Musiknummern.

**Wirkung:** *Les Fausses apparences* war ein außergewöhnlich erfolgreiches Werk. Die Zahl von 150 Aufführungen im ersten Jahrzehnt nach der Uraufführung wurde nur von *Lucile* (1769) und *L'Epreuve villageoise* (Versailles 1784) übertroffen. Im zweiten Jahrzehnt (1789–98) folgten 95 Aufführungen. Der Erfolg hielt lange an: Erst 1821 verschwand das Werk vom Spielplan. Die Wiederaufnahme 1850 brachte es immerhin auf 24 Vorstellungen. Weitere Aufführungen in französischer und in deutscher Sprache gab es in den Jahren nach der Uraufführung auf vielen Bühnen: Hervorzuheben ist Mannheim 1782 (Übersetzung: Friedrich Wilhelm Gotter, musikalische Bearbeitung: Christian Gottlob Neefe). *Les Fausses apparences* wurde auch ins Polnische (Warschau 1787), Dänische (Kopenhagen 1787), Schwedische (Stockholm 1790) und Holländische (1797) übersetzt. Im 20. Jahrhundert wurde das Werk in Lüttich (1930) und im Konservatorium von Genf (1931) gespielt. 1980 wurde die Oper in der Übersetzung und Bearbeitung von Horst Vladar in Neuburg a. d. Donau herausgebracht.

**Autograph:** Verbleib unbekannt. **Ausgaben:** Part: Houbaut, Paris [1778]; Frey, Paris 1823 (Coll. des opéras en grandes partitions. 14.); Part, hrsg. E. Fétis: B&H, Lpz., Brüssel 1883–1936 (Coll. complète des œuvres de Grétry. 21.); Textb.: Paris, Ballard; Paris, Veuve Duchesne 1779 [3 versch. Ausg., davon 1 mit d. nachkomponierten Arie Léonores]; Textb. auch in: [Bei-H. d. Schallplattenaufnahme EMI], 1978
**Literatur:** E. Fétis, [Vorw., s. Ausg.; darin zahlreiche Zitate aus zeitgen. Veröff.]; T. d'Hèle, Chef-d'œuvres dramatiques de D'Hèle, Paris 1791; J.-F. de La Harpe, Lycée ou Cours de littérature ancienne et moderne, Paris ²1825, Bd. 12, S. 122–124, Bd. 13, S. 120–128; C. H. Mahling, Typus und Modell in Opern Mozarts, in: Mozart-Jb. 1968/70, S. 145–158; H. C. Wolff, Geschichte der Komischen Oper, Wilhelmshaven 1981, S. 125f.; weitere Lit. s. S. 561

*Volker Mattern*

## Colinette à la cour ou La Double épreuve
**Comédie-lyrique en trois actes**

### Colinette am Hof oder Die doppelte Probe
3 Akte

**Text:** Jean-Baptiste Lourdet de Santerre, nach der Komödie *Le Caprice amoureux ou Ninette à la cour* (1755) von Charles Simon Favart, nach dem Libretto von Carlo Goldoni zu dem Dramma giocoso *Bertoldo, Bertoldino e Cacasenno* (Piacenza 1747) von Vincenzo Legrenzio Ciampi in der französischen Bearbeitung als *Bertholde à la cour* (Paris 1753)
**Uraufführung:** 1. Jan. 1782, Opéra, Salle de la porte Saint-Martin, Paris
**Personen:** Prinz Alphonse, Herzog von Mailand (T); Komtesse Amelie (S); Julien, Geliebter Colinettes (B); Colinette (S); Bastien, Geliebter Justines (B);

Justine (S); Mathurine, Justines Mutter (S); der Amtmann (T); 2 Schäferinnen (2 S); ein Zigeuner (B); eine Zigeunerin (S); ein Kind, Amor darstellend (S); Fabrice, Vertrauter des Prinzen (B); eine Hofdame (S); Notar (stumme R); ein Schäfer (stumme R). **Chor:** Herren im Gefolge des Prinzen, Damen im Gefolge der Komtesse, Schäfer, Schäferinnen, Falkenjäger, Bauern, Zigeuner, Zigeunerinnen, Jungen, Mädchen.
**Ballett**
**Orchester:** 2 Fl (auch Picc, 1 auch kl. TamburinFl), kl. TamburinFl, 2 Ob, 2 Klar, 2 Fg, 2 Hr, 2 Trp, Pkn, Streicher
**Aufführung:** Dauer ca. 3 Std. – Umfangreiches Ballett.

**Handlung:** In der Nähe des Schlosses des Herzogs von Mailand. I. Akt, 1. Bild: anmutige Landschaft; 2. Bild: Schloß mit Hof und Allee; II. Akt, 1. Bild: Galerie im Schloß; 2. Bild: festlich geschmücktes Wäldchen; III. Akt, 1. Bild: rustikales Zimmer; 2. Bild: mit Laternen geschmückter Dorfplatz.
Am Vortag der Doppelhochzeit von Julien mit Colinette und Bastien mit Justine plant Colinette, an ihrem Hochzeitstag auch das Fest des Prinzen Alphonse zu besuchen. Julien ist davon jedoch nicht begeistert. Vor dem in unmittelbarer Nähe des Dorfs gelegenen Schloß grüßt der Prinz im Vorbeigehen Colinette. Ein Schäfer schenkt ihr einen Käfig mit zwei Vögeln; sie preist daraufhin das Schicksal der Vögel, das glücklicher sei als das Schicksal eines durch Liebe gefangenen Herzens. Julien, der sie beobachtet hat, wird rasend vor Eifersucht und zerbricht den Käfig. Colinette ist entsetzt und weint. Der Prinz lädt sie zum Fest ein, das er zu Ehren seiner geliebten Komtesse Amelie gibt. Colinette nimmt die Einladung an, um Julien von seiner Eifersucht zu kurieren. Bei dieser Gelegenheit will auch der Prinz seine Komtesse auf die Probe stellen. Colinette wird am Hof Zeugin des Konflikts zwischen dem Prinzen und der Komtesse. Die Komtesse entgegnet den Liebesschwüren des Prinzen, daß wahre Freundschaft mehr wert sei als Liebe. Doch durch das Verhalten des Prinzen gegenüber Colinette erwacht auch in der Komtesse die Eifersucht. Amor persönlich führt die beiden Liebenden schließlich zusammen. Auch Julien hat versprochen, nicht mehr eifersüchtig zu sein. Trotzdem wollen er und der Prinz ihre Damen während des Maskenballs auf die Probe stellen: Der Prinz tanzt in der Maske Juliens mit der Komtesse und Julien in der Maske des Prinzen mit Colinette. Durch gezielte Fragen können sie so die Liebe und Redlichkeit ihrer Angebeteten prüfen. Beide Damen bestehen die Prüfung. Doch nach der Demaskierung (die Überraschung der Damen ist verständlicherweise groß) läßt die brüskierte Colinette Julien allein zurück; sie ist enttäuscht, daß Julien gegen sein Versprechen immer noch mißtrauisch war. Justine und Bastien sind traurig, weil die Doppelhochzeit nun in Frage gestellt ist. Man erzählt, daß der Prinz doch in Colinette verliebt sei. Da macht Fabrice, der Vertraute des Prinzen, allen Spekulationen ein Ende. Julien entschuldigt sich bei Colinette, sie schwören sich ewige Treue. Dem rauschenden Fest steht nichts mehr im Weg.

**Kommentar:** Lourdet schreibt über seine dramatischen Ziele und die Herkunft des Stoffs: »Der Autor des Stücks hat während des Schreibens keine andere Absicht gehabt, als eine Komödie auf die Musikbühne zu bringen, die das Ernste wieder mit dem Heiteren vereint, die der Musik neue Effekte ermöglicht, durch Kontraste verschiedene Genres zu zeichnen« (in: Vorwort zum Librettodruck 1782, s. Ausg.). Maximilien Gardel, der zusammen mit Jean Dauberval die Ballettszenen choreographierte, hatte 1776 ein Ballett *Ninette à la cour* zur Musik von Ciampi, Egidio Romualdo Duni und andern geschaffen. Hinter Lourdets Bearbeitung stand der Wunsch, »allzu große Ähnlichkeiten zu vermeiden und gleichzeitig etwas mehr Wahrscheinlichkeit in der Handlung herzustellen« (ebd.). Weiterhin strebte er nach raschen Dialogen, lebhaften Szenen und abwechslungsreichen Tableaus. Wie schwierig es war, diese Neuerungen (vor allem natürlich die Etablierung des komischen Elements) in der Académie Royale de Musique durchzusetzen, erläutert Grétry in seinen Memoiren (S. 187f., s. Lit.): »Die Pariser Oper ist im wahrsten Sinn des Worts ein Land der Illusionen. Die kleinste Neuerung ist für ihr Stammpublikum ein Verbrechen [...] Als ich die musikalische Komödie auf die Opernbühne brachte, wurde auch ich wie ein bedenklicher Neuerer betrachtet [...] Schließlich überzeugten die drei Werke *Colinette à la cour*, *L'Embarras des richesses* und besonders *La Caravane* die öffentliche Meinung von der Notwendigkeit, die musikalische Komödie auf dieser Bühne einzuführen.« Die Wahl der Gattungsbezeichnung »comédie-lyrique« (»musikalische Komödie«) läßt darauf schließen, daß Grétry mit der neuen Gattung quasi eine Veredelung der Opéra-comique im Sinn der gesprochenen Komödie anstrebte. Daß er hierbei formal-dramaturgisch die Bedingungen der Académie Royale berücksichtigen mußte, versteht sich von selbst: Die sonst üblichen Dialoge mußten durch Rezitative ersetzt werden, dem Ballett mußte großer Raum gewährt werden (Ballettszenen finden sich im I. und II. Akt je zwei, im III. Akt eine). Beides gelingt Grétry auf eindrucksvolle Weise. In den grundsätzlich auf dem Streicherklang basierenden Rezitativen erreicht er durch den Einsatz vonAriosi, Tempowechsel, zusätzlichen Instrumenten (zum Beispiel Oboe oder Flöte beziehungsweise Fagott) sowie Antizipation der nachfolgenden Arienthemen große Abwechslung; es entstehen zum Teil ausgedehnte Szenenkomplexe, in die auch Chor und Ballett integriert werden. Es sei insbesondere auf die beiden großen Szenenblöcke des II. Akts hingewiesen, die Zeugnis von Grétrys Rang als Musikdramatiker ablegen. Ensemble-, Ballett- und Chorszenen (so der Doppelchor III/5, in dem Grétry äußerst effektvoll den Fernchor »L'amour constant, l'hymen joyeux« mit dem Baßunisono des Chors der Zecher »Trinquons et buvons tous ensemble« kontrastiert) dominieren deutlich über die Solonummern. Der Mangel des Stücks liegt in der Tatsache, daß es im Grunde schon nach dem II. Akt zu Ende ist: Die Prüfungen sind bestanden, die Hochzeit könnte stattfinden. Die Autoren versuchen zwar, diese dramaturgische Schwäche durch die Deus-ex-machina-Reaktion Colinettes zu kaschieren, doch deren erneutes Abwenden von Julien ist nur inhaltlich zu begründen, wird aber szenisch nicht sinnfällig.

**Wirkung:** Der große Erfolg von *Colinette à la cour* wird vielleicht am ehesten dadurch deutlich, daß das Werk sich beträchtliche Zeit neben Glucks *Iphigénie en Aulide* (1774) im Spielplan der Opéra behaupten konnte. In der Uraufführung sangen Etienne Lainez, Marie-Joséphine Laguerre, Augustin-Athanase Chéron, Eulalie Audinot, Laïs und Anne-Marie Jeanne Gavaudan. Unter den Tänzern waren Anne-Marguerite Dorival, Marie-Madeleine Guimard, Jean Dauberval, Louis-Jacques Milon und Auguste Vestris. *Colinette* wurde 1791 und 1810 mit einigen Änderungen und Ergänzungen wiederaufgenommen und erreichte bis 1816 115 Vorstellungen. In französischer Sprache fanden weitere Aufführungen in Gent und Kassel 1783, Lüttich 1784 und Genf 1785 statt. In deutscher Übersetzung wurde das Stück in Wien 1796 unter dem Titel *Die doppelte Erkenntlichkeit* gezeigt.

**Autograph:** Verbleib unbekannt. **Abschriften:** Bibl. de l'Opéra Paris. **Ausgaben:** Part: Houbaut, Paris/Castaud, Lyon [1782]; Frey, Paris 1823 (Coll. des opéras en grandes partitions. 18.); Part, hrsg. E. Fétis: B&H, Lpz., Brüssel 1883–1936 (Coll. complète des œuvres de Grétry. 15/16.); Textb.: Paris, Lormel 1782; Paris 1812

**Literatur:** E. Fétis, [Vorw., s. Ausg.; darin zahlreiche Zitate aus zeitgen. Veröff.]; weitere Lit. s. S. 561

*Volker Mattern*

## La Caravane du Caïre
### Opéra-ballet en trois actes

### Die Karawane von Kairo
3 Akte (5 Bilder)

**Text:** Etienne Morel de Chédeville in Zusammenarbeit mit dem Grafen von Provence (später König Ludwig XVIII.)
**Uraufführung:** 30. Okt. 1783, Théâtre Royal, Schloß, Fontainebleau
**Personen:** Osman, Pascha von Ägypten (B); Tamorin, Obereunuch (H-C); Florestan, Chef des französischen Geschwaders (B); Saint-Phar, Sohn Florestans, Sklave (T); Husca, Chef der Karawane (B); Furville, französischer Offizier, Vertrauter Florestans (B); Osmin, Aufseher des Serails (B); Zélime, Tochter eines reichen Manns, Sklavin (S); Almaïde, Lieblingsfrau des Paschas (S); eine italienische Sklavin (Kol.S); eine zirkassische Sklavin (Spr.); eine französische Sklavin (S); eine deutsche Sklavin (A). **Chor:** Reisende, Araber, Sklaven vieler Nationalitäten. **Ballett:** französisches, Genueser, ungarisches, englisches und deutsches Tanzpaar, Kameltreiber, Georgierinnen, Zirkassierinnen, Inderinnen, Sklaven verschiedener Völker, türkische Kinder, Frauen des Serails, Janitscharen, schwarze Eunuchen, Garde und Pagen des Paschas, Türken, Sultaninnen, Säbelträger, Tambourspieler
**Orchester:** 2 Picc, 2 Fl, 2 Ob, 2 Klar, 4 Fg, 2 Hr, 2 Trp, Pkn, Trg, Tamburin(?), Hrf, Streicher
**Aufführung:** Dauer ca. 3 Std.

**Handlung:** In Kairo.
I. Akt, Rastplatz einer Karawane am Nilufer: Man sieht mehrere Gruppen von Reisenden, einerseits glückliche Freie, zum andern Sklaven, die ihr trauriges Geschick beklagen. Lediglich eine französische Sklavin will sich mit ihrer Fröhlichkeit selbst noch den Sultan, an den sie verkauft werden soll, gefügig machen. Unter den Gefangenen befinden sich auch ein junger Franzose, Saint-Phar, und seine frisch angetraute Frau Zélime, eine Orientalin. Beide versuchen, das Herz des Karawanenführers Husca zu erweichen, und bitten ihn, sie nicht zu trennen. Sie geben an, Kinder einflußreicher Eltern zu sein. Doch Husca vertraut auf seinen gesunden Geschäftssinn und teilt ihnen mit, daß sie bereits vor Tagesablauf getrennt sein werden. Araber greifen an. Saint-Phar bittet Husca, ihn von den Fesseln zu befreien und zu bewaffnen. Der willigt ein und verspricht dem Sklaven im Fall des Siegs die Freiheit. Saint-Phar vertreibt die Angreifer und möchte die gewonnene Freiheit gegen die Zélimes eintauschen, findet aber bei Husca kein Gehör, worauf er beschließt, Zélime in Kairo zu befreien.
II. Akt, 1. Bild, Appartement des Paschas von Kairo: Husca berichtet Tamorin, dem Vorsteher des Serails, er habe dem gelangweilten Pascha wunderbare Frauen anzubieten. Dieser ordnet gerade ein Fest zu Ehren eines befreundeten Franzosen, Florestan, an, der ihm ein Schiff voller Schätze gerettet hat. Doch obgleich von seiner Lieblingsfrau Almaïde durch Tänze und Geschenke umworben, kann der Pascha keine Freude empfinden. Dagegen verspricht die Nachricht Tamorins von der Ankunft der Sklavinnen mehr Abwechslung. 2. Bild, prachtvoller Basar: Sklavinnen verschiedener Nationen paradieren zur Ergötzung des Paschas. Da er die Eleganz und Verführungskünste der Französinnen besonders schätzt, verliebt er sich in Zélime und umwirbt sie, obwohl sie ihn heftig beschimpft. Saint-Phar erscheint mit Lösegeld und fordert erfolglos die Freilassung seiner Frau.
III. Akt, 1. Bild, Appartement des Paschas: Florestan will nach Frankreich zurückkehren. Er beklagt jedoch das ungewisse Schicksal seines Sohns Saint-Phar. Inzwischen hat Almaïde von ihrer Rivalin erfahren und beschließt, sich zu rächen. Dabei findet sie in Osmin, dem Wächter des Serails, der von Saint-Phar zur Befreiung Zélimes bestochen wurde, Unterstützung. Zwar versucht Almaïde nochmals die Gunst des Paschas zu gewinnen; da sie aber seine Leidenschaft für Zélime ahnt, vertraut sie ihren eigenen Plänen. 2. Bild, Audienzsaal des Paschas: Als Zélime tatsächlich während eines Fests, das zu Ehren Florestans veranstaltet wird, entführt wird, befiehlt der Pascha die sofortige Verfolgung, und sein gleichfalls entrüsteter Freund Florestan bittet, die Bestrafung ihm zu

überlassen. Wieder eingefangen, erfleht Zélime Gnade für Saint-Phar; ebenso der überraschte Florestan, als er in dem in Ketten Vorgeführten seinen Sohn erkennt. Großzügig verzeiht der Pascha dem Entführer und verzichtet auf Zélime. Almaïde verspricht er die Erneuerung ihrer Liebe.

**Kommentar:** *La Caravane du Caïre* war der Versuch, vermittels »neuer Effekte von Musik, Bühnenbild und Festszenen Handlungen anders zu formen als das strenge Genre der Tragödie und eine Verbindung von Ernstem und Heiterem zu schaffen« (Vorwort zum Libretto). Grétry mag eine Anknüpfung an die Gattung der Tragédie-lyrique, die er dem Rahmen des komischen Genres anpassen wollte, vorgeschwebt haben, ein Gemisch von erhabenem und unterhaltsamem Theater. Das Ergebnis freilich liest sich als eine für das 19. Jahrhundert wegweisende Gattungsmixtur zwischen Revue und Grand opéra. Zugleich ist die Oper im Kontext der zeitgenössischen Türkenmode zu verstehen, die in Wien Werke wie Mozarts *Zaide* (1866, komponiert 1780) und *Die Entführung aus dem Serail* (1782) hervorgebracht hat. Doch gegen das zierliche Wiener Singspiel gibt sich die Pariser Ballettoper ausladend pompös und offenbar um eine Spur frivoler. Im Vorwort bitten die Autoren um Nachsicht, »daß die Sitten Asiens und das Innere eines Serails in Szene« gesetzt wurden, doch sie entschuldigen sich, daß diese »Dinge ja schon zuvor, sogar dreister als schicklich«, dem Erfolg an diesem Theater ausgesetzt waren (im türkischen Akt von Campras *L'Europe galante*, 1697). Für den spektakulären Erfolg der *Caravane* sorgte indes weniger die Handlung, die von den Zeitgenossen als schwach beurteilt wurde, als die Musik und die bis dahin nie erlebte Ausstattungswut. »Prachtvoller ist auf dieser Bühne noch keine Oper gegeben worden. Die Anzüge der Sultaninnen, des Chefs der Verschnittenen waren von Sammet und Atlas mit den reichsten Stickereien verbrämt« *(Journal des Luxus und der Moden)*. In der Tat gibt das Werk ausreichend Gelegenheit für gewaltige Aufzüge und Tanzszenen, bedenkt man allein im I. Akt den großen Aufmarsch der Karawane, den darauffolgenden Tanz und den Abmarsch am Aktschluß. Grétry ersparte sich allerdings, den Angriff der Araber szenisch zu illustrieren. Der Kampf findet gewissermaßen im Off statt, während das Orchester die Schlacht und den Galopp der Pferde musikalisch andeutet. Der II. Akt bietet gleich zwei Einlagen mit Ausstattungseffekten: zunächst eine kleinere (Nr. 9a und b, Chœur avec danse und Danse) der Haremsdamen, später (Nr. 13a–j, Divertissement) die Basarszene, die den Akt beherrscht und als Höhepunkt der Oper angesehen werden muß. Sie beginnt mit einer Danse générale, darauf folgt zum Eintritt des Paschas ein kurzer Marsch und anschließend die Arie einer französischen Sklavin (»Nous sommes nés pour l'ésclavage«). Einen weiteren Komplex bilden die nun folgenden Tänze: je ein Pas de deux des Genueser, englischen und deutschen Tanzpaars, letzterer durch ein schlichtes Chorstück unterstützt. Unterbrochen durch ein Menuett schließt sich die ausladendste und in dieser Partitur schwierigste Arie einer Italienerin an (»Fra l'orror de la tempesta«, nach einem Text Pietro Metastasios). Das Divertissement schließt mit einem Pas de trois, der die drei Frauentypen, die »demi-caractère«, die Graziöse und die Fröhliche, nacheinander vorstellt, sie jeweils durch ein musikalisches Thema und die Instrumentation charakterisiert und am Schluß szenisch vereint. Daraufhin zieht sich der Pascha, begleitet von den Klängen des Eintrittsmarschs, zurück. – Zweifellos diente der gesamte statisch-revueartige Komplex vorwiegend visueller Ergötzung, er zerschneidet die Handlung, dissoziiert sie. Zugleich wird deutlich, wie wenig Grétry an der Nachzeichnung exotischen Kolorits interessiert ist. Nur kurz zu Beginn des Divertissements deutet er mit einer Art Zigeunermoll pseudovorderasiatischen Farbton an. Die exotische Ferne scheint im Gegenteil lediglich gewählt, um patriotischer und europäischer Selbstdarstellung um so größeren Raum zu lassen. Doch nicht allein das Divertissement dokumentiert die Entstehung des mit der Revolution gänzlich erwachenden modernen Nationenbegriffs und erklärt, warum diese Oper auch unter Napoleon I. und über dessen Regierungszeit hinaus so häufig gespielt wurde wie keine andere. Schon die Kavatine der Französin im I. Akt (»Ne suis-je pas«) behauptet die kulturelle Überlegenheit Frankreichs; selbst der Pascha preist das fremde Land in den »patriotischsten« Tönen (»Oui, toujours j'aimai la France«), und zu Beginn des III. Akts beschreibt Florestan sein Heimweh nach dem Vaterland (»Ah, si pour la patrie«). Mehr europäisch als patriotisch gibt sich hingegen Grétrys Partitur. Die italienische Melodiegebung dominiert. Husca scheint am besten durch einen Buffobariton wiedergegeben, die Kavatinen Almaïdes (»Je souffrirais« und »J'abjure«) sind in der Form italienischer Arien verfaßt. Daß sich die Bedeutung der Handlungsträger keineswegs mit der Schwierigkeit ihrer Parts deckt, demonstrieren nicht nur die großen Arien der anonymen Sklavinnen, sondern auch der Vergleich etwa der koloraturreichen, Ariette genannten Bravourarie Tamorins (»C'est la triste monotonie«) mit der eingängigen und schlichten zweistrophigen Kavatine des Paschas (»Vainement Almaïde«). – In *La Caravane* sind Ansätze motivischer Bezüge zu erkennen. Eine Oboe im Schlußchor zitiert eine Melodie, die zuvor schon in der Ouvertüre und beim Abmarsch der Karawane am Schluß des I. Akts erklang. Das Ende der Oper bildet wiederum ein großes Ballett (ebenso wie das Divertissement des II. Akts choreographiert von Maximilien Gardel), das Grétry aus zwei Fragmenten von *Céphale et Procris* (Versailles 1773) zusammengestellt hat.

**Wirkung:** Durch polemische Pamphlete und Störungen öffentlicher Aufführungen konnten die Piccinnisten den unmittelbaren und riesigen Erfolg der *Caravane* nicht verhindern. Bereits 15 Tage nach der Uraufführung entstand eine Vaudeville-Parodie, *Le Marchand d'esclaves*, die die Rettung Saint-Phars mit einem Fesselballon inszenierte. Mit kleinen Änderungen im Ballett wurde die Oper 1799 unter großem Pomp wiederaufgenommen und erreichte bis zum

Sept. 1829 506 Aufführungen in Paris. Ihr Erfolg ist somit ohne Vergleich im sogenannten »alten Repertoire« der Opéra. Die Beliebtheit des Werks zeigt sich auch in den beiden Parodien: *Le Marchand d'esclaves* (Opéra-Comique, Paris 1784) und *Les Reconnaissances ou La Foire de Beaucaire* (Variétés-Amusantes, Paris 1784). *La Caravane du Caïre* wurde 1785 in Genf, 1796 in Hamburg, 1797 in Köln, 1803 in Hannover und 1804 in Petersburg gegeben sowie in Monza 1795 (italienisch), Stockholm 1796 (schwedisch), Wien 1804 (deutsch), Moskau 1816 und Petersburg 1817 (russisch).

**Autograph:** Part: Verbleib unbekannt; Fragmente: Bibl. de l'Opéra Paris. **Ausgaben:** Part: Aux adresses ordinaires, Paris; Castaud (Huguet, Basset), Lyon [BN Musique Paris]; Part, hrsg. E. Fétis, A. Wotquenne: B&H, Lpz., Brüssel 1883–1936 (Coll. complète des œuvres de Grétry. 22.); Kl.A: Michaelis, Paris 1880; Textb. d. UA: Paris, Ballard 1783 [2 Ex.: 28 S., 48 S.; Bibl. de l'Opéra Paris]; Textb. d. Auff. Opéra Paris: Paris, Delormel 1784 [Bibl. de l'Opéra Paris; dort auch weitere Textb. v. 1784, 1787, 1790, 1793, 1799, 1806, 1816, 1819] **Literatur:** E. Fétis, [Vorw., s. Ausg.]; weitere Lit. s. S. 561

*Michael Klügl*

## Richard Cœur de Lion
Opéra-comique en trois actes

### Richard Löwenherz
3 Akte

**Text:** Michel Jean Sedaine
**Uraufführung:** 1. Fassung: 21. Okt. 1784, Opéra-Comique, Salle Favart, Paris (hier behandelt); 2. Fassung in 4 Akten: 21. Dez. 1785, Opéra-Comique, Salle Favart, Paris
**Personen:** Richard I., König von England (T); Marguerite, Gräfin von Flandern und Artois (S); Blondel, Troubadour Richards (T); Haushofmeister (Spr.); Florestan, Gouverneur des Schlosses bei Linz (B); Williams, Landedelmann (B); Laurette, seine Tochter (S); Béatrix (S); Antonio, ein junger Bauer, Blondels Führer (S); Urbain, Page (B); ein Bauer (B); Charles, Page (T); Guillot (T); der alte Mathurin, Bauer (T); Colette, Bauernmädchen (S); Mathurins Frau (S).
**Chor:** Gefolge Marguerites, alte Frauen, Greise, Offiziere, Soldaten, Bauern, Bäuerinnen
**Orchester:** 2 Fl (auch Picc), 2 Ob, 2 Fg, 2 Hr, 2 Trp, Pkn, Streicher; BühnenM hinter d. Szene: Hr ad lib., Trommeln, Vl
**Aufführung:** Dauer ca. 2 Std. – Gesprochene Dialoge. Wenn (in II/4) der Darsteller des Blondel seine kleine Violinpartie nicht selbst spielt, ist sie aus der Kulisse zu spielen, und wenn er zu weit vom Orchester entfernt ist, muß er mit einem aus der Kulisse gespielten Horn unterstützt werden.

**Entstehung:** Der Stoff geht auf eine mittelalterliche, auch im Frankreich des 18. Jahrhunderts populäre Sage zurück. Die Anregung zu einer Bearbeitung erhielt Sedaine wahrscheinlich durch die Opéra-comique *Rosanie* (Paris 1780) von Henri-Joseph Rigel, die ebenfalls die Geschichte des Troubadours Blondel zum Thema hatte. Sedaine bot das Libretto zunächst Pierre Alexandre Monsigny an, der aber ablehnte. Grétry selbst sah in seiner Oper *Aucassin et Nicolette ou Les Mœurs du bon vieux temps* (Versailles 1779) einen musikalischen Vorläufer von *Richard Cœur de Lion*.
**Handlung:** In und bei der Festung Linz, Heiliges Römisches Reich, um 1190, zur Zeit der Kreuzzüge.
I. Akt, Umgebung der Festung, Abendstimmung: Voller Freude auf die Goldene Hochzeit ihres Dorfältesten Mathurin, die am kommenden Tag stattfinden soll, kehren die Landleute von den Feldern zurück. Sie treffen auf einen angeblich blinden Troubadour, der, von einem Knaben des Dorfs geführt, eine Herberge erbittet. Allein zurückgelassen, gibt sich der Sänger als der treue, nur als blind getarnte Gefolgsmann Blondel des entführten und an ungewissem Ort gefangengehaltenen Königs Richard zu erkennen. Wenig später beobachtet er, wie der Landedelmann Williams seinen Diener Guillot mit einem Liebesbrief ertappt, den er vom Gouverneur des Schlosses Williams Tochter Laurette überbringen sollte. Aus dem Brief geht der Termin für ein Rendezvous in der folgenden Nacht hervor und daß der Gouverneur eines Gefangenen wegen die Festung tagsüber nicht verlassen könne. Williams entpuppt sich als exilierter Engländer und Blondels ehemaliger Kreuzzugskumpan. Blondel aber bleibt zunächst unerkannt und horcht, da er in dem Gefangenen seinen König vermutet, die schöne Laurette aus. Eben trifft Gräfin Marguerite, eine Geliebte Richards, mit großem Gefolge ein. Auch sie ist auf der Suche nach dem Entführten und gewährt dem »Blinden«, als er eine Melodie anstimmt, die ihn als einstigen Getreuen Richards verrät, Obdach. Ein lärmendes, trink- und sangesfreudiges Gelage Blondels und der Bauern beschließt den Tag.
II. Akt, Schloßterrasse, im Hintergrund ein durch eine Burgwehr geschützter Graben, Morgenröte: Richard

*Richard Cœur de Lion*, III. Akt; Bühnenbildentwurf: Johann Joseph Laubacher; Darmstadt 1785. – Die bereits auf das 19. Jahrhundert vorausweisenden Züge von *Richard Cœur de Lion* – romantische Mittelalteridee und Historiengemälde in der Oper – sind auch in den Bühnenbildentwurf der Darmstädter Festaufführung eingegangen.

beklagt seine Gefangenschaft. Nur das Andenken Marguerites tröstet ihn. Als aber Blondel den Burggraben erreicht und dieselbe Romanze, durch die er schon bei Marguerite Sympathien erwarb, erklingen läßt, wendet sich Richards Jammer in Hoffnung, und er stimmt, um Blondel seine Anwesenheit zu signalisieren, in den Gesang ein. Blondel läßt sich von den Soldaten, die in ihm einen Konspirateur Richards vermuten, in die Festung schleppen; er gibt sich aber als Bote Laurettes aus und verlangt den Gouverneur zu sprechen. Er berichtet ihm, Laurette sei mit dem verabredeten Stelldichein am Abend der Goldenen Hochzeit einverstanden.

III. Akt, großer Saal in Williams Haus, Abend; später auf der Festung: Blondel versucht Vortritt bei der Gräfin zu erlangen. Als sie erscheint und Blondel sein Lied anstimmt, läßt sie, die gerade beschloß, ihre Suche zu beenden, um sich ins Kloster zurückzuziehen, den Sänger herbeirufen und sich von der Nachricht, Richard sei in der benachbarten Burg festgehalten, umstimmen. Blondel, der seine Verkleidung ablegt, und Williams beschließen die gewaltsame Befreiung Richards. Die anschließende Hochzeitsfeier dient dabei als Falle für den Gouverneur: Unter den Tanzenden entdeckt, wird er sofort festgenommen. Schließlich stürmen die Truppen der Gräfin die Festung und befreien Richard, der sich nun glücklich mit seiner Geliebten und dem Freund vereint sieht. Der Gouverneur wird begnadigt und erhält Laurette zur Frau.

**Kommentar:** *Richard Cœur de Lion* gilt ihres für die Grand opéra richtungsweisenden heroischen Sujets sowie der vorromantischen musikalischen Dramaturgie wegen als Grétrys bedeutendstes Werk. Die nicht zu unterschätzenden Theatereffekte, wie die Gefechtsszene am Schluß und der symbolträchtige lärmende Zusammensturz der Burgmauern, mögen Giacomo Meyerbeer beeinflußt haben, die (neunmalige) Wiederholung eines Chansons (Nr. 10, »Une fièvre brûlante«) gar die Leitmotivik Richard Wagners. In der Tat bildet *Richard* einen Schnittpunkt in der Entwicklung der Opéra-comique, der sich dennoch nicht nur unter dem Aspekt des musiktheatralischen Fortschritts erschließt. Vielmehr enthält die Oper neben jenem romantisch-historisierenden Element durchaus Momente der alten Paysannerie oder gar des Buffotheaters. In weiten Teilen zeichnet sie eine ländliche Idylle und steht »mit ihren kleinen Arien, Rondes und Vaudevilles« nach zeitgenössischem Urteil »für ein leichtes und unterhaltsames Genre« *(Mercure de France).* Wenn Friedrich Melchior von Grimm die Oper als romantisches Hauptwerk Grétrys charakterisierte, so meinte er dies sicher nicht im modernen Sinn, sondern er hatte eher die gezähmte Natur eines künstlich angelegten englischen Gartens im Auge als eine wild wuchernde Natur. Die Dialoge, mehr als die Musik, streuen zudem kleine Buffoszenen ein, die sowohl ein allzu liebliches Idyll als auch allzu bärbeißiges Heroentum brechen. Williams etwa befindet sich im Exil, weil er seinen Vater rächte, der von einem benachbarten Edelmann im Streit um ein Kaninchen

getötet wurde, oder Blondel vergißt beim Anblick Laurettes gelegentlich, den Blinden zu mimen; der Gouverneur schließlich wird durch eine charmante Liebesintrige eingefangen und am Ende nicht bestraft. Erst in zweiter Linie feierten die Zeitgenossen, etwa in einer Londoner Aufführung, die Novität des pathetischen Stils. Es ist erstaunlich, mit welch einfachen musikalischen Mitteln Grétry die rührende, zuweilen amouröse Handlung packend und griffig zu bündeln versteht. Populäre eingängige Chansons, Rondes und Romanzen dominieren, große Solonummern gibt es dagegen nur wenige. Wie sehr Grétry eine individuell psychologisierende Dramaturgie auszusparen trachtete, läßt sich am besten daran ermessen, daß Marguerite als die Geliebte des Königs und darum als potentiell erster Sopran keine eigene Arie erhielt, die im gesellschaftlichen Rang niedrigere Laurette aber eine der schönsten Arien der Oper (Nr. 5, »Je crains de lui«), deren melancholische Geste Tschaikowski veranlaßt hat, sie im Monolog der Gräfin in *Pikowaja dama* (1890) zu zitieren. Neu, so Grétry in seinen Memoiren, war auch die auf den Textinhalt bezogene Instru-

*Richard Cœur de Lion*; Sophie Anne Thillon als Laurette; Opéra-Comique, Paris 1841. – Die Sopranistin debütierte in Paris 1838 am Théâtre de la Renaissance in Grisars *Lady Melvil*, 1840 an der Opéra-Comique. 1844 sang sie erstmals in London, ab 1851 auch in San Francisco. Auf der Bühne war sie zuletzt 1855 im Londoner Lyceum Theatre zu hören.

mentation in Richards Arie »Si l'univers entier m'oublie« (Nr. 9), wo gedämpfte Trompeten voller Schmerz an den einstigen Kriegsruhm des Helden erinnern. Zuletzt sei Blondels durchaus im zeitgemäßen italienischen Stil geschriebene Rachearie »Oh Richard« (Nr. 3) erwähnt. Einprägsamer indes sind sein rumorendes Chanson avec chœur (Nr. 7, »Que le sultan Saladin«) zum Abschluß des I. Akts, dessen Refrain Georg Friedrich Händels *Grobschmied-Variationen* zitiert, sowie das Couplet eines Bauern mit Chor im III. Akt (Nr. 16, »Et zic et zic«), das die Liebe als eine von Zugtieren geteilte Last beschreibt (wahrscheinlich nach einem belgischen Volkslied). Bemerkenswert und in diesem Ausmaß neu bei Grétry ist die zunehmende Musikalisierung des Texts. Vordem schlossen seine Opern meist mit kleinen Vaudevilles, hier aber, formal noch durch die Nummern getrennt (15–17), gibt es keine Zwischendialoge mehr. Vielmehr steigert sich der Schluß zu einem gewaltigen, im Klavierauszug 60 Seiten umfassenden Finale, das durch ein Trio eröffnet wird (Nr. 15), »Le gouverneur pendant la danse«), gefolgt von dem Bauerncouplet und einer das Fest charakterisierenden Tanzszene, die sich von einer graziösen Sicilienne über einen schmissigen Contredanse zu einem feurigen Walzer aufschwingt. In dem anschließenden Chor (Nr. 17, »Que Richard à l'instant«) wendet sich die ohnehin durch den Walzer aufgeheizte Stimmung ins Kämpferisch-Revoltierende und mündet in die rein orchestrale Gefechtsszene. Ein repräsentativer Marsch und ein großes Ensemble beschließen die Oper. Es sei nun lediglich noch jene Romanze erwähnt, die Grétry selbst als Achse des gesamten Werks verstand und deren Wirkung bis weit ins 19. Jahrhundert reichte. Zählt man, wie Grétry, peinlich genau, so erklingt die gewissermaßen als Kode der Verbündeten Richards fungierende Melodie (»Une fièvre brûlante«) neunmal. Doch sowohl die dreimalige Wiederholung beim Zusammentreffen Blondels mit Marguerite als auch die vier Repetitionen bei der Erkennungsszene Richard/Blondel sind zu je einem Komplex zusammengefaßt. Schließlich erscheint die Melodie einmal hinter der Szene, von Blondel gesungen; sodann wird sie ein weiteres Mal in rhythmisch anderer Verkleidung im Ensemble »Oui Chevaliers« (Nr. 14) sinnstiftend zitiert und zuletzt im Finalensemble als Terzett, das die Freundschaft Richards, Marguerites und Blondels preist, kurz eingefügt. Freilich liegt die Deutung des Vorgriffs auf Wagners Leitmotivtechnik nahe. Doch mit dem gleichen Recht ließen sich die Wiederholungen als eine in populären Genres übliche Technik des »Einbläuens« einer Erfolgsnummer begreifen. Die häufigen Bearbeitungen der Romanze, die kaum, wie so oft vermutet, wahrhaft mittelalterliche Couleur locale erstrebt, sondern als sangbarer Schlager galt, legen solche Wertung eher nahe. Was Grétry, einem Komponisten des 18. Jahrhunderts, sicher wichtiger war als eine nachträglich hineingelesene leitmotivische oder populäre Struktur, war die Absicht, seine Hörer mit der oftmaligen Wiederholung der Romanze zu unterhalten, ohne sie zu ermüden.

**Wirkung:** Abgesehen von der Anekdote, daß dem Darsteller des Richard (Philippe) bei der Uraufführung die Stimme versagt haben soll, errang die Oper in allen Häusern Europas einen überragenden Erfolg. Kurz nach der Uraufführung (gesungen außerdem von Mlle. Colombe l'ainée, Clairval und Louise-Rosalie Dugazon) arbeiteten Sedaine und Grétry sie in eine vieraktige Fassung um, die aber wenig erfolgreich war, so daß man bald wieder auf die 1. Fassung zurückgriff. *Richard Cœur de Lion* wurde 1786 in Gent, 1787 in Lüttich, 1795 in Petersburg und 1849 in Warschau gespielt. In London wurde das Werk 1786 in zwei rivalisierenden Bearbeitungen gegeben: in Covent Garden von William Shields (Übersetzung: Leonard MacNally), in Drury Lane von Thomas Linley (Übersetzung: John Burgoyne). Diese Adaption wurde auch in Edinburgh 1792, Boston 1797, Philadelphia 1798 und New York 1800 (wiederaufgenommen 1836) gespielt. Deutsch wurde *Richard* auf vielen Bühnen gegeben: Hamburg 1787, Wien 1788, 1802 und 1810, Berlin 1790, Posen 1805, Prag 1807 und Budapest 1811. Wiederaufnahmen gab es während des ganzen 19. Jahrhunderts, etwa in Leipzig 1862, München 1866 und Karlsruhe 1888 und 1898. Die Oper wurde außerdem ins Italienische, Dänische, Holländische (Amsterdam 1791), Schwedische (Stockholm 1791), Polnische (Warschau 1809), Spanische (Madrid 1812) und Russische (Petersburg 1815, Moskau 1817) übersetzt. Im Pariser Repertoire bildete *Richard* im ganzen 19. Jahrhundert einen festen Bestandteil. Für die Aufführung an der Opéra-Comique 1841 bearbeitete Adolphe Adam das Werk. Die Serie der Inszenierungen reicht bis ins 20. Jahrhundert (Paris 1910, Lüttich 1908 und 1930, Brüssel 1933), und bis heute gehört *Richard Cœur de Lion* zu den immer wieder gespielten Opern Grétrys (beispielsweise in Nottingham 1978).

**Autograph:** Verbleib unbekannt. **Ausgaben:** Part: Houbaut (Huguet), Paris 1784 [BN Paris]; Part, hrsg. V. Wilder, A. Samuel: B&H, Lpz., Brüssel 1883–1936 (Coll. complète des œuvres de Grétry. 1.); Kl.A: Launer, Paris 1841; Leduc, Paris 1874; Heugel, Paris 1874 [nach d. Orch.Bearb. v. A. Adam]; Kl.A, dt.: B&H; Textb.: Paris, Didot l'aîne 1786
**Literatur:** V. WILDER, [Vorw., s. Ausg.]; weitere Lit. s. S. 561

*Michael Klügl*

## Raoul Barbe-Bleue
### Comédie en trois actes

### Raoul Blaubart
3 Akte

**Text:** Michel Jean Sedaine, nach dem Märchen aus den *Contes de ma mère l'oye. Histoires ou Contes du temps passé, avec des moralités* (1697) von Charles Perrault
**Uraufführung:** 2. März 1789, Opéra-Comique, Salle Favart, Paris
**Personen:** Isaure (S); Vergy (T); Marquis (B) und Vicomte (T), Brüder Isaures; Jeanne (S); Jacques (S);

eine Gärtnerin (S); Ofman (T); Raoul de Carmantes, Barbe-Bleue (B); Laurette (Spr.). **Chor:** Gefolge von Barbe-Bleue, Isaure und ihren Brüdern. **Ballett:** Schäfer, Schäferinnen
**Orchester:** 2 Fl (auch Picc), 2 Ob, 2 Klar, 2 Fg, 2 Hr, 2 Trp, Pkn, Streicher; BühnenM: Trp
**Aufführung:** Dauer ca. 2 Std. 30 Min. – Gesprochene Dialoge.

**Entstehung:** Seit 1773 arbeitete Grétry mit dem erfolgreichen Bühnenschriftsteller Sedaine zusammen. »Je mehr Kenntnis ich von der Bühne erwarb, desto stärker wünschte ich, einen Text von Sedaine zu vertonen, der mir beispielhaft erschien, sei es, was seine Erfindung der Charaktere, sei es, was den so seltenen Vorzug angeht, neue Situationen auf eine Art herbeizuführen, daß sie überraschende Wirkungen auslösen und dennoch immer natürlich bleiben« (Grétry, Memoiren, S. 156, s. Lit.). *Raoul Barbe-Bleue* entstand gegen Ende dieser mehr als 20 Jahre dauernden, überaus fruchtbaren Kooperation, aus der Werke wie *Le Magnifique* (Paris 1773), *Aucassin et Nicolette* (Versailles 1779), *Richard Cœur de Lion* (1784), *Comte d'Albert* (Fontainebleau 1786), *Amphitryon* (Paris 1788) und *Guillaume Tell* (1791) hervorgingen.
**Handlung:** In Frankreich, Mittelalter.
I. Akt, schöner Saal in einem baufälligen Schloß; an den Wänden Lanzen, Schilde, Helme und Waffen: Die Landleute Jeanne und Jacques danken Vergy, daß er sie aus den Händen eines schlechten Herrn befreite. Isaure zeigt ihm ihre Bewunderung und gesteht ihm, daß ihre Liebe darüber hinaus einen weiteren Grund habe: Er sehe nämlich ihrer Schwester Anne, die sie verloren habe, ähnlich. Isaures Brüder sind gegen ihre Heirat mit Vergy, denn sie haben sie Raoul de Carmantes versprochen. Seine Reichtümer soll sie als künftige Erbin in die verarmte Familie bringen. Raoul erscheint mit großem Gefolge, um Isaure zur Frau zu nehmen. Zwar gelobt sie Vergy ihre Treue, doch das Drängen der Brüder und der vor ihr auf einem Tisch ausgebreitete prachtvolle Schmuck machen sie schwach. Da ihre Weigerung auch für Vergy Gefahr bedeuten würde, ist die Heirat mit Raoul unabwendbar. Vergy gibt ihr ihr Wort zurück, doch beide beteuern einander ihre unwandelbare Liebe.
II. Akt, prächtiger Saal in Raouls Schloß; an der Seite eine reich geschmückte Tür zu einem Kabinett: Raoul offenbart seinem Diener Ofman das Geheimnis, weshalb seine ersten drei Frauen sterben mußten. Der Grund dafür ist eine Prophezeiung, daß die Neugier seiner Frau ihm den Tod bringen werde. Nun will er prüfen, ob Isaure, eine Adlige, die gleiche Neugier zeigt wie die Töchter seiner Vasallen. Ofman bittet Raoul vergeblich, Isaure zu schonen. Raoul gibt ihr den Schlüssel zu den Räumen des Schlosses; alle darf sie öffnen, nur nicht das Kabinett, für das der goldene, diamantbesetzte Schlüssel bestimmt ist. Vergy, der Isaure in Gefahr glaubte, hat sich inzwischen, als ihre Schwester Anne verkleidet, ins Schloß gewagt. Als Isaure ihm den verbotenen Schlüssel zeigt, warnt er sie; er weist auf die Bilder im Saal, die Lots Frau, Pandora und Psyche als Beispiele bestrafter Neugier darstellen. Dennoch öffnet sie die Tür und erblickt die drei ermordeten Frauen Raouls. Vergy, den sie in ihrem Schrecken zunächst mit Raoul verwechselt, kommt hinzu; sie wollen fliehen und bitten Ofman zu helfen. Dieser versucht, Vergys Pagen jenseits des Flußgrabens zu benachrichtigen. Isaure und »Anne« sollen währenddessen an einem ländlichen Fest teilnehmen, auf dem Schäfer und Schäferinnen mit Schalen voll Früchten, Tanz und Spiel fröhlich feiern.
III. Akt, derselbe Saal: Ein Signal kündigt die Rückkehr Raouls an. Isaure beschwört Vergy, der wegen seiner Verkleidung keine Waffen bei sich hat, sich zu retten, doch er will sie nicht verlassen. Raoul verlangt den Schlüssel, sieht enttäuscht und wütend, daß sie die Tür geöffnet hat, und beschließt, sie zu töten. Unter dem Vorwand, sich zum Sterben zu bereiten und noch ein letztes Gebet zu sprechen, versucht Isaure, Zeit zu gewinnen, und beschwört ihre »Schwester«, aus dem Fenster zu sehen, ob niemand zu Hilfe komme. Da außer einer fernen Staubwolke nichts zu sehen ist, gibt Vergy sich zu erkennen und fordert Raoul zum Zweikampf. Doch dieser ignoriert die Forderung und schleppt Isaure in das Kabinett. Lärm auf dem Schloßhof kündigt drei bewaffnete Ritter an. Es sind die Väter der früheren Frauen Raouls, Vasallen, die, als sie Raouls Greueltaten in der Mordkammer sehen, gemeinsam mit Vergy Raoul töten. Nun kann die Befreiung gefeiert werden.
**Kommentar:** Die Eigenarten von *Raoul Barbe-Bleue* wurden unmittelbar nach der Uraufführung Gegen-

*Raoul Barbe-Bleue*, III. Akt; Friedrich Hellwig als Barbe-Bleue; Illustration: Christian Ernst Stölzel; Hofoper, Dresden 1817. – Die von Carl Maria von Weber dirigierte Einstudierung, eine der ersten Premieren der im selben Jahr gegründeten deutschen Oper, zählt zu den wichtigen Dokumenten der Grétry-Rezeption.

stand einer ästhetischen Debatte. Eine Oper dieser Art war in der langen Reihe von Grétrys erfolgreichen Werken neu. Zwar wurde die Musik allgemein gelobt, um so mehr richteten sich die Einwände der Kritiker gegen das Sujet: Ein Stück von solcher Grausamkeit gehöre nicht auf die Bühne der Comédie-Italienne, es sei keine Comédie, eher schon eine Tragédie. Hinter dem Streit um die Gattungszugehörigkeit und die Reglements der entsprechenden Bühnen verbarg sich der eigentliche Zündstoff des Werks: seine unverhohlene Aristokratiekritik. Daß Barbe-Bleue als besiegter Feudaltyrann gezeigt wird, war 1789, unmittelbar vor dem Sturm auf die Bastille, deutlich genug. Grétry sympathisierte, ähnlich wie Sedaine, mit den republikanischen Ideen. Als Komponist jedoch war er gegenüber der »Revolutionsmusik« skeptisch; er blieb weiterhin seinem persönlich entwickelten Stil der gestuften Kontraste treu und hielt nichts von einer Musik, die, nach einer Aussage in seinen Memoiren, offenbar nur noch mit »Kanonenschüssen« Effekt suche. Ein Blick auf das Libretto von *Raoul Barbe-Bleue* zeigt die Veränderungen im Vergleich mit Perraults Märchen, wobei die von der Kritik beanstandeten Unstimmigkeiten der Oper sich (aus historischer Distanz betrachtet) als dramaturgisch durchaus folgerichtig erweisen. Besonders umstritten war die Verkleidungsrolle Vergys, da selbst ein schauspielerisch versierter Sänger in Frauenkleidern unglaubwürdig sei. Die Figur des Geliebten Isaures ist eine Erfindung Sedaines, eine Abweichung von der Märchenvorlage. Sie erfüllt eine doppelte dramatische Funktion. Als verarmter Ritter, der zuletzt gemeinsam mit den andern Opfern von Barbe-Bleues Willkür den Tyrannen besiegt, ist Vergy Ideenträger des Stücks. Als »Schwester Anne« (deren Ähnlichkeit mit dem Geliebten vorbereitend bereits zu Beginn festgestellt wird) ist er ständiger Dialogpartner der Protagonistin und Garant des dramatischen Höhepunkts in der Turmschauszene des III. Akts. Ähnliches läßt sich über Isaures Brüder sagen, die im Märchen ihre Retter sind; in der Oper jedoch spielen, zur Bekräftigung der Feudalkritik, nicht die »Herren«, die Brüder, sondern die Vasallen, die Väter der ermordeten Frauen, die Rolle der Befreier. Weitere Details lassen Sedaines Gespür für Bühnenwirksamkeit und psychologische Handlungsmotivation erkennen: Mit der Darstellung der bestraften Neugier in mythologischen Bildern ist eine ästhetische Form gefunden, die Folgen der Verbotsübertretung zu zeigen, so daß das eigentliche Grausige, der Blick in die Schreckenskammer, allein durch die Reaktion der Heldin vermittelt werden kann. Dramaturgisch sinnfällig ist auch die Verklammerung der Schmuckszene im I. mit der Blutkammerszene im II. Akt durch das Symbol des Schlüssels. Denn einerseits ist dieser diamantbesetzte Schlüssel selbst ein Schmuckstück und damit Zeichen für die Verführbarkeit Isaures durch Barbe-Bleues Reichtum; andrerseits ist er das verlockende Instrument ihrer Neugier, das verbotene Kabinett zu betreten. Isaures dreiteilige Arie »Non, le serment fait à Vergy«, die als Vorbild der Schmuckarie in Gounods *Faust* (1859) gilt, ist ganz aus der Situation ihrer widerstreitenden Gefühle komponiert. Im ersten Satz, einem Larghetto mit energisch punktierten Streichern, beteuert sie, Vergy treu zu bleiben; im darauffolgenden Accompagnato ist ihre zwiespältige Haltung angesichts des Schmucks ausgedrückt, und das von erregten Sechzehntelpassagen der Violinen beherrschte E-Dur-Allegro vergegenwärtigt die Entstehung und die Richtung ihres Entschlusses nach dem Blick in den Spiegel: »Ma beauté charmerait les Rois«. Das Pendant zur Schmuckarie ist Isaures Monolog »Vergy, ton souvenir fera le malheur de ma vie«. Wieder beginnt die Szene, ein von bewegten Triolen begleitetes Andante, mit einer inneren Rede an Vergy, wieder gerät sie in den Bann des Verbotenen, wobei die Aktion, ihr Zögern, der Blick auf die Tür, der Griff nach dem Schlüssel und der Eintritt in die Kammer pantomimisch dargestellt werden, während das Wechselspiel der Affekte dem Orchester überlassen ist, bis Isaure zum Schluß im Schrecken ihre Stimme, zuerst mit einem unartikulierten »Schrei«, wiederfindet. Grétrys Orchesterbehandlung, die Durcharbeitung des Satzes und die Feinarbeit des Kolorits sind in *Raoul Barbe-Bleue* besonders ausgefeilt, ohne überflüssige Zutaten, jedoch mit gezieltem Einsatz ungewohnter harmonischer Reize. Grétry geht dabei bis zum Regelverstoß, beispielsweise in Raouls Arie im I. Akt »Venez régner en souveraine«, in der durch Quintenparallelen, die das Fagott mit der Singstimme bildet, die unheilträchtige Doppelsinnigkeit dieser Aufforderung aufgedeckt wird. Den dramatischen Höhepunkten in den ersten Akten entspricht im III. Akt die von den Zeitgenossen besonders gelobte Szene »Vergy, ma sœur, ne vois-tu rien venir?«, in der Isaures dreifach wiederholte Frage an »Anne« in Spannung mit Barbe-Bleues drohenden Rufen hinter der Szene steht, bis das im Orchester durch Rhythmuswechsel markierte Herannahen der Reiter die Situation entscheidet und im Finale die Befreiung gefeiert wird. Die Finale der ersten beiden Akte hingegen halten die durch die jeweils vorausgegangenen Spannungshöhepunkte eingeleiteten Ereignisse in der Schwebe: Im 1. Finale der Marsch, mit dem der Chor die Verbindung Isaure/Raoul feiert, im 2. Finale das Ballett der Schäfer und Schäferinnen auf dem ländlichen Fest in suspensivem Kontrast zur vorausgegangenen Blutkammerszene. Die Chöre, das Ballett und die nach wie vor so beliebte »paysannerie« sind hier nicht unvermeidliche Zutat, sondern abrundende Elemente des Werks.

**Wirkung:** Die Reaktionen auf *Raoul Barbe-Bleue* waren zunächst eher reserviert. Die Gründe liegen in den bereits genannten gattungsbezogenen Vorbehalten der Kritiker und in den Zeitumständen des Revolutionsjahrs 1789. Die eigentliche Wirkungsgeschichte setzte deshalb erst in den 90er Jahren ein. Die Oper wurde auf Französisch gegeben 1791 in Brüssel und Amsterdam, 1797 in Hamburg und 1798 in Petersburg. Um 1800 erzielte das Werk allmählich weiteren internationalen Erfolg. Es gab Übersetzungen in deutscher, polnischer, russischer, ungarischer und tschechischer Sprache. Carl Maria von Weber rezensierte

Grétrys unter dem Titel *Raoul Blaubart* gegebene Oper anläßlich der Erstaufführung 1817 in Dresden, für die man die Übersetzung von Heinrich Gottlieb Schmieder und die für Wien 1804 von Anton Fischer erweiterte Orchesterbesetzung übernahm. Neben *Richard Cœur de Lion* und *Zémire et Azor* (1771) zählt Weber *Raoul Barbe-Bleue* zu den beliebtesten und meistgespielten Opern. Unter den vielen Inszenierungen im 19. Jahrhundert ist die Bearbeitung von Felix Mottl, Karlsruhe 1890, erwähnenswert. Mit *Raoul Barbe-Bleue* beginnt die Reihe der Blaubart-Opern, die sich gegen Ende des 19. Jahrhunderts, wo sich eine auffallende Vorliebe für diesen Stoff auch in der Literatur und im Ballett feststellen läßt, verstärkt und bis ins 20. Jahrhundert hinein fortsetzt. Neben vielen Adaptionen des Blaubartstoffs für das Musiktheater, die eher stoffgeschichtlich von Bedeutung sind, stehen eigenwillige dramaturgisch oder musikalisch innovative Werke wie: Julius Rietz' *Der Blaubart* (Düsseldorf 1837; nach Ludwig Tieck), Offenbachs *Barbe-Bleue* (1866), Dukas' *Ariane et Barbe-Bleue* (1907), Bartóks *A kékszakállú herceg vára* (1918), Rezničeks *Ritter Blaubart* (Darmstadt 1920; nach dem Märchenspiel von Herbert Eulenberg), Camillo Tognis *Blaubart* (Venedig 1977) und Franz Hummels *Blaubart* (Frankfurt a. M. 1984).

**Autograph:** Verbleib unbekannt. **Ausgaben:** Part: Huguet, Paris [1791?]; Part, hrsg. E. Fétis: B&H, Lpz., Brüssel 1883–1936 (Coll. complète des œuvres de Grétry. 18.); Textb.: Amsterdam, Dufour 1791; Brüssel, Loiseau 1791
**Literatur:** E. Fétis, [Vorw., s. Ausg.]; weitere Lit. s. S. 561

*Gabriele Brandstetter*

## Pierre le Grand
**Comédie en trois actes**

### Peter der Große
3 Akte

**Text:** Jean Nicolas Bouilly
**Uraufführung:** 1. Fassung in 4 Akten: 13. Jan. 1790, Opéra-Comique, Salle Favart, Paris; 2. Fassung: 2. Nov. 1790, Opéra-Comique, Salle Favart, Paris (hier behandelt)
**Personen:** Pierre le Grand/Peter der Große, russischer Kaiser (T); Le Fort, Minister und Freund des Kaisers (B); Mensikoff/Menschikow, Gouverneur von Moskau (Spr.); Catherine/Katharina, eine junge Witwe, zurückgezogen im Dorf lebend (S); Georges Morin, Zimmermannsmeister, bei dem Catherine, Pierre le Grand unter dem Namen Pierre und Le Fort unter dem Namen André wohnen (B); Geneviève, Morins Frau (S); Caroline, Tochter von Georges und Geneviève (S); Alexis, Waise, Sohn eines reichen Bauern und Geliebter Carolines (T); Mathurin, Greis, Großonkel und Erzieher von Alexis (T); der Dorfschreiber (Spr.).
**Chor:** Zimmerleute im Dienst von Georges, Bauern, Bäuerinnen, Offiziere von Pierre le Grand, Wachen, Soldaten

**Orchester:** Fl (auch Picc), 2 Ob, 2 Klar, 2 Fg, 2 Hr, 2 Trp, Pkn, Streicher
**Aufführung:** Dauer ca. 2 Std. 30 Min. – Gesprochene Dialoge.

**Handlung:** In einem russischen Dorf, um 1720. I. Akt: Dorfplatz, links das Haus von Georges, in der Mitte ein im Bau befindlicher Schiffsrumpf, im Hintergrund das Meer; II. Akt: Zimmer im Haus von Georges; III. Akt: einsamer Ort in Dorfnähe.
Pierre le Grand, der russische Kaiser, und Le Fort, sein Minister und Freund, sind inkognito unter den Namen Pierre und André als Zimmerleute bei Georges Morin tätig. Pierre hält sich schon seit einem Jahr in diesem Dorf auf, weil er Catherine, eine junge Witwe, zu seiner Frau machen will. Nach langem Zögern gibt Catherine schließlich dem Drängen Pierres nach. Sie hat jedoch eine Bedingung: Zuvor müssen Alexis und Caroline, Morins Tochter, zusammengeführt werden. Es gilt, Georges' Widerstand zu brechen. Obwohl Alexis von seinem Vater einen großen Hof geerbt hat, ist es auch Geneviève, Morins Frau, bisher nicht gelungen, ihren Mann umzustimmen. Pierre verspricht zu helfen. Als Georges Pierre die Hand seiner Tochter anbietet, um einen Schwiegersohn zu bekommen, der seinen Betrieb weiterführen kann, lehnt Pierre ab und berichtet von seiner Abmachung mit Catherine. Georges ist aufgrund seiner Verehrung für Catherine begeistert und willigt unter diesen Umständen auch in die Heirat von Alexis und Caroline ein. Er geht sofort daran, die Doppelhochzeit für den nächsten Tag vorzubereiten. Catherine möchte zuvor allerdings das Geheimnis um Pierres Herkunft lüften. Pierre greift zu einer Notlüge: Er stamme von unbekannten Eltern aus Moskau ab. Nachdem die Heiratsurkunde von Pierre und Catherine unterzeichnet ist, erscheint Mensikoff, der Gouverneur von Moskau und Stellvertreter Pierres. Unter vier Augen erläutert Mensikoff, daß Pierres Autorität in Moskau zunehmend in Gefahr gerate. Daher müsse der Kaiser sofort in die Hauptstadt abreisen. Ohne sich von Catherine zu verabschieden, eilt Pierre davon. Catherine bricht zusammen. Nach einiger Zeit kommt Mensikoff zurück und erklärt den Anwesenden Pierres empörendes Verhalten. Catherine lehnt es nun jedoch ab, Gattin des Kaisers zu werden. Pierre le Grand erscheint mit Hofstaat und Soldaten und kann Catherine schließlich doch davon überzeugen, daß sie seiner würdig ist. Er gibt Alexis und Caroline seine noch fehlende Unterschrift als Trauzeuge und beschenkt sie mit 6000 Dukaten sowie einem Medaillon mit dem Porträt des Kaisers.
**Kommentar:** Nach dem Sturm auf die Bastille und den Oktobertagen mit der erzwungenen Übersiedlung König Ludwigs XVI. von Versailles nach Paris stand 1790 die endgültige Entscheidung über die zukünftige Regierungsform Frankreichs noch aus. *Pierre le Grand* bezieht durch die Zeichnung des »guten« Monarchen einerseits und die Nichtverheimlichung negativer Aspekte der Monarchie andrerseits (zum Beispiel »Grands rois, superbes potentats, quittez vos

cours, vos diadèmes [...] travaillez vous-mêmes«) Stellung für die Errichtung einer konstitutionellen Monarchie. Bouilly führt dazu aus: »Ich sah, daß in Rußland Peter der Große den Glanz und die Vergnügen des Throns verschmähte, um sich ganz für das Glück des Volks einzusetzen; gerade wie es Ludwig XVI. heute für das Glück der Franzosen tut« (in: Vorwort zum Textbuch der 1. Fassung, s. Ausg.). *Pierre* war das erste Libretto Bouillys, der heute in erster Linie als Librettoautor von Gaveaux' *Léonore* (1798), der Vorlage für Beethovens *Fidelio* (1805), bekannt ist. Hinsichtlich der historischen Grundlagen seines Pierre-Stoffs konnte Bouilly auf Voltaires *Histoire de Russie sous Pierre le Grand* (1759–63) und *Histoire de Charles XII, roi de Suède* (1731) zurückgreifen. Freilich idealisiert Bouilly die historischen Persönlichkeiten (Peter I., François Lefort, Katharina I.). Im Unterschied zu diesen drei Protagonisten sprechen die Dorfbewohner Dialekt. Es gelingt Bouilly, die historischen Fakten und die Anforderungen der »paysannerie« ebenso gut zu verbinden wie den hohen und niederen Stil. Hervorzuheben sind die als »dialogue en chant« bezeichneten Textpassagen. Auf Anregung der Generalversammlung der Comédie-Italienne, die die Uraufführung bestritten hatte, arbeitete Bouilly die vieraktige Oper zu einer dreiaktigen um. Der II. Akt wurde soweit wie möglich geopfert, seine nicht zu entbehrenden Szenen wurden als 5. und 6. Szene in den I. Akt eingefügt. Außerdem wurden drei Nummern gestrichen: Le Forts Arie »Ah! livrez-vous« (II/1), das Duett Alexis/Caroline »On dit qu'lorsqu'on s'marie« (III/1) und Catherines Arie »O toi que j'adorais« (IV/1). Dialogpassagen wurden entsprechend gekürzt beziehungsweise umgestaltet. In der 2. Fassung sind die Solonummern gleichmäßig verteilt (je eine für Pierre, Le Fort, Catherine, Caroline und Georges) und stehen mit den Duetten und Ensembles in einem ausgewogenen Verhältnis. Neben dem »duo dialogue« von Pierre und Le Fort (»Oui, tes services«, I/2), der schwierigen Baßarie des Georges (»Morgué! sans m'vanter je puis dire«, I/6) und der dramatisch geschickt eingesetzten Reminiszenz des Chorrefrains aus Le Forts »Jadis un célèbre Empereur« (II/4) als Marschmelodie in III/4 geht die Hauptwirkung der Oper sicherlich von dem dramatisch wirkungsvollen Choreinsatz aus. Der im Vergleich mit früheren Werken wesentlich bedeutendere Choranteil beruht auf der pragmatischen Voraussetzung, daß erst infolge der revolutionären Ereignisse ein Chor mit Chorleiter an der Comédie-Italienne voll institutionalisiert wurde. Schon beim Eröffnungschor (»Travaillons et chantons«) handelt es sich um einen sechsstimmigen Doppelchor für Männerstimmen (jeweils »haute-contre«, »tailles«, »basses«) mit einer detailliert ausgearbeiteten musikalischen Charakteristik. Ebenso interessant ist der von Mathurin angeführte Aufzug der Dorfbewohner. Der Chor ist in vier Gruppen geteilt (Dorfbewohner, Alte, junge Mädchen, junge Männer), die sich erst am Ende zum Gesamtchor vereinigen. Thematisch übernimmt der Chor die zuvor von Oboen und Klarinetten geblasene ländliche Melodie. Insgesamt ist der Chor an neun der 16 Vokalnummern beteiligt.

**Wirkung:** Die 1. Fassung erlebte bis Aug. 1790 19 Aufführungen. Mit denen der 2. Fassung gab es bis 1793 insgesamt 52 Vorstellungen von *Pierre le Grand*. Wegen der promonarchistischen Aussage war an Aufführungen in den späteren Stadien der Revolution nicht mehr zu denken. Die Wiederaufnahme 1801 brachte es bis einschließlich 1817 auf 45 Aufführungen. In französischer Sprache fanden weitere Aufführungen statt in Rotterdam und Brüssel 1792, Hannover 1805 und Bern 1806. In deutscher Übersetzung kam das Werk 1794 in Berlin und 1795 in Hamburg heraus. Eine holländische Übersetzung wurde in Amsterdam 1799 und 1811 gespielt.

**Autograph:** Verbleib unbekannt. **Ausgaben:** Part, 2. Fassung: L'Auteur, Paris/Garnier, Lyon [1791]; Frey, Paris 1823 (Coll. des opéras en grandes partitions. 28.); Part, hrsg. L. Solvay: B&H, Lpz., Brüssel 1883–1936 (Coll. complète des œuvres de Grétry. 40.); Textb., 1. Fassung: Paris, Tours 1790 [mit Vorw. v. Bouilly]; Textb., 2. Fassung: Paris, Brüssel, Boubers 1792 **Literatur:** L. SOLVAY, [Vorw., s. Ausg.; darin zahlreiche Zitate aus zeitgen. Veröff.]; J.-N. BOUILLY, G. en famille, Paris 1814; DERS., Mes récapitulations, Bd. 1, Paris 1836, S. 130–136; D. GALLIVER, J.-N. Bouilly (1763–1842), Successor of Sedaine, in: Studies in Music 13:1979, S. 16–33; J. WARRACK, Bouilly and his »fauvette«, in: Opera 34:1983, S. 595–599; weitere Lit. s. S. 561

*Volker Mattern*

## Guillaume Tell
**Drame en trois actes en prose et en vers**

### Wilhelm Tell
3 Akte

**Text:** Michel Jean Sedaine
**Uraufführung:** 9. April 1791, Opéra-Comique, Salle Favart, Paris
**Personen:** Guillaume/Wilhelm Tell (T); Melktal Vater (Bar); Melktal Sohn (T); Guillaume, Tells Sohn (S); Frau Tell (S); Marie, Tells Tochter (S); Guesler (Bar); ein Offizier (B); ein Greis (Spr.); Surlemann (Spr.); ein Reisender (T); seine Frau (Spr.); seine kleine Tochter (Spr.). **Chor:** Schweizer, kaiserliche Soldaten
**Orchester:** Fl (auch Picc), 2 Ob, 2 Klar, Fg, 2 Hr, 2 Trp, Streicher; BühnenM: »cornet ou corne de vache«, Tr
**Aufführung:** Dauer ca. 2 Std. – Gesprochene Dialoge.

**Handlung:** In der Schweiz.
I. Akt, Bergtal: Die beiden Kinder Tells erwarten den jungen Melktal, der heute Marie heiraten wird. Aber die fröhliche Stimmung der Familie wird getrübt, als der Reisende von neuen Unterdrückungsmaßnahmen des Gouverneurs Guesler berichtet. Nachdem der Reisende seine Kinder in den Schlaf gesungen hat, kommen nach und nach die Hochzeitsgäste aus den andern Dörfern, nur Melktals Vater fehlt. Surlemann unter-

bricht die beginnende Zeremonie mit dem Bericht von der Blendung des alten Melktal durch Guesler. Die Männer ziehen in den Kampf; eine junge Schweizerin wird von Tells Frau vor der Vergewaltigung durch einen von Gueslers Soldaten gerettet.

II. Akt, der Marktplatz eines größeren Dorfs: Die Schweizer müssen nun den Hut grüßen, den Guesler auf einen Stiel hat pflanzen lassen. Wie Marie von Melktal erfährt, hat nur ihr Vater diese Unterwerfungsgeste verweigert und ist dafür zum Tod verurteilt worden. Auch das Flehen von Tells Familie kann Guesler nicht von seinem Rachedurst abbringen. Erst ein Offizier bringt ihn auf die Idee, Tells vielgerühmte Fertigkeit im Bogenschießen zu prüfen. Um sein Leben zu retten, muß Tell einen Apfel treffen, der auf dem Kopf seines Sohns plaziert wird. Die Probe gelingt, aber Guesler läßt Tell in Festungshaft bringen, nachdem er entdeckt hat, daß der Schütze einen zweiten Pfeil im Mantel verborgen hatte. Von ihren Frauen angestachelt, schwören die Schweizer Rache, stürzen Gueslers Hut und ziehen in den Kampf.

III. Akt, vor der Festung: Angesichts des Aufstands fürchtet Tells Frau noch mehr um das Leben ihres Manns. Aber dieser hat sich während der Fahrt über den See befreien können. Nun läßt er sich auch von den Bitten seiner Frau nicht mehr von der Rache abhalten. Der alte Melktal übergibt ihm die militärische Führung und stimmt als Kampfgesang das Lied von Roland in der Schlacht von Roncevaux an. In einem harten Kampf besiegen die Schweizer schließlich ihre Unterdrücker und besingen die neu errungene Freiheit.

**Kommentar:** Sedaines 1790 in großer Eile verfaßtes Libretto ist »den Manen« Antoine-Marin Lemierres gewidmet, der 1766 den Tell-Stoff erstmals für die französische Bühne bearbeitet hatte. Im Gegensatz zu dieser 1786 mit großem Erfolg wiederaufgenommenen fünfaktigen Tragödie konzentrierte sich Sedaine jedoch nicht auf die Verschwörung der Eidgenossen und die direkte Konfrontation Tells und Gueslers, sondern malte die Idylle einer naturverbunden lebenden Dorfgemeinschaft vor dem Kontrast arroganter Willkürherrschaft aus. Insbesondere in Grétrys Komposition werden dabei traditionelle Muster der Opéra-comique verlassen, indem der Chor als Vertreter des Schweizer Volks konsequent in den Vordergrund gerückt wird. Die Unterdrückung wird dagegen in einer einzelnen Person, Guesler, repräsentiert, der mit seiner großen Dakapoarie im II. Akt als einziger Solist eindringlicher charakterisiert wird; Chor- oder Ensembleszenen sind für die Habsburger nicht vorgesehen. – So schlagkräftig diese Gegenüberstellung ausgeführt ist, so wenig ist jedoch der Übergang vom naiven Landleben zum erbitterten Aufstand vermittelt, diese Motive fallen (in der Komposition noch mehr als im Libretto) fast völlig auseinander. Vor allem im I. Akt findet sich eine Fülle einfacher Couplets in der Tradition der älteren »comédie mêlée d'ariettes«, während die großangelegten Finale in den nur vom Orchester begleiteten Kampfszenen mit pantomimischen Darstellungsmöglichkeiten experimentieren. Durch den Verzicht auf individuelle Motive bei den handelnden Personen rückt so die Schilderung der Natur in den Vordergrund. Dabei wird letztlich auch der Aufstand in eine Konzeption des »Naturhaften« eingebunden, als »reinigendes Gewitter« (Georg Knepler) ist er mit typischen Mitteln der »tempesta«-Szene ausgeführt. Aus einem der Aufklärung verpflichteten Naturverständnis heraus läßt sich auch erklären, daß Grétry, ein Verehrer Jean-Jacques Rousseaus, in einer seiner letzten Opern kalkuliert »authentische« Couleur locale einsetzt. Die Ouvertüre beginnt mit einem »ranz de vaches«, einem Schweizer Kuhreigen, den schon Rousseau in seinem *Dictionnaire de musique* (1768) zitiert hatte. In seinen Memoiren beschreibt Grétry, wie er sich auch in Lyon durch den Gesang Schweizer Soldaten für das Kolorit seiner Oper inspirieren ließ.

**Wirkung:** Obwohl 1791 viele Kritiker Sedaine politischen Opportunismus vorwarfen, und trotz der uneinheitlichen Konzeption, wurde die Oper in Paris zunächst erfolgreich gespielt. 1793 regte dann der 74jährige Sedaine für patriotische Aufführungen in der Provinz an, den aktuellen Bezug auf die Französische Revolution noch stärker hervorzuheben: Die Bühnenhandlung sollte mit dem Auftritt der Sansculotten und dem allgemeinen Absingen der *Marseillaise* enden. Dieser letzte Versuch, das überkommenen Traditionen verhaftete Werk der rapide fortschreitenden Entwicklung anzupassen, hatte jedoch anscheinend keinen nennenswerten Erfolg; weitere Aufführungen sind nur für Gent (1794) dokumentiert. Erst als der Tell-Stoff in den Jahren vor 1830 auf neues Interesse stieß, kam auch Grétrys Oper wieder ins Gespräch. Die Opéra-Comique beabsichtigte im Mai 1827 eine Inszenierung in einer einschneidenden Überarbeitung. Henri Montan Berton hatte die kurzatmigen Couplets durch größere Arien wie an andern Opern Grétrys ersetzt und auch die zehn beibehaltenen Nummern neu instrumentiert. Aber obwohl das in weiten Teilen von Jean-Baptiste Pellissier neu geschriebene Libretto die revolutionäre Tendenz des Stücks schon extrem abgeschwächt hatte, verweigerte die königliche Zensur ihre Zustimmung und gab die Oper erst ein Jahr später nach weiteren Veränderungen frei. In der am 24. Mai 1828 aufgeführten Bearbeitung wurde die Oper 1828 auch in Marseille und Le Havre gespielt, bevor sie von Rossinis *Guillaume Tell* (1829) endgültig verdrängt wurde. Nur Melktals eingängige Melodie aus dem III. Akt (»A Roncevaux dans ces clairs vaux«), die schon 1791 in Einzelausgaben verlegt worden war, überdauerte unangefochten die wechselvollen Geschicke; noch um 1857 veröffentlichte Charles Gounod eine Überarbeitung für vierstimmigen Männerchor.

**Autograph:** Verbleib unbekannt. **Ausgaben:** Part: Chez l'auteur, Paris [1794]; Frey, Paris 1823 (Coll. des opéras en grandes partitions. 29.); Part, hrsg. E. Fétis: B&H, Lpz., Brüssel 1883–1936 (Coll. complète des œuvres de Grétry. 24.); Part, Bearb. v. H.-M. Berton, J.-B. Pellissier: Petit, Paris [1828], Nr. 1230; Kl.A: Lauweryns, Brüssel; Textb.: Paris, Maradan 1793; Textb., Bearb. v. H.-M. Berton, J.-B. Pellissier: Paris, Duvernois 1828

**Literatur:** Première représentation de ›Guillaume Tell‹, in: RM 3:1828, S. 417–420; J.-N. BOUILLY, Mes récapitulations, Bd. 2, Paris 1837, S. 348–432; M. DIETZ, Geschichte des musikalischen Dramas in Frankreich während der Revolution bis zum Directorium (1787 bis 1795) in künstlerischer, sittlicher und politischer Beziehung, Wien 1885, Lpz. 1893, Nachdr. Hildesheim, NY, Wiesbaden 1970, S. 201–205; E. FÉTIS, [Vorw., s. Ausg.]; L. GÜNTHER, L'Œuvre dramatique de Sedaine, Paris 1908, S. 96–98, 121f.; L. P. ARNOLDSON, Sedaine et les musiciens de son temps, Paris 1934, S. 204–207; G. KNEPLER, Musikgeschichte des 19. Jahrhunderts, Bln. 1961, Bd. 1, S. 176–182; F. JOST, Essais de littérature comparée, Fribourg 1964–68, Bd. 1, S. 238–241; weitere Lit. s. S. 561

*Anselm Gerhard*

# Juri Nikolajewitsch Grigorowitsch

**Geboren am 2. Januar 1927 in Leningrad**

## Legenda o ljubwi
Balet w trjoch aktach

## Legende von der Liebe
Ballett in 3 Akten

**Musik:** Arif Dschangirowitsch Melikow. **Libretto:** Nazim Hikmet (eigtl. Nâzım Hikmet Ran), nach seinem Schauspiel *Bir aşk masalı* (1948)
**Uraufführung:** 23. März 1961, Kirow-Theater, Leningrad, Kirow-Ballett
**Darsteller:** Königin Mechmene-Banu; Prinzessin Schirin, ihre Schwester; Ferchad, ein Maler am Hof; der Wesir; Corps de ballet: Höflinge, Leute aus dem Volk, Clowns, türkische Mädchen, Handwerker
**Orchester:** Picc, 2 Fl, 2 Ob, E.H, 2 Klar (2. auch kl. Klar), B.Klar, 2 Fg, K.Fg, 4 Hr, 3 Trp, 3 Pos, Tb, Pkn, Schl (gr.Tr, kl.Tr, Tamburin, Bck, Tamtam, Glsp, Trg, Xyl), Kl, 2 Hrf, Streicher
**Aufführung:** Dauer ca. 1 Std. 45 Min.

**Handlung:** In märchenhafter Zeit.
I. Akt, 1. Bild, Palast der Königin Mechmene-Banu: Schirin, Mechmene-Banus jüngere Schwester, liegt im Sterben. Ein Fremder erscheint, der ihr helfen will. Mechmene-Banu bietet ihm Gold und sogar ihre Krone an, doch er fordert, daß sie auf ihren liebsten Besitz, ihre Schönheit, verzichten soll. Tief unglücklich erklärt sich Mechmene-Banu dazu bereit. Schirin wird gesund. Als sie sieht, wie häßlich Mechmene-Banu geworden ist, stürzt sie entsetzt davon. 2. Bild, Garten vor dem Palast: Der Maler Ferchad und seine Freunde sind mit dem Bau des Palasts fertig, den Mechmene-Banu für Schirin errichten läßt. Beide kommen mit Gefolge. Die Blicke der Schwestern und Ferchads treffen sich; für alle drei verschwindet die übrige Welt. Der Hof verläßt den Garten; Schirin kommt zurück und sieht Ferchad; sie fühlen sich unwiderstehlich zueinander hingezogen.

II. Akt, 1. Bild, vor dem Palast: Das Volk leidet, weil es außer im Palast kein Wasser gibt. Um welches zu erhalten, muß ein Schacht in den Berg an der Landesgrenze gegraben werden. 2. Bild, im Palast: Mechmene-Banu ist von leidenschaftlicher Liebe zu Ferchad ergriffen; sie kann nur noch an den schönen Jüngling denken. Schirins Herz ist von Freude und Sorge um den Geliebten erfüllt; sie träumt von einer Begegnung mit ihm. Er findet den Weg in ihr Gemach, und sie fliehen gemeinsam. Ein Wesir erklärt Mechmene-Banu seine Liebe, aber sie weist ihn zurück. Sie erfährt von der Flucht und stellt sich selbst an die Spitze der Verfolger. Ferchad und Schirin werden gefangengenommen. Zornig befiehlt Mechmene-Banu Ferchad, den Schacht in den Berg zu treiben. Nur wenn ihm dies gelingt, wird Schirin sein eigen.

III. Akt, 1. Bild, in den Bergen: Ferchad hat eine Vision: Der Tunnel ist fertig, das Wasser strömt, Schirin ist bei ihm. 2. Bild, Palast: Mechmene-Banu träumt davon, wie sie ihre Schönheit zurückerhalten und Ferchads Liebe gewinnen könne. Schirin fleht Mechmene-Banu an, Ferchad die Heimkehr zu gestatten. 3. Bild, in den Bergen: Von der Hoffnung auf Wasser getrieben, kommt das Volk zum Berg. Auch Mechmene-Banu und Schirin erscheinen; die Königin erlaubt Ferchad, die schwere Arbeit abzubrechen. Er jedoch erkennt, daß er das Volk nicht enttäuschen darf, und bleibt in den Bergen, um sein Werk zu vollenden. Er tilgt Mechmene-Banu und Schirin aus seinen Gedanken und seinem Leben. Das Volk erklärt ihn zum Helden.

*Legenda o ljubwi*; Natalija Bessmertnowa als Schirin, Leonid Lawrowski als Ferchad; Bolschoi-Ballett, Moskau 1969. – Die Einheit der schönen Pose steht im Konflikt zum Liebesdialog.

**Kommentar:** *Legenda o ljubwi* war Grigorowitschs zweites Ballett; bis heute ist es sein bestes geblieben. Als es herauskam, mußte der Begriff »Ballett«, wie er sich in der Sowjetunion seit den 30er Jahren etabliert hatte, neu überdacht werden. 1930–50 war der vorherrschende Typ das sogenannte »drambalet«, ein meist dreiaktiges Handlungsballett. Der Aufbau glich dem eines Sprechstücks, die Handlung wurde mit Hilfe von Pantomime oder durch eine Art »Halbtanz« vermittelt, bei dem die Gesten mit getanzten Schritten begleitet wurden. Der Tanz war dazu da, die Handlung zu erklären, und nicht, um abstrakte Ideen oder Emotionen, wie sie etwa schon in Iwanows II. Akt von Iwanows und Petipas *Lebedinoje osero* (*Schwanensee*, 1895) getanzt wurden, zu illustrieren. Nationaltänze wurden allein bei Hochzeiten oder andern Festlichkeiten getanzt. Der Tanz selbst verlor nach und nach seine Bedeutung und wurde zu einer Art Ornament. Beim Aufbau einer Handlung zog man die spezifische Eigenart des Tanzes gar nicht in Erwägung. Weder interessierten Metaphern noch Symbole, wichtig war allein die genaue Illustration der Handlung. Schon in *Kamenny zwetok* (*Die steinerne Blume*, Leningrad 1957) beschritt Grigorowitsch neue Wege, die er in *Legenda o ljubwi* fortsetzte. Dabei ging es den Autoren um ethische Fragen, die allein durch den Tanz vermittelt werden sollten. Grigorowitsch verwendete dabei Mittel, die für die sowjetische Ballettbühne der frühen 60er Jahre absolut neu waren, wie den reinen, nicht von pantomimischen Passagen unterbrochenen Tanz. Beim Schrittvokabular zog er keine klar erkennbare Linie zwischen klassischem Tanz und Charaktertanz, sondern verwob beide Techniken und erfand zusätzlich Bewegungen, vor allem Hebungen, die seinerzeit als überaus akrobatisch angesehen wurden. Vielen Tänzen gab er einen orientalischen Akzent. Bei der Handlung ging es Grigorowitsch nicht um eine realistische oder historisch getreue Darstellung des Geschehens (wie es im »drambalet« selbstverständlich gewesen war), sondern um das Aufzeigen der eigentlichen Beweggründe des Handelnden, das Vordringen ins Unbewußte und die offene Darlegung von Gefühlen, die man sich bis dahin nicht eingestanden hätte. Diese Konzeption wird in der ersten Begegnung Ferchads mit den beiden Frauen am deutlichsten: Die drei Personen sind von Lichtstrahlen ausgeleuchtet, in denen sie sich wie im zeitlosen Selbstgespräch bewegen. In einer Art von innerem Monolog drücken sie jene Empfindungen aus, die sie nicht auszusprechen wagen. Für diese Art von Soli prägte man später den Begriff »Monolog«. Völlig neu war auch die Wechselwirkung zwischen Solist und Corps de ballet, die sich am gelungensten wohl in einer Szene zwischen Mechmene-Banu und ihren Gedanken zeigt, die von einer Gruppe Mädchen versinnbildlicht werden. Während Mechmene-Banu über ihre verlorene Schönheit verzweifelt ist und sich in Liebe nach Ferchad verzehrt, nehmen die Mädchen ihre Bewegungen auf, tanzen sie aber völlig emotionslos. Das ist, als ob die Königin von ihren eigenen Gedanken und Gefühlen gejagt und verfolgt würde. Grigorowitsch hat hier Bewegungen wie große Splits, Hebungen, in denen die Königin verkehrt gehalten wird, und Posen am Boden verwendet, die von vielen als nicht dezent und unästhetisch verurteilt wurden und ihm den Vorwurf des Formalismus eintrugen. – Die Musik des Aserbeidschaners Melikow steht in der Nachfolge der Ballettkompositionen Sergei Prokofjews und Aram Chatschaturjans. In *Legenda o ljubwi* verbindet Melikow nicht ganz bruchlos Sergei Rachmaninows Pathetik und Nikolai Rimski-Korsakows Phantastik mit zeitgenössisch aufbereiteter folkloristischer Melodik und Rhythmik.

**Wirkung:** *Legenda o ljubwi* wurde besonders von offizieller Seite und von Traditionalisten wie Rostislaw Sacharow und Leonid Lawrowski angegriffen, fand aber in Persönlichkeiten wie Wera Krassowskaja und Michail Gabowitsch starke Befürworter. Grigorowitsch gewann den Kampf. Der Erfolg des Balletts trug ihm den Posten des Chefchoreographen am Moskauer Bolschoi-Theater ein, wo er 1965 *Legenda o ljubwi* neu einstudierte. Das Ballett wurde in der Folge zu einem Standardwerk des Repertoires der sozialistischen Länder.

**Autograph:** M: Kirow-Theater Leningrad. **Ausgaben:** Kl.A: Muzyka, Moskau 1966. **Aufführungsmaterial:** VAAP, Sikorski
**Literatur:** N. RENE, A Legend of Love, in: DaD, Nov. 1962; V. VANSLOV, Balety Grigoroviča i problemy choreografii, Moskau 1971, S. 99–142; B. A. POKROVSKIJ, Y. N. G. The Bolshoi, NY 1979, S. 206–209

*Leonie Dannhauser*

## Spartak
**Balet w trjoch aktach**

## Spartakus
Ballett in 3 Akten

**Musik:** Aram Iljitsch Chatschaturjan (1954). **Libretto:** Nikolai Dmitrijewitsch Wolkow
**Uraufführung:** 9. April 1968, Bolschoi-Theater, Moskau, Bolschoi-Ballett
**Darsteller:** Spartak/Spartakus; Frigija, seine Frau; Krass/Crassus; Egina, eine Kurtisane; ein Gladiator; Corps de ballet: Gladiatoren, Krieger, Kurtisanen, Schäfer, Schäferinnen
**Orchester:** 3 Fl (3. auch Picc), 2 Ob, E.H, 3 Klar (3. auch B.Klar), A.Sax, 2 Fg, 4 Hr, 4 Trp, 3 Pos, Tb, Pkn, Schl (gr.Tr, kl.Tr, Tamburin, 2 Tomtoms, 2 Holzblöcke, Bck, Tamtam, Röhrenglocken, Glokke, Trg, Xyl, Tubaphon), Cel, 2 Hrf, Kl, Streicher
**Aufführung:** Dauer ca. 2 Std. 15 Min.

**Entstehung:** Schon 1921 entstand in der Sowjetunion im Rahmen der Auseinandersetzung mit Revolutionären und Revolutionsbewegungen der Vergangenheit der Plan eines Balletts über Spartakus. In der Zeitschrift *Kultura teatra* (Nr. 1, 1921, S. 53) wird erwähnt, daß Reingold Glier die Musik zu einem Ballett über dies Thema anhand eines nach dem Roman *Spartaco* (1874) von Raffaello Giovagnoli ent-

*Spartak*; Maris-Rudolf Liepa als Krass; Uraufführung, Bolschoi-Ballett, Moskau 1968.

worfenen Szenarios gestalten wolle. Chatschaturjan erklärte 1941 zum erstenmal seine Absicht, eine Ballettmusik über Spartakus zu komponieren, führte sie aber nicht aus und kam erst Jahre später darauf zurück. Wolkow hatte sich seit 1933 mit dieser Thematik beschäftigt, dabei auch Quellentexte zur römischen Geschichte herangezogen. Das erste Spartakus-Ballett zur Musik Chatschaturjans stammt von Leonid Jakobson (Leningrad 1956), ihm folgte ein Ballett von Igor Moissejew (Moskau 1958). 1962 überarbeitete Jakobson sein Ballett für das Bolschoi-Ballett, eine Fassung, die zahlreiche Aufführungen in andern Städten der Sowjetunion erlebte. Keiner der Choreographen verwendete Chatschaturjans Musik (Spieldauer 3½ Stunden) ohne Umstellungen und Striche. Chatschaturjans Kampf um die authentische Realisierung seiner Vorlage führte fast zum Rechtsstreit mit Jakobson.

**Inhalt:** In Rom, 1. Jahrhundert v. Chr.
I. Akt, 1. Bild, öffentlicher Platz: Die Legionen unter Krass haben Thrakien erobert. Im Triumphzug zieht man in Rom ein. Unter den Gefangenen sind Spartak und seine Frau Frigija. 2. Bild, Sklavenmarkt: Frigija wird von Spartak getrennt. 3. Bild, Krass' Haus: Frigija wird hereingebracht und von Egina, Krass' Konkubine, verspottet. Während einer Orgie werden Gladiatoren vorgeführt, die mit verbundenen Augen miteinander kämpfen müssen. Bei dieser Gelegenheit tötet Spartak seinen Freund. 4. Bild, Kaserne der Gladiatoren: Spartak, voll von Gewissensqualen, ruft die andern Gladiatoren zum Aufstand auf. Sie überwältigen die Wachen und fliehen in die Freiheit.
II. Akt, 1. Bild, Via Appia: Die Gladiatoren treffen auf Hirten, die sich ihrer Truppe anschließen. Spartak wird zum Führer gewählt. 2. Bild, Garten vor Krass' Haus: Spartak entdeckt Frigija; die Liebenden sind wieder vereint. Krass gibt ein Fest: Er und Egina werden die Welt beherrschen, er dank seiner Macht und Grausamkeit, sie durch List. 3. Bild, Haus: Spartak und seine Truppe dringen weiter vor. Krass und Egina müssen fliehen. 4. Bild, Garten vor Krass' Haus: Krass wird gefangengenommen und vor Spartak gebracht. Sie kämpfen miteinander; Spartak siegt. Krass bittet um Gnade; Spartak läßt ihn ziehen.
III. Akt, 1. Bild, vor Krass' Haus: Krass sammelt seine Soldaten erneut gegen Spartak; Egina schwört Rache. 2. Bild, Spartaks Lager: Egina stiehlt sich in Spartaks Lager. Spartak hört, daß Krass vordringt. Einige seiner Hauptleute stimmen seinen Plänen nicht zu. Spartak ahnt eine Niederlage voraus aufgrund der Meinungsverschiedenheiten unter den Anführern. 3. Bild, vor den Zelten der Krieger: Egina bringt Wein und Huren in Spartaks Lager. Viele erliegen der Versuchung und werden von Krass' Soldaten gefangengenommen. 4. Bild, offener Platz: Furchtlos kämpft Spartak in dem letzten Kampf, obwohl er weiß, daß seine Truppe zusammengeschrumpft und keine Hoffnung ist. Er wird getötet und von Speeren durchbohrt emporgehoben. Frigija klagt an seiner Leiche.

**Kommentar:** Grigorowitschs dramaturgischer Plan zielt auf eine exemplarische Darstellung des Spartakus-Aufstands als eines Kampfs für die Freiheit schlechthin und verzichtet deshalb auf sämtliche den historischen Kontext illustrierenden Nummern und Figuren der Vorlage. Im Mittelpunkt der Choreographie stehen die von Grigorowitsch so genannten »Monologe« der Hauptpersonen als Darstellung ihrer Gefühlswelt in den verschiedenen Lebenssituationen. Sie verbinden die jeweils vier Bilder der drei Akte, in denen die eigentliche Handlung abläuft. Entsprechend verfährt Grigorowitsch sehr frei bei der Auswahl der Musik, wobei es nicht nur zu Auslassungen und Umstellungen einzelner Nummern kommt, sondern auch aus kleineren Abschnitten neue Nummern zusammengefügt werden. Dabei ergeben sich teilweise prinzipielle Verschiebungen zwischen Musik und dem damit verbundenen Inhalt, zum Beispiel in einigen von Spartaks Monologen: Im ersten Monolog, der Spartaks Leiden als Sklave zeigt, verwendet Grigorowitsch die Musik, die ursprünglich dem Tod des Helden zugeordnet war (Nr. 46); der dritte Monolog folgt seiner Ausrufung zum Anführer der Aufständischen und wird zu dem Tanzspiel »Der Wolf und das Lamm«, das bei Chatschaturjan (Nr. 17) eher als Divertissement fungiert, getanzt. Krass' einziger Monolog, vor seinem Angriff auf Spartak, ist aus drei Nummern (Nr. 43, 5, 41) zusammengesetzt. In Frigijas Verzweiflungsmonolog greift Grigorowitsch auf Musik einer früheren Fassung Chatschaturjans zurück. Diese Freizügigkeit, mit der der Choreograph in die kompositorische Form eingreift, ohne den musikalischen Sinn zu zerstören, gibt Aufschluß über die Faktur der Musik. Chatschaturjans Partitur kommt mit wenigen elementaren rhythmischen Bewegungsmodellen aus, die gemäß dem kämpferischen Motiv der Handlung in ihrem perkussiv-ostinaten Grundcharakter untereinander verwandt sind. Gegen diesen motorisch-pulsierenden Hintergrund heben sich markante fanfarenartige Motive ab, die in ihrer signalhaften Direktheit sich ohne konkrete inhaltliche Bindung dem Hörer unmittelbar vermitteln. Mit der Frenetik

*Spartak*; Wladimir Wassiljew als Spartak; Uraufführung, Bolschoi-Ballett, Moskau 1968. – Die weitausgreifenden, verschieden akzentuierten Sprünge suggerieren die konträre Wesensart der Gegenspieler: Die winklig gekrümmten Bewegungen versinnbildlichen die böse Verschlagenheit des römischen Diktators, furchtlos strebt der Revolutionär vorwärts.

der Schlachtszenen kontrastieren hymnisch-feierliche Marschintonationen und liedhafte, periodisch einfach gegliederte Naturillustrationen. Der durchgehend homophone Satz verzichtet auf motivische Entwicklung und harmonischen Spannungsaufbau und erlaubt deshalb einen versatzstückartigen Umgang mit den in sich geschlossenen bildhaften Einzelnummern. In seiner Choreographie entwickelte Grigorowitsch zusammen mit seinen Tänzern einen Stil, der in der Sowjetunion als »heroisch« bezeichnet wird. Er wird gekennzeichnet durch ausladende, pathetische Gesten, große Sprünge und hohe, akrobatische Hebungen. Die athletische Körperhaftigkeit dieses Stils wird durch die Kostüme unterstrichen, die meist nur aus Trikots mit entsprechenden Applikationen bestehen. Um die Einsamkeit der einzelnen Charaktere zu unterstreichen, legt Grigorowitsch die Corps-de-ballet-Szenen bewußt breit, effektvoll, oft sogar plakativ an.
**Wirkung:** *Spartak* wurde ebenso hoch bewertet wie *Legenda o ljubwi* (1961), das das persönlichere der beiden Werke ist. An die Erfolge und die Qualität beider Ballette konnte Grigorowitsch mit *Iwan Grosny* (1975) und vor allem *Angara* (Moskau 1976; Musik: Andrei Eschpai) nicht mehr anschließen. Wesentlich zu dem Erfolg von *Spartak* trugen die Interpreten der Hauptpartien bei. Die Leistungen von Wladimir Wassiljew und Michail Lawrowski als Spartak, Maris-Rudolf Liepa als Krass, Jekaterina Maximowa und Natalija Bessmertnowa als Frigija und Nina Timofejewa als Egina wurden von keinem der Tänzer, die später die Rollen übernahmen, auch nur annähernd erreicht. Es waren auch die Interpretationen dieser Tänzer, die *Spartak*, wo immer er im Westen gezeigt wurde (zuerst in London 1969), zu einem Triumph für Grigorowitsch und die Solisten des Bolschoi-Balletts werden ließen. Sie halfen dem westlichen Zuschauer, über das Plakative, die Schwarzweißmalerei und das sparsame Schrittvokabular hinwegzusehen. – Von den Balletten anderer Choreographen zu Chatschaturjans Musik ist *Spartacus* (1968) von László Seregi das erfolgreichste. Es beginnt mit der Kreuzigung des Titelhelden an der Via Appia. In Rückblenden sieht er auf verschiedene Stationen seines Lebens zurück. Seregis *Spartacus* wurde 1977 für die Berliner Staatsoper und 1978 für das Australian Ballet einstudiert.

**Literatur:** J. GRIGOROWITSCH, Gedanken über das Ballett, in: Sowjetisches Ballett, Bln. 1977, S. 5–21; N. ROSLAVLEVA, Maris Liepa, Moskau 1978; S. KATANOVA, Muzyka sovetskogo baleta. Očerki istorii i teorii, Leningrad 1980, S. 136–165; weitere Lit. s. S. 583

*Leonie Dannhauser*

## Iwan Grosny
### Balet w dwuch aktach

## Iwan der Schreckliche
### Ballett in 2 Akten

**Musik:** Michail Iwanowitsch Tschulaki, nach der Musik (1942–45) von Sergei Sergejewitsch Prokofjew zu dem Film (1. Teil: 1944, 2. Teil: 1946) von Sergej Eisenstein (eigtl. Sergei Michailowitsch Eisenschtein) und nach Ausschnitten aus der *Russkaja uwertjura* (1936), der *Symphonie f-Moll Nr. 3* (1928) und der Kantate *Alexandr Newski* (1939) von Prokofjew. **Libretto:** Juri Nikolajewitsch Grigorowitsch **Uraufführung:** 20. Febr. 1975, Bolschoi-Theater, Moskau, Bolschoi-Ballett
**Darsteller:** Iwan Grosny/der Schreckliche; Anastasija/Anastasia; Fürst Kurbski; 6 Glöckner; Corps de ballet: Bojaren, Bojarinnen, Opritschniki, Mädchen, Soldaten, Städter, Gesichter des Tods, Siegesboten
**Orchester:** 3 Fl, 3 Ob, 4 Klar, 3 Fg, 6 Hr, 4 Trp, 3 Pos, 2 Tb, Pkn, Schl (gr.Tr, kl.Tr, HolzblockTr, Tamburin, Peitschen, Bck, Tamtam, Röhrenglocken, Glsp, Glöckchen, Trg, Xyl), 2 Psalterien, Cel, Kl, 2 Hrf, Streicher
**Aufführung:** Dauer ca. 2 Std. – Chor ad libitum.

**Entstehung:** Die Idee, Prokofjews Filmmusik für ein Ballett mit dem gleichen Sujet zu verwenden, stammte von Abram Stassewitsch, dem Dirigenten der Filmmusikaufnahmen. Er erarbeitete aus der Musik und Teilen aus andern Kompositionen Prokofjews ein Oratorium (1961), starb jedoch, bevor das Projekt des Balletts verwirklicht werden konnte. Tschulaki, der bereits Ballettmusiken komponiert hatte, setzte die Arbeit im Einvernehmen mit Grigorowitsch, der eigene Ideen bezüglich der Musik einbrachte, fort.

**Inhalt:** In Moskau, um 1550–60, zur Regierungszeit Zar Iwans IV. Gewölbeartiger Saal; in der Bühnenöffnung hängen sechs Seile; im Hintergrund auf einem Podest Iwans Thron.
Prolog: Die Glöckner, symbolisch Seile ziehend, rufen das Volk zusammen.
I. Akt: Iwan läßt keinen Zweifel über die Verteilung der Macht; erschauernd ziehen sich die Bojaren zurück. Iwan wählt Anastasija zu seiner Frau. Fürst Kurbski, Iwan ergeben, ist ob dieser Wahl verzweifelt, da er selbst Anastasija liebt. Die Glocken ertönen, sie rufen das Volk zum Kampf gegen Eindringlinge aus dem Osten. Allein gelassen, denkt Anastasija voll Liebe und Besorgnis an Iwan. Die Feinde sind bezwungen, Iwan und das Volk feiern den Sieg. In der folgenden schweren Zeit von Iwans Krankheit steht Anastasija ihm zur Seite. Die Bojaren wollen den Moment der Schwäche nutzen und versuchen, Iwan zu stürzen, aber er behält die Oberhand. In einem schrecklichen Ausbruch sichert er seine Stellung.

*Iwan Grosny*, II. Akt, Finale; Wladimir Wassiljew als Iwan; Bolschoi-Ballett, Moskau 1975. – Alle Fäden der Macht an sich reißend, verstrickt sich der Zar in ihnen.

II. Akt, wie I. Akt, größeres Podest im Hintergrund: Iwan ist glücklich mit Anastasija. Erneut versuchen die Bojaren, Iwan zu stürzen; sie finden in Anastasija seine Verwundbarkeit und beschließen, sie zu vergiften. Kurbski sieht sich außerstande, die Tat auszuführen; einer der Bojaren wird als Vollstrecker bestimmt. Anastasija stirbt, das Volk ist über ihren Tod tief getroffen. Sie erscheint dem trauernden Iwan. Außer sich vor Verzweiflung wütet Iwan, Kurbski flieht. Mit Hilfe der Opritschnina errichtet der Zar eine Schreckensherrschaft. Er selbst übernimmt nun die Arbeit der Glöckner und beherrscht das Volk.

**Kommentar:** Zitate aus Prokofjews *Symphonie Nr. 3* finden sich in den Szenen »Iwans Glück« und »Aufruhr der Bojaren«, die *Russkaja uwertjura* in der »Verschwörung der Bojaren« (alles II. Akt), Ausschnitte aus *Alexandr Newski* in der Szene »Anastasija denkt an Iwan« (I. Akt). Der »Tanz der Opritschniki« wurde aus der Filmmusik unverändert übernommen; aus den Chören machte Tschulaki symphonische Stücke. Wichtige Themen und Melodien bekamen die Funktion von Leitmotiven; so wurde aus dem Chor der Schützen das Motiv des Glockenläutens. Iwan wird durch den »Marsch des jungen Iwan« aus der Filmmusik charakterisiert. Die dort verwendeten Volkslieder werden im Ballett den Auftritten Anastasijas zugeordnet. Für die Szene der Opritschniki (II. Akt) verwendet Tschulaki den Tanz und verschiedene Chöre der Bojaren aus der Filmmusik. In der Schlachtszene des I. Akts erklingen die Schlachtmusik aus dem Film und Musik aus Filmszenen mit Kurbski. – Die heftigste Kritik, die *Iwan Grosny* zuteil wurde, galt dem Libretto. Schon Eisenstein hatte in seinem Film versucht, den von der Geschichtsschreibung so unterschiedlich beurteilten Iwan IV. in neuem Licht zu sehen, eine Absicht, der Grigorowitsch folgt. Der Choreograph rechtfertigt ihn, indem er aufzeigt, in welchem Maß Iwan unter den Bojaren zu leiden hatte. Auf diese Weise könnte, so die Meinung der offiziellen Parteilinie, der Eindruck entstehen, daß das Schreckensregime der Opritschnina entschuldbar, ja sogar notwendig gewesen sei. – Trotz dieser Kritik eroberte sich *Iwan Grosny* dank Grigorowitschs Inszenierung und Choreographie, und besonders wegen seiner Rollen, einen festen Platz im Repertoire des Bolschoi-Balletts. Es gelang Grigorowitsch, die in *Spartak* (1968) etablierte und fortan für den gesamten Ostblock verbindliche choreographische Sprache zu variieren und ihr dem Thema und der Musik gemäß Eigenart zu geben. Wie Kras und Spartak werden auch Iwan und Kurbski mit großangelegten Sprungfolgen, ausladenden Gesten und den Bewegungsfluß immer wieder unterbrechenden Posen charakterisiert. In *Iwan Grosny* vermag aber der Choreograph sowohl das Schrittrepertoire variationsreicher als auch die Beziehung zwischen Iwan und Kurbski subtiler und vielschichtiger zu gestalten. Der grausame Iwan gewinnt durch Anastasija menschliche Züge, Kurbski wird als Zerrissener zwischen dem eigenen Machtanspruch und seiner unglücklichen Liebe gezeigt. Die überaus effektvoll agierenden Glöckner werden als

Sprecher des Volks eingesetzt, das Motiv des Glockenläutens wird als dramaturgisches Mittel an den wesentlichsten Stellen des Balletts verwendet: Es versinnbildlicht die Beziehung des Volks zum Zaren; Iwans Glück mit Anastasija; die Schrecken des Kriegs; die Freuden nach der gewonnenen Schlacht; die Trauer um Anastasija. Obwohl sie eindimensional gezeichnet ist, ist Grigorowitsch mit Anastasija die wohl beste Rolle des Balletts geglückt. Er sieht in ihr nicht nur Iwans Gemahlin, sondern die russische Frau an sich, mehr noch: die Inkarnation der russischen Seele. Der Choreograph ließ sich bei dieser Charakterzeichnung von der historischen Figur ebenso anregen wie von der Interpretin der Rolle, Natalija Bessmertnowa. In dieser ersten Kreation für die Tänzerin setzte Grigorowitsch ihr übersteigertes Bild einer russischen Ballerina programmatisch ein. Mit ihren von großen Augen beherrschten, fast unbewegten Gesichtszügen, ihrer verinnerlichten Ausstrahlung, der langen Linie, die am besten in Arabesques, Développés und großen Sprüngen zur Geltung kommt, gleicht sie hier einer Ikone. In der Szene der »Erscheinung« wird Anastasija vollends zum anbetungswürdigen Abbild einer Heiligen. In seinem überaus erfolgreichen Ballett *Solotoi wek* (Moskau 1982) zur Musik von Dmitri Schostakowitsch (zuerst choreographiert 1930 von Wassili Wainonen) variierte Grigorowitsch das Bild der Ballerina. Die Rolle des Iwan kreierte Juri Wladimirow. Der Bühnenbildner Simon Wirsaladse schuf effektvolle Bühnenlösungen.

**Wirkung:** Grigorowitsch studierte das Werk 1976 (mit Jean Guizerix, Dominique Khalfouni und Charles Jude) für das Ballett der Pariser Opéra ein.

**Ausgaben:** Ch: Film, color, 35 mm: Mosfilm, Moskau 1977.
**Aufführungsmaterial:** M: Sikorski; Ch: VAAP
**Literatur:** I. NESTEV, Muzykalnaja žizn, in: Sovetskaja muzyka 1975, H. 9, S. 30–39; M. CULAKI, Kto javljaetsja avtorom choreografičeskogo proizvedenija?, in: Muzyka i choreografija sovremennogo baleta, Leningrad 1977, S. 42–54; V. VANSLOV, Istorija i sovremennost v balete, ebd., S. 55–68; weitere Lit. s. S. 583

*Gunhild Schüller*

# Albert Grisar

Geboren am 26. Dezember 1808 in Antwerpen, gestorben am 15. Juni 1869 in Asnières-sur-Seine (bei Paris)

## L'Eau merveilleuse
**Opéra-bouffon en deux actes**

**Das Wunderwasser**
2 Akte

**Text:** Thomas Marie François Sauvage. **Musikmitarbeit:** Friedrich von Flotow

**Uraufführung:** 30. Jan. 1839, Théâtre de la Renaissance, Paris
**Personen:** Tartaglia, Quacksalber (B); Argentine, sein Mündel (S); Belloni, ein fahrender Komödiant (T); der Podesta, alt, gebrechlich und schwerhörig (B). **Chor:** Volk
**Orchester:** Picc, Fl, 2 Ob, 2 Klar, 2 Fg, 4 Hr, 2 Trp, 3 Pos, Pkn, Schl (gr.Tr, Bck, SchellenTr), Streicher
**Aufführung:** Dauer ca. 1 Std. 30 Min.

**Entstehung:** Grisar hatte sich als 22jähriger nach Paris begeben, um Unterricht bei Anton Reicha zu nehmen. Nach Erfolgen als Romanzenkomponist brachte er seine erste Oper, *Le Mariage impossible* (Brüssel 1833), heraus. Sein Pariser Debüt als Opernkomponist hatte er an der Opéra-Comique mit *Sarah* (1836). In den folgenden Jahren schuf er gemeinsam mit dem jungen Flotow zwei Opern für das Théâtre de la Renaissance: *Lady Melvil* (1838) und *L'Eau merveilleuse*; diese wurde sein erster großer Erfolg.
**Handlung:** In Neapel, 1760.
I. Akt, Platz mit Jahrmarktsbuden: Belloni begegnet Argentine, die am Brunnen Wasser holt. Tartaglia, der Vormund des Mädchens, will nicht, daß sie Belloni heiratet, denn er liebt sie selbst. Argentine kennt das Geheimnis des Quacksalbers: Sein Wunderwasser, dessen Eigenschaften er überschwenglich rühmt, ist ganz gewöhnliches Wasser. Belloni verkleidet sich also als Skaramuz und macht Tartaglia Konkurrenz. Tartaglia, dem Argentine schöntut, so daß er glaubt, sie für sich gewonnen zu haben, gerät in Wut, als er mitansehen muß, wie Belloni den Schaulustigen Wunderwasser anpreist. Um Belloni in Verlegenheit zu bringen, fragt er ihn nach der Zusammensetzung seines Elixiers. Als der Komödiant enthüllt, daß es Wasser aus dem Brunnen ist, wird er von der aufgebrachten Menge verjagt.
II. Akt, Tartaglias Alchimistenstube: Tartaglia triumphiert, während Argentine die zerrissenen Kleider ihres Liebsten flickt. Aber der Komödiant hat sich schon eine neue List ausgedacht: Er macht Argentine seine Aufwartung, und da er weiß, daß Tartaglia sie belauscht, bedeutet er dem Mädchen, ihn zurückzuweisen. Tartaglia holt den Podesta, um die Heirat mit seinem Mündel zu besiegeln. Belloni kommt zurück und tut so, als sei er dem Tod nahe, da er aus Verzweiflung eine Überdosis Rattengift geschluckt habe. Er will all seine Habe Argentine vermachen, befürchtet aber, daß seine rechtmäßigen Erben das Testament anfechten werden. Also schlägt Tartaglia vor, Belloni und Argentine »in extremis« zu vermählen. Als die Zeremonie beendet ist, stößt Belloni ein schreckliches Gebrüll aus, so daß alle Leute vom Markt gelaufen kommen. Daraufhin verabreicht Argentine Belloni das Wunderwasser, und dieser tut so, als sei er wie durch ein Wunder plötzlich wieder gesund. Tartaglia findet sich schließlich mit der Heirat der jungen Leute ab, da Bellonis List eine wunderbare Reklame für sein Elixier war und ihn reich machen wird.
**Kommentar:** Durch die Beteiligung Flotows wollte

Grisar seinem noch wenig bekannten Kollegen die Möglichkeit verschaffen, sich im dramatischen Genre zu bewähren. Bei den von Flotow komponierten Stücken handelt es sich vermutlich um die Ouvertüre sowie um Nr. 1–3 und 5 (sie fehlen im Autograph). Das Werk wird durchgehend gesungen; die Rezitative in Versform wurden, entsprechend den Gepflogenheiten des Théâtre de la Renaissance, am Klavier begleitet. In Verbindung mit dem italienischen Sujet und den Commedia-dell'arte-Charakteren rechtfertigt vor allem diese stilistische Besonderheit die Gattungsbezeichnung »opéra-bouffon« (als französisierte Opera buffa). Der Buffa verpflichtet sind zumal die beiden Arien Tartaglias (Nr. 3 und 8) sowie seine Marktschreierei im Ensemble (Nr. 4), verziert mit Lautmalereien. Düstere Streicherglissandi, die sich schon am Beginn der Ouvertüre ankündigen, schildern die vorgetäuschte Krankheit Bellonis. Die Gesangspartien sind überaus virtuos gestaltet, vor allem die Argentines. Die Orchestrierung zeigt wegen der häufigen Doppelbesetzungen eine gewisse Schwerfälligkeit. Einige Jahre später wird Grisar sein kompositorisches Handwerk in Neapel vervollkommnen, also in jener Stadt, die er hier schildert, ohne sie noch zu kennen.

**Wirkung:** Für den Erfolg von *L'Eau merveilleuse* spricht, daß die Opéra-Comique das Werk 1842 in ihr Repertoire übernahm, aus dem es erst 1858 verschwand. Weitere Inszenierungen gab es unter anderm in Brüssel 1839, Antwerpen und Amsterdam 1840, London (Haymarket Theatre) 1846 in englischer Sprache sowie in Breslau 1859 und Wien (Theater an der Wien) 1862 in deutscher Sprache.

**Autograph:** BN Paris (Ms. 7034). **Ausgaben:** Part: Latte, Paris [um 1839], Nr. 2006; Kl.A: ebd. [um 1839]; Schott 1849, Nr. 10123; Textb.: Paris, Barba 1839

**Literatur:** A. POUGIN, A. G. Etude artistique, Paris 1870; T. SAUVAGE, A. G., in: Revue et gazette musicale de Paris 36:1869, S. 213, 219f., 228

*Raphaëlle Legrand*

## Gilles ravisseur
Opéra-comique en un acte

**Gilles, der Dieb**
1 Akt

**Text:** Thomas Marie François Sauvage
**Uraufführung:** 21. Febr. 1848, Opéra-Comique, Salle Favart, Paris
**Personen:** Gilles (leichter T); Crispin, sein Freund, Knecht von Cassandre (B oder Bar); Leandre, Sohn von Pancrace und Liebhaber Isabelles (T); Valentin, Liebhaber Isabelles (T); Cassandre, ein reicher Geizhals (B.Buffo); Pancrace, Wucherer (T); Isabelle, Cassandres Mündel (S); Javotte, Isabelles Magd (S).
**Statisterie:** Kommissar, 4 Wachsoldaten
**Orchester:** Picc, 2 Fl, 2 Ob, 2 Klar, 2 Trp, 4 Hr, 2 Fg, 3 Pos, Pkn, Schl (gr.Tr, Bck), Streicher
**Aufführung:** Dauer ca. 1 Std. 15 Min. – Gesprochene Dialoge.

**Entstehung:** Nach seinem ersten bedeutenden Theatererfolg mit *L'Eau merveilleuse* (1839) begab sich Grisar nach Neapel, wo er bei Saverio Mercadante Unterricht nahm. 1844 kehrte er nach Paris zurück, doch erst vier Jahre später brachte er mit *Gilles ravisseur* jenes Werk heraus, das seinen Ruhm begründete. Sauvage verwendete für sein Libretto Motive des Pariser Vorstadttheaters im 18. Jahrhundert und aus Molières *L'Avare* (1668).

**Handlung:** An einer Wegkreuzung in einem Pariser Vorort mit drei Häusern: einem prächtigen, das von dem ebenso reichen wie geizigen Cassandre und seinem schönen Mündel Isabelle bewohnt wird, einem etwas einfacheren, des Wucherers Pancrace, und einem winzigen mit ochsenaugengroßen Fenstern, in dem der arme, hungrige Gilles wohnt: Hab und Gut Cassandres sind in Gefahr. Sein listiger Knecht Crispin, den er am Morgen aus dem Haus wirft, schwört Rache für die erlittene Schmach und plant den Raub von Cassandres wertvoller Uhr. Zugleich bemühen sich zwei Liebhaber, Leandre und Valentin, um die Gunst Isabelles, die Cassandre wie seinen kostbaren Besitz vor fremden Händen hütet. Während Crispin für die Ausführung seines Vorhabens den arglosen Gilles als Kumpan zu gewinnen sucht, der die Uhr später weiterverkaufen soll, ist auch der Wucherer Pancrace auf dem Weg zu Cassandre, um ihm dieselbe Uhr zu einem möglichst niedrigen Preis abzukaufen. Crispin nutzt eine kurze Abwesenheit der Verhandlungspartner zum Diebstahl der Uhr, doch auch Leandre kann im gleichen Moment Isabelles Herz erobern und die Geliebte zur Flucht überreden. Als erste bemerkt Cassandres Magd Javotte den Raub, und weil sie eben noch den Rockzipfel Leandres aus der Tür entwischen sah, gilt ihr der Liebhaber als Entführer und Dieb zugleich. Durch ein wildes Verfolgungsgetümmel geängstigt, tauschen Leandre und Gilles, die sich nun in Sicherheit wähnen, die Kleider. Indessen entpuppt sich Valentin als begabter Detektiv, dem es gelingt, den verkleideten Gilles einzufangen. Eines Vergehens überführt, von dem er nichts weiß, tischt Gilles seinem Ankläger eine abenteuerliche Geschichte von Isabelles Entführung auf. Auch der echte Leandre wird erwischt. Alle treffen auf der Kreuzung zusammen. Pancrace mahnt die Uhr an, die er inzwischen gekauft, aber nicht erhalten hat, und glaubt in dem verkleideten Gilles seinen Sohn Leandre zu erkennen. Die Maskerade nimmt ein Ende, als der wütende Cassandre, verwirrt durch das wüste »who is who«, den Galgen für Leandre und Gilles fordert. Crispin schafft im letzten Augenblick die angeblich von einer Reparatur geholte Uhr herbei, über deren Wiederbesitz ihr Eigentümer sich so sehr freut, daß er der Hochzeit seines Mündels mit Leandre gern zustimmt. Alles hat sich zum Guten gewendet; der gedemütigte und beschämte Gilles versucht, noch fassungslos, alle vorige Verwicklung zu verstehen.

**Kommentar:** Die gewohnte ausführliche Darstellung der Handlung durften sich zeitgenössische Kritiker bei der Premiere von *Gilles ravisseur* schenken, denn die Figuren dieser Oper und der nach alten Buffaregeln schematisierte Handlungsverlauf waren 1848 noch Allgemeingut. Der einfache Gilles, der habgierige, gleichwohl lächerliche Cassandre und der schlaue Crispin sind gängige Figuren des Théâtre de la Foire, Archetypen einer an den Stadtrand verwiesenen Lustspieltradition, die ihren Ursprung in der Commedia dell'arte hat. Darum wird Isabelle in den zeitgenössischen Besprechungen meistens bei ihrem eigentlichen Namen, Colombine, genannt. Crispin ist die französische Spielart des widerborstigen Knechts Brighella, Cassandre entspricht Pantalone, und der schöne Leandre (Leandro) hat nicht einmal seinen Namen ändern müssen. Gilles ist etwas weniger pfiffig, tollpatschiger und passiver als sein aggressives italienisches Vorbild Arlecchino. Der liebevolle Rückgriff auf ein verspieltes, idyllisches Sujet des 18. Jahrhunderts ist typisch für den Komponisten, ein gewisser regressiver, kindhafter Zug bei der Auswahl seiner Stoffe unverkennbar. Wie Jacques Offenbach sucht Grisar nach musikalischen Quellen vor der Französischen Revolution zur Neubelebung des in romantische Fülle ausufernden Genres der Opéra-comique, jedoch mit weniger glücklichem Zugriff. Gelegentlich verliert er sich in Umständlichkeiten, zum Beispiel in Crispins allzu großformatiger Arie (Nr. 3: »Je reste frappé«) im Stil einer großen Racharie mit barock durchbrochenem Rezitativ, einem drohenden Marcato, seufzenden Larghetto, wütenden Allegro und einem freilich buffonesken Ausgang im Allegro vivace. Unüberhörbar sind in Isabelles Couplet (Nr. 5: »Le gros Mondor«) sowie streckenweise in ihrer Auftrittsarie (Nr. 1: »En vain l'honneur«) parodistische Anklänge an die italienische Oper des 19. Jahrhunderts (Gaetano Donizetti), doch haben sie noch nicht den prägnanten Witz und Biß Offenbachs. Daß Grisar etwa den schalkhaften Crispin überdramatisierte, ist als Anpassung an zeitgemäße Erfordernisse der Opéra-comique zu verstehen. Stärken finden sich dennoch genügend, so in der Nachzeichnung buffonesker Musik des 18. Jahrhunderts (etwa die quirlenden Tremoli der Ouvertüre und der beiden Duette Nr. 4 und 7), oder in altertümlichen harmonischen Sequenzen (wie im Terzett Nr. 2 »Voici l'heure«), das seine komische Wirkung unter anderm dadurch erzielt, daß beide Liebhaber mit der gleichen Serenade vor Isabelles Balkon treten. Als musikalisches Zentrum des Einakters kann Gilles' Buffoarie Nr. 8 »Joli Gilles« gelten, die von dem Interpreten der Titelfigur außer vokaler Sicherheit (große Intervallsprünge) beträchtliches komödiantisches Talent fordert. Der Refrain des Lieds eröffnet die Oper (in der Ouvertüre) und beschließt sie zum Kehraus. Im Finale Nr. 9 (»Mon Dieu«) sprudeln zunächst wiederum aufgeregte Tremoli in den Singstimmen. Im Anschluß rennen wütende Gesten der Anklage gegen einen beinah reumütigen cantus-firmus-artigen Choral Gilles' und Leandres an. Das Schlußensemble ist aus einer schlichten Volksmelodie gebildet, die zuvor schon im Duett Nr. 4 (»Pour cette affaire«) erklang, sowie einem einsam desorientierten Solo der Titelfigur (»Pauvre Gilles«), dessen Trübnis sich im Tuttirefrain nur ins Heitere wendet.

**Wirkung:** *Gilles ravisseur* erzielte einen eindeutigen Publikumserfolg. Die publizistische Resonanz war, soweit die Zeitungen wegen des Ausbruchs der Revolution nicht kurzfristig ihren Betrieb einstellten, durchweg positiv. *Le Menestrel* lobt Eleganz, überschwenglichen Frohsinn und echtes Gefühl: Es sei eine wahrhaft buffoneske Musik, die sich nicht wie in *L'Eau* Rossini zum Vorbild nehme, sondern sich mehr an Cimarosa und Grétry orientiere, ohne es dabei an eigenständigen Ideen fehlen zu lassen. An der Opéra-Comique wurde *Gilles ravisseur* zuletzt 1855 gegeben; eine weitere Pariser Reprise fand 1868 statt (Fantaisies Parisiennes). Auch zahlreiche andere Bühnen nahmen sich während einiger Jahrzehnte des kleinen Werks an. – Originale oder nachgebaute (Sartori)-Masken würden sich für eine Inszenierung empfehlen, zumal das Moment der Historisierung beziehungsweise historischen Verkleidung dem Anliegen Grisars entgegenkäme.

**Autograph:** Verbleib unbekannt. **Ausgaben:** Part: Mayand, Paris 1851; Kl.A.: ebd. 1851 [ohne Finale]; Le Boulch & Regnier, Paris [um 1860]; Textb.: Lévy, Paris 1848
**Literatur:** s. S. 588

*Michael Klügl*

## Les Porcherons
**Opéra-comique en trois actes**

### Die Porcherons
3 Akte

**Text:** Thomas Marie François Sauvage und Jules-Joseph Gabriel (eigtl. Jules Joseph Gabriel de Lurieu)
**Uraufführung:** 12. Jan. 1850, Opéra-Comique, Salle Favart, Paris
**Personen:** die Marquise de Bryanne, eine junge Witwe (leichter S); der Vicomte de Jolicourt, ihr Cousin (komischer T); die Vicomtesse de Jolicourt, seine Frau (Mez); Desbruyères, ein reicher Lebemann (B); Antoine (leichter T); Florine, Zimmermädchen der Marquise (S); Giraumont, Leutnant bei der französischen Garde (Bar); Picard, Debruyères Diener, ein lächerlicher Alter (T); Ratapiol, Wasserträger (B); Grand-Pierre, Landmann (B); 2 Polizeibeamte (2 B).
**Chor, Statisterie:** Edelleute, Bürger, Künstler, Bauern
**Orchester:** Picc, 2 Fl, 2 Ob, 2 Klar, 2 Fg, 2 Trp, 4 Hr, 3 Pos, Pkn, Schl (gr.Tr, Bck), Streicher
**Aufführung:** Dauer ca. 2 Std. 30 Min. – Gesprochene Dialoge.

**Handlung:** In Paris, um 1770.
I. Akt, am Rand des Bois de Boulogne: Desbruyères, ein reicher Lebemann, seiner halbindischen Abkunft wegen unter Freunden auch der Nabob genannt, hat Glück bei den Frauen. Eine einzige, die Marquise de Bryanne, eine junge Witwe, kränkt seine männliche Eitelkeit, indem sie ihn nicht erhört. Nun hat er aufgrund einer Wette, laut der er die Marquise binnen

einer Woche zu verführen hat, am Vorabend versucht, die Ungnädige vom Opernball zu entführen. Doch immer, wenn der Marquise Gefahr durch den ungebetenen Verehrer droht, ist ein geheimnisvoller markierter Domino zu ihrem Schutz zur Stelle. Mit dem Domino duelliert sich Desbruyères an diesem Morgen und verletzt sich dabei leicht. Immerhin kann er die anwesende Marquise noch zu einem Ausritt überreden. Zurück bleiben die Jolicourts, ein mit der Marquise verwandtes Paar, das um seine Erbschaft gebracht wurde und den Reichtum der jungen Witwe mitgenießt und, weil es solche Bequemlichkeit nicht mit einem eventuellen Nachfahren der Marquise teilen will, sie vor Liebhabern oder gar Eheplänen behütet. Verärgert kehren die Marquise und Desbruyères zurück. Wieder hat er versucht, sie zu überwältigen, diesmal aber wurde sie von einem Schreiner namens Antoine im letzten Moment gerettet.

II. Akt, Ankleidesalon der Marquise: Durch Antoine, der von der Marquise aus Dankbarkeit in Dienst genommen wurde, läßt der unermüdliche Desbruyères Blumen an die Umworbene überbringen. Antoine hat aber anstelle eines Billetts des Nabobs eine eigene Romanze in den Strauß geschmuggelt. Daß Desbruyères dergleichen nie zuwege bringen könnte, spürt die Marquise zwar, ihre ahnungsvolle Zuneigung zu Antoine hingegen zerstreut sich bei dem Gedanken an dessen Stand. Wieder sucht Desbruyères eine Gelegenheit zum Tête-à-tête und versteckt sich in einem unbeachteten Augenblick unter einer im Zimmer abgestellten Krinoline. Doch als die Marquise erscheint, kann sich der Liebhaber nicht aus dem Versteck befreien und macht sich zum Gespött des gesamten Hauses. Er schwört Rache. Antoine und die Magd Florine glaubt er als Konspirateure gewonnen.

III. Akt, in der »Porcheron«, einer Schenke: Die abenteuerlustige Marquise hat sich mit ihrer Magd und den Jolicourts aufgemacht, verkleidet eine ebenso verruchte wie lebenslustige Kneipe zu besuchen. Sie ahnt nicht, daß sie auf eine List Desbruyères' hereingefallen ist, der lediglich sein eigenes Haus zur düsteren Kaschemme ausstaffiert hat. Nach einigen derben Späßen und volkstümlichen Gesängen veranlaßt Desbruyères den allmählichen Abzug der bestellten Ge-

*Les Porcherons*, III. Akt, Finale; Illustration nach der Uraufführung, Opéra-Comique, Paris 1850.

sellschaft. Als er mit der Marquise allein ist, lüftet er in einem Zug die Wände der vermeintlichen Porcheron, und man befindet sich im Boudoir Desbruyères', der sein Opfer vor die Wahl stellt, sich öffentlich zu kompromittieren oder ihn zu heiraten. Doch während er hinauseilt, um seine Freunde als Zeugen herbeizurufen, schleicht Antoine durch einen geheimen Gang in das Zimmer und gibt sich als jener Chevalier zu erkennen, dem die Marquise schon in der Jugend ihr Herz schenkte. Rasch beschließen sie den längst ersehnten Bund; der zurückkehrende Desbruyères erweist sich einmal mehr als der Gefoppte und gibt sich als nobler Verlierer geschlagen.

**Kommentar:** Wie in den meisten Opéra-comiques Grisars herrscht in *Les Porcherons* eine nostalgische Grundstimmung. Die Tendenz zum Historismus erhielt in der Uraufführung durch die getreue Nachbildung der Kostüme nach Bildern François Bouchers und Michel Van Loos einen besonderen Akzent. Beinah ließe sich die Oper in ihrer liebevollen komödiantischen Reminiszenz an die Zeit vor der Französischen Revolution als ein freilich harmloser Vorgänger von Strauss' *Rosenkavalier* (1911) charakterisieren. Der Vergleich liegt einerseits durch die Wahl der Akteure nahe, denn auch in den *Porcherons* gibt es ein Intrigantenpaar, die Jolicourts, den Typ des geprellten Schürzenjägers, den man sich freilich jünger als den Baron von Ochs vorzustellen hat, und das Verkleidungsspiel des Liebhabers Antoine, der, weniger kindhaft als Octavian, hier mehr die Rolle des Beschützers einnimmt. Eine letzte Ähnlichkeit ergibt sich durch den Spielort im III. Akt, hier eine anrüchige Porcheron, dort ein Wiener Vorstadtwirtshaus. Andrerseits hat Grisars Werk auch sehr viele aktuelle Bezüge aufzuweisen. Verständlich wird die rückschauende Geste vor dem Hintergrund der französischen Gesellschaft um 1850 und der Selbstbespiegelung des eben errichteten Kaiserreichs in der prunkvollen Präsentation des Ancien régime. Daneben zeugt das Sujet von einem Voyeurismus, der 100 Jahre zuvor nicht mindere Brisanz hatte als zur Zeit der Entstehung der Oper, ist doch der Besuch der Marquise in den Porcherons durchaus den Ausflügen der Bürger des 19. Jahrhunderts in demimondäne Cancankaschemmen vergleichbar. Die Erfahrung des Schäbigen verwandelt sich jeweils in ein scheinbar ursprüngliches exotisches Erlebnis. Die zeitgenössischen Kritiker waren sich uneins in der Beurteilung der Oper. Beinah polemisch reagierte die *Revue et gazette musicale de Paris*, die vor allem die angebliche Vorherrschaft belgischer Künstler an der Opéra-Comique beklagte. Die Ouvertüre gemahne zu sehr an diejenige zu Boieldieus *Calife de Bagdad* (1800), Grisars Kompositionen seien generell entweder ein wenig zu lang oder zu kurz, der Entwicklung der Handlung mangele es an Tempo. Einig hingegen waren sich die Kritiker in der negativen Beurteilung der im Vaudevillestil gehaltenen, allzu vulgären Couplets Florines (»Je hais le faux«) und darin, daß die Bravourszene Desbruyères' im II. Akt (»Mon billet«) zu sehr die Manier von Hérolds *Zampa* (1831) kopiere. Dissens bestand wie-

derum in der Beurteilung des historisierenden, auf Pierre Alexandre Monsigny und André Ernest Modeste Grétry zurückweisenden Stils der Musik: Während die einen behaupteten, Grisar imitiere durchgängig und mit Erfolg die italienische Buffomanier des 18. Jahrhunderts, sahen die andern in der Komposition ein gelungenes Amalgam von alter und neuer französischer Oper. Zu den erfolgreichsten Stücken gehörten die Romanze der Marquise (»Pendant la nuit«, I. Akt), das Buffoduett der Jolicourts (»A ses yeux«, I. Akt) sowie ein barockisierendes Fugato im Finale des I. Akts (»Allons retournons«). Der *Ménestrel* lobte auch das dramaturgisch gut entwickelte Ensemble am Beginn des III. Akts mit seiner besonders ins Auge fallenden Nachbildung des altfranzösischen Stils.
**Wirkung:** Ein vorzügliches Ensemble (unter anderm Celestine Darcier in der Glanzrolle der Marquise de Bryanne, Flore-Léontine Félix als Vicomtesse de Jolicourt, Ernest Mocker als Antoine und Prosper-Alphonse Bussine als Giraumont) trug zum Erfolg der Uraufführung bei; an der Opéra-Comique blieb *Les Porcherons* bis 1865 im Repertoire. Grisars beste Oper ging im ersten Jahrzehnt nach ihrem Erscheinen über zahlreiche Bühnen, geriet dann aber bald in unverdiente Vergessenheit.

**Autograph:** Verbleib unbekannt. **Ausgaben:** Part: Colombier, Paris 1851; Kl.A: ebd. 1851, [um 1855]; Textb.: Paris, Dondey-Dupré 1850; Paris, Lévy frères 1850, 1853, 1865; Textb., dt. v. K. Gollmick: Schott 1850
**Literatur:** H. BLANCHARD, ›Les Porcherons‹, in: Revue et gazette musicale, 20.1.1850, S. 19ff.; E. VIEL, ›Les Porcherons‹, in: Ménestrel, 20.1., 27.1., 17.2.1850; P. A. FIORENTINO, Les Grandes Guignols, Paris 1870, S. 73–90, 272–275; weitere Lit. s. S. 588

*Michael Klügl*

## Bonsoir, M. Pantalon!
**Opéra-comique en un acte**

### Guten Abend, Herr Pantalon!
1 Akt

**Text:** Lockroy (eigtl. Joseph Philippe Simon) und de Morvan, nach dem Schwank *Twice Killed* (1835) von John Oxenford
**Uraufführung:** 19. Febr. 1851, Opéra-Comique, Salle Favart, Paris
**Personen:** Doktor Tiritofolo (B); Pantalon, ein reicher Kaufmann aus Bologna (B); Lelio, sein Sohn (T); Lucrèce, die Frau des Doktors (S); Isabelle, Mündel des Doktors (S); Colombine, Zofe (S); 2 Boten (2 stumme R)
**Orchester:** Picc, Fl, 2 Ob, 2 Klar, 2 Fg, 4 Hr, 2 Trp, 3 Pos, Pkn, Schl (Bck, gr.Tr, Trg), Streicher; BühnenM: Fl, Hrf
**Aufführung:** Dauer ca. 45 Min. – Gesprochene Dialoge.

**Entstehung:** Nach *Les Porcherons* (1850) wandte sich Grisar mit seiner neuen Oper wieder dem Genre der einaktigen musikalischen Posse zu, für das er mit *Gilles ravisseur* (1848) ein ebenso gelungenes wie erfolgreiches Modell geliefert hatte. Man geht wohl nicht fehl, *Bonsoir, M. Pantalon!* als Grisars Hommage an Italien und als künstlerischen Reflex seines mehrjährigen Aufenthalts in diesem Land zu interpretieren.
**Handlung:** In Venedig; mit Büchern und Retorten vollgestopftes Kabinett Doktor Tiritofolos: Von draußen erklingt eine Serenade. Lucrèce, die Frau des Doktors, sein Mündel Isabelle und die Zofe Colombine betreten den Raum; alle drei glauben, das Ständchen sei für sie bestimmt. Isabelle ist gegen ihren Willen mit dem Sohn von Pantalon verlobt worden, den sie nicht kennt und den zu heiraten sie sich weigert. Zornig, wenn auch vergeblich, ereifert sich Lucrèce über die Unbotmäßigkeit junger Mädchen, aber der zerstreute Doktor hört ihr gar nicht zu. Isabelle vertraut Colombine an, daß sie einen jungen Mann liebe, dessen Namen sie nicht kenne; Colombine ihrerseits berichtet, von ihrem Freund Carlin sitzengelassen worden zu sein. Nachdem beide sich entfernt haben, kommen zwei Boten mit einem großen Weidenkorb, den sie bei Lucrèce abliefern. Lelio springt heraus und beteuert lauthals seine Liebe; Lucrèce, die das auf sich bezieht, ergreift die Flucht. Lelio stopft Bücher in den Korb und versteckt sich im Zimmer. Colombine kommt, um den Korb wegzuschaffen; der unbeholfene Doktor hilft ihr und läßt dabei den Korb in den Kanal fallen. Als er hört, daß ein Mensch darin war, überkommt ihn Entsetzen. Mittlerweile hat Isabelle ein Briefchen von Lelio erhalten, der niemand anders ist als ihr unbekannter Galan. Lelio läutet an der Tür; er ist der Sohn Pantalons, den man eingeladen hat, damit er seine Verlobte kennenlerne. Der Doktor bietet ihm etwas zu trinken an, erwischt aber aus Versehen eine Arznei, worauf der junge Mann auf der Stelle einschläft. Den Totgeglaubten versteckt der Doktor unter dem Kanapee. Pantalon erscheint, traurig begrüßt von allen Anwesenden. Als er allein ist, macht er es sich auf dem Kanapee bequem, wird aber gestört vom Doktor und von Colombine, die den vermeintlichen Leichnam Lelios heimlich beiseite schaffen wollen. Als der junge Mann erwacht, klärt sich alles auf.
**Kommentar:** Während *Gilles ravisseur* die Personen und Situationen der Commedia dell'arte in der französischen Verkleidung des Théâtre de la Foire präsentierte, stellt *Bonsoir, M. Pantalon!* sich im unverfälschten italienischen Original vor. Dem entspricht musikalisch ein an der älteren Opera buffa orientierter Komödienton von geschliffener Eleganz. Trotz seiner Kürze imponiert das Werk durch erstaunliche kompositorische Vielfalt. Lelios Ständchen hinter der Szene im Stil einer neapolitanischen Kanzone erfährt durch die Kommentare der drei Frauen und ihr behendes Agieren auf der Szene eine zugleich musikalische und pantomimische Pointierung. Die folgenden drei Solonummern geben typisierende Porträts der jeweiligen Figuren: eine gefühlvolle Romanze für die schwärmerische Isabelle, ein keckes Couplet mit kleinen virtuo-

sen Glanzlichtern für die leichtsinnige Zofe, eine effektvoll gesteigerte Deklamationsarie für den exaltierten Liebhaber Lelio. Ein brillantes Parlandoterzett und ein Quartett von surrealem, Jacques Offenbach antizipierendem Witz, dessen chromatisch eingefärbte Refrainphrase »Bonsoir, M. Pantalon« den Titel der Oper abgibt, leiten über zum Finale, das die drastische Situationskomik der Handlung in eine Folge präzis gesteigerter musikalischer Sequenzen übersetzt.

**Wirkung:** Grisars größten Bühnenerfolg kreierten Lemercier (Colombine), Charles Marie Auguste Ponchard (Lelio) und Ricquier (Tiritofolo). *Bonsoir, M. Pantalon!* erzielte 1851–61 und 1869–74 an der Opéra-Comique 335 Aufführungen. Zahllose Bühnen in ganz Europa spielten die Oper nach; noch im Jahr der Uraufführung wurde sie unter anderm in Antwerpen, Brüssel, London (Adelphi Theatre; 132 Aufführungen in Serie), Wien (Theater an der Wien) und München gegeben. Die Beliebtheit des Werks verblaßte auch in den folgenden Jahrzehnten kaum. Selbst nach der Jahrhundertwende kam es noch zu Inszenierungen, überraschend zahlreich gerade an deutschsprachigen Bühnen (so in Zürich 1907 und Hannover 1911).

**Autograph:** Verbleib unbekannt. **Ausgaben:** Part: Bureau central de Musique, Paris 1851, Nr. 1196; Kl.A: ebd. 1851, Nr. 1195; Schott 1852, Nr. 11498; Textb.: Paris, Levy frères 1851
**Literatur:** H. BLANCHARD, ›Bonsoir, M. Pantalon!‹, in: Revue et gazette musicale, 23.2.1851, S. 60; J. LOVY, ›Bonsoir, M. Pantalon!‹, in: Ménestrel, 23.2.1851; P.-A. FIORENTINO, Les Grands Guignols, Paris 1870, S. 293–302; weitere Lit. s. S. 588

*Raphaëlle Legrand*

## Le Chien du jardinier
### Opéra-comique en un acte

**Der Hund des Gärtners**
1 Akt

**Text:** Lockroy (eigtl. Joseph Philippe Simon) und Eugène Cormon (eigtl. Pierre-Etienne Piestre)
**Uraufführung:** 16. Jan. 1855, Opéra-Comique, Salle Favart, Paris
**Personen:** Justin, ein junger Pächter, mit Catherine verwandt (Bar); François, ein junger Bauer (T); Catherine, eine junge, reiche Pächterin (S); Marcelle, Catherines Cousine (S)
**Orchester:** Picc, Fl, 2 Ob, 2 Klar, 2 Fg, 4 Hr, 2 Trp, 3 Pos, Pkn, Schl (gr.Tr, Bck, SchellenTr, Trg), Streicher
**Aufführung:** Dauer ca. 40 Min. – Gesprochene Dialoge.

**Handlung:** Auf dem Hof eines Bauernhauses: François liebt Marcelle. Früh am Morgen will er ihr seine Aufwartung machen, zerbricht aber die Scheibe, als er eine Leiter gegen ihr Fenster lehnen will. Catherine, durch den Lärm geweckt, entdeckt auf diese Weise die Liebschaft ihrer Cousine. Da sie ihr dies Glück neidet, versucht sie, François zu betören, indem sie vorgibt, verletzt zu sein, um sich auf ihn stützen zu können; der junge Mann verliebt sich prompt. Justin, Catherines Verlobter, kommt hinzu; sie beschließen, gemeinsam zum Dorftanz zu gehen. Marcelle und Justin, enttäuscht und verärgert über die Gleichgültigkeit ihrer jeweiligen Verlobten, beschließen, sich zu vermählen. Justin vergleicht die Unentschlossenheit Catherines mit dem »Hund des Gärtners«, der, wie es in einem Lied heißt, sein Fressen nicht anrührt, aber auch niemand andern in die Nähe kommen läßt. Catherine, inzwischen doch etwas beunruhigt, behandelt daraufhin François, der ihr von Liebe sprechen will, sehr abweisend. Als François sich wieder mit Marcelle versöhnt, erhält er von Catherine eine Ohrfeige und bald darauf eine weitere von Marcelle. Die beiden Mädchen beschließen, François untereinander auszulosen, und der nichtsahnende Justin läßt Catherine gewinnen. Da erinnert sich die kokette Pächterin der Lektion vom »Hund des Gärtners«: Sie entschließt

*Le Chien du jardinier*; Jean-Baptiste Faure als Justin; Uraufführung, Opéra-Comique, Paris 1855.

sich, doch ihren Justin zu heiraten und François und Marcelle miteinander auszusöhnen.

**Kommentar:** Mit *Le Chien du jardinier* trifft Grisar ein weiteres (letztes) Mal seinen ganz persönlichen Stil einer von jeglichem Sentiment freien, frivolspielerischen musikalischen Farce: einerseits anknüpfend an die ältere Opéra-comique, andrerseits vorausweisend auf die Buffonerien von Hervé und Jacques Offenbach. Mit routinierter Perfektion hält die Vertonung den anmutigen Gestus des Pastoralen durch. Im Mittelpunkt steht das Lied »Der Hund des Gärtners« (Nr. 5), von pointiert eingängiger Melodik, das bereits zu Beginn der Ouvertüre angespielt und im kurzen Finale erneut aufgegriffen wird: die »Moral« der Geschichte. Catherines Couplet (Nr. 4) illustriert durch wahrhaft akrobatische Koloraturen das impulsive Wesen der jungen Pächterin. Hier wie in den übrigen Stücken (drei Duette, ein Terzett, ein Quartett) imponiert Grisars musikalische Sprache zwar nicht durch Originalität der Einfälle, aber durch die diskrete Eleganz der kompositorischen Faktur, die zu ihrer Zeit keinen Vergleich zu scheuen brauchte.

**Wirkung:** Grisars Einakter, für den die Opéra-Comique ihre Spitzenkräfte aufgeboten hatte (Catherine: Caroline Faure, Marcelle: Mlle. Lemercier, François: Charles Marie Auguste Ponchard, Justin: Jean-Baptiste Faure), errang einen spontanen Erfolg. Im Uraufführungsjahr wurde das Werk zu einer Attraktion für die Besucher der ersten Pariser Weltausstellung. Bis 1869 kam *Le Chien du jardinier* an der Opéra-Comique auf 98 Aufführungen. Zahlreiche Bühnen in verschiedenen Ländern Europas spielten die Oper nach, die bis zur Jahrhundertwende zumindest an den französischen und flämischen Bühnen zum ständigen Repertoire gehörte. Die wahrscheinlich letzte Inszenierung erlebte *Le Chien du jardinier* in Grisars Heimatstadt Antwerpen anläßlich seines 100. Geburtstags.

**Autograph:** Verbleib unbekannt. **Ausgaben:** Part: Colombier, Paris [1855], Nr. 1851; Kl.A: ebd. [1855], Nr. 1853; Textb.: Paris, Lévy frères 1855
**Literatur:** J. LOVY, Le Chien du jardinier, in: Ménestrel, 21.1.1855, S. 12; H. BLANCHARD, Le Chien du jardinier, in: Revue et gazette musicale, 21.1.1855, S. 1f.; weitere Lit. s. S. 588

*Raphaëlle Legrand*

# Franz Grothe

**Franz Johannes August Grothe; geboren am 17. September 1908 in Berlin, gestorben am 12. September 1982 in Köln**

## Das Wirtshaus im Spessart
**Musikalische Räuberpistole in elf Bildern**

**Buch:** Curt Hanno Gutbrod, nach dem Drehbuch von Luiselotte Enderle, Günter Christian Ludwig Neumann, Heinz Pauck und Curt Hanno Gutbrod zu dem Film (1957) von Kurt Hoffmann und in Anlehnung an die Rahmenerzählung der Märchensammlung (1827) von Wilhelm Hauff. **Gesangstexte:** Günther Schwenn (eigtl. Günther Franzke) und Willy Dehmel (eigtl. Wilhelm Walter Dehmel)
**Uraufführung:** 2. April 1977, Musiktheater im Revier, Gelsenkirchen
**Personen:** Franziska Komtesse von Sandau; Wilhelm Graf von Sandau, ihr Vater; Baron von Sperling, ihr Verlobter; Barbara, Zofe; Pfarrer Haug; der Räuberhauptmann alias Ferdinand Graf von Ruppertsburg; Knoll; Funzel, Korporal; das Räuberliebchen Bettina; Bullenbeißer; Lulatsch; Parucchio, Bänkelsänger; Felix und Peter, Handwerksburschen; Obrist von Teckel; eine Wirtin; Soldaten. **Chor, Ballett:** Räuberbande, Hofpersonal, Hochzeitsgäste
**Orchester:** 2 Fl, Ob, 2 Klar, Fg, 3 Hr, 3 Trp, 3 Pos, Pkn, Schl, Hrf, Git, 2 Vl, Va, Vc, Kb
**Aufführung:** Dauer ca. 2 Std. 45 Min. – Mittelgroßes Ensemble, Chor und kleines Ballett. Größere Gesangspartien für Franziska, den Hauptmann, Knoll und Funzel (Buffi, Utilité), außerdem Moritaten und musikalische Einwürfe des Bänkelsängers (Baßbuffo). Kleiner Choreinsatz, dazu choreographierte Massenszenen und Nachtänze, ohne daß dem Ballett eigenes Gewicht beigemessen wird. – Reduzierte Orchesterbesetzung möglich.
**Gesangsnummern:** In den tiefen, dunklen Wäldern; Das Wirtshaus im Spessart; Ich bin arm; Mut!; Ein freies Leben; Ich pfeife auf die Konvention; Ach, das könnte schön sein; Pfui, Papa!; Hilf! Hilfe! Überfall!; Man kann die Liebe nicht erklären; O Herr dort oben; Eine Stunde laß uns träumen; Preußens Gloria; Die will ich haben; Tempo, bitte!; Hier ist er nicht!; Wünsch dir das nicht

**Entstehung:** Das Musical, das zu den wenigen deutschen Bühnenwerken dieses Genres zählt, die sich im gängigen Bühnenrepertoire durchsetzen konnten, wurde gegenüber der Märchenvorlage erweitert um die Liebesgeschichte zwischen dem Räuberhauptmann und Franziska und um das Buffopaar Funzel/Knoll als komisches Element.
**Handlung:** Im Spessart, um 1800. 1. Bild: Wald; 2. Bild: im »Wirtshaus im Spessart«; 3. Bild: Ahnengalerie im Schloß derer zu Sandau; 4. Bild: Räuberlager bei Nacht; 5. Bild: Räuberlager am Morgen; 6. Bild: wie 5.; 7. Bild: vor dem »Wirtshaus im Spessart«; 8. Bild: Räuberlager; 9. Bild: Wald; 10. Bild: Schloßhof bei Nacht; 11. Bild: Schloßhof am Morgen.
Eine gefürchtete Räuberbande treibt im Spessart ihr Unwesen. Komtesse Franziska von Sandau, ihr Verlobter Baron von Sperling, ihre Zofe Barbara und der Schloßpfarrer bleiben mit ihrer Kutsche in einer von den Räubern angelegten Fallgrube stecken. Die beiden hilfreich herbeieilenden Holzfäller Knoll und Funzel, die in Wirklichkeit auch zu den Räubern gehören, überreden die Reisegesellschaft, sich für die Nacht im nahen »Wirtshaus im Spessart« einzuquartieren. Die dort lauernden Räuber halten die Reisen-

*Das Wirtshaus im Spessart*, 4. Bild; Lutz Flöth als Räuberhauptmann, Susanne Knapp als Bettina, Naëmi Priegel als Franziska; Regie: Paul Vasil, Bühnenbild: Heinz Balthes; Uraufführung, Musiktheater im Revier, Gelsenkirchen 1977.

den fest, um von dem geizigen Grafen Sandau ein Lösegeld für seine Tochter zu erpressen. Franziska kann jedoch in Männerkleidern entkommen und bittet ihren Vater, das Lösegeld zu zahlen. Als dieser sich weigert, kehrt Franziska, immer noch verkleidet, ins Räuberlager zurück und schließt sich als »Räuber Franz« der Bande an, um ihren Freunden zu helfen. Der Räuberhauptmann, der die Verkleidung durchschaut, verliebt sich in Franziska, die seine Liebe erwidert. Mittlerweile ist der Obrist von Teckel mit seiner Truppe abkommandiert worden, die Gefangenen zu befreien. Während des Kampfs fliehen Franziska und der Räuberhauptmann zu Sandaus Schloß. Dort stellt sich heraus, daß der Räuberhauptmann in Wirklichkeit Ferdinand, der Sohn des Grafen von Ruppertsburg, ist und Franziska nur entführt hat, um von ihrem Vater 20000 Gulden zurückzubekommen, die dieser sich vom alten Ruppertsburg geliehen und nie zurückgezahlt hatte. Franziska verläßt Sperling, um Ferdinand zu heiraten, der deshalb großmütig auf die geschuldete Summe verzichtet, sehr zur Freude Sandaus, der dem Paar seinen Segen gibt.

**Kommentar:** Nachdem im deutschen Märchen- und Volksgut die Figur des Räubers sich erfolgreich neben der Hexe, dem Prinzen und dem unschuldigen Mädchen behauptet hatte und darüber hinaus das Urbild des »Banditen als Sozialrebellen«, der von den Reichen nimmt und den Armen gibt, in Gestalt von Robin Hood (England), Juro Jánošík (Böhmen), Diego Corriente (Andalusien) oder des Schinderhannes (Rheinland) gesellschaftsfähig geworden war, setzte *Das Wirtshaus im Spessart* die in Amerika erfolgreiche Tradition des Märchenmusicals (beispielsweise *The Wizard of Oz*, 1903, von Alfred Baldwin Sloane und Paul Tietjens und Loewes *Brigadoon*, 1947, und *Camelot*, 1960) fort, das Kinder und Erwachsene gleichermaßen ansprechen sollte. Das Ergebnis jedoch führt eine eher harmlos-kitschige, in klischeehafte Räuberromantik eingebettete Liebesgeschichte vor, in der die herkömmlichen Verkleidungs-, Verwechslungs- und Buffoszenen auch nicht den leisesten Verdacht aufkommen lassen, daß hinter der unverbindlichen Story vielleicht doch eine ernstere Thematik stecken könnte: Der Räuberhauptmann, der eben noch »für Kampf und Rebellion« plädierte, kehrt zurück ins gräfliche Luxusleben, die Komtesse wird nicht gehängt, sondern geheiratet, und aus den übrigen furchterregenden Gaunern werden schließlich doch noch brave und angepaßte Bürger. Das Libretto bewegt sich geschickt auf dem schmalen Grat zwischen Humor und Klamauk und wird sogar recht geistreich, wenn es den »kleinen Leuten« (Knoll, Funzel und andern) bodenständige Lebensweisheiten in den Mund legt, während die Liedtexte jedoch nicht über die bewährte Schlagersentimentalität hinausgehen. Die Partitur bietet ein Potpourri aus Bänkelliedern, Moritaten, Räuberchören, Couplets und Liebesduetten, eigenständig instrumentiert, aber bis auf das schon im Film erfolgreiche »Ach, das könnte schön sein« belanglos und wohl eher der Tradition der modernen Operette als dem Musical verpflichtet.

**Wirkung:** Nach der Uraufführung wurde *Das Wirtshaus im Spessart* unter anderm 1978 in Meiningen, Würzburg und Hannover, 1981 in Karlsruhe und 1982 in Bielefeld und Lübeck gespielt.

**Ausgaben:** Vocal selections: DreiMasken/A&S 1976. **Aufführungsmaterial:** A&S/Crescendo

*Martina Krawulsky*

# Lilo Gruber
Geboren am 3. Januar 1915 in Berlin

## Neue Odyssee
### Ballett in fünf Bildern

**Musik:** Victor Bruns. **Libretto:** Albert Burkat
**Uraufführung:** 16. Nov. 1957, Deutsche Staatsoper, Berlin, Ballett der Staatsoper
**Darsteller:** der Heimkehrer; ein Bootsmeister; dessen Tochter; eine alte Trümmerfrau; ein Barbesitzer; seine Frau; Frau mit Harfe; ein Gauner; ein verarmtes Mädchen; ein Leierkastenmann; Luftballonhändler; Vater; Mutter; Kind; Ausrufer; Cancantänzer; Fakir; Schlangentänzerin; Kunstschütze; die Frau des Heimkehrers; Corps de ballet: Fischermädchen, Schiffszimmerleute, Dorfbewohner, verwahrloste Jugendliche, Vorübergehende, Barbgäste, Helfer des Gauners, Polizisten, Schwarzmarktgestalten, Jahrmarktsbesucher
**Orchester:** 3 Fl, 3 Ob, 3 Klar, 2 Sax, 2 Fg, 4 Hr, 3 Trp, 3 Pos, Tb, Pkn, Schl (Bck, gr.Tr, kl.Tr, Tempelblock, Xyl, HolzTr, Tamburin, Kastagnetten, Steinspiel, Tamtam, Tomtom, kl. Gong, Vibraphon, Glsp), Akkordeon, Cel, Kl, Hrf, Streicher
**Aufführung:** Dauer ca. 1 Std. 30 Min.

**Entstehung:** In die nach dem zweiten Weltkrieg in der Deutschen Demokratischen Republik einsetzende Debatte um die Zukunft des klassischen Balletts in einer neuen gesellschaftlichen Ordnung griff die bei Mary Wigman ausgebildete Gruber mit Einstudierungen von Wainonens *Plamja Parischa* (1932) in Leipzig 1953 und Anissimowas *Gajane* (1942) in Berlin 1955 aktiv ein. Diese Pflege der Klassiker des sozialistischen Realismus war ein Weg für die zahlreichen neugegründeten Ballettensembles in der DDR, sich der Technik des klassischen Balletts zu bedienen, das hier in den 50er Jahren immer mehr an Boden gewann. Daisy Spies' Ballett *Das Recht des Herren* (Berlin 1953; Libretto: Burkat, Musik: Bruns) zeigte einen zweiten Weg: Mit ihrem Ballett gelang es den Autoren, klassische Technik mit zeitgenössischen Anliegen zu verbinden.

**Inhalt:** In Deutschland, kurz nach dem Ende des zweiten Weltkriegs.
1. Bild, Strand eines Fischerdorfs an der Ostsee: Vom Meer her kommt ein Heimkehrer; ergriffen begrüßt er die Heimat. Er versteckt sich vor der Dorfbevölkerung, die ein neues Schiff taufen will. Erst nachdem man den festlichen Anlaß mit einigen Tänzen gefeiert hat, verläßt der Heimkehrer sein Versteck. Mißtrauisch weichen die Menschen zurück. In einem Tanz schildert der Mann sein Leben: die kurze, glückliche Ehe, den Krieg, die Gefangenschaft und schließlich die Befreiung. Die Tochter des Bootsmeisters fühlt sich zu dem Fremden hingezogen; ihn überkommt die Sehnsucht nach einem geordneten Leben in einer Familie. Da erklingt ein altes Wiegenlied auf einer Spieldose. Der Heimkehrer erinnert sich an seine Frau; er bricht auf, um sie zu suchen.
2. Bild, Straße in einer zerstörten Stadt: An der Stelle, an der sein Haus stand, findet der Heimkehrer nur noch ein Trümmerfeld. Er fragt eine Frau, die in den Trümmern Verwertbares sucht, nach dem Verbleib der Bewohner. Der Verzweifelte findet an den stumpf Vorüberziehenden keinen Trost. Entmutigt läßt er sich nieder, da dringen Tanzmusik und rotes Licht aus einem Keller; der Heimkehrer geht in die Bar.
3. Bild, Kellerbar: Der Heimkehrer geht zu der Theke, hinter der eine aufgemachte Frau sitzt; er beobachtet erstaunt das hektische Treiben der Jugendlichen. Die Barfrau will ihn mit einem Tanz verführen. Der Mann kann den Reizen der Frau nicht widerstehen, leidenschaftlich tanzt er mit ihr. Da kommt eine vom Krieg schwermütig gewordene Frau. Sie singt ein Lied, das sie mit der Harfe begleitet. Der Heimkehrer ist zutiefst getroffen, denn plötzlich erklingt wieder das Motiv der Spieldose. Ihn schaudert es; er weist die Barfrau von sich und folgt der Frau mit der Harfe.
4. Bild, Kaimauer unter einer Eisenbahnbrücke: Unter die promenierenden Prostituierten und Schwarzhändler tritt ein junges Mädchen, das seine Halskette verkaufen will. Man raubt ihm die Kette und droht, es zu erwürgen. Der Heimkehrer kann es nach hartem Kampf gerade noch befreien. Sirenen ertönen, man kann sich noch vor der Polizei in Sicherheit bringen; der Heimkehrer und das Mädchen täuschen ein Liebespaar vor. Nachdem die Polizei wieder abgezogen ist, gibt der Heimkehrer dem Mädchen die Halskette zurück, die die Gauner auf der Flucht verloren haben. Wieder erwacht in ihm die Sehnsucht nach einer Beziehung. Ein Leierkastenmann hinkt herbei und spielt das Wiegenlied. Der Heimkehrer zieht mit ihm weiter, das Mädchen bleibt traurig zurück.
5. Bild, Jahrmarkt: Es herrscht reges Treiben. Schießstände, tanzende Paare, Kunstschützen und Messerwerfer unterhalten die staunende Menge. Der Heimkehrer schlendert von Bude zu Bude, plötzlich erkennt er in der Partnerin des Schützen seine Frau. Er muß das Ende der Nummer abwarten, muß zusehen, wie seine Frau Geld einsammelt und sich mit dem Schützen zurückzieht. Standhaft weist sie seine Avancen zurück und verschwindet im Wohnwagen. Der Platz hat sich inzwischen geleert, verzweifelt kommt der Heimkehrer zum Wohnwagen zurück. Da erscheinen ihm die drei Frauen, denen er seit seiner Heimkehr begegnet ist. Durch das Fenster des Wohnwagens erblickt er seine eigene Frau, die vom Lebenskampf erschöpft ist. Sie ergreift eine Spieldose, die sie vor langer Zeit von ihrem Mann geschenkt bekam, und läßt die Melodie erklingen. Da begreift der Heimkehrer, daß seine Frau immer noch auf ihn wartet, und schließt sie in seine Arme. Gemeinsam gehen sie in ein neues Leben.

**Kommentar:** Mit der *Neuen Odyssee* schufen Gruber, Burkat und Bruns das erste abendfüllende Ballett der DDR, das den Ansprüchen einer neuen Gesellschaft entsprach: Von zeitgenössischer Musik unterstützt, wurde hier ein für die Entstehungszeit überaus brisantes Thema fast ausschließlich mit den Mitteln des klassischen Balletts auf die Bühne gebracht. *Neue*

*Neue Odyssee*, 5. Bild; Ursula Fischer als Frau des Heimkehrers, Gerhard Petzold als Kunstschütze; Bühnenbild: Heinz Pfeiffenberger; Uraufführung, Ballett der Deutschen Staatsoper, Berlin 1957. – Die akrobatisch akzentuierte Tanzweise ist zeittypisch für die Ästhetik des sozialistischen Realismus in den 50er Jahren.

*Odyssee* bewies, daß klassisches Ballett fähig ist, Themen der Zeit glaubhaft zu realisieren. Die Übertragung des Odysseus-Stoffs aus der Mythologie in die Nachkriegszeit, die aktualisierende Interpretation der Irrfahrt und der Heimkehr und schließlich der gemeinsame Weg von Mann und Frau in eine neue Zukunft entsprachen den Aufgaben und Problemen, denen sich die Menschen des jungen, im Aufbau befindlichen Staats gegenübersahen. Bruns, der nach *Das Recht des Herren* und *Das Edelfräulein als Bäuerin* (Leipzig 1955; Choreographie: Werner Otto Ulbrich) mit der *Odyssee* wiederum ein Ballett komponiert hatte, schrieb eine Musik, für die eine personengebundene Leitmotivik, musikalische Kontraste in den lyrischen Partner- und Solotänzen und eine tänzerische Rhythmik sowie eine üppige Instrumentierung charakteristisch sind. Gruber hatte eine choreographische Sprache gefunden, in die sie ihr eigenes Erbe einbrachte. In einer abwechslungsreichen, ausdrucksstarken Choreographie verschmolz sie klassisches Vokabular mit Elementen des Ausdruckstanzes und der Folklore, Pantomime und Bewegungschorformen. Eine besondere Leistung war die stilisierte Führung der Gruppen, etwa in der Vision der marschierenden Truppen oder den Volksszenen.

**Wirkung:** Die *Neue Odyssee* war bis 1962 im Repertoire der Berliner Staatsoper und wurde 45mal gespielt. In der Folge entwickelte sich das Stück zu einem Standardwerk der DDR-Bühnen und wurde außerdem in Polen, der Tschechoslowakei und Bulgarien gegeben.

**Aufführungsmaterial:** M: Dt. Vlg. f. M, Lpz.

*Dietmar Fritzsche*

# Louis Gruenberg

Louis Theodore Gruenberg; geboren am 3. August 1884 in oder bei Brest-Litowsk (heute Brest; Weißrußland), gestorben am 10. Juni 1964 in Beverly Hills (Kalifornien)

## The Emperor Jones
### Opera in Two Acts, a Prologue, an Interlude

**Kaiser Jones**
2 Akte, Prolog, Zwischenspiel

**Text:** Louis Gruenberg, nach dem Drama (1920) von Eugene Gladstone O'Neill
**Uraufführung:** 7. Jan. 1933, Metropolitan Opera House, New York
**Personen:** Brutus Jones, Kaiser, vormals Schaffner bei der Pullman-Eisenbahngesellschaft (Bar); Henry Smithers, Straßenhändler (T); eine alte Eingeborenenfrau (S); der Kongo-Zauberdoktor (Tänzer); Erscheinungen (stumme R): Jeff, Sträflinge, Gefängnisaufseher, Pflanzer, neugierige Beobachter, ein Auktionator, Sklaven. **Chor:** eingeborene Krieger, die kleinen formlosen Gestalten des Grauens
**Orchester:** 2 Fl (2. auch Picc), 2 Ob, 2 Klar, B.Klar, 2 Fg (2. auch K.Fg), 2 Hr, 2 Trp, 3 Pos, Tb, Schl (gr.Tr, Bck, Trg), Hrf, Kl, Streicher; BühnenM hinter d. Szene: 3 Tomtoms
**Aufführung:** Dauer ca. 1 Std. 15 Min. – Außer der Bühnenmusik sind zusätzlich drei Tomtoms im Zuschauerraum zu plazieren. Gruenberg hat im Klavierauszug genaue Anweisungen für das Bühnenbild, die Anordnung der Instrumente und des Chors (der teils sichtbar, teils unsichtbar sowohl unterhalb der Bühne im Orchestergraben als auch an den Seiten der Bühne postiert werden soll) gegeben. Im II. Akt wird eine technisch gut ausgestattete Bühne mit großer Oberbühne benötigt, um Jones' halluzinatorische Erscheinungen simultan zu realisieren. Das Werk sollte ohne Pause gespielt werden.

**Entstehung:** Mit Billigung O'Neills nahm Gruenberg verschiedene Bearbeitungen und Kürzungen vor, die teilweise als konkrete dramaturgische Eingriffe in das Drama zu verstehen sind. So fügte er den die Handlung kommentierenden Chor der eingeborenen Krieger hinzu, faßte einzelne Szenen zusammen und änderte den Schluß, bei dem Jones nun nicht mehr von den Eingeborenen getötet wird, sondern Selbstmord begeht. Wie O'Neill charakterisiert auch Gruenberg die Personen seiner Oper durch die Benutzung unterschiedlicher Dialekte und Slangs. *The Emperor Jones* ist entstanden, nachdem Gruenberg mit Kinderopern wie *The Sleeping Beauty* (New York 1922) und *Jack and the Beanstalk* (New York 1931) sowie mit den Opern *The Bride of the Gods* (komponiert 1913) und *The Man Who Married a Dumb Wife* (komponiert 1919) bereits Bühnenerfahrungen gesammelt und seine Produktivität als Theaterkomponist bewiesen hatte. Nach *Jones* sind unter anderm die Opern *Helena of Troy* (komponiert 1936), *Volpone* (komponiert 1945) und die Rundfunkoper *Green Mansions* (1937) entstanden.

**Handlung:** Auf einer Westindischen Insel, 20er Jahre des 20. Jahrhunderts.
Prolog: Unsichtbar stimmen die eingeborenen Krieger einen Rachegesang auf Jones an, der ihnen ihr Geld und ihre Frauen gestohlen hat und sie zwingt, sich vor ihm zu demütigen.
I. Akt, Audienzzimmer in Kaiser Jones' Palast, hoch oben auf einem Berg: Der Straßenhändler Smithers beschuldigt eine alte eingeborene Frau des Diebstahls, die diesen jedoch abstreitet und ihn anfleht, Jones nichts davon zu sagen. Sie vertraut ihm an, daß alle eingeborenen Diener in die Berge geflohen sind. Als sie daraufhin ebenfalls wegläuft, zieht Smithers seinen Revolver, drückt allerdings nicht ab. Aufgeschreckt durch den Lärm, erscheint Brutus Jones in protziger Uniform. Smithers berichtet von den aufsässigen Dienern. Verächtlich erklärt Jones, er werde die Insel verlassen. Im folgenden Gespräch stellt sich heraus, daß Jones in den Vereinigten Staaten als

Mörder gesucht wird. Nach seiner Flucht auf die Insel hat er sich die Eingeborenen gefügig gemacht, indem er ihnen vorlog, nur eine Kugel aus Silber könne ihn töten. Er zeigt Smithers die Silberkugel, die er sich selbst als Talisman gegossen hat. Doch nun scheint die Zeit zur erneuten Flucht gekommen. In der Nacht will Jones den Urwald durchqueren, um am Morgen die Küste zu erreichen. Für den Notfall befinden sich in seinem Revolver fünf Bleikugeln für die Eingeborenen und die Silberkugel, die er für sich selbst aufsparen will. Von den Hügeln in der Ferne erklingt monotones Trommeln. Smithers warnt Jones, daß dies den Beginn des Kriegstanzes der Eingeborenen anzeige. Mit gespielter Gleichgültigkeit setzt Jones seinen Panamahut auf und verabschiedet sich von Smithers. Zwischenspiel: Unsichtbar erklären die eingeborenen Krieger, daß sie Jones an seiner Flucht hindern und mit einer Silberkugel töten wollen.

II. Akt, Urwald, von der Abend- bis zur Morgendämmerung: Unablässig begleiten die Trommeln der Eingeborenen die Flucht Jones', der zusehends nervöser wird. Als die Nacht hereinbricht, kriechen die formlosen Gestalten des Grauens aus dem Wald. Entsetzt zieht Jones seinen Revolver und feuert auf die Kreaturen. Er setzt seinen Weg fort. Die Krieger, noch immer unsichtbar, berichten von der zunehmenden Angst, die Jones peinigt. Dieser kehrt mit zerkratztem Gesicht und zerrissener Uniform zurück. Dennoch scheint er neuen Mut zu fassen; das Mondlicht könnte ihm die Flucht erleichtern. Da wird die zusammengekauerte Gestalt von Jeff sichtbar, den Jones vor Jahren bei einem Streit getötet hat. Wieder zieht er seinen Revolver, und auch diesmal vergeht das Gesicht. Als das Trommeln lauter wird, flüchtet Jones noch tiefer in den Wald hinein. Allmählich werden die Krieger sichtbar. Doch als der verzweifelte Jones zurückkehrt, verschwinden sie wieder. Wie vordem Jeff erscheint nun eine Gruppe von Sträflingen, die von einem bewaffneten Weißen beaufsichtigt werden. Plötzlich bemerkt Jones sie, ist aber wie gelähmt. Die Sträflinge beginnen zu arbeiten. Der Aufseher gibt Jones zu verstehen, daß er sich den Gefangenen anschließen soll. Wie unter Hypnose nimmt Jones seinen Platz ein. Der Aufseher schlägt ihn mit der Peitsche. Erbost hebt Jones den Arm, um zurückzuschlagen. Da merkt er, daß er keine Schaufel in der Hand hat; er schießt auf den Aufseher. Augenblicklich ist er wieder allein. Fast wahnsinnig vor Angst stürzt Jones davon, während das Trommeln der Eingeborenen immer lauter wird. Erneut zeigen sich die Krieger. Sie berichten von Jones, der im Kreis läuft, immer schwächer wird und schon drei Kugeln vergeudet hat. Jones kommt gerannt; die Reste seiner Uniform sind zerfetzt. Verzweifelt kauert er sich auf den Boden, ohne zu bemerken, daß wieder eine Erscheinung sichtbar wird. Es sind Weiße in einer Bekleidung, wie sie im 19. Jahrhundert für die Südstaaten typisch war. Ein Auktionator führt eine Gruppe von Negern herein und beginnt schweigend, sie zu verkaufen. Er winkt Jones zu sich, um auch ihn zu versteigern. Voller Grauen gibt Jones zwei Schüsse in die Menge ab, während er in den Wald flieht. Die Krieger erklären, daß jetzt fünf Kugeln verschossen sind. Erschöpft und verzweifelt muß Jones erkennen, daß ihm nur noch die Silberkugel geblieben ist. In seinem Wahn sieht er Neger, die sich auf einem Sklavenschiff befinden, und stimmt in ihren verzweifelten Klagegesang ein. Doch die Nacht neigt sich ihrem Ende zu, und er hat die Küste noch immer nicht erreicht. Schweigend taucht der Kongo-Zauberdoktor auf und beginnt zu tanzen, während das Trommeln der Eingeborenen und der Gesang der Geister immer lauter und bedrohlicher anschwellen. Als der Medizinmann plötzlich auf Jones deutet, spürt dieser, daß er sterben wird. Die Krieger kreisen den schreienden Jones ein. Da erinnert er sich an seine Kugel aus Silber und erschießt sich. Die Krieger tragen Jones' Leiche weg. Smithers, der das Geschehen beobachtet hat, bemerkt zynisch, daß Jones schließlich doch noch »stilvoll« gestorben sei.

**Kommentar:** *The Emperor Jones* verdankt seinen Erfolg nicht zuletzt der großen Reputation O'Neills sowie der geschickten Fassung des Textbuchs, dessen II. Akt weitgehend als ein innerer Monolog des Protagonisten angelegt ist, während auf einer Oberbühne simultan dessen Halluzinationen zur Darstellung gelangen. Ein weiteres wirkungsvolles Moment der dramaturgischen Gesamtanlage stellt der Chor der einge-

*The Emperor Jones*, I. Akt; Lawrence Tibbett als Jones; Uraufführung, Metropolitan Opera, New York 1933. – Der berühmte Bariton, der seine Bühnenlaufbahn als Schauspieler und Operettensänger begann, sang 1923–50 an der Met. Zu seinen erfolgreichsten Partien gehörten Wolfram in Wagners *Tannhäuser*, Rigoletto und Jago.

borenen Krieger dar, der das Geschehen zunächst kommentiert, um zuletzt selbst einzugreifen und Jones' Ende zu bestimmen. Musikalisch arbeitet Gruenberg im Rahmen eines eklektizistisch-atonalen Materials mit einer Reihe von Techniken, die die äußerlich bewußt einfache Gestaltung des Werks betonen. So dominieren häufig melodramartig angelegte Sprechpassagen und gesprochene Dialoge vor differenziert auskomponierten Gesangspartien. Zudem durchziehen die Partitur stereotype Ostinati, Oktav- und Quintverdopplungen melodischer Strukturen sowie schlicht parallel geführte Dreiklänge. Alle diese Elemente verweisen weniger auf Einflüsse einer avancierten Kunstmusik als vielmehr auf die Aura bestimmter afrikanischer Elemente in der traditionellen Musik der Westindischen Inseln. Interessanterweise reduziert Gruenberg wichtige motivische Elemente zur Charakterisierung von Personen und Handlung häufig auf eingängige rhythmische Muster, die im Lauf des Geschehens vielfachen Veränderungen unterliegen und auf erstaunlich einfache Weise den Grad der dramaturgischen Entwicklung mitvollziehen und unterstreichen. Dies gilt sowohl für Jones' punktierte Viertel- und Achtel-»Motive«, deren allmähliche rhythmische Diminution die wachsende Unsicherheit und Unruhe des Verfolgten markiert, als auch für die vielen davon abgeleiteten andern »Motive« wie die der kleinen formlosen Gestalten des Grauens oder der alten eingeborenen Frau. Bereits in O'Neills Drama spielt Rhythmus als Symbol für bestimmte Handlungsträger eine entscheidende Rolle, indem auch dort die ruhelosen Tomtoms (die in der Oper noch durch ihre Verteilung über Bühnen- und Zuschauerraum verstärkt wirksam erscheinen und das Werk als eine Art klanglicher Rahmen begleiten) bedrohlich von der Allgegenwart der Eingeborenen künden, die Jones einkreisen. Gruenberg leitete gerade daraus die übergeordnete Idee einer Art Rhythmusmotivik ab, die er in seiner Partitur konsequent durchgeführt hat und die seiner Musik einen eigentümlich »primitiven« Charakter verleiht. Die vergleichsweise einfachen musikalischen Mittel, die Gruenberg einsetzt, dienen auf eindrucksvolle Weise der Kennzeichnung des spezifischen Kolorits, wodurch sie der Konzeption O'Neills fraglos entgegenkommen.
**Wirkung:** Die Uraufführung fand unter der Leitung von Tullio Serafin statt. Lawrence Tibbett sang den Jones, Marek Windheim den Smithers und Pearl Besuner die alte Frau. 1933 wurde das Werk neunmal in New York, zweimal in Chicago und zweimal in Los Angeles aufgeführt. Die Italian Opera Company besorgte 1934 die europäische Erstaufführung im Stadttheater Amsterdam (Jones: Jules Bledsoe). Während das Publikum begeistert war, reagierten die Kritiker zwiespältig. Obwohl man die zunehmende emotionale Spannung und das spektakuläre Ende des Werks lobte, waren einige Kritiker der Ansicht, die Oper sei uninspiriert und entspreche nicht der kargen Einfachheit von O'Neills Drama. Eine Aufführung in Berlin scheiterte daran, daß Erich Kleiber das Werk angesichts der Machtübernahme der Nazis nicht zu geben wagte.

1951 wurde *The Emperor Jones* in Rom gespielt (Dirigent: Gianandrea Gavazzeni; Jones: Nicola Rossi-Lemeni).

**Autograph:** NYPL NY. **Ausgaben:** Kl.A, engl./dt. Übers. v. R. S. Hoffmann: Cos Cob, NY 1932, Nr. 793337. **Aufführungsmaterial:** Cos Cob, NY; UE
**Literatur:** E. E. Hipsher, American Opera and Its Composers, Philadelphia 1934, S. 223–226; I. Kolodin, The Metropolitan Opera 1883–1936, NY 1940, S. 441; J. T. Howard, Our American Music, NY 1946, S. 417–419, 513; H. E. Johnson, Operas on American Subjects, NY 1964, S. 56; G. Chase, America's Music, NY 1966, S. 641f.

*Robert P. Kolt*

# Tatjana Gsovsky
Geborene Issatschenko; geboren am 18. März 1901 in Moskau

## Prinzessin Turandot
**Ballett in zwei Bildern**

**Musik:** Gottfried von Einem. **Libretto:** Luigi Malipiero, nach der Tragikomödie *Turandot* (1762) von Carlo Graf Gozzi
**Uraufführung:** 5. Febr. 1944, Staatsoper, Dresden, Ballett der Staatsoper
**Darsteller:** Kaiser Altoum von China; Prinzessin Turandot, seine Tochter; Prinz Kalaf von Astrachan; der Prinz von Samarkand; Rätselgestalten (der Tod, zwei Krieger, Jüngling, die Narrheit, zwei Liebespaare); der Henker; seine Knechte; Corps de ballet: Hofstaat, Volk
**Orchester:** 3 Fl (3. auch Picc), 2 Ob, 2 Klar, 2 Fg, 4 Hr, 3 Trp, 3 Pos, Tb, Pkn, Schl (gr.Tr, RührTr, MilitärTr, Tamburin, Bck), Hrf, Streicher
**Aufführung:** Dauer ca. 50 Min.

**Entstehung:** In der Schule ihrer Mutter Claudia Issatschenko, einer Schauspielerin und »plastischen« Tänzerin, wie man die in der Isadora-Duncan-Nachfolge arbeitenden russischen freien Tänzer nannte, und an verschiedenen privaten klassischen Schulen in Petrograd und Moskau ausgebildet, kam Gsovsky über Krasnodar, wo sie mit ihrem späteren Mann Victor zusammenarbeitete, 1925 nach Berlin. Während ihre Mutter nach einem Aufenthalt in Belgrad, wo sie den Grundstein für das Ballettensemble am Nationaltheater legte, mit ihrer Gruppe weiter in einem freien Tanzstil arbeitete, widmete sich Tatjana in den späten 20er und den frühen 30er Jahren vor allem der von ihr und ihrem Mann gegründeten Schule, einem Institut, das sich bald zu einer der führenden klassischen Schulen Deutschlands entwickelte. In der Saison 1935/36 übernahm Gsovsky in Essen ihren ersten Ballettmeisterposten, Ende 1936 brachte sie, nunmehr als Gast, hier mit Julius Weismanns Totentanz *Die Landsknechte* ihr erstes Ballett zu zeitgenössischer Musik heraus. Es folgten die Ballette *Die Liebenden von Verona* und *Daphnis und Chloe* (Leipzig 1942; Musik: Leo Spies) und die Choreographie von Orffs *Catulli carmina* (Leipzig 1943). – Die Anregung, eine Ballettmusik zu schreiben, bekam Einem durch Werner Egk, der ein Werk suchte, das zusammen mit seinem Ballett *Joan von Zarissa* (1940) aufgeführt werden sollte. Obwohl dieser Plan schon kurze Zeit später fallengelassen wurde, komponierte Einem 1942 die Musik zu dem von Boris Blacher vorgeschlagenen Libretto Malipieros. *Prinzessin Turandot* ist nicht nur die erste Ballettmusik Einems, sondern überhaupt sein erstes Werk, mit dem er sich der Öffentlichkeit vorstellte.

**Inhalt:** In China, in sagenhafter Zeit. 1. Bild, vor dem kaiserlichen Palast: Mit Spannung erwartet das Volk das Ergebnis der Prüfung des Prinzen von Samarkand, der er sich als Freier der Prinzessin Turandot unterziehen mußte. Da ihm die Lösung der von ihr aufgegebenen Rätsel nicht gelungen ist, wird er nach Turandots grausamer Sitte dem Henker vorgeführt. In ihrem Beisein findet die Hinrichtung statt, sein Haupt wird an der Palastmauer in die Reihe seiner Vorgänger als warnendes Beispiel eingereiht. Prinz Kalaf von Astrachan, entsetzt über solche Grausamkeit, ist beim Anblick Turandots von ihrer Schönheit überwältigt, so daß er es wagt, um ihre Hand anzuhalten. 2. Bild, Thronsaal: Trotz Warnungen der Minister tritt Kalaf vor den Kaiser und seine Tochter, die den Auftritt der Rätselgestalten befiehlt. Kalaf löst zum Erstaunen Turandots die ersten beiden Rätsel. Dann verkleidet sie sich selbst und verschwindet unter den Rätselgestalten. Kalaf löst auch das Rätsel der Liebe, indem er Turandot findet, die sich nun geschlagen geben muß und Kalafs Liebe nicht mehr zu widerstehen vermag. Kaiser und Volk triumphieren über das Ende der Grausamkeit.

**Kommentar:** Einem entwickelte einen in vieler Hinsicht noch an seinem Lehrer Blacher orientierten effektvollen Orchestersatz, der durch formale Klarheit und stabile Tonalitätsverhältnisse gekennzeichnet ist. Entsprechend den Stationen der Handlung gliederte er die Musik als Folge geschlossener Nummern, die jeweils mit wenigen Motiven arbeiten. Die für Blacher typische rhythmisch-metrische Variabilität, die teils vom Jazz, teils von Vorbildern wie Igor Strawinsky und Béla Bartók inspiriert ist, ist eins der satztechnischen Hauptprinzipien des Werks. Allerdings gelingt es Einem kaum, eine konstituierende Beziehung zwischen der Handlungsdramatik und seinem kompositorischen Ansatz herzustellen. Dem daraus resultierenden Spielmusikcharakter entspricht die eigentlich simple harmonische Anlage, die sich zwar häufig stark dissonant gibt, jedoch nur im koloristischen Sinn. Die wenigen Partien, in denen der Komponist versucht, eine charakteristische Thematik, die über Skalengänge oder Akkordbrechungen hinausgeht, zu entfalten, geraten eher zur Stilkopie als zu persönlicher Aussage. Einen persönlichen choreographischen Stil fand hingegen Gsovsky in ihren ersten Kreationen. Schon in der klassischen Basis unterschieden sich ihre Ballette deutlich von jenen Arbeiten, die die Vertreter des Ausdruckstanzes in ihrer Funktion als Ballettmeister deutscher Opernballettensembles, Positionen, die man ihnen seit den späten 20er Jahren überantwortet hatte, choreographierten. Unter diesem Aspekt kommt der ein halbes Jahr vor der kriegsbedingten Theatersperre in Dresden stattgefundenen Premiere von *Prinzessin Turandot* beinah symbolhafter Charakter zu, war Gsovskys Ballett doch mit zwei Arbeiten einer der Protagonistinnen der Ausdruckstanzbewegung, Valeria Kratina, verbunden. Stehen die Werke Kratinas für eine im Schwinden begriffene Ästhetik, so gab Gsovsky mit dem Einem-Ballett ein Beispiel jener neuen Ästhetik, die bis in die 60er Jahre in Deutschland verbindlich bleiben sollte. Dabei verwarf Gsovsky nicht das in den vorangegangenen 20 Jahren auf den Tanzbühnen Mitteleuropas Gültige; mit ihrer sensiblen Intelligenz und ihrem untrüglichen Sinn für Theatralik griff sie vielmehr die Errungenschaften des Ausdruckstanzes auf und verband sie mit dem klassischen Ballett. Gsovskys Musikalität und ihr Interesse für neue Musik ließen sie besonders das Musikverständnis der Ausdruckstänzer, ihren Wunsch nach originaler, eigens für die Persönlichkeit des Choreographen komponierter Tanzmusik übernehmen. Ebenso neu und unverkennbar vom Ausdruckstanz hergeleitet war die Art der Personenführung. Kannte das klassische Ballett in Mitteleuropa bislang nur undifferenzierte und entwicklungslos gezeichnete Seelenzustände, so orientierte sich Gsovsky offensichtlich an den Charakterstudien der Podiumstänzer, wie etwa an Chladeks *Ein romantisches Liebesschicksal – Die Kameliendame* (1943), die innerhalb eines Solos eine Entwicklung des Charakters auszudrücken vermochte. Auch die von Gsovsky später oft geübte Reduzierung der Personen einer literarischen Vorlage auf die wesentlichsten Protagonisten und die psychologisierende Auffächerung eines einzelnen Charakters gingen auf den Ausdruckstanz zurück. Für den klassischen Tanz neu war die Beziehung zwischen den Solisten und der Gruppe, die, oft »chorisch« geführt, die »öffentliche Meinung« wiedergaben. Billiges »Ins-Publikum-Hineinspielen«, ein wesentliches Merkmal des klassischen Balletts vor dem ersten Weltkrieg, wurde von der anspruchsvollen Aufforderung zum Mitdenken und -fühlen abgelöst. Ökonomischen Bau hatte Gsovsky bei ihrer Arbeit für das Varieté gelernt. Schon in den frühen 30er Jahren hatte sie eine »Gamajun« genannte Gruppe gebildet, die im Berliner Wintergarten, als einzigem möglichen Auftrittsort für klassische Choreographie, Arbeiten Gsovskys tanzte. In der Wahl der Kostüme, im Einsatz von Tanzgeräten und in der räumlichen Konzeption für ein Ballett geht Gsovsky von Vorbildern der Ausdruckstänzer aus, indem sie die Kostüme auf einfachste Schnittformen oder gar Trikots beschränkt, die mit personenbezogenen Applikationen versehen waren. So ließ Gsovsky meist in einem leeren Raum tanzen, der, durch wenige Versatzstücke gekennzeichnet, leicht, meist von den Tänzern selbst, verändert werden konnte. Wesentlich für die Choreographie waren die Einbeziehung von Tanzgeräten und der Einsatz von Symbolfarben; sie sollten einer Situation oder der Zeichnung eines Charakters zusätzlichen Ausdruck verleihen. Als weiteres Charakterisierungsmittel setzte Gsovsky nun den Spitzentanz ein. In der Titelrolle von *Prinzessin Turandot* etwa weist der Einsatz der Spitze Turandot, gleichsam überhöht, als monströses Weib, als Medea, Salome oder Lulu aus.

**Wirkung:** Durch die Kriegswirren fand die Uraufführung von *Prinzessin Turandot* nicht jenen Widerhall, den der Erfolg des Balletts hätte erwarten lassen. In den 50er und 60er Jahren wurde das Werk zu einem wesentlichen Bestandteil des Ballettrepertoires in Deutschland und Österreich. Von den zahlreichen Einstudierungen seien die von Gustav Blank (Städtische Oper Berlin 1952 und Hamburg 1958), Pia und Pino Mlakar (München 1954), Herbert Freund (Frankfurt a. M. 1955 und Hagen 1956), Dimitrije Parlić (Wien 1960) und Robert Alexander Mayer (Kassel 1964) genannt.

**Ausgaben:** M: Kl.A: B&B 1943
**Literatur:** Tatjana Gsovsky. Traumwelt leidenschaftlicher Gegenwärtigkeit, in: TdZ 1:1946, Nr. 3, S. 18f.; Ein Tanz wird geboren, in: Kulturaufbau, 1950, Nr. 8, S. 230f.; T. GSOVSKY, Das moderne Ballett, in: Ballett in Deutschland. 1. Folge, Bln. 1954; S. ENKELMANN, Ballett in Deutschland. 2. Folge, Bln. 1957; H. H. KELLERMANN, Gert Reinholm, Bln. 1957; G. ORBAN, Gisela Deege, Bln. 1957; G. ZIVIER, Berlin und der Tanz, Bln. 1968, S. 71–88; Theater in Deutschland 1928–1948. Materialien zur neueren Gesch. d. dt. Theaters, hrsg. W. Haus, Bln. 1981; F. SAATHEN, Einem. Chronik, Dokumentation u. Deutung, Wien 1982, S. 105–110; Tanz in Deutschland. Ballett seit 1945, hrsg. H. Regitz, Bln. 1984; Die Deutsche Oper Berlin, hrsg. G. Huwe, Bln. 1984; H. HEIL, Frankfurter Ballett von 1945–1985, Ffm. 1986

*Christiane Theobald*

## Der Idiot
**Ballettpantomime**

**Musik:** Hans Werner Henze. **Libretto:** Tatjana Gsovsky, nach dem Roman *Idiot* (1869) von Fjodor Michailowitsch Dostojewski. **Text:** Tatjana Gsovsky
**Uraufführung:** 1. Sept. 1952, Hebbel-Theater, Berlin, Ballettensemble der Berliner Festwochen; 2. Fassung mit Text (1953) von Ingeborg Bachmann: 8. Jan. 1960, Titaniapalast, Berlin, Berliner Ballett
**Darsteller:** Fürst Myschkin (Spr.); Nastassia Filipowna; Aglaja; Parfion Rogoschin; Totzki; Ganja Iwolgin; General Epantschin; ein Offizier; Corps de ballet: Damen und Herren der Petersburger Gesellschaft
**Orchester:** Fl (auch Picc), Klar, Fg, Trp, Pos, Schl (kl.Tr, Bck, Trg, Tamtam, 2 Tomtoms, Rumbaholz, Xyl), Kl, Streicher (chorisch oder solistisch); BühnenM auf d. Szene: Ob, E.H, Hr
**Aufführung:** Dauer ca. 40 Min.

**Entstehung:** *Der Idiot* war Gsovskys erste Produktion mit ihrem Berliner Festwochen-Ensemble, aus dem 1955 das berühmte Berliner Ballett hervorging.
**Inhalt:** 1. Bild: In einer pantomimischen Zirkusszene übt Nastassia ihre Macht über die Männer aus. Myschkin tritt hinzu und spricht seinen Monolog über die Einsamkeit der Menschen seiner Umgebung. 2. Bild, Raum, dessen Interieur die Atmosphäre einer Zirkusarena schafft: Die Männer begehren Nastassia. Auch Myschkin wendet sich ihr zu, kann sie jedoch nicht halten. Sie bleibt bei Rogoschin. 3. Bild: Nastassia schwankt zwischen Rogoschin und Myschkin. 4. Bild, vor einem riesigen roten Ikon: Rogoschin und Myschkin erkennen ihr gemeinsames Schicksal. 5. Bild, im Hintergrund die Umrisse eines Schlosses: Myschkin wendet sich Aglaja zu. 6. Bild, Kurpromenade: In der Gestalt von Vögeln promeniert die vornehme Gesellschaft. Myschkin erklärt sich Aglaja, kann sie jedoch nicht umarmen. Die Liebenden werden von Nastassia getrennt. Es kommt zum Kampf zwischen Nastassia und Aglaja. Nastassia bricht vor Myschkin zusammen. Er schließt sie in seine Arme. 7. Bild, leere Bühne mit schwarzgekleideten Menschen, die Kandelaber in Händen halten: Myschkin betet. Nastassia versucht, zu ihm zu gelangen, wird aber von Rogoschin zurückgehalten. Myschkin bleibt in einsamem Gebet zurück. Er verfällt dem Wahnsinn.
**Kommentar:** Die psychologisch außerordentlich differenziert gearbeitete Romanhandlung Dostojewskis wird im Libretto auf vergleichsweise wenige Momen-

*Der Idiot*; Harald Horn als Rogoschin, Wiet Palar als Nastassia; Uraufführung, Ballettensemble der Berliner Festwochen, Berlin 1952. – Die psychologische Essenz der literarischen Vorlage bestimmt die Expressivität der Bewegung: Hoch aufgereckt drückt die Überlegene den Gedemütigten nieder.

te reduziert. Mit Hilfe eines genau fixierten Gebrauchs von Requisiten, die sowohl symbolische als auch »tanztechnische« Funktionen zu erfüllen haben, werden vielschichtige Details der Handlung häufig auf überzeugend einfache Weise realisiert: Im 2. Bild beispielsweise wird Nastassia von einem Band umwickelt, an das die sie begehrenden Männer nach und nach »gefesselt« werden. Im 3. Bild sind es große Räder, die von den Tänzern bewegt werden und deren Kreisen, das wiederum den Pas de deux Nastassia/Rogoschin optisch begleitet, offenbar Unentschlossenheit symbolisieren soll. So ordnete Gsovsky jedem Bild bestimmte Requisiten zu, die in das tragische Sujet tänzerisch-spielerische Elemente integrieren, die die Gefährdung der Protagonisten letztlich jedoch auf charakteristische Weise unterstreichen. Deutlich wird dieser Sachverhalt gerade in der Zirkusatmosphäre des 2. Bilds, in der die an Nastassia gefesselten Männer mit einem goldenen Ball ein verzweifeltes Spiel um ihre eigenen Gefühle spielen. Ein weiteres charakteristisches Merkmal des Balletts ist die Einbeziehung eines Sprechers. Ursprünglich wurde die Figur des Myschkin nicht (wie in der 2. Fassung) durch einen Tänzer dargestellt. Er hatte unbegleitete Texte zu sprechen und wurde nur bedingt in das Bühnengeschehen einbezogen. In diesen Fällen wurde seine Außenseiterstellung dramaturgisch effektvoll unterstrichen: ein Nichttanzender unter Tanzenden. – Stilistisch steht Henzes Partitur eigenen Werken wie *Boulevard Solitude* (1952), den Opernneinaktern *Das Wundertheater* (1949), *Ein Landarzt* (1951) und *Das Ende einer Welt* (1953) oder auch seinen vorausgegangenen Balletten *Jack Pudding* (Choreographie: Edgar von Pelchrzim, Wiesbaden 1951), *Ballettvariationen* (komponiert 1949; Choreographie: Erich Walter, Wuppertal 1958), *Rosa Silber* (komponiert 1950; Choreographie: Lisa Kretschmar, Köln 1958) und *Labyrinth* (komponiert 1951) nahe. Freidodekaphonisch konzipiert (zu Beginn des Werks erwächst das zwölftönige Materialreservoir aus dem Fugenkopf der f-Moll-Fuge aus dem 1. Teil, 1722, von Johann Sebastian Bachs *Wohltemperiertem Klavier*; vgl. Klaus Geitel, s. Lit.), gliedert sich die Musik in strikt abgegrenzte Sätze, die gemäß ihrer Funktion eine klare rhythmische Anlage zeigen und auf die traditionellen Topoi des Balletts zurückgreifen. Auch in dieser Partitur zeigt sich deutlich die Verehrung für Igor Strawinsky. Fraglos ist er das große Vorbild für den Ballettkomponisten Henze. Gleichzeitig muß das Werk aber auch als eine ernsthafte Auseinandersetzung mit der Neuen Wiener Schule betrachtet werden, die gerade zu jener Zeit, wenige Jahre nachdem Henze durch René Leibowitz in die Werke dieses Kreises eingeführt worden war, eine besondere Rolle für ihn spielten.
**Wirkung:** Bei der erfolgreichen Uraufführung (Ausstattung: Jean-Pierre Ponnelle, Dirigent: Rudolf Alberth) tanzten Wiet Palar (Nastassia), Natascha Trofimova (Aglaja), Harald Horn (Rogoschin) und Wolfgang Leistner (Ganja), der Darsteller des Fürsten Myschkin war Klaus Kinski. In derselben Besetzung wurde *Der Idiot* noch im Sept. 1952 auf der Biennale in Venedig (Teatro La Fenice) gegeben. 1959 arbeitete Gsovsky ihr Werk um, wobei die Rolle des Myschkin nun zwischen einem Sprecher und einem Tänzer aufgeteilt wurde. Gert Reinholm tanzte den Myschkin, Janine Monin die Aglaja, Enrique Lommi den Rogoschin und Olga Ferri die Nastassia.

**Ausgaben:** Kl.A: Schott [1955], Nr. 4320. **Aufführungsmaterial:** M: Schott
**Literatur:** K. GEITEL, Hans Werner Henze, Bln. 1968, S. 46f.; weitere Lit. s. S. 600

*Michael Mäckelmann*

## Die chinesische Nachtigall
### Ballett in vier Bildern

**Musik:** Werner Egk. **Libretto:** Werner Egk, nach dem Märchen *Nattergalen* (1843) von Hans Christian Andersen
**Uraufführung:** 20. Mai 1953, Prinzregententheater, München, Ballett der Bayerischen Staatsoper
**Darsteller:** der kleine Kaiser; die Nachtigall; die künstliche Nachtigall; das Küchenmädchen; der Zeremonienmeister; der Hofmechaniker; der Turnlehrer; die Uhr; der Postbote; der Arzt; der Tod; ein Froschkavalier; eine Froschdame; Corps de ballet: einige Mandarine, Leute aus dem Volk
**Orchester:** 2 Fl (2. auch Picc), 2 Ob, 2 Klar, 2 Fg, 4 Hr, 3 Trp, 3 Pos, Pkn, Schl (4 Spieler: gr.Tr, kl.Tr, HolzTr, RührTr, Tomtom, versch. Bck, Tamtam, Trg, Tamburin, Kastagnetten, Glsp, Vibr, Röhrenglocken, Xyl, Gong, chin. Tempelblock, Rasseln, Ratsche), Hrf, Kl, Streicher
**Aufführung:** Dauer ca. 40 Min.

**Entstehung:** Zum 50jährigen Bestehen des Deutschen Museums in München wurde Egk der Auftrag für ein Ballett erteilt, das sich mit dem Thema »Technik« beschäftigen sollte. Egk wählte den Stoff von Andersens Märchen in der Absicht, das Verhältnis von Natur und Technik in Form einer Parabel darzustellen. Seine Faszination für den Tanz entsprang vermutlich frühen Theatererfahrungen als Opernkomponist und führte zur Komposition mehrerer Ballette über Stoffe aus der Weltliteratur, die einen festen Platz im Repertoire haben, wie *Joan von Zarissa* (Choreographie: Lizzie Maudrik, 1940) und *Abraxas* (Choreographie: Marcel Luipart, 1948). Unmittelbar vor der *Chinesischen Nachtigall* entstand das heitere Ballett *Ein Sommertag* (Choreographie: Janine Charrat, Berlin 1950). Der öffentlichen Premiere der *Nachtigall* ging eine geschlossene Vorstellung für die Jubiläumsgäste im Deutschen Museum am 6. Mai voraus.
**Inhalt:** 1. Bild, Zimmer des kleinen Kaisers: Nach dem Erwachen öffnet der kleine Kaiser das Fenster und beginnt mit dem Küchenmädchen ein Ballspiel, wobei das Zimmer in große Unordnung gerät. Als der Zeremonienmeister naht, verschwindet der Kaiser schnell im Bett und stellt sich schlafend. Es versammeln sich der Hofmechaniker, der Turnlehrer und die

Uhr, die, nachdem sie aufgeräumt haben, das Zeichen zum Aufstehen geben. Der Kaiser erhält eine Turnstunde, danach eine Rechenstunde. Nach diesen Pflichtübungen zieht man sich in den künstlichen Garten zurück. 2. Bild, Garten: Die Hofbeamten beobachten den Kaiser beim Fangen einer künstlichen Libelle, die der Hofmechaniker konstruiert hat. Der Postbote überreicht einen Brief, der die Zeichnung einer singenden Nachtigall enthält. Niemand kennt diesen Vogel, nur das Küchenmädchen gibt vor, den Ort zu kennen, wo er zu finden sei. Der Kaiser ordnet die Suche nach diesem Tier an, währenddessen der Hofmechaniker unbemerkt verschwindet. 3. Bild, freie Landschaft: Das Küchenmädchen, mit der Natur vertraut, führt die ängstlichen Hofleute durch ein Dickicht, wo sie der Serenade eines Froschkavaliers, den sie für die Nachtigall halten, lauschen. Die Nacht bricht herein, man legt sich erschöpft nieder und schläft ein. Das Küchenmädchen aber wacht, bis die Nachtigall ihr Lied anstimmt, wodurch die Hofleute geweckt werden. Sie laden den Vogel ein, mit ihnen zum Kaiser zurückzukehren. In der Zwischenzeit ist der Hofmechaniker mit der Konstruktion eines Mechanismus beschäftigt. 4. Bild, Thronsaal: Die Nachtigall wird zum Kaiser gebracht, der ergriffen ihrem Gesang lauscht und Tränen der Rührung vergießt. Seine Beamten dagegen sind wenig bewegt und zeigen nur aus Höflichkeit Interesse. Der Hofmechaniker erscheint mit seiner Nachtigall, deren Musik die Hofleute sofort begeistert. Die richtige Nachtigall entflieht befremdet. Da versagt die Stimme des mechanischen Tiers, und von fern ist die Nachtigall zu hören. Der Kaiser gerät in Wut und fällt in einen Fiebertraum, in dem seine Lebensstationen vorüberziehen. Der Tod tritt auf, nimmt ihm Zepter, Krone und Mantel und trachtet nach seinem Leben. Im Mondlicht beginnt die Nachtigall ihren Gesang, der die Kraft des Tods bannt. Der Kaiser wird gesund und ist bei Ankunft der Hofleute voller Lebensfreude. Er öffnet das Fenster, holt das Küchenmädchen herein und gebietet der Uhr, die gerade schlagen will, Einhalt, als der Postbote mit bunten Bällen erscheint, mit denen alle spielen.

**Kommentar:** Mit seiner Stoffwahl verbindet Egk einen moralischen Appell, wenn er sein Ballett als »bestellte und bezahlte Ohrfeige für die Technik« (in: *Die Zeit wartet nicht*, s. Lit.) charakterisiert. Im Musikalischen beschränkt Egk sich auf eine eher unverbindliche, begleitende und rhythmisch einfache Gestaltung. Parallel zum Handlungsverlauf sind die vier Bilder in kurze Nummern gegliedert, die die jeweilige Situation imitativ illustrieren, wie etwa das Ballspiel am Beginn und Ende des Stücks oder die schwerfälligen Schritte des Zeremonienmeisters und seines Gefolges (Nr. 2). Entgegen dem kritischen Anspruch gibt sich die Musik in ihren Anklängen an den Sonatinenton klassischer Kleinmeister (Froschserenade) oder an burschikose Volkstanzheiterkeit ohne jegliche ironisch-satirische Nuance verniedlichend. Von der Choreographie beeindruckte besonders die kunstvolle Verteilung tänzerischer Effekte, die sich in der *Chinesischen Nachtigall* in einer verspielten, ästhetisierenden Phantasie ausdrückte: Da sind das heimliche Ballspiel des jungen Kaisers mit dem kleinen Küchenmädchen, das Erscheinen des Postboten im Luftballon und seine Fortbewegung auf Rollschuhen, die Aktionen der Hofschranzen und der mit grotesker Heiterkeit gewürzte Pas de trois der verliebten Frösche. Besonders geglückt waren der Auftritt der natürlichen Nachtigall, bei dem sie von Baum zu Baum glitt, und die wie eine Maschine agierende künstliche Nachtigall. Ihre effektvolle Gliedertechnik stellte allerdings die Figur der natürlichen Nachtigall, deren Charakter voll märchenhafter Poesie gezeichnet war, in den Schatten.

**Wirkung:** In der Uraufführung tanzte Patricia Miller die Nachtigall, Natascha Trofimowa kreierte die technisch überaus anspruchsvolle Partie der künstlichen Nachtigall, Heino Hallhuber verkörperte den Tod. Gegenüber Egks großen Balletten erfuhr *Die chinesische Nachtigall* vergleichsweise wenige Neueinstudierungen: Unmittelbar nach der Uraufführung studierte Wera Donalies das Werk in Bremen ein, 1957 brachte es Heino Heiden in Washington heraus und 1969 Wolfgang Bielefeld in Osnabrück. Ruth Wolf studierte das Ballett 1974 am Stadttheater Jena für das Ensemble des Nationaltheaters Weimar ein.

**Ausgaben:** Kl.A: Schott 1953, Nr. 4312. **Aufführungsmaterial:** M: Schott
**Literatur:** Ph. Prinzregententheater, H. 10, München 1953, S. 145–153, 156; W. EGK, Musik – Wort – Bild, München 1960, S. 239–244; E. KRAUSE, W. E., Bln. 1971, S. 154–173; W. EGK, Die Zeit wartet nicht, Percha 1973, S. 451–454; weitere Lit. s. S. 600

*Christiane Theobald*

## Der rote Mantel
**Ballett**

**Musik:** Luigi Nono. **Libretto und Text:** Tatjana Gsovsky, nach *Amor de Don Perlimplín con Belisa en su jardín. Aleluya erótica* (1933) von Federico García Lorca in der Übersetzung von Enrique Beck (eigtl. Heinrich Beck; 1954)
**Uraufführung:** 20. Sept. 1954, Städtische Oper, Berlin, Ballett der Städtischen Oper
**Darsteller:** Don Perlimplin, ein Mann in den Fünfzig; Marcolfa, seine alte Dienerin; Belisa, eine Schönheit; Belisas Mutter; 4 Liebhaber (Zentaurus, Jüngling, Akrobat, Mörder); 2 Koboldchen
**Orchester:** 3 Fl (2. u. 3. auch Picc), 2 Ob, 3 Klar (3. auch A.Sax), B.Klar, 2 Fg, 4 Hr, 3 Trp, 2 Pos, Tb, Pkn, Schl (Marimba, Gsp, Vibr, gr.Tr, 2 RührTr, 4 hängende Bck, JazzBck, Tamtam, 6 Trg, 4 Tamburine, 3 Tomtoms, 4 Kastagnetten, Rumbaholz, 4 Tempelblöcke), 2 Hrf, Cel, Streicher, S, Bar, Chor
**Aufführung:** Dauer ca. 35 Min. – Sänger und Chor hinter der Szene.

**Entstehung:** García Lorcas Stück geht in seiner Thematik auf die Farce *Le Cocu magnifique* (1920) des belgischen Dramatikers Fernand Crommelynck zurück. Die besondere Bedeutung des Musikalischen in seinem Bühnenkonzept hebt García Lorca selbst hervor, indem er das Stück als eine Art »Kammeroper« bezeichnet, die sowohl Zwischenaktsmusik (Sonaten Domenico Scarlattis) als auch eine rezitativartige Begleitung der Rede verwendet. Gsovskys Entscheidung für Nono dürfte von dessen besonderer Affinität zu dem spanischen Dichter herrühren, die zur Entstehung des dreiteiligen *Epitaphs auf Federico García Lorca* (1952) führte. Sie choreographierte das als Auftragswerk der Berliner Festwochen entstandene Ballett zunächst noch als Gast der Städtischen Oper, dessen Ensemble (seit 1961 Ballettensemble der Deutschen Oper Berlin) sie bis 1966 angehörte.

**Inhalt:** I. Akt, Perlimplins Haus: Während Perlimplin von Marcolfa geweckt und beim Ankleiden bedient wird, kommt Belisas Mutter über die Straße und verschwindet im Haus. Belisa tritt auf den Balkon und singt ein Lied der Liebe. Perlimplin lauscht dem Gesang und läßt sich von Marcolfa zum Tanz einer Liebeswerbung anregen. Belisas Mutter erscheint; gemeinsam preisen sie Belisa und Perlimplin, deren Verlobung damit beschlossen ist. Belisa und Perlimplin ziehen sich jeder in sein Haus zurück. Perlimplin steigert sich in einen wirren Liebestanz.

II. Akt, Hochzeitsgemach in Perlimplins Haus: Marcolfa geleitet das Paar in das Hochzeitsgemach. Da der scheue Perlimplin sich ihr nicht nähert, schläft Belisa verärgert ein. Durch vier Türen erscheinen während der Nacht ein Zentaurus, mit dem Belisa kämpft, ein Jüngling, der sie eine Leiter hinaufführt, ein Akrobat, mit dem sie Kunststücke vollbringt, und ein Mörder, von dem sie symbolisch erstochen wird. Perlimplin erwacht als Gehörnter und erkennt im Anblick der geöffneten Türen seine Situation.

III. Akt, Perlimplins Garten: Marcolfa verschwindet mit einem Brief Perlimplins, der sich einen roten Mantel umlegt und am Fenster Belisas vorübergeht, die ihn nicht erkennt. Sie ist entzückt und folgt der Person in den Garten. Perlimplin, nun ohne Mantel, tritt ihr entgegen. Belisa weist ihn ab. Perlimplin wiederholt sein Spiel, bis Belisa ihm in ihrer Verzweiflung ihre Liebe zu dem Unbekannten gesteht. Perlimplin zieht einen Dolch und droht jenen zu töten. Belisa folgt ihm zur Tür, wo ihr der Unbekannte im roten Mantel in die Arme sinkt. Sie legt sich den blutigen Mantel um die Schultern.

**Kommentar:** Gsovskys *Roter Mantel* und, als zweite Uraufführung des Abends, *Pelleas und Melisande* (Musik: Max Baumann) wurden als Höhepunkt der Berliner Festwochen 1954 angesehen. Die Choreographin hatte dem Abend, der bei Publikum und Presse heftige Reaktionen auslöste, die dramaturgische Klammer »Traum und Wirklichkeit« gegeben. Erschienen diese beiden Ebenen in *Pelleas und Melisande* mit lyrischem Akzent, so rückte sie das Doppelspiel im *Mantel* ins Skurrile und Groteske. Obwohl einige kritische Stimmen die Umsetzung der vielschichtigen literarischen Vorlage in Frage stellten, vermochte Gsovsky mit ihrem gesamten Regiekonzept Regionen des Unterbewußten freizulegen und diese tänzerisch zu gestalten. Sie erreichte dies zum Teil mit Hilfe ihres expressiven choreographischen Stils, der seinen Ausdruck stets vom Tänzerischen herleitete, in diesem Ballett aber besonders in Verbindung mit der Bühnengestaltung von Jean-Pierre Ponnelle, dessen Dekorationen immer wieder in die Choreographie mit einbezogen, ja oft zum integralen Bestandteil von ihr wurden. Eine Spannung zwischen Tanzbewegung und Bühnengestaltung entstand schon aus dem Kontrast der schwebenden Leichtigkeit der Versatzstücke, ihrer »wirklich-unwirklichen‹ Atmosphäre und der klaren, oft überaus akrobatischen, technischen Sprache Gsovskys. Besondere Beispiele dafür waren das wie eine Wolke schwebende Fenster, an dem Belisa erscheint, ihr Auftritt auf einem schwingenden Trapez, auf dem sie komplizierte Bewegungen auszuführen hatte, die hinter einem zarten Schleier spielende, überaus aufreizende Traumszene, die drei schwebenden Monde oder die Staffage der Hochzeitsnacht. Gsovskys Intentionen wurden wesentlich von symbolhaft eingesetzten Farben unterstützt. Das Rot des Mantels steht gleichermaßen für die erotischen Träume Belisas wie als Farbe für Perlimplins »Mantilla«. Eine goldene Jalousie verschließt Perlimplins Einsamkeit vor der Umwelt, golden sind auch die Äpfel auf den gefransten Bäumen, an denen die einsame Belisa am Schluß den Mantel vorbeischleppt. Dem expressiven Charakter dieser surrealistischen Symbolwelt von Choreographie und Dekoration fügt sich Nonos Musik hervorragend ein, obwohl sie keineswegs auf spezifisch tänzerische Bewegtheit abzielt. Die scheinbare Disparatheit der klanglichen Ereignisse, die aus einer die metrischen Akzente nivellierenden rhythmischen Schwerelosigkeit resultiert, korrespondiert mit Ponnelles flexiblen Kulissen genauso wie mit Gsovskys expressiver Gestik. Einen besonderen Akzent setzen die ausdrucksstarken Vokalpartien, die Belisa und Perlimplin zugeordnet und in Chorstimmen eingebettet sind. Diese aus dem Hintergrund erklingenden Gesänge und eine

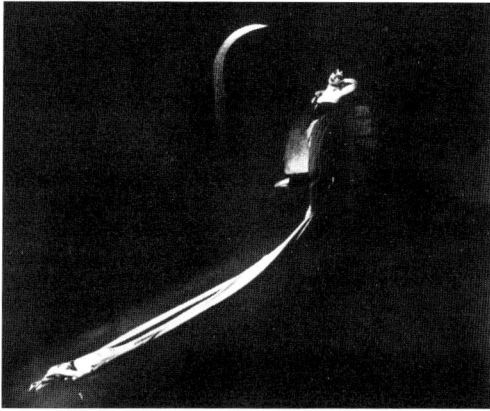

*Der rote Mantel*; Gisela Deege als Belisa; Uraufführung, Ballett der Städtischen Oper, Berlin 1954. – Eben noch Zeichen der Liebe, ergießt sich das Tuch blutigrot als Symbol des Leidens über die Bühne.

Instrumentation, vor allem der Bläser, die durch Dynamik und Klangfarbe imaginäre Raumassoziationen hervorruft, schaffen eine dem Optischen entsprechende irreale Atmosphäre.
**Wirkung:** Wesentliche Unterstützung ihrer Intentionen fand Gsovsky auch durch ihre Tänzer. Gisela Deeges Eleganz, ihre schöne Linie standen in reizvollem Kontrast zu der deutlichen Erotik, die Belisa zu verkörpern hatte. Erwin Bredow gelang es, die Wandlungen Perlimplins glaubhaft zu gestalten. Jockel Stahl, Gert Reinholm und Rainer Köchermann wurden zusammen mit den Protagonisten vom Publikum, das das Ballett mit Lachen und Pfeifen begleitet hatte, stürmisch gefeiert. *Der rote Mantel* beeindruckte auch 1961, als Gsovsky das Ballett aus Anlaß der Frankfurter »Tanzwoche 1961« für das Ballettensemble der Oper herausbrachte. Die psychologischen Zwischenbereiche überzeugten ebenso wie die grotesken Züge, die aus dem Zusammenspiel zwischen der Puppe und dem tatsächlich agierenden Perlimplin entstanden. Karin von Aroldingen verkörperte in Frankfurt a. M. die Belisa, Ivan Sertić den Perlimplin. – 1960 schuf Jac Perko eine Version des Balletts in Oldenburg, 1961 Otto Krüger eine in Essen. Manfred Taubert brachte den *Roten Mantel* 1966 in Braunschweig heraus, 1967 studierte Gabriel Popescu das Ballett in Zürich ein. Es folgten Sertić in Wuppertal 1969 und Heinz Spoerli in Basel 1980.

**Ausgaben:** Part: Schott 1977. **Aufführungsmaterial:** M: Schott
**Literatur:** S. Lietzmann, Ein G.-Abend mit Ponnelle, in: Frankfurter Allgemeine Zeitung, 22.9.1954; K. Peters, Ein neuer »Wurf« T. G.s, in: TA 9:1961, H. 2, S. 39f.; weitere Lit. s. S. 600

*Thomas Steiert*

## Tristan
**Ballett in sieben Bildern**

**Musik:** Boris Blacher. **Libretto:** Tatjana Gsovsky, nach der mittelalterlichen Sage
**Uraufführung:** 10. Okt. 1965, Deutsche Oper, Berlin, Ballett der Deutschen Oper
**Darsteller:** Tristan; Isolde; König Marke; Brangäne; Melot, Markes Erbneffe; Baron Ganelon; Baron Gondoin; Baron Denovalin; ein Elch; ein Page (Sing-St.); Corps de ballet: Königspaare der Dynastie Markes, Soldaten, Hofdamen, Fastnachtsnarren
**Orchester:** 3 Fl (3. auch Picc), 2 Ob, E.H, 3 Klar (3. auch B.Klar), 3 Fg (3. auch K.Fg), 4 Hr, 3 Trp, 3 Pos, Tb, Pkn, Schl (kl.Tr, Tamburin, Bck, Glsp, Trg, Vibr), Cel, Hrf, Streicher
**Aufführung:** Dauer ca. 1 Std.

**Entstehung:** Auch in ihrer neuen Funktion als Ballettchefin der Städtischen Oper Berlin verfolgte Gsovsky die schon für die Berliner Staatsoper erfolgreich durchgeführte Repertoirepolitik. Ihre wesentlichsten Ballette waren *Die letzte Blume* (1958; Musik: Nicolas Nabokov) und *Menagerie* (1958; Musik: Giselher Klebe). 1960 entstand das vielbeachtete Ballett *Paean* (Musik: Remi Gassmann und Oskar Sala), die wichtigste Uraufführung im neuen Haus war *Labyrinth der Wahrheit* (Musik: Edgar Varèse), eins der erfolgreichsten Werke der späten Schaffensperiode Gsovskys. Neben ihrer Tätigkeit für die Oper leitete Gsovsky seit 1955 das Berliner Ballett, ein Ensemble, das sich von Mal zu Mal, meist aus Tänzern der Oper, neu formte. Für das Berliner Ballett, das in Europa, in den Vereinigten Staaten und in Südamerika gastierte, entstanden unter anderm *Signale* (1955; Musik: Klebe), *Fleurenville* (1956; Musik: Klebe) und *Die Kameliendame* (1957; Musik: Henri Sauguet).
**Inhalt:** 1. Bild,»Prolog«, ein Baumwipfel mit Königskronen ist über König Marke so angebracht, daß dieser den Stamm des Baums bildet: Im Halbkreis um Marke stehen fünf Königspaare, seine Vorfahren, die nach seiner Krönung in den Hintergrund treten. Eine Vision offenbart ihm seine zukünftige schicksalhafte Beziehung zu Tristan und Isolde. 2. Bild,»Sonnenwende«, Felslandschaft im Sonnenuntergang: Jünglinge und Männer machen Jagd auf Elche. Ein besonders großes Tier läßt sie vor einem Angriff zurückscheuen. Da stürzt sich Isolde auf das Tier, bezwingt es, verfängt sich aber mit ihrem Haar in seinem Geweih. Brangäne schneidet die Strähne ab und befreit Isolde. Der Wind trägt das Haar aus dem Geweih fort. 3. Bild,»Bei Marke«, Thronsaal im Schloß: Marke lauscht dem Harfenspiel Tristans, die drei Barone beobachten die Szene aus ihrem Versteck. Mit dem Ende der Musik verschwindet Marke, sein Erbneffe Melot erscheint und beschließt, nachdem er von den Baronen vom Zusammensein Markes und Tristans gehört hat, dessen Einfluß auf den König zu unterbinden. Der Anführer des Heers fordert von Marke einen Thronerben. Vom hereinbrechenden Sturm wird Isoldes Haarsträhne angeweht; Marke will die Frau, der dies Haar gehört, zur Königin machen. Tristan bietet seinen Dienst an, die Braut zu suchen, und verschwindet. 4. Bild,»Die Barke«, in der Mitte hängen über der offenen Versenkung Segel, davor ein Ruhelager: Während Brangäne einen Trank für Isoldes Hochzeitsnacht mit Marke bereitet, kommt diese mit Tristan von der Barke. Isolde weigert sich verzweifelt, Markes Frau zu werden, und sinkt erschöpft nieder. Tristan reicht ihr den Trank Brangänes, die sich zurückgezogen hat, und kostet nach Isoldes Aufforderung auch selbst davon. Beide fühlen sich, erst widerstrebend, dann in Liebe, zueinander hingezogen. 5. Bild,»Im Garten«, Toreingang in einer Mauer, Nacht: Tristan und Isolde liegen sich in den Armen und werden von den Baronen beobachtet. Isolde warnt Tristan, der flieht und Mantel und Harfe zurückläßt. 6. Bild,»Die Trennung«, wie 5. Bild: Mantel und Harfe dienen Melot als Beweis für Tristans Verrat an Marke. Melot legt sich Tristans Mantel um und spielt dessen Liebeslied, das Isolde zur Rückkehr bewegt. Marke und die Barone beobachten dies Trugspiel. Tristan wird hereingeführt und an Isolde gefesselt. Symbolisch zerreißt Marke die Fessel, Tristan und Isolde trennen sich. 7. Bild,»Imaginäre Szene und Fastnacht«, leere Bühne im Scheinwerferlicht: Isolde sehnt den ver-

bannten Tristan herbei, der entgegen seinem Willen den Weg zu ihr sucht. Ein Karnevalszug zieht vorüber. Tristan entdeckt ein liegengebliebenes Narrenmäntelchen, das er anzieht, und geht ins Schloß. – Isoldes Gemach: Isolde liegt lethargisch am Boden und wird umsorgt. Tristan versucht, sich ihr zu nähern, indem er die andern durch Späße ablenkt. Isolde versteht das Spiel erst, als Tristan ihr die Haarsträhne zeigt. Melot und Marke haben den Narren jedoch auch durchschaut und fordern ihn mit dem Schwert heraus. Tristan verweigert den Kampf, wirft sein Schwert fort und wird von Marke getötet. – Leere Bühne: Der Narrenzug nimmt Marke, Melot und die Barone mit sich, Tristan und Isolde versuchen noch einmal zusammenzukommen, doch im Gewühl werden sie immer wieder getrennt. Isolde kommt zu spät, Tristan stirbt.

**Kommentar:** Gsovsky ging es in *Tristan* weder um bloße Fakten eines überlieferten Mythos noch um eine sich logisch aufbauende Szenenfolge. Im Mittelpunkt ihres Interesses standen vielmehr die seelischen Zustände der Protagonisten und ihre Beziehungen zueinander. Die lärmenden, tumultartigen Szenen der einleitenden Sonnenwende und die abschließende Fastnacht umklammern die lose Folge des Geschehens und heben die Charaktere und das Schicksal der Liebenden kontrastreich hervor. Im Gegensatz dazu steht die ruhige Szene des nächsten Bilds, in der König Marke Tristan und die Intriganten am Hof vorgestellt werden. Analog dazu ist die der Fastnacht vorangehende Szene der Trennung gedacht. Von den Baronen verraten, entdeckt Marke die Beziehung zwischen Tristan und Isolde. In der Mitte des Stücks stehen die beiden Szenen auf der Barke und im Garten, in denen Brangäne und mit ihr der Liebestrank ins Spiel gebracht werden. Wie alle andern Protagonisten ist auch sie durch einen charakteristischen Bewegungsduktus gekennzeichnet. Das klassische Vokabular ihres Tanzes hat wundersame, dämonisch wirkende Akzente. Tristan bringt durch Haltung und Allüre seinen Stand und seine edle Gesinnung dem König gegenüber zum Ausdruck, Marke selbst bewegt sich, seiner würdigen Position entsprechend, gemessen und feierlich. Groteske Bewegungsfolgen lassen die Verschlagenheit Melots und der Barone erkennen. Isolde allein zeigt tänzerisch einen Wandel in ihrem Charakter. Im wilden Treiben der Sonnenwende offenbart sich ihr ungestümes Wesen, in der Begegnung mit dem weißen Elch zeigen sich weitere Facetten ihrer Persönlichkeit, in ihrer Begegnung mit Tristan werden ihre Bewegungen weich und lyrisch. Blachers Musik folgt der tänzerischen Dramaturgie exakt. Das exponiert im Zentrum stehende Lied des Pagen, ein altes burgundisches Liebeslied (4. Bild), wird zum Angelpunkt zwischen Szene und Musik und beeinflußt in seiner schlichten Melodik die gesamte Motivbildung. Mit elementaren kompositorischen Mitteln, die nicht primär expressiver Natur sind, sondern den Tanz gestisch unterstützen, gibt Blacher den Bildern kontrastreiche Konturen. So ist die Vision des Prologs in einen einzigen liegenden Klang eingebettet, der durch per-

*Tristan*; Didi Carli als Isolde, Gert Reinholm als Tristan; Uraufführung, Ballett der Deutschen Oper, Berlin 1965. – Die mit feiner Linie antagonistisch komponierte Pose verkörpert das schicksalhafte Auseinanderstreben des Paars.

manente Tonwiederholungen gleichsam in sich vibriert; diese Tonrepetitionen treten in der »Sonnenwende« scharf rhythmisiert, als rituelles Paukensolo, zu dem mit Beginn des Tanzes die Pikkoloflöte hinzukommt, in den Vordergrund. Insgesamt korrespondiert die Gruppierung von Streichern und Holzbläsern im Kontrast zu Schlagzeug und Blechbläsern mit der Sphäre der Liebenden beziehungsweise mit König Markes Welt. Die rhythmische Plastizität der Partitur resultiert aus der Verarbeitung charakteristischer Tanztypen wie zum Beispiel in der Fastnachtsszene, die eine Tarantella ist.

**Wirkung:** Wie in allen Kreationen Gsovskys trugen die Tänzer entscheidend zum Erfolg des Balletts bei. In der Uraufführung tanzten Gert Reinholm und Didi Carli Tristan und Isolde, Gerhard Bohner verkörperte Marke, Silvia Kesselheim Brangäne, Klaus Beelitz Melot und Falco Kapuste den weißen Elch. *Tristan* wurde bisher nur von Hildegard Krämer (Nürnberg 1973) neu einstudiert.

**Ausgaben:** Kl.A: B&B 1968
**Literatur:** D. STEINBECK, Tanz und Ballett bei den Berliner Festwochen 1964, in: TA 12:1964, H. 6, S. 165–167; DERS., Hat das Berliner Ballett eine Konzeption?, ebd. 12:1965, H. 10, S. 301–309; DERS., T.s Abschied. UA v. ›Capriccio‹ u. ›Tristan‹ in Bln., ebd. 13:1965, H. 6, S. 169–172; K. PETERS, Abschied auch in Frankfurt, ebd. 13:1966, H. 10, S. 300f.; weitere Lit. s. S. 600

*Thomas Steiert*

# Victor Gsovsky

Geboren am 12. Januar 1902 in Sankt Petersburg (heute Leningrad), gestorben am 14. März 1974 in Hamburg

## Hamlet
**Ballett in einem Prolog und drei Bildern**

**Musik:** Boris Blacher. **Libretto:** Tatjana Gsovsky, nach der Tragödie *The Tragical History of Hamlet Prince of Denmark* (1602) von William Shakespeare
**Uraufführung:** 19. Nov. 1950, Prinzregententheater, München, Ballett des Nationaltheaters
**Darsteller:** Claudius, König von Dänemark; Hamlet, Sohn des vorigen und Neffe des gegenwärtigen Königs; Polonius, Oberkämmerer; Laertes, Sohn des Polonius; Horatio; Osrik; 3 Schauspieler; 2 Totengräber; der Geist von Hamlets Vater; Gertrude, Königin von Dänemark und Hamlets Mutter; Ophelia, Polonius' Tochter; Corps de ballet: Herren und Damen am Hof, Pagen, Soldaten, junge Mädchen
**Orchester:** 2 Fl (2. auch Picc), 2 Ob, 2 Klar, 2 Fg, 4 Hr, 3 Trp, 3 Pos, Tb, Pkn, Schl (gr.Tr, kl.Tr, Tamburin, Bck, Glsp, Trg, Tamtam, Xyl), Kl, Streicher, Chor; BühnenM: 2 Trp
**Aufführung:** Dauer ca. 1 Std. 15 Min.

**Entstehung:** Die Ballettgeschichte verzeichnet mehrere Versuche, Shakespeares *Hamlet* choreographisch darzustellen. Sie reichen von Francesco Clericos *Amleto* (Venedig 1788) bis hin zu John Neumeiers *Amleth* (Kopenhagen 1985). Als Tatjana Gsovsky sich kurz nach dem Krieg auf Anregung Gert Reinholms hin mit dem *Hamlet*-Stoff beschäftigte, ging es ihr weniger darum, eine einfache Transposition des Schauspiels ins Ballett zu verwirklichen, als vielmehr um eine Gestaltung der dem Sujet innewohnenden Situationen und Spannungen durch eine spezifische Körper- und Musiksprache. So entstand das kurze, nur zweieinhalb Schreibmaschinenseiten umfassende Libretto zu ihrer dramatischen Ballettstudie *Hamlet*, die ihr Mann herausbringen sollte. Als Komponisten hatte Tatjana Gsovsky zunächst Gottfried von Einem vorgesehen. Dieser Plan zerschlug sich, und so schrieb Blacher die Musik. Er hatte mit Werken wie *Harlekinade* (Choreographie: Walter Kujawski, Krefeld 1940) und *Chiarina* (Choreographie: Jens Keith, Berlin 1950) bereits Erfahrungen als Ballettkomponist gesammelt. Schon 1940 hatte Blacher die symphonische Dichtung *Hamlet* komponiert. Die Uraufführung des Balletts fiel in Gsovskys erste Saison als Ballettdirektor in München. Als wichtigste Produktionen folgten 1952 *Der Weg zum Licht* (Musik: Georges Auric), *Pas de cœur* (Musik: Einem) und *Pas d'action* (Musik: Hans Werner Henze). Seine meistgetanzte Choreographie ist der *Grand pas classique* (Paris 1949) nach Musik von Daniel François Esprit Auber.

**Inhalt:** In Helsingör. Prolog: nächtliche Terrasse; 1. Bild: Thronsaal; 2. Bild: wie 1. Bild und Gemach der Königin; 3. Bild: Friedhof und Thronsaal.
Hamlet erscheint der Geist seines ermordeten Vaters, der seinem Sohn von der an ihm verübten Bluttat berichtet. Der Mörder ist der Bruder des Vaters, Claudius, der sich nun selbst zum König von Dänemark krönt, ohne zu ahnen, daß Hamlet das Geheimnis des Mords kennt und auf Rache sinnt. Den Prinzen heitert der Anblick tanzender Mädchen auf, unter denen sich auch Ophelia befindet. Eine Schauspieltruppe zieht die Aufmerksamkeit Hamlets auf sich; er zeigt ihnen eine von ihm erdachte Pantomime, die »Mausefalle«, mit der die Schauspieler dann das blutige Geschehen des Mords an Hamlets Vater der Hofgesellschaft vor Augen führen. Claudius' brüskes Verlassen des Schauplatzes entlarvt den Mörderoheim. Nun ist Hamlet zur Tat entschlossen. Nach scharfer Anklage der Mutter ersticht er den hinter einem Vorhang versteckten Horcher Polonius in der Überzeugung, Claudius getötet zu haben. Ophelia stirbt im Wahnsinn. Während ihres Begräbnisses fordert Laertes Hamlet zum Kampf. Beide werden beim Duell von Laertes' vergiftetem Degen getroffen; die Königin trinkt das von Claudius verwendete Gift. Laertes, wie Hamlet durch den Degen tödlich verwundet, gesteht die Schuld des Königs. Sterbend stürzt sich Hamlet auf den Mörder seines Vaters und ersticht ihn.

**Kommentar:** Gsovskys choreographische Vision von *Hamlet* entstand um das Tänzertrio Irène Skorik (Ophelia), Franz Baur (Hamlet) und Heino Hallhuber (Laertes). Skorik prägte mit ihrer Ophelia jene Figur, die das Schicksal Hamlets und Laertes' tänzerisch auf

*Hamlet*; Gert Reinholm als Hamlet, Gisela Deege als Ophelia; Ballett der Städtischen Oper, Berlin 1953. – Die in der Photomontage omnipräsente Vaterfigur verwehrt Hamlet die Liebesbeziehung zu Ophelia.

eindrucksvolle Weise verknüpft und dem Zuschauer den tragischen Hintergrund damit plastisch vorführt. Als tanztechnisches Vorbild war sie es, die entscheidend zur ambitionierten tänzerischen Mitgestaltung Baurs und Hallhubers beitrug. – Mit Gsovsky kam Anfang der 50er Jahre ein Verfechter des klassischen Balletts nach München. Gleichwohl gelang ihm die Choreographie von *Hamlet* zum Teil gerade deshalb auf so eindrucksvolle Weise, weil er sie in einer Art Widerspruch zu seinem »Nurklassikprogramm« gestaltete. Durch Experimentieren mußte er ganz eigenwillige und charakteristische Körperbewegungen, Haltungen und Tanzfiguren erarbeiten, die nur noch entfernt oder gar nicht mehr der klassischen Grammatik entsprangen. Bewußt oder unbewußt ließ Gsovsky hier Elemente des freien künstlerischen Tanzes einfließen. Sie finden sich vor allem in den getanzten »Monologen« Hamlets, die in ihrer Expressivität einen wirkungsvollen Kontrast zu der gleichsam schwebenden Ophelia mit ihren atemberaubenden Adagio- und Balancepassagen und der Partie des Laertes bildeten. Dennoch wollte Gsovsky anläßlich seines *Hamlet* nicht zugeben, daß diese Aufgabe, zumal im Hinblick auf Blachers Partitur, mit rein klassischen Mitteln nicht lösbar war. – Blachers Musik fand großen Zuspruch durch Tatjana und Victor Gsovsky. Insgesamt ist sie gleichwohl weniger durch explizit »tänzerische« Einfälle als vielmehr durch die Entwicklung eines begrenzten motivisch-musikalischen Reservoirs geprägt. So wird im Prolog eine bis zur Zwölftönigkeit sich erweiternde Nonenfolge entfaltet, über deren ostinatoartigem Ablauf eine Art Passacaglia entsteht. Im folgenden tauchen die Nonen (auch zu Septimen verengt) als Leitintervalle auf, die Hamlet charakterisieren (so unter anderm in Nr. 2, »Hamlet schwört Rache«, oder Nr. 4 und 7, »Hamlet Monolog I und II«). Rhythmisch in der Regel eher einfach gehalten, zeigt Blachers Partitur eine eigenartige Sprödigkeit, die durch einen häufig geradezu skelettartigen musikalischen Satz geprägt ist. Der Chor, den Blacher auf Anregung Tatjana Gsovskys verwendete, hat zur Mehrzahl lautmalerische Vokalisen auszuführen (insbesondere Nr. 9, »Lachtanz«), während er das Gebet und Schuldbekenntnis des verzweifelnden Claudius (Nr. 10) mit einem choralhaften »Misericordia« begleitet.

**Wirkung:** Die Resonanz der Uraufführung (Bühnenbild: Helmut Jürgens) ging weit über München hinaus. Die hohen tänzerisch-darstellerischen und musikalisch-technischen Anforderungen mögen der Grund dafür gewesen sein, daß dennoch nur wenige Theater *Hamlet* in den Spielplan aufgenommen haben. Das Ballett wurde 1952 in Hamburg von Helga Swedlund, 1953 in Berlin und 1954 in Stuttgart von Tatjana Gsovsky, 1962 in Hannover von Yvonne Georgi und 1974 in Wien (Ballettensemble des Theaters an der Wien) von Alois Mitterhuber einstudiert. 1987 brachte Patrice Montagnon *Hamlet* für die Deutsche Oper Berlin heraus. – Naturgemäß kam der Choreographie und der Darstellung der Initiatoren des Balletts, Tatjana Gsovsky und Gert Reinholm, das größte Interesse zu. Im Rahmen der Berliner Festwochen 1953 im Titaniapalast gegeben, tanzte neben Reinholm als Hamlet Gisela Deege die Ophelia, Rainer Köchermann den Laertes und Erwin Bredow den Totengräber. Liselotte Köster und Jockel Stahl verkörperten das Königspaar. In ihrem *Hamlet* sei es gelungen, wie Horst Koegler es formulierte, »die ganze geistige Problematik dieses Dramas in räumlich-bewegungsmäßige Gleichnisse von bestürzender Wucht« zu bannen (S. 15, s. Lit.).

**Autograph:** Part: B. Blachers Erben. **Ausgaben:** Part: B&B; Part, Suite: B&B; Kl.A: B&B
**Literatur:** Ph. Bayerische Staatsoper, H. 3, München 1950; H. KOEGLER, Das Schwedische Ballett und ›Hamlet‹, in: TA, Okt. 1953, S. 15–17; D. STOVEROCK, Das Hamlet-Ballett im Musikunterricht der höheren Schule, in: M.Erziehung in d. Schule, Mainz 1955; H. KELLERMANN, Gert Reinholm, Bln. 1957; G. ORBAN, Gisela Deege, Bln. 1957; H. H. STUCKENSCHMIDT, Boris Blacher, Bln., Wiesbaden 1963; D. STOVEROCK, Zwei Ballette: ›Der Feuervogel‹ und ›Hamlet‹, Bln. 1969 (Die Oper. Schriftenreihe über mus. Bühnenwerke.); P. U. P. MLAKAR, 300 Jahre Ballett der Oper zu München [in Vorb.]

*Pia und Pino Mlakar*

# Antonio Guerra

**Geboren am 30. Dezember 1806 in Neapel, gestorben am 20. Juli 1846 in Neuwaldegg (bei Wien)**

## Le Lac des fées
**Ballet-fantasque en deux actes**

### Der Feensee
2 Akte

**Musik:** Daniel François Esprit Auber und Jean Baptiste Nadaud. **Libretto:** Antonio Guerra, nach dem Libretto von Augustin Eugène Scribe und Mélesville (eigtl. Anne Honoré Joseph Duveyrier) zu Aubers Oper (Paris 1839), nach dem Märchen *Der geraubte Schleier* (1784) aus dem 3. Teil der *Volksmärchen der Deutschen* von Johann Karl August Musäus
**Uraufführung:** 14. Mai 1840, Her Majesty's Theatre, London, Ballett des Majesty's Theatre
**Darsteller:** Théobald, Jäger, Cathérines Bräutigam; Cathérine, eine reiche Gastwirtin; Zéila, Fee; der Baron, Gutsbesitzer; Ubald, dessen Vertrauter; ein Notar; Corps de ballet: Freunde Théobalds, Landmädchen, Pagen, Wachen, Feen
**Orchester:** 2 Fl, 2 Ob, 2 Fg, 4 Hr, 2 Trp, 2 Pos, Pkn, Schl (gr.Tr, Bck, Trg, Tamburin), Streicher
**Aufführung:** Dauer ca. 50 Min.

**Entstehung:** Der brillante Tänzer Guerra war zu verschiedenen und wiederholten Malen der bevorzugte Partner von Maria Taglioni. Beim Studium von Filippo Taglionis *La Sylphide* (1838) und *L'Ombre* (1839),

Balletten also, in denen Guerra mit Maria Taglioni tanzte, eröffnete sich ihm die neue Art des feinfühligen, poetisierenden Tanzstils, wie ihn die gefeierte Tänzerin verkörperte. Schon 1827 hatte Guerra, in Wien als Tänzer engagiert, zu choreographieren begonnen. *Der erste Schiffer* hieß das Divertissement, das er zu Musik von Adalbert Gyrowetz am Kärntnertortheater herausbrachte. In den kommenden Jahren entstanden unter anderm *Les Mohicans* (Paris 1837; Musik: Adolphe Adam) und eine getanzte Fassung von Meyerbeers Oper *Robert le diable* (London 1839); hierzu hatte Nadaud die Musik arrangiert.

**Inhalt:** In romantischer Zeit.
I. Akt, Bergsee, von Felsen umrahmt: Beim unheimlichen Bergsee läßt der Jäger Théobald seine Kameraden weiterziehen. Im stillen hofft er, wiederum der Fee Zéila ansichtig zu werden. Sie erscheint am Gestade. Théobald eilt ihr entgegen, doch die Fee, ihre Gefühle für ihn bemeisternd, verweist ihn aus dieser Gegend. Er entschuldigt sich mit der Heftigkeit seiner Leidenschaft, worauf Zéila erwidert, seine Hand sei nicht mehr frei, und eine Scheidewand stehe zwischen ihnen. Théobald, von Liebe hingerissen, versucht sich des Schleiers zu bemächtigen, der Zéilas Gesicht seinen Blicken entzieht. Doch die Fee gebietet ihm, sich augenblicklich zu entfernen, was er zu befolgen vorgibt. Während Zéila sich dem Tanz ihrer Gespielinnen zuwendet, verbirgt sich Théobald in der hohlen Eiche und betrachtet heimlich die Tänze. Da stören entfernte Jagdhornklänge die Feen; nach der Ursache spähend, zerstreuen sie sich. Théobald nutzt den günstigen Augenblick und bemächtigt sich des Schleiers der vorbeieilenden Zéila. Unter dem Aufruhr der Natur eilen die Feen ängstlich herbei, verhüllen sich in die Schleier und kehren in ihr Reich zurück. Ohne ihren Schleier wird Zéila von den Gefährtinnen verlassen und irrt als Ausgestoßene umher. Die aus Sorge um ihren Freund zurückgekehrten Jäger ziehen Théobald gewaltsam fort. Vom Blitz getroffen, stürzt die Eiche zu Boden, in den Wolken erscheint die flammende Schrift »Zéila, Sterblichkeit ist dein Lohn«.
II. Akt, 1. Bild, Zimmer in Cathérines Gasthaus: Gedankenverloren tritt Théobald ein. Er glaubt sich unbemerkt und drückt Zéilas Schleier zärtlich an sich, doch Cathérine beobachtet ihn. Ihre Eifersucht verbirgt sie hinter geschäftigen Vorbereitungen für das Verlobungsfest. Dabei hilft ihr eine am selben Tag eingestellte Dienerin, eine vermeintliche Waise. Théobald glaubt zu träumen, als er in ihr Zéila erkennt. Cathérine entwendet ihm den Schleier, und mit der Aufforderung an ihren Bräutigam, sich zur Verlobung bereit zu machen, verläßt sie mit Zéila die Stube. Von Selbstzweifeln gequält, ergreift Théobald seinen Jagddolch, doch die hinzueilende Zéila verhindert den Stoß. Sie drängt Théobald, sich nicht mit Cathérine zu verloben. Er leistet ihr den Treueid, und sie sinkt in seine Arme. Die Freunde klopfen, um ihn zum Verlobungsfest abzuholen. 2. Bild, freier Platz bei einem herrschaftlichen Landsitz, an einer Seite der Eingang von Cathérines Gasthaus: Freunde und Landleute versammeln sich zum Fest. Selbst der Baron erscheint mit seiner ganzen Dienerschaft. Mit Blumensträußen begrüßen die Bauernmädchen ihren Gutsherrn, Cathérine verbeugt sich ehrfurchtsvoll dankend. Von Zéila eingenommen, erkundigt sich der Baron, wer die schöne Unbekannte sei. Er befiehlt, das Fest zu beginnen, doch mit Erstaunen wird bemerkt, daß der Bräutigam fehlt. Nach einigem Säumen tritt Théobald sinnend, den Blick starr auf Zéila gerichtet, aus dem Gasthaus. Nur auf des Barons wiederholten Befehl nimmt er teil am allgemeinen Tanz. Der Notar erscheint. In größter Verzweiflung wirft sich Théobald vor dem Baron auf die Knie und bittet, ihn nicht zur Verlobung mit Cathérine zu zwingen, sondern ihm die Hand Zéilas zu geben. Doch der Baron befiehlt, den Frevler gewaltsam abzuführen. Théobalds Flucht mißlingt. Da reißt er Cathérine den Brautschleier vom Kopf. Sie legt den Feenschleier an, den sie ihrem Verlobten entwendet hat. Zéila erkennt ihr Eigentum, ergreift den Talisman, umhüllt sich damit und kehrt ins Feenreich zurück. Théobald verfolgt mit starrem Blick die entschwindende Geliebte. Man will sich des Frevlers bemächtigen, dem zu unterliegen scheint. Da verwandelt sich der Hintergrund in das Feenreich. Zéila, begleitet von zwei Gefährtinnen, kommt auf Théobald zu, und es beginnt ein großer befreiender Tanz, in dem Zéila für immer Abschied vom Feenreich nimmt und sich mit Théobald vereint. Die Gemeinde kniet in Verwunderung um das strahlende Liebespaar, während im Hintergrund die andern Feen in ihr Reich zurückkehren.

**Kommentar:** In seiner Bearbeitung des Librettos strich Guerra die fünfaktige Vorlage auf zwei Akte. Wahrscheinlich angeregt durch die von Jean Coralli

*Le Lac des fées*, I. Akt; Fanny Cerrito als Zéila, Antonio Guerra als Théobald; Bühnenbild: Guerra; Illustration; Uraufführung, Ballett des Her Majesty's Theatre, London 1840. – Die Schleiermetapher wird im romantischen Ballett sowohl symbolisch als auch dekorativ verwendet.

im I. Akt und im Schlußbild der Oper choreographierten Feenszenen, beschränkte er sich auf jene Handlungselemente, die ihm für eine getanzte beziehungsweise gemimte Handlung geeignet schienen. Er verzichtete auf alle Bezüge, die die Gastwirtin und den jüdischen Kaufmann Issachar betreffen, sowie auf die Rebellion des Volks und der Studenten gegen den Burgherrn und konzentrierte sich ganz auf die Gegenüberstellung der durch Zéila angeführten Feenwelt mit der realen Welt. Ein Jahr vor Corallis *Giselle* (1841) hatte Guerra nicht nur den in *La Sylphide* vorgegebenen Grundkonflikt paraphrasiert, sondern auch das Thema mit Motiven aus der deutschen Märchenwelt bereichert. – Guerra und Fanny Cerrito, die die Rolle der Zéila verkörperte und die sicher auch einen Anteil an der Entstehung der Choreographie hatte, waren brillante Tänzer aus der für ihre Tanztechnik berühmten Schule des Teatro San Carlo Neapel, in der auch das dramatische Pathos des »ballo mitologico« und die Pantomime gepflegt wurden. *Le Lac des fées* forderte von den Hauptdarstellern, diese Mitgift in den Dienst der neuen, poetisierenden, schwebenden Ästhetik zu stellen, wie die Pariser und Londoner Tanzszene es seit *La Sylphide* verlangten. Die völlig schwerelose tänzerische Linie, die Transformierung der körperlichen Aktion in ätherische Trugbilder war im Grunde ihre Sache nicht. So wurden auch die Feenszenen von der Kritik der Uraufführung als schwach bezeichnet, die Gruppierungen der weißgekleideten Mädchen seien zuwenig interessant gewesen. Höhepunkt des Werks war ein Pas de quatre, den Zelia mit zwei Gefährtinnen und Théobald am Ende des Balletts tanzt und zu dem Nadaud, der Dirigent der Aufführung, die Musik komponiert hatte. Dem Effekt der Serie von »jetés battus«, die die in dieser Saison in London debütierende Cerrito zusammen mit Guerra vom Bühnenhintergrund nach vorn kommend ausführte, konnte sich niemand entziehen. Die Schritte, die den Eindruck des Fliegens erweckten, sollten den Abschied der Fee von ihrem Reich versinnbildlichen.

**Wirkung:** Obwohl Guerra mit seinem Ballett bei der Kritik keinen besonderen Erfolg erzielen konnte, hielt sich *Le Lac des fées* auf dem Spielplan und wurde, manchmal in geänderter oder gekürzter Form, dort gespielt, wo Guerra und Cerrito als erste Tänzer engagiert waren. Bei einer Wiederaufnahme in London 1841 tanzte Cerrito eine gekürzte Version. 1842 brachte Guerra das Ballett als *Der Feensee* im Kärntnertortheater Wien heraus. Guerra hatte es offensichtlich überarbeitet, denn in Wien gefiel es außerordentlich. Er hatte das Thema, das hier durch die Dramatisierung von Josef Kilian Schickh für das Leopoldstädter Theater bekannt war, mit Geschmack und Gefühl für richtiges Zeitmaß bearbeitet. Begrüßt wurde Guerras Wahl des Stoffs: die Verwendung von Märchenmotiven bringe eine neue Farbe auf die Ballettbühne, sie eröffne der Kunstgattung neue Perspektiven. Besonders geglückt seien Guerras Gruppierungen der Feen, sie beschränkten sich nicht auf das ewige Einerlei, sondern seien von großem Ideenreichtum. Guerra sei als Tänzer voll Feuer, Beweglichkeit und Leidenschaft gewesen und besitze zudem ein weit größeres mimisches Talent, als man es von einem ersten Tänzer gewohnt sei; Cerritos Virtuosität grenze, so die Wiener Blätter, an ein Wunder. Neu für Wien choreographiert war ein Pas de deux d'action zu einem Violinsolo, das, wie in vielen andern Balletten der Zeit auch, von Joseph Mayseder komponiert und gespielt wurde. Auch in Wien war es der Pas de quatre, der besonderen Beifall fand. 1842 brachte Cerrito das Ballett als *Il lago del fato* in Rom heraus, 1845 folgte Venedig. Im selben Jahr studierte Guerra das Ballett für München ein. Er selbst tanzte wieder den Théobald, Friederike Holler verkörperte die Zéila. Wenn auch nach Guerras frühem Tod das Ballett in Vergessenheit versank, war der Pas de quatre für Cerrito doch zu einer Art Zugnummer geworden, die sie mit wechselnden Partnern, etwa Jules Perrot 1842 oder Arthur Saint-Léon 1843, tanzte. Dieser war es auch, der den Pas de quatre zu einem Pas des six erweiterte und ihn in sein Ballett *La Vivandière* (Paris 1848; Musik: Cesare Pugni) einlegte. Saint-Léon zeichnete die Choreographie in der von ihm entwickelten Tanzschrift auf und veröffentlichte sie in seinem Buch *La Sténochorégraphie ou L'Art d'écrire promptement la danse* (Paris 1852). 1976 brachte Pierre Lacotte seine Einstudierung des Pas de six für das Ballett der Pariser Opéra heraus, 1979 folgte eine Einstudierung für das Kirow-Ballett Leningrad. Ann Hutchinson transkribierte den Pas de six von der Sténochorégraphie in Labanotation und studierte ihn 1977 für das Joffrey Ballet New York und 1983 für das Sadler's Wells Royal Ballet London ein.

**Autograph:** L: Bayer. StB München (Her B 99); L (Wien): ÖNB Wien, M.Slg. (MS 10193). **Ausgaben:** Sténochorégraphie: Pas de six aus *La Vivandière*, in: A. SAINT-LÉON, La Sténochorégraphie ou L'Art d'écrire promptement la danse, Paris 1852
**Literatur:** Allgemeine Theaterzeitung, 2.1.1842, S. 78; Der Sammler, 20.1.1842, S. 46; I. GUEST, The Romantic Ballet in England, Middletown, CN 1972; DERS., Fanny Cerrito. The Life of a Romantic Ballerina, London 1974; A. HUTCHINSON GUEST, ›Vivandière‹ for the SWRB, in: Dancing Times, März 1983, S. 424f.; P. u. P. MLAKAR, 300 Jahre Ballett der Oper zu München [in Vorb.]

*Pia und Pino Mlakar*

# Jacinto Guerrero

Jacinto Guerrero y Torres; geboren am 16. August 1895 in Ajofrín (bei Toledo), gestorben am 15. September 1951 in Madrid

## El huésped del Sevillano
### Zarzuela en dos actos

### Der Gast des Sevillaners
2 Akte

**Text:** Juan Ignacio Luca de Tena y García de Torres und Enrique Reoyo

**Uraufführung:** 3. Dez. 1926, Teatro Apolo, Madrid
**Personen:** der Gast in der Herberge des Sevillaners (Spr.); Raquel (S); Constancia (S); Teresa, ein Mädchen aus Lagartera (S); eine Gastwirtin (stumme R); Ginesa (S); Dorotea (S); Juan Luís (T); Rodrigo (T); Graf Don Diego (B); Meister Andres Munestein, Waffenschmied (Spr.); Gastwirt (stumme R); der Amtmann (T); ein Hauptmann (T); Fray Miguel (T); 5 Mädchen (5 S); 4 häßliche Frauen (4 S); 4 hübsche Frauen (4 A); 4 vermummte Männer (4 T); 1. Offizier (Spr.); ein Büttel (Spr.); ein Marktschreier (Bar); ein Fuhrmann (komischer T). **Chor:** Jungen, Mädchen, Volk aus Lagartera, Büttel, Fuhrmänner, Waffenschmiede
**Orchester:** Picc, Fl, Ob, 2 Klar, Fg, 2 Hr, 2 Trp, 3 Pos, Pkn, Schl, Hrf, Glocken, Streicher
**Aufführung:** Dauer ca. 1 Std. 30 Min.

**Entstehung:** Die früheste Komposition von Guerrero war ein *Himno a Toledo* (1920). In den folgenden fünf Jahren eroberte er die spanischen Zarzuelabühnen als originellster Musiker seiner Generation neben dem Andalusier Francisco Alonso López, und zwar mit Stücken, die fast alle historisch zurückliegende Sujets hatten; mal im Elsaß spielend (*La alsaciana*, Barcelona 1921), mal in England (*La montería*, Zaragoza 1922), mal in der Provence (*Los gavilanes*, Madrid 1923). In *Huésped del Sevillano* wendet er sich erneut seiner Heimat zu, mit nunmehr szenischem Hymnus an Toledo; abermals mit historischem Rückgriff auf eine buntere und ruhmreichere Epoche. Das alte Toledo wird zusätzlich geadelt durchs poetische Imprimatur von Spaniens größtem Dichter. Denn: anonyme Titelfigur, aber keineswegs handelnde Hauptperson des dramatischen Geschehens, ist Miguel de Cervantes Saavedra. Laut fiktiver Anekdote des Stücks bildet alles, was er hier als unbekannter Gast und Zeuge in der »Herberge des Sevillaners« erlebt, das Rohmaterial zu der Novelle *La ilustre fregona* (um 1600) aus den *Novelas ejemplares* (1613). Die vorgeführten Ereignisse der Zarzuela berühren sich freilich nur in wenigen Punkten mit der Handlung jener Novelle.
**Handlung:** In Toledo, Anfang des 17. Jahrhunderts. I. Akt, betriebsamer Werktagsmorgen auf einem Platz vor der Schwertschmiede: Während Meister Andrés einem neuen Schwert den letzten Schliff gibt, stimmen seine Gesellen ein in den Gesang der Mädchen, die am Brunnen Wasser holen. Auf dem Platz plaudert der Hofmaler Juan Luís mit einigen Honoratioren der Stadt. Er ist von Madrid nach Toledo gekommen, um die weitgepriesene schöne Jüdin Constancia, eine Scheuermagd in der Herberge des Sevillaners, als Modell für ein Madonnenbild zu gewinnen. Nun weist man ihn darauf hin, daß auch Raquel, die Tochter Andrés', dazu vorzüglich geeignet sei. Juan Luís kann das überschwengliche Lob sogleich bestätigen; denn sie kommt aus dem Haus, um zur Messe zu gehen. Auf den ersten Blick ist er von ihr entflammt, nicht nur als Maler. Sie wäre auch bereit, ihm Modell zu stehen für das Madonnenbild. Doch ihr Vater hat Bedenken, weil seine Familie den zwiespältigen Ruf getaufter Juden genießt. Auf ihrem Weg zur Kirche stößt Raquel dann auf vier vermummte Männer, die mit Don Diego, einem Adligen fragwürdiger Herkunft, die Klingen kreuzen. Es ist indes nur ein Scheingefecht: um im gefährlichen Wirrwarr Raquel zu rauben. Beherzt springt Juan Luís dazwischen und kann das Mädchen retten, wird aber dabei leicht verwundet. Sein Diener Rodrigo kommt zu spät zum Handgemenge. Jetzt erscheint auch Constancia, die berühmte schöne Scheuermagd. In Andrés' Werkstatt soll sie das bestellte Schwert abholen für den rätselhaften Gast in der Herberge des Sevillaners: ein berühmter Schriftsteller sei es. Gleich darauf kommt es zum zweiten Überfall von Diegos Bande auf Raquel, diesmal mit Erfolg. Sie wird in die Herberge verschleppt. Juan Luís und sein Diener, benachrichtigt durch Constancia, machen sich auf, das Mädchen zu befreien.
II. Akt, 1. Bild, Landstraße, im Hintergrund Toledo: Lebhaftes Gewühl auf der Straße mit Ausrufern, Karrenkutschern und Lagarteranas, Frauen aus dem berühmten Nachbarort Lagartera, die ihre kunstvollen Borten feilbieten. 2. Bild, Innenhof der Herberge des Sevillaners: Rodrigo, verkleidet als Mönch, findet Einlaß in den Schankraum und wird von einem vermeintlichen Knecht bedient: Es ist der finstere Diego. Seine Kumpane haben sich unter die ahnungslosen Gäste gemischt und ein Tanzfest veranstaltet, um die Hilferufe des gefangenen Mädchens zu übertönen. Auf dem Höhepunkt stoppt der falsche Mönch die falsche Lustbarkeit und enthüllt Diegos Machenschaften. Gemeinsam mit Juan Luís, den Constancia heimlich in die Herberge geleitet hat, treibt er die Entführer in die Enge. Schleunigst fliehen sie aus dem Gasthaus und aus der Stadt. Der Maler und Raquel bekennen sich ihre Liebe. Er wird sie, als seine Gemahlin, in dem Madonnenbild verewigen. Ein ähnlich überdauerndes Schicksal, vorerst ohne Liebe und Heirat, steht Constancia bevor. Der geheimnisvolle Gast, der all die turbulenten Ereignisse in der Herberge des Sevillaners genau erfragt und aufgezeichnet hat, wird ihr ein poetisches Denkmal setzen. Mit einer Novelle, worin nicht Raquel, sondern sie, die »Erlauchte Scheuermagd«, die Hauptrolle spielen soll.
**Kommentar:** Sichtlich und hörbar kommt es in dieser Zarzuela auf anderes an als in jenen zeitgenössischen Operetten und Singspielen, die Künstlerlegenden auf die Bühne bringen: ob in Bertés rührseliger Schubertiade *Das Dreimäderlhaus* (1916) oder in Léhars geschwollener Goethiade *Friederike* (1928) oder in Hahns überzierlicher Rokokoanekdote *Mozart* (1925). Guerreros Cervantes muß nicht mitsingen, er hat eine Sprechrolle. Als Herbergsgast steht er nur am Rand des Geschehens. Aktiv nimmt er nicht daran teil; nur als glossierender Beobachter, der überhaupt erst im II. Akt leibhaftig zum Zug kommt. Derart spielt er spät, aber dann gründlich die Rolle des idealen Zuschauers, der sinnvoll verarbeitet, was sich seinen Sinnen darbietet. Etwa so, wie einst Friedrich von Schiller den Chor als szenischen Vormund des Publikums begriffen hat. Die Fiktion der Librettisten, Cervantes habe sich hier einen Novellenstoff angeeignet,

verläuft tatsächlich in umgekehrter Richtung. Sie haben ihrerseits das Bild aus alten Zeiten, das sie entwerfen, weniger der realen Geschichte als Cervantes' Geschichten entnommen: die rüde Kaschemmenatmosphäre, die Gefahren der Wegelagerei, die Typen des edlen Retters wie des rabiaten Schurken wie des sexuell bedrängten wehrlosen Mädchens. – Wichtiger indes als die abenteuerliche Aktion ist die Wiederbelebung der unverwechselbaren Physignomie von Alt-Toledo. Was die Hauptstadt Neukastiliens jahrhundertelang in Spanien und darüber hinaus charakterisiert hat, versuchen die Librettisten und zumal der Komponist zu vergegenwärtigen. Nicht nur literarisch und szenisch, sondern erst recht musikalisch. Toledos Handwerk und seine Kunst, Toledos gesellschaftliche Mischung und seine Topographie. Weltberühmt war die Stadt für ihre Schwertklingen: Das Preludio skandiert die Stimmen der Waffenschmiedegesellen mit hellen Hammerschlägen; und die Eröffnungsarie Juan Luís' ist ein Preisgesang »a la espada Toledïana«. Dieser Haupteld führt aber nicht nur tüchtig den Säbel, sondern auch den Pinsel. Er ist Hofmaler mit vorzugsweise religiöser Thematik, wie El Greco, der hier lebte. Toledo war ferner die Stadt mit dem größten Bevölkerungsanteil getaufter Juden, denen es besser ging als anderswo, aber keineswegs gut. Die exotische Schönheit ihrer Frauen, gefährlicher noch für sie selbst als für die faszinierten Männer, hat immer wieder Furore und erst recht Literaturgeschichte gemacht, von Lope de Vega bis Franz Grillparzer. Diesem Fremdreiz gelten mehrere musikalische Nummern, aus je anderer Sicht der so oder so davon Betroffenen: das verzückte, rhythmisch bewegte Duett Nr. 4 Juan Luís/Raquel; das düster-aufbegehrende Seguidillalied Nr. 9 der gefangenen Raquel; und die süchtige Liebesromanze des Malers vorm glücklichen Ende. Sogar die eigenartige Topographie dieser fast trichterförmig gebauten Stadt wird klingendes Ereignis, wenn die Glockenklänge der tiefgelegenen Kathedrale emporschwingen, die Cervantes im Nocturno (Nr. 12) zu einem begeisterten Melodram anregen. Die vitalsten musikalischen Szenen sind freilich jene, wo Guerrero das anonyme Milieu vielstimmig singen und tanzen läßt: in den Chorszenen der Mädchen am Brunnen, der Bortenverkäuferinnen, der Eselstreiber, Karrenkutscher und Ausrufer. Hier hat der Komponist, heimische musikalische Folklore erarbeitend, die Stimmen des alten Toledo ohne antiquarischen Belag vergegenwärtigt, fast als seien sie heutige. Daß solche üppigen Milieuszenen die Fluchtlinien des dramatischen Geschehens nicht überwuchern, dafür sorgt eine geschickte Leitmotivtechnik. Sie pointiert die Stationen des Ablaufs; sie läßt die klingende Evokation der Stadt nicht nur in die Breite sich ausdehnen, sondern auch vorwärts schreiten: einem lichten Ende entgegen, das den Übelständen des eher dunklen Orts ausnahmsweise widersteht.

**Wirkung:** *El huésped del Sevillano* fand und findet heute noch in Spanien großen Anklang. Für die Entwicklung Guerreros ist es der Auftakt zu seinen musikalisch markantesten Werken: *La rosa del azafrán*

(1930) und *La fama del Tartanero* (Valladolid 1931). Danach ging es für ihn wie für die ganze Gattung abwärts.

**Autograph:** Verbleib unbekannt. **Ausgaben:** Kl.A: Unión Musical Española, Madrid 1927, Nr. 15842/1-12; Textb.: ebd. [1980], Nr. 21185. **Aufführungsmaterial:** Sociedad General de Autores de España, Madrid

*Volker Klotz*

## La rosa del azafrán
### Zarzuela en dos actos y seis cuadros

### Die Safranrose
2 Akte (6 Bilder)

**Text:** Federico Romero und Guillermo Fernández Shaw e Iturralde
**Uraufführung:** 14. März 1930, Teatro Apolo, Madrid
**Personen:** Sagrario, Gutsbesitzerin (S); Juan Pedro, Tagelöhner (B); Catalina, Magd (S); Moniquito, Sakristan einer Eremitenkapelle (T.Buffo); Don Generoso (B); Carmelo, Magd (S); Lorenzo, Knecht (T); Custodia, Bäuerin (S); Carracuca, eine alte Bäuerin; ein Hirte. **Chor:** Bauern, Bäuerinnen, Knechte, Mägde, Hirten
**Orchester:** 2 Fl (auch Picc), Ob, 2 Klar, Fg, 3 Hr, 2 Trp, 3 Pos, Pkn, Schl, Hrf, Pandereta, Streicher
**Aufführung:** Dauer ca. 2 Std. 30 Min.

**Entstehung:** Im Lauf der 20er Jahre erarbeitete sich Guerrero einen unverwechselbaren Stil auf dem Gebiet der hochdramatischen abendfüllenden Zarzuela. Stück für Stück hat er seine bühnenwirksame musikalische Dramaturgie fortentwickelt: von *La montería* (Zaragoza 1922) bis *El huesped del Sevillano* (1926). *La rosa del azafrán* zeigt den Komponisten, nach einigen mittelmäßigen Werken in der Zwischenzeit, auf dem Gipfel seines Könnens, ermuntert durch ein reizvolles Sujet. Der Titel bedarf einer Erläuterung. »Rosa del azafrán« ist der hellviolette Krokus, aus dessen dreiästiger Blütennarbe Safran gewonnen wird, das kostbare orientalische Gewürz, das mit den Arabern nach Spanien gekommen ist und dort, in den vormals maurischen Gebieten, heute noch angebaut wird. Obendrein dient Safran, hausmedizinisch, als krampflösendes Mittel. Beide Verwendungszwecke spielen im Geschehen dieser Zarzuela eine bedeutsame Rolle. Teils handfest vordergründig, teils metaphorisch. Eine der brisantesten Szenen zeigt die Schälerinnen der Safranrose bei der Arbeit, umspielt von den Liebesbräuchen der Gegend. Zugleich weist das empfindliche Dreiecksverhältnis der Hauptfiguren auf die dreiästige Blütennarbe. Dabei geht es um einen dazumal eigentümlichen Liebeskonflikt in der patriarchalisch bestimmten spanischen Klassengesellschaft: um den äußern und innern Zwiespalt der vornehmen Gutsbesitzerin, die sich zunächst nicht traut, ihre Liebe zum plebejischen Tagelöhner zu verwirklichen. Den feineren Kreisen glaubt sie vorbehalten zu sein,

gleich dem edlen Gewürz, bis ein listiger Einfall den beiderseitigen Liebeskrampf löst, gleich der heilsamen Wirkung der nämlichen Pflanze.
**Handlung:** In einem Dorf im Süden Spaniens, 2. Hälfte des 19. Jahrhunderts.
I. Akt, Hof der Gutsherrin Sagrario: Mit ausgelassenen Tänzen feiern Mägde und Knechte den Namenstag ihrer jungen Prinzipalin. Dabei fällt besonders der Tagelöhner Juan Pedro auf, den alle Dorfbewohner als tüchtigen und aufrichtigen Burschen schätzen. Vorerst wirkt er freilich etwas ziellos verliebt, wenn er sich der kapriziösen Magd Catalina mit einer werbenden Romanze nähert. Doch sie kann sich ebensowenig für ihn wie für ihren andern, sehr viel hartnäckigeren Bewerber entscheiden. Es ist der allzeit heitere Sakristan Moniquito, der seine abgelegene Eremitenkapelle oft und gern verläßt, um sich weltlicheren Vergnügungen hinzugeben, wobei er stets (gleichsam als ambulanten Tabernakel) in einer Urne die Gebeinsreste des heiligen Rochus mit sich herumschleppt. Noch wunderlicher benimmt sich der vornehme alte Don Generoso. Durch den Tod seines einzigen Sohns geistig verwirrt, bildet er sich ein, Befehlshaber eines karlistischen Heers zu sein; und den Buben des Dorfs macht es Spaß, eben dies Heer zu spielen. Als die ausgelassenen Feierer den Alten hänseln, beschützt ihn Sagrario. Ihre Pflichten als Herrin des Hauses nimmt sie sehr ernst, zumal es einen Herrn nicht gibt. Die attraktive Frau hatte zwar schon manche Verehrer, aber keiner hat ihr Herz erobern können. Jetzt erheischt die öffentliche Moral, an die sie sich streng gebunden fühlt, nicht länger zu gestatten, daß Juan Pedro und Catalina unter einem Dach wohnen, nachdem er ihr seine Neigung bekundet hat. Bevor jedoch Sagrario den Tagelöhner deshalb wegschickt, soll er ihr vorführen, wie denn heutzutage die Männer ihre Liebe erklären. Sein werbender Gesang erweitert sich unversehens zum Duett. Daß bei diesem unverbindlichen Spiel beiderseits eine nur halb bewußte Liebe aufflammt, erspürt nur die dritte: Catalina, die absichtslos den Zwiegesang belauscht hat. Auch darum weist sie denn auch, wenig später, Juan Pedros offiziellen Antrag zurück. Instinktiv hat sie erfaßt, daß er zwar liebt, aber noch nicht weiß, wen; jedenfalls nicht sie, Catalina. Enttäuscht und mit verwirrten Gefühlen verläßt er den Gutshof. Mit andern liebeslustigen jungen Männern, darunter Moniquito, durchstreift Juan Pedro am Abend das Dorf und kommt nochmals an seine alte Arbeitsstätte zurück. Plaudernd und singend sitzen die Mägde im Kreis und schälen Safranrosen. Auch die Hausherrin macht eifrig mit. Bei dieser Tätigkeit ist es alter Brauch, daß die jungen Männer hinzukommen, um jeweils dem Mädchen zu helfen, das sie umwerben. Nur für Sagrario ist keiner da. Woraufhin Juan Pedro (durch die Blume, aber auch linkisch ungalant) ihr, die er liebt, seinen Antrag singt: »Mag die junge Dame auch keinen Schatz haben, so ist's doch nur natürlich, wenn irgendwer daherkommt, ihr zu helfen.« Gekränkt durch »irgendwer«, weist Sagrario ihn schroff zurück. Er jedoch meint, sie weise ihn als Tagelöhner in die Schranken. Abermals singt er durch die Blume: »Was kann der Thymian dafür, daß er niedrig wächst?« Dann geht er zornig davon, während Sagrario erschrocken ihre Arbeit abbricht.
II. Akt, Straße vor Sagrarios Gutshof: Nach Wochen kehrt Juan Pedro, voll Heimweh und Liebesschmerz, ins Dorf zurück. Er trifft auf die gewitzte Bäuerin Custodia, die für alle kniffligen Lebenslagen einen Ausweg weiß. Vorerst kann sie ihm freilich nur raten, das Dorf auf immer zu verlassen, nachdem er sie eingeweiht hat in seine aussichtslose Liebe zu Sagrario. Denn hierzuland gehe es nicht an, daß wer über oder unter seinem Stand sich verheiratet. Vollends dann, wenn es die Frau ist, die gesellschaftlich hoch über dem Mann steht. Aber Juan Pedro will lieber die erste beste Bauerntochter im Dorf heiraten, um nur ja in Sagrarios Nähe zu leben. Und jetzt läuft ihm gerade passend Catalina über den Weg. Erneut macht er ihr einen Antrag, den sie nun erst recht ablehnt. Überhaupt, aber auch deshalb, weil sie sich inzwischen für Moniquito erwärmt hat, der wieder mal mit seinen Reliquien herumschnürt. Jetzt tritt auch Sagrario aus dem Haus. Nicht minder als ihr verliebter Tagelöhner hat sie unter der Tennung gelitten. Zum erstenmal bekennen sie einander unumwunden ihre Gefühle. Dennoch: der Standesunterschied, davon ist Sagrario leidvoll überzeugt, mache ein gemeinsames Glück unmöglich. Plötzlich fällt der pfiffigen Custodia doch noch eine Lösung ein. Eine fragwürdige Lösung zwar, aber darum just die richtige, um die fragwürdigen Regeln der starren Gesellschaft zu unterlaufen. Zudem kann sie nicht nur die beiden Betroffenen glücklich machen, sondern auch noch einen dritten: den alten verrückten Generoso. Juan Pedro, redlich wie immer, will nicht mitmachen, aber die beiden Frauen überrumpeln ihn. Sie führen ihn dem Alten zu als seinen endlich heimgekehrten, nur totgesagten Sohn. Freudig schließt Generoso ihn in die Arme und gibt sofort seinen Segen zur Heirat des verlorenen Sohns mit Sagrario. Ohne Bedenken: kommt sie doch aus den gleichen besseren Kreisen.
**Kommentar:** Ein Bühnenstück mit solchem Hauptkonflikt hätte um 1930 in andern europäischen Ländern als abwegig veraltet gegolten. Nicht so im geschichtlich rückständigen Spanien. Hier war zwar, einen Monat vor der Uraufführung, der Militärdiktator Miguel Primo de Rivera zum Rücktritt gezwungen worden, doch die reaktionären Verhältnisse dauerten unter König Alfons XIII. fast unverändert fort. Erst im folgenden Jahr begann mit der demokratischen Republik ein Umschwung. Unter solchen Umständen wirkt *La rosa del azafrán* eher zeitgemäß als altbacken, eher aufsässig als traditionsfromm. Spaniens beklemmende Ständegesellschaft, die restlos allen das Leben behindert, wird durchaus ernst genommen, um sie wirksam verlachen zu können. Angefochten wird sie in ihren maßgeblichen Mächten, die tragikomisch verzerrt und verkleinert werden. Vorab die starre gesellschaftliche Vertikale, die fraglos von männlicher Vorherrschaft ausgeht: wenn hier zwei ungleiche Frauen gemeinsam die Initiative ergreifen, um soziale Ungleichheit auszugleichen, wozu dem betroffenen

Mann vor lauter Lauterkeit der Mumm fehlt. Ferner die Allgegenwärtigkeit der Kirche: wenn sie hier auf einen unfrommen Buffo zusammenschrumpft, der, wo er geht und steht, sich an die heiligen Reliquien klammert wie ein Dreijähriger an seinen Teddybär. Schließlich die außenpolitisch machtlose, innenpolitisch aber machtvoll aufgeblähte Autorität des vaterländischen Militärs: wenn hier ein würdiger Greis, aus Schmerz um den gefallenen Sohn, kindisch wird als wahnhafter Schlachtenlenker, umgeben von einem Kinderheer. – So zersetzt *La rosa* den Glanz und die Größe eben jener nationalen Werte, denen die traditionelle Zarzuela bisher meist arglos gehuldigt hat. Zumal dem fröhlich-tapferen Drauflos uniformierter Mannsbilder: von Chapís *El tambor de Granaderos* (1894) über Serranos *La allegria del batallón* (1909) bis zu Lunas *Los cadetes de la reina* (1913). Der Militärmarsch (obwohl ihn, ein Jahrzehnt später, Francisco Francos komponierende Mitläufer wieder flottzumachen versuchten, darunter leider auch der inzwischen opportunistische Guerrero im krampfhaft martialischen *Canción del Ebro*, 1941) hat seine mitreißende Verführungskraft eingebüßt. Das Trommelfell ist erschlafft, Flöten und Schellenbaum sind verstimmt. Jetzt fragt man sich, wohin denn wohl der schmissige Marschtritt führt: in Irrsinn, Tod und Verstümmelung. – Auch stilistisch nimmt *La rosa* eine besondere Wendung. Schon immer zwar hat die Zarzuela melancholische und verzückte Töne unvermittelt gegeneinander ausgespielt. Diese Gegensätze werden hier jedoch noch drastisch verschärft. Zweischneidige, tragikomische Situationen herrschen vor, die jäh von Trauer in Ausgelassenheit überspringen und umgekehrt. Schon deshalb trügt der flüchtige Eindruck, auch künstlerisch sei dies ein überaltertes Bühnenstück, das anachronistische Verhältnisse auf anachronistische Weise verarbeite. Wenn Guerrero und seine Librettisten einen homogenen Stil ausschlagen, wenn sie die klare Scheidung zwischen Jammer und Witz aufheben, dann nähern sie sich zeitgenössischen Tendenzen der internationalen Theateravantgarde, zum Beispiel bei Sean O'Casey, Wladimir Majakowski und Bert Brecht. Vor allem aber nähern sie sich, wenngleich indirekt, den »esperpentos« ihres Landsmanns Ramón María del Valle-Inclán: jenen grausigen Farcen, die fratzenhaft die nämlichen überlebten Symbolfiguren Spaniens auf die Bühne bringen. Dort sind es hohe Offiziere und Kleriker, Landadlige und abgerissene Frontkämpfer, die lemurenhaft ihr groteskes Spiel treiben. Allerdings, während Valle-Incláns gellend lachhafte Totentänze vorerst nur einen kleinen Kreis von Intellektuellen ansprachen, sucht auch diese Zarzuela nach wie vor ein breites Publikum. Will sie es nicht verprellen, muß sie deren rücksichtslose ästhetische und ideologische Tiefschläge vermeiden. Sie dämpft sie, auch wenn es um ähnliche Ziele geht, durch andere Traditionen, die jenen angefochtenen Traditionen schon immer unausgesprochen widersprachen: durch die plebejischen der simplen Volkskomödie sowie der regionalen Volkslieder und -tänze. Unverkennbar volkskomödiantisch ist der Schluß, der schlagartig den Jammer in Glück verwandelt. Da triumphiert die moralisch unbedenkliche List der schlichten Bäuerin. Sie sprengt den Fatalismus der vornehmen Dame, die, ohne solche Hilfe von unten, tatenlos in edlem Seelenschmerz weiter zu leiden hätte unter dem quälenden Zwangssystem, das ihresgleichen für sich und andre aufrechterhalten. Dabei verletzt der rüde, im Grund verwerfliche Trick der Sohnesunterschiebung auch noch ästhetisch die vorgegebene Stilhöhe eines scheinbar tragischen »Sie konnten zusammen nicht kommen«. Vulgärer Leichtsinn schubst, endgültig, die erhabene Schwermut aus dem Gleichgewicht. Sie stolpert: ins Glück. – Den gleichen schön vulgären Schwung, kunstvoll gesteuert, entfacht Guerreros Musik. Mit beachtlicher eigener Erfindungskraft macht er zumal die tänzerischen Energien der heimischen Folklore fürs dramatische Geschehen fruchtbar. Nicht nur den äußeren, auch den inneren Bewegungen der betroffenen Personen stellt die Eröffnungsszene sinnreich die Weichen für alles, was da kommen soll. Sie entfesselt ungestüme Lebensfreude, ausgehend von den heftig fordernden, raumgreifenden Rhythmen des Orchesters: ein »Jetzt oder Nie«, das sich nicht unterkriegen läßt. Als hoffnungslustiges Vorzeichen prägt es sich ein und wirkt es fort; auch dann, wenn die Musik späterhin immer wieder beklommene Stimmungen aufklingen läßt. Diese Introduktion ist ein verzückter Tanz der Mägde und Knechte am festlichen Namenstag ihrer Prinzipalin. Das erste, was sie von sich geben, ist kein artikulierter Gesang. Sie folgen vielmehr dem scharf skandierten Vorlauf des Orchesters mit ebenso scharf skandiertem Händeklatschen. Damit greifen sie die Impulse des Schlagzeugs auf, steigern sie und kehren zu ihnen wieder zurück. So entsteht ein sinnfälliger Kreislauf. Er suggeriert eine untrennbare Gemeinsamkeit zwischen dem vielstimmigen Kollektiv des unsichtbaren Klangkörpers im Graben und dem vielstimmigen Kollektiv, das sich sichtbar auf der Bühne rührt und dabei die eigenen Körper als Instrument einsetzt für das, was alle bewegt. Eine Gemeinsamkeit des Ausdrucks, aber auch des Interesses. Vorhalten wird sie, bis der Schlußvorhang fällt. Denn selbst in jenen Nummern der Solisten Sagrario und Juan Pedro, wo Schwermut vorherrscht, läßt sich mitunter heraushören, wie das Orchester, als namenloser Anwalt des unerschütterlichen Kollektivs, dagegen anmusiziert: Mit kurzen, barschen Einwürfen weist es in die Gegenrichtung. Das rhythmische Händeklatschen geht dann über in melodische »Ay-ay-ay-ay-«-Lockrufe, die sich alsbald in artikulierten Liedstrophen entfalten. Szenisch fällt auf, daß hier das tanzend singende Gesinde unter sich bleibt. Äußerer Anlaß ist zwar Sagrarios Namenstag, doch leibhaftig ist sie selbst noch nicht im Spiel. Augenscheinlich verblaßt die offizielle Gelegenheit vor dem farbenfrohen Vollzug des Fests. Es explodiert zur selbstzwecklichen Selbstfeier derer, die hier tanzen und singen, weil ihnen nun einmal danach zumute ist. Nicht minder aufschlußreich wirkt der Auftritt der beiden ersten Solisten, die sich in dieser und den beiden folgenden Nummern hervortun, jeweils im Einklang mit dem Chor. Vorweg Catalina, danach Juan Pedro. Beide sind sie Leute von unten, in merkwürdiger Reihenfolge: Die gewitzte, herzenskluge Magd gibt den Ton an, den der aufrechte, aber vorerst herzenstörichte Tagelöhner aufzunehmen hat. Seine verwackelte Inbrunst, adressiert an Catalina, macht sich dann Luft in der anschließenden Romanze »Cuando siembro voy cantando«. Es spricht daraus so etwas wie verselbständigte, formelhafte Leidenschaft. Ironisierend deutet die Orchesterbegleitung eine zusätzliche Perspektive an, die Juan Pedros Part durchaus mangelt. Baritonal erfüllt er das männliche Übersoll der gängigen Balzrolle, die den Ernst der Werbung durch getragenes Tempo und empfindsamen Nachdruck beteuert. Der langsame Rhythmus soll allen Verdacht auf leichtfertig-flottes Eroberungsgebaren zerstreuen. Indes, die angesungene Catalina achtet mehr auf die hinterhältige Orchesterbegleitung, die Juan Pedros sentimentale Selbsttäuschung verrät. Kecke Blechbläser, mit locker synkopischen Schlenkern, entlarven seine scheinbar bodenständige Romanze als verkappten Slowfox. Mithin als einen tänzerischen Gestus, der im Ausdrucksspielraum der Partitur nichts als fahrlässigen Flirt anzeigt. Geradezu umgekehrt verläuft Juan Pedros erstes musikalisches Treffen mit Sagrario. Hier äußert das Orchester keinerlei Vorbehalte. Im Gegenteil. Es macht sich stark für die Singstimmen, gibt ihnen recht, besiegelt ihre Aufrichtigkeit. Schon mit den ersten Takten entfernt sich dies Duett von seinem unverbindlichen, nichts als spielerischen Anlaß: der Tagelöhner möge der Herrin des Hauses doch mal vorführen, wie seinesgleichen der Auserwählten den Hof macht. Hier nun also wäre jene Konvention gefragt, der Juan Pedro, ohne es zu merken, in seiner scheinbar so siegessicheren Romanze an Catalina erlag. Doch diesmal will die Konvention sich nicht einstellen. Ehe die beiden sich versehen, ist ihnen das verabredete Spiel entschwunden. Unverhofft, angefeuert und ermutigt durchs vehement dazwischenfahrende Orchester, überwältigt sie eine Leidenschaft, die doch nur »beispielsweise« zu demonstrieren gewesen wäre. Während Juan Pedro bei Catalina sich unabsichtlich in eine vorgeformte Rolle hineingesungen hat, singt er sich jetzt, wiederum unabsichtlich, aus der vorgeformten Rolle hinaus: auf Sagrario zu, die nur begeistert einstimmen kann, was sie da klanglich umarmt. Staunend und wie im Traum. Denn Juan Pedros faszinierende Melodie gleicht der lang gestauten Melodie in ihrem Innern, die sie nie hat laut werden lassen, bis die nun plötzlich von außen ihr entgegenklingt. Die weiteren Nummern dieses Paars, ob allein oder zu zweit, sind überwiegend melancholisch. Außer dann beim kurzen Schlußgesang, wenn sie beide aufgehen im tänzerischen Jubel des Kollektivs. Wieder und wieder jedoch wird ihre Melancholie bestürmt durch die ausgelassenen Tanzweisen der andern. Durch die unbekümmerten Lebensäußerungen der heiteren, selbstsicheren Catalina, des komisch lüsternen Moniquito und der Nebenpersonen. Sie alle denken nicht daran, sich durch die gesellschaftliche Enge in ähnliche Gefühlsklemmen treiben zu lassen wie das Hauptpaar. Abermals macht sich hier die neuartige Dramaturgie des Stücks geltend, wenn sie solchermaßen durchaus geläufige Eigenarten der Gattung Zarzuela drastisch zuspitzt. In diesem Fall: daß der musikalische Schwerpunkt keineswegs zusammenfallen muß mit dem Schwerpunkt des dramatischen Hauptkonflikts. Entscheidend ist die polyphone Stimme des Milieus, das den Hauptkonflikt umgibt. Hier gewinnt sie noch größeres Volumen und wirksamere Schlagkraft als sonst. Das heißt: der rhythmische Elan Catalinas und Moniquitos sowie der Nebenpersonen, durchweg befeuert vom Chor, übertrumpft den musikalischen Seelenschmerz der beiden dramatischen Protagonisten. Im Tempo des Paso doble und der Pasacalle, des spanisch beschleunigten Walzers und der Jota reißen ihre Solo- und Ensemblenummern das Publikum hinweg über die gefährlichen Fallgruben des maßgeblichen Standeskonflikts. Nicht, um ihn entschärfend vergessen zu machen, sondern um ihn von Anfang an (also längst bevor er am Ende so schlitzohrig gelöst wird) auszuweisen als grundsätzlich überlebtes Fossil. Bei diesen Szenen, zumal wenn Moniquito die Stimme erhebt, scheut Guerrero vor keiner vulgären Melodik zurück. Er spielt sie sogar, gleichsam programmatisch, aus. Daß er ihr nicht besinnungslos anheimfällt, beweisen seine kunstsinnige Satztechnik und Instrumentation.

**Wirkung:** Trotz hoher Ansprüche an Singstimmen und Orchesterbesetzung hat *La rosa del azafrán* die spanischen Bühnen auf Dauer erobert. Zusammen mit *La fama del tartanero* (Valladolid 1931) wurde das Stück zum künstlerischen Nonplusultra für Guerrero. Danach komponierte er noch ein halbes Dutzend Bühnenwerke, die schnell vergessen waren. Sie lassen eine zunehmende stilistische Unsicherheit des Komponisten erkennen, der nur noch gleichsam im Slalom komponierte: zwischen gepflegten, aber steril gewordenen Zarzuelas, anschmeißerischen Revuen und beflissenen Huldigungen an Francos Diktatur.

**Autograph:** Verbleib unbekannt. **Ausgaben:** Kl.A: Union Musical Española, Madrid 1930; Textb.: ebd. **Aufführungsmaterial:** Sociedad General de Autores de España, Madrid

*Volker Klotz*

# Pietro Alessandro Guglielmi

Geboren am 9. Dezember 1728 in Massa Carrara (heute Massa; Toskana), gestorben am 18. November 1804 in Rom

## La pastorella nobile
**Commedia per musica**

### Die adlige Hirtin
2 Akte (7 Bilder)

**Text:** Francesco Saverio Zini
**Uraufführung:** 19. (15.?) April 1788, Teatro del Fondo, Neapel
**Personen:** Eurilla, Hirtin (S); Don Calloandro, Sohn Don Polibios (Bar); Florida, Verlobte des Marchese (S); Don Astianatte, ihr Bruder (T); Marchese Astolfo, verliebt in Eurilla (T); Don Polibio, Bürgermeister von Belprato (B). **Statisterie:** Diener, Bauern, Jäger
**Orchester:** 2 Ob, 2 Klar, Fg, 2 Hr, Streicher, B.c
**Aufführung:** Dauer ca. 2 Std. 30 Min.

**Handlung:** In und bei einem Dorf im Königreich Neapel. I. Akt, 1. Bild: Dorf mit Bauernhäusern und dem Palast des Marchese; 2. Bild: Zimmer im Palast; 3. Bild: Wäldchen mit Wegen und Taubenhäusern; II. Akt, 1. Bild: Zimmer; 2. Bild: verfallenes Amphitheater; 3. Bild: Zimmer; 4. Bild: liebliche Landschaft mit Hütten.
Marchese Astolfo hat sich in Eurilla, eine Hirtin seines Lehens Belprato, verliebt und verfolgt das unschuldige Mädchen, das sich schließlich vor dem Unbekannten in den Palast flüchtet. Dort sind soeben Florida, die per Brief mit dem ihr nicht bekannten Astolfo verlobt wurde, und ihr Bruder Astianatte eingetroffen. Auch Calloandro, der Sohn des Bürgermeisters Polibio, wird von seinen Studien in Padua zurückerwartet, wie der stolze Vater dem Geschwisterpaar mitteilt. Doch statt eines gelehrten Doktors trifft ein Stutzer ein, der seine Zeit nicht mit Büchern, sondern mit Damen, Banketten und Glücksspiel verbracht hat. Das Schicksal nimmt seinen Lauf, als der rasend verliebte Astolfo, seine unbekannte Verlobte, Eurilla und Calloandro im Palast aufeinandertreffen: Calloandro verliebt sich ebenfalls in Eurilla, die ihrerseits auch von ihm zutiefst beeindruckt ist. Doch statt ihr gegen ihren Verfolger helfen zu können, wird Calloandro von Astolfo gezwungen, sich vor Florida als Marchese auszugeben, worauf ein buntes Spiel von Verwechslungen und Eifersucht beginnt. Als alles verloren scheint, flüchtet Eurilla zurück in ihre Wälder; Calloandro, auf der Flucht vor seinen Gläubigern, folgt ihr und ist bereit, den Rest seines Lebens als Hirt an ihrer Seite zu verbringen. Da erscheint Polibio mit einigen Hofbeamten und der überraschenden Nachricht, daß nicht Astolfo, sondern Eurilla die wahre Erbin des Lehens ist, da Astolfos Vater es ihrem Vater unrechtmäßig weggenommen hatte. Solche glückliche Neuigkeit freut nicht nur Eurilla, sondern auch Calloandro, der sie nunmehr adlige und reiche Geliebte alle Schulden zu zahlen bereit ist.
**Kommentar:** Zinis bunte Mischung aus Situationskomödie, Pastorale und Abenteuergeschichte gehört zu seinen unterhaltsamsten Libretti. Die rasche Folge immer neuer, spannender Szenen und Personenkonstellationen bot Guglielmi gerade dort eine geeignete Vorlage, wo seine Begabung sich am stärksten zeigt: auf dem Gebiet des Ensembles, von denen *La pastorella nobile* neben der Introduktion und den beiden Finale noch mehrere Duette, Terzette und Quartette enthält. Mit besonderer Liebe sind Eurilla und Calloandro musikalisch gezeichnet: sie das unschuldig-naive Landkind, dem die volkstümlich-pastoralen ⅜-Melodien der neapolitanischen Tradition so gut anstehen, er der verhinderte Weltmann, bei dessen Charakterisierung Guglielmi seinem Hang zum Grotesken in vielfältiger Weise nachgeben konnte.
**Wirkung:** Das Werk, eine der erfolgreichsten Opere buffe des Komponisten, wurde von zahlreichen italienischen Theatern nachgespielt (unter anderm Mailand 1789, 1796, Florenz 1790, Venedig 1790, 1793, 1809, Turin 1789). Bereits 1789 kam es im Théâtre de Monsieur Paris zur Aufführung, und zwar in einer Bearbeitung von Vicente Martín y Soler und Luigi Cherubini als *L'erede di Belprato*, wurde 1807 ins Repertoire des Théâtre-Italien übernommen und 1819–22 jährlich nachgespielt. In London wurde *La pastorella nobile* 1791 und 1801 inszeniert, weitere Aufführungen gab es in Wien (1790), Dresden (1791), Lissabon (1791) und Prag (1792) sowie in deutscher Übersetzung unter verschiedenen Titeln *(Die adelige Schäferin, Der Lohn weiblicher Sittlichkeit, Das adlige Landmädchen)* an kleineren Bühnen in Deutschland und Österreich.

**Autograph:** Verbleib unbekannt. **Abschriften:** Bibl. S. Pietro a Maiella Neapel (rari 27. 3. 12-13), BL London, Sächs. LB Dresden, Bibl. du Cons. Royal de Musique Brüssel, Civ. Museo Bibliogr. Musicale Bologna, Bibl. Cherubini Florenz, Vlg.-Arch. Ricordi Mailand, LOC Washington. **Ausgaben:** Textb.: Neapel 1788; Mailand, Bianchi 1789; Textb., ital./frz.: Paris 1789; Textb., ital./dt. Übers. v. H. G. Schmieder: Dresden 1791; Textb., ital./engl.: London, Reynell 1791; London, Da Ponte & Bastie
**Literatur:** G. BUSTICO, Un musicista massese: P. A. G., Barga 1926

*Silke Leopold*

## Il poeta di campagna
**Commedia per musica**

### Der Dichter vom Land
2 Akte (6 Bilder)

**Text:** Francesco Saverio Zini
**Uraufführung:** Frühjahr 1792, Teatro Nuovo sopra Toledo, Neapel
**Personen:** Fiordispina, ein schlaues und geistreiches Mädchen, Tochter des Barons (S); Chiaretta, verliebt in Dorante (S); Agatina, ebenfalls verliebt in Dorante (S); Don Properzio Ciaramella, Fiordispinas Verlobter (B); Dorante, Fiordispinas Liebhaber (T); Baron Scartaffio (B); der Verwalter von Fiume Secco, Chiarettas und Agatinas Onkel (B)
**Orchester:** 2 Ob, Fg, 2 Hr, Git, Streicher, B.c
**Aufführung:** Dauer ca. 2 Std. 30 Min.

**Handlung:** In einem kleinen Dorf im Königreich Neapel. 1. Bild: Innenhof im Palast des Barons Scartaffio, auf beiden Seiten Gemächer mit Balkonen; Portal zur Straße, im Hintergrund ein Gittertor zum Garten; 2. Bild: Zimmer; 3. Bild: Garten; II. Akt, 1. Bild: Zimmer; 2. Bild: Landschaft mit Fluß; 3. Bild: ebenerdige Galerie mit Bögen im Hintergrund.

I. Akt: Im Palast des Barons Scartaffio gratuliert der Bürgermeister des Dorfs mit seinen beiden Nichten dem Herrn zur Rückkunft seiner Tochter Fiordispina. Stolz berichtet Scartaffio, daß seine Tochter in Rom eine bedeutende Literatin geworden sei und der reiche Don Properzio Ciaramella, selbst ein Poet, um ihre Hand angehalten habe. Bei dem Wort Ehe schrecken Chiaretta und Agatina züchtig zusammen; keinen Blick wollen sie auf den fremden Herrn werfen. Fiordispina aber ist sehr ungehalten über ihres Vaters Pläne; sie hat sich in Rom in Dorante verliebt und will alles daransetzen, ihren anspruchsvollen unbekannten Verlobten zu vergraulen. Dorante ist seiner Geliebten nachgereist und erfährt von ihren Plänen. Gleich darauf trifft er auf Scartaffio und den Bürgermeister; dieser ist hocherfreut, ihn zu sehen, denn Dorante hatte vor Zeiten den Nichten Tanzunterricht gegeben. Das Erschrecken der Mädchen beim Anblick Dorantes ist durchaus nicht unschuldig, und auch er hat nicht nur pädagogische Erinnerungen. Inzwischen ist auch Properzio eingetroffen; Fiordispinas Intrige kann beginnen. Im Gespräch mit Properzio gibt sie sich ungebildet und so dummdreist, daß er schon die Flucht ergreifen will. Ihrem Vater gegenüber behauptet sie, Properzio sei taub und habe ihre Antworten kaum verstanden. Schließlich spielt sie die Verrückte, so daß Properzio glaubt, sie in einem Tollhaus zu sein. Doch alles ist umsonst: Im Garten erwischt Fiordispina Dorante bei einem Stelldichein mit Chiaretta und will ihn vor Wut umbringen. Auch sein Flehen um Verzeihung kann sie nicht besänftigen.
II. Akt: Fiordispina ist nun entschlossen, Properzio zu heiraten. Doch dieser hat sich aus dem Staub gemacht. Als Sappho verkleidet, will sie ihn in einem verfallenen Tempel einfangen, doch der rachsüchtige Dorante vereitelt ihr Spiel. Nun versucht Fiordispina auf andere Art, ihn zu umgarnen, aber erst als sie zu sterben vortäuscht, ist Properzios Widerstand gebrochen. In dem fröhlichen Hochzeitsjug erscheint auch Dorante unter den Musikern. Sein angedrohter Selbstmord wird von Chiaretta vereitelt; alle versöhnen sich.
**Kommentar:** *Il poeta di campagna* ist ein echtes Produkt neapolitanischer Lokaltradition, zu der nicht nur die Dialektrollen Scartaffio und Properzio gehören; die Verwandtschaft des Librettos mit dem von Giovanni Battista Lorenzi und Ferdinando Galiani zu Paisiellos *Il Socrate immaginario* (1775) ist unverkennbar. Auch Guglielmis Vertonung trägt viele volkstümliche Züge; verschiedentlich klingen Tarantellarhythmen an, auch Pastorales wie in der dramaturgisch ungemein reizvollen Auftrittsszene Dorantes, dessen ein wenig zu tragisches Accompagnato mehrmals von einem ⅜-»Notturnino« von Chiaretta, Agatina und dem Bürgermeister unterbrochen wird. Guglielmis Vorliebe für Rondoarien und zweiteilige Kavatinen fügt sich ebenso in den Stil der Zeit wie die gitarrenbegleitete Arie Fiordispinas »Piangi infelice Clori«. Die beiden Finale sind reich an dramatischem Leben und musikalischer Abwechslung; auch das Ensemble der Antikenszene erreicht in Umfang und szenischer Entwicklung alle Qualitäten eines Finales.

**Autograph:** Verbleib unbekannt. **Abschriften:** BN Paris, LOC Washington. **Ausgaben:** Textb.: Neapel, Flauto 1792; Mailand, Bianchi 1793; Wien 1793; Lissabon, Ferreira 1794
**Literatur:** H. ABERT, W. A. Mozart, Bd. 1, Lpz. ⁷1955, S. 369–371

*Silke Leopold*

# Pietro Carlo Guglielmi

Auch Pietro Carlo Guglielmini; geboren um 1763 (?) in Rom (?) oder Neapel (?), gestorben am 21. Februar 1817 in Neapel

## La morte di Cleopatra
Dramma per musica

### Der Tod der Kleopatra
2 Akte (5 Bilder)

**Text:** unbekannter Bearbeiter, nach dem Libretto von Antonio Simone Sografi zu der Tragedia (Vicenza 1791) von Sebastiano Nasolini
**Uraufführung:** 22. Juni 1796, Teatro San Carlo, Neapel
**Personen:** Cleopatra/Kleopatra, Königin von Ägypten (S); Ottaviano Augusto/Augustus (T); Marco Antonio/Marcus Antonius (S); Ottavia/Octavia, Ehefrau Marco Antonios (S); Tianeo, Oberpriester (B); Eros, Freund Marco Antonios und Ottavias (T); 2 Kinder Marco Antonios und Cleopatras (stumme R). **Chor, Statisterie:** Astrologen, Osirispriester, Würdenträger, Damen Cleopatras, ägyptische und römische Soldaten, Volk
**Orchester:** 2 Fl, 2 Ob, 2 Klar, 2 Fg, 2 Hr, 2 Trp, Hrf, Streicher, B.c
**Aufführung:** Dauer ca. 3 Std.

**Handlung:** In Alexandria, um 30 v. Chr., vor und nach der Schlacht von Aktium.
I. Akt, 1. Bild, Hof beim Schloß, dem Sitz der Astrologen und Tianeos: Der Oberpriester Tianeo verkündet aufgrund astrologischer Zeichen, es stehe schlecht um Ägypten und seine Königin. Cleopatra aber hält fest an ihrer Liebe zu Antonio, die der Grund für einen drohenden Angriff Augustos auf Ägypten ist. Antonio kehrt siegreich aus einem Kampf zurück. Überraschend erscheint Augusto zusammen mit seiner von Antonio verlassenen Schwester Ottavia und verlangt die Unterwerfung unter Rom. Cleopatra läßt ihn kaum zu Wort kommen; er möge sich ihr in Demut nahen, und im übrigen wisse man auf Ägyptens Seite zu kämpfen. 2. Bild, Platz in Alexandria mit Blick auf einen Teil der Flotte, Cleopatras Staatsschiff und den Osiristempel: Ägyptische Würdenträger und Priester, Wachen und Krieger ziehen auf. Augusto verlangt im Namen Roms die Ausschaltung Antonios und die Niederlegung der Herrschaft seitens Cleopatras. Antonio antwortet mit einer wütenden Kampfansage. Die Vorzeichen, die er von Ottavia erfährt,

machen ihn für einen Moment bestürzt. Aber Cleopatra weiß ihn mit neuem Mut zu erfüllen.
II. Akt, 1. Bild, Atrium: Die Schlacht ist verloren, Cleopatra in Ketten. Augusto verspricht, sie zu lösen und Antonio zu schonen, wenn sie ihm, Augusto, angehöre. Cleopatra protestiert: so treulos könne sie nicht sein. 2. Bild, Isistempel: Antonio sucht inzwischen im Isistempel Asyl für seine und Cleopatras Kinder. Cleopatra warnt ihn vor Augustos Kriegern, die ihn verfolgen. Ottavia versucht Augusto zu beschwichtigen: Cleopatra habe ihren Willen geändert. Und wirklich schwört Cleopatra ihrer Liebe zu Antonio ab und vertraut sich Augusto an. 3. Bild, grauenerregendes unterirdisches Gewölbe: Cleopatra hört, daß sich Antonio in seiner Verzweiflung verwundet, wenn nicht gar getötet habe. Ohne Antonio aber ist für sie das Leben wertlos. Sie nimmt aus einem Korb eine Giftschlange und legt sie sich an die Brust. Der schwerverwundete Antonio kommt hinzu. Das Liebespaar stirbt vor den Augen Augustos und Ottavias.

**Kommentar:** Das Libretto ist eins von jenen pseudohistorischen Kolossalgemälden, die, wie besonders die Sografis, Ende des 18. Jahrhunderts auf dem italienischen Seriatheater heimisch wurden. Außer *La morte di Cleopatra* sind *Gli Orazi e i Curiazi* (vertont von Cimarosa, 1796) und andere Dramen zu nennen, die das bewegte Ende großer historischer Figuren zum Gegenstand haben wie *Semiramide* von Ferdinando Moretti für Mortellari (1785), *La morte di Semiramide* (1790) und *La morte di Mitridate* von Sografi für Nasolini (1796) und *La morte di Cesare* von Gaetano Sertor für Bianchi (1788). Sografi verbindet Solo- mit Massenauftritten, und er liebt schaurige Szenen in unterirdischen Räumen. Mit seiner engen und häufigen Verknüpfung von Versen für Solisten, Ensemble und Chor war er in den 90er Jahren zukunftweisend; die italienischen Librettisten des frühen 19. Jahrhunderts, besonders Gaetano Rossi und Felice Romani, konnten direkt an ihn anknüpfen. Musikalisch bedeutete diese Verknüpfung das Vordringen von Ensemble und Chor sowie von Mischbildungen (Soli/Ensemble/Chor), also eine gewisse Annäherung an die französische Oper. Zwar ist die Zahl der Soloarien größer als die der Ensembles, Chöre und Mischbildungen. Aber diese sind besonders eindrucksvoll, zumal sie an dramaturgischen Höhepunkten stehen. – Guglielmi zeigt sich in den neuartigen Strukturen, zu denen auch die Gliederung vieler Soloarien in mehrere Tempi gehört, überaus wendig. Er erhöht die Zahl der Accompagnati gegenüber dem italienischen Normalstand wesentlich. Seine Instrumentation gewährt den Holzbläsern einen beachtlichen Anteil an der Gesamtwirkung. Der Einsatz der Harfe (1. Finale) war in Italien noch ziemlich neu. Guglielmi schreibt eine schwungvolle Melodik, neigt allerdings zu Gemeinplätzen. Die Melodien bilden selten größere Bögen, zerfallen vielmehr in relativ kleine Einheiten, die durch einen oft sehr gleichförmigen Rhythmus als solche markiert werden. Relativ selten kommt die Kurzatmigkeit dramaturgisch dadurch zum Tragen, daß sie vom Affekt her angebracht

erscheint, wie zum Beispiel in Cleopatras Eingangskavatine (»Confusa, tremante«, I/4) oder in Antonios Arie (»Va, m'attendi«, I/9).

**Autograph:** Verbleib unbekannt. **Abschriften:** Part: Bibl. S. Pietro a Maiella Neapel (Rari Cornicione 5. 22/23, olim 27. 3. 10/11). **Ausgaben:** Textb.: Neapel, Flautina 1796, 1798; Rom, Puccinelli 1800
**Literatur:** G. BUSTICO, P. A. G., Massa 1899; F. PIOVANO, Elenco cronologico delle opere (1757–1802) di P. G. (1727–1804), in: RMI 12:1905, S. 407–446, Nachträge ebd. 17:1910, S. 554–589, 822–877

*Friedrich Lippmann*

# Semjon Stepanowitsch Gulak-Artemowski

Geboren am 16. Februar 1813 in Gorodischtsche (bei Kiew), gestorben am 17. April 1873 in Moskau

## Saporoschez sa Dunajem
Originalnaja malorossiskaja opera w trjoch deistwijach s chorami i tanzami

### Der Saporoger an der Donau
Originale kleinrussische Oper in 3 Akten mit Chören und Tänzen

**Text:** Semjon Stepanowitsch Gulak-Artemowski.
**Orchestration:** Konstantin Nikolajewitsch Ljadow
**Uraufführung:** 14. April 1863, Mariinski-Theater, St. Petersburg
**Personen:** Iwan Karas, Saporoger (B); Odarka, seine Frau (S); Oxana, Waise, Ziehtochter von Iwan Karas (Mez); Andrei, ein junger Kosak vom Schwarzen Meer (T); der Sultan (B); Selich-Aga, zum Hof des Sultans gehörend (T); Ibrahim-Al, Imam (B); Hassan, Diener (Spr.). **Chor:** Kosaken, Kosakinnen, Schnitter, Schnitterinnen, Diener des Sultans, türkische Wache
**Orchester:** 2 Fl (1. auch Picc), 2 Ob, 2 Klar, 2 Fg, 2 Hr, 2 Trp, Pos, Pkn, Schl (Trg, Tr, MilitärTr, Glocken, Bck, gr.Tr, Tamtam), Hrf, Streicher
**Aufführung:** Dauer ca. 1 Std. 15 Min. – Einheitsbühnenbild. – In der Orchestration von Georgi Maiboroda (1982) zusätzlich: 2 Hr, 1 Trp, 2 Pos, Tb.

**Entstehung:** Gulak-Artemowski war sowohl literarisch als auch musikalisch begabt. Die Freundschaft mit Michail Glinka und dem ukrainischen Dichter Taras Schewtschenko entwickelte beide Talente. Ihrer Förderung ist es zu danken, daß Gulak-Artemowski nebenbei zu komponieren begann, denn seinen Lebensunterhalt verdiente er als Sänger bei der russischen Operntruppe der zaristischen Theater in Petersburg und Moskau. Er brachte es hier zu großen Erfolgen, vollendete seine Gesangsstudien in Italien, war der erste Interpret des Ruslan in Glinkas *Ruslan i Ljudmila* (1842), blieb aber sozial ungesichert. Mit dem Nachlassen seiner Kräfte wurde er auch entlassen, der Schöpfer der ersten ukrainischen Oper starb arm. Als Komponist kleinrussischer, das heißt ukrainischer Musik hatte er sich innerhalb einer Bewegung befunden, die der kulturellen Hegemonie der Großrussen die traditionsreiche Kunst der Kleinrussen entgegenstellte. Dazu gehört bereits Gulak-Artemowskis vokalchoreographisches Divertissement *Ukrainskaja swadba* (*Ukrainische Hochzeit*, Petersburg 1851), das bis 1863 immer wieder erfolgreich inszeniert wurde. Einige wenige Passagen daraus hat Gulak-Artemowski in *Saporoschez sa Dunajem* übernommen. Die Zusammenarbeit mit Ljadow, 1850–68 erster Kapellmeister der russischen Operntruppe, war eng. Deutlich wird beider Orientierung an Glinkas Orchesterideal, die Farbe der einzelnen Instrumente nicht zu nivellieren, sondern hervorzuheben.

**Handlung:** Im südlichen Donaugebiet, das von den Türken beherrscht wird; eine ukrainische Hütte im Vordergrund, im Hintergrund die Silhouette eines Dorfs, in der Ferne ein Minarett; 18. Jahrhundert.

I. Akt: Die Saporoger sehnen sich nach ihrer verlorenen Heimat. Eine unter ihnen leidet besonders an Heimweh: die junge Oxana. Iwan Karas hat wieder einmal über den Durst getrunken, es kommt zur Auseinandersetzung mit seiner Frau Odarka.

II. Akt: Der Sultan, als Kosak verkleidet, will die Stimmung seiner Untertanen kennenlernen und plaudert mit Iwan. Der erkennt den Herrscher, stellt sich aber unwissend und schildert dem Sultan die Sehnsucht der Kosaken nach der alten Heimat und welche Verdienste sie sich um den Sultan erworben haben. Der Herrscher ist zufrieden und gerührt, befiehlt Iwan auszuzeichnen und ihn als Türken einzukleiden. Oxana und Andrei beschließen zu fliehen.

III. Akt: Odarka erinnert sich der Warnung der Mutter: Einen Kosaken zu heiraten heißt warten. Iwan kommt als Türke und macht ihr Angst, türkisch leben zu wollen. Andrei und Oxana wurden auf der Flucht gefaßt, ihnen droht furchtbare Strafe. Der Imam verkündet den Erlaß des Sultans, der die beiden nicht nur begnadigt, sondern die Kosaken nach Haus entläßt. Die Freude ist groß, der Dank gilt Iwan.

**Kommentar:** Die scheinbar heiter-idyllische Oper hat einen historischen ernsten Hintergrund, der wichtig ist, weil er die musikalische Ausformung bestimmt. Die Freiheit der Kosaken, darunter auch der Saporoger, war immer bedroht. Ausweglos wurde ihre Lage, seitdem Anfang des 17. Jahrhunderts sich die Grenzen des großrussischen Reichs veränderten und die Zaren und polnischen Kaiser ihrer Hilfe als Grenzwächter nicht mehr bedurften. 1750 ließ Zarin Anna Iwanowna die Saporoger Setsche (Siedlung) schleifen, ein Teil verstreute sich unter Aufgabe aller Rechte über das russische Reich, der andere suchte Schutz beim Türkenherrscher. Doch die Sehnsucht nach der alten Heimat und Freiheit blieb und wurde so stark, daß die ersten Saporoger 1828 nach Rußland zurückkehrten; ihnen folgten weitere, die vom Zaren ins Kubangebiet geschickt wurden, wo sie elend zugrunde gingen. – *Saporoschez sa Dunajem* enthält keine eigentliche Handlung, Gulak-Artemowski entwirft vielmehr ein Bild der Grundsituation, eine Heimat gefunden zu haben und doch heimatlos zu bleiben. Die Genrebezeichnung »originale kleinrussische Oper mit Chören und Tänzen« meint einerseits, daß vielen der 22 Nummern originale Volksweisen zugrunde liegen, andrerseits aber auch des Komponisten Anliegen, das Wesen dieser Lieder hörbar zu machen, den für sie typischen Sehnsuchtston herauszuarbeiten. Das ist auch das Thema des Einleitungschors (Nr. 1, Introduktion) in G-Dur, ein Andante maestoso, in dem der Charakter des »gedehnten Lieds« mit seinen kleinen Intervallschritten, seiner Stimmführung, einem gegenseitigen und wechselseitigen Stützen und Schmücken deutlich herausgestellt ist, die Durtonart für Einlassungen größerer Mollinseln kunstvoll genutzt ist. Wenn Iwan Karas vom Sultan zurückkehrt und angibt, er werde nun wie ein Türke leben, wird dieser Einleitungschor, a cappella hinter den Kulissen, eingesprengt: Erinnerung und Mahnung. Darüber hinaus gibt Gulak-Artemowski im Sinn einer linear-finalen Dramaturgie keinerlei Motivation für die nun auf Iwans Herausforderung folgende kosakische Tanzszene. Es ist im herkömmlichen Sinn eine Balletteinlage mit ukrainischem Tanz, »Tschernomorski (Schwarzmeer-) Kosak« und »Kasatschok« (Nr. 8–10). Ihr Gehalt liegt im Kontext: Vor dem Hintergrund des Minaretts, das heißt der dominierenden und herrschenden türkischen Kultur, entfaltet sich eine andere und wird vom Komponisten in den Vordergrund gerückt. Tonarten- und Tempodispositionen kennzeichnen die gesamte Oper: In die Es-Dur-Szene Odarka/Iwan bricht scharf und deutlich c-Moll ein, wenn die Frau ihren Traum von einem besseren, von keinem Trunkenbold beherrschten Leben anmeldet. Mit der bitteren Aussage, es sei besser, als Witwe zu leben, bleibt c-Moll präsent, auch wenn nach der Regel wieder nach Es-Dur moduliert wird und nicht zufällig mit g-Moll die Todestonart für Odarkas Klage (Nr. 14) zu Beginn des II. Akts gewählt ist. Das Abschiedsquintett (III/17) in C-Dur, ein Adagio, als die beiden Flüchtlinge der Todesstrafe gewärtig sind, gehört zu den schönsten Nummern; es ist zugleich das größte Ensemble, das nach der Regel den Konflikt bündelt und löst.

**Wirkung:** Die Uraufführung war ein Erfolg. Der Komponist sang selbst die Partie des Iwan. Die Aufführungen am Alexandra-Theater Petersburg 1864 und 1865 am Maly-Theater Moskau sowie das Gastspiel 1864 in Moskau waren weniger erfolgreich. 1865 mußte Gulak-Artemowski aus dem Ensemble ausscheiden. Die nach der Bauernbefreiung 1861 verzögerten, nun aber scharf einsetzenden gesellschaftlichen Konflikte waren für eine Selbstdarstellung der kleinrussischen Gesellschaft, der alten Rivalin des großrussischen Reichs, nicht günstig. Die Wiederentdeckung der Oper fand daher nicht auf den hauptstädtischen Bühnen statt, sondern von der Ukraine her, mit der Inszenierung 1884 in Rostow. Mit dieser Inszenierung setzten aber auch die Bearbeitungen und Verfälschungen ein. Die erste war die Übertragung der Partie der Oxana in einen Sopran. Das veränderte den Charakter der musikalischen Figur, konnte insbesondere im Duett Andrei/Oxana (II/13) nur durch Eingriffe gelöst werden. Aufführungen 1901 in Kiew und 1915 am Bolschoi-Theater Moskau folgten dieser Praxis, hinzu kamen weitere Bearbeitungen. Die Ouvertüre wurde verändert, neue Nummern eingefügt, 1915 durch den ukrainischen Komponisten Wolodimir Jorisch und 1933 durch Stanislaw Ljudkewitsch. In diesen Bearbeitungen wurde das Werk bekannt und gespielt, so auch in den Vereinigten Staaten und Kanada. Erst 1958 kam es am Kiewer Konservatorium zu einer Wiederaufführung des Originals. 1982 folgte dann in der erweiterten Instrumentation von Maiboroda eine Drucklegung der Partitur in der Originalgestalt des Werks.

**Autograph:** Kl.A: Bibl. d. Leningrader Philharmonie; Textb.: Theater-Bibl. Lunačarskij Leningrad. **Ausgaben:** Part, Orchestration v. G. Majboroda: Muzyčna Ukraina, Kiew 1982; Kl.A: Stellovskij, Petersburg 1863; Textb.: ebd. 1901, 1963. **Aufführungsmaterial:** VAAP; Kirov teatr, Leningrad
**Literatur:** D. M. REVUTSKYJ, S. S. H.-A. i iogo komična opera ›Saporošets sa Dunajem‹, Kiew 1936; L. S. KAUFMAN, S. S. H.-A., Kiew 1962; Istorija ukrainskoj muzyky, hrsg. A. Šreer-Tkačenko, Moskau 1981

*Sigrid Neef*

# Jesús Guridi

**Jesús Guridi Bidaola; geboren am 25. September 1886 in Vitoria (Alava), gestorben am 7. April 1961 in Madrid**

## El caserío
### Comedia lírica en tres actos

### Der Weiler
3 Akte

**Text:** Federico Romero Sarachaga und Guillermo Fernández Shaw e Iturralde
**Uraufführung:** 11. Nov. 1926, Teatro de la Zarzuela, Madrid
**Personen:** José Miguel (T); Ana Mari (S); Tomin (T); Manu (B); Don Jesusito (B); Santi (Bar); Eustasia (S); Inocencia (Mez); Don Leonicio (B); Mingorrieta (Spr.). Chor
**Orchester:** BlockFl, 2 Fl (auch Picc), 2 Ob, 2 Klar, 2 Fg, 3 Hr, 2 Trp, 2 Pos, Pkn, Schl (gr.Tr, kl.Tr, Trg), Hrf, Streicher; BühnenM auf d. Szene: Banda (nicht differenziert); hinter d. Szene: Tamburine, Cistern
**Aufführung:** Dauer ca. 2 Std.

**Entstehung:** Der Kirchenmusiker und Konservatoriumslehrer Guridi hatte sich als Bühnenkomponist mit der lyrischen Oper *Amaya* (Bilbao 1920) schon einen Namen gemacht, als er das Erfolgsopus seines Lebens schrieb, die Zarzuela *El caserío*. Seine weiteren Werke dieses Genres konnten sich dagegen auf Dauer nicht durchsetzen.
**Handlung:** In einem baskischen Weiler: Der alternde Witwer Santi bangt um den Fortbestand seiner Familie und seines schönen Gehöfts. Kinder hat er keine, nur seine Nichte Ana Mari; und er erwägt schon, ob es eine Lösung wäre, wenn er selbst das Mädchen heiraten würde. Sie liebt jedoch José Miguel, den vielbewunderten Sporthelden des Pelota-Ballspiels. Vor lauter Sport und Kameraderie scheint er freilich für Liebe nichts übrig zu haben. Da greift der alte Santi zu einer List, um den jungen Mann aus der Zurückhaltung zu locken. Er macht der Nichte öffentlich einen Heiratsantrag und erzielt prompt den gewünschten Erfolg. José Miguel reagiert ebenso verliebt wie aufrecht. Obwohl arm, will er auf Mitgift und Erbschaft verzichten, wenn nur Ana Mari seine Frau wird. Santi kann beruhigt seine Rolle als Freier wieder aufgeben. Er hat erreicht, was er wollte. Seine Nichte samt Gehöft wird künftighin in guten, sportgeübten Händen sein.
**Kommentar:** Wie die freundliche Intrige des Gutsherrn ist auch die Handlung des ganzen Stücks eher Vorwand als eigentliches Geschehen. Vorwand und Stimulus, um das Alltags- und Feiertagstreiben eines baskischen Bauernmilieus zu entfalten: in seinen Lebensanschauungen, Spielen und Bräuchen. Die Gattung Zarzuela, Spaniens eigenständiger und vitaler Beitrag zum europäischen Musiktheater, ist in der Regel entschieden regional geprägt. Die Bühnenereignisse und dramatischen Zwiste, das musikalische Idiom der Gesänge und Tänze, sie entspringen jeweils dem musikalischen Alltag von Madrid oder Segovia, Andalusien, Aragonien oder Katalonien. *El caserío* ist der rare Fall einer baskischen Zarzuela. Dieser Seltenheitswert, zugespitzt durch die Autonomiebestrebungen des Baskenlands, dürfte zum innerspanischen Ruhm des Werks in erster Linie beigetragen haben. Denn Guridis Musik klingt, zumindest für ausländische Ohren, weit weniger originell und schwungkräftig als die seiner zeitgenössischen Kollegen José Serrano und Amadeo Vives, Francisco Alonso López und Jacinto Guerrero. Das mag am spröderen Melos und gemäßigteren Rhythmus der baskischen Folklore liegen, die Guridi eifrig gesammelt und verarbeitet hat. Noch mehr aber an der bisweilen akademischen Gediegenheit seiner Kompositionstechnik, die sich auf keine Wagnisse einläßt. So entstand das liebenswürdige, aber allzu brave Werk eines gewissenhaften musikalischen Konservators, der nachdrücklich seiner baskischen Heimat huldigt.

**Autograph:** bei d. Erben v. J. Guridi. **Ausgaben:** Kl.A: Unión Musical Española, Madrid 1927, Nr. 15286; Textb.: ebd., Nr. 21200. **Aufführungsmaterial:** Sociedad General de Autores de España, Madrid
**Literatur:** J. DELEITO Y PIÑUELA, Origen y Apogeo del Género Chico, Madrid 1948; J. M. DE AROZAMENA, J. G., Madrid 1967; J. F. STANARD, A Translation and Production of Selected Scenes from J. G.'s Three Act Zarzuela, ›El caserío‹, Ann Arbor, MI 1977, Diss. Univ. of Oregon

*Volker Klotz*

# Manfred Gurlitt

Manfred Hugo Ludwig Gurlitt; geboren am 6. September 1890 in Berlin, gestorben am 29. April 1972 in Tokio

## Wozzeck
### Musikalische Tragödie in 18 Szenen und einem Epilog

**Text:** Manfred Gurlitt, nach dem Drama *Woyzeck* (1836) von Karl Georg Büchner in der Ausgabe (1879) von Karl Emil Franzos
**Uraufführung:** 22. April 1926, Stadttheater, Bremen
**Personen:** Wozzeck (B.Bar); Marie (S); Hauptmann (B.Bar); Doktor (T); Andres (T); Tambourmajor (hoher Bar); Margaret (Mez); alte Frau (A); Jude (T); ein Mädchen (S); 2 Bürger (2 Spr.). **Chor:** Bürger, Bürgerinnen, Soldaten, Kinder
**Orchester:** 3 Fl (auch Picc), 2 Ob, E.H, 2 Klar, B.Klar, 2 Fg, K.Fg, 4 Hr, 3 Trp, 3 Pos, B.Tb, Pkn, Schl (gr.Tr, kl.Tr, Bck, Trg, Glocken, GlockenKl), Cel, Kl, Hrf, Streicher; Sing-St.: S, Doppel-Vokalquartett (2 S, 2 A, 2 T, 2 B), 12 Frauen-St., 6 T; BühnenM: Klar, Trp, 3 Pos, 2 kl.Tr, SoloVl, 6 Vl, Va, Kb, A, Chor
**Aufführung:** Dauer ca. 1 Std. 30 Min. – Chor zum Teil hinter der Szene, Singstimmen im Orchester, Streicher stark besetzt, Kinderchor mehrstimmig, insgesamt geringe Chorbeteiligung; Bühnenmusik kann (bis auf eine Trompete) aus dem Orchester besetzt werden.

**Entstehung:** Gurlitt schrieb *Wozzeck* in einer Zeit zunehmender Anerkennung, nachdem er 1923 mit seinen Kompositionen entscheidende Erfolge auf dem Musikfest der Internationalen Gesellschaft für Neue Musik in Salzburg erringen konnte und 1924 Generalmusikdirektor in Bremen geworden war.
**Handlung:** 1. Bild: Zimmer; 2. Bild: freies Feld, die Stadt in der Ferne; 3. Bild: die Stadt; 4. Bild: Straße; 5. Bild: Stube; 6. Bild: Straße; 7. Bild: Maries Stube; 8. Bild: Wachstube; 9. Bild: Wirtshaus; 10. Bild: freies Feld, Nacht; 11. Bild: Kaserne; 12. Bild: Kasernenhof; 13. Bild: Maries Stube; 14. Bild: Kramladen; 15. Bild: Straße; 16. Bild: Kaserne; 17. Bild: Waldweg am Teich, es dunkelt; 18. Bild: Waldweg am Teich, Nacht.
Wozzeck, der leicht geistesgestörte Bursche des Hauptmanns, läßt sich, um noch etwas Geld für sein Kind, das er mit Marie hat, zu verdienen, vom Doktor zu medizinischen Experimenten mißbrauchen. Sein Zustand verschlechtert sich dadurch, und so hat er Gesichte, die nichts Gutes verheißen. Marie, »ein Weibsbild«, gibt sich, widerstrebend, dem kerngesunden Tambourmajor hin. Der Hauptmann und der Doktor berichten Wozzeck von Maries Untreue. Wozzeck, verzweifelt, eifersüchtig, beobachtet sie beim Tanz, kauft sich, einer inneren Stimme folgend, beim Juden ein Messer und ersticht Marie auf einem nächtlichen Gang in den Wald. An den Tatort zurückgekehrt, ertrinkt er im nahen Teich.
**Kommentar:** Anders als Alban Berg faßte Gurlitt das Dramenfragment Büchners nicht in Akte zusammen, sondern schuf aus den 24 Szenen der Vorlage eine eher lose Folge von 18 Bildern und einem Epilog. So finden sich in seiner Textbearbeitung unter anderm die Szene, in der Wozzeck beim Juden das Messer für den Mord an Marie ersteht (8), und der nächtliche Wahnmonolog Wozzecks »Stich, stich die Zickwölfin tot!« (10), während etliche bei Berg breiter ausgeführte Details des Handlungsverlaufs von Gurlitt in knappe Randepisoden umgewandelt wurden. (Die Entdeckung des Mords an Marie wird hier beispielsweise nur angedeutet, indem auf die eigentliche Mordszene lediglich ein kurzer Ruf des Chors hinter der Szene »Mörder! Mörder!« [17] folgt.) Geradezu im Gegensatz zu Berg, der in seiner Textgestaltung ganz bewußt eine formal und dramaturgisch geschlossene Konzeption anstrebte und verwirklichte, bleibt bei Gurlitt der fragmentarische Charakter des Büchnerschen Texts erhalten, zeigen die Szenen eine Neigung zur isolierten, reflektierenden Betrachtung des Geschehens, ohne den Dramenverlauf, die Entwicklung zur Katastrophe, in den Mittelpunkt zu rücken. Diese Tendenz, die auch mit einer gewissen Lösung des Dramas vom Einzelschicksal Wozzecks einhergeht und zu einer gleichsam kollektiven Fassung des sozialkritischen Aspekts führt, findet sich entschieden in den von einem unsichtbaren Chor intonierten Rufen »Wir armen Leut!« zu Anfang der Oper und im Epilog verwirklicht. Die Partitur, deren Satztechnik zumeist eine lineare Stimmführung bevorzugt und harmonisch einer erweiterten Tonalität verpflichtet bleibt, zeigt insofern kammermusikalische Züge, als das äußerlich normal besetzte Orchester in fast jeder der kurzen Szenen zu einer neuen Kammerbesetzung gefügt wird, wobei die Bühnenmusik nochmals eine relativ große Besetzung mit Instrumental- und Vokalstimmen erfordert, die zumeist die Aufgabe eines eindringlichen unsichtbaren Handlungskommentars übernehmen. Die musikalisch-formale Gestaltung der Oper folgt im wesentlichen der genannten Eigenart der Texteinrichtung, indem geschlossene Formen zumeist vermieden werden. Innerhalb der Einzelbilder herrschen freie, oftmals rhapsodische Elemente vor, deren Zusammenhalt in vielen Fällen durch traditionelle Kadenzformen, zumeist als Anfangs- und Schlußakzente der Szenen, erzielt wird. Leitmotivtechniken, die sich gerade bei Berg besonders ausgeprägt finden, werden von Gurlitt nur sparsam eingesetzt. Lediglich der Ruf »Wir armen Leut!« könnte in diesem Zusammenhang als konkretes Beispiel dienen, da er sich auch innerhalb des Instrumentalsatzes häufig wiederfindet.
**Wirkung:** Die Wahl des Büchnerschen Stoffs und die Komposition von *Wozzeck* fielen in eine Zeit, da Berg mit der Vollendung seines *Wozzeck* (Berlin 1925) beschäftigt war. Gleich nach der Uraufführung (Wozzeck: Theo Thement, Inszenierung: Willy Becker),

*Wozzeck*, 9. Szene; Katherine Stone als Marie, Thomas Mohr als Tambourmajor, Richard Salter als Wozzeck, David Greiner als Narr; Regie: Arno Wüstenhöfer, Bühnenbild: Dieter Flimm; Bremer Theater, Bremen 1987. – In der Gegenüberstellung von scheinhafter Ausgelassenheit und Verzweiflung spiegelt sich der Kern der Handlung wider: die Ohnmacht und Gefährdung des sozialen Außenseiters (Wozzeck, Narr) gegenüber der naiven Macht der Skrupellosigkeit (Tambourmajor).

bei der der Komponist dirigierte und seine Frau, Maria Hartow, die Marie sang, wurde das Werk als »Der zweite Wozzeck« (Kritik in der *Deutschen Allgemeinen Zeitung* vom 24. April 1926) bezeichnet, nachdem Bergs Oper nur rund fünf Monate früher ihre Premiere erlebt hatte. Dem Vergleich mit Bergs Vertonung konnte Gurlitts Partitur nicht standhalten, obwohl es noch in der durchaus begeisterten Uraufführungskritik hieß, daß »Gurlitts Musik [...] die gewaltige Stimmungskraft der Büchnerschen Szenen ganz in sich aufgesogen« habe und »sie mit starker Intensität« wiedergebe. Während Bergs *Wozzeck* trotz seiner außerordentlichen Kühnheit und Neuartigkeit einen beispiellosen Erfolg erzielen konnte und im Lauf der folgenden Jahre exemplarische Aufführungen in aller Welt erlebte, verschwand Gurlitts Oper gleichsam in der Versenkung, nachdem sie im Jahr der Uraufführung noch in Mainz inszeniert worden war. 1985 wurde das Werk vom Österreichischen Rundfunk im Großen Konzerthaus Wien konzertant aufgeführt und gesendet (Dirigent: Lothar Zagrosek). 1987 erlebte *Wozzeck* eine Inszenierung von Arno Wüstenhöfer (unter Hinzufügung von weiteren *Woyzeck*-Texten) in Bremen.

**Autograph:** Verbleib unbekannt. **Ausgaben:** Kl.A: UE 1926, Nr. 8492; Textb.: UE, Nr. 8493. **Aufführungsmaterial:** UE
**Literatur:** W. SCHRENK, M. G.s ›Wozzeck‹, in: M.Blätter d. Anbruch 8:1926, H. 5, S. 227f.

*Rudolf Stephan*

## Soldaten
### Oper in drei Akten

**Text:** Manfred Gurlitt, nach der Komödie *Die Soldaten* (1776) von Jakob Michael Reinhold Lenz
**Uraufführung:** 9. Nov. 1930, Opernhaus, Düsseldorf
**Personen:** Wesener, ein Galanteriehändler in Lille (Bar); Frau Wesener, seine Frau (Mez); Marie und Charlotte, ihre Töchter (2 S); Stolzius, Tuchhändler in Armentières (Bar); seine Mutter (Mez); Desportes, ein Edelmann aus dem französischen Hennegau, in französischen Diensten (T); Haudy, Rammler und Mary, Offiziere (3 Bar); Gräfin de la Roche (A); ihr Sohn (T); Desportes' Jäger (Bar); ein Offizier (T); Bedienter der Gräfin (B). **Chor:** Offiziere
**Orchester:** 3 Fl (3. auch Picc), 3 Ob (3. auch E.H), 2 Klar, kl. Klar, B.Klar, 3 Fg (3. auch K.Fg), 4 Hr,

3 Trp, 3 Pos, Tb, Pkn, Schl (kl.Tr, gr.Tr, Bck, Trg, Schellen, Rute, Kastagnetten, Tamburin, Ratsche, Glsp), Cel, Kl, Hrf, Streicher
**Aufführung:** Dauer ca. 2 Std. – Die zum Teil nur kurzen Szenen erfordern in vielen Fällen einen schnellen Bildwechsel, der von Gurlitt möglicherweise auf offener Bühne, eventuell auch auf einer Simultanbühne gedacht war. Ein Tenor und ein Teil des Chors sind im Orchester plaziert.

**Entstehung:** *Soldaten*, Gurlitts dritte Oper nach *Die Heilige* (Bremen 1920) und dem beinah gleichzeitig mit Alban Bergs gleichnamigem Werk (1925) entstandenen *Wozzeck* (1926), wurde um 1930 komponiert, also zu einer Zeit, da Gurlitt als Generalmusikdirektor am Stadttheater Bremen sowie als Gastdirigent an der Staatsoper und Lehrer an der Hochschule für Musik in Berlin wirkte.
**Handlung:** Im französischen Flandern, Ende des 18. Jahrhunderts. I. Akt, 1. Bild: Lille; 2. Bild: Armentières; 3. und 4. Bild: Lille; 5. Bild: Maries Zimmer; 6. Bild: an der Lys in Armentières; 7. Bild: Kaffeehaus; II. Akt, 1. Bild: Lille; 2. Bild: Stolzius' Wohnung; 3. Bild: Lille; 4. Bild: Marys Wohnung; 5. Bild: bei Weseners; 6. Bild: Wohnung der Gräfin de la Roche; 7. Bild: bei Weseners; III. Akt, 1. und 2. Bild: keine Schauplatzangabe; 3. Bild: Weseners Haus; 4. Bild: Philippeville; 5. Bild: Armentières, in Desportes' Arrest; 6. Bild: vor einer Apotheke in Armentières; 7. Bild: auf dem Weg nach Armentières; 8. Bild: an der Lys in Lille; 9. Bild: Marys Wohnung.
I. Akt: Das unerfahrene Bürgermädchen Marie ist seit kurzem in den Offizier und Edelmann Desportes verliebt. Ihr Vater, der ehrbare, jedoch gleichermaßen ehrgeizige Galanteriehändler Wesener, erblickt in diesem Verhältnis nach anfänglichem Zögern eine Möglichkeit, aus seiner Tochter eine große Dame zu machen. Obwohl die Soldaten in dem Ruf stehen, sich einfache Mädchen zu nehmen, ohne ihre Eheversprechen zu halten, billigt Wesener die Avancen Desportes'. Der einfache Tuchhändler Stolzius, dem Marie eigentlich versprochen ist, verzehrt sich derweil in Sehnsucht nach seiner Geliebten. Im Kaffeehaus amüsieren sich die Offiziere über ihre Erfolge bei den Bürgertöchtern, ohne zu verhehlen, daß es ihnen nur um ihr Vergnügen geht. Als Stolzius hinzukommt, muß er die Demütigungen der Soldaten, die ihn wegen Marie und Desportes verspotten, über sich ergehen lassen. Entsetzt flieht er vor dem Treiben.
II. Akt: Nachdem Marie einen vorwurfsvollen Brief von Stolzius erhalten hat, diktiert Desportes ihr eine Antwort, in die er seine ganze Verachtung für den bürgerlichen Konkurrenten legt. Auch gelingt es ihm endlich, Marie zu verführen. Stolzius, dessen Mutter in großer Sorge versucht, ihn zu beruhigen, droht den Verstand zu verlieren. Desportes ist vor seinen Schuldnern geflohen und hat die verzweifelte Marie zurückgelassen. In seiner Not erniedrigt sich Stolzius und tritt als Bursche in die Dienste des Offiziers Mary, eines Bekannten Desportes', mit dem Marie nun ebenfalls ein Verhältnis eingeht. Gräfin de la Roche, deren

Sohn auch Gefallen an Marie gefunden hat, macht diese zu ihrer Bediensteten, um sie vor dem Schicksal einer Soldatenhure zu schützen. Marie jedoch erkennt die Gefahr nicht und will sich erneut an Desportes wenden.
III. Akt: Mary erklärt Stolzius, daß er Marie heiraten werde, wenn Desportes sie endgültig verstoßen sollte. Marie ist mittlerweile der Obhut der Gräfin entflohen; Wesener macht sich auf, seine Tochter zu suchen. Um sich Maries zu entledigen, beauftragt Desportes seinen Jäger, sie aufzuhalten und zu vergewaltigen. Auf dem Weg nach Armentières trifft Wesener seine Tochter, die inzwischen eine bettelnde Dirne geworden ist. Sie sinken sich in die Arme. Noch einmal wird Stolzius mit seinem Unglück konfrontiert, als Desportes Mary besucht und zynisch von der Vergewaltigung Maries berichtet. In einem Akt der Verzweiflung vergiftet Stolzius sich und seinen Widersacher Desportes.
**Kommentar:** Mit *Soldaten* entwarf Lenz ein Sittendrama, in dessen Mittelpunkt der soziale Konflikt zwischen Kleinbürgertum und Offiziersadel steht. Lenz' Kritik richtete sich sowohl gegen die seitens der Obrigkeit zwangsverordnete Ehelosigkeit des Offizierskorps sowie den daraus erwachsenden moralischen Verfall der Militärs als auch gegen das ambiguose, weil berechnende Verhalten des Bürgertums, das zum einen um des Vorteils eines ungewissen sozialen Aufstiegs willen bereit war, seine Töchter auszuliefern, zum andern gerade dies Ausgeliefertsein als Willkür und Erniedrigung empfand. Für Gurlitt mußte *Soldaten* fraglos einen weiteren, aktuellen Aspekt beinhalten: den der Brutalität militärischer Machtausübung, wie er im Deutschland des zunehmend erstarkenden Nationalsozialismus wieder spürbar geworden war. Gleichwohl wählte sich Gurlitt mit *Soldaten* auch ein Sujet, das, wie bereits sein *Wozzeck* und später *Nana* (Dortmund 1958, komponiert 1933), Züge trägt, die Hans Ferdinand Redlich in bezug auf die Werke Bergs als »Oper des sozialen Mitleids« (in: *Alban Berg,* Wien 1957, S. 102–154, 210–267) bezeichnet hat. Beides, das Moment der Zeitkritik, genährt durch die Bedrohung des Nationalsozialismus, wie auch der Aspekt des sozialen Mitleidens, eingefaßt in einen historischen Stoff, der gleichwohl unmittelbare Anteilnahme provoziert, mag den Ausschlag für die Stoffwahl gegeben haben. Bei der Texteinrichtung faßte Gurlitt Lenz' fünfaktige Komödie in drei Akte zusammen, wobei er Kürzungen sowohl innerhalb der Szenen als auch innerhalb der Szenenfolge vornahm. Dabei wurde auch die Szene eliminiert, in der die Offiziere einen Juden überfallen und erniedrigen (Lenz: III/1), was angesichts der Bedrohung durch den Antisemitismus der Nationalsozialisten eine zwingende Erklärung findet. Die Musik der *Soldaten* ist einer eher gemäßigten frei tonalen Sprache verpflichtet, die freilich polytonale Schichtungen und kompakte Dissonanzen nicht scheut. Während sich Gurlitt in seinem Werk den zeitgenössischen Tendenzen zur Auflösung der Tonalität dennoch nur zögernd näherte und eher konservativ auf einer tonalen Dispo-

sition seiner Szenen beharrte (I/1 beispielsweise zeigt als Rahmentonart ein relativ festgefügtes A-Dur beziehungsweise a-Moll), gelang es ihm andrerseits, die formale Anlage seiner Oper in bestimmter Weise auf eine konstruktive Ebene zu heben. Formal sind einige der Szenen so gearbeitet, daß Kategorien dramatischer und absolut-musikalischer Gestaltung miteinander verschränkt erscheinen. So enthält beispielsweise die Szene, in der Wesener zum erstenmal mit Desportes' Annäherungsversuchen konfrontiert wird (I/3), eine Art Scherzo mit Trio, während die Folge zum Teil äußerst kurzer Szenen im III. Akt als »Lied mit Variationen« (III/2–5) angelegt ist. Weitere Belege für dies Ineinandergreifen von aus der Instrumentalmusik abgeleiteten Formen und dramaturgischer Gestaltung finden sich unter anderm noch in den ersten »Thema mit Variationen« (I/5) sowie in den verschiedenen »Märschen« (I/6, II/4, III/1, III/6). Wenngleich die Oper nicht durchgehend diese Art der formalen Konzeption aufweist, scheint es nicht ausgeschlossen, daß Gurlitt sich hier am Beispiel von Bergs *Wozzeck* orientiert haben könnte, insbesondere da dies Werk seinerzeit parallel zu seinem eigenen *Wozzeck* entstanden war und anzunehmen ist, daß Gurlitt die Partitur im nachhinein studiert hat. Einen interessanten Aspekt von Gurlitts Klangbehandlung bieten noch im im Orchester plazierten Vokalstimmen. So trägt während der ausgelassenen Offizierssszene im Kaffeehaus (I/7) ein Tenor aus dem Orchestergraben ein zweideutiges Chanson vor und, während Stolzius vor der Apotheke seinen Racheplan ersinnt (III/6), ein zweigeteilter unsichtbarer Chor eine Dies-irae-Sequenz.

**Wirkung:** Das Uraufführungsjahr der *Soldaten*, in dem noch Křeneks *Leben des Orest*, Schönbergs *Von heute auf morgen*, Weills *Aufstieg und Fall der Stadt Mahagonny* und Janáčeks *Z mrtvého domu* ihre Premiere erlebten, fiel in eine Zeit, da sich der Einfluß der Nationalsozialisten in Deutschland bereits überall Raum zu verschaffen begann. So kann es auch nicht verwundern, daß das Werk des später verfemten und aus Deutschland vertriebenen Gurlitt keine große Resonanz mehr finden konnte. Gurlitt emigrierte 1933 nach Japan, nachdem er im selben Jahr noch seine Oper *Nana* nach Emile Zolas Roman (1880) vollenden konnte. Nach Düsseldorf wurden die *Soldaten* noch 1931 am Deutschen Theater Prag und an der Städtischen Oper Berlin (Inszenierung: Carl Ebert) sowie in Bremen, Breslau und Hamburg gespielt. 1932 folgten noch Aufführungen in Coburg und Erfurt. Anders als *Wozzeck* hätte dies Werk unter günstigeren Umständen sicherlich größeres Interesse erweckt, zumal die Gurlitts Konzeption überragende Vertonung des *Soldaten*-Stoffs durch Bernd Alois Zimmermann erst 1965 (Köln) uraufgeführt wurde.

**Autograph:** Verbleib unbekannt. **Ausgaben:** Kl.A: UE, Nr. 9991. **Aufführungsmaterial:** UE
**Literatur:** A. RASKIN, [Kritik d. UA], in: Melos 9:1930, S. 543

*Michael Mäckelmann*

# Felipe Gutiérrez y Espinosa

Geboren am 26. Mai 1825 in San Juan (Puerto Rico), gestorben am 27. November 1899 in San Juan

## Macías
**Drama lírico en tres actos**

**Macías**
3 Akte (4 Bilder)

**Text:** Martín Travieso y Rivero (?), nach dem »historischen Drama« *Macías* (1834) von Mariano José de Larra, nach dem Schauspiel *Porfiar hasta morir o Macías, el enamorado* (1638) von Lope Félix de Vega Carpio
**Uraufführung:** 19. Aug. 1977, Teatro Tapia, San Juan (Puerto Rico) (komponiert 1871)
**Personen:** Don Enrique de Villena, Gouverneur von Calatrava (B); Macías, sein Gefolgsmann (T); Elvira (S); Nuño Hernández, Elviras Vater (B); Fernán Pérez de Vadillo, Don Enriques Knappe (Bar); Beatriz, Elviras junge Gouvernante (Mez); Rui Pero, Don Enriques Haushofmeister (T); Fortún, Macías Knappe (B); Alvar, Fernán Pérez' Diener (B). **Chor**
**Orchester:** Picc, 2 Fl, 2 Ob, 2 Klar, 2 Fg, 2 Hr, Kornett, 2 Trp, 3 Pos, Pkn, Streicher
**Aufführung:** Dauer ca. 2 Std. 30 Min.

**Entstehung:** Die Geschichte des galicischen Dichters Macías »el enamorado« (der Verliebte) wurde schon vor Vega wiederholt literarisch behandelt: Don Pedro, Kronbeamter in Portugal, verfaßte 1453–55 die *Sátira de felice e infelice vida*; der Roman *Nobleza de Andalucía* (1588) von Gonzalo Argote de Molina machte die Legende weithin bekannt. Im 17. Jahrhundert befaßte sich Francisco Antonio de Bances Candamo noch einmal mit dem Stoff. Gutiérrez war der Komponist der ersten Oper, *Guarionex* (um 1856), die ein Thema aus Puerto Rico behandelte. Das Autograph seiner dritten Oper, *Macías*, trägt eine Widmung an König Alfons XII. von Spanien. Während einer Ausstellung in San Juan, das damals spanische Provinz war, wurde Gutiérrez am 30. Juni 1871 für die Komposition von *Macías* mit einer goldenen Medaille ausgezeichnet.
**Handlung:** In Andújar, bei Córdoba, 1406. I. Akt: Gärten beim Palast Don Enrique de Villenas; II. Akt: Zimmer Enriques; III. Akt, 1. Bild: Zimmer Elviras; 2. Bild: Gefängnis.
Macías liebt Elvira. Während seiner durch eine Intrige herbeigeführten Abwesenheit wird Elvira von ihrem Vater, Nuño Hernández, dazu gezwungen, Don Fernán Pérez de Vadillo zu heiraten. Als der Troubadour zurückkehrt und Elvira verheiratet findet, dringt er gewaltsam in Fernáns Zimmer ein und wird daraufhin verhaftet. Elvira sucht ihn im Gefängnis auf und

ermutigt ihn zur Flucht. Fernán überrascht die Liebenden und tötet Macías. Elvira bekennt ihre Liebe zu Macías und stirbt von eigener Hand.
**Kommentar:** Gutiérrez, der zwei weitere Opern, *Guarionex* (3 Akte; Text: Alejandro Tapia y Rivera) und *El Bearnés* (4 Akte; Text: Antonio Biaggi), sowie eine Zarzuela, *El amor de un pescador*, komponierte, von denen nichts erhalten ist, war 1858–98 Kapellmeister an der Kathedrale von San Juan und dirigierte auch das Orchester des Teatro Municipal (jetzt Teatro Tapia) während der Opernsaison. Der »beste puertorikanische Opern- und Kirchenmusikkomponist, der eindringliche, in eine reiche orchestrale Faktur eingebundene Melodien schrieb und in *Macías* Momente wahrhaft dramatischer Größe erreichte, kann im Stadttheater von San Juan, das im Mai 1832 eröffnet wurde, nur italienische Opern gehört haben« (Robert Stevenson). Donald Thompson weist auf den Einfluß Gioacchino Rossinis und Gaetano Donizettis auf Gutiérrez' »Harmonie, Vokalstil und Instrumentierung« hin. Ebenso wie Larra in seinem romantischen Schauspiel, betont der Librettist von *Macías* den Konflikt zwischen Liebe und ehelicher Pflicht. – In seinen Bemühungen, das Musikleben Puerto Ricos im 19. Jahrhundert zu dokumentieren, stuft Thompson *Macías* als »typisches Werk, sicher verankert im Stil der Mitte des Jahrhunderts«, ein und stellt fest, daß angesichts der Tatsache, daß Gutiérrez Autodidakt und vor 1876 nicht im Ausland gewesen war, »das Musikleben in San Juan höher entwickelt gewesen sein muß, als man sich bisher vorstellte und belegen konnte, und daß Gutiérrez aktiv an diesem musikalischen Leben teilnahm«.
**Wirkung:** Nachdem 1970 der Historiker Lidio Cruz Monclova eine Mikrofilmkopie des Autographs aus der Madrider Biblioteca del Palacio Real nach Puerto Rico gebracht hatte, wurde das Werk für die Bühne eingerichtet und dank der Bemühungen der Sopranistin Camelia Ortíz del Rivero, Direktorin der Opera 68 Company von Puerto Rico, und des Komponisten Rafael Aponte-Ledée, der anstelle der verschollenen eine neue Ouvertüre beisteuerte, uraufgeführt. Unter der Leitung von Odón Alonso und der Regie von Pablo Cabrera sangen Ortíz (Elvira), Abraham Lind-Oquendo (Fernán Perez) und Elio Rubio (Macías).

**Autograph:** Bibl. del Palacio Real Madrid. **Aufführungsmaterial:** Camelia Ortíz del Rivero (Einrichtung für d. Opera de San Juan, Rio Piedras, Puerto Rico, USA)
**Literatur:** R. STEVENSON, A Guide to Caribbean Music History, Lima 1975, S. 11, 35, Nachdr. in: Inter-American Music Review 4:1981, Nr. 1, S. 14, 37f.; DERS., Music in San Juan, Puerto Rico, Cathedral to 1900, in: Inter-American Music Review 1:1978, Nr. 1, S. 85f.; E. MULET HOCKING, Presentarán Opera ›Macías‹ de F. G., in: El Mundo, San Juan, 4.5.1977, S. 6B; T. MARCO, ›Macías‹ de G. E. Estreno actual de un ópera romántica, in: Arriba, Madrid, 1.9.1977, Nachdr. in: Inter-American Music Review 1:1978, Nr. 1, S. 96f.; D. THOMPSON, Musical Archaeology, Fine Talent Bring ›Macías‹ to Life, in: San Juan Star, San Juan, 7.6.1978, Nachdr. in: Inter-American Music Review 1:1978, Nr. 1, S. 98f.

*Malena Kuss*

# Adalbert Gyrowetz

Adalbert Mathias Gyrowetz; geboren am 19./20. Februar 1763 in Budweis (České Budějovice; Südböhmen), gestorben am 19. März 1850 in Wien

## Der Augenarzt
**Singspiel in zwei Aufzügen**

**Text:** Johann Emanuel Veith, nach dem Libretto von Armand Croizette und Armand François R. C. Chateauvieux zu der Oper *Les Petits aveugles de Franconville* (Paris 1802) von Louis-Sébastien Lebrun
**Uraufführung:** 1. Okt. 1811, Kärntnertortheater, Wien
**Personen:** Graf Steinau, Obrist und Gutsbesitzer (B); Herr Berg, Regimentsarzt (T); Pastor Reinfeld (B); Leonore, seine Frau (S); Marie, ihre Tochter (S); Philipp und Wilhelmine, ihre Pflegekinder (2 S); Igel, Schloßverwalter (T); ein Jäger (stumme R); ein Kammerdiener (stumme R). **Chor:** Landleute. **Statisterie:** Bedienstete
**Orchester:** 2 Fl, 2 Ob, 2 Klar, 2 Fg, 2 Trp, 2 Hr, Pkn, Git, Streicher
**Aufführung:** Dauer ca. 2 Std.

**Entstehung:** Gyrowetz schrieb den *Augenarzt* im Rahmen seiner Verpflichtungen als »Kompositeur« und Kapellmeister an den Wiener Hoftheatern, eine Position, die er seit 1804 innehatte und neben Antonio Salieri und Joseph Weigl ausübte. Zu den Aufgaben von Gyrowetz gehörte nicht nur die Überwachung des laufenden Opernbetriebs; er hatte alljährlich auch eine Oper und ein Ballett zu komponieren, diese einzustudieren und die Aufführungen zu leiten. Gyrowetz, der sich erst in der zweiten Lebenshälfte, und dann fast ausschließlich und äußerst produktiv, der Komposition für die Bühne zuwandte, erzielte seinen ersten Opernerfolg mit *Agnes Sorel* (Wien 1806), die bis 1816 in Wien 124 Aufführungen erlebte und fast drei Jahrzehnte lang an vielen Orten nachgespielt wurde. 13 weitere Opern, Singspiele, Ballette und Schauspielmusiken fanden nur lokale Beachtung, bis *Der Augenarzt* wieder an den Erfolg von *Agnes Sorel* anknüpfen konnte. – Der spätere Burgtheaterdirektor Franz Ignaz von Holbein bezichtigte (in *Theater*, Bd. 2, Rudolstadt 1812) Veith des Plagiats an seinem Stück *Die beiden Blinden*, das Peter von Winter 1810 vertont hatte, das aber niemals aufgeführt wurde.
**Handlung:** Im Dorf Steinau an der sächsischen Grenze, morgens bis mittags.
I. Aufzug, 1. Bild, Vordergrund eines Dorfplatzes, zu beiden Seiten Bauernhäuser zwischen kleinen Gärten, im Hintergrund das Schloß des Grafen mit Alleen, die zu ihm hinführen: Unter Anleitung des eitlen Schloßverwalters Igel bereiten die Dorfbewohner ihrem Grafen, der aus dem Krieg zurückkommt, einen freundlichen Empfang. Mit ihm kommt Regimentsarzt Berg,

sein Lebensretter und Freund, dem der Graf aus Dankbarkeit eine neue Heimat bietet. Nach den kriegerischen Unruhen ist auch die Pastorentochter Marie zusammen mit Philipp und Wilhelmine, den beiden blinden Findelkindern der Familie, auf dem Heimweg zu ihren Eltern. Der Graf und Berg begegnen ihnen und erfahren von ihrem Schicksal, worauf sie der Graf zu sich einlädt. Auch der Vater, Pastor Reinfeld, der zufällig des Wegs kommt, erhält eine Einladung. Igel soll auch Reinfelds Frau Leonore zur Wiedervereinigung der Pastorenfamilie herbeiholen und entwickelt sogleich Heiratspläne, von seiner unwiderstehlichen Anziehungskraft auf Marie überzeugt. 2. Bild, Zimmer im Schloß: Der zurückhaltende Berg hofft, Leonore für sich zu gewinnen: durch die Heilung ihrer blinden Schützlinge. Philipp und Wilhelmine entdecken ihre Gefühle füreinander, werden jedoch belauscht. Reinfelds Beschluß, die blinden »Geschwister« zu trennen, überschattet die Wiedersehensfreude der Familie. Igel, der sich schon als Bräutigam sieht, führt die Dorfbewohner herbei, und der Graf stellt ihnen Reinfeld als ihren neuen Pastor vor.
II. Aufzug, 1. Bild, Schloßgarten, links der Eingang zu einem Pavillon: Marie sucht im Garten vergeblich nach Philipp und Wilhelmine, die unterdessen von Berg operiert werden. Sie trifft Igel, der sie durch seine Werbung aber nur stört. Der Graf, Leonore und schließlich auch Reinfeld erfahren vom Erfolg der Operation, und nun hält Berg bei den Eltern um Maries Hand an. Marie soll selbst entscheiden. Ermuntert vom Grafen, erklärt sich Berg seiner ahnungslosen Angebeteten. Verwirrt weicht sie der Antwort aus, doch der Graf schildert als väterlicher Freund dem Arzt schon zuversichtlich das künftige Familienleben. Igel kommt mit wertlosen Geschenken für Marie, und Berg erkennt in der Verpackung das alte Etui seiner Mutter. Igel muß auf Befragen gestehen, daß es aus dem Besitz seiner Frau stammt, die vor 16 Jahren auf der Durchreise erkrankte und im Dorf starb. Ihr blindes zweijähriges Mädchen (bei dem es sich um Wilhelmine, die kleine Schwester Bergs, handelt) wurde dann beim Pastor des Nachbardorfs ausgesetzt, der zuvor schon einen fremden blinden Jungen aufgenommen hatte. Das Pastorenehepaar wird über die Identität der Pflegetochter aufgeklärt. Igel erkennt nun Berg als Konkurrenten um Marie, rechnet sich aber trotz seines peinlichen Geständnisses die größeren Chancen aus. Marie gesteht sich ihre Gefühle für Berg ein. 2. Bild, Gartensaal, zu beiden Seiten Fenster mit aufgezogenen Vorhängen, im Hintergrund ein Alkoven: Die beiden Operierten beteuern sich erneut ihre Zuneigung. Auf der Suche nach seinem Herrn stößt Igel im Pavillon auf Philipp und Wilhelmine und entdeckt ihre Verwandtschaft mit Berg. Marie kommt dazu und erfährt nun endlich von der Operation und dem Erfolg. Beim Glockenschlag zwölf werden die Augenbinden abgenommen, und unter dem Jubel aller Beteiligten finden die beiden Paare, Wilhelmine/Philipp und Marie/Berg, zusammen.
**Kommentar:** Nicht nur Michel Schletterer (*Das deutsche Singspiel von seinen ersten Anfängen bis auf die neueste Zeit*, Leipzig 1879) charakterisierte Gyrowetz kurz und bündig als einen Komponisten, der Weigl »am glücklichsten zu copieren wußte und zwar so, daß man beider Werke kaum zu unterscheiden vermag«. Speziell die Nähe des *Augenarztes* zu Weigls *Schweizerfamilie* (1809) stellte schon E. T. A. Hoffmann in seiner ausführlichen Rezension des Klavierauszugs für die Leipziger *Allgemeine Musikalische Zeitung* (30. Dez. 1812) fest. Er fühlte sich durch den Stil der Gyrowetz-Komposition lebhaft an Weigls Erfolgsoper erinnert. »Wie in der Schweizerfamilie, fehlt es auch hier nicht an sehr zart gedachten Melodien, und eine richtige Ökonomie, in Rücksicht des nicht zuviel und nicht zu wenig, rundet das Ganze ab [...]« Hoffmann formulierte verschiedene Einwände, besonders entschieden gegen die sentimentale und nach seiner Ansicht für die Opernbühne wenig geeignete Handlung, betonte aber ausdrücklich, daß Gyrowetz eine im ganzen gefällige, bei aller Routine doch streckenweise sogar charakteristische Musik geschaffen habe, die jedenfalls weit höher als der Text stünde.
**Wirkung:** *Der Augenarzt* erlebte bis 1817 am Kärntnertortheater 95 Vorstellungen, außerdem eine am Burgtheater (1814). Die Dekorationen stammten von Kaspar Melchior, Philipp von Stubenrauch schuf die Kostüme. Das Erfolgsstück fand weite Verbreitung und wurde 1812 in Pest, Würzburg, Preßburg und München, 1813 in Dresden und Leipzig, 1815 in Königsberg und Berlin und 1816 in Straßburg gespielt. Bei einer erneuten Aufführung in Leipzig 1820 resümierte der Berichterstatter der *Allgemeinen Musikalischen Zeitung* (12. April 1820): »Das Publikum nahm diese Oper zu gleichgültig auf. Es mag die viele Empfindsamkeit, die darin seufzet, an dieser Aufnahme schuld gewesen seyn. Diese will man nun einmal durchaus nicht mehr, seit der neuen Heldenzeit; und viel eher das Gegentheil.« Eine französische Adaption, *La Jeune aveugle*, von Alexandre Chalas und Eugène de Monglave wurde 1826 im Odéon Paris gegeben. Eine tschechische Version von Josef Krasoslav Chmelenský wurde 1833 in Prag veröffentlicht, aber nicht aufgeführt.

**Autograph:** Verbleib unbekannt. **Abschriften:** ÖNB Wien (2 Ex.: K. T. 47 u. Mus. Hs. 16.166), Bayer. SB München (St. th. 12), SBPK Bln. (West) (Mus. ms. 8893). **Ausgaben:** Kl.A: Mechetti, Wien, Nr. 60(-76); B&H, Nr. 1815; Textb.: Wien 1811
**Literatur:** A. GYROWETZ, Autobiographie, Wien 1848, Neu-Ausg., hrsg. A. Einstein, in: Lebensläufe deutscher Musiker, Bd. 3/4, Lpz. 1915; E. T. A. HOFFMANN, Schriften zur Musik. Aufs. u. Rez., hrsg. F. Schnapp, München 1977

*Rita Fischer-Wildhagen*

# Gustav Wasa, König von Schweden
→ **Muzzarelli, Antonio** (1811)

# Das Schweizer Milchmädchen
→ **Taglioni, Filippo** (1821)

# Joseph Haas

Geboren am 19. März 1879 in Maihingen (bei Nördlingen), gestorben am 30. März 1960 in München

## Tobias Wunderlich
Oper in drei Aufzügen (sechs Bildern)

**Text:** Hermann Heinz Ortner und Ludwig Andersen (eigtl. Ludwig Strecker), nach Ortners Drama (1929)
**Uraufführung:** 24. Nov. 1937, Staatstheater, Kassel
**Personen:** Tobias Wunderlich, Holzschuhmacher (Bar); die heilige Barbara (S); die Zigeunerbarbara (Mez); der Bürgermeister (B); Fink und Wurm, Gemeinderäte (2 T.Buffos); der Gemeindeschreiber (B); Mister Brown (B) und Rosenzweig (T), Kunsthändler; der Mesner (Spr.); Polizist (Spr.). **Chor:** Ortsbewohner, Wallfahrer, Musikanten
**Orchester:** 2 Fl (2. auch Picc), 2 Ob, 2 Klar, 2 Fg, 4 Hr, 2 Trp, 3 Pos, Tb, Pkn, Schl (2 Spieler: gr.Tr, kl.Tr, Bck, Trg, baskische Tr, Glsp, Xyl, Tamtam, Glocken, Gong), Hrf, Org, Streicher; BühnenM: 2 Hr, 2 Trp, Tb, Pkn, gr.Tr
**Aufführung:** Dauer ca. 2 Std. 45 Min. – Die Bühnenmusik kann aus dem Orchester besetzt werden.

**Handlung:** In den deutschen Alpen. I. Akt, 1. Bild: Kirche; 2. Bild: Gemeindestube; II. Akt, 1. Bild: Tobias' Stube; 2. Bild: wie I/2; III. Akt, 1. Bild: Platz vor der Kirche; 2. Bild: Tobias' Stube.
Eine holzgeschnitzte Altarfigur der heiligen Barbara entgeht dem Verkauf an einen amerikanischen Kunsthändler, Mr. Brown, nur durch ein Wunder: Als der Holzschuhmacher Tobias Wunderlich nach vergeblichem Einspruch gegen Versteigerung und Verkauf betend von der Heiligenfigur Abschied nimmt, belebt sich diese und folgt Tobias als Magd in sein Haus. Sie ist jedoch nicht die Heilige selbst, sondern die Magd Elisabeth Velbacherin, die einst bei einem berühmten Holzschnitzer diente und für dessen nun versteigerte

*Tobias Wunderlich*, I. Akt, 1. Bild; Bühnenbild: Richard Panzer; Uraufführung, Staatstheater, Kassel 1937. – Der Bogen, von dem der Altarraum gleichsam eingefaßt wird, betont dadurch, daß er den Blick auf die Skulptur der heiligen Barbara konzentriert, von Anfang an deren Bedeutung für die Handlung.

Altarfigur Modell stand. Tobias muß versprechen, Elisabeths Herkunft als Geheimnis zu wahren; nur unter dieser Bedingung kann sie bei ihm bleiben und ihn umsorgen. Durch seine bald entwickelte Liebe zu Elisabeth gerät Tobias in schöpferische Begeisterung; auch er will die heilige Barbara nach dem Bild Elisabeths in Holz schnitzen. In der Gemeinde hält man das Verschwinden der Altarfigur selbstverständlich für Diebstahl, und das Indiz, ein verlorenes Taschentuch, spricht für Tobias als Täter, nachdem die Zigeunerbarbara, die man zunächst verdächtigt hat, ihre Schuldlosigkeit beweisen kann. Als man beim Verhör Tobias' neuer Magd, die niemand kennt, liederlichen Lebenswandel unterstellt und sie schließlich zusammen mit Tobias abführen will, vermag er nicht an sich zu halten und gibt das Geheimnis preis. Ein neues Wunder geschieht: Elisabeth entschwindet als heilige Barbara in einer Gloriole, und zugleich kehrt die Altarfigur in die Kirche zurück. Durch das Wunder wird das Dorf zum Wallfahrtsort. Man macht gute Geschäfte und hat nun kein Interesse mehr, die Figur nach Amerika zu verkaufen. Auch hat man unterdessen ein Gesetz erwirkt, das ihren Verkauf ins Ausland verbietet. Empört über die skrupellose Ausbeutung des Wunders durch die Dorfbewohner, versucht Tobias in einem wütenden Auftritt vor der Kirche, der Geschäftemacherei Einhalt zu gebieten. Er stößt allgemein auf Unverständnis, nur die Wallfahrer zeigen sich beeindruckt und verlassen den Ort. Nun will man den unliebsamen Kritiker, der das Geschäft verdirbt, von seiten der Gemeinde dadurch neutralisieren, daß man ihn zum Ehrenbürger macht. Tobias lehnt jedoch schroff ab. So gerät er vollends in eine Außenseiterrolle. Einzig die Zigeunerbarbara, die gleichfalls außerhalb der Gesellschaft steht, ist auf seiner Seite. Brown will nun Tobias' soeben vollendete neue Altarfigur der heiligen Barbara kaufen, doch Tobias lehnt ab. Als er am Abend allein am Tisch sitzt und einschläft, geschieht abermals ein Wunder: Die Altarfigur belebt sich, steigt vom Sockel herab, um Tobias als Magd zu dienen.

**Kommentar:** Das Werk, zwischen 1934 und 1937 komponiert, steht äußerlich der Legende nahe, da die Handlung wesentlich von Wundern bestimmt wird und die Titelfigur Züge eines Heiligen trägt (nicht zufällig bezeichnet die Zigeunerbarbara Tobias Wunderlich expressis verbis als Heiligen). Im Kern jedoch ist es ein Künstlerdrama ähnlich Pfitzners *Palestrina* (1917) und Hindemiths *Mathis der Maler* (1938). Der Künstler, wie ihn Haas versteht, ist ein schlichter Handwerker. Naive Frömmigkeit zeichnet ihn aus, dazu eine von keinerlei Zweifel berührte Heilsgewißheit. Er ist darum prinzipiell optimistisch-lebensbejahend. Wesentlich für sein Künstlertum ist neben der Solidität seines Handwerks seine Verbundenheit mit dem Übersinnlich-Jenseitigen, so daß sein Leben und Wirken ein ständiges Ineinander von Diesseits und Jenseits ist. Das Wunder (dreimal in nahezu symmetrischer Verteilung über das Stück auftretend: I/1, II/2, III/2) dient der Veranschaulichung dieser zentralen Eigenschaft des Künstlers. Zugleich ist die Verknüp-

fung des Wunders mit dem Kunstwerk das Mittel, die Heiligkeit der Kunst vor Augen zu führen. Wunderlichs geradezu militanter Kampf gilt der Verteidigung der Kunst und ihrer Reinheit gegen den Zugriff von Handel und Kommerz. Kunst ist nicht käuflich, wie die Religion kein Feld für Geschäfte, auch wenn die Wirklichkeit sich nicht an diese Forderungen hält. Wunderlichs Beziehung zur Kunst erhält in seiner Liebe zu Elisabeth ihr Sinnbild. Dabei zeigt sich der religiös-konfessionelle Endzweck der Kunst anschaulich darin, daß Wunderlich in Elisabeth stets nichts anderes sieht als die verlebendigte Altarfigur, die Verkörperung der heiligen Barbara. Darum auch ist seine Liebe keusch und alle Erotik ins Schwärmerisch-Religiöse umgebogen. Das Werk versteht sich bewußt als »Beitrag zum Kapitel ›Deutsche Volksoper‹« (Karl Laux, S. 233, s. Lit.). Die Komposition ist daher auf leichte Rezipierbarkeit angelegt. Deren Grundlage ist nicht nur der Bestand an einfachen Formen und Prinzipien der Musik allgemein, sondern vor allem die breite Vielfalt der volkstümlichen Musik, bei der zahlreiche Anleihen gemacht werden. Eine besondere Rolle spielt die Volksmusik des süddeutschen Raums. Das reicht vom Lied über den Ländler bis zum Schnaderhüpferl. Zugleich wird, dem religiösen Tenor des Handlungsgeschehens entsprechend, auch musikalisch das Sakrale einbezogen durch den Rückgriff auf Gregorianik, Psalmodie und Kirchentöne (das Leitmotiv der Barbara zum Beispiel ist von dorther geprägt). Das Werk ist durchkomponiert und verwendet einzelne Leitmotive, erweist sich aber in seiner Neigung zur Ausprägung fester Formen und vor allem durch seinen hohen Anteil an Chor- und Ensemblesätzen als Oper im traditionellen Sinn. Der in der Handlung entfalteten Vorstellung vom Künstler als Handwerker korrespondiert musikalisch eine traditionalistische Gediegenheit des kompositorischen Handwerks, die allerdings nicht spezifisch für dies Werk ist, sondern das gesamte Schaffen von Haas charakterisiert. In *Tobias Wunderlich* hat sie jedoch bekenntnishaften Charakter. In den gleichen Zusammenhang gehört Haas' unerschüttertes Vertrauen in die überkommenen Ausdrucksformen: Die unangetastete Tonalität erscheint als Sinnbild eines stabilen und geschlossenen Weltbilds. Alle Verwendung vorgegebener Musik geschieht daher völlig ungebrochen-naiv. Es gibt keine Verfremdung.
**Wirkung:** Nach der Uraufführung (Dirigent: Robert Heger, Regie: Franz Ulbrich, Ausstattung: Richard Panzer) traf *Tobias Wunderlich* auf die Kritik der Nationalsozialisten und hatte deshalb Schwierigkeiten, sich durchzusetzen. Am häufigsten wurde das Werk in den 50er Jahren gespielt. Danach nahmen die Aufführungen stetig ab. An Aufführungen seien genannt: Mannheim und Aachen 1943, Kassel 1950, Linz und Nürnberg 1952, Karlsruhe und Trier 1953, Münster (Westf.) 1954, Köln 1956, Gelsenkirchen 1957, München 1959.
**Autograph:** Vlg.-Arch. Schott Mainz. **Ausgaben:** Part: Schott 1937; Kl.A: Schott 1936, Nr. 34789; Textb.: Schott. **Aufführungsmaterial:** Schott

**Literatur:** Festgabe Joseph Haas. Beitr. v. seinen Schülern, Mitarbeitern u. Freunden, hrsg. M. Gebhard, O. Jochum, H. Lang, Mainz 1939; K. LAUX, J. H., Bln. 1954; H. VOGL-EICH, Tobias Wunderlich. Eine Betrachtung, in: Joseph-Haas-Gesellschaft. Mitteilungs-Bl. Nr. 33, 1961, S. 1–7; J. HAAS, Reden und Aufsätze, Mainz 1964; K. G. FELLERER, Ludwig Strecker und J. H. in der Arbeit an ›Tobias Wunderlich‹, in: Festschrift für einen Verleger, Mainz 1973, S. 191–202

*Egon Voss*

## Die Hochzeit des Jobs
### Komische Oper in vier Akten (acht Bildern)

**Text:** Ludwig Andersen (eigtl. Ludwig Strecker)
**Uraufführung:** 2. Juli 1944, Staatsoper, Dresden
**Personen:** Hieronimus Jobs (Bar); der Apotheker, zugleich Bürgermeister (B.Buffo); Mutter Lenchen, Wirtin der Studentenkneipe »Zum guten Lenchen« (Mez); Kätchen, ihre Tochter (lyrischer S); Jakob, Nachtwächter (T.Buffo); Babe, seine Frau (A); der Tischlermeister (lyrischer B); der Dekan der juristischen Fakultät (B); 2 Studenten (T, B); 2 Ratsherren (hoher T, hoher B); Notar (Spr.); Hofmarschall (Spr.); Ratsdiener (Spr.). **Chor:** Professoren, Studenten, Apothekereleven, Ratsherren, Volk
**Orchester:** 2 Fl (2. auch Picc), 2 Ob, 2 Klar, 2 Fg, 4 Hr, 3 Trp (2. u. 3. auch Piston), 3 Pos, Tb, 3 Pkn, Schl (gr.Tr, kl.Tr, Bck, Trg, Glsp, Xyl, Tamtam, Tamburin, RührTr, Amboß mit Hammer, Glocke [Kreissägeblatt oder Röhrenglocke], Peitsche), Hrf, Streicher
**Aufführung:** Dauer ca. 3 Std. – Der Dekan und der 2. Student werden vom selben Darsteller gesungen. Das jeweils 1. Bild aller vier Akte spielt auf verkürzter Bühne.

**Entstehung:** Das Werk entstand zwischen Juni 1940 und Mai 1943. Wie bei *Tobias Wunderlich* (1937) arbeiteten Haas und Andersen beim Textbuch eng zusammen.
**Handlung:** In einem süddeutschen Universitätsstädtchen, um die Wende des 18. zum 19. Jahrhundert. I. Akt, 1. Bild: Raum, in dem Jobs' Examen stattfindet; 2. Bild: Studentenkneipe; II. Akt, 1. Bild: vor der Stadtmauer; 2. Bild: Apotheke; III. Akt, 1. Bild: vor dem Zwischenvorhang; 2. Bild: Zimmer des Nachtwächters und Straße; IV. Akt, 1. Bild: Weg zum Friedhof; 2. Bild: ein Platz im Städtchen.
Der verbummelte Student der Rechte Hieronimus Jobs gerät in eine schwierige Lage: Er fällt beim Examen durch, weil er das verlangte Paragraphen- und Buchstabenwissen nicht parat hat, statt dessen aber scharfe Kritik an der leblos-verknöcherten Wissenschaft übt. Jobs ist zudem tief verschuldet. Er liebt Kätchen, eine Wirtstochter, die treu zu ihm hält, der jedoch auch der Apotheker, zugleich Bürgermeister der Stadt, nachstellt. Dieser inszeniert eine Intrige, um sich von seinem Rivalen Jobs zu befreien. Er überredet die nicht eben gescheite, aber äußerst gutmütige Mutter Kätchens, für Jobs zu bürgen, und mobilisiert dann das Heer der Gläubiger gegen den Studenten. Zu-

nächst reagiert Jobs gleichgültig und ist bereit, sich in den Schuldturm werfen zu lassen. Erst auf die eindringlichen Vorhaltungen des alten Tischlermeisters hin, dessen Leben er ruiniert hat, begreift Jobs, daß er gewissenlos und betrügerisch gehandelt hat. Er ist gewillt, sein Unrecht wiedergutzumachen. Dem Apotheker kommt diese Reue sehr gelegen. Er bietet, scheinbar mitleidvoll-selbstlos, seine Hilfe an, freilich unter der Bedingung, daß Jobs das Amt des soeben verstorbenen Nachtwächters übernimmt und dessen Witwe Babe heiratet. Jobs, der sich vor allem auch Kätchens Mutter gegenüber verpflichtet fühlt, geht auf den Vorschlag ein, kommt dem Apotheker schließlich aber durch einen glücklichen Zufall, den Lohn seiner Reue, auf die Schliche. Dieser hat den Tod des Nachtwächters nämlich nur vorgetäuscht. Der Apotheker zahlt am Ende, um einem Skandal zu entgehen, Jobs' Schulden und stellt sich der Hochzeit von Jobs und Kätchen nicht mehr in den Weg. Zum guten Schluß findet Jobs' resolute Kritik an Rechtsprechung und Rechtswissenschaft Gehör bei Hof, sein Examen wird für bestanden erklärt, und er selbst kommt in Amt und Würden.

**Kommentar:** Getreu seiner Maxime, »daß für die Oper Stoffe, die nicht der Wirklichkeit entlehnt sind, am brauchbarsten sind« (Karl Laux, S. 231, s. Lit.), spielt Haas' zweite Oper in einer Welt fern von Alltag und Gegenwart. Die Personen sind nach Haas' Verständnis »symbolhafte Elementarerscheinungen einer schlichten Märchenwelt« (S. 251), in der Gut und Böse klar geschieden sind und selbstverständlich am Ende das Gute den Sieg über das Böse davonträgt. Als Peripetie erweist sich die ziemlich genau in der Mitte des Werks angesiedelte Begegnung zwischen Jobs und dem Tischlermeister, der Jobs' Gewissen wachrüttelt und eine Umkehr seines Lebens hervorruft. Es ist bezeichnend für den Geist des Werks wie für Haas' Anschauung, daß diese heilsame Wirkung von einem armen Handwerker, einer Gestalt des einfachen Volks, ausgeht, während die Personen der höheren Gesellschaftsschichten, zu denen vor allem der Apotheker und Bürgermeister, Jobs' Gegenspieler, gehört, von verderblichem Einfluß sind. Der Apotheker, ein skrupelloser Machtpolitiker, setzt seine Kenntnisse als Apotheker nicht zum Nutzen der Menschen, sondern allein zur Mehrung seiner Herrschaft ein. Er diskreditiert die Wissenschaft ebenso, wie es die knöchernen Professoren tun, denen Jobs in seinem Examen ausgeliefert ist. Das Werk zeichnet ein getreues Bild traditioneller volkstümlicher Vorurteile gegenüber Gelehrsamkeit und Wissenschaft, in denen allerdings, wie das Stück zeigt, auch legitime Kritik an Intellektualismus und Konservatismus steckt. Als »ganzer Kerl« (in: Klavierauszug, S. 335), der das Herz auf dem rechten Fleck hat, dem Volk aufs Maul schaut und redet, wie ihm der Schnabel gewachsen ist, stellt Jobs die Inkarnation von Haas' Ideal des volkstümlichen Menschen dar. Daß diese Idealfigur im Rahmen einer komischen Oper erscheint, entspricht Haas' Vorstellung vom »Humor als Lichtschein der Allmacht der ewigen Ordnung« (Laux, S. 251). – Das Werk ist durchkomponiert, die Musik verdichtet sich jedoch immer wieder zu formal geschlossenen Abschnitten, meist liedhaft-knappen Gestalten in A-B-A- oder Strophenform. Die daraus resultierende Übersichtlichkeit und unmittelbare Verständlichkeit entsprechen der Idee der Volksoper ebenso wie der ständige Rekurs auf Volkslied (zum Beispiel Zitat von »Es waren zwei Königskinder«), Choral und Volkstanz. Der Handlung korrespondierend geht es nach einer Äußerung des Komponisten »um die Macht der Melodie, triumphierend über die Macht der Artistik« (S. 252). Entsprechend sind die avanciertesten Passagen der Partitur dem Apotheker vorbehalten, während jene Figuren, denen Haas' Sympathie gilt, sich in einem traditionellen Volksliedton äußern, der gemütvolle Innigkeit anstrebt und auch die Sentimentalität nicht scheut. Auch die Darstellung der komischen Szenen und Charaktere mit ihrer Vorliebe für kurze Stakkato- und Repetitionsmotive bewegt sich in volkstümlich-traditionellen Bahnen. Alle Satzkunst, über die Haas als Schüler von Max Reger selbstverständlich verfügt, dient dem Ziel einer gänzlich prätentionslosen Einfachheit. Das im Zusammenhang mit den musikalischen Milieuschilderungen bisweilen verwendete Etikett des »Spitzweghaften« (S. 265) benennt den Zug des Werks ins Biedermeierliche treffend.

**Wirkung:** Die Uraufführung dirigierte Karl Elmendorff (Regie: Heinz Arnold, Bühnenbild: Adolf Mahnke). *Die Hochzeit des Jobs* hatte, wie auch *Tobias Wunderlich*, die meisten Aufführungen in den 50er Jahren. Genannt seien: 1949 Kassel, 1950 Leipzig, 1952 Dresden (Regie: Joachim Herz) und Weimar, 1953 Berlin (Komische Oper; Regie: Herz), 1954 München, 1956 Zwickau, 1957 Würzburg und 1959 Kassel.

**Autograph:** Vlg.-Arch. Schott Mainz. **Ausgaben:** Part: Schott 1943, Nr. 36418; Kl.A: Schott 1943, Nr. 36420; Textb.: Schott.
**Aufführungsmaterial:** Schott
**Literatur:** s. S. 627

*Egon Voss*

# Alois Hába

Geboren am 21. Juni 1893 in Wisowitz (Vizovice; Südmähren), gestorben am 18. November 1973 in Prag

## Die Mutter
**Oper in zehn Bildern**

**Text:** Alois Hába
**Uraufführung:** 17. Mai 1931, Theater am Gärtnerplatz, München
**Personen:** Krenn, Bauer (T); seine Schwägerin (A); sein Schwager (Bar); Maruscha (S); ihr Vater (B); Nanka (Mez), Franzka (S), Maruschka (S), Franz (T),

Vinzenz (B) und Tonek (T), Krenns Kinder aus erster Ehe; ein Priester (B); ein Brautführer (T); eine Kranzeljungfer (S); 2 Nachbarn (T, Bar); 4 alte Klageweiber (S, Mez, 2 A); Kinder. **Chor:** Trauergäste, Hochzeitsgäste. **Ballett:** Hochzeitsgäste
**Orchester:** 2 VierteltonKlar, 2 VierteltonTrp, T.Pos, B.Pos, 3 Pkn, Schl (kl.Tr, Tamtam, Bck, Trg), VierteltonHarm, VierteltonKl, 2 Hrf, 4 Vl, 2 Va, 2 Vc, Kb
**Aufführung:** Dauer ca. 1 Std. 45 Min.

**Entstehung:** Nachdem sich Hába bereits in seiner *Suite für Streicher* (1917) mit den Möglichkeiten mikrotonaler Strukturen auseinanderzusetzen begonnen hatte, widmete er sich in den folgenden Jahren zunehmend der Entwicklung von Viertel- und Sechsteltonsystemen, die er zur Grundlage einer Vielzahl seiner Kompositionen machte. Exemplarisch für Hábas zunehmend konzentrierte Auseinandersetzung mit der Mikrotonalität sind die in den Jahren 1919–67 entstandenen 16 Streichquartette. Mit der 1927–29 entstandenen Oper *Die Mutter* (komponiert in tschechischer Sprache als *Matka*) schuf Hába sein umfassendstes, vielleicht auch überzeugendstes Werk im Vierteltonsystem, das er in seiner noch heute aktuellen *Neuen Harmonielehre des diatonischen, chromatischen, Viertel-, Drittel-, Sechstel- und Zwölftel-Tonsystems* (Leipzig 1927) zusammen mit weiteren mikrotonalen Differenzierungsmöglichkeiten beschrieben hat.
**Handlung:** In einem ostmährischen Dorf, um 1900. 1. und 2. Bild: Bauernstube; 3. und 4. Bild: Landschaft; 5.–10. Bild: Bauernstube.
Vor der Beerdigung seiner Frau wird Krenn von seiner Schwägerin beschuldigt, er habe seine Frau durch sein grobes Benehmen getötet. Während er sich verteidigt, beginnen die Klageweiber mit der Trauerzeremonie. Als der Schwager ein Jahr später Krenn besucht, sieht er das mühevolle Leben, das der Witwer mit seinen Kindern führt, und erfährt, daß Krenn an eine baldige Heirat mit Maruscha denkt. Auf dem Weg zu ihr fühlt Krenn sich wieder jung und fröhlich. Während der Bauernhochzeit werden scherzhafte Strophen über die Braut angestimmt, die diese erwidert. Zwei Jahre sind vergangen. Maruscha sehnt sich nach einem eigenen Kind. Wegen seiner ärmlichen Verhältnisse ist Krenn dagegen, wird jedoch von seiner Frau überlistet. Zehn Jahre später: Maruscha wiegt ihr jüngstes Kind, als die Schwägerin zu Besuch kommt und die Wöchnerin ermahnt, sich zu schonen. Die älteren Töchter Krenns sind besorgt wegen ihrer Armut. Vom Feld kommend, schickt Krenn die Kinder mit groben Worten fort und versucht Maruscha zu zwingen, ihm gefügig zu sein. Sie weist ihn jedoch zurück und erinnert ihn an das Schicksal seiner ersten Frau. Die ältesten Söhne entschließen sich fortzugehen, um sich ein eigenes, besseres Leben aufzubauen. Am nächsten Morgen weckt der zornige Krenn seine Kinder, die noch vor der Schule zu Haus arbeiten sollen, von Maruscha jedoch in Schutz genommen werden. Zehn weitere Jahre später: Der jüngste Sohn besorgt Haus und Feld. Maruscha und Krenn denken an das Schicksal ihrer Kinder, die, von Liebe und Sorge begleitet, nun ein selbständiges Leben führen.
**Kommentar:** *Die Mutter* war Hábas erste Oper und die einzige, die bisher aufgeführt wurde. Zwei weitere, *Nová země* (*Neue Erde*, komponiert 1934–36) nach dem Roman *Nowaja semlja* (1932) von Fjodor Gladkow, und *Přijď království Tvé* (*Die Arbeitslosen*, nach einem eigenen Text, komponiert im Sechsteltonsystem 1932–42), befinden sich im Nachlaß. *Die Mutter* gilt als der bedeutendste Versuch einer komplexen Mikrointervallkomposition. Durch die autobiographisch gefärbte Fabel in der Nähe des naturalistischen Dorfdramas der Jahrhundertwende angesiedelt, findet sie im Wort-Ton-Verhältnis eine direkte Beziehung zu Janáčeks *Její pastorkyňa* (1904). Das Werk trägt kammermusikalische Züge. Hábas Sinn für expressive Qualitäten des Worts, der Stimme und des Instrumentalklangs, verbunden mit einem starken Konstruktionswillen, ließ ein quasi athematisches Gefüge von frei geführten polyphonen Stimmen entstehen, in dem der Sprechgesang in Verbindung mit traditionsgebundenen Lied- und Tanzformen originelle Möglichkeiten der Integration erreicht. Daß bei aller Anerkennung, mit der die von Hermann Scherchen dirigierte Uraufführung begrüßt wurde, die Aufführungsgeschichte bislang nur spärliche Versuche einer eigentlichen Belebung des Werks aufweist, hat

*Die Mutter*; Nationaltheater, Prag 1947. – Das Bild bringt den Kontrast zwischen der Enge, in der Maruscha lebt, und der Weite, nach der sie sich ohne Hoffnung sehnt, auf eine szenische Formel, deren Substanz in Licht- und Schattenwirkungen besteht.

weniger mit den spezifischen Schwierigkeiten des Vierteltoninstrumentariums als mit der dramaturgischen Schwäche des Werks zu tun. Zwar gehören die glänzend auskomponierten Zeremonienformeln der Klageweiber zu den stärksten Kompositionen Hábas und werden die Lied- und Tanzsuite der Hochzeit den Bühnenanforderungen durchaus gerecht; die lyrisch aufgelöste Formkonzeption des 5.–10. Bilds erwies sich jedoch als wenig wirkungsvoll. Trotz aller Bemühungen, die dramaturgische Konstruktion durch eine verstärkte Rolle der Orchestervorspiele zu stützen, sticht hier gleichsam schematisierend die einfache sukzessive Folge einer Erzählung hervor. Die athematische Anlage des Werks, die Wiederholungen vermeidet und den Kontrast motivischer Gestalten anstrebt, schlägt letztlich in eine Art Folge unentwickelter Motivelemente um. Wenn auch im 6. Bild die Lyrik des Wiegenlieds sich eindrucksvoll entfaltet, so scheint es doch, daß es dem Werk im allgemeinen an durchgreifender Mannigfaltigkeit und Konzentration mangelt, die beide Teile in eine ausgewogene Beziehung bringen könnten. Ob dies Problem durch eine einfallsreiche Regie oder eine Bearbeitung gelöst werden kann, muß der Aufführungspraxis überlassen bleiben.

**Wirkung:** Die erste Aufführung in tschechischer Sprache fand am 23. Mai 1947 in Prag statt. 1964 kam die Oper als Gastspiel des Prager Nationaltheaters im Rahmen des Maggio Musicale in Florenz zur italienischen Erstaufführung (Krenn: Oldřich Spisar, Maruscha: Vlasta Urbanová; Dirigent: Jiří Jirouš, Regie: Jiří Fiedler).

**Autograph:** Nachlaß A. Hába Prag. **Ausgaben:** Part: Dilia, Prag 1963, Nr. 1405; Kl.A: Supraphon, Prag [in Vorb.]. **Aufführungsmaterial:** Dilia, Prag; Bär
**Literatur:** D. PANDULA, H.s Vierteltonoper, in: Stimmen, Bln. 1947, Dez., S. 52–54; K. REINER, ›Matka‹, opéra en quarts de ton de A. H., in: Polyphonie, 1947/48, Paris, H. 1, S. 174–176; J. VYSLOUŽIL, A. H., Arnold Schönberg und die tschechische Musik, in: Aspekte der neuen Musik, hrsg. W. Burde, Kassel 1968, S. 58ff.; DERS., H.'s Idea of Quarter-tone Music, in: Hudební veda 5:1968, S. 46ff.; DERS., A. H., život a dílo, Prag 1974 [mit Bibliogr.]; R. STEPHAN, H. und Schönberg. Zum Thema: Die Wiener Schule u. d. tschech. M d. 20. Jh.s, in: Festschrift für A. Volk, Köln 1974, S. 125ff.

*Ivan Vojtěch*

# Henry Hadley

Henry Kimball Hadley; geboren am 20. Dezember 1871 in Somerville (Massachusetts), gestorben am 6. September 1937 in New York

## Azora, the Daughter of Montezuma
Opera in Three Acts

### Azora, die Tochter Montezumas
3 Akte

**Text:** David Stevens
**Uraufführung:** 26. Dez. 1917, Auditorium Theatre, Chicago, Chicago Opera Company
**Personen:** Montezuma II., Herrscher von Mexiko (B); Xalca, ein tlaxcalanischer Prinz (T); Canek, Hoherpriester der Sonne (B); Ramatzin, Oberbefehlshaber von Montezumas Heer (T); Piqui-Chaqui, Kurier (T); Azora, Montezumas Tochter (S); Papantzin, Montezumas Schwester (A). **Chor:** Soldaten Cortés', Krieger Montezumas, spanische Priester, Priester des Heiligen Feuers, Montezumas Gefolge, Sklaven, Tänzerinnen, zu Opfernde
**Orchester:** 3 Fl (3. auch Picc), 2 Ob (2. auch E.H), 2 Klar, B.Klar, 2 Fg, 4 Hr, 4 Trp, 4 Pos, Tb, 4 Pkn, Schl (gr.Tr, 2 kl.Tr, Bck, Tamtam), Glsp, Hrf, Streicher; BühnenM hinter d. Szene: 2 Hr, 4 Trp, 2 Kl, 2 Pkn, Hrf; auf d. Szene: 4 Trp
**Aufführung:** Dauer ca. 2 Std. – Für den Chor werden auch Knabenstimmen gefordert.

**Entstehung:** Das Libretto ist eine fiktionale Dramatisierung, gestützt auf historische Berichte über das religiöse und politische System der Azteken zur Zeit der Ankunft der spanischen Eroberer unter Hernán Cortés. Historisch inkorrekt heißt in der Oper der Sonnengott, dem man Menschenopfer darbrachte, Tótec; tatsächlich war es Huitzilopochtli, während Tótec von den Azteken als Gott des Frühlings und der Erneuerung verehrt wurde. – Hadley, der auch mit Erfolg als Dirigent hervortrat, komponierte außer mehreren Symphonien, symphonischen Dichtungen, Orchestersuiten und Ouvertüren elf Opern, unter denen *Azora, the Daughter of Montezuma* als seine ambitionierteste anzusehen ist. Die »amerikanische Aida«, wie man das Werk nannte, wurde bei ihrem Erscheinen als erste »all-American operatic production« gepriesen, weil nicht nur das Sujet, Text und Musik amerikanisch, sondern auch alle an der Uraufführung beteiligten Künstler Amerikaner waren. – Mehr als zwei Jahrhunderte lang hat dieser Stoff (Montezuma und die Eroberung Mexikos durch die Spanier) die Phantasie der Komponisten beschäftigt, beginnend mit der ersten szenischen Darstellung von Antonio Vivaldi (Venedig 1733), der zahlreiche andere Opernadaptionen folgten: Carl Heinrich Graun (1755), Josef Myslivecek (Florenz 1771), Giovanni Paisiello (Rom 1772), Baldassare Galuppi (Venedig 1772), Nicola Antonio Zingarelli (Neapel 1781), Gaspare Spontini (*Fernand Cortez*, 1809), Giacomo Treves (Mailand 1845) und Frederick Grant Gleason (New York 1884). Das Interesse an den dramaturgischen Möglichkeiten, die die Geschichte Montezumas nahelegt, bestand auch noch nach Hadley weiter. Beispielsweise griff Roger Sessions in seinem dritten Bühnenwerk dies Thema auf (*Montezuma*, Berlin 1964).

**Handlung:** In Tenochtitlán (Mexiko), 1519.
I. Akt, der Vorhof zum »Haus der Adler«: Ramatzin, der Heerführer, der als Bräutigam Azoras ausersehen ist, redet dem Hohenpriester Canek ein, daß Xalca, ein Sklave, der das Wohlwollen des Herrschers ge-

nießt, seine Ergebenheit nur vortäuscht, um die Hand Azoras für sich zu gewinnen. Xalca wird von dem konsternierten Priester einem Verhör unterzogen. Der junge Krieger gesteht, daß er Azora liebt, und erklärt, daß königliches Blut in seinen Adern fließe, da er Prinz seines Stamms sei; folglich sei er ein freier Mann, und außerdem erwidere Azora seine Gefühle. Azora kommt hinzu, begleitet von ihren Gespielinnen. Canek warnt Xalca vor Ramatzins Eifersucht und dringt in ihn, Azora zu entsagen, um nicht Montezumas Zorn auf sie beide zu ziehen, doch Xalca weigert sich, seiner Liebe abzuschwören. Der besorgte Canek verspricht, die Götter um Schutz für Xalca zu bitten. Azora schwört, Xalca bis in den Tod zu lieben. Montezuma erscheint mit Gefolge, um an dem Opferritual teilzunehmen. Papantzin, Montezumas Schwester, unterbricht die Zeremonie: Sie hat von der Ankunft großer Schiffe, die von Osten kommen, geträumt; die Menschen auf diesen Schiffen verkünden einen Gott, der keine Blutopfer wolle, sondern im Geist der Menschlichkeit und Liebe herrsche. Die Feuerpriester weisen Papantzins Prophezeiung zurück, Montezuma aber ist schwankend geworden. Ramatzin stürzt herein und meldet, daß ein Nachbarstamm angegriffen hat. Xalca wird herbeizitiert und mit der Aufgabe betraut, Montezumas Heer gegen den Feind zu führen. Xalca zieht in den Kampf, nicht ohne vorher erneut seine Liebe zu Azora zu bekräftigen; die Opferriten nehmen ihren Lauf.

II. Akt, im Innern des Tótectempels: Azora, die das heilige Feuer hütet, fleht Tótec an, Xalca, von dem sie keinerlei Nachricht erhalten hat, vor dem Tod auf dem Schlachtfeld zu bewahren. Canek tritt auf und versucht Azora einzureden, daß ihr Geliebter wahrscheinlich besiegt worden ist und daß Montezuma erklärt hat, in diesem Fall täte Xalca besser daran, sich selbst zu töten, als geschlagen zurückzukehren. Nachdem Canek sich wieder entfernt hat, erscheint Ramatzin und fleht Azora an, seine Liebe zu erwidern. Sie erklärt jedoch, daß sie allein Xalca liebe, und weist sein Werben zurück. Durch den Tumult aufgestört, tritt Canek ein und ermahnt den unerwünschten Freier. Montezuma kommt mit seinem Gefolge in den Tempel, um zu Tótec zu beten. Angesichts der Ungewißheit über Xalcas Schicksal bittet Ramatzin um die Erlaubnis, ins Feld ziehen zu dürfen, und fordert Azoras Hand, falls er siegreich zurückkehre; Montezuma erfüllt beide Forderungen. Azora, die Zeugin dieses Versprechens wird, erklärt sogleich, daß sie sich der Entscheidung nicht fügen werde, und gesteht, daß sie Xalca liebt. Erzürnt wiederholt Montezuma, daß Xalca, falls er lebend zurückkehre, der Tod erwarte. Da melden Trompeten die siegreiche Ankunft Xalcas, der im Vollgefühl seines Triumphs als Belohnung Azoras Hand fordert. Montezuma beschuldigt ihn zornentbrannt des Verrats und bietet Ramatzin Azoras Hand an. Als ihr Flehen, vor diesem Schicksal bewahrt zu werden, unerhört bleibt, wendet sie sich an Xalca und erklärt feierlich, daß er ab jetzt ihr Verlobter sei. Rasend vor Wut, befiehlt Montezuma, dieser Anmaßung ein Ende zu machen. Azora zieht einen Dolch und droht, Ramatzin zu töten, falls dieser Hand an sie legt. Jetzt erklärt Montezuma, daß Xalca Azora bekommen solle, daß sie jedoch gemeinsam bei Tagesanbruch Tótec geopfert werden sollen. Die Liebenden werden von den Soldaten ergriffen.

III. Akt, in der Opferhöhle: Papantzin versucht, Azora mit ihrem neugewonnenen Glauben an den einen Gott zu trösten; Azora ist zutiefst bewegt und schöpft neuen Mut. Zum Klang der Totentrommel treten Ramatzin, Canek und Soldaten auf, die den gefesselten Xalca mit sich führen. Canek erklärt Azora, daß Montezuma ihr verzeihen wird, wenn sie sich seinem Willen unterwirft. Xalca fleht sie an, lieber nachzugeben, als mit ihm gemeinsam in den Tod zu gehen. Azora ist jedoch entschlossen, Xalcas Schicksal zu teilen. Montezuma und sein Gefolge treten auf, um an der Opferung teilzunehmen. Erneut erklingt die Todestrommel, als Papantzin noch einmal ihre Vision vom Nahen der »wehenden Banner des Siegs« und der göttlichen Stimme der Hoffnung verkündet. Montezumas letztes Angebot an Azora, sich selbst zu retten, wird von den Liebenden gemeinsam abgelehnt. Schon holt Canek zum Todesstreich aus, als das Erscheinen der Fremden ihn innehalten läßt. An der Spitze der spanischen Truppen erscheint, auf einem weißen Pferd sitzend, Cortés am Eingang der Höhle. Die Azteken glauben in ihm ihren Gott Quetzalcóatl zu erkennen, dessen bevorstehende Ankunft sie erwarteten. Cortes' Priester legen das Kreuz auf den heidnischen Opferaltar. Als der Strahl der Sonne darauf fällt, stürzt Canek, von Furcht überwältigt, zu Boden. Die Anrufung der heidnischen Götter durch die Azteken wird übertönt von dem Hymnus der Spanier auf die Geburt Christi. Azora, Xalca und Papantzin stimmen ein in das Gebet an den einen, wahren Gott. Montezuma verstummt angesichts des offenbaren Triumphs der neuen Religion.

**Kommentar:** Die theatralische Geste der Grand opéra prägt den Charakter des Werks in allen seinen Teilen. Hinsichtlich des Aufbaus machte Hadley freilich nur begrenzt Gebrauch von der »Zugnummer«-Wirkung traditioneller Arien und Ensembles. Weit typischer ist ein freies Fluktuieren zwischen rezitativischen und ariosen Partien, das sich gelegentlich zu liedhaften »Formen« verdichtet; die Basis für die Gesangsstimmen bildet ein polyphon geführter Orchestersatz, unzweifelhaft die Folge von Hadleys Ausbildung im Wien der Jahrhundertwende. Zudem fungieren lyrische Passagen, etwa Papantzins »I dreamt that death had claimed this mortal frame« (I. Akt) und Azoras »Burn, sacred flame« (II. Akt), eher als Mittel der dramatischen Exposition denn als Ausdruck einer reflektierenden Innenschau. Die Vokalpartien zeigen ein erstaunliches Gespür für Prosodie, insofern Hadley das vorherrschende Zweiermetrum immer wieder durch eingebaute Dreierbildungen auflockert und auf diese Weise Uniformität vermeidet. Hadleys Hauptanliegen war eine archetypische Ausdeutung des Texts, der auch die Technik der Orchestrierung entspricht: Liebe, Angst, Zorn und Hoffnung, als private Gefühle, sind getragen von einer an Kammermusik gemahnenden Instrumentation, Furcht vor Tótec und Verehrung gegenüber dem Gott der Christen hingegen vom Klang des vollen Orchesters. In vergleichbarer Weise gründet der musikalische Satz in einem System sich wiederholender Motive. So weisen etwa aufeinanderfolgende Blöcke des thematischen Materials, mit dem Montezuma angekündigt wird, nicht nur auf diesen, sondern auch auf andere Personen der gehobenen Gesellschaftsschicht. Ähnlich wird ein »Liebesmotiv«, das ursprünglich mit Azora und Xalca assoziiert ist (»Rose, blushing rose«, I. Akt), später auf das Elementare der Gefühle schlechthin bezogen. Der Verwendung einer halbtonlosen pentatonischen Tonfolge zur Kennzeichnung der aztekischen Szenerie haftet zwar eine gewisse Pseudoexotik an; dennoch vermeidet Hadley auch hier Banalität durch den immer wieder neu und abwechslungsreich gestalteten Kontext. In sehr spezifischer Weise wird im I. und II. Akt die Bühnenmusik zur Erzielung klang-räumlicher Wirkungen verwendet.

**Wirkung:** Der vom Komponisten dirigierten Premiere folgte bald darauf im Rahmen eines Festivals der Chicago Opera Company eine Aufführung an der New Yorker Metropolitan Opera (26. Jan. 1918). In beiden Aufführungen sangen: Anna Fitziu (Azora), Forrest Lamont (Xalca), James Goddard (Montezuma), Arthur Middleton (Ramatzin), Frank Preisch (Canek) und Cyrena Van Gordon (Papantzin). Die hochgespannten Erwartungen, daß *Azora, the Daughter of Montezuma* die Tradition einer amerikanischen Nationaloper begründen könnte, erfüllten sich freilich nicht. Die Reaktion der Kritik war zwiespältig: Der am häufigsten geäußerte Einwand bezog sich auf Stevens' Libretto, das als trivial und schwach bezeichnet wurde und dem man vorwarf, daß es von der Qualität der Musik nur ablenke. Gelobt wurden allgemein die effektvolle Orchestrierung und der rhythmische Fluß der Melodien. Freilich wurde von einigen Kritikern, vielleicht zu Recht, moniert, daß es der Partitur an dramatischer Kraft mangle und daß die offensichtlich orchestrale Gesamtkonzeption den für die Wirkung entscheidenden Stellenwert des Gesangs mindere. *Azora, the Daughter of Montezuma* blieb Hadleys größter, wenn auch nicht bleibender Bühnenerfolg, an den er mit seinen folgenden Opern, unter ihnen der Einakter *Bianca* (New York 1918), *Cleopatra's Night* (New York 1920) und die Funkoper *A Night in Old Paris* (National Broadcasting Company 1933), nicht mehr anzuknüpfen vermochte.

**Autograph:** NYPL NY. **Ausgaben:** Kl.A: Schirmer 1917, Nr. 27713; Textb.: Schirmer 1917. **Aufführungsmaterial:** H. K. Hadley Foundation, NYPL, NY
**Literatur:** H. R. BOARDMANN, H. H., Ambassador of Harmony, Georgia 1932; E. E. HIPSHER, American Opera and Its Composers, Philadelphia 1934, Nachdr. NY 1978, S. 228–235; P. P. BERTHOUD, The Musical Works of Dr. H. H. Compiled and Listed in Two Parts, NY 1942; J. T. HOWARD, Our American Music, NY 1946, S. 373–375, 683; J. C. CANFIELD, H. K. H. His Life and Works (1871–1937), Ann Arbor, MI 1960; R. L. DAVIS, Opera in Chicago, NY 1966

*Robert P. Kolt*

# Nikos Hadsiapostolu

Eigentlich Nikolaos Chadsiapostolu; geboren 1884 in Athen, gestorben am 9. August 1941 in Athen

## I Apachides ton Athinon
Operetta is praxis tris

### Die Apachen von Athen
Operette in 3 Akten

**Text:** Ioannis K. Prineas, nach seinem Libretto zu der Operette *Pringips Gangaris* (Athen 1915) von Spiridon Lepeniotis, nach dem Schauspiel *The Lady of Lyons or Love and Pride* (1838) von Edward George Earle Bulwer-Lytton, 1. Baron Lytton of Knebworth
**Uraufführung:** 17. Aug. 1921, Alambra-Theater, Athen, Ensemble »Photi Samardsi«
**Personen:** Kostas, genannt Pringipas (T); Titika, Blumenverkäuferin (S); Xenofon Paralis, ein Reicher (T); Aretusa, seine Schwester (Mez); Wera, seine Tochter (S); Karumbas (Bar); Karkaledsos (T); Kleon, Weras Verlobter (T); Nikos, Kleons Freund (Bar); Barba-Andreas, Wirt (T); Diener (Spr.); 2 Wachleute (2 Spr.). **Chor:** Volk, Stammgäste der Taverne, Ballgäste. **Ballett:** Ballgäste
**Orchester:** Picc, 2 Fl, 2 Ob, E.H, 2 Klar, B.Klar, 2 Fg, K.Fg, 2 Hr, 3 Trp, 3 Pos, Pkn, Schl (gr.Tr, Bck, kl.Tr, Tamburin, Tomtom, gr.Tr mit Fußmaschine, Tamtam, Kastagnetten, Trg, kl. Trg, Tempelblock, Holzblock, Ratsche, Schellen, Schellenbaum, Glsp, Xyl), Hrf, Streicher
**Aufführung:** Dauer ca. 3 Std. – Zwischenaktmusiken (Nr. 6: Tango, und Nr. 14: Valse). In der Bearbeitung von 1985 ist die Schlagzeugbesetzung um folgende Instrumente erweitert: Hi-hat, Drumset, 2 Kuhglocken, Whistle, Flexaton, Slapstick.

**Entstehung:** Nach dem Erfolg von Lepeniotis' *Pringips Gangaris* faßte Hadsiapostolu den Entschluß, das Sujet ebenfalls zu vertonen. Er wandte sich deshalb 1921 an Prineas mit der Bitte, das Libretto für ihn umzuschreiben und dabei inhaltliche Änderungen vorzunehmen. Anfang Juni 1921 begann er mit der Komposition, die er am 12. Juli beendete. – Die Operette hielt verhältnismäßig spät, erst nach 1900, ihren Einzug in Griechenland, abgesehen von gelegentlichen Gastspielen französischer Operettentruppen im letzten Drittel des 19. Jahrhunderts. Die erste Operette, die von einer griechischen Theatergruppe aufgeführt wurde, war Hervés *Mam'zell Nitouche* (1883) 1908 im Sintagmatos-Theater Athen mit dem Ensemble von Antonios Nikas. Der Erfolg veranlaßte Ioannis Papaioannu zur Gründung der Operettentruppe »I elliniki operetta«, die ihr Debüt 1909 im Stadttheater Athen mit Strauß' *Fledermaus* (1874) gab. Es folgten weitere Aufführungen mit französischen und Wiener Operetten, die beim Publikum, das bis dahin vor allem Volkstheater, Vaudeville und »Epitheorisi« (eine Art Revue, verbunden mit politischer Satire) kannte, großen Anklang fanden. Als erster Komponist schrieb Theofrastos Sakellaridis Operetten in griechischer Sprache. Sein erstes Werk in diesem Genre war *Sta Parapigmata* (1914); sein drittes, *O Baftistikos* (1918), ist bis heute die bekannteste griechische Operette geblieben. Hadsiapostolu schrieb ab 1916 Operetten (rund 40), die beim Publikum viel Anklang fanden. – Der Titel ist folgendermaßen zu erklären: Als »Apachen« sind die einfachen Leute (Kostas, Titika), zum Teil auch Landstreicher und fröhliche Nichtstuer (Karkaletsos, Karumbas) sowie deren Freunde zu verstehen. Weil sie trotz ihrer Armut glücklich zu leben wissen, sind sie die eigentlichen »Prinzen« ungeachtet ihrer gesellschaftlichen Stellung.

**Handlung:** In Athen, nach 1900.

I. Akt, Taverne von Barba-Andreas in Patisia: Hier treffen sich regelmäßig vor allem die einfacheren Leute der Umgebung. Zur Feier des 1. Mai versammeln sie sich wieder, unter ihnen auch Karumbas, der mit den Nachbarn Späße macht und den Mai besingt. Kostas, von allen wegen seiner Aufrichtigkeit und Freundlichkeit nur Pringipas (Prinz) genannt, hält sich abseits vom lustigen Treiben der andern, denn er sinnt einem Ereignis nach, das sich ungefähr zwei Monate vorher zugetragen hat. Seinen Freunden Karumbas und Karkaledsos, zwei fröhlichen Nichtstuern, gelingt es, ihm sein Geheimnis zu entlocken: Bei einem Ausflug aufs Land sah er ein Pferd, das einer schönen blonden Reiterin durchgegangen war; es gelang ihm, das Pferd anzuhalten, woraufhin die Schöne ohnmächtig in seine Arme sank; als sie wieder zu sich gekommen war, bedankte sie sich und verschwand mit solch einem Lächeln, daß er sich Hals über Kopf in sie verliebte, obwohl er mit Titika verlobt ist; ihren Namen konnte er nicht in Erfahrung bringen, aber er kann sie nicht mehr vergessen. Es erscheinen der neureiche Xenofon Paralis, seine Tochter Wera und ihr Verlobter Kleon, die sich in Kleidung und Gehaben völlig von den einfachen Leuten in der Taverne unterscheiden. Paralis verspottet seinen zukünftigen Schwiegersohn, weil er weder reich noch adlig ist. Inzwischen hat Nikos, ein guter Freund Kleons, der sich vorgenommen hat, die Familie Paralis für ihre Hochnäsigkeit zu bestrafen, Kostas dazu überredet, bei einer Feier in Paralis' Haus gegen Belohnung als Graf zu erscheinen. Die arme Blumenverkäuferin Titika beklagt sich bei Kostas, daß er sie nicht mehr liebe; er versichert ihr jedoch seine Zuneigung und erklärt, sie zu seiner Frau machen zu wollen. Dann lädt er alle in der Taverne ein; gemeinsam feiern sie den 1. Mai.

II. Akt, Paralis' Haus: Zu Weras Geburtstag wird ein Ball gegeben. Die Gäste harren erwartungsvoll der Ankunft des Grafen Jeorjios Fiorawantes, Exminister und Exbotschafter, der jedoch niemand anderer als Kostas ist. Paralis und seine unverheiratete Schwester begrüßen ihn mit großer Ehrerbietung. Zu seiner Überraschung erkennt Kostas in Wera die schöne Unbekannte. Zwar leugnet er, ihr Retter zu sein, doch können beide ihre Gefühle füreinander kaum verbergen. Karumbas und Karkaledsos, die ohne Einladung erschienen sind, werden von Aretusa verfolgt, die sich in beide verliebt hat. Später kommt Titika, um Blumen zu bringen, und Karumbas verrät ihr Kostas' Rolle auf dem Ball. Als sie damit droht, eine Szene zu machen, schließt er sie in einen Schrank ein, von wo aus sie Zeugin der Liebesgeständnisse Kostas' und Weras wird. Obwohl Kostas Wera erklärt, daß er sie aus Standesgründen nie mehr wiedersehen wird, enthüllt Titika, daß der vermeintliche Graf ihr Verlobter ist. Das ungehobelte Benehmen von Karumbas und Karkaledsos trägt dazu bei, daß der von Nikos geplante Streich ein rasches Ende nimmt. Paralis bleibt verärgert mit der enttäuschten Wera zurück.

III. Akt, wie I. Akt: Karumbas und Karkaledsos erzählen Freunden von ihren Erlebnissen bei Paralis. Da erscheinen Wera und Aretusa, um ihre Geliebten zu suchen. Während die Beziehung zwischen Aretusa und Karumbas ein glückliches Ende findet, fühlt sich Kostas verpflichtet, Titika zu heiraten. Er gesteht Wera, daß er sie ewig lieben werde, eine Verbindung aufgrund der Standesunterschiede jedoch nicht möglich sei.

**Kommentar:** Da das Schwergewicht der Handlung bei den einfachen Leuten liegt, gehört diese Operette zur sogenannten »Laiki Operetta« (Volksoperette) im Gegensatz zu andern, die die klassische Operette zum Vorbild haben. Inhaltlich weicht *Apachides ton Athinon* insofern vom üblichen Operettenschema ab, als für die Hauptpersonen (Wera und Kostas) kein Happy-End gibt. Vielmehr ist das Charakteristische die Gegenüberstellung zweier sozialer Schichten, denen zur damaligen Zeit eine Verbindung untersagt war, ohne daß dieser Gegensatz vertiefend entfaltet würde. Der einfache Grieche kann sich leicht mit den Typen identifizieren, die sich bei Retsina im Kreis ihrer Freunde unterhalten (Duett Karkaledsos/Karumbas, III. Akt). Auch die gefühlvolle Seite kommt nicht zu kurz; so sind die Liebesduette Titika/Kostas (II. Akt) und Wera/Kostas (II. Akt) heute noch gern gehörte Schlager. Während der Vokalpart überaus einfach und eingängig angelegt ist (die Stimmen werden bei Duetten und Terzetten überwiegend im Unisono geführt, das nur gelegentlich von parallelen Terzen oder Sexten abgelöst wird), weist der Orchesterpart größere satztechnische und instrumentatorische Vielfalt auf, ohne indes spezifisch »griechischen« Charakter erkennen zu lassen. Vorbild ist durchgängig die teilweise amerikanisch beeinflußte westeuropäische Musik, zumal die zeitgenössische Tanzmusik (Walzer, Tango, Foxtrott). Die Wirkung des Werks wird wesentlich bestimmt von den einfallsreichen und witzigen Dialogen.

**Wirkung:** Das Publikum war von *I Apachides ton Athinon* so begeistert, daß das Werk 150mal en suite aufgeführt und danach rund zwei Jahre lang am Dimotiko-Theater und am Kotopuli-Theater Athen vom Ensemble Samardsi gespielt wurde. Auch die letzte Inszenierung an der Liriki Skini Athen (1985) war fast immer ausverkauft. Für diese Einstudierung wurden mehrere später komponierte Stücke Hadsiapostolus eingelegt (»Ti matia!« und »O Agojatis«).

**Autograph:** Verbleib unbekannt. **Abschriften:** Part: Luriki Skini Athen; Kl.A: ebd.; Textb.: Museio kai Kentro Meletis tou Ellinikou Theatrou Athen. **Aufführungsmaterial:** Luriki Skini, Athen
**Literatur:** G. KARAKANTA, Apanta tou Lurikou Theatrou apo to 1300 eos simeron, Athen o.J.; E.-A. DELBEROUDI, Oi ›Apahides ton Athinon‹, in: Ph. Luriki Skini, Athen 1985

*Evelin Voigtmann-Kaimakis*

# Reynaldo Hahn

Geboren am 9. August 1875 (oder 1874?) in Caracas (Venezuela), gestorben am 28. Januar 1947 in Paris

## Le Dieu bleu
→ Fokin, Michail Michailowitsch (1912)

## Ciboulette
Opérette en trois actes et quatre tableaux

Schnittlauch
3 Akte (4 Bilder)

**Text:** Robert de Flers (eigtl. Marie Joseph Louis Camille Robert Pellevé de La Motte-Ango Marquis de Flers) und Francis de Croisset (eigtl. Franz Wiener)
**Uraufführung:** 7. April 1923, Théâtre des Variétés, Paris
**Personen:** Ciboulette, Landmädchen (S); Zénobie, Antonins Exmätresse (Mez); Madame Pingret, Blumenverkäuferin (A); Mutter Grenu, Ciboulettes Tante (Mez); Komtesse de Castiglione, Mätresse Napoleons III. (Mez); Marquise de Presles (Mez); Baronin Skerlotti (Mez); Françoise (Mez); ein junges Mädchen (S); Duparquet, Leiter der Pariser Markthallen (Bar); Antonin, Aristokrat (T); Roger, ein Offizier (Bar); Vater Grenu, Ciboulettes Onkel (B); der Patron (T); Victor (T); Auguste (T); der Bürgermeister (T); Tranchu (T); Grisard (T); ein Husar (T); der Marquis (T); Olivier Métra, Impresario (Spr.); ein Leutnant (Spr.). **Chor:** Marktarbeiter, Soldaten, Landvolk, Pariser Gesellschaft
**Orchester:** 2 Fl, Ob, 2 Klar, Fg, 2 Hr, 2 Pistons, 3 Pos, Pkn, Tr (möglichst 2), Streicher
**Aufführung:** Dauer ca. 2 Std.

**Entstehung:** Bereits 1921 schlugen Flers und Croisset Hahn die Komposition des Werks vor. Sie hatten zu einer Zeit, als die Wiener und Berliner Operette sowie das amerikanische Musical populär waren, den Plan gefaßt, eine durch und durch französische Operette zu schreiben, und sahen sich nun mit dem Problem konfrontiert, unmittelbar an die Tradition anzuknüpfen: Die Operette Offenbachscher Prägung bezog sich in hohem Maß auf die politischen und gesellschaftlichen Verhältnisse des Second Empire; was danach kam, war der Gefahr ausgesetzt, zur Posse abzusinken. Die Librettisten nahmen bei der Wahl des Stoffs Zuflucht zu dem beliebten Märchenmotiv der dreifachen Prophezeiung und zum altbewährten, schon dem 18. Jahrhundert geläufigen Gegensatz zwischen den echten Gefühlen eines einfachen Landmädchens und der Verruchtheit der städtischen Gesellschaft.
**Handlung:** In und bei Paris, 1867.
I. Akt, 1. Bild, Saal im Kabarett »Au chien qui fume« bei den Pariser Markthallen: Gegen vier Uhr morgens, als sich das Lokal leert, verspotten die Leutnants der Husaren ihren schönen Vorgesetzten, Roger de Lansequenet, weil seine Freundin Zénobie de Guernsey den größten Teil der Zeit mit Antonin de Mourmelon, einem andern Freund, verbringe. Als sie endlich auf ihrer Tour durch die Nachtlokale erscheint, schickt sie Antonin aus, den Mantel ihres Pudels zu suchen, und wirft sich Roger in die Arme. Ihm bleibt nun die anspruchsvolle Zénobie samt ihren unbezahlten Rechnungen für Juwelen, Hüte und Pelze in Höhe von 560000 Francs überlassen. 2. Bild, Marktplatz, Morgengrauen: Ciboulette kommt mit ihrem Gemüsekarren zu spät und kann ihre Ware nicht mehr verkaufen. Sie wird von Antonin, der brüderliche Zuneigung zu ihr faßt, getröstet. Madame Pingret prophezeit ihr, sie werde ihren Zukünftigen unter einem Haufen Kohl finden, eine junge Frau, die ihr den Mann stehlen wolle, werde bleich werden, und sie selbst finde schließlich den Heiratsantrag in einem baskischen Tamburin. Antonin schläft müde im Karren des Mädchens unter dem Kohl ein, Ciboulette und Duparquet fahren nach Haus, nach Aubervilliers, ohne den blinden Passagier zu entdecken.
II. Akt, Bauernhaus in Aubervilliers: Onkel und Tante warten ungeduldig auf Ciboulette. Ein Soldat erkundigt sich, ob seine Truppe hier essen könne; Vater Grenu willigt ein. Als Ciboulette und Duparquet, die Schönheiten von Paris und der umliegenden Landschaft besingend, schließlich eintreffen, macht ihr Grenu nicht nur wegen der Verspätung Vorwürfe, sondern auch, weil sie mit 21 Jahren acht Männer habe

*Ciboulette*, II. Akt; Pauley als Vater Grenu, Edmée Favart als Ciboulette, Jean Périer als Duparquet, Jeanne Loury als Mutter Grenu; Regie: Paul-Edmond; Bühnenbild: Paul Clerget; Uraufführung, Théâtre des Variétés, Paris 1923

und immer noch nicht verlobt sei. Wenn sie sich nicht innerhalb einer Stunde verlobe, könne sie ihre Sachen packen. Antonin erwacht und kriecht unter dem Kohl hervor, worauf ihn Ciboulette fragt, ob er zum Schein ihr Verlobter sein wolle. Zénobie kommt wie verabredet mit den Soldaten zum Essen und wird von Ciboulette ausgelacht, da sie schlecht singe. In einem Handgemenge schlägt Ciboulette der Rivalin einen Mehlsack über den Kopf, wodurch Zénobies Gesicht weiß und bleich wird. Innerhalb weniger Minuten haben sich schon zwei Prophezeiungen erfüllt. Ciboulette hatte vorsorglich Antonin im Keller eingeschlossen, damit er Zénobie nicht treffe. Als diese verschwunden ist, läßt sie ihn wieder heraus. Sie liebt ihn und sinnt auf ein Mittel, seine Liebe zu gewinnen. Duparquet schlägt ihr vor, sie solle als Conchita Ciboulero in einem Nachtlokal auftreten, da sie begabt sei.

III. Akt, Büro des Impresarios Métra: Alle feiern Ciboulette, die als spanische Tänzerin und Sängerin das Publikum begeistert. Antonin entdeckt, daß die beiden Frauen, die er liebt, das frische Landmädchen und die Königin des Nachtlokals, ein und dieselbe Person sind. Als der Impresario in einem als baskisches Tamburin hergerichteten Blumenkorb einen an diesem Abend geschriebenen Liebesbrief Antonins an Ciboulette hereinbringt, erfüllt sich die dritte Prophezeiung, und alle feiern begeistert die Verlobung.

**Kommentar:** Hahn, ein großer Verehrer Jacques Offenbachs, vertrat die Ansicht, eine Operette müsse mit ebensoviel Sorgfalt wie eine Oper komponiert werden, und bekannte sich in der formalen Anlage zu seinem Vorbild. Er verwendete Couplets und Refrains und schrieb für jeden Akt ein ausgedehntes Finale. Von Anfang an hatte er die Devise zu gefallen gewählt und damit eine Tradition der französischen Kunst wiederbelebt, die unter dem Einfluß des Wagnerismus völlig in den Hintergrund getreten war. Komponierte er früher in einem von Jules Massenet herkommenden, harmonisch sehr komplexen Stil, schrieb er hier in neoklassizistischer, diatonischer Einfachheit, die auf Maurice Ravel zurückgeht. Die Soldatenszenen geben Gelegenheit für populäre Marschmusik; Cibouletts Engagement im Nachtlokal, eine Idee von zweifelhafter Überzeugungskraft, scheint nur dazu geschaffen, einen Bolero auf die Bühne zu bringen. Den Kontrast dazu bildet die Sphäre der einfachen Leute aus der Umgebung von Paris, die durch liedhafte, eingängige Melodik gekennzeichnet ist. Hahn vertonte das Libretto mit kunstvoller Grazie und Leichtigkeit, in einem Tonfall also, der ihm, dem Salonliebling von früher Jugend an, mühelos zu Gebote stand, und lotete vorsichtig die Grenzen und Möglichkeiten der im Grunde überlebten Form aus.

**Wirkung:** Das Stück war bei der Uraufführung ungemein erfolgreich, nicht zuletzt wegen der Leistungen zweier Darsteller: Edmée Favart, durch deren Fähigkeiten sich Hahn hatte inspirieren lassen, und Jean Périer, der den Duparquet sang und von dessen Können und Popularität (er war Debussys erster Pelléas) das Stück zehrte. Wiederaufnahmen in Paris gab es 1926 am Théâtre Marigny (in nahezu gleicher Besetzung), 1931 am Théâtre Gaieté Lyrique sowie 1935 an der Opéra-Comique mit Géori Boué als Ciboulette. Weiterhin wurde das Werk in Cannes, Dijon, Rouen, Grenoble, Bordeaux, Vichy, Angers und Clermont-Ferrand aufgeführt. 1933 wurde *Ciboulette* von Claude Autant-Lara verfilmt. In jüngster Zeit nahm sich Pierre Jourdan des Werks an und inszenierte es in einer eigenen Bearbeitung 1985 in Monte Carlo und Montpellier.

**Autograph:** Verbleib unbekannt. **Ausgaben:** Kl.A: Salabert 1923, Nr. E. A. S. 2336; Textb.: Salabert 1923. **Aufführungsmaterial:** Salabert
**Literatur:** R. HAHN, Journal d'un musicien, Paris 1933; P. LANDORMY, La Musique française après Debussy, Paris 1943; B. GAVOTY, R. H. Le musicien de la Belle Epoque, Paris 1976; D. MAYER, Marcel Proust et la musique, in: RM 1978, S. 7–56

*Theo Hirsbrunner*

## Le Marchand de Venise
**Opéra en trois actes et cinq tableaux**

### Der Kaufmann von Venedig
3 Akte (5 Bilder)

**Text:** Miguel Zamacoïs, nach dem Schauspiel *The Most Excellent History of the Merchant of Venice* (vor 1600) von William Shakespeare
**Uraufführung:** 25. März 1935, Opéra, Salle Garnier, Paris
**Personen:** Portia (S); Nérissa (Mez); Jessica (S); die Gouvernante (S); eine Dienerin (S); Shylock (B); Bassanio (Bar); Antonio (B); Gratiano (T); Lorenzo (T); Tubal (B); der Prinz von Aragonien (T); der Prinz von Marokko (B); die Maske (T); der Doge (B); eine Stimme (T); der Gerichtsdiener (B); ein Grande aus Venedig (Bar); 1. und 2. Venezianer (2 B.Bar); ein Diener (T); Salarino (T); 6 Venezianerinnen (3 S, 3 Mez); 6 Venezianer (3 T, 3 B); der Vertraute des Prinzen von Marokko (stumme R); 2 Frauen hinter der Szene (2 S); eine Männerstimme (T). **Chor:** Gefolge des Prinzen von Marokko, Gefolge des Prinzen von Aragonien, Venezianer, Venezianerinnen, Juden
**Orchester:** Picc, 2 Fl, 2 Ob, E.H, 2 Klar, Sax, 2 Fg, 4 Hr, 2 Trp, 3 Pos, Tb, Pkn, Schl (gr.Tr, kl.Tr, Bck, Tambour de basque, Trg, Kastagnetten, Tamtam, Ratsche), Hrf, Cel, Vibr, Streicher
**Aufführung:** Dauer ca. 3 Std. – Diener und Salarino können vom selben Darsteller gesungen werden.

**Handlung:** In und bei Venedig.
I. Akt, Straße mit Shylocks Haus: Antonio erfährt von seinen Freunden, daß Jessica, die Tochter des jüdischen Wucherers Shylock, mit ihrem Geliebten Lorenzo aus dem Vaterhaus fliehen will. Auch Antonios Freund Bassanio ist verliebt. Damit er um Portia werben kann, erbittet er sich Geld von Antonio, das dieser bei Shylock ausleihen will. Der gibt ihm das Geld unter einer merkwürdigen Bedingung: Falls die Rückgabefrist nicht eingehalten wird, erhält Shylock das Recht, ein Pfund Fleisch aus dem Körper des

Schuldners zu schneiden. Während die Geschäftspartner bei Tisch sitzen, vollzieht sich mit der Hilfe einiger Maskierter Jessicas Flucht. Als Shylock den Verrat entdeckt, muß er auch noch den Spott der Masken ertragen, die voll Schadenfreude darüber sind, daß Jessica Diamanten mitgenommen hat. Tubal überbringt die Nachricht, daß einige von Antonios Schiffen gescheitert seien. Der Geprellte triumphiert, da er die Stunde seiner Rache nahen sieht.

II. Akt, Portias Haus in Belmont, 1. Bild: Nach dem letzten Willen ihres Vaters darf Portia nur den heiraten, der aus drei Kästchen (einem goldenen, einem silbernen und einem bleiernen) das herausfindet, welches Portias Bild enthält. Während Nérissa alles für die Kästchenwahl vorbereitet, gesteht ihr Portia, daß sie unter den Bewerbern am liebsten dem jungen Venezianer Bassanio den Vorzug gäbe. Auch Nérissa hofft auf dessen Wiederkehr, weil sie seinen Begleiter Gratiano liebt. Der Prinz von Marokko und der Prinz von Aragonien erscheinen mit ihren Gefolgschaften und treffen ihre Wahl: Weder das goldene noch das silberne Kästchen enthält das Porträt. Endlich kommen die beiden Venezianer an, und erwartungsgemäß greift Bassanio zum bleiernen Kästchen, welches das Bild enthält. 2. Bild: Ehe die Paare ihr Glück genießen können, bringen Jessica und Lorenzo die Nachricht vom Schiffbruch, der Antonio ruiniert hat. Nun fordere Shylock sein Recht ein. Sofort bricht Bassanio auf, um dem Freund zu helfen. Auch Portia beschließt, mit Nérissa nach Venedig zu reisen. Verkleidet wollen sich die Frauen zum Gerichtshof begeben.

III. Akt, 1. Bild, der Gerichtshof in Venedig: Der Doge versucht Shylock von seinem grausamen Vorhaben abzubringen, doch dieser beharrt auf seinem Recht. Da wird ein junger Rechtsgelehrter gemeldet, der sich auf Empfehlung des berühmten Doktors Bellario des Prozesses annehmen soll. Es ist Portia in der Robe eines Advokaten; sie fällt ein scheinbar salomonisches Urteil, indem sie erklärt, daß Shylocks Ansprüche zu Recht bestünden, daß er jedoch keinen Tropfen Blut vergießen dürfe. Als ihm die Ausweglosigkeit seiner Situation bewußt wird, sieht er von seinem Vorhaben ab. Doch der Richter ist noch nicht mit ihm fertig: Da er einem venezianischen Bürger nach dem Leben getrachtet habe, wird er enteignet. Verzweifelt muß sich Shylock geschlagen geben. 2. Bild, Belmont, nachts: Nach dem glücklich durchstandenen Abenteuer decken Portia und Nérissa vor den Männern ihre Maskerade auf. Nun steht dem Glück der Paare Jessica/Lorenzo, Portia/Bassanio und Nérissa/Gratiano nichts mehr im Weg.

**Kommentar:** Die evidente Mozart-Nähe des *Marchand de Venise* mag auf den ersten Blick erstaunen in einer Zeit, die vom Wagnerismus und (in Frankreich) von der Rezeption von Debussys musikdramatischem Hauptwerk *Pelléas et Mélisande* (1902) geprägt war. Doch war Hahn nicht der einzige, der in der 1. Hälfte des 20. Jahrhunderts der Krise der Oper durch einen Rückgriff auf ältere Traditionen auszuweichen suchte: Strauss und Hugo von Hofmannsthal hatten erklärtermaßen mit *Rosenkavalier* (1911) und *Ariadne auf Naxos* (1916) einen ganz ähnlichen Weg eingeschlagen. Gegenüber Richard Wagner hegte Hahn eine erklärte Abneigung, und über Claude Debussy sah er geflissentlich hinweg. Marcel Proust, seit 1894 ein enger Freund Hahns, charakterisierte einmal dessen Einstellung so: Er sehe die Musik in beständiger Abhängigkeit vom Wort, begreife sie als ein Mittel, Gefühle dort auszudrücken, wo die Rede der zusätzlichen Nuance bedürfe. Und Hahn selbst bekannte, daß reine Instrumentalmusik zwar Bewunderung in ihm erwecken, nie jedoch jene Bewegung hervorrufen könne, die durch den bestimmten Ausdruck von Gefühlen entstehe. Folgerichtig verwies ihn diese Ästhetik ins 18. Jahrhundert zurück und dort vor allem zum großen Vorbild Wolfgang Amadeus Mozart. Schon in Shakespeares Schauspiel spielt die Musik eine besondere Rolle, als Stimmungsträgerin der Mondscheinnacht und damit mittelbar als Symbol einer prästabilierten Harmonie von menschlichem Gefühl und Kosmos. Diese herausgehobene Bedeutung der Musik als integraler Bestandteil der poetischen Idee mag Hahn zur Vertonung gerade dieses Shakespeare-Stücks angeregt haben. – Zamacoïs straffte die Handlung, indem er die Figur des Dieners Lancelot eliminierte, behielt aber Shakespeares Konzeption im großen und ganzen bei. In der Verkleidungsintrige, in der Figur des geprellten Geizhalses und der Vereinigung mehrerer glücklicher Paare hat das Werk Züge, die zum Typen- und Motivreservoir der Opera buffa des 18. Jahrhunderts gehören. Hahn wählte eine Großform, die aus dem Wechsel relativ geschlossener Solo- und Ensemblenummern mit deklamatorischen Partien besteht, die im Stil des Seccos gehalten sind. Besondere Bedeutung kommt der Entfaltung eines Lokalkolorits zu. Das zeigt sich im venezianischen Gondellied, das Jessicas Flucht begleitet und sich, der Funktion nach wie ein Erinnerungsmotiv, durch das ganze Stück zieht. Weitere Beispiele sind die Auftritte der Prinzen, denen Tanzrhythmen (Bolero, Habanera) zugrunde liegen. Diese Szenen zeichnen sich auch durch ihren burlesken Charakter aus: Musikalische Komik vermittelt das »Lallen« der marokkanischen Gefolgschaft, aber auch das unaufhörliche, an einen Hoquetus erinnernde »Aragon, Aragon« der Parallelszene. Das Gegengewicht zu den Tänzen, die weiträumig musikalischen Zusammenhang stiften, liegt in einer kleingliedrigen Melodik, die die Personen charakterisiert und nicht ohne sinnreiche Bezüge bleibt. So ist Shylock eine chromatisch aufwärtsstrebende Zweiunddreißigstelfigur zugeordnet, die ihre Entsprechung in der diatonisch abwärtsgeführten Motivfigur Jessicas findet. Daß Hahn das Werk unter einen kompositorischen Anspruch stellte, der über das Illustrative und Gefällige hinausgeht, zeigen Verklammerungen wie diejenige zwischen den Vorspielen des I. und III. Akts: Letzteres bildet quasi eine Diminution des ersten, obwohl durch eine andere Phrasierung der ursprüngliche Charakter gleichmäßigen Schreitens (als Ausdruck von Antonios Melancholie) stark verändert erscheint. Die Behendigkeit der Rezitative, aber auch die Diskretion der Gesangsnummern, in denen arioses Pathos weitgehend vermieden wird, machen das Werk zu einer kleinen Delikatesse.

**Wirkung:** Bei der Uraufführung, die wohlwollend aufgenommen wurde, sangen Fanny Heldy die Portia und André Pernet den Shylock; es inszenierte Pierre Chéreau, die musikalische Leitung hatte Philippe Gaubert. Die Vorstellung am 3. Mai 1935 dirigierte Hahn. Zusammen mit der Reprise 1949/50 (Portia: Denise Duval, Shylock: Louis Noguéra) brachte es *Le Marchand de Venise* an der Opéra auf 32 Aufführungen. 1979 erschien das Werk erstmals an der Opéra-Comique Paris in einer umstrittenen Inszenierung von Marc Cheifetz (Dirigent: Manuel Rosenthal; Portia: Michèle Command, Shylock: Christian Poulizac).

**Autograph:** Bibl. de l'Opéra Paris (Rés. A 806 [1-3]). **Ausgaben:** Kl.A: Heugel 1935, Nr. 30.898; Textb.: Heugel 1935; Paris, Théâtre National de l'Opéra 1979. **Aufführungsmaterial:** Heugel/Leduc
**Literatur:** s. S. 635

*Ruth E. Müller*

# Fromental Halévy

Jacques François Fromental Elie Halévy, eigentlich Elias Lévy, genannt Fromentin Halévy; geboren am 27. Mai 1799 in Paris, gestorben am 17. März 1862 in Nizza

## Le Dilettante d'Avignon
**Opéra-comique en un acte**

**Der Dilettant von Avignon**
1 Akt

**Text:** Léon Halévy (eigtl. Lion-Elie Halévy), nach dem Fragment *Le Directeur du spectacle* von François-Benoit Hoffman
**Uraufführung:** 7. Nov. 1829, Opéra-Comique, Salle Ventadour, Paris
**Personen:** Maisonneuve, Theaterdirektor in Avignon, läßt sich Casanova nennen (Spr.); Elise, seine Tochter, läßt sich Corinaldi nennen (S); Marianne, seine Nichte, unter dem Namen Marinetta (S); Dubreuil, Elises Geliebter, unter dem Namen Imbroglio (T); Valentin, Schauspieler am Maisonneuves Theater und Regisseur (B); Zuccherini, erster Tenor (T), Ribomba, Buffo (B), und Poverino, Sopran (T), falsche Italiener. **Chor:** Amateure, Dilettanten, Choristen an Maisonneuves Theater
**Orchester:** 2 Fl (2. auch Picc), 2 Ob, 2 Klar, 2 Fg, 4 Hr, 2 Trp, 3 Pos, Pkn, Schl (gr.Tr, Bck, Trg), Streicher
**Aufführung:** Dauer ca. 1 Std. 15 Min.

**Entstehung:** Als Neunjähriger trat Halévy ins Pariser Konservatorium ein, wo er Schüler Luigi Cherubinis und Henri Montan Bertons wurde. Nach dem Gewinn des Rom-Preises 1819 setzte er seine Studien in Italien fort und arbeitete unter anderm an verschiedenen nicht realisierten Opernprojekten. Nach seiner Rückkehr nach Paris erreichte er 1827 mit dem Einakter *L'Artisan* am Théâtre Feydeau einen Achtungserfolg. In diesem Jahr wurde Halévy Professor für Harmonielehre am Konservatorium und »maestro al cembalo« am Théâtre-Italien. Hier hatte er 1828 seinen ersten vollen Erfolg mit der Opera semiseria *Clari*, die er für María Malibran schrieb. Sein endgültiger Durchbruch als Opernkomponist gelang ihm dann ein Jahr später mit *Le Dilettante d'Avignon*.

**Handlung:** In Maisonneuves Theater in Avignon: Valentin studiert mit dem Schlußchor einer dilettantischen Opéra-comique eines lokalen Komponisten ein. Am Schluß der Probe zieht Marianne den Regisseur ins Vertrauen: Da ihr Onkel Maisonneuve, der den italienischen Gesang anhimmelt und den französischen verachtet, seine Tochter Elise demjenigen Sänger zur Frau geben will, der den kommenden Wettbewerb gewinnen wird, will sich Elises Geliebter Dubreuil als Italiener verkleidet vorstellen. Marianne malt ihrer Cousine deren Liebesglück aus, aber trotzdem ist Elise besorgt, ob die Intrige gelingen wird, so daß Dubreuil alles daran setzt, sie zu beruhigen. Valentin kündigt an, daß Maisonneuve nun sogar für die Choristen auf italienischen Sängern besteht, so daß an dem Vorsingen drei weitere falsche Italiener teilnehmen werden. Alle zusammen preisen die italienische Musik und schmeicheln Maisonneuve. Elise, Dubreuil und Marianne singen ein italienisches Duett zu drei Stimmen, worauf Maisonneuve auch noch ein italienisches Finale fordert: Dubreuil hat auf einen französischen Text ein Buffofinale komponiert, in das er überdies die volkstümliche Melodie »Marlborough s'en va-t-en guerre« eingelegt hat. Zuletzt wird die Maskerade aufgedeckt, und selbst Maisonneuve ist nun bereit, seine Vorliebe für alles Italienische hintanzustellen und auch die französischen Sänger zu ihrem Recht kommen zu lassen.

**Kommentar:** Hoffman hatte bei seinem Tod das Libretto als Fragment hinterlassen. Sein Sohn überließ das Manuskript Halévys Bruder Léon, der das Libretto vollendete. Das so entstandene Werk steht einerseits in der Tradition der Opern, die wie Mozarts *Schauspieldirektor* (1786) oder Paers *Le Maître de chapelle* (1821) den provinziellen Impresario karikieren, gleichzeitig zielt es aber gegen die Figur des ungebildeten, kritiklos die italienische Musik verehrenden Dilettanten, der noch im Mittelpunkt von Offenbachs *M. Choufleuri restera chez lui le ...* (1861) und *Il Signor Fagotto* (1863) stand. Die beiden Motive sind in Halévys Oper kaum miteinander verbunden, was mit der Entstehungsgeschichte des Librettos zusammenhängen mag. Die Satire des musikalischen Dilettantismus ist vor allem auf die Sprechrolle Maisonneuves konzentriert und tritt in der musikalischen Realisation völlig in den Hintergrund. Dort sind die italienisierenden, Gioacchino Rossini nachempfundenen Nummern ebenso anmutig und sorgfältig ausgeführt wie die andern Sätze, die der Tradition der französischen Opéra-comique verhaftet bleiben. Als besonders schlagkräftig erwies sich der Chor »Vive, vive l'Italie«, der zum Schluß auf die Worte »Honneur, honneur au génie, ou de France ou d'Italie« wiederholt wurde.

**Wirkung:** Halévys Komposition, die in einer Zeit der Vorherrschaft italienischer Opernkomponisten dem eher national gesinnten, kleinbürgerlichen Publikum der Opéra-Comique entgegenkam, bezeichnete den ersten durchschlagenden Erfolg in seiner Karriere. Die Oper wurde in Paris bis 1836 über 100mal aufgeführt, außerdem in Lüttich (1830) und Brüssel (1837). Eine kurz nach Halévys Tod geplante Wiederaufnahme 1863 scheint dagegen durch den Rücktritt Emile Perrins von der Direktion der Opéra-Comique verhindert worden zu sein.

**Autograph:** Verbleib unbekannt. **Ausgaben:** Part: Schlesinger, Paris [1830], Nr. 870; Kl.A: Parent, Paris [1863], Nr. 860-868; Kl.A: Catelin, Paris [1863], Pl.Nr. A. 460. C.; Textb.: Paris, Vente 1829
**Literatur:** F.-J. FÉTIS, Le Dilettante d'Avignon, in: RM 6:1829/30, S. 369–377; **zu Halévy:** C. BEULÉ, Notice sur la vie et les ouvrages de H., Paris 1862; C. DE LORBAC, F. H.: sa vie et ses œuvres, Paris 1862; A. CASTELINO, F. H., Paris 1862; L. HALÉVY, F. H. Sa vie et ses œuvres, Paris 1862; A. CATELIN, F. H.: notice biographique, Paris 1863; L. ESCUDIER, Mes souvenirs, Paris 1863; E. MONNAIS, F. H.: souvenirs d'un ami pour joindre à ceux d'un frère, Paris 1863; A. POUGIN, F. H.: écrivain, Paris 1865; M. CURTISS, F. H., in: MQ 34:1953, S. 196–214; J. W. KLEIN, J. F. H. (1799–1862), in: MR 23:1962, S. 13–19; H. C. WOLFF, H. als Kunst- und Musikschriftsteller, in: Musicae Scientiae Collectanea. Festschrift K. G. Felleror, hrsg. H. Hüschen, Köln 1973, S. 697–706; K. LEICH-GALLAND, Quelques observations sur les autographes des grand opéras de F. H., in: Les Sources en musicologie, hrsg. M. Huglo, Paris 1981, S. 159–161

*Anselm Gerhard*

## Manon Lescaut
→ Aumer, Jean-Pierre (1830)


## La Juive
Opéra en cinq actes

### Die Jüdin
5 Akte

**Text:** Augustin Eugène Scribe
**Uraufführung:** 23. Febr. 1835, Opéra, Salle de la rue Le Peletier, Paris
**Personen:** Prinzessin Eudoxie, Nichte des Kaisers (S); Rachel, Eléazars Tochter (S); der Jude Eléazar (T); Kardinal Jean-François de Brogny, Präsident des Konzils (B); Léopold, Reichsfürst (T); Ruggiero, Großvogt der Stadt Konstanz (B); Albert, Unteroffizier der kaiserlichen Leibwache (B); Waffenherold des Kaisers (B); Offizier des Kaisers (T); Majordomus des Kaisers (B); ein Henker (B); 2 Männer aus dem Volk (T, B); Kaiser Sigismond/Sigismund (stumme R); Vertrauter des heiligen Offiziums (stumme R).
**Chor, Statisterie:** Kurfürsten, Reichsherzöge und -herzoginnen, Reichsfürsten und -fürstinnen, Ritter, Edeldamen, Kardinäle, Bischöfe, Priester, Ordensbrüder, Büßerinnen, Vermummte, Bannerträger, Offiziere, Herolde, Soldaten, Gefolge des Kaisers, Bürger und Bürgerinnen von Konstanz, Juden, Jüdinnen, Volk, Henker. **Ballett**
**Orchester:** 2 Fl (2. auch Picc), 2 Ob (auch E.H), 2 Klar, 2 Fg, 4 Hr (2 auch à pistons), 4 Trp (2 auch à pistons), 3 Pos, Ophikleide, Pkn, Schl (gr.Tr, Bck, Trg, Tambour, Tamtam, Ambosse in g u. g'), Hrf, Org, 2 Git, Streicher; BühnenM: Tambour, Glocken in g u. c''
**Aufführung:** Dauer ca. 3 Std. 30 Min. – Ballett im I. Akt; große Ballettpantomime im III. Akt. Die kleine Partie des Henkers im V. Akt kann vom Darsteller des Ruggiero übernommen werden.

**Entstehung:** Halévys Karriere an der Opéra begann mit der Musik zu Aumers Ballett *Manon Lescaut* (1830) und der Ballettoper *La Tentation* (1832; in Zusammenarbeit mit Casimir Gide, Choreographie: Jean Coralli). Beide Werke erzielten Achtungserfolge und festigten den Ruf des Komponisten als eines zuverlässigen und begabten Routiniers. Erst die allgemeine Anerkennung, die unter Vollendung von Hérolds Fragment *Ludovic* für die Opéra-Comique (1833) fand, trug Halévy den Kompositionsauftrag für eine fünfaktige große Oper, *La Juive*, ein. Als Librettist stand ihm der erfahrene Scribe zur Seite, für die Besetzung der Hauptrollen konnte er auf die Spitzenkräfte der Opéra zählen. Die Werkkonzeption erfuhr von den ersten Vorgesprächen im Sommer 1833 bis zur Uraufführung mannigfache Veränderungen. In Scribes ursprünglichem Libretto hatte (laut Léon Halévy) die Handlung einen andern Schauplatz und einen andern historischen Hintergrund: das indische Goa unter der Herrschaft der portugiesischen Inquisition. Die Rollenverteilung entsprach dem gängigen Schema: Der erste Tenor, Adolphe Nourrit, sollte den Liebhaber, der erste Bassist, Nicolas-Prosper Levasseur, den Vater, der zweite Bassist, Henri-Bernard Dabadie, den Vorsitzenden der Inquisition (später des Konzils) interpretieren. Für den Charakter des Werks folgenreicher als die Verlegung des Schauplatzes war eine Umpolung der Stimmcharaktere, auf die sich Halévy, Scribe und Nourrit in gemeinsamen Überlegungen einigten. Danach übernahm Nourrit die Vaterrolle, die Rolle des Liebhabers fiel an den zweiten Tenor, während Levasseur zur Rolle des Konzilspräsidenten wechselte. Im weiteren Verlauf des Arbeitsprozesses, an dem in Textfragen auch Halévys Bruder Léon beteiligt war, hat vor allem Nourrit entscheidenden Einfluß auf die Konzeption seiner Rolle und damit mittelbar der gesamten Oper genommen. Auf ihn geht nicht nur die Idee zurück, einen für den Schluß des IV. Akts ursprünglich vorgesehenen Chor durch eine Arie Eléazars zu ersetzen; vielmehr hat er die Szene auch selbst textlich umgearbeitet und damit die entscheidende dramaturgische Vorgabe für eine der musikalisch gelungensten Nummern der Oper geliefert (vgl. Louis Quicherat, Bd. 1, S. 167, s. Lit.).

Eine künstlerisch fragwürdige Rolle spielte bei den Vorbereitungen der damalige »chef du service de la scène«, Edmond Duponchel. Wohl aus mangelndem Vertrauen in die musikalische Zugkraft dieses Werks eines Debütanten scheute Duponchel keinen Aufwand und keine Kosten für eine Ausstattung, die in verschwenderischem Umgang mit Menschen und Material bis hin zur Ausleihe von 20 Pferden aus dem Zirkus Franconi alles an der Opéra Dagewesene in den Schatten stellte. Nach monatelangen Proben und zahllosen textlichen und musikalischen Änderungen sah sich Halévy unmittelbar vor und sogleich nach der Uraufführung zu umfangreichen Kürzungen gezwungen. Der erste Teil des III. Akts (Arie der Eudoxie, Duett Eudoxie/Rachel, Bolero der Eudoxie), dazu zahlreiche Passagen aus Einzelnummern fielen dem Rotstift zum Opfer. Während der gedruckten Partitur die gekürzte Fassung der Opéra zugrunde liegt, enthält der Klavierauszug von Schlesinger (später Brandus und Lemoine, s. Ausg.) auch die gestrichenen Partien. In der Bühnenpraxis griff man freilich so gut wie nie auf dies Material zurück, vielmehr bürgerten sich weitere Kürzungen ein. So boten bis in die jüngste Zeit Aufführungen von *La Juive* nur noch einen Torso der ursprünglichen Werkgestalt, die erst durch die kritische Ausgabe von Karl Leich-Galland wieder allgemein zugänglich ist.

**Handlung:** In Konstanz, 1414.

Vorgeschichte: Jean-François de Brogny, Oberhaupt des römischen Magistrats, hat zwei Söhne des Juden Eléazar als Ketzer zum Tod auf dem Scheiterhaufen verurteilt. Als Neapels Truppen die Stadt überfielen, plünderten und brandschatzten sie auch das Haus Brognys: Seine Frau kam in den Flammen um, seine kleine Tochter dagegen wurde von Eléazar gerettet, der das Kind unbemerkt in Obhut nahm und es unter dem Namen Rachel als seine eigene Tochter im jüdischen Glauben aufzog. Später von Brogny aus Rom verbannt, ließ Eléazar sich in Konstanz nieder. Dort verliebte sich der Reichsfürst Léopold in die inzwischen erwachsene vermeintliche Jüdin. Obwohl er bereits Prinzessin Eudoxie, der Nichte Kaiser Sigismonds, die Ehe versprochen hatte, begann er ein heimliches Verhältnis mit Rachel, vor der er sich als jüdischer Maler Samuel ausgab. Brogny hatte nach den Ereignissen von Rom, durch die er seine ganze Familie ausgelöscht glaubte, die geistliche Laufbahn eingeschlagen. Inzwischen zum Kardinal aufgestiegen, ist auch er in Konstanz eingetroffen, um das in Kürze zusammentretende Konzil zu leiten.

I. Akt, Großer Platz von Konstanz, rechts Eléazars Haus, links der Eingang zum Dom: Mit einem Tedeum und einem Volksfest feiert man den Sieg Léopolds über die Hussiten. Sigismond, der zur Eröffnung des Konzils erwartet wird, will Léopold anläßlich dessen für den folgenden Tag geplanter Hochzeit mit Eudoxie persönlich ehren. Lautes Hämmern aus Eléazars Goldschmiedewerkstatt zeigt an, daß der Jude sich nicht an die verordnete Arbeitsruhe hält. Unter dem Beifall der fanatisierten Menge befiehlt der Großvogt, ihn sogleich mit seiner Tochter hinrichten zu lassen. In diesem Augenblick kommt Brogny mit Gefolge aus der Kirche: Er und Eléazar erkennen sich. Milde gestimmt durch die eigenen schmerzlichen Erinnerungen, begnadigt Brogny den Juden, obwohl dieser ihm unversöhnlich und voller Verachtung entgegentritt. Nachdem alle sich entfernt haben, erscheint Léopold, der inkognito in die Stadt vorausgeeilt ist, um Rachel zu sehen. Sie lädt ihn für den Abend in das Haus ihres Vaters zur Passahfeier. Als Eléazar und Rachel während des festlichen Einzugs des Kaisers von der aufgeregten Menge auf die Stufen des Doms abgedrängt werden, die für sie als Juden tabu sind, sollen sie diesen Frevel mit dem Tod büßen. Diesmal rettet sie das Einschreiten Léopolds, der sich den Wachen heimlich zu erkennen gibt. Verwundert und mißtrauisch bemerken Rachel und Eléazar den Einfluß ihres vermeintlichen Glaubensbruders.

II. Akt, Zimmer in Eléazars Haus, Abend: Eléazar zelebriert für die jüdische Gemeinde die Passahfeier. Unter den Anwesenden ist auch Léopold/Samuel, der das ungesäuerte Brot, nur von Rachel bemerkt, unter den Tisch gleiten läßt. Lautes Klopfen an der Tür veranlaßt die Gäste zu raschem Aufbruch: Es ist Eudoxie, die von Eléazar eine Kette als Hochzeitsgeschenk für ihren Bräutigam erwerben möchte. Der Goldschmied verspricht, den Schmuck rechtzeitig zu überbringen. Nach dem Weggang Eudoxies stellt Rachel Léopold wegen seines Verhaltens bei der Passahfeier zur Rede; er verspricht ihr eine Erklärung, wenn sie ihn später in der Nacht allein empfangen wolle. Voll düsterer Ahnungen erwartet Rachel die Rückkehr des Geliebten. Als Léopold erscheint, gesteht er ihr seinen christlichen Glauben und drängt die Verzweifelte zu gemeinsamer Flucht. Eléazar tritt dazwischen: Als Léopold sich auch vor ihm als Christ bekennt, zieht er den Dolch gegen den Verräter, läßt sich jedoch von Rachel besänftigen, die seinen Segen für ihre Ehe mit Léopold erbittet. Dessen Erklärung, er sei bereits gebunden, läßt Rachels Liebe in Haß und Eléazars Versöhnungsbereitschaft in das Verlangen nach Rache umschlagen. Von Eléazars Fluch getroffen, bleibt Léopold nur der Ausweg einer schimpflichen Flucht.

III. Akt, Gartenhalle in der Residenz des Kaisers: Rachel, die Léopold nachts bis ans Tor verfolgt hat und ihn daher im Palast vermutet, erwirkt von Eudoxie die Erlaubnis, der Hochzeit beizuwohnen. Das Fest beginnt in Anwesenheit des Kaisers sowie der geistlichen und weltlichen Würdenträger des Reichs mit einer Pantomimendarbietung. Eléazar erscheint, um die Kette zu überbringen. Als Eudoxie sie Léopold überreicht, erkennt Rachel den Geliebten wieder. Sie beschuldigt ihn öffentlich, mit ihr, einer Jüdin, eine verbotene Beziehung unterhalten zu haben. Brogny verflucht Léopold, Rachel und Eléazar und läßt alle drei in den Kerker werfen.

IV. Akt, Saal im Gerichtsgebäude: Eudoxie bittet Rachel, die Verantwortung auf sich zu nehmen, um Léopold die Todesstrafe zu ersparen. Rachel schwankt zunächst, erklärt sich dann aber aus Liebe zu Léopold zum Opfer bereit. Brogny, der seinerseits Rachel das Leben retten will, fordert Eléazar auf, seinem Glauben abzuschwören. Empört weist dieser das Ansinnen zurück und erklärt Brogny, daß nun die Stunde gekommen sei, in der er sich für das ihm angetane Unrecht rächen werde: Seine, Brognys, Tochter sei nicht tot, ein Jude habe sie aus den Flammen gerettet, er allein kenne seinen Namen, werde ihn aber mit ins Grab nehmen. Weder durch Bitten noch durch Drohen kann Brogny ihn bewegen, das Geheimnis preiszugeben. Nachdem der Kardinal ihn verlassen hat, um das Urteil zu fällen, schwankt Eléazar, ob er Rachel, die er wie seine Tochter liebt, seiner Rache opfern soll, doch das Geschrei der Menge, die draußen den Tod der Juden fordert, bestärkt ihn in seinem Entschluß.

V. Akt, Richtplatz: Das Volk versammelt sich, um der Hinrichtung Eléazars und Rachels beizuwohnen: Sie sollen in einen Kessel kochenden Wassers gestürzt werden. Léopolds Strafe wurde dank Rachels Aussage in lebenslange Verbannung umgewandelt. In feierlicher Prozession werden die Verurteilten vorgeführt. Rachel, die Eléazars Angebot, als Christin weiterzuleben, stolz zurückweist, soll als erste sterben. Während die Henker sie ergreifen, tragt Brogny den Juden ein letztes Mal nach seiner Tochter; Eléazar enthüllt die Wahrheit im Augenblick von Rachels Tod.

**Kommentar:** Scribes Libretto exponiert nicht »Historie«: Das Konstanzer Konzil bildet nur den austauschbaren Rahmen für eine Privatintrige, die nach den Regeln der Enthüllungsdramaturgie entfaltet wird. Dabei dient der Antagonismus von Christentum und Judentum lediglich als stoffliches Kolorit (Tedeum, Passahfeier), ohne selbst Thema der Handlung zu sein. Brogny und Eléazar agieren nicht in erster Linie als Repräsentanten ihrer Religionen, sondern als unglückliche Väter, freilich auf tendenziös verschiedene Weise: der Christ als strenger, doch zur Vergebung bereiter Richter, der Jude als eifernder Fanatiker. Daß Eléazar die unschuldig-unwissende Rachel seiner Rache opfert, setzt den Verfolgten auch dann ins Unrecht, wenn seine Entscheidung als Reaktion auf die Pogromhaltung der Verfolger motiviert erscheint. Dabei ist zu berücksichtigen, daß die Nobilitierung von Eléazars Charakter durch Betonung seiner väterlichen Gefühle gegenüber Rachel nicht zur ursprünglichen Rollenkonzeption gehörte, sondern auf Nourrits Eingriff in die Dramaturgie des IV. Akts zurückgeht. Die eindringliche, Sympathie erweckende Darstellung jüdischen Schicksals kann die kompromißlerische Unentschiedenheit des Librettos, die an Vorurteile rührt, ohne sie zu beseitigen, nicht verdecken. Sie gründet in dem zentralen Motiv der Handlung, daß die »Jüdin« Rachel sich als Tochter eines Christen herausstellt, deren Bekenntnis zum mosaischen Glauben von Eléazar durch das Verschweigen ihrer wahren Herkunft quasi erschlichen wurde. Offenbar war nur eine vermeintliche »Jüdin« als Geliebte eines Reichsfürsten vorzeigbar, die zudem ihre Grenzüberschreitung mit dem Tod zu sühnen hat. Diese aus fragwürdigen Motiven erwachsene Dämonisierung des Jüdischen bescherte der Opernbühne eine ihrer faszinierendsten und farbigsten Gestalten. Während Brogny in seinem Plädoyer für Milde wie in seinem Ruf nach Strafe als Person eindimensional bleibt, präsentiert sich Eléazar als »Shylock redivivus« von schillernder Vielfalt: orientalischer Patriarch, schlauer Kaufmann, liebender Vater, Rächer und Märtyrer. Als Charakter von tragischer Gespaltenheit, der vernichten muß, was er liebt, erweist die Figur ihre Herkunft aus der Tradition der französischen Romantik. – Trotz der Dominanz des Privatkonflikts nehmen die Tableaus in *La Juive* gattungsbedingt einen bedeutenden Raum ein. Wenn sie auch vielfach nur dekorative Funktionen erfüllen (Einzug des Kaisers im I., Bankett im III. Akt), gewinnen sie doch an einigen Stellen dramatisches Eigengewicht, so vor allem im V. Akt. Zwar steht auch hier die Musik im Dienst der Bildwirkung, verleiht dieser jedoch suggestive Gewalt. Die Szene auf dem Richtplatz, beginnend mit dem beklemmenden Lamento des Trauermarschs und endend mit der Horrorklimax von Rachels Exekution, erhebt gerade durch ihre formale Strenge die krasse Realistik des Geschehens zum phantasmagorischen Ritual. In den Chören der *Juive* artikuliert sich nicht das »Volk« als gesellschaftlich-politische Größe (»peuple«), sondern die »Masse« als destruktive Kraft (»foule«). Der Pogromchor der zum Hinrichtungsspektakel versammelten Menge am Beginn des V. Akts vergegenwärtigt exemplarisch die Exaltationen eines rasenden Mobs, dessen religiöser Fanatismus sich als Sadismus dekuvriert. Die inhaltliche Verwandtschaft mit den Massenszenen aus den historischen Opern Giacomo Meyerbeers läßt den konzeptionellen Unterschied um so schlagender hervortreten. Anders als die Chöre der *Huguenots* (1836) und des *Prophète* (1849) agieren jene der *Juive* nicht als dramatische Subjekte. Das Potential an Expressivität wird nicht aus der Aktion entwickelt, sondern erscheint von Beginn an vorgegeben; dementsprechend bleibt die Form dem Schema einer konventionellen Nummer verhaftet. Den Chören wie den Ensembles mangelt es an musikalischer Tiefenschärfe; oft flüchtet sich Halévy in eine oberflächenhafte Pseudomehrstimmigkeit, wenn nicht gar ins Unisono, die der ausdrucksmäßigen Differenziertheit der Situation in keiner Weise gerecht werden (Finale des II. und III. Akts). Größere Sicherheit der Charakterisierung beweist er in den Arien und den solistischen Partien der Ensembles, in denen seine eklektische Tonsprache ihre spezifisch musikalischen Vorzüge am reinsten zu entfalten vermag. Sie liegen außer in der an Chromatismen reichen Harmonik und in der auf tiefe Bläsermischungen abgestellten Instrumentation vor allem in der Melodik, die an den Höhepunkten klassizistische Strenge der Deklamation mit expressiver Klanglichkeit verschmilzt (Romanze Rachels, II. Akt; Arie Eléazars, IV. Akt). Von prägnanter Schärfe ist die musikalisch aussparende Zeichnung der intimen Katastrophen: das lastende Schweigen nach Léopolds Bekenntnis »Je suis chrétien!« (Duett mit Rachel, II. Akt) oder die unbestimmt-verhaltene Leidenschaftlichkeit der kurzen Begegnung zwischen Vater und Tochter, die sich nicht erkennen (Duettino Rachel/Brogny, IV. Akt).

**Wirkung:** Der sich schnell abzeichnende Dauererfolg von *La Juive* begründete Halévys historische Rolle als wichtigster Vertreter der Grand opéra nach Meyerbeer. Neben der sensationellen Mise en scène war es vor allem die erstklassige Besetzung, die das Werk über Jahre hinweg zu einer Attraktion der Opéra machte. Einen Triumph errang zumal die junge Marie-Cornélie Falcon als Rachel, die sich neben ihren erfahreneren Kollegen (außer Nourrit, Levasseur und Dabadie noch Julie Dorus-Gras als Eudoxie und Marcelin Lafont als Léopold) nicht nur behauptete, sondern mit ihrer bewegenden, Stimme und Darstellung zur Ausdruckseinheit verschmelzenden Interpretation Gesangsgeschichte machte. Mit der Rachel und später der Valentine in *Les Huguenots* kreierte sie in gültiger Form jenen neuen Stimmtyp des dramatisch-expressiven, gleichwohl beweglichen Soprans, der künftig mit ihrem Namen verbunden bleiben sollte (»soprano Falcon«). Nach ihrem frühen, durch eine ebenso plötzliche wie irreparable Stimmkrise erzwungenen Abschied von der Opéra fand sie in dieser Rolle würdige, wenn auch nicht gleichwertige Nachfolgerinnen in Rosine Stoltz (1837), Dejean Jullienne (1845) und Jeanne Sophie Charlotte Cruvelli (1855). Der bedeutendste Eléazar der Nach-Nourrit-Ära war ohne Zweifel Gilbert Duprez (1837), der dieser Rolle neue wirkungsvolle, wenn auch gröbere gesangsdarstellerische Facetten abzugewinnen verstand. *La Juive* blieb über Jahrzehnte nahezu ununterbrochen im Spielplan der Opéra und war das erste Werk, das zur Eröffnung der Salle Garnier (1875) neu inszeniert wurde (Rachel: Gabrielle Krauss, Eléazar: Pierre François Villaret). Die wichtigsten Rollendebüts am neuen Haus waren: Joséphine de Reszke (1876), Eva Dufrane (1880), Rose Caron (1885) und Félia Litvinne (1889) als Rachel; Léonce Escalaïs (1883) und Joseph-Valentin Duc (1885) als Eléazar; Auguste-Acanthe Boudouresque (1875), Léon Gresse (1885) und Pol Plançon (1888) als Brogny. Nach der 544. Aufführung 1893 verschwand *La Juive* dann für 40 Jahre aus dem Repertoire der Opéra, um erst 1933 wieder eine Inszenierung zu erfahren (Rachel: Germaine Hoerner, Eléazar: Paul Franz, Brogny: Albert Huberty), die bis 1934 (562. und letzte Aufführung) im Spielplan blieb. Während der 40jährigen Aufführungspause an der Opéra wurde *La Juive* an verschiedenen andern Pariser Bühnen inszeniert, so am Théâtre-Lyrique de la Gaîté 1903 und 1910 (Litvinne, Escalaïs). – Bis weit ins 20. Jahrhundert hinein gehörte das Werk zum festen Bestand des Weltopernrepertoires. Seine Beliebtheit beruhte nicht zuletzt auf den dankbaren Rollen, die trotz hoher gesanglicher Anforderungen nicht so schwer zu besetzen sind wie die Meyerbeerschen. Rachel und Eléazar wurden oft von dramatischen Sopranen beziehungsweise Heldentenören des Wagner-Fachs gesungen, was zwar das Vokalprofil der Rollen allzu einseitig festlegte, jedoch nicht verfälschte. Als bestimmender Faktor für die Rezeption der Oper erwies sich auch das jüdische Element, selbst wenn es nur im Text eindeutig faßbar war. Wohl nicht zufällig bestand gerade in den ost- und südosteuropäischen Ländern eine kontinuierliche Aufführungstradition bis zum zweiten Weltkrieg. Noch im 20. Jahrhundert erschienen Übersetzungen ins Estnische, Lettische, Litauische, Slowenische, Serbische, Rumänische und Bulgarische; auch mehrere Übersetzungen ins Hebräische und Jiddische liegen vor. – Außerhalb Frankreichs fand *La Juive* die weiteste Verbreitung im deutschsprachigen Raum. Bereits 1835 erschien das Werk in Leipzig in der Übersetzung von Karl August von Lichtenstein, die später, kompiliert mit jener von Friederike Ellmenreich, für die deutschen Bühnen verbindlich werden sollte. 1836 folgten Frankfurt a. M., Braunschweig, Kassel, Hannover und Hamburg, 1837 Dresden, Schwerin und Weimar, 1838 Prag und Stuttgart. Eine besonders lange und glänzende Aufführungstradition hatte das Werk an der Hofoper Wien, wo es erstmals 1836 mit einer Spitzenbesetzung herauskam (Clara Heinefetter, Sophie Johanna Löwe, Hermann Breiting, Sebastian Binder, Joseph Staudigl). Aus Zensurgründen bediente man sich bis 1855 einer eigenen Übersetzung und Bearbeitung von Joseph von Seyfried und Georg von Hofmann, die Ort und Zeit der Handlung verlegte (in eine anonyme süditalienische Stadt im 13. Jahrhundert) und alle Bezüge auf die Kirche tilgte: Aus dem Kardinal wird der Komtur der Templer; Eléazar erscheint, da seine Arie im IV. Akt gestrichen ist, nur mehr als kalter Rächer; und Sara/Rachel darf sich am Schluß selbst in die Flammen des Scheiterhaufens stürzen. Diese Bearbeitung lag auch 1844 der ersten Münchner Inszenierung von *La Juive* zugrunde (Karoline Hetznecker, Martin Härtinger, Ernst Friedrich Diez, Giulio Pellegrini, Henriette Rettich). Unter den späten Wiener Einstudierungen ragt jene von 1903 (Berta Foerster-Lauterer, Elise Elizza, Leo Slezak, Vilém Heš; Dirigent: Gustav Mahler) besonders hervor. In Berlin erschien *La Juive* erstmals 1836 im Königstädtischen Theater, 1847 dann an der Hofoper, wo sie zuletzt 1917 inszeniert wurde. Die erste italienische Aufführ-

*La Juive*; Enrico Caruso als Eléazar; Metropolitan Opera, New York 1920. – Carusos letztes Rollendebüt (1919) bedeutete sängerisch und darstellerisch die Krönung seiner Bühnenlaufbahn und bestätigte seine Hinwendung zum dramatischen Charakterfach innerhalb des italienisch-französischen Repertoires.

rung als *L'ebrea* (in der Übersetzung von Marco Marcelliano Marcello) 1858 in Genua fand nur geringe Resonanz; nachhaltigen Eindruck vermittelten erst die Inszenierungen in Mailand und Turin 1865 (spätere Einstudierungen: Mailand 1870, 1883, Turin 1885, Rom 1886, 1900). Während *La Juive* in London nach einem Gastspiel der Brüsseler Oper in Drury Lane 1846 und einer glanzvollen Einstudierung an Covent Garden 1850 (Pauline Viardot-García, Enrico Maralti/ Mario; in einer italienischen Übersetzung von Pietro Giannone) nur noch selten gegeben wurde, präsentierte man sie in New York mit einer gewissen Regelmäßigkeit, wenn große Interpreten für die Hauptrollen verfügbar waren, so 1885 für Amalie Materna und 1889 für Lilli Lehmann als Rachel. Historische Bedeutung kommt Enrico Carusos Debüt als Eléazar 1919 zu (Rachel: Rosa Ponselle, Brogny: Léon Rothier; Dirigent: Artur Bodanzky). Carusos gesangsdramatisch vertiefte Darstellung bildete nicht nur den Höhe- und Schlußpunkt seiner Sängerkarriere, sondern setzte eine bis heute gültige Interpretationsnorm für diese Rolle. Ihr stellte sich mit Erfolg Giovanni Martinelli bei der Wiederaufnahme der Met-Inszenierung 1924 (im Repertoire bis 1936 mit wechselnden Partnern Martinellis; als Rachel 1924 Florence Easton, 1925 Nanny Larsén-Todsen, 1931 Elisabeth Rethberg, 1936 Marjorie Lawrence). Nach dem zweiten Weltkrieg blieben Aufführungen der *Juive* im wesentlichen auf Frankreich (Toulouse 1954, Avignon 1961 mit Guy Fouché als Eléazar) und Belgien (Brüssel 1953, Gent 1964 mit Tony Poncet als Eléazar) beschränkt. Anfang der 70er Jahre setzte sich Richard Tucker mit großem persönlichen Engagement für Halévys Oper ein (New Orleans 1973, Barcelona 1974), ohne indes sein Ziel zu erreichen, an der Met die Tradition Carusos und Martinellis fortzusetzen. Seitdem haben vereinzelte Aufführungen (Lodz 1983, mit Zygmunt Zajac als Eléazar) und konzertante Einstudierungen (Wien 1981, mit José Carreras als Eléazar) neues Interesse auf das Werk gelenkt, das in Zukunft, zumal auf der Basis der kritischen Ausgabe, durchaus wieder Bühnenpräsenz gewinnen könnte.

**Autograph:** Part: Bibl. de l'Opéra Paris (A. 509 a. I-II et suppl.); Fragmente: Bibl. de l'Opéra Paris (Rés. 135 [1-3]). **Abschriften:** Part: Bibl. de l'Opéra Paris (A. 509 b. I-VI). **Ausgaben:** Part: Schlesinger, Paris [1835], 1875, Nr. M. S. 2000, Nachdr. Garland, NY, London 1980 (Early Romantic Opera. 36.); Part, krit. Ausg., hrsg. K. Leich-Galland: Galland, Saarbrücken 1985 (Neue Ed. ausgewählter Opern/Nouvelle éd. d'opéras choisis. 1.); Kl.A: Brandus, Paris [1853]; Lemoine, Paris [1862], Nr. B. & C. 9198-99; Garaudé, Paris [1913]; B&B; Kl.A, frz./dt. Übers. v. K. A. v. Lichtenstein, hrsg. F. Hiller: Schlesinger, Bln., Nr. S. 1966; Kl.A, dt., hrsg. G. F. Kogel: Peters, Nr. 7616; Kl.A, dt., hrsg. F. Schalk: UE [um 1925], Nr. 723; Litolff; Textb.: Paris, Schlesinger 1835; Paris, Jonas-Barba 1836; Paris, Tresse 1851; Paris, Tresse-Stock 1887, 1889; Paris, Stock-Delamain-Boutelleau 1924, ²1935; Textb., dt. v. J. v. Seyfried, G. v. Hofmann: Preßburg, Korn 1839; Textb., dt. v. K. A. v. Lichtenstein, F. Ellmenreich: Lpz., Reclam, Nr. 2826; München, Gottesswinter 1919; Textb.: Brüssel, Lombaerts 1921
**Literatur:** H. BERLIOZ, Académie royale de musique. Première représentation de ›La Juive‹, in: Rénovateur, 1.3.1835; L. QUICHERAT, Adolphe Nourrit. Sa vie, son talent, son caractère, sa correspondance, Paris 1867, Bd. 1, S. 165–178; L'Avant-scène, Opéra, Nr. 100, Paris 1987; ›La Juive‹ de F. H. Dossier de la presse parisienne (1835), hrsg. K. Leich-Galland, Saarbrücken [in Vorb.]; weitere Lit. s. S. 638

*Sieghart Döhring*

## L'Eclair
**Opéra-comique en trois actes**

### Der Blitz
3 Akte

**Text:** François Antoine Eugène de Planard und Jules Henri Vernoy Marquis de Saint-Georges
**Uraufführung:** 16. Dez. 1835, Opéra-Comique, Salle des Nouveautés, Paris
**Personen:** Lionel, ein junger Offizier der amerikanischen Marine (T); Georges, Engländer (T); Madame Darbel, eine junge Witwe (S); Henriette, ihre Schwester (S)
**Orchester:** Picc, 2 Fl, 2 Ob, 2 Klar, 2 Fg, 4 Hr, 2 Trp, 3 Pos, Pkn, Schl (Trg, Tambour), Streicher; BühnenM hinter d. Szene: Glocke, Hrf, Piano expressif
**Aufführung:** Dauer ca. 2 Std. – Gesprochene Dialoge. Piano expressif ist als Tasteninstrument mit Durchschlagzungen eine Vorform des Akkordeons beziehungsweise Harmoniums, das einen speziellen ätherischen Klang erzeugt.

**Entstehung:** Dem Werk liegt die Wette zugrunde, ob es möglich sei, eine abendfüllende Oper ohne Chöre zu schreiben, mit nur vier Personen, für zwei Soprane und zwei Tenöre. Nach Aussage des Verlegers Maurice Schlesinger soll Halévy bereits im Jan. 1835 das Textbuch in Händen gehabt und an der Komposition gearbeitet haben (Brief an Giacomo Meyerbeer vom 16. Jan. 1835). Das Handlungsgerüst geht auf eine italienische Farsa zurück: Cassandro ist Augenarzt, operiert Colombine und gibt ihr die Sehkraft wieder; kaum jedoch hat Colombine ihr Augenlicht zurück, wendet sie sich dem schönen Leandro zu und will von ihrem Retter nichts mehr wissen.

**Handlung:** In einem Landhaus in den Vereinigten Staaten in der Nähe von Boston, 1797.
I. Akt, Pavillon mit Terrasse und Meerblick: Zwei junge Frauen, die lebenslustige Witwe Madame Darbel und ihre empfindsame Schwester Henriette, erhalten in der Abgeschiedenheit ihres Landsitzes Besuch von ihrem Vetter Georges, dessen reicher Onkel ihm die Heirat mit einer der Schwestern zur Bedingung für die Übernahme seines Erbes gemacht hat. Als weiterer Gast stellt sich überraschend der Seeoffizier Lionel ein, der einen kurzen Aufenthalt seines Schiffs zu einer Jagdtour nutzen will. Zu seiner Abreise kommt es jedoch vorerst nicht: Während eines plötzlich heraufziehenden Gewitters wird er durch einen Blitz geblendet; verwirrt und seiner Sehkraft beraubt, ist er auf die Hilfe seiner Gastgeber angewiesen.
II. Akt, Saal mit Gartenaussicht, drei Monate später: Von Henriette aufopferungsvoll gepflegt, erwacht in

Lionel eine tiefe Liebe zu seiner unsichtbaren Wohltäterin, die von ihr erwidert wird. Als er seine Sehkraft zurückerlangt und die beiden Frauen das erstemal erblickt, wirft er sich der attraktiveren Madame Darbel als der vermeintlichen Henriette zu Füßen.

III. Akt, Salon, 40 Tage später: Brüskiert und gekränkt hatte Henriette sogleich das Haus verlassen mit der Absicht, erst dann zurückzukehren, wenn ihre Schwester, die sie von Lionel geliebt wähnt, mit diesem die Ehe geschlossen habe. Mit der falschen Versicherung, daß dies geschehen sei, erwirkt Madame Darbel Henriettes Heimkehr. Nun klärt sich alles: Henriette und Lionel, die sich nach wie vor lieben, werden ein Paar, ebenso Madame Darbel und Georges, der sich ohnehin zwischen den beiden Frauen nicht entscheiden mochte und dem jede Lösung recht ist.

**Kommentar:** Halévys erfolgreichste komische Oper ist ein Meisterwerk seines Genres und zugleich ein Grenzfall desselben, zwar dreiaktig und von normaler Länge, jedoch, da ohne Chor und für nur vier Personen, eine »Kammeroper«. Die geradezu experimentelle »Affektgeometrie« der Handlung läßt dies Werk als romantisches Pendant zu Mozarts *Così fan tutte* (1790) erscheinen. Ein »sentimentales« und ein »frivoles« Paar finden nach wechselseitiger Verwirrung schließlich zueinander, wobei sich das Geschehen über zwei komplementäre Peripetien entwickelt, deren Wirkungen paradox sind: Eine »Naturkatastrophe« (das Gewitter als Ursache der vorübergehenden Erblindung Lionels; 1. Finale) konstituiert die Bindung der Paare; die Aufhebung der Folgen (Wiederkehr der Sehkraft bei Lionel als Voraussetzung für seine Verwechslung der beiden Frauen; 2. Finale) führt zu einer »Gefühlskatastrophe«, die die Bindungen vorübergehend löst. – Halévys eher auf Reflexion als Inspiration gründende Kunst ist der subtilen Intellektualität des Sujets vollkommen adäquat. Was seiner Musik an Frische der Erfindung abgeht, ist mehr als kompensiert durch die Sorgfalt der Verarbeitung, vor allem in den den Charakter der Oper bestimmenden zahlreichen Ensembles, unter denen das Quartett (II/6) und das Liebesduett Henriette/Lionel (II/7) besonders hervorzuheben sind. Hier und vor allem in den ersten beiden Finale erweist sich Halévy auch als Theaterkomponist von Rang, der die wenigen, aber entscheidenden dramatischen Akzente musikalisch knapp und präzis zu disponieren versteht. Besonders hervorzuheben ist die dezente, auch ungewöhnliche Kombinationen (Harfe, Klavier) einbeziehende Instrumentation. – Im Fall einer Spitzenbesetzung aller vier gesanglich wie schauspielerisch äußerst anspruchsvollen Rollen würde die Oper auch auf ein heutiges Publikum ihre Wirkung nicht verfehlen.

**Wirkung:** *L'Eclair* war nach *La Juive* (1835) Halévys erfolgreichstes Werk und gehörte über Jahrzehnte zum festen Repertoire der Opéra-Comique. Nach der Uraufführung (Lionel: Jean Baptiste Chollet, Georges: Joseph Antoine Charles Couderc, Madame Darbel: Félicité Pradher, Henriette: Amélie Camoin) kam es

*L'Eclair*, II. Akt; Illustration; Teatro Manzoni, Mailand 1884. – Das abgeschiedene Landhaus vor der Kulisse einer unberechenbaren Natur fungiert als adäquater Schauplatz seelischer Katastrophen.

bis 1899 214mal auf den Spielplan der Opéra-Comique. Die Partie des Lionel sangen unter anderm Gustave-Hippolyte Roger, Joseph Théodore Désiré Barbot und Léon Achard, die des Georges Pierre Victor Jourdan, die der Madame Darbel Alice Ducasse und die der Henriette Caroline Duprez. Aufführungen außerhalb Frankreichs gab es 1836 in Antwerpen, Lüttich und Brüssel, 1837 in Amsterdam und New Orleans, 1843 in New York. Auch in Deutschland wurde das Werk in den Übersetzungen von Friedrich Genée und Friederike Ellmenreich häufig gespielt (so 1836 in Berlin und Leipzig, 1837 in Frankfurt a. M. und Weimar, 1837, 1875 und 1881 in München, 1867 in Dresden und 1880 in Hannover). Weitere Aufführungen gab es 1836 in Warschau, 1840 und 1863 in Prag, 1848 und 1849 in Wien, 1867 in Moskau, 1881 in Wien, 1884 in Mailand (Teatro Manzoni) und 1886 in Kopenhagen. Erst nach der Jahrhundertwende verschwand das Werk allmählich von den Spielplänen. Eine deutsche Bearbeitung von Wilhelm Kleefeld als *Der Schicksalstag* erschien 1922 in Halle (Saale) und 1927 in Berlin.

**Autograph:** Verbleib unbekannt. **Ausgaben:** Part: Schlesinger, Paris [1836], Nr. M. S. 2085; Kl.A: ebd.; Schlesinger, Bln.; Lemoine, Paris; Kl.A, frz./dt. Übers. v. F. Genée: Schlesinger, Bln., Nr. S. 1997; Textb.: Paris, Barba 1836; Textb., dt. v. F. Ellmenreich: Lpz., Reclam, Nr. 2866
**Literatur:** E. HANSLICK, ›Der Blitz‹, Komische Oper von H., in: DERS., Aus dem Opernleben der Gegenwart. Der modernen Oper 3. Teil, Bln. 1884, [4]1901, S. 172–177; weitere Lit. s. S. 638

*Sieghart Döhring*

## Guido et Ginevra ou La Peste de Florence
Opéra en cinq actes

### Guido und Ginevra oder Die Pest von Florenz
5 Akte (7 Bilder)

**Text:** Augustin Eugène Scribe
**Uraufführung:** 1. Fassung: 5. März 1838, Opéra, Salle de la rue Le Peletier, Paris (hier behandelt); 2. Fassung in 4 Akten: 23. Okt. 1840, Opéra, Salle de la rue Le Peletier, Paris
**Personen:** Cosme de Médicis/Cosimo de' Medici, Großherzog von Toskana (B); Ginevra, seine Tochter (S); Manfredi, Herzog von Ferrara (B); Guido, ein junger Bildhauer (T); Ricciarda, Sängerin (S); Forte-Braccio, Kondottiere (T); Lorenzo, Intendant der Médicis (B); Léonore, im Gefolge Ginevras (S); Teobaldo, Sakristan am Dom von Florenz (B); Antonietta, eine junge Bäuerin (S); 2 Arbeiter (2 T); ein Soldat (T). **Chor, Statisterie:** Ritter, Damen, Herren, Kondottieri, Soldaten, Pagen, Diener, schwarze Sklavin, Geistliche, Mönche, Landleute. **Ballett:** Bauern, Bäuerinnen

*Guido et Ginevra ou La Peste de Florence*, V. Akt; Julie Dorus-Gras als Ginevra; Illustration; Uraufführung, Opéra, Paris 1838.

**Orchester:** Picc, 2 Fl, 2 Ob, 2 Klar, 4 Fg, 4 Hr, 2 Hr à pistons, 4 Trp, 2 Trp à pistons, S.Pos, S.Pos à pistons, 3 Pos, Ophikleide, Pkn, Schl (gr.Tr, Bck, Tambour, Tambour de basque, Tamtam, Glocken), Mélophone, Hrf, Streicher; BühnenM: 2 Fl, 2 Klar, 2 Fg, 2 Pos, Ophikleide, Pkn, Schl (gr.Tr, Bck)
**Aufführung:** Dauer ca. 3 Std. 30 Min. – Ballett im I. und II. Akt. Das 1837 in Paris entwickelte Mélophone war eine Vorform des Harmoniums.
**Entstehung:** Halévy begann 1836 mit der Komposition seiner zweiten großen Oper, die zunächst den Titel *Cosme de Médicis* trug. Für die Hauptrollen waren wie schon in *La Juive* (1835) Adolphe Nourrit und Marie-Cornélie Falcon in Aussicht genommen. Auch diesmal schaltete sich Nourrit mit textlichen und dramaturgischen Verbesserungsvorschlägen in den Arbeitsprozeß ein (vgl. Louis Quicherat, Bd. 2, S. 88, s. Lit.). Die durch Falcons Stimmkrise und Nourrits Weggang von der Opéra erzwungenen Umbesetzungen hatten einschneidende musikalische Änderungen zur Folge. So mußte die Partie des Guido auf den neuen Tenorstar der Opéra, Gilbert Duprez, zugeschnitten werden. Weniger durchgreifend war die Umarbeitung der Partie Ginevras, deren »Falcon«-Typ im wesentlichen erhalten blieb; sie fiel an Julie Dorus-Gras. Für Duprez wie für Rosine Stoltz als Ricciarda handelte es sich um ihre ersten eigenen Rollen an der Opéra.
**Handlung:** In und bei Florenz, 1552.
I. Akt, Dorf bei Florenz, rechts der Eingang zu einem Bauernhof, links das Bildnis der Madonna del Arco: Unter die das Madonnenfest feiernde Landbevölkerung haben sich vornehme Bürger aus Florenz gemischt, für Forte-Braccio und seine Soldaten eine günstige Gelegenheit, durch Entführung einer wohlhabenden Florentinerin zu Geld zu kommen. Ebenfalls unter den Gästen ist Guido, der sich vor einem Jahr in eine schöne Unbekannte verliebt und ihr das Versprechen abgenommen hat, am heutigen Tag zurückzukehren. Bei der Unbekannten handelt es sich um Ginevra, die Tochter Cosme de Médicis', die bald darauf tatsächlich erscheint. Guido bittet sie, seine Frau zu werden. Ginevras Bedenken, daß der Vater, dessen Identität sie jedoch nicht preisgibt, niemals dieser Heirat zustimmen werde, hält Guido entgegen, es als Bildhauer am Hof der Médicis zu Ruhm und Geld bringen zu wollen, um sich ihrer würdig zu erweisen. Ginevra fühlt sich zu Recht bedroht von Forte-Braccio und seinen Soldaten, die den Plan gefaßt haben, die vornehme Unbekannte zu entführen. Forte-Braccio sticht Guido nieder, die Flucht mit Ginevra wird jedoch durch die zu Hilfe kommende Menschenmenge vereitelt.
II. Akt, Cosme de Médicis' Palast in Florenz: Ginevra muß auf Geheiß ihres Vaters in die Ehe mit Herzog Manfredi einwilligen. Als dessen Freundin, die eifersüchtige und skrupellose Ricciarda, von der bevorstehenden Hochzeit erfährt, dingt sie Forte-Braccio für einen Mordanschlag auf die Braut am Tag der Eheschließung. Ein vergifteter Schleier soll ihr den Tod

bringen, für den jedermann die soeben in Florenz ausgebrochene Pest verantwortlich machen würde. Der Anschlag scheint zu gelingen: Vor den Augen der Festgesellschaft sinkt Ginevra leblos zu Boden.
III. Akt, Dom von Florenz, unterirdische Gruft mit dem Leichnam Ginevras: Ginevra wurde soeben beigesetzt. Bis auf Forte-Braccio und seine Kumpane haben alle die Kirche verlassen, auch Guido, der noch einmal Abschied genommen hat, bevor die Gruft mit einem Marmorblock verschlossen wurde. Ginevra war jedoch nur scheintot. In der Gruft erwacht, glaubt sie sich verloren, als ihr unerwartet Rettung durch Forte-Braccio und seine Bande zuteil wird, die in räuberischer Absicht die Grabkammer öffnen und vor der vermeintlichen Spukgestalt die Flucht ergreifen.
IV. Akt, 1. Bild, Salon in Manfredis Palast: Manfredi und Ricciarda zechen in fröhlicher Runde, als es an der Tür klopft. Es ist Ginevra, die den Gatten um Einlaß bittet. Entsetzt verjagt Manfredi die vermeintliche Geistererscheinung, die er als Zeichen göttlicher Rache deutet. 2. Bild, Hauptplatz von Florenz, rechts Guidos Haus, in der Mitte die Statue Cosme de Médicis', links der Palast, im Hintergrund Straßen und weitere Gebäude, Schneegestöber: Forte-Braccio will die während der Pestepidemie herrschende Gesetzlosigkeit für Beutezüge nutzen. Mit Mühe hat sich Ginevra zum väterlichen Palast geschleppt, ihr Klopfen verhallt jedoch ungehört. Hier trifft sie auf Guido, der sie glücklich in seine Arme schließt und sie aufs Land in Sicherheit bringt.
V. Akt, 1. Bild, Zimmer in einem Bauernhof bei Florenz: Cosme trauert um Ginevra, die jedoch bald darauf in Begleitung Guidos erscheint. Sobald der Vater in Guido den Retter seiner Tochter erkannt hat, gibt er nach anfänglichem Zögern dem Paar seinen Segen. 2. Bild, Dorf mit Blick auf den Appenin: Als aus einem nahe gelegenen Kloster der Kamaldulenser eine Prozession vorbeizieht, fallen Cosme, Guido und Ginevra sowie das gesamte Gefolge auf die Knie und danken Gott.
**Kommentar:** Scribes Libretto entfaltet zwar ein farbiges Renaissancepanorama aus spektakulären Situationen vor bekannten historischen Szenerien, doch fungiert das Florenz der Medici hier lediglich als austauschbarer Rahmen einer privaten Liebes- und Eifersuchtshandlung, die zudem der dramaturgischen Stringenz entbehrt. Mit dem am Ende des III. Akts offenkundigen Mißlingen von Ricciardas Anschlag ist die Handlung eigentlich abgeschlossen. Die Wiederbegegnung Ginevras mit Guido und die Versöhnung des Paars mit Cosme bieten zuwenig dramatische Substanz, um zwei weitere Akte zu tragen. Diese konzeptionelle Schwäche wird durch Halévys detailorientierte Kompositionsweise noch verstärkt. Die zahlreichen Einzelschönheiten, unter ihnen als melodisches Juwel Guidos später erinnerungsmotivisch genutzte Romanze aus dem I. Akt (»Pendant la fête une inconnue«), fügen sich nicht zu einem Ganzen. Auf dekorative Funktionen beschränkt bleiben zumeist die Chortableaus (Trauung, II. Akt; Prozession, V. Akt); einzig die Szene der marodierenden Landsknechte im von der Pest heimgesuchten Florenz (IV/2) gibt dem Chor dramatisches Eigengewicht. Den musiktheatralischen Höhepunkt bildet Ginevras Erwachen in der Domgruft: Das reißerische Grand-Guignol-Ambiente inspirierte Halévy zu einer wahrhaft grandiosen Soloszene von ungewöhnlichem Formaufriß und kühner Expressivität. Wie im Rahmen zweier ineinander verschränkter Ariensätze die ganze Skala der Schreckensempfindungen in einer furiosen Steigerung von verhaltener Angst bis zu schriller Verzweiflung musikalisch durchmessen wird, ist in der Oper der Zeit ohne Vorbild.
**Wirkung:** Der Erfolg der Uraufführung (außer den genannten Interpreten noch Nicolas-Prosper Levasseur als Cosme, Eugène Massol als Forte-Braccio und Prosper Dérivis als Manfredi) wiegt um so schwerer, als er mit Sicherheit nicht auf die Ausstattung (Léon Feuchère und Charles Antoine Cambon) zurückzuführen ist, die zwar nicht mit Effekten geizte, sie aber oft nur unvollkommen realisierte. Bald zeichnete sich indes ab, daß die musikalischen Schönheiten des Werks seine dramatischen Schwächen nicht zu überdecken vermochten. Auch einschneidende Kürzun-

*Guido et Ginevra ou La Peste de Florence*, I., IV., V. Akt; Gilbert Duprez als Guido; Illustration; Uraufführung, Opéra, Paris 1838.

gen, die schließlich in eine auf vier Akte zusammengezogene Neufassung mündeten, konnten *Guido et Ginevra* dem Repertoire nicht auf Dauer erhalten; schon 1841 gab es an der Opéra die letzte Aufführung. Eine Neueinstudierung auf Italienisch brachte 1870 das Théâtre-Italien heraus (mit Gabrielle Krauss als Ginevra), schließlich stellte die Opéra-Populaire 1879 das Werk nochmals französisch vor. Außerhalb von Paris fand *Guido et Ginevra* vielfach eine günstigere Aufnahme. Amsterdam spielte die Oper noch im Jahr der Uraufführung, 1839 folgten Den Haag und Antwerpen, 1840 Dresden und 1845 Brüssel. In den folgenden Jahrzehnten wurde das Werk an den großen und mittleren Bühnen Europas wenn auch nicht oft, so doch mit einer gewissen Regelmäßigkeit gegeben, am meisten wohl im deutschsprachigen Raum. Hier fanden auch die bislang letzten Inszenierungen statt (Mannheim 1881, Hamburg 1882).

**Autograph:** BN Musique Paris (Ms. 6989). **Abschriften:** Bibl. de l'Opéra Paris (A. 591a. I-VI). **Ausgaben:** Part: Schlesinger, Paris 1838; Kl.A: ebd. [1838]; Brandus, Paris [um 1855], Nr. 6552; Lemoine, Paris, Nr. B. et C$^{ie}$ 9335; Kl.A, frz./dt.: B&H [1838], Nr. 5911; Textb.: Paris, Schlesinger 1838; Paris, Tresse [1879]; Textb., dt.: München [1840]
**Literatur:** L. QUICHERAT, Adolphe Nourrit. Sa vie, son talent, son caractère, sa correspondance, Paris 1867, Bd. 2, S. 80–89; weitere Lit. s. S. 638

*Sieghart Döhring*

## La Reine de Chypre
### Opéra en cinq actes

**Die Königin von Zypern**
5 Akte (6 Bilder)

**Text:** Jules Henri Vernoy Marquis de Saint-Georges
**Uraufführung:** 22. Dez. 1841, Opéra, Salle de la rue Le Peletier, Paris
**Personen:** Andrea Cornaro, ein venezianischer Patrizier (B); Gérard de Coucy, ein französischer Ritter (T); Jacques de/Jakob von Lusignan, König von Zypern (Bar); Mocénigo/Mocenigo, Senator und Mitglied des Rats der Zehn (T); Strozzi, Bandenchef im Dienst der Republik (T); Catarina/Caterina Cornaro, Andreas Nichte (S); ein Waffenherold (B); ein Venezianer (T); ein Offizier (B); 4 Gondolieri (S, T, 2 B).
**Chor, Statisterie:** vornehme Venezianer und Venezianerinnen, Bauern und Bäuerinnen aus der Umgebung Venedigs, Gérards Freunde, Gondolieri, Kurtisanen, Hofstaat des Königs von Zypern, Volk von Zypern, Wachen, Soldaten, Kinder, Matrosen, Priester. **Ballett**
**Orchester:** Picc, 2 Fl, Musette, 2 Ob, E.H, 2 Klar, 3 Fg, 4 Hr, 2 Hr à pistons, 4 Trp, 3 Pos, Ophikleide, 3 Pkn, Schl (gr.Tr, Bck, Trg, Tambour, Tambour de basque, Glocken), 2 Hrf, Streicher; BühnenM: Picc, Fl, 2 Ob, kl. Klar, 4 Klar, 2 Fg, 4 Hr, 8 Trp, Trp à pistons, 3 Pos, Pos à pistons ad lib., Ophikleide, Schl (gr.Tr, Bck, Trg, RührTr, Glocken, Kanone), Hrf
**Aufführung:** Dauer ca. 3 Std. 45 Min. – Ballett im I., III. und IV. Akt.

**Entstehung:** Saint-Georges hatte sein Libretto auch dem Münchner Hofkapellmeister Franz Lachner zur Vertonung überlassen, dessen *Catharina Cornaro* in einer deutschen Textbearbeitung von Alois Joseph Büssel einige Wochen vor Halévys Oper in München erfolgreich in Szene ging. Saint-Georges' Libretto initiierte eine »Königin von Zypern«-Mode im europäischen Musiktheater: Binnen weniger Jahre erschienen außer zwei italienischen Balletten noch drei weitere Opern über diesen Stoff, Donizettis *Caterina Cornaro* (1844), Balfes *The Daughter of St Mark* (1844) und Pacinis *La regina di Cipro* (Turin 1846). Die Proben zu Halévys Oper an der Opéra begannen bereits im Juni 1841, die Premiere fand erst nach mehrmaliger Verschiebung statt.
**Handlung:** In und bei Venedig und auf Zypern, 1471–73.
I. Akt, Festsaal in der Villa der Cornaro bei Venedig am Ufer der Brenta: Catarina Cornaro und Gérard de Coucy sehen mit Ungeduld dem Tag ihrer unmittelbar bevorstehenden Hochzeit entgegen. Auch Andrea Cornaro, Catarinas Onkel und Vormund, hat dieser Verbindung zugestimmt, so daß der Liebesheirat nichts mehr im Weg steht. Da erscheint Mocénigo als Abgesandter des Rats der Zehn bei Andrea und fordert ultimativ, sein Versprechen gegenüber Gérard zu brechen und aus Gründen der Staatsräson Catarina dem König von Zypern, Jacques de Lusignan, zur Frau zu geben, um den Einfluß Venedigs auf die Politik des Inselstaats zu sichern. Catarina und Gérard begeben sich gerade zur Trauung in die Kirche, als Andrea durch sein Veto die Hochzeit verhindert.
II. Akt, Gebetszimmer Catarinas im Palast der Cornaro mit Blick auf den Canal Grande, rechts der Eingang zu einem Geheimzimmer: Aus der Ferne dringt Barkarolengesang der Gondolieri in Catarinas Refugium, der ihre Trauer nur noch erhöht. Verzweifelt bittet sie Gott um Beistand. Ihr fällt ein Brief Gérards in die Hände: Um Mitternacht will er mit einer Barke unter ihr Fenster kommen und mit ihr nach Frankreich fliehen. Während sie neuen Mut schöpft, wird sie von Mocénigo überrascht, der längst von Gérards Fluchtplan unterrichtet ist und sie vor die Wahl stellt, ihm entweder zu entsagen und vorzugeben, sie wolle einen andern heiraten, oder aber ihn seinen Häschern auszuliefern, die sich im Geheimzimmer verborgen halten. Um den Geliebten zu retten, erklärt sie Gérard, ihn nicht mehr zu lieben, weigert sich, mit ihm zu fliehen, und nimmt für immer Abschied. Verzweifelt schwört Gérard Rache.
III. Akt, Garten eines Kasinos in Nikosia: Venezianer und Zyprioten feiern, als Mocénigo die baldige Ankunft Catarinas verkündet. Strozzi läßt ihn wissen, daß Gérard auf der Insel weilt. Da Mocénigo um die Hochzeit fürchtet, wenn Lusignan von Catarinas und Gérards Liebe erfahren sollte, befiehlt er, den Widersacher zu töten. Inzwischen haben Mocénigos Häscher Gérard gestellt. Lusignan eilt ihm zu Hilfe und rettet ihm das Leben. Ohne daß sie sich zu erkennen geben, schließen sie Freundschaft und preisen Frankreich als beider Vaterland.

IV. Akt, großer Platz am Hafen von Nikosia mit Königspalast und Dom: Das zypriotische Volk huldigt der soeben eingetroffenen zukünftigen Königin. Unter ihnen ist auch Gérard, der den Racheplan wahr macht und sich nach der Trauung seinem Nebenbuhler mit dem Dolch entgegenwirft. Zu seinem Entsetzen erkennt er in Lusignan seinen Retter. Der König schützt den Verzweifelten vor der aufgebrachten Menge, die seinen Tod fordert, und läßt ihn einkerkern.

V. Akt, 1. Bild, Zimmer des Königs, zwei Jahre später: Der auf unerklärliche Weise in Siechtum verfallene König gesteht seiner Gattin, daß ihm Gérard, als er ihn aus dem Gefängnis hat entkommen lassen, seine Liebe zu ihr, Catarina, gestanden habe, deren Erfüllung allein die aus Staatsräson erzwungene Ehe mit ihm, Lusignan, verhinderte. Seine Krankheit führt er auf die Schuldgefühle zurück, die sich seiner von da an bemächtigt haben. In diesem Augenblick kehrt Gérard, der sich nach Rhodos begeben und dort ein Ordensgelübde abgelegt hat, als Malteserritter nach Nikosia zurück, um Catarina zu enthüllen, daß die Venezianer Lusignan ein heimtückisches Gift verabreicht haben, das seinen langsamen Tod herbeiführe. Als Mocénigo des Verbrechens wegen zur Rede gestellt wird, ruft er die Venezianer zum Kampf. 2. Bild, Hafen von Nikosia mit Arsenal: Der Aufstand der Venezianer kann mit Hilfe Gérards und des noch einmal zu Kräften gekommenen Lusignan niedergeschlagen werden. Mocénigo wird verhaftet. Gérard kehrt nach Rhodos zurück. Der sterbende König präsentiert seine Gattin und seinen kleinen Sohn dem jubelnden Volk als neue Königin und Thronfolger.

**Kommentar:** Das auf eine authentische Episode aus der venezianischen Geschichte zurückgehende Libretto stellt eine romantisch-melancholische Liebeshandlung der gedämpften Affekte in ein kontrastreiches historisches Ambiente, das ein weites Couleur-locale-Spektrum für Musik und Szene erschließt. Weniger überzeugt, wie schon in *Guido et Ginevra* (1838), die allzu kopflastige dramaturgische Anlage: Der im I. Akt knapp und prägnant exponierte Konflikt zwischen Liebe und Staatsräson wird bereits im II. Akt zugunsten der letzteren entschieden. Das Fehlen einer Peripetie führt in den drei noch folgenden Akten zu einem Spannungsabfall, den auch pittoreske Genreszenen und repräsentativer Pomp nicht auszugleichen vermögen. Zumal im IV. Akt (Einfahrt der festlich geschmückten venezianischen Staatsgaleere in den Hafen von Nikosia; »Cortège« der Trauungszeremonie) erstickt die Handlung unter der Pracht der Szene, die von der Musik nur dekorativ verstärkt, aber nicht dramatisch belebt wird. – Halévys Vertonung zeigt ihre Vorzüge überall dort, wo es die innere Dynamik seelischer Konflikte subtil und spannungsvoll zu gestalten gilt. Herausragende Beispiele sind aus dem II. Akt die große Arie der zwischen Resignation und Hoffnung schwankenden Catarina (»Le gondolier dans sa pauvre nacelle«) und ihr von Théophile Gautier als »fort dramatique« bewundertes Duett mit Gérard (»Arbitre de ma vie«) sowie aus dem V. Akt die

*La Reine de Chypre*, IV. Akt; Bühnenbild: Philippe Chaperon und Auguste-Alfred Rubé; Illustration: Henri Meyer; Opéra, Paris 1877. – In einer Zeit, als die Grand opéra vom Drame-lyrique verdrängt, die »Ästhetik der Massen« durch eine auf intimere Wirkungen zielende ersetzt wurde, knüpfen die Ausstatter an den tradierten Inszenierungsstil an.

Szenen um den sterbenden Lusignan, für deren untergründige Leidenschaftlichkeit Halévy eine differenzierte musikalische Ausdruckspalette der »gedeckten« Farben aufbietet. Die Melodik der *Reine de Chypre* erhält ihr Gepräge durch ein an Gaetano Donizettis späten Opern orientiertes italianisierendes Brio, das nicht auf einzelne Nummern beschränkt bleibt, sondern dem vokalen Idiom insgesamt ungewohnte Geschmeidigkeit und Eleganz verleiht. Dies gilt freilich nicht für die populärste Nummer der Oper, das Freundschaftsduett Gérard/Lusignan »Salut à cette noble France« (III. Akt), das musikalisch einen konventionellen Marschtypus ausbeutet und textlich allzu unverhohlen an einen Patriotismus appelliert, den sensiblere Zeitgenossen (Hector Berlioz, Gautier) schon als tendenziell chauvinistisch empfanden.

**Wirkung:** Mit *La Reine de Chypre* gelang es Halévy, an den Erfolg von *La Juive* (1835) anzuknüpfen. Die schon in Donizettis *La Favorite* (1840) erprobte Trias Rosine Stoltz (Catarina), Gilbert Duprez (Gérard) und Paul Barrhoilhet (Lusignan), mit der sich die Hauptrollendistribution (Mezzo-)Sopran/Tenor/Bariton auch in der Grand opéra verfestigte, dominierte ein Ensemble aus den Spitzenkräften des Hauses. Von verschwenderischer Pracht waren die Bühnenbilder (Charles-Antoine Cambon und Humanité René Philastre) und Kostüme; die Mise en scène des IV. Akts gehörte zu den Ausstattungstriumphen der Opéra im 19. Jahrhundert. Bis 1858 stand *La Reine* nahezu jährlich auf dem Spielplan der Opéra und erreichte insgesamt 118 Aufführungen. Zu den späteren Interpreten gehörten unter anderm Fortunata Tedesco, Adelaide Borghi-Mamo (Catarina), Félix Mécène Marié de l'Isle und Gustave-Hippolyte Roger (Gérard). In der Salle Garnier kam es 1877 nochmals zu einer Inszenierung (Catarina: Rosine Bloch, Gérard: Pierre François Villaret, Lusignan: Jean-Louis Lassalle), die es bis 1878 auf 33 Wiederholungen brachte. Auch außerhalb von Paris war *La Reine de Chypre* jahrzehntelang Erfolg beschieden. Aufführungen gab es in Antwerpen 1843, Brüssel 1844, London, New Orleans und New York 1845 sowie italienisch 1842 in Florenz und, in der Übersetzung von Angelo Zanardini, 1882 in Parma. In der deutschen Übertragung Johann Christoph Grünbaums wurde das Werk 1842 in Leipzig und 1858 in Wien gegeben.

**Autograph:** BN Musique Paris (Ms. 7332). **Ausgaben:** Part: Schlesinger, Paris [1842]; Kl.A: ebd. [1842], 1844; Kl.A, frz./dt. Übers. v. J. C. Grünbaum: Schlesinger, Bln. [1842], Nr. S. 2673; Kl.A, hrsg. R. Wagner: Brandus, Paris [1854]; Lemoine, Paris; Textb.: Paris, Schlesinger 1841; Paris, Tresse 1846; Paris, Calman-Lévy 1877; Textb., frz./engl. Übers. v. B. H. Révoil: NY 1845
**Literatur:** H. BERLIOZ, Théâtre de l'Opéra. Première représentation de ›La Reine de Chypre‹, in: Journal des débats, 26.12.1841; R. WAGNER, Bericht über eine neue Pariser Oper (›La Reine de Chypre‹) [1841], in: DERS., Gesammelte Schriften und Dichtungen, Bd. 1, Lpz. ²1887, S. 241–257; T. GAUTIER, Histoire de l'art dramatique en France depuis vint-cinq ans (1ʳᵉ série), Bd. 2, Paris 1859, S. 190–199; weitere Lit. s. S. 638

*Sieghart Döhring*

# Charles VI
**Opéra en cinq actes**

## Karl VI.
5 Akte (7 Bilder)

**Text:** Jean François Casimir Delavigne und Germain Delavigne
**Uraufführung:** 1. Fassung: 15. März 1843, Opéra, Salle de la rue Le Peletier, Paris; 2. Fassung: 4. Okt. 1847, Opéra, Salle de la rue Le Peletier, Paris
**Personen:** Charles VI/Karl VI., König von Frankreich (Bar); der Dauphin (T); der Herzog von Bedford (T); Raymond (B); L'Homme de la forêt du Mans (T), Clisson (T), Louis/Ludwig, Herzog von Orléans (B), und Jean-sans-peur/Johann ohne Furcht (B), Erscheinungen; Tanneguy-Duchatel (B); Dunois (T); Lahire (B); Saintrailles (T); Gontran (T); Ludger (T); Marcel (B); Lionel, ein englischer Offizier (T); ein Student (B); ein Soldat (T); ein Wachtposten (B); Isabelle de Bavière/Isabeau von Bayern (S); Odette, Tochter Raymonds (Mez); der junge Lancastre (stumme R). **Chor, Statisterie:** Landleute, Bürger von Paris, französische und englische Ritter, Soldaten, Studenten, Pagen, Hofdamen, Erscheinungen, Volk. **Ballett Orchester:** Picc, 2 Fl, 2 Ob, 2 Klar, 2 Fg, 4 Hr, 2 Hr à pistons, 4 Trp, 2 Trp à pistons, 3 Pos, Ophikleide, Pkn, Schl (gr.Tr, Bck, Trg, Tamtam, Tambour), Hrf, Streicher; BühnenM: 4 Hr, 2 Hr à pistons, 4 Trp, 2 Trp à pistons, Tambour, Hrf
**Aufführung:** Dauer ca. 3 Std. 45 Min. – Ballett im II. Akt.

**Handlung:** In und bei Paris, 1422, zur Zeit des Hundertjährigen Kriegs.

I. Akt, Zimmer in einem Bauernhaus: Während der langandauernden kriegerischen Auseinandersetzungen mit England ist Frankreich in eine nahezu hoffnungslose Lage geraten: Paris ist besetzt, und der zwar gutwillige, aber geisteskranke König Charles VI steht unter Einfluß seiner skrupellosen Gattin Isabelle, die aus Hörigkeit gegenüber dem Herzog von Bedford die Interessen der Engländer vertritt. Ihnen droht einzig noch Gefahr von seiten des flüchtigen Dauphins, ihres Sohns, der mit Hilfe ihm ergebener Ritter und getragen von der Sympathie des Volks den Widerstand organisiert. Er bittet Odette, die Tochter des Patrioten Raymond, die er einst inkognito umwarb und die von Isabelle zur Gesellschafterin des Königs bestimmt wurde, ein Zusammentreffen zwischen ihm und seinem Vater zu ermöglichen. Odette, die die Liebe des Dauphins erwidert, versagt sich jetzt alle Gefühle, um allein ihrem Volk zu dienen. Als Hörnerklang die Engländer ankündigt, ergreift der Dauphin die Flucht. Bedford und seine Anhänger stürzen herein, werden von Odette jedoch in die Irre geführt und nehmen die Verfolgung in die falsche Richtung auf.

II. Akt, Salon im Hôtel Saint-Paul: Der Hof gibt ein Fest. Als die Gäste sich zum Bankett zurückziehen, erscheint der umnachtete König, bald darauf auch Odette, die ihn beim Kartenspiel unterhält. Sie hat inzwischen alle Vorbereitungen für eine Zusammenkunft zwischen König und Dauphin getroffen. Isabelle und Bedford kehren in den Festsaal zurück, um dem König das Abdankungsdekret abzulisten und die Enterbung seines Sohns sowie die Ernennung Lancastres zum rechtmäßigen Thronfolger zu erwirken. Ohne zu begreifen, welchen Machenschaften er sich ausliefert, gibt der König seine Unterschrift, die zugleich den Frieden zwischen England und Frankreich besiegelt.

III. Akt, 1. Bild, Zelt vor Raymonds Haus: Der Dauphin und seine Anhänger trinken auf eine glücklichere Zukunft Frankreichs. Odette führt den König herein, der im Zwiegespräch mit dem Dauphin langsam aus seiner Umnachtung erwacht und endlich in ihm seinen Sohn erkennt. Als er erfährt, daß er selbst die Krönung seines Feinds in die Wege geleitet hat, setzt er sofort den Dauphin in die alten Rechte ein, um mit ihm und seinen Gefolgsleuten den Staatsstreich zu verhindern. 2. Bild, Straße vor dem Hôtel Saint-Paul: Die geplante Krönung Lancastres endet mit einem Eklat: Statt ihn öffentlich als Thronfolger zu bestätigen, verweigert ihm der König das Diadem. Während Isabelle, Bedford und die Engländer von den Besiegten Unterwerfung fordern, schwören der König, Odette und ihre Anhänger den Unterdrückern Rache.

IV. Akt, Schlafzimmer des Königs: Vor den Augen Isabelles und Bedfords zerreißt der König das von ihm unterzeichnete Dekret. Um ihr Ziel dennoch zu erreichen, greift Isabelle zu psychischen Gewaltmitteln: Sie inszeniert ein Schauerspektakel angeblicher Geistererscheinungen (L'Homme de la forêt du Mans, Clisson, Louis d'Orléans, Jean-sans-peur), die dem König den Tod von der Hand seines Sohns verkünden. Außer sich vor Erregung verrät er ein vereinbartes Zeichen, das dem Dauphin den Weg in den Palast weisen sollte, und überantwortet ihn damit seinen Gegnern, die ihn sogleich gefangennehmen.

V. Akt, 1. Bild, ländliche Gegend am Ufer der Seine; Feuer zur Beleuchtung; Nacht: Die Gefolgsleute des Dauphins warten auf das Zeichen zur Erhebung, als Raymond ihnen dessen Gefangennahme berichtet. Morgen werde ihn der König in der Kirche Saint-Denis öffentlich absetzen und Bedford Oriflamme und Königswürde verleihen. In höchster Not faßt Odette einen Plan, der Rettung zu bringen verspricht: In den Grabgewölben von Saint-Denis, deren Bewacher Raymond ist, sollen sich die Aufständischen verbergen, um bei der Zeremonie am folgenden Tag die Befreiung zu erzwingen. 2. Bild, die Kirche Saint-Denis, an den Säulen Trophäen und Fahnen; in der Mitte ein erhöhter Portikus mit Stufen, an dessen Fuß auf beiden Seiten Eingänge zu den Grabgewölben, im Vordergrund mehrere Gräber: Als der Dauphin sich weigert, freiwillig seine Rechte abzutreten, überreicht der König das Diadem Bedford. In diesem Moment kommen die Aufständischen aus ihren Verstecken und schlagen die Engländer in die Flucht. Odette selbst überreicht die Oriflamme dem König, der sterbend seinen Sohn vor dem jubelnden Volk zum Nachfolger ernennt.

**Kommentar:** Das ungewöhnliche Libretto exponiert die politische Intrigenhandlung ohne Verknüpfung mit privaten Konflikten. Die Liebesbeziehung Odette/Dauphin und das Verhältnis Isabelle/Bedford werden nur insoweit angedeutet, als sie für das Verständnis des Plots unbedingt erforderlich sind. Gleichwohl ist die »Historie« nicht kategorialer Bestandteil der Dramaturgie, sondern bloßes Medium einer romantisch verklärten Vision des mittelalterlichen Frankreich. Damit erhält die ihrem Wesen nach kosmopolitische Grand opéra eine unverkennbar nationale Färbung: Zahlreiche Textstellen, etwa der »Chant national« des II. Akts, dessen Refrain (»Guerre aux tyrans! Jamais en France, jamais l'anglais ne règneras«) im III. Akt und am Schluß der Oper wiederaufgenommen wird, vor allem aber das Schlußtableau selbst, das mit der Krönungskirche Saint-Denis einen Kultort der französischen Geschichte in archivalischer Realistik auf die Bühne stellt, rücken *Charles VI* in die Nähe eines nationalen Tendenzstücks. – Halévys Vertonung folgt dieser Linie nur zum Teil. Ihre stärksten Wirkungen erzielt sie in den Szenen um den kranken König im II. und IV. Akt, die den Komponisten als Meister einer differenzierten musikalischen Charakterdarstellung erweisen. Das Auftrittsrezitativ des Königs voller schneidender Affektkontraste, seine vom Fernchor der Hofgesellschaft unterbrochene melancholische Romanze, das dramatisch pointierte Kartenduett mit Odette, das die Doppelbödigkeit der Situation in genauen mimisch-gestischen Kontrapunkten einfängt, die betörenden Stimmungszauber verströmende Ballade, mit der Odette ihren »vieil enfant« in den Schlaf singt: es sind allesamt Psychogramme von höchster Nuanciertheit des musikalischen Ausdrucks. Der fingierte Spuk der »Erscheinungen« im IV. Akt ist aus der subjektiven Optik des geistig Verwirrten als tatsächliches Schreckensbild gestaltet, in der theatralischen Gesamtwirkung, wie Théophile Gautier zu Recht bemerkte, den »pages sataniques« von Meyerbeers *Robert le diable* (1831) verpflichtet, im kompositorischen Detail bereits auf die Wahnsinnsszene von Mussorgskis *Boris Godunow* (1874) vorausweisend.

*Charles VI*, V. Akt, 2. Bild; Illustration nach dem Bühnenbild der Uraufführung von Edouard Désiré Joseph Désplechin, Opéra, Paris 1843.

Weniger gelungen erscheint die Disposition der allzu plakativen Massenszenen. Das einzige differenzierter gestaltete Tableau geht auf das direkte Vorbild Giacomo Meyerbeers zurück: Wie sich im Rahmen des vom Solo-Chor-Couplet zur Ensemble-Doppelchor-Szene erweiterten »Chant national« (I. Akt) der Gegensatz Franzosen–Engländer immer stärker zuspitzt und der drohende Zusammenprall durch das plötzliche Erscheinen der Jagdgesellschaft abgewendet wird, erweist sich als dramaturgische Replik jener Szene aus dem III. Akt der *Huguenots* (1836), in der der Auftritt einer Zigeunertruppe den bevorstehenden Kampf zwischen Katholiken und Protestanten verhindert. Daß *Charles VI* die ihm von manchen Kommentatoren zugedachte Rolle einer französischen »Nationaloper« niemals gespielt hat, kennzeichnet seine Stärke und Schwäche zugleich: die Distinktion einer musikalischen Sprache, die populäre Direktheit ebenso meidet, wie sie dramatische Schlagkraft verfehlt.

**Wirkung:** Eine Starbesetzung (Odette: Rosine Stoltz, Isabelle: Julie Dorus-Gras, Dauphin: Gilbert Duprez, Charles: Paul Barroilhet, Raymond: Nicolas-Prosper Levasseur) und eine prunkvolle Ausstattung sicherten *Charles VI* einen eindeutigen Premierenerfolg. Als überwältigend empfand man den Dioramaeffekt des Schlußbilds im Innern von Saint-Denis: Die Illusion des Kirchenraums, berichtet Gautier, sei so vollkommen gewesen, daß man die Weihrauchdüfte wahrzunehmen meinte. Die durch das Sujet bei einem Teil des Publikums erweckten englandfeindlichen Emotionen paßten freilich nicht in das aktuelle Konzept der französischen Politik, das auf einen Ausgleich mit dem Nachbarland abzielte. So wurde *Charles VI* bald wieder aus dem Spielplan genommen. Daß es vor allem dieser administrative Eingriff gewesen sei, der einen sich bereits abzeichnenden bleibenden Erfolg der Oper verhindert habe (so Léon Halévy), erscheint allerdings fraglich, denn auch die Wiederaufnahme von 1847, für die Halévy sein Werk einer behutsamen Umgestaltung unterzog, vermochte *Charles VI* nicht auf Dauer dem Repertoire zu erhalten. Die letzten Aufführungen an der Opéra fanden 1850 (mit Marietta Alboni als Odette) statt. 1870 präsentierte das Théatre-Lyrique die Oper stark gekürzt nochmals für 22 Aufführungen. Relativ erfolgreich war *Charles VI* jahrzehntelang in der französischen Provinz, weniger im Ausland, wo es nur zu vereinzelten Inszenierungen kam (so Brüssel 1845, New Orleans 1847, Hamburg 1851, Buenos Aires 1854, Barcelona 1871, Mailand 1876 und Mexiko 1882). Die bislang letzte Einstudierung gab es in Marseille 1901.

**Autograph:** BN Musique Paris (Ms. 7333). **Abschriften:** Bibl. de l'Opéra Paris (A. 538 a. I-IV). **Ausgaben:** Part: Schlesinger, Paris [1843]; B&H; Kl.A: Schlesinger, Paris [1844]; Brandus, Paris 1853, Nr. B. et C.ie 9222; Lemoine, Paris, Nr. B. et C.ie 9222; Textb.: Paris, Schlesinger 1843; Paris, Brandus 1848; Paris, Lévy frères 1850
**Literatur:** T. GAUTIER, Histoire de l'art dramatique en France depuis vingt-cinq ans (1re série), Bd. 3, Paris 1859, S. 23–32; weitere Lit. s. S. 638

*Sieghart Döhring*

## Le Val d'Andorre
**Opéra-comique en trois actes**

### Das Tal von Andorra
3 Akte (4 Bilder)

**Text:** Jules Henri Vernoy Marquis de Saint-Georges
**Uraufführung:** 11. Nov. 1848, Opéra-Comique, Salle Favart, Paris
**Personen:** Stéphan, ein junger Jäger aus den Pyrenäen (T); Saturnin, Fischereiaufseher am Gave in den Pyrenäen (T); Lejoyeux, Hauptmann der französischen Miliz und Rekruteur (T); Jacques Sincère, ein alter Ziegenhirt (B); L'Endormi, Unteroffizier der Miliz (B); Thérésa, Bäuerin aus dem Val d'Andorre (Mez); Rose de Mai, Thérésas Dienerin (S); Georgette, eine reiche Erbin, Stéphans Cousine (S); der Richter des Val d'Andorre (B). **Chor, Statisterie:** Einwohner des Val d'Andorre, Soldaten, Rekruten, Schöffen, Schnitter, Schnitterinnen
**Orchester:** Picc, Fl, 2 Ob, 2 Klar, 4 Hr, 2 Trp, 2 Pistons, 2 Fg, 3 Pos, 2 Pkn, Schl (gr.Tr, Bck, Tambour, Trg, Kastagnetten, Glocke, 4 Glöckchen, Tambour de basque), Hrf, Streicher; BühnenM auf d. Szene: Ob, Hr, Tambour, Glocke; hinter d. Szene: 2 Glocken, Org
**Aufführung:** Dauer ca. 2 Std. – Gesprochene Dialoge.

**Entstehung:** Mitte der 40er Jahre begann sich der Schwerpunkt von Halévys Bühnenschaffen von der Grand opéra auf die Opéra-comique zu verlagern. Nach dem Achtungserfolg von *Le Guitarrero* (Paris 1841) gelang es ihm mit *Les Mousquetaires de la reine* (Paris 1846), an den Triumph von *L'Eclair* (1835) anzuknüpfen. Die höfische Intrigenkomödie aus der Epoche König Ludwigs XIII. mit ihren musikalisch glänzend gezeichneten historischen Charakterporträts hielt sich jahrzehntelang im Repertoire nicht nur der Opéra-Comique, sondern zahlreicher Bühnen in aller Welt. Fast noch sensationeller gestaltete sich zwei Jahre später die Aufnahme von *Le Val d'Andorre*.
**Handlung:** Im Val d'Andorre, Pyrenäen, Mitte des 18. Jahrhunderts, zur Regierungszeit König Ludwigs XV.
I. Akt, lieblicher Platz, im Vordergrund Thérésas Bauernhof, rechts Eingang zum Wohnhaus, links Nebengebäude: Die Rekrutierung 15 junger Männer als alljährlicher Tribut, den die Einwohner dem französischen König für ihre Unabhängigkeit zollen müssen, steht unmittelbar bevor. Vor ihr fürchtet sich vor allem der ängstliche Saturnin, der im Ehestand als einziger Bedingung, vor der Rekrutierung bewahrt zu werden, seine Rettung sieht und der jungen und wohlhabenden Witwe Thérésa einen Heiratsantrag macht. Wie ihm der alte Hirte Jacques hinterbracht hat, hat Thérésa ebenso wie Georgette, die gerade als Königin der Schnitterinnen gefeiert wird, eine heimliche Liebe. Jacques liest in beider Hände, daß sie denselben Mann

lieben: den Jäger Stéphan. Stéphan liebt jedoch Rose de Mai, Thérésas Ziehtochter, die einst die Vorpächter des Anwesens unter einem Rosenstrauch gefunden und aufgezogen haben und die vor zehn Jahren Thérésa in ihre Obhut nahm, als sie als Pächterin nachfolgte. Rose erwidert Stéphans Liebe, hält jedoch ihre Chancen, seine Frau zu werden, für wenig günstig, da sie ohne Mitgift ist. Jacques, der Rose wie ein Vater liebt, kann ihr Mut machen, da er weiß, daß in Spanien eine Mitgift für sie bereitliegt. Einzige Störfaktoren scheinen ihm Georgette und Thérésa: Während Georgette wegen Familienzwistigkeiten als Braut ihres Cousins nicht in Frage kommt, werden Thérésas Ambitionen dadurch im Keim erstickt, daß Jacques droht, ihr Geheimnis auszuplaudern. Jacques und Thérésa begeben sich nach Spanien: Jacques, um Roses Mitgift zu holen, Thérésa in geheimer Mission. Zuvor händigt Thérésa Rose die Schlüssel für das Haus und ihre Geldkassette aus. Inzwischen sind der Rekruteur und seine Soldaten eingetroffen. Durch Los werden 15 junge Männer zu Soldaten bestimmt. Während Saturnin ein Freilos zieht, zeigt sich für Stéphan das Schicksal ungünstig: Morgen muß er mit den andern Unglücklichen nach Frankreich ziehen. Verzweifelt fragt Rose Lejoyeux nach einem Ausweg: Der Freikauf ist die einzige Möglichkeit. Als Stéphan am nächsten Morgen nicht erscheint und ihm infolgedessen droht, als Deserteur bestraft zu werden, nimmt Rose das Geld aus Thérésas Kassette, das sie zurücklegen will, wenn Jacques ihr die Mitgift bringt.

II. Akt, lieblicher Platz am Ufer des Gave, im Hintergrund Brücke, Bäume und Wasserfall, rechts der Haupteingang zu Thérésas Bauernhof: Saturnin veranstaltet aus Freude über sein Freilos ein Fest. Er hat sich inzwischen in Georgette verliebt. Diese hat es jedoch nach wie vor auf Stéphan abgesehen. Neue Hoffnung schöpft sie, als Stéphan sich ihr gegenüber unversehens dankbar erweist. Als Lejoyeux zu verraten drohte, wer Stéphan freigekauft hat, gab Rose ihm Georgette als seine Retterin aus, bat ihn jedoch, nichts zu offenbaren. Auf Rose bricht nun ein Unglück nach dem andern herein: Jacques kehrt mit der Nachricht zurück, daß ihre Mitgift unterschlagen wurde, Stéphan will aus Dankbarkeit Georgette heiraten, nachdem ihn Rose aus Scham vor ihrer Tat als Bräutigam zurückgewiesen hat, Thérésa entdeckt den Diebstahl, und Lejoyeux erzählt der Pächterin, daß ihm Rose eine hohe Summe als Ablöse für Stéphan bezahlt habe. Rose, der allein Jacques die Treue hält, vermag sich nicht zu verteidigen und ist vor Schreck stumm.

III. Akt, 1. Bild, Ruinen mit angrenzender Kapelle inmitten wilden Gestrüpps: Die Hochzeit zwischen Georgette und Stéphan steht unmittelbar bevor, als L'Endormi eine Anklageschrift überbringt: Aufgrund Thérésas Anschuldigungen wird Rose vor das Tribunal zitiert. Inzwischen erhält Georgette Gewißheit, daß Stéphan sie nicht wirklich liebt, und kehrt reumütig zu Saturnin zurück. Nun hat sich auch Stéphan auf seine Liebe zu Rose besonnen. Da trifft er auf Jacques, der ihm Roses Schicksal erzählt: Als er noch Soldat war, habe er von seinem Kommandanten, Graf d'Or-vigny, den Auftrag erhalten, an einem nahe gelegenen Ort dessen Tochter in Empfang zu nehmen. Für deren Mutter, der gegenüber er sich unehrenhaft verhalten habe und die, nachdem sie das Kind heimlich gebar, zu ihrer Familie zurückgekehrt sei, übergab er ihm einen Brief mit dem Heiratsversprechen, den er der Frau, von der er das Kind erhielt, überreichen sollte. Er, Jacques, habe getan, wie ihm geheißen, bei seiner Rückkehr jedoch den Grafen nicht mehr lebend vorgefunden. Da er noch nicht einmal den Namen der Mutter wußte, trug er nun die Verantwortung für das Kind allein. In seiner Ratlosigkeit habe er es unter den Rosenstrauch gelegt, das weitere sei allen bekannt. Um Rose nicht zu verwirren, habe er bis zum heutigen Tag geschwiegen. Während ihrer Unterhaltung erscholl aus den Ruinen ein lauter Schrei, den sie nicht zu deuten wissen. Jacques und Stéphan gegenüber bricht Rose endlich ihr Schweigen und gesteht, das Geld zur Rettung Stéphans entwendet zu haben. Da Stéphan sich mitschuldig fühlt, will er für Rose einstehen, während Jacques mit ihr flüchten soll. Dies wird durch Lejoyeux' Eingreifen verhindert. 2. Bild, das von Bergen umgebene Val d'Andorre, großartiges Panorama im Hintergrund, auf einem erhöhten Hügel eine von großen Bäumen beschattete Steinbank: Beim Tribunal löst Thérésa große Verwirrung aus, als sie vor dem Richter die gegen Rose erhobenen Anschuldigungen zurücknimmt. Nun klärt sich alles auf: Es war Thérésa, die aus den Ruinen schrie, da sie aus dem belauschten Gespräch zwischen Jacques und Stéphan nichts anderes folgern konnte, als daß Rose ihre leibliche Tochter ist. Nachdem Georgette und Saturnin heiraten wollen, sind nun auch Rose und Stéphan voller Zuversicht, ein glückliches Paar zu werden.

*Le Val d'Andorre*, III. Akt, 2. Bild; Bühnenbild: Charles-Antoine Cambon, Pierre Luc Charles Cicéri, Auguste-Alfred Rubé, Hugues Martin und andere; Illustration: Henry Valentin; Uraufführung, Opéra-Comique, Paris 1848. – Erst am Schluß der Oper wird jener Ort sichtbar, der schon zuvor das verborgene Zentrum allen Geschehens bildete: das Tal von Andorra. Die Landschaft der Pyrenäen präsentiert sich nicht als Natur, sondern als Aura der Empfindungen ihrer Bewohner.

**Kommentar:** Nur auf den ersten Blick legt die extrem komplizierte, in ihren zahlreichen Motiven minuziös auskonstruierte Handlung von *Le Val d'Andorre* den Vergleich mit einem »pièce bien faite« Eugène Scribescher Provenienz nahe. Tatsächlich stehen den dramaturgischen Gemeinsamkeiten gravierende wirkungsästhetische Unterschiede gegenüber: Dominiert dort die Intrige als solche, so hier ihre spezifische Sujetqualität; an die Stelle der dramatisch pointierten Situation tritt das Gefühlspotential des Augenblicks. Damit übernimmt die Opéra-comique zwar die Couleur-locale-Ästhetik der Grand opéra, wendet diese aber ins Bürgerlich-Private und weist damit voraus auf das Drame-lyrique. Zum erstenmal in einer Opéra-comique entstand aus der Darstellung der Charaktere und ihrer Lebenswelt das Bild einer ganzen Landschaft von pittoresker Schönheit. Ähnliches gelang später Gounod in *Mireille* (1864) mit der Schilderung der Provence. – Prägend für den musikalischen Stil des Werks sind demgemäß nicht die Nummern, in denen Halévy das ältere Comique-Idiom weiterführt, etwa in der Virtuosenrolle Georgettes oder in den stets sorgfältig, gelegentlich allzu routiniert gearbeiteten Ensembles, sondern jene wenigen, zumeist solistischen Partien, in denen das Idyllenambiente der Pyrenäen und ihrer Bewohner im Ton einer »neuen Einfachheit« Gestalt gewinnt. Es tut der Wirkung kaum Abbruch, daß Halévy sich dabei keines authentischen Materials, sondern der herkömmlichen musikalischen Topoi des Pastoralstils bedient, vor allem in den Gesängen von Jacques (Chanson I/2: »Voilà le sorcier«) und Rose (Romanze I/4: »Marguerite qui m'invite«). Obwohl als Typen den Konventionen der Opéra-comique verpflichtet, wirkten der alte Hirte und die naive Waise in der kunstvollen Schlichtheit ihrer musikdramatischen Zeichnung auf das zeitgenössische Publikum überraschend und originell.

**Wirkung:** Nach der enthusiastisch aufgenommenen Uraufführung (Jacques: Charles Battaille, Stéphan: Marius Pierre Audran, Lejoyeux: Ernest Mocker, Saturnin: Pierre Victor Jourdan, Rose: Celeste Darcier, Georgette: Anne Benoîte Louis Lavoye, Thérésa: Antoinette Jeanne Hermance Revilly) hielt sich *Le Val d'Andorre* an der Opéra-Comique über mehrere Spielzeiten im Repertoire; eine Neueinstudierung fand 1875 statt. Bis 1876 erreichte das Werk an der Opéra-Comique 160 Aufführungen. 1860 wurde *Le Val d'Andorre* auch am Théâtre-Lyrique mit großem Erfolg gegeben (Battaille, Jules Monjauze, Auguste Alphonse Edmond Meillet, Froment, Marie Stéphanie Meillet, Roziès, Zévaco) und brachte es dort innerhalb eines Jahrzehnts auf 135 Aufführungen. Schon bald nach der Uraufführung spielten zahlreiche Bühnen in der französischen Provinz und im Ausland die neue Erfolgsoper (Antwerpen, Brüssel, New Orleans 1849, St. James Theatre London 1850). In der deutschen Übersetzung Ludwig Rellstabs kam es unter anderm zu Aufführungen 1849 in Berlin, 1850 in München, 1852 in Riga, 1856 in Prag und 1885 in Hamburg. Weitere Einstudierungen in entsprechenden Übersetzungen gab es 1850 in London und New York, 1852 in Petersburg und Warschau, 1876 am Teatro dal Verme Mailand, 1886 am Teatro Margherita Genua und 1888 in Stockholm. Die wohl bislang letzte Inszenierung fand 1915 am Trianon Lyrique Paris statt.

**Autograph:** Verbleib unbekannt. **Ausgaben:** Part: Brandus, Troupenas, Paris [1851], Nr. B. et C.$^{ie}$ 5000; Kl.A: Brandus, Paris, Nr. B. et C.$^{ie}$ 5002; Lemoine, Paris, Nr. 7506 H. L.; Beale & Chappell, B&B, Nr. B. et C.$^{ie}$ 5002; Textb.: Paris, Jonas 1849, 1851; Paris, Tresse 1849
**Literatur:** H. BERLIOZ, Théâtre de l'Opéra-Comique. ›Le Val d'Andorre‹, in: Journal des débats, 14.11.1848, gekürzt in: DERS., Les Musiciens et la musique, Paris 1903, auch in: DERS., Cauchemars et passions, Paris 1981, S. 309–311; weitere Lit. s. S. 638

*Sieghart Döhring*

## Le Juif errant
### Opéra en cinq actes

### Der ewige Jude
5 Akte (8 Bilder)

**Text:** Augustin Eugène Scribe und Jules Henri Vernoy Marquis de Saint-Georges
**Uraufführung:** 23. April 1852, Opéra, Salle de la rue Le Peletier, Paris
**Personen:** Ashvérus, der ewige Jude (Bar); Nicéphore, Kaiser von Byzanz (B); Léon, Ashvérus' Abkömmling (T); der Würgeengel (T); Ludgers, Anführer der Banditen (B); Manoël, Andronic, Jean und Arbas, Banditen (4 B); der Nachtwächter (Bar); Palastoffizier (B); ein Herr (B); ein anderer Herr (B); Théodora, Schifferin auf der Schelde, Léons Schwester (Mez); Irène, Tochter Baudoins, des Grafen von Flandern, ebenfalls Ashvérus' Abkömmling (S); eine Ehrendame (S). **Chor, Statisterie:** Bürger Antwerpens, flämische Landleute, Matrosen, Zigeuner, Zigeunerinnen, Banditen, Volk von Saloniki, Volk von Konstantinopel, Sklavinnen, Hofstaat des griechischen Kaisers, kaiserliche Wachen, Engel, Teufel, Dämonen, Auferstandene, Verdammte. **Ballett:** Sklavinnen, ein Hirte, die Bienenkönigin, Bienen
**Orchester:** Picc, 2 Fl, 2 Ob, E.H, 2 Klar, B.Klar, 2 Fg, 4 Hr, 2 Hr à pistons, 4 Trp, 2 Trp à pistons, 3 Pos, Ophikleide, Pkn, Schl (gr.Tr, Bck, Trg, Tambour, Tamtam, Glöckchen, kl.Tr), 2 Hrf, Harmonica de l'enfant prodigue, Streicher; BühnenM: 4 Cornets à pistons, kl. SaxHr in Es, 2 A.SaxHr oder Bugles, 2 T.SaxHr oder Hr, 2 Trp à cylindres, SaxHr baryton, 5 Pos, B.SaxHr, Ophikleide, Kb.SaxHr, S.Sax, 2 T.Sax, B.Sax, Glocken
**Aufführung:** Dauer ca. 4 Std. – Ballett im II. Akt (»Pas des esclaves«) und im III. Akt (»Pas des abeilles«).

**Entstehung:** Eugène Sues Erfolgsroman *Le Juif errant* (1845) und das auf ihm basierende Schauspiel (Théâtre de l'Ambigu-Comique 1849) mögen Scribe und Saint-Georges die thematische Anregung gegeben haben, als direkte Vorlagen, wie gelegentlich behauptet, dienten sie gewiß nicht. Möglicherweise gab es

Tafel 15

**Tafel 15**

Fromental Halévy, *La Juive* (1835); Marie-Cornélie Falcon als Rachel; Illustration; Opéra, Paris. – Falcons kurze, durch eine Stimmkrise abrupt beendete Karriere an der Pariser Oper (1832–37) fiel zusammen mit der Hochphase der Grand opéra. Den Rollen des neuen Repertoires (außer Rachel noch Alice in Meyerbeers *Robert de diable,* 1831, Amélie in Aubers *Gustave ou Le Bal masqué,* 1833, Valentine in Meyerbeers *Les Huguenots,* 1836) und einigen klassischen Partien, die sie in Reprisen sang (Donna Anna in Mozarts *Don Giovanni,* 1787, Julia in Spontinis *La vestale,* 1807), verlieh sie unverwechselbares Profil durch die darstellerische Intensität, mit der sie ihre große, perfekt geführte Stimme als dramatisches Ausdrucksinstrument einsetzte.

Übereinstimmungen in der Bühnendekoration, denn die Ausstatter des Schauspiels, Charles-Antoine Cambon und Joseph François Désiré Thierry, waren auch an der Ausstattung der Oper beteiligt. Die philosophisch-gesellschaftskritische Tendenz von Roman und Schauspiel bleibt im Libretto ausgeblendet.

**Handlung:** In Antwerpen, Bulgarien, Saloniki und Konstantinopel, 1190.

I. Akt, Vorort von Antwerpen am Ufer der Schelde: Bürger, Bauern und Matrosen feiern Kirmes. Einer lenkt die Aufmerksamkeit auf das Porträt eines niedergeschlagen aussehenden Manns. Théodora erkennt es sogleich als das des »ewigen Juden«, dessen Nachfahren sie selbst und ihr Bruder Léon sind, und erzählt seine Geschichte: Einst habe ihn Gott zur Sühne seiner Schuld zu ewiger Wanderschaft verdammt, die es ihm verbiete, sich an einem Ort länger aufzuhalten, ohne daß der Würgeengel ihm befehle, seinen Weg fortzusetzen. Kaum hat sich das Volk bei Einbruch der Dunkelheit in seine Häuser zurückgezogen, erscheint Ashvérus, jener geheimnisvolle Mann, und mit ihm, ohne ihn jedoch zu bemerken, Ludgers und seine Bande. Diese hat die Gräfin von Flandern, die Frau des Kaisers von Byzanz, ermordet und ausgeraubt. In der Gewalt der Banditen befindet sich noch deren Tochter Irène, die auch getötet werden soll. Da tritt Ashvérus dazwischen und fordert das Kind. Die Bande flieht, als sie in dem Fremden, den ihre Degenstöße nicht zu töten vermögen, den »ewigen Juden« erkennt. Ashvérus gibt das Kind in Théodoras Obhut.

II. Akt, 1. Bild, ländliche Gegend in Bulgarien: Théodora hat sich mit Léon und der inzwischen erwachsenen Irène, die sich für Geschwister halten, auf den Weg nach Byzanz gemacht, um dem Kaiser seine Tochter zu übergeben, jedoch ihren Plan geändert, als sie von seinem Tod erfuhr. Nun will sie auf ein göttliches Zeichen warten, das ihr den Weg weist. Léon liebt Irène, glaubt sie sich jedoch als seine Schwester versagen zu müssen. Ludgers und seine Bande, die sich inzwischen dem Sklavenhandel verschrieben haben, stoßen während ihrer Raubzüge auf Théodoras Haus und bitten um Obdach. Ihr Auge fällt sogleich auf Irène, die sie noch in derselben Nacht entführen und an den griechischen Prinzen Nicéphore, der in Kürze dem verstorbenen Grafen von Flandern auf den Thron von Byzanz folgen soll, verkaufen wollen. Théodora versucht dem Kummer ihres Bruders auf den Grund zu gehen und weckt in ihm alle Hoffnung, als er erfährt, daß Irène nicht seine Schwester ist. Ohne Irènes wahre Identität offenzulegen, warnt ihn Théodora vor Heiratsabsichten. Léon will sich Irène sogleich zu Füßen werfen und eilt davon. Entsetzt kommt er mit der Nachricht von ihrer Entführung zurück. In höchster Verwirrung macht er sich mit Théodora auf die Suche. 2. Bild, großer Platz von Saloniki, eine Straße führt zu einer breiten Brücke, die die Stadt beherrscht: Man begeht das Johannisfest. Das Volk huldigt dem zukünftigen Kaiser, dem Ludgers neue Sklavinnen vorführt. Allein Irène erweckt sein Interesse, die verzweifelt um Hilfe ruft, als Ludgers ihren Preis aushandelt. Plötzlich verdunkelt sich der Himmel, und Ashvérus erscheint. Er stellt Irène als Tochter des Grafen von Flandern und Kaisers von Byzanz, mithin als rechtmäßige Thronerbin vor und erklärt, daß Gott den Beweis für die Richtigkeit seiner Aussage bringen werde. Nicéphore verlangt die Feuerprobe und läßt den Fremden auf den Scheiterhaufen stellen. Das Feuer erlischt, kaum daß Ashvérus von Flammen umgeben ist. Hof und Volk huldigen Irène als zukünftiger Kaiserin.

III. Akt, Saal im Kaiserpalast von Konstantinopel inmitten von Gärten, im Hintergrund eine zum Bosporus führende Terrasse: Im Triumphzug ist Irène in den väterlichen Palast geleitet worden. Dort empfängt sie Théodora und Léon, die sich auf der vergeblichen Suche nach ihr an den byzantinischen Hof begeben haben. Das unerwartete Wiedersehen löst Erleichterung aus; allein Léon ist betrübt, da er nun alle Hoffnung auf Erfüllung seiner Liebe schwinden sieht. Irène, die Léons Gefühle erwidert, bittet ihn und Théodora, am Hof zu bleiben. Da ihre Krönung unmittelbar bevorsteht, empfängt sie die Großen des Reichs sowie Nicéphore und die griechischen Höflinge. Bedingung für künftigen Frieden zwischen Griechenland und Byzanz ist ihre Vermählung mit Nicéphore. Irène will dem Thron entsagen, wird jedoch von Théodora an ihre Pflichten Vater und Volk gegenüber erinnert. Zum Schein willigt sie ein und erhält Zepter und Krone. Léon fällt verzweifelt in Théodoras Arme.

IV. Akt, Empfangszimmer der Kaiserin: Irène empfängt Léon. Sie vergewissern sich ihrer Liebe und sind allen Widerständen zum Trotz entschlossen, ihr nicht zu entsagen. Das Volk soll über ihr Schicksal entscheiden. Sie sind von Ludgers und Nicéphore belauscht worden, die Léon zu töten schwören. 2. Bild, Ruine am Ufer des Bosporus: Ashvérus klagt unter der Last seiner Sühne und bittet um seinen Tod. Da sieht er Ludgers und die Banditen kommen, die Léon auflauern. Léon ist sich der positiven Entscheidung des Volks für seine Verbindung mit Irène sicher. Mit Ablehnung reagiert er auf Ashvérus, da er Unglück bringe, sucht jedoch seinen Schutz, als er von den Banditen gestellt wird. Diesmal unterliegt der »ewige Jude« den Mächten. Zwar kann er Léon zunächst vor den Hieben der Banditen bewahren, die wiederum die Flucht ergreifen, als sie seiner ansichtig werden, doch unerwartet befiehlt ihm der Würgeengel, seine Wanderschaft fortzusetzen, so daß er Léon den Banditen ausliefern muß, die ihn ins Meer werfen.

V. Akt, 1. Bild, Einöde am Meer: Ashvérus konnte Léon aus den Fluten retten; er berichtet Irène von Nicéphores Sturz und fordert sie auf, mit Léon auf den Thron zurückzukehren. Wehmütig nimmt er von ihnen und Théodora Abschied, lehnt sich an einen Felsen und fühlt zu sterben. 2. Bild, Tal Josaphat: Im Traum sieht Ashvérus den Würgeengel die Toten auffordern, sich zu erheben und vor das Jüngste Gericht zu treten. Die Dämonen ziehen die Verdammten mit sich, die Engel die Erwählten. Dann wird es dunkel, und Wolken steigen auf. Erwachend sieht sich

Ashvérus wieder am verlassenen Strand; ihm ist die göttliche Gnade versagt worden. Verzweifelt folgt er dem Ruf des Würgeengels und setzt seine Wanderschaft fort.
**Kommentar:** Halévys Rückkehr zur großen Oper nach längerer Pause traf auf eine grundlegend veränderte Situation der Gattung. Wenige Jahre zuvor hatte Meyerbeers *Prophète* (1849) die große »historische« Oper zu einem konzeptionellen Abschluß gebracht und zugleich für die dramatische Musik überhaupt neue Maßstäbe aufgestellt. Eine Abkehr von historischen und eine Hinwendung zu Legenden- und Märchenstoffen, wie sie jetzt einsetzte, lag somit in der Logik der Gattungsentwicklung; zudem entsprach sie dem gewandelten Publikumsgeschmack im Second Empire, der zu apolitischer Unterhaltung tendierte. Gemessen am Idealtyp der Gattung, bedeutete der neue Trend zum Ausstattungsstück, zur romantisch-exotischen Feerie einen Rückschritt etwa auf den Stand der späten Opern Gaspare Spontinis. *Le Juif errant* markiert den Höhepunkt dieser neuen Entwicklung, die mit Aubers *L'Enfant prodigue* (Paris 1850) begann und sich mit Aubers Opéra-ballet-Neufassung (1857) von *Le Cheval de bronze* (1835), Halévys *La Magicienne* (Paris 1858), Davids *Herculanum* (1859) und Gounods *La Reine de Saba* (1862) fortsetzte. – Die revuehafte Handlung des *Juif errant* besteht aus einer lockeren Folge prächtiger, pittoresker und phantastischer Bilder, die in üppigen theatralischen Kontrasten einen weiten geographischen Bogen von Flandern bis in den Orient beschreiben, um schließlich in ein visionäres »Tal Josaphat« als Schnittpunkt von Himmel und Hölle zu münden. In diesem Schlußtableau des »Jüngsten Gerichts« erscheint die megalomane Komponente der Grand opéra zu ihrem stofflich nicht mehr überbietbaren Höhe- und Endpunkt der Effektmaximierung gesteigert und zugleich ins Absurde umgekippt. Dabei bleibt die metaphysische Dimension des Sujets gänzlich unausgeschöpft. Ashvérus mangelt es an jeglicher Dämonie: Nicht als »leidender Böser« von tragischer Gespaltenheit des Charakters, sondern als freundlicher Magier, dessen überraschendes Auftreten stets einen neuen Bühnentrick erwarten läßt, bewegt er sich durch das ausufernde Geschehen. Giacomo Meyerbeers avancierte Dramaturgie zumal der Massenszenen hat hier keinerlei Spuren hinterlassen. Um so zahlreicher sind musikalische Meyerbeerismen, etwa in den Banditenensembles, in denen der Satanismus des Wiedertäufertrios aus dem *Prophète* eine wenn auch schwächere Neuauflage erfährt. Seinerzeit viel bestaunt wurden einzelne Klangeffekte, zum Teil mit seltenen Instrumenten (Harmonica de l'enfant prodigue, Saxhörner im Bühnenorchester des Schlußtableaus). Halévys sorgfältig gearbeitete »musique savante« entfaltet ihre Qualitäten eher im Detail der Einzelnummern (Théodoras Erzählung vom »ewigen Juden«, I/2; Ashvérus' Arie »Exauce enfin, mon Dieu«, IV/1) als in der Integration großer szenischer Strukturen. Damit steht sie seltsam quer zu den Anforderungen des Stoffs, dessen reißerischen Aspekten sie sich unterwirft, ohne ihnen wirklich Genüge zu tun.

Als musikdramatisches Kunstwerk gewiß von fragwürdigem Wert, verdient *Le Juif errant* gleichwohl historisches Interesse als Dokument der Gattungskrise der späten Grand opéra.
**Wirkung:** Es charakterisiert das Werk, daß die Aufführung der Opéra vor allem durch Äußerlichkeiten beeindruckte: nicht einmal in erster Linie durch die für jene Zeit optimale Besetzung (Ashvérus: Eugène Massol, Nicéphore: Louis-Henri Obin, Léon: Gustave-Hippolyte Roger, Théodora: Fortunata Tedesco, Irène: Emma La Grua, Ludgers: Depassio), sondern durch die opulente Ausstattung (François Joseph Nolau, Auguste-Alfred Rubé, Charles-Polycarpe Séchan, Jules Pierre Michel Diéterle, Cambon, Thierry und Edouard Désiré Joseph Désplechin) und die beiden großen Ballette (Choreographie: Arthur Saint-Léon), von denen der »Bienentanz« im III. Akt durch den Auftritt Maria Taglionis seinen besonderen Akzent erhielt. Außerhalb von Paris lassen sich nur wenige Einstudierungen von *Le Juif errant* nachweisen (unter anderm Brüssel 1854).

**Autograph:** Bibl. de l'Opéra Paris (A. 576 a. I-II). **Abschriften:** Bibl. de l'Opéra Paris (A. 576 a.[2] I-V). **Ausgaben:** Part: Brandus, Paris [1853], Nr. B. und C.[ie] 9010; Part, frz./dt. Übers. v. L. Rellstab: Schott; Kl.A, hrsg. H. Potier; Brandus, Paris [1852]; Kl.A, frz./dt. Übers. v. L. Rellstab: Schott, Nr. 12011; Textb.: Paris, Brandus [1852]; Textb., dt. v. L. Rellstab: Schott
**Literatur:** J. JANIN, Critique du ›Juif errant‹. Roqueplan embête par J. Janin, Paris 1852; P. SCUDO, ›Juif errant‹ par M. H., in: DERS., L'Art ancien et l'art moderne. Nouveaux mélanges de critique et de littérature musicales, Paris 1854, S. 124–138; weitere Lit. s. S. 638

*Sieghart Döhring*

# Andreas Hallén

Johannes Andreas Hallén; geboren am 22. Dezember 1846 in Göteborg, gestorben am 11. März 1925 in Stockholm

## Harald der Wiking
### Oper in drei Akten

**Text:** Hans Herrig
**Uraufführung:** 16. Okt. 1881, Stadttheater, Leipzig
**Personen:** Bera, Königin auf Seeland (Mez); Erik, ihr Sohn (hoher B); Sigrun, ihre Tochter (S); Gudmund, ein Sänger an Beras Hof (Bar); Harald, ein norwegischer Wikingerfürst (T); Torgrim (B) und Sigleif (T), Wikinger. **Chor:** Krieger, Priester, Wikinger, Volk
**Orchester:** Picc, 2 Fl, 2 Ob, E.H, 2 Klar, B.Klar, 2 Fg, 4 Hr, 3 Trp, 3 Pos, Tb, Pkn, Schl (gr.Tr, Bck), Hrf, Streicher
**Aufführung:** Dauer ca. 2 Std. 30 Min.

**Entstehung:** Mit seiner ersten Oper *Harald der Wiking* wurde Hallén zu einem frühen Vertreter des

Wagnerschen Musikdramas in Schweden. Er studierte 1866–71 in Leipzig, München und Dresden. 1879–83 war er als Lehrer und als Kritiker des *Deutschen Tageblatts* in Berlin tätig. 1884 ging er zurück nach Schweden, wo er 1892–97 als Kapellmeister am Königlichen Theater und 1909–19 als Kompositionslehrer am Konservatorium in Stockholm wirkte. Aufgrund seines Organisationstalents war er maßgeblich an der Herausbildung des modernen Konzertwesens in Schweden beteiligt. Vermutlich hatte Hallén Herrig einige Jahre vor der Beschäftigung mit *Harald* kennengelernt, da der Text zu der Oper bereits Ende 1878 vorlag. Hallén arbeitete zwischen Anfang 1879 und April 1880 an der Partitur, die er zunächst der Berliner Hofoper anbot. Da keine Reaktion erfolgte, setzte er sich mit den Theatern in Leipzig, Hannover und Hamburg in Verbindung, wobei dann Leipzig auf Anraten Franz Liszts die Uraufführung übernahm.

**Handlung:** Auf Seeland.

I. Akt, am Strand, Dämmerung: Die Wikinger sind auf Eroberungsfahrt nach Seeland gekommen, da ihr Anführer, Fürst Harald, mit dem Königssohn Erik einen Zweikampf austragen will. Sie entfernen sich, als die Seeländer kommen, um den Strand für das Frühlingsfest zu schmücken. Zum Fest erscheinen auch Königin Bera und ihre Kinder Erik und Sigrun. In einem ausgelassenen Schwerttanz wird König Winter symbolisch von König Frühling niedergestochen. Unter dem Volk breitet sich Unruhe aus, als Hornsignale der Wikinger das Fest stören. Das Wikingerschiff legt am Strand an; ein Kampf zwischen Erik und Harald kann jedoch vorerst abgewendet werden. Man entschließt sich, Harald an diesem Tag als Gast zu bewirten; erst nach dem Fest soll er mit Erik kämpfen. Während die Wikinger mit Blumen geschmückt werden, wechseln Harald und Sigrun aufmerksame Blicke.

II. Akt, Halle in Beras Burg: Die Wikinger scherzen über Haralds Liebe zu Sigrun. Derweil versucht Sigrun, Harald dazu zu bewegen, auf den Kampf mit Erik zu verzichten. Doch der Kampf wird ausgefochten; Erik stirbt. Sigrun klagt Harald wegen des sinnlosen Totschlags an. Harald verteidigt sein Vorgehen, ist aber bereit, durch Sigruns Hand zu sterben. Sie ergreift das Schwert, wirft es jedoch gleich wieder beiseite; betroffen bekennen sich beide zu ihrer Liebe. Doch Gudmund rät Harald, Seeland zu verlassen. Harald bittet Sigrun, in der Nacht auf sein Schiff zu kommen. Im Hintergrund sieht man Eriks Leiche auf einer Bahre. Das Volk schmückt ihn mit Blumen und Kränzen. Bera gewährt Harald eine Frist bis Sonnenaufgang; danach will sie Eriks Tod rächen.

III. Akt, 1. Bild, eine andere Halle in Beras Burg: Die Königin sinnt auf Rache, während Sigrun den Totschlag zu vergessen sucht. Sie gesteht sich ihre Liebe zu Harald ein und ist bereit, ihm zu begegnen. Als Bera entdeckt, daß Sigruns Zimmer leer ist, macht sie sich mit Gudmund auf den Weg, ihren Sohn zu rächen. 2. Bild, Strand: Sigrun ist gekommen, um Harald noch einmal ihrer Liebe zu versichern. Da ertönt ein fernes Hornsignal, während das Morgenrot heraufzieht. Gudmund erscheint, um Harald zu warnen, aber Bera und ihre Gefolgschaft erreichen den Strand und strecken Harald nieder. Die Wikinger stürzen hervor, und ein furchtbarer Kampf entbrennt. Der sterbende Harald jedoch gebietet seinen Leuten Einhalt; um seinetwillen soll kein Blut mehr fließen. Nach kurzem Abschied von Sigrun wird er an Bord getragen. Er stirbt, und seine Leiche wird am Bug aufgebahrt. Da ergreift Sigrun eine Fackel, stürzt an Bord und kappt die Vertäuung. Während auf dem hinausgleitenden Schiff die Flammen auflodern, wirft sie sich über ihren toten Geliebten.

**Kommentar:** Es ist ganz offensichtlich, daß die Vorbilder zu *Harald der Wiking* in den Musikdramen Richard Wagners zu suchen sind. Sowohl das Sujet als auch bestimmte Momente der Partitur lassen auf eine derartige Orientierung Halléns schließen. So zeigen sich in den nächtlichen Liebesszenen (II. und III. Akt) mit den »Warnrufen« Gudmunds (III/2) und dem Tod Haralds und Sigruns gewisse Parallelen zu *Tristan und Isolde* (1865), die durch die ekstatische Dramatik noch zusätzlich unterstrichen werden. Wenngleich sich Herrig offenbar ganz bewußt der Opernästhetik Wagners anschloß und Hallén eine Partitur entwarf, deren Gestaltung eine intensive Auseinandersetzung mit den Werken der »Neudeutschen« verrät, trägt *Harald* doch insgesamt auch Züge, die den Einflüssen der großen französischen Vorbilder entstammen. So maß Hallén den vielen Chorpartien entscheidendes Gewicht zu, wodurch die an Wagner angelehnte Statik des Musikdramas durchbrochen wird. Heitere und volkstümliche Elemente spielen insbesondere im I. Akt eine Rolle und verleihen dem Werk zeitweilig realistische Momente, die mit der verklärt-übersteigerten Metaphysik von *Tristan* nur wenig zu tun haben. Leitmotive werden durchweg ins Orchester verlegt und erscheinen vielfach eher als »Erinnerungsmotive« denn als tragende Elemente einer symphonisch-dramatischen Konzeption.

**Wirkung:** Die Uraufführung von *Harald der Wiking* (Inszenierung: Angelo Neumann, Dirigent: Arthur Nikisch) wurde von der Kritik sehr zwiespältig aufgenommen, nicht zuletzt wegen der Anlehnung an Wagner und des entsprechenden (zweifellos zuungunsten Halléns ausgefallenen) Vergleichs. So folgten nur vier weitere Aufführungen in Leipzig. 1884 gab es in Stockholm erstmals eine Inszenierung als *Harald Viking* (Sigrun: Selma Ek, Harald: Leonard Labatt, Erik: Filip Forstén, Gudmund: Carl Fredrik Lundqvist). Obgleich das Werk hier zunächst einen beachtlichen Erfolg erzielte, erreichte es bis 1912 nur 15 Aufführungen. 1946 wurden anläßlich des 100. Geburtstags von Hallén Teile der Oper in Stockholm gespielt.

**Autograph:** Verbleib unbekannt. **Abschriften:** Kungliga Musikaliska Akademiens bibl. Stockholm. **Ausgaben:** Kl.A: Raabe & Plothow, Bln., Nr. 1190; Kl.A, unvollst., ohne Text: Hirsch, Stockholm, Nr. 1771; Textb.: Bln. 1881; Textb., schwed. v. A. Lindgren: Stockholm 1884

**Literatur:** M. TEGEN, Tre vikingaoperor, in: STMf 1960, S. 12–75

*Anders Wiklund*

## Waldemarsskatten
### Romantisk opera i fyra akter

## Waldemars Schatz
### Romantische Oper in 4 Akten

**Text:** Axel Alexander Camille Rudolf Emanuel Freiherr von Klinckowström
**Uraufführung:** 8. April 1899, Königliches Theater, Stockholm
**Personen:** Waldemar Atterdag, König von Dänemark (Bar); Ung-Hans, ein reicher Bürger (B); Ava, seine Tochter (S); Abt Klemens (B); Olof Eskilsson, ein junger Bürger (T); Ebbe Strangesen, ein dänischer Ritter (T); Bylgia (S), Unna (Mez), Dufva (S) und Dröfn (A), Töchter des Meeresgotts Ägir; ein Herold (B). **Chor:** Volk, Bürger, Bauern, Mönche, dänische Kriegsleute, Wassergeister, Meerjungfern
**Orchester:** Picc, 2 Fl, 2 Ob, E.H, 2 Klar, B.Klar, 2 Fg, 4 Hr, 2 Trp, 4 Pos, Pkn, Schl (gr.Tr, Glocken), Hrf, Streicher; BühnenM: Fl, Ob, Klar, 2 Hr, 2 Trp, Schl (kl.Tr, Bck, Tamtam, Glocken), Hrf, Org, 2 Vl, Va
**Aufführung:** Dauer ca. 2 Std. 30 Min.

**Handlung:** Auf und bei Gotland, um 1361.
I. Akt, Strand auf Lilla Karlsö: Ägirs Töchter trauern um das Gold, das die Menschen ihnen geraubt haben. Bylgia, die älteste, kommt von der Norne Urd zurück.

*Waldemarsskatten*; John Forsell als König Waldemar, Johannes Elmblad als Abt Klemens; Regie: Elmblad, Bühnenbild: Thorolf Jansson; Uraufführung, Königliches Theater, Stockholm 1899. – Der Historismus, der sich in den Kostümen des Königs und des Abts in geradezu pedantischer Form manifestiert, wirkt inzwischen weniger als Versuch, eine ferne Vergangenheit zu rekonstruieren, sondern eher als eigener Stil des späten 19. Jahrhunderts.

Diese hat verkündet, nur derjenige, der das Nibelungengold besitze, könne das gestohlene Gold aus dem Kloster in Visby zurückerobern. Während eines Sturms scheitert ein Schiff, von dem nur der Dänenkönig Waldemar gerettet wird. Als Ägirs Töchter seinen aus dem Gold der Nibelungen gefügten Armring erblicken, wird er als Retter begrüßt. Bylgia verspricht ihm die größte Macht, die je ein König besessen, sollte es ihm gelingen, ihnen ihr Gold zurückzubringen.
II. Akt, offener Platz vor dem Hof des Kaufherrn Ung-Hans: Man ist mit der Vorbereitung des Johannisfests beschäftigt. Olof Eskilsson bringt die Nachricht, daß die Dänen vor Visby aufmarschieren. Übermütig verhöhnt das Volk den Feind, ohne zu bemerken, daß Waldemar sich verkleidet unter die Leute gemischt hat. Sein kraftvolles Auftreten und sein Lautenspiel ziehen auch Ung-Hans' Tochter Ava an. Listig verspricht Waldemar ihr und ihrem Volk Schutz gegen die Dänen. Als er Ava bittet, seine Frau zu werden, ist sie bereit, die Stadttore auf sein Zeichen hin zu öffnen.
III. Akt, Marktplatz von Visby: Das Volk bereitet sich zum Kampf. Plötzlich befinden sich die von Ava eingelassenen Dänen innerhalb der Stadtmauer. Als Olof Ava daraufhin verflucht, erkennt auch sie den Betrug und ihr schweres Vergehen. Entsetzt wendet sie sich von Waldemar ab. Dieser fordert von den geschlagenen Einwohnern Visbys drei mit Gold gefüllte Fässer als Tribut und droht, andernfalls die Stadt niederzubrennen. Da das Volk nur zwei Fässer zu füllen vermag, verlangt Waldemar auch noch das Gold des Klosters. Von dem Reichtum geblendet, beschließt Waldemar, Ägirs Töchtern das Gold nicht zurückzugeben und damit seinen Schwur zu brechen.
IV. Akt, Jungfernturm: Für ihren Verrat wird Ava lebendig im Jungfernturm eingemauert. Als die Maueröffnung langsam geschlossen wird, kommt ihr die Erinnerung an den einstmals geliebten Waldemar, jedoch auch an den Verrat. Sie fleht um Gottes Rache. In einer Vision erblickt sie den Untergang von Waldemars Schiff. Noch einmal wird sie von ihrer Liebe zu ihm ergriffen und bittet um Gnade. Während Waldemar gerettet wird, stirbt Ava. Auf dem Meeresgrund sieht man das Schiff und das geraubte Gold. Meerjungfern, Wassergeister und Ägirs Töchter freuen sich über den wiedergefundenen Schatz.
**Kommentar:** Ein Blick auf die Handlung zeigt die deutliche Nähe von *Waldemarsskatten* zu Wagners *Ring des Nibelungen* (1869–76). So erinnern nicht nur Ägirs Töchter an die Rheintöchter und Waldemar in manchen seiner Handlungen an Siegfried; insbesondere das markante Sujet mit dem schicksalbeladenen Gold, das für Tod und Untergang sorgt und zuletzt in den Schoß seiner Herkunft, das Wasser, zurückgelangt, zeigt die unmittelbare Bezugnahme auf Wagners Tetralogie. Bereits in den Opern *Harald der Wiking* (1881) und *Häxfällan* (komponiert 1896; 2. Fassung als *Valborgsmässan*, Stockholm 1902) hatte sich der Einfluß Richard Wagners entscheidend bemerkbar gemacht. Während Hallén in *Harald* jedoch gleichzeitig auch an manche bedeutenden französischen Vorbilder anknüpfte, gelang es ihm in *Wal-*

*demarsskatten* mehr als in seinen andern Opern, eine Art »nordischen Volkston« in seine Partitur einfließen zu lassen. *Waldemarsskatten* bildet gleichsam die Synthese der beiden Hauptlinien von Halléns Komponieren: des spätromantischen, an Wagner anknüpfenden musikalischen Idioms und dem des Volkstümlichen.
**Wirkung:** Ursprünglich für die Eröffnung des neuen Gebäudes der Königlichen Oper Stockholm 1898 geplant, gelangte *Waldemarsskatten* aufgrund von Intrigen erst ein Jahr später auf den Spielplan. Wie bereits im Fall von *Harald*, wurde der Erfolg durch die Kritik an der bis an die Grenze zum Plagiat reichenden Beziehung zu Wagner getrübt. Den Waldemar der Uraufführung sang John Forsell, der spätere legendäre Intendant des Königlichen Theaters Stockholm. Bis 1924 erreichte das Werk 65 Aufführungen in Stockholm. 1903 wurde *Waldemarsskatten* in Karlsruhe inszeniert, und 1946 folgte die bislang letzte szenische Aufführung in Stockholm, die freilich nur den II. Akt umfaßte. Unter der musikalischen Leitung von Lennart Hedwall produzierte der schwedische Rundfunk 1970 ebenfalls den II. Akt.

**Autograph:** Kungliga Musikaliska Akademiens bibl. Stockholm. **Ausgaben:** Kl.A, dt. Übers. v. E. v. Enzberg u.d.T. *Waldemar*: Raabe & Plothow, Bln. 1899, Nr. 1706; Kl.A, unvollst.: Lundquist, Stockholm, Pl.Nr. 1.3144; Textb.: Stockholm, Chelius 1898
**Literatur:** A. Hallén och hans nya opera ›Waldemarsskatten‹, in: Svensk musiktidning 8:1899, S. 57–59; W. PETERSON-BERGER, [Rez.], in: DERS., Glimtar och skuggor ur Stockholms musikvärld 1896–1923, Bd. 1, o.O. 1935, S. 18–27, 115–122

*Anders Wiklund*

# Ivar Hallström

Ivar Christian Hallström; geboren am 5. Juni 1826 in Stockholm, gestorben am 11. April 1901 in Stockholm

## Den bergtagna
Romantisk opera i fem akter

### Der Behexte
Romantische Oper in 5 Akten

**Text:** Frans Theodor Hedberg
**Uraufführung:** 20. Mai 1874, Königliches Theater, Stockholm
**Personen:** Frau Ragnhild (Mez); Ingeborg, ihre Tochter (S); Ritter Tuve (T); Abt Henrik (B); Ulf, ein alter Diener (B); Gerda, Brautjungfer (S); der Bergkönig (T); die Bergkönigin, seine Mutter (S); Kark, Diener des Bergkönigs (Bar). **Chor:** Ritter, Jungfrauen, Knappen, Brautjungfern, Bauern, Zwerge, Berggeister. **Ballett**
**Orchester:** Picc, 2 Fl, 2 Ob, 2 Klar, 2 Fg, 4 Hr, 2 Trp, 3 Pos, Pkn, Schl (gr.Tr, Bck, Trg, Glocken), Hrf, Streicher
**Aufführung:** Dauer ca. 3 Std.

**Entstehung:** Das Bemühen um eine schwedische Nationaloper begann in der Ära König Gustavs III. Ende des 18. Jahrhunderts. Es folgte eine Zeit des Niedergangs, aus der nur wenige gelungene Werke, unter ihnen als das bedeutendste Eduard Brendlers *Ryno* (Stockholm 1834), hervorragen. In einer Blüteperiode befand sich dagegen das Singspiel (am berühmtesten Andreas Randels *Värmlänningarna*, Stockholm 1846). Auch Hallström begann zunächst als Komponist von Singspielen: *Hertig Magnus* (Stockholm 1867), *Den förtrollade katten* (Stockholm 1869), *Mjölnarvargen* (komponiert 1871) und *Silverringen* (Stockholm 1880). Zudem hatte er schon 1859 eine Schauspielmusik zu William Shakespeares *Merchant of Venice* und 1870 zu Hedbergs *Stolts Elisif* sowie 1871 das Ballett *En dröm* geschrieben. *Den bergtagna* war der erste und im ganzen gelungene Versuch, einen schwedischen Opernstil auf der Basis der Grand opéra Giacomo Meyerbeers und Charles Gounods zu entwickeln, deren Werke Hallström auf einer Reise nach Frankreich kennengelernt hatte. Darüber hinaus sind Einflüsse Felix Mendelssohn-Bartholdys und Robert Schumanns festzustellen; auch die musikdramatische Technik Richard Wagners hat ihre Spuren hinterlassen. Hallström dominierte das schwedische Opernschaffen während der letzten Dezennien des 19. Jahrhunderts. – Er widmete *Den bergtagna* seinem Gönner und Freund König Oskar II. von Schweden.
**Handlung:** In der Nähe des Klosters Krokeks im Kolmårdengebirge, in der ersten christlichen Zeit Schwedens.
I. Akt, Festsaal in Frau Ragnhilds Hof, Weihnachten: Man feiert die Verlobung von Ingeborg und Ritter Tuve. Abt Henrik erzählt vom Bergkönig, der sein Kloster bedroht hat; der Diener Ulf weiß sogar zu berichten, daß er dem König einmal begegnet ist. Ragnhild weist alles als Märchen ab. Plötzlich wird ein junger Musikant gemeldet, der Ingeborg eine Romanze vorsingt. Der Sänger ist der Bergkönig selbst, der zusammen mit seinem Knappen Kark in die Welt der Menschen heruntergestiegen ist. Der König führt den Tanz, eine Zauberpolka, an und übergibt Kark seine goldene Harfe, woraufhin dieser alle Anwesenden außer Ingeborg mit sich zieht. Ihr gibt er sich zu erkennen und bittet sie, ihm in sein Reich zu folgen. Ingeborg, die Tuve nicht liebt, schwankt. Kark kehrt zurück, denn eine Saite der Harfe ist gerissen und der Zauber gebrochen. Der König und Kark müssen fliehen, doch zuvor kann der König noch ein Treffen mit Ingeborg vereinbaren.
II. Akt, Wald- und Bergpartie auf dem Kolmården: Der Bergkönig sitzt am Königsstein. Als Kirchgänger auf dem Rückweg von der Kirche den Stein passieren, flieht er. Ingeborg erblickt den Stein und erkennt, daß er der Eingang zu seinem Reich ist. Plötzlich steht der

König vor ihr, und als der Stein sich erhebt, wird Ingeborg geblendet und in den Berg entführt.
III. Akt, Grotte im Berg: Die Bergkönigin mißbilligt, daß ihr Sohn ein irdisches Mädchen geheiratet hat. Sie bereitet einen Trank, durch den Ingeborg ihr früheres Leben vergessen soll. Kark verbündet sich mit der Königin und ihrem Haß auf Ingeborg, und beide geben einen Samen der Unruhe in den Trank. Der Bergkönig und Ingeborg treten herein; Ingeborg leert den Becher und wirft sich dem Bergkönig in die Arme.
IV. Akt, ein kleiner Saal im Berg: Ingeborg sitzt am Spinnrad. Sie singt von der Liebe zu ihrem Mann und ihren beiden Kindern, jedoch tief im Herzen fühlt sie Unruhe. Kark macht sie eifersüchtig; er erzählt, daß der König eine andere Frau liebe. Die Bergkönigin bedeutet Ingeborg, daß sie ihren Mann nur zurückgewinnen könne, wenn sie das Wasser der Bergquelle trinke. Das Wasser jedoch wurde von der Königin verzaubert, und Ingeborg erinnert sich ihres Lebens unter den Menschen. Als der König dazukommt, bittet Ingeborg ihn, auf die Erde zurückkehren zu dürfen, obgleich sie ihn und ihre Kinder noch immer liebe. Unter der Bedingung, daß sie seinen Namen niemals erwähnt, läßt der Bergkönig Ingeborg traurig ziehen.
V. Akt, Festsaal in Ragnhilds Hof, Weihnachten: Viele Jahre sind vergangen. Ulf singt von Ingeborg, die niemand vergessen hat. Es stürmt; erschöpft tritt Ingeborg ein. Ulf erkennt sie und erzählt, daß ihre Mutter aus Scham vor der Schande ihrer Tochter gestorben ist. Ingeborg bereut und nennt den Namen des Bergkönigs. Sofort steht er im Saal: Nur wenn Ingeborg ihm folgen würde, könnte sie gerettet werden. Doch Ingeborg verflucht ihn im Namen Gottes, und er verschwindet. Während von fern eine Weihnachtshymne erklingt, stirbt Ingeborg.

**Kommentar:** In *Den bergtagna* greift Hallström ein nationales Thema auf, nämlich das alte Volksmärchen von der Jungfrau, die auf dem Weg zur Christmette vom Bergkönig geraubt und zu seiner Frau gemacht wird. Die Oper besteht aus 25 geschlossenen Nummern mit verbindenden Rezitativen. Insbesondere die Melodik ist durch bedeutende Einfälle gekennzeichnet und zeigt wohl die eigentliche kompositorische Stärke Hallströms. Dennoch finden sich in mehreren Szenen auch entschieden musikdramatische Akzente, die vielfach durch eine gekonnte, farbenreiche Orchesterbehandlung unterstützt werden. Die Partitur des Werks ist stark von der französischen Oper beeinflußt, besonders von Gounod, dessen *Faust* (1859) 1862 in Stockholm aufgeführt wurde. So zeigt der Bergkönig Charakterzüge, die sowohl an die Figur des Faust als auch an Méphistophélès angelehnt sind. Wie dieser ist auch der Bergkönig Verführer, der sich wie Faust an den Teufel verkauft hat, sich jedoch nach einem andern Dasein sehnt. Der musikalische Stil Hallströms legt zumeist einen stärkeren Akzent auf volkstümliche Charaktere als die französischen Vorbilder (Zauberpolka, I. Akt), doch treten lyrische Momente im Finale des IV. Akts und im Duett zwischen Ingeborg und dem Bergkönig (III. Akt) ebenfalls deutlich hervor. Hier zeigen sich ebenfalls Einflüsse Wagners, besonders die chromatische Melodik betreffend.

**Wirkung:** Der große Erfolg der Uraufführung führte dazu, daß *Den bergtagna* während der drei folgenden Jahre 44mal gespielt wurde. Die Oper wurde unmittelbar nach der Uraufführung auch in Hamburg (als *Der Bergkönig*) und München inszeniert, wenngleich in einer von Hallström auf 17 Nummern reduzierten Fassung. Bis 1910 erlebte *Den bergtagna* weitere 84 Aufführungen in Stockholm, ist seitdem jedoch nicht nachgespielt worden; ein unverdientes Schicksal einer Oper, die den vielleicht gelungensten und erfolgreichsten Versuch einer schwedischen Nationaloper darstellt.

*Den bergtagna*, II. Akt; Illustration von Robert Haglund nach dem Bühnenbild von Christian Jansson; Uraufführung, Königliches Theater, Stockholm 1874. – Die Märchen- und Feenoper, die man als Inbegriff des »Romantischen« empfand, war schon immer, im 18. Jahrhundert nicht anders als im 19., eine Gelegenheit zu szenischer Prachtentfaltung. Ballettszenen gehören also, sowenig ihre »Künstlichkeit« der »Einfachheit« des Märchens zu entsprechen scheint, zum Stil der Gattung.

**Autograph:** Kungliga Musikaliska Akademiens bibl. Stockholm. **Ausgaben:** Part, dt.: [Klischeedruck], o.O.; Kl.A, schwed./dt.: Lundquist, Stockholm 1874, Nr. 1476; Textb.: Stockholm, Bonnier 1874
**Literatur:** F. TÖRNBLOM, Operans historia, Stockholm 1965; J. REKOLA, Kungliga Teatern under åren 1858–80, Stockholm 1972

*Anders Wiklund*

# Ebbe Hamerik

Geboren am 5. September 1898 in Frederiksberg (bei Kopenhagen), gestorben am 12. August 1951 im Kattegat

## Marie Grubbe
Opera i to afdelinger

## Marie Grubbe
Oper in 2 Abteilungen

**Text:** Fredrik Christian Nygaard, nach *Fru Marie Grubbe. Interieurer fra het syttende aarhundrede* (1876) von Jens Peter Jacobsen
**Uraufführung:** 17. Mai 1940, Königliches Theater, Kopenhagen
**Personen:** Erik Grubbe, Gutsbesitzer (B oder Bar); Marie Grubbe, seine Tochter (Mez); Anne Jensdatter, seine Geliebte (A); Regitze Grubbe, seine Schwester (Mez); Lucie, Regitzes Kammermädchen (S); Søren, Knecht, später Großknecht auf Tjele (T oder Bar); Stig Høeg, Landgerichtsrat (T); Maren Høeg, geborene Grubbe, seine Frau (S); Palle Dyre (B); Ulrik Frederik Gyldenløve (Bar); Sofie Urne, seine Braut (S); Klaus, genannt »Skorpionen«, Diener (T); König Frederik/ Friedrich III. (B); Königin Sophie Amalie (A); Gräfin Parsberg (S); Agnete Budde, ein Edelfräulein (S); Jørgen Ahrenfeld (Bar); Karen Fiol (Mez); ein Priester (Bar); ein Wachhabender (Spr.); Dyden/Tugend und Vellysten/Wollust (2 Spr.); ein Wirt (Bar); eine Wirtin (A); Bodil, Stubenmädchen auf Tjele (Mez); Küster (T); Schmied (B); Magister Ludvig Holberg (Spr.); ein Bärenführer (stumme R); eine Hure (stumme R).
**Chor, Statisterie:** Gäste am Hof, Komödianten, Gäste im Wirtshaus, Mädchen, Bauern auf Nørbækgaard, Gerichtsdiener, Marktbesucher, Reisende
**Orchester:** Picc, 2 Fl, 2 Ob, E.H, 2 Klar, B.Klar, 2 Fg, K.Fg, 4 Hr, 3 Trp, 3 Pos, Tb, Pkn, Schl (kl.Tr, gr.Tr, Tamburin, Trg, Xyl, Bck), Hrf, Cel, Git, Streicher
**Aufführung:** Dauer ca. 3 Std.

**Entstehung:** *Marie Grubbe* war nach den Opern *Stepan* (Mainz 1924) und *Leonardo da Vinci* (Antwerpen 1939) sowie dem Ballett *Dionysia* (Antwerpen 1927) bereits das vierte und insgesamt bedeutendste Musiktheaterwerk Hameriks. Ihm folgten noch die Opern *Rejsekammeraten* (Kopenhagen 1946) und *Drømmerne* (Århus 1974).
**Handlung:** In Dänemark und Norwegen, zwischen 1659 und 1712.
»Preludio«: Marie Grubbe erzählt dem Dichter Ludvig Holberg ihre Geschichte.
I. Abteilung, 1. Bild: vor einer kleinen Hauskapelle auf Schloß Vordingborg, Herbst 1659; 2. Bild: Winterstube auf Gut Tjele, Febr. 1660; 3. Bild: Gemach auf Schloß Rosenborg, März 1660; 4. Bild: Wirtsstube in Rude Stall, Juli 1661; 5. Bild: Park von Schloß Frederiksborg, einige Tage später; 6. Bild: eine kleine Balkenstube auf der Burg Akershus in Kristiania, einige Jahre später; II. Abteilung, 1. Bild: ein Gasthaus in der Fremde, Sommer 1672; 2. Bild: Sommerstube auf Gut Tjele, Herbst 1672; 3. Bild: Gut Tjele, Winter, einige Jahre später; 4. Bild: Stube in Nørbækgaard, im folgenden Frühling; 5. Bild: Domplatz in Ripen, Frühsommer 1693; 6. Bild: Fährstelle am Grønsund auf Falster, Mittsommer 1712.
I. Abteilung: Die junge Marie Grubbe hat Eindruck auf König Frederiks einflußreichen Sohn Gyldenløve gemacht. Ihretwegen wird Sofie Urne, seine heimlich angetraute Frau, aus dem Weg geräumt. Doch Gyldenløve, mittlerweile mit Marie verheiratet, verliebt sich bald in die schöne Karen Fiol. Beide verspotten Marie, die mit dem Landgerichtsrat Stig Høeg, dessen Werben sie zuvor abgewiesen hatte, flieht.
II. Abteilung: Auch von Høeg wird Marie betrogen. Nachdem sie mit ihm ihr Erbteil verpraßt hat, kehrt sie auf das Gut ihres Vaters zurück. Gyldenløve läßt ihr die Scheidungspapiere überbringen, so daß sie dem Wunsch ihres Vaters nachkommt und den ungeliebten Palle Dyre heiratet. Als Palle Marie mit dem Knecht Søren überrascht, steckt dieser den Stall in Brand. Auf Befehl des Königs wird Marie der Prozeß gemacht. Sie soll ihre Beziehung zu Søren gestehen. Jahre später sind Marie und Søren zu verachteten Gauklern geworden. Nach weiteren 20 Jahren führt Marie das bescheidene und einsame Leben einer Fährfrau, die nur noch ihrem Tod entgegensieht.
**Kommentar:** Marie Grubbe ist eine historische Gestalt, die dänische Literaten seit Holberg immer wieder beschäftigt hat. Am berühmtesten ist der Roman von Jacobsen geworden, ein Standardwerk der dänischen Literatur. Nygaards Libretto gliedert die lange Zeitspanne des Geschehens in zwölf Bilder, innerhalb deren die komplexe Handlung mit ihren wechselnden lokalen und sozialen Milieus geschickt zusammengefaßt wird. Der unübersichtlichen Zahl handelnder Personen ordnete Hamerik eine Reihe von charakteristischen Erinnerungsmotiven zu, die einer ständigen Entwicklung unterliegen und ein wichtiges materiales Gerüst für die kompositorische Gestaltung darstellen. Die Figur der Marie ist zeitweilig durch lyrische, auch volkstümliche Lieder geprägt, auf deren Stimmung bereits im Preludio verwiesen wird. Dies »Vorspiel« bildet zusammen mit II/6 den Rahmen der Oper, indem bereits an dieser Stelle eine Sprechszene zwischen Holberg und Marie als Fährfrau eingeschaltet wird. So beginnt das Werk als eine retrospektive Erzählung der alten Marie, deren Ende genau der Zeitpunkt des Anfangs der Oper ist. Während Hamerik in späteren Werken wie *Drømmerne* eine polytonale Musiksprache erreichte, hat er in *Marie Grubbe* durchaus noch einen vergleichsweise einfachen Nationalstil gepflegt, der zum Zeitpunkt der Entstehung der Oper, kurz nach der Besetzung durch das nationalsozialistische Deutschland, sicherlich auch Bekenntnischarakter hatte.
**Wirkung:** Die Uraufführung, die einer nationalen Demonstration gleichkam, hat Hamerik selbst dirigiert. Trotz mancher positiver Reaktionen der Presse,

die besonders die lyrischen Qualitäten hervorhoben, konnte sich *Marie Grubbe*, nicht zuletzt wegen der enormen Komplexität des Librettos und der hohen dramaturgisch-bühnentechnischen Anforderungen, nicht durchsetzen. Lediglich einige Lieder Maries sind in das dänische Gesangsrepertoire eingegangen. 1959, 1974 und 1980 hat der dänische Rundfunk das Werk aufgeführt.

**Autograph:** Det kongelige Teater Kopenhagen. **Abschriften:** Arch. d. dän. Rundfunks (E. H. 9. 9. 1951). **Ausgaben:** Kl.A: Engstrøm og Sødring, Kopenhagen 1940; Kopenhagen o.J.; Textb. in: F. NYGAARD, Den virkelige Marie Grubbe, Kopenhagen 1940
**Literatur:** G. SCHEPELERN, Operabogen, Kopenhagen 1960; B. WALTER, Vår tids musik i norden, Stockholm 1968

*Esther Barfod*

# Iain Hamilton

Iain Ellis Hamilton; geboren am 6. Juni 1922 in Glasgow

## The Royal Hunt of the Sun
### Opera in Two Acts

### Die königliche Jagd auf die Sonne
2 Akte (10 Bilder)

**Text:** Iain Hamilton, nach *The Royal Hunt of the Sun. A Play Concerning the Conquest of Peru* (1964) von Peter Levin Shaffer
**Uraufführung:** 2. Febr. 1977, English National Opera, Coliseum, London
**Personen:** Francisco Pizarro, Kommandeur der Expedition (Bar); Hernando de Soto, Vizekommandeur (T); Miguel de Estete, königlicher Aufseher (T); Piedro de Candia, Kommandeur der Artillerie (Bar); Diego de Trujillo, Rittmeister (T); Martin Ruiz, Pizarros Page, als alter Mann (B.Bar); der junge Martin (T); Salinas (Bar), Rodas (T), Vasca (T) und Domingo (Bar), Soldaten; Bruder Vincente de Valverde, Kaplan (B); Bruder Marcos de Nizza, Franziskaner (T); Atahuallpa/Atahualpa, Herrscher der Inkas (Bar); Villac Umu, Hoherpriester Perus (B); Challcuchima, Inkageneral (T); Manco, Bote (T); Felipillo, Indianerjunge, Pizarros Dolmetscher (Spr.); ein Häuptling (T); ein Anführer (B); Inti Coussi, Atahuallpas Stiefschwester (stumme R); Oello, Atahuallpas Frau (stumme R). **Chor:** Soldaten, Mönche, Indianer
**Orchester:** 2 Fl (auch Picc), 2 Ob, 2 Klar, 2 Fg, 4 Hr, 3 Trp, 3 Pos, Tb, Pkn, Schl (4 Spieler: Tr, HolzTr, gr.Tr, Tomtoms, Tamtam, 3 hängende Bck, Trg, Crotales, Glsp, Marimba, Xyl, 3 Holzblöcke, Claves, Maracas, Metallplatten, Bongos, Klapper, Guiro), Kl, Cel, Hrf, Org, Streicher
**Aufführung:** Dauer ca. 2 Std. 30 Min. – Tonbandaufnahme beim Inkamarsch im I. Akt.

**Entstehung:** Das Werk entstand 1966–68. Bei der Abfassung des Librettos stand Shaffer dem Komponisten zur Seite. Die Uraufführung verzögerte sich um ein Jahrzehnt. In der Zwischenzeit hatte Hamilton eine weitere Oper (*The Catiline Conspiracy*, Glasgow 1974) komponiert.
**Handlung:** In Spanien, Panama und Peru, Juni 1529 bis August 1533.
I. Akt, 1. Bild, leere Bühne, Dunkelheit: Der alte Martin Ruiz erinnert sich daran, wie er als Junge an Pizarros großem Eroberungsfeldzug teilgenommen hat, bei dem auf der Suche nach Gold Peru und das Inkareich unterworfen wurden. 2. Bild, Platz in Pizarros Geburtsort Trujillo: Obwohl Pizarro schon zwei Expeditionen in die Neue Welt unternommen hat und mehr als 60 Jahre zählt, will er eine dritte wagen und wirbt Rekruten an, darunter auch den jungen Martin. Er verspricht ihm Gold und Macht, prophezeit ihm jedoch auch Entbehrungen und Gefahren. Das Motiv für seine Macht- und Besitzgier vertraut er Soto an: Nach jahrzehntelangen Demütigungen durch Armut und Erfolgsigkeit will er nun in einer letzten Anstrengung sein Schicksal bezwingen. 3. Bild, die Kathedrale von Panama: Bei der Waffenweihe kommt es zu einem Zusammenstoß zwischen Pizarro und Estete, weil Pizarro die absolute Befehlsgewalt für sich beansprucht. Im Verlauf der Auseinandersetzung bricht er zusammen, da ihm eine alte Wunde zu schaffen macht. Allein geblieben mit Martin, versucht er dessen idealistische Vorstellungen von Kriegsruhm zu zerstören. 4. Bild, am Inkahof, eine riesige Sonnenscheibe beherrscht die Szene: Von seinen Kundschaftern erfährt Atahuallpa, daß Weiße sich nähern. Er glaubt, daß sie ihm huldigen wollen. 5. Bild, Gebiet von Tumbes: Die Spanier erfahren von einem Indianerhäuptling, den sie überwältigt haben, daß alles Gold in Atahuallpas Händen sei, der wie ein Gott verehrt werde. 6. Bild, Dschungel, Nacht: Die Spanier verzweifeln, weil ihre Goldsuche aussichtslos erscheint. Auch Pizarro ist voller Haß und Resignation. 7. Bild, jenseits des Walds im Gebiet des Inkareichs, Morgen: Atahuallpa beobachtet die Spanier von erhöhter Stelle und sendet ihnen die Botschaft, daß sie nach Cajamarca wandern sollen. 8. Bild, auf zwei Ebenen, oben die Inkas, unten der Zug der Spanier: Die Spanier erreichen Cajamarca. 9. Bild, ein leerer Platz in Cajamarca, Nacht: Die Stadt ist völlig verlassen, so daß die Spanier einen Hinterhalt befürchten. Pizarro entwirft den Plan, Atahuallpa in seine Gewalt zu bringen. Da rückt mit großem Prunk der Zug der Inkas heran. Valverde verwickelt Atahuallpa in theologische Erörterungen, in deren Verlauf dieser die Bibel zu Boden wirft. Nun spricht der Priester Pizarro von aller Schuld frei und gibt damit das Zeichen zum Angriff: Die Spanier überfallen die Inkas, es kommt zu einem blutigen Massaker.
II. Akt, Cajamarca, Dunkelheit, später wird es heller: Die Inkas beklagen ihre Niederlage. Martin ist beschämt, weil Atahuallpa in der Sonnenkammer gefesselt liegt. Pizarro will ihn nur unter der Bedingung freilassen, daß der Raum bis oben mit Gold angefüllt

wird. Soto hegt schlimmste Befürchtungen gegen diesen Handel, da er sieht, daß Pizarro niemals sein Wort einlösen wird. Pizarro und Atahuallpa entwickeln eine merkwürdige Zuneigung zueinander: Beide sind illegitim, und beide kennen weder Liebe noch Freundschaft. Atahuallpa lehrt Pizarro einen Tanz der Inkas. Nach zwei Goldprozessionen meldet Soto, daß der Raum nun mit Gold angefüllt sei. Doch Pizarro steht nicht zu seinem Wort: Er verlangt zusätzlich, daß seine Armee von den Inkas nicht behelligt werden dürfe. Der Inka erkennt, daß er betrogen wurde. Martin macht seinem Herrn Vorwürfe wegen des Vertrauensbruchs; dieser bricht in einem Wutanfall zusammen. Atahuallpa, der ihm immer noch vertraut, nimmt sich seiner an. Nachdem bekanntgeworden ist, daß die Spanier nicht mehr mit Verstärkung rechnen können, wird die Armee zunehmend undisziplinierter. Streitigkeiten um die Beute brechen aus. Estete und die Priester verlangen angesichts der angespannten Lage Atahuallpas Tod. Doch mit Pizarro hat sich inzwischen eine Sinneswandlung vollzogen: Er bindet Atahuallpa an sich an zum Zeichen, daß er zu seinem Wort stehen wolle. Der Inka aber schneidet sich zornig los, da er als Gott nicht sterblich sei und daher den Tod nicht fürchte. Im Verlauf dieser Auseinandersetzung wirft er dem Konquistador vor, daß er nicht wirklich an seinen Christengott glaube und deshalb auch nicht vertrauenswürdig sein könne. Da bricht Pizarros Hochmut in sich zusammen: Er unterzieht sich einem religiösen Ritual, das ihn zum Inka werden läßt. Die Spanier machen Atahuallpa den Prozeß. Um den Tod durch Verbrennen zu verhindern, läßt er sich zum Christen taufen und wird erwürgt. Vergebens erwarten die Inkas seine Auferstehung in der Morgendämmerung. Pizarro, selbst vom Tod gezeichnet, bleibt allein zurück und fällt in tiefe Resignation.

**Kommentar:** Das Stück thematisiert den Zusammenstoß zweier Kulturen und das Spannungsverhältnis zwischen zwei außergewöhnlichen Herrscherpersönlichkeiten. In Hamiltons Interpretation enthüllt sich der Charakter der beiden Völker in der Konfrontation mit der Natur, deren Macht und Größe die Sonne verkörpert. Für die Inkas ist sie die göttliche Lebensspenderin, für die Spanier das Symbol des Golds und damit der Macht. Hamilton teilte die zwei Akte seiner Oper in jeweils zwölf Szenen ein, die ohne Pause zu spielen sind. Die öffentliche Handlung verläuft in breiten Ensemble- und Chorszenen und schildernden Orchesterstücken (die beiden Goldprozessionen; der Marsch der Inkas). Dadurch entsteht ein wohlgegliederter Rahmen aus traditionellen Formen, innerhalb dessen sich das eigentliche Drama, dessen Akzent auf den Dialogen liegt, abspielen kann. Diese sind mehr arios als rezitativisch gehalten und reichen von den kontrastierenden, gleichwohl weitgehend textgebundenen Idiomen der Inkas und der Spanier hin zu freien melodischen Bildungen in den Partien Atahuallpas und Pizarros (vor allem in den Duetten des II. Akts). Hamilton erläuterte die neuen kompositorischen Techniken, die er bei der Arbeit entwickelt habe und mit deren Hilfe er dem Werk einen inneren musikalischen Zusammenhang verleihen wollte: Kleinste musikalische Einheiten, oft nicht mehr als ein Akkord oder eine melodisch-rhythmische Geste, bilden die Grundsubstanz, aus der heraus sich dann größere Linien und komplexere Gestalten ergeben. Einige dieser Akkorde sind Bedeutungsträger und symbolisieren etwa das Gold, die Sonne oder Spanien. Da diese Elemente eine Identifikation durch den signifikanten dramatischen Augenblick erfahren, konstituieren sie eine musikalische Handlung parallel zum Bühnengeschehen, etwa wenn Material aus dem Inkamarsch desorganisiert und in die Struktur der Massakerszene hineingewoben wird. Auch die Verwendung charakteristischer Intervalle gehorcht solchen dramaturgischen Gesichtspunkten. Die Besonderheit des Orchesterapparats liegt in erweitertem Schlagwerk und dem Einsatz des Klaviers. Das mit verschiedenen (auch metallenen) Klöppeln zu spielende Schlagwerk dient der Steigerung der Lautstärke und der Differenzierung des Klangs. Die Streicher schaffen klangliche Dichte, übernehmen jedoch kaum melodische Funktionen, die im wesentlichen bei den Bläsern liegen. Das Werk legt schon von der Idee her die Vermittlung musikalischer Kontraste nahe. Diese wird unter anderm ermöglicht durch die komplementäre Verknüpfung lateinischer Choräle und kultischer Inkagesänge, die über längere Strecken ein musikalisches Hintergrundgeschehen schaffen, vor dessen Folie sich das dramatische Einzelergebnis abhebt.

**Wirkung:** Trotz aller Bemühungen des Komponisten um gattungsspezifisches Raffinement wurde nach der Uraufführung gerade der Vorwurf erhoben, *The Royal Hunt of the Sun* sei zuwenig opernhaft und kranke am Fehlen eingängiger melodischer und motivischer Muster sowie am Übergewicht des Deklamatorischen, das kein Ersatz für die Eloquenz des Shaffer-Stücks sein könne. Die Inszenierung besorgte Colin Graham, David Lloyd-Jones hatte die musikalische Leitung. Pizarro und Atahuallpa wurden von Geoffrey Chard und Tom McDonnell gesungen.

*The Royal Hunt of the Sun*, II. Akt; Tom McDonnell als Atahuallpa; Regie: Colin Graham, Bühnenbild: David Collis; Uraufführung, English National Opera, Coliseum, London 1977.

**Autograph:** beim Komponisten. **Ausgaben:** Kl.A: Presser, Bryn Mawr, PA 1977. **Aufführungsmaterial:** UE, London
**Literatur:** I. HAMILTON, The Royal Hunt of the Sun, in: MT 118:1977, S. 23ff.

*Ruth E. Müller*

## Anna Karenina
### Opera in Three Acts

**Anna Karenina**
3 Akte (15 Bilder)

**Text:** Iain Hamilton, nach dem Roman (1877) von Lew Nikolajewitsch Graf Tolstoi
**Uraufführung:** 7. Mai 1981, English National Opera, Coliseum, London
**Personen:** Alexei Karenin, Minister der Regierung des Zaren (Bar); Anna, seine Frau (S); Graf Alexei Vronsky, Oberst in der Armee des Zaren (T); Prinz Stiva Oblonsky, Annas Bruder (Bar); Dolly, seine Frau (Mez); Kitty, ihre Schwester (S); Oberst Yashvin, Freund Vronskys (B); Gräfin Betsy, Freundin Annas (Mez); Gräfin Vronskaya, Vronskys Mutter (S); Gräfin Lydia, Freundin Karenins (A); Seriosha, Annas und Karenins Sohn (KnabenS); Landau, Mystiker (T); Vronskys Reitknecht (Bar); Annas Mädchen (S); Stivas Diener (B); 4 Gäste (S, A, T, B). **Chor:** Reisende, Gäste usw.
**Orchester:** 3 Fl (auch Picc), 3 Ob (auch E.H), 3 Klar (auch B.Klar), 3 Fg, 4 Hr, 3 Trp, 3 Pos, Tb, Pkn, Schl (kl., mittleres u. gr. Bck, gr.Tr, Tr, Trg, Tamtam, gr. Tomtom, Tamburin, Zugglocke, Röhrenglocke), Hrf, Streicher
**Aufführung:** Dauer ca. 2 Std. 30 Min.

**Handlung:** In und um Petersburg und Moskau, 70er Jahre des 19. Jahrhunderts.
I. Akt, 1. Bild, auf dem Bahnhof von Moskau: Vronsky erwartet die Ankunft seiner Mutter aus Petersburg, und Stiva möchte seine Schwester Anna abholen. Die beiden Frauen treffen gemeinsam ein. Es kommt zur ersten Begegnung zwischen Anna und Vronsky. 2. Bild, Dollys Boudoir: Anna beredet Dolly, Stiva seine Untreue zu vergeben, wenn sie ihn wahrhaft liebe. Kitty, die einen Freier abgewiesen hat, weil sie sich die Verbindung mit Vronsky erhofft, kommt hinzu. Anna berichtet ihr, daß Vronsky ihr einen Antrag machen wolle. 3. Bild, Ballsaal im Haus des Prinzen Sherbatsky: Beim Tanz kommen Anna und Vronsky sich näher, was von Kitty bemerkt wird, die voller Verzweiflung erkennt, daß Vronsky sich von ihr abwendet. 4. Bild, Salon bei Gräfin Betsy in Petersburg: Auf einer kleinen Gesellschaft kommt es zur Aussprache zwischen Anna und Vronsky; der Graf gesteht ihr seine Leidenschaft. Karenin trifft ein und macht Anna wegen des Geredes der Leute heftige Vorwürfe. Als er sie mitnehmen will, widersetzt sie sich und lacht ihn aus. 5. Bild, die Rennbahn von Krasnoje Selo: Auf der Zuschauertribüne müssen Anna, Stiva, Betsy und Karenin zusehen, wie Vronskys Pferd stürzt. Karenin bemerkt Annas Verwirrung. Sie gesteht ihm, daß sie den Grafen liebe und sich zu ihm bekennen wolle. 6. Bild, Laube in Karenins Besitz, die folgende Nacht: Anna erhält Nachricht von Betsy, daß Vronsky bei dem Unfall nichts zugestoßen sei. Er kommt, und Anna macht sich Vorwürfe, ihm vor dem Rennen gesagt zu haben, daß sie ein Kind von ihm erwarte. Beide versichern sich ihrer Liebe und hoffen, bald nach Italien fliehen zu können.
II. Akt, 1. Bild, Karenins Haus in Moskau: Karenin grämt sich über den Verlust Annas. Er beschließt, ihr die Scheidung zu verweigern. 2. Bild, Vronskys Wohnung in Petersburg: Yashvin warnt Vronsky, daß die Gesellschaft niemals sein Verhältnis mit einer verheirateten Frau billigen werde. Anna ist verzweifelt über Karenins Brief und seine Drohung, ihr den gemeinsamen Sohn Seriosha zu entziehen. Vronsky gelingt es nicht, sie zu beruhigen und von düsteren Vorahnungen zu befreien. 3. Bild, Annas Wohnung in Karenins Haus; die Szene ist zweigeteilt in Seriosha's und Annas Zimmer; in diesem eine Ikone mit der Gottesmutter und dem Jesusknaben: Anna singt ihren Sohn in den Schlaf. Karenin erscheint und verlangt Vronskys Briefe. Nach einer heftigen Szene fleht sie ihn vergebens an, ihr bis zur Geburt ihres Kinds Seriosha zu überlassen. 4. Bild, Karenins Haus: Dolly bittet Karenin, sich nicht von Anna scheiden zu lassen, da diese sonst eine Ausgestoßene sei. Ein Telegramm von Anna trifft ein: Sie wünscht ihren Mann zu sehen, da sie im Sterben liege. Karenin macht sich auf den Weg nach Petersburg. 5. Bild, Annas Wohnung in Petersburg; die Szene ist zweigeteilt in Annas Schlafzimmer und ihr Boudoir: Anna liegt nach der Geburt einer Tochter im Kindbettfieber. Vronsky, vom Kummer gebeugt, trauert seinem früheren Leben in Freiheit nach. Karenin kommt an. Im Delirium fordert Anna die Rivalen auf, sich die Hände zu reichen. Stiva überzeugt Karenin davon, daß die Scheidung Annas Leben noch retten könne. Er willigt ein. Annas Zustand bessert sich, als Vronsky ihr mitteilt, daß er den Dienst quittiert habe und bald mit ihr nach Italien reisen werde, doch Furcht und Freude halten sich die Waage.
III. Akt, 1. Bild, Vronskys Landgut bei Moskau; von der Abendsonne beschienenes Zimmer mit Blick auf den Garten: Anna und Vronsky sind aus Italien zurückgekehrt. Anna ist nervös, da sie von der Gesellschaft geschnitten wird. Vronsky fürchtet gerichtliche Schritte Karenins wegen der Kinder. Dolly versucht Anna zu überreden, daß sie in die Scheidung einwilligt. Doch sie weigert sich, da sie nun von Karenin nichts mehr annehmen will, der seine Drohung wahrgemacht und ihr Seriosha entrissen hat. 2. Bild, Karenins Haus in Petersburg: Stiva erreicht bei dem verbitterten Karenin nichts mehr. Er hat sein Angebot zur Scheidung zurückgezogen und steht ganz unter dem Einfluß des Mystikers Landau und der Gräfin Lydia. 3. Bild, Vronskys Haus in Moskau: Annas und Vronskys Glück ist unter den schweren Belastungen zerbrochen. Nach einer heftigen Auseinandersetzung, die sich an einer Kleinigkeit entzündet hat, verläßt er sie. Im folgenden verwischen sich die Grenzen zwischen Wahn und Realität. Ihrer Sinne nicht mehr

mächtig, wirft Anna sich vor einen Zug. 4. Bild, der Bahnhof von Moskau: Vronsky, gefolgt von seiner Mutter und Yashvin, erreicht den Bahnhof. Von Gewissensbissen gepeinigt, bricht er neben Annas Leiche zusammen.
**Kommentar:** *Anna Karenina* ist Hamiltons erstes Bühnenwerk, das nicht auf einem Drama, sondern auf einem epischen Text beruht. Das machte beim Libretto, das der Komponist wie bei den vorausgehenden Opern selbst verfaßte, stärkere Änderungen gegenüber der Romanvorlage notwendig. Die Figur des Lewin, nach Hamiltons Auffassung der am meisten novellistische Charakter im Original, wurde eliminiert. Die Darstellung des breiten gesellschaftlichen Panoramas wich der Konzentration auf die Liebesgeschichte zwischen Anna und Vronsky. Im Unterschied zu den früheren Bühnenwerken mit ihren mehr symbolischen Situationen, die um die Vermittlung von öffentlichem und privatem Interesse kreisen, ist *Anna Karenina* ein Drama mit einem ganz persönlichen Thema, das die Auswirkungen einer tragischen Liebe auf alle betroffenen Personen darstellt. Hamilton sah das Schreiben des Textes als ebenso wichtig an wie das Komponieren: Der überwiegende Teil der musikalischen Struktur ergibt sich unmittelbar aus der dramaturgischen Anlage des Librettos. Gleichwohl gehorcht die Musik in ihrem Verlauf einer immanenten Logik. Nach eigener Aussage benutzt der Komponist Motive, Akkorde und Tonarten, die sich auf Ereignisse, Personen und ihre Charaktereigenschaften beziehen, um dem Werk musikalische Sinnfälligkeit und Einheit zu verleihen. Wichtigstes und nachdrücklichstes Gestaltungselement sind die Tonalität und die konsequent durchgehaltene Tonartencharakteristik. So steht beispielsweise Es-Dur für Vronsky, D-Dur für Anna und A-Dur für beider Liebe. Das Streben nach formaler Geschlossenheit zeigt sich auch in den instrumentalen Zwischenspielen, die integraler Bestandteil des Dramas sind. Nur zeitweilig ist diese Tendenz zurückgenommen zugunsten einer freien vokalen Entfaltung, wie etwa im Liebesduett am Ende des I. Akts oder im Monolog des betrogenen Ehemanns (II/1). Überhaupt prägt das Opernhafte weitaus deutlicher den Charakter als in früheren Werken. Als beispielhaft für den Rückgriff auf traditionelle Gestaltungsprinzipien kann die Ballszene im I. Akt bezeichnet werden: Den festgefügten musikalischen Rahmen für das Geschehen bildet die Abfolge von zwei Walzern, einer Quadrille, einer Polonaise und einer Mazurka. Diese Tänze erinnern an Frédéric Chopin und Pjotr Tschaikowski und evozieren das Idiom der Gesellschaftsmusik des 19. Jahrhunderts. Höhepunkt des Werks ist Annas großer Schlußmonolog, in dem die seelische Verwirrung der Protagonistin durch die phantasmagorische Verschränkung verschiedener Raum- und Zeitebenen musikalisch wie szenisch gleichermaßen beklemmend umgesetzt erscheint. Hamilton hat auf der Grundlage des Romans eine Szenenfolge geschaffen, deren Reiz im geschickten Wechsel von öffentlichen und privaten Situationen liegt. Schauplätze wie der Ballsaal und die Pferderennbahn, aber auch die Chorszenen zu Beginn und Ende der Oper, bieten dem Komponisten Gelegenheit zur Entfaltung eines Lokalkolorits, dessen musikalische Substanz im Rückbezug auf Tanzformen und militärische Rhythmen liegt. Und es sind (entgegen der erklärten Absicht des Komponisten) diese Elemente, die vor der unauffälligeren, quasi leitmotivischen Mikroorganisation den Vorrang haben und dem Stück seinen Zusammenhalt geben.
**Wirkung:** Der Erfolg der Uraufführung, die szenisch von Colin Graham und musikalisch von Howard Williams geleitet wurde, gründet sicherlich auch in dem im positiven Sinn traditionellen Charakter der Oper. Die Kritik nannte das Werk ein Musterbeispiel des tonalen Musiktheaters und begrüßte, daß Hamilton sich von seinem früheren, durch den Einfluß Alban Bergs und Anton von Weberns bestimmten Stil offenkundig distanziert habe und zu einem mehr lyrisch-romantischen Idiom tendiere. *Anna Karenina* ist eine der erfolgreichsten englischen Opern der Zeit nach Benjamin Britten.

**Autograph:** beim Komponisten. **Abschriften:** Kl.A: Presser, Bryn Mawr, PA. **Aufführungsmaterial:** UE, London
**Literatur:** I. HAMILTON, Anna Karenina: An Operatic Version, in: MT 122:1981, S. 295, 297

*Ruth E. Müller*

# Marvin Hamlisch

Marvin Frederick Hamlisch; geboren am 2. Juni 1944 in New York

## A Chorus Line
**Musical**

**Eine Chorus-Line**

**Buch:** James Kirkwood und Nicholas Dante (eigtl. Nicholas Morales), nach einer Idee von Michael Bennett (eigtl. Michael Bennett Di Figlia). **Gesangstexte:** Edward Lawrence Kleban. **Orchestration:** Bill Byers, Hershy Kay und Jonathan Tunick. **Choreographie:** Michael Bennett, unter Mitarbeit von Bob Avian (eigtl. Bob Avedisian)
**Uraufführung:** 15. April 1975, Public Theatre, New York
**Personen:** Zach, Regisseur und Choreograph; Larry, sein Assistent; die engere Ballettauswahl: Diana Morales, Connie Wong, Kristine DeLuca, Judy Turner, Bebe Benzenheimer, Maggie Winslow, Sheila Bryant, Valerie Clark, Cassie Fergoson, Alan DeLuca, Don Kerr, Richie Walters (Farbiger), Paul San Marco, Mike Costa, Greg Gardner, Bobby Mills III und Mark Anthony; nach dem Vortanzen scheiden aus: Vicki, Tricia, Roy, Larry, Frank, Tom, Lois und Butch
**Orchester:** Holzbläser I (Picc, Fl, A.Fl, Klar, A.Sax), Holzbläser II (Fl, Klar, kl. Klar, B.Klar,

A.Sax), Holzbläser III (Fl, Ob, E.H, Klar, T.Sax), Holzbläser IV (Fl, Klar, Kb.Klar, Fg, Bar.Sax), 3 Trp (auch FlügelHr, 1. auch PikkoloTrp), 3 Pos, Schl (I: Drum-Set; II: Pkn, Glsp, Vibr, Xyl, Glocken, Tomtom, gr.Tr, Congas, Bongos, Holzblöcke, Kuhglokken, Trg, Tamburin, Maracas, Cabaza, Bell tree, Bell plate), Hrf, elektr. B (auch Kb), Git (akustisch mit Nylonsaiten, akustisch mit Stahlsaiten, elektr. Git, Banjo), Tasteninstrumente (I: Celesta, Kl, elektr. Kl; II: elektr. Cemb, elektr. Org mit Leslie)

**Aufführung:** Dauer ca. 2 Std., keine Pause. – Alle Mitwirkenden müssen tänzerisch (Jazz-Dance), stimmlich und darstellerisch gleichermaßen ausgebildet sein. Bei den nach dem Vortanzen Ausscheidenden handelt es sich mit Ausnahme von Tricia um Sprechrollen. Das Bühnenbild zeigt die typische Ausstattung eines Ballettsaals mit Übungsstange und Spiegel. Die Bühne muß so breit sein, daß sie 17 nebeneinanderstehenden Tänzern genügend Bewegungsfreiheit läßt.

**Gesangsnummern:** And . . .; I Hope I Get It (Ich muß es schaffen); I Can Do That (So was kann ich); At the Ballet (Da, beim Ballett); Sing (Sing!); Hello Twelve, Hello Thirteen, Hello Love! (Hallo Zwölf, hallo Dreizehn, hallo Love!); Nothing (Gar nix); The Music and the Mirror (Die Musik und der Spiegel); Dance: Ten, Looks: Three (Tanz: Zehn, Typ: Drei); One (Die eine); What I Did for Love (Weil's aus Liebe war)

**Entstehung:** Ausgangspunkt für *A Chorus Line* war die schlechte Situation der amerikanischen Tänzer zu Beginn der 70er Jahre: Zu der ohnehin schon schwierigen Beschäftigungslage, der geringen Bezahlung und der damit verbundenen niedrigen sozialen Stellung kam der Umstand, daß seit Bernsteins *West Side Story* (1957) am Broadway keine für Tänzer interessanten Stücke mehr aufgeführt worden waren. Bennett nahm diese Situation zum Anlaß, um ein Stück von Tänzern über Tänzer zu machen, ein Stück, das die Unterdrückten zur Selbstdarstellung aufforderte. Selbst vom anonymen Gruppentänzer zu einem der drei stilbildenden Choreographen des amerikanischen Musiktheaters neben Jerome Robbins (in *West Side Story* und Bocks *Fiddler on the Roof*, 1964) und Bob Fosse (in Adler/Ross' *The Pajama Game*, 1954, und Colemans *Sweet Charity*, 1966) aufgestiegen und bereits mit mehreren Tony Awards ausgezeichnet, waren ihm Problematik und Illusion des Tänzerberufs bestens bekannt. Aus 30 Stunden an Tonbandmitschnitten, die im Verlauf eines Workshops entstanden waren, bei dem 25 Tänzer in einem Gesprächsmarathon über ihre Situation, ihre Wünsche und Möglichkeiten gesprochen hatten, erstellte Bennett zusammen mit Dante (als Paul San Marco einer der Tänzer des Stücks), Kirkwood und Kleban sechs komplette Manuskripte, die aus den 25 Tänzern Hunderte von Charakteren werden ließen. Mit Hamlischs Musik und produziert von Joseph Papp, dem Leiter des New York Shakespeare Festival, wurde *A Chorus Line* in seiner endgültigen Gestalt am 21. Mai 1975 am Off-Broadway im Newman Theatre aufgeführt. Der Erfolg war jedoch so überwältigend, daß das Stück nur wenige Wochen später in das größere Shubert Theatre umsiedeln mußte.

**Handlung:** Auf der Bühne eines Broadway-Theaters: Zach, Regisseur und Choreograph, hält Eignungsproben für seine neue Broadway-Show ab: Aus einer Vielzahl anonymer Bewerber sollen vier Tänzer und vier Tänzerinnen zu einer Chorus-Line zusammengestellt werden. Dabei interessiert Zach sich jedoch nicht nur für tänzerisches Können, sondern auch für die sehr persönliche Motivation jedes einzelnen Bewerbers: Fast psychotherapeutisch dazu animiert, erzählen Tänzer und Tänzerinnen von ihrer Kindheit, den Gründen für ihre Berufswahl und von ihrer menschlichen und künstlerischen Selbsteinschätzung. So unterschiedlich diese Lebensbeichten auch ausfallen, durch alle ziehen sich eine fast aufopfernde Liebe zum Tanz, Zeichen der unbarmherzigen Härte dieses Berufs und die Angst vor einer ungewissen Zukunft. Zach trifft seine Auswahl; die zusammengestellte Chorus-Line erhält Anweisungen für die ersten Proben, alle andern Bewerber begeben sich auf die Suche nach neuen Eignungsproben.

**Kommentar:** Mit »chorus line« ist die im Showbusineß übliche singende und tanzende Truppe gemeint, die im perfekten Einklang der Bewegungen und mit strahlendem Lächeln eine harmonische Reihe von Körpern bildet. Diese fast roboterhafte Gruppe anonymer Tänzer stellt den Rahmen für den Star im Rampenlicht. Berühmt wegen ihres perfekten, einheitlichen Drills waren zum Beispiel die Follies an den Pariser Folies-Bergère und die Rockettes der New Yorker Radio City Music Hall. Nicht zum erstenmal ist die Chorus-Line handlungtragend in ein Musical integriert worden. Wurde jedoch in Werken wie Stynes *Gypsy* (1959; Zigeuner: auch dies ein Name für Tänzer, die von einer Broadway-Show zur andern ziehen) oder Charles Strouses *Applause* (1970) lediglich die Funktion der Tanzgruppe voll in die Handlung eingebaut und damit aufgewertet, so holt *A Chorus Line* nun die namenlosen Tänzer aus ihrem Schattendasein und stellt sie als Stars in den Mittelpunkt des Stücks. Anonymität gegen Identität: die gesichts- und sprachlosen Roboter des Broadways erhalten plötzlich Namen und Stimmen. Als ob die einmal erhaltene Chance zur Darstellung gleichzeitig auch die letzte sei, entwickelt sich die Eignungsprobe zu einem Gesprächsmarathon ohne Anfang und Ende. Schon formal macht sich dies ununterbrochene Reden durch das Wegfallen der Pause und der üblichen Szenen- und Bildeinteilung bemerkbar. Und auch das beinah deprimierend realistische und ganz und gar »unmusicalhafte« Ende deutet an, daß jeder dieser eben noch neugeborenen Stars wieder zurücktreten wird in die Einheits-Chorus-Line ohne Glamour. Das Broadway-Klischee vom zum Ruhm aufgestiegenen Star, der jedes Musical geliebt und umjubelt beenden darf, wird ad absurdum geführt. Statt des üblichen schmissigen Applausfinales blendet das Stück illusionslos aus: »Ich glaube nicht an Verbeugen und Applaus, nur an das Ausblenden zum Schluß. Und das genau ist auch das Leben eines Tänzers« (Bennett). Geradezu verblüffend bruchlos kommt das Anliegen der Autoren durch die Machart des Stücks zum Ausdruck: Fließend bewältigt die den Tänzern abgelauschte einfache Sprache die Übergänge zur Pantomime als Ausdruck dauernder unbewußter und stummer Auseinandersetzung mit einer teilweise unbewältigten Vergangenheit und schließlich zum Tanz als dem einzigen wahren Kommunikationsmittel des Tänzers. Steht der einzelne beim Erzählen seiner Lebensgeschichte noch allein und im Mittelpunkt, so verschmelzen alle, sobald Musik erklingt, in gewaltigen Tanzeinlagen wieder zu einer Einheit nach Rhythmen und Regeln. Wie Tanz und Libretto erweisen sich auch die Songs als organischer Bestandteil des Ganzen. Stellenweise gelingt es sogar, die Übergänge zu verwischen, an denen ein Song beginnt oder endet. Im Gegensatz zu den herkömmlichen Musicals wird die Musik für den Dialog unterbrochen und nicht der Dialog durch Musikeinsätze. Im Einklang mit dem authentischen Libretto schrieb Hamlisch seine Musik erst, als bereits die jeweilige Rollenbesetzung feststand, wodurch er manches Typische und Individuelle der Darsteller in die Show miteinbringen konnte. Unterstützt wird diese Individualität sowohl durch das plötzliche Hervorbrechen solistischer Einlagen aus vielfältig ineinander verwobenen Chören als auch durch die Verschiedenartigkeit und Vermischung von Stilelementen wie Rock, Klassik, Folk music oder Melodram, die teilweise innerhalb eines Songs umschlagen und bei jedem Interpreten »das Besondere« hervorheben. Zusätzlich unterstreicht die Einteilung der Musik in zum Theater gehörende Vordergrundmusik und in filmähnliche musikalische Untermalung sowie die betonte Verwendung bestimmter Instrumente wie Harfe für Traum oder Klavier für stereotype Warmups die in das Stück eingeflossene authentische Atmosphäre.

**Wirkung:** *A Chorus Line* wurde mit neun Tony Awards ausgezeichnet (unter anderm als »Bestes Musical«), erhielt den Preis der New Yorker Schauspielkritiker sowie den Pulitzer-Preis und läuft bis heute (1987) en suite am Broadway, womit es den Rekord als Musical mit der längsten Spielzeit hält. Unter der Regie von Richard Attenborough entstand 1985 eine vielbeachtete Verfilmung. Am 4. Okt. 1980 erlebte *A Chorus Line* im Berliner Theater des Westens seine deutschsprachige Erstaufführung. Jedoch handelt es sich um ein speziell auf die amerikanischen Theaterverhältnisse zugeschnittenes Thema, dessen Härte nicht auf das deutsche subventionierte Theatersystem übertragbar ist.

**Ausgaben:** Kl.A: Morris, NY. **Aufführungsmaterial:** Tams-Witmark, NY; dt. Übers. v. M. Mleinek: Bloch

*Martina Krawulsky*

*A Chorus Line,* Finale; Choreographie: Michael Bennett und Bob Avian; Uraufführung, Public Theatre, New York 1975. – Die frivolaufrechte Haltung der Tänzer täuscht über die Härte der Chorus-Line hinweg, einer Deadline im doppelten Sinn. Sie stellt den Abschluß eines rigorosen Ausleseprozesses dar und ist doch vorläufig: für die Auserwählten jetzt Engagement, für die Ausgeschiedenen Endstation.

# Georg Friedrich Händel

Auch George Frideric Handel; geboren am 23. Februar 1695 in Halle (Saale), gestorben am 14. April 1759 in London

## Der in Kronen erlangte Glückswechsel oder Almira, Königin von Kastilien
**Singspiel**
3 Akte (11 Bilder)

**Text:** Friedrich Christian Feustking, nach dem Libretto von Giulio Pancieri zu dem Dramma per musica *L'Almira* (Venedig 1691) von Giuseppe Boniventi
**Uraufführung:** 8. Jan. 1705, Theater am Gänsemarkt, Hamburg
**Personen:** Almira, Königin von Kastilien (S); Edilia, eine königliche Prinzessin (S); Bellante, Prinzessin von Aranda (S); Raymondo, ein König aus Mauretanien (B); Consalvo, Fürst von Segovia, auch Asien (B); Osman, sein Sohn, auch Afrika (T); Fernando, der Königin Secretarius, auch Europa (T); Tabarco, Diener Fernandos, auch die Narrheit (T). **Chor:** Volk.
**Statisterie:** Hofstaat, Leibwache der Königin, Soldaten, Musikanten, Europäer, Afrikaner und Asiaten als Gefolge der Nationen, Harlekine und Marktschreier als Gefolge der Narrheit. **Ballett:** spanische Damen und Herren, Europäer, Afrikaner, Asiaten, Marktschreier
**Orchester:** 2 BlockFl, 2 Ob, Fg, 3 Trp (2 Clarini, Principale), Pkn, Streicher, B.c
**Aufführung:** Dauer ca. 3 Std. 45 Min. – Musik der Ballette in der Partitur vorhanden; im III. Akt Festaufzüge der allegorischen Personen.

**Entstehung:** Die Musik zu Boniventis *L'Almira* ist verschollen. Pancieris Text wurde von Ruggiero Fedeli für den Hof von Braunschweig-Wolfenbüttel neu vertont (Braunschweig 1703). Fedelis in der Lübecker Stadtbibliothek erhaltene Partitur (datiert 1703 und signiert vom Kopisten Gottfried Alberti) mag Händel bekannt gewesen sein, doch hat er keine Musik hieraus entlehnt, wie manchmal vermutet worden ist. Eine ins Deutsche übersetzte Textfassung wurde in neuer Vertonung von Reinhard Keiser 1704 am sächsischen Hof von Weißenfels aufgeführt, und zwar zu Ehren des Kurfürsten Johann Wilhelm von der Pfalz, mit dem Händel später in Beziehung stand. Keiser, der enge Beziehungen zum Weißenfelser Hof hatte, könnte Händel den Text zur Vertonung in Hamburg überlassen haben, wie Bernd Baselt vermutet (s. Lit.). Sicher ist, daß Feustking für Händel eine Mischfassung aus dem Braunschweiger und dem Weißenfelser Text herstellte; hierbei ließ er die 16 italienischen Arien stehen, die auch der Weißenfelser Text übernommen hatte, während die deutschen Arien und das deutsche Rezitativ zumeist neu gefaßt wurden. Keisers eigene Vertonung, die er zusammen mit dem Librettisten Barthold Feind noch einmal bearbeitete, wurde erst 1706 als *Der durchlauchtige Secretarius oder Almira* in Hamburg aufgeführt (die Arien wurden mit informierender Vorrede gedruckt). Nach Johann Matthesons *Critica Musica* (s. Lit.) hat Händel bei der Komposition seiner ersten Oper die Hilfe des erfahreneren Mattheson benötigt oder jedenfalls erhalten.

**Handlung:** In Valladolid, Mittelalter. I. Akt, 1. Bild: Amphitheater; 2. Bild: königlicher Garten; 3. Bild: Saal im Palast mit Treppen und Galerien; II. Akt, 1. Bild: Gemach der Königin mit Thron; 2. Bild: Zimmer Fernandos; 3. Bild: Palasthof; 4. Bild: Vorzimmer der Königin; III. Akt, 1. Bild: Säulengalerie; 2. Bild: Garten mit Lauben; 3. Bild: Kerker; 4. Bild: Königssaal.
I. Akt: Almira hat die Nachfolge ihres verstorbenen Vaters angetreten und wird in prächtiger Zeremonie unter Zuruf des Volks zur Königin von Kastilien gekrönt. Sie ernennt den weisen Consalvo zu ihrem Rat und dessen ungeratenen Sohn Osman zum Feldherrn, den Jüngling unbekannter Herkunft Fernando aber, den sie heimlich liebt, zu ihrem Sekretär. Es trifft sie schwer, als ihr Consalvo als ihres Vaters letzten Wunsch enthüllt, daß sie einen Nachkommen Consalvos heiraten solle. Osman macht sich in der Tat schon Hoffnungen auf Almiras Hand, doch fährt er fort, seiner Geliebten Edilia Treue vorzuspielen. Almira überrascht Fernando im Wald, wo er seine Liebe zu ihr in Baumrinde ritzen will; sie mißversteht den fragmentarischen Satz als Liebesbekenntnis zu Edilia. Consalvo verspricht Edilia, den untreuen Osman zurechtzuweisen. Bei einem Hofvergnügen gesellt sich Fernando aus Verzweiflung zu Edilia, Osman aus Leichtsinn zu Bellante; Almira wird eifersüchtig.
II. Akt: Der mauretanische Gesandte Raymondo stellt sich bei Hof vor. Bellante, die sich in Osman verliebt hat, läßt sich von Consalvo ungern den Hof machen. Osman zwingt Fernando, für ihn bei Almira ein Wort einzulegen, wobei er versteckt bleibt, während Fernando sich durch zweideutige Reden aus der Schlinge zu ziehen versucht. Raymondo, der als Gesandter verkleidete König, wirbt um Almira. Sie jedoch sucht Fernando auf, um ihm ihre Liebe zu gestehen; Osman kommt unerwartet dazu und will sich mit Fernando duellieren, was Almira verhindert, indem sie Osmans Degen stiehlt. Edilia hat den Degen in Almiras Zimmer gefunden und macht Osman eifersüchtige Vorhaltungen. Tabarco spioniert in den Briefschaften der Hofgesellschaft, die er zur Post bringen soll.
III. Akt: Fernando, Osman und Consalvo stellen in einem festlichen Aufzug zu Ehren Raymondos die drei Weltteile (Europa, Afrika, Asien) vor, Tabarco die Narrheit. Edilia trauert ihrer Liebe nach; Raymondo versucht sie für sich zu gewinnen. Bellante weist Consalvo wieder ab. Consalvo läßt Fernando verhaften, da er angeblich verbotene Beziehungen zu Edilia unterhalte; Almira ist von Liebe und Eifersucht hin- und hergerissen, besonders als ihr Tabarco einen Abschiedsbrief Fernandos aus dem Kerker bringt, in dem als Geschenk ein Rubin liegt. Inzwischen möchte Osman Edilia zurückgewinnen, die ihm aber jetzt Raymondo vorzieht. Almira hat Fernando glauben

gemacht, er sei zum Tod verurteilt; als er aber auch darauf nur mit Liebesbeteuerungen reagiert, befreit sie ihn. Consalvo erkennt an dem Rubin, daß Fernando sein verloren geglaubter Sohn und damit von hoher Geburt ist. Somit kann Almira, zugleich den Willen des Vaters erfüllend, Fernando heiraten, während sich Osman und Bellante, Raymondo und Edilia mit ihnen zu einer Tripelhochzeit zusammenfinden.

**Kommentar:** Bei der Beurteilung des Werks muß beachtet werden, daß die Musik nur in Georg Philipp Telemanns Bearbeitung vorliegt; außerdem hat die verwickelte Vorgeschichte des Librettos zu zahlreichen Ungereimtheiten in der Handlung geführt. Der Text der Ausgabe von Friedrich Chrysander enthält zahlreiche Fehler, besonders in den italienischen Arientexten, die zum Teil schon auf das Manuskript zurückgehen dürften (S. 84, letzte Zeile, muß es am Anfang »Raymondo«, nicht »Consalvo« heißen). Feustking und Händel haben sich offenbar bemüht, auf Kosten einer durchsichtigen Handlungsführung so viele szenische und musikalische Attraktionen wie möglich unterzubringen. Der grell-bunten Ausstattung der Oper mit Staatsaktionen, Tanzvergnügen, Theater auf dem Theater (Festzüge), komischer Rolle, Duell und Kerkerszene entspricht Händels reiches Bukett meist frischer und konziser musikalischer Nummern. Vor allem für die französischen Ballettsätze dürfte er auf bereits vorhandene Instrumentalstücke aus seinem Fundus als Klavierkomponist zurückgegriffen haben. Doch bietet er auch pathetisch-expressive und virtuos konzertierende Arien, hierbei die Fähigkeiten auch der Hamburger Instrumentalisten (Oboe) effektvoll ausnutzend. Im III. Akt häufen sich die Accompagnatos, darunter eine mehrgliedrige Duettszene Fernando/Almira. Die Partitur, die unter starkem Einfluß Keisers entstand, hebt sich trotz ihres Einfallsreichtums und kontrapunktischer Geschicklichkeit aber nicht grundsätzlich von den besseren Leistungen der damaligen Hamburger Oper ab. Viele Nummern hat Händel später in andern Werken, darunter auch italienischen Opern, wiederverwendet, wobei es ihm um die Nutzbarmachung vor allem der melodischen Einfälle ging.

**Wirkung:** *Der in Kronen erlangte Glückswechsel* wurde 1732 für eine Aufführung in Hamburg von Telemann bearbeitet; von dieser Aufführung stammt die erhaltene Partiturabschrift Berlin, die Einlagen und Änderungen Telemanns enthält. Wiederaufführungen gab es 1878 und 1885 in Hamburg sowie 1879 in Leipzig. Auf Initiative Chrysanders wurde das Werk 1905 in Hamburg neu inszeniert. Seither gab es in Deutschland gelegentlich Aufführungen, unter anderm 1985 in Leipzig.

**Autograph:** Verbleib unbekannt. **Abschriften:** Part, Bearb. v. G. P. Telemann: SBPK Bln. (West) (Mus. ms. 9050); Fragment: BL London (MSS. 31555). **Ausgaben:** Part: G. F. HÄNDEL, Werke, hrsg. F. Chrysander, Bd. 55, B&H 1873, Nachdr. London [1965]; Hallische Händel-Ausg., Bär [in Vorb.]; Textb.: Hbg., Greflinger 1704; Hbg., Stromer 1732
**Literatur:** J. MATTHESON, Critica Musica, Bd. 1, Hbg. 1722, Nachdr. 1964, S. 234; F. CHRYSANDER, Geschichte der Hamburger Oper unter der Direction von Reinhard Keiser (1703–1706), in: AMZ 15:1880, S. 35ff.; P. ROBINSON, Bach's Indebtedness to H.'s ›Almira‹, in: MT 48:1907, S. 309ff.; **zu Händel:** J. MAINWARING, Memoirs of the Life of the Late G. F. H., London 1760, dt.: J. MATTHESON, G. F. H.s Lebensbeschreibung, Hbg. 1761; J. HAWKINS, G. F. H., in: A General History of the Science and Practice of Music, Bd. 5, London 1776, Nachdr. 1875; C. BURNEY, A General History of Music from the Earliest Ages to 1789, Bd. 4, London 1789, Nachdr. 1958; V. SCHOELCHER, The Life of H., London 1857; F. CHRYSANDER, G. F. H., 3 Bde., Lpz. 1858–67, Register-Bd. v. S. Flesch, Lpz., Hildesheim 1967; J. A. FULLER-MAITLAND, A. H. MANN, Catalogue of the Music in the Fitzwilliam-Museum, Cambridge, London 1893; S. TAYLOR, The Indebtedness of H. to Works by Other Composers, Cambridge 1906, Nachdr. NY 1979; P. ROBINSON, H. and His Orbit, London 1908, Nachdr. NY 1979; R. A. STREATFEILD, H., London 1909; S. FASSINI, Il melodramma italiano a Londra nella prima metà del Settecento, Turin 1914; R. A. STREATFEILD, H., Rolli, and Italian Opera in London in the Eighteenth Century, in: MQ 3:1917, S. 428ff.; N. FLOWER, G. F. H., His Personality and His Times, London 1923, ⁴1959, dt. Lpz. 1925; H. LEICHTENTRITT, H., Stuttgart 1924; W. B. SQUIRE, British Museum. Catalogue of the King's Music Libr., I: The H. Manuscripts, London 1927; R. STEGLICH, Die neue H.-Opernbewegung, in: Händel-Jb. 1928, S. 71ff.; G. F. SCHMIDT, Neue Beiträge zur Geschichte der Musik und des Theaters am Herzoglichen Hofe zu Braunschweig-Wolfenbüttel, 1. Folge, München 1929; J. MÜLLER-BLATTAU, G. F. H., Potsdam 1933; E. J. DENT, H. on the Stage, in: ML 16:1935, S. 174ff.; W. SCHULZE, Die Quellen der Hamburger Oper, Hbg. 1938; J. EISENSCHMIDT, Die szenische Darstellung der Opern H.s auf der Londoner Bühne seiner Zeit, 1: Die Stellung H.s im Londoner Theaterleben u. seine Theater, 2: Der Darstellungsstil d. H.-Oper, Wolfenbüttel, Bln. 1940/41; E. H. U. H. MÜLLER V. ASOW, G. F. H., Lindau 1949; E. DAHNK-BAROFFIO, Zu den Libretti der H.-Zeit, in: Festschrift der Händel-Festspiele, Göttingen 1953, S. 15ff.; E. J. DENT, The Operas, in: Handel. A Symposium, hrsg. G. Abraham, London 1954; O. E. DEUTSCH, H. A Documentary Biography, London 1955; W. C. SMITH, Verzeichnis der Werke G. F. H.s, in: Händel-Jb. 1956, S. 125–167; K. SASSE, Die Texte der Opern H.s in ihren gesellschaftlichen Beziehungen, in: Wiss. Zs. d. Martin-Luther-Univ. Halle-Wittenberg 4:1955, S. 627ff.; W. SERAUKY, Das Ballett in G. F. H.s Opern, in: Händel-Jb. 1956, S. 91ff.; DERS., G. F. H. Sein Leben – sein Werk, Bd. 3, Lpz. 1956; H. C. WOLFF, Die H.-Oper auf der modernen Bühne, Lpz. 1957; DERS., Die Barockoper in Hamburg, Wolfenbüttel 1957, Bd. 1, S. 240–249; J. MÜLLER-BLATTAU, G. F. H. Der Wille zur Vollendung, Mainz 1959; J. M. KNAPP, H., the Royal Academy of Music, and its First Opera Season in London (1720), in: MQ 45:1959, S. 145ff.; W. C. SMITH, H. A Descriptive Catalogue of the Early Ed., London 1960; W. SIEGMUND-SCHULTZE, G. F. H., Lpz. 1962; K. SASSE, H.-Bibliographie, Lpz. 1963, 1. Nachtrag 1962–65, Lpz. 1967; R. BROCKPÄHLER, Handbuch zur Geschichte der Barockoper in Deutschland, Emsdetten 1964; P. H. LANG, G. F. H., NY 1966; G. E. DORRIS, Paolo Rolli and the Italian Circle in London 1715–1744, Den Haag, Paris 1967; A. H. KING, H. and His Autographs, London 1967; M. KNAPP, Probleme bei der Edition von H.s Opern, in: Händel-Jb. 1967/68, S. 113–123; D. R. B. KIMBELL, A Critical Study of H.'s Early Operas, Diss. Univ. of Oxford 1968; W. DEAN, H. and the Opera Seria, Berkeley, Los Angeles 1969; P. GÜLKE, Zur Einrichtung H.scher Opernpartituren, in: Händel-Jb. 1969/70, S. 87–122; A. D. WALKER, G. F. H. The Newman Flower Coll. in the H. Watson Music Libr., Manchester 1972; H. D. CLAUSEN, H.s Direktionspartituren (»Handexemplare«), Hbg. 1972 (Hamburger Beitr. zur Mw. 7.); B. BASELT, Zum Parodieverfahren in H.s frühen Opern, in: Händel-Jb. 1975, S. 19ff.; W. DEAN, Twenty Years of H. Opera, in: Opera 26:1975, S. 924ff.; R. STROHM, H.

und seine italienischen Operntexte, in: Händel-Jb. 1975/76, S. 101ff.; G. F. Handel. Three Ornamented Arias, hrsg. W. Dean, Oxford 1976; B. BASELT, H.-Handbuch, Bd. 1: Lebens- u. Schaffensdaten. Thematisch-systematisches Verz.: Bühnenwerke, Lpz. 1978; DERS., H. auf dem Wege nach Italien, in: Georg Friedrich Händel und seine italienischen Zeitgenossen, Konferenz-Ber. Univ. Halle 1979; G. BIMBERG, Zur Dramaturgie der H.-Opern, Diss. Halle (Saale) 1979, gekürzt als: Dramaturgie der H.-Opern, Halle 1985; E. T. HARRIS, H. and the Pastoral Tradition, London 1980; W. DEAN, H., London 1982; H. C. R. LANDON, H. and His World, London 1984; C. HOGWOOD, H., London 1984; R. STROHM, Essays on H. and Italian Opera, Cambridge 1985; W. DEAN, J. M. KNAPP, H.'s Operas 1704–1726, Oxford 1987; S. HENZE-DÖHRING, H. und die Opera seria in London, in: Bericht über den internationalen musikwissenschaftlichen Kongreß Stuttgart 1985. Alte M als ästhetische Gegenwart. Bach–H.–Schütz, Kassel 1987, Bd. 1, S. 225–230

*Reinhard Strohm*

## Agrippina
**Dramma per musica in tre atti**

**Agrippina**
3 Akte (8 Bilder)

**Text:** Vincenzo Grimani
**Uraufführung:** 26. Dez. 1709, Teatro di S. Giovanni Grisostomo, Venedig
**Personen:** Aprippina, römische Kaiserin, Gemahlin Claudios (S); Claudio/Claudius, römischer Kaiser (B); Nerone/Nero, Sohn Agrippinas (S); Ottone, General (A); Poppea, Geliebte Ottones (S); Pallante, Höfling (B); Narciso, Höfling (T); Lesbo, Diener Claudios (B); Giunone/Juno (A)
**Orchester:** 2 BlockFl, 2 Ob, 2 Trp, Pkn, Streicher, B.c
**Aufführung:** Dauer ca. 3 Std. – Die drei »cori« werden von den Solisten gesungen. Nerone wurde in der Uraufführung von einem Kastraten gesungen. Ballett am Schluß (Musik nicht erhalten).

**Entstehung:** Komposition und Aufführung des Werks wurden 1707/08 in Rom von Kardinal Grimani angeregt, der Mitbesitzer des Theaters San Giovanni Grisostomo war. Der in kaiserlichen Diensten stehende Grimani, der das Libretto in der Zeit größter Feindseligkeiten zwischen Papst Klemens XI. und Kaiser Joseph I. anfertigte, mag mit dem Sujet eine Satire auf den päpstlichen Hof beabsichtigt haben.
**Handlung:** In Rom, 54 n. Chr.
I. Akt, 1. Bild, Agrippinas Gemächer: Kaiserin Agrippina hat einen Brief mit der falschen Nachricht vom Tod ihres Gemahls Claudio erhalten und verliert keine Zeit, ihren Sohn Nerone auf den Thron zu bringen. Sie bestimmt ihn, sich auf das Herrschen vorzubereiten und das Volk durch Mildtätigkeit auf seine Seite zu bringen; ihren heimlichen Verehrern Pallante und Narciso macht sie gleichzeitig Hoffnungen auf eine Heirat. 2. Bild, Platz auf dem Kapitol: Nerone streut Geld unter das Volk. Agrippina kommt mit Gefolge und verkündet offiziell Claudios Tod; Pallante und Narciso sekundieren. Nerone wird zum Kaiser ausgerufen. Da bringt Lesbo die Botschaft, daß Claudio den Seesturm überlebt habe und in kurzem in Rom eintreffen werde; Ottone habe ihn gerettet und sei zum Dank von Claudio als neuer Kaiser bestimmt worden. Ottone verrät Agrippina, daß er Poppea liebe und um ihretwillen sogar auf den Thron verzichten wolle. Aber auch Claudio interessiert sich für Poppea. 3. Bild, Poppeas Gemächer: Von ihren Verehrern Claudio, Ottone und Nerone ist Poppea nur Ottone zugetan; die Nachricht, daß Claudio sie besuchen werde, ist ihr unangenehm. Agrippina verleumdet Ottone: Er wolle um des Throns willen auf Poppea verzichten. Poppea rächt sich, indem sie auf Agrippinas Rat Claudio Liebe vorspielt und so erreicht, daß er Ottone seine Gunst entzieht. Das Rendezvous mit Claudio wird von Agrippina noch rechtzeitig gestört.
II. Akt, 1. Bild, Straße am Kaiserpalast: Der Triumphzug für den siegreich heimkehrenden Claudio, bei dem alle Beteiligten dem Kaiser huldigen, zeigt, daß Ottone in Ungnade gefallen ist; sofort wenden sich alle von ihm ab, auch Poppea. 2. Bild, Poppeas Garten: Poppea beginnt zu bereuen. Als Ottone kommt und sich verteidigt, erkennt sie, daß Agrippina sie betrogen hat. Um sich zu rächen, bestellt sie zunächst Nerone zu einem Rendezvous. 3. Bild, Agrippinas Gemächer: Pallante und Narciso, die Agrippina durchschaut haben, werden von ihr gegeneinander und gegen Ottone aufgehetzt. Von Claudio erreicht sie, daß er anstelle Ottones Nerone zum Kaiser bestimmt. Claudio sagt alles zu, hat aber nur das nächste Treffen mit Poppea im Kopf.
III. Akt, 1. Bild, Poppeas Zimmer mit drei Türen: Poppea hat sich mit Ottone versöhnt. Sie versteckt ihn hinter der Tür und läßt ihn das folgende miterleben: Zunächst kommt, wie verabredet, Nerone zum Rendezvous, den Poppea, da angeblich Agrippina gleich erscheinen werde, hinter einer andern Tür versteckt, wo er aber nichts sehen und hören kann. Claudio kommt, dem Poppea einredet, nicht Ottone, sondern Nerone sei der Verräter und sein Rivale; beim letztenmal habe er falsch gehört. Zum Beweis entdeckt sie den versteckten Nerone, der wütend flieht. Claudio hat sich überzeugen lassen, muß aber wieder einmal ohne Erfolg abziehen; Poppea und Ottone feiern ihr Glück. 2. Bild, Kaisersaal: Pallante und Narciso verklagen Agrippina bei Claudio, die mit ihrer Hilfe Nerone auf den Thron bringen wollte. Agrippina redet sich aber heraus, sie habe mit diesem Schachzug nur den Thron für Claudio gerettet. Pallante und Narciso können nicht widersprechen, ohne sich selbst bloßzustellen; außerdem gesteht Ottone selbst, daß er der Geliebte Poppeas sei und sie dem Thron vorziehe. Claudio verzeiht allen und gibt jedem das Gewünschte: Nerone den Thron, Ottone die Hand Poppeas. Giunone segnet den Bund; ein Fest mit Tanz schließt sich an.
**Kommentar:** Die verwickelten Vorgänge am römischen Kaiserhof (Abdankung Claudius', Thronbesteigung Neros) sind oft als Opernsujet benutzt worden. Auch die späteren Ereignisse um Nero (Verstoßung Octavias, Ermordung Agrippinas) sind zu Opernstof-

Tafel 16

**Tafel 16**

*oben*
Georg Friedrich Händel, *Giulio Cesare in Egitto* (1724), II. Akt, 1. Bild; Felicity Palmer als Cleopatra; Regie: Horst Zankl, Bühnenbild: Erich Wonder, Kostüme: Joachim Herzog; Oper, Frankfurt a. M. 1978. – Die auf drei Zeitebenen synkretistisch gebrochene Inszenierung zeigt sich nur andeutungsweise im Bild. Gegenstände sind versammelt, die, aus ihrem zeitlichen und funktionalen Zusammenhang gerissen, eine neue, verfremdete Bühnenwirklichkeit schaffen: ein Zelt mit Hieroglyphen, daneben Kinder in orientalischer Kleidung mit Spielsachen von heute; Cleopatra im Barockkostüm vor einem Objekt aus Stahl und Stoff; im Hintergrund ein altägyptisches Grabmal.

*unten*
Hans Werner Henze, *König Hirsch,* III. Akt; Regie: Hans Hollmann, Bühnenbild: Hans Hoffer; Kostüme: Frieda Parmeggiani; Uraufführung der ungekürzten 1. Fassung, Staatstheater, Stuttgart 1985. – Das Prinzip der läuternden Verwandlung ist inszeniert. Die Bühne, dekorlos-nüchtern schwarz ausgeschlagen, wird zum kinetischen Kunstraum: durch Öffnen und Schließen dunkler Vorhänge und Wände, durch Verlegung von Lichtlinien, die ihn hermetisch begrenzen und aufteilen durch je sich verändernde Positionen und Konstellationen. Das Natur- und Märchenhafte des Stoffs, Buntheit und Exotik vergegenwärtigen kontrastierend Maske und Kostüm.

fen geworden. Das vorliegende Libretto ähnelt dem der Oper *Nerone fatto Cesare* (1693) von Giacomo Antonio Perti, ist aber ganz selbständig aufgebaut; möglicherweise ist es die Bearbeitung eines schon 1690/91 entstandenen Stücks. Agrippinas Intrigen stehen bei Grimani im Mittelpunkt, sind aber mit dem gleichfalls unmoralischen Verhalten der andern Personen verflochten, die alle (außer Ottone) zum Lügen, Verleumden und Ehebrechen bereit sind. Die weniger Schuldigen (Ottone, Claudio) sind zugleich die Schwächeren, die zweitklassigen Intriganten (Nerone, Pallante, Narciso) werden dem Gelächter preisgegeben. Am Schluß erreicht jeder, was er wollte: Die Moral dieser Komödie, in der nicht einmal der Bösewicht bestraft wird, ist tief ironisch. Das Libretto, das der Tradition der venezianischen Oper des 17. Jahrhunderts sehr viel verdankt, ist ein Meisterstück an Wortwitz, Spannung und Situationskomik, in den Szenen um Poppea erotisch gefärbt und mit dem buffonesken Paar Pallante/Narciso auch echt komödiantisch, obwohl keine eigentliche Bufforolle vorkommt. Da der Kompositionsauftrag an Händel die bis dahin größte Chance seiner Karriere bedeutete, hat er alles versucht, um gleichzeitig den Wünschen und dem Geschmack des Librettisten und Mäzens Grimani, des venezianischen Publikums und der teilweise berühmten Sänger (Margherita Durastanti, Antonio Francesco Carli, Valeriano Pellegrini, Francesca Boschi und Diamante Maria Scarabelli) zu entsprechen und Musik von zum Teil unerhörter Originalität und Intensität vorzuführen. Händel verwendete nicht nur die erfolgreichen Nummern aus früheren Werken (Oper, Oratorium, Kantate) und stellte sie zu einer kontrastreichen Palette zusammen, sondern entsprach auch der venezianischen Tradition mit der Bevorzugung spritziger, tanzartiger (Gigue, Menuett) und instrumental wie vokal virtuoser Arien. Das Ganze wird aufgefüllt mit einer besonders reichen und vielfältigen Instrumentation, wie sie vor allem in dem Oratorium *La resurrezione* (1708) erprobt worden war: Die meisten Instrumente werden sowohl in Gruppen als auch solistisch konzertierend verwendet; es gibt »cori«, die vom Solistentutti gesungen werden, in I/10 und II/3 mit Trompeten und Pauken. Die musikalischen Formen, meist vom Librettisten festgelegt, sind variabel: Neben der Dakapoarie finden sich kürzere oder durch Rezitative unterbrochene Sätze sowie Terzett und Quartett. Die Satztechnik wechselt zwischen schlichtester Homophonie (zum Beispiel II/8) und rohem Unisono (III/14) über Ostinatostücke (zum Beispiel I/21, III/2), konzerthafte und tonmalerische Sätze (I/6, I/14, I/24, II/7, III/11) mit anspruchsvollstem Kontrapunkt (II/5, II/20), manchmal innerhalb desselben Stücks (I/13). Das Beste an der Partitur sind die melodischen Einfälle, vom Volkston (»Ho un non so che nel cor«, I/18, auch von Arcangelo Corelli verwendet, ist vielleicht wirklich eine bereits gängige Melodie gewesen) über die rassigen Tanzlieder (I/23, II/12, II/21) bis zum glatten Belcanto (I/21). Der Vorrang liegt beim Ausdruck des Charakteristischen einer Situation, bis hin zum Abrupten und Bizarren (II/13); eine Arie (III/10) hat Taktwechsel $^3/_8$–$^3/_4$. Die Harmonie- und Dissonanzbehandlung und die vokalen Intervalle sind bisweilen kühn und überraschend; dies betrifft vor allem die Rezitative, die an rhetorischer Bildlichkeit und harmonischen Effekten oft die Grenzen dessen überschreiten, was im Theater aufgefaßt werden kann. Obwohl Händel die Personen und Szenen in Ebenen verschiedenen Affektgrads staffelt, gibt er im ganzen mehr eine Serie genialer Einzelnummern

*Agrippina*, III. Akt, Finale; Eberhard Katz als Narciso, Claudio Nicolai als Ottone, Ulrich Hielscher als Pallante, Thomas Bremser als Prätorianer, Janice Hall als Poppea, Barbara Daniels als Agrippina, Günther von Kannen als Claudio, Michael Erb als Prätorianer, David Kuebler als Nerone, Carlos Feller als Lesbo; Regie: Michael Hampe, Ausstattung: Mauro Pagano; Oper, Köln 1985. – In der Schlußapotheose erscheint Agrippina als Gründerin Kölns. Das Regiekonzept gibt dem Werk eine lokalpatriotische Wendung.

als ein durchgestaltetes Drama. Auch wegen der Schärfe und Artikuliertheit der Dichtung wendet sich die Darstellung mehr dem charakteristischen Detail zu als dem Ganzen; dabei tendiert Händel um so mehr zum Komplizierten, je ernsthafter der Affekt ist, während der Ausdruck des Rührenden, Kantablen, Seichten noch fehlt, der wenig später auch in Venedig Mode wurde. Der Händel-Kenner wird in vielen Stücken Bekanntes aus späteren Werken entdecken; *Agrippina* ist nicht nur eine Blütenlese aus Händels früher Produktion, sondern diente ihm später noch als Melodien- und Motivreservoir.

**Wirkung:** Die Uraufführung war ein spektakulärer Erfolg, und es gab angeblich 27 Vorstellungen, zum Teil mit neukomponierten Ersatzarien, von denen manche erhalten und zum Teil in der Ausgabe von Friedrich Chrysander als Varianten abgedruckt sind. Doch sind nur zwei Wiederaufnahmen nachweisbar: in Neapel 1713, bearbeitet von Francesco Mancini, und in Hamburg 1717. Gerade in Italien wandelte sich der Geschmack seit etwa 1710 so grundlegend, daß *Agrippina* trotz mancher sonst nie wieder versuchter Kühnheiten außer Mode kam. Geschichtlich ist das Werk als Spätblüte der raffinierten Sinnlichkeit und des Intellektualismus venezianisch-römischer Hofkultur einzuordnen. Inszenierungen gab es 1959 in Leipzig, 1965 in London, 1970 in Zürich (Agrippina: Lisa della Casa), 1979 in Altenburg, Weimar und Erfurt, 1980 in Halle (Saale), 1982 als Produktion der Kent Opera Turnbridge Wells in Brighton und London (Agrippina: Felicity Palmer), 1983 in Venedig und an der Kammeroper Berlin, 1984 in Kassel sowie 1985 bei den Schwetzinger Festspielen (in einer Kölner Inszenierung von Michael Hampe) und in Drottningholm.

**Autograph:** BL London (R. M. 20. a. 3. [fragmentarisch]), Fitzwilliam Museum Cambridge (30 H 12). **Abschriften:** ÖNB Wien (Ms. 19160; Koll. Kiesewetter SA. 68, B. 26), Fitzwilliam Museum Cambridge (31 F 8), BL London (Add. Mss. 16023), Central Public Libr. Manchester (MS 130 H d 4, v. 11). **Ausgaben:** Part: G. F. HÄNDEL, Werke, hrsg. F. Chrysander, Bd. 57, B&H 1874, Nachdr. London [1965]; Hallische Händel-Ausg., Bd. II/3, Bär [in Vorb.]; Kl.A, dt. Bearb. v. H. C. Wolff: Bär, Nr. BA 1636; Textb.: Venedig, Rossetti 1709
**Literatur:** H. C. WOLFF, ›Agrippina‹ – eine italienische Jugendoper von G. F. H., Wolfenbüttel, Bln. 1943; R. STROHM, H. in Italia: Nuovi contributi, in: RIM 9:1974, S. 152–174; weitere Lit. s. S. 667

*Reinhard Strohm*

## Rinaldo
**Dramma per musica**

**Rinaldo**
3 Akte (7 Bilder)

**Text:** Giacomo Rossi, nach einem Szenarium von Aaron Hill, nach dem Epos *La Gierusalemme liberata ovvero Il Goffredo* (1575) von Torquato Tasso
**Uraufführung:** 1. Fassung: 24. Febr. 1711, Queen's Theatre Haymarket, London (hier behandelt); 2. Fassung: 6. April 1731, King's Theatre Haymarket, London
**Personen:** Goffredo/Gottfried, General der christlichen Armee (A); Almirena, seine Tochter (S); Rinaldo, ein christlicher Held (S); Eustazio, Goffredos Bruder (A); Argante, König von Jerusalem, Geliebter Armidas (B); Armida, Zauberin, Königin von Damaskus (S); ein christlicher Magier (A); Herold (T); eine Frau (S); 2 Sirenen (2 S)
**Orchester:** Flageolett, 2 Fl, 2 Ob, Fg, 4 Trp, Pkn, obligates Cemb, Streicher, B.c
**Aufführung:** Dauer ca. 3 Std. 30 Min. – Das Schlußtutti wird von den Solisten gesungen. Rinaldo und Eustazio wurden in der Uraufführung von Kastraten gesungen. Zu den Streichern gehört eine Violetta.

**Entstehung:** Händels erste Oper für London entstand auf Vorschlag von Hill, der damals Pächter des Theaters war. Die Vertonung nahm angeblich nur zwei Wochen in Anspruch; viele Nummern sind eigenen früheren Werken entlehnt.
**Handlung:** In Jerusalem, um 1100, während der Belagerung im ersten Kreuzzug. I. Akt, 1. Bild: die belagerte Stadt mit Tor und begehbarer Brücke, seitlich das christliche Feldlager; 2. Bild: Lustgarten mit Springbrunnen und Vogelkäfig; II. Akt, 1. Bild: Meeresstrand mit Barke; 2. Bild: Lustgarten in Armidas Zauberschloß; III. Akt, 1. Bild: wilde Berglandschaft mit Armidas Burg; 2. Bild: Armidas Garten; 3. Bild: die belagerte Stadt, davor das Feldlager.

I. Akt: Goffredo beschwört den Triumph über die Sarazenen. Auch Rinaldo sehnt den Sieg herbei, da ihm Goffredo als Belohnung für seine Tapferkeit Almirena zur Frau versprochen hat. Almirena ermutigt den Geliebten, in den Kampf zu ziehen und Jerusalem zu erobern, damit die Hochzeit bald gefeiert werden könne. Ein Herold meldet Argantes Ankunft. Erzürnt über die beginnenden Kämpfe beschimpft Argante die Gegner. Goffredo gewährt ihm einen dreitägigen Waffenstillstand. Da nähert sich Armida dem allein zurückgebliebenen Argante auf einem fliegenden Drachenwagen, umgeben von Furien. Sie erklärt sich bereit, Rinaldo in ihre Gewalt zu bringen, um so den Sieg über das christliche Heer herbeizuführen. Almirena und Rinaldo beteuern sich gegenseitig ihre Liebe. Vergeblich versucht Rinaldo, die von Armida entführte Geliebte zu befreien. Goffredo und Eustazio sprechen dem Verzweifelten Mut zu und empfehlen einen Besuch beim Magier, der helfen soll, Almirena zu finden.

II. Akt: Goffredo, Eustazio und Rinaldo sind auf dem Weg zum Magier. Eine schöne Frau, die in der Barke sitzt, umgeben von zwei auf Wellen tanzenden Sirenen, verspricht Rinaldo, ihn zu Almirena zu führen. Vergeblich versuchen Goffredo und Eustazio, Rinaldo davon abzuhalten, in das Boot zu steigen. In heftigem Unwetter segelt das Schiff davon, die Sirenen verschwinden. Argante, der sich in die gefangene Almirena verliebt hat, versucht vergeblich ihre Zuneigung zu gewinnen und verspricht ihr Hilfe. Auch Armida hat sich in Rinaldo verliebt, wird jedoch von ihm zurückgewiesen. Um ihr Ziel zu erreichen, verwandelt sie sich in die Gestalt Almirenas, doch diesmal bleibt ihr der Erfolg versagt.

III. Akt: Goffredo und Eustazio haben inzwischen den Magier gefunden, der ihnen mit Hilfe eines Zauberstabs Zugang zu Armidas Reich verschafft. Rinaldo und Almirena werden befreit. Überglücklich kehren Goffredo, Rinaldo und Almirena zu ihren Truppen zurück. Rinaldo ersinnt einen Schlachtplan, dem die Gegner unterliegen. Armida und Argante treten zum Zeichen der Versöhnung zum Christentum über, der Hochzeit Rinaldos und Almirenas steht nichts mehr im Weg.

**Kommentar:** *Rinaldo* war die szenisch und wohl auch musikalisch aufwendigste Opherdarbietung Händels. Der Literat und Theaterneuling Hill wollte die Überlegenheit seiner ästhetisch-moralischen Konzeption über die inzwischen schon eingetretene Routine seiner Londoner Vorgänger beweisen, Händel selbst, Neuling in London, auf sein Können aufmerksam machen. Beides ist gelungen, obwohl das Übermaß an Zauberei und Szeneneffekten von bürgerlichen Zeitgenossen wie Joseph Addison kritisiert wurde. Im Unterschied zu manchen andern effektvollen Opern der Zeit hat *Rinaldo* eine logische und spannende Handlung, in der die Bekehrung Armidas und Argantes zum Christentum allerdings aufgesetzt wirkt. Diese Verbeugung gegenüber der englischen Kirche konnte in der 2. Fassung entfernt werden. Trotzdem ist Hills Vorsicht in dieser Richtung schon in seiner Wahl eines christlich-moralischen Stoffs enthalten, der keine direkte italienische Librettovorlage hat. Aufführungspraktisch bemerkenswert ist, daß auch Männerrollen von Frauenstimmen in Sopran- und Altlage ausgeführt wurden (Goffredo, Magier), womit man vorhandener Kritik am italienischen Kastratenwesen wenigstens zum Teil entgegenkommen wollte, ohne jedoch die in Italien üblichen Klangregister aufzugeben. Händel hat viele seiner italienischen und schon Hamburger Kompositionen nutzbar gemacht; jedoch sind das Ausmaß und der Grad der hierbei erfolgten Umarbeitungen, wie sie Reinhold Kubik eingehend untersucht hat, keineswegs nur durch die neuen Texte verursacht, und somit sind die Entlehnungen nicht nur mit Zeitmangel erklärbar. Händel hat vielmehr mit den Bearbeitungen einen Weg »vom intuitiven zum rationalen Bereich des Schaffens« (Kubik, S. 115, s. Lit.) eingeschlagen, wobei sein handwerkliches Vorgehen nicht nur das des Entfaltens und Vergrößerns (wie von der Aufführungssituation nahegelegt), sondern auch das des Sichtens und Vertiefens war. Freilich hat der Komponist, der in den Vorstellungen auch durch Improvisationen am Cembalo glänzte, wieder jeweils seine beste Musik verschiedener Stile und Gattungen zusammengeholt, wie schon in *Agrippina* (1709). Daß keine durchgehende musikalische Charakterisierung der Personen vorhanden ist, liegt jedoch weniger an den Entstehungsumständen als an der italienischen Operngattung der Zeit selbst. Da das englische Publikum vor allem die Rezitativtexte nicht unmittelbar verfolgen konnte, sondern in der Librettoübersetzung nachzulesen hatte, liegt das Hauptgewicht der Musik von vornherein auf den ungewöhnlich zahlreichen vokalen wie instrumentalen musikalischen »Nummern«, virtuosen Koloraturen, ehrgeizigen Instrumentationseffekten, rassigen Melodien, von denen viele einzeln nachgedruckt und mit englischem Text populär wurden (zum Beispiel »Il Tricerbero umiliato«, II/3, und »Cara sposa«, I/7), aber auch pathetischen Gesängen wie dem berühmten »Lascia ch'io pianga« (2. Fassung, II/4), das nicht zufällig aus einer instrumentalen Sarabande in *Der in Kronen erlangte Glückswechsel* (1705) abgeleitet ist: Der Affekt gerade dieses Stücks konnte (und kann noch heute) auch ohne Text verstanden werden. Die gleichsam musikalisch objektivierende, übersprachliche beziehungsweise übernationale Haltung in Händels Vertonung, die noch in seinen späteren Opern und Oratorien auffällt, beginnt in der Tat mit *Rinaldo*; nur hat Händel erst später gelernt, statt eines farbigen Kaleidoskops musikalischer Einzelbilder eine rein musikalisch begründete, kohärente dramatische Struktur zu schaffen.

**Wirkung:** Das Werk, das in der Uraufführung mit Nicola Grimaldi als Rinaldo (Goffredo: Francesca Boschi, Almirena: Isabella Girardeau, Armida: Elisabetta Pilotti-Schiavonetti) überaus erfolgreich über die Bühne ging, wurde 1711–17 fast 50mal aufgeführt und unter anderm wegen wechselnder Sängerbesetzung einigen musikalischen Modifikationen unterworfen. *Rinaldo* wurde auch, mit Änderungen von fremder Hand, 1715 in Hamburg und 1718 in Neapel gespielt; es handelt sich hierbei um die einzige Londoner Oper Händels, die zu seinen Lebzeiten nach Italien zurückfand. Die 2. Fassung geht über umstandsbedingte Änderungen, wie Verminderung der Szeneneffekte, hinaus: Einige Gesänge, die zum Teil aus den Opern *Admeto* (1727), *Lotario* (1729) und *Partenope* (1730; alle London) entlehnt wurden, kamen neu hinzu, andere wurden neu komponiert. Erfolg konnte das Werk kaum mehr erzielen. Erst in neuer Zeit fand die Oper wieder Interesse, insbesondere in angloamerikanischen Ländern. Inszenierungen gab es unter

*Rinaldo*; Illustration; Theater am Gänsemarkt, Hamburg 1715. – Die Illustration ist nicht als Wiedergabe einer bestimmten Szene gemeint, sondern generell als Allegorie eines Operntypus, dessen Handlung aus einem Intrigengespinst bestand, in dem ständig versteckt, belauscht und aufgelauert wurde.

anderm 1956 in Halle (Saale), 1961 an der Sadler's Wells Opera London (Rinaldo: Helen Watts, Armida: Jennifer Vyvyan, Argante: Peter Glossop; Dirigent: Charles Farncombe) mit anschließenden Gastspielen an der Komischen Oper Berlin und in Halle, 1965 erneut an Sadler's Wells (mit Yvonne Minton, Vyvyan und Benjamin Luxon; Dirigent: Peter Gellhorn), 1975 in Houston (Rinaldo: Marilyn Horne, Almirena: Evelyn Mandac, Argante: Samuel Ramey; Dirigent: Lawrence Foster, Inszenierung: Frank Corsaro). In nahezu gleicher Besetzung kam *Rinaldo* 1984 an der New Yorker Metropolitan Opera heraus (Almirena: Benita Valente, Armida: Edda Moser, Goffredo: Dano Raffanti). Die Produktion wurde im selben Jahr auch in Toronto gezeigt. Positive Aufnahme fand eine Inszenierung von Jean-Louis Martinoty 1981 in Karlsruhe (Dirigent: Farncombe). Im Händel-Jahr 1985 erschien *Rinaldo* als Koproduktion des Teatro Romolo Valli Reggio nell'Emilia und des Théâtre Musical/Châtelet Paris in der Inszenierung und Ausstattung von Pier Luigi Pizzi; in Reggio sangen unter Farncombes Leitung Cynthia Clarey, Valente, Elizabeth Pructt, Simone Alaimo und James Bowman, in Paris unter der Leitung von Charles Mackerras Eva Podles (alternierend mit Zehava Gal), Gianna Rolandi, Jeanette Scovotti, Terry Cook und Bowman.

**Autograph:** Fragmente: BL London (1. u. 2. Fassung: R. M. 20. c. 3.; R. M. 20. f. 11., f. 19-21, 26-29), Fitzwilliam Museum Cambridge (30. H. 4). **Abschriften:** Part: Staats- u. UB Hbg. (2. Fassung: M A/1046a, M A/1046), Fitzwilliam Museum Cambridge (Barrett-Lennard-Coll.), BL London (1. u. 2. Fassung: R. M. 19. d. 5.; Egerton 2915). **Ausgaben:** Part: Walsh, London 1711, 1714, 1730; G. F. HÄNDEL, Werke, hrsg. F. Chrysander, Bd. 58, 58a, B&H 1874, Nachdr. London [1965]; Hallische Händel-Ausg., Bd. II/4, Bär [in Vorb.]; Textb.: London, Howlatt 1711; London, Tonson 1717; London, Wood 1731 **Literatur:** R. KUBIK, H.s ›Rinaldo‹: Geschichte, Werk, Wirkung, Stuttgart-Neuhausen 1982; weitere Lit. s. S. 667

*Reinhard Strohm*

## Radamisto
Opera seria in tre atti

**Radamisto**
3 Akte (9 Bilder)

**Text:** Nicola Francesco Haym, nach dem Libretto von Benedetto Domenico Lalli (eigtl. Nicolò Bastiano Biancardi; 1710) zu dem Dramma per musica *L'amor tirannico* (Florenz 1712) von Francesco Gasparini **Uraufführung:** 1. Fassung: 27. April 1720, King's Theatre Haymarket, London; 2. Fassung: 28. Dez. 1720, King's Theatre Haymarket (hier behandelt) **Personen:** Radamisto, Sohn Farasmanes (A); Zenobia, Radamistos Frau (S); Farasmane, König von Thrakien (B); Tiridate/Tiridates, König von Armenien (B); Polissena, seine Frau, Tochter Farasmanes (S); Tigrane, Fürst von Pontus (S); Fraarte (S) **Orchester:** Fl, 2 Ob, Fg, 2 Hr, 2 Trp, Streicher, B.c. **Aufführung:** Dauer ca. 3 Std.

**Entstehung:** *Radamisto* wurde vermutlich März/April 1720 komponiert. Die Entstehung ist eng verknüpft mit den Anfängen der Royal Academy of Music, des 1719 gegründeten kommerziellen Opernunternehmens in London unter der Protektion König Georgs I. Von Mai bis Dez. 1719 war Händel in Deutschland mit dem Auftrag, die besten verfügbaren Sänger anzuwerben. Insbesondere hatte er die ausdrückliche Anweisung, den Kastraten Senesino zu verpflichten. Doch waren Senesino und andere italienische Sänger, auf die Händel gerechnet hatte, vertraglich an die Dresdner Hofoper gebunden. Das Ensemble, das schließlich für die erste Spielzeit der Royal Academy gewonnen wurde, entsprach in zweifacher Hinsicht nicht Händels Vorstellungen für eine italienische Oper: Es fehlte ein Kastrat für die Heldenpartie, und es traten neben italienischen auch englische Sänger auf. *Radamisto* war Händels erste Oper für die Royal Academy, und die 1. Fassung ist auf das damals verfügbare Ensemble zugeschnitten. Für die zweite Spielzeit, die am 19. Nov. 1720 begann, konnte jedoch ein Ensemble rein italienischer Sänger mit Senesino an der Spitze verpflichtet werden. Händel hat deswegen *Radamisto* gänzlich überarbeitet und für die neuen Sänger zehn zusätzliche Arien, ein Duett und ein Quartett neu komponiert. Mit einzelnen weiteren Änderungen wurde die Oper in dieser 2. Fassung auch in der folgenden Spielzeit 1721/22 gegeben.

**Handlung:** In Thrakien und Armenien, um 50 n. Chr. I. Akt, 1. Bild, das Zelt des armenischen Königs Tiridate: Polissena beklagt ihr trauriges Los. Ihr Gatte Tiridate hat sie verlassen, da er sich in Zenobia verliebt hat. Tigrane, der Fürst von Pontus und Tiridates Heerführer, umwirbt Polissena und sucht sie zu trösten, doch sie weist ihn zurück. Tiridate hat, um Zenobia zu gewinnen, Thrakien überfallen und bis auf die Hauptstadt, in die sich Radamisto und Zenobia zurückgezogen haben, erobert. Er ist entschlossen, die belagerte Stadt zu zerstören und ihre Bewohner zu töten. Polissena kann ihn von seinem Entschluß nicht abbringen. Ihr Vater Farasmane, der thrakische König, ist bereits in Tiridates Hand. Er wird in Ketten vorgeführt. Tiridate erlaubt ihm, seinen Sohn Radamisto noch einmal zu sehen. Wenn er ihn aber nicht zur Kapitulation bewegen könne, würden er und Radamisto sterben. 2. Bild, Feldlager nahe der Stadtmauer: Als Tigrane auf Befehl Tiridates die Sturmtruppen aufstellt, erkennen Radamisto und Zenobia ihre aussichtslose Lage, doch reden sie sich Mut zu. Von Tigrane bewacht, treffen sich Farasmane und Radamisto, dem freies Geleit zugesichert wird, falls sich die Stadt ergebe. Doch bestärkt ihn Farasmane darin, daß es ehrenvoller sei, zu sterben, als sich Tiridate zu ergeben. Auch Zenobia ist zu sterben bereit. Gegen Tiridates Befehl verschont Tigrane Farasmane. Die Stadt wird gestürmt. 3. Bild, Platz vor Radamistos Palast: Tiridate zürnt, weil Farasmane noch lebt und weil bei der Eroberung der Stadt weder Radamisto noch Zenobia in seine Hand fielen. Er befiehlt, Radamisto zu suchen und zu töten, doch

Zenobia zu schonen. Polissena dankt Tigrane, daß er ihren Vater vor dem Tod bewahrte.

II. Akt, 1. Bild, verlassene Gegend am Ufer des Arasse: Radamisto und Zenobia konnten fliehen, doch ist Zenobia so geschwächt, daß sie, um Tiridates Soldaten zu entgehen, ihren Mann bittet, sie zu töten. Radamisto bringt dies nicht über sich und verletzt sie nur ein wenig. Daraufhin stürzt sie sich in den Fluß. Die Verfolger unter Führung Tigranes treffen auf Radamisto. Tigrane bietet ihm an, ihn vor Tiridate zu verbergen. Auch Zenobia wird gerettet, und Tigrane versucht ihr Lebensmut zuzusprechen. 2. Bild, königlicher Garten: Soldaten bringen Zenobia vor Tiridate, der ihre Gunst zu gewinnen trachtet. Doch sie weist ihn zornig ab. Als Soldat verkleidet ist Radamisto in den Palast und zu Polissena gelangt. Doch sein Plan, Tiridate zu töten, scheitert, weil Polissena, zwischen dem Bruder und dem Gatten stehend, ihre Mithilfe versagt. 3. Bild, Königssaal: Als Bote verkleidet tritt Radamisto vor Tiridate mit der Nachricht, Radamisto sei tot. Als einzige erkennt Zenobia ihren Mann. Im Palast des Todfeinds ist das Paar wieder vereint.

III. Akt, 1. Bild, Hof vor dem Königspalast: Tigrane plant einen Aufstand, um Tiridates Tyrannei zu beenden. Er hofft immer noch, Polissena erlangen zu können. 2. Bild, Zimmer im Palast: Tiridate bietet Zenobia Zepter und Krone der vereinigten Königreiche von Armenien und Thrakien an. Da stürzt Radamisto mit blankem Schwert herein, um Tiridate zu ermorden. Doch Polissena vereitelt den Anschlag. Tiridate stellt Zenobia vor die Wahl: Wenn sie seine Frau werde, wolle er Radamisto verschonen, wenn nicht, werde er mit dem Tod bestraft. 3. Bild, Tempel: Bevor das Urteil vollstreckt werden kann, dringen rebellierende Soldaten, geführt von Tigrane, in den Tempel ein. Farasmane wird als thrakischer König wieder eingesetzt, Radamisto verzichtet auf Rache, und Tiridate, mit Polissena wieder versöhnt, bleibt König von Armenien.

**Kommentar:** Die historische Quelle für den Radamisto-Stoff ist Tacitus (*Annales* 12, 44–51), der die Geschehnisse unter dem Jahr 51 n. Chr. berichtet. Nach Tacitus' Darstellung sind allerdings die Charaktere umgekehrt: Radamisto ist der machtbesessene Gewaltherrscher, den schließlich sein Vater Farasmane als Verräter hinrichten läßt, während Tiridates vom römischen Kaiser Nero als rechtmäßiger Fürst anerkannt und geschätzt wurde. Bereits in der Vorlage, die Haym benutzte, ist die Umwertung der Charaktere vollzogen. Er hat sich eng an seine Vorlage angelehnt, den dramatischen Ablauf gestrafft und einige neue Arientexte eingefügt. *Radamisto* wurde ein außerordentlich großer und langanhaltender Erfolg, so daß die Oper zweimal einer wechselnden Besetzung angepaßt werden mußte, von kleineren Eingriffen abgesehen. Die 1. Fassung mußte Händel bereits nach wenigen Monaten umschreiben, weil das neue Sängerensemble für die Spielzeit 1720/21 in den drei Hauptarien andere Stimmlagen erforderte: Radamisto, 1. Fassung: Margherita Durastanti (S), 2. Fassung: Senesino (A); Zenobia, 1.: Robinson (A), 2.: Durastanti (S); Tiridate, 1.: Alexander Gordon (T), 2.: Giuseppe Maria Boschi (B). Händel hat die Hauptarien transponiert: Radamistos Arien um eine Quart tiefer, Zenobias Arien um eine Terz höher. Doch hat er sich mit einer bloßen Transposition nicht begnügt, sondern auch Stimmführung und Instrumentation geändert. Die musikalische Neufassung hatte auch dramaturgische Auswirkungen, vor allem die Attentatsszene (III/5) ist klarer gestaltet. Während in der 1. Fassung Polissena nach Radamistos Attentat eine leidenschaftliche, aber lange und koloraturenreiche Arie singt (»Sposo ingrato«, mit Solovioline), kommt in der 2. Fassung zuerst, als Hauptperson, Radamisto zu Wort mit einem Accompagnato (»Vieni, d'empietà«) und der Arie »Vile! se mi dai vita«. Erst danach gibt Polissena ihrer Entrüstung und verletzten Ehre Ausdruck in der knappen Arie »Barbaro, partirò«. Diese Szene, die erstmals alle Hauptpersonen der Oper zusammenführt, wird in der 2. Fassung auch musikalisch zum Hauptstück. Die 2. Fassung, die zu einem späteren Zeitpunkt insofern modifiziert wurde, als die Partie des Fraarte entfiel, hielt sich noch in der folgenden Saison auf dem Spielplan und wurde, als *Radamisto* mit nochmals geänderter Besetzung 1728 wiederaufgeführt wurde, zur Grundlage einer weiteren Bearbeitung. Händel setzte die Partie des Tigrane für den Altisten Antonio Baldi tiefer und die Arien der Polissena für Francesca Cuzzoni höher. Im übrigen ist diese Bearbeitung nicht so grundsätzlich von der 2. Fassung verschieden, daß sie als selbständig gelten könnte. Es sprechen somit vier Hauptargumente für die 2. Fassung: Das italienische Sängerensemble mit Senesino entsprach Händels Wünschen besser als die Ad-hoc-Besetzung der 1. Fassung; die nachkomponierten Stücke (Arien, Quartett, Schlußduett) sind musikalisch so wirkungsvoll, daß man kaum auf sie verzichten kann; die 2. Fassung hat dramaturgische Vorzüge; sie hat sich in der Wirkungsgeschichte der Oper durchgesetzt. Die berühmteste Arie der Oper ist »Ombra cara« (II/2), Radamistos Trauergesang über den vermeintlichen Tod Zenobias, ein kontrapunktisch streng gearbeitetes Stück von verhaltener, gleichwohl bezwingender Ausdruckskraft: Dem getragenen, weitgespannten Gesang sind kleingliedrige Instrumentalmotive gegenübergestellt, die sich imitatorisch entwickeln und chromatisch verdichten. Der Gegensatz von höchster innerer Erregung bei äußerlicher Ruhe wird so sinnfällig. Nach dem Bericht von John Hawkins hat Händel selbst »Ombra cara« (neben »Cara sposa« aus *Rinaldo*, 1711) für seine beste Arie gehalten (in: *Händel*, 1776, S. 296, s. Lit.).

**Wirkung:** *Radamisto* war von Anfang an ein außerordentlicher Erfolg und wurde in der ersten Spielzeit der Royal Academy zehnmal gegeben. Mit der neuen Besetzung folgten 1721/22 weitere elf Aufführungen. Dieser Erfolg festigte Händels Stellung gegenüber seinem Rivalen Giovanni Bononcini. Die Partitur von *Radamisto* wurde rasch gedruckt und in Händels Selbstverlag herausgegeben, ebenso (nach der Umarbeitung) die zusätzlichen Stücke. Der Partiturdruck förderte die Verbreitung, und Arien aus *Radamisto* sind in den Londoner Pasticcio-Opern *Oreste* (1734), *Alessandro severo* (1738) und *Solimano* (1758) enthalten. Die gedruckte Partitur war auch die Grundlage für Aufführungen in Hamburg, wo die Oper den Titel *Zenobia oder Das Muster rechtschaffener ehelicher Liebe* erhielt. Die Rezitativtexte wurden von Johann Mattheson übersetzt und neu komponiert, die Arien blieben italienisch. In dieser Bearbeitung wurde *Zenobia* 1722–26 30mal in Hamburg aufgeführt. – Im Zug der Wiederbelebung der Händel-Oper wurde *Radamisto* in einer Neugestaltung durch Josef Wenz bei den Göttinger Händel-Festspielen 1927 wiederaufgeführt. Es zeigte sich dabei, daß die dramatische Realisierung heute auf nicht geringe Schwierigkeiten stößt. Verfolgung, Gefangenschaft, angedrohte Morde, Selbstmorde und Todesurteile sind in *Radamisto* derart gehäuft, daß die Gefahr unfreiwilliger Komik groß ist. Deswegen hat Heinz Rückert bei seiner Inszenierung 1955 in Halle (Saale) bereits durch eine neue textliche Einrichtung darauf Bedacht genommen, den blindwütigen Aktionismus durch eine seelische Deutung zu vertiefen.

**Autograph:** BL London (R. M. 20. c. 1.). **Abschriften:** Staats- u. UB Hbg. (1. Fassung: M A/1044, 2. Fassung: M A/1043), Fitzwilliam Museum Cambridge (Barrett-Lennard-Coll.), BL London (Add. Mss. 31562, 39180), Royal College of Music London (Ms. 905), Central Public Libr. Manchester (MS 130 Hd 4, v. 238). **Ausgaben:** Part: Meares, London 1720 (1. Fassung); Walsh, London [um 1738], [1762]; G. F. HÄNDEL, Werke, hrsg. F. Chrysander, Bd. 63, B&H 1875, Nachdr. London [1966]; Textb.: London, Wood 1720; ebd. 1720 (2. Fassung); London, Haymarket Theatre 1727
**Literatur:** W. A. GWACHARIJA, Eine Oper von G. F. H. mit einem grusinischen historischen Sujet, in: Händel-Jb. 1960, S. 163–173; weitere Lit. s. S. 667

*Bernd Edelmann*

## Ottone, re di Germania
### Dramma per musica in tre atti

### Otto, König von Deutschland
3 Akte (8 Bilder)

**Text:** Nicola Francesco Haym, nach dem Libretto von Stefano Benedetto Pallavicino zu dem Dramma per musica *Teofane* (Dresden 1719) von Antonio Lotti
**Uraufführung:** 12. Jan. 1723, King's Theatre Haymarket, London
**Personen:** Ottone/Otto II., deutscher König, liebt Teofane (A); Teofane/Theophanu, Tochter des oströmischen Kaisers Romanos (S); Emireno, Pirat, in Wahrheit Teofanes verschollener Bruder Basilio (B); Gismonda, Witwe des entthronten italienischen Königs Berengar II. (S); Adelberto/Adalbert, Gismondas Sohn (A); Matilda, Ottones Cousine, Adelbertos Verlobte (A)
**Orchester:** 2 BlockFl, 2 Ob, 2 Fg, Streicher, B.c
**Aufführung:** Dauer ca. 3 Std. – Der Schlußchor wird von den Solisten gesungen. Ottone und Adelberto wurden in Händels Aufführungen von Kastraten gesungen.

**Entstehung:** Händel schrieb *Ottone* für die vierte Saison der Royal Academy of Music London; er beendete die Komposition am 10. Aug. 1722. In dieser Oper hatte die neu verpflichtete Sopranistin Francesca Cuzzoni ihren ersten Auftritt in London. Mit ihrer verspäteten Ankunft verzögerte sich die bereits für Okt. 1722 geplante Premiere. Cuzzoni soll sich beharrlich geweigert haben, die unkonventionelle Arie »Falsa imagine« (I/3) zu singen, worauf Händel sie aus dem Fenster zu werfen drohte und so zur Räson brachte (nach: John Mainwaring, 1760, s. Lit.).
**Handlung:** In und bei Rom, um 970.
I. Akt, 1. Bild, eine Vorhalle: Die ehrgeizige Königinwitwe Gismonda will mit allen Mitteln ihrem Sohn Adelberto die italienische Krone verschaffen, die jetzt der deutsche König Ottone trägt. Adelberto berichtet seiner Mutter, daß Ottones Verlobte Teofane in Rom eintreffen werde, während Ottone noch in Kämpfe mit dem Piraten Emireno verwickelt sei. Es biete sich die Chance, dem verhaßten Ottone die Braut und die Macht zu entreißen. Gismonda rät Adelberto, die Krone mit Waffengewalt zu erringen. Doch dieser, in Teofane verliebt, greift zu einer List: Als Teofane erscheint, gibt er sich als Ottone aus. Teofane erschrickt, da das Bild, das sie von Ottone hat, so wenig dem Mann entspricht, der ihr gegenübersteht. 2. Bild, Pavillon am Meeresstrand: Ottone hat Emireno besiegt und gefangengenommen. Er bricht nach Rom auf, um Adelbertos Machtergreifung zu verhindern. 3. Bild, Platz vor dem Königspalast: Adelberto versucht Teofane aufzuheitern; da unterbricht Gismonda das Verwirrspiel mit der Nachricht, Ottone sei in Rom eingezogen, und seine Soldaten verjagen Adelbertos Mannschaft. Adelberto selbst wird nach kurzem Kampf gefangengenommen. Ottone freut sich über den Sieg und sorgt sich um Teofanes Schicksal.
II. Akt, 1. Bild, Hof im Königspalast: Matilda sucht ihren Verlobten Adelberto auf, der von Wachen vorgeführt wird, und wirft ihm Treuebruch und Verrat vor. Danach überredet sie Gismonda, bei Ottone um Gnade für Adelberto zu bitten. Es gelingt ihr, in Gismonda, die sich bisher hart und unerbittlich gezeigt hat, mütterliche Gefühle zu wecken. Teofane und Ottone begegnen sich zum erstenmal. Matilda kommt hinzu und wirft sich vor Ottone auf die Knie, um für Adelbertos Leben zu flehen, doch Ottone läßt sich nicht erweichen. Teofane mißdeutet die Szene und reagiert eifersüchtig. 2. Bild, Garten mit Wasserfall und Grotten, Nacht: Teofane beklagt ihr Unglück. Da tauchen Emireno und Adelberto auf, denen die Flucht aus dem Kerker über einen Geheimgang gelungen ist. Eine Barke mit Emirenos Leuten ist schon bereit. Rasch ergreift Adelberto Teofane, die ohnmächtig wird, und flieht mit ihr. Gismonda und Matilda sehen noch die Barke mit Adelberto davonfahren und jubeln über die geglückte Flucht.
III. Akt, 1. Bild, Gemach des Königs: Gismonda meldet Ottone, daß Adelberto und Emireno geflohen sind. Die Nachricht trifft ihn schwer. 2. Bild, Waldstück am Meer: Das Meer ist vom Sturm aufgewühlt, so daß die Barke mit den Flüchtigen nicht aufs offene

Meer hinaus kann. Während Adelberto nach einer Unterkunft sucht, gibt sich Emireno Teofane als ihr totgeglaubter Bruder Basilio zu erkennen. Um Teofane vor Adelberto zu schützen, läßt Basilio ihn gefangennehmen. 3. Bild, Vorhalle im Königspalast: Matilda meldet gerade, daß auch Teofane entführt ist, da bringt Emireno Adelberto in Ketten vor Ottone, damit er ihn verurteile, und erklärt seine eigene Abkunft als Sohn des Kaisers Romanos. Ottone ist entschlossen, Adelberto töten zu lassen, begnadigt ihn jedoch auf Fürbitte Teofanes. Ottone und Teofane sind endlich vereint. Gismonda und Adelberto geloben Ottone treue Gefolgschaft.

**Kommentar:** Historischer Hintergrund von *Ottone* ist der Kampf des Königs und späteren Kaisers Otto II. um Italien mit dem Ziel, eine dauernde Verbindung von deutschem Königtum und römischem Kaisertum zu schaffen. Die Anerkennung des deutschen Kaisers durch Ostrom wurde 972 durch Ottos Heirat mit der byzantinischen Prinzessin Theophanu besiegelt. Da die Ottonen aus einem sächsischen Herzogsgeschlecht stammten, kann es kein Zufall sein, daß dieser Stoff für eine Oper Lottis ausgesucht wurde, die zur Feier der Hochzeit des sächsischen Kurprinzen Friedrich August II. mit Maria Josepha von Österreich und zur Einweihung des neuen Opernhauses am Dresdner Zwinger aufgeführt wurde. Daß mit der oströmischen Kaisertochter Theophanu auf die österreichische Kaisertochter Maria Josepha angespielt wird, ist offensichtlich. Händel sah die Uraufführung von *Teofane* am 13. Sept. 1719; anscheinend beeindruckt von den Leistungen der Sänger, warb er die Stars der Dresdner Kompanie nach London ab. Senesino, Margherita Durastanti und Giuseppe Maria Boschi verkörperten daher in *Ottone* die gleichen Rollen wie in *Teofane*. Händels Textbearbeiter Haym hat das Libretto von Pallavicino im wesentlichen übernommen und durch wenige Zusätze und zahlreiche Kürzungen für die Londoner Verhältnisse eingerichtet. Wenn Ottone vornehmlich die Tugenden des gerechten und milden Herrschers verkörpert und als Charakter blaß bleibt, so liegt der Grund dafür nicht bei Haym, sondern im ursprünglichen Dresdner Festanlaß. Trotz mancher Künstlichkeiten und krassen Zufälle zeichnet sich das Libretto durch eine geschickte Handlungsführung aus. Die Aktschlüsse wirken befreiend, nachdem sich im Innern der Akte starke Affekte angestaut und entladen haben: Stolz, Eifersucht, Verrat, Rachedurst. Händel hat besonders für die Frauengestalten Gismonda und Matilda und für die Kraftnatur Emireno eine unmittelbar packende, dramatische Musik geschrieben. Demgegenüber wirken Ottone und Teofane durch eine zurückhaltende musikalische Darstellung stärker in sich gekehrt. Ihre Hauptarien, melancholisch-grüblerische Liebesklagen, sind besonders berühmt geworden: Teofanes »Falsa imagine« (I/3) und »Affanni del pensier« (I/10), die Cuzzonis Ruhm in London begründeten, und Ottones »Tanti affanni« (III/2). In ihnen schafft Händel eine Synthese von kunstvoller Satzstruktur und Ausdruckstiefe. Beeindruckten diese Stücke mehr die Kenner und sogar Händels Gegner in London, wie John Christopher Pepusch, so wurden die satztechnisch einfacheren, melodisch einprägsamen Stücke ausgesprochen populär, allen voran die Gavotte aus der Ouvertüre und Emirenos Arie »No, non temere« (III/7), die auch separat mit englischem Text gedruckt wurde. Nach Charles Burney enthielt keine andere in England aufgeführte Oper so zahlreiche »Favourite Songs« wie *Ottone*. Daß Händel mit *Ottone* einen derart durchschlagenden Erfolg erzielte, lag an einer stilistischen Wandlung seiner Musik. Waren die Arien von Händels erster Oper für die Royal Academy, *Radamisto* (1720), noch breit angelegt und reich instrumentiert, so setzte sich in den nächsten Opern eine neue Haltung durch: knappe, melodisch eingängige Arien oft tänzerischen Charakters, offenbar nach dem Muster von Händels Rivalen Giovanni Bononcini gebildet. Das Orchester ist beschränkt auf das Standardensemble von Oboen, Streichern und Basso continuo; gelegentlich treten als Klangfarbe Flöten hinzu; sogar die Militärmusik im I. Akt wird nur von Streichern, also ohne Trompeten, gespielt. Als obligate Instrumente werden einzig das Solocello in »Falsa imagine« und die Fagotte in Teofanes kühnem chromatischen Accompagnato »O grati orrori« (II/8) verwendet. Händel hatte gelernt, für sein Publikum zu schreiben, indem er der Kunst des Sängers und der Kraft der Melodie vertraute. *Ottone* ist das erste Meisterwerk dieser neuen Schreibart.

**Wirkung:** Der große Erfolg von *Ottone* gründete gleichermaßen in Händels Musik wie in der künstlerischen Ausstrahlung Cuzzonis, die das Publikum zur Begeisterung hinriß. Händel nutzte die Gunst der Stunde und schrieb ihr für ihre Benefizvorstellung am 26. März 1723 drei weitere Arien und eine neue Szene. Auch bei späteren Wiederaufnahmen (1726, 1727, 1733) wurden Arien hinzugefügt oder andern Stimmlagen angepaßt. Bald nach der Uraufführung wurde die Oper in Deutschland gespielt, erstmals im Aug. 1723 in Braunschweig und ab 1726 in Hamburg. Die deutsche Fassung der Rezitative stammte von Johann Georg Glauche, der zum Teil auf Pallavicinos Libretto zurückgriff, um den von Haym verkürzten Handlungsverlauf dramatisch breiter auszuführen. Zum Beispiel wurde die gestrichene Nebenfigur des Isauro wieder eingegliedert. Die Musik bearbeitete Georg Philipp Telemann. Er strich Arien und ersetzte sie durch eigene Kompositionen oder durch Arien aus *Teofane*. Diese Bearbeitung hielt sich in Hamburg bis 1729 im Spielplan. – Nach *Rodelinda, regina de' Langobardi* (1725), war *Ottone* 1921 die zweite Händel-Oper, die Oskar Hagen für die Göttinger Händel-Festspiele übersetzt, neu eingerichtet und musikalisch geleitet hat. Seine Bearbeitung mit dem Titel *Otto und Theophano* weist die Kastratenpartie des Ottone einem Bariton und die des Adelberto einem Tenor zu, kürzt und stellt Szenen um, doch bleiben die Eingriffe insgesamt maßvoll. Die streng stilisierende Inszenierung (Bühnenbild: Paul Thiersch) wurde in Göttingen 1923 und 1926 wiederaufgenommen. Weitere Aufführungen von Hagens Bearbeitung kamen 1926 in Berlin und 1959 in Frankfurt a. M. heraus.

**Autograph:** BL London (R. M. 20. b. 9–10. [unvollst.]).
**Abschriften:** Staats- u. UB Hbg. (M A/1037 [nur III. Akt]), Fitzwilliam Museum Cambridge (Barrett-Lennard-Coll.), Cathedral Durham, BL London (Egerton 2918; Add. Mss. 31571, 31572, 33238). **Ausgaben:** Part: Walsh & Hare, London 1723; G. F. HÄNDEL, Werke, hrsg. F. Chrysander, Bd. 66, B&H 1881, Nachdr. London [1965]; Kl. A, hrsg. O. Hagen: Bergedorf 1923; Textb.: London, Wood 1723, 1726, 1733
**Literatur:** C. SPITZ, Die Opern ›Ottone‹ von G. F. H. und ›Teofane‹ von A. Lotti. Ein Stilvergleich, in: Festschrift A. Sandberger, München 1918, S. 265–271; W. DEAN, H.'s ›Ottone‹, in: MT 112:1971, S. 955ff.; R. D. LYNCH, H.s ›Ottone‹. Telemanns Hamburger Bearb., in: Händel-Jb. 1981, S. 117–139; weitere Lit. s. S. 667

*Bernd Edelmann*

## Giulio Cesare in Egitto
### Dramma per musica in tre atti

### Julius Cäsar in Ägypten
### Julius Cäsar
3 Akte (13 Bilder)

**Text:** Nicola Francesco Haym, nach dem Libretto von Giacomo Francesco Bussani zu dem Dramma per musica (Venedig 1677) von Antonio Sartorio
**Uraufführung:** 20. Febr. 1724, King's Theatre Haymarket, London
**Personen:** Giulio Cesare/Julius Cäsar, erster römischer Imperator (A); Curio, römischer Tribun (B); Cornelia, Pompejus' Gemahlin (A); Sesto/Sextus, Cornelias und Pompejus' Sohn (S); Cleopatra/Kleopatra, Königin von Ägypten, auch unter dem Namen Lydia (S); Tolomeo/Ptolemaios, König von Ägypten, Cleopatras Bruder (A); Achilla, Heerführer und Ratgeber Tolomeos (B); Nireno, Cleopatras und Tolomeos Vertrauter (A). **Chor:** Gefolge Cesares, Stimmen der Verschwörer. **Statisterie:** 9 Musen, Dienerinnen, Page
**Orchester:** 2 BlockFl, Fl, 2 Ob, 2 Fg, 4 Hr, Streicher, B.c; BühnenM: Ob, Fg, Theorbe, Hrf, Va da gamba, 2 Vl, Va, Vc
**Aufführung:** Dauer ca. 3 Std. 15 Min. – Für die meisten Aufführungen hatte Händel für die männlichen Sopran- und Altrollen Kastraten oder dramatische Frauenstimmen zur Verfügung. 1725 machte er Sesto zum Tenor; im Orchester dieser Fassung zusätzlich Trompeten.

**Entstehung:** Haym hielt sich grundsätzlich an das Libretto von Bussani, woraus sich die nichtmetastasianischen Elemente der Dramaturgie (Auftrittsarien, Rolle des Chors, Tableaus) weitgehend erklären; er schied aber größere Teile des Texts aus, wertete Sesto und Cornelia auf, indem er ihre etwas monotonen Grundaffekte (Trauer und Rachedurst) verstärkte und ihnen die Schlußszenen des I. und II. Akts reservierte, und erfand zwei Szenen hinzu, die bei Händel zu Kernstücken des Werks wurden: Cesare an der Urne Pompejus' (I/7) und Cesare, nachdem er den Mordplänen Tolomeos und den Fluten des Meers entronnen ist (III/4). Möglicherweise hat Händel am Libretto direkt mitgearbeitet. Librettodichtung und Komposition scheinen vom Sommer bis Ende 1723 zeitweise parallel fortgeschritten zu sein; jedenfalls erklärt sich so am einfachsten, warum das Autograph erheblich umfangreicher als die Uraufführungsfassung ist und unter anderm eine weitere Altpartie enthält (Berenice, eine Vertraute Cleopatras), deren Musik später zum Teil in andere Rollen übernommen wurde. Die Ausgabe Friedrich Chrysanders gibt, mit unbedeutenden Abweichungen, die Uraufführungsfassung wieder. Für die nächste Spielzeit (Frühjahr 1725) wurden erhebliche Änderungen vorgenommen. Die einschneidendste (und wohl die einzige, die für die heutige Praxis wichtig ist) war die Verwandlung Sestos in eine Tenorpartie, eine Verwandlung, die viele Detailänderungen zur Folge hatte (Oktavtransposition der Singstimme in den Arien I/4 und II/6, Ersetzung von »Care speme«, I/8, durch »S'armi a miei danni«, I/11, Chrysander S. 143ff., zugunsten derer wiederum das großartige Schlußduett des I. Akts, in dem die Partie des Sesto nicht einfach transponiert werden konnte, weichen mußte; »Scorta siate a passi miei« statt »L'aure che spira«, II/11, nicht bei Chrysander; völlige Neukomposition von III/6, Chrysander, S. 154ff.). Tolomeo erhielt eine neue Arie (»Dal mio brando«, II/10, Chrysander S. 148). Schließlich wurden Nireno und Curio, die schon 1724 nur Rezitativpartien waren, ganz gestrichen. Für die Wiederaufnahme 1730 wurden weitere Änderungen eingeführt, die zum Teil an die Substanz des Werks gehen (so wurde Cesares Arie »Empio, dir, tu sei« gestrichen); Bedeutung für die heutige Praxis haben sie nicht.
**Handlung:** In Ägypten, 48 v. Chr., während Cäsars Feldzug gegen Pompejus.
I. Akt, 1. Bild, weite Ebene am Nil: Pompejus ist nach seiner Niederlage bei Pharsalus nach Ägypten geflohen, von Cesare und dessen Heer verfolgt. Während des triumphalen Einzugs bitten Pompejus' Gattin Cornelia und sein Sohn Sesto Cesare, sich mit dem Gegner auszusöhnen. Großmütig verspricht Cesare Frieden. Da bringt Achilla in einer Schüssel das Haupt des ermordeten Pompejus'. Cesare ist empört über die Freveltat und kündigt dem Mörder seine Strafe an. Während sich Achilla und Curio der Witwe annehmen und um ihre Gunst kämpfen, schwört Sesto Rache.
2. Bild, Cleopatras Gemächer: Als Erstgeborene erhebt Cleopatra Anspruch auf den Thron des Bruders. Als sie erfährt, daß Tolomeo für Pompejus' Ermordung verantwortlich ist, beschließt sie, Cesare zu umgarnen, um ihn für ihre Ziele zu benutzen. Achilla dagegen bietet Tolomeo an, Cesare zu ermorden; sein Preis: Cornelias Hand. Tolomeo ist einverstanden.
3. Bild, Cesares Lager: Cesare philosophiert an Pompejus' Urne über die Vergänglichkeit der Menschen. Da erscheint Cleopatra und bittet unter falschem Namen (sie gibt vor, Lydia zu heißen) Cesare um Unterstützung gegen Tolomeo. Bezaubert von ihrer Schönheit, verspricht Cesare, ihr zu helfen. Nachdem er sich entfernt hat, versucht Cornelia, an der Urne ihrem Leben ein Ende zu bereiten. Sesto verhindert die Tat. Lydia, die den Vorfall beobachtet hat, verbündet sich

mit Cornelia und Sesto gegen Tolomeo. 4. Bild, Halle und Königssaal in Tolomeos Palast: Tolomeo plant zu Ehren Cesares ein Fest, bei dem dieser ermordet werden soll. Cesare schöpft Verdacht und zieht sich rechtzeitig zurück. Sesto fordert in Begleitung seiner Mutter Tolomeo zum Zweikampf, dem sich Tolomeo jedoch entzieht; statt dessen läßt er Sesto verhaften. Cornelia wird in königliche Dienste verpflichtet.

II. Akt, 1. Bild, Cleopatras Gemächer, als Parnaß eingerichtet: Lydia/Cleopatra hat Cesare zu sich bestellt. Es gelingt ihr, ihn endgültig in ihren Bann zu ziehen, indem sie sich als Allegorie der Tugend, umgeben von zauberhaften Musen, präsentiert. 2. Bild, Garten im Serail: Cornelia beklagt ihr Los. Achilla, der sich ihr zu nähern versucht, wird von Tolomeo heuchelnd weggeschickt: Erst nach Cesares Ermordung soll er Cornelia als Lohn erhalten. Tolomeos Annäherungsversuche weist Cornelia barsch zurück. 3. Bild, Lustgarten: Lydia erwartet Cesare, der gedenkt, sie zur Frau zu nehmen. Als Curio das Eindringen ägyptischer Soldaten meldet, gibt sich Cleopatra zu erkennen. Verzweifelt bleibt sie zurück, während Cesare die Verschwörung aufzudecken sucht. 4. Bild, Garten im Serail: Tolomeo versucht, Cornelia mit Gewaltandrohung gefügig zu machen. Da stürzt Achilla mit seinen Männern herbei, um Cornelia als Lohn zu empfangen, da Cesare auf der Flucht ertrunken sei. Als Tolomeo Achillas Anliegen zurückweist, kündigt ihm Achilla die Treue.

III. Akt, 1. Bild, Wald bei Alexandria: Cleopatra, die inzwischen römische Soldaten zu Hilfe gerufen hat, wird von Tolomeo gefangengenommen, Achilla, der zu den Römern übergelaufen war, tödlich verwundet. Cleopatra beklagt ihr Schicksal, da sie Cesare verloren glaubt. 2. Bild, Hafen: Cesare ist den Fluten entronnen. Der sterbende Achilla gesteht Nereno und Sesto, aus Liebe zu Cornelia den Mord an Pompejus und Cesare angestiftet zu haben. Er übergibt Sesto einen Ring, der ihm Befehlsgewalt über Achillas Truppen verleiht. Cesare und Sesto eilen davon, um Cleopatra und Cornelia zu befreien. 3. Bild, Cleopatras Gemächer: Cleopatra, von Tolomeos Wachen gefangengehalten, wird von Cesare befreit. 4. Bild, Königssaal: Tolomeo verlangt erneut von Cornelia, seine Liebe zu erwidern. Sesto tötet ihn und befreit die Mutter. 5. Bild, Hafen von Alexandria: In einem feierlichen Akt krönt Cesare Cleopatra zur Königin von Ägypten, die ihr Reich der Herrschaft Roms unterstellt.

**Kommentar:** Die historische Auseinandersetzung Cäsar/Pompejus und der welthistorische Zusammenstoß von römischer und ägyptischer Macht und Kultur werden im Libretto in hochkomplizierte Liebeskonflikte und höfische Intrigen umgesetzt, durchaus nicht

*Giulio Cesare in Egitto*, I. Akt, 1. Bild; Regie: Arthur Maria Rabenalt, Choreographie: Cläre Eckstein, Ausstattung: Wilhelm Reinking; Landestheater, Darmstadt 1927. – Die »Darmstädterei«, die Trias Rabenalt/Reinking/Eckstein, war 1927–33 ein Synonym für avantgardistisches Musiktheater.

nur aus der Tradition des venezianischen Opera-seria-Librettos heraus, sondern auch aus der Tradition der Privatisierung gerade dieser Ereignisse schon bei den antiken Historikern (Hauptquelle für Bussanis Libretto war vermutlich Plutarch). Hayms Bearbeitung bleibt dem vormetastasianischen Librettotypus treu in der Fülle der Motive und Verwicklungen, im schnellen Wechsel der Szenen und Schauplätze und in der Neigung zum Tableau, formal im noch nicht streng geregelten Wechsel von Rezitativen und Arien, Auftritts- und Abgangsarien, Chören und ariosen Szenen. Wie in vielen der komplizierteren Libretti der Zeit führt der gleichzeitige Ablauf mehrerer paralleler Handlungsstränge zu häufigen Unterbrechungen der Handlungszeit beziehungsweise zum Auseinanderlegen gleichzeitiger Aktionen in ein irreales Zeitkontinuum, woraus sich Probleme, aber auch reizvolle Möglichkeiten für die Bühnenpraxis ergeben. – Händels Komposition nutzt die Buntheit, aber auch die affektive und theatralische Kraft dieses Librettos, um eine außerordentliche Fülle musikalischer Charaktere auszubreiten; dabei werden die Affekte keineswegs nur in Musik übertragen, sondern durch die Musik verstärkt und pointiert. So wird Cleopatras Wandlung von Koketterie zu Liebe erst durch die Musik, durch die Entwicklung ihrer Arien zu immer größerem Ernst, ganz deutlich; die Vielschichtigkeit Cäsars, die dieser am Intrigengewirr eher unterrepräsentierte Rolle überhaupt erst das entscheidende Gewicht gibt, wird wesentlich durch die Differenziertheit bewirkt, mit der Händel seine erste Ariengruppe (I/1–7) vertont. Entsprechend der Opera-seria-Ästhetik entstehen auf diese Weise allerdings keine Charaktere, vielmehr werden verschiedene Affekte nacheinander vorgestellt und zu einem differenzierten Gesamtbild der Person gleichsam addiert (so in der erwähnten Ariengruppe, in der Cesare nacheinander als siegreicher Feldherr, edler Römer, Philosoph und galanter Liebhaber erscheint), oder sie zeigen die Wandlung einer Person von einem beherrschenden Affekt zu einem andern (Cleopatra), oder sie differenzieren einen einheitlichen Grundaffekt aus (wie die immer wieder eindrucksvoll umschriebene Haltung edler Trauer bei Cornelia). Die Kunst dieser Art von Personendarstellung ist in *Giulio Cesare in Egitto* reicher als in den meisten andern Opern Händels; verbunden ist sie mit einer ungewöhnlichen Erfindungsvielfalt und mit Tableaus (I/1: Cesares Ankunft; I/7: Cesare an Pompejus' Urne; II/1: Cleopatras Parnaßszene; III/4: Cesare dem Meer entronnen), in denen der Komponist teilweise auch mit reicheren orchestralen Mitteln arbeitet.

**Wirkung:** *Giulio Cesare in Egitto* war schon zu Händels Zeit eine seiner erfolgreichsten Opern. Von Febr. bis April 1724 wurde sie 13mal, im Jan./Febr. 1725 zehnmal, von Jan. bis März 1730 elfmal und im Febr. 1732 noch viermal aufgeführt. Auf dem Kontinent gab es Aufführungen in Braunschweig (1725 und 1733), Hamburg (1725–29 und 1731–37) und vielleicht Wien (1731). Für das nicht zustande gekommene Gastspiel von Händels Truppe in Paris 1724 waren *Cesare* und *Ottone* (1723) vorgesehen. Seine relative Beliebtheit auf der modernen Opernbühne verdankt das Werk seinem musikalisch-szenischen Reichtum, um nicht zu sagen seiner Buntheit, die Ansatzpunkte für dekorativ-prunkvolle wie für psychologisierende Interpretation bietet. In der Göttinger Händel-Renaissance war *Cesare* die dritte Oper, die inszeniert wurde (1922; musikalische Einrichtung und Bearbeitung: Oskar Hagen, Regie: Hanns Ludwig Niedecken-Gebhard, Bühnenbild: Paul Thiersch) und die erste, die nach wenigen Jahren wiederaufgenommen wurde (1928; Bühnenbild jetzt Hein Heckroth), die erste Aufführung noch stark expressionistisch, die zweite auf dem Weg zu stilisiertem Realismus. Hindemiths *Cardillac* (1926) ist angeblich von den ersten Göttinger Aufführungen von *Cesare* beeinflußt worden. In Darmstadt begann die Ära Rabenalt/Reinking 1927 mit einer als sensationell empfundenen Inszenierung des Werks von Arthur Maria Rabenalt (Ausstattung: Wilhelm Reinking, Choreographie: Cläre Eckstein, Dirigent: Karl Böhm) im Zeichen des »wesenhaften«, nichtillusionistischen »Raumtheaters« mit »durchkomponierten Gebärden- und Ausdrucksfolgen, die das Gesamtgeschehen erfassen« (Hermann Kaiser, *Theater*, S. 128, s. Lit.). Nach 1945 wurde das Werk meist entweder psychologisiert (Hallische Händel-Renaissance) oder als Ausstattungsstück und szenisches Konzert verstanden (New York, City Opera 1966, Regie: Tito Capobianco, Cleopatra: Beverly Sills; Hamburg 1969, Regie: Capobianco, Cleopatra: Joan Sutherland, Cesare: Huguette Tourangeau). Die Inszenierung von Horst Zankl (Frankfurt a. M. 1978) setzte als synkretistische Brechung dreier Handlungszeiten (48 v. Chr., 1724, 1978) einen neuen Akzent. In einer Bearbeitung und unter der musikalischen Leitung von Charles Mackerras wurde das Werk 1980 an der English National Opera London (Cleopatra: Valerie Masterson, Cesare: Janet Baker) und 1983 in Genf (Cesare: Tatiana Troyanos) einstudiert. Im Händel-Jahr 1985 erfuhr *Cesare* zahlreiche Aufführungen, unter anderm in Stockholm, Rom (Cleopatra: Montserrat Caballé), bei den Wiener Festwochen (Leitung: Nikolaus Harnoncourt), bei den Händel-Festspielen Göttingen (Regie: Jean-Louis Martinoty, Dirigent: Charles Farncombe) sowie in London (konzertant, Barbican Centre; mit Troyanos und Arleen Augér).

**Autograph:** BL London (R. M. 20. b. 3.; R.M. 20. c. 4., f. 62-66), Fitzwilliam Museum Cambridge (30 H 6). **Abschriften:** Staats- u. UB Hbg. (M A/1019), Fitzwilliam Museum Cambridge (Barrett-Lennard-Coll.), BL London (R. M. 19. c. 6.; R. M. 19. c. 7, f. 143-157; R. M. 19. f. 3.; Egerton 2919). **Ausgaben:** Part: Cluer, London 1724; Walsh, London [1750], [1760]; G. F. HÄNDEL, Werke, hrsg. F. Chrysander, Bd. 68, B&H 1875, Nachdr. London [1965]; Hallische Händel-Ausg., Bär, Nr. 4019, 4019a; Kl.A: Peters 1922; Textb.: London, Wood 1724, 1725, 1730

**Literatur:** A. M. RABENALT, H. heute, in: Bl. d. Hessischen Landestheaters 1927/28, H. 1; H. KAISER, Modernes Theater in Darmstadt 1910–1933, Darmstadt 1955, S. 128; J. MERRILL KNAPP, H.'s ›Giulio Cesare in Egitto‹, in: Studies in Music History. Essays for O. Strunk, hrsg. H. Powers, Princeton, NJ

1968, S. 389ff.; H. KAISER, Im Scheinwerfer. Darmstädter Theatererinnerungen 1897–1933, Darmstadt 1969, S. 95f.; Werk und Wiedergabe. M.Theater exemplarisch interpretiert, hrsg. S. Wiesmann, Bayreuth 1980 (Thurnauer Schriften zum M.Theater. 5.), S. 51–96; V. PEUSCH, Opernregie – Regieoper. Avantgardistisches M.Theater in d. Weimarer Republik, Ffm. 1984, S. 115–120; weitere Lit s. S. 667

*Ludwig Finscher*

## Tamerlano
**Dramma per musica**

**Tamerlan**
3 Akte (7 Bilder)

**Text:** Nicola Francesco Haym, nach den Libretti von Agostino Graf Piovene zu der 1. Fassung (*Tamerlano*, Venedig 1711) und von Ippolito Zanelli zu der 2. Fassung (*Il Bajazet*, Reggio nell'Emilia 1719) des Dramma per musica von Francesco Gasparini, nach der Tragödie *Tamerlan ou La Mort de Bajazet* (1675) von Jacques Pradon
**Uraufführung:** 31. Okt. 1724, King's Theatre Haymarket, London
**Personen:** Tamerlano/Timur-Leng, Herrscher der Tataren (A); Bajazete/Bajasid I., türkischer Sultan, Gefangener Tamerlanos (T); Asteria, Bajazetes Tochter, Geliebte Andronicos (S); Andronico, griechischer Prinz und Verbündeter Tamerlanos, Geliebter Asterias (A); Irene, Prinzessin von Trapezunt, Verlobte Tamerlanos (A); Leone, Vertrauter Andronicos und Tamerlanos (B); Zaida, Vertraute Asterias (stumme R)
**Orchester:** 2 BlockFl, 2 Fl, 2 Ob, Fg, 2 Cornetti, Streicher, B.c
**Aufführung:** Dauer ca. 3 Std. – Der Schlußchor wird von den Solisten gesungen. Tamerlano und Andronico wurden in der Uraufführung von Kastraten gesungen. Die Cornetti (Zinken) können durch Trompeten ersetzt werden.

**Entstehung:** Dem Schlußvermerk in Händels Autograph zufolge wurde die Partitur am 3. Juli 1724 begonnen und am 23. Juli vollendet. Händel plante die Oper wohl im Frühsommer 1724 für die nächste Herbstsaison der Royal Academy, die in der Tat mit *Tamerlano* eröffnet wurde. Er kannte zumindest Teile von Gasparinis Partitur und hat sich in Einzelheiten von ihr anregen lassen. Die geplante Sängerbesetzung sah für Bajazete den in Wien angestellten Tenor Francesco Borosini vor, der nach damaligem Usus wohl nicht vor Sept. 1724 nach London kam. Sein Eintreffen muß Händel mit der 2. Fassung von Gasparinis Oper bekannt gemacht haben, uraufgeführt mit Borosini als Bajazete. Borosini besaß diese Partitur, in der er selbst bedeutende Änderungen des Schlusses (Bajazetes Tod) veranlaßt hatte. Händel ließ sich von der Partitur beziehungsweise von Borosini selbst dazu anregen, seine entsprechenden Schlußszenen neu zu gestalten: Bajazete stirbt nach einem großangelegten Accompagnato auf der Bühne (in die Kulissen wankend), während früher nur von seinem Tod berichtet wurde. Händel änderte auch den Beginn entsprechend Gasparinis 2. Fassung. In beiden Fällen nahm er Gasparinis Musik von 1719 zum Vorbild. Die meisten dieser Änderungen lassen sich im Autograph noch erkennen; die endgültige Fassung wurde von Friedrich Chrysander mit Hilfe des Librettos und der Direktionspartitur Händels (heute in Hamburg) rekonstruiert. Händel hat auch weitere Änderungen vorgenommen, die nicht unmittelbar mit Borosini oder der Vorlage zusammenhängen und von denen einige wohl schon im Juli erfolgten, andere erst kurz vor der Aufführung. Sie bestanden vor allem im Umstellen, Streichen und Ändern einzelner Arien; zwei wurden für die Sängerin der Irene (Anna Dotti) aus der Sopran- in die Altlage transponiert (ihre Stimme war wohl tiefer als erwartet). Händel hat aber auch die neu gestalteten Szenen an Anfang und Schluß weiter verändert und sich dabei immer enger an Gasparinis Partitur angeschlossen, die besonders in den letzten Szenen nach Bajazetes Tod die kürzeste und einfachste Lösung enthielt. Es mag musikalisch ein Verlust sein, daß dabei bedeutende Einzelstücke unterdrückt wurden (so Asterias Arie »Padre amato in me riposa«, III/10, und das anschließende Duett »Coronata di gigli«; Chrysander S. 132–141); dramatisch bedeutet es jedoch, daß Bajazetes Selbstmord noch über das kurze Versöhnungstutti hinaus (»D'atra notte«) das Ende überschattet und somit dem Werk der tragische Charakter erhalten bleibt.

**Handlung:** In Prusa, der Hauptstadt Bithyniens, 1403.

I. Akt, 1. Bild, Hof in Tamerlanos Palast, der Bajazete als Gefängnis dient: Sultan Bajazete wird von dem Tatarenherrscher Tamerlano nach der Eroberung seines Reichs gefangengehalten. Vorübergehend wird er von dem griechischen Prinzen Andronico aus dem Kerker entlassen. Er möchte jedoch lieber sterben als frei werden. Nur die Liebe zu seiner Tochter Asteria hält ihn am Leben. Tamerlano eröffnet seinem Gefolgsmann Andronico, daß er Asteria liebe und zu

*Tamerlano*, II. Akt, 2. Bild; Regie: Siegmund Skraup, Bühnenbild: Ludwig Zuckermandel; Landestheater, Halle (Saale) 1940. – Tamerlanos Thronsaal ist eine Phantasiearchitektur, die Tatarisches suggerieren, vor allem aber einen düsteren Hintergrund entwerfen soll, der die passende Folie für die Raserei eines Tyrannen – im Barockzeitalter fand man das Negativbild des Herrschers vor allem im Orient – darstellt.

heiraten gedenke; dieser erschrickt, da er der Geliebte Asterias ist. 2. Bild, Gemächer Bajazetes und Asterias in Tamerlanos Palast: Tamerlano erklärt sich Asteria und macht sie glauben, Andronico unterstütze seinen Heiratsplan. Sie muß an Andronico zweifeln. Bajazete will lieber sterben als dem Tyrannen seine Tochter geben; Andronico kann Asterias Zweifel nicht ausräumen. 3. Bild, Palasthof: Tamerlanos Verlobte, Prinzessin Irene, ist eingetroffen und hat von Tamerlanos Plänen erfahren, nach denen sie nun Andronico heiraten soll. Sie ist entrüstet, bleibt aber auf Andronicos Rat inkognito am Hof.
II. Akt, 1. Bild, Arkaden vor Tamerlanos Gemächern, später wird der Blick in diese frei: Andronico muß von Tamerlano hören, daß Asteria der Heirat zugestimmt habe. Sie selbst scheint es zu bestätigen und wirft ihm Untreue vor. Irene stellt sich Tamerlano als ihre eigene Abgesandte vor und erfährt seine Willensänderung. Doch läßt Asteria ihr gegenüber durchblicken, daß sie Tamerlano verschmäht. Leone reflektiert über die Situation. Bajazete und Andronico sind über Asterias offensichtliches Eingehen auf Tamerlanos Wünsche zornig und bestürzt. 2. Bild, Thronsaal: Tamerlano ist sich der Zusage Asterias sicher und läßt alle herbeiholen, damit sie Zeugen der Vermählung werden. Erst als Bajazete seiner Tochter mit Selbstmord droht, gesteht sie, daß sie Tamerlano nur ihr Jawort gegeben habe, um ihn umbringen zu können. Der Tyrann rast vor Wut; die andern bewundern Asterias Mut.
III. Akt, 1. Bild, Hof im Serail, wo Bajazete und Asteria gefangengehalten werden: Bajazete und Asteria erwarten das Schlimmste; sie versehen sich mit Gift. Andronico läßt Tamerlano wissen, daß er Asteria liebt. Tamerlano kann seinen Willen nicht durchsetzen, obwohl er droht, zuerst Bajazete und dann die andern zu töten. Asteria wirft sich ihm zu Füßen, um Bajazete zu retten, und wird von diesem dafür zurechtgewiesen. Asteria und Andronico bereiten sich auf den gemeinsamen Tod vor. 2. Bild, Kaisersaal mit Vorbereitungen zum Bankett: Irene kämpft, von Leone beraten, weiter um Tamerlanos Hand und Thron. Tamerlano läßt Bajazete und dann Asteria an seine Festtafel holen, wo Asteria als Sklavin bedienen soll. Sie tut Gift in seinen Becher. Irene hat sie aber beobachtet und rettet Tamerlano das Leben. Sie gibt sich ihm zu erkennen. Asteria will selbst das Gift trinken, wird aber von Andronico daran gehindert. Tamerlano befiehlt, Asteria seinen Sklaven als Beute auszuliefern. Bajazete droht ihm mit Rache der Unterweltgötter. Tamerlano versöhnt sich mit Irene. Überraschend, scheinbar heiter, tritt Bajazete wieder auf; er hat Gift genommen und damit Freiheit und Würde gerettet. Zärtlich verabschiedet er sich von seiner Tochter und verflucht mit dem letzten Atemzug den Tyrannen. Tamerlano gibt sich geschlagen und läßt Asteria frei. Die Hochzeit von Andronico und Asteria, Tamerlano und Irene kann gefeiert werden.
**Kommentar:** Pradons Tragödie dürfte Händel durch eine Aufführung in Rom 1709 kennengelernt haben. Zanellis von Borosini angeregte Neufassung von Piovenes Libretto lehnt sich sogar enger an Pradons ursprünglichen Schluß mit Bajazetes Selbstmord an. Piovene ist mit Girolamo Graf Frigimelica Roberti und Antonio Salvi, der denselben Stoff für Alessandro Scarlatti (Pratolino 1706) bearbeitete, einer der Reformlibrettisten, die wichtige Elemente der französischen Tragödie (vor allem den tragischen Ausgang und das Motiv des Tyrannenmords) in die italienische Oper einführten. Händel hat seit *Radamisto* (1720) derartige Stoffe gern behandelt; besonders bei ihm wird die tragende Tenorpartie zum Sinnbild des stolzen und freien Menschen, der den Tod der Schmach vorzieht. Händel hat um diese Konzeption gerungen: Nicht nur die letzten Szenen, sondern auch den ersten Auftritt Bajazetes im Kerker mußte er mehrfach umarbeiten. Daß gerade die auf die beiden Fassungen Gasparinis zurückgehenden Stücke in Händels Endfassung teilweise wieder entfielen, während der Text sich immer mehr dem ursprünglichen Drama näherte, zeigt Händels Kampf um eine musikalische Realisierung des dramatischen Gehalts und eine Lösung von der Reformoper Gasparinis, die Asteria und Andronico noch reicher bedacht hatte. Händel konzentriert die Kompositionsmittel, unter anderm die Accompagnatos, auf die Figur Bajazetes. Wie vorher in *Giulio Cesare in Egitto* (1724) und nachher in *Rodelinda, regina de' Langobardi* (1725) konstruierte er auch hier im wesentlichen das Drama aus den Arien und bemühte sich um eine großangelegte Balance der Instrumentation und Tonartenfolge. *Tamerlano* steht für sich in der Zahl und Bedeutung der Accompagnatos und Ariosi und in der dramaturgischen Funktion der Ensembles, unter anderm des Handlungsterzetts »Voglio stragi« (II/10) und des tragischen Liebesduetts »Vivo in te« (III/5). Die dramatische Zuspitzung wird ausgewogen durch den großartigen Reichtum der Motiverfindung und der Satztypen von der schlichten Menuett- oder Cembaloarie (II/10 und I/3) bis zum verwegenen Kontrapunkt (das Terzett). In den Rezitativen ist Händel expressiver und kühner als die italienischen Zeitgenossen.
**Wirkung:** *Tamerlano* wurde nach der erfolgreichen Spielzeit 1724/25 nur noch 1731 wiederholt. Die erste Inszenierung im 20. Jahrhundert fand 1924 in Karlsruhe statt (in einer neuen Übersetzung von Herman Roth), gefolgt von Aufführungen in Leipzig 1925, Hannover 1927 und Halle (Saale) 1940. Anläßlich des 300. Geburtstags Händels wurde das Werk in einer Produktion der North Opera Leeds in der Regie von Philip Prowes (Tamerlano: Felicity Palmer) in Halle gespielt. Weitere Aufführungen erfolgten 1985 bei den Göttinger Händel-Festspielen (Tamerlano: Lee Ragin; Dirigent: John Eliot Gardiner) und in Lyon.

**Autograph:** BL London (R. M. 20. c. 11). **Abschriften:** Staatsu. UB Hbg. (M A/1056), Fitzwilliam Museum Cambridge (Barrett-Lennard-Coll.), BL London (Egerton 2920), Central Public Libr. Manchester (Mb 130 Hd 4, v. 317 [1]). **Ausgaben:** Part: Cluer, London [1724]; G. F. HÄNDEL, Werke, hrsg. F. Chrysander, Bd. 69, B&H 1876, Nachdr. London [1965]; Part, Faks.-Nachdr. d. Autographs: Garland, NY, London 1979 (Italian Opera 1640–1770. 27.); Part: Hallische Händel-Ausg., Bd. II/15, Bär [in Vorb.]; Kl.A, dt. Übers. v. H. Roth: B&H 1925,

Nr. 5290, Pl.Nr. 29204; Textb.: London 1724, Nachdr. in: Italian Opera Librettos, Bd. 59, NY, London, Garland 1978 (Italian Opera 1640–1770. 9.)
**Literatur:** J. M. Knapp, H.'s ›Tamerlano‹: The Creation of an Opera, in: MQ 56:1970, S. 404–430, dt. in: 50 Jahre Göttinger Händel-Festspiele, hrsg. W. Meyerhoff, Kassel 1970, S. 167–185; R. Strohm, H. und seine italienischen Operntexte, in: Händel-Jb. 1975/76, S. 118–120; ders., Die italienische Oper im 18. Jahrhundert, Wilhelmshaven 1979, S. 95ff. (Taschenbücher zur Mw. 25.); ders., Francesco Gasparini. Le sue opere tarde e G. F. H., in: Francesco Gasparini (1661–1727). Atti del primo Convegno Internazionale 1978, Florenz 1981 (Quaderni della RIM. 6.), S. 71ff.; weitere Lit. s. S. 667

*Reinhard Strohm*

## Rodelinda, regina de' Langobardi
**Dramma per musica in tre atti**

### Rodelinda, Königin der Langobarden
3 Akte (8 Bilder)

**Text:** Nicola Francesco Haym, nach dem Libretto von Antonio Salvi zu dem Dramma per musica (Pratolino 1710) von Giacomo Antonio Perti, nach der Tragödie *Pertharite, roi des Lombards* (1652) von Pierre Corneille
**Uraufführung:** 13. Febr. 1725, King's Theatre Haymarket, London
**Personen:** Rodelinda, Königin der Langobarden und Gattin Bertaridos (S); Bertarido/Perctarit, durch Grimoaldo vom Thron vertrieben (A); Grimoaldo/Grimoald, Verlobter Eduiges (T); Garibaldo, Herzog von Turin, in Aufruhr gegen Bertarido, Freund Grimoaldos (B); Eduige, Schwester Bertaridos (A); Unulfo, ein langobardischer Edelmann, Berater Grimoaldos, im geheimen jedoch Bertaridos Freund (A); Flavio (stumme R)
**Orchester:** 2 BlockFl, Fl, 2 Ob, Fg, 2 Hr, Streicher, B.c
**Aufführung:** Dauer ca. 3 Std. 15 Min. – Der Schlußchor wird von den Solisten gesungen. Die Violinen sind dreifach geteilt.

**Entstehung:** Die Partitur trägt das Abschlußdatum 20. Jan. 1725. In der Spielzeit 1725/26 wurde das Werk wiederaufgenommen und von Händel überarbeitet. Wie meist bei diesen Umarbeitungen, die vor allem aus Rücksicht auf die Schwächen und Stärken der Sänger, nicht aus dramaturgischen Gründen erfolgten, gibt es Vor- und Nachteile gegenüber der ursprünglichen Fassung. Die Neukomposition von Unulfos »Sono i colpi« (I/10) und die eingefügte Arie Bertaridos »Sì, rivedrò« (II/7) bringen keine Verbesserung, und die Ersetzung von Rodelindas »Se il mio duol« durch »Ahi perchè« (III/4) ist eher ein Rückschritt. Positiver im Sinn der Bühnenwirksamkeit sind die Änderungen der Schlußszenen zu bewerten: Bertaridos neue Arie »Vivi, tiranno« (III/8) erhöht zwar kaum die Glaubwürdigkeit des Lieto fine, ist aber wenigstens ein äußerst eindrucksvolles Stück, das der Person Bertaridos eine neue Nuance (herrscherlichen Zorn und souveräne Verachtung des Usurpators) hinzufügt. Unbedingt ein Gewinn ist das schöne Duett Rodelinda/Bertarido »D'ogni crudel martir« (III/9), das die wiedervereinten Gatten vor dem Schlußchor noch einmal heraushebt. Kaum eine Verbesserung bringt dagegen die Bearbeitung von 1731, in die Händel (offensichtlich in Zeitnot) einige Erfolgsstücke aus *Tolomeo* (London 1728) und *Lotario* (London 1729) übernahm. In II/4 wurde Grimoaldos blasse Sentenzarie »Prigioniera ho l'alma in pena« durch das hochpathetisch-»schwarze« »Non pensi quell'altera« ersetzt, das wenigstens ein weit effektvolleres Stück ist. Das Duett am Ende des II. Akts »Io t'abbraccio« wurde durch das Duett »Se il cor si perde« aus *Tolomeo* ersetzt, das dort an entsprechender Stelle stand; beide Duette sind durchaus gleichrangig, und Händel hat den Tausch vielleicht nur deshalb vorgenommen, weil er das Duett aus *Rodelinda, regina de' Langobardi* ein Jahr zuvor in *Tolomeo* verschoben hatte. In der großen Szene Grimoaldos (III/6) schließlich wurde die sanfte, das Hirtenleben preisende Gleichnisarie »Pastorello d'un povero armento« durch die musikalisch weit interessantere Reuearie »Vi sento, sì« ersetzt, aber Grimoaldos Einschlafen ist nach der Pastorella sehr viel plausibler als nach dem affektiv gespannten Ersatzstück.
**Handlung:** In Mailand, um 670. I. Akt, 1. Bild: Rodelindas Gemächer im königlichen Palast; 2. Bild: Zypressenhain mit den Gräbern der Könige; II. Akt, 1. Bild: Raum im Schloß; 2. Bild: angenehmer Ort; 3. Bild: Galerie in Rodelindas Gemächern; III. Akt, 1. Bild: eine andere Galerie; 2. Bild: Kerker; 3. Bild: die königlichen Gärten.
Der Langobardenkönig Bertarido ist von Grimoaldo vertrieben worden und gilt als tot. Grimoaldo will seine Braut, Bertaridos Schwester Eduige, verstoßen und Bertaridos vermeintliche Witwe Rodelinda heiraten, um so seine Herrschaft zu stabilisieren. Rodelinda weist ihn zurück; sie will Bertarido auch über dessen Tod hinaus treu bleiben. Garibaldo bietet seinem Freund Grimoaldo an, Rodelinda durch Gewalt umzustimmen. Der totgeglaubte Bertarido kehrt verkleidet zurück, um Rodelinda und ihren Sohn aus Grimoaldos Machtbereich zu entführen. An seinem eigenen Grabmal trifft er auf Unulfo, der ihm treu geblieben ist. Rodelinda erscheint, um am Grab zu trauern; Bertarido verbirgt sich und muß mit ansehen, wie Garibaldo ihr den Sohn entreißt, ihn zu ermorden droht und so Rodelinda dem Werben Grimoaldos gefügig macht. Garibaldo umwirbt Eduige, um seine Macht am Hof auszubauen; Eduige willigt aus gekränkter Liebe zu Grimoaldo in die Heirat mit Garibaldo ein, um sich an Grimoaldo zu rächen. Grimoaldo drängt Rodelinda, ihr Eheversprechen einzulösen. Sie fordert ihn auf, erst ihren Sohn zu töten: Sie könne nicht Mutter des rechtmäßigen Königs und Gattin des Thronräubers sein. Grimoaldo schreckt zurück; Rodelindas Seelengröße beeindruckt ihn tief. Bertarido, der verzweifelt umherirrt, wird von seiner Schwester Eduige entdeckt. Als Unulfo ihm von Rodelindas unerschütterlicher Treue berichtet, beschließt er, sich ihr zu erken-

nen zu geben. Das Wiedersehen wird von Grimoaldo gestört, der den König nicht erkennt und den vermeintlichen Liebhaber der treulosen Königin in den Kerker werfen läßt, wo er auf seine Hinrichtung warten soll. Eduige und Unulfo beschließen, Bertarido zu befreien; Rodelinda findet den Kerker leer und muß zum zweitenmal glauben, ihr Gatte sei tot. Garibaldo findet Grimoaldo schlafend im Garten und beschließt, die Gelegenheit zu nutzen und den Freund zu ermorden, um selbst Herrscher von Mailand zu werden. Da erscheint der befreite Bertarido, streckt den Mörder nieder und rettet so den Thronräuber. Der beschämte Grimoaldo gibt seinem Retter Herrschaft und Reich zurück und heiratet Eduige.

**Kommentar:** Der Stoff stammt aus der *Historia Langobardorum* (um 790) von Paulus Diaconus und wurde zum erstenmal von Corneille dramatisiert. Salvi, der eine Vorliebe für das klassische französische Drama hatte, hielt sich in seinem Libretto eng an Corneilles Werk, besonders in der Darstellung der Affekte. Haym kürzte Salvis Libretto erheblich, vor allem in den Rezitativen (wie es in London, auch aus Rücksicht auf das des Italienischen nicht kundige Publikum, üblich war), wodurch das Gewicht der Arien (und dadurch wiederum die Affektdarstellung) akzentuiert wurde. Dies war die Voraussetzung dafür, daß gerade *Rodelinda* zu einem um die »ethische Idee der Gattentreue« kreisenden Ideendrama, einem barocken Vorläufer von Beethovens *Fidelio* (1805), stilisiert werden konnte, wie es spätestens seit Oskar Hagen (*Die Bearbeitung*, s. Lit.) beliebt wurde. Das war sicherlich ein Mißverständnis; richtig ist aber, daß Haym seine Textvorlage deutlich auf die großen Affekte Rodelindas (Trauer um den Gatten, Standhaftigkeit gegen die Verführung, Haß auf den Usurpator, unwandelbare Liebe) konzentriert und daß Händel aus dieser Konzentration die Inspiration zu einer seiner dichtesten Opernpartituren geschöpft hat. *Rodelinda* ist dadurch eine der wenigen Opere serie der Epoche, die noch heute unmittelbar wirken können. Selbst das Lieto fine, immer der heikelste Punkt der Gattung, ist ungewöhnlich gut vorbereitet, indem Grimoaldo als ein schwacher und schwankender Tyrann gezeichnet wird, den der Intrigant Garibaldo lenkt, der aber, als er Garibaldos Schwärze erkennt, den Weg zu Reue und Tugend zurückfinden kann.

**Wirkung:** In der Uraufführung und in den 13 bis April folgenden Aufführungen sangen einige der größten Sänger der Epoche: Francesca Cuzzoni die Rodelinda, Senesino den Bertarido, Francesco Borosini den Grimoaldo, Giuseppe Maria Boschi den Garibaldo. Der Erfolg war groß, und nächst *Giulio Cesare in Egitto* (1724) wurde *Rodelinda* zur populärsten Oper Händels. In den Spielzeiten 1725/26 und 1731 wurde sie je achtmal aufgeführt. Außerhalb Londons scheint sie nur in Hamburg gespielt worden zu sein, wie üblich mit ins Deutsche übersetzten Rezitativen (von Christoph Gottlieb Wend), aber italienischen Arien, Ende 1734 zweimal, im Sommer 1735 einmal und im Herbst 1736 zweimal, aber »mit geringem Beifall«, wie Johann Mattheson berichtete. Aus den ungewöhnlichen Qualitäten des Texts und der Musik und aus der durch sie nahegelegten Stilisierung zum Ideendrama erklärt sich, warum die Göttinger Händel-Renaissance gerade mit *Rodelinda* (26. Juni 1920) begann; ausdrücklich sprach der Spiritus rector des Unternehmens und Bearbeiter des Werks, der Göttinger Kunsthistoriker Hagen, von einem »durch sein Ethos, wie seine präzis charakterisierte [...] einfache Handlung hervorragendem Theaterstück« (ebd.). Hagen verstand Händels Opern als Musikdramen, und seine Bearbeitungen zielten auf theatralische Wirkung durch psychologische Plausibilität, auf die »Wahrheit der Handlung« und ihre »umfassendste sinnlich-anschauliche Gegen-

*Rodelinda, regina de' Langobardi*; Arne Ohlson als Grimoaldo, Florence Anderson-Düselins als Eduige, Arne Tyrén als Bertarido, Ingrid Bjoner als Rodelinda, Ove Meyer-Leegard als Unulfo; Regie: Lars Runsten; Schloß Drottningholm (bei Stockholm) 1957. – Seit 1934, dem Jahr der – wenn auch sporadischen – Wiederbespielung des kleinen Hoftheaters, standen neben Opern Pergolesis, Mozarts und Cimarosas auch Händels Werke im Zentrum des Repertoires.

wart« (ebd.). Um sie zu erreichen, strich er 13 von 28 Arien, darunter alle Gleichnisarien, ließ Unulfo und Eduige nur noch in Rezitativen zu Wort kommen, stellte Szenen um und kürzte auch die verbliebenen Arien dort, wo es ihm psychologisch notwendig schien. In der »expressionistischen« Ausstattung (Hagen, ebd.) von Paul Thiersch und in »Hellerauer Darstellungsart« (Rudolf Steglich, s. Lit.), also in einer von den Prinzipien von Emile Jaques-Dalcroze bestimmten Bewegungsregie, wurde die Aufführung ein großer Erfolg mit weitreichender Resonanz und die »Leit-Inszenierung« für die ganze erste Phase der Göttinger Händel-Renaissance bis zu Hagens erzwungener Emigration. Aber das Unbehagen an einer so freizügigen und allein dem Theater verpflichteten Bearbeitung führte Steglich dazu, in einem Aufsatz von grundsätzlicher Bedeutung Händels Dramaturgie und Tonartenregie, die durch Szenenumstellungen und Arienstreichungen zerstört werden, erstmals gründlich und überzeugend darzustellen, die Rechte des musikalischen Kunstwerks gegen die Rechte des Theaters zu verteidigen, wenngleich nicht ohne Kompromisse, denn auch Steglich hielt eine Übersetzung für nötig und befürwortete sogar die Kürzung aller Arien auf den Hauptteil der Dakapoform allein, um so »das Ganze in kleinerem Maßstab verhältnisgetreu« zu bewahren (ebd.). Die Wiederaufführung von *Rodelinda* bei den Göttinger Händel-Festspielen 1953, in neuer Übersetzung (Emilie Dahnk-Baroffio) und historisierender Inszenierung (Hanns Ludwig Niedekken-Gebhard) und Aufführungspraxis (Fritz Lehmann), war der Höhepunkt der »barocken« Phase der Göttinger Händel-Renaissance, mit barocken Kostümen und Bühnenbildern und choreographierter Personenführung (aufbauend auf der von Niedecken-Gebhard angeregten Arbeit von Joachim Eisenschmidt, s. Lit.). Nach Aufführungen 1955 in Leipzig, 1957 (Wiederaufnahme 1959) in Drottningholm und 1959 an Sadler's Wells London (Rodelinda: Joan Sutherland) wurde das Werk lange Jahre wenig gespielt. In jüngerer Zeit wurde *Rodelinda, regina de' Langobardi* an der Welsh National Opera Cardiff und in Hannover-Herrenhausen (1981) inszeniert, im Händel-Jahr 1985 in Colmar sowie beim Aldeburgh-Festival.

**Autograph:** Fragmente: BL London (R. M. 20. c. 4.; R. M. 20. d. 2., f. 31-38; R. M. 20. f. 11., f. 5-7), Fitzwilliam Museum Cambridge (30 H 6, p. 73-77). **Abschriften:** Staats- u. UB Hbg. (M A/1047), M.Slg. d. Grafen v. Schönborn-Wiesentheid Wiesentheid (H 7), Fitzwilliam Museum Cambridge (Barrett-Lennard-Coll.), BL London (Egerton 2921), Central Public Libr. Manchester (MS 130 H d 4, v. 267). **Ausgaben:** Part: Cluer, London 1725, 1728; Walsh, London [1750]; G. F. HÄNDEL, Werke, hrsg. F. Chrysander, Bd. 70, B&H 1876, Nachdr. London [1965]; Hallische Händel-Ausg., Bd. II/16, Bär [in Vorb.]; Kl.A, dt. Übers. u. Bearb. v. O. Hagen: Peters 1923, Nr. 10349; Kl.A, dt. Übers. v. E. Dahnk-Baroffio: Bär 1962, Nr. 4019a; Textb.: London 1725. **Aufführungsmaterial:** Bearb. Hagen: B&B; Übers. Dahnk-Baroffio: Bär
**Literatur:** O. HAGEN, Die Bearbeitung der Händelschen ›Rodelinde‹ und ihre Uraufführung am 26. Juni 1920, in: ZfMw 2:1919/20, S. 725–732; DERS., H.s Musikdrama ›Rodelinde‹ und seine Bearbeitung, Göttingen 1920; R. STEGLICH, H.s Oper ›Rodelinde‹ und ihre neue Göttinger Bühnenfassung, in: ZfMw 3:1920/21, S. 518–534; V. PEUSCH, Opernregie – Regieoper. Avantgardistisches M.Theater in d. Weimarer Republik, Ffm. 1984, S. 104–113; weitere Lit. s. S. 667

*Ludwig Finscher*

## Alessandro
**Dramma per musica in tre atti**

**Alexander**
3 Akte (11 Bilder)

**Text:** Paolo Antonio Rolli, nach dem Libretto von Bartolomeo Ortensio Mauro zu dem Melodramma *La superbia d'Alessandro* (Hannover 1690) von Agostino Steffani
**Uraufführung:** 5. Mai 1726, King's Theatre Haymarket, London
**Personen:** Alessandro/Alexander (A); Rossane/Roxane (S); Lisaura (S); Tassile/Taxiles, König von Indien (A); Clito/Kleitos, Herzog von Mazedonien (B); Leonato (T); Cleone (A). **Chor:** Soldaten
**Orchester:** 2 BlockFl, 2 Ob, Fg, 2 Hr, 2 Trp, Streicher, B.c
**Aufführung:** Dauer ca. 3 Std. 30 Min. – Alessandro und Tassile wurden in Händels Aufführungen von Kastraten gesungen.

**Entstehung:** Händel beendete die Komposition am 11. April 1726. Den Anlaß für die Wahl des Stoffs und für die Art der Komposition bildete die Neuverpflichtung der Sopranistin Faustina Hasse-Bordoni nach London. Da die Royal Academy mit ihr und mit Francesca Cuzzoni über die beiden größten Primadonnen der Zeit verfügte, mußte ein Stoff gefunden werden, dessen weibliche Hauptrollen in ihrer musikalischen Gewichtung strikt den gleichen Rang beider Sängerinnen wahrten. Dies diplomatische Meisterstück gelang Rolli und Händel in *Alessandro*, indem sie den beiden Sängerinnen unparteiisch je sechs Arien und je ein Duett mit Alessandro zuteilten.
**Handlung:** Im Land der Oxydraker, um 327 v. Chr., auf dem Indienfeldzug König Alexanders des Großen. I. Akt, 1. Bild, die Stadtmauer von Ossidraca: Auf einer Belagerungsmaschine stehend, leitet Alessandro die Eroberung der Stadt. 2. Bild, Feldlager: Lisaura und die Sklavin Rossane, Alessandros Favoritinnen, treten vor ihr Zelt und beobachten, wie die Stadtmauer dem Erdboden gleichgemacht wird. Die gemeinsame Freude über Alessandros Sieg verfliegt jedoch rasch, und die Eifersucht der beiden Rivalinnen bricht auf. Der indische König Tassile berichtet Lisaura, die er liebt, daß Alessandro die Eroberung unversehrt überstanden hat, und muß erkennen, daß Alessandro sein Rivale um Lisauras Liebe ist. 3. Bild, die Bresche in der Stadtmauer: Alessandro und seine Soldaten ziehen auf, um die Bresche zu besichtigen. Ein Dankopfer für Jupiter wird angeordnet. Alessandro ist unentschlossen, welcher der beiden Geliebten er sich widmen solle, und wendet sich schließlich Rossane zu, wor-

über Lisaura enttäuscht und wütend ist. 4. Bild, ein Gemach: Rossane verlangt von Alessandro, daß er sie allein liebe. Er antwortet ausweichend, doch hört Rossane aus seinen Andeutungen ein Versprechen heraus. Rossane hat einen weiteren Verehrer, Cleone, der jedoch gegen Alessandro nicht aufzubegehren wagt. Diese Feigheit mißfällt seinen Freunden, Leonato und dem Herzog Clito. 5. Bild, Tempel des Jupiter Ammon: Das Dankopfer ist vorbereitet. Cleone an der Spitze der Priesterschaft empfängt Alessandro und sein Gefolge im Tempel. Alessandro betet zu Jupiter, und da er seine Abkunft auf Jupiter zurückführt, läßt er sich selbst als Halbgott huldigen. Nur Clito verweigert ihm diese Ehrerbietung. Wütend zwingt Alessandro ihn in die Knie. Nach dieser Beleidigung beruhigen ihn seine beiden Geliebten.
II. Akt, 1. Bild, ein abgeschiedener Platz in sanfter Hügellandschaft: Rossane wartet auf Alessandro, der sie schließlich schlafend antrifft. Lisaura beobachtet die Szene. Unter Alessandros Liebkosungen erwacht Rossane, stellt sich aber weiter schlafend, als sie Lisaura bemerkt, so daß sich Alessandro Lisaura zuwendet. Doch spotten nun beide Frauen über Alessandros Liebesgurren und verlassen ihn. Das ist zuviel für den Sieggewohnten. Verärgert beschließt er, sich mehr seinen königlichen Pflichten, weniger der Liebe zu widmen. Tassile erkennt darin seine Chance und wirbt heftig um Lisaura. Doch diese läßt sich nicht so leicht gewinnen. 2. Bild, Kabinett: Alessandro liebt Rossane zu sehr, als daß er von ihr losgäme. Sie stellt ihn auf die Probe und bittet ihn, daß er ihr die Freiheit schenke. Alessandro gewährt ihr den Wunsch, rafft sich aber erneut auf, die Fesseln der Liebe abzuschütteln. 3. Bild, Thronsaal: Clito weigert sich tapfer, Alessandro als Halbgott anzuerkennen. Dieser springt in äußerstem Zorn auf und entgeht so einem Attentat, als der Thronbaldachin herunterstürzt. Clito wird als Verschwörer eingekerkert. Als Rossane den verwüsteten Thron sieht, glaubt sie Alessandro tot, doch er lebt; beide trösten sich über den Schreck.
III. Akt, 1. Bild, Kerkerturm: Clito wird von Cleone bewacht. Da dringt Leonato mit Soldaten ein, überwältigt Cleone und befreit Clito. Cleone wird im Turm eingesperrt, kommt aber bald wieder frei. 2. Bild, Garten: Lisaura und Rossane treffen sich und verabreden, künftig alle Eifersucht zu vermeiden, um so Alessandro die freie Entscheidung zu lassen, wem er seine Liebe schenken wolle. Rossane warnt Alessandro vor den Verschwörern Leonato und Clio, und Tassile bietet Truppen zu seinem Schutz an, doch Alessandro fürchtet niemanden. Als die aufständischen Soldaten unter Leonatos und Clitos Führung eindringen, tritt ihnen Alessandro entgegen, und der Aufstand bricht in sich zusammen. Alessandro verzeiht den Aufrührern. 3. Bild, Jupitertempel: Rossane und Lisaura beten um Frieden. Alessandro erscheint wohlbehalten und erklärt sich seinen beiden Geliebten. Lisaura überläßt er der liebenden Obhut Tassiles, wünscht aber, sie möge ihm weiter befreundet bleiben; Rossane bittet er um ihre Hand. Alle stimmen in die Festesfreude ein.

**Kommentar:** Daß sich der Held Alessandro zwischen seinen beiden Geliebten nicht entscheiden kann, wird von Mauro politisch begründet: Alessandro liebe in Wahrheit nur Rossane, jedoch heuchle er auch gegenüber der skythischen Prinzessin Lisaura Liebe, »nur damit er ihre Völker bei sich behalten möchte«. (Die Vorbemerkung des Textbuchs ist vollständig abgedruckt in der Steffani-Auswahl in: *Denkmäler der Tonkunst in Bayern* 12:1912, Bd. 2, S. XXXII.) Eine derartige Motivation enthält Rollis Textbuch nicht mehr. Er stellt gleich mit dem Auftritt von Rossane und Lisaura die Eifersucht der beiden und ihre Ränke um Alessandros Gunst ins Zentrum. Für Händel bot dieser Stoff Gelegenheit, die beiden Primadonnen in künstlerischem Wettstreit darzustellen. Aus den Arien von Rossane und Lisaura läßt sich ein anschauliches Bild von den Stärken und Schwächen Cuzzonis (Lisaura) und Hasse-Bordonis (Rossane) gewinnen, am schlagendsten aus den beiden unmittelbar aufeinanderfolgenden Hauptarien »Che tirannia d'amor« und »Alla sua gabbia d'oro« im II. Akt. Cuzzoni war für den rührenden, innigen Ausdruck ihrer Kantilene berühmt, während ihre Koloratur als weniger brillant galt; dagegen muß Hasse-Bordoni eine stupende Virtuosität in Läufen, Passagen und Verzierungen gehabt haben. Um der Oper nicht ganz der Hauptattraktion der beiden Stars auszuliefern, haben Rolli und Händel kräftige theatralische Akzente gesetzt. Die Oper beginnt mit einer »Hollywoodszene«. Die Eroberung von Ossidraca wurde in den Aufführungen, die Händel geleitet hat, ziemlich realistisch dargestellt: Es heißt, man habe den Lärm vom Haymarket Theatre bis Charing Cross, einige hundert Meter entfernt, gehört. Zu dem Spektakel auf der Bühne konnte Händels Sinfonia nur eine Hintergrundmusik abgeben. Doch ist die Szene durch die Wiederholung der Sinfonia nach Alessandros kurzem Rezitativ musikalisch klar gefaßt. Drei weitere Massenszenen, die Besichtigung der Mauerbresche (I/5), die Huldigung im Tempel (I/9) und der rasch in sich zusammenbrechende Aufruhr gegen Alessandro (III/6), bilden ebenfalls ein Gegengewicht zu der langen Kette der Arien im Dreiecksverhältnis Rossane/Alessandro/Lisaura. Der II. Akt zeigt Alessandro privat. Rossanes Rezitativ »Solitudini amate« wird von einem Adagiosatz eingeleitet, der durch seine Instrumentation mit obligaten Blockflöten, Oboen und Fagotten ein Höhepunkt pastoraler Idyllik bei Händel ist. Als genaues Gegenstück zum Schlachtenlärm zu Beginn des I. Akts entfalten sich hier Ruhe und Frieden der Natur. Der Anfang des III. Akts bringt nochmals eine neue Stimmung: In einem schmerzlichen f-Moll-Arioso beklagt Clito sein Los, ein vierstimmiger Streichersatz schafft dazu eine düster-lastende Atmosphäre. Zeigt sich schon bei den Aktanfängen Händels besondere kompositorische Sorgfalt, die die Musik in den Dienst größerer dramatischer Zusammenhänge stellt, so ist der Schluß der Oper ein noch deutlicherer Beweis für Händels musikdramatisches Disponieren. Nachdem Alessandro sich für Rossane entschieden hat, singt er ein Duett mit Lisaura, danach wendet er sich in einem weiteren Duett Rossane zu, schließlich stimmen alle in den Schlußchor ein. Diese Stücke sind durch Übereinstimmung in Tempo, Takt und Motivik miteinander verbunden, doch ist das Duett mit Rossane durch die Instrumentation (wieder Blockflöten) und durch neue Thematik als Mittelteil einer Großform erkennbar. Im Erstdruck des Librettos sind die beiden Duette nicht gekennzeichnet, sondern nach Art von Rezitativen gedruckt, wobei allerdings Reim und Vers auf Arien oder Ariosi hindeuten. Es scheint also Händels Gedanke gewesen zu sein, die eigentlich aufeinanderfolgend geplanten Stücke in Duetten zusammenzufassen und durch diese Intensivierung eine besondere Finalwirkung zu erzielen.

**Wirkung:** Die Uraufführung bot mit dem Altkastraten Senesino (Alessandro) und dem Bassisten Giuseppe Maria Boschi (Clito) zwei weitere Spitzenkräfte auf. Noch im selben Jahr folgte in Hamburg die erste Inszenierung auf dem Kontinent, 1728 wurde das Werk in Braunschweig gespielt. In Händels Inszenierung von 1732 sangen anstelle von Hasse-Bordoni und Cuzzoni Anna Maria Strada del Pò und Celeste Gismondi; Senesino war wiederum Alessandro, die Partien des Leonato und des Cleone wurden gestrichen. Unter dem Titel *Rossane* wurde die Oper 1743, 1744 und 1748 erneut in London gespielt, allerdings ohne Händels Mitwirkung und mit Einfügungen von Arien aus seinen Oratorien (unter anderm aus *Samson*, 1743) sowie von Kompositionen von Giovanni Battista Lampugnani. Der Chor Nr. 38 wurde mit einem neuen Text versehen (siehe die Ausgabe von Friedrich Chrysander). Konzertante Wiederaufführungen von *Alessandro* erfolgten 1985 bei den Göttinger Händel-Festspielen sowie in New York.

**Autograph:** BL London (R. M. 20. a. 5.; R. M. 20. d. 2., f. 121-4; Nr. 14a). **Abschriften:** Staats- u. UB Hbg. (M A/999), Fitzwilliam Museum Cambridge (Barrett-Lennard-Coll.), BL London (R. M. 19. c. 3.; Add. Mss. 31563; Egerton 2923). **Ausgaben:** Part: Cluer, London 1726; G. F. HÄNDEL, Werke, hrsg. F. Chrysander, Bd. 72, B&H 1877, Nachdr. London [1965]; Hallische Händel-Ausg., Bd. II/14, Bär [in Vorb.]; Textb.: London, Wood 1732
**Literatur:** s. S. 667

*Bernd Edelmann*

## Poro, re dell'Indie
**Dramma per musica in tre atti**

### Poros, König von Indien
3 Akte (7 Bilder)

**Text:** unbekannter Bearbeiter, nach dem Libretto von Pietro Metastasio (eigtl. Pietro Antonio Domenico Bonaventura Trapassi) zu dem Dramma per musica *Alessandro nell'Indie* (1729) von Leonardo Vinci
**Uraufführung:** 2. Febr. 1731, King's Theatre Haymarket, London
**Personen:** Poro/Poros, König eines Teils von Indien, Geliebter Cleofides (A); Cleofide, Königin eines andern Teils von Indien, Geliebte Poros (S); Erissena,

*Poro, re dell'Indie*, I. Akt, 2. Bild; Bühnenbild: Bert Hoppmann; Landestheater, Braunschweig 1928. – Die Inszenierung betont, ohne sich unmittelbar an historischen Mustern zu orientieren, das dekorative Moment der Barockoper, in der immer wieder die Szene zum musikalisch ausgemalten lebenden Bild erstarrte.

Schwester Poros (A); Gandarte, Feldherr von Poros Truppen, Geliebter Erissenas (A); Alessandro/Alexander (T); Timagene, Vertrauter Alessandros, zugleich sein heimlicher Feind (B)
**Orchester:** 2 BlockFl, Fl, 2 Ob, Fg, 2 Hr, Trp, Streicher, B.c
**Aufführung:** Dauer ca. 3 Std. – Poro wurde in der Uraufführung von einem Kastraten gesungen. Der Schlußchor wird von den Solisten gesungen.

**Entstehung:** Händel, der die Oper um die Jahreswende 1730/31 schrieb, hatte bereits mit *Alessandro* (1726) den Stoffkreis vertont. *Poro, re dell'Indie* war nach *Siroe* (London 1728) das zweite Bühnenwerk, das auf einen Text von Metastasio zurückging. Die Komposition entstand in einer widerspruchsvollen Zeit, die mit der Aufführung von Pepuschs *Beggar's Opera* (1728) begann und mit wachsender Kritik an der italienischen Oper zum Bankrott der Royal Academy of Music, Händels Londoner Opernunternehmen, führte.
**Handlung:** In Indien, am Hydaspes (heute Jhelum), 326 v. Chr., während und nach der Schlacht zwischen den Heeren Alexanders des Großen und König Poros'.
I. Akt, 1. Bild: Feldlager der Inder am Flußufer; 2. Bild: Palmen- und Zypressenhain mit Bacchustempel an andern Flußufer im Herrschaftsbereich Cleofides; 3. Bild: Alessandros Zelt und Heerlager am Fluß; II. Akt, 1. Bild: Alessandros neues Lager auf der Cleofide gehörenden Flußseite, mit Brücke; 2. Bild: Gemächer in Cleofides Palast; III. Akt, 1. Bild: Cleofides Gärten; 2. Bild: großer Bacchustempel mit Scheiterhaufen.
Poro, von Alessandro geschlagen, will sich das Leben nehmen. Sein Feldherr Gandarte hält ihn zurück und verkleidet ihn als Soldaten; als dieser in die Hände der Makedonier fällt, schickt Alessandro ihn mit einem Friedensangebot zu den Indern. Auch Poros Schwester Erissena wird gefangen. Alessandro begegnet ihr mit ausgesuchter Höflichkeit und Galanterie; sein

Feldherr Timagene, der ihn haßt, umwirbt sie vergeblich. Poro setzt Cleofide mit Eifersucht zu, obwohl sie ihm ewige Treue schwört. Als Boten Alessandros die freigelassene Erissena bringen und Cleofide diese Boten freundlich empfängt, wächst sein Argwohn. Gandarte bemüht sich um Erissena, die kokett mit ihm spielt. Cleofide macht Alessandro einen offiziellen Besuch und schmeichelt ihm; Poro, als Soldat verkleidet, muß ohnmächtig zusehen. Wieder allein, schleudern Poro und Cleofide einander höhnisch ihre einstigen Treueschwüre entgegen. Als Alessandro zu einem Gegenbesuch bei Cleofide die Brücke überschreitet, greifen die Inder aus dem Hinterhalt an, werden aber wieder geschlagen. Alessandro, wütend über den Hinterhalt, läßt den vermeintlichen Soldaten Poro als Verräter abführen, schont aber Cleofide. Timagene, der Poro abführen soll, schickt ihn mit einem Angebot zur Verschwörung gegen Alessandro ins indische Lager zurück. Alessandro erklärt, er könne Cleofide vor dem Rachedurst seines Heers nur dadurch retten, daß er sie heirate. Gandarte gibt sich als Poro aus und bietet sich als Opfer an. Alessandro, überwältigt von so viel Edelmut, begnadigt ihn. Als Cleofide und Gandarte aufatmen, bringt Erissena die von Timagene erfundene Nachricht, der echte Poro sei auf der Flucht ertrunken. Poro plant einen Anschlag auf Alessandro und weiht Erissena ein, befiehlt ihr aber zu schweigen. Cleofide bietet nun, da Poro tot ist, Alessandro ihre Hand an. Erissena offenbart Alessandro, daß Timagene gegen ihn intrigiert, aber Alessandro vergibt auch diesen Verrat. Poro gibt sich Gandarte zu erkennen; Erissena berichtet von der bevorstehenden Hochzeit; alle drei versinken in Trauer und Ratlosigkeit. Cleofide und Alessandro erscheinen zur Hochzeit. Poro lauert ihnen auf, um Cleofide zu töten. Aber diese verkündet, daß der Scheiterhaufen nicht zum Freudenfeuer bestimmt sei und daß sie Poro in den Tod folgen wolle. Da bringt Timagene Poro als Gefangenen. Alessandro schenkt Poro die Freiheit, gibt ihm Cleofide zur Frau und gelobt, sich aus Indien zurückzuziehen. Alle vereinigen sich zum Lob der beständigen Liebe.

**Kommentar:** Händels Textbearbeiter hat Metastasios Libretto, dessen Handlung im wesentlichen auf Jean Racines Tragödie *Alexandre le Grand* (1665) zurückgeht, erheblich gekürzt, vor allem, wie in London üblich, in den Rezitativen. Die Änderungen greifen aber noch tiefer. Der Anfang des II. Akts ist gestrafft; zugleich aber ist auf dem dramatischen Höhepunkt der Szene ein Liebesduett Cleofide/Poro eingefügt (übernommen aus *Aci, Galatea e Polifemo*, Neapel 1708); ebenso eingefügt ist, auf einem ähnlichen Höhepunkt, Cleofides Abschiedsgesang vor der Schlußszene, eine neukomponierte großartige Chaconne von nur 17 Takten. Schließlich ist der übliche einfache Schlußchor durch einen aufwendigen Rundgesang ersetzt (1. Strophe: Cleofide, 2. Strophe: Poro, 3. Strophe: Cleofide und Poro, 4. Strophe: alle), der bei Metastasio fehlt (musikalisch leicht abgewandelt aus der Kantate *Amarilli vezzosa*, 1708?, beziehungsweise aus *Agrippina*, 1709 [dort gestrichen], übernommen). Die beiden eingefügten Nummern in II/2 und III/12 stehen an so zentralen Stellen und sind so entscheidende dramaturgische und psychologische Verbesserungen, zugleich von so außerordentlicher musikalischer Qualität, daß es naheliegt, an Händel selbst als Urheber dieser Änderungen zu denken. Der Rundgesang am Schluß könnte dagegen auch eine Idee des Librettisten sein, denn merkwürdigerweise ist in dem auf *Poro* folgenden *Ezio* (1732), ebenfalls eine anonyme Metastasio-Bearbeitung, ein genauso aufgebauter Rundgesang eingefügt. Schon die Änderungen des Texts lassen den Anteil Alessandros und die Intrigantenrolle Timagenes zurücktreten und rücken die beiden Liebespaare Cleofide/Poro und Erissena/Gandarte in den Vordergrund; damit werden auch die Parallelität ihrer Geschicke und die gleichsam komplementäre Anordnung der sie beherrschenden Affekte (Eifersucht und Impulsivität bei Poro, erhabene Liebe und Treue bei Cleofide, Koketterie bei Erissena, naive Herzlichkeit bei Gandarte) deutlicher als bei Metastasio. Die Komposition unterstützt die Tendenz, welthistorische Ereignisse in ein privates Affektendrama umzudeuten, in dem die Verherrlichung des politisch klugen und menschlich weisen Herrschers in den Vordergrund rückt, geht aber darüber hinaus, vor allem in der Charakterisierung der Personen mittels Stildifferenzierung. Cleofide und Poro singen fast durchweg im hohen, heroisch-pathetischen Ton, während Erissena in einem fast buffonesken Ton beginnt und in der Abschiedsszene des III. Akts wie ihr Partner Gandarte volkstümlich-bukolische Töne anschlägt; Alessandro ist musikalisch zunächst ein ausgesprochen galanter Held, später in seinen ernsten Nummern weniger ein heroischer Typus als vielmehr ein Vokalvirtuose. In dieser Art der Differenzierung nicht nur von Affekten und Situationen, sondern von Personengruppen und Individuen geht *Poro* weiter als die meisten Händel-Opern; in der kompositorischen Qualität gehört das Werk zum Besten und Geschlossensten, was Händel geschrieben hat.

**Wirkung:** Das bei der Uraufführung begeistert aufgenommene Werk (Poro: Senesino, Cleofide: Anna Maria Strada del Pò, Alessandro: Annibale Pio Fabri, Timagene: Giovanni Giuseppe Commano) erlebte innerhalb weniger Wochen 15 Wiederholungen und wurde sogar in die nächste Spielzeit übernommen. 1732 wurde *Poro, re dell'Indie* in der Übersetzung von Christoph Gottlieb Wend (Rezitative bearbeitet von Georg Friedrich Telemann, Arien in italienischer Sprache) unter dem Titel *Triumph der Großmut und Treue oder Cleofida, Königin von Indien* in Hamburg aufgeführt, im selben Jahr auch in Braunschweig (in italienischer Sprache). Anläßlich der Übernahme des Werks in die nächste Spielzeit am King's Theatre fügte Händel für die Partie des Timagene, die nun von Antonio Montagnana interpretiert wurde, nachdem sich Commano als zu schwach erwiesen hatte, drei Arien aus früheren Opern (*Radamisto*, 1720; *Siroe*; *Lotario*, 1729; alle London) ein, für die neuerliche Aufführung am King's Theatre 1736 gleich sechs Arien und ein Rezitativ. Drei Arien stammten aus

Händels eigenen Opern (*Siroe*; *Partenope*, 1730; *Ariodante*, 1735; alle London), drei aus Opern von Giovanni Alberto Ristori und Vinci; das Rezitativ ist unbekannter Herkunft. Eine erfolgreiche Wiederbelebung erfuhr das Werk bei den Händel-Festspielen Halle 1956 in freier Übersetzung und historisch-realistischer Inszenierung von Heinz Rückert. 1982 wurde es zur Eröffnung der 5. Händel-Tage des Badischen Staatstheaters Karlsruhe aufgeführt.

**Autograph:** Teile: BL London (R. M. 20.b. 13; R. M. 20.d. 2. f. 26–27: Nr. 7b). **Abschriften:** Staats- u. UB Hbg. (M A/1042, M A/1042a), Fitzwilliam Museum Cambridge (Barrett-Lennard-Coll.), Central Public Libr. Manchester (MS 130 Hd 4, v. 236).
**Ausgaben:** Part: Walsh, London 1731, [1735], [1750]; G. F. HÄNDEL, Werke, hrsg. F. Chrysander, Bd. 79, B&H 1868, Nachdr. London [1965]; Hallische Händel-Ausg., Bd. II/25, Bär [in Vorb.]; Textb.: London, Wood 1731, [4]1736
**Literatur:** K. SASSE, Handlungen und Wandlungen in H.s ›Poro‹, in: Festschrift der Händel-Festspiele Halle 1956, Lpz. 1956, S. 36ff.; weitere Lit. s. S. 667

*Ludwig Finscher*

## Ezio
**Dramma per musica in tre atti**

**Aetius**
3 Akte (6 Bilder)

**Text:** unbekannter Bearbeiter, nach dem Libretto von Pietro Metastasio (eigtl. Pietro Antonio Domenico Bonaventura Trapassi) zu dem Dramma per musica *Ezio* (Rom 1728) von Pietro Auletta
**Uraufführung:** 15. Jan. 1732, King's Theatre Haymarket, London
**Personen:** Valentiniano/Valentinian III., römischer Kaiser, liebt Fulvia (A); Fulvia, Tochter des römischen Patriziers Massimo, Verlobte Ezios (S); Ezio/Aetius, General der kaiserlichen Truppen, liebt Fulvia (A); Onoria, Schwester Valentinianos, liebt insgeheim Ezio (A); Massimo, ein römischer Patrizier, berät (und haßt) Valentiniano (T); Varo, Präfekt der Prätorianer, Freund Ezios (B)
**Orchester:** 2 BlockFl, 2 Fl, 2 Ob, 2 Fg, 2 Hr, Trp, Streicher, B.c
**Aufführung:** Dauer ca. 3 Std. – Ezio wurde in der Uraufführung von einem Kastraten, Valentiniano von einer Frau gesungen.

**Entstehung:** *Ezio* entstand vermutlich im Nov./Dez. 1731. Händel schrieb die Oper für die dritte Spielzeit der Academy of Music.
**Handlung:** In Rom, um 453 n. Chr., nach der Schlacht auf den Katalaunischen Feldern.
I. Akt, 1. Bild, Teil des Forum Romanum mit dem Kaiserthron: Kaiser Valentiniano empfängt feierlich den Feldherrn Ezio, der die Hunnen unter Attila besiegt hat, und versichert ihn höchster kaiserlicher Gunst. Auch der Patrizier Massimo und seine Tochter Fulvia, Ezios Verlobte, begrüßen den Ankömmling. Mit der Bemerkung, der Kaiser begehre Fulvia, versucht Massimo, der den Kaiser haßt, weil er seine Frau mißbraucht hat, Ezio aufzuwiegeln. Doch Ezio hält seinem Kaiser die Treue. Wie Ezio widersetzt sich auch Fulvia Massimos Racheplänen. 2. Bild, Zimmer im Kaiserpalast: Onoria, die Ezio heimlich liebt, läßt sich von Varo Ezios Ruhmestaten berichten und beklagt ihre unerfüllte Liebe. Valentiniano fühlt sich von Ezios wachsendem Ruhm bedroht; Massimo weiß den Verdacht zu schüren, Ezio sei ein Verräter. Um Ezio an sich zu binden, beschließt Valentiniano, ihn mit Onoria zu verheiraten und so in die kaiserliche Familie aufzunehmen. Als Ezio dies erfährt, gesteht er, daß er Fulvia liebe. Wütend über den unerwarteten Nebenbuhler um Fulvias Gunst und über das Mißlingen seines Plans mit Onoria, weist Valentiniano Ezio zurecht. Allmählich gerät Ezios Pflichtgefühl ins Wanken. Bei Onoria und Fulvia keimt Eifersucht auf.
II. Akt, 1. Bild, Gärten des Kaiserpalasts auf dem Palatin: Massimo hat einen Mörder gedungen und wartet auf die Nachricht vom Tod Valentinianos. Doch der konnte den Attentäter überwältigen und verdächtigt Ezio als Anstifter, worin ihn Massimo bestärkt. Fulvia ist in einer ausweglosen Lage: Ob sie die Wahrheit gesteht oder schweigt, sie verliert entweder den Vater oder den Geliebten. Ezio kann die Verleumdung zunächst nicht fassen. Erst als ihm auf Befehl Valentinianos sein Schwert abgenommen wird, beginnt er zu begreifen. Varo empfiehlt Fulvia, sich zum Schein dem Wunsch des Kaisers zu fügen. Nur so sei Ezios Leben zu retten. 2. Bild, Galerie mit Ausblick auf Rom: Onoria glaubt an Ezios Unschuld, kann aber ihren Bruder nicht überzeugen. Ezio wird zum Verhör vorgeführt, doch statt sich zu verteidigen, klagt er Valentiniano der Willkür an. Der Kaiser ist außer sich vor Zorn. Um Ezio zu demütigen, zwingt er Fulvia zu dem Geständnis, sie liebe den Kaiser. Sie widerruft jedoch sofort: Nur Ezio gehöre sie an. Ezio wird in den Kerker geworfen, doch ist er über Fulvias Mut und Treue hochbeglückt.
III. Akt, 1. Bild, Vorraum des Kerkers: Onoria gesteht Ezio ihre Liebe. Wenn er seine Schuld bekenne, werde ihm der Kaiser verzeihen. Ezio läßt sich nicht

*Ezio*, I. Akt, 1. Bild; Regie: Heinz Rückert, Bühnenbild: Rudolf Heinrich; Landestheater, Halle (Saale) 1954. – Lichtprojektionen und Vorhänge vermitteln das Bild einer pseudorealistischen Antike.

darauf ein. Noch einmal versucht Onoria, Valentiniano umzustimmen, doch ohne Erfolg. Dieser faßt einen neuen Plan: Ezio soll zum Schein begnadigt, doch danach von den Wachen ermordet werden. Ezio wird in Ketten vorgeführt. Der Kaiser läßt ihn frei und verzichtet sogar auf Fulvia. Ezio geht; bald darauf erscheint Varo und meldet, Ezio sei befehlsgemäß getötet worden. Alle sind bestürzt. Zu spät bringt Onoria die Nachricht, daß Massimo in Wahrheit der Anstifter gewesen sei. Um den Vater zu retten, bezichtigt sich nun Fulvia der Tat. Valentiniano fühlt, daß er von allen Getreuen getäuscht und verlassen ist. 2. Bild, vor dem Kapitol: Massimo wiegelt das Volk zum Aufstand gegen den Kaiser auf. Das Volk versucht das Kapitol zu stürmen; der erste Ansturm wird von den Wachen zurückgeworfen. Massimo entdeckt den Kaiser im Kampfgetümmel und stürzt sich auf ihn. Da werfen sich Ezio und Varo dazwischen (Varo hatte entgegen dem kaiserlichen Befehl Ezio das Leben gelassen), und Massimo wird überwältigt. Valentiniano bittet Ezio um Verzeihung und verzeiht seinerseits Massimo. Fulvia fällt dem totgeglaubten Ezio in die Arme.

**Kommentar:** *Ezio* ist nach *Siroe, re di Persia* (London 1728) und *Poro, re dell'Indie* (1731) Händels dritte und letzte Vertonung eines Metastasio-Librettos. Der Textbearbeiter hat, wie für London üblich, die Rezitative stark gekürzt und wo nötig geändert, einige Szenen zusammengefaßt und insbesondere Metastasios rezitativische Einleitungsszene und den Schluß des II. Akts, die 14.–16. Szene, gestrichen. Eigene Zutat des Bearbeiters (vielleicht auf Anregung Händels) ist der Vaudevilleschluß mit den Solisten anstelle von Metastasios Schlußchor (»Della vita nel dubbio cammino«). Händel komponierte zu dem neuen Text eine Gavotte als Lieto fine dieser ansonsten düsteren Oper. *Ezio* gilt als eins der dramatisch dichtesten und bühnenwirksamsten Libretti von Metastasio. Innerhalb von zwei Akten wird der Sturz des Titelhelden vom gefeierten Feldherrn zum todgeweihten Kerkerhäftling folgerichtig und unentrinnbar vorgeführt. Verdichtung und Strenge des dramatischen Ablaufs verweisen auf französische Vorbilder. Thomas Corneilles *Maximian* (1662) und Jean Racines *Britannicus* (1669) zeigen eine ähnliche Anlage und die gleiche Art der Konflikte wie Metastasios *Ezio*. Betrachtet man die Figur des Ezio für sich, so erscheint sie durch die Festlegung auf das Heldische, Unbeugsame merkwürdig eindimensional. Der gekürzte Text, der Händel vorlag, weicht hierin von Metastasios Libretto, das die Rolle Ezios vielfältiger gestaltete, erheblich ab. Erst am Tiefpunkt seines Sturzes, im Kerker, zeigt Händels Musik den Helden nicht mehr konsequent und geradlinig, sondern in einem äußersten Zwiespalt: Einerseits liegt Ezio gefesselt im Kerker und klammert sich an seinen militärischen Ehrenkodex kühner Todesverachtung, andrerseits hat er erfahren, daß ihm Fulvia auch in schlimmster Not die Treue bewahrt. Diesen Widerstreit der Gefühle von Todestrotz und Liebesglück hat Händel in dem berühmten Largo-Siciliano »Ecco alle mie catene« (II/14) eingefangen. Anders als Ezios festgefügter Heldencharakter durchläuft Fulvia eine bewegende dramatische Entwicklung von der naiven Tochter (Arie »Caro padre«, I/3) zur tragischen Heldin (»Misera, dove son«, III/12). Die übrigen Personen (Valentiniano, Onoria, Varo) sind dramatisch weniger durchgebildet. Nicht so sehr sie selbst, sondern vielmehr ihre Beziehungen zu Ezio sind wichtig. Denn alle dramatischen Grundbeziehungen laufen in Ezio zusammen: Liebe (Fulvia und Onoria), Freundschaft (Varo), Furcht (Valentiniano). Auf diese Weise konstituiert sich die Gestalt Ezios nicht nur durch ihr eigenes Handeln, sondern auch im Bewußtsein und Handeln der andern. Dies Grundgefüge des Dramas, die hochgesteigerten Konflikte und die sprachliche Kraft von Metastasios Libretto schaffen einen so starken Zusammenhalt, daß Händel Arien ganz unterschiedlichen Ausdrucksgehalts schreiben kann, ohne die Einheit zu sprengen. Die in der ersten Hälfte der Oper dominierenden Liebesarien und Stücke tonmalerisch-pastoralen Charakters werden im Zug der tragischen Zuspitzung von Arien und Accompagnatos hocherregter Leidenschaftlichkeit, verzweifelter Ohnmacht und düsterer Resignation verdrängt. Unbefriedigend ist der muntere Ausklang der Tragödie. Zu plötzlich wandelt sich der Tyrann zum milden Kaiser, die Wucht des Dramas verblaßt. Händel hat sich selbstverständlich an das ungeschriebene Gesetz gehalten, daß ein Fürst auf der Bühne nicht sterben darf. Doch läßt sich der Schluß auch gegen den Strich lesen: Wird nicht der verzeihende Kaiser recht erbärmlich dargestellt, gefangen in seiner Angst, die Macht zu verlieren, und seinen Launen ausgeliefert? So gesehen ist die kaiserliche Gnade keine Großmut mehr, sondern ein letzter Beweis der Ohnmacht: Händels versöhnlich stimmende Schlußgavotte wird am Rand des Aufstands getanzt.

**Wirkung:** Die Oper hatte bei der Uraufführung, die mit Senesino als Ezio, Anna Bagnolesi als Valentiniano und Francesca Bertolli als Onoria über die Bühne ging, nur mäßigen Erfolg; nach fünf Aufführungen wurde sie abgesetzt. *Ezio* fällt bereits in eine Zeit, da das Interesse des Londoner Publikums an italienischer Oper nachließ. Für die Göttinger Händel-Festspiele 1926 wurde *Ezio* übersetzt und eingerichtet von Franz Notholt und unter der Regie von Hanns Niedecken-Gebhard aufgeführt. Diese Bearbeitung wurde nur vereinzelt nachgespielt, so in Münster (Westf.) 1926 und Berlin 1928. Einen weiteren Anstoß gab die Inszenierung an den Hallischen Händel-Festspielen 1954, für die Heinz Rückert eine bühnengerechte deutsche Textbearbeitung herstellte. In neuerer Zeit geriet das Werk in Vergessenheit.

**Autograph:** BL London (R. M. 20. a. 12). **Abschriften:** Staats- u. UB Hbg. (M A/167, M A/1015), Fitzwilliam Museum Cambridge (Barrett-Lennard-Coll.), Central Public Libr. Manchester (MS 130 Hd 4, v. 3). **Ausgaben:** Part: Walsh, London 1732; G. F. HÄNDEL, Werke, hrsg. F. Chrysander, Bd. 80, B&H 1880, Nachdr. London [1965]; Hallische Händel-Ausg., Bd. II/26, Bär [in Vorb.]; Kl.A: Hallische Händel-Ausg., Serie II, Bär 1956; Textb.: London, Wood 1732

**Literatur:** G. BIMBERG, Dramaturgische Strukturmomente in den Ezio-Opern von H. und Gluck, in: Georg Friedrich Händel als Wegbereiter der Wiener Klassik, Halle 1977, S. 41ff.; R. STROHM, H., Metastasio, Racine: the Case of ›Ezio‹, in: MT 118:1977, S. 901ff.; weitere Lit. s. S. 667

*Bernd Edelmann*

# Orlando
Opera seria in tre atti

**Roland**
3 Akte (9 Bilder)

**Text:** unbekannter Bearbeiter, nach dem Libretto von Carlo Sigismondo Capece zu dem Dramma pastorale *Orlando ovvero La gelosa pazzia* (Rom 1711) von Domenico Scarlatti, nach dem Epos *Orlando furioso* (1516) von Ludovico Ariosto
**Uraufführung:** 27. Jan. 1733, King's Theatre Haymarket, London
**Personen:** Orlando/Roland (A); Angelica, Königin von Catai (China), Geliebte Medoros (S); Medoro, ein afrikanischer Prinz (A); Dorinda, Schäferin (S); Zoroastro, Zauberer (B)
**Orchester:** 2 Fl (auch BlockFl), 2 Ob, Fg, 2 Hr, 2 »violette marine« (Va d'amore), Streicher, B.c
**Aufführung:** Dauer ca. 3 Std. – Der Schlußchor wird von den Solisten gesungen. Orlando wurde in der Uraufführung von einem Kastraten gesungen.

**Entstehung:** Das Partiturautograph enthält zwei Zeitangaben: Den Schluß des II. Akts datierte Händel auf den 10. Nov. 1732, am Ende des III. Akts vermerkte er »Fine dell'opera G. F. Handel November 20 1732«. Wie bei andern Datierungen Händels ist nicht ganz sicher, ob sich das Schlußdatum nur auf die Niederschrift der Hauptstimmen oder auch auf das Ausfüllen der Mittelstimmen beziehungsweise die Beendigung von Umarbeitungen bezieht. Einige erhaltene Autographfragmente sowie Streichungen und Änderungen in der Partitur lassen darauf schließen, daß die Arbeit nicht völlig glatt ablief, obwohl viel weniger Änderungen nötig waren als bei andern Werken. Das gedruckte Textbuch ist 1732 entstanden; die Uraufführung war zunächst für den 23. Jan. 1733 geplant gewesen. Wichtig ist, daß Händel in dieser Spielzeit am King's Theatre vor *Orlando* noch drei andere Opern uraufführte: das Pasticcio *Catone in Utica* (Musik vorwiegend von Leonardo Leo) am 4. Nov., seinen eigenen *Alessandro* (1726) am 25. Nov. 1732 und seinen *Tolomeo* (1728) am 2. Jan. 1733. Die beiden letztgenannten könnten nötig geworden sein, weil sich die Vorbereitungen für *Orlando* länger hinzogen als erwartet; besonders fällt auf, daß Zeitgenossen an dieser Oper die völlig neuen Kostüme und Bühnenbilder lobten, die in der Tat äußerst aufwendig gewesen sein müssen. Als instrumentale Attraktion konnte Händel zwei »violette marine« bieten, Violen mit besonderen Resonanzsaiten ähnlich der Viola d'amore, die von ihrem Erfinder Pietro Castrucci und dessen Bruder Prospero in Orlandos Arie »Già l'ebro mio ciglio« (III/8) gespielt wurden und auch in einigen andern Londoner Aufführungen der Zeit Aufsehen erregten. Pietro Castrucci war Händels Konzertmeister. In der Sängerbesetzung taucht ein neuer Name auf: Celeste Gismondi, ein hoher Sopran. Es handelt sich hier um die Intermezzospezialistin Celeste Resse, die 1726–31 in Neapel erfolgreich in komischen Rollen aufgetreten war. Händel hat sie wahrscheinlich im Frühjahr 1729 dort kennengelernt; durch ihre Heirat mit dem Engländer Hempson kam sie 1732 nach London. Wie versiert sie auch in Arien der Opera seria war, zeigt die Tatsache, daß Händel ihr in den andern Opern der Spielzeit Rollen übertrug, die er ursprünglich für Faustina Hasse-Bordoni komponiert hatte, und sie in *Catone* vor allem hochpathetische, virtuose Arien von Johann Adolf Hasse singen ließ. Der Vielseitigkeit dieser Sängerin und Schauspielerin sind wahrscheinlich auch inhaltliche Züge der Oper zu verdanken. – Das Libretto beruht auf einer langen Tradition von Opern nach Ariostos *Orlando furioso*. Allerdings waren im 17. Jahrhundert in Italien die aus diesem Epos entlehnten Stoffe seltener in der Oper als in der Commedia dell'arte zu finden. Capece war der erste Librettist der neueren Epoche, der das Sujet zu einem Operntext verarbeitete; seinem Libretto folgten das von Grazio Braccioli (für Giovanni Alberto Ristoris *Orlando furioso*, Venedig 1713) und das Schauspiel *La pazzia d'Orlando* von Domenico Lalli (Venedig 1715). Aufgrund von Händels Verbindungen nach Rom und zu seinem früheren Mitarbeiter Capece überrascht es nicht, daß er dessen Text den andern vorzog, so wie er auch dessen *Tolomeo et Alessandro ovvero La corona disprezzata* (Rom 1711; Musik: Domenico Scarlatti) 1728 neu vertont hat.

**Handlung:** I. Akt, 1. Bild, Landschaft mit Berg; auf dessen Spitze Atlas mit der Himmelskugel auf den Schultern, zahlreiche Genien zu Füßen des Bergs, Nacht mit Sternenhimmel: Zoroastro liest in den Sternen Orlandos Schicksal. Dieser bekennt, daß er zwischen Liebe und Ritterruhm hin- und hergerissen sei. 2. Bild, der Berg wird entrückt, Zoroastro zaubert den Palast Amors mit antiken Helden herbei: Da viele antike Heroen dem Liebesgott zum Opfer fielen, soll Orlando sich nicht Amor, sondern Mars verschreiben. Orlando kann sich dazu aus Liebe zu Angelica nicht entschließen und erstrebt wie andere Helden einen Kompromiß zwischen Liebe und Ruhm. 3. Bild, Wald mit Schäferhütten, Schäferidyll: Dorinda ist wegen ihrer unerwiderten Liebe zu Medoro unglücklich. Sie wird Zeuge, wie Orlando eine Prinzessin (ihr Name Isabella wird erst später genannt) aus Feindeshand befreit. Dorinda schließt daraus, daß auch Orlando verliebt sei, und beschreibt dies Gefühl aus eigener Sicht. Angelica hat den armen und hübschen Medoro allen ihren hochgestellten Verehrern vorgezogen, obwohl sie Königin ist. Dorinda bittet Medoro um eine Erklärung. Seine doppeldeutige Antwort macht sie nur verliebter. 4. Bild, unterirdische Quelle, die sich in einen Garten verwandelt: Angelica, von Zoroastro beschützt, wird von Orlando zur Rede gestellt; ihre Antwort macht ihn unglücklicherweise zuversicht-

lich. Angelica hat nun Orlandos Eifersucht auf Medoro zu fürchten. Dorinda sieht ein, daß Medoro nicht für sie ist. Sie wird von dem Paar getröstet.
II. Akt, 1. Bild, Wald: Dorinda klagt ihr Leid der Natur. So erfährt Orlando von Angelicas Untreue, zumal er in einem Ring, den Dorinda von Medoro erhielt, sein Geschenk an Angelica erkennt. Nachdem sie sich in Gedanken an den hübschen Medoro ergangen hat, bleibt Orlando verzweifelt zurück. 2. Bild, Landschaft mit Meeresblick und Grotte: Zoroastro verspricht dem bedrohten Paar Hilfe, verurteilt aber die Liebesblindheit. Angelica und Medoro müssen aus Furcht vor Orlando vom Schauplatz ihrer Liebe, der Grotte, Abschied nehmen. Orlando verfolgt das Paar in schrecklicher Wut; er entdeckt ihre in Baumrinde geschnittenen Namen und überrascht später die fliehende Angelica, die sich beim Abschiednehmen aufgehalten hat. Sie wird von Luftgeistern in einer Wolke entführt. Orlando spricht im Wahnsinn mit den Geistern der Unterwelt und stürzt sich in die Grotte. Zoroastro trägt ihn auf einem Flugwagen davon.
III. Akt, 1. Bild, Palmenhain: Medoro trifft Dorinda, die sich in ihr Schicksal fügt. Orlando hält Dorinda für Angelica und huldigt ihr. Sie ist zunächst geschmeichelt, dann erschrocken. Er glaubt sich unsichtbaren Gegnern im Kampf ausgesetzt. Durch Dorinda erfährt Angelica von Orlandos Wahnsinn und bedauert ihn. Dorinda beschreibt die Gefahren der Liebe. Zoroastro präsentiert Orlando als warnendes Beispiel und trifft dann Vorbereitungen zu seiner Rettung. Dorinda berichtet Angelica, daß Orlando ihre Hütte zerstört und Medoro darin begraben habe. 2. Bild, der Palmenhain verwandelt sich in eine finstere Höhle: Orlando überrascht Angelica, die um ihr Leben fleht. Er wirft sie in den Abgrund der Höhle, sie wird aber von Geistern gerettet und glaubt im Wahn, die Welt von einem Ungeheuer befreit zu haben. Zoroastro heilt den eingeschlafenen Orlando durch Besprengen mit einer Zauberflüssigkeit. Orlando erwacht, erfährt von Dorinda seine Missetaten und wünscht sich vor Reue den Tod. Als er sich in den Abgrund stürzen will, wird er von der totgeglaubten Angelica zurückgehalten, die sich unsichtbar für Orlando und Dorinda im Hintergrund verborgen gehalten hatte. 3. Bild, prächtiger Tempel mit Marsstatue: Orlando verzichtet auf Rache gegen Angelica und Medoro; unter der Statue wird Versöhnung gefeiert. Gloria und Amor werden gepriesen.

**Kommentar:** Zwischen Händels *Orlando*-Libretto und dem von Capece gibt es bezeichnende Unterschiede. Capeces Libretto ist ein im Sinn der Arcadia und ihrer Vernunftästhetik rationalisiertes und von barocken Auswüchsen gereinigtes Drama, das den phantasiereichen Stoff wahrscheinlicher und logischer machen soll. Händel und Nicola Francesco Haym haben demgegenüber die antirationale Tradition des Barocktheaters wiederaufleben lassen, vor allem durch die viel stärkere Betonung des Komischen in der Rolle der Dorinda (Gismondi) und durch die Einfügung eines ganz neuen Charakters, des Zauberers Zoroastro, der in der Oper vorher nur im Zusammenhang des Ninus-und-Semiramis-Stoffs aufgetreten war, zumeist als böser Vertreter magischer Kräfte (wahrscheinlich geht die Idee zu dieser Rolle auf eine in Deutschland entstandene Semiramis-Oper zurück, nämlich Johann Hugo von Wilderers *La monarchia stabilita*, Düsseldorf 1703, deren Text später von Johann Ulrich von König deutsch bearbeitet wurde). Bei Händel ist Zoroastro jedoch ein Vertreter des Guten und der Vernunft, der Orlando am Schluß von seinem Liebeswahn heilt; manche Züge hat er bereits mit Emanuel Schikaneders Sarastro in Mozarts *Zauberflöte* (1791) gemeinsam. Im gegenüber Capece geänderten Text des Schlußensembles (»Trionfa oggi il mio cor«) wird der Triumph der »gereinigten« Affekte über blinde Leidenschaften gefeiert, was dem Eingreifen Zoroastros zuzuschreiben ist. Dieser spricht sich schon in der ebenfalls neu eingefügten Arie »Tra caligni profonde« gegen die Leidenschaft und für die Vernunft aus; ein ähnlicher Gedanke wird im Vorwort von Händels Libretto ausgedrückt. Andrerseits hat Händel das rein theatralische Element gegenüber Capece durch Einbeziehung von Zoroastros Zaubereien gesteigert, und die Rolle der Dorinda enthält manche Züge aus den komischen Intermezzi Neapels, die Gismondi dort gespielt hatte. Barocke Allegorien werden in den szenisch vorgeführten Bildern von Amor und Mars nutzbar gemacht. Orlando, der den handelnden und schuldigen Menschen darstellt, hat zwischen diesen Prinzipien zu wählen wie Herkules am Scheideweg. Mit alledem hat Händel zwar noch intensiver als Capece für die Vernunftethik Partei genommen, aber zugleich die Handlung durch Motive der barocken Theatertradition aufgefrischt. Dies führt zu einer Spannweite der Affekte und Aussagen, wie es sie in der Oper bis dahin kaum gegeben hatte. In *Orlando furioso* sagt Ariosto einmal von Zoroastro (Canto 31/5), daß selbst dessen berühmte Magie den Menschen nicht vom Wahn der Eifersucht heilen könne. Genau dies geschieht in Händels Oper, wo Vernunft die Rolle der Magie übernommen hat. Dramaturgisch-musikalisch gesehen ist Capeces zweites Paar Isabella/Zerbino entfallen, aber nicht eigentlich durch Zoroastro ersetzt; vielmehr bildet nun Zoroastro den Gegenpol zu Dorinda: er kosmosverbunden und erhaben, sie naturverbunden und einfach. Zwischen diesen Polen steht das Liebespaar Angelica/Medoro, das nicht handelnd, sondern nur erlebend und leidend erscheint; Orlando ist der einzige vollgültige Mensch, der zur Wahl gezwungen ist und sich schuldig macht, aber am Ende sich auch bekehrt. Diese Konstellation wird von Händel musikalisch ausgearbeitet. Der Tonartenplan stellt Zoroastro, der von dem ausgezeichneten Baß Antonio Montagnana gesungen wurde, dem Liebesprinzip diametral gegenüber, aber in anderer Weise auch Dorinda. Nach der fis-Moll-Ouvertüre hat Zoroastro ein prologartiges Accompagnato in h-Moll, mit dem das F-Dur und B-Dur der auf Amor bezüglichen Szenen kontrastiert. Dorinda wird mit A-Dur eingeführt und bleibt bei »einfacheren« Tonarten; die Liebe zwischen Angelica und Medoro berührt öfter E-Dur. Am Schluß entsteht der zunächst verblüffende Kontrast zwischen Orlandos fis-Moll-Arioso, in dem er seine Reue ausdrückt und sich den Tod wünscht, und dem B-Dur der Schlußgesänge. Aber dies ist nur eine komprimierte Wiederholung der Tonartenkontraste am Anfang; der ciaconaartige Baß (absteigende Quartfolgen) des Schlußensembles (es handelt sich übrigens um einen Tanzsatz von Jean-Baptiste Lully, ein Rigaudon) ist bereits in den Motiven von Zoroastros Prolog vorweggenommen. – Die Partitur ist nicht nur souverän durchkonstruiert, sondern auch mit packenden Einzelbildern versehen, so schon in den großartigen Gesängen Zoroastros, von dessen tiefem Register wirkungsvoll Gebrauch gemacht wird, oder den bezaubernden A-Dur-Ariosi Dorindas. Die von Senesino gesungene Titelrolle aber ist die einzige, die alle Affekte, Tonartenbereiche und Gesangsstile berührt; er hat heroische, virtuose, verzweifelnde und sogar meditative Arien (nämlich das E-Dur-Largo »Stimulato dalla gloria«, mit dem er auftritt). Die berühmte Unterweltsszene am Ende des II. Akts ist von der Tradition der barocken Unterweltsparodien her und komisch beziehungsweise komödiantisch zu verstehen. Vorläufer sind nicht nur die Unterweltsszenen der venezianischen Oper, sondern noch enger die parodistische Unterweltsszene in Lullys *Alceste* (1674) und die berühmte Wahnsinnsszene in Lullys *Roland* (1685) mitsamt ihren inzwischen erschienenen und auch in England bekannten Parodien. In Händels Rezitativ sollen die (oft zitierten) Einschübe im ⅝-Takt darstellen, wie Orlando (vermeintlich!) das Boot Charons besteigt und durch dessen Hin- und Herschwanken im Singen unterbrochen wird. Auf Lully weist auch die Schlußarie des II. Akts, die sich von einer betont einfachen Gavotte zu einem Orchesterfurioso steigert. Die Sinfonia, die im III. Akt Zoroastros fliegende Genien veranschaulicht, kann als Entlehnung der entsprechenden Passagen in *Roland* angesehen werden. Abgesehen von den Instrumentationseffekten der Brüder Castrucci, die nicht zufällig in einer Wahnsinnsarie als Besonderheit aufgeboten werden, ist die Instrumentierung nicht eigentlich fortschrittlich. Die vielfach angewandte Concerto-grosso-Technik und der oft dichte, kontrapunktische Streichersatz zeigen eher Händels Bestreben, die besten Errungenschaften einer in Verfall geratenden Satzkunst lebendig zu erhalten, wobei vor allem an die römische Schule um Arcangelo Corelli und Giovanni Bononcini zu denken ist. Die sehr zahlreichen Accompagnatos und die Ariosi (der Terminus findet sich aber nicht in Händels Partitur!) deuten weniger auf spätere Entwicklungen voraus als auf die deutsche und französische Oper des 17. Jahrhunderts zurück. Melodien der galanten Stilrichtung sind besonders in den pastoralen Szenen zu finden, so etwa in dem rührend einfachen Schlußterzett des I. Akts, dessen Text Hasses Intermezzo *L'artigiano gentiluomo* (1726), in dem Gismondi auftrat, verblüffend ähnelt.

**Wirkung:** Mit der Verbindung von Spektakel und Moral, wie sie in *Orlando* vorgeführt wird, hatte Aaron Hill schon als Textdichter von Händels *Rinaldo* (1711) großen Erfolg gehabt; nunmehr hoffte er auf Händels Beteiligung an einer wiederzubelebenden englischen Oper unter diesem Wahrzeichen. Händels *Orlando* war aber weniger für das englische Bürgertum als für die Aristokratie geschrieben und mußte (trotz des Achtungserfolgs der Uraufführung) im Rahmen der italienischen Opera seria ein Außenseiter

*Orlando*; Aktvorhangentwurf: Pier Luigi Pizzi; Maggio Musicale, Teatro della Pergola, Florenz 1959. – Die zwischen Felsen schwebenden Wolken sind der Sitz eines mythologisch-göttlichen Hofstaats, der im Barockzeitalter den irdischen Hofstaat symbolisierte, zu dessen Verklärung die Oper diente.

bleiben. Das Werk wurde im 18. Jahrhundert nicht wieder aufgeführt, obwohl manche seiner Momente etwa in Glucks *Telemaco* (1765) und Haydns *Orlando paladino* (1782) im Gefolge der Opernreform wieder auftauchen. Nach völliger Vergessenheit im späteren 18. und im 19. Jahrhundert war Hans Joachim Mosers Übersetzung und Einrichtung als *Orlandos Liebeswahn* der erste Modernisierungsversuch im 20. Jahrhundert, vorgestellt beim Händel-Fest in Halle (Saale) 1922. Zahlreiche Inszenierungen erfuhr die Oper zu Beginn der 80er Jahre (vorher 1959 am Teatro della Pergola Florenz und 1966 im Sadler's Wells Theatre London), unter anderm bei den Göttinger Händel-Festspielen und in Lübeck 1980, Malmö 1982 und Paris (Théâtre de la Bastille) 1983. Im Händel-Jahr 1985 brachte man dem Werk reges Interesse entgegen. Aufführungen gab es unter anderm in Amsterdam (mit anschließenden Gastspielen in verschiedenen niederländischen Städten), Venedig (Orlando: Marilyn Horne), Glasgow sowie in San Francisco und Chicago (Orlando: Horne).

**Autograph:** BL London (R. M. 20. b. 8). **Abschriften:** Staats- u. UB Hbg. (M A/1035), Fitzwilliam Museum Cambridge (Barrett-Lennard-Coll.), BL London (R. M. 19. f. 5.; Add. Mss. 31564; Add. Mss. 31565), Central Public Libr. Manchester (MS 130 Hd 4, v. 225). **Ausgaben:** Part: Walsh, London 1737; G. F. HÄNDEL, Werke, hrsg. F. Chrysander, Bd. 82, B&H 1881, Nachdr. London [1965]; Hallische Händel-Ausg., Bd. II/18, Bär 1969, Nr. BA 4027; Textb., ital./engl. Übers. v. S. Humphreys: London, Wood 1732
**Literatur:** R. STROHM, Comic Traditions in H.'s ›Orlando‹, in: DERS., Essays on H. and Italian Opera, Cambridge 1985, S. 249–267; weitere Lit. s. S. 667

*Reinhard Strohm*

## Arianna in Creta
**Dramma per musica in tre atti**

### Ariadne auf Kreta
3 Akte (7 Bilder)

**Text:** unbekannter Verfasser, nach dem Libretto von Pietro Pariati (1727) zu dem Dramma per musica *Arianna e Teseo* (Rom 1729) von Leonardo Leo
**Uraufführung:** 26. Jan. 1734, King's Theatre Haymarket, London
**Personen:** Arianna/Ariadne, Tochter Minos', des Königs von Kreta, doch angeblich Tochter des Königs von Theben (S); Teseo/Theseus, Sohn des Königs von Athen, Geliebter Ariannas (A); Alceste/Alkeste, Freund Teseos, liebt Carilda (S); Carilda, eine athenische Jungfrau, zum Opfer des Minotauro bestimmt (A); Minos, König von Kreta (B); Tauride, ein kretischer General (A); Il Sonno/der Schlaf (B); Minotauro/Minotaurus (stumme R). **Statisterie:** Jünglinge, Mädchen
**Orchester:** Fl, 2 Ob, Fg, 2 Hr, Streicher, B.c
**Aufführung:** Dauer ca. 2 Std. 30 Min. – Teseo und Alceste wurden in der Uraufführung von Kastraten, der Schlußchor wird von den Solisten gesungen. Der Kampf Teseos mit Minotauro wird szenisch dargestellt.

**Entstehung:** Pariatis Libretto lag Händel in Bearbeitungen vor, die für ihn wiederum adaptiert wurden (nicht, wie es vielfach in der älteren Literatur heißt, von Francis Colman). Sein Autograph ist vom 5. Okt. 1733 datiert. In dieser Saison mußte Händel erstmals mit der »Opera of the Nobility« konkurrieren, die am 1. Jan. 1734 Porporas *Arianna in Nasso* herausbrachte, deren Text von Paolo Antonio Rolli sich direkt an den Händels anschließt. Händel hatte, um dem Geschmack des Adels entgegenzukommen, die Soprankastraten neuerer Schulung Giovanni Carestini und Carlo Scalzi engagiert, die er 1729 in Italien gehört hatte. Beider Stimmen waren inzwischen tiefer geworden, so daß er ihre Arien nachträglich teils bearbeiten, teils transponieren mußte.
**Handlung:** In mythischer Zeit. I. Akt, 1. Bild: Hafen mit Schiffen, von denen die Geiseln an Land gebracht werden, Königsthron zur Seite; 2. Bild: Hof mit Eingang zum Jupitertempel; II. Akt: Wald, im Hintergrund der Herkulestempel, zur Seite eine dunkle Höhle, dahinter ein Turm; 2. Bild: Hof vor dem Eingang zum Labyrinth des Minotauros; III. Akt, 1. Bild: das Innere des Labyrinths mit dem Minotauro; unterirdischer Gang zum Labyrinth, zur Aufnahme der Geiseln bestimmt; 2. Bild: Hof im Königspalast; 3. Bild: Thronsaal.

I. Akt: Teseo, Prinz von Athen, muß Minos, dem König von Kreta, sieben männliche und sieben weibliche Geiseln zuführen, die nach einer Vertragsschuld dem Minotauro vorgeworfen werden sollen, falls kein Kämpfer imstande ist, ihn und den Helden Tauride zu besiegen. Carilda, eine der Geiseln, ist in Teseo verliebt, während dessen Freund Alceste und auch Tauride sich erfolglos um sie bemühen. Teseo spricht der verzweifelten Carilda Mut zu, und während sich der Opferzug der Geiseln entfernt, faßt Teseo den Entschluß, zur Rettung Carildas den Kampf mit dem Ungeheuer aufzunehmen. Vergeblich fleht Arianna den Geliebten an, von dem Plan abzulassen. Auch Alcestes Angebot, die Rettung der Geliebten zu übernehmen, schlägt Teseo stolz aus. Da wird das erste Opfer ausgelost: Alceste zieht Carildas Namen aus der Urne. Als Teseo erneut verkündet, um Carilda kämpfen zu wollen, erwacht in Arianna Eifersucht.
II. Akt: Vor dem Einschlafen gedenkt Teseo der geliebten Arianna und beschwört den Ruhm Athens. Im Traum sieht er sich im siegreichen Kampf mit dem Minotauro. Tauride, der von Teseos Kampfeslust erfahren hat, verkündet, daß er sich wie ein Löwe verteidigen wird. Carilda allerdings versucht er zur Flucht zu bewegen und droht ihr mit dem Tod, falls sie sich ihm widersetze. Erst Alceste gelingt es, die Gefangene zur Flucht zu bewegen. Als Minos die Flucht entdeckt, verlangt er Arianna als Ersatz. Arianna glaubt sich von Teseo, der machtlos ist, verraten. III. Akt: Carilda erfährt von Teseos Liebe zu Arianna und will anstelle Ariannas sterben. Teseo steigt in das Labyrinth und besiegt den Minotauro und Tauride.

Endlich glaubt Arianna, daß der Geliebte nur für sie den Kampf gewagt hat. Minos erkennt in ihr die lange verschollene Tochter und gibt versöhnt die beiden frei. Die beiden Liebespaare Teseo/Arianna und Carilda/Alceste werden vereint. Zwischen Kreta und Athen wird Frieden geschlossen.

**Kommentar:** Die Umstände der Londoner Saison 1733/34 zwangen Händel zu einer radikalen Änderung seines Opernangebots. Die Konkurrenz der »Opera of the Nobility« sollte mit ihren eigenen Waffen geschlagen werden. Er verpflichtete deshalb Carestini und Scalzi, führte drei Pasticcio-Opern auf, die meist aus Musik von Leonardo Vinci und Johann Adolf Hasse bestanden, und präsentierte sich selbst mit *Arianna in Creta* als überlegener Belcantokomponist. Er dürfte gewußt haben, daß das in Italien oft gespielte Libretto (dessen Vertonung durch Leo er wahrscheinlich kannte) von seinem Rivalen Porpora selbst 1727 für Venedig vertont worden war. Händels *Arianna* kommt dem um 1733 herrschenden italienischen Opernstil stärker entgegen als jede andere seiner Opern; dies bezeugen nicht nur die zahlreichen auffallend virtuosen Arien, vor allem die für Teseo (Carestini), dessen musikalischer Anteil die Titelrolle übertrifft (sieben Arien, zwei Duette und zwei Accompagnatos gegenüber fünf Arien und zwei Duetten für Arianna). Dies bezeugen auch die aus der Vorlage beibehaltenen Gleichnisarien und der flächige, homophone Stil der Orchesterbegleitung, in der es wenig Experimentieren mit Instrumentationseffekten oder solistisches Konzertieren gibt. Trotzdem ist etwas ganz anderes entstanden als eine »moderne« Oper etwa im Stil Hasses. Erstens hat Händel mehrere seiner »unitalienischen« Gewohnheiten nicht aufgegeben, nämlich weder die französische Ouvertüre (die sich durch besondere motivische Kohärenz auszeichnet) noch die Giguen-, Siciliano- und Sarabandenarien, die in der Saison 1734/35 noch durch französische Tanzsätze am Ende bereichert wurden. Zweitens hat er auch dort, wo er das galante Idiom etwa Antonio Vivaldis und Vincis nachahmt (so in Ariannas erster Arie »Deh! lascia un tal desio«, I/4, und ihrer Menuettarie »Se nel bosco resta solo«, II/15) oder wo er die Kastraten ihre Kolleturen im »stile di forza« herunterprasseln läßt, seine stilistische Unabhängigkeit gewissermaßen symbolisch in der immer motivisch bedeutsamen Baßführung festgehalten. Dies korreliert mit dem relativ geringen Gebrauch des »colla parte« (Unisono der 1. Violine mit der Singstimme) und der meist kleinschrittigen Harmonik und Prägnanz kantabler Arien. Den szenisch interessanten Abschnitten, wie dem Teseos am Beginn des II. Akts und dem Kampf mit dem Minotauro in II/3, wird orchestertechnisch Tribut gezollt, doch fällt bei den zahlreichen Liebesarien und Duetten die Zurückhaltung in den materiellen Kompositionsmitteln um so mehr auf. Zum Beispiel ist das Duett »Bell'idolo amato« (II/14) fast durchgehend in sanfter Achtelbewegung gehalten, doch treten Ariannas verzweifelte Einwürfe durch Klang- und Registerwechsel erschütternd hervor. Derselben Ästhetik verwandt sind der einfache, hymnische Ton des bewegenden Schlußensembles und die Subtilität des Menuetts, das (die Ankunft der Geiseln des Minotauro begleitend) der Ouvertüre folgt. Im Gegensatz zur Theatralik und zum Ethos von *Orlando* (1733), aber auch zu den Märchenwundern von *Alcina* (1735) vertritt *Arianna* ohne Zweifel das klassizistische Ideal der »edlen Einfalt« (schon von François Raguenet 1702 und Johann Mattheson 1722 formuliert); einige der schlichteren Arien weisen auf Christoph Willibald Gluck voraus. Die Oper versucht den ästhetischen Idealen der aufgeklärten englischen Aristokratie zu huldigen, die vornehmen Klassizismus mit fanatischer Anbetung schöner Stimmen zu kombinieren wußte.

**Wirkung:** Der Erfolg des Werks, das 1734/35 an Covent Garden mit Balletten Marie Sallés und ihrer Truppe wiederholt wurde, traf zwar zunächst aufgrund der glanzvollen Sängerbesetzung (außer den bereits Genannten noch Anna Maria Strada del Pò als Arianna und Margherita Durastanti als Tauride) und des beliebten Librettos den Geschmack des Adels, verblaßte jedoch schnell angesichts der beiden kurz danach entstandenen Opern *Ariodante* (London 1735) und *Alcina*. In Braunschweig wurde *Arianna in Creta* 1737 und 1738 aufgeführt. Im 20. Jahrhundert gab es kaum Erneuerungsversuche. Zu erwähnen ist die Inszenierung der Kammeroper Warschau 1977, die mit diesem Werk noch im selben Jahr bei den Göttinger Händel-Festspielen gastierte.

**Autograph:** Part: BL London (R. M. 20. a. 6. [ohne Tanzsätze]); Skizzen: Fitzwilliam Museum Cambridge (30 H 13, S. 49 u. 71). **Abschriften:** Staats- u. UB Hbg. (M A/1005; M A/1005a), Fitzwilliam Museum Cambridge (Barrett-Lennard-Coll.), Central Public Libr. Manchester (MS 130 Hd 4, v. 51). **Ausgaben:** Part: Walsh, London [1737], Nr. 605; G. F. HÄNDEL, Werke, hrsg. F. Chrysander, Bd. 83, B&H 1881, Nachdr. London [1965]; Hallische Händel-Ausg., Bd. II/29, Bär [in Vorb.]; Kl.A: Bär, Nr. BA 1632; Textb.: London, Wood 1733
**Literatur:** E. DAHNK-BAROFFIO, Das Libretto zur Oper ›Ariadne‹, in: Göttinger Händel-Opern-Festspiele 1946, Göttingen 1946, S. 104f.; R. CELLETTI, Il virtuosismo vocale nel melodramma di H., in: RIM 4:1969, S. 77–101; weitere Lit. s. S. 667

*Reinhard Strohm*

## Alcina
**Dramma per musica in tre atti**

### Alcina
3 Akte (10 Bilder)

**Text:** unbekannter Bearbeiter, nach dem Libretto von Antonio Fanzaglia zu der Oper *L'isola di Alcina* (Rom 1728) von Riccardo Broschi, nach dem 6. und 7. Gesang aus dem Epos *Orlando furioso* (1516) von Ludovico Ariosto
**Uraufführung:** 16. April 1735, Covent Garden Theatre, London
**Personen:** Alcina (S); Ruggiero (S); Morgana, Schwester Alcinas (S); Bradamante, Verlobte Ruggieros, auch in der Verkleidung als Ricciardo (A); Oronte, Feldherr Alcinas (T); Melisso, Vertrauter Bradamantes (B); Oberto, Sohn des Paladins Astolfo

(S). **Chor:** Damen, Pagen, Dienerinnen, junge Ritter, Zauberwesen und Geister der Unterwelt
**Orchester:** Picc, 2 BlockFl, 2 Ob, Fg, 2 Hr, Streicher, B.c
**Aufführung:** Dauer ca. 3 Std. 15 Min. – Ballette in allen drei Akten. Chöre und Ballette sind in die Handlung integriert. Im Autograph fehlen die Ballette; in der Hamburger Abschrift sind Ballette aus *Ariodante* (London 1735) eingefügt. Bei der Uraufführung wurde die Partie Ruggieros von einem Kastraten und die des Oberto von einem Knabensopran gesungen. Die Oper verlangt beträchtlichen szenischen Aufwand.

**Handlung:** I. Akt, 1. Bild: wilde Berglandschaft; 2. Bild: Alcinas Palast; 3. Bild: Vorraum zu Alcinas Gemächern; II. Akt, 1. Bild: Saal in Alcinas Palast; 2. Bild: wüste Gegend; 3. Bild: Alcinas Gärten; 4. Bild: Alcinas unterirdisches Zaubergemach; III. Akt, 1. Bild: Hof im Palast; 2. Bild: Platz vor dem Palast; 3. Bild: Grotte mit Blick auf das Meer.
Bradamante, als ihr Bruder Ricciardo verkleidet, ist mit Melisso auf der Suche nach ihrem verschwundenen Geliebten Ruggiero. Ein Sturm verschlägt sie auf die Insel der Zauberin Alcina. Morgana, Alcinas Schwester, verliebt sich in den vermeintlichen Ricciardo. Am Hof Alcinas finden sie Ruggiero, der von Alcina verzaubert ist, sich an Bradamante nicht erinnert und Ricciardo abweist. Oberto fragt die Ankömmlinge nach seinem verschwundenen Vater

*Alcina;* Joan Sutherland als Alcina; Regie und Ausstattung: Franco Zeffirelli; Opera, Dallas 1960. – In seiner legendären Inszenierung gestaltet Zeffirelli die Auftritte von »La Stupenda« als luxurierende Apotheose der Primadonnenoper.

Astolfo. Alcinas Feldherr Oronte, verliebt in Morgana, ist auf Ricciardo eifersüchtig. Oronte verrät Ruggiero, Alcina habe sich in Ricciardo verliebt. Ihre abgelegten Liebhaber verwandle sie in Steine, Bäume oder Tiere; die Umgebung des Schlosses sei voll von ihnen. Ruggiero plagt Alcina mit Eifersucht, sie aber beteuert ihre Liebe. Bradamante stellt Ruggiero zur Rede und gibt sich ihm zu erkennen, aber Alcinas Zauber ist stärker; er glaubt ihr nicht. Morgana warnt Bradamante, sie solle in ein Tier verwandelt werden. Alcina klagt über Ruggieros grundlose Eifersucht. Melisso, verkleidet als Ruggieros Lehrer Atlante, demonstriert Ruggiero mit Hilfe eines Zauberrings, daß Alcinas Reich nur Schein ist, und löst ihn dadurch aus ihrem Bann. Aber als Bradamante sich erneut zu erkennen gibt, hält Ruggiero, der an der Realität irre geworden ist, dies für eine List Alcinas; als jedoch Alcina Ricciardo verzaubern will, rettet er die Lage, indem er erklärt, von der Eifersucht geheilt zu sein. Morgana erklärt zweideutig, Ricciardo liebe in der Tat nicht Alcina, sondern jemand andern; Ruggiero erklärt ebenso zweideutig, er werde immer seiner jetzigen Liebe treu bleiben. Oberto sucht noch immer seinen Vater. Alcina verspricht ihm, er werde ihn demnächst sehen, verschweigt aber, in welcher Gestalt. Oronte berichtet Alcina, Ruggiero und Ricciardo seien geflohen. Morgana kündigt den Flüchtlingen Alcinas Rache an. Ruggiero nimmt Abschied vom Zauberreich, das bald versinken wird. Alcina beschwört die Geister der Unterwelt, aber sie gehorchen ihr nicht mehr: Sie hat ihre Kraft verloren, weil sie liebt. Sie beschwört Ruggiero zurückzukehren und droht ihm schließlich mit Rache. Melisso drängt zur Flucht, aber Ruggiero will erst alle Verzauberten befreien. Alcinas Gefolge wird im Kampf geschlagen. Sie trauert um ihre Liebe, aber als Oberto erscheint, hetzt sie einen Löwen auf ihn und gibt ihm einen Speer, damit er das Tier töte. Oberto erkennt, daß es sein verzauberter Vater ist, und richtet den Speer gegen Alcina. Ruggiero und Bradamante erscheinen. Alcina versucht zum letztenmal, ihren Geliebten zurückzugewinnen, aber Ruggiero zertrümmert die Zauberurne. Alcina, Morgana und die Insel versinken; die Felsen der sichtbar gewordenen Grotte verwandeln sich in befreite Menschen.

**Kommentar:** Händel hat Fanzaglias Libretto wahrscheinlich auf seiner Italienreise 1729 kennengelernt. Die Londoner Textbearbeitung (vielleicht von Händel selbst hergestellt) beschränkt sich im wesentlichen auf Umstellung und Umverteilung von Arien; der ohnehin ungewöhnlich knappe Rezitativtext brauchte im Gegensatz zu den langen Rezitativen der meisten für London umgearbeiteten metastasianischen oder pseudometastasianischen Libretti kaum verändert zu werden. Nur die Szene Alcina/Oberto mit dem Löwen (III/6) ist neu und auf die Sensationslust des Londoner Publikums ausgerichtet. *Alcina* ist nach *Ariodante* Händels zweite Oper für das neuerbaute Covent Garden Theatre, mit dessen Impresario John Rich der Komponist zusammenarbeitete, nachdem Johann Jakob Heidegger, sein früherer Kompagnon, das Haymarket Theatre der Opera of the Nobility überlassen hatte. Rich hatte eine französische Balletttruppe unter Marie Sallé engagiert; hieraus und aus dem Zwang, die konkurrierende Opera of the Nobility durch immer neue Sensationen zu überbieten, resultieren die Tanz- und Chorszenen, die Maschineneffekte und der Ausstattungspomp des Werks. Glücklicherweise wird der äußere Aufwand von der Qualität der Komposition noch übertroffen. *Alcina* ist eine der reichsten Opernpartituren Händels, und während die meisten Personen der Handlung nicht mehr vortragen als die zeittypischen Affekte, wenn auch in großartigen musikalischen Formulierungen, ist die Titelfigur eine der wenigen Operngestalten Händels, die man als Charakter auffassen kann, ohne der historischen Wirklichkeit Gewalt anzutun. Ihr gehören auch die bedeutendsten Nummern der Partitur (»Di, cor mio«, I. Akt; »Ah, mio cor, schernito sei« und Beschwörungsszene, II. Akt; fis-Moll-Siciliano »Mi restano le lagrime«, III. Akt).

**Wirkung:** *Alcina* war, im Gegensatz zu *Ariodante*, ein großer Erfolg (Alcina: Anna Maria Strada del Pò, Ruggiero: Giovanni Carestini, Morgana: Cecilia Young, Bradamante: Maria Caterina Negri, Oronte: John Beard, Oberto: William Savage), der jedoch den Niedergang von Händels Opernkompanie nicht aufhalten konnte. In der Spielzeit 1736/37, bis zu deren Ende es 24 Aufführungen gab, wurde das Werk mit teilweise neuer Besetzung aufgeführt. Die Partie des Ruggiero (Gioacchino Conti) wurde höher, die der Morgana (Maria Rosa Negri) tiefer transponiert, letztere um zwei Arien erweitert (aus *Admeto*, 1727, und *Arianna in Creta*, 1734, beide London). Das Ballett vor dem Schlußchor wurde gestrichen, da kein Ensemble zur Verfügung stand. Über London hinaus kam das Werk kaum, vermutlich wegen der außerordentlichen technischen und sängerischen Anforderungen. Alcina und Ruggiero gehören zu Händels musikalisch und technisch anspruchsvollsten Sopran- und Kastratenrollen. In Braunschweig wurde die Oper 1738 nachgespielt. Der erste Versuch einer Wiederbelebung (nicht bei den Göttinger Händel-Festspielen, sondern 1928 in Leipzig in der Übersetzung und Einrichtung von Herman Roth) blieb ohne Resonanz. Erst durch das moderne Startheater hat das Werk eine gewisse Verbreitung gefunden und Erfolg gehabt: so in der Londoner Inszenierung von 1957, die vor allem ein Triumph Joan Sutherlands als Alcina war, und in der Inszenierung Franco Zeffirellis in Venedig 1960 (wiederaufgenommen in Dallas 1960 und London 1962, immer mit Sutherland), in der das Werk als historische Aufführung in einem barocken Palazzo vorgeführt wurde, mit allen vermeintlichen und wirklichen Unarten der Sänger des 18. Jahrhunderts und der ihnen lauschenden Hofgesellschaft. Inszenierungen in jüngerer Zeit gab es am Staatstheater am Gärtnerplatz München 1977 (Regie: Kurt Pscherer), in Karlsruhe 1978, Graz 1979 (Regie: Harry Kupfer), Hannover 1980, Palermo 1985, an der Deutschen Staatsoper Berlin 1985 (musikalische Leitung: Peter Schreier) und in Sydney 1987.

**Autograph:** BL London (R. M. 20.a. 4.). **Abschriften:** Staats- u. UB Hbg. (M A/998, M A/165), Fitzwilliam Museum Cambridge (Barrett-Lennard-Coll.), BL London (R. M. 19.a. 12., Add. Mss. 31566), Central Public Libr. Manchester (MS 130 Hd4 v. 26[2]). **Ausgaben:** Part: Walsh, London [1737], Nr. 605, [1755]; ebd. [1755], Nr. 619; G. F. HÄNDEL, Werke, hrsg. F. Chrysander, Bd. 86, B&H 1868, Nachdr. London [1965]; Hallische Händel-Ausg., Bd. II/33, Bär [in Vorb.]; Textb.: London, Wood 1735, ³1736. **Aufführungsmaterial:** dt. Übers. v. H. Roth: B&H ; dt. Übers. v. H. Rückert: Dt. Vlg. f. M, BR Dtld.: Bär; dt. Übers. v. E. Schmidt: ebd. **Literatur:** A. JACOBS, Handel's ›Alcina‹, in: MT 98:1957, S. 268f.; W. SERAUKY, Das Ballett in G. F. H.s Opern, in: Händel-Jb. 1956, S. 91–112; weitere Lit. s. S. 667

*Ludwig Finscher*

## Giustino
**Dramma per musica in tre atti**

### Justin
3 Akte (10 Bilder)

**Text:** unbekannter Verfasser, nach dem für Antonio Vivaldis Dramma per musica *Il Giustino* (Rom 1724) bearbeiteten Libretto von Pietro Pariati (1711), nach dem Libretto von Nicolò Beregan zu dem Dramma per musica (Venedig 1683) von Giovanni Legrenzi
**Uraufführung:** 16. Febr. 1737, Covent Garden Theatre, London
**Personen:** Anastasio/Anastasios, Kaiser von Byzanz (S); Arianna/Ariadne, Kaiserin (S); Leocasta, Anastasios Schwester, liebt Giustino (A); Amanzio, General (A); Giustino, Bauer und Held, der spätere Kaiser Justin I. (A); Vitaliano, Tyrann in Kleinasien, Bruder Giustinos (T); Polidarte, Feldherr Vitalianos (B); La Fortuna/das Glück (S); Stimme aus dem Innern des Grabs (B). **Chor:** Volk, Hofstaat, Genien, Matrosen
**Orchester:** 2 BlockFl, B.BlockFl, 2 Ob, Fg, 2 Hr, 2 Trp, Streicher, B.c
**Aufführung:** Dauer ca. 3 Std. – Anastasio und Giustino wurden in Händels Aufführungen von Kastraten gesungen. Die Partie des Amanzio ist im Autograph teils im Baß-, teils im Altschlüssel notiert. Da Händel keinen zweiten Bassisten hatte, setzte er eine Altistin ein.

**Entstehung:** Wie im Autograph vermerkt, begann Händel die Komposition am 14. Aug. und beendete sie am 20. Okt. 1736. Zu dieser Zeit war das Londoner Publikum an italienischen Opern kaum mehr interessiert, so daß alle drei Opern, die Händel für die Spielzeit 1737 schrieb (*Arminio*, *Giustino* und *Berenice*), Mißerfolge wurden. Überdies erlitt er im April 1737 einen Schlaganfall, so daß er die Opernaufführungen nicht mehr selbst leiten konnte. Im Juni 1737 brach sowohl Händels Opernunternehmen wie auch das Konkurrenzinstitut, die »Opera of the Nobility«, zusammen.
**Handlung:** In Konstantinopel und Umgebung, um 500 n. Chr.
I. Akt, 1. Bild, Prunksaal im Kaiserpalast: Mit Akklamation des Volks wird Anastasio von der Kaiserinwit-

we Arianna zum Kaiser gekrönt. Doch Anastasio ist schwach und das Reich vom Feind bedroht. Vitaliano, Herrscher in Kleinasien, rüstet zur Eroberung von Konstantinopel. Als Gesandter Vitalianos nennt Polidarte die unannehmbare Bedingung für den Frieden: Vitaliano begehrt Arianna als Bettgenossin. Alle sind empört, und man zieht in den Krieg. 2. Bild, Felder mit Obstbäumen: Der Bauer Giustino pflügt. Dabei wünscht er sich nichts sehnlicher, als ein Kriegsheld zu sein. Müde von der Arbeit schläft er ein und träumt, die Göttin Fortuna fordere ihn auf, sein Glück zu versuchen. Er erwacht aufgeregt. Nun kann ihn nichts mehr von den verheißenen Heldentaten zurückhalten. Die erste läßt nicht lange auf sich warten: Leocasta, die Schwester des Kaisers, wird von einem Bären verfolgt, den Giustino erlegt. Zum Dank nimmt sie ihn mit in den Kaiserpalast. 3. Bild, Zimmer im Palast: Arianna will Anastasio auf dem Feldzug folgen und befiehlt dem General Amanzio, sie zu begleiten. Amanzio, der selbst Kaiser zu werden hofft, kommt dieser Befehl sehr gelegen. Anastasio nimmt Giustino in seine Dienste auf; dieser verspricht, dessen Beleidigung zu rächen. 4. Bild, Feldlager Vitalianos in einer weiten Ebene vor Konstantinopel: Vitaliano ruft seine Soldaten zu den Waffen. Ein Angriff Anastasios wurde abgeschlagen; dabei fiel Arianna in Feindeshand. Sie wird vor Vitaliano gebracht, der ihr den Hof macht. Entrüstet weist sie seine Werbung zurück. II. Akt, 1. Bild, bewaldete Steilküste mit stürmischem Meer: Anastasio und Giustino sind nach verlorener Schlacht mit einem Schiff geflohen, das im Sturm an einer Klippe zerschellt. Sie retten sich an Land und finden Unterschlupf in einer Hütte. Polidarte kommt mit Arianna an den unwirtlichen Platz. Vitaliano hat befohlen, Arianna an einen Felsen zu ketten. Aus dem Meer steigt ein Ungeheuer auf, um sie zu fressen. Giustino hört ihre Hilferufe und tötet das Untier. Nun wagt sich auch Anastasio hervor. Überglücklich fallen sich alle um den Hals. Auf der Suche nach dem Kaiser trifft Amanzio ein, und alle verlassen auf dessen Schiff die Küste. Vitaliano hat inzwischen seinen im Zorn erteilten Befehl bereut. Doch als er das tote Untier sieht, schöpft er Hoffnung, daß Arianna noch lebt. 2. Bild, Garten: Leocastas Liebe zu Giustino schwankt zwischen Hoffen und Bangen. Sie beklagt die Abwesenheit des Geliebten. Giustino hat Vitaliano gefangengenommen und bringt ihn vor Anastasio, der Giustino höchste Anerkennung zollt. Die Wachen führen Vitaliano zu Arianna. Er versucht, ihr Mitleid zu erregen, was ihren Zorn nur steigert. Amanzio flüstert dem Kaiser ein, daß Giustino nicht zu trauen sei, und wird beauftragt, ihn zu überwachen. Amanzio gibt dem Kaiser einen juwelenbesetzten Gürtel, der Giustino zum Verhängnis werden soll. III. Akt, 1. Bild, Turm in einem Wald: Vitaliano läßt sich an einem Strick aus seinem Kerker herab. Er will sich rächen und den Kaiser stürzen. 2. Bild, Zimmer: Arianna schenkt Giustino zum Dank für ihre Rettung den juwelenbesetzten Gürtel, den sie von Anastasio geschenkt bekam. Die Szene wird von Amanzio belauscht, der nun Giustino bei Anastasio verklagt, er

habe ein Geschenk des Kaisers entweiht. Giustino wird zum Tod verurteilt, Arianna fällt in Ungnade. Leocasta erkennt, daß Giustino einer Intrige Amanzios zum Opfer gefallen ist, und beschließt, ihn zu retten. 3. Bild, wilde Gebirgslandschaft: Leocasta hat Giustino zur Flucht verholfen; er erkennt daran, daß sie ihn liebt. Erschöpft schläft er ein. So trifft ihn Vitaliano an und will ihn töten, als durch einen Blitz der Berg sich öffnet und das Grab von Vitalianos Vater sichtbar wird. Eine Stimme gebietet Einhalt. Vitaliano entdeckt das Familienzeichen, einen Stern, an Giustinos Arm und erkennt so seinen Bruder. Sie fallen sich in die Arme. 4. Bild, Festsaal mit einem Bühnenbild, das den Tempel der Fama darstellt: Amanzio, mit Lorbeer gekrönt, schreitet zum Thron. Anastasio, Arianna und Leocasta müssen in Ketten der Zeremonie beiwohnen. Da dringen Giustino und Vitaliano mit ihren Soldaten ein. Amanzio versucht zu fliehen, doch Giustino läßt ihn fesseln. Anastasio und Arianna, wieder frei, fallen Giustino zu Füßen. Vitaliano schwört dem Kaiser Treue. Anastasio erklärt Giustino zum Mitkaiser und gibt ihm Leocasta zur Frau. Ein goldenes Zeitalter bricht an.

**Kommentar:** Den historischen Kern, der aus den *Anecdota* (6, 1–18) des byzantinischen Geschichtsschreibers Prokop stammt, hat der venezianische Librettist Beregan mit einer Reihe bühnenwirksamer Traum- und Fabelszenen ausgeschmückt. Legrenzis *Il Giustino* war zu seiner Zeit sehr erfolgreich und wurde in ganz Italien nachgespielt. Da Beregans Libretto mehrfach bearbeitet und vertont worden ist, kann es als Musterbeispiel dafür gelten, wie sich im Lauf von 50 Jahren (von Legrenzi bis Händel) die Ansprüche an einen Operntext geändert haben. Gemäß den Prinzipien der Accademia Arcadia formte Pariati die Vorlage für Albinoni in eine fünfaktige Version um. Für Vivaldis Vertonung wurde die ursprüngliche dreiaktige Form wiederhergestellt. In den verschiedenen Librettofassungen zeigt sich die zunehmend radikalere Tendenz, Nebenfiguren und komische Szenen zu streichen, die Zahl der Bühneneffekte zu reduzieren und dadurch Giustino als heroische Gestalt herauszuheben. Während Beregans Libretto mit seiner mehrsträngigen Handlungsentwicklung und seiner Mischung aus ernsten und komischen Szenen dem Sprechtheater noch nahesteht, ist die für Händel eingerichtete Fassung auf das Nötigste der Handlungsführung zurechtgestutzt und erlaubt so eine reichere Entfaltung musiktheatralischer Mittel. Auf diese Weise erhalten die für die Oper typischen Szenen märchenhaften Charakters neues Gewicht: die Erscheinung Fortunas (I/5), die von einem Bären verfolgte Leocasta (I/11), der Kampf mit dem Untier (II/3), die Stimme aus dem Grab (III/7). Diese Szenen sind ein Erbe der an Maschineneffekten reichen venezianischen Oper, wo allerdings die Musik, wenn überhaupt, nur äußerst knapp den Bühneneffekt untermalte. Diese eigentlich veralteten Fabelszenen, die in der italienischen Oper nach Apostolo Zenos und Pietro Metastasios Librettoreform geradezu verpönt waren, haben den Komponisten Händel am meisten gereizt.

Mit Hilfe von Chören, die in seine Textfassung sämtlich neu eingefügt sind, schafft er größere musikdramatische Zusammenhänge: ein Stilmittel, dessen Wirkung er in den Oratorien erprobt hatte. Bereits die Eröffnungsszene, das große Tableau einer Kaiserkrönung, beteiligt mit einem Huldigungschor das Volk am höfischen Zeremoniell. Der Gegensatz zum Auftritt Giustinos (I/4), der von einer pastoralen Blockflötenmusik begleitet wird, könnte nicht größer sein. Bei der Erscheinung Fortunas (I/5) dient der Chor der Genien dazu, das an sich knappe Arioso zu einer größeren Szene mit fugierter Sinfonia und Rahmenchören (über denselben musikalischen Motiven) auszudehnen. Harold Powers (s. Lit.) hat in der Themenerfindung und den mechanischen Sequenzen dieser Szene einen Rückgriff Händels auf den Stil Vivaldis gesehen. Doch wollte Händel (so Winton Dean, s. Lit.) mit den ständigen Motivwiederholungen wohl das sich immerfort drehende Rad der Fortuna tonsymbolisch darstellen. Der Kampf mit dem Untier (II/3) ist Ansatzpunkt einer dramatisch-musikalischen Entwicklung. Ariannas Todesnot, als sich das Untier nähert, stellt Händel in einem Arioso mit zweifachem Echo ohne jede instrumentale Begleitung dar: ein eindringliches Zeichen äußerster Verlassenheit. Durch das Aussetzen des Basso continuo übersteigert Händel noch den in der venezianischen Oper beliebten Effekt des Echos. Giustino erlegt das Untier, Arianna und Anastasio haben ihr Duett (»Mio bel tesoro«), und zum Abschluß singen die Matrosen ein frisches Chorlied. Das Duett bezeichnet den Umschlag von Ariannas Angst in Freude, und durch den Chor gelingt die Rückführung aus der Märchenwelt des Untiers in die Alltagswirklichkeit. Die übliche Form, derartige überwirkliche Szenen zu komponieren, nämlich ein Accompagnato, verwendet Händel, wenn in III/7 die Stimme von Giustinos Vater aus dem Grab ertönt. – Da die Traum- und Fabelszenen so klar disponiert sind und zusammen mit dem Bühneneindruck vorzüglich wirken, fällt um so mehr auf, daß Händel für die Arien keine vergleichbar originellen Lösungen gefunden hat. Giustinos Arien sind durch reichere Instrumentation hervorgehoben. Musikalisch am gewichtigsten ist wohl seine Arie »Zeffiretto, che scorre nel prato« (III/2). Während sonst Giustino vornehmlich als der Held charakterisiert wird, der einfältig, aber mit der nötigen Kraft alle Gefahren besteht, beginnt er in dieser Arie, weniger naiv, das byzantinische Intrigantentum zu begreifen. Wie Giustino ist auch Vitaliano im heroischen Stil behandelt, wohingegen Anastasio keine musikalischen Herrscherattribute erhalten hat. So wird sinnfällig, daß Anastasio ein schwacher Kaiser ist, der sich nur durch Giustinos Heldentum und durch Ariannas Liebe auf dem Thron halten kann. Von Ariannas Arien ist ihr Klagegesang »Il mio cor già più non sa« (III/4) hervorzuheben.

**Wirkung:** *Giustino* wurde nach wenigen Vorstellungen (es sangen Gioacchino Conti, Anna Maria Strada del Pò, Francesca Bertolli, Maria Caterina Negri, Domenico Annibali, John Beard, Henry Theodore Reinhold und William Savage) im Mai 1737 abgesetzt. Schuld daran waren das mangelnde Publikumsinteresse und Händels Schlaganfall. Schließlich machte John Frederick Lampes Parodie *The Dragon of Wantley* (Text: Henry Carey) der Oper den Garaus. Das Stück war ursprünglich gegen die Absurditäten der italienischen Oper allgemein gerichtet, paßte dann aber genau auf *Giustino*. *The Dragon* wurde am 16. Mai 1737 im Haymarket Theatre London uraufgeführt, im Nov. 1737 von Covent Garden übernommen

*Giustino*; Regie: Harry Kupfer, Bühnenbild: Waleri Lewental; Komische Oper, Berlin 1984. – Die Szene ist eine Allegorie des Gedankens, daß die Personen einer Barockoper Marionetten an den Fäden eines Schicksals sind, das immer wieder das Geflecht der Intrigen, aus denen die Handlung besteht, durcheinanderbringt.

und brachte es innerhalb eines Jahrs auf 67 Vorstellungen. Der Witz des Stücks bestand darin, daß das ritterliche Sujet zwar im Stil der Opera seria komponiert war, doch zu äußerst trivialen Versen abgehandelt wurde (vgl. Hellmuth Christian Wolff, s. Lit.). – Eine Neubelebung von *Giustino* gelang 1985 unter der Regie von Harry Kupfer an der Komischen Oper Berlin (Giustino: Jochen Kawalski [Countertenor]; Dirigent: Hartmut Henchen; Gastspiel an der Staatsoper München 1985). Kupfers virtuoses, phantastisch-assoziatives Inszenierungskonzept, das in der Fachpresse unterschiedliche Resonanz fand, zielte auf parodistische Wirkungen und thematisierte den heutigen Abstand zu Händels Oper.

**Autograph:** Fragmente: BL London (R. M. 20. b. 4; f. 4-5), Fitzwilliam Museum Cambridge (30 H 12, S. 38). **Abschriften:** Staats- u. UB Hbg. (M A/1020), Fitzwilliam Museum Cambridge (Barrett-Lennard-Coll.), Central Public Libr. Manchester (MS 130 H d 4, v. 188). **Ausgaben:** Part: G. HÄNDEL, Werke, hrsg. F. Chrysander, Bd. 88, B&H 1883, Nachdr. London [1965]; Hallische Händel-Ausg., Bd. II/36, Bär; Textb.: London, Wood 1737
**Literatur:** H. S. POWERS, Il Serse trasformato II, in: MQ 48:1962, S. 73ff.; W. DEAN, H. and the Opera Seria, London 1970, S. 173ff.; H. C. WOLFF, Eine englische H.-Parodie: ›The Dragon of Wantley‹, in: Händel-Jb. 1983, S. 43–54; weitere Lit. s. S. 667

*Bernd Edelmann*

## Serse
**Dramma per musica in tre atti**

### Xerxes
3 Akte (8 Bilder)

**Text:** unbekannter Bearbeiter, nach dem Libretto von Silvio Stampiglia zu dem Dramma per musica *Xerse* (Rom 1694) von Giovanni Bononcini, einer Bearbeitung des Librettos von Nicolò Graf Minato zu dem Dramma per musica *Serse* (Venedig 1654/55) von Francesco Cavalli
**Uraufführung:** 15. April 1738, King's Theatre Haymarket, London
**Personen:** Serse/Xerxes, König von Persien (S); Arsamene, sein Bruder, Geliebter Romildas (S); Romilda und Atalanta, Ariodates Töchter (2 S); Amastre, Geliebte Serses, zeitweilig als Soldat verkleidet (A); Ariodate, Fürst, Hauptmann (B); Elviro, Diener Arsamenes (B). **Chor:** Soldaten, Seeleute, Priester
**Orchester:** 2 BlockFl, 2 Ob, 2 Hr, Trp, Streicher, B.c
**Aufführung:** Dauer ca. 3 Std. – Der Schlußchor wird von den Solisten gesungen. Serse wurde bei der Uraufführung von einem Kastraten gesungen, Arsamene von einer Frau.

**Handlung:** In und bei Abydos am Hellespont, 480 v. Chr. I. Akt, 1. Bild: Aussichtsterrasse am Rand eines Gartens; 2. Bild: Schloßhof; II. Akt, 1. Bild: Platz in der Stadt mit Säulenhalle; 2. Bild: Serses Lager am Hellespont mit Schiffsbrücke; 3. Bild: einsame Gegend bei der Stadt; III. Akt, 1. Bild: Galerie im Schloß; 2. Bild: Wäldchen; 3. Bild: Festsaal mit Sonnenaltar.

Serse hat Prinzessin Amastre, die ihn noch immer liebt, verlassen und sehnt sich nach einer neuen Liebe; sein Bruder Arsamene liebt Romilda und wird wiedergeliebt, aber auch Romildas Schwester Atalanta hat es auf ihn abgesehen. Serse, der in Ermangelung eines andern Liebesobjekts eine Platane anfleht, hört Romildas Stimme, verliebt sich in sie und verlangt ausgerechnet von Arsamene, den Brautwerber zu machen. Arsamene weigert sich, warnt Romilda und wird zur Strafe von Serse verbannt. Atalanta hofft, Arsamene zu gewinnen, wenn Serse Romilda zur Hochzeit zwingt. Amastre, als Soldat verkleidet, muß mit ansehen, wie Serse Romilda nachstellt, und sinnt auf Rache. Atalanta rät Romilda, Serse zu nehmen, da Arsamene eine andere liebe, aber Romilda durchschaut sie. Elviro erklärt der verstoßenen Amastre den Liebeskonflikt zwischen Romilda, Arsamene und Serse. Atalanta überredet Elviro, ihr den Brief zu geben, in dem Arsamene Romilda um ein letztes Gespräch vor seiner Abreise in die Verbannung bittet; sie zeigt den Brief Serse und gibt vor, er sei an sie gerichtet. Serse zeigt ihn Romilda, die mit Eifersucht reagiert. Elviro hält Amastre vom Selbstmord zurück. Als Arsamene sich nach der Wirkung seines Briefs an Romilda erkundigt, sagt Elviro, er habe den Brief Atalanta gegeben, da Romilda, so habe diese gesagt, sich nun Serse zugewandt habe. Arsamene ist verzweifelt. Serse bereitet den Übergang über den Hellespont vor. Als Arsamene erscheint, verspricht er diesem seine Geliebte (Atalanta, wie er meint) und schlägt eine Doppelhochzeit vor, aber Arsamene will nur Romilda. Serse erklärt Atalanta, daß sie sich auf Arsamene keine Hoffnung machen könne. Nun ist Atalanta unglücklich, und Serse philosophiert über die Unlenkbarkeit der Herzen und die Wirrungen der Liebe. Ein Sturm kommt auf; die Schiffsbrücke zerbricht. Serse trifft die verkleidete Amastre, beide klagen einander ihre Liebesnot, ohne daß Serse seine verstoßene Geliebte erkennt. Als Romilda kommt, setzt er ihr erneut zu, aber sie bleibt standhaft. Amastre warnt Romilda vor dem König, der nicht treu sein

*Serse*, III. Akt, 3. Bild; Josef Traxel als Serse, Margarethe Bence als Amastris; Regie: Kurt Puhlmann (1959), Ausstattung: Caspar Neher; Staatstheater, Stuttgart 1964.

kann. Serse will sie verhaften lassen, aber Romilda schützt die als Soldat Verkleidete. Arsamene und Romilda werfen einander Untreue vor. Atalanta schlichtet den Streit, verzichtet auf Arsamene und hofft, bald einen andern zu finden. Serse will Romilda mit Drohungen zur Hochzeit zwingen; als sie angibt, sie sei Arsamene durch einen Treuekuß auf ewig verbunden, gibt er Befehl, Arsamene zu töten. Romilda schickt Amastre, um Arsamene zu warnen, aber dieser hält das für eine List Romildas, mit der sie ihn zur Flucht treiben will, um dann Serse heiraten zu können. Ariodate ist von Serse informiert worden, daß Romilda bald einen Gatten von königlichem Geblüt haben werde. Als er nun seine Tochter mit dem Bruder des Königs kommen sieht, hält er die Ankündigung des Königs für erfüllt und läßt die beiden, die sich noch immer streiten, von seinen Priestern trauen. Serse kommt zu spät. Ein Brief wird gebracht; Serse läßt Ariodate ihn vorlesen. Es ist eine Anklage Amastres gegen den treulosen König. Der König ruft die Furien an und befiehlt Arsamene, Romilda zu töten. Amastre tritt dazwischen und fragt, ob sie die Rache an dem vollziehen dürfe, der treue Liebe verraten habe. Serse willigt ein; da richtet sie das Schwert gegen ihn und gibt sich zu erkennen. Serse bereut und bittet alle, ihm zu verzeihen. Romilda und Arsamene, Amastre und Serse umarmen einander; Atalanta macht sich auf, einen neuen Liebhaber zu suchen.

**Kommentar:** Händels Komposition, die im Autograph ungewöhnlich viele Änderungen aufweist, geht nicht nur auf Stampiglias Text zurück, der allerdings radikal gekürzt ist, vor allem durch drastische Reduzierung der Zahl der Arien, sondern auch auf dessen erste Vertonung durch Bononcini, der in den 20er Jahren Händels gefährlichster Konkurrent in London gewesen war (vgl. Harold Powers, s. Lit.). Die Handlung, die mit dem berühmten Largo (richtig: Larghetto) Serses (»Ombra mai fù«) beginnt, hat, abgesehen vom Brückenschlag über den Hellespont, mit der historischen Wirklichkeit der Perserkriege nichts zu tun. Textliche und musikalische Struktur der Vorlage sind weitgehend verantwortlich für die Besonderheiten, durch die sich *Serse* von einer normalen Händel-Oper (von der typischen metastasianischen Oper der 30er Jahre ganz zu schweigen) so verblüffend unterscheidet: weitgehender Verzicht auf Dakapoarien, variable Stellung der Arien innerhalb der Szene (wenig Abgangsarien), knappe Liedformen, Ineinander von Rezitativ und Arie, drastische musikalische Tonfälle vor allem in den Liedern des Dieners Elviro (ein Buffopart), aber auch im koketten Buffaton Atalantas und in der überdimensionalen Furienarie Serses. Das ständige Changieren von Tragik und Komik, die Knappheit der Formen und ihr gelegentliches dramatisches Aufbrechen, die außerordentliche Dichte und Lakonik der musikalischen Sprache und ihr modern wirkender Mangel an stereotypen Arienformeln, die Nähe zu Lied und Tanz, das Ineinander von Buffa- und Seriatönen verführen leicht dazu, *Serse* als Vorläufer der Musikdramen Wolfgang Amadeus Mozarts zu interpretieren. Aber die Lebensfülle, Drastik und Buntheit des Texts und der Musik weisen zurück auf die vormetastasianische Oper, nicht voraus auf Mozarts Psychologie, und die musikalische Größe des Werks liegt in der Intensität der Affektsprache, die Händel hier mit einem Minimum an Aufwand erreicht. Die Beschränkung der gesangstechnischen Ansprüche auf die Titelpartie hat Aufführungsgründe, da Händel lediglich für Serse ein erstklassiger Interpret zur Verfügung stand (Caffarelli).

**Wirkung:** *Serse* war 1738 ein Mißerfolg; das Werk wurde nach fünf Aufführungen abgesetzt und nicht wiederaufgenommen. Erst die deutschsprachige Aufführung in der Bearbeitung Oskar Hagens bei den Göttinger Händel-Festspielen 1924 machte auf die Oper, die zu den bühnenwirksamsten und musikalisch reizvollsten Händel-Opern gehört, wieder aufmerksam und zog weitere Aufführungen, meist in Übersetzungen in die jeweilige Landessprache, nach sich: Wien (Schönbrunn) 1925, Hannover 1926, Budapest und Northampton (MA) 1928, New York (Juilliard School of Music) 1932, Chicago (University of Chicago), Loughton (Essex), London und Mannheim 1935. Den Anfang einer Reihe von Neuinszenierungen neueren Datums machte Joachim Herz mit seiner Inszenierung in Leipzig 1972; später folgten Regensburg 1980, Gelsenkirchen 1981, Kaiserslautern 1982, Hagen 1984 und London (English National Opera) 1985.

**Autograph:** BL London (R. M. 20.c. 7.). **Abschriften:** Part: Staats- u. UB Hbg. (M A/1052a, M A/1052), Fitzwilliam Museum Cambridge (Barrett-Lennard-Coll.), Central Public Libr. Manchester (MS 130 Hd 4, v. 301). **Ausgaben:** Part: Walsh, London 1738; G. F. HÄNDEL, Werke, hrsg. F. Chrysander, Bd. 92, B&H 1884, Nachdr. London [1965]; Hallische Händel-Ausgabe, Bd. II/39, Bär 1958, Nr. 4010; Kl.A: Bär 1958, Nr. 4010a; Kl.A, Bearb. v. O. Hagen: Peters 1924, Nr. 3792; Textb.: London, Chrichley 1738. **Aufführungsmaterial:** dt. Übers. v. R. Steglich: Bär; dt. Übers. u. Bearb. v. H. Gurgel, J. Herz, E. Röhlig: Dt. Vlg. f. M
**Literatur:** W. OSTHOFF, Händels »Largo« als Musik des Goldenen Zeitalters, in: AfMw 30:1973, S. 175ff.; H. S. POWERS, Il Serse trasformato, in: MQ 47:1961, S. 481ff., 48:1962, S. 73ff.; weitere Lit. s. S. 667

*Ludwig Finscher*

## Deidamia
**Melodramma in tre atti**

**Deidamia**
3 Akte (9 Bilder)

**Text:** Paolo Antonio Rolli
**Uraufführung:** 10. Jan. 1741, Theatre Royal Lincoln's Inn Fields, London
**Personen:** Deidamia, Tochter Lycomedes (S); Nerea, Vertraute Deidamias (S); Achille/Achilles, verkleidet unter dem Namen Pirra, Geliebter Deidamias (S); Ulisse/Odysseus, König von Ithaka, unter dem Namen Antiloco (S); Fenice/Phönix, König von Argos, Liebhaber Nereas (B); Lycomede/Lycomedes, König von Skyros (B); Nestore/Nestor (stumme R). **Chor:** Jäger, Jägerinnen

**Orchester:** 2 Ob, Fg, 2 Hr, 2 Trp, Pk, Streicher, B.c;
BühnenM: 2 Trp, 2 Hr, Pk
**Aufführung:** Dauer ca. 3 Std.

**Entstehung:** Händel komponierte die Oper gemäß den im Autograph vermerkten Daten vom 27. Okt. bis 20. Nov. 1740. *Deidamia* ist seine letzte italienische Oper und deren dritte Aufführung am 10. Febr. 1741 Händels letzte Opernaufführung. Danach wandte er sich ganz dem Oratorium zu. Der Übergang von der Opern- zur Oratorienkomposition ist fließend. Im Umkreis von *Deidamia* entstanden die Oratorien *L'allegro, il penseroso ed il moderato* (1740), *Messiah* (1742) und *Samson* (1743).

**Handlung:** Auf Skyros (Ägäis), zu Beginn des Trojanischen Kriegs.
Vorgeschichte: Nach dem Raub Helenas rüsten die Griechen zum Rachefeldzug gegen Troja. Gemäß einem Seherspruch können sie aber nur mit Achilles Hilfe die Trojaner besiegen. Jedoch hat ein Orakel auch vorhergesagt, daß Achille vor Troja den Tod finden werde. Um ihn vor diesem Schicksal zu bewahren, hat einst Achilles Vater Peleus seinen Sohn Lycomede anvertraut. So lebt Achille als Mädchen verkleidet unter dem Namen Pirra am Königshof von Skyros.
I. Akt, 1. Bild, Vorhalle des Königspalasts am Ufer des Meers: Eine Barke mit Gesandten des Königs Agamemnon landet. Ulisse, Fenice und Nestore werden von König Lycomede empfangen. Ulisse fordert Lycomede auf, am Feldzug gegen die Trojaner teilzunehmen und Achille nicht länger zu verbergen. Im Zwiespalt zwischen patriotischer Pflicht und väterlicher Freundschaft zu Achille folgt Lycomede seiner Neigung und leugnet gegenüber Ulisse die Anwesenheit Achilles. Doch erlaubt er den Gesandten, überall nach Achille zu suchen. 2. Bild, Galerie mit Ausblick auf die Landschaft: Deidamia, die Achilles Geheimnis kennt, liebt ihn im geheimen. Seine Jagdleidenschaft macht sie besorgt. Achille kehrt von der Jagd zurück und beteuert Deidamia seine Liebe. 3. Bild, Zimmer im Palast: Von Nerea erfährt Deidamia, daß die Griechen Achille suchen. Sie ist daher auf der Hut, als Ulisse ihr seine Aufwartung macht, ihr die Notwendigkeit des Kriegs gegen Troja erklärt und sie über Achille ausforschen will. Sie beschließt, ihren Geliebten vor den Griechen zu warnen.
II. Akt, 1. Bild, Garten: Achille beobachtet, wie Deidamia und Ulisse näherkommen, und versteckt sich, um die beiden zu belauschen. Ulisse macht Deidamia den Hof. Sie weist ihn höflich ab. Achille mißversteht ihre ausweichenden Antworten und wirft ihr, nun mit Deidamia allein, eifersüchtig Untreue vor. Lycomede hat zur Unterhaltung der griechischen Gäste eine Jagd angesetzt, an der auch die Hofdamen teilnehmen sollen. Nerea, die auch weiß, wer Pirra in Wahrheit ist, und Deidamia fürchten Achilles Entdeckung und beschließen, Ulisse und Fenice zum Schein schöne Augen zu machen, um so die Aufmerksamkeit von Achille abzulenken. Lycomede lädt Ulisse offiziell zur Jagd ein. Die Jagdgesellschaft sammelt sich und zieht los. 2. Bild, Wald: Fenice versucht auf der Jagd, mit Nerea anzubändeln, doch weist sie ihn ab. Währenddessen ist Ulisse nicht entgangen, daß eins der Mädchen besonders kraftvoll den Speer wirft. Ulisse meint, Achille in Pirra erkannt zu haben, und beginnt ein zärtliches Gespräch, das er geschickt auf Deidamia zu lenken weiß. Trotz seiner Eifersucht weicht Achille der Falle aus. Deidamia wird Zeuge des Liebesgeplänkels. Ulisse gerät in Bedrängnis und erklärt, Deidamia sei ihm zu spröde, er liebe nur Pirra. Als Ulisse fort ist, wirft Deidamia Achille seinen Leichtsinn vor, der unvermeidlich zu seiner Entdeckung führen werde. Auf der Jagd macht Fenice Achille einen Antrag, den er so stolz zurückweist, daß nun auch Fenice in Pirra Achille erkennt.
III. Akt, 1. Bild, Raum zu ebener Erde: Fenice wirbt ernstlich um Nerea. Sie wirft ihm vor, daß er so stürmisch und untreu sei wie alle Krieger. 2. Bild, Galerie: Ulisse und Fenice legen Deidamia und ihren Hofdamen Gastgeschenke vor: kostbare Kleider, Schmuck, aber auch Schwert, Schild und Helm. Achille probiert sofort Waffen und Rüstung. Als Ulisse ein Trompetensignal geben läßt, stürmt Achille mit einem Schwert davon und verrät sich so. Deidamia ist untröstlich, Achille zu verlieren, und verflucht Ulisse. 3. Bild, Gemach in der Burg: Deidamia gesteht ihrem Vater, daß sie Achille liebt. Achille kommt in voller Rüstung hinzu und bittet Deidamia, seine Gattin zu werden, bevor er in den Krieg ziehe. Auch wenn ihm vor Troja der Tod bestimmt sei, sollten diese letzten Stunden vor dem Abschied ihrer Liebe geweiht sein. Deidamia zögert lange; die Aussicht, früh Witwe zu werden, schreckt sie. Doch gibt sie schließlich ihrem Herzen nach. 4. Bild, Königssaal: Lycomede gibt zur Freude des ganzen Hofs die Eheschließung von Achille und Deidamia bekannt.

**Kommentar:** Während sonst für alle Libretti, die Händel vertont hat, eine Vorlage nachgewiesen werden konnte, an die sich Händels Textbearbeiter mehr oder weniger eng angelehnt haben, ist für *Deidamia* bisher keine bekannt geworden. Tatsächlich spricht einiges dafür, daß dies Libretto eine eigenständige Leistung von Rolli ist, wobei sich freilich Querbeziehungen aufgrund des Achilles-Stoffs ergeben. Die

*Deidamia*, III. Akt, 4. Bild; Lore Hoffmann als Deidamia, Anneliese Rothenberger als Nerea, Gisela Litz als Achille, Helmut Melchert als Ulisse, Horst Günter als Fenice, Arnold van Mill als Lycomede; Regie: Wolf Völker, Ausstattung: Caspar Neher; Staatsoper, Hamburg 1954.

berühmteste Version ist Pietro Metastasios *Achille in Sciro* (Wien 1736, für Antonio Caldara), ein Libretto, das bis Ende des 18. Jahrhunderts etwa 30mal vertont worden ist. Doch allenfalls die Eingangsszene, die Landung der Griechen auf Skyros (bei Metastasio nur angedeutet, bei Rolli pomphaft auf die Bühne gestellt), könnte von Metastasio angeregt sein. Metastasios Libretto ist, dem Festanlaß der Hochzeit von Maria Theresia mit Herzog Franz Stephan von Lothringen entsprechend, in der Grundhaltung auf eine vornehme Art heiter und enthält keine burlesken Szenen. Gerade sie prägen aber Rollis Libretto. Die komödiantischen Szenen sind wohl angeregt von John Gays Ballad opera *Achilles* (London 1733), doch ist auch hier keine engere Abhängigkeit im Sinn einer Vorlage festzustellen. – Musikalisch hat Händel am reichsten die Partie der Deidamia bedacht. Ihre Arien durchmessen die ganze Palette vom tändelnden volkstümlichen Liebeslied (»Due bell'alme innamorate«, I/2) über die innige Gleichnisarie (»Nasconde l'usignol'«, I/5) bis zu der Liebesklage um Achille und den beiden Klagearien »Se il timore« (II/3) und »M'ai resa infelice« (III/2). Verglichen mit Deidamia ist Achilles musikalische Charakterisierung ziemlich blaß. Seine Arien sind frisch, draufgängerisch, doch auch in einem Allerweltston gehalten: Da er sich verstellt, kann er nicht seinen Eigenton entwickeln. Der eigentliche Gegenspieler zu Deidamia ist Ulisse. Ob als Kriegswerber, Detektiv oder vorgeblicher Liebhaber: Ulisse wechselt seine Rolle ebenso rasch wie den musikalischen Stil. Pathos wie Zärtlichkeit stehen ihm gleichermaßen zu Gebot. Es ist merkwürdig, aber folgerichtig, wenn nicht der Ehemann Achille, sondern Ulisse das schöne Schlußduett »Ama nell'armi« mit Deidamia singt. Durch die Spannweite der Rolle und durch den Grundzug der Verschlagenheit und Verstellung verlangt die Ulisse-Partie vom Sänger große Wandlungsfähigkeit. Man mag darüber streiten, ob die Dimension der Verstellung, auch der Ironie und des spielerischen Halbernstes schon in der Faktur von Händels Komposition steckt. Doch kann jedenfalls der Ulisse-Sänger, getragen vom Bühnenhandeln, durch manierierte Tongebung, überdeutliches Deklamieren und ähnliche Ausdrucksmittel da, wo es paßt, den Witz von Händels Musik darstellen. Die Partie der Nerea ist auf einen leichten Soubrettensopran berechnet. Händel hat drei ihrer Arien je zweimal komponiert, wohl veranlaßt durch eine geänderte Besetzung. Lediglich die h-Moll-Fassung der Arie »Sì, che desio« (I/4) schlägt ernstere Töne an und läßt Nerea Deidamia nahezu ebenbürtig erscheinen. Eine Besonderheit der Oper ist der Chor der Jäger und Jägerinnen mit Ulisse und Deidamia als Vorsänger (II/5), eine fröhliche Bourrée, in der die englische Freude am geselligen Singen kompositorisch eingefangen ist. Der Chor, der die Jagd eröffnet, beschließt auch die Jagd und (mit neuen Worten) den II. Akt. Diese Art, einen Chor als Steigerungs- und Schlußelement einzusetzen, hat Händel zweifellos in den gleichzeitig mit *Deidamia* entstandenen Oratorien wie *L'allegro* gelernt.

**Wirkung:** Trotz bewährter Sänger (Elisabeth Duparc, Maria Monza, Miss Edwards, Giovanni Battista Andreoni, William Savage und Henry Theodore Reinhold) wurde *Deidamia* kein Erfolg, die Oper wurde nur dreimal aufgeführt. Für ihre Wiederbelebung hat sich Rudolf Steglich eingesetzt. Er legte 1941 eine deutsche Übersetzung und 1945 einen Klavierauszug vor. Seine Bearbeitung wurde erstmals zu den Händel-Festspielen in Halle (Saale) 1953 aufgeführt und erwies sich als großer Erfolg. In den Folgejahren wurde die Oper, auch als *Achill unter den Mädchen*, an mehreren deutschen Bühnen nachgespielt (Kassel und Hamburg 1954, München und Zürich 1959). Die 1955 in London gegründete Handel Opera Society brachte als erste Produktion *Deidamia* in einer englischen Übersetzung von Edward Dent heraus. Seither ist es um *Deidamia* wieder still geworden.

**Autograph:** BL London (R. M. 20. a. 11 [unvollst.]); Fragmente: Fitzwilliam Museum Cambridge (30 H 8, S. 55, 57–60).
**Abschriften:** Staats- u. UB Hbg. (M A/1013), BL London (Egerton 2950). **Ausgaben:** Part: Walsh, London 1741; G. F. Händel, Werke, hrsg. F. Chrysander, Bd. 94, B&H 1885, Nachdr. London [1965]; Kl.A, hrsg. R. Steglich: Bär [1945]; Textb.: London, Chrichley 1741
**Literatur:** s. S. 667

*Bernd Edelmann*

# Erika Hanka

Geboren am 18. Juni 1905 in Vinkovci (Slawonien), gestorben am 15. Mai 1958 in Wien

## Der Mohr von Venedig
**Ballett mit Prolog, acht Bildern und Epilog**

**Musik:** Boris Blacher. **Libretto:** Erika Hanka, nach *The Tragedy of Othello, the Moore of Venice* (1604) von William Shakespeare
**Uraufführung:** 29. Nov. 1955, Staatsoper, Wien, Ballett der Staatsoper
**Darsteller:** Othello, der Mohr von Venedig, Feldherr; Desdemona, Geliebte und spätere Gattin Othellos; Jago, Offizier; Emilia, Jagos Gattin; Cassio, Offizier; Bianca, eine junge Kurtisane; Brabantio, Desdemonas Vater; Rodrigo, ein abgewiesener Freier Desdemonas; Montano, ein zypriotischer Edler; Frau im Sturm; 3 venezianische Edle; Corps de ballet: Tänzer der Ritornelle (3 Paare), Dienerinnen, Diener, Mädchen im Sturm, Hofgesellschaft, Kurtisanen, Soldaten
**Orchester:** 3 Fl (auch Picc), 2 Ob, E.H, 2 Klar, B.Klar, 2 Fg, K.Fg, 4 Hr, 3 Trp, 3 Pos, Tb, Pkn, Schl (gr.Tr, kl.Tr, RührTr, hohes u. tiefes Bck, Tamtam, Xyl, Glsp, Glocke, Tamburin, Trg, Kastagnetten), Cel, Kl, Hrf, Streicher; BühnenM: Fl, Klar, Fg, Hr, 2 Trp, Tamburin, Trg, Vl, Kb, Org
**Aufführung:** Dauer ca. 1 Std. 15 Min. – Die Ritornelle werden vor einem Zwischenvorhang getanzt.

**Entstehung:** Als Hanka 1954 von der Wiener Operndirektion gebeten wurde, anläßlich der Wiedereröffnung der Staatsoper eine große Ballettpremiere vorzubereiten, schlug die seit 1942 als Ballettmeisterin tätige Choreographin zwei Werke vor: Corallis *Giselle* (1841) in einer Einstudierung von Gordon Hamilton und die Uraufführung eines eigenen modernen Literaturballetts nach Shakespeares *Othello* zu zeitgenössischer Musik. Hanka, ursprünglich eher dem Ausdruckstanz verpflichtet, hatte 1935–38 in der Kompanie von Kurt Jooss getanzt und sich, dem Trend der Zeit folgend, während ihres Wiener Engagements immer mehr dem klassischen Ballett zugewandt. Als Komponisten konnte die Operndirektion den in Berlin arbeitenden Blacher gewinnen. Blacher bot sich vor allem wegen seines erfolgreichen *Hamlet*-Balletts an (Choreographie: Victor Gsovsky, 1950).

**Inhalt:** In Venedig und Zypern, 1570.

Prolog, Desdemonas Schlafgemach, im Hintergrund auf einem Podest ein Bett: Othello hat seine Gattin erwürgt; starr steht er über sie gebeugt. Emilia entdeckt den Mord, Jago und der verwundete Cassio stürzen herein, gefolgt von Bianca, die Desdemonas Taschentuch trägt. Als Emilia das Tuch erkennt, durchschaut sie Jago und klagt ihn als den eigentlichen Verbrecher an. Da löst sich Othellos Starrheit. Die Erschütterung über den Verrat seines Freunds Jago bringt ihn zur Verzweiflung. Die Figuren verschwinden in der Dunkelheit; als Vision erscheint vor Othellos Augen sein Leben.

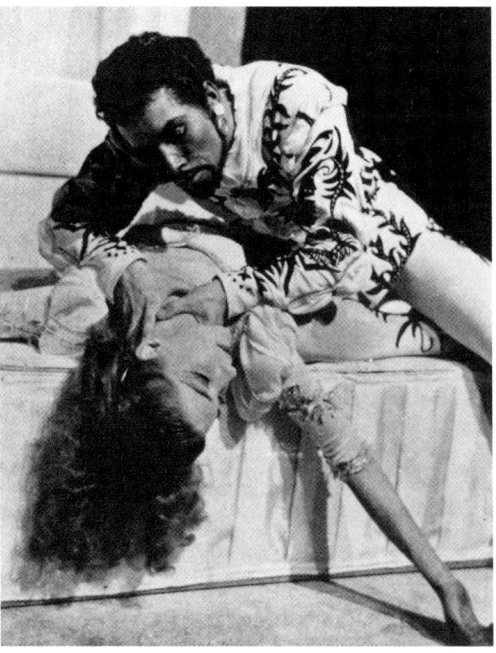

*Der Mohr von Venedig*; Willy Dirtl als Othello, Christl Zimmerl als Desdemona; Uraufführung, Ballett der Staatsoper, Wien 1955. – Der zeitbezogene Realismus der tödlichen Umarmung wird von der zeitlos gültigen Interpretation der Darsteller ausgeglichen.

1. Bild, »Erste Liebe und Sichfinden«, Venedig, großer Saal: Othello trifft Desdemona. Beim Tanz wirbt er um sie. Jago und Rodrigo rufen Brabantio, der Desdemona vor die Entscheidung zwischen Vater und Geliebtem stellt. Die Tochter folgt jedoch Othello nach Zypern; der Vater verflucht sie. Ritornell: »Von den Wonnen der Liebe«.

2. Bild, »Nächtliche Szene in Zypern«, Hafen: Das Volk beobachtet das Unwetter. Jago und Rodrigo verabreden, wie sie Cassio und Othello vernichten können. Othello und Desdemona kommen in Zypern an. Jago, Cassio, Rodrigo und Montano halten Wache. In einem Zechduell wird Montano von Cassio verwundet. Als Desdemona herbeieilt, führt Othello sie fort. Ritornell: »Vom Mitleid gütiger Frauen«.

3. Bild, »Fest im Schloß«, Saal in Othellos Schloß: Ein Gleittanz umrahmt das Geschehen. Cassio bittet Desdemona um Fürsprache. Als Othello eintritt, spricht Desdemona für ihren Schützling, aber Othello wehrt ab. Desdemona verliert ihr Taschentuch. Emilia hebt es auf, aber Jago entreißt es ihr, um es als Waffe gegen Othello zu verwenden. Cassio tanzt mit Desdemona. Ritornell: »Von der Falschheit des Weibes«.

4. Bild, »Gelage bei Bianca«, Biancas Haus: Liebhaber spielen mit Kurtisanen. Bianca stellt Cassio verliebt nach. Jago gibt ihr das Taschentuch; sie schenkt es Cassio. Jago und Cassio verlassen Bianca. Ritornell: »Von der Sehnsucht nach Glück«.

5. Bild, »Othellos Eifersucht«, Othellos Palast: Othello entdeckt in Cassios Händen Desdemonas Taschentuch. Jago schickt Cassio fort und stachelt noch einmal Othellos Eifersucht an. Othello rast, er hat Visionen: Brabantio, Cassio und Desdemona sieht er in zärtlicher Umarmung und das Volk seine Schande begeifernd. Ritornell: »Von den Martern der Eifersucht«.

6. Bild, »Die Entfremdung des Paares«, Othellos Palast: Othello empfängt mit Gefolge. Als Desdemona sich ihm nähert, stößt er sie wild von sich. Emilia führt die verzweifelte Desdemona hinaus. Ritornell: »Von der Grausamkeit der Enttäuschung«.

7. Bild, »Jago als Mörder«, Straße in Zypern: Rodrigo fordert von Jago den versprochenen Lohn. Cassio naht mit der Wache. In einem kurzen Kampf wird er verwundet; Jago ersticht Rodrigo und flieht. Bianca eilt herbei und labt ihren verwundeten Geliebten. Ritornell: »Von der Macht des Bösen«.

8. Bild und Epilog, »Othellos Mord und Zusammenbruch«, Desdemonas Schlafgemach: Emilia tröstet Desdemona. Diese geht zu Bett. Othello betrachtet eifersüchtig seine Frau. Während sie mit Othello tanzt, stirbt sie an seiner haßerfüllten Umarmung. Othellos Vision schwindet; er ist wieder von den Personen umgeben, die ihn mit der toten Desdemona vorgefunden hatten. Er richtet sich selbst und stirbt an Desdemonas Lager.

**Kommentar:** Blacher, bekannt für seinen betont unromantischen, knappen Aussparungsstil, wählte für die Charakterisierung des Balletts oftmalige Wechsel zwischen tonaler und zwölftöniger Kompositionsweise: Die Zwölftonreihe steht für die seelisch-dramatischen Zustände von Othello, Desdemona und Jago, während die neutral-dramatischen Teile tonal gehalten sind. Blacher vollendete das Auftragswerk im Frühjahr 1955 und reiste erst zur Uraufführung nach Wien. In der Konzeption des Librettos hielt sich Hanka nur in loser Form an das literarische Vorbild. Was die Choreographin an dem Stoff interessierte, war die tänzerische Darstellung eines allgemeingültigen Themas. Für sie war Othello eine zum Symbol eines Gefühls gewordene Figur, die Gestalt gewordene Liebe, die sich bis zur Vernichtung der geliebten Person steigert. Hanka beginnt ihr Ballett mit dem Schluß des Stücks; der Mord und die Hintergründe, die zum Mord führten, werden im Prolog aufgedeckt. Nach vollzogenem Mord erkennt Othello seinen Irrtum. Nun ziehen die einzelnen Stationen, die zu der Tat führten, an ihm vorbei. Im Moment des Mords wird in die Realität zurückgeblendet. Im Selbstmord sieht Othello die Möglichkeit der Vereinigung mit der Geliebten. Nach jeder Station im Handlungsablauf steht ein Ritornell, in dem das Thema der vorangegangenen Szene, ins Allgemein-Menschliche erweitert, getanzt wird. Die ausschließlich mit Mitteln des klassischen Balletts geschaffene Choreographie beschrieb Horst Koegler (s. Lit.) als »solistisches Kammerballett mit hinzuaddiertem Corps de ballet, die Handlung dicht ohne Umweg der Pantomime ins Tänzerische übersetzend, stärker in seiner lyrischen Verhaltenheit als in den dramatischen Ausbrüchen«. Hanka hatte (wie oft in ihren Werken) auch im Mohr von Venedig die dramatischen Rollen ganz auf die Tänzer des Wiener Ensembles zugeschnitten. Die Darsteller Desdemonas und Othellos, Christl Zimmerl und Willy Dirtl, konnten einen nachhaltigen Erfolg für sich verbuchen.

**Wirkung:** Hankas Choreographie, die einzige Kreation, die aus Anlaß der Wiedereröffnung der Wiener Staatsoper herauskam, hinterließ einen wesentlich stärkeren Eindruck als Blachers Musik, die zu ihren Ungunsten mit seinem *Hamlet* verglichen wurde. Trotzdem wurde das Ballett in den späten 50er und in den 60er Jahren zu einem oft gespielten Werk auf den Ballettbühnen des deutschen Sprachraums. Yvonne Georgi choreographierte ein eigenes Ballett (Hannover 1956); die bedeutendste Auseinandersetzung mit dem Thema stammte wohl von Tatjana Gsovsky (Berlin 1956). *Der Mohr von Venedig* wurde unter anderm von Tom Schilling (Leipzig 1957, Berlin 1969), Herbert Freund (Bremen 1960), Heinz Rosen (München 1962), Gabriel Popescu (Zürich 1968), Boris Pilato und Anton Vujanic (Essen 1969) und Kurt Steigerwald (Oldenburg 1970) einstudiert. Große Beachtung fand Hankas Ballett *Medusa* (Wien 1957), ihre letzte Kreation, zu der die Choreographin das Libretto und Gottfried von Einem die Musik geschaffen hat.

**Ausgaben:** Kl.A: B&B 1955, Nr. 21190 (519).
**Literatur:** J. RUFER, Boris Blacher und der Tanz, in: Bl. d. Wiener Staatsoper, Nov. 1956, H. 1; H. KOEGLER, Wiener Chancen, in: TA 5:1957, S. 54–58; H. H. STUCKENSCHMIDT, Boris Blacher, Bln., Wiesbaden 1963

*Andrea Amort*

# Johann Ernst Hartmann

Auch Joseph Hartmann; geboren am 24. Dezember 1726 in Glogau, gestorben am 21. Oktober 1793 in Kopenhagen

## Balders død
Et heroisk syngespil i tre handlinger

## Balders Tod
Ein heroisches Singspiel in 3 Handlungen

**Text:** Johannes Ewald, nach der Dichtung *Baldurs draumar* aus der *Edda* (um 1100) und den *Gesta Danorum* (um 1150) des Saxo Grammaticus
**Uraufführung:** 1. Fassung: 30. Jan. 1779, Königliches Theater, Kopenhagen; 2. Fassung: Sept. 1792, Königliches Theater, Kopenhagen (hier behandelt)
**Personen:** Balder, ein Halbgott (T); Thor, Gott des Donners (B); Loke, ein böser Gott (Spr.); Hother, König von Dänemark (T); Nanna, Tochter des norwegischen Königs und Wahrsagers Gevar (S); Odin, Herr der Götter (stumme R); Frigga, seine Frau (stumme R); 3 Walküren (2 S, A). **Chor:** Stimmen hinter den Klippen
**Orchester:** 2 Fl, 2 Ob, 2 Klar, 2 BassettHr, 2 Fg, 2 Hr, 2 Trp, Pkn, Streicher; BühnenM hinter d. Szene: 2 Fl, 2 Klar, 3 Fg, K.Fg, 2 Hr, 2 Corni rustici, 3 Trp, Pos, Pkn
**Aufführung:** Dauer ca. 3 Std. – Das umfangreiche Instrumentarium der Bühnenmusik, das teils das Eingreifen der übernatürlichen Gewalten, teils Naturlaute und die Raumwirkung in der Felsennatur des Schauplatzes ausmalt, wird in verschiedenen Kombinationen verwendet. Die Corni rustici (norwegische Bauernluren) finden lediglich in vier Takten der Ouvertüre Verwendung. Der Chor, der nur am Schluß des Werks eingesetzt wird, soll, in drei Gruppen aufgeteilt, sowohl auf als auch hinter der Szene postiert werden.

**Entstehung:** Um die dänischen Autoren zu ermuntern, die Gattung des Singspiels zu pflegen, wurden vom Königshof Preise für geeignete Texte ausgesetzt. Diese Preisgelder waren auch für Ewald der Anstoß, *Balders død* in Form eines Singspiels zu schreiben. Im Herbst 1773 fertiggestellt, lag der Text 1774 gedruckt vor. Der Verfasser hat seinen Stoff der Baldersage aus der *Edda* entlehnt. Ebenfalls bedeutsam für dies Singspiel war die Episode der *Gesta Danorum* über König Hother und den Halbgott Balder. Hartmann benötigte zur Komposition des Werks fast ein Jahr. Verschiedene Änderungen, die einzelne, nicht in allen Details spezifizierbare Neukompositionen von Arien und Ensembles betreffen (vgl. kritische Ausgabe, S. 446–474), wurden vorgenommen, seit das Werk am 8. Juni 1784 anläßlich einer Festaufführung im Königlichen Theater Kopenhagen wieder gespielt worden war. In diesem Zusammenhang komponierte

Hartmann zudem ein zusätzliches Walkürenterzett (»Over bjerg, over dal«, II/6) sowie die zwei Zwischenspiele des II. und III. Akts. Die endgültige Fassung der Partitur mit verschiedenen Änderungen an der großangelegten Bühnenmusik besorgte Hartmann 1792. Die kritische Ausgabe, der im wesentlichen die 2. Fassung zugrunde liegt, ersetzt lediglich die Instrumentation des zweiten Walkürenterzetts (»Buldrende brøle«, III/14) durch diejenige der 1. Fassung.

**Handlung:** In einem Fichtenwald in den norwegischen Bergen; ringsherum schroffe und zerklüftete Felsen, die entlegensten und höchsten schneebedeckt; vom Sonnenaufgang bis zum nächsten Morgen.
I. Akt: Der Halbgott Balder und der Donnergott Thor, beide bewaffnet auf Steinen sitzend, preisen die norwegische Landschaft. Balder liebt Nanna, die Tochter des norwegischen Königs und Wahrsagers Gevar. Ihr Herz gehört jedoch dem dänischen König Hother. Thor, der keine Möglichkeit hat, das Schicksal zu beeinflussen, warnt Balder und rät ihm nachzugeben. Er erinnert ihn an die Prophezeiung Mimers. Mimer, Besitzer eines Brunnens, in dem Weisheit und Botschaft über die Zukunft verborgen lagen und aus dem er jeden Morgen Wasser trank, hatte vorausgesagt, daß der sonst unverwundbare Balder wegen seiner Liebe zur Tochter eines Wahrsagers getötet werden kann, und zwar von einem Speer, der aus einem bestimmten Baum geschnitten wird. Balder ist jedoch nicht bereit, seine Hoffnung aufzugeben.
II. Akt: Die drei Walküren erscheinen, um Hother zu beschützen. Sie geben ihm drei Speere, und er schwört, daß er oder Balder an diesem Tag den Tod finden werde. Nanna versucht, einen Zweikampf zwischen den beiden zu verhindern, indem sie Balder anfleht, Hother zu schonen. Hother, der hinzukommt, fordert Balder eifersüchtig zum Kampf. Seine Speere jedoch können Balder nichts anhaben. Er flieht und will Selbstmord begehen. In der Hoffnung, doch noch Nannas Liebe zu gewinnen, verspricht Balder, Hothers Vorhaben zu verhindern. Noch einmal warnt Thor den Halbgott vor Mimers Prophezeiung. Balder jedoch läßt sich nicht umstimmen.
III. Akt, Nacht, Sturmgeheul: Das Schicksal vollzieht sich durch die Hinterlist Lokes. Er ist es, der dem mut- und waffenlosen Hother tröstend mitteilt, daß der Speer, der Balder töten kann, bereits geschnitzt wird. Noch einmal kommt es zum Kampf. Hother versucht, den Widersacher mit allen Mitteln zu töten. Balder strauchelt und stößt sich dabei den todbringenden Speer in den Leib, den die Walküren nach des Schicksals Beschluß geweiht hatten. Ein Wirbelwind fegt über das Schlachtfeld, und die Götter versammeln sich in Trauer um Balders Leichnam.

**Kommentar:** Stilistisch ist *Balders død* sowohl den Reformopern Christoph Willibald Glucks als auch der Tradition der Opéra-comique verpflichtet, wobei Hartmann offenbar in vielen Details seiner Komposition anstrebte, dem Werk ein typisch nordisches Kolorit zu verleihen. Hinweise darauf finden sich zunächst in der interessanten Instrumentation, die durch die Verwendung zweier Corni rustici und eine vielfach dunkel-archaische Klangfarbencharakteristik gekennzeichnet ist, wodurch sie zur klanglichen Realisation der vorgeschichtlichen Atmosphäre des Werks entschieden beiträgt. Im Gegensatz zu dieser bewußten Klangfarbenstilistik bleibt die gattungsgeschichtliche, konventionelle Orientierung in der formalen Gestaltung der Arien und Ensembles insofern deutlich spürbar, als diese nur in bescheidenem Maß der dramaturgischen Konzeption folgt. Tatsächlich finden sich in der Partitur vielfach recht einfache Liedformen, die zudem noch durch breit angelegte Sprechpartien umrahmt werden. Die Realisation der durch das Sujet vorgegebenen Atmosphäre bleibt somit der Bühnenmusik mit ihrer tonmalerischen Funktion vorbehalten. Sie ist es, die die numinosen Naturgewalten und das Moment der rauhen nordischen Götterwelt musikalisch vertritt. Von den gesungenen Partien treten insbesondere die beiden dramatischen Walkürenterzette (»Over bjerg, over dal«, II/6; »Buldrende brøle«, III/14) sowie der unheimliche Schlußchor auf und hinter der Szene (»Tordner, brøler! Storme, tuder«, III/17) hervor. Dramaturgisch entscheidende Akzente setzen die Ouvertüre mit ihren dumpfen Bläserrufen hinter der Szene und die zwei Zwischenspiele. Das erste stellt ein lyrisches Intermezzo mit Übergang zum ersten Walkürenterzett dar, das zweite eine höchst wirkungsvolle tonmalerische Vorwegnahme der Schlachtenszene des III. Akts, ein Sturmgeheul in einer Art »stile concitato«. Zweifellos ist Hartmann mit *Balders død* eine musikdramatische Konzeption gelungen, die, hätte das Werk ähnliche Folgewerke angeregt, zur Entwicklung einer typisch nordisch geprägten Oper hätte führen können. Dennoch bleibt zu bemerken, daß der Singspielcharakter des Werks mit seinen vielfach reduzierten Arien und Ensembles sowie das musikalisch-dramatische Konzept überlagernden großangelegten Sprechpartien eher als ein Versuch zu werten ist, die überlieferten Traditionen für das skandinavische Musiktheater fruchtbar zu machen, der den entscheidenden Schritt zu einer großen nordischen Nationaloper vielleicht doch noch schuldig blieb.

**Wirkung:** Die Uraufführung wurde zu einem der bedeutendsten Ereignisse in der Geschichte des dänischen Theaters. Textautor und Komponist wurden gefeiert und bekamen bald darauf den Auftrag, ein neues Singspiel zu schreiben, *Fiskerne*, das bereits im folgenden Jahr in Szene ging. Trotz des großen Erfolgs blieb *Balders død* zunächst nicht im Repertoire der Königlichen Oper. Erst 1783 wurde das Werk wiederaufgenommen und 1784 sogar zur Festoper anläßlich einer Geburt im Königshaus erhoben, wobei Hartmann erstmals die Gelegenheit benutzte, sein Werk einer größeren Revision zu unterziehen. Johann Abraham Peter Schulz setzte sich während seiner Tätigkeit als Dirigent der Königlichen Kapelle und späterer Leiter des Königlichen Theaters Kopenhagen für Hartmanns Werk ein, woraufhin *Balders død* 1787–95 wieder auf dem Spielplan erschien. 1804 fand noch eine einzelne, schlecht vorbereitete Aufführrung in Kopenhagen statt. 1816 und 1831 wurde das Werk stark gekürzt gegeben, um dann gänzlich zu verschwinden. Erst in jüngster Zeit erlebte *Balders død* eine bescheidene Renaissance, nachdem das Werk 1980, herausgegeben von dem dänischen Musikwissenschaftler Johannes Mulvad, in der Reihe *Dania Sonans* erschienen ist. 1983 wurde es vollständig im Dänischen Rundfunk gesendet. Wie auch im Fall der später entstandenen Oper *Fiskerne* (1780) wäre es unbedingt lohnend, das Werk für die Bühne wiederzugewinnen.

**Autograph:** Part: Verbleib unbekannt; autographe Materialien: Det kongelige Bibl. Kopenhagen. **Abschriften:** Part: Det kongelige Bibl. Kopenhagen (Ms C II 113); Textb.: Souffleurbuch [1779], Souffleurbuch [1804]: ebd. **Ausgaben:** Part, krit. Ausg., hrsg. J. Mulvad: Egtved, Kopenhagen 1980 (Dania Sonans. 7.); Kl. A: Kopenhagen 1876, 1886 (Samfundet til udgivelse af dansk musik. 9, 11.); Textb.: Kopenhagen o.J.; Textb., dt. v. F. Münter: Kopenhagen, Prost 1780; Text auch in: J. EWALD, Samtlige skrifter, Bd. 3, Kopenhagen 1787
**Literatur:** T. KROGH, Zur Geschichte des dänischen Singspieles, Kopenhagen 1924, S. 98–103, 123–133; J. MULVAD, [Einl., s. Ausg.]; C. E. HATTING, Dänische Singspiele im 18. Jahrhundert im Spiegel der zeitgenössischen politischen Hoffnungen und Enttäuschungen gesehen, in: Colloquium Musicologicum, Brünn 1984 (Mw. Kolloquium d. Internationalen M.Festspiele in Brünn. 15.)

*Esther Barfod*

## Fiskerne
### Syngestykke i tre akter

### Die Fischer
### Singspiel in 3 Akten

**Text:** Johannes Ewald, nach *Store og gode handlinger af Danske, Norske og Holstenere* (1777) von Ove Malling
**Uraufführung:** 31. Jan. 1780, Königliches Theater, Kopenhagen
**Personen:** Anders, Fischer (B); Gunild, seine Frau (A); Birthe (S) und Lise (A), ihre Töchter; Svend, Fischer, verlobt mit Birthe (T); Knud, Fischer, verlobt mit Lise (B); Peder, Fischer (Spr.); Jens, Fischer (Spr.); Thomas, ein Schiffbrüchiger (Spr.); Odelhjelm, Gutsbesitzer (Spr.); Claus, Bauer (Spr.).
**Chor:** Leute im Boot, Fischer und Fischerinnen am Strand
**Orchester:** 2 Fl, 2 Ob, 2 Klar, 2 BassettHr, 2 Fg, 2 Hr, 2 Trp, Pkn, Streicher
**Aufführung:** Dauer ca. 2 Std.

**Entstehung:** *Fiskerne* entstand, nachdem Hartmann und Ewald mit dem Singspiel *Balders død* (1779) einen großen nationalen Erfolg errungen hatten, als Auftrag des Königlichen Theaters Kopenhagen. So-

*Fiskerne*, I. Akt; Martin Hansen als Svend, Inga Schultz als Lise, Aage Fønss als Anders, Ellen Gottschalch als Gunild, Mogens Wieth als Knud, Ingeborg Brams als Birthe; Regie und Bühnenbild: Svend Gade; Königliches Theater, Kopenhagen 1943. – 1943 ist diese Bühnenszene doppelt real: Das Theater realisiert Angst und Schrecken des Geschehens auf der Bühne vor dem Hintergrund des Kriegs.

wohl die Entstehung des Librettos als auch die Fertigstellung der Partitur müssen recht schnell vorangegangen sein, da zwischen den Uraufführungen von *Balders død* und *Fiskerne* nur ein Jahr lag.
**Handlung:** Im Fischerdorf Hornbäk, vom Morgen bis zum Nachmittag.
I. Akt, Anders' Hütte: Gunild und ihre Töchter Birthe und Lise erwarten ängstlich die Heimkehr ihrer Männer, die auf rauher See zum Fischfang ausgezogen sind. Die Fischer kehren mit leeren Händen zurück und berichten von einem Schiff, das vor Hornbäk gestrandet ist. Die Männer wollen noch einmal ausfahren, um die Besatzung zu retten. Birthe und Lise sind voller Angst und Ärger darüber, daß ihre Verlobten sich einer solchen Gefahr aussetzen wollen.
II. Akt, Landspitze an der Küste, Sturm: Die tobende See hat nach und nach die Besatzung des gestrandeten Schiffs verschlungen. Auch das Boot der Fischer wird an der Küste zertrümmert, doch gelingt es schließlich, den einzigen Überlebenden des Schiffs zu retten.
III. Akt, Wald, im Hintergrund die Fischerhütten: Birthe und Lise versöhnen sich mit ihren Verlobten. Obwohl die Netze und das Fischerboot verlorengingen, lehnen die Fischer ein Geldgeschenk ab, das ihnen von dem Schiffbrüchigen angeboten wird. Für diesen Edelmut weiß sie jedoch der Gutsbesitzer Odelhjelm reich zu belohnen.
**Kommentar:** *Fiskerne* ist geprägt durch die musikalische Charakterisierung des Meers; die tonmalerische Schilderung der Naturgewalten bildet den Hintergrund für die Gestaltung der auf einer wahren Begebenheit beruhenden Handlung. Bereits in der Ouvertüre wird die Atmosphäre des Werks vorweggenommen, indem ihre zwei Hauptteile das Bild des ruhigen und des bewegten Meers darzustellen versuchen. Schilderungen des Meers spielen vom Barock bis in die neueste Zeit eine bedeutende Rolle in der Oper. Das Meer, gleichsam als Gegenstück zur Idylle des Walds oder zu den antiken Handlungsorten, bot gerade in der Oper hervorragende Möglichkeiten, das Kolorit eines Werks musikalisch festzulegen. Es kann nicht verwundern, daß Hartmann, nachdem er bereits in *Balders død* besonders eindringlich die Atmosphäre der nordischen Götterwelt auskomponiert hatte, mit *Fiskerne* wiederum ein Sujet zur Vertonung wählte, das es ihm erlaubte, das handlungsbedingte Kolorit reich auszugestalten. Anders als in *Balders død* beschränkte sich Hartmann in *Fiskerne* nicht darauf, die gesungenen Partien ausschließlich als einfache Liedformen zu komponieren. Vielmehr nutzte er nun die nuancierte Ensembletechnik des französischen Singspiels. Man findet in seiner Partitur ebenso die Verwendung von knappen charakteristischen Orchestermotiven wie eine Gliederung des Satzes in thematisch, rhythmisch und harmonisch wechselnde und kontrastierende Abschnitte. Der musikalische Höhepunkt wird in der Sturmszene des II. Akts erreicht, die in ein großes Chorfinale mündet, ähnlich dem Schluß von *Balders død*. Die eigentlichen Schwächen liegen in den Arien, die, trotz einiger Ausnahmen und einer insgesamt reicheren Gestaltung als in *Balders død*,

keine prägnante Charakterisierung der Personen bieten. Vielfach als schmucklose Strophenlieder angelegt, nähern sie sich ebenfalls dem Vorbild der Opéracomique. Dänisches Volksliedgut fließt in die Arie »Liden Gunver vandrer som helst i kvaelt« ein. Die zugrundeliegende »folkevisen« entstammt dem dänischen Mittelalter, ist strophisch ganz einfach gebaut und hat einen Kehrreim, der die Grundstimmung des Lieds immer wieder aufleuchten läßt. »Liden Gunver« ragt mit seiner ausdrucksvollen Melodie wie ein Markstein aus der frühen dänischen Singspielkunst heraus. *Fiskerne* enthält ferner das als »aria« bezeichnete Preislied »Kong Christian stod ved højen mast« zu Ehren der dänischen Seehelden, das identisch mit der heutigen Königshymne ist. In der Partitur findet sich die vierte Strophe als Kavatine komponiert.
**Wirkung:** Obwohl *Fiskerne* bei der Uraufführung einen großen Erfolg erzielen konnte, gelang es dem Werk nicht, einen festen Platz im Repertoire des Königlichen Theaters zu erreichen. Auch blieb es ausschließlich bei Aufführungen in Dänemark, wo die Oper noch 1814, 1880 und 1943 gegeben wurde.

**Autograph:** Det kongelige Bibl. Kopenhagen (C II, 113). **Abschriften:** Part (1948): Det kongelige Bibl. Kopenhagen. **Ausgaben:** Part: Moller, Kopenhagen 1779; Part, krit. Ausg., hrsg. J. Mulvad: Egtved, Kopenhagen [in Vorb.] (Dania Sonans); Kl.A: Kopenhagen 1886 (Samfundet til udgivelse af dansk musik. 21.); Kopenhagen 1889; Textb.: Kopenhagen, Danske Sprog- og Litteraturselskab 1845
**Literatur:** s. S. 705

*Esther Barfod*

# Johan Peter Emilius Hartmann

Geboren am 14. Mai 1805 in Kopenhagen, gestorben am 10. März 1900 in Kopenhagen

## Korsarerne
Opera i tre akter

## Die Korsaren
Oper in 3 Akten

**Text:** Henrik Hertz (eigtl. Heyman Hertz)
**Uraufführung:** 23. April 1835, Königliches Theater, Kopenhagen
**Personen:** Ibrahim, Anführer der Korsaren (Bar); Hector, Graf von Castellione (Bar); Beatrice, Hectors Braut (S); Helene, Beatrices Freundin (Mez); Lotario, ein junger Edelmann (T); Marietta (S); Diagoras, ein Grieche in Ibrahims Gefolge (B); Tommaso, Hausverwalter im Dienst Castelliones (Bar); Pirro, Wachhabender in Ibrahims Gefolge (T); ein junger Bauer (Spr.). **Chor:** Korsaren, Hofleute, Bauern, Dorfleute, Soldaten, gefangene Frauen

**Orchester:** 2 Fl, 2 Ob, 2 Klar, 2 Fg, 2 Hr, 2 Trp, 2 Pos, Pkn, Trg, Streicher
**Aufführung:** Dauer ca. 2 Std. 30 Min. – Der Klavierauszug von Otto Malling enthält die im Autograph überlieferten Änderungen und Ergänzungen Hartmanns.

**Entstehung:** *Korsarerne* entstand vor Hartmanns erster Studienreise durch Deutschland, Österreich und Frankreich (1836), wo er so bedeutende Opernkomponisten wie Spontini, Rossini, Cherubini und Marschner sowie auch Mendelssohn-Bartholdy und Schumann kennenlernte. *Korsarerne* ist Hartmanns zweite Oper nach *Ravnen eller Broderprøven* (Kopenhagen 1832).
**Handlung:** Bei Genua, Ende des 16. Jahrhunderts. I. Akt, 1. Bild: Gegend am Meer, von Bergen umschlossen; 2. Bild: muntere ländliche Gegend, im Hintergrund das Schloß Castelliones; II. Akt, 1. Bild: Garten des Schlosses, Abenddämmerung; 2. Bild: eleganter Saal im Schloß; III. Akt: Gegend am Meer, Nacht.
I. Akt: Ibrahim, der Anführer der Korsaren, landet mit seinen Männern an der Küste bei Genua, um Graf Castellione zu überfallen und seine Braut Beatrice zu entführen. Er ist Seeräuber geworden, weil Beatrice seine Liebeswerbung höhnisch abgewiesen hat. Diagoras, den Ibrahim als Kundschafter auf das Schloß geschickt hat, hat sich in Marietta verliebt und auch Sympathien für die Menschen in ihrer Nähe entwickelt. So mag er seine neugewonnenen Freunde nicht an Ibrahim und die Korsaren verraten.
II. Akt: Die Schloßbewohner bereiten unter Tommasos Leitung die Hochzeitsfeierlichkeiten vor, während der Graf noch kurz vor seiner Heirat mit Beatrice deren Freundin Helene den Hof macht. Er wählt Diagoras als Übermittler seiner Liebesbotschaft. Dieser jedoch überbringt Helene ein Blumengebinde unter dem Vorwand, es sei von Lotario, da er weiß, daß dieser Helene wirklich liebt. Helene, die Lotarios Gefühle erwidert, versteht die Botschaft und vertraut sich Beatrice an, die jedoch sogleich ihren Bräutigam verdächtigt, das Gebinde geschickt zu haben. Schweren Herzens nimmt sie an den Festlichkeiten zu ihrer eigenen Hochzeit teil, während Lotario voller Eifersucht die Zudringlichkeiten des Grafen gegenüber Helene beobachtet. Als das Fest seinen Höhepunkt erreicht, erscheinen verkleidete Korsaren. Obgleich Diagoras versucht, den Grafen zu warnen, erkennt dieser die Gefahr nicht. Ibrahim und seine Männer entführen Beatrice, Marietta und andere Frauen.
III. Akt: Die Gefangenen werden zur Küste gebracht. Ibrahim bittet Beatrice, seine Liebe zu erhören, droht ihr jedoch mit dem Tod, als sie sich ihm verweigert. Man hört Gewehrschüsse. Ibrahim eilt zu seinem Schiff, das mittlerweile unter Diagoras' Leitung überfallen worden ist. Der Graf, Lotario und andere bewaffnete Männer stürzen sich auf Ibrahim und töten ihn. Nun erkennt der Graf seine Fehler und die Treue Beatrices, die ihm vergibt. Auch Lotario kann nun Helene in seine Arme schließen.

**Kommentar:** Die Musik von *Korsarerne* ist trotz des tragischen Handlungsverlaufs eher durch eine helle, freundliche Atmosphäre geprägt. Stilistisch ist sie Kuhlaus *Røverborgen* (Kopenhagen 1815) verpflichtet. So enthält Kuhlaus Werk beispielsweise einen Chor der Räuber, dem ein »O Sanctissima«-Chor gegenübergestellt wird. Ähnlich verfährt Hartmann im Finale des I. Akts mit seiner Verschränkung von Choral und Korsarenchor. In der Darstellung von Liebe, Eifersucht, spannungsgeladenen Kampfszenen und malerischen Korsarenauftritten zeigt das Werk deutliche Einflüsse der Opéra-comique. Dieser Stil, den Hartmann in seinen folgenden Opern nicht wieder aufgreift, ist dort besonders ausgeprägt, wo Tommaso mit der Dienerschaft eine Probe des Huldigungschors für den Grafen abhält (I/14), sowie im Finale des II. Akts, wo die verkleideten Korsaren ins Schloß eindringen und die Hofleute überfallen. Zudem enthält die Oper zahlreiche Kavatinen, deren Vorbilder aus der deutschen Operntradition Glucks und Mozarts stammen. Italienische Einflüsse zeigen sich insbesondere in Pirros Barkarole (III/1). Hartmanns Autograph enthält zahlreiche Korrekturen und Ergänzungen. So wurden Teile der Chöre gegenüber der ursprünglichen Konzeption gekürzt, mehrere Soli gestrichen und andere Teile wie die Finale des I. und III. Akts sowie einige Arien neu komponiert. Zudem nahm Hartmann Veränderungen an der Instrumentation vor.
**Wirkung:** Hartmann, der heute noch durch seine für Bournonville komponierten Ballette (beispielsweise *Et folkesagn*, 1854, zusammen mit Niels Gade) bekannt ist, konnte als Opernkomponist nur mit *Liden Kirsten* (1846) einen Erfolg erzielen, einem Werk, das bis heute seine Bedeutung als eine Art dänische Nationaloper behauptet hat. Obgleich auch *Korsarerne* bei der Uraufführung große Beachtung fand, erreichte das Werk nur fünf weitere Aufführungen. Seitdem ist es gänzlich in Vergessenheit geraten und auch in Dänemark nicht wieder aufgeführt worden.

**Autograph:** Det kongelige Bibl. Kopenhagen (C II, 114). **Abschriften:** Det kongelige Bibl. Kopenhagen. **Ausgaben:** Kl.A v. O. Malling: Kopenhagen 1883 (Samfundet til udgivelse af dansk musik. 16.)
**Literatur:** K. URUP, Formtyper i J. P. E. H.s operaer, Diss. Kopenhagen o.J.; A. HAMMERICH, J. P. E. H.: biografiske essays, Kopenhagen 1916 [mit autobiogr. Fragmenten]; W. BEHREND, J. P. E. H., o.O. 1918; R. HOVE, J. P. E. H., Kopenhagen 1934; S. SORENSEN, En dansk guldalder-opera, in: Festschrift G. Albeck, Kopenhagen 1966; N. SCHIØRRING, Musikens historie i Danmark, Bd. 2, Kopenhagen 1978, S. 245–286

*Esther Barfod*

## Liden Kirsten
### Romantisk opera i en akt

### Klein-Kirsten
Romantische Oper in 1 Akt

**Text:** Hans Christian Andersen, nach der dänischen Volksballade von Herrn Sverkel

*Liden Kirsten*, II. Akt; Sophie Keller als Kirsten, Julius Steenberg als Sverkel; Königliches Theater, Kopenhagen 1881. – Die Szene zwischen Kirsten und Sverkel ist charakteristisch für den Theaterstil einer Zeit, in der die Schauspieler weniger miteinander agierten, als gäbe es das Publikum nicht, sondern eher jeder für sich die Substanz ihrer Rollen durch wirkungsvolle Posen den Zuschauern zu vermitteln suchten.

**Uraufführung:** 12. Mai 1846, Königliches Theater, Kopenhagen
**Personen:** Frau Malfred (A); Kirsten, ihre Tochter (S); Mutter Ingeborg, Bauersfrau (A); Sverkel, ihr Sohn (T); Etle, Kirstens Magd (Mez); der Narr (T).
**Chor:** Ritter, Damen, Bauern
**Orchester:** Picc, 2 Fl, 2 Ob, 2 Klar, 2 Fg, 3 Hr, 2 Trp, 3 Pos, Pkn, Hrf, Streicher
**Aufführung:** Dauer ca. 1 Std. 15 Min.

**Entstehung:** *Liden Kirsten* entstand als eine Art Reaktion auf die zeitweilige Vernachlässigung der musikdramatisch-nationalen Bestrebungen des Königlichen Theaters durch die Pflege des italienischen Repertoires im Hoftheater.
**Handlung:** Kirsten, eine junge Adlige, soll ins Kloster gehen und feiert am Abend zuvor nach alter Sitte den Abschied vom bisherigen Leben mit Tanz und Spiel. Unerwartet kommt ihr früherer Spielgefährte Sverkel aus Miklagaard zurück. Er ist von Kirstens Schönheit verzaubert und bittet sie, seine Frau zu werden. Kirsten vergißt bei den alten Erinnerungen und seinen Bitten ihr Gelübde und verspricht, ihn zu heiraten. Sie tanzen fröhlich mit den andern. Zwischen den Tänzen tritt der Narr mit alten Weisen auf. Frau Malfred erschrickt, als Sverkel um die Hand ihrer Tochter anhält, glaubt sie doch, daß er in Wahrheit ihr Sohn ist, der vor ihrer Hochzeit geboren wurde und den sie Mutter Ingeborg anvertraut hatte. Da gesteht Ingeborg, daß Frau Malfreds Kind starb und sie ihr eigenes als das von Frau Malfred gelten ließ. Nun kann der Narr sein Lied zu Ende singen: »Die Nonne wurde mein!«
**Kommentar:** Nach seinen ersten beiden Opern (*Ravnen eller Broderprøven*, Kopenhagen 1832, und *Korsarerne*, 1835) errang Hartmann, der aus einer angesehenen Musikerfamilie stammte, mit *Liden Kirsten* seinen größten Erfolg. Von der frühromantisch-folkloristischen Singspieltradition Friedrich Kuhlaus und Christopher Ernst Friedrich Weyses ausgehend, näherte sich Hartmann Carl Maria von Webers Operntechnik, blieb jedoch in der Musiksprache seinen dänischen Eigenheiten treu. Die Quelle des Werks, eine alte Volksballade, zog ihn an; zwei Volkslieder spielen eine Hauptrolle im Aufbau der Oper: »Tavlebordsvisen« (das Lied vom Brettspiel) als Wechselgesang zwischen Kirsten und Sverkel mit einer pasticheartigen Melodie und das Scherzlied des Narren (»Lave og Jon«) mit Chorrefrain und Tanzreigen. Hartmann hat sich in seiner Oper behutsam von der Singspieltradition entfernt und durchkomponierte Rezitative verwendet, die oft in gefühlvolle Arien und Ensembles übergehen.
**Wirkung:** Bewunderung fanden die zarten Orchesterfarben, die dahinfliegenden Tänze, die gedämpfte Erotik und die mittelalterliche Atmosphäre der Handlung. Einzelnummern wie die Ouvertüre und einige Arien und Romanzen werden immer wieder gespielt; auch die Oper als Ganzes gehört bis heute zum lebendigen Repertoire. Franz Liszt ließ nach einem Besuch Hartmanns in Weimar die Oper 1856 unter dem Titel *Klein Karin* dort aufführen; bei der Übersetzung war Andersen behilflich. Heute kann *Liden Kirsten* als dänische Nationaloper gelten, die fast ausschließlich in Dänemark aufgeführt wird. Bereits 1850 erreichte das Werk seine 50. Aufführung in Kopenhagen, wo es bis heute über 300mal gespielt wurde. 1858 beteiligte sich August Bournonville an einer Neuinszenierung. 1980 fand die bislang letzte Aufführung von *Liden Kirsten* anläßlich eines Konzerts des dänischen Rundfunks statt.

**Autograph:** Part (2. Teil): Det kongelige Bibl. Kopenhagen; Kl.A: ebd. **Abschriften:** Det kongelige Bibl. Kopenhagen (C II, 113). **Ausgaben:** Part: Hansen; Kl.A: Lose & Delbanco, Kopenhagen [1846], Nr. 2168. **Aufführungsmaterial:** Hansen
**Literatur:** s. S. 707

*Hans Åstrand / Esther Barfod*

# Karl Amadeus Hartmann

**Geboren am 2. August 1905 in München, gestorben am 5. Dezember 1963 in München**

## Simplicius Simplicissimus
### Drei Szenen aus seiner Jugend

**Text:** Hermann Karl Scherchen, Wolfgang Paul Christian Franz Petzet und Karl Amadeus Hartmann, nach dem Roman *Der abentheurliche Simplicissimus Teutsch* (1669) von Johann Jakob Christoffel von Grimmelshausen
**Uraufführung:** 1. Fassung als *Des Simplicius Simplicissimus Jugend*, konzertant: 2. April 1948, Bayerischer Rundfunk, München, szenisch: 20. Okt. 1949, Theater der Stadt, Kammerspiele, Köln; 2. Fassung:

9. Juli 1957, Nationaltheater, Mannheim (hier behandelt)
**Personen:** Simplicius Simplicissimus (S); Einsiedel (T); Gouverneur (T); Landsknecht (Bar); Hauptmann (B); Bauer (B); Dame (Tänzerin); Sprecher (Spr.). **Sprechchor. Chor:** Bauern
**Orchester:** Fl (auch Picc), Klar, Fg, Trp, Pos, Pkn, Schl (4 Spieler: 2 kl.Tr, gr.Tr, HolzTr, RührTr, Bck, JazzBck, Trg, Tamburin, Xyl, Vibr, Glsp, Glöckchen, hoher, mittlerer u. tiefer Gong, hohes, mittleres u. tiefes Tomtom), Hrf, Streicher
**Aufführung:** Dauer ca. 1 Std. 15 Min. – Chor zum Teil unsichtbar. – In der 1. Fassung zusätzlich: Feldwebel (B); Landsknechte (Chor); Mehrfachbesetzung: Einsiedel/Gouverneur, Bauer/Hauptmann/Feldwebel; Orchester: keine Harfe, Streicher solistisch.

**Entstehung:** Das Werk ist neben der komisch-phantastischen Kammer-Spieloper in fünf Teilen *Das Wachsfigurenkabinett* (komponiert 1929/30) Hartmanns einziges Bühnenwerk. Es entstand auf Anregung des Dirigenten Scherchen, auf den auch das Szenarium zurückgeht. Den Text schrieben Petzet und Hartmann gemeinsam. Die 1. Fassung, deren Komposition in die Jahre 1934–36 fällt, ist vor allem durch einen ungewöhnlich großen Anteil an gesprochenem Text ausgezeichnet. Er wurde bei der Neufassung, die Hartmann 1956 vornahm, durch Striche einerseits und die Vertonung der wichtigsten Passagen andrerseits auf ein Minimum reduziert. Außerdem fügte Hartmann drei große, rein instrumentale Stücke von symphonischem Anspruch ein: eine Ouvertüre, ein Vorspiel zur II. Szene (in dem das Gedicht *Tränen des Vaterlandes* von Andreas Gryphius rezitiert wird) und eine Apotheose am Schluß. Die 2. Fassung verzichtet überdies auf den Szenenwechsel innerhalb der Teile; das 3. Bild der II. Szene ist ausgeschieden.
**Handlung:** In Mitteldeutschland, während des Dreißigjährigen Kriegs.
Introduktion: Der Sprecher beschreibt die Zeit des Dreißigjährigen Kriegs, nennt Zahlen von Toten und Überlebenden dieses Kriegs und lenkt das Interesse auf Simplicius Simplicissimus.
I. Szene, Wiese mit Baum: Simplicius, ein Bauernjunge voller Einfalt und Weltfremdheit, soll die Schafe seines Vaters hüten. Er schläft darüber ein und hat einen Traum: Der Baum, unter dem er liegt, ist bevölkert mit verschiedenen Personen, die schmerzhaft auf die Wurzeln drücken. Als Simplicius erwacht, steht ein Landsknecht vor ihm, den er für den Wolf hält, vor dem er die Herde bewahren sollte. Der Landsknecht will den Weg zum Hof des Bauern wissen, doch bevor er Simplicius dazu zwingen kann, ihm diesen Weg zu zeigen, hetzen schon Bauer und Bäuerin, Simplicius' Eltern, auf der Flucht vor den sengenden und mordenden Landsknechten vorüber. Simplicius ergreift ebenfalls die Flucht.
II. Szene, Wald, hinten ein Kreuz: Simplicius, der als einziger seiner Familie überlebt hat, trifft im Wald auf einen Einsiedler, den er in seiner Einfalt zunächst für den Wolf hält. Der Einsiedel gibt ihm zu essen und erkundigt sich nach seinem Leben. Er erkennt die Unwissenheit des Jungen, den er deshalb Simplicius nennt, und beschließt, ihn bei sich zu behalten. Er unterweist Simplicius in allem, was ein guter Mensch wissen soll, und lebt mit ihm wie ein Vater mit seinem Sohn. Zwei Jahre vergehen. Da fühlt der Einsiedel sein Ende herannahen und nimmt Abschied von der Welt. Gemeinsam mit Simplicius hebt er sein Grab aus, legt sich hinein und stirbt. Simplicius, wiederum allein, bricht verzweifelt über dem Grab zusammen.
III. Szene, festlich geschmückter Saal für das Bankett beim Gouverneur: Ein Landsknecht, der Simplicius aufgegriffen hat, bringt ihn zum Gouverneur. Man amüsiert sich über den naiv-tumben Kerl, der sich in der höfischen Umgebung falsch benimmt, ihre üppig-lasterhaften Vergnügungen jedoch heftig kritisiert. Der Gouverneur ernennt ihn zu seinem Hofnarren und läßt ihn eine Rede halten. Simplicius erinnert sich nun seines Traums und beginnt, da er unterdessen vieles begriffen hat, ihn zu deuten: In den obersten Zweigen sitzen Leute vom Stand des Gouverneurs, Reiche und Adlige; darunter jene, zu denen Personen vom Stand des Hauptmanns gehören; auf den untersten Zweigen schließlich die Landsknechte. Vor allem unter diesen haben jene zu leiden, die gar nicht mehr auf den Zweigen des Baums selbst Platz haben, sondern an den Wurzeln ihr Dasein fristen müssen, Handwerker, Tagelöhner, Bauern und andere, die dem Baum seine Kraft verleihen. Simplicius glaubt, bereits den Schritt der Unterdrückten bei ihrem Marsch gegen die Beherrscher zu hören. Kaum ist er mit seiner Rede zu Ende, dringen bewaffnete Bauern in den Saal und machen alles nieder. Nur Simplicius, den die Bauern kaum für einen Menschen ansehen, bleibt verschont. Er preist die Tat der Bauern und geht ihnen nach. Noch einmal tritt der Sprecher auf. Er rekapituliert den Text, mit dem die Introduktion begann.

*Simplicius Simplicissimus*, II. Szene; Eva-Maria Görgen als Simplicius, Hasso Eschert als Einsiedel; Regie: Joachim Klaiber, Bühnenbild: Paul Walter; Uraufführung der 2. Fassung, Nationaltheater, Mannheim 1957.

**Kommentar:** Das Werk, geschaffen vornehmlich aus dem Erlebnis der Affinität des 20. Jahrhunderts zum Zeitalter des Barocks, ist ein Stück gegen Krieg und Unterdrückung. Das Zentralthema ist die Erfahrung des Tods; jede der drei Szenen endet mit dem Tod eines oder mehrerer Menschen, und den Rahmen des Ganzen bildet, einmal zu Beginn, einmal am Ende vom Sprecher vorgetragen, die lapidare Nennung der Zahl der Toten, die der Dreißigjährige Krieg forderte. Dem gewaltsamen Tod der Bauern in der I. sowie der Gouverneursgesellschaft in der III. Szene steht in ausgeprägtem Kontrast der sanfte und friedliche Tod des Einsiedels am Ende der II. Szene gegenüber. In der Art des Tods drückt sich die Eigenart der Lebens- und Gesellschaftsverhältnisse aus. Humanes Leben und Sterben gibt es in einer Welt, vom Krieg bestimmt ist, nur in der Zurückgezogenheit des Einsiedlers, fern aller Gesellschaft. Die drei Szenen des Werks bilden, vor allem in der 2. Fassung, äußerlich eine symmetrische Anlage. In der Mitte als Achse steht das Geschehen beim Einsiedel; um diesen Ruhepunkt gruppieren sich als Rahmen die Szenen auf der Wiese und beim Gouverneur. Der Überfall der Bauern am Ende der III. Szene korrespondiert in auffälliger Weise mit dem Massaker, das die Landsknechte am Schluß der I. Szene an den Bauern verüben. Hinter der äußeren Entsprechung steckt jedoch ein Gegensatz. Die Landsknechte plündern und morden aus Lust (sie rühmen sich dessen sogar), während es den Bauern um Gerechtigkeit und Gleichheit vor dem Gesetz zu tun ist. Überdies erfolgt der Überfall der Bauern unmittelbar nach Simplicius' Deutung seines Traums, die mit der Prophezeiung des Aufstands der Unterdrückten endet, und die Schlußsentenz von *Simplicius* (»Gepriesen sei der Richter der Wahrheit!«), ausgesprochen angesichts der von den Bauern Getöteten, ergreift unmißverständlich Partei. Das Werk steht dramaturgisch dem epischen Theater nahe, ist in seinem musikalischen Gestus jedoch dem Expressionismus verhaftet. Die aufgrund der äußeren Gegebenheiten häufig gezogene Verbindung zu Strawinskys *Histoire du soldat* (1918) trifft daher nur bedingt zu, wenngleich der Bezug der Musik zur vorneoklassizistischen Phase Igor Strawinskys offenkundig ist. Die Musik bedient sich aber vor allem der Stilmittel der Wiener Schule Arnold Schönbergs, ohne jedoch die Tonalität aufzugeben. Wesentlich ist vor allem ihr besonderer Bezug zur Realität, der sich zum einen in der regelmäßigen Verwendung geläufiger musikalischer Formen und Genres wie Lied, Marsch, Tanz, Choral und Psalmodie zeigt, zum andern im Zitieren vorgegebener Musik besteht. Die Zitate reichen vom Choral *Nun ruhen alle Wälder* (im Satz von Johann Sebastian Bach) und dem Bauernkrieg-Lied *Wir sind des Geyers schwarze Haufen* über das jüdische Volkslied *Elijahu ha-navi* bis zu Borodins »Polowzer Tänzen« aus *Knjas Igor* (1890) und Prokofjews Marsch aus den *Zehn Stücken für Klavier* (1913). Daneben gibt es Anspielungen, zum Beispiel auf Strawinskys *Le Sacre du printemps* (1913) oder Negro Spirituals. Die so entstehende Vielfalt der zeitlichen Bezüge ist eine Vorwegnahme des ästhetischen Pluralismus Bernd Alois Zimmermanns.

**Wirkung:** Die konzertante Uraufführung der 1. Fassung dirigierte Hans Rosbaud, die szenische Richard Kraus (Regie: Erich Bormann, Bühnenbild: Walter Gondolf). In den folgenden Jahren wurde das Stück an zahlreichen Bühnen nachgespielt, so in München 1951, Berlin 1953 und Bielefeld 1954. Die Uraufführung der 2. Fassung leitete Karl Fischer (Regie: Joachim Klaiber, Bühnenbild: Paul Walter). Die 2. Fassung lag in der Folgezeit nahezu allen Aufführungen zugrunde. Von diesen seien genannt: Wuppertal 1958, München 1960 und 1976, Hannover 1963, Hagen 1969, Turku 1969, Frankfurt a. M. 1970 und Berlin 1978. 1985 gab es in München eine konzertante Aufführung.

**Autograph:** Elisabeth Hartmann, München. **Ausgaben:** StudienPart, 2. Fassung: Schott [1960], Nr. 5019; Kl.A, 1. Fassung: Müller, Süddt. M.Vlg., Heidelberg 1949; Kl.A, 2. Fassung: Schott [1957], Nr. ED 4324; Textb. 1. Fassung: Heidelberg, Müller, Süddt. M.Vlg. 1949; Textb., 2. Fassung: Schott. **Aufführungsmaterial:** Schott

**Literatur:** H. Schmidt-Garre, K. A. H.s Kammeroper ›Des Simplicius Simplicissimus Jugend‹, in: Melos 18:1951, S. 117f.; A. Trumpff, Zwei neue Opernfassungen (Simplicius Simplicissimus), in: Musica 11:1957, S. 376; K. A. Hartmann, Zu meinem ›Simplicius Simplicissimus‹, in: ders., Kleine Schriften, Mainz 1965, S. 49–52; H.-W. Heister, Politische Expressivität – musikalische Humanität. Zum Werk K. A. H.s, in: Ph. Akad. d. Künste. Junges Ensemble für M.Theater, Bln. 1978, S. 31–34; D. Stern, Zu H.s ›Simplicius Simplicissimus‹, in: ebd., S. 28ff.; Karl Amadeus Hartmann und die Musica Viva. Essays. Bisher unveröff. Briefe an H. Kat., München/Mainz 1980 (Bayer. SB. Ausstellungs-Kat. 21.); A. D. McCredie, K. A. H. Sein Leben u. Werk, Wilhelmshaven 1980; ders., K. A. H. Thematic Catalogue of his Works, Wilhelmshaven 1982, S. 200–214; E. Voss, Gegen Krieg und Unterdrückung. Zu H.s ›Simplicius Simplicissimus‹, Ph. Musica Viva, München 1985

*Egon Voss*

# Johann Adolf Hasse

Getauft am 25. März 1699 in Bergedorf (heute zu Hamburg), gestorben am 16. Dezember 1783 in Venedig

## L'artigiano gentiluomo ovvero Larinda e Vanesio
**Intermezzi comici musicali**

### Der Bürger als Edelmann oder Larinda und Vanesio
3 Teile

**Text:** unbekannter Bearbeiter (Carlo De Palma?), nach dem Libretto von Antonio Salvi zu dem Intermezzo *Il bottegaro gentiluomo ovvero Larinda e Vanesio* (Florenz 1721) von Giuseppe Maria Orlandini (?)

**Uraufführung:** Dez. 1726, Teatro San Bartolomeo, Neapel
**Personen:** Larinda, Kammerzofe (S); Vanesio, ein reicher Bürger (B)
**Orchester:** 2 Fg, Streicher, B.c
**Aufführung:** Dauer ca. 45 Min. – Das Bühnenbild kann sehr einfach sein; nur für den II. Teil ist eine Szenerie vorgeschrieben. Der Bassist muß im Falsett (Sopran) singen können.

**Entstehung:** Uraufführung und Entstehung des Werks sind mit Hasses Dramma per musica *L'Astarto* verknüpft. Bei der Kombination *Astarto/Artigiano* handelt es sich um Werke, deren Libretti (Apostolo Zeno mit Pietro Pariati für Albinoni, Venedig 1708, und Salvi) in Neapel für den örtlichen Geschmack umgearbeitet wurden, nach Gordana Lazarevich vielleicht von De Palma (auch der Impresario und Theaterarchitekt Angelo Carasale wird in der Literatur genannt). Die Vertonung erfolgte vor allem mit Rücksicht auf die Fähigkeiten der Sänger, in unserem Fall der neapolitanischen Intermezzospezialisten Gioacchino Corrado und Celeste Resse. Hasses Autorschaft an den Intermezzi ist nicht restlos gesichert, doch aus inneren und äußeren Gründen mehr als wahrscheinlich.

**Handlung:** In einem italienischen Bürgerhaus.
I. Teil: Larinda, ein Mädchen von einfachem Stand, erklärt dem Publikum:»In dieser Verkleidung erwarte ich Vanesio und werde seine Frau werden.« Sie stellt sich dem reichen, aber dummen Vanesio als der Fecht- und Tanzlehrer Larindo vor, den er bestellt hat. Der Unterricht nimmt seinen Lauf, Vanesio stellt sich dumm an, Larindo erzählt ihm, daß eine adlige Dame in ihn verliebt sei und ihn besuchen werde, was seinen Ehrgeiz auf eine adlige Heirat anstachelt.
II. Teil, Zimmer mit Stühlen: Vanesio wird von der Baronessa d'Arbella besucht (es ist Larinda), es wird Süßholz geraspelt, Vanesio bekommt eine angeblich reiche Mitgift und verspricht die Ehe.
III. Teil: Vanesio hat festgestellt, daß die Mitgift nichts wert ist, und wird fast verrückt vor Wut. Nun gibt sich Larinda zu erkennen und besteht auf der Eheschließung. Als Vanesio ablehnt, bittet sie ihn, sie lieber zu töten, und erweckt so sein Mitleid. Er willigt ein, sie zu heiraten, und die Versöhnung wird besiegelt.

**Kommentar:** Der Inhalt der drei kurzen Szenen ist aus Motiven von Molières Komödie *Le Bourgeois gentilhomme* (1670) abgeleitet; auch der Titel der Intermezzi, der in manchen Ausgaben *Il bottegaro gentiluomo* lautet, erinnert daran. Salvi hat auch in mehreren andern Fällen französische Komödien zu Intermezzi sowie Tragödien zu Drammi per musica umgearbeitet, zum erstenmal 1701, als er Jean Racines *Andromaque* (1667) als Vorlage für sein Dramma per musica *Astianatte* (Musik: Antonio Maria Bononcini) verwendete. Unter den italienischen Librettisten, die sich im frühen 18. Jahrhundert an der französischen Tragödie der Ära Ludwigs XIV. orientierten (Zeno, Francesco Silvani, Pietro Metastasio), scheint Salvi der einzige zu sein, der auch im komischen Theater die Franzosen als Vorbild nahm. Salvi, Hofpoet am Florentiner Hof, schrieb seit etwa 1712 Intermezzolibretti für das Sängerpaar Rosa Ungarelli und Antonio Ristorini. Das letzte davon ist *Il bottegaro gentiluomo*. Quellen für Text und Musik sind nicht erhalten; die erste Textausgabe erschien 1723 ohne Autorangaben. Als das Stück 1726 in Neapel aufgegriffen wurde, hatte man es laut Librettovorwort schon in Florenz und Turin gehört, die neapolitanische Version jedoch sei völlig neu gestaltet. Diese Angabe und die tatsächlichen Textunterschiede zu der Ausgabe von 1723 machen es wahrscheinlich, daß Hasse in Neapel den ganzen, bearbeiteten Text neu vertont hat. – 1726 war die Gattung des komischen Intermezzos bereits 20 Jahre alt, Hasse ist neben Giovanni Battista Pergolesi einer der letzten bedeutenden Komponisten, die sich intensiv mit ihr beschäftigten. Vielleicht weniger wichtig als Salvis Adaptierungen französischer Vorlagen war für die Gattung die italienische Tradition der improvisierten Sprechkomödie, der Commedia dell'arte, die sich vom literarischen Theater vor allem durch die wichtige Initiative und Mitwirkung der Schauspieler-Sänger am Text unterscheidet. Bei den Intermezzi war man auf die Vertonung durch einen professionellen Komponisten angewiesen (im Unterschied zum übrigen Europa verzichtete das italienische komische Musiktheater niemals auf schriftlich niedergelegte Rezitative für den Dialog), aber auch hier dürften wie in der Commedia dell'arte viele Anregungen von den Sängern ausgegangen sein. So waren Corrado und Resse in Neapel ansässige Spezialisten des komischen Fachs und vermutlich mit Hasse bekannt, der seit 1724 (nicht 1722) dort arbeitete. Erst um diese Zeit war man allerdings in Neapel dem sonstigen Trend gefolgt, einer heroischen Oper von ihr völlig unabhängige Intermezzi beizugeben, deren Darsteller also nicht in der Oper auftraten, was der Verbreitung der Intermezzi sehr nützte. Nur Domenico Natale Sarro und Leonardo Vinci scheinen in Neapel vor Hasse solche Intermezzi geschrieben zu haben; Hasses Intermezzi sind aber die ersten, die sich unabhängig von den Trägerstücken verbreitet haben und in andere Drammi per musica eingelegt wurden. *L'artigiano* ist sein erstes Werk dieser Art. Seine sechs 1726–30 für Neapel komponierten Intermezzi sind alle Zugstücke geworden, und zwar wegen ihrer Musik, während wir noch nicht einmal die Namen der Textbearbeiter mit Sicherheit angeben können. – In *L'artigiano* geht es um drei Grundmotive: um den Verkleidungseffekt, ums Heiraten und um das Problem des sozialen Aufstiegs. Die ersten beiden stammen aus italienischer Komödiantentradition, das dritte ist schon Hauptthema Molières. Salvi hat den Verkleidungseffekt sehr geschickt eingeführt: Er läßt die Kammerzofe Larinda als Fechtlehrer und als Baronessa verkleidet auftreten (bei Molière sind dies getrennte Rollen). Ebenfalls typisch für die Gattung ist, daß die drei Teile jeweils unter dem Motto einer andersartigen Verkleidung stehen beziehungsweise, wie hier, daß auf zwei Verkleidungsszenen eine folgt, in der die

Maske abgeworfen wird. Dies hat in der Gesamtaufführung von Dramma per musica plus Intermezzi nicht nur den Vorteil des Überraschungseffekts, sondern geht auch parallel mit der Entwicklung von Spannung zur Lösung, die im Trägerstück gewöhnlich stattfindet. Auch die Heirat am Schluß ist ebenfalls feste Tradition in der ernsten Oper, obwohl besonders im vorliegenden Intermezzo deutlich herausgearbeitet ist, wie Larinda von vornherein auf dies Ziel zusteuert. Der soziale Aufstieg ist auf zwei Ebenen geschichtet: Der von der Dienerin zur Herrin gelingt, der vom Bürger zum Edelmann nicht. Diese drei Grundmotive lassen sich anschaulich und musikalisch kaum darstellen, sie werden daher durch Symbole, Requisiten und durch Stilebene im literarischen und musikalischen Sprache indirekt angedeutet. Nur durch Stil und Form also kann Hasse andeuten, wie Vanesio sich der aristokratischen Lebenshaltung anpassen will, indem er ihn eben ein Menuett trainieren läßt. Die als Baronessa verkleidete Larinda singt im II. Teil eine Arie (»Accanto al mio bel foco«), die den Arien der Hofoper im Stil Metastasios und seiner Vertoner abgeschaut ist. Die bürgerliche oder proletarische Stilebene jedoch läßt sich mit den musikalischen Mitteln der Zeit noch nicht darstellen (Folklore wurde ausgespart), und Hasse muß sich hier auf eine allgemein simple, gelenkige und rhythmisch bisweilen aggressive Satztechnik und Deklamation verlassen. Am meisten kommt die Musik zu ihrem Recht im Nachformen szenisch und gestisch dankbarer Details: die Fechtbewegungen im Rezitativ des I. Teils sowie deren mehrmaliges komisches Unterbrechen durch »Aspetti-Aspetta«, die musikalische Illustration des dreimaligen Hofknickses im II. Teil, die verrückte Musikszene mit »fagotti e timpani« (nur die ersteren sind in der Partitur) im III. Teil. Persiflage uralter komischer Theatertypen wie des »Miles gloriosus« im I. Teil (»Un Marte furibondo«) gelingen auch musikalisch, weil ein Kompositionstypus der heroischen Oper herangezogen werden kann. Eine ganze Sammlung teilweise persiflierender, teilweise genuiner Spielmotive bringt das Accompagnato Vanesios im III. Teil (beispielsweise musikalische Darstellung von Schwimmen und fast Ertrinken). Hasse findet für diese und andere Textmotive eine kurze, glückliche Formel, vor allem durch einen Reichtum an rhythmisch-metrischen Einfällen, der ihn öfter drastisch von gegebenen musikalischen Formen abweichen läßt. Vielleicht zum erstenmal kommen damit dem Musiktheater die Möglichkeiten eines Komponisten zugute, dessen Anpassungsfähigkeit an fremde Sprache und fremden Stil ihm den frühen Erfolg in Italien erleichtert haben. Bei der Aufführung kann deshalb sehr weitgehend von der Partitur ausgegangen werden, deren zahllose Impulse und Überraschungen so genau wie möglich nachzuinszenieren wären.

**Wirkung:** Die wichtigste spätere Inszenierung ist eine auf zwei Teile verkürzte Fassung, die Hasse wahrscheinlich selbst 1734 in Dresden und 1739 in Venedig aufgeführt hat. Andere wichtige Vertonungen des Texts, außer der verschollenen von Orlandini, sind nicht bekannt. Die Intermezzi, die in der Uraufführung und in weiteren Aufführungen der Zeit am Ende des I. und II. Akts und vor dem Schlußbild einer Opera seria eingelegt wurden, können heute als dreiteilige Kurzoper aufgeführt werden. Die Edition von Lazarevich stellt eine Sinfonia voraus.

**Autograph:** Verbleib unbekannt. **Abschriften:** Bibl. Montecassino, Bibl. Casanatense Rom, Santini-Bibl. Münster. **Ausgaben:** Part, hrsg. L. Bettarini: Mailand 1971 (Coll. Settecentesca Bettarini. 7.); Part, hrsg. G. Lazarevich: Madison, WI 1979 (Recent Researches in the Music of the Classical Era. 9.)
**Literatur:** R. GERBER, Der Operntypus J. A. H.s und seine textlichen Grundlagen, Lpz. 1925 (Berliner Beitr. zur Mw. 2.), Nachdr. Hildesheim, NY 1973; G. LAZAREVICH, The Role of the Neapolitan Intermezzo in the Evolution of Eighteenth-Century Musical Style: Literary, Symphonic, and Dramatic Aspects, 1685–1735, NY 1970, Diss. Columbia Univ.; O. LANDMANN, Quellenstudium zum Intermezzo comico per musica und zu seiner Geschichte in Dresden, Diss. Rostock 1972 [Druck in Vorb.]; G. LAZAREVICH, Eighteenth-Century Pasticcio: The Historian's Gordian Knot, Köln 1976 (Analecta musicologica. 17.), S. 121–145; F. L. MILLNER, The Operas of J. A. H., Ann Arbor, MI 1979 (Studies in Musicology. 2.); C. E. TROY, The Comic Intermezzo, Ann Arbor, MI 1979 (Studies in Musicology. 9.); R. STROHM, Die italienische Oper im 18. Jahrhundert, Wilhelmshaven 1979 (Taschenbücher zur Mw. 25.), S. 113–128; G. LAZAREVICH, H. as a Comic Dramatist: the Neapolitan Intermezzi, in: Colloquium. J. A. H. u. d. M seiner Zeit (Siena 1983). Ber. (Analecta musicologica. 25.), Laaber [in Vorb.]

*Reinhard Strohm*

## La contadina
### Intermezzo I e II

**Don Tabarrano**
**Das Landmädchen**
2 Teile

**Text:** Andrea Belmuro
**Uraufführung:** 1. Fassung: Herbst 1728, Teatro San Bartolomeo, Neapel; 2. Fassung: 26. Juli 1737, Hofoper, Dresden
**Personen:** Scintilla (1. Fassung: S; 2. Fassung: A); Don Tabarrano (B); Corbo (stumme R); Lelio (stumme R); mehrere Diener (stumme R)
**Orchester:** 2 Vl, Va, 2 Hr (nur 1. Fassung), B.c
**Aufführung:** Dauer ca. 1 Std. 30 Min. – Drei Balli am Schluß der 1. Fassung. Die Ausführenden der stummen Rollen sollten über pantomimisches Können verfügen (eventuell Ballettänzer).

**Entstehung:** Hasse erhielt den Auftrag für sein fünftes (?) Intermezzo vom Teatro San Bartolomeo, wo es zusammen mit Pietro Filippo Scarlattis Oper *Clitarco* uraufgeführt wurde. Die 2. Fassung hat Hasse dem Dresdner Hof vielleicht von sich aus angeboten. Die in Dresden für Intermezzorollen engagierte Altistin Margherita Ermini gab den Anstoß, die Sopranrolle von Celeste Resse (Neapel) abzuändern und zugleich einige Passagen des Stücks umzuschreiben. Der Bearbeiter des Librettos ist nicht bekannt, jedoch in Stefano Benedetto Pallavicino, dem damaligen italienischen Poeten des Dresdner Hofs, zu vermuten. Die 2. Fassung war an die Uraufführung von Hasses eigener Opera seria *Atalanta* gekoppelt.

**Handlung:** I. Teil, Garten: Don Tabarrano ist, anhand seines Spiegelbilds, mit sich selbst sehr zufrieden, weniger aber mit seinem Diener Corbo, der den Spiegel hält und sich leise über seinen Herrn mokiert. Da nähert sich blumenpflückend und singend Scintilla. Ihrer von Blumen und Zephir handelnden Arietta antwortet er mit einer zweiten Strophe: Wie schön, wenn Scintilla eine Blume und er der Zephyr wäre. Scintilla geht zum Schein auf diese Komplimente ein in der Hoffnung, von Tabarranos großem Vermögen eine Mitgift für sich abzweigen zu können. Vergeblich versucht Corbo, der die List durchschaut, seinen Herrn zu warnen; er erntet von beiden Seiten nur Schimpfworte, während Scintilla Glauben findet mit ihrer Mär, sie sei in der vergangenen Nacht von Dieben um all das Ihre gebracht worden und wolle ihrem Leben ein Ende bereiten. Tabarrano bietet sofort seine Börse an, die nach scheinbarem Sträuben genommen wird, jedoch die sich ehrbar Gebärdende der Glut Tabarranos nicht geneigter macht. Es bedarf weiterer Geschenke, und schließlich verspricht Scintilla ihre Liebesgunst: für die Zukunft.

II. Teil, Meeresstrand: Tabarrano hat erfahren, daß Scintilla mit den Geschenken und ihrem Liebhaber das Weite zu suchen beabsichtigt. Daher verkleidet er sich und seine Diener als türkische Korsaren und stellt sich so den Flüchtenden, bevor diese sich einschiffen können, in den Weg. In gebrochenem Italienisch, vermengt mit türkischen Vokabeln, droht er beiden den Tod an, sofern Scintilla nicht zur Liebe bereit sei. Mit heroischer Attitüde bietet Scintilla ihr Leben anstelle Lelios und der entrüstet abgelehnten Zärtlichkeiten. Die fast erreichte Wirkung dieses Tricks zerstört sie aber selbst, indem sie die Korsaren zum Raubzug bei Tabarrano ermuntert, um von sich und Lelio abzulenken. Der »Türke« täuscht zunächst Einverständnis vor, demaskiert sich jedoch bald und tobt vor Zorn. Lelio nutzt die Verwirrung, um samt Scintillas Wertgegenständen Reißaus zu nehmen. Scintillas Flehen um Mitleid scheint vergeblich, doch kommt es schließlich zum gegenseitigen Eheversprechen: Tabarrano hat sein Ziel erreicht und Scintilla in ihrem Besieger den beherzten Mann erkannt, der vor Lelio den Vorzug verdient. Ein Tänzchen gibt an Ort und Stelle einen Vorgeschmack auf baldige Hochzeitsfreuden.

**Kommentar:** Mit *La contadina* ist Hasse das erfolgreichste seiner Intermezzi gelungen und sogar eins der meistgespielten überhaupt. Zweifellos hat das Libretto nicht wenig Anteil daran mit seinen beiden sich als einander gewachsen erweisenden Hauptakteuren und dem am Spiel lebhaft beteiligten stummen Diener Corbo. Die Musik in ausgewogener Mischung von einschmeichelnder Sanglichkeit, Bouffonerie und Seriakarikatur bleibt dem Text überdies nichts schuldig. Einzelne Nummern daraus sind in verschiedenen Pasticci wiederzufinden, ein Zeichen, daß die Vertonung auch als solche gefiel. Der kompositorische Aufwand ist für ein Hasse-Intermezzo auffallend sparsam. Zu den zwei Singstimmen gesellt sich zwei- bis drei-, selten vierstimmiger (in der 2. Fassung jedoch fast durchgängig zur Vierstimmigkeit aufgefüllter) Streichersatz; nur der erste Schlußtanz der 1. Fassung erhält die zusätzliche Klangfarbe zweier Hörner. Auf Accompagnatoszenen, die so gern parodistisch eingesetzt werden, verzichtet Hasse und beschränkt sich auf Recitativi semplici und sieben geschlossene Nummern. Daß er trotz dieser Beschränkung eine Partitur schuf, bei der man Takt für Takt den Eindruck üppiger Fülle gewinnt, muß als Kriterium für seine Meisterschaft gelten. Wie in allen Intermezzi Hasses, so hat auch hier die Formgebung einen wichtigen Anteil am lebendigen Fluß des Stücks. Nur drei Arien weisen Dakapoanlage auf. Bei beiden Scintilla-Arien ist diese Form bedingt durch die offenkundige Seriaparodie: Scintilla gibt sich »tragisch«, um sich Tabarranos Geldbeutel zu öffnen beziehungsweise um den vermeintlichen Türken weich zu stimmen. Der »Türke« antwortet mit gespielter Einfalt, daher in konventioneller Form. Die übrigen Nummern sind angelegt als Strophenlied (Aria a due im I. Teil, dramaturgisch der Kontaktaufnahme beider Protagonisten dienend), als Kavatine (Tabarranos Auftrittsarie) oder als größere ein- oder zweiteilige Form. Die 1. Fassung enthält zwei zweiteilige Duette; in der 2. Fassung ist das »Katastrophen«-Duett des II. Teils gestrichen und durch einen knappen Schlußjubel ersetzt. – In der *Tabarrano*-Partitur muß man unter entwicklungsgeschichtlichem Aspekt den schlichtesten Stücken den höchsten Rang zuerkennen. Die volkstümlichen Tanzliedern ähnlichen Bildungen etwa der Auftrittsarie Tabarranos und der Aria a due sind keinesfalls naiv erfunden, sondern höchst artifiziell mit den ästhetischen Normen damaliger Kompositionskunst in Einklang gebracht. Die Intermezzi norditalienischer (also älterer) Stilhaltung erfreuten sich noch größerer Beliebtheit; die der neapolitanischen Richtung (Domenico Natale Sarro, Leonardo Leo, Giuseppe Sellitto) kamen erst langsam ins Gespräch, ohne den Rang von Hasses Stücken zu erreichen. So steht Hasse mit seiner Gelöstheit, Leichtigkeit und scheinbaren Unkompliziertheit, mit dem so selbstverständlich wirkenden Gestus seiner sich dem Text anschmiegenden Intermezzomusik mehr als Vorläufer und Geistesverwandter Wolfgang Amadeus Mozarts vor uns denn als Zeitgenosse der genannten Meister, den jüngeren Giovanni Battista Pergolesi ausgenommen. Daß *La contadina* in seinem Intermezzoschaffen einen ersten Höhepunkt bildete, ein Weiterverfolgen der bisherigen Richtung aber zu Wiederholungen geführt hätte, muß Hasse gespürt haben. Er fand den Ausweg, indem er darauf verzichtete, vielerlei Gestaltungsmittel in einem Stück zu vereinen, und dafür seinen nächsten Intermezzi (*La fantesca*, 1729, *La serva scaltra*, 1729, *Il tutore*, 1730; alle Neapel) jeweils einen einheitlichen, mit aller Konsequenz ausgeführten Sondercharakter gab (überspitzte Dramatik, Seriakarikatur, lyrische Komödie). Hiermit setzte er Meilensteine auf dem Weg zur Opera buffa. – Die 2. Fassung erwuchs aus der Notwendigkeit, die Scintilla-Partie in Alt umzuschreiben. Hasse zog, wie meistens, dem reinen Transponieren eine teilweise Neugestaltung vor. Diese betrifft, neben den durchgehend überarbeiteten Rezitativen, vorwiegend den II. Teil, während im I. Teil Scintillas Strophe der Aria a due umkomponiert, die andern Nummern aber lediglich retuschiert wurden. Im II. Teil weist Tabarranos Arie Retuschen auf, die Scintillas ist jedoch gegen eine neue ausgetauscht und der Schluß so gestaltet, daß an die Stelle des vom Duett unterbrochenen und von drei Balli beschlossenen Rezitativdialogs ein neues Rezitativ mit veränderter Handlungsführung tritt, dem nunmehr ein Schlußduett folgt.

**Wirkung:** *La contadina*, Hasses populärstes Intermezzo, ging, zum Teil unter andern Titeln, über zahlreiche Bühnen. Für die Aufführungspraxis bietet sich statt der Kombination mit einer Opera seria eher die Anbindung an eine Pastorale, eine dramatische Kantate, ein Ballett oder ein Sprechtheaterstück an.

**Autograph:** 1. Fassung: Verbleib unbekannt; 2. Fassung: SB Bln./DDR (Mus. ms. autogr. Hasse 4). **Abschriften:** 1. Fassung: Bibl. Casanatense Rom (Fondo Baini, mus. 2507), Wiss. Allgemein-Bibl. Schwerin (Mus. 2478); 2. Fassung: Sächs. LB Dresden [authentisch]. **Ausgaben:** 1. Fassung: Textb.: Neapel 1728; 2. Fassung: Part, Faks.-Nachdr. d. Autographs mit Kommentar v. O. Landmann, in: Musik der Dresdener Hofkapelle, hrsg. Sächs. LB Dresden unter Leitung v. O. Landmann, Lpz. 1982; Textb.: Dresden 1737 **Literatur:** O. LANDMANN, [Kommentar, s. Ausg.]; DIES., J. A. H.s Intermezzi. Einem Meister d. ital. Opernkomik zur Würdigung anläßlich seines 200. Todestages, in: Oper heute. Ein Almanach d. M.Bühne, Bd. 5, Bln./DDR 1982, S. 58–60; weitere Lit. s. S. 712

*Ortrun Landmann*

## La sorella amante
**Commedia per musica**

### Die verliebte Schwester
3 Akte

**Text:** Bernardo Saddumene
**Uraufführung:** Frühjahr 1729, Teatro Nuovo sopra Toledo, Neapel
**Personen:** Alfonso, Vater Lavinias und Odoardos, verlobt mit Cassandra (T); Lavinia, verliebt in Lelio (S); Odoardo, unerkannt unter dem Namen Lelio im Haus Alfonsos wohnend, verliebt in Cassandra (falsettierender A); Cassandra, verliebt in Lelio (S); Alidoro, verliebt in Lavinia (falsettierender A); Ninetta, Dienerin Lavinias (A); Don Gianferrante (B); Moschino, Diener Gianferrantes (S)
**Orchester:** Streicher, B.c
**Aufführung:** Dauer ca. 2 Std. 45 Min. – Die drei Bühnenbilder kommen (gegebenenfalls mit kleinen Änderungen) mehrmals vor. Alfonso und Gianferrante sprechen neapolitanischen Dialekt. Die Partitur sieht keine Kastratenrollen vor; die männlichen Altisten Lelio und Alidoro und der Diener Moschino können von Frauen gespielt werden.

**Entstehung:** Hasse war bis 1729 in Neapel nur mit Drammi per musica und Intermezzi aufgetreten, wobei gerade sein Dramma per musica *L'ulderica* (Karneval 1729) nach zeitgenössischen Berichten ein großer Erfolg war. Da er schon für die Frühjahrsspielzeit 1728 ein erfolgreiches Werk geliefert hatte *(Attalo, re di Bitinia)*, wäre ihm wahrscheinlich der Auftrag für die Frühjahrsoper 1729 wieder zugefallen; Streitigkeiten zwischen den Sängern verhinderten die Vorbereitungen einer Oper. Dies dürfte Hasse die Zeit gegeben haben, sich mit dem Komödientheater Teatro Nuovo sopra Toledo wegen der Komposition einer Commedia per musica zu verständigen. Die Autorschaft des durch ein anonymes Libretto überlieferten Stücks sowie die Tatsache, daß Hasse überhaupt eine neapolitanische Dialektkomödie vertont hat, waren bis in jüngste Zeit nicht bekannt. Doch konnte der Verfasser nachweisen, daß ein ohne Originaltitel überliefertes Hasse-Autograph der Sächsischen Landesbibliothek Dresden genau mit dem Libretto zu *La sorella amante* übereinstimmt. In Bibliographien wird gelegentlich eine Commedia per musica *La sorella amante* zitiert, aufgeführt unter Hasses Namen in Malta 1736, die angeblich eine Wiederholung von Hasses Dramma per musica *Dalisa* (Venedig 1730) ist; in Wirklichkeit dürfte es sich um eine Wiederaufführung des vorliegenden Werks handeln. Hasse war als Komponist oder Arrangeur wahrscheinlich noch an der Commedia per musica *L'Erminia* beteiligt, die im Winter 1729 am Teatro Nuovo sopra Toledo gespielt wurde und von der außer dem anonymen Libretto nur zwei Arien unter Hasses Namen überliefert sind.

**Handlung:** In einem Garten, den Gemächern eines Bürgerhauses und auf einer Straße in Neapel.
**I. Akt:** Der geizige Alfonso hat seine Tochter Lavinia dem angeblich adligen und reichen Don Gianferrante zur Frau versprochen, weil dieser bereit ist, auf eine Mitgift zu verzichten. Lavinia liebt aber den jungen Lelio, der, unbekannter Herkunft, in Alfonsos Haus wie ein Sohn aufgezogen wurde. Lavinia bittet die Dienerin Ninetta um Hilfe, obwohl diese eine leichtfertige Auffassung von Liebe und Heiraten hat. Lelio hingegen lehnt es ab, die Hochzeit mit Gianferrante zu verhindern; er ist selbst in Cassandra verliebt und fürchtet, Alfonsos Wohlwollen zu verlieren. Lavinia rächt sich an ihm, verleumdet ihn bei Alfonso und erreicht, daß dieser Lelio fortjagen will. Auf der Straße trifft Ninetta Alidoro, einen heimlichen Verehrer Lavinias, der sich gern bereit erklärt, die Hochzeit zu verhindern, indem er den dummen und feigen Gianferrante gleich bei dessen Ankunft mit wüsten Drohungen einschüchtert. Als Gianferrante sich darüber bei Alfonso beklagt, erweckt Alidoro den Anschein, Lelio habe die Hochzeit zu verhindern gesucht, weil er in Lavinia verliebt sei, was Lelio nicht nur den erhöhten Zorn Alfonsos, sondern auch die Eifersucht Cassandras zuzieht; er will sich umbringen. Lavinia erfährt dadurch, daß Cassandra ihre Rivalin ist, bereut andrerseits ihre Intrige. Moschino und sein Herr Gianferrante flirten mit Ninetta; Gianferrante wird von den beiden verspottet, ohne es zu verstehen.

II. Akt: Alidoro trifft Lavinia, ist aber zu stolz, ihr seine Liebe zu erklären, vielmehr will er sie durch Taten überzeugen. Die Gelegenheit bietet sich, als Gianferrante Lavinia vorgestellt wird und dabei nicht nur den denkbar schlechtesten Eindruck macht, sondern Alfonso auch berichtet, daß nicht Lelio, sondern Alidoro ihn verjagen wollte. Als nun trotz Lavinias Gegenwehr der Notar zur Eheschließung mit Gianferrante geholt werden soll, zeigt Alidoro Alfonso einen Brief, in dem Gianferrante angeblich als Hochstapler und Schuldenmacher entlarvt wird. Gianferrante dementiert, Alfonso kennt sich nicht mehr aus. Die eifersüchtige und verzweifelte Lavinia verrät ihrem Vater die Beziehung zwischen Lelio und Cassandra, was diesen um so mehr empört, als er selbst Cassandra heiraten möchte. Wieder ist Lelio der Sündenbock. Auf Vorschlag Alidoros hat sich Ninetta als französisch radebrechender Arzt verkleidet, der Gianferrante von einem angeblichen »Hüftleiden« befreien soll. Die Radikalkur schlägt diesen in die Flucht.

III. Akt: Alidoro gewinnt nun doch Alfonsos Vertrauen; Lavinia hingegen versucht ein letztes Mittel bei Lelio: Sie diktiert einen Liebesbrief und erklärt, der Inhalt sei an ihn gerichtet. Als Alfonso die beiden überrascht, schiebt sie die Schuld auf Lelio, von dessen Hand der Brief ja geschrieben ist. Diesmal glaubt Alfonso ihr nicht. Lelio aber hat weiterhin Cassandras Eifersucht wegen Lavinia und Alfonsos Eifersucht wegen Cassandra auszuhalten. Gianferrante, völlig desorientiert, trabt noch einmal zum Gespött der andern über die Bühne; Ninetta flirtet nun auch mit Alfonso; Lavinia versucht noch eine Intrige, aber diesmal, weil sie sich entschieden hat, Alidoro statt Lelio zu nehmen, und Alfonso die Zustimmung dafür entlocken will. Lelio wird als Odoardo, der von Türken geraubte verschollene Sohn Alfonsos und Bruder Lavinias, erkannt. Schließlich gruppiert eine dreifache Hochzeit Lavinia und Alidoro, Cassandra und Lelio und Ninetta und Gianferrante.

**Kommentar:** Leider zeigt Hasses einzige erhaltene Commedia per musica (und eine der ganz wenigen Commediapartituren vor 1730) den Librettisten Saddumene nicht von seiner besten Seite. An echter Komik im einzelnen mangelt es nicht: Interessanter als der vulgäre Gianferrante ist Alfonso gezeichnet, der seiner Rolle als Haustyrann nicht gewachsen ist und dessen Gutherzigkeit immer wieder durchscheint. Die Diener Ninetta und Moschino sind Intermezzofiguren und mit den entsprechenden szenischen und musikalischen Klischees ausgestattet; die beiden jungen Paare verhalten sich wie in der Opera seria, sprechen toskanisch und haben sich vor allem über ihr Unglück zu beklagen, was dem schwachen Lelio noch am überzeugendsten gelingt. Ihm hat Hasse einige sentimentale Arien gegeben, die Giovanni Battista Pergolesi vorwegnehmen (zum Beispiel I/5: »Perchè non m'uccidi, spietato martoro«; f-Moll). Opernheroine ist die Intrigantin Lavinia: Der Gehorsamskonflikt mit dem Vater (II/3: »Pensa, Signor, ch'io sono sangue delle tue vene«) und die Klagen des unterdrückten Weibs (II/7: »Son qual misera colomba«) sind sprachlich und musikalisch aus dem Blickwinkel der Drammi per musica Hasses gestaltet (die letztere Arie hat Hasse in seiner Oper *Cleofide*, Dresden 1731, der Protagonistin gegeben). Ein Konglomerat von Opera seria, Intermezzo und bürgerlicher Komödie (diese wird vor allem von Alfonso vertreten) ist erklärte Absicht Saddumenes seit seinem Libretto zu Vincis *Li zite 'ngalera* (Neapel 1722). Bei Hasse konnte er nunmehr auch einen beim Publikum bewährten Seriastil erwarten. Wahrscheinlich ging es wie immer darum, das Publikum des Opernhauses San Bartolomeo auch ins Komödienhaus zu locken. Den anpassungsfähigen Komponisten, der in Orthographie und Deklamation nicht die geringste Mühe mit dem neapolitanischen Dialekt zu haben scheint, dürfte die Vielseitigkeit der Aufgabe interessiert haben. Neben dem Typus der sentimentalen Arie in klarstem Dur und einheitlich schwingendem Rhythmus (»Languir e piangere«, I/12) gibt es den heiter-subtilen »mezzo carattere« mit viel Aufmerksamkeit für Gestik und Deklamation (zum Beispiel »Non ti confonder, no«, I/4) und Buffostücke wie das bezaubernde Duett Ninetta/Gianferrante »Sento nel petto – e chè?« (I/13), das mit ironisierender Chromatik, kleinen Seufzern, Fragen und Echo Musizieren und Spielen identisch werden läßt. *La sorella amante* ist zumindest musikalisch ein vollgültiger Beitrag zu einer wenig bekannten Gattung, in dem man Anklänge an Leonardo Vinci und Leonardo Leo und selbst Alessandro Scarlatti entdecken mag, aber noch mehr an Pergolesi, der somit Hasse auch in der Commedia per musica verpflichtet zu sein scheint. – Über den Erfolg beim Publikum ist nichts bekannt. Keine Commedia per musica dieser Zeit brachte es zu mehr als einer Wiederaufführung in späteren Jahren.

**Autograph:** Sächs. LB Dresden (Mus. 2477-F-98 [ohne Titel, früher als *Lavinia* geführt]). **Ausgaben:** Textb.: Neapel 1729 (Bibl. Marucelliana Florenz, BL London [905. 1 1.(1)])
**Literatur:** R. STROHM, Italienische Opernarien des frühen Settecento (1720–1730), Köln 1976 (Analecta musicologica. 16.), Bd. 2, S. 175; DERS., Die italienische Oper im 18. Jahrhundert, Wilhelmshaven 1979 (Taschenbücher zur Mw. 25.), S. 141ff.; weitere Lit. s. S. 712

*Reinhard Strohm*

## Il tutore
### Intermezzo I e II

### Der Vormund
2 Teile

**Text:** unbekannter Verfasser
**Uraufführung:** 1. Fassung: Karneval 1730, Teatro San Bartolomeo, Neapel; 2. Fassung: 11. Mai 1738, Hofoper, Dresden
**Personen:** Lucilla (1. Fassung: S, 2. Fassung: A); Pandolfo (B); Claudio (stumme R); Mosca (stumme R)
**Orchester:** 1. Fassung: 2 Fl, 2 Fg, 2 Hr, 2 Vl, Va, B.c; 2. Fassung: 2 Fl, 2 Vl, 2 Va, B.c
**Aufführung:** Dauer ca. 1 Std. 30 Min.

**Entstehung:** Wie *La contadina* (1728) liegt auch *Il tutore* in zwei Fassungen vor. Auch hier hat Hasse die Neapler Partitur für Dresden mit Rücksicht auf die für Intermezzorollen engagierte Altistin Margherita Ermini überarbeitet. Des Librettisten Stefano Benedetto Pallavicino zu vermutender Anteil an den Veränderungen dürfte noch geringer zu veranschlagen sein als bei *La contadina*. Die 1. Fassung von *Il tutore* wurde zusammen mit Hasses *Ezio*, die 2. zusammen mit Hasses *Alfonso* uraufgeführt.

**Handlung:** In Pandolfos Haus.

I. Teil: Die Waise Lucilla wird von ihrem in sie verliebten Vormund eifersüchtig bewacht, während diese für ihn nur Abscheu empfindet. Als Pandolfo aufs Land fahren muß, verhilft der mitleidige Diener Mosca ihr zu einer Begegnung mit dem geliebten Claudio. War die Reise vorgetäuscht oder wurde sie vorzeitig abgebrochen: Pandolfo jedenfalls belauscht aus einem Versteck das Paar, doch verrät er sich dabei durch Unmutsäußerungen, so daß Claudio fliehen kann. Aller Zorn des Eifersüchtigen entlädt sich nun auf das Mündel, das in Tränen ausbricht. Pandolfo läßt sich hiervon zwar besänftigen, bezichtigt jedoch Lucilla der Scheinheiligkeit, worauf diese in einem ersten Anflug von Mutwillen den Vormund über übliche Verhaltensweisen von Frauen belehrt. Nach erneuter Strafpredigt empfindet Pandolfo Reue, denn der Liebreiz seines Mündels ist gar zu groß. Er schlägt Lucilla vor, daß sie alle Freiheiten genießen solle, sofern sie gehorsam sei. Schon ihr erster Wunsch, Pandolfo möge bei allem, was sie tue, die Augen schließen, erregt natürlich Protest, doch kann sie nun alle Annäherungsversuche um so klarer abwehren.

II. Teil: Pandolfo hat sich aus der Rolle des Erziehungsberechtigten in die des Liebhabers begeben, zu seinem Nachteil und zu Lucillas Vorteil, die nunmehr Oberwasser gewinnt, zumal Mosca ihr einen Brief Claudios zusteckt. Pandolfos Schmachten nach Lucillas Gunst wird sichtlich stärker als sein Bestreben, die Unbotmäßige zu strafen. Er »entdeckt« den (für ihn bestimmten) Brief Claudios und liest ihn in der Erregung, trotz Brille, völlig falsch, von Lucilla dabei ironisch korrigiert: Claudio fordert Pandolfo zum Duell auf und schlägt als Siegespreis Lucillas Hand vor. Lucilla läßt keinen Zweifel, wem sie den Sieg wünscht. Das Duell findet statt, sosehr es Pandolfo zu verhindern sucht, und endet mit des Vormunds Niederlage, die dieser als schicksalsbestimmt, nicht durch eigene Untüchtigkeit bedingt, zu erklären versucht. Lucillas spöttischer Verabschiedung, mit der sie aus der Gefangenschaft in die Freiheit (oder doch zumindest in den gewünschten Ehebund mit Claudio) aufbricht, vermag der Vormund nur noch eine Bitte um Mitleid entgegenzustammeln. Lucilla und Claudio entfernen sich mit einem getanzten Menuett.

**Kommentar:** Mit *Il tutore* beschloß Hasse die Reihe seiner Neapler Intermezzi. Dies letzte Experimentierstück, ein Ausflug in Grenzgebiete der Gattung, ist ihm beim ersten Anlauf jedoch nicht ganz geglückt, wenigstens scheint es so, wenn man von der 2. Fassung aus auf die 1. zurückblickt. Geplant war offenbar, den beiden Hauptakteuren persönlichere Züge zu verleihen, sie gleichsam aus der Maskenstarre zu erlösen. Bei der Figur des Pandolfo gelang dies schon in der 1. Fassung; bei Lucilla wollten die der Opera seria entnommenen Gestaltungselemente zunächst weder mit dem Ganzen harmonieren noch gar der Gestalt Lebenswärme geben. Hier gelangte Hasse in der 2. Fassung zu einem überraschenden neuen Ansatz, und in Verbindung mit den weiteren für die 2. Fassung notwendigen Änderungen schuf er ein Gebilde, das zwar eben noch »echtes« Intermezzo ist, aber gleichermaßen als Charakterstück oder als eine Art lyrische Komödie bezeichnet werden kann. Gerade das, was beim Intermezzo ausgeschlossen sein soll, das emotionale Engagement des Publikums, provoziert Hasse durch seine Komposition, bei der er die Register für einen großen Spaß auch dort nicht zieht, wo der Text dazu ermuntert. Das Intermezzogemäße der Gesamtwirkung beruht auf der für Hasse so typischen Leichtigkeit, auf dem elastischen Wechsel von Verweilen und Vorantreiben und, wiederum, auf der souveränen Handhabung der Formen. Die Unterschiede zwischen den beiden Fassungen halten sich in dem für *La contadina* beschriebenen Rahmen. In der 2. Fassung entfällt (leider) das Eröffnungsduett des II. Teils, das eine recht bewegte Auseinandersetzung zwischen den Protagonisten zum Inhalt hat. Auf den beibehaltenen Text neu komponiert sind Lucillas Arie im I. Teil und das Finalduett des II. Teils, in verschiedenem Maß überarbeitet wurden alle übrigen Nummern und die Rezitative; der Schlußballo entfällt. So aufschlußreich ein Vergleich beider Fassungen ist: einzig die 2. wird wählen, wer das Stück aufzuführen gedenkt. – Das »Modernste« an der 2. Fassung ist die neue Lucilla-Arie des I. Teils, die in Verbindung mit den übrigen Nummern dieser Partie eine Rolle schafft, deren zarte Anmut um jene Zeit wohl keine Parallele hat. So sind Lucillas Kundgebungen wachsenden Widerstands auch »sanfter« formuliert, als das bei den robusten Zofen in andern Intermezzi der Fall wäre. Das durch Claudio genährte Selbstbewußtsein des Mündels äußert sich zunächst in mehr oder weniger direkt aufblitzender Verschmitztheit und steigert sich zu ironischer Abstandnahme im Schlußduett. In entgegengesetzter Richtung bewegt sich Pandolfos Entwicklung: Aus dem allmächtigen Peiniger wird der nachgerade tragisch unter verschmähter Liebe Leidende. In seiner ersten Arie noch hin- und hergerissen zwischen dem Zorn des Erziehers auf die Unbotmäßigkeit des Mündels und dem Verlangen nach dessen Gunst, vereinen sich in seiner zweiten Arie bereits die Kränkung über zurückgewiesene Neigung und die Erkenntnis der Hoffnungslosigkeit seines Verlangens. Parallel dazu zeigen die Duette den zunächst noch Auftrumpfenden, wennschon Werbenden, dann den absolut Resignierenden. – Dakapoanlagen finden wir bei Lucillas beiden Arien und bei Pandolfos Arie des II. Teils. Lucillas Auftritt erfolgt mit einer Kavatine, Pandolfos Arie im I. Teil dürfte (trotz des vom Kopisten in der Dresdner Partitur eingetragenen Dakapovermerks) ebenfalls zweiteilig sein. Das Duett des

I. Teils zeigt eine ziemlich freie, der Handlung angepaßte Reihenform, die auf das spätere Buffafinale hinweist, und das Schlußduett besteht aus nur einem Satz (die Handlung ist zu Ende, das Ergebnis wird musikalisch lediglich kurz resümiert und bestätigt; in der 2. Fassung, die auf den Balloanhang verzichtet, ist der Umfang dieses einen Satzes etwas erweitert: nicht gemeinsames Singen steht am Schluß, sondern je eine Solopassage für Lucilla und Pandolfo, gefolgt von einem kurzen Nachspiel). Eine Sonderform selbst für Hasse stellt das »arioso a due« dar, das sich aus dem zweiten Rezitativ des I. Teils herausbildet und fast unmerklich dahin zurückmündet: Lucillas Erläuterung zur Verhaltensweise der Frauen wird in einen Dialog gekleidet, der weder als geformtes Duett noch als Accompagnato bezeichnet werden kann. Ganz von der Handlung bestimmt ist auch das 32taktige Zankduett vom Beginn des II. Teils der 1. Fassung, das gleich dem »arioso a due« abschlußlos in das nachfolgende Rezitativ übergeht. Man vermißt es ungern in der 2. Fassung, in welcher wiederum das verbesserte Schlußduett für sich spricht. Interessant am Ballo der 1. Fassung: Mehrmals läuft ein Menuett für Streicher und zwei Hörner in G-Dur ab, um dann in einen g-Moll-Satz für Streicher allein zu münden. Wird hier die Resignation des geprellten Tutore nochmals pantomimisch bestätigt?

**Autograph:** 1. u. 2. Fassung: Verbleib unbekannt. **Abschriften:** 1. Fassung: Royal College of Music London (ms. 270); 2. Fassung: Sächs. LB Dresden (Mus. 2477-F-101), Zentral-Bibl. d. Dt. Klassik Weimar (Mus. II a:94). **Ausgaben:** Textb., 1. Fassung: Neapel 1730 (Bibl. S. Pietro a Maiella Neapel [5-7-5]); Textb., 2. Fassung: Dresden 1738 (Staats-Arch. Dresden [OH-MA. B. 28a (Bl. 208-257)])
**Literatur:** O. LANDMANN, J. A. H.s Intermezzi. Einem Meister d. ital. OpernM zur Würdigung anläßlich seines 200. Todestages, in: Oper heute. Ein Almanach d. M.Bühne, Bd. 5, Bln./DDR 1982, S. 64–66; weitere Lit. s. S. 712

*Ortrun Landmann*

## Artaserse
**Dramma per musica**

**Artaxerxes**
3 Akte (7 Bilder)

**Text:** Pietro Metastasio (eigtl. Pietro Antonio Domenico Bonaventura Trapassi), bearbeitet vermutlich von Giovanni Boldini
**Uraufführung:** 1. Fassung: Febr. 1730, Teatro di S. Giovanni Grisostomo, Venedig (hier behandelt); 2. Fassung: Karneval 1734, Teatro di S. Giovanni Grisostomo, Venedig; 3. Fassung: 9. Sept. 1740, Hoftheater, Dresden
**Personen:** Artaserse/Artaxerxes, Prinz, später König von Persien, Freund Arbaces (T); Mandane, seine Schwester, Geliebte Arbaces (S); Artabano/Artabanes, Präfekt der Leibwache, Vater Arbaces (S); Arbace, Freund Artaserses und Geliebter Mandanes (S); Semira, Schwester Arbaces, Geliebte Artaserses (A); Megabise, General und Vertrauter Artabanos (S).
**Statisterie:** Hofstaat, Soldaten, Pagen
**Orchester:** 2 Ob, 2 Hr, Streicher, B.c (evtl. 2. Cemb)
**Aufführung:** Dauer ca. 3 Std. – Der Schlußchor wird von den Solisten, Artabano, Arbace und Megabise wurden in der Uraufführung von Kastraten gesungen.

**Entstehung:** Mit *Artaserse* vertonte Hasse erstmals ein Libretto Metastasios. Hasse mag die Erstvertonung durch Leonardo Vinci gekannt haben, obwohl sie höchstens zwei bis drei Wochen früher aufgeführt wurde, am 4. Febr. 1730 (im Teatro Alibert Rom). Manche musikalischen Details sind in beiden Opern verblüffend ähnlich. In Venedig wurde der Text vor allem mit Rücksicht auf die Sänger Farinelli, Francesca Cuzzoni und Nicola Grimaldi bearbeitet.
**Handlung:** Im Palast der persischen Könige in Susa, 465 v. Chr. I. Akt, 1. Bild: Palasthof, Mondnacht; 2. Bild: im Innern des Palasts; II. Akt, 1. Bild: Königsgemächer; 2. Bild: großer Ratssaal; III. Akt, 1. Bild: Kerker; 2. Bild: Gemächer Mandanes; 3. Bild: festlicher Thronsaal.
I. Akt: Um seinen Sohn Arbace auf den Thron zu bringen, plant Artabano die Ausrottung der ganzen Königsfamilie. Er ermordet König Xerxes und spielt Arbace die Mordwaffe zu. Als angeblich Schuldigen läßt er den Thronfolger Darius töten. Mit Hilfe Megabises plant er auch die Beseitigung des jüngeren Prinzen Artaserse. Arbace wird ertappt und für schuldig gehalten, verrät aber seinen Vater nicht. Sein Freund Artaserse, seine Geliebte Mandane und seine Schwester Semira beschuldigen ihn.
II. Akt: Arbace weigert sich, die Umsturzpläne seines Vaters zu unterstützen. Artabano, von Artaserse als Richter eingesetzt, verurteilt Arbace in Anwesenheit des Hofs zum Tod. Mandane und Semira wenden sich nachträglich gegen das Urteil.
III. Akt: Artaserse glaubt an Arbaces Unschuld und befreit ihn aus dem Kerker. Kurz vor der Krönung Artaserses zum König gelingt es Arbace, den Umsturz abzuwehren und dem Freund das Leben zu retten. Durch das Verhalten seines Sohns bekehrt, gesteht Artabano. Er wird begnadigt, muß aber ins Exil gehen. Arbace und Mandane, Artaserse und Semira werden vereint.
**Kommentar:** Boldini strich mehrere Arien des Originaltexts und fügte unter anderm drei große Soloszenen für Arbace, Mandane und Artaban hinzu. Sie verändern den Handlungsablauf nicht, doch wird in ihnen der Anteil der Musik an der Affektdarstellung bedeutend erweitert: Hasse führt nicht wie Vinci die Worte des Dichters dramatisch vor, sondern malt in Accompagnato und Arie ein völlig von Affekt getränktes Tableau. Hasses brillanter Streicherklang (Bläser behandelt er sehr zurückhaltend), vor allem aber seine schwungvoll-galanten Melodien und der klare homophone Satz machten ihn seit *Artaserse* zu einem bei Sängern beliebten und vom Publikum überall verstandenen Hauptvertreter der Opera seria.
**Wirkung:** Die Aufführung mit Cuzzoni als Mandane und Farinelli als Arbace muß sehr erfolgreich gewesen sein, denn das Werk verbreitete sich schnell an zahl-

reichen europäischen Bühnen. Allein bis 1740 kam es zu etwa 15 Aufführungen. Richtete Hasse in Venedig 1734 und Dresden 1740 die Partitur selbst neu ein, so übernahmen diese Aufgabe in Genua, Bologna, Turin und Lucca 1730, Mailand 1731, Verona 1733, London 1734, Bergamo und Madrid 1738, Modena 1739 und Ljubljana 1740 anonyme Bearbeiter, die zum Teil Arien anderer Komponisten oder aus andern Opern Hasses einfügten. Noch bis in die 50er Jahre kam es zu weiteren Aufführungen, unter anderm in Bayreuth, wo das Werk am 26. Sept. 1748 anläßlich der Hochzeit von Prinzessin Friederike, der Tochter Markgräfin Wilhelmines, gegeben wurde. Darüber hinaus belegen die zahlreich erhaltenen Partiturkopien den ungewöhnlichen Erfolg, den das Werk, mit dem Hasse seine europäische Karriere begründete, erringen konnte und der dem von Vincis *Artaserse* nahekommt. Zumindest mit einigen Einzelstücken (unter anderm »Pallido il sole«) dürfte Hasses Wirkung auf andere Komponisten bis hin zu Christoph Willibald Gluck sogar nachhaltiger gewesen sein. – Hasse vertonte das Drama noch ein weiteres Mal, und zwar 1760 für das Teatro San Carlo Neapel.

**Autograph:** Verbleib unbekannt. **Abschriften:** 1. Fassung: BL London (Add. 32582), Fitzwilliam Museum Cambridge (23-F-2), Bibl. Marciana Venedig (Cod. it. IV 481), Santini-Bibl. Münster (Santini 1933). **Ausgaben:** Textb., 1. Fassung: Venedig, Buonarigo [1730; 2 Ausg., davon entspricht die mit 69 S. d. Auff.]; Textb., 2. Fassung: Venedig, Rossetti 1734; Textb., 3. Fassung: Dresden, Stössel [1740]
**Literatur:** O. G. T. SONNECK, Die drei Fassungen des H.schen ›Artaserse‹, in: SIMG 14:1912/13, S. 226–242; R. STROHM, Italienische Opernarien des frühen Settecento (1720–1730), Köln 1976 (Analecta musicologica. 16.), Bd. 1, S. 67ff., Bd. 2, S. 175f.; D. HEARTZ, H., Galuppi, and Metastasio, in: Venezia e il melodramma del Settecento, hrsg. M. T. Muraro, Florenz 1978, S. 309–339; E. SURIAN, Metastasio, i nuovi cantanti, il nuovo stile: verso il classicismo. Osservazione sull'›Artaserse‹ (Venezia 1730) di H., in: ebd., S. 341–362; weitere Lit. s. S. 712

*Reinhard Strohm*

## Arminio
### Dramma per musica

**Arminius**
3 Akte (6 Bilder)

**Text:** Giovanni Claudio Pasquini
**Uraufführung:** 1. Fassung: 7. Okt. 1745, Hoftheater, Dresden; 2. Fassung: 8. Jan. 1753, Hoftheater, Dresden (hier behandelt)
**Personen:** Varo/Varus, Gouverneur Germaniens für Kaiser Augustus (S); Arminio/Arminius, Fürst der Cherusker, Verlobter Tusneldas (S); Segeste/Segestes, Fürst der Chatten, Freund Varos (T); Tusnelda/Thusnelda, Tochter Segestes, Verlobte Arminios (S); Segimiro, Bruder Tusneldas, Freund Arminios (S); Marzia, Schwester Varos, Geliebte Segimiros (S); Tullo, Legat der Legion, Vertrauter Varos (B). **Statisterie:** Liktoren, Offiziere und römische Soldaten im Gefolge Varos, chattische Soldaten im Gefolge Segestes, cheruskische Soldaten im Gefolge Arminios, Pagen und Damen im Gefolge Tusneldas, Pagen im Gefolge Marzias
**Orchester:** 2 Fl, 2 Ob, 2 Fg, 2 Hr, Streicher, B.c (evtl. 2 Cemb)
**Aufführung:** Dauer ca. 3 Std. – Der Schlußchor wird von den Solisten gesungen. Varo, Arminio und Segimiro wurden in der Uraufführung von Kastraten gesungen.

**Entstehung:** Hasse hatte den *Arminio*-Stoff bereits 1730 für das Teatro Regio Ducale Mailand nach einem Libretto von Antonio Salvi vertont. Mit dem Textbuch für die zweite Vertonung, das über das Sujet hinaus keine Gemeinsamkeiten mit Salvis Drama aufweist, wurde Pasquini im Okt. 1744 beauftragt. Seit Mitte 1745 war Hasse mit der Komposition befaßt. Die Oper entstand als Auftragswerk für den sächsischen Hof während des Zweiten Schlesischen Kriegs und war unzweideutig als antipreußische (»antirömische«) Demonstration konzipiert. Am 18. Dez., kurz nach der Uraufführung (mit Faustina Hasse-Bordoni als Tusnelda und Domenico Annibali als Arminio), zog Friedrich der Große siegreich in Dresden ein und ließ das Werk einen Tag später nun zu seiner eigenen Verherrlichung aufführen. Ein Jahr darauf, im Jan. 1747, wurde *Arminio* auf Veranlassung des Königs in Berlin gegeben. Nach weiteren Aufführungen in Wien und Braunschweig im selben Jahr sollte zur Eröffnung der Karnevalssaison 1753 *Arminio* erneut einstudiert werden. Hasse revidierte die Partitur erheblich (neun Arien bekamen andere Texte, vier wurden neu vertont beziehungsweise bearbeitet), wofür aller Wahrscheinlichkeit nach die Neubesetzung des Arminio mit einem Sopankastraten, Angelo Maria Monticelli, der die Partie vom Altkastraten Annibali übernahm, den Ausschlag gab.

**Handlung:** Im Teutoburger Wald, 9 n. Chr.
I. Akt, 1. Bild, prächtiges offenes Zelt, weite Ebene mit den römischen Legionen in Schlachtordnung; auf einem Hügel das Teutoburger Kastell: Segeste möchte wegen der römischen Übermacht mit Varo Frieden schließen und befiehlt seinen Kindern Tusnelda und Segimiro, dies zu unterstützen, während Arminio zum Widerstand entschlossen ist. Auch Varo wünscht Frieden und will seine Schwester mit Arminio verheiraten, die aber Segimiro liebt. Als Arminio in einer langen Verhandlung einen schmachvollen Frieden mit Rom zurückweist, schickt Segeste seine Kinder als Geiseln ins römische Lager. 2. Bild, gewundener Pfad, der vom Kastell herabführt, unten beiderseits Felsblöcke und efeuüberwucherte Grotten: Tusnelda wird von Arminio daran gehindert, sich das Leben zu nehmen; beide fliehen, werden aber von Segeste gefangen.
II. Akt, 1. Bild, Varos Gemächer in gotischem Stil: Arminio wird einer Verschwörung gegen Varo bezichtigt und muß in den Kerker. Die großherzige Marzia überredet Segeste, wenigstens Tusnelda freizulassen. Varo will Arminio zur Heirat mit Marzia zwingen; andernfalls werde er getötet. 2. Bild, Kerker in gotischem Stil mit Gittern und Treppen, die nach unten führen: Tusnelda selbst muß in den Kerker

zu ihm gehen, begleitet von Segimiro, um Arminio zu überreden. Er will aber lieber sterben als eine andere heiraten; er hofft auf einen germanischen Aufstand nach seinem Tod. Segimiro tauscht mit Arminio die Kleider, damit dieser fliehen kann, und bleibt an seiner Stelle im Kerker.
III. Akt, 1. Bild, erleuchtete Gemächer Segestes, Nacht: Varo will Arminio begnadigen und läßt ihn holen; als statt dessen Segimiro erscheint, will Segeste seinen Sohn vor Wut umbringen und läßt ihn und Tusnelda einkerkern. 2. Bild, Zugbrücke, die zum Eingang des Kastells führt; Blick auf das auf steilen Felsen gelegene Kastell, an dessen Fuß die Ems fließt: Die Römer und Segestes Truppen werden von Arminio besiegt, der Segeste mit dem Tod bestrafen will; doch Tusnelda und Segimiro setzen sich für ihren Vater ein. Varo hat Selbstmord begangen; Marzia wird nach Rom zurückgeschickt und der Sieg gefeiert.
**Kommentar:** Pasquinis Libretto hatte, wie viele Arminius-Texte vorher, einen nationalpolitischen und militärischen Unterton. Es mag dies der Grund sein, warum es das besondere Interesse Friedrichs des Großen auf sich zog, erhielt es doch hierdurch eine Note, die es auf mittelbare Weise mit der aktuellen politischen Situation verband. Formal lehnt sich der Text an Pietro Metastasio an. Gleiches trifft für die Vertonung zu: Die Arien sind nahezu ausschließlich nach dem Dakaposchema angelegt; auch das Einfügen zweier Terzette bedeutete kein Abweichen vom metastasianischen Operntyp, sondern war um 1750 durchaus Usus. Mit der Ausarbeitung des Instrumentalsatzes hat Hasse den wohl größten Schattierungsreichtum seiner musikalischen Affektdarstellung erreicht, jedoch auch seine Grenzen als Dramatiker.
**Wirkung:** *Arminio* erlebte 1753 zehn Aufführungen, muß also ebenso wie 1745 großen Anklang gefunden haben. Von der Sängerbesetzung der 1. Fassung waren lediglich Angelo Amorevoli (Segeste) und Joseph Schuster (Tullo) geblieben. Die Tusnelda übernahm Teresa Albuzzi-Todeschini, den Arminio, wie bereits erwähnt, Monticelli, die weiteren Sänger waren Giovanni Belli (Segimiro), Bartolomeo Puttini (Varo) und Caterina Pilaja (Marzia). Im Aug. 1761 wurde das Werk in Warschau nachgespielt. 1773 kam es noch einmal zu einer Aufführung in Berlin (fraglich ist jedoch, ob in der 2. Fassung; wahrscheinlich lag dieser Wiederaufnahme die 1. Fassung zugrunde, die ja bereits 1747 in Berlin gegeben worden war).

**Autograph:** Bibl. Verdi Mailand (Tr. ms. 152 [u.d.T. *Egeste e Tusnelda*]). **Abschriften:** 1. Fassung: Bayer. SB München (Mus. mss. 193); 1. Fassung, Auff. Bln.: Herzog-August-Bibl. Wolfenbüttel (Codex Guelferbytanus 119 mus. hs.); 2. Fassung: BN Paris (D. 5392-4), LOC Washington (M 1500. H 35 A 65). **Ausgaben:** Part, 2. Fassung mit Varianten der 1. im Anh., hrsg. R. Gerber, 2 Bde., Schott 1957–66 (Das Erbe dt. M. 27, 28.) [gute krit. Ed., Quellen unzureichend erfaßt u. bewertet; d. Autograph wurde nicht identifiziert]; Textb.: Dresden, Stössel [1745], 1753; Wien, Ghelen 1747; Warschau 1761 **Literatur:** R. Gerber, [Einl., mit weiterer Lit.; s. Ausg.]; weitere Lit. s. S. 712

*Reinhard Strohm*

## Attilio Regolo
**Dramma per musica**

**Atilius Regulus**
3 Akte (6 Bilder)

**Text:** Pietro Metastasio (eigtl. Pietro Antonio Domenico Bonaventura Trapassi; 1740)
**Uraufführung:** 12. Jan. 1750, Hoftheater, Dresden
**Personen:** Regolo/Regulus (A); Manlio, Konsul (T); Attilia und Publio, Regolos Kinder (2 S); Barce, eine vornehme Afrikanerin, Sklavin Publios (S); Licinio, Volkstribun, Geliebter Attilias (B); Amilcare, karthagischer Gesandter, Geliebter Barces (S). **Chor:** römisches Volk. **Statisterie:** Senatoren, römische Patrizier, Klienten und Liktoren in Manlios Gefolge, schwarze Pagen in Attilias Gefolge, römisches Volk in Licinios Gefolge, Afrikaner in Amilcares Gefolge
**Orchester:** 2 Fl, 2 Ob, Fg, 2 Hr, Streicher, B.c
**Aufführung:** Dauer ca. 3 Std. – Regolo und Amilcare wurden in der Uraufführung von Kastraten gesungen.

**Entstehung:** Metastasio verfaßte das Drama für eine Festoper in Wien aus Anlaß des Namenstags Kaiser Karls VI. Eine Aufführung kam jedoch nicht zustande, da der Kaiser im Okt. 1740 starb. Das Libretto blieb nahezu ein Jahrzehnt liegen, ehe Hasse 1749 vom Dresdner Hof den Auftrag erhielt, das Drama zu vertonen. Metastasio muß diesem Ereignis große Bedeutung beigemessen haben, denn am 20. Okt. 1749 schrieb er an Hasse einen langen Brief, in dem er präzise seine Vorstellungen über eine ideale Vertonung von *Attilio Regolo* erläuterte. Dieser Brief ist ein einzigartiges Dokument, denn nirgendwo sonst hat der Dichter so eingehend und konkret seine dramaturgischen Prinzipien dargelegt. Hasse befolgte die Ratschläge bis ins Detail und schuf eine der wenigen Opern der Zeit, die vollkommen und gültig im Einklang mit der metastasianischen Ästhetik stehen.
**Handlung:** Bei Rom, in der Nähe des Bellonatempels, 250 v. Chr.
I. Akt, 1. Bild, Atrium mit weiträumiger Treppe im Vorstadtpalast des Konsuls Manlio: Attilia beklagt in Anwesenheit ihres Geliebten Licinio das Schicksal Attilio Regolos, der fünf Jahre zuvor, zur Zeit des Ersten Punischen Kriegs, in Karthago in Gefangenschaft geraten war. Manlio wirft sie Undankbarkeit vor und mangelnden Einsatz bei der Rettung ihres Vaters. Barce übermittelt ihr die Nachricht von der Ankunft Regolos und einer karthagischen Gesandtschaft in Rom. Publios Bericht von der freudigen Reaktion des römischen Volks bekräftigt Attilias Hoffnung, daß das Friedensangebot der Karthager vom Senat angenommen und Regolo gegen andere Gefangene ausgetauscht werde. Barce erfährt durch Publio von der Anwesenheit Amilcares, ihres früheren Geliebten. Sie vermag ihre Freude nicht zu unterdrücken und löst dadurch bei Publio große Enttäuschung aus. 2. Bild, im Bellonatempel: Publio unterrichtet

den Konsul von der Absicht der Karthager, Regolo das Friedensangebot vortragen zu lassen, eine Aufgabe, die ihm unter der Bedingung übertragen wurde, sofort nach Karthago zurückzukehren und dort seinen Tod zu empfangen, sollte Rom den Frieden und den Gefangenenaustausch zurückweisen. Regolos Vortrag vor dem Senat versetzt Karthager und Römer in Erstaunen: Unter Hintanstellung seines persönlichen Schicksals plädiert er dafür, auf die Bedingungen nicht einzugehen; Rom dürfe des Lebens eines einzelnen wegen keine Schwäche zeigen, solle sich auf die traditionellen Tugenden und die ruhmreiche Vergangenheit besinnen und Karthago mit Waffengewalt bezwingen. Daraufhin ziehen sich die Senatoren zurück, um den endgültigen Beschluß zu fassen. Ebenfalls abhängig vom Votum des Senats ist das Schicksal Barces und Amilcares: Kehrt Regolo nach Karthago zurück, wird das Paar erneut getrennt.

II. Akt, 1. Bild, Loggien im Vorstadtpalast der karthagischen Gesandten mit Blick auf Rom: Regolo fordert seinen Sohn Publio auf, sich in der Senatsversammlung für ihn und damit für die Ablehnung der Friedensbedingungen einzusetzen, und erklärt ihm, daß er als verantwortungsvoller Bürger nicht an sich selbst, sondern, da Teil des Vaterlands, an das Schicksal Roms zu denken habe. Mit gleicher Intention bedrängt er Manlio, der voll Bewunderung ob der Tugendhaftig-

*Attilio Regolo;* Regina Mingotti als Publio; Kostümentwurf: Francesco Ponte; Uraufführung, Hoftheater, Dresden 1750. – Die Gattin des Opernimpresarios Pietro Mingotti, als Sängerin stimmlich wie darstellerisch gleichermaßen begabt, profilierte sich an der Dresdner Hofoper zwischen 1747 und 1752 zur ebenbürtigen Rivalin von Faustina Hasse-Bordoni.

*Attilio Regolo;* Domenico Annibali als Attilio; Kostümentwurf: Francesco Ponte; Uraufführung, Hoftheater, Dresden 1750. – Der wegen seiner phänomenalen, technisch perfekten Altstimme gefeierte Kastrat gehörte zu den Stützen des Dresdner Ensembles während der Hasse-Ära. 1736/37 war er Mitglied von Händels Londoner Operngesellschaft.

keit Regolos endlich verspricht, die Senatoren entsprechend zu beraten. Von daher reagiert er mit Zorn auf Attilias und Licinios Bemühungen, den Senat zur Annahme der Bedingungen Karthagos zu bewegen. 2. Bild, Galerie im selben Palast: Unmittelbar bevor Publio das Votum überbringt, regen sich in Regolo Zweifel, die er jedoch sogleich wieder zerstreut. Der Senat hat Regolos Rat befolgt und das Friedensangebot abgelehnt. Nicht nur Attilia, Licinio und Publio, der noch am ehesten die Entscheidung des Vaters versteht, sind verzweifelt, sondern auch Barce und Amilcare, deren endgültige Trennung nun gewiß ist. Licinio und Amilcare versprechen den Geliebten erneute Anstrengungen, Regolos Leben zu retten.

III. Akt, 1. Bild, zu den Gärten führender ebenerdiger Saal: Publio berichtet, daß das römische Volk sich gegen das Votum des Senats auflehne und sich am Hafen versammle, um Regolos Abfahrt zu verhindern; selbst Manlio könne dem Tumult nicht Einhalt gebieten. Regolo ist fest entschlossen, sich durch nichts von der Rückkehr nach Karthago abbringen zu lassen, und weist empört Amilcares Fluchtangebot zurück: Er will in Ehren für das Vaterland sterben. Endlich vermag er Attilia zu trösten, die nun ebenfalls von der Richtigkeit seines Tuns überzeugt ist. 2. Bild, prächtiger Säulengang am Ufer des Tiber mit abfahrbereiten Schiffen: Licinio und Manlio streiten, ob das Votum des Volks oder das des Senats über Regolos Schicksal zu entscheiden habe. Mitten im Tumult erhebt Regolo die Stimme, verweist auf Roms ehrenvolle Tradition, der jeder Bürger verpflichtet sei, und nimmt Abschied.

**Kommentar:** *Attilio Regolo* zählt mit *Catone in Utica* (1. Fassung 1728, 2. Fassung 1733) und *La clemenza di Tito* (1734) zu jener Werkgruppe innerhalb von Metastasios Œuvre, bei der die in den andern Dramen im Vordergrund stehende Liebeshandlung nahezu bedeutungslos wird und es primär auf die Darstellung einer Tugend ankam, deren Vorbilder der Dichter in der römischen Geschichte fand. Die großen Raum einnehmenden Ausführungen Regolos über die Ehre des Vaterlands und die Pflichten, die einem jeden Bürger auferlegt seien, sowie die Darstellung einer Prinzipientreue auch um den Preis des eigenen Lebens waren Metastasio äußerst wichtig. Nur an diesen Stellen wünschte er, wie aus dem erwähnten Brief hervorgeht, instrumental begleitete Rezitative zur Pointierung der Rede. Er warnte Hasse, das Accompagnato häufiger zu verwenden. Der Effekt, den die durch das begleitete Rezitativ gleichsam gesteigerte Rede auf die Zuhörer ausübe, würde sich abnutzen und in den entscheidenden Augenblicken seine Wirkung verfehlen. Hasse folgte Metastasio nicht nur in diesen dramaturgischen Überlegungen und beachtete seine Vorschläge peinlich genau, sondern blieb auch in der Vertonung der Arien ganz seiner Ästhetik verhaftet. Er griff weder, wie in der Zeit bereits üblich, in die formale Struktur der Arien ein, noch bereicherte er den Instrumentalpart. Im Zentrum der Vertonung steht die in der Regel parallel oder akkordisch begleitete Gesangsmelodie, die, und darauf legte Metastasio großen Wert, strukturell mit der Dichtung verbunden war. Im Rahmen dieser Ästhetik erfand Hasse Melodien von unbeschreiblicher Vielfalt und Eleganz, deren hohe Qualität gerade darin beruht, daß sie im Einklang mit der Poesie stehen und ihr zu erhöhter Wirkung verhelfen.

**Wirkung:** Wie aus Briefen Metastasios vom 7. und 20. Febr. 1750 hervorgeht, war die von Giuseppe Galli da Bibiena ausgestattete Uraufführung (mit Domenico Annibali als Regolo, Angelo Amorevoli als Manlio, Faustina Hasse-Bordoni als Attilia und Regina Mingotti als Publio) ein großer Erfolg. Das Werk muß auf ungewöhnlich starke Resonanz gestoßen sein, denn noch im selben Jahr wurde es in Wien und Rom gegeben. 1775 kam die Oper noch einmal in Berlin mit Antonio Uberti als Regolo zur Aufführung. Daß *Attilio Regolo* erneut 1891 in Rom gespielt wurde, zu einer Zeit, als das Verständnis für Hasses Musik gänzlich verloren war, dürfte wohl mit dem Stoff zusammenhängen. Als einzige neuere Aufführung ist die konzertante Darbietung 1972 im Rahmen der Göttinger Händel-Festspiele bekannt geworden. – Merkwürdigerweise ist dies Drama, das Metastasio für eins seiner besten hielt, nur noch von Niccolò Jommelli (Rom 1753), Carlo Monza (1777; nicht aufgeführt) und Luigi Guido Beltrami (Verona 1797) vertont worden.

**Autograph:** Bibl. Verdi Mailand (Part. Tr. ms. 172). **Abschriften:** ÖNB Wien, Bibl. du Cons. Royal de Musique Brüssel (2 Ex.), Bibl. Royale Brüssel, SBPK Bln. (West) (2 Ex.), Sächs. LB Dresden (2 Ex.), Mw. Inst. d. Karl-Marx-Univ. Lpz., Herzog-August-Bibl. Wolfenbüttel, BN Paris, LOC Washington. **Ausgaben:** Textb., ital./dt.: Friedrichstadt, Harpeter [1750]; Bln., Haude & Spener 1775

**Literatur:** M. FÜRSTENAU, Zur Geschichte der Musik und des Theaters am Hofe in Dresden, Bd. 2, Dresden 1862, Nachdr. Hildesheim, NY 1971, S. 260f.; S. HENZE-DÖHRING, Die ›Attilio Regolo‹-Vertonungen H.s und Jommellis – ein Vergleich, in: Colloquium »Johann Adolf Hasse und die Musik seiner Zeit« (Siena 1983), Ber., hrsg. F. Lippmann, Laaber 1987 (Analecta musicologica. 25.), S. 131–158; weitere Lit. s. S. 712

*Sabine Henze-Döhring*

## Il trionfo di Clelia
**Dramma per musica in tre atti**

### Der Triumph Cloelias
3 Akte (8 Bilder)

**Text:** Pietro Metastasio (eigtl. Pietro Antonio Domenico Bonaventura Trapassi)
**Uraufführung:** 27. April 1762, Burgtheater, Wien
**Personen:** Porsenna, König der Toskaner (T); Clelia/Cloelia, eine vornehme Römerin (S); Orazio/Horatius, römischer Botschafter (A); Larissa, Porsennas Tochter (S); Tarquinio/Tarquinius, Sohn des abgesetzten römischen Königs Tarquinius Superbus (S); Mannio/Manlius, Fürst von Veii (S). **Chor, Statisterie:** toskanische Adlige und Soldaten, römische Adlige und Soldaten
**Orchester:** 2 Fl, 2 Ob, 2 Fg, 2 Hr, 2 Trp, Pk, Streicher, B.c
**Aufführung:** Dauer ca. 3 Std.

**Entstehung:** Anfang 1762 erhielt Metastasio von Kaiserin Maria Theresia den Auftrag, zur bevorstehenden Entbindung der Erzherzogin Isabella von Parma, der Gemahlin des nachmaligen Kaisers Joseph II., ein Dramma per musica zu schreiben, das in des Dichters Briefwechsel erstmals am 18. Jan. Erwähnung findet, als es offensichtlich nahezu abgeschlossen war. Mit der Wahl des Stoffs sollte eine Frau verherrlicht werden, der nach Metastasios an den parmaischen Hofpoeten Carlo Innocenzo Frugoni am 30. April gerichteten Worten »die Bewunderung und die Liebe der Götter und Sterblichen dieser Gegend« zuteil geworden ist. Gleichzeitig thematisiert die Auseinandersetzung zwischen dem etruskischen König Porsenna und Rom die hinter der Heirat Parma/Wien zwischen den Habsburgern und den spanischen Bourbonen stehende politische Frage um die Einflußbereiche in Italien und vielleicht auch die vergebliche Belagerung der von Reichstruppen und Österreichern verteidigten Stadt Dresden durch König Friedrich II. von Preußen im Sommer 1760. Der Stoff geht auf die bei Titus Livius und andern antiken Autoren überlieferten Legende von der tapferen Verteidigung der Tiberbrücke durch Horatius Cocles und der mutigen Flucht Cloelias aus der Geiselhaft Porsennas zurück. Hasse, der nach dem Bombardement von Dresden 1760 seinen ständigen Wohnsitz in Wien genommen hatte, galt der Kaiserin als der liebste Komponist ihrer Zeit und wurde noch mehrfach mit Aufträgen aus Anlaß von Familienfeierlichkeiten bedacht.

**Handlung:** Im Bereich des etruskischen (toskanischen) Heerlagers zwischen dem Tiberufer und den Ausläufern des Janikulus vor Rom, 508 v. Chr.
I. Akt, 1. Bild, Clelias Gemächer in einem von Porsenna während der Belagerung Roms besetzten Vorstadtpalast: Tarquinio, von den Römern als Mitglied der verjagten Familie der Tarquinier abgelehnt, von Porsenna aber als König für Rom vorgesehen, bietet der als Geisel von Porsenna festgehaltenen Clelia seine Liebe und zugleich den Thron an. Allerdings ist er Larissa, der Tochter Porsennas, versprochen, die er ablehnt. Clelia wiederum ist dem Römer Orazio versprochen, die sich beide in ihrer Sorge um das Schicksal Roms vereinen. Und schließlich ist Mannio Larissa zugetan; er erfährt, daß er zumindest Tarquinio als Rivalen nicht zu fürchten braucht. 2. Bild, Loggia mit Blick auf das etruskische Heerlager: Nach dem ergebnislosen Gespräch zwischen dem römischen Botschafter Orazio und Porsenna, der eine Auseinandersetzung mit Waffen vermeiden möchte, falls Rom Tarquinio als neuen König akzeptieren würde, könnte Orazio eigentlich in die Stadt zurückkehren, wenn ihn nicht der überraschende Vorschlag Tarquinios, doch auf seine Liebe zu Clelia zugunsten der ihm, Tarquinio, zugedachten Königskrone zu verzichten, zu einer Denkpause veranlaßte und dermaßen verwirrte, daß er auch Clelia gegenüber von der neuesten Entwicklung schweigt.
II. Akt, 1. Bild, Galerie: Da Tarquinio seine Truppen doch schon gegen Rom geschickt hat, entschließen sich Orazio und Clelia zu raschem Handeln und nehmen Abschied voneinander; Orazio wird sich zur Stadt hin durchschlagen, während sie anklagend zu Porsenna eilt. 2. Bild, Gartenecke im königlichen Park: Larissa und Clelia versuchen vergebens, Porsenna von der privaten und politischen Treulosigkeit Tarquinios zu überzeugen. Mannio und Larissa jedoch können ihre Beziehungen zueinander klären. 3. Bild, Tiberbrücke mit Blick auf Rom: Während Orazio die Brücke verteidigt, wird sie auf römischer Seite angezündet und damit für die Etrusker unpassierbar gemacht. Er selbst erreicht das rettende Ufer durch einen Sprung in den Fluß. Tarquinio nimmt indessen Clelia gefangen und sucht durch einen Brief seine Truppen zu einem Schlag gegen Porsenna zu sammeln.
III. Akt, 1. Bild, Garten am Tiberufer: Clelia gelangt durch Mannio in den Besitz jenes aufrührerischen Briefs, in dem Tarquinio seinen Anschlag auf Porsenna plante. Um den Verrat bloßzulegen, flieht sie durch den Tiber, aus dem wunderbarerweise ein Pferd auftaucht, zur Stadt. 2. Bild, Gemächer: Tarquinios Situation verschlechtert sich angesichts der bevorstehenden Ankunft eines römischen Sprechers immer mehr. 3. Bild, erleuchtete Königshalle, Nacht: Noch ist Orazio als römischer Sprecher machtlos, da Tarquinios Verrat nicht offenliegt. Erst als Clelia mit dem belastenden Brief vor Porsenna tritt, ist dieser zu überzeugen und garantiert Rom Freiheit und Frieden. Tarquinio flieht im allgemeinen Jubel.

**Kommentar:** Metastasios Libretto geht gegenüber seinen Dramen der 30er Jahre zögernd neue Wege. Mißverständnisse und Intrigen um die heroischen Taten und Leidenschaften der Protagonisten sind in den Hintergrund getreten zugunsten eines einzigen Hauptmotivs: des »furor patrius« Clelias und Orazios, von deren Handlungen nicht nur die Rede ist, sondern die auch auf der Bühne miterlebt werden können wie Orazios heldenmütiger Kampf am Brückenkopf, untermalt mit ausgedehnter Schlachtenmusik, und Clelias legendärer Ritt durch den Tiber. Gegenspieler ist ein echter Bösewicht aus Leidenschaft und Veranlagung, dem Einsicht nicht gegeben und Verzeihung daher nicht zu gewähren ist. Hasses Partitur erweist ihn als Meister des älteren Belcantotypus, der kraft seines Erfindungsreichtums und seiner Musikalität die Zwiespältigkeit des Librettos zu überbrücken versteht. In dem Maß, wie die verschiedenen Affekte der Liebesbeziehungen ausgespart sind, reduziert sich notwendigerweise das Potential an Arientexten und -inhalten weitgehend auf den Themenkreis der Treue zum Vaterland, zum geliebten Partner oder zum moralischen Prinzip, und die Verunsicherung macht sich nur gelegentlich Platz, etwa in dem bewährten Typus der Gleichnisarie, die im Fall von Clelias »Tempeste il mar minaccia« allerdings erstaunlich blaß wirkt. Nahezu unübertroffen ist Hasse dagegen noch immer in der Konzeption getragener, weitausholender melodischer Phrasen; sie verleihen den positiven Helden eine Beseelung, die das leidenschaftsarme Libretto teilweise vermissen läßt. Unterstützt wird der trotz mancher in ihrer rhythmischen und verschnörkelten Faktur altmodischer Arie immer wieder aufkeimende musikalische Reichtum durch eine feinfühlige, abwechslungsvolle Instrumentation sowohl im Nacheinander der Arien als auch innerhalb einzelner Arien. Das generelle Schema der Abfolge von Secco und Arie (beziehungsweise Aria a due) ist auch durch die gelegentlichen Accompagnatos in Soloszenen und die Schlachtenmusik nicht in Frage gestellt.

**Wirkung:** Die Uraufführung fand mit einer glänzenden, von Marianna Bianchi als Clelia und Gaetano Guadagni als Orazio angeführten Besetzung und, trotz der Kriegszeiten, ebenso glänzenden Ausstattung statt. Zwischen den Akten wurden gemäß allgemeiner Theaterpraxis von Gasparo Angiolini geleitete Balli gegeben, die beziehungsvoll Szenen aus dem etruskischen Heerlager zum Inhalt hatten und die nach der Oper in einem dritten, als Friedensfest der beiden Nationen gestalteten Ballett gipfelten. *Il trionfo di Clelia* wurde 1762 auch in Warschau, wohin der kursächsische Hof während des Siebenjährigen Kriegs ausgewichen war, und 1763 im Teatro San Carlo Neapel gegeben, wo die aus dem kursächsischen Haus stammende Königin beider Sizilien, Maria Amalie, sich immer wieder als kulturelle Interessenvertreterin für Hasses Kunst eingesetzt hatte. Schließlich gab man das Werk noch 1766 in Prag (während die für Krumau vermutete Aufführung quellenmäßig nicht genügend abgesichert ist). Weitere Vertonungen des Metastasio-Texts lieferten unter anderm Christoph Willibald Gluck (Bologna 1763), Ferdinando Bertoni (Padua 1769), Giovanni Battista Borghi (Neapel 1773) und Niccolò Jommelli (Lissabon 1774). Neutextierungen des Sujets schufen Antonio Simone Sografi für Sebastiano Nasolini (Mailand 1798) und Giuseppe Caravita für Marcos António Portugal (Lissabon 1802).

**Autograph:** Bibl. Verdi Mailand (Part. Tr. ms. 158). **Ausgaben:** Part, Faks.-Nachdr. d. Autographs: Garland, NY, London 1981 (Italian Opera 1640–1770. 83.); Textb.: Wien, Ghelen 1762, Nachdr. in: Italian Opera Librettos, Bd. 16, Garland, NY, London 1983 (Italian Opera 1640–1770. 97.); Textb., dt.: Wien, Ghelen 1762
**Literatur:** B. ZELLER, Das Recitativo accompagnato in den Opern J. A. H.s, Halle 1911; U. PROTA-GIURLEO, Notizie biografiche intorno ad alcuni musicisti d'oltralpe a Napoli nel Settecento, in: Studien zur italienisch-deutschen Musikgeschichte, Bd. 2, Köln 1965 (Analecta musicologica. 2.), S. 124–134; weitere Lit. s. S. 712

*Klaus Hortschansky*

## Ruggiero ovvero L'eroica gratitudine
Dramma per musica

### Ruggiero oder Die heroische Dankbarkeit
3 Akte (6 Bilder)

**Text:** Pietro Metastasio (eigtl. Pietro Antonio Domenico Bonaventura Trapassi), nach den letzten drei Büchern des Epos *Orlando furioso* (1516) von Ludovico Ariosto
**Uraufführung:** 16. Okt. 1771, Teatro Regio Ducale, Mailand
**Personen:** Carlo Magno/Karl der Große, Kaiser (T); Bradamante, eine kriegerische Jungfrau von edler Abstammung, Geliebte Ruggieros (S); Ruggiero, von Hektor abstammender Kriegsheld, Geliebter Bradamantes (S); Leone/Leon, Sohn und Nachfolger Kaiser Konstantins (S); Clotilde, Prinzessin aus französischem Königsgeschlecht, Geliebte Leones und Freundin Bradamantes (S); Ottone, ein französischer Paladin, Vertrauter Bradamantes und Ruggieros (T). **Statisterie:** Pagen, Edle und Wachen Carlo Magnos, Pagen Clotildes, Edle und Wachen Leones
**Orchester:** 2 Fl, 3 Ob, 2 Fg, 2 Hr, 2 Trp, Pk, Streicher, B.c
**Aufführung:** Dauer ca. 2 Std. 30 Min. – Der Schlußchor wird von den Solisten gesungen. Ruggiero und Leone wurden in der Uraufführung von Kastraten gesungen. Zwischen den Akten gab man die Ballette *La contesa di Marte e d'Apollo* und *Il ritorno del Secolo d'oro*.

**Entstehung:** Metastasio und Hasse schrieben das Werk im persönlichen Auftrag Kaiserin Maria Theresias anläßlich der Hochzeitsfeier für Erzherzog Ferdinand Karl und Maria Beatrix von Este 1771 in Mailand. Der Ablauf der Feierlichkeiten, bei denen auch noch Mozarts Serenata *Ascanio in Alba* uraufgeführt wurde, ist aus Dokumenten bekannt. Metastasio hatte sein Libretto bereits Anfang 1770 abgeschlossen. Möglicherweise war es ursprünglich für die Hochzeit der Erzherzogin Marie Antoinette mit König Ludwig XVI. von Frankreich geplant gewesen. Warum diese Aufführung nicht zustande kam, sei es, daß geeignete Sänger fehlten, sei es aus andern Gründen, liegt im dunkeln. Da sowohl Ariosto als auch die Braut aus Ferrara stammten, sah Metastasio eine Verbindung von Drama und Aufführung gegeben (Brief an Agostino Gervasi vom 10. Okt. 1771, in: *Tutte le opere*, s. Lit.). Hasse erwähnt erstmals am 12. Jan. 1771, er den Auftrag für die Festoper erhalten habe (Brief Hasses an Giammaria Ortes; siehe Klaus Hortschansky, S. XIV, s. Lit.), und scheint das Werk im Frühjahr und Sommer komponiert zu haben. Am 30. Aug. kam Hasse in Mailand an, wo er am 21. Sept. mit den Proben begann. Noch während der Einstudierung komponierte er eine Arie neu und paßte die Instrumentation den Möglichkeiten des Mailänder Orchesters an. Die Bühnenbilder schufen die in Mailand ansässigen und seit Jahrzehnten am Teatro Ducale wirkenden Brüder Bernardino, Fabrizio und Giovanni Antonio Galliari. Die Choreographie der Zwischenaktballette übernahmen Charles Le Picq und Jean Favier.
**Handlung:** Am Hof Kaiser Karls des Großen am Ufer der Seine bei Paris. I. Akt, 1. Bild: ebenerdige Loggia in Clotildes Gemächern; 2. Bild: Galerie in Leones Gemächern; 3. Bild: kaiserliche Gemächer; II. Akt: kaiserliche Gärten; III. Akt, 1. Bild: Räume in Bradamantes Gemächern mit Balkon und Ausblick auf den Garten; 2. Bild: erleuchteter Palast.
I. Akt: Bradamantes Geliebter Ruggiero ist vermeintlich auf einem Kriegszug verschollen. Nur ihn will sie heiraten, nur mit ihm den väterlichen Thron übernehmen. Der oströmische Kaisersohn Leone, soeben am Hof angekommen, hält um die Hand der kriegerischen Bradamante an, sehr zum Schmerz ihrer Freundin Clotilde, die Leone heimlich liebt. Leone wird von Erminio begleitet, dem er früher das Leben gerettet hat. Dieser ist in Wahrheit Ruggiero. Um Leone als Bewerber um ihre Hand auszuschalten, erwirkt Bradamante von Carlo Magno das Recht, nur den heiraten zu müssen, der sie in öffentlichem Zweikampf besiegt; dabei hofft sie auf Ruggiero.
II. Akt: Leone nimmt die Herausforderung an. Weder kann ihn der Kaiser von dem gefährlichen Kampf abhalten, noch beeindruckt ihn Bradamantes abweisende Haltung. Ruggiero trifft Bradamante und erklärt ihr, daß er aus Freundespflicht gegenüber Leone nicht um sie kämpfen werde. Sie wirft ihm Untreue vor. Der Konflikt zwischen beiden scheint unlösbar, als Ruggiero nun Leones Wunsch erfüllen muß, verkleidet als Leone gegen Bradamante anzutreten.
III. Akt: Ottone übermittelt die Nachricht von »Leones« Sieg. Clotilde glaubt, Leone endgültig verloren zu haben. Ruggiero zwingt Bradamante, die ihn beim Kampf nicht erkannt hat, zugunsten seines Freunds auf ihn zu verzichten. Von Clotilde erfährt Leone, wer

Erminio in Wirklichkeit ist; er beschließt, Ruggieros heroische Dankbarkeit nachzuahmen. Er entdeckt das Geheimnis, führt Ruggiero Bradamante zu und heiratet Clotilde.

**Kommentar:** Daß Metastasio bei seinem letzten Drama den Stoff erstmals aus der höfischen Welt des Mittelalters wählte und nicht wie gewöhnlich aus der antiken Geschichte oder Mythologie, scheint auf eine, wenn auch späte Öffnung gegenüber den neueren Tendenzen in der Librettistik der italienischen Opera seria hinzudeuten, der seit der Jahrhundertmitte zunehmend Texte zugrunde lagen, die in der französischen Oper verbreitet und häufig den Versepen Ariostos oder Torquato Tassos entnommen waren. Im Unterschied zu seinen Dichterkollegen Mattia Verazi und Ranieri de' Calzabigi zog Metastasio daraus jedoch keine Konsequenzen für die dramaturgische Anlage des Werks, sondern blieb ganz dem ihm vertrauten Schema verpflichtet. So erfand er die bei Ariosto nicht vorkommenden Rollen von Clotilde und Ottone hinzu, um über die bei ihm üblichen zwei Paare (Bradamante/Ruggiero und Clotilde/Leone) sowie auf den als Vermittler unverzichtbaren »confidente« (Ottone) verfügen zu können. Weder zog er mit der Wahl des Stoffs für neuartige szenische Effekte Nutzen noch für eine Bereicherung der musikalischen Ausdrucksmittel. Die Abfolge von Handlung tragenden Rezitativen und Arien, die unter dem Aspekt der Rollenhierarchie verteilt wurden, behielt er konsequent bei. Als einzige Veränderung ist die Reduzierung der Anzahl der Arien, der Szenen und der Rezitativverse anzusehen. Der Verzicht auf eine Intrigenhandlung zur Lösung des dramatischen Konflikts, den Metastasio hier zu einem inneren, von der heroischen Haltung eines einzelnen abhängigen gestaltet, war nicht neuartig, sondern ist bereits in früheren Werken, *La clemenza di Tito* (1734) und *Attilio Regolo* (1750), zu beobachten. – Hasses Vertonung, mit der er ebenfalls seine lange Karriere beendete, ist dem Drama kongenial. Wie Metastasio bleibt auch er dem Ideal der älteren Opera seria verhaftet. Er experimentiert weder mit den Arienformen, noch modifiziert er seine musikalischen Mittel im Sinn einer Lösung oder Verselbständigung von der Dichtung, wie dies bei den zeitgenössischen Komponisten zu erkennen ist. Als einzige Neuerung ist ein häufigeres Verwenden des Accompagnatos zu konstatieren. In einigen Arien erweitert er durch Hinzufügen zusätzlicher Holzbläser das Klangspektrum in einem für ihn ungewöhnlichen Umfang. Der Verzicht auf »Modernität« berührt jedoch in keiner Weise den Rang der Partitur, die nach wie vor hoher melodischer Erfindungsreichtum auszeichnet. Metastasios und auch Hasses Schaffen steht noch auf der Höhe der schon Jahrzehnte zuvor erreichten Meisterschaft. Für beide ist *Ruggiero* ein Alterswerk, mit dem sie Ideen und Formen wiederholten, die ihre Œuvres zum Inbegriff einer nun abgeschlossenen Epoche machten.

**Wirkung:** Dem Werk war bei der Uraufführung kein großer Erfolg beschieden. *Ascanio in Alba* des 15jährigen Mozart zog weit mehr die Aufmerksamkeit und Bewunderung des Publikums auf sich. Dies lag weniger in der nicht gerade glänzenden Besetzung der Hauptrollen begründet, deren Interpreten offensichtlich über den Zenit ihrer Laufbahn hinaus waren (Antonia Maria Girelli als Bradamante, Giovanni Manzuoli als Ruggiero), als in der Tatsache, daß das Werk dem Zeitgeschmack nicht mehr entsprach. Niemand erkannte das deutlicher als Metastasio, vor allem aber Hasse, nach dessen Meinung die Oper zu viele Rezitative und zu wenige szenische Effekte enthielt (Brief an Ortes vom 30. Okt. 1771; siehe Hortschansky, S. XIV). Nach nur wenigen Aufführungen wurde das Werk abgesetzt. Am 20. Jan. 1772 kam es zu einer Inszenierung in Neapel (zu den Änderungen siehe Hortschansky, s. Ausg., Anh. II, S. 451–454). Obwohl man in Neapel Hasses Opern besonders schätzte (alle für den Wiener Hof komponierten wurden dort nachgespielt) und trotz glänzender Besetzung der Hauptpartien (Gaspare Pacchierotti als Ruggiero, Cecilia Davies als Bradamante), konnte das Werk dort keinen großen Erfolg verbuchen.

*Ruggiero ovvero L'eroica gratitudine*, III. Akt; Illustration: Giovanni Lapi, 1771/72. – Handlungen, die unentwirrbar erscheinen und einem tragischen Ende entgegentreiben, lösen sich bei Pietro Metastasio fast immer in ein Lieto fine auf, bei dem sich die Personen, den Fallstricken einer labyrinthischen Intrige gerade noch entronnen, gerührt in die Arme sinken.

**Autograph:** Bibl. Verdi Mailand (Fondo proprio – Musica teatrale 168-14). **Ausgaben:** Part, hrsg. K. Hortschansky, Köln

1973 (Concentus musicus. 1.) [hist.-krit. Ausg. mit umfangreichem Vorw., krit. Ber. u. Faks.]; Textb.: Wien, Ghelen 1771; Mailand, Malatesta 1771; Neapel, Morelli 1772
**Literatur:** P. METASTASIO, Tutte le opere, hrsg. B. Brunelli, Bd. 5, Mailand 1954, S. 111; K. HORTSCHANSKY, [Vorw., mit weiterer Lit.; s. Ausg.]; R. STROHM, [Rez. d. Ausg.], in: Mf 28:1975, S. 365–367; S. HANSELL, [Rez. d. Ausg.], in: JAMS 29:1976, S. 308–319; weitere Lit. s. S. 712

*Reinhard Strohm*

# Josef Haßreiter

Geboren am 30. Dezember 1845 in Wien, gestorben am 8. Februar 1940 in Wien

## Die Puppenfee
### Pantomimisches Divertissement in einem Akt

**Musik:** Josef Bayer. **Libretto:** Josef Haßreiter und Franz Gaul
**Uraufführung:** 4. Okt. 1888, Hofoper, Wien, Ballett der Hofoper
**Darsteller:** Sir James Plumstershire; Lady Plumstershire; ihre 4 Kinder; ein Spielwarenhändler; sein Faktotum; die Puppenfee; mechanische Figuren: die Trommlerin, das Bébé, die Japanerin, die Spanierin, die Mohrin, die Oberösterreicherin, die Chinesin, der Poet, der Polichinello, der Jockey, der Portier, der Chinese; ein Bauer; sein Weib; ihr Kind; eine Dienstmagd; der Lohndiener eines Hotels; ein Kommis; ein Kommissionär; ein Briefträger; Corps de ballet: mechanische Figuren: Bébés, Polichinellen, Oberösterreicherinnen, Trommelhasen, Spanierinnen, Chinesinnen, Japanerinnen; Kavaliere; Kinderballett: Bébés, Kinderspielzeug (Glocke und Hammer, Leierkasten, Kegel); Kastenpuppen
**Orchester:** 2 Fl, 2 Ob, 2 Klar, 2 Fg, 4 Hr, 2 Trp, 3 Pos, Pkn, Schl (gr.Tr, kl.Tr, Bck, Glsp, Trg, Glocke in A), Hrf, Streicher
**Aufführung:** Dauer ca. 45 Min.

**Entstehung:** Angeregt durch ein Werk von Olivier Métra mit Choreographie von Mariquita, das Pauline Fürstin Metternich, die Frau des österreichischen Botschafters in Paris, Richard Fürst Metternich, auf einer Pariser Vaudevillebühne gesehen hatte, veranstaltete sie 1867 in Paris ein Wohltätigkeitsfest, bei dem ein Spielwarenladen aufgebaut war. Die Fürstin mimte die Ladenbesitzerin, Mitglieder der Pariser Gesellschaft agierten in Gesang, Rezitation oder Tanz als Puppen. Für ein Wohltätigkeitsfest in Wien, geleitet vom ehemaligen Hofoperndirektor Franz Jauner, griff die Fürstin die Idee wieder auf und beauftragte auf Vorschlag Jauners Haßreiter, damals Solotänzer und Mimiker der Hofoper, mit der Konzipierung einer Pantomime, die den Titel *Im Puppenladen* tragen sollte. Bayer, der zweite Ballettdirigent der Hofoper, wurde mit der Komposition beauftragt. In knapp 14 Tagen war die Pantomime fertig. Sie bildete den Abschluß des Wohltätigkeitsprogramms, das am 9. April 1888 in Anwesenheit Kaiser Franz Josephs I. im Palais Liechtenstein stattfand und dessen Reinertrag Opfern einer Überschwemmung in Ungarn und einer Feuersbrunst in Galizien zugute kam. Fürstin Metternich stellte wieder die Verkäuferin dar, Puppen und Käufer wurden von Mitgliedern des Adels verkörpert. Der Erfolg dieser Aufführung bewirkte die rasche Übernahme des Werks in die Hofoper, deren Ballettensemble sich in einer schon geraume Zeit dauernden Krise befand. Sie betraf nicht so sehr die Qualität als vielmehr die Spielplangestaltung. Die Ballette Paolo Taglionis waren ebenso aus der Mode gekommen wie die aus Paris importierten spätromantischen Ballette *Coppélia* (1870) von Saint-Léon und *Sylvia* (1876) von Mérante. Auch den Werken des langjährigen Ballettmeisters Karl Telle war kein anhaltender Erfolg beschieden. Wie im übrigen Mitteleuropa war das Ballett auch in Wien zu einem Amüsierspektakel abgesunken, in dem man mit großem Ausstattungs- und Personenaufwand die Dürftigkeit von Stoff und Musik zu verschleiern suchte. Am meisten entsprach dem Publikumsgeschmack so leichte Kost wie Louis Frapparts die Tanzfreuden der Wiener illustrierendes Divertissement *Wiener Walzer* (1885), zu dem Bayer die Musik zusammengestellt hatte, oder Luigi Manzottis mit effektvollen technischen Bühnenlösungen und Heerscharen von mitunter frivol kostümierten Tänzerinnen auftrumpfendes Ballett *Excelsior* (Mailand 1881; Musik: Romualdo Marenco), das bald nach der Uraufführung in Wien einstudiert worden war. Von der im Palais Liechtenstein aufgeführten Pantomime versprach man sich, diese Erfolgslinie fortsetzen zu können. Gaul, der Ausstattungsleiter der Hofoper, wurde mit der Erweiterung des Szenariums beauftragt. Unter Beibehaltung der Metternich/Haßreiterschen Idee wurde die Pantomime zum »Pantomimischen Divertissement« *Die Puppenfee*. Die wesentlichste Veränderung war das hinzugefügte Ballabile.

**Inhalt:** In einer Spielwarenhandlung; in der Mitte der Puppenfeekasten mit Vorhang, rechts und links offene Puppenkästen: Der Spielwarenhändler steht am Schreibpult vor seinen Büchern. Kommis und Faktotum reinigen die Puppenkästen und die mechanischen Figuren. Ein Briefträger übergibt dem Chef ein Paket mit Briefen, einen davon erhält der erste Kommis, das als Faktotum des Spielwarenhändlers. Eiligen Schritts erscheint ein Kommissionär, der Kartons und Schachteln liefert. Während der Chef die Post durchsieht, erscheint eine Dienstmagd. Sie bringt eine Puppe zur Reparatur. Der Chef verspricht, sein möglichstes zu tun. Er findet an der Magd Gefallen. Sie versucht sich seinen Liebkosungen zu entziehen. Dabei stößt sie beinah mit einem österreichischen Waldbauern zusammen, der gerade mit Weib und Kind den Laden betritt. Alle drei bestaunen verwundert die vielen Dinge. Das kleine Mädchen berührt die Puppen, wird jedoch von seiner Mutter zurückgehalten. Dem Bauern scheint die Figur eines geharnischten

Ritters am meisten zu imponieren. Bei einer Berührung gerät der Mechanismus der Figur in Bewegung und schlägt den Bauern zu Boden. Die Bäuerin und ihr Kind fliehen erschrocken und stoßen dabei an einen Kasten, aus dem ein Springteufel emporfährt. Verwirrt flüchten sie auf die andere Seite. Der Chef und die Kommis stellen die Bauern zur Rede. Der Lohndiener eines Hotels kündigt den Besuch einer reichen englischen Familie an. Die Eltern mit vier Kindern betreten den Laden. Der Chef preist einige Puppen an. Zuerst wird die Figur eines Chinesen vorgeführt, aber der Mechanismus versagt. Der Chinese macht nur verrenkte Bewegungen und bricht dreimal hilflos zusammen. Der Spielwarenhändler gerät dadurch in große Verlegenheit, und der Engländer schickt sich an fortzugehen. Die Angestellten bemühen sich, ihn zurückzuhalten. Man führt nun die Oberösterreicherin vor, danach ein Bébé, das »Papa« und »Mama« sagt. Nach der Chinesin tritt der Kommissionär mit einem Postkarton auf, in dem sich die Spanierin verbirgt. Hierauf folgt die Japanerin, schließlich die Gruppe Mohrin, Polichinello, Poet, Portier und Jockey. Befriedigt will die Familie das Lokal verlassen. Der Chef hält sie abermals zurück, um ihr das exquisiteste Stück, die Puppenfee, zu zeigen. Der Engländer erklärt energisch, dies Meisterstück um jeden Preis besitzen zu wollen. Der Chef verlangt eine hohe Summe, der Handel wird abgeschlossen. Die Familie verläßt den Laden, die Bauern, die nichts gekauft haben, werden hinausexpediert. Der Spielwarenhändler freut sich im Abgehen über das brillante Geschäft, der erste Kommis löscht die Gasflammen. Man hört es Mitternacht schlagen. Beim letzten Schlag wird es im Puppenladen lebendig, die Puppenfee erscheint, belebt sich und tritt aus dem Kasten. Auf ihr Zeichen kommen auch die andern Puppen hervor. Es wird plötzlich hell. Ein weiteres Zeichen der Puppenfee: Die Bühne wird frei, ein Ballabile mit dem Auftritt der Trommlerin als Höhepunkt beginnt. Danach erlöschen die Lichter, die Puppen ziehen sich zurück. Mit einem Schlag wird es wieder hell. Der Festmarsch sämtlicher mechanischer Figuren und Puppen beginnt. Die Feerie verschwindet, alles verwandelt sich zurück in den Puppenladen. Da stürzen der Spielwarenhändler und sein Faktotum in Nachtkleidern herein. Sie sehen sich um, ob alles in Ordnung ist. War der Tumult, den sie gehört haben, nur eine Täuschung? Der Chef bleibt in Gedanken versunken stehen. Wieder wird es schlagartig hell. In einer Apotheose gruppieren sich alle Puppen im vollsten Licht zu einem riesigen Fächer.

**Kommentar:** Aus heutiger Sicht scheinen weder Libretto noch Musik, noch Choreographie mehr als nostalgischen Reiz zu haben. Da aber auch zur Entstehungszeit das Libretto nicht neuartig, die Musik kein Meilenstein in der Ballettkomposition und die Choreographie nicht von subtilen Erfindungen getragen war, muß das Geheimnis des enormen Erfolgs anderswo gelegen haben. Bayers Musik gefiel von Anfang an, sie fand sogar bei Eduard Hanslick Gnade, der ihr Originalität, ja sogar stellenweise dramatischen Esprit bescheinigte. Das einfach gebaute Libretto war nur scheinbar harmlos. Es bot dem mit diesem Ballett als Choreograph an der Hofoper debütierenden Haßreiter Gelegenheit, dem mit mimischen Details sorgfältig ausgearbeiteten realen ersten Abschnitt mit seinen charakteristischen Puppentänzen ein grandioses Ballabile im phantastischen zweiten Abschnitt gegenüberzustellen. Diese auch heute noch beeindruckende choreographische Evolution brachte das gesamte weibliche Ballettpersonal samt den Elevinnen der Ballettschule auf die Bühne: Von der das ganze Stück hindurch nur mimisch agierenden Puppenfee geleitet, treten zunächst gruppenweise in Sechserformationen blau gekleidete Bébés, Polichinellen, rosa kostümierte Bébés, von einer Solistin angeführte Oberösterreicherinnen, Trommelhasen und Kinderspielzeug wie Glocke und Hammer, Leierkasten und Kegel auf. Es folgt der Auftritt der Trommlerin, die als einzige Figur im Ballett ein Solo auf Spitze tanzt. Daran schließt sich der Auftritt der Spanierin mit Sechsergefolge, es folgen Chinesinnen und Japanerinnen. Schließlich postieren sich die Solopuppen auf einem drehbaren Vasenpraktikabel und werden von vier en travestie gemimten Kavalieren kennerhaft begutachtet. Spätestens mit diesem raffinierten Stilbruch, der die Balletthabitués karikiert, und dem an das Ballabile anschließenden Defilee wird der ursprüngliche Sinn dieses Balletts klar: Es war eine Selbstdarstellung des Hofopernballetts, das in so aufreizenden Kostümen wie denen der Trommelhasen oder der Bébés erotische Phantasien beflügeln konnte. Daß dies Ballett gleichzeitig auch Kindern zu gefallen wußte, erklärt seinen unglaublichen Erfolg. Haßreiters Choreographie, in einem Skizzenbuch festgehalten und durch die Wiener Aufführungstradition überliefert, besticht auch heute noch durch ihre perfekt arrangierten Solonummern, ihre geradezu strategisch ausgeklügelten blockweisen Aufmärsche im Ballabile, die sich zu einem kreisförmigen Defilee im anschließenden Marsch und zu immer wieder an die Rampe vorwärtsstrebenden Formationen im Galopp entwickeln, sowie schließlich durch das Finale, das alle Tänzerinnen, auf verschieden hohen Podesten gruppiert, zu einem Fächermotiv vereint.

**Wirkung:** Die Uraufführung der *Puppenfee*, im Anschluß an Flotows Oper *Alessandro Stradella* (1844) gegeben, fand am Namenstag des Kaisers statt. Das Werk wurde als die anmutigste Ballettnovität der letzten Jahre gefeiert. Im Vergleich mit *Wiener Walzer* billigte man aber der *Puppenfee* eine bessere dramatische Struktur zu. Hanslick meinte, das Ganze sei reizend arrangiert, voll drolliger Überraschungen und unterhaltend von Anfang bis Ende; Gaul und Haßreiter gebühre Dank und Lob, sich Lustiges erdacht und keinen Pas de deux zugelassen zu haben. Tatsächlich ist dies Fehlen eines Pas de deux und damit auch das Fehlen eines Auftritts für die Primaballerina außergewöhnlich und bemerkenswert. Besonders hervorgehoben wurden auch Gauls Kostüme, das Bühnenbild Anton Brioschis und die magischen Lichteffekte, die die Puppenfee bei ihrem Auftritt auslöste.

Man geizte auch nicht mit den Beschreibungen der Reize der Damen. Am besten schnitten die Trommelhasen ab, deren Kostüme die schönen Formen ihrer Trägerinnen zur besten Geltung gebracht hätten. Die Kavaliere wurden als »lasterhaft-schön« bezeichnet. Aus einem Gelegenheitsstück ist ein Welterfolg geworden. In Wien wurde *Die Puppenfee* anfangs zwei- bis viermal pro Woche gespielt, bereits nach eineinhalb Jahren fand die 100. Aufführung statt. Ein Jahr nach der Uraufführung kam als zusätzliche mechanische Puppe der en travestie getanzte Ungar hinzu. Für das Duo Bayer/Haßreiter war das Ballett der Auftakt zu einer ganzen Serie weiterer Erfolge wie *Sonne und Erde* (1889), *Ein Tanzmärchen* (1890), *Rouge et noir* (1891), *Rund um Wien* (1894) und *Die Braut von Korea* (1897; alle Wien). Es gelang ihnen nicht nur, an die Ästhetik à la *Excelsior* anzuschließen, sondern sogar eine wienerische Spielart davon zu entwickeln. Haßreiters Kreationen galten als modern und wurden im Ausland als neue Stilrichtung angesehen. Mit ihnen begann für das Ballett der Hofoper eine Glanzzeit, die bis etwa zur Jahrhundertwende andauerte. – Schon zwei Monate nach der Uraufführung gab es Einstudierungen der *Puppenfee* in Budapest und Prag. Es folgten Choreographien von Marie Merjack (Hamburg 1889), Paul Büttgenbach (Köln 1889), Josef Gyurián (Frankfurt a. M. 1889), Jean Golinelli (Leipzig 1889) und Robert Köller (Dresden 1889). In München war das Werk 1890 (Choreographie: Flora Jungmann) zu sehen und brachte es dort in der ersten Spielzeit auf 55 Vorstellungen. Im selben Jahr kam es zur New Yorker Erstaufführung (Choreographie: Giovanni Ambrogio) in der Metropolitan Opera. In Stuttgart (Choreographie: August Brühl) wurde *Die Puppenfee* 1891 sieben Wochen en suite gespielt. Berlin folgte 1892 (Choreographie: Emil Graeb), Mailand 1893 (Choreographie: Cesare Smeraldi) und Paris 1894. In Moskau gab es 1898 eine Choreographie von José Mendez und 1900 eine von Ivan Clustine. Bis zur Jahrhundertwende soll das Ballett bereits über 100 Bühnen gegangen sein. Es war so bekannt, daß es in Lissabon unter seinem deutschen Titel angekündigt wurde. Für die Einstudierung in Petersburg 1903 von Nikolai und Sergei Legat wurde Musik von Riccardo Drigo und andern hinzugefügt; ein Pas de trois hieraus wird heute noch vom Kirow-Ballett getanzt. Katti Lanner brachte das Ballett 1905 im Londoner Empire Theatre zur Aufführung. 1909 wurde es in Stockholm (Choreographie: Otto Zöbisch) gespielt. Anna Pawlowa führte das Werk 1914 in Clustines Choreographie auf und zeigte es auf ihren Tourneen in der ganzen Welt. Auch nach dem ersten Weltkrieg gab es kaum eine Stadt in Mitteleuropa, in der es nicht gespielt worden wäre. Von den unzähligen Choreographien seien die von Lizzie Maudrik (Berlin 1927), Heinrich Kröller (Mailand 1930), Jan Cieplínski (Budapest 1932), Helga Swedlund (Hamburg 1934), Rudolf Kölling (Berlin 1939), Pia und Pino Mlakar (Wien, Volksoper 1941) und Margarita Froman (Wien, Volksoper 1942) genannt. In Moskau gab es 1925 eine Aufführung in der Choreographie von Assaf Messerer und Jewgenija Dolinskaja, in Philadelphia studierte Catherine Littlefield 1935 das Ballett ein. Erst nach dem zweiten Weltkrieg wurde es zusehends auf kleinere Bühnen zurückgedrängt, zudem war ihm in Massines *La Boutique fantasque* (1919) eine Konkurrenz erwachsen, in der das Thema der *Puppenfee* variiert wurde. Immerhin gab es unter anderm noch Einstudierungen von Jens Keith (Berlin 1946), Kölling (München 1948) und Robert Alexander Mayer (Stuttgart 1951). – An der Wiener Hofoper blieb das Werk ununterbrochen auf dem Spielplan. Während der Ära Haßreiter (bis 1918) wurde es über 500mal aufgeführt. Noch bis 1944 bediente man sich der Originalchoreographie und -ausstattung (insgesamt über 700 Vorstellungen). Eine entscheidende Änderung brachte eine Einstudierung durch Willy Fränzl 1958 mit sich. Aus der rein pantomimischen Rolle der Puppenfee wurde eine auf Spitze getanzte Partie. 1983 verwirklichte eine Einstudierung von Gerlinde Dill und der noch unter Haßreiter tätig gewesenen Solotänzerin Riki Raab die Absicht, das Originalballett möglichst getreu wiederherzustellen. Bis zur Spielzeit 1985/86 brachte es das Werk in Hof- und Staatsoper auf insgesamt 795 Aufführungen.

**Ausgaben:** Kl.A: Cranz, Hbg.; L: Lewy, Wien; Film, Ch v. W. Fränzl nach J. Haßreiter, Ballett d. Wiener Staatsoper, mit S. Kirnbauer, U. Wührer, L. M. Musil, color: Wien-Film 1971; Video, Ch v. G. Dill nach J. Haßreiter, Ballett d. Wiener Staatsoper, mit R. Over, J. Seyfried, G. Dirtl, color: ORF 1984.
**Aufführungsmaterial:** M: Weinberger
**Literatur:** R. RAAB, Ballettmeister J. H., in: Theater in Österreich, Wien 1965; G. JACKSON, Notes on ›Die Puppenfee‹, in: Washington Dance View, 1979, Nr. 1; G. SCHÜLLER, A. OBERZAUCHER, J. H., in: Tanz-Bl., Wien 1980, Nr. 27, S. 11–31; R. MATZINGER, Die Geschichte des Balletts der Wiener Hofoper 1869–1918, Diss. Wien 1982; Die Puppenfee, hrsg. L. Knessl, Wien 1983 (Ph. d. Österr. Bundestheaterverbands)

*Alfred Oberzaucher*

## Rund um Wien
**Ballett in einem Vorspiel und sieben Bildern**

**Musik:** Josef Bayer. **Libretto:** Franz Gaul und Alfred Maria Willner
**Uraufführung:** 13. Okt. 1894, Hofoper, Wien, Ballett der Hofoper
**Darsteller:** Marie; ihr Vater, einst Soldat, jetzt Fabrikarbeiter; Rudolf, Mechaniker; der Graf; ein Sportsmann; der gute Genius; ein Dämon; ein Schauspieler; ein Tanzmeister aus einem Vorort; allegorische Figuren: die Wohltätigkeit, der Adel, das Bürgertum, die Künste, Genien, der Frohsinn, Austria; Corps de ballet: Jockeys, Bookmaker, der Starter, Turfgäste, Wiener Volkstypen, Komiteemitglieder, Künstler, Dienerschaft, Gläubiger, Arbeiter, verdächtige Gestalten; Vision: österreichisches Militär vom 18. Jahrhundert bis zur Neuzeit
**Orchester:** Picc, Fl, 2 Ob, 2 Klar, 2 Fg, 4 Hr, 2 Trp, 3 Pos, Pkn, Schl (gr.Tr, kl.Tr), Hrf, Streicher
**Aufführung:** Dauer ca. 2 Std.

**Entstehung:** Entgegen den Erwartungen des Ballettmeisters der Wiener Hofoper, Karl Telle, hatte Louis Frapparts Divertissement *Wiener Walzer* (1885; Libretto: Gaul, Musikzusammenstellung: Bayer), trotz der im proletarischen und bürgerlichen Milieu angesiedelten Volksszenen einen durchschlagenden Erfolg. Gaul zeichnete ein Genrebild, das ohne eigentliche Handlung die Entwicklung des Wiener Walzers wiedergab. Entgegen den Gepflogenheiten im Ballett verzichtete man mit Ausnahme eines eingelegten Pas de deux auf Spitzenschuh und Tutu. Höhepunkt des Werks, das die Gattungsbezeichnung »Illustration« trug, war der Aufmarsch des weiblichen Ballettcorps als Deutschmeisterkapelle. Der mit *Wiener Walzer* erfolgreich beschrittene Weg sollte mit *Rund um Wien* fortgesetzt werden.

**Inhalt:** In Wien.
Vorspiel, ärmliches Zimmer einer Parterrewohnung in einem Vorort: Marie, Tochter eines Fabrikarbeiters und früh der Mutter beraubt, lebt in freudloser Abgeschiedenheit und in Sorge um das tägliche Brot. Der Vater kehrt immer erst spät heim, sie ist sich selbst überlassen. Während sie sich voll trauriger Gedanken ihrer Handarbeit widmet, sieht sie eine Schar fröhlicher junger Menschen am Fenster vorbeiziehen. Es ist Fasching. Durch das Fenster sieht man eine elegante männliche Gestalt dem Haus nähern. Als es klopft, öffnet Marie zögernd die Tür. Ein livrierter Diener tritt ein und überreicht ihr einen Brief und ein Etui. Marie liest den Brief mit sich steigernder Erregung. Sie öffnet das Etui: Diamanten blitzen ihr entgegen. Da erscheint eine Lichtgestalt, der gute Genius, und warnt Marie vor den verlockenden Juwelen. Ein Dämon, von rosigem Licht überstrahlt, flüstert ihr Schmeicheleien zu und will sie überreden, den Antrag des Grafen anzunehmen. Der Genius scheint besiegt. Der Vater tritt mit Rudolf ein, der um ihre Hand anhalten will. Teilnahmslos läßt sie die ihr dargebotenen Blumen fallen. Der Vater tröstet Rudolf. Allein gelassen, kommt Marie zur Besinnung. Der Genius legt ihr die Blumen in den Schoß. Der Graf tritt ein. Er macht Marie Liebesbeteuerungen, wirft die Blumen weg und setzt ihr ein Diadem auf den Kopf. Der Diener bringt einen kostbaren Pelz. Willenlos folgt Marie dem Grafen. Der Dämon triumphiert, indes der Genius Rudolfs Blumen aufhebt und traurig verschwindet. Der Vater tritt aus seiner Schlafkammer und sieht bestürzt, daß sein Kind geflohen ist.
1. Bild, »In der Freudenau«, Turfplatz: Marie ist eine vornehme Lebedame geworden. Affektiert nimmt sie die Galanterien ihrer zahlreichen Bewunderer entgegen, während der Graf schon im voraus als der sichere Gewinner des Derbypreises beglückwünscht wird. In Gestalt eines Bookmakers reizt der Dämon Marie zu ungeheuren Einsätzen. Der Graf verliert das Rennen und damit sein Vermögen. Marie wendet sich dem Sieger, einem alten reichen Sportsmann, zu. An seiner Seite verläßt sie den Turfplatz, kalt wirft sie dem verzweifelten Grafen ihre Börse zu.
2. Bild, »Das Volk und seine Lieder«, Heurigenlokal in der Vorstadt: Marie erscheint mit ihrem neuen Gönner, sie hat Sehnsucht nach Unterhaltung unter ihresgleichen. Ihr Begleiter ist entsetzt über die vertrauliche Art, die sie der Menge gegenüber an den Tag legt. Rudolf erscheint als schmucker Rekrut, begleitet von Maries Vater. Marie will sich den beiden nähern, doch Rudolf weist sie zurück, der Vater verflucht sie. Marie wird von ihrem Begleiter fortgezogen.
Vorspiel zum 3. Bild, »Das goldene Wiener Herz«: Not und Elend sind hereingebrochen. Unter den Hilfsbedürftigen ist Maries Vater. Der Genius Wiens erscheint und ruft die Wohltätigkeit herbei. Adel, Bürgertum und die Künste bieten ihre Hilfe an. Ein Hilfskomitee rüstet zu einem Wohltätigkeitsfest.
3. Bild, »Die Wiener Tanzmusik«: Der Frohsinn zieht aus einer Urne den Namen des Königs im Reich der Tanzmusik. Das Rotundentheater wird sichtbar. Es folgt ein Potpourri zu Melodien des Jubilars Johann Strauß (Sohn) in Bildern aus Alt- und Neu-Wien.
4. Bild, »Im Salon«, prunkvoller Salon in Maries Haus: Maries Glücksstern ist verblichen. Sie wirkt müde und verlebt. Gläubiger bedrängen sie. Sie bietet ihr Diamantenkollier, das ihr der Graf geschenkt hat. Einer der Gläubiger erkennt sofort, daß die Steine falsch sind. Unerbittlich fordert ein Gläubiger die Balltoilette, die Marie gerade trägt. Höhnisch hält die Zofe ihrer Herrin das ärmliche Gewand entgegen, das sie einst getragen hat. Im Hintergrund erscheint der Dämon. Mit teuflischer Freude weist er seinem Opfer den Weg des Elends. Der Salon verwandelt sich. Marie steht, aus dem Haus gewiesen, auf der Straße, arm, wie sie früher war, gebrochen an Leib und Seele.
5. Bild, »An der Reichsbrücke«, Ufer der Donau: Verdächtige Gestalten aus der Hefe der Großstadt treiben sich herum. Sie werden von einer Patrouille vertrieben. Rudolf erscheint in trüben Gedanken. Er hat Marie nie vergessen können. Marie schleicht mühselig vorbei. Sie will ihrem Leben ein Ende machen. Durch einen dumpfen Fall aufgeschreckt, eilt Rudolf zur Uferböschung und springt entschlossen der Unbekannten nach. Er trägt die Gerettete herauf. Die beiden erkennen sich, Rudolf fühlt Mitleid. Da erscheint der Genius und berührt mit seiner Hand, die die Blumen des Vorspiels hält, Rudolfs Herz, um ihm die Erinnerung an seine erste, einzige Liebe wiederzugeben. Rudolf verzeiht Marie, der gute Genius segnet das vereinte Paar.
6. Bild, »Fürs Vaterland« (Allegorie): Maries Vater kommt hinzu. Den Bitten beider gelingt es, auch ihn zu versöhnen. Da hört man aus der Ferne Trommeln und Trompeten. Der Greis bedeutet Rudolf, daß nun die heilige Pflicht zum Dienst für das Vaterland rufe. Der erhabene Geist der Austria wird sichtbar. Sie ergreift eine Fahne und hält sie hoch empor. Rudolf tritt vor und schwört ihr zu. Über ihrem Haupt erglänzen in überirdischem Licht die Namen Kolin, Aspern, Novara, Lissa und Custoza.
7. Bild, »Das Kriegslied« (Vision): Von magischem Vollmondlicht beleuchtet, erscheint das Maria-Theresia-Denkmal. Zum Trommel- und Pfeifermarsch, dem Prinz-Eugenius- und Theresienmarsch ziehen Truppen aus der Zeit Kaiserin Maria Theresias, Gre-

nadiere aus der Zeit von 1809 und Soldaten aus Joseph Wenzel Graf Radetzkys Zeit vorbei. Schließlich der Aufmarsch der Soldaten der gegenwärtigen Armee. Am Horizont erscheint im hellsten Licht der Spruch: »Austria erit in orbe ultima«. Der gute Genius tritt als Vindobona ins Bild und stellt sich zwischen die beiden Schilde, das alte Wappen der Stadt Wien vervollständigend.

**Kommentar:** Mit *Rund um Wien* haben die Autoren mehrere Ziele verfolgt. In erster Linie war es das Bestreben, im Zuschauer patriotische Gefühle zu wecken. Das militärische Defilee am Schluß, der Aufmarsch von 64 Tänzerinnen als Deutschmeister, Jäger, Matrosen und Bosniaken rief jubelnde Begeisterung hervor. Die suggestive Kraft des Marschs nutzend, wurde auf raffinierte Weise Agitation betrieben. Das Ballett der Hofoper sollte der Bevölkerung die Rolle der Armee als übernationales Bindeglied des Vielvölkerstaats vor Augen führen. Das zweite Ziel, Sozialkritik zu üben, kommt in der eigentlichen Handlung, die immer wieder durch Allegorien ausgeschmückt wird, zum Ausdruck. Zwar bedienten sich die Librettisten der aus Luigi Manzottis Ballett *Excelsior* (Mailand 1881) bekannten Figuren eines guten Genius und eines Dämons (beide Rollen wurden von Mimikerinnen dargestellt); die realistischen Szenen, besonders die Nachtszene unter der Reichsbrücke, brachten aber »erschütternde Wahrheit und hatte[n] gar nichts mit der krampfhaften Aktion des Balletts gemein« (Eduard Hanslick in der *Neuen Freien Presse*, 16. Okt. 1894). Geschickt wurde in die Handlung von Fall und Läuterung eines Arbeiterkinds jene Szene eingewoben, die den Zweck hatte, das Publikum zur Wohltätigkeit zu animieren. Daß dabei Musik des Walzerkönigs Strauß erklang, unterstützte dies Anliegen sicherlich. Strauß war bei der Premiere anwesend und nahm die Ovationen des Publikums zu seinem 50. Geburtstag entgegen. Ähnlich großen Erfolg hatte die Szene beim Heurigen, die ein Potpourri der bekanntesten Wiener Lieder brachte. Durch die Szene auf dem Turfplatz wurde den einflußreichen Mitgliedern des Jockeyclubs Reverenz erwiesen. Der »Jockeygalopp« in diesem Bild, die »Wiener Lieder«, das »Strauß-Potpourri« und der »Große militärische Marsch« waren die tänzerischen Einlagen in dem sonst rein pantomimisch konzipierten Ballett. Während *Wiener Walzer* eine Zusammenstellung verschiedener Wiener Tanzmusiken war, brachte Bayer in *Rund um Wien* Stücke von Strauß, Wiener Lieder und Militärmärsche als Einlagen ein.

**Wirkung:** Die sozialkritischen Aspekte des Librettos wurden in der Aufführungspraxis von den Tänzen in den Hintergrund gedrängt. Besonders die Aufmärsche der als Soldaten kostümierten Tänzerinnen verfehlten

*Rund um Wien*, 7. Bild; Bühnenbild: Anton Brioschi; Uraufführung, Ballett der Hofoper, Wien 1894. – Die aufmarschierenden weiblichen Regimenter waren nicht nur vergnügliche Augenweide für das männliche Publikum, sondern galten als pazifistischer Beitrag des Hofopernballetts zur politischen Lage der Monarchie.

niemals ihre Wirkung. *Rund um Wien* blieb bis 1911 im Repertoire der Hofoper und erzielte 79 Vorstellungen.

**Ausgaben:** Kl.A: Cranz, Hbg.; L: Künast, Wien 1894
**Literatur:** s. S. 727

*Alfred Oberzaucher*

# Roman Haubenstock-Ramati

Geboren am 27. Februar 1919 in Krakau

## Amerika
**Oper in zwei Teilen**

**Text:** Roman Haubenstock-Ramati, nach dem Romanfragment (1913) von Franz Kafka und der Bühnenbearbeitung (1957) von Max Brod
**Uraufführung:** 8. Okt. 1966, Deutsche Oper, Berlin
**Personen:** Karl Roßmann, ein junger Mann (lyrischer T); Klara, ein junges amerikanisches Mädchen (S); Therese, ein Hilfsmädchen (S); Brunelda, eine Exsängerin (Mez); die Oberköchin (A); Onkel Jacob (B); der Oberportier (B); der Direktor des großen Naturtheaters (B); der Heizer (B.Bar); Herr Pollunder (B.Bar); Robinson (B.Bar); 1. Landstreicher (B.Bar); Delamarche (B oder B.Bar); 2. Landstreicher (B oder B.Bar); der Oberkellner (B oder B.Bar); der Personalchef des großen Naturtheaters (B oder B.Bar); SprechR: Sprecher 1, der Student, 1. Schreiber, Sprecher 2, 2. Schreiber, Gerichtsagent, der Wahlkandidat »I love you«. **Sprechchor:** 4 S, 4 A, 4 T, 4 B. **Ballett, Statisterie**
**Orchester:** 3 Fl (auch Picc), 2 Ob, 3 Klar, 2 Fg, 4 Hr, 4 Trp, 3 Pos, Tb, Schl (4 Spieler: 2 Pkn, gr., mittleres u. kl. Tomtom, gr. liegende Tr, 5 Cencerros, gr., mittleres u. kl. hängendes Bck, Tamtam, fixierte Schellen, gr. Maracas; 3 kl.Tr, 2 kl. Bongos, 5 Tempelblöcke, gr., mittleres u. kl. hängendes Bck, Tamtam, hängende Blechfolie (50 x 100 cm); 2 Pkn, mittleres u. kl. Tomtom, Konga, RührTr, gr. liegende Tr, 5 Holzblöcke, hängendes Bck, 2 gr. Gongs, Tamtam, gr. BlechTr; 2 gr. Bongos, Konga, gr. Tomtom, gr. liegende Tr, 5 BlechTr, 2 hängende Bck, mittlerer Gong, sehr gr. Tamtam, Kl, Cel, Harm, Vibr, Xyl, Marimba, Xylorimba, Mand, Streicher, Tonbänder
**Aufführung:** Dauer ca. 2 Std. 30 Min. – Folgende Partien sind mit jeweils einem Darsteller zu besetzen: Klara/Therese, Jacob/Oberportier/Direktor, Heizer/Pollunder/Robinson, Delamarche/Oberkellner/Personalchef, Sprecher 1/Student/1. Schreiber, Sprecher 2/ 2. Schreiber, Gerichtsagent/Wahlkandidat. Die Partitur enthält genaue Angaben zur Erstellung diverser Tonbandmontagen, die bei der Aufführung mit einem Vierspurtonbandgerät (oder zwei Stereotonbandgeräten) einzuspielen sind; erfordert sind Lautsprecheranlagen links und rechts im Saal, links und rechts neben der Bühne, auf der Bühne, im Orchesterraum, ein Lautsprecher soll hoch in der Mitte des Saals aufgehängt werden. Der II. Teil der Oper liegt in drei Versionen vor, in denen der Komponist Spielvarianten (unterschiedliche Reihenfolge der Szenen, in Version B Auslassung des Epilogs) vorschlägt.

**Entstehung:** Gustav Rudolf Sellner, der damalige Intendant der Deutschen Oper Berlin, bat Haubenstock-Ramati 1962, eine Oper für sein Haus zu schreiben. Das Werk entstand 1962–64. 1964 wurden drei Orchesterskizzen aus der Partitur in Donaueschingen uraufgeführt. Die Dirigierpartitur von 1970 trägt den Zusatz »revidierte Fassung«. Abweichungen zur gespielten Fassung der Uraufführung sind noch ungeklärt.
**Handlung:** Die Oper ist in zwei Teile mit insgesamt 25 Segmenten (14 + 11) und einen Epilog gegliedert. Die Szenen, in denen oft Disparates simultan geschieht, verbinden sich nicht zu einer chronologischen Handlung, sondern entfalten ein mehrschichtiges Panorama, in dem Handlungsmomente und Spielorte des Romans, als Versatzstücke behandelt, wiedererkennbar sind. – In einer Vorbemerkung zu Libretto und Partitur äußert sich Haubenstock-Ramati zu »Regie – Bild – Choreographie« folgendermaßen: »So wie wir im Traum einerseits dem Realen, Bekannten und Eindeutigen, andererseits dem Verwischten, Unklaren und Vieldeutigen begegnen (Dimensionen, die sich nicht nur ergänzen, sondern auf zweierlei Art dasselbe – durch das Bewußte und das Unterbewußte – projizieren), so muß auch hier auf der Bühne diese ›Trennung des Untrennbaren‹ auf zweierlei Ebenen angestrebt werden. Einerseits das Bewußte: durch Klarheit und Eindeutigkeit der gezeichneten Geschehnisse, Personen und Dinge; andererseits das Projizieren der gleichen Personen, Dinge und Handlungen ins Unterbewußte, durch das verwischte, unklare und deformierte Bild und vieldeutige, oft absurde Aktionen. Einerseits also: Sprache, Gesang, erkennbare Personen und bekannte Formen als ›Ausdruck‹ des Realen, des Bewußten; andererseits zerrissene Worte, Monologe und ungenannte Stimmen, Ballett-Aktionen und absurde Pantomimen, Deformation der Objekte und abstrakte Projektionen, Finsternis und Spiele mit dem Licht, als ›Eindruck‹ des Unterbewußten, des Transzendenten.«
I. Teil: Nach der »Widmung« mit dem Satz des ersten Sprechers »nicht verzweifeln, auch darüber nicht, daß du nicht verzweifelst«, kontrapunktiert durch die Pantomime »Apotheose à la nature morte«, wird durch Lichtregie (»immer mehr blinkende Lichter und Lichtausbrüche«) und Projektionen abstrakter Bilder die Ankunft in der Neuen Welt sinnfällig. Als Handlungsort ist »ein schrecklich großes Schiff« zu denken, wobei in kurzen Sequenzen »die Eilenden« (die ängstlich auf die Ankunft wartenden Passagiere), Karl Roßmann auf der Suche nach seinem vergessenen Schirm, Karls Begegnung mit dem Heizer und seinem

Onkel sowie Gesprächsfetzen aus dem Streit des Heizers mit den Schiffsoffizieren erkennbar werden, schließlich die Einladung Onkel Jacobs an Karl, ihn auf sein Landgut zu begleiten. Es folgen Szenen in Jacobs Haus auf dem Land, das als »ein altes, verfallenes Haus: ein riesiggroßes Gelände, lange dunkle Gänge, Treppen, Korridore, Kerzenbeleuchtung« beschrieben ist. Klara zeigt Karl die Errungenschaften der Technik, später erkennt man ein Handgemenge der beiden, dann Klara, die ihr Haar und Kleid wieder in Ordnung bringt, Karl auf einem Kanapee liegend, auf dem sich offenbar eine Liebesszene zwischen beiden abgespielt hat. Kontrapunktiert sind diese Szenen durch Pantomimen: Delamarche und Robinson, die sich wie Diebe durch das Haus schleichen; das Ankleben eines riesigen Plakats des »großen Theaters von Oklahoma«. Schließlich wird Karl durch die Stimme Jacobs aus dem Haus vertrieben und findet sich um Mitternacht »im Freien« wieder.

II. Teil: Nach einer nicht näher definierten Pantomime (Karl, Delamarche, Robinson) mit dem Titel »Der lange Weg nach Ramses« und einer aus englischen Wortfetzen collagierten Mae-West-Parodie Bruneldas eröffnet die Bühne den Blick auf das Hotel Occidental in drei Spielebenen: 1. »eine mehrere Stockwerke hohe Halle eines großen, labyrinthartigen Hotels« (unten); 2. »Kellner, Liftjungen, Gäste dieses merkwürdigen Hotels« (Mitte); 3. »Oberköchin« (oben). Karl spricht mit der Oberköchin und dem Oberkellner und erhält als Liftboy eine Anstellung im Hotel. Während er seinen Dienst versieht, plaudert der betrunkene Robinson mit Therese. Gleichzeitig wird auf den verschiedenen Ebenen der Betrieb eines Hotels pantomimisch sichtbar. Schließlich entläßt der Oberportier Karl aus dem Dienst, weil dieser seinen Posten ohne Erlaubnis verlassen habe. »Ein Hochhaus, zwei Balkons hoch über der Straße«: Der Student liest in einem Buch und sinniert über das »zeitige« Aufstehen, während der Wahlkandidat »I love you« unten auf der Straße eine absurde, stotternde Rede in englischer Sprache hält. Karl ist auf der Suche nach einer neuen Stellung und fragt den Studenten um Rat. Der rät ihm, bei Brunelda zu bleiben, und sinniert anschließend wieder über das »zeitige« Aufstehen. Die Bühne wird dunkel, und man hört Brunelda im Bad, wie sie Robinson und Delamarche beschimpft, weil nichts nach ihren Wünschen zu funktionieren scheint. Während Stimmen zum Besuch des großen Theaters von Oklahoma aufrufen, erkennt man einen bettelnden Mann, Bruneldas nächtlichen Umzug, später Karl, der mit einer Rikscha durch die Nacht wandert. »Ein Werbestand des Oklahoma-Theaters«: Ein Pandämonium bizarrer Gestalten bewegt sich über die Bühne, Karl spricht mit zwei Schreibern und wird vom Personalchef des Theaters als neues Mitglied aufgenommen und hinaufgeführt in eine »große Zirkusmanege«, in der sich eine große, nicht genau spezifizierte Chorpantomime mit Engeln und Teufeln unter dem Titel »Der Himmel und die Hölle« abspielt. Epilog: Der Sprecher 1 verkündet noch einmal den Leitsatz der »Widmung«, mit dem die Oper begann.

*Amerika*, II. Teil, 25. Segment; Regie: Deryck Mendel, Bühnenbild: Michel Raffaëlli; Uraufführung, Deutsche Oper, Berlin 1966. – Theater ist für Haubenstock-Ramati dadurch aktuell, daß es auf einer Bühne mit mehreren Schauplätzen die absurde Gleichzeitigkeit des Unvereinbaren zeigt, die für die moderne Gesellschaft charakteristisch ist. Und das Musiktheater, zu dessen spezifischen Formen seit dem späten 18. Jahrhundert das Ensemble divergierender Stimmen gehört, erlaubt ein Ausmaß von paradoxer Simultaneität, wie es das gesprochene Drama nicht kennt.

**Kommentar:** Kafkas Romanfragment *Amerika* ist in einer Zeit entstanden, die den Mythos vom Land der unbegrenzten Möglichkeiten geprägt hat. Aber auch die von Brod bezeugte Sehnsucht Kafkas nach fernen Ländern trug dazu bei, daß das fernste Land als das verheißungsvollste erschien und zum Schauplatz eines humanen Prozesses wurde, dessen Ende nicht absehbar, aber durch die unausgesprochene Hoffnung auf einen gerechten und allgemein verbindlichen Zustand den ihm bekannten Lauf der Welt entrückt ist. Kafkas utopische Gedankenwelt und selbst seine schwärzesten Phantasmagorien sind tief in seinem religiösen Denken verankert und greifen über den gegenwärtigen Angsttraum eines Weltgerichts in den Glauben an ein Reich der Gnade und des Heils hinaus. In *Amerika* wird diesem Glauben mehr Raum und Tragfähigkeit gelassen als in den meisten andern seiner Werke; im *Prozeß* (1915) entwirft Kafka anschließend geradezu ein Gegenbild zu *Amerika*. Das Individuum, Karl Roßmann, ist zwar ausgestoßen, ausgesetzt, ausgeliefert; es wird verhöhnt, gejagt und geschunden, doch darf es sich hie und da von der Milde des Verfahrens überzeugen (zum Beispiel im 10. Segment: Das Haus auf dem Lande), es kann in den Labyrinthen von Gesetzen seine Richtung frei wählen (15. Segment: Der lange Weg nach Ramses) und sieht sich am Ende seiner Irrungen als Individuum in einer Gemeinschaft, die jeden gebrauchen kann (25. Segment: Das große Naturtheater von Oklahoma). – Ausgangspunkt von Haubenstock-Ramatis musikdramaturgischen Überlegungen war die Einsicht, daß es unmöglich ist, die alten dramaturgischen Spielregeln zu Beginn der 60er Jahre noch länger als verbindlich anzuerkennen: ihre mehraktige Architektur, ihre Darstellung von Konflikten, ihr Tempo, ihre Verflechtung von Musik und Libretto und ihre Balance vokaler und instrumentaler Elemente. Obwohl in Haubenstock-Ramatis Oper immer mehrere Segmente simultan ablaufen und der Komponist Vorschläge zur Umgruppierung einzelner Segmente gegeben hat, bleibt die erzählerische Chronologie der Romanvorlage weitgehend erkennbar. Die Texte der Solisten sind zum Teil wörtlich den Dialogen des Romans entnommen, tauchen dabei jedoch nur als Redefetzen in den Dialogen der Personen auf und sind nach der eigenen Philosophie des Komponisten mit frei erfundenen Textpassagen, Fragmenten aktueller Texte aus Zeitungen oder mit Gesprächsfetzen aus dem Alltag collagiert. Die Texte des Chors sind den erzählerischen Partien des Romans entnommen. Sie dürften wegen der besonderen musikalischen Behandlung der Chorstimmen kaum akustisch verstehbar sein, sollen aber offenbar als »Inspirationsquelle« für die dramaturgisch nicht näher spezifizierten Pantomimen dienen. So konstituiert der Bühnenvorgang keine eigentliche Handlung; vielmehr sind die Gesprächssegmente der Musik überlagert und lösen sich in szenisch-pantomimische Bewegung auf, wobei sich verschiedene Segmente zeitlich überlagern können. Der Komponist zielt auf Simultanität, so daß es keine Aktion im Sinn einer dramatischen Entwicklung gibt. Alles erscheint episodisch und zugleich in einer optischen Klarheit, wie sie den Erscheinungen der geträumten Wirklichkeit eigen ist. Gelegentliche Vorausnahme von Teilen des Romans macht die Vertauschbarkeit bestimmter Vorgänge sinnfällig; Aktionen, Verschachtelung verschiedener Szenen, durch Projektionen und Lichteffekte vervielfacht, vermitteln den Eindruck eines mehrschichtigen Panoramas. – Zwei Zwölftonreihen und deren Permutationen bilden das Klangmaterial, das oft in die subtilsten Verästelungen von Mikrostrukturen aufgelöst wird (graphisch notiert); dadurch entstehen transparente, oszillierende Farbkomplexe. Die Ausdrucksskala reicht vom ungeschliffenen vokalen oder instrumentalen Geräusch über alle Nuancen des gesprochenen Worts bis zum gesungenen oder technisch reproduzierten und verfremdeten Ton. Man hört Töne großer Einsamkeit, den Sand im Getriebe der Gerichtsmaschinerie, Befehle, Klagen, Protest; das Aneinandervorbeireden der Menschen, die Phrasendrescherei, den Angstschrei, das Verrinnen der Zeit, das Jüngste Gericht, die Hölle. Trotz allem scheint es, als vernehme man in vielen Variationen nur den Satz: »Nicht verzweifeln, auch darüber nicht, daß du nicht verzweifelst«, mit dem die Oper beginnt und endet. Das Werk ist ein extrem geschärftes Konzentrat, nicht nur des Romans, sondern Kafkas ganzer fragmentarischer Welt.
**Wirkung:** Empörte Proteste der Zuschauer nach der Uraufführung (Dirigent: Bruno Maderna, Regie: Deryck Mendel, Bühnenbilder: Michel Raffaëlli) verursachten einen Skandal, so daß *Amerika* in Berlin nur einmal wiederholt wurde. Geplante Aufführungen (1971 in Wiesbaden, 1978 in Frankfurt a. M.) kamen nicht zustande. Für große Bühnen ist es heute kein technisches Problem, *Amerika* aufzuführen. Das Werk hat die Chance einer Neuinszenierung verdient.

**Autograph:** beim Komponisten. **Ausgaben:** Tonb. d. UA: UE; Part, rev. Fassung: UE [1970], Nr. 14774; Textb.: UE 1965, Nr. 13890. **Aufführungsmaterial:** UE
**Literatur:** W. BURDE, Amerika, in: NZfM 27:1966, S. 438–441; H. O. SPINGEL, Kafka – Anlaß zu zwei Opern, in: Ow 1966, H. 11, S. 42–45; H. J. HERBORT, Amerika, in: Oper, Velber 1967, S. 29f.

*Sigrid Wiesmann*

# Josef Matthias Hauer

Geboren am 19. März 1883 in Wiener Neustadt, gestorben am 22. September 1959 in Wien

## Die schwarze Spinne
### Deutsches Singspiel in zwei Teilen

**Text:** Hans Schlesinger, nach der Erzählung aus dem 1. Band der *Bilder und Sagen aus der Schweiz* (1842) von Jeremias Gotthelf (eigtl. Albert Bitzius)
**Uraufführung:** 23. Mai 1966, Theater an der Wien, Wien (komponiert 1932)

**Personen:** Graf Hans von Stoffeln (B.Bar); Ritter Peter von Champsfleuri (lyrischer T); Abt (seriöser B); Fronvogt (Bar); Kellermeister (B.Buffo); Narr (T.Buffo); der Grüne (Bar); ein alter Bauer (B); ein junger Bauer (T); Jesabel (dramatischer S); Maria (lyrischer S). **Chor:** Bauern, Bäuerinnen. **Statisterie:** Gesinde. **Ballett:** Tänzerinnen
**Orchester:** Picc, Fl, Ob, E.H, Klar, B.Klar, Fg, K.Fg, 4 Hr, 2 Trp, 2 Pos, Pkn, Schl (Glsp, Xyl, Röhrenglocken, Trg, kl.Tr, gr.Tr, Tamburin, Tamtam, Bck, Kastagnetten, Peitsche, Ratsche, Holz, Stein mit Stahlhammer, Ketten), Cel, Hrf, Org ad lib., Streicher
**Aufführung:** Dauer ca. 1 Std. 45 Min. – Nach Hauers Angabe kann sein *Konzertstück für Orchester* (1932) als Einlage vor dem II. Teil gespielt werden.

**Entstehung:** Hauer, eine der exzentrischsten musikalischen Erscheinungen des 20. Jahrhunderts, komponierte *Die schwarze Spinne* 1931/32. Das Schlußdatum des in der von ihm selbst entwickelten Zwölftonschrift aufgezeichneten Entwurfs lautet 9. Dez. 1931. Die Partitur wurde am 26. Mai, der Klavierauszug am 24. Juli 1932 abgeschlossen. 1929 hatte Hauer bereits die Oper *Salambo* nach dem Roman *Salammbô* (1862) von Gustave Flaubert vollendet, von der Otto Klemperer 1930 Teile konzertant aufführte. Beide Werke entstanden in jener Periode des Hauerschen Schaffens, in der er nach seinen frühen, einer freien Atonalität verpflichteten Kompositionen seit 1919 unabhängig von Arnold Schönberg und unter gänzlich andern Voraussetzungen ein eigenes Zwölftonsystem entwickelte. Dies System wurde zur Grundlage verschiedenartigster, häufig sehr großdimensionierter Werke der zentralen musikalischen Gattungen (darunter auch mehrerer vokal-symphonischer Kompositionen wie der Kantate *Der Menschen Weg*, 1934, nach Friedrich Hölderlin), bis Hauer sich Ende der 30er Jahre der Komposition sogenannter Zwölftonspiele zuwandte, in denen sein dodekaphones System, nahezu aller Sinnlichkeit entkleidet, nur noch der Darstellung vermeintlich göttlicher Melodien dienen sollte. – Andere Vertonungen der *Schwarzen Spinne* stammen von Heinrich Sutermeister, der den Stoff 1936 zur Komposition einer Funkoper nutzte (Bühnenfassung Sankt Gallen 1949), und Willy Burkhard (Zürich 1949, 2. Fassung Basel 1954).

**Handlung:** Auf einer Mysterienbühne, die das gräfliche Schloß und seine Umgebung darstellt.
I. Teil, Nachmittag und Abend: Graf Stoffeln hat sich von seinen Bauern durch harte Zwangsarbeit ein Schloß errichten lassen, zu dessen Vollendung noch ein schattiger Aufgang fehlt. Innerhalb von nur 20 Tagen sollen 100 Buchen aus dem Tal heraufgeschafft und als Schloßallee angepflanzt werden. Andernfalls würde für jeden fehlenden Baum ein Bauer sein Leben lassen müssen. Als grüner Jäger verkleidet, bietet der Teufel den Bauern an, die Bäume noch am selben Abend herbeizuschaffen; als Lohn fordert er ein ungetauftes Kind. Das grausige Angebot treibt alle in die Flucht. Nur die Magd Jesabel bleibt zurück und schließt einen Pakt mit dem Grünen. Als Siegel erhält sie einen Kuß auf die Wange. Nach einem furchtbaren Gewitter erscheint die Buchenallee unter einem strahlenden Regenbogen. Der Graf lädt zum Tanzfest auf das Schloß. Nur der Abt und die junge Bäuerin Maria, die einen Sohn zur Welt bringt, spüren das kommende Unheil. Aus dem Teufelsmal auf Jesabels Wange entwächst unter Schmerzen eine schwarze Spinne. Der Grüne soll von Jesabel Marias Kind bekommen. Der Abt jedoch entzieht es ihm durch die Taufe, woraufhin er von der Spinne gebissen wird und stirbt. II. Teil, Nacht und Morgengrauen: Auf dem Schloß weiden sich der Graf und seine Leute in sicherer Entfernung an dem Entsetzen der Bauern, die der todbringenden Spinne zu entkommen versuchen. Auch Jesabel ist in das Schloß geflohen und fordert die Ritter auf, die Spinne zu töten. Sich selbst bietet sie als Preis an. Ritter Champsfleuri zieht daraufhin zur Jagd aus. Als er unverrichteter Dinge zurückkehrt, trägt er auf seinem Helm die Spinne in das Schloß. Ihr Wüten überleben nur der Narr und Jesabel, die jedoch in dem von den aufgebrachten Bauern angezündeten Schloß zurückbleibt. Der Grüne erscheint und nimmt sie mit sich. Maria wacht derweil ängstlich über ihrem Kind, um es vor der Spinne zu schützen. Der tote Abt erscheint ihr im Traum. Als sie erwacht, erblickt sie die Spinne, die sie ergreift und mit einem geweihten Pflock in einen Holzpfosten bannt. Tot sinkt auch sie zu Boden.

**Kommentar:** Die Rahmenhandlung von Gotthelfs Erzählung, in der die Verheerungen der schwarzen Spinne zunächst als Erinnerung an ein Jahrhunderte zurückliegendes Ereignis genannt werden, das Anlaß zu moralischen Betrachtungen bietet, hat Schlesinger in seinem Libretto ganz ausgespart. Statt dessen erdachte er die Figur des Narren, die als Mittler zwischen einst und jetzt, zwischen Bühnengeschehen und Publikum, fungiert, während sich die Handlung ansonsten auf die mysteriösen Ereignisse um den Teufelspakt konzentriert, die belehrende Konzeption

*Die schwarze Spinne;* Bühnenbildentwurf: Gerhard Hruby; Uraufführung, Theater an der Wien, Wien 1966. – Das Bühnenbild, das ein Kircheninneres darstellt, in das Teile einer Schloßarchitektur eingebaut sind, zeigt dadurch, daß es nicht nur den Raum der Handlung, sondern auch den des Theaterspiels ins Imaginäre versetzt, mittelalterliches Theater in doppelter Brechung.

Gotthelfs mithin keine unmittelbar wirksame Rolle mehr spielt. Im Vergleich mit der Erzählung zeigt sich entsprechend auch eine Verschiebung im Hinblick auf die Gewichtung der handelnden Charaktere. Der Graf und seine Umgebung sowie die den Pakt mit dem Bösen schließende Jesabel stehen im Zentrum der Oper, wodurch das Moment des Dämonischen akzentuiert wird. Selbst die edle Gestalt des Ritters Champsfleuri, die sich bei Gotthelf nicht findet, dient letztlich mehr als eine Art Hintergrund, auf dem sich das Böse profiliert, das gleichsam das gesamte Werk hindurch wütet und erst im letzten Augenblick (und wieder unter großen Opfern) gebannt wird. Schlesinger und Hauer haben mit sicherem Blick erkannt, daß der Vorwurf Gotthelfs nur dramatisiert werden konnte, indem der moralisierende Aspekt getilgt und das Schauerlich-Phantastische des Stoffs ins Zentrum gerückt wurde. – Die Musik der *Schwarzen Spinne* folgt den Gesetzen des von Hauer entwickelten Zwölftonsystems, das die beinah 480 Millionen Reihenmöglichkeiten innerhalb des chromatischen Totals in 44 »Wendungsgruppen«, Hauer nennt sie »Tropen«, einteilt. Hieraus wurden zur Komposition der Oper 180 Zwölftonreihen gewonnen (vgl. Walter Szmolyan, 1966, s. Lit.), die, nach strengen Prinzipien geordnet, das materiale Rückgrat der Partitur bilden. Ganz im Gegensatz etwa zu Schönberg verzichtet Hauer weitgehend auf differenzierte motivisch-thematische Entwicklungen. Der geradezu gleichförmige »Ablauf« des einmal gewählten Reservoirs von Reihen und Reihenpermutationen, aus denen auch die gesamte harmonische Struktur gewonnen wird, bleibt (gemäß Hauers Vorstellung von der vorrangigen Bedeutung des »Melos«, das heißt der dodekaphonen Melodik) das zentrale Moment des musikalischen Geschehens. Hieraus erklärt sich auch der auffällige Mangel an eigentlich dramatischen Qualitäten in der Partitur. Die Musik nimmt hier einen gleichsam autonomen Status gegenüber der Handlung ein. Rhythmisch ungewöhnlich einfach gestaltet, vermittelt sie den Eindruck größter Zurückhaltung, zumal auch die Harmonik stets auf tonale Modelle zurückgreift, merkwürdig konsonante Wirkungen bei weitem überwiegen. Gleichwohl darf das Werk als interessant bezeichnet werden, da Hauers Komposition in jedem Fall einzigartig ist und das Libretto (auf dessen Gestaltung der Komponist sicherlich entscheidenden Einfluß hatte) durchaus einige Bühnenwirksamkeit aufweist.
**Wirkung:** Die Uraufführung der *Schwarzen Spinne* fand im Rahmen der Wiener Festwochen in der musikalischen Einrichtung (1965) von Fritz Racek statt. Michael Gielen leitete die Wiener Symphoniker, Regie führte Kurt Wilhelm. Es sangen Helga Pilarczyk (Jesabel), Marilyn Tyler (Maria), Ernst Gutstein (Graf), Maurice Besancon (Champsfleuri), Ronald Dowd (Narr) und Paul Schöffler (der Grüne).

**Autograph:** Slg. Gottfried Köchert Wien. **Aufführungsmaterial:** Bruno Hauer, Wien
**Literatur:** B. GERBER, J. H., in: Der Merker 11:1920, S. 281f.; M. MARTON, J. H., in: M.Blätter d. Anbruch 4:1922, S. 84; W. REICH, J. M. H., in: Mk 23:1931, S. 577ff.; P. STEFAN, Für J. M. H.: zum fünfzigsten Geburtstag, in: M.Blätter d. Anbruch 15:1933, S. 34–36; R. STEPHAN, Über J. M. H., in: AfMw 18:1961, S. 265ff.; M. LICHTENFELD, Untersuchungen zur Theorie der Zwölftontechnik bei J. M. H., Regensburg 1964; W. SZMOLYAN, J. M. H., Wien 1965 (Österr. Komponisten d. 20. Jh. 6.); Josef Matthias Hauer, ÖMZ 21:1966, S. 97–144 [mit Beitr. v. K. BLAUKOPF, H. H. STUCKENSCHMIDT, J. MUSCHIK, W. REICH, W. SZMOLYAN, D. HARTMANN, O. STOESSL]; W. SZMOLYAN, H. als Opernkomponist, ebd., S. 226–232; R. S. GUSTAFSON, J. M. H., in: Tempo 1979, Nr. 130, S. 20ff.

*Michael Mäckelmann*

# Walter Haupt

Walter Josef Haupt; geboren am 28. Februar 1935 in München

## Marat

**Text:** Gerd Uecker, nach dem Drama *Die Verfolgung und Ermordung Jean Paul Marats dargestellt durch die Schauspielgruppe des Hospizes zu Charenton unter Anleitung des Herrn de Sade* (1964) von Peter Weiss
**Uraufführung:** 23. Juni 1984, Staatstheater, Kassel
**Personen:** der Intendant (Spr.); der Oberarzt (stumme R); der Ministerialbeamte (stumme R); der Mann in der Zwangsjacke (Spr.); sein Pfleger (Spr.); Patienten einer psychiatrischen Anstalt, die folgende Rollen darstellen: de Sade (hoher B.Bar); Marat (Charakter-Bar); Corday (lyrischer S); Duperret (lyrischer T); Roux (hoher CharakterT); Mutter (A); Lehrer (hoher T); Graf (T); Polizist (T); Priester (T); Vater (Bar); Arzt (Bar); ein S; ein A; ein CounterT; ein T; ein B; Simonne Evrad (stumme R). **Chor, Statisterie:** Aufsichts- und Pflegepersonal, Ärzte, Techniker, Inspizienten, Polizisten, Feuerwehrleute
**Orchester:** 4 Fl (auch Picc), A.Fl, 3 Ob (1 auch E.H), 3 Klar (je 1 auch kl. Klar, B.Klar), 3 Fg (1 auch K.Fg), 6 Hr, 4 Trp, 3 Pos, Kb.Tb, 6 Pkn, Schl (Xyl, Marimbaphon, Glsp, Vibr, 9 Crotales, 3 Gongs, 11 Plattenglocken, RöhrenGlsp, 4 Weingläser, 2 RührTr, 2 kl.Tr, 2 gr.Tr, Waldteufel, Brummtopf oder Cucia, 4 Bongos, 3 Tomtoms, Trg, 2 Paar Bck, 3 Tamtams, Schalenglocke oder kl. Gong, 2 oder 4 Meßklingeln, Bin Sasara, 3 hohe Holzblöcke, 4 Tempelblöcke, 3 tiefe Holzplatten, 2 hohe Holzplatten, 2 Bronzeplatten, Ratsche, Guiro, Metallspirale, Maracas, Bamboo, Wind chimes, Glass wind chimes), Kl, Cel, Org, Hrf, Streicher, Tonbänder
**Aufführung:** Dauer ca. 2 Std. 15 Min. – Außer bei Sade, Marat, Corday, Duperret und Roux handelt es sich um kleine Gesangspartien, die eventuell mit Chorstimmen zu besetzen sind.

**Entstehung:** Zur Vorgeschichte der (im Vorspann der Partitur von Haupt selbst so bezeichneten) Oper gehört die Geschichte ihrer literarischen Vorlage. Weiss' Drama wurde in mehreren Fassungen und einer Vielzahl von Aufführungen, das heißt aus produktions- und rezeptionsästhetischer Sicht, zum Paradigma ideologischer Konstellationen und Entwicklungen, deren Spannweite im Stück selbst verankert ist. In den Figuren Sades und Marats sind politische Kräfte personifiziert, denen sich der Autor widerspruchsvoll ausgesetzt sah: »Dritter Standpunkt« nannte er die eine Seite, die andere entsprach einer offen revolutionären Haltung. Auf die Interpretation und Gewichtung der beiden Titelfiguren, des resignierten und des unbeirrbaren Revolutionärs, konzentriert sich folglich die ideologische Bestimmung jeder Fassung und Aufführung. Wirkung und Bedeutung können jedoch nicht nur auf den ideologischen Gehalt zurückgeführt werden. Beachtung verdient vor allem die dramatische Form. Weiss bedient sich eines historischen Repertoires theatralischer Ausdrucksmittel, die von Formen des Volkstheaters bis hin zu absurden und surrealen Elementen des 20. Jahrhunderts reichen. Damit gestaltet er die sinnliche Fülle eines dramatischen Kaleidoskops, eines totalen Theaters. Zu den konstitutiven Elementen gehören nicht zuletzt solche der Oper: Das Textbuch fordert Rezitative, Arien und Chöre; Corday wird ein musikalisches Leitthema zugeteilt; szenische Tableaus erinnern an die stehenden Bilder der Oper. Der musikalische Anteil sprengt den üblichen Rahmen einer Schauspielmusik. Im Zusammenspiel von Vertonung und dramaturgischer Allusion entsteht ein berechtigter musikdramatischer Anreiz. Haupt nimmt diese Herausforderung an. Weiss' Konzeption ändert sich in der vom Staatstheater Kassel in Auftrag gegebenen Oper. Bei Weiss spielt das Stück, ohne auf Gegenwartsbezüge zu verzichten, 1808 in der psychiatrischen Anstalt Charenton. Daß Marquis de Sade hier wirklich interniert war, eigene Schauspiele zur Aufführung brachte und daß seine und Marats Aussagen überliefert sind, verleiht dem Drama eine authentische, historisch-dokumentarische Basis. Das Libretto verlegt die Handlung in die Gegenwart. Selbst Sades Rollenspiel steht nunmehr unter psychopathischen Vorzeichen. Wiewohl sich die durchkomponierte Form wesentlich abhebt, ist sie dennoch in die paradigmatische Wirkungs- und Rezeptionsgeschichte des Schauspiels einzureihen.

**Handlung:** In einem Theater; Spiel im Spiel: in Paris, 1793.
Prolog: Begrüßung durch den Intendanten, der das Gastspiel einer psychiatrischen Anstalt ankündigt. Es werde gespielt unter Leitung und Mitwirkung eines Insassen, der sich bedauerlicherweise für den berühmten Marquis de Sade halte.
I. Teil, 1. Bild, »Introduktion«: Ein Mann in der Zwangsjacke begrüßt das Publikum, ständig aus seiner Rolle ausbrechend. Das ganze Stück hindurch steht Pflegepersonal bereit, um Ausbrüche zu verhindern. Unerwünschte Szenen veranlassen den Intendanten, das Spiel zu unterbrechen. Als enttäuschter Revolutionär, dem nur noch die Beobachtung geblieben ist, führt sich Sade in das Geschehen ein. Über Marats vorrevolutionäres Leben ergehen sich mehrere Personen, darunter die Mutter, der Vater, ein Lehrer und ein Graf. Schwererziehbarkeit und gescheiterte Versuche, sich in der hohen Gesellschaft zu etablieren, werden als Erklärung seines Werdegangs ausgegeben. Ein Chor appelliert an seine uneingelösten revolutionären Versprechen. Krank in einer Wanne dahinvegetierend, wandelt sich Marats revolutionäres Bewußtsein zum Wahn. 2. Bild, »Ankunft Cordays«: Corday, eine junge Adlige vom Land, bekundet ihren Abscheu vor der Stadt, die Revolutionäre in einen Schlachthof verwandelt haben. Gemeinsam mit ihrem Verehrer, dem Girondisten Duperret, besingt sie die zukünftige Freiheit. 3. Bild, »Marat wehrt sich gegen die Geschichte«: In tableauartigen Szenen werden nacheinander Geschehnisse vor und während der Revolution dargestellt: die Krönung und Hinrichtung eines Monarchen, eine Ketzerverbrennung, eine Superkollekte, Szenen des Bürgerkriegs und der Plünderung sowie die Krönung Napoleons. Marat eifert sich gegen die vorrevolutionären Botschaften, während Sade sarkastisch das Revolutionsgeschehen kommentiert. 4. Bild, »Liebe, mißverstanden«: Corday und Duperret singen von Zukunftsträumen, wo jeder in Einklang mit sich und den andern lebt. 5. Bild, »Der Dialog«: Über Sinn und Unsinn der Revolution entspinnt sich ein lebhafter Disput. Marat verteidigt sie in ungebrochener Leidenschaft, Sade argumentiert mit Unterstützung des Chors dagegen. 6. Bild, »Totentanz«: Groteske, phantasmagorische Szenenfolge: Ein liturgischer Paternostergesang wird von Anrufungen Satans begleitet; Sade läßt sich auspeitschen; Marat wird zu einer Apotheose hochgefahren.
II. Teil, »Interludium«: Theater wird vom Mann in der Zwangsjacke als Ablenkungsmanöver der Herrschenden gebrandmarkt. 1. Bild, »Marats Vision vom Ende«: Die Vision beinhaltet die letzte Rede vor dem Nationalkonvent. Sie endet in einsamer Verzweiflung. 2. Bild, »Der Mord«: In leidenschaftlicher Liebe wird Corday von Duperret bedrängt. Sie aber stößt ihn zurück. Bei Marat, dem Sade ein erotisches Erlebnis verspricht, wird ihr Zutritt gewährt. Sie ersticht ihn.
Epilog: Wieder fordert der Chor die Einlösung revolutionärer Versprechen. Die Ausrufe verdichten sich zum orgiastischen Massenausbruch.

**Kommentar:** Als Leiter der Experimentierbühne der Staatsoper München, für die er mehrere Stücke schrieb, sammelte Haupt Erfahrungen auf dem Gebiet des experimentellen Musiktheaters. Eine sozialpsychologische Thematik zieht sich wie ein roter Faden durch die gesamte Produktion. In *Sümtome* (München 1970) werden »Krankheitsanzeichen unserer Zeit« (Vorspann der Partitur) behandelt: Isoliertheit (»Käfigmensch«), professorale Überheblichkeit, banale Alltagsweisheit, engagierte Emanzipation und tranceartige Apathie treffen in Gestalt verschiedener Personen aufeinander. Neurotische Zeiterscheinungen werden aufgezählt. Musiker hören auf zu spielen und versuchen sich in der Konstruktion einer Musikmaschine. Sie bleibt Fragment und türmt sich mit alten Musikinstrumenten zum Musikmüll auf; statt dessen

erklingt eine Collage aus Umwelt- und Industriegeräuschen. Die Realität frißt die Kunst. Bei dem Stück *Die Puppe* (München 1971) besteht das symptomatische Faktum in einer aufblasbaren Sexpuppe: »Die Einsamkeit, Isoliertheit und Kontaktarmut des Individuums, das Verbergen abartiger Neigungen vor einer feindselig eingestellten Öffentlichkeit, die unwiderstehliche animalische Verlockung des Sexus« zwängen den Menschen dazu, auszubrechen (Vorspann der Partitur). In allen Details wird dieser Ausbruch vorgeführt. Der Musikdramatiker wird zum Psychopathologen, dessen Diagnose gesellschaftsumfassender Krankheitsbilder jeder therapeutischen Aussicht entbehrt. Dahinter steht eine Lebenshaltung, die selbst ein intellektuell-psychisches Symptom der 70er und 80er Jahre geworden ist: Psychologismus als Ideologieersatz, Psychologisieren als sinnentleerter Orientierungsversuch. Diesem Weltbild verschafft die *Marat*-Oper ein großes Forum. Weiss' Irrenhausmetapher, die der gegenwärtigen Gesellschaft gilt, wird bei Haupt verabsolutiert. Marat, »der physisch und psychisch bereits gebrochen«, nur noch »die Gründe für das Scheitern als Revolutionär rekapituliert« (ebd.), bildet nicht mehr den dialektischen Widerpart zur Person Sades. Auf die Frage »Ist das die ewige Irrenhaus Ihre politische Antwort?« antwortet Weiss 1965: »Weil ich nicht an politische Gesellschaftsformen glaube – so wie sie heute sind – wage ich es nicht, irgendeine andere vorzuschlagen. Natürlich ist das ein Zeichen von Schwäche [...] Vielleicht kann ich, wenn ich weiter schreibe, langsam eine Konzeption herausarbeiten. Ich schreibe, um herauszufinden, wo ich stehe [...] Bis jetzt sehe ich noch keine Alternative, ich hoffe aber, eines Tages dahin zu gelangen« (in: *Materialien zu Peter Weiss' Marat/Sade,* Frankfurt a. M. 1967, S. 99). Diese Intentionalität, die der moralisch-kulturellen Situation der 60er Jahre verpflichtet ist und sich in Weiss' Drama niederschlägt, findet in der musikdramatischen Fassung keinen Ersatz. Auch hierin erkennen wir das zeitgeistige Paradigma. Eine geistig-kulturelle Strömung manifestiert sich im Werk. Das historische Zeugnis ist sein (wenn auch nicht einziger) Wert. – Den szenischen Tableaus geben ausgedehnte Klangflächen ein Fundament. Die Musik grundiert. Dazwischen sorgen kontrapunktische Formen in kleinerer Besetzung für einen nuancenreicheren Ausdruck. Dennoch erweckt die ständige Klangverdichtung zusammen mit dem meist rezitativischen, im Chorsatz deklamatorischen Vokalstil oft einen oberflächlichen Eindruck. Obwohl bloße Illustration vermieden wird, gelingt es der Komposition nicht, sich durchweg als notwendiger Ausdrucksfaktor zu behaupten. Die sinnlich-ästhetische Vielfalt des Schauspiels wird nivelliert.
**Wirkung:** Die Uraufführung inszenierte Siegfried Schoenbohm, Dirigent war Jeanpierre Faber; es sangen Michail Litmanow (de Sade), Wicus Slabbert (Marat) und Paula Swepston (Corday).

**Autograph:** beim Komponisten. **Aufführungsmaterial:** W. Haupt, Aschheim; Suhrkamp, Ffm.

*Joachim Noller*

# Joseph Haydn

**Franz Joseph Haydn; geboren am 31. März 1732 (getauft am 1. April 1732) in Rohrau (Niederösterreich), gestorben am 31. Mai 1809 in Wien**

## La canterina
### Intermezzo in musica

**Die kleine Sängerin**
2 Akte

**Text:** unbekannter Bearbeiter, nach dem Intermezzo (1754) von Domenico Macchia (?)
**Uraufführung:** vor dem 11. Sept. (26. Juli?) 1766, Schloß, Eisenstadt(?)
**Personen:** Don Pelagio, Kapellmeister (T); Gasparina, Sängerin (S); Apollonia, Theatermutter Gasparinas (S); Don Ettore, Kaufmannssohn (S). **Statisterie:** Polizist, Gepäckträger
**Orchester:** 2 Fl, 2 Ob, 2 E.H, 2 Hr, Streicher, B.c
**Aufführung:** Dauer ca. 1 Std. – Apollonia wurde bei der Uraufführung von einem Tenor gesungen; Don Ettore ist eine Hosenrolle. Von den drei Holzbläserpaaren wird immer nur eins in einer Nummer eingesetzt. Unter dem Basso bei den Streichern ist wie bei allen Haydn-Opern, wenn sie kein obligates Fagott haben, auch Fagott zu verstehen.

**Entstehung:** *La canterina* ist die einzige fast vollständig erhaltene Oper aus den ersten Jahren von Haydns Tätigkeit am Eszterházyschen Hof. In diesem Zeitraum, der 1761 begann und 1790 mit Haydns Abreise nach England einen vorläufigen Abschluß fand, sind seine italienischen Opern mit Ausnahme der letzten, *L'anima del filosofo* (1791/1951), entstanden. Von der ersten, der Festa teatrale *Acide* (1762 komponiert; Text: Giovanni Ambrogio Migliavacca, nach *Galatea* von Pietro Metastasio; uraufgeführt am 11. Jan. 1763 in Eisenstadt aus Anlaß der Hochzeit des ältesten Sohns des Fürsten Nikolaus Joseph Esterházy, Graf Paul Anton, mit Maria Therese Gräfin Erdödy; 1774 überarbeitet und wiederaufgeführt in Eszterháza), und von der zweiten, der Commedia *Marchese* (auch *La marchesa Nespola,* 1763), sind größere Fragmente (ohne Seccos) überliefert: von *Acide* außer kleineren Bruchstücken die Ouvertüre, vier Arien (eine in Doppelfassung), ein begleitetes Rezitativ und das Schlußquartett, von *Marchese* fünf vollständige und zwei unvollständige Arien sowie ein Accompagnato (siehe Haydn, *Werke,* Abt. XXV, Bd. 1). Das Schema der Dakapoarien in *Acide* (A – B – nicht notiertes Dakapo von A) kommt in Haydns folgenden Opern nicht mehr vor. Unter den mehr zukunftsorientierten *Marchese*-Arien ist die des Scanarello (»Non ò genio con amore«) im Tonfall ein früher Vorläufer der Registerarie des Pasquale »Ho viaggiato« in *Orlando paladino* (1782). Die Arie des Pantalone (»Se credesse che un visetto«) gibt das Modell ab für mehrere komische Arien bis *Il mondo della luna* (1777): Sie sind vierteilig in der Form A-B-A-B (siehe *Le pescatrici*, 1770). Verschollen sind die ebenfalls frühen »commedie« *Il dottore*, *La vedova* und *Il Scanarello*, die teilweise noch in die Regierungszeit des 1762 gestorbenen Fürsten Paul Anton Esterházy, der Haydn 1761 engagiert hatte, fallen könnten. Eine fragmentarische Arie der Dorina (»Costretta a piangere«) mit nachfolgendem Rezitativ des Podagroso von etwa 1761/62 (siehe Haydn, *Werke*, ebd.) stammt vielleicht aus einer dieser Komödien. – Einzelne Handlungsmotive in *La canterina* klingen an Benedetto Marcellos Satire *Il teatro alla moda* (1720) an. Ein zweiteiliges Intermezzo mit Musik von Gregorio Sciroli (verschollen) für das Dramma per musica *Farnace* mit Musik von David Perez (Messina 1753) enthält bereits den Handlungskern und einige Passagen des von Haydn vertonten Librettos, begnügt sich aber mit zwei Gesangsrollen: Lovisina (Gasparina) und Don Pelagio, während »Una serva vecchia« (Apollonia) und Don Ettore stumme Rollen sind. Das diesen Text verwertende Intermezzo von Macchia (?) ist sowohl von Nicola Conforto wie von Niccolò Piccinni vertont worden und stimmt mit Haydns Libretto in den vier Gesangsrollen und fast Wort für Wort auch im größten Teil des Texts überein. Es ist jedoch einaktig und jeweils in den III. Akt einer größeren Commedia per musica eingelegt. Bei der ersten dieser beiden Musikkomödien handelt es sich um Confortos *La commediante* (Neapel 1754), bei der zweiten um Piccinnis *L'Origille* (Neapel 1760). Von Confortos *La cantarina* ist die Musik verschollen. Piccinnis Vertonung hat sich erhalten. Für Haydn ist das Textbuch zu einem zweiaktigen Stück ausgeweitet und dabei das Schlußduett durch ein zweites Quartettfinale ersetzt worden. Ob Haydns »Intermezzo« (wie es auf dem Titelblatt des Autographs heißt) 1766 wie dasjenige Scirolis zwischen den Akten eines größeren Werks gespielt wurde, wissen wir nicht. Eine Rechnung Haydns vom 11. Sept. 1766 erwähnt nur Auslagen »bey der Opera *la Canterina*«. 1767 in Preßburg wurde *La canterina* jedenfalls als selbständige »Opera buffa« (so die Bezeichnung auf dem Titelblatt des Librettos) aufgeführt (wie aus dem Tagebuch des Fürsten Joseph von Khevenhüller-Metsch eindeutig hervorgeht), vielleicht ohne Ouvertüre, da das Autograph keine enthält.

**Handlung:** In einem Zimmer des Hauses, das der Kapellmeister Don Pelagio seiner Gesangsschülerin Gasparina zur Verfügung gestellt hat.

I. Akt: Apollonia lobt die Schminke, die Gasparinas Gesichtchen so hübsch macht. Beide warten auf den Kapellmeister, aber es kommt Gasparinas Verehrer Don Ettore, der sich mit einem Diamantreif und einem Stück feiner Leinwand, Sachen, die er seiner Mutter weggenommen hat und die er nun Gasparina schenkt, Einlaß verschafft. Als Don Pelagio erscheint, wird Ettore als Tuchhändler vorgestellt und anschließend fortgeschickt; auf Apollonias Geheiß wartet er heimlich im Café. Dann beginnt die Musikstunde. Pelagio hat vorige Nacht eine Arie komponiert, die er vorsingt (eine Szene der Berenice, Königin von Armenien, aus Apostolo Zenos Libretto *Lucio Vero*, 1700). Gasparina soll das Rezitativ nachsingen. Apollonia, die immer dazwischensingt, wird weggeschickt, kommt aber stets wieder und stört dadurch den Heiratsantrag, den Pelagio seiner Schülerin machen will. Nach der Musikstunde ruft Gasparina Ettore zurück und beschwichtigt dessen Eifersucht mit Lügen über Pelagio. Dieser ist zurückgekehrt, hat heimlich gelauscht und kommt nun unter dem Cembalo hervor. Er wütet; sein ebenfalls getäuschter Nebenbuhler stellt sich auf seine Seite; die beiden Frauen sind zerknirscht.

II. Akt: Pelagio erscheint mit einer Amtsperson und Gepäckträgern, um die Frauen aus dem Haus zu vertreiben und seine Sachen abholen zu lassen. Außerdem fordert er die rückständige Miete. Gasparina sucht Pelagio zum Mitleid zu bewegen. Das gelingt ihr nach und nach in solchem Maß, daß sie bleiben kann, nichts zu bezahlen braucht und alles behalten darf. Über so viel Großmut ihres Gönners fällt sie in eine fingierte Ohnmacht. Nur durch eine Börse, die ihr Pelagio, und eine Schachtel mit einem Diamantring, den ihr Ettore mangels Melissengeist unter die Nase hält, kommt sie wieder zu sich. Die Frauen triumphieren; die Männer sind versöhnt.

**Kommentar:** Das Textbuch zählt in dramaturgischer Hinsicht zu den besten, die Haydn vertont hat. Die Musik umfaßt die Handlung tragende ausgedehnte Rezitative (denen wie in fast allen italienischen Opern Haydns frei wechselnde, meist reimlose Settenarii und Endecasillabi, also Verse aus sieben und elf Silben, zugrunde liegen), vier Arien und zwei Quartette (die sich wie alle eigentlichen Musiknummern in Haydns Opern auch textlich durch ihre gleichmäßigen Verse und konsequente Reimtechnik deutlich von den Rezitativen unterscheiden). Die Nummern kontrastieren

*La canterina*, I. Akt; Petrina Kruse als Gasparina, Helmut Melchert als Don Pelagio, Gertrude Schretter-Petersiek als Apollonia, Dermot Troy als Don Ettore; Regie: Ernst Poettgen, Bühnenbild: Paul Walter; Ensemble des Nationaltheaters Mannheim, Schloßtheater, Schwetzingen 1959. – Die bis ins kleinste Detail verspielte Bühnendekoration im Stil der fünfziger Jahre spinnt fort, was das musikalische Intermezzo trägt: heitere Beschwingtheit über einer Mischung von Echtheit und ironisierend-aufgesetzter Persiflage.

musikalisch wirkungsvoll miteinander. Das Ganze ist eine hübsche kleine Spieloper in der Nachfolge von Pergolesis *La serva padrona* (1733). Den Zynismus des Librettisten hat Haydn durch seine Musik stark gemildert: Gasparinas Klagearie steht auf der Grenze zwischen Parodie und echtem Gefühl. Von den beiden Arien Pelagios ist die durch ein Accompagnato eingeleitete erste mit ihren übertrieben langen Ritornellen eine unverkennbare Seriaparodie, jedoch weniger karikaturhaft als das bewußt zusammenhanglose Gegenstück in Piccinnis Intermezzo. (Sie hat übrigens eine ganz seriös anmutende Vorgängerin in der überaus bravourösen Szene »Vincesti, empio, vincesti« in Haydns *Marchese*.) Die reizende Melodie der Arie Apollonias, einer durchtriebenen Kupplerin, konnte Haydn im 1. Satz des *Barytontrios A-Dur Nr. 29* wiederverwenden, um Variationen darüber zu schreiben, während Piccinni in seiner Arie Apollonia, die bei ihm ebenfalls von einem Mann dargestellt wurde, mehr deklamieren als singen läßt. Das 1. Finale ist vor allem im Orchester musikalisch reicher als das vergleichbare Piccinnis, aber in der Textdeklamation weniger komisch. Musizierfreude, besonders in dem dreiteiligen 2. Finale, technisch anspruchsvolle Faktur und ungebrochener, von den Textworten angeregter Gefühlsausdruck einerseits, schwacher Instinkt für tiefere Personencharakteristik und für hintergründige dramatische Situationen andrerseits machen Haydns erste kleine Opera buffa zu einem charakteristischen Vorboten seines gesamten Opernschaffens.

**Wirkung:** *La canterina* fand am Esterházyschen Hof Beifall. Haydn und die vier Sänger bekamen am 27. Juli 1766, anscheinend nach der Uraufführung, die vermutlich am Tag zuvor (Annentag), dem Namenstag der Fürstinwitwe Maria Anna Esterházy (vgl. *L'infedeltà delusa*, 1773), stattfand, von ihrem Fürsten ein Geldgeschenk, wie dies auch später bei erfolgreichen Aufführungen von Haydns Opern zu geschehen pflegte. Die Preßburger Aufführung durch die Esterházyschen Sänger und Musiker am 16. Febr. 1767 erfolgte zu Ehren der Erzherzogin Maria Christine und ihres Gemahls, Herzog Albert Kasimirs von Sachsen-Teschen, des Palatins von Ungarn. Noch am 28. Sept. 1774 wurde *La canterina* gespielt, nunmehr im Opernhaus von Schloß Eszterháza (siehe *Lo speziale*, 1768). In der *Historisch-kritischen Theaterchronik von Wien* (Wien 1774, Bd. I/2, S. 172) heißt es: »Diese Oper wurde so fürtrefflich gespielt und gesungen, daß der ganze Schluß wiederholt werden mußte.« Drei der Darsteller werden dieselben wie 1767 gewesen sein, da sie nach wie vor zu den Esterházyschen Hofbediensteten zählten. Über Karl Friberth, der 1763 der Titelheld von Haydns *Acide* gewesen war und den Pelagio sang, heißt es in der *Theaterchronik* (S. 57): »[...] singt einen schönen Tenor, kennt das Theater gut, und dichtet selbst für dasselbe.« (Vgl. *L'incontro improvviso*, 1775.) Friberth trat auch als Komponist hervor. Über Leopold Dichtler, der die Apollonia darstellte: »[...] ein guter komischer Akteur. Sein Spiel ist passend und natürlich so daß man wissen kann, was er sagen will, auch wenn man die Sprache nicht versteht.« Über Barbara Dichtler, die 1763 in *Acide* als Glauce auf der Bühne gestanden hatte und den Ettore sang: »[...] hat eine helle und ausgiebige Theaterstimme, viele Aktion, und arbeitet stark mit dem Gedächtniß.« Anna Maria Weigl, die 1763 die Galatea und 1767 die Gasparina gesungen hatte, war 1769 ihrem Mann, dem Cellisten Joseph Weigl, nach Wien gefolgt. Statt ihrer wird 1774 Maria Magdalena Friberth die Gasparina gesungen haben. – Nach 1774 ist keine Aufführung mehr bezeugt. Im 20. Jahrhundert hat Karl Geiringer das Werk wieder bekannt gemacht (Radio Lausanne 1936). Seit 1939 (Bielefeld, als *Die kleine Sängerin*, bearbeitet von Max See) wurde es gelegentlich auf die Bühne gebracht, auch in englischer Bearbeitung *(The Songstress)*. 1959 erschien die Partitur in ihrer ursprünglichen Gestalt in der Gesamtausgabe (Haydn, *Werke*). Da das Intermezzo nicht abendfüllend ist, muß es normalerweise mit einem andern Werk gekoppelt werden. 1959 im Schloßtheater Schwetzingen (in einer Aufführung durch das Mannheimer Nationaltheater) verband man es mit Händels *Acis e Galatea* (1718), 1966 im Schloßtheater Drottningholm mit Cimarosas *Il maestro di cappella* (komponiert um 1786–93), 1974 im Schloßtheater Schönbrunn (in einer Darbietung der Wiener Kammeroper) mit einer Operette von Jacques Offenbach. 1982 bei einer szenischen Aufführung in der Kölner Musikhochschule wurde *La canterina* mit Piccinnis Vertonung zusammengestellt. 1985 leitete Günter Kehr eine konzertante Produktion von Piccinnis und Haydns Vertonung für eine Aufnahme des Westdeutschen Rundfunks Köln.

**Autograph:** Országos Széchényi Könyvtár Budapest (Ms. Mus. I. 1). **Abschriften:** BL London, SPKB Bln. (West), Ges. d. M.Freunde Wien (alle 19. Jh.). **Ausgaben:** Part, krit. Ausg., hrsg. D. Bartha: J. HAYDN, Werke, J.-H.-Institut, Köln, unter d. Leitung v. G. Feder (1962–87), J. P. Larsen (1958–61), Abt. XXV, Bd. 2, Henle, München 1959, dazu krit. Ber. 1961; Kl.A u.d.T. *The Songstress*, hrsg. K. Geiringer, ital./engl. Übers. v. C. Zytowski: Presser, Bryn Mawr, PA 1981; Textb.: Preßburg, Landerer 1767. **Aufführungsmaterial:** Ausg. Bartha: Bär; mus. Bearb. v. G. Darvas, Text-Bearb. v. K. Huszár: Musica, Budapest; Bearb. Geiringer: Presser, Bryn Mawr, PA **Literatur:** D. BARTHA, [Vorw. u. krit. Ber., s. Ausg.]; G. ALLROGGEN, Piccinnis ›Origille‹, in: Analecta musicologica, Bd. 15, Köln 1975, S. 258–297; G. THOMAS, Anmerkungen zum Libretto von Haydns Festa teatrale ›Acide‹, in: Haydn-Studien, Bd. V/2, München 1983, S. 118–124; G. ALLROGGEN, ›La canterina‹ in den Vertonungen von Nicolà Piccinni und J. H., in: Joseph Haydn – Tradition und Rezeption, hrsg. G. Feder, H. Hüschen, U. Tank, Regensburg 1985 (Kölner Beitr. zur M.Forschung. 144.), S. 100–112; F. LIPPMANN, H. und die Opera buffa. Vergleiche mit ital. Werken gleichen Textes, ebd., S. 113–123; K. GEIRINGER, G. THOMAS, Vorwort, in: J. HAYDN, Werke, Abt. XXV, Bd. 1, München 1985; G. THOMAS, Kritischer Bericht, ebd.; D. HEARTZ, H.'s ›Acide e Galatea‹ and the Imperial Wedding Operas of 1760 by Hasse and Gluck, in: Bericht über den internationalen J.-Haydn-Kongreß Wien 1982, München 1986, S. 332–340; G. FEDER, Vorwort zu ›La cantarina‹, Intermezzo in ›L'Origille‹, Commedia per musica, Musik v. N. Piccinni, Laaber [in Vorb.] (Concentus Musicus.); **zu Haydn:** C. F. POHL, J. H., Bd. 1, Bln. 1875, Lpz. 1878, Bd. 2, Lpz. 1882, Bd. 3 [weitergeführt v. H. Botstiber], Lpz. 1927; L.

Wendschuh, Über J. H.s Opern, Diss. Rostock 1896; K. Geiringer, J. H., Potsdam 1932; H. Wirth, J. H. als Dramatiker. Sein Bühnenschaffen als Beitr. zur Gesch. d. dt. Oper, Wolfenbüttel, Bln. 1940 (Kieler Beitr. zur Mw. 7.); J. Harich, Esterházy-Musikgeschichte im Spiegel der zeitgenössischen Textbücher, Eisenstadt 1959; M. Horányi, Das Esterházysche Feenreich, Budapest 1959, engl.: London 1962; D. Bartha, L. Somfai, H. als Opernkapellmeister. Die H.-Dokumente d. Esterházy-Opern-Slg., Budapest 1960; J. Harich, Das Repertoire des Opernkapellmeisters J. H. in Eszterháza 1780–1790, in: Haydn Jb., Bd. 1, 1962, S. 9–110; G. Feder, Einige Thesen zu dem Thema: H. als Dramatiker, in: Haydn-Studien, Bd. II/2, München 1969, S. 126–130; Ders., Ein Kolloquium über H.s Opern, ebd., S. 113–118; J. Harich, Das Opernensemble zu Eszterháza im Jahr 1780, in: Haydn Jb., Bd. 7, 1970, S. 5–36; A. v. Hoboken, J. H. Thematisch-bibliographisches Werk-Verz., Bd. 2/3, Mainz 1971–78; H. C. R. Landon, The Operas of H., in: The Age of Enlightenment 1745–1790, hrsg. E. Wellesz, F. Sternfeld, London 1973 (New Oxford History of Music. 7.), S. 172–199; G. Feder, Opera seria, Opera buffa und Opera semiseria bei H., in: Opernstudien. A. A. Abert zum 65. Geburtstag, hrsg. K. Hortschansky, Tutzing 1975, S. 37–55; E. Kanduth, Die italienischen Libretti der Opern J. H.s, in: Joseph Haydn und die Literatur seiner Zeit, hrsg. H. Zeman, Eisenstadt 1976, S. 61–96 [d. Rezitative mit falscher Verseinteilung zitiert]; H. C. R. Landon, H. in England 1791–1795, London 1976; G. Staud, Adelstheater in Ungarn (18. u. 19. Jh.), Wien 1977 (Theatergeschichte Österreichs. 10/2.); H. C. R. Landon, H. at Eszterháza 1766–1790, London 1978; Ders., H.: the Early Years 1732–1765, London 1980; U. Tank, Die Dokumente der Esterházy-Archive zur fürstlichen Hofkapelle in der Zeit von 1761 bis 1770, München 1980 (Haydn-Studien. IV/3–4.); Ders., Studien zur Esterházyschen Hofmusik, Regensburg 1981 (Kölner Beitr. zur M.Forschung. 101.); Workshop 5: Opera, in: Haydn Studies. Proceedings of the International H. Conference Washington D.C. 1975, hrsg. J. P. Larsen u. a., NY 1981, S. 253–266; G. Feder, H.s Opern und ihre Ausgaben, in: Henle-Gedenkschrift, München 1981, S. 165–179; Ders., H. und das Libretto, in: FUSA. Journ. für Kenner u. Liebhaber v. Kunst – Lit. – M, H. 10, Köln 1982, S. 9–20; Ders., Bemerkungen zu H.s Opern, in: ÖMZ 37:1982, S. 154–161; E. Badura-Skoda, H.s Opern. Anm. zu aufführungspraktischen Problemen d. Gegenwart, ebd., S. 162–167; K.-H. Viertel, J. H. und das Musiktheater, in: M u. Ges. 32:1982, S. 141–145; M. K. Hunter, H.'s Aria Forms. A Study of the Arias in the Italian Operas Written at Eszterháza 1766–1783, Ann Arbor, Ml 1982, Diss. Cornell Univ.; F. Lippmann, H. e l'opera buffa: tre confronti con opere italiane coeve sullo stesso testo, in: NRMI 17:1983, S. 223–246; Ders., H.s Opere Serie. Tendenzen u. Affinitäten, in: Studi musicali 12:1983, S. 301–331; D. Altenburg, H. und die Tradition der italienischen Oper. Bemerkungen zum Opernrepertoire d. Esterházyschen Hofes, in: Joseph Haydn – Tradition und Rezeption, hrsg. G. Feder, H. Hüschen, U. Tank, Regensburg 1985 (Kölner Beitr. zur Mw. 144.), S. 77–99; K. Geiringer, J. H. Der schöpferische Werdegang eines Meisters d. Klassik, München, Mainz 1985; S. C. Fisher, H.'s Overtures and Their Adaptations as Concert Orchestral Works, Ann Arbor, Ml 1985, Diss. Univ. of Pennsylvania; A. A. Abert, H. und Gluck auf der Opernbühne, in: Bericht über den internationalen J.-Haydn-Kongreß Wien 1982, München 1986, S. 296–302; P. Petrobelli, Goldoni at Eszterháza. The Story of His Librettos Set by H., ebd., S. 314–316; W. Greisenegger, Ausstattungs-Usancen bei den Opernaufführungen in Eszterháza, ebd., S. 318–323; P. Branscombe, Hanswurst Redivivus. H.'s Connections with the »Volkstheater« Tradition, ebd., S. 369–375; G. Lazarevich, H. and the Italian Comic Intermezzo Tradition, ebd., S. 376–384; S. E. Paul, Wit and Humour in the Operas of H., ebd., S. 386–402

*Georg Feder*

## Lo speziale
### Dramma giocoso

**Der Apotheker**
3 Akte (5 Bilder)

**Text:** unbekannter Bearbeiter (Karl Friberth?), nach dem Libretto von Carlo Goldoni (1752)
**Uraufführung:** Herbst (28. Sept.?) 1768, Opernhaus, Schloß Eszterháza
**Personen:** Sempronio, Apotheker (T); Mengone, Apothekengehilfe (T); Grilletta, Mündel unter der Vormundschaft Sempronios (S); Volpino (S)
**Orchester:** 2 Fl, 2 Ob, Fg, 2 Hr, Streicher, B.c
**Aufführung:** Dauer des Fragments ca. 1 Std. 15 Min. – Die Musik des III. Akts ist unvollständig. Volpino ist eine Hosenrolle.

**Entstehung:** Das Libretto schrieb Goldoni für die am 26. Dez. 1754 in Venedig uraufgeführte erfolgreiche Vertonung von Vincenzo Pallavicini (I. Akt) und Domenico Fischietti (II. und III. Akt). Von den ursprünglich zwei »parti serie« und fünf »parti buffe« wurden in der von Haydn vertonten Textbearbeitung die ernsten und eine heitere Rolle (Cecchina, die in II/3 einmal erwähnt wird) gestrichen. Auch einige Arientexte der verbleibenden Partien wurden gestrichen oder gegen andere ausgewechselt. Vielleicht war für all dies eine Einrichtung der Pallavicini/Fischietti-Oper als Intermezzo (Rom 1757) vorbildlich. Von einer zweiten, höher als die erste liegenden Vertonung der Arie Grillettas »Caro Volpino« (siehe Haydn, *Werke*, Abt. XXV, Bd. 3, S. 183) wird meist angenommen, daß sie einige Jahre nach 1768 entstanden sei. Jedoch resultierte die Neufassung möglicherweise aus dem Engagement der Sopranistin Maria Magdalena Spangler (später verheiratete Friberth) am 18. Sept. 1768, kurz vor der Uraufführung, bei der sie die Grilletta sang; in der ursprünglichen Fassung könnte Haydn sich nach der etwas tieferen Stimme von Anna Maria Weigl gerichtet haben, der er vordem die führende Sopranpartie in *Acide* (Eisenstadt 1763), *La canterina* (1766) und in seinem *Stabat mater* (1767), sicherlich auch in weiteren Werken, anvertraut hatte. Über Spangler heißt es: »[...] hat eine reine und angenehme Stimme, eine schöne Bildung und vielen Anmuth. Ihre Zaghaftigkeit hält sie manchmal in der Aktion auf« (in: *Historisch-kritische Theaterchronik von Wien*, Wien 1774, Bd. I/2, S. 57). Die andern Sänger der Uraufführung waren dieselben wie bei *La canterina*: Karl Friberth (Sempronio), Leopold Dichtler (Mengone) und Barbara Dichtler (Volpino). Mit der Uraufführung, die bei Gelegenheit eines der häufigen Besuche des Palatins von Ungarn, Herzog Albert Kasimir von Sachsen-Teschen, und seiner Gemahlin, Erzherzogin Maria Christine, stattgefunden haben dürfte, wurde anscheinend das Opernhaus im Park von Schloß Eszterháza eingeweiht, wo auch die folgenden Haydn-Opern zur Aufführung gelangten. Der regelmäßige Opernbetrieb begann dort aber erst 1776 und dauerte bis 1790. Das musikalisch von Haydn geleitete Haus erlebte in diesen 15 Jahren neben einer großen Zahl von Schauspielaufführungen durch wechselnde Truppen 1 200 Vorstellungen von 88 verschiedenen Opern, zumeist italienischer Komponisten (unter anderm Pasquale Anfossi, Domenico Cimarosa, Giuseppe Gazzaniga, Pietro Alessandro Guglielmi, Giovanni Paisiello, Niccolò Piccinni, Giuseppe Sarti). Es wurde nach dem Tod des Fürsten Nikolaus Joseph Esterházy (1790) geschlossen und im 19. Jahrhundert abgerissen.

**Handlung:** In einer Apotheke.

I. Akt, 1. Bild, Laden: Ohne etwas von der Pharmazie zu verstehen, arbeitet Mengone als Apothekengehilfe. Der Apotheker selbst interessiert sich weniger für die Apotheke als für sensationelle Zeitungsmeldungen aus fernen Ländern. Volpino kommt, um Grilletta zu sehen. Er redet ihr zu, ihm zuliebe Mengone den Laufpaß zu geben, erntet aber nur Spott und Hohn.
2. Bild, Zimmer: Grilletta und Mengone arbeiten und seufzen, während Sempronio sich mit der Aufteilung von Land und Meer unter den kriegführenden Mächten befaßt. Er holt eine Weltkarte, dann einen Kompaß. Bei seiner zweiten Wiederkehr überrascht er die beiden jungen Leute, wie sie sich bei den Händen halten, und gerät in Wut.
II. Akt, 1. Bild, Zimmer: Volpino bittet Sempronio um die Hand Grillettas und bekommt eine barsche Antwort, weil der Apotheker selbst sein wohlhabendes Mündel zu heiraten beabsichtigt. Grilletta will nun klare Verhältnisse schaffen. Aber der ängstliche Mengone zaudert und verzankt sich dadurch mit ihr.
2. Bild, Laden: Um Mengone zu strafen, sagt Grilletta ja zu Sempronios Antrag. Der Notar ist bestellt. Als Notare verkleidet erscheinen nacheinander Volpino und Mengone. Sempronio schlichtet ihren Prioritätsstreit, indem er den Heiratsvertrag doppelt schreiben läßt. Beide Notare setzen als Namen des Ehemanns ihren eigenen statt Sempronios ein. Beim Verlesen der Dokumente platzt der Schwindel.
III. Akt, Hof: Volpino bringt Sempronio die erdichtete Nachricht, daß der König der Molukken durch zwei Abgesandte nach einem Apotheker für die Türkei sucht. Der leichtgläubige Sempronio ist sofort Feuer und Flamme. Volpino tritt daraufhin als türkischer Gesandter auf und verlangt, daß Sempronio ihm vor der Abreise nach Konstantinopel Grilletta zur Frau gibt. Der Apotheker, der in der Türkei reich zu werden hofft, hat nichts dagegen einzuwenden. So geht Volpino fort, um Grilletta zu suchen, die sich inzwischen mit Mengone versöhnt hat. Sie erscheint bei Sempronio, um ihn ebenfalls um seine Zustimmung zu ihrer Verheiratung mit dem sie begleitenden Türken, dem verkleideten Mengone, zu bitten. Sempronio ist alles recht, und wenn noch vier weitere Türken sie heiraten wollten. Wunschgemäß verkündet er Grillettas und Mengones Ehebund. Volpino, der Grilletta vergeblich gesucht hat, kommt zu spät und legt wütend die türkische Verkleidung ab. Der glückliche Mengone tut das gleiche und klärt Sempronio über den neuen Schwindel auf. Nach anfänglichem Zorn schickt Sempronio sich in das Unvermeidliche und stimmt wie Volpino in die Freude Grillettas und Mengones ein.

**Kommentar:** Durch die Streichung der »parti serie« und einer komischen Nebenfigur entstand eine reine Opera buffa für vier Personen wie *La canterina*, aber in größeren Dimensionen. Die Handlung ist, dank der Streichungen, in den ersten beiden Akten ähnlich flüssig wie die des zwei Jahre älteren Intermezzos; sogar der III. Akt, der sich in den beiden späteren Goldoni-Opern Haydns (*Le pescatrici*, 1770, und *Il mondo della luna*, 1777) eher wie ein Anhängsel ausnimmt, fügt sich gut ein. Die fast rein buffoneske Musik vertieft den Wortgehalt, ohne Melodie und Wohlklang zu opfern oder die Gesetze der Form zu verletzen. Heikel ist nur eine von Robert Hirschfeld textlich und deklamatorisch geschickt gemilderte Tonmalerei in Mengones Arie über die Wirkung der Abführmittel (»Per quel che ha mal di stomaco«, eine Sünde Goldonis). Aber das türkisch sein sollende Kauderwelsch im III. Akt, das der Textbearbeiter in Eszterháza (Friberth?) mit einem oft wiederholten »dadidldum« noch alberner machte, hat der Phantasie des Komponisten reizvolle folkloristische Klänge entlockt. Auch die übrigen Nummern, besonders die charakteristische g-Moll-Arie Volpinos (»Amore nel mio petto«) und die drei Finale (ein Terzett und zwei Quartette), rechtfertigen das auf den Haydn-Biographen Carl Ferdinand Pohl zurückgehende, traditionell günstige Urteil über *Lo speziale*. Alle drei Finale setzen in ihrer Mehrteiligkeit die mit dem 2. Finale von *La canterina* begonnene Linie fort. Im 2. Finale festigt ein Oboensolo im ersten, dritten und fünften Abschnitt den Zusammenhang. Die in Text und Musik komische Dramatik des 1. Finales (222 Takte) wurde von keinem der späteren und oft viel längeren Opernfinale Haydns übertroffen. Zu bedauern bleibt nur, daß Haydn die Rolle des komischen Alten, wohl mangels eines guten Bassisten, als Tenorpartie vertont hat; Hirschfeld hat sie zu einer Baritonpartie umgestaltet.

**Wirkung:** *Lo speziale* erlebte bis 1774 mehrere Aufführungen in Eszterháza und Wien. Aus dem *Wienerischen Diarium* (24. März 1770) erfahren wir: »Als eine besonders angenehme Nachricht hat man hier nicht unangemerkt lassen wollen, daß jüngst abgewichenen Mittwochs den 21. dieses in der Behausung des (Titl) Herrn Barons von Sumerau nächst Maria Hilf ein von dem Fürstl. Esterhasischen Kapellmeister, Hrn. Joseph Hayden, in die Musik gesetztes Singspiel, der Apothecker genannt, von den sämmtlichen Fürst Esterhasischen Kammervirtuosen diesen Tag aufgeführet, und den darauf gefolgten Donnerstag auf hohes Begehren in Gestalt einer musikalischen Akademie, und im Beyseyn vieler hoher Herrschaften, mit ganz besonderem Beyfalle wiederholet worden, eine Sache, die gedachtem Hrn. Kapellmeister Hayden, dessen große Talente allen Musikliebhabern zu Genüge bekannt sind, wie nicht minder den obgedachten sämmtlichen Virtuosen zur vorzüglichen Ehre gereichet.« 1895 wurde das Werk als erste Haydn-Oper dem Staub der Archive entrissen und kam als

*Der Apotheker* in Hirschfelds gekürzter und gesangstechnisch etwas vereinfachter deutscher Bearbeitung heraus, die für unsere Zeit eine Aufführungstradition von Haydns Opern begründete, allerdings auch das Vorbild abgab für freie Bearbeitungen. Die erste Aufführung fand am 22. Juni 1895 in Dresden statt. Eine Wiederholung in Wien 1899 unter Gustav Mahler wurde von Eduard Hanslick positiv, eine andere 1909 unter Felix von Weingartner von Alfred Heuß eher negativ besprochen. Viele Aufführungen folgten, auch in englischer und ungarischer Übersetzung. Das Stück ging 1925 in das Repertoire der Wiener Sängerknaben ein, die damit in viele Länder reisten. Das Original, soweit erhalten, liegt seit 1959 in der Gesamtausgabe (Haydn, *Werke*) vor. Der eingebürgerten Bearbeitung von Hirschfeld macht seit 1970 eine in den fehlenden Teilen neu komponierte Bearbeitung von H. C. Robbins Landon Konkurrenz. Wie von den meisten andern Haydn-Opern ist auch von *Lo speziale* eine Schallplattenaufnahme in den Handel gekommen.

**Autograph:** Fragment: Országos Széchényi Könyvtár Budapest (Ms. Mus. I. Nr. 2). **Abschriften:** Part (19. Jh.): BL London, SPKB Bln. (West); St. d. im Autograph fehlenden Ouvertüre: BL London (Add. 32174, fol. 33-79), SPKB Bln. (West) (Mus. ms. 9982/13), Ges. d. M.Freunde Wien (XIII 8475-77). **Ausgaben:** Part, krit. Ausg., hrsg. H. Wirth: J. HAYDN, Werke, Abt. XXV, Bd. 3, Henle, München 1959, dazu krit. Ber. 1962; Kl.A u.d.T. *Der Apotheker*, dt. Übers. u. Bearb. v. R. Hirschfeld: Wien 1895; Kl.A, hrsg. H. C. R. Landon, ital./dt. Übers. v. K. H. Füssl, H. Wagner: Salzburg 1970; St. d. Ouvertüre, in: J. HAYDN, Sei sinfonie, Artaria, Wien [1782/83]; Textb.: o.O. 1768; Textb., dt. u.d.T. *Der Apotheker*: Wien [1895]. **Aufführungsmaterial:** Bearb. (in 1 Akt) v. Hirschfeld: Gutmann, Wien 1895 [jetzt UE]; ergänzt u. hrsg. H. C. R. Landon, auch mit engl. Übers. v. T. Sherman, R. Hess: UE
**Literatur:** R. HIRSCHFELD, [Vorw. zum Textb., s. Ausg.]; C. GOLDONI, Tutte le opere, hrsg. G. Ortolani, Verona 1952, Bd. 11, Note, S. 1277f.; H. C. R. LANDON, [Vorw., s. Ausg.]; H. WIRTH, [Vorw. u. krit. Ber., s. Ausg.]; weitere Lit. s. S. 738

*Georg Feder*

## Le pescatrici
**Dramma giocoso**

**Die Fischerinnen**
3 Akte (9 Bilder)

**Text:** unbekannter Bearbeiter (Karl Friberth?), nach dem Libretto von Carlo Goldoni zu dem Dramma giocoso (Venedig 1751) von Ferdinando Bertoni
**Uraufführung:** 16. Sept. 1770, Opernhaus, Schloß Eszterháza
**Personen:** Eurilda, vermeintliche Tochter Mastriccos (A); Lindoro, Fürst von Sorrent (B); Lesbina, Fischerin, Schwester Burlottos und Geliebte Frisellinos (S); Burlotto, Fischer, Liebhaber Nerinas (T); Nerina, Fischerin, Schwester Frisellinos (S); Frisellino, Fischer (T); Mastricco, ein alter Fischer (B). **Chor:** 4 Fischermädchen, 4 Fischerknechte. **Statisterie:** Gefolgsleute Lindoros

**Orchester:** 2 Fl, 2 Ob (auch E.H), Fg, 2 Hr, Streicher, B.c
**Aufführung:** Dauer ca. 2 Std. 30 Min. – Von der Musik fehlen Teile im I. und II. Akt, insgesamt etwa ein Viertel.

**Entstehung:** Bei der Librettobearbeitung wurden Kürzungen vorgenommen und fünf Arientexte durch andere ersetzt, besonders zugunsten der Sängerin Maria Magdalena Friberth. Der Text zu Lindoros Arie im I. Akt, »Varca il mar«, wurde aus Pietro Metastasios *Galatea* (1722) entlehnt. Anders als bei *Lo speziale* (1768) behielt der Bearbeiter die ernsten Partien (Eurilda und Lindoro) bei, da sie in diesem Fall unentbehrlich waren und Sänger dafür zur Verfügung standen. Lesbinas Arie »Voglio amar« hat Haydn wohl nachträglich komponiert, da sie in der Partitur fehlt und in Haydns Nachlaß gesondert lag. Sie (oder eine andere Vertonung desselben Texts) wurde aber schon bei der Uraufführung gesungen, da sich der Text im Libretto von 1770 findet. Die Uraufführung fand statt zur Feier der Vermählung von Maria Theresia Gräfin Lamberg, einer Nichte des Fürsten Nikolaus Joseph Esterházy, mit Alois Graf Poggi. Laut Jahreszahl auf dem Autograph hatte Haydn die Oper schon 1769 komponiert. Vielleicht war die Aufführung ursprünglich 1769 geplant und wurde aus irgendeinem Grund verschoben. Am 24. Aug., 17. Sept. und 15. Okt. 1769 fanden in Eszterháza Bälle statt; mit dem dritten Ball war ein Feuerwerk verbunden. So gab es 1769 mehrere Anlässe für Opernaufführungen. In einem Aktenstück vom Aug. 1769, als Herzog Albert Kasimir von Sachsen-Teschen wieder einmal zu Besuch in Eszterháza weilte (siehe *Lo speziale*), ist von einer Oper auch die Rede; laut einem andern Aktenstück soll 1769 aber eine Oper mit dem Titel *La contadina ingentilita* (oder *in corte*) gegeben worden sein. Die Sänger von 1770 standen jedenfalls seit Aug. 1769 zur Verfügung: Gertrude Cellini (Eurilda) war am 8. Aug. engagiert worden, Giacomo Lambertini (Mastricco) am 15. Aug. 1769. Beide waren die ersten italienischen Sänger am Esterházyschen Opernhaus. Die Rolle des Lindoro war dem am 1. Okt. 1768 eingestellten Christian Specht übertragen. Über ihn heißt es: »ein guter Bassist, legt sich nur [erst] seit einiger Zeit auf die Theatralkunst, und hat es schon weit gebracht« (*Historisch-kritische Theaterchronik von Wien*, Wien 1774, Bd. I/2, S. 57). Die übrigen Sänger waren dieselben wie in *Lo speziale*: das Ehepaar Friberth (Lesbina und Frisellino), Barbara und Leopold Dichtler (Nerina und Burlotto). Ein im *Wienerischen Diarium* (26. Sept. 1770, hiernach das folgende Zitat) und in der *Preßburger Zeitung* (29. Sept. 1770, abgedruckt im *Haydn Jahrbuch*, Bd. 8, 1971, S. 166f.) erschienener Bericht beschreibt den feudalen Rahmen, in dem die Uraufführung stattfand: »Sonntags den 16ten dieses, auf welchen Tag die Vermählungsfeyer eigentlich festgesetzet war, Nachmittags gegen 5. Uhr verfügte sich das hohe Brautpaar, unter Begleitung des Herrn und der Frauen Fürstinn von Esterhazy fürstl. Gnaden, wie auch einer zahlreichen Menge dazu geladener Cavaliers und Damen [wahrscheinlich Wiener Hochadel], in die fürstl. Hofkapelle, und empfieng da die priesterliche Einsegnung. Von dannen erhob sich die gesammte hohe Gesellschaft in das Schauspielhaus, allwo ein italiänisches gesungenes Lustspiel, ›le Pescatrici‹ oder ›die Fischerinnen‹, mit aller nur möglichen Geschicklichkeit und Kunst von den stäts in fürstl. Diensten stehenden Sängern, Sängerinnen, und Tonkünstlern mit allgemeinem und wohlverdienten Beyfalle aufgeführet wurde, wie denn auch bey dieser Gelegenheit der fürstl. Kapellmeister, der durch seine viele schöne Werke allschon sehr berühmte Hr. Hayden, aus dessen feurigem und schöpferischen Genie die Musik zu diesem Singspiele ihren Ursprung genommen, von allen anwesenden hohen Gästen die größten Lobeserhebungen zu erwerben, die Ehre gehabt. Nach Ende dieses Theatralfestes, stellten die Grenadiers, woraus des Hrn. Fürstens Garde bestehet, ein anderes[,] kriegerisches, und durch seine mannigfaltigen Veränderungen, die Fertigkeit dieser wohl abgerichteten Soldaten, und durch die Regelmäßigkeit ihrer verschiedenen untereinander vorgestellten Angriffe, nicht minder ein sehenswürdiges Schauspiel vor, welches die besondere durch die häufig geworfenen Granaten entstandene Gattung von Beleuchtung, der frohe Schall der militärischen Instrumenten [der fürstlichen »Feldharmonie«], und der Lermen der dabey abgefeuerten Kanonen, ungemein verherrlichte. Endlich beschloß diesen Freudentag ein prächtiges Abendmahl von 30. Couverts.« Das Fest setzte sich noch zwei Tage fort: mit Tafeleien, Schauspielen, mit im Schloßpark dargebotenen Tänzen und Gesängen der dem Fürsten untertanen Bauern und Bäuerinnen »zur Belustigung der hohen Gesellschaft«, ferner mit einem Ball für 400 Personen bis sechs Uhr morgens, einer Wiederholung der Oper und einem Feuerwerk mit Pauken und Trompeten. Bei dem Ball und dem Feuerwerk spielte nicht etwa Haydn mit seinen Kammermusikern, sondern der »Stadt-Thurnermeister« (Stadtpfeifer) aus dem benachbarten Ödenburg mit seinen 18 Musikern beziehungsweise mit seinem Trompeterchor. Dies war das erste der vielbewunderten Feste, die Fürst Esterházy, der jährlich 700 000 Gulden an Einkünften hatte (vgl. János Harich im *Haydn Jahrbuch*, Bd. 4, 1968, S. 9), in den 70er Jahren veranstaltete.

**Handlung:** An der Küste von Tarent. I. Akt, 1. Bild: Meeresstrand, dann prächtige Barke für die Ankunft Lindoros; 2. Bild: Wald; 3. Bild: von dichten Bäumen umgrenzter und gegen die Sonne abgeschirmter Platz mit Grasbänken ringsum; II. Akt, 1. Bild: Vorhof zu einem prächtigen Garten; 2. Bild: ein schöner begehbarer Hügel, auf der Ebene ein Springbrunnen; 3. Bild: von Hütten umgebener kleiner Platz mit Grasbänken; III. Akt, 1. Bild: kleiner Neptuntempel; 2. Bild: Vorhof; 3. Bild: erleuchteter Meeresstrand bei Nacht, mit Barke.

I. Akt: Die auch Männerherzen fangenden Fischerinnen Lesbina und Nerina lassen Frisellino und Burlotto, zwei ihnen ergebene junge Fischer, in ihren Netzen zappeln, während die Fischerin Eurilda mit der Liebe nichts zu tun haben will, obwohl ihr Ziehvater Mastricco, den sie für ihren richtigen Vater hält, sie gern verheiratet sähe. Der junge Lindoro, Fürst von Sorrent, landet mit Gefolge, um die Erbin von Benevent zu finden und zu heiraten. Der tyrannische Usurpator Oronte, der kürzlich gestorben ist, hatte 15 Jahre zuvor dem Fürsten Kasimir Thron und Leben geraubt. Die seinerzeit als Windelkind gerettete Tochter Kasimirs soll hier verborgen leben. Mastricco weiß, daß Eurilda die Gesuchte ist, denn er hat sie damals von ihrem Retter Nicandro erhalten. Aber er traut Lindoro nicht und schweigt. Lesbina und Nerina spielen sich, wie gewohnt miteinander wetteifernd, als Prinzessinnen auf und sehen auf ihre Freunde herab, von denen sie aber nur Spott ernten.

II. Akt: Burlotto will seine Freundin Nerina für ihre Überheblichkeit bestrafen und deshalb dafür sorgen, daß seine Schwester Lesbina Prinzessin wird. So lügt er Lindoro vor, Lesbina sei die Gesuchte. Frisellino hat einen ähnlichen Einfall. Er will sich an Lesbina rächen und bezeichnet seine Schwester Nerina als die Gesuchte. Mastricco, von Lindoro befragt, nennt Eurilda. Lindoro glaubt nun keinem mehr. Mastricco ist zuversichtlich, der Wahrheit zum Sieg verhelfen zu können. Lesbina preist sich an, Nerina desgleichen, nur Eurilda zeigt ein würdiges Verhalten. Lindoro macht die Probe: Er breitet Gold und Edelsteine aus und legt dazu den Dolch, mit dem Fürst Kasimir erstochen wurde. Lesbina nimmt sich ein Juwel, Nerina einen Ring, Eurilda den Dolch. Sie fällt in Ohnmacht, erwacht und ruft nach ihrem Vater, nicht nach Mastricco. Nun ist Lindoro überzeugt, in Eurilda die Erbin des Throns von Benevent gefunden zu haben. Lesbina und Nerina suchen die Verzeihung ihrer Freunde, die nachgeben und den Streit beilegen.

III. Akt: Mastricco schwört bei Neptun, daß er die Wahrheit gesagt hat. Lindoro verlobt sich daraufhin mit Eurilda. Burlotto und Frisellino wollen die Treue ihrer Geliebten auf die Probe stellen. Sie verkleiden sich als adlige Kavaliere aus dem Gefolge Lindoros und schlagen den beiden Fischerinnen vor, mit ihnen abzureisen. Leichten Herzens gehen Lesbina und Nerina auf den Vorschlag ein. Als die vermeintlichen Kavaliere ihre Verkleidung ablegen, müssen Lesbina und Nerina zum zweitenmal ihren Traum vom Adligsein begraben. Von Mastricco ermahnt, versöhnen sich die beiden Paare, bevor Lindoro und Eurilda, von Mastricco begleitet, an Bord gehen.

**Kommentar:** Die Handlung wird logisch durchgeführt, kommt aber nur langsam in Gang, stockt in den Szenen I/9–10 und wird im III. Akt durch eine neue Handlung, wie wir sie besser aus Mozarts *Così fan tutte* (1790) kennen, verlängert. Der ernste Kern muß so recht nach dem Herzen eines adligen Publikums gewesen sein, denn die Moral ist die, daß ein Fürstenkind angeborenen Seelenadel besitzt. *Le pescatrici* ist Haydns erste Opera semiseria mit den typischen sieben Rollen eines »Dramma giocoso«: drei Frauen- und vier Männerrollen. Den zwei »parti serie«, die sich an den komischen Ensembles nicht beteiligen, stehen textlich und musikalisch fünf »parti buffe« gegenüber.

Unter diesen lassen sich die Charaktere der beiden jungen Fischer und Fischerinnen kaum voneinander unterscheiden. Auch zu den Seriapersonen sind die musikalischen Grenzen fließend, denn in ihren koloraturreichen Arien entfernen sich die Fischerinnen und Fischer meist weit von dem schlichten Buffoton, den wir in der kurzen Introduktion (»Coro di pescatori«) und einigen Arien vernehmen, und singen allzuoft und nicht immer parodistisch im Seriastil, wie es mit mehr Recht Lindoro in seiner einzigen, nur fragmentarisch erhaltenen Arie, einer Gleichnisarie (»Varca il mar«), tut. Die einzige vollständige Arie Eurildas hat Haydn in dem edlen Ton gewisser kantabler Arien des von ihm in jenen Jahren verehrten Johann Adolf Hasse gehalten. Leider fehlt in der Partie der Eurilda das Kernstück, die Szene, in der sie sich als die gesuchte Prinzessin erweist, und damit die einzige Szene, die leidenschaftlichen Ausdruck verlangt hätte. Die musikalischen Formen schließen sich weitgehend denen in Haydns früheren Opern an. In den Arien Lesbinas und Nerinas kehrt zweimal der vierteilige Typus von der Form A-B-A-B wieder, wobei A im geraden, meist im ¾-Takt steht und relativ mäßiges Tempo verlangt, während B durch den ⅝- oder ⅜-Takt, schnelles Tempo, plappernden Tonfall und die Abfolge von Dominante (beim erstenmal) und Tonika (beim zweitenmal) charakterisiert ist. Auch Abwandlungen dieses Typus (zum Beispiel Mastriccos »Son vecchio, son furbo«) und die Verkürzung auf die Zweiteiligkeit A-B (Burlottos »Vi cerca il fratello«) kommen vor. Die vierteiligen Schlußquartette des I. und II. Akts nebst dem zweiteiligen Finale im III. Akt erinnern an die Finale in *Lo speziale*, haben aber von der Handlung her weniger Dramatik. Charakteristisch sind die in den Verlauf eingestreuten stimmungsvollen Chöre (oder eher Ensembles) zu vier, stellenweise fünf oder sechs realen Stimmen und ein kontrastreiches Solo mit Chor (»Fiera strage«). Den Anteil des Orchesters hat Haydn, einer steigenden Tendenz in seinem Opernschaffen entsprechend, schon ziemlich reich ausgestaltet, am farbigsten in Frisellinos Arie »Fra cetre e cembali« und in dem Chor »Soavi zeffiri«. Als Ouvertüre gilt der 1971 wiedergefundene 1. Satz der *Symphonie D-Dur Nr. 106*. Wie einige andere Opernouvertüren Haydns hat auch diese etwas weniger Substanz als Haydns gleichzeitige Symphonien.
**Wirkung:** Die Aufführung wurde zwei Tage später »mit nicht minderem Beyfalle« wiederholt. Fürst Esterházy belohnte den Komponisten und die Sänger mit stattlichen Geldgeschenken. Vermutlich gab es weitere Aufführungen, denn Haydn nennt in seiner autobiographischen Skizze 1776 *Le pescatrici* unter denjenigen seiner Werke, die »den meisten Beifall« erhielten. Vielleicht hat Florian Gaßmann, der *Le pescatrici* 1771 für Wien vertonte, Haydns Werk gekannt, denn Nerinas Arie »So far la semplicetta« bei Gaßmann ähnelt auffallend derselben Arie bei Haydn. Spätestens nach 1776 verschwand das Werk von der Bühne. 1965 wurde es mit H. C. Robbins Landons Ergänzungen, über deren großen Umfang sich das Publikum wohl nicht immer im klaren gewesen sein

dürfte, beim Edinburgh-Festival (unter Alberto Erede) und beim Holland-Festival erstmals wieder aufgeführt. Seitdem sind Aufführungen auch in München, Siena und an andern Orten erfolgt. In Budapest hielt man sich 1982 bei einer szenischen Aufführung im Innenhof des Hilton-Hotels an das 1972 in der Gesamtausgabe (Haydn, *Werke*) erschienene Original und trug die Teile, zu denen die Musik fehlt, im gesprochenen Dialog vor.

**Autograph:** Országos Széchényi Könyvtár Budapest (Ms. Mus. I. 3). **Abschriften:** Part (19. Jh.): BL London, SPKB Bln. (West); St. d. mutmaßlichen Ouvertüre: LOC Washington (M 1004 A2 H No. 6 P; als 3. Satz d. Ouvertüre zu *L'incontro improvviso*). **Ausgaben:** Part, krit. Ausg., hrsg. D. Bartha: J. HAYDN, Werke, Abt. XXV, Bd. 4, Henle, München 1972, dazu krit. Ber.; Kl.A, hrsg. H. C. R. Landon, ital./dt. Übers. v. K. H. Füssl, H. Wagner: Salzburg [nach 1971; S. 55–68, 79–89, 195–243 nicht original]; Textb.: Ödenburg, Siess 1770 [nur in Abschrift v. C. F. Pohl erhalten: Ges. d. M.Freunde Wien (Nr. 10955)]. **Aufführungsmaterial:** ergänzt u. hrsg. Landon, auch mit engl. Übers. v. L. W. Vyse: UE 1965
**Literatur:** D. BARTHA, [Vorw. u. krit. Ber., s. Ausg.]; S. GERLACH, Ein Fund zu H.s verschollener Sinfonie, in: Haydn-Studien, Bd. III/1, München 1973, S. 44–46; G. THOMAS, Kostüme und Requisiten für die Uraufführung von Haydns ›Le pescatrici‹, ebd., Bd. V/1, München 1982, S. 64–70; S. LEOPOLD, ›Le Pescatrici‹. Goldoni, H., Gaßmann, in: Bericht über den internationalen J.-Haydn-Kongreß Wien 1982, München 1986, S. 341–349; weitere Lit. s. S. 738

*Georg Feder*

## L'infedeltà delusa
**Burletta per musica in due atti**

**Die vereitelte Untreue**
**Untreue lohnt sich nicht**
2 Akte (5 Bilder)

**Text:** Marco Coltellini, anonyme Bearbeitung (von Karl Friberth?)
**Uraufführung:** 26. Juli 1773, Opernhaus, Schloß Eszterháza
**Personen:** Vespina, ein geistreiches junges Mädchen, Schwester Nannis und Geliebte Nencios (S); Sandrina, ein einfaches Mädchen, Geliebte Nannis (S); Filippo, ein alter Bauer, Vater Sandrinas (T); Nencio, ein wohlhabender Bauer (T); Nanni, Bauer, Liebhaber Sandrinas (B)
**Orchester:** 2 Ob, 2 Fg, 2 Hr, Pk, Streicher, B.c
**Aufführung:** Dauer ca. 2 Std. 15 Min.

**Entstehung:** Coltellinis Text ist früher nicht nachweisbar. Nach Haydn hat ihn Michele Bondi-Neri vertont (Florenz 1783). Ob der von Haydn vertonte Text oder der von Bondi-Neri vertonte, Coltellinis Namen tragende dem Original näher steht, ist mangels weiterer Quellen nicht sicher zu entscheiden. Möglicherweise gehen die erheblichen Varianten in dem von Haydn vertonten Text auf einen Esterházyschen Bearbeiter (Friberth?) zurück. Die Uraufführung fand am Annentag zu Ehren der Witwe des Fürsten Paul Anton Esterházy, Maria Anna, statt. Am 1. Sept. 1773 gab es eine Reprise aus Anlaß des Besuchs Kaiserin Maria Theresias, die mit ihrer Familie und einem Hofstaat von 30 Personen zum einzigen Mal nach Eszterháza kam. Über die prächtigen Feste, die Nikolaus Joseph Fürst Esterházy aus diesem Anlaß veranstaltete, liegt ein gedruckter Bericht vor (*Relation des fêtes données à Sa Majesté l'Impératrice par S. A. M$^{gr}$ Le Prince d'Esterhazy. Dans son Château d'Esterhaz. Le 1$^{r}$ & 2$^{e}$ 7$^{bre}$ 1773*, Ghelen, Wien). Nach der Opernaufführung war Maskenball im neben dem Opernhaus gelegenen Chinesischen Redoutensaal (Ballsaal, der 1779 samt dem Opernhaus abbrannte); die Tanzmusiker (nicht Haydn und die fürstlichen Kammermusiker, sondern nachweislich, wie schon bei den Bällen auf dem Namenstagsfeier der Fürstinwitwe, der Ödenburger »Thurnermeister«-Stadtmusiker mit seinen Leuten) spielten in chinesischen Kostümen. Am folgenden Tag kam Haydns Singspiel *Philemon und Baucis* zur Uraufführung. Das von Carl Ferdinand Pohl aus mündlicher Überlieferung zitierte Wort der Kaiserin: »Wenn ich eine gute Oper hören will, gehe ich nach Esterház«, wird sich, wenn es wirklich gesagt wurde, kaum auf die italienische Oper, sondern am ehesten auf das in der Tat ungewöhnliche Marionettentheater bezogen haben (siehe *Philemon und Baucis*). Die übrigen Lustbarkeiten verliefen anläßlich des hohen Besuchs waren ähnlich wie bei dem Fest von 1770 (siehe *Le pescatrici*). Der Fürst belohnte mit Geldgeschenken Haydn und die Sänger: Maria Magdalena und Karl Friberth (Vespina und Filippo), Barbara und Leopold Dichtler (Sandrina und Nencio) sowie Christian Specht (Nanni), alle aus Haydns früheren Opern bekannt, und auch die Souffleuse Eleonora Jäger, nachdem diese (eine zweitrangige Sängerin, die in Haydns *Acide*, Eisenstadt 1763, als Tetide aufgetreten war) dem Fürsten geschrieben hatte, daß das »Einsagen« schwieriger sei als selbst zu »agieren«.

**Handlung:** Bei Florenz (so bei Coltellini 1783).
I. Akt, 1. Bild, ländliche Gegend mit Filippos Haus, in der Ferne andere Bauernhäuser: Filippo eröffnet seiner Tochter Sandrina, daß er sie soeben dem wohlsituierten Nencio zur Ehe versprochen hat. Sandrina liebt jedoch Nanni, der ihr seit mehr als drei Jahren den Hof macht. Als sie ihm ihr Unglück klagt, entbrennt er in Zorn auf Filippo und den Rivalen. 2. Bild, Kammer in Nannis Haus, mit Küchengeräten, Kamin, gedecktem Tisch und Stühlen: Vespina (»kleine Wespe«) erfährt von Nanni die Treulosigkeit Nencios, den sie liebt, und ist nun genauso wütend wie Nanni. 3. Bild, wie I/1: Nencio bringt Sandrina ein Ständchen dar. Als Sandrina ihn abweist, will er sie erst recht zur Frau haben. Da fallen Vespina und Nanni, die gelauscht haben, über ihn her. Der hinzueilende Filippo vergrößert die Verwirrung.
II. Akt, 1. Bild, wie I/1: Vespina, zuerst als Alte verkleidet, erzählt Filippo eine unwahre Geschichte: Nencio sei bereits verheiratet und habe Frau und Kinder verlassen. Filippo beschimpft den vermeintlichen Betrüger. Dann erscheint Vespina als radebrechender deutscher Diener eines Marquis und macht Nencio weis, sein Herr werde Sandrina noch heute heiraten. Nencio fällt aus allen Wolken. Schließlich tritt Vespina als der Marquis selbst auf und weiht Nencio in seinen angeblichen Plan ein, Sandrina nur als Dienstmagd zu sich zu nehmen und sie mit einem seiner Domestiken zu verheiraten. Nencio freut sich darüber, daß Filippo auf diese Weise hereingelegt werden soll. 2. Bild, Zimmer in Filippos Haus: Filippo ist dem vermeintlichen Marquis auf den Leim gegangen. Nanni, als der Domestik des angeblich noch verhinderten Marquis verkleidet, erscheint mit Vespina, die nun in ihrer letzten Verkleidung als Notar auftritt; der Domestik und Nencio sollen Trauzeugen sein. Man setzt den Heiratskontrakt auf, und alle unterschreiben ihn. Aber der falsche Notar hat andere Namen eingesetzt und damit nicht nur Filippo, sondern auch Nencio getäuscht: Sandrina ist mit Nanni, Nencio mit Vespina verheiratet.

**Kommentar:** Vespinas Verwandlungen erinnern an die ähnlichen Verwandlungen in Haydns *Krummem Teufel* (1751/52?; siehe *Philemon*), wo Fiametta sich nacheinander als bolognesischer Doktor, als Pulcinella, als Pantalone und als Arlecchino verkleidet, und an die sicherlich ebenfalls nur von einer Person gesungenen Sopranarien der Colombina, des Scanarello und des Pantalone in *Marchese* (1763; siehe *La canterina*, 1766). Den falschen Notar kennen wir aus *Lo speziale* (1768). Trotz solcher Klischees, wie sie noch in Mozarts *Così fan tutte* (1790) wiederkehren, ist *L'infedeltà delusa* unter Haydns Opern dramaturgisch eine der besten: Die wie in *La canterina* und *Lo speziale* rein buffoneske Handlung verläuft ähnlich gradlinig wie dort, und die Arien fließen meist zwanglos aus der dramatischen Situation. Sie ordnen sich textlich jedoch keinem Gesamtplan für die einzelnen Charaktere unter und führen deshalb auch musikalisch zu keiner Personencharakteristik, außer bei der intriganten Verwandlungskünstlerin Vespina, deren Charakterzeichnung noch am ehesten gelungen ist. Das klangschöne, idyllische Einleitungsquartett von oratorischen Ausmaßen (»Bella sera ed aure grate«) hat keine dramatische Funktion, und die den Textworten entsprechend im Seriastil geschriebene Bravourarie des einfachen Bauernmädchens Sandrina gegen Schluß (»E la pompa un grand' imbroglio«) paßt nicht zu der Rolle. Bezeichnenderweise fehlen die Texte zu beiden Nummern im Textbuch von 1783, sind also wahrscheinlich von dem Esterházyschen Dramaturgen zugesetzt: das Quartett Haydn zuliebe, der damit an die stimmungsvollen Ensembles in *Le pescatrici* anknüpfen und eine ausgedehnte musikalische Introduktion gestalten konnte, die Arie der Sängerin zuliebe, die sonst allzusehr hinter der reich mit Arien bedachten Vespina zurückgestanden hätte. Mehrere Stücke sind von hohem musikalischen Reiz, neben der Introduktion Sandrinas motivisch dichte Arie »Che imbroglio è questo«, Vespinas ausgewogene, in einem leicht scherzhaften Ton gehaltene Arie »Come piglia sì bene la mira« und Nencios charakteristisches Ständchen »Chi s'impaccia la moglie cittadina«. Wie oft in seinen komischen Opern, fällt auch hier auf, daß Haydn die Worte musikalisch ernster nimmt, als die

Gattung dies verlangte; so vertieft er sich bei der im ersten Teil wütenden f-Moll-Arie Nannis (»Non v'è rimedio«) lange in den Ausdruck der Leidenschaft und schwenkt erst spät in den heiteren und dann überschäumenden F-Dur-Schlußteil ein.
**Wirkung:** 1774 ist zuletzt eine Aufführung von *L'infedeltà delusa* in Eszterháza bezeugt. Danach hören wir von keiner Aufführung mehr. Nur die Ouvertüre fand Verbreitung. 1930 erfolgte in Wien der erste Versuch einer Wiederbelebung, nach der damaligen Tendenz stark bearbeitet (von Hermann Goja und Gottfried Kassowitz). 1952 wurde die Oper im Budapester Rundfunk gesendet. 1959 brachte die Staatsoper Budapest eine szenische Aufführung. 1960 folgte eine Aufführung in der Royal Festival Hall London mit Jennifer Vyvyan als Vespina. Es schlossen sich 1962, als auch die erste gedruckte Partitur erschien, Inszenierungen in Drottningholm (bei Stockholm) und Herrenhausen (bei Hannover) sowie 1963 beim Holland-Festival in Den Haag an. Seitdem ist das Werk an mehreren europäischen Bühnen gespielt worden. Bis 1981 kamen zwei Schallplattenaufnahmen heraus. *L'infedeltà delusa* zählt zu den erfolgreichsten unter den wiederbelebten Haydn-Opern.

**Autograph:** Part: Országos Széchényi Könyvtár Budapest (Ms. Mus. I Nr. 4); Fragment d. Ouvertüre: SPKB Bln. (West) (Mus. ms. aut. J. Haydn 7). **Abschriften:** Part (19. Jh.): BL London, SPKB Bln. (West), Ges. d. M.Freunde Wien; Ouvertüre (Konzertfassung), Part: BL London, Public Libr. Boston, Cons. Royale de Musique Brüssel, Ges. d. M.Freunde Wien, Kungliga Musikaliska Akademiens Bibl. Stockholm; Ouvertüre (Konzertfassung), St.: BL London (Add. 32174), Ges. d. M.Freunde Wien (3 Ex.), Orch.Verein Ansbach, LOC Washington (2 Ex.). **Ausgaben:** Part, krit. Ausg., hrsg. D. Bartha, J. Vécsey: J. HAYDN, Werke, Abt. XXV, Bd. 5, Henle, München 1964, dazu krit. Ber. 1965; TaschenPart, hrsg. H. C. R. Landon, ital./engl. Übers. v. A. Porter/dt. Übers. v. H. F. Kühnelt: UE 1962, Nr. Ph. 450; Kl.A, wie vorher: Haydn-Mozart-Presse, Salzburg 1961; St. d. Ouvertüre (Konzertfassung): Artaria, Wien [1782/83]; Kl.A d. Arie »Amors Pfeil«, hrsg. K. Geiringer: Adler, Bln. 1932; Textb.: Ödenburg, Siess 1773 [2 Aufl.]; Textb., dt. Bearb. v. H. Goja u.d.T. *Liebe macht erfinderisch*: Wien, Steyrermühl [1930]. **Aufführungsmaterial:** Ausg. Landon: UE **Literatur:** J. VÉCSEY, L'infedeltà delusa (H. operájanak felújitása), in: Festschrift Z. Kodály zum 70. Geburtstag, hrsg. B. Szabolcsi, D. Bartha, Budapest 1963, S. 423–438; H. C. R. LANDON, Zu H.s ›L'infedeltà delusa‹, in: ÖMZ 16:1961, S. 481–484; D. BARTHA, [Vorw. u. krit. Ber., s. Ausg.]; J. LIEBNER, J. H.s Oper ›Untreue lohnt nicht‹, in: M u. Ges. 19:1969, S. 374f.; weitere Lit. s. S. 738

*Georg Feder*

## Philemon und Baucis
### Ein kleines Schauspiel mit Gesang
2 Bilder

**Text:** Gottlieb Konrad Pfeffel (1763), anonyme Bearbeitung
**Uraufführung:** 2. Sept. 1773, Marionettentheater, Schloß Eszterháza
**Personen:** Philemon (T) und Baucis (S), ein armes altes Ehepaar; Aret, ihr Sohn (T); Narcissa, seine Braut (S); Jupiter und Merkur als Wanderer (2 Spr.).
**Chor:** Nachbarn, Nachbarinnen
**Orchester:** 2 Fl (apokryph?), 2 Ob, Fg (?), 2 Hr, 2 Trp (?), Pkn, Streicher
**Aufführung:** Dauer ca. 1 Std. – Gesprochene Dialoge. Die Personen werden von Marionetten dargestellt.

**Entstehung:** *Philemon und Baucis* ist die einzige einigermaßen vollständig erhalten gebliebene unter den in Haydns Werkverzeichnis von 1805 verzeichneten »deutschen Marionettenopern« aus den 70er Jahren. Sie gehört musikalisch und textlich zur Gattung des deutschen »Singspiels« (wie es in Haydns eigenhändigem Librettoverzeichnis heißt) oder, was dasselbe ist, zur Gattung der deutschen »Opéra comique«, wie es in Haydns Entwurfkatalog heißt, und unterscheidet sich von dieser nur durch die Darbietung mit Marionetten. Für die normale Darbietungsform hatte Haydn in seinen frühen Wiener Jahren, um 1751/52, im Auftrag des Komikers Joseph Felix von Kurz das in den Libretti ebenfalls als »Opéra comique«, in Haydns Librettoverzeichnis als »teutsche Oper« bezeichnete Singspiel *Der krumme Teufel* (oder *Der neue krumme Teufel*) geschrieben, ein im 18. Jahrhundert auf vielen deutschen Bühnen aufgeführtes Werk, von dem nur das Libretto erhalten geblieben ist (abgedruckt bei Otto Rommel, s. Lit., und, mit Kollation der überlieferten Fassungen, in: Haydn, *Werke*, Abt. XXIV, Bd. 2). Der Verlust der viele Nummern umfassenden Musik ist zu bedauern. Eher hätten wir den Text entbehren können: eine alberne Posse ohne literarischen Rang. Das gleiche Urteil gilt (trotz der Alexandriner in ihren Dialogen) von den beiden textlich erhalten gebliebenen unter den vier nach *Philemon und Baucis* von Haydn vertonten Marionettenopern. Dies sind: *Hexenschabbas* (1773, ein »Marionettenfest«, verlorengegangen, auch textlich, obwohl 1773 und 1777 Libretti gedruckt wurden); *Dido* (1776, »eine parodirte Marionetten Operette in drey Aufzügen«, Text: Philipp Georg Bader, eine Parodie auf Pietro Metastasios *Didone abbandonata*, 1724, abgedruckt in: Haydn, *Werke*, ebd., Musik verschollen bis auf die als Klavierlied erhalten gebliebene Arie »Jeder meint, der Gegenstand« und vielleicht die Ouvertüre, die im Finale der *Symphonie F-Dur Nr. 67* erhalten geblieben sein könnte); *Opéra-comique vom abgebrannten Haus* (um 1773–79, gänzlich verschollen, falls nicht in der *Feuersbrunst*, s. u., überliefert); *Die bestrafte Rachbegierde* (1779?, »ein Singspiel in drey Aufzügen von P. G. B[ader]«, Text: in: *Werke*, ebd., Musik verschollen). Weitere Singspiele sind Pasticcios. Möglicherweise hatte Haydn teil an der Vertonung der in seinem Werkverzeichnis angeführten Marionettenoper *Genovevens vierter Teil* (1777, »eine Marionetten Operette in dreyen Aufzügen« von Karl Michael von Pauersbach, Text in: *Werke*, ebd., Musik verschollen); laut Haydns Zeugnis in seinem Librettoverzeichnis handelte es sich um ein Pasticcio »von verschiedenen Meistern«. Das Singspiel *Der Freibrief* (1789), dessen Musik verschollen ist, enthielt bearbeitete Musik von Haydn. Das Singspiel *Das Ochsen-

*menuett* (1823) stellte Ignaz von Seyfried aus Haydnschen Kompositionen verschiedener Gattungen zusammen. Die Echtheit des in der Musik erhalten gebliebenen Singspiels *Die Feuersbrunst* (um 1776–78?, Klavierauszug nach der Bearbeitung von H. C. Robbins Landon: London 1963) ist ungewiß; die Ouvertüre stammt von Ignaz Pleyel. Textlich bestehen stellenweise Parallelen zu der im Text erhalten gebliebenen Pantomine *Der Zauberbrunn*, deren verschollene Musik von dem Wiener Organisten Joseph Heyda herrührte. *Die Feuersbrunst* ist mit den von Landon und Else Radant beigesteuerten Dialogen (die originalen sind bis auf Stichwörter verschollen) 1963 bei den Bregenzer Festspielen unter Robert Heger und seitdem auch anderswo gelegentlich aufgeführt worden, 1977 in Eisenstadt und 1982 in Wien mit Puppen. Die Echtheit des Singspiels *Die reisende Ceres* (herausgeben von Eva Badura-Skoda, Wien 1977) hat wenig Wahrscheinlichkeit. – Die Uraufführung von *Philemon und Baucis* war Teil der Festlichkeiten bei einem Besuch, den Kaiserin Maria Theresia mit ihrer Familie Nikolaus Joseph Fürst Esterházy abstattete (siehe *L'infedeltà delusa*, 1773) und fand anscheinend zur Eröffnung des Marionettentheaters statt, das im Park des Schlosses Eszterháza dem Opernhaus gegenüberlag und als einzig in seiner Art gerühmt wurde. Einem zeitgenössischen Bericht entnimmt man, daß es im Innern einer Grotte ähnlich sah, da alle Wände und Nischen mit Mineralstufen, Steinen, Muscheln und Schnecken ausgekleidet waren und bei Beleuchtung »einen seltsamen und auffallenden Anblick« darboten. Die wechselnden Dekorationen auf der ziemlich geräumigen Bühne waren »überaus niedlich«, die vermutlich fast lebensgroßen Puppen »sehr gut gemacht und prächtig gekleidet«. An der Ausstattung wurde auch sonst nicht gespart. Das Marionettentheater stand unter der Leitung von Pauersbach, seit 1778 von Bader. Beide schrieben auch Stücke und lasen, mit andern, die Rollen. Für die Musiknummern wurden zweitrangige Sänger herangezogen: bei *Philemon und Baucis* zum Beispiel die Kirchensängerin Eleonora Jäger, die tags zuvor bei der Aufführung von *L'infedeltà delusa* souffliert hatte. Als Maschinisten wirkten Pierre Goussard und Albert Bienfait. Außer Opern von Haydn gab man solche von Carlo d'Ordonez (*Alceste*, 1775), Pleyel (*Die Fee Urgele*, 1776) und Joseph Purksteiner (*Das ländliche Hochzeitsfest*, 1778). In den 80er Jahren scheint das Interesse des Fürsten für Marionetten nachgelassen zu haben. Merkwürdig ist es, daß Haydn die Vorliebe für Marionetten mit seinem Fürsten teilweise teilte: Er besaß selbst ein kleines Marionettentheater, von dem er im Karneval 1774 musikalischen Gebrauch machte, wie aus einem Brief des Fürsten vom März 1775 hervorgeht. – Der Uraufführung von *Philemon und Baucis* ging ein von einem Esterházyschen Dramaturgen verfaßtes farcenhaftes Vorspiel voraus, das ebenfalls die Form eines Singspiels hatte und später den Titel *Der Götterrat* erhielt. Der Text ist in Haydns *Werken* (Abt. XXIV, Bd. 1) abgedruckt, zusammen mit den wenigen erhalten gebliebenen Fragmenten von Haydns Vertonung: der Ouvertüre (= *Symphonie C-Dur Nr. 50*, 1. und 2. Satz) und einer kleinen Auftrittsmusik der Diana. Der Obertitel des Ganzen lautete: *Philemon und Baucis oder Jupiters Reise auf die Erde*. Die überlieferte Fassung enthält mehr Nummern als das Libretto von 1773, vermutlich infolge unautorisierter Bearbeitung; die zusätzlichen Stücke sind hauptsächlich von Christoph Willibald Gluck, Ordonez und Haydn (eine Arie aus *Il mondo della luna*, 1777).

**Handlung:** 1. Bild, ein phrygisches Dorf, im Hintergrund Felder und Weinberge: Jupiter sendet über die Städte Phrygiens ein Unwetter, das die gegen ihn frevelnden Einwohner verderben soll. Philemon und Baucis bitten die Götter um Schonung, sind aber auch zu sterben bereit. Sofort verzieht sich das Unwetter. 2. Bild, Philemons Hütte mit zwei Urnen: Jupiter und Merkur, als Wanderer, die an allen Türen abgewiesen wurden, finden bei Philemon und Baucis freundliche Aufnahme, obwohl beider Sohn Aret, der ihnen nach 20jähriger Ehe geschenkt worden war, zusammen mit seiner Braut Narcissa, mit der er fünf Jahre verlobt war, vor 30 Tagen, bei ihrer Hochzeitsfeier, durch Blitzschlag ums Leben gekommen ist. Jupiter, durch des alten Paars Frömmigkeit mit den Menschen versöhnt, erweckt Aret und Narcissa aus ihren Urnen zu neuem Leben. Philemon und Baucis bitten Jupiter, ihre Hütte in einen Tempel und sie selbst in Priester dieses Tempels zu verwandeln. Ihre Bitte wird erfüllt. Alle vereinen sich zum Lob Jupiters.

**Kommentar:** *Philemon und Baucis* ist, anders als die übrigen deutschen Singspiele Haydns, ein ernstes, ja sentimentales Stück. Der Dialog trieft von tugendhaften Gefühlen. Eine wichtige Rolle spielen die Bühnenverwandlungen: Das Ungewitter verwandelt sich in Abendröte, die Urnen in Rosenlauben, die Hütte in einen Tempel, die Bildsäule Jupiters in das Wappen des Hauses Habsburg, der Tempel in den Park des Schlosses Eszterháza. Den Charakter einer Travestie erhält das Stück durch die Darstellung mit Marionetten und das Vorspiel, dessen Text in dem niedrigen Stil der andern von Haydn vertonten deutschen Singspiele gehalten ist. Die Musik gehört wie oft bei Haydns Bühnenwerken einer weit höheren Sphäre an. Die zweisätzige Ouvertüre besteht aus einem packenden Allegro con espressione in d-Moll und einem dialogisch aufgebauten Andante poco allegro in F-Dur. Möglicherweise dachte Haydn an dies Andante zurück, als er im Alter seinem Biographen Georg August Griesinger erzählte, in einer seiner ältesten Symphonien (Haydns Ouvertüren heißen auch Sinfonia) sei »die Idee herrschend, wie Gott mit einem verstockten Sünder spricht, ihn bittet sich zu bessern, der Sünder aber in seinem Leichtsinn den Ermahnungen nicht Gehör giebt« (S. 117, s. Lit.). Die gleiche Geschichte erzählte Haydn auch seinem zweiten Biographen, Albert Christoph Dies: »Bey einer spätern Gelegenheit fiel die Rede wieder auf dieses Adagio, und Haydn sagte, er habe die Gottheit immer durch die Liebe und Güte ausgedrückt« (S. 129, s. Lit.). Demnach wäre das leise Motiv die Stimme Gottes, das laute die des verstockten Sünders, nicht umgekehrt.

Das innere Geschehen der Ouvertüre setzt sich fort im Eingangschor in d-Moll, der eine Gewitterszene darstellt und mit einem versöhnlichen D-Dur-Teil abschließt. So bildet die Ouvertüre mit der Introduktion einen dramatisch wirksamen Komplex. Zwei der vier Arien, zu denen noch ein Duett kommt, haben Strophenliedform, wie sie in den Kanzonetten von *L'incontro improvviso* (1775) wiederkehrt. Eine dieser Arien (»Ein Tag, der allen Freude bringt«) liegt außerdem in authentischer Klavierliedfassung (mit der Überschrift »Canzonetta«) vor. Eine der andern Arien (»Wenn am weiten Firmamente«) wird außer von den Streichern von einem Oboensolo begleitet. Den Beschluß macht ein Chor. Laut Textbuch folgte noch eine Apotheose des Hauses Habsburg und der Kaiserin; die Musik hierzu ist verschollen.

**Wirkung:** Das große Marionettentheater des Fürsten Esterházy muß auf die Kaiserin Eindruck gemacht haben, denn im Juli 1777 lud sie die Esterházysche Kapelle und das Marionettenensemble mit seinen Puppen und Dekorationen nach Schönbrunn ein, um im Schloßtheater aus Anlaß eines Besuchs des Kurfürsten Klemens Wenzeslaus von Trier und seiner Schwester Kunigunde von Sachsen Marionettenopern aufzuführen. Vermutlich waren dies Haydns verschollener *Hexenschabbas* und Ordonez' *Alceste*, eine Parodie. *Philemon und Baucis* gehörte anscheinend nicht zu den in Schönbrunn aufgeführten Werken. Das Stück war jedoch 1776 in Eszterháza zur Wiederholung gelangt. Weitere Aufführungen, außer einer in Regensburg 1780, sind nicht bezeugt. Die Ouvertüre verbreitete sich in Abschriften, und die Arie »Heut fühl' ich der Armut Schwere« fand Verwendung als kirchliche Adventsarie (»Maria, die reine«). Noch 1799 und 1831 tauchte *Philemon und Baucis*, zusammen mit dem *Götterrat*, in Musikalienkatalogen auf und galt dann als verschollen. Erst 1935 wurde die einzige erhalten gebliebene Abschrift bekannt. Seit 1950 ist *Philemon und Baucis* gelegentlich wieder zur Aufführung gelangt. Die Partitur erschien 1971 zum erstenmal im Druck (Haydn, *Werke*).

**Autograph:** Ouvertüre zum Vorspiel *Der Götterrat*: Bibl. Jagiellońska Krakau (Mus. ms. aut. J. Haydn 18); Diana-M aus d. *Götterrat*: SPKB Bln. (West) (Mus. ms. aut. J. Haydn 19); Kl.Lied-Fassung (»Canzonetta«) d. Arie »Ein Tag, der allen Freude bringt«: Sibley Musical Libr. Rochester (ML 96 H415C). **Abschriften:** Part: BN Paris (Cons. de Musique, D. 8377); Ouvertüre, Part: Ges. d. M.Freunde Wien; Ouvertüre, St.: Moravské Muzeum Brünn, StUB Ffm.; Canzonetta »Ein Tag, der allen Freude bringt«: Ges. d. M.Freunde Wien, Fürstenbergische Hof-Bibl. Donaueschingen; Bearb. d. Arie »Heut fühl' ich der Armut Schwere« als »Maria, die reine«, St.: Stadtpfarrkirche Eisenstadt (Nr. 67). **Ausgaben:** Part, Rekonstruktion d. Originalfassung, hrsg. J. Braun: J. HAYDN, Werke, Abt. XXIV, Bd. 1, Henle, München 1971, dazu krit. Ber.; Textb.: Wien, Ghelen 1773; o.O., o.J. **Aufführungsmaterial:** überlieferte Bearb., hrsg. H. C. R. Landon: Bär 1959
**Literatur:** A. C. DIES, Biographische Nachrichten von J. H., Wien 1810; G. A. GRIESINGER, Biographische Notizen über J. H., Lpz. 1810; O. ROMMEL, Die Maschinenkomödie, Lpz. 1935 (Dt. Lit., Barock. 1.), S. 85ff. [Text d. *Krummen Teufels*]; H. C. R. LANDON, H.'s Marionette Operas and the Repertoire of the Marionette Theatre at Esterház Castle, in: Haydn Jb., Bd. 1, 1962, S. 111–193; J. MÜLLER-BLATTAU, Zu H.s ›Philemon und Baucis‹, in: Haydn-Studien II/1, München 1969, S. 66–69; G. GRUBER, H.s Marionettenopern in ihren kulturgeschichtlichen Zusammenhängen, ebd., II/2, München 1969, S. 119–122; J. BRAUN, [Vorw. u. krit. Ber., s. Ausg.]; G. THOMAS, H.s deutsche Singspiele, in: Haydn-Studien VI/1, München 1986, S. 1–63; weitere Lit. s. S. 738

*Georg Feder*

## L'incontro improvviso
**Dramma giocoso per musica**

### Die unverhoffte Begegnung
3 Akte (10 Bilder)

**Text:** Karl Friberth, nach dem Libretto von L. H. Dancourt (gen. Hurtaut d'Ancourt) zu der Opéra-comique *La Rencontre imprévue* (Wien 1764) von Christoph Willibald Gluck, nach der Vaudeville-Komödie *Les Pèlerins de la Mecque* (1726) von Alain René Lesage, d'Orneval (auch Dorneval) und Louis Fuzelier
**Uraufführung:** 29. Aug. 1775, Opernhaus, Schloß Eszterháza
**Personen:** Ali, Prinz von Balsóra, Verlobter Rezias (T); Rezia, Prinzessin von Persien, Favoritin des Sultans von Ägypten im Serail (S); Balkis und Dardane, Sklavinnen und Vertraute Rezias (2 S); Osmin, Sklave Alis (T); ein Derwisch (»Calandro«), Aufseher des Warenlagers der Karawanserei (B); 3 ihm untergebene Derwische (3 B); der Sultan von Ägypten (B); ein Offizier (T). **Chor, Statisterie:** Sklaven, Sklavinnen, Janitscharen
**Orchester:** 2 Ob (auch E.H.), 2 Fg, 2 Hr, 2 Trp, Pkn, türk. Schl (gr.Tr, Bck, Trg), Streicher, B.c
**Aufführung:** Dauer ca. 2 Std. 45 Min. – Vor und nach der Arie »Or vicina« ist jeweils ein kleines Stück der Komposition verlorengegangen.

**Entstehung:** Das italienische Libretto des Esterházyschen Opernsängers Friberth ist geschickt gemacht, weicht aber in der Unregelmäßigkeit der Rezitativverse von den normalen italienischen Libretti ab. Es war für Haydn bestimmt, der mit der Vertonung einen Beitrag leistete für die Ausgestaltung der Festlichkeiten aus Anlaß eines prunkvollen Besuchs, den Erzherzog Ferdinand Karl und seine Gemahlin Maria Beatrix von Este dem Fürsten Nikolaus Joseph Esterházy abstatteten. Die Aufführung fügte sich wie die von *Le pescatrici* (1770) und *L'infedeltà delusa* (1773) in ein mehrtägiges Unterhaltungsprogramm ein: Unmittelbar vorauf ging eine »Pirutschade« im Schloßpark, es folgten eine Abendtafel und ein Maskenball. Fünf der sieben Sänger waren dieselben wie in *L'infedeltà*: Magdalena und Karl Friberth (Rezia und Ali), Barbara und Leopold Dichtler (Balkis und Osmin) sowie Christian Specht (Calandro). Es kamen hinzu: Maria Elisabeth Prandtner (Dardane), eine Schülerin Dichtlers, die in dieser Oper ihr Debüt gab und schon 1780 starb, ferner der Kirchensänger Melchior Grießler (Sultan), der 1763 (Eisenstadt) in *Acide* den Polifemo gesungen hatte. Ein erhalten gebliebener Kostenvoranschlag überliefert die ins einzelne gehende Beschreibung der Uraufführungskostüme. Er erwähnt zum Beispiel die gestickten Rosen und silbernen Fransen der Kostüme von Ali und Rezia, die gelb-rot-blauen Kostüme der Janitscharen, den grauen Bart des Derwischs und sein graues Gewand aus Baumwollflanell sowie die schwarzen Roßhaarbärte seiner drei Untergebenen. Demnach kann sich das zuerst bei Alfred Schnerich (*Joseph Haydn und seine Sendung*, Wien ²1926, S. 65) und danach oft abgedruckte Bild, angeblich eine Aufführung in Eszterháza darstellend, nicht auf *L'incontro* beziehen, was auch schon deshalb nicht möglich erscheint, weil die Oper in Kairo spielt, das Bild aber eine idyllische europäische Landschaft mit bäuerlichen Stallungen zeigt.

**Handlung:** In Kairo.

I. Akt, 1. Bild, ein Lager mit verschiedenen Kaufmannsgütern und Eßwaren: Der Derwisch läßt es sich mit seinen Gehilfen bei Tabak und Wein wohl sein. 2. Bild, Platz nahe dem Serail: Der hungrige Osmin begegnet dem bettelnden Derwisch. Dieser schildert ihm die Vorzüge seines Daseins. Osmin folgt ihm. 3. Bild, Saal im Serail: Rezia hat von einem Fenster aus ihren Verlobten erkannt, den sie zwei Jahre nicht gesehen hatte. Balkis und Dardane teilen ihre Freude. 4. Bild, Platz: Prinz Ali beklagt sein Schicksal: Vor dem Zorn seines Bruders, des Königs, war er nach Persien geflohen und hatte sich in die persische Prinzessin Rezia verliebt; als ihr Vater sie dem Mogul gab, raubte Ali die ihn Wiederliebende, verlor sie aber bald an einen Piraten. Der verkleidete Osmin erscheint mit dem Derwisch, der aus weniger ehrenhaften Gründen aus Balsóra geflohen war, und bettelt. Er empfiehlt seinem mittellosen Herrn das gleiche Mittel. Da erscheint Balkis und lädt Ali in ein von Rezia gemietetes Haus ein, das einen geheimen Zugang von den Gärten des Serails hat. Er soll eine Dame treffen, die ihn liebt. 5. Bild, Speisezimmer in einem Haus nahe dem Serail: Die Tafel ist gedeckt. Osmin greift tüchtig zu. Ali wird von Balkis verwöhnt, bleibt aber spröde.

II. Akt, 1. Bild, Zimmer im selben Haus: Ali wohnt nun in dem Haus und liest, während Osmin seine banalen Kommentare macht. Dardane hat von Rezia den Auftrag erhalten, Alis Treue auf die Probe zu stellen. Aber er denkt nur an Rezia. Zu seiner Überraschung erscheint sie selbst, zeigt sich zufrieden über seine Treue und berichtet von ihrem Schicksal: Der Pirat verkaufte sie auf dem Markt an den Sultan, dessen Werben sie bis jetzt hat zurückweisen können. Sie beschließt, mit Ali zu fliehen. 2. Bild, Stube des Derwischs: Osmin erzählt dem Derwisch vertrauensselig, daß sein Herr Rezia wiedergefunden hat und mit ihr fliehen will. Beide trinken Wein, und der Derwisch macht sich über den Propheten Mohammed wegen seines Alkoholverbots lustig. 3. Bild, Garten: Vor der Flucht wollen Ali und Rezia ein Fest feiern, denn der Sultan weilt seit Tagen auf der Jagd. Sie ergehen sich im Garten, da stürzen Balkis und Dardane herein: Der Sultan ist zurückgekehrt. Alle flüchten über eine geheime Treppe in die Karawanserei.

III. Akt, 1. Bild, das Warenlager der Karawane: Osmin bringt die Nachricht, daß der Sultan 10 000 Zechinen für die Ergreifung Rezias ausgesetzt hat. Der Derwisch entfernt sich unter einem Vorwand. In seiner Begleitung erscheinen bald die Wachen (Janitscharen). Sie lassen sich durch die Verkleidung der Damen und eine von Ali vorgespielte Szene nicht täuschen. Dem Prinzen überreichen sie für alle Beteiligten der Flucht das Todesurteil und gleich darauf die Begnadigung. Der Derwisch, der den Bruder seines Königs verraten hat, soll zwar die versprochene Belohnung erhalten, aber geschunden und gepfählt werden. 2. Bild, illuminierter Saal im Sultanspalast: Der Sultan vermählt Ali und Rezia. Auf ihr Bitten wird der Derwisch begnadigt und aus Kairo verbannt.

**Kommentar:** Bei *L'incontro improvviso* handelt es sich eher um eine Opera semiseria als um eine Opera buffa. Jedoch sind die Personen nicht durchweg in ernste und lustige geschieden, wie dies bei *Le pescatrici* (1769) der Fall gewesen war. Vielmehr vermischen sich in der Charakterisierung der beiden an sich ernsten Hauptpersonen die Sphären: Rezia singt auch eine neckische Kanzonette (»Non piangete, putte care«), Ali eine grotesk-tonmalerische Arie (»Ecco un splendido banchetto«). Die schelmische Balkis und die ernstere Dardane stehen ebenfalls zwischen den Bereichen. Dagegen stellen sich der gefräßige Osmin und der schurkische Derwisch textlich und musikalisch als reine Buffafiguren dar, gegen die am stärksten der erst am Schluß auftretende, rein seriös aufgefaßte Sultan kontrastiert. Hinter der Karikatur der verkommenen Derwische sind aufklärerische Tendenzen vermutet worden. Allerdings kann die indirekte Kritik am Mönchstum wenige Jahre vor den josephinischen Reformen mit ihren Klosteraufhebungen kaum überraschen. Das aristokratische Weltbild erfährt jedoch durch kein einziges Handlungsmoment irgendeine Störung, im Gegenteil: Es wird konsequent bestä-

*L'incontro improvviso*, III. Akt, 2. Bild; Ernst Albert als Ali, Franz Gotschika als Sultan, Erika Schmidt als Rezia; Regie: Erich Kronen, Bühnenbild: Hellmuth Nötzoldt; Nationaltheater, Mannheim 1941.

tigt, am deutlichsten in der Bestrafung des Derwischs wegen des Verrats am Bruder seines Königs. – Obgleich die Handlung zielstrebig verläuft, erscheint sie bei einem Vergleich mit der französischen Vorlage in einem weniger günstigen Licht. So wird zum Beispiel von dem Maler Vertigo, der in Glucks *Rencontre* eine bizarre Rolle spielt, öfter gesprochen, ohne daß er je auftritt; der dramatische Höhepunkt, die unverhoffte Begegnung, verpufft wirkungslos, und das an sich schöne Liebesduett Ali/Rezia (»Son quest'occhi un stral d'amore«) kommt zu spät. Dramaturgische Schwächen zeigen sich auch da, wo der Text bessere Möglichkeiten bietet, etwa wenn im 2. Finale der nichtsahnende Osmin zähnestochernd unter die bestürzt das Strafgericht erwartenden übrigen Personen tritt und die Musik diese Situationskomik nur schwach andeutet. An all diesen Stellen ist Gluck dramatisch überzeugender. Musikalisch entfaltet Haydns Oper größeren Reichtum als das Werk Glucks. Auch weist sie größere Mannigfaltigkeit als Haydns frühere Opern auf. Die Großform stellt sich wie folgt dar: Ouvertüre, Introduktion, Kette von Rezitativen, die mit Kanzonetten oder Arien und einem Terzett abwechseln, 1. Finale; zweite Kette von Rezitativen und Kanzonetten oder Arien, Duett, 2. Finale; kurze dritte Kette, dabei ein Instrumentalstück, Coro (3. Finale). Charakteristisch sind die in Haydns italienischen Opern sonst nicht anzutreffenden Kanzonetten: ein-, zwei- und dreistrophige, auskomponierte Lieder scherzhaften oder lyrischen Inhalts mit Vor- und Zwischenspielen. Daneben kommen seriöse und komische Arien verschiedenen Zuschnitts vor. Mit der Einteiligkeit begnügt sich zum Beispiel die Arie des Derwischs »Noi pariamo Santarelli«; zweiteilig sind die Arien Osmins: »Che sian i Calandri filosofi pazzi« (mit der Folge eines Abschnitts im mäßig schnellen ⅔-Takt und eines schnellen, hier virtuos schnellen im ⅝-Takt) und »Senti, al buio pian, pianino« (mit geradtaktigem zweiten Teil). Der Klagearie Alis »Deh! Se in ciel pietade avete« und ihrem Seitenstück, Rezias lyrischer Arie »Quanto affetto mi sorprende«, gehen ernste Rezitative mit Streichorchester voraus, Vorahnungen der zahlreichen pathetischen Rezitative in Haydns späteren Opern. Das turbulente dreiteilige Finale des II. Akts, das sich attacca an das Liebesduett anschließt, kündigt die Kettenfinale in Haydns späteren Opern an. Als musikalische Höhepunkte ragen außerdem hervor die »türkische« Ouvertüre (deren im 18. Jahrhundert verbreiteter Konzertfassung das türkische Schlagzeug fehlt), das träumerische Es-Dur-Terzett für drei Soprane »Mi sembra un sogno«, Rezias Adagiokanzonette »S'egli è vero« mit Oboensolo und ihre C-Dur-Bravourarie »Or vicina a te mio core«, die 1793 in den von Friedrich Ludwig Aemilius Kunzen und Johann Friedrich Reichardt herausgegebenen *Studien für Tonkünstler und Musikfreunde* (S. 123–126) lobend besprochen wurde. Der Rezensent meinte: »Wo Haydn auch nur erscheint, in Instrumental- oder Vocalmusik, im Ernsthaften oder im Launichten, da ist er allenthalben der unerschöpfliche Erfinder und getreue Charactermahler.« Bei dieser Arie zeige sich das besonders an der Orchesterbehandlung und der Harmonik im Verhältnis zum Text.

**Wirkung:** *L'incontro improvviso* ist die erste von Haydns Opern mit Anzeichen einer Verbreitung über den Kreis des Esterházyschen Hofs hinaus; neben der Ouvertüre wurde mindestens die Arie »Or vicina« bekannt. Für die Erdödysche Operntruppe in Preßburg verfaßte Franz Xaver Girzik, der dieser Truppe als Sänger angehörte, wohl in den 80er Jahren des 18. Jahrhunderts eine freie deutsche Übersetzung *(Die unverhoffte Zusammenkunft)*, die alle Seccos nach Art eines deutschen Singspiels durch Dialoge ersetzt. Eine Aufführung in Preßburg hat sich jedoch nicht nachweisen lassen. Im Zug der Wiederbelebung von Haydns Opern kam es 1936 zu einer Aufführung in Bad Lauchstädt durch Helmut Schultz. Dessen deutsche Bearbeitung *(Unverhofftes Begegnen)*, ohne die damals verschollen geglaubte Ouvertüre, hat seitdem verschiedenen Aufführungen zugrunde gelegen, unter anderm einer Aufführung unter Karl Elmendorff bei den Schwetzinger Musiktagen 1941, einer Sendung von Radio Wien 1959 und einer Inzenierung in der Wiener Kammeroper 1964. Nachdem das Autograph in Leningrad wiederentdeckt worden war, wurde die Oper in russischer Sprache 1956 unter Jewgeni Lebedew im Leningrader Rundfunk und 1982 im Musikischen Kammertheater Moskau aufgeführt. 1962/63 erschien das Werk nach dem Autograph in der Gesamtausgabe (Haydn, *Werke*). 1966 fand eine Aufführung beim St.-Pancras-Festival London in englischer Übersetzung von Andrew Porter statt.

**Autograph:** Part: Bibl. Saltykov-Ščedrin Leningrad; Ouvertüre, Fragment: SB Bln./DDR (Mus. ms. aut. J. Haydn 15). **Abschriften:** Part (19. Jh.): SBPK Bln. (West), BL London; Part, dt.: ÖNB Wien (Cod. 18641); zugehöriges Textb.: ebd. (Cod. 13835); Bearb. für Streichquintett in St.: ÖNB Wien; Ouvertüre in St.: BL London (Add. 32174, fol. 33-79); StUB Ffm., Ges. d. M.Freunde Wien, LOC Washington, ÖNB Wien, Bibl. Verdi Mailand, Bibl. Cherubini Florenz; Ouvertüre in Part (ohne solche d. 19. Jh.): BL London (Add. 31709); Arie »Or vicina« in Part: z. B. ÖNB Wien; in St.: z. B. Schwäbisches Landesmusik-Arch. Tübingen. **Ausgaben:** Part, krit. Ausg, hrsg. H. Wirth: J. HAYDN, Werke, Abt. XXV, Bd. 6,1–2, Henle, München 1962/63, dazu krit. Ber. 1972; Kl.A, dt. Übers. v. H. Schultz u.d.T. *Unverhofftes Begegnen*: Mw. Vlg., Lpz. [1939]; Ouvertüre in St.: Artaria, Wien [1782/83]; Arie »Or vicina« in Part: ebd. 1783; André, Offenbach 1786; 3 Nrn. im Kl.A v. E. Lebedev, russ. Übers. v. S. Ginsberg: Sovetskaja Muzyka, Moskau 1956; Textb.: Ödenburg, Sieß 1775; Textb., dt.: Lpz., Mw. Vlg. [1936]. **Aufführungsmaterial:** Bearb. Schultz: Alkor, Nr. AE 114

**Literatur:** H. SCHULTZ, [Vorw., s. Ausg.]; G. FILENKO, Zabytaja opera G. in: Sovetskaja Muzyka, Bd. 9, 1956, S. 57–65; H. WIRTH, [Vorw. u. krit. Ber., s. Ausg.]; A. PORTER, L'incontro improvviso, in: MT 107:1966, S. 202–206; H. WIRTH, Gluck, H. und Mozart – drei Entführungsopern, in: Opernstudien. A. A. Abert zum 65. Geburtstag, hrsg. K. Hortschansky, Tutzing 1975, S. 25–35; J. P. LARSEN, Zwei kleine Bemerkungen zum zweiten Band des Hoboken-Katalogs, in: Mf 26:1973, S. 244; G. FEDER, S. GERLACH, H.-Dokumente aus dem Esterházy-Archiv in Forchtenstein, in: Haydn-Studien III/2, München 1974, S. 96, 103; weitere Lit. s. S. 738

*Georg Feder*

# Il mondo della luna
**Dramma giocoso**

## Die Welt auf dem Mond
3 Akte (4 Bilder)

**Text:** unbekannter Bearbeiter, nach dem Libretto von Carlo Goldoni zu dem Dramma giocoso (Venedig 1750) von Baldassare Galuppi
**Uraufführung:** 3. Aug. (?) 1777, Opernhaus, Schloß Eszterháza
**Personen:** Ecclitico, ein falscher Astrologe (T); Ernesto, Kavalier (A); Bonafede (B); Clarice und Flaminia, Bonafedes Töchter (2 S); Lisetta, Bonafedes Kammerzofe (A); Cecco, Ernestos Diener (T); 4 Schüler Ecclitico, auch Kavaliere auf dem Mond (4 B). **Statisterie:** Pagen, Diener, Soldaten und Gefolgsleute des Mondkaisers. **Ballett**
**Orchester:** 2 Fl, 2 Ob, 2 Fg, 2 Hr, 2 Trp, Pkn, Cemb, Streicher, B.c; BühnenM: 2 Fg, 2 Hr
**Aufführung:** Dauer ca. 2 Std. 45 Min. – Die Partie des Ernesto war bei der Uraufführung mit einem Kastraten besetzt. Abweichende Stimmen der Urfassung: Ecclitico (A), Ernesto (T), Lisetta (S). Die Urfassung sieht im Orchester ein »Pfeiferl« (Kinderinstrument oder Pikkoloflöte) vor.

**Entstehung:** Das Buch, nach *Lo speziale* (1768) und *Le pescatrici* (1770) das dritte von Goldoni, das Haydn vertont hat, hatte nach Galuppi mehreren Komponisten als Vorlage gedient. Haydn benutzte bis II/13 den Goldonischen Originaltext, ab II/14 dieselbe Bearbeitung wie Gennaro Astarita (1775), aber mit einem neuen 3. Finale. Anlaß der Uraufführung war die am 3. Aug. 1777 gefeierte Hochzeit von Graf Nikolaus, einem Sohn des Fürsten Nikolaus Joseph Esterházy, mit Maria Anna Gräfin Weißenwolf, einer Nichte seiner Gemahlin Maria Elisabeth. Außer *Il mondo della luna* wurde bei dieser Gelegenheit von der Gesellschaft Joseph Schmalöggers das Ballett *Achilles und Daira* gegeben. Außerdem kam die dreiaktige Marionettenoper *Genovefens vierter Teil* (Text: Karl Michael von Pauersbach) zur Aufführung, ein deutsches Singspiel, dessen Musik (ein Pasticcio, teilweise mit Musik von Haydn?) verschollen ist. Trotz des besonderen Anlasses läßt es sich nicht verkennen, daß *Il mondo* in die Zeit des 1776 begonnenen regelmäßigen Opernbetriebs gehört, denn die Sänger sind nunmehr überwiegend Italiener. Laut den Angaben des Librettos waren dies: Guglielmo Jermoli (Ecclitico), der diesen Part in Astaritas Vertonung schon 1775 in Venedig gesungen hatte, Maria Jermoli (Lisetta), Benedetto Bianchi (Bonafede) und der Kastrat Pietro Gherardi (Ernesto), der einzige Kastrat in einer Haydn-Oper vor der letzten (siehe *L'anima del filosofo*, 1791). Von dem alten Sängerstamm war Barbara Dichtler, die in allen Haydn-Opern seit *Acide* und *Marchese* (1763) mitgewirkt hatte, 1776 während einer Vorstellung auf der Bühne zusammengebrochen und gestorben. Maria Magdalena und Karl Friberth waren 1776 nach Wien gegangen. Der Bassist Christian Specht war 1777 als Bratscher und Klavierstimmer ins Orchester übergewechselt. Nur Leopold Dichtler (Cecco) war übriggeblieben. Zwar engagierte der Fürst bis 1777 auch noch deutsche Gesangskräfte, so 1776 die Sopranistinnen Katharina Poschwa (Clarice) und Marianna Puttler (Flaminia), von da an aber nur noch Italiener. – Außer der von *Il mondo* im 18. Jahrhundert abschriftlich verbreiteten, teilweise autograph überlieferten Fassung des ganzen Werks sind autographe Urfassungen, Zwischenfassungen und neue Fassungen einzelner Nummern und Teile erhalten geblieben. Ihre zeitliche Reihenfolge ist geklärt, ihre genaue Datierung nicht. Vermutlich handelt es sich überwiegend um Entstehungsvarianten, veranlaßt dadurch, daß das Ehepaar Jermoli Ende Juli im Dienst quittierte, also kurz vor der Uraufführung. (Wer Ecclitico und Lisetta wirklich sang, ist unbekannt.) Andere Fassungen mögen mit einer vielleicht geplanten, aber nicht erfolgten Wiederaufführung in Zusammenhang stehen. Flaminias Arie »Ragion nell'alma siede«, von der es auch eine Skizze gibt, könnte in ihrer letzten Fassung eine Konzertfassung sein. Manche von Haydns Änderungen lassen eine künstlerische Absicht erkennen. Besonders die Kavatinenkette Bonafedes im 1. Bild hat in der neuen Fassung gewonnen. Die Instrumentalvorspiele zum II. und III. Akt sind anscheinend nachträgliche Einfälle.
**Handlung:** I. Akt, 1. Bild, Terrasse auf Ecclitico Haus: Doktor Ecclitico (»Ekliptikus«) macht in einer mondhellen und sternklaren Nacht dem Einfaltspinsel Bonafede weis, auf dem Mond sei eine Welt wie bei uns, nur viel besser, und er könne das Leben und Treiben dort durch sein Fernrohr beobachten. Eine beleuchtete Maschine auf der Öffnung des Fernrohrs gaukelt dem entzückten Bonafede eine Reihe ihm sehr angenehmer Szenen vor. Bonafede bedankt sich mit einem Geldbeutel. Ecclitico hat es aber weniger auf Bonafedes Geld als auf seine Tochter Clarice abgesehen, ebenso wie sein Freund Ernesto, Sohn eines Barons, auf die andere Tochter, Flaminia, und Ernestos Diener, Cecco, auf Bonafedes Kammerzofe Lisetta. Ecclitico weiß einen Plan, wie dem Alten mit einigem Geldaufwand die drei Mädchen abzulisten wären. 2. Bild, Zimmer in Bonafedes Haus: Die temperamentvolle Clarice und die besonnene Flaminia beraten über ihre Lage. Der strenge Vater will ihnen die Heirat nicht erlauben und möchte beide am liebsten im Zimmer einschließen. Selber schäkert er mit Lisetta, die ihm des Gelds wegen glühende Liebe vorspielt und sich heimlich über ihn lustig macht. Ecclitico kommt, um, wie er vorgibt, sich von Bonafede für immer zu verabschieden, weil der Mondkaiser ihn bei sich haben wolle und er zum Mond fliegen müsse. Bonafede möchte sogleich mitfliegen, läßt sich zu diesem Zweck von Ecclitico einen Zaubertrank geben, glaubt zu fliegen und schläft ein. Während Clarice und Lisetta aus Angst um den scheinbar sterbenden Alten eine belebende Medizin holen, läßt Ecclitico ihn in seinen Garten bringen. Clarice und Lisetta sind schnell getröstet, als Ecclitico ihnen aus Bonafedes angeblichem Testament die Bestimmung

vorliest, daß sie eine stattliche Mitgift bekommen sollen, falls sie sich verheiraten.

II. Akt, Lustgarten: In Eccliticos Garten, der so hergerichtet ist, daß er die Welt auf dem Mond vorstellt, wacht Bonafede erstaunt wieder auf. Ecclitico, der hier als Zeremonienmeister des Mondkaisers amtiert, läßt Bonafede neu einkleiden. (Bei der Uraufführung bekam Bonafede ein Flügelkleid, wie es der Zeremonienmeister selbst, der Mondkaiser und die vier Pagen trugen.) Bonafede erfreut sich an den Blumen, der Musik, den Tänzen, dem reizenden Echo. Dann erscheint der Kaiser selbst und in seinem Gefolge Ernesto als Hesperos, der Abendstern. Lisetta, mit verbundenen Augen aus Bonafedes Haus herbeigeführt, läßt sich nichts vormachen, spielt aber mit, als der Mondkaiser, in dem sie sogleich Cecco erkennt, sie als Mondkaiserin auf den Thron erhebt. Bonafede, der gern noch länger mit ihr geschäkert hätte, muß sich fügen. Flaminia und Clarice, die in alles eingeweiht sind, schweben auf einer Maschine herbei und werden vom Kaiser mit Hesperos und Ecclitico vermählt. Nachdem man Bonafede der Mitgift wegen den Schlüssel zu seinem Geldschrank abgeluchst hat, wird die Komödie für beendet erklärt. Bonafede tobt.

III. Akt, Saal in Eccliticos Haus: Ecclitico will Bonafede nur nach Haus gehen lassen, wenn er gute Miene zum bösen Spiel macht. Schließlich gibt der genasführte Alte nach; er will handeln wie ein Mensch in der besseren Welt auf dem Mond, willigt gutmütig in die geschlossenen Verbindungen ein und bewilligt den drei Mädchen die Mitgift.

**Kommentar:** Von der Handlung her eine Opera buffa, handelt es sich von den Charakteren und der Musik her eher um eine Opera semiseria. Nur Bonafede, Cecco und Lisetta stellen reine Buffofiguren dar. Clarice und Ecclitico kann man als »parti di mezzo carattere« ansprechen. Ihre Arien, besonders diejenigen Clarices, sind nur leicht komisch, und während das Duett Lisetta/Bonafede »Non aver di me sospetto« in der Buffosphäre bleibt, enthält das Duett Clarice/Ecclitico »Un certo ruscelletto« einen zweiten Teil, den Haydn später dem Duett Armida/Rinaldo in seinem Dramma eroico *Armida* (1784) einfügen konnte. Flaminia und Ernesto haben ihren Arien nach ernste Rollen, wenngleich sie sich in der Handlung nicht von den übrigen Personen absetzen. Flaminias C-Dur-Koloraturarie »Ragion nell'alma siede« nimmt den Tonfall von Rezias Arie »Or vicina« aus *L'incontro improvviso* (1775) wieder auf. Ihre andere Arie, »Se la mia stella«, mit Soli von Fagott und Hörnern, hat später ein Bearbeiter in das ernste Singspiel *Philemon und Baucis* (1773) eingeschoben. Ernestos feierliche Arie »Qualche volta non fa male« mit ihren abwechselnden Moll- und Durteilen übersteigt in ihrer musikalischen Symbolkraft weit den Text; Haydn hat sie 1782 zum Benedictus (für Chor mit Soloquartett) der *Mariazeller Messe* umgestaltet, ohne daß dies zu einem Stilbruch geführt hätte. Ernestos lyrische Arie »Begli occhi vezzosi« würde auch in eine ernste Oper passen. Im 2. Finale dagegen stimmen Flaminia und Ernesto in die alberne Mondsprache der übrigen Personen ein. So entsteht durch Verschulden des Textbearbeiters ein ähnlicher Bruch in der Charakterisierung wie bei den Hauptrollen in *L'incontro*. Goldoni selbst ist verantwortlich für eine Unstimmigkeit im 1. Finale: nämlich daß nur Clarice mit Lisetta auftritt um ihren Vater sorgt, nicht aber Flaminia, vielleicht weil sie als ernste Rolle ursprünglich keinen Anteil an einem komischen Finale haben sollte. Ein weiterer dramaturgischer Mangel geht teils auf das Konto des Textbearbeiters, teils auf das Konto des Komponisten: Bei dem »dénouement« im 2. Finale vermittelt uns die Musik von der dramatischen Tragweite der Worte »finita è la commedia« nichts und reagiert auf die geänderte Situation erst bei Bonafedes Zornesausbruch, der andrerseits viel zu plötzlich kommt: In Paisiellos Oper *Il mondo della luna* (Petersburg 1783), die sich für diese Szene auf Goldonis Originaltext stützt, läßt Bonafede 127 Takte lang den Spott der übrigen Personen über sich ergehen, ehe sein Zorn ausbricht, der dann freilich schnell verraucht. Rein musikalisch hat Haydns fünfteiliges Finale einen mitreißenden Schwung. Im 1. Finale zeichnet sich die prägnante musikalische Gestaltung der Schlußsentenz aus: »Viva chi vive. Chi è morto è morto.« Weitere musikalische Glanzpunkte sind neben dem Duett »Un certo ruscelletto« die prächtige Ouvertüre, die Haydn bald darauf dem 1. Satz der *Symphonie C-Dur Nr. 63 »La Roxelane«* zugrunde legte, und Lisettas Arie »Una donna come me«, vielleicht die schönste Ausgestaltung des Typus der vierteiligen, Abschnitte im geraden mit solchen im ungeraden Takt abwechselnden Buffaarie (siehe *Le pescatrici*, 1770), während Eccliticos Arie »Voi lo sapete« mit diesem Formtyp eher spielt. Eine andere Form zeigt Eccliticos zweiteilige Arie »Un poco di denaro« (A: langsam, B: schnell, aber geradtaktig). In der klangschwelgerischen Arie »Che mondo amabile« flötet Bonafede mit dem Mund und konzertiert dabei mit acht Blasinstrumenten. Charakteristisch sind die zahlreichen kleinen Instrumentalstücke, die hauptsächlich der Vorspiegelung der Welt auf dem Mond dienen.

*Il mondo della luna*, II. Akt; Bearbeitung: Mark Lothar; Regie: Richard Ludewigs, Bühnenbild: Hermann Gowa; Mecklenburgisches Staatstheater, Schwerin 1932. – Der Lichtregie eines Robert Wilson der 80er Jahre gingen unterschiedliche Einsatzmöglichkeiten des Bühnenlichts voraus. Bereits in der Neuromantik spielte man mit der Schattenwirkung, die hier durch Ausleuchtung des Bühnenhintergrunds den Effekt einer Scherenschnittszenerie erzielt.

**Wirkung:** Dieser Oper war in Eszterháza offenbar kein nachhaltiger Erfolg beschieden, und anderswo wurde sie überhaupt nicht aufgeführt. Vielleicht hat Haydn deshalb außer den schon genannten noch weitere Stücke in andern Zusammenhängen wiederverwendet: den Instrumentalsatz aus II/11 (Nr. 44) in der Konzertfassung (um 1782/83) der Ouvertüre zu *La vera costanza* (1779), dasselbe Stück sowie fünf weitere Stücke aus dem II. Akt in den *Trios D-Dur, G-Dur, C-Dur, A-Dur* und *D-Dur* für Flöte, Violine und Violoncello (1784). – Seit 1932 ist das Werk oft aufgeführt worden, zuerst (anläßlich von Haydns 200. Geburtstag) durch das Mecklenburgische Staatstheater Schwerin in der vom Original stark abweichenden Bearbeitung von Mark Lothar. Sie besteht aus einem Vorspiel und zwei Akten und verwendet neben Nummern aus *Il mondo della luna* solche aus andern Opern und Instrumentalwerken Haydns. Lothars Bearbeitung ist auch nach dem Krieg wiederholt gespielt worden (so in der Wiener Kammeroper 1953) und selbst durch die originalnahe Bearbeitung von H. C. Robbins Landon, die 1958 erschien, nicht ganz aus dem Feld geschlagen worden. Diese Bearbeitung, die der im 18. Jahrhundert abschriftlich verbreiteten Fassung entspricht, erlebte ihre Bühnenpremiere beim Holland-Festival 1959 unter Carlo Maria Giulini. Eine Rundfunkaufführung der ersten beiden Akte nach der Brüsseler Abschrift durch Radiotelevisione Italiana Rom unter demselben Dirigenten war vorangegangen. Es folgte 1959 eine Aufführung bei den Festspielen von Aix-en-Provence. Aufführungen in Österreich, Deutschland, vereinzelt in England, ja in Italien schlossen sich an. Diese Erfolgswelle wurde begünstigt durch den Zeitpunkt ihres Beginns: zwei Jahre nach dem Start des »Sputnik«, des ersten künstlichen Erdsatelliten. Dennoch hat sich die Kritik, wie bei allen Haydn-Opern, nicht recht von der Repertoirefähigkeit des Werks überzeugen lassen. – Eine Ausgabe der originalgetreuen Partitur mit allen von Haydn stammenden Fassungen erschien erstmals 1979–82 in der Gesamtausgabe (Haydn, *Werke*) und harrt ihrer praktischen Umsetzung.

**Autograph:** Fragmente: Országos Széchényi Könyvtár Budapest (Ms. mus. I. 5 u. I. 42), Bibl. Jagiellońska Krakau (Mus. ms. aut. J. Haydn 13 u. 27), Bibl. de l'Opéra Paris (Rés. 138 [1]), SBPK Bln. (West) (N. Mus. ms. 132); Skizze zur Arie »Ragion«: Országos Széchényi Könyvtár Budapest (Ms. mus. OE-9, fol. 501b). **Abschriften:** Part d. verbreiteten Fassung: Bibl. du Cons. Royal de Musique Brüssel (K 2175; unvollst.), Moravské Muzeum Brünn (A 17023), ÖNB Wien (Mus. Hs. 17621); Part (19. Jh.) nach d. größten Autographfragment: BL London, SBPK Bln. (West); Bearb. in St. für Streichquintett: ÖNB Wien; Zusammenstellung v. 3 Stücken zu d. apokryphen Ouvertüre Hob. Ia:12: Ges. d. M.Freunde Wien, Kungliga Musikaliska Akad. Bibl. Stockholm (beides Part), StUB Ffm. (St.). **Ausgaben:** Part, krit. Ausg., hrsg. G. Thomas: J. HAYDN, Werke, Abt. XXV, Bd. 7,1–3, Henle, München 1979–82, mit krit. Ber.; Arie d. Ernesto »Begl'occhi vezzosi« in Part, Kl.A u. St., hrsg. H. C. R. Landon: Haydn-Mozart-Presse, Salzburg 1964; Kl.A u.d.T. *Die Welt auf dem Monde*, dt. Text-Bearb. v. W. M. Treichlinger, mus. Bearb. v. M. Lothar; Adler, Bln. 1932; Kl.A v. K. H. Füssl nach d. ungedruckten Part v. H. C. R. Landon, ital./dt. Übers. v. H. Swarowsky: Bär 1958; 3 Nrn., in: J. HAYDN, Opernarien, mit Kl.Begleitung, hrsg. J. Vécsey, Musica, Budapest 1959; Bearb. v. 4 Nrn. für Kl, in: Recueil de pièces favorites, tirées de plusieurs opéras et ballets, Traeg, Wien [1805/06]; Textb.: Wien, Kurzböck 1777; Textb., dt. u.d.T. *Die Welt auf dem Monde*: Heinrichshofen, Wilhelmshaven. **Aufführungsmaterial:** Ausg. Landon: Bär; Bearb. Lothar: Heinrichshofen, Wilhelmshaven

**Literatur:** W. BOLLERT, Tre opere di Galuppi, H. e Paisiello sul ›Mondo della luna‹ di Goldoni, in: Musica d'oggi 21:1939, S. 265–270; H. C. R. LANDON, [Vorw., s. Ausg.]; G. THOMAS, Zu ›Il mondo della luna‹ und ›La fedeltà premiata‹. Fassungen u. Pasticcios, in: Haydn-Studien, Bd. II/2, München, Duisburg 1969, S. 122–126; DERS., Observations on ›Il mondo della luna‹, in: Haydn Studies, hrsg. J. P. Larsen, H. Serwer, J. Webster, NY 1981, S. 144–147; DERS., [Vorw. u. krit. Ber., s. Ausg.]; DERS., Zur Frage der Fassungen in H.s ›Il mondo della luna‹, in: Analecta musicologica, Bd. 22, Laaber 1984, S. 405–425; M. BRAGO, H., Goldoni, and ›Il mondo della luna‹, in: Eighteenth-Century Studies, Bd. 17, 1983/84, S. 308–332; F. LIPPMANN, H. und die Opera buffa. Vergleiche mit ital. Werken gleichen Textes, in: Joseph Haydn. Tradition u. Rezeption, hrsg. G. Feder, H. Hüschen, U. Tank, Regensburg 1985 (Kölner Beitr. zur M.Forschung. 144.), S. 127–136; G. THOMAS, Zwischen Notation und Interpretation. Einige Beobachtungen an H.s ›Il mondo della luna‹, in: Bericht über den internationalen J.-Haydn-Kongreß Wien 1982, München 1986, S. 352–360; weitere Lit. s. S. 738

*Georg Feder*

## La vera costanza
**Dramma giocoso per musica**

### Die wahre Beständigkeit
3 Akte (5 Bilder)

**Text:** Francesco Puttini, für das Dramma giocoso (Rom 1776) von Pasquale Anfossi
**Uraufführung:** 1. Fassung: 25. April 1779, Opernhaus, Schloß Eszterháza; 2. Fassung: April 1785, Opernhaus, Schloß Eszterháza
**Personen:** Graf Errico, ein flatterhafter und wunderlicher junger Mann, heimlicher Gatte Rosinas (T); Rosina, eine tugendhafte, geistvolle Fischerin (S); Baronin Irene, Tante des Grafen, Geliebte Ernestos (S); Marquis Ernesto, Freund des Grafen (T); Villotto, ein reicher, aber dummer Bauer, zum Gatten Rosinas bestimmt (B); Lisetta, Kammerjungfer der Baronin, liebt unerwidert Masino (S); Masino, Anführer der Fischer, Bruder Rosinas (T); Rosinas kleiner Sohn (Spr.). **Statisterie:** Seeleute
**Orchester:** Fl, 2 Ob, 2 Fg, 2 Hr, Pk, Streicher, B.c
**Aufführung:** Dauer ca. 2 Std. 30 Min. – In der Arie Nr. 28 von Anfossi werden zwei Flöten (im Original Pikkoloflöten) benötigt.

**Entstehung:** Das Textbuch ist bis auf größere Kürzungen und einige Änderungen identisch mit dem von Anfossis Oper. Die Komposition fällt wahrscheinlich in die Jahre 1778/79. Haydn soll seine Oper im Auftrag des kaiserlichen Hofs für Wien komponiert haben. Jedoch fehlen hierfür dokumentarische Beweise. Glaubwürdig ist, daß eine oder sogar zwei zu verschiedenen Zeiten geplante Wiener Aufführungen (eine vor 1790) nicht zustande kamen, weil Haydns Forderung, die Rollen mit bestimmten Sängern zu besetzen, nicht erfüllt wurde. Die Rolle der Rosina war so sehr an die 1778 engagierte Barbara Ripamonti gebunden, daß Haydn nach dem zeitweiligen Ausscheiden dieser Sängerin das Werk nicht mehr gab und es erst 1785/86 hervorholte, als sie dem Ensemble wieder angehörte. Andrea Totti (Errico) war ebenfalls 1778 eingetreten; er hatte seinen Part schon 1776 in Venedig in Anfossis Vertonung gesungen. Neu im Ensemble waren auch Anna Zannini (Lisetta) und Vitus Ungricht (Ernesto). Die übrigen Sänger hatten bereits in *Il mondo della luna* (1777) mitgewirkt: Benedetto Bianchi (Villotto), Katharina Poschwa (Irene) und der altbewährte Leopold Dichtler (Masino). Die Rolle der Lisetta übernahm vielleicht schon bei den Reprisen im Herbst 1779 Luigia Polzelli (siehe *L'isola disabitata*, 1779), die der Irene zeitweilig Costanza Valdesturla, da Zannini und Poschwa Ende Aug. 1779 ausschieden. Wer bei den Reprisen 1785/86 die Partien des ebenfalls ausgeschiedenen Totti und des als Violinist ins Orchester übergewechselten Ungricht übernahm, ist unbekannt. Die Bühnenbilder schuf der Theatermaler Pietro Travaglia aus Mailand, ein Schüler der Gebrüder Bernardino und Fabrizio Galliari. – Nach den ersten Aufführungen in Eszterháza scheint die Partitur im Nov. 1779 beim Brand des Opernhauses verlorengegangen zu sein. Sie wurde 1785 von Haydn rekonstruiert. Dabei konnte er mindestens die dreisätzige Konzertfassung der Ouvertüre, die 1782/83 gedruckt worden war, und einige andere Nummern, von denen Abschriften verbreitet waren, benutzen. Wie Haydn die übrigen Nummern rekonstruierte, ist eine offene Frage. Einige erhalten gebliebene Skizzen der 1. Fassung zeigen, daß Haydn mindestens sechs Rezitative neu komponierte, sich aber bei vier Arien und Ensembles im wesentlichen der 1. Fassung anschloß. Die Szene des Grafen im II. Akt stammt merkwürdigerweise aus Anfossis Oper, obwohl den Skizzen zufolge die Partitur der 1. Fassung eine eigene Vertonung Haydns enthalten haben dürfte. Die Oper im ganzen existiert heute nur in der 2. Fassung. Auf ihr beruhen die verbreiteten Abschriften.

**Handlung:** An der Riviera von Genua (so bei Puttini). I. Akt, Meeresstrand, begrenzt vom Horizont und seitlich von dichten Bäumen, zwischen denen kleine Bauernhäuser und Fischerhütten stehen: Baronin Irene, bei einem Seesturm landend, ist auf der Suche nach der ihrer Herrschaft unterstehenden Fischerin Rosina, um sie mit einem reichen Tölpel, dem Bauern Villotto, zu verheiraten. Rosina entzieht sich Villottos Werben. Ihr Bruder Masino verhöhnt Villotto. Graf Errico, Neffe der Baronin, verirrt sich auf der Jagd in diese Gegend; sie erinnert ihn an Rosina, die er vor fünf Jahren geheiratet und nach zwei Monaten verlassen hatte. Rosina vertraut Lisetta an, daß sie Gattin und Mutter ist, aber Errico seit Jahren nicht wiedergesehen hat. Als er von dem Plan seiner Tante hört, bedroht Errico Villotto mit der Pistole, damit er sich von Rosina zurückhält. Dagegen wird Masino von Irenes Verehrer, Marquis Ernesto, mit dem Dolch bedroht, falls er seine Schwester nicht mit Villotto verheiratet. Lisetta sucht mit Masino anzubandeln, hat aber kein Glück. Errico trifft Rosina, empfindet für einen Augenblick Reue, dann ermuntert er Villotto und fällt so von einem Extrem ins andere, bevor er sich mit Rosina versöhnt. Als ihm Irene das Bildnis des Mädchens zeigt, das sie ihm zur Gattin bestimmt hat, entbrennt er jedoch sofort in Liebe zu dem Bild.

II. Akt, 1. Bild, Hof in Erricos Burg Belmonte: Irene eröffnet Ernesto, sie werde ihn erst dann heiraten, wenn sie Errico verheiratet habe. Sie fürchtet, die scheinbar verschlagene Rosina könnte Errico eines Tags verführen. Sie ahnt sowenig wie Ernesto, daß Rosina und Errico längst ein Paar sind. Um seine eigenen Absichten zu fördern, versucht Ernesto daher, Rosina für Villotto zu gewinnen. Irene und die andern Personen mißverstehen seinen Überredungsversuch als ein Liebesgeständnis für Rosina. Die Folge: einer nach dem andern beschimpft Rosina. Masino fürchtet Irenes Rache und flieht. Rosina steht allein da. 2. Bild, Saal: Errico befiehlt Villotto, die scheinbar treulose Rosina und nötigenfalls auch Masino umzubringen. Villotto erklärt sich dazu zögernd bereit und macht sein Testament. Lisetta, inzwischen von Rosinas Unschuld überzeugt, bewegt Errico zum Mitleid. Nun gerät er aus Angst um Rosina völlig außer sich. 3. Bild, Landschaft mit Rosinas Bauernhaus und einem daran anstoßenden, zum Teil zerfallenen Turm: Rosina tritt aus dem Haus, ihr Kind an der Hand, und verbirgt sich mit ihm in dem Turm. Masino hat seine Schwester vergeblich gesucht und schläft ein. Der feige Villotto will den Schlafenden umbringen. Lisetta tritt rettend dazwischen. Alle suchen Rosina. Errico, der ihren Tod fürchtet, findet sie und sieht zum erstenmal seinen Sohn. Irene, Ernesto und Villotto kommen hinzu und ereifern sich darüber, daß Errico und Rosina verheiratet sind und ein Kind haben.

III. Akt, Saal: Errico und Rosina erhalten durch Irene falsche Briefe, die sie aufeinander eifersüchtig machen sollen. Sie durchschauen die Intrige und versöhnen sich endgültig. Irene sieht ihren Fehler ein und erkennt Rosinas Tugend und Beständigkeit an.

**Kommentar:** Die Handlung ist im einzelnen nicht sonderlich gut motiviert. Der Seesturm am Anfang bleibt dramatisch folgenlos. Glücklicherweise hat Haydn ihn nicht sehr ernst genommen und musikalisch eine vergnügliche Introduktion daraus gemacht. Erricos Schwanken zwischen Liebe, Gleichgültigkeit und Haß übersteigt jedes glaubwürdige Maß und verhindert auch eine musikalische Charakterisierung. Eine Intrige folgt der andern, und die letzte, mittels der falschen Briefe, ist fast unverständlich. Dennoch enthält die Handlung gute Einzelszenen, und die gesprochenen Worte des weinenden Kinds: »La mia mamma sta languendo«, müssen jedes Publikum rühren. Die trotz der Fülle heiterer Szenen im Grunde ernste Handlung wird von vier ernsten Rollen getragen, zu denen drei komische Rollen kommen. Auf der einen Seite steht das ungleiche, abwechselnd glückliche und unglückliche Liebespaar Rosina/Errico, daneben in musikalisch weniger reich ausgestatteten Rollen das Intrigantenpaar Irene/Ernesto. Bis auf Errico sind die ernsten Rollen auch musikalisch seriös dargestellt, Irene mit einer Bravourarie, Ernesto mit einer Liebesarie, beide zusammen mit einem lyrischen Duett im 1. Finale. Die Errico zugeteilte Musik weist stellenweise karikierende Züge auf, zum Beispiel in seiner vierteiligen, im ersten und dritten Teil wie im vorangehenden Accompagnato grotesk kriegerischen Arie »A trionfar t'invita« im I. Akt und in Anfossis parodistischer fünfteiliger Wahnsinnsarie »Ah, non m'inganno« im II. Akt. Dagegen sind Erricos Szenen mit Rosina im 1. und 2. Finale ganz ernst zu nehmen. Den ernsten Mittelpunkt bildet die dramatisch wie musikalisch glaubwürdig konzipierte Gestalt Rosinas, deren Partie dem sonst in locker gefügte Szenen zerfallenden Stück einigermaßen Halt gibt. Auf der andern Seite stehen die Leute aus dem Volk. Die Buffopartie des sogar zum Mord bereiten Villotto überzeugt zwar nicht von der Charakterzeichnung, aber von der musikalischen Gestaltung her. Musikalisch treten zurück der lustige, aber konfuse und ängstliche Fischer Masino und die Kammerzofe Lisetta, die erst mit Rosina fühlt und sie später verspottet. Rosina bleibt die einzige sympathische Figur. Ist diese Tatsache sozialkritisch zu deuten? Die Worte, mit denen sich Ernesto ins Gewissen redet (II/3), könnten dafür sprechen: »Welches Recht habt Ihr über meine Freiheit? Daß Ihr adlig seid, ist ein bloßer Zufall, und wenn Eure Tugend Euch nicht leitet und Ihr Euern Rang nicht mit würdigen und erlauchten Taten zu bewahren wißt, seid Ihr ein Plebejer, nicht ein Edelmann.« Aber der Marquis ist sofort beschämt, soll also doch als ein guter Mensch dastehen. Sozial fortschrittlich ist die schließliche Billigung der nicht standesgemäßen Heirat des Grafen mit der Fischerin. – In den musikalischen Formen stellt sich *La vera costanza* (wenn die verschollene 1. Fassung mit der 2. im wesentlichen übereinstimmte) als diejenige Oper Haydns dar, die sich am meisten von seinen vorangegangenen unterscheidet. Es erscheinen hier innerhalb von Haydns Opernschaffen erstmals neue musikalische Formen wie die zweiteilige dramatische Arie (beispielsweise Rosinas A-Dur-Arie »Con un tenero sospiro«: Andante ¾, Allegro ¼). Den einteiligen Arien Rosinas, der leidenschaftlichen, gut aus der Handlung fließenden f-Moll-Arie »Dove fuggo« und der E-Dur-Arie »Care spiagge«, geht jeweils ein ausdrucksvolles Accompagnato voraus, eine Gestaltungsform, die in dieser Oper mehr Bedeutung hat als vorher, zum Beispiel in *L'incontro improvviso* (1775). Die E-Dur-Arie schließt sogar mit einem Accompagnato ab. Auch in dem komischen Duett für Tenor und Baß (Masino/Villotto) »Massima filosofica« und in den komischen Arien findet Haydn neue Töne, so in Villottos Arie »Già la morte in mante nero«, die den neuen, dramatischen Arientypus sogleich parodiert (Adagio alla breve, Allegro assai ¾). Villottos Arie »Non sparate« (Allegro ¼, Presto assai ¼) schließt sich diesem Typus an. Voll entwickelt ist das Kettenfinale. Im I. Akt zählt es 633 Takte in acht Abschnitten, im II. Akt 651 Takte, gleichfalls in acht Abschnitten. Diese Entwicklung war allerdings in der Gattung der Opera semiseria angelegt; schon in Anfossis Vertonung sind diese beiden Finale sehr lang und mehrgliedrig. Die durchgehende psychologische und musikalische Steigerung von Lorenzo Da Pontes und Wolfgang Amadeus Mozarts Kettenfinale kommt bei Puttini und Haydn zwar nicht zustande, aber die vollstimmigen Schlußabschnitte beider Finale (»Ah per la pena« und »Già per l'aria poco a poco«) mit ihren kanonischen Themeneinsätzen und mit ihren dynamischen Kontrasten und Steigerungen erreichen klassische Höhe. Das Finale des III. Akts ist kurz und eigentlich ein Schlußchor.

**Wirkung:** *La vera costanza* wurde in Eszterháza 1779 16mal, 1785/86 21mal aufgeführt und 1786–92, meist deutsch als *Der flatterhafte Liebhaber oder Der Sieg der* (oder *Die wahre*) *Beständigkeit*, auch in Preßburg, Pest, Wien (Vorstadt Landstraße) und Brünn gespielt. 1791 erschien in Paris die Partitur der mit nur fünf Aufführungen im Théâtre de Monsieur ziemlich erfolglosen französischen Bearbeitung von Paul Ulric Dubuisson unter dem Titel *Laurette*, mit Dialogen statt Rezitativen, neuen Rollennamen und mancherlei Änderungen gegenüber dem Original (mit der Ouvertüre von *Armida*, 1784, mit Einschub des textierten 2. Satzes aus der *Symphonie C-Dur Nr. 63*, mit einer fremden Interpolation, mit Kürzungen im 1. und 2. Finale und mit Umstellung einzelner Nummern). *Laurette* wurde 1796 auf deutsch in Köln und möglicherweise 1802 in Moskau auf russisch aufgeführt. Eine um 1802 (oder um 1799) geplante Aufführung von *La vera costanza* in Wien unter Antonio Salieri kam nicht zustande, weil Salieri die Rolle der Rosina mit Irene Tomeoni besetzen wollte, was Haydn ablehnte, da er meinte, die Rolle könne nur einem unschuldigen Mädchen wie Therese Saal (der ersten Eva in der *Schöpfung*, 1798) gelingen. Die erste Wiederaufführung seit Haydns Zeit fand 1959 im Deutschlandsender unter Kurt Masur statt, und zwar aufgrund der deutschen Bearbeitung von Walter Zimmer und Gerhard Schwalbe als *List und Liebe*, mit Dialogen statt Rezitativen und andern Veränderungen. Seitdem ist das Werk gelegentlich auf die Bühne gebracht worden (so 1978 im Zürcher Opernstudio), auch in der 1976 in der Gesamtausgabe (Haydn, *Werke*) erschienenen italienischen Originalfassung (so 1980 in Lyon, 1982 in Schönbrunn bei Wien und in Assisi). Eine Aufführung nach der englischen Übersetzung von Robert Hess fand 1980 in Katonah (NY) statt.

**Autograph:** Part (Teilautograph): BN Musique Paris (Ms. 1383/84, Fonds Malherbe); Skizzen: SBPK Bln. (West) (Mus. ms. aut. J. Haydn 29), BN Musique Paris (Ms. 143, Fonds Malherbe). **Abschriften:** Part: Bibl. du Cons. Royal de Musique Brüssel (K. 2176; v. Haydn korrigiert), Moravské Muzeum Brünn (A 17022), Nationale Forschungs- u. Gedenkstätten Weimar (2 Ex., Mus. IIa:83 a/b u. IIa:13), Civ. Museo Bibliogr. Musicale Bologna, Akad. für M u. darstellende Kunst Graz, ÖNB Wien, Zentral-Bibl. Zürich; Kopien (19. Jh.) nach Weimar IIa:13: SBPK Bln. (West), BL London; Textb.: Moravské Muzeum Brünn (B 727); St. d. Ouvertüre (Konzertfassung): BL London (nebst Part); Národní Muzeum Prag, ÖNB Wien, Ges. d. M.Freunde Wien, Bibl. Verdi Mailand, Bibl. Cherubini Florenz; Part (19. Jh.) d. Ouvertüre: Publ. Library Boston, Cons. Royale de Musique Brüssel, Ges. d. M.Freunde Wien; Part oder St. v. einer oder mehreren v. 9 Gesangs-Nrn.: Sächs. LB Dresden, Stift Göttweig, ÖNB Wien, Ges. d. M.Freunde Wien, Státní Arch. Krumau, Bibl. Civica Bergamo; Bearb. für Streichquartett (wohl v. Haydn autorisiert): Národní Muzeum Prag, Státní Arch. Krumau, Arhiv Hrvatske Zagreb (Slg. Algarotti), Bibl. Cherubini Florenz; Bearb. für Streichquintett: ÖNB Wien. **Ausgaben:** Part, krit. Ausg., hrsg. H. Walter: J. HAYDN, Werke, Abt. XXV, Bd. 8, Henle, München 1976, dazu krit. Ber. 1978; Part u.d.T. *Laurette*, frz. Bearb. v. P. U. Dubuisson: Sieber, Paris 1791; Kl.A u.d.T. *List und Liebe*, dt. Bearb. in 2 Akten v. G. Schwalbe, W. Zimmer: Peters, Nr. 4999; Textb.: Wien, Kurzböck 1779; St. d. Ouvertüre (Konzertfassung): Artaria, Wien [1782/83]; Kl.A einzelner Nrn. (Duett »Rosina vezzosina«, Arie d. Lisetta »Io son poverina«, Szene d. Rosina »Eccomi«, Arie d. Masino »So che una bestia sei«, Arie d. Villotto »Non sparate«): ebd. 1787; Kl.A d. Arietta »Ich hab' kein Vermögen« (Arie d. Lisetta »Io son poverina«), in: Hochgräflich-Erdödyscher Theateralmanach auf das Jahr 1788, Preßburg. **Aufführungsmaterial:** hrsg. H. C. R. Landon: UE; Bearb. Schwalbe/Zimmer: Henschel-Vlg., Bln./DDR

**Literatur:** J.-B. WECKERLIN, Une trouvaille musicale, in: Revue et gazette musicale de Paris, 6.7.1879, S. 217f.; F. HENNENBERG, Zwei Wiederentdeckungen: Hasses ›List wider List‹, H.s ›La vera costanza‹, in: M u. Ges. 9:1959, Nr. 8, S. 35–38; H. WALTER, [Vorw. u. krit. Ber., s. Ausg.]; DERS., On the History of the Composition und Performance of ›La vera costanza‹, in: Haydn Studies, hrsg. J. P. Larsen, H. Serwer, J. Webster, NY 1981, S. 154–157; E. BADURA-SKODA, Zur Entstehungsgeschichte von H.s Oper ›La vera costanza‹, in: ÖMZ 37:1982, Nr. 9, S. 487, 490; DIES., Zur Entstehung von H.s Oper ›La vera costanza‹, in: Bericht über den internationalen J.-Haydn-Kongreß Wien 1982, München 1986, S. 248–255; E. MELKUS, H. als Dramatiker am Beispiel der Oper ›La vera costanza‹, ebd., S. 256–276; R. STROHM, Zur Metrik in H.s und Anfossis ›La vera costanza‹, ebd., S. 279–294; weitere Lit. s. S. 738

*Georg Feder*

## L'isola disabitata
### Azione teatrale

### Die unbewohnte Insel
2 Teile

**Text:** Pietro Metastasio (eigtl. Pietro Antonio Domenico Bonaventura Trapassi), für die Azione teatrale (Wien 1753) von Giuseppe Giovanni Battista Bonno
**Uraufführung:** 5. oder 6. Dez. 1779, Schloß Eszterháza
**Personen:** Costanza, Gernandos Gattin (S); Silvia, ihre jüngere Schwester (S); Gernando (T); Enrico, Gernandos Gefährte (B). **Statisterie:** Matrosen
**Orchester:** Fl, 2 Ob, Fg, 2 Hr (im Finale: oder Trp), Pkn, Streicher
**Aufführung:** Dauer ca. 1 Std. 30 Min. – Enrico heißt in einigen Quellen Ernesto.

**Entstehung:** Metastasios Libretto wurde vor Haydn nach Bonnos Erstvertonung von Ignaz Holzbauer (1754), Francesco Antonio Uttini (1755), Niccolò Jommelli (1761), David Perez (1767), Tommaso Traetta (1768), Giuseppe Calegari (1770), Johann Gottlieb Naumann (1773), Gennaro Astarita (1773, 2. Fassung 1780), Antonio Boroni (1775), Luigi Bologna (1777) und Joseph Schuster (*Die wüste Insel*, 1779) vertont. Offenbar hat Haydn für seine *Isola disabitata* ein Wiener Textbuch von 1777 benutzt, das der Vertonung von Bologna zugrunde lag. Anlaß der Uraufführung war laut Titelblatt des Librettos von 1779 der Namenstag (Nikolaus) des Fürsten Nikolaus Joseph Esterházy. Die Uraufführung hat demnach am 6. Dez. 1779 oder am Vorabend stattgefunden, vermutlich im Marionettentheater, das äußerlich ebenso groß war wie das zwei Wochen zuvor, am 18. Nov., abgebrannte Opernhaus und das eine geräumige Bühne hatte. Keinesfalls kann die Aufführung, wie in der Sekundärliteratur auch zu lesen ist, im Redoutensaal stattgefunden haben, denn diesen hatte das Feuer zuerst zerstört. Die Dekorationen stammten von dem bei vielen Inszenierungen bewährten Pietro Travaglia. Drei der vier Sänger waren schon in der am 25. April 1779 uraufgeführten und oft (auch am 24. Nov., also wohl im Marionettentheater) wiederholten *La vera costanza* aufgetreten: Barbara Ripamonti (Costanza), Andrea Totti (Gernando) und Benedetto Bianchi (Enrico). Die aus Haydns Biographie bekannte Sängerin Luigia Polzelli (Silvia), im März 1779 engagiert, trat hier in ihrer ersten Haydn-Oper auf. Haydn hat die an sich nicht hervorragende Mezzosopranistin, mit der er in einer engen persönlichen Beziehung stand, bis 1790 in dem Opernensemble zu halten gewußt und ihr die Nebenrollen in den Opern anderer Komponisten durch entsprechende Abänderungen erleichtert, sie aber in seinen eigenen Opern außer bei den Reprisen von *La vera costanza* (als Lisetta) nicht mehr eingesetzt.

**Handlung:** In einer lieblichen Gegend auf einer kleinen, unbewohnten Insel voll seltsamer Pflanzen, blühender Büsche und malerischer Grotten, mit Ausblick auf das Meer; vorn rechts ein großer Stein mit einer unvollendeten Inschrift in lateinischen Buchstaben.
I. Teil: Costanza, mit Fellen, Laubwerk und Blumen bekleidet, vollendet mit einem abgebrochenen Dolch die Inschrift auf dem Stein: »Von dem Verräter Gernando verlassen, beendete Costanza ihre Tage an diesem fremden Strand. Freundlicher Wanderer, wenn Du kein Tiger bist, so räche oder beklage...« Es fehlen nur noch die Worte »mein Los«. Schon 13 Jahre verbringt sie mit Silvia, die damals noch ein kleines Kind war, einsam auf der Insel, ohne Hoffnung auf Rückkehr nach Europa. Silvia, deren Erinnerungen so weit nicht zurückreichen, ist zufrieden mit dem freien Leben fern aller Zivilisation. Voller Freude erzählt sie, daß sich ihr kleines Reh, das fortgelaufen war, wieder eingefunden hat. Aber Costanza ist durch nichts aufzuheitern. Silvia sieht plötzlich etwas Unbekanntes: ein Schiff, dem Gernando und Enrico entsteigen. Gernando war seinerzeit auf der Reise nach Westindien von Piraten angegriffen, verwundet, entführt und versklavt worden. Vor kurzem aus der Sklaverei entflohen, wobei er auch Enrico befreite, hat er die Insel, auf der er Costanza unfreiwillig

zurückließ, wiedergefunden. Silvia, die durch Costanza von Männern nur das eine weiß, daß sie grausam, gefühllos und treulos sind, verliebt sich in Enrico, der ihr ein rätselhaftes Wesen zu sein scheint. II. Teil: Gernando entdeckt den Stein mit der Inschrift, hält daraufhin Costanza für tot und will auf der Insel bleiben, um ebenfalls zu sterben. Enrico plant, ihn gewaltsam aufs Schiff zurückzubringen. Da entdeckt er Silvia und erfährt von ihr, daß Costanza noch lebt. Als Costanza mit Gernando zusammentrifft, fällt sie in Ohnmacht. Während Gernando Wasser holt, kommt Costanza wieder zu sich und wird von Enrico über das Schicksal Gernandos aufgeklärt. Versöhnt sinkt Costanza dem zurückkehrenden Gernando in die Arme. Silvia, die ihr Bild von den Männern korrigiert hat, reicht Enrico die Hand zum Ehebund. Allen steht eine glückliche Heimfahrt bevor.

**Kommentar:** *L'isola disabitata* ist eine kleine Opera seria, wie sie Haydn ähnlich schon mit der Festa teatrale *Acide* (1763) geschaffen hatte (s. *La canterina*, 1766). Bei Metastasio ist das Stück einaktig, bei Haydn trotz des gleichbleibenden Bühnenbilds zweiteilig wie ein italienisches Oratorium. Die Handlung ist logisch aufgebaut, die Motivierung der einzelnen Szenen feinsinnig, die Sprache poetisch, der Ausdruck edel, die Personencharakteristik klar. Allerdings herrschen lyrische Stimmungen vor; dramatische Akzente fehlen. Wohl aus diesem Grund wurde der Text der Arie Enricos, der zweiten Arie Silvias und des Schlußquartetts von einem Bearbeiter ausgewechselt, und zwar spätestens für Bolognas Vertonung. Diese kam laut Textbuch (Wien 1777) bei einer Benefizvorstellung für die Sängerin Metilde Bologna zur Aufführung. (Sie wurde 1781 für das Esterházysche Opernhaus engagiert und war von da an die Primadonna in Haydns restlichen Opern: *La fedeltà premiata*, 1781, *Orlando paladino*, 1782, und *Armida*, 1784.) Die beiden neuen Arientexte zielen auf kräftigeren Ausdruck: In Enricos Gleichnisarie (»Chi nel cammin d'onore«) geht es jetzt um die Ehre statt wie bei Metastasio um die Dankbarkeit, und Silvia gibt sich in ihrer neuen Arie (»Come il vapor s'accende«) einem konventionellen Gefühlsausbruch hin, der an die Stelle ihrer feinen Empfindungen bei Metastasio tritt. Damit kam der Bearbeiter möglicherweise dem Komponisten entgegen, schadete aber der Personencharakteristik. Dagegen ist der lange Text des Schlußquartetts unbedingt als Gewinn zu betrachten, denn er bot, anders als Metastasios wenige Verse für den Schlußchor, dem Komponisten Gelegenheit zur Gestaltung eines großen dreiteiligen Finales, das in seiner Form die freie Abwandlung eines Vaudevilles darstellt. Doch haben Haydn die Worte immer noch nicht genügt; er gab dem Instrumentalspiel so breiten Raum, daß das Finale mit seinen langen Vor- und Zwischenspielen stellenweise wie eine konzertante Symphonie klingt: Im ersten Teil geht dem Solo Costanzas ein Violinsolo voraus; ähnlich kündet das Violoncello Gernando, die Flöte Silvia, das Fagott Enrico an. In dem kürzeren zweiten und in einer Episode des dritten Teils konzertieren die vier Instrumente miteinander und mit den Einwürfen der Singstimmen. Haydn führt die Instrumentalsoli übrigens nicht unvermittelt ein, sondern bereitet sie schon in dem vorangehenden Rezitativ vor, wo zuerst die Violine, später das Cello und schließlich kurz auch das Fagott solistisch hervortreten. In der Rezension einer Leipziger Konzertaufführung von 1802 heißt es (*Allgemeine Musikalische Zeitung*, 28. April), das Finale sei eine vortrefflich gearbeitete Musik für obligate Flöte, Violine, Fagott und Violoncello, wobei aber die Singstimmen im Schatten stünden. »Das Ganze ist wohl nur für das Konzert, nicht für das Theater berechnet, wo die sehr ausgeführten Ritornelle die Handelnden zur Verzweiflung bringen müßten.« Musikalisches Kennzeichen des Werks sind die durchweg vom Orchester begleiteten Rezitative. Auf das Secco hat Haydn ganz verzichtet. Seine Begründung: »Weil der Text erhaben ist, so habe ich alle Recitative instrumentiert.« Bei der Instrumentierung handelt es sich teils um gehaltene, teils um kurze Streicherakkorde, teils um motivische, oft neben den Streichern auch von den Bläsern gespielte Einwürfe, die mit ausdrucksvollen oder leicht tonmalerischen Zügen näher auf den Inhalt des Texts eingehen. Diese Techniken gab es in pathetischen oder parodistischen Accompagnatos schon in Haydns früheren Opern, in ausgedehnter Form aber nur in seinem Oratorium *Il ritorno di Tobia* (1775), dort freilich neben Seccos. Bei dem Oratorium änderte Haydn später die ausgehaltenen Akkorde an vielen Stellen in Seccobegleitung um. Bei der Oper tat er das nicht. Auch im Verhältnis von Rezitativ und Arie ist die Oper weniger ausgewogen. Gegenüber ihren langen Rezitativen wirken ihre sämtlich einteiligen Arien fast zu kurz. Erst im II. Teil gibt es eine angenehme Unterbrechung des Schemas, da Metastasio nach der zweiten Arie Silvias sogleich die zweite Costanzas folgen läßt. Der Bearbeiter des Textbuchs ging noch einen Schritt weiter, indem er bald danach vier keineswegs bedeutende Rezitativverse Gernandos (»Giacché il pietoso amico«) als Arientext kennzeichnete. Haydn vertont sie in einer Ariette, in der er die vorher in B-Dur erklungene Arienmelodie Costanzas in C-Dur wiederaufgreift, und schafft dadurch mit rein musikalischen Mitteln ein schönes Symbol der Verbundenheit Gernandos mit Costanza. (Astarita in seiner entsprechenden Kavatine [1780] hatte diesen Einfall nicht.) Unter den eigentlichen Arien kommt die erste Silvias (»Fra un dolce deliro«) mit Flöte und Fagott zu bezaubernder Wirkung. Weite Verbreitung fand die ungemein ernste und leidenschaftliche g-Moll-Ouvertüre mit ihrem allerdings leichtgewichtigen G-Dur-Mittelsatz, der mit seiner Melodie in Flöte und Fagott wieder Silvias naive Liebesempfindung charakterisiert, wie dies ähnlich auch in dem Rezitativ vor Silvias zweiter Arie der Fall ist.

**Wirkung:** *L'isola disabitata* wurde von Haydn hoch eingeschätzt; er nannte das Werk in einem Brief vom 27. Mai 1781, den er nach dem Erfolg seines *Stabat mater* im Concert spirituel in Paris an seinen Wiener Verleger schrieb, in einem Atemzug mit *La fedeltà* *premiata.* Von *L'isola* ist in Eszterháza jedoch nur eine Reprise (12. März 1780) nachweisbar. Sonst gab es im 18. Jahrhundert je eine konzertante Aufführung 1785 in Wien am Namenstag Haydns durch den Cellisten Max Willmann und 1786 im »Concert der Musikliebhaber zu Berlin«. Willmann erwähnte in seiner Anzeige ein kostbares Geschenk, das der spanische König Haydn für diese Oper gemacht habe. Damit meinte er eine mit Brillanten besetzte Tabatiere, die Karl III. im Okt. 1781 durch seinen Wiener Legationssekretär dem Komponisten in Eszterháza überreichen ließ. Auch ist eine Partiturabschrift, die Haydn mit Widmung zwar nicht an den König, aber an den Prinzen von Asturien, den späteren König Karl IV., versah, erhalten geblieben (in Washington). Es existieren noch weitere Abschriften, darunter ein deutscher Klavierauszug mit dem Titel *Die wüste Insel*. 1802 hat Haydn angefangen, in diesem ihm zugesandten Klavierauszug die Deklamation zu verbessern, wie er dies auch bei der deutschen Bearbeitung von *Orlando paladino* ansatzweise tat, scheint die Arbeit aber auch hier nicht über den I. Teil hinausgeführt zu haben. (Der erhalten gebliebene Klavierauszug zeigt bei den wichtigsten Korrekturen leider nur die zu korrigierenden Stellen, enthält nicht die Korrekturen selbst, da die Beilagen, auf die Haydn mit Nummern verweist, verlorengegangen sind.) Von einer autorisierten vollständigen deutschen Fassung kann also nicht die Rede sein. Unklar bleibt, warum Haydn mit der heute außer dem Finale verschollenen Kurzfassung der Partitur auch den Klavierauszug an Breitkopf & Härtel schickte, denn sein Biograph Georg August Griesinger schrieb am 20. März 1802, daß Haydn die Veröffentlichung mit dem italienischen Originaltext wünsche. Zur Begründung der von Haydn angegebenen Kürzungen berichtet Griesinger: »Seinem alten Fürsten, für den er diese Oper componiren mußte, sey nichts zu lang gewesen; das lezte Quartett ist ganz neu.« Das ist allerdings eine übertriebene Behauptung, denn es war Haydn hauptsächlich um die Ausmerzung der rein instrumentalen Abschnitte zu tun. Weiter heißt es: »Haydn hält diese Oper für eine gute Schule für angehende Componisten, wegen der Recitative; es sey ein Werkchen, das sich in seiner jetzigen Gestalt auf jedem Privattheater aufführen lasse.« Jedoch sah der Verlag von der Veröffentlichung ab. – Im Haydn-Jahr 1909 gab es in Wien unter der Leitung von Felix von Weingartner anhand der deutschen Bearbeitung einen erfolglosen Wiederbelebungsversuch. Seit 1936 fanden einige Aufführungen des italienischen Originals statt. *L'isola disabitata* ist die einzige Haydn-Oper, deren Partitur bei Erscheinen von *Pipers Enzyklopädie* noch nicht im Druck vorliegt.

**Autograph:** Fragmente: 4 Bl. d. Ouvertüre: Bibl. Jagiellońska Krakau (Mus. ms. aut. J. Haydn 25); Neufassung (1802) d. Finales: A. Wilhelm, Bottmingen (bei Basel). **Abschriften:** Part: LOC Washington (M 1500 H 44 I 6), Bibl. Nazionale Turin (Racc. Foà No. 56), Országos Széchényi Könyvtár Budapest (Ms. Mus. I. 159; nur Finale), Thüringische LB M.Slg. Weimar, Zentral-Bibl. Zürich, Moravské Muzeum Brünn, ÖNB Wien, Sächs. LB Dresden (Zittau), Bibl. Palatina Parma, Civ. Museo Bibliogr. Musicale Bologna, BN Paris (Cons.), SPKB Bln. (West) (19. Jh.); St.: LOC Washington (M 1500 H 44 I 6 P 2); Kl.A, dt. (v. Haydn korrigiert): SPKB Bln. (West) (Mus. ms. 9913/4); St. eines Arr. in 4 Streichquintetten: ÖNB Wien; Ouvertüre, Part: Ges. d. M.Freunde Wien (mehrere Ex.), ÖNB Wien (um 1900), BL London, BN Paris (Cons.; datiert 1839), Cons. Royal de Musique Brüssel (um 1900), Public Libr. Boston; Ouvertüre, St.: BL London (Add. 32174), StUB Ffm. (datiert 1782), ÖNB Wien, Ges. d. M.Freunde Wien (mehrere Ex.), Stift Göttweig, Schloß Kremsier, Moravské Muzeum Brünn, Bibl. Verdi Mailand (mehrere Ex.), Cons. di Musica B. Marcello Venedig, Bibl. Marciana Venedig, Bibl. Cherubini Florenz, UB Augsburg (Harburg), SB Bln./DDR, Sing- u. Orch. Vereinigung Ansbach. **Ausgaben:** Part, krit. Ausg.: J. HAYDN, Werke, Abt. XXV, Bd. 9, Henle, München [in Vorb.]; Kl.A, dt. u.d.T. *Die wüste Insel*: Nickau & Welleminsky, Lpz., Wien 1909; Ouvertüre, Part, hrsg. J. Liebeskind: Reinecke, Lpz. 1900, Nr. 104; hrsg. H. C. R. Landon: Eulenburg 1958, Nr. 1124; Ouvertüre, St., in: J. HAYDN, Sei sinfonie, Artaria, Wien [1782/83]; Forster, London [nach 1782]; Bland, London [nach 1782]; Simrock [1807/08]; Textb.: Ödenburg, Siess 1779; Textb., ital./dt.: Berlin 1786. **Aufführungsmaterial:** hrsg. H. C. R. Landon: Bär 1976
**Literatur:** P. METASTASIO, Tutte le opere, hrsg. B. Brunelli, Mailand 1947, Bd. 2, S. 325ff., 1316f.; H. SCHNEIDER, Vaudeville-Finali in H.s Opern und ihre Vorgeschichte, in: Bericht über den internationalen J.-Haydn-Kongreß Wien 1982, München 1986, S. 302–309; weitere Lit. s. S. 738

*Georg Feder*

## La fedeltà premiata
### Dramma pastorale giocoso

#### Die belohnte Treue
3 Akte (9 Bilder)

**Text:** unbekannter Bearbeiter, nach dem Libretto von Giovanni Battista Lorenzi zu der Commedia per musica *L'infedeltà fedele* (Neapel 1779) von Domenico Cimarosa
**Uraufführung:** 1. Fassung: 25. Febr. 1781, Opernhaus, Schloß Eszterháza; 2. Fassung: Sept. 1782, Opernhaus, Schloß Eszterháza
**Personen:** Fillide/Phyllis, unter dem angenommenen Namen Celia, Geliebte Filenos (S); Fileno, Liebhaber Fillides (T); Amaranta, eine eitle und prahlerische Dame (S); Graf Perrucchetto, ein Mensch von extravagantem Humor (B); Nerina, ein in der Liebe wankelmütiges Mädchen, geliebt von Lindoro (S); Lindoro, Bruder Amarantas, im Dienst des Tempels, verliebt zuerst in Nerina, dann in Celia (T); Melibeo, Priester am Dianentempel, verliebt in Amaranta (B); Diana (S). **Chor:** Nymphen, Schäfer, Jäger, Jägerinnen, Gefolge der Diana. **Ballett:** Schäfer, Schäferinnen, Satyrn
**Orchester:** Fl, 2 Ob, Fg, 2 Hr (in der Ouvertüre: oder 2 Trp), Pkn, Streicher, B.c
**Aufführung:** Dauer der 1. Fassung ca. 3 Std. 15 Min., der 2. Fassung ca. 2 Std. 45 Min.

**Entstehung:** Die für Haydns Vertonung am Originaltext vorgenommenen Änderungen waren folgende: Viola, eine der beiden »parti buffe napoletane« bei Cimarosa, wurde mit Nerina vereinigt (nicht zum

Vorteil der Charakterisierung dieser Rolle) und spricht Schriftsprache; auch Vuzzacchio, der andere Buffopart, hat als Lindoro den neapolitanischen Dialekt abgelegt. Die Derbheiten des ursprünglichen Texts hat der Bearbeiter gemildert, wobei der Witz manchmal verflachte, und die ursprünglich französischen Redewendungen der vornehm tuenden Amaranta durch italienische ersetzt. Außerdem hat er Kürzungen, Änderungen und Erweiterungen vorgenommen. – Das Esterházysche Opernhaus war im Nov. 1779 abgebrannt. Es wurde schon bald wieder errichtet, und Haydn komponierte *La fedeltà premiata* 1780 für die Wiedereröffnung. Der im selben Jahr erfolgte Druck des Textbuchs erwies sich aber als verfrüht. Erst am 25. Febr. 1781 konnte das Opernhaus seine Pforten öffnen. Wie vorgesehen erklang *La fedeltà*. Vier der sieben Sänger traten zum erstenmal in einer Haydn-Oper auf: das bereits 1777 bis kurz vor der Uraufführung von *Il mondo della luna* (1777) angestellt gewesene Ehepaar Maria und Guglielmo Jermoli (Celia und Fileno), die hochbezahlte Teresa Amalia Taveggia (Amaranta) und Antonio Pesci (Melibeo). Costanza Valdesturla (Nerina und Diana) war schon bei den Reprisen von *La vera costanza* (1779) eingesetzt worden. Der Baßbuffo Benedetto Bianchi (Perrucchetto) hatte seit *Il mondo della luna* in Haydns Opern mitgewirkt, Leopold Dichtler (Lindoro) seit *Marchese* (1763). 1782 wurde die Oper wiederaufgenommen. Da fünf Sänger inzwischen ausgeschieden waren, gab es Besetzungsänderungen. Celia wurde wie schon seit Frühjahr oder Herbst 1781 von dem neuen Stern am Esterházyschen Opernhaus Metilde Bologna gesungen, für die Haydn die ganze Partie höherlegte. Das Ehepaar Maria Antonia und Antonio Specioli übernahm Amaranta und Fileno, die vorübergehend Anna Raimondi und N. Crizzani anvertraut gewesen waren. Der Tenor Vincenzo Moratti sang die Baßpartie des Perrucchetto ebenfalls schon seit den Reprisen 1781, Domenico Negri den Melibeo. Möglicherweise wurde auch die Partie der Nerina zeitweise anders besetzt, denn in 2. Fassung neben der 1. existiert außer einer Arie des Perrucchetto (»Salva, aiuto«, völlig anders komponiert, für Tenor statt Baß) auch eine der Nerina (»E amore di natura«, in D-Dur statt C-Dur). Ferner hat Haydn nachträglich Kürzungen angebracht.
**Handlung:** Bei Cuma.
I. Akt, 1. Bild, ein weites Feld mit verschiedenen Hirtenhütten, in der Tiefe auf einer Seite der Dianentempel mit dem Bild der Göttin und ein Altar (2. Fassung: Diana geweihter Wald, großer Tempel und Altar in der Mitte); zu beiden Seiten nach Bauernart gebaute, blumengeschmückte kleine Altäre, auf denen das heilige Feuer brennt; seitwärts ein großer Marmorstein mit dem Götterspruch: Wegen des Gelöbnisbruchs einer Dianapriesterin müssen die Nymphen und Hirten von Cuma (einem idyllischen Landstrich bei Neapel) dem Moloch im Averner See (der in der Antike als ein Eingang zur Unterwelt galt) jedes Jahr zwei treue Liebende opfern, und die starke Seele sich freiwillig dem Tod weiht. Schon zehnmal hat das Ungeheuer seine Opfer verschlungen, heute ist wieder der Opfertag. Für den Tempelpriester Melibeo gilt das Gesetz allerdings nicht. Er wirbt um Amaranta, die zum Spaß auf seine Werbung eingeht, aber verlangt, daß ihr Bruder Lindoro, der sich von Nerina abgewandt hat, mit Celia vereint wird. Melibeo willigt zu Lindoros Freude ein, erhält jedoch selbst einen Nebenbuhler: Graf Perrucchetto (»Perückchen«), der sofort Amaranta den Hof macht. 2. Bild, Garten (2. Fassung: prächtiger Garten, geschmückt mit Statuen und Brunnen; im Prospekt große Treppe, die zu einem andern anmutigen Garten führt): Fileno kommt aus Arkadien, wo kurz vor der Hochzeit seine Braut Fillide beim Blumenpflücken von einer Schlange gebissen wurde und starb (so meint er jedenfalls). Nun irrt er schon vier Jahre unglücklich umher. Nerina faßt schnell Zuneigung zu ihm. Beide ahnen nicht, daß Celia und Fillide ein und dieselbe Person sind. 3. Bild, eine angenehme Waldung mit einer kunstvollen Schneise, die den Ausblick auf von Bächen umspülte Hügel in der Weite eröffnet (2. Fassung: Wäldchen): Celia hütet die Schafe und denkt traurig an Fileno. Dieser tritt fast gleichzeitig mit seinem Nebenbuhler Lindoro auf und stößt ihn zurück. Celia und Fileno erkennen sich. Da Celia fürchten muß, zusammen mit Fileno noch heute dem Ungeheuer geopfert zu werden, wenn Melibeo, von Lindoro herbeigeholt, ihre Liebe bemerkt, verleugnet sie Fileno. Dieser hält sie daraufhin für untreu und will sich voller Verzweiflung erdolchen. Celia hält ihn zurück. Melibeo entgeht das wahre Verhältnis der beiden nicht. Amaranta wendet sich wieder Melibeo zu, wütend über den Schürzenjäger Perrucchetto, der bald Celia, bald Nerina nachläuft. 4. Bild, ein Vorhof (2. Fassung: dunkler Wald): Melibeo stellt Celia vor die Wahl, entweder Lindoro zu heiraten oder zusammen mit Fileno dem Ungeheuer vorgeworfen zu werden. Celia klagt Nerina ihr Leid. Dann ohrfeigt sie den ihr plump sich nähernden Lindoro. Daraufhin läßt Melibeo Fileno gefesselt herbeiführen, um Celia zu erpressen. In der steigenden Verwirrung erscheint eine Gruppe von Satyrn, kämpft mit den Hirten und raubt Celia.
II. Akt, 1. Bild, ein anmutiges Feld (2. Fassung: Wäldchen): Fileno, durch Nerina von seinen Fesseln befreit, setzt mit den Hirten den Satyrn nach. Celia ist geflohen. Da es Perrucchetto mit einem nicht ernst gemeinten Selbstmordversuch schnell gelingt, Amaranta wieder zu versöhnen, beschließt der eifersüchtige Melibeo Perrucchettos Untergang. Melibeos Bemühen, Celia für Lindoro zu gewinnen, damit er selber Amaranta bekommt, scheitert, obwohl Fileno, um Celia, die er nach wie vor für untreu hält, zu bestrafen, die wachsende und von Melibeo unterstützte Zuneigung Nerinas zum Schein erwidert. 2. Bild, Berg mit Lorbeerbäumen und Zypressen (2. Fassung: Berg): Bei der Jagd zu Ehren Dianas flieht Amaranta vor einem Wildschwein. Fileno erlegt es. Perrucchetto zeigt sich als Aufschneider und Hasenfuß. 3. Bild, Höhle (2. Fassung: finstere Grotte): Fileno macht einen erneuten Versuch, sich umzubringen, aber die Waffe ist zerbrochen. Celia kommt und sieht die Inschrift, die Fileno zum Abschied in einen Baum-

stamm geritzt hat: »Für die ungetreue Fillide starb Fileno.« Verzweifelt geht sie in die Höhle. Auf Geheiß Melibeos lockt Nerina auch Perrucchetto listig hinein. Dann erklärt Melibeo, daß die Göttin das Opferpaar bestimmt habe: Es sei in der Höhle verborgen. Mit Opfergewändern angetan und mit Blumen bekränzt, werden Celia und Perrucchetto herausgeführt. Amaranta schwankt zwischen Mitleid mit Perrucchetto und Zorn auf ihn. Nerina ist voller Reue. Lindoro bedauert Celia, Fileno verachtet sie.
III. Akt, 1. Bild, Vorhof: Celia beteuert gegenüber Fileno vergeblich ihre Unschuld. Amaranta und Lindoro, von Nerina über Melibeos Ränke unterrichtet, wollen ihn von seinem schlimmen Vorhaben abbringen. Aber Melibeo läßt sich aus purer Bosheit nicht erweichen. 2. Bild, Feld mit Aussicht auf einen See: Als das Monster erscheint, erfüllt Fileno, um Celia zu bestrafen, den Orakelspruch und stürzt sich in den See, worauf die Szene sich plötzlich in einen Dianentempel und das Ungeheuer sich in eine schöne Grotte verwandelt. Darin thront die versöhnte Göttin. Melibeo flieht und wird hinter der Szene von Dianas Pfeilen durchbohrt. Amaranta wird mit Perrucchetto, die treue Celia mit Fileno vermählt.
**Kommentar:** *La fedeltà premiata* ist eine Opera semiseria im Schäferkostüm mit im Grunde ernster Handlung und vielen komischen Situationen in der Nachfolge von *La vera costanza* (1779). Die Handlung verläuft überaus verschnörkelt und verspielt. Lorenzi hat offensichtlich nicht einen logischen dramatischen Aufbau, sondern Buntheit und Abwechslung der Szenen angestrebt. Dazu zieht er sogar, wie er im Vorwort des ursprünglichen Textbuchs betont, das Tragische heran, das bisher in den musikalischen Lustspielen noch keinen Platz hatte (»quel tragico, che in essa ho introdotto, e che finora non fu nelle farse musicali praticato«). Er verschmähte auch Maschinen, Tänze, Fechtszenen (combattimenti) nicht, um Theaterwirksamkeit zu erreichen. Da Haydn allen seinen Anregungen musikalisch gefolgt ist, haben die einzelnen Szenen für Auge und Ohr durchaus etwas zu bieten. Das gilt beispielsweise für die durch Ballett und Chor eingerahmte Introduktion vor dem Dianentempel, die ebenso eingerahmte fröhliche Jagd im II. Akt, den Kampf zwischen den friedlichen Schäfern und den räuberischen Satyrn im 1. und die traurige Opferprozession im 2. Finale. In den musikalischen Formen, namentlich den eindrucksvollen und in ihren Schlußtutti sich großartig steigernden Kettenfinale des I. und II. Akts (822 und 506 Takte) und den meist mehrteiligen Arien, einige mit ausdrucksvollen Accompagnatos, setzt Haydn den in *La vera costanza* eingeschlage-

*La fedeltà premiata,* I. Akt; Charlotte Berthold als Amaranta, Ina Dressel als Nerina, Werner Gröschel als Melibeo, Richard Van Vrooman als Lindoro; Regie und Ausstattung: Jean-Pierre Ponnelle; Opernhaus, Zürich 1975. – Das Künstlich-Spielerische dieses Dramma pastorale giocoso spiegelt die Bühnendekoration: keine Vorspiegelung einer realen Welt auf dem Theater, sondern die offensichtliche Zurschaustellung von Versatzstücken, die für Natur und Skulptur stehen.

nen Weg fort. Daß dieser Weg kein persönlicher, sondern ein zeittypischer war, zeigt Cimarosas Vertonung, die ebenfalls schon lange Kettenfinale aufweist (647 und 432 Takte). Haydn besaß, wie das Verzeichnis seiner Bibliothek von 1804 beweist, Cimarosas Oper in Partitur. Er hat sich diese Partitur zweifellos auch angesehen, denn er teilt das 1. Finale in der gleichen Weise wie Cimarosa auf. Zu den musikalischen Höhepunkten rechnet die schwungvolle Ouvertüre, die Haydn bald darauf als Finale in die *Symphonie D-Dur Nr. 73 »La Chasse«* einbaute, und die Szene der Celia im II. Akt: »Ah come il core mi palpita nel seno«, deren Konzertfassung 1782 als *Cantata* im Druck erschien und 1783 in Karl Friedrich Cramers *Magazin der Musik* begeistert besprochen wurde. Die Farbigkeit von Haydns Orchesterbehandlung und die Ausdrucksfähigkeit seiner Harmonie- und Melodieführung übertreffen bei weitem die konventionelleren Mittel, die Cimarosa in seiner Vertonung dieser Szene einsetzt. Ein anderes Glanzstück ist im I. Akt Amarantas h-Moll-Arie »Vanne, fuggi, traditore«, in der Haydn zwischen Haupt- und Seitenthema einen dramatisch und musikalisch überzeugenden Dualismus schafft. Einige Personen sind gut charakterisiert; besonders gelungen ist die Rolle des Perrucchetto, dessen Arien zwanglos aus der Handlung fließen und zu seinem Charakter passen. Bei einigen andern Personen ist die Charakterzeichnung weniger scharf. Sowohl die zwiespältige Nerina wie auch die an sich komische Amaranta hat Haydn musikalisch mit seriöser Musik bedacht, während Cimarosa die Grenzen der komischen Sphäre im Auge behält. Jedoch ist zu berücksichtigen, daß uns infolge der späteren musikgeschichtlichen Entwicklung der Sinn für manche feinen Abstufungen im musikalischen Ausdruck dieser wie anderer Haydn-Opern vielleicht verlorengegangen ist und durch eingehendes Studium erst wiedergewonnen werden muß.

**Wirkung:** Haydn selbst hatte eine hohe Meinung von seiner Oper; in einem Brief vom 27. Mai 1781 an den Wiener Verlag Artaria schrieb er, »daß dergleichen Arbeit in Paris noch nicht ist gehört worden, und vielleicht eben so wenig in Wien«. *La fedeltà premiata* blieb bis 1784 im Eszterházaschen Repertoire und erlebte 36 Vorstellungen. Damit war diese Haydn-Oper dort nach *Armida* (1784) die erfolgreichste. In deutscher Übersetzung wurde sie 1784 von der Truppe Emanuel Schikaneders und Hubert Kumpfs im Kärntnertortheater Wien aufgeführt, vor vollem Haus, in Anwesenheit Kaiser Josephs II. und des Hofstaats; mehr als 600 Personen fanden keinen Platz und mußten umkehren. Es folgten Aufführungen in Preßburg (1785–87), Pest (1789) und Graz (1792/93). Auch die Abschriften und Frühdrucke einzelner Nummern, besonders der Soloszene Celias, zeugen von Beliebtheit. Diese Solokantate und die Szene Filenos hat der Esterházysche Opernkopist und Souffleur Johann Schellinger für das unechte Pasticcio *Alessandro il grande* (Opera seria in tre atti) verwendet. Drei andere Nummern (die Introduktion, Perrucchettos »Salva, aiuto« und Celias »Deh soccorri«) wurden von einem unbekannten Bearbeiter dem apokryphen Pasticcio *Der Freibrief* einverleibt, das seit 1789 öfter aufgeführt wurde, zuerst von der Truppe von Franz Anton Weber, dem Vater Carl Maria von Webers. Dann geriet das Werk in Vergessenheit. Wiewenig es sogar den Fachleuten bekannt war, zeigt die Tatsache, daß bis 1965 niemand bemerkt hat, daß die nicht ganz vergessene Cantata »*Ah, come il core*« aus dieser Oper stammt. Nach Auffindung der Turiner Abschrift 1965 konnte die Partitur in der Gesamtausgabe (Haydn, *Werke*) erstmals vollständig vorgelegt werden. Beim Holland-Festival 1970 gelangte die Oper unter der Leitung von Alberto Erede und in der Regie von Jean-Pierre Ponnelle zur Wiederaufführung und ist seitdem an mehreren Bühnen gespielt worden, so 1975 im Opernhaus Zürich, wieder von Ponnelle inszeniert, und 1979 unter Bernard Haitink beim Glyndebourne-Festival.

**Autograph:** Fragmente: Országos Széchényi Könyvtár Budapest (Ms. Mus. I. 6), SB Bln./DDR (Mus. ms. aut. J. Haydn 24). **Abschriften:** Part: Bibl. Nazionale Universitaria Turin (Dono Giordano 142-143, 194243), Burgenländisches Landesmuseum Eisenstadt (unvollst., v. Haydn korrigiert); nach d. Fragment Budapest: BL London, SPKB Bln. (West); Kl.A, dt.: Fürstenbergische Hof-Bibl. Donaueschingen (Ms. 735); Part oder St. d. Soloszene Celias »Ah come il core«: SB Bln./DDR, Bibl. du Cons. Royal de Musique Brüssel, Burgenländisches Landesmuseum Eisenstadt (2 Ex.), UB Augsburg (Harburg), BL London, Bayer. SB München, UB Münster (Burgsteinfurt), BN Musique Paris (2 Ex.), Collezione Bottini Pisa, Národní Muzeum Prag, Bibl. S. Cecilia Rom (2 Ex.), ÖNB Wien (2 Ex.), Ges. d. M.Freunde Wien; Part oder St. anderer Nrn.: ÖNB Wien, Slg. Silverstolpe Näs (Schweden), Ges. d. M.Freunde Wien, Státní Arch. Krumau, Abtei Montecassino. **Ausgaben:** Part, krit. Ausg., hrsg. G. Thomas: J. HAYDN, Werke, Abt. XXV, Bd. 10,1–2, Henle, München 1968, dazu krit. Ber. 1970; Part Cantata »*Ah, come il core*«: Artaria, Wien 1782 [auch St.]; Longman & Broderip, London [auch St.; vor 1798]; Arr. d. Arie aus d. Cantata, Part, ital./frz.: Porro & Baillon, Paris 1786; Arie aus d. Cantata, Kl.A, ital./dt.: Nägeli, Zürich [1838?]; Textb., ital./dt.: Ödenburg, Siess 1780; Textb.: Wien, Kurzböck 1782. **Aufführungsmaterial:** hrsg. H. C. R. Landon, ital./dt. Übers. v. A. Meyer-Hanno, F. Haas: Bär **Literatur:** C. F. CRAMER, Über die Schönheiten und den Ausdruck der Leidenschaft in einer Cantate von J. H., in: Magazin der Musik, Bd. I/2, Hbg. 1783, S. 1073–1115; G. FEDER, Die Überlieferung und Verbreitung der handschriftlichen Quellen zu H.s Werken, in: Haydn-Studien, Bd. I/1, München 1965, S. 37; DERS., H.-Entdeckungen, in: Musica 19:1965, S. 192; G. THOMAS, [Vorw. u. krit. Ber., s. Ausg.]; DERS., Zu ›Il mondo della luna‹ und ›La fedeltà premiata‹. Fassungen u. Pasticcios, in: Haydn-Studien, Bd. II/2, München 1969, S. 122–126; H. C. R. LANDON, A H. Jewel Recovered, in: Opera 21:1970, S. 499–505; M. VIGNAL, ›La fedeltà premiata‹ in Holland (1970), in: Haydn Jb., Bd. 8, 1971, S. 295–298; G. FEDER, H.s Oper ›La fedeltà premiata‹, in: Neue Zürcher Zeitung, 5./6.4.1975, S. 61; H. C. R. LANDON, H.s Oper ›La fedeltà premiata‹. Eine neue authentische Quelle, in: Beiträge zur Musikdokumentation. F. Grasberger zum 60. Geburtstag, hrsg. G. Brosche, Tutzing 1975, S. 213–232; E. SMITH, H. and ›La fedeltà premiata‹, in: MT 120:1979, S. 567–570; F. LIPPMANN, H.s ›La fedeltà premiata‹ und Cimarosas ›L'infedeltà fedele‹, in: Haydn-Studien, Bd. V/1, München 1982, S. 1–15; weitere Lit s. S. 738

*Georg Feder*

# Orlando paladino
**Dramma eroico-comico in tre atti**

**Ritter Roland**
3 Akte (14 Bilder)

**Text:** Nunziato Porta (1775), nach dem Libretto von Carlo Francesco Badini zu dem Dramma giocoso *Le pazzie d'Orlando* (London 1771) von Pietro Alessandro Guglielmi
**Uraufführung:** 6. Dez. 1782, Opernhaus, Schloß Eszterháza
**Personen:** Angelica, Königin von Kathai (Nordchina) (S); Rodomonte, König der Barbarei (Berberei) (B); Orlando/Roland, fränkischer Paladin (T); Medoro, Liebhaber Angelicas (T); Licone, Schäfer (T); Eurilla, Schäferin (S); Pasquale, Schildknappe Orlandos (T); Alcina, Zauberin (S); Caronte/Charon (B). **Statisterie:** Schäfer, Schäferinnen, Geister der Unterwelt, Wilde, Sarazenen
**Orchester:** Fl, 2 Ob, 2 Fg, 2 Hr, 2 Clarini (oder Hr in C alto), Pkn, Streicher, B.c
**Aufführung:** Dauer ca. 3 Std.

**Entstehung:** Ausgangspunkt der Handlung ist Ludovico Ariostos Epos *Orlando furioso* (1516), das seinerseits eine Fortsetzung von Matteo Maria Boiardos Epos *Orlando innamorato* (1494) war. Das Libretto schöpft indirekt aus Guglielmis Oper, die zur Grundlage eines *Orlando paladino* (Prag 1775) diente, der textlich von Porta bearbeitet war. Guglielmis Musik wurde in Prag teilweise durch Musik von andern Komponisten ersetzt. Dieselbe Oper (oder aber dieselbe Text mit Musik von Pasquale Anfossi?) kam 1777 in Wien zur Aufführung. 1781 wurde Porta Operndirektor in Eszterháza. Sein Textbuch in der Wiener Fassung diente mit einigen Änderungen Haydn als Vorlage. Den Auftrag zur Vertonung erhielt Haydn im Rahmen der Vorbereitungen, die Fürst Nikolaus Joseph Esterházy traf, um den russischen Großfürsten Paul und seine Gemahlin Sophie Dorothea (damals genannt Maria Feodorowna) im Okt. 1782 zu empfangen. Da der Besuch nicht zustande kam, wurde Haydns Oper am Namenstag seines Fürsten uraufgeführt. Das Duett Angelica/Medoro »Qual contento« hat Haydn nachträglich, aber noch vor der Uraufführung komponiert. Von den acht Sängern waren sieben schon 1781/82 in *La fedeltà premiata* aufgetreten: die Primadonna Metilde Bologna (Angelica), das Ehepaar Maria Antonia und Antonio Specioli (Eurilla und Orlando), Vincenzo Moratti (Pasquale), Domenico Negri (Rodomonte), Costanza Valdesturla (Alcina) und der unverwüstliche Leopold Dichtler (Licone und Caronte). Neu kam hinzu der nächst Bologna am höchsten bezahlte Prospero Braghetti (Medoro), der später im King's Theatre London auftrat, wo Haydn ihn 1795 in einer Oper von Francesco Bianchi wiederhörte. Eine Mannheimer deutsche Bearbeitung hat Haydn selbst zu korrigieren angefangen. Seine Änderungen sind überaus aufschlußreich und zeigen seinen feinen Sinn für sprachliche Deklamation und angemessenen Wortausdruck. Wenn der Bearbeiter zum Beispiel eine Koloratur, die der Textzeile »mein Leiden deckt das Grab« (original: »così ria fatalità«) folgt, geschmackloserweise auf eine Wiederholung des Worts »Grab« singen läßt, wiederholt Haydn bei der Koloratur das hier viel besser passende Wort »Leiden«, wobei der sangbare Vokal a im Klang (wenn auch nicht in der Schrift) erhalten bleibt. Haydn hat die Arbeit nicht zu Ende geführt, so daß eine vollständige autorisierte deutsche Fassung nicht vorliegt.

**Handlung:** Auf einer Insel im Indischen Ozean (den Vorformen des Librettos zufolge).
I. Akt, 1. Bild, Gebirgslandschaft (nach den Vorformen des Librettos in der Ferne eine alte Burg, dagegen nach dem Vorspann des Librettos und nach Pietro Travaglias Bühnenbildentwurf eine verschneite Gebirgslandschaft): Rodomonte, mit einem Gefolge von Sarazenen, fragt den Schäfer Licone und dessen Tochter Eurilla nach dem Ritter Orlando. Er erfährt, daß Angelica und Medoro, die sich innig lieben, auf der nahen Burg Zuflucht vor Orlando gefunden haben. Rodomonte macht sich auf, um Angelica vor Orlando zu beschützen. 2. Bild, in einem alten Turm: Angelica ruft mit Hilfe eines Zauberbuchs Alcina herbei. Diese verspricht ihr Schutz. Medoro berichtet Angelica, daß Orlando naht. 3. Bild, Wäldchen: Orlandos Schildknappe Pasquale ist hungrig. Rodomontes Aufforderung zum Zweikampf lehnt er ab. Bei Eurilla prahlt er mit seinen Heldentaten. 4. Bild, anmutiger Garten mit Brunnen: Medoro will Angelica verlassen. Sie versucht, ihn zu halten. Orlando ist besessen von seiner Liebe zu Angelica. Er rast, als er Medoros und Angelicas Namen in die Rinden der Bäume eingeschnitten sieht. 5. Bild, Wäldchen: Rodomonte sucht Orlando, Orlando sucht Rodomonte. Orlando fragt Eurilla nach Angelica und Medoro und schwört, sich an Medoro zu rächen. 6. Bild, anmutiger Garten: Alle erwarten ängstlich Orlando, nur Rodomonte ist siegessicher.

*Orlando paladino*, I. Akt, 1. Bild; Illustration: Pietro Travaglia; Uraufführung, Opernhaus, Schloß Eszterháza 1782. – Travaglia, 1771 als Bühnenbildner und Dekorateur nach Eszterháza berufen, stattete dort in den folgenden Jahren zahlreiche Opern- und Marionettenaufführungen aus. Mit seiner »verschneiten Gebirgslandschaft« durchbrach er das für die italienische Oper jener Zeit herrschende Schema der »Typendekoration«.

Alcina verspricht allen Schutz und verwandelt den bramarbasierenden Rodomonte. Der rasende Orlando erscheint, aber er verwechselt die Personen. Als er sich nicht beruhigt, sperrt ihn Alcina in einen Käfig. II. Akt, 1. Bild, Wäldchen: Eurilla unterbricht ein Duell Orlandos und Rodomontes und sucht mit Rodomonte anzubandeln, der aber nur darauf sinnt, mit Orlando zu kämpfen. 2. Bild, weite Landschaft mit Meer: Eurilla versteckt den wehklagenden Medoro in einer Höhle. Sie jagt dem ritterlich zu Pferd erscheinenden Pasquale Angst ein. Dann gestehen sich beide ihre Zuneigung. Angelica sucht Medoro. Sie glaubt, er sei tot, und will sich von einem Felsen ins Meer stürzen. Aber Alcina zaubert Medoro herbei. Als Angelica und Medoro auf einem Boot fliehen wollen, werden sie von Orlando aufgehalten. Alcina rettet sie erneut. Die Bäume verwandeln sich in Ungeheuer und erschrecken Orlando. 3. Bild, Zimmer im Schloß: Pasquale prahlt vor Eurilla mit seinem Erfolg bei Frauen, den er insbesondere seinem Violinspiel verdanke. Alcina lädt Rodomonte und Eurilla zu einem Treffen in ihrer Zauberhöhle ein. 4. Bild, Zauberhöhle: Der rasende Orlando fordert Alcina auf, aus ihrer Höhle herauszukommen. Alcina verwandelt ihn in einen Felsen. Als die andern Personen aufgetreten sind, verwandelt sie ihn wieder zurück. Er rast von neuem und wird von Alcina in der zusammenstürzenden Höhle eingeschlossen.
III. Akt, 1. Bild, dunkler Wald mit Aussicht auf den Letheßuß, in der Ferne die elysischen Gefilde: Orlando erwacht in der Unterwelt. Caronte netzt ihn auf Alcinas Geheiß mit Lethewasser, das ihm Vergessen bringt. 2. Bild, Zimmer im Schloß: Orlando kommt zurück. Er ist von seiner Raserei geheilt. Pasquale muß ihm wieder folgen. 3. Bild, Wald: Zusammen mit Rodomonte kämpft Orlando gegen wilde Waldmenschen, die Angelica rauben wollen. 4. Bild, Innenhof: Angelica glaubt, daß Medoro im Kampf getötet worden sei. Aber er war nur verwundet, und Alcina hat ihn geheilt. Sie verwandelt die alte Burg mit einem Schlag in einen Liebestempel. Angelica und Medoro können nun in Frieden leben, und Pasquale und Eurilla werden ein Paar.

**Kommentar:** *Orlando paladino* ist von der Gattung her eine Opera semiseria mit drei ernsten (Angelica, Medoro, Alcina, daneben Caronte), drei komischen (Pasquale, Rodomonte, Eurilla, daneben Licone) und einer Mischrolle (Orlando, ernst in seinen drei Arien, in den Finale mit komischen Zügen wie Prinz Ali in *L'incontro improvviso*, 1775, und Graf Errico in *La vera costanza*, 1779). Aus der Theaterperspektive betrachtet, handelt es sich um eine bunte Folge komischer, lyrischer und dramatischer Bilder, die etwas Zufälliges an sich haben und nur lose zusammenhängen, aber für sich genommen reizvoll sind. In der Mischung von Elementen des Heldenepos und des Ritterromans, der Maschinenkomödie und der Commedia dell'arte und von musikalischen Formen sowohl der Opera seria wie der Opera buffa stellt *Orlando* den Höhepunkt der Opera semiseria bei Haydn dar. Die Musik klingt wie die einer ernsten Oper in den klagenden oder leidenschaftlichen Accompagnatos und Arien Orlandos, Angelicas und Medoros; sie klingt parodistisch zum Beispiel in Rodomontes stürmischer (und zugleich fein ausgearbeiteter) d-Moll-Arie »Mille lampi«; sie klingt rein buffonesk zum Beispiel in Pasquales Arie »Ho viaggiato« mit ihrem plappernden Tonfall. Die Arien sind in ihrem musikalischen Gehalt vielleicht noch reicher als in *La fedeltà*, beschränken sich aber auf Ein- oder Zweiteiligkeit. In der zweiteiligen Arie »Aure chete«, einem Rondo in der Form, die wir aus Donna Annas »Non mi dir« in Mozarts *Don Giovanni* (1787) kennen, duettieren im zweiten Teil Angelicas Koloraturen mit denen der Solooboe. Die wieder von mächtigen Schlußtutti gekrönten Kettenfinale des I. und II. Akts haben etwas geringere Ausdehnung, verlaufen aber zielstrebiger als die beiden in *La vera costanza* und das erste in *La fedeltà* und sind mindestens ebenso reich an feinen Zügen der Motivik, Rhythmik, Harmonik und Orchestrierung. Neuartig und unkonventionell ist der schlichte, stimmungsvolle Gesang Carontes, des Fährmanns der Unterwelt. Eine dankbare Rolle fällt Pasquale zu, der in gewisser Weise ein Nachfahre Sancho Pansas ist. Haydn hat ihm außer seinem Anteil an den Finale ein Duett mit Eurilla, zwei Kavatinen und zwei Arien gegeben, von denen »Ecco spiano« ausgiebig Musik malt: die »messa di voce« (»spiano«), den Triller, die Synkope, das Arpeggio, Stakkato, Furioso, Andantino und so weiter, einschließlich der Koloratur des Kastraten, der sich in die höchsten Lagen versteigt. Ein dramaturgischer Fehler ist es freilich, daß Pasquale im Schlußvaudeville keine Strophe zugeteilt bekommt, sondern nur in die Tuttirefrains mit einstimmt, während jede der andern sechs Personen mit einer eigenen Strophe bedacht wird. Hat der Librettist die im Prager und Wiener Libretto vorhandene Strophe für die komische Hauptfigur schlicht vergessen und der Komponist dies nicht bemerkt? Wenngleich Haydns Zeitgenossen sich an dieser Ungereimtheit nicht gestört zu haben scheinen, drängt sich heute die vergleichende Vorstellung auf: Was wäre das Vaudeville von Mozarts im selben Jahr komponierter *Entführung aus dem Serail* (1782) ohne ein Solo des Osmin! Zu denken gibt auch, daß Haydn, der seine im Jahr zuvor komponierten *Streichquartette* (op. 33) so souverän gestaltete, daß diese Werke als Marksteine in der Entwicklung des Wiener klassischen Stils angesehen werden, die Schlußnummer seiner Oper zwar mit einer sehr hübschen Melodie ausstattet, den Mittelteil auch sanft damit kontrastieren läßt, aber infolge des konventionellen Texts die konventionelle Form des Vaudevilles kaum verläßt, während Mozart diese Form durch den Zornesausbruch Osmins ungeahnt erweitert und durch den anschließenden Janitscharenchor triumphal überhöht. In seinem Brief an den Prager Musikfreund Franz Rott schrieb Haydn einige Jahre später (Dez. 1787), nach dem Prager Erfolg von Mozarts *Le nozze di Figaro* (1786) und der Uraufführung von *Don Giovanni*: »Sie verlangen eine Opera buffa von mir; recht herzlich gern, wenn Sie Lust haben von meiner Singkomposition [Opern] etwas für sich allein [in Abschrift] zu besitzen. Aber um sie auf dem Theater zu Prag aufzuführen, kann ich Ihnen dießfalls nicht dienen, weil alle meine Opern zu viel auf unser Personale (zu Esterhaz in Ungarn) gebunden sind, und außerdem [außerhalb] nie die Wirkung hervorbringen würden, die ich nach der Lokalität berechnet habe. Ganz was anders wär es, wenn ich das unschätzbare Glück hätte, ein ganz neues Buch für das dasige Theater zu komponiren. Aber auch da hätte ich noch viel zu wagen, in dem der große Mozart schwerlich jemanden andern zur Seite haben kann« (zitiert nach Franz Niemetschek: *Leben des K. K. Kapellmeisters Wolfgang Gottlieb Mozart,* Prag 1798, S. 51f.). Haydn war später vom *Figaro* so beeindruckt, daß er des Nachts diese Musik zu hören träumte (Brief vom 9. Febr. 1790 an die Wiener Musikliebhaberin Maria Anna von Genzinger), und wohnte Silvester 1789 und am 21. Jan. 1790 auf Mozarts Einladung auch Proben von *Così fan tutte* bei. Wohl nicht zufällig hat Haydn, nachdem er Mozarts Opern kennengelernt hatte, keine Opera buffa mehr geschrieben.

**Wirkung:** *Orlando paladino* war Haydns erfolgreichste Oper. Sie wurde in Eszterháza bis 1784 30mal gespielt und kam dann in deutscher Bearbeitung (wie üblich mit Dialogen statt Seccos, natürlich unter Beibehaltung der Accompagnatos) auf vielen andern Opernbühnen zur Aufführung: Preßburg 1786, Prag und Brünn 1791, Wien 1791/92, Pest und Mannheim 1792, Dresden (italienisch) 1792, Donaueschingen, Frankfurt a. M., Köln und Graz 1793, Nürnberg 1796, Berlin, Hannover und Bremen 1798, Oels 1799, Leipzig und München 1800, Augsburg und Ballenstedt 1802, Königsberg 1803, Hamburg und Breslau 1805, Petersburg 1813. Nicht weniger als 13 deutsche und acht italienische Partiturabschriften bestätigen die einstige Beliebtheit des Werks. Das Duett Eurilla/Pasquale »Quel tuo visetto amabile« wurde am King's Theatre London 1794 als Duett Angelica/Terramondo in Martín y Solers Oper *Il burbero di buon core* (1786) eingelegt und von Giovanni Morelli und Anna Morichelli-Bosello gesungen. Es scheint auch (mit dem Originaltext) in Dresden 1796 in Weigls Oper *La caffetiera bizzarra* (1790) eingelegt worden zu sein. Medoros Arie »Dille che un infelice« fand Verwendung in dem Pasticcio *Alessandro il grande* (siehe *La fedeltà premiata*). Im 19. Jahrhundert geriet *Orlando* jedoch wie alle andern Haydn-Opern in Vergessenheit. Erst 1932 wurde das Werk in Leipzig nach einer deutschen Bearbeitung (mit Streichung ganzer Nummern und mit Umstellungen) von Ernst Latzko und seitdem auch auf andern Bühnen wieder aufgeführt, auch in englischer Bearbeitung und im italienischen Original, das 1972/73 in der Gesamtausgabe (Haydn, *Werke*) erschien, so im Theater an der Wien bei den Wiener Festwochen 1982, beim Festival de Carpentras 1982 und am Stadttheater Basel 1983.

**Autograph:** Part, I. u. II. Akt: BL London (Add. 32172); III. Akt: SBPK Bln. (West) (Mus. ms. aut. J. Haydn 28). **Abschriften:** Part: SBPK Bln. (West), Civ. Museo Bibliogr. Musicale Bologna, Bibl. du Cons. Royal de Musique Brüssel, Sächs. LB Dresden (mit Einschluß v. 4 nicht v. Haydn stammenden Nrn.), LOC Washington (desgleichen, unvollst.), ÖNB Wien (desgleichen), Ges. d. M.Freunde Wien (nach d. Dresdner Bearb.), BN Paris; Sing-St. (mit unterlegtem B.c) der UA: Országos Széchényi Könyvtár Budapest (Ms. Mus. I. 152); Cemb-St.: Fürstenbergische Bibl. Donaueschingen; Part, dt. u.d.T. *Ritter Roland, Der Ritter Roland, Der wütende Roland*: Országos Széchényi Könyvtár Budapest (Ms. Mus. I. 154 [aus d. Mannheimer Theater, v. Haydn korrigiert]), SBPK Bln. (West), Bibl. du Cons. Royal de Musique Brüssel, Sächs. LB Dresden, StUB Ffm., BL London, Vlg.-Arch. Schott, ÖNB Wien (2 Ex.), Ges. d. M.Freunde Wien (2 Ex.), Zentral-Bibl. Zürich, Fürstenbergische Bibl. Donaueschingen (unvollst., mit St.); autorisierte Part einzelner Nrn.: Stadt-Bibl. Lpz. (Introduktion), SPKB Bln. (West) (Arie d. Caronte u. Szene d. Angelica »Implacabili numi«); Ouvertüre in Part oder St.: StUB Ffm., Stift Göttweig, UB Augsburg (Harburg), BN Musique Paris; Part oder St. einzelner Nrn.: Sächs. LB Dresden, ÖNB Wien, SPKB Bln. (West), Bibl. Cherubini Florenz, Bibl. Verdi Mailand, BN Musique Paris, Ges. d. M.Freunde Wien, Stift Göttweig; Bearb. für Bläseroktett: Fürstenbergische Bibl. Donaueschingen; Bearb. für Streichquintett: ÖNB Wien; Textb., dt. Bearb.: ÖNB Wien (Cod. 13901). **Ausgaben:** Part, krit. Ausg., hrsg. K. Geiringer: J. HAYDN, Werke, Abt. XXV, Bd. 11,1–2, Henle, München 1972/73, dazu krit. Ber. 1973; Part d. Duetts Eurilla/Pasquale mit neuem Text »Quel cor umano« v. L. Da Ponte: London, Corri & Dussek; St. d. Ouvertüre: Simrock; Kl.A, Ouvertüre u. Gesänge: Simrock 1799; Kl.A, Gesänge: Goetz, Mannheim; Kl.A, Ouvertüre u. 7 Nrn. (darunter 3 unechte): Rellstab, Bln. [1799/1800]; Kl.A, Duett »Quel tuo visetto«: Torricella, Wien [vor 1786]; Kl.A, Arietta a 2 (dasselbe Duett, dt.), in: Hochgräflich-Erdödyscher Theateralmanach, Preßburg 1788; Kl.A u.d.T. *Ritter Roland,* bearb. v. E. Latzko: Beck, Lpz. 1932; Textb.: o.O. 1782; Textb., ital./dt. Übers.: Dresden 1792; Textb., dt.: Donaueschingen 1797; Textb., dt. (nur Arien u. Gesänge): Ffm. 1794; Bln. 1798; Hbg.; Breslau [1805]. **Aufführungsmaterial:** Ausg. Geiringer: Bär

**Literatur:** A. v. HOBOKEN, Nunziato Porta und der Text von J. H.s Oper ›Orlando Paladino‹, in: Symbolae Historiae Musicae, hrsg. F. W. Riedel, H. Unverricht, Mainz 1971, S. 170–179: K. GEIRINGER, [Vorw. u. krit. Ber., s. Ausg.]; DERS., From Guglielmi to H.: The Transformation of an Opera, in: Kongreß-Bericht Kopenhagen 1972, Kassel 1974, S. 391–395; H. GEYER-KIEFL, J. H.s vis comica. Die beiden Opern-Prod. d. Wiener Festwochen, in: ÖMZ 37:1982, S. 225–232; DIES., Guglielmis ›Le pazzie d'Orlando‹ und H.s ›Orlando paladino‹, in: Bericht über den internationalen J.-Haydn-Kongreß Wien 1982, München 1986, S. 403–413; L'Avant-scène Opéra 1982, Nr. 42; weitere Lit. s. S. 738

*Georg Feder*

## Armida
**Dramma eroico**

**Armida**
3 Akte (8 Bilder)

**Text:** unbekannter Bearbeiter (Nunziato Porta?), nach dem anonymen Libretto zu dem Dramma per musica *Rinaldo* (Venedig 1775) von Antonio Tozzi, nach dem Epos *La Gierusalemme liberata ovvero Il Goffredo* (1575) von Torquato Tasso
**Uraufführung:** 26. Febr. 1784, Opernhaus, Schloß Eszterháza
**Personen:** Armida (S); Rinaldo (T); Ubaldo (T); Idreno (B); Zelmira (S); Clotarco (T)

**Orchester:** Fl, 2 Ob, 2 Fg, 2 Hr, 2 Trp (oder Hr in C alto), Pk, Streicher, B.c; BühnenM: 2 Klar, 2 Hr, 2 Fg
**Aufführung:** Dauer ca. 2 Std. 30 Min.

**Entstehung:** Als Textdichter galt früher Iacopo Durandi, dessen Text zuerst 1770 den Vertonungen von Pasquale Anfossi und Vincenzo Manfredini zugrunde lag. Jedoch ist der von Tozzi und dann von Haydn vertonte Text nicht nur aus Durandis, sondern aus mehreren *Armida*-Libretti kompiliert, vor allem denjenigen zu den Vertonungen von Niccolò Jommelli (Francesco Saverio De Rogati: *Armida abbandonata*; Neapel 1770), Giuseppe Gazzaniga (anonym; Rom 1773) und Johann Gottlieb Naumann (Giovanni Bertati; Padua 1773). Der Bearbeiter war vielleicht der Esterházysche Theaterdirektor Porta. Der Text von Armidas Arie »Odio, furor« kommt auch in Portas Textbuch zu dem 1777 in Wien aufgeführten *Orlando paladino* mit Musik von Pietro Alessandro Guglielmi und andern vor, entstammt aber De Rogatis Libretto. – Haydn komponierte *Armida* laut seinem datierten Autograph 1783. Mit der Uraufführung wurde in Eszterháza die Spielzeit 1784 eröffnet. Fünf der sechs Sänger waren dieselben wie in *Orlando paladino* (1782): die Protagonisten Metilde Bologna (Armida) und Prospero Braghetti (Rinaldo), ferner Costanza Valdesturla (Zelmira), Antonio Specioli (Ubaldo) und der über zwei Jahrzehnte in Haydns Opern eingesetzte Leopold Dichtler (Clotarco). Der Bariton Paolo Mandini (Idreno) trat neu hinzu. Von dem verhältnismäßig großen Aufwand zeugen die erhalten gebliebenen Kostenvoranschläge für Kostüme und Dekorationen. Je zwei Kostüme waren für Armida, Rinaldo und Zelmira, je eins für die übrigen Hauptpersonen vorgesehen. Dazu kamen die Kostüme für 49 Statisten: 27 »römische« (für die Kreuzritter), sechs »türkische« (für die Sarazenen), vier »heroische« (Ungeheuer im Zauberwald?), je sechs für Nymphen und Faune (im Zauberwald).

**Handlung:** In und bei Damaskus, gegen 1100.
I. Akt, 1. Bild, Saal im Königspalast zu Damaskus: Der Sarazenenkönig Idreno hält Kriegsrat. Er verspricht dem, der die ihn belagernden Kreuzritter zurückschlägt, die Hand seiner Nichte Armida und das Königreich. Der vormals ruhmreiche Kreuzritter Rinaldo, jetzt in Armidas Liebesbanden schmachtend, erklärt sich dazu bereit. Aber Armida fürchtet für ihn und verläßt sich mehr auf ihre Zaubermacht. 2. Bild, steiles Gebirge, auf dem Gipfel Armidas Burg: Die Ritter Ubaldo und Clotarco wollen Rinaldo befreien und besteigen auf getrennten Wegen den Berg. Armida sucht die Eindringlinge abzuwehren, indem sie Schreckgespenster herbeizaubert. Ubaldo steigt kämpfend hinauf. Zelmira, Tochter des Sultans von Ägypten, soll die Kreuzritter in den Untergang locken, gehorcht aber nicht, verliebt sich vielmehr in Clotarco und führt ihn sicher hinauf. 3. Bild, Gemach in Armidas Burg: Armida spricht mit Idreno. Beide stellen fest, daß alle Verteidigungsmittel umsonst gewesen sind. Armida bittet den verweichlichten und verängstigten Rinaldo, sich zu verstecken. Ubaldo trifft ihn, hält ihm den Zauberschild als Spiegel vor und ruft ihn zur Umkehr auf. Rinaldo geht kurz in sich, dann gewinnt Armida ihn für sich zurück.
II. Akt, 1. Bild, Garten von Armidas Burg: Idreno weiht Zelmira in seinen Plan ein, Ubaldo und Clotarco auf dem Rückweg ins Lager ermorden zu lassen. Zelmira will wenigstens Clotarco retten. Als dieser mit Idreno vom Frieden spricht, verstellt sich Idreno, und als Ubaldo im Namen Gottfrieds von Bouillon Rinaldos Freilassung fordert, weil nur Rinaldo den Zauberwald (dessen Holz sie zur Belagerung Jerusalems brauchen) befreien kann, geht Idreno zum Schein auf die Forderung ein. (Weiter hat der Textbearbeiter Idrenos heimtückisches Vorhaben nicht dargestellt.) Ubaldo nimmt Rinaldo bei der Hand. Wieder tritt Armida dazwischen. Rinaldo schwankt zwischen Liebe und Ehrgefühl, reißt sich endlich die Blumengirlanden vom Leib und folgt Ubaldo. Armida bricht in ohnmächtige Wut aus. 2. Bild, Lager der Europäer auf einer weiten Ebene: Rinaldo, von Ubaldo ermutigt, findet sein Selbstvertrauen wieder. Armida erscheint, wird aber abgewiesen, und Rinaldo bleibt nach letztem Schwanken fest.
III. Akt, 1. Bild, Wald in der Nähe des Zauberwalds: Rinaldo macht sich auf, den magischen Myrtenstrauch zu fällen. 2. Bild, furchterregender Wald, in der Mitte ein voller Myrtenstrauch: Armidas Zauberwald mutet Rinaldo zunächst idyllisch an. Zelmira tritt als schmeichelnde Nymphe auf und will mit ihren Gespielinnen Rinaldo verlocken, zu Armida zurückzukehren. Als Rinaldo sich nicht erweichen läßt, ändert sich die Stimmung. Armida tritt, mit aufgelöstem Haar, schwarz gewandet, den Zauberstab in der Hand, aus dem Myrtenstrauch hervor. Von Rinaldo zurückgestoßen, verwandelt sie den Wald in eine Schrecknis. Furien halten Rinaldo fest, ihm sinkt das Herz. Endlich obsiegt sein Heldenmut, er spaltet die Myrte, und mit einem Schlag verwandelt sich die Szene. 3. Bild, offenes Feld mit dem Lager der Kreuzritter: Die Kreuzritter brechen zum Weitermarsch auf. Da erscheint Armida nochmals, mit Idreno und Zelmira, ohne bei Rinaldo etwas ausrichten zu können. Sie zaubert einen Höllenwagen herbei, auf dem sie den Kreuzrittern folgt.

**Kommentar:** Armida, die Rinaldo zärtlich und leidenschaftlich liebt, bald sein Mitleid erfleht, bald ihm ihre Verzweiflung, ihren Haß entgegenschleudert, ist dramatisch und musikalisch überzeugend dargestellt, ebenso der zuverlässige Ritter Ubaldo. Rinaldos Rolle erscheint dagegen brüchiger als nötig. Eine glänzende C-Dur-Arie mit Trompeten (»Vado a pugnar«) singt er nicht gegen Schluß, wenn die Pflicht über die Neigung gesiegt hat, sondern zu Anfang, als verweichlichter Liebhaber Armidas. Die von Haydn bewußt hergestellte musikalische Verbindung mit dem C-Dur-Finale, das mit der gleichen Trompetenfanfare wie diese Arie endet, bleibt über eine solche Distanz ästhetisch wirkungslos. Idrenos Bösartigkeit kommt in seinen Arien nicht zum Ausdruck. Zelmira wird in dem Moment, da sie als Nymphe Rinaldo verlockt, unverständlich, es sei denn, man faßt die Nymphe als eine von Zelmira verschiedene Person auf. – Musikalisch handelt es sich um eine voll entwickelte Opera seria, ohne buffoneske Elemente und daher auch ohne die Vielfalt der musikalischen Formen von Haydns vorangegangenen Semiseriaopern, deren so charakteristische Kettenfinale hier als gattungsfremd entfallen. Das große Terzett (»Partirò«) am Schluß des II. Akts ist in Haydns Schaffen neu. Alle andern Formen sind im wesentlichen aus Haydns Semiseriaopern bekannt. Das Duett Armida/Rinaldo am Schluß des I. Akts wächst allerdings in seiner dreiteiligen Steigerung über Haydns frühere Opern hinaus. Auch Rinaldos Arie »Cara, è vero« weist die dreistufige Steigerungsanlage auf. Die Arien, heroischen, leidenschaftlichen und reflektierenden Charakters, dominieren. Wo sie voneinander durch Seccos getrennt sind, ist der Gesamteindruck undramatisch; wo sie sich dagegen fast nahtlos mit dem vorangehenden und dem nachfolgenden Accompagnato verbinden, wirkt die Oper, darin *L'isola disabitata* (1779) ähnlich, wie durchkomponiert, namentlich in den Zauberwaldszenen des III. Akts. Hier gehen folgende Nummern ineinander über: Accompagnato Rinaldos; Rondo Zelmiras als Nymphe; neues Accompagnato Rinaldos; Arie Armidas; Accompagnato Armidas und Rinaldos; Accompagnato, Arie und Accompagnato Rinaldos. Die ausgedehnten instrumentalen Teile dieser auf sehr differenzierte Weise komponierten, großen (aber keineswegs wie in *L'isola* hypertrophen) Accompagnatos nehmen in ihrer Art die stimmungsvollen Naturschilderungen der *Schöpfung* (1798) vorweg. Von diesen orchestralen Partien gehen mit die stärksten Wirkungen der Oper aus. Haydn hat einige Abschnitte in der dadurch sehr farbigen Ouvertüre zitiert. Zu den eindrucksvollsten Vokalstücken zählen die Szenen Armidas. Diejenige im I. Akt (»Partì Rinaldo«) zeigt musikalische Motivverbindungen zwischen Accompagnato und Arie und rondoartig innerhalb der Arie zwischen dem langsamen und dem schnellen Teil. Armidas Szene im II. Akt (»Barbaro!«) ist um so großartiger, als sie sich unmittelbar an Rinaldos »Cara, è vero« anschließt; sie gipfelt in einer Verzweiflungsarie in e-Moll (»Odio, furor, dispetto«) ohne Koloraturen, mit gellenden, ausgehaltenen Tönen zu einer packenden Orchesterbegleitung.

**Wirkung:** *Armida* wurde zu der am Opernhaus von Eszterháza am meisten gespielten Oper überhaupt; sie blieb bis 1788 im Spielplan und kam auf 54 Aufführungen. Ein Zuschauer berichtet im Mai 1784: »La beauté de la composition egaloit la pompe de la représentation. Les habillemens heroique et les decorations ne laissoient rien à désirer.« Von Giuseppe Sarti, dessen *Giulio Sabino* (1781) seit 1783 in Eszterháza auf dem Spielplan stand, ist indirekt eine begeisterte Schilderung seines Eindrucks als Zuschauer einer *Armida*-Aufführung in Eszterháza überliefert. Haydn selbst war von dem Wert seines Werks überzeugt. Am 1. März 1784 schrieb er seinem Verlag Artaria: »Gestern wurde meine Armida zum 2tn mahl mit allgemeinen Beyfall aufgeführt. Man sagt, es seye bishero mein bestes Werk.« Ein Angebot des Verlags,

einen »Auszug« zu veröffentlichen, lehnte er am 18. Mai 1784 ab, weil er seine Oper »gerne der weld in Ihrer ganzen gestalt zeugen« wollte. Daraus wurde nichts, während die Partitur von Sartis Oper in jenen Jahren in Wien in prachtvollem Druck erschien. Haydns *Armida* verbreitete sich zwar in zahlreichen Partiturabschriften. Dennoch kam es zu Aufführungen außerhalb von Eszterháza nur gelegentlich. Der Preßburger Aufführung von 1786 lag vermutlich ein frei bearbeiteter deutscher Text von Franz Xaver Girzik zugrunde. Ein Preßburger Szenenbild (die letzte Szene des II. Akts darstellend) erschien im *Erdödyschen Theateralmanach* 1787 und ist bei Géza Staud (1977, Tafel 12, s. Lit.) abgebildet. Es folgten Aufführungen 1791 in Pest, 1797 konzertant in Emanuel Schikaneders Freihaus-Theater auf der Wieden und, um den damals fälschlich totgesagten Komponisten zu ehren, am 27. Dez. 1804 in Turin (Abbildungen von Kostümen der Turiner Aufführung finden sich bei Alberto Basso, 1976, Tafel 5, s. Lit.). Einzelne Nummern erklangen in London (1792) und Leipzig (1807) in Konzerten. Von dem Duett heißt es in einer Kritik der Leipziger Aufführung (*Allgemeine Musikalische Zeitung*, 5. Mai 1807, Sp. 513f.), es sei keine Arie für zwei Stimmen, sondern ein wahres Duett, »wie man diese schöne Gattung jetzt fast gar nicht mehr bearbeitet. Das reich und im großen Stil begleitete Recitativ ist voll trefflicher, neuer Gedanken und des seelenvollsten Ausdrucks«; das Ganze sei übrigens für

*Armida*, III. Akt; Richard Riffel als Rinaldo, Viviane Thomas als Zelmira; Regie: Walter Oberer, Bühnenbild: Ulrich Milatz; Stadttheater, Bern 1968.

Sänger und Orchester sehr schwer. Die Arien »Ah si plachi« und »Teco lo guida« fanden Eingang in das apokryphe Pasticcio *Alessandro il grande* (siehe *La fedeltà premiata*, 1781), die Ouvertüre wurde für die Bearbeitung von *La vera costanza* zur Opéra-comique *Laurette* entlehnt. Auch Mozart hat sich aus unbekanntem Anlaß mit *Armida* beschäftigt; seine Kürzung und Vereinfachung der Koloraturen im Duett ist urschriftlich und abschriftlich erhalten geblieben (vgl. *Österreichische Musikzeitung*, 1982, Nr. 3–4, S. 160). Im ganzen genommen hatte das Werk außerhalb von Eszterháza jedoch keinen eindeutigen Erfolg. Wilhelm Heinse urteilte in seinem Roman *Hildegard von Hohenthal* 1795/96: »Noch gingen sie einige Szenen einer Armida von Haydn durch, und das Terzet: Partirò ma pensa ingrato; und der bezauberte Wald, die beide jedoch nicht zum wesentlichen gehören, gefielen. Doch dünkten sie ihnen nicht originelle Haydnische Musik, sondern nachgemachte Italiänische.« In Italien erschien die Musik zwar des Komponisten würdig, jedoch zu streng, zu »gelehrt«. Nach der Turiner Aufführung heißt es: »Cette composition répond parfaitement à la grande réputation de l'auteur; elle est cependent un peu sévère, et toutes les parties en étant extrêmement savantes, sont faites peut-être pur n'être bien jugées que par un petit nombre d'auditeurs.« Im Verlauf des 19. und der 1. Hälfte des 20. Jahrhunderts war *Armida* praktisch so gut wie verschollen. Die Veröffentlichung der Partitur erfolgte erst 1965 im Rahmen der Gesamtausgabe (Haydn, *Werke*). Die erste Wiederaufführung fand 1968 konzertant im Westdeutschen Rundfunk Köln statt (unter Ferdinand Leitner, mit Gundula Janowitz als Armida). Im selben Jahr folgte im Stadttheater Bern die erste Wiederaufführung auf der Bühne.

**Autograph:** Royal College of Music London (Ms. 276 [als Leihgabe in BL London]); Fragment: Harvard Univ. Cambridge, MA (MS. Mus. 53). **Abschriften:** Part aus Haydns Umkreis: SPKB Bln. (West) (Mus. ms. 9912/1), Zentral-Bibl. Zürich (Ms. Q 802 & a), Moravské Muzeum Brünn (A. 17019), Univ. Libr. Edinburgh (D 14a-c), Sächs. LB Dresden (Mus. 3356/F/9), Burgenländisches Landesmuseum Eisenstadt (LM 51428 [unvollst., v. Haydn korrigiert]); Part: SPKB Bln. (West) (Mus. ms. 9912), ÖNB Wien, Ges. d. M.Freunde Wien, BN Paris, BL London (unvollst.), Newberry Libr. Chicago, Bibl. Civica Bergamo; autorisierte St. d. Ouvertüre: BL London (Eg. 2379, fol. 230r), Országos Széchényi Könyvtár Budapest (Ms. Mus. I. 104 u. IV. 96), Národní Muzeum Hudební Oddělení Prag (XLI A 149 [vormals Kačina]); Part oder St. v. Teilen oder einzelnen Nrn. d. Oper, v. Haydn autorisiert: Országos Széchényi Könyvtár Budapest (Ms. Mus. I. 153 u. I. 157), Abtei Göttweig (Ms. 421, Nr. 1), Schloß-Arch. Kremsier (I. B. No. 4), Slg. Silverstolpe Näs (Schweden), Ges. d. M.Freunde Wien (Q 5946); weitere: Bibl. Vaticana Rom, ÖNB Wien, Abtei Göttweig, Sächs. LB Dresden (vormals Zittau), Bibl. Marciana Venedig, Národní Muzeum Hudební Oddělení Prag (vormals Strahov), UB Prag, Bibl. Palatina Parma, Thurn u. Taxis'sche Hof-Bibl. Regensburg, Fürstenbergische Bibl. Donaueschingen; Kl.A: ebd.; wohl autorisierte Bearb. für Streichquartett: Národní Muzeum Hudební Arch. Prag (Lobkowitz-Arch.), Státní Arch. Krumau; Textb.: Moravské Muzeum Brünn (B 726); Textb., nach d. Ital. bearb. v. X. Girzik 1786: ÖNB Wien (Hs. 13. 838). **Ausgaben:** Part, krit. Ausg., hrsg. W. Pfannkuch: J. HAYDN,

Werke, Abt. XXV, Bd. 12, Henle, München 1965; St. d. Ouvertüre: Forster, London 1784; André, Offenbach 1789; Schott 1790; Sieber, Paris; Part, Ouvertüre: Le Duc, Paris 1804, Cianchettini e Sperati, London [nach 1807]; Kl.A, einzelne Nrn.: »Valorosi compagni/Dove son?«, »Quai prende/Torna pure«: Artaria, Wien 1787; Nachdr. v. »Quai prende«: Porro, Paris; »Cara, è vero«: B&H 1827; Textb.: Ödenburg, Sieß 1784; Turin 1805. **Aufführungsmaterial:** Ausg. Pfannkuch, ital./dt. Übers. v. H. Hartleb: Bär
**Literatur:** W.PFANNKUCH, [Vorw., s. Ausg.]; L. SOMFAI, J. H. Sein Leben in zeitgen. Bildern, Kassel 1966, S. 79; A. BASSO, La rappresentazione a Torino (1804) dell'›Armida‹ di H., in: Quadrivium, Bd. XIV/2 (Testemonianze, studi e ricerche in onore di G. M. Gatti), Bologna 1973, S. 235–247; DERS., Storia del Teatro Regio di Torino, Bd. 2, Turin 1976, S.104–110; G. STAUD, H.s ›Armida‹ oder die unerschlossenen Quellen der Theaterforschung, in: Maske u. Kothurn 1982, H. 28, S. 87–104; A. BASSO, Un'iniziativa della massoneria. La rappresentazione dell'›Armida‹ di H. a Torino nel 1804, in: Analecta musicologica, Bd. 22, Laaber 1984, S. 383–404; M. P. MCCLYMONDS, H. and His Contemporaries. ›Armida abbandonata‹, in: Bericht über den internationalen J.-Haydn-Kongreß Wien 1982, München 1986, S. 325–332; weitere Lit. s. S. 738

*Georg Feder*

## L'anima del filosofo ossia Orfeo ed Euridice
**Dramma per musica**

### Die Seele des Philosophen oder Orpheus und Eurydike
4 oder 5 Akte

**Text:** Carlo Francesco Badini
**Uraufführung:** 9. Juni 1951, Teatro della Pergola, Florenz (komponiert 1791)
**Personen:** Orfeo/Orpheus, thrakischer Sänger (T); Euridice/Eurydike, mit Arideo verlobt (S); Creonte/Kreon, König, Euridices Vater (B); ein Genius, Bote der Sibylle (S); Plutone/Pluto, Beherrscher der Unterwelt (B); Choristen: Gefolgsleute Creontes und ein Krieger Arideos (T, 4 B); Bacchantin (S). **Chor:** Gefolgsleute Creontes, Amoretten, Jungfrauen, Männer, unglückliche Schatten, Furien, Bacchantinnen
**Orchester:** 2 Fl, 2 Ob (auch 2 E.H), 2 Klar, 2 Fg, 2 Hr, 2 Trp, 2 Pos, Pkn, Hrf, Streicher, B.c
**Aufführung:** Dauer ca. 2 Std. 15 Min. – Die Rolle des Genius war für einen Kastraten bestimmt. Plutone, die fünf Choristen und die Bacchantinnen singen außerhalb der Chöre nur Seccos.

**Entstehung:** Haydn schrieb seine letzte Oper als Auftragskomposition gegen ein im voraus bezahltes Honorar von 3000 Gulden in London. Auftraggeber war John Gallini, der mit Haydn schon 1787 brieflich Verbindung angeknüpft hatte, um eine Oper bei ihm zu bestellen. Nachdem durch Johann Peter Salomons Eingreifen Haydns Reise nach London Ende 1790 zustande gekommen war, wurde der Opernplan sogleich realisiert. Gallini wollte mit der von Haydn zu schreibenden Oper und mit Paisiellos *Pirro* (Neapel 1787) ein neues, vom Prinzen von Wales (dem nachmaligen König Georg IV.) favorisiertes Opernhaus in

Konkurrenz zu dem bestehenden, von König Georg III. protegierten eröffnen. Daß Badini mit der Abfassung des Librettos beauftragt wurde, lag nahe, weil er seit Jahren als Dichter am italienischen Opernteater in London tätig war. Sein Libretto wurde, im Unterschied zu den früher von Haydn vertonten Libretti, die außer denjenigen zu *Acide* (Eisenstadt 1763), *L'infedeltà delusa* (1773) und *L'incontro improvviso* (1775) zuerst von andern Komponisten vertont und für Haydn nur abgeändert worden waren, eigens für Haydn verfaßt. Es sah ursprünglich nur drei Rollen vor: Orfeo, Euridice und den Genius. Dann wurden auch Creonte Arien zugedacht. Haydn muß das Textbuch kurz nach dem 8. Jan. 1791 erhalten und sogleich mit der Komposition begonnen haben. Im März erlebte Paisiellos Oper vor einem Publikum von 4000 Personen die vielversprechende öffentliche Generalprobe, zusammen mit einem Ballett *Orpheus and Eurydice* von Gaetano Vestris, getanzt von Auguste Vestris und Janet Hilligsberg, größtenteils nach Musik von František Tomeš. Von Haydns Oper waren am 14. März die ersten beiden von fünf Akten fertig. Die letzten Akte, schreibt Haydn in einem Brief, seien sehr kurz. Für den Chor der Amoretten im II. Akt benutzte Haydn die Musik des 3. Finales vom *Orlando paladino* (1782). Am 31. Mai 1791 sollte die Uraufführung sein, mit dem gefeierten Tenor Giacomo David als Orfeo und einem Kastraten als Genius. Über David heißt es 1786:»Mit einer Verwunderung erregenden Fertigkeit verbindet er viel Anstand, Stärke, Gefühl, eine vollkommene Richtigkeit und Genauigkeit [...]« (*Magazin der Musik*, Hamburg 1786, S. 915). Nach der probeweisen Londoner Aufführung von Paisiellos Oper las man: »Davide, in the Opera of Pirro, engrossed the whole of the applause that so matchless a singer may well merit.« Gallini wurde jedoch die Lizenz zur Eröffnung seines Opernhauses versagt. Da das Textbuch von Haydns Oper infolgedessen ungedruckt blieb und in handschriftlicher Form verschollen ist, fehlen authentische Rollenbeschreibungen, Szenenangaben und Regieanweisungen. Aus den gleichen Gründen und wegen des fragmentarischen Zustands von Haydns Autograph ist die richtige Reihenfolge einiger Nummern fraglich und die Vollständigkeit der abschriftlichen Partitur vom III. Akt an nicht gewährleistet, aus inneren Gründen sogar zweifelhaft. In Anbetracht von Badinis ausgeprägtem Rationalismus, wie er sich sowohl in diesem Text wie in dem Vorwort und Text seines ebenfalls ernsten Opernlibrettos *L'amore protetto dal cielo ossia La vestale* (London 1787; Musik: Venanzio Rauzzini) ausspricht, kann die scheinbar tragische Schlußszene kaum der Schluß der Oper gewesen sein; wahrscheinlich hätte ein Triumph der Philosophie, der Gerechtigkeit oder eines andern Ideals der Aufklärung das Werk krönen sollen.
**Handlung** (soweit überliefert): I. Akt: Warum Euridice in der Anfangsszene verzweifelt entflieht, ohne auf die Warnungen des Chors zu hören, und warum sie ihr Schicksal beklagt, zeigt sich erst später: Sie liebt den thrakischen Sänger und Saitenspieler Orfeo und wird von ihm wiedergeliebt; ihr Vater hat sie aber Arideo zur Ehe versprochen, und vor der Hochzeit ist Euridice in die Wildnis geflohen. Dort trifft sie auf Ungeheuer, die sie opfern wollen. Orfeo gelingt es mit dem Zauber seiner Musik, die Ungeheuer zu zähmen, zur Vernunft zu bringen und Euridice zu retten. Creonte, dem dies alles berichtet wird, beugt sich dem Wunsch des liebenden Paars. Resigniert betrachtet er die Unfreiheit des menschlichen Willens. Orfeo und Euridice beschließen den I. Akt mit einem Liebesduett. – Der II. Akt, von einem Chor der Amoretten eingeleitet, setzt zunächst das Liebesidyll fort. Als Orfeo sich entfernt, um der Ursache eines plötzlich entstandenen Lärms nachzugehen, erscheint ein Christ (ein Krieger Arideos), um Euridice für seinen Herrn zu rauben. Sie flieht und tritt auf eine giftige Schlange, an deren Biß sie, bis zuletzt an Orfeo denkend, stirbt. Arideos Krieger gelobt Rache an dem wortbrüchigen Vater. Orfeo kehrt zurück, findet Euridice tot vor und klagt über sein grausames Schicksal. Creonte, dem das Unglück berichtet wird, gelobt seinerseits Rache an Arideo. (Über den Fortgang des Zwists Creonte/Arideo erfährt man nichts.) – Der III. Akt beginnt mit Trauerchören der Jungfrauen und Männer und mit einer Betrachtung Creontes über die Liebe. Orfeo ruft die weise Sibylle an. Sie schickt ihm einen Genius, der ihn in die Unterwelt zu geleiten verspricht und auffordert, standhaft zu sein; Gottes Ratschluß sei unerforschlich. Orfeo will allen Gefahren der Unterwelt unerschrocken begegnen. Der Chor mahnt den Menschen, Gerechtigkeit zu üben und eine höchste Wesenheit zu verehren. – Der IV. Akt spielt in der Unterwelt. Er beginnt mit einem Klagechor der unglücklichen Schatten. Darauf folgt der Furienchor. Orfeo bittet Plutone um Einlaß. Der Chor nimmt die Gewährung der Bitte vorweg. Zu einem instrumentalen Intermezzo erscheint Euridice. Der Chor warnt Orfeo, sich nicht nach ihr umzusehen. Orfeo sieht Euridice an, verliert sie zum zweitenmal und stürzt, vom Genius verlassen, in Verzweiflung. – Die letzte Szene des IV. Akts (der V. Akt?) spielt anscheinend wieder an der Oberwelt. Der Chor der Bacchantinnen sucht Orfeo zu verlocken, aber Orfeo entsagt der Liebe und allen Freuden. Darauf reichen ihm die Bacchantinnen einen Becher mit Gift. Orfeo trinkt daraus und stirbt. Die Oper (oder das Fragment) endet mit Chören der rasenden Bacchantinnen, die zur Insel der Freude segeln wollen und dabei in einem Seesturm unterzugehen drohen.
**Kommentar:** Von Badinis philosophischem Interesse, er hatte die *Pensées* von Blaise Pascal ins Italienische übersetzt (Turin 1767), rührt offenbar der Haupttitel der Oper her, dessen Bedeutung trotz mancher philosophischer Betrachtungen, die hauptsächlich von Creonte, dem Genius und dem Chor angestellt werden, unklar bleibt. Möglicherweise ist Orfeo selbst der Philosoph. Diese Auffassung würde durch eine traditionelle (zum Beispiel bei dem italienischen Humanisten Natale Conti in dessen *Mythologiae, sive explicationum fabularum libri decem*, Venedig 1568, zu findende) rationalistische Deutung gestützt, nach der

in der Macht der Musik, mit welcher der mythische Orpheus die unbelebte und die belebte Natur in seinen Bann zwingt, die Macht der Vernunft und ihr Einfluß auf den Übergang von der Barbarei zur Zivilisation zum Ausdruck kommt. Möglicherweise ist mit der Seele des Philosophen Euridice gemeint, von der Orfeo mehrfach als seiner »anima« spricht. Oder ist der Genius die Seele des Philosophen? Im Genius, einer Abwandlung des Amore in Glucks *Orfeo ed Euridice* (1762), fließen nämlich drei mythologische und literarische Vorbilder zusammen: nicht nur Hermes Psychopompos und die cumäische Sibylle, die Äneas in die Unterwelt geleitet, sondern auch Vergil als Vertreter der Vernunft und Philosophie, der Dante Alighieri durch Hölle und Fegefeuer führt. Diese Unklarheiten sind entstanden, weil Badini, dem Vergleich mit Glucks Oper auszuweichen, mit zuviel Selbstvertrauen die Nebenzüge der Handlung verändert und dabei dem musikalischen Aufbau geschadet hat. Der Genius tritt nach einer reflektierenden Arie nur noch im Secco auf. Creonte hat mit der Orpheus-Sage, wie sie in Vergils *Georgica* und Ovids *Metamorphosen* vorliegt, nichts zu tun. Mit seinen Arien in E-Dur und A-Dur, die hinsichtlich ihrer Form an Carontes Gesang in *Orlando paladino* (1782) anknüpfen, verwickelt er den psychologischen Handlungsfaden durch beiläufige Erwägungen, verbreitet aber, musikalisch nicht unpassend, eine besinnliche Stimmung. Seine Rachearie, von Haydn in C-Dur mit Trompeten und Pauken an sich effektvoll vertont, fällt dagegen völlig aus dem Rahmen. Sein Gegenspieler Arideo, der eigentlich Aristeo heißen müßte, weil er sich offenbar von dem Euridice nachstellenden Hirten und Bienenzüchter Aristaeus in Vergils Fassung der Sage herleitet, handelt nur im Hintergrund, tritt nicht auf. Im Vorwort von *L'amore protetto dal cielo* hält Badini für solche Schwächen eine Entschuldigung bereit: »To produce an Italian opera absolutely free from incongruities, is a task that borders on impossibility.« Dem ist entgegenzuhalten, daß sein späterer Rivale in London, Mozarts vormaliger Librettist Lorenzo Da Ponte, und schon Glucks Textdichter Ranieri de' Calzabigi in der Meisterung dieser Aufgabe weit erfolgreicher waren. Eher läßt sich zu Badinis Gunsten eine möglicherweise nicht nur am Schluß unvollständige Textüberlieferung geltend machen. – Unter den Haydn selbst anzulastenden dramaturgischen Schwächen fällt am meisten das Fehlen einer Arie Orfeos bei seinem Eintritt in die Unterwelt und einer Arie Euridices bei ihrem letzten Auftritt auf. Badini hatte hier einstrophige Kavatinen vorgesehen, wie die 1980 bei der Rekonstruktion der Versform des Librettos zutage getretene Strophenform beweist. Sie besteht an beiden Stellen aus je vier Achtsilbern mit den gleichen Reimschemata wie in Badinis *L'amore* bei zwei entsprechenden Arien, die ausdrücklich als solche gekennzeichnet sind. Haydn hat beide Stellen unbegreiflicherweise als Seccos vertont. Vielleicht wollte er die Komposition im Lauf der Probenarbeit nachholen. Man kann heute zu dem Behelf greifen, Orfeo den von der Harfe begleiteten Anfangsteil seiner Szene im I. Akt wiederholen zu lassen. Aber Euridice geht dann immer noch leer aus. Daß Haydn andrerseits die Intentionen des Librettisten zu verbessern in der Lage war, zeigt die Eingangsszene. Hier hat er die der Chorstrophe (»Ferma il piede«) folgenden neun madrigalischen Verse (aus unregelmäßig abwechselnden Sieben- und Elfsilbern), die nach der Konvention als Rezitativ zu vertonen waren (»Deh per pietà« und »Torna alla reggia«), in die Chorkomposition einbezogen und dadurch eine ungewöhnlich eindrucksvolle Introduktion schreiben können. Wegen dieser und anderer Schönheiten wird *L'anima del filosofo* immer wieder zu Aufführungen reizen. Die meist zwei-, manchmal vierstimmigen Chöre wie der Klagechor der Jungfrauen und Männer, der Chor der unglücklichen Schatten, der von Männerstimmen gesungene Furienchor und der Schlußchor der Bacchantinnen stehen auf sehr hohem Niveau, sind aber meist zu kurz, um als einzelne Konzertstücke bestehen zu können. Unter den ein- und zweiteiligen Arien von Orfeo und Euridice, denen stets ein Accompagnato vorangeht, ist die schlichte Sterbekavatine Euridices (»Del mio core«) von ergreifender Wirkung. Das Duett wiederholt die dreistufige Steigerungsanlage des Duetts aus *Armida* (1784), bereichert aber das Orchester mit kontrastierenden Motiven. Dem Orchester (dem größten, das Haydn für eine Oper vorsah) kommt ein wichtiger, an manchen Stellen der wichtigste Anteil zu. – Den Versuchen einiger Musikwissenschaftler, diese Oper wie Haydns Opern im ganzen seinen klassischen Werken in andern Gattungen gleichzustellen, stehen die alten und neuen Aufführungskritiken mehrheitlich entgegen. »Haydn in teatro non è più Haydn«, faßt Giuseppe Carpani 1812 das Urteil der Geschichte zusammen (S. 132, s. Lit.), mag dies Urteil auch zu differenzieren und punktuell zu korrigieren sein. Haydn, der in der Symphonie, dem Streichquartett, der Klaviersonate durch unerschöpflichen Einfallsreichtum und geistreiche Verarbeitung Maßstäbe setzte, übertrug diese Maßstäbe nur in verkleinerter Form in die italienische Oper, deren konventionelle Schranken er nicht beseitigte, sondern vorsichtig erweiterte. Er tat dies, indem er höhere als durchschnittliche musikalische Anforderungen stellte, wie sich an der Reaktion der italienischen Sänger zeigte, die sich nach Haydns Worten »Mühe gaben, seine (sehr oft) überraschenden Modulationen, und Intonationen nicht zu verfehlen, und solche mit Grazie vorzutragen. Freilich ließen die italienischen Sänger ihn oft wahrnehmen, daß sie, aus besonderer Gefälligkeit gegen ihn, sich solchen [satztechnischen] Schwierigkeiten unterwürfen«, wie Albert Christoph Dies nach Haydns Erzählungen berichtet (S. 82, s. Lit.). Auf der andern Seite erscheint es symptomatisch, daß Haydn die italienischen Opernlibretti seiner Zeit offenbar so hinnahm, wie sie ihm von den Textbearbeitern geliefert wurden. Auch auf Badinis Libretto dürfte er keinen Einfluß genommen haben. Die dem antiken Drama entlehnte Idee, viele Chöre anzubringen, stammte von dem klassisch gebildeten und dies in manchen Anspielungen im Text zeigenden Badini, nicht von Haydn, der in den ersten Tagen nach seiner Ankunft in London, bevor er das Textbuch gesehen hatte, brieflich dem Fürsten Paul Anton Esterházy die Nachricht weitergab, die Oper solle sehr mit Chören, Balletten und vielen großen Veränderungen verflochten sein. (Von den Balletten ist in der Partitur kaum etwas zu bemerken; vielleicht sollte das Ballett *Orpheus and Eurydice* in Verbindung mit Haydns Oper aufgeführt werden. Mit den großen Veränderungen dürften frappante Bildwechsel gemeint sein.) So fein Haydns Empfinden für die Textdeklamation war (das zeigen seine Korrekturen nicht nur in der deutschen Bearbeitung von *L'isola disabitata* und *Orlando paladino*, sondern auch in Joseph Frieberts Bearbeitung der *Sieben Worte des Erlösers am Kreuze*) und so stark seine Einfühlung in jeden einzelnen Arientext sein konnte, so wenig Sinn scheint er für die dramatische Situation gehabt zu haben. Es ist bezeichnend, daß er eher Einfluß auf die Besetzung der Rollen als auf die Veränderung des Librettos nahm: Wie bei *La vera costanza* (1779) legte er auch diesmal sein Veto gegen die für die Hauptrolle vorgesehene Sängerin (Rosa Lops) ein. – Haydn war sich zwar seit mindestens 1787 seiner Grenzen als Opernkomponist bewußt (siehe *Orlando paladino*) und sprach in späteren Jahren ein, daß seine Opern »in ihrer ursprünglichen Gestalt in der neueren Epoche schwerlich mit Glück aufgeführt werden könnten«, hatte von ihnen aber noch immer eine gute Meinung, wie sein Biograph Georg August Griesinger berichtet (S. 25, s. Lit.). Im Gespräch äußerte Haydn den Gedanken, »er hätte, anstatt der vielen Quartetten, Sonaten und Symphonieen, mehr Musik für den Gesang schreiben sollen, denn er hätte können einer der ersten Opernschreiber werden« (S. 118). Ein andermal meinte Haydn, »daß er bei seinen guten Fundamenten im Gesang und in der Instrumental-Begleitung ein vorzüglicher Opernkompositeur geworden wäre, wenn er das Glück gehabt hätte, nach Italien zu kommen« (S. 24). Das mag sein. Seine Betonung der Rolle des Gesangs statt des Dramas (Haydn war in seiner Jugend Schüler Nicola Porporas, des größten Gesangslehrers des 18. Jahrhunderts, gewesen) läßt es bezweifeln. Vielleicht hätte er nur das Glück haben müssen, für seine Opern einen Librettisten und Berater wie Gottfried van Swieten zu finden, der ihm nach der Rückkehr aus London durch die musikalisch gut aufgebauten Libretti der beiden Oratorien *Die Schöpfung* (1798) und *Die Jahreszeiten* (1801) und durch mündliche Ratschläge die Gestaltung von nicht nur in Einzelheiten, sondern im Zusammenhang großen und ihre Zeit überdauernden Werken ermöglichte. Wahrscheinlich wäre dann das Urteil der Geschichte über »Haydn als Dramatiker« anders ausgefallen.

**Wirkung:** Mit dem Verbot der Uraufführung war das Schicksal dieser Oper besiegelt. Elf Nummern erschienen 1806/07 im Klavierauszug und in Partitur. In einer anonymen Rezension heißt es: »Einige der hier gelieferten Stücke gehören gewiß unter die schönsten, die Haydn nur jemals für Gesang geschrieben hat« (*Allgemeine Musikalische Zeitung*, 3. Dez. 1806). Es folgten Konzertaufführungen. Creontes E-Dur-Arie (»Il pensier«) nahm François Auguste Gevaert in seine Sammlung *Les Gloires de L'Italie* (Paris 1868, Bd. 2) auf. In Gänze ist das Werk 1974 in der Gesamtausgabe (Haydn, *Werke*) erschienen. Die erste szenische Aufführung der überlieferten Fassung fand 1951 beim Maggio Musicale Florenz unter der Leitung von Erich Kleiber statt, mit Maria Callas als Euridice, Thyge Thygesen als Orfeo und Boris Christoff als Creonte. Unter den späteren Aufführungen sei die im Theater an der Wien bei den Wiener Festwochen 1967 mit Joan Sutherland als Euridice (die auch noch die Koloraturarie des Genius übernahm) und mit Nicolai Gedda als Orfeo hervorgehoben. Eine erfolgreiche konzertante Aufführung fand 1980 bei den Kasseler Musiktagen statt.

**Autograph:** SBPK Bln. (West) (Mus. ms. aut. J. Haydn 57; unvollst.). **Abschriften:** Part: BN Paris (D 5514-16), Országos Széchényi Könyvtár Budapest (Ms. Mus. I. 7; unvollst.), Abtei Göttweig (Ms. 422; 2 Nrn.), Burgenländisches Landesmuseum Eisenstadt (1 Nr.). **Ausgaben:** Part, krit. Ausg., hrsg. H. Wirth: J. Haydn, Werke, Abt. XXV, Bd. 13, Henle, München 1974, dazu krit. Ber.; Part u. Kl.A (dieser auch mit dt. Text) von 11 Nrn.: B&H [1806/07], Nachdr. des Kl.A, ital./frz. Übers.: Masson, Paris; Textb., ital. mit Rekonstruktion d. Versform, dt. Übers. v. G. Feder: Bär 1980. **Aufführungsmaterial:** Ausg. Wirth: Bär; hrsg. H. C. R. Landon, ital./dt. Text v. W. M. Treichlinger: Haydn Soc., Boston (für Europa u. British Commonwealth: UE)

**Literatur:** A. C. Dies, Biographische Nachrichten von J. H., Wien 1810; G. A. Griesinger, Biographische Notizen über J. H., Lpz. 1810; G. Carpani, Le Haydine ovvero Lettere sulla vita e le opere del celebre Maestro Giuseppe H., Padua 1812, Nachdr. Bologna 1969; J. Haydn, ›Orfeo ed Euridice‹, Libretto by C. F. Badini. Analytical Notes [v. H. Wirth], Boston 1951; M. Unger, Zwei unbekannte H.-Opern, in: ZfM 112:1951, S. 304; F. v. Amelsvoort, ›Orfeo ed Euridice‹, een opera van J. H., in: Mens en melodie 7:1952, S. 368–372; H. Wirth, H.s letzte Oper ›Orfeo ed Euridice‹, in: ÖMZ 22:1967, S. 249–252; J. Budden, Orpheus, or the Sound of Music, in: Opera 18:1967, H. 8, S. 622–630; H. Wirth, [Vorw. u. krit. Ber., s. Ausg.]; The London Stage 1660–1800, Abt. 5, hrsg. C. B. Hogan, Carbondale, IL 1968; G. Feder, [Einl., s. Ausg.]; S. Leopold, H. und die Tradition der Orpheus-Opern, in: Musica 36:1982, S. 131–135; G. Feder, ›L'anima del filosofo di H. Ricostruzione del libretto di Badini [ungedrucktes Referat beim Kongreß »Parola, Musica, Scena«, Venedig 1983]; weitere Lit. s. S. 738

*Georg Feder*

# Peter Arnold Heise

**Geboren am 11. Februar 1830 in Kopenhagen, gestorben am 12. September 1879 in Tårbæk (heute zu Lyngby-Tårbæk; bei Kopenhagen)**

## Paschaens datter
Syngestykke i fire akter

## Die Tochter des Paschas
Singspiel in 4 Akten

**Text:** Henrik Hertz (eigtl. Heyman Hertz)
**Uraufführung:** 30. Sept. 1869, Königliches Theater, Kopenhagen
**Personen:** Pascha Osman (B); Leila, seine Tochter (S); Abdul Heykar, sein Leibarzt (B); Mahmud Alkeslau (B); Mustapha, sein Schreiber (B); Selim, Lastenträger (T); Justus, ein kurdischer Anführer (B); Badig, im Dienst des Paschas (Spr.); Fatme, Heykars Dienstbotin (S); Sayd, Ausrufer (B); Mirjam (A); ein alter Kaufmann (B); ein Sklave im Haus des Paschas (Spr.); 3 Frauen (S, Mez, A). **Chor:** Ausrufer, Kurden, Pilger, Frauen, Volk
**Orchester:** Picc, 2 Fl, 2 Ob, 2 Klar, 2 Fg, 4 Hr, 2 Trp, 3 Pos, Pkn, Schl (kl.Tr, gr.Tr, Bck, Trg), Hrf, Streicher
**Aufführung:** Dauer ca. 3 Std. – Ballett im IV. Akt.

**Entstehung:** *Paschaens datter* entstand auf Anregung von Hertz, nachdem dieser Heise bereits 1863 das Libretto zur Vertonung angeboten hatte. Die Partitur wurde 1865 vollendet. Anläßlich der Uraufführung komponierte Heise noch eine Balletteinlage, die von August Bournonville choreographiert wurde.
**Handlung:** In Galata, einer Vorstadt Konstantinopels.
Vorgeschichte: Der Pascha Osman ist beim Sultan in Ungnade gefallen. Ein Bote, Mahmud Alkeslau, wurde beauftragt, ihm in der Verkleidung eines Kaufmanns eine Seidenschnur zu überbringen, mit der sich der Pascha erhängen soll. Osmans Tochter Leila, die sich am Hof des Sultans aufhält, verfällt ebenfalls der Ungnade und soll vergiftet werden. In dieser Gefahr plant Abdul Heykar, der Leibarzt des Sultans, Leila zu retten. Er gibt ihr nur ein Schlafmittel und versteckt sie in einem Korb, den er auf dem Basar in Galata feilbieten will. Bedingung für den Käufer ist, den Korb erst zu Haus zu öffnen.
I. Akt, 1. Bild, Basar, davor ein großer Platz, im Hintergrund Moscheen und Minarette: Eine große Menschenmenge strömt herbei, als Abdul seine ungewöhnliche Ware anbietet. Schließlich ist es der arme Lastenträger Selim, der den Korb ersteht, da er vermutet, etwas ganz Besonderes in ihm zu finden. 2. Bild, Selims ärmliche Wohnung: Selim öffnet den Korb und erblickt die schlafende Leila. Abdul tritt hinzu und bedeutet Selim, daß Leila die Tochter eines vornehmen Herrn sei. Selim gestattet ihr, zu ihrem Vater zu reisen, und bietet sogar seine Begleitung an.
II. Akt, 1. Bild, Palmenhain, im Hintergrund eine Quelle: Auf dem Weg zu Osman treffen Leila, Abdul und Selim auf Mahmud. Aus Furcht vor kurdischen Räubern bittet dieser Selim, sich der Reisegruppe anschließen zu dürfen. 2. Bild, Berggegend, im Hintergrund ein Pfad: Die Kurden greifen tatsächlich an, werden jedoch überwältigt.
III. Akt, von Bäumen umgebener Platz, im Hintergrund eine Karawanserei: Leila entdeckt ihre Liebe zu dem armen, aber mutigen Selim. Derweil kommen Mahmud Bedenken, Osman das Todesurteil zu überbringen. Dies soll nun Selim für ihn tun. Um Leila zu beeindrucken, willigt er ein. Er entläßt einige der gefangenen kurdischen Räuber und bricht mit ihnen als Gefolge zum Pascha auf.
IV. Akt, prächtiger großer Saal in Osmans Palast: Selim wird empfangen und überreicht dem entsetzten Pascha die Seidenschnur, das Todesurteil. Leila und Abdul erscheinen, woraufhin Selim erfährt, daß Leila die Tochter des unglücklichen Paschas ist. Da kommt plötzlich Mahmud herein und berichtet von einem Umsturz. Der Sultan wurde entthront. Neuer Regent ist der Neffe des Sultans, der Osman zum Großwesir erhoben hat. Verwirrt steht Selim mit der Seidenschnur vor dem Pascha. Dieser jedoch vergibt dem Retter seiner Tochter und stimmt, nachdem Leila ihm ihre Gefühle für Selim gestanden hat, einer Heirat der beiden Liebenden zu.
**Kommentar:** *Paschaens datter* ist Heises erstes musikdramatisches Werk. Es wurde insbesondere seitens der Kritik mit Zurückhaltung beurteilt: Die Oper sei insgesamt zu lang, der Text nicht dramatisch genug und zuwenig auf eine angemessene musikalische Behandlung abgestimmt. Die verschiedenen buffoartigen Szenen zeigen Einflüsse der französischen Oper, was für ein dänisches Werk dieser Zeit durchaus ungewöhnlich ist. Heises Partitur versucht nur in wenigen Fällen, ein dem Sujet entsprechendes Lokalkolorit zu entwerfen, was ein Grund für die Entstehung der unter koloristischem Aspekt 1869 nachkomponierten Ballettmusik (IV/1) war. Zu den gelungensten Teilen des Werks gehören einige der liedartigen Partien und Romanzen sowie die Chöre, also diejenigen Genres, in denen der zur Hauptsache als Komponist von mehr als 200 Liedern bekannte Heise sein eigentliches Talent zu zeigen vermochte.
**Wirkung:** *Paschaens datter* wurde 1869/70 rund zehnmal in Kopenhagen aufgeführt. Seitdem ist das Werk zu Unrecht in Vergessenheit geraten und wartet auf eine Wiederbelebung.

**Autograph:** Part: Det kongelige Bibl. Kopenhagen; Skizzen: ebd. **Abschriften:** Part: Det kongelige Bibl. Kopenhagen. **Ausgaben:** Kl.A, Ausz.: Hansen 1869; Text in: H. HERTZ, Dramatiske Vaerker, Bd. 17, Kopenhagen 1869, S. 123–237
**Literatur:** G. HETSCH, P. H. og Henrik Hertz. En Brevveksling om ›Paschaens Datter‹, in: Aarbog for Musik 1922; DERS., P. H., Kopenhagen 1926; Breve fra Peter Heise, hrsg. G. Hetsch, Kopenhagen 1930; D. FOG, P. H.: kompositioner, Kopenhagen 1956

*Esther Barfod*

# Drot og marsk
## Tragisk sangdrama i fire akter

### König und Marschall
Tragisches Gesangsdrama in 4 Akten

**Text:** Ernst Christian Richardt
**Uraufführung:** 25. Sept. 1878, Königliches Theater, Kopenhagen
**Personen:** König Erik/Erich, genannt Klipping (T); Stig Andersen, sein Marschall (Bar); Ingeborg, seine Frau (Mez); Rane Johnsen, ihr Neffe, Kammerherr des Königs (T); Graf Jakob von Halland (T); Jens

Grand, Domprobst (Bar); Arved Bengtsen (T); 6 Verschwörer (T, Bar, B); der Herold des Königs (Bar); Aase, eine Köhlerin (S); Ingeborgs Geist (Spr.).
**Chor:** Ritter, Frauen, Mägde, Gefolge des Marschalls, des Königs, des Domprobsts und Graf Jakobs, Volk, Mönche, Jäger. **Statisterie:** Jagdgefolge des Königs, Herolde
**Orchester:** Picc, 2 Fl, 2 Ob, 2 Klar, 2 Fg, 4 Hr, 2 Trp, 2 Pos, Tb, Pkn, Schl (gr.Tr, Trg, Bck), Streicher
**Aufführung:** Dauer ca. 3 Std.

**Handlung:** In Dänemark, 1286.
I. Akt, 1. Bild, offener Platz im Wald, Köhlerhütte: Singend bindet die Köhlertochter Aase eine Hopfenranke, als Rane, der Kammerherr des Königs, sie überrascht und ihr unter falschem Namen den Hof macht. Als plötzlich der König hinzukommt, wird Rane mit einem Peitschenhieb vertrieben. Er schwört Rache. Der König schmeichelt Aase so lange, bis sie ihm auf sein Schloß Skanderborg folgt. 2. Bild, Halle im Schloß Skanderborg: Auf einem Ball meldet Marschall Stig dem König, daß er in den Krieg gegen Schweden ziehen muß. Für die Zeit seiner Abwesenheit möge der König seiner Frau Ingeborg Schutz gewähren. Erik willigt ein, beginnt jedoch gleich nach Stigs Abschied, Ingeborg zu umwerben. Voller Verzweiflung flieht Aase in den Wald zurück.
II. Akt, 1. Bild, Halle in Stigs Burg: Stig kehrt siegreich aus dem Kampf zurück. Von seiner Frau muß er erfahren, daß sie dem Werben des Königs erlag, als dieser ihr hinterlistig mitteilen ließ, daß Stig im Kampf gefallen sei. Nun fordert sie von Stig, daß er ihre Erniedrigung räche. 2. Bild, auf dem Thing zu Wiborg: Stig wird als Sieger gefeiert. Zornig klagt er den König des Treuebruchs an und schwört Rache.
III. Akt, 1. Bild, düstere Halle in Stigs Burg: Stig, Rane und ihre Mitverschwörer schmieden den Racheplan gegen den König. In der Cäciliennacht wollen sie ihn, als Mönche verkleidet, überfallen. 2. Bild, Halle im Königshof zu Wiborg: Unheimliche Vorahnungen quälen den König. Dennoch gelingt es Rane, ihn zur Jagd zu überreden.
IV. Akt, 1. Bild, das Innere einer Waldhütte: Voller Grauen hat Aase die Mönche mit ihren Schwertern vorbeireiten sehen. Sie warnt den König, als dieser sie in ihrer traurigen Umgebung aufsucht. 2. Bild, Wald: Zusammen mit Rane verfolgt der König die Mönche nach Finderup. Aase erschrickt, als sie gewahr wird, daß der König diesen Weg gewählt hat, und sein zurückgebliebenes Schwert bemerkt. 3. Bild, Scheune in Finderup: Erschöpft legt sich der König zur Ruhe. Im Traum erscheint ihm Ingeborg und fordert ihn vor seinen Richter. Rane versucht, ihn zu beruhigen, doch als sich unheimliche Geräusche nähern, fleht der König Rane um Hilfe an. Rane jedoch kann den Peitschenhieb von einst nicht vergessen. Der König verbirgt sich im Stroh, gibt sich jedoch zu erkennen, als Stig ihn ruft. 4. Bild, Heidelandschaft

*Drot og marsk*, IV. Akt, 4. Bild; Thyge Thygesen als König Erik, Holger Byrding als Stig Andersen; Regie: Poul Kanneworff, Bühnenbild: Ove Christian Pedersen; Königliches Theater, Kopenhagen 1954. – Die Szene, in der Marschall Stig König Erik ersticht, bildet das Ende einer Handlung, die im wesentlichen aus Vorausdeutungen der Katastrophe besteht, deren tragende musikalische Kategorie also der Begriff der Stimmung ist.

vor dem Tor der Scheune: Stig ersticht den König, der ihn verflucht und mit dem Namen Ingeborgs auf den Lippen stirbt. Zu spät erscheint Aase mit Volk, Jägern und Mönchen, um das Schwert des Königs zu bringen.
**Kommentar:** Nachdem Heise zuvor durch zahlreiche Schauspielmusiken und die Komposition der Oper *Paschaens datter* (1869) gesammelt hatte, gelang ihm mit *Drot og marsk* eins der bedeutendsten musikdramatischen Werke Dänemarks im 19. Jahrhundert. Keine dänische Oper der 2. Hälfte des 19. Jahrhunderts hatte so viel Erfolg. Heises bewußtes Dänentum und sein musikalisches Talent erreichten in diesem späten Werk einen Höhepunkt. Tatsächlich sind ihr nur Heises reifste Liedschöpfungen (wie beispielsweise seine William-Shakespeare-Vertonungen von 1874–79) an die Seite zu stellen. Der volksliedhafte Ton, der sich in vielen seiner Lieder vorgeprägt findet, vereinigt sich hier mit einem kräftigen dramatischen Ausdruck. Gerade dieser Wechsel zwischen liedhafter Schlichtheit, die besonders in den Gesängen Aases (wie dem Eingangslied »Det var sig humleranken«, I/1) hervortritt, und der vielfach dunklen und satten Farbe der Instrumentation erinnert an die großen Zeitgenossen Heises. So finden sich deutliche Anklänge an Richard Wagners Leitmotivtechnik und entfernte Parallelen zu der dramatischen Kraft des jungen Giuseppe Verdi. Die Einfügung volksliedhafter Weisen gelang Heise mit großem dramatischen Geschick. Nicht zuletzt Aases Weisen wurden später zum Allgemeingut in der dänischen Musik.
**Wirkung:** Der erfolgreichen Uraufführung folgten 1909 und 1922 Neuinszenierungen in Kopenhagen. 1906 wurde *Drot og marsk* in einer deutschen Übersetzung von August Harlacher in Stuttgart aufgeführt.

**Autograph:** Det kongelige Bibl. Kopenhagen (C II, 7k). **Abschriften:** Kl.A: Det kongelige Bibl. Kopenhagen. **Ausgaben:** Kl.A: Hansen [1878]; Lose, Kopenhagen 1879, Nr. 29877; Kl.A, dt. Übers. v. A. Harlacher: Hansen [1906], Nr. 13673
**Literatur:** s. S. 770

*Hans Åstrand*

# Robert Helpmann

Eigentlich Sir Robert Murray Helpman; geboren am 9. April 1909 in Mount Gambier (Südaustralien), gestorben am 28. September 1986 in Sydney

## Miracle in the Gorbals
**Ballet in One Act**

**Wunder in den Gorbals**
1 Akt

**Musik:** Arthur Bliss. **Libretto:** Michael Pickersgill Benthall

**Uraufführung:** 26. Okt. 1944, Prince's Theatre, London, Sadler's Wells Ballet
**Darsteller:** das junge Mädchen, Selbstmörderin; die Prostituierte; 2 Liebende; der Fremde; ein Bettler; der Beamte; ein Straßenrowdy; Corps de ballet: Leute aus der Stadt, Straßenrowdys, Kinder
**Orchester:** 2 Fl (2. auch Picc), 2 Ob (2. auch E.H), 2 Klar (2. auch B.Klar), 2 Fg, 4 Hr, 2 Trp, 3 Pos, Pkn, Schl (gr.Tr, kl.Tr, Bck, Tomtom, Röhrenglocken, Tamtam, Trg, Glsp, Xyl), Hrf, Streicher
**Aufführung:** Dauer ca. 35 Min.

**Entstehung:** In den 30er Jahren kam Helpmann nach London, wo er neben Anton Dolin zum führenden klassischen Tänzer des englischen Balletts wurde. Sein Name ist untrennbar mit den frühen Meisterwerken von Ninette de Valois und Frederick Ashton verbunden. Helpmanns dramatische Gestaltungsgabe, sein komödiantisches Talent, seine Ausstrahlung, seine klassische Linie und nicht zuletzt seine Qualität als Partner (vor allem von Margot Fonteyn) rückten ihn nicht nur in den Mittelpunkt aller Kreationen, sondern auch der Klassikerinszenierungen, die Nikolai Sergejew in dieser Zeit für das Vic-Wells Ballet beziehungsweise das Sadler's Wells Ballet einstudierte. Helpmann kreierte Rollen in Valois' *The Haunted Ballroom* (London 1934), *Checkmate* (1937) und *The Prospect Before Us* (London 1940) und Ashtons *Les Rendezvous* (1934), *Apparitions* (London 1936), *A Wedding Bouquet* (1937), *Dante Sonata* (London 1940) und *Wanderer* (London 1941). Helpmanns erstes Ballett war *Comus* (London 1942; Musik: Henry Purcell, bearbeitet von Constant Lambert); es folgte *Hamlet* (London 1942; Musik: Pjotr Tschaikowski) als seine erfolgreichste Kreation.
**Inhalt:** In einer Straße im Elendsviertel von Glasgow, den Gorbals, nahe dem Fluß, im Hintergrund rauchende Fabrikschornsteine; später Nachmittag: In der belebten Straße sind Jugendliche halb im Ernst, halb im Spaß in ein Handgemenge verwickelt, das sich mit dem Eingreifen des Beamten auflöst. Mit Einbruch der Dämmerung erscheint die Prostituierte, die die Aufmerksamkeit der Jugendlichen auf sich lenkt. Der Beamte wendet sich ab. Das junge Mädchen schlendert einsam die Straße zum Fluß hinunter. Zwei Liebende finden sich. Die Stimmung schlägt um, als Kinder und ein Bettler die Nachricht von einer Ertrunkenen verbreiten. Schon tragen zwei Männer den leblosen Körper herbei. Die schaulustige Menge ist vom Tod des jungen Mädchens überzeugt, nachdem die Wiederbelebungsversuche des Beamten keine Wirkung zeigen. Langsamen Schritts nähert sich der Fremde, die Menge gibt ihm den Weg zu der Ertrunkenen frei, die wie durch ein Wunder sich zu bewegen beginnt. Der Fremde segnet die Menge und verläßt mit dem Mädchen den Ort. Der Beamte reagiert mißtrauisch, da er seine Autorität schwinden sieht. Er schickt einen Jungen aus, um dem Fremden nachzuspionieren. Unterdessen zieht er sich mit der Prostituierten zurück. Die aufgeregte Menge beruhigt sich allmählich, die Liebenden verabschieden sich, nächtliche

Ruhe kehrt ein. Der Beamte trifft den Jungen und erreicht durch eine List, daß der Fremde die Prostituierte aufsucht. Daraufhin wendet er sich an die Leute und hetzt sie gegen ihn auf. Als der Fremde erscheint und mit ihm die bekehrte Prostituierte, sind die Menschen fasziniert, der Junge jedoch spuckt ihm provozierend ins Gesicht. In seinem Haß versammelt der Beamte eine Gruppe draufgängerischer Rowdys und verschwindet mit ihnen, um aus einem Versteck über den Fremden herzufallen und ihn zu töten. Der Bettler, die Prostituierte und das junge Mädchen, die einzigen, die den Fremden erkannt haben, beklagen seinen Tod.

**Kommentar:** Wie schon in *Comus* und *Hamlet* lag auch in *Miracle in the Gorbals* der Hauptakzent auf der dramatischen Aktion. Mit dieser Betonung der Handlung schuf Helpmann für die in England noch junge Kunstgattung einen neuen Typus des Balletts, der auf überaus kritische Aufnahme stieß. Wohl zeichneten sich auch Valois' Werke durch einen ausgeprägt erzählenden Charakter aus, ihre Libretti beschränkten sich jedoch auf jene Handlungselemente, die man mit dem Medium des klassischen Tanzes ausdrücken zu können glaubte. Mit seinem »dance-drama«, wie man Helpmanns Kreationen abwertend charakterisierte, beschritt er, der allgemeinen Meinung nach, gefährliches Neuland, das vom klassischen Ballett wegführte. Einen Fürsprecher fand Helpmann in Arnold Haskell. Der Balletthistoriker sah in Jooss' Balletten *Der grüne Tisch* (1932) und *Großstadt* (1932) Vorbilder für Helpmanns Ballette und verwendete in diesem Zusammenhang sogar den deutschen Begriff des »Tanztheaters«. Freilich ging Haskell in seiner Betrachtung nicht auf den Unterschied im Bewegungsansatz ein. Während Helpmann auch dann noch klassisch choreographierte, wenn er barfuß tanzen ließ, ging Kurt Jooss grundsätzlich von einer freien Technik aus. – *Miracle in the Gorbals* ist als Moralitätenballett mit der Aussage konzipiert, Christus würde, auf die Erde zurückgekehrt, aus Haß, Neid und sinnloser Gewalt erneut getötet werden. Mit einer Art von »recitative-dancing«, wie Haskell den erzählenden Tanz nennt, gelang es der Choreographie, Charaktere und Aktionen zu entwickeln. Der klassisch fundierte Bewegungsduktus, auf dem Helpmann seine Choreographie aufbaute, ist der Gestik der Bilder El Grecos entnommen, auf die Bliss den Choreographen aufmerksam gemacht hatte. Dies galt in besonderem Maß für die Rolle des Fremden, dessen Charakter sich den Zuschauern nur als Reflexion der handelnden Personen offenbarte. Seine Bewegungen sind gemessen, würdig und ruhig. Ebenso waren der Bettler und die Selbstmörderin gezeichnet. Aber Helpmann gelangen nicht nur eindrucksvolle Einzelporträts; mit der Wunderwirkung und der Auferstehung des Mädchens, besonders aber mit der Schlußszene, in der die Prostituierte und der Bettler um den toten Fremden trauern, schuf er überzeugende Gesamtbilder. In der musikalischen Gestaltung wird der gemeinsame Entwurf von Libretto, Choreographie und Komposition offenbar. Bliss unterstreicht mit dynamischen Entwicklungen in den Gruppentänzen das Spannungsmoment der Handlung zwischen der Menge und den davon ausgeschlossenen Subjekten wie dem Fremden und der Selbstmörderin, denen jeweils eigene Motive zugeordnet sind. Eindrucksvoll ist die beschwörende Kraft des Fremden in seinem feierlich-hymnischen Schreitmotiv verkörpert, das immer wieder über die lärmende Klangkulisse der Menge triumphiert. Nach seinem Tod verwandelt sich der schreitende Charakter dieser Musik in die dunkle Schwere eines Trauermarschs. Der Simultaneität vieler Details in den Straßenszenen trägt Bliss Rechnung, indem er die Kontinuität der einzelnen Nummern aufbricht und abrupte Stimmungswechsel schafft.

**Wirkung:** Neben Helpmann als Fremder beeindruckten Pauline Clayden als Selbstmörderin, Celia Franca als Prostituierte, Gordon Hamilton als Straßenrowdy und Leslie Edwards als Bettler.

**Ausgaben:** Kl.A: Novello, London 1945. **Aufführungsmaterial:** M: Novello, London
**Literatur:** C. Brahms, R. H. Choreographer, London 1945; G. Anthony, R. H. Studies, London 1946; A. L. Haskell, Miracle in the Gorbals, Edinburgh 1946; C. Beaumont, Ballets Past and Present, London 1955, S. 42–50; M. Clarke, The Sadler's Wells Ballet. A History and an Appreciation, London 1955; N. de Valois, Step by Step. The Formation of an Establishment, London 1977; E. Salter, H., Brighton 1978; A. Bland, The Royal Ballet. The First Fifty Years, NY 1981

*Noël Goodwin*

## Adam Zero
**Ballet in One Act**

**Adam Zero**
1 Akt

**Musik:** Arthur Bliss. **Libretto:** Michael Pickersgill Benthall
**Uraufführung:** 8. April 1946, Covent Garden, London, Sadler's Wells Ballet
**Darsteller:** der Bühnendirektor; die Choreographin; die Ballerina; die Bühnenbildnerin, die Kostümschneiderin und die Garderobiere, Schicksalsschwestern; Adam Zero, der 1. Tänzer; sein Sohn und seine Tochter, Ersatzrollen; seine Katze und sein Hund, Charaktertänzer; der Mime, sein geistiger Ratgeber; Corps de ballet: die Kompanie
**Orchester:** 2 Fl (auch Picc), 2 Ob (2. auch E.H), 2 Klar, T.Sax ad lib., 2 Fg, 4 Hr, 2 Trp, 3 Pos, Tb, Pkn, Schl (kl.Tr, gr.Tr, Bck, RührTr, Tamburin, 2 Röhrenglocken, Glocke, Trg, Glsp, Xyl, Drum set), Cel, Hrf, Streicher
**Aufführung:** Dauer ca. 40 Min. – Die Choreographin und die Ballerina werden von derselben Tänzerin getanzt.

**Entstehung:** *Adam Zero* entstand in enger Zusammenarbeit zwischen Helpmann, Benthall und Bliss. In seinem zweiten Ballett zu Musik von Bliss entwickelte Helpmann den in seinen ersten Balletten kreierten neuen Typ des Dramaballetts weiter.

**Inhalt:** Auf einer Bühne mit einigen Requisiten und einer Tafel: Der Bühnendirektor wischt die Tafel ab, währenddessen Tänzer und Tänzerinnen den Probenbeginn abwarten. Die drei Schicksalsschwestern stehen in der Mitte der Bühne, der Direktor überwacht die Einrichtung der Übungsstangen zum Training. In einem symbolischen Akt gebiert die Choreographin Adam Zero. Seine Schicksalsschwestern nehmen Maß an ihm, unterdessen hebt sich die Bühnenmitte, und Bühnenarbeiter fahren eine Treppe herein, die oben in eine Türöffnung mündet. Panoramaartig wird ein Rundgemälde im Hintergrund angebracht, ein Sofa und eine Bank werden aufgestellt. Das Corps de ballet empfängt Adam in der Formation einer Doppelreihe. Adam verliebt sich in ein neu hinzutretendes Mädchen. Der Bühnendirektor bestimmt einen Bühnenarbeiter, der in der Kleidung eines Geistlichen dem Paar seinen Segen gibt. Die Liebenden verschwinden über die Treppe in der Türöffnung. Zwei Charaktertänzer, Katze und Hund darstellend, tummeln sich auf der Treppe und hüpfen auf die Knie des Paars, das nun auf dem Sofa Platz genommen hat. Drei Tänzer in schwarzen Trikots treten mit beschrifteten Kartons auf (»Vote for Adam Zero«), die sie als Rednertribüne formieren. In spätviktorianischem Kostüm schreiten Adam und seine Frau die Treppe herunter, Adam hält eine Wahlrede. Das Corps, komödiantisch gekleidet, schließt sich mit dem Paar zu einem Tanz zusammen. Danach legen die Schicksalsschwestern Adams Jacke seinem Sohn um die Schultern, gleichsam Adams Fortleben in der jüngeren Generation aufzeigend. Sein Gesicht erhält Falten des Alterns, man setzt ihm eine weiße Perücke auf und reicht ihm eine schwarze Jacke. Das Corps tanzt eine Jazznummer der 20er Jahre. Die Choreographin kehrt als Adams Gebieterin zurück, dessen Gesichtszüge werden die eines alten Manns. Die Bühne leert sich, majestätisch, in rotem Gewand, tritt der Tod auf. Der Panoramaprospekt wird unsichtbar, Adam ist verschwunden, und mit der Rückkehr der Schicksalsschwestern nehmen die Dinge ihren Lauf.

**Kommentar:** *Adam Zero* ist eine vielschichtige, tiefsinnige Allegorie, die den Beziehungen zwischen dem menschlichen Dasein, seinem künstlerischen Ausdrucksvermögen und seiner Gebundenheit an die Natur nachgeht. Benthall und Helpmann setzen dabei die Lebensphasen des Menschen in Analogie zu den Jahreszeiten der Natur. Die hierarchische Ordnung der Ballettwelt wiederum wird zum Synonym der schicksalsbestimmenden Kräfte des menschlichen Lebens. Die Hauptintention, die Betrachtung des Lebens im Sinn einer wodurch auch immer determinierten Choreographie, hat sicherlich primär autobiographische Beweggründe, die ihren Ursprung im künstlerischen Denken Helpmanns haben. Es sind im wesentlichen zwei Ebenen, die den dramaturgischen Plan bestimmen und die in ihrer prinzipiell verschiedenen Qualität dem Werk seinen spezifischen Charakter verleihen. Auf der einen Seite sind es die banalen Situationen im Leben Adams, auf der andern Seite ist es seine Beziehung zur »Choreographin«, die gegenüber diesen lediglich äußerlichen Anhaltspunkten die psychologische Dramatik der Geschlechtsspannung thematisiert. In immer wechselnder Erscheinungsform, als »Schöpferin«, »erste Liebe«, »Ehefrau«, »Gebieterin« und »Tod«, wird diese Figur gewissermaßen zum Symbol für Adams Triebsphäre. Der Bühnendirektor und die Schicksalsschwestern sind dieser menschlichen Beziehung als »göttliche«, unabänderliche Mächte übergeordnet. In seiner Choreographie verbindet Helpmann den Tanz mit einer Fülle theatralischer Gestaltungsmittel zu einer aussagekräftigen dramatischen Gesamtwirkung. Buchstäblich zum erzählerischen Moment wird dabei der präzise Einsatz des Kostüms und der Maske sowohl als farbsymbolischer Ausdruckswert als auch zur Darstellung der Entwicklungslinie der verschiedenen Lebensstadien. Adams soziale Positionen, seine Liebesbeziehung, der Erfolg und die Isolation im Alter werden durch ein unterschiedliches Tanzvokabular klassischen, expressiven und freien Charakters gekennzeichnet. Dem Facettenreichtum im Optischen kontrastiert die relativ unkomplizierte, aber prägnante, dem Tanz dienende Musik. Die geschlossenen Nummern folgen der Schematik des allegorischen Gerüsts und sind durch wenige Hauptmotive wie zum Beispiel das perkussiv-ostinate Schicksalsmotiv aufeinander bezogen. Im Rahmen eines tonal gebundenen Satzes stellt Bliss die impressionistische Klangwelt der Naturbilder der lyrischen Melodik der Liebesszenen und dem massenwirksamen Jazzidiom gegenüber.

**Wirkung:** Im Unterschied zu *Miracle in the Gorbals* war *Adam Zero* kein Erfolg beschieden. Die zu komplexe Handlung entzöge sich, so die allgemeine kritische Meinung, einer tänzerischen Gestaltung. Dazu kam, daß die Titelrolle wie auch in *Comus* und *Hamlet* (beide London 1942) ganz auf den Tänzer Helpmann zugeschnitten, der Erfolg des Balletts ganz von seiner Interpretation abhängig war. Trotz dieser einschränkenden Stimmen feierte man die Leistungen der Tänzer wie June Brae als Choreographin, Julia Farron als Garderobiere und Leslie Edwards als Mime. Die deutsche Erstaufführung wurde von Hans Heinz Steinbach einstudiert (Wiesbaden 1953).

**Ausgaben:** Kl.A: Novello, London 1948. **Aufführungsmaterial:** M: Novello, London
**Literatur:** C. BEAUMONT, Ballets Past and Present, London 1955, S. 50–54; weitere Lit. s. S. 773

*Thomas Steiert*

# Fini Henriques

Valdemar Fini Henriques; geboren am 20. Dezember 1867 in Frederiksberg (bei Kopenhagen), gestorben am 27. Oktober 1940 in Kopenhagen

### Den lille havfrue
→ Beck, Hans (1909)

# Pierre Henry
Geboren am 9. Dezember 1927 in Paris

# Pierre Schaeffer
Geboren am 14. August 1910 in Nancy

**Symphonie pour un homme seul**
→ Béjart, Maurice (1955)

# Hans Werner Henze
Geboren am 1. Juli 1926 in Gütersloh (Münsterland)

## Das Wundertheater
**Oper in einem Akt**

**Text:** Hans Werner Henze, nach dem Zwischenspiel *El retablo de las maravillas* (um 1605) von Miguel de Cervantes Saavedra in der Übersetzung (1845) von Adolf Friedrich Graf von Schack
**Uraufführung:** 1. Fassung: 7. Mai 1949, Städtische Bühnen, Heidelberg; 2. Fassung: 30. Nov. 1965, Städtische Bühnen, Kammerspiel, Frankfurt am Main (hier behandelt)
**Personen:** Chanfalla, Wundertheater-Direktor (T); Chirinos, seine Gefährtin (S); der Knirps, ein Musiker (T); der Gobernadór (Bar); Benito Repollo, ein Alkalde (B); Theresa, seine Tochter (S); Repollo, sein Neffe (Tänzer); Juan Castrado, Regidor (Bar); Juana Castrada, seine Tochter (S); Pedro Capacho, Schreiber (T); ein Furier (Spr.); ein Mann im Talar und mit weißer Allongeperücke (stumme R). **Chor:** Zuschauer
**Orchester:** Fl (auch Picc), Ob (auch E.H), Klar (auch B.Klar), Fg, Hr, Trp, Pos, Pkn, Schl (3 Spieler: gr.Tr, kl.Tr, gr. Bck, kl. Bck, Trg, Xyl, Glsp), Hrf, Cemb, Streicher
**Aufführung:** Dauer ca. 45 Min. – 1. Fassung als Oper für Schauspieler, 2. Fassung für Sänger; auch in der 2. Fassung teils ohne, teils zur Musik gesprochene Partien.

**Entstehung:** Dem Stoff seines ersten Bühnenwerks wandte sich Henze zu, nachdem er anläßlich der Komposition seiner Kammerkantate *Wiegenlied der Mutter Gottes* (1948, nach Lope de Vega) auf Cervantes' Zwischenspiel aufmerksam geworden war. Der knappe Text des *Wundertheaters*, den Henze selbst einrichtete und »bis auf einige Striche unverändert« (Franz Willnauer, s. Lit.) übernahm, eignete sich in idealer Weise, den ersten Vorstoß in das Gebiet des Musiktheaters zu unternehmen. Die einfache, scharf gezeichnete Handlung bot viele Möglichkeiten, ein klares musikalisches, gleichzeitig auch dramaturgisch wirksames Konzept zu entwickeln. Dennoch zögerte Henze zunächst, seine Oper als gesungenes Theater anzulegen. Die 1948 entstandene Partitur ist nicht für Sänger, sondern für Schauspieler geschrieben, die den Text (meist zur Musik, seltener ohne Musik) ausschließlich sprechen. Erst nachdem Henze als Komponist von zum Teil großangelegten Bühnenwerken entscheidende Erfahrungen auf dem Gebiet der Oper gesammelt hatte, entschloß er sich 1964, auch sein Frühwerk mit auskomponierten Gesangspartien zu versehen. Letztere folgen streng dem 1948 verwendeten musikalischen Material und bewirkten keine Veränderungen an der musikalisch-formalen Konzeption des Werks.

**Handlung:** In Spanien und überall, gestern, heute und morgen: Eine kleine Gruppe von Puppenspielern beschließt, ein ganzes Dorf mit seinen ehrenwerten und stolzen Bürgern an der Nase herumzuführen. Der Theaterdirektor Chanfalla vermeldet sagenhafte Darbietungen, ein Wundertheater, das nur sehen könne, wer in christlicher Ehe gezeugt und mithin kein Bastard sei. Die Bürger kommen zur Vorstellung, das Spiel beginnt. Da niemand wagt, den andern einzugestehen, daß er nichts zu sehen vermag, können die Gaukler darauf verzichten, ihre Kunst zu zeigen. Das Publikum gibt nur zu bereitwillig, gar verzückt vor, die Wunder des Puppentheaters zu schauen. Die imaginäre Vorstellung ist ein Erfolg, das Blendwerk der Spieler triumphiert über die blasierten Honoratioren des Dorfs, bis ein ahnungsloser Furier das Wundertheater stört. Er durchschaut den Schwindel, die Bürger jedoch beharren auf ihren vorgeblichen Gesichten und verprügeln den vermeintlich ehrlosen Fremden. Das Theater hat einmal mehr bewiesen, daß der Schein beständiger ist als die Wahrheit.

**Kommentar:** Henze komponierte sein *Wundertheater* als eine Folge von 21 kleinen, abgeschlossenen Charakterstücken, deren Grundlage eine zum Teil frei verwendete Zwölftonreihe bildet. Nachdem er sich anläßlich der Komposition seines *Violinkonzerts Nr. 1* (1947) erstmals mit der Zwölftontechnik beschäftigt hatte und kurze Zeit später von René Leibowitz in die Werke der Neuen Wiener Schule eingeführt worden war, gelang es ihm im *Wundertheater*, die neue Methode zur Grundlage einer heiteren, zum Teil auch skurrilen Theatermusik zu machen. Die 1964 komponierten Gesangspartien wurden aus der dodekaphonen Anlage der vorliegenden Partitur gewonnen, während der Orchestersatz nahezu unverändert blieb. In beiden Fassungen stellt sich Henzes Werk als ein kleines Konzert absoluter musikalischer Formen dar, nicht unähnlich Strawinskys *Histoire du soldat* (1918). Und es war zweifellos diese in Cervantes' Vorlage bereits angelegte Möglichkeit, eine freie Nummernfolge als Handlungsmusik zu entwerfen, die Henze zur Komposition seines ersten Bühnenwerks ermutigte. Erst in der 2. Fassung nahm das *Wundertheater* die Gestalt einer eigentlichen Kammeroper an, wenngleich auch hier die ursprüngliche Konzeption einer Folge eigenständiger Charakterstücke weiterwirkt.

*Das Wundertheater*; Regie: Hans Neugebauer, Ausstattung: Jacques Camurati; Uraufführung der 2. Fassung, Städtische Bühnen, Kammerspiel, Frankfurt a. M. 1965. – Henze hat früh verstanden, daß eine der Chancen einer wahrhaft modernen Oper in der großen Ensembleszene liegt, in der divergierende Ausdrucksformen übereinandergeschichtet werden können. Eine Nähe zum absurden Theater – der einzigen Form, in der das Schauspiel den Simultandialog kennt – ist manchmal, aber nicht immer fühlbar.

**Wirkung:** Der 1. Fassung des *Wundertheaters* war bei der Uraufführung (Dirigent: Karl Caelius) nur ein kurzer Erfolg vergönnt. Wenngleich auf Henzes Anregung für die Choreographie und die Rolle Repollos Marcel Luipart, der Choreograph des skandalumwitterten Balletts *Abraxas* (1948; Musik: Werner Egk), gewonnen werden konnte, setzte sich die Sprechfassung nicht durch. Erst in der 2. Fassung, deren hinzukomponierte Gesangspartien die ursprüngliche Gestalt des Werks glätteten, erschien das *Wundertheater* gelegentlich wieder auf der Bühne. Nach der Uraufführung (Inszenierung: Hans Neugebauer; zusammen mit Henzes *Ein Landarzt*, 1951, und *Das Ende einer Welt*, 1953) ist das Werk unter anderm 1975 in Saarbrücken, 1980 in Hamburg (Opera stabile) und 1983 in Oberhausen (mit einer Pantomime von John Blickendahl) gespielt worden.

**Autograph:** beim Komponisten. **Ausgaben:** Kl.A, 1. Fassung: Schott, Nr. 4028; Kl.A, dt./engl. Übers. v. W. Balk, 2. Fassung: Schott [1965], Nr. 5672. **Aufführungsmaterial:** Schott **Literatur:** E. KUNTZ, H. W. H., in: Melos 17:1950, S. 341ff.; K. H. WÖRNER, H. W. H., in: NZfM 112:1951, S. 240ff.; R. STEPHAN, H. W. H., in: Die Reihe 4:1958, S. 32ff.; H. PAULI, H. W. H., in: Musica 13:1959, S. 1053ff.; W.-E. v. LEWINSKI, Drei Wege und ein gemeinsamer Nenner, in: Melos 26:1959, S. 292ff.; J. HÄUSLER, H. W. H., Versuch eines Porträts, in: NZfM 122:1961, S. 175ff.; D. DE LA MOTTE, H. W. H., der Komponist als Dramaturg, in: NZfM 125:1964, S. 138ff.; W. SCHWINGER, Auf der Suche nach neuer Schönheit, in: Musica 20:1966, S. 101ff.; F. WILLNAUER, Von der Antioper zum Opernmodell, in: Ph. Städtische Bühnen Ffm., H. 17, 1966; W.-E. v. LEWINSKI, Zwanzig Fragen an H. W. H., in: Melos 34:1967, S. 395ff.; K. GEITEL, H. W. H., Bln. 1968; D. J. SYMONS, H. W. H. The Emergence of a Style, in: Studies in Music 3:1969; U. STÜRZBECHER, Werkstattgespräche mit Komponisten, Köln 1971, S. 106ff.; W. BURDE, Tradition und Revolution in H.s musikalischem Theater, in: Melos/NZfM 2:1976, S. 271ff.; R. HENDERSON, H. W. H., in: MT 117:1976, S. 566ff.; H. W. HENZE, Musik und Politik. Schriften u. Gespräche 1955–1984, München 1984

Michael Mäckelmann

## Ein Landarzt
### Oper in einem Akt

**Text:** Franz Kafka, *Ein Landarzt. Erzählung* (1918) **Uraufführung:** 1. Fassung (für den Rundfunk): 19. Nov. 1951, Nordwestdeutscher Rundfunk, Musikhalle, Hamburg; 27. Mai 1953, Bühnen der Stadt, Kammerspiele, Köln (szenisch); 2. Fassung (für die

Bühne): 30. Nov. 1965, Städtische Bühnen, Kammerspiel, Frankfurt am Main (hier behandelt)
**Personen:** der Landarzt (Bar); der Pferdeknecht (T); der Patient (tiefe Knaben-St.); der Vater (B); Rosa (S); die Tochter (S); die Mutter (A). **Kinderchor:** Schulkinder
**Orchester:** Fl (auch Picc), Ob (auch E.H), Klar (auch B.Klar), Fg, Hr, Trp, Pos, Pkn, Schl (gr.Tr, kl.Tr, Tomtom, versch. Bck, Tamtam, Trg, Rumbaholz, Rumbabirne, Xyl, Vibr, Röhrenglocken, kl. Glsp), 4händiges Kl oder 2 Kl, Org ad lib., Streicher
**Aufführung:** Dauer ca. 35 Min.

**Entstehung:** *Ein Landarzt* entstand im Auftrag des Nordwestdeutschen Rundfunks. Die 1. Fassung unterscheidet sich insofern von der 1964 entstandenen 2., als die Rolle des Landarztes hier noch gesungene und gesprochene Texte mischte, während sie später ausschließlich als gesungene Partie angelegt wurde. Des weiteren benutzte Henze, den Möglichkeiten der Rundfunkanstalten entsprechend, ein wesentlich größeres Instrumentarium, das in der 2. Fassung auf die Kammerorchesterbesetzung des *Wundertheaters* (1949) und des *Endes einer Welt* (1953) reduziert wurde. Auf Anregung Dietrich Fischer-Dieskaus richtete Henze die 2. Fassung als Monodram ein. Sie wurde anläßlich der Berliner Festwochen am 12. Okt. 1965 konzertant uraufgeführt (Berliner Philharmonisches Orchester, Dirigent: Henze). In der Monodramfassung bleiben alle Nebenrollen sowie der Kinderchor ausgespart. Statt dessen übernimmt der Solist (Landarzt) die meisten dieser Partien (entsprechende Alternativen hat Henze in die Partitur der 2. Fassung eingefügt).
**Handlung:** An das Bett eines Kranken gerufen, wartet der Landarzt in nächtlichem Schneegestöber auf sein Dienstmädchen Rosa, das ins Dorf gegangen ist, um ein Pferd zu leihen, da sein eigenes in der vergangenen Nacht verendet ist. Doch niemand ist bereit zu helfen. Ohne Hoffnung, vom Wetter gequält, tritt der Landarzt die Tür seines alten Schweinestalls auf. Dort erblickt er im trüben Licht einer Laterne die zusammengekauerte Gestalt eines ihm unbekannten Manns sowie zwei mächtige Pferde, die ihm der Fremde sogleich zur Fahrt anbietet. Von den schönen Tieren entzückt, will der Landarzt sich mit dem Pferdeknecht auf den Weg machen, muß jedoch feststellen, daß dieser zurückbleiben will, um Rosa zu vergewaltigen. Als der Landarzt sich weigert, das Mädchen um der Pferde willen zu opfern, wird er schon in dem rasenden Wagen fortgerissen. Er kann gerade noch sehen, wie der Mann die von Rosa verbarrikadierte Tür seines Hauses aufbricht. Im nächsten Augenblick befindet sich der Arzt bereits vor dem Haus des Kranken. Von der Familie umringt, muß er feststellen, daß sein Patient eigentlich gar nicht krank ist. Erst als die Anwesenden auf Behandlung drängen und die unheimlichen Pferde ihre Köpfe durch das Fenster stecken, entdeckt er eine große wurmzerfressene Wunde an der Hüfte des offenbar doch unheilbar Erkrankten. Der Landarzt erkennt seine Hilflosigkeit; er denkt an Rosa, die er nie beachtet hat und die nun unter dem furchtbaren Pferdeknecht liegt. Ein Schulchor intoniert ein fades Lied. Die Familie entkleidet den Arzt und trägt ihn ins Bett des Kranken. Mit den schattenhaft schwankenden Pferdeköpfen in den Fensterlöchern und dem Kranken allein gelassen, sinnt er auf Flucht. Nackt schwingt er sich auf eins der Pferde. Doch so rasend die erste Fahrt vor sich ging, so langsam ziehen die Pferde nun durch die Schneewüste. Noch lange vernimmt der Arzt den Gesang der Kinder. Er hat keine Hoffnung mehr, nach Haus zurückzukommen. Er ist betrogen und dazu verdammt, auf dem beinah unbeweglichen Gespann frierend durch die Nacht zu ziehen.
**Kommentar:** Henze komponierte den *Landarzt*, der Erzählung Kafkas entsprechend, als einen inneren Monolog, in den die Nebenpersonen zwar reflexartig einbrechen, in dem sie jedoch keine eigentliche Handlung in Gang setzen. In beiden Fassungen ist es nahezu ausschließlich die Partie des Protagonisten, die den Verlauf des surrealen Geschehens trägt, so daß die Einrichtung als Monodram nur noch die Konsequenz aus der ursprünglichen Konzeption zieht, indem hier alle Geschehensstränge in den Monolog des Arztes münden. Der eigentliche Kern der düsteren Erzählung ist die Darstellung eines inneren Kampfs mit nicht faßbaren Mächten, deren Einwirkung auf den in scheinbarer Realität angesiedelten Konflikt zu einer gespenstischen Verwandlung der Welt in ein Pandämonium feindlicher Gesichte führt. Henzes Musik verzichtet darauf, den beinah wortgetreu übernommenen Erzähltext psychologisch auszudeuten. Vielmehr spiegelt sich in ihr der berichtende Monolog in zum Teil erregten, zum Teil schlichten Rezitativen wider, deren Begleitung durch das Orchester zumeist auf Effekte verzichtet, zumal auf tonmalerisch-deskriptive. Anders als im *Wundertheater* und im *Ende einer Welt* finden sich im *Landarzt* keine expliziten Charakterstücke. Obgleich abgeschlossene Nummern zumindest noch angedeutet werden, zeigt die formale Anlage des Werks doch eher die Tendenz zur durchkomponierten Struktur. Auch in diesem Zusammenhang mag das Fehlen unterschiedlicher Charaktere in Kafkas

*Ein Landarzt*; Ernst Gutstein in der Titelpartie; Regie und Ausstattung: Hans Neugebauer; Uraufführung der 2. Fassung, Städtische Bühnen, Kammerspiel, Frankfurt a. M. 1965. – Der Monologcharakter des Werks wird durch die Isolation des Protagonisten auf der Szene unterstrichen.

Text den Ausschlag für die musikalische Konzeption gegeben haben. Der sich allmählich zur Schilderung des Unheimlichen entwickelnde Monolog bot wenig Anlaß, eine Folge kontrastierender Einzelnummern zu entwerfen. Das eigentlich konstruktive Element der *Landarzt*-Partitur besteht in der konsequenten Verwendung von reihentechnischen Mitteln, die hier zu einer überaus transparenten und vielfach sogar undramatischen Musik gefügt wurden. Die bewußte Unsinnlichkeit der Vertonung entspricht durchaus der Prosa Kafkas. Selbst in der 2. Fassung ist der *Landarzt* kaum als Oper zu bezeichnen. Das Moment des Visuellen spielt auch hier keine entscheidende Rolle, was dem Sujet (gerade wegen der Suggestionskraft des Textes) eher entsprechen dürfte als der Versuch einer gewaltsamen und unangemessenen Dramatisierung wie beispielsweise im Fall von Einems *Prozeß* (1953).

**Wirkung:** Die Erstsendung (Landarzt: Hans Herbert Fiedler, Rosa: Cläre Autenrieth, Pferdeknecht: Horst Günter; Dirigent: Harry Hermann Spitz, Regie: Otto Kurth) führte 1953 zur Auszeichnung des Werks mit dem Prix Italia. Noch im selben Jahr fand die szenische Uraufführung der Rundfunkfassung statt (Landarzt: Alexander Schödler; Dirigent: Richard Kraus). Seit der Uraufführung der 2. Fassung (Landarzt: Ernst Gutstein, Rosa: Marlise Wendels, Pferdeknecht: Kurt Wehofschitz; Dirigent: Wolfgang Rennert, Inszenierung: Hans Neugebauer) gehört *Ein Landarzt* zu den häufig gespielten Theaterwerken Henzes. 1968 erlebte es an der Northwestern University in Evanston (IL) seine amerikanische Erstaufführung. Es folgten Inszenierungen in Aspen (CO) 1968, Amsterdam und Bremerhaven 1970, Angers 1971, Oldenburg 1974, Karlsruhe 1975 und Ontario 1985. Aufführungen der Monodram-Einrichtung fanden unter anderm 1976 in Braunschweig (Landarzt: Wolfgang Schöne; Dirigent: Henze) und 1981 in Bern statt.

**Autograph:** beim Komponisten. **Ausgaben:** Kl.A, dt./engl. Übers. v. W. Balk: Schott, Nr. 5674. **Aufführungsmaterial:** Schott
**Literatur:** s. S. 776

*Michael Mäckelmann*

## Der Idiot
→ Gsovsky, Tatjana (1952)

## Boulevard Solitude
### Lyrisches Drama in sieben Bildern

**Text:** Grete Weil (geb. Dispeker) und Walter Jokkisch, nach der *Histoire du chevalier Des Grieux et de Manon Lescaut* aus dem 7. Band der *Mémoires et aventures d'un homme de qualité qui s'est retiré du monde* (1731) von Antoine François Prévost d'Exiles (gen. Abbé Prévost)
**Uraufführung:** 17. Febr. 1952, Landestheater, Hannover

**Personen:** Manon Lescaut (hoher S); Armand des Grieux, Student (lyrischer T); Lescaut, Bruder von Manon (SpielBar); Francis, Freund von Armand (Bar); Lilaque le père, ein reicher Kavalier (hoher T.Buffo); Lilaque le fils, sein Sohn (Bar); eine Dirne (Tänzerin); Diener bei Lilaque le fils (Pantomimiker); 2 Kokainisten (Tänzer); Zigarettenboy (Tänzer); Blumenmädchen (Tänzerin). **Ballett:** Zeitungsjungen, Bettler, Dirnen, Polizisten, Studenten, Studentinnen, Reisende
**Orchester:** Picc (auch 2. Fl), Fl, Ob, E.H, Klar, B.Klar, 2 Fg, 4 Hr, 4 Trp (JazzTrp), 3 Pos, Tb, Pkn, Schl (2 kl.Tr, gr.Tr, kl. u. gr. Bck, Tomtom, Xyl, Vibr, Glsp, Rumbaholz, Rumbabirne), Kl, Mand, Hrf, Streicher
**Aufführung:** Dauer ca. 2 Std.

**Entstehung:** Im Sommer 1950 lernte Henze das Ehepaar Weil/Jockisch kennen. Der Plan für eine Oper entstand, die, ähnlich wie Blachers *Preußisches Märchen* (1952), die Form einer Balletoper haben sollte. Man entschloß sich für den Manon-Lescaut-Stoff. Massenets *Manon* (1884) und Puccinis *Manon Lescaut* (1893) kannte Henze damals nur oberflächlich. Weil schrieb das Textbuch, und Jockisch entwarf das Szenarium. Henze begann bald darauf mit der Komposition, die er ein Jahr darauf beendete. Bei einem Besuch in Paris fand er, angeregt durch Billy Wilders Film *Sunset Boulevard* (1950), den Titel. *Boulevard Solitude* ist Henzes erste abendfüllende Oper.
**Handlung:** In Frankreich.
1. Bild, Bahnhofshalle einer französischen Großstadt: Der Student Armand des Grieux trifft Manon Lescaut, die von ihrem Bruder in ein Pensionat gebracht werden soll. Er überredet sie, mit ihm zu gehen.
2. Bild, kleines Mansardenzimmer in Paris: Obwohl Manon mit Armand glücklich ist, läßt sie sich von Lescaut an einen reichen Freier verkuppeln.
3. Bild, elegantes Boudoir bei Monsieur Lilaque: Lescaut wird von Lilaque beim Diebstahl ertappt. Dieser weist ihn und Manon aus seinem Haus.
4. Bild, Universitätsbibliothek: Manon kehrt zu dem enttäuschten Armand zurück.
5. Bild, Kaschemme: Armand flüchtet sich in den Drogenrausch. Lescaut verkuppelt Manon mit Lilaque fils.
6. Bild, Vorzimmer mit Telephon und Schlafzimmer von Lilaque fils: Manon und Armand werden von Lilaque père überrascht. Manon schießt ihn nieder.
7. Bild, vor dem Gefängnis, ein grauer Wintertag: Armand wartet auf Manon. Diese geht vorbei, ohne ihn anzusehen.
**Kommentar:** In seinen frühen Opern, insbesondere im *Wundertheater* (1949) und im *Ende einer Welt* (1953), entwickelte Henze ein Konzept, das auf der Stilisierung traditioneller dramaturgischer Mittel beruht. Hauptmerkmal von *Boulevard Solitude* ist die Vermeidung dramatischer Entwicklungen zugunsten der isolierten Abfolge einzelner Szenen, die, lediglich durch symphonische Zwischenspiele verbunden, wie die Episoden eines Films abrollen. Die Oper ist, szenisch wie musikalisch, eine Reihung artifizieller

Klischees. Belcantoelemente der italienischen Oper wechseln mit Ostinatoformen Strawinskyscher Ausprägung und Songs à la Kurt Weill. Nirgendwo erhält dies Musiktheater dramatische Unmittelbarkeit; es verharrt in einem künstlerischen Autismus. Das Libretto entspricht dieser Gefühlshaltung. Es folgt in mancher Hinsicht den Gesetzen des epischen Theaters und destilliert aus dem Manon-Stoff, der vom Rokoko in die Gegenwart transponiert ist, vor allem die erotische Spannung heraus. Aus Figuren werden Schemen, aus der Handlung ein Klischee, das bewußt in Kolportage endet. Henzes Musik nimmt die abgegrenzte Esoterik, die kühle Versachlichung des Textes auf. Weitgehend bestimmt das Ostinato die Szene, exemplarisch im 1. Bild, in dem ein differenziert eingesetzter Schlagzeugapparat die Geräuschcollage einer Bahnhofshalle liefert. Die Distanz im Ausdruck überträgt sich auch auf den arios-instrumentalen Gesangsstil. Sie gilt insbesondere für die Koloraturpartie Manons, die rein äußerlich der Lulu in Bergs *Lulu* (1937) nachgebildet ist. Vergleicht man Henzes Frühwerk mit den Manon-Opern von Puccini und Massenet, so fällt bei Henze der gewaltsame Versuch einer totalen Enterotisierung und Versachlichung auf, wie es dem Kunstideal der 50er Jahre entsprach. *Boulevard Solitude* ist der Musterfall einer Intellektuellenoper. Exemplarisch hierfür ist das 4. Bild, wo Manon ihren Armand ausgerechnet in einer Universitätsbibliothek erneut in die Arme schließt. Bei Massenet durfte Manon noch ihren Geliebten im Kloster verführen und zur Umkehr ins sündige Leben bewegen. In dieser Hinsicht unterliegt Henzes Oper der Sachlichkeitsattitüde und der radikalen Abkehr von Opernsinnlichkeit. Nicht zufällig wählten die Librettistin und Henze einen Stoff, der besonders häufig vertont wurde. *Boulevard Solitude* ist ein einziger Protest gegen die Stimmung der Daseinsfreude und der Leidenschaftlichkeit, wie sie sich in den Manon-Opern Aubers (*Manon Lescaut*, 1856), Massenets und Puccinis spiegeln.

**Wirkung:** Die kühle Emotionshaltung sowie die geradezu filmische Schnittechnik der Dramaturgie hätten *Boulevard Solitude* als Funkoper möglicherweise erfolgreich sein lassen; auf der Bühne jedoch konnte sich dies an Igor Strawinsky und Jean Cocteau angelehnte neue Opernideal nicht durchsetzen. Der wenig beachteten Uraufführung (Regie: Jockisch, Ausstattung: Jean-Pierre Ponnelle, Choreographie: Otto Krüger, Dirigent: Johannes Schüler) folgte im April 1954 eine Inszenierung in Rom, die zu einem Skandal und zum Abbruch der Rundfunkübertragung führte. 1974 erarbeitete Ponnelle eine Inszenierung am Nationaltheater München (Manon: Hildegard Uhrmacher, Lilaque le père: Lorenz Fehenberger; Dirigent: Klaus Tennstedt), die 1980 in Düsseldorf wiederholt wurde. 1976 erschien *Boulevard Solitude* in Braunschweig

*Boulevard Solitude*, 4. Bild; Sigrid Claus als Manon; Regie: Walter Jockisch, Ausstattung: Jean-Pierre Ponnelle; Uraufführung, Landestheater, Hannover 1952. – Das Bühnenbild orientiert sich an den abstrakten Strukturen des Balletts, die ihrerseits einen ironischen Widerpart zu den melodramatischen Zügen der aus der Empfindsamkeit des 18. Jahrhunderts stammenden Handlung bilden.

(Regie: Andreas Meyer-Hanno, Choreographie: Joachim Gerster, Dirigent: Heribert Esser), und die Stuttgarter Oper, die besonderes Interesse an Henzes Bühnenschaffen hat, nahm das Werk 1976 in den Spielplan auf (Manon: Sylvia Geszty, Lescaut: Wolfgang Schöne; Regie: Henze, Bühnenbild: Axel Manthey, Choreographie: Egon Madsen, Dirigent: Dennis Russell Davies). In Nancy wurde das Werk 1984 in einer vielbeachteten Inszenierung von Antoine Bourseiller gespielt (Manon: Elena Vassilieva, Armand: Jerome Pruett; Bühnenbild: Pier Luigi Pizzi).

**Autograph:** beim Komponisten. **Ausgaben:** Kl.A: Schott, Nr. 4305; Textb.: Schott. **Aufführungsmaterial:** Schott
**Literatur:** H. H. STUCKENSCHMIDT, Oper in dieser Zeit, Velber 1964, S. 105–107; weitere Lit. s. S. 776

*Wolfgang Molkow*

## Das Ende einer Welt
Oper in einem Akt

**Text:** Wolfgang Hildesheimer, nach der Erzählung aus seiner Sammlung *Lieblose Legenden* (1952)
**Uraufführung:** 1. Fassung (für den Rundfunk): 4. Dez. 1953, Nordwestdeutscher Rundfunk, Hamburg; 2. Fassung (für die Bühne): 30. Nov. 1965, Städtische Bühnen, Kammerspiel, Frankfurt am Main (hier behandelt)
**Personen:** Herr Fallersleben (T); Marchesa Montetristo (A); die Dombrowska, Doppelbegabung (T); Signora Sgambati, Astrologin (Kol.S); Golch, Kulturträger (B); Professor Kuntz-Sartori, Politiker (Bar); Maggiordomo (Bar). **Chor:** Gäste, Dienstpersonal
**Orchester:** BlockFl, Fl, Ob, Klar, Fg, Hr, Trp, Pos, Pkn, Schl (gr.Tr, 2 Tomtoms, 2 Bck, Tamtam, Rumbaholz, Rumbabirne, Vibr, Xyl, Glsp, 4 Röhrenglocken in es, f′, fis′ u. b′), Harm, Cemb, Git, Kl, Hrf, Streicher
**Aufführung:** Dauer ca. 40 Min. – Für die »scena drammatica« (Nr. 14) wird die Tonbandaufnahme eines menschlichen Herzschlags benötigt. Das Cembalo ist auf der Bühne zu postieren. – Orchesterbesetzung der 1. Fassung: BlockFl, Fl, Okarina, Fg, 4 Trp, 4 Pos, Pkn, Schl (gr.Tr, 2 Tomtoms, 2 Bck, Tamtam, Rumbaholz, Rumbabirne, Vibr, Xyl, Glsp, Röhrenglocken), Akkordeon, Mand, elektr. Git, Org, Cemb, 2 Kl, Hrf, Streicher, 3 Tonb.Geräte.

**Entstehung:** *Das Ende einer Welt* entstand im Auftrag des Nordwestdeutschen Rundfunks. Nachdem Henze bereits in *Ein Landarzt* (1951) Erfahrungen auf dem Gebiet der Funkoper gesammelt hatte, nutzte er in seinem neuen Werk die Möglichkeiten des Radios auf höchst originelle Weise und schuf bewußt eine Höroper, die die fehlenden Bühnenaktionen durch eine Fülle akustischer Effekte ersetzte. Die 1964 entstandene Bühnenfassung spart diese Qualitäten gänzlich aus. Da sie für kleine Bühnen gedacht war, reduzierte Henze auch manches Detail der Instrumentalpartien auf eine Kammerbesetzung. Diese orientierte sich nicht zuletzt an den ebenfalls 1964 entstandenen Neufassungen des *Wundertheaters* (1949) und des *Landarztes*, um zu ermöglichen, daß alle drei Werke an einem Abend gespielt werden.
**Handlung:** Prolog vor dem Vorhang: Herr Fallersleben berichtet von seiner zufälligen Bekanntschaft mit der einflußreichen Marchesa Montetristo, der er wegen seiner Spielschulden die berühmte Badewanne verkauft hat, in der Jean-Paul Marat ermordet wurde. Im Palazzo der Marchesa Montetristo auf der künstlichen Insel San Amerigo in der Lagune von Venedig: Ein großer Abend für Herrn Fallersleben: Die Marchesa hat ihn, der wegen des Besitzes des kuriosen Sammlerstücks, besagter Badewanne, ein gewisses Prestige erlangt hat, zu einer ihrer Gesellschaften eingeladen. Illustre Namen treffen sich im Prunk des Palazzos auf der Insel, wo die Marchesa ihr ganzes Dasein der Kultur, dem Echten und Ewigen, widmet. Ein jeder der Gäste kündet von seiner einzigartigen Bedeutung. Die Dombrowska schwärmt von ihren bleibenden Leistungen auf dem Gebiet des rhythmischen Ausdruckstanzes, Golch brüstet sich mit seinem Einfluß als Politiker, die Sgambati mit ihren astrologisch-kulturhistorischen Studien, und Professor Kuntz-Sartori berichtet von seinem Einsatz für die Wiederherstellung der Monarchie in der Schweiz. Fallersleben erstarrt in Ehrfurcht, und der Abend erreicht seinen Höhepunkt, als die Gastgeberin zusammen mit dem ebenfalls an Bedeutung kaum zu überbietenden Flötisten Béranger eine Sonate Gianbattista Blochs, eines Zeitgenossen und Freunds Rameaus, zu spielen beginnt. Man begleitet selbstverständlich auf dem Cembalo, an dem schon Célestine Rameau ihrem großen Sohn die ersten Lektionen in der Kunst des Kontrapunkts erteilte. Als plötzlich eine Ratte an der Wand entlanghuscht, ein Donnergrollen zu hören ist und der Boden zu schwanken beginnt, ist Fallersleben der einzige unter den ansonsten in angespannter Andacht lauschenden Gästen, der die sich anbahnende Katastrophe bemerkt. Die Insel beginnt zu versinken. Dem Kunstgenuß kann dies jedoch keinen Schaden anhaben; man lauscht weiter, als sei nichts geschehen. Als Fallersleben sich aufmacht, der sinkenden Insel zu entfliehen, kann er beobachten, wie die Gäste und die musizierende Gastgeberin langsam im aufsteigenden Wasser verschwinden. Er bindet die letzte Gondel los und bemerkt noch, wie die Menschen im Palazzo über ihren Köpfen Beifall klatschen, da das Wasser ihnen bereits bis zum Kinn reicht. Die Kerzen verlöschen, das Ende einer Welt, der Welt des Echten und Ewigen, ist gekommen. Fallersleben lenkt seine Gondel seewärts, denn es wäre ihm zu mühsam, den Gips des herabfallenden Stucks aus seinen Kleidern zu bürsten. Trotz ihres jähen Endes hat die Gesellschaft der Marchesa einen bleibenden Eindruck auf Fallersleben hinterlassen; schade nur um die Badewanne, die bei dem einmaligen Abschluß des Fests mit in die Tiefe genommen wurde.
**Kommentar:** Hildesheimers Kritik am Kulturestablishment, an einem Kunstbetrieb der bornierten

Schickeria, wie er sie in seinen *Lieblosen Legenden* aussprach und im Libretto zum *Ende einer Welt* mit den Mitteln des Theaters (vorerst freilich des Hörtheaters) zu einer Art Parade des verblödeten Snobismus umformte, mußte bei Henze insofern auf fruchtbaren Boden treffen, als dieser sich bereits Anfang der 50er Jahre einer Umarmung seitens der neuen Verwalter der Kunst ausgesetzt sah, die er im Grunde ablehnte und verachtete. 1964 sprach er in diesem Zusammenhang rückblickend vom »Aufkommen eines neuen Typs des Kunstrichters, einer Elite von Kennern, sarkastisch streng, wissend, wo es ›sauber‹ ist und wo es ›unsauber‹ ist« (*Musik und Politik,* S. 27f., s. Lit.). Im *Ende einer Welt* finden wir sie wieder, diese Kunstrichter und Saubermänner, die Wahrer des »Echten und Ewigen«. Hier ist es die düstere Vision ihres selbstverschuldeten Untergangs, die Henze und Hildesheimer freilich mit den Mitteln eines buffonesken Spektakels aufhellen. Insbesondere die 1. Fassung unterstreicht das Moment des Überdrehten und der Wirklichkeit Entfremdeten, indem mit Hilfe technischer, das heißt in diesem Fall rundfunkspezifischer Effekte eine gleichsam surreale Atmosphäre geschaffen wird. Einige der späteren Instrumentalpartien des Kammerorchesters werden hier noch von einer elektronischen Funkorgel ausgeführt. Halleffekte, zu schnell laufende Tonbänder, Zitatcollagen verleihen dem Stück den Charakter des Unwirklichen, ja Unwirtlichen. Es ist eine eisige, unberechenbare Welt, die da in der Lagune von Venedig versinkt. Anders die Bühnenfassung. Henze verzichtete hier auf alle technischen Möglichkeiten und formte sein Werk zu einer Kammeroper um, die zwar die buffonesken Züge zu erhalten vermochte, das Moment des Künstlichen jedoch weitgehend aussparte. Aus der Partitur wurde selbst die elektronische Orgel gestrichen, so daß auch der letzte Rest des technischen Instrumentariums verlorenging. Zweifellos zeigt die 2. Fassung eine Tendenz zur Glättung, die allerdings durch die neuen Möglichkeiten der visuellen Verfremdung abgeschwächt wird. – Henzes Partitur gliedert sich in abgeschlossene Nummern, die das jeweils Charakteristische des Szenariums unterstreichen. Neben Formen wie Rezitativ und Arie, Canzonetta, Cabaletta oder Scena drammatica finden sich auch Kategorien der Instrumentalmusik (Nr. 9, Concertato; Nr. 10, Sonata da camera). Letztere markieren das konstruktive Element der Partitur, deren Ausgangsmaterial dodekaphone Strukturen darstellen, die Henze zu Anfang der 50er Jahre noch vielfach ins Zentrum seiner musikalischen Arbeit stellte, ohne freilich ins Neuland des Serialismus vorzudringen wie viele seiner gleichaltrigen Zeitgenossen. Das zwölftönige Material unterliegt hier vielmehr einer gänzlich freien Verwendung, die selbst Klischees der Unterhaltungsmusik nicht scheut (zum Beispiel Elemente des Blues in Rezitativ und Arie Nr. 9 und der Scena drammatica Nr. 14 oder Swingreminiszenzen in Epilog und Finale Nr. 15). Ähnlich wie im *Wundertheater* nutzte Henze im *Ende einer Welt* alle ihm zur Verfügung stehenden Möglichkeiten, eine grell-karikierende Musik zu entwerfen, die freilich in keinem Fall auf der Ebene der angedeuteten Klischees stehenbleibt. Geradezu meisterhaft gelang es ihm, die von Hildesheimer entworfene Personencharakteristik musikalisch nachzuzeichnen. Die Exaltiertheit der Sgambati findet sich beispielsweise in ihren wilden Koloraturen verwirklicht oder das bedeutungsschwangere Selbstbewußtsein des Politikers Golch in seinen falsettierenden Partien. Nicht zuletzt lebt das Werk auch von den Ensemblesätzen, von denen jeder einzelne die schwüle Hysterie des Geschehens geradezu virtuos zu charakterisieren vermag.

**Wirkung:** *Das Ende einer Welt* konnte sich keinen festen Platz auf den Spielplänen der Opernhäuser sichern, obgleich es sich um ein exzeptionelles Beispiel des Musiktheaters Henzes (und nicht nur seines frühen) handelt. In der Ursendung (Fallersleben: Helmut Melchert, Marchesa: Ursula Zollenkopf, Dombrowska: Fritz Göllnitz, Sgambati: Anneliese Rothenberger; Dirigent: Harry Hermann Spitz) gelang es, die grotesken Züge des Werks in beispielhafter Weise zu verwirklichen und ein noch heute hörenswertes Resultat entstehen zu lassen. Die Uraufführung der 2. Fassung (Fallersleben: Kurt Wehofschitz, Marchesa: Rosl Zapf, Dombrowska: David Thaw, Sgambati: Anik Simon, Golch: Iwan Rebroff; Dirigent: Wolfgang Rennert, Inszenierung: Hans Neugebauer) kombinierte das Werk mit den Einaktern *Das Wundertheater* und *Ein Landarzt* und bot somit eine Art Zusammenschau von Henzes frühem Theaterschaffen. 1970 wurde *Das Ende einer Welt* anläßlich des Allgemeinen Deutschen Musikfests im Landestheater Hannover gespielt (Fallersleben: Theo Altmeyer, Marchesa: Marie-Louise Gilles, Dombrowska: William Forney, Sgambati: Dora Bragard; Inszenierung: Günter Roth). Die amerikanische Erstaufführung fand im selben Jahr am Peabody Conservatory of Music in Baltimore statt (Dirigent: Robert Lawrence). Es folgten Inszenierungen 1979 am Dominican College in

*Das Ende einer Welt*; Iwan Rebroff als Golch, Rosl Zapf als Marchesa, David Thaw als Dombrowska; Regie: Hans Neugebauer, Ausstattung: Jacques Camurati; Uraufführung der 2. Fassung, Städtische Bühnen, Kammerspiel, Frankfurt a. M. 1965. – Das kitschig-surrealistische Ambiente der Inszenierung verstärkt die Gefährdung und eisige Künstlichkeit der zum Untergang verurteilten Welt.

San Rafael (CA) und 1982 in Stockholm. Bereits 1967 hatte das Dänische Fernsehen eine Eigenproduktion des Werks in dänischer Sprache gesendet.

**Autograph:** Vlg.-Arch. Schott Mainz. **Ausgaben:** Kl.A, dt./engl. Übers. v. W. Balk: Schott, Nr. 5673; Textb.: Frankfurter Vlg.-Anstalt, Ffm. 1953 [mit Erläuterungen]. **Aufführungsmaterial:** Schott
**Literatur:** s. S. 776

*Michael Mäckelmann*

## König Hirsch
### Oper in drei Akten

**Text:** Heinz Tilden von Cramer, nach der Tragikomödie *Il re cervo* (1762) von Carlo Graf Gozzi
**Uraufführung:** 1. Fassung, gekürzt: 24. Sept. 1956, Städtische Oper, Berlin; ungekürzt: 7. Mai 1985, Württembergische Staatstheater, Großes Haus, Stuttgart (hier behandelt); 2. Fassung als *Il re cervo oder Die Irrfahrten der Wahrheit*: 10. März 1963, Staatstheater, Kassel
**Personen:** der König (T); das Mädchen (S); der Statthalter (B.Bar); Scollatella, eine teilbare Frauensperson (Kol.S); Scollatella II, III und IV (Soubrette, Mez, A); Checco, ein verträumter Bursche (T.Buffo); Coltellino, ein schüchterner Mörder (T.Buffo); eine Dame in Schwarz (A); die Erfinder (Clowns mit Gesang ad lib.); der Hirsch (stumme R); der Papagei (Tänzerin); 2 Statuen (2 S oder KnabenS); Stimmen des Walds (S, Mez, A, T, B); die Windgeister (Tänzer). **Chor:** Frauenspersonen, Stimmen der Menschen, Hofstaat. **Statisterie:** Volk, Schergen, Jäger, Soldaten, Tiere, Erscheinungen
**Orchester:** 3 Fl (3. auch Picc), 2 Ob, E.H, 2 Klar, B.Klar, 2 Fg, K.Fg, 4 Hr, 3 Trp, 2 Pos, Tb, Pkn, Schl (Xyl, Vibr, Glsp, 6 Röhrenglocken, kl.Tr, gr.Tr, MilitärTr, kl. Bck, gr. Bck, 2 Paar Bck, Tamtam, 3 Tomtoms, Tamburin, Trg, Maracas, Holzblock, Rumbaholz, Campane di rumba, Legnetti), Kl, Cel, Cemb, Hrf, Akkordeon, Mand, Git, Streicher; BühnenM hinter u. auf d. Szene: Fl, Klar, 4 Hr, 3 Trp, Schl (Vibr, Glsp, 10 Röhrenglocken, kl.Tr, gr.Tr, 2 Paar Bck, Trg), Org, Cel, Mand, Vl
**Aufführung:** Dauer ca. 4 Std. 30 Min. – In der um rund zwei Stunden gekürzten und dramaturgisch entscheidend veränderten 2. Fassung heißen der König Leandro, das Mädchen Costanza und der Statthalter Tartaglia. Als wichtige neue Figur erscheint hier die Sprechrolle des Zauberers Cigolotti. Das ebenfalls reduzierte Orchester umfaßt: 2 Fl (2. auch Picc), 2 Ob (2. auch E.H), 2 Klar (2. auch B.Klar), 2 Fg (2. auch K.Fg), 3 Hr, 2 Trp, Tromba piccola antica ad lib., 2 Pos, Pkn, Schl (wie 1. Fassung), Kl, Cel, Cemb, Hrf, Mand, Git, Org ad lib., Streicher; BühnenM: 2 Hr, 3 Trp, Schl (Glsp, Vibr, Röhrenglocken, gr.Tr, MilitärTr, Bck, Trg), Mand.

**Entstehung:** »Ende 1952 in Italien, während ›Ode an den Westwind‹ noch in Arbeit war, hatten der Dichter Heinz von Cramer und ich begonnen, über den ›Re Cervo‹ von Carlo Gozzi zu sprechen. Diese alte venezianische fiaba voller mirakelhafter Vorgänge, durch indisches Märchengut inspiriert, voller Maschinen-Zauberei und Überfluß, hatte eine starke Anziehungskraft auf uns auszuüben begonnen. Wunderliche, robuste Spaßmacher, sonderbare Menschenkinder mit einem Hang zum Fabelhaften, ein vergangenes, barockes Italien voller Phantastik und Bizarrerie – es erregte uns mehr und mehr, so entstand langsam und nicht ohne Mühe das Szenarium zur Oper, das freilich in vielen Punkten die originale Vorlage außer acht ließ« (Henze, *Musik und Politik*, S. 36f., s. Lit.). Henze erhielt von Cramer zunächst Teile wie das Liebesduett des I. Akts, das er bereits zu komponieren begann. Der Zauber Süditaliens, einer faszinierenden »antikischen Welt«, wirkte auf die Klangsphäre. Im Spätsommer 1953 erhielt Henze das fertige Libretto. Im selben Jahr komponierte er den I. Akt. 1954 entstand der II. Akt, Ende 1955 war die Partitur beendet. Der I. Akt ist Susana und William Walton, der II. der Prinzessin Giuseppina D'Avolos und der III. Akt Nuria und Luigi Nono gewidmet. Die Uraufführung ging gegen Henzes Willen stark gekürzt über die Bühne. Er schrieb darüber 1973 an Joachim Klaiber: »Bei der Berliner Premiere hatte der Dirigent Scherchen, bevor ich zu den Proben kam, unglaublich mit dem Rotstift gewütet, seine bevorzugten Opfer waren die Arien (auf die ich beim Schreiben besondere Aufmerksamkeit verwandt hatte), weil er fand, ›wir‹ schrieben heute keine Arien mehr. Er wollte den ›König Hirsch‹ nicht wahrhaben« (ebd., S. 203). 1962 erarbeitete Henze mit Cramer eine Neufassung. Henze schrieb über die 2. Fassung: »Wir haben ganze szenische Blöcke herausgenommen und durch Kurzformen ersetzt. Wir haben eine Sprechrolle hineingesetzt, den Zauberer Cigolotti, durch den die Handlung verständlich bleibt, obwohl sie gekürzt ist. Ich habe einige neue Nummern geschrieben und sie an die Stelle von Großformen gesetzt. Das Finale des 2. Akts ist zu meiner ›Vierten Sinfonie‹ geworden. Das Orchester ist verkleinert worden. Das ganze Stück ist praktikabel – ein Kompromiß, den wir gemacht haben, um weitere ›Fassungen‹ überflüssig zu machen. Währenddessen hat die Uraufführung vom ›König Hirsch‹ noch nicht stattgefunden. Um das Stück richtig sehen zu können, richtig hören und begreifen zu können, muß man es ganz hören. Nur dann lassen sich Zusammenhänge erkennen. Das ist bisher noch nicht gemacht worden« (ebd., S. 202).
**Handlung:** In einer südlichen Landschaft, einem Venedig zwischen Wald und Meer.
I. Akt, das Innere eines Schlosses: Scollatella, vom Gewitterregen durchnäßt, macht sich für die Brautschau des jungen Königs zurecht. Der junge König, der im Wald aufwuchs, wird gerade feierlich gekrönt. Der Statthalter trachtet nach der Krone und spinnt Rachepläne gegen den König. Scollatella hält zunächst ihn für den König und beginnt mit gurrendem Werbegetändel. Ein junges Mädchen, das sich weigern wollte, an der Brautschau teilzunehmen, wird hereingeführt. Der dämonische Statthalter nutzt die

ablehnende Haltung des Mädchens gegenüber den Krönungsfeierlichkeiten für seine Umsturzpläne und versucht mit suggestiven Mitteln das Mädchen zum Mord an dem König zu bewegen. Doch da erscheinen die Tiere des Walds. Für den König sind sie die Gefährten seiner Kindheit und verkörpern die Schutzmacht seiner unschuldigen Natur, gegenüber der das Ränkespiel des Statthalters machtlos ist. Gegen seinen Willen treiben die Tiere den Statthalter dazu, sein Gewissen zu offenbaren und den Umsturzplan zu enthüllen. Allein der König bleibt ahnungslos. So kann der Statthalter zu erneuter Intrige ansetzen.
II. Akt, der Wald: Coltellino, zum Attentat auf den König angesetzt, läuft seinem entschwundenen Pistol hinterher. Checco sucht seinen Papagei. Scollatella, deren ehrgeiziger Versuch, Königin zu werden, kläglich scheiterte, trauert über ihr Mißgeschick. Der Statthalter ist auf der Suche nach dem König. Checco führt ihn auf die richtige Spur. Durch Zauber verwandelt sich der König in einen weißen Hirsch. Der Statthalter nimmt die Gestalt des Königs an.
III. Akt, ein großer Platz, von dem strahlenförmig Straßen ausgehen: Der Statthalter hat in der Gestalt des Königs eine Schreckensherrschaft errichtet. Der König als Hirsch zieht in die Stadt ein. Das Mädchen spürt seine Nähe und erkennt ihn. Der Statthalter versucht, den Hirsch zu töten, aber die Tat mißlingt. Er fällt, der Hirsch verwandelt sich in den König zurück; dieser reicht dem Mädchen die Hand. Das Volk jubelt dem Herrscherpaar zu.
**Kommentar:** Wiederholt schrieb Henze, die Oper enthalte von allem etwas: Märchenoper, Traumstück, Commedia dell'arte; eine neue Form von Theater (oder Zirkus), ohne Tiefenpsychologisches, Modisches, Oper also im umfassendsten Sinn, als Summe heterogener Elemente, Spiel- und Musikformen, Szenerien und Genres: ein barockes Spektakel in einer unbestimmt schillernden, südlich-luziden Märchenlandschaft, szenisch und musikalisch verwirklicht mit den Mitteln der 50er Jahre. Es besteht kein Zweifel, daß Henze mit dieser Oper einem neuen Sachlichkeitsideal entrinnen wollte. Zu Blachers ironisch-sprödem *Preußischen Märchen* (1952; Text: Cramer), aber auch zur eigenen Oper *Boulevard Solitude* (1952) mit ihrer Emotionskälte bildete das Sujet den denkbar größten Kontrast. Der Stoff schien sich auf die indische Phantastik von Strauss' *Frau ohne Schatten* (1919) hinzubewegen: dort eine weiße Gazelle, hier ein weißer Hirsch als Symbol der Unschuld. Doch von romantischer Exotik oder psychologischer Symbolik ist *König Hirsch* weit entfernt. Henze und Cramer hantieren mit all den Motiven, Symbolen, Formen und barocken Versatzstücken artistisch, sie spielen nicht auf, sondern mit dem Theater. Die Handlung entrollt sich als ein breites, buntes Panorama, gewinnt jedoch nirgends theatralische Unmittelbarkeit. Obwohl das Handlungskontinuum eingehalten und die Dramaturgie übersichtlich und symmetrisch geordnet ist, wirkt das Ganze eher wie eine gigantische aufbereitete lyrische Phantasmagorie. Gegenüber der durchsichtigen Spielturbulenz eines Gozzi-Stücks ist die Oper in Hermetik eingehüllt; die Verse Cramers, mehr noch die Mischklänge Henzes weben einen esoterischen Schleier, der Theatersinnlichkeit bannt. Wie sehr sich die Autoren von szenischer Wirklichkeit entfernten, bewies die Uraufführung, in der das Stück trotz rigoroser Striche als riesiger Torso über die Bühne ging und dennoch überladen wirkte. So wäre *König Hirsch* als ein magisches Opernritual zu bezeichnen; Oper wird als vergangene Erscheinungsform zitiert, gleich in der Eingangsszene, die Henze mit raffinierten orchestralen Mitteln als barocke Tempesta ausmalt. Ebenso künstlich wirkt die Waldstimmung des II. Akts, die mit ihren übereinandergeschichteten Holzbläserfiguren an eine Kristalllandschaft erinnert. Für opernhafte Wirkung sorgen außerdem die Finale, die Cramer als breite Tableaus anlegt. Henze nutzt sie aber symphonisch und nicht dramatisch, formt die Finalszenen des II. und III. Akts als mehrsätzige Symphonien. *König Hirsch* ist (von den *Bassariden*, 1966, abgesehen) Henzes farbigste, im thematischen wie harmonischen Bereich wuchernde Opernpartitur. Seine kombinatorische Phantasie stößt in luxurierende Klangbereiche vor, die ihre Valeurs gerade durch das Nebeneinander von tonalen und polytonalen Dreiklängen und zwölftönig gebildeten Akkorden beziehen. Im Vordergrund der zitierten Exotismen die »italienische« Farbe: Gitarren- und Mandolinenzirpen, vielfältig eingesetzte Glockenklänge, die Schlagwerkbatterie der Clownszenen und die virtuosen Koloraturen der Scollatella stehen für diese Italianità.
**Wirkung:** Über die tumultartige Uraufführung der gekürzten 1. Fassung (Inszenierung: Leonard Steckel, Ausstattung: Jean-Pierre Ponnelle; Dirigent: Hermann Scherchen; König: Sándor Kónya, Mädchen: Helga Pilarczyk, Statthalter: Tomislav Neralić, Scollatella: Nora Jungwirt, Checco: Helmut Krebs, Coltellino: Martin Vantin) schreibt Klaus Geitel: »Die Galerie randaliert. Sie fordert ›Lohengrin!‹. Paul Dessau rät ihr lauthals aus dem Parkett, nach Bayreuth auszuwandern. Zwischenrufe fallen vom Olymp. Man lacht, man schreit, man pfeift, man buht« (S. 74, s. Lit.). Aufführungen der gekürzten 1. Fassung folgten 1959 in Darmstadt (Inszenierung: Harro Dicks, Diri-

*König Hirsch*, III. Akt; Bühnenbildentwurf: Jean-Pierre Ponnelle; Uraufführung der gekürzten 1. Fassung, Städtische Oper, Berlin 1956.

gent: Hans Zanotelli) und 1960 in Bielefeld (Inszenierung: Klaiber, Dirigent: Bernhard Conz, Ausstattung: Jürgen Henze). Die von Henze sehnlichst gewünschte Uraufführung der ungekürzten 1. Fassung wurde in sängerischer Idealbesetzung zu einem umjubelten Erfolg (König: Toni Krämer, Mädchen: Julia Conwell, Statthalter: John Bröcheler, Scollatella: Karin Ott, Checco: Jerrold van der Schaaf, Coltellino: Helmut Holzapfel; Dirigent: Denis Russell Davies, Inszenierung: Hans Hollmann, Ausstattung: Hans Hoffer und Frieda Parmeggiani). Von den Inszenierungen der 2. Fassung seien neben der Uraufführung (Inszenierung: Hans Hartleb, Ausstattung: Ekkehard Grübler, Dirigent: Christoph von Dohnányi) die sehr erfolgreiche in München 1964 (Inszenierung: Hartleb, Dirigent: Dohnányi; Leandro: Claude Heater, Costanza: Felicia Weathers, Tartaglia: Hans Günter Nöcker, Scollatella: Ingeborg Hallstein, Checco: Friedrich Lenz), in Helsinki 1971 (Helsinki-Festival; Inszenierung: Gerhard Weitzel, Dirigent: Ulf Söderblom, Austattung: Seppo Nurmimaa; Leandro: Eero Erkkilä, Costanza: Tamara Lund, Tartaglia: Tapani Valtasaari, Scollatella: Taru Valjakka), in Paris 1973 (Opéra-Comique, konzertant in deutscher Sprache; Dirigent: Siegfried Köhler) und in Florenz 1976 anläßlich des Maggio Musicale (Inszenierung: Roberto Guicciardini, Dirigent: Bruno Bartoletti, Ausstattung: Pierluigi Samaritani; Leandro: Michele Molese, Tartaglia: Claudio Desderi) genannt.

**Autograph:** beim Komponisten. **Ausgaben:** Kl.A, 1. Fassung: Schott 1956, Nr. 4915; Kl.A, 2. Fassung: Schott 1964, Nr. 5440; Textb., 1. Fassung: Schott 1956; Textb., 2. Fassung: Schott 1964. **Aufführungsmaterial:** Schott
**Literatur:** H. H. STUCKENSCHMIDT, Oper in dieser Zeit, Velber 1964, S. 107f.; H. V. CRAMER, Die Grundidee der Oper ›König Hirsch‹, in: Ph. Staatstheater, Stuttgart 1985, S. 5; weitere Lit. s. S. 776

*Wolfgang Molkow*

## Maratona di danza
→ Sanders, Dick (1957)

## Ondine
→ Ashton, Frederick (1958)

## Der Prinz von Homburg
### Oper in drei Akten

**Text:** Ingeborg Bachmann, nach dem Schauspiel *Prinz Friedrich von Homburg* (1811) von Bernd Heinrich Wilhelm von Kleist
**Uraufführung:** 22. Mai 1960, Hamburgische Staatsoper, Hamburg
**Personen:** Friedrich Wilhelm, Kurfürst von Brandenburg (HeldenT); die Kurfürstin (A); Prinzessin Natalie von Oranien, seine Nichte, Chef eines Dragonerregiments (S); Feldmarschall Dörfling (Bar); Prinz Friedrich Artur von Homburg, General der Reiterei (hoher Bar); Obrist Kottwitz, vom Regiment der Prinzessin von Oranien (B); Graf Hohenzollern, von der Suite des Kurfürsten (lyrischer T); 3 Offiziere (T, Bar, B); 3 Hofdamen (S, Mez, A); Wachtmeister (Bar); 2 Heiducken (T, Bar); weitere Offiziere (kl. Chor: T, B). **Chor:** Pagen, Bedienstete, Läufer, Fahnenträger, Soldaten, Wachen, Totengräber
**Orchester:** 3 Fl (2. auch Picc u. A.Fl, 3. auch Picc, A.BlockFl u. T.BlockFl), Ob, E.H, Klar, B.Klar, A.Sax, 2 Fg (2. auch K.Fg), 4 Hr, 2 Trp, 2 Pos, Tb, Pkn, Schl (gr.Tr, MilitärTr, 3 Tamtams, kl. Tamtam, tiefes Tamtam, 3 Tomtoms, kl. Bck, 2 Paar Bck, Trg, 2 Röhrenglocken, 2 Almglocken, hohe Almglocke, Rute, Vibr, Marimbaphon, Glsp), Kl (auch Cel), 2 Hrf, Streicher; BühnenM: Fl, Ob, Klar, Fg, Hr, 2 Trp, 2 RührTr, Streicher
**Aufführung:** Dauer ca. 2 Std.

**Entstehung:** Die Anregung zu der Oper gab 1957 Luchino Visconti, der bei Henzes Ballett *Maratona di danza* (Choreographie: Dick Sanders, 1957) Regie geführt hatte. »Als ich nach einer Sprache suchte, in deren Vereinigung meine Musik Neues zu leisten hätte, eine Sprache, auf die meine Musik aus war, ist mir der ›Prinz‹ in den Weg gekommen. Ingeborg Bachmann hat mir den Text eingerichtet, sie hat ihn auf eine Libretto-Form hin reduziert, Gehäuse für Rezitative, Arien und Ensembles errichtend« (Henze, *Musik und Politik*, S. 77, s. Lit.). 1958 schrieb Henze die Partitur, die er Igor Strawinsky widmete und in der er, wie er selbst bemerkte (ebd., S. 81), die Ergebnisse seiner bis dahin gewonnenen kompositorischen und musikalisch-dramatischen Erfahrungen zusammengefaßt hat. Zur Einrichtung des Librettos schreibt Bachmann: »Die herrlichen Monologe, die knappsten, dichtesten, die in der Literatur zu finden sind, konnten alle erhalten werden. Unvermeidbar jedoch waren folgende Veränderungen: Nebenfiguren, stichwortbringende vor allem, wurden hier und da zusammengefaßt in eine Person; oder es wurde, soweit dies dem Sinn nicht abträglich war, ein Text einer anderen Person in den Mund gelegt, oder ›Allen‹, oder den ›Offizieren‹, oder den ›Damen‹ [...] Auffälliger ist die Einführung einer neuen Szene, in der der Prinz, auf dem Bittgang ins Schloß, auf dem Wege zur Kurfürstin, sein Grab von den Totengräbern schaufeln sieht« (s. Lit.). Mit Bachmann, die bereits Texte zu dem Ballett *Der Idiot* (Choreographie: Tatjana Gsovsky, 1952) beigetragen hatte und deren Lyrik die Grundlage der *Nachtstücke und Arien* (1957) für Sopran und Orchester bildete, stand Henze lange Zeit in engstem künstlerischen Gedankenaustausch. Wie dann auch in der Zusammenarbeit mit W. H. Auden und Chester Kallman sowie später mit Edward Bond entstanden hierbei opernästhetisch besonders relevante Werke. So gelang ihnen nach dem *Prinzen von Homburg* im *Jungen Lord* (1965) die Wiederbelebung des für das Musiktheater nach 1945 äußerst ungewöhnlichen Genres der komischen Oper.
**Handlung:** In Fehrbellin und Berlin, 1675.
I. Akt, 1. Bild, Garten im altfranzösischen Stil, im Hintergrund ein Schloß: Traumversunken bindet sich

Prinz Homburg einen Lorbeerkranz. Kurfürst Friedrich Wilhelm, der ihn mit der Hofgesellschaft überrascht, nimmt ihm den Kranz aus der Hand, schlingt seine Halskette um ihn und überreicht ihm seine Nichte Natalie. Als Homburg das Mädchen als Braut anspricht und sie zu umfassen sucht, entfernt sich die Gesellschaft. Im Abgehen streift Homburg Natalie einen Handschuh von der Hand. 2. Bild, Saal im Schloß: Feldmarschall Dörfling erläutert den Schlachtplan gegen die Schweden. Homburg gerät jedoch in Verwirrung, als er bemerkt, daß Natalie eben jenen Handschuh sucht, den er im Traum an sich genommen hat. 3. Bild, Schlachtfeld bei Fehrbellin, ein Hügel mit Kommandozelt: Homburg mißachtet den Befehl, erst dann mit seinem Heer zum Angriff überzugehen, wenn der Kurfürst selbst die Order dazu erteilt hat. Am nächsten Morgen werden die Verwundeten und Toten der Schlacht vor das Zelt getragen. Ein Offizier meldet den Tod des Kurfürsten. Im Moment der tiefsten Trauer gestehen sich Natalie und Homburg ihre Liebe. Da kehrt der Kurfürst unversehrt zurück und droht, Homburg wegen seines eigenmächtigen Handelns zum Tod verurteilen zu lassen.
II. Akt, 1. Bild, Gefängnis: Homburg wurde durch das Kriegsgericht zum Tod verurteilt. 2. Bild, Gefängnishof: Homburg erblickt mit Entsetzen das Grab, das für ihn ausgehoben wird. In höchster Todesangst beschließt er, um Gnade zu bitten. 3. Bild, Zimmer der Kurfürstin: Vergeblich bittet Homburg die Kurfürstin um Hilfe. Natalie will versuchen, den Kurfürsten umzustimmen. 4. Bild, Zimmer des Kurfürsten: Natalie bittet den Kurfürsten um Gnade. Er verspricht, das Todesurteil aufzuheben, sollte der Angeklagte selbst das Urteil des Kriegsgerichts für ungerecht erklären. 5. Bild, Gefängnis: Trotz der Bitten Natalies entscheidet sich Homburg für die Anerkennung des Gesetzes und damit für seine Hinrichtung.
III. Akt, 1. Bild, Zimmer des Kurfürsten: Offiziere des von Natalie angeführten Regiments von Oranien bitten um Gnade für den Prinzen. Homburg jedoch verkündet seinen Entschluß, in Anerkennung des Gesetzes das Todesurteil hinzunehmen. 2. Bild, Garten, im Hintergrund das Schloß: Der Prinz wird mit verbundenen Augen in den Garten geführt. Der Welt entrückt, glaubt er sich auf dem Weg zur Hinrichtung. Doch die einstige Traumvision wird Wirklichkeit: Homburg wird mit dem Siegeskranz gekrönt, bekommt die Fürstenkette umgelegt und erhält Natalie zur Braut.

**Kommentar:** Es ist bezeichnend für Henzes artifizielles Verhältnis zur Oper, daß er Kleists Drama von der Atmosphäre her italienisch auffaßt, verwandt mit der Ausdruckswelt der italienischen Oper. Auf dieser Anschauung gründet sich Henzes Neigung zu konstruktiven musikalischen Prinzipien, die in gewisser Weise an dem inneren Konflikt des Dramas vorbeizielen. Am ehesten gelingt es Henze mit seinen gläsernkühlen Mischklängen, das Somnambule der einleitenden Gartenszene festzuhalten. Aus der liegenden Quinte heraus entwickelt sich ein raunend ineinanderklingendes, raffiniert gesetztes Ensemble und gibt dem Tableau, das am Schluß leitmotivisch wiederkehrt, die Stimmung der Traumszenerie. Was Henze weniger glückt, ist die Vermittlung von Traum und Wirklichkeit, der dramatische Kern des Schauspiels. Vor allem wird das existentielle Problem von Kleists Drama, Homburgs Erkenntnis seiner Verfehlung und seine Todesbereitschaft, eher verschleiert als durchsichtig gemacht. Psychologisch ausgedrückt: Henzes Musik verharrt zumeist in der subjektiven Traumsphäre, später in der inneren Gefängnissituation Homburgs, ohne unmittelbar, wie es gerade Kleists Anliegen ist, in die Wirklichkeit, hier symbolisch im Vaterkonflikt sichtbar, durchzustoßen. Wollte Henze mit komplexen Mitteln einen Stil der »Antihermetik« (*Musik*, S. 81) erreichen, so schlägt eben dieser Versuch in eine neue Klanghermetik um, die Kleists Drama allenfalls eine symphonisch-illustrative Entsprechung gibt. Gleichwohl gelang es Henze im *Prinz von Homburg*, seine verschiedenen musikalischen Erfahrungen, die um 1958 in Werken wie der *Kammermusik 1958* oder auch dem schillernd-kühlen Ballett *L'usignolo dell'imperatore* (Choreographie: Giulio Di Majo, 1959) weitere wichtige Stationen erreichten, sowohl zusammenzufassen als auch auf neue Bahnen zu lenken, die folgerichtig in die Komposition der *Elegie für junge Liebende* (1961) münden sollten.

**Wirkung:** Die Uraufführung in der Inszenierung Helmut Käutners (Dirigent: Leopold Ludwig, Bühnenbild: Alfred Siercke; Homburg: Vladimir Ruždjak, Natalie: Liselotte Fölser, Kurfürst: Helmut Melchert, Hohenzollern: Heinz Hoppe), der Gastspiele in Spoleto und Paris folgten, fand zunächst bei Publikum und Presse ein relativ positives Echo; ein Kleistsches Drama im Zwölftongewand erregte Neugier und Interesse. So spielten mehrere Bühnen (beispielsweise 1961 Frankfurt a. M., mit Gastspiel in London, und Münster/Westf., 1963 Gelsenkirchen, 1964 Düsseldorf in Henzes Inszenierung, Augsburg, Lyon und Graz) die Oper nach, ohne daß sie sich allerdings längere Zeit in den Spielplänen hätte halten können. Kurt Horres

*Der Prinz von Homburg*, II. Akt; Vladimir Ruždjak als Prinz von Homburg, Heinz Hoppe als Hohenzollern; Regie: Helmut Käutner, Bühnenbild: Alfred Siercke; Uraufführung, Staatsoper, Hamburg 1960. – Der schwere Schatten, der die Gefängniszelle überspannt, lastet auf dem Prinzen wie sein Todesurteil.

brachte das Werk in einer erfolgreichen Inszenierung 1982 am Staatstheater Darmstadt heraus (Homburg: Thomas Hampson, Natalie: Barbara Bonney; Dirigent: Hans Drewanz).

**Autograph:** beim Komponisten. **Ausgaben:** Part: Schott; Kl.A: Schott 1960, Nr. 5080; Textb.: Schott. **Aufführungsmaterial:** Schott
**Literatur:** H. W. HENZE, Meine neue Oper, in: Melos 27:1960; I. BACHMANN, Entstehung eines Librettos, ebd., auch in: DIES., Werke, München, Zürich ²1982, Bd. 1, S. 369–374; D. DE LA MOTTE, Marginalien zur ›Homburg‹-Partitur, in: Melos 27:1960; DERS., ›Der Prinz von Homburg‹. Ein Versuch über d. Komposition u. d. Komponisten, Mainz 1960; H. H. STUCKENSCHMIDT, Oper in dieser Zeit, Velber 1964, S. 108–111; weitere Lit. s. S. 776

*Wolfgang Molkow*

## Elegie für junge Liebende
### Oper in drei Akten

**Text:** Wystan Hugh Auden und Chester Simon Kallman; deutsche Fassung: Ludwig Landgraf unter Mitarbeit von Werner Schachteli und Hans Werner Henze
**Uraufführung:** 20. Mai 1961, Schloßtheater, Schwetzingen, Ensemble der Bayerischen Staatsoper, München
**Personen:** Gregor Mittenhofer, Dichter (Bar); Dr. Wilhelm Reischmann, Arzt (B); Toni Reischmann, sein Sohn (lyrischer T); Elisabeth Zimmer (S); Carolina Gräfin von Kirchstetten, Sekretärin von Mittenhofer (A); Hilda Mack, Witwe (Kol.S); Josef Mauer, Bergführer (Spr.); eine Bedienstete im »Schwarzen Adler« (stumme R)
**Orchester:** Fl (auch Picc, A.Fl u. A.BlockFl ad lib.), E.H (auch Ob), Klar (auch B.Klar), A.Sax, Fg, Hr, Trp, Pos, Pkn, Schl (3 Spieler: 3 Tomtoms, MilitärTr mit Schnarrsaite, MilitärTr ohne Schnarrsaite, Holzblock, Metallblöcke, Crotales in d''', c''' u. b'', 2 Bck, 3 Trg, kl., mittlere u. gr. Almglocke, 3 Tamtams, gr.Tr, Maracas, 3 SchellenTr, 3 Bongos, Röhrenglocken in d', f', gis', a', cis'' u. dis''), Flexaton (durch elektron. Instr. ersetzbar), Glsp, Marimbaphon, Vibr, Hrf, Mand, Git, Cel, Flügel (ohne Deckel), 2 Vl, Va, Vc, Kb
**Aufführung:** Dauer ca. 3 Std. 30 Min. – Die Streicher können auch chorisch besetzt werden.

**Entstehung:** Die Oper entstand als Auftragswerk des Süddeutschen Rundfunks für die Schwetzinger Festspiele. Ende 1958 wandte sich Henze an Auden und Kallman mit der Bitte um ein Libretto, wobei er, wie er ausführte, zunächst von rein musikalischen Ideen ausging, der »Vorstellung von einer psychologisch sehr nuancierten Kammeroper«, deren Sujet und Atmosphäre schöne, zarte Klänge erforderte (in: *Musik und Politik*, S. 87, s. Lit.). Im Sommer 1960 begann Henze mit der Komposition. Noch während der Proben zum I. Akt (1961) arbeitete er an der Fertigstellung des II. und III. Akts.

**Handlung:** In den österreichischen Alpen, Frühling 1910.
I. Akt, Halle und Terrasse des Berggasthauses »Schwarzer Adler«, im Hintergrund der schneebedeckte Gipfel des Hammerhorns (die 1. Szene, Hildas Monolog, spielt »vor einem Zwischenvorhang, auf dem eine Ansicht dieses Berges, wie er von der unteren Terrasse aus erscheinen könnte, gemalt ist«): Der berühmte Dichter Gregor Mittenhofer befindet sich im Kreis seiner Getreuen, die ihm in geheimer Sorge um das Werk hörig sind. Wie jedes Jahr hofft Mittenhofer auf visionäre Gesichte der Witwe Hilda Mack (sie wartet seit 40 Jahren auf die Rückkehr ihres am Hammerhorn verschollenen Manns), um aus ihnen poetischen Profit zu ziehen. Das üblicherweise genau festgelegte Ritual des Tagesablaufs wird durch die Ankunft Tonis, Dr. Reischmanns Sohn, gestört. Er ist der einzige, der von der blinden Verehrung für den Meister frei ist. In dem Augenblick, als Toni und Elisabeth Zimmer sich erstmals gegenüberstehen, verfällt Hilda in den lange erwarteten tranceartigen Zustand und spricht in visionären Worten von Frühling, Liebe und Tod unter dem Schnee, Worte, die Mittenhofer eifrigst mitstenographiert. Sie inspirieren ihn zu dem Gedicht »Die Liebenden«, dessen Entstehung mit den tatsächlichen Begebenheiten nun parallel verläuft. – Der Bergführer Maurer berichtet, daß der Gletscher am Hammerhorn eine Leiche freigegeben habe, vermutlich die von Hildas verschollenem Mann. Elisabeth wird mit der Aufgabe betraut, Hilda die bestürzende Nachricht zu überbringen. Diese, noch immer in ihrer Vision befangen, fordert Elisabeth warnend auf, den Ort zu verlassen. In liebevoller Weise gelingt es Elisabeth schließlich, Hilda auf den Boden der Realität zurückzuholen. Toni, der zufällig Zeuge der Unterredung wird, faßt Zuneigung zu Elisabeth und tritt in einen andern Bereich der Entrückung ein: den der Liebe.
II. Akt, wie I. Akt, einige Tage später, Nachmittag: Toni und Elisabeth gestehen sich ihre Liebe. Die Gräfin und Reischmann, bereits besorgt, daß durch Hildas Gesundung dem Meister eine Inspirationsquelle versiegt ist, treten der sich anbahnenden Liaison entgegen. Mittenhofer jedoch gibt sich gelassen und gewinnt, indem er von den Absonderlichkeiten und der Egozentrik des schöpferischen Menschen spricht, die Geliebte für kurze Zeit zurück, die nun voller Schuldgefühle ihre Liebe zu Toni als Irrtum hinstellt. Toni aber drängt auf eine Aussprache. Mit gespielter Souveränität gibt Mittenhofer die Geliebte frei, ja er sucht, indem er von seinem im Werden begriffenen Gedicht »Die jungen Liebenden« spricht, alle davon zu überzeugen, daß Toni und Elisabeth zusammengehören. Nur eine Bitte hat er noch an das junge Paar: Sie mögen ihm eine Alveternblume vom Hammerhorn holen, die ihm neue »Stütze der Vision« sein soll. Dankbar willigen Toni und Elisabeth ein. Allein gelassen, gibt Mittenhofer seiner Eifersucht und seiner verletzten Eitelkeit unverhüllten Ausdruck.
III. Akt, 1. Bild, wie I. Akt, am nächsten Morgen: Toni und Elisabeth brechen zu einer Bergtour auf.

Hilda und Reischmann reisen nach Wien ab, nur Mittenhofer und die Gräfin bleiben zurück. Als sich plötzlich ein unerwarteter Schneesturm anbahnt, fragt der Bergführer im »Schwarzen Adler« nach, ob jemand auf Bergtour sei. Nach kurzem Zögern verneint Mittenhofer, und die Gräfin, nun wie versteinert, schweigt. Der zu erwartende Tod des jungen Paars ist dem Dichter willkommenes Material für sein neues Gedicht. 2. Bild, Schneesturm am Hammerhorn: Toni und Elisabeth haben sich verirrt und erwarten den nahen Tod. Jeglicher Hoffnung auf eine Zukunft bar, entwerfen sie eine imaginäre gemeinsame Vergangenheit und können ohne Bitterkeit sterben. 3. Bild, Ankleidezimmer, später die Bühne eines Wiener Theaters: Zu Ehren des 60. Geburtstags des großen Mittenhofer wird eine Dichterlesung veranstaltet. Der Dichter widmet sein neues Gedicht, das nun den Titel »Elegie für junge Liebende« trägt, zynisch dem Andenken des jungen Paars, das in den Bergen einen tragischen Tod fand. Er setzt zur Lesung des neuen Opus an, aber seinem Mund entströmt nur eine wortlose Vokalise, der sich die Stimmen all derer, die zum Gelingen des Kunstwerks beigetragen haben, beimischen.

**Kommentar:** Das Libretto (die 34 Szenen sind mit programmatischen Titeln versehen) ist in der Formanlage, mitunter bis ins Detail, der italienischen Oper des 19. Jahrhunderts verpflichtet. So ist Hildas Vision vom Bergtod zweier Liebender den Stanzen der Wahnsinnsszene aus Donizettis *Lucia di Lammermoor* (1835) nachgebildet. Gleichwohl handelt es sich keineswegs um den bloßen Versuch der Rekonstruktion eines historischen Operntypus, sondern um einen modernen Text, der sich durch mannigfache strukturelle Beziehungen und semantische Mehrdeutigkeiten auszeichnet, wobei zumal in der physiognomischen Gestaltung des »Helden« Züge von Sarkasmus und Ironie markant hervortreten. Den zentralen Aspekt der *Elegie für junge Liebende* faßten Auden und Kallman in einem Kommentar mit zwei Zeilen von William Butler Yeats mottohaft zusammen: »Der Geist des Menschen muß sich entscheiden für die Vollkommenheit des Lebens oder des Werks.« In Mittenhofers Worten erscheint dies Motto folgendermaßen konkretisiert: »Jedes Ding will bezahlt sein, am Ende eben, sei's heut, sei's im Dienste an der Ewigkeit: Ich frag' nicht nach dem Preis: Die Welt, sie zahlt ihn mir« (III/5: »Tolle Geschichten«). Entsprechend dem Beziehungsreichtum des Librettos ist die Partitur dieser Kammeroper durch große Differenziertheit gekennzeichnet: durch ein nuancenreiches, transparentes Klangbild, durch mannigfache motivische Beziehungen sowie (als Referenz an die italienische Oper) durch den Primat der Singstimme, deren Gestaltung von rezitativischem Parlando über streng konstruierte Arien bis zu vielfältigen Ensemblesätzen reicht. Im Bereich des Gesangs werden alle Zwischenstufen berührt von dem wenige Töne umkreisenden Rezitativ bis zur virtuosen Koloratur; die Gestaltung der gesprochenen Sprache reicht von deklamierten Dialogen über freie Rede mit kurzen Instrumentaleinwürfen bis zu rhythmisiertem Sprechen und zum Sprechgesang Schönbergscher Prägung. – Die neurotische Abhängigkeit der Personen vom Dichter, die allein im Hinblick auf sein Werk sanktioniert erscheint, wird von Henze im Sinn einer musikalischen Dramaturgie sinnfällig gemacht. So ist jeder Person ein Instrument (beziehungsweise mehrere Instrumente) zugeordnet, das die in den vokalen Linien geäußerten Seelenzustände in einer zweiten Linie intensiviert und deren Zusammentreffen oftmals zu scharfen Reibungen führt. Hilda ist durch die Flöte charakterisiert, zuweilen auch durch Harfe, Celesta und idiophonisches Schlagwerk. Elisabeths obligates Instrument ist die Violine, das von Toni die Viola; Reischmann ist das Fagott zugeordnet, Carolina das Englischhorn, und Mittenhofer wird durch Horn, Trompete und Posaune vertreten, Instrumente, die entsprechend den ihnen anhaftenden semantischen Konnotationen verschiedene Züge seines Verhaltens illustrieren. Daß denjenigen Stellen der Partitur, in welchen die obligaten Instrumente schweigen, ein besonderes dramaturgisches Gewicht zukommt, versteht sich von selbst. Erwähnt sei als prägnantes Beispiel das »Harfenquintett« des II. Akts, eine Szene, in der Mittenhofer durch den Verweis auf sein Gedicht die Anwesenden davon überzeugen kann, daß Toni und Elisabeth zusammengehören: Alle unterwerfen sich der Suggestivkraft des künstlerischen Opus, das Mittenhofer repräsentiert.

*Elegie für junge Liebende*, I. Akt; Catherine Gayer als Hilda Mack, Dietrich Fischer-Dieskau als Gregor Mittenhofer; Regie und Ausstattung: Hans Werner Henze; Deutsche Oper, Berlin 1962. – In der Ausbeutung traumatischen Leidens anderer durch den skrupellos parasitären Dichter wird das romantische Thema der Inspirationskrise kritisch radikalisiert.

Die Harfe, hier stellvertretend für die Leier Apolls, gehört jedoch dem Bereich der wahrsagenden Irren an, so daß ihr alleiniges Erklingen anzeigt, wie sehr der Dichter seinerseits von Hilda und ihrer Vision abhängig ist. Die Semantik beschränkt sich hier aber keineswegs auf die Ebene der Instrumentation, sondern schließt auch den Bereich der musikalischen Gestik ein: Wenn Mittenhofer sich in einem weit ausschwingenden Gesangsbogen an die beiden Liebenden wendet, die als »Gabe von fern, zerstörbar, eine ewige Blume« bringen, greift er ein musikalisches Idiom auf, das für Hildas Physiognomie kennzeichnend ist und das Henze einmal als das »preziöse und artifizielle Genre« charakterisierte. Vor allem aber sind es Maßnahmen auf der Ebene der Motivik, die die verschiedenen Abhängigkeitsgrade der Personen untereinander sinnfällig machen. Das musikalische Material der Oper ist im wesentlichen zwölftönig organisiert, in der für Henze typischen freien Weise. Jeder Person ist eigenes Reihenmaterial zugeordnet, das jedoch nicht starr beibehalten wird. Hildas musikalische Strukturen werden von Mittenhofer aufgegriffen, er verleibt sie sich ein und macht sie sich wie ihre Visionen zu eigen. Hingegen sind die Reihen von Carolina und Reischmann, die dem Meister ganz treu ergeben sind, von dem musikalischen Material abgeleitet, das anfangs für Mittenhofer exponiert worden war. Indem das einer Person zugewiesene Material auf eine andere Person oder Situation übertragen wird, fungiert es mitunter in quasileitmotivischer Weise. So basiert Hildas die Oper eröffnende Arie auf einer Zwölftonreihe, aus der Henze das Material für ihre spätere große Vision ableitet und die am Ende des I. Akts wieder aufgegriffen wird, als Hilda sich an Elisabeth wendet mit den Worten »Wie reizend du bist«. Somit wird die Erinnerung an den verschollenen Bräutigam in Hildas erster Arie in die Ankündigung eines drohenden ähnlichen Geschicks für Elisabeth umgedeutet. – Abgesehen von dem Orchesterzwischenspiel am Ende des II. Akts, das den Schneesturm fast realistisch malt, ist der Musik ein vibrierender, ständig sich verändernder Klang eigen, der daraus resultiert, daß die Instrumente meist nur für wenige Töne verwendet werden. Um so drastischer wirken daher die »realistischen« Geräusche (das Ticken der Uhr, der Lokomotivpfiff, das Läuten des Almglocke), die fast überdeutlich signalisieren, daß im Gang der Handlung eine Wende eintritt. Auch die im allgemeinen differenzierte Rhythmik trägt wesentlich zur irisierenden Klangwelt der Oper bei. Gleichwohl finden sich mitunter Stellen von motorischer Gleichförmigkeit, zumal dort, wo Parodie und bissiger Humor dominieren. Ihr neoklassizistischer Duktus weist auf den *Jungen Lord* (1965) voraus, während das Verfahren, motivisches Material einer Person auf eine andere zu übertragen, an die *Bassariden* (1961) gemahnt, worin der Sieg des rauschhaften Dionysos über den asketischen Pentheus dadurch greifbar wird, daß das dionysische Material das des Pentheus erstickt und überwuchert. – Mit der gemeinsamen Widmung an Hugo von Hofmannsthal, den »Österreicher, Europäer und Meisterlibrettisten«, verbinden die Autoren das ästhetische Programm der *Elegie für junge Liebende*, ist doch das Werk in Text und musikalischer Faktur auf eine Psychologisierung der Charaktere hin angelegt.

**Wirkung:** Nach der Uraufführung (Mittenhofer: Dietrich Fischer-Dieskau, Hilda: Eva Maria Rogner, Reischmann: Karl Christian Kohn, Toni: Friedrich Lenz, Elisabeth: Ingeborg Bremert; Dirigent: Heinrich Bender, Ausstattung: Helmut Jürgens) wurde die Oper von der Kritik als Henzes »Durchbruch zu einer eigenen musikalischen Sprache« begrüßt. In englischer Sprache wurde das Werk am 13. Juli 1961 beim Glyndebourne-Festival (Dirigent: John Pritchard) gegeben. Von den zahlreichen Einstudierungen, zum Teil in gekürzter Form, seien die von Henze inszenierten Aufführungen in Berlin 1962, Edinburgh 1971 und Nürnberg 1977 erwähnt, die insofern unterschiedlich akzentuierte Sichtweisen des Komponisten repräsentieren, als die Edinburgher und die Nürnberger Inszenierung in die Zeit nach Henzes Wende zur politischen Linken fallen. So hatte Henze 1962 noch ausgeführt, »gewisse Dinge an diesem Sujet« seien »zeitlos«, und er hatte sich mit den Librettisten noch darin einig gewußt, daß die Figur des Dichters als moderner »Mythos« aufzufassen sei und trotz der grotesk-banalen Züge an der implizierten Größe des Helden kein Zweifel bestehen dürfe. Dagegen zielte er 1971 darauf, das Konzept des »Helden als bürgerlichem Künstler« in Frage zu stellen, ja die bürgerliche Vorstellung vom Genie, das sich außerhalb der gesellschaftlichen Normen befinde und für das andere Regeln und Wertvorstellungen gelten, zu desavouieren und als historisch bedingte Fehlvorstellung bloßzulegen: »Die Schlußszene der Oper bringt uns das Grauenhafte solcher Konzeptionen vor Augen. Von hier aus können wir auf das Ganze zurückblicken, als ob es als ein Lehrstück gedacht gewesen sei.« In seiner fast als Wagner-Parodie angelegten Nürnberger Inszenierung arbeitet Henze den jugendstilhaften Aspekt der Oper heraus und bezeichnet im Anschluß an Walter Benjamin den Jugendstil als den »einzigen bodenständigen Ausdruck, den die Bourgeoisie je sich verschafft hat, jener Ideologie von Elite, von der Kunst und vom Leben und Vergehen der Menschen mit ihr, durch sie, aus der der Faschismus geradezu bruchlos und logisch hervorgehen konnte« (in: *Zu dieser Inszenierung*, s. Lit.).

**Autograph:** beim Komponisten. **Ausgaben:** StudienPart: Schott, Nr. 5040; Kl.A, dt./engl.: Schott, Nr. 5100; Textb.: Schott. **Aufführungsmaterial:** Schott
**Literatur:** W. H. AUDEN, C. KALLMAN, Geburt eines Librettos, in: NZfM 122:1961, H. 5, S. 179–181; D. DE LA MOTTE, Elegie für junge Liebende, in: Melos 28:1961, H. 5; Hans Werner Henze. Eine Auswahl v. K. Schultz anläßlich d. »Tage der Neuen Musik 1976«, hrsg. Kulturamt d. Stadt Bonn, S. 31–35; H. W. HENZE, Zu dieser Inszenierung, in: Ph. Nürnberg 1977; weitere Lit. s. S. 776

*Monika Schwarz*

# Titelregister der in Band 2 behandelten Werke

*Adam Zero* (Helpmann) 773
*Adlers Horst, Des* (Gläser) 404
*adlige Hirtin, Die* (P. A. Guglielmi) 614
*Adrienne* (Goetze) 475
*Aetius* (Händel) 687
*Africana«, El dúo de »La* (»Afrikanerin«, Das Duett aus der; Fernández Caballero) 192
*Agrippina* (Händel) 668
*Ägyptische Nächte* (Fokin) 231
*Alba, Il duca d'* (*Alba, Der Herzog von; Albe, Le Duc d'*; Donizetti) 18
*Alceste* (Gluck) 442
*Alcina* (Händel) 693
*Alcina, Angelica, Siegerin über* (*Alcina, Angelica vincitrice di*; Fux) 298
*Alessandro* (Händel) 683
*Alessandro nell'Indie* (Galuppi) 311
*Alessandro Stradella* (Flotow) 216
*Alexander* (Händel) 683
*Alexander in Indien* (Galuppi) 311
*Alma l'incantatrice* (Flotow) 215
*Almira, Königin von Kastilien, Der in Kronen erlangte Glückswechsel oder* (Händel) 666
*Amant jaloux, Les Fausses apparences ou L'* (Grétry) 569
*Amerika* (Haubenstock-Ramati) 730
*Amerikaner, Die* (*Amerikanzy*; Fomin) 260
*Amore e Psiche* (Gaßmann) 334
*Amors og balletmesterens luner* (Galeotti) 310
*Amor und Psyche* (Gaßmann) 334
*amour, L'Epreuve d'* (Fokin) 254
*Amour conjugal, Léonore ou L'* (Gaveaux) 339
*Andorra, Das Tal von* (*Andorre, Le Val d'*; Halévy) 650
*Andrea Chénier* (*André Chénier*; Giordano) 391
*Angelica vincitrice di Alcina* (*Angelica, Siegerin über Alcina*; Fux) 298
*anima del filosofo ossia Orfeo ed Euridice, L'* (Haydn) 766
*Anna Karenina* (Hamilton) 662
*Antar* (*Antara*; Dupont) 84
*Apachen von Athen, Die* (*Apachides ton Athinon, I*; Hadsiapostolu) 632
*Aphrodite* (Erlanger) 155
*Apotheker, Der* (Haydn) 739
*Appalachen-Frühling* (*Appalachian Spring*; Graham) 544
*apparences ou L'Amant jaloux, Les Fausses* (Grétry) 569
*Arden muß sterben* (Goehr) 471
*Ariadne auf Kreta* (Händel) 692
*Ariane et Barbe-Bleue* (*Ariane und Blaubart*; Dukas) 73
*Arianna in Creta* (Händel) 692
*Armida* (Dvořák) 106
*Armida* (Gluck) 453
*Armida* (Haydn) 763
*Armidas, Der Pavillon* (*Armidy, Pawilon*; Fokin) 229
*Armide* (Gluck) 453
*Arminio* (*Arminius*; Hasse) 718
*Artaserse* (Graun) 555
*Artaserse* (Hasse) 717
*Artaxerxes* (Graun) 555
*Artaxerxes* (Hasse) 717
*artigiano gentiluomo ovvero Larinda e Vanesio, L'* (Hasse) 710
*Arzt wider Willen, Der* (Gounod) 518
*Aschenbrödel* (Duport) 86
*Aschenbrödel* (Graeb) 533
*Athen, Die Apachen von* (*Athinon, I Apachides ton*; Hadsiapostolu) 632
*Atilius Regulus* (Hasse) 719
*Atlàntida* (*Atlàntida, L'*; *Atlantis*; Falla) 186
*Attilio Regolo* (Hasse) 719
*Aufstand, Der* (Dumitrescu) 76
*Aufstand, Der* (Eder) 109
*Augenarzt, Der* (Gyrowetz) 624
*Augenschein oder Der eifersüchtige Liebhaber, Falscher* (Grétry) 569

*Augustin, Der liebe* (Fall) 164
*Aulide, Iphigénie en* (*Aulis, Iphigenie in*; Gluck) 449
*avares, Les Deux* (Grétry) 564
*Avignon, Der Dilettant von* (*Avignon, Le Dilettante d'*; Halévy) 637
*azafrán, La rosa del* (Guerrero) 611
*Azor, Zémire et* (*Azor, Zémire und*; Grétry) 565
*Azora, die Tochter Montezumas* (*Azora, the Daughter of Montezuma*; Hadley) 630

*Babilonia, L'incendio di* (*babylonische Feuerbrunst, Die*; Feltre) 191
*baccanti, Le* (Ghedini) 369
*baccanti di Roma, I* (*Bacchanten von Rom, Die*; Generali) 347
*Bacchantinnen, Die* (Ghedini) 369
*Bach, Friedemann* (Graener) 537
*baile de Luís Alonso, El mundo comedia es ó El* (Giménez) 375
*Bajasid* (*Bajazet, Il*; Gasparini) 333
*Balders død* (*Balders Tod*; J. E. Hartmann) 703
*Bánk bán* (*Bánk Bán; Banus Bánk*; Erkel) 151
*Barbe-Bleue, Ariane et* (Dukas) 73
*Barbe-Bleue, Raoul* (Grétry) 576
*Baucis, Philémon et* (*Baucis, Philemon und*; Gounod) 525
*Baucis, Philemon und* (Haydn) 745
*Bauer, Der fidele* (Fall) 165
*Bauer ein Schelm, Der* (Dvořák) 91
*Begegnung, Die unverhoffte* (Haydn) 747
*Begegnung, Die unvermutete* (Gluck) 438
*Behexte, Der* (Hallström) 657
*beiden Geizigen, Die* (Grétry) 564
*bekehrte Trunkenbold, Der* (Gluck) 429
*Belisa, In seinem Garten liebt Don Perlimplín* (Fortner) 270
*Belisar* (*Belisario*; Donizetti) 9
*belohnte Treue, Die* (Haydn) 757
*bergtagna, Den* (Hallström) 657
*Beständigkeit, Die wahre* (Haydn) 752
*Beständigkeit und Stärke* (Fux) 300
*Besuch der alten Dame, Der* (Einem) 131
*Betly ossia La capanna svizzera* (*Betly oder Die Schweizer Hütte*; Donizetti) 13
*betrogene Kadi, Der* (Gluck) 431
*Bild, Das sprechende* (Grétry) 562
*Blaubart, Ariane und* (Dukas) 73
*Blaubart, Raoul* (Grétry) 576
*blaue Gott, Der* (Fokin) 249
*Blinden, Der Sohn des* (Gadschibekow) 305
*Blitz, Der* (Halévy) 642
*Bluthochzeit* (Fortner) 269
*blutige Nonne, Die* (Gounod) 517
*boda de Luís Alonso ó La noche del encierro, La* (Giménez) 377
*Bomarzo* (Ginastera) 382
*Bonsoir, M. Pantalon!* (Grisar) 591
*Boulevard Solitude* (Henze) 778
*Bouře* (Fibich) 205
*Braut von Messina, Die* (Fibich) 198
*Brautwerbung, Pelops'* (Fibich) 200
*Brief an die Welt* (Graham) 541
*Brüderlein fein* (Fall) 173
*Bruder Straubinger* (Eysler) 161
*Bürger als Edelmann oder Larinda und Vanesio, Der* (Hasse) 710

*cabezudos, Gigantes y* (Fernández Caballero) 193
*Cadi dupé, Le* (Gluck) 431
*Caïre, La Caravane du* (Grétry) 572
*Calaveras, Der springende Frosch von* (*Calaveras County, The Jumping Frog of*; Foss) 274
*Camoëns, L'Esclave de* (Flotow) 215
*campanello di notte, Il* (Donizetti) 12

*Camp de Grandpré, Le Triomphe de la République ou Le* (Gossec) 512
*cantatrici villane, Le* (Fioravanti) 209
*canterina, La* (Haydn) 736
*capanna svizzera, Betly ossia La* (Donizetti) 13
*Capitaine Henriot, Le* (Gevaert) 368
*Captive of Spilburg, The* (Dussek) 89
*Caravane du Caïre, La* (Grétry) 572
Carmen (Gades) 302
*Carnaval, Le* (Fokin) 236
*Cäsar, Julius* (Händel) 676
*Cäsar in Ägypten* (Gioia) 386
*Cäsar in Ägypten, Julius* (Händel) 676
*caserío, El* (Guridi) 619
Caterina Cornaro (Donizetti) 51
Cave of the Heart (Graham) 546
*Cecrops', Die drei Töchter* (J. W. Franck) 284
*cena delle beffe, La* (Giordano) 400
*Ce qui plaît aux dames, La Fée Urgèle ou* (Duni) 83
*Čert a Káča* (Dvořák) 100
*Cesare in Egitto* (Gioia) 386
*Cesare in Egitto, Giulio* (Händel) 676
*Chamonix, Linda aus* (*Linda di Chamounix*; Donizetti) 37
Charles VI (Halévy) 648
*Chénier, André* (*Chénier, Andrea*; Giordano) 391
Chiara, Santa (Ernst II.) 156
*Chien du jardinier, Le* (Grisar) 592
*Chinesinnen, Die* (Gluck) 423
*chinesische Nachtigall, Die* (T. Gsovsky) 601
*Chloé, Daphnis et* (*Chloe, Daphnis und*; Fokin) 250
Chorus Line, A (*Chorus-Line, Eine*; Hamlisch) 663
Christina (*Christine*; Gefors) 343
Christoph Kolumbus (Franchetti) 278
*Chypre, La Reine de* (Halévy) 646
Ciboulette (Hahn) 634
*Cinesi, Le* (Gluck) 423
*Circe, Il Telemaco ossia L'isola di* (*Circes, Telemach oder Die Insel*; Gluck) 440
*Clelia, Il trionfo di* (Hasse) 721
*clemenza di Tito, La* (Gluck) 422
*Cleopatra, La morte di* (P. C. Guglielmi) 616
Cléopâtre (Fokin) 231
Clivia (Dostal) 57
*Cloelias, Der Triumph* (Hasse) 721
Clytemnestra (Graham) 550
*Colinette à la cour ou La Double épreuve* (*Colinette am Hof oder Die doppelte Probe*; Grétry) 570
Colombo, Cristoforo (Franchetti) 278
Columbus (Egk) 115
*contadina, La* (Hasse) 712
*conte di Essex, Roberto Devereux ossia Il* (Donizetti) 14
*contessina, La* (Gaßmann) 336
*convitato di pietra, Don Giovanni ossia Il* (Gazzaniga) 340
*corsaro, Il* (Galzerani) 319
*costanza, La vera* (Haydn) 752
*Costanza e fortezza* (Fux) 300
Cristoforo Colombo (Franchetti) 278
Cymbelin (Eggen) 114

*Dafne, La* (Gagliano) 307
*Damen gefällt, Die Fee Urgèle oder Was den* (*dames, La Fée Urgèle ou Ce qui plaît aux*; Duni) 83
Danses du Prince Igor (Fokin) 232
*Dansomanie, La* (P. Gardel) 328
Dantons Tod (Einem) 127
Daphne (Gagliano) 307
*Daphnis et Chloé* (*Daphnis und Chloe*; Fokin) 250
datter, Paschaens (Heise) 769
Deaths and Entrances (Graham) 543
Deidamia (Händel) 699
*Deutschland, Otto, König von* (Händel) 674
*Deux avares, Les* (Grétry) 564
*Devereux oder Der Graf von Essex, Robert* (*Devereux ossia Il conte di Essex, Roberto* (Donizetti) 14
*Diable boiteux, Le* (Française) 276
*Dialog, Seraphischer* (*Dialogue, Seraphic*; Graham) 549
*diavolessa, La* (Galuppi) 317
*Dichter als Phantast, Der* (García) 324

*Dichter vom Land, Der* (P. A. Guglielmi) 615
*Dickschädel, Der* (Dvořák) 93
*Dieu bleu, Le* (Fokin) 249
*Dilettante d'Avignon, Le* (*Dilettant von Avignon, Der*; Halévy) 637
*Dimitri* (*Dimitrij*; Dvořák) 94
*Dødens triumf* (Flindt) 213
*Dollarprinzessin, Die* (Fall) 167
Dom Sébastien, roi de Portugal (Donizetti) 48
*Don, Tichi* (*Don, Der stille*; Dserschinski) 71
*Donau, Die Saporoger an der* (Gulak-Artemowski) 617
*Don Giovanni oder Der steinerne Gast* (*Don Giovanni ossia Il convitato di pietra*; Gazzaniga) 340
*donne che comandano, Il mondo alla roversa ossia Le* (Galuppi) 315
Don Pasquale (Donizetti) 40
Don Rodrigo (Ginastera) 380
*Don Sebastian, König von Portugal* (Donizetti) 48
Don Tabarrano (Hasse) 712
*doppelte Probe, Colinette am Hof oder Die* (Grétry) 570
*Dorfsängerinnen, Die* (Fioravanti) 209
*Double épreuve, Colinette à la cour ou La* (Grétry) 570
*drei Töchter Cecrops', Die* (J. W. Franck) 284
Drot og marsk (Heise) 770
*duca d'Alba, Il* (*Duc d'Albe, Le*; Donizetti) 18
*Dunajem, Saporosech sa* (Gulak-Artemowski) 617
*dúo de »La Africana«, El* (*Duett aus der »Afrikanerin«, Das*; Fernández Caballero) 192

*Eau merveilleuse, L'* (Grisar) 587
Echnaton (Glass) 409
*Echo im Wald* (*Echo w lesie*; Elsner) 141
*Eclair, L'* (Halévy) 642
*Egmont* (*Egmont-Trilogie*; Gilmore) 373
*Ehe, Die heimliche* (Gast) 337
*eheliche Liebe, Leonore oder Die* (Gaveaux) 339
*Ehemann, Rita oder Der geprügelte* (Donizetti) 33
*eifersüchtige Liebhaber, Falscher Augenschein oder Der* (Grétry) 569
Elegie für junge Liebende (Henze) 786
Elena, Paride ed (Gluck) 448
Elisabeth Tudor (Fortner) 272
Emperor Jones, The (Gruenberg) 596
*Ende einer Welt, Das* (Henze) 780
Enetime (Flindt) 212
*England, Fröhliches* (*England, Merrie*; German) 351
Enoch Arden oder Der Möwenschrei (Gerster) 365
*épreuve, Colinette à la cour ou La Double* (Grétry) 570
*Épreuve d'amour, L'* (Fokin) 254
Ero der Schelm (Gotovac) 514
*eroica gratitudine, Ruggiero ovvero L'* (Hasse) 723
Ero s onoga svijeta (Gotovac) 514
Esclave de Camoëns, L' (Flotow) 215
*Essex, Robert Devereux oder Der Graf von* (*Essex, Roberto Devereux ossia Il conte di*; Donizetti) 14
*Euridice, L'anima del filosofo ossia Orfeo ed* (Haydn) 766
*Euridice, Orfeo ed* (Fux) 297
*Euridice, Orfeo ed* (*Euridice, Orphée et*; Gluck) 432
*Eurydike, Orpheus und* (Fux) 297
*Eurydike, Orpheus und* (Gluck) 432
*Eurydike, Die Seele des Philosophen oder Orpheus und* (Haydn) 766
Eva (J. B. Foerster) 226
*ewige Jude, Der* (Halévy) 652
Ezio (Händel) 687

*Falscher Augenschein oder Der eifersüchtige Liebhaber* (*Fausses apparences ou L'Amant jaloux, Les*; Grétry) 569
Faust (Gounod) 520
*Favorite, La* (*Favoritin, Die*; Donizetti) 29
*fedeltà premiata, La* (Haydn) 757
Fedora (Giordano) 394
*Feensee, Der* (Guerra) 607
*Fee Urgèle oder Was den Damen gefällt, Die* (*Fée Urgèle ou Ce qui plaît aux dames, La*; Duni) 83
*Feldlager von Grandpré, Der Triumph der Republik oder das* (Gossec) 512

*Feuersbrunst, Die babylonische* (Feltre) 191
*Feuervogel, Der* (Fokin) 241
*fidele Bauer, Der* (Fall) 165
*figlia del reggimento, La* (*Fille du régiment, La*; Donizetti) 21
*filosofo di campagna, Il* (Galuppi) 315
*Fils de l' étoile, Le* (Erlanger) 153
*Fischer, Die* (Gossec) 506
*Fischer, Die* (J. E. Hartmann) 705
*Fischerinnen, Die* (Haydn) 741
*Fiskerne* (J. E. Hartmann) 705
*Flora oder Die Geburt der Blumen* (*Flora ovvero Il natal de' fiori, La*; Gagliano) 309
*Florence, Guido et Ginevra ou La Peste de* (*Florenz, Guido und Ginevra oder Die Pest von*; Halévy) 644
*Fosca* (Gomes) 500
*Frau, Die geschiedene* (Fall) 170
*Freier Wind* (Dunajewski) 77
*Freiheit, Das Opfer an die* (Gossec) 511
*Friedemann Bach* (Graener) 537
*Frog of Calaveras County, The Jumping* (Foss) 274
*Fröhliches England* (German) 351
*Frosch von Calaveras, Der springende* (Foss) 274
*Frühaufsteherin, Die* (Giménez) 378

*Gabriella di Vergy* (*Gabrielle de Vergy*; Gioia) 389
*Gänge* (Forsythe) 267
*Garni Sands* (Dreyfus) 69
*Garten liebt Don Perlimplín Belisa, In seinem* (Fortner) 270
*Gast, Don Giovanni oder Der steinerne* (Gazzaniga) 340
*Gast des Sevillaners, Der* (Guerrero) 609
*Gaukler, Die* (Ganne) 321
*g, die Mutter ist in Pommerland* (Gilmore) 373
*Geburt der Blumen, Flora oder Die* (Gagliano) 309
*Gefangene von Spielberg, Die* (Dussek) 89
*Geige, Rotschilds* (Fleischman) 211
*Geist der Rose, Der* (Fokin) 244
*Geizigen, Die beiden* (Grétry) 564
*geprügelte Ehemann, Rita oder Der* (Donizetti) 33
*gerechtfertigte Unschuld, Die* (Gluck) 425
*Germania* (Franchetti) 281
*Germania, Ottone, re di* (Händel) 674
*geschiedene Frau, Die* (Fall) 170
*gewaltige Hahnrei, Der* (Goldschmidt) 488
*Gigantes y cabezudos* (Fernández Caballero) 193
*Gilles, der Dieb* (*Gilles ravisseur*; Grisar) 588
*Gilt-Edged Kid, The* (Dreyfus) 70
*Ginevra oder Die Pest von Florenz, Guido und* (*Ginevra ou La Peste de Florence, Guido et*; Halévy) 644
*Giovanni oder Der steinerne Gast, Don* (*Giovanni ossia Il convitato di pietra, Don*; Gazzaniga) 340
*Girl Crazy* (Gershwin) 354
*Giselle* (Ék) 139
*Giulio Cesare in Egitto* (Händel) 676
*Giustino* (Händel) 695
*Glückswechsel oder Almira, Königin von Kastilien, Der in Kronen erlangte* (Händel) 666
*gobelen, Oschiwljonny* (*Gobelin, Der lebende*; Fokin) 229
*goldene Pierrot, Der* (Goetze) 477
*Goldjunge, Der* (Dreyfus) 70
*gold' ne Meisterin, Die* (Eysler) 163
*Golem, Der* (Georgi) 350
*Good-Byes, Introductions and* (Foss) 275
*Gorbals, Miracle in the* (*Gorbals, Wunder in den*; Helpmann) 772
*Gorenjski slavček* (A. Foerster) 225
*Gott, Der blaue* (Fokin) 249
*Goyescas* (Granados) 551
*Gräfin, Die junge* (Gaßmann) 336
*Graf von Essex, Robert Devereux oder Der* (Donizetti) 14
*Grandpré, Le Triomphe de la République ou Le Camp de* (*Grandpré, Der Triumph der Republik oder Das Feldlager von*; Gossec) 512
*Grapin, La Veuve* (*Grapin, Die Witwe*; Flotow) 220
*gratitudine, Ruggiero ovvero L' eroica* (Hasse) 723
*Grubbe, Marie* (Hamerik) 659
*Guaraní, Der* (*Guarany, Il*; Gomes) 497

*Guido et Ginevra ou La Peste de Florence* (*Guido und Ginevra oder Die Pest von Florenz*; Halévy) 644
*Guillaume Tell* (Grétry) 580
*Guten Abend, Herr Pantalon!* (Grisar) 591

*Hahnrei, Der gewaltige* (Goldschmidt) 488
*Hamlet* (V. Gsovsky) 606
*Hanneles Himmelfahrt* (Graener) 536
*Hans, der Flötenspieler* (*Hans, le joueur de flûte*; Ganne) 323
*Harald der Wiking* (Hallén) 654
*Harbinger* (Feld) 190
*Hauptmann Henriot* (Gevaert) 368
*Hausball Luís Alonsos, Die Welt ist Komödie oder Der* (Giménez) 375
*Heads, The Transposed* (Glanville-Hicks) 402
*Heimchen am Herd, Das* (Goldmark) 485
*heimliche Ehe, Die* (Gast) 337
*Heirat, Thomas Riquiqui oder Die politische* (Esser) 158
*Heksen* (Enna) 146
*Helena, Paris und* (Gluck) 448
*Henriot, Le Capitaine* (*Henriot, Hauptmann*; Gevaert) 368
*heroische Dankbarkeit, Ruggiero oder Die* (Hasse) 723
*Herrat* (Draeseke) 64
*Herrschaft der Frauen, Die verkehrte Welt oder Die* (Galuppi) 315
*Herzog von Alba, Der* (Donizetti) 18
*Hexe, Die* (Enna) 146
*Himmelfahrt, Hanneles* (Graener) 536
*hinkende Teufel, Der* (Françaix) 276
*Hippodamia* (Fibich) 200
*Hippodamias Tod* (Fibich) 202
*Hippodamie* (Fibich) 200
*Hippodamie, Smrt* (Fibich) 202
*Hirsch, König* (Henze) 782
*Hirtin, Die adlige* (P. A. Guglielmi) 614
*Hitze, R. Hot bzw. Die* (Goldmann) 480
*Hochzeit, Jesu* (Einem) 133
*Hochzeit, Die ungarische* (Dostal) 60
*Hochzeit des Jobs, Die* (Haas) 627
*Hochzeit Luís Alonsos oder Die Nacht vorm Stierkampf, Die* (Giménez) 377
*Höhle des Herzens* (Graham) 546
*Homburg, Der Prinz von* (Henze) 784
*Horst, Des Adlers* (Gläser) 404
*Hot bzw. Die Hitze, R.* (Goldmann) 480
*huéspad del Sevillano, El* (Guerrero) 609
*Hulda* (C. Franck) 282
*Hund des Gärtners, Der* (Grisar) 592
*Hunt of the Sun, The Royal* (Hamilton) 660
*Hunyadi László* (*Hunyadi, László*; Erkel) 148
*Huron, Le* (Hurone, Der; Grétry) 560
*Husarenwerbung, Ilka oder Die* (*huszártoborzó, Ilka vagy A*; Doppler) 54
*Hypermnestra* (*Hypermnestre*; Gervais) 366

*Ich singe von dir* (Gershwin) 358
*Ich steig' aus und mach' 'ne eigene Show* (Ford) 262
*Idiot, Der* (T. Gsovsky) 600
*Idole, Thrakische* (*idoli, Trakiski*; Goleminow) 496
*Igor, Danses du Prince* (*Igors, Tänze Prinz*; Fokin) 232
*Ile de Merlin ou Le Monde renversé, L'* (Gluck) 428
*Ilka vagy A huszártoborzó* (*Ilka oder Die Husarenwerbung*; Doppler) 54
*I'm Getting My Act Together and Taking It on the Road* (Ford) 262
*incendio di Babilonia, L'* (Feltre) 191
*incontro improvviso, L'* (Haydn) 747
*Indie, Poro, re dell'* (*Indien, Poros, König von*; Händel) 685
*Indra* (Flotow) 215
*infedeltà delusa, L'* (Haydn) 743
*in Kronen erlangte Glückswechsel oder Almira, Königin von Kastilien, Der* (Händel) 666
*innocenza giustificata, L'* (Gluck) 425
*In seinem Garten liebt Don Perlimplín Belisa* (Fortner) 270
*in sein Modell verliebte Maler, Der* (Duni) 81
*Insel, Die unbewohnte* (Haydn) 755

*Insel der Irren, Die* (Duni) 82
*Introductions and Good-Byes* (Foss) 275
*Iossif Prekrasny* (Goleisowski) 489
*Iphigenie auf Tauris* (Gluck) 457
*Iphigénie en Aulide* (Gluck) 449
*Iphigénie en Tauride* (Gluck) 457
*Iphigenie in Aulis* (Gluck) 449
*Irische Legende* (Egk) 122
*Irrfahrten der Wahrheit, Il re cervo oder Die* (Henze) 782
*Isle de foux, L'* (Duni) 82
*isola di Circe, Il Telemaco ossia L'* (Gluck) 440
*isola disabitata, L'* (Haydn) 755
*Ivrogne corrigé, L'* (Gluck) 429
*Iwailo* (Goleminow) 493
*Iwan der Schreckliche* (*Iwan Grosny*; Grigorowitsch) 585
*Iwan Sussanin* (Glinka) 412

*Jagd auf die Sonne, Die königliche* (Hamilton) 660
*Jakobín* (*Jakobiner, Der*; Dvořák) 98
*Jamschtschiki na podstawe* (Fomin) 257
*Jegipetskije notschi* (Fokin) 231
*Jerusalem, Psalmen aus* (*Jeruschalaim, Tehillim Schel*; Efrati) 112
*Jesu Hochzeit* (Einem) 133
*Jobs, Die Hochzeit des* (Haas) 627
*Jocelyn* (Godard) 468
*Jones, The Emperor* (*Jones, Kaiser*; Gruenberg) 596
*Joseph, La Légende de* (Fokin) 252
*Joseph der Schöne* (Goleisowski) 489
*Josephs-Legende* (Fokin) 252
*Jude, Der ewige* (Halévy) 652
*Jüdin, Die* (Halévy) 638
*Jugement de Midas, Le* (Grétry) 567
*Jugend und Torheit oder List für List* (Dupuy) 88
*Juif errant, Le* (Halévy) 652
*Juive, La* (Halévy) 638
*Julia, Romeo und* (*Juliette, Roméo et*; Gounod) 531
*Julius Cäsar* (*Julius Cäsar in Ägypten*; Händel) 676
*Jumping Frog of Calaveras County, The* (Foss) 274
*junge Gräfin, Die* (Gaßmann) 336
*Justin* (Händel) 695

*Káča, Čert a* (*Káča, Der Teufel und*; Dvořák) 100
*Kadi, Der betrogene* (Gluck) 431
*Kairo, Die Karawane von* (Grétry) 572
*Kaiser Jones* (Gruenberg) 596
*Kaisers Dichter Li-Tai-Pe, Des* (Franckenstein) 285
*Karawane von Kairo, Die* (Grétry) 572
*Karenina, Anna* (Hamilton) 662
*Karl VI.* (Halévy) 648
*Karneval, Der* (Fokin) 236
*Kastilien, Der in Kronen erlangte Glückswechsel oder Almira, Königin von* (Händel) 666
*Kaufmann von Venedig, Der* (Hahn) 635
*Kay!, Oh,* (Gershwin) 353
*keusche Susanne, Die* (Gilbert) 371
*Khamma* (Etcheverry) 159
*Kirsten, Klein-* (*Kirsten, Liden*; J. P. E. Hartmann) 707
*Kjor-ogly* (Gadschibekow) 305
*Klage* (Graham) 538
*Klara* (Gilmore) 373
*kleine Sängerin, Die* (Haydn) 736
*Klein-Kirsten* (J. P. E. Hartmann) 707
*Kleopatra* (Enna) 147
*Kleopatra* (Fokin) 231
*Kleopatra, Der Tod der* (P. C. Guglielmi) 616
*Klytämnestra* (Graham) 550
*Kolumbus, Christoph* (Franchetti) 278
*König als Hirte, Der* (Gluck) 426
*König Hirsch* (Henze) 782
*Königin von Saba, Die* (Goldmark) 482
*Königin von Saba, Die* (Gounod) 526
*Königin von Zypern, Die* (Halévy) 646
*königliche Jagd auf die Sonne, Die* (Hamilton) 660
*König Łokietek oder Die Mädchen aus Wiślica* (Elsner) 142
*König und Marschall* (Heise) 770
*Köpfe, Die vertauschten* (Glanville-Hicks) 402
*Korsar, Der* (Galzerani) 319

*Korsaren, Die* (*Korsarerne*; J. P. E. Hartmann) 706
*Kosaken, Die* (*Kosakkerne*; Elling) 140
*Król Łokietek czyli Wiśliczanki* (Elsner) 142
*Kronen erlangte Glückswechsel oder Almira, Königin von Kastilien, Der in* (Händel) 666
*Krug, Der zerbrochene* (Geißler) 344
*kurze Leben, Das* (Falla) 181
*Kutscher auf der Poststation, Die* (Fomin) 257

*Lac des fées, Le* (Guerra) 607
*Lamentation* (Graham) 538
*Lammermoor, Lucia di* (*Lammermoor, Lucia von; Lammermoor, Lucie de*; Donizetti) 1
*Landarzt, Ein* (Henze) 776
*Landmädchen, Das* (Hasse) 712
*Langobarden, Rodelinda, Königin der* (*Langobardi, Rodelinda, regina de'*; Händel) 681
*Larinda e Vanesio, L'artigiano gentiluomo ovvero* (*Larinda und Vanesio, Der Bürger als Edelmann oder*; Hasse) 710
*László Hunyadi* (Erkel) 148
*Launen Amors und des Ballettmeisters, Die* (Galeotti) 310
*Lebed* (Fokin) 230
*Leben, Das kurze* (Falla) 181
*lebende Gobelin, Der* (Fokin) 229
*Leben für den Zaren, Ein* (Glinka) 412
*legenda, Ochridskaja* (*legenda, Ohridska*; Froman) 290
*Legenda o ljubwi* (Grigorowitsch) 582
*Legende, Irische* (Egk) 122
*Legende, Die Ohrider* (Froman) 290
*Légende de Joseph, La* (Fokin) 252
*Legende von der Liebe* (Grigorowitsch) 582
*Leili i Medschnun* (*Leili und Medschnun*; Goleisowski) 492
*Leili und Medschnun* (*Leili we Medschnun*; Gadschibekow) 304
*Leonida in Tegea* (*Leonidas in Tegea*; Draghi) 65
*Leonora* (Fry) 291
*Leonore oder Die eheliche Liebe* (*Léonore ou L'Amour conjugal*; Gaveaux) 339
*Letter To the World* (Graham) 541
*liberté, L'Offrande à la* (Gossec) 511
*Liden Kirsten* (J. P. E. Hartmann) 707
*Liebe, Legende von der* (Grigorowitsch) 582
*Liebe, Leonore oder Die eheliche* (Gaveaux) 339
*liebe Augustin, Der* (Fall) 164
*Liebende, Elegie für junge* (Henze) 784
*Liebesprobe, Die* (Fokin) 254
*Liebhaber, Falscher Augenschein oder Der eifersüchtige* (Grétry) 569
*Liljekrans, Olav* (Eggen) 113
*Linda di Chamounix* (*Linda aus Chamounix*; Donizetti) 37
*List für List, Jugend und Torheit oder* (*List over list, Ungdom og galskab eller*; Dupuy) 88
*Li-Tai-Pe, Des Kaisers Dichter* (Franckenstein) 285
*ljubwi, Legenda o* (Grigorowitsch) 582
*Ljudmila, Ruslan i* (*Ljudmila, Ruslan und*; Glinka) 416
*Ljudmila ili Niswerschenije Tschernomora, slowo wolschebnika, Ruslan i* (*Ljudmila oder Der Sturz Tschernomors, des bösen Zauberers, Ruslan und*; Gluschkowski) 465
*Łokietek czyli Wiśliczanki, Król* (*Łokietek oder Die Mädchen aus Wiślica, König*; Elsner) 142
*Love Songs – Alte Platten, Seite 1 –* (Forsythe) 266
*Löwe von Venedig, Der* (Gast) 337
*Lucia di Lammermoor* (*Lucia von Lammermoor; Lucie de Lammermoor*; Donizetti) 1
*Lucile* (Grétry) 561
*Luís Alonso, El mundo comedia es ó El baile de* (*Luís Alonsos, Die Welt ist Komödie oder Der Hausball*; Giménez) 375
*Luís Alonso ó La noche del encierro, La boda de* (*Luís Alonsos oder Die Nacht vorm Stierkampf, Die Hochzeit*; Giménez) 377
*luna, Il mondo della* (Haydn) 750
*luner, Amors og balletmesterens* (Galeotti) 310

*Macías* (Gutiérriez y Espinosa) 623
*Madame Pompadour* (Fall) 177

*Madame Sans-Gêne* (Giordano) 398
*Mädchen, Verrückt nach* (Gershwin) 354
*Mädchen aus Wiślica, König Lokietek oder Die* (Elsner) 142
*Maese Pedro, El retablo de* (Falla) 184
*Mahl der Spötter, Das* (Giordano) 400
*Majestät Mimi* (Granichstaedten) 552
*Maler, Der in sein Modell verliebte* (Duni) 81
*Manina* (Dostal) 62
*Manita auf dem Boden* (*Manita en el suelo*; García Caturla) 325
*Mantel, Der rote* (T. Gsovsky) 602
*Marat* (Haupt) 734
*Marchand de Venise, Le* (Hahn) 635
*Margarethe* (Gounod) 520
*Maria di Rohan* (Donizetti) 45
*Maria Padilla* (*María Padilla*; Donizetti) 33
*Mari battu, Rita ou Le* (Donizetti) 33
*Marie de Rohan* (Donizetti) 45
*Marie Grubbe* (Hamerik) 659
*Marie oder Die Regimentstochter* (Donizetti) 21
*Marilyn* (Ferrero) 196
*Marketenderin, Die* (Godard) 469
*Markt zu Richmond, Martha oder Der* (Flotow) 217
*Marseillaise* (Duncan) 79
*Martha oder Der Markt zu Richmond* (Flotow) 217
*Märtyrer, Die* (*Martyrs, Les*; Donizetti) 24
*Maßnahme, Die* (Eisler) 135
*Médecin malgré lui, Le* (Gounod) 518
*Medschnun, Leili i* (*Medschnun, Leili und*; Goleisowski) 492
*Medschnun, Leili und* (*Medschnun, Leili we*; Gadschibekow) 304
*Meisterin, Die gold'ne* (Eysler) 163
*Meister Pedros Puppenspiel* (Falla) 184
*Mekka, Die Pilger von* (Gluck) 438
*Merlin ou Le Monde renversé, L'Ile de* (*Merlins Insel oder Die verkehrte Welt*; Gluck) 428
*Merrie England* (German) 351
*Messina, Die Braut von* (*messinská, Nevěsta*; Fibich) 198
*Midas, Le Jugement de* (*Midas, Das Urteil des*; Grétry) 567
*Milde des Titus, Die* (Gluck) 422
*Mimi, Majestät* (Granichstaedten) 552
*Miracle in the Gorbals* (Helpmann) 772
*Mireille* (Gounod) 529
*Mohr von Venedig, Der* (Hanka) 701
*Mond, Die Welt auf dem* (Haydn) 750
*Monde renversé, L'Ile de Merlin ou Le* (Gluck) 428
*mondo alla roversa ossia Le donne che comandano, Il* (Galuppi) 315
*mondo della luna, Il* (Haydn) 750
*Montezuma* (Graun) 557
*Montezuma, Azora, the Daughter of* (*Montezumas, Azora, die Tochter*; Hadley) 630
*Morana* (Gotovac) 513
*morte di Cleopatra, La* (P. C. Guglielmi) 616
*Möwenschrei, Enoch Arden oder Der* (Gerster) 365
*mundo comedia es ó El baile de Luís Alonso, El* (Giménez) 375
*Musikfeind, Der* (Genée) 345
*Mutter, Die* (Hába) 628
*Mutter ist in Pommerland, g, die* (Gilmore) 373
*Mysterien, Primitive* (*Mysteries, Primitive*; Graham) 539

*Nächte, Ägyptische* (Fokin) 231
*Nachtglocke, Die* (Donizetti) 12
*Nachtigall, Die chinesische* (T. Gsovsky) 601
*Nachtigall, Die Oberkrainer* (A. Foerster) 225
*Nachtreise* (Graham) 547
*Nacht vorm Stierkampf, Die Hochzeit Luís Alonsos oder Die* (Giménez) 377
*Námluvy Pelopovy* (Fibich) 200
*Nanon, die Wirtin vom Goldenen Lamm* (Genée) 346
*Năpasta* (Drăgoi) 67
*natal de' fiori, La Flora ovvero il* (Gagliano) 309
*Neue Odyssee* (Gruber) 594
*neue Rastignac, Paris, uns beiden! oder Der* (Françaix) 277

*Nevěsta messinská* (Fibich) 198
*Nibelungen, Die* (Dorn) 55
*Night Journey* (Graham) 547
*Ninette à la cour* (*Ninette am Hof*; M. Gardel) 327
*Niswerschenije Tschernomora, slowo wolschebnika, Ruslan i Ljudmila ili* (Gluschkowski) 465
*noche del encierro, La boda de Luís Alonso ó La* (Giménez) 377
*Nofretete, Prinzessin* (Dostal) 59
*Nonne, Die blutige* (*Nonne sanglante, La*; Gounod) 517
*notschi, Jegipetskije* (Fokin) 231
*Nouveau Rastignac, Paris, à nous deux! ou Le* (Françaix) 277

*Oberkrainer Nachtigall, Die* (A. Foerster) 225
*Ochridskaja legenda* (Froman) 290
*Ödipus* (Enescu) 144
*Odyssee, Neue* (Gruber) 594
*Oedipe* (Enescu) 144
*Offrande à la liberté, L'* (Gossec) 511
*Of Thee I Sing* (Gershwin) 358
*Oh, Kay!* (Gershwin) 353
*Ohrider Legende, Die* (*Ohridska legenda*; Froman) 290
*Oiseau de feu, L'* (Fokin) 241
*Olav Liljekrans* (Eggen) 113
*Olimpiade, L'* (*Olympiade, Die*; Galuppi) 313
*Opera seria, Die Probe einer* (*opera seria, La prova di un'*; Gnecco) 466
*Opfer an die Freiheit, Das* (Gossec) 511
*Orfei* (Fomin) 259
*Orfeo ed Euridice* (Fux) 297
*Orfeo ed Euridice* (Gluck) 432
*Orfeo ed Euridice, L' anima del filosofo ossia* (Haydn) 766
*Orlando* (Händel) 689
*Orlando paladino* (Haydn) 761
*Orlow, Der* (Granichstaedten) 554
*Orphée et Euridice* (Gluck) 432
*Orpheus* (Fomin) 259
*Orpheus* (Forsythe) 263
*Orpheus und Eurydike* (Fux) 297
*Orpheus und Eurydike* (Gluck) 432
*Orpheus und Eurydike, Die Seele des Philosophen oder* (Haydn) 766
*Oschiwljonny gobelen* (Fokin) 229
*Otto, König von Deutschland* (*Ottone, re di Germania*; Händel) 674

*Padilla, Maria* (*Padilla, María*; Donizetti) 33
*Paganini* (Fokin) 257
*Pantalon!, Bonsoir, M.* (*Pantalon!, Guten Abend, Herr*; Grisar) 591
*Paris und Helena* (Gluck) 448
*Paris, à nous deux!, ou Le Nouveau Rastignac* (*Paris, uns beiden! oder Der neue Rastignac*; Françaix) 277
*Paris und Helena* (Gluck) 448
*Paschaens datter* (*Paschas, Die Tochter des*; Heise) 769
*Pasquale, Don* (Donizetti) 40
*pastorella nobile, La* (P. A. Guglielmi) 614
*Paul et Virginie* (*Paul und Virginie*; P. Gardel) 331
*Pavillon Armidas, Der* (*Pawilon Armidy*; Fokin) 229
*Pêcheurs, Les* (Gossec) 506
*Pedro, El retablo del Maese* (*Pedros Puppenspiel, Meister*; Falla) 184
*Peer Gynt* (Egk) 119
*Peintre amoureux de son modèle, Le* (Duni) 81
*Pelopovy, Námluvy* (*Pelops' Brautwerbung*; Fibich) 200
*Pénélope* (*Penelope*; Fauré) 189
*Perlimplín Belisa, In seinem Garten liebt Don* (Fortner) 270
*pescatrici, Le* (Haydn) 741
*Peste de Florence, Guido et Ginevra ou La* (*Pest von Florenz, Guido und Ginevra oder Die*; Halévy) 644
*Peter der Große* (Grétry) 579
*Pétrouchka* (*Petruschka*; Fokin) 245
*Philémon et Baucis* (*Philemon und Baucis*; Gounod) 525
*Philemon und Baucis* (Haydn) 745
*Philosoph auf dem Land, Der* (*Philosoph vom Land, Der*; Galuppi) 315

*Pierre le Grand* (Grétry) 579
*Pierrot, Der goldene* (Goetze) 477
*Pilger von Mekka, Die* (Gluck) 438
*Platten, Seite 1 – Love Songs – Alte* (Forsythe) 266
*poeta calculista, El* (García) 324
*poeta di campagna, Il* (P. A. Guglielmi) 615
*politische Heirat, Thomas Riquiqui oder Die* (Esser) 158
*Poliuto* (Donizetti) 24
*Pompadour, Madame* (Fall) 177
*Porcherons, Die (Porcherons, Les*; Grisar) 589
*Porgy and Bess (Porgy und Bess*; Gershwin) 360
*Poro, re dell'Indie (Poros, König von Indien*; Händel) 685
*Portugal, Dom Sébastien, roi de (Portugal, Don Sebastian, König von*; Donizetti) 48
*Poststation, Die Kutscher auf der* (Fomin) 257
*Primitive Mysterien (Primitive Mysteries*; Graham) 539
*Prinzessin Nofretete* (Dostal) 59
*Prinzessin Turandot* (T. Gsovsky) 598
*Prinz von Homburg, Der* (Henze) 784
*Probe, Colinette am Hof oder Die doppelte* (Grétry) 570
*Probe einer Opera seria, Die* (Gnecco) 466
*Prozeß, Der* (Einem) 129
*prova di un'opera seria, La* (Gnecco) 466
*Psalmen aus Jerusalem* (Efrati) 112
*Puppenfee, Die* (Haßreiter) 725
*Puppenspiel, Meister Pedros* (Falla) 184

*Radamisto* (Händel) 672
*Raoul Barbe-Bleue (Raoul Blaubart*; Grétry) 576
*Răscoala* (Dumitrescu) 76
*Rastignac, Paris, à nous deux! ou Le Nouveau (Rastignac, Paris, uns beiden! oder Der neue*; Françaix) 277
*Rebell, Der* (Fall) 164
*re cervo oder Die Irrfahrten der Wahrheit, Il* (Henze) 782
*reggimento, La figlia del (régiment, La Fille du; Regimentstochter, Die*; Donizetti) 21
*Regolo, Attilio (Regulus, Atilius*; Hasse) 719
*Reine de Chypre, La* (Halévy) 646
*Reine de Saba, La* (Gounod) 526
*Rencontre imprévue, La* (Gluck) 438
*re pastore, Il* (Gluck) 426
*Republik oder Das Feldlager von Grandpré, Der Triumph der (République ou Le Camp de Grandpré, Le Triomphe de la*; Gossec) 512
*retablo de Maese Pedro, El* (Falla) 184
*Revisor, Der* (Egk) 124
*R. Hot bzw. Die Hitze* (Goldmann) 480
*Richard Cœur de Lion (Richard Löwenherz*; Grétry) 574
*Richmond, Martha oder Der Markt zu* (Flotow) 217
*Riesen und Riesenzwerge* (Fernández Caballero) 193
*Rinaldo* (Händel) 670
*Riquiqui oder Die politische Heirat, Thomas* (Esser) 158
*Rita ou Le Mari battu (Rita oder Der geprügelte Ehemann*; Donizetti) 33
*Ritter Roland* (Haydn) 761
*Robert Devereux oder Der Graf von Essex (Roberto Devereux ossia Il conte di Essex*; Donizetti) 14
*Rodelinda, Königin der Langobarden (Rodelinda, regina de' Langobardi*; Händel) 681
*Rodrigo, Don* (Ginastera) 380
*Rohan, Maria di (Rohan, Marie de*; Donizetti) 45
*Roland* (Händel) 689
*Roland, Ritter* (Haydn) 761
*Rom, Die Bacchanten von (Roma, I baccanti di*; Generali) 347
*Roméo et Juliette (Romeo und Julia*; Gounod) 531
*Rosa, Salvator* (Gomes) 501
*rosa del azafrán, La* (Guerrero) 611
*Rose, Der Geist der (rose, Le Spectre de la*; Fokin) 244
*Rose-Marie* (Friml/Stothart) 288
*Rose von Stambul, Die* (Fall) 174
*rote Mantel, Der* (T. Gsovsky) 602
*Rotschilda, Skripka (Rotschilds Geige*; Fleischman) 211
*Royal Hunt of the Sun, The* (Hamilton) 660
*Ruggiero oder Die heroische Dankbarkeit (Ruggiero ovvero L'eroica gratitudine*; Hasse) 723
*Rund um Wien* (Haßreiter) 727
*Rusalka* (Dvořák) 101

*Ruslan i Ljudmila* (Glinka) 416
*Ruslan i Ljudmila ili Niswerschenije Tschernomora, slowo wolschebnika* (Gluschkowski) 465
*Ruslan und Ljudmila* (Glinka) 416
*Ruslan und Ljudmila oder Der Sturz Tschernomors, des bösen Zauberers* (Gluschkowski) 465

*Saba, Die Königin von* (Goldmark) 482
*Saba, Die Königin von (Saba, La Reine de*; Gounod) 526
*Sabinus* (Gossec) 508
*Safranrose, Die* (Guerrero) 611
*Sachari, Sografat (Sachari, der Maler*; Goleminow) 495
*Salambo* (Gorski) 504
*Salomé, La Tragédie de (Salomes, Die Tragödie*; Fuller) 295
*Saltimbanques, Les* (Ganne) 321
*Salvator Rosa* (Gomes) 501
*Sängerin, Die kleine* (Haydn) 736
*Sans-Gêne, Madame* (Giordano) 398
*Santa Chiara* (Ernst II.) 156
*Sapho* (Gounod) 515
*Saporoger an der Donau, Die (Saporoschez sa Dunajem*; Gulak-Artemowski) 617
*Sappho* (Gounod) 515
*Šárka* (Fibich) 207
*Satyagraha* (Glass) 405
*Scanderberg* (Francœur/Rebel) 286
*Schachsenem* (Glier) 411
*Scheherazade* (Fokin) 238
*schiavo, Lo* (Gomes) 503
*Schisn sa zarja* (Glinka) 412
*Schnittlauch* (Hahn) 634
*Schwan, Der* (Fokin) 230
*schwarze Spinne, Die* (Hauer) 732
*Schweizer Hütte, Betly oder Die* (Donizetti) 13
*Schwester, Die verliebte* (Hasse) 714
*Sebastian, König von Portugal, Don (Sébastien, roi de Portugal, Dom*; Donizetti) 48
*Seele des Philosophen oder Orpheus und Eurydike, Die* (Haydn) 766
*Seite 1 – Love Songs – Alte Platten* (Forsythe) 266
*Šelma sedlák* (Dvořák) 91
*Semiramide riconosciuta, La (Semiramis, Die wiedererkannte*; Gluck) 420
*Seraphic Dialogue (Seraphischer Dialog*; Graham) 549
*Serpentine Dance, The (Serpentinentanz, Der*; Fuller) 293
*Serse* (Händel) 698
*1776* (Edwards) 110
*Sevillaners, Der Gast des (Sevillano, El huésped del*; Guerrero) 609
*Shéhérazade* (Fokin) 238
*Siberia* (Giordano) 396
*1776* (Edwards) 110
*Simplicius Simplicissimus (Simplicius Simplicissimus Jugend, Des*; K. A. Hartmann) 708
*Skanderbeg* (Francœur/Rebel) 286
*Sklave, Der* (Gomes) 503
*Skripka Rotschilda* (Fleischman) 211
*slavček, Gorenjski* (A. Foerster) 225
*Smír Tantalův* (Fibich) 201
*Smrt Hippodamie* (Fibich) 202
*Sografat Sachari* (Goleminow) 495
*Sohn des Blinden, Der* (Gadschibekow) 305
*Sohn des Sterns, Der* (Erlanger) 153
*Soldaten* (Gurlitt) 621
*Solitude, Boulevard* (Henze) 778
*sorella amante, La* (Hasse) 714
*Soweto* (Ek) 137
*Spartak (Spartakus*; Grigorowitsch) 583
*Spectre de la rose, Le* (Fokin) 244
*Spessart, Das Wirtshaus im* (Grothe) 593
*speziale, Lo* (Haydn) 739
*Spielberg, Die Gefangene von (Špilberku, Vězněná na; Spilburg, The Captive of*; Dussek) 89
*Spinne, Die schwarze* (Hauer) 732
*sprechende Bild, Das* (Grétry) 562
*springende Frosch von Calaveras, Der* (Foss) 274
*Stambul, Die Rose von* (Fall) 174

## Titelregister der in Band 2 behandelten Werke 795

*steinerne Gast, Don Giovanni oder Der* (Gazzaniga) 340
*stille Don, Der* (Dserschinski) 71
*Stradella, Alessandro* (Flotow) 216
*Straubinger, Bruder* (Eysler) 161
*Sturm, Der* (Fibich) 205
*Sturz Tschernomors, des bösen Zauberers, Ruslan und Ljudmila oder Der* (Gluschkowski) 465
*Susannah* (Floyd) 221
*Susanne, Die keusche* (Gilbert) 371
*Sussanin, Iwan* (Glinka) 412
*Sylphiden, Die* (*Sylphides, Les*; Fokin) 233
*Symphonie, Die unvollendete* (*Symphonie inachevée, La*; Dyk) 108

*Tabarrano, Don* (Hasse) 712
*Tableau parlant, Le* (Grétry) 562
*Tal von Andorra, Das* (Halévy) 650
*Tamerlan* (*Tamerlano*; Händel) 679
*Tantalos' Sühne* (*Tantalův, Smír*; Fibich) 201
*Tänze Prinz Igors* (Fokin) 232
*Tanzsucht, Die* (P. Gardel) 328
*Tauride, Iphigénie en* (*Tauris, Iphigenie auf*; Gluck) 457
*Tegea, Leonida in* (*Tegea, Leonidas in*; Draghi) 65
*Tehillim Schel Jeruschalaim* (Efrati) 112
*Telemach oder Die Insel Circes* (*Telemaco ossia L'isola di Circe, Il* (Gluck) 440
*Tell, Guillaume* (*Tell, Wilhelm*; Grétry) 580
*tempranica, La* (Giménez) 378
*Teufel, Der hinkende* (Françaix) 276
*Teufelin, Die* (Galuppi) 317
*Teufelskäthe, Die* (*Teufel und Káča, Der*; Dvořák) 100
*Thésée* (*Theseus*; Gossec) 510
*Thomas Riquiqui oder Die politische Heirat* (Esser) 158
*Thrakische Idole* (Goleminow) 496
*Tichi Don* (Dserschinski) 71
*Tito, La clemenza di* (*Titus, Die Milde des*; Gluck) 422
*Tobias Wunderlich* (Haas) 626
*Töchter Cecrops', Die drei* (J. W. Franck) 284
*Tochter des Paschas, Die* (Heise) 769
*Tod der Kleopatra, Der* (P. C. Guglielmi) 616
*Todes, Triumph des* (Flindt) 213
*Tode und Zugänge* (Graham) 543
*Tragédie de Salomé, La* (*Tragödie Salomes, Die*; Fuller) 295
*Trakiski idoli* (Goleminow) 496
*Transposed Heads, The* (Glanville-Hicks) 402
*Treue, Die belohnte* (Haydn) 757
*Triomphe de la République ou Le Camp de Grandpré, Le* (Gossec) 512
*trionfo di Clelia, Il* (Hasse) 721
*Tristan* (T. Gsovsky) 604
*triumf, Dædens* (*Triumph des Todes*; Flindt) 213
*Triumph Cloelias, Der* (Hasse) 721
*Triumph der Republik oder Das Feldlager von Grandpré, Der* (Gossec) 512
*Trunkenbold, Der bekehrte* (Gluck) 429
*Tschernomora, slowo wolschebnika, Ruslan i Ljudmila ili Niswerschenije* (*Tschernomors, des bösen Zauberers, Ruslan und Ljudmila oder Der Sturz*; Gluschkowski) 465
*Turandot, Prinzessin* (T. Gsovsky) 598
*tutore, Il* (Hasse) 715
*Tvrdé palice* (Dvořák) 93

*unbewohnte Insel, Die* (Haydn) 755
*ungarische Hochzeit, Die* (Dostal) 60
*Ungdom og galskab eller List over list* (Dupuy) 88
*Unglück, Das* (Drăgoi) 67
*Unschuld, Die gerechtfertigte* (Gluck) 425
*Unterrichtsstunde, Die* (Flindt) 212
*Untreue, Die vereitelte* (*Untreue lohnt sich nicht*; Haydn) 743
*unverhoffte Begegnung, Die* (Haydn) 747
*unvermutete Begegnung, Die* (Gluck) 438

*unvollendete Symphonie, Die* (Dyk) 108
*Urgèle oder Was den Damen gefällt, Die Fee* (*Urgèle ou Ce qui plaît aux dames, La Fée*; Duni) 83
*Urteil des Midas, Das* (Grétry) 567

*Val d'Andorre, Le* (Halévy) 650
*Vanesio, L'artigiano gentiluomo ovvero Larinda e* (*Vanesio, Der Bürger als Edelmann oder Larinda und*; Hasse) 710
*Venedig, Der Kaufmann von* (Hahn) 635
*Venedig, Der Löwe von* (Gast) 337
*Venedig, Der Mohr von* (Hanka) 701
*Venise, Le Marchand de* (Hahn) 635
*Verabschiedungen, Vorstellungen und* (Foss) 275
*vera costanza, La* (Haydn) 752
*vereitelte Untreue, Die* (Haydn) 743
*Vergy, Gabriella di* (*Vergy, Gabrielle de*; Gioia) 389
*verkehrte Welt, Merlins Insel oder Die* (Gluck) 428
*verkehrte Welt oder Die Herrschaft der Frauen, Die* (Galuppi) 315
*verliebte Schwester, Die* (Hasse) 714
*Verlobung in San Domingo, Die* (Egk) 125
*vestale, La* (Gluck) 425
*Verrückt nach Mädchen* (Gershwin) 354
*vertauschten Köpfe, Die* (Glanville-Hicks) 402
*Veuve Grapin, La* (Flotow) 220
*Vězněná na Špilberku* (Dussek) 89
*Vie brève, La* (Falla) 181
*Virginie, Paul et* (*Virginie, Paul und*; P. Gardel) 331
*Virtuosen, Die wandernden* (*virtuosi ambulanti, I*; Fioravanti) 210
*Vivandière, La* (Godard) 469
*Vormund, Der* (Hasse) 715
*Vorstellungen und Verabschiedungen* (Foss) 275

*wahre Beständigkeit, Die* (Haydn) 752
*Waldemars Schatz* (*Waldemarsskatten*; Hallén) 656
*wandernden Virtuosen, Die* (Fioravanti) 210
*Was den Damen gefällt, Die Fee Urgèle oder* (Duni) 83
*Weiler, Der* (Guridi) 619
*Welt, Das Ende einer* (Henze) 780
*Welt, Merlins Insel oder Die verkehrte* (Gluck) 428
*Welt auf dem Mond, Die* (Haydn) 750
*Welt ist Komödie oder Der Hausball Luís Alonsos, Die* (Giménez) 375
*Welt oder Die Herrschaft der Frauen, Die verkehrte* (Galuppi) 315
*weter, Wolny* (Dunajewski) 77
*Widerspenstigen Zähmung, Der* (Goetz) 472
*Wien, Rund um* (Haßreiter) 727
*Wiking, Harald der* (Hallén) 654
*Wilhelm Tell* (Grétry) 580
*Wind, Freier* (Dunajewski) 77
*Wintermärchen, Ein* (Goldmark) 486
*Wirtshaus im Spessart, Das* (Grothe) 593
*Wiślica, König Łokietek oder Die Mädchen aus* (*Wiśliczanki, Król Łokietek czyli*; Elsner) 142
*Witwe Grapin, Die* (Flotow) 220
*Wolny weter* (Dunajewski) 77
*Wozzeck* (Gurlitt) 620
*Wunder in den Gorbals* (Helpmann) 772
*Wunderlich, Tobias* (Haas) 626
*Wundertheater, Das* (Henze) 775
*Wunderwasser, Das* (Grisar) 587
*Wuthering Heights* (Floyd) 223

*Xerxes* (Händel) 698

*Zähmung, Der Widerspenstigen* (Goetz) 472
*Zaren, Ein Leben für den* (*zarja, Schisn sa*; Glinka) 412
*Zaubergeige, Die* (Egk) 117
*Zémire et Azor* (*Zémire und Azor*; Grétry) 565
*zerbrochene Krug, Der* (Geißler) 344
*Zypern, Die Königin von* (Halévy) 646

# Bildnachweis

1 Albertina, Wien, S. 457; 2 Bassano, London, S. 237; 3 Beacham, S. 694; 4 Beth Bergmann, NY, S. 17; 5 Bibl. Nationale, Bibl. et Musée de l'Opéra, Paris, S. 83, 287, 433, 517, 525, 527, 590, 592, 651, Tafeln 9 o, 14 o, 14 u; 6 Jean-Marie Bottequin, München, Tafel 16 u; 7 Ilse Buhs, Bln., S. 605, 606, 787, Tafel 12 o; 8 Anthony Crickmayer, London, S. 661; 9 Deutsche Oper, Arch., Bln., S. 273, 783; 10 Deutsches Hist. Inst., Musik-Abt., Rom, S. 209; 11 Deutsches Theatermuseum, München, S. 309, 443, 577, Photo: Hildegard Steinmetz, S. 519; 12 Zoë Dominique, London, S. 445; 13 Drottningholm-Theatermuseum, Stockholm, S. 656, 658, 682; 14 Dumont-Lindemann-Arch., Theatermuseum, Düsseldorf, S. 57, 479; 15 Mara Eggert, Ffm., S. 446, Tafel 16 o; 16 S. Enkelmann, Bln., S. 600, 603; 17 Erisman, Bern, S. 765; 18 Photo Fayer, Wien, S. 132; 19 Fred Fehl, NY, S. 224; 20 Fondazione Giorgi Cini, Venedig, S. 1, 37; 21 Forschungs-Inst. für Musiktheater, Thurnau, S. 15, 25, 31, 35, 41, 49, 53, 78, 80, 112, 126, 154, 165, 169, 171, 182, 189, 219, 235, 247, 248, 289, 293, 301, 318, 341, 350, 367, 372, 397, 413, 415, 417, 451, 455, 456, 465, 470, 492, 516, 521, 523, 529, 532, 537, 551, 557, 563, 566, 582, 584, 585, 586, 597, 626, 634, 643, 647, 649, 665, 679, 685, 687, 724, 751, Tafeln 3 o, 4, 6, 7 o, 7u, 8, 13 o, 15, Photo: Karel Vána, S. 200; 22 Wolfgang Gasché, Bern, S. 503; 23 Victor Gollancz, London, S. 491, 505; 24 Hamburgische Staatsoper, Arch., Hbg., S. 785, Photo: Lotte Dümmler, S. 700, Photos: Fritz Peyer, S. 95, 123, 471, Photos: Joachim Thode, S. 185, 424; 25 Hess. Landes- u. Hochsch.-Bibl., Theater-Slg., Darmstadt, S. 61, 179, 574; 26 Horst Huber, Stuttgart, S. 407, Tafel 11 o; 27 Janáček-Akad. d. musischen Künste, Brünn, S. 90; 28 John R. Johnson, Kopenhagen, S. 214, 310; 29 Photo Julius, Hannover, S. 779; 30 Hannes Kilian, Stuttgart, Tafeln 5u, 11 u; 31 Anne Kirchbach, Starnberg, S. 121; 32 Königliches Theater, Bibl., Kopenhagen, S. 705, 708, Photo: Rigmor Mydtskov, S. 213; 33 Kranichphoto, Bln., S. 559; 34 Kroatisches Nationaltheater, Arch., Zagreb, S. 514; 35 Arvid Lagenpusch, Bln./DDR, S. 697; 36 Landes-Bibl., Weimar, S. 130; 37 Landesbildstelle Sachsen, Dresden, S. 720; 38 Jörg Landsberg, Bremen, S. 621; 39 John Lazzarini, NY, S. 230; 40 Paul Leclaire, Köln, S. 669; 41 Leslie Lesley-Spinks, Stockholm, S. 138, Tafel 3 u; 42 Angus McBean, Cambridge (MA), S. 352; 43 Dietrich Mack, Baden-Baden, S. 10, 50, 175, 644, 645, Tafel 2 o; 44 Rudi Majer-Finkes, Gelsenkirchen, S. 594; 45 Mander-Mitchenson Theatre Coll., London, S. 253; 46 Foto Marchiori, Florenz, S. 691; 47 Colette Masson, Paris, S. 74, 329, 437, 524; 48 Max-Reinhardt-Forschungs-u.-Gedenkstätte, Salzburg, S. 130; 49 Metropolitan Opera, Arch., NY, S. 641; 50 Barbara Morgan, NY, S. 539, 540, 542, 544, 545, 546; 51 Museo teatrale alla Scala, Mailand, S. 279, 387, 389, 459, 467, 498, 575, Tafel 1 o; 52 Rigmor Mydtskov, Kopenhagen, S. 771; 53 Nationalmuseum, Theater-Abt., Prag, Photo: Josef Heinrich, S. 206, 227; 54 Nationaltheater, Arch., Belgrad, S. 290; 55 Nationaltheater, Prag, S. 92, 99, 101, 103, 629; 56 New York Public Libr., Dance Coll., NY, S. 244; 57 New York Public Libr., Vandamm Coll., NY, S. 354, 355, 359, 361; 58 Oper, Arch., Köln, S. 269, 271, 393; 59 Oper, Arch., Sofia, S. 495; 60 Opernwelt, Arch., Zürich, S. 19; 61 Österr. National-Bibl., Bild-Arch., Wien, S. 702; 62 Österr. National-Bibl., Theater-Slg., Wien, S. 128, 174, 452, 733; 63 Pfalztheater, Kaiserslautern, S. 262, 356; 64 Photo Pic, Paris, S. 108; 65 Erio Piccagliani, Mailand, S. 5, 27, 39, 47; 66 Andreas Pohlmann, Weiterstadt-Grafenhausen, S. 374; 67 Pucciarelli, Venedig, S. 11; 68 Arthur Maria Rabenalt, Cureggia (Tessin), S. 3, 23, 439, 677; 69 RCS Rizzoli Libri, Mailand, Tafel 9 u; 70 Reiss-Museum, Theater-Slg., Mannheim, S. 365, 473, 709, 737, 748; 71 L. Roosen, Paris, S. 239, 241; 72 Royal Opera, Covent Garden, Arch., London, Photo: Houston Rogers, S. 7, 43, 435; 73 Rum. Oper, Bukarest, S. 145; 74 Rum. Oper, Cluj-Napoca, S. 68; 75 Rum. Oper, Jassy, S. 76; 76 Willy Saeger, Bln., S. 731; 77 Katrin Schilling, Ffm., Tafel 12 u; 78 Susan Schimert-Ramme, Zürich, S. 759, Tafeln 10 o, 10 u; 79 Marion Schöne, Bln./DDR, S. 481, 595; 80 Gunhild Schüller, Wien, S. 729; 81 Schweiz. Theater-Slg., Bern, S. 434; 82 Sotheby, London, S. 251; 83 Leslie E. Spatt, London, S. 265, 268; 84 Staatsoper, Arch., München, S. 463; 85 Stadt-Arch., Zürich, S. 554; 86 Städt. Bühnen, Arch., Ffm., Photo: Günter Englert, S. 776, 777, 781; 87 Städt. Bühnen, Nürnberg, Tafel 5 o; 88 Stadttheater, Luzern, S. 212; 89 Stadt- u. Univ.-Bibl., Musik- u. Theater-Abt., Ffm., Photo: Erich Fornoff, S. 116, 118; 90 Martha Swope, NY, S. 190, Tafel 13 u; 91 Széchényi-National-Bibl., Theater-Slg., Budapest, S. 55, 149, 152, 483, 487, 761; 92 Teatro alla Scala Publ., Mailand, Tafel 1 u; 93 Theaterhist. Museum, Kopenhagen, S. 147; 94 Theater-Slg., Hbg., S. 56, 461; 95 Sabine Toepffer, München, Tafel 2 u; 96 Alfredo Valente, NY, S. 256; 97 Wolfgang Veit, Graz, S. 299, 484; 98 Victoria & Albert Museum, London, S. 608; 99 Victoria & Albert Museum, Coll. Gordon Anthony, London, S. 255; 100 Wiener Festwochen, Wien, S. 134; 101 Madeline Winkler-Betzendahl, Stuttgart, S. 124; 102 Württembergische Staatstheater, Arch., Stuttgart, Photo: Hannes Kilian, S. 698

S. 1 (Nr. 20); 3 (68); 5 (65); 7 (72); 10 (43); 11 (67); 15 (21); 17 (4); 19 (60); 23 (68); 25 (21); 27 (65); 31, 35 (21); 37 (20); 39 (65); 41 (21); 43 (72); 47 (65); 49 (21); 50 (43); 53 (21); 55 (91); 56 (94); 57 (14); 61 (25); 68 (74); 74 (47); 76 (75); 78, 80 (21); 83 (5); 90 (27); 92 (55); 95 (24); 99, 101, 103 (55); 108 (64); 112 (21); 116, 118 (89); 121 (31); 123 (24); 124 (101); 126 (21); 128 (62); 130 (48); 132 (18); 134 (100); 138 (41); 145 (73); 147 (93); 149, 152 (91); 154, 165, 169, 171 (21); 174 (62); 175 (43); 179 (25); 182 (21); 185 (24); 189 (21); 190 (90); 200 (21); 206 (53); 209 (10); 212 (88); 213 (32); 214 (28); 219 (21); 224 (19); 227 (53); 230 (39); 235 (21); 237 (2); 239, 241 (71); 244 (56); 247, 248 (21); 251 (82); 253 (45); 255 (99); 256 (96); 262 (63); 265, 268 (83); 269, 271 (58); 273 (9); 279 (51); 287 (5); 289 (21); 290 (54); 293 (21); 299 (97); 301 (21); 309 (11); 310 (28); 318 (21); 329 (47); 341, 350 (21); 352 (42); 354, 355 (57); 356 (63); 359, 361 (57); 365 (70); 367, 372 (21); 374 (66); 387, 389 (51); 393 (58); 397 (21); 407 (26); 413, 415, 417 (21); 424 (24); 433 (5); 434 (81); 435 (72); 437 (47); 439 (68); 443 (11); 445 (12); 446 (15); 451 (21); 452 (62); 455, 456 (21); 457 (1); 459 (51); 461 (94); 463 (84); 465 (21); 467 (51); 470 (21); 471 (24); 473 (70); 479 (14); 481 (79); 483 (91); 484 (97); 487 (91); 491 (23); 492 (21); 495 (59); 498 (51); 503 (22); 505 (23); 514 (34); 516 (21); 517 (5); 519 (11); 521, 523 (21); 524 (47); 525, 527 (5); 529, 532, 537 (21); 539, 540, 542, 544, 545, 546 (50); 551 (21); 554 (85); 557 (21); 559 (33); 563, 566 (21); 574 (25); 575 (51); 577 (11); 582, 584, 585, 586 (21); 590, 592 (5); 594 (44); 595 (79); 597 (21); 600, 603 (16); 605, 606 (7); 608 (98); 621 (38); 626 (21); 629 (55); 634 (21); 641 (49); 643 (21); 644, 645 (43); 647, 649 (21); 651 (5); 656, 658 (13); 661 (8); 665 (21); 669 (40); 671 (36); 677 (68); 679 (21); 682 (13); 685, 687 (21); 691 (46); 694 (3); 697 (35); 698 (102); 700 (24); 702 (61); 705, 708 (32); 709 (70); 720 (37); 724 (21); 729 (80); 731 (76); 733 (62); 737, 748 (70); 751 (21); 759 (78); 761 (91); 765 (17); 771 (52); 776, 777 (86); 779 (29); 781 (86); 783 (9); 785 (24); 787 (7); Tafel 1 o (51); 1 u (92); 2 o (43); 2 u (95); 3 o (21); 3 u (41); 4 (21); 5 o (87); 5 u (30); 6, 7 o, 7u, 8 (21); 9 o (5); 9 u (69); 10 o, 10 u (78); 11 o (26); 11 u (30); 12 o (7); 12 u (77); 13 o (21); 13 u (90); 14 o, 14 u (5); 15 (21); 16 o (15); 16 u (6); Umschlag: Mauritius, Mittenwald (Opéra, Paris)

Redaktionsschluß: 1. Februar 1987